Koenen Woordenboeken

Nederlands

Frans–Nederlands
Nederlands–Frans

Duits–Nederlands
Nederlands–Duits

Spaans–Nederlands
Nederlands–Spaans

Grieks–Nederlands
Latijn–Nederlands

Engels–Nederlands

Nederlands–Engels

Gedeelten van vertalingen die naargelang van de context kunnen worden gebruikt of weggelaten staan romein tussen haakjes	**biels** (wooden) sleeper(s) **binnenhuis** (domestic) interior
Ook vertaalalternatieven kunnen romein tussen haakjes staan; ter vermijding van onduidelijkheid wordt evt *of:* toegevoegd	**bijvak** subsidiary (ancillary, minor) subject **meerstemmig** *(muz)* arranged for several voices (*of:* parts)
Verklarende toevoegingen staan cursief tussen haakjes	**bijtellen** add; *(meetellen)* count in **bijvijlen** file *(ook fig)*
Beknopte aanvullingen bij de vertaling om het gebruik te illustreren staan romein tussen vierkante haken	**brouwen** I *tr* brew [beer], mix [a bowl of punch]; *(fig)* brew [mischief, treason, etc], hatch [a plot] ...
Soms komt een trefwoord alleen voor in één of meer uitdrukkingen. Het trefwoord wordt dan gevolgd door een dubbelepunt en de uitdrukking(en)	**piepzak:** *in de ~ zitten* have the wind up, be nervous **poteten:** *een raar ~* a queer fish
Ook na woorden die naar believen met of zonder een toevoeging kunnen voorkomen, volgen dubbelepunt en slangetje, maar de toevoeging staat dan cursief tussen haakjes	**Porte:** *de (Verheven) ~* the (Sublime) Porte **middellang:** *(op) ~(e termijn)* medium-term **paai:** *(ouwe) ~* old buffer, gaffer, old fogey
Verschillende betekenissen van eenzelfde uitdrukking worden waar nodig onderscheiden met *a), b),* enz	**Kanaän** ... *de tale ~s, a)* the language of Canaan *(Jes. 19:18); b)* scriptural language; *c)* cant

Koenen Woordenboek **Nederlands–Engels**

Koenen Woordenboek
Nederlands–Engels

K. ten Bruggencate

Eenenwintigste druk

bewerkt door
Prof. dr. J. Gerritsen
Prof. N. E. Osselton, M.A.

Koenen Woordenboeken

Utrecht – Antwerpen

Koenen Woordenboeken is een imprint van Van Dale Lexicografie bv.

Bibliografische gegevens

Koenen Woordenboek Nederlands–Engels
Eenentwintigste druk, bewerkt door J. Gerritsen ... [et al.]
Utrecht – Antwerpen; Van Dale Lexicografie
ISBN 90 6648 634 1
NUR 627
D/2003/0108/802

Inhoud

Geschiedenis van het woordenboek

1e druk 1896 K. ten Bruggencate
2e druk 1899 K. ten Bruggencate
3e druk 1904 K. ten Bruggencate
4e druk 1908 L. van der Wal
5e druk 1910 L. van der Wal
6e druk 1913 L. van der Wal
7e druk 1916 L. van der Wal
8e druk 1919 K. ten Bruggencate
9e druk 1921 K. ten Bruggencate
10e druk 1927 A.Broers
11e druk 1930 A.Broers
12e druk 1934 A.Broers
13e druk 1940 A.Broers
14e druk 1956 P.J.H.O. Schut en prof. dr. R.W. Zandvoort
15e druk 1959 prof. dr. R.W. Zandvoort
16e druk 1963 prof. dr. R.W. Zandvoort en dr. J. Gerritsen
17e druk 1971 prof. dr. R.W. Zandvoort en prof. dr. J. Gerritsen
18e druk 1978 prof. dr. J. Gerritsen en prof. N. E. Osselton, M.A.
19e druk 1986 prof. dr. J. Gerritsen en prof. N. E. Osselton, M.A.
20e druk 1994 prof. dr. J. Gerritsen, prof. N. E. Osselton, M.A. en prof. dr. H. Chr. Wekker

Voorbericht bij de eenentwintigste druk

Na de herziening en omspelling in de vorige druk zijn ditmaal geen ingrijpende wijzigingen te vermelden. Wel zijn de trefwoorden nu in principe op een nieuwe regel geplaatst. Binnen het kader van de door de uitgeefster geboden mogelijkheden is het opname- en schrappingsbeleid zo goed mogelijk doorgevoerd om het woordenboek op de hoogte van zijn tijd te houden, en de bruikbaarheid niet te zeer aan te tasten.

Ook voor deze druk heeft de redactie weer een nuttig gebruik kunnen maken van de van diverse zijden toegezonden opmerkingen en aanvullingen. Met name mogen hier genoemd worden mevr. drs. E. A. M. I. Verpalen (Steenwijk) en de heren T. Huitenga (Paterswolde), dr. J. P. M. Jansen (Groningen), P. F. Kropholler (Clermont), dr. G. van der Meer (Midlaren), drs. J. Posthumus (Roden) en prof. mr. L. Prakke (Bussum). Ook voor de volgende druk zal de redactie graag bijdragen tegemoet zien.

november 2002

Groningen J. Gerritsen
Durham N. E. Osselton

Inleiding tot de eenentwintigste druk

Het woordenboek Nederlands–Engels is, sinds zijn ontstaan, in de eerste plaats bedoeld voor diegenen die het niet louter vakspecialistisch Nederlands taalgebruik adequaat in het Engels willen kunnen weergeven. Het tracht daarom zoveel mogelijk datgene te geven wat men in de omgangstaal, in de dag- en weekbladen, in de tijdschriften van algemene inhoud en bij radio en televisie kan tegenkomen. Ook de bewerkers zijn zich bewust dat het daar nooit volledig in kan slagen. Zelfs al geeft het bij verschijnen vrij wat nieuw taalgebruik, toch zal het reeds op dat moment door de taal weer zijn ingehaald.

Om die bedoeling, binnen de voor het woordenboek gestelde omvang, op een bevredigende manier recht te kunnen doen, moeten keuzes worden gemaakt. Weer heeft heel wat verouderend taalgebruik ruimte moeten maken voor nieuw, maar zonder dat uit het oog is verloren dat het woordenboek de gebruiker bij wat oudere teksten niet te gauw in de steek mag laten.

Ook wordt bij de gebruiker een zekere kennis van het Engels, zijn grammatica, uitspraak, en primaire woordenschat, bekend verondersteld. Dit geldt met name in die voorbeelden waar, om ruimte te sparen, geen of slechts een gedeeltelijke vertaling is gegeven. Wel is bewust getracht de eisen in dit opzicht laag te houden.

Ook binnen de gegeven opzet kan en wil het woordenboek niet volledig zijn. Naarmate origineel en vertaling elkaar beter dekken zijn vertaalvarianten minder noodzakelijk of zelfs gewenst. Bij minder frequente woorden is er al snel van afgezien om de vormen, afleidingen en samenstellingen op te nemen die de gebruiker, met de wel gegeven hulp, niet voor problemen zouden moeten stellen.

De gegeven voorbeelden vallen in hoofdzaak uiteen in twee categorieën. Vaak dient een voorbeeld in hoofdzaak om het toepassingsgebied van een bepaalde vertaling aan te geven; het staat dan in vierkante haken en blijft meestal onvertaald (zo onder *enig* bijv: only [child], sole [heir], one [his one hope; the one blot on this beautiful landscape]). Maar niet minder vaak dienen ze juist om een vertaling te geven die uit de gegeven woordbetekenissen alleen niet af te leiden zou zijn. In deze laatste gevallen is niet zelden een minder essentieel deel van het voorbeeld in de vertaling slechts aangeduid door drie puntjes (*voor het geval dat de politie hem wou spreken* in case the police ...). De gebruiker ziet zo beter waar het om gaat, en als de redactie haar werk goed gedaan heeft zal de uitlating hem niet voor problemen moeten plaatsen.

Dat bij de bewerking oude fouten zijn blijven staan en nieuwe toegevoegd is wel zeker. Signalering ervan zal door redactie en uitgeefster in hoge mate worden gewaardeerd.

De inrichting van het woordenboek

De trefwoorden

Met uitzondering van dubbelvormen e.d. (*aanstellerij, aanstelleritis*) zijn bijna alle trefwoorden voor aan een nieuwe regel geplaatst.

De uitspraak

De uitspraak van Engelse woorden is een enkele maal gegeven wanneer deze tot misverstanden aanleiding zou kunnen geven. Zie bijv. onder *bezweren* de door hun uitspraak onderscheiden betekenissen van *conjure*. Voor de gebruikte uitspraaktekens raadplege men zo nodig de lijst in Engels–Nederlands. Waar nodig wordt, ook ter onderscheiding in het Nederlands, de hoofdklemtoon aangegeven door het teken ' vóór de betoonde lettergreep, bijv. *'bekeren* en *be'keren.*

Grammatica

Woorden die tot meer dan één woordsoort behoren worden, vooral in grotere artikelen, vaak onderscheiden door een indeling met Romeinse cijfers gevolgd door een cursieve benoeming naar woordsoorten. In korte artikelen kunnen de Romeinse cijfers achterwege blijven en, waar deze uit de vertaling al blijkt, ook de woordsoortbenoeming. Etymologisch verschillende woorden van gelijke vorm worden niet noodzakelijk als aparte ingangen opgevoerd.

Alfabetische rangschikking

Alle trefwoorden, ook de afkortingen en eigennamen, staan in één alfabetisch geordend bestand. Het teken *&* als onderdeel van een trefwoord wordt gealfabetiseerd als *en*; de afkorting *St* wordt gealfabetiseerd als *Sint*; cijfers die onderdeel zijn van een trefwoord worden gealfabetiseerd alsof zij voluit geschreven zijn: *pastorielanderijen, pas-65, pasvorm*. Afgezien hiervan gaan, wanneer daarin het enige verschil ligt, alfabetische tekens voor niet-alfabetische en kleine letters voor hoofdletters, alles in een vaste volgorde: *a, A, á, a°, A°, Aagje*. Samengestelde trefwoorden, al dan niet verbonden door een koppelteken, staan in het alfabet alsof ze aaneengeschreven waren: *avanceren, avant-garde, avant-gardist, avant-gardistisch, avant la lettre, avant-scène, avegaar.*

Opbouw van de artikelen

Bij woorden met meerdere betekenissen zijn deze genummerd; de bij een bepaalde betekenis behorende voorbeelden zijn erachter geplaatst; voorbeelden die een gebruik illustreren dat niet eenduidig bij een van de genummerde betekenissen kan worden ondergebracht volgen na de laatste gegeven betekenis (met haar eventuele voorbeelden), en zijn daarvan gescheiden door een dubbel paaltje (||). Voor de grammaticale categorieën is geen vaste volgorde aangehouden; waar dat zinnig leek is de meest voorkomende voorop gezet. De vorming van bijwoorden op *-ly* wordt bekend verondersteld; afwijkende vormen worden zoveel mogelijk gegeven: drastic *(bw: -ally)*. Minder frequente afleidingen van opgenomen woorden worden vaak niet vermeld als hun vertaling dat niet vereist.

a

a 1 (the letter) a; *met twee ~'s* with double a; *drie ~'s* three As (A's); *geen ~ voor een b kennen* not know A from B; *van ~ tot z kennen (vertellen, enz)* know (tell, etc) from A to Z; *van ~ tot z doorlezen, (ook)* read from cover to cover, from beginning to end; *wie ~ zegt, moet ook b zeggen* in for a penny, in for a pound; **2** *zie* are

A 1 A *(ook muz); A-tot-Z-polis* all-risks (comprehensive) policy; *A4* A4; *zie ook* A-viertje; **2** afk van *ampère* amp

à 1 *(tegen)* at [at three euros a pound]; *~ 5%* at (at the rate of) 5 per cent; *~ titre personnel* personal(ly), on a personal basis, in a private capacity; **2** *(bevattende)* containing; **3** *(tot)* to; *25 ~ 30* from 25 to 30; *een gezelschap van 15 ~ 20 man* a party of 15 to 20 people; *in 3 ~ 4 weken* in three or (*of:* to) four weeks; *tien ~ twaalf* some ten or twelve

a°, A° afk van *anno* in the year

A-afdeling *(vglb)* arts side

Aagje Aggie; *nieuwsgierig ~* Miss Curiosity, Miss Inquisitive; *(man)* Paul Pry; *(alg)* Nosy Parker

aai 1 caress, chuck [under the chin]; *(iron)* stroke; *(gevoelige ~)* slap; **2** *zie* [2]ai

aaibaarheidsfactor cuddliness

aaien stroke, caress, chuck [under the chin]

aaipoes: *~ spelen* coax, wheedle

aak 1 *(mar)* (Rhine) barge; **2** *(Spaanse) ~* (field) maple

aal 1 eel; *jonge ~* elver; *zo glad als een ~, ~glad* as slippery as an eel; *hij is te vangen als een ~ bij zijn staart* he is a slippery customer; **2** *zie* gier 4

aalbes currant [bush, wine]; *rode (witte) ~* red (white) currant; *zwarte ~* blackcurrant [gin]

aalfuik eel-basket

aalglad *zie* aal 1

aalmoes alms *(ev & mv); om een ~ vragen* beg (for) alms (an alms), ask for charity; *iem om een ~ vragen* ask a p. for (an) alms; *niet meer dan een ~* [the reward he got was] a mere pittance; *leven van aalmoezen* live on charity

aalmoezenier [army, navy, prison] chaplain, Chaplain to the Forces, padre; *(hist)* almoner

aalmoezenierschap 1 chaplainship, chaplaincy; **2** *(hist)* almonership

aalscholver cormorant; *gekuifde ~* shag

Aalst Alost

aalstreep list, eelstripe

aaltje 1 little eel; **2** *(wormpje)* eelworm [disease], nematode; *(tarwe~)* wheatworm; *(azijn~)* vinegar eel

aambeeld *(ve smid)* anvil; *(in oor, ook: ~beentje)* incus; *hij slaat (hamert) altijd op hetzelfde ~* he is always harping on the same string

aambeien piles, haemorrhoids

aamborstig short-winded; asthmatic

aan I *vz* at [at the door; at work; at play]; on [the picture on the wall; a ring on his finger; a beard on his chin; fruit grows on trees; on the river Rhine; on the main road; on board; a dog on a lead; live on the harbour; at work on the building; he is on his third cup]; in [£2000 in jewels; the amount paid in wages, taxes, etc; rich in metals; I have a jewel of a servant in him; injured in his leg; live in (on) the Herengracht; not a cloud in the sky]; of [blind of (in) one eye; die of a broken heart]; by [I saw it by his face; a man is known by his friends; day by day]; to [he has not a shirt to his back; she sits with her hand to her ear; give it to him]; *£20 ~ contanten ...* in cash; *£3000 ~ juwelen* £3000 worth of jewellery; *hij is ~ een krant, ~ de Times* he is on (the staff of) a paper, on the Times; *het is ~ het regenen* it is raining; *ik ben ~ het schrijven* I am writing; *twee ~ twee* [walk] two by two, two and two, in twos, two abreast; *de beslissing is ~ u* the decision is yours, it is for you (up to you) to decide; *er is niets ~ (de hand met) die klok* there is nothing wrong (the matter) with ...; **II** *bn & bw* on; *~!, (mil)* present!; *ik vind er niet veel ~* I don't think much of it; ***er is niets ~**, a)* it's quite easy; there is nothing in it (to it); *b)* it isn't up to much, it's fearfully dull; *er (daar) **is wel iets van** ~* there is something (some truth) in that; *er is niets van ~* there is nothing (not a word of truth) in it; *dat is wat er van ~ is* so much for that rumour; ***je moet (gaat) er** ~* you're a dead man; *(fam)* your number is up, *(sl)* you're for it; *ik weet niet hoe (wat) ik er mee (met hem) ~ moet* I don't know how to cope with it (what to do with him); ***hij wil er niet** ~* he will not be persuaded; *de mensen willen er niet ~* people do not take kindly to it; ***je hebt** teveel kleren ~* you've got too many clothes on; ***het is weer** ~* they have made it up again (the engagement is on again); ***de school** (kerk) is ~* school (service) has begun; ***de schroef** is ~* the screw is home (tight); ***de trein** (boot) is ~* the train (boat) is in; *zie ook* boot; ***het vuur**, enz is ~* the fire (gas, cigar) is alight (lit); the stove is burning; *het vuur (de lamp) was niet ~, (ook)* the ... was unlit; *de (centrale) verwarming is ~* the heating is on; *het is (erg) ~ tussen hen* they are as thick as thieves; ***met** de schoenen ~* in his shoes; *zie verder de ww, enz **met** aan verbonden; zie ook* keus, piano, radio, toe, enz

aanaarden earth (up), hill up

aanademen 1 breathe (up)on; **2** aspirate

aanbakken: *de rijst is aangebakken* the rice has burnt (stuck) to the pan

aanbeeld anvil; *zie* aambeeld

aanbelanden land, end up; *zie* belanden

aanbelangen concern; *zie* aangaan 8

aanbellen ring (the [door]bell), give a ring (at the door)

aanbenen step out, mend (quicken) one's pace

aanbesteden put out to contract (to tender), invite tenders for; *aanbesteed werk* work given out by contract, contract work

aanbesteding (putting out to) contract, (public *openbare*, private *onderhandse*) tender; *bij ~* by contract; *de ~ zal plaats hebben op 2 mei* tenders are invited before ...

aanbetalen pay down, make a down payment

aanbetaling down (*of:* advance) payment, deposit

aanbevelen recommend [as *als*; for *voor*, for ...ing *om te ...*; to *aan*], commend [the plan commends itself through its simplicity]; *wij houden ons aanbevolen voor verdere inlichtingen (een proeforder)* we shall be glad to receive further information (we solicit the favour of a trial order); *zich (zijn ziel) Gode ~* commend o.s. (one's soul) to God; *zie ook* clementie; *aan te bevelen* recommendable; *het plan is in geen enkel opzicht aan te bevelen ...* has nothing to recommend it

aanbevelenswaard(ig) recommendable *vgl het ww &* aanbeveling

aanbeveling 1 recommendation; *het verdient ~* it is advisable; *op ~ van* on the recommendation of; *ter ~ van* in recommendation of; *tot ~ strekken* be an advantage; *goede ~en* good references; **2** [be first on the] nomination

aanbevelingsbrief letter of recommendation (of introduction)

aanbiddelijk adorable

aanbidden worship [God, the golden calf; he worshipped the ground she trod on], adore; *zie ook* zon

aanbidder 1 worshipper, votary, devotee; **2** [silent] admirer; adorer; suitor

aanbidding [silent] worship, adoration

aanbieden offer [goods, congratulations]; present [a bill, a cheque for payment, an ultimatum, a petition, a grand spectacle, a p. with s.t.], tender [thanks, congratulations, one's services], submit [for approval, inspection], proffer *(lit)* [one's services], hand in [homework], make a tender of [one's services]; *(zich) ~, (vrijwillig)* volunteer; *zich voor een betrekking ~* offer o.s. (apply) for a post; *petroleumaandelen werden (bleven) aangeboden* oils were (*of:* came) on offer (continued on offer); *er werd hem een boek aangeboden* he was presented with a book; *(te koop) aangeboden* for sale; *zie ook* diner, gelegenheid, ontslag, presenteerblad, enz

aanbieder person handing in [a document], (pr)offering [services], presenting [a cheque], etc; *vgl* aanbieden

aanbieding 1 offer, tender; submission, *vgl* aanbieden; *(ve wissel, geschenk, enz)* presentation; *bij ~, (ve cheque)* on presentation; *een ~ doen* make an offer; *~en inwachten* invite tenders; **2** *(handel)* special offer, bargain (offer); *in de ~ doen* put [teas] on (special) offer; put [the whole team] up for sale

aanbiedingsbrief covering letter (*of:* note)

aanbijten bite *(ook fig); (ve vis, ook)* rise, nibble at the bait; *aangebeten* partly (*of:* half) eaten [apple]; *zie ook* toebijten

aanbinden fasten, tie (bind) up (down), tie (put, fasten) on [skates]; *hij bond haar de schaatsen aan* he put on her ... for her; *de strijd ~* join issue (*of:* battle), try conclusions [*met* with]; *het touw wat ~* tighten the rope a bit; *kort aangebonden* short-tempered (-fused), touchy; *erg kort aangebonden zijn tegen* be very short with [a p.]; *zie ook* kat

aanblaffen *(ook fig)* bark at, bay at

aanblazen blow [the fire; *ook fig*]; fan [the flame(s), *ook fig: het vuurtje*]; stir up, rouse [the passions]; foment [discord]

aanblijven 1 *(in ambt)* remain (continue) in office, stay (remain) on; hang (linger) on [old men hang (linger) on too long]; **2** *(ve lamp, enz)* be kept burning; *het vuur bleef de hele nacht aan, (ook)* the fire (was) kept in all night; *de deur moet ~* the ... must be left ajar

aanblik sight, look, view, aspect; *(schouwspel)* spectacle; *bij de eerste ~* at first sight (glance, blush)

aanblikken 1 look at; **2** *(tegenstralen)* beam (up)on

aanbod 1 offer; *(reclame)* special offer; *een ~ doen* make an offer; *~ van arbeidskrachten* labour supply; **2** influx, [student] intake; *(vs vraag)* supply; *zie ook* vraag

aanboren bore, sink [a well, shaft]; strike [oil]; broach [a cask], tap [a cask, beer, new sources of revenue]

aanbouw 1 addition, extension; annexe (*Am:* annex); *(met aflopend dak)* lean-to; **2** *(be-, verbouwing)* cultivation; **3** *(v huizen, enz)* building; *in ~* under construction, in course of construction (*of:* erection)

aanbouwen build [houses, ships]; add [a new wing]; grow [wheat]; cultivate [waste ground]; *~ tegen* build against (*of:* on to)

aanbouwkeuken fitted kitchen

aanbouwsel *zie* aanbouw 1

aanbraden sear [meat]

aanbranden I *ww* burn; burn (*of:* stick) to the pan; *laten ~* burn [the cakes]; *is de rijst aangebrand?* is the rice burnt?, has the rice caught?; *het smaakt (ruikt) aangebrand* it has a burnt taste (smell); *hij is gauw aangebrand* he is touchy (thin-skinned); **II** *zn* [prevent] burning

aanbreien *(ergens aan)* knit on to

aanbreken I *ww* **1** *(vd dag)* break, dawn; *(vd avond, nacht)* fall, close in; *de tijd is aangebroken* the time has come; **2** broach [a cask], open [a bottle]; cut into [a fresh loaf]; break into [one's provisions]; open up [new ground]; *zijn kapitaal* ~ break (dip) into one's capital; *de lading* ~ break bulk; *wat maar aangebroken is* ['white wine or claret?'] 'Anything that's open'; *een aangebroken kistje sigaren* a partly used box of cigars; **II** *zn (vd dag)* daybreak; *(vd nacht)* nightfall; *bij het* ~ *vd dag, (ook)* at break of day

aanbreng *zie* aanbod & inbreng

aanbrengen 1 bring [flowers], carry [stones]; *(werven)* bring in [customers], recruit [new members]; *kapitaal* ~ bring in capital, bring capital into a business; **2** *(veroorzaken)* bring [luck]; yield [a profit]; **3** *(plaatsen)* fit [a new propeller], fix [a cupboard in a wall]; install, fix up [electric light]; place [iron plates] in position; construct [a new staircase]; let [a sluice into a sea wall]; apply [to the skin]; *(fig)* make, introduce [improvements]; practise [economies]; impart [knowledge]; **4** *(aanklagen)* accuse, inform against, denounce, *(vergrijp)* report, *(oververtellen)* tell, disclose, reveal; *een misdaad* ~ inform the police of a crime; *zie ook* bijbrengen

aanbrenger *(aanklager)* informer, denunciator; *(klikker)* telltale

aanbrengpremie reward

aandacht attention; *hij is je* ~ *niet waard* he is beneath your notice; ~ *schenken aan* pay attention to, *(overdreven)* make a fuss of [a child]; *(de)* ~ *trekken* attract (draw) attention (*of:* the attention) [*op* to]; *zeer de* ~ *trekken* be very much in the public eye (the limelight); *iems* ~ *vragen* ask for a p.'s attention; ***met*** ~ attentively; *met grote* ~ [listen] with close attention; *het kwam* ***onder*** *mijn* ~ it came to my attention (notice), my attention was drawn to it; *het werd onder mijn* ~ *gebracht* it was brought (I had it brought) to my notice (attention); *zie ook* vestigen

aandachtig attentive; ~ *kijken, (ook)* look closely; ~ *luisteren, (ook)* listen carefully

aandachtigheid attention

aandachtsgebied *zie* aandachtsveld

aandachtspunt point of particular interest (for special consideration, to be considered)

aandachtsstreep(je) dash

aandachtsveld special research area, special responsibility, area of special interest

aandeel 1 share, portion; *ik verkocht mijn derde* ~ *in de fabriek* I disposed of my third interest in the factory; ~ *hebben in de winst* share in the profits; *zijn* ~ *leveren* make one's contribution; ~ *nemen, zie* deelnemen; **2** *(effect)* share; *aandelen in één hand* (share) holding, interest; *hoeveel aandelen heeft hij?, (ook)* what is his holding?; *gewoon* ~ ordinary (*of:* equity) share; *preferent* ~ preference share; *uitgesteld (slapend)* ~ deferred share; *extra* ~ *(als winstuitkering)* share bonus; ~ *aan toonder* share to bearer, bearer share; ~ *op naam* registered (*of:* nominal) share; *bewijs van* ~, *zie* aandeelbewijs; *zie ook* cumulatief, polis, portefeuille, voorlopig

aandeelbewijs share certificate

aandeelhouder shareholder; *(inz Am)* stockholder

aandelenbezit (share)holding

aandelenkapitaal share capital, capital stock

aandelenkoers share price

aandelenoptie share option

aandelenpakket block of shares

aandenken 1 memory, remembrance; *iem in gezegend* ~ *houden* keep a p.'s memory green (fresh, alive); **2** *(concr)* memento, souvenir, keepsake

aandienen announce; *iem* ~, *(ook)* take up (take in) a p.'s name; *zich* ~ [few new talents] come forward; *zich laten* ~ send up (send in) one's name (one's card); *iem* ~ *bij* announce a p. to

aandijken dike

aandikken 1 thicken *(tr & intr)* **2** *(fig)* heighten [a description, picture], blow up, exaggerate [one's own part]

aandoen 1 *(aantrekken)* put on; **2** *(inschakelen)* switch on, turn on; **3** *(veroorzaken)* cause [trouble], give [pain]; offer [incivilities] to; do [harm] to; *haar mooie ogen hebben het hem aangedaan* her ... have bewitched him; *zich iets* ~ do o.s. an injury; take one's own life; *zoiets kun je hem niet* ~ you can't do (it's not fair to do) that to him; *je hebt het jezelf aangedaan* you have only yourself to blame; *de onwaardige behandeling u aangedaan* the indignity put (up)on you; **4** *(onderweg bezoeken)* call at [a town, port, pub], touch at [a port]; *plaats, die (geregeld) aangedaan wordt* (regular) place of call [for coaches, etc]; **5** *(roeren, treffen)* move, affect; *onaangenaam* ~ offend [a p.'s eye, ear, taste], grate (jar) (up)on [a p., the ear, the nerves]; *de kamer doet ... aan* the room strikes damp (cold, etc); *het deed mij vreemd aan* it struck me as strange; *de* ***zenuwen*** ~ try (be trying to) the nerves; *zijn longen zijn* ***aangedaan*** his lungs are affected; *zichtbaar aangedaan* visibly moved (affected, touched); *zo aangedaan, dat hij niet kon spreken, (ook)* he was speechless with emotion; *haar stem was aangedaan* there was a break in her voice; **6** *(vereren)* present, offer; *zie ook* belediging, enz

aandoening emotion; *(med)* affection; *(lichte* ~*)* touch [of fever]

aandoenlijk 1 *(actief)* moving, touching, affecting, pathetic; **2** *(passief: vh gemoed, enz)* sensitive, impressionable; *iets* ~*s* [there was] a touch of pathos [in her voice]

aandoenlijkheid 1 *(actief)* pathos; **2** *(passief)* sensitiveness

aandraaien 1 turn on [the gas], turn (*of:* switch) on [the electric light]; **2** *(vastzetten)* fix on, fasten (by turning); *de schroef* ~, *(ook fig)* turn (tighten) the screw; *vast* ~ turn home; *slap aangedraaid, (fig)* spineless; **3** *zie* aansmeren

aandragen bring, carry [stones, etc]; *(komen)* ~ *(met)* trot out [a new story], furnish [evidence], adduce [arguments], present [new methods]

aandrang 1 *(innerlijke drang)* impulse, urge; *uit ei-*

gen ~ of one's own accord, of one's own free will; *zie ook* drang; **2** *(het aandringen)* pressure, insistence, urgency; *met* ~ *spreken* speak insistently; *op* ~ *van* at the instance (*ongunstig:* at the instigation) of; *hij had niet veel* ~ *nodig* he did not require much pressing (persuasion); *met* ~ *verzoeken* request earnestly (urgently); **3** *(stuwing)* congestion, rush [of blood to the head]; ~ *hebben (voelen)* have to go to the toilet, *(fam)* be taken (caught) short; **4** *(toeloop)* press, onrush

aandraven: *komen* ~ *met* trot out [the same old excuse]

aandrift instinct, impulse, impetus; *uit eigen* ~, *zie* aandrang 1

aandrijfas driveshaft, propeller shaft

aandrijven I *ww intr* be washed ashore; II *ww tr* drive on [cattle, etc], move, prompt, incite, instigate, egg (*of:* urge) on, impel; drive, operate [a machine]; *(voortstuwen)* propel; *een spijker* ~ drive in a nail; *zie verder* drijven; III *zn* instigation, prompting

aandrijving 1 instigation [*op zijn* ~ at his instigation]; **2** *(techn)* [rear-wheel] drive, [jet] propulsion; **3** *(botsing, mar)* collision

aandringen 1 advance [on the enemy]; **2** *(met aandrang spreken)* press (pursue) the point; *hij drong niet langer aan* he did not press the point (the matter); *'ga door', drong hij aan* 'go on', he urged; ~ *op* insist on [a p.'s departure], urge [patience]; *(bij iem)* ~ *op* press (a p.) for [an answer, payment], to [do a thing]; *op handelen* ~ press for action; *op hoger lonen blijven* ~, *(ook)* stick out for ...; *hij drong erop aan dat ik zou gaan* he insisted on my going, insisted that I should go; *hij drong er bij mij op aan het te doen* he urged me to do it; *hij drong er sterk op aan* he was very insistent; *op* ~ *van, zie* aandrang 2

aandrukken press [a p. against the wall]; clasp [a child to one's breast]; strain [she strained him to her, to her heart]; *een kind tegen zich* ~, *(ook)* hug a child; *ze drukte zich tegen haar moeder (tegen hem) aan* she nestled close to her mother (pressed close to him, cuddled up against him)

aanduiden 1 *(aanwijzen)* point out, indicate, show; *(door teken)* mark, indicate; *(door be-, omschrijving)* define, describe; *(opgeven)* state; *vaag* ~ adumbrate; *nader* ~ specify; *iets terloops* ~ hint at a thing; *ik zal hem* ~ *als meneer B* I shall refer to him as ...; *zekere stad, niet nader aangeduid* some town, unspecified; **2** *(getuigen van)* indicate, denote, bespeak, argue [such actions argue a noble mind]; **3** *(betekenen)* mean, denote; **4** *(aanwijzen)* appoint; select

aanduiding indication; definition [a clear definition of one's demands], description; specification; statement; sign; appointment *vgl het ww*

aandurven: *iets* ~ dare to do a thing; *hij zal het niet* ~ I don't think he'll risk it; *iem* ~ dare to fight (*of:* tackle) a p., stand up to a p.; *een onderwerp* ~ dare to tackle a subject; *de moeilijkheid* ~ grasp the nettle; *niet* ~ shrink from [a task], be afraid to grapple with [a situation]; *hij durfde het niet aan* he fought shy of it, shrank from (doing) it, hung back, *(fam)* funked it; *ik durf de reis niet aan* I don't feel up to ...

aanduwen push (on), give a push; *(om een teken te geven)* nudge, jog; *een auto* ~ jump-start a car *(ook met startkabels)*; ~ *tegen* push against

aandweilen wash [the floor]; *vgl* dweilen

aaneen together, on end, consecutively, at a stretch; *zie verder* achtereen & elkaar: aan ~

aaneenbinden[1] tie (bind) together

aaneengeschakeld 1 linked (up), connected [story]; **2** *(tlk)* coordinate [sentences]

aaneengesloten united; serried [ranks *gelederen*]; connected [story]; ~ *zijn, (ook)* be (stand) solid [for the national cause, etc]

aaneenhangen hang together *(ook fig)*; *zijn verhaal hangt van leugens aaneen* his story is a tissue of lies; *zie ook* zand

aaneenkleven stick together

aaneenkoppelen couple (together) [dogs, railway carriages, persons]

aaneenlassen join together; *(balken, enz)* mortise, dovetail; *(ijzer)* weld together

aaneenrijgen string [beads *kralen*]; baste (*of:* tack) together [clothes]; string together [meaningless stories]

aaneenschakelen link together; ~*d*, *(gramm)* copulative

aaneenschakeling series, concatenation [of ideas, accidents], string [of lies]

aaneenschrijven write in (*of:* as) one (word), join [the letters]; *niet* ~ write separately

aaneensluiten I *tr* join (together), link together; *zich* ~, *(lett)* close up; *(fig)* join forces, unite; II *intr* fit [well, badly]; *zie ook* aansluiten II.2 & 3

aaneensluiting joining, etc, *vgl* aaneensluiten; union

aaneensmeden *(ook fig)* weld together

aaneenvoegen join (fit, put, piece) together

aanflitsen, aanfloepen flash on

aanfluiting mockery, laughing stock, byword; *tot een* ~ *maken* make a farce of; *een* ~ *van alle recht* a travesty of justice

aanfokken *zie* fokken

aanfruiten fry [onions] till golden brown

aangaan 1 ~ *op* go up to; *het gaat op een vechten aan* they are sure to come to blows; **2** *(bezoeken:) bij iem* ~ call at a p.'s house, call on a p., come round; look (*of:* drop) in on a p.; call in (stop off) at [the grocer's]; *zullen we even bij hem* ~?, *(fam)* shall we just pop in and see him?; *ben je ergens aangegaan?* did you call anywhere?; **3** *(vlam vatten)* [the fire, the lamp won't] burn, light, light up [the lamps lit up], [the lights] go up, catch [the bonfire didn't catch properly], take fire; ignite [these matches ignite on

1 vgl voor niet opgenomen sam met *aaneen-* ook de hoofdwoorden en *elkaar*

the box only]; *het elektrische licht ging aan* the ... went (came) on; **4** *(beginnen) de school (kerk, schouwburg) gaat om 8 uur aan* school (service, the play) begins (starts) at eight; **5** *(mogen:) dat gaat niet aan* that won't do, it's no go; *het gaat niet aan (om)* ... it does not do [to interfere with it; *zo ook:* it would not have done to say so]; it does not pay [to neglect this subject]; **6** *(tekeergaan)* take on, go on [like mad]; **7** *(sluiten)* enter into [a contract, a marriage, an arrangement, partnership]; conclude [a contract, a treaty, an arrangement]; contract [a loan, a marriage, debts]; incur [debts]; *vgl* vriendschap; **8** *(betreffen)* concern, regard; *dat gaat mij niet aan* that does not concern me, is no business (no concern) of mine, is none of my business, has nothing to do with me; *wat gaat u dat aan?* what business is it of yours?; *wat dat aangaat* as to (as for) that, for the matter of that, for that matter; [you may be easy] on that score; *wat mij aangaat* so far as I am concerned, for my part, as for me, personally; I, for one; *wat ... aangaat* as regards [the labour question], [divided] over [disarmament]; [his arms were like another man's legs] for size; *allen, die het aangaat* all whom it may concern; *zie ook* betreffen

aangaande concerning, as for, as to, with respect (*of:* regard) to; *gegevens* ~ data about [defence]

aangapen gape (stare, *fam:* rubberneck) at [an accident]; *een afgrond gaapte ons aan* an abyss yawned in front of us

aangebedene [his] inamorata, beloved

aangeboren[1] innate [ideas], native [sagacity], inborn [talent for music], inbred [piety], congenital [defects]; ~ *recht* innate (inborn) right; *de mens* ~ innate in man; *alsof het hem* ~ *is* [he does it] as (if) to the manner born

aangedaan moved; *zie verder* aandoen

aangeërfde adjacent owner; *(langs rivieroever)* riparian (owner)

aangeklaagde *zie* beklaagde & gedaagde

aangeknipt: ~*e mouwen* magyar sleeves, all-of-a-piece sleeves; *de mouwen zijn* ~ the sleeves are cut in one with the jacket

aangekomene: *de pas* ~ the newcomer, the new arrival

aangelande *zie* aangeërfde

aangelegd **1** laid out, etc; *vgl* aanleggen; **2** *ernstig* ~ serious-minded, of a serious turn of mind; *kunstzinnig* ~ artistically minded (inclined)

aangelegen adjacent, adjoining

aangelegenheid **1** matter, concern, business, affair; **2** *(belang)* [of the greatest] moment, [of the highest] importance

aangenaam pleasant, agreeable, pleasing, pleasurable; comfortable [house, etc]; lik(e)able [person, qualities]; ~ *metgezel* pleasant companion; ~ *voor het oog* pleasing to the eye; ~*!* pleased to meet you; *(meer vormelijk)* how do you do?; *het is me zeer* ~ *geweest* I am pleased to have met you (delighted to have made your acquaintance); *zich* ~ *maken bij* make o.s. agreeable to, ingratiate o.s. with; *hij weet zich* ~ *te maken* he has a way with him; *het zal me* ~ *zijn te ...* I shall be pleased to ...; ~ *vinden* like; *vgl* lief I.1; *het aangename* what is pleasant, etc, the pleasant things [of life]; *vgl* aangenaamheid *& zie ook* nuttig

aangenaamheid pleasantness, etc; *vgl* aangenaam; *de -heden vh buitenleven* the amenities of country life

aangenomen **I** *bn* **1** adopted, adoptive [child]; assumed [identity]; *zijn* ~ *land* the country of his adoption, his adoptive country; *onder een* ~ *naam reizen* travel under an assumed name; **2** ~*!* done!, agreed!; ~ *werk* contract work; *het is geen* ~ *werk* there's no hurry; **II** *vw:* ~ *dat ...* supposing (granted, assuming, given) that ... (*ook:* assuming, etc, him to be guilty, etc)

aangepast adapted; (well-)adjusted; *vgl* aanpassen

aangeschoten *(door drank)* tipsy, *(Br)* a bit merry; *zie verder* aanschieten

aangeslagen **1** *(sp & fig)* groggy; *(fig ook)* upset; **2** *(belasting:) de hoogst* ~*en* top-rate taxpayers; *vgl* aanslaan

aangesloten: *telefonisch* ~ *zijn* be on the telephone; *niet* ~ *zijn, (fig)* be on the wrong wavelength; *ik ben niet* ~, *(ook)* I don't follow you; ~ *vereniging* affiliated society; *(niet)* ~ *werkman* (non-)unionist; ~*en, (v werklieden)* (trade) unionists; *(bij conventie)* contracting parties [of a convention]; *(telefoon)* customers; *zie ook* aansluiten

aangespen buckle (*of:* gird) on [a sword]

aangetekend registered [post]; *zie* aantekenen

aangetrouwd: ~*e familie* relations by marriage, in-laws; ~*e neef* cousin by marriage; *een* ~*e zuster, dochter, enz* a sister (daughter, etc)-in-law, an in-law

aangeven **1** *(aanreiken)* give, hand, pass [the salt, the ball, etc], pass down, reach (down); **2** *(opgeven)* give, state [terms, particulars], allege [s.t. as a reason]; enter [for a competition or an examination]; *zie* aanmelden, opgeven & nader; *volgens de door U aangegeven richtlijnen* on the lines indicated (suggested) by you; *de aangegeven uren* the hours stated; *aangegeven tijd, (in dienstregeling)* [arrive on (ahead of)] scheduled time (*of:* on, ahead of, schedule); *met aangegeven waarde* with declared value; *(opschrift:)* Value Declared; *aan te geven ziekten* notifiable diseases; *zie ook* toon, enz; **3** *(aanwijzen)* indicate, mark [s.t. on a map]; *nauwkeurig* ~ pinpoint [a target on a map]; mention [the main points]; suggest [means, etc]; *(ve thermometer, enz)* record, register [80 degrees]; *de grenslijn* ~ fix (mark) the boundary line; *de maat* ~ mark (give) the time; *de mode (de pas, de melodie)* ~ set the fashion (pace, tune); *de melodie* ~, *(op orgel bijv, ook)* sketch out

1 zie voor niet opgenomen deelwoorden de werkwoorden

the tune; **4** *(melden)* register, give notice of [the birth of a child]; notify [a disease]; register [luggage]; *(bij het gerecht: iets)* give information (*of:* notice) of; *(iem)* lodge a complaint against, inform against, denounce; *(bij de politie)* report; *hij gaf bij de politie aan dat zijn auto was gestolen* he notified the police that ...; *hij heeft zich zelf aangegeven (bij de politie)* he has given himself up (to the police); *goederen ~* declare (enter) goods; *iets aan te geven?* anything to declare?; **5** *(toeschrijven:) iem iets (niet) ~* think a p. (in)capable of s.t.

aangever 1 *(bij gerecht)* informer; **2** *(v goederen)* declarant; **3** *(theat)* feed(er); *~(tje)* (welcome) opening

aangewezen *zie* aanwijzen

aangezicht face, countenance; *met twee ~en* double-(two-)faced *(ook fig); van ~ tot ~* [meet a p.] face to face; *zie ook* gezicht & gelaat

aangezichtspijn facial (*of:* trigeminal) neuralgia, face-ache, tic douloureux

aangezichtszenuw facial nerve

aangezien seeing (that), (inasmuch) as, since

aangieten cast in one piece with; *die jas zit je als aangegoten* that coat fits you like a glove

aangifte 1 *(v goederen, waarde)* declaration; *(bij bevolkingsregister, enz)* registration, notification [of birth, death]; entry [at the customs]; *(bij sollicitatie)* application; *(sp)* entry; *~ bij ... uiterlijk ...* applications must be received by ... not later than ...; *de ~ is morgen gesloten* the list will be closed ...; *~ doen van* enter, declare [goods]; give notice of; **2** *(voor belasting)* [make a false] return, declaration; **3** *(aanklacht)* information; *~ doen* report (to the police); *vgl* aangeven

aangiftebiljet (income) tax return

aangifteformulier application (*of:* registration) form; *(bij wedstrijd)* entry form; *(voor belasting)* [income] tax form; *(voor lidmaatschap)* enrolment form; *(voor levensverzekering)* proposal form

aangooi throw(-in)

aangooien throw (in) [the ball]; slip on [one's coat]; *~ tegen* throw (fling) against; *zie ook* tegenaan

aangorden gird on [a sword]; *de wapens ~, (fig)* take up arms, rise in arms; *zich ~* gird up one's loins, brace o.s.

aangrenzend adjacent [rooms], adjoining, contiguous, neighbouring [countries]; *~ aan* adjacent to [the house]

aangrijnzen grin at; *(fig)* stare in the face [ruin, etc, stared me in the face]

aangrijpen 1 seize, take hold of [a p.'s arm]; seize (fasten) (up)on [a pretext]; take, seize (on, upon), embrace [the opportunity]; grip [terror gripped me], thrill [the story thrilled me]; *(v brand)* catch hold of [a building]; *gretig ~* jump at (snatch) [an opportunity]; *zulke dingen grijpen je (krachten, gezondheid) aan* such things take it out of you; *aangegrepen door* seized with [dizziness, fright, a desire for ...], assailed by [doubts], struck with [terror]; **2** *(aanvallen)* attack, assail [the enemy]

aangrijpend moving, stirring, touching, pathetic, gripping [account *verslag*], poignant [love story], harrowing [tale]

aangrijpingspunt *(mech)* point (*of:* place) of application, point of impact

aangroei growth [of the population], increase, augmentation

aangroeien grow, increase, augment; *(v rivier, geluid, aantal)* swell [in ever swelling numbers]; *~ tot ..., (ve verhaal, enz)* swell to enormous proportions [the hour lengthened out to two]; *doen ~* swell [the ranks of the unemployed]

aangroeiing *zie* aangroei

aangroeisel *(mar)* fouling

aanhaalkoppel *(techn)* torque setting

aanhaken hook (*of:* hitch) on [*aan* to], couple [a carriage to the train]; *~ bij, (fig)* take up, refer to [a point raised by a precious speaker]

aanhalen 1 *(aan-, toetrekken)* draw tight(er), tighten [a rope, a knot], tighten (up) [a belt], draw in [the reins], run up [a tear *scheur*]; *de banden met ... nauwer ~* forge a tighter link with ...; **2** *(naar zich toehalen)* draw to(wards) one; *de kijker haalt sterk aan* the telescope brings everything very near; *hij haalt van alles aan* he attempts everything; *je weet niet wat je aanhaalt* you don't know what you're letting yourself in for; **3** *(ophalen)* fetch, bring up; **4** *(citeren)* quote [a p.'s words], cite [authorities, cases], instance [a case]; bring forward [proofs]; bring to mind [an event]; *verkeerd ~* misquote [words, an author]; *ter aangehaalde plaatse* loco citato, in the place quoted; **5** *(bij deling)* bring down [a figure]; **6** *(in beslag nemen)* seize, confiscate; **7** *(liefkozen)* caress, fondle, pet [a dog]; **8** *(vd wind)* freshen (up); **9** *(aanstrepen)* mark [a word]

aanhalerig (over-)affectionate

aanhalig affectionate, clinging; *(fam)* cuddlesome, cuddly

aanhaling 1 quotation, citation, *(fam)* quote; *(afgezaagde ~)* tag; **2** *(v goederen)* seizure; *vgl* aanhalen

aanhalingsstreepje dash (-), swung dash (~)

aanhalingsteken inverted comma, quotation mark, *(fam)* [single, double] quote; *~s plaatsen* quote *(openen)*, unquote *(sluiten)*

aanhang 1 following, adherents, followers, hangers-on; *(fam)* dependants, wife and kids; **2** [this theory finds general] favour

aanhangen 1 hang [a rudder], add, attach, tack (on); **2** *(fig)* hang on to, adhere to, stick to [a p.], cling to, be attached to; support [ideas, a party, the revolution]

aanhanger 1 follower, supporter, adherent, votary; *(partijganger)* partisan; *trouw ~, (ve partij)* stalwart; *fervent ~, (ve sport, enz)* aficionado; **2** *(wa-*

---

zie voor niet opgenomen deelwoorden de werkwoorden

gen) trailer

aanhangig pending; *(ve rechtszaak ook)* sub judice; ~ *maken, (jur)* lay (bring, put) before the court; set down [a case] for trial; *(pol)* bring in, introduce [a bill]; *een actie ~ maken tegen* bring an action against; *de rechter weigerde de zaak weer ~ te maken* the ... refused to reopen the case; ~ *maken bij de autoriteiten* take [the matter] up with ...

aanhangmotor outboard (motor)

aanhangsel appendix *(mv ook:* -dices), appendage, addendum *(mv:* addenda); *(ve document, wissel, enz)* rider; *(ve testament)* codicil; *(ve polis, enz)* slip

aanhangwagen 1 trailer; **2** *(fig)* appendage

aanhankelijk attached, devoted, affectionate, clinging [nature]

aanhankelijkheid attachment, devotion, affection

aanharken rake (up, over)

aanhebben have on [have on one's boots, have one's boots on], wear; *alleen maar wat ik aanheb* [I have] nothing but what I stand up in; *zo goed als niets ~* have hardly a stitch on; *de kachel ~* have a fire (on); *het licht (de radio) ~* have the light (the radio) on; *hij had de laarzen nog aan* he was still in his boots

aanhechten affix, attach, fasten; *plaats voor het ~ der postzegels* stamps to be affixed here

aanhechting affixture, fastening, attachment [of muscles, etc]

aanhechtingspunt juncture

aanhef beginning [of a letter], opening (words), exordium [of an oration, treatise, etc]

aanheffen strike up [a melody]; start [a song]; set up, raise [a cry]; *een psalm ~* (begin to) sing a psalm; *een lied, enz mede ~* take up a song (a cry, etc), join in

aanhelpen: *laat mij u de jas ~* allow me to help you into (on with) your coat

aanhikken: ~ *tegen* jib, balk at [a prospect, an idea]

aanhitsen incite, instigate, egg on; set on [a dog]; ~ *op (tegen)* set [a dog, etc] at *(of:* on)

aanhollen: *komen ~* come running (tearing) on *(of:* along); *achter de feiten ~* fail to keep abreast of developments

aanhoren listen to, hear; *(tot het einde)* hear [a p.] out; *het is u aan te horen* I can tell by your voice; *iem (geduldig) ~* give a p. a (patient) hearing; *het (die cd) is niet om aan te horen* I can't bear (stand) it (this CD is unlistenable); *ten ~ van* in the hearing of

aanhorig belonging (appertaining) to

aanhorigheid appurtenance

aanhouden I *ww* **1** *(tegenhouden)* stop [a p. in the street]; hold up [a train, a car, a p. at the point of a gun]; detain, arrest, apprehend [a criminal]; stop, seize [a ship]; seize [contraband goods]; *(door te zwaaien)* flag down [a taxi]; **2** *(kleren)* keep on [one's coat]; **3** *(niet opzeggen, afbreken, enz)* keep on [a room, workpeople, etc]; keep up [a friendship, relations, a correspondence, the acquaintance]; hold, sustain [a note]; *(niet verkopen: effecten, enz)* retain; *(op veiling)* withdraw [a house]; **4** *(voorstel, enz)* hold *(of:* leave) over [the matter was left over till ...]; hold up, delay [a decision]; *de uitspraak werd aangehouden* judgment was reserved; *de zaak werd aangehouden tot ...* the case stood over till ...; **5** *(brandende houden)* keep [the fire] in (on, going), leave [the light] on; **6** *(niet opgeven)* persevere; persist [the father refused, but the boy persisted], press one's point, keep to one's purpose; **7** *(opvolgen)* observe, follow [a prescription]; **8** *(stilhouden)* stop [at an inn]; **9** *(voortduren)* hold [it, the frost, the fine weather, his luck held], continue, persist; *de regen hield aan* it kept on raining; **10** ~ ***met iem*** keep company (live together; *ong:* be in league) with a p.; **11** ~ ***op*** make *(of:* head) for; *(inz mar)* bear down on; *op het land (noordwaarts) ~, (mar)* stand (stand in, make) for the land (stand to the north); *rechts ~* bear to the right; *rechtuit ~* keep right ahead; **12** ~ ***om de hand van een meisje*** propose to a girl, ask a girl's hand in marriage; **II** *zn: het ~ (volhouden)* perseverance, persistence

aanhoudend constant, incessant, continual; *(onafgebroken)* continuous; sustained [rise]; *(hardnekkig)* persistent [cruelty, cries; a persistent drizzle]; ~ *droog* continuing dry

aanhouder sticker *vgl het ww; de ~ wint* it's dogged as does it

aanhouding 1 hold-up [of a train, a p., etc]; seizure [of goods, a ship], embargo [on a ship]; arrest [warrant *mandaat*], apprehension [of a criminal]; *er is een bevel tot ~ tegen hem uitgevaardigd* a warrant is out for his arrest; **2** *(voortduring)* continuance; **3** *(uitstel)* deferment, postponement *vgl het ww*

aanhuwen obtain by marriage; *geld ~* marry into money; *zie verder* aangetrouwd

aanhuwing alliance by marriage

aanjaagdruk *(luchtv)* boost

aanjagen drive *(of:* push) on; *schrik ~* frighten, give a fright, strike terror into; *vrees ~* intimidate; *komen ~* come hurrying (rushing) along; *zie ook* blos

aanjager *(ve brandspuit)* feeder, feeding pump; *(ve schoorsteen)* blower; *(ve motor)* supercharger, booster

aankaarten *(fig)* raise [a matter]; initiate [talks]

aankakken: *komen ~, (fam)* roll up, come tooling along

aankap 1 timber felling, woodcutting; **2** timber-felling area *(of:* station); **3** felled timber

aankijken look at; eye [a p. narrowly, suspiciously, etc]; *eens (goed) ~* have a (good) look at; *iem nieuwsgierig ~* study a p. with curiosity; *het ~ niet waard* not worth looking at; *hij wou me niet ~* he cut me (dead); *ik kijk hem niet meer aan* I won't speak to him again; *ze keken hem er niet anders om aan* it made no difference (to them); *er anders tegen ~* take a different view; *ik durf de mensen niet meer ~ als ...* I shall never hold up my head again if ...; *de zaken eens ~* wait and see; *op iets ~* suspect [a p.] of s.t.; *vgl* aanzien I

aanklacht accusation, charge, information; *(ook: akte van beschuldiging)* indictment; *een ~ afwijzen, (jur)* dismiss an information; *een ~ indienen tegen* lodge a complaint (an information) against, make (bring) a charge, (bring an action) against; *~ wegens diefstal* charge of theft; *~ wegens smaad* action (*of:* suit) for libel; *vervolging op grond van de ~ is onmogelijk* the action will not lie; *punt van ~* count

aanklagen accuse; *~ wegens* accuse of, charge with, summon for; indict for (*inz hist van* Grand Jury); impeach for *(vooral wegens hoogverraad);* arraign for *(deftig); ik zal je ~* I'll have the law of you; *zie verder* aanklacht: een ~ indienen tegen

aanklager accuser; *(jur)* plaintiff, [public *openbare*] prosecutor; *(verklikker)* informer

aanklampen board [a ship]; *iem ~* accost (buttonhole) a p.; *door interviewers aangeklampt worden* be waylaid by ...; *iem om geld ~* touch (importune) a p. for money

aankleden dress; fit up [a room]; get up [a play]; *(opsieren)* dress (*of:* write) up [a story]; *zich ~* dress (o.s.), get dressed; *een dagboek ~ tot een verhaal* dress up a diary in the form of a story; *aangeklede aap* dressed-up monkey; *aangeklede boterham, a) (vglb)* open sandwich; *b)* copious cold lunch; *aangeklede borrel* drink(s) and savouries (refreshments)

aankleding dressing, etc; *vgl het ww;* presentation [of a proposal]; *(ve toneelstuk)* sets, costume and scenery, get-up, stage setting

aankleve: *met den ~ van dien* and all that appertains to it, and everything connected with it, with all its appurtenances, and all the rest of it

aankleven stick (cling, adhere, be attached) to [a p., a party]; attach to [the uncertainty that attaches to the case; the taint attaching to this system]; *de gebreken, die ons ~* the failings we are subject to; *denkbeelden ~* support views

aanklikken click [with the mouse, on a photo]

aankloppen knock (*of:* rap) at the door; *bij iem ~ om* come to a p. for [money, etc]

aanknippen 1 switch on [the light]; flick (on) [a lighter]; **2** cut in one (piece) with; *zie ook* aangeknipt

aanknopen *(eig)* tie on to, fasten to; *er nog een dagje ~* stay another day; *een gesprek (briefwisseling) ~* enter into conversation (correspondence); *een gesprek met iem ~* start (strike up) a conversation with a p; *onderhandelingen ~* enter into negotiations; *betrekkingen ~ met* establish relations with; *weer ~* resume [a conversation, friendships, etc]; *zie ook* vriendschap, enz; *~d bij zijn woorden* taking his words for a starting point

aanknoping entering into, etc *vgl het ww*

aanknopingspunt 1 point of contact; **2** *(punt van uitgang)* starting point, [I can't find a] hook to hang anything on; clue; *zie ook* aanrakingspunt

aankoeken cake, stick [to the pan], become encrusted; *(verstoppen)* clog

aankoersen steer a course [*op* for]

aankomeling 1 newcomer; *(vooral op universiteit)* freshman; **2** *(beginner)* beginner, novice, tyro

aankomen I *ww* **1** arrive [at Dover, in Paris], come [*te* to]; *(ve trein, boot, enz)* come in, arrive; *(als student)* come up; *~d student, (Am)* beginning student; *de trein moet om 5 uur ~* the train is due at five; *de boot moet morgen ~* the boat is due in tomorrow; *de trein kwam [5 minuten] te laat aan* the train was [five minutes] late, came in [five minutes] late; *op tijd ~, (ve trein, enz)* run to time (to schedule); *het eerst (als tweede) ~, (bij wedstrijd)* finish first (second); *de boodschap kwam niet aan, (fig)* the ... made no impact (he didn't get the message); *~ **bij*** arrive at; *vgl* aanlopen; *kom me niet **met** je grappen aan* none of your jokes, please!; *daarmee moet je bij mij niet ~, a) (dat geloof ik niet)* you needn't try that one on me; *b) (mij niet lastig vallen)* don't bother me with it; *met (een idee, enz) ~* come out with [an idea, a question], trot out [don't trot out such ideas], produce [a story]; weigh in with [an argument]; *ik kom er wel wat laat mee aan, maar ik wil je nog wel bedanken* it is a little late in the day, but I ...; *hij zal je **zien** ~* you won't get anywhere with him; *ik heb het zien ~* I saw it coming; *ik zie ~ dat ...* I can see that ...; *zie ook* lading; **2** call (drop) in, call, come round; *vgl* aanlopen; **3** *(naderen)* come (up), come along; *er komt iemand aan* somebody is coming; *~ **op*** come up to, make for; **4** *de slag kwam aan (kwam harder aan dan de bedoeling was)* the blow hurt (hurt more than it was meant to); *hard (bij iem) ~* hit (a p.) hard; **5** *(aanraken)* touch; *niet ~!* hands off!; **6** ***daarop*** *(alleen) komt het aan* that's the real point; that's all that matters; that's the only thing that counts; *waar het op aankomt, is ...* the point is ..., what matters (matters most, counts) is ...; *als het daarop aankomt* if it comes to that; *als het er op aankomt om* when it comes to [getting up early]; *als het er op aankomt, a)* when it comes to the point (crunch); *b)* if the worst comes to the worst, when it comes to the pinch; *nu komt het er op aan* this is it!, now for it!; *het komt er maar op aan ...* the principal (the important) thing is to ..., the only question is whether ...; *het komt er niet op aan wat* [give me some dinner,] anything will do; *het komt maar op geld aan* it's merely a matter of money; *het komt er niet op aan* never mind; it is of no consequence; it doesn't matter; *het geld komt er niet op aan* money is no object; *het komt hem op ... niet aan* he does not mind [a few euros, a few days], he is not particular to [a day]; **7** *(ve twist, enz)* begin, start [where did the fire start?]; **8** *(in gewicht)* put on flesh (*of:* weight); gain [how much have you put on these holidays? what! gained nothing?]; *(ve zieke, enz)* improve, gather strength, pick up, come on [I've come on a lot lately; fruit is coming on beautifully]; **9** *~ tegen, (grenzen aan)* border (up)on; **10** *er is geen ~*

aan, er is niet aan te komen it is not to be had (for love or money); *er is niet gemakkelijk aan te komen* it is not easily come by; **11** *het er op **laten** ~, (het wagen)* chance it, risk it; *hij laat het er maar op* ~ he lets things drift [and trusts to luck to pull him through]; *hij laat alles op mij* ~ he leaves everything to me; *het op het laatste ogenblik laten* ~ put it off to the last minute, cut it very fine; **12** *het zal u vreemd* ~ you'll feel rather out of your element; *zie ook* komaan; **II** *zn zie* I.10

aankomend growing [boys and girls]; adolescent; prospective (future) [teachers]; ~ *jongeling* young fellow; ~ *meisje* young girl, slip of a girl; *zie ook* bakvis; ~ *dichter* budding poet; ~*e week* this coming week

aankomer newcomer, (new) arrival

aankomst arrival [lounge *hal*]; *bij mijn* ~ on (at) my arrival; *bij* ~ on arrival; *verkopen bij behouden* ~ sell to arrive

aankondigen announce, publish, advertise [it is advertised everywhere]; *(door biljet)* bill [an actor, a singer, be billed to appear as Hamlet], *(officieel)* notify, proclaim; *(~ en bespreken)* review, notice; *(voorspellen)* forebode; herald [swallows herald the spring]; *de rede kondigt ... aan* the speech foreshadows ...

aankondiger announcer; *(voorbode)* herald, harbinger

aankondiging advertisement, announcement; annunciation [of the coming of Christ]; notice; *(officieel)* notification, proclamation; *(in de pers)* (press) notice, review; *tot nadere* ~ until further notice

aankoop purchase [price], acquisition; *bij ~ van* when purchasing; *door* ~ by purchase

aankopen purchase, buy, acquire

aankoppelen couple [railway carriages, dogs; *ook fig*]; leash [dogs]

aankorsten *zie* aankoeken

aankorsting (in)crustation

aankrijgen 1 get on, get into [one's coat]; *een roes* ~ get drunk; **2** *(ontvangen)* receive [goods], get in [new stock]; **3** *de kachel* ~ get the fire to burn; *ik kan mijn pijp niet* ~ I cannot get my ... to light

aankruien bring in a wheelbarrow; *het ijs kwam* ~ the ice came drifting on

aankruipen: *komen* ~ come creeping (crawling) along; *dicht tegen moeder* ~ nestle up to mother

aankruisen mark, tick, check (off) [where (*of:* as) appropriate]

aankunnen 1 be a match for [a p.]; be equal to [a task]; manage [he cannot manage the class; can you manage that large piece?]; *ik kan het haast niet aan* it is as much as I can tackle (*of:* cope with); *hij kan heel wat aan* he is a great eater (worker, etc); *veel geld* ~ spend lavishly; *zijn salaris* ~ live up to one's salary; *ik kan hem best aan* I can see him off (am a match for him); *hij kan het best aan* he can (us quite able to) cope; *men kan **op** hem aan* he is quite reliable (dependable), you can bank on him; *men kan volstrekt niet op hem aan* he is utterly unreliable; *je ..., daar kun je op aan* you ..., and no mistake; *je kunt er op aan, dat ...* you may rely (up)on it that ..., you may take it from me that ...; **2** *je kunt die kleren niet meer aan* you cannot wear those clothes any longer

aankweek cultivation

aankweken grow [plants], cultivate [plants, fish, friendship, a habit, etc]; foster [feelings, etc]; *zie ook* kweken

aanlachen smile at (on, upon: Fortune smiled on me); *het plan (de idee) lacht me niet aan* the plan does not appeal to me (I don't relish the idea)

aanlanden 1 land (up); *goed en wel* ~ arrive safe and sound; *zie ook* belanden; **2** land [cargo]

aanlandig onshore [wind]

aanlangen pass, hand, reach

aanlassen 1 join; *(met zwaluwstaart)* dovetail; *(met koord)* lash; **2** *(met lasapparaat)* weld [to s.t.]

aanlaten 1 keep on [a coat]; leave [the lamp] burning (*of:* on); leave [the door] ajar; leave [the radio] (turned) on; **2** *(v metaal)* temper, anneal

aanleg 1 *(het aanleggen)* construction [of a railway, canal], planning [of towns], laying-out [of streets, a garden], laying [of a cable], laying-on [of gas, water], installation [of electric light, telephone, etc]; aim [of a gun]; *in* ~ in course of (*of:* under) construction; **2** *(concr)* installation, plant; **3** *(wijze v ~gen, ontwerp)* layout, design [of a garden], plan; first sketch [of a picture]; **4** *(plantsoen)* (pleasure) grounds, park; **5** *(natuurlijke ~)* gift, natural ability, (natural) aptitude [for business, languages], [have a] talent [for languages], (natural) bent [for mathematics], genius [she had a genius for domesticity]; *(voor ziekte)* (natural) tendency, (pre)disposition [to bronchitis]; ~ *hebben voor* be inclined to [stoutness], have it in one [to be a writer]; *hij heeft veel* ~ he has great talents (*of:* gifts); *als hij er ~ voor had, zou hij ...* if he were made that way, he would ...; ~ *voor letterkunde* a literary bent; *hij heeft daar geen ~ voor* his talent does not lie that way; *in ~ aanwezig* present in rudimentary form; **6** *(instantie)* instance; *in eerste* ~ in the first instance; *rechtbank van eerste* ~ court of first instance; **7** *(~plaats)* landing stage; *zie ook* pleisterplaats & toeleg

aanleggen 1 *(plaatsen)* place *(ook van thermometer)*, apply [a plaster, bandage, standard, voltage], moor [a vessel]; *zie ook* 4; *een paard een toom* ~ put a bridle on a horse; *vgl verder* boei, enz; ~ *tegen* lay (place) against; **2** *een geweer* ~ level (point) a rifle [*op* at]; ~ *op* (take) aim at, cover; *leg aan!* present!; **3** *het* ~ manage; [how did he] set about it?; *ze legde het erop aan te ...* she made it her object (her business) to ..., went out of her way (set out) to [offend him], made a point of [contradicting me, of getting left behind]; *het goed (verkeerd)* ~ set about it the right (wrong) way; go the wrong (right) way to work; *het*

handig ~ set about it cleverly; ***hoe heb je het aangelegd zo vlot te komen?*** how did you manage to ...?; *het* ***kalm*** ~ go easy; *het* ***zuinig*** *(te breed)* ~ be economical (live beyond one's means); *het* ***met*** *iem trachten aan te leggen* make up to a p.; *het met een meisje* ~ take up (pick up) with a girl; **4** *(maken, tot stand brengen)* construct [railways, roads], build [roads, towns, bridges], plan [towns], lay out [gardens, parks, streets], dig, cut [canals], throw up [earthworks], lay on [gas, water], put in [electric light], install [heating apparatus], start [a coin collection], make [a register], build up [stocks]; *een* ***vuur*** *~, a)* lay (build) a fire; *b)* light (kindle) a fire; *elektrisch licht ~ in een huis, (ook)* wire a house for electricity; **5** *de boot legde langs de kade aan (legt hier niet aan)* the boat was brought up (*of:* was moored) alongside the quay (does not touch (*of:* call) at this port); **6** *(pleisteren)* stop [at an inn]; *zie ook* aangelegd

aanlegger constructor, builder, author; *(ve samenzwering, enz)* instigator; *(hoofd~)* prime mover; *(jur)* plaintiff

aanleghaven port of call

aanlegplaats **1** landing stage, dock; **2** *zie* pleisterplaats

aanlegsteiger jetty, mooring, landing stage, *(groot)* pier

aanleidend: *~e oorzaak, a) zie* aanleiding; *b) zie* grondoorzaak; *één der ~e oorzaken, (ook)* one of the contributory causes

aanleiding occasion, inducement, motive, immediate cause [of a war]; *de ~ tot dit besluit is ...* this decision is actuated by ...; *~ geven tot* give occasion (*of:* rise) to [a rumour], lead to, prompt; *(gegronde) ~ geven tot klachten* give (just) cause for complaint; *dit geeft mij ~ te ...* this induces (causes) me to ...; *je gaf ~, (fam)* you asked for it; *~ hebben (vinden) te* have (find) occasion to; *alle ~ hebben te* have every reason to; *hij heeft geen ~ om te komen* he has no call to come; *er was niet de minste ~ voor uw medelijden, (ook)* your pity was quite uncalled for; ***bij*** *de geringste ~* on the slightest provocation; ***naar*** *~ van* with reference to, referring to [your letter]; in pursuance of [an order]; apropos of [nothing]; in connection with; [preach] from [a text]; *(wegens)* on account of, in consequence of; [matters] arising from [the minutes of the last meeting]; *iem nog iets naar ~ van de notulen?* are there any matters arising?; *naar ~ waarvan, (ook)* as a result (in consequence) of which; *het was naar ~ van een concert* the occasion was a concert; ***zonder*** *enige ~* without any reason (provocation), apropos of nothing

aanlengen dilute, weaken, water [the whisky], water down

aanleren **I** *tr* learn [a language, a trade]; acquire [skill, etc]; **II** *intr* make progress [you are making excellent progress], improve; *aangeleerd* [natural and] acquired [talents]

aanleunen: *~ tegen* lean against; *(fig)* border on; *hij liet zich die eer ~* he took the honour as his due; *ik wil het (een belediging, enz) mij niet laten ~* I won't put up with it, swallow it, take it lying down; *~ bij* relate (be related) to; *aangeleund zijn (met), (fam)* be courting

aanleunwoning granny house (flat, annexe)

aanleveren deliver (*v lading:* for shipment)

aanliggen **1** *(aan antieke maaltijd)* recline at table; *het ~* accubation; **2** *noordelijk ~, (mar)* bear northward, stand to the north; **3** *(raken)* butt, abut (against); lie, rest against

aanliggend adjacent [angle], contiguous; (a)butting; adjacent; mating [surfaces]

aanlijnen leash; *aangelijnd* [dogs to be kept] on a leash (lead)

aanloden *(mar)* sound; *aangelode plaatsen* soundings

aanloeven *(mar)* go to windward, luff

aanlokkelijk alluring, tempting, seductive, attractive, inviting

aanlokkelijkheid seductiveness, allure, attraction

aanlokken allure, tempt, entice; *(in de val)* decoy

aanlokking, aanloksel enticement, allurement

aanloop run, running start; *(sp)* run-up; *(luchtv)* take-off run, forward run; *(inleiding)* preamble, beginning; *een ~(je) nemen* take a run; *(fig)* lead up gradually to a subject; *sprong met ~* running jump (leap); *sprong zonder ~* standing jump; *je neemt een lange ~, (fig)* you are a long time (in) coming to the point; *veel ~ hebben* have a lot of visitors

aanloopband leader (tape)

aanloopgroef lead-in (groove)

aanloophaven port of call

aanloopkleur annealing (*of:* temper) colour

aanloopkosten *(v bedrijf)* initial (pre-operational) expenses, start-up costs

aanloopperiode **1** introductory (*of:* trial) period; **2** *(econ)* lead time

aanloopproblemen teething troubles

aanlooptijd starting period

aanlopen **1** *komen ~* come walking (running) on (*of:* along); *(toevallig, Am fam)* happen by, along; *de hond is komen ~* the dog has strayed here; *~ op* walk (run) up to (in the direction of, towards); *~ tegen* run (*of:* bump) into, run up against [a p., a lamppost]; collide with; *land ~, (mar)* make a landfall; **2** *wat ~* step out, walk a bit faster; **3** *eens ~* call in [we'll call in here; ask the doctor to call in], call, call (*of:* step) round, drop in; *~* ***bij,*** *zie* aangaan 2; **4** rub [against]; *(ve rem)* drag; *(ve wiel)* be out of true, not run true; **5** *dat zal nog wel wat ~* that will take some time yet; **6** *(v metaal)* colour; *blauw (bruin) laten ~* blue [steel], brown [a gun barrel]; *hij liep rood aan* he grew purple (in the face)

aanmaak preparation; manufacture, making

aanmaakblokje firelighter

aanmaakhout(jes) sticks, kindling

aanmaakkosten cost of manufacture, manufacturing (*of:* production) costs
aanmaken 1 prepare; manufacture, make; **2** *(toebereiden)* make, dress [the salad], mix [mortar, colours, a pudding]; *aangemaakte mosterd* ready-made, ready-mixed mustard; **3** light, make [a fire]; **4** make haste; *zie* voortmaken
aanmanen exhort; ~ *tot (te)* exhort (*of:* urge) to; *tot (om) betaling* ~ press for payment, dun
aanmaning exhortation; *(om betaling)* dun(ning letter); *(voor belasting) zie* waarschuwing; *(ve ziekte)* warning (sign); *zachte* ~ gentle reminder
aanmatigen: *zich* ~ arrogate to o.s.; assume (to o.s.); *zich een oordeel* ~ presume to give an opinion
aanmatigend arrogant, presumptuous, overbearing, pretentious, self-assertive, high-handed
aanmatiging arrogance, presumption, high-handedness; *(jur)* arrogation
aanmelden announce, *vgl* aandienen: zich ~; *(v getuigen)* come forward, *(ve dief)* give o.s. up [to the police], *(voor betrekking)* apply, [no applicants have] come forward, *(voor examen, enz)* enter (one's name), present o.s. [for examination]; *zich in persoon (alleen schriftelijk)* ~ [candidates are requested to] apply in person (by letter only); *vgl* aangeven
aanmelding 1 announcement, notice; **2** registration [form]; *(verzoek)* application [form]; **3** *(sp)* entry; *vgl* aangifte
aanmengen mix; *(verdunnen)* dilute; *aangemengd* [you can buy it] ready-mixed
aanmeren moor
aanmerkelijk considerable; substantial [interest]; ~ *groter* substantially larger
aanmerken 1 *(beschouwen)* consider; **2** *(opmerken)* remark, observe; *iets ~ op* find fault with [a p. or thing], take exception to [a statement, etc]; *heb je iets op mijn gedrag aan te merken?* have you any fault to find with (is there anything you find fault with in) my conduct?; *er is niets op aan te merken* it is unexceptionable; *ik heb er niets (weinig, één ding) op aan te merken* I have no (little) fault to find with it (one critical comment to make); *het enige dat ik op hem (erop) aan te merken heb, is ...* the only fault I have to find (the only quarrel I have) with him (it) is ...; *ze hadden niets op hem aan te merken* they had not a word to say against him
aanmerking 1 *(beschouwing)* consideration; *in ~ **komen*** be considered [for promotion, for a vacancy; only qualified accountants will be considered for this post]; rank [for dividend]; be eligible (qualified) [for membership, office, (a) pension], qualify [for the next round]; *of men in ~ komt hangt af van* ... eligibility depends on ...; *hij komt helemaal niet in* ~ he is not regrded as a serious candidate, is completely out of the running; *kwaliteit komt pas in de tweede plaats in* ~ quality is only a secondary consideration (of secondary importance); *in ~ komende stoffen* suitable materials; *in ~ komende gevallen* appropriate cases; *in ~ **nemen*** take into consideration (*of:* account); allow for, make allowance for [a p.'s condition], reckon with [coming changes]; *in ~ genomen* considering, making allowance for [the boy's age], having regard to [the facts], in view of [our short acquaintance]; *alles in ~ genomen* all things considered; **2** (critical) remark; observation; *(afkeuring op school)* bad mark; *~en, (ook)* strictures; *ik maak geen ~, alleen maar een opmerking* I am not criticizing, I am only remarking (commenting); ~ *maken op, (persoon & zaak)* find fault with, criticize; *(zaak ook)* take exception to; *zie verder* aanmerken
aanmeten measure a p. for [a coat]; *zich ... laten* ~ have one's measurements taken (get measured) for ...; *aangemeten pak* made-to-measure suit; *zich airs (een houding, een nieuwe auto, een mening) ~, (fig)* give o.s. airs (assume an attitude, get o.s. a new car, presume to have an opinion)
aanminnig charming, sweet
aanminnigheid charm, sweetness
aanmodderen muddle along
aanmoedigen 1 encourage; give a fillip to [trade, etc]; lead [a p.] on [to some indiscretion; you led me on]; **2** *(zedelijk steunen)* countenance [you should not countenance such practices]
aanmoediging 1 encouragement; **2** *(zedelijke steun)* countenance
aanmoedigingspremie incentive bonus
aanmoedigingsprijs *(ook)* consolation prize
aanmonding *(muz)* embouchure
aanmonsteren I *tr* engage, sign on [seamen]; **II** *intr* sign on, sign the articles
aanmonstering engagement, signing on
aanmunten coin, mint *(ook fig);* monetize
aanmunting coinage [free coinage of silver], minting, monetization
aannaaien sew on [buttons]; *iem oren* ~ take a p. in; *men kan hem geen oren* ~ he is not gullible; he was not born yesterday
aanname assumption, hypothesis
aanneemsom sum contracted for
aannemelijk 1 acceptable [proposal, etc], reasonable [terms], plausible [theory], likely [explanation]; *(ve excuus, enz)* plausible, colourable; **2** *(toelaatbaar)* admissible; **3** *(geloofwaardig)* [it sounds very] plausible, credible; ~ *maken* make plausible; **4** *(bevattelijk)* teachable [child]
aannemelijkheid acceptableness, admissibility, etc
aannemeling candidate for confirmation, confirmation candidate
aannemen 1 *(accepteren)* accept [an offer, invitation, apology, a Bill of Exchange]; take [a cup of tea, money, orders, a message]; receive, book [orders]; take in [*aan de deur:* the milk, a parcel], take delivery of [the goods]; answer [the telephone]; *(ve kelner)* take an order; *~!* waiter!; *ik neem aan in een uur*

klaar te zijn I undertake to be ready ...; *ik neem geen* **bedankje** *(weigering) aan* I won't take no for an answer; *een* **opdracht** ~ undertake a commission; *hij nam mijn* **voorstel** *(aanbod) (graag) aan, (ook)* he closed with (*gretig:* jumped at) my proposal (offer), he fell in with my suggestion; *een* **werk** ~ contract for a work; *zie ook* uitdaging, enz; **2** *(goedkeuren)* *een* **motie** ~ carry (adopt, agree to) a motion [by 50 votes to 12]; *een wetsvoorstel* ~ pass a bill; *de begroting* ~ approve (vote) the estimates; **3** *(tot zich nemen)* adopt [a child, a name, a hostile attitude, another line of conduct], take [a name], take up [an attitude], assume [airs, a kind tone, a name, grave proportions]; contract, pick up, get (fall) into [a habit]; take on [her cheeks took on a deeper colour]; embrace [a religion, an opinion]; take on [dangerous forms]; *hij neemt gauw iets aan* he takes to a thing quickly; *zie ook* rouw, houding, enz; *kerkelijk* ~ confirm; *als* **lid** ~ admit [as a member, to full membership]; **4** *(onderstellen)* suppose, assume [a hypothesis; it is generally assumed that ...]; presume [that a decision is final]; expect [that he has not seen the dog]; *(als vaststaand ~, zonder onderzoek ~)* take for granted; *je kunt gerust van mij ~ dat ...* you can take it from me that ...; *dit wordt algemeen aangenomen* this is generally accepted, it is the generally received opinion; *naar men mag* ~ presumably [this would mean ...]; *ik meen te mogen* ~ I venture to think; *mag ik ~ dat je geen bezwaar hebt?* may I take it that you ...?; *zie ook* aangenomen, geloof, enz; **5** *(in dienst nemen)* engage [staff], take on [workpeople], *(inz Am)* hire [employees]; **6** *als regel* ~ make it a rule

aannemer contractor; *(in bouwvak)* (building) contractor, builder (and contractor); ~ *des persoons, (Hand. 10:34)* [God is no] respecter of persons

aannemersvak [be in the] building trade

aanneming 1 acceptance [of a Bill of Exchange, an invitation, etc]; **2** adoption; **3** admission; **4** supposition; assumption; **5** passage [of an act *wet*], carrying [of a motion]; **6** *(kerkelijk)* confirmation; *vgl* aannemen; **7** *veroordeeld onder ~ van verzachtende omstandigheden ...* with the benefit of extenuating circumstances; **8** *(bouw, enz)* contracting; **9** engaging, engagement, recruitment [of personnel]

aannemingssom sum contracted for

aanpak approach [*ve probleem* to a problem]; manner of dealing with (of tackling) [a job]; initiation [of a project]; *dat is een hele* ~ that is quite a job

aanpakken 1 *(aangrijpen)* seize (on, upon), lay (take, catch) hold of, grip [a p.'s arm], attack, assail [the enemy], close with [a p.]; *pak aan!, (klap)* take that!; *(zichzelf)* ~ buckle to, get a grip on o.s., put one's back into one's work; *iem ~ wegens smaad* take a p. to court for libel; **2** *(ter hand nemen, beginnen)* initiate [a project]; address [a problem]; *hij was bereid* **alles** *aan te pakken* he was ready to turn his hand to anything; *een* **onderwerp** ~ tackle (grapple with) a subject; *de* **zaak** ~ take the matter up (*of:* in hand), handle the matter [in a workmanlike way], get to grips with the question; *hoe zal ik het ~?* how shall I set about it?; **3** *(behandelen)* handle; *iem flink (hard)* ~ take a firm line (be tough) with a p.; *je moet hem maar eens flink* ~ you should give him a bit of your mind, take him firmly in hand; *een moeilijke zaak* **flink** ~ grasp the nettle; *het* **goed** *(verkeerd)* ~ go (set) the right (wrong) way about it; go the right (wrong) way to work; **ruw** ~ handle roughly; *iem* **zacht** ~ deal gently with a p.; *zo moet je hem* ~ that's the stuff to give him; *hij (de toestand) moet voorzichtig aangepakt worden* he (the situation) requires careful handling; *je weet haar niet aan te pakken* you do not know how to manage her; *als hij op de juiste manier aangepakt wordt doet hij wel mee* if properly approached he ...; **4** *(stevig werken)* set to work; *hij weet van* ~ he is a hard worker (gets on with it); he knows how to manage things; *de jongen moet mee* ~ the boy should make himself useful; **5** *(treffen)* tax; *de* **ziekte** *heeft me aangepakt* the illness has taken it out of me (has pulled me down); *zulke dingen pakken je aan* such things take it out of (tell on, leave their mark on) you; *de onzekerheid heeft me erg aangepakt* the suspense has been getting me down

aanpakker 1 go-ahead (enterprising) person; *(fam)* go-getter; **2** *(voor pan)* panholder

aanpalend adjacent, adjoining

aanpappen: ~ *met* chum (pal) up with; *(Am)* cotton to; *(trachten aan te pappen met)* scrape acquaintance with, cultivate [a p.]

aanpassen 1 try on [a coat]; **2** adapt; *iets (zich) ~ aan* adapt (accommodate, adjust, fit) s.t. (o.s.) to [one's environment, etc]; *zich ~ aan, (ook)* fit in with [one's surroundings, etc]; *de straf aan de misdaad* ~ make the punishment fit the crime; *de productie ~ bij de vraag* tailor production to demand; *zich gemakkelijk ~d* adaptable [girl couriers are more adaptable than men], adaptive [man is an adaptive animal]; *sociaal aangepast* well-adjusted [personality]

aanpassing adaptation, adjustment, accommodation; *(techn)* adapter

aanpassingsvermogen adaptability, flexibility; accommodation [of the eye]

aanpezen hurry up; *komen* ~ come racing along

aanpikken 1 peck at [fruit]; **2** hook (up)

aanplakbiljet poster, bill

aanplakbord noticeboard, *(Am)* bulletin board; *(reclame~)* hoarding; *(Am)* billboard

aanplakken paste (up); *(openbare bekendmaking)* post (up); *verboden aan te plakken* billstickers will be prosecuted; stick no bills; no posters!

aanplakker billsticker, billposter

aanplakzuil advertising pillar

aanplant 1 *(abstr)* planting, cultivation; *in* ~ under cultivation; **2** *(concr)* plantation; reserve

aanplanten plant [trees], grow [corn], cultivate
aanplanting *zie* aanplant
aanplempen fill up [a ditch]
aanporren prod, spur (on), urge on, stir (wake, ginger) up
aanpoten 1 *zie* aanpezen & aanstappen; **2** *(fam)* infect with
aanpraten: *iem iets* ~ talk a p. into [buying, doing s.t.], persuade a p. to ...; *iem zijn waren* ~ press one's ... (up)on a p.; *tegen iem* ~ talk (away) at a p.; *iem tegen zich laten* ~ let a p. unburden himself
aanprijzen recommend, sing the praises of; *(fam)* crack up, puff (up)
aanprijzing recommendation
aanpunten point, make a point to, sharpen (to a point)
aanraakscherm *(comp)* touch screen
aanraden advise; recommend, suggest [a plan]; *ik raad (u) geduld aan* I advise patience, I advise you to be patient; *het is aan te raden* it is advisable; *op uw* ~ on your advice, at your suggestion
aanrader 1 best buy; **2** good buy; [her new novel is a] must
aanraken touch; *elkaar* ~ touch (each other); *verboden aan te raken* do not touch; *zie ook* aanroeren & aanstippen
aanraking touch, contact; *in ~ brengen met* bring into contact with, put in touch with; *hij bracht mij met de familie in* ~ he introduced me (in)to the family; *in ~ komen met* come into touch (contact) with, mix with, *(fam)* rub shoulders with [all sorts of people]; *dagelijks met iem in ~ komen* be in daily contact with a p.; *ik kom niet veel met hem in* ~ we don't often meet; *wij kwamen voortdurend met elkaar in* ~ we were constantly thrown together; *zie ook* justitie
aanrakingspunt point of contact; *we hebben geen ~en, (ook)* we have nothing in common (with each other)
aanranden assault [she was indecently (sexually) assaulted], violate; *(om te beroven)* hold up; attack [the liberty of the press, etc]; *iems goede naam* ~ injure a p.'s reputation
aanrander attacker, assailant
aanranding (criminal) assault; hold-up, attack; *~ der eerbaarheid* indecent assault
aanrecht sink unit; *(~blad)* worktop, *(inz v steen)* (kitchen) slab
aanrechtkastje sink cupboard; base unit
aanreiken reach, hand, pass, hand in [I'll hand in the book tonight]
aanrekenen *(eig)* charge; *iem iets ~, (fig)* blame a p. for s.t., lay s.t. to a p.'s charge; *het zich als een eer ~ te* ... consider it an honour to ...; *het iem als een eer (verdienste)* ~ give a p. credit for it
aanrennen: *komen* ~ come running (racing, tearing) along (*of:* on), come galloping up; *~ op de vijand* rush at (on, upon) the enemy; *~ tegen* run (*of:* dash) into
aanrichten 1 cause, bring about, do; *schade* ~ cause damage; *onheil* ~ do harm (mischief); *verwoestingen* ~ wreak havoc [the floods have wreaked havoc], ravage [the country], do [a great deal of] mischief; **2** prepare, lay on [a dinner]; *zie ook* bloedbad, enz
aanrijden I *intr: komen* ~ come riding (driving) on (*of:* along); drive up [carriages were constantly driving up]; *bij iem* ~ pull up (*of:* stop) at a p.'s house (*of:* door); *~ op* drive (ride) towards (in the direction of); *vgl* rijden; *~ tegen* run (crash) into; **II** *tr* **1** *iem* ~ run into a p., knock a p. down [he was run into, knocked down, hit, by a lorry]; *van achteren ~, (fam)* shunt [another car]; **2** break in [a horse]
aanrijding collision, crash
aanrijgen thread (together), string [beads]; baste, tack [a dress]; lace up [boots, a corset]
aanrijroute access road
aanrimpelen gather (in)
aanrissen, aanristen string [onions]
aanroep call; *zie* aanroeping
aanroepen call [a p., a taxi], hail [a ship, a taxi, a p.]; *(ve wacht)* challenge; invoke [God, the Muses]; call (up)on [God for help]; *zie ook* getuige
aanroeping calling, hailing; challenge; invocation; *vgl* aanroepen
aanroeren touch [a p. or thing]; touch (up)on [a fact, a subject]; mix, stir up [a pudding]; *dat onderwerp mag niet worden aangeroerd* that ... is taboo(ed); *vgl* snaar
aanrollen *(vaten, enz)* roll on; *komen* ~ come rolling on (*of:* along); *~ tegen* roll against
aanrommelen, aanrotzooien mess about (around); *maar wat* ~ muddle along
aanrukken advance; *~ op* advance (*of:* march) (up)on, push on to, press forward to; *laten ~, (bestellen)* order, call for; *nog een fles laten ~, (ook)* have another bottle up (*of:* in)
aanschaf 1 procurement, buying, purchase; *kosten van* ~ initial expense; **2** *(concr)* [new] acquisition
aanschaffen: *(zich)* ~ procure, buy, purchase, get; *(fam)* invest in [a new hat]
aanscharrelen: *komen* ~ come shuffling (*ve kind:* toddling) along
aanscherpen 1 sharpen; *vgl* aanpunten; **2** tighten up [regulations], make [restrictions] more rigorous; define [the statement of the problem] more precisely; **3** accentuate [a problem], aggravate [a conflict]
aanschieten 1 hit, wing [a bird]; **2** *(kleren)* slip on, hurry into; **3** address, buttonhole, *(nadrukkelijk)* accost [a p.]; *~ op* rush at (on, upon); *zie ook* aangeschoten
aanschijn 1 *(voorkomen)* appearance, look; **2** *(aangezicht)* face, countenance; *zie ook* zweet
aanschikken draw one's chair up to the table, draw up (to the table), sit down to table; *schik mee aan!* draw up (your chair)
aanschoppen kick (against); *~ tegen, (fig)* knock,

criticize
aanschouwelijk clear; graphic [description]; *~ maken* demonstrate, illustrate; *~e les* object lesson; *~ onderwijs (geven), a)* teaching (teach) by illustration; *b)* teaching (teach) with visual aids
aanschouwelijkheid clearness, graphic(al)ness
aanschouwen behold, see; *zie ook* levenslicht; *ten ~ van* in the sight of, in the presence of
aanschouwer beholder, looker-on, spectator
aanschouwing observation; *(geestes~)* contemplation; *innerlijke ~* inner (spiritual) vision; *zalige ~, (r-k)* beatific vision
aanschouwingsles object lesson
aanschouwingsonderwijs teaching with visual aids
aanschouwingsvermogen intuitive faculty, power of intuition
aanschrappen 1 *zie* aanstrepen; **2** *(lucifer)* scratch [a match]
aanschrijven 1 *goed (slecht) aangeschreven staan* be in good (bad, ill) repute, enjoy a good reputation, be in good (bad) odour [*bij* with], be well thought of [by], *(bij iem)* be in [a p.'s] good (bad) books; *hoog bij iem aangeschreven staan* be held in high esteem by a p.; **2** *(in rekening brengen)* charge to a p.'s account; *zie ook* aanrekenen; **3** *(oproepen)* summon; *(berichten)* notify; *(rondschrijven)* circularize; *(gelasten)* instruct, order; **4** *aangeschreven lijn* tangent (line)
aanschrijving notification, summons; instruction(s), order(s)
aanschroeven *(ergens aan)* screw on; *(vaster)* screw home
aanschuiven 1 push (*of:* shove) on; *komen ~* come shuffling along; **2** *zie* aanschikken
aansjokken: *komen ~* come slouching (trudging, jogging) along
aansjorren lash
aansjouwen I *tr* bring (along), carry; *(slepend)* haul (drag, lug) along; **II** *intr zie* aansjokken
aanslaan 1 touch [the piano, a string *snaar*, key *toets*], strike [a note, *zie ook* toon; a chord *akkoord*]; *(op kasregister)* ring up; *(ve paard)* overreach, interfere, click; *(ve kogel)* ricochet; *(vuurwapen)* (bring to the) present; *(motor)* start (up); *de motor slaat (niet) aan* the engine picks up (fails to start); *~ tegen* strike (dash) against; *de piano slaat licht aan* the ... has a light touch; *de klep slaat niet aan* the valve does not close properly; **2** *(in beslag nemen)* seize, confiscate; **3** *(bevestigen)* put up, affix, nail [Luther nailed his theses to the church door]; post up [a notice]; tack [a list] on the noticeboard; *het aas ~* put (*of:* hook) on the bait; **4** *(schatten)* estimate, value [*op* at]; *hoog ~, (fig)* value (*of:* rate) highly; *te hoog (laag) ~* overrate (underrate) [a p.'s merits]; *niet hoog ~* not think much of; **5** *(in belasting)* assess [*voor £100* for income tax at ...]; *(plaatselijke belasting)* rate [*voor* at]; *te hoog ~* assess too high; **6** *(mil)* salute; **7** *(ve hond)* give tongue; *(ve vogel)* start singing; *(ve klok)* warn; **8** *(beslaan: van ruiten, spiegel)* steam up; *(ve ketel)* fur, get furred; *(v metaal)* tarnish, get tarnished; **9** *(wortel schieten)* strike (root), take *(ook fig)*; *zie ook* aangeslagen
aanslag 1 *(het aanslaan: muz, schrijfmachine)* touch; *(op toetsenbord)* keystroke; *(ve projectiel)* impact; *(60 ct per km en) een ~ van €7,50 (ve taxi)* ... initial hire fee (hiring charge); *op de ~ schieten* snap a rifle (pistol, etc); *het schieten (schot) op de ~* snap shooting (snap shot); *in de ~* at the present; *in de ~ brengen (komen)* bring (come) to the present; *staande (liggende) ~* standing (lying) position; **2** attempt, attack [*op* on], hold-up [of a train]; [bomb] outrage; *een ~ doen op* attempt (make an attempt on) the life of; *misdadige ~* criminal assault; **3** *(belasting)* assessment; *op ~* on demand; **4** *(afzetsel)* fur, scale [in a kettle], incrustation; film [of grease]; *(bezinksel)* sediment, deposit; **5** *(bk, techn)* stop
aanslagbiljet notice of assessment, demand note
aanslaggrens (tax) threshold
aanslepen drag (haul, lug) along; *komen ~ met, (fig)* drag in
aanslibben increase (by alluvial deposition); *(vh aangeslibde)* be deposited; *(dichtslibben)* silt (up)
aanslibbing *(abstr & concr)* accretion of land, deposition; *(concr) zie ook* aanslibsel
aanslibsel alluvial deposit, alluvium, silt
aanslijpen sharpen, whet; cut [facets] on
aanslingeren crank (up) [an engine, a car]
aansluipen: *komen ~* come sneaking along; *~ op* steal (up)on [one's prey], stalk [a deer, a p.]
aansluiten I *tr* **1** connect, join, link; ***zich*** *~, (verenigen)* unite, join hands; *(zich) ~ aan* link up with [a railway, etc]; *(ve weg, enz)* meet; *zich ~ bij* join [a p., a party], fall in behind [a procession], associate o.s. with [a movement, a p.('s words)], join with [a p. in ...], subscribe to [a p.'s view, request], concur (agree) with [a p.]; *ik sluit mij bij zijn verzoek aan, (ook)* I join in with his request; *zich bij iem ~, (als kameraad, fam)* chum up with a p.; *de partij (hij) heeft zich (is) aangesloten bij ...* the party has affiliated itself (is affiliated) to (*of:* with) [the federation, etc]; *hij sluit zich niet gemakkelijk aan* he does not mix easily (with others), *(fam)* is a poor mixer; *bij geen partij aangesloten* not attached to any party; **2** *(gas, enz)* connect [to the mains, a network]; *(telefoon)* connect [*met* with], put through, put on [*met* ... to a wrong number, etc]; *u is (verkeerd) aangesloten* you are through (you've got the wrong number); **3** *(radio)* take over [we are now taking you over to ...]; *zie ook* aangesloten; **II** *intr* **1** *~!* close up!, move to the rear, please!; **2** *(ve trein, enz)* connect, run in connection [*op* with]; *(in de tijd)* follow on; *~d is er een receptie* a ... will follow immediately after; **3** *(v lager en middelbaar onderwijs, enz)* be [badly, well] co-ordinated; *doen ~* link up [technical and secondary education]; **4** *(v kleren)* fit close, cling (to the body); *zie ook* aangesloten; **5** *de badkamer sluit aan*

bij de slaapkamer the ... opens off the bedroom, is en suite; *de kade sluit bij de dijk aan* the ... runs into (meets) the dike; *dat sluit mooi aan bij* ... that links up nicely with ...; *het hoofdstuk sluit qua onderwerp aan bij* ... the chapter links on in subject matter to ...

aansluiting 1 junction, joining, linking-up, affiliation [to, with a trade union, etc]; union [*bij* with], association; closer relations; co-ordination; link-up [between school and university]; *zie ook* (zich) aansluiten; **2** *(ve trein, enz)* connection [the connections are very bad]; ~ *hebben, a)* run in connection; *b)* have a connection; *de ~ halen (missen)* catch (miss) the connection; **3** *(gas, enz)* mains connection; *(telefoon)* connection, communication; ~ *hebben* be connected, be through; ~ *krijgen* be put through [*met* to], get through; *zie ook* netaansluiting; **4** *(plaats van ~)* junction; **5** *in ~ aan ons schrijven van* ... referring to (following up, further to) our letter of ...; ~ *bij* continuity with [earlier negotiations]; *in ~ op (bij) P's werk* picking up where P left off

aansluitklem connector; terminal

aansluitkosten *(telec)* connection charges

aansmeren smear (over); daub [a wall, etc]; cement [roof-tiles]; *iem iets ~* palm (pass, fob) s.t. off on a p., foist s.t. on a p.

aansnellen: *komen ~* come running (hurrying) on (*of:* along); ~ *op* rush up to; *het ~de verkeer* the onrushing traffic

aansnijden cut [a new loaf], cut into [a ham]; *(fig)* broach [a question]; introduce, launch [a new topic]; *aangesneden* partly cut

aanspannen 1 put [the horses] to; **2** tighten [a rope, string]; **3** *een proces ~* institute (legal) proceedings; *met iem ~* be in league with a p.

aanspeelbaar *(sp)* well-positioned, able to receive the ball

aanspeelpunt *(sp)* target man

aanspelden pin on

aanspelen *(sp)* pass to

aanspeten spit [eels]

aanspoelen I *tr* wash (drift) ashore, wash up; **II** *intr* be washed (cast) ashore (up); wash ashore (up); drift ashore; *zie ook* aanslibben

aanspoeling 1 washing ashore; **2** *zie* aanslibbing

aansporen *(paard)* spur (on), urge on (*of:* forward); *(persoon)* urge (on), exhort, spur on, rouse, incite, stimulate [*tot* to]; *(tot iets verkeerds)* goad [*tot* into], goad (*of:* egg) on [*tot* to]

aansporing incitement, stimulation, exhortation; incentive, stimulus; *op ~ van* at the instance of

aanspraak 1 *we hebben hier helemaal geen ~* we don't know anyone here; *ze had behoefte aan ~* she needed company; **2** *(recht)* claim, title, right; ~ *hebben op* have a claim to (*of:* on), be entitled to; *de oudste aanspraken hebben op* have first claim on; ~ *maken op* lay claim to, claim [a right, etc]; *(ten onrechte)* pretend to [the throne]; *mijn opmerkingen maken geen ~ op volledigheid* my ... make no claim to being (do not pretend to be) exhaustive; **3** address; *zie* toespraak

aansprakelijk liable, responsible, answerable; ~ *stellen* hold responsible, etc [*voor* for]; *zich niet ~ stellen, (ook)* take no (*of:* disclaim) responsibility; ~ *zijn (borg zijn) voor de schulden* stand surety for the debts

aansprakelijkheid liability, responsibility; ~ *tegenover derden* third-party risks; *zie ook* beperkt

aansprakelijkheidsverzekering liability (*of:* third-party) insurance

aanspreekbaar 1 approachable; **2** *zie* aansprakelijk

aanspreektitel term of address

aanspreekvorm form of address

aanspreken speak (talk) to, address; tackle [I tackled the porter in English]; *(heftig)* harangue [a meeting]; *(aanklampen)* accost [a p. in the street, etc]; *(opzoeken)* call (*of:* look) in (up)on [a p.]; *(ve muziekinstrument)* speak; *met 'Uwe Majesteit' (met zijn titel) ~* address as 'Your Majesty' (by his title); *poëzie spreekt me niet aan* ... does not appeal to me; *de muziek spreekt gemakkelijk aan* the ... has an easy appeal; *de voltmeter sprak direct aan* the ... responded at once; *hij voelde zich (niet)* ***aangesproken*** he took it personally (he did not feel it concerned him); *aangesproken persoon, (gramm)* vocative; ~ ***om*** *vergoeding, geld, enz* apply to [the Company, etc] for damages, claim damages from, *(fam)* come (down) (up)on [a p.] for money; *(in rechten)* sue (bring an action against) [a p.] for damages, etc; *iem om een schuld ~* dun a p.; *de garanten ~ om te betalen* call (up)on the guarantors to pay; *iem ~* ***over*** *iets* talk to a p. about s.t., tackle a p. on s.t.; *de* ***fles*** *(flink) ~* have a go at (not spare) the bottle; *nog een fles ~* crack another bottle; *zijn* ***kapitaal*** *~* break into (dip into, draw on, encroach on) one's capital; *[de* ***pudding,*** *enz] geducht ~* tuck into [the pudding], have a good go at [one's food], punish [the wine], make a hole in [one's money, reserves]; ***aangesproken*** *persoon, (gramm)* vocative

aanspreker undertaker's man

aanspringen come on; ~ *op* leap at, rush (up)on; *komen ~* come bounding along

aanstaan 1 please; *de manier waarop hij het zei stond me niet aan* I did not like (care about) the way ...; *het staat me helemaal niet aan* I don't like it at all, it does not commend itself to me; **2** *de deur staat aan* the ... is ajar; **3** *de radio stond aan* the ... was (turned) on; *de motor stond aan* the engine was running

aanstaande I *bn* **1** *(volgende)* next [Christmas, etc]; *(ook)* this [Friday]; **2** *(te verwachten, enz)* (forth)coming, approaching [his approaching marriage], prospective [teachers], impending [changes, marriage], [his arrest is] imminent; ~ *bruid* bride-to-be; ~ *moeders* expectant mothers; ~ *president* incoming president; *mijn ~ schoonvader* my prospective father-in-law; *Kerstmis is ~ ...* is drawing near, is (up)on us; **II** *zn* fiancé(e), wife-(husband-)to-be

aanstalten preparations; *~ maken voor* make (*of:* get) ready for; *hij maakte ~ om ...* he made to [pass her], offered to [strike me], prepared to [rise]; *zie ook* toebereidselen

aanstampen ram (down); ram in [the charge *lading*]; tamp (down) [a road]; *komen ~* come stamping (stumping: *als op houten been*) along

aanstappen step out; *flinker ~* mend one's pace; *komen ~* come marching along; *~ op* step up to

aanstaren stare at, stare in the face, gaze at

aanstekelijk *(ook fig)* infectious, contagious, catching; *~ werken* be catching

aanstekelijkheid infectiousness, contagiousness, infection, contagion

aansteken 1 light [a lamp, cigar, fire; light your pipe at, from, my cigar], kindle [a fire]; set fire to, fire [a house]; *weer ~* relight [one's pipe]; *een lucifer ~, zie* aanstrijken; *licht (de pijp) ~, eens ~* light up; *zie ook* opsteken; **2** broach, tap [a cask]; **3** *(ve ziekte, enz)* infect; *dat steekt aan* it is infectious (catching); *aangestoken* worm-eaten, maggoty, unsound [fruit]; carious [teeth]; [the fire was] started deliberately

aansteker [gas-, cigarette-]lighter

aanstellen 1 appoint [to a post]; *weer ~* reinstate; *hij werd aangesteld tot (als) hoofd* he was appointed head; *zie ook* vast; **2** *zich ~, (gemaakt doen)* show off *(vooral ve kind),* put on airs, pose, *(fam)* swank; *hij stelt zich enorm aan* he is terribly affected; *(zich zo houden)* put it on [he is merely putting it on]; *(tekeergaan)* take on, carry on; *zich belachelijk (gek) ~* make a fool (an ass, an exhibition) of o.s., play the fool

aansteller affected person, poseur

aanstellerig affected

aanstellerij, aanstelleritis affectation, pose; posturing(s); *(fam)* swank; *het is maar ~, (ook)* it's all put on, it's only a pose

aanstelling appointment [*tot* as]; *(als officier)* commission; *zie ook* vast

aanstellingsbesluit, aanstellingsbrief letter of appointment; *(v officier)* commission

aansterken get stronger, gain (regain one's) strength, recuperate; *iem doen ~* feed a p. up

aansterking recuperation

aanstevenen: *komen ~* come sailing (scudding) along; *(v pers)* come marching along; *~ op* bear down (up)on, make (*v schip, ook:* steer) for

aanstichten cause, set on foot, instigate; hatch [a plot]

aanstichter *zie* aanstoker

aanstichting: *op ~ van* at the instigation of

aanstippen 1 touch, paint [a wound]; **2** *(op vingers, met potlood, enz)* check off; **3** *(een onderwerp, enz)* mention by the way, touch (lightly) on, (just) glance at [a subject]

aanstoken stir [the fire]; fan, foment, instigate [a quarrel]; set on, egg on [a p.]; *vgl* aanwakkeren

aanstoker instigator, moving spirit, firebrand; *(tot oorlog)* warmonger

aanstonds directly, forthwith; *zo ~* presently; *al ~* at (from) the (very) outset

aanstoot offence, scandal; *~ geven* give offence, cause (*of:* raise) a scandal, give umbrage; *~ geven aan, (ook)* scandalize, shock; *~ nemen aan* take offence (umbrage) at, take exception to; *zie ook* steen

aanstootgevend offensive, *(erg)* shocking

aanstormen: *komen ~* come rushing (dashing, tearing) along, come on full tilt; *~ op* rush (up)on, go full tilt at; *~d, (ook)* onrushing

aanstotelijk offensive, objectionable, scandalous, obnoxious, shocking

aanstoten I *tr* push [*tegen* against]; *(om een teken te geven)* nudge, jog; *de deur ~* push the door to; **II** *intr: ~ tegen, zie* stoten: *~* tegen; *(met glazen) ~* clink (touch) glasses

aanstrepen mark; tick (off), check (off) [items on a list]

aanstrijken 1 *(met kwast)* brush (over), touch up [a door]; plaster [a wall]; paint [a wound, one's throat]; **2** *een lucifer ~* strike (light) a match, strike a light

aanstromen *vgl* toestromen

aanstuiven *(v zand, sneeuw, enz)* drift; *zie ook* aanstormen

aansturen 1 *~ op* make (*of:* head) for [the lighthouse, etc]; *(fig)* make for [war, etc], head for [national bankruptcy], lead up to, aim at; *met alle middelen ~ op, (ook)* press for [an immediate election]; *op stemming ~* press the matter to a division; *~ op land, (ook)* stand inshore; **2** drive; control

aansturing driver

aantal number [of soldiers]; *~ punten* score; *het ~ doden, (ook)* the death toll; *in ~ overtreffen* outnumber

aantasten 1 *(aanvallen, ook v ziekte)* attack [CFCs attack the ozone layer]; **2** *(aanraken)* touch; **3** *(gezondheid, enz)* affect [smoking affects your health, the affected cattle]; impair [his health is, his lungs are impaired]; interfere with [the foundations of society]; encroach (up)on, infringe (up)on [privilege], invade, violate [privacy]; *(v roest, enz)* affect [rust does not affect this metal], corrode, tarnish; *de vlammen tastten het gebouw aan* the ... took hold of the building; *het tastte zijn gestel geducht aan* it played havoc with his constitution; *uw woorden tasten zijn nagedachtenis aan* your ... reflect on his memory; *door ziekte aangetast* taken ill, stricken with disease, [a tree] affected by a disease; *het tastte zijn gemoedsrust (zenuwen) aan* it preyed on his mind (nerves); *zijn kapitaal ~, zie* aanspreken; *iem in zijn eer (goede naam) ~* injure a p.'s honour (reputation); *zie ook* wortel

aantasting defamation [of character *goede naam*];

invasion [of privacy]; degradation [of the ozone layer]; ~ *vd persoon* injury [to ...]; *vgl* aantasten

aantekenboek(je) notebook, memorandum book; *(fam)* jotter

aantekenen 1 *(optekenen)* note (*of:* write) down; *(sp)* (keep the) score; *(aantekeningen maken)* make (*of:* take) notes; *(aanduiden)* mark; **2** *(inschrijven)* register; *(huwelijk: burgerlijk)* enter a notice of marriage with the registrar (*of:* at a registry office); *(kerk)* have the banns published; *beroep (bezwaar, protest)* ~ lodge an appeal (an objection, a protest); *zie ook* beroep & protest; *een brief (pakje) laten* ~ have a letter (parcel) registered; *aangetekend* registered [letter; send by registered post]

aantekening 1 note, comment, annotation; *losse* ~ jotting; **2** *(op diploma, rijbewijs, enz)* endorsement; **3** [good, bad] mark; **4** publication of the banns, notice of (intended) marriage; *vgl* aantekenen; **5** *(ve brief, enz)* registration; ~ *houden van* keep a record of; *~en maken* make (*of:* take) notes; *hij kreeg een* ~ *op zijn rijbewijs* he had his licence endorsed

aantekenrecht registration fee

aantellen add (tot, mount) up (*lekker* nicely)

aantijgen impute [s.t. to a p.]

aantijging imputation, allegation

aantikken 1 tap [at the door, etc], knock; *(zwemsp)* touch [first]; **2** add (tot, mount) up (*lekker* nicely)

aantocht approach, advance; *het leger is in* ~ the ... is advancing; *er is een onweer in* ~ a (thunder)storm is coming; *zie ook* komst: op ~

aantonen show; *(bewijzen)* prove, demonstrate; *de waarde hiervan behoeft niet aangetoond te worden* the ... needs no demonstration; *~de wijs* indicative (mood)

aantoonbaar demonstrable

aantrappen I *tr* **1** tread down; **2** kick-start [a motorbike]; **II** *intr (op fiets)* pedal along [*flink* briskly]; *wat* ~ ride (pedal) faster

aantrede *(ve trap)* tread

aantreden I *ww* **1** *(mil)* fall in, form (*of:* fall) into line, line up, form up, parade [for roll-call]; *(commando)* fall in!; *doen* ~ fall in, form up, parade [the crew was paraded]; **2** *(optreden)* appear; *(v kabinet)* take office; **3** *(voor een dans)* ~ form (up), stand up; *met de linkervoet* ~ step off with the left foot; ~ *op* step up to; **II** *zn: het (sein voor)* ~ the fall-in

aantreffen meet, meet with, encounter, find, come (up)on, come across; *(toevallig)* happen (up)on, stumble (up)on; *vgl* ontmoeten

aantrekkelijk attractive, inviting; *de misdaad ~ maken* glamorize crime; *het heeft veel ~s* it has many attractions (is very tempting, has a lot to commend it)

aantrekkelijkheid attractiveness, etc, attraction, charm

aantrekken 1 draw, pull; *(natuurk & fig)* attract [iron, visitors, new industries]; *(bijtrekken)* draw (pull) up [a chair], pull [a chair] forward; *arbeiders (personeel)* ~ recruit labour (take on, hire staff); *hij (het) trok mij dadelijk aan, (ook)* he (it) took my fancy, I took a fancy to him (it), I took to him (it) from the first; *zich aangetrokken voelen tot* be drawn to, be attracted by, take to [the modern boy does not take to Dickens]; *die methode trekt me niet aan* that ... does not appeal to me; *zich iets ~, (zich beledigd voelen over)* take offence at s.t.; *(bedroefd zijn)* take s.t. to heart, be worried by (concerned at) s.t., mind [what I mind most is ...]; *trek u dat niet aan* don't let that worry you; *hij trok het zich erg aan* he took it hard; *zich niet veel ~ van* make light of [s.t.]; *niemand schijnt er zich iets van aan te trekken* nobody seems to mind; *ik zal me daar niet veel van* ~ I am not going to be bothered by (worried about) that; *hij trok zich niets van haar aan* he took no notice of her; *hij trok zich mijn lot aan* he was concerned about my plight; *hij hoeft zich niets aan te trekken van kritiek* he can ignore criticism, he need not let ... worry him; **2** *(vaster trekken)* draw tighter, tighten [a knot, rope]; pull on [the handbrake]; *een touw ~, (mar)* tauten a rope, take out the slack; **3** *(kleren)* put on [clothes, boots, gloves], pull on [boots], draw on [gloves], get into [one's coat]; *andere kleren* ~ change (one's) clothes, change [she changed into her Sunday frock]; *trek haar een schone jurk aan* put her on a clean frock; *trek je kleren aan* get your clothes on; *niets om aan te trekken* nothing to wear; **4** *(mil) zie* aanrukken; **5** pick up [the economy is picking up]; *(v prijzen)* firm, harden

aantrekking attraction

aantrekkingskracht (power of, force of) attraction, attractive force, [gravitational] pull; *(fig ook)* drawing power [of an artist]; [have the widest possible] appeal

aantrekkingspunt centre of attraction

aantrouwen *zie* aangetrouwd & aanhuwen

aanvaardbaar *(ve voorwaarde, enz)* acceptable [*voor* to]; *niet* ~ unacceptable

aanvaarden 1 *(beginnen)* set out on [a journey], begin [one's retreat, *terug-, aftocht*]; **2** *(op zich nemen)* assume [the responsibility, command], take possession of [one's property, an inheritance]; *zijn ambt* ~ enter (up)on one's duties, take (up) office, take up one's post (one's duties); *dadelijk te* ~ (with) immediate possession; *vrij te* ~ with vacant possession; **3** *(zich schikken, aannemen)* take, accept, face, abide [the consequences], accept [conditions, a punishment, an amendment], take on [a p.'s debts]; *de slag* ~ accept battle; *aanvaard mijn dank* accept my thanks; *zijn nederlaag als een man* ~ take one's defeat like a man

aanvaarding entering [(up)on one's duties], entrance [into office], accession [to office], taking possession [of a house], acceptance, etc; *vgl* aanvaarden

aanval attack *(op* on; *ook fig)*, onset, charge, assault;

offence [and defence]; attempt, assault [on the speed record]; *(ve ziekte)* attack [of fever], fit [of madness, paralysis, fainting, etc], access [of anger], bout [of malaria, etc]; *lichte ~* touch [of rheumatism, etc]; *(hart~)* seizure; *(op een tegenstander, sp)* challenge, *(fysiek)* tackle; *een ~ doen op, (ook)* attempt [the record]; *een felle ~ doen op, (ook)* make a dead set at [a p.]; *in de ~ gaan* mount the (an) attack; *in de ~ zijn* be on the offensive; *tot de ~ overgaan* take the offensive; *de ~ is de beste verdediging* attack is the best form of defence

aanvallen attack, fall (*of:* set) (up)on, assail, assault, charge [with the bayonet], tackle, engage [the enemy], *(aan tafel)* fall to; *(een tegenstander, sp)* challenge, *(fysiek)* tackle; *in de flank ~, (mil)* take [the enemy] in flank; *op zijn eten ~* fall (up)on (attack) one's food; *op zijn prooi ~* pounce (swoop down) on one's prey

aanvallend offensive, aggressive; *~ optreden* take (act on) the offensive

aanvaller attacker, assailant, aggressor; *(sp)* attacker, forward, *(spits)* striker

aanvallig sweet, charming; *op de ~e leeftijd van ...* at the tender age of ...

aanvalligheid charm

aanvalsgolf *(mil)* wave

aanvalskracht offensive (striking) power

aanvalsoorlog war of aggression

aanvalsplan plan of attack

aanvalswapen offensive weapon

aanvang beginning, commencement, start *(o.a. ve wedstrijd)*; *bij de ~* at the beginning, at the start; *een ~ nemen* begin, commence; *vgl* begin

aanvangen begin, commence, start; *hoe zal ik dat ~?* how shall I set about it?; *wat zal ik nu ~?* what am I to do now?; *er is niets met hem aan te vangen* you can't do a thing with him; *vgl* beginnen

aanvangscursus course for beginners, beginners' course

aanvangsfase initial (early) phase

aanvangsklas *(lagere school)* reception class

aanvangsletter initial (letter)

aanvangsonderwijs elementary instruction

aanvangspunt starting point

aanvangssalaris commencing (starting) salary

aanvangssnelheid initial velocity; *(ve projectiel)* muzzle velocity

aanvangstijd starting time

aanvankelijk I *bn* initial [velocity, expenses, success], original; elementary [instruction]; II *bw* in the beginning, at first, at the outset (*of:* start)

aanvaren I *intr: komen ~* come sailing along; *~ op* make for, head for; *~ tegen* run into, crash into, run (*of:* fall) foul of, foul, collide with, come into collision with; *tegen elkaar ~* collide; *af- en ~* come and go; II *tr* 1 bring (convey) in ships (boats); 2 *zie* I: *~ tegen*

aanvaring collision; *in ~ komen met* fall foul of *(ook fig)*; *vgl* aanvaren I: *~ tegen*; *een ~ met iem hebben, (fig)* have a dust-up (a quarrel) with a p.

aanvatten seize, take (get, lay, catch) hold of; take up, initiate [a project]; *het werk ~* set to work, start work; *zie ook* aanpakken

aanvechtbaar debatable, questionable; *zie* betwistbaar

aanvechten assail [be assailed by doubt]; dispute, challenge [an assertion]

aanvechting sudden impulse; fit [of jealousy, sleepiness]; *~ der zonde* temptation of sin; *een sterke ~ voelen om ...* be strongly tempted to ...

aanvegen sweep (up); *(ve kamer, ook)* sweep out; *zie ook* vloer

aanverwant 1 related by marriage; 2 cognate, related, allied [topics]; *vgl* verwant

aanverwantschap affinity

aanvetten I *tr* grease *(met vet bestrijken)*; fatten [cattle]; thicken [letters]; II *intr* grow (get) fat(ter), fatten

aanvijzen screw down; *(fig)* egg [a p.] on

aanvliegen *(luchtv)* approach; home in [on a beacon]; *(op) iem ~* fly at a p.; *~ tegen* fly against; *zie ook* aanvallen & aanwaaien

aanvliegroute *(luchtv)* flight path, approach (path)

aanvochten sprinkle

aanvoegen join, add; *~de wijs* subjunctive mood

aanvoelen feel; *(vaag)* sense; *het voelt zacht aan, is zacht op het ~* it is soft to the touch (*of:* feel), it feels soft; *sommigen voelen 'grey' en 'gray' aan als verschillende woorden* some people apprehend ... as different words; *elkaar goed ~* understand one another; *zie ook* klomp

aanvoer 1 supply [of goods, water, etc]; 2 *(aangevoerde goederen, ook)* arrival(s), landings; 3 *zie* aanvoerbuis

aanvoerbuis supply pipe, feedpipe; *(v gas, water)* service pipe

aanvoerder 1 commander, leader; *(belhamel)* ringleader; *(sp)* captain, skipper; 2 *(spier)* adductor

aanvoeren 1 *(toevoeren)* supply; *(uit buitenland)* import; bring, convey [to a place], bring down [the silt brought down by the river]; bring up [fresh troops]; 2 *(inbrengen)* advance [reasons, a theory, arguments], allege [facts], raise [objections], bring (put) forward [an excuse, arguments, reasons], adduce [proof, arguments, instances], produce [reasons]; argue that [...]; *(aanhalen)* cite [a case]; *iets als verontschuldiging ~* plead (urge) s.t. in excuse; *(als verdediging) ~ dat ...* urge (the defence) that ..., plead that ...; *onbekendheid als verontschuldiging ~* plead ignorance; *hij voerde daartegen aan, dat ...* he countered that by saying ...; *zie ook* inbrengen; 3 *(leger, enz)* command, be in command of; *(sp)* captain (skipper) [the team]; *een bende (partij) ~* head (lead) a gang (party)

aanvoerhaven port of import(ation); *New York (Liverpool) is een ~ voor [...]* the port of New York

handles imports of [coffee, rubber, sugar] (Liverpool is an importing centre for [raw cotton]); *een ~ voor vis (slaven, olie), (ook)* a fishing (slaving, an oil) port
aanvoering **1** command, leadership; *onder ~ van* under the command of, led by; *(sp)* under the captaincy of; **2** allegation [of arguments]; *onder ~ van het feit dat ..., (ook)* pleading that ...
aanvoerkanaal feeder, supply channel
aanvoerlijn feeder (line)
aanvoerpijp *zie* aanvoerbuis
aanvoerschip supply ship
aanvoertroepen: *aan- en afvoertroepen* army transport corps
aanvoerweg supply route
aanvraag **1** *(v goederen)* [in reply to your] inquiry; **2** *(verzoek)* request, application; *(vraag)* demand; *(telefoon)* call; *op ~* [samples to be had] on application; [tickets to be shown] on demand; *zijn ~ richten tot ...* make application to ...; *een collectieve ~ indienen* make a collective application; *zie ook* aanzoek & vraag
aanvraagformulier form of application, application form (*Am:* blank); *(verzekering)* proposal form; *(bibliotheek)* request slip
aanvrage *zie* aanvraag
aanvragen apply for, ask for, request; *iets bij iem ~* apply to a p. for s.t.; *vroeg ~* make early application for [tickets, etc]; *vraag gratis brochure aan* send for free booklet; *een gesprek ~, (telefoon)* put in a call [*met* for]; *zie ook* ontslag
aanvrager applicant; *(telefoon)* caller; *(v inlichtingen)* inquirer
aanvreten gnaw [gnawed by mice]; corrode [metals]
aanvullen **1** fill up [a hole, gap], supply, replenish [one's stock], supplement, eke out [a small pension], piece out [a story], mend [the fire], amplify [a statement], top up [a salary]; *(het ontbrekende, een verlies)* make up, make good, supply [the deficiency, a loss; 'Thank you, Mr ...' 'Low', he supplied]; **2** *(volledig maken)* complete; *zichzelf ~, (v bestuur, enz)* be elected by co-op(ta)tion
aanvullend supplementary, complementary, additional; top-up [fee, loan, policy]; *~e uitkering* income support
aanvulling replenishment, completion; *(concr)* addition, supplement, new supply
aanvullingsbegroting supplementary estimates
aanvullingsexamen supplementary examination
aanvullingskleur complementary colour
aanvullingstroepen reserves
aanvulsel complement, supplement
aanvuren fire [the imagination], inflame, incite, inspire, stimulate [a p.'s zeal]; *(sp)* cheer (on) [the home team]; *aangevuurd door vaderlandsliefde* fired with (actuated by) patriotism
aanvuring incitement, stimulation
aanwaaien *(eig)* be blown (blow) to(wards); *de rook woei mij aan* the ... was blown in my face; *de kennis waait hem aan* he is a quick learner; *de wiskunde waait hem aan* mathematics comes to him naturally; *bij iem komen ~* drop (*of:* pop) in (up)on a p., blow in; *hij is uit Amerika komen ~* he hails (has come over) from America; *hoe kom jij hier zo ~?* what wind has blown you here?, what brings you here?
aanwakkeren **I** *tr* rouse [passions], stir up [animosity, curiosity], fan [a flame, hatred], foment [discord], stimulate [a p. to ...], stoke up [inflation]; *het vuurtje ~, (fig)* fan the flames; **II** *intr* increase; *(vd wind, ook)* freshen [into a gale], freshen up, gather strength
aanwas **1** accretion *(ook concreet v grond); op ~* coming along; **2** *(v bevolking, enz)* increase, growth; **3** *(ve rivier)* rise
aanwassen **1** increase, grow; **2** *(ve rivier)* rise
aanwendbaar applicable
aanwenden use, apply, employ [means], take [pains], bring to bear; *zie ook* invloed; appropriate, convert [money to one's own use], bring into play [one's charms, power of persuasion]; *(natuurkrachten voor beweegkracht, enz)* harness [water-power, the sun's rays]; *een poging ~* make an attempt, endeavour; *alles ~* use every means, strain every nerve, leave no stone unturned
aanwending use, employment, application, conversion *vgl het ww*
aanwennen: *zich ~* contract [a habit], fall into (acquire) the habit of ...
aanwensel (annoying) habit, mannerism, trick
aanwerven recruit, enlist, enrol; *vgl* werven
aanwerving recruitment, enlistment
aanwezig **1** present; *de ~e dames* the ladies present; *de ~en* those present; *~ zijn* be present, attend, be in attendance; **2** *(bestaand)* extant; *(v voorraad)* [the stock] in hand
aanwezigheid **1** presence, attendance; **2** existence
aanwezigheidsregister attendance register, record of absences
aanwijsbaar demonstrable, visible [results], assignable [cause]
aanwijsstok pointer
aanwijzen **1** show, indicate, point out, point to [it would be difficult to point to any statesman who is less popular], designate, appoint [a successor]; *~d voornaamwoord* demonstrative (pronoun); *[... is] aangewezen* [an operation, a change of environment is] indicated (*niet aangewezen, ook:* not recommended); *door de regering aangewezen* commissioned by ...; *de aangewezen leider* the leader designate; *hij is (er) de aangewezen man (voor)* he is the right man (just the man) for it; *het aangewezen middel* the obvious means; *de aangewezen weg* the obvious way; *aangewezen zijn op* have to depend (to rely) on [others], be dependent on [imports]; *op zichzelf (op elkaar) aangewezen zijn* be thrown on one's

own resources (on each other's society); *de minister is geheel aangewezen op het conservatieve blok* the ... is entirely committed to ...; *bij gebrek aan gegevens zijn we aangewezen op hypotheses* in the absence of data we are driven back on ...; **2** *(toewijzen)* allot [a berth *(ligplaats)* to]; assign [he was assigned his rightful share]; *(voor speciaal doel)* detail [detailed for guard duty], tell off [tell a p. off to make inquiries]; *de mij aangewezen kamer* the room assigned to me; *de hun aangewezen standplaatsen* their appointed stations; **3** *(registreren)* mark, register, read, indicate, point to [the clock points to eight]; *geen land kan zulk een held* ~ no ... can boast such a hero

aanwijzer indicator

aanwijzing 1 indication, allocation, assignment, allotment, appointment; *vgl* aanwijzen; *~en, (jur)* circumstantial evidence; **2** direction [directions for use], instruction; order (for payment); *op ~ van* on the instruction (the directions) of; **3** *(vingerwijzing)* hint, clue, pointer, straw in the wind; index, *mv meestal:* indices [the size of the brain is not a certain index of capacity]; *er is geen ~ wie de dief is* there is no clue as to the thief; *op ~ van* tipped off by (on a tip from) [an unsuspected witness]; *zie ook* toewijzing

aanwinnen reclaim [land]

aanwinning *(v land)* reclamation

aanwinst gain; acquisition [he'll prove an acquisition to the Cabinet *voor* ...], welcome addition, recruit [he was a remarkable recruit to the theatrical world], asset [he'll be an asset to our club]; *(bibliotheek)* accession

aanwippen drop in [*bij iem* on a p.]; *komen ~* call round

aanwrijven: ~ *tegen* rub against; *iem iets ~* impute s.t. to a p., fasten s.t. (up)on a p., lay s.t. at a p.'s door

aanwrijving imputation

aanzanden 1 sand; **2** *(verzanden)* silt up

aanzeggen give notice of, announce, notify; *men zou het hem niet ~* he doesn't look it (his age, his forty years, etc)

aanzegger undertaker's man

aanzegging notice, announcement, notification

aanzet impulse [give the first impulse to]; *(eerste) ~* first step [towards a full-scale treatment]

aanzetriem (razor) strop

aanzetsel 1 *(v wijn, enz)* crust; *(in ketel)* scale, fur; **2** *zie* aanzetstuk

aanzetslinger starting-lever, starting-handle

aanzetstaal knife-sharpener, (table) steel

aanzetstuk *(ve instrument, enz)* extension; *(ve tafel)* (additional) leaf; *(fon)* vocal tract

aanzetten I *tr* **1** add, join; place [chairs, a domino piece], sew (*of:* put) on [buttons]; **2** put ajar [a door]; **3** *de lading ~* ram (ram in, ram home) the charge; *de schroef ~* tighten the screw; *(ook fig)* turn (on) the screw; **4** start (up), crank up, rev up [a motor, an engine]; put on [the brake]; put (turn) on [the radio]; **5** urge on [a horse], urge [a horse to a gallop]; incite [troops to mutiny]; prompt [to action]; egg on; *ik zette hem ertoe aan* I put him up to it; *zie ook* aanporren & aansporen; **6** fortify [wine]; **7** *(scherpen)* whet; *(scheermes)* set, strop; **II** *intr* **1** *komen ~* come near(er), turn up, show up; *komen ~ met ...*, *zie* aankomen: ~ met; **2** *(v spijs)* stick to the pan; *de melk is aangezet* the ... has caught; *(v wijn)* crust [crusted wine]; **3** *(ve ketel)* fur, get furred; *dat zet aan, (v eten)* that sticks to the ribs; **4** *krachtig ~, (inz sp)* put on (make) a spurt; **5** *wie het spel verliest, zet het eerst aan* the loser begins the new game

aanzetter 1 instigator; **2** *(ve motor)* starter

aanzetting 1 accentuation; **2** incitement; **3** encrustation

aanzetwerk starting-gear

aanzeulen drag along, drag up

aanzicht aspect, view, look; *zie ook* aanzien II.1

aanzien I *ww* look at; *men ziet het hem niet aan, dat hij zo oud is* he does not look his age; *het is hem aan te zien* he looks it; ***het** eens ~* wait and see, await events; *het even ~* [let's] give it a bit longer; *het rustig ~* just let things happen; *het **laat** zich ~ dat de zaak succes zal hebben* the business looks like succeeding; *naar het zich laat ~* ... to all appearance ..., there is every appearance (it looks likely) that ...; *het laat zich mooi ~* it looks promising, promises well; *de zaak laat zich nu anders ~* things look different now; *zijn **mensen** ~* be a respecter of persons; *ik kon het gestuntel **niet** langer ~* I could not bear to see them bungling the work any longer; *de wedstrijd was **niet om** aan te zien* the match was painful to watch, was a wretched performance; *ik zie er u niet minder **om aan*** I do not respect you the less for it; *ik zie er hem **op** aan* I suspect him of it; *~ **voor*** take for; *(ten onrechte, ook)* mistake for [he mistook a 3 for an 8]; *waar zie je me voor aan?* what (who) do you take me for?; *ik zie hem er best voor aan* I would not put it past him; *ik zag hem voor een vijftiger aan* I took him to be fifty or so; *zie ook* hoogte, nek, enz; **II** *zn* **1** look, appearance, aspect [the peculiar aspect of the town], sight; *zie ook* aanblik; *~ doet gedenken* out of sight, out of mind; *het is het ~ niet waard* it's not worth looking at; *zich het ~ **geven** van* assume the air of; *dat geeft de zaak een heel ander ~* that puts quite another complexion (a new face) on the matter; *God kent geen ~ des **persoons*** God is no respecter of persons; (*zo ook:* the law should not be a respecter of persons); ***te** dien ~* as to that, in that connection; ***ten** ~ van* with (*of:* in) regard to, with respect to, in respect of, regarding; ***van** ~ kennen* know by sight; ***zonder** ~ des persoons* without respect of persons; **2** *(achting)* regard, consideration, esteem, respect, prestige, standing [the standing of the Throne will be weakened]; *zeer **in** ~ zijn* be held in great respect, be much respected; *niet in ~, (v zaken, ook)* [be] at a discount; *man van*

~ man of note (consequence, distinction, high standing)
aanziend *(her)* guardant
aanzienlijk 1 *(voornaam)* notable, prominent; distinguished, of high rank (*of:* standing); *~ man, (ook)* man of note; *~e firma* firm of high standing; **2** *(aanmerkelijk)* considerable, substantial [reduction]
aanzienlijkheid importance, distinction; considerableness
aanzijn existence, [call into] being; *het ~ geven* give life (being, birth) [*aan* to]; *het ~ verschuldigd zijn aan* owe one's life to
aanzitten 1 sit (*of:* be) at table; *(gaan ~)* sit down (to table, dinner, etc); *de ~den* those at table, the guests; **2** *(aanraken)* touch; *zie ook* zitten
aanzoek request, application, solicitation; *op zijn ~* at his request; *(huwelijks~)* proposal, offer (of marriage) [she had never had an offer]; *(een) ~ doen* propose, ask for a p.'s hand; *zijn ~ werd aangenomen (afgeslagen)* he was accepted (rejected, turned down)
aanzoeken apply to [a p. for s.t.]; petition, request; approach [be approached by a deputation]; invite [the Board has invited him to …]; retain [we have been retained by ICI to invite applications for …]; *als professor ~* offer a professorship (to); *ze is verscheiden keren aangezocht* she has had several offers (of marriage)
aanzuigen *(ve motor, pomp, enz)* suck (in)
aanzuiveren pay, pay (*of:* clear) off [a debt], settle [an account]; *het achterstallige ~* pay off arrears; *een tekort ~* make good (make up) a deficiency (a deficit)
aanzuivering payment, settlement
aanzwellen swell (out, up) *(ook: doen ~)*, rise [the noise rose to a roar]
aanzwengelen initiate, stimulate, get going, kick-start [the economy]
aanzwepen whip up [emotions, the team]
aap monkey *(ook fig)*; *(staartloos)* ape; *de ~, (sl: geld)* the dough; the pay packet; *~je, (rijtuig)* cab; *(teken @)* a-scroll, at-sign; *kleine ~, (scherts)* little monkey (beggar); *~je op een stokje* monkey on a stick; *~ van een jongen, enz* rascal; *~, wat heb je mooie jongen spelen* lay it on thick, butter a p. up, blarney a p.; *ah, daar komt de ~ uit de mouw* ah, there we have it; *in de ~ gelogeerd zijn* be in a fix, up a gum tree; *iem voor ~ zetten* make a p. look silly, make a monkey of a p.; *zie ook* lachen
aapachtig apish, monkeyish, monkey-like; pithecoid *(ook zn: ~e)*
aapmens apeman; *(fig)* man-monkey
aap-noot-mies *(vglb)* ABC
aar 1 *(v koren)* ear; *aren vormen (schieten)* form into ears, come into ear; **2** *(bloeiwijze)* spike; *samengestelde ~* panicle
aard 1 nature, character, disposition; *dat het een ~ heeft* [sweat] like anything, *(sl)* [run] like blazes; [work] with a will; *het ligt niet in mijn ~* it is not in my nature, I haven't (got) it in me, I am not built that way; *hij had zich in zijn ware ~ doen kennen* he had shown himself in his true colours; *het ligt in de ~ van de zaak* it is in the nature of things; *hij heeft een ~je naar zijn vaartje* he takes after his father, is a chip of the old block; *uit de ~ der zaak* naturally [it is naturally difficult to prove], in (by, from) the nature of things [I could not promise such a thing], [politics are] by their very nature [ugly]; *van allerlei ~* of all kinds (sorts), all sorts and conditions of [people, etc]; *zijn salaris was niet van die ~ dat hij buitenlandse reizen kon maken* his … was not such as to allow him to travel abroad; *niets van die ~* nothing of the kind, no such thing; *[de bespreking was] algemeen van ~* general in character; **2** *(soort)* kind, sort; *vriendelijk van ~* friendly by nature, of an easy temper; *goed van ~* good-natured, kind-hearted; *edelmoedig van ~* noble-minded; *huiselijk van ~* of a domestic turn (domestically inclined); *achterdochtig van ~* inclined to suspicion; *luidruchtig van ~* of a noisy disposition; *zie ook* beest
aardachtig earthy
aardaker earthnut
aardappel potato; *hete ~, (fig)* hot potato; *zie ook* schil
aardappelaaltje potato root eelworm
aardappelbovist earth ball
aardappelcampagne potato-lifting season
aardappelkever potato beetle, Colorado beetle
aardappelkuil potato clamp
aardappelmeel potato flour, *(Am)* potato starch
aardappelmesje potato peeler
aardappelmoeheid potato sickness, potato root eelworm (disease)
aardappelpuree mash(ed potatoes); creamed potatoes
aardappelrooier potato lifter
aardappelschil potato peel(ing)
aardappelstamper potato masher
aardappelziekte *(phytophthora)* potato blight
aardas axis of the earth, earth's axis
aardbaan orbit of the earth, earth's orbit
aardbei strawberry [ice, jam]
aardbeiboom strawberry tree, arbutus
aardbeving earthquake [disaster]; *(lichte)* earth tremor; *zie ook* haard
aardbevingsgebied 1 earthquake region; **2** earthquake disaster area
aardbevingsmeter seismograph
aardbewoner inhabitant of the earth, mortal, earth dweller, earthling, terrestrial
aardbezie strawberry
aardbodem (surface of the) earth [the most despicable man on God's earth, *of:* in creation], [it vanished from the] face of the earth
aardbol (terrestrial) globe
aardboor earth drill
aarddraad *(elektr)* earth (wire), *(Am)* ground (wire)

aarde earth *(ook stofnaam & elektr); (elektr Am)* ground; *(teel~)* soil, (leaf) mould; ***aan** ~ leggen, (elektr)* earth, *(Am)* ground; ***boven** ~ staan* be above ground, await burial; ***in** goede ~ vallen* fall on fertile ground (soil); *de opmerking viel in slechte ~* the ... did not go down well; *met de ~ verbinden, (elektr), zie* aarden II.1; ***ter** ~ bestellen* commit to the earth, lay [a p.] to (his last) rest, inter; *ter ~ vallen* fall to the ground; *ter ~ werpen* knock to the ground, throw (*of:* knock) down, floor; *ter ~ zinken* sink to the ground; *de ogen ter ~ slaan* cast one's eyes to the ground

aardebaan *(ve spoorweg)* permanent way, roadbed; *(ve weg)* earth foundation

aardedonker pitch dark(ness)

aarden I *bn* earthen, earthenware; II *ww* **1** *(elektr)* earth, *(Am)* ground; **2** thrive, get on well; *hij kan hier niet ~, (ook)* he does not feel at home here; *~ **naar*** take after; *hij aardt naar zijn vader, (ook, fam)* he is a chip off the old block

aardewerk earthenware, crockery, pottery, stoneware

aardewerkfabriek pottery

aardgas natural gas

aardgeest gnome, goblin

aardglobe terrestrial globe

aardgordel zone

aardhond terrier

aardig I *bn* **1** nice [boy, man, letter, job; a nice little garden; be nice to a p.]; pleasant [manners]; *~jes* [you've done it] nicely; *het is heel ~ van je* it's very good of you; *het is allemaal heel ~, maar ...* it's all very well, but ...; *een ~ karweitje, (ook iron)* a nice job; *~ doen tegen iem* make o.s. pleasant to a p.; *een ~ kapitaaltje (sommetje)* a fairish, (nice little) capital (a tidy sum); *een ~e (d.w.z. vrij lange) wandeling* a tidy walk; *het zal ~ wat kosten* it will cost a pretty penny; **2** *(~ uitziend)* pretty, *(Am)* cute [girl]; *er ~ uitzien* look nice; **3** *(vreemd)* peculiar; [feel] queer; II *bw* nicely, etc; *~ rijk* pretty rich; *het iem ~ onaangenaam maken* make things jolly unpleasant for a p.

aardigheid **1** niceness, etc; **2** *(grap)* joke; *een ~ vertellen* crack a joke; *dat was de ~* that was the fun of it (the joke); *een ongepaste ~* an unfortunate joke; *geen aardigheden (streken), hoor!* none of your tricks (*of:* little games), do you hear?; *hij heeft de ~ om zijn rekeningen niet te betalen* he has a little way of leaving ... unpaid; *de ~ is (raakt) **eraf*** the fun has gone (is going) out of it; *~ hebben **in*** have a fancy for; be interested in, like; *~ krijgen in* take a fancy to; ***uit** ~, **voor** de ~* for fun, for the fun of the thing; ***ik zie de** ~ (ervan) niet (in)* I don't see the fun of it; *(ve anekdote, enz)* I don't see the point, don't see where the joke comes in; **3** *(~je)* small (little) present

aarding earthing, *(Am)* grounding; *(concr)* earth (ground) connection

aardkern earth's core

aardklomp, aardkluit clod (*of:* lump) of earth

aardkorst earth's crust, crust of the earth, lithosphere

aardkrekel mole cricket

aardkundig geological

aardlaag layer (of earth), stratum

aardleiding *(elektr)* earth (wire), *(Am)* ground (wire)

aardlekschakelaar earth (*Am:* ground) leakage contact (*of:* circuit) breaker

aardlicht earthshine, earthlight

aardmagnetisme terrestrial magnetism

aardmannetje gnome, goblin

aardmantel (earth) mantle

aardnoot groundnut, earthnut, peanut

aardolie petroleum, mineral oil

aardoppervlak(te) earth's surface, surface of the earth

aardpeer Jerusalem artichoke

aardrijk **1** earth; **2** earthly kingdom; mankind

aardrijkskunde geography

aardrijkskundig geographic(al); *~ woordenboek, a)* dictionary of geography; *b) (v namen)* gazetteer

aardrijkskundige geographer

aardrol roller

aardrook *(plantk)* fumitory

aards terrestrial [magnetism], earthly [joys, paradise, possessions], worldly [concerns, goods, person]; *al het ~e* all earthly things; *zie ook* slijk

aardschijn earthshine, earthlight

aardschok earthquake (shock), *(licht)* earth tremor

aardschol (tectonic) plate

aardschors earth's crust

aardsgezind worldly-minded, 'of the earth, earthy'

aardslak slug

aardsluiting *(elektr)* earth leakage, earth fault, earthing

aardsoort (species of) earth, soil; *een bruine ~* a brown earth

aardstamper rammer, beetle

aardster earthstar

aardstorting earthfall, fall of earth

aardstraling terrestrial radiation

aardtor ground beetle

aardvarken aardvark

aardvast earthbound

aardverbinding *(elektr)* earth (*Am:* ground) contact (connection); *in ~ staan, (telec)* be earthed (*Am:* grounded)

aardverschuiving landslide *(ook fig); (klein)* landslip

aardvlo flea beetle

aardwarmte geothermal heat (*of:* energy)

aardwas ozocerite, mineral wax

aardwetenschap: *~(pen)* earth science(s)

aardwolf aardwolf

aardworm earthworm; *(fig)* [man is a] worm

Ääron Aaron

ääronskelk arum; *zie* aronskelk

aars arse; *(ve vis, vogel, reptiel)* vent

aarsmade threadworm, seatworm

aarsvin anal fin
aarts- arch, arrant, etc; *vgl beneden*
aartsbisdom archbishopric, archdiocese
aartsbisschop archbishop, primate
aartsbisschoppelijk archiepiscopal
aartsdeken archdeacon; *(nu, r-k)* vicar-general
aartsdom monumentally stupid
aartsengel archangel
aartsgierig extremely stingy
aartsgierigaard (regular) skinflint
aartshertog archduke
aartshertogdom archduchy
aartshertogelijk archducal
aartshertogin archduchess
aartsketter arch-heretic
aartsleugenaar arrant (consummate, inveterate) liar
aartslui bone lazy
aartspriester archpriest
aartsschurk arrant knave, arch-villain
aartsvader(lijk) patriarch(al)
aartsvijand arch-enemy
aarzelen hesitate, waver, hang back; *zonder ~* without hesitation, unhesitatingly; *niet ~ te zeggen* have no hesitation in saying
aarzelend hesitating(ly); hesitant
aarzeling hesitation, wavering, hesitancy
aas 1 *(in kaartspel & angl)* ace; **2** *(lok~)* bait; *van ~ voorzien* bait; **3** *(kreng)* carrion; **4** *(prooi)* prey; **5** *(hist gewicht, vglb)* grain; *(g)een ~je* (not) a bit (a whit)
aasbloem carrion flower
aasdier, aaseter scavenger, carrion eater
aasgier Egyptian vulture
aaskever carrion beetle
aasvlieg bluebottle, blowfly, flesh-fly
AAW afk van *Algemene Arbeidsongeschiktheidswet* Occupational Disability Act
abaca abaca, Manila (hemp)
abactis (hon.) secretary
abacus abacus
abalone abalone
abandon abandon
abandonnement abandonment
abandonneren abandon
abattoir abattoir, (public) slaughterhouse
abbreviatie, abbreviatuur abbreviation
abc ABC, alphabet [*beide ook fig:* the ABC, the alphabet of a science, of finance]
ABC-eilanden *(Aruba, Bonaire, Curaçao)* ABC Islands
abces abscess, gathering
abdicatie abdication
abdiceren abdicate
abdij abbey [church]
abdis abbess
abdomen abdomen
abduceren abduct
abductie abduction
abeel abele, white poplar
abel: *~ spel* (kind of) serious secular mediaeval drama
Abel Abel
aberratie [chromatic, spherical] aberration
Abessijn, enz *zie* Abessiniër, enz
Abessinië Abyssinia
Abessiniër, Abessinisch Abyssinian
Abigaïl Abigail
abiogenese abiogenesis
abiotisch abiotic
abituriënt(e) school-leaver; *(Am)* high school graduate
abject abject
ablatie ablation
ablatief ablative
ablaut ablaut, (vowel) gradation
ablutie ablution
ABN afk van *Algemeen Beschaafd Nederlands* (Received) Standard Dutch
abnormaal abnormal; inordinate; *(geestelijk, ook)* subnormal
abnormaliteit abnormality
abolitie abolition
abolitionisme abolitionism
A-bom A-bomb
abominabel abominable
abominatie abomination
abonnee *(ve krant, concert, opera, enz)* subscriber; *(telef)* customer
abonneenummer *(telef)* customer's number, local number
abonneetelevisie pay (*of:* subscription) television, pay TV
abonnement 1 subscription [*op* to]; *vgl* abonneren; **2** *zie* abonnementskaart
abonnementsconcert subscription concert
abonnementsgeld subscription (money)
abonnementskaart season ticket; *(fam)* season [*een ~ nemen* take out a season, *(in bibliotheek:)* a subscription]; *(voor concerten, enz ook)* subscription ticket
abonnementsvoorwaarden rates of subscription, subscription rates
abonneren: *zich ~ [op ...]* subscribe [to a newspaper, for a book, to a concert, etc]; *men kan zich aan het bureau ~* subscriptions will be received at the office; *geabonneerd zijn op de Guardian* take the ...; *ik ben niet meer geabonneerd op dat blad* I have dropped that paper; *hij is op de laatste plaats geabonneerd* he always finishes last
aborteren have (procure, perform) an abortion, abort
aborteur, aborteuse abortionist
abortief abortive
abortus abortion [clinic, pill]; *~ opwekken* procure (an) abortion; *~ Bang* brucellosis
à bout portant point-blank, at close (point-blank)

range, at close quarters
ABP afk van *Algemeen Burgerlijk Pensioenfonds* National Pension Fund
abracadabra abracadabra
Abraham Abraham; *in ~s schoot, (Lucas 16:21)* in Abraham's bosom; *(fig)* [be, live] in clover; *hij weet waar ~ de mosterd haalt* he knows what's o'clock, how many beans make five; *hij heeft ~ gezien, (Joh. 8:57)* he is turned fifty
abrasie abrasion
abri (bus, etc) shelter
abrikoos apricot
abrogatie abrogation
abrupt abrupt
abscis *(wisk)* abscissa
abseilen I *ww* abseil; II *zn* abseiling
absent 1 absent; *~en* absentees; *zie ook* absentie; 2 *(verstrooid)* absent(-minded)
absenteïsme absenteeism
absenteren: *zich ~* leave the room
absentie absence; non-attendance [the number of non-attendances]; *de ~s opnemen, (school)* call the register
absentielijst *(school)* attendance register (*of:* book)
abside apse, apsis
absint absinthe
absolutie absolution; *~ geven* give absolution, absolve
absolutisme absolutism
absolutistisch absolutist
absoluut absolute [alcohol, error, value]; *~ niets* absolutely nothing, nothing whatever; *~ zeker, (ook)* dead certain; *~ niet* by no means, not at all, on no account; *~!* positively!; *~ gehoor* perfect pitch; *zie ook* volstrekt
absolveren absolve
absorberen absorb; *~d middel* absorbent
absorptie absorption
absorptievermogen absorptive power, absorption capacity
absoute: *de ~ verrichten* pronounce (*of:* give) the absolution
abstinent abstinent
abstinentie abstinence
abstinentieverschijnsel withdrawal symptom
abstract abstract; *(verstrooid)* abstracted
abstractie abstraction *(ook verstrooidheid)*
abstracto: *in ~* in the abstract
abstraheren abstract
abstraheringsvermogen powers of abstraction
absurd absurd
absurdisme absurdism
absurdistisch absurdist
absurditeit absurdity
abt abbot; *zo de ~, zo de monniken* like master, like man
abuis I *zn* mistake, error, slip, oversight; *een ~ begaan* make a mistake; *~ hebben (zijn)* be mistaken, be wrong; *per ~* by (in) mistake (error), mistakenly, erroneously, through an oversight; II *bn* [you are] wrong
abusief wrong
abusievelijk *zie* abuis: per ~
ABW afk van *Algemene Bijstandswet* Public Assistance Act
acacia 1 *(Robinia, valse ~)* locust (tree), (false) acacia; 2 *(echte ~)* acacia; *Australische ~* (golden) wattle
acaciabast wattle bark
academica, academicus university graduate
academie 1 university; 2 *(genootschap, kunst-, dans-, mil)* academy; *zie ook* universiteit; *pedagogische ~* training college, college of education; *sociale ~* college of social studies
academielid academician
academiestad university town
academisch academic(al), university; *~e graad* university degree; *~ gevormd* university-trained, -educated; *~ gevormde* (university) graduate; *het ~ kwartiertje in acht nemen* be a quarter of an hour late; *~e opleiding* university education (training); *~e vraag* academic question; *~e vrijheid* academic freedom; *~ ziekenhuis* university hospital
academisme academ(ic)ism
acajou cashew
acajouboom cashew (tree)
acanthus acanthus *(ook in bk)*
a capella a(lla) cappella, unaccompanied [singing]
accapareren annex, secure
acceleratie(snelheid) acceleration (rate)
acceleratievermogen (power of) acceleration
accelerator accelerator
accelereren accelerate
accent accent *(ook: ~teken); (teken ')* prime; *~ aigu, circonflexe, grave* acute, circumflex, grave accent
accentuatie accentuation
accentueren accent, stress; *(fig)* accentuate, emphasize, lay stress on, stress
accentvers accentual verse
accentverschuiving shift in emphasis; *(tlk)* stress shift, shift of accent
accept acceptance; *(promesse)* promissory note
acceptabel acceptable
acceptant acceptor
acceptatie acceptance
accepteren accept [an accepted custom, fact]; *niet ~, (ook)* refuse acceptance (of); *een reclame ~, (handel)* allow (*of:* entertain) a claim
acceptgirokaart *(vglb)* giro credit slip
acceptkrediet drawing credit
acceptprovisie acceptance commission
acces access *(ook ve ziekte)*
accessoir(e) accessory
accident accident; incident
accidenteel accidental
accijns excise (duty), duty
accijnskantoor excise office

accijnsplichtig excisable
acclamatie acclamation; *bij ~* [the motion was carried] by (*of:* with) acclamation
acclimatisatie acclimatization, acclimation
acclimatiseren I *tr* acclimatize; II *intr* acclimatize o.s., become acclimatized
accolade 1 *(omarming)* accolade; *de ~ geven* give the accolade to, confer the accolade on; **2** *(haak)* brace; *(muz)* accolade
accoladeboog *(bk)* Tudor arch
accommodatie accommodation
accommodatievermogen power of accommodation
accommodatiewissel accommodation bill, *(fam)* kite
accommoderen accommodate
accompagnement accompaniment
accompagneren accompany
accordeon(ist) accordion(ist)
accorderen 1 come to terms, agree; *(met crediteuren)* compound with one's creditors; **2** *(overweg kunnen)* get on [with a p., together]; **3** *(stemmen)* tune [a guitar]
accoucheur, accoucheuse *zie* verloskundige
accountant (chartered) accountant, auditor
accountantsonderzoek audit
accountantsverklaring auditor's report
accreditatie accreditation
accrediteren 1 accredit [accredited to, at, the Court of St James's]; **2** *(bij bank)* open a credit [for a p. with a bank]
accreditief letter of credit, documentary credit
accres, accretie increase
accu (storage) battery, accumulator
acculader battery charger
acculturatie acculturation
accultureren acculturate
accumulatie accumulation
accumulator (storage) battery, accumulator
accumuleren accumulate
accuraat accurate, precise
accuratesse accuracy, precision, preciseness
accusatief accusative
accusatoir accusatorial, accusatory
acefaal acephalous
acetaat 1 acetate (silk); **2** *(chem)* acetate
aceton acetone
acetyleen(gas) acetylene
ach ah!, alas!; *~, dat spijt me* (oh) I say I'm sorry; *~ wat!* go on!; *~ zo!* indeed, I see!; *~ en wee roepen* lament
à charge *zie* getuige
achenebbisj I *tw* (what a) shame!; II *bn* shabby
achilleshiel Achilles heel, weak spot
achillespees Achilles tendon
achromatisch achromatic (*bw* -ally)
[1]acht *zn* attention, care; *~ geven (slaan) op* pay attention (pay heed, give heed) to; *geen ~ slaan op, (ook)* disregard; *er werd geen ~ geslagen op zijn roepen, (ook)* his cries went unheeded; *in ~ nemen* observe [the proper forms, the laws], practise [economy], exercise [great care, reasonable precaution]; keep [the Sabbath]; *niet in ~ nemen, (ook)* disregard; *het niet in ~ nemen van de nodige voorzorgen* failure to observe ...; *grote voorzichtigheid in ~ nemen* take (exercise) great care; *zich in ~ nemen* be on one's guard [*voor* against], be careful; *(gezondheid)* take care of o.s., look after o.s. (one's health); *neem je in ~!* take care!, be careful!; *neem je in ~ voor, (ook)* beware of; *geeft ~!, (mil)* (at)tention!, *(fam)* 'shun!, *(mar)* stand by!; *ze kwamen (stonden) in de positie: 'geeft ~'* they came to (stood at) attention
[2]acht I *telw* eight; *in een dag of ~* in a week or ten days, in just over a week; II *zn* eight; *een ~ beschrijven* do a figure of eight; *zie ook* vandaag *& vgl* met
achtarm octopus
achtbaan *(op kermis)* big dipper, roller coaster
achtbaar respectable, estimable, honourable; *achtbare meester, (vrijmetselaar)* worshipful master
achtdaags 1 eight days'; **2** every eight days
achtdubbel octuple
achteloos careless, heedless, negligent, casual; *(onoplettend)* inattentive
achteloosheid carelessness, heedlessness, negligence, nonchalance, casualness, inattention; *uit ~, (ook)* through inadvertence, -cy
achten 1 *(achting toedragen)* esteem, respect; **2** *(houden voor)* consider [o.s. bound by one's promise], think [it beneath one; think it wrong, necessary (to ...)], presume [a suspect is presumed innocent until ...], judge, count, hold [I hold it true], look (up)on, regard [s.t. as one's duty], deem [I deem it my duty]; *~ op* pay attention to, heed [a warning]; *zich beledigd ~* feel offended; *zich gelukkig ~* think (count) o.s. fortunate; *hij acht zich te hoog om [...]* he is above [following advice]; *zie ook* geacht & veronderstellen
achtenswaard(ig) respectable, honourable, worthy of esteem
achtenswaardigheid respectability
achter I *vz* behind [a tree; the Premier had the nation, public opinion, behind him], after [he writes MP after his name], beyond [the door was a passage], against [write the words against your name], at the back of, at [the desk, the wheel]; *(Am)* back of [my house, his words]; *(mar)* abaft [the mast], astern of [the ship]; *sluit de deur ~ u* shut the door behind (*of:* after) you; *hij sloot de deur ~ mij, (ook)* he closed the door (up)on me; *met 2000 man ~ zich* with ... at his back; *hij heeft een sterke aanhang ~ zich, (ook)* he has a strong following; *nu ben ik er ~* I've found it out, *(heb er de slag van)* now I've got (the knack of, the hang of) it; ***van** ~ de bomen* from behind the trees; *zie verder* elkaar, komen, zitten, enz; II *bw* behind; *(mar)* (ab)aft *(ook: naar ~)*; *~ wonen, a)* live in the back room; *b)* live at the back (of the house); *mijn* ***horloge*** *is (3 minuten) ~* my

watch is (three minutes) slow; ~ *in de tuin, enz* at the back (bottom end) of the garden, at the back of the room (drawer, etc), at the far end of the corridor, in the back of the car; *ze is ~ in de twintig* she is in her late twenties; *zijn haar is naar ~ gekamd* his hair is combed back; *verder naar ~* further back; *zie ook* achteren; *de hoed ~ op het hoofd* one's hat on the back of one's head; *(ten) ~ zijn* be in arrear(s) [with one's payments, the rent, etc], be behind [in maths, with the rent, one's work, etc], lag behind [in mechanization], be behindhand (behind schedule) [in one's study, with one's work]; *(~ bij)* [Irish time was 25 minutes] behind [Greenwich]; *zie ook* achterraken; *~!, (tegen hond)* heel!; *zie verder* achterliggen, enz

achteraan in (at) the rear, behind, at the back

achteraangaan go after, look into, see to, try to find out about, follow (*of:* chase) [s.t.] up; *hij ging er achteraan* he made it his business

achteraankomen come last, lag behind *(ook fig)*, hang back, bring up the rear; *~ (vergeleken) bij Amerika* lag behind America; *helemaal ~, (wedstrijd, ook fig)* be nowhere; *ik kom wel achteraan, maar ...* I am a little late in the day, but ...; *op dit punt komt je land erg achteraan* your country is very backward in this respect

achteraankomer straggler, laggard

achteraanlopen **1** *zie* achteraankomen & achteraangaan; **2** be after [a place, a girl]

achteraanzicht rear view, back view

achteraanzitten *zie* achteraangaan & achteraanlopen; *hij zit achter zijn personeel aan* he keeps ... on their toes

achteraf **1** *(plaats)* in the rear; *hij woont ~* he lives out of the way; *(heel erg ~)* at the back of beyond; *iets ~ houden* keep s.t. back (*of:* in reserve); *zich ~ houden* keep aloof; *~ staan* stand back; *zie ook* achteren: van ~ gezien; **2** *(tijd)* retrospectively, in retrospect; *~ concluderen* conclude by (with) hindsight; *~ heb ik spijt* I am sorry now that it is done; *~ is het gemakkelijk te zeggen* it is easy to be wise after the event

achterafbuurt out-of-the-way quarter

achterafstraat backstreet

achteras rear (*of:* back) axle

achterbak *(ve auto)* boot, *(Am)* trunk

achterbaks **I** *bw* behind one's back, secretly, underhand, in a hole-and-corner fashion; *zich ~ houden* keep a low profile, lie low; *iets ~ houden* keep s.t. dark; **II** *bn* underhand(ed) [dealings], backstairs [policy], hole-and-corner [proceedings, business *gedoe*], [he is] double-faced, sneaky

achterbaksheid *(ook)* [I will not be an accomplice to any] backstair(s) work

achterbalkon *(ve tram)* rear platform; *(ve huis)* back balcony

achterban *(ve politieke partij, enz)* rank and file, grass roots; *zijn ~ raadplegen* consult one's supporters

achterband back (rear) tyre

achterbank back (rear) seat [passengers, a back-seat driver]

achterbeen hind leg

achterblijven **1** *(niet mee heengaan)* stay (remain) behind; *(bij dood)* be left (behind); **2** *(niet bijhouden), (ook fig)* drop (fall, lag) behind; *(mar)* drop (fall) astern; *~ bij* be outdistanced (outstripped) by, be (lag) behind [the law lags behind public opinion], fall short of [expectations]; **3** *(in ontwikkeling)* be backward (retarded); *achtergebleven gebied* backward (underdeveloped) area; **4** *niet ~* not be behindhand [in paying *met ...*]; *om niet achter te blijven in beleefdheid* not to be outdone in politeness; *als hij het doet, kan ik niet ~* if ..., I must follow suit; **5** *(ve hond)* keep at (*of:* to) heel

achterblijvend residual [gas]; *de ~en* those left behind, the bereaved

achterblijver straggler, laggard; *(niet met de tijd meegaande)* back number; *de ~s bijwerken, (school)* coach the slower (weaker) pupils

achterbout hindquarter

achterburen people living (sitting, etc) behind

achterbuurt backstreet, slum (area), low neighbourhood

achterdeel hind part, rear part; *(ve schip)* after part; *(ve trein)* rear portion; *zie ook* achterste

achterdek afterdeck; *(kampanje)* poop (deck), quarterdeck

achterdeur back door (*ook fig:* come in by the back door); *(v auto)* rear door; *~(tje), (fig), a)* means of escape, loophole; *b)* nest egg

achterdocht suspicion; *~ hebben (voeden)* be suspicious [*jegens* of], harbour (entertain) suspicions; *~ krijgen* become suspicious [*jegens* of]; *met ~ beschouwen, (ook)* look askance at; *~ wekken* rouse suspicion(s)

achterdochtig suspicious

achterdoek *(theat)* backcloth, backdrop

achtereen **1** without a pause; *drie uur (mijlen) ~* three hours (miles) at a stretch (*of:* on end), for three solid hours; *vijf nachten ~* five ... in a row; *dagen ~* for days on end; *~ uitlezen* read at a sitting; **2** *zie* achtereenvolgens

achtereenvolgend successive, consecutive; *~e dagen, (chertepartij)* running days

achtereenvolgens consecutively, successively, [three days] in succession, [twice] running

achtereind hind(er) part, back part, rear end; *zie ook* achterste & [2]dom

achterelkaar *bw* **1** *zie* achtereenvolgens; **2** at once, immediately

achteren: *naar ~* backward(s); *te ver naar ~* too far back; *naar ~ gaan* go to the toilet; *hij moet naar ~* he wants to be excused; *ten ~, zie* achter: ten ~; *van ~* [run into] from behind, [attack] in the rear, at the back; *met de wind van ~* with a following wind; *van ~ naar voren* [read] backward(s) (*ook fig:* he knows it backwards); *van ~ gezien* viewed (seen) from the back; *(fig)* with hindsight, in the light of after events [I think ...], (viewed) in retrospect; *ik zie hem liever van ~ dan van voren* I prefer his room to his company

achtererf backyard

achterflap back flap

achtergaan *zie* achterlopen

achtergalerij *(Ind)* back veranda(h)

achtergang back passage

achtergevel rear elevation, back

achtergrond background [figure, information, music, noise, radiation]; *(fig ook)* backdrop; *op de ~ blijven* keep (remain) in the background; *op de ~ dringen* push (thrust) into the background; *op de ~ raken* fall into the background; *op de ~ treden* take a back seat, stand back

achtergrondgeheugen *(comp)* memory backup

achtergrondmuziek *(v cd, enz, ook)* muzak, *(sl)* wallpaper

achterhaalbaar *zie* achterhalen: te ~

achterhalen overtake; *(misdadiger, enz)* hunt down; seize [smuggled goods], recover [stolen goods]; *de oorzaak is niet meer te ~* the cause can no longer be ascertained (recovered, traced); *door de gebeurtenissen achterhaald* overtaken by events; *die theorie is achterhaald* that ... has been superseded, is outdated (exploded); *een achterhaalde zaak* [the question of guilt is now] an irrelevance; *zie ook* inhalen

achterham gammon

achterhand *(handwortel)* carpus, wrist; *(ve paard)* hindquarters; *aan de ~ zitten, (kaartsp)* be the younger (youngest) hand, play last

achterheen: *er ~ zitten, a)* be hard at it; push things on; *b)* keep a close check on it; *zie ook* achteraangaan

achterhoede rear(guard); *(sp)* backs, defence; *de ~ vormen* bring up the rear

achterhoedegevecht rearguard action [*een ~ leveren* fight a rearguard action]

achterhoedespeler defender

achterhoek outlying part (*of:* district)

achterhoofd back of the head; *(wtsch)* occiput; *hij is niet op zijn ~ gevallen* there are no flies on him; *hij heeft iets in zijn ~* there's s.t. at the back of his mind

achterhoofds- occipital [bone, etc]

achterhouden keep (*of:* hold) back [letters, secrets, etc], withhold [a thing from a person]; *(verzwijgen ook)* suppress [certain facts], conceal [s.t. from a p.]

achterhoudend close, secretive

achterhouding keeping back, etc, concealment

achterhuis back premises; back (back part) of the house

achterin at (in) the back (rear); *zie ook* achter

Achter-Indië *(hist)* Further India: Burma, Siam and Indo-China

achterkamer back room

achterkant rear, back, *(verkeerde kant)* reverse (side); *met de ~ tegen elkaar staan* [the houses] back on to one another

achterkeuken back kitchen

achterklap backbiting, scandal, slander

achterkleindochter great-granddaughter

achterkleinkind great-grandchild

achterkleinzoon great-grandson

achterklep *(v auto)* boot (*Am:* trunk) lid, *(groot)* tailgate, rear door; *(v vrachtauto)* tailboard, tailgate

achterlader breech-loader; *(kanon ook)* breech-loading gun

achterlamp *zie* achterlicht

achterland hinterland

achterlastig *zie* stuurlastig

achterlaten leave [an order, one's address, a card]; leave (behind) [a widow, debts, traces]; *hij liet haar in benarde omstandigheden achter* he left her very poorly off; *achtergelatenen, zie* achterblijvend: de ~en

achterlating: *met ~ van* leaving behind

achterleen mesne (*of:* arrière) fief, subfief

achterleenheer mesne lord

achterleenman rear vassal

achterlicht *(ve auto, enz)* rear light (lamp), back light, *(Am)* taillight, tail lamp

achterliggen come (lag, lie) behind; *bij iem ~, zie* achterstaan; *~de gedachte* underlying idea

achterligger car (vehicle, chap, etc) behind

achterlijf *(ve insect)* abdomen; *(ve jas, enz)* back

achterlijk *(in ontwikkeling, v gewas, enz)* backward; *(bij de tijd)* behind the times, *(sl)* stupid, daft, idiotic; *~e wind, (mar)* following wind; *~ kind, (ook)* retarded child; *school voor ~e kinderen* school for backward (mentally handicapped) children; *zie ook* achter: ten ~; *hij is lang niet ~* there are no flies on him; *doe niet zo ~* don't be such a moron

achterlijn *(sp)* goal line; *(basketbal)* end line

achterlopen be slow [the clock is one minute slow], lose [ten minutes a day]; *(v personen)* be behind the times

achtermast aftermast

achtermiddag *zie* achternamiddag

achterna 1 behind, after; **2** *(later)* afterwards; *zie verder sam met* achterna & na

achternaam surname, family name; *(Br ook)* second name

achternagaan 1 go after, pursue, chase; **2** follow at some distance; *(fig)* follow the example of, follow in [a p.'s] footsteps

achternalopen 1 follow; **2** run after [persons of influence]

achternamiddag *(lett)* late afternoon; *(fig)* [that can be done in] no time at all (just a few hours)

achternarijden, enz *zie* narijden, enz

achterneef *(eigen generatie)* second cousin, *(volgende)* grand-nephew, great-nephew

achternicht second cousin; grand-niece, great-niece; *vgl* achterneef

achterom I *bn & bw* round the back; behind, back; ~ *gaan, ~ lopen* go round the back (way); ~ *kijken, ~ zien* look back, look behind (one); **II** *zn* way round the back, back way; rear access
achteronder *(mar)* afterhold
achterop 1 behind, at the back; on the back [of one's bike]; on the rear platform *(ve tram)* **2** behindhand, in arrears; ~ *met de huur, enz* behind with the rent (one's work, etc); *zie ook* achter: ten ~
achteropkomen, achteroplopen overtake, catch up, come up with
achteroprijden *(op motorfiets)* ride pillion; *zie ook* achteropkomen
achterover back(wards), on one's back
achteroverdrukken *(sl)* knock off, *(fam)* pinch
achteroverhellen recline, slope (*of:* tilt) backwards
achteroverklappen swing (*of:* fold) back
achteroverleunen lean back
achteroverliggen lie back *(ook: achterover gaan liggen),* lie on one's back
achteroverslaan 1 fall (come) down backwards; **2** *daar sla je (steil) van achterover* that (it) makes you stagger; *prijzen waar je van achterover slaat* staggering prices; **3** *een borrel* ~ toss off (knock back) a drink
achterovervallen fall over backwards; *vgl* achteroverslaan
achterpaard wheel-horse, wheeler
achterpagina back page
achterpand *(v kledingstuk)* back
achterplaats backyard
achterplecht poop (deck); *(op klein schip)* afterdeck
achterpoort back gate, postern (gate)
achterpoot hind leg; *op de achterpoten staand* rampant; *vgl* achterst
achterraam back window
achterraken fall (drop) behind (*mar:* astern); *(fig)* fall (get) behind [with one's work, etc], fall into arrears [with the rent], get behindhand (behind schedule)
achterrem rear brake
achterriem *(ve paard)* crupper
achterruim afterhold
achterruit [heated] rear window
achterschip hind part of a ship, stern; *in het ~ raken* come down in the world
achterschot *(ve wagen)* tailboard
achterspeler defender, (full) back
achterst hind(most), last; *(mar)* sternmost, aftermost; *hij stond op zijn ~e benen (poten)* he was hopping mad; *al gaat hij op zijn ~e poten staan* whatever he does; *~e ledematen* hind limbs; *op zijn ~e poten gaan staan* get up on one's hind legs; *zie ook* achterste, tong, enz
achterstaan be behind, be [two goals] down; ~ *bij, (minder zijn dan)* be inferior to, rank below; *(achtergesteld worden bij)* be neglected for; *bij anderen* ~ be handicapped; *bij niemand ~, (ook)* be second to none
achterstaand (mentioned) overleaf, on the next page
achterstallig back; *~e huur* back rent, arrears of rent; *~e rente* interest still due; *~e schulden* arrears, outstanding debts; *~e soldij* back pay; ~ *zijn* be in arrear(s), be behind(hand) [with the rent, etc]; *het ~e* the arrears
achterstand 1 arrears [of work]; [time, cultural] lag; backlog [of deliveries]; [developmental] retardation; *(sp)* (goal) deficit; ~ *bezorgen (hebben)* put (be) in arrears; *een (sociale, enz) ~ hebben, (ook)* be disadvantaged (*erger:* deprived); *op ~ zetten, (sp)* distance; put behind; **2** *(achterstallig)* arrears; *zie ook* inhalen
achterstandswijk run-down suburb (urban area); disadvantaged area
achterste I *bn zie* achterst; **II** *zn* rear part, hind part; *(zitvlak)* behind, posterior, buttocks, bottom, b.t.m., backside, sit-upon, *(sl)* bum; *het ~ tegen de krib zetten* become restive (*of:* refractory), kick against the pricks, jib; *zie ook* tong, zolder, enz
achtersteek backstitch; *met de ~ naaien* backstitch
achterstel 1 *(v voertuig)* rear-wheel unit; **2** *(v dier)* hindquarters
achterstellen subordinate [*bij* to], (place, put at a) disadvantage, handicap [*bij* as compared with], discriminate against, slight [feel slighted]; *achtergestelde lening* subordinated loan; ~ *bij, (ook)* neglect for
achterstelling subordination; neglect, discrimination; *met ~ van* ... neglecting ...
achtersteven 1 sternpost; **2** *(achterschip)* stern
achterstevoren back to front, backside first, (the) wrong way round
achterstraat back street
achterstuk back piece; *(ve kanon)* breech
achtertrap backstairs
achtertuin back garden
achteruit I *bw* backward(s), back; *(op schip)* aft, abaft; *~!* stand back!; *volle kracht ~, (mar)* full speed astern!; *zie ook* stap; **II** *zn* **1** backyard; **2** *(v auto)* reverse (gear); *in de ~ zetten* put in(to) reverse
achteruitbidden swear
achteruitboeren go downhill, lose ground; *zie ook* achteruitgaan
achteruitdeinzen start back
achteruitgaan 1 *(eig)* go back(wards), move back, recede, retreat; **2** *(v handel, ijver, inkomsten, enz)* decline, fall off; *(ve zaak)* fall off, go downhill; *(ve leerling)* be on the downgrade, *(in welstand)* come down in the world, fall on evil days; *(v barometer, prijs, aantal, inkomen, enz)* fall; *verder:* prices are on the decline (easing off); *(ve zieke)* go downhill, (be on the, fall into a) decline, lose ground, *(tegen het eind)* sink, fail [he is sinking fast, is failing]; *(in kwaliteit)* deteriorate, decay; *(moreel)* degenerate
achteruitgaand failing [health]
achteruitgang 1 going down, etc, *vgl* achteruitgaan;

fall, decline, deterioration, recession (of trade), retrogression; **2** back door, back way
achteruitkijkspiegel driving mirror, rear-view mirror
achteruitkrabbelen back out (of it), cry off, back off
achteruitlopen, achteruitmarcheren *zie* achteruitgaan
achteruitrijden reverse, back [the car into an open space]; *(in trein)* sit (ride) with one's back to the engine
achteruitrijlamp reversing light
achteruitschuiven push back; *zijn stoel ~, (ook)* push back from the table
achteruitslaan *(ve paard)* kick; *(ve schip)* reverse (the engines)
achteruitstappen step back
achteruitvaren sail backwards, make (gain) sternway, go stern first
achteruitwijken fall back, recede
achteruitzetten put back [a clock, etc]; handicap [heavy taxation handicaps a country]; *(verongelijken)* slight [she felt slighted]
achtervanger *(sp)* catcher
achtervoegen affix, subjoin, add
achtervoeging addition
achtervoegsel suffix
achtervolgen pursue, chase, run after, hunt [a hunted animal], *(hardnekkig)* dog [be dogged by misfortune]; *(om te kwellen)* persecute; *(v gedachte)* haunt; *zie ook* vervolgen
achtervolging pursuit *(ook wielersp)*; persecution
achtervolgingswaan(zin) persecution complex (mania)
achtervolgingswedstrijd pursuit (race)
achterwaarts I *bw* back, backward(s); **II** *bn* backward, retrograde
achterwand back (*of:* rear) wall; *(v apparaat, enz)* backplate
achterweg back road, byroad, byway
achterwege: ~ *blijven* fail to come (to turn up); *(voorlopig, ve plan, enz)* remain in abeyance; *(v zaken)* not come (off), be omitted; ~ *houden* keep back; conceal; ~ *laten* omit, drop, leave undone
achterwerk 1 *(mar)* stern; **2** *(zitvlak)* behind; *zie* achterste
achterwiel back wheel, rear wheel
achterwielaandrijving rear-wheel drive
achterwielophanging rear suspension
achterzak *(ve broek)* hip pocket
achterzijde back, rear; reverse (side)
achthoek octagon
achthoekig octagonal, octangular
achthonderdjarig octocentennial; *~e gedenkdag* octocentenary
achting regard, respect, esteem; *grote ~ genieten* be greatly respected, be held in high esteem; ~ *hebben voor* hold in (high, great) esteem, respect, have respect for; *in iems ~ dalen (stijgen)* fall (rise) in a p.'s estimation; *ik ben met de meeste ~ ...* I am respectfully ...
achtjarig *vgl* jarig; *(8 jaar durend, ook)* octennial
achtkant 1 octagon; **2** *zie ~ig*
achtkantig eight-sided, octagonal
achtlettergrepig octosyllabic; ~ *woord* octosyllable
achtmaal eight times
achtmaands eight months old, eight months'
achtpotig eight-footed
achtste eighth; *(muz)* quaver; *zes ~* six eighths
achttal (number of) eight
achttallig octonary; *(wisk)* octal [notation]; *in het ~ stelsel, (ook)* in base eight; *vgl* tientallig
achttien(de) eighteen(th)
achttiende-eeuws eighteenth-century [London]
achttienjarig *vgl* jarig
achturig: *~e werkdag* eight-hour day
achtvlak octahedron
achtvlakkig octahedral
achtvoud octuple
achtvoudig eightfold, octuple
achtzijdig eight-sided, octahedral; *~e figuur* octagon
acidimeter acidimeter
aciditeit acidity
acne acne
acoliet acolyte
acquisiteur canvasser (for subscriptions, insurance business, etc)
acquisitie canvassing; *(aanwinst)* acquisition
acquit 1 *(kwijting)* discharge, receipt; *per ~* paid; **2** *(biljart)* spot; *van ~ gaan* cue off
acribie (philological) exactness, acuity
acrobaat, acrobate acrobat
acrobatie(k) acrobatics
acrobatisch acrobatic (*bw:* -ally); *zie ook* toer
acrofobie acrophobia
acrogymnastiek acrogymnastics
acroniem acronym
acrostichon acrostic
acryl acrylic [acid, fibre, resin]
acrylaat acrylic resin [paint]
acrylverf acrylic (paint)
acte *zie* akte; ~ *de présence geven* put in (make) an appearance
acteertalent talent for acting
acteren 1 *(theat)* act *(ook fig)*, act a part; **2** *(optreden)* perform; **3** *(aantekenen)* register
acteur actor, player; *(min)* play-actor
acteurskamer green room
actie 1 *(ook ton)* action; *in ~* in action, [be] at it [again]; **2** *(proces)* action, lawsuit; *een ~ instellen tegen* bring an action against; **3** *(het ageren)* agitation, action, campaign, movement; ~ *voeren* agitate, carry on a campaign [for ...]; **4** *(aandeel)* share
actiebereidheid readiness to take action
actiecomité action committee
actief I *bn* active [duty, ingredient, network, person, service, verb], energetic [person], working [popu-

lation], favourable [trade balance]; *actieve en passieve steun, (ook)* direct and indirect support; II *zn* assets; ~ *en passief* assets and liabilities; *op zijn ~ hebben* have to one's credit
actiefoto action photo(graph), action shot
actiegroep action group, ginger group, pressure group
actieplan action plan, plan of action
actieradius *(ve vliegtuig, enz)* range (of action)
actieveling live wire, eager beaver
actievoerder, actievoerster activist; campaigner
actinisch actinic [rays]
actinium actinium
actinometer actinometer
actionaris 1 shareholder; **2** share dealer
activa assets; *zie* actief II
activator activator
activeren activate; spark off; *(techn ook)* actuate
activist(e) activist
activiteit activity
actor 1 *(jur)* attorney; **2** actor, participant, player
actrice actress
actualiseren bring up to date, revise, update
actualiteit topicality *(ook concr), (concr ook)* topic of the hour (the day)
actualiteitenprogramma current affairs programme
actualiteitswaarde topical value
actuarieel actuarial
actuaris actuary
actueel topical [subjects, allusions], current [problems], of current interest, up-to-date, up-to-the-minute
acultureel uncultured, philistine
acupressuur acupressure
acupuncteur, acupuncturist acupuncturist
acupunctuur acupuncture
acuut acute, critical; *(bw ook)* instantly, on the spot, all at once
acyclisch acyclic
ad 1 *(bedrag)* at [four per cent], [a bill] for [£200]; **2** ~ *absurdum* to the point of absurdity; ~ *acta leggen* file (away), lay aside; ~ *fundum!* bottoms up!; ~ *fundum drinken* drain one's glass; *commissie ~ hoc* ad hoc committee (*zo ook:* an ad hoc decision, ad hoc measures); ~ *infinitum* ad infinitum; ~ *libitum* ad libitum, at will; ~ *patres gaan* be gathered to one's fathers; ~ *rem* ad rem, to the point, relevant, apt [the retort was so apt that ...]; *(v personen)* smart, quick at repartee; *uw opmerking is niet ~ rem, (ook)* your ... is beside the mark, is neither here nor there; ~ *rem opgemerkt* pointedly (pertinently, aptly) observed; ~ *valorem* ad valorem
A.D. afk van *anno Domini* AD: in the year of our Lord
adagio *bw & zn* adagio
adagium saying, proverb, adage
Adam Adam; *de oude ~ afleggen* put off (shake off, lay aside) the old Adam
adamsappel Adam's apple
adamskostuum birthday suit; *in ~, (ook)* in the altogether (the nude)
adaptatie adaptation, *(soms)* adaption
adapter adapter
adapteren adapt
adaptief adaptive
adat adat, usage, tradition; customary behaviour; ~*(recht)* customary law
addenda; addendum addenda; addendum
adder viper *(ook fig)*, adder; *een ~ aan zijn borst koesteren* nourish (cherish) a viper in one's bosom; *er schuilt een ~(tje) onder het gras* there is a hidden snag
adderachtig viperous
ad'deren add
adder(en)gebroed *(bijb)* generation of vipers
addertong *(plant)* adder's tongue; *(fig)* viper
adderwortel bistort
Addis-Abeba Addis Ababa
additie addition
additief additive
additioneel additional
adel nobility; *hij is van ~* he is of noble birth, he belongs to the nobility
adelaar eagle; *jonge ~* eaglet
adelaarsblik eagle eye; *met ~* eagle-eyed
adelaarsvaren bracken; *zie verder* arends-
adelboek peerage
adelborst midshipman, naval cadet; *(fam)* mid(dy); *(sl)* snotty, reefer
adelbrief patent of nobility
adeldom nobility; ~ *verlenen, zie* adelen; *brieven van ~* letters patent of nobility
adelen ennoble *(ook fig)*, raise to the peerage
Adelheid Adelaide
adellijk 1 noble [lady, family], nobiliary [pride, rank]; *(vglb)* titled, [a lady] of title; ~ *bloed* noble blood; **2** *(v wild)* high; *(v vlees)* gamy, high
adelstand nobility; *in (tot) de ~ verheffen, zie* adelen
adem breath; *de laatste ~ uitblazen* breathe one's last; *van lange ~* long-winded; *werk van lange ~* lengthy (large-scale) work, long-term project; *de ~ inhouden* hold one's breath [they held their breath(s)]; ~ *scheppen* draw breath; *zijn ~ stokte* his breath caught, he stood breathless, it (the scene, etc) took his breath away; ***buiten*** ~ [he had run himself] out of breath; breathless, puffed; *buiten ~ geraken* get out of breath; ***in één*** ~ in one breath, in the same breath [*ook fig:* they are not to be mentioned in the same breath]; *zij worden altijd in één ~ genoemd* they are always bracketed together; ***naar*** ~ *snakken* gasp for breath; *(weer) op ~ komen* recover one's breath, get one's wind back; *tijd om op ~ te komen, (ook fig)* breathing-space
ademanalysator breathalyser, breath tester
ademanalyse breath test
adembenemend breathtaking [adventures]
ademen breathe (*ook fig:* breathe a spirit of poetry),

draw breath; *diep* ~ breathe deeply, draw (take) a deep (long) breath; *piepend* ~ wheeze; *ruimer* ~ breathe more freely, breathe again; ~ *op* breathe on [one's spectacles]; *~d, (v stoffen)* breathable [synthetic fabrics]
ademhalen *zie* ademen
ademhaling breathing [exercises], [artificial] respiration
ademhalingsorganen respiratory organs
ademloos breathless [silence]
ademnood dyspnoea, laboured breathing
adempauze breathing-space, *(fam)* breather
ademproef, ademtest breath test; *de ~ afnemen* breathalyse
ademtester breathalyser
ademtocht (gasp of) breath; *laatste* ~ [until his] dying breath
ademwortel breathing (respiratory) root, pneumatophore, aerophore
adenoïden, adenoïde vegetatie adenoids
adenoom adenoma (*mv* -as & -ata)
adept(e) **1** disciple, follower; **2** *(ingewijde)* adept
adequaat adequate [translation]; appropriate, proper [action]; answering [measures, translation]
ader vein *(ook in hout, blad, marmer, enz)*; *(v erts)* vein, lode, seam; *(v kabel)* core, conductor; *(oorsprong)* source, spring [of life]; *humoristische ~* streak of humour
aderbreuk rupture (bursting) of a blood vessel; *een ~ krijgen* burst a blood vessel
aderen *ww* vein, grain [wood]
aderinspuiting intravenous injection
aderlaten bleed *(ook fig)*
aderlating bleeding, bloodletting *(ook fig)*; phlebotomy, venesection; *flinke ~, (fig)* serious loss (of money, etc)
aderlijk venous
aderontsteking phlebitis
aderverkalking hardening of the arteries, arteriosclerosis
adherent adherent
adhesie adhesion; ~ *betuigen* declare (signify) one's adhesion [*aan* to]
adhesiebetuiging message of support (of sympathy)
ad hoc ad hoc; *zie* ad 2
adie *(fam)* ta-ta!
adieu goodbye
adipeus adipose [tissue]
adipositas obesity
adjectief adjective
adjectivisch adjectival
adjudant adjutant *(ook de vogel)*; *(ve generaal, vorst, enz)* aide-de-camp (*mv:* aides-de-camp), ADC [*van de koning* to the King]; *(v politie)* inspector
adjudant-onderofficier *(vglb)* warrant officer
adjunct assistant, deputy, adjunct
administrateur **1** administrator; **2** *(boekhouder)* accountant, bookkeeper; **3** *(beheerder, directeur)* manager [*ve plantage* of an estate]; *(aan boord)* purser
administratie **1** administration, management; *een hoop* ~ a lot of clerical work; **2** accounts (department); financial records; **3** government; *(Am)* administration
administratief administrative; managerial; clerical [post]; government(al); ~ *personeel* clerical staff
administratiekantoor administrative (management) office
administratiekosten administration costs, clerical expenses; *(berekend aan derden)* administration charges
administratrice (female) administrator, *(soms)* administratrix
administreren administer, manage
admiraal admiral; *(vlinder meestal)* red admiral
admiraalsschip flagship
admiraalvlinder red admiral
admiraliteit admiralty
admiraliteitscollege *(hist)* board of admiralty
admissie admission
admissie-examen entrance examination
adolescent adolescent
adolescentie adolescence
adonis *(pers)* Adonis; *(plant)* pheasant's eye
adoniseren: *zich* ~ titivate o.s.
adopteren adopt
adoptie adoption
adoptief adoptive [child]
adoptieouder adoptive parent
adorabel adorable
adoratie adoration
adoreren adore
ad rem ad rem; *zie* ad 2
adrenaline adrenalin, *(Am med)* epinephrine
adres address; *(op brief ook)* direction; *(verzoekschrift, schrijven)* petition; ~ *van adhesie* letter (message) of adhesion; *per* ~ (to the) care of, c/o; *het ~ schrijven, (ook)* direct one's letter (note, etc); *dat is aan uw* ~ that is meant (intended) for you, is one for you; *het juiste* ~ [you've come to] the right place; *je bent (bij mij) aan het verkeerde* ~ you've come to the wrong shop (you've mistaken your man); *vgl* kantoor; *een ~ richten aan* petition, memorialize; *zonder vast* ~ of no fixed address
adresbandje wrapper
adresboek [trade] directory; *~je* address book
adreskaart label, ticket; *(ve pakket)* dispatch note; *(ve zaak)* business card; *~je* card
adressaat target group
adressant applicant, petitioner
adresseermachine addressing machine, addressograph
adressenbestand address list (file)
adresseren direct, address, label [luggage]; *zich ~ aan* apply to; *een gefrankeerde en geadresseerde enveloppe voor antwoord* [enclose] a stamped ad-

dressed envelope (an s.a.e.); *verkeerd* ~ misdirect; *zie ook* adres: een ~ richten aan
adresstrook (address) label
adresverandering, adreswijziging change of address [card]
Adria Adriatic (area)
Adriaan Adrian
Adriatisch Adriatic *(ook: ~e Zee)*
adsorberen adsorb
adsorptie adsorption
adspirant *zie* aspirant
adstringeren astringe
adstructie 1 *(staving)* substantiation; *ter ~ van* in support of; **2** *(toelichting)* elucidation, explanation
adstrueren 1 substantiate, support; **2** elucidate, explain
adv afk van *arbeidsduurverkorting* short-time (working), reduction of working hours
advenant: *naar* ~ in proportion, in keeping
advent Advent
adventief adventitious
adventiefplant adventive (plant), casual
adventist(isch) Adventist
adverbiaal adverbial
adverteerder advertiser
advertentie advertisement, notice, *(fam)* ad, advert; *(v overlijden, enz)* announcement; *zie ook* plaatsen & rubrieksadvertentie
advertentieblad advertiser
advertentiebureau advertising agency
advertentiekosten advertising charges, cost of advertising
adverteren advertise
advies advice; *(ook)* opinion [get a doctor's opinion and act on his advice]; *(v jury, commissie, enz; ook het stuk)* recommendation; *op ~ van* on (at, by) the advice of; *op medisch* ~ [take a rest] under medical advice; *per* ~ as per advice; *commissie van* ~ advisory committee (*of:* board); *iem om ~ vragen* ask a p.'s advice, consult a p.; *rechtskundig ~ vragen* take legal advice, take counsel's opinion
adviesbrief letter of advice, advice note
adviesbureau advice bureau; firm of consultants
adviesorgaan advisory body
adviesprijs recommended (retail) price, suggested price
adviessnelheid recommended speed
adviseren advise (*over* on); *(v jury, commissie, enz)* recommend
adviserend advisory, consultative [voice, body]
adviseur, adviseuse [medical] adviser, consultant; [student] counsellor; *(v uitgever)* reader; *rechtskundig* ~ legal adviser, advising counsel, solicitor; *wiskundig* ~ actuary; *als* ~ in an advisory capacity
advocaat 1 barrister(-at-law), counsel *(ev & mv)*; *(vglb)* solicitor, lawyer; *(Sch)* advocate; *(Am)* attorney; *een ~ nemen* brief (retain) a barrister; *voor ~ studeren* study (read) for the bar; *als ~ toelaten* call to the bar; *een ~ raadplegen* take legal advice; *~ van kwade zaken* pettifogger, pettifogging lawyer; *(Am)* shyster; **2** *(drank)* advocaat
advocaat-fiscaal Judge Advocate General
advocaat-generaal solicitor-general
advocatencollectief *(Br vglb)* law centre; *(Am vglb)* legal aid society
advocatenstreek lawyer's trick
advocaterij pettifoggery, quibbling(s)
advocatuur legal practice, [go into] the law
Aeneis Aeneid
aërobatiek aerobatics
aërobe, aerobic, aërobisch aerobic
aërodynamica aerodynamics
aërodynamisch aerodynamic
aërogram air letter, aerogramme
aëroliet aerolite
aërometer aerometer
aëronaut aeronaut
aëronautica aeronautics
aëroob aerobic
aërosol aerosol
aërostatica aerostatics
aërotrein hovertrain
Aesculapius Aesculapius
Aesopus Aesop
af I *bw* off; down; *~!, (tegen hond)* down!; *(sp)* go!; *Hamlet* ~ exit Hamlet; *de geest en Hamlet* ~ exeunt Ghost and Hamlet; *hij is minister* ~ he is out of office; *hij is voorzitter* ~ he is no longer chairman; ***goed*** *(slecht) ~ zijn, (in goede, slechte doen)* be well (badly) off; *(boffen, wanboffen)* be in luck, have bad luck; ***hoeden*** *~!* hats off!; *je hoed ~!* off with ...!; ***terug*** *naar (bij)* ~ back to square one; *rechts* ~ to the right; *daar* ***wil*** *ik (van) ~ zijn* I am not sure (about it); *bij het* ***geel*** ~ off yellow, bordering on yellow; ~ ***en aan*** to and fro; *~ en aan lopen, varen, vliegen, enz* come and go [*het liep die hele avond ~ en aan* there were comings and goings all that night]; *~ en toe* off and on, now and then; *~ en toe zon* sunny periods; *~ en toe een spelletje golf spelen* play an occasional round of ...; *ik ben* ***er*** ~ I am rid of it, it is off my hands; *om er maar ~ te zijn* to have finished (to be through) with it; *[de knop, de verf] is er (wil er niet)* ~ the ... has (will not) come off; *daar ben je er niet* ***mee*** ~ that's not enough; *op de* ***minuut*** ~ to the minute; *op het sentimentele* ~ [grateful] to the point of sentimentality; *er is een knoop* ***van*** *mijn jas* ~ my coat has a button missing; *gelukkig, dat ik van hem ~ ben* I am well rid of him; *hij is van zijn vrouw* ~ he is divorced; *ze zijn van elkaar* ~ they have separated (are living apart), it's all over between them; *je bent niet van mij* ~ I've not done with you yet; *van 15 p.* ~ from 15p upwards; *van de burgemeester ~ tot de minste burger* from the mayor down to ...; *van 1 mei* ~ (as) from May 1st; *van die dag* ~ from that day onward(s); *van kind* ~ from a child; *van mijn jeugd* ~ from my youth up; *van de derde eeuw* ~ from the

third century on(wards); *van die tijd* ~ from that time forward (*of:* on); *10 meter van de weg* ~ ... from the road, off the road; *zie ook* kantje, kous, slim, spreken, vlug, afkunnen, enz; **II** *bn* completed, finished, done; *ik* **ben** ~, *(bij spel)* I am out; *(doodop)* I'm done in, knackered; *het engagement (de koop) is* ~ the ... is off; *het is* ~ *tussen hen* it's all over between them; *het werk is* ~ the ... is finished; *zijn omgangsvormen waren* ~ his manners were impeccable; **III** *vz* ex [dock, factory, mill(s), ship, works], *(handelsafk)* X [factory]

afasie [acoustic] aphasia

afaticus aphasiac

afatisch aphasic [disorders]

afbabbelen: *heel wat* ~ talk over a lot of things

afbakenen **1** *(vaarwater)* buoy, beacon; *(terrein)* stake (peg, mark) out; *(weg, enz)* trace (out); *(gebied, grenzen v land)* demarcate, delimit(ate) [the frontier]; **2** *(fig)* define; *duidelijk afgebakende taak* clear-cut task

afbakening buoying, staking, etc; demarcation, delimitation

afbakken finish off in the oven

afbedelen obtain by begging; *(ong)* cadge; *iem iets* ~, *(door vleien)* wheedle s.t. out of a p.

afbeelden represent, picture, portray, paint, depict; *(op scherm)* display; *in de gids afgebeeld* shown in the guide

afbeelding representation, picture, portrait(ure), image, depiction; *(in boek)* figure, illustration; *(op scherm)* display

afbekken: *goed van zich* ~ not mince one's words; *iem* ~ snap at a p.; *zie* afsnauwen

afbellen **1** phone [a p.] to cancel [an arrangement], cancel by phone; **2** ring (a)round; *heel wat* ~ do a lot of phoning; **3** *(gesprek beëindigen)* ring off

afbestellen countermand; cancel [an order]

afbestelling cancellation

afbetalen pay off [a debt, workmen]; clear [a debt]; *(in mindering* ~*)* pay [ten per cent] on account

afbetaling payment; ~ *bij termijnen* payment by instalments; *op* ~ on account; *(koop op)* ~ hire purchase, HP, *(Am)* instalment plan; *op* ~ *kopen* buy on the instalment system (*Am:* plan), on easy (deferred) terms, *(fam)* on the never-never

afbetalingssysteem hire purchase (scheme, system)

afbetalingstermijn instalment

afbetten bathe, wash [a wound]

afbeulen overwork [a p., an animal], wear out [one's staff *personeel*], work to death; *zich* ~ work o.s. (one's fingers) to the bone, work o.s. to death, slave [at a job *met een karwei*]; *afgebeuld, (ook)* jaded

afbidden pray for, invoke [Heaven's blessing on ...], obtain by prayer; *(afwenden, of trachten af te wenden)* (seek to) avert by prayer; *de rozenkrans* ~ tell one's beads

afbiezen pipe, trim (decorate) with piping

afbijten **1** bite off; bite [one's nails]; *zijn woorden* ~ clip one's words; *afgebeten* clipped [way of speaking]; *zie ook* bijten: van zich af ~ & spits II; **2** strip [paint]

afbijtmiddel paint remover (stripper)

afbikken chip (off), scrape off, *(ketelsteen)* (de)scale

afbinden **1** untie, take off [one's skates]; **2** tie up, ligate, ligature [a vein]; **3** thicken [soup]; **4** *(chem)* set, cure, harden

afbladderen peel (flake) off, scale

afbladeren **1** strip (off the leaves); **2** *zie* afbladderen

afblaffen: *iem* ~ bite a p.'s head off; *zie* afsnauwen

afblazen **1** blow off [dust, steam]; *stoom* ~, *(fig)* let off steam; **2** cancel [an operation]; *de wedstrijd* ~ blow the final whistle; **3** *(mil)* sound the retreat

afblijven: ~ *van* keep (one's hands) off [a p., a thing], leave alone; ~*!* hands off!; *hij zal wel van je* ~ he will let you alone, won't touch you; *daar wil ik* ~ I won't say anything about that

afbluffen overawe

afblussen add water (milk, port, etc) to

afboeken **1** *(afschrijven)* write off; **2** *(overboeken)* transfer

afboenen *(droog)* rub, polish; *(nat)* scrub

afborstelen *(stof, enz)* brush off; *(kleren)* brush; *(personen)* brush, give a brush up; *zich* ~ brush o.s. up, have a brush up, give one's coat (etc) a brush

afbouw **1** *(v mijn)* working, development; **2** *(bouwk)* completion

afbouwen **1** finish [a building]; complete [a cruise ship]; *nog niet afgebouwd, (ook)* partly built [factory]; **2** develop, work [a mine]; **3** *(beëindigen)* run down, phase out

afbraak **1** pulling down, demolition; **2** *(chem)* degradation [products]; **3** *(concr)* old materials, rubbish; *voor* ~ *verkopen* sell for breaking up (for the materials, to be pulled down)

afbraakprijs rock-bottom (knock-down) price

afbraakproduct breakdown (*of:* decomposition) product

afbramen (de)burr [metal, etc]

afbranden **I** *tr* burn down [a house]; burn off [paint]; *(fig)* run [a p.] down; **II** *intr* be burnt down; *zie ook* grond; *de kaars is half afgebrand* the candle is half burnt; *afgebrand, (fig), a) (blut)* broke; *b) (uitgeput)* burned out, *(sl)* gutted; *afgebrand zijn* have a burnout, *(op iem)* be through with [a p.]

afbreekbaar degradable; *biologisch* ~ biodegradable

afbreekstreepje (-) hyphen

afbreken **I** *ww tr* **1** break [a branch from a tree], break off [a branch, conversation, negotiations, engagement, relations, etc]; *(plotseling, knappend)* snap off [a branch], snap [a thread]; break [a journey, an electric current, an engagement]; divide [a word]; cut [an electric current]; interrupt [the thread of one's story]; sever [ties, connections, diplomatic relations]; *(voortijdig)* abort [a programme], *(sl)* pull the plug on [a subsidy]; *(schaakwedstrijd, enz)* adjourn [a game]; *hij brak het ver-*

haal ineens af he cut the story short; *de omgang met iem* ~ drop a p.; **2** pull (*of:* take) down, demolish [a building], break down [a fence], break up [a ship], take down [tents, scaffolding], strike [tents]; *(chem)* degrade; *het huis* ~, *(fig)* tear the place to pieces; **3** *(afgeven op)* run (write) down [a p., a work], cry down, demolish [a doctrine, theory], slate, pan [a book]; **II** *ww intr* break (off, away); snap (off) [the peg snapped off short]; stop, break off [in the middle of one's speech]; *zie ook* afgebroken; **III** *zn* breaking, etc; demolition; breakdown [of the negotiations]; severance; rupture; interruption; *(typ)* word division *vgl het ww*

afbrekend destructive [criticism]

afbreker demolisher *(ook fig)*

afbreking *zie* afbreken III

afbrekingsteken (-) hyphen

afbrengen *(schip)* get off, get afloat; *het er heelhuids* ~ get off (come off, escape) with a whole skin (*of:* unscathed); *het er* ***beter*** ~ *dan, (fam)* go one better than; *het er de volgende keer beter* ~ do a better job (*of:* do better) next time; *het er* ***goed*** ~ come well out of [a test], do well [at s.t., in one's examination], carry it off, *(fam)* make a (good) job of it; *als ik het er goed afbreng, (het hem lap)* if I bring it off; *een proef er goed* ~ pass a test; *er het* ***leven*** *(het er levend)* ~ escape with one's life, come out [of it] alive, *(maar net)* have a hair's breadth escape; *het er* ***net*** ~ escape by the skin of one's teeth, run it very fine; *het er* ***prachtig*** ~ make a wonderful success of it; *het er* ***slecht*** ~ do (come off) badly; *ik trachtte haar* ***van*** *dat onderwerp (het huwelijk) af te brengen* I tried to put her off that subject (to dissuade her from marriage); *niets kon hem van zijn besluit* ~ nothing could move (*of:* budge) him from ...; *ik kon haar niet van haar plan* ~ I could not put the scheme out of her head, could not talk her out of it; *ik wil mij niet van mijn doel laten* ~ I will not be dissuaded (turned aside) from my purpose; *iem van het onderwerp* ~ lead a p. away from the subject; *van de goede weg* ~ lead astray

afbreuk damage, injury, derogation; ~ *doen (aan)* injure [a p.], prejudice [a p.'s rights], be prejudicial to [a p.'s health], be derogatory (detrimental) to [a p.'s reputation]; detract from [the value of a book]; *het doet geen* ~ *aan haar schoonheid* it in no way diminishes her beauty; *zonder* ~ *te doen aan mijn plannen, (ook)* without affecting my plans

afbreukrisico risk of failure

afbrokkelen crumble (away, *ook fig: v gezag*); *doen* ~ erode

afbrokkeling crumbling, erosion *(v kust, macht, enz)*

afbuigen turn off, turn aside; deflect [cathode rays]; *(ve weg)* branch off, curve away [to the right]

afchecken check [*tegen* against]

afdak penthouse, lean-to, shed, shelter

afdalen go (come) down, descend; *in bijzonderheden* ~ go (enter) into detail(s), descend (come down) to details (particulars); *tot iem* ~ condescend to (come down to the level of) a p.; *(om zich te doen begrijpen)* talk down to [one's audience]; ~ *(zich verlagen) tot* descend to, stoop to; *in ~de linie* in a descending line; *~de reeks* descending progression

afdaling 1 *(eig)* descent; *(sp)* downhill (ski); **2** *(fig)* condescension

afdammen dam up

afdamming 1 damming up; **2** *(concr)* dam

afdanken dismiss [a servant, an official, etc], *(aan de dijk zetten)* shelve, lay (*of:* put) (up)on the shelf; disband [troops]; pay off [a ship's crew]; *(tijdelijk)* lay off [workmen]; scrap [a ship]; discard [clothes, books]; part with [one's car]; *afgedankt, (ook)* superannuated *(wegens leeftijd); afgedankt kledingstuk, (ook)* cast-off; *afgedankte scheermesjes* used blades

afdankertje discard, reject, cast-off (garment)

afdanking dismissal, disbandment, etc; *vgl* afdanken

afdankingspremie redundancy payment

afdeinzen fall back, retreat, withdraw

afdekken 1 cover [potatoes; *(ook fig:)* a risk]; cover up, over; cope [a wall]; *(verf)* mask; *(fot)* block out; *(typ)* opaque; **2** *(sp)* mark; **3** *(villen)* flay; *(fig)* beat up; **4** clear the table, remove the cloth

afdelen divide, classify; graduate [a thermometer, etc]; *zie ook* afschieten 3

afdeling *(abstr)* division, classification, graduation; *(onderdeel)* division, section, part; *(afgesloten ruimte)* compartment; *(ve vereniging)* (local) branch; *(v bestuur, univ, zaak)* department; *(ve techn univ)* faculty; *(ve zaak ook)* floor; *(ve ziekenhuis)* [men's, women's] ward; *(Tweede Kamer, vglb)* committee; ~ *soldaten* detachment of soldiers; ~ *voor besmettelijke ziekten* infectious ward; ~ *gevonden voorwerpen* lost property office

afdelingschef head of department, departmental (*v zaak, ook:* floor) manager; departmental chief (head)

afdelingsonderzoek *(ve wetsontwerp)* committee stage

afdichten seal, pack, plug (up)

afdichting seal(ing), packing, gasket

afdingen I *intr* haggle, higgle, bargain, drive bargains; **II** *tr* beat [a p.] down; *iets* ~ get a bit (knocked) off the price; *zich geen dubbeltje laten* ~ not come down a penny; ~ *op* beat down [the price]; disparage, detract from [a man's merits], challenge [a statement, the wisdom of ...]; *daar is niets op af te dingen* there can be no arguments against that; *op uw argumenten valt nogal wat af te dingen* your arguments are open to criticism

afdoen 1 *(afnemen, enz)* take off [clothes, etc]; **2** *(meubelen)* dust, clean, wipe; **3** ~ ***van*** *de prijs* reduce the price; knock off [one pound, etc]; *het doet niets af van zijn verdiensten* it does not detract (take away) from ...; *iets* ~ *van, (niet alles geloven)* discount [a statement, story]; **4** *(afmaken)* finish, dispatch, settle [a business], dismiss [in a few words *met ...*]; clear off [one's correspondence], dispose of [the Budget]; do [you can do a lot in a day], get through [a lot of work]; **5** pay off, clear, settle, discharge [a debt]; **6** *(verhandelen)* sell; **7** *dat doet er veel* ***aan*** *af* that matters a great deal; *dat doet er niets aan toe of af* that does not alter the case (the fact), is neither here nor there; *dat (hij, die theorie, enz) heeft* ***afgedaan,*** *a) (is van geen nut meer)* it (etc) has served its turn; *b) (is verouderd)* that theory is now exploded (is dead and buried); he has had his day (is a back number); Communism is finished; horse trams are things of the past; *die zaak is afgedaan* that ... is (over and) done with; *daarmee is dat afgedaan* so much for that; *het onderwerp als afgedaan beschouwen* consider the subject closed; *je hebt* ***bij*** *mij afgedaan* I have (am) done (finished) with you, I'm through with you [*zo ook:* with politics, etc]; *afgedaan hebben* ***met*** be finished (be through) with; *vgl* afrekenen

afdoend 1 conclusive, decisive, clinching [proof, arguments], cogent, sufficient [reason]; *niet ~* inconclusive [evidence]; *dat is ~e* that settles the question, clinches the matter; *~e bewijzen* prove beyond any doubt (beyond question); *~e weerlegd* conclusively refuted; **2** *(doeltreffend)* efficacious, effective [means, measures]

afdoening *(v schuld)* settlement, payment; *(v zaken)* dispatch; *ter ~ van* in settlement of

afdraaien I *tr* **1** turn off [a tap, gas, electric light, etc], switch off [the light, radio], twist off [the cap of a jar]; **2** grind out [a tune on a barrel organ]; run off [a film], *(voor het eerst)* release [a film] (*ook zn:* the release of a film; this week's releases); play [a CD], play back [a tape recording, a video]; **3** lock [a door]; **4** *(op draaibank)* turn; **5** *(opdreunen)* rattle off, reel off [one's prayers]; **6** *zich ~* turn away; **II** *intr* turn (off); *(ve weg)* branch off

afdraaier *(voetbal)* outswinger

afdracht contribution, payment

afdragen 1 carry down [the stairs, etc]; **2** wear out [clothes]; *afgedragen* worn (out); **3** pay off [a debt]; pay (hand) over [money; the proceeds will go to charities]

afdraven trot down [a road]; *een paard ~, zie* afrijden II.3 & voordraven: laten ~

afdreggen drag [a canal]

afdreigen: *iem iets ~* extort [money, etc] from a p. (by threats), blackmail a p.

afdreiging blackmail

afdrijven I *intr* drift (off); *(ve schip, ook)* make leeway; *(v onweer, enz)* blow over, drift away; *zeewaarts ~* drift (*ve zwemmer, ook:* be washed) out to sea; *de rivier ~* float down the ...; *met de stroom ~* be borne (*of:* float) down the stream; *(fig)* go with the stream; **II** *tr* **1** drive [cattle] down [the hill, etc]; **2** refine [metals]; **3** expel [worms]; *een vrucht ~* abort a foetus, cause abortion

afdrijvend 1 *(middel)* abstergent, purgative; **2** *(abortief)* abortifacient

afdrijving 1 leeway; **2** expulsion; (forced) abortion *vgl het ww*

afdrinken drink up; *het ~* settle it over a glass; *laat ons het ~* let's have a drink and be friends

afdrogen 1 dry, wipe [the tea-things; *ook zonder voorwerp*]; wipe off, wipe away, dry [tears], dry [one's hands on a towel], rub down *(na bad)* **2** *(afranselen)* give a hiding, thrash

afdronk aftertaste, length, finish

afdroogdoek tea towel

afdruipblad draining board

afdruipen 1 trickle (*of:* drip) down; *(v borden, enz)* drain, drip (dry); *de kaars druipt af* the ... is guttering; *de sentimentaliteit druipt eraf* it oozes sentimentality; **2** *(wegsluipen)* slink off, *(beschaamd)* slink away

afdruipmiddel wetting agent

afdruiprek dish (*of:* plate) rack, dish drainer

afdruipsel drippings

afdruk copy; *(fot)* print; *(indruk)* [foot-, finger-] print, imprint, impression [in wax, of type, etc]; *(ve medaille, enz)* rubbing; *(tandarts)* cast; *~(je), (ve artikel)* offprint, reprint, separate, *(fot)* print

afdrukken *(boek, krant, foto)* print (off); *in was ~* impress [the seal] in wax; *~!, (op drukproef)* press!; *verlof geven tot ~* sign for press; *5 minuten 22 seconden ~* clock 5 minutes 22 seconds; *zie ook* aftrekken 4

afdrukraam *(fot)* printing frame

afdruksel impression, impress, print, mark

afduvelen 1 tumble down [the stairs]; *van een stoel ~* fall off a chair; **2** chuck [a p.] off [the quay], down [the stairs]

afduwen push off, *(mar, ook)* shove off

afdwalen 1 *(eig)* lose one's way, stray [from the path, from one's companions, etc; her eyes strayed (wandered) to the door]; **2** *(fig)* wander (stray, deviate) from one's subject, digress [but I am digressing; but this is a digression]; drift away from the point (the question) [her attention was wandering], [old people are apt to] ramble; *dwalen we niet wat af?* aren't we getting rather off the subject?; *zie ook* [1]pad; *afgedwaalde kogel* stray bullet

afdwaling straying; digression; *(v licht, sterren)* aberration; *(zedelijk)* aberration, slip

afdwingen extort [money, a promise from ...], wring, wrest [a promise, confession, secret, concessions from ...], force [a confession; the truth out of ...], squeeze, screw [money out of ...], draw [tears from ...], compel [admiration], command [attention, respect], enforce [obedience]

aferesis aphaeresis

afeten I *tr* eat off [leaves, twigs]; **II** *intr* finish one's meal (dinner, etc)

affaire affair, business; *(handelszaak)* business; *(transactie)* transaction; *(liefdes~)* (love) affair; *een*

mooie ~, (iron) a pretty kettle of fish
affakkelen burn off [unwanted gas]
affect *(psych)* affect
affectatie affectation, mannerism
affecteren affect [an affected smile]; *zie ook* gemaakt 2
affectie affection
affectief affective
affenpincher *(hond)* affenpinscher
affiche playbill, poster
afficheren 1 post up; **2** *(fig)* show off, parade
affiliatie affiliation
affiliëren affiliate
affiltreren filter (out, off)
affineren refine [metals]
affiniteit affinity
affirmatie affirmation
affirmatief affirmative
affirmeren affirm
affix affix
afflauwen dim, weaken
affluiten *(sp)* blow the whistle on [a foul]; *zie ook* afblazen *& vgl* afkeuren 2
affodil asphodel
affreus horrible, horrid
africaat affricate
affront, affronteren affront
affuit gun carriage
afgaan 1 go down [the stairs, river]; **2** *(ve boot)* start, sail; *~ van* leave [school, one's wife]; *van elkaar ~* part, separate; **3** *(fam)* flop, fail; *(examen)* be failed; *(theat)* exit; *A gaat af* exit A; *hij ging af als een gieter* he was made to look extremely silly; **4** *(vh getijde)* recede, ebb, go out; **5** *(ve wapen, wekker, engagement)* go off; *de lading doen ~* set (*of:* touch) the charge off; **6** *(ontlasting hebben)* have a stool; **7** *er ~, (ve knoop, verf)* come off (*ook:* the polish, etc, is wearing off); *het vuil zal er (wel) ~* the dirt will wash (*of:* rub) off; *de aardigheid gaat eraf* it's no fun any more, it's losing its attraction; *zie ook* nieuwtje; *er gaat niets van de prijs af* there is no reduction; it's the best I can do; *de kosten gaan van de provisie af* the expenses come off the commission; *er gaat niets af van het feit, dat ...* nothing can take away from the fact that ...; *daar gaat niets van af (dat valt niet te ontkennen)* there's no denying (there's no getting away from the fact) that; **8** *het gaat hem* ***gemakkelijk*** *(handig, natuurlijk) af* it comes easy (natural) to him; *die jovialiteit gaat hem niet goed (gaat hem slecht) af* that bonhomie of his is not in character; *alles gaat hem even onhandig af* he is awkward in everything he does; *zie ook* glad; **9** *~* ***op*** make for, go towards, go up to, *(fig)* rely (depend) on [memory], trust in [appearances], bank on; go by [a p.'s advice]; *op uw woorden ~de* judging from ...; *recht op het doel ~* go straight to the point; *regelrecht ~ op* make a beeline for
afgaand waning [moon], ebbing [tide]
afgang 1 *(helling)* declivity; **2** *(ontlasting)* stool; **3** *(fig)* comedown, flop, embarrassing failure
afgebroken[1] broken [words]; intermittent [stream of water]; *zie ook* afbreken
afgedraaid *(fam)* knackered
afgeladen loaded to capacity; *de trein (schouwburg) was ~* the ... was packed (chock-full); *zie ook* afladen
afgelasten countermand, cancel [a meeting], abandon [a match, race meeting], scratch [a match], call off [a strike, etc]; *de parade is afgelast* the ... is off
afgelasting cancellation
afgeleefd decrepit, worn with age, worn out, used up
afgeleefdheid decrepitude
afgelegen distant, remote, far-off [countries], sequestered [nook], out-of-the-way [village], outlying [districts], off the beaten track; *verschrikkelijk ~* miles from anywhere, at the back of beyond
afgeleide derivative *(ook wisk); zie* afleiden
afgelopen 1 past, last [week, on Thursday last]; **2** stop it!, that's enough!; *zie verder* aflopen
afgemat worn out, tired out, jaded
afgemeten 1 measured [steps, language]; **2** *(vormelijk)* formal, stiff, starchy
afgemetenheid formality, stiffness
afgepast 1 exact [money]; *~ geld s.v.p.* no change given; please have exact fare ready (tender exact fare); **2** edged [curtains, etc]; *~e porties* apportioned helpings
afgepeigerd fagged out, knackered, zonked, bushed, ready to drop, [looking] the worse for wear
afgerond rounded [edge, narrative, sentences]; *het vormt een ~ geheel* it forms a complete whole (is complete in itself); *vgl* afronden
afgescheiden 1 separate; *~ van* apart from (*ook fig:* apart from this); **2** *(godsd)* dissenting, nonconformist; **3** *(pol)* separatist, secessionist [party]; *~ kerk* Free Church
afgescheidene 1 *(godsd)* (Calvinist) dissenter, nonconformist; **2** *(pol)* separatist, secessionist; *vgl* afscheiden
afgesloofd worn out, fagged (out), jaded
afgesloten closed, etc; *vgl* afsluiten; *~ geheel* complete whole; *~ (omheinde) ruimte* fenced-off (-in) space; *~ hoekje* secluded corner (nook); *~ rijweg!* road closed!, no thoroughfare!
afgesproken *tw* agreed, it's a deal; *zie* afspreken
afgestampt: *~ (vol)* packed, chock-a-block
afgestorven deceased, dead; *der wereld ~* dead to the world; *de ~e* the deceased, the departed [our dear departed], our late lamented; *de ~en* the deceased, the dead; *zie ook het ww*
afgestudeerde graduate
afgetekend easy [victory]; [win] hands down
afgetobd 1 *zie* afgesloofd; **2** *(door zorg, enz)* care-

1 voor niet opgenomen afleidingen met *afge-* zie de ww

worn, worried, harassed [look]

afgetraind fully trained; *vgl* aftrainen

afgetrokken 1 spent, used [tea leaves]; **2** abstract [idea]; **3** absent(-minded); *zie ook* verstrooid

afgetrokkenheid absent-mindedness; detachment [there was a curious detachment in his face]

afgevaardigde delegate [to a conference], representative [the House of Representatives], deputy, Member of Parliament (MP)

afgevallene apostate, renegade

afgeven 1 hand over [money, one's coat, etc]; hand in [a book, parcel]; deliver [a message, letter, parcel], leave [a parcel, etc] at the door; deliver up [one's key, sword]; issue [a passport, tickets]; give up [one's ticket]; *(sp)* pass [the ball]; *(handel)* surrender [documents]; *een wissel ~ op* draw (a bill) on; *zijn kaartje ~* leave one's card [*bij* on]; **2** give out, emit [smoke], release [energy], give off [heat, a smell, smoke]; **3** *(opgeven)* give up; **4** *(v verf, kleur)* come off; *(ve stof)* stain; **5** *~ op, (persoon, school, enz)* run down, cry down, decry, disparage, *(fam)* knock, *(stiekem)* bad-mouth; **6** *zich ~ met* take up with, consort with [all sorts of people], play about with [women]; *geef je niet met hem (daar niet mee) af* have nothing to do with him (don't meddle with it)

afgewerkt used [oil], spent [steam], exhaust [gas], stale [air]; *zie verder* afwerken

afgezaagd stale, trite, hackneyed [phrase], threadbare, well-worn, time-worn [jokes, platitudes], hard-worked [joke], overworked [idea]

afgezant (official) messenger, envoy, ambassador, *(ook heimelijk)* emissary

afgezien: *~ van* apart from; except for; *zie verder* afzien

afgezonderd sequestered [spot], remote [place], secluded [life], isolated [existence]; *(afgescheiden)* separate(d); *vgl* afzonderen

Afghaan Afghan; *(hond)* Afghan hound

Afghaans Afghan; *~e jas* afghan

Afghanistan Afghanistan

afgieten 1 pour off; *(door vergiet)* strain off; strain, drain [spinach]; **2** cast [statues, images]

afgietsel (plaster) cast

afgietseldiertjes infusoria

afgifte delivery [of a letter]; issue [of tickets, etc]; *(aan loket)* handing in; emission [of heat]; *~ van energie* energy release; *dag van ~* day of issue; *vgl* afgeven

afglijden slide (*of:* slip) down (*of:* off); *(luchtv)* stall; *dwars (laten) ~, (luchtv)* sideslip; *~ naar* slip (slide) into [anarchy]

afglooien slope, shelve

afgod idol; *(Chinees)* joss; *een ~ maken van* make an idol of, idolize

afgodendienaar, afgodendienares idolater, idolatress

afgodendienst, afgoderij idolatry, idol worship; *~ plegen* practise idolatry

afgodisch idolatrous; *~ liefhebben (vereren)* idolize

afgodsbeeld idol

afgooien throw down (off); drop [bombs]; *vgl* afwerpen

afgraven dig off, dig up [a long barrow], level (by digging)

afgraving 1 dig; **2** [sand] pit

afgrazen graze, browse; *vgl* afweiden

afgrendelen 1 bolt; **2** *(mil)* seal off [an area]

afgrenzen delimit

afgrijselijk horrible, horrid, hideous, ghastly, atrocious

afgrijselijkheid horribleness, etc; horror

afgrijzen horror [have a horror of ants], abhorrence, revulsion; *met ~ vervullen* horrify; *met ~ vervuld, (ook)* horror-struck (-stricken)

afgrond abyss, gulf, chasm; *(steile wand ve ~)* [fall down a] precipice; *aan de rand vd ~* on the edge of the abyss; *in de ~ storten, (fig)* ruin, wreck

afgunst envy, jealousy

afgunstig envious, jealous [*op* of]

afhaalmaaltijd takeaway (*Am:* takeout, *Am & Sch:* carry-out) meal

afhaalrestaurant [Chinese] takeaway, *(Am)* takeout, *(Am & Sch)* carry-out (restaurant)

afhaken unhook; uncouple, *(onder het rijden)* slip [a railway carriage]; unlimber [a gun]; fasten off [crochet work]; *(fig)* lose contact; drop (pull, contract, opt) out

afhakken chop off, cut off, lop off [branches], dock [the tail of a dog]

afhalen I *ww* **1** *(v boven)* bring (fetch) down; *(v elders)* call for [a p., a letter, parcel]; collect [a parcel, a child, refuse *vuilnis*]; *iem ~, (per auto, enz)* pick a p. up; *(v trein, boot, enz)* meet a p. [at the station; she was met by her husband with a car; send the car to meet me (my train)]; *word je afgehaald?* is anyone meeting you?; *wordt afgehaald* to be (left till) called for; *laten ~* send for; *een schip ~, (ve rots)* get a vessel off; **2** *(afleiden:) iem van zijn werk ~* distract a p. from his work; **3** *(ontdoen van)* skin, peel [fruit]; *de huid ~* strip off the skin; *bonen ~* string (*of:* top and tail) beans; *de bedden ~* strip the beds; *de tafel ~* clear the table; **II** *zn* fetching, etc; collection

afhameren 1 *de zaken ~* rush things through; **2** silence a p.; *een voorstel ~* prevent a proposal from being discussed

afhandelen settle, conclude, dispatch [business], deal with [problems]; handle [passengers]; *zie ook* afdoen 4

afhandeling settlement, dispatch; [passenger] handling

afhandig: *iem iets ~ maken* pinch s.t. from a p., trick a p. out of s.t.; *(scherts)* relieve a p. of [his purse,

---

voor niet opgenomen afleidingen met *afge-* zie de ww

etc]; *vgl* afkapen, wegkapen & stelen

afhangen I *intr* **1** hang down; **2** ~ *van* depend on [he depends on me for money *wat geld betreft*], be dependent on; *dat hangt ervan af* that depends; *het hangt ervan af, of ik ...* it depends on whether I ... (*ook zonder voorzetsel:* it depends what you call urgent); *alles hangt van uw antwoord af, (ook)* everything turns on your answer; *van niemand* ~ be quite independent; **II** *tr* unhook, take down; hang [a door]; *de geweren* ~ ground arms

afhangend hanging [sleeves, etc], drooping [branches, moustache, shoulders], pendent [boughs]

afhankelijk dependent [*van* on]; *van elkaar* ~ interdependent; ~ *stellen van* make conditional on

afhankelijkheid dependence [*van* on]

afharden harden off [plants]

afhaspelen 1 reel off, unreel; **2** *(fig)* scamp [one's work]

afhechten *(bij breien)* cast off

afhellen slope (down), slant; *(vh terrein ook)* shelve [down to the sea]

afhelling (down)slope, declivity

afhelpen help (*of:* hand) down, help [a p.] to get out [of a tramcar]; *(v iets onaangenaams, persoon, enz)* rid [a p. of ...]; *(v geld)* ease (*of:* relieve) a p. of his money

afhouden I *tr* **1** keep off; *(sp)* obstruct, block [an opponent]; *van zich* ~ keep [a dog, one's enemies] at bay; *ik kon mijn ogen niet van hem* ~ I could not keep (take) my eyes off him; *iem van zijn werk* ~ keep a p. from his work; **2** *(korten)* deduct, stop [fifty euros for it]; **3** *(ophouden)* stop; **II** *intr: van land* ~ stand off, stand out to sea; *van een rots* ~ keep clear of a rock

afhouwen cut (chop, lop) off

afhuren hire, engage [a room *zaal*]

afijn *zie* enfin

afjagen shoot over [a field]; *zie verder* jagen

afjakkeren 1 override [a horse]; overwork, drive [a p.] too hard; sweat [workmen]; *afgejakkerd, (ook)* jaded; **2** scamp, rush through [one's work]; **3** tear along [a road]

afk. afk van *afkorting* abbr(ev).

afkalken I *tr* chip, scale off [a wall]; **II** *intr* scale (*of:* peel) off

afkalven cave in, crumble away, dwindle (away)

afkammen 1 comb off; **2** *(fig) zie* afgeven 5

afkanten 1 square; **2** *(schuin)* cant, bevel, chamfer; **3** *(breien)* cast off

afkapen pilfer (pinch, filch) from; *vgl* afhandig maken

afkappen chop (cut, lop) off, cut (*of:* hew) down; apostrophize [a word]; cut short [a p. in mid-sentence]

afkapping chopping off, etc, *vgl* afkappen; *(aan begin ve woord)* aphaeresis; *(aan eind)* apocope

afkappingsteken apostrophe

afkatten *(fam)* **1** snub; **2** *zie* afsnauwen; **3** run down, knock

afkeer dislike [of, for], antipathy [to, against]; distaste [for], aversion [to, from, for]; *een* ~ *hebben van* dislike, hate, have a dislike of; *ik heb er een* ~ *van, (ook)* it is distasteful to me; *een* ~ *krijgen van* take a dislike to; *zijn* ~ *van onrecht, (ook)* his impatience of wrong

afkeren 1 *(hoofd, gezicht, ogen)* turn away, avert; *zich* ~ turn away *(ook fig)*; **2** *(gevaar)* avert; *(slag)* ward (stave) off, parry

afkerig averse [*van* to, from]; *hij was er niet* ~ *van om te gaan* he had no objections to going; ~ *maken van* turn against [religion]

afkerigheid aversion; *zie verder* afkeer

afketsen I *tr* reject [a proposal]; frustrate, defeat [plans, etc]; **II** *intr (ve kogel, pijl, enz)* glance (bounce) off; *(ve plan, enz)* fall through; *zie ook* afstuiten

afkeuren 1 *(gedrag, enz)* censure, disapprove (of), condemn; *(in het openbaar, sterk ~)* denounce [a policy]; *zich ~d uitlaten over* comment adversely (up)on; **2** *(voor gebruik)* condemn [a house, ship, meat], declare unfit [for consumption, for play], ban [a film]; *(sp)* disallow [a goal]; frown on [gaming]; *(iem)* reject [as medically unfit], *(en ontslaan)* discharge as medically unfit; *hij werd afgekeurd* he was rejected [by the doctor, *of:* on medical grounds], *(fam)* failed his medical

afkeurenswaard(ig) reprehensible, objectionable, blameworthy

afkeuring 1 disapproval, disapprobation, disfavour, condemnation, [a motion of] censure; *scherpe* ~ denunciation; *(tekenen van)* ~, *(tijdens redevoering)* dissent; **2** rejection

afkickcentrum detox(ification) centre, *(vglb)* drug dependency clinic, drug rehabilitation clinic

afkicken kick (the habit), dry out

afkijken look down [the street]; *(school)* copy, crib [s.t. from one's neighbour]; *iem iets* ~ copy [a trick, etc] from a p.; *zie ook* afzien

afklaren I *tr* clear, clarify, defecate [liquids]; **II** *intr* clear, clarify

afklaring clarification

afklauteren clamber (climb, shin) down

afkleden: *een jurk die mooi afkleedt* a dress which is very slimming (a beautiful fit)

afklemmen pinch off [a finger]

afklimmen climb down, descend

afklokken clock (in, out)

afkloppen 1 flick [dust, etc] away, dust [a p., clothes, etc]; **2** *(tegen ongeluk)* touch wood

afkluiven gnaw off; pick [a bone]

afknabbelen nibble (off, at); *(blaadjes, enz, ook)* browse; *zie ook* knabbelen

afknappen *tr & intr* snap (off); *(intr ook)* break down; ~ *op* become allergic to

afknapper *(vglb)* let-down; turn-off

afknellen pinch off [a finger]

afknibbelen *zie* afdingen
afknijpen pinch off (*ook mil:* a salient)
afknippen cut (off), snip (off) [a rose, etc], trim [the lamp, *(bijknippen)* the hair], clip [a cigar], cut [the end of a cigar], flick off [the ash of a cigar]; *zie ook* knippen; *het haar kort* ~ crop [a p.]
afknipsel clipping, cutting
afknotten top, poll [trees]; *afgeknotte kegel* truncated cone
afko abbrev.; *zie* afkorting
afkoelen I *tr* cool (down, off) *(ook fig); (tegen bederf)* refrigerate, chill [meat]; ice [champagne]; **II** *intr* cool (down, off) [*ook fig:* his affection had cooled], calm down
afkoeling 1 cooling, refrigeration; *(vd atmosfeer)* drop (fall) in temperature; **2** calming down, cooling off
afkoelingsperiode cooling-off period
afkoersen: ~ *op* be heading for, make for
afkoken boil [bones, etc], ungum [silk]; *(v aardappelen)* boil to a mush
afkolven express, squeeze out [milk]
afkomen 1 come down [the stairs, river, road]; **2** *(naderen, bezoeken)* come up; **3** ~ ***van*** come (down) from, get away from; get off [a horse, the rocks]; *(fig, v persoon, verkoudheid, enz)* get rid of, shake off; get out of [an engagement, an invitation], beg off; **4** *(afstammen)* be derived [from Latin, etc], come (*of:* be descended) [from a noble family]; **5** *(v werk)* get finished; **6** *(bekend worden)* be published; *zijn benoeming is afgekomen* his appointment has come through; **7** ***er*** *~, (vd rotsen, enz)* get off; *er genadig (goedkoop, behouden, goed, slecht, met een standje, met de schrik)* ~ get off lightly (cheaply, safely, well, badly, with a telling off, with a fright); *er goed ~, (bij onderzoek, enz)* come out all right, come favourably out of a comparison; *er goed (slecht)* ~ *bij vergelijking met* compare favourably (unfavourably) with; *er goed (slecht) ~, (bij verkiezing, enz)* do well (badly); *er het best* ~ get the best of it; *er het slechtst* ~ get the worst of it; *er met een boete* ~ get off (escape, be let off) with a fine; *er met een paar schrammen* ~ escape with a few scratches; *zie ook* afbrengen; **8** ~ ***op*** make for, bear down on, go for [he went for me like a mad bull], come at [he came at me with a stick]; come towards (*of:* up to)
afkomst origin, birth, parentage, descent; *(afleiding)* derivation; *van goede ~, zie* familie; *van hoge* ~ of noble (gentle) birth, high-born; *van lage* ~ of low birth (descent); *van Hollandse* ~ of Dutch origin (extraction, stock); *een Rus van* ~ a Russian by origin
afkomstig descended, sprung, born [from a renowned race]; *uit Duitsland* ~ of German origin (descent); *hij is van Leeds* ~ he is a native of Leeds, a Leeds man, hails from Leeds; ~ *uit, (ve woord)* derived from [Latin]; *mijn horloge is van hem* ~ my ... has come to me from him (used to be his); *het plan is van de president* ~ the plan originated with (emanated from) ...; *van wie is dat verhaal ~?* who started this story?; *beenderen ~ van een dier* bones belonging to ...
afkondigen proclaim, declare [a strike], promulgate [a law], publish; *(radio & tv)* sign off [a programme]; *het huwelijk* ~ publish (put up) the banns (of marriage)
afkondiging proclamation; promulgation; publication [of the banns]
afkooksel decoction
afkoop *(ve verplichting, enz)* buying-off, redemption, commutation; *(verzekering)* surrender [of a policy]; *(het loskopen)* ransom, redemption
afkoopbaar redeemable
afkoopgeld, afkoopprijs, afkoopsom ransom, redemption money, compensation
afkoopwaarde *(ve polis)* surrender value
afkopen 1 *(kopen van)* buy (*of:* purchase) from; **2** *(verplichting, enz)* buy off, redeem; *een polis* ~ surrender a policy; *een pensioen (tienden)* ~ commute a pension (tithes); **3** *(door omkoping)* buy off [a blackmailer]; **4** *(loskopen)* ransom, redeem; **5** *(uitkopen)* buy out
afkoppelen uncouple [a railway carriage]; disconnect [a motor]; throw [machinery] out of gear
afkorten 1 shorten, abbreviate [a word], abridge [a story]; *Robert, afgekort Bob ...*, Bob for short; **2** pay off, repay [a debt]; *niets* ~ make no difference
afkorting 1 shortening, abbreviation; abridg(e)ment; *A° is een ~ van anno* A° is short for anno; **2** instalment, repayment; *op* ~ on account, in part-payment; *vgl* afkorten
afkortingsteken mark of abbreviation
afkrabben scrape off, scratch off
afkrabsel scrapings
afkraken slate, pan [a book], take [a p.] to the cleaners
afkrassen scribe
afkrijgen 1 get off; get away [I could not get him away from the place]; *hij kon de deur niet van het slot* ~ he could not unlock the door; *ik kan de vlek er niet* ~ I cannot get the stain out; *ik kan er geen dubbeltje* ~ I can't get it a penny cheaper; **2** *(klaar krijgen)* finish, get done (finished)
afkukelen: *van ...* ~ tumble off [a chair], down [the stairs]
afkunnen 1 manage; *ik kan het wel alleen af* I can manage (it) alone (*niet, ook:* I can't cope with it alone, it's more than I can cope with alone); *het* ~ *zonder* get along without; *ik kan mijn werk niet af* I can't get through my ...; *één man kan het niet af* it's not a one-man job; **2** [my ring won't] come off; *de poten kunnen er af* the legs detach; *ik kan er niet af, (onderuit)* I can't get out of it; *u kunt er nog af, (ve koop, bijv)* you can still back (*of:* get) out of it; *je kunt er niet meer af, (ook)* you're in for it; *het kan er niet (slecht) af* I can't (I can ill) afford it (*of:* the ex-

pense); *ik kan niet van huis (mijn werk) af* I cannot leave home (my work); *hij kan slecht van huis af* he can hardly bear to be away from home
afkussen *zie* afzoenen
aflaadkosten shipping charges
aflaat: *(volle, gedeeltelijke)* ~ (plenary, partial) indulgence
aflaatbrief (letter of) indulgence
afladen 1 *(verzenden)* ship, forward; *afgeladen, (ve wagon)* ready for dispatch; *(ve boot)* ready for cargo; **2** *(lossen)* unload, discharge; *zie ook* afgeladen
aflading 1 shipment; **2** discharge
aflakken finish, give the finishing coat (of enamel)
aflandig *bn & bw* offshore [wind]
aflasten cancel; *zie* afgelasten
aflaten 1 *(omlaag)* let down; *(vd prijs)* knock off; **2** *(hoed, enz)* leave off; **3** *(ophouden)* desist [*van* from], cease, leave off; *niet ~d* unflagging [energy], unremitting [zeal]
aflatoxine aflatoxin
aflebberen lick off; smooch; *zie* aflikken
afleesbaar readable
afleesplaat display
afleggen 1 *(wapens, enz)* lay down; *(kleren)* take off, put off; *(afdanken)* cast off, discard; *zijn trots ~* lay aside one's pride, *(fam)* put one's pride in one's pocket; *een gewoonte ~* get out of (break o.s. of) a habit; *zijn vooroordelen ~* lay aside (shed) one's prejudices; **2** *(afstand)* cover, do [four miles an hour], come [he had come 25 miles by train], traverse [long distances], [I have a long way to] go; **3** *het ~* have the worst of it, come off second best; *(te gronde gaan)* go to the wall, go to pieces; *(ve motor, enz)* give out; *(sterven)* die, pass away; *het helemaal ~, (bij rennen, ook fig)* be nowhere; *het ~ tegen iem* be no match for (be worsted by) a p.; *zie ook* glansrijk; **4** *een lijk ~* lay out a corpse; *loten (planten) ~* layer shoots (plants); **5** *een gelofte (bekentenis, verklaring) ~* make a vow (confession, statement); *de eed ~* take the oath; *een examen ~* sit (for) an exam(ination); *zie ook* bezoek, enz
aflegger 1 *(ve lijk)* layer-out; **2** *(ve plant)* layer; **3** *~(tje)* cast-off, cast-off coat (trousers, etc)
aflegging laying down, etc, *vgl* afleggen
afleidbaar 1 deducible; derivable; **2** easily distracted; *vgl* afleiden
afleiden 1 lead away [from the road, etc], lead down [the steps]; **2** conduct [the lightning], divert [a stream, a p.'s attention], distract [a p.'s attention, the mind], put [a p.] off his guard, avert [suspicion], lead [the conversation] away from the subject; *iem ~ (v zijn werk)* keep a p. from his work, distract a p.'s thoughts; *(afleiding geven)* take a p. out of himself; *het leidt mijn gedachten wat af* it keeps my mind off my troubles; *de aandacht van de zaak trachten af te leiden, (ook)* draw a red herring across the track; **3** *(gevolgtrekkingen maken)* deduce, conclude, infer, gather [*uit* from; I gathered from his letter that ...]; *af te leiden uit ...* [lessons] deducible from ...; **4** derive [words, equations]; **5** *zijn geslacht ~ van* trace one's descent back to ...; *afgeleid woord* derived word, derivative; *~d (middel), (med)* derivative
afleider *(in toets, enz)* distractor; *zie ook* bliksemafleider
afleiding 1 *(v stroom, aandacht, enz, ook mil)* diversion; **2** *(ontspanning)* diversion, [seek] distraction; *iem ~ geven* take a p. out of himself; *het geeft je ~* it takes your mind off things; *er is te veel ~* there are too many distractions; **3** *(med)* derivation; **4** *(ve woord)* derivation; *(afgeleid woord)* derivative
afleidingsmanoeuvre red herring; *(mil)* diversion
afleren 1 *(iets)* unlearn [bad habits], break (*of:* cure) o.s. of; forget [one's French, how to laugh], overcome [stammering]; **2** *iem iets ~* break a p. of, get a p. out of [a habit], cure a p. of [his cheek *brutaliteit*]; *ik zal het je ~!* I'll teach you!, I'll take it (the nonsense *die kuren, streken*) out of you!; *dan zou hij het wel ~* that would teach him; *iemand zijn fratsen ~* knock the nonsense out of a p.
afleveren deliver [goods]; *(aangenomen werk) zie* opleveren; *(produceren)* turn out [articles, pupils]
aflevering 1 delivery [of goods]; **2** *(ve boek)* part, fascicle, number, instalment; *(ve tijdschrift)* issue; *(ve tv-serie)* instalment; *oude ~en* back numbers; *in ~en verschenen* published serially, in parts; *werk in ~en* serial publication; *in gelijke ~en, (handel)* in equal instalments
afleveringskosten *(v auto)* delivery charges, charges for delivery and number plates
aflezen 1 *(thermometer, enz)* read (off); **2** *de namen ~* call over the names, *(school)* call the roll; *van de preekstoel ~* read out (announce) from the pulpit; **3** *heel wat ~* read a lot
aflikken lick off; lick [one's fingers, lips]; *(fam)* kiss, smooch, snog; *zie ook* boterham
afloop 1 *(helling)* slope; *(v water)* flowing off; **2** *(buis, enz)* outlet, drain; *(goot)* gutter; **3** *(ve termijn, contract)* expiration, expiry, termination; *(einde)* end, close; *(uitslag)* issue, result, outcome; *ongeluk met dodelijke ~* fatal accident, fatality; *na ~ gingen we ...* afterwards (after the show, etc) we went ...
afloopdatum date of expiry, expiry date; *(v verkoop)* sell-by date
aflopen I *intr* **1** *~ van* leave [a place]; **2** *(naar beneden lopen)* run (*of:* flow) down, drain; *zie ook* afdruipen & aanlopen; **3** *(v kaars)* gutter, run; **4** *(getijde)* ebb, go out [*ook:* the tide is on the ebb]; **5** *(hellen)* slope, decline; *(ve terrein ook)* shelve; **6** *(uurwerk, accu)* run down; *(ve wekker)* go off, *(geheel)* run down; **7** *(klos)* run out; **8** *(schip)* be launched, take the water; **9** *(eindigen)* (come to an) end, finish, conclude, result [the races resulted as follows]; *hiermee liep het onderzoek af* this concluded the examination; *goed (slecht) ~* turn out well (badly); *(nog net) goed afgelopen!* (that was) a near thing!; *het loopt met de zieke af* the patient is sinking (fast); *hoe zal het ~?* what

will be the end of it?; *het zal slecht (niet goed) met je* ~ you will come to grief (to no good, to a bad end); *dat zal niet goed* ~ that will end in (lead to) trouble; *het liep uitstekend af* it went off very well; *hoe loopt het (verhaal) af?* how does it (come out in the) end?; *het verhaal loopt goed af* the story has a happy ending; *het is afgelopen* it is finished, all over; *zie ook* gedaan; *dat is afgelopen* that's done with; *het afgelopen jaar* the past year; **10** *(ve termijn, contract)* expire, terminate, lapse, run out; **11** *laten* ~ launch [a ship]; pay out [a cable]; reel off, run out [a line]; terminate [a contract]; **12** ~ *op* run (go) up to, make for; **II** *tr* **1** wear out [one's shoes], wear down [one's heels]; **2** run down [the stairs], walk down [the road, etc]; scour [the woods], tramp [the country, the streets], gad about [Paris, etc]; *(plunderend ~)* plunder, ransack; *de winkels* ~ go from shop to shop; **3** go through, finish [a course]; run through [a list]; *hij heeft de landbouwschool afgelopen, (ook)* he has been through agricultural college; *zie ook* platlopen

aflopend sloping, shelving, *vgl* aflopen; outgoing [tide]; terminable [annuity]

aflosbaar redeemable, repayable [at 100 per cent]

aflossen 1 relieve [a p., guard, etc; *zie ook* wacht]; *iem* ~ take a p.'s place; *elkaar* ~ relieve each other, take turns; **2** redeem [a loan, mortgage *hypotheek*], clear off, discharge, pay off [a debt]

aflossing 1 relief; **2** redemption [of a mortgage]; discharge [of a debt]; **3** repayment, instalment

afluisterapparatuur monitoring *(heimelijk:* wiretapping, bugging) equipment (devices)

afluisteren overhear; *iets heimelijk* ~ eavesdrop; *een telefoongesprek ~, (door politie bijv)* listen in to (tap) a ..., wire-tap; *iems telefoon* ~ tap (*met microfoontje erin:* bug) a p.'s ...; *het* ~ *van telefoongesprekken* (tele)phone tapping, wire-tapping, *(met bug)* bugging

afluistermicrofoon *(fam)* bug; *een ~ in iems telefoon stoppen* bug a p.'s phone

afmaaien mow [grass, a field], cut [grass, corn], reap [corn]

afmaken 1 *(eindigen)* finish, complete, bring to a conclusion, break off [an engagement]; *(een zaak)* settle [an affair]; *(op smaak brengen)* finish [a dish]; **2** *(doden)* kill, slaughter [cattle], destroy [a mad dog, diseased cattle], dispose of, make away with, dispatch, finish off [an enemy], kill off [a number of animals]; put down, *(pijnloos)* put to sleep [a domestic pet]; **3** *(afkammen)* cut up, run (*of:* write) down, cut (*of:* tear) to pieces, slate [a book, an author]; *(vernietigen)* dispose of, demolish [arguments, etc]; **4** *zich ergens van* ~ shirk [a duty], wave aside [objections]; get out of [explaining the meaning of a word]; *(terugkrabbelen)* back out of s.t.; *zich met een paar woorden van iem (iets)* ~ dispose of a p. (dismiss a subject) in a few words; *er zich met een grapje (lachend)* ~ pass it off (brush it aside) with a joke; laugh it off

afmaker *(sp)* finisher, killer

afmalen *(schilderen, beschrijven)* depict vividly

afmarcheren march off; *(man voor man)* file off

afmars march, marching off

afmartelen torture, torment; *zie ook* afmatten; *zijn hersens over iets* ~ rack (*of:* puzzle) one's brains about s.t.; *een afgemarteld lichaam* a body racked with disease, etc

afmatten fatigue, wear out, tire out; wear [one's opponent] down, weary (out)

afmattend tiring, fatiguing, trying [weather], gruelling [fight, march], wearying, wearisome [day, task]

afmatting weariness, fatigue

afmelden notify [a p.'s] absence; *zich ~, (ook)* book out, sign out

afmelken milk dry, strip

afmeren 1 moor; **2** cast off

afmeten measure (off); measure [one's words]; fit [the punishment to the crime]; *anderen naar zichzelf* ~ judge others by o.s.; *de verdiensten van twee personen tegen elkaar* ~ weigh one person's merit against the other's; *zie ook* afgemeten

afmeting dimension, proportion [assume enormous proportions]; measurement *(ook: het afmeten); van 3 ~en* three-dimensional

afmijnen buy at (sell by) (a) Dutch auction; *iem* ~ outbid a p.; *het huis* ~ have the house knocked down to one; *het werd afgemijnd op £5000* the hammer fell at a bid of £5000

afmikken plan, judge, contrive; *het precies* ~ cut it very fine, come in the nick of time; *zijn vertrek zó ~ dat* ... time one's start so as to ...

afmonsteren I *tr* pay off, discharge; **II** *intr* sign off

afmonstering paying-off, discharge

afname 1 sale, offtake [of our goods]; *bij ~ van honderd stuks* for quantities of one hundred, when taking a hundred; **2** *zie* afneming

afneembaar removable, detachable; *vgl* afkunnen 2

afneemdoek *(voor stof)* duster; *(voor vaatwerk)* dishcloth

afneemspelletje cat's cradle

afnemen I *tr* **1** take off [one's hat to a p.; a bandage], raise [one's hat], remove [the lid, etc], take down [curtains], reach down [one's coat from the nail], take [a book from the shelf]; *(v iets beroven)* rob [a p. of his money], deprive [a p. of his rights], take away [a p.'s driving licence]; *iem de bal ~, (sp)* rob, dispossess a p.; *iem te veel geld* ~ overcharge a p.; *de leraar nam hem het mes af* the ... confiscated the knife; **2** *(schoonmaken)* clean; dust [the furniture]; *nat* ~ wash (down) [with soap; this wallpaper is guaranteed washable]; **3** *de tafel* ~ clear the table, clear (away); **4** *kaarten* ~ cut; **5** *(kopen)* buy; **6** *gas ~, (ve motor)* throttle down (*of:* back); *zie ook* dank, eed, examen, parade, enz; **II** *intr* **1** *(kaartspel)* cut; **2** decrease, diminish, lessen; *(storm, pijn)* abate; *(spanning)* ease; *(wind)* subside, go down; *(buien)* die down; *(koorts)* subside; *(licht)* fail, fade (away); *(mist)* thin (out); *(krachten)* decline, wane; *(maan, invloed, enz)* (be on the) wane [interest is on the wane]; *(water)* fall, sink; *(dagen)* draw in; *(snelheid, geweervuur, enz)* slacken; *(voorraad)* get low; *(aantal)* fall off; *(productie)* level off; *zie ook* achteruitgaan

afnemend decreasing [influence]; subsiding [wind]; waning [moon]; *vgl* afnemen

afnemer customer, client, consumer, buyer

afneming diminution, decline, wane, decay; [a slight] easing [of the demand]; shrinkage [in population]; slackening [of traffic]; ~ *van het Kruis* Deposition from the Cross; *zie ook* afname

afneuzen spy out

afnokken knock off; push off

aforisme aphorism

aforistisch aphoristic

afpakken 1 *iem iets* ~ take, snatch (away) s.t. from a p.; **2** *(afladen)* unpack, unload

afpalen 1 *(afbakenen)* stake out; **2** *(omheinen)* fence in

afpassen pace [a distance, etc]; *geld* ~ give (the) exact money; *pas BD op AC af* from AC cut off BD; *zie ook* afgepast & afmikken

afpeigeren *(fam)* wear out, exhaust

afpeinzen: *zich* ~ rack one's brains

afpellen peel, shell; *zie* pellen; ~*de snelheden* decreasing speeds

afperken 1 *(afbakenen)* stake out; **2** *(omheinen)* fence in; **3** *(omschrijven)* circumscribe [a p.'s power]

afperking 1 staking out; **2** fencing in; **3** circumscription

afpersen extort [money from a p.], blackmail [a p.]; *zie ook* afdwingen

afperser extortioner; blackmailer; racketeer

afpersing extortion, exaction; blackmail; *(georganiseerd)* racketeering

afpijn(ig)en torture, torment; *zie* afmartelen

afpikken peck off; *iem iets* ~ pinch s.t. from a p.

afpingelen haggle, bargain; *zie* afdingen

afplaggen cut (remove) sods from

afplakband masking tape

afplakken 1 paste over; tape up; **2** mask

afplatten flatten

afplatting flattening

afpluizen pick [a bone]; *(jas, enz)* pick fluff off a coat, etc

afplukken pick, gather, pluck

afpoeieren brush (put) [a p.] off

afpoetsen clean, brush (off), scour

afpraten: *iem (van) iets* ~ talk a p. out of s.t., dissuade a p. from s.t.; *heel wat* ~ talk a(n awful) lot; *zie ook* afspreken

afprijzen reduce, mark [an article] down

afraden: *iem iets* ~ dissuade (*of:* discourage) a p. from s.t.; *ik raad het je sterk af* I advise you very much against it (strongly not to); *zie ook* ontraden

afrader bad buy, bad choice

afraffelen bungle, scamp, rush [one's work]

afraken 1 ~ *van* get away from; get off [the rocks, the track, one's course], get clear of [a rock], wander [from one's subject]; *(kwijtraken)* get rid of [a p., one's goods]; *van elkaar* ~ become separated, be estranged; *(huwelijk, ook)* drift apart; *van de weg* ~ lose one's way; *van de drank* ~ give up drink; **2** *(ve verloving, enz)* be broken off

aframmelen 1 *zie* afranselen; **2** *(afraffelen)* reel off, rattle off [a poem, lesson], say [prayers] by rote, gabble through [a sermon]; *heel wat* ~ chatter nineteen to the dozen

aframmeling 1 *(slaag)* beating, thrashing, hiding; **2** *(uitbrander)* scolding, dressing down

afranselen beat up, thrash, flog, give a drubbing, *(sl)* duff up, over

afranseling beating up, thrashing, drubbing

afrasteren rail (*of:* fence) off (*of:* in)

afrastering railing, (wire) fence

afratelen *zie* aframmelen 2

afreageren work off (one's emotions), let off steam; ~ *op* take [it] out on [a p.]

afreagering *(psych)* abreaction

afreis departure

afreizen 1 depart, set out; **2** *het land* ~ travel (all over) the country, range up and down (*v acteurs, enz:* tour) the country; *een (kies)district* ~, *(Am)* stump a district; visit [all the fairs]; *heel wat* ~ travel quite a lot

afrekenen settle [scores], square [accounts], settle (square) up, *(in restaurant)* settle (pay) the bill; ~*!* may I have the bill please!; ~ ***met,*** *(ook fig)* settle (square) accounts with, settle with; *(fig ook)* get even with, pay [a p.] out; *met een opvatting* ~ put paid to (*of:* scotch) a notion; *met een tegenstander* ~, *(sp, ook)* defeat (get rid of) an opponent; *in deze roman rekent W met zijn jeugd af* in ... W puts his youth behind him; *ik heb nog niet met hem afgerekend, (fig ook)* I haven't (am not) done with him yet; *iem* ~ ***op,*** *(fig)* make a p. pay for [his mistakes]; judge a p. [on his performance]

afrekening 1 settlement; *(fig ook)* [the day of] reckoning; [gangland] killing; **2** *(nota)* account, statement (of account)

afremmen slow down, put (*plotseling:* jam) the brakes on, act as a brake on; *(fig ook)* curb, restrain [drug trafficking]

afrennen dash (tear) down [the street]; ~ *op* rush up to

africhten train [recruits, horses, etc]; *(voor examen)* cram; *(sp)* coach; *(paard)* break (in), *(rijpaard)* school; *zie ook* dresseren

africhter trainer, coach

africhting training, etc *vgl het ww*

afrij 1 start; starting place; **2** *(helling)* slope, incline

afrijden I *intr* start, ride (drive) off (away); **II** *tr* **1** ride (drive) down [a road]; **2** *(door trein, enz)* sever [his arm was severed from his body]; **3** *(paard: africhten)* break (in), *(afjakkeren)* override, *(wat beweging geven)* exercise, sweat; *een paard moet geregeld afgereden worden* a horse should have regular exercise; **4** *(doen slijten)* wear out [a car]; **5** *het land* ~ ride (drive) all over the country; **6** take (do) one's driving test

Afrika Africa

Afrikaan African

Afrikaander Afrikaner

Afrikaans I *bn* (South) African; II *zn (taal)* Afrikaans

Afrikaanse African (woman)

afrikaantje *(plant)* African marigold

afrikanist Africanist

afrissen, afristen strip (off)

afrit **1** start; **2** *(afhellende weg)* slope (down), downward slope, *(inz Am)* downgrade; **3** *zie* afslag & uitrit

afritsbaar zip-off [sleeves]

afritsen **1** zip off; **2** mark out (with a spade)

Afro-Amerikaans Afro-American

Afro-Aziatisch Afro-Asian

afrodisiacum aphrodisiac

afroeien row off, start; *de rivier* ~ row down the river; *een ploeg* ~ coach a crew

afroep call; *op* ~ [be] on call, [deliver] to order

afroepen call down; call [a p.] away [from his work]; call [a p.'s name, a case *rechtszaak*]; announce [the next train]; call over [the names]; *zie ook* afkondigen & ap'pel: ~ houden

afroeping *zie* ap'pel

afroffelen **1** rough-plane; **2** *zie* afraffelen

afrollen **1** roll down [the stairs]; **2** *(afwinden)* unroll, unreel, unwind; *zie ook* ontrollen

afromen cream, skim [milk], (take the) cream off (*ook fig:* cream off profits); *afgeroomde melk* skim(med) milk

afronden *(eig & fig)* round (off); *naar boven (beneden)* ~ round up (down), round off upwards (downwards); *zie ook* afgerond

afronding rounding; *tot* ~ *brengen* round off, complete [a project], bring to completion

afrossen *zie* roskammen & afranselen

afruil(en) swap; *(sp)* exchange

afruimen clear [the table], clear away

afrukken tear (snatch, wrench) off (away), rip off [the gale ripped off the tiles], pluck off; *(met breekijzer, enz)* prise off; *iem iets* ~ tear (snatch) s.t. from a p.; ~ *op* march (advance) (up)on; *zich* ~ wank; *zie* aftrekken 9

afschaafsel shavings

afschaduwen shadow forth, adumbrate, foreshadow; *zich* ~ *tegen* be faintly outlined against

afschaduwing foreshadowing, adumbration, shadow

afschaffen *(algem)* abolish [taxes, a law, an office, capital punishment, etc]; do away with [abuses, etc]; abrogate, repeal [laws]; reform, redress [abuses]; cut out [smoking, drink, luxuries]; give up, dispense with [one's car]

afschaffer abolisher; *(drank~)* (total) abstainer, teetotaller; *zie ook* geheelonthouder

afschaffing abolition, abrogation, repeal, redress, etc; *vereniging tot* ~ *van alcoholische dranken* temperance society; *zie ook* slavernij

afschampen glance off

afschaven **1** *(plank, enz)* plane (off), *(dun)* shave (off); **2** *(vel)* graze; bark [one's shin]

afschaving graze, abrasion, attrition

afscheep shipment, shipping [weight]

afscheephaven port of loading

afscheid parting, leave, leave-taking(s), farewell, goodbye, *(groots)* send-off; ~ *nemen* take (one's) leave [*van* of], say goodbye [*van* to]; ~ *nemen van iem, (ook)* bid a p. goodbye (farewell); *ten* ~ [shake a p.'s hand] in farewell; *glaasje ten* ~ one for the road; *zie ook* ontslag

afscheiden **1** separate (*chem ook:* separate out); *door een gordijn (schot, touw)* ~ curtain (partition, rope) off; *(dikwijls gewelddadig)* sever [his head was severed from his body]; *zich* ~ separate (o.s.), detach o.s. [from a group], secede [from a religious body, from a federation], break away [from a party], retire [from the world], dissociate o.s. from [a policy]; *zie ook* afgescheiden; **2** *(vochten)* secrete; *(door poriën)* exude; *zuurstof afgescheiden door levende planten* oxygen given off by living plants

afscheidend *(natuurk)* excretive, excretory, secretory

afscheiding **1** separation; *(ve partij ook)* secession, breakaway; **2** *(v vochten)* secretion, excretion; **3** *(tussenschot)* partition

afscheidingsbeweging separatist movement

afscheidingsmuur partition wall

afscheidingsorgaan excretory (excretive, secretory) organ

afscheidingspolitiek breakaway policy

afscheidingsproduct secretion

afscheidnemen *zn* leave-taking(s), parting; *bij het* ~ at (on) parting

afscheidsbezoek farewell visit (*of:* call)

afscheidsbrief farewell (valedictory) letter

afscheidscollege valedictory lecture

afscheidsdiner farewell dinner

afscheidsfuif *(fam)* send-off

afscheidsgeschenk farewell gift

afscheidsgroet farewell, goodbye

afscheidskus parting kiss, goodbye kiss

afscheidspremie **1** severance pay(ment); **2** golden handshake

afscheidsrede farewell speech, valedictory address

afscheidstournee farewell tour

afscheidswoord parting word

afschenken pour off, decant; *afgeschonken thee* spent (wishy-washy) tea

afschepen ship [goods]; *iem* ~ send a p. about his business; *met mooie praatjes* ~ put (*of:* fob) off with

fair words (fairy tales); *(zo ook)* fob a p. off with empty promises
afscheppen skim [milk, metals, etc], cream [milk]; *(verwijderen)* skim (off), take off
afscheren *(baard)* shave (off); *(wol, enz)* shear (off)
afschermen screen [lights], mask [windows]
afschetsen sketch, picture, paint, pencil
afscheuren tear (*of:* rip) off; peel (*of:* strip) off [wallpaper]; *zie ook* afrukken & losrukken: zich ~ van
afscheuring **1** tearing off, etc *vgl het ww;* **2** *(kerk, enz) zie* scheuring
afschieten **1** fire, shoot, discharge, let off [a firearm]; shoot [a bow, an arrow]; let fly, loose off [an arrow]; fire, send up [rockets *vuurpijlen*]; *afgeschoten patroon* spent cartridge; *(fig)* shoot down, dismiss [a proposal, a plan, etc]; **2** shoot off [he had his arm shot off]; *(ve tak, enz ~)* shoot down [a bird]; put down, cull [diseased game]; **3** *(op fiets, enz)* shoot (down), coast down [a hill]; **4** partition (*of:* board) off [a room]; *afgeschoten kamertje* boarded-off (boxed-off) room; *(in slaapzaal)* cubicle; **5** ~ *op* rush at, dash up to, make a dash for; *(ve stootvogel, enz)* pounce (swoop down) (up)on; **6** *(touw, enz)* slip off
afschijnen: ~ *van* shine from, be reflected by; ~ *op* shine (down) (up)on
afschijnsel reflection, reflected glory
afschilderen paint [he is not so black (bad, etc) as he is painted], picture, describe, depict, portray; *schilder mij niet erger af dan ik ben* don't make me out to be worse than I am
afschildering picture, depiction, portrayal
afschilferen *tr & intr* scale, peel (off), flake (off, away); *(vd huid)* peel
afschillen peel, pare; *(boom)* bark
afschminken remove (take off) one's make-up (greasepaint)
afschoppen kick off; *de trap* ~ kick downstairs (down the stairs)
afschot culling; cull
afschraapsel scrapings
afschrabben, afschrapen, afschrappen scrape (off); *(vis)* scale; *zie verder* schrappen
afschrapsel scrapings
afschrift copy, transcript(ion), duplicate; *(inz jur)* [the original contract and the] counterpart; *maak er een ~ van* make (*of:* take) a copy of it
afschrijven **1** copy, transcribe; *heel wat* ~ do a great deal of writing; **2** cancel [an order, invitation, a meeting], countermand [an order], put off [a p., a meeting]; *ik zal hem ~, a)* I'll send an excuse, I'll write him I can't come; *b)* I'll put him off; *ze schreef het bezoek af* she wrote cancelling the visit; *iem als lid* ~ remove a p.'s name from the books; *boeken* ~ deaccession books; *iets van zich* ~ write (to get) s.t. out of one's system; **3** finish [a letter]; **4** *(voor waardevermindering, enz)* write off [for depreciation, etc; *ook fig:* write off wishes, etc]; ~ *op* write down [capital]; *(ve girorekening)* debit [to one's account]; **5** *(niet meer rekenen op)* discount [any chance, likelihood, of ...]; *we hadden je al afgeschreven* we had already given you up; **6** *(techn)* scribe
afschrijver copyist, transcriber; *(ong)* plagiarist
afschrijving **1** copying; **2** *(giro, enz)* debit; *automatische* ~ direct debit; *bericht van* ~ debit statement; *zie ook* automatisch; **3** writing-off; *verplichte ~en* statutory writings-off; ~ *voor waardevermindering* (writing-off for) depreciation; ~ *op rollend materieel* depreciation on rolling stock
afschrik horror [*van* of]; *(wat ~ wekt)* deterrent; *een ~ hebben van* abhor; *tot ~ van anderen* as a warning to others, to deter others
afschrikken deter [a p. from ...]; daunt; *(minder sterk)* dishearten, discourage [callers *bezoekers*], put off [don't let it put you off; his style puts off many people]; *(bang maken)* scare [birds], frighten off; *hij liet zich door zoiets niet* ~ he was not to be put off (deterred, daunted) by a thing like that; *niet afgeschrikt door* undeterred by; *~d* warning, deterrent; *~de uitwerking* deterrent effect; *~de prijs* prohibitive price
afschrikking [policy of] deterrence; *ter* ~ as a deterrent
afschrikkingsmiddel, afschrikkingswapen deterrent
afschrikwekkend frightening; deterrent; prohibitive; *vgl* afschrikken; ~ *voorbeeld* warning, deterrent; *hij zag er ~ uit* he looked forbidding
afschrobben scrub [a floor]; scrub off (away) [dirt]
afschroeien singe [a pig, fowl]; singe off [bristles]
afschroeven screw off, unscrew
afschudden shake off *(ook fig);* shake down
afschuieren *zie* afborstelen
afschuifsysteem system of passing the buck; *vgl* afschuiven
afschuimen **1** skim, remove the scum from; **2** scour [the seas]
afschuinen bevel; *(symmetrisch)* chamfer; *(opening in muur, enz)* splay [a splayed doorway]
afschuiven **I** *tr* push off, push back [a bolt], slip off [a ring], slip [the collar]; abdicate [one's responsabilities]; *onaangenaam werk op anderen* ~ unload the dirty work on someone else, pass the buck; *van zich* ~ shift [the blame] on to someone else; *de schuld van zich ~, (ook)* exculpate o.s.; *zie ook* verantwoordelijkheid; **II** *intr* **1** *(ve aardmassa)* slide down, slip; **2** ~ *van* move away from; **3** *(fam)* come down (with one's money), *(fam)* fork out, cough up (the cash); *flink* ~ come down handsomely
afschuren scrape (rub) off; *vgl* afschaven 2
afschutten **1** partition off, screen (off), *(met planken ook)* board off; *zie ook* afsluiten; **2** *(beschutten tegen)* screen from [the wind]
afschutting partition, fence *(meestal hout)*, railing(s) *(ijzer)*
afschuw horror, abhorrence [*van* of], abomination; *met ~ vervullen* horrify, fill with horror; *ik heb er*

een ~ van I abhor it, it is abhorrent to me; *de natuur heeft een ~ van het luchtledige* nature abhors a vacuum

afschuwelijk horrible, execrable, atrocious, odious, horrid, ghastly, disgusting, hideous, heinous [crime]; *(fam)* abominable, vile [coffee]; *zie ook* akelig & beroerd

afschuwelijkheid horribleness, etc; *vgl* afschuwelijk

afschuwwekkend horrific

afserveren clear the table; *(fig)* send packing

afsjouwen 1 lug down; **2** tramp [the streets]; *de winkels ~* traipse round the shops

afslaan I *tr* **1** knock (strike, beat) off [his head was struck off; knock off a man's hat]; flick off [flies, dust, the ash of a cigar]; brush off [a fly]; unfix [bayonets]; shake down [the thermometer]; *het stof van iem, enz ~* dust a p. (one's coat, one's knees) down; *hij is niet van de boeken af te slaan* there is no getting him away (nothing can tear him) from his books; *ze zijn niet van elkaar af te slaan* they are inseparable, nothing will separate them; **2** beat off, repel, repulse [the enemy, an attack], parry [a blow]; **3** *(afranselen)* beat up; **4** *(afwijzen)* decline [an offer, invitation], refuse [a request], reject, turn down [a proposal]; [she would not] say no to [a cup of tea]; *hij slaat niets af (dan vliegen)* he never refuses anything; *dat sla ik niet af* I can't refuse that, I won't say no; *mijn verzoek werd botweg afgeslagen* my ... met with a flat refusal (was turned down flat); **5** knock down, reduce [the price]; *het brood is tien cent afgeslagen* bread has gone down ten cents (is ten cents a loaf cheaper); **6** strike [medals]; **7** *(bij afslag verkopen)* sell by Dutch auction; **II** *intr* **1** *~ van* fall off [a ladder]; **2** *(v prijs)* go down; **3** *(ve weg)* branch off [to the right, etc]; *(v personen, enz)* turn [(to the) right], strike [to the right, etc], *(ve auto, ook)* swing (turn) off [to the left]; **4** *van de ankers ~* go adrift; **5** *(ve motor)* stall, cut out; **6** *van zich ~* hit out; *hij sloeg flink van zich ~* he gave as good as he got

afslachten slaughter, kill off, massacre

afslag 1 *(vd kust)* erosion (of the coast); **2** *(ve stempel)* strike; **3** *(ve weg)* turn-off; junction [for A], exit [for B]; slip road; **4** *(v prijs)* reduction; *bij ~ verkopen* sell by Dutch auction; *in de ~ zijn* be on special offer; **5** *(plaats)* auction, market

afslager auctioneer

afslanken slim; *(ook fig)* reduce; *(fig ook)* [we have to] make retrenchments

afslanking slimming, reduction

afslepen drag down; *(stroomafwaarts)* tow down [a river]; *(ve ondiepte)* tow (pull) off

afslijpen grind off (down), polish *(ook fig)*

afslijten *(eig)* wear off (down, away); *(fig)* wear off (out, thin)

afslijting attrition, detrition

afsloven: *zich ~* drudge, slave, toil and moil; *afgesloofd lichaam* worn-out body; *zie ook* uitsloven

afsluitbaar lockable

afsluitboom bar, barrier; *(ve haven)* boom

afsluitdam, afsluitdijk [IJsselmeer] dam, main dike (*of:* embankment), causeway, barrage

afsluitdop (locking, sealing) cap

afsluiten 1 lock [a door, room, etc] lock up [a room, etc]; **2** cut (shut) off [gas, steam, the supply, a p. from society], turn off [gas, water]; close [a road, the mouth of a harbour], block [a road]; disconnect [an electric current]; *het gas (het water) is afgesloten* the ... is off; *zie ook* hoofdkraan; **3** shut out [the light]; **4** *(afscheiden: terrein, enz)* fence off (in), rail off (in), enclose; *(door gordijn)* curtain off; *(door tussenschot)* partition off; *(door touw)* rope off; **5** *zich ~, (vd mensen)* seclude o.s. from society; **6** close [accounts], balance [the books], conclude [a contract, bargain]; finish [a series of shows]; effect [an insurance, a charter party]; take out [insurance]; enter into, fix up [a contract]; *zie ook* afgesloten

afsluiter (stop) valve; *(stopkraan)* stopcock

afsluiting 1 locking, etc, *vgl* afsluiten; closing [of an account], balancing [of the books], conclusion [of a contract, transaction]; **2** *(concr)* fence, partition, enclosure

afsluitklep stop valve

afsluitkraan stopcock

afsluitpremie, afsluitprovisie commission, brokerage

afsmeken beseech, implore [forgiveness], invoke, implore [blessings on ...]

afsmeking invocation

afsmelten melt off; *(ve kernreactor)* melt down

afsnauwen: *iem ~* snap (*of:* snarl) at a p., snap (*of:* bite) a p.'s head off

afsnede *(v munt of medaille)* exergue

afsnellen hurry (speed) down [the slope]; *~ op* run towards (*of:* up to); rush at (on, upon) [the enemy]

afsnijden cut [flowers, the end of a cigar, communications], cut off [dead wood, the gas, the enemy, the retreat, a p.'s life], cut short [a p.'s career, life], cut down [a body from the gallows], clip [a cigar], pare [nails], dock [a horse's tail], lop off [branches], prune [branches of fruit trees]; *bochten ~, (door auto, enz)* cut corners; *iem de pas ~* block (*of:* bar) a p.'s way, head a p. off; *de weg (voor onderhandeling bijv) ~* shut (bang) the door; *zie ook* [1]keel

afsnijding cutting, clipping, etc, *vgl* afsnijden

afsnijdsel clippings, snippings, cuttings

afsnoepen 1 *iem een kus ~* steal (*of:* snatch) a kiss from a p.; **2** *iem iets ~, (fig)* forestall a p., steal a march (up)on a p.

afsnoeren tie off

afsoppen wash (down), sponge (down)

afspannen 1 unyoke [oxen]; unharness, *(Z-Afr)* outspan [a horse]; *de wagen ~* take the horses out; **2** *(meten met de hand)* span

afspeelapparatuur playback equipment

afspelden 1 pin [a dress]; **2** unpin

afspelen 1 finish [a game, a piece of music]; play off

[an adjourned game *afgebroken partij*]; **2** wear out [an instrument]; **3** play [a record, cassette]; **4** *zich* ~ be enacted [a strange scene was enacted at ...]; *alles speelde zich af in (geen) vijf minuten* the whole affair was over in (took less than) ...; *het speelt zich af te A* the scene is laid (the action takes place) at A; *de gebeurtenissen spelen zich af om een jongen* the ... revolve around a boy

afspeuren scan [the surface of a lake]

afspiegelen reflect, mirror; *zich* ~ be reflected (mirrored)

afspiegeling reflection

afspiegelingscollege city executive reflecting the political composition of the council

afsplijten split off

afsplitsen split off [electrons]; isolate [factors, chemical substances]; *zich* ~ separate [from a party], split off, hive off, form a splinter group; *(ve weg)* branch off

afspoelen wash, rinse; wash down [a car, etc], sluice down [the streets], wash away (*of:* off) [dirt], wash away [land]

afsponzen sponge (down, over; *eraf:* off)

afspraak 1 *(om ergens te komen)* appointment, assignation, engagement; *een ~(je) hebben* have an appointment (a date); *een ~(je) maken met* make an appointment with (date) [a girl]; *volgens* ~ [meet a p.] by appointment; *vgl* 2; **2** *(overeenkomst)* agreement, arrangement; *dat is de ~ niet* that isn't part of the bargain; *een ~ houden* keep an appointment; *zich aan de ~ houden* keep to the agreement (the bargain, one's word); *volgens* ~ by agreement, as agreed (upon)

afspreken agree upon, arrange, fix (upon); settle, fix up [we fixed it up beforehand]; ~ *te* ... agree to ...; *er werd afgesproken dat* ... it was agreed (settled) that ...; *van tevoren* ~ prearrange; *hebt u afgesproken?* have you (got) an appointment?; *de afgesproken plaats* the place agreed on, *(soms)* the agreed place; *het was afgesproken werk* it was a put-up job, a got-up thing; *afgesproken!* that's agreed (settled, a deal)!, done!, very well then!; *alsof het afgesproken was* as if by agreement; *zie ook* spreken

afspringen 1 jump down (off), leap down (off); alight [from a horse]; *met het verkeerde been ~, (ve paard)* lead off on the wrong leg; **2** *(v vonken, splinters)* fly off; *(glazuur)* chip off; *(verf)* crack off; *(knoop)* burst off; **3** ~ *(op), zie* afstuiten; *op iem* ~ spring at (pounce upon) a p.; **4** *(v onderhandelingen, enz)* break down, fall through (*ook:* the negotiations were off); *(koop, ook)* come to nothing; *de koop is afgesprongen* the bargain is off, has fallen through

afspuiten hose (down, off)

afstaan 1 cede [territory], give up, yield [possession, one's seat], part with [one's dog, etc], hand over [the proceeds to ...], resign, renounce, surrender, relinquish [a right, possession, etc], spare [can you spare me the book for five minutes?]; **2** *(ter beschikking stellen)* place (put) at the disposal of, lend [she lent her house for a fête]; **3** ~ *van* stand away (*of:* back) from [the house stands back from the road]; *ver ~ van* be remote from [our daily life]; *~de oren* outstanding ears

afstammeling descendant (*in rechte lijn* lineal descendant; ~ *in zijlinie* collateral descendant)

afstammen: ~ *van* be descended from, come of (from), spring from [a noble race]; *(Am)* stem from; *(v woorden)* be derived from

afstamming descent, extraction; *(ve woord)* derivation

afstammingsleer theory of evolution

afstand 1 distance; *(tussenruimte, ook)* interval; *van Parijs tot Tokio is een hele* ~ from P to T is a long way; ~ *bewaren, zie:* op een ~ blijven; ~ *nemen van, (fig)* distance o.s. [from], place [events] in their proper (into some kind of) perspective; ***met*** ~ by far, far and away [the best]; ***op een*** ~ at a distance; *erg op een* ~ very stand-offish, distant [be very distant with a p.]; *op gelijke* ~ equidistant [from London and Dover]; *op gelijke ~en* at equal distances; *op een (eerbiedige) ~ blijven* keep at a (respectful) distance; *(fig)* keep one's distance, keep aloof; *op een ~ blijven van* steer (keep) clear of [the coast, a p.]; ~ *houden* keep one's distance; *op een ~ houden* keep at a distance (at bay, at arm's length, off); *zich op een ~ houden, zie:* op een ~ blijven; *op korte ~ schieten* fire at short range; *op ~ zetten, (sp)* distance [one's opponent]; ***van een*** ~ from a distance; *van ~ tot* ~ at intervals, [posts shall be placed] at regular distances; **2** *(ve gebied)* cession; *(vd troon)* abdication; *(v bezit, recht, vordering)* surrender, renunciation, relinquishment, cession; ~ ***doen*** *van* cede [territory], renounce, resign, forgo, give up, waive [a claim, right, etc], give up [one's car, (possession of) a child], part with [documents, etc]; *(vd troon)* abdicate (the throne), *(ve kroonprins of pretendent)* renounce the throne; resign from [the presidency]; *(vd wereld, zijn geloof)* renounce the world (one's faith); *schriftelijk ~ doen van* sign away [one's rights, etc]; *ze deden vrijwillig ~ van hun vergoeding* they voluntarily forwent their remuneration

afstandelijk detached, aloof

afstandelijkheid detachment, aloofness

afstandmeter *(mil, fot)* rangefinder; *(landmeten)* telemeter

afstandsbediening remote control; *(tv, enz)* zapper

afstandsclausule waiving clause

afstandskind child given up for adoption, adopted child

afstandsmaat linear measure

afstandsmars route march, long-distance march

afstandsonderwijs distance learning (education, teaching)

afstandsouder (natural) parent (of an adopted child)

afstandsrit long-distance race

afstandsschot long shot
afstandswijzer table of distances
afstap(je) [mind the] step (down)
afstappen 1 step down; *(ve ladder, trottoir)* step off; *(ve fiets, paard)* get off [one's bicycle, horse], dismount; *(ve paard, ook)* alight; *(ve autobus, enz)* get down, alight; ~ *op* step up to [a p.]; *van een onderwerp* ~ drop a subject; *bij iem* ~ come to stay with a p.; **2** pace (march) down [a road]; **3** *(weggaan)* push off; **4** *zie* afpassen
afsteken I *tr* **1** cut [sods], trim [the garden border]; *(met beitel)* chisel off, *(schuin)* bevel, chamfer; **2** *(de keel)* stick [a pig]; **3** let off [fireworks]; **4** *(afbakenen)* mark (trace) out [a camp]; **5** draw off [wine]; **6** deliver [a speech], make, *(fam)* fire off [critical remarks]; make, pay [a compliment]; propose [a toast]; pay [a visit]; **II** *intr* **1** *(van wal)* push (shove, put) off [from shore]; **2** ~ *bij* contrast with; *gunstig* ~ *bij* contrast (compare) favourably with; ~ *tegen, zie* aftekenen: zich ~
afstel *zie* uitstel
afstellen adjust [an instrument], tune up [an engine]; *zie verder* stellen
afstemknop tuning control, tuning knob
afstemmen 1 reject, defeat [a motion], throw out [a bill], vote down, outvote [a proposal]; **2** tune; *(telec)* tune (in) [*op* to]; **3** *(fig)* attune (gear, tailor) to
afstemming 1 rejection, defeat; **2** tuning (in); **3** attunement
afstempelen stamp [documents, coins]; *(onbruikbaar maken)* cancel [postage stamps]
afstempeling stamping, cancellation; ~ *van het kapitaal tot 40 pct* reduction of ...
afstemschaal *(radio)* tuning scale (dial)
afsterven die; *(v vee)* die off; *(ve plant)* die off, die down, die back; *(ve lichaamsdeel)* mortify; *(v vriendschap, enz)* die out; *der wereld* ~ die to the world; *zie ook* afgestorven
afsterving death, decease; *(ve lichaamsdeel)* mortification
afstevenen make for, bear down on; *zie* aanstevenen
afstijgen 1 go down [a ladder]; **2** get off [one's horse, bicycle, bus], dismount, alight
afstoffen dust (down)
afstompen *tr & intr (eig)* blunt; *(fig)* blunt [his affections had blunted], dull, deaden, stultify; *afgestompt, (ook)* jaded [senses]; *zie ook* verstompen
afstoppen stop; block
afstormen rush down [the stairs]; ~ *op* rush at (on, upon), charge [the enemy]
afstorten I *intr* tumble down; **II** *tr* hurl down; *zich* ~ *van* throw (hurl) o.s. down (from)
afstotelijk repellent, repulsive, forbidding [appearance]
afstoten I *tr* **1** knock (thrust, push) off (down); *(van wal)* push (shove) off; **2** *(wegdoen)* dispose of [shares, an interest], drop [the sale of ...], hive off [unprofitable business], shed [jobs]; *zie ook* afschrijven & ontslaan; **3** *(afwerpen: huid, hoorns)* shed; **4** *(med)* reject [a transplant]; **5** *(natuurk)* repel; *zie ook* pool; **6** *(bilj)* lead (off); **7** *(fig)* repel, repulse [a p., his advances], put off, rebuff [a p.]; **8** *zie* afstuiten; **II** *intr* repel
afstotend repellent, repulsive, forbidding [appearance]
afstoting *(natuurk)* repulsion; *(med)* rejection; *vgl* afstoten
afstotingskracht repulsive force
afstraffen 1 punish, correct, chastise; **2** *(berispen)* reprove, lecture, reprimand
afstraffing 1 punishment, correction, chastisement, thrashing, trouncing; **2** reprimand
afstralen I *intr* radiate, shine (forth); ~ *op* be reflected by; *de vreugde straalt van zijn gelaat af* his face is beaming (is radiant) with joy; *een zekere glorie straalde op mij af* I enjoyed a certain reflected glory; **II** *tr* radiate [heat, light, love]
afstraling radiation, reflection, reflex
afstreek *(vioolspel)* downbow
afstrepen cross off, tick (off)
afstrijken 1 *(lucifer)* strike, light; **2** wipe (off) [ink]; *(korenmaat)* level, strike; *afgestreken eetlepel* level tablespoonful
afstrijkhout strickle
afstrippen strip [tobacco]
afstriptang wire strippers
afstropen 1 strip (off); **2** *(villen)* flay, skin [an eel]; **3** *(het land)* ransack, ravage, pillage
afstruinen scour [the countryside], comb (through) [antique shops]
afstuderen finish (*of:* complete) one's studies; finish one's university career, graduate
afstuiten rebound, recoil, *(vooral ve wapen)* glance off; *(ve kogel, ook)* ricochet; ~ *op, (eig)* rebound from, bounce off, glance off; *(fig)* be frustrated by; *het plan stuitte af op de hoge kosten* the plan had to be abandoned owing to the high cost
afstuiven 1 *(eig)* fly off; **2** *(heuvel, enz)* rush (tear) down [a hill]; ~ *op* rush up to, go full tilt for
afsturen 1 *(goederen)* send off, dispatch; *van school* ~ send away (*of:* expel) from school; **2** *van de wal* ~ steer away from the bank; ~ *op, (ve schip)* make (*of:* head) for; *waarom heb je die man op mij afgestuurd?* why did you send that man to me?; *de politie op iem* ~ put the ... on to a p.
afsukkelen: *een weg* ~ jog along (*of:* down) a road; *heel wat* ~ suffer a good deal
aft *(med)* aphtha (*mv:* aphthae)
aftaaien *(fam)* clear off
aftakdoos *(elektr)* junction box
aftakelen unrig, dismantle [a ship]; strip [a ship, house]; *hij takelt af* he is getting old and showing it; *ze is een beetje aan het* ~ she is running a bit to seed; *afgetakeld, (fig, na ziekte)* run down; *een afgetakelde schone* a faded beauty
aftakeling unrigging, etc; *seniele* ~ senile decay

aftakken branch (off); *(elektr, ook)* tap; *(v weg, ook)* fork (off)
aftakking branch; fork; tap *vgl het ww*
aftands long in the tooth *(ook fig); (fam)* clapped out; *~ vehikel* dilapidated vehicle
aftapkraan draincock, petcock
aftappen tap [blood, rubber, a tree, telephones]; siphon off [petrol from a car]; *(bier, enz)* draw (off), *(op flessen)* bottle; *de vijver ~* drain the pond; *afgetapt(e) bier (wijn)* draught beer (ale), beer on draught (wine from the wood); *(med)* draw off, remove by puncture [purulent fluid], drain [the pleural cavity]; *iem bloed ~* bleed a p.
aftasten explore [the possibilities]; *(natuurk)* scan
afte *(med)* aphtha (*mv:* aphthae), mouth sore
aftekenen 1 delineate, sketch, draw; **2** *(met handtekening)* visa [a passport], sign [a bill of lading *cognossement*], endorse [a railway ticket]; *(voor gezien tekenen, fam)* (mark) OK, okay; *(voor ontvangst)* sign for [a parcel]; **3** *(grenzen)* mark off; **4** *zich ~* be outlined, stand out [against the horizon], show (up), be silhouetted [against the sky]; *het tekent zich af tegen een achtergrond van ...* it is to be seen against ...; *(fig)* become apparent, take shape; **5** *(afmaken)* finish (off) [a drawing]
aftekening sketch, delineation; endorsement; visa; *vgl* aftekenen
aftelbaar *(wisk)* denumerable
aftelefoneren *zie* afbellen
aftellen 1 count (off, out); **2** *(aftrekken)* subtract; **3** *(bij spel)* count out; **4** *(met afdalende getallen)* count down; **5** *de rozenkrans ~* tell one's beads
aftelrijmpje, aftelversje counting rhyme
aftesten test and reject
aftikken 1 tick off (out); *de dirigent tikte af* the ... tapped his baton; **2** *(op de vingers)* check off; **3** *(bij spel)* tag (out); **4** *(afkloppen)* touch wood
aftimmeren 1 finish (off) [a barn, etc]; **2** partition off [an attic room]
aftiteling (list of) credits, credit titles
aftobben: *zich ~* weary o.s. out, worry o.s.; *zie ook* afgetobd
aftocht retreat; *de ~ blazen (slaan)* sound (beat: *ook fig*) (the) retreat; *haastig de ~ blazen* beat a hasty retreat
aftoppen block, hold down, level down [top salaries]
aftornen unrip
aftrainen 1 train down; **2** overtrain
aftrap *(voetbal)* kick-off; *de ~ doen* kick off
aftrappen 1 *(voetbal)* kick off; **2** *(schoenen)* wear down; *afgetrapte schoenen* down-at-heel shoes (*met ... aan* down at heel); **3** *(de trap, de kamer)* kick [a p.] down the stairs (downstairs), out of the room; **4** *het ~* hook it, get moving; *trap het af!* on yer bike!; *van zich ~* kick out wildly
aftreden I *ww* **1** *(afdalen)* step down, descend; **2** *(uit ambt treden)* retire (from office), resign (one's post); *(ve vorst)* abdicate; *(ve minister, ook)* quit (relinquish) office, step down; *(ve acteur)* go off, (make one's) exit; *~de voorzitter* outgoing (retiring) chairman; **3** *~ op* step up to; **II** *zn* resignation, retirement
aftrek 1 *(korting)* deduction; *(bij belasting)* rebate, [income tax] relief, allowance [for children, etc]; *~ voor pensioen* superannuation deduction; *na (onder) ~ van ...* after deducting (deduction of) [breakages], less [10 per cent], [costs] deducted, after [tax]; *met ~ van de 7 maanden in voorarrest doorgebracht* [sentenced to ...,] less seven months spent in custody; **2** *(debiet)* sale, demand; *gerede ~ vinden* sell well, find (meet with) a ready sale (*of:* market), be in great demand, *(fam)* be going strong; *weinig ~ vinden* be in little demand, *(sterker)* be a drug on the market
aftrekbaar deductible; *~ voor de belasting* tax-deductible
aftrekken 1 *(weg-, neertrekken)* draw away (off, down), pull (tear) off [a p.'s clothes]; strip [the bed]; open [a bottle]; *(doortrekken)* flush [the toilet]; *zie ook* (af)stropen; **2** *(plaatjes)* transfer [pictures]; **3** *(afleiden, afwenden, enz)* divert [a p.'s attention], turn away [one's eyes, one's thoughts from ...]; *zijn handen van iem ~* wash one's hands of a p.; **4** *(pistool, enz)* fire [a pistol], pull the trigger; **5** *(rek)* subtract [*van* from]; do subtraction; *(kosten, 10%, enz)* deduct; *een pond van het loon ~, (inhouden)* stop a pound from the wages; **6** *(kruiden)* infuse [herbs]; **7** *(weggaan)* withdraw, march off; *(ve leger)* retreat; *(vd wacht)* go off, be relieved; **8** *(ve bui)* blow (pass) over; **9** *zich ~* masturbate, *(sl)* wank, toss off, jerk off
aftrekker 1 squeegee; **2** bottle-opener; **3** *(wisk)* subtrahend
aftrekking deduction; *(rek)* subtraction
aftrekpost tax-deductible item
aftreksel infusion, extract, tincture
aftreksom subtraction sum, sum in subtraction
aftrektal minuend
aftroeven 1 trump; *(whist, ook)* ruff; **2** *(met woorden)* score (points) off [a p.]; *vgl* vlug: te ~ af; **3** beat up
aftroggelen: *iem iets ~* wheedle (coax) s.t. out of a p., wheedle (*door bedrog:* trick) a p. out of s.t.
aftronen *zie* aftroggelen
aftuigen 1 unharness [a horse], unrig [a ship]; **2** beat up; *zie* afranselen
afturven tally up
afvaardigen delegate, depute; *(naar het parlement)* return
afvaardiging deputation; delegation; *(naar het parlement)* return
afvaart sailing, departure; *datum van ~* sailing date
afvaartlijst sailing list, list of sailings
afval 1 *(algem)* refuse, rubbish, *(Am)* trash [can]; [cotton; harmful, radioactive] waste; *(slacht~)* offal; *(keuken~)* garbage; *(v leer, enz)* cuttings, clippings; *(restjes)* leavings, scraps; *(afgewaaid fruit)* windfalls; **2** *(ontrouw, inz pol)* defection [from the

Allied cause]; *(inz godsd)* apostasy
afvalbak *(klein afval)* litter bin (*Am:* basket); *zie verder* vuilnisbak
afvalcontainer refuse container; *(voor afbraak)* skip
afvallen **1** *(eig)* fall off, drop, tumble down; *van de trap* ~ fall down the stairs (downstairs); *afgevallen fruit* windfall; *met ~de bladeren* deciduous [tree]; **2** *(bij spel)* drop out; **3** *(vermageren)* lose weight, waste [wasted with hunger]; lose [five pounds]; slim; *(in uiterlijk)* go off (in looks); **4** *(afvallig worden)* desert [a party, leader, cause], defect; *(zich afscheiden)* secede [from a church, a state], *(in godsd)* apostatize [from a religion]; *iem* ~ let a p. down, rat on a p., leave a p. in the lurch; *elkaar niet ~, (ook)* hang together; **5** *(mar)* pay off; **6** *er viel wat voor hem af* he had a few pickings; **7** *zie* tegenvallen
afvallig *(algem)* disloyal, disaffected, unfaithful; *(inz godsd)* apostate, lapsed; ~ *worden, zie* afvallen 4
afvallige *(algem)* renegade, defector, deserter; *(inz godsd)* apostate
afvalligheid *(algem)* defection [from a party, the Crown]; *(inz godsd)* apostasy
afvalplant saprophyte
afvalproduct waste (residuary, residual) product, by-product
afvalrace elimination race
afvalscheiding separation of waste
afvalstof waste matter
afvalwater waste water; *(ve fabriek, enz)* effluent (water)
afvalwedstrijd knock-out competition (race, etc)
afvangen snatch from; *klanten* ~ steal away [trade]; *zie ook* vlieg
afvaren **1** *(wegvaren)* sail, start, depart, leave, put to sea; **2** go (sail) down [a river]; ~ *op* make (*of:* head) for
afvegen wipe off, wipe [one's mouth, etc, on a towel], mop [one's forehead], brush away, *(haastig)* dash away [one's tears], polish [one's glasses]; *(stof)* dust [a p., one's clothes]
afvergen *zie* vergen: ~ van
afvinken tick (off)
afvissen fish over [a stream]
afvlaggen flag down
afvlakken smooth *(ook elektr)*, flatten, level off [price increases], tone down [comments]; [prices will] level out
afvliegen *(wegvliegen)* fly off; *(ve hoed)* blow off; *(er ~, v vonken, enz)* fly off; *(de trap, enz)* fly down, rush down; ~ *op* fly to; *(op vijand)* fly at; *af- en aanvliegen* fly to and fro, come and go; *iem slaan, dat de stukken er* ~ thrash a p. within an inch of his life
afvloeien **1** flow down (*of:* off); **2** *(fig)* be discharged gradually; *(van één persoon)* be discharged; *personeel laten* ~ release (*tijdelijk:* lay off) personnel, make [300 staff] redundant; *het ~ van goud* the draining away of gold; *doen* ~ phase out [obsolete equipment]; **3** blot [excess ink]
afvloeiing *(fig)* (gradual) discharge, release; *(tijdelijk)* lay-off
afvloeiingsregeling *(vglb)* redundancy pay (agreement, plan)
afvoer **1** *(v goederen)* conveyance, transport, removal, conveyance; **2** *(v water, enz)* discharge, outlet
afvoerbuis waste pipe, drainpipe; *(ve machine)* exhaust pipe; *(ve gaskachel)* flue; *(na operatie)* drainage tube; *(voor fecaliën)* soil pipe, waste pipe; *(anat)* excretory duct; *klier zonder* ~ ductless (*of:* endocrine) gland
afvoerder *(spier)* abductor
afvoeren **1** *(wegvoeren)* carry off, drain away (*of:* off) [water]; lead (take) away, remove; transport, convey [goods]; *(ve spier)* abduct; *van de rechte weg* ~ lead astray; *vgl* voeren; **2** *(omlaagvoeren)* lead down [the hill], transport (carry) down [the river]; **3** *(schrappen)* strike off [a p.'s name]; write off, scrap [ships]; remove (*of:* clear) [the item] from the books
afvoergas exhaust gas
afvoerkanaal drainage canal, outlet; *(anat) zie* afvoerbuis
afvoerpijp *zie* afvoerbuis
afvorderen demand (exact, extort) from
afvragen **1** ask (for), demand; **2** hear [lessons]; **3** *zich* ~ wonder, ask o.s.; *zich sterk ~ of ...* wonder greatly if (whether) ...; *men mag zich ~ waarom ...* it may be wondered why ...
afvreten browse, crop
afvriezen freeze off, be frosted off; *er is hem een vinger afgevroren* he lost ... by frostbite
afvullen fill
afvuren fire (off), discharge
afwaaien **I** *intr* be blown off, blow off; *het heeft in de laatste tijd wat afgewaaid* we've had lots of wind lately; **II** *tr* blow off (down); *afgewaaide vruchten* windfall(s), windfall(en) fruit
afwaarderen rate lower; devalue
afwaarts **I** *bw* downward(s), aside, away; **II** *bn* downward
afwachten **I** *tr* wait for, await; *zijn beurt (iems beslissing)* ~ wait one's turn (await a p.'s decision); *de gevolgen* ~ abide the consequences; *zijn tijd* ~ bide (wait) one's ...; *de gelegenheid (kans)* ~ (a)wait one's opportunity (chance); *de bui* ~ wait till the shower is over; **II** *intr* wait (and see), await developments (events); *een ~de houding aannemen* adopt a waiting attitude, play a waiting game, wait and see, sit on the fence
afwachting expectation; *in ~ van* awaiting, looking forward to [your reply], in expectation (*of:* anticipation) of; *in ~ van de finale regeling* pending the final settlement
afwas *(abstr & concr)* washing-up [bowl, brush, liquid, water]; [do the] dishes
afwasbaar washable
afwasmachine (automatic) dishwasher
afwasmiddel detergent, washing-up liquid

afwassen 1 *(vuil)* wash off (*of:* away); **2** *(handen)* wash; *(vaat)* wash up, wash the dishes; *ik zal ~ en zij afdrogen* I'll wash up, while she wipes (dries)
afwassing washing; ablution *(meestal mv)*
afwaswater washing-up water, dishwater
afwateren drain [into the sea, etc]
afwatering 1 drainage [area, canal], draining; **2** *(concr)* drain, outlet
afwateringsbuis drainpipe
afwateringsgreppel drain
afweer defence
afweergeschut anti-aircraft (AA) guns
afweerhouding defensive attitude
afweermechanisme defence mechanism
afweermiddel defence, antidote
afweerreactie defensive reaction; *(med)* immune response
afweerstof antibody
afwegen 1 weigh out [all the ingredients]; **2** *(fig)* weigh [one's words]; weigh (up) one's chances; *tegen elkaar ~* weigh one against another; *iems waarde naar zijn geld ~* judge a man's worth by his money; *afgewogen* considered [judgement]
afweging *(fig)* assessment; *nadere ~* closer consideration
afweiden graze (down, off)
afweken I *tr* soak off; *(door stoom)* steam off; **II** *intr* come off, come unstuck
afwenden turn away, turn aside [one's face]; avert [one's face, a blow, danger, a strike]; parry [a blow], ward off [influenza, a blow]; divert [a p.'s attention]; stave off [defeat, danger, bankruptcy]; *de blik ~, (ook)* look away; *zich ~* turn away
afwennen: *iem iets ~* break a p. of [a habit], wean a p. from s.t.; *zich ~* break o.s. of, unlearn [a bad pronunciation], get out of the habit of [smoking]
afwentelen roll off (back, down); *de schuld van zich ~, zie* afschuiven
afweren keep off, keep [the enemy] at bay; avert [danger]; parry, fend off, ward off [a blow]; repel [an attack]; *zie verder* afwenden
afwering keeping off, etc, *vgl het ww;* defence
afwerken finish, finish off, give the finishing touch(es) to; work off [a debt]; get through [a programme]; dispose of [a topic]; cover [teachers cannot cover the curriculum]; process [a film]; *zie ook* afbeulen; *keurig afgewerkt* highly (beautifully) finished; *zie ook* afgewerkt
afwerking finish(ing), workmanship; processing; *falen in de ~, (sp)* fail in front of goal
afwerkplaats, afwerkplek designated venue for streetwalkers
afwerpen throw (cast, fling) off (*of:* down), throw [the horse threw its rider], shake off; *(huid, hoorns)* shed, cast; *(bladeren)* drop; *(winst)* yield; *zie ook* masker, enz
afweten know (*van* of); *het laten ~, a)* excuse o.s.; *b)* fail [at the crucial moment], show no interest; *de motor liet het ~* the ... refused to work
afwezig 1 absent; *de ~e* the absentee; *de ~en, (ook)* those absent [were proved right, wrong]; **2** *(verstrooid)* absent-minded
afwezigheid 1 absence; **2** absent-mindedness; **3** *(niet-verschijning)* non-attendance; *(vooral jur)* non-appearance; *zie ook* schitteren
afwijken 1 *(ve koers, pad, handtekening, enz)* deviate; deflect [to the right, etc]; *(ve kompas, kogel, enz)* deviate; *(v lijnen, stralen, paden)* diverge, be divergent; **2** *(fig)* deviate [from a rule, a course, the truth, a standard, method, etc]; depart [from the programme, the usual course, the rule]; *(verschillen)* differ [from sample, etc]; vary [this edition varies little from its predecessor]; *(in mening)* differ, dissent [from a p., a doctrine], disagree [with a p.]; *(ve mening, theorie, enz, ook)* be at variance [*van* with]; *zie ook* [1]pad; *doen ~* deflect [a bullet, rays, a p. from his purpose]
afwijkend deviating, etc, *vgl het ww;* divergent, deviant [behaviour], different; *(biol)* aberrant; *~ van, (ve mening, enz, ook)* at variance with; *~e meningen, (ook)* dissentient (dissenting) views; *~e uitgave* variant edition
afwijking 1 deviation, deflection, divergence, difference, variance, variation; *(ve kompas)* declination, *(door het ijzer vh schip, enz)* deviation; departure [from tradition, a rule, etc]; *(licht, astronomie, moreel, verstandelijk)* aberration (*verstandelijk, ook:* mental kink); *in ~ van de regels* in contravention of the rules; *in ~ van dat bericht* contrary to ...; **2** *(med)* dysfunction, disorder; *(lichamelijk)* deformity, abnormality, defect; *geen ernstige ~en, (med)* nothing seriously wrong
afwijkingshoek angle of deflection
afwijzen 1 *(iem)* refuse admittance (to), turn away [scores of people, applicants, etc, were turned away]; reject [a lover, candidate]; fail (refer) [a candidate]; *afgewezen worden* fail [in an examination], *(fam)* be ploughed; *afgewezen kandidaat* unsuccessful candidate; *afgewezen worden, (bij examen, ook)* fail to satisfy the examiners; **2** *(iets)* refuse [a request], decline [an invitation, offer], reject [an appeal, a claim], disclaim [any intention to offend], dismiss [a claim, suggestion, an appeal], turn down [a proposal, request]; *met een handgebaar ~* wave (*of:* brush) aside [objections]; *met minachting ~* scout [an idea]; *zie ook* eis, verantwoordelijkheid, enz; *een ~d antwoord krijgen* meet with a refusal (rebuff, denial); *~d reageren* react negatively; *~d staan tegenover* dissent from, be opposed to [a proposal]; *beleefd afgewezen* declined with thanks
afwijzing refusal, denial, rejection, disclaimer [of responsibility, etc] *vgl het ww*
afwikkelen 1 unroll, unwind, wind off, uncoil [a rope]; **2** *(fig)* wind up, liquidate [a business], settle, carry through [transactions], fulfil, complete [a contract]

afwikkeling **1** unrolling, etc, *vgl het ww;* **2** liquidation, winding-up [of a business], settlement [of a transaction], fulfilment [of a contract]
afwimpelen cancel; *(fig)* decline, turn down [a proposal]; *hij werd als voorzitter gevraagd, maar hij wimpelde het af* he ... but he found an excuse
afwinden wind (reel) off, unreel
afwinnen *zie* winnen: ~ van
afwisselen I *tr: iem* ~ relieve a p., take a p.'s place; *(iets)* interchange, alternate [*met* with]; *(afwisseling geven)* vary, diversify, relieve [the yellow wallpaper was relieved by choice prints], variegate [the green colour of the fir trees is variegated by the browns of the beeches]; *regen, afgewisseld met perioden van zonneschijn* rain, interspersed with sunny periods; *het landschap wordt door geen enkele boom afgewisseld* the ... is not relieved (is unrelieved) by ...; *elkaar ~, (personen)* relieve one another, take turns; *(zaken)* succeed each other, alternate; *elkaar ~ bij het roeien* take spells at the oars; II *intr* **1** *(beurtelings ~) zie* elkaar ~; **2** *(variëren)* vary; *zie ook* wisselen
afwisselend I *bn* **1** *(beurtelings)* alternate; *~e bladeren* alternate leaves; **2** *(veranderlijk)* varied, varying, variegated, diversified; *met ~ succes* with varying success; II *bw* alternately, by turns, in turn
afwisseling **1** *(opeenvolging)* alternation [of harshness and tenderness], interchange, succession [of the seasons]; **2** *(verandering)* change, variation; **3** *(verscheidenheid)* variety [give variety to], diversity; *bij ~* by turns, in turn, alternately; *ter (tot, voor de) ~* for (by way of) a change, for variety's sake
afwissen wipe (off); *zie ook* afvegen
afwrijven rub (down, off); rub [brasses, bindings]
afwringen *(eig)* wring (wrest, wrench) off; *iem ... ~* wring (wrest, force) [a promise] from a p.
afz. *zie* afzender
afzadelen unsaddle
afzagen saw off; *zie ook* afgezaagd
afzakken **1** *(v kleren)* come (*of:* slip) down, *(ve kous, enz)* sag (down) [her dress is sagging down on one side]; *je onderjurk zakt af* your slip is showing; **2** *(ve bui)* blow (*of:* pass) over; **3** *(weggaan)* withdraw, make off, drop off [one by one]; *(ve menigte)* disperse; **4** sail (float, drop) down [the river]; slide down [a mast]; **5** *(sp, enz)* fall back; *~ tot, (fig)* sink towards (poverty, serfdom); **6** *zich laten ~* let o.s. down [by a rope]
afzakkertje one for the road
afzanden dig off
afzeggen **1** cancel [an invitation, a meeting], countermand [an order]; put [a p.] off; **2** call off; *het laten ~* send (one's) apologies
afzegging **1** cancellation, countermand; **2** apology
afzeiken bully
afzeilen sail, put to sea; sail down [a river]; *~ op* sail (make, head) for
afzemen rub down with a washleather
afzenden send (off), forward, ship, dispatch; *zie ook* afsturen
afzender sender, consignor, shipper; *(op enveloppe, in Engeland minder gebruikelijk)* (From) AB
afzending sending, dispatch, forwarding, shipment; [office of] origin; *zie ook* station
afzet **1** sale(s) [of a product]; market [for a product]; **2** *(sp)* take-off
afzetbaar removable, deposable
afzetbalk take-off board
afzetgebied market, area of distribution, outlet
afzetmogelijkheden sales potential (of an area)
afzetsel **1** *(ve japon)* trimming; **2** *(ve plant)* layer; **3** *(neerslag)* sediment, deposit
afzetten I *tr* **1** take (put) off, remove [one's hat], take [a kettle from the gas], move away [a chair from the wall]; *het geweer ~, zie* geweer; *hij zette ... van zich af, (fig)* he put [the idea] (away) from him, dismissed [the idea, the memory of it], dismissed (banished) [it] from his mind, put [it] out of his head, shook off [the feeling]; *zet dat van je af* get that out of your mind; **2** *(arm, enz)* amputate, cut off; *zijn been werd afgezet, (ook)* he had his leg off; **3** *(slib, enz)* deposit; **4** *(afduwen)* push off [a boat]; **5** *(afbakenen)* stake out (off); *(omheinen)* fence in; *(vaarwater)* buoy; **6** *(toegangsweg, enz)* block, close (off); rope off; cordon off [an area]; *(straat in de lengte)* line [with soldiers]; **7** *(uit voertuig)* set (put) down, drop, deposit; **8** *(als versiering)* set off [with gold, etc], trim [a dress], relieve [a black dress relieved with white lace], *(met biesversiering)* pipe [a dress]; *met bont afgezet* fur-trimmed; **9** *(ontslaan)* dismiss, remove [judges, officials] (from office), cashier [an officer]; unfrock [a clergyman]; depose, dethrone [a king, bishop]; **10** *(goederen)* sell, dispose of; **11** *(bedriegen)* cheat, swindle, *(fam)* con, sting [a p. for ...]; *(fam)* rip [a p.] off; *iem iets ~* swindle (do) a p. out of s.t., cheat a p. (out) of s.t.; *zich laten ~* pay through the nose; **12** shut (cut) off, stop [the engine *motor*]; lock, cut off [the ignition]; deactivate [a mine]; switch off, disconnect [the telephone]; switch off [the radio]; stop [the alarm clock]; latch back [the Yale lock]; **13** *~ tegen, (compenseren)* set off against; **14** *zich ~, (sp)* take off; *(ve chemische stof, enz)* settle, be precipitated, form a deposit; *zich ~ tegen het marxisme (zijn ouders)* resist, fight against Marxism (react against one's parents); II *intr (van wal steken)* push (put, shove) off (from the shore)
afzetter swindler, sharper, cheat
afzetterij swindle, swindling, *(fam)* [it's all a] con, sell, rip-off
afzetting **1** *(med)* amputation; **2** *(uit ambt)* dismissal, removal, deprivation, deposition; **3** [police] cordon, barrier, barricade; **4** *(geol)* sediment(ation), (sedimentary) deposit
afzettingsgesteente sedimentary rock
afzichtelijk hideous, ghastly; *een ~ gebouw, enz* an

eyesore
afzien I *intr* 1 ~ *van* abandon, give up [a plan, an attempt]; drop [a plan, an idea]; *(afstand doen van)* waive, forgo, renounce, relinquish, abandon [a claim, right]; desist (refrain) from [the use of force]; *ervan ~ te* decide not to [go, buy a car]; ~ *van iets (koop, enz)* ~ cry off; *zie ook* [1]woord; *afgezien van* apart (*Am:* aside) from, setting aside, not to mention, irrespective of, to say nothing of [the fact]; except for; *afgezien daarvan, dat* ... let alone that ...; **2** *(op school) zie* afkijken; **3** *(lijden)* bear up, grin and bear it; II *tr* **1** look down [the street]; **2** look over, view [an exhibition]; **3** *ik heb er de aardigheid afgezien* it has lost its charm for me; *(kunstjes, enz) zie* afkijken; **4** *(afwachten) zie* aanzien
afzienbaar surveyable; *in afzienbare tijd* in the near (within the foreseeable) future
afzijdig: *zich ~ houden* hold (keep, stand) aloof [*van* from], keep out of it, hold one's hand
afzinken sink (down)
afzoden cut sods, remove the turf (from)
afzoeken search, beat [the woods for a criminal], scour [a wood, the seas]; *zie ook* doorzoeken; *alles ~* seek high and low, hunt (search) all over the place
afzoenen: *het ~, (na twist)* kiss and be friends, kiss away [their quarrel]; *(de pijn, enz)* kiss the hurt (the pain) away; kiss it well; *de tranen ~* kiss away the tears
afzonderen separate, set apart, set (put) aside [money for a special purpose]; isolate, segregate [patients]; *zich ~* withdraw [from the world], seclude o.s. [from society], keep (o.s.) to o.s.; *zie ook* afgezonderd
afzondering seclusion, [live in] retirement, privacy, isolation, segregation, separation
afzonderlijk separate [table, room], single [each single thread], private [interview, entrance], individual [case], discrete [classes of objects]; special [there is no special word for it], several [each several part]; *ze ~ aanspreken* address them individually (separately); ~ *verkopen* sell separately (singly); ~ *zetten (houden)* set (keep) apart; *vgl* apart
afzuigen extract; *(seksueel)* suck off, *(sl)* do a blow job
afzuigkap cooker hood, extractor (fan), extraction fan
afzwaaien 1 leave the service; *(v dienstplichtige)* be demobbed (demobilized); *(Am)* muster out; **2** *(univ)* go down
afzwaaier *(kogel)* miss; *(soms)* outer; *(voetbal)* curler
afzwakken I *intr zie* afnemen; II *tr* mitigate, tone down, qualify [a statement]
afzwemmen 1 swim down [the river]; **2** take one's (final) swimming test
afzweren 1 abjure [one's faith, errors], forswear [one's religion, tobacco], renounce [the world, one's principles, etc]; **2** fester and come off
afzwering abjuration; renunciation
agaat(steen) agate
agar-agar agar(-agar)
agaten *bn* agate
agave agave
agenda 1 *(boekje)* diary, memo(randum) book; **2** *(lijst)* agenda (paper), order paper; *(in krant)* [theatre] diary; *op de ~* on the agenda; *het onderwerp staat op de ~, (ook)* the subject is down for consideration (discussion); *de ~ vermeldt* ... the business of the meeting will be ...
agendapunten (items on the) agenda
agenderen place on the agenda
agens agent
agent 1 *(vertegenwoordiger, geheim ~, enz)* agent; **2** *(politie~)* policeman, police officer, constable, *(surveillerende, Am)* patrolman; *(bij aanspreken)* officer; *(fam)* bobby; *(sl)* cop(per)
agente, agentes 1 (lady) agent; **2** *(v politie)* policewoman
agent-provocateur agent provocateur (*mv:* agents provocateurs)
agentschap agency, *(ve bank)* branch (office)
agentuur agency
ageren act, agitate, (carry on a) campaign [for a reform, etc], manoeuvre [against an enemy]
agglomeraat agglomerate
agglomeratie agglomeration; built-up area; *stedelijke ~* conurbation
agglomereren agglomerate
agglutinatie agglutination
agglutineren agglutinate
agglutinine agglutinin
aggravatie aggravation
aggregaat 1 aggregate; **2** (generator) set
aggregatie 1 aggregation; **2** admission; **3** (course leading to) academic teaching qualification
aggregatietoestand state of matter, physical condition (*of:* state)
aggregeren aggregate
agio premium, agio
agioreserve share premium reserve
agiotage agiotage, stockjobbing
agioteur stockjobber
agisme ageism
agitatie agitation, flutter, excitement
agitator agitator, demagogue
agiteren agitate, flutter, fluster [look flustered]
agnaat agnate
agnosie agnosia
agnost agnostic
agnosticisme agnosticism
agnosticus, agnostisch agnostic
agoeti agouti
agogie social casework
agogisch *(muz)* agogic
agologie (social) casework theory
agorafobie agoraphobia
agrafe 1 agraffe; **2** *(med)* Michel clip, suture clip

agrafie agraphia
agrariër rural dweller, farmer, countryman; *de ~s* the rural community
agrarisch agrarian
agreatie approval
agrement 1 *(garneersel)* trimming; **2** *(v te benoemen ambassadeur)* approval, agreement
agressie aggression
agressief aggressive; *-sieve verkooptechniek, (ook)* hard sell
agressiviteit aggressiveness
agressor aggressor
A-griep Asian flu
agrimonie *(plant)* agrimony
agrobiologie agrobiology
agrochemie agrochemistry
agro-industrie agribusiness
agrologie agrology
agronomie agronomy
agronoom agronomist
ah ah!
aha aha!
Ahasveros Ahasuerus
ahob (automatic) half-barrier level crossing
ahorn(boom) maple (tree)
a.h.w. afk van *als het ware* as it were
[1]**ai** *tw* **1** *(pijn, enz)* ow!, ouch!; **2** *(bede, vero)* O!
[2]**ai** *zn* ai, (three-toed) sloth
a.i. afk van *ad interim* ad interim, pro tem
aide de camp aide-de-camp, ADC [ˌeidiːˈsiː]
aids Aids
aidsremmer Aids inhibitor
aidsvirus Aids virus, HIV *(human immunodeficiency virus)*
aigrette aigrette; *(v diamanten, ook)* spray; *(vogel, ook)* egret
aimabel amiable, friendly
aio research trainee
air air *(ook muz)*, appearance, seeming; *~s* airs, *(fam)* side, swank; *het ~ aannemen van* assume the air of; *zich ~s geven* give o.s. airs, *(fam)* put on side, swank; *hij heeft niet de minste ~s over zich* he is without side of any sort
airconditioning air-conditioning; *van ~ voorzien, a)* air-condition; *b)* air-conditioned
aïs *(muz)* A sharp
AIVD Internal Security Service, *(vglb)* MI5
ajakkes, ajasses bah!, pah!
ajour openwork(ed) [stockings]
ajourrand *(v leer bijv)* punching
aju ta-ta!, see you!, be seeing you!
ajuin onion
akademie academy; *zie verder* academie, enz
akant acanthus; *(plant, ook)* bear's breech
akela *(welpenleid(st)er)* cubmaster, cubmistress
akelei *(plant)* columbine, aquilegia
akelig 1 *(naar)* dismal [sound, failure], dreary [weather, tone], nasty [weather, smell, taste, stuff *goedje*], grim [spectacle], ghastly [smile, apparition], lugubrious [story], horrid [yell, weather], doleful [music]; *~ bleek* ghastly pale; *~ gat* beastly hole (of a place); *~e lui, (ook)* hateful people; *~ zoet* sickly sweet; *ik ben er ~ van* it makes me feel quite faint; *ik heb een ~e dag gehad, (ook)* it's been one of those days; *zich ~ voelen* feel bad; *je wordt er ~ van* it makes you sick; **2** *(erg)* extremely; *~ knap* immensely clever
akeligheid dreariness, etc; horrid thing, etc
Aken Aachen, Aix-la-Chapelle
aker 1 pail, bucket; **2** *(eikel)* acorn
aki (level crossing with) automatic flashing light
akkefietje 1 (bad) job, (fine) to-do; **2** chore; **3** *(kleinigheid)* trifle
akker field; *zie ook* akkertje & God
akkerboterbloem corn buttercup
akkerbouw agriculture, arable farming
akkerhoornbloem field chickweed
akkerklokje creeping bellflower
akkerkool nipplewort
akkerland arable land
akkerleeuwerik skylark
akkermaalsbos, akkermaalshout copse, coppice
akkermuis field vole
akkermunt corn mint
akkerpaardenstaart *(plant)* common horsetail
akkertje: *op zijn (dooie) ~* leisurely, at one's (his) leisure
akkerwinde *(plant)* bindweed
akkoord I *zn* **1** *(muz)* chord; **2** *(overeenkomst)* agreement, arrangement, settlement, accord; *(met crediteuren)* composition; *een ~ van 5%* a composition of 5p in the pound; *een ~ aangaan (treffen) met* come to an arrangement with, *(met crediteuren, ook)* compound with one's creditors; *het op een ~je gooien* compromise (matters); *het op een ~je gooien met* make a compromise (a bargain, terms) with, compromise [one's conscience, principles, etc]; **3** *(goedkeuring)* approval; **II** *bn: ~ bevinden (zijn)* find (be) correct (in order); *~ gaan met* agree (to) [a proposal], be in agreement with [a policy], agree (concur) with [a p.]; *ik ga (ik ben) ~* I'm agreeable; *voor ~ tekenen* sign as correct; *~!* agreed!, done!, it's a bargain!, it's a go!; *~ Van Putten!* (I say) amen to that!
akkoordbevinding 1 *bij ~* if found correct; **2** acknowledgment form
akkoordloon job wage
akoemetrist audiometrist
akoepedie hearing therapy
akoestiek acoustics; *(ve zaal)* acoustics, acoustic qualities (*of:* properties)
akoestisch acoustic; *~e belijning* rumble strip; *~e koppeling* acoustic coupler
akoniet aconite
akropolis acropolis
aks(t) axe
akte 1 deed, instrument; diploma, certificate; *(voor*

de jacht) licence; ~ *nemen van* take note of; *waarvan* ~ remark (objection, etc) noted; ~ *van bekwaamheid* certificate of efficiency, *(ve onderwijzer)* teacher's certificate; ~ *van beschuldiging* (bill of) indictment; ~ *van oprichting* memorandum of association; ~ *van overdracht* deed of conveyance; ~ *van overlijden* death certificate; ~ *van vennootschap* deed of partnership; ~ *van verkoop* deed of sale; *zie ook* notarieel; **2** *(bedrijf)* act; *(film)* reel

akte-examen qualifying examination

aktetas briefcase, dispatch case

aktetrommel deed box

al I *telw, bn, zn* all, every, each; *~le drie* all three (of them, of us, etc); *~le beide, ~le twee* both (of them, of you, etc); *~le dagen* every day, daily; ~ *~le 3 dagen* every three days (third day); *~le mannen, (algem)* all men, *(bepaald)* all the men; *[de aarde,] ons ~ler moeder* our common mother; *~le reden (recht) om ...* every reason (right) to ...; ~ *het mogelijke* all that is possible; ~ *het mijne* my all, everything that is mine; *~le patronen hebben hun eigen merk* each pattern has its own mark; ~ ***met*** ~ all in all, one thing with another; altogether; taking it all in all; *met huid en* ~ skin and all; ***te*** *~len tijde* at any time, at all times; *wij (zij) ~len* we (they) all, all of us (them); *~len waren bereid* all of them ...; *~len zonder uitzondering* one and all; *vijf mensen (dingen), die allen (alle) weg zijn* five people (things), all of whom (of which) are gone; *~len die* all who; ~ *wie* whoever; ~ *wat, zie* alles; *en wat niet* ~ and what not; *we kochten het met ons ~len* we bought it between us; *het ~, (heelal)* the universe; *zie ook* met & onderscheid; **II** *bw* **1** *(reeds)* already, yet; *(onvertaald:) hoe lang ben je hier nu ~?* how long have you been here now?; *ben je hier 'nu ~?* are you here already?; *is het ~ tijd?* is it time yet?; *ik ben ~ klaar* I am ready now; *die kat is ~ oud* that cat is quite (an) old (one); *hij is ~ 3 weken (~ lang) ziek* he has been ill for three weeks (for a long time); ~ *weer meer dan drie jaar geleden* three years ago already; *hij leert Londen ~ aardig kennen* he is getting to know London quite well; ~ *in 1066* as early (as far back, as long ago) as ...; ~ *vóór 1066* even before ...; *ik zal zeker geen winst maken, áls ik er ~ in slaag het te verkopen* I ..., if I succeed in selling it at all; *áls hij het ~ had* if indeed he had it; *hij is toch ~ niet mooi* he is not very good-looking as it is; *ik zie hem ~ zwemmen!* I can just see him swimming!; ***daar*** *heb je het* ~ there you are!, there we go!; *jij ook ~?* even you?; ***dat*** *zei (dacht, verwachtte) ik* ~ I said (thought, expected) as much; *is hij* ***er*** *~?* has he come yet? *(sterker: nu* ~ already)?; *dat zei hij* ***toen*** ~ even then he said so; **2** *(wel:)* ~ *even slecht als* quite as bad as; *wat hij ~ niet weet!* it's surprising what he knows!; ~ *heel ongelukkig* very unfortunate indeed; *of je hem ~ of (~ dan) niet waarschuwt* whether you warn him or not; ~ *of niet* yes or no; ~ *of niet aflosbaar* redeemable or otherwise; ~ *of niet met toestemming* with or without permission; ~ *of niet geschreven grondwet* written or unwritten constitution; **3** *(graad:) dat is ~* ***te*** *laag* that is altogether too low; *maar ~ te waar* only too true; ~ *te goed (slim), (fam)* too good (clever) by half; *je weet maar ~ te goed* you know only too well; ~ *te eerlijk* honest to a fault; ~ *te bezorgd* over-anxious; *niet ~ te goed* not over *(Am & Sch:* overly) well; *niet ~ te schoon* [a tablecloth] none too clean; *maar ~ te spoedig* [the hour came] all too soon; ~ *te veel* overmuch [without overmuch support], undue [exerting undue influence]; *dat is wel wat ~ te gevaarlijk* that is a little too dangerous; **4** *(steeds)* ever; ~ *maar moeilijker* ever harder; *zie ook* alsmaar; ~ *nader en nader* nearer and nearer; *het wordt ~ erger* it is getting worse and worse; ~ *zeggende* (while) saying; ~ *lachende* laughing all the time; ~ *naar, zie* gelang: naar ~; **III** *vw* (al)though, even if, even though; ~ *was ik rijk* even if I were rich; ~ *is hij ook nog zo rijk* however rich he may be, rich though he may be, rich as he is; *ik volg hem, ~ neemt het ook de hele dag* I'll ..., (even) if it takes all day; ~ *zeg ik het zelf* though I say so who shouldn't; *[zijn bezoek] ~ was het maar kort* short though it was

à la bonne heure all right, go ahead!

à la minute this minute, at once, immediately, on the spot

alang-alang lalang, alang(-alang)

alant *(plant)* elecampane

Alarik Alaric

alarm 1 alarm [gun, signal], *(inz lucht~)* alert; *groot* ~ red alert; *stil* ~ silent alarm; ~ *blazen* sound the (an) alarm; ~ *slaan* raise the alarm; *een vals (loos) ~ geven* give a false alarm, *(eens te vaak, fam)* cry wolf; **2** *(lawaai)* tumult, uproar

alarmbel 1 alarm bell; **2** veto

alarmcentrale emergency centre

alarmeren alarm, give the alarm; alert [troops]; call out [the fire brigade]

alarmerend alarming; *verspreiding van ~e berichten* scaremongering

alarminstallatie alarm system, burglar (fire, etc) alarm

alarmist alarmist; *(fig ook)* scaremonger, panicmonger

alarmklok alarm bell, tocsin; *de ~ luiden, (fig)* sound the alarm

alarmnummer emergency number

alarmtoestand state of alert

Alaskaan(s) Alaskan

alastrim alastrim

Albaans Alban [Mountains]

Albanees Albanian

Albanië Albania

Albanisch Albanian

albast(en) alabaster

albatros albatross

albe alb

albedil busybody

Albestuur (God's) supreme rule
albigenzen Albigenses
albigenzisch Albigensian
albinisme albinism
albino albino
album album *(alle bet); (knipsel~, ook)* scrapbook
albumine albumen
alchemie alchemy
alchemist alchemist
alcohol alcohol
alcoholgehalte alcoholic content (*of:* strength)
alcoholhoudend alcoholic; *~e dranken, zie* alcoholica 1
alcoholica 1 *(mv)* alcoholic (spirituous) liquors, intoxicants; **2** *(ev)* alcoholic
alcoholicus alcoholic, dipsomaniac
alcoholisch alcoholic; *~e dranken, zie* alcoholica 1
alcoholisme alcoholism, dipsomania
alcoholist(e) alcoholic
alcoholmeter alcoholometer
alcoholmisbruik alcohol abuse
alcoholpromillage blood alcohol count
alcoholvergiftiging alcoholic poisoning, alcoholism
alcoholvrij non-intoxicant, non-alcoholic; *~e dranken, (ook)* soft drinks, non-intoxicants; *~ bier* nab, no-alcohol beer
alcomobilisme drink-driving
alcomobilist(e) drink-driver
aldaar there, at that place; *de Heer N ~* Mr N, of that place (town, city); *kamerverhuursters ~* local landladies
aldehyde aldehyde
aldoor all the time, the whole time, all along, throughout, [be] for ever [talking]
aldra soon, before long
aldus 1 thus, so, in this manner (way), as follows; *de belasting, ~ de minister, kan afgeschaft* the tax, according to the minister (so the minister said), can be abolished; *en ~ geschiedde* and so it was done; **2** as a result [the sale was off]
aleatoir aleatory, aleatoric
aleer before
Alemannen Alamanni, Alemanni
Aleoeten Aleutian Islands, Aleutians
alert vigilant, lively, keen, alert
aleuron aleurone
Alexander Alexander
Alexandrië Alexandria
alexandrijn alexandrine
Alexandrijn(s) Alexandrian
alexie alexia, word-blindness
alf elf
alfa 1 alpha; *~ en omega* alpha and omega; **2** student (etc) on the arts side
alfabet alphabet
alfabetisch I *bn* [in] alphabetic(al) [order]; **II** *bw* alphabetically
alfabetiseren 1 alphabetize; **2** teach to read and write
alfabetiseringsprogramma literacy programme
alfabetisme literacy
alfablokker alpha blocker
alfadeeltje alpha particle
alfafaculteiten *(univ)* theology, law and the humanities
alfahulp home help
alfalfa alfalfa, lucerne [sprouts]
alfanumeriek alphanumeric
alfastraling alpha radiation
alfavakken arts subjects
alfawetenschappen humanities
Alfons Alphonsus
alg(e) alga (*mv:* algae)
algebra algebra
algebraïcus algebraist
algebraïsch algebraic(al)
algeheel I *bn* total, complete, entire, whole; wholesale [destruction]; wholehearted [support]; **II** *bw* totally, etc, wholly
algemeen I *bn* **1** *(met weinig uitzonderingen)* general [rule]; *(zonder uitzonderingen)* universal [rule, suffrage, admiration]; *(niet in bijzonderheden)* broad, general [discussion]; catholic [tastes]; *(alomvattend)* blanket [agreement, rule, terms]; *(veel voorkomend)* common [experience, etc]; *dat is thans erg ~* that is the vogue (*fam:* all the rage) now; everybody is doing it; *te ~* sweeping [statement]; *Algemeen Beschaafd* Received Standard; *algemene geschiedenis* universal (*of:* world) history; *~ gevecht* battle royal, free fight; *~ klassement, (sp)* overall standings; *algemene onkosten, (ve zaak)* overhead expenses (charges); *algemene ontwikkeling* general (all-round, *Am:* all-around) education; *de algemene opinie, (in vergadering bijv)* the general opinion (feeling), *(openbare opinie)* public opinion; *met algemene stemmen* unanimously, [the motion was carried] nem con; *algemene vermindering van bewapening* all-round reduction in armaments; *in algemene zin* in a general sense; **2** *(openbaar)* public [in the public interest]; *departement van ~ bestuur* department of government; **3** *(onbepaald)* indefinite, vague; *zie ook* alzijdig, welzijn, enz; **II** *bw* generally, etc; *vgl het bn; ~ in gebruik* in common use; *~ goedgevonden* agreed to on all hands; *het is ~ bekend, (ook)* it is common knowledge; **III** *zn: in (over) het ~* in general, on the whole, generally, by and large; *in het ~ niet, (ook)* not usually; *ze zijn over het ~ aardig* they tend to be kind; *hij spreekt tot de wereld in het ~* he addresses the world at large; *in het ~ gesproken* generally (broadly) speaking; *zie ook* nut
algemeenheid generality, universality, commonness; *algemeenheden over het weer* commonplaces about the weather; *vage algemeenheden* vague generalities
Algerië, Algerije Algeria
Algerijn(s) Algerian

Algiers 1 *(stad)* Algiers; **2** *(land)* Algeria
algolagnie algolagnia
algoritme algorithm
algoritmisch algorithmic
alhidade alidade
alhier here, at this place; *(op brief, vero)* local *(in Eng ook ongebruikelijk); de Heer N ~* Mr N *(met adres)*
alhoewel although
alias I *bw* alias, otherwise, also known as, aka; **II** *zn* alias
alibi alibi; *zijn ~ bewijzen* prove (establish) an alibi; *een ~ aanvoeren* set (*of:* put) up an alibi
aliënatie alienation
alifatisch aliphatic
alikruik winkle; *(pers)* roly-poly
alimentatie 1 *(jur)* maintenance, permanent financial provision; *(Am & hist Br)* alimony; **2** sustenance
alinea paragraph; *nieuwe ~!, (bij dictee)* paragraph!; *(van wet, ook)* subsection
alineëring paragraphing
aliterair non-literary
alk razorbill; *kleine ~* little auk
alkaan alkane
alkali alkali
alkalisch alkaline
alkaliteit alkalinity
alkaloïde alkaloid
alkannine alkanet
alkoof little inner room (used as a bedroom), alcove bedroom, recessed bed, bed recess
alla 1 come on!; **2** ah, well
Allah Allah
allang for a long time; *zie* lang
alle all; *zie* al I
allebei(de) both (of them); *het is ~ goed* either is (both are) correct
alledaags 1 daily [occurrences]; quotidian [fever]; everyday, workaday [world]; **2** *(gewoon)* plain, undistinguished [face], commonplace [remark, fellow], ordinary, humdrum [routine]; *zie ook* doodgewoon; **3** *(afgezaagd)* stale, trivial, trite [sayings]
alledaagsheid commonness, triviality, triteness, staleness, plainness
alledag every day; *de sleur van ~* the daily grind
allee I *zn* avenue; **II** *tw* **1** come on (along); **2** well, all right
alleen I *bn* **1** *(afgezonderd)* alone, by o.s. [the cottage stood by itself]; *(zonder hulp, ook)* [arrest a p.] single-handed; *(eenzaam)* [feel] lonely; *vandaag ben ik ~* I'm on my own today; *één man ~ kan geen oorlog maken* no one man can make war; *iem ~ spreken* speak to a p. in private; *~ vliegen* fly solo; *de gedachte daaraan (het noemen ervan, de naam) ~ al* the mere (*of:* bare) thought (*of:* mention) of it, the very name [produced a shiver]; *het dak ~ al* the roof for a start (*of:* by, in itself) [cost a fortune]; *ik sta daarin niet ~* I am not alone in that; *zie ook* alleenstaand & vertrouwd; **2** *(uitsluitend)* only; *~ voor wielrijders* cyclists only; *~ omdat je het weet, hoef je niet ...* just because you know, you needn't ...; **II** *bw* only; *(slechts, ~ maar)* only, merely; *een aardige man, ~ wat driftig* a nice man, only a little quick-tempered; *niet ~ ..., maar ook* not only ..., but (also)
alleengebruik exclusive (sole) use
alleenhandel monopoly
alleenheerschappij absolute power (monarchy); *de ~ voeren* hold undivided sway, reign supreme
alleenheerser absolute monarch, autocrat
alleenrecht exclusive right(s), sole right, monopoly
alleenspraak monologue, soliloquy; *een ~ houden* soliloquize
alleenstaand isolated, single, detached [buildings]; alone in the world; *een ~ geval* an isolated case; *~e* single (person); *~e ouder* single parent; *een ~e vrouw* an unattached woman, a woman who lives on her own
alleenverdeler sole distributor
alleenverdiener wage earner in single-income household, single (income) earner
alleenverkoop: *(recht van) ~* sole (exclusive) rights of sale
alleenvertegenwoordiging sole (exclusive) agency (*of:* representation)
alleenvertoningsrecht sole exhibition rights
alleenzaligmakend: *het ~e geloof* the only (the one) true faith; *~ middel* [political] nostrum
allegaartje hotchpotch, medley, jumble, farrago, mishmash, mixed bag; *(ve orkest, bemanning, enz)* scratch band (crew, team, etc)
allegatie allegation
allegeren allege
allegorese explication of an allegory; allegorical exegesis
allegorie allegory
allegorisch I *bn* allegoric(al); **II** *bw* allegorically
allegoriseren allegorize
allegorist allegorist
allehens all hands [on deck]
allejezus I *tw* Jesus!, Christ!; **II** *bn* godawful
alleluja alleluia *(beide bet)*
allemaal (one and) all, the (whole) lot, [I hate] the lot (every one) of them; *welterusten, ~!* Good night, everybody (*of:* all)!; *~ klets* sheer nonsense, all rot; *zij kregen ~ een beloning* there were rewards all round; *neem ze maar ~* take the lot (everything); *dat (hier) zijn ze ~* that's the lot; *~ stijve harken!* stiff as pokers, the lot of them!; *zoals wij ~* [they make mistakes] like the rest of us; *hij slikte het ~, a) (geloofde het)* he swallowed it hook, line and sinker; *b) (accepteerde het)* he put up with it all
allemachtig *(fam)* **I** *bw* jolly [decent *aardig*], precious [little], [an] almighty [crash]; **II** *tw: (wel) ~!* well I'm blowed!
alleman everybody
allemansgading (what is) fit for all
allemansvriend everybody's friend; *hij is een ~* he is

hail-fellow-well-met with everybody
allemenselijk enormous, unconscionable
allen all; *(muz)* tutti; *zie* al I
allengs gradually, by degrees
allenig *zie* alleen
aller- [the cheapest] of all; [the worst] possible, very [the very poorest], most [disgraceful], [ridiculous] in the extreme
alleraardigst charming [children]
allerbelangrijkst *(ook)* all-important
allerbest best of all; [do one's] very best; *het ~e, dat je kunt doen* the very best thing you can do; *de ~e vrienden* the best of friends; *hier is hij op zijn ~* here he is at his very best (quite at his best); *zie* best
allerchristelijkst Most Christian
allereerst I *bn* very first; II *bw* first of all, first and foremost; *schrijf die brief morgen het ~* write ... first thing tomorrow
allerergst: *in het ~e geval* if the worst comes to the worst
allergeen allergen
allergie *(med)* allergy
allergisch allergic (*voor* to); *~e ziekte* allergic disorder
allergoloog allergist
allerhande I *bn* all sorts (kinds) of; *zie ook* allerlei; II *zn* assorted biscuits
allerheerlijkst *(ook)* glorious [a glorious day]
Allerheiligen All Saints(' Day), All Hallows; *avond vóór ~* All Hallows Eve, Halloween, Hallowe'en
allerheiligst most holy; *het A~e, a)* the Holy of Holies; *b) (hostie)* the Blessed Sacrament
allerhoogst highest of all, supreme; *de A~e* the Most High; *van het ~e belang* of the first (paramount) importance
allerijl: *in ~* in great haste; *zie* ijl II
allerjongst very youngest (latest), youngest of all
Allerkinderen Holy Innocents' Day
allerkleinst very smallest, minutest, smallest of all; *de ~en, (ook)* the very young
allerlaagst very lowest; rock-bottom [price]
allerlaatst very last, last (latest) of all; *op het ~* at the very last moment; *zondag op zijn ~* Sunday at the latest; *tot het ~* to the very last, right up to the end
allerlei I *bn* all sorts (kinds) of, a variety of, all manner of [people], [people] of all sorts; *op ~ gebied* in many different fields; II *zn* 1 all sorts of things; 2 *(allegaartje)* medley; *(lit)* miscellanea, miscellany; *(v rubrieksadvertenties)* miscellaneous
allerliefst I *bn* very dearest, dearly-loved; sweetest (of all), most charming; *~e theekopjes* the dearest (little) ...; II *bw* by preference; *het ~ bleef ik hier* I should like best of all to stay here
allermeest most, most of all; *op zijn ~* at the very most
allerminst very least, least of all, not at all [a friend of mine]; *op zijn ~* at the very least; *het ~e dat ik kan doen* the very least I ...; *dat had hij ~ verwacht* it was the last thing he had expected; *wenst u dit? ~* far from it
allermodernst *zie* allernieuwst
allernaast very nearest, nearest of all, immediate [the immediate future]
allernieuwst very newest (latest), state-of-the-art [technology]; *het ~e op het stuk van ...* the latest thing (the last word) in [CD players]
allernodigst most necessary; *het ~e* what is absolutely necessary (indispensable); [we had only] the barest necessities
allerwegen everywhere
Allerzielen All Souls(' Day)
alles all, everything; *neem ~* take it all (all of it), take the lot; *~ op zijn tijd* everything in good (in its) time, all in good time; *ik wil ~ doen om dat huwelijk te voorkomen* I will do anything to stop ...; ***~ bijeen** (bij elkaar)* all in all; ***dit** (dat) ~* all this (that); ***~ en** ~* [talk of] one thing and another; [he is capable of] anything and everything; [he ate] every little bit; [it is five pounds] in all; *~ en nog wat* everything under the sun; ***is dat alles?**, a) (is het compleet?)* is that the lot?, is that all?; *b) (is het anders niet?)* is that all?; anything [I'd give anything to see her]; *dat is ~ (wat er van aan is, enz)* that is all there is to it; *dat is nog niet ~* this is not all (not the whole story); *dat is niet ~, (geen grapje)* it's no joke; *geld is niet ~* money is not everything; *[haar kinderen waren] haar ~* her all, everything to her; *[zijn zaak] is ~ voor hem* means everything to him; *hij was ~ voor iedereen* he was all things to all men; *~ **of niets*** all or nothing, all or none, [it is] do or die [*zo ook:* a do-or-die effort]; *~ **wat*** all that, whatever; *~ wat Frans is* [he hates] all things (everything) French; *~ wat je gedaan hebt* all (that) you have done [for me]; *[hij verloor] ~ wat hij had, (ook)* his all; ***boven** ~, zie ben:* voor alles; *~ **op** ~ zetten* go all out; ***van** ~* all sorts of things; [read novels, poetry,] all sorts of stuff; anything [may happen]; *de mensen zeggen van ~* people will say anything; *zowat van ~* [he has done] pretty nearly everything, [he had been] most things; *van ~ wat* something of everything; ***voor** ~* above all, [safety] first, [his policy is] first and foremost [a national policy]
allesbehalve anything but, [he looked] far from [well], [his collar was] none too [clean], not at all; ["you feel bored?'] "Anything but (that)'
allesbeheersend (pre)dominating, all-important [question]
allesbrander multi-burner
allesetend omnivorous
alleseter omnivore, omnivorous animal
alleskunner person of many abilities, all-rounder
allesomvattend *zie* alomvattend
allesreiniger all-purpose cleaner
alleszins in every respect (*of:* way), everyway, in all respects
alliage alloy

alliantie alliance
alliantiewapen *(her)* impaled arms; ~ *B-M* arms of B impaling M
allicht 1 *(waarschijnlijk)* probably, in all probability, of course; **2** *(natuurlijk)* naturally, obviously; small wonder!; *je kunt het ~ proberen* no harm in trying; *men maakt ~ een fout* it is easy to make a mistake
alliëren 1 ally; **2** *(metalen)* alloy
alligator alligator
alliteratie alliteration
allitereren alliterate
allo hullo!, hallo!, come along!, come on!
allocatie allocation
alloceren allocate, allot
allochtoon 1 *(geol)* allochthonous [rocks]; **2** *(pers)* member of ethnic minority, (im)migrant
allocutie allocution
allodiaal allodial
allodium allodium
allongepruik full-bottomed wig
alloniem allonym
allooi alloy; *mensen van slecht ~* low company; *van het slechtste (zeer verdacht) ~* of the worst sort (the most suspicious character); *vgl* gehalte
allopaat allopathist
allopathie allopathy
allopathisch allopathic (*bw:* -ally)
allotroop allotropic; *allotrope vorm* allotrope
allotropie allotropy
allotropisch *zie* allotroop
all-risk comprehensive [insurance, policy]
allure 1 *(ook: ~s)* airs; **2** style; *van grootse ~* in the grand manner; *van bescheiden ~* of modest intentions; *man van ~* striking personality
alluviaal alluvial
alluvium alluvium, alluvion
alm mountain pasture
almaar *zie* alsmaar
almacht omnipotence
almachtig I *bn* almighty, omnipotent, all-powerful; *Almachtig God* God Almighty; *de Almachtige* the Omnipotent (Almighty, All-Powerful); **II** *bw zie* allemachtig
alma mater alma mater
almanak almanac; *(jaarboekje)* annual
almogend *zie* almachtig
aloë aloe; *(med)* aloes
alom everywhere, on all sides; *het is ~ bekend* it is common knowledge
alomtegenwoordig omnipresent, ubiquitous
alomtegenwoordigheid omnipresence, ubiquity
alomvattend all-embracing; comprehensive [exhibition], blanket [agreement]; *vgl* algemeen
aloud ancient; time-honoured [usage, etc]
alp alp *(berg & weide)*
alpaca 1 *(dier, wol)* alpaca; **2** *(imitatiezilver)* German silver, nickel silver
Alpen: *de ~* the Alps; *(in sam vaak)* Alpine
alpenbeklimmer alpinist
alpengloeien alpenglow
alpenhoorn alpenhorn
alpenhut chalet, alpine hut
alpenjager alpine hunter; *(mil)* Alpine rifleman
alpenkraai chough
alpenstok alpenstock
alpenviooltje cyclamen, sowbread
alpien, Alpijns, alpine, alpinisch alpine [race, skiing]
alpinisme alpinism
alpinist alpinist, mountaineer
alpino, alpinomuts, alpinopetje (Basque) beret
alras (very) soon
alreeds already
alruin *(plant)* mandrake, mandragora
als 1 *(zoals, gelijk)* as, like [act as I do (like me); fight like a lion; they rose as one man]; [sensitive] as [he is]; ~ *volgt* as follows; **2** *(in de hoedanigheid van)* as [a father]; (*soms onvertaald:* she died a widow (a rich woman); he went a boy, and returned a man); ~ *vrienden scheiden* part friends; *en ~ een zorgzaam huismoedertje, ..., (ook)* and careful housewife that she was, ...; ~ *wat?* in what capacity?; ~ *adviseur* in an advisory capacity; **3** *(bij wijze van)* as, by way of [an excuse]; **4** *(voor opsomming)* (such) as; **5** *(tijd)* when; ~ *wanneer* when, at which time; *[ze sprak weinig,] maar als ze sprak* but when she did speak; **6** *(indien)* if; ~ *die er zijn* if any; ~ *jij er niet geweest was* but for you; ~ *hij nu eens kwam?* what if (suppose) he came?; ~ *we eens wat gingen biljarten?* what about a game of billiards?; *als hij het deed, dan voor de lol* if he did do it, it must have been a joke; *zie ook* maar; **7** *(alsof)* as if; ~ *het ware* as it were; **8** *(na comparatief)* than; **9** *bw (fam) zie* alsmaar
alsdan then, in that case
alsem wormwood *(ook fig)*, absinth; *de pen in ~ dopen* dip one's pen in gall
alsjeblieft *zie* alstublieft
alsmaar ever [farther, faster, more work], forever [complaining], constantly [coughing], [crying] all the time, always [pestering me]
alsmede and also, as also, as well as, and ... as well
alsnog still, after all, yet, even now
alsnu now
alsof as if, as though; ~ *hij wou zeggen* as much as to say, as if to say; *hij stond op ~ hij weg wou gaan* he rose as if (as though) to go; *het is ~ ik haar nog zie* I seem to see her still; *het lijkt (ziet er uit) ~ het zal regenen, enz* it looks like rain (snow, etc); ~ *ik haar had kunnen vermoorden* [I felt] like murdering her; *zie ook* doen
alsook as well as
alstublieft (yes,) please, thank you [Shall I go now? - (Yes,) please; Shall I accompany you? - Thank you!; Would you like another cup? - Thank you; Yes, please]; [this way] (if you) please; *(bij aanreiken: niet vertalen, of:)* here's the book, etc, *(fam)* here you are; *(in winkel, enz, ook)* thank you!; *wilt u als-*

tublieft (wil je alsjeblieft) binnengaan? please walk in; *alsjeblieft!, (verrassing)* goodness me!; *[Heb je genoten?] Alsjeblieft!* [Did you enjoy yourself?] Not half!, Didn't I!, Rather!, I should say!
alt 1 *(vrouw)* contralto, *(soms)* alto (*mv:* altos); **2** *(man & instrument)* alto (*mv:* altos)
altaar altar; *naar het ~ leiden* lead to the altar
altaardienaar acolyte, altar boy, server
altaardoek *(r-k)* altar cloth
altaarhek altar (*of:* communion) rail(s)
altaarscherm reredos
altaarschilderij, altaarstuk altarpiece
Altaïsch Altaic
altblokfluit treble recorder
altegader, altemaal, altemet *zie* allemaal, temet
alter ego alter ego
altereren alter, change (for the worse)
alterna(n)tie alternation
alternatief I *bn* alternative [energy, lifestyle, medicine, theatre]; *alternatieve cultuur (geneeskunde, straf)* counter-culture (complementary medicine, non-custodial sentence, *(dienstverlening)* community service order); **II** *zn* alternative
alternatieveling counter-cultur(al)ist
alterneren alternate
altezamen altogether
altfluit alto flute
althans at least, anyway, anyhow
althobo cor anglais, English horn
althoorn althorn
altijd always; invariably; *~ door, zie* aldoor; *ik heb het ~ wel gedacht* I thought so all along; *ik kan ~ nog weigeren* I can always refuse; *ik kan ~ nog wel zo hard lopen als jij* I can walk as fast as you any day; *zie ook* nog; *~ als [er niets geks gebeurt]* provided always that ..., that is to say if ..., assuming (that) ...; *voor ~* for ever, for all time, in perpetuity; *zie ook* eeuwig
altijddurend everlasting; *~e aanbidding* perpetual adoration
altijdgroen evergreen *(ook: ~e boom of heester)*
altimeter altimeter
altist(e) 1 viola player, *(Am)* violist; **2** contralto
altoos *zie* altijd
altruïsme altruism
altruïst(e) altruist
altruïstisch altruistic (*bw:* -ally)
altsaxofoon alto saxophone
altsleutel alto clef, viola clef
altstem contralto (voice)
alttrombone alto trombone
altviool viola, tenor violin
altzanger alto
altzangeres contralto
aluin alum
aluinaarde alumina
aluinachtig, aluinhoudend aluminous
aluminiseren aluminize
aluminium aluminium; *(Am)* aluminum
aluminiumfolie aluminium (*Am:* aluminum) foil
aluminiumoxide aluminium (*Am:* aluminum) oxide, alumina
alumnus alumnus
Alvader All-father
alvast meanwhile; *je zou ~ kunnen beginnen* you may (might) as well begin; *neem ~ een koekje* take a biscuit to be going on with
alveolair *(med & tlk)* alveolar
alveolus alveolus
alver bleak
alvermogen(d) *zie* almacht(ig)
alvleesklier pancreas
alvleessap pancreatic juice
alvorens before [going], preparatory [to going], previous [to writing]
alwaar 1 where; **2** *(overal waar)* wherever
alweer again, once more; *~ een illusie verdwenen* one more (another, yet another) illusion gone; *vgl* al: ~ weer
alwetend omniscient, all-knowing; *de Alwetende* the Omniscient
alwetendheid omniscience
alwijs all-wise; *de Alwijze* the All-wise
alwijsheid supreme wisdom
Alzheimer: *(de ziekte van) ~* Alzheimer('s disease)
alziend all-seeing; *de Alziende* the All-seeing
alzijdig universal [genius, knowledge]; versatile [mind]; all-round [knowledge, education]
alzijdigheid universality, versatility
alzo *(aldus)* thus, in this way (*of:* manner)
amalgaam amalgam *(ook fig)*
amalgameren amalgamate
amandel 1 almond; *zie ook* gebrand; **2** *(in keel)* tonsil; *iems ~en wegnemen* remove a p.'s tonsils; *zich de ~en laten knippen* have one's tonsils out
amandelbloesem almond blossom
amandelboom almond tree
amandelbroodje almond pastry
amandelolie almond oil
amandelontsteking tonsillitis
amandelpas, amandelpers, amandelspijs almond paste
amandelstaaf almond-filled pastry roll
amanuensis laboratory assistant
amarant amaranth
amaril emery [paper]
amaryllis *(pl)* amaryllis: **1** belladonna lily; **2** hippeastrum
amateur amateur (*ook attr:* amateur cricketer, photographer, theatre, etc)
amateurisme amateurism
amateuristisch amateurish
amazone horsewoman
Amazone Amazon *(alle bet); van de ~(n)* Amazonian
amazonenkleed riding habit
***amazonenzit** *(Wdl: amazonezit): in de ~* [ride] side-

saddle
ambacht trade, (handi)craft; *smid van zijn ~* a smith by trade; *op een ~ doen* apprentice to a trade; *op een ~ gaan* learn a trade; *twaalf ~en, dertien ongelukken* [he is a] jack-of-all-trades and master of none
ambachtelijk traditional [methods]; craft [bookbinding]; *~ bier* real ale; *~ gemaakt, (ook)* crafted
ambachtsgilde craft guild
ambachtsheer lord of the (a) manor
ambachtsheerlijkheid manor
ambachtsman *(mv: ambachtslieden, -lui)* artisan
ambachtsschool technical school
ambachtsvrouwe lady of the manor
ambassade embassy
ambassaderaad counsellor (of an embassy)
ambassadeur ambassador
ambassadeurs- ambassadorial [residence]
ambassadrice *(beide bet)* ambassadress
amber 1 *(grijze ~)* ambergris; **2** *gele ~* amber; **3** *(hars)* styrax
amberboom liquidambar, sweet (*of:* red) gum
ambiance ambience, ambiance, atmosphere; environment, surroundings
ambiëren aspire to (after); *hij ambieert die betrekking niet* he does not want to have ...
ambigu ambiguous
ambiguïteit ambiguity
ambitie 1 *(eerzucht)* ambition; **2** *(ijver, lust)* diligence, assiduity, interest [in one's work, etc]; **3** *zie* animo
ambitieus 1 ambitious [politicians, plans]; **2** diligent, studious, showing great interest [in one's work, etc]
ambivalent ambivalent
ambivalentie ambivalence
amboinahout amboyna (wood)
Ambon Amboina
Ambonees *bn & zn* Amboinese *(ev & mv)*
ambras to-do
ambrosia ambrosia
Ambrosius Ambrose
ambrozijn ambrosia
ambt office, place, post, function; *openbaar ~, (Belg)* civil service
ambtelijk 1 professional [duties, etc]; **2** official; *~e stijl* officialese
ambteloos out of office, retired; *~ burger* private citizen
ambtenaar official, officer, civil (*of:* public) servant, functionary; *(aan loket, enz)* clerk; *~ zijn* be in the civil service; *~ van het Openbaar Ministerie* counsel for the prosecution (for the Crown); *~ van de burgerlijke stand* registrar (of births, marriages and deaths), registration officer; *~tje* jack-in-office
ambtenarenapparaat civil service
ambtenarendom officialdom
ambtenarengerecht (Dutch) civil service court
ambtenarenkorps civil service
ambtenarentaal officialese, gobbledygook
ambtenares (woman) official
ambtenarij 1 officialdom; **2** *(min)* bureaucracy
ambtgenoot colleague; opposite number
ambtsaanvaarding accession to office, taking office, taking up one's duties, installation
ambtsbediening *zie* ambtsbekleding; *(ve predikant)* ministry, pastorate
ambtsbekleder office-bearer
ambtsbekleding discharge of one's duties (office); *gedurende zijn ~* during his tenure of office
ambtsbezigheden *(ve ambtenaar)* official duties; *(ve advocaat, enz)* professional duties
ambtsbroeder colleague
ambtsdraagster, ambtsdrager Minister (of the Church)
ambtsedig: *~ protocol* sworn official statement
ambtseed oath of office; *de ~ afleggen* be sworn in
ambtsgebied district, department; *(jur)* jurisdiction
ambtsgeheim *(ve ambtenaar)* **1** official secret; **2** official secrecy
ambtsgewaad robes of office, (official) robes
ambtshalve officially, by (*of:* in) virtue of one's office, ex officio; *~ lid zijn van, (ook)* be an ex-officio member of; *~ aangeslagen worden* be assessed on an estimated income; *aanslag ~* estimated assessment
ambtsijver professional zeal
ambtsketen chain of office
ambtskledij, ambtskostuum robes of office, (official) robes
ambtsmisdrijf, ambtsovertreding misfeasance
ambtspenning badge
ambtsperiode term (tenure) of office
ambtsplicht 1 official duty; **2** professional duty; *vgl* ambtsbezigheden
ambtsteken badge, symbol (*mv:* insignia) of office
ambtstermijn term (tenure) of office
ambtsvervulling *zie* ambtsbekleding
ambtsvoorganger predecessor (in office)
ambtswege: *van ~, zie* ambtshalve
ambtswoning official residence
ambtszegel official seal
ambulance ambulance
ambulancier ambulanceman
ambulant ambulant, ambulatory; *~ patiënt* out-patient
ambulatorium 1 out-patients' department; **2** *(bk)* ambulatory
amechtig breathless, out of breath, puffed, panting for breath
amen amen; *~ zeggen op* say amen (say ditto) to
amende honorable amende honorable; *~ doen, (ook)* make honourable amends
amendement amendment [*op* on, to]
amenderen amend
amenorroe amenorrhoea (*Am:* -rhea)
américain *zie* filet américain

amerijtje moment; *in een ~* in a moment, in a trice, in two shakes
Amerika America
Amerikaan, Amerikaans American
Amerikaans American
Amerikaanse American (woman); *ze is een ~* she is (an) American
amerikaniseren Americanize
amerikanisme Americanism
amerikanistiek American Studies
A-merk top brand
amethist amethyst
ametrie 1 dissymmetry; **2** *(med)* ametria
ametropie ametropia
ameublement furniture; *een ~* a suite (a set) of furniture, a [bedroom] suite
amfetamine amphetamine
amfibie amphibian
amfibietank amphibian tank
amfibievoertuig amphibian
amfibisch amphibious, amphibian
amfitheater amphitheatre
amfitheatersgewijs amphitheatrical; *~ oplopend* tiered [seats], terraced [rice fields]
amfoor, amfora amphora
amicaal amicable, friendly; *~ omgaan met* be on friendly (*of:* familiar) terms with; *wees niet te ~ met hem* don't be too familiar with him
amicaliteit amicability
amice (my) dear friend; dear *(met naam)*
amict amice
amide amide
amine amine
aminozuur amino acid
ammehoela rubbish!, bosh!
ammenooitniet never ever!, not on your life!
ammonia(k) ammonia; *vloeibare ~* liquid ammonia
ammoniakzout sal ammoniac
ammoniet ammonite
ammonshoorn ammonite
ammunitie ammunition; *zie verder* munitie
amnesie amnesia
amnestie amnesty; *algemene ~* general pardon; *~ verlenen* (grant an) amnesty, extend an amnesty to
amoebe amoeba (*mv:* amoebae, -bas)
amoebedysenterie amoebic dysentery
amok amok, amuck; *~ maken* run amok
amokmaker homicidal maniac; *(fig)* troublemaker, brawler
Amor Cupid
amoreel amoral
amorf amorphous
amortisatie amortization, redemption
amortisatiefonds sinking fund
amortiseren amortize, sink, redeem
amourette love affair, amour(ette)
amoureus amorous [adventures]
amoveren demolish [a building]
ampel I *bn* ample; **II** *bw* amply
amper scarcely, hardly, barely [three weeks]; *~ aan (fam)* only just
amperage amperage
ampère ampere
ampèremeter ammeter
ampère-uur ampere-hour
ampliatie exemplification
amplificeren amplify
amplitude, amplitudo amplitude
ampul ampulla; *(med)* ampoule
ampulla *(r-k)* cruet
amputatie amputation
amputeren amputate
Amsterdam Amsterdam
Amsterdammer I *bn* Amsterdam; **II** *zn* **1** inhabitant (*of:* native) of Amsterdam; **2** *(a~tje)* (pavement) bollard
Amsterdamse: *ze is ~* she is from Amsterdam
amulet 1 amulet, charm; **2** talisman, mascot
amusant amusing, entertaining; *verbazend ~* [he, it is] great fun
amusement amusement, entertainment, pastime
amusementsbedrijf: *het ~* the entertainment industry; light entertainment; show business
amusementshal amusement arcade
amusementsmuziek light music
amuseren amuse, entertain; *zich ~* enjoy o.s.; *zich dol ~* have no end of a time (the time of one's life, a high old time); *hij amuseerde zich met een prentenboek* he kept himself amused with ...; *amuseer je!* have a good time!
amusie unmusicality
amuzikaal unmusical
amuzisch artistically insensitive, inartistic
anaal anal; *anale opening* anus; *(ve vis, enz)* vent
anabaptisme anabaptism
anabolisch, anabool anabolic [steroids]
anachoreet anchorite, hermit
anachronisme anachronism
anadroom anadromous
anaëroob anaerobic
anafoor, anafora anaphora
anaforisch anaphoric
anafylactisch anaphylactic
anafylaxie anaphylaxis
anagram anagram
anakoloet anacoluthon
analecta analects, analecta
analfabeet illiterate (person)
analfabetisme illiteracy
analgesie analgesic
analgeticum analgesic
analist(e) analyst; *(chem ook)* analytical chemist
analogie analogy; *naar ~ van* on the analogy of
analogisch analogic(al)
analoog analogous [*met* to]; *~ geval* analogue, *(Am)* analog; *analoge rekenmachine* analog(ue) computer

analysator analyser
analyse analysis (*mv:* analyses)
analyseren analyse
analyticus analyst
analytisch analytic(al) (*bw:* -cally)
anamnese anamnesis
anamorfose anamorphosis
ananas pineapple
ananaskers Cape gooseberry
anapest anapaest
anarchie anarchy
anarchisme anarchism
anarchist anarchist
anarchistisch anarchist; *(bandeloos)* anarchic(al)
anastigmatisch anastigmatic; *~e lens* anastigmat
anathema anathema
Anatoliër, Anatolisch Anatolian
anatomie anatomy
anatomisch anatomical
anatomiseren anatomize, dissect
anatoom anatomist
ancien trained soldier; senior student; person of experience
anciënniteit seniority; *naar ~* by seniority
Andalusiër, Andalusisch Andalusian
Andamanen Andaman Islands
ander 1 *(bijvoeglijk)* other; *een ~(e)* another; *een ~e bloes (inktpatroon, enz), (ook)* a fresh blouse (ink cartridge, etc); *~e kleren aandoen* change one's clothes; *aan een ~e tafel gaan zitten* change one's table [in a restaurant]; *hij is een heel ~e man dan jij* he is a very different man from you; *hij is een ~ mens* he is a new (a different) man; *de andere sekse* the opposite sex; *de ~e zes, de zes ~en* the other six, the six others; *de ~e dag* the next day; *een ~e dag* another (some other) day; ***om** de ~e dag, enz* every other (*of:* second) day, etc, on alternate days; *zie ook* [1]zijde; **2** *(zelfstandig) [ja, zei] de ~* the other; *een ~, (pers)* another (person); *een ~(e), (zaak)* another (one); *~e, (zaken)* other ones, others; *~en, (pers)* others, other people; *als geen ~* better (more) than anyone else; *net als de ~en, (ook)* like the rest of them; ***bij** een ~ bestellen* order elsewhere; *wij waakten **om** de ~e* we ... in turns, alternately, took it in turns to ...; ***onder** ~e(n), (pers)* among others; *(zaken)* among other things, inter alia; ***ten** ~e* on the other hand
anderdaags: *~e koorts* tertian fever
anderdeels on the other hand
anderendaags (the) next day
anderhalf one and a half; *anderhalve fles* a bottle and a half, one and a half bottles; *~ jaar* eighteen months; *~ maal* one and a half times; *~ maal zoveel* half as much (*of:* many) again; *voor overwerk wordt ~ maal het loon uitbetaald* overtime payment is time and a half
andermaal (once) again, once more, a second time; *zie ook* eenmaal
andermans another man's, other people's
anders I *bw* **1** *wie (wat, iem, niemand, iets, niets, ergens, nergens) ~* who (what, someone, no one, something, nothing, somewhere, nowhere) else; *niemand (niets) ~ dan* nobody (nothing) but, nobody (nothing) else but (*of:* else than); *niemand ~ dan, (ook)* none other than; *het is niet ~ dan billijk* it is only fair; *de taal van de psychologie is niet ~ dan* the ... is no different from; *~ niet(s)?* nothing else? is that all?; *als het ~ niet is* if that is all; *dat is (heel) wat ~* that is (quite) another thing (*of:* story), a different thing (altogether); *wat kon ik ~ doen?* what else could I do?; *ik heb wel wat ~ te doen* I have other (have more important) things to do (*fam:* other fish to fry); *van wie zou het ~ zijn?* who else could it belong to?, who else's could it be?; *er zit niets ~ op, dan te gaan* there is nothing for it but to go; *ik moet ergens ~ zijn* I have another appointment; **2** *(zo niet)* else, otherwise; *je ..., ~ zal ik* you ..., otherwise (or else) I shall ...; *hoe verklaar je ~ dat ...?* how otherwise do you explain that ...?; *[heb je geld genoeg bij je?] anders ...* if not (if you haven't) ...; **3** *(op andere wijze)* differently, otherwise; *de meubels ~ zetten* rearrange the furniture; *het is ~ gegaan dan ik me had voorgesteld* it's turned out differently from what I'd intended (expected); *ik denk er ~ over* I see things differently, I am of a different way of thinking; *er ~ over denken dan* see things differently from; *hij stemt niet ~ dan liberaal* he will not vote any way but ...; *de arts, ~ dan de geestelijke, heeft er geen behoefte aan* the physician, unlike the clergyman, ...; *ik kan niet ~* I can do nothing else, I cannot do otherwise, I have no choice; *ik kan niet ~ dan ...* I cannot but ...; *het kan je niet ~ dan goed doen* it can but (can only) do you good; *kwekken, ~ kan je niets* gab-gab-gab, that's all you can do; *~ genaamd ...* otherwise called ...; *~ gezegd* put another way, stated differently, in other words; **4** *(op andere tijd, in ander opzicht) net als ~* just as usual; *hij komt niet zo vaak als ~* he ... as he used to, as before; *hij is ~ niet gierig* he is not normally stingy; *~ zie je hier altijd een agent* at any other time ...; **5** *(overigens, evenwel)* however, for the matter; *het is ~ geen gek idee* it's not a bad idea, though; **II** *bn* [in those days it was] different, other [I don't wish him other than he is], [it might be] otherwise; *~ dan zijn vriend* unlike his friend; *de uitwerking kan niet ~ dan demoraliserend zijn* the effect cannot be other than ...; *het is (nu eenmaal) niet ~* there is no help for it, it cannot be altered; *maar het is nu eenmaal niet ~, (ook)* [it's a silly thing to happen,] but there it is; *het is ~ (de zaak staat ~) met ...* it is otherwise with ...
andersdenkende non-Protestant, non-Catholic, etc; *~n* people (those) of different beliefs (of a different persuasion)
andersgezind dissident, dissenting
andersom the other way round (*of:* about); *het is juist ~, (ook)* it is just the reverse
andersoortig of a different kind

anderstalig speaking (written in) a foreign language, non-Dutch (etc) speaking (*~e ...* speaker, non-native speaker)
anderszins otherwise; *zowel door aanhuwelijking als ~* both through marriage and otherwise
anderzijds on the other hand
Andes: *de ~* the Andes, the Cordilleras
Andijn(s), Andisch Andean
andijvie endive
andoorn stachys, woundwort
andragogie(k) adult education
andragologie science (study) of adult education
andreaskruis, andrieskruis St Andrew's cross
androgeen androgenic
androgyn I *bn* androgynous; **II** *zn* hermaphrodite
anekdote anecdote; *~n over bekend persoon, (ook)* ana
anekdotisch anecdotal
anemie anaemia; *pernicieuze ~* pernicious anaemia
anemisch anaemic
anemograaf anemograph
anemometer anemometer
anemoon anemone
anencefalie anencephaly
aneroïde aneroid [barometer]
anesthesie anaesthesia
anesthesiologie an(a)esthesiology
anesthesist(e) anaesthetist
angel *(ve bij)* sting; *(ve pijl)* barb *(beide ook fig:* there was a barb in his words); *(vis~)* (fish-)hook; *iem aan de ~ krijgen* hook a p.
Angelen Angles; *van de ~* Anglian
Angelsaks(er) Anglo-Saxon
Angelsaksisch 1 Anglo-Saxon; **2** anglophone; **3** English(-language)
angelus angelus
angelusklokje angelus (bell)
angina *(in keel)* tonsillitis, quinsy; *(in borst)* angina (pectoris)
angiografie angiography
angiologie angiology
angioom angioma
anglicaan(s) Anglican; *de anglicaanse kerk* the Church of England
anglicisme Anglicism
anglist Anglicist, Anglist, English scholar (specialist)
anglistiek Anglistics, English studies
anglofiel Anglophile
anglofoob Anglophobe
anglofoon anglophone
anglomaan Anglomaniac
anglomanie Anglomania
Angolees Angolan
angora 1 *(stof)* angora; **2** angora (cat, goat, rabbit, wool)
angst terror, fright; *(ziels-)* anguish, agony; *(psych)* angst; *ze zat voortdurend in ~* she was in a perpetual panic; *uit ~ voor* for fear of [the consequences]; from (out of) fear of [the police]
angstaanjagend alarming, terrifying
angstdroom terrifying dream, night terrors
angstgegner *(sp)* bogey opponent
angsthaas scaredy-cat, coward
angstig afraid *(alleen pred)*, frightened; *(sterker)* terrified; *(angst veroorzakend, door angst gekenmerkt, gauw bang)* anxious [moments]
angstkreet cry of distress
angstneurose anxiety neurosis
angstpsychose anxiety psychosis; (state of) irrational fear
angstvallig 1 *(nauwgezet)* scrupulous, conscientious, meticulous, painstaking [avoid a p. painstakingly]; **2** *(beschroomd)* timid, timorous
angstvalligheid scrupulousness; timidity
angstwekkend alarming, terrifying
angstzweet cold sweat
anhydride anhydride
anijs anise; *(attr meest)* aniseed
anijszaad aniseed
aniline aniline
animaal animal
animatie 1 animation *(ook film)* **2** act, entertainment(s)
animatiefilm (animated) cartoon
animator, animatrice 1 driving force, live wire; **2** *(film)* animator
animeermeisje hostess; *(vglb)* bunny girl
animeren encourage, stimulate, urge (on); *geanimeerd* animated [scene, discussion], spirited [discussion]; *geanimeerde stemming, (vrolijkheid)* high spirits; *(v markt)* brisk demand
animisme animism
animist animist
animistisch animist(ic)
animo gusto, zest, energy, go; *met ~* with enthusiasm (gusto, animation)
animositeit animosity
anion anion
anisette anisette
anjelier, anjer pink; carnation
anker 1 *(ve schip)* anchor; *het ~ laten vallen (werpen)* drop (cast) anchor; *het ~ lichten* weigh anchor; *ten (voor) ~ liggen (rijden)* be (lie, ride) at anchor; *van zijn ~s slaan* break adrift; **2** *(ve horloge)* lever; **3** *(ve muur)* brace, cramp(-iron), wall-tie; **4** *(ve magneet)* armature, keeper; **5** *(maat)* anker *(in Eng hist:* 8 1/3 gallons)
ankerblad fluke
ankerechappement lever escapement
ankeren 1 (cast) anchor, make anchorage; *verboden te ~* no anchorage; **2** be anchored; *vgl* anker 1
ankergeld anchorage (dues)
ankergrond holding ground, anchorage
ankerkabel (mooring) cable
ankerkader *(bilj)* baulk line
ankerketting anchor chain, chain cable

ankerkluis hawse
ankerlantaarn, ankerlicht riding light, anchor light
ankerman anchorman
ankerplaats anchorage (ground)
ankerstok anchor stock
ankertros (mooring) cable
ankervrouw anchorwoman
ankerwikkeling *(elektr)* armature winding
annalen annals; *in de ~ der misdaad* in the records of crime
annalist annalist
annaten annates
annex I *bn & bw* adjoining; *met pakhuis ~* with adjoining warehouse; *[een vliegveld] met ~e gebouwen* with associated buildings; *hij is ermee ~* he is involved in (connected with) it; **II** *vw: een verkeersweg ~ rijwielpad* a highway with ... (added, adjoining); **III** *zn* annex(e), annexed clause, document, etc
annexatie annexation
annexeren annex; *zie ook* naasten
annihilatie 1 annihilation; **2** annulment
anno anno; in the year; *zie* A.D.
annonce advertisement; *(v overlijden, enz)* announcement
annonceren announce, advertise
annotatie annotation, note
annoteren annotate
annuïteit annuity
annuleren cancel, annul
annulering cancellation [insurance], annulment
Annunciatie Annunciation (Day), Lady Day
anode anode
anodebatterij high tension (ht) battery, plate battery, anode battery
anodiseren anodize
anomaal anomalous
anomalie anomaly
anomie 1 lawlessness; **2** *(sociologie)* anomie, anomy
anoniem anonymous
anonimiteit anonymity
anonymus anonymous writer, nameless person, anonym
anorak anorak
anorectisch anorectic, anorexic
anorexia, anorexie anorexia (nervosa)
anorexiet anorectic, anorexic
anorganisch inorganic [chemistry]
anoxemie anox(a)emia
anoxie anoxia
Anselmus Anselm
ansicht(kaart) picture postcard
ansjovis anchovy
antagonisme antagonism
Antarctica Antarctica
antarctis Antarctic (Zone)
Antarctisch Antarctic
antecedent 1 *(gramm)* antecedent; **2** *(vroeger geval)* precedent; **3** *~en* [a p.'s] record, background and experience
antecedentenonderzoek check-up of [a p.'s criminal, etc] record
antedateren antedate, date back
antediluviaal, antediluviaans antediluvian
antenne 1 *(biol)* antenna (*mv:* antennae); **2** aerial, antenna; *(radar)* scanner; *centrale ~, centraal ~systeem* community aerial (antenna)
anterieur anterior
anthologie anthology
anti anti(-) [anti-American, anti-German, anticlimax, etc]
anti-abortus anti-abortion, pro-life
anti-autoritair anti-authoritarian
antibioticum, antibiotisch antibiotic
antiblokkeersysteem ABS (brake), anti-lock braking (*of:* brake) system
antichambre antechamber
antichambreren be kept waiting, *(fam)* cool one's heels
antichrist Antichrist
anticipatie anticipation
anticipatief anticipatory
anticiperen anticipate; *(jur)* assign an earlier date to [proceedings]
anticlimax anticlimax
anticlinaal *(geol)* anticline
anticonceptie contraception
anticonceptief contraceptive
anticonceptiemiddel contraceptive
anticonceptiepil contraceptive pill
anticonceptioneel contraceptive
anti-constitutioneel anti-, unconstitutional
anticyclisch anticyclic(al)
antidateren antedate, date back
antideeltje antiparticle
antidepressivum antidepressant
antidotaal antidotal
antidotum antidote
antiek antique; *(scherts, ook)* ancient [a very ancient hat]; *(goederen)* antiques; *de A~en* the ancients, the classics; *de ~e beschaving* classical culture; *de ~e geschiedenis* ancient history
antiekbeurs sale of antiques, Antique(s) Fair
antiekwinkel antique shop
anti-fascistisch anti-fascist
antifoon(boek) antiphon(ary)
antifrase, antifrasis antiphrasis
antigeen antigen
antiheld anti-hero
antihistaminicum antihistamine, -minic
anti-klerikaal anticlerical
antiklopmiddel antiknock
antikritiek anti-critique, counter-criticism, retort
antilichaam antibody
Antillen Antilles; *Grote (Kleine) ~* Greater (Lesser) Antilles
Antilliaan(s) Antillean

antilope antelope
antimakassar antimacassar
antimaterie antimatter
anti-militarist(isch) anti-militarist
antimonium, antimoon antimony
antinomiaans antinomian
antinomie antinomy
antinomisme antinomism
Antiochië Antioch
antioxidant antioxidant
anti-papisme antipapism
anti-papistisch antipapistical
antipassaat antitrade (wind)
antipathie antipathy [*tegen* to], dislike [*tegen* of, to]
antipathiek antipathetic(al) (*bw:* -cally)
antiperistaltisch antiperistaltic
antipode antipode
antipodist juggler performing with his feet
antipropaganda 1 counter-propaganda; **2** negative propaganda [for soccer]
antipsychiatrie antipsychiatry
antipyrine antipyrin
antiqua *(typ)* roman (type)
antiquaar antiquarian bookseller
antiquair antique dealer
antiquariaat antiquarian (second-hand) bookshop (book trade)
antiquarisch 1 antiquarian [book trade]; **2** second-hand
antiquiteit 1 *(abstr)* antiquity; **2** *(voorwerp)* antique; *~en, a) (voorwerp)* antiquities, antiques; *b) (zeden, enz)* antiquities
antiquiteitenhandelaar antique dealer
antiquiteitenwinkel antique shop
antiraketraket antimissile (missile)
antireclame negative publicity
anti-revolutionair I *bn* **1** anti-revolutionary; **2** *(pol)* Calvinist(ic); **II** *zn* **1** anti-revolutionary; **2** *(pol)* Calvinist
anti-semiet anti-Semite
anti-semitisch anti-Semitic
anti-semitisme anti-Semitism
antiseptisch antiseptic (*bw* -ally)
antislip non-skid, anti-skid [brake]
antislipcursus skid course
anti-sociaal antisocial
antistatisch antistatic
antistof antibody
antithese antithesis (*mv:* -theses)
antitoxine antitoxin
antitype antitype
antiviraal antivirus
antivirusprogramma *(comp)* vaccine (programme), virus scan
antivries antifreeze
antoniem antonym
antoniuskruis St Anthony('s) cross, tau cross
antraceen anthracene
antraciet anthracite
antrax anthrax
antropobiologie human biology, anthropobiology
antropocentrisch anthropocentric
antropofaag cannibal, anthropophagist
antropofobie anthropophobia
antropogenese anthropogenesis, anthropogeny
antropoïde anthropoid
antropologie anthropology
antropoloog anthropologist
antropometrie anthropometry
antropomorfisme anthropomorphism
antroponymie anthroponymy
antroposofie anthroposophy
antroposofisch anthroposophic
Antwerpen Antwerp
Antwerpenaar inhabitant (*of:* native) of Antwerp
Antwerps Antwerp
antwoord answer [*op* to], reply [*op* to]; *(gevat)* repartee; *(scherp)* retort; *(in kerk, beurtzang)* response; *(~ op een ~)* rejoinder; *dat is geen ~ op mijn vraag* that does not answer ...; *~ geven* (give an) answer; *geen ~ geven* make (give) no answer; *daar kon hij geen ~ op geven, (ook)* he had no answer to that; *hij weet overal een ~ op* he has an answer to everything; *ik kreeg geen ~ op mijn brief* I had no answer to ...; *als enig ~ kreeg ik ...* the only answer (all the answer I had) was ...; *~ verzocht* an answer will oblige; ***in ~ op*** in answer (reply) to; ***op ~ wachten*** wait (for an) answer; *je ..., gaf hij ten ~* you ..., he answered (made answer); *ze kreeg ten ~ dat ...* she was told in answer that ...; ***uit uw ~*** from your answer [I gather]; *zie ook* adres, betalen, enz
antwoordapparaat (telephone) answering machine, answerphone
antwoordcoupon reply coupon
antwoorden answer, reply, rejoin, return; *(scherp)* retort; *(kerk)* respond; *(op toast)* reply, respond; *~ op* reply to, answer [a letter]; answer to [the name of Boy]; *daar viel niets op te ~* it was unanswerable; *zie ook* antwoord: ~ geven
antwoordenveloppe (business) reply envelope
antwoordkaart (business) reply card
antwoordnummer *(vglb)* freepost *(zonder nummer)*
anus anus; *(v lagere dieren: vis, enz, ook)* vent
ANWB Royal Dutch Touring Club; *(vglb)* Dutch AA
aorta aorta
AOW *(pensioen)* retirement pension
AOW'er OAP (old-age pensioner)
AP afk van *Amsterdams Peil, zie* peil
apache *(bandiet)* apache
Apache *(indiaan)* Apache
apaiseren appease [a p.]; compose [a dispute]
apanage apanage
apart I *bn* separate, apart; distinctive [clothes, flavour], exclusive [dresses]; [he is a bit] eccentric, odd; *een ~ ras* a race apart; *iets ~s* [his tact was] quite exceptional; *~e kanalen, (fig)* exclusive

sources [of information]; II *bw* separately, apart, [in a class] by itself; *iem ~ nemen* take a p. aside; *~ zetten* set apart; *zie ook* afzonderlijk
apartheid apartheid, (racial) segregation
apartje aside; *een ~ met iemand hebben* have a tête-à-tête with a p.
apathie apathy
apathisch apathetic (*bw:* -ally)
apatride displaced (*of:* stateless) person, DP
apatridie statelessness
apegapen: *op ~ liggen* be at one's last gasp
apekool rubbish, bosh, baloney
apelazarus I *bn* dead drunk; II *zn: zich het ~ schrikken (werken, zoeken)* jump out of one's skin (work o.s. to death, look (search) till one is blue in the face)
***apenbroodboom** *(Wdl: apebroodboom)* baobab, monkey bread tree
ap- en dependenties appurtenances
apenkooi monkey house
apenkop *(fam)* monkey
apenkuur monkey trick; *geen apenkuren!* no monkeying!
apenliefde unwise parental affection
Apennijnen Apennines
Apennijns Apennine
***apennootje** *(Wdl: apenootje)* peanut, monkey-nut
apenpak rig-out, monkey suit
apenrotssyndroom social problem of overcrowding
apenstaart 1 monkey tail; **2** *(teken @)* at-sign, a-scroll
apenstreek *zie* apenkuur
apentronie monkey face
apenverdriet *(boom)* monkey-puzzle
apepsie dyspepsia
aperçu aperçu
aperij 1 tomfoolery; **2** *zie* na-aperij
aperitief appetizer, aperitif
apert patent, manifest
apertuur 1 aperture; **2** opening of a will
apetrots inordinately proud
apezat stoned
apezuur: *zich het ~ werken* work like hell
apicultuur apiculture
apin she-monkey, she-ape; *vgl* aap
APK afk van *algemene periodieke keuring, zie* autokeuring
aplanatisch aplanatic
aplomb aplomb, self-possession, assurance
Apocalyps Apocalypse
apocalyptisch apocalyptic(al)
apocope apocope
apocoperen apocopate
apocrief apocryphal; *~e boeken* apocrypha
apocrien apocrine
apodictisch 1 categorical, dogmatic [statement]; **2** *(fil & logica)* apod(e)ictic
apogeum apogee
apolitiek apolitical
apollinisch Apollonian
apologeet apologist
apologetiek apologetics
apologetisch apologetic (*bw:* -ally)
apologie apology
apoplectisch apoplectic
apoplexie apoplexy
apostel apostle [spoon]; *rare ~* queer fish
apostelpaard: *met de ~en reizen* ride shanks's pony
a posteriori a posteriori
apostille apostil, marginal note
apostolaat apostolate
apostolisch apostolic; *de ~e geloofsbelijdenis* the Apostles' Creed; *de A~e Stoel* the Apostolic See
apostrof apostrophe
apotheek chemist's (shop), pharmacy; *(mil, ziekenhuis-, gemeente~)* dispensary
apotheker(es) chemist (and druggist), pharmaceutical (*of:* dispensing) chemist; *(academisch gevormd)* pharmacist; *(mil)* dispenser
apothekersassistent(e) pharmacist's assistant
apothekersgewicht apothecaries' weight
apotheose apotheosis
apparaat 1 appliance, machine; *(fig)* machinery; *(inz wet & pol)* apparatus; **2** *(editie-, noten- & biol)* apparatus
apparatsjik apparatchik
apparatuur 1 equipment, machinery, (pieces of) apparatus; **2** *(fig)* [international] machinery [for the promotion of ...]
apparentering *(vglb)* electoral pact
appartement 1 *(kamer)* apartment; [live in] rooms; **2** *(flat)* flat, apartments *(Eng);* apartment *(Am)*
ap'pel 1 *(beroep)* appeal; *~ aantekenen, enz, zie* beroep; **2** *(naamafroeping)* roll-call; *(mil ook)* [morning] parade; *~ blazen* sound the roll-call; *~ houden* call the roll, take the roll-call; *(school ook)* call the register; *op het ~ zijn, (fig)* be present; *op het ~ ontbreken* be absent from (absent o.s. from, *fam:* cut the) roll-call; *iem goed onder ~ hebben (houden)* have a p. well in hand, have a p. under one's thumb
'appel apple; *(vh oog)* ball, pupil; *(ve degen)* pommel; *voor een ~ en een ei* for a (mere) song (*of:* trifle), for next to nothing, dirt-cheap; *door de zure ~ heenbijten* go through with it, swallow the (bitter) pill, grin and bear it; *één rotte ~ in de mand maakt al het gave fruit tot schand* the rotten apple injures its neighbour; *de ~ valt niet ver van de boom (de stam)* the apple never falls far from the tree, like father, like son; he is a chip off the old block; *~s met peren vergelijken* compare like with unlike, *(Am ook)* compare apples and oranges; *~tje voor de dorst, (fig)* nest egg; *een ~tje voor de dorst bewaren* provide against a rainy day; *een ~tje met iem te schillen hebben* have a bone to pick with a p.
appelaar apple tree
appelbeignet apple fritter

appelbladroller codling moth
appelbloesem apple blossom [weevil *kever*]
appelbol apple dumpling
appelboom apple tree
appelboor apple corer
appeldrank cider
appelepap well, well!; *geen ~* not to be sneezed at
appelflap apple turnover
appelflauwte fit of hysterics; *een ~ krijgen* go (off) into hysterics, sham a faint
appelgrauw *(schimmel)* dapple grey
appellabel appealable
appellant(e) (party) appellant
appellatoir appellate
appelleren appeal (to a higher court), lodge an appeal; *~de partij* party appellant
appelmoes apple sauce, stewed apple
appelsap apple juice
appelschimmel dapple grey (horse)
appelsien orange
appelstroop kind of treacle made from apples
appeltaart apple flan, apple tart, apple pie
appelvink hawfinch
appelwang rosy cheek
appelwijn cider
appendages accessories
appendectomie appendectomy
appendicitis appendicitis
appendix appendix
apperceptie apperception
appercipiëren apperceive
appetijtelijk appetizing; *er ~ uit zien* look attractive
appiekim OK
applaudisseren applaud, cheer, clap [an actor, etc]
applaus applause; *iem met veel ~ ontvangen, (fam)* give a p. a big hand
applausmachine claque
applicatie 1 application; **2** appliqué
applicatiecursus upgrading course
applicator applicator
applicatuur *(muz)* fingering
appliqué appliqué
apport *(spiritisme)* apport
apport(e)! fetch (it)!
apporteren fetch and carry *(ook fig)*, retrieve
apporteur retriever
appositie apposition
appreciatie appreciation
appreciëren appreciate, value, prize
appret finish(ing), dressing, sizing
appreteren finish, dress, size
appretuur finish(ing), dressing, sizing
approbatie approbation
approberen approve, approbate
approvianderen provision
approximatief approximate, approximative
apraxie apraxia
april April; *1 ~!* April fool!; *eerste ~* first of April, All Fools' Day; *iem op 1 ~ voor de gek houden* make an April fool of a p.
aprilgek April fool
aprilgrap first-of-April hoax, trick, (practical) joke
a priori a priori
a-priorisme apriorism
a-prioristisch aprioristic
apropos: *om weer op ons ~ te komen* to return to our subject; *hij bracht me van mijn ~* he put me out, he made me forget what I was saying (going to say)
à propos I *bw & bn* apropos, to the point; **II** *tw* by the bye, by the way
apsis apse
Apulië Apulia
aquacultuur aquaculture
aquaduct aqueduct
aqualong aqualung
aquamarijn aquamarine
aquanaut aquanaut
aquarel watercolour, aquarelle
aquarelleren paint in watercolours
aquarellist aquarellist, watercolourist
aquarium aquarium
aquatint aquatint
aquatisch aquatic
aquifer aquifer
Aquitanië Aquitaine
[1]**ar** *zn* (horse-)sleigh, (horse-)sledge
[2]**ar** *bn: in ~ren moede, a)* in anger, in high dudgeon; *b)* at one's wit's end
ara macaw
arabesk arabesque
Arabië Arabia
arabier Arab *(paard)*
Arabier Arab
arabis arabis, rock cress
Arabisch I *bn* Arab [culture, peoples]; *(aardr)* Arabian [desert]; *(in het ~)* Arabic [literature]; *(cijfers)* arabic [numerals]; *~e gom* gum arabic; **II** *zn* Arabic
arabist Arabist
arachideolie groundnut oil, *(Am)* peanut oil
arachnofobie arachnophobia
arak arrack, arak
Aramees Aramaic
arbeid labour, work, *(zware)* toil; *(natuurk)* work; *aan de ~ zijn* be at work; *aan de ~ gaan* set to work; *Partij van de A~* Labour Party
arbeiden labour, work; *(zwoegen)* toil; *zij ~ niet en spinnen niet, (Matth. 6:28)* they toil not, neither do they spin
arbeider workman, working man, (farm, factory) hand; *(ongeschoold)* labourer; *(meer algemeen)* worker; *de ~ is zijn loon waard* the labourer is worthy of his hire
arbeiderisme 1 labourism; **2** *(vglb)* armchair socialism
arbeidersbeweging labour movement
arbeidersbuurt working-class quarter

arbeidersgezin working-class family
arbeidersklasse working class(es)
arbeiderspartij Labour Party
arbeidsaanbod supply of labour
arbeidsbemiddeling: *bureau voor ~, (Br vglb)* Employment Service Agency
arbeidsbesparend labour-saving [device]
arbeidsbeurs, arbeidsbureau employment office
arbeidsconflict labour (*of:* industrial) dispute
arbeidscontract employment contract
arbeidsduurverkorting *zie* arbeidstijdverkorting
arbeidsethos work ethic
arbeidsgeneeskunde industrial medicine
arbeidsgeschikt fit for work, able
arbeidsgeschil labour (*of:* industrial) dispute
arbeidshof (Belgian) labour court of appeal
arbeidsinkomen earned income; *zonder ~* unwaged
arbeidsinspectie Factory Inspectorate
arbeidsintensief labour-intensive
arbeidskosten cost of labour, labour cost(s)
arbeidskracht 1 energy, capacity for work; **2** worker; *~en* labour (force), manpower, workforce
arbeidsloon wages; *(als post op rekening)* labour
arbeidsloos 1 workless; unworked, work-free [days]; **2** unearned [income]
arbeidsmarkt labour (*of:* job) market
arbeidsmobiliteit industrial (*of:* labour) mobility
arbeidsmoraal work ethic
arbeidsomstandigheden working conditions; *zie ook* Arbowet
arbeidsongeschikt unfit for work, disabled
arbeidsongeschiktheid occupational (*of:* industrial) disability, incapacity for work
arbeidsongeschiktheidsverzekering disability insurance
arbeidsonrust labour unrest
arbeidsovereenkomst *zie* collectief
arbeidsplaats 1 job; **2** place of work, workplace
arbeidspotentieel workforce
arbeidsprestatie output; working efficiency
arbeidsproces production process
arbeidsrecht labour law
arbeidsrechtbank (Belgian) labour court
arbeidsreserve labour reserve, surplus [of female labour]
arbeidsschuw work-shy
arbeidster working woman, woman worker
arbeidstherapie occupational therapy
arbeidstijdverkorting short-time (working), reduction of working hours
arbeidsveld sphere of action, field of activity
arbeidsverdeling division of labour
arbeidsverhoudingen labour (*of:* industrial) relations
arbeidsverleden record of previous employment
arbeidsverloop labour turnover
arbeidsvermogen energy, working power; *leer van het ~* energetics; *~ van beweging* motive (kinetic, actual) energy; *~ van plaats* potential (static, latent) energy
arbeidsverzuim absenteeism
arbeidsvoorwaarde condition (*mv ook:* terms) of employment; *secundaire ~n* fringe benefits
arbeidsvoorziening employment policy
arbeidsvreugde job satisfaction
arbeidswet labour act; *(in Eng)* Factories Act
arbeidswetgeving labour legislation
arbeidzaam industrious, diligent
arbiter 1 arbitrator, arbiter; **2** *(sp)* referee, umpire
arbitraal arbitral; *het arbitrale trio* the referee and linesmen
arbitrage 1 arbitration; *(wissel~)* arbitration (of exchange); *(Beurs)* arbitrage; *aan ~ onderwerpen* refer to arbitration; **2** *(sp)* refereeing, umpiring
arbitrageant arbitrageur
Arbitragehof court of arbitration
arbitrair arbitrary
arbitreren arbitrate [a dispute, in a dispute]
arbodienst Occupational Health and Safety Service
arboretum arboretum
Arbowet Occupational Health and Safety Act
arcade arcade
arcadia arcadia
Arcadië Arcadia; *(dicht)* Arcady
Arcadiër, arcadisch Arcadian
arceren shade, hatch
arcering shading, etc
archaïsch 1 archaic; **2** *(geol)* Arch(a)ean
archaïseren archaize
archaïsme archaism
archaïstisch archaic (*bw:* -ally), archaistic (*bw:* -ally)
archeologie archaeology
archeologisch archaeologic(al)
archeoloog archaeologist
archeozoöloog archaeozoologist
archetype archetype
archetypisch archetyp(ic)al
archief archive(s), records, files; *(ve krant)* morgue; *(gebouw)* record office
archiefbeelden *(tv)* library pictures
archiefdoos box file
archiefkast filing cabinet
archiefonderzoek archival research
archiefstuk record
archimedisch Archimedean
archipel archipelago
architect(e) architect
architectonisch architectonic (*bw:* -ally)
architectuur architecture
architraaf architrave
archivalia records
archivalisch archival
archivaris archivist; *zie ook* rijksarchivaris
archiveren file (away); *(comp)* archive
archont archon
Arctica the Arctic

arctis: *de* ~ the Arctic
arctisch arctic
Ardennen Ardennes
arduin(en) freestone
are are (119.6 square yards)
areaal area, acreage [under fruit *fruit*~]
areka(palm) areca (palm)
areligieus a-religious
arena arena; *(stieren~, ook)* bullring; *(circus~)* ring
arend eagle; *jonge* ~ eaglet; *een* ~ *vangt geen vliegen* eagles don't catch flies
arendsblik eagle eye; *met* ~ eagle-eyed
arendsjong eaglet
arendsnest eagle's nest, eyrie
arendsneus aquiline nose
arendsoog eagle's eye; *met arendsogen* eagle-eyed, [he followed its progress] with eagle eyes
argeloos guileless, inoffensive, harmless; *(geen kwaad vermoedend)* unsuspecting, innocent
argeloosheid guilelessness, etc; innocence
Argentijn(s) Argentinian, Argentine
Argentinië Argentina, the Argentine
arglist cunning, craft(iness), guile
arglistig crafty, cunning, guileful
arglistigheid cunning, craft(iness), guile
argon argon
Argonaut Argonaut, argonaut
argot argot, (thieves') slang, cant
argument argument, plea; *goede ~en aanvoeren voor* make out a good case for
argumentatie argumentation
argumenteren I *intr* argue; **II** *tr* adduce arguments in support of; *(goed) geargumenteerd* (well-)reasoned
argusfazant Argus pheasant
argusoog Argus eye; *met argusogen* Argus-eyed; *met argusogen rondzien* look round suspiciously
argwaan suspicion, mistrust; ~ *hebben (koesteren) tegen* have (harbour) a suspicion against, be suspicious of; ~ *krijgen (opvatten)* become suspicious [*tegen* of]; ~ *wekken* raise (rouse) suspicion
argwanen suspect
argwanend suspicious, distrustful; ~ *kijken naar* look askance at
aria aria
ariaan(s) Arian
Ariadne Ariadne; *draad van* ~ Ariadne's clue
arianisme Arianism
Ariër, Arisch Aryan
ariseren aryanize
aristocraat aristocrat
aristocratie aristocracy, upper classes
aristocratisch aristocratic (*bw:* -ally)
aristolochia *(plantk)* birthwort
Aristoteles Aristotle
aristotelisch Aristotelian
aritmetica, aritmetisch arithmetic
ark ark; *~e Noachs (des verbonds)* Noah's Ark (Ark of the Covenant); *(woon~)* houseboat

¹arm *zn* arm (*ook v stoel, zee, hefboom; ook:* the long arm of the law), branch *(ve rivier, kandelaar, gaskroon),* [gas] bracket; *wereldlijke* ~ secular arm; *een lange* ~ *hebben* have wide influence; *iem de* ~ *geven* give (offer) a p. one's arm; *iems* ~ *nemen* take a p.'s arm (*ook:* she hooked her arm into his); *een dame (een mandje) aan de* ~ *hebben* have a lady (a basket) on one's arm [the bride arrived on the arm of her father]; ~ *in* ~ arm in arm, (with their) arms linked; *iem in de* ~ *nemen* enlist a p.'s help, consult a p.; *een opleider in de* ~ *nemen* put o.s. into the hands of a coach; *zich in iems ~en werpen* throw (fling) o.s. into a p.'s arms; *met de ~en over elkaar* with folded arms; *(fig)* idle, doing nothing; *met open ~en ontvangen* receive (welcome) with open arms; *met een boek onder de* ~ (with) ... under one's arm; *met een kind op de* ~ with a child on one's arm
²arm *bn* poor; *(behoeftig, ook)* penniless, needy, indigent; *(techn)* lean [air/gas mixture]; *~e stakker!* poor thing!; *~e kerel (die je bent)!* poor you!; *zo* ~ *als Job (de mieren, een kerkrat)* as poor as Job (a church mouse); ~ *aan* poor in; *(vd bodem, enz, ook)* deficient in [lime, nitrogen, etc]; *~e* poor man (woman), *(armlastige)* pauper; *de ~en* the poor; *de ~en van geest* the poor in spirit; ~ *en rijk* rich and poor; *van de ~en begraven worden, (hist)* have a pauper's burial; *zie ook* illusie
armada armada
armadil(lo) armadillo
armamentarium 1 *(arsenaal)* armoury; **2** *(uitrusting)* armamentarium
armatuur armature; *(v magneet, ook)* keeper; *(elektr)* fitting
armband bracelet, *(uit één stuk)* (arm) bangle; *(meer algemeen, ook als onderscheidingsteken)* armlet, brassard
armbandhorloge wrist watch, bracelet watch
arme poor person, pauper; *de ~n* the poor
armee army
Armeens Armenian
armelijk poor, needy, shabby
armelui poor people
armeluiskind poor man's child
armenbezoek visitation of the poor; *(in achterbuurten, fam)* slumming
armenbuurt poor quarter (*of:* neighbourhood)
armengraf pauper's grave
armenhuis workhouse
Armenië Armenia
Armeniër, Armenisch Armenian
armenschool charity school
armenwet poor law
armenzorg (system of) poor relief
armetierig miserable, stunted; shabby
armezondaarsbankje *zie* zondaarsbankje
armezondaarsgezicht hangdog look
armhuis workhouse
arminiaan(s) Arminian

arminianisme Arminianism
armlastig *(hist)* chargeable to the parish; ~ *zijn, (ook)* be in receipt of poor relief; *~e* pauper
armlegger, armleuning arm(rest)
armoe(de) 1 poverty [*aan metalen* in metals], penury, indigence; ~ *is geen schande* poverty is no crime; ~ *zoekt list* necessity knows no law; *tot* ~ *vervallen* be reduced to poverty; *uit (van)* ~, *(fig)* for want of anything better (to do); *mijn armoedje* my little all; *zie ook* nijpen & troef; **2** *(schaarste)* paucity [*aan ideeën* of ideas]; **3** *(last)* trouble, inconvenience
armoedig poor, needy, poverty-stricken, penurious; *(v uiterlijk)* shabby; ~ *staan* look shabby; *in ~e omstandigheden* in poor (penurious) circumstances; *het* ~ *hebben* be hard up; *zie ook* armzalig
armoedigheid poorness, penury, poverty; *(v uiterlijk)* shabbiness
armoedzaaier *(fam)* down-and-out; *hij is een* ~, *(ook)* he has not a penny to his name
armoriaal armorial
armpotige brachiopod, lamp shell
armsgat armhole
armslag elbow room *(ook fig)*
armslengte (*op* ~ at) arm's length
armsteun armrest
armstoel armchair
armvol armful
armzalig poor [excuse, creature, make a poor figure], sorry [he cut a sorry figure], miserable, pitiful, pitiable; beggarly, paltry, measly [a measly £50]; *een* ~ *zootje* a poor lot
aroberen lodge an objection against an official measure
aroma aroma, flavour
aromaten spices; *(chem)* aromatic compounds, aromatics
aromatisch aromatic
aromatiseren flavour
aronskelk arum; *witte* ~ arum lily; *gevlekte* ~ cuckoo pint, wake-robin, lords and ladies
arrangement arrangement; *(muz, ook)* orchestration, scoring; *(reis~)* package holiday (tour)
arrangeren arrange *(ook muz)*; get up [a party, a bazaar]; *voor orkest* ~, *(ook)* orchestrate, score
arrangeur arranger
arregarre, arrejasses! aargh!, ugh!, yu(c)k!
arren *vgl* [1]ar & *zie* [2]ar
arrenslee *zie* [1]ar
arrest 1 *(aanhouding)* arrest, custody, detention; *gewoon (streng)* ~, *(mil)* open (close) arrest; *in* ~ [place, put] under arrest; *in* ~ *stellen (nemen)* take into custody, arrest; *in* ~ *zijn, (ook, euf)* be helping the police with their enquiries; **2** *(beslag)* attachment, seizure; **3** *(uitspraak)* judgment, decision, decree; ~ *wijzen* pronounce judgment
arrestant(e) prisoner, arrested person; *vgl* gevangene
arrestantenkamer, arrestantenlokaal detention room, lock-up; *(mil ook)* guardroom
arrestantenwagen police (*Am:* patrol) van, Black Maria
arrestatie arrest, apprehension
arrestatiebevel warrant (of arrest), arrest warrant
arrestatieteam *(vglb)* special squad; *(voor raddraaiers)* snatch squad
arresteren 1 arrest, take into custody; *laten* ~ give in charge; **2** *(notulen)* confirm [the minutes]
arrivé arrivé
arriveren arrive (*ook fig:* arrived artists)
arrivisme arrivisme, unscrupulous ambition
arrivist arriviste, (social) climber, careerist
arro arrogant (person)
arrogant arrogant, presumptuous
arrogantie arrogance [the ... of power], presumption
arrondissement district
arrondissementsrechtbank *(vglb, Eng)* county court *(alleen civiele zaken); (Sch)* sheriff court; *(Am)* district court
arrowroot arrowroot
arseen arsenic [poisoning, acid, trioxide]
arsenaal arsenal, armoury; *(fig ook)* repertory, stock [of tricks]
arsenicum arsenic
artefact artefact, artifact
artemisinine artemisinin, qinghaosu
arterie artery
arterieel arterial
arteriosclerose arteriosclerosis, hardening of the arteries
artesisch: *~e put* artesian well
Arthurroman Arthurian romance
articulatie articulation
articuleren articulate
artiest(e) artiste, variety artist, entertainer
artiesteningang stage door
artiestenkamer green room
artiestennaam stage name
artificieel artificial
artikel article; *(in tijdschrift, ook)* paper; *(ve wet, enz)* article, section, clause; *(koopwaar)* article (of commerce), commodity, [a new] line; *~en, (ook)* merchandise, wares, [perishable, consumer, sports] goods, [medical] supplies; *duurzame ~en* durables; *~en des geloofs* articles of religion; *de 12 ~en des geloofs* the Apostles' Creed
artikelsgewijs [discuss a bill] clause by clause
artikelwoord lemma, headword, entry word
artillerie artillery; *(geschut ook)* ordnance
artillerievuur artillery fire, gunfire
artillerist artilleryman, artillerist, gunner
Artis the (Amsterdam) Zoo
artisanaal *zie* ambachtelijk
artisjok (globe) artichoke
artisticiteit artistry
artistiek artistic (*bw:* -ally); *(overdreven)* chichi
artistiekeling arty type
artistiekerig arty(-farty)

artotheek picture and art library
artritis arthritis
artrografie arthrography
artropode arthropod
artroscopie arthroscopy
artrose arthritis
arts doctor, medical man (*of:* practitioner), general practitioner; *A~en Zonder Grenzen* Médecins Sans Frontières; *(Am)* Doctors without Borders
arts-assistent *zie* assistent-arts
artsenbezoeker medical representative
artsenij medicine, medicament, *(fam)* physic
artsenijbereidkunde pharmaceutics, pharmacy
artsenijkruid medicinal herb, simple
artsenijkunde pharmacology
artsexamen medical qualifying examination
Arubaan(s) Aruban
[1]**as 1** *(ve wagen)* axle; *(spil)* spindle; *(drijfas)* shaft; *vervoer per ~* road transport; *verkeer per ~* wheeled traffic; *per ~ verzenden* convey by road; **2** *(ve planeet, bloeiwijze, wisk, enz)* axis (*mv:* axes); (*ook fig:* the Rome-Berlin axis)
[2]**as** *(muz)* A flat
[3]**as** *(brandrest)* [be burnt to] ashes, cinders; [volcanic, cigarette] ash; *(gloeiende ~)* embers; *(crematierest)* ashes; *(attr)* ash-; *~ is verbrande turf* if ifs and ans were pots and pans (there'd be no need for tinkers); *in de ~ leggen* reduce to ashes; *uit zijn ~ verrijzen* rise from one's ashes
a.s. afk van *aanstaande: (in datum)* next [Sunday], [Sunday] next; *zie verder* aanstaande
asachtig ashy, ashlike
asbak *zie* asbakje, aslade & asemmer
asbakje ashtray, ashpan
asbakkenras mongrel breed
asbelt refuse tip (dump, heap)
asbest asbestos [board, cement, matting, sheet]
asbestose asbestosis
asblond ash blond(e)
asbus (cremation) urn
asceet ascetic
ascendant ascendant
ascendent ancestor
ascese asceticism
ascetisch ascetic (*bw:* -ally)
ascetisme asceticism
ascorbinezuur ascorbic acid
Asdag Ash Wednesday
asdruk axle weight
aseksueel asexual
aselect(ief) random [sample *steekproef*]
asem 1 breath; *geen ~ geven op* ignore [a question, etc]; **2** *(Ind)* tamarind
asemen breathe
asemmer dustbin; *(Am)* ashcan
Asen Aesir
asepsis asepsis
aseptisch aseptic (*bw:* -ally)
asfalt asphalt
asfaltbeton rolled asphalt, *(Am)* asphaltic concrete
asfalteren asphalt
asfaltjeugd inner-city youth(s) (*of:* kids)
asfaltmastiek mastic asphalt
asfaltpapier asphalted paper
asfaltspijker felt nail
asfyxie asphyxia
asgrauw ash-, ashy(-pale), ash-coloured; ashen [face]; *~ licht (schijnsel), zie* aardschijn
asiel [seek] asylum; *(voor daklozen, enz)* casual (*of:* vagrant) ward, *(vh Heilsleger, enz)* shelter [for the homeless]; *(voor dieren)* [animals'] shelter, home for lost animals
asielrecht right of asylum (*of:* sanctuary)
asielzoeker asylum seeker, (political, economic) refugee
asjeblieft *zie* alstublieft
asjemenou *(fam)* well I never!
askruisje *(r-k)* [receive the] ashes
asla(de) ashpan
asman dustman
Asmodee, Asmodeus Asmodeus
aso antisocial (person)
asociaal antisocial, disorderly [people]; *kinderen uit asociale gezinnen* maladjusted children
asoverbrenging shafting
asparagus asparagus fern
aspartaam aspartame
aspecifiek non-specific
aspect aspect
asperge 1 (stick of) asparagus; **2** *~s, (mil)* dragons' teeth
aspergebed asparagus bed
aspergekop, aspergepunt asparagus tip
aspic aspic
aspidistra aspidistra
aspirant(e) candidate, applicant, aspirant; student, trainee [reporter, sales(wo)man], [police] cadet, *(sp)* junior [league]
aspirant-inspecteur junior inspector on probation
aspirant-koper prospective buyer
aspirant-lid applicant for membership
aspiratie aspiration; *hoge ~s hebben* aim high
aspirator aspirator
aspireren aspirate [a consonant]; *~ naar* aspire to (*of:* after)
aspirientje, aspirine [take an] aspirin
aspis(slang) asp
asregen ash fall
asse ashes; *zie* [3]as
assegaai assegai
assemblage assembly [line, plant]
assemblee general assembly
assembleertaal assembly language, assembler (language)
assembleren assemble [cars]
assenkruis, assenstelsel coordinate axes, system of

coordinates
assepoes(ter) Cinderella, (household) drudge
Assepoes(ter) Cinderella
asserteren assert
assertie assertion
assertief assertive
assertiviteit assertiveness [training]
assertorisch assertoric
assessor assessor; *(bij examen)* assistant examiner
assignaat assignat
assignatie *(bank~)* bank post bill
assimilatie assimilation [process]
assimileren assimilate [*aan* to, with]
Assisen: *Hof van ~* Criminal Court, Assizes
assistent assistant, [presidential] aide; *(ve hoogleraar, ook)* demonstrator [*in de botanie* of, in, botany]; *~ bij prof. A* assistant to ...
assistent-arts *(vglb)* senior house officer, *(gevorderd)* registrar; *(Am)* resident
assistente *zie* assistent
assistentie assistance, help; *iem ter ~ der huisvrouw* mother's help
assistent-resident assistant resident; *(Br-I)* deputy commissioner
assisteren assist
associatie association; *(handel)* partnership
associatief associative [memory]
associé partner
associëren associate; *zich ~* enter into partnership [*met* with]
assonantie assonance
assoneren assonate
assonerend assonant
assorteren 1 assort; *zie ook* sorteren; **2** *(bijeenpassen)* match
assortiment [a wide] assortment, selection, [product] range
assumeren co-opt [new members]
assumptie 1 [chosen by] co-optation; **2** *(aanname)* assumption; *A~, (Maria-Hemelvaart)* Assumption
assuradeur insurer; *(zeeassuradeur)* underwriter
assurantie insurance, assurance; *zie ook* verzekering
assurantiebemiddeling insurance brokerage
assurantiebezorger, assurantiemakelaar insurance broker; *zie voor verdere sam* verzekering
assureren *zie* verzekeren
Assyriër, Assyrisch Assyrian
assyriologie Assyriology
assyrioloog Assyriologist
astatisch astatic; *~e naald* astatic needle
aster aster
asterisk asterisk; *van een ~ voorzien, (ook)* asterisk
asteroïde asteroid
asthenie asthenia
asthenisch asthenic
astigmatisch astigmatic
astigmatisme astigmatism
astma asthma
astmalijder, astmaticus asthmatic
astmatisch asthmatic
astraal astral [body, light]
astrakan astrakhan
astrant, astrant(er)ig *(fam)* cool, cheeky, pert, perky
astringent astringent
astrofysica astrophysics
astrolabium astrolabe
astrologie astrology
astrologisch astrological
astroloog astrologer
astronaut astronaut
astronavigatie celestial navigation, astronavigation
astronomie astronomy
astronomisch astronomic(al) (*ook fig:* astronomic(al) figures *getallen*)
astronoom astronomer
Asturië Asturias
Asturiër, Asturisch Asturian
asurn cinerary urn
asvaalt refuse tip (dump, heap)
asvat dustbin; *(Am)* ashcan
asverkeer wheeled traffic
aswenteling 1 rotation; **2** revolution
Aswoensdag Ash Wednesday
asymmetrie asymmetry
asymmetrisch asymmetrical
asymptoot asymptote
asymptotisch asymptotical(ly)
asynchroon asynchronous; *~ lopen, (fam)* be out of sync
asyndetisch asyndetic
asyndeton asyndeton
asystolie asystole, cardiac arrest
at *ovt van* eten
atalanta *(vlinder)* red admiral
ataraxie ataraxy, ataraxia
atavisme atavism, reversion (to type), throwback
atavistisch atavistic
ataxie ataxy, ataxia
atb *zie* treinbeïnvloeding
ATB ATB, all-terrain bike
atelier workshop; [artist's, sculptor's, etc] studio, atelier; *uit het ~ van R* studio of R
atelierraam studio skylight
atelierwoning studio flat, *(Am)* studio apartment
aterling miscreant
Atheens Athenian
atheïsme atheism
atheïst atheist
atheïstisch atheistic (*bw:* -ally)
athematisch *(muz & tlk)* athematic
Athene 1 *(stad)* Athens; **2** *(godin)* Athene, Athena
Athener Athenian
atheneum *(vglb)* secondary modern school; *(Am)* high school
atherosclerose atherosclerosis
à titre personnel in a private capacity; *zie* à

atjar *(Ind)* pickles
Atjeh Ac(h)eh, Achin, Atjeh
atlanten atlantes
Atlantisch Atlantic; *~e Oceaan* Atlantic (Ocean)
atlas 1 atlas *(ook anat)* **2** *(stof)* satin
Atlas Atlas; *de ~* the Atlas (Mountains)
atlasvlinder atlas moth
atleet athlete
atletiek athletics, *(Am)* track-and-field [athlete, events]
atletiekbaan running track
atletieknummer *(loop-)* track event; *(anders)* field event
atletiekwedstrijd athletics meeting, *(Am)* track meet
atletisch athletic (*bw:* -ally)
atm. afk van *atmosfeer* at(m)
atmosfeer atmosphere (*ook fig:* create an atmosphere); *(de) aardse ~, (ook)* aerospace
atmosferisch atmospheric(al); *~e storingen* atmospherics
atol atoll
atomair, atomisch atomic
atomiseren atomize
atomisme atomism
atomist atomist
atonaal atonal
atonaliteit atonality
atonie atony
atonisch atonic
atoom atom
atoom- atomic [age, clock, mass, nucleus, number, theory, weight], nuclear [attack, power, test, umbrella, waste]
atoombom atom(ic) bomb, A-bomb
atoomcentrale nuclear power plant (*of:* station)
atoomduikboot nuclear (*of:* atomic) submarine
atoomenergie nuclear (*of:* atomic) energy
atoomfysica atomic (*of:* nuclear) physics
atoomgeleerde nuclear scientist
atoomkop nuclear warhead
atoomoorlog atomic (*of:* nuclear) war(fare)
atoompacifist(e) antinuclearist
atoomreactor atomic (*of:* nuclear) pile
atoomsplijting, atoomsplitsing nuclear fission
atoomvrij nuclear-free [zone]
atoomwapen atomic (*of:* nuclear) weapon
atopie atopy
atopisch atopic
à tort et à travers at any price; [talk] at random, without rhyme or reason
à tout prix at any price
Atrecht Arras
atrium atrium
atrofie, atrofiëren atrophy
atropine atropine
atsjie *(niesgeluid)* atishoo, tishoo!
attaché, attachee attaché
attachékoffer attaché case
attacheren attach, post (as an attaché)
attaque attack *(ook muz & v ziekte); (beroerte)* stroke; seizure
attaqueren attack
attenderen: *~ op* call attention to, bring to [a p.'s] notice
attent attentive, *(voor anderen ook)* considerate [to ...], thoughtful [of, about others]; *iem ~ maken op* draw a p.'s attention to
attentie attention *(in beide bet);* consideration, considerateness, thoughtfulness; present, gift; *ter ~ van* (for the) attention of; *~s* attentions, assiduities
attentielicht compulsory daytime lighting on vehicles
attest [medical] certificate, testimonial
attestatie certificate, attestation; *(kerkelijk)* letter of transfer [*van* from, *naar* to]; *~ de vita* life certificate
attesteren attest, certify
Attisch Attic [salt, wit]
attitude attitude
attractie attraction, draw, amenity
attractief attractive
attraperen catch [*op* at]; *zie ook* betrappen
attributief attributive
attribuut attribute; *de attributen van de Kroon* the regalia
atv *zie* arbeidstijdverkorting
atypisch atypical
au! ow!, ouch!
a.u.b. (if you) please
aubade aubade; *een ~ brengen* sing an aubade to
au bain-marie in a bain-marie (a double boiler)
aubergine aubergine, eggplant
auctie auction, public sale; *zie ook* veiling
auctionaris auctioneer
auctoriaal auctorial
auctor intellectualis instigator
aucuba aucuba
audicien(ne) hearing aid supplier
audiëntie audience; *~ aanvragen bij, om ~ verzoeken* ask an audience (seek audience) of; *~ geven (verlenen), in ~ ontvangen* give (an) audience (to), receive in audience; *op ~ gaan bij* have (an) audience of (an audience with)
audiëntiezaal presence chamber, audience chamber
audioapparatuur audio equipment, audio system
audiocassette audiocassette
audiogram aidiogram
audiolinguaal aural-oral [method]
audiologie audiology
audiometrie audiometry
audiorack stereo (system)
audiotheek sound library
audiotoren music centre
audiovisueel audiovisual [aids, equipment]
auditeren attend as an auditor, *(Am)* audit
auditeur auditor; *~-militair* judge advocate
auditie audition, voice test

auditief auditive, auditory
auditorium 1 *(gehoor)* audience; **2** *(zaal)* auditorium
auerhaan, auerhoen capercaillie, -cailzie, wood grouse; *(haan ook)* cock of the wood
aueros aurochs
au fond au fond
Augias Augeas
augiasstal: *de ~ reinigen* cleanse the Augean stables
augment augment
augur augur
augurk gherkin
augustijn Augustine, Austin Friar, Augustinian (Canon, Hermit)
Augustinus (St) Augustine
augustus *(maand)* August; *A~, (pers)* Augustus
auk razorbill; *kleine ~* little auk
aula great hall, auditorium; *(v crematorium)* chapel; *(v school, ook)* assembly hall
au pair au pair, on mutual terms; *als ~ werken* au pair
aura aura (*mv ook:* aurae)
aurelia: *gehakkelde ~* comma butterfly
aureool aureole, halo, nimbus
au revoir au revoir, goodbye (for the present), *(fam)* so long, see (be seeing) you!
aurikel *(plant)* auricula (primrose), bear's ear
auscultatie auscultation
ausculteren auscultate
ausdauer stamina, staying power
au sérieux: *~ nemen* take seriously
auspiciën auspices [under the auspices of]
ausputzer *(sp)* sweeper
austraal austral
Austraal-Azië Australasia
austraallicht aurora australis
Australië Australia
Australiër, Australisch Australian
Austronesië Austronesia
autarchie autarchy, despotism
autarkie autarky, (economic) self-sufficiency
autarkisch autarkic, self-sufficient
auteur author
auteurschap authorship
auteursrecht 1 *(recht)* copyright [owner, notice *clausule*], author's rights; *er rust ~ (geen ~ meer) op* it (the book, etc) is in (out of) copyright; *~ verwerven (verlenen) op* copyright [a literary, musical or artistic work]; **2** *(betaling)* copyright fee
auteursrechtelijk copyright [protection]
auteurswet copyright act
authenticiteit authenticity
authentiek authentic (*bw:* -ally), authenticated, certified [copy]
autisme autism
autistisch autistic
auto (motor)car, *(Br soms)* motor; *(Am)* auto(mobile); *met de ~ gaan* go by car
autoband car tyre
autobandmoord necklace killing (*of:* murder)
autobiograaf autobiographer
autobiografie autobiography
autobom car bomb
autobotsing car crash
autobox lock-up (garage)
autobus bus, *(lange afstand)* coach
autochtoon I *zn* autochthon; **II** *bn* autochthonous, indigenous
autoclaaf autoclave
autocontrole *(vglb)* MOT-testing, motor vehicle inspection
autocoureur racing driver
autocraat autocrat; *~je* petty tyrant, jack-in-office
autocratie autocracy
autocratisch autocratic (*bw:* -ally)
autodafe auto-da-fé (*mv:* autos-da-fé)
autodidact self-taught man (woman), autodidact; *(ook)* he was entirely self-taught
autodidactisch self-taught
autodiefstal car theft
auto-erotiek auto-erot(ic)ism
autofabriek motorworks, car factory
autogarage garage
autogas LPG(as)
autogeen autogenous
autogordel seat belt
autograaf *(manuscript, enz)* autograph, holograph
autografie *(soort druk)* autography
autografisch autographic (*bw:* -ally)
autogram autograph
auto-immuun auto-immune (system)
auto-industrie motor industry
autokaart road map
autokerkhof car graveyard, (old) car dump
autokeuring: *verplichte ~* MOT (test); *(Am)* motor vehicle inspection
autokraak car theft
autoladder *(brandweer)* water tower
autoloog autologous
autoluw *(vglb)* pedestrianized
automaat 1 automaton *(ook pers)*, robot; **2** vending machine, (penny-in-the-)slot machine, *(met voedsel)* vender, vendor; *(kaartjes~)* ticket(-issuing) machine; *zie ook* automatiek
automatenhal amusement arcade
automatie automation
automatiek automat
automatisch automatic (*bw:* -ally); *~e afschrijving, (giro)* automatic debit transfer, *(bank)* direct debit; *~e overschrijving* automatic credit transfer, ACT; *~e piloot* automatic pilot (*ook fig:* go on ...); *~e respons* knee-jerk reaction; *~ telefoneren* dial direct; *~ vuurwapen* automatic
automatiseren automatize
automatisering automation
automatisme automatism, mechanical (involuntary, routine) action
automerk 1 make of car; **2** *(embleem)* badging

automobiel motorcar; *(inz Am)* automobile
automobilisme motoring
automobilist motorist, *(Am)* automobilist
automobiliteit car use
automonteur motor (*of:* car, garage) mechanic
automutilatie self-mutilation
autonomie autonomy
autonomistisch autonomist [movement]
autonoom autonomous [state, tariff]; autonomic [nervous system]; stand-alone [program]
auto-ongeluk motor accident, *(ernstig)* car crash (smash)
autopapieren car (registration) papers
autopark fleet of cars; *(landelijk)* car population
autopech breakdown (of a car), car trouble
autoped scooter
autopsie autopsy; *(v lijk, ook)* necropsy, postmortem
autorail Motorail [terminal]
autorijden (car) driving
autorijles driving lesson
autorijschool driving school, school of motoring
autorisatie authorization
autoriseren authorize, empower
autoritair authoritarian [state, etc]; high-handed [manner, proceedings]
autoriteit authority [*op het gebied van het Grieks* on Greek]; *de ~en* the authorities
autoslaaptrein car sleeper (express), Motorail
autosloperij car breaker's yard
autosnelweg *(Br)* motorway, *(Am, en Br in stadsgebied)* expressway
autosport motor sport(s)
autosuggestie auto-, self-suggestion
autotelefoon carphone
autotyp(i)e autotype
autoval speed trap, police trap
autoveer car ferry
autoverhuur car hire, car rental [firm, service]
autoverkeer motor traffic
autovrij: ~ *maken, (vglb)* pedestrianize
autowasstraat automatic car wash
autoweg motor road; *zie ook* autosnelweg
autowrak car wreck
auxine auxin
aval guarantee; *voor ~ tekenen, zie* avaleren
avaleren guarantee [a bill]
avalist guarantor
avance advance; *~s maken* make advances (overtures) [to a p.]
avanceren *(vooruitgaan, -komen)* advance, proceed, go ahead; *(opschieten)* hurry up; *(bevorderd worden)* be promoted, rise
avant-garde avant-garde
avant-gardist avant-gardist
avant-gardistisch avant-garde
avant la lettre [an] early [Einstein], [an example of nature conservation] before its day
avant-scène proscenium; *(loge)* stage box
avegaar auger
Ave-Maria Ave Maria
avenue avenue
averechts I *bw* (in) the wrong way, wrongly, backwards, preposterously; ~ *uitleggen (opnemen)* misconstrue; ~ *breien* purl; **II** *bn* inverted, wrong; perverse [judgment]; *~e steek* inverted stitch, purl; *twee recht, twee ~* knit two, purl two; *een ~e uitwerking hebben* be counter-productive, *(fam)* backfire; *de ~e zijde* the reverse, the wrong side
averij 1 *(geldelijk)* average; *~-grosse* general average; *~-particulier* particular average; **2** *(toegebrachte schade)* damage
averijregeling average adjustment
aversie aversion
aviateur aviator, airman, flyer
aviatrice aviatrix, airwoman, woman pilot
A-viertje (single) sheet of A4 (of paper)
aviobrug passenger loading bridge
avitaminose deficiency disease
avocado avocado, alligator pear
avond evening [paper, prayer], night; *(dicht)* even; *(vero)* eve; *de ~ voor de slag (het feest)* the eve of (the) battle (the festival); *goeden ~, (bij komen)* good evening!, *(bij gaan)* good night!; *gezellig ~je* evening party, social evening; *elke ~, (ook)* nightly; *'s ~s, des ~s* in the evening, at night, *(Am)* nights; *hij placht 's ~s dikwijls aan te lopen* he would often drop in of an evening; *de ~ tevoren* the evening before; *(Am ook)* overnight; *tegen de ~* towards evening; *van ~* this evening, tonight; *het wordt ~* evening (night) is falling; *zie ook* levensavond
avonddienst 1 evening service, *(Eng kerk ook)* evening prayer, evensong; **2** evening duty; evening shift
avondeten supper, evening meal
avondjapon, avondjurk evening dress (*of:* gown)
avondkleding evening wear (dress)
avondklok curfew
avondkoekoeksbloem white campion
avondland Occident
avondlucht 1 evening air; **2** evening sky
avondmaal supper, evening meal; *het Heilig A~* Holy Communion, the Lord's Supper; *het Laatste A~* the Last Supper
Avondmaalsbeker Communion cup, chalice
Avondmaalsganger communicant
Avondmaalsschotel paten
Avondmaalstafel Communion table, the Lord's Table
Avondmaalswijn sacramental (Communion) wine
avondmens *(vglb, fam)* night-owl; *(Am)* night person
avondretour *(in Ned)* cheap evening return
avondrood afterglow, evening glow, sunset glow, sunset sky
avondschemer(ing) (evening) twilight
avondschool [go to] evening classes, night school, evening school
avondspits evening rush hour

Avondster evening star
avondstond evening (hour)
avondstudie *(op school)* prep(aration)
avondtoilet *(man & vrouw)* evening dress, *(man ook)* dress clothes
avondvlinder moth
avondvoorstelling evening performance
avondvullend all-evening [programme]
avondwind evening breeze
avondwinkel late night shop
avonturen risk, venture, hazard
avonturier adventurer
avonturieren 1 go adventuring; **2** take excessive risks
avonturierster adventuress
avonturisme adventurism
avontuur adventure [film, story]; *~tje* affair; *op ~ uitgaan* go in search of adventures; *zijn ~ beproeven* try one's luck
avontuurlijk adventurous; romantic [story]
à vue at sight
AWBZ afk van *Algemene Wet Bijzondere Ziektekosten* Chronically Sick and Disabled Persons Act
AWW afk van *Algemene Weduwen- en Wezenwet* Widows and Orphans Act
axiaal axial
axiologie axiology
axioma axiom
axiomatisch axiomatic
axolotl axolotl
ayatollah ayatollah
azalea azalea
azc asylum seekers' centre
azen: *~ op, (leven van)* feed (*of:* prey) on; *(loeren op, begeren)* covet, lie in wait for, have an eye on
Azerbeidzjan Azerbaijan
Azeri Azeri
Aziaat Asian
Aziatisch Asian [flu], Asiatic
Azië Asia
azijn vinegar [eel *aaltje*]
azijnachtig acetous, vinegarish
azijnpisser vinegary (sour-tempered) person, sourpuss
azijnzuur acetic acid
azijnzuurzout acetate
azimut azimuth
Azoïcum, Azoïsch Azoic, Archaean
Azoren Azores
azotisch azotic
Azteek(s) Aztec
azuren azure, sky-blue
azuriet azurite
azuur azure, sky blue
azuursteen lapis lazuli, lazulite, azure

b

b (the letter) b
B *(muz, chem)* B
ba **1** bah!, pah!, pooh!, ugh!, yuck!; **2** *zie* boe
BA *zie* burgerlijke aansprakelijkheidsverzekering
baadje jacket; *iem op zijn ~ geven* dust a p.'s jacket
baai **1** *(golf)* bay, bight; **2** *(stof)* baize; **3** *(tabak)* Maryland
baaien *bn* baize
baaierd chaos, muddle
baak beacon; sign; *zie verder* baken
baal **1** bale [of cotton, etc]; *in balen (ver)pakken* bale; *ik heb er balen (tabak) van, (sl)* I am sick to death of it; **2** *(zak)* bag [of coffee, rice, etc]; **3** ten reams [of paper]
Baäl Baal
baaldag permitted day of absence from work
baan **1** path, way, road; *(op vliegveld)* runway; *(spoorw)* track; *(ve autoweg)* carriageway, *(rijstrook)* lane; *zich ~ breken* force (push) one's way (through), forge ahead [our army is forging ahead], *(ve mening)* gain ground; *ruim ~ maken* clear the way (passage), *(opzijgaan)* stand aside (*of:* back); *nieuwe banen openen* open (up) new avenues [of wealth, of employment, etc]; *de ~ opgaan, (ve vrouw)* go (up)on the streets; *in andere banen leiden* steer [the conversation] on to other topics; *in een ~ komen, (satelliet)* go into orbit; *op de ~ (in de weer) zijn* be stirring, be about; *op de ~ lopen, (ve meisje)* be on the streets; *op de lange ~ schuiven* put off indefinitely, shelve [a question]; *dat is van de ~* that's off; *voorgoed van de ~* dead and buried; *het plan is van de ~* the plan has been shelved, is on the shelf; *tariefhervorming is voorlopig van de ~* tariff reform is in cold storage; **2** *(ve projectiel)* trajectory; *(ve elektron, hemellichaam, enz)* orbit; **3** *(lijn~)* rope-walk; **4** *(breedte v stof, behangsel, enz)* breadth, width; *(ve vlag)* bar; **5** [tennis] court; *(sp)* course, track; *korte en lange ~* short and long course [swimming]; *~ vier, (atletiek, zwemsp, enz)* lane four; *(ronde ~)* circuit; *(ronde)* lap [do eight laps in 7 minutes]; *(ijs~)* (skating) rink; *(glij~)* slide; *(ski~)* run; *(kegel~)* alley; *de ~ is in uitstekende conditie (is zwaar), (sp)* the going is excellent (is heavy); *zie ook* baantjerijden; **6** job, billet, berth; *het is me een ~!* some job!; *gemakkelijk ~tje* soft (*fam:* cushy) job; *aan een ~(tje) helpen* fix [a p.] up with a job; *een ~ zoeken, (ook)* go job hunting; *verandering van ~* change of job, career move; *zie ook* vet
baanbed permanent way
baanbrekend pioneering, trail-blazing, epoch-making, path-breaking, ground-breaking, innovative [work]; *~ werk doen* break new ground
baanbreker pioneer
baancafé roadhouse
baancommissaris *(sp)* track official
baanderheer (knight) banneret
baanfiets track bicycle
baanrecord track record
baanruimer, baanschuiver cowcatcher, track-clearer, obstruction (*of:* safety) guard
baansport track sport
baantjerijden skate up and down
baantjesjager place-hunter
baanvak section
baanveger ice-sweeper
baanwachter signalman, lineman, flagman; *(bij overweg)* crossing keeper, *(Am)* gateman
baanwedstrijd track event, track race
baanwerker permanent way worker
baanwijs: *~ zijn* know the ropes
baar **I** *zn* **1** *(golf)* billow, wave; **2** *(lijk~)* bier; *(draag~)* stretcher, litter; **3** *(staaf)* bar, ingot [of gold, etc]; *(her)* bar; **4** *(zandbank)* bar; **5** *zie* groen II.3; **II** *bn* bare; *~ geld* ready money, (hard) cash; *bare onzin* sheer nonsense; *de bare duivel* the devil incarnate
baard *(ve mens, dier, graan, oester)* beard; *(v graan, ook)* awn; *(ve kat)* whiskers; *(ve walvis)* (blades of) whalebone, baleen (plates); *(ve sleutel)* bit; *(ve veer, vis)* barb; *(ve veer, ook)* vane; *~je, (ve veer)* barbule; *~ van Mozes, (plant)* mind-your-own-business; *hij had een hele ~, (was ongeschoren)* there was a growth of beard on his chin [he had a four days' growth of beard]; *hij heeft de ~ in de keel* his voice is breaking; *zijn ~ laten staan* grow a (one's) beard; *in de ~ brommen* mutter into one's beard; *om 's keizers ~ spelen* play for love; *het is er een met een ~* it has whiskers on it (is a hoary old joke, a chestnut)
baardaap **1** *(dier)* wanderoo, lion-tailed monkey; **2** *(pers)* beardie
baardeloos beardless; *(fig ook)* callow [youth]
baardgier lammergeyer, bearded vulture
baardgroei growth of beard; *~ krijgen* grow a beard
baardig bearded
baardman(netje) **1** bearded reedling (tit); **2** *(kan)* bellarmine
baardmans beardie
baardmees bearded tit(mouse)
baardschurft, baardvin barber's itch (*of:* rash), sycosis
baardvogel barbet
baardwalvis whalebone whale
baarkleed pall
baarlijk utter [nonsense], [the devil] incarnate; *vgl*

baar II
baarmoeder womb, uterus
baarmoederhals cervix, neck of the womb; *van de ~* cervical [cancer]
baars *(vis)* perch, bass
baas *(hoofd, chef)* master, *(vr:)* mistress; *(fam)* governor (*volkst:* guv, guv'nor), boss *(beide ook aanspr); ~je* little chap; *nee, ~je* no, sonny (my lad)!; *grote ~, (Am)* main squeeze; *(meesterknecht)* foreman, working overseer, gaffer; *(mbt huisdier)* owner, *(inz v hond)* master, mistress; *(kanjer)* whopper; *(knapperd)* dab (hand) [at]; *hij is een ~je* he is a handful, a pickle; *aardige ~* nice chap; *gezellige oude ~* jolly old buffer; *een ~ van een jongen* a sturdy little chap (fellow); *je moet ~* ***blijven*** keep the whip hand; *zo* ***druk*** *als een klein ~je* [he is] as busy as a bee; *hij is de ~ van het* ***spul*** he runs the show, rules the roost; *de vrouw is de ~* the wife calls the tune (the shots), wears the trousers (the pants); *hij denkt dat hij hier de ~ is, (ook)* he thinks he owns the place; *hij is mij de ~ (af)* he is more than a match for me, (one) too many for me, etc; *hij is heel wat jongere mannen de ~* he can give points to ...; *iem helemaal de ~ zijn* beat a p. hollow; *ik ben mijn eigen ~* I am my own master; *ze* ***konden*** *de toestand geen ~ (worden)* they could not cope with the situation, the situation was beyond them; *ze kon de jongen geen ~* she couldn't cope with the boy; *de ~* ***spelen*** domineer, lord it [*over* over]; *de ~ spelen over, (ook)* boss [she bosses her husband]; *iem de ~* ***worden*** get the better of a p.; *de concurrentie de ~ worden* overcome the competition; *zijn gevoel (zijn zenuwen) de ~ worden* restrain one's feelings, overcome one's nervousness; *zie ook* meester; *er is altijd ~* ***boven*** *~* every man may meet his match
baat profit, benefit; *de kost gaat voor de ~ uit* nothing venture, nothing gain; *~ vinden bij* derive [much, little] benefit from, (be) benefit(ed) by; *te ~ nemen* avail o.s. of, take advantage of, seize [an opportunity]; have recourse to [other means]; *zonder ~* without avail, unavailing; *zie ook* baten; *ten bate van* for the good (the benefit) of, in aid of [charities] (*ook:* the proceeds will go to charity); *ten eigen bate aanwenden* appropriate to one's own use
baatzucht selfishness, self-interest(edness)
baatzuchtig selfish, self-seeking
babbel 1 talk, chat, chatter, babble; *~tje* chat; *een goede (vlotte) ~ hebben* be a persuasive (a smooth) talker; *zie verder* praat & praatje 2: ~s; **2** mouth, tongue, *(fam)* clack, clapper; **3** *zie* babbelaar 1
babbelaar(ster) 1 chatterbox, gossip; chatterer, babbler, tattler; *(klikker)* tell-tale; *(aardige kleine)* ~ little prattler; **2** *(stroopballetje)* bull's eye
babbelachtig *zie* babbelziek
babbelarij chit-chat, tittle-tattle, chattering
babbelbox chatline
babbelen *(keuvelen)* chat; *(kletsen)* chatter; *(over anderen)* gossip; *(ve kind)* prattle, babble; *(klikken)* blab, tell tales
babbelguigjes pretexts, excuses
babbelkous *zie* babbelaar 1
babbellijn chatline
babbelziek talkative, loquacious
babbelzucht talkativeness, loquacity
Babel Babel *(ook fig)*
babi pangang sweet and sour pork
baboe ayah; *(Am)* mammy
baby baby
babybedje cot, *(Am)* crib
babybox playpen
babyfoon baby monitor
Babylon Babylon
Babylonisch Babylonian [captivity]; *zie ook* spraakverwarring
babyoppas babysitter
babyschoentje bootee
babysit (baby)sitter
babysitten (baby)sit
babysitter (baby)sitter
babytrainer baby bouncer
babyuitzet layette
babyverzorging infant care
babyvleugel baby grand
baccalaureaat (course leading up to) bachelor's degree
baccarat baccarat
bacchanaal bacchanal
bacchanaliën bacchanalia, bacchanals
bacchant Bacchant
bacchante Bacchant(e)
Bacchus Bacchus; *zie ook* offeren
Bacchusfeest Bacchanalia
bacil bacillus (*mv:* -li)
bacillendraagster, bacillendrager carrier (of bacilli, of a disease), vector
bacove banana
bacterie bacterium (*mv:* -ria)
bacteriedodend *(middel)* bactericide, germicide
bacterieel bacterial
bacteriënoorlog bacteriological (*of:* germ) warfare
bacterievuur fire blight
bacteriofaag (bacterio)phage
bacteriologie bacteriology
bacteriologisch bacteriological
bacterioloog bacteriologist
bad I *zn (in huis)* bath *(ook: ~kuip); (buiten)* bathe, dip; *(zwem~)* (swimming) pool; *(chem)* bath; *onvrijwillig ~* ducking; *warme ~en, (in badplaats)* hot baths, thermal waters; *het ~ loopt* the bathwater is running; *een ~ nemen* have (take) a bath, bath; *(in open water)* have (take) a bathe; *een ~ geven* bath [a child]; *met ~, (ook)* [room] with ensuite bath; **II** *ww ovt van* bidden
badbenodigdheden bath(ing) requisites
badcel shower cabinet, bath cubicle
badderen (play in the) bath

badding batten
baddoek bath towel
baden bathe (*ook:* in blood, etc), bath [a baby, dog], be bathed [in tears, light], be steeped [in light], swim [in blood], be rolling [in wealth], wallow [in sensualism]; *in tranen ~, (ook)* be all (in) tears
badend bathing, etc; bathed, swimming, weltering [in blood]; bathed [in tears]
bader bather
badgast bather, (seaside) visitor
badhanddoek bath towel
badhandje facecloth
badhokje bathing cubicle
badhuis bathhouse, (public) baths
badinage badinage, chaff, banter
badineren banter, chaff
badinrichting 1 (public) baths; **2** swimming pool
badjas bathrobe, bathwrap
badjuffrouw (female) bath attendant
badkamer bathroom
badkoetsje bathing machine
badkostuum bathing costume (*of:* suit)
badkuip bathtub
badkuur course of (mineral) waters; *een ~ doen* take (drink) the waters
badlaken bath sheet, bathing towel
badmantel bathrobe, bathwrap
badmeester bath(s) superintendent; (swimming) pool attendant
badminton(nen) (play) badminton
badmuts 1 bathing cap; **2** *(sl)* dumbo
badpak bathing suit, swimsuit
badplaats *(voor minerale wateren)* watering place, spa; *(aan zee)* seaside place (*of:* resort), coastal resort; *naar een ~ gaan* go to the seaside (a watering place)
badschuim bath foam
badseizoen bathing (*of:* seaside) season
badslipper bathroom mule
badstoel *zie* strandstoel
badstof terry (cloth), towelling
badstrand bathing beach
badtas beach bag
badtent bathing tent
badwater bath water; *zie ook* kind
badzout bath salts, bath cube(s)
B-afdeling *(vglb)* science side
bagage luggage; *(in Eng lucht- & zeehavens & Am)* baggage; *(fam)* traps; *met weinig ~ reizen* travel light
bagagebureau luggage office, parcels receiving office
bagagedepot left luggage (office, depot)
bagagedrager *(ve fiets)* (rear) carrier
bagagekluis luggage locker
bagagelabel baggage tag
bagagenet (luggage) rack
bagagereçu luggage receipt (ticket)
bagagerek 1 luggage rack; **2** roof-rack
bagageruim *(v vliegt)* luggage (*Am:* baggage) compartment (*mar:* hold)
bagagespin roof lashing
bagagewagen (luggage) van, guard's van
bagatel trifle, bagatelle; *voor een ~* [buy] for a mere trifle, for a song; *maar een ~, (fam, ook)* [it's] a mere flea bite
bagatelliseren minimize [the difficulties], treat as of little importance, trivialize, play down [the news of the peace move]
Bagdad Baghdad
bagel 1 *(broodje)* bagel; **2** *(ook:* baggel*) zie* bagger
bagger mud, mire, slush
baggerbak scoop
baggeren 1 dredge *(met baggermachine);* scoop out [peat, mud]; **2** wade [through the mud], slush
baggerlaarzen waders
baggermachine, baggermolen dredger, dredging machine
baggernet dredge(-net)
baggerpraam, baggerschuit hopper (barge), mud barge
baggerspecie spoil
baggerturf dragpeat
baggerwerk dredging (work, operations)
bagno *(hist)* bagnio
baguette baguette; *(brood, ook)* stick loaf
bah 1 bah!, pah!, pooh!, ugh!, yuck!; **2** *zie* boe
Bahama's Bahamas, Bahama Islands; *van de ~* Bahamian
bahco(sleutel) monkey wrench
Bahrein Bahrain
bain-marie bain-marie; double boiler
baisse fall; *à la ~ speculeren* speculate for a fall, sell short, bear
baissier bear
bajes *(sl)* cooler, jug, *(Am)* can
bajesklant jailbird
bajonet bayonet; *met gevelde ~* with fixed bayonets; *met de ~ doorsteken (vellen)* bayonet; *zie ook* opzetten
bajonetsluiting bayonet fitting (catch)
bak 1 *(ve koffer, slager, kat, enz)* tray; *(ve ~fiets)* carrier; *(voor kalk, enz)* hod; *(voor water, enz)* cistern, tank, reservoir; *(ve baggermachine)* scoop; [corn, dust]bin, [ash]pan, [window] box; *(krat)* crate; *(trog, etensbak)* trough, *(ve hond)* dish; *(broei~) zie* broeibak; *(ve rijtuig)* body, *(voor bagage)* boot; *(ve auto) zie* kofferruimte; *(in schouwburg, vero)* pit; *volle ~* full house; *(bed)* sack; *(gevangenis)* cooler, jug, *(Am)* can; *de ~ indraaien* get a stretch, go down, *vgl* doos 4; *(mar)* forecastle head, *(eettafel)* mess; ***aan de ~ komen**, (fig), a)* come in for one's share (of the pickings), get a turn; *b) (optreden)* turn out; ***bij ~ken*** [the rain came down] in buckets; *vgl* stortregenen; ***in de ~**, a)* in stir, the cooler, etc; *b) (roeien)* in the tub; **2** *(mop)* (practical) joke, hoax, lark

bakbanaan cooking banana
bakbarometer cistern barometer
bakbeest whopper, colossus
bakblik baking tin
bakboord port [side]; *van ~ naar stuurboord zenden* send from pillar to post
bakeliet(en) bakelite
baken beacon; *(boei)* buoy; *(landmeten)* levelling staff, stadia; *de ~s verzetten* adopt new methods, change one's policy; *als het tij verloopt, verzet men de ~s* one must move with the times, trim one's sails to the wind; *de ~s zijn verzet* times have changed; *zie ook* schip
bak-en-braadolie cooking oil
bak-en-braadvet shortening
bakenlanding *(luchtv)* blind landing
bakenton pillar buoy
baker (dry) nurse
bakeren dry-nurse; *zich ~ in de zon* bask in the sun; *zie ook* heetgebakerd
bakerkindje infant (*of:* baby) in arms
bakermat cradle, birthplace, nursery [of learning], nurse [of liberty], home [of insurance]
bakerpraat old wives' tales, idle gossip
bakerrijmpje nursery rhyme
bakerspeld large safety pin
bakersprookje 1 fairy tale; **2** old wives' tale
bakfiets carrier tricycle
bakgast *(mar)* messmate
bakje 1 tray; *vgl* bak; **2** cup; **3** *(rijtuig)* cab
bakkebaard (side-)whiskers; *(fam)* sideburns, mutton chops, *(Br)* sideboards
bakkeleien tussle, scuffle, knock each other about; *(fam)* scrap; *~ over* squabble about [farm prices in the EU]
bakken 1 bake [in an oven]; *(in pan)* fry [fish, potatoes, eggs]; bake, burn, fire [earthenware]; *wie heeft me dat ge~?* who has let me in for that?; *hij zit daar ge~* he has it made there (is in clover); *aan iets ge~ zitten* be married to s.t.; *zie ook* bak- en braad- & lucht; **2** *(bij examen)* be ploughed
bakkenist 1 (sidecar) passenger; **2** *(radio)* ham
bakker baker; *het (hij) is voor de ~* everything okay, that's settled; *warme ~* home (fresh, hot-bread) bakery
bakker-an: *~ zijn* be had; *(soms)* be for it
bakkerij bakery, baker's (shop)
bakkersknecht journeyman baker; *(bezorger)* baker's man
bakkerstor cockroach
bakkerstrog kneading trough
bakkes *(fam)* mug, phiz; *hou je ~!* shut up!, shut your trap!
bakkie CB rig
baklap 1 steak for frying; **2** fried steak
bakmeel self-raising (*Am:* self-rising) flour
bakolie cooking oil
bakoven oven
bakpan frying pan
bakplaat baking tray
bakpoeder baking powder
baksel batch, baking
baksjisj baksheesh
baksteen brick; *stuk ~* brickbat; *laten vallen als een ~* drop like a hot brick; *het regent bakstenen* it is raining cats and dogs, it is coming down in bucket(ful)s; *zinken als een ~* sink (go down) like a stone; *zie ook* [1]zakken
bakstenen *bn* brick [wall]
bakvet frying fat; *vgl* bak- en braadvet
bakvis 1 fryer, frier; **2** *(fig, vero:) ~(je)* flapper, *(Am)* bobby-soxer; teenage girl, teenager
bakvorm baking tin
bakzeilhalen back the sails; *(fig)* climb (*of:* back) down, draw in one's horns
[1]**bal 1** ball *(ook v hand, voet, enz)*, bowl *(bij enkele spelen; kegelbal)*; *(zaad~)* testicle; *~len, (sl)* guilders; *met de ~ spelen* play (at) ball; *een ~ maken (missen)* make (miss) a ball; *je slaat de ~ mis, (fig)* you are beside (wide of) the mark; *de ~ is rond* the end will show; *de ~ aan het rollen brengen* set the ball rolling; *elkaar de ~ toespelen (toekaatsen, toewerpen), (fig)* play into each other's hands, scratch one another's backs, help each other along; *hij weet er de ~len (geen ~) van* he doesn't know a damn thing about it; *zie ook* balletje, gehakt, stoppen & zier; **2** *(sl: pers)* cocky bastard; toff, chinless wonder
[2]**bal** ball, dance; *~ masqué* masked ball; *een ~ geven* give a dance; *het ~ openen* open the ball; *zie ook* gekostumeerd
Balaäm Balaam
balalaika balalaika
balanceerstok balancing pole
balanceren balance, poise; *(fig)* vacillate [between two opinions]
balans 1 balance, (pair of) scales; *(balk daarvan)* beam; *(ve brug)* draw-beam, bascule; **2** *(ve horloge) zie* balansrad; **3** *(hand)* balance sheet; *de ~ opmaken* draw up the balance sheet, *(fig)* strike a balance, draw up the [political, etc] balance sheet; *de ~ van het congres opmaken* assess the results of the conference; *zie ook* evenwicht
balansopruiming stocktaking sale
balansrad balance wheel
balanswaarde balance sheet value, inventory value
balboekje *(hist)* (dance-)card
baldadig wanton [destruction], lawless, rowdy [behaviour]
baldadigheid wantonness, etc, mischief; *openbare ~* rowdyism, hooliganism
baldakijn baldachin, canopy
Balearen Balearics, Balearic Islands (Isles)
balein whalebone, baleen; *(ve korset)* busk; *(ve paraplu)* rib
baleinen *bn* whalebone [corset]
baleinwalvis whalebone (baleen, right) whale

balen be fed up; ~ *als een stier (een stekker)* be sick to death [*van* of]
balg 1 *(fot, blaas~, enz)* bellows; **2** skin; **3** *(volkst)* paunch
balhoofd(buis) *(v fiets)* head tube
balie 1 *(leuning)* railing, balustrade, parapet [of a bridge]; *(ve kantoor)* counter; *(ve hotel)* desk; *(vd rechtbank; advocaten)* bar; *binnen de ~* in the body of the Court; *bestemd voor de ~* intended for the bar; *tot de ~ toelaten* call to the bar; *voor de ~ komen, (fig)* be carpeted, be on the carpet; *iem voor de ~ laten komen* carpet a p., have a p. on the carpet (on the mat); **2** *(kuip)* tub; **3** *(mand)* laundry basket
baliebediende, balie-employé counter clerk, receptionist
baliekluiver (waterside) loafer, idler
Balinees *bn & zn* Balinese *(ev & mv)*
baljapon ball dress
baljuw bailiff
baljuwschap bailiwick
balk beam *(ook ve balans)*; balk *(ruw)*; *(vloer~)* joist; *(dak~)* rafter; *(ve vlot)* log; *(noten~)* staff, stave; *(op cheque, foto, enz)* bar; *(rangteken)* bar; *(her)* bar, bend; *(sp)* balance beam; *~en, (onder de ogen)* bags; *een ~ in zijn wapen voeren* bear a bend (a baton, *fam, onjuist:* a bar) sinister on one's shield; *dat mag je wel (met een krijtje) aan de ~ schrijven* chalk that up!; *het geld over de ~ gooien* play ducks and drakes with one's money; *hij gooit het geld niet over de ~* he does not spend more than he can help; *zie ook* splinter
Balkan Balkan [the Balkan Mountains, Peninsula, question]; *de ~* the Balkans
balkaniseren Balkanize
Balkanlanden: *de ~* the Balkan countries, the Balkans
balkbrug girder bridge
balken *(v ezel)* bray; *(fig)* bawl, squall
balklaag *(ve gebouw)* joisting
balkon balcony *(ook ve schouwburg)*; *(ve tram)* platform; *(in trein)* vestibule; *~ 2e rang* upper circle; *zie ook* fauteuils de balcon; *op het ~* on (*of:* in) the balcony
balkondeur: *(dubbele) ~(en)* French window(s)
ballade ballad
ballast 1 ballast *(ook ve spoorweg)*; *in ~* in ballast; **2** *(fig)* padding, dead weight
ballasten ballast
ballen *tr & intr* **1** *(sneeuw-, enz)* ball; **2** play with a ball (at ball); **3** clench [one's fists]; *zijn vuisten balden zich* his hands clenched
ballenjongen (-meisje) ballboy (ballgirl)
ballentent 1 *(vglb)* coconut shy; **2** posh joint; **3** ghastly place
ballerina ballerina
ballet 1 ballet; **2** ballet (company)
balletdanseres ballet dancer, ballerina
balletje little ball; globule; *(gehakt)* forcemeat ball; *(hoest~)* cough drop; *(zacht, v brood, enz)* pellet; *een ~ van iets opgooien (opwerpen)* throw out a feeler, bring up (raise) a subject; *~-~, (vglb)* thimblerig, *(Am)* shell game; *zie ook* [1]bal **1**
balletmeester ballet master
balletmeesteres ballet mistress
balletmuziek ballet music
balling exile
ballingschap exile, banishment
ballistiek ballistics
ballistisch ballistic
ballon 1 *(lucht-, tekst~)* balloon; *~netje, (ve kind)* (toy) balloon; **2** *(min)* gasbag; **3** *(ve lamp)* globe
ballonband balloon tyre
ballonfok spinnaker
ballonsport ballooning
ballonvaarder balloonist
ballonvaren balloon(ing)
ballonzeil balloon sail; *~en, (ook)* balloon canvas
ballotage 1 ballot(ing); **2** *(Belg pol)* second ballot
balloteren 1 vote by ballot, ballot [for a candidate]; **2** vote again
ballpoint(pen) ballpoint, biro, ball-pen
balorig 1 refractory, cross, contrary; **2** bad-tempered, peevish
balorigheid refractoriness, etc; *louter uit ~, (fam)* out of pure (*of:* sheer) cussedness
balsa(hout) balsa
balsamiek, enz *zie* balsemiek, enz
balschoen pump, dancing-, dance-shoe
balsem balm, balsam; *(fig meest)* balm [he poured balm into my wound]
balsemachtig balmy, balsamic
balsemen embalm
balsemer embalmer
balsemiek 1 balsamic, balmy; **2** *(fam)* suffocating(ly hot)
balsemien balsam
balseming embalmment
balspel 1 playing at ball; **2** ball game, game of ball
balsturig obstinate, refractory, pig-headed
balsturigheid obstinacy, refractoriness, pig-headedness
Balthasar, Balthazar Balthazar
Baltisch Baltic
balts (courtship) display
baltsen display
baltstijd mating season
baltsvlucht courtship flight
baluster baluster
balustrade balustrade; *(ve trap)* banisters
balverlies: *~ lijden* be robbed (of the ball)
balvormig ball-shaped
balzaal ballroom
balzak scrotum
bamboe bamboo [rat, shoots]
bamboebeer panda
bamboes, bamboezen bamboo

bami Chinese noodles, chow mein
bamzaaien *(vglb)* draw lots
ban 1 *(kerk)* excommunication, ban; *(kleine ~)* interdict; *(rijks~)* ban, (sentence of) outlawry, proscription; *in de ~ doen, (kerk~)* excommunicate, *(rijks~)* proscribe, outlaw, *(fig)* put under a ban, proscribe, ostracize, *(fam)* taboo; **2** *(bezweringsformule)* charm, spell, incantation; *(betovering)* spell, charm; **3** *(rechtsgebied)* jurisdiction
banaal banal, trite, commonplace, cheap
banaan banana *(boom & vrucht)*
banaliteit banality, platitude
bananenrepubliek banana republic
banbliksem (ecclesiastical) anathema
bancair bank [credit], banking [transactions]
band 1 *(ve muts, schort, pyjama, enz)* string; *(ve kleermaker, voor documenten, magneet~, enz)* tape; *(haar-, hoofd~)* fillet; *(lint)* ribbon; *(anat)* ligament; *(om ader af te binden)* ligature; *(als verband)* bandage; *(breuk~)* truss; *(om arm, hoed, sigaar, schoof)* band; *(op grammofoonplaat, enz)* track; *(radio)* (wave)band; *(voor gebroken arm)* sling; *(streep, strook)* band, belt; *(op greepplank v gitaar, enz)* fret; *(ve boek)* binding; *losse ~* binding case; *(ve vat, baal)* hoop; *(ve wiel)* tyre; *(trottoir~)* kerb(stone); *(biljart~)* cushion; *~en, (boeien)* fetters, bonds; *zie ook* lopend; ***aan** de ~ leggen (liggen)* tie up (be tied up); *iem aan ~en leggen* put a p. under restraint; *de pers aan ~en leggen* restrict the liberty of the press, gag (*of:* muzzle) the press; ***door** de ~, zie* bank: door de ~; ***over** de ~ spelen, (bilj)* play bricole; *(fig)* do [s.t.] in an indirect way; ***uit** de ~ springen* kick over the traces, break out, get out of hand; **2** *(fig)* bond, tie, link; *~en des bloeds (der vriendschap)* ties of blood (of friendship); *~en der liefde* bonds of love; *nauwe ~en met Engeland* close relationship(s) with England
bandafnemer *(ve fiets, enz)* tyre lever
bandage bandage; *~s, (ook)* truss
bandagist truss-maker
bandbreedte bandwidth; *(fig)* room for manoeuvre
banddikte [win by a] tyre's width
bandelastiek flat elastic, cord elastic
bandelier shoulder belt, cross belt, bandoleer
bandeloos 1 riotous, lawless, licentious; **2** go-as-you-please [morality]
bandeloosheid lawlessness, etc, disorderliness, indiscipline
bandenlichter tyre lever
bandenpech tyre trouble, puncture, flat
bandenspanning tyre pressure
banderol 1 banderol; **2** (newspaper) wrapper; **3** [cigar] band (by way of revenue stamp)
bandfilter bandpass filter
bandgeheugen tape storage
bandiet bandit (*mv ook:* -ditti), brigand, ruffian
bandijk flood-wall, winter dike
bandijzer strip-, hoop-iron
banditisme banditry
bandje *zie* band; *(lus ve jas, enz)* tag, tab; *(schouder~)* strap; *(muziek~)* tape, cassette
bandjir *(Ind)* flood
bandlas tape join
bandleider band leader
bandopname tape recording
bandplooibroek pleated trousers
bandrecorder tape recorder
bandrem *(ve fiets)* tyre-brake
bandschuurmachine belt sander
bandspreiding *(radio)* bandspread
bandstaal strip (steel)
bandstoten cushion play
bandtransporteur conveyor (belt)
bandversiering binding design
banen: *een weg ~* clear a way; *de weg ~* smooth (pave, prepare) the way [*voor* for], blaze a (the) trail; *zich een weg ~* make (force, push, squeeze, thread) one's way [through the crowd, into the room, etc], hew (cut, hack) one's way; *nieuwe wegen ~* break new ground; *gebaande weg* beaten road, [keep to the] beaten track
banenmarkt jobcentre; *(Am)* job fair
banenplan job creation scheme
bang afraid *(alleen pred); (beschroomd)* timid, timorous, fearful; frightened; *(laf)* cowardly; *(ongerust)* uneasy; *(in spanning)* anxious; *~ om alleen uit te gaan, (ook)* nervous of going out alone; *~e dagen* anxious days; *zo ~ als een wezel* as timid as a hare; *~e vrees* [give way to] anxious fears; *~ **maken*** make afraid, frighten, scare; *(sl)* put the wind up [a p.]; *ik laat me niet ~ maken* I am not to be intimidated; *~ **worden*** become afraid; get the wind up, *(fam)* get cold feet; *~ **zijn voor*** be afraid (frightened, scared) of; *(bezorgd voor)* be afraid for, fear for; *~ zijn voor zijn leven* go in fear of one's life; *daar ben ik niet ~ voor* ['You will like the place'] 'I don't doubt it'; *~ zijn, (fam)* have the wind up, have cold feet; *~ zijn dat...* be afraid that...; *wees daar maar niet ~ voor, (ook)* make your mind easy (set your mind at rest) about that!; *zie ook* hart
bangelijk timid
bangerd, bangerik coward, *(sl)* funk
bang(ig)heid fear, anxiety, timidity
Bangladesh Bangladesh
bangmakerij intimidation; *(fam)* [it's merely] (a, a piece of) bluff
banier banner, standard; *zie ook* scharen
banierdrager standard-bearer
banjer toff, swell
banjeren 1 swagger, stalk (up and down); **2** swank; **3** knock about
banjo banjo
bank 1 *(zit-, werk~)* bench; *(tuin-, rijtuig~)* seat; *(soort canapé)* settee; *(met rechte hoge leuning)* settle; *(inz school~)* form *(lang zonder leuning), (~ + schrijfblad)* desk; *(kerk~)* pew; *(geld-, speel-, zand-,*

wolken-, oester~) bank; *beklaagden~* dock; *getuigen~* witness box; *reserve~* (the) bench; ***achter de ~ gooien*** discard, put on the shelf; ***door de ~*** on (an, the) average, by and large, generally, as a rule; ***in (op) de ~, (school)*** [sit] at one's desk; *(sp: op de ~ zitten)* sit on the bench; **2** *(krediet-, speel~, enz)* bank; *B~ van Internationale Betalingen* Bank of (for) International Settlements; *~ van lening* pawnbroker's shop, pawnshop; *zo solide als de ~* as safe as the Bank of England; *de ~ hebben (houden)* keep the bank; *de ~ doen springen* break the bank; ***hij is aan*** *(werkt op) een ~* he works in a bank; ***geld op een (op de) ~ hebben*** have money at a (in the) bank; ***op de ~ plaatsen*** bank [money]; *zie ook* deponeren

bankafschrift bank statement

bankbiljet banknote

bankbreuk: *bedrieglijke ~* fraudulent bankruptcy

bankbriefje 1 *(bankbiljet)* banknote; **2** *(vd lommerd)* pawn ticket

bankconsortium banking syndicate

bankdirecteur bank manager

bankdisconto bank rate

bankemployé bank clerk (official)

banken I *zn* vingt-et-un; **II** *ww* **1** play (at) vingt-et-un; **2** bank [the fires]; **3** stay, remain

banket 1 *(feestmaal)* banquet, public dinner; **2** *(gebak)* (fancy) cakes, almond pastry; **3** *(mil)* banquette, firing-, fire-step

banketbakker confectioner, pastry-cook

banketbakkerij patisserie, *(Am ook)* pastry shop

bankethammetje small choice ham

banketletter almond-filled pastry (in the shape of a) letter

banketstaaf almond-filled pastry roll

banketteren banquet, feast

bankgarantie banker's guarantee

bankgeheim banker's discretion

bankgiro bank giro

bankhamer bench hammer

bankhouder, bankier banker

bankieren bank

bankiershuis banking house

bankinstelling banking institution

bankje 1 stool, footrest; *zie* bank; **2** (bank)note

bankkaart *(Br)* cheque (guarantee) card

bankloper bank messenger

banknoot banknote

bankopdracht banker's order

bankoverval bank hold-up (raid)

bankpapier banknotes

bankpas *(Br)* cheque (guarantee) card; *(voor geldautomaat)* cashcard

bankreferentie bank reference

bankrekening bank account

bankrelatie bank(ers)

bankreserve banking reserve

bankroet I *zn* bankruptcy; *~je* loss; ***die lezing bezorgt ons een ~je van £75*** we are £75 out of pocket through that lecture; **II** *bn* bankrupt; *~ gaan* fail, go bankrupt; *zie ook* failliet, failleren & blut

bankroetier bankrupt

bankroof bank robbery

bankrover bank robber

banksaldo bank balance

bankschroef (bench) vice *(Am:* vise)

bankschuld overdraft

bankstaat bank return, return [of the Bank of England]

bankstel (lounge, three-piece) suite

bankstelsel, banksysteem banking system

bankvereniging joint-stock bank

bankwerker fitter, bench-hand

bankwerkerij fitting shop

bankwezen banking, the banks

bankzaken banking (business)

bankzitten *(sp)* sit on the bench

banneling(e) exile

bannen banish [evil thoughts, fear], exile [from a country], expel [from society], exorcize [evil spirits]; *uit het land ~, (ook)* banish from the country

bantamgewicht bantam weight

bantammer bantam (cock, hen)

Bantoe Bantu

bantoeïstiek bantuistics, study of African languages and culture

banvloek anathema, ban; *de ~ slingeren naar (uitspreken over)* anathematize, fulminate a ban against, curse by bell, book and candle

baobab baobab

baptist baptist

bar I *zn* **1** [coffee, heel, refreshment, snack] bar; **2** *(natuurk)* bar; **II** *bn* **1** *(dor, naakt)* barren [land, rocks]; *(guur)* raw, inclement; **2** *(scherp)* biting, severe [cold]; **3** *(bars)* grim, stern [face], gruff [manners, look]; **4** *(erg) dat is (al te) ~* that's too bad, a bit thick (steep, much); *nu wordt het me toch te ~* this is getting beyond a joke; *zie* [1]kras I.2; **III** *bw* horribly [cold], extremely [nice]; *zich ~ vervelen* be bored stiff

barak shed; emergency hospital; *(mil)* hut(ment); *~ voor besmettelijke ziekten* isolation hospital; *(lelijk gebouw)* barrack

baraka instant lottery (ticket)

baratterie barratry

barbaar barbarian

barbaars barbarous [savages], barbaric [splendour], barbarian [nations]; uncivilized [behaviour]

barbaarsheid barbarity, barbarism

Barbad(i)aan(s) Barbadian

Barbados Barbados

Barbarije, Barbarijs Barbary; *~s paard, (ook)* barb

barbariseren barbarize

barbarisme barbarism

***barbecueën** *(Wdl: barbecuen)* barbecue

barbeel barbel

barbertje undershelf basket; *B~ moet hangen* there

has to be a scapegoat
barbette *(mar & mil)* barbette
barbier barber
barbieren shave
barbierswinkel barber's shop
barbiesjes: *naar de ~ gaan (wensen)* go west (wish [a p.] to the devil)
barbituraat barbiturate
barbituurzuur barbituric acid
barcarolle barcarolle
bard bard
bardame barmaid
bardenzang bardic lay *(of:* song)
barderen bard
bareel (crossing, crush, etc) barrier
barema wage scale; tariff
baren I *ww* **1** bear, bring forth, give birth to; **2** excite [wonder], cause [surprise], engender [friendship engenders friendship], create [a sensation]; *moeite (zorg) ~* cause, give trouble (be a cause for concern); **II** *zn* childbirth
barensnood [be in] labour; *(inz fig)* [be in] travail
barensweeën labour (contractions, pains), pains of childbirth
baret cap, beret; *(ve kind, ook)* tam(-o'-shanter); *(ve geestelijke)* biretta; *(ve student)* (academic) cap, mortarboard, square
barg hog
Bargoens (thieves') slang, patter
barheid barrenness, etc, *vgl* bar II.1; severity, inclemency
bariet barytes, *(Am)* barite
baring parturition, childbirth
bariton 1 baritone; **2** *(vedel)* baryton(e)
barjuffrouw barmaid
bark barque, bark
barkas (motor) launch, longboat
barkeep(st)er barman (barmaid), barperson
barkruk bar stool
barmhartig charitable, merciful; *~e Samaritaan* Good Samaritan
barmhartigheid mercy, mercifulness, charity; *uit ~* out of charity
bar mitswa bar mitzvah
barmsijs: *grote ~* mealy redpoll; *kleine ~* lesser redpoll
barnen *(vero)* burn
barnsteen, barnstenen amber
barograaf barograph
barok baroque
barometer barometer, glass [the glass is rising]
barometerstand height (state, reading) of the barometer; barometric pressure; [highest] barometer reading [for 30 years]
barometrisch barometric *(bw:* -ally)
baron(es) baron(ess)
baronie barony
baroscoop baroscope
barrage 1 *(versperring)* barrier; *(dam, spervuur)* barrage; **2** *(sport)* decider, play-off; *(springconcours)* jump-off
barre barre
barré capotasto
barrégreep barré
barrel 1 *(vat)* barrel; **2** *aan ~s slaan* smash to bits (to smithereens)
barrevoetbroeder, barrevoeter barefooted (discalced) friar
barrevoets barefooted
barricade barricade
barricaderen barricade
barrière barrier
bars stern, grim [face], harsh, gruff [voice], brusque [manner]
barst crack, flaw; *(in huid)* chap; crack; *met kleine ~jes, (v glazuur)* crazed; *geen ~, (sl)* damn-all; *zie* donder: geen ~
barsten burst (*ook fig: v jaloezie* with envy), crack, split, be cracked; *(vd huid)* chap, crack, be (get) chapped; *(springen)* burst, explode; *zie ook* springen; *barst!* damn, blast (it, you, etc)!; *hij kan (mag) ~* he can go to hell; *~de hoofdpijn* splitting headache; *ge~ lippen* cracked (chapped) lips; *ge~ ruit* cracked pane; *tot ~s toe vol* crammed, cram-full, full to overflowing; *zich te ~ eten* eat fit to burst; *zich te ~ werken* work o.s. to death; *zie ook* liegen
Bartholomeusnacht Massacre of St Bartholomew
Bartjens: *volgens ~* according to Cocker; *(Am)* according to Gunter
barysfeer barysphere
baryton *(vedel)* baryton(e)
barzoi borzoi
bas bass *(ook: ~viool); ~ zingen* sing bass
basaal basal
basalt basalt
basaltslag road metal
basaltzuil basaltic column
bascule (platform) weighing machine
basculebrug bascule (bridge)
base *(chem)* base
basement base [of a pillar]; foundation [of a building]
baseren base, found, ground [*op* on]; *gebaseerd zijn op, (ook)* rest on, be rooted in
basfluit bass flute
basgitaar bass (guitar)
basilicum *(plant)* (sweet, wild) basil
basiliek basilica
basiliscus, basilisk basilisk, cockatrice
basis 1 *(wisk, mil)* base; **2** *(fig, inz)* basis, footing, foundation [skills; lay the foundation of *voor*]; *op ~ van ...* on the basis of, on the principle that ...; **3** *(pol, enz)* grass roots, [consult the] rank and file; **4** *(sp)* basic line-up
basisbegrip basic (concept)
basisch basic, alkaline

basiscursus foundation course
basiseis basic requirement
basisindustrie basic industry
basisinkomen guaranteed minimum income
basiskennis elementary knowledge; [master the] elements, basics, rudiments
basisloon basic wage
basisonderwijs primary education
basisopleiding basic training
basisopstelling *(sp)* (starting) line-up
basisplan master plan
basisschool primary school
basisvorming national syllabus in (lower forms of) secondary schools
Bask Basque
Baskenland (the) Basque Country
basketbal(len) (play) basketball
Baskisch Basque; *~ mutsje* beret
Basoeto(land) Basuto(land); *(land, nu)* Lesotho
bas-reliëf bas-relief, [in] low relief
bassen bay
bassin basin; *(aquarium)* tank; *zie ook* zwembassin
bassist bass (singer, player)
bassleutel bass clef
basstem bass (voice); *(v muz)* bass part
bast **1** bast, inner bark; *(schors)* rind, bark; *(schil, peul)* husk, shell, pod; **2** *(fam)* skin; body; *iem op zijn ~ geven* tan a p.'s hide; *in zijn blote ~, a)* in the altogether; *b)* with bare(d) torso; **3** belly, [fill one's] paunch
basta: *~!* enough!, stop!; *en daarmee ~* and there's an end (of it); and now you know!, that's enough!, that's that!
bastaard bastard; *(biol)* hybrid, crossbreed; *(inz hond, & min v pers)* mongrel
bastaarderen hybridize, crossbreed
bastaardering hybridization
bastaardij bastardy
bastaardnachtegaal dunnock, hedge sparrow
bastaardsatijnvlinder brown-tail moth
bastaardvijl bastard file
bastaardvloek minced oath
bastaardvorm *(biol & tlk)* hybrid; *(ong)* mongrel
bastaardwederik willowherb
bastaardwoord loanword
basterd, enz *zie* bastaard, enz
basterdsuiker (soft) brown sugar; *(cocaïne)* snow
bastion bastion
bastkever bark beetle
bastonnade bastinado
basviool violoncello
baszanger bass (singer)
Bataaf(s) Batavian
bataat sweet potato
Batak(ker) Batta(h)
bataljon battalion (*afk:* B(att)n)
Batavia Batavia
Bataviaas Batavia(n)
Batavier Batavian
bate profit; *zie verder* baat
baten **I** *ww* avail; *niet ~, (ook)* be of no avail (of no use, unavailing); *wat baat het?* what's the use?; *het baat niet* it's no use (no good); *daarmee (daarbij) ben ik niet gebaat* it's no use (no good) to me; *onze belangen zijn daarmee niet gebaat* it does not serve our interests; *baat het niet, het schaadt ook niet* if it does not do any good, it does not do any harm either; **II** *zn (activa)* assets; *~ en schaden* profits and losses
Bathseba Bathsheba
bathyscaaf bathyscaphe
bathysfeer bathysphere
batig: *~ saldo (slot)* surplus, credit balance
batik batik(-work)
batikken batik
batist(en) batiste, lawn, cambric
batonneerstok single stick
batterij battery; *droge ~* dry battery
batterijkip battery hen (chicken)
batting batten; *met ~s sluiten, (mar)* batten down
baud baud
bauxiet bauxite
bavet bib
baviaan baboon
bazaar **1** *(oosters)* bazaar; **2** *(liefdadigheids~)* bazaar, jumble sale; **3** *(warenhuis)* store(s); **4** *(rommel)* mess
Bazel Basle, Basel, Bâle
bazelen waffle, drivel
bazen domineer [over], boss [a p. around]
bazig domineering, overbearing, managing; *(fam)* bossy
bazin mistress; *(fig)* virago
bazuin trombone, trumpet; *de ~ steken* blow the trumpet; *~ van het Laatste Oordeel* Last Trump
bazuinblazer trombonist
bazuingeschal sound (*of:* blast) of trumpets
BB afk van *Bescherming Bevolking* CD, Civil Defence
bbp afk van *bruto binnenlands product* GDP, gross domestic product
b.d. afk van *buiten dienst* ret., retd
bdellium bdellium
bè baa
bearden inter, bury, commit to the earth
bearding burial, interment; *(r-k)* committal
beaat beatific [smile]
beademen breathe (up)on; *(med)* ventilate
beademing *(med)* artificial respiration, ventilation; *aan de ~, (ook)* [be] on life support; *zie ook* mond: ~ op ~
beademingstoestel respirator, ventilator
beambte junior official, functionary
beamen assent (say amen) to, echo, endorse; *hij beaamde het* he assented
beaming assent
beangst uneasy, alarmed, anxious; *zie ook* bang

beangstigen *(verontrusten)* alarm [an alarming situation]; *(bang maken)* frighten

beantwoorden answer [a letter, question, speaker]; reply to [a letter, speech, remark, attack]; respond (reply) to [a toast]; return [a visit, love, salute, the fire]; acknowledge [an introduction with a bow]; reciprocate [feelings]; *~ **aan*** answer, fulfil, meet [requirements]; answer (to) [the description]; answer, come up to [a p.'s expectations]; *(overeenkomen met)* answer to [a description; this verb answers to (the) Dutch 'helpen']; *niet ~ aan, (ook)* fall short of [expectations]; *aan het doel ~* answer (fulfil, serve) the purpose, answer, serve its turn; *~ met, zie* vergelden & vraag; *beantwoorde liefde* requited love; *niet te ~* unanswerable [question]

beantwoording reply, replying, answering; *(ve groet)* acknowledgement; *ter ~ van* in reply (answer, response) to; *de ~ van die vraag is vrij lastig* it is somewhat difficult to answer that question

bearbeiden, enz *zie* bewerken, enz

beargumenteren elucidate, argue, support, substantiate

Beatrix Beatrice

bebakenen beacon, buoy

bebladerd leafy, leaved, [trees] in leaf

bebloed bloodstained, covered in blood, *(Am)* bloody

beboeten fine, mulct; *iem met £5 ~* fine a p. five pounds

bebossen afforest; *beboste streek* wooded area

bebossing afforestation

bebouwbaar arable, cultivable, tillable

bebouwd **1** cultivated, under cultivation; *met tarwe (katoen) ~* under wheat (cotton); **2** built(-)on, built(-)over, built [environment]; *~e kom, (oppervlakte)* built-up area

bebouwen **1** cultivate, till; *met katoen ~* put [land] under cotton; **2** build upon (on, over)

bebouwer cultivator, tiller

bebouwing **1** cultivation, tillage; **2** building upon (on, over); **3** *(concr)* buildings; built-up area

bebroeden incubate, hatch, sit on

becijferen calculate, figure (out)

becijfering calculation

becommentariëren comment (up)on

beconcurreren compete with

becquerel becquerel

bed bed *(ook rivier-, bloem-, enz)*; *(mar)* berth; *het ~ moeten houden* have to keep one's bed, be confined to bed; *zijn ~je is gespreid* his future is secure; ***aan (bij)*** *mijn ~* at (by) my bed(side); ***in*** *~* in bed; ***met*** *één ~* single; *met twee (eenpersoons) ~den* twin-bedded; *met een dubbel ~* double [room]; ***naar*** *~* [I haven't been] to bed [at all]; *naar ~ brengen* put to bed; *naar ~ gaan* go to bed [*met* with]; *(fam)* turn in; *(bij ziekte)* take to one's bed; *hij gaat ermee naar ~ en hij staat ermee op* it is almost an obsession with him; *met iedereen naar ~ gaan* sleep around; ***naast*** *het ~* bedside [table]; ***te*** *~ liggen* be (lie) in bed; *te ~ liggen met reumatiek* be laid up (be down) with rheumatism; *je ~ **uit**!* show a leg!; *iem uit (het) ~ halen* drag (turn) a p. out of bed; *ik houd je uit (je) ~* I'm keeping you up; *ver **van** mijn ~* nothing to do with me, not my problem; *zie ook* kluisteren, opmaken, enz

Beda (the Venerable) Bede

bedaagd aged, elderly

bedaard *zie* kalm

bedacht: *~ op, a) (lettend op)* mindful of, alive to [one's interests]; *b) (voorbereid op)* prepared for; *op alles ~ zijn, (ook)* keep one's mind open to all possibilities

bedachtzaam *(overleggend)* thoughtful; *(niet overijld)* deliberate; *(voor-, omzichtig)* cautious, circumspect

bedachtzaamheid thoughtfulness, caution, circumspection

bedaken roof (in, over)

bedampen steam over

bedankbrief letter of thanks; *(na logeren)* letter of thanks for hospitality, bread-and-butter letter; *~je, (weigering, v uitgever)* rejection slip

bedanken I *ww* **1** thank [a p. for s.t.]; render (return) thanks; *zonder te ~* without acknowledgment; *wel bedankt!* thank you (thanks) so much!; **2** *(ontslag nemen)* resign, retire from office; *(ontslaan)* dismiss, discharge, pay [men] off; *(voor uitnodiging, enz)* decline [an invitation, honour, etc], *(beleefd ~)* beg to be excused, excuse o.s.; *(voor krant, enz)* withdraw one's subscription; *(als lid)* resign one's membership [of ...]; *zie verder* danken; **II** *zn: wegens het ~ van vele leden* on account of many withdrawals (the withdrawal of many members)

bedankje **1** acknowledgment, (letter of) thanks, *(fam)* [not even get a] thank-you; *het is wel een ~ waard* it's worth saying thank you for; **2** *(weigering)* refusal; *zie ook* aannemen 1

bedaren *(tot ~ komen)* quieten down, calm down; *(ve storm, enz)* abate, moderate, subside [the laughter subsided], drop [the wind dropped]; *(v wind, opwinding, enz)* die down; *tot ~ brengen* quieten, moderate, pacify [a p.]; satisfy [hunger]; soothe [a child]; allay, alleviate [pain]; still [fear]; *bedaar!* compose yourself!, be quiet!

bedauwen bedew; *bedauwd, (ook)* dew-laden

bedbank sofa bed

beddengoed bedding, bedclothes

beddenlaken sheet; *stof voor ~s* sheeting

beddenlinnen bedlinen

beddenpan warming-pan

beddensprei bedspread, coverlet, counterpane

beddenwinkel bedroom furniture shop

bedding *(ve rivier, oceaan)* bed; *(geol)* layer, bed, stratum *(mv: -ta)*, seam, measure; *(mil)* platform

bede **1** *(gebed)* prayer; *(smeek~)* prayer, entreaty, supplication; **2** *(hist)* benevolence

bedeelde pauper; *vgl* be'delen
bedeesd timid, bashful, diffident, shy; coy *(vooral v meisje)*
bedeesdheid diffidence, bashfulness, timidity, etc; *vgl* bedeesd
bedehuis house (*of:* place) of worship; chapel *(v nonconformists);* tabernacle *(v sommige methodisten en v baptisten)*
bedekken cover (up, *geheel:* over), bury [one's face in one's hands]; *met sneeuw bedekt* snow-covered, snow-clad, snow-capped [mountains]
bedekking cover, covering; *onder ~ van* under cover of [the night]
bedekt covered; covert [allusions, signs], veiled [insult, threat, war, hint], clandestine [sale of spirits]; *in ~e termen* in guarded terms
bedektbloeiend cryptogamic; *~e plant* cryptogam, flowerless plant
bedektelijk covertly, stealthily
bedektzadigen angiosperms
bedelaar beggar, mendicant; *(bietser)* cadger
bedelaarsgebed: *een ~ doen* count one's small change
bedelaarster, bedelares beggarwoman
bedelarij begging, mendicancy
bedelarmband charm bracelet
bedelbrief begging letter
bedelbroeder mendicant (friar)
'bedelen beg, ask for charity; *zijn brood ~* beg (for) one's bread; *om iets ~* beg for s.t.
be'delen 1 *(met talenten, enz)* endow [with natural gifts]; *ruim bedeeld met aardse goederen* richly blessed with worldly goods; **2** *de armen ~* bestow alms on (distribute charity to) the poor
be'deling 1 poor relief; *in de ~ zijn* be (up)on the rates (the parish, the dole); **2** *(theol)* dispensation; **3** distribution
bedelmonnik mendicant (friar)
bedelnap begging bowl
bedelorde mendicant order
bedelstaf beggar's staff; *tot de ~ brengen* reduce to beggary, beggar [a p., o.s.]
bedeltje charm
bedelven bury, entomb; *bedolven onder, (fig)* snowed under with [presents], overwhelmed with [work]
bedelzak (beggar's) wallet; *(fig)* poverty
bedenkelijk 1 *(gevaarlijk)* critical; *(ernstig)* serious, grave; *(zorgelijk)* precarious, critical [state of things]; *(gewaagd)* risky, hazardous [undertaking]; *de patiënt is ~* the ... is in a bad way, is in a critical condition; *dat ziet er ~ uit* things look serious (suspicious); *een ~ gezicht zetten* put on a serious face, look dubious; **2** *(twijfelachtig)* questionable, doubtful [means, dealings]; *(verdacht)* suspicious
bedenken 1 *(onthouden)* remember, bear in mind; *(overdenken)* consider [what I told you], weigh [the consequences]; *(zich te binnen brengen)* recollect [I cannot recollect his name], think [I can't think where I put it]; *men bedenke, dat ...* it should be borne in mind that ...; *als men bedenkt, dat ...* considering that ...; *en dan te ~ dat ...* and to think that ...; *zich ~, (van gedachten veranderen)* change one's mind, think better of it; *(nadenken)* reflect, take thought; *zich goed ~, (ook)* tax one's memory; *bedenk je nog eens* think again, try again; *hij zal zich nog wel eens tweemaal ~, vóórdat ...* he'll think twice about it before ...; *zonder (zich te) ~* without hesitation, unhesitatingly; **2** *(verzinnen)* think of [a means of escape], devise, contrive, think out [a plan], invent, find [means], concoct [a story], think up [an excuse, a slogan]; *je kunt het zo gek niet ~, of hij weet het gekker* no matter how crazy you make it, he ...; **3** *(begiftigen)* remember (provide for) [a p. in one's will, etc]; *iem met iets ~* make a p. a present of s.t.
bedenking 1 *(bezwaar)* objection; *~en hebben (tegen)* object (to), make objections (to, against); **2** *(beraad)* consideration; *ik geef het u in ~* I leave it to your consideration; *het in ~ houden* think it over
bedenksel imagining, fantasy
bedenktijd time for reflection (for consideration, to think it over)
bederf 1 *(verrotting)* putrefaction, decay; *er is ~ in het hout* the wood is decaying (*of:* rotting); *het is een ~ voor je tanden* it will be the ruin of your teeth; *tot ~ overgaan, zie* bederven II; **2** *(bedervende invloed)* taint; corruption [of manners, morals, etc], *(zedenbederf)* [moral] deterioration; *(achteruitgang in kwaliteit)* deterioration; blight [in corn], dry rot [in wood; *ook fig:* in society]; *(concr)* pest [of society, of a school; a social pest], canker [a canker in the police force]; *aan ~ onderhevig* perishable
bederfelijk perishable; *~e waren, (ook)* perishables
bederfwerend preservative; *(med)* antiseptic
bederven I *tr* spoil [a child, eyes, pleasure], corrupt [manners, morals, the language], deprave [*zedelijk:* a p.], ruin [one's health, eyes, a new frock], mar [beauty], taint [meat, air]; *het bij iem ~* get into a p.'s bad books; *de hele boel ~* make a mess of it (all); *(stiekem) de boel (voor iem) ~* queer the pitch (for a p.); *zie ook* bedorven & spel; **II** *intr (v eetwaren)* go bad, off [the meat is going off], taint; *(v hout)* rot, moulder; *(v melk)* turn sour; *(v goederen)* deteriorate; *zie ook* bedorven
bedevaart pilgrimage; *ter ~ gaan* make a pilgrimage
bedevaartganger pilgrim
bedevaartplaats place of pilgrimage
bedgenoot bedfellow
bedienaar minister [of God's Holy Word]
bediende *(in hotel, enz)* waiter, attendant; *(in zaak)* employee; *(winkel~)* (shop) assistant; *(kantoor~)* clerk; *(huis~)* (man)servant; *(lakei)* footman; *(lijfknecht)* valet, man; *zie ook* eerst, enz
bedienen I *tr* **1** serve (*ook: het geschut* the guns), attend to [customers], wait (up)on [a guest, etc]; *(v leveranciers)* supply; *iem op zijn wenken ~* wait

(up)on a p. hand and foot, be at a p.'s beck and call; *iem van vlees, enz ~, (aan tafel)* help a p. to meat, etc; ***zich*** ~ help o.s.; *zich ~ van, a) (aan tafel)* help o.s. to [the potatoes]; *zich flink ~ van de rijst* take a large helping of rice; *b)* avail o.s. of [an opportunity]; *c) (bezigen)* use, employ; **2** mind, tend, operate, run [a machine]; fill, hold [an office]; **3** *(een stervende)* administer the last sacraments (extreme unction) to; *bediend worden, (ook)* receive the last sacraments; *de mis ~* serve mass; *het evangelie ~* preach the Gospel; **II** *intr (in winkel)* serve; *(aan tafel)* wait (at table), do the waiting

bediening 1 serving, attending, etc, *vgl* bedienen; *(in winkel, hotel, aan tafel)* attendance, service; waiting [at table]; *(kosten van) ~, (hotel, enz)* service charge; *persoonlijke ~* valet service; *(mil concr) zie* bedieningsmanschappen; **2** operation; *dubbele ~, (in lesauto)* dual control; *zie ook* afstandsbediening; **3** *(ambt)* office, function; **4** *(r-k)* administration of the last sacraments

bedieningsgeld [make a] service charge

bedieningsknop control knob

bedieningsmanschappen *(mil)* (gun) crew

bedieningspaneel control panel

bedieningsstraat service road

bedierf *ovt van* bederven

bedijken embank

bedijking 1 damming in (up); **2** dikes, embankment; **3** polder

bedilal 1 busybody; **2** fault-finder, nit-picker, caviller

bedillen 1 find fault with, cavil at, censure, carp at; **2** order, boss [a p.] about (around)

bediller *zie* bedilal

bedill(er)ig meddling

bedilziek 1 fault-finding, censorious; **2** bossy, meddling

bedilzucht 1 fault-finding, censoriousness, carping spirit; **2** bossiness, meddlesomeness

beding condition, stipulation, proviso; *onder één ~* on one condition; *onder ~ dat* on condition (on the understanding) that

bedingen 1 *(met voorwerpszin)* stipulate, condition [that ...]; *(anders)* stipulate for [better terms]; *dat is er bij bedongen* that is included in the bargain; *tenzij anders bedongen* unless stipulated otherwise; *bedongen kwaliteit (bedrag)* stipulated quality (amount); **2** *(verkrijgen)* obtain [a price, better terms]

bediscussiëren discuss

bedisselen *(fig)* arrange, manage; *ik zal het wel voor je ~, (ook)* I'll fix it for you

bed(lees)lamp(je) bedside lamp

bedlegerig bedridden, laid up, confined to one's bed

bedlegerigheid confinement to bed

bedoeïen Bedouin *(ook mv)*

bedoelen 1 *(menen)* mean [*met* by: what do you mean by it?]; intend [it was intended as (for) an insult]; *wat ik bedoel, (ook)* [I hope you see] my point; *wat bedoel je eigenlijk?* what are you driving at?; *dat is wat ik bedoel, (fam)* that's the idea; *ze ~ het goed (met ons)* they mean well (by us), have the best of intentions (towards us); *het was goed bedoeld* it was well meant, meant for the best; *het was niet boos bedoeld* no offence was meant, he (I) meant no harm; *goed bedoelde voorstellen* well-intentioned proposals; *als bedoeld in § 6* as expressed (described, referred to) in section 6; *de bedoelde persoon* the person in question, the person referred to; *zie ook* menen; **2** *(beogen)* purpose, have in view, aim (*of:* drive) at; *die is voor mij bedoeld* that is meant for me, that is a slap (a sly dig) at me; *een bedoelde belediging* an intentional insult

bedoeling 1 *(betekenis)* meaning, purport; *(strekking)* drift [of a remark]; **2** *(plan)* intention; *(oogmerk)* intention [with the best intentions], aim, purpose, design [have no sinister designs], idea [what's the idea?]; *met de ~ om te ..., (ook)* with a view to ...ing, with intent to [murder him]; *het ligt niet in mijn ~ om ...* it is not my intention to ...; *het is de ~ dat ...* it is proposed (*dat jij:* you are supposed) to ...; *wat is uw ~ hiermee?* what is your object in doing this?; *zonder kwade ~en* without meaning any harm, without malice; *zonder bepaalde ~en* unintentionally; *zie ook* bijbedoeling

bedoen: *zich ~* dirty o.s.

bedoening 1 *(gedoe)* to-do; *rare ~* rummy business, extraordinary carry-on; **2** *(bedrijf)* business, affair, outfit, show, belongings

bedolven *zie* bedelven

bedompt *(ve vertrek)* close, stuffy, frowsty; *(vd atmosfeer)* close, sultry

bedonderd 1 daft, crazy, off one's rocker; **2** rotten, beastly, miserable, awful; *zie ook* beroerd

bedonderen *zie* bedotten

bedorven 1 spoiled, spoilt [child], corrupt [text, morals], depraved [morals], tainted; **2** contaminated [meat], decayed [fish], putrid [horseflesh], bad [egg, air], addled [eggs], rotten [fruit], disordered [stomach]; *zie verder* bederven

bedotten: *iem ~* fool (trick, cheat) a p., take a p. in, pull a p.'s leg; *(sl)* do a p. in the eye, sell a p. a pup

bedotterij take-in, trickery, *(sl)* [it's all a] con (sell)

bedplassen bed-wetting [he wets his bed]

bedrading wiring

bedrag 1 amount; *(kosten van aantekening, enz)* fee; *ten ~e van* to the amount of; **2** sum [of money]; *tot een ~ van maar even* to the tune of [£1000]

bedragen amount to, come to, number [the deaths number 20], stand at [the fund stands at] £200; *in totaal ~* total (up to) [£20]

bedreigen threaten [*met de dood* to kill, with death], menace; *(v gevaar ook)* hang over; *bedreigde (dier-, planten)soort* endangered species; *(sp)* challenge

bedreiging threat [*met boetes* of penalties], menace [a menace to health]; *onder ~ van oorlog (met een vuurwapen)* under threat of war ([rob a p.] at gun-

point)
bedremmeld embarrassed, confused, shamefaced
bedreven skilled, skilful, expert [at, in ...], adept [in ...]; proficient [swordsman]; experienced, practised [in ...]; ~ *in, (ook)* versed in, conversant with
bedrevenheid skill, skilfulness, proficiency [in shooting]
bedriegen deceive, defraud, cheat, swindle, dupe, play [a p.] false, trick, take in, impose (up)on, beguile, *(fam)* two-time; *(bij spel)* cheat; practise deceit; *zich* ~ deceive (delude) o.s., *(zich vergissen)* be mistaken [if I am not mistaken]; *mijn geheugen bedriegt mij* my ... plays me false, deceives me; *als mijn geheugen mij niet bedriegt, (ook)* if (my) memory serves (me); *iem voor een aanzienlijke som* ~ trick (cheat, *fam:* do) a p. out of a considerable sum; *hij kwam bedrogen uit* his hopes were deceived (disappointed)
bedrieger impostor, deceiver, cheat, fraud; *(bij kaartspel, enz)* sharper; *de ~ bedrogen* the biter bit
bedriegerij trickery, deceit, deception, imposture; *het is alles* ~ it's all a fraud (a cheat)
bedrieglijk deceitful *(inz v pers)*; fraudulent, sharp [practices]; *(zogenaamd)* bogus [a bogus cure]; *(misleidend)* deceptive [likeness], fallacious, tricky [figures *(cijfers, getallen)* are tricky things]; *(schoonschijnend)* specious [arguments]
bedrieglijkheid deceitfulness, fraudulence, etc
bedrijf **1** *(handeling, actie)* deed, action; *in ~ (stellen)* in (put into) operation; commission [a new power station]; *buiten ~, (fabriek, enz)* idle; *buiten ~ stellen* put out of action; *(fabriek, enz)* close down; *onder de bedrijven door* meanwhile, incidentally, [tidy up] as we go along, [take an obstacle] in one's stride; **2** *(tak v bestaan)* [shipbuilding] industry; **3** *(beroep)* business, trade; **4** *(zaak)* business, concern; [mail order] house; *(v gemeente, enz)* [publicly conducted] undertaking; *(openbaar nuts~)* [public] utility; *elektrisch* ~ (public) electricity authority (*plaatselijk:* board); **5** *(exploitatie)* working; **6** *(ve toneelstuk)* act
bedrijfsadministratie **1** business administration; **2** (business) accounting, accounts
bedrijfsadviseur management consultant
bedrijfsafval industrial waste
bedrijfsarts (company, etc) medical officer
bedrijfsauto **1** commercial vehicle; (tradesman's) van; **2** company car
bedrijfsbezetting work-in
bedrijfschap (corporate) trade organization (association, federation), industrial board, marketing board
bedrijfscontactman shop steward
bedrijfscorrespondentie business correspondence
bedrijfscultuur corporate culture
bedrijfseconomie business economics, industrial (farm, etc) economy
bedrijfsgeheim trade secret
bedrijfsgeneeskunde industrial medicine
bedrijfsgroep industrial section (group)
bedrijfshuishouding organized economy
bedrijfshuishoudkunde *zie* bedrijfseconomie
bedrijfshygiëne industrial hygiene
bedrijfsinkomen net income, revenue
bedrijfsjaar working year
bedrijfsjurist company lawyer
bedrijfskapitaal working (operating, trading, farming, etc) capital
bedrijfsklaar in running (working) order (condition)
bedrijfskleding industrial clothing
bedrijfskosten running cost(s); *algemene* ~ overheads
bedrijfskunde business studies; *(vglb)* business administration
bedrijfsleer business economics
bedrijfsleider (works, farm, etc) manager
bedrijfsleiding management
bedrijfsleven **1** business, trade and industry, industrial life, [private] enterprise; **2** business (community), industrial circles
bedrijfsmateriaal plant, working stock
bedrijfsmiddelen assets
bedrijfsongeval industrial accident (injury); *zie ook* uitkering
bedrijfsorganisatie industrial organization
bedrijfspanden commercial properties
bedrijfspersoneel workforce
bedrijfspsychologie industrial psychology
bedrijfsresultaat trading (*of:* company) results
bedrijfsrevisor industrial accountant, auditor
bedrijfsrisico **1** occupational risk(s); **2** business risk
bedrijfsruimte industrial premises, business accommodation
bedrijfssluiting close-down, shutdown
bedrijfsspionage industrial espionage
bedrijfsstoring interruption of work, breakdown
bedrijfstak **1** *(v bedrijven)* branch of industry (of business, trade, agriculture, etc); **2** *(ve bedrijf)* division, department
bedrijfstijd **1** working time; **2** running time
bedrijfsuitkomsten trading results
bedrijfsvaardig (in) operational (order)
bedrijfsvereniging industrial insurance board
bedrijfsvergunning operating licence (*Am:* license)
bedrijfsverzekering consequential loss insurance, loss of profits insurance
bedrijfsvoering conduct of business, management
bedrijfswetenschap business studies, management studies
bedrijfswinst trading (*of:* operating) profits
bedrijfszeker reliable, foolproof, safe
bedrijfszekerheid dependability
bedrijven commit [sin], perpetrate [evil], make [love], have [sex]; *~d, (tlk)* active [voice *vorm*]; *vgl* begaan
bedrijvencentrum *(vglb)* enterprise zone

bedrijvenpark business park
bedrijver perpetrator, doer, author
bedrijvig active, industrious, busy, bustling
bedrijvigheid *(werkzaamheid)* industry; *(op de beurs bijv)* activity; *(beweging)* bustle
bedrinken: *zich ~* become fuddled, get drunk [*aan port* on port], *(totaal)* drink o.s. stupid; *zich ~ aan zijn eigen woorden* become intoxicated with (by) one's own rhetoric; *vgl* drinken
bedroefd I *bn* sad, sorrowful, distressed (*over* at), grieved, afflicted, sorrowing [her sorrowing parents]; *~ maken* sadden; *het ziet er ~ met je uit* you are in a bad way; *[ze betaalden hem] een ~ beetje* a mere pittance; II *bw: ~ slecht* extremely (distressingly) bad; *~ weinig* precious little (few); *zij schreide erg ~, (ook)* she cried her heart out; *zie ook* diepbedroefd
bedroefdheid sadness, affliction, grief, sorrow, distress
bedroeven afflict, grieve, distress; *het bedroeft mij te zien, dat ...* I am grieved to see that ...; *zich ~ over* be grieved at
bedroevend I *bn* sad, sorrowful, pitiful, distressing; II *bw zie* bedroefd
bedrog **1** *zie* bedriegerij; **2** deceit, guile [an Israelite in whom is no guile, *Joh. 1:47 (48)*]; *optisch ~* optical illusion; *~ plegen* cheat, swindle, practise deceit; *zonder ~, (ook)* guileless
bedrogene dupe, victim
bedroog *ovt van* bedriegen
bedruipen (be)sprinkle; baste [meat]; *zich(zelf) ~* pay one's way, shift for o.s.; find for o.s. [out of £50 weekly]
bedrukken **1** print over (*of:* on); print [cotton]; **2** depress, distress [a p.]
bedrukt **1** dejected, melancholy, low-spirited, in low spirits, down; **2** printed; *~ katoen* print(ed) cotton, *(Am)* calico
bedruktheid dejectedness, dejection, depression
bedrust bed rest
bedsermoen curtain lecture
bedsprei bedspread, coverlet, counterpane
bedstee *(vglb)* box bed
bedstijl bedpost
bedstro *(pl)* bedstraw; *zie* verhuizen
bedtijd bedtime
beducht: *~ voor (gevaar, enz)* apprehensive of, afraid of; *(bezorgd)* apprehensive for [one's safety]
beduchtheid apprehension, fear
beduiden **1** *(betekenen)* mean, signify; *(voorstellen)* represent; **2** *(aanduiden)* indicate, point out, point to; forebode, spell [these clouds spell rain], portend [it portends mischief]; **3** *(te verstaan geven)* give to understand; *(uitleggen)* make clear [to a p.], get a p. to understand; *iem met een handbeweging ~ plaats te nemen* motion a p. to a seat; *zie verder* betekenen
beduidend appreciable, considerable, marked
beduimeld well-thumbed, grubby
beduimelen thumb, soil
beduusd taken aback, dazed, flabbergasted
beduvelen pull the wool over a person's eyes, hoodwink; *vgl* bedotten
bedwang restraint, control; *in ~ hebben (houden)* have [the boys] well in hand, keep a tight hand over, keep under control, keep [one's tongue, etc] in check, discipline [one's emotions]; keep down [rabbits]; *zich in ~ houden, zie* zich bedwingen
bedwants bedbug
bedwarmer warming-pan
bedwateren bed-wetting [he wets his bed]
bedwelmd stunned, stupefied; drugged; intoxicated; *vgl* bedwelmen
bedwelmen stun, stupefy, *(door narcotische middelen)* drug, dope, *(door drank)* intoxicate *(ook fig)*; *~de dranken* intoxicants, intoxicating liquors; *~d middel* narcotic, drug, dope; *zie ook* verslaafd
bedwelming stupefaction, stupor, narcosis, intoxication
bedwingbaar controllable, restrainable
bedwingen conquer, subdue [a country], check, curb, control, restrain; suppress [one's laughter, an insurrection]; quell [a rebellion]; contain [one's laughter, anger]; keep back [one's tears]; *zie ook* bedwang: in ~; *de brand was spoedig bedwongen* the fire was soon brought under control; *zich ~* restrain (contain) o.s., keep a tight rein (*of:* hold) on o.s.
beëdigd confirmed by oath; *(niet) ~e getuigenis(sen)* (un)sworn evidence; *~ makelaar* sworn broker; *~ vertaler* official (sworn) translator; *~e verklaring* sworn statement, *(schriftelijk ook)* affidavit
beëdigen *(ambtenaar)* swear (in); *(getuige, enz)* swear, administer the oath to; *(soldaat)* attest; *(onder ede bevestigen)* confirm on oath, swear to
beëdiging swearing-in; administration of the oath; *(als soldaat)* attestation; *(ve verklaring)* confirmation (up)on oath
beëindigen end, conclude, bring to a conclusion, finish; terminate [a contract, etc]
beëindiging end(ing), conclusion, termination
beek brook, stream, rivulet; *~je* brooklet
beekpunge *(plant)* brooklime
beeld **1** *(algem)* image; *(portret)* portrait, picture, likeness; *(spiegelbeeld)* reflection [look at one's own reflection in the mirror], reflex; *(tv)* picture, image; *(ve ziekte)* picture; *in ~ brengen* picture, portray; *een ~ geven van* give an idea of, illustrate [English country life]; *Engeland in ~* Britain in pictures; *God schiep de mens naar Zijn ~* created man in His own image; *zich een ~ vormen van* visualize, form a notion of; **2** *(monument)* effigy; *(stand~)* statue; *(boeg~)* figurehead; *~je* statuette, image, figurine; **3** *(redefiguur)* figure of speech, metaphor, image; **4** *(zinnebeeld)* emblem; symbol; **5** beauty; *een ~ van een hoed* a dream of a hat; *een ~ van een meisje* a (perfect) beauty (of a girl)
beeldband videotape

beeldbepalend vital to the townscape
beeldbuis 1 cathode ray tube; **2** (TV) screen; *(fam)* box
beelddrager image recording material, base
beeldenaar *(ve munt)* head, effigy
beeldend expressive [faculty *vermogen*; language]; *~e kunsten* fine (plastic, visual) arts; *~ kunstenaar* plastic (pictorial) artist; *school voor ~e kunsten* school of design
beeldendienst image-worship, iconolatry
beeldenstorm image-breaking, iconoclasm
beeldenstormer image-breaker, iconoclast
beelderig *zie* beeldig
beeldfeuilleton comic (strip)
beeldhoek angle of view (of acceptance)
beeldhouwen sculpture, sculpt; *(in hout, enz)* carve
beeldhouwer sculptor; woodcarver
beeldhouwkunst sculpture
beeldhouwster sculptress, sculptor
beeldhouwwerk sculpture, statuary; *(in hout)* carved work, carving
beeldig charming, sweet; *de japon staat je ~* the dress suits you wonderfully; *~e hoed, zie* beeld 5
beeldmerk logo(type)
beeldplaat videodisc
beeldpunt pixel
beeldrecht copyright on visual images
beeldrijk ornate, flowery
beeldroman comic (book)
beeldscherm screen, display, monitor (screen), VDU [worker]
beeldscherpte *(ve lens)* definition
beeldschoon strikingly beautiful, stunning, gorgeous
beeldschrift picture writing, pictography
beeldsnijder (wood)carver; *(in ivoor)* ivorist
beeldspraak metaphorical (*of:* figurative) language, imagery
beeldtelefoon videophone
beeldverhaal (strip) cartoon, comic (cartoon) strip
beeldversterker *(tv)* video amplifier
beeldvlak *(fot)* focal plane
beeldvormend image-forming [rays, information]
beeldvorming 1 image forming, imaging; **2** image
beeldwoordenboek pictorial dictionary
beeldzijde *(ve munt)* obverse, face
beeltenis image, portrait, likeness, effigy; *in ~ ophangen* hang in effigy
Beëlzebub Beelzebub
beemd meadow [grass], pasture
been *(v mens, passer, driehoek, kous, enz)* leg; *(bot)* bone *(ook stofnaam); (v driehoek, enz)* side; *ik kan mijn benen niet meer **gebruiken*** I have lost the use of my legs; *ik zie er **geen** ~ in het te doen* I make no bones about doing it; *zie* poot: geen ...; ***jonge** benen hebben* be young; *benen **maken**, de benen **nemen*** take to one's heels, leg it, *(sl)* beat it; *het zijn **sterke** benen die de weelde kunnen dragen, (vglb)* set a beggar on horseback (and he'll ride to the devil); ***met** het verkeerde ~ uit bed stappen* get out of bed on the wrong side; *op het verkeerde ~ zetten, (sp & fig)* wrong-foot [an opponent]; ***met één** ~ in het graf staan* have one foot in the grave; *met beide benen op de grond (blijven) staan* be (remain) levelheaded; *ik kon haast niet **op** de ~ blijven* I could scarcely keep (on) my feet (legs); *de paarden wisten op de ~ te blijven* the ... managed to keep their footing; *op de ~ brengen* raise, levy [an army]; *op de ~ brengen (helpen)* set (put) [a p., industry, etc] on his (its) legs (feet), assist a p. to his feet; *deze hoop hield hem op de ~* this ... sustained him; *hij kwam weer op de ~* he regained his feet, found his feet *(ook fig)*, picked himself up; *op één ~ kun je niet lopen, (fam)* a bird never flew on one wing, have another (drink); *op eigen benen staan* stand on one's own legs (feet); be on one's own; *op zijn laatste benen lopen* be on one's last legs; *wij waren vroeg op de ~* we were up early; *de zieke is weer op de ~* on his legs again, about again, out (*of:* up) and about again; *hij was spoedig weer op de ~ (d.w.z. hersteld)* he soon got about again, was soon about again; *op de ~ zijn, (in de weer zijn)* be on one's legs (feet); *er was veel volk (politie) op de ~* a great many people were about (the police were present in force); *zie ook* achterst; ***over** zijn eigen benen vallen* be all legs; *zie ook* vel; *vlug (goed) **ter** ~ zijn* be a good walker, *(fam)* be quick on one's feet (*fam:* pins); *slecht ter ~ zijn* walk with difficulty; ***van** de ~ raken* lose one's footing; *van de ~deren ontdoen* bone [meat]; *zie ook* vloer
beenachtig bony; osseous, bony [fishes]
beenbeschermer pad, leg-guard
beenbreek bog asphodel
beenbreuk fracture (of a bone, a leg)
beendergestel osseous system, skeleton; *het ~ ontwikkelen* make bone
beenderkool animal charcoal
beenderleer osteology
beenderlijm (bone, animal) glue
beendermeel bonemeal
beenderstelsel *zie* beendergestel
beenfractuur bone fracture
beengezwel bony tumour, exostosis
beenham ham boiled on the bone
beenharnas *(hist: aan scheen)* greaves; *(aan dij)* cuisses
beenhouwer butcher
beenkap legging *(meestal mv)*
beenmerg bone marrow
beenontsteking osteitis
beenruimte legroom
beentje 1 (small) bone; splinter of (a) bone; **2** (little) leg; *iem een ~ lichten* trip a p. up, *(fig ook)* edge a p. out; *zijn beste ~ voor zetten* put one's best foot (*of:* leg) foremost, be on one's mettle (one's best behaviour); *~ over rijden* do the outside edge
beenvis bony fish

beenvlies periosteum
beenvliesontsteking periostitis
beenvorming bone formation (building, making), osteogenesis
beenwarmer leg warmer
beenweefsel bony tissue
beenwindsels puttees
beenzwart boneblack
beer 1 bear; *(mannetjesvarken, -cavia)* boar; *Grote (Kleine) Beer* Great (Lesser, Little) Bear, Ursa Major (Minor), *(Am)* Big (Little) Dipper; *~tje, (speelgoed)* teddy (bear); *je moet de huid niet verkopen vóór de ~ geschoten is* do not count your chickens before they are hatched; first catch your hare(, then cook him); *de ~ is los* the fat is in the fire; **2** *(waterkering)* dam, weir; *(muurstut)* buttress, spur; **3** *(schuld)* debt; *(rekening)* bill; **4** *(fecaliën)* night-soil, muck
beerput cesspool, cesspit
beerrups woolly bear
beërven 1 inherit; **2** inherit from
beervlinder arctiid, tiger moth
beest 1 animal; *(grote viervoeter)* beast, *(wild)* brute; *(koe~)* beast; *~en, (vee, ook)* livestock, cattle; *~je* little beast, creature; *(luis)* crawler; *bij de ~en af* too shocking for words; *er uitzien als een ~* look filthy; *~jes hebben* be verminous; *het is de aard van het ~je* it's what he, etc is like, it's just like him, etc; *het ~je bij de naam noemen* call a spade a spade; **2** *(fig)* beast, brute; *als een ~ tekeergaan* raise Cain; *de ~ uithangen* behave disgracefully; **3** *(bilj)* fluke
beestachtig beastly, bestial, brutal, brutish; *zich ~ gedragen* make a beast of o.s., behave like a beast; *~ koud* beastly cold; *hij heeft het ~ druk* he is infernally busy
beestachtigheid beastliness, bestiality, brutality
beestenbende, beestenboel 1 *(vuile boel)* (regular) mess; *er een ~ van maken* turn a (the) place upside down (into a pigsty); **2** *(herrie)* tumult, racket; **3** *(uitspatting)* debauchery, orgy
beestenmarkt cattle market
beestenspul menagerie
beestenstal 1 cow-house; **2** *(fig)* pigsty
beestenvoer animal feed, (cattle) fodder
beestenwagen cattle truck
beestenweer beastly weather
beestmens brute
beet I *zn* **1** *(het bijten ve hond, enz)* bite, *(ve slang)* sting, *(ve vis)* bite, nibble; *in één ~* in (at) one bite; *hij heeft (krijgt) ~* he has a bite; *geen enkele keer ~ krijgen* not get a single rise; *iem ~ hebben, (eig)* have got hold of a p.; *(fig) zie* beetnemen; *je hebt het lelijk ~* you've got it badly; *'m ~ hebben* be tipsy; *zie ook* beetpakken, [2]slag: ~ hebben, smaak, enz; **2** *(hapje)* bite, morsel, mouthful; **3** *zie* beetwortel; **II** *ww ovt van* bijten
beetgaar al dente
beethebben *zie* beet I.1
beetje: *een ~* a little (bit), a bit [weak; wait a bit], slightly [better], a trifle [annoyed], a shade [too serious], a thought [too thin], [sit] a fraction [closer]; *een ~ gaan liggen* lie down for a bit; *een ~ werken* do a spot of work; *een ~ Spaans kennen* know a little (have a smattering of) Spanish; *het ~ (geld) dat ik heb* what little (money) I have; *een ~ melk* a drop of milk; *alle ~s helpen* every little helps; *en geen klein (en niet zo'n) ~* and more than a little ([she can swim,] and how!); *een ~ hoofdpijn (koorts)* a slight headache (fever); *bij (stukjes en) ~s, ~ bij ~* little by little, bit by bit; *ik ben me daar een ~ gek* I'm not that crazy; *een ~ monteur ziet dat zó* any self-respecting mechanic ...; *een ~ koffieautomaat* any coffee machine worth the name; *lekkere ~s* titbits
beetkrijgen *zie* beetpakken
beetnemen 1 *(eig) zie* beetpakken; **2** *(bedotten)* take in, take advantage of, dupe, *(sl)* con, bamboozle; **3** *(voor de gek houden)* fool, make fun (a fool) of, *(fam)* pull a p.'s leg; *je hebt je laten ~, (ook, fam)* you've been had; *gemakkelijk beet te nemen* easily put upon
beetnemerij leg-pull(ing); *(sl)* sell, con
beetpakken seize, seize (*of:* take) hold of, grip [a p.'s hand]
Beetsjoeanaland *(hist)* Bechuanaland (*nu:* Botswana)
beetwortel [sugar] beet
beetwortelsuiker beet sugar [factory]
bef (pair of) bands; *(v dier)* bib; *zie ook* toga
befaamd 1 famous, renowned, noted; **2** *(berucht)* notorious
befaamdheid 1 fame, renown; **2** *(ong)* notoriety
beffen *(sl)* eat pussy, *(Am)* go down (on a p.)
beflijster ring ouzel
befloersen muffle [*een trom* a drum]
begaafd gifted, talented; *~ met* endowed (gifted) with
begaafdheid talent(s), ability
begaan I *ww* **1** walk (up)on, tread [a road]; **2** commit [a crime, mistakes], make [mistakes], perpetrate [a blunder, crime]; *een flater ~, (ook)* drop a brick; *een misdaad ~ aan* commit a crime against; *laat hem ~* leave (let) him alone, leave it to him, let him; *laat hem maar ~, hij speelt het wel klaar* let him alone to manage it; *zie ook* ongeluk; **II** *bn* **1** trodden; *~ pad* trodden (beaten) path(way); *(onder de) begane grond* (below) ground level; *gelijk met de begane grond* on a level with the road; *op de begane grond* [live] on the ground floor; **2** sorry; *~ zijn met* have pity on (sympathy for), feel sorry for; **III** *zn (ve misdaad)* perpetration, commission
begaanbaar passable, practicable, negotiable; *de weg was goed (moeilijk) ~* the road was good (hard) going
begeerlijk 1 desirable; **2** *(begerig)* eager, greedy
begeerlijkheid 1 desirability; **2** eagerness, greediness
begeerte desire [*naar* of]; eagerness [*naar* for]; avidity, lust [of conquest, etc], craving [*naar* for]; *zinne-*

lijke ~ sexual appetite, lust
begeesterd enthusiastic
begeesteren enthuse, inspire
begeleiden 1 accompany *(ook muz); ~d schrijven* covering letter; *~de omstandigheden* attendant (concomitant) circumstances; **2** *(geleiden)* conduct; *(hoger geplaatste)* attend; *(welstaanshalve)* chaperon [a young lady]; *(uit beleefdheid, ook)* escort, support [the King was supported by the Bishop of L]; *(voor bescherming)* escort, convoy [a ship]; see [a p.] home (to the station, etc); **3** *(studie)* supervise [a pupil, a project]
begeleider companion, attendant, escort, *(studie)* supervisor; satellite [of a planet]; *(muz)* accompan(y)ist
begeleiding 1 escort, convoy; **2** *(muz)* accompaniment [*met ~ van* to the accompaniment of the piano]; **3** *(v studie)* supervision
begenadigen 1 pardon, reprieve [a p. sentenced to death]; **2** *(zegenen)* bless; *een begenadigd kunstenaar* an inspired artist
begenadiging pardon, amnesty, reprieve
begeren desire, wish, want, covet [the coveted prize]; *gij zult niet ~* thou shalt not covet
begerenswaard(ig) *zie* begeerlijk
begerig 1 desirous, eager, longing [eyes]; *~ naar* desirous of, eager for [a change, etc], greedy for; *~ te gaan* anxious (eager, desirous) to go, desirous of going; **2** *(inhalig)* greedy, covetous, grasping; *~e blikken werpen op* cast covetous eyes on
begerigheid eagerness, covetousness, greediness, cupidity, avidity
begeven 1 *(ambt, enz)* bestow, confer; *hij heeft dit* ***ambt*** *te ~* this office is in his gift; *het ambt is te ~* the ... is vacant; **2** *(in de steek laten, verlaten)* forsake [God will not forsake you]; *(het) ~* break down; *zijn* ***krachten*** *begaven hem* his strength gave way, began to fail him; *zijn* ***moed*** *(zelfbeheersing) begaf hem* his heart sank, failed him (his self-control broke down); **3** ***zich*** *~ naar* go (proceed, make one's way) to, make for; *(dikwijls, of in groten getale)* resort (repair) to; *zich ~, (naar huis)* go home; *(te water)* enter (take to) the water; *(in de boten)* take to the boats; *(ter ruste)* retire to rest; *(in gevaar)* expose o.s. to danger; *(in het huwelijk)* marry; *(in speculaties)* engage in speculations; *(in onderneming, enz)* embark (up)on an undertaking (a policy); *(op weg)* set out [*naar* for]; *(aan het werk)* set to work; *zich ~ onder* mix with [the crowd]; *zich op vreemd terrein ~* venture on unfamiliar ground
begever giver, donor; *(ve kerkelijk ambt)* patron
begeving gift, bestowal, endowment; appointment
begevingsrecht *(kerk)* advowson
begieten water, wet
begiftigde recipient [of a gift], donee
begiftigen endow [a p., an institution]; present [*met* with], invest [with an order]; *iem ~ met, (ook)* bestow (confer) s.t. on a p., award [a medal, etc] to a p.
begiftiger, enz *zie* begever, enz
begijn beguine; *(fig)* bigot
begijnhof beguinage
begillen *zie* bescheuren
begin beginning, start, commencement; *alle ~ is moeilijk* things are always difficult at the start (at first); *een goed ~ is het halve werk* a good start makes all the difference; *een ~ maken* begin, make a beginning (a start); *een ~ maken met* begin, start; *het ~ van het einde* the beginning of the end; *we zijn nog slechts* ***aan het*** *~* we are only at the beginning; *hij staat aan het ~ van zijn loopbaan* he is on the threshold of his career; *aan het ~ van de lijst* early in the list; ***bij het*** *~* at the beginning; ***in het*** *~* at (in) the beginning, at first, at the outset; *in het ~ van deze eeuw* in the early part of this century; *(in het) ~ (van) januari* early in January, at the beginning of January; *in den ~ne* at the outset, *(bijb)* in the beginning; *heel in het ~* at the very first, at the very outset; ***van het*** *(eerste) ~* ***af aan*** from the (very) outset, from the first, from the beginning, right from the start; from the word go; *van het ~ tot het einde* from beginning to end, from first to last, from start to finish, *(ve boek)* from cover to cover
beginfase initial phase
beginfout beginner's error
beginjaren early years
beginkapitaal starting (*of:* initial) capital
beginkoers opening price
beginletter initial, first letter
beginmedeklinker initial consonant
beginneling beginner, novice
beginnen begin, start, commence; open [a school, a shop; the trial opens today], enter into [negotiations], start [a business, a conversation; don't start crying], set up [a business]; set in [winter, the thaw, has set in]; [will you] make a start[?]; *(sp)* start; ***beginnend****, (ook)* incipient (goitre); *~d bedrijf* start-up company; *het stuk begint aldus* the play starts off thus; *begin maar* fire away!, go ahead!; *wit begint, (spel)* white to move (has first move); *opnieuw ~* make a fresh start, recommence; *weer van voren af aan ~* go back to square one; ***een reis*** *~* set out (start) on a journey; *een zaak ~, (ook)* set up in business; *jij bent (het) begonnen* you started it; *toen begon het (de pret, enz)* then the fun started; *begin je weer?* there you are again!; *er is* ***geen*** *~ aan* it is (would be) an endless job; *ik kon* ***niets*** *~* I could do nothing, I was helpless; *om te ~ was hij rijk* he was rich, to begin (to start) with; *iets om mee te ~* something to start with, *(fam)* for starters; ***wat ben ik begonnen!*** what have I let myself in for?, why ever did I begin it!; *wat ga je nu toch ~?* what ever are you up to now?; *wat moet ik ~!* what am I to do!, what ever shall I do!; *wat had ik moeten ~ zonder hem!* where should I have been without him?; *hij wist niet wat te ~* ... what to do, which way to turn; ***aan iets*** *~* begin s.t., set about s.t.; start on [the pudding]; *~* ***bij het***

begin begin at the beginning; ***met de linker voet*** ~ step off with the left (foot); *met Duits ~ (Duits gaan studeren)* take up German; *~ met lezen* start to read (reading); *~ met te verklaren* begin by declaring; *hij begon met een liedje* he began with a song; *er is **niets** met hem te ~ (ik kan niets met hem ~)* there's no doing (I can't do) anything with him, he is hopeless; *daar kan ik niets (niet veel) mee ~* that's no use to me (I have little use for it); *wat moet men ~ met het overschot* how to deal with the surplus; *begin niet met hem* leave him alone, give him a wide berth; *de huur begint met ..., zie* ingaan; *het is hem **om** het geld begonnen* it's the money he's after; *~ **over** een onderwerp* broach (begin on, take up, *(weer:)* reopen) a subject; *de ruzie begon over een kleinigheid* they fell out over a trifle; *~ **te** lezen* begin to read; *~ te mopperen (te bakkeleien)* start grumbling (a scrap); *het begint te regenen, (ook)* it's coming on to rain; *het begint donker te worden* it's getting dark; *hij begon (zij begonnen) te ..., (ook)* he fell to [thinking about ...] (they fell to [discussing details]); *zich ~ te interesseren voor* become interested in; ***voor** zichzelf ~* set up for o.s. (on one's own); *zie ook* klein, onder, school, voren

beginner beginner, novice

beginpunt starting point, start

beginregel first (*of:* opening) line

beginrijm alliteration

beginsalaris starting (initial) salary

beginsel principle; *de vreze des Heren is het ~ der wijsheid* the fear of the Lord is the beginning of wisdom; *de (eerste) ~en* the rudiments, the elements, the A B C [of gardening]; *in ~* in principle, normally; *uit ~* [act] on principle

beginselloosheid 1 lack of principle(s); **2** *(karakterloosheid)* unprincipledness

beginselprogramma *zie* beginselverklaring

beginselvastheid firmness of principle

beginselverklaring programme, constitution [of a party]; [the government's] declaration (statement) of policy (of intent)

beginsnelheid initial (*v vuurwapen:* muzzle) velocity

beginstadium initial stage

begintraktement, beginwedde commencing salary

beglazen glaze

beglazing [double] glazing

begluren spy (up)on, peep at; *(verliefd)* ogle

begon *ovt van* beginnen

begonia begonia

begoochelen 1 bewitch, fascinate; **2** *(bedriegen)* delude, beguile

begoocheling 1 bewitchment, fascination; **2** delusion, beguilement; **3** illusion

begraafplaats cemetery, burial place (*of:* ground), churchyard, graveyard

begrafenis funeral *(ook de stoet)*, burial, interment; *(attr, ook: als (voor) een ~)* funereal [face]

begrafenisauto hearse

begrafenisformulier order for the burial of the dead, office of the dead

begrafenisgezicht solemn (funereal) face

begrafeniskosten funeral expenses; *(meer beperkt, voor geestelijke, enz)* burial fee

begrafenisondernemer undertaker, funeral director (contractor, furnisher), *(Am ook)* mortician

begrafenisonderneming undertaker's (undertaking) business

begrafenisplechtigheid funeral ceremony; *-plechtigheden* funeral rites

begrafenisstoet funeral procession (cortège)

begraven bury (*ook fig:* bury o.s. in a little village, in one's books; bury the past, one's differences); *(lit, lett)* inter; *zie ook* bedelven; *iem helpen ~* attend a p.'s funeral; *dood en ~* dead and buried (gone)

begrazen graze; *zie* afweiden

begrensd limited *(ook v verstand)*, confined, circumscribed

begrensdheid limitedness

begrenzen 1 bound [France is bounded on the east by Germany], border [bordered by a canal]; **2** *(beperken)* limit, circumscribe

begrenzing limitation, circumscription

begrijpelijk 1 comprehensible, understandable, intelligible; *het iem ~ maken* make it clear to a p.; *licht ~* easily understood; **2** *(denkbaar)* conceivable

begrijpelijkerwijze for obvious reasons, understandably

begrijpelijkheid intelligibility, comprehensibility

begrijpen 1 understand; *ik kan **me** niet ~ waar hij is (hoe het gebeurd is)* I cannot imagine (think) where ... (I'm at a loss to understand how ...); *je begrijpt niet dat ...* the amazing thing is (it is a wonder) that ...; *ik begreep, dat je zei ...* I understood you to say ...; *dat begreep ik (van hem)* so I understood; *ik begrijp daaruit, dat ...* I gather from this that ...; *begrijp je (mij, mijn vraag?, ook)* do you follow (me, my question)?; *ik begrijp u niet, (ook)* I don't follow; *hij begreep er totaal niets (hoe langer hoe minder) van, (ook)* he was quite at a loss, all at sea (was more and more puzzled); *dat is de waarheid, begrijp je?* that's the truth, see?; *ik begrijp het (hem) niet, (ook)* I can't make it (him) out, it (he) is beyond me; ***begrepen?*** is that clear?, got that?; *en gauw ook, begrepen?* and quick too, do you hear?; *als ik u **goed** begrijp* if I understand you rightly (correctly), *(fam)* if I get you right; *ik begrijp de zaak niet goed, (ook)* I am not very clear about it; *begrijp mij goed* understand (don't mistake) me, don't get me wrong; *begrijp dat goed!, (dreigement)* get that into your head!, make up your mind to that!, make no mistake (about that)!; *laten we dat goed ~* let us get that clear; *dat **kun** je ~!, a)* I should jolly well think so!; *b) (iron)* nothing of the kind; not likely!, no fear!, not much!, [were you present?] Not I!; ***moeilijk** ~* be slow; ***verkeerd** ~, zie* verkeerd; ***vlug** ~* be quick of apprehension; *dat is gemakkelijk **te** ~ (laat zich ...*

~) that is easy to understand, easily understood; **2** *(zich een idee vormen van)* grasp, comprehend, conceive; *ik heb het niet* ***op*** *hem begrepen* I don't trust him; *ze hebben het niet op elkaar begrepen* there is no love lost between them, they don't take to each other; *ze had het er niet op begrepen* she did not approve of it (did not take kindly to it); *zie ook* gemunt; **3** *(inhouden)* contain; *(insluiten)* include, imply; *alles er in begrepen* inclusive, all-in, no extras, everything included [all charges are included in the price]; *in de woorden begrepen* implied in ...; *daar* ***onder*** *zijn begrepen ...* comprehended in it are ...; *begrepen* ***tussen*** varying between

begrinden, begrinten gravel

begrip[1] **1** idea, notion, conception; *(wtsch)* concept [the concept 'horse', the concept of monetarism]; *die ... is een ~* that ... is a byword (a household word); *geen ~ van* no notion of [housekeeping]; *je kunt er je geen ~ van maken (vormen)* you cannot imagine it; *naar Europese ~pen* by European standards; *verkeerde ~pen* misconceptions; *kort ~* synopsis; **2** *(het begrijpen)* comprehension, apprehension [for a clear apprehension of the matter]; *hij toonde ~ voor mijn moeilijkheden* he showed understanding for (sympathized with) my difficulties; *er ~ voor hebben dat ...* appreciate that ...; *dat gaat mijn (alle) ~ te boven* that is beyond me, passes my (all) comprehension; *voor een goed ~ van de toestand* for a proper understanding of the situation; *met ~* [read] intelligently; *zie ook* flauw, vlug, enz

begripsbepaling definition

begripsverwarring confusion of thought (*of:* ideas)

begroeid grown over, overgrown; wooded [hills]; *met gras ~* grass-grown; *met dennen ~* pine-clad [hills]; *geheel ~* overrun [with grass]; *zie ook* klimop

begroeien grow over

begroeiing vegetation, overgrowth

begroeten greet *(ook met kogels, enz)*, salute; hail [a new play as a masterpiece], welcome; *de president ~* pay one's respects to the President; *hij komt je even ~* he's come to say hello (how-do-you-do); *met gejuich (gejouw) ~* greet with cheers (boos); *met voldoening ~* hail with satisfaction; *elkaar ~* exchange greetings

begroeting salutation, greeting

begrotelijk 1 expensive; **2** a pity

begroten 1 estimate, compute, rate [*op* at]; **2** begrudge; *het begroot me van het geld* I begrudge the money; *dat begroot mij, a)* that's too expensive for me; *b)* I'm sorry about that

begroting estimate; *(staats-, enz)* estimates, budget [debate, item, speech]; *(fig) zie* balans; *~ van inkomsten (uitgaven)* estimates of revenue (expenditure)

begrotingsjaar financial (*of:* fiscal) year

begrotingstekort budget(ary) deficit

begunstigde beneficiary; *(v cheque)* payee

begunstigen favour [favoured by brilliant weather; favour with orders], patronize *(inz met klandizie)*, support

begunstiger patron [of art, etc; *ook: klant*], customer *(klant)*; supporter

begunstiging favour, patronage, support; *(econ)* preference, preferential treatment; *zie ook* meestbegunstiging; *~ van een strafbaar feit* connivance; *onder ~ van de nacht* under cover of (the) night

beha bra

behaaglijk *(aangenaam)* pleasant; *(gemakgevend)* comfortable; *(knus)* snug; *(zich ~ voelend)* comfortable, at (one's) ease

behaaglijkheid pleasantness, comfort(ableness), snugness

behaagziek coquettish; *een ~ meisje, (ook)* a coquette

behaagzucht coquetry

behaard hairy, hirsute

behagen I *ww* please; *als het Gode behaagt* please God; *het heeft H.M. behaagd te ...* Her Majesty has been (graciously) pleased to ...; *ik zal wachten, zolang het u behaagt* I shall wait your pleasure; **II** *zn* pleasure; *~ scheppen in* take (a) pleasure in, find pleasure in, (take) delight in

behalen get, win, gain, score [a triumph], obtain [a certificate], make [a profit]; *(sp)* lift [the Bisley prize]; *de overwinning ~* gain the victory [*op* over], carry (win, gain) the day; *een prijs ~* gain (carry off) a prize; *de meeste punten ~* make the highest score; *roem ~* reap glory; *eer ~ met* gain credit by; *er is aan hem geen eer te ~* he is past praying for, good advice is thrown away on him; *zie ook* succes & halen

behalve 1 *(uitgezonderd)* except, but, [any edition] other than [this one], save (for); *~ in sprookjes, (ook)* outside fairy tales; *alles was rustig, ~ dat er deuren open en dicht gingen* all was quiet, except for ...; *niets ~ ...* nothing beyond ...; *~ dat hij had gehoord dat ...* beyond having heard that ...; *~ een, (ook)* bar one; **2** *(benevens)* besides, in addition to [she had no relations except (*of:* but) myself; besides myself, her nephew, she had a niece in America]; *en ~ dat was hij een uur te laat* and besides, he was ...; *zie ook* allesbehalve

behandelen 1 *(omgaan met)* handle [goods], manipulate [instruments, subjects]; **2** *(bejegenen)* deal [gently] with [a p.], deal (do) by [others as you wish to be dealt (done) by]; *iem min ~* treat a p. shabbily; **3** *(verzorgen)* look after, manage [she knows how to manage children]; *(med)* treat [a patient, wound, a p. for burns], attend [a patient]; *zichzelf ~* doctor o.s.; *de hem ~de dokter* his medical attendant; **4** *(afhandelen)* deal with [a question, the mail]; **5** *(bespreken)* deal with, discuss [a subject]; **6** *(jur)* try, hear [a case *rechtszaak*]; *vgl* (ver)zorgen

behandeling 1 *(omgang)* [rough] handling [of

---

1 zie ook *verstand*

goods], [improper] use; **2** *(bejegening)* [equal] treatment; *ruwe, slechte* ~ rough, ill usage (treatment); **3** *(verzorging)* care [of children, horses, firearms]; treatment, attendance; *onder (medische)* ~ *zijn* be under (medical) treatment (care); *hij was onder* ~ *van ...* he was being treated by ...; **4** *(afhandeling)* handling [of the mail], transaction [of business], management; **5** *(bespreking)* discussion, treatment [of a subject]; [the bill *(wetsontwerp)* was under] discussion; *in* ~ *brengen* open the discussion on [a motion]; *in* ~ *komen* come up for discussion; *in* ~ *nemen* deal with; **6** *(jur, ve rechtszaak)* trial, hearing; *in* ~ *komen* come on for trial (for hearing)

behandelkamer surgery

behang 1 (wall)paper; *(hist)* hangings; *door het* ~ *gaan* go up the wall; **2** *(akoestisch, muzikaal)* ~ muzak, *(Br)* wallpaper, *(Am)* elevator music; **3** *(ve hond)* ears

behangen (wall)paper [a room], hang [with garlands, pictures, etc], drape [with silk, flags], cover; *opnieuw* ~ repaper; *de kamer is bruin* ~ the room is papered a brown colour; *met ...* ~, *(v dw, ook)* hung about with [jewels, parcels], plastered with [medals]

behanger paperhanger, (wall)paperer; *(stoffeerder)* upholsterer

behangersbij leafcutter bee

behang(sel)papier wallpaper

behappen: *niet kunnen* ~ be unable to cope with (to handle, get through [the work in one day])

beharing hair; *(ve dier, ook)* coat

behartenswaard(ig) worthy of consideration

behartigen have [a p.'s interests] at heart, look after, study, promote, serve, be watchful of [a p.'s interests]; *(soms)* take to heart

behartigenswaard(ig) worthy of consideration

behartiging care, promotion [of a p.'s interests]

behaviorisme behaviourism, *(Am)* behaviorism

beheer management, control [demand control of one's own money], conduct, direction, supervision, administration [of an estate *nalatenschap*], stewardship; [nature] conservancy; *slecht* ~ mismanagement; *eigen* ~ [bring under] one's own control, [take into] one's own hands; *in eigen* ~ [publish] privately; *onder zijn* ~ *hebben (nemen)* have under one's control (take control of); *het* ~ *voeren* be in control; *het* ~ *voeren (verliezen) over* superintend, control, be in charge of (lose control of); *vgl* macht

beheerder manager, director, administrator; *(v failliete boedel, nalatenschap)* trustee (in bankruptcy, of an estate); *(v vijandelijk eigendom)* controller; *(ve jeugdherberg)* warden

beheersbaar controllable, manageable; ~ *maken* bring under control

beheersen 1 *(volk, enz)* rule, govern [his life is governed by a rigid etiquette], sway; **2** *(in bedwang houden)* master, control, command; *(prijzen)* control, peg; *(in zijn macht hebben)* dominate [a p., the dollar dominated the market], *(toestand, onderwerp)* be master of; *een taal* ~ be fluent in a language, have command of a language; *hij kon zijn paard niet meer* ~ he could no longer control his horse, his horse got out of hand; *niet te* ~ ungovernable [rage]; *zich* ~ control (govern) o.s., keep one's temper, exercise self-control; *zich laten* ~ *door* be swayed by [one's inclinations]; *laat u niet* ~ *door uw sympathieën* don't let your ... run away with you; **3** *(domineren)* command [the hill commands the surrounding country], dominate; *die kwestie beheerst alles* that ... dominates all others; *alles ~d onderwerp van gesprek* all-absorbing topic of conversation

beheerser ruler, master

beheersing command *(ook v taal, enz)*, rule, dominion, domination, [self-]control, government, [crisis] management

beheersmaatschappij 1 holding company; **2** investment (trust) company

beheerst controlled, composed, cool, collected, disciplined; *~e devaluatie, (ook)* managed depreciation; *zie verder* beheersen

beheksen bewitch; *behekst zijn door, (ook)* be under the spell of

behelpen: *zich* ~ manage [*met* with], make do [with a day girl], make shift, make the best of it; *zich zo goed mogelijk* ~ shift as best one can; *zich met weinig* ~ manage on very little (on a pittance); *zij weet zich heel goed te* ~ she is clever at contriving; *en ik behielp mij met twee stoelen* [he occupied my bed,] and I managed on ...

behelzen contain; *~de dat* to the effect that; *zie ook* omvatten

behendig dexterous, adroit, skilful, deft, agile

behendigheid dexterity, adroitness, deftness, agility, skill

behendigheidsspel game of skill

behept: ~ *met* burdened with [prejudices, an infirmity]

beheren manage, administer [an estate, a bequest], control [one's own finances], take charge of [money for another person], conduct [a business]; *zie ook* vennoot

behoeden watch over, guard; ~ *voor* guard (shield) against, protect (save) from

behoeder, behoedster defender, protector, -tress, preserver

behoedzaam cautious, wary; *zie ook* voorzichtig

behoedzaamheid caution, cautiousness, wariness

behoefte 1 want, need [*aan* of, for]; *(dringend)* ~ *hebben aan* be in (urgent) want (need) of, want (badly); *geen* ~ *aan iets hebben* feel (have) no need of (for) s.t. [that is s.t. we can do without]; *dat is een* ~ *voor mij geworden* I can no longer do without it; *in een (lang gevoelde)* ~ *voorzien* supply (meet) a (long-felt) want, fill a gap; *er is daar* ~ *aan ingeni-*

eurs engineers are needed there; *naar ~* as required; *zijn ~ doen* relieve o.s.; **2** *~n, (benodigdheden)* necessaries; *voorzien in de ~n van de armen* provide (make provision) for the wants of ...; *in eigen ~n voorzien* provide for o.s., *(ve land, enz)* be self-supporting

behoeftig needy, destitute, indigent, necessitous, [widows] in need; *in ~e omstandigheden* in straitened circumstances

behoeve: *ten ~ van* on (*Am ook:* in) behalf of, for the sake (the benefit) of, in aid of

behoeven want, need, require; *wat ~ we hier nog te blijven?* what is the use of remaining here?; *zie verder* hoeven

behoorlijk I *bn* proper [behaviour], fit(ting), due [drive without due care]; decent [income, meal]; (very) fair [knowledge of English]; *van ~e grootte* fair-, decent-sized, sizeable [room, town]; II *bw* properly, decently; *~ koud* pretty cold; *hij kan niet ~ een brief schrijven* he cannot write a decent letter; *hij werd ~ betaald* he was paid handsomely; *er ~ van langs krijgen* get a good telling off (a sound thrashing); *be-hoor-lijk!, (fam)* ra-ther!; *zie ook* tamelijk

behoren I *ww* **1** *(toebehoren)* belong to; belong [that does not belong here]; *de wereld behoort* ***aan*** *de dapperen ...* is to the brave; *aan wie behoort deze hoed?* whose hat is this?; *~* ***bij*** go with [the dance going with this tune; the land going with the house]; *deze ~ bij elkaar* these belong together [these gloves are a pair]; *zie ook* ²horen I & bijbehorend; *~* ***tot*** belong to [what regiment do you belong to?], be among [we are among his friends; *ook:* she is one of those women who ...; the whale is reckoned among the mammals]; **2** *(betamen) zie* ²horen I; II *zn: naar ~* as it should be, duly, properly

behoud **1** *(instandhouding)* maintenance; preservation [of the peace, of one's health]; *~ van arbeidsvermogen* conservation of energy; **2** *(vs afschaffing)* retention [of an army, one's income, power]; *met ~ van salaris* with salary, on (full) pay (salary) [holiday with pay]; **3** *(redding)* salvation; *dat was zijn ~* that was his salvation, that is what saved him; **4** *partij van het ~* conservative party

behouden I *ww* keep [the town for the Prince], retain [one's seat], save [a p.'s life], preserve [one's innocence], maintain [one's self-control]; II *bn* safe, [arrive] safe and sound; *~ vaart, (mar)* cruising speed; *zie ook* haven

behoudend conservative

behoudenis salvation

behoudens except for, apart from [some alterations], barring [unforeseen circumstances, accidents], without prejudice to [my rights], subject to [his approval]; *vgl* s.s.t.t.

behoudzucht conservatism

behouwen dress [stones], hew, square [timber, stone], trim [timber]

behuild tear-stained [face]

behuisd [well, badly, better] housed; *klein (nauw) ~ zijn* be cramped (badly off) for room; *ruim ~ zijn* have plenty of room

behuizing **1** housing, shelter; **2** house; *het wachten is op een passende ~* suitable accommodation is what we are waiting for

behulp: *met ~ van* with the help (aid, assistance) of, by means of

behulpzaam ready to help, helpful; *de behulpzame hand bieden* lend (hold out) a helping hand; *~ zijn* help, assist, render assistance, be instrumental [in *bij*]

behulpzaamheid helpfulness, readiness to help

behuwdbroeder, enz, brother-in-law, etc

bei *(hist)* bey [of Tunis]

beiaard chimes, carillon

Beiaard Bayard

beiaardier carillonneur

beide both [he took both her hands in both of his]; *(één, onverschillig welke)* either [both coats fit me, I can take either]; *mijn ~ broers, (nadruk op ~)* both my brothers; *(nadruk op broers)* my two brothers; *alle ~* both of them; either (of them); *één van ~(n)* one of the two; either (of the two); *geen van ~(n)* neither (of them, of the two); *wij ~n* both of us, we two, the two of us; *we gingen met ons ~n* both of us (we two, the two of us) went; *zij (wij) kochten het huis met hun (ons) ~n* the two of us bought the house together; *ons ~r vriend* our mutual friend

beiden **1** *(talmen)* tarry, linger; **2** *(wachten, afwachten)* wait for, (a)bide [bide one's time]

beiderhande, beiderlei of both sorts; *op beiderlei manieren* both ways, either way; *van beiderlei kunne* of both sexes, of either sex

beiderzijds on both sides

Beier Bavarian

beieren **1** chime, ring the changes, ring (the bells); **2** *(slingeren)* dangle

Beieren Bavaria

Beiers I *bn* Bavarian; II *zn* Bavarian beer

beige(kleurig) beige(-coloured)

beignet fritter

Beijing Beijing

beijveren: *zich ~* exert o.s., do one's best (one's utmost), try one's hardest

beijzelen cover with glazed frost (glazed ice, *(op weg)* black ice); *beijzelde bomen (wegen)* ice-coated trees (icy roads)

beïnvloeden influence, affect, act (up)on; *hij laat zich door niets ~* he does not allow himself to be influenced by anything

Beiroet Beirut

beitel chisel; *holle ~* gouge

beitelen chisel; *zie ook* gebeiteld

beits **1** stain; **2** *(bijtmiddel)* mordant

beitsen **1** stain [wood]; **2** mordant [textiles, silver]

bejaard aged

bejaarde elderly person; senior citizen; *(mv ook)* old

people (folks); *de ~n* the elderly
bejaardenaftrek age allowance
bejaardencentrum, bejaardenhuis, bejaardenoord *zie* bejaardentehuis
bejaardenpas senior citizen's pass (*of:* identity card)
bejaardentehuis retirement (senior citizens', old people's) home
bejaardenverzorgende geriatric helper; *(thuis)* home help
bejaardenwerk care for the elderly
bejaardenwoning old people's flat, *(aanleun-)* granny flat
bejaardenzorg care for the elderly
bejaardheid old age, advanced age
bejag: *~ naar* pursuit of, straining after [effect]
bejagen *zie* jagen I.1 & najagen
bejammeren lament, deplore; bemoan, bewail
bejegenen treat [kindly, rudely], use [ill, etc]
bejegening treatment; *zie ook* onheus
bejubelen cheer, applaud
bek 1 mouth; *(snuit)* snout; *(ve wolf, enz)* jaws; *(ve vogel)* bill, beak; *een aardig ~je* a pretty face; *hou je ~!* shut your trap!, put a sock in it!; *breek me de ~ niet open* that's nothing to what I could tell; *op zijn ~ krijgen* get a drubbing; *op zijn ~ vallen (gaan)* fall flat on one's face; *zie ook* hard, mond, enz; **2** *(ve pen)* nib; *(ve dakgoot)* spout, lip; *(ve blaasbalg)* nozzle; *(ve gaspijp)* burner; *(ve kan)* lip; *(ve nijptang)* bit, jaws; *(ve bankschroef)* jaws, cheeks, sides
bekaaid: *er ~ afkomen* come off badly, have a raw deal, have (*of:* get) the worst of it
bekabelen cable
bekaf dead-beat, dog-tired, knocked up, fagged out, done up, all in, knackered, bushed
bekakt la-di-da, affected, stuck-up; toffee-nosed [neighbours], posh [accent]
bekampen fight; *zie* bestrijden
bekappen 1 *(hoef)* pare, trim; *(balk, enz)* cut (*of:* hew) down; *(takken afslaan)* lop; **2** *(muur)* cope; *(huis)* roof (in, over)
bekapping *(ve muur)* coping; *(ve huis)* roofing
bekeerling convert, proselyte
bekend 1 *(passief)* known [all the known religions of the world, he was known for his stinginess, it is known to me], well-known [men], noted [*wegens* for], familiar [faces, etc; the language was familiar to him]; *(berucht)* notorious; *(publiek)* known, [the result of the election is] out; *(zo)als ~* as is well-known; *het is algemeen ~* it is common knowledge; *zijn naam is algemeen ~* his name is a household word; *er zijn veel van die gevallen ~* there are many such cases on record; *het is mij heel goed ~, (ook)* I am well aware of it; *er zijn nadere gegevens ~ geworden* further data have become available; *de ~ste schilders* the best-known painters; *~ veronderstellen* take for granted; *~ **staan als*** be known as, go by the name of; *(on)gunstig ~ staan* be in good (bad) repute; *een goed ~ staande firma* a reputable firm; *een slecht ~ staand persoon* a bad character, a disreputable person; *uitstekend ~ staan* bear an excellent character; *~ staan als de bonte hond* have a bad reputation; *zie ook* voorkomen; *~ **worden*** become known; *(ve geheim, ook)* get abroad (*of:* about); *(v persoon, ook)* make a name for o.s.; *~ worden met* get acquainted with; **2** *(actief)* acquainted; *ik ben hier ~* I know my way around here; *ik ben hier niet ~* I am a stranger here; *~ zijn in L, a) (L kennen)* be acquainted with L, know L; *b) (beroemd zijn)* be (well-)known in L; *iem (zich) ~ maken met* acquaint a p. (o.s.) with; *zich ~ maken* make o.s. known; *~ **met*** acquainted with [a p., thing], *(grondig ~ met)* familiar (conversant) with [a subject]; *oppervlakkig ~ zijn met* have a nodding acquaintance with [a p., a subject], have a smattering of [French]; *zie ook* bekendmaken
bekende acquaintance; *oude ~* old acquaintance, *(vd politie)* old lag; *(grap, enz)* chestnut
bekendheid 1 reputation, name; notoriety *(vaak ongunstig)*; *~ geven aan* give publicity to, make public, publish; *grote ~ genieten* be widely known; *grotere ~ verdienen* deserve to be better known; **2** *~ met* acquaintance (familiarity) with, experience of
bekendmaken announce [one's engagement], make known, let [it] be known [that ...], publish, advertise, divulge [a secret], give out, release [information], give notice [from the pulpit], declare [the poll *de verkiezingsuitslag*]; *zie ook* bekend
bekendmaking announcement, publication, intimation, notice; *(officieel)* proclamation; declaration [of the poll *(vd verkiezingsuitslag)*, of a dividend]
bekendstaan be known; *zie* bekend 1
bekennen 1 confess [a sin, crime], own, own (up) to [a fault]; *(erkennen)* acknowledge, admit; *(ve gevangene)* plead guilty; *(kleur) ~* follow suit; *niet ~, (kaartsp)* revoke; *naar hijzelf bekende* on his own confession; *iem die zelf bekent dat hij nazi was* a self-confessed Nazi; *royaal ~, (fam)* own up; *hij bekende, dat hij had gebedeld (het had gestolen)* he pleaded guilty to begging (he confessed (owned) to having stolen it); *zie ook* erkennen; **2** *(zien, bespeuren)* see; *er was niets te ~ van inwoners* there was no sign of any occupants
bekentenis confession, admission, avowal, acknowledg(e)ment; *volgens zijn eigen ~* on his own confession; *een volledige ~ afleggen* make a full confession
bekentenisliteratuur confessional literature
beker beaker, cup; *(lit)* goblet, bowl; *(bij Avondmaal)* chalice; *(kroes)* mug; *(dobbel~)* dice-box; *(ve blaasinstrument)* bell
'bekeren *(sp)* play a cup match
be'keren convert [to Christianity, to another opinion]; *zich ~, a)* be converted [*tot* to]; *b)* repent, mend one's ways
bekerfinale cup final
bekerglas *(chem)* beaker
bekerhouder *(sp)* cup-holder

bekering conversion, etc.; *vgl* be'keren
bekeringsijver proselytism, missionary spirit
bekermos cup lichen
bekerplant pitcher plant, monkey cup, nepenthes
bekervormig cup-shaped; ~ *kraakbeen* arytenoid
bekerwedstrijd cup tie, cup match
bekeurde person summoned, offender
bekeuren summon(s) [a cyclist for riding without a light], take a p.'s name (and address), report, *(fam)* book [a p.], give [a p.] a ticket
bekeuring summons; *(lit) (fam)* ticket
bekfluit fipple flute, recorder
bekijk: *veel ~s hebben* attract a great deal of attention, have all eyes fixed (focussed) (up)on one
bekijken (have a) look at, view; *zie ook* bezichtigen & beschouwen; *een zaak anders ~* look at a matter from a different angle; *ik heb het wel bekeken* I've had enough of it; *alles wel bekeken* all things considered; *zo heb ik de zaak niet bekeken* I haven't thought of it that way; *de zaak van alle kanten ~* turn the matter over in one's mind; *hoe men het geval ook bekijkt* on any view of the case [he comes out badly]; *bekijk het maar* use your own judgment; please yourself; *ik bekijk het wel* I'll see what I do; *het is zó bekeken* it will be over (done) in a minute; *een bekeken cross-pass* a well-judged crosspass; *bekeken zaak, zie* uitgemaakt
bekijven scold, chide
bekisting 1 *(kistdam)* coffer-dam, sheet piling; **2** *(beton~)* shuttering, formwork
[1]**bekken** *zn* **1** basin *(ook ve rivier, enz)* **2** *(anat)* pelvis (*mv ook:* -ves); **3** *(muz)* cymbal
[2]**bekken** *ww* **1** taste well; **2** please; pronounce easily; sound well; **3** French-kiss
bekkengordel pelvic girdle (*of:* arch)
bekkenholte pelvic cavity
bekkenist cymbal player
bekkensnijder knifer, fighter, bully, ruffian
bekkenvormig basin-shaped
beklaagde: *(de) ~* the accused *(ev & mv)*, (the) prisoner (at the bar), (the) defendant; *zie ook* gedaagde
beklaagdenbank dock (*in, op de ~* in the dock)
bekladden daub, blot; plaster [walls with election slogans]; *(fig)* cast aspersions on, besmirch, blacken [a p.'s reputation]
beklag complaint; *zijn ~ doen* make complaint, complain [of ... to *over ... bij*]
beklagen 1 pity, commiserate; **2** *(betreuren)* lament, deplore; *zijn lot ~* bemoan one's lot; **3** *zich ~ over ... bij* complain of ... to
beklagenswaard(ig) pitiable, to be pitied, lamentable, deplorable
beklant: *goed ~e winkel* well-patronized shop
bekleden 1 clothe [walls clothed with verdure], cover [chairs], upholster [chairs, a coffin], drape [a statue]; hang [with tapestry], deck [the altar], line [a nest with feathers]; lag [a boiler *stoomketel*], serve [a cable, rope], panel [a room with wood], sheathe, plate [a ship], clad [a building]; *beklede cel* padded cell; *met zink (blik) bekleed* zinc-lined (tin-lined) [box]; **2** *(met ambt, enz)* (in)vest [with authority, with an office]; **3** *(vervullen)* hold, occupy [an important place], fill [a post]; *een hoog (staats)ambt ~* hold high office
bekleder *(ve ambt)* holder, *(ve geestelijk ambt)* incumbent
bekleding 1 lining, clothing, covering, etc; upholstery [of a car]; fabric [of an airship, etc]; [plastic] sheeting; *(bk)* cladding; *(mil)* revetment; **2** *(met ambt)* investiture; **3** *(ve ambt)* exercise, tenure
beklemd 1 oppressed [*op de borst* in the chest; *(ook fig:)* my soul is oppressed with fear], asthmatic; *met een ~ hart* with a heavy heart; **2** *(med)* strangulated [hernia *breuk*]; *zie ook* bekneld; **3** *(met klemtoon)* stressed, accented
beklemdheid oppression, tightness (*of:* constriction) [of the chest]; heaviness [of the heart]
beklemmen oppress; *~d gevoel* sinking (oppressive) feeling; *zie ook* beknellen
beklemming 1 constriction; *(ve breuk)* strangulation; **2** *(v land) zie* beklemrecht; **3** *zie* beklemdheid
beklemrecht perpetual lease at a fixed rent; *(vglb)* fee-farm, *(Sch)* feu
beklemtonen stress, emphasize; accentuate
beklijven make a lasting impression, take (strike) root, [such teaching does not] sink in
beklimmen ascend [the throne], climb [a tree, mountain], mount [a ladder, the throne], scale [a wall, mountain peak]; *de kansel ~* go up into the pulpit
beklimming ascent, climbing
beklinken I *tr* **1** rivet *(met klinknagels)* **2** clinch [a matter, bargain], settle, arrange [an affair]; *de zaak is beklonken* the matter is settled; **3** *(drinken op)* drink to; **II** *intr (v metselwerk)* set; *(v grondwerken)* settle
bekloppen tap [all over], sound [the wheels of a railway carriage]; *(med ook)* percuss, sound
bekneld jammed, pinned, *vgl* knel; wedged [between ...], trapped [inside the wreckage]; *(in ijs ook)* icebound
beknellen pinch, pin; *(fig)* oppress
beknibbelen beat down [a price]; cut (whittle) down, dock, curtail [wages]; skimp [*iem in zijn eten* a p. of his food]; stint [a p. in his food, etc]; *~ op het onderwijs* cut down on (skimp) education
beknibbelend, beknibbeling *(ook)* cheese-paring
beknopt brief (*~ gesteld* briefly worded [letter]); concise [handbook]; terse [expression]; succinct [narrative]; compendious [survey]; condensed [report]; summary [account]; [news] in brief; *(fam)* potted [version]
beknoptheid briefness, brevity, conciseness, concision; *vgl* beknopt
beknorren scold, chide, reprove
beknotten curtail [a p.'s rights]

beknotting curtailment
bekocht taken in, cheated; *u bent eraan ~* you've made a bad bargain; *ik ben er niet aan ~* I've got my money's worth; *zie ook* bekopen
bekoelen 1 cool (down); **2** *(fig)* cool (down, off), calm down; *zijn ijver bekoelt* his zeal (ardour) is flagging (cooling, cooling down); *doen ~* moderate, damp [a p.'s ardour]; *vgl* afkoelen
bekogelen pelt [with rotten eggs]
bekokstoven cook up [a plot], concoct, engineer [a plan]
bekomen 1 *(krijgen)* obtain [leave]; sustain [injuries]; *niet te ~* not to be had; **2** *(zich herstellen)* recover [o.s., from one's fright, etc]; *laat mij eerst even ~* let me recover my breath first; *(vd schrik)* let me get over the shock first; **3** agree with; *kreeft bekomt mij niet goed* lobster does not agree with (does not suit) me, disagrees with me; *het zal hem slecht ~* he'll be the worse for it, he'll be sorry for it; *wel bekome het u!, (vglb)* I hope you have enjoyed your meal, etc, *(iron)* much good may it do you!
bekommerd concerned, anxious, uneasy [*over* about], troubled (worried) [look]
bekommerdheid concern, anxiety, uneasiness
bekommeren make uneasy, trouble; *zich ~ om (over)* care for (about) [he does not care for (about) the consequences], concern o.s. about [the future], trouble [o.s., one's head] about [don't trouble (yourself) about me], feel concerned (uneasy) about [one's fortune, etc]; *(fam)* bother about; *hij bekommert zich weinig om zijn vrouw* he gives little thought to ...; *hij hoeft zich niet om andere mensen te ~* he can ignore other people; *zich niet ~d om, zonder zich te ~ om* heedless of [distance, time], regardless of [expense]; *bekommer je daar niet over!, (ook)* never mind that!
bekommering, bekommernis trouble, anxiety, solicitude, care; attention
bekomst: *zijn ~ eten* eat one's fill [*aan* of]; *zijn ~ hebben van* have one's fill of, be fed up with
bekonkelen scheme, plot, cook up (a plan, a scheme)
bekoorlijk charming, enchanting, attractive, beguiling
bekoorlijkheid charm, appeal, enchantment
bekopen: *hij moest het duur (met zijn leven) ~* he had to pay dear(ly) for it (to pay for it with his life); *zie ook* bekocht
bekoren 1 charm, enchant, fascinate; *dat kan mij niet ~* that does not appeal to me; **2** *(verleiden)* tempt
bekoring 1 charm, enchantment, fascination, allurement; *onder de ~ komen van* fall under the spell of [a woman, a p.'s words], *(fam)* fall for [a girl]; **2** *(verleiding)* temptation
bekorten 1 *(eig, ook v reis, enz)* shorten, curtail, cut short [a journey]; **2** *(boek, enz)* abridge, condense, boil down [a paper]; *zich ~* be brief, make (cut) it short
bekorting shortening, abridgement, curtailment
bekostigen pay (bear, defray) the cost (expenses) of; *ik kan het (een auto, enz) niet ~* I can't afford (*fam:* I don't run to) it (a car, etc), I can't afford the expense
bekostiging defrayment, defrayal
bekrachtigen confirm [a sentence, an appointment], ratify [a treaty]; sanction [a law, usage]; *bekrachtigd worden, (ve wet)* receive the royal assent
bekrachtiging confirmation; ratification; sanction; *de koninklijke ~* the royal assent
bekransen wreathe, festoon, crown (adorn) with wreaths (garlands)
bekrassen scratch [all over]
bekreten: *~ ogen* tear-stained eyes, eyes red (swollen) with crying
bekreunen *zie* bekommeren
bekrimpen cut down [expenses]; *zich ~* pinch (o.s.), pinch and scrape, stint o.s. [in, of s.t.], skimp; *zich met de ruimte moeten ~* be cramped for room
bekrimping retrenchment
bekritiseren criticize, cry down, find fault with
bekrompen 1 *(kleingeestig)* narrow-minded [ideas], narrow [mind], hidebound [conservatism]; *~ blik* narrow view(s) (outlook); *~ (in ~ omstandigheden) leven* live in straitened circumstances; **2** *(klein)* poky [house], confined [space]; *~ wonen (zitten)* be cramped (pinched) for room (for space); **3** *(karig)* scanty, [a man of] narrow [means], slender [purse]
bekronen crown [with success, etc; a tower crowned the hill]; award a prize (a medal) to; *bekroond* prize [poem, pig], (award-)winning [design *ontwerp*]; *met goud bekroond* awarded gold medal
bekroning 1 crowning; **2** award [list of awards]
bekruipen 1 *(de vijand)* steal up on, surprise; **2** *(v angst, lust, enz)* come over, steal over; *de lust bekroop mij om ..., (ook)* I was seized with a longing to ...
bekruisen mark with a cross; *zich ~* cross o.s., make the sign of the cross
bekvechten wrangle, argue, bicker
bekwaam capable, able, clever, competent, efficient [secretary], accomplished [musician], fit [he is not fit for that place]; *een ~ student, (ook)* an apt student; *(niet dronken)* sober; *te bekwamer tijd* in due time (*of:* course); *~ maken, zie* bekwamen; *~ tot* able to, fit for, capable of; *zie ook* spoed
bekwaamheid ability, capability, capacity, faculty *(alle ook mv)*, proficiency [pass a proficiency examination, a certificate of proficiency]; aptitude, fitness; *(mv ook)* acquirements
bekwamen qualify, fit [a p. for a task]; *zich ~* qualify, train, prepare [for a task], read [for an examination], make o.s. conversant [with a language]
bekwijlen beslaver, beslobber
bel 1 *(schel)* bell; *(platte ~ als ve tram)* gong; *op de ~ drukken* press (*of:* touch) the (bell) button (bell push); *aan de ~ trekken* raise the alarm [over s.t.] (*bij ...* alert [the authorities]; jog [a p.'s] memory); *~letje trekken* ring doorbells and run for it; *zie ook*

kat; **2** *(oor~)* earring; **3** *(gas-, luchtbel)* bubble; *~len blazen* blow bubbles; **4** *(glas)* balloon; **5** *zie* hopbel; **6** *(eenheid)* bel

belabberd rotten, beastly, miserable, bad

belachelijk 1 ridiculous, ludicrous; *(ongerijmd)* absurd; *doe niet zo ~* don't be ridiculous; *~ maken* ridicule, hold up to ridicule, make a fool of; *zich ~ maken (aanstellen)* make o.s. ridiculous, make a fool of o.s.; **2** *(lachwekkend)* laughable

belachelijkheid ridiculous-, ludicrousness; absurdity

beladen load *(ook fig)*, burden [*vooral fig:* burdened with sin, etc], lade [laden with fruit, honours]; *(her & emotie)* charge

beladingsgraad load factor

belagen attack, threaten, harass, beset

belager waylayer, assailant, attacker

belanden land, come to rest [in a field]; *hij belandde bij een Engelse familie* he found himself (he ended up) with ...; *doen ~* land [a p. in prison, Russia in anarchy]; *waar is hij beland?* what has become of him?; *zie ook* terechtkomen

belang 1 interest; issue [vast issues are at stake]; *algemeen ~* public interest, common good; *hij kent zijn eigen ~* he knows (on) which side his bread is buttered; *~ hebben bij* be interested (concerned) in, have an interest (*alle ~* every interest) in; *ik heb er groot ~ bij* it concerns me deeply; *veel ~ **hechten** aan* attach great importance to, set great store by; *~ **stellen** in* take an interest in, be interested in, interest o.s. in [an affair; he has many interests]; *levendig (enigszins) ~ stellen in* take a keen (a mild) interest in; *~ gaan stellen in* become (get, grow) interested in; *handelen **in** het ~ van* act in the interest(s) of; *ik doe het in uw ~* I ... in your interest; *het is in uw (ons beider) ~* it is in your interest (the interest(s) of both of us); **2** *(gewicht)* importance; *niets **van** ~* nothing of importance; *het is van geen (weinig) ~* it is of no (little) importance (account, consequence); *van geen ~ voor mij, (ook)* immaterial to me; *van gemeenschappelijk ~* of common concern; *van het hoogste ~* all-important, of the utmost (the first, paramount) importance; *het enige dat van ~ is* the only thing that counts (*of:* matters); *het is van ~ voor ons allen* it matters for all of us; *van ~ voor uw welzijn* essential (material) to your welfare; *kwaliteit is in de eerste plaats van ~ (van minder ~)* quality is the first consideration (a secondary matter); *een drukte van ~* an immense bustle; *zie ook* welste: van je ~

belangeloos 1 disinterested, unselfish; **2** free of charge

belangeloosheid disinterestedness, selflessness

belangen *ww* concern; *wat mij belangt* as to (as for) me, so far as I am concerned; *~de, zie* aangaande

belangenbehartiging promotion of [others', private, one's own] interests

belangengemeenschap 1 community of interest; **2** combine, interest group

belangengroep interest group, *(pol ook)* pressure group

belangensfeer sphere of interest

belangenspreiding diversification; spreading of interests

belangenstrijd, belangentegenstelling, belangenverstrengeling conflict of interests

belanghebbende party (person) concerned (interested), interested party; *aan ~, (adres)* To whom it may concern

belangrijk I *bn* **1** important [news]; *veel ~er was dat* ... what was much more important was that ...; **2** *(aanmerkelijk)* considerable [amount, etc]; **II** *bw* considerably [higher]

belangrijkheid importance

belangrijkst most important, principal, chief

belangstellend interested, sympathetic, attentive [audience]; *~en* those interested, interested persons

belangstelling interest; *(deelneming)* sympathy; *hij heeft ~ voor allerlei dingen* he has many interests; *iem ~ inboezemen* interest a p. [*voor* in]; *~ **wekken*** (a)rouse interest; *zijn ~ verliezen voor* lose interest in; *dank u voor uw ~* thank you for inquiring (for your kind inquiries); *onder grote ~* [perform] in the presence of a large audience

belangwekkend interesting

belast *zie* belasten

belastbaar 1 *(v personen, bezittingen, waarde)* assessable, taxable, rateable; *(v inkomen)* taxable, assessable; *(v waren)* dutiable; *(aan accijns onderhevig)* excisable; **2** *~ met een gewicht van ...* capable of carrying a load of ...

belastbaarheid 1 taxability; **2** load-bearing capacity

belasten 1 *(last opleggen)* load, burden *(vooral fig)*; *te zwaar ~, (lett)* overload, *(fig)* overtax; *erfelijk belast zijn* have a hereditary defect; *belast en beladen* heavily laden; *belast woord* loaded word; **2** *(aanslaan)* tax; impose (lay, put) taxes (duties) on; **3** *(bezwaren)* charge; *een rekening ~* debit an account [with £50], charge [£50 to] an account; *met een ontzaglijk tekort belast* saddled with an enormous deficit; **4** *(opdragen)* charge, commission, entrust [a p. with ...], instruct [a p. to ...], make [a p.] responsible [for]; *belast met, (ook)* in charge of [investigations]; *zich ~ met* take [personal] charge of, undertake, take (up)on o.s., charge o.s. with

belastend *(fig) zie* bezwarend

belasteren slander, calumniate, cast aspersions on, defame, blacken [a p.'s character]

belastering calumniation, defamation

belasting 1 *(de handeling)* burdening, taxation, rating; *zie ook* belasten; **2** *(gewicht)* load [the plane carried a full load], weight; *nuttige ~, (ve vliegtuig)* payload; *hij voelde het als een zware ~ van zijn geweten* he ... a heavy burden on his conscience; *bij volle ~, (ve dynamo)* at full load; *(ve renpaard)* weight; **3** *(rijks~)* tax(es), *(plaatselijk, hist)* rates *(meestal*

mv), (indirect) duty, *(voornamelijk hist)* impost; *~ over de toegevoegde waarde* value added tax; *~ heffen van* levy (impose) taxes, etc on; *zie ook* belasten, belastingdienst & erfelijk
belastingaangifte [make a false] (tax) return
belastingaanslag assessment
belastingadviseur tax consultant
belastingaftrek tax deduction
belastingambtenaar tax (*of:* revenue) official (officer)
belastingbesparing tax avoidance, tax planning
belastingbetaler taxpayer
belastingbiljet **1** tax declaration form; **2** notice of assessment
belastingconsulent tax consultant
belastingdienst revenue, *(Br)* Inland Revenue, *(fam)* the taxman
belastingdruk burden of taxation, tax burden, *(Am)* tax load; *(op de verschillende klassen der bevolking)* incidence of a tax
belastingfaciliteit tax concession
belastinggeld tax money, revenue
belastingheffing levying of taxes, tax levy
belastingjaar tax (fiscal, financial) year
belastingkantoor tax(ation) office
belastingmoraal fiscal ethics
belastingontduiker tax evader
belastingontduiking tax dodging, tax evasion
belastingopbrengst tax yield
belastingparadijs tax haven
belastingplichtig *zie* belastbaar I
belastingrecht tax law
belastingschijf tax band; *bovenste ~* top band
belastingschuld tax arrears
belastingstelsel system of taxation, fiscal system
belastingstempel *(op zilver)* duty mark
belastingtarief tax rate
belastingverhoging tax increase
belastingverlaging tax cut
belastingvermindering tax relief
belastingvlucht(eling) tax exile
belastingvoet tax rate
belastingvoordeel tax break
belastingvrij tax-, *(accijns)* duty-free [shop], free of tax (of duty); *(vrijgesteld)* tax-exempt; *~e som* personal allowance
belastingwet fiscal law
belastingzegel revenue stamp
belatafelen *zie* belazeren
belazeren cheat, *(fam)* do the dirty on (swindle) a p.; *ben je belazerd?, (sl)* are you barmy?, not on your life (your nelly)!; *een belazerde troep* a beastly mess; *de organisatie was belazerd* the ... was rotten
belboei bell-buoy
belbus Ring & Ride
beledigde offended (injured, insulted) party (*of:* person)
beledigen offend, *(met opzet)* affront, insult; *(grof)* outrage; *(kwetsen)* hurt [a p.'s feelings], injure [vital parts *edele delen*], jar (up)on [the ear]; *zich beledigd voelen door* feel offended (take offence) at; *zwaar beledigd* greatly offended; *zich laten ~* put up with an insult
beledigend offensive, abusive [epithet], insulting [*voor* to]
belediging insult, affront, outrage, indignity; *vgl het ww; (vd rechtbank)* contempt of court; *het is een ~ voor ...* it's an affront (an insult) to [one's intelligence]; *een ~ aandoen, zie* beledigen; *(ook)* offer an insult to; *de ene ~ op de andere stapelen* add insult to injury
beleefd civil, polite, courteous, obliging; *dat is niet ~, (ook)* that is not (good) manners; *ik verzoek u ~ ...* I should be grateful if ..., would you be so kind as [to ...]; *~ maar dringend verzoeken* request earnestly; *met ~e groeten* yours faithfully
beleefdheid politeness, courteousness, civility, courtesy, grace [you might have the grace to offer me something], decency [he hadn't even the decency to knock]; *uit ~* out of courtesy; *de gewone ~ in acht nemen* observe common courtesies; *dat laat ik aan uw ~ over* I leave it to your discretion; *zij bewezen hem de ~ te ...* they paid him the compliment of ...ing; *beleefdheden* civilities, compliments; *hij zei haar allerlei beleefdheden* he paid her all kinds of compliments
beleefdheidsbezoek courtesy visit (*of:* call), duty call
beleefdheidsformule complimentary phrase
beleefdheidshalve out of politeness (courtesy)
beleefdheidsvisite courtesy visit (*of:* call), duty call
beleefdheidsvorm **1** formality; *(mv ook)* (rules of) etiquette; *zie ook* vorm; **2** complimentary form; polite form (of address)
beleenbriefje pawn ticket
beleg **1** siege; *het ~ doorstaan (opbreken)* stand (raise) the siege; *het ~ slaan voor* lay siege to; *zie ook* staat; **2** *(brood~)* ham, cheese, etc on bread, sandwich filling
belegen mature(d) [wine, cheese], seasoned [timber], ripe (*Am:* sharp) [cheese]
belegeraar besieger
belegeren besiege, lay siege to
belegering siege
beleggen **1** *(bedekken)* cover [floors with mats], overlay [with gold, etc], carpet [floors]; fill [sandwiches]; *broodjes met ham ~* prepare ham rolls; *belegd broodje* ham (cheese, etc) roll; *belegde boterham* open sandwich; **2** *(bijeenroepen)* convene, convoke, call [a meeting], plan, arrange [a meeting *ontmoeting, vergadering*], set up [a conference]; **3** *(investeren)* invest [money]; *opnieuw ~* reinvest [capital], plough back [profits into business]; **4** *(mar)* belay
belegger investor
belegging **1** covering, etc; *vgl* beleggen; **2** convocation [of a meeting]; **3** *(mar)* belaying; **4** investment

[of money]
beleggingsfonds 1 *(bedrijf)* investment fund (trust), unit trust; **2** *~en, (waarden)* investment funds securities
beleggingsmaatschappij *zie* beleggingsfonds 1
beleggingsobject investment
belegsel *zie* beleg 2; *(v uniform)* facings
belegstuk lining-piece
beleid 1 *(leiding)* conduct, management, administration; running [of the firm]; [government] policy; course of action; **2** *(overleg, enz)* tact, discretion, prudence, generalship, statesmanship
beleidsarm politically neutral
beleidsbepaling policy formulation
beleidsbeslissing policy decision
beleidsjargon gobbledegook, *(Am)* bafflegab
beleidslijn policy
beleidsmaker policy-maker
beleidsmatig policy [decisions], for reasons of policy
beleidsmedewerker policy advisor
beleidsnota policy document
beleidsombuiging 1 policy review; **2** *(euf)* cut
beleidsplan policy (*of:* mission) statement
beleidsruimte room for initiative
beleidsvorming policy-making
beleidvol discreet, prudent, tactful
belemmeren hinder, hamper, impede; stunt [*in groei* in growth]; keep down [heather keeps down grass]; obstruct [the view; a p. in the execution of his duty]; cramp *(in vrijheid van beweging; ook fig:* trade, etc); hedge about [hedged about with restrictions]; *zie ook* recht I.2
belemmering impediment, hindrance [*voor het herstel* to recovery], handicap, obstruction; [free from any] trammels, shackles; *zonder ~* without let or hindrance; *wettelijke ~ (voor uitoefening ve recht, enz)* (legal) disability
belemniet belemnite
belendend adjacent, adjoining [premises, etc], contiguous
belending 1 adjacency, etc; **2** adjoining premises
belenen 1 (put) in pawn; *(effecten, polis)* borrow money on [securities, policy]; **2** *(leenstelsel)* enfeoff, invest [*met* with]
belening 1 advance on security; **2** pawn(ing)
belerend pedantic, didactic
bel-esprit bel esprit, wit
belet: *~ geven* refuse to see a p.; *~ hebben* be (otherwise) engaged, be prevented from seeing a p.; *~ vragen (krijgen)* ask for (be denied) an appointment; *alleen na vooraf gevraagd ~* by appointment only
bel-etage main stor(e)y (floor), piano nobile
beletsel hindrance, obstacle, impediment, bar [that can be no bar to it]; *dat hoeft geen ~ te zijn* that need not stand in the way
beletselteken ellipsis, mark of omission (…)
beletten prevent [a marriage, etc], obstruct [the wall obstructs the view], bar [one's entry]; *iem ~ te schrijven* prevent (hinder) a p. from writing; *als ik het hem niet belet had* if I had not prevented him; *dit belette hem te eten, (ook)* this kept him from …; *de ruimte belet ons …* space precludes us from [quoting it all]
beleven live to see [he hasn't lived to see it], witness; go through [a bad period, many editions], experience (hard times); *opnieuw ~* relive; *plezier ~ aan* enjoy, take pleasure in, derive pleasure from; *slechte dagen ~* have fallen on evil days; *woelige tijden ~* live in turbulent times; *als ik het beleef* if I live; *zo iets heb ik nooit beleefd!* I never saw anything like it!, I never saw the like!; *jij beleeft tenminste nog wat* things do happen to you at least; *daar zul je wat (iron: zul je plezier) van ~* you will catch it; *daar is meer aan te ~ dan jij denkt* there is more in it …, more to be had (got) from that …; *dat ik dit heb moeten ~!* that I should have lived to see this day!
belevenis, beleving experience
belevingswereld world of experience
belezen I *ww* **1** *(bezweren)* exorcize; **2** *(overreden)* persuade; **II** *bn* well-read, widely read; *hij is zeer ~, (ook)* he has read widely
belezenheid reading; *zijn ~* the extent of his reading; *zijn grote ~* his wide reading
belfort, belfroot bell-tower, belfry
Belg Belgian
belgen anger [a p.]
belgenmop *(vglb)* Irish *(Am:* Polish) joke
België Belgium
Belgisch Belgian
Belgrado Belgrade
belhamel 1 *(dier)* bell-wether; **2** *(persoon)* ringleader; *(deugniet)* rascal
Belialskind child (son, man) of Belial
belichamen embody; typify
belichaming embodiment, incarnation, personification
belichten 1 light [a picture]; throw (let in, shed) light (up)on, illuminate, elucidate, illustrate [a fact]; **2** *(fot)* expose; *te lang (te kort) ~* overexpose (underexpose)
belichting 1 lighting, [look at s.t. in a good] light; illumination, elucidation; **2** *(fot)* exposure [time]
belichtingsmeter exposure meter, light meter
beliegen tell [a p.] a lie, lie to [a p.]
believen I *ww* please, oblige; *zoals u belieft* as you please (*of:* like); *doe zoals u belieft* please yourself; *dat belief ik niet te doen* I refuse to do that; *als het God belieft* [she'll get better one day,] please God; *wat belieft u?, (wenst u)* what can I do for you?; *wablief?* beg pardon?; *blief je een sigaar?* would you like a cigar?; *als het u belieft, enz, zie* alstublieft; **II** *zn* pleasure; *naar ~* at pleasure, at will, ad libitum, [add salt] to taste; *handel naar ~* use your own discretion, please yourself
belijden confess [one's guilt], avow [principles], profess [a religion, God, Christ]; *~d lid* communicant

member [of a church]
belijdenis 1 confession, avowal; *(in godsd)* confession (of faith), creed, profession; **2** *(kerkgenootschap)* denomination; **3** *(opneming in kerk)* confirmation; *zijn ~ doen* be confirmed
belijder confessor [Edward the Confessor], professor [of passive resistance]
belijnen *zie* liniëren & omlijnen
belkaart (prepaid) calling card
belknop bell pull; *(drukknop)* bell button, bell push
belkoord bell rope, bell pull
belladonna belladonna, deadly nightshade
belle *(wielersp)* decider; *(schermen)* barrage
bellefleur *(vglb)* pearmain
bellen ring (the bell); press (pull) the bell; *(om) iem ~* ring for a p.; *(ook op~)* give a p. a ring; *er wordt gebeld* there is a ring (at the door), there's the (frontdoor) bell; *3 maal ~ om* ... three rings for ...
bellenplant fuchsia
bellenvat bubble chamber
bellettrie belles-lettres, polite literature, polite letters
bellettrist belletrist
bellettristisch belletristic (*bw* -ally)
beloega beluga
beloeren spy (up)on, watch, peep at
belofte promise; [solemn] pledge; undertaking; *(in plaats van eed)* affirmation; *de ~ afleggen, (in plaats van eed)* affirm, make (one's) affirmation; *zijn ~ breken* break (go back on) one's promise; *(iem) een ~ doen* make (a p.) a promise; *zijn ~ houden* keep one's promise [*tegenover* to], *(fam)* deliver the goods; *iem aan zijn ~ houden* hold a p. to his promise; *~ maakt schuld* a promise is a promise
beloken: *~ Pasen* Low Sunday
belonen reward, recompense, remunerate, repay; *zie ook* lonen
beloning reward, recompense, remuneration; *ter ~* as a reward; *ter ~ van* in reward (in return) for; *een ~ uitloven* offer a reward; *zie ook* prestatiebeloning
beloodsen pilot
beloodsing pilotage
beloop 1 course, way; *dat is 's werelds ~* that is the way of the world; *het (de zaken) maar op zijn (haar) ~ laten* let things (matters) take their (own) course; *(nalatig)* let things drift (slide); **2** *(ve schip)* lines, run; **3** *(bedrag)* amount
belopen 1 walk (along, down, up) [a path, road]; walk on [a much walked-on carpet]; *het is niet te ~* it is not within walking distance; *door een storm ~ worden* be overtaken by (be caught in, encounter) a gale; *schade ~* sustain damage; *met bloed ~ ogen* bloodshot eyes; **2** *(bedragen)* amount to, run into [thousands of pounds]
beloven 1 *(toezeggen)* promise; *(plechtig)* vow; *niet gauw iets ~* be chary of making promises; *ik beloof het je, (ook)* it's a promise; *zie ook* gouden; **2** *(doen verwachten)* promise, bid fair [to be a success]; *het belooft een prachtige dag te worden* it promises to be ...; *dat belooft veel goeds voor onze plannen* that augurs (promises) well for ...; *veel ~, (ve leerling, bijv)* show great promise, be very promising; *de oogst belooft veel (niet veel)* the crops are very promising (unpromising); *zich veel ~ van* set great hopes on [s.t.]; *dat belooft wat!, a)* there'll be trouble (*sl:* ructions)!; *b)* that's quite promising!; *weinig goeds ~d* unpromising; **3** *(verzekeren)* promise; *je zult er spijt van hebben, dat beloof ik je* you will regret it, I promise you
belroos erysipelas, St Anthony's fire
bels: *tot ~* be ringing you
Bels Belgian
Belsazar Belshazzar
belt 1 rubbish dump, (refuse) tip; **2** hummock
beltegoed calltime (credit)
beluchten aerate, air, ventilate
beluisteren listen (in) to [a broadcast]; overhear [a conversation]; catch, detect [a change of tone]; *is dagelijks te ~* [the programme] can be heard daily; *(med)* auscult(ate)
belust: *~ op* eager for, keen on, bent on, longing for; *zie ook* begerig; *een op schandaaltjes ~ publiek* a scandal-loving public
belvédère belvedere
bemachtigen *(verwerven)* get hold of, get (lay) one's hands on [a copy], acquire [a diploma], secure [a seat, an order], snap up [the best seats]; *(in zijn macht brengen)* capture, seize, take possession of [a town]; *(wederrechtelijk)* usurp [the throne]
bemalen drain [by means of mills]
bemannen man [a ship, fort, satellite], crew [a lifeboat], staff [an office], garrison [a fortress]; *onvoldoende bemand* undermanned
bemanning crew, ship's company; *(ve vesting)* garrison; *voltallige ~, (ve schip)* complement [have a complement of 700]; *(het bemannen)* manning, staffing
bemanningslid crew member, crewman
bemantelen cloak, disguise, palliate, gloss over [a fact], [use a pack of lies to] cover [it] up
bemensen staff, man; *vgl* bemannen
bemerkbaar perceptible, noticeable, observable
bemerken perceive, observe, notice, find [he finds he has forgotten it] (*aan* by, from)
bemerking observation, remark
bemesten manure, dung, dress, fertilize
bemesting 1 manuring, etc; **2** manure
bemeten dimensioned; *royaal ~* of ample dimensions; spacious; *~ op* designed for, capable of holding
bemiddelaar intermediary, mediator, go-between
bemiddelaarster, bemiddelares mediatrix, go-between
bemiddeld in easy circumstances, well-to-do, well-off; *~ man, (ook)* man of means
bemiddelen *(geschil)* adjust, settle; *(~d optreden)* mediate, intercede

bemiddeling mediation, intercession; *door ~ van* through, through the agency (kind offices) of
bemiddelingscommissie mediation (conciliation) committee (*of:* board)
bemiddelingsvoorstel compromise (*of:* conciliatory) proposal (*of:* offer)
bemind loved, beloved, much liked; *(zich) ~ maken* endear (o.s.) [*bij* to: his good nature endeared him to everyone], make (o.s.) liked (loved) [*bij* by]
beminde (well-)beloved, lover
beminnaar lover [of music]
beminnelijk loveable, amiable, ingratiating
beminnelijkheid loveableness, amiability
beminnen love, like, be fond of
bemodderen cover with mud, muddy; *bemodderd, (ook)* mud-stained
bemoederen mother
bemoedigen encourage, cheer [a cheering smile], hearten [a heartening sight], buoy up; *weinig ~d* hardly encouraging [the results gave us little encouragement]
bemoeial busybody, meddler, *(fam)* Nosy Parker, Paul Pry
bemoeien: *zich ~ met* concern o.s. with [the finances], mind [mind your own business!]; *(inz ong)* meddle with, in [other people's business], interfere in, with; *zich met de politiek gaan ~* engage in politics; *zich met de zaak gaan ~* step in, take action (a hand), take the matter up, take the matter in hand; *(fam)* put one's oar in; *de rector zou zich er niet mee moeten ~* the headmaster ought not to interfere; *ik bemoei me niet met zulke lui* I won't have anything to do with ...; *zich overal mee ~* have a finger in every pie; *zich helemaal niet met politiek ~* leave ... severely alone; *zich met niemand ~* keep o.s. to o.s.; *waar bemoei je je mee?, (ook)* what business (what concern) is that of yours?, what has it got to do with you?
bemoeienis 1 exertion, trouble, pains; *(inmenging)* meddling, interference; *door zijn ~* through his good offices; **2** competence; *geen ~ met iets hebben* have nothing to do with (not be involved in) s.t.
bemoeiing *zie* bemoeienis 1
bemoeilijken hinder, hamper; interfere with [it interferes (visitors interfere) with my work]; *iem ~, (ook)* put obstacles in a p.'s way
bemoeilijking interference, opposition, obstruction; impediment
bemoeiziek meddlesome, interfering
bemoeizucht meddlesomeness
bemonsteren sample, take samples of
bemorsen soil, (make) dirty
bemost moss-grown, mossy
ben [fruit] basket; *zie verder* mand
benadelen hurt, harm, injure [a p.], be injurious to [health], be prejudicial to [a p.'s interests], *(achterstellen)* disadvantage [an employee]; *(jur)* aggrieve, prejudice [rights]; *zich benadeeld voelen* feel injured; *voor miljoenen benadeeld worden* be made to lose (*toekomst:* stand to lose) millions [by ...]; *de benadeelde, (jur)* the aggrieved person
benadeling hurting, etc; injury, prejudice [*van* to]
benaderen 1 *(zich wenden tot)* approach; *moeilijk te ~, (ook)* inaccessible; **2** *(ongeveer bepalen)* estimate, compute roughly, approximate [numbers, etc], get near; *benaderde waarden* approximations; **3** *(beslag leggen op)* confiscate, seize
benadering 1 approach; approximation; *vgl* benaderen; *bij ~* approximately; *niet bij ~* nowhere near; **2** confiscation, seizure
benadrukken emphasize, stress, underline
benaming name, denomination, [official] designation, appellation; *verkeerde ~* misnomer
benard critical, perilous; *in ~e omstandigheden* in distress, in great (*of:* desperate) straits, in straitened circumstances; *~e tijden* hard (*of:* trying) times, times of distress
benardheid distress, embarrassment
benauwd 1 *(beklemd)* tight in the chest, oppressed; *(om te stikken)* stifling, choking; **2** *(drukkend)* close, sultry, muggy; *(bedompt)* close, stuffy, frowsty; **3** *(nauw)* tight; *(angstig)* timid, afraid *(alleen pred)*; anxious [moments, face, feeling]; bad [dreams]; *het iem ~ maken* make it hot for a p.; *een ~e overwinning* a narrow win; *zie verder* bang, beklemd, benard
benauwdheid 1 *(op de borst)* tightness of the chest; **2** *(vd atmosfeer)* closeness, sultriness, *(fam)* frowst; **3** *(angst)* fear, anxiety; *in de ~ zitten, (knel)* be in a tight corner, *(rats)* have the wind up; *vgl* benauwd
benauwen oppress, weigh down, frighten
benauwend oppressive
benauwing oppression
bende 1 gang, set, pack [of thieves, etc], band [of robbers, soldiers], troop [of children], body [of armed men]; *een ruwe (goddeloze) ~* a rough (godless) crew; **2** mass(es) [masses of money, a mass of mistakes]; *de hele ~* the whole lot (*of:* bunch); **3** mess; *wat een ~!* what a mess!
bendehoofd, bendeleider gangleader
beneden I *bw* below, down; *(in huis)* downstairs, down; *(rivier)* downstream; *(mar)* down below; *~ wonen* live on the ground floor; *naar ~ gaan* go downstairs; fall, decline, go down; *(mar)* go below; *(naar) ~ komen* come down(stairs), descend; *zie verder sam met* ne(d)er; *naar ~ wijzen* point downwards; *~ aan de bladzijde (trap)* at the foot (*of:* bottom) of the page (the stairs); *10e regel van ~* line 10 from the bottom (from below); *zie beneden, (ook)* see at foot; *hier ~* here below; *op 16-jarige leeftijd, of daar ~* at the age of sixteen, or under; *zie verder* onder; **II** *vz* under [under five pounds, a girl under twelve, under (the) average height], below [below Cologne, below cost price], underneath, beneath; *tegen $^1/_3$ ~ de kostende prijs* [sell] at a third off cost price; *~ de wind* downwind; *dat is ~ me* that is be-

neath me; ~ *mijn waardigheid (aandacht)* beneath my dignity (notice); ~ *het oorspronkelijke (de eisen) blijven* fall short of the original (the requirements); *hij acht het (niet)* ~ *zich te* ... he is above [asking advice] (not above [eavesdropping]); *het* ~ *zich achten geld aan te nemen* disdain to accept ...
benedenbuur ground-floor (*of:* downstairs) neighbour
benedendek lower deck; ~*s* below deck
benedendijks at the foot of the dike
benedeneind lower end, bottom [of the table]
benedenhoek [left-, right-hand] bottom corner
benedenhuis ground(-)floor (flat), lower half of a house
benedenkamer downstairs (*of:* ground-floor) room
benedenloop lower course, lower reaches [of the Rhine]
Beneden-Rijn Lower Rhine
benedenstad lower town, old town
benedenste lowest; lowermost, undermost, bottom [the bottom row]
benedenstrooms downstream (from)
benedenverdieping ground floor
benedenwaarts I *bw* downward(s); II *bn* downward
Benedenwinden Leeward Islands
benedenwinds (to) leeward; *B~e Eilanden* Leeward Islands
benedenwoning ground-floor flat
benedictie benediction
benedictijn, benedictines Benedictine (monk, nun)
Benedictus 1 [St] Benedict; **2** *(deel vd mis)* Benedictus
benedijen bless
benefice: *ter* ~ *van* for the benefit of; *zie ook* benefiet
beneficiant beneficiary
beneficie 1 benefice; **2** *aanvaarden onder* ~ *van inventaris* accept under benefit of inventory
benefiet benefit [match, night, performance]
benemen take away [a p.'s breath, appetite, etc], take [a p.'s life]; *zich het leven* ~ take one's (own) life, make away with o.s.; *iem de lust* ~ *in* spoil a p.'s pleasure in; *iem de moed* ~ discourage (dishearten) a p., damp a p.'s courage; *het beneemt hun de moed om hun plicht te doen* it discourages them from doing ...; *het benam hem al zijn moed* it sapped all his courage; *het uitzicht* ~ obstruct the view; *iem de woorden* ~ render a p. speechless
benen I *bn* bone; II *ww* leg it
benenwagen: *met de* ~ *gaan* hoof it
benepen 1 *(verlegen)* anxious, timid, diffident; *een* ~ *stemmetje* a small (timid) voice; *met* ~ *hart* with a faint heart; **2** *(kleinzielig)* small-minded, petty, small; **3** *(klein)* confined, poky [little room], cramped; pinched [smile]
benepenheid diffidence, small-mindedness, etc
beneveld 1 foggy, misty, hazy; *(ve oog)* dim; *(vh verstand)* muddled, clouded; **2** *(dronken)* fuddled, muzzy
benevelen 1 befog [the mind], cloud [a p.'s judgement], dim, obscure; **2** *(door drank)* fuddle, bemuse
benevens (together) with, besides, along with, in addition to
benevolentie benevolence
Bengaals Bengal, Bengali *(ook de taal);* ~ *vuur* Bengal light(s)
Bengalees *zn & bn* Bengalese *(ook zn mv)*, Bengali
Bengalen Bengal; *vgl* Bangladesh
bengel 1 bell; **2** *(klepel)* clapper; **3** *(persoon)* rascal, pickle, naughty boy
bengelen 1 *(luiden)* ring; **2** *(slingeren, (ook) laten* ~*)* dangle, swing; *vgl* bungelen
benieuwd: ~ *zijn* be curious (*sterker:* anxious) to know (to hear, etc), wonder; ~ *naar* curious about, curious to know, interested to hear [the result, etc]; *ik ben* ~ I wonder (*of* if, whether)
benieuwen: *het zal me* ~*!* I wonder!; *vgl* benieuwd: ik ben ~
benig bony, osseous
benijdbaar enviable
benijden envy [I envy you, I envy your strength, I envy you your strength], be envious of; *door allen benijd worden, (ook)* be the envy of all
benijdenswaardig enviable
benijder, benijdster envier; *zijn benijders, (ook)* those envious of him
benjamin youngest (and favourite) child (darling); ~ *af* no longer the baby
benodigd [everything] wanted, necessary [equipment], [all] required
benodigdheden requisites; requirements, necessaries [of life], [travel] needs; *(theat)* properties, props; *(voor gas, elektr licht, enz)* fittings
benoembaar qualified for appointment [to a medical post], eligible [for the presidency]
benoembaarheid eligibility
benoemd: ~ *getal* concrete number
benoemde appointee, nominee, person appointed
benoemen appoint [*in, voor een betrekking* to a post; *bij de staf* to the staff], nominate; set up [a committee]; *(zinsdelen)* parse; ~ *naar* name after; *iem* ~ *tot commandant* appoint a p. (to be) commander; *vgl* aanstellen 1
benoeming appointment [to a post, as a professor], nomination; *(als officier)* commission; *vgl* aanstelling
benoemingscommissie selection committee
benoorden (to the) north of, northward of
bent band [a band of artists], set, clique
bentgeest esprit de corps, communal spirit
bentgenoot fellow-, brother-artist
benul notion [have no notion of it]
benutten utilize, avail o.s. of, make the most of, make use of, turn to account; *(sp)* convert [a penalty], put away [a chance]; *niet* ~ fail to ..., *vgl* verknoeien
B en W afk van *Burgemeester en Wethouders, (vglb)* Mayor and Aldermen

benzedrine benzedrine, amphetamine
benzeen benzene
benzine benzine; *(brandstof)* petrol, motor spirit; *(Am)* gas, gasoline; *loodvrije, normale, super ~* lead-free, regular, super (grade) (*Br ook:* two-, four-star) petrol (*Am:* gas); *ongekraakte loodvrije ~, (Am)* white gas; *we kwamen zonder ~ te staan* we ran out of petrol; *zie ook* innemen
benzinebom petrol (*Am:* gasoline) bomb
benzineleiding fuel pipe(s)
benzinemeter fuel gauge (*Am:* gage)
benzinepomp petrol (*Am:* gasoline) pump
benzinestation petrol (*Am:* gas) station, filling (*of:* service) station
benzinetank petrol (*Am:* gas) tank
benzoë benzoin
benzol benzol, benzene
beo myna(h), mina
beoefenaar practitioner [of medicine], votary [of an art], student [of a language, an art]; *~ ve sport* sportsman, -person, -woman [this sport has few active participants]
beoefenen cultivate [a science], follow, practise (*Am:* practice) [virtue, a profession], ply [one's trade], pursue [studies, sport], study [a language], go in for [sports]
beoefening practice, study, cultivation, pursuit [of Oriental studies]; *in ~ brengen* put into practice, practise (*Am:* practice)
beogen have in view (in mind, at heart), aim at, contemplate; *het beoogde plan* the intended plan; *het had niet het beoogde resultaat, (ook)* it did not work (as expected), *(fam)* it didn't produce the goods
beoordelaar(ster) judge, critic, reviewer [of a book, etc]
beoordelen judge [persons, institutions, etc]; judge of [the size of ..., etc]; assess [persons, the possibilities]; *(boek, enz)* review, criticize; evaluate [a proposal]; *(schoolwerk, enz door cijfer)* mark [papers]; *~ naar* judge by; *verkeerd ~* misjudge; *iets voor zichzelf ~* judge a thing for o.s.; *men moet de zaak op zichzelf ~* the matter must stand (*of:* rest) on its (own) merits; *hij dat kan dat het best ~* he is the best judge (of that)
beoordeling judgement; criticism, review; assessment, evaluation [of the results]; *(v pers)* [performance] appraisal; *(v schoolwerk)* mark(ing); *dat staat ter ~ van de voorzitter* this is (with)in the discretion of ...
beoordelingsfout misjudgement, error of judgement
beoorlogen make (*of:* wage) war on (upon, against), fight; *elkaar ~de staten* warring states
beoosten (to the) east of, eastward of
Beotiër, Beotisch Boeotian
bepaalbaar definable, determinable
bepaald I *bn* **1** *(stellig, vast)* positive, absolute [refusal], definite [answer], well-defined [purpose], distinct [preference], strict [orders]; *~ lidwoord* definite article; **2** *(vastgesteld)* fixed [a fixed number, sum], appointed [on the appointed day], stated [at stated hours], given [in a given space of time], specified [amount]; *als hierboven ~* as provided above; *het bij de wet ~e* the provisions of the act; **3** *(aangewezen)* certain [a certain person; for certain reasons]; *in dat ~e geval* in that special (particular) case; *de verhoging blijft niet beperkt tot een ~e streek* the increase is not confined to any one area; *vgl* bepalen; **II** *bw* positively, etc; quite [impossible; I quite dread it]; *hij krijgt de betrekking ~* he is sure to get ...; *[ik weet het] ~* for certain; *~ aardig van je* really nice of you; *hij is ~ lelijk* he is positively (downright) ugly; *~ afgrijselijk* simply (just) horrible; *~ nodig* absolutely necessary; *~ onaangenaam* distinctly disagreeable; *~ waar* decidedly true; *niet ~* not exactly [ill, a compliment, clever]; *het is niet ~ een sieraad, (ook)* it is hardly an ornament; *zonder ~ ziek te zijn* without being actually (positively) ill; *zie ook* vooral
bepaaldelijk specially, specifically, expressly [for that purpose], particularly [for you], pointedly
bepaaldheid 1 definition; **2** definiteness, etc
bepakken pack, load
bepakking [full] kit
bepalen 1 *(vaststellen)* fix [a price: *op* at], fix, appoint [a day], settle, agree (up)on [terms], decide on (*omschrijven:* define) [one's attitude *houding*], assess [damages: *op* at], decide, determine [what shall be done]; *(vooruit ~)* stipulate (arrange) beforehand; *de vergadering op zondag ~* fix on Sunday for the meeting, fix the meeting for ...; *zijn gedachten ~ tot* fix (concentrate) one's mind on; *(enkel) om de gedachten te ~* for instance (merely as a basis for discussion); *hij kon zich tot niets ~* he couldn't settle down to anything; **2** *(beperken)* confine; *de schade bepaalde zich tot het dak* the damage was confined (restricted) to ...; *wat ons denken bepaalt* what conditions our thinking; *zich ~ tot* confine (restrict) o.s. to [a few remarks]; **3** *(berekenen)* determine [a weight, the velocity of ...], find, ascertain [the latitude of ...]; **4** *(regelen)* arrange, determine [prices are determined by supply and demand; genetically determined]; *(omschrijven)* define, *(nader ~, ook tlk)* qualify, modify; **5** *(voorschrijven bij wet, contract)* provide, lay down [by this Act it is laid down that ...]; *(ve wet)* ordain [the law ordains that ...], prescribe [the age prescribed by law]
bepalend determining, etc; modifying [words]; definite [article *lidwoord*]; *vgl* bepalen
bepaling 1 *(het bepalen)* fixing, etc, ascertainment, determination, definition; *(definitie)* definition; *(nadere ~)* modification; **2** *(voorschrift)* regulation, prescription; *(ve contract, enz)* stipulation, clause, condition, *(ve wet)* provision; *zie ook* beding; **3** *(gramm)* adjunct; *(woord)* modifier
bepantseren armour; *bepantserd, (ook)* armour-

plated

bepeinzen meditate on, reflect on, muse on, ponder (on, over)

beperken 1 limit, confine; qualify [a statement]; keep [one's drinking] within bounds; keep down [expenses]; *zich ~ tot* confine (restrict) o.s. to; *het onderzoek ~ tot Londen* confine (narrow down) the inquiries to ...; *tot een minimum ~* minimize, reduce (cut down) to a minimum; **2** *(besnoeien)* curtail, restrict [rights], reduce, cut down, retrench [expenses]

beperkend restrictive [measures]; *~e bepalingen* restrictions; *(sterk) ~e maatregel, (ook)* clampdown; *een ~e uitwerking* a cramping effect

beperking limitation [*ook v pers:* he knows his limitations], restriction, constraint; curtailment, retrenchment; [arms] reduction; [endorse a statement without] qualification; [credit] squeeze; *~ van het consumentenkrediet* restrictions on consumer credit; *~ van het kindertal, zie* geboortebeperking

beperkt limited [means, number, edition, service, in a limited sense; *ook v verstand:* he is rather limited]; restricted [access]; reduced [visibility]; narrow [mind]; confined [space; my remarks are confined to these]; *~e aansprakelijkheid* limited liability; *zeer ~e dienst* skeleton (train) service; *~ houdbaar* perishable; *~ leverbaar* in short supply

beperktheid limitation, narrowness; *vgl* beperkt

beplakken paste over, plaster [a wall with placards]; *(v binnen)* line

beplanten plant [an area with trees]; *zie ook* bebouwen

beplanting 1 planting; **2** plants; *(aanleg)* plantation

bepleisteren plaster (over); *wit ~* stucco; *vgl* berapen

bepleistering plaster(ing)

bepleiten plead [a p.'s cause with ... *iems zaak bij ...*], advocate, champion [a cause], argue [one's case], stand up for [one's rights]; *iems zaak ~, (ook)* hold a brief for a p.

bepleiter pleader, advocate, champion

beploegen plough

bepoederen powder

bepotelen 1 paw, grope; **2** soil

bepoten plant; set [with flowers]

bepraten 1 *(praten over)* talk about, talk over [talk a thing over, talk over a thing], discuss; *vgl* bespreken; **2** *(overhalen)* talk [a p.] over (*of:* round), prevail (up)on, persuade, get round [a p.]; *iem ~ iets (niet) te doen* talk a p. into (out of) doing s.t.; *zich laten ~* (allow o.s. to) be persuaded; *zie ook* overhalen

beproefd (well-)tried [troops, recipe], well-tested [principles], trusty [sword], approved [remedy, method], seasoned [soldiers]; *zie ook* beproeven & zwaar

beproeven 1 *(proberen)* try, endeavour, attempt; **2** *(op de proef stellen)* try, (put to the) test; *beproeft alle dingen: behoudt het goede* prove all things; hold fast that which is good *(1 Thess. 5:21); zie ook* proberen; **3** *(met ziekte, enz)* visit; afflict

beproeving trial [he is a trial to himself and others], ordeal, tribulation, affliction

bepruikt periwigged, bewigged

beraad deliberation, consideration; *in ~ staan* be in two minds, be deliberating [*of* whether]; *het in ~ houden* think it over, consider matters; *in ~ nemen* consider, take into consideration; *tijden van ~* time for reflection; *zie ook* rijp

beraadslagen deliberate [*over* on]; *~ met* consult with, confer with; *er wordt over beraadslaagd* it is under consideration

beraadslaging deliberation, consultation

beraden I *ww: zich ~* think it over, consider; *(v besluit veranderen)* change one's mind, think better of it; *zich ~ op, over* (re)consider [a decision]; **II** *bn* well-considered, deliberate [opinion]; *(vast~)* resolute

beradenheid deliberateness, etc, *vgl* beraden; deliberation, resolution

beramen 1 devise, contrive [plans, means]; (en)compass [the destruction of ...]; concert [measures]; lay, concoct [a plot]; plot [a man's destruction]; plan [an excursion]; *vooraf beraamd* premeditated; **2** *(schatten)* estimate [*op* at]

beraming 1 plotting, etc; **2** *(raming)* estimate

berapen render, *(ruw)* rough-cast

berber berber (tapestry, carpet)

berberis 1 *(plant)* barberry; **2** *(genus)* berberis

Berbers 1 *(volk)* Berbers (*ev* Berber); **2** *(bn & taal)* Berber

berceau 1 *(prieel)* bower, arbour; **2** *(booggang)* pergola, covered walk

berceuse 1 berceuse, cradle-song, lullaby; **2** rocking chair

berd board; *iets te ~e brengen* broach a subject, raise a point, bring a matter up; *argumenten te ~e brengen* bring up (bring forward, adduce) arguments

berechten 1 *(gerechtelijk behandelen)* try [rebels, a case *rechtszaak*]; **2** *(uitspraak doen in)* adjudge, adjudicate [a case]; **3** *(kerk)* administer the last sacraments to

berechting 1 *(jur)* trial, adjudgement, adjudication; **2** *(kerk)* administration of the last sacraments

beredderen arrange, put (set) in order; settle (up) [an estate *boedel*]

beredderinq 1 arrangement; **2** *(drukte)* fuss, ado

bereden mounted [police]; *~ paard* broken(-in) horse

beredeneerd reasoned [opinion, action, conclusion], annotated [catalogue]; *~ man* man of sound judgement

beredeneren discuss, argue, reason out

beregenen rain (up)on; sprinkle, spray

beregeningsinstallatie sprinkler system

beregoed *(sl)* terrific, fantastic, super

bereid ready, prepared, disposed, willing; *~ en in*

staat willing and able [to ...]; ~ *houden* keep ready, hold in readiness; *zich ~ verklaren* agree [to do s.t.]

bereiden prepare [meals, the way, etc]; brew [tea]; dress, curry [leather]; manufacture; give [a p. a kind reception, a surprise]; *zich ~, zie* voorbereiden; *de weg ~ (voor), (fig)* pave the way (for)

bereidheid readiness, willingness

bereiding preparation, manufacture, dressing

bereidingswijze method of preparation, process of manufacture

bereids already

bereidvaardig ready, willing

bereidvaardigheid readiness, willingness

bereidverklaring (written) agreement

bereidwillig ready, willing, cooperative

bereik reach, range; *binnen (boven, buiten) het ~ van* within (above, beyond, *of:* out of) reach of [keep away from children]; *binnen het ~ van de stem* within earshot; *binnen uw ~* within your reach (grasp), [a price] within your means; *zulke drank kwam zelden binnen zijn ~, (ook)* such liquor seldom came his way; *onder het ~ der geweerkogels (kanonnen) zijn (komen)* be (come) within rifle-range (range of the guns)

bereikbaar attainable, reachable, within [easy] reach; *(v persoon)* accessible; *ben je telefonisch ~?* can you be reached by phone?; ~ *worden (voor)* come within reach (of)

bereikbaarheid accessibility; *(haalbaar)* attainability

bereiken reach [one's destination, a compromise, middle age], attain [one's object, a result, the age of 50], touch [150 mph], attain to [power], gain [the opposite bank, one's object], achieve [a certain effect, nothing], effect [one's purpose]; *de brief bereikt me zeker, (ook)* the ... is sure to find me; *op die manier (met vloeken) bereik je niets* that will get you nowhere (nothing is achieved by swearing); *hij heeft bereikt dat de kwestie nu wordt onderzocht* he has succeeded in getting the question investigated; *hij was niet te ~* he could not be got at (be contacted, be reached by phone, etc); *gemakkelijk te ~ per trein, enz* within easy reach of train, tram and bus [*zo ook:* all the theatres are within easy reach of this hotel]; *hij is gemakkelijk te ~, (benaderbaar)* he is very approachable

bereisd (much-, widely-)travelled [man], much-frequented [country]

bereizen travel [the globe], travel across [Spain]; navigate [the seas]; *heel Italië ~* travel all over Italy; *vgl* afreizen

berekenbaar calculable

berekend 1 ~ *op* calculated for [50 persons, effect], designed for [20 pupils]; *(niet) ~ voor zijn taak* (un)equal to, (not) up to one's task; **2** charged; *het te veel (te weinig) ~e* the overcharge (undercharge); **3** calculated [charm]; *zie ook* berekenen

berekenen 1 *(uitrekenen)* calculate, compute [*op* at], figure (out), find [the amount; *bereken x* find x]; *hoe bereken je dat?, (ook)* how do you make that out?; **2** *(in rekening brengen)* charge; *iem te veel ~* overcharge a p.; *emballage wordt niet berekend* no charge is made for packing

berekenend *(fig)* calculating

berekening 1 calculation, computation; figuring [he did some figuring on the paper]; *volgens ruwe ~* on a rough calculation; *huwelijk uit ~* marriage of convenience; *uit ~ handelen* have an eye to the main chance; *zie ook* war: in de ~ sturen; **2** charge; *vgl* berekenen

berenbijt bear-baiting

berendruif bearberry

berenhap minced meat and onion rings

berenhuid bear's skin, bearskin

berenjong bear-cub, bear's cub

berenklauw 1 *(plant)* hogweed, cow parsnip; **2** *zie* berenhap

berenkuil bearpit

berenlul *(sl)* **1** croquette; **2** minced-meat sausage

berenmuts bearskin (cap), busby

berenoor *(plant)* bear's ear

beresterk as strong as a horse (an ox)

berg 1 mountain; mount [Mount Etna]; *~en hoog* mountain-high, mountains high, mountainous [seas]; *~ op, ~ af* up hill and down dale; *ik zie er als een ~ tegen op* I shudder to think of it, I am dreading it; *zijn **haren** rezen te ~e* his ... stood on end; *het deed zijn haren te berge rijzen* it made his ... stand on end (rise); *als de ~ niet tot **Mohammed** komt, ...* if the mountain will not come to Mahomet, [M must go to the mountain]; *de ~ heeft een **muis** gebaard* the mountain was delivered of (produced, brought forth) a mouse; *~en **verzetten*** move mountains; *zie ook* gouden; **2** pile, stack [of papers], heap [of trouble]; *een ~ van bezwaren* a mountain of difficulties (objections); *vgl* [1]hoop; **3** *(med)* cradle cap

bergachtig mountainous

bergaf downhill *(ook fig)*

bergamot bergamot (pear)

bergbeklimmer mountaineer, (mountain) climber

bergbeklimming mountaineering, (mountain) climbing

bergbewoner mountain dweller

bergblauw lapis lazuli

bergbruin umber

bergdal mountain valley, *(inz N. Eng)* dale; *nauw ~, (inz Sch, Ierl)* glen

bergeend sheldrake

bergen 1 *(plaatsen)* put (away), store; *(opslaan)* store, warehouse; *waar hij het alles (zijn eten) bergt is een raadsel* where he puts it all is ...; *veilig geborgen* safely stowed (away); *hij is geborgen, a) (veilig)* he is out of harm's way; *b) (verzorgd)* he is provided for; *c) ('binnen')* he is a made man; **2** *(wrakgoederen)* salve, salvage; *(slachtoffers)* rescue, save; *(lijk)* recover; *(zeil)* take in; *schip en lading ~* save ship and cargo; *wrakgoederen ~, (ook)* recover salvage; *zich (zijn lijf) ~* save o.s. (one's skin), get out of the way (out of harm's way); **3** *(bevatten)* hold, contain, accommodate [the room can accommodate 500 persons]; **4** *(onderdak verlenen)* accommodate, put up [I can't put them all up]; *zie ook* opbergen

Bergen *(Ned, Noorwegen)* Bergen; *(België)* Mons

bergengte narrow pass, defile

berger salvor *(ook schip)*, salvage operator; *(onwettig)* wrecker

bergforel char

berggeel yellow ochre

berggeit chamois, mountain goat

berggeld salvage (charges, money)

berghelling mountain slope, mountainside

berghok shed

berghout *(mar)* wale, bend

berghut mountain hut, mountain refuge

bergiep wych elm, witch elm

berging 1 storage; *(mar)* salvage [company, operations, tug, vessel]; **2** boxroom, storeroom; shed

bergkam mountain ridge

bergkamer utility room

bergketen mountain range

bergkristal rock crystal, rhinestone

bergland mountainous country; highlands

bergleeuw mountain lion, puma, cougar

bergloon salvage (charges, money)

bergmassief massif

bergmeer mountain lake; *(klein)* tarn

bergmeubel (storage) cupboard, storage unit

bergnimf mountain nymph, oread

bergop uphill

bergpas mountain pass, col

bergplaats depository, repository; *(rommelkamer)* lumber room, boxroom; *(loods, stalling)* shed; *zie ook* bergruimte & geheim

bergrede Sermon on the Mount

bergrug mountain ridge

bergruimte storage (space, room; capacity); *zie ook* bergplaats

bergschoen mountaineering boot

berg-Schot (Scottish) Highlander

bergspoor *(geol)* spur

bergspoorweg mountain railway

bergsport mountaineering

bergstelsel mountain system, mountain chain

bergstorting landslip, landslide, rockslide

bergstreek mountain(ous) district

bergstroom mountain stream, torrent

bergtop mountain top, (mountain) peak; *(ve bepaalde berg)* summit

bergvolk mountain tribe

bergwand mountainside; *(steil)* bluff, rock face

bergweide mountain pasture

bergziekte mountain (*of:* altitude) sickness

bergzout rock salt

beriberi beriberi

bericht news [no news is good news], tidings; *(een ~, ~je)* piece (*of:* item) of news (of information), news item; *(kranten~)* paragraph, newspaper report; *(kennisgeving)* notice, intimation, communication, message; *(handel ook)* advice, [market] report; *binnenlandse ~en* home news; *buitenlandse ~en* foreign news; *laatste ~en* latest news, *(in krant)* stop-press news; *~ van aankomst* advice (notice) of arrival; *~ van ontvangst* acknowledgement of receipt; *~ van verscheping* advice of shipment; *~en van verhindering, (vergadering)* apologies (for absence); *~ brengen* bring word; *heb je goede ~en van je oom?* have you good news of ...?; *~ ontvangen* receive news [*omtrent* about, of], have (receive) word, hear [from a p.]; *er kwam ~* word came [*ervan* of it; *dat* that]; *~ sturen (zenden)* send word; *stuur ons spoedig ~, (ook)* let us hear from you soon; *volgens alle ~en* [he is] by all reports [...]

berichten inform, let [a p.] know, send word, report; *(handel ook)* advise; *(kennisgeven van)* give notice of; *iem iets ~* inform a p. of s.t.; *gelieve ons te ~, of ...* kindly inform us (let us know) if ...; *men bericht uit S* it is reported from S; *zoals reeds bericht is in onze kolommen* as already reported in ...; *zie ook* ontvangst

berichtgever informant [my informant]; [our Paris] correspondent; *(verslaggever)* reporter

berichtgeving news service, (media) coverage; *objectieve ~* objective reporting

berijdbaar practicable, passable; *(voor rijdier of fiets, ook)* ridable

berijden ride [a horse], ride (drive) over [a road]; *een paard goed ~* sit a horse well; *Silver Blaze, bereden door B, (bij wedren)* Silver Blaze, B up (ridden, mounted by B), B riding

berijder, berijdster rider, horse(wo)man

berijmen rhyme, turn into rhyme(d verse); *berijmde psalmen* rhyming version of the psalms; *(in Eng)* metrical psalms

berijming rhyming, rhymed version

berijpt covered with hoar-frost; *(v vruchten)* pruinose [peaches]

beril 1 beryl; **2** beryllium

berin she-bear, female bear

berispelijk reprehensible

berispen rebuke, admonish, reprimand, reprove, chide, reprehend, censure [*wegens* for]

berisping rebuke, reproof, reprimand, [a fatherly] talking-to

berk birch

berken *bn* birch [wood, a birch chair]

berkenhout birchwood

berkenrijs birch(-rod)

Berlijn(er) Berlin(er)

Berlijns Berlin; *~ blauw* Prussian blue; *~ zilver* German silver

berm (grass) verge [of a road]; *(hellend)* bank; *(versterkingskunst)* berm; *zachte ~* soft shoulder

bermlamp bumper light, spotlight
bermpje groundling
bermprostitutie kerbside prostitution
bermsloot infiltration drain
bermtoerisme roadside picnicking
bermuda(broekje) Bermuda shorts, Bermudas
Bern Berne
bernag(i)e *(plant)* borage
Berner Oberland Bernese Alps
beroemd famous, celebrated, renowned, illustrious; *~ wegens zijn noordpooltocht* [Mr S] of arctic fame; *~ worden, (ook)* achieve (*plotseling*: spring into) fame
beroemdheid celebrity, fame, renown, illustriousness; *een ~* a celebrity, *(theat, enz)* a star
beroemen: *zich ~ op* boast (of), take (a) pride in, glory in, pride o.s. on; *(bluffen op)* boast (*of:* brag) of
beroep 1 *(algem)* occupation, calling; *(ambacht, bedrijf)* trade; *(zaak)* business; *(gestudeerd, vrij ~)* profession [*ook:* the oldest profession]; *in zijn ~* professionally [he is successful]; *van ~* by profession (occupation, trade); *zonder ~* [Mr A] of no occupation; *(van zijn geld levend)* (of) independent (means); **2** *(beroeping v predikant)* call, invitation [accept (get, receive) a call, an invitation]; **3** *(~ op iem, (ook) hoger ~)* appeal; *een ~ doen op* (make an) appeal to; invoke; call on [a p.('s sense of decency)]; throw o.s. on [a p.'s mercy, indulgence, etc]; *(op de kiezers)* go (*of:* appeal) to the country; *(hoger) ~ aantekenen* give notice of (lodge an) appeal; *in ~ gaan tegen (van) een vonnis* appeal against a conviction; *in hoger ~ gaan* appeal to a higher court, appeal against a sentence (a decision), move for a new trial; *in hoger ~* [sentenced, acquitted, quash a sentence] on appeal; *de zaak zal in hoger ~ behandeld worden in mei* the appeal will be heard in May; *er is geen hoger ~ mogelijk* the decision of the Court is final, there is no appeal against this decision; *het vonnis werd in hoger ~ vernietigd, (ook)* the appeal was upheld
beroepen 1 call [a minister to (the pulpit of) ...]; *~ worden naar ..., (ook)* receive a call to ...; **2** *zich ~ op* appeal to [a p., a p.'s sense of justice, a higher court], refer to [the terms of the agreement, a p.'s own words], plead [one's innocence]; **3** *hij was niet te ~, a)* he was out of earshot; *b)* he was too deaf to hear me
beroepengids trade directory; *(telef)* yellow pages
beroepenvoorlichting careers guidance
beroeps [turn] professional (soccer player, soldier, etc), pro
beroepsbegeleidend: *~ onderwijs* day release
beroepsbevolking working population; *(econ)* labour force
beroepsbezigheid professional duty
beroepschrift appeal
beroepscode professional ethic
beroepsdeformatie occupational disability
beroepsdiplomaat career diplomat
beroepsgeheim professional secret (confidence)
beroepsgroep occupational group
beroepshalve by virtue of one's profession, [I only see him] professionally
beroepskeuze choice of a profession (of a career, of employment); *bureau voor ~* vocational guidance bureau
beroepskeuzeadviseur careers advisory officer
beroepsleger regular army
beroepsmatig professional(ly); by way of profession
beroepsmilitair regular (soldier)
beroepsofficier regular officer
beroepsonderwijs [lower, intermediate, higher] vocational education
beroepsopleiding vocational (*of:* professional) training
beroepsoriëntering vocational (*of:* careers) guidance
beroepsrijder professional (skater, cyclist)
beroepsrisico occupational hazard
beroepsspeler professional (player, actor, etc), *(fam)* pro
beroepsverbod debarment from a profession or office
beroepsvoorlichting careers guidance
beroepsziekte occupational (*of:* industrial) disease
beroerd miserable, nasty [smell, taste], [I think it] horrid, rotten [business, weather], beastly [weather; it's beastly cold]; *~e boel* awful nuisance, rotten business; *het ~e ding* the beastly thing; *die ~e kerel* the wretched fellow; *[ik had] een ~e overtocht* an awful crossing; *in een ~e toestand* in an awful state, in a mess; *dat is het ~e ervan* that's the dreadful part of it; *hij is de ~ste nog niet* he is not a bad chap (not the worst of them); *het is ~ voor hem* it is rough on him; *ik voel me ~* I feel out of sorts (*of:* rotten); *hij is te ~ om een poot uit te steken* he is too lazy to lift a finger; *hij is nooit te ~ om te helpen* he is always willing to help; *~ genoeg!, zie* jammer; *zie ook* afschuwelijk
beroerdigheid misery
beroeren stir, perturb, disturb, convulse [a country]
beroering trouble, disturbance, perturbation [of the mind], agitation, unrest, commotion; *(sterker)* [her mind was in a] turmoil; *hevige ~* cataclysm, upheaval; convulsion; turbulence; *alles was in ~* everything was in a state of commotion; *in ~ brengen, zie* beroeren
beroerling bastard
beroerte 1 (apoplectic) fit, (paralytic) stroke, seizure; *een ~ krijgen* have a stroke, be seized by (struck with) apoplexy; *hij kreeg bijna een ~, (v boosheid, enz)* he almost had (threw) a fit; *ik schrok me een ~, (fig)* it gave me an awful turn; **2** *~n, (onlusten)* troubles
beroeten smoke [glass]
berokkenen cause; *iem verdriet ~* give a p. pain, cause a p. sorrow; *zie ook* moeite, enz

berooid beggarly, shabby, seedy, *(fam)* down and out; *~e beurs (schatkist)* empty purse (treasury)
berooidheid beggarliness, etc
berookt smoked [glass]; smoke-stained, smoky
berouw repentance; *(zwak)* compunction; *(diep)* contrition; *~ hebben over (van)* repent (of), regret, feel sorry for; *het ~ komt nooit te laat (komt steeds te laat, komt na de zonde)* it is never too late to mend; *zonder ~* unrepentant [*over zijn handelen* of his action]
berouwen: *het berouwt mij* I repent (of) it, I regret it, I feel sorry about it; *dat zal je ~!, (bedreiging)* you'll be sorry for that
berouwvol repentant, contrite, penitent, remorseful
beroven *(alg)* rob [a p. (of his money), a place of its beauty]; *(ontnemen, ontdoen van)* deprive [of life, power]; bereave [of life, hope; bereft of her only son]; rifle [a mailbag, etc (of its contents)]; denude [of rights]; despoil [of armour, ornaments]; defraud [a p. of his rightful share]; *de schatkist ~* defraud the inland revenue; *iem (zich) van het leven ~* take a p.'s (one's own) life; *van zijn verstand beroofd* deprived of one's reason; *van al zijn schoonheid beroofd, (ook)* shorn of all its beauty
beroving robbery, deprivation
berrie stretcher, litter; *(lijkbaar)* bier
berserker berserk(er); *~woede* berserker rage
berst, enz *zie* barst, enz
berucht notorious [*wegens* for], disreputable, [a house] of ill fame, disorderly [house]
beruchtheid notoriousness, notoriety
beruiken smell at, sniff at
berusten: *~ bij, (v stukken, enz)* be deposited with; *vgl* berusting; *(v rechten, enz)* be vested in; *de beslissing berust bij mij* the decision rests with me (is mine); *het daarbij laten ~* let the matter rest there, leave it at that; *~ in* resign o.s. to [one's fate], submit to [the will of God], acquiesce in, reconcile o.s. to; *~ op* rest (be founded, based) on; be due (attributable) to [a mistake, a false notion]
berustend resigned [to one's loss *in ...*]
berusting 1 acquiescence, resignation; **2** keeping; *de stukken zijn onder mijn ~* the documents are in my hands (keeping, custody)
beryllium beryllium, beryl
bes 1 berry; *(aalbes)* (red-, white-, black)currant; **2** *zie* besje; **3** *(muz)* B flat
besachtig baccate
beschaafd 1 *(ontwikkeld, v goede smaak, enz)* cultivated [reader, usage]; educated [man], cultured [voice], refined [face, character, manners, taste]; *~ man, (ook)* man of culture; **2** *(welgemanierd)* well-bred, refined, polite; *in ~e kringen* in polite society; **3** *(vs barbaars)* civilized; *naar de ~e wereld terugkeren* return to civilization; *zie ook* ABN
beschaafdheid refinement, polish, good breeding, good manners, culture
beschaamd ashamed [*over* of; *soms attr:* an ashamed look]; *(verlegen, met ~e kaken)* abashed, shamefaced; *~ maken (doen staan), zie* beschamen 1; *~ staan* be ashamed, *zie ook* schamen: zich ~
beschaamdheid shame, shamefacedness
beschadigdheid: *vrij van ~, (verzekering)* free of particular average, f.p.a.
beschadigen damage [goods, health] injure [a p.'s reputation]; *(~ & ontsieren)* deface
beschadiging damage, injury
beschaduwen shade, overshadow
beschamen 1 put to shame, shame; embarrass [her kindness embarrassed him]; **2** disappoint [a p.'s hopes], betray [a p.'s confidence]; *beschaam me niet (in mijn verwachtingen), (ook)* don't let me down
beschamend shameful [treatment, performance], humiliating [defeat]
beschaming 1 shame; **2** disappointment; *vgl* beschamen
beschaven 1 *(eig)* plane; **2** *(fig)* polish, refine [manners], civilize [savages]
beschaving 1 [an ancient] culture, civilization; **2** [people of] culture, refinement, polish
beschavingsgeschiedenis history of civilization, social history
bescheid 1 answer, reply; *iem ~ doen* pledge a p., reply (respond) to a p.'s toast; *~ geven* give an answer, send word; *~ weten* know the facts; **2** *(officiële) ~en* (official) documents, records
bescheiden modest [*ook fig:* a modest fortune, estimate], retiring, unassuming, unpretending, unpretentious, unobtrusive; *naar mijn ~ mening* in my humble opinion; *een ~ poging* a discreet attempt; *wat gokken op ~ schaal* a little mild gambling; *~ protesteren* enter a mild protest [against s.t.]
bescheidenheid [I say so in all] modesty; unpretentiousness; *met alle ~, (ook)* with all (due) deference
beschenken *zie* begiftigen
bescheren *zie* beschoren
beschermeling(e) protégé(e); ward
beschermen protect (*ook econ; voor, tegen* from, against), shield, screen, shelter [from the wind, etc], save [a p. from himself]; patronize [the arts]; *~de kleur* protective colouring; *~de rechten* protective duties; *~d stelsel* protection(ism), protectionist system; *beschermd, (ook)* sheltered [life], scheduled [building], conservation [area], heritage [coast *kustgebied*]; *zie ook* stadsgezicht
beschermengel guardian angel
beschermer protector; *(voorwerp, ook)* [ankle, shin] guard; *(weldoener, enz)* patron [of the arts]
beschermgeest tutelary spirit, genius
beschermheer patron
beschermheerschap patronage
beschermheilige patron(ess), patron saint
beschermhoes [chair] cover; [record] sleeve; *(v boek)* slip case
bescherming protection; *(beschutting, ook)* shelter, cover [*voor* from]; *(steun)* patronage; *~ zoeken te-*

gen bommen take cover from bombs; *iem in ~ nemen* take a person under one's p. (*fam:* wing), shield a person; *onder ~ van* under cover of [the night], under the auspices of [HM the King]; *zie ook* BB
beschermingsconstructie *(fig)* ring-fence
beschermkap guard
beschermlaag protective layer (*techn:* coating); *(tegen etsing, kleuring, enz)* resist
beschermvrouwe patroness
bescheten *(lett)* dirtied, soiled; *(fig)* scared; *(verwaand)* snooty; *er ~ afkomen* get a raw deal; *~ kijken* look silly; *er ~ uitzien* look ghastly
bescheuren: *zich ~* split one's sides (with laughter); *hij (het) was om je te ~* he (it) was a scream
beschieten 1 fire at, bombard, shell, pound [pounded by artillery]; **2** *(bekleden)* line; *(met hout)* board [a boarded roof], wainscot, plank; *met eikenhout beschoten* panelled in oak
beschieting bombardment, shelling
beschijnen shine (up)on, light up; *door de zon beschenen* sunlit [fields]
beschijten: *zich ~* shit o.s.; *zie ook* bescheten
beschikbaar available, at a p.'s disposal (command); *beschikbare last, (luchtv)* disposable lift; *zich ~ houden* be on stand-by; *~ komen* become available; [the money will] be forthcoming; *~ stellen* place [s.t., o.s.] at a p.'s disposal, make available
beschikbaarheid availability
beschikken *(regelen)* arrange, manage, order, see to [one's affairs]; decree [Fate had decreed otherwise]; *de mens wikt, God beschikt* man proposes, God disposes; *(on)gunstig* ***op*** *een verzoek ~* grant (refuse, deny) a request; *~* ***over***, *a)* have at one's disposal (command), have the disposal of, command [a majority in Parliament, considerable resources *middelen*], possess [great courage]; decide [a p.'s fate]; *vgl* beschikking; *b) (bij testament)* dispose of [property by will]
beschikking 1 disposal, command; *ter ~ staan* be available; *ter ~ stellen van iem* place (put) at a p.'s disposal; *zijn huis ter ~ stellen (voor een concert, enz)* lend one's house [for ...]; *zie ook* terbeschikkingstelling; *dat is te uwer ~* that is at your disposal; *zich ter ~ houden van* hold o.s. at the disposal of; *de ~ hebben over* have at one's disposal (command); *de ~ krijgen over, (ook)* be made free of; *zie ook* beschikken: ~ over; **2** *(regeling)* arrangement; **3** *(besluit)* decree; *een bijzondere ~ der voorzienigheid* a special providence; *verdere ~en afwachten* await further orders (instructions); ***bij*** *~ van* by order [of the Dean of St Paul's]
beschikkingsbevoegdheid dispositive power
beschilderen paint (over); *met de hand ~* hand-paint; *zie ook* brandschilderen
beschildering painting; decoration
beschimmeld mouldy [bread], mildewed [canvas], musty [smell, books]
beschimmelen get (grow, go) mouldy (mildewed), mildew
beschimpen abuse, taunt, jeer (at), scoff (rail) at
beschimping abuse, scoff(ing), jeering, taunt(s)
beschoeien face, *(met damwand)* sheet-pile, *(met steen)* revet [a dike, a river bank]; timber [a mine shaft, a trench]
beschoeiing facing, sheet piling, revetment
beschonken drunk, tipsy, intoxicated
beschoren: *zulk geluk was mij nooit ~* such good fortune never fell to my lot; *dat lot is mij ~* such is my fate; *hem was maar een kort leven ~* it was not granted to him to live long
beschot 1 *(afscheiding)* partition; **2** *(bekleding)* wainscot(ing); **3** *(opbrengst)* yield, produce, [yield an abundant] crop
beschouwelijk *zie* beschouwend
beschouwen 1 *(houden voor)* consider, regard; *~ als* consider, regard as, look (up)on as, take for, hold [the revolution was held to be inevitable]; *als niet geschreven ~* disregard [a letter]; *als verloren ~* give up for lost; **2** *(beoordelen)* consider; *anders (in een ander licht) ~* take another view of, think otherwise; *(alles) wel beschouwd* after all, all things considered, as a matter of fact, taking one thing with another; *op zichzelf beschouwd* taken by itself; *op zichzelf ~* treat [each case] on its merits; *zie ook* achteraf & [2]kant; **3** *(bekijken)* look at, contemplate, view
beschouwend contemplative [orders], speculative [philosophy]
beschouwer looker-on, spectator
beschouwing 1 *(het bekijken)* contemplation; *bij nadere ~* on closer inspection (*of:* examination); *buiten ~ laten* leave out of consideration (*of:* account), leave aside; *dit kan voor ons betoog buiten ~ blijven* this is immaterial to our argument; *in ~ nemen* contemplate, consider; **2** *(bespiegeling)* speculation, contemplation; reflection; *(verhandeling)* dissertation, review; *(opmerking)* observation [observations about art]; *(opinie)* view [of life], way of thinking; *algemene ~en, (parl)* general debate; *zie ook* treden
beschouwingswijze view
beschreeuwen: *te ~ zijn* be within shouting distance, within hail; *zie ook* beroepen
beschreid tear-stained [face]
beschrijven 1 *(schrijven op)* write on [one side only]; *(geheel)* write all over; *dicht beschreven* closely written [sheets]; **2** *(schetsen)* describe, set out [in detail]; *(meetk)* describe, construct; *een boedel ~* draw up an inventory; *de auto beschreef een complete cirkel op de weg* the car turned a complete circle in the road; *een baan om de zon ~* (describe an) orbit round the sun
beschrijvend descriptive [poetry, geometry]
beschrijving description; *op ~ verkopen* sell to specification
beschrijvingsbrief *zie* convocatie 2

beschroomd timid, diffident, bashful, shy
beschuit: *een ~* a (Dutch) rusk
beschuldigde: *de ~(n)* the accused
beschuldigen accuse [*van* of], charge [*van* with], tax [*van* with], incriminate; *(inz v staatsmisdaad)* impeach [*van* of]; *(gerechtelijk)* indict [*van moord* for murder; *ook fig:* the Government was indicted by ...], arraign; *beschuldigd worden van, (ook)* stand accused of
beschuldigend accusatory
beschuldiger accuser
beschuldiging accusation, charge; indictment; impeachment; *vgl* beschuldigen; *op ~ van dronkenschap* [he was before the Court] on a charge of ...; *een ~ tegen iem inbrengen* bring a charge against a p.
beschutten shelter, screen [*voor de wind, hitte, enz* from ...], protect [*voor, tegen* from, against]; shade [a light, one's eyes]; *beschut* sheltered [locality, spot, workshop]
beschutting [seek, take, find] shelter, protection, cover; *onder ~ van de kust* under the lee of the land
besef 1 *(begrip)* notion, idea, sense; *geen flauw ~* [have] not the faintest notion [of s.t.]; *iem brengen tot het ~ van zijn verantwoordelijkheid* bring (*of:* rouse) a p. to a sense of his responsibilities; *elk ~ van verantwoordelijkheid ontbreekt* any sense of responsibility is lacking; **2** *(bewustzijn)* consciousness, realization, awareness; *buiten ~* unconscious; *zie ook* bewustzijn
beseffen realize, appreciate, be aware of [the magnitude of one's task], be alive to [the fact that ...]; *voor ik het besefte* (the) first thing I knew ...
besje *(vrouwtje)* old woman, granny, (old) crone
besjeshuis *(hist)* home (almshouse) for old women
besjoemelen fool, trick, cheat [a p.]
beslaan 1 cover [with leather, etc], mount [with silver, etc], hoop [a cask], set, stud [with nails], shoe [a horse; a pole with iron], tip [a cane, a walking stick], sheathe [the bottom of a ship]; furl [a sail]; *je zou hem in goud ~* he is worth his weight in gold; **2** square [timber]; **3** mix [mortar]; **4** *(ruimte)* take up, occupy [room]; fill [a whole page]; *500 bladzijden ~* contain (run to) 500 pages; **5** *(v glas)* mist (steam) over (up); become dimmed (steamed, blurred); *de ramen waren beslagen, (ook)* the windows were steamed up; *(dof worden, v metaal)* tarnish; *doen ~* steam, blur [the rain blurred my glasses]; **6** *het koud water laten ~* take the chill off the cold water; *zie ook* beslagen
beslag 1 *(ve vuurwapen, kerkboek, kast, enz)* mounting; *(ve album, ook)* clasps; *(ve deur)* iron-, metalwork; *(ve vat)* bands, hoops; *(ve kist, koffer)* strapping(s); *(ve paard)* (horse)shoes; *(ve wiel)* tyre; *(ve stok)* tip, ferrule; *(ve doodkist)* fittings; *(ve schoen)* tips, rubbers; *(ve schip)* sheathing; *(op tong)* fur, coating; ***met** ijzeren (koperen, zilveren, metalen) ~* iron-studded [door], iron-shod [pole], brass-bound [chest], silver-mounted [casket], metal-faced [door]; **2** *(voor gebak)* batter, [cake] mixture; *(brouwerij)* mash; **3** *(vee)* livestock; **4** *(~legging)* seizure, attachment, distraint, distress; sequestration [of one's income]; *(op schip)* embargo; *~ **leggen** wegens huurschuld* distrain for rent; *~ leggen op* monopolize [the conversation]; *(jur)* attach, seize, distrain on [a p.'s goods], levy a distraint (distress) on; sequestrate [a p.'s income]; put (lay) an embargo on [a ship]; *(zich toe-eigenen)* annex; *~ op iem leggen, (fam)* book a p. [for dinner, etc]; *~ leggen op iems tijd* trespass (make great demands) on ...; *er wordt veel ~ op mijn tijd gelegd* I have many calls on ...; *in ~ **nemen*** take up [room, much of a p.'s time; one side of the room was taken up with books], take [it took me all day], occupy [too much space], command, arrest, engross [attention]; *(jur)* impound [a p.'s passport]; *door de bank in ~ genomen* repossessed [car, residence]; *vgl ook boven: ~* leggen op; *het neemt je al de tijd in ~* it's a full-time job; ... *wordt in ~ genomen door ..., (ook)* [this part of the boat] is given over to [machinery]; *(geestelijk) geheel in ~ genomen door, (ook)* preoccupied with [one's plans]; **5** settlement; *de zaak haar ~ **geven*** clinch the business; *de zaak **heeft (krijgt)** (spoedig) haar ~* the matter is (will soon be) settled
beslagen *zie* beslaan; *(ve paard)* shod; *(ve bril, glas)* misted over, *(ve ruit)* steamy, steamed up; *(v metalen)* tarnished, dull; *(vd tong)* furred, coated; *(ve muur)* sweating; *met ijzer, enz ~, zie* beslag; *goed ~ zijn in* be well versed in, conversant with, a good hand at; *zie ook* ijs
beslaglegging *zie* beslag 4
beslapen 1 sleep on; *zich erop ~* sleep on (*of:* over) it; *het bed was niet ~* the bed had not been slept in; **2** sleep with [a woman]
beslechten settle [a dispute]; make up [a quarrel]
beslechting settlement
besliskunde decision theory
beslissen decide [a question, a match, a p.'s fate], determine; *(door rechter, voorzitter, enz, ook)* rule [a p. out of order]; *(scheidsrechterlijk, ook)* arbitrate (on, upon); *~ over* decide (on); *~ ten gunste (ten nadele) van* decide for (against); *~ ten gunste van de eiser* find for the plaintiff; *zie ook* besluiten
beslissend decisive [take the decisive step], final, conclusive, deciding [goal, vote]; critical [stage *stadium*], crucial [the crucial moment]; *van ~e betekenis* of crucial importance; *~e factor* determining factor; *~e stem* casting vote
beslissing decision; *(ve rechter, voorzitter, enz, ook)* ruling; *een ~ nemen* make (come to, take) a decision; *de ~ overlaten aan* leave the decision to
beslissingsbevoegdheid discretionary powers, right to decide
beslissingswedstrijd final match; play-off *(ook serie ~en); (Br ook)* decider
beslist decided [success, speak in a decided tone],

firm, resolute, peremptory; manifest [lie]; *het antwoord was ~ ontkennend* the answer was an uncompromising negative; *~ laatste voorstelling* positively last performance; *~ waar* absolutely true; *~ zeker* dead certain; *ik weet het ~* I know it for a fact; *~ (niet)!* definitely (not)!; *ze mag het ~ niet weten* she must never know

beslistheid decision, determination, resolution

beslommering care, trouble, worry

besloten 1 *(v viswater, terrein, vergadering)* private; *~ jacht-, vistijd* close season; *~ gezelschap* private party, intimate circle, select company; *~ terrein, (ook)* precinct; *~ uiterste wil* sealed will; *~ vennootschap, (vglb)* private company, close(d) company (*Am:* corporation); *bij ~ water* when the canals (rivers) are frozen up (over); *in ~ zitting, (jur)* [hear a case] in camera, in private; **2** resolved, determined, decided; *ik ben ~, (ook)* my mind is made up; *zie ook* besluiten & vastbesloten

beslotenheid 1 privacy; shelter; **2** resoluteness, determination

besluipen stalk [deer, etc], steal (up)on *(ook fig)*

besluit 1 *(einde)* conclusion, termination, close, end; ***tot*** *~* in conclusion, to conclude (wind up, finish up) with, finally, [some cream] to top up with; *tot een ~ brengen* bring [the matter] to a close; **2** *(slotsom)* conclusion; **3** *(beslissing)* decision, resolution, resolve, determination, *(ve vergadering)* resolution, *(vd overheid)* decree; *zie ook* koninklijk; *een ~* ***nemen*** form (make, come to) a decision (resolution), take a decision; *(ve vergadering)* pass (adopt) a resolution; *dit bracht hem* ***tot*** *het ~ om heen te gaan* this decided him to leave; *tot een ~ komen* arrive at (come to, reach) a decision, make up one's mind; ***volgens*** *~ der vergadering* by resolution (of the meeting)

besluiteloos irresolute, undecided, weak-kneed, wavering, *(fam)* shilly-shallying

besluiteloosheid irresolution, indecision, wavering, *(fam)* shilly-shallying

besluiten 1 *(in-, omsluiten)* enclose, contain; **2** *(eindigen)* end, conclude, round off, wind (*of:* end) up [*met* with]; *de muziek besloot* ***met*** *het volkslied* the band wound up with the national anthem; *om mee te ~, zie:* besluit: tot ~; **3** *(een besluit nemen)* resolve, decide, determine; *~* ***te gaan*** decide (resolve, determine) to go (on going); *ik heb besloten deze te nemen, (ook)* I've decided on this one; *zie ook* besloten; *wij moeten ~* we must make up our minds; *ik kan er niet* ***toe*** *~* I cannot bring myself to do it; *~* ***tot*** decide (determine) on [certain measures, a line of conduct]; *dat deed mij ~* that decided me; **4** *(een gevolgtrekking maken)* conclude, infer [*uit ... tot* from ... to]; *wat besluit je* ***uit*** *zijn woorden?* what do you conclude from his words?

besluitvaardig resolute, decisive

besluitvaardigheid resolution, decision

besluitvorming decision-making

besmeren (be)smear, daub over [with paint], spread [with butter]; butter (*dik:* plaster) [bread]

besmet 1 infected [with a virus]; **2** contaminated, polluted, soiled, tainted; **3** black; *~ verklaren* black; *~te goederen, (bij werkstaking)* black(ed) goods; *~te arbeid* blackleg job (labour); *~te lading, (jur)* contraband; *vgl* besmetten

besmettelijk contagious, infectious, catching (*alle ook fig:* laughter and sorrow are catching); communicable [diseases]; *deze japon is zeer ~* this dress shows the dirt easily

besmettelijkheid infectiousness, contagiousness

besmetten infect *(ook fig)*; contaminate [milk, air, water]; pollute [water, children's minds, etc]; taint [meat, the mind]; *besmet verklaren, a) (ziekte)* declare [a port] infected; *niet langer besmet verklaard* out of quarantine; *b) (staking)* black [a ship, goods]

besmetting infection, contagion, taint, contamination, pollution

besmettingshaard focus of infection, nidus

besmeuren besmear, soil, stain; besmirch [a p.'s memory]

besmuikt furtive, quiet, sneaking, sniggering

besnaren string; *fijn (grof) besnaard* finely (coarsely) strung

besneeuwd snow-covered, snow-clad [trees], snow-capped [mountain], snowy [roofs]

besnijden 1 cut down, whittle [a stick]; *(met snijwerk)* carve; *fijn (scherp) besneden trekken* finely cut (clear-cut, clean-cut, chiselled) features; **2** *(godsd)* circumcise

besnijdenis circumcision

besnoeien 1 lop [trees], prune [fruit trees, roses, shrubs]; trim, clip [hedges]; **2** *(beperken)* cut down, retrench, curtail [expenses]; whittle down, curtail [rights, salaries]; dock [wages]; encroach on, infringe [a p.'s rights]; cut down [a report]

besnoeiing lopping; pruning [*ook fig:* pruning of the social services]; curtailment, retrenchment, cut [wage cuts, cuts in education, in a literary work] *vgl het ww*

besnuffelen sniff (at), smell at, *(fig)* pry into

besodemieterd 1 crazy; *ben je ~?* are you plumb crazy (stark staring mad)?; **2** punky, rotten

besodemieteren *(fam)* do the dirty on, swindle

besogne affair, job, (pre)occupation

besommen 1 *(belopen)* amount to; **2** *(opbrengen)* bring in, realize, fetch; *(visserij)* gross [£4000]

besomming *(visserij)* grossing(s)

bespannen 1 span [with one's fingers]; **2** string [a bow, violin, racket]; *opnieuw ~* restring; **3** harness [a horse to a wagon]; *met 2 paarden ~ landauer* two-, pair-horse landau

bespanning 1 stringing [of a racket]; **2** set [of carriage horses], team [of carthorses, oxen]

besparen save [*aan krachten* in strength; save a p. time, trouble, labour, money; save on railway fares], economize [on food, etc]; *het bespaart een chauf-*

feur it saves a ...; *(behoeden voor)* spare [spare me that indignity, be spared much sorrow]; *zich de moeite* ~ save o.s. the trouble

besparing saving (*aan* in), economy; *ter* ~ *van kosten* to save expenses

bespatten splash, (be)spatter

bespeelbaar playable *(ook v terrein, bal & tegenstander)*, fit for play

bespelen play (on) [an instrument], touch [a lyre, piano], play on [a billiard table], play over [a golf course], play (in) [a theatre], play (up)on [a p.'s weakness, emotions, one's audience]; *niet te* ~ [the tennis court was] unplayable

bespeler player, performer; *vaste* ~, *(theat)* resident company

bespeuren perceive, discover, descry, (e)spy, detect [a theft], sense [danger, discord]

bespieden 1 spy on, watch; *laten* ~ set a watch on, have [a p.] watched (shadowed); **2** discern

bespieder spy, *(minder ong)* watcher

bespiegelen reflect [*over* on]; contemplate; *een ~d leven* a contemplative life; *een ~d opstel* a reflective essay; *~de wijsbegeerte* speculative philosophy

bespiegeling speculation, contemplation, reflection; *~en houden* speculate [*over* on]

bespioneren *zie* bespieden

bespoedigen accelerate, hasten, push [things] on, speed up [payment], hurry forward, expedite [the execution of an order], precipitate [a catastrophe]

bespoediging acceleration, speeding up, etc

bespoelen wash

bespottelijk ridiculous, ludicrous, preposterous; ~ *maken* ridicule, hold up to ridicule (derision), deride; *zich* ~ *maken* make a fool of o.s.; *voor een* ~ *lage prijs* at a ridiculously low price

bespotten ridicule, mock, deride, sneer at, scoff at, flout

bespotter mocker, scoffer

bespotting 1 *(spot)* ridicule, derision; *aan de* ~ *prijsgeven* hold up to ridicule (derision, mockery); **2** *(iets bespottelijks)* mockery, travesty [the trial was a travesty (a mockery) of justice]

bespraakt *zie* welbespraakt; *hij is niet erg* ~ he is a poor talker

bespreekbaar [all topics are] discussable, open to discussion; [seats are] bookable; [America's position is] negotiable

bespreekbureau *(ve theat)* box office

bespreekgeld booking fee

bespreken 1 speak (talk) about, talk [things] over, discuss; ventilate [grievances]; **2** review [a book briefly]; *de zaak wordt thans druk besproken, (ook)* the question is very much to the fore; *ik kan die kwestie niet met u* ~, *(ook)* I cannot go into ... with you; **3** *(afhuren, enz)* book, engage, secure, reserve [seats, etc], retain [a barrister]; *alle plaatsen (hotels) waren lang vooruit besproken* all ... were booked up well ahead; *zie ook* bespreekbaar, besproken & passage

bespreking 1 discussion, conversation, talk [talks between France and Britain]; *in* ~ *brengen* open the discussion on, *(inbrengen)* raise [a question]; *in* ~ *komen* come up for discussion; *met iem in* ~ *zijn* be having discussions (be negotiating) with a p.; *in* ~ *zijn* be under discussion (negotiation); **2** meeting, consultation; *in* ~ *zijn, (v pers)* be in a meeting, be busy; **3** *(boek~)* review, *(kort)* notice; **4** *(plaats~)* booking

besprenkelen (be)sprinkle, spray [with liquid]; dust, dredge [with sugar, etc]; *(met wijwater)* asperse

besprenkeling (be)sprinkling, aspersion

bespringen spring (leap, pounce) (up)on [the cat pounced on the rat]; *(mil)* assault, assail; *(dekken)* cover

besproeien water [flowers], sprinkle; irrigate [land]; moisten [with tears]

besproeiing watering, etc; irrigation [works]

besproken *zie* bespreken & veelbesproken

bespuiten squirt [with water], spray [plants, insects, etc]; play (up)on [a fire]

bessemerpeer Bessemer convertor

bessenboompje currant bush

bessendragend bacciferous, berry-bearing

bessenetend baccivorous, berry-eating

bessengelei currant jelly

bessenjenever blackcurrant gin

bessensap (red) currant juice

bessenstruik currant bush

bessenwijn currant wine

best I *bn* best; *(uitstekend)* excellent [coffee], very good; *(vriend, enz)* dear; *het is mij* ~ I don't mind; *~e hond!* good dog!; *(mijn) ~e kerel!* my dear fellow!; *mijn ~e man, (echtgenoot)* my dear husband; *zijn ~e kleren, zie* zondags; *in de ~e jaren van zijn leven* in the prime of (his) life; **II** *bw* best; very well; *hij schrijft het* ~ he writes best; *deze zin kan het* ~ *worden weggelaten* this ... had better be left out; *niet al te* ~ (very) poor(ly), indifferent [sleep very indifferently]; *het ziet er niet* ~ *uit* it does not look very promising; *hij ziet er niet* ~ *uit* he does not look well; *zijn hoed zag er niet al te* ~ *meer uit* his hat was the worse for wear; *hij kan het er* ~ *mee doen* he can manage quite well with (on) it; *wil je niet? ~!* won't you? all right!; *ik zou* ~ *willen* I wouldn't mind; *hij wil het* ~ *doen* he is very willing to do it; *het kan* ~ *zijn* it may well be; *het is* ~ *mogelijk* it is quite possible, very likely, quite on the cards; *het is* ~ *wel moeilijk* it is not at all easy, quite hard; *zie ook* [1]goed & tijd; **III** *zn* best; advantage; *hij is de ~e van het hele stel* ... the best of the bunch; *het ~e van de oogst* the pick of the crop; *zijn* ~ ***doen*** do one's best; *je kunt niet meer dan je* ~ *doen* you can only do your best; *zijn* ~ *doen om op tijd te zijn* make an effort to be in time; *zijn uiterste* ~ *doen* do one's (exert o.s. to the) utmost, try one's hardest, use every effort [*om te* to], *(fam)* do one's level best; ***het** ~e!* all the best!, good luck (to you)!; *het ~e ermee, (bij ziekte)* I hope you'll soon be well again; I wish you a speedy recovery; *ik wens u het ~e* I wish you every happiness (the best of luck, all the best); *het ~e **hopen*** hope for the best; *dat zal het ~e zijn* that will be (the) best (thing, plan); *het zou het ~e zijn, als ...* it would be best if ...; ***als de ~e, tegen de ~e*** [he could argue] with the best of them, [I can beat eggs] with anybody (I'm second to none in ...ing), [he is as brave] as the next man; *zij is zo schrander als de ~e* she is as clever as they make them; *dat kan de ~e **overkomen** (gebeuren)* that may happen to the best of us; *doe dit, dan ben je **een** ~e* do it, there's a dear (a good fellow); ***op** zijn ~* at one's best [at this time the country is at its best]; *(sp)* be in (on) top form; *(op zijn hoogst)* [pay 21 p. in the pound] at best; at most [forty at most]; ***ten** ~e geven* give [a song], offer [an opinion, a remark]; *mej. S zal iets ten ~e geven* Miss S will give us (will oblige (us) with) a song, etc; *de mening, die hij ten ~e gaf* the view which he put forward; *ten ~e keren* turn out for the best; *God zal alles ten ~e wenden* God will order everything for the best; ***voor** je eigen ~* for your own good, in your own interest; *zie ook* bovenst, enz

bestaan I *ww* **1** exist, be [there is no reason why ...], be in existence; *~ **in*** consist in; *~ **uit*** consist (be composed, be made up) of; *~ **van*** live on, subsist on [Marken subsists on sightseers]; *er heeft nooit iets tussen ons ~* there was never anything between us; *niet ~, (ook)* be non-existent; *dat kan niet ~* that is impossible; *hoe bestaat het!, (fam)* would you ever!, just fancy that!; *deze gewoonte bestaat nog* this ... is still observed, still survives, still obtains [barter still obtains there]; *niet meer ~* exist no longer, be extinct; *de enige(n) die nog ~* the only ones in existence; *de aardigste man (de grootste schelm) die er bestaat* the nicest man living (the greatest rascal going); *het feit blijft ~* the fact remains; ***goed** (nauwelijks) kunnen ~* have a comfortable (precarious) existence; *zie ook* rondkomen; **2** be related; *elkaar in den **bloede** ~* be blood relations; **3** *iets ~* venture (up)on (attempt) s.t.; *hij heeft het ~ om ...* he has ventured to ..., he has had the nerve (has dared) to ...; *zie ook* na, plan, enz; **II** *zn* **1** being, existence; *wat een ~!* what a life!; *het honderdjarig ~ van* [commemorate] the hundredth anniversary of; **2** *(broodwinning)* livelihood, subsistence; *behoorlijk ~* decent living; *hij heeft een royaal ~* he is doing quite well (for himself); *zie ook* leiden & strijd

bestaanbaar possible; *~ met* consistent (compatible) with

bestaanbaarheid possibility; compatibility, consistency

bestaand existing; *nog heden ~e* extant to this day; *al het ~e* all that is

bestaansmiddel means of support (of subsistence)

bestaansminimum [live at, above, below] subsistence level

bestaansrecht right to exist

bestaanszekerheid subsistence

bestand I *zn* **1** [twelve-year] truce; **2** stock; [data] file; [library] holdings; **II** *bn: ~ **tegen*** proof against [temptation, etc], *(opgewassen)* a match for, equal to; [boats] able to stand (up to) [severe weather]; *tegen kogels, vuur, het weer, roest, inbrekers, motten ~* bullet-, fire-, weather-, rust-, burglar-, mothproof; *het is ~ tegen bleken* it will stand bleaching

bestanddeel element, ingredient, component (part), constituent (part), item

bestandenlijst *(comp)* directory

besteden spend [money, time] [*aan* on], lay out [money] [*aan* on], give, devote [attention to s.t.], give up [the afternoon is given up to games]; ***de tijd** zo goed mogelijk ~* make the most (the best) of one's time; *veel zorg ~ **aan*** bestow much care on; *een grap is aan hem goed besteed* he can appreciate a joke; *een concert (goede raad) is niet aan hem besteed ...* is thrown away (wasted) on him; *het geld zou beter besteed zijn geweest ..., (ook)* the money would have been better employed [in buying ...]; *een uur aan zijn toilet ~* spend ... over one's toilet; *slecht (goed, nuttig) ~* make bad (good) use of

besteding spending

bestedingsbeperking spending cuts, (policy of) retrenchment, investment restrictions

bestedingspakket total spending

bestedingspolitiek spending policy

besteedbaar disposable [income]

bestek **1** *(ruimte)* compass, space; *veel in een klein ~* much in a small compass; *in (een) kort ~* in a nutshell; *buiten (binnen) het ~ van* outside (within) the scope of [this work; a discussion would be beyond our scope]; **2** *(ve bouwwerk, enz)* (builder's) specification; **3** *(tafelgerei)* cutlery, tableware, knives and forks; *44-delig ~* 44-piece cutlery set [6 each table knives, forks, dessert knives, forks, spoons, soup-spoons, teaspoons, and two tablespoons *serveerlepels*]; **4** *(mar)* reckoning, position; *het ~ opmaken, (mar)* determine the ship's position; *gegist ~, (mar)* position by dead reckoning

bestekamer *(vero)* privy, toilet

bestekbak cutlery tray

besteken: *~ met* stick with, set with

bestel **1** management; *op uw ~* by your order; *Gods ~* divine (*of:* God's) ordinance; **2** *(inrichting vd staat, enz)* polity; [the monetary] system; [the social] order; *het heersende ~* the establishment; **3** *(drukte)* fuss, to-do

bestelauto delivery van

bestelbaar deliverable

bestelbiljet order form, order sheet

bestelboek order book

bestelbon order form

bestelbusje minivan

besteldienst (parcels) delivery service

bestelen rob; rifle; *zie ook* beroven

bestelformulier order form
bestelgoed (express) parcels
bestelkaart order form
bestellen **1** *(een bestelling geven)* order [*bij* from], place an order for [*bij* with], give an order for; **2** *(ontbieden)* order (ask) round, send for [the vet], order [a taxi]; **3** *(reserveren)* reserve, book [rooms, a hotel]; *zie verder* bespreken; **4** *(bezorgen)* deliver [letters, etc]; **5** *(regelen)* order, arrange; *zie ook* aarde
besteller *(brieven~)* postman, letter carrier; *(ve winkel)* delivery man, carman, vanman; [pizza] delivery rider; *(kruier)* porter
bestelling **1** order; *iem een ~ doen* give a p. an order; *nieuwe sloten zijn in ~* new locks are on order; *op ~* [made] to order, custom-[built, made], customized; *volgens ~* as per order; *~en doen bij* place orders with; *grote ~en op speelgoed* large orders for toys; *bij een ~ van ...* when ordering ...; **2** *(bestelde goederen)* articles (goods) ordered; **3** *(post~)* delivery; *twee ~en per dag* two deliveries a day; *zie ook* uitvoeren, enz
bestelloon delivery fee, carrier's fee, porterage
bestelwagen (delivery) van
bestemmeling addressee
bestemmen **1** destine, intend, mark out [marked out for the supreme command]; *een dag ~ voor* fix (appoint) a day for; *naar Amerika bestemd, (ve schip)* bound for America; *bestemd voor afbraak, (ve schip)* consigned to the breakers; *[zet een kruisje in] het daarvoor bestemde hokje* the appropriate box, the box provided; *bestemd voor predikant (advocaat)* intended for the Church (the Bar); *te bestemder tijd* at the appointed time, in due course; *voor mij bestemd* [a present, remark, etc] intended (meant) for me [*zo ook:* they were meant for each other]; **2** *(aan-, toewijzen)* set apart, earmark, set aside [money for ...], appropriate [£2000 for technical education], allocate [money to ...]
bestemming **1** [leave for an unknown] destination; *plaats van ~* (place of) destination; *met ~ naar* [passengers] (bound) for, with destination [London]; **2** use, purpose; *een ~ geven aan* find a use for; **3** *(lot)* destiny, fate, lot
bestemmingsheffing earmarked levy
bestemmingsplan development plan; zoning scheme
bestemmingsverkeer: *alleen ~* access only
bestemoer *(vero)* grandam, granny, old woman
bestempelen stamp; *~ met de naam van* style, name; *~ als, (ook)* label (as) [an Impressionist]; *tot leugenaar ~* brand (as) a liar
bestendig **1** *(duurzaam)* lasting, constant, durable; permanent [secretary], standing [committee]; *als 2e lid v sam* -resistant; *vgl* bestand: ~ tegen; **2** *(stabiel)* stable, steady, steadfast [character]; *(vh weer)* settled; *(ve barometer)* set fair; **3** *zie* gestaag
bestendigen continue [import duties, a p. in office], perpetuate [the state of things]
bestendigheid durability, constancy, continuousness, settled state, steadiness
bestendiging continuance, continuation, perpetuation
besterven die [the words died (away) on his lips]; *laten ~* hang [meat]; *bestorven vlees* (well-)hung meat; *dat (woord) ligt in zijn mond bestorven* that (word) is always on his lips; *neen, al moet ik het ook ~* not if I die for it; *hij bestierf (het) van schrik* he nearly died of fright (nearly jumped out of his skin); *zie ook* bestorven
bestevaar *(vero)* grand(d)ad; old man, old fellow
bestiaal bestial
bestialiteit bestiality
bestiarium bestiary
bestier, enz *zie* bestuur, enz
bestijgbaar climbable, scalable
bestijgen mount [a horse, bicycle, ladder, the throne], ascend [a mountain, the throne], accede to [the throne], climb [a mountain, a wall], scale [a wall], go into, climb up, mount [the steps]
bestijging ascent, mounting, etc; *de ~ van de Mount Everest, (ook)* the conquest of M.E.; *zie ook* troonsbestijging
bestje old woman; *zie* besje
bestoken harass, shell, bombard [the enemy], press [a p.] hard (ply a p.) [with questions, etc]
bestormen storm, rush, assault [a fortress]; bombard, besiege [with requests, letters, etc]; pelt [with questions]; *de bank werd bestormd* there was a run on the bank
bestorming storming, rush, assault; run [on a bank]
bestorven **1** widowed; *jong ~* recently widowed; *(soms)* orphaned; **2** *zie* besterven
bestoven **1** covered with dust, dusty; **2** sprayed; **3** *(plantk)* pollinated; *vgl* bestuiven
bestraffen punish, chastise; *(berispen)* reprimand, scold
bestraffing punishment, chastisement; reprimand, scolding
bestralen shine (up)on; *(ook med & v voedsel)* irradiate; *(med ook)* x-ray
bestraling irradiation; *(med)* radiotherapy, radiation (treatment), (x-)ray treatment
bestraten pave
bestrating *(abstr & concr)* paving; *(concr ook)* pavement
bestrijden **1** fight (against) [*ook fig:* fight unemployment, smallpox], combat [a proposal, disease], prevent [dandruff]; **2** *(betwisten)* contest, dispute, controvert; oppose [a proposal, a claim]; defray, bear, cover, meet [expenses]; *krachtig ~* put up a vigorous fight against, offer stout resistance to
bestrijder fighter, adversary, opponent
bestrijding fight [*van* against], fighting, combating; contest [*van* with]; defrayal [of the cost]; [noise, smoke] abatement
bestrijdingsmiddel insecticide, pesticide, herbicide,

fungicide, etc

bestrijken 1 pass one's hand (a magnet, etc) over; spread (over), cover, (be)smear, coat [*met* with]; 2 cover; *(v geschut)* cover, sweep [the road was swept by machine-guns], rake, enfilade; *(ve fort)* command [the surrounding country]; *het verslag bestrijkt een enorm terrein* the report covers (ranges over) ...

bestrooien (be)strew [with flowers], (be)sprinkle [with sand, sugar], dredge, dust [with flour, pepper, etc], powder, sugar; *(met grind)* gravel

bestuderen study, *(onderwerp, enz, ook)* read up; *vlijtig* ~ pore over; *zijn gezicht was het ~ waard* his face was quite a study

bestudering study

bestuiven I *tr* 1 (cover with) dust, powder; *(met vergif, enz)* spray [swarms of locusts]; 2 *(plantk)* pollinate; II *intr* get dusty

bestuiving *(plantk)* pollination

besturen govern, rule, run [a country, etc], manage, administer [an estate, affairs], run [a business]; steer [a ship], pilot, fly [an aeroplane], drive [a car, a carriage], guide [a horse, a p.'s hand], control [a process], direct [a p.'s thoughts]

besturing direction, management, steering, etc; *dubbele* ~ dual control

besturingssysteem *(computer)* operating system

bestuur 1 *(regering)* government, rule; *(inz Am)* administration; *(beheer)* management, administration, direction, control; *goddelijk* ~ divine guidance; 2 *(~ders)* board (of managers, of management), management, managers; corporation [of a town], committee [of a club], executive [of a party], (board of) governors, governing body [of a school]; *in het ~ zitten (benoemen)* be on (be appointed to) the committee, on (to) the board; *plaatselijk* ~ local government, *(concr)* local authorities (authority); *zie ook* bewind

bestuurbaar manageable, navigable, steerable; *bestuurbare ballon* dirigible (balloon)

bestuurder 1 governor, director, manager, administrator, principal; 2 *(ve vliegt)* pilot; *(ve voertuig)* driver; *(ve tram, enz, ook)* motorman

bestuurlijk administrative [problems], managerial [level]

bestuursambtenaar government official, civil servant

bestuursapparaat administrative machinery

bestuurscollege governing board

bestuursfunctie administrative (managerial) position (task)

bestuurskamer committee room, boardroom

bestuurskunde public administration

bestuurslid board (committee) member, member of the board (committee, executive)

bestuursraad governing council

bestuursrecht administrative law

bestuurster 1 manageress, directress, governess; 2 *(ve vliegt)* (woman) pilot; *(ve auto)* (woman) driver

bestuursvergadering board (*of:* committee) meeting

bestuursvorm form of government (of administration)

bestuurswetenschap (science of) public administration

bestuurszetel seat on the board

bestwil good; *om (voor) uw* ~ for your good; *leugentje om* ~ white lie

besuikeren sugar; *ben je besuikerd?* are you nuts?

bèta beta [particle, ray, rhythm]

bèta-afdeling *(v school)* science side

betaalautomaat automatic debit point, *(Br)* pay station

betaalbaar 1 affordable, reasonably priced; 2 payable [*op zicht* at sight; *aan toonder* to bearer]; *~ stellen* make payable, domicile, domiciliate

betaalbaarstelling domiciliation

betaalcheque bank cheque (*Am:* check)

betaald *zie* betalen

betaaldag 1 payday; 2 quarter day *(in Eng 26 maart, 24 juni, 29 sept, 25 dec)*; *zie ook* vervaldag

betaalkaart girocheque

betaalmiddel means of payment, circulating medium; *wettig* ~ legal tender; *~en, (ook)* currency

betaalpas *(Br)* cheque (guarantee) card

betaalrol payroll, paysheet

betaaltelevisie pay (*of:* subscription) television; *(kabel, Am)* pay cable

bètablokker beta blocker

bètafaculteiten (faculties of) science and medicine

betalen pay [one's rent, a bill, a p., the driver; *(ook)* the taxi], pay for [goods, one's lodgings, a ticket, a p.'s education], pay off [the taxi-driver; *ook: ten volle* ~ pay off a debt], defray [expenses], meet [expenses, one's debts], [I had to] pay up; *hij kon geen auto* ~ he could not afford a car; *hij kan niet* ~ he cannot meet his commitments, is insolvent; *wie zal dat ~?* who is to foot the bill?; *de zaak betaalt* ***goed***, *(is lonend)* the concern pays well; *ze ~ goed (zijn goed van ~)* they pay well; ***laten*** ~ charge; *te veel laten* ~ overcharge; *(sl)* rush [they rushed us ten pounds a night]; *zich door de vijand laten* ~ be in the enemy's pay; *betaal op!* pay up!; ***slecht*** ~ underpay [workers]; *hij is slecht (langzaam)* ***van*** ~ he is a bad (slow) payer; ***vooruit*** *te* ~ payable in advance; *zie* vooruitbetalen; *met een pond zou het ruim betaald zijn* a pound would be ample; *iem iets betaald zetten* pay a p. back (out) [for s.t.], get even with a p., get one's own back; *(briefkaart) met betaald antwoord* reply prepaid (reply postcard); *betaalde vakanties, (ook)* holidays with pay; *betaald, (onder rekening)* paid, (payment) received; *de laagst betaalden* the lowest paid; *zie ook* elektronisch

betalend fee-paying [pupil], fare-paying [passenger]; *~e lading, (ve vliegt)* payload; *~e logé* paying guest, PG; *bed voor ~ patiënt, (Br)* pay-bed; *~ patiënt, (Br)* pay-bed patient

betaler payer
betaling payment; *~en doen* make payments; *tegen contante ~* cash down; *tegen ~ van* (up)on payment of; *ter ~ van* in payment of; *~ op 1 maand met 5% korting* 5 per cent for one month; *~ op 1 maand zonder korting* one month net; *zie ook* staken
betalingsbalans balance of payments
betalingsbewijs 1 proof of payment; **2** *(kwitantie)* receipt
betalingscondities terms (of payment, of settlement)
betalingsmandaat pay warrant
betalingsopdracht payment order
betalingstermijn 1 instalment; **2** *(jur)* term of payment; *~ een maand* payment within one month
betalingsverkeer transfer of payments
betalingsvoorwaarden terms (of payment, of settlement)
betamelijk becoming, seemly, fit(ting), decent, proper; *zij heeft geen gevoel voor wat ~ is* she has no sense of the proprieties
betamelijkheid propriety, decency
betamen become, befit, be becoming (proper, seemly, fit)
betasten feel [all over], finger, grope; *(ruw, fam)* paw; *(med)* palpate; *(genitalia, sl)* feel up; *onzedelijk ~, (jur)* indecent assault; *iem helemaal ~, (ook)* frisk a p. [for arms, etc]
bètawetenschap (exact) science
bete: *~ broods* morsel of bread
bête stupid, silly
betegelen tile [a floor, the bathroom wall]
betekenen 1 *(beduiden)* mean, signify; stand for [what Christmas really stands for; what does 'a.m.' stand for?]; *wat moet dat (alles) ~?* what does it all mean?, what's the meaning of this?; *dit betekent een stap vooruit* this is a step forward; *dit betekent een gevaar voor ...* this constitutes a danger to ...; *ieder, die iets betekent* everybody who is anybody; *de adel heeft nog iets te ~* the nobility still stands for s.t.; *weinig ~d* unimportant, of no consequence; *het heeft* ***niets*** *te ~* it does not matter, is no matter (of no consequence); *(ook)* never mind!, don't mention it!; *dat betekent niets, (ook)* that's easy enough, it doesn't amount to anything; *de voordelen betekenen niets in vergelijking met de nadelen* the advantages are nothing compared with ... (*evenzo:* what is it compared with what I went through?); *wat betekende Hecuba voor hem?* what was Hecuba to him?; *het heeft niet veel te ~* it doesn't amount to (isn't anything) much; *wat zei ze? niet veel te ~* nothing much; *onze rust had niet veel te ~* we hadn't much of a rest; *als criticus (als literator) betekent hij niet veel* he is not much of a critic, he is of no importance as a man of letters; *hij betekent* ***nogal*** *wat* ***(niets)*** he is a man of some consequence (a nobody); *dat betekent nogal iets (is nogal veel gevergd), (fam)* that's rather a tall order; **2** *(voorspellen)* spell [it spells ruin to our hopes], forebode, portend, betoken; **3** *(jur)* serve [a writ, subpoena, summons *(dagvaarding)* (up)on a p.]
betekening *(jur)* service [of a writ], legal notice; *zie ook* betekenen
betekenis 1 meaning, sense, signification; acceptation [of a word]; *dat heeft voor mij geen ~* that means (is) nothing to me; **2** *(belang)* significance, importance, consequence, moment; *(steeds) in ~ toenemen* assume (ever) growing importance; *man van ~* man of note (of mark); *grote ~ krijgen* come to be of great importance; *dat is van weinig (geen) ~* that counts for little (is of no account); *niet van ~, zie* noemenswaard; *zie verder* belang, gewicht, zin
betekenisleer semantics, semasiology
betekenisvol significant; important
betel betel
betelen cultivate; *vgl* bebouwen
betelnoot betel nut, areca nut
betelpalm areca
betengelen lath
betengeling lathing
bête noire bête noire, pet aversion
beter I *bn & bw* **1** better; *de een is niets ~ dan de ander, (ook)* there is nothing to choose between them; *de volgende keer ~!* better luck next time!; *hij is een ~ leven begonnen* he has turned over a new leaf; *je* ***doet*** *(deed) ~ (met) te gaan* you had better go, would do better to go; *ik had ~ gedaan (met) (er beter aan gedaan) te blijven* I had better have stayed, I should have done better to (have) stay(ed); *je kunt niet ~ doen dan te gaan* you cannot do better than go; *ik kan het niet ~ doen* [your work is excellent,] I can't improve (up)on it; *doe het eens ~!* beat that (beat me at that) if you can!; *het ~ doen (dan een ander), (ook)* go one better; *het (het werk)* ***gaat*** *nu ~* it is going better now; *ik* ***geef*** *het voor ~* it's only a suggestion; *hij* ***heeft*** *het ~ dan ...* he is better off (in a better position) than ...; *het* ***is*** *~ dat je gaat* you'd better go; *misschien is het maar ~ zo* perhaps it's just as well; *de leerling kon ~ zijn* the ... might do better; *het zou ~ zijn, als hij een vrouw had* he would be better off if he were married; *het was ~ geweest, dat hij dood was gegaan* it would have been better if he had died; *ik hoop dat jij het ~ zult* ***krijgen*** *dan je ouders* I hope you will have a better life of it than ...; *dat* ***maakt*** *de zaak niet ~* that doesn't mend matters; *het maakt zijn humeur niet ~* it does not improve his temper; *zie verder* verbeteren; *het* ***staat*** *wat ~ met hem, a)* he is a little better; *b)* his affairs are looking up; *oud genoeg om ~ te* ***weten*** *...* to know better; *ik weet wel ~* I know better (than that, than to do such a thing, etc); *ik weet nu wel ~, (ook)* I am wiser now; *hij wist niet ~* he didn't know any better; *ik weet niet ~ of hij is weg* to the best of my belief (for all I know) he is gone; *~* ***worden*** get better, improve; *(helen)* mend [with time]; *het zou nog ~ worden* something better was to follow; *de zaken worden ~* things are looking up; *ik ben er niet ~* ***op***

geworden the treatment (etc) has not done me any good; *uw kansen zullen er niet ~ op worden* your chances will not improve; *alsof het (de toestand, enz) daar ~ van werd* as if that made it any better, as if that helped matters; *word ik er beter van?* do I get anything out of it?; *zul je daarom er ~* ***aan toe*** *(~ af) zijn?* will you be the better for it?; ***des te ~*** *(zoveel te ~)* so much the better, that's all to the good; *om hem (des te) ~ gade te slaan* the better to observe him; **2** *(minder ziek)* better; *de patiënt is ~ (maakt het ~)* the patient is (getting) better, *(hersteld)* is well again, is (has) recovered; *aan de ~e hand zijn* be on the mend, be getting better, be on the way to recovery; *wat ~?* [how is your headache?] any better?; ~ ***maken,*** *(gezond)* make [a p.] well (again); ~ ***worden,*** *(herstellen)* get well (again), recover; *hij is snel ~ geworden* he has recovered quickly; **II** *zn:* ***het ~e*** *is de vijand van het goede* let well alone; *ik verlang* ***niets ~s*** *(dan ...)* I desire nothing better (than ...); *daar ik niets ~s te doen had, (ook)* for want of anything better to do; *hij vond niets ~s te doen dan haar te beledigen* the best he could do was ...; *hij heeft wat ~s te doen, (fam)* he has other fish to fry; *zie ook* zeggen

'beteren get (become) better, improve [in health]; *(v patiënt, ook)* recover (one's health); *zijn leven ~, zich ~* mend one's ways, reform, turn over a new leaf; *God betere (het)!* [and then] to cap it all (*ergernis:* dammit) [he had the cheek to ...]; *aan de ~de hand* on the mend, *zie* beter I.2

be'teren tar

beterschap improvement, change for the better; amendment; recovery; ~ *beloven* promise to behave better in future (to turn over a new leaf); *~!* I hope you will soon be well again; I wish you a speedy recovery; get well soon!

beteugelen check, restrain, curb [one's fury], control [one's emotions], keep in check, put down, quell [a riot]

beteugeling restraint, curb(ing), check(ing), repression

beteuterd taken aback, nonplussed, crestfallen; ~ *kijken, (ook)* look dismayed

Bethlehem Bethlehem; *zie ook* ster

betichten: *iem van iets ~* accuse a p. of s.t., charge (*of:* tax) a p. with s.t., impute s.t. to a p.

betichting accusation, imputation

betijen: *laat hem (het) ~* let (*of:* leave) him alone (let it sort itself out)

betimmeren 1 line with wood, board, wainscot, panel; *met eikenhout betimmerd* oak-timbered [house]; **2** *iems licht ~* obstruct the lights of a p.'s house; *(fig)* stand in a p.'s light; *licht, dat niet betimmerd mag worden* ancient light(s)

betimmering wainscot(ing), boarding, panelling

betingelen, enz *zie* betengelen, enz

betitelen 1 (en)title, style, address; *hij werd betiteld als gouverneur* he had the title of (was addressed as, styled) governor; **2** *zie* bestempelen

betiteling style

betjak trishaw

Betje Betty; *zie* tante

betoeterd dazed; *ben je ~?* are you crazy?

betogen 1 demonstrate, argue, contend; *de noodzakelijkheid ~ van, (ook)* urge the necessity of; **2** hold (take part in) a demonstration; march [for peace]

betoger demonstrator

betoging demonstration; *(pol, enz, fam)* demo; *een ~ houden, zie* betogen 2

betomen *zie* beteugelen

beton concrete; *gewapend ~* reinforced concrete, ferroconcrete; *voorgespannen ~* prestressed concrete

betonbouw concrete construction

betonen 1 *(nadruk geven)* accent, *(vooral fig)* accentuate; **2** *(tonen)* show [kindness, one's gratitude, courage], extend [sympathy *medeleven*], manifest [one's joy]; *zich een man ~* prove o.s. a man; *zie ook* hulde

betonie *(plant)* betony

betonijzer reinforcement rods (mesh, strips)

betoning 1 accent; **2** *zie* betoon

betonmixer truck mixer, transit mixer

betonmolen concrete mixer

betonnen I *ww* buoy; **II** *bn* concrete

betonning buoyage *(ook concr)*

betonrot concrete cancer

betonschaar hand shears

betonwerker concreter, concrete worker

betoog 1 *(uiteenzetting)* argument(ation), disquisition, dissertation, [a scholarly] discourse; *dat behoeft geen ~* that needs no argument (explanation); **2** *(bewijsvoering)* demonstration

betooggrond argument

betoogkracht argumentative power, demonstrative (conclusive) force

betoogtrant argumentation

betoon demonstration, show [of respect], display [of courage]; manifestation [of ill will]; *~ van vreugde* rejoicing(s)

betoverd enchanted, spellbound; *vgl* betoveren

betoveren bewitch, cast a spell on (*of:* over), enchant, charm; *(fig ook)* fascinate; *een ~de glimlach* a bewitching smile; *~de schoonheid* ravishing beauty; *ze zag er ~d uit* she looked enchanting

betovergrootmoeder great-great-grandmother

betovergrootvader great-great-grandfather

betovering enchantment, spell, fascination, glamour [the glamour of town life]; *iem onder zijn ~ brengen, zie* betoveren

betraand tearful, wet with tears, tear-stained [face], tear-filled [eyes]

betrachten practise [virtue, economy]; exercise [restraint, the greatest care]; show [mercy]; do [one's duty]

betrachting practising, practice; discharge [of one's duty]

betrappen catch, detect; *(onverhoeds)* catch [a p.] napping; *iem op een fout* ~ catch a p. out, fault a p.; *iem op heterdaad* ~ take a p. in the (very) act, catch a p. red-handed; *iem op diefstal* ~ catch a p. (in the act of) stealing; *iem op een leugen* ~ catch a p. out in a lie; *zichzelf op iets* ~ catch o.s. doing s.t.; *als ik je er weer op betrap* if I catch you at it again; *betrapt worden, (ook)* be found out

betreden tread (on), set foot on, enter; *de kansel* ~ go up into the pulpit; *de planken* ~ tread the boards (the stage); ~ *weg* beaten path; *niet* ~ keep off, keep out; *zie ook* [1]pad

betreffen concern, touch, affect, relate to; *wat mij betreft* for my part, so far as I am concerned, as for me; I, for one[, think it rubbish ... *is het onzin*]; *dit wat hem betreft* so much for him; *wat het water betreft* [we are all right] for water; *[de streek heeft weinig aan te bieden] wat natuurschoon betreft* in the way of scenery; *wat geld betreft, (ook)* moneywise; *waar het zijn eer betreft* where his honour is concerned; *dit betreft u* this concerns you; *die beschrijving betreft ...* this ... applies to ...; *het betreft een wetsovertreding* it is a case of infringement of the law; *wat dat betreft, enz, zie* aangaan 8; ~*d*, ~*de, zie aldaar*

betreffend *bn* **1** *(bedoeld)* [the word, the matter] in question (under consideration, concerned), relative [the relative act *wet*], [questions] relating to this (matter), relevant [the relevant passage]; **2** *(rakend)* concerning, regarding, about [the war]; [the issue] in question; *vgl* betreffende & desbetreffend

betreffende *vz* concerning, regarding, with regard (respect) to, relative (pertinent) to, in respect of, on [a report on the matter]

betrekkelijk relative [pronoun, etc], comparative; *in* ~*e eenvoud* in comparative (relative) simplicity; *dat is* ~ that depends; [isn't that splendid?] in a way; ~ *klein* comparatively (relatively) small; *het liep* ~ *goed van stapel* it went off well, all things considered (it ..., considering), comparatively speaking; *vgl* betreffende

betrekkelijkheid relativity

betrekken **I** *tr* **1** *(huis, enz)* move into [a house, camp], take (enter into) possession of [a house], go into [winter quarters]; *een huis* ~, *(ook)* move (settle) in, take possession; *zie ook* aanvaarden & wacht; **2** *goederen* ~ obtain (get, order, procure) goods [*van, uit* from]; **3** *iem* ~ *bij (in)* draw (drag) a p. into [the conversation], involve [America] in [European affairs], implicate a p. in [a crime, etc]; *ze probeerden de regering er in te* ~ they tried to implicate the ...; *iem in rechten* ~ sue a p., bring an action against a p.; **II** *intr (vd lucht)* become overcast (*of:* cloudy), cloud over; *(vh gelaat)* fall [his face fell]; *zie ook* betrokken

betrekking **1** *(verhouding)* relation; ~ *hebben op* refer (relate) to, have reference to, have a bearing on, bear (touch) (up)on; *buitenlandse* ~*en* foreign relations (*België:* affairs); *alle* ~*en afbreken, (ook)* sever all ties; *in* ~ *staan tot* have (maintain) relations with; *in vriendschappelijke* ~ *staan tot* be on friendly terms with; *zich met iem in* ~ *stellen* get in(to) touch with a p.; *met* ~ *tot* in relation to, with regard (respect) to, in respect of, with (in) reference to, relating to, [cautious] about [investments]; **2** *(ambt, enz)* post, position, place, job, situation; *in* ~ *(bij)* employed (by); *aan een* ~ *helpen* place; *vgl* helpen; **3** ~*en, (bloedverwanten)* relations; *zie ook* nalaten

betreuren regret, be sorry for; *(sterker)* deplore, lament, bewail; *(een dode)* mourn for; *een verlies* ~ mourn a loss; *er zijn geen mensenlevens te* ~ no lives were lost; *ik betreur het dat ...* I regret (am sorry) that ...; *de betreurde dode* the dear departed; *het is (zeer) te* ~ *dat ...* it is a pity (a thousand pities) that ..., it is a matter for regret that ...; *zie ook* treuren

betreurenswaard(ig) regrettable, unfortunate [choice], deplorable, lamentable

betrokken **1** *(vd lucht)* cloudy, overcast; *(vh gelaat)* clouded, *(door pijn, enz)* drawn; *er* ~ *uitzien* look pinched [her face had a pinched look]; **2** concerned; *de* ~ *persoon* the person concerned (*of:* in question); *de* ~ *autoriteiten* the authorities concerned, the proper authorities; *de* ~ *leeftijdsgroep* the relevant age group; ~ *zijn bij* be concerned in, be associated with, be involved in [a plot, etc]; ~ *raken bij, (ook)* get caught (*of:* mixed) up in; *financieel* ~ *zijn bij* have a financial interest in [a theatre]; *erbij* ~ *zijn, (bij misdaad, enz, ook)* be in it [we are all in it]; *er zijn honderden arbeidsplaatsen bij* ~ hundreds of ... are involved; **3** [emotionally] engaged, committed; *vgl* betrekken

betrokkene **1** *(ve wissel)* drawee; **2** ~*n* parties involved; *zie ook* betrokken 2: de ~ persoon

betrokkenheid involvement (*bij* in), participation, commitment

betrouwbaar reliable, trustworthy, dependable [person]

betrouwbaarheid reliability, trustworthiness

betrouwbaarheidsrit reliability trial (test, run)

betrouwen **I** *ww zie* vertrouwen (op) & toevertrouwen; **II** *zn* trust

betten bathe, dab [one's eyes, etc]

betuigen testify [that ..., one's faith, etc], certify, attest, declare [that ...], bear witness to, attest to [the truth of], protest [one's innocence], express [regret, sympathy *deelneming*], profess [friendship]; *zijn dank* ~ tender (*of:* express) one's thanks

betuiging expression, protestation, declaration, attestation, profession; *vgl* betuigen

betuttelen **1** patronize; **2** find fault with

betweetster, betweter one who always knows better, know-all, smart alec, wiseacre

betweterig argumentative, pedantic

betweterij pedantry

betwijfelen doubt, question, call in question, have one's doubts about; *dat betwijfel ik, (ook)* I have my doubts; *dat valt te* ~ that is doubtful (questionable)

betwistbaar contestable, challengeable, disputable [point, etc], debatable [point, ground], questionable [honesty], open to question; *~ punt, (ook)* moot point

betwisten dispute [the truth, every inch of ground, the validity of ...], contest [a p.'s right, seat in Parliament], challenge [the validity of a contract], impugn [a p.'s sincerity], resist [a claim], call [a statement] in question; *(ontkennen)* deny; *iem de prijs (de overwinning) ~* dispute the prize, etc with a p.; contend with a p. for ...; *ik betwist niet, dat hij talent bezit* I do not deny him talent; *dat laat ik mij niet ~* I won't be argued out of that; *betwist punt* point in dispute (at issue)

beu: *ik ben er ~ van (ben het ~)* I am tired (sick) of it, disgusted (fed up) with it

beugel bow, brace, clip, ring, strap; *(bevestigings~)* mounting (fixing) bracket; [wire] clip; *(ve geweer)* trigger-guard; *(ve sabel)* (sword-)guard; *(ve hangslot)* shackle; *(ve zaag)* frame; *(ve fles)* wire stopple-holder, clasp; *(ve mand, gieter, enz)* handle; *(ve beurs)* clasp, frame; *(ve riem)* chape; *(ve tram)* (contact) bow; *(ve kompas)* gimbals *(mv)*; *(voor been)* calliper (splint); *(voor gebit)* brace(s); *(stijg~)* stirrup; *(ve turnpaard)* pommel; *dat kan niet door de ~* that won't do, is unacceptable, cannot pass muster

beugelfles swing-top bottle

beugelklem G-clamp

beugelriem stirrup leather

beugelsluiting swing stopper

beugeltas chatelaine bag

beugelzaag hacksaw

beuk 1 beech; *(nootje)* beechnut; **2** *(ve kerk: hoofd~)* nave, *(zij~)* aisle; **3** *de ~ erin!* get stuck in!; *de ~ in de prijzen* slash the prices

beukelaar buckler

[1]**beuken** *ww* beat, batter, pound [the walls of a town], hammer [on the door, at the keys of the typewriter], bang; *(met vuisten)* pummel, pound; *(vd golven)* lash, pound, buffet, dash against; *stokvis (vlas) ~* beat stockfish (flax); *zie ook* [2]los 8

[2]**beuken I** *bn* beech; **II** *zn* beech

beukenboom beech (tree)

beukenbos beechwood

beukenhout beech (wood)

beukenmast beechmast

beukennoot(je) beechnut; *beukennootjes, (als varkensvoer)* beechmast

beukvaren beech-fern

beul 1 executioner, *(voor ophangen, ook)* hangman, *(voor onthoofding, ook)* headsman; **2** *(fig)* tyrant, brute, bully

beulen slave (away), toil

beuling sausage; *zie ook* bloedbeuling

beulshand: *door ~(en) sterven* be executed

beun *zie* kaar

beunen moonlight

beunhaas 1 *(knoeier)* bungler; **2** *(wie liefhebbert)* dabbler; **3** *(zwartwerker)* moonlighter; **4** *(effectenbeurs)* outside broker

beunhazen 1 bungle; dabble [in politics, etc]; **2** moonlight

beunhazerij 1 bungling; dabbling; **2** moonlighting

beuren 1 lift (up); **2** receive, take [money]

[1]**beurs** *bn* over-ripe

[2]**beurs** *zn* **1** purse; *je ~ of je leven!* stand and deliver!, your money or your life!; *in zijn ~ tasten* put one's hand in one's pocket; *met gesloten beurzen betalen* settle on mutual terms; *een **ruime** ~* [have] a long purse; *uit een ruime ~* regardless of expense; ***voor** iedere beurs* (presents, etc) to suit all purses; **2** *(studie~)* grant, scholarship, exhibition; studentship; *(postgraduate & Sch)* bursary; ***uit** een ~ studeren* have a (study) grant, be an exhibitioner (a foundationer; *vooral Sch:* a bursar), be on the foundation; *zie ook* dingen; **3** *(gebouw)* Stock Exchange; *(buiten Eng dikwijls)* Bourse [on the Berlin Bourse]; *naar de ~ gaan, vgl* beursgang; *ter beurze van heden* at today's Exchange; *op de ~ speculeren* speculate on the Stock Exchange

beursbelasting tax on Stock Exchange dealings

beursbericht (stock) market report

beursblad financial paper

beursfondsen Stock Exchange securities

beursgang (stock-market) flotation; *(v besloten venn.)* going public

beursgenoteerd listed [company, security]

beursheid over-ripeness

beursindex (Stock-Exchange) index

beursklimaat mood of the market

beursmakelaar stockbroker

beursnotering Stock Exchange quotation(s), official list; *in de ~ opnemen* admit to a quotation in the official list; *de ~ aanvragen* apply for an official quotation

beursonderneming listed company

beurspolis exchange policy

beursspeculant stockjobber

beursstudent student with a grant; scholar, exhibitioner; *(vooral Sch)* bursar

beurswaarde (current) rate of the day, market value; *~n* stocks and shares

beurszaken (Stock) Exchange business (transactions, operations)

beurt turn; *(ve kamer)* (weekly) turn-out; *(ve auto)* [full, small] service; *een ~ geven, a)* do, turn out [a room], give [a room] a turn-out (a cleaning); *b)* give [a pupil] a turn; *mijn ~ kwam* my turn came, it came to my turn; *zijn ~ afwachten, (ook)* take one's place in the queue; *jij maakte daar een goede ~* you scored a good mark there; *wie is **aan de** ~?* whose turn is it?, who is next?; *ik ben aan de ~* it is my turn, I am next; *jij komt ook aan de ~* your turn will come too; *~ **om** ~, om ~en* turn and turn about, by turns, in turn, alternately, in rotation; *om de ~ iets doen* take turns in doing s.t. (at s.t.); ***op uw** ~* in your turn; *ieder op zijn ~ horen* hear everyone in (his) turn; *op hun ~* [see patients] in the order of their arrival; *hij verkocht ze op zijn ~ aan mij* he in turn ...; *het viel mij te ~* it fell to me (to my lot); ***voor** zijn ~* [speak] out of (one's) turn

beurtdienst *(v schepen)* regular service

beurtelings [he was] in turn [actor and playwright]; *zie ook* beurt: ~ om ~

beurtgezang *(kerk)* antiphonal singing, antiphon(y), responsory; *(canon)* catch

beurtschip trading barge (on regular route)

beurtschipper skipper (of a trading barge)

beurtvaart regular (goods) service

beurtvaartadres consignment note

beurtzang *zie* beurtgezang

beurzensnijder cutpurse

beuzelaar(ster) trifler, dawdler

beuzelachtig trifling, piddling, trivial, paltry

beuzelachtigheid triviality, paltriness

beuzelarij 1 trifle; **2** *(snuisterij)* knick-knack, trinket

beuzelen 1 *(leuteren)* twaddle, piffle; **2** *(futselen)* trifle, fiddle

beuzeling *zie* beuzelarij 1

beuzelpraat twaddle, idle talk, nonsense, balderdash

beuzelwerk trash, rubbish

bevaarbaar navigable

bevaarbaarheid navigability

beval *ovt van* bevelen

bevallen 1 please, suit; *(voldoen)* give satisfaction; *bevalt het je hier?* do you like it here?, do you like living here?; *het bevalt me hier vrij goed* I quite like the place; *hij (de loodgieter) beviel uitstekend* he (the plumber) gave every satisfaction; *het bevalt hem slecht* it is not at all to his liking; *zie ook* aanstaan; **2** be confined [*van* of]; *~ van, (ook)* be delivered of, give birth to [a son]; *ze moet ~* she is about to have a baby (to be a mother); *ze moet in maart ~* she is expecting in March

bevallig graceful, charming

bevalligheid charm, grace

bevalling confinement, delivery, childbirth; *pijnloze ~* painless childbirth, *(met gedeeltelijke narcose)* twilight sleep; *zware ~* difficult confinement; *(fig)* quite a job, [he made] very heavy work [of it]

bevangen seize [be seized with trembling, fear], overcome [sleep overcame him], come over [a sense of loneliness came over him], *(fam)* get [the cold got him]; *~ door slaap (de hitte)* overcome with sleep (by the heat)

bevangenheid, bevanging 1 *(vd kou)* chill; *(door de warmte)* heatstroke; *(ve dier)* founder; **2** *(verlegenheid)* embarrassment

bevaren I *ww* navigate, sail [the seas]; **II** *bn: ~ matroos* able(-bodied) seaman; *(fam)* old tar

bevattelijk 1 *(pers)* intelligent, teachable; **2** *(zaak)* intelligible, clear, lucid

bevattelijkheid 1 intelligence, teachability; **2** intelligibility, lucidity, clearness

bevatten 1 *(inhouden)* contain, hold [the world holds no nobler woman; *ook: kunnen ~:* the church holds 200 people]; run to [400 pages]; comprise; *(o.a. ~)* include [a biography of ...]; **2** *(begrijpen)* comprehend, grasp

bevatting comprehension, grasp

bevattingsvermogen comprehension, mental (intellectual) grasp

bevechten 1 fight (against); **2** gain [the victory]

bevederd feathered; *(v jonge vogels)* fledged

beveiligen protect, safeguard [our interests against ...], shelter [*tegen* from], secure [*tegen* against]; *een met signalen beveiligde oversteekplaats* a signal-controlled crossing

beveiliging 1 protection, shelter; safety; *onder ~ van de nacht* under cover of the night; **2** *(concr)* safety (*of:* protective) device; *(aan machine)* guard; *zie ook* bewaking

beveiligingsklep safety valve

bevel 1 *(order)* command [*over* of], order; *(vooral jur, ook)* injunction *(ook: uitdrukkelijk ~)*; *(dicht)* behest; *(~schrift)* warrant; *~ tot aanhouding* arrest warrant, warrant for arrest; *~ tot beslaglegging* warrant of distress; *~ tot huiszoeking* search warrant; *~ geven* give orders; ***op** ~ van* at (by) the command of, by order of [the police], on [the minister's] orders; *op zijn ~, (ook)* at his bidding; *op ~ van de dokter* under doctor's orders; *op ~* [talk, murder, etc] to order; *op hoog ~* by order, *(koninklijk ~)* by royal command; **2** *(gezag)* command; *het ~ voeren* be in command [*over* of]; *het ~ op zich nemen* take (assume) command; *het ~ overnemen* take over (the) command; ***onder** ~ van* under the command of; *zie ook* commando

bevelen 1 order, command, charge; *(vero)* bid; *wie heeft hier te ~?* who gives orders here?; *zie ook* gelasten; **2** commend [one's soul to God]; *Gode bevolen!* God be with you!

bevelhebber commander

bevelhebberschap command(ership)

bevelschrift warrant; *zie ook* bevel; *~ tot betaling* pay warrant

bevelseconomie command economy

bevelslijn line of command

bevelvoerder commander

bevelvoerend commanding, [officer] in command

beven tremble [with fear, etc], shiver [with cold], shudder [with horror], shake, quake [with fear, cold], quiver [a voice quivering with emotion]; *(vd stem, ook)* quaver; *~ bij de gedachte* tremble at the idea; *over zijn hele lichaam ~* tremble all over (in every limb, in one's shoes), *(fam)* be all of a tremble; *~ als een riet(je) (een espenblad)* tremble like a leaf; *~ voor* tremble before [a p.]

bever *(dier, bont, stof)* beaver

bevergeil castor

beverig trembling, tremulous, quavering, quavery [voice], shaky [hand(writing)], doddery [old man], wobbly [writing], tottery [legs]

bevernel: *kleine ~, (plant)* pimpinel, burnet saxifrage

beverrat coypu; *(inz bont)* nutria

beverwoning (beaver's) lodge

bevestigen 1 *(vastmaken)* fix, fasten, attach [*aan* to], secure; **2** *(versterken)* fortify [a town], consolidate [one's power, the empire, *(mil)* one's position, friendship], cement [bonds, an alliance]; **3** *(bekrachtigen)* affirm, corroborate, bear out [a statement, a forecast], confirm [a rumour]; *een brief (telegram) ~* confirm a letter (telegram); *zie ook* ontvangst; *~ noch ontkennen* neither confirm nor deny; *de uitspraak werd door het Hof bevestigd* the judge's finding was upheld by the higher court; *uitzonderingen ~ de regel* exceptions prove the rule; *onder ede ~* affirm (up)on oath; **4** *(predikant)* induct, institute [*in een plaats* to a living]; *(ouderlingen)* ordain; *nieuwe lidmaten ~* confirm new members of the Church

bevestigend affirmative, confirmatory [information]; *~ antwoorden* answer in the affirmative, affirmatively

bevestiging 1 fastening *(ook concr)*; fixing, securing; **2** fortification, consolidation, cementing; **3** affirmation, corroboration, confirmation; *ter ~* in confirmation; **4** induction; ordination; *vgl* bevestigen

bevestigings- 1 fixing [screw], attachment [point]; **2** confirmatory, confirmation [note]

bevind: *naar ~ van zaken* according to circumstances, as you (may) think fit; *handel naar ~ van zaken, (ook)* use your judgement

bevinden find; *in orde ~* find correct (in order); *zich ~, a) (op een plaats zijn)* be [in London]; *de vloeistof bevindt zich in een buisje* the fluid is contained in a tube; *daaronder ~ zich* among them are, they include; *b) (in een toestand (merken te) zijn)* be [in difficulties, in danger], find o.s. [when I woke up I found myself in my bed; he found himself close to the enemy]; *de positie waarin het parlement zich bevindt* the position in which Parliament finds itself; *zich in de noodzakelijkheid ~ te ...* be under the necessity of ...ing; *zich wel ~* be (doing, feeling) well; *ik bevind mij er wel bij* it agrees with me, it suits me fine

bevinding 1 experience; **2** *(v commissie, enz)* finding [the findings are embodied in a detailed report]; *wij vergeleken onze ~en* we compared notes

beving 1 trembling; **2** *(vrees)* trepidation

bevingeren finger

bevissen fish [a stream]

bevitten find fault with, cavil (carp) at

bevlagd beflagged [houses, streets]

bevleesd fleshed

bevlekken soil, spot, stain, blot [paper]; *(fig ook)* blemish [beauty], besmirch [a p.'s honour], defile, pollute; *met bloed bevlekt* bloodstained

bevliegen fly [the ocean routes]

bevlieging caprice, whim, fit; *hij kreeg een ~ om ...* the fancy took him (he had a sudden impulse) to ...; *als hij een ~ krijgt* when the fit is on him

bevloeien irrigate

bevloeiing irrigation

bevloeren floor

bevlogen inspired, enthusiastic

bevlogenheid enthusiasm

bevochtigen moisten, damp, wet, moisturize, *(lucht)* humidify

bevochtiger moistening (wetting) agent; *(lucht~)* humidifier

bevochtiging moistening, etc, humidification

bevochtigingsmiddel wetting agent

bevoegd *(door ambt, recht, enz)* competent [judge, court], *(door examen, bekwaamheid, enz)* qualified [candidate], *(gemachtigd)* authorized, entitled; *de ~e autoriteiten* the competent (proper) authorities; *volledig ~* fully qualified (*Am:* credentialed) [teacher]; *zich ~ achten te* think o.s. entitled (qualified) to; *van ~e zijde* [learn] on good authority, from an authoritative source; *tot oordelen ~* fitted (in a position) to judge

bevoegdheid 1 competence, competency, qualification, authority; *binnen de ~ van* within the competence (*of:* discretion) of; *zijn ~ verwerven* qualify; *zijn ~ ontnemen* remove [a doctor] from (strike ... off) the register; *zie ook* buiten; **2** power [the manager was given power to ...]

bevoelen feel, handle, finger, grope; *vgl* betasten

bevolken people, populate

bevolking 1 population [density, explosion, figure]; **2** *(handeling)* peopling

bevolkingsaanwas growth of population, population growth

bevolkingsbureau register (registry, registrar's) office

bevolkingsgroep group (section) of the population [a neglected section ...], [the Turkish] community

bevolkingsonderzoek screening test [for breast cancer]

bevolkingsregister (parish) register; (central, municipal, local) register of population

bevolkingsrubber native rubber

bevolkingsstatistiek population (*of:* registrar's) returns

bevolkt [densely, sparsely] populated; *dicht ~, (ook)* populous

bevoogden keep in tutelage; patronize

bevoordelen benefit [a p.], advantage, show favour to [relatives], favour [favoured above others]; *zichzelf (trachten te) ~* seek one's own advantage

bevooroordeeld prejudiced, bias(s)ed, [speak] with prejudice

bevoorraden supply, provision

bevoorrading supply, provisioning

bevoorrechten privilege [the privileged classes, a privileged few], favour

bevoorrechting privilege, favouring; *stelsel van ~* favouritism

bevorderaar(ster) promoter, furtherer, patron [of art, etc]

bevorderen promote, foster [trade], further, advance [a cause], help along (on, forward) [a work]; benefit, be beneficial to [health]; stimulate [the appetite], aid [digestion], *(krachtig)* boost [sales]; *(in rang)* promote, prefer; *(leerling)* move up; *tot kapitein bevorderd worden* be promoted captain (to a captaincy); *(niet) bevorderd worden, (school)* go up (stay down); *bevorderd tot heerlijkheid* promoted to Glory

bevordering promotion, advancement; furtherance; *(in rang)* promotion, preferment; *(school)* promotion; *vgl* bevorderen; *ter ~ van* for the benefit of [one's health], for the furtherance of [our interests]

bevorderlijk: *~ aan (voor)* conducive (beneficial) to; *~ zijn aan, (ook)* conduce to, make for [peace]

bevrachten charter; *(laden)* load

bevrachter charterer, freighter

bevrachting chartering

bevragen **1** *te ~ bij* apply to, inquire of; *te ~ alhier* inquire within; **2** question

bevredigen appease; satisfy [hunger, etc, a p.'s wishes, a p. sexually], gratify [one's desires, a p.'s whims]; indulge [one's passions]; satisfy, conciliate [a p.]; *(bevrediging geven)* satisfy, give satisfaction; *moeilijk te ~* hard to please; *zichzelf ~* masturbate

bevredigend satisfactory

bevrediging satisfaction, gratification, appeasement; pacification; *vgl* bevredigen & *zie* zelfbevrediging

bevreemden: *het bevreemdt mij* I am surprised at it; *het bevreemdt mij, dat hij ...* I am surprised he ...; *het bevreemdde mij ... te vinden* I was surprised at finding ...; *het bevreemdt mij van hem* it surprises me in him

bevreemdend surprising

bevreemding surprise, astonishment

bevreesd afraid, fearful [*dat* that]; *~ voor* afraid of [ghosts], fearful of [the consequences], apprehensive of [danger]; *(bezorgd)* afraid (apprehensive) for

bevreesdheid fear, apprehension

bevriend friendly [nation], on friendly terms, intimate; *~e firma* business connection; associated company; *~ zijn (raken) met, (ook)* be (get) friendly with; *~ worden* become friends; *~ worden met* make friends with

bevriezen freeze *(ook v rekeningen, saldi, enz)*, congeal; *(doodvriezen)* freeze to death; *(met ijs bedekt worden)* freeze (be frozen) over (up); *(v aardappelen, enz)* become frosted; *(doen, laten) ~* freeze; *zie ook* bevroren

bevriezing freezing (over), congelation

bevrijden free [from, of], deliver [from], rid [of the malaria mosquito]; *(in vrijheid stellen)* set free, liberate, set at liberty, release; *(redden)* rescue; *(v sociale beperkingen, enz)* emancipate [women, slaves]; *zich uit een netelige situatie ~* extricate o.s. from ...; *zich ~ van, bevrijd raken van* get rid of, rid (free) o.s. from; *bevrijde slaven* freed slaves; *ik voel me bevrijd van een last* I feel relieved of a burden

bevrijder liberator, rescuer

bevrijding liberation [movement, theology], deliverance, release; rescue; emancipation

bevrijdingsoorlog war of liberation

bevroeden **1** *(inzien)* understand, realize; **2** *(vermoeden)* suspect, divine

bevroren frozen [ground, meat; assets, credits], frosty [road], frost-bitten [nose], frosted [potatoes, window panes], frozen-up [water pipes]; *de rivier is ~* the river is frozen over

bevruchten impregnate, fertilize; *(inz fig)* fecundate, fructify

bevruchting impregnation, fertilization; *(inz fig)* fecundation, fructification; *kunstmatige ~* artificial insemination, *(reageerbuis~)* in-vitro fertilization; *wederzijdse ~* cross-fertilization

bevuilen dirty, soil; *zie ook* nest; *zich ~* dirty o.s., get o.s. into a mess

bewaakster guardian, etc; *vgl* bewaker

bewaarder keeper, custodian, guardian; *(huis~)* caretaker; *(gevangen~)* warder

bewaarengel guardian angel

bewaargever depositor, bailor

bewaargeving deposit, custody, bailment

bewaarheiden confirm [a rumour, suspicion], verify [a prediction, suspicion], corroborate, bear out [a statement]; *zich ~, bewaarheid worden, (ve voorspelling, enz, ook)* come true, materialize; *aan hem wordt bewaarheid* he illustrates the truth of ...

bewaarkluis safe-deposit vault

bewaarmiddel preservative

bewaarnemer depositary, bailee

bewaarplaats storehouse, depository, [furniture] repository; *(voor kinderen)* day nursery, crèche

bewaarschool *(hist)* kindergarten

bewaken (keep) watch over, guard, watch [the house was being watched], monitor; *laten ~* set a watch over

bewaker keeper, attendant, caretaker; (security) guard; guardian [of our interests]; *(cipier)* warder

bewaking guard(ing), watch(ing), security, monitoring; [intensive heart] care; *onder ~ van twee agenten* in the custody (in the charge) of ...

bewakingscamera security camera

bewakingsdienst security firm

bewallen wall in (round), circumvallate

bewandelen walk (on, upon, over), walk in [God's ways]; follow [the prescribed course]; *de gerechtelijke weg ~* go to law, take legal proceedings; *zie ook* [1]pad

bewapenen arm

bewapening armament

bewapeningswedloop arms race

bewaren **1** keep [a present, silence, a secret, the

peace, the apples with *(bij)* the potatoes], treasure up [pleasant memories], maintain [secrecy, one's gravity, independence], keep up [appearances, standards], preserve [one's dignity, world peace, the memory of ...]; *(opslaan)* store; *dezelfde snelheid ~* keep (up) the same speed; *deze appels laten zich niet ~* these ... won't keep; *slechts enkele fragmenten zijn bewaard gebleven* only ... have been preserved; *hij is hier goed bewaard* he is quite safe (out of harm's way) here; **2** *(opzijleggen)* save, put by [money against a rainy day]; **3** *(door inmaak)* preserve; **4** *(beschermen)* protect, defend, save [*voor* from]; *een streng (zorgvuldig) bewaard geheim* a closely guarded secret; *God (de hemel) beware me!* God (Heaven) forbid!; *God beware!, bewaar me!* good(ness) gracious!; *fruit* ***tegen*** *rotten ~* keep fruit from rotting; *bewaar me* ***voor*** *mijn vrienden!* save (preserve) me from my friends!

bewaring keeping, preservation, custody; *(opslag)* storage; *in ~ geven* deposit [one's bag at the station, money with (*of:* at) a bank], place in safe keeping; *het werd mij ter ~ toevertrouwd* it was entrusted to my keeping; *in ~ hebben* have in one's keeping, hold in trust; *in ~ nemen* take charge of; *iem in verzekerde ~ nemen* take a p. into custody; *een som in gerechtelijke ~ stellen* pay a sum into court

bewasemen breathe (up)on, steam (up)

bewassen 1 do the washing for [a p.]; **2** wax; **3** *zie* begroeien & begroeid

bewateren irrigate, water

bewatering irrigation, watering

beweegbaar movable

beweeggrond motive, ground

beweegkracht motive power, prime mover

beweeglijk 1 mobile [mouth, features]; **2** *(levendig)* lively, mercurial [the mercurial Frenchman]; agile, nimble [mind]; **3** *(onrustig)* fidgety; **4** *(licht geroerd)* susceptible; **5** *(beweegbaar)* movable

beweeglijkheid mobility; liveliness; susceptibility; *vgl* beweeglijk

beweegreden motive, ground

beweerdelijk ostensible, alleged, pretended

bewegen I *tr* **1** *(eig)* move, stir; waggle (*of:* wiggle) [one's ears]; *~de delen* moving parts; ***zich*** *~* move, stir [not a leaf stirred], *(verroeren)* budge [don't ...]; *zich om zijn as ~* revolve round its axis; *zich op en neer ~, (ve zuiger)* work up and down; *zich in hoge kringen ~* move in fashionable circles; *zich ~ op het gebied van* be active in (the field of), be concerned with; *hij weet zich te ~* he knows how to behave; *hij weet zich niet te ~, (ook)* he has no manners; **2** *(roeren)* move, stir, affect; *zie ook* traan; **3** *(ertoe brengen)* induce; *iem ~ te ...* induce (prevail (up)on, bring, get) a p. to ..., make a p. ...; **II** *intr* move, stir, budge; *zie ook* I: zich ~

beweging 1 motion, movement, stir; action [liberty of action]; *(natuurk)* motion; *(met hand, enz)* motion; *(lichaams~)* exercise; *~ nemen* take exercise; ***in*** *~ brengen* set going, set in motion, start, actuate [the fan is actuated by a switch]; stir [the case stirred the whole country; stir public opinion]; *in ~ houden* keep going, keep in motion; *in ~ komen* begin to move, get going, start; *in ~ krijgen* get (set) going; *zich in ~ zetten, zie* in ~ komen; *de stoet zette zich in ~* the procession moved off; *in ~ zijn* be moving, be in motion, be on the move, [she is always] on the go; ***uit*** *eigen ~* of one's own accord (free will, volition); *..., zei hij uit eigen ~* [I'll do it,] he volunteered; **2** *(opwinding)* commotion, excitement; *(drukte)* bustle; *(gedoe)* business; *de hele stad is in ~* all ... is in commotion; *de wereld is in ~* the ... is in a state of flux; **3** *(partij~)* movement

bewegingloos motionless

bewegingsapparaat locomotive apparatus

bewegingsleer kinetics, kinematics, motion study; *(communicatief)* kinesics

bewegingsverschijnsel motory phenomenon (*mv:* -ena)

bewegingsvrijheid freedom of movement

bewegingswetten laws of motion

bewegingszenuw motor (motorial) nerve

bewegwijzeren signpost

beweiden graze

bewenen weep for, mourn for (*of:* over) [a p.], mourn [a loss], lament, bewail; *(dicht)* weep

beweren 1 assert, contend, maintain, claim [I don't claim to be a saint, this is claimed to be foolproof], profess [to know all details]; *ik zou niet willen ~ ...* I should not like to say ...; *horen wat hij te ~ heeft* hear what he has to say; *hij heeft weinig te ~* he has little to say for himself; *hij beweert maar wat* he is talking through his neck; *te veel ~* overstate one's case; *dit is te veel beweerd* this is saying too much; *telkens als ik iets beweer* whenever I make a statement; *wat ik beweer, is ...* my point is ...; *dat is juist wat ik beweer* that's the very point I'm making; **2** *(nog te bewijzen)* allege; *de beweerde belediging (inbreker)* the alleged insult (burglar); *zijn beweerde vader* his reputed father; **3** *(voorgeven)* pretend, make out [not so poor as he makes out]

bewering assertion, contention, allegation; *vgl* beweren

bewerkelijk laborious [piece of work, way *manier*], toilsome, hard to run; *de tuin is erg ~* the garden needs (takes) a lot of looking after

bewerken 1 *(bearbeiden)* cultivate, work, till, farm [land]; hammer, beat [iron]; tool [leather]; process [raw materials], work on [the material on which he had to work]; work up [a subject]; *(machinaal)* machine; *(voor de pers)* edit [an author's works], compile [statistics], write up [an item of news into an interesting article]; *(opnieuw)* rewrite, revise [a dictionary]; work out [a plan, an idea]; *(met zorg)* elaborate; *(verwerken)* work up [materials]; *(vervaardigen)* manufacture [goods]; *(vormen)* fashion, model; *bewerkte artikelen, (vs grondstof)* finished articles; *bewerkt naar* adapted from [the French; a novel adapted from a play]; ~ *tot* work up (make) into, write up into; *voor het orkest* ~ arrange for orchestra, orchestrate; *voor de film* ~ adapt [a story] for the screen, film [a play]; *voor de omroep (schoolgebruik)* ~ adapt for broadcasting (for (use in) schools); *voor het toneel* ~ adapt for the stage, dramatize [a novel]; **2** *(ranselen)* belabour; *iem (met zijn vuisten)* ~ work a p. over; **3** *(beïnvloeden)* (set to) work on [a p.], use one's influence with, operate (up)on, manage, ply [a p. with gin]; manipulate [a p., the press, the market, public opinion]; prime, tamper with [witnesses], canvass [voters, a constituency, a district], lobby [MP's]; *(omkopen, fam)* fix, square, get at [a p.]; **4** *(veroorzaken)* cause, effect, bring about, work [a p.'s ruin], contrive [a p.'s escape]; *wat heb je erdoor bewerkt?* what have you achieved by it?; *hij wist te ~ dat het gedaan werd* he managed (contrived) to get it done; *zie ook* bewerkstelligen

bewerker 1 cultivator; **2** author [of the trouble, etc], originator, prime mover [of the war]; architect [of one's own downfall]; **3** editor, adapter, reviser, compiler; *vgl* bewerken

bewerking 1 cultivation, tillage; working; process(ing); manufacture; machining; **2** compilation; revision, [stage] adaptation, dramatization [of a novel]; *(muz)* arrangement, orchestration; *(ve roman voor film)* film (*of:* screen) version; *(rek)* operation; *in* ~ in preparation; **3** manipulation; canvassing; **4** *(afwerking)* [a box of excellent] workmanship; *vgl* bewerken

bewerkingsteken operator

bewerkingstijd process(ing) time

bewerkstelligen bring about, achieve, accomplish, effect [one's escape], effectuate [a change in procedure], compass [the downfall of the government], work [miracles], work out [one's own salvation]

bewerkster *zie* bewerker

bewerktuigd organic; organized

bewerktuiging 1 organization; **2** implementation

bewesten (to the) west of, westward of

bewieroken 1 (in)cense; **2** *(fig)* praise (*of:* laud) to the skies, adulate

bewieroking 1 (in)censing; **2** *(fig)* adulation

bewijs 1 proof, (piece of) evidence; *bewijzen geven (leveren) van* furnish (produce, adduce) proof (evidence) of, prove, demonstrate; *het ~ leveren, (ve bewering, enz)* make out one's case; *concreet* ~ material proof; *een doorslaand ~ leveren van* furnish conclusive proof of; *het is aan u om het ~ te leveren* the onus of proof rests with (falls on) you; *met bewijzen aantonen* demonstrate; *niet het minste* ~ not a shred of proof (of evidence); ***ten bewijze waarvan*** in proof (support, witness, testimony) whereof (of which); **2** *(het bewijzen)* demonstration; **3** *(~grond)* argument; **4** *(blijk)* evidence, mark [of respect], token; **5** *(~stuk)* certificate, voucher, piece of evidence; *(ve dokter)* medical certificate; ~ *van deelgerechtigdheid* bonus share; ~ *van goed gedrag* certificate (*abstr:* evidence) of good character; ~ *van lidmaatschap* membership card; ~ *van Nederlanderschap* certificate of Dutch nationality; ~ *van ontvangst* receipt; ~ *van oorsprong (herkomst)* certificate of origin; ~ *van toegang* admission ticket; **6** *~je* trifle; *zie ook* bewijsstuk, aandeel, enz

bewijsbaar demonstrable, provable, capable of proof

bewijsbaarheid demonstrability

bewijsexemplaar *zie* bewijsnummer; *(v schrijver)* author's copy

bewijsgrond argument

bewijskracht evidential value, value as evidence

bewijslast burden (*of:* onus) of proof [the onus of proof rests with you], onus probandi

bewijsmateriaal evidence; *nieuw* ~ fresh material

bewijsmiddel proof

bewijsnummer *(ve krant)* references (*of:* voucher) copy

bewijsplaats reference, (documentary) evidence (*ook: ~en*), instance, [earliest] record, passage quoted in support, authority; *(bijb)* proof-text

bewijsstuk 1 supporting document, (documentary, material) evidence; *(v betaling, enz)* voucher; *(v eigendom)* title deed; **2** *(jur)* exhibit, piece of evidence

bewijsvoering argumentation

bewijzen 1 *(de juistheid van iets)* prove, demonstrate; establish, make good [a charge, statement, claim]; substantiate, make out, make good [a charge, statement, claim]; *zich* ~ prove o.s.; *dat bewijst, dat hij [gelijk heeft, enz]* that proves him (to be) [right, etc], proves that he is ...; *hij bewees, dat hij er rijp voor was* he proved himself ...; *je bewijst zelf, dat je fout zit* you are wrong on your own showing; *het te ~ punt (zonder meer) als bewezen aannemen* beg the question; *niet bewezen* not proved, not made out; *(jur in Sch)* not proven; *te ~, zie ook* te ~; **2** *(betonen)* show [kindness, gratitude, esteem], pay [attentions to: he paid her attentions], render [a service], confer [a favour, benefit] (up)on, do [a p. honour, a favour, a service], extend [a favour] to; *zie ook* ²eer, enz

bewilligen: ~ *in* grant, concede [a p.'s demands], consent (agree, assent, accede) to, acquiesce in

bewilliging consent, acquiescence; *Koninklijke* ~ Royal Assent [to a bill], *(tot verlening van rechtspersoonlijkheid)* certificate of incorporation

bewimpelen disguise; *zie* verbloemen

bewind government, administration; *het ~ voeren* hold the reins of government; *het ~ voeren over* rule; *aan het ~ zijn (blijven)* be (continue) in power (*of:* office); *(weer) aan het ~ komen, (ve ministerie)* come into (return to) power; *(ve vorst)* come to the throne; *zie ook* regering

bewindhebber manager, administrator, director

bewindsman, bewindspersoon, bewindsvrouw(e) (cabinet) minister, member of government

bewindvoerder *zie* bewindhebber; *(faillissement)* trustee, receiver (in bankruptcy)
bewogen moved [*tot tranen* to tears], affected; *~ zijn met* pity, feel pity for; *~ tijden* stirring (troubled, eventful) times
bewogenheid emotion, compassion, concern
bewolken cloud over (*of:* up), become cloudy (*of:* overcast)
bewolking clouds; *zware laaghangende ~* thick low cloud
bewolkt clouded, cloudy [*beide ook fig:* a clouded (cloudy) expression], overcast
bewonderaar(ster) admirer
bewonderen admire
bewonderenswaard(ig) admirable, wonderful
bewondering admiration [*voor* for, of]; *uit ~ voor* in admiration of
bewonen inhabit, live (*of:* dwell) in [the room is not lived in], occupy, reside in; *in de bewoonde wereld terugkeren* come back to civilization
bewoner *(ve stad, land)* inhabitant, *(vs bezoeker)* resident; *(ve huis)* inmate, occupier, tenant; *(ve kamer)* occupant; *(v zee, woud, enz)* denizen [the denizens of the jungle]; *aan de ~ van dit pand, (adres)* The Occupier
bewoning (in)habitation, occupation
bewoog *ovt van* bewegen
bewoonbaar (in)habitable, *(fam)* liveable
bewoonbaarheid (in)habitableness, liveableness, habitability
bewoonster *zie* bewoner
bewoorden word, put into words, express
bewoording(en) wording, terms, phrasing; *in gepaste bewoordingen* in appropriate terms, fittingly expressed
bewust 1 conscious [actions, etc]; [ecologically, socially] aware; *~ **maken** van* alert to; *zich ~ **zijn** van* be conscious (aware) of, be awake (alert) to [dangers], be alive to [one's responsibilities], appreciate [the gravity of one's words]; *zich van geen kwaad ~ zijn* not be conscious of having done any wrong; *zich ~ **worden** van het feit, dat ..., (ook)* wake up (be alerted) to the fact that ...; *ik werd het mij ~* I became conscious of it, it came home to me, it was borne in (up)on me, it dawned (*plotseling:* flashed) (up)on me; **2** *(bw: met opzet)* knowingly [make a false declaration]; *~ of onbewust zondigen* sin wittingly or unwittingly; **3** [the letter, etc] in question
bewusteloos unconscious, insensible, [the blow laid him] senseless; *volkomen ~* in a dead faint; *half ~* semi-conscious; *iem ~ slaan* knock a p. out (senseless), stun a p.
bewusteloosheid unconsciousness
bewustheid consciousness, awareness, (full) knowledge; *met ~* knowingly, consciously, wittingly
bewustwording becoming conscious (aware), awakening of [national, etc] consciousness
bewustzijn consciousness, awareness, (full) knowledge; *bij zijn ~* conscious; *buiten ~* unconscious; *het ~ verliezen* lose consciousness, pass out; *weer tot ~ komen* recover (regain) consciousness
bewustzijnsgraad level of awareness
bewustzijnsveranderend psychedelic
bewustzijnsvernauwing restricted awareness
bezaaid *(her)* semé(e) [*met* of], powdered [with fleurs-de-lys]
bezaaien sow, seed; *(fig)* sow, (be)strew, stud [studded with stars, islands], dot [dotted with flowers], litter [a table littered with papers]; *~ met gras (tarwe)* seed to grass (wheat); *met sterren bezaaid* star-spangled
bezaan 1 *(mar)* mizzen; **2** *~(leer), (vglb)* roan
bezaansmast mizzen-mast
bezaansschoot: *de ~ aanhalen, (borrelen)* splice the mainbrace
bezadigd sober-minded, level-headed, thoughtful, steady, sedate, dispassionate [views]; *meer ~e leiders, (ook)* more moderate leaders
bezatten *zie* bedrinken
bezegelen seal [*ook fig:* his fate is sealed], put (set) the seal (up)on [a p.'s success]; cement [a friendship]
bezeilen sail [the seas]; *er is geen land (haven) met hem te ~* there's no doing anything with him; *een goed (slecht) bezeild schip* a good (bad) sailer
bezem broom, *(v twijgen)* besom; *nieuwe ~s vegen schoon* a new broom sweeps clean; *de ~ erdoor halen (met ~en keren)* make a clean sweep (of)
bezemen sweep; *iem de deur uit ~* turn a p. out
bezemheide common heath, ling
bezemkruid broom
bezemsteel, bezemstok broomstick, broomhandle
bezemwagen sag wagon; *in de ~ belanden* give up, drop out
bezending consignment; *de hele ~* the whole lot; *(sl)* the whole caboodle
bezeren hurt, injure; *zich ~* hurt o.s.
bezet 1 *(v plaats)* taken [is this seat taken?], engaged; *de zaal was goed (slecht) ~* there was a good (thin, poor) attendance; *geheel ~, (ve hotel, enz)* full (up); *de kerk was tot de laatste plaats ~* the church was filled to the last seat [to capacity, every seat was filled]; *goed ~te schouwburg* well-filled house; *dicht ~* [the benches were] packed; **2** *(v persoon)* busy; *(v persoon, tijd, enz)* occupied, engaged; *ik ben (vanavond) ~* I have an engagement (*fam:* am booked) for tonight, am otherwise engaged, have an engagement elsewhere; *ik ben de hele week ~* I am tied up all the week; *al mijn avonden zijn ~ ...* are booked up; *druk ~te dag* very full (*of:* crowded) day; **3** set, stuck [with pearls, diamonds], [diamond-]studded; **4** *(mil)* occupied, under occupation; *door de Duitsers ~te landen* German-occupied countries; **5** *de rol is goed ~* the part is well filled; *de rollen zijn goed ~* there is a good (*of:* strong) cast; *een goed ~ orkest* a beautifully balanced orchestra; **6** *na ~te tijd*

after closing time, after hours; **7** *(telec)* [the line is] busy, engaged

bezeten possessed [by the devil]; obsessed [by a fixed idea]; *als een ~e* [go on] like one possessed, like mad (a madman); *als ~en* like mad(men)

bezetenheid demoniacal possession, madness

bezetsel facings

bezetten 1 take [seats], set [a chessboard with pieces, a ring with jewels], line [a road with trees], occupy [a town, university building], garrison, man [the posts, the frontier], cast [a play, the parts of a play], fill [an office, a vacancy], hold [a post, a university chair]; **2** *(mar: omwoelen)* serve [a rope]; *zie ook* bezet

bezetter: *de ~, (1940-45, enz)* the occupying power

bezetting 1 occupation [of a town], *(manschappen)* garrison; *een ~ leggen in* garrison [a town]; *(bedrijfs-, enz)* work-in, sit-in; **2** filling [of an office]; **3** *(theat)* cast [of a play]; *(ve orkest)* strength; complement [a total complement of 120]; *(personeels~)* staffing, *(v bedrijf)* workforce

bezettingsgraad load factor

bezettingsleger army of occupation, occupying force(s)

bezettingsstaking stay-in (sit-down) strike

bezettingstroepen *zie* bezettingsleger

bezettoon *(telec)* engaged tone

bezichtigen (have a) look at, view, look round [a town; *fam:* do a town (the sights)], inspect, go over, see (over) [a house]; *te ~* on view, on show; *(handel)* on view

bezichtiging view, inspection; *ter ~* [be] on view, on show, [send] for inspection

bezichtigingsbriefje order to view

bezie berry; *zie ook* bes

bezield 1 *(levend)* animate [nature]; **2** *(levendig)* animated, inspired [orator], impassioned [language]; *met één geest ~* united in spirit; *met de edelste voornemens ~* actuated by the most honourable intentions; *het werk is met deze geest ~* the work is infused with this spirit

bezielen inspire, animate, imbue [with the spirit of ...]; *wat bezielt je toch?* what ever has come over you (has got you, possesses you)?, *(fam)* what's biting (bitten) you?

bezielend inspiring [music, leadership], stirring [song], swinging [tune], rousing [speech]

bezieling animation, inspiration

bezien *zie* bezichtigen; *het staat te ~* it remains to be seen; *dat staat nog te ~, (ook)* I have my doubts; *zie ook* bekijken & beschouwen

bezienswaardig worth seeing (looking at)

bezienswaardigheid object (place) of interest; showplace; *(mv ook)* [the] sights [of London], (local) places of interest

bezig busy, engaged, occupied; *(druk) ~* (hard) at work [*met iets* on s.t.], (hard) at it; *hij is ~ alcoholist te worden* he is in a fair way to become an alcoholic; *hij was weer ~* he was at it again; *~ zijn **aan (met)** iets* be at work (engaged) on s.t., work at s.t. have a thing in hand, be doing [a room, geometry, etc], be occupied in [writing]; *~ met het bouwen van een kerk* engaged in building ...; *(druk) ~ met pakken* (busy) packing; *~ een onderzoek in te stellen* (busy) making inquiries; *lang ~ met* [she was] a long time over [her toilet]; *nu ik er toch mee ~ ben* while I am about it, while I am on the subject; *wij zijn ~ met uw jas* your coat is in hand (is being seen to); *ze is ~ in de huishouding* she is attending to her household duties; *zie ook* bezighouden

bezigen use, employ

bezigheid 1 occupation, employment, business; *zijn (dagelijkse) -heden* his (daily) pursuits, his work; *ik heb -heden* I am engaged, my time is taken up; **2** *(het bezig zijn)* busyness

bezigheidstherapie occupational therapy

bezighouden keep [a p.] at work (*of:* busy); hold, engage [a p.'s attention]; *(prettig) ~* amuse, keep [the children] amused, entertain; *die gedachte hield mij (mijn geest) bezig* this ... exercised me, occupied my mind; *zich ~ met* occupy (*of:* busy) o.s. with [one's letters, etc], be employed in [reading], be engaged in [teaching], go about [one's business]; *hoe hou je je ... bezig?* what do you do with yourself all day?; *zie ook* bemoeien

bezijden beside, at the side of; *dat is ~ de waarheid* that is beside the truth

bezingen sing (of), celebrate (in song)

bezinken 1 settle (down); *doen ~* precipitate [a sediment], deposit [silt]; **2** *(fig)* [let one's arguments] sink in (into a p.'s mind), [let a remark] take effect

bezinkingssnelheid sedimentation rate

bezinkput *(op olieterrein)* settling tank

bezinksel deposit, sediment, *(v wijn, enz)* lees, dregs, *(v koffie)* dregs, grounds; *(chem)* precipitate

bezinnen reflect; *bezint eer gij begint* look before you leap; *(v gedachten veranderen)* change one's mind, think better of it; *zonder zich een ogenblik te ~* without a moment's thought (consideration); *zich op iets ~* reflect on s.t., consider s.t. (carefully); *de regering moet zich eens goed ~* the government must do some hard thinking

bezinning reflection; *nadere ~* double take; *zijn ~ verliezen* take leave of one's senses, lose (*niet verliezen:* keep) one's head; *tot ~ komen (brengen)* come (bring) to one's senses (*komen, ook:* sober up; *bracht plotseling:* [her voice] brought him up sharp)

bezinningsperiode cooling-off period, time for (further) reflection

bezique bezique

bezit possession; *(eigendom)* property; *(jur)* tenure; *(v aandelen, enz)* holding(s) [his wheat holdings]; *(vs schulden)* assets; *(fig ook)* asset [a valuable asset; the greatest asset of the party]; *in het ~ zijn van* be in possession (be possessed) of [all the facts, etc], be in the possession of [the castle was in the possession of ...], enjoy [fairly good health]; *zie ook* geestvermogens; *wij zijn (kwamen) in het ~ van uw brief* we are in receipt of your letter; *in het ~ geraken (komen) van iets* come into possession of, obtain (get, gain) possession of s.t.; *het huis ging over in het ~ van N ...* the house passed into the ownership of ...; *het raakte in mijn ~* it came into my hands; *hij kwam in het ~ van ...* he came into [his mother's money], entered (up)on [his estate]; *ik ben in het gelukkige ~ van ...* I am fortunate in having ...; *in ~ nemen* take possession of; *iem in het ~ stellen van* put a p. in possession of; ***uit** het ~ stoten (van)* dispossess (of), oust (from, of); *een El Greco uit Nederlands ~* from a Dutch collection

bezitloos unpropertied

bezitneming occupation, occupancy; *(wederrechtelijk)* usurpation

bezitsaanmatiging usurpation

bezitsrecht ownership, right of possession; tenure right(s) [natives may sell their tenure rights]

bezitster proprietress, owner

bezittelijk possessive [pronoun]

bezitten possess, own, have; be worth [a million pounds]; *zie ook* bezit: in het ~ zijn van

bezittend propertied, property-owning; *niet ~* unpropertied [classes]

bezitter owner, possessor, proprietor; holder [of the cup, the trophy]; *zie ook* zalig

bezitterig possessive

bezitting property *(ook: ~en)*, possession; *(landgoed)* estate, property; *(ve rijk)* possession, colony; *~en, (vs schulden)* assets; *zijn ~en, (roerende goederen, 'spullen')* his (personal) effects, his belongings; *~en hebben* have *(of:* own) property

bezoarsteen bezoar

bezocht: *druk ~* well-attended, crowded [meeting; there was a good attendance], much frequented [place]; *slecht ~* poorly attended [meeting]; *een [door kunstenaars enz] veel ~e plaats* a haunt [of artists, etc]; *zie ook* bezoeken

bezoden sod, turf

bezoedelen stain, soil; sully [a p.'s name], tarnish [one's reputation], bespatter [with mud], besmirch [a p.'s honour]; defile, pollute, contaminate; *~ met, (ook)* imbrue [one's hands, sword, etc] in [crime, blood, etc]

bezoedeling staining, etc, *vgl* bezoedelen; defilement, pollution, contamination

bezoek 1 visit [*aan Londen* to London]; *(kort en vormelijk)* call; *(ve school, enz)* attendance [at school, at a meeting; a large (small) attendance (of visitors)]; *herderlijk ~* pastoral visitation; *geen ~* no visitors; *(bij sollicitatie)* canvassing disqualifies (will be a disqualification); *een ~ afleggen (brengen)* pay a visit (a call) [*bij* to], (make a) call [at the Foreign Office]; *ik kom je morgen een ~ brengen* I will come and see you tomorrow; *een ~ beantwoorden* return a visit (a call); *~ ontvangen* receive visitors; *wij ontvangen heden geen ~* we are not at home today; ***op** ~ zijn (komen)* be (come) on a visit (visiting) [*bij* to]; *(even aankomen)* drop in [*bij* on], *(langskomen)* drop by; *dank u **voor** uw ~* thank you for coming (for calling); *hij kwam voor een zesdaags ~* he arrived on a six-day visit; *zie ook* visite; **2** *(personen)* visitors, company [there is company], *(fam)* people [have people]

bezoekadres visiting address

bezoekdag *(in inrichting)* visiting day; *(thuis)* at-home (day)

bezoeken 1 visit [*ook v ziekte, enz:* be visited with (by) the plague], pay a visit to, go to see, call (up)on [a p.], call at [a p.'s house]; *zie ook* bezoek: op ~ komen; **2** *(bijwonen)* attend [church, school, a meeting, lecture, etc]; *(veelvuldig)* haunt [auction rooms]; **3** *(v geesten)* haunt; *(beproeven)* afflict, try, *(bijb)* visit [the sins of the parents are visited on the children]; *zie ook* bezocht

bezoeker 1 visitor [*van* to, of], caller, guest; **2** *(kerk, schouwburg, concert)* church-, theatre-, concertgoer; *(geregeld)* frequenter, patron [of theatres, etc]; *aantal ~s, (ook)* attendance, *(betalend)* gate [at a soccer match]

bezoeking [the Black Death was a] visitation, trial [you're a trial to me], affliction

bezoekrecht visiting rights

bezoekregeling visiting arrangement

bezoekster visitor, etc; *vgl* bezoeker

bezoektijd, bezoekuur visiting hour(s)

bezoldigen pay; *door mij bezoldigd, (ook)* in my pay

bezoldiging pay, salary, stipend; *de ~ der zonde is de dood* the wages of sin is death

bezondigen: *zich ~* sin [*jegens God* against God]; *(aan iem)* wrong [a p.]; *(aan iets)* be guilty [of calumny, etc], perpetrate [jokes, puns]; *daar zal ik mij niet aan ~* I'll steer well clear of that; *hij bezondigt zich niet aan optimisme* optimism is not one of his failings

bezonken *(fig)* well-considered [opinion], mature [thoughts]

bezonnen level-headed, steady, sedate, sober-minded

bezonning insolation

bezopen 1 sloshed, plastered, soused; **2** *(fig)* crackpot [idea], ludicrous [sight], [you're] daft, crackers, off your rocker

bezorgd 1 anxious [look], apprehensive, uneasy, concerned [air *voorkomen*; speak in a concerned voice]; *~ voor* anxious (uneasy) about, solicitous about (for), apprehensive for, jealous of [one's good name], considerate of [others]; *~ zijn voor, (ook)* fear for [a p.'s life]; *~ over* concerned at [the life he leads], for [your safety]; *zich ~ maken over* worry (be troubled) about; *je hoeft je er niet ~ over te maken* you need not let it worry you; *maak je niet ~* don't worry; **2** *(goed) ~ zijn* be well provided for, well off, left comfortably off; *(opgeborgen)* out of

harm's way; *(getrouwd)* settled
bezorgdheid anxiety, uneasiness, concern, apprehension, solicitude [out of solicitude for him], misgiving
bezorgen 1 *(verschaffen)* procure [a p. a thing, a thing for a p.], get [a p. a place, a job, it gets the firm a bad name], find [I'll find you the money, a job, somewhere to live], gain, win [it won him many friends, fame, speedy promotion], earn [it earned for him the nickname of ...]; cause, give [the police a lively time], put [a p.] to [a lot of trouble]; *iem een baantje ~, (fam)* fix a p. up with a job; *zichzelf een complex ~* bring a ... (up)on o.s.; *zie ook* fonds, enz; **2** *(bestellen)* deliver [parcels, etc at a p.'s house; milk is brought to the door]; *zal ik het laten ~?* would you like it to be delivered?; **3** *(zorgen voor)* attend to, effect [insurance]; *meneer K kan uw passage ~* Mr K can arrange for your ...; *zie ook* bezorgd, druk, enz
bezorger 1 deliverer, delivery man, etc; bearer [of a letter, etc]; [baker's, etc] (rounds)man; **2** *(ve tekst)* editor
bezorging delivery [of letters, etc]
bezuiden (to the) south of, southward of
bezuinigen economize [*op* in, on], retrench (expenses), reduce (curtail, cut down) expenses, skimp; *(in de staat, enz, fam)* make cuts; *waar(op) kan bezuinigd worden?* where can a saving be made?; *niet verder kunnen ~* be down to the bone
bezuiniging economy, retrenchment, cut(s) (in expenditure); *~en tot stand brengen* effect (achieve) economies (savings), economize; *afschaffen (aan de dijk zetten) ter ~, (fam)* axe
bezuinigingsmaatregel economy measure
bezuipen: *zich ~* get sloshed; *zie verder* bedrinken
bezuren suffer (smart, pay) for [s.t.]
bezwaar 1 objection, difficulty, *(gewetens~)* scruple; *~ **hebben** tegen* object to, take exception to; *hebt u er ~ tegen, als ik rook?* do you mind if I smoke (my smoking)?; *maar ik heb ~ tegen ...* but I draw the line at ...; *bezwaren hebben **(maken)*** raise (make, lodge) objections, have one's scruples, make difficulties, demur (to, at); *op bezwaren stuiten* encounter difficulties; **2** charge; ***buiten** ~ van 's Rijks Schatkist* without cost to the State; **3** *(schaduwzijde)* disadvantage, drawback [the plan has its drawbacks]
bezwaard 1 weighted, loaded [with lead]; burdened [with guilt, debts]; [feel] oppressed; *met ~ gemoed* with a heavy heart, with a troubled conscience; *zich ~ gevoelen te ...* scruple to ..., have scruples about ...ing; *ik voel er mij over ~* it weighs (up)on me, it lies on my conscience; *ik voel mij ~ door ...* I feel embarrassed by [his generosity]; **2** *(met hypotheek)* encumbered (with a mortgage), mortgaged [*zeer ~* heavily mortgaged]; *~ eigendom, (jur)* onerous property; *zie ook* bezwaren
bezwaarde 1 objector; **2** fiduciary heir
bezwaarlijk I *bn* hard, difficult; **II** *bw* with difficulty, [I can] hardly [believe it], [I could] not very well [comply with his request]
bezwaarschrift petition, notice of objection; *(tegen belasting)* appeal [from assessment]; *tengevolge van een ~ werd zijn verkiezing ongeldig verklaard* he was unseated on petition
bezwadderen *(fig)* besmirch, bespatter [a p.'s fair name]
bezwalken stain, sully, tarnish, cast a slur on [a p.'s name]
bezwangerd laden (filled, heavy) [with odours, smoke]; *(met rook, ook)* smoke-filled
bezwaren 1 weigh (down), load; *(vooral fig)* burden; *de maag ~* lie heavy on the stomach; *het gemoed, enz ~* weigh (lie, lie heavy) on the mind (one's conscience); *het geheugen ~* burden the memory; *dat bezwaart mij te veel (kan er niet af)* I cannot afford it; *ik wil hem niet nog meer ~* I won't make it worse for him than it is; **2** *(belemmeren)* handicap; **3** *(met hypotheek)* encumber (with a mortgage), mortgage; *zie ook* bezwaard
bezwarend aggravating [circumstances], incriminating [evidence], damaging [facts, statements]; *~e voorwaarden* onerous terms
bezweek *ovt van* bezwijken
bezweet perspiring, sweating [with sweating brow], in a perspiration (a sweat); *geheel ~* bathed in perspiration, *(fam)* all of a sweat
bezwendelen swindle, cheat, diddle
bezweren 1 *(onder ede bevestigen)* swear [I swear it, I swear that ...], swear to [it], take (swear) an oath [that ...]; **2** *(smeken)* adjure, conjure [kən'dʒuə]; **3** *(bannen)* exorcize, lay [a ghost, a storm]; charm [snakes]; allay [a storm, panic, tumult]; ward off [danger]; *(oproepen)* conjure ['kʌndʒə] up, raise [spirits]
bezwering 1 swearing; **2** adjuration; **3** exorcism; *vgl* bezweren
bezweringsformule, bezweringsformulier incantation, charm, spell
bezwijken succumb [*aan zijn wonden, enz* to one's wounds, a disease]; succumb, yield [*voor de overmacht, verleiding* to superior numbers, to temptation]; die [*aan koorts* of fever]; sink, give (way), break down, collapse [*onder een last* beneath (under) a load; the ice, his strength, gave way]
bezwijmen faint (away), swoon
bezwijming swoon, faint, fainting fit
b.g. afk van *begane grond* ground floor
b.g.g. afk van *bij geen gehoor* if no answer, ...
bh bra
Bhutaan(s) Bhutanese
bi 1 bi(sexual); **2** *zie* bie
biaisband, biaislint bias binding
biatlon biathlon
BIB afk van *Bank voor Internationale Betalingen* Bank of (for) International Settlements
bibber(atie): *de ~* the shivers, the shakes
bibberen shiver [with cold], tremble, shake [with

fear]; *zie ook* beven & (t)rillen
bibberfactor wind-chill factor
bibberig shivery, trembling, quavering [voice]
bibelot knick-knack
bibliobus mobile library, *(Am)* bookmobile
bibliofiel bibliophile
bibliograaf bibliographer
bibliografie bibliography
bibliografisch bibliographic(al)
bibliologie bibliology
bibliomaan bibliomaniac
bibliomanie bibliomania
bibliothecair library [work]
bibliothecaresse, bibliothecaris librarian
bibliotheconomie library administration
bibliotheek [public, university, private, special] library
bibliotheekwetenschap librarianship, library science
biblist biblist, biblical (*of:* bible) scholar
biblistiek biblical studies
bicarbonaat bicarbonate [of soda], hydrogen carbonate
biceps biceps
biconcaaf biconcave
biconvex biconvex
bicultureel bicultural
bidbankje prayer desk, prie-dieu
biddag day of prayer
bidden 1 pray, say one's prayers; *(vóór of na maaltijd)* say grace; *het onzevader* ~ say the Lord's Prayer; *tot God* ~ pray to God; *God* ~ *om* pray (to) God for ...; *ik bid de hemel, dat ...* I pray to Heaven that ...; *er werd gebeden (om vrede, voor de koning)* prayers (for peace, for the King) were offered in the churches; *~de roofsprinkhaan* praying mantis; **2** *(smeken)* pray, beseech, implore; *(ve hond)* beg; *na lang* ~ *(en smeken)* after a good deal of entreaty; *ik bid u te ...* I pray you to ...; *hij laat zich niet* ~ he does not need much pressing (need to be asked twice); **3** *(v roofvogel)* hover
bidder 1 prayer; **2** *(aanspreker)* undertaker's man
bidet bidet
bidon water bottle
bidonville shanty town
bidprentje 'In Memoriam' card
bidsnoer rosary
bidsprinkhaan praying mantis
bidstoel prie-dieu
bidstond prayer meeting; *(tijdens oorlog, enz)* intercession service
bie: *niet zo (bijster)* ~ nothing to be proud of
bieb library
biecht confession; *te* ~ *gaan* go to confession [she had been to confession], confess; *bij de duivel te* ~ *gaan* seek help from the wrong person; ~ *spreken* confess; *iem de* ~ *afnemen, (fig)* put a p. through his catechism
biechteling confessant, penitent
biechten confess, take (go to) confession
biechtgeheim seal of confession, secrecy of the confessional
biechthoren hear confession
biechtstoel confessional (chair, stall, box)
biechtvader (father) confessor
bieden 1 offer [money, one's arm], afford [a fine view], present [no difficulty]; *iem de hand* ~ hold out one's hand to a p.; *[hardnekkig] weerstand* ~ offer, put up [a stubborn] resistance, resist; *zie ook* aanbieden, hoofd, enz; **2** *(op verkoping)* bid [a price]; ~ *op* (make a) bid for; *meer (minder)* ~ *dan iem* outbid (underbid) a p.
bieder bidder
bieding bid(ding)
biedkoers 1 buying rate; **2** rate of exchange
biedprijs offer(ed) price
bief *zie* biefstuk
biefburger beefburger
bieflap steak
biefstuk (T-bone, fillet *vd haas*) steak
biels (wooden) sleeper(s), *(Am)* tie(s)
bier beer, ale; *~tje* [have a] beer [a few beers]; *bitter* ~ bitter
bierazijn malt vinegar, alegar
bierblikje beer can
bierbrouwer brewer
bierbrouwerij brewery
bierbuik potbelly *(ook pers)*
biergist brewer's yeast
bierglas beer glass
bierhuis beerhouse [keeper]
bierkaai: *het is vechten tegen de* ~ it's wasted effort, it's fighting a losing battle
bierkan tankard, pewter pot
bierkelder beer cellar
bierkroes *zie* bierpul
bierpomp beer engine (*Am:* pump)
bierpul beer mug, tankard
biertapperij *zie* bierhuis
bierviltje beer mat, drip-mat
bies 1 (bul)rush; *zijn biezen pakken* (pack up and) clear out (off), hook it, make o.s. scarce; **2** *(op kleren)* piping, facing; *(op gebak)* piping; *(rand)* border; *(sierlijn)* ornamental line (stripe); *met rode biezen* piped with red
bieslook chive(s)
biest beestings, *(wtsch)* colostrum
biet beet; *(rode ~)* beetroot [as red as a beetroot], *(Am)* red beet; *(snij~)* chard; *(voeder~)* mangel, mangold; *geen* ~ damn-all; *mij(n) een* ~ (I) couldn't care less
bietebauw bogey(man), ogre
bietencampagne beet-lifting (season)
bietenkroot (red) beetroot
bietenstroop beet syrup
bietsen *(sl)* **1** *(bedelen)* cadge; **2** *(klaplopen)* sponge,

freeload; **3** *(inpikken)* pick up, scrounge
bietsuiker beet sugar
biezen I *bn* rush; ~ *kistje, (Exod. 2:3)* ark of bulrushes; ~ *stoel* rush-bottomed chair; II *ww* pipe [a cake, dress], stripe
bifocaal bifocal; *vgl* dubbelfocusbril
bifurcatie bifurcation
big young (little) pig, piglet
bigamie bigamy
bigamist(e) bigamist
bigarreau bigarreau
biggelen trickle; *de tranen ~ haar over de wangen* tears trickle down her cheeks
biggen *ww* **1** farrow, cast pigs; **2** *erdoorheen* ~ elbow (work) one's way through
***biggenkruid** *(Wdl: biggekruid) (plant)* cat's-ear
bigot bigoted
bigotterie bigotry
¹bij *zn* bee; *de ~tjes en de bloemetjes* [know about] the birds and the bees
²bij I *vz* **1** *(plaats, situatie)* by, near, with; ~ *Londen* near London; ~ *het venster* at (by, near) the window; *kom ~ mij* come to me; *ik ben net ~ u geweest* I've just been round to see you; *hij woonde ~ hen* he lived with them, at their house; *ik had iem ~ me* I'd got someone with me; ~ *het vuur zitten* sit by (beside) the fire; *een stoel ~ het vuur trekken* draw a chair (up) to the fire; *doe het kaartje ~ de bloemen* place (put) the card with ...; *de beschrijving ~ de tekening* the description accompanying ...; *leg je bagage ~ die van ...* place (put, lay) your luggage with that of ...; *de slag ~ Waterloo* the battle of W; *we zijn verzekerd ~ Lloyd* we ... at Lloyd's; ~ *het leger, enz* in the Army, the Navy, the artillery; ~ *de Romeinen* with the Romans; ~ *Shakespeare* in S; *butler ~ Lord A* butler to ...; *hij is (iets) ~ de douane* he is (something) in the Customs; *werkzaam zijn ~ een firma* be (work) with a firm; *hij is ~ de Times* he is on the T; *zie ook* ²spoor 5; *je bent niet met je gedachten ~ je werk* your mind is not on ...; *ik heb geen geld (lucifers) ~ mij* I have no money with (*of:* about) me (no match on me); *een overjas ~ zich hebben* carry an overcoat; ~ *de hand* [take a p.] by the hand; **2** *(tijd)* during [a conversation I had]; ~ *mijn bezoek* during (on the occasion of) my visit; ~ *mijn bezoek aan het museum* when visiting the ...; ~ *een kop thee* [discuss the matter] over a cup of tea; ~ *zijn werk* [fall asleep] over one's work; ~ *dag (nacht)* by day (night); ~ *avond* in the evening, at night; ~ *uw volgend bezoek* on your next visit; ~ *zijn dood* at his death; ~ *zijn leven* during his life(time); ~ *achten* nearly (close on) eight (o'clock), getting (going) on for eight; ~ *de zestig* close on sixty; **3** *(omstandigheid)* with, in, at, on; ~ *mijn ontbijt* [I take tea] with my breakfast; ~ *een oostelijke wind* with ...; ~ *het oversteken* in crossing; ~ *koud weer* in ...; ~ *de tweede poging* at the second attempt; ~ *het scheiden* at parting; ~ *deze woorden* at these words; ~ *ontvangst (zijn aankomst, terugkeer)* on receipt (his arrival, return); *er zijn twee partijen ~ een verzekering* there are two parties to ...; ~ *deze plannen (moet men erop letten ...)* when making these plans ...; ~ *het spelen* while playing; **4** *(vergelijking)* to, by; *dat is niets ~ wat ik weet* that is nothing to what I know; *zes voet lang ~ vijf breed* six feet long by ...; ~ *Duitsland is Nederland klein* in comparison (compared) with ...; *zie ook* af, konijn, spin, enz; **5** *(met behulp van, door)* by [proclamation, gaslight]; *er niets ~ winnen (verliezen)* gain (lose) nothing by it; *geld verliezen ~ een transactie* lose money over a ...; ~ *haar eerste man* [a child] by her first husband; ~ *God (de hemel, enz)* by God (Heaven, etc); ~ *God is alles mogelijk* all things are possible with God; *[niet genoeg licht] om ~ te zien* to see by; ~ *de radio* [dance] to ...; *zie ook* gelegenheid, mond, noemen, vergissing, enz; **6** *(distributief)* by, in; ~ *honderden* by (*of:* in) hundreds, by the hundred; [they went there] in their hundreds; *[ze kwamen] ~ een en twee tegelijk* in ones and twos; ~ *het gewicht, het dozijn, het pond* [sell] by weight, the dozen, the pound; ~ *de week* [take a room] by the week; **7** *(ondanks:)* ~ *al zijn rijkdom is hij niet gelukkig* with all his riches he ...; **8** *(in geval van:)* ~ *ongelukken* in (the) case of accidents; ~ *nietslagen* in the event of failure; ~ *(nauwkeurig) onderzoek* on (a close) examination; ~ *deling door 5* when divided by 5; ~ *de minste storing zou de kabel vallen* with the least disturbance ...; **9** *ik dacht ~ mijzelf* I thought to myself; II *bw: hij was er ~, (tegenwoordig)* he was present, was there; *er waren twee dokters ~* there were two doctors in attendance; *als er niemand ~ is* when nobody is by; *wees blij, dat je er niet ~ bent* you're well out of it; *een bedankje was er niet ~* not (never) so much as a thank-you (a word of thanks); *wij zijn er ~, (fig)* we're in for it, we're for it [wiə'fɔrit], the game is up; *ze was er met haar gedachten niet helemaal ~* she had only half her mind on it; *[twintig is] er dichter ~* nearer the mark; *er het eerst ~ zijn* get in first; *er wat ~ verdienen* make a little on the side, supplement one's income; *[zij prees hem] waar hij ~ was* to his face; *de* **boeken** *zijn niet ~* the ... are not up to date; *hij is* **goed** ~ he has his wits about him; *hij is goed ~ in dat vak* he is well up (*fam:* really clued up) on that subject; *ik ben nog niet ~* I am still behind [with my work, rent, etc]; *ze is weer ~ (gekomen)* she has come round; *zie verder* kas, kunnen, zitten, enz
bijaccent secondary accent
bijaldien if, in the event that
bijbaantje sideline, additional job; *('s avonds) een ~ hebben, (fam)* moonlight
bijbal epididymis
bijbedoeling ulterior motive (design, purpose); *(pol ook)* hidden agenda; *hij heeft een ~, (ook)* he has an axe to grind; *met de ~ dat ...* with the implication that ...
bijbehorend associated [material], accompanying

[instructions], companion [volume], belonging to it (them, etc); *met ~e ...* [chairs with sofa, dress with hat, notepaper with envelopes] to match; *~e, (ve kous, enz)* [its] fellow, twin
bijbel Bible; [the socialists'] bible; [a large, heavy] tome; *zie ook* ²zweren
bijbelboek book of the Bible
bijbelgeleerde Bible (biblical) scholar
bijbelgenootschap Bible Society
bijbelkennis scriptural knowledge
bijbelkritiek biblical criticism
bijbelleer scriptural doctrine
bijbelplaats scriptural passage, text (from the Bible)
bijbels biblical, scriptural; *~e geschiedenis* sacred history
bijbelspreuk biblical text
bijbeltekst Scripture text
bijbeluitlegging, bijbeluitlegkunde (biblical) exegesis
bijbelvast (well-)versed in Scripture
bijbelwoord 1 scriptural passage; **2** *(het ~)* Holy Scripture
bijbenen keep up (keep pace) with; *zie* bijhouden 2
bijbestellen, enz *zie* nabestellen, enz
bijbetalen pay extra (in addition, the difference)
bijbetaling additional (extra) payment
bijbetekenis secondary (additional) meaning, connotation
bijbetrekking sideline; *zie* bijbaantje
bijblad 1 supplement, extra sheet; **2** *(ve tafel)* (extra) leaf
bijblijven 1 keep pace (keep up) with [a p.], keep abreast of [current developments]; *die bijnaam bleef hem bij* that nickname stuck; **2** stay in mind; *het zal mij altijd ~* it will stick in my mind (remain with me) for ever; *het is me goed bijgebleven* it has remained clearly in my memory; *de woorden bleven hem bij ...* stuck in his memory; *een refrein, dat iem bijblijft* a haunting chorus
bijboeken enter, book up to date, write up, post up
bijbol *(plantk)* clove
bijbouwen build on, add (on) [a wing]
bijbrengen 1 *(uit flauwte)* bring round (*of:* to); **2** *(inprenten)* instil [a notion] into, convey to [a p.]; *iem iets ~* impart [knowledge, etc] to a p.; **3** *(aanvoeren)* bring forward
bijcirkel epicycle
bijdehand smart, bright, sharp, quick-witted; *(euf)* cheeky
bijdehandje sharp child, etc
bijdehands: *~ paard* near horse
bijdetijds 1 modern; **2** up-to-date, trendy
bijdoen add; *(bij verkoping)* throw in
bijdraaien 1 *(v pers)* come round; **2** *(mar)* heave to, bring to; *bijgedraaid, (mar)* hove to
bijdrage contribution *(in alle bet); ~n leveren voor* contribute to [a newspaper]; *zie ook* eigen
bijdragen contribute [to a fund, a magazine, a p.'s happiness, towards the cost of maintenance], tend [this fact tends to make his position difficult], make [for success, for clarity of ideas], conduce [to success]; *veel ~, (ook)* go a long way (go far) [towards bringing peace]; *~ voor pensioen, zie* storten
bijdruk reimpression
bijeen together, [Parliament is] sitting
bijeenbehoren[1] belong together
bijeenblijven remain (stick) together
bijeenbrengen bring together *(ook fig:* bring the two sides together), get together, raise [money, an army], accumulate [evidence, wealth], collect [money, one's thoughts], muster [sufficient forces]; *(met moeite)* scrape together [money, etc]; *zie ook* bijeenleggen & bijeentrommelen
bijeendrijven round up [cattle, criminals]
bijeengaren gather [riches], glean [facts], amass [wealth]
bijeengooien throw together, lump together, jumble up
bijeenhouden keep together
bijeenkomen 1 meet, come together, collect, assemble; *(in groten getale)* congregate; *weer ~, (parl)* reassemble; **2** *(bij elkaar passen)* go [well, badly] together, match
bijeenkomst meeting, conference, assembly, gathering, rally
bijeenkrijgen get together, raise [£200]
bijeenleggen put together; *(samen)* club [money] together; pool [tips *fooien*]
bijeennemen take (put) together, gather (tuck) up [clothes]; *alles -genomen* all things considered, take it (taking it) all in all
bijeenrapen scrape (scramble) together, gather (together), collect; *-geraapt zootje* scratch collection (team, crew, etc); *zie ook* moed & kracht
bijeenroepen call [Parliament] (together); *(vergadering)* call, convene, convoke, summon
bijeenroeping calling [of Parliament]; convocation, summons
bijeenscharrelen scratch up [a dinner], scrape (rake) together [money]
bijeenschrapen scrape together, hoard up, scratch up
bijeensprokkelen gather together
bijeentrommelen drum up [supporters]
bijeenvoegen join together, unite, combine
bijeenzamelen gather, collect
bijeenzetten put (place) together
bijeenzijn be together; *(vh parl)* be sitting, be in session; *(ve congres, enz)* be meeting
bijeenzoeken collect, gather, get together
bijeffect side effect
bijenangel bee sting
bijenarend honey buzzard
bijenbrood bee-bread
bijeneter bee-eater

---

1 zie voor sam met *bijeen* ook die met *samen*

bijenhouder beekeeper, apiarist, *(Am)* beeman
bijenhuis apiary
bijenkap bee veil
bijenkast frame hive
bijenkoningin queen bee
bijenkorf beehive
bijenorchis bee-orchid
bijenstal apiary
bijenteelt apiculture, bee-keeping
bijenvolk (swarm of, hive of) bees
bijenwas beeswax
bijenwolf bee-eater
bijenzwerm swarm of bees
bijfiguur subordinate figure; *(theat)* supporting actor
bijgaand enclosed, annexed; ~ *schrijven* accompanying letter; *~e stukken* enclosures; ~ *een foto* attached is a photograph
bijgebouw annexe, outhouse, outbuilding
bijgedachte (further, extra) implication; *zonder ~n* without ulterior motives
bijgelegen adjacent, adjoining, contiguous
bijgeloof superstition
bijgelovig superstitious
bijgeluid extra(neous) noise, mush [of radio]
bijgenaamd (sur)named, called; *(inz spotnaam)* nicknamed
bijgerecht side dish, entremets
bijgeval I *bw* by any chance, perhaps; *als je hem ~ ontmoet* if you (should) happen (*of:* chance) to meet him; *zie ook* toevallig; **II** *vw* if, in case [anything should happen]
bijgevolg in consequence, consequently
bijgewas catch crop
bijgieten add, pour in
bijgoochem stuck-up person
bijhalen bring near; bring in [Dutch engineers to ...]; call in [a doctor]; bring (drag) [a p. ('s name)] in (into it); *(bij deling)* bring down; *er veel getuigen ~* produce many witnesses; *goed ~, (ve kijker)* magnify well
bijharken rake up
bijhebben carry; *zie* zeil
bijhorigheid 1 extra, accessory; **2** *zie* bijfiguur & bijzaak
bijhouden 1 *(glas, enz)* hold (reach) out; **2** *(iem, iets)* keep up (keep pace) with *(ook fig); hij is niet bij te houden* there is no keeping up with him; **3** keep, do [the books, the accounts], keep [a diary, etc] posted up, post (write) up [the books]; **4** keep up [one's English, etc]; *iets ~* keep one's hand in at s.t.
bijkaart 1 *(in atlas)* inset(-map); **2** [six trumps and a nice] supporting hand
bijkans almost, nearly; *zie ook* bijna
bijkantoor branch office; *(post)* sub-office
bijkeuken scullery, back kitchen
bijklank overtone
bijkleuren tint, touch up (with colour); *(fig ook)* enhance
bijklussen do odd jobs on the side, have a sideline; *(zwart) ~ in de avonduren* moonlight
bijknippen trim [a hedge, beard, etc]
bijkok undercook
bijkomen 1 *(reiken)* get at, reach; *(inhalen)* catch up; make up arrears; *dat woord komt er het dichtst bij* that word is the nearest equivalent; *hoe kom je erbij?* what are you thinking of?, who (*of:* what) ever put that idea into your head?; *hoe kom je er toch bij hem Jim te noemen?* whatever makes you call him Jim?; **2** *(bijgevoegd worden)* be added, be extra; *(aankomen)* put on flesh (weight), gain [two pounds]; *daar komt nog bij* what's more, furthermore; *dat moest er nog ~!* that crowns everything!, that would be the last straw!, what next (I wonder)?, [I did not do it on purpose] I should think not!; *er kwam longontsteking bij* pneumonia supervened; **3** *(na ziekte)* pick up; *(uit flauwte)* come round (*of:* to), regain consciousness; *('bijdraaien')* come round; **4** *(bijpassen)* match; *dat komt er goed bij* that is a good match; *het is niet even goed, maar het komt er dicht bij* it ... but it's pretty near
bijkomend attendant, incidental, accidental, adventitious [circumstances], minor [incidents]; extra [charges], incidental [expenses], additional [items]; ~ *artikel* substitute, something similar; *~e overweging* additional consideration; *~e verdiensten* fringe benefits
bijkomstig accidental; subordinate; accessory; *~e vertoning* sideshow; *zie ook* bijkomend
bijkomstigheid accidental circumstance, incidental matter, side issue, secondary consideration
bijkrediet supplementary appropriation
bijl axe, *(klein, voor één hand)* hatchet; *(dissel)* adze; *met de botte ~ te werk gaan* act crudely and insensitively (heavy-handedly); *er met de brede (grove) ~ inhakken, a)* spend money freely; *b)* go at a p., lay about one; *de ~ (het ~tje) erbij neerleggen* chuck it, *(uit de zaken gaan)* shut up shop, *(bij staking)* down tools; *ik heb al lang met dat ~tje gehakt* I am an old hand at it; *voor de ~ gaan, (fig)* be (in) for it
bijl. afk van *bijlage* enc(l)
bijladen recharge [a battery]
bijlage enclosure, annexe, appendix
bijlange: ~ *(na) niet* not nearly, not by a long way (*of:* chalk)
bijlappen 1 patch up; **2** *iem er ~* cop a p.; **3** pay, make up [the difference]
bijlbrief builder's certificate
bijlbundel fasces *(mv)*
bijldrager lictor
bijleggen 1 *(bijvoegen)* add [to ...]; *ik moet er geld ~* I am a loser by it, lose on it; *op beide hotels moest bijgelegd worden* both ... were losing money; **2** *(beslechten)* settle [a dispute], arrange, make up [a quarrel, difference]; *het ~* make it up; *(overijld, tijdelijk, enz)* patch it up; **3** *(mar)* lie to

bijlegging settlement [of a dispute]
bijles extra (private) lesson (tuition), coaching; ~ *Frans geven* coach in French
bijleveren 1 include [an instruction manual]; **2** supply [a missing part, spares]
bijlichten: *iem* ~ give a p. a light
bijliggen: *er ligt me iets van bij* I seem to remember s.t. of it; it runs in my mind [that ...]
bijlo *(hist)* in faith
bijloper super(numerary), underling; *hij is maar een* ~ he doesn't count
bijltjesdag day of reckoning
bijmaan mock moon, paraselene
bijmaken 1 make to match; **2** make (again) specially, remake
bijmengen mix [with ...], mix in, add [to ...]
bijmenging, bijmengsel admixture
bijna almost, nearly, all but [he all but cried], next to [nothing, nobody, no money], close on [£500], little short of, next door to [a miracle, miraculous]; ~ *altijd* nearly always; ~ *niet* hardly, scarcely; ~ *niets (niemand, geen, nooit, nergens)* hardly anything (anybody, any, ever, anywhere); ~ *niets (nooit), (ook)* almost nothing (never); ~ *geen wind, (ook)* almost no wind; *hij was ~ gedood, (ook)* he came near (to) being killed; *hij had het ~ gekregen, (ook)* he just missed getting it
bijnaam by-name, nickname, sobriquet
bijna-botsing near miss; *(luchtv, ook)* air miss
bijnier adrenal, suprarenal (gland, body, capsule)
bijomstandigheid accidental (attendant) circumstance
bijoogmerk *zie* bijbedoeling
bijoorzaak contributory (secondary) cause
bijou jewel, gem, trinket, bijou
bijouterieën jewellery
bijouteriekistje jewel (*of:* trinket) box (*of:* case)
bijpaard near horse; *(handpaard)* led horse
bijpassen 1 pay in addition (extra, the difference), make up the deficiency; **2** match; *met ~de pantalon* with matching trousers (... to match)
bijplaatsen add [chairs, a second aerial]
bijplaneet satellite, secondary planet
bijplussen help out (with public money)
bijpraten catch up on each other's news
bijproduct by-product, spin-off
bijpunten 1 trim [a beard]; **2** sharpen [a pencil]
bijregelen (re)adjust
bijregenboog secondary rainbow
bijrekenen include, add; *zie ook* meerekenen
bijrijder relief driver, driver's mate; *(sp)* co-driver
bijrivier tributary (stream), affluent, feeder
bijrol supporting role
bijschaduw penumbra, partial shadow
bijschaven plane, smooth
bijschenken fill (top) up [a glass]; refill [a teapot]
bijschikken draw near, draw (pull) up one's (a) chair, draw up to the table
bijschilderen 1 touch up, retouch; *(huis)* give a lick of paint; **2** paint in [trees, etc]
bijscholing supplementary training, *(v leraren)* in-service training
bijscholingscursus refresher (*of:* updating) course
bijschrift inscription, motto, legend; *(kanttekening)* marginal note; *(tekst bij plaatwerk)* letterpress, *(onder foto, enz)* caption; *(naschrift)* postscript
bijschrijven 1 *(bijvoegen)* add; **2** *(posten, enz)* enter (up); write up, post up [the books, a diary]; credit [an account *op een rekening*]
bijschrijving amount credited
bijschuiven I *tr* draw (pull) up [one's chair]; **II** *intr zie* bijschikken
bijslaap 1 (sexual) intercourse, copulation, coition; **2** bedfellow
bijslag 1 extra allowance, [war] bonus; **2** extra charge, supplement
bijslepen drag in; *zie ook* ²haar
bijsloffen: *iets (kunnen)* ~ keep up with s.t.
bijsluiter information (instruction) leaflet, package insert
bijsmaak funny taste (flavour); *het heeft een* ~ it has a taste, doesn't taste right
bijspelen play [a heart, etc]
bijspijkeren *(fig)* pick up, be progressing; *(het achterstallige)* make up [arrears, one's rent]; *zie ook* bijwerken
bijspringen: *iem* ~ come to a p.'s aid (help), help a p. out, come to the rescue; *(door zedelijke steun, ook)* keep a p. in countenance; *hij sprong bij met £100* he chipped in with ...
bijstaan assist, render assistance to, help, succour, stand by
bijstand assistance, aid, help, relief; *(sociale)* social security; *geestelijke* ~ ministrations; *rechtskundige ~ (aanvragen)* (apply for a certificate of) legal aid; *verdrag van wederzijdse* ~ mutual assistance pact; ~ *verlenen* render (lend) assistance; *zie ook* bijstandsuitkering
bijstandsmoeder mother on social security (with income support)
bijstandsuitkering income support
bijstandswet *(vglb)* Social Security Act
bijstellen modify [a plan]; *(techn)* (re)adjust
bijstelling modification, adjustment; *(gramm)* apposition
bijster I *bn: het spoor ~ zijn* have lost one's way, be on the wrong track; *(fig)* be (all) at sea; *(v honden)* be off the scent, be at fault; *het spoor ~ raken* lose (be thrown off) the scent; **II** *bw* exceedingly [happy], extremely [cold]; *niet ~ slim* not particularly (terribly, overly) bright
bijstorten make an additional payment [of £5]
bijstorting additional payment
bijsturen 1 *(mar)* allow (correct) for drift; **2** *(fig)* (re)adjust, make (small) corrections (to)
bijt hole (cut in the ice)

bijtanken 1 fill up (with petrol, etc); **2** *(fig)* get up to date [on s.t.]
bijteken *(muz)* accidental
bijtekenen *(mil)* re-enlist, re-engage, sign on [for another term, for another five years]
bijtellen add; *(meetellen)* count in
bijten bite *(ook ve bijtmiddel, enz); (ve scherp vocht)* sting; *het bijt in de keel, op de tong* it sears your throat, burns the tongue; *de vis wou niet ~ ...* would not bite; *hij wou niet ~* he would not swallow the bait; *dat bijt elkaar niet* they don't clash; ***in** een appel ~* bite (into) an apple; *in het stof (zand) ~* bite the dust, *(ve ruiter)* be thrown; *~ **naar*** snap at; *~ **op*** bite [one's nails, lips], clench [one's teeth], gnaw, nibble [a pencil], champ [the bit]; ***van** zich **af** ~* show fight; *zij weet van zich af te ~* she knows how to hold her own, *(fam)* she has a tongue of her own, can stand up for herself, gives as good as she gets; *zie ook* toebijten
bijtend 1 biting, caustic, corrosive; **2** *(fig)* biting, caustic, trenchant, cutting, mordant [sarcasm]; *~e scherts* sarcasm
bijtgraag apt to bite
bijtijds 1 *(vroeg)* in good time, betimes; **2** *(op tijd)* in time
bijtmiddel mordant, caustic, corrosive
bijtoon 1 by-tone, harmonic, overtone; **2** *(tlk)* secondary stress, medium stress
bijtreden back, support
bijtrekken 1 draw (pull) up [a chair]; take in [another field], add [a field to one's own]; **2** *(ve kijker) zie* bijhalen; **3** *(mbt humeur)* come round; *(mbt kleur)* regain colour; *dat trekt wel bij* it (the spot, etc) will hardly show; *het weer trekt bij* the weather is picking up
bijtring teething ring
bijv. afk van *bijvoorbeeld* eg, for instance, for example
bijvak subsidiary (ancillary, minor) subject
bijval approval, approbation, applause; *~, (in krantenverslag)* cheers; *~ vinden* meet with (a p.'s) approval; *(ve toneelstuk)* catch on; *deze theorie vindt algemeen ~ ...* finds general favour
bijvallen: *iem ~* back a p. (up), support a p., take a p.'s side; *zie ook* invallen
bijvalsbetuiging applause *(ook: ~en)*
bijvegen sweep up [the hearth]
bijverdienen: *een beetje ~* earn a bit extra, have a little sideline
bijverdienste extra earnings; *(aanvullend)* supplementary income; *vette ~n (emolumenten)* good pickings
bijverschijnsel side effect [of a drug]
bijverven *zie* bijschilderen
bijvijlen file *(ook fig)*
bijvoeding (baby's) supplementary feeding (nourishment)
bijvoegen add [I've nothing to add]; subjoin [remarks], annex, append [the copy of a letter]; *(insluiten)* enclose
bijvoeging addition; *onder ~ van* adding, enclosing
bijvoeglijk adjectival; *~ naamwoord* adjective
bijvoegsel addition, supplement, appendix, appendage
bijvoet *(plant)* mugwort
bijvoetwol moxa
bijvoorbeeld for instance, for example, say [in house-building], [Goethe] for one; *(afk)* e.g.
bijvorm by-form, collateral form, variant
bijvrouw secondary wife, concubine
bijvullen fill up [a glass, a petrol tank], replenish [a pipe, a petrol tank, the stove], refuel [a plane], top up [a battery, a glass]
bijwagen 1 *(ve tram)* trailer, second carriage; **2** *(fig)* second fiddle; *hij is een ~ van Piet* he lets P take him in tow
bijweg byroad, bypath
bijwerk 1 extra (*of:* outside) work; **2** *(versiering)* ornamentation; *(ve schilderij)* accessories
bijwerken 1 *(schilderij, enz)* touch up, retouch; **2** *(boek)* bring up to date; **3** *(koopmansboeken)* write (post, enter) up; *(dagboek)* write up; update [a directory]; **4** make up [arrears of work]; coach [backward pupils]
bijwerking *(med)* side effect(s)
bijwijf *(hist)* concubine
bijwijlen once in a while, now and then, at times
bijwonen be present at, witness [an incident]; attend [divine service, a lecture]; *zo iets heb ik nooit bijgewoond* I never saw (heard) the like (of it); *ik heb het bijgewoond dat hij de kat schopte* I've known him kick the cat
bijwoord adverb
bijwoordelijk adverbial [use]
bijwortel *(plantk)* adventitious root
bijzaak (matter) of secondary (minor) importance, subordinate (accessory) matter, side issue, sideshow, [that is but a] detail; *geld is ~* money is no object (is of no consequence, does not count)
bijzettafel occasional table
bijzetten 1 place (nearer); place [a domino]; **2** *(lijk)* inter, entomb, lay to rest, place [in a vault]; **3** set [a sail]; **4** *(toevoegen)* add; *kracht (klem) ~* emphasize, punctuate, reinforce [a remark with ...], press [a demand], lend (add) force (*of:* weight) to [an observation], enforce [one's decisions], add volume to [the sirens added volume to the welcome]; *een feest leven ~* be the life and soul of a party; **5** *hij heeft niet veel bij te zetten, a)* he is as weak as water; *b)* he has no resources; *zie ook* luister, zeil, enz
bijzetteugel bearing-rein
bijzetting interment, burial, committal, deposition
bijziend short-, near-sighted, myopic
bijziendheid short-, near-sightedness, myopia
bijzijn: *in het ~ van* in the presence of, [how can you say so] in front of [the girls], before [the whole company]

bijzin (subordinate) clause
bijzit concubine, mistress, kept woman
bijzit(s)ter *(ve rechter)* assessor; *(examen)* assistant examiner
bijzitterschap assessorship
bijzon mock sun, parhelion
bijzonder I *bn* **1** *(speciaal)* particular [a particular friend of mine], special [case, favour]; *Gandhi was een ~ man ...* an extraordinary (an exceptional) man; *een ~e postzegel* a special stamp; *~e school* independent school; *~ teken* special character, symbol; *~ verlof (wegens ziekte of sterfgeval)* compassionate leave; *iets ~s* s.t. special (unusual); *niets ~s* nothing particular, nothing much [happened]; *het (hij) is niet veel ~s* it (he) is nothing out of the common, *(fam)* nothing to write home about, no great shakes; *er was weinig ~s te bespreken ...* there were few things of importance ...; *in het ~* in particular, particularly; **2** *(niet openbaar)* private [school, interests]; *~e leerstoel* privately endowed chair; **3** *(eigenaardig)* peculiar, strange; **4** *(afzonderlijk)* particular, individual; **II** *bw* **1** particularly, etc; *vgl het bn;* **2** *(buitengewoon)* uncommonly, exceedingly, singularly [ugly]; over [not over well, over pleased], overly; *niet ~ geleerd* not much of a scholar
bijzonderheid 1 *(abstr)* particularity; *(concr)* particular, detail, special feature; *-heden zullen volgen* particulars to follow; *tot in de kleinste -heden* down to the smallest detail; *zie ook* afdalen; **2** *(eigenaardigheid)* peculiarity
bik 1 chippings; *(grof)* rubble; **2** *(eten)* grub
bikhamer scaling (chipping) hammer
bikini bikini
bikkel jackstone, knuckle-bone
bikkelen 1 play at jacks (at dibs); **2** go all out
bikkelhard (as) hard as nails; *vgl* keihard
bikkelspel (game of) jacks, dibs
bikken 1 chip [a wall, stone], scrape [a boiler, ship's bottom]; dress [a millstone]; **2** *(eten, fam)* tuck in; *zij hebben niets te ~* they are starving
biksteen 1 grit(stone); **2** *zie* bik 1
bil buttock; *~len* bottom, *(fam)* bum, *(Am)* buns; *(ve dier)* rump; *(ve schip)* buttock; *een kind voor de ~len geven* spank a child; *wie zijn ~len brandt, moet op de blaren zitten* as you make your bed, so you must lie on it; *met de ~len bloot komen* take the lid off, come clean; *zien wie de blankste ~len heeft* see who is the real Simon Pure; *van ~ gaan, (sl)* have it off
bilabiaal bilabial
bilateraal bilateral
Bileam Balaam
bilhamer (millstone) dresser
bilharzia 1 schistosome, bilharzia; **2** *(ziekte)* schistosomiasis, bilharziasis
bilinguïsme bilingualism
biljard *(10^{15})* million billion; *(Br hist)* thousand billion (*nu* 10^{12})
biljart I *zn* **1** *(spel)* billiards; *~ spelen* play (at) billiards; *partij (spel) ~* game of billiards; **2** *(tafel)* billiard table; **II** *attr* billiard
biljartbal billiard ball; *(mv ook, sl)* ivories; *zo kaal als een ~* as bald as a coot
biljartband cushion
biljartbok cue rest, bridge, *(fam)* jigger
biljarten play (at) billiards, have a game of billiards
biljarter billiard(s) player
biljartkeu billiard cue
biljartlaken billiard cloth
biljartspel billiards
biljet 1 *(kaartje)* ticket; **2** *(bank~)* note, *(Am)* bill; **3** *(aanplak~)* poster; *(strooi~)* handbill; *door ~ten aankondigen* bill [an actor, a performance]
biljoen 1 *(slechte munt)* debased currency; *(muntmetaal)* billion; **2** (10^{12}) million million, trillion, *(Br soms nog)* billion (*nu meestal* 10^9)
billen dress [millstones]
billenbadje bidet
billenkoek spanking, smacking
billet-doux billet-doux
billijk fair [treatment], just, equitable [decision], reasonable [wishes], moderate [price]; *niet meer dan ~* only fair; *om ~ te zijn tegenover haar* to do her justice, to give her her due, in justice to her; *het is niet ~ tegenover ...* it is not fair on [her], not playing the game with [the public]; *zie ook* eerlijk
billijken approve (of); *om redenen die ieder zal kunnen ~* for ... which everybody will appreciate; *een eis ~* admit (acknowledge) the justice of a demand
billijkerwijze in fairness, in justice
billijkheid fairness, equity, justice, reasonableness, moderateness; *vgl* billijk; *uit ~ tegenover* in fairness (justice) to
billijkheidsgrond: *op ~en* on grounds of fair play
billijkheidshalve *zie* billijkerwijze
bilnaad perineum; *(bilspleet)* anal cleft
bilstuk rump
bilzekruid *(plant)* henbane
bima bema, bima(h)
bimbam ding-dong
bimetaal bimetal; bimetallic strip
bimetallisme bimetallism
binair binary; *~ cijfer (getal, stelsel)* binary digit (number, notation)
binationaal with two nationalities
binden 1 bind [a book, sheaves], bind [people] together; tie [a ribbon, one's shoes, a goat to a post], tie up [a bag, parcel, prisoner]; *(met touw, ook)* rope; *iem de handen ~* tie a p.'s hands *(ook fig)*; *er is niets dat mij bindt (waardoor ik mij gebonden acht)* nothing binds me; *de kleine bindt me zo* Baby is such a tie (on me); *zich ~* bind (commit, pledge) o.s. [to ...], tie o.s. down [to a policy]; *zie ook* gebonden & verbinden; *~ **aan*** tie [a horse] to [a tree]; tie [the pound] to [gold]; tie [a p.] down to [a certain course]; *zijn mensen aan zich ~* engage the loyalties of one's employees; *iem iets **op** het hart ~* enjoin s.t.

on a p.; *tot een pakje gebonden* tied up in a bundle; **2** *(muz)* slur; **3** *(mil)* contain; **4** *(dik maken, worden, v saus, enz)* thicken; **5** *(chem)* combine with, form a compound with

bindend binding [*voor* (up)on]; ~ *advies, (vglb)* injunction; *(v vonnis, jur)* absolute

binder binder

binderij bindery

bindgaren string, packthread

binding tie, [atomic, chemical, psychological, personal] bond; *(psych, ook)* bonding; [father, mother] fixation; *(textiel)* weave

bindmiddel 1 cement; *(v pers)* bond; **2** *(voor verven, geneesmiddelen, enz)* binder, binding agent, vehicle; *(voor sausen, enz)* thickening (agent); **3** *(voor ingewanden, enz)* styptic

bindrijs osier

bindsel 1 band(age); **2** *(mar)* seizing

bindsla cos lettuce, *(Am ook)* romaine

bindspier ligament

bindsteen bondstone, bonder

bindster binder

bindteken 1 hyphen; **2** *(muz)* bind, tie

bindtouw string; *(v schoven)* binder twine

bindvlies conjunctiva

bindvliesontsteking conjunctivitis

bindweefsel connective tissue

bindweefselontsteking phlegmon

bingelkruid *(plant)* (dog's) mercury

bingo *(spel & uitroep)* bingo; *(inz om geld)* house(!)

bink (he-)man; *populaire* ~ bit of a lad; *eindeloze* ~, *(sl)* hunk

binnen I *vz* within [three days; my reach; too narrow limits; the enemy within our gates]; inside [the walls]; ~ *het uur* within (inside [of]) an hour, [do the distance] in less than an hour; ~ *een uur na zijn komst* within an hour of ...; ~ *een uur nadat hij was opgenomen* [he died] within an hour of being admitted to hospital; **II** *bw* in [is Mr A in?; ask him in; what time have you to be in?; the train, steamer, is in]; inside [come (step) inside]; [enquire] within; ~ *in* inside; *hier* ~ in here; ~*!* come in!; *hij is* ~, *a)* he is in(doors); *b)* he has made his pile; *c) (ingerekend)* he has been pinched; ***naar*** ~ *gaan (komen, enz)* go (come, etc) in; *naar* ~*!* in with you!; *naar* ~ *krijgen, zie* binnenkrijgen; *naar* ~ *slaan, (ve vlam)* flash back; *naar* ~ *slaan (werken), (v eten)* bolt [one's bread and butter], wolf down, gobble down, dispatch, polish off, put away; *(met tegenzin)* force down [food]; *zich* ***te*** ~ *brengen (roepen)* recall [s.t. to mind], recollect; *iem iets te* ~ *roepen* remind a p. of s.t.; *het schoot me te* ~ it suddenly came (back) to me; *het wil me niet te* ~ *schieten* I cannot think of it now; *daar schiet me iets te* ~ that reminds me; ***van*** ~ inside, [the door was locked] on (*of:* from) the inside, [the sound came] from within; *ik ken het huis van* ~ I know the inside of the house; *van* ~ *en van buiten* [he knows the town] inside out; *ik ken de zaak van* ~ *en van buiten* I know the business like the back of my hand (know the ins and outs of the business); *van* ~ *naar buiten* [the door opens] outwards

binnenbaan[1] **1** inside lane; *(v planeet)* inside orbit; **2** indoor track (tennis court, skating rink, etc)

binnenbad covered (indoor) swimming pool

binnenbak 1 liner; **2** *zie* binnenbad

binnenbal bladder

binnenband (inner) tube

binnenbekleding lining

binnenblijven keep (stay) indoors, keep one's room

binnenbocht inside bend

binnenboords inboard

binnenbrand indoor fire, (internal) house fire

binnenbrengen bring (take, carry, hand, gather) in; *(schip)* bring (take) into port

binnendeur inner door

binnendiameter inside diameter; bore

binnendijk inner dike

binnendijks (lying) on the landside of the dike

binnendoor: ~ *gaan* take a short cut

binnendringen I *tr* penetrate (into); break into [a house]; force one's way into; enter by force; *(met gedrang)* crowd into; invade [a country]; enter [the bullet entered his heart]; **II** *intr* force (*of:* push) one's way in; *het* ~ *van Rusland in Azië* the intrusion of Russia into Asia

binnendruppelen trickle in; come trickling in

binnengaan enter, go in; go into [the house]; turn in [he turned in here]; enter into [the new world]; ~ *bij* go into [Mrs A's]; *even* ~ look in [at a saleroom]

binnengaats inland

binnengoed *(ve sigaar)* filler

binnengrenzen internal frontiers [of the Benelux, the EU]

binnenhalen fetch (bring) in; gather (in), get in [the crop(s)]; pocket, rake in, net, scoop up [profits]; land [a big fish, a contract]; *alle partijen hebben iets binnengehaald* all parties got s.t. out of it; *zie ook* inhalen & buit

binnenhaven 1 inner harbour; **2** inland port

binnenhoek interior angle

binnenhof inner court

binnenhouden keep [a p.] in; retain [food], keep [food] down

binnenhuis (domestic) interior *(ook schilderstuk)*

binnenhuisarchitect interior designer (and decorator)

binnenin inside

binnenkamer inner room; *(Matth. 6:6, enz)* closet

binnenkant inside, inner side

binnenkoer inner court

binnenkomen come in (*ook ve trein, boot, vliegt, post, geld:* there is nothing coming in), walk in, enter; get in [through the window]; *(ve trein ook)* draw (pull)

---

1 voor sam met *binnen* zie ook *in* ...

in; *(ve boot ook)* come (drop) into port; *wanneer moet de trein naar Londen ~?* when is the London train due in?; *laat hem ~* let him come in, show (ask, have) him in; *hij mocht niet ~* he was not allowed in; *kom(t) binnen!, (op kermis)* walk up!
binnenkomend incoming [train, mail]; *binnengekomen schepen, personen, enz* arrivals
binnenkomertje introductory (opening) remark
binnenkomst entrance, entry
binnenkort before long, fairly soon, presently, shortly, at an early date
binnenkrijgen get down [food]; get in [debts]; *water ~* swallow water, *(ve boot)* make (ship) water
binnenkruipen creep in(to)
binnenland interior, inland; *naar het ~ gaan* go inland, go up country; *in binnen- en buitenland* at home and abroad
binnenlands inland [postcard, navigation]; interior; internal [policy]; home [trade, consumption]; domestic [flight, quarrels]; *zie ook* inlands; *B~ Bestuur* (Indian) Civil Service; *~ nieuws* home news; *~e oorlog* civil war; *~ verkeer* inland communication; *~e zaken* home affairs; *zie ook* minister(ie)
binnenlaten let in, show in *(alleen v pers)*, admit
binnenleiden usher (take) in
binnenlijn *(telef)* house line, inside line
binnenloods river pilot
binnenloodsen pilot [a ship] into port
binnenlopen 1 run (walk) in(to a house, etc); *(aanlopen)* drop in [at the pub, (up)on a p.]; **2** *(ve trein)* run (draw) in (into the station); *(ve schip)* put in (into port); **3** *(fam)* make one's pile
binnenmaat inside (interior) dimension
binnenmeer inland lake
binnenmeisje parlourmaid
binnenmuur inner wall
binnenoor inner ear
binnenopname studio recording; indoor photo (shot)
binnenpagina inside page
binnenpasser inside cal(l)ipers
binnenplaats courtyard
binnenplaneet inferior planet
binnenplein inner court
binnenpretje secret amusement
binnenrijden ride (drive) in(to ...); *(ve trein) zie* binnenlopen
binnenrijm internal rhyme
binnenroepen call in
binnenrukken march in(to a town, etc), move in
binnenscheepvaart inland navigation
binnenschip river vessel; river craft *(ev & mv)*; canal boat; *(aak)* barge
binnenschipper master of a river vessel; bargemaster
binnenshuis indoors; *(fig)* in private; *(zakelijk)* internally, in-house
binnenskamers *(fig)* in private
binnenslands in the country
binnenslepen drag in(to the room, etc), *(schip)* tow in(to port)
binnensluizen, binnensmokkelen smuggle (in), run [goods, guns]
binnensmonds [swear] under one's breath, inwardly; *~ spreken* mumble
binnensport indoor sport(s)
binnenst *bn* inmost, inner(most); *~ buiten* inside out
binnenstad inner city (town), town centre, centre of the town, city (centre); *naar (in) de ~, (Am)* [go] down town
binnenstappen step (*of:* walk) in(to the room, etc)
binnenste *zn* inside, interior; *(diep) in zijn ~, in het ~ van zijn hart* in his heart (of hearts), in his inmost soul, at the back of his mind, deep down (in his heart), down under [he knew how it was], [he cursed] inwardly; *ik kan in zijn ~ lezen* I can read him like a book; *het ~ der aarde* the bowels of the earth; *~ buiten* [turn] inside out
binnenstomen steam into port (the river)
binnenstormen rush (dash, burst, bounce) in(to the room)
binnenstromen *(ook fig)* stream (flow, pour, surge) in(to ...) [orders are pouring in]; *het binnenstromen* incursion [of water]
binnenstuiven *zie* binnenstormen
binnentreden I *ww* enter; **II** *zn zie* binnenkomst
binnentrekken march in(to a town, etc), move in
binnenvaart inland navigation
binnenvallen 1 drop in [*bij iem* on a p.]; invade [a country]; **2** *(ve schip)* put in(to port); *-gevallen schepen* arrivals
binnenveld *(sp)* infield
binnenvering spring interior, interior springing; *met ~* interior-sprung [mattress]
binnenverlichting interior lighting; *(v auto)* courtesy light
binnenvetter 1 *(vglb)* dark horse; **2** introvert
binnenvisser inland fisherman
binnenwaaien blow in (*ook fig: bij iem* on a p.)
binnenwaarts I *bw* inward(s); **II** *bn* inward
binnenwacht inner circle
binnenwateren inland waterways, canals and rivers
binnenweg short cut, byroad
binnenwerk inside work; internal (interior) parts; *(ve horloge)* works; *(ve piano, enz)* interior (work), mechanism; *(ve sigaar)* filler
binnenwerks [3 ft] in the clear, inside (measurement)
binnenwippen pop in [*bij* on]
binnenzak inside pocket
binnenzee inland sea
binnenzeilen sail in(to port)
binnenzijde inside, inner side
binnenzool insole
binocle (pair of) binoculars, opera glass(es), binocular

---

voor sam met *binnen* zie ook *in ...*

binoculair binocular [microscope]
binomium binomial; ~ *van Newton* binomial theorem
binst 1 during; while; **2** meanwhile
bint tie-beam, joist
biobak container for organic waste
biochemie biochemistry
biocide biocide
bioconversie bioconversion
bio-energetica bioenergetics
bio-ethiek bioethics
biofysica biophysics
biogas biogas [plant]
biogenese biogenesis
biogeografie biogeography
biograaf, biografe biographer
biografie biography
biografisch biographical
bio-industrie factory farming, intensive agriculture
biokip battery hen
biologeren cast a spell on [a p.], mesmerize
biologie 1 biology; **2** *(vero)* mesmerism
biologisch biological [clock, control, father, shield, warfare]; *(zonder kunstmest, enz)* organic [vegetables]; ~ *afbreekbaar* biodegradable; *~e wetenschappen, (ook)* life sciences
biologisch-dynamisch organic [foods, farmers, growers]
bioloog biologist
biomagnetisme animal magnetism
biomassa biomass
biomateriaal biomaterial
biomechanica bioengineering
biomedisch biomedical
biometrie biometrics
bionica bionics
bionisch bionic
bionomie bionomics
biopsie biopsy
biopt biopsy (specimen)
bioritme biorhythm
bios *(fam)* pictures
bioscoop cinema, pictures, movies, *(fam)* flicks; *zie ook* film
bioscoopvoorstelling cinema (film, picture, *Am:* movie) show
biosfeer biosphere
biotechniek ergonomics
biotechnologie biotechnology
biotisch biotic
biotoop biotope
biowetenschappen life sciences
bipatride person with dual nationality
bipolair bipolar
bips bottom, seat
Birma Burma
Birmaan(s), Birmanen, Birmees Burmese
bis 1 encore; **2** *(noot)* B sharp
bisam 1 musk; **2** muskrat
bisambont, bisamrat muskrat, musquash
biscuit 1 biscuit(s), *(Am)* cookie(s); *(niet zoet)* cracker(s); *biskwietje* biscuit; **2** *(porselein)* biscuit (ware), bisque
bisdom diocese, bishopric
biseksualiteit bisexuality
biseksueel bisexual
Biskaje Biscay; *Golf van* ~ Bay of Biscay
bismut bismuth
bisschop bishop; *(drank ook)* mulled wine
bisschoppelijk episcopal [dignity]
bisschopsambt episcopate, episcopacy
bisschopsmijter mitre
bisschopsstaf crosier, crozier; crook
bisschopszetel 1 see [the see of York]; **2** bishop's throne, cathedra
bissectrice bisector
bissen repeat (a class)
bisseren 1 encore [a song]; **2** recall [a singer]
bistouri bistoury
bistro bistro
bit *(comp, techn, v paard)* bit; *zie ook* gebit
bits snappy, snappish, acrimonious, tart [reply]; acidulous [remark]; sharp [tongue; answer sharply]
bitsen snap
bitsheid snappiness, etc, acrimony, acerbity
bitsig *zie* bits
bitter I *bn* bitter [draught *drankje*, pill *(ook fig)*, almonds, taste; tears; truth, hatred, enemy; tone, words; earnest; complaints, quarrel, disappointment, experience, etc; to the bitter end; be bitter with a p.]; ~ *beetje* trifle, pittance; *~e armoede (noodzaak)* dire poverty (necessity); ~ *als gal* (as) bitter as gall; *dit maakte hem* ~ this turned him sour; **II** *bw* bitterly, etc, *vgl het bn;* ~ *wenen* weep bitterly, cry one's heart out; ~ *koud* bitter(ly) cold; ~ *weinig* next to no(thing), precious little [comfort]; **III** *zn* bitters; *een glaasje ~, een ~tje* a (glass of) gin and bitters (*mv:* two gins and bitters), an aperitif, a cocktail; *zie ook* borrel-
bitteraarde magnesia
bitterappel bitter apple, bitter gourd, colocynth
bitterbal small round croquette
bitteren have gins and bitters; *zie verder* borrelen
bittergarnituur savoury snacks (served with drinks)
bitterheid bitterness; *(fig ook)* acrimony
bitterkers garden cress
bitterkoekje macaroon (biscuit)
bitterlijk bitterly
bittertafel, enz *zie* borreltafel, enz
bittervoorn bitterling
bitterwortel bitterwort
bitterzoet bittersweet [thoughts]; *(plant, ook)* woody nightshade
bitterzout Epsom salt(s), magnesium sulphate
bitumen bitumen
bitumineren bituminize

bitumineus bituminous [coal, paint, road]
bivak bivouac; *een ~ opslaan* lay out a bivouac; *zie ook* tent
bivakkeren bivouac
bivakmuts balaclava (helmet)
bivalent divalent, bivalent
bivalve bivalve
bizar bizarre, grotesque, *(fam)* over the top, OTT
bizarrerie bizarrerie, eccentricity
bizon 1 (American) bison (*ook mv:* a herd of bison), buffalo; **2** (European) bison, wisent
B-kant flip side [of a record]
bl. afk van *bladzijde* p
blaadje 1 leaflet; *(thee~, enz)* leaf; **2** *(ve samengesteld blad)* leaflet, foliole; *(bloem~)* petal; **3** *(papier)* sheet, *(bedrukt)* leaflet; *(krant)* paper, *(min)* [a Society] rag; *(presenteer~)* salver, tray; *het ~ is gekeerd* the tables are turned; *bij iem in een goed ~ staan* be in a p.'s good books, be well in with a p.; *bij iem in een goed ~ trachten te komen* make up to a p.; *bij iem in een slecht (kwaad) ~ staan* be in a p.'s bad (black) books; *zie ook* blad
blaag (young) scapegrace, brat
blaam 1 blame, censure, reproach; *een ~ aanwrijven (werpen op)* cast a slur on, reflect on; *hem treft (op hem rust) geen ~* no blame attaches to him; *iem (zich) van alle ~ zuiveren* exonerate a p. from all blame (exculpate o.s., clear one's character, clear one's (good) name), vindicate a p.; **2** *(smet)* blemish, reproach [it is a reproach to the district]; *zie ook* ridder
blaar 1 blister *(ook op verf, enz); (~tje)* vesicle; *blaren trekken* raise blisters, blister the skin; *voeten met blaren* blistered feet; **2** *(bles)* blaze
blaarkoppen black-and-white-faced cattle
blaartrekkend raising blisters, vesicant, vesicatory; *~ middel* vesicant, vesicatory
blaas 1 *(anat, enz)* bladder; **2** *(in water, glas, enz)* bubble; **3** *(op verf, enz)* blister
blaasbalg (pair of) bellows
blaasbrander bench torch
blaasham ham-cured loin
blaasinstrument wind instrument; *de (koperen, houten) ~en, (ook)* the (brass-, wood)wind(s)
blaasje 1 *(in lichaam)* vesicle; *(blaar)* blister; **2** *(insluiting)* inclusion, occlusion; *(lucht, enz)* bubble; *vgl* blaas
blaasjeskruid bladderwort
blaaskaak windbag, gasbag
blaaskakerij bragging
blaaskapel wind (*koper:* brass) band
blaasontsteking inflammation of the bladder, cystitis
blaasorkest wind (*koper:* brass) band
blaaspijp blowpipe; *(ve glasblazer, ook)* blowtube, blowing iron; *(voor erwten)* peashooter; *~je, (ademtester)* breathalyser, *(Am)* drunkometer
blaaspoepen: *(troep) ~* German band
blaasroer blowpipe, blowgun, blowtube
blaassteen vesical calculus, stone in the bladder
blaastest breath test
blaasvaren bladder fern
blaasvlam oxyhydrogen flame
blaasvormig vesicular
blaaswier bladderwrack
blabla blah(-blah), claptrap
blad 1 *(ve boom, boek, bladveer)* leaf; *(papier, metaal)* sheet; *(v gras, roeiriem, zaag)* blade; *(ve lepel)* bowl; *(ve tafel, was-, werktafel)* top, *(uittrekbaar, v schrijftafel, enz, inleg~)* leaf, *(neerhangend)* flap; *(krant)* (news)paper, publication; *(thee~, enz)* tray; *(presenteer~)* tray, salver; *(attr ook)* foliate [ornament, scrolls]; *veranderen (omdraaien) als een ~ aan een* ***boom*** become another man; *alleen ~* ***maken*** run to leaf [rather than to flower]; *geen ~ voor de* ***mond*** *nemen* not mince matters (one's words), call a spade a spade; ***in*** *het ~ komen (schieten), ~eren krijgen* come (burst) into leaf, put forth leaves; ***in*** *het ~ zijn* be in leaf; ***van*** *het ~ spelen (zingen)* play (sing) at sight (from notes, prima vista); *het van het ~ lezen (zingen)* sight-reading (-singing); **2** *(Z-Ned)* tongue
bladaarde leaf mould
bladachtig leaflike, leafy, foliaceous
bladdeeg puff (*of:* flaky) pastry
bladder(en) blister
bladderig bladdery, blistering
bladerdak (roof of) foliage, canopy of leaves
bladerdeeg puff (*of:* flaky) pastry
bladeren: *in een boek ~* glance through a book, turn over (riffle through) the leaves (the pages) of a book
bladerig 1 leafy; **2** *(v gebak, gesteente, enz)* flaky; *(geol, ook)* laminated
bladerkrans chaplet of leaves
bladerkroon crown of a tree
bladerloos leafless
bladerrijk leafy
bladertooi foliage
bladgoud 1 gold leaf (*of:* foil); **2** *(klatergoud)* Dutch gold (*of:* metal)
bladgroen chlorophyll [granule *korrel*]; *(kleur)* leaf green
bladgroente (green) vegetables
bladhark lawn rake
bladijzer sheet iron
bladknop leaf-bud
bladkoninkje yellow-browed warbler
bladkoper sheet copper (*geel:* brass)
bladlood sheet lead
bladluis greenfly, blackfly, aphis, aphid
bladmaag *zie* boekmaag
bladmetaal metal foil
bladmoes mesophyll
bladmos moss
bladmuziek sheet music
bladneus leaf-nose(d bat)
bladoksel leaf axil

bladplant leaf plant, foliage plant
bladrand margin (of a leaf)
bladrank leaf-tendril; *met ~en* foliate [scroll]
bladroller tortrix
bladruimer leaf clearer
bladrups cankerworm
bladschede leaf-sheath
bladschijf leaf-blade, lamina
bladselderie celery
bladspiegel type page; writing area; text area, text space
bladstand arrangement of leaves, phyllotaxis
bladsteel, bladstengel leaf-stalk, petiole
bladstil: *het was ~* not a leaf stirred, there was a dead calm
bladthee whole-leaf tea
bladtin tinfoil
bladveer leaf spring
bladverliezend deciduous
bladversiering leaf-work, foliage
bladvormig leaf-shaped
bladvulling filler, stopgap; *het is maar ~* it's mere padding
bladwachter catchword
bladwesp leaf wasp, sawfly
bladwijzer 1 bookmark(er); **2** index, table of contents
bladzijde page [open your book at page 5]
bladzilver silver leaf
bladzink sheet zinc
blaffen bark [*tegen* at; *ook fig*]; *(bassen)* bay; *hij blaft harder dan hij bijt* his bark is worse than his bite; *~de honden bijten niet* barking dogs seldom bite
blaffer 1 *(ook fig)* barker, yelper; **2** *(index)* register; **3** *(sl)* (hand) gun
blafhoest barking cough
blaken burn; *(vd zon)* blaze; *(schroeien)* parch, scorch; *~ van* glow with [patriotism, health]
blakend *(ook)* ardent; *in ~e gunst* in high favour; *in ~e welstand* in the pink (of health), in radiant (robust, rude) health, *(fam)* alive and kicking
blaker sconce, flat candlestick
blakeren scorch, burn, parch; *door de zon geblakerd* sun-baked [fields]; *geblakerd, (ook)* charred [remains]; *zie ook* blaken
blamabel blameable
blamage disgrace, gaffe, s.t. to one's discredit
blameren bring discredit (up)on, discredit; *zich ~* compromise (*of:* disgrace) o.s., lose face
blancheren blanch [almonds, vegetables, metal]
blanc-manger blancmange
blanco blank [cheque]; *~ accept* blank acceptance; *~ laten* leave blank; *in ~ endosseren* endorse in blank; *in ~ opgemaakt* drawn up (made out) in blank; *in ~ verkopen* sell short [he sold short 1000 shares]; *~ stem* abstention; *~ stembiljet* blank voting paper; *~ stemmen* abstain (from voting), send in a blank (an unmarked) paper; *~ strafblad* clean (police) record, clean sheet (slate); *nog ~ zijn* have an open mind, be undecided
blanco-endossement blank endorsement
blancokrediet blank (*of:* open) credit
blancovolmacht blank power of attorney
blanda *(Ind)* Dutchman, white (man)
blank I *bn* **1** white [snow, lily, paper], clear [enamel, glass, skin], plain [oak], natural [cane, wood], bright, uncoated [metal], bare [wire]; *(vd huid)* white [her white arms], fair [complexion], *(v pers, ook)* fair-skinned; *~ ras* white race; *~e slavin* white slave; *(blinkend)* bright; *(fig)* pure; *het ~e wapen* cold steel; *de ~e sabel* the naked sword *(met ..., ook),* [driven away] at the point of the sword; *~ schuren* scour; **2** unrhymed; *~e verzen* blank verse; **3** under water; *het land staat ~* the land is flooded; **II** *zn (domino)* blank
blanke white (man, woman); *~n* whites
blanketsel face powder
blanketten 1 powder; **2** *(fig)* whiten
blankheid whiteness, fairness, purity
blankvoorn roach
blaren 1 blister; **2** *ww zie* blèren
blasé blasé; *er ~ van zijn* be fed up with it
blasfemeren blaspheme
blasfemie blasphemy
blaten bleat
blauw I *bn* blue [*van de kou* with cold]; *~ bloed* blue blood; *~e boon, (fig)* ounce of lead; *~e haai* blue shark; *~e knoop* temperance society badge, *(Am)* blue ribbon; *(plantk)* devil's bit (scabious); *hij is van de ~e knoop* he has taken the pledge (is a teetotaller); *een ~e maandag* a very short time; *iem een ~ oog slaan* give a p. a black eye, black a p.'s eye; *~e plek(ken krijgen)* bruise; *~e scheen, zie* blauwtje; *~e zone* park-and-display zone; *de zaak ~ ~ laten* leave the matter there, let the matter rest; *zie ook* blauweregen, druif & wimpel; **II** *zn* blue [dressed in blue, the blue of the sky; *(ook: ~ aardewerk & porselein)*]; *zie ook* Berlijns
blauwachtig bluish
Blauwbaard Bluebeard
blauwbekken: *staan ~* stand in the cold
blauwbes bilberry, whortleberry
blauwblauw *zie* blauw I
blauwboek bluebook; *~je* pamphlet
blauwborstje bluethroat
blauwdruk(ken) blueprint
blauwen I *tr* blue [linen, steel]; **II** *intr* **1** become blue; **2** *(opdoemen)* loom (up)
blauweregen wisteria, wistaria
blauwgras blue grass
blauwgrijs bluish grey
blauwgroen bluish green, cyan
blauwheid blueness
blauwhelm blue helmet
blauwhout logwood
blauwkeeltje bluethroat
blauwkous bluestocking

blauwmaanzaad poppy seed
blauwogig blue-eyed
blauwsel (washing) blue
blauwtje 1 *(vlinder)* blue; **2** *een ~ (laten) lopen* get (give) the mitten, be turned (turn) down
blauwverven dye blue; *zie* heksen
blauwvos blue fox
blauwzucht cyanosis; *lijdende aan ~, (ook)* cyanotic
blauwzuur Prussic acid
blazen 1 blow [one's tea, a trumpet, glass; *ook v wind, walvis, enz*]; sound; *zie ook* appel, enz; *(ve kat)* spit, swear; *(ve locomotief)* snort; *twee keer ~, (op trompet, enz)* give two blasts; *iem iets in het oor ~* whisper s.t. in a p.'s ear; *~ op* blow (breathe on, blow on) [one's food]; blow [a whistle]; blow (on), sound, wind [the horn]; *hoog van de toren ~* brag; *laten ~* breathalyse [a driver]; *moeten ~, (ook)* have to take a breath(alyzer) test; *willen ~ en het meel in de mond houden* try to do the impossible; *beter hard ge~ dan de mond gebrand* it is better to be safe than sorry; *het is uitkijken (weglopen, enz) ge~* we (etc) shall have to look sharp (make off, etc); *zie ook* bus; **2** *(damspel)* huff
blazer 1 blower *(ook: mijnspleet); (zwaar ademend persoon)* grampus; **2** *(jasje)* blazer; *de blauwe ~s* the officials
blazoen blazon
blazoeneren (em)blazon
bleef *ovt van* blijven
bleek I *bn* pale, pallid, wan, *(verbleekt)* faded; *zo ~ als een doek (de dood)* as white as a sheet, deathly pale; *~ worden* (go, get, grow, turn) pale; *~ zien* look pale; *~ van woede* white with fury; **II** *zn* **1** bleaching; **2** bleach(ing) field (ground, green); **3** bleaching linen; **III** *ww ovt van* blijken
bleekaarde absorbent clay, fuller's earth
bleekgezicht paleface
bleekheid paleness, pallor
bleekjes palish
bleekmiddel bleach(ing agent), Javelle water; decolorant
bleekneus pale (weakly-looking, sickly) child (person)
bleekpoeder bleaching powder
bleekscheet 1 paleface; **2** colourless affair
bleekselderij celery
bleekveld bleach(ing) field (ground, green)
bleekvos light bay (horse)
bleekwangig pale-cheeked
bleekwater bleach
bleekzucht chlorosis, greensickness
bleekzuchtig chlorotic
blei white bream
bleken bleach, whiten
blende blende
blender blender
blèren 1 squall, bawl, howl, blare [the band blared]; **2** *(blaten)* bleat
bles 1 blaze, *(kleine)* star; **2** blazed horse, horse with a blaze
blesseren injure, wound
blessure injury, wound
blessuretijd *(sp)* stoppage (extra, injury) time
bleu I *bn* **1** timid, bashful, shy; **2** pale blue; **II** *zn* novice
bleuheid timidity, bashfulness, shyness
bliek 1 *(blei)* white bream; **2** *(sprot)* sprat
bliep 1 *(geluid)* bleep; **2** *(elektr)* blip
bliepen 1 bleep; **2** blip
blies *ovt van* blazen
blieven like, care for [sprouts]; *zie* believen & *vgl* alstublieft, wablief
blij *bn & bw* glad [looks, news, tidings; I am glad to ..., that ...], happy [day, event; be happy to ...], joyful, joyous, pleased; *ik ben er ~ om (mee)* glad of (happy, pleased with) it; *iem ~ maken* make a p. happy; *de kinderen eens ~ maken* give the children a treat; *~ te moede* in a happy mood; *~ toe!* and a good thing too!; *zie ook* boodschap, mus, verwachting, enz
blijde *zn (hist)* **1** ballista; **2** *(lepel~)* mangonel; **3** trebuchet, trebucket
blijdschap joy, gladness, happiness [*over* at]
blijeindend *(hist)* with a happy ending; *~ treurspel* tragicomedy
blijf: *geen ~ weten met* not know what to do with [s.t.]
blijf-van-mijn-lijfhuis home for battered women and children
blijgeestig, enz *zie* blijmoedig, enz
blijheid gladness, joy(fulness)
blijk token, mark [of gratitude, respect], sign [of interest]; *~ geven van* give evidence of, evidence, demonstrate, manifest; show [courage]; reflect [great optimism]; betray [fear]; register [surprise, boredom]; *ten ~e waarvan* in witness whereof
blijkbaar I *bn* apparent, obvious, evident; **II** *bw* apparently, etc, *vgl* I
blijken appear, be (become) evident (obvious, apparent); *het blijkt, dat ...* it (so) happens that ...; *het bleek mij, dat ...* I found that ...; *dat moet nog ~* that still has to be proved; *dat zal spoedig ~* we shall soon see; *dat blijkt aldoor* that shows all the time; *~ te zijn* turn out (prove) to be [a good teacher]; *een hinderpaal (onwaar) ~ te zijn* prove (to be) an obstacle (untrue); ***doen ~ van*** give evidence of; ***laten ~*** show, betray [one's ignorance], let [it] appear; *(fam)* let on [he knows more than he lets on; don't let on to him that ...]; *hij liet (er) niets (van) ~, (ook)* he gave no hint of it, he gave no sign; *(fam)* he kept it dark; *~ **uit*** appear (be apparent) from; *uit alles blijkt dat ...* everything goes to show that ...
blijkens (as appears) from
blijmoedig cheerful [a cheerful giver], joyful, merry, jovial
blijmoedigheid cheerfulness, joviality, joyfulness, mirth

blijspel comedy

blijven 1 *(ergens)* stay *(meest v pers)*, remain; *(fam, v pers)* stop [with a p., to (for) dinner, a few days in London; I'm not stopping]; *(~ logeren, wonen, enz)* stay on [John is staying on, all the others are going]; *(inz Am)* stop over; *nog wat ~* stay a little longer, stay on for a bit; *hij bleef langer dan ons lief was* he outstayed his welcome; *hij bleef (even) praten* he stayed for a chat; *ik ben blij dat ik er gebleven ben, (in een baan bijv)* I am glad I hung on; *blijf je vannacht?* are you staying the night?; *het is er en het blijft er* it has come to stay; *het mobieltje blijft* the mobile phone has come to stay; *aan het toestel ~* stand by; ***waar** blijft het ontbijt?* where is breakfast?; *waar is hij (mijn hoed) (toch) gebleven?* what (whatever) has become of him (of my hat; wherever has my hat got to)?; *waar blijf je?* what keeps you? [I wonder what can be keeping him]; *waar ben je zo lang gebleven?* where have you been all the time?; *waar ben ik gebleven?, (in verhaal, enz)* where was I?, what was I saying?; *waar zijn we gebleven (met lezen)?* where did we get to?; *waar je gebleven bent* where you left off; *waar blijf je nou (met je verhaal)?, (iron)* so what?; *waar blijft het geld?!* where does the money go?; *tot het einde ~ van* sit out [the concert]; **2** *(in een toestand)* remain [young, a p.'s friend, I remain yours truly ...], continue [friends, the weather continued fine], stay [single *ongetrouwd*], keep [serious, quiet]; go [unanswered, undiscovered]; *goed ~, (v eetwaren)* keep; **3** *(overblijven)* remain, be left; *2 van de 5 blijft 3* 2 from 5 leaves 3; *er blijft mij geen andere hoop dan ...* I have no hope left but ...; *er blijft nog veel te doen* much remains to be done; *niets bleef hem bespaard* he was spared nothing; **4** *(omkomen)* perish, fall, be killed, be left [on the field of battle]; **5** *(uitblijven) hij blijft lang (weg)* he is a long time (in) coming (back); **6** *(doorgaan met)* continue ...ing, continue to, go on ...ing, keep (on) ...ing [he kept looking at me]; *(maar steeds) ~ wachten (hopen, enz)* go on waiting (hoping, etc); *zie verder* liggen, nablijven, zitten, enz; **7** *~ eten (koffiedrinken)* stay for (to) dinner (lunch); *~ leven* live (on) [to a ripe old age]; *in leven ~* stay alive; *zie ook* hangen, enz || *~* ***bij*** stay (remain) with [a p.]; abide (stand) by [what one has said], stick (adhere) to [one's decision], persist in [one's refusal]; attend to [one's work]; *zie ook* mening, enz; *bij de zaak ~* keep (stick) to the point; *hij blijft erbij, dat ...* he persists in saying (he maintains) that ...; *het blijft er dus bij, dat ...* so it is agreed that ...; *en daarbij bleef het* and there the matter rested; *het bleef bij materiële schade* there was only ...; *maar het bleef niet bij brieven schrijven* but the matter did not end with ...; *alles bleef bij het oude* things went on just as they were; *zie ook* laten; *dat blijft* ***onder*** *ons, a)* don't let it go any further; that is strictly between ourselves; *b)* it won't (shan't) go any further; ***op*** *het voetpad ~* keep to the footpath; *dus dat blijft (bepaald) op dinsdag?* so Tuesday stands?; *zie ook* afblijven, enz, & *vgl* blijvend

blijvend lasting [impression, peace], enduring [value], fast [colour], permanent [abode, teeth], standing [arrangement], abiding [he has an abiding place in our hearts]; *~e belasting* dead load; *ons product heeft zich een ~e plaats verworven* our ... has come to stay; *een geschenk van ~e waarde* a lasting present

blijver stayer; *het kind is geen ~tje* the child will not live long, is not long for this world

¹blik look, gaze; *(vluchtig)* glance, glimpse; *(heimelijk)* peep; *een ~ slaan (werpen) in (op)* (throw, cast, take a) glance at, *(heimelijk)* steal a glance at; *een ~ toewerpen* throw (cast) *(haastig:* shoot) a glance at, throw (cast, give) [a p.] a look; *begerige ~ken werpen op* cast covetous eyes (up)on; *zijn scherpe ~, (ook fig)* his keen eye; *iem met een heldere ~* man of quick discernment; *bij de eerste ~* at first sight; *in één ~* at a glance, with one look; *hij overzag het gehele toneel met één ~* he took in the whole scene at a glance; *zie ook* afwenden, ruim, verruimen, enz

²blik 1 *(metaal)* tin (plate); **2** *(vuilnis~)* dustpan; **3** *(~je)* tin [of salmon], can [of beer]; *een oud ~je* an old tin can; *vlees in ~* tinned (canned) meat

blikbrood tin-loaf

blikgroenten tinned (canned) vegetables

blikken I *ww* **1** look, glance; **2** *(knipogen)* wink, blink; *zonder ~ of blozen* unblushingly, without blushing, without a blush, without batting an eyelid; **II** *bn* tin; *~ dominee* tinpot preacher

blikkeren sparkle, flash

blikkerig tinny [sound]

blikopener tin-opener, can-opener

blikschaar (pair of) plate-shears; *(klein)* tinsnips

blikschade damage to the bodywork

bliksem lightning; *de ~s van het Vaticaan (van Jupiter)* the thunders of the Vatican (the thunderbolts of Jupiter); *arme ~* poor devil; *hete ~* apples and potatoes stewed and served hot; *~ (nog an toe)!* damn it!; ***als de*** *~* like blazes, like (greased) lightning, like a house on fire; ***door de*** *~ getroffen* struck by lightning; *als door de ~ getroffen* thunderstruck; ***naar de*** *~ gaan* go to pot (to the dogs, west); *wéér €100 naar de ~* another ... down the drain; *loop naar de ~!* go to blazes!; ***wat*** *~!* what the blazes!; *zie ook* donder, drommel & moer

bliksemactie lightning action (operation)

bliksemafleider lightning conductor, *(ook pers)* lightning rod

bliksembezoek lightning visit

bliksembuis fulgurite

bliksemcarrière meteoric rise

bliksemen 1 flash, lighten; *(vd ogen, enz)* flash; *het bliksemt* there's a flash of lightning; **2** *(smijten)* smash; chuck; **3** *(vallen)* drop, smash, crash

bliksemflits flash of lightning

blikseminslag lightning strike

bliksemlicht *(vuurtoren & vero fot)* flashlight
bliksemoorlog blitzkrieg
bliksems I *tw: ~!* damn!, hang it!, the deuce!; **II** *bw* devilish, deucedly [clever]; *~ gauw, (fam)* like greased lightning; *~ veel geld* a hell of a lot of money; **III** *bn* devilish, deuced, infernal; *(Br fam)* bloody [the bloody fool!]
bliksemschicht flash of lightning; thunderbolt
bliksemslag 1 stroke of lightning; **2** thunderclap
bliksemsnel with lightning speed, quick as lightning (as thought)
bliksemstraal flash (streak) of lightning, lightning flash; *als een ~ uit een heldere hemel* like a bolt from the blue, [the news fell] like a bombshell
blikskaters *zie* bliksem(s)
blikslager tinsmith, whitesmith; *(rondtrekkend)* tinker; *~(s), zie* bliksem(s)
blikslagerswerk tinware
blikvanger *(in etalage, enz)* eye-catcher
blikveld field of vision
blikverruimend broadening one's horizons
blikvoedsel tinned food
blikwerk tinware
blind I *zn* shutter; **II** *bn* blind [*van* with; *(ook fig:)* blind fury, prejudice; love is blind], sightless; *zo ~ als een mol* as blind as a bat; *~ maken* blind (*voor* to); *zich ~ staren op* have [an idea] on the brain, be obsessed by ...; *ik heb er mij ~ op gestaard (gekeken)* I've pored my eyes out; *~ worden* go blind; *~e bocht* blind corner (bend); *~e deur* blind door; *~(e) gehoorzaamheid (geloof)* implicit (blind) obedience (faith); *~e kaart* blank map, skeleton map; *~e klip* sunken (submerged) rock; *~e muur* blind (blank) wall; *een ~ paard kon er geen schade doen* the room was bare of furniture; *~e passagier* stowaway; *~e steeg* blind alley; *~ toeval* mere chance; *~ typen* touch-type; *~ venster* blind (sham) window; *~e vinken* beef (*of:* veal) olives; *~e vlek* blind spot; *~ werktuig* blind tool [in a p.'s hands]; *~ aan één oog* blind in (of) one eye; *~ voor* blind to [a p.'s faults, the beauties of nature]; *zie ook* blinde; **III** *bw* blindly; *zie ook* blindelings; *~ vliegen* fly blind
blinddoek blindfold, bandage (in front of the eyes); *(fig)* blind; *een ~ voorbinden, zie* blinddoeken
blinddoeken blindfold; *(fig)* hoodwink; *geblinddoekt, (ook)* blindfold
blinddruk *(in boek)* blind impression; *(op band)* blind tooling; *in ~, (ook)* (tooled) in blind
blinde blind man, blind woman; *(kaartspel)* dummy; *in het land der ~n is eenoog koning* in the country of the blind the one-eyed man is king; *whist met de ~* dummy whist; *met de ~ spelen* play with a dummy, have dummy for a partner; *in den ~* blindfold, at random, blindly
blindedarm caecum; *(fam)* blind gut; *(onjuist voor: wormvormig aanhangsel)* (vermiform) appendix
blindedarmontsteking appendicitis
blindedarmoperatie append(ic)ectomy
blindelings: *~ [te werk gaan]* [go at it] blindly, [vote] with one's eyes shut; [obey, trust a p.] implicitly; *zie ook* blinde: in den ~
blindeman blind man; *~netje* [play at] blind man's buff
blindenbibliotheek library for the blind
blindengeleidehond guide dog, *(inz Am ook)* seeing-eye dog
blindeninstituut institute for the blind, blind institution
blindenschrift writing (*of:* type) for the blind, Braille, raised type
blindenstip raised dot
blindenstok white stick
blinderen 1 armour; *geblindeerde trein* armoured train; **2** face [brick with stone]
blindganger unexploded shell
blindgeboren born blind
blindheid blindness; *met ~ geslagen* struck (smitten) with blindness, struck blind
blindklinktang riveting pliers
blindslang 1 blind snake; **2** *(hazelworm)* slow-worm
blind typen touch-type
blindvaren: *~ op* follow blindly
blindvliegen I *ww* fly blind; **II** *zn* blind flying
blindweg blindly
blink *zie* glans & schoensmeer
blinken shine, glitter, gleam; *eksters houden van alles wat blinkt* magpies are fond of anything bright; *te ~ staan, (fam)* have egg on one's face
blinker *(vissp)* spoon (bait)
blinkerd white dune
blister(verpakking) bubble (*of:* blister) pack
blits hip, trendy, flashy, glitzy, hype; *de ~ maken* steal the show
blo bashful, timid; *beter blo(de) Jan dan do(de) Jan* better safe than sorry; discretion is the better part of valour
bloc: *en ~* en bloc, [buy, sell] in the lump, [admit 14 new members] in a body, [reject demands] in their entirety
blocnote notepad, writing (scribbling, tear-off) pad
blode bashful, timid; *zie ook* blo
bloed 1 blood [cell, donor, sugar]; *~ in de urine* haematuria; *nieuw ~, (fig)* fresh blood, [infuse] new blood [into a business]; *het ~ kruipt waar het niet gaan kan* blood is thicker than water; *kwaad ~ zetten* stir up bad blood (ill feeling); *iems ~ sneller doen kloppen* make a p.'s heart beat faster; *je haalt iem het ~ onder de nagels vandaan* you'd try a saint; *hij beet zijn lip aan ~, zie:* bloeden: tot ~s toe; *dat zit in het ~* that runs in the blood, it is in my (etc) blood, it is part of my character; *zie ook* bestaan; *van adellijk ~ zijn* be of noble blood (*of:* extraction), *(fam)* have blue blood in one's veins; *prinsen van den ~e* princes of the blood (royal); *zie ook* baden, koel *en vgl sam met* dood & loei; **2** *(sukkel)* simpleton

bloedaandrang congestion, rush of blood [to the head]
bloedachtig bloodlike, haematoid
bloedalcoholgehalte blood alcohol level; *een te hoog ~ hebben, (ook)* be over the limit
bloedappel blood orange
bloedarm anaemic
bloedarmoede anaemia
bloedbaan bloodstream
bloedbad (wholesale) slaughter, bloodshed, carnage, massacre, bloodbath; *een ~ aanrichten* massacre (butcher) the inhabitants of a place, etc
bloedbank bloodbank
bloedbeeld blood picture
bloedbezinking blood sedimentation
bloedblaar blood blister
bloedbroeder blood brother
bloeddoorlopen bloodshot [eyes]
bloeddorst thirst for blood, bloodlust, bloodthirstiness
bloeddorstig bloodthirsty, sanguinary
bloeddorstigheid *zie* bloeddorst
bloeddruk [take a p.'s] blood pressure; *(te) hoge (lage) ~* high (low) blood pressure, hypertension (hypotension) [*met …* hyper-, hypotensive]
bloeddruppel drop of blood
bloedeigen: *zijn ~ kinderen* his own flesh and blood; *mijn ~ broer* my very own brother
bloedeloos bloodless
bloedelooslheid bloodlessness
bloeden bleed (*ook fig:* my heart bleeds); *(v verf)* bloom(ing); *erg ~* bleed freely (profusely); *hij zal ervoor ~, (geldelijk)* he shall pay (*boeten, ook:* suffer) for it; *iems neus aan het ~ slaan, zie* bloedneus; *uit de neus (aan het voorhoofd) ~* bleed at (*of:* from) the nose (from the forehead); *hij doet alsof zijn neus bloedt* he acts dumb, pretends ignorance; *met ~d hart* with a bleeding heart; *tot ~s toe* till it bleeds, till the blood comes (starts, runs)
bloeder *(med)* bleeder
bloederig bloody; *een ~ verhaal* a blood-and-thunder story
bloederziekte haemophilia
bloedgang [pass at] breakneck speed
bloedgeld 1 blood money, price of blood; **2** starvation wage(s)
bloedgetuige martyr
bloedgever *(bij bloedtransfusie)* blood donor
bloedgroep blood group; *de ~ bepalen* blood typing, blood grouping
bloedhard immensely hard (fast); whacking [blow]
bloedheet sweltering, broiling
bloedhekel intense dislike [*aan* of]
bloedhond 1 bloodhound; **2** bloodthirsty person
bloedig bloody, sanguinary, bloodstained [hands], gory [locks]; *~e ernst* bitter (deadly) earnest; *een ~ incident* an incident involving bloodshed; *~e tranen schreien* shed tears of blood; *~ werken* toil (and moil); *zijn ~ gespaarde geld* his hard-earned savings
bloeding bleeding, haemorrhage
bloedje: *~s (van kinderen)* poor little things; *attr zie* bloed-
bloedkleurstof haemoglobin
bloedklonter clot of blood, bloodclot
bloedkoek mass of clotted blood, coagulum
bloedkoraal red coral
bloedlichaampje [red, white] blood corpuscle
bloedlijn strain
bloedlink extremely chancy, dicey
bloedmooi gorgeous, stunning [blonde]
bloedneus [give a p. a] bloody (bleeding) nose
bloedonderzoek blood test
bloedplaatje thrombocyte, blood platelet
bloedplasma (blood) plasma
bloedproef blood test
bloedprop blood clot
bloedraad *(hist)* Council of Blood
bloedrijk sanguineous
bloedrood blood red, scarlet
bloedschande incest
bloedschendig incestuous
bloedschuld blood guilt(iness)
bloedserieus deadly serious
bloedserum blood serum
bloedsinaasappel blood orange
bloedsomloop [lesser and greater] circulation (of the blood); *moeilijkheden bij de ~* circulatory difficulties
bloedspiegel concentration [of calcium, etc] in the blood
bloedspoor 1 trail of blood; **2** trace of blood
bloedspuwing spitting of blood, haemoptysis
bloedsteen bloodstone, haematite
bloedstelpend *(middel)* styptic
bloedstollend blood-curdling [stories]
bloedstolling coagulation (of the blood)
bloedstolsel blood clot
bloedstroom bloodstream
bloedsuikerspiegel blood glucose level
bloedtelling blood count
bloedtransfusie blood transfusion
bloeduitstorting extravasation of blood, *(in de hersenen)* cerebral haemorrhage
bloedvat blood vessel
bloedvatenstelsel vascular system
bloedvergieten bloodshed
bloedvergiftiging blood poisoning, pyaemia, sepsis
bloedverlies loss of blood
bloedverwant(e) (blood) relation, relative, kins(wo)man; *(mv ook)* kinsfolk
bloedverwantschap blood relationship, consanguinity
bloedvete blood feud
bloedvlag *(hist)* red flag
bloedvlek bloodstain
bloedwarmte [keep at] blood heat

bloedwateren haematuria; *(bij vee)* red water
bloedwei serum
bloedworst black pudding, *(Am)* blood sausage
bloedwraak vendetta, blood feud, blood revenge
bloedziekte blood disease
bloedzuiger *(ook pers)* leech, bloodsucker; *~s aanleggen* apply leeches
bloedzuiverend *(ook: ~ middel)* abstergent, depurative
bloedzweet bloody sweat
bloei blossom *(inz ve vruchtboom)*, flower, bloom; *(het bloeien)* flowering, florescence; *(fig)* flourishing (prosperous) condition (period), prosperity; bloom, flower [of youth]; *tweede ~* second bloom(ing); ***in** (volle) ~ staan* be in (full) bloom (blossom, flower); *in de ~ der jaren* in the prime of life; *in de volle ~ van haar jeugd* in the full flush of youth; ***tot** ~ brengen* bring to prosperity; *tot ~ komen* become prosperous, reach perfection
bloeien bloom, flower; *(inz ve vruchtboom)* blossom; *(fig)* flourish, prosper, thrive
bloeiend *(ook)* [lilies] in bloom; *(fig ook)* flourishing, prosperous; *laat ~e plant* late flowerer
bloeikolf spadix
bloeimaand May
bloeiperiode, bloeitijd flowering time, blossom time, florescence; *(fig)* flowering (time), heyday, palmy days
bloeiwijze [definite, indefinite] inflorescence
bloem 1 flower; *~pje* little flower, floweret, floret; *~etje* [bring a] bunch of flowers; *de ~etjes buiten zetten* paint the town red, go (out) on a (be on the) spree, live it up; *de ~ van de ridderschap* the flower (pick) of knighthood; *~en op de ruiten* ice flowers; *de ~en stonden op de ruiten* the windows were frosted over; *geen ~en (op verzoek)* no flowers (by request); *met ~en versierd* flowered; *retorische ~en* flowers of rhetoric, flowers of speech; **2** *(v meel)* flour; *~ van zwavel* flowers of sulphur
bloembak flower box, planter; *(buiten het raam)* window box
bloembed flower bed
bloembekleedsels perianth
bloemblad petal
bloembodem receptacle, torus
bloembol (flower) bulb; *zie ook* bollenkweker, enz
bloemdek perianth
bloemdragend phanerogamic, phanerogamous
bloemencorso flower (floral) parade
bloemengeur scent (fragrance, perfume) of flowers
bloemenhanger hanging basket
bloemenhulde floral tribute(s)
bloemenkrans wreath (chaplet) of flowers, floral wreath; *zie ook* bloemenslinger
bloemenmand flower basket
bloemenmarkt flower market
bloemenmeisje flower girl
bloemenpracht wealth of flowers
bloemenrand flower border
bloemenslinger garland of flowers
bloemenspuit plant spray
bloemenstander flower stand, ped(estal)
bloementeelt flower culture, floriculture
bloemententoonstelling flower show
bloemenwinkel florist's (shop)
bloemetje *zie* bloem
bloemgodin goddess of flowers, Flora
bloemhoofdje capitulum, flower head
bloemig floury, mealy [potato]
bloemist(erij) florist('s)
bloemkelk calyx
bloemknop flower bud
bloemkool cauliflower
bloemkooloor cauliflower ear
bloemkroon corolla
bloemkweker flower grower, floriculturist
bloemkwekerij 1 *(vak)* floriculture; **2** *(zaak)* flower grower's (business)
bloemlezen anthologize
bloemlezing anthology; *(als titel, ook)* analecta
bloemperk flower bed
bloempje *zie* bloem
bloempot flowerpot
bloemriet: *(Indisch) ~* canna
bloemrijk flowery, *(fig ook)* florid
bloemrijkheid floweriness, floridity
bloemschede spathe
bloemscherm umbel
bloemschikken flower arranging
bloemschikkunst (art of) flower arrangement, floral art
bloemsteel, bloemstengel flower stalk, peduncle
bloemstuk 1 *(bij feest, enz)* bouquet, floral tribute; *(op tafel)* flower arrangement; **2** *(schilderij)* flower piece (*of:* picture)
bloemtuil 1 bunch of flowers, bouquet; **2** *(bloeiwijze)* corymb
bloemversiering floral decoration
bloemzoet sugary
bloes blouse; *(v jongen)* shirt
bloesem(en) blossom, bloom, flower
blok 1 *(hout, steen, huizen, ve schavot, bij spoorw, log persoon)* block; *(hout, ook)* log; *(brandhout)* billet; *(luchtv)* chock [*de ~ken wegnemen* withdraw the chocks]; *~je, (bouillon, kaas, enz)* cube, square; *aan (in) ~jes snijden* dice [potatoes]; ***voor** het ~ zetten* put [a p.] on the spot; *voor het ~ zitten* be up against it; **2** *(mar)* pulley block; **3** *(lood, tin)* pig; **4** *(aan been)* clog, hobble; **5** *(speelgoed)* (building) block, brick; **6** *(wisk)* parallelepiped; **7** *(straftuig)* stocks; *in het ~ sluiten* put in the stocks; *zij was voor hem een ~ aan het been* she was a drag on him; **8** *(pol)* [Central European] bloc, block; **9** *(schooltaal) zie* blokcursus
blokboek block book
blokcursus intensive course

blokdruk block print(ing)
blokfluit recorder
blokhak platform heel
blokhoofd civil defence warden
blokhuis 1 blockhouse *(ook mil)*, loghouse; **2** *(spoorw)* signal box
blokhut log cabin
blokkade blockade; *door de ~ heensluipen* run the blockade
blokkadebreker blockade runner
blokken swot [for exams], plod, grind away [*op* at]; *~ op een vak* mug up a subject
blokkendoos *zie* bouwdoos
blokker swot
blokkeren 1 blockade [a port]; block [the roads were blocked]; **2** *(banksaldo, enz)* block, freeze; **3** *(v wielen)* lock; *niet-~d* ABS, anti-lock [brakes]; **4** *(typ)* turn [(for) a letter]
blokletter block letter; *in ~s, (op formulier, enz, ook)* please print
blokpak brick (pack)
blokpatroon tile design
blokschaaf smoothing plane
blokschema block diagram
blokschrift block letters, block writing
bloksignaal block signal
blokstelsel block system
blokuur double period, double hour [of maths]
blokwachter signalman
blom: *een jonge ~* a young woman; *zie verder* bloem
blond fair, light, blond (*vr* blonde: a blonde girl)
blonde blonde (lace)
blonderen bleach
blondharig fair-haired
blondheid fairness, lightness
blondine, blondje blonde, fair-haired (fair-complexioned) girl
blonk *ovt van* blinken
bloodaard coward, faint-heart
bloot I *bn* **1** bare [arms], naked [body], revealing [dress], bald [facts]; *blote sabel* naked (*of:* drawn) sword; ***met** blote hals, (ve dame)* in a low dress; *met blote rug, (ve jurk)* bare-backed; *met het blote oog* with the naked (unaided) eye; *met (op) blote voeten* barefoot(ed); ***onder** de blote hemel* in the open (air); *iem* ***op** zijn blote knieën danken* thank a p. on one's bended knees; *op het blote lijf dragen* wear next (to) the skin; *zie ook* hoofd: uit het ~; **2** *(enkel)* mere, bare; *de blote gedachte* the mere (bare, very) thought [makes me shudder]; *blo(o)t(e) formaliteit (toeval, vermoeden)* mere form (chance, suspicion); **II** *bw* **1** merely, barely; *~ met de bedoeling om te ...* for the mere purpose of ...ing; **2** *~ (paard)rijden* ride bareback; **III** *zn* nudity; *(in tijdschrift, enz, sl)* cheesecake
blootblad nude mag(azine), girlie magazine
blootgeven: *zich ~, (schermen & fig)* lay o.s. open [to criticism]; *(alleen fig)* show one's weak side (*of:* point), commit o.s.; *zich niet ~, (fig ook)* be noncommittal; *zonder zich bloot te geven* [answer] noncommittally, in a non-committal manner
blootheid nakedness, nudity
blootje: *in zijn ~, (fam)* starkers
blootleggen *(ook fig)* lay open (bare), expose [foundations], bare [one's soul], uncover [the soil, a secret]; *zijn zaak ~* state one's case; *zijn plan ~* unfold one's plan
blootliggen lie bare, lie open [*voor* to], be exposed (to view)
blootshoofds bareheaded, with bared head(s)
blootstaan: *~ aan* be exposed (liable) to
blootstellen expose; *zij stelden hun leven (voortdurend) bloot* they carried their lives in their hands; *zich ~ aan* expose o.s. to [danger, derision], lay o.s. open to [criticism, derision, a charge]
blootstelling exposure [to]
blootsvoets barefoot(ed)
blootwol skin wool
blos *(verlegen, enz)* blush; *(v emotie)* flush; *(gezond)* bloom
blotebillengezicht 1 pudding face; **2** *(fig)* sight
bloterik 1 nudist; **2** (backless) sundress
blouse *zie* bloes
blowen smoke hash or marijuana
blozen blush [with shame], flush [with excitement], colour (up); *doen ~* flush; *~ over zijn gedrag* blush at one's conduct; *~ tot over de oren* blush (*of:* colour) up to one's ears (eyes, temples); *zie ook* blikken
blozend blushing, flushing, *vgl* blozen; rosy [face]
blubber 1 *zie* bagger; **2** *(ve walvis)* blubber
bluf brag(ging), boast(ing), big talk; *(fam)* swank, tall talk
bluffen brag, talk big, boast, *(fam)* swank; *~ op* brag (boast) of
bluffer braggart, boaster, swaggerer; *(fam)* swanker
blufferig bragging, boastful
blufferij *zie* bluf
blufpoker brag; *~ spelen, (fig)* engage in brinkmanship
blunder blunder; *zie ook* bok & flater
blusapparaat *zie* blusser
blusapparatuur fire-fighting equipment
blusboot fireboat
blusemmer fire bucket
blusgereedschap fire(fighting) appliances
blusmiddel fire extinguisher
blussen 1 extinguish *(ook fig van ijver, enz)*, put out; **2** *(kalk)* slake, slack; **3** *(dicht)* quench; **4** *(oproer)* quell
blusser extinguisher, fire(-fighting) appliance
blussing extinction
blut(s) *bn* on the rocks, hard up, broke; *(na spel)* cleaned out; *iem ~ spelen* clean a p. out
bluts *zn* dent; *(buil)* bruise
blutsen dent; bruise
blz. afk van *bladzijde* p(age)
bnp afk van *bruto nationaal product* GNP, gross na-

tional product
boa boa; *(bont, ook)* (fur) necklet
boa constrictor boa constrictor
bob [two-, four-man] bob
bobbel 1 *(op vloeistof)* bubble; **2** *(bult)* lump, swelling, *(op ijs)* hummock
bobbelen bubble
bobbelig lumpy, bumpy, hummocky [ice]
bobben *(sp)* bob(sleigh)
bobber bobber
bobber(d) squab, podge
bobijn bobbin; *zie* klos(-)
bobine ignition coil
bobo bogwig, *(sp)* league boss
bobslee bob(sleigh, -sled)
bobsleebaan bob(sleigh) run
bobsleeën bobsleigh
bochel hump; *(ook pers)* hunch-, humpback
bocht 1 *(ve weg, rivier, enz)* bend [dangerous bend, take a bend], turn(ing), curve, crook [of the arm]; *(baai)* bay; bight [of Heligoland]; *(ve touw)* bight, *(in uitgespannen touw)* slack; *(ve slang)* coil; *(voor vee)* paddock; *~ van Guinee* Gulf of Guinea; ***door** de ~ gaan, (fig)* give in, give way; *(te) kort door de ~* without much ado (too easily said, concluded, etc); ***in** de ~ (touwtje) springen* skip; *voor iem in de ~ springen* take a p.'s part; *zich in allerlei ~en wringen, (ook fig)* squirm, wriggle; ***uit** de ~ vliegen* fail to take (negotiate) the bend; *zie ook* draai; **2** *(rommel)* trash, rubbish; *(drank, ook)* rot-gut
bochtaanwijzer *(luchtv)* turn indicator
bochten round up [cattle]
bochtig tortuous, winding, sinuous
bochtigheid tortuosity, sinuosity
bockbier bock (beer)
bod bid, offer; *een ~ doen* make a bid [*of* for]; *het eerste ~ doen* start the bidding; *een ~ doen naar, (ook fig)* make a bid for; *een hoger ~ doen* make a higher bid, increase a bid; *een hoger ~ doen dan, (ook)* outbid [a p.]; *~ in overweging, (op huis, enz)* under offer; *u is **aan** ~* bidding is with you; *twee aan ~!* I have two bids; *aan ~ komen, (fig)* get (have) one's turn; come up for consideration
bode 1 (company) messenger *(ook fig); per ~, (bericht)* by special messenger; *de beste ~ is de man zelf* if you want a thing done well, do it yourself; **2** *(ren~)* runner, courier; **3** *(vrachtrijder)* carrier; **4** *(dienst~)* servant; **5** *(gemeente~, enz)* beadle, porter; *(gerechts~)* usher; *(post~)* postman
bodedienst *zie* bodendienst
bodega bodega
bodem 1 *(ve vat, zee enz)* bottom; [ocean] floor; *(v taart, enz)* base; *haast de ~ van het vat zien, (fig)* scrape the bottom of the barrel; *de ~ **inslaan*** stave in [a cask]; *(fig)* frustrate, ruin [a p.'s plans], dash [a p.'s hopes, expectations etc]; *(fam)* knock [a plan, etc] on the head; *mijn hoop werd de ~ ingeslagen* my hopes were reduced to zero; *de beker **tot** de ~ leegdrinken* drain the cup to the last drop (the dregs); **2** *(grond)* soil (*ook fig:* a fertile soil for disease), ground; *vaste ~ onder de voeten hebben, (fig)* be on firm ground; *op hechte ~* on firm ground; **3** *(gebied)* territory, soil [native soil, on foreign soil]; **4** *(schip)* ship, bottom; *zie ook* dubbel
bodemarchief soil archive
bodembedekker *(plant)* ground cover
bodembroeder bird which nests on the ground
bodemerij bottomry
bodemkunde soil science, pedology
bodemloos bottomless, abysmal; *een bodemloze put* a bottomless pit
bodemmoeheid 1 soil exhaustion; **2** soil sickness
bodemonderzoek soil exploration
bodempensioen basic pension
bodemprijs minimum price
bodemsanering soil decontamination
bodemschatten mineral (natural) resources
bodemverheffing (surface) relief, relief of the land
bodemvorming *(geol)* pedogenesis
***bodendienst** *(Wdl: bodedienst)* parcels (delivery) service
Bodenmeer: *het ~* Lake Constance
bodybuilder bodybuilder, muscleman
boe *(schrikaanjagend)* bo(h)!, boo!; *(min)* pshaw!, *(walging)* ugh!, pah!, bah!; *~ roepen (tegen)* boo [a p.]; *hij weet van ~ noch bah* he doesn't know chalk from cheese; *hij zegt ~ noch bah* he never opens his mouth; *hij durft geen ~ of bah te zeggen* he wouldn't say bo(o) to a goose; *zonder ~ of bah te zeggen* without more ado
Boedapest Budapest
boeddhabeeld Buddha
boeddhisme Buddhism
boeddhist(isch) Buddhist(ic, -ical)
boedel estate, property, movables; *een ~ beheren* administer an estate; *zie ook* failliet
boedelafstand cession
boedelbak minitrailer
boedelbeheerder trustee
boedelbeschrijving inventory; *vgl* beneficie
boedelkrediet (government-funded) subsidy
boedellijst inventory
boedelscheiding, boedelverdeling division of an estate (of property)
boeën boo
boef scoundrel, villain, criminal; *(gevangene)* convict, jailbird, *(sl)* (old) lag; *~je* guttersnipe, young tough
boeg bow(s), prow; *(roeier)* bow; *(ve paard)* shoulders, chest; ***over** dezelfde ~ liggen* stand on the same tack; *het over een andere ~ gooien (wenden)* change one's tack, *(fig ook)* try another tack, change one's policy (one's tactics, the subject), shift one's ground, set to work differently; *heel wat werk **voor** de ~ hebben* have a lot of work on hand (in front of one); *we hebben nare tijden voor de ~* we have ... be-

fore us (ahead, ahead of us); *ik heb drie mijl voor de ~* I have three miles to go; *klip voor de ~* rock ahead; *zie ook* schot
boeganker bower(-anchor)
boegbeeld figurehead; *(fig)* standard-bearer
boeggolf bow wave
boeglijn bowline
boegseerlijn towline, towrope
boegseren tow; *(fig)* pilot [a p.]
boegspriet bowsprit; [walk the] greasy pole
boegstuk *(kanon)* bow-chaser
boei 1 *(meestal mv; voet~)* fetters, shackles; *(hand~)* handcuffs, *(sl)* darbies; *(fig)* fetters, shackles, chains; *in de ~en slaan, de ~en aandoen* put (clap) in irons, *(hand~)* handcuff; *in de ~en van de winter* in the grip of winter, frost-bound; *zijn ~en verbreken* break (burst) one's chains (fetters); **2** *(baken)* buoy; *door ~en aanwijzen* buoy [a navigable channel]; *met een kleur als een ~* as red as a beetroot
boeien fetter, shackle, put in irons; handcuff; *zie ook* boei; *(fig)* captivate, enthral, fascinate, grip [the reader, the audience]; arrest [a p.'s eye]; *de aandacht ~* grip (hold, rivet, arrest) the attention; *geboeid, (ook)* spellbound
boeiend *(fig)* captivating, enthralling, gripping [drama]; compelling [preacher]; absorbing, fascinating [novel, lecture]; *zie ook* spannend
boeienkoning escapologist, escape artist
boeier boyer
boek book (*ook fig:* the book of Nature; *ook onderdeel van boek*); quire [of paper]; *~je* little book, booklet; *het ~ der boeken* the book of books; *boek van de film (tv)* film (TV) tie-in; *voor mij een* ***gesloten*** *~* a closed (a sealed) book to me; *een ~je over iem* ***opendoen*** show a p. up, tell things about a p.; ***spreken*** *als een ~* speak like a book; *dat spreekt als een ~* that is a matter of course, goes without saying; ***buiten*** *zijn ~je gaan* exceed (go beyond) one's powers (authority); *dat is buiten zijn ~je* that is not (within) his province, does not come within his sphere; *bij iem* ***in*** *een slecht ~je staan* be in a p.'s black books; ***op*** *zijn ~je* [he has many offences] to his record; ***uit*** *het ~je* [a] textbook [operation], [a goal] from the book; ***te*** *~ staan als* be known (reputed) as, be reputed to be, pass for; *hij stond te ~ als eigenaar van de wagen* he was the registered owner of the car; *(on)gunstig te ~ staan* have a good (bad) name, be well (ill) thought of; *iets te ~ stellen* set down, commit to paper, put (place) on record, record; ***uit*** *het ~je* [a] textbook [operation], [a goal] from the book
boekaankondiging[1] book notice
boekanier buccaneer
Boekarest Bucharest
boekband binding (of a book)
boekbeoordelaar reviewer, critic

1 zie voor sam met *boek* ook *boeken ...*

boekbeoordeling (book) review, criticism, *(kort)* notice
boekbeslag mounting, clasps
boekbespreking (book) review
boekbinden *zn* bookbinding, bookbinder's trade
boekbinder bookbinder
boekbinderij 1 *zie* boekbinden; **2** bindery, bookbinding establishment, bookbinder's shop
boekblok text block, body of a (the) book
boekdeel volume [speak volumes]; *in vier kloeke boekdelen* in four weighty (hefty) tomes
boekdruk *(vs plaatdruk)* letterpress printing
boekdrukken printing
boekdrukker printer
boekdrukkerij printing office (house, establishment)
boekdrukkunst (art of) printing, typography
boekdrukpers printing press
boeken 1 enter (in the books); book [an order]; *op iems credit ~* pass (place) to the credit of a p.'s account; *op nieuwe rekening ~* carry (carry forward) to new account; *geboekt staan* stand in the books [at a value of ...]; *zie ook* naam; **2** *(fig)* score [a success], produce [results], record [losses]; **3** *(sp)* give a booking, book
boekenbeurs[1] book fair, book mart
boekenbon book token
boekengek bibliomaniac
boekengeleerdheid book learning
boekenhanger hanging shelf (shelves)
boekenkast bookcase
boekenkenner bookman
boekenkennis book learning
boekenkraam bookstall
boekenlegger bookmark(er)
boekenliefhebber booklover, bibliophil(e)
boekenlijst booklist, list of books
boekenmolen revolving bookcase
boekenplank bookshelf
boekenrek bookshelves, book-rack
boekenstalletje bookstall
boekenstandaard: *draaibare ~, zie* boekenmolen
boekenstandertje book-rest
boekensteun bookend
boekentaal bookish language
boekentas school bag; *(op rug)* satchel
boekenweek week of the book
boekenwijsheid book learning
boekenwurm bookworm *(ook fig)*
boekerij library, [rare] book-room
boeket 1 bouquet *(ook v wijn)*, nosegay; **2** apotheosis
boeketreeksheldin Mills and Boon heroine
boekformaat[2] format
boekgeschenk gift (*of:* presentation) book
boekhandel 1 book trade; **2** bookseller's (shop), bookshop; *via de ~* [order] through a bookseller

1 zie voor sam met *boeken* ook *boek ...*
2 zie voor sam met *boek* ook *boeken ...*

boekhandelaar bookseller

boekhouden I *ww* keep the books; *(in huishouden)* keep accounts; **II** *zn* bookkeeping; *enkel (dubbel, Italiaans)* ~ single-entry (double-entry) bookkeeping

boekhouder bookkeeper, accounts clerk; *(ve rederij)* managing owner; *(mar)* purser

boekhouding 1 bookkeeping, accountancy; **2** accounts department

boekhoudkundig accounting [period]

boekhoudsysteem accounting system

boeking 1 entry, booking; **2** *(sp)* booking; *vgl* boeken

boekjaar financial year

boekkunde bibliology, book science

boekmaag third (part of) stomach (of ruminants); *(wtsch)* omasum

boekomslag book cover

boekpens *zie* boekmaag

boekrol scroll, roll

boekschrift book hand

boekstaven put on record, record, chronicle

boekverkoper bookseller

boekverkoping book auction, book sale

boekvink chaffinch

boekvorm: *in* ~ [be published] in book form

boekwaarde book value, balance-sheet value

boekweit(en) buckwheat

boekwerk 1 book; **2** work; **3** volume, *(lijvig)* tome

boekwetenschap bibliology, book science

boekwinkel bookshop

boekwinst book (*of:* paper) profit

boekworm bookworm *(ook fig)*

boel 1 *zie* boedel; **2** *(massa)* lot; *een (hele)~* (quite) a lot, a whole lot, lots, heaps, any amount [of ...], no end [of ...]; *een ~ geld (mensen)* a lot (lots, loads) of money (of people); *een ~ tijd* heaps of time; *een ~ kwaad doen* do a lot of harm; *zich een (hele)~ beter voelen* feel heaps better; *een ~ last bezorgen* give a lot of trouble; *een ~ te doen hebben* have lots to do; **3** *(bedoening, rommel)* affair, mess; *de hele ~* the whole show (*of:* caboodle), [a pound for] the whole lot; *de hele ~ staat me tegen* I am sick of the whole business; *een* ***mooie*** ~ a precious mess, a pretty kettle of fish; *een* ***saaie*** ~ a slow affair (business); *een* ***vuile*** ~ [make] a mess; [the place was] a pigsty; *een* ***woeste*** ~ a beargarden; *ik heb nog nooit zo'n woeste (dolle) ~ gezien* I never saw such goings-on; *de ~ de ~* ***laten*** leave things as they are, let everything go hang; quit; *de ~* ***verraden*** give away the whole thing (*of:* show), *(sl)* squeak, squeal; *zie ook* boeltje, opscheppen, war, enz

boeleren commit adultery, whore

boelhuis auction room; *(verkoping)* auction sale

boelijn bowline

boeltje: *zijn* ~ his traps, his belongings; *zijn ~ erdoor lappen* run through one's property; *zijn ~ pakken* pack up (one's traps); *armoedig* ~ shabby set-up

boem! bounce!, bang!

boeman bogey(man), bugaboo, bugbear, ogre

boemel 1 spree; *aan de ~ zijn* be on the (out on a) spree (on the razzle(-dazzle)), have one's fling, go the pace; **2** *zie* boemeltrein

boemelaar reveller; *(ongunstiger)* rake, rip

boemelen 1 *zie* boemel: aan de ~ zijn; **2** knock (*of:* loaf) about; **3** *(in trein)* potter (along), travel by slow train

boemeltrein slow (*of:* stopping) train

boemerang boomerang

boender scrubbing-brush, scrubber, *(Am)* scrub-brush

boenen scrub, rub, polish

boenwas beeswax

boer 1 *(landbouwer)* farmer, *(vero)* husbandman; *(arme of onontwikkelde ~)* peasant; *(buitenman)* countryman, rustic; *(pummel)* boor, yokel, peasant; *~tje van buiten* country cousin; *de ~en, (ook)* the farming community; *de ~ opgaan* go on the road [for customers, etc]; *(bij verkiezing)* go on the stump; *wat een ~ niet kent, dat (vr)eet (dat lust) hij niet* I know what I like and I like what I know; **2** *(in kaartspel)* knave, jack; **3** *(oprisping)* belch, *(fam)* burp; *een ~ laten, zie* boeren; **4** *(Z-Afr Boer)* Boer

boerde fabliau

boerderij farm(house)

boeren 1 farm; *goed (slecht) ~* manage (one 's affairs) well (badly), do well (badly); **2** *(een boer laten)* belch, bring up wind, *(fam)* burp

boerenarbeid farmwork

boerenarbeider farm labourer, farmhand, farmworker

boerenbedrijf farming, husbandry

boerenbedrog swindle, humbug

boerenbond farmers' association (*of:* union)

boerenbont 1 earthenware with traditional floral decoration; **2** checked gingham

boerenboter farm(house) butter

boerenbridge Oh hell!

boerenbrood farmhouse loaf

boerenbruiloft country wedding, peasant's wedding

boerendans country (peasant, rural) dance

boerendochter farmer's daughter

boerendozijn baker's dozen, 13

boerendracht country dress, peasant costume

boerenerf 1 farmyard; **2** *zie* boerenhoeve

boerenfluit *zie* herdersfluit & janboerenfluitjes

boerenhengst lout

boerenherberg village inn

boerenhoeve, boerenhofstede farm(stead), farmhouse, homestead; *(kleine)* smallholding

boerenjasmijn mock orange, syringa

boerenjongen country lad; peasant boy; *~s* brandy and raisins

boerenkaas farmhouse cheese

boerenkaffer yokel, clodhopper, (country) bumpkin

---

zie voor sam met *boek* ook *boeken ...*

boerenkar farm cart
boerenkermis country fair
boerenkers penny cress
boerenkiel (peasant's) smock
boerenkinkel yokel, clodhopper, (country) bumpkin
boerenknecht farmhand
boerenknoop granny (knot)
boerenkool (curled, curly) kale
boerenleenbank agricultural loan bank, rural bank, land bank
boerenleven farmer's (*of:* country) life
boerenlul, boerenlummel *zie* boerenkinkel
boerenmeid farmgirl
boerenmeisje country lass; *~s* apricots and brandy
boerenmens countryman, peasant (woman)
Boerenoorlog Boer War
boerenopstand peasant revolt (*of:* rising)
boerenpaard farm horse, shire(-horse)
boerenplaats *zie* boerenhoeve
boerenpummel yokel, clodhopper, (country) bumpkin
boerenschuur barn
boerensjees gig
boerenslimheid 1 mother wit; **2** innate shrewdness
boerenstand agrarian class, *(hist)* peasantry
boerentrien lump of a girl
boerenverstand common sense, natural (native) wit; *daar kan ik met mijn ~ niet bij* that's too hard for me, I'm much too simple-minded for that
boerenvolk country people
boerenvrouw countrywoman, peasant woman
boerenwagen farm wag(g)on
boerenwerk farmwork
boerenwoning farmhouse
boerenwormkruid tansy
boerenzoon farmer's son, young farmer
boerenzwaluw (common, barn) swallow
boerin 1 farmer's wife; **2** woman farmer; **3** peasant (*of:* country) woman; **4** lumpish woman
boernoes burnous, *(Am)* burnoose
boers boorish, rustic, countrified; *~e manieren, (ook)* country manners
boersheid boorishness, rusticity
boert (broad) joke, jest, pleasantry, bantering
boerten joke, jest, banter
boertigheid coarse (broad) humour
boete *(straf)* penalty; *(in geld)* fine, penalty, forfeit; *(boetedoening)* penance; *~ betalen* pay a fine; *een ~ opleggen* impose a fine; *iem een ~ van £100 opleggen* fine a p. £100; *£100 ~ krijgen* be fined £100; *~ oplopen* incur a fine; *op deze overtreding staat ~* trespassers are liable to a fine; *op ~ van* on (under) p. of; *~ doen* do penance
boetedoening penance, penitential exercise, expiation
boetekleed penitential garment, hair shirt, white sheet (*ook fig:* stand in a white sheet)
boeteling(e) penitent
boeten 1 *~ (voor)* atone for, suffer for [s.t.], expiate [a crime, sins]; *voor zijn vergissingen ~* pay for one's mistakes; *je zult ervoor ~* you shall pay (*of:* smart) for it; *hij zal je er voor laten ~* he'll take it out of you; *zijn verraad met zijn leven ~* pay for one's treachery with one's life; **2** *(netten, enz)* mend, repair
boetepreek 1 penitential sermon; **2** tiresome talking-to
boetiek boutique
boetpredikatie penitential sermon
boetprediker preacher of penitence
boetpsalm penitential psalm
boetseerder modeller
boetseerklei modelling clay
boetseerkunst (art of) modelling
boetseerwas modelling wax
boetseren model
boetvaardig penitent, contrite, repentant
boetvaardigheid penitence, contrition, repentance
boevenbende pack of thieves
boevenpak 1 prison clothes; **2** pack of thieves
boevenstreek (piece of) knavery
boeventaal thieves' slang, flash language
boeventronie hangdog (*of:* gallows) face
boevenwagen prison van, Black Maria, *(Am ook)* paddy wagon, patrol wagon
boezelaar apron
boezem 1 bosom, breast; *de vrouw (het kind) van zijn ~* the wife of his bosom (the child of his heart); *de hand in eigen ~ steken* search one's own heart; *in (uit) de ~ der vergadering* [opposition arose] from the (body of the) hall, from the floor of the conference; *verdeeldheid in eigen ~* division in the camp; **2** *(vh hart)* auricle; **3** *(zee~)* bay; **4** *(ve polder)* 'boezem': system of reservoirs for superfluous polder water
boezemland land draining into a 'boezem'
boezemvriend(in) bosom friend, crony
boezemvriendschap intimate friendship
boezeroen (workman's) blouse; *Jan B~* the common man, *(iron)* the horny-handed sons of toil
bof 1 *(plof)* thud; **2** *(gelukje)* piece (*of:* stroke) of luck, fluke; *op de ~* at random, at haphazard; *dat is een ~* that's lucky; **3** *(ziekte)* mumps, parotitis; *de ~ hebben* have mumps
boffen have (a run of) luck, be in luck('s way), back (pick) a winner; *ik bofte* my luck was in; *hij boft altijd* everything always turns up trumps for him
boffer lucky dog; *(gelukje) zie* bof
bofkont lucky dog
bogaard orchard
bogen: *~ op, (terecht trots zijn op)* glory in, boast [great painters]; *(pochen op)* boast of
bogerd orchard
Boheems Bohemian
Bohemen, Bohemer Bohemia, Bohemian
bohémien(ne) bohemian
bohémiensleven bohemianism

bok 1 (he-, billy-)goat; *(gems, antilope, enz)* buck; *er-op zitten als een ~ op de haverkist* be as keen as mustard; *ouwe ~* dirty old man; *de ~ken van de schapen scheiden, a)* divide (separate) the sheep from the goats; *b)* divide (separate) the men from the women; *zie ook* bokje; **2** *(nors mens)* crosspatch; **3** *(hijstoestel)* gin, derrick; *(mar)* sheerlegs, shears; **4** *(vuur~)* firedog, andiron; **5** *(gymn)* buck; *~springen* vault(ing); *(haasje-over)* play at leapfrog; *~ staan* give a back; **6** *(ve rijtuig)* (driving) box; **7** *(schraag)* trestle; *(bilj)* rest, jigger; **8** *(flater)* blunder, *(fam)* bloomer; *(bij examen, enz)* howler; *een ~ schieten* make a blunder, etc

bokaal beaker, cup, goblet, *(vol)* bumper; *(pot)* jar; *(kom)* bowl

bokachtig goaty [smell]; *zie ook* bokkig

bokje 1 kid; **2** *(vogel)* jacksnipe; **3** *(krukje)* stool

bokken 1 sulk, be in the sulks; **2** *(v paarden)* buck

bokkenbaard *zie* boksbaard

bokkenblad local rag

bokkenleer kid, buckskin

bokkenpootje 1 tar brush; **2** crisp finger biscuit with chocolate-dipped ends

bokkenpruik: *hij heeft de ~ op* he is in the sulks (in a bad temper), he's got a mood on

bokkensprong caper; *~en, (ook)* antics; *~en maken* cut capers; *(fig) zie* sprong: kromme sprongen maken

bokkenwagen goat cart; *zie ook* span

bokkig surly, churlish

bokkinees queer (rough, surly) chap

bokking *(vers)* bloater; *(gerookt)* red herring

bokkingrokerij smokehouse

boksbaard 1 goat's-beard *(ook planten)* **2** *(ve man)* goatee

boksbal punchball

boksbeugel knuckleduster

boksdoorn boxthorn, matrimony vine

boksen box; *het ~* boxing, pugilism; *in elkaar ~* knock together, fix; *het voor elkaar ~* fix it; *zie ook* opboksen

bokser 1 boxer, pugilist, prizefighter; *(fam)* bruiser; **2** *(handelaar)* cut-price trader

bokshandschoen boxing glove

boksijzer knuckleduster

bokskunst (art of) boxing, ringcraft

bokspartij boxing match, prizefight, pugilistic contest

bokspoot goat's foot, *(fig)* Pan, satyr; *met bokspoten* goat-footed

bokspringen vaulting

boksvoet *zie* bokspoot

bokswedstrijd *zie* bokspartij

boktor longicorn (beetle)

bol I *zn* **1** ball, sphere, globe; *(meetk)* sphere; *(ve lamp)* globe; *~letje* globule; *zie ook* half; **2** *(ve hoed)* crown; *hoed met hoge ~* high-crowned hat; **3** *(hoofd)* nut; *een knappe ~* a clever fellow; *het scheelt hem in zijn ~* he is off his rocker, crazy, barmy; *uit de (uit zijn) ~ gaan* get ecstatic (*Am:* get off) [*over* on]; *iem de ~ wassen* carpet a p.; **4** *(ve plant, thermometer)* bulb; **5** *(kom)* bowl; **6** *(brood)* round loaf; **II** *bn (ve lens, enz)* convex; *(~staand, ve zeil, zak, enz)* bulging; *~le wangen* chubby (plump) cheeks; *~ staan, (ve zeil, enz)* belly, bulge; *~ stoppen* fill [a hole] proud

bolachtig *(plantk)* bulbous; *zie ook* bolvormig

bolbliksem ball (globular) lightning, fireball

bolbuis bulb tube

bolder *(mar)* bollard, bitt

bolderen rumble

bolderik *(plant)* corncockle

bolderkar, bolderwagen wooden handcart

boldriehoek spherical triangle

boldriehoeksmeting spherical trigonometry

boleet boletus

bolero *(muz & jasje)* bolero

bolgewas bulbous plant

bolheid convexity, rotundity

bolhoed bowler (hat)

bolide 1 bolide, fireball; **2** racing car

Boliviaan(s) Bolivian

Bolivië Bolivia

bolk *(vis)* **1** whiting; **2** *zie* steenbolk

bollebof 1 boss; governor; **2** swell, toff; **3** police commissioner; **4** judge; **5** prison governor

bolleboos high-flyer, adept [in mathematics], *(fam)* brainbox, dab [*in* at]; *~ in het pianospelen* crack pianist; *daarin is hij geen ~* he is no hand (a poor hand) at it

bollen 1 swell (out); *(ve zeil)* belly (out), bulge; **2** run, go, move

bollenkweker bulb grower

bollenkwekerij bulb farm

bollenstreek bulb-growing area, [the] bulbfields

bollenteelt bulb-growing (industry)

bollenveld bulbfield

Bolognees Bolognese *(ev & mv)*

bolopppervlak spherical surface; surface of a sphere

bolplant bulbous plant

bolrond 1 spherical, globular, bulbous; **2** convex

bolsector spherical sector

bolsegment spherical segment

bolsjewiek Bolshevik, *(fam)* Bolshy, Bolshie

bolsjewisme Bolshevism

bolsjewist(isch) Bolshevist

bolstaand bulging, bellying [sails]; blown [can]

bolster 1 shell, husk; *gladde pit in ruwe ~, ruwe ~ blanke pit* [he is a] rough diamond; **2** *(peluw)* bolster

bolsteren shell, hull, husk

bolton *(mar)* spherical buoy

bolus 1 *(aarde)* bole, bolus; **2** *(pil)* bolus, ball; **3** *(gebak, vglb)* Chelsea bun

bolvorm spherical shape

bolvormig spherical [triangle], globular, bulbous

bolwangig chubby(-cheeked)
bolwerk rampart, bastion; *(fig)* bulwark, stronghold [of conservatism, etc]
bolwerken: *het* ~ bring (pull) it off, manage
bolwortel bulbous root
bom I *zn* **1** bomb; *(euf)* device; *de* ~ *is gebarsten* the bomb has burst, the storm has broken, the fat is in the fire; *zie ook* inslaan; **2** whopper; *zure* ~ large pickled gherkin; **3** *(ve vat)* bung; **4** bluff-bowed fishing boat; **5** *een* ~ *geld* lots (pots, oodles, a mint) of money, a bomb; II *tw:* ~*!* bang!, boom!
bomaanslag bombing, bomb attack
bomaanval bombing attack (*of:* raid)
bombam ding-dong!
bombammen *(ve pers)* ring the bell(s); *(ve klok)* ring out
bombardement bombardment, *(lucht~, ook)* bombing
bombarderen shell, bomb(ard); *(inz uit vliegt)* bomb; *(fig)* bombard; *iem* ~ *tot voorzitter* pitchfork a p. into the chair
bombardier bombardier
bombardon *(muz)* bombardon
bombarie noise, tumult, fuss; ~ *maken, (opscheppen)* throw one's weight about
bombarieschopper noisy fellow
bombast bombast, rant(ing), fustian
bombastisch bombastic (*bw:* -ally), ranting, highfalutin, magniloquent
bombaynootje cashew (nut)
bombazijn(en) bombazine, fustian
bombrief letter bomb
bomen 1 *(boot)* punt, pole, quant; **2** (have a) chat; have a (ponderous) discussion; jaw
bomgat bung-hole; *(ve toren)* sound-hole
bomijs cat-ice
bominslag bomb hit (burst, blast)
bommelding bomb alarm (alert, warning); *(inz vals)* bomb scare
bommen boom; *het kan me niet* ~*!* (a) fat lot I care!, I should worry!, *(wat het kost)* blow (the expense)!
bommenrichtkijker bombsight
bommenwerper 1 bomb-thrower; **2** *(vliegt)* bomber
bommetje *(zwemsp)* cannonball
bommoeder unmarried mother
bomschuit *zie* bom I.4
bomtapijt: *een* ~ *leggen op* carpet bomb [an area]
bomtrechter bomb crater
bomvol chock-full, crammed, [the hall was] packed, chock-a-block [with fans]
bomvrij bombproof [shelter], shellproof
bon 1 ticket, voucher, check; [book, record] token; **2** *(in winkel)* coupon; **3** *(voor levensmiddel)* coupon; *op de* ~, *(v levensmiddel)* rationed; *van de* ~ off the ration, derationed; **4** *(bekeuring)* ticket; *iem een* ~ *geven, op de* ~ *zetten (fam: slingeren)* book a p., give a p. a ticket; *vgl* bekeuren
bonafide bona fide, in good faith
bonboekje coupon book, *(distributie)* ration book
bonbon bonbon, sweet, chocolate (cream *met zachte vulling*)
bonbonnière bonbonnière
bond 1 alliance, league, confederacy; **2** *(staten~)* confederation, *(v Austr staten)* Commonwealth; **3** *(vak~)* [trade] union, association; **4** *ovt van* binden
bondgenoot ally, confederate, associate
bondgenootschap alliance, confederacy
bondig succinct, terse [style], concise; *zie ook* kort
bondigheid terseness, etc, *vgl* bondig; concision, compression
bondscoach national coach
Bondsdag *(Dui)* Bundestag
bondselftal (unofficial) national eleven
bondshotel listed hotel
bondskanselier Federal Chancellor
bondskas union funds
bondskist Ark of the Covenant
bondsploeg national team
bondsregering federal government
bondsrepubliek federal republic
bondsrijwielhersteller official repairer (appointed by the cyclists' union)
bondsstaat federal state
bonenkruid savory
bonenschil bean pod
bonenstaak beanpole *(ook fig)*
bonenstro haulm
bongerd orchard
bongo *(trommel & dier)* bongo
bonhomie bonhomie, geniality
bonhomme simple soul
boni 1 surplus; **2** bonus
Bonifatius Boniface
bonificatie 1 indemnification; **2** bonus; *(sp)* time bonus
bonis: *hij is een man in* ~ he is a well-to-do man
boniseur runner, *(brutaal)* tout
bonje rumpus, row; ~ *maken* kick up a rumpus
bonjour good morning etc; *(bij heengaan)* goodbye
bonjouren: *iem eruit* ~ bundle a p. off, chuck a p. out, shoo a p. out of the house
bonk 1 *(bot)* bone; **2** *(homp)* chunk, lump; *één* ~ *zenuwen* [she is] a bundle of nerves; **3** *(knol)* jade, screw; **4** *(pers)* lump(ish fellow); *(oude zee~)* old salt, shellback
bonken crash, bump; ~ *op* bang (on) [a door], thump, pommel
bonker short jacket
bonkig bony, scrawny, big-boned
bonmama grandma
bon-mot bon mot, witticism, witty saying
bonne nursery governess, *(fam)* nannie
bonnefooi: *op de* ~ at haphazard, at random, [start a business] speculatively, on spec; *ik kom maar op de* ~ I just come on the off-chance
bonpapa grandpa

bons thump, bump, thud; *de ~ geven* give [a p.] the sack (boot), *(Am)* the air; *(een minnaar)* jilt, throw over; *de ~ krijgen* be sacked, get the sack (boot); *~!* bang!

bont I *bn* parti-, multicoloured, many-coloured; gay, colourful [dress]; variegated [colours]; spotted [cow, dog]; piebald, pied [horse]; motley [crowd, group]; *(ve gevel, enz)* gaudy, *(sl)* jazz(y); *~e kraai* hooded crow, *(Sch)* hoodie (crow); *één ~e kraai maakt nog geen winter, (vglb)* one swallow does not make a summer; *~ programma* varied programme; *~e rij* ladies and gentlemen arranged in couples (seated alternately); *~ vee, (ook)* magpie cattle; *~e was* coloureds, coloured laundry (wash); *iem ~ en blauw slaan* beat a p. black and blue; *je maakt het (nu wordt het) te ~* you are (that is) going too far; *zie ook* bekend; **II** *zn* **1** fur; *~je* fur collar; *haar ~* her furs; *met ~ gevoerd* fur-lined; **2** print(ed cotton); *Brabants ~* checked gingham

bontbekplevier ringed plover

bonten fur [collar], furry [material]

bontgekleurd gaily-coloured; *zie verder* bont

bontgevlekt spotted, variegated

bontgoed (cotton, linen) prints

bonthandelaar furrier

bontheid variegation

bonthoed fur hat

bontjas fur coat

bontkraag fur collar

bontlaars ponyskin boot; *~je* fur bootee

bontmantel fur cloak

bontmuts fur cap

bon ton 1 bon ton, good breeding (style, manners), the fashion; **2** bon ton, fashionable society

bontwerk furriery, fur goods

bontwerker furrier

bonus bonus

bonusaandeel bonus share

bonus-malussysteem no-claim bonus system

bon-vivant bon vivant, gourmand

bonze 1 *(priester)* bonze; **2** bigwig, big shot, [party, union, league] boss

bonzen 1 *(beuken)* thump, bump; *op de deur ~* bang at (hammer on, thump) the door; **2** *(kloppen)* throb, thump, pound, drum [the blood drummed in his temples]; **3** *(klappen)* bump; *tegen iem (een lantaarnpaal) aan ~* bump (up) against (barge into, run up against, run into) a p. (a lamp-post); *met zijn hoofd tegen de stoep ~* bang one's head on ...

bood *ovt van* bieden

boodschap 1 *(bericht)* message; *een blijde ~* good news; *de blijde ~* the glad tidings, the gospel; *kleine (grote) ~, (kindertaal)* [do] number one (number two); *zijn hond heeft een grote ~ op onze stoep gedaan* his dog has fouled our front steps; *een ~ achterlaten* leave a message, leave word [*bij* with]; *een ~ brengen* bring word, take a message; *een ~ sturen* send word; *daar heb ik geen ~ aan* that's no concern of mine (none of my business), I have nothing to do with that; *er kwam een ~, dat ...* word came that ...; *zwijgen is de ~* mum is the word; *oppassen is de ~!* keep your weather eye open!, be careful!, *(fam)* keep your eyes skinned!; **2** *(opdracht)* errand; *een ~ doen* go on (do) an errand; *~pen, (het gekochte)* purchases; *de ~pen* the shopping; *~pen doen, a)* shop, be (go out, do some) shopping [she always does the shopping]; *b) (lopen)* run (go) errands; *om een ~ sturen (zijn)* send (be out) on an errand

boodschappen *ww* announce, send (bring) word

boodschappendienst 1 messenger service; **2** answering service

boodschappenjongen errand boy, messenger

boodschappenkarretje shopping trolley, shopper

boodschappenlijstje shopping list

boodschappenmand shopping basket

boodschappennet string (shopping) bag

boodschappentas shopping bag, carrier bag, shopper

boodschappenwagentje shopping trolley, shopper

boodschapper messenger

boog 1 *(wapen)* bow; *de ~ spannen* bend (draw) the bow; *de ~ kan niet altijd gespannen zijn* all work and no play makes Jack a dull boy; *zie ook* pijl; **2** *(bk, v wenkbrauwen, hemel, enz)* arch; *halve ~* semicircular arch; *(ve cirkel & elektr)* arc; **3** *(bocht)* curve, bend; **4** *(muz)* bind, tie; **5** *ovt van* buigen

boogbal *(sp, hoog)* lob, *(kort)* chip

boogbrug arch(ed) bridge

booggewelf arched vault

booggraad degree of arc

booglamp [electric] arc lamp, arc light

booglassen arc weld(ing)

boogpasser callipers, calliper compasses

boograam arched window

boogschieten *zn* archery

boogschot bow-shot

boogschutter archer, bowman; *de B~, (astron)* Sagittarius, the Archer

boogschuttersvereniging archery (*of:* toxophilite) society

boogvenster arched window

boogvormig arched, arc-shaped

boom 1 tree; *(jong ~pje)* sapling; *de ~ der kennis (des goeds en des kwaads)* the tree of knowledge (of good and evil); *~ des levens* tree of life; *een kerel als een ~* a great strapping (a stalwart) fellow; *door de bomen het bos niet zien* not see the wood for the trees; *de bomen groeien niet tot in de hemel* there are natural limitations to everything; ***hoge bomen vangen veel wind*** people in the highest positions are the most exposed (to criticism, etc); *van de hoge ~ teren* throw one's money about; *het gaat van de hoge ~* there's (seemingly) no end of it (of the money, etc); ***oude bomen verplant men niet*** old people should not be uprooted; *~pje* ***verwisselen,*** *(fig)* change one's meaning (one's views), shift one's allegiance;

je kan de ~ in go to blazes; *een ~ opzetten, zie* bomen 2; *zie ook* kat, vrucht, enz; **2** *(afsluit~)* bar, barrier; *(haven~)* boom; *met een ~ sluiten* bar; *(maststok)* boom; *(ploeg~, wevers~)* beam; *(v kippen)* perch; *(dissel)* pole; *(ve lamoen)* shaft; *(ve ladder)* stile; *(vaar~)* punt(ing) pole, quant; *(zeil~)* boom; **3** *(Ind)* custom house

boomachtig tree-like, arborescent

boomagaat tree agate

boombast (tree) bark

boomchirurg tree surgeon

boomcultuur arboriculture

boomdiagram tree (diagram)

boomgaard orchard

boomgrens tree line, timberline

boomgroep clump of trees

boomhut tree house

boomkano dugout (canoe)

boomkever May-bug, cockchafer

boomkikker tree frog, tree toad

boomklever nuthatch

boomkruin crown (top) of a tree

boomkruiper treecreeper

boomkunde dendrology

boomkweker (tree) nurseryman, arbor(icultur)ist

boomkwekerij *(het kweken)* arboriculture; *(tuin)* tree nursery

boomlang extremely tall

boomleeuwerik woodlark

boomloos treeless

boomluis tree louse, plant louse

boommarter pine marten

boomnimf tree (*of:* wood) nymph, (hama)dryad

boompieper tree pipit

boompje *zie* boom

boomrijk wooded; well-timbered

boomschaar tree pruner

boomschors (tree) bark, rind

boomslang tree snake

boomstam tree trunk, bole

boomstamkano dugout canoe

boomsteen dendrite

boomstomp, boomstronk tree stump

boomtak branch, bough (of a tree)

boomvalk hobby

boomvaren tree fern

boomzaag pruning saw

boon bean; *grote (roomse, tuin)~* broad bean; *(gedroogde ~: wit)* haricot (bean), *(bruin)* red kidney bean, French bean; *ik ben een ~ als het niet waar is* I'm a Dutchman (I'm blest) if ...; *~tje komt om zijn loontje* his (etc) chickens come home to roost; *heilig ~tje* (plaster) saint; *geen heilig ~tje* [he is] no saint; *zijn eigen ~tjes doppen* [he can] look after himself (his own interests), take care of number one; *in de bonen zijn* be at sea (in a muddle; *gek:* off one's trolley); *zie ook* blauw

boor 1 *(omslag~)* brace-and-bit; *(dril~, ook frees van tandarts)* drill; *(voor rots)* borer; *(met horizontaal handvat)* gimlet, *(grote avegaar)* auger; **2** *(chem)* boron

boord 1 *(rand)* border [of a garment, carpet, flower bed], bank [of a river, etc], brim; *zie ook* [1]zoom 4; **2** *(hals~)* collar; *(ve hemdsmouw)* wristband; *staande (liggende, dubbele) ~* stand-, stick-up (turn-down, double) collar; *~ met omgeslagen punten* butterfly collar, wing collar; *de witte ~en* the white-collar workers; **3** *(ve schip, enz)* board; ***aan*** *~* on board, on board ship, on shipboard; *~ aan ~* board and board; *aan ~ van ...* on board [the QE, a plane, bus, train]; *aan ~ gaan* go on board (aboard), *(zich inschepen)* embark; *aan ~ gaan van* board [a vessel, bus]; *aan ~ hebben (nemen, zijn, enz)* have (take, be, etc) on board; *aan ~ hebben, (ook)* carry [a doctor]; *aan ~ klampen* board [a ship], waylay [a p.]; *kom mij daar niet mee aan ~, (lastig vallen)* don't bother me with that; *(wijsmaken)* that won't go down with me; *kom me niet met de politiek (je spookgeschiedenissen) aan ~* don't come politics (your ghosts) over me; *kom me niet met je onzin aan ~* none of your nonsense, please!, don't try that stuff on me!; ***binnen*** *~* inboard; ***buiten*** *~* outboard; *buiten ~ brengen* lower [the gangway, a boat]; *de lading steekt buiten ~ ...* juts out; ***over*** *~* overboard; *zie verder* overboord; ***van*** *~ gaan* go ashore, *(zich ontschepen)* disembark; *de bemanning van ~ halen* bring off the crew; *zie ook* vrij

boordband galloon

boordcomputer on-board computer; *(ve auto, enz)* cruise control

boorden border, edge, hem

boordenknoopje collar stud

boordevol full to the brim, brim-full, full (filled) to overflowing; *~letje* bumper

boordlint galloon

boordroeien rowing (*vs:* sculling)

boordsel edging, facing

boordtelefoon on-board telephone

boordvrij free overside (f.o.s.)

boordwerktuigkundige *(luchtv)* flight engineer, air mechanic

booreiland (marine) drilling platform, oil rig

boorgat bore(hole)

boorhamer hammer drill

boorhouder (drill) chuck

boorijzer bit

boorinstallatie drilling rig

boorkern core

boorkever borer, deathwatch; *(schorskever)* bark beetle

boorkop (drill) chuck

boormachine boring machine, drill; *zie ook* handboormachine

boormossel stone-borer

booromslag brace

boorplatform (marine) drilling platform, oil rig

boorput bore(hole)
boorschaaf rabbet (rebate) plane
boorsel borings
boorstandaard drill stand
boort *(diamantslijpsel)* bort
boortoestel boring (drilling) apparatus
boortol (electric) handdrill
boortoren (drilling) derrick, drilling frame
boorwater boracic (boric) lotion
boorzalf boracic ointment
boorzuur boric acid
boos I *bn* **1** *(nijdig)* angry, cross, *(inz Am)* mad; *erg ~* in a dreadful temper, extremely annoyed; *boze bui* fit of anger, (outburst of) temper [she was in one of her tempers]; *~ kijken* look black (as black as thunder); *~ maken* make angry, anger [a p.], *(fam)* put (get) a p.'s back (*sl:* monkey) up; *zich ~ maken, ~ worden* get angry, lose one's temper, *(fam)* get one's back up; *niet gauw ~ worden* be slow to anger; *~ op* angry with; *~ op zichzelf* angry (out of humour) with o.s.; *~* ***om (over)*** angry at, annoyed about; *zie ook* nijdig; **2** *(slecht, kwaadaardig)* bad, evil, wicked, malicious; *boze geest (tong)* evil spirit (tongue); *[met] het boze oog [aanzien]* [cast] the (an) evil eye [(up)on]; *boze hond* vicious dog; *boze invloed* malign influence; *boze praatjes* scandal; *boze stiefmoeder* wicked stepmother; *de boze wereld* the wicked world; *~ wijf* shrew, virago; *boze ziekte* malignant disease; *de boze* the Evil One; ***uit*** *den boze* fundamentally wrong, bad (wrong) in principle; *vergelijkingen zijn uit den boze* comparisons are odious; **II** *bw* angrily, wickedly, etc; *vgl bn; (bijb)* evilly; *zie ook* bedoelen
boosaardig malicious, malevolent, ill-natured; sinister [smile]; vicious [snarl]; malign [influences]; *(ziekte)* malignant
boosaardigheid malice, malevolence; malignity
boosdoen(st)er 1 wrongdoer, malefactor; **2** culprit, offender
boosheid anger, wickedness, malignity; *vgl* boos
booswicht evildoer, bad lot
boot 1 boat, steamer; *~je* small (little) boat; *in de (reddings)boten gaan* take to the (life)boats; *iem in de ~ nemen, (sl)* take the mickey out of a p.; *met de (per) ~ gaan* go by boat; *de ~ is aan* the boat is in; *(fig, fam)* the fat is in the fire; *de ~ afhouden, (fam), a)* refuse to commit o.s., play for time; *b)* be disloyal, break faith; *buiten, uit de ~ vallen, a)* contract (opt, drop) out; *b)* lose one's place, drop out; **2** *(halssieraad)* brooch, pendant; clasp [of a necklace]
boothals boat-neck [sweater]
boothuis boathouse
bootjesschommel swingboat
bootlengte boat's length
bootsgezel sailor
bootshaak boathook
bootsman boatswain, bosun, bo's'n, bo'sun; *~netje, (dierk)* water-boatman
bootsmansfluitje boatswain's whistle, boatswain's call
bootsmansmaat boatswain's mate
bootsvolk (ship's) crew
boottocht boat trip
boottrein boat train
bootvluchtelingen boat people
bootwerker docker, dock labourer
borax borax
boraxzuur boric acid
bord 1 plate; *(plat)* dinner plate; *(diep)* soup plate; *(houten)* trencher; **2** *(karton, enz)* board; **3** *(voor aankondigingen, schaak~, enz)* (notice, chess, etc) board; *(school~)* (black-, green-, white)board; *(huur~je, enz)* (notice) board, sign; *(~je bij plant, enz)* tally, label; *de ~jes zijn verhangen* the tables are turned, the positions are reversed; *~en meedragen, (betoging, enz)* carry placards; *een ~ voor de kop hebben* be brazen-faced
bordeaux Bordeaux; *rode ~* claret; *~rood* wine(-coloured), claret(-coloured), burgundy
Bordeaux Bordeaux; *~se pap* Bordeaux mixture
bordeel brothel, whorehouse
bordeelhoud(st)er brothel keeper; *-houdster, (ook)* [the] madam
bordeelschuiver, bordeelsluiper brothel creeper; *~s, (schoenen, vglb)* suede shoes, sneakers
bordendoek tea towel, tea cloth
bordenkwast dish mop
bordenrek plate rack; *(in keuken, ook)* drainer
bordenwarmer plate warmer
bordenwisser *(school)* eraser
borderel statement, list, memorandum, docket; *(formulier)* form
bordes (flight of) steps
bordpapier(en) pasteboard, cardboard
bordspel board game
borduren embroider *(ook fig:*the story is freely embroidered *erg geborduurd); (fig ook)* romance
borduur 1 *zie* boordsel & borduursel; **2** kerb(stone)
borduurder embroiderer
borduurgaas canvas
borduurgaren embroidery thread
borduurnaald embroidery needle
borduurraam embroidery frame
borduursel embroidery
borduursteek embroidery stitch
borduurster embroiderer
borduurwerk embroidery
borduurwol crewel
borduurzijde embroidery silk
boreaal boreal
boreling new-born child, baby
boren bore [wood, a hole, a tunnel], drill [metal, a hole], sink [a well, a shaft], drive, burrow [a tunnel]; tunnel [wireworms tunnel into the stems of plants]; *(door~)* pierce, perforate; core [apples]; *~ naar* bore (drill) for [oil]; *zich ~ in* penetrate into; *in*

de ~ boren send [a ship] to the bottom; *het vliegtuig boorde zich diep in de grond* the plane struck deep into ...; *zie verder* grond 3 & neus

borg 1 *(pers)* surety, guarantee, guarantor; *(jur)* bail, bailsman, surety; *~ blijven (staan, spreken, worden, zich ~ stellen)* become (stand) surety; *(jur)* go bail [for a p.; *voor £2000* in £2000]; *~ worden voor, (ook)* guarantee [a p. for £1000]; *~ staan voor iem (iets), (fig)* answer for a p. (s.t.); *daar sta ik je ~ voor* I'll go bail for that; *zie ook* instaan; **2** *(zaak)* security, guarantee, quaranty, pledge, *(jur)* bail; *~ stellen* give security, give bail; *hij mocht (moest) een ~ stellen van £2000* he was allowed bail (had to find surety) in £2000; **3** *(krediet)* credit, *(fam)* tick; *op de ~ kopen, zie* borgen 2; **4** *(techn)* keeper; **5** *(burcht)* castle, stately home; **6** *(varken)* hog; **7** *ovt van* bergen

borgen 1 give credit, *(fam)* (give) tick; **2** buy on credit, *(fam)* (buy on, go on) tick; **3** *(techn)* secure, lock

borgketting safety chain

borgmoer locknut

borgplaat locking plate

borgring retaining ring

borgsom deposit

borgsteller surety

borgstelling, borgtocht security, guaranty, *(jur)* bail; *onder ~ op vrije voeten gelaten worden* be admitted to (be released on) bail; *zie ook* persoonlijk *& vgl* zakelijk

borgveer spring clip; *(rond)* retaining ring, *(Br)* circlip

boring 1 boring, etc; *vgl* boren; *~en doen, (naar petroleum, enz)* make borings; *~en, (ook)* drilling operations [for iron, etc]; **2** *(concr)* well; **3** *(ve cilinder)* bore

borium boron

borrel 1 drink, *(fam)* shot; tot, nip [of whisky, rum]; *(Ned inz vaak)* gin; *(inz Sch)* dram; *zie ook* ophebben; *(bijeenkomst)* drinks; *iem op de ~ vragen* ask a p. round for drinks; **2** *(luchtbel)* bubble

borrelen 1 *(v water, enz)* bubble; **2** have a drink

borrelfles gin bottle

borrelgarnituur savoury snacks (served with drinks)

borrelglaasje spirit glass

borrelhapje savoury snack

borrelnootje salted nut

borrelpraat twaddle, (stuff and) nonsense

borreltafel habitués' table (in continental club or café)

borreltijd, borreluur cocktail time

borrelzoutje salty (savoury) biscuit

borsjtsj borsch(t)

borst 1 breast *(ook fig)*, bosom; *(~kas)* chest; *(vrouwen~)* breast; *(~ ve dier als voedsel)* brisket, breast; *(ve kleed)* breast; *(ve overhemd)* front; *(ve schort)* bib; *een kind de ~ geven* give a child the breast, suckle (breastfeed) a child; *een hoge ~ (op)zetten* throw (stick) out one's chest; *(fig ook)* throw one's weight about; *(zich) de ~ nat maken* pull one's socks up, brace o.s.; *~ vooruit!* chest out!; *het kindje is aan de ~* the baby is breastfed; *aan de ~ leggen* put [baby] to the breast; *iem aan zijn ~ drukken* press a p. to one's bosom; *het **op de ~ hebben*** suffer from congestion of the chest (from asthma), *(fam)* be chesty; *zich op de ~ slaan* strike one's breast; *het stuit me **tegen** de ~* it goes against the grain with me; ***uit** volle ~* at the top of one's voice, [sing] lustily; ***van** de ~ zijn (komen), (ve kind)* be off (come off) the breast; *heel wat werk **voor** de ~ hebben* have a lot of work on one's hands (*of:* to get through); **2** lad, youth; *een flinke ~* a strapping lad

borstademhaling pectoral respiration

borstader thoracic vein

borstamputatie mastectomy

borstbeeld bust; *(op munt)* effigy

borstbeen breastbone, sternum

borstcrawl (Australian, front) crawl

borstel brush; *(ve varken, enz)* bristle

borstelachtig *zie* borstelig

borstelbaan dryski slope

borstelen brush, give [one's hair] a brush; *zie ook* afborstelen

borstelgras matgrass

borstelig bristly, bristling; *(biol)* hispid

borstelrups hairy caterpillar

borstelschijf brushwheel

borstelwerk brushware

borstelworm chaetopod

borstharnas breastplate, cuirass

borstholte chest (*of:* thoracic) cavity

borsthoogte breast height; *op ~, (ook)* breast-high

borstimplantaat breat implant

borstkanker breast cancer

borstkas chest, thorax

borstkind breastfed child

borstklier mammary gland

borstkruis pectoral cross

borstkwaal chest trouble (complaint)

borstlap chest protector; *(bij joden)* breastplate

borstonderzoek chest (*vd borsten:* breast) examination; *(röntgen)* breast screening

borstplaat 1 *(mil)* breastplate, cuirass; **2** badge (worn on the chest); **3** *(lekkers, vglb)* fondant, fudge

borstpomp breast pump, breast reliever

borstpoot *(dierk)* thoracic leg

borstrok (under)vest, singlet

borstslag *(zwemmen: schoolslag)* breaststroke (*anders:* butterfly; crawl)

borstspeld brooch

borstspier pectoral muscle

borststem chest voice

borststuk 1 *(ve harnas)* breastplate; **2** *(ve dier, als voedsel)* breast, brisket; **3** *(ve insect)* thorax; **4** *(v kleding)* breast; **5** *(ve schermer)* fencing pad, plastron

borsttoon chest note

borstvin pectoral fin

borstvlies pleura

borstvliesontsteking pleurisy, pleuritis
borstvoeding breast feeding; ~ *geven (krijgen)* breastfeed (be breastfed)
borstwand chest wall
borstwering parapet; *(mil ook)* breastwork
borstwervel thoracic vertebra (*mv:* -brae)
borstwijdte chest measurement
borstzak breast pocket
bos 1 *(bundel)* bunch [of keys, asparagus, violets], bundle [of sticks, straw, hay], truss [of straw]; *(haar)~* shock (of hair); *~(je)* tuft [of hair, moss, grass]; wisp [of straw]; *bij ~jes* by the handful; *zie ook* haarbos; **2** *(bomen)* wood(s), forest; *iem het ~ insturen* send a p. off with a flea in his ear, fob a p. off; *~je* spinney, copse, clump of trees; *(v struiken)* bush, thicket
bosaanplant 1 afforestation; **2** *(concr)* forest reserve
bosachtig woody, wooded
bosanemoon wood anemone
bosbeheer woodland management; forest administration; *zie ook* staatsbosbeheer
bosbes *(blauw)* bilberry, whortleberry; *(rood)* cowberry
bosbewoner forest dweller, woodsman, forester
bosbouw forestry, silviculture
bosbouwschool school of forestry, forestry school
bosbrand forest fire
boscultuur forestry, silviculture
bosduif wood pigeon; *kleine ~* stockdove
bosduivel mandrill
bosgod sylvan deity, faun
bosgodin wood nymph
bosgrond woodland soil
Bosjesman Bushman
boskat wild cat
bosland(schap) woodland (scenery)
bosmeester *(slang)* bushmaster
bosmens 1 bush native; **2** orang-utan
bosmier wood ant, red ant
bosmuis field mouse
bosneger *(West-Indisch)* maroon
Bosnië Bosnia
Bosniër, Bosnisch Bosnian
bosnimf wood nymph
bosopzichter forester
bospartij woodland scenery, wood
bospeen bunched carrots
Bosporus: *de ~* the Bosp(h)orus
bosrank traveller's joy, old man's beard
bosrecht forest laws
bosrietzanger marsh warbler
bosrijk wooded, woody
bosruiter *(vogel)* wood sandpiper
bosschage grove, spinney
bosseleren emboss
bostel draff, (brewer's) grains
boston Boston *(kaartsp)*
Boston: *(bewoner) van ~* Bostonian
bosuil tawny owl
bosviooltje hedge violet, wood violet
boswachter forester, (forest) warden, *(Am)* (forest) ranger
boswachterij forestry area
bosweg forest road (track)
boswet forest law; Forestry Act
boswezen forestry
bot I *zn* **1** *(vis)* flounder; **2** *(knop)* bud; **3** *(been, mv ook: lichaam)* bone [I feel it in my bones]; *veel in zijn ~ten slaan* eat (drink) a lot; **4** end of a rope; *~ geven* pay out [a rope]; *zie verder* botvieren; **5** *~ vangen* meet with a refusal, *(iem niet thuis vinden, falen)* draw (a) blank, *(bij roeien)* catch a crab; *ik ving ~ aan zijn hotel* I drew blank at his hotel; **6** *~je bij ~je leggen* club together, pool (one's) money; **II** *bn* **1** *(stomp)* blunt; *~ maken (worden)* blunt, dull; **2** *(dom)* dull, obtuse; **3** *(ronduit, lomp)* blunt; flat, point-blank [refusal]; *bw (ook:* botaf*) zie* botweg
botanica 1 botany; **2** botanist
botanicus botanist
botanie botany
botanisch botanical
botaniseertrommel botanical case, vasculum (*mv:* -la)
botaniseren botanize
botanist botanist
botel bo(a)tel
botenhuis boathouse
botenverhuurder boatman
boter butter; *(fam: margarine)* marge; *echte ~* creamery butter; *met ~ besmeren* butter; *met ~* buttered [toast]; *~, kaas en eieren (~-melk-kaas) spelen* play (at) noughts and crosses (*Am ook:* tic-tac-toc); *het is ~ aan de galg (gesmeerd)* it's all so much labour in vain; *~ bij de vis* pay down on the nail; *~ op zijn hoofd hebben* live in a glass house; *er de ~ uit braden* have a good time; *met ~ en suiker inmaken, (fig)* plaster; *zie ook* geil, neus, enz
boterachtig buttery
boterbloem buttercup; *gulden ~* goldilocks
boterbriefje 1 bill; **2** marriage lines (*of:* certificate); *zijn ~ halen* get spliced
boteren 1 butter [bread]; **2** make butter, churn; *de melk wil niet ~* the butter won't come; *het wil niet ~* I am making no progress (no headway), *(tussen hen)* they don't hit it off
boterfabriek creamery, dairy, butter factory
boterham (slice of, some) bread (and butter) [his job meant his bread and butter]; *afgelikte ~* promiscuous woman, scrubber; *iets op zijn ~ krijgen* be blamed (get the blame) for s.t.; *~men meenemen* take sandwiches along; *~men snijden* cut bread and butter; *een goede ~ verdienen* earn a good wage; *hij eet er geen ~ minder om, a)* it makes no difference to him; *b)* he couldn't care less; *vgl* droog & *zie ook* aankleden, beleggen, tevredenheid, enz
boterhampapier greaseproof paper

boterhamtrommeltje sandwich box
boterhamworst *(vglb)* luncheon meat
boterkarn butter churn
boterkoek *(vglb)* shortbread; *~je* butter biscuit
boterkoeler butter cooler
boterletter 1 *zie* banketletter; **2** *(sl)* boob(y)
botermals beautifully tender
botermelk buttermilk
boterolie cooking oil
boterpeer beurré
botersla cabbage lettuce
boterspaan butter scoop, butter pat
boterstaaf *zie* banketstaaf
botertje: *het is ~ tot de boom* everything in the garden is lovely (*of:* rosy)
boterton, botervat butter tub, (*of:* cask)
botervet butterfat
botervis gunnel, butterfish
botervlootje butter dish
boterwaag weighhouse (for butter)
boterzacht as soft as butter; *(fig)* unreliable [figures], dicey
boterzuur butyric acid
botheid 1 bluntness, etc; *vgl* bot II; **2** dullness
Botnisch Bothnian; *~e Golf* Gulf of Bothnia
botsautootje dodgem (car), bumper car
botsen strike, dash, bump (up) [*tegen* against], impinge [*tegen* on], cannon [*tegen* against, into]; *ik botste tegen hem aan* I knocked into him; *zie ook* botsing: in ~ komen met
botsing collision *(ook fig)*, [air, car] crash, [train] smash; impact; clash [of two armies; of interests]; *in ~ komen met* collide with, come into collision with; *(eig, ook)* run (crash) into [another car]; *(fig v belangen, wensen, enz, ook)* clash (conflict) with [we always clash on that subject], impinge on [the interests of ...], run foul of [the law]
botskop Atlantic right whale
Botswana Botswana
bottel 1 aggregate fruit; [rose] hip; **2** *(Z-Afr)* bottle
bottelaar bottler
bottelarij bottling room; *(mar)* store room
bottelbier bottled beer
bottelen bottle
bottelier butler *(in Eng tevens hoofdbediende); (op schip, in club, enz)* steward
bottelroos downy rose
botten bud
bottenkraker 1 chiropractor; **2** osteopath
botter fishing boat; *(vglb)* seiner
botterik dunce, blockhead, noodle
bottine (lace-up, button) boot, half-boot; *(met elastiek)* elastic-sided boot
botulisme botulism
botvieren: *een touw ~* pay out a rope; *zijn hartstochten (grillen) ~* give (free) rein (a loose) to one's passions (whims)
botweg bluntly, [refuse] point-blank, flatly; *iets ~ ontkennen, (ook)* give a flat denial
bouclé bouclé
boud bold; *dat is wat te ~ gesproken* that's putting it too strongly
bouderen pout, sulk
Boudewijn Baudouin, Baldwin
boudoir boudoir; *(dicht)* (lady's) bower
boudweg boldly
bouffante muffler
bougainville *(plant)* bougainvillea
bougie 1 *(kaars & med)* bougie; **2** *(ve motor)* spark(ing) plug
bougiesleutel plug spanner
bouilloire (tea) kettle and stand
bouillon bouillon, broth, beef tea; *(voor soepbereiding)* stock
bouillonblokje beef (*of:* bouillon) cube
bouillontablet stock cube
boulevard boulevard, esplanade; *(aan zee, ook)* (sea)front
boulevardblad *(vglb)* tabloid
boulevardjournalistiek sensational journalism
boulevardpers yellow (*erger:* gutter) press
boulimie bulimia
bourbon, Bourbon bourbon, Bourbon
Bourbons *bn* Bourbon
bourdon bourdon
bourgeois(ie) bourgeois(ie)
bourgogne *(wijn & kleur)* burgundy
Bourgogne, Bourgondië Burgundy
Bourgondiër Burgundian
Bourgondisch Burgundian; flamboyant [personality]; *~ kruis* St Andrew's cross; *een b~e maaltijd* a lavish dinner
bout 1 bolt; *(hout)* pin; *(los ijzer in strijk~)* heater; *(soldeer~)* iron; *hij kan me de ~ hachelen* he can drop dead; **2** *(algem ve dier)* quarter; *(schapenbout)* leg (of mutton); *~(je), (ve vogel)* drumstick
boutade sally
bouvier *(hond)* bouvier des Flandres
bouw 1 building, erection, construction *(ook ve zin); (samenstel)* structure [of the atom], frame; build [of the body]; *(ve drama, enz)* framework; *de ~* the building trade; *tenger (krachtig, prachtig) van ~* of slight (powerful, magnificent) build, slight etc in build; **2** *(het be-, verbouwen)* cultivation, culture; *(verbouw, ook)* growth
bouwbedrijf 1 building trade (industry); **2** building contractors, builders, construction firm
bouwblok 1 block (of houses); **2** building block (brick)
bouwboer arable farmer
bouwcommissie building committee (for planning new buildings)
bouwdok dry dock
bouwdoos 1 box of bricks, of (building) blocks; *(mechanisch)* construction box (*of:* kit); **2** *zie* bouwpakket

bouwen 1 build [a house, nest, ship, bridge, an engine, empire], *(ineenzetten)* construct, *(oprichten)* erect; *op zand* ~ build on sand *(ook fig)*; *een feestje* ~ have a party; *in het buitenland (Groot-Brittannië) gebouwd* foreign (British) built; *goed gebouwde vrouw* fine figure of a woman; *een krachtig gebouwd lichaam* a well-knit frame; *zie ook* bouw: van ~, & hoogte; **2** *(verbouwen)* grow, cultivate; **3** *zee* ~ plough the sea(s); *goed zee* ~ be a good sea-boat; **4** *op iem (iets)* ~ rely on a p. (a thing); *(ook)* build (*of:* bank) (up)on it (a promise, etc); *iem op wie men kan* ~ a tower of strength

bouw- en woningtoezicht *(vglb)* (local authority) surveyor's department

bouwer builder

bouwerij 1 building trade; **2** building site

bouwfonds building society; *(Am)* building and loan association

bouwgrond *zie* bouwland & bouwterrein

bouwheer 1 builder; architect [of the universe]; **2** principal (for whom a house etc is being built)

bouwhout timber

bouwjaar date (year) of building (of construction, of manufacture); *Volvo, ~ 1992* 1992 Volvo

bouwkeet site hut

bouwknecht farmhand

bouwkosten building (construction) costs (expenses), cost of construction

bouwkunde 1 architecture; **2** structural engineering

bouwkundig architectural; ~ *ingenieur* structural engineer

bouwkundige 1 architect; **2** structural engineer

bouwkunst architecture; [Hadrian's wall is a remarkable feat of] engineering

bouwlaag *(bk)* storey, *(Am)* story

bouwland arable (agricultural) land, farmland

bouwmaatschappij (property) development company

bouwmarkt home centre

bouwmaterialen building materials

bouwmeester architect; master builder; *zie ook* bouwheer

bouwmuur structural wall

bouwondernemer (building) contractor, builder and contractor

bouwopzichter building inspector, clerk of (the) works

bouworde [Doric, etc] order; *zie ook* bouwstijl

bouwpakket (construction, assembly, do-it-yourself) kit; *als* ~ in kit form

bouwplaat 1 cut-out; **2** fibre-, wallboard

bouwplaats building site, construction site

bouwplan *(ve stad)* building plan; *(ve huis)* plan

bouwpolitie building inspectors

bouwpremie building subsidy

bouwpromotie property development

bouwput (building) excavation, excavated area; trench

bouwrijp: ~ *maken* prepare [a site]

bouwsel structure

bouwskelet (steel) building frame (*of:* skeleton)

bouwsom 1 sum contracted for; **2** (total) building costs

bouwspeculant speculative builder

bouwsteen 1 building stone (brick); **2** *(fig)* building block; *(mv fig)* materials

bouwstijl (style of) architecture, architectural style, style of building; *zie ook* bouworde

bouwstoffen *(ook fig)* materials

bouwstop building freeze

bouwsubsidie building grant

bouwtekening construction drawing

bouwterrein building site (plot); *als ~ verkopen* sell in building plots

bouwtoezicht building inspectors; surveyor's department

bouwtrant *zie* bouwstijl

bouwvak 1 builder's trade; **2** building trade, construction industry; **3** building trades' holiday

bouwvakarbeider, bouwvakker building worker, construction worker

bouwval ruin(s)

bouwvallig tumbledown, ruinous, ramshackle, rickety [shed]; dilapidated *(ook fig)*

bouwvalligheid ruinous condition, decay, dilapidation

bouwvergunning building licence, building permit; [site with] planning permission

bouwverordening building by-laws, building regulations, building code

bouwvolume volume (of, for a proposed building)

bouwwerf building site

bouwwerk 1 building, edifice, structure; **2** constructional work; **3** *(ve orgel)* swell

boven I *vz (hoger dan, ook fig)* above [water, sea level, Cologne, suspicion, the law, marry above one's station]; *(loodrecht ~)* over [the door, one's head, the fire, the mantelpiece, hold one's hand over one's eyes, hover over the town]; *(meer dan)* over [ten pounds, military age]; [live] beyond [one's means]; *zie ook* benevens; *~ en behalve, zie* buiten 2; *hij is ~ de 40* he is over (turned) forty; *de kamer ~ ons* the room overhead; *~ de storm uit* above the storm; *verstandig ~ zijn leeftijd* wise beyond one's years; *~ iem staan* be over a p.; *zie ook* plaatsen, stand, theewater, enz; **II** *bw* above; [hold the stone of the ring] uppermost; on high, aloft, on top; *(in huis)* upstairs; *(Ind)* (up) in the hills; *daar ~* up there; *(in de hemel)* on high; *dit ~!* this side up!; *zoals ik ~ opmerkte* as I observed above; *~ wonen* live upstairs; *~ aan de bladzijde (trap)* at the top of the page (stairs); *~ op* on the top of [a bus, the wall; *ook fig:* a long march on top of a hard day's work]; *zie ook* bovenop; *~ op elkaar* one on top of the other; *~ op de kachel zitten* sit over (*of:* on top of) the fire; *de kerk stond ~ op de heuvel* the church topped the hill; *als*

~ as (stated) above; ***naar*** *~* up(wards), uppermost; *(meer) naar ~* higher up [the river, etc]; *naar ~ brengen* bring up; ***te*** *~ gaan* exceed [£200], surpass, beat [everything], transcend [a beauty which transcends them all]; *het karwei gaat mijn krachten te ~* the job is beyond me; *alle beschrijving te ~ gaan* defy (beggar) description, be beyond words; *zie ook* begrip, enz; *te ~ komen* surmount, overcome, rise superior to [difficulties], get over [difficulties, a shock], survive [a shock, misfortunes], [we'll] outlive [such tittle-tattle], outgrow [one's reputation for stubbornness], recover from [a blow, an illness], live down [sorrow, etc], retrieve [losses]; *de problemen te ~ komen, (ook)* win through; *hij is het te ~* he has got over it, has overcome the difficulty; *hij is zijn ziekte nog niet geheel te ~* he has not quite shaken off his illness; *de problemen te ~ zijn, (ook)* be out of the wood(s); *zo iets zijn we te ~* we have outgrown (grown out of) that sort of thing; ***van*** *~, a)* [it is black] at the top; *zie ook* bovenop; *b)* [all blessings come] from above; [seen] from above, from on top; *c)* from upstairs; *3e regel van ~* third line from the top; *van ~ naar beneden* from the top down(wards); *van ~ tot beneden* from top to bottom; from top to toe, from head to foot; *zie verder de sam*

bovenaan at the top (upper end), [start] at (from) the top; at the head [of the table]; *~ op hun programma* in the forefront of their programme (*of:* platform); *~ staan* be at the head (the top) [of the list], head (*of:* top) the list, come first [in a p.'s esteem], be at the top [of the medical profession], hold the record

bovenaangehaald above-cited

bovenaanzicht plan; view from above

bovenaards supernatural, supermundane, heavenly

bovenachterkamer top-floor back (room)

bovenaf: *van ~* from above, from the top; [begin] at the top

bovenal above all; [I like it] above (*of:* of) all things; *~ in deze tijd* at this time above all others; *~ in L* most of all in L

bovenarm upper arm

bovenarms overarm [throw, bowling]; *het zat er ~ op* there was a flaming row

bovenbedoeld (referred to) above

bovenbeen upper leg, thigh; *(v paard)* gaskin

bovenblad top; *(v muziekinstr)* soundboard, belly

bovenbouw **1** superstructure; **2** *(school, vglb)* upper school

bovenbrengen take (carry) up [a p.'s dinner, etc]; bring up [bitter memories]

bovenburen: *de ~* the people upstairs

bovendek upper deck, main deck

bovendeur upper (part of a) door

bovendien besides, what's more, moreover, in addition; [little food, and poor food] at that; then [and then, it's no concern of mine]; *en er is ~ het voordeel ..., (ook)* and there is the added advantage ...

bovendorpel, bovendrempel lintel

bovendrijven float on the surface; *(fig)* prevail, predominate; *~de partij* ruling party

bovendruk *(v bloed)* maximum (*of:* systolic) pressure

boveneind(e) upper end; *(ve tafel)* head

bovengedeelte upper part (end)

bovengemeld, bovengenoemd, bovengezegd above(-mentioned), aforesaid; *het bovengenoemde, (jur)* the premises

bovengistend top-fermenting

bovengistingsbier real ale, real beer

bovengoed outer clothes, outerwear

bovengreep overhand grip; *(turnen)* overgrasp; *in (met) de ~* overhand

bovengrens upper limit

bovengrond topsoil; *eigenaar van de ~, (mijnb)* owner of the surface rights

bovengronds overground [*vs* underground] railway; elevated [railway *luchtspoorweg*]; high-level [railway, platform, bridge]; overhead [wires, cable]; *~e kruising* flyover

bovenhalen bring up, produce

bovenhand back of the hand; *zie* overhand; *~s* overarm [throwing]

bovenhelft upper half

bovenhoek [left-, right-hand] top corner

bovenhouden keep above (water)

bovenhuis **1** upper part of a house; **2** upstairs flat (*of:* house)

bovenin at the top

bovenkaak upper jaw

bovenkamer upstairs room; *het scheelt hem in de ~* there is something wrong in his upper stor(e)y, he has bats in the belfry

bovenkant upper side, top (side); *voor (aan, van) de ~ van de markt* upmarket [goods]

bovenkast *(typ)* upper case, cap(ital)s

bovenkies upper molar

bovenkleding outer clothes, outerwear

bovenkleed outer garment

bovenkleren outer clothes, outerwear

bovenkomen **1** come up(stairs); *laat hem ~* show (ask, send) him up(stairs), *(fam)* have him up; **2** *(boven de grond)* come up; **3** *(in vloeistof)* rise (come) to the surface (the top), emerge; *(ve walvis, duikboot)* (break) surface; *zijn betere natuur (oude argwaan) kwam boven* his better nature asserted itself (his old suspicion surfaced again)

bovenkruier smock (*of:* tower) windmill

bovenkruising flyover

bovenlaag upper (*of:* top) layer, superstratum

bovenlader toploader

bovenlaken top sheet

bovenland upland, highland; *de ~en, (ook)* the hills

bovenlander highlander

bovenlands upland

bovenlast deck cargo

bovenleer upper leather, uppers

bovenleiding overhead line (wires, system), contact wire
bovenlichaam upper (part of the) body
bovenlicht 1 skylight; window over a door, *(waaiervormig)* fanlight; **2** *(aan plafond)* ceiling light
bovenliggen be on top *(ook fig)*
bovenliggend *(techn)* overhead [camshaft]
bovenlijf *zie* bovenlichaam; *~je, (kleding)* top
bovenlip upper lip
bovenloop upper course, upper reaches [of the Thames]
bovenlucht upper air
bovenmaats oversize(d) [ears], outsize [clothes]
bovenmate exceedingly, beyond measure, extremely
bovenmatig I *bn* extreme; **II** *bw zie* bovenmate
Bovenmeer: *het ~* Lake Superior
bovenmeester headmaster
bovenmenselijk superhuman
bovenmodaal above average
bovennationaal supranational
bovennatuurlijk supernatural
bovenom round the top
bovenop on (the) top [my hair is getting thin on top], at the top; *er ~* [he did not see it till he was almost] on top of it; *met een vlag er ~* surmounted (topped) by a flag; *zie ook* boven (op); *er weer ~ brengen (helpen), (patiënt)* pull (bring) through; *(maatschappelijk)* set [a p.] on his feet again, put [our industries] on their feet again; *het reisje zal hem er ~ brengen* the trip will set him up, set him right again; *dat bracht hem er (maatschappelijk) ~* that was the making of him; *er weer ~ komen, (ve patiënt)* pick up, pull through; *(financieel, enz)* pull through, retrieve one's losses; *de patiënt kwam er spoedig weer (geheel) ~* the ... made a rapid (a good) recovery; *hij zal er niet weer ~ komen* he is not likely to live; *hij is er weer ~* he is all right again, has got over it; *het ligt er duimendik ~* it sticks out a mile
bovenover over (*of:* along) the top
bovenraam upper (upstairs) window
bovenrand upper edge
Boven-Rijn Upper Rhine
bovenslagmolen overshot mill
bovenslagrad overshot wheel
bovenst upper(most), topmost, top [drawer, button, etc]; *een ~e beste* a real friend; *het ~e* the upper part, the top; *zie ook* plank
bovenstaand *zie* bovengemeld; *het ~e* the above
bovenstad upper (part of the) town
bovenstandig *(plantk)* superior
bovenste *zie* bovenst
bovenstem treble
bovenstrooms upstream [of Arnhem]
bovenstuk upper (*of:* top) part
boventallig supernumerary, surplus
boventand upper tooth
boventitel(en) *(theat)* surtitle
boventoon overtone; *de ~ voeren* predominate [the sense of duty predominated in her]; *(ve persoon)* rule the roost, play first fiddle
bovenuit: *overal ~ steken* rise (*of:* tower) above everything; *zijn stem klonk overal ~* his voice was heard above everything
bovenvenster upper (upstairs) window
bovenverdieping upper storey (*Am:* story), upper (*of:* top) floor; *zie ook* bovenkamer
bovenvermeld *zie* bovengemeld
bovenvlak upper surface
bovenvoorkamer top-floor front (room)
bovenwaarts I *bw* upward(s); **II** *bn* upward
bovenwater 1 surface water; **2** upper water(s) [of a river]; **3** *(molen)* overshot (water); **4** *(sluis)* upper water
bovenwaterschip surface craft *(ev & mv)*
bovenwijdte chest (width)
bovenwind upper wind
bovenwinds (to) windward; *de B~e Eilanden, de Bovenwinden* the Windward Islands
bovenwoning upstairs flat (*of:* house)
bovenzijde upper side
bovenzinnelijk transcendental, supersensual
bovist *(plantk)* puffball
bowl 1 *(kom)* bowl; **2** *(drank)* (claret, cider, etc) cup; *(inz met alcohol)* punch
bowlen bowl
bowling 1 (tenpin) bowling; **2** *(bowlingbaan)* bowling alley
box 1 *(baby~)* (play)pen; *(ve paard)* (loose) box; *(garage)* lock-up (garage); **2** *(camera)* box camera; **3** *(luidspreker)* speaker; *zie ook* boxcalf & postbus
boxcalf box calf
boxengarage lock-up garage(s)
boxer *(hond)* boxer
boycot(actie) boycott
boycotten boycott
boze *zie* boos I.2
braadaal spitchcock
braadkip, braadkuiken roasting chicken, broiler
braadoven Dutch oven, roaster
braadpan casserole
braadrooster gridiron, grill
braadslee roaster, roasting tin
braadspit (roasting) spit
braadspitdraaier turnspit
braadstuk roasting joint
braadvet cooking fat, frying fat; *(afgedropen)* dripping
braadworst German sausage
braaf honest, good, virtuous; *(iron)* good [don't be so terribly good], goody-goody; *brave vent* honest fellow; *de brave John Hull* honest ...; *brave jongen (ziel)* good boy (soul); *een brave burger* a worthy citizen; *die brave (oude) mensen* those good (dear old) people; *een ~ meisje* a respectable (*of:* good) girl; *~ drinken* drink hard; *~ oppassen* behave well; *~ schreeuwen* cry lustily; *hij doet ~ zijn werk* he does

his work as a good boy; *zie ook* Hendrik
braafheid honesty, integrity, probity
braak I *zn* **1** *(inbraak)* burglary, housebreaking, break-in; *zie ook* diefstal; **2** *(werktuig)* brake; II *bn* fallow; ~ *leggen* leave fallow; ~ *liggen* lie fallow (waste) *(ook v kennis, enz); er ligt nog een groot terrein* ~ there is still a large unexplored field
braakbal *(ve roofvogel)* pellet
braakjaar year of rest
braakland fallow (land)
braakloop diarrhoea, *(Aziatische)* cholera
braakmiddel emetic
braaknoot vomit nut, nux vomica
braaksel vomit
braakwortel ipecacuanha, *(fam)* ipecac
braam **1** blackberry; *(struik & Br vrucht)* bramble; *bramen zoeken* [go] blackberrying; **2** *(v metaal)* burr; **3** *(vis)* (Ray's) bream
braambos bramble, blackberry bush; *het brandende* ~, *(bijb)* the burning bush
braamsluiper *(vogel)* lesser whitethroat
braamstruik blackberry bush, bramble (bush)
Brabander Brabantine
Brabants Brabant(ine)
brabbelaar(ster) jabberer
brabbelen jabber, talk gibberish (*of:* double Dutch)
brabbeltaal jabber, gibberish, double Dutch
bracelet bracelet; *zie ook* boei
bracht *ovt van* brengen
braden *tr & intr* roast [on a spit, in an oven], grill [on a gridiron], broil [on a fire or gridiron], fry [in a pan], *(knetterend)* frizzle; bake [apples]; *liggen te* ~ be baking (roasting) [in the sun]; *gebraden rundvlees* roast beef; *zie ook* duif, uithangen, enz
braderie, braderij street fair
Brahma Brahma
brahmaan Brahmin, Brahman
brahmaans Brahmanic
brahmanisme Brahmanism
brahmapoetra *(kip)* brahma; *(rivier)* Brahmaputra
braille(druk) braille (printing), raised type
brailleren braille
brailleschrift braille, raised type
brak I *zn* **1** *(hond)* beagle; *jacht met ~ken* beagling; **2** *(jongen)* brat, urchin, little rogue; II *bn* brackish, saltish, briny; III *ww ovt van* breken
braken **1** *tr & intr* vomit, throw up, belch [flames, etc]; *(moeten)* ~ be sick; *ze braakte de hele pop eronder* she was sick all over the doll; *vgl* overgeven & spuwen; **2** leave [land] fallow; **3** *tr* break, brake [flax, etc]
brallen brag, boast; *vgl* snoeven
bram **1** *(flinke vent)* brick; **2** *(druktemaker)* swank(pot); *zie ook* uithangen
bramen (de)burr [metal]
bramsteng topgallant (mast)
bramzeil topgallant (sail)
brancard stretcher; *per* ~ *vervoerde* stretcher case
branche **1** line (of business); sector (of industry); **2** *(filiaal)* branch (establishment)
branchevervaging diversification (in retail trading)
brand **1** fire, *(grote)* conflagration; *(uitslaande)* blaze; ~*!* fire!; *er is* ~ there is a fire; *de* ~ *erin steken, (pijp)* light up; ~ *stichten* raise fire; ***in*** ~ *staan* be on fire (afire, ablaze); *in* ~ *raken (vliegen)* catch (take) fire, catch alight, burst into flames, *(ontbranden)* ignite; *in* ~ *steken* set on fire, set alight, set fire to, fire, *(doen ontbranden)* ignite; *in de* ~ *zitten* be in a fix (predicament); ***uit*** *de* ~ *helpen* help out of a scrape; **2** *(~stof)* fuel; **3** *(branderig gevoel)* prickly heat; **4** *(uitslag)* eruption; **5** *(in koren)* blight, (black) rust, smut
brandalarm fire alarm, fire call
brandassurantie fire insurance [company]
brandbaar combustible, (in)flammable
brandbaarheid combustibility, (in)flammability
brandblaar blister raised by burning
brandblus- *zie sam met* blus
brandbom firebomb, incendiary (bomb)
brandbrief **1** letter pressing for money, support, etc; **2** urgent (pressing) letter
branddeur **1** fire(proof) door; **2** *(nooddeur)* emergency door (exit)
brandebourgs frogs
brandemmer fire bucket
branden I *intr* burn *(ook v lamp, gezicht, vraag, zon, enz)*, be on fire; *(fel)* blaze; *(ve brandnetel)* sting; *het gas wil niet* ~ the gas won't light; *benzine brandt gemakkelijk* petrol ignites easily; *het geld brandt hem in de zak* the money is burning a hole in his pocket; ~ ***op*** *de tong* burn (on) the tongue; *het brandt hem op de tong om het te zeggen* he is dying (itching) to tell it; *(niet zo) gebrand zijn op* be dead (not all that) keen on; ~ ***van*** burn with [impatience]; ~ *van nieuwsgierigheid* die of curiosity; ~ *van verlangen om te ...* be longing (dying) to ...; II *tr* **1** burn [one's hand, wood, lime, charcoal]; ~ *aan* burn [one's mouth] with [hot food]; *jij brandt je, (bij spel)* you are getting warm; *de haard* ~ have a fire; *zie ook* vinger, water, vooruitbranden, wegbranden, enz; **2** *(brandmerken)* brand [a criminal, sheep]; **3** *(zengen)* scorch; singe [one's hair]; scald [with hot liquid]; cauterize [a wound]; **4** distil [strong drinks]; roast [coffee]; stain [glass]
brandend **1** burning; lighted [match, candle]; [with his clothes] alight; ~ *heet* sweltering [day], burning (*of:* roasting) hot [day], scalding hot [coffee]; ~*e hitte* torrid heat; ~ *vraagstuk* burning question; ~ *van nieuwsgierigheid* dying with curiosity; *zie ook* branden; **2** ardent [desire]
brander **1** *(v gas, enz)* burner; **2** distiller; **3** fireship
branderig **1** *(smaak, enz)* burnt; *het smaakt (ruikt)* ~ it has a burnt taste (smell); **2** *(gevoel)* burning, tingling; **3** *(koren)* smutty, smutted
branderij **1** distillery, still; **2** *zie* kalkbranderij, koffiebranderij, enz

brandewijn brandy; ~ *op kersen* cherry brandy
brandgang *(in bos)* fire lane, firebreak
brandgans barnacle (goose)
brandgevaar 1 fire risk, risk of fire, fire danger; **2** danger from fire(s), fire hazard
brandgevaarlijk (in)flammable, liable to catch fire; ~ *pand* firetrap
brandgevel fire wall
brandglas burning-glass
brandgranaat incendiary shell
brandhaar sting(ing hair)
brandhaard seat (of the fire)
brandhout 1 (piece of) firewood; **2** *(fig)* rubbish, trash; [the team was] a disgrace; *zie ook* mager
brandijzer *(om te merken)* branding-iron
branding breakers, surf, broken water
brandkast safe, strongbox
brandkastkraker safe-breaker, safe-cracker, *(met explosieven)* safe-blower
brandklok fire bell; *de ~ luiden, (fig)* raise Cain
brandkluis strongroom
brandkraan fire hydrant
brandladder fire ladder, fire escape
brandlucht smell of burning, burnt smell
brandmeester fire brigade officer, fire officer
brandmelder fire alarm
brandmerk brand, stigma
brandmerken brand; *(fig ook)* stigmatize
brandmuur fireproof wall
brandnetel stinging nettle
brandoefening *(houden)* (do, hold a) fire drill
brandoffer burnt-offering, holocaust
brandplek burn; *(door vloeistof)* scald
brandpolis fire policy
brandpreventie fire prevention
brandpunt focus (*mv ook:* -ci; *ook wisk, & fig:* a focus of sedition, etc); *in een ~ verenigen* focus
brandpuntsafstand focal length
brandraam stained-glass window
brandschade damage (*geldelijk:* loss) by fire, fire damage (loss)
brandschatten exact payments (a levy) under threat from, hold to ransom
brandschatting (levy of a) contribution, levy
brandscherm safety curtain, fire curtain
brandschilder enameller
brandschilderen enamel; *(glas)* stain; *gebrandschilderde ramen* stained-glass windows
brandschilderwerk enamel(ling)
brandschoon 1 spotless, speckless, immaculate; scrupulously clean, *(ook fig:)* squeaky clean [house, politician]; **2** *(fig)* completely sober; wholly innocent, blameless
brandschot fireproof bulkhead
brandsingel firebreak, fireguard, fire line
brandslang fire hose
brandspiegel burning-mirror
brandspiritus methylated spirit, *(fam)* meths
brandspuit fire engine; *(drijvend)* fire float, (river) float
brandspuitgast fireman
brandstapel (funeral) pile; *(voor lijk)* pyre; *op de ~ sterven* die at the stake
brandstichter incendiary, fire raiser, arsonist, *(fam)* firebug
brandstichting arson, fire-raising, incendiarism
brandstof fuel [cell, consumption, injection, tank]; [wood] firing; *fossiele ~fen* fossil fuels; *van ~ voorzien* fuel [a car, an argument]
brandtrap fire escape
brandveilig fireproof
brandverf enamel
brandvertragend fire-retardant
brandverven enamel
brandverzekering fire insurance [company]
brandvlak focal plane
brandvlek burn; *(door vloeistof)* scald
brandvrij fireproof, fire-resistant; *~ maken* (render) fireproof
brandwaarborg fire insurance [company]
brandwacht fire watch; *(pers)* fire watcher; *(Am)* firewarden
brandweer fire service, fire brigade, *(Am)* fire department
brandweerauto fire engine
brandweercommandant *zie* commandant
brandweergreep fireman's lift
brandweerkazerne fire station; *(hoofdkazerne)* (general) headquarters of the fire brigade
brandweerman fireman, firefighter
brandweerpost fire station
brandwerend fire preventing, fire retardant, fire resisting
brandwezen fire service
brandwond burn; *(door vloeistof)* scald; *erge ~en krijgen, (ook)* be badly burnt (scalded)
brandzalf ointment for burns and scalds
branie I *bn* bold, daring; **II** *zn* **1** daring; *(ong)* swank, swagger; **2** *(pers)* daredevil; *(opsnijder)* swank; *(hele 'meneer')* swell; *de ~ uithangen* throw one's weight about
branieachtig swanky
branieschopper show-off, swank(pot)
bras *(mar)* brace
brasem bream
braspartij (drinking) orgy, (drunken) revel, carouse
brassard brassard, armlet
brassen 1 carouse, revel; **2** *(mar)* brace, square the sails to the wind
brasser carouser, reveller
braveren defy, face [death]
braverik goody-goody
bravissimo bravissimo
bravo I *zn* bravo (*pers mv:* -os; *uitroep:* -oes); **II** *tw* bravo!, well done!, hear, hear!
bravoure 1 bravura; **2** bravado, swagger, bluff

bravourearia bravura (air), aria di bravura
bravourestuk 1 *(muz)* bravura; **2** tour de force, *(sl)* stunt
brazielhout Brazil wood
Braziliaan(s) Brazilian
Brazilië Brazil
BRD afk van *Bundesrepublik Deutschland* FRG, Federal Republic of Germany
breccië breccia, rubble (stone)
breed broad [shoulders, brim, street, ribbon, grin, outline], wide [river, street, mouth, forehead]; *een 3 voet brede tafel* a table three feet wide (broad); *het meer is 3 mijlen ~, (ook)* ... 3 miles across; *een ~ geweten, brede blik, zie* ruim; ***in brede trekken schetsen*** trace in broad outline; *in den brede over een onderwerp uitweiden* discourse (up)on a subject at large; *zie ook* breedvoerig; *zij hebben **het** niet ~* they are not very well off; *... maar het evenmin ~ had ...* but did not roll in plenty either; *die het ~ heeft laat het ~ hangen* the rich may spend as they please; *zie ook* opgeven
breedbeeld- wide-screen [film, projection, television]
breeddenkend broad-minded
breedgebouwd square-built
breedgerand broad-brimmed
breedgeschouderd broad-shouldered, square-built
breedgetakt spreading
breedheid *(ook fig)* breadth, width, scope
breedsprakig prolix, verbose, wordy, *(en vervelend)* long-winded
breedstraler wide beam (fog) headlight
breedte breadth, width *(beide ook als 'baan' van stof); (aardr)* latitude; *dubbele ~, (ve stof)* double width; *in de ~* breadthways, breadthwise; *op 51° (noorder-, zuider)breedte* in lat. 51° (N, S); *over de hele ~ van de bladzij* [printed] right across the page; *ter ~ van ...* the width of [my hand], [five feet] in width
breedtecirkel parallel of latitude
breedtegraad degree of latitude
breedte-investering capital widening
breedterichting widthwise (crosswise) direction
breeduit: *ze ging ~ zitten* she spread herself, she sprawled on the sofa
breedvoerig I *bn* circumstantial [report], detailed; wide [discussion]; ample [treatment]; **II** *bw* at (full) length, in detail, fully, at large
breedvoerigheid fulness (of detail)
breedwerpig: *~ zaaien* (sow) broadcast
breefok square foresail
breekbaar breakable, fragile, brittle; *~!* fragile! [handle with care]; *breekbare voorwerpen, (ook)* breakables
breekbaarheid fragility, brittleness
breekijzer crowbar, crow, *(inz ve inbreker)* jemmy
breekpunt breaking point
breekschade breakages
breekspanning breaking strain
breeuwen caulk [a ship, a seam]
breeuwer caulker; *mijn vader was geen ~* I'm not having you do my work for me
breeveertien: *de ~ opgaan* go on the streets
breidel bridle; *(fig ook)* curb, check; *een ~ aanleggen, zie* breidelen
breidelen bridle, curb, check, put a curb (up)on
breidelloos unbridled, unchecked
breien knit; *zie ook* gebreid
breier knitter
breigaren knitting yarn
breikatoen knitting cotton
breimachine knitting machine
brein brain, intellect; *het ~ zijn achter* mastermind [a robbery]; *zie ook* opkomen
breinaald knitting needle, *(inz dik, v hout)* knitting pin
breinbaas brainy type
breinbreker brain-teaser
breipatroon knitting pattern
breipen knitting needle, *(inz dik, v hout)* knitting pin
breister knitter; *de beste ~ laat wel eens een steek vallen* we all make mistakes, it's a good horse that never stumbles
breitschwanz broadtail
breiwerk knitting
breiwol knitting wool, *(fijne ~)* fingering (wool)
brekebeen bungler, duffer, bad hand [*in* at]
breken I *tr* **1** break [a glass, one's arm, neck, word, a fall, a p.'s power, pride, heart, resistance], fracture [a bone]; *betalen wat men breekt* pay for breakages; *zie ook* hoofd, nek, enz; **2** refract [light]; **3** *(verbrijzelen)* smash, shatter; **II** *intr* **1** break *(ook v wolken, golven, hart),* be (get) broken (shattered), go to pieces; *(ve touw, enz, ook)* part; *(knappen, ook ve touw)* snap [in two]; ***door** de vijand (de wolken) ~* break through the enemy (the clouds); *het was, alsof er iets in hem brak* something snapped (with)in him; *~ **met*** break with [a p., the past, a tradition]; give up, discontinue [a policy]; *met zijn verleden ~, (ook)* put one's past behind one; *zie ook* sleur; ***uit** de gevangenis ~* break (out of) prison (*of:* jail), break out; **2** *(vh oog)* grow dim, glaze; **3** *(v licht)* be refracted
breker breaker *(ook golf)*
breking *(natuurk)* refraction; *(tlk)* breaking
brekingshoek angle of refraction
brekingsindex refractive index
brem 1 *(pekel)* brine, pickle; *zo zout als ~, zie* bremzout; **2** *(plant)* broom
bremraap broomrape, *(grote ~)* chokeweed
brems horsefly, gadfly
bremstruik broom
bremzout as salt as brine
brengen 1 *(algem, naar de spreker)* bring [what brings you here?; an hour's walk brings us to the place; his invention brought him fame]; **2** *(vd spre-*

ker af) take [a letter to the post; take him my card, a message]; see [a lady home, to the station, to her seat, as far as the road]; drive [a p. to drink, despair]; land [it will land you in prison, in difficulties]; put [one's hand to one's forehead]; present [a variety show]; **3** *(over~)* carry, convey [goods, passengers] || *het ver ~, (in de wereld)* go far, go a long way; *(in een taal)* attain great proficiency in a language; *een knap gezicht brengt het ver op het toneel* good looks go a long way on the stage; *zie* verder; *iem ~ waar men hem wil hebben, (fig)* bring a p. to the point; *iem **aan** het weifelen ~* make a p. waver; *het bracht me aan het denken* it set me thinking; *iem **ertoe** ~ te ...* get (induce) a p. to ...; lead a p. to [believe ...], bring a p. to [see his error]; *wat bracht je ertoe het te doen?* what made you do it?; ***met** zich ~* bring (in its train, along with it); involve [great expense]; *dat brengt het totaal **op** vijftig* that brings the total up to 50; *dat brengt mij op mijn onderwerp* that brings me to my subject; *ik bracht hem (het gesprek) op dat onderwerp* I got him on to that subject, brought the conversation round to ...; *het gesprek op iets anders ~* give a new turn to the conversation; *~ **over*** bring [misery, etc] on [a p.]; *dat brengt mij **tot** mijn tweede punt* that leads me to ...; *tot een tweede woning heb ik het nog niet gebracht* I don't run to a holiday cottage as yet; *hij bracht het tot kapitein* he rose to the rank of captain; *hij zal het nooit tot iets ~* he'll never get anywhere; *zie ook* bed, idee, trein, enz

breng(st)er bearer; *met ~ dezes* [send answer] by bearer

bres breach; *(meer algem)* gap; *in de ~ springen (op de ~ staan, zich in de ~ stellen) voor, (ook fig)* step into the breach for; *een ~ slaan (schieten) in iems financiën* make a hole in a p.'s finances

Bretagne Brittany

bretels braces; *(inz Am)* suspenders

Breton(s) Breton

breuk 1 *(barst)* crack, flaw, burst; **2** *(med, v been, arm, schedel)* fracture; *eenvoudige (dubbele) ~, (v been, enz)* simple (compound) fracture; *(ader~)* rupture (of a blood vessel); *(ingewands~)* rupture, hernia; *zich een ~ lachen* laugh fit to burst; *zie ook* beklemd, enz; **3** breach [in dike]; **4** *(geol)* fault, fracture zone; **5** *(wisk)* fraction; **6** *(handel)* [free from] breakage; **7** *(fig)* rupture [between friends, with his father], split [in the Cabinet], break [with tradition]; [diplomatic] break; *het is tussen hen tot een ~ gekomen* it has come to a rift (a split) between them

breukband truss

breuklijn *(geol)* line of fracture, *(ook fig)* fault-line

breukoperatie herniotomy

breuksteen rubble (stone)

breukstreep *(recht)* bar, stroke, horizontal line; *(schuin)* solidus, virgule

breukvastheid breaking strength

breukvlak plane of fracture (of fissure), *(fig)* crossroads; *(geol)* fault plane; *vgl* breuk

breve [apostolic, papal] brief, breve

brevet certificate, brevet, patent; *(luchtv)* (pilot's) licence; *~ van onvermogen* proof of (one's) incompetence; *zichzelf een ... geven* make a show of incompetence

brevetteren certify, certificate, license

breviatuur 1 abbreviation; **2** epitome

brevier *(gebedenboek)* breviary; *(typ)* brevier

bridge bridge

bridgen play bridge

brief letter, epistle; packet [of pins, needles]; *~je* note *(ook bankbiljet); (fam, ook)* chit [I'll give you a chit to Mr A]; *ik geef het je op een ~je, dat ...* you may take it from me that ...; *~ volgt, (in telegramstijl)* writing, *(op briefkaart)* letter follows (to follow, following); *brieven met volledige inlichtingen aan de Heer ...* write fully, Mr ...; *per ~* by letter

briefbom letter bomb

briefgeheim privacy of letters

briefhoofd letterhead

briefkaart postcard

briefomslag envelope

briefopener paperknife

briefordner [A4 lever arch] file

briefpapier notepaper, writing paper, stationery

briefport 1 postage; **2** letter rate

briefschrijver letter-writer; *anonieme ~, (ook)* poison pen

briefstijl epistolary style

briefvorm epistolary form; *roman in ~* epistolary novel

briefwisseling correspondence; *~ houden* carry on (keep up) a correspondence [*met* with], [they still] correspond

Briel: *Den ~, Brielle* Den Briel, Brielle, The Brill

bries breeze; *licht ~je* cat's-paw; *er kwam een flinke ~* the wind freshened up

briesen *(ve leeuw)* roar, *(ve paard)* snort; *~ van woede* fume and fret

brievenbesteller postman

brievenboek 1 *(kopieboek)* letter book; **2** *(met modellen)* manual of letter-writing, letter-writer

brievenbus 1 letter box, *(Am)* mailbox; **2** *(op straat, in Eng)* pillar box, postbox

brievenbusreclame *(per post)* direct mail; *(concr)* mailshot

brievenbusvervuiling junk mail

brievenpost mail, post

brieventas 1 letter case; **2** wallet

brievenweger letter balance

brigade brigade; *zie ook* vliegend

brigadecommandant brigadier

brigadegeneraal brigadier (general)

brigadier police sergeant; *zie ook* verkeersbrigadier

brigantijn brigantine

brij 1 porridge; *zie ook* kat; **2** mush, *(fig)* pulp

brijachtig pulpy, mushy

brijen 1 *(v aardappelen)* go mushy; **2** *zie* brouwen II
brijig pulpy, mushy
brijn brine; *zie ook* brem 1
brik 1 *(schip)* brig; **2** *(rijtuig)* break, *(klein)* wagonette; **3** *(steen)* brick; **4** *(pak)* brick (pack)
briket (coal) briquette
bril (pair of) glasses (spectacles; *fam:* specs); *(stof~)* goggles; *(wc-bril)* seat; *(sp: o-o)* pair of spectacles; *twee ~len* two pair(s) of spectacles; *een ~ dragen* wear glasses, etc; *zijn ~ erbij opzetten, (fig)* look more closely at it; *iem een ~ opzetten* hoax a p.; *iets door een rooskleurige (donkere, Duitse, enz) ~ bekijken* look at (*of:* view) a thing through rose-coloured (dark, German, etc) spectacles
brildrager person wearing glasses (spectacles), *(scherts of min)* four-eyes
brilduiker, brileend golden-eye
briljant I *bn* brilliant; **II** *zn* (brilliant-cut) diamond, *(techn)* brilliant; *~en ring* diamond ring
brillantine brilliantine
brille brilliance
brillen wear glasses
brillendoos spectacle case, glasses case
brillenglas [bifocal] spectacle lens
brillenkoker *zie* brillendoos
brillenmaker, brillenslijper optician
brillenstang, brillenveer earpiece
brilleren shine, excel
brilmontuur glasses frame; *(Am)* frames
brilschans lunette
brilslang cobra
brilstand *zie* bril *(sp)*
brink *(vglb)* village green
brio brio, spirit
brisant: *~e springstof* high explosive, HE; *~e opmerking* explosive remark
brisantgranaat high-explosive shell
Brit Briton; *(fam)* Brit
brits 1 plank bed, wooden bed; **2** bottom, behind
Brits British; *zie ook* eiland & rijk I
Brittanje, Brittannië Britain
brocante curio's
broccoli broccoli
broche brooch
brocheren 1 stitch, sew [books]; **2** figure [materials]
brochette brochette, skewer
brochure pamphlet, brochure, leaflet
broddelaar(ster) bungler, botcher
broddelarij *zie* broddelwerk
broddelen bungle, botch
broddelwerk bungle(d work), botch
brodeloos without means of support; *~ maken* throw out of employment, reduce to poverty; *de nieuwe wet maakte hem bijna ~* the new act brought him almost below the breadline
broed brood, hatch; *(vissen)* fry; *een ~ eieren* a clutch (of eggs), a sitting
broedblad[1] *(plant)* bryophyllum
broedcel brood cell
broedei hatching-egg, egg for sitting
broeden I *intr* brood, sit (on eggs) [the hen is sitting, a sitting bird]; *(zitten te) ~ op, (fig)* brood on [revenge, etc], hatch [evil designs]; **II** *tr: verraad (onheil) ~* brew treason (mischief); *het ~, (ook)* incubation; *zie ook* broeien
broeder 1 *(broer)* brother (*mv:* -s); *alle mensen zijn ~s* alle men are brothers; *volle, halve ~* full brother, half-brother; *~s van dezelfde ouders* brothers german; *~s van dezelfde vader* brothers on the father's side; *~s van de dezelfde moeder* brothers on the mother's side, brothers uterine; **2** *(medelid ve gild, vrijmetselaars, enz)* brother (*mv:* brethren); *~s (in het geloof)* brethren; *(fig:) hij is de ware ~ niet* he isn't Mr Right; *zwakke ~s* weaker brethren; *zie ook* broer; **3** *(orde~)* brother, friar; *(in ridderorde)* companion; **4** *(verpleger)* male nurse; **5** *(gerecht)* plum duff, spotted dick; **6** nesting bird
broederdienst 1 brotherly action, kind turn; **2** *vrijstelling wegens ~* exemption owing to one's brother's service
broedergemeente (community of the) Moravian (*of:* United) Brethren, Moravian Church
broederhand: *de ~ reiken* extend (hold out, stretch out) the hand of fellowship [to ...]
broederij [chicken] hatchery
broederliefde brotherly (fraternal) love
broederlijk brotherly, fraternal; *~ omgaan met* fraternize with
broedermoord(er) fratricide
broederschap fraternity, brotherhood; *(genootschap, ook)* community, fellowship, sodality; *~ sluiten met* fraternize with
broedersdochter niece
broederskind nephew, niece
broederszoon nephew
broedertrouw fraternal loyalty
broedertwist quarrel between brothers
broedervolk sister nation
broedhen, broedkip brood hen, breeder, [good] sitter
broedmachine incubator, brooder, hatcher
broedplaats breeding place (ground), *(v vis)* spawning bed, [fish] hatchery; *(fig)* hotbed [of crime]
broeds broody; *de kip is ~, (ook)* the hen wants to sit
broedsel *zie* broed
broedstoof incubator
broedtijd breeding season
broedvogel nesting bird
broei *(v hooi)* heating
broeibak[2] hotbed, (cold, *warm:* heated) frame, forcing bed
broeien I *intr* **1** *zie* broeden I; **2** *(hooi, enz)* heat, get heated (hot); **3** *het broeit in de lucht* the air is sultry;

---

1 voor sam met *broed-* zie ook *broei ...*
2 voor sam met *broei* zie ook *broed ...*

er broeit een onweer a (thunder)storm is gathering (brewing); **4** *(fig)* brew; *er broeit iets* there is s.t. (some mischief) brewing, there is s.t. in the wind (on foot); *er broeit een opstand* there is a ... brewing; **II** *tr* scald [a pig]; *zie ook* broeden II
broeiend: ~ *heet* broiling (hot); ~ *hooi* heated hay
broeierig close, sultry, sweltering [heat]
broeiing *(v hooi, enz)* heating
broeikas greenhouse [effect, gas], hothouse
broeinest hotbed [of crime, disease, etc]
broek 1 *(lang)* (pair of) trousers; *(sl)* bags; *(Am)* pantaloons, *(fam)* pants; *(korte mans~)* (pair of) breeches, *(pof~)* plus fours; *(jongens~, sport~)* shorts, knickers; *(span~)* tights; *(slappe)* slacks; *(onder~)* (pair of) drawers, pants; *de vrouw heeft de ~ aan* the wife wears the pants; *zijn eigen ~ moeten ophouden* have to earn one's own money (pay one's own way); *iem de ~ uitvegen* put a p. on the carpet; *een proces* ***aan*** *zijn ~ krijgen, a)* have an action brought against one, be taken to law; *b)* lose an action; *iem* ***achter*** *de ~ zitten* keep a p. up to the mark, on his toes; *het in zijn ~ doen* be doing it in one's pants [with fear], *(sl)* shit o.s.; ***voor*** *de ~ geven* spank [a child]; *voor de ~ krijgen* be spanked; *zie ook* broekje & dun; **2** *(ve kanon)* breech; **3** *(v paard, enz)* gaskin; *(ve paardentuig)* breeching; **4** *(drasland)* marsh(y land), swamp; **5** *(reddingstoestel)* breeches buoy
broekachtig marshy, swampy
broekenman small boy
broekhoest fart; windiness
broekje 1 knickers, panties; *(v kind)* pants, briefs; **2** *jong ~* youngster, *(eigenwijs)* whippersnapper
broekjurk culotte dress, *(Am)* pantdress
broekland marsh(y land)
broekpak trouser suit, slack suit, *(Am)* pantsuit
broekriem belt; *de ~ aanhalen* tighten one's belt
broekrok culotte(s)
broeksband waistband
broekspijp trouser leg; *omgeslagen ~en* turn-ups
broekveer bicycle clip
broekzak trouser(s) pocket, breeches pocket; *dat is ~ vestzak* it is robbing Peter to pay Paul; *kennen als zijn ~* know inside out
broer brother; *zie* broeder; *~tje* little brother; *een ~tje zijn van, (fig)* be twin brother (a near neighbour) to; *zijn kleine ~tje* his baby brother; *daar heb ik een ~tje aan dood* I detest it, that's my pet aversion; *het is ~tje en zusje* it is six of one and half a dozen of the other
broes *(ve gieter)* rose
brok piece, bit, morsel, fragment, lump, chunk [of meat]; *de pap zat vol ~ken* the porridge was lumpy (full of lumps); *overgeschoten ~ken* scraps, odd bits; *hij kreeg een ~ in zijn keel, (fig)* he felt a lump (felt a lump rise) in his throat; *één ~ zenuwen* [he is] a bundle of nerves; *~ken maken* blunder, muck (mess) things up; *(met auto, enz)* smash up [cars]
brokaat brocade
brokkelen crumble
brokkelig crumbly, friable, brittle; [his speech was a] disjointed [affair]
brokkeligheid friability
brokken break [bread into milk, etc]; *zie ook* melk
brokkenmaker accident-prone person
broksgewijze bit by bit, piecemeal
brokstuk fragment, piece, scrap; *~ken van oude liederen* snatches (scraps) of old songs
brom *(radio & tv)* hum; *een ~ in hebben* be tight
brombas bombardon, bourdon
brombeer grumbler
bromfiets(er) moped (rider)
bromide bromide
bromium bromine
brommen 1 *(ve insect)* hum, buzz; **2** *(ve persoon)* growl [*op* at], grumble [*over* at], grouse; *(mompelen)* mutter; *(radio, tv, enz)* hum; *wat ik je brom* take my word for it; *Onze Lieve Heer hoort hem ~* he tries not to show his vexation (etc); **3** *('zitten')* do time; *een week ~* 'do' a week; **4** *(bromfietsen)* ride a moped
brommer *zie* brombeer, bromfiets & bromvlieg
brommerig grumpy, grumbling, cross
brompot grumbler
bromscooter scooter
bromtol humming top
bromtoon buzz; *(elektr)* hum
bromvlieg bluebottle, blowfly
bron 1 *(in bodem)* well, [hot, mineral] spring; *(ve rivier)* source; **2** *(fig)* source, spring, fountain(head), origin, cause; *(wtsch)* authority, source; *~ van bestaan* means of living; *~ van inkomsten* source of income (of revenue); *we vernemen uit goede (geloofwaardige, gezaghebbende) ~* we learn from a reliable (well-informed, authoritative) source, we have it (it is reported) on good (reliable, the best) authority
bronader *(ook fig)* wellhead, fountainhead
bronbelasting tax deducted at source
bronbemaling well-pointing
bronchiaal bronchial
bronchie bronchus *(mv:* -chi), bronchial tube
bronchitis bronchitis
bronchoscopie bronchoscopy
brongas marsh gas, methane
bronheffing *zie* bronbelasting
bronnenmateriaal source material
bronnenstudie original research, study of original sources
brons bronze
bronst oestrum, *(Am)* estrum; *(v mann dier)* rut; *(v vr dier)* heat
bronsten rut
bronstig oestrous, *(Am)* estrous, rutting, at rut; on heat
bronstijd Bronze Age, bronze period

---

voor sam met *broei* zie ook *broed ...*

bronsttijd rutting season (time); oestrus, *(Am)* estrus
brontaal source language
bronvermelding: *met (zonder) ~ overgenomen uit* reproduced (reprinted) with(out) acknowledgement from
bronwater spring (spa, mineral) water
bronzen *bn & ww* bronze; *~ kunstvoorwerp* bronze; *~ tijdperk* Bronze Age
brood *(stofnaam)* bread; *een ~* a loaf (of bread); *zie ook* broodje; *ons* ***dagelijks*** *~* our daily bread, one's bread and butter; *geef ons heden ons dagelijks ~* give us this day our daily bread; *hij ziet er geen ~ in* he does not think it will pay; *de honden lusten er geen ~ van* it is too outrageous for words; *gesneden ~, (fig), zie* koek; *het ~ des levens* the bread of life; *~ op de plank* the first necessities of life; *zijn ~ op het water werpen* cast one's bread upon the waters; *hij* ***eet*** *zijn eigen ~* he is his own master; *wiens ~ men eet, diens woord men spreekt, (vglb)* you've got to go where your bread is buttered; *zijn ~* ***hebben*** make a living; *hij heeft goed zijn ~* he is comfortably off; *zich het ~ uit de* ***mond*** *sparen* stint o.s.; *iem het ~ uit de mond stoten* take the bread out of a p.'s mouth; *zijn ~* ***verdienen*** make a living, earn one's bread and butter; *een eerlijk stukje ~ verdienen* turn an honest penny; *iem* ***aan*** *een stuk ~ helpen* put a p. in the way to earn his bread and butter (a living); *de mens zal* ***bij*** *~ alleen niet leven* man shall not live by bread alone; *hij doet het* ***om*** *den brode* he does it for a living (to keep the pot boiling); *ik zal het hem* ***op*** *zijn ~ geven* I'll make him pay for it; *alle dagen krijg ik dit op mijn ~* this is thrown in my teeth every day
broodbak breadbasket
broodbakker baker
broodbakkerij **1** baker's business, bakery; **2** bakehouse, bakery
broodbeleg *(vglb)* sandwich filling
broodboom breadfruit tree
brooddeeg (bread) dough, bread paste
brooddronken over-excited, rowdy, intoxicated
brooddronkenheid exuberance, rowdiness, devilment
broodheer employer, master
broodje roll; *~ aap* mythical tale; *als warme ~s* [sell, go] like hot cakes; *zoete (platte) ~s bakken* eat humble pie, sing small, *(bij, tegenover iem)* soft-soap [a p.]; *onderwijs geven is mijn ~* teaching is my bread and butter; *zijn ~ is gebakken* he has it made
broodjeswinkel, broodjeszaak bakeshop, sandwich bar
broodkorf breadbasket; *iem de ~ hoger hangen* put a p. on short allowance
broodkorst breadcrust, crust (of bread)
broodkruim(els) breadcrumbs; *de broodkruimels steken hem, (vglb)* he's getting too big for his boots
broodmaaltijd *(vglb)* cold lunch
broodmager (as) lean as a rake (a lath), gaunt, skinny, scraggy
broodmand breadbasket
broodmes breadknife
broodnijd professional (trade) jealousy
broodnodig much-needed [holiday], highly necessary; *ik heb het ~* I need it badly
broodnuchter as sober as a judge, completely sober
broodpap bread and milk, bread sop; *(med)* bread poultice
broodplank breadboard
broodroof depriving [a p.] of his livelihood
broodrooster toaster; *automatische ~, (ook)* pop-up toaster
broodschrijver hack (writer), penny-a-liner, literary hack, writer of potboilers
broodschrijverij penny-a-lining
broodsoep panada
broodstengels grissini
broodsuiker loaf sugar
broodtrommel breadbin
broodvorm bread tin
broodvrucht breadfruit
broodwinner breadwinner
broodwinning (means of) subsistence, livelihood; *een goede ~* a good business; *het is zijn ~* it's his bread and butter
broodwortel yam
broodzaag bread slicer
broom bromine
broomkali bromide of potassium
broomzilver bromic silver
broomzuur bromic acid
broomzuurzout bromate
broos **I** *bn* **1** *(eig) zie* bros; **2** *(fig)* frail [health], fragile [glass, relationship], brittle [glass, friendship], delicate [health, china *porselein*]; **II** *zn (toneellaars)* buskin
broosheid **1** *(eig) zie* brosheid; **2** *(fig)* frailty, fragility, brittleness
bros crisp [biscuits, toast]; brittle [glass]; friable [stone]
brosheid crispness, etc; *vgl* bros
brosse: *haar en ~* crew cut, *(fam)* closely-cropped hair
brossen play truant, cut leactures
brouilleren set at variance, embroil [one p. with another]; *zich ~ met* embroil o.s. with; *gebrouilleerd zijn* have fallen out, be on bad (no longer on speaking) terms
brouillon rough draft
brouwen **I** *tr* brew [beer], mix [a bowl of punch]; *(fig)* brew [mischief, treason, etc], hatch [a plot]; **II** *intr* speak with a burr, burr one's r's
brouwer brewer
brouwerij brewery, brewhouse; *leven in de ~ brengen* make things hum, liven things up; *er kwam leven in de ~* things came to life, things began to move
brouwersknecht brewer's man, drayman

brouwerspaard dray horse
brouwerswagen (brewer's) dray
brouwkuip brewing vat (tub)
brouwsel brew, concoction; *(fig)* concoction, stew [of calumny]
brr! ugh!
brug 1 bridge *(ook mar & tandheelkunde); steile ~* humpback(ed) bridge; *over de ~ komen* pay up, come across; *(fam)* fork out, cough up; *royaal over de ~ komen* come down handsomely; **2** *(loopplank)* gangway; **3** *(gymn)* parallel bars; *~ met ongelijke leggers* asymmetric bars; *zie ook* ho, slaan
brugbalans (platform) weighing machine, platform scales (balance)
brugdek 1 roadway, deck (slab); **2** *(mar)* bridge deck
brugfunctie bridging function
Brugge Bruges
bruggeld (bridge) toll
bruggenbouw bridge-building, bridging
bruggenbouwer bridge builder *(ook fig)*
bruggenhoofd 1 abutment (of a bridge); **2** *(mil)* bridgehead; *(strand~)* beachhead
brugger first-former
brugjaar intermediate year; first year (of secondary school)
brugklas first form (of secondary school)
brugleuning (bridge) railing; *(v steen)* parapet
Brugman: *hij kan praten als ~* he has the gift of the gab, can talk the hind legs off a donkey
brugoefeningen parallel bar work
brugpieper *(min)* first-former
brugpijler pier, pillar
brugwachter bridge keeper
brui: *de hele ~* the whole show (*of:* concern); *er de ~ aan geven* chuck it (the thing), throw it up, throw up the whole thing, jack it in
bruid bride; *~ des Heren* bride of Christ
bruidegom (bride)groom
bruidsbed bridal bed, nuptial couch
bruidsboeket bridal (*of:* wedding) bouquet
bruidsdagen 1 period when the banns are up, days between notice of marriage and wedding; **2** (days of) courtship; *de ~ zijn voorbij, (fig)* the honey-moon is over
bruidsgeschenk, bruidsgift wedding present
bruidsjapon wedding dress, bridal gown
bruidsjonker *(vd bruid)* bridal (bride's) page; *(vd bruidegom, vglb)* best man, usher
bruidskoets bridal carriage, wedding coach
bruidsmeisje bridesmaid
bruidsnacht wedding night
bruidspaar bride and (bride)groom, bridal couple
bruidsschat (marriage) portion, dowry
bruidssluier 1 bridal veil; **2** *(pl, inz)* baby's breath
bruidsstoet wedding procession
bruidssuikers wedding sweets
bruidstaart wedding cake
bruidstranen *(drank)* hippocras
bruidsvlucht nuptial flight
bruigom (bride)groom
bruikbaar 1 *(nuttig)* serviceable, useful; *(geschikt)* usable; *~ plan, (ook)* workable plan; **2** *(v pers)* employable
bruikbaarheid serviceableness, etc, *vgl* bruikbaar; utility
bruikleen 1 deposit; **2** (permanent, long-term) loan; *in ~, zie* leen: in ~, te ~
bruiloft wedding [cake, guest], marriage feast; *(dicht)* nuptials; *~ vieren (houden)* celebrate a wedding; *het is alle dagen geen ~* life is not all beer and skittles; *25-, 50-, 60-jarige ~* silver, golden, diamond wedding; *koperen, briljanten, platina ~* 12½, 65, 70 years' wedding anniversary
bruiloftsfeest wedding feast (party)
bruiloftsgedicht nuptial song, epithalamium
bruiloftskleed wedding dress; *(v vogels)* breeding dress
bruiloftsmaal wedding breakfast
bruin I *bn* brown [bear, race, sugar]; *(rood~, ve paard)* bay; *~e beuk* copper beech; *~ café* old-time café (with brown interior); *~ bakken, ~ braden* brown [meat]; *het nogal ~ bakken, (fam)* lay it on rather (thick); *~ worden (door de zon)* tan; *zie ook* boon; **II** *zn* brown; *de ~e* the bay horse; *B~, (de beer)* Bruin; *dat kan B~ (de ~e) niet trekken* I (we, etc) cannot afford it; *~tje, (ook)* brunette; *zie ook* licht
bruinachtig brownish
bruinbrood brown bread
bruineerstaal burnisher, burnishing iron
bruinen I *tr* (make) brown, *(huid, ook)* bronze, tan; *door de zon gebruind* sunburnt; **II** *intr* (become, get, grow) brown; *(huid, ook)* tan, bronze
bruineren 1 burnish, brown; **2** *zie* bruinen
bruingebakken browned [toast]
bruingeel brown(ish)-yellow
bruinharig brown-haired
bruinjoekel *(min)* **1** *zie* bruinwerker 1; **2** wog
bruinkool brown coal, lignite
bruinogig brown-eyed
bruinoog brunette
bruinrood brown(ish) red
bruinrot brown rot
bruinsteen manganese (dioxide), pyrolusite
bruinvis porpoise
bruinwerker 1 *(homo)* brownie hound; **2** *(vleier)* brown-nose
bruis foam; *(op dranken)* froth; *(fijne waterdeeltjes van fontein, enz)* spray; *zie ook* schuim
bruisen 1 *(v gazeuse dranken, enz)* fizz, sparkle, effervesce; **2** *(vd zee)* seethe, roar; *(ve beek)* bubble, brawl; **3** *(v bloed)* rush, seethe; **4** *(fig), ~ van woede* seethe with rage; *~de geestdrift* fervid enthusiasm
bruispoeder effervescent powder, bicarbonate
bruistablet effervescent tablet
brulaap 1 howler (monkey); **2** *(pers)* bawler
brulboei whistling buoy

brulkikker, brulkikvors bullfrog
brullen roar [at a p.; *vh lachen* with laughter]; *(ve roerdomp)* boom; *(v brulaap)* howl
brunch(en) brunch
brunette brunette
Brunswijk Brunswick
Brussel Brussels
Brusselaar inhabitant (native) of Brussels
brusselen live a flamboyant life
Brussels Brussels; *~e kant* Brussels lace; *~ lof* (Brussels) chicory, *(inz Am)* endive, witloof; *~e spruitjes* Brussels sprouts
brutaal I *bn* impudent, impertinent, insolent, brash, brazen(-faced), barefaced [falsehood]; audacious, daring [thief, robbery]; *(minder sterk)* forward, saucy, cheeky, pert [servant girl]; *nogal ~ van hem* rather cool of him; *wat ~!* the cheek of it!, of all the nerve!; *zo ~ als de beul* as bold as brass; *hij was zo ~ om ...* he had the cheek (nerve, gall, sauce) to ...; *~ zijn tegen, zie* brutaliseren; *niet ~, alsjeblieft* none of your cheek; *zijn werk is een brutale kopie van het mijne* his ... is a barefaced reproduction of mine; *een ~ mens heeft de halve wereld* audacity pays; II *bw* impudently, etc; *~ antwoorden* talk back, give back-answers; *(het) ~ volhouden* brazen (face) it out; *zich er ~ doorheen slaan* put a bold face on the matter, brazen it out
brutaaltje saucy imp; *(meisje)* saucebox
brutaalweg coolly, barefacedly
brutaliseren: *iem ~* sauce (cheek) a p., give a p. sauce; bully a p.; *ik laat mij door hem niet ~* I won't put up with his cheek, I won't be bullied by him
brutaliteit impudence, insolence, effrontery, assurance; *(fam)* cheek, sauce, gall; *(Am)* attitude; *[dat is] een ~* a piece of cheek (of impudence); *de ~ hebben om ...* have the nerve (gall, front, face, cheek) to ...
bruteren gross up
bruto gross [income, profit, weight]; *~ voor netto* gross weight for net; *~ nationaal product* gross national product, GNP
bruusk brusque, abrupt, blunt, offhand
bruuskeren snub, treat cavalierly (brusquely)
bruuskheid brusqueness, abruptness, bluntness
bruut I *bn* brute, brutish; *~ geweld* brute force; II *zn* brute, bully, yob(bo)
btw VAT (Value Added Tax)
bubbelbad **1** bubble bath; **2** whirlpool, jacuzzi
bubs *(fam)* lot, bunch
bucolisch bucolic
buddleja buddleia
budget budget; *zie ook* begroting
budgetbewaking budgetary control
budgettair budgetary
budgetteren budget (for)
budo budo
buffel **1** buffalo; **2** *(fig)* boor, churl
buffelen **1** *zie* afranselen; **2** *zie* schranzen
buffelhuid buffalo hide
buffelleer buff
buffer(en) buffer *(ook fig)*
bufferstaat buffer (state)
buffervoorraad buffer stock
buffet **1** *(meubel)* sideboard; **2** *(tapkast)* bar; **3** *(in station enz)* refreshment bar, buffet; **4** *(op partij)* buffet
buffetbediende bartender, barman
buffethouder barkeeper
buffetjuffrouw barmaid
buffetloper sideboard cover
bugel bugle
bühne stage
bui **1** shower [of hail, rain, etc]; *(wind- en regenvlaag)* squall; *(wolk)* (storm) cloud; *droge ~* dry moment, dry spell; *maartse ~* April shower; *voor de ~ binnen zijn* be in before the rain; *de ~ zien hangen (aankomen), (fig)* see what's coming; *een ~ krijgen* be in for a shower; *het is maar een ~tje* it's only spitting; **2** *(stemming)* mood; *(aanval v hoesten, lachen)* fit; *(gril)* whim, freak; *een luie (boze) ~* a lazy fit (a fit of anger); *bij ~en* by fits and starts; *in een goede (slechte) ~ zijn* be in a good (bad) humour; *in een driftige ~* in a fit of temper; *ze had een kwade ~* she was in a bad temper, in a pet, in one of her tantrums (moods)
buidel **1** bag, pouch; **2** *(ve dier)* pouch; **3** *(beurs)* purse, pouch; *een dikke ~, (fig)* a long purse; *zie ook* zak: in de ~ tasten
buidelbeer koala, Australian bear
buideldas bandicoot
buideldier marsupial (animal)
buidelmees penduline tit
buidelmol marsupial mole
buidelrat opossum (rat)
buidelwolf zebra wolf
buigbaar flexible, bendy, pliable, pliant; *(gramm)* declinable
buigbaarheid flexibility, pliability, pliancy
buigen I *tr* bend [the knee, head, a stick, a p. to one's will], bow [the knee, head, shoulders, etc]; diffract [rays *stralen*]; *het hoofd ~, (fig)* give in, submit; *(fam)* knuckle under; *iems wil ~* bend (bow) a p.'s will; *~ en strekken* flex and extend [the limbs]; *zich ~, (ve pers, takken, enz)* bend, bow; *(bukken)* stoop; *(ve rivier, enz)* curve, make a bend; *(zich vernederen)* stoop; *(zich onderwerpen)* submit, yield; *zich ~ over* devote one's attention to, go into [a problem]; *zich ~ voor* bow (submit) to [a p., public opinion, a demand, the inevitable], bow before [a p.]; II *intr* bend, bow; *(een buiging maken)* bow [*voor* to]; *zie verder* zich ~; *~ en kruipen* cringe and crawl; *~ of barsten* bend or break; *om de hoek ~* turn (round) the corner; *~d de kamer uitgaan* bow o.s. out (of the room); *zie ook* gebogen
buiger *(buigspier)* flexor
buiging **1** bend, curve; *zie ook* bocht; **2** *(groet)* bow; *(diepe ~)* obeisance; *(revérence)* curtsy; *[iem] een ~*

maken make [a p.] a bow, drop [a p.] a curtsy; **3** *(vd stem)* modulation, inflexion; **4** *(gramm)* (in)flexion; **5** *(stralen)* diffraction; **6** *(med, meetk)* flexure
buigingsleer accidence
buigingsuitgang inflectional ending, inflection
buigingsvorm inflectional form, inflection
buigpees flexor tendon; *(vd knie)* hamstring
buigspanning bending stress
buigspier flexor
buigtang (pair of) pliers
buigzaam 1 flexible, supple; *(ook fig)* pliant; **2** *(fig)* yielding, of a yielding disposition
buigzaamheid flexibility; suppleness, pliancy
buiig showery, unsettled, squally
buik 1 belly *(ook ve fles, spier, enz),* stomach; *(volkst)* paunch; *(~holte)* abdomen; *pijn in zijn ~ hebben* have stomach-ache; *zijn ~ inhouden* hold in one's stomach; *van zijn ~ een* ***afgod*** *maken, zijn ~ dienen (zalven)* make a god of one's belly; *zijn ~* ***vasthouden*** *van het lachen* hold one's sides with laughter; *ik heb er mijn ~* ***vol*** *van* I am fed up with it, I've had my bellyful of it; *het zijn twee handen* ***op*** *één ~* they are hand in glove; *op zijn ~ liggen* lie on one's stomach, lie face downwards; **2** *(ve ton, enz, ook)* bulge; **3** *(natuurk), ~en en knopen* ventral segments and nodes; **4** *(deel ve zeil)* bunt; *(bolstaand zeil)* belly; *zie ook* buikje
buikademhaling abdominal respiration
buikband *(v pers)* abdominal belt; *(ve paard)* belly band
buikdans belly dance
buiken belly (out), bulge
buikgordel *zie* buikband
buikgording *(mar)* buntline
buikgriep gastroenteritis, gastric (*of:* stomach) flu
buikholte abdomen, abdominal cavity
buikig paunchy, corpulent
buikje 1 *(dikke buik)* paunch, pot-belly, [develop middle-aged] spread; **2** *(maag)* stomach; *(fam)* tummy; *zijn ~ vol eten* eat one's fill
buikkramp colic
buiklanding *(luchtv)* belly (pancake) landing; *een ~ maken* belly-flop
buikloop diarrhoea; *(fam)* the trot(s); *(v vee)* scouring
buikoperatie abdominal operation, laparotomy
buikpijn stomach ache, bellyache, *(fam)* tummy ache, abdominal pain; *~ hebben* have a pain in one's inside; *(fig)* be worried
buikpoot *(v rups)* proleg
buikpotig gastropodous; *~ dier* gastropod
buikriem belly-band, girth; *de ~ aanhalen, (fig)* tighten one's belt
buikschild abdominal shield
buikschuiver 1 bellyflop; **2** type of moped
buikspeekselklier pancreas
buikspek belly
buikspier abdominal (*of:* stomach) muscle
buikspreken I *zn* ventriloquism, ventriloquy; **II** *ww* ventriloquize
buikspreker ventriloquist
buiktyfus enteric (fever), typhoid (fever)
buikvin pelvic fin
buikvlies peritoneum
buikvliesontsteking peritonitis
buikwand abdominal wall
buikzenuw abdominal nerve
buikzijde ventral side
buikzwammen gasteromycetes
buil 1 *(gezwel)* lump, swelling; *zich een ~ vallen, (fig)* have a bad bargain; *daar kun je je geen ~ aan vallen* you can't go wrong over that; **2** *(ve stoomketel bijv)* bulge; **3** [tea]bag; **4** *(meelzeef)* bolter, bolting machine (*of:* mill)
builen 1 bolt; **2** *(ve stoomketel bijv)* bulge
builenpest bubonic plague
buis 1 *(pijp)* tube, pipe, conduit; *door buizen leiden* pipe [water]; **2** *(ve kachel)* flue; *(hoed)* stovepipe; **3** *(radio~)* valve, tube; *(tv)* tube, screen; *op de ~* on the box (the telly); **4** *(anat)* duct; **5** *(ve granaat)* fuse; **6** *(kleding)* jacket; **7** herring boat; **8** unsatisfactory mark; *een ~ krijgen* fail
buisbaby test-tube baby
buiskool white-headed cabbage
buislamp tubular lamp
buisleiding system of pipes, piping; *(voor petroleum)* pipeline(s)
buisverlichting strip lighting; tubular lighting
buisvormig tubular, tube-shaped
buiswater spray
buit booty, loot, spoils; *(sl)* swag; *hele ~, (ve jager)* bag; *~ maken* capture, seize, carry off as a prize; *de ~ binnenhalen, (fig)* gather in the harvest, *(fam)* collect
buitelaar(ster) tumbler
buitelen tumble, roll, fall head over heels
buiteling tumble, [come a] purler; *(ve fiets, paard)* spill; *(acrobatische toer)* somersault; *een ~ maken, a)* turn a somersault; *b)* take a tumble
buiten[1] I *vz* **1** outside (of) [the town, Scotland], outside [my competence], out of [danger, school hours, sight, a mile out of London, a fish out of water], beyond [reach, my power]; *~ de school* [teachers'] out-of-school (extramural) [activities]; *~ zijn inkomen gaan* exceed (go beyond) one's income; *zie ook* boek & II: te buiten; *ik was ~* ***mijzelf*** *van toorn (verrukking)* I was beside myself with anger (could not contain myself for joy); *er ~* ***blijven****, zich er ~* ***houden*** keep out of it, stand aside; *de pers er ~ houden* keep the Press out; ***laat*** *haar er ~* leave her out of it; *ik sta ~ alles* I am out of everything; *~ mij* ***om*** without my knowledge, unknown to me, [he sent in a report] over my head; *~ iem om handelen* go behind a p.'s

1 zie behalve de volgende uitdrukkingen de woorden, die met *buiten-* een bepaling vormen

back; **2** *(behalve)* except, but, beyond; besides; *zie ook* behalve; ~ *en behalve* over and above [his commission, what I told you, etc]; ~ *en behalve de onkosten* exclusive of expenses; **3** *(zonder)* without [doubt, etc]; *ik* ***kan*** *niet* ~ *hem* I cannot do without him; *ik kan er niet (slecht)* ~ I cannot (afford to) do (can ill afford to do) without (it); *zie ook* schuld; **II** *bw* [come, play, sit, wait] outside, out of doors, outdoors, out [sit out in the garden], [picnic] in the open; *(niet in de stad)* in the country; *hij mag niet* ~ *komen* he is not allowed out (of doors); *alles moet* ~ everything must go; *een dagje* ~ a day in the country; *het hooi is nog* ~ the hay is still out; *de hond* ~ *laten, zie* uitlaten; *ga jij maar* ~ *spelen, (min)* you go back to your toys; ***naar*** ~ *met hem!* turn (*fam:* chuck) him out!; *naar* ~ *gaan, a)* go outside, go out of the house; *b)* go into the country, go out of town; *c) (ve reddingsboot)* put out (to sea); *naar* ~ *snellen* run outside; *naar* ~ *volgen* follow [a p.] out; *naar* ~ *brengen* take [the chairs] out, lead [a p.] out [of the house], publish [a proposal]; *naar* ~ *opengaan* open outwards; *optreden naar* ~ act in public, public action(s); *zijn voeten naar* ~ *zetten* turns one's toes out; *met zijn tenen naar* ~ with his toes pointed out; *alle grenzen* ***te*** ~ *gaan* exceed all bounds; *zijn bevoegdheid te* ~ *gaan* exceed one's powers (duties, remit); *zich te* ~ *gaan* indulge in excesses, drink (eat) too much; *zich te* ~ *gaan aan* indulge too freely (over-indulge) in, *(aan de drank)* drink to excess; ***van*** ~ [black] outside, [locked] on the outside, [as seen] from the outside; *hulp (invloeden) van* ~ outside help (influences); *van* ~ *komen, a)* come from the outside; *b)* come from the country (the provinces); *van* ~ *kennen (leren, opzeggen)* know (learn, say) by heart (by rote); *ik ken Amsterdam (het boek) van* ~ I know ... inside out; *zie ook* binnen & boer; **III** *zn* **1** country seat (house); **2** countryside; **3** *zie* buitenspeler

buitenaards: ~ *(wezen)* extraterrestrial; ~ *wezen, (ook)* alien

buitenaf on (*of:* from) the outside; ~ *gelegen* outlying [districts]; *van* ~ outside [help, influences], [hear] from an outsider

buitenantenne outdoor aerial

buitenbaan **1** outside track; **2** outside lane

buitenbaarmoederlijk extra-uterine; *~e zwangerschap* ectopic pregnancy

buitenbad outdoor (open-air) swimming pool

buitenband tyre, outer case (cover)

buitenbeentje **1** by-blow; **2** misfit, odd man out

buitenbekleding outer covering

buitenbocht outside bend (curve)

buitenboord(s) outboard [motor]; *zie verder* boord

buitenboordskraan *(mar)* seacock

buitendeur **1** outer door; **2** front door, street door

buitendien moreover, besides

buitendienst field organization

buitendijk outer dike

buitendijks outside the dike(s)

buitenechtelijk born out of wedlock; extramarital [affair]

buitengaats outside, off the harbour (the entrance), in the offing

buitengemeen **I** *bn* uncommon, extraordinary, exceptional, out of the common; superlative [skill]; **II** *bw (ook)* extremely [difficult], phenomenally [acute], [she enjoyed herself] to the top of her bent

buitengerechtelijk extrajudicial

buitengewesten outlying districts; *(Ind hist)* Outer Provinces

buitengewoon *zie* buitengemeen; ~ *gezant* ambassador (*of:* envoy) extraordinary; ~ *hoogleraar* professor extraordinary; *-gewone leerstoel* extraordinary chair; *school voor* ~ *onderwijs* special school; *zie ook* achterlijk: -gewone kinderen; *-gewone uitgaven* extra expenses, extras; *-gewone vergadering* extraordinary (*of:* special) meeting; *niets ~s* nothing out of the common (out of the ordinary)

buitengoed country seat

buitengrenzen external frontiers [of the EC]

buitenhaven outer harbour

buitenhoek *(meetk)* exterior angle; *(ve oog bijv)* outer corner

buitenhof outer court

buitenhuis country house, cottage

buitenissig strange, eccentric

buitenissigheid eccentricity, oddity, fad

buitenkansje stroke (piece, bit) of (good) luck, windfall; *ik had een* ~ a bit of luck came my way, I came in for a windfall

buitenkant outside, exterior; outskirts [of a town, etc]; *het zit maar aan de* ~ it's only on the outside; *schoonheid zit maar aan de* ~ beauty is but skin-deep

buitenkerkelijk non-church [organizations]

buitenkerkelijke non-church member

buitenlamp outside light; *zie* buitenlantaarn

buitenland foreign country (countries); *in (naar) het ~, (ook)* abroad; *zie ook* buitenslands; *de relaties van onze firma met het* ~ our foreign relations; *naar het* ~ *vertrekken* go abroad; *uit het* ~ from abroad; *in het* ~ *gemaakt (gebouwd)* foreign-made (-built); *in het* ~ *wonend, werkend (persoon), (ook)* expatriate, *(fam)* expat

buitenlander foreigner; *(sp)* expat

buitenlands foreign [trade, products, etc], overseas [postal rates]; external [loan, debt], exotic [plants], [news] from abroad, [a trip] abroad; *zie ook* minister(ie)

buitenlantaarn outside (outdoor) light, outdoor [detector] flood(light)

buitenleven **1** open-air (outdoor) life; **2** country life

buitenlid non-resident member

---

zie behalve de volgende uitdrukkingen de woorden, die met *buiten-* een bepaling vormen

buitenloods sea pilot
buitenlucht 1 open air; *in de ~ slapen, (ook)* sleep out; **2** country air; fresh air
buitenlui country people
buitenman countryman; *zie ook* buitenspeler
buitenmate, buitenmatig *zie* bovenmate, bovenmatig
buitenmens 1 *zie* buitenman & *vgl* buitenlui; **2** outdoorman
buitenmodel non-standard; non-regulation [uniform]; *~ artikelen* off-sizes
Buiten-Mongolië Outer Mongolia
buitenmuur outer wall
buitenom [go] round (the back, house, etc)
buitenop *(brief)* outside
buitenopname *(film)* exterior
buitenparochie rural parish
buitenpasser outside callipers
buitenpatiënt outpatient
buitenplaats country seat, place; *je noemt maar een ~* say whatever (name) comes to mind
buitenplaneet outer (exterior) planet
buitenpoort outer gate
buitenpost outpost (*ook fig:* the farthest outposts of the Empire); *(in kol)* outstation
buitenproportioneel out of proportion, disproportionate
buitenrand outer edge
buitenschool open-air school
buitenschools out-of-school [activities]
buitenshuis out of doors, outdoors, out of the house; *~ eten* dine (eat, take one's meals) out; *~ slapen* sleep out
buitenslands in foreign parts (*of:* countries), abroad
buitensluiten 1 lock [a p.] out, shut out [light, etc]; **2** *(fig)* exclude, shut out; *zie ook* uitsluiten
buitensluiting *zie* uitsluiting
buitensociëteit *(vglb)* country club
buitenspel *(sp)* offside [spring the offside trap]
buitenspeler *(sp)* [right, left] winger
buitenspiegel side mirror, wing mirror
buitensporig extravagant, excessive, inordinate; *~e prijs* exorbitant (prohibitive, fancy) price; *tegen de ~e rente van 60%, (ook)* at the extortionate rate of 60 per cent; *~ drinken* drink to excess
buitensporigheid extravagance, exorbitance, excessiveness
buitensport outdoor (field) sport(s)
buitenst outer(most), outmost, exterior
buitenstaander outsider
buitentarief exterior tariff
buitentekstplaat full-page plate
buitentemperatuur outside temperature
buitentijds out of season, out of hours; *zie ook* tussentijds
buitenverblijf country house (seat, residence)
buitenwaarts *bw* outward(s)
buitenwacht advanced post, outpost; *ik heb het van de ~* I heard it from an outsider
buitenwand outer wall
buitenweg country road
buitenwereld outer (outside) world, general public
buitenwerk 1 *(mil)* outwork, advanced work; **2** outdoor (out-of-door) work
buitenwerks [4 ft] outside measurement
buitenwijk suburb; *(mv ook)* outskirts [of a town]
buitenzak outside pocket
buitenzijde outside
buitenzintuiglijk extrasensory [perception]; *~e beïnvloeding* telekinesis
buitgeld prize money
buitmaken *zie* buit
buizen fail, be ploughed
buizennet [gas, water] mains
buizenpost pneumatic post
buizerd buzzard
bukken I *intr: (zich) ~* stoop, bend down; *(duiken)* duck; *~ voor* bow to (before), submit (yield) to; *gebukt gaan onder* be bowed (weighed) down by [cares], labour under [difficulties]; **II** *tr* bend [one's head]
buks 1 (small-bore) rifle; **2** *(plant)* box
buksboom box tree
bukshout(en) boxwood
bukskin buckskin
bul 1 *(stier)* bull; **2** [papal] bull; [university] diploma; **3** *zie* bullen
bulderaar, bulderbast blusterer
bulderen 1 *(v wind, kanon, enz)* roar; *(v wind, ook)* bluster; *(v kanon, zee, enz)* boom; **2** *(ve pers)* roar (*ook:* with laughing), bellow, boom, bluster, thunder; *'neen!' bulderde hij* 'no!' he roared (thundered, bellowed); *~ tegen* storm at
bulderlach guffaw, booming laugh
bulderlachen guffaw
buldog bulldog
Bulgaar(s) Bulgarian, *(hist)* Bulgar
Bulgarije Bulgaria
bulhond bulldog
bulkartikelen bulk (goods)
bulkboek book in newspaper format
bulken 1 low, bellow, moo; **2** *(v pers)* bellow, howl; *~ van het geld* be rolling (*of:* wallow) in money, have money to burn, be stinking rich
bulldozer(en) bulldozer
bullebak 1 bully, browbeater; **2** *zie* boeman
bullen things, effects, belongings; *(kleren, ook)* togs
***bullenbijter** *(Wdl: bullebijter)* **1** bulldog; **2** *(fig)* bully
***bullenpees** *(Wdl: bullepees)* bull's pizzle
bulletin bulletin
bulletineren post up [news]
bult 1 lump, bump, bulge; **2** *(bochel)* hump, hunch; *zie ook* lachen

---

zie behalve de volgende uitdrukkingen de woorden, die met *buiten-* een bepaling vormen

bultenaar hunch-, humpback; [Richard] Crookback
bultig lumpy [bed]; *(gebocheld)* hunch-, humpbacked
bultos, bultrund 1 bison; **2** zebu
bultzak straw mattress
bumper bumper; *(Am ook)* fender; *op iems ~ zitten, (fig)* tailgate a p.
bumperklever tailgater; *vgl* bumper
bun (fish) well, trunk
bundel bundle [of clothes, sticks, etc]; sheaf [of banknotes, letters, arrows]; wad [of banknotes]; volume, collection [of poems, essays]; shaft, beam [of light]
bundelen 1 *(artikelen, enz)* bring together, collect [in one volume]; **2** coordinate [research programmes, efforts]; rally, unite, concentrate [forces]
bundelpijler clustered column
bunder hectare: 2.471 acres
bungalow bungalow
bungalowpark holiday village
bungalowtent bungalow (*of:* frame) tent
bungeejumpen bungee jumping
bungelen dangle, swing (to and fro); *het bungelt er maar wat bij, (fig)* it is a mere appendage
bunker 1 bunker; **2** *(mil)* pillbox; blockhouse; [U-boat] pen
bunkeren 1 refuel, bunker; **2** gorge, stuff o.s.
bunsenbrander Bunsen burner
buntgras grey hair-grass
bunzing polecat, fitchew
bups *(fam)* lot, bunch
burcht castle, citadel, stronghold; *een vaste ~, (fig)* a stronghold sure [is our God]; a tower of strength; *vgl* kasteel & slot
burchtvrouwe chatelaine
bureau 1 office, bureau; *(compagnies~)* orderly room; *(politie~)* (police) station; *(in hotel)* reception desk (*of:* office); **2** *(schrijf~)* writing table (*of:* desk)
bureauambtenaar[1] office clerk, official
bureaublad *(comp)* desktop
bureauchef chief (*of:* head) clerk, desk manager
bureaucraat bureaucrat
bureaucratie bureaucracy, officialdom; *(fam)* red tape
bureaucratisch bureaucratic (*bw:* -ally)
bureaulamp desk lamp
bureaulist money-taker; *(schouwburg, ook)* box-office clerk; *(station)* booking clerk
bureau-ministre kneehole (*of:* pedestal) desk
bureauredacteur, bureauredactrice copy editor
bureel *zie* bureau
burengerucht breach of the peace, breaking the peace, [cause a] nuisance by noise, [make a] disturbance
buret burette

---

1 zie voor sam met *bureau-* ook *kantoor…*

burg castle, stronghold, citadel; *zie ook* burcht
burgemeester 1 mayor; *(Ned, Dui, Vlaanderen)* burgomaster; *(City of London, en enkele grote steden)* Lord Mayor; *(Sch)* provost (*soms:* Lord Provost); *B~ en Wethouders* Mayor and Aldermen; **2** *(vogel)* glaucous gull
burgemeesterlijk mayoral
burgemeestersambt mayoralty; burgomaster's office
burgemeestersbuik corporation
burgemeesterschap mayoralty
burger 1 citizen; *(poorter)* burgher; *~s en studenten* town and gown; *dat geeft de ~ moed* that's cheering (encouraging), that gives you strength to go (carry) on; **2** *zie* burgerkleren; **3** *(niet-edelman)* commoner; *(niet-mil)* civilian; **4** *zie* burgerman
burgerbevolking civilian population, citizenry
burgerdeugd civic virtue
burgeres citizeness
burgergezin (lower) middle class household; *deftig ~* upper middle class household
burgerij 1 commonalty, middle classes, ordinary people; *de kleine ~* the lower middle classes; **2** citizens
burgerjuffrouw (lower) middle-class woman
burgerkeuken plain cooking (cookery)
burgerkleding, burgerkleren plain (*of:* civilian) clothes; *(mil sl)* civ(v)ies; *in ~, (mil, mar, ook)* in mufti; *agent in ~* plain-clothes (police)man
burgerkoning citizen king (*inz:* Louis Philippe)
burgerkroon civic crown
burgerlijk 1 *(vd staatsburger)* civil, civic; *~ jaar* civil year; *~ leven* civil life; *~ recht* civil law; *~e staat* marital (civil) status; *~e stand* registration service, civil registration, registration of births, marriages and deaths; *(bureau vd ~e stand)* registrar's (register, registry) office; *zie ook* ambtenaar; *~e aansprakelijkheidsverzekering* third-party insurance; *~e waardigheid* civic dignity; *~ wetboek* civil code; **2** *(vd burgerstand)* middle-class, bourgeois [mentality, prejudices]; *(in ong zin)* [be hopelessly] middle-class, non-U; *de ~e beleefdheid* common politeness; **3** *(niet-mil)* civil(ian); *~ ambtenaar* civil servant; *(niet-kerkelijk:) ~ huwelijk* civil marriage, register office wedding
burgerlijkheid bourgeois (middle-class) mentality, provinciality
burgerluchtvaart civil aviation
burgerlui middle-class people
burgermaatschappij civilian society; *na vijf jaar dienst kwam hij terug in de ~* after … he returned to civilian life
burgerman member of the (lower) middle classes; *kleine ~* petty bourgeois; *de gewone ~* the ordinary citizen
burgermansfatsoen common decency
burgeroorlog civil war
burgerpakje *(mil)* civvies

burgerpersoneel non-military personnel
burgerplicht civic duty
burgerpot plain fare; *het koken van een ~* plain cooking
burgerrecht civil (civic) right(s), citizenship; *(ve stad)* freedom [of a city]; *het ~ verkrijgen, (fig)* become current; *het ~ verlenen* enfranchise [a p.]; *(ve stad)* admit to the freedom [of a city]; *zijn ~(en) verliezen* forfeit one's civil rights [he was deprived of his civil rights]
burgerrechtelijk statutory; *zie* wettelijk
burgerrechter [appeal to the] civil courts
burgerschap citizenship
burgerschapsrechten rights of citizenship, civil liberties
burgerschool: *hogere ~, (hist, vglb)* secondary modern school; *(Am)* high school
burgerstand middle class(es), commonalty; *deftige (kleine) ~* upper (lower) middle classes
burgervader burgomaster
burgervliegtuig civil (aero)plane
burgervolk [the] masses, common people
burgerwacht *(organisatie)* citizen (civic, civil) guard, citizen militia, *(inz Am, vglb)* Crime Watch; *(vaak ong)* vigilantes
burgerwoning middle-class house
burgerzin civic (*of:* public) spirit
burggraaf viscount
burggraafschap viscountship, viscount(c)y
burggravin viscountess
burgwal (castle) moat
burijn burin, graver
burlen bell, troat
burlesk burlesque
burrie (hand)barrow, bier
bursaal grant-holder, grantee
Burundi Burundi
bus 1 *(brieven-, armen-, peper-, stem~, enz)* box; *(koffie, thee)* canister; *(cacao, enz)* tin; *(grote, voor gedroogde vruchten, voor verf, enz)* drum; *(inmaak~)* tin, can; *(ve wiel)* box; *(om stok)* ferrule; *dat **sluit** als een ~* it fits exactly; *(fig)* it all fits together beautifully, it all fits in, that's watertight (airtight); ***in** de ~ blazen* put one's hand in one's pocket; ***met** de ~ lopen (rondgaan)* make a collection; *een brief **op** de ~ doen* post a letter; *vlees **uit** de ~* tinned meat; *laten we afwachten wat er uit de ~ komt* let's await the result; **2** *(loop)* barrel; **3** *(techn)* bush; *(elektr)* socket, jack; **4** *(autobus)* bus; *(voor lange afstanden)* coach; *(VW-, enz) ~je* minibus
busbaan bus lane (corridor); *(Am)* busway
busbrood tin-loaf
buschauffeur, buschauffeuse bus (coach) driver
busdienst bus service
busgroente tinned vegetables
bushalte bus stop
bushokje bus shelter
buskruit gunpowder; *hij heeft het ~ niet uitgevonden* he will not set the Thames on fire; *opvliegen als ~* be very touchy (irascible); *zie ook* kruit
buslichting collection
buslijn bus route
busopener tin-opener
buspersoneel bus crew(s)
busrit bus ride
bussel bundle
bussen *(techn)* bush [a hole]
bussluis car barrier
busstation bus station
bustaxi minibus taxi; taxi bus sharing service
buste bust
bustehouder bra(ssière)
bustier bustier
bustocht(je) bus trip, coach outing
busverbinding bus connection
butaan, butagas butane; *(vglb)* Calor Gas
buts(en) dent
butskop Atlantic right whale
buur neighbour; *als goede buren leven* be on neighbourly terms; *de buren, (ook)* the people next door
buurjongen neighbour's son, boy next door
buurkind neighbour's child; *de ~eren* the children next door
buurland neighbouring country, neighbour
buurlieden, buurlui neighbours
buurman neighbour, man next door; *al te goed is ~s gek* there are limits to what one can be expected to do for others
buurmeisje girl next door
buurpraatje gossip; *een ~ houden* gossip
buurschap *zie* buurt; *goede ~* good neighbourhood, neighbourliness; *(goede) ~ houden* be on neighbourly terms
buurstaat neighbour state
buurt 1 *(omgeving)* neighbourhood *(ook de mensen)*, vicinity, locality; *hier ergens **in** de ~* somewhere (a)round here, somewhere hereabouts; *toevallig in de ~ zijn* happen to be about; *een boerderij in de ~, (ook)* a nearby farm; *een temperatuur in de ~ van 100°* a ... in the region of 100°; *in de ~ blijven* remain near at hand (in the neighbourhood); *blijf een beetje in de ~* don't go far; *in de ~ van* in the neighbourhood of, *(rondom)* round about; *blijf **uit** zijn ~* don't go near him, give him a wide berth; *ver uit de ~* far off; **2** *(wijk)* quarter, district; *(gehucht)* hamlet; *bij jullie **in** de ~* [any houses to let] your way?; *een jongen uit de ~* a local boy
buurtbewoner local (resident)
buurtbezoek 1 district visit(ing); **2** visit of (to) neighbours
buurtbezoek(st)er district visitor
buurtbus *(vglb)* country bus
buurten visit one's neighbours; *komen ~* drop in for a chat
buurthuis community centre
buurtpreventie neighbourhood watch

buurtschap hamlet
buurtspoor local railway, branch line
buurtvereniging residents' association
buurtverkeer local service
buurtwacht neighbourhood watch
buurtwerk(er) community work(er)
buurtwinkel convenience (corner, local) shop
buurvrouw neighbour('s wife), woman next door
bv *zie* besloten: B~ Vennootschap
bv. afk van *bijvoorbeeld* e.g., for instance, for example
bvb afk van *bijzondere verbruiksbelasting* special consumer tax
BVD afk van *Binnenlandse Veiligheidsdienst* Internal Security Service, *(vglb)* MI5
byte byte; *halve ~, (4 bits)* nibble, nybble
Byzantijn Byzantine
Byzantijns Byzantine; *(fig)* sycophantic, cringing; narrow-minded
byzantinisme 1 sycophancy, toadyism; **2** splitting of hairs
byzantinologie byzantinology
Byzantium Byzantium
BZ afk van *Buitenlandse Zaken* the Foreign Office

C

c (the letter) c
C *(noot, Romeins cijfer)* C
c., ca. c, circ., circa, about, abt
caban 1 cape; **2** poncho
cabaret cabaret
cabaretier, cabaretière cabaret artist (*of:* performer)
cabine 1 *(ve vrachtauto, enz)* cab(in); **2** *(luchtv)* cabin [staff]; **3** [listening] booth; *(v bioscoop)* operating box; **4** [bathing] cabin
cabretleer kid (leather)
cabriolet cabriolet, convertible
cacao cocoa
cacaoboom cocoa tree, cacao (tree)
cacaoboon cocoa bean; *halve ~* cocoa nib
cacaoboter cocoa butter
cacaopoeder cocoa
cachelot cachalot, sperm whale
cache-nez muffler
cache-pot flowerpot cover
cache-sexe cache-sexe, G-string
cachet 1 *(voorwerp)* seal, signet; **2** *(merk, distinctie)* cachet, stamp, impress; *een zeker ~ hebben (verlenen)* have (give) a (certain) cachet (tone, distinction); *zijn ~ drukken op, zie* stempel
cachot lock-up, (punishment) cell, *(sl)* clink
cactaceeën, cacteeën cactaceous plants, cactus family
cactus cactus
cactusachtig cactaceous
cactusdahlia cactus dahlia
cadans cadence, lilt; rhythm
cadeau present; *(in winkel, ook)* free gift, gift article; *iem een ~ geven* give a p. a present; *iem iets ~ geven* make a p. a present of s.t.; *oom heeft me een stereo ~ gegeven* uncle has treated me to ...; *wij geven één blik ~ bij ...* we give away free one tin with ...; *~ krijgen* get as a present; *ik heb het ~ gekregen* I had it given me; *die vent geef ik je ~* you can keep him; *het niet ~ krijgen* have to work (hard) for it; *ik zou het niet ~ willen hebben* I would not have it (accept it) even as a present (a gift); *geschikt voor ~, (ook)* gift [book; *ook: ~ gegeven boek*]; presentation [watch, book, etc]; *vgl* geschenk(-)
cadeaubon gift coupon
cadeauzegel trading stamp
cadens *(muz)* cadenza
cadet cadet; *(sp)* junior
cadettenschool military school (*of:* college)
cadmium cadmium [cell, sulphide, yellow]
café *(zonder vergunning)* café, coffee house, coffee bar; *(met vergunning, vglb)* public house, *(fam)* pub
cafébezoeker café-goer
café-chantant *(buiten Eng)* café-chantant
caféhouder café proprietor
cafeïne caffeine
cafeïnevrij decaffeinated, *(fam)* decaf
café-restaurant restaurant, café
cafetaria cafeteria
cafetière cafetière, coffee-maker
cahier exercise book; *(met schrijfvoorbeelden)* copybook
Caïro Cairo
caissière (girl, woman) cashier
caisson 1 caisson, ammunition wagon; **2** *(waterbouw)* caisson
caissonziekte caisson disease, decompression sickness, *(fam)* the bends
cake (madeira *(zonder boter:)* sponge) cake
Calabrië Calabria
Calabriër, Calabrisch Calabrian
calamiteit calamity
calcineren calcine
calcium calcium
calculatie calculation
calculator 1 calculator *(pers & apparaat)* **2** *(handel & industrie, inz begroting)* quantity surveyor, *(inz na~)* cost accountant
calculeren calculate, compute; cost [a project]
calèche calèche, calash
Caledonië Caledonia, Scotland
Caledoniër, Caledonisch Caledonian
caleidoscoop kaleidoscope
caleidoscopisch kaleidoscopic (*bw:* -ally)
calendae calends; *ad calendas Graecas* at (on) the Greek calends
calendarium calendar
calicot calico
Californië California
Californiër, Californisch Californian
calorie calorie
caloriearm low-calorie
calorierijk high-calorie [food, diet]
calorimeter calorimeter
calorisch caloric
calque 1 tracing; **2** transfer
calqueerpapier tracing (*of:* transfer) paper
calqueerplaatje transfer
calqueren trace, calk
Calvarie [Mount] Calvary
Calvijn Calvin
calvinisme Calvinism
calvinist(e) Calvinist
calvinistisch Calvinistic(al)

Cambodja Cambodia, *(1976-89)* Kampuchea
Cambrië Cambria, Wales
Cambriër, Cambrisch Cambrian
camee cameo
camelia camellia
camera camera; ~ *obscura* camera obscura
cameraman cameraman
cameraploeg camera crew, camera team
camerawagen camera crane
camion lorry, *(inz Am)* truck
camouflage camouflage
camoufleren camouflage, disguise
campagne 1 campaign *(ook fig)*; *(fig ook)* drive [to stop smuggling]; *een ~ voeren* conduct (run) a campaign [*tegen* against]; **2** *(ve fabriek, enz)* (working) season; **3** *(mar)* poop
campanologie campanology
campanula campanula, bellflower
campêchehout Campeachy wood, logwood
camper camper
camping camp(ing) site, camping ground
campus campus
Canada Canada
Canadees *bn & zn* Canadian
canaille 1 rabble, mob, riff-raff, scum; **2** *(man)* scoundrel; *(vrouw)* vixen
canapé 1 sofa, settee; **2** *(hapje)* canapé
canard canard, false report, hoax
Canarisch: *de ~e Eilanden* the Canaries, the Canary Islands
cancel(en) cancel
candela *(natuurk)* candela
canderen candy
canna *(plant)* canna
cannabis cannabis
canneleren channel, flute, groove
cannelure flute; *~s, (ook)* channelling, fluting, fluted work
canon canon *(in alle bet)*; *(erfcijns, ook)* rent charge; ground rent; *(muz ook)* catch; round
canoniek canonical; ~ *recht* canon law
canonisatie canonization
canoniseren canonize
canonist canonist
canope Canopic jar (urn, vase)
cantate cantata
cantharel chanterelle
canticum canticle
cantilene cantilena
cantille purl, wire ribbon, gold stitchery
cantor cantor; *(voorzanger)* precentor
cantorij church choir
canule cannulla
canvas canvas; *tegen het ~ gaan* be knocked down (*afdoend:* out)
canvassen canvas
cao collective (labour) agreement
cao-overleg collective bargaining
caoutchouc caoutchouc, India rubber
capabel able [to], capable [of]; *niet ~, (dronken)* drunk and incapable
capaciteit 1 capacity, ability; *op volle ~* [work] at full capacity; **2** *(vermogen)* power, power output; *van hoge, geringe ~* high-, low-powered [diesel engine]; **3** *(inhoud)* capacity; *(ve zaal, schouwburg)* seating capacity; **4** *(elektr)* capacitance, capacity
cape cape
capella: *a ~, zie* a capella
capillair capillary
capillariteit capillarity
Capitolijns Capitoline
capitonneren pad [a padded cell], stuff
Capitool Capitol
capitulatie capitulation
capituleren capitulate (*voor* to)
cappa *(kap aan toga)* hood
Cappadocië Cappadocia
caprice caprice, whim, freak; *(muz)* capriccio, caprice
capricieus capricious, whimsical
capriool caper; *capriolen maken* cut capers
capsule capsule; *(ve fles ook)* (bottle) cap
capteren receive
captie: *~(s) maken, (aanmerkingen)* raise an objection (objections), find fault; *(chicanes)* chicane; *(tegenstribbelen)* resist, jib
capuchon capuchin; *(kap ook)* hood
cara afk van *chronische aspecifieke respiratorische aandoeningen* COLD, CNSLD: chronic obstructive (*resp:* non-specific) lung disease
Caraïbiër Carib
Caraïbisch Caribbean *(ook: ~ gebied, ~e Zee)*
carambola *(vrucht)* carambola, star fruit
carambolage, carambole cannon
caramboleren cannon, *(fig ook)* rebound
caravan (touring) caravan, *(Am)* house trailer; *vgl* stacaravan
caravanpark caravan park (*of:* site), *(Am)* trailer park
carbid carbide
carbol carbolic acid (solution)
carbolineren creosote
carbolineum (coal tar) creosote
carbolzuur carbolic acid
carbon carbon
carbonaat carbonate
carboniseren carbonize
carbonpapier carbon paper
Carboon Carboniferous
carburateur carburettor, *(Am)* carburetor
carburatie carburation
carburator carburettor, *(Am)* carburetor
carbureren carburet
carcinogeen carcinogenic
carcinoom carcinoma
cardanas cardan shaft, *(v auto)* propeller shaft, *(fam)* propshaft

cardanisch cardan [mount, suspension]
cardankoppeling universal joint
cardanophanging cardan suspension
cardiogram cardiogram
cardioloog cardiologist, heart specialist
cardiovasculair cardiovascular [disease]
carga cargo
cargadoor shipbroker
cargalijst manifest
cargo cargo; *(schip)* cargo boat
Cariben Caribbees
Caribisch Caribbean
cariës caries
carieus carious
carillon carillon, chimes
carillonist carillonneur
caritatief charitable [institution]
carnaval Shrovetide; *(viering)* carnival [procession, season, song]; *vgl* Vastenavond
carneool cornelian
carnet *(pas)* carnet; *(aantekenboekje)* notebook
carnivoor carnivore (*mv ook:* -vora)
caroteen, carotine carotene, carotin
carpoolen carpool
Carrarisch: ~ *marmer* Carrara(n) marble
carré square; *(zich) in ~ opstellen* form into (form up in) square, line up in square formation
carrière career; ~ *maken* make a career, make one's way in the world; *zijn ~ mislopen* miss (mistake) one's vocation
carrièrisme careerism
carrièrist(e) careerist
carrosserie coachwork, (motor) body, bodywork
carrousel 1 merry-go-round, roundabout, *(Am)* carousel; **2** *(projector & luchtv)* carousel; **3** *(techn)* turret [lathe]
carte: *à la* ~ carte; *iem ~ blanche geven* give a p. carte blanche (a free hand, an open mandate, complete discretion)
carter *(boven~)* crankcase; *(onder~)* (oil) sump
cartesiaans Cartesian; *zie ook* duiker
Carthaags, Carthager Carthaginian
Carthago Carthage
cartograaf, cartografe cartographer
cartografie cartography
cartografisch cartographic(al); *~e afdeling* map department
cartogram cartogram
cartotheek card index, card file
cartouche cartouche
cascade cascade
cascara cascara (sagrada)
casco hull [of a ship], body [of a motorboat, car]
cascoverzekering insurance on hull and appurtenances (on bodywork [of a car])
caseïne casein
cashew(nootje) cashew (nut)
casino casino (*mv* -os); *(brood)* sandwich bread
cassatie reversal of judgment, quashing, appeal; ~ *aantekenen, in ~ gaan* give notice of appeal
cassave cassava, manioc
casselerrib cured (salted) rib of pork
casseren 1 *(vonnis)* cancel, quash, reverse; **2** *(mil)* cashier
casserole casserole
cassette 1 *(voor geld)* cash box; *(voor juwelen, enz)* casket; *(met messen, enz)* canteen [of cutlery]; *(schrijf~)* writing desk; **2** *(band-, videorecorder)* cassette [deck, recorder, tape]; **3** *(fot)* [110, 126, super-8] cartridge, [35mm, single-8] cassette; **4** *(voor boek, v karton)* slip case; *3 dln in ~* 3 vols boxed; **5** *(bk)* coffer
cassetteplafond coffered ceiling
cassis blackcurrant drink
castagnetten castanets
castigeren 1 *(tuchtigen)* castigate, chastise; **2** *(boek)* expurgate, bowdlerize
Castiliaan(s) Castilian
Castilië Castile
castorolie castor oil
castraat 1 castrated person, eunuch; **2** *(zanger)* castrato (*mv* castrati)
castratie castration
castreren 1 castrate; *(dier, mannetje)* castrate, neuter, *(inz paard)* geld, *(wijfje)* spay, neuter; *(vogel)* caponize; **2** *zie* castigeren 2
casu: *in* ~ in this case (instance); ~ *quo* in a given case, where appropriate; *zie ook* eventueel
casueel casual, accidental; remarkable; *dat is ~!, (fam)* (just) fancy that!
casuïst(iek) casuist(ry)
casus case; ~ *belli* casus belli
casuspositie facts of the case
cataclysme cataclysm
catacombe catacomb
catadroom catadromous
Catalaan(s) Catalan
catalepsie catalepsy
catalogiseren catalogue
catalograaf cataloguer
catalogus catalogue, *(Am ook)* catalog; *centrale ~* union catalogue, consolidated catalogue; *systematische ~* classified catalogue
catalogusprijs list price
catalogustitel catalogue entry *(inz paard)*
Catalonië Catalonia
catamaran catamaran
cataract cataract
catarraal catarrhal
catarre catarrh
catastrofaal catastrophic
catastrofe catastrophe, *(fig)* [business] meltdown
catecheet catechist
catechese catechesis
catechetisch catechetic(al)
catechisant(e) confirmation candidate, catechumen

catechisatie confirmation class(es)
catechiseren catechize
catechismus 1 catechism; **2** *(r-k)* confirmation classes
categor(i)aal categorial
categorie category
categorisch categorical (*bw:* -ally); *~e imperatief* categorical imperative
categoriseren categorize
cateraar caterer
catharsis catharsis
cathedra cathedra; *ex ~* ex cathedra, authoritatively; *zie ook* katheder
***catheter** *(Wdl: katheter)* catheter
***catheteriseren** *(Wdl: katheteriseren)* catheterize
CAT-scan(ner) CAT scan(ner)
causaal causal
causaliteit causality; causation [theory]
causatief causative
causerie causerie, talk [*over* on]; *een ~ houden* give a talk
causeur conversationalist
cauteriseren cauterize
cautie bail, security, caution money; *~ stellen* give bail; *(hand)* give a guarantee
cautioneren stand bail for
cavalcade cavalcade
cavalerie 1 tanks; **2** *(paarden)* [light, heavy] cavalry, horse
cavalerieregiment 1 tank regiment; **2** *(hist)* cavalry regiment
cavalerist 1 tank soldier; **2** *(hist)* cavalryman, trooper, horse-soldier
cavalier 1 cavalier, horseman; **2** cavalier, gallant; **3** *(op bal)* partner
cavia cavy, guinea pig
cavitatie cavitation
cayennepeper Cayenne pepper, cayenne
cc afk van **1** *copie conforme* certified copy; **2** *cubic centimetre* cc, cm^3; **3** *carbon copy* cc
cd afk van *compact disc* CD [player]
cd-rom CD-ROM
cedel *zie* ceel
cedent assignor
ceder(boom) cedar (*boom ook:* cedar tree)
'cederen cedar
ce'deren 1 cede, assign; **2** *(zwichten)* yield
cederhout cedar (wood); *~en* cedar
cedille cedilla
ceel 1 certificate; **2** *(ve veem)* (dock, warehouse) warrant; *op ~ verkopen* sell on stored terms; **3** *(lijst)* list; *een hele ~* quite a string (list) [of them]
ceintuur belt, sash, scarf
ceintuurbaan circular railway
cel 1 cell (*ook fig:* communist cells); **2** imprisonment; **3** *(telef)* (call) box, kiosk; **4** *(muz)* cello
celauto prison van
celdeling cell division; *(aseksuele reproductie)* fission
Celebes Celebes, *(Ind)* Sulawesi
celebrant celebrant, officiant, officiating priest
celebreren celebrate; *de mis ~* celebrate mass
celebriteit celebrity
celesta celesta, celeste
celestijn(er) Celestine
celibaat celibacy
celibatair celibate, bachelor
celkern *(biol)* (cell) nucleus (*mv:* nuclei)
cellist(e) (violon)cellist
cello cello
cellofaan cellophane
cellulair cellular [prison, telephone; *(biol)* immunity]; *~e opsluiting* solitary confinement
celluloid celluloid
cellulose cellulose
celplasma cell protoplasm
Celsius Celsius, centigrade; *zie ook* graad
celstof cellulose
celstraf solitary confinement
celvocht cytoplasm
celvormig cellular
celwagen prison van
celwand cell wall
celweefsel cellular tissue
cembalist(e) cembalist, harpsichordist
cement cement
cementatie cementation
cementen I *bn* cement [floor]; **II** *ww* cement
cementeren 1 cement; **2** case-harden [metal]
cementfabriek cement works
cementijzer 1 reinforcement; **2** reinforced concrete
cementmolen cement mixer
cementraam base course, plinth
cenotaaf cenotaph
censeren 1 *(achten)* deem, assume; **2** *(berispen)* censure
censor censor, licenser [of plays, the press]; *door de handen van de ~ gaan* pass the censor; *van de ~* censorial [the censorial blue pencil]
censureren censor
census census
censuur 1 censorship; *~ instellen* impose (a) censorship; *onder ~ staan* be subject to censorship; *onder ~ stellen* censor; **2** *(berisping & kerk. straf)* censure
cent (Dutch, American) cent; *~en* [have you got the] cash?; *(fam)* [raking in the] shekels; *(salaris, sl)* screw; *~en hebben* have money, be well off; *om de ~en* for the (sake of the) money; *een aardige ~ verdienen aan* do very well out of; *ik heb geen ~* I'm penniless, I haven't a penny to call my own (to my name); *het is geen ~ waard* it's not worth a (red) cent, not worth twopence; *het kan me geen ~ schelen* I don't care twopence; *geen ~ minder* not a penny less; *geen ~je pijn* no trouble (problem) at all; *ik geef geen ~ voor zijn kansen* I don't give a penny for his chances; *op de ~(en) zijn* be stingy; *iem tot (op) de laatste ~ betalen* pay a p. to the last penny; *ik ver-*

trouw hem voor geen (rooie) ~ I don't trust him farther than I see him; *ze bleef zonder een* ~ *achter* she was left penniless; *zie ook* doodblijven, duit, enz
centaur centaur
centaurie *(plant)* centaury
centenaar hundredweight *(112 Eng ponden)*
centenbak collection plate; *(fig)* prominent lower jaw
centenkwestie 1 *(veel)* matter of money; **2** *(weinig)* chicken feed, peanuts
centerboor centre bit (*of:* drill)
centeren centre
centesimaal centesimal
centiare centiare; (*evenzo:* centigramme, -litre, -metre)
centigraad *(100e deel ve rechte hoek)* grade
centigram centigramme
centiliter centilitre
centime centime
centimeter 1 centimetre (*Am:* -meter); **2** measuring tape, tape-measure
centraal central; ~ *staan* be paramount; ~ *antennesysteem* community aerial (*of:* antenna) system; ~ *station* central station; *centrale verwarming* central heating; *met cv* centrally heated; *inrichting voor cv* central-heating apparatus
centrale 1 *(elektr)* power (generating, electricity) station; **2** *(telef)* (telephone) exchange; **3** *(verenigings~)* central council, federation; **4** *(verkooporganisatie)* [milk] marketing board
centralisatie centralization
centraliseren centralize
centreren centre *(ook techn); zich* ~ *rond* centre on (*of:* round)
centrifugaal centrifugal [force, machine, pump]
centrifuge centrifuge; *(was~)* spin-dryer; *(v boterfabriek)* separator
centrifugeren centrifuge; spin-dry; separate; *vgl het zn*
centripetaal centripetal
centrisch centric
centrum (town, city) centre; *het C~* the Centre (Party); *zie ook* middelpunt
centrumspits *(sp)* striker
centurio centurion
ceramiek, enz *zie* keramiek, enz
Cerberus Cerberus *(ook fig)*
cerebraal cerebral [fever]; *(ve kunstwerk, enz)* (unduly) intellectual
ceremonie 1 ceremony; **2** *zie* plichtpleging
ceremonieel *bn & zn* ceremonial
ceremoniemeester master of ceremonies (MC); *(om toasten aan te kondigen bij officiële maaltijd)* toastmaster
ceremonieus ceremonious, formal
certificaat certificate; ~ *van aandeel* share certificate [*aan toonder* to bearer; *op naam* registered]; ~ *van beschadiging* certificate of damage; ~ *van oorsprong* certificate of origin
certificeren, certifiëren certify
cervelaatworst saveloy
cervix cervix
cervixstrijkje cervical smear
ces *(muz)* C flat
cesium caesium [clock]
cessie cession, abandonment
cessionaris assign, cessionary; *(zeeverzekering)* abandonee
cesuur caesura
cetaceeën cetaceans
Ceylon Ceylon; *(staat)* Sri Lanka
Ceylons, Ceylonees Ceylonese, Sin(g)halese
cfk afk van *chloorfluorkoolwaterstof* CFC (chlorofluorocarbon)
chagrijn 1 chagrin, vexation; *(stuk)* ~ sourpuss, curmudgeon; **2** shagreen [leather]
chagrijnig cantankerous, sullen, grumpy, cross
chaise gig, chaise
chaise longue chaise longue, couch
chalcedo(o)n chalcedony
Chaldea Chaldea
Chaldeeër, Chaldeeuws Chaldean, Chaldee
chalet chalet
chalonstok staff, *(Am)* rod
Cham Ham; *van* ~ Hamitic
chambreren bring to room temperature; *gechambreerd* at room temperature, chambré
chamois chamois
chamotte fireclay
champagne champagne *(ook kleur), (fam)* champers
champagnecider champagne cider
champagnecoupe champagne glass
champagnekoeler champagne bucket (*of:* cooler)
champignon mushroom
changeant I *bn* shot; **II** *zn* shot silk
Chanoeka Hanukkah
chansonnier, chansonnière (cabaret) singer
chantabel open to blackmail
chantage blackmail; *door* ~ *brengen tot* blackmail [a p.] into; ~ *plegen jegens* blackmail
chanteren blackmail
chanteur 1 blackmailer; **2** singer
chanteuse chanteuse, singer
chaoot chaotic person
chaos chaos, welter
chaotisch chaotic (*bw:* -ally)
chapeau! *(fam)* hats off!, well done!
chapeau bas [come, go] hat (*of:* cap) in hand; ~ *spelen tegenover* be hat (*of:* cap) in hand to
chapelle ardente chapelle ardente, chapel of rest
chaperon(ne) chaperon
chaperonneren chaperon; *(v heer ook)* squire [a lady]; *iem* ~, *(fam)* play gooseberry
chapiter chapter; *(fig)* subject; *een ander* ~ [that's] another story; *om op ons* ~ *terug te komen* to return to our subject; *iem van zijn* ~ *afbrengen* put a p. off his subject; *van* ~ *veranderen* change the subject

chaptaliseren chaptalize
charade charade
charcuterie *(vglb)* delicatessen
charge charge; *een ~ uitvoeren (tegen)* charge [the crowd]; *à ~, zie* getuige
chargé d'affaires chargé d'affaires
chargeren 1 charge; **2** *(overdrijven)* overact (*ook tr:* overact a part), overdraw [the picture], overdo, lay it on thick
charisma(tisch) charisma(tic)
charitatief charitable
charivari 1 *(sieraden)* (bunch of) charms; (bunch of) seals; **2** *(herrie, enz)* charivari
charlatan charlatan, quack, mountebank, humbug
charlatanerie charlatanism, charlatanry, quackery
charleston charleston; *de ~ dansen, ~nen* charleston
charmant charming [young man, manners, smile]
charme charm; *uiterlijke ~, (ook)* glamour
charmeren charm
charmeur charmer, Prince Charming; *(fam)* glamour boy
charmeuse *(stof)* charmeuse
chartaal: *~ geld* notes and coin, circulating currency
charter charter
charteren 1 charter; **2** *(fam)* engage
chartreuse chartreuse
Charybdis Charybdis; *zie* Scylla
chasseur 1 *(in hotel)* page-boy, buttons, *(fam)* bellboy, *(Am)* bellhop; *(in Fr hotel)* chasseur; **2** *(dameshoed)* (lady's) bowler (hat)
chassidisch Has(s)idic
chassidisme Has(s)idism
chassis 1 chassis *(ook ve auto)*, frame; **2** *(fot)* (dark) slide
chatelaine chatelaine *(alle bet)*
chauffage (central) heating
chaufferen drive (a car)
chauffeur chauffeur, (car, taxi, etc) driver; *auto zonder ~* self-drive car; *auto met ~* chauffeur-driven car
chauffeursplaats driving seat
chauffeuse chauffeuse, woman driver
chauvinisme chauvinism; *(extreem, inz Engels ~)* jingoism
chauvinist chauvinist, jingo
chauvinistisch chauvinist(ic), jingoist(ic)
checken check, verify
chef 1 chief; *(patroon)* employer, principal, *(fam)* boss; *(directeur)* manager; *~ van de (generale) staf* Chief of (the General) Staff; **2** *(1e bediende)* chief (*of:* head) clerk; *(ve afdeling: ~ de bureau)* office manager, department head; **3** *(station)* stationmaster; **4** *(kok)* chef
chef-boekhouder head clerk
cheffin (shop) manageress
chef-kok head chef
chelatie chelation [therapist]
chelatiemiddel chelating agent
cheleren chelate
chemicaliën chemicals
chemicus (analytical) chemist, analyst
chemie chemistry (*ook fig:* personal chemistry)
chemisch chemical [bond, engineering, industry, toilet, warfare]; *~ reinigen* dry-clean
chemisette chemisette
chemokar chemical waste collector
chemokuur chemotherapy (treatment)
chemotherapie chemotherapy
chenille chenille
cheque cheque, *(Am)* check
chequeboek chequebook, *(Am)* checkbook
chequerekening drawing account
chertepartij charter party
cherub(ijn) cherub (*mv ook:* -bim)
cheviot cheviot
chevron chevron, stripe
chiasma, chiasme chiasmus
chic I *bw* smart, stylish [shoes], fashionable [quarter], chic, dressy [man], swagger, *(fam)* posh [hotel], *(overdreven)* chichi, *(volkst)* classy; *een chique beweging, (v feest, enz)* a dress affair; **II** *zn* smartness, etc, chic; *de ~* the fashionable world, the beau monde
chicane chicane(ry); *(sp)* chicane
chicaneren chicane, find fault
chicaneur quibbler, pettifogger
chicaneus captious
chiffonnière chiffonier, *(hoog)* tallboy
chignon chignon
chijl chyle
chijm chyme
chi-kwadraatproef chi-square test
Chileen(s) Chilean
Chili Chile
chiliade chiliad
chiliasme chiliasm
chiliast chiliast
chilipoeder chilli (powder)
chilisalpeter Chile (*of:* cubic) saltpetre
chilisaus chilli (sauce)
chimaera chimera
chimpansee chimpanzee; *(fam)* chimp
Chinees I *zn* Chinese; *(min)* Chinaman, *(min sl)* Chink; *de Chinezen* the Chinese; *gaan eten bij de ~, chinezen* go to a Chinese restaurant; *zie ook* raar; **II** *bn* Chinese; China [tea]; *(in sam)* Chino-, Sino- [Japanese, etc]; *Chinese kool, a)* Chinese cabbage, pe-tsai cabbage; *b)* pak-choi cabbage; *Chinese Muur* Chinese wall [of prejudice]
Chinezenwijk: *de ~* Chinatown
chip chip; *~s* (potato) crisps, *(Am)* potato (*of:* Saratoga) chips
chipkaart [pay by] smart card, chip card
chipolatapudding bavarois
chique *zie* chic
chiromantie chiromancy, palmistry
chiropodie chiropody, pedicure

chiropractor chiropractor
chiropraxie chiropractic
chirurg surgeon
chirurgie surgery
chirurgijn *(hist)* surgeon
chirurgisch surgical [instruments, operations]
chitine chitin
chloor chlorine
chloorachtig, chloorhoudend chlorous
chloorkalk chloride of lime, bleaching powder
chloraal chloral
chlor(er)en chlorinate
chloroform chloroform
chloroform(is)eren (put under) chloroform
chlorofyl chlorophyll
chlorose chlorosis
chocola chocolate, cocoa; *ik kan er geen ~ van maken* I can't make head or tail of it; *-laatje* chocolate; *(fam)* choc
chocoladehagel(slag) chocolate vermicelli
chocoladekleurig chocolate (coloured)
chocolademelk (drinking) chocolate, cocoa
chocoladereep bar of chocolate
chocolaterie chocolate shop, confectioner's
choke(n) choke
cholera [Asiatic, European] cholera
cholerisch choleric
cholesterol cholesterol
choquant shocking
choqueren shock
choreograaf choreographer
choreografie choreography
chrestomathie chrestomathy, selection
chrisma chrism
christelijk Christian; *(fig)* civilized [at a ... time]; *~e leer* Christianity
christelijkheid Christianity
christen Christian [Democrat]; *~e zielen!* Christ!
christendom Christianity
christenheid Christendom
christenmens Christian
christenziel: *geen ~* not a soul
christin Christian (woman)
christologie Christology
Christus Christ; *de ~* the Christ; *na ~* after Christ, AD; *vóór ~* before Christ, BC
Christusbeeld 1 image of Christ; **2** *(kruisbeeld)* crucifix
christusdoorn 1 *(plant)* crown-of-thorns, Christ's thorn; **2** *(boom)* honey locust
chromaatgeel chrome yellow
chromatiek chromatics
chromatisch chromatic
chromatograaf chromatograph
chromatografie chromatography
chromo chromo
chromolithografie chromolithography
chromosoom chromosome
chroniqueur chronicler
chronisch chronic (*bw:* -ally); *~ lijder* chronic (sufferer)
chronograaf chronograph
chronografisch chronographic
chronogram chronogram
chronologie chronology
chronologisch chronological
chronometer chronometer
chronometrie chronometry
chroom 1 chromium; **2** *zie* chroomleer
chroomgeel chrome (yellow)
chroomleer chrome leather
chroomzuur chromic acid
chrysant(hemum) chrysanth(emum)
chute (para)chute
c.i. afk van *civiel ingenieur* CE, civil engineer
ciborie ciborium
cicade cicada
cicerone cicerone, guide
ciceroniaans Ciceronian
cichorei *(in beide bet)* chicory; *(pl ook)* succory
CID afk van *Criminele Inlichtingendienst* CID
cider cider
cigarillo cigarillo
cijfer figure, digit; *(op klok)* numeral; *(v beoordeling)* mark; *(in geheimschrift)* cipher; *een ~ geven, (op werk)* mark [papers]; *een laag ~ geven* give [a pupil] a low mark, mark [an essay] low; *in ronde ~s* in round figures; *~ der eenheden, tientallen, enz* units figure, tens figure, etc
cijferboekje *(ve leraar)* mark(s) book
cijfercode numerical code
cijferen figure, calculate, compute; do sums
cijferkunst arithmetic
cijferlijst mark(s) list, list of marks
cijfermateriaal [supporting] figures, numerical data
cijfermatig numerical
cijferschrift 1 numerical notation *(ook in muz)* **2** *(geheimschrift)* cipher, code; *in ~ overbrengen* (en)code, encipher [a message]
cijferslot combination lock
cijferwerk arithmetic
cijns tax, tribute, tribute money
cijnsbaar taxable
cilinder 1 cylinder [block, capacity *inhoud*, press]; **2** *(in muziekdoos, enz)* barrel; **3** *(hoed)* top hat
cilinderbureau roll-top desk
cilinderprojectie cylindrical (*of:* Mercator('s)) projection
cilinderslot cylinder lock, safety lock
cilindervormig, cilindrisch cylindrical
cimbaal cymbal
cimbalist(e) cymbalist
cineast(e) film-maker, film-operator, film-producer; scenario writer
cinefiel 1 cineast(e), cinephile, cinema enthusiast; **2** film-loving

cinema cinema; *zie* bioscoop
cinemascoop Cinemascope, wide-screen [camera]
cinematografie cinematography
cinnaber cinnabar
cipier jailer, gaoler, warder, turnkey
cipres cypress [wood]
circa circa [500 BC], about, abt, approx(imately), roughly [200 pages]
circadiaans circadian [rhythm]
Circassië Circassia
circuit 1 [closed, printed, short] circuit; **2** circuit, (motor) racing track, *(Am)* motordrome; *(voor motoren)* speedway; **3** *zie* rotonde 2; **4** [tennis, night club] circuit; [drug] ring; [Hague] circles; *het zwarte ~, zwartgeld~* the black economy; *zie ook* grijs
circulair circular
circulaire circular (letter); *~s zenden aan* send circulars to, circularize; *~ kredietbrief* circular letter of credit
circulatie circulation; *in ~ brengen* put in(to) circulation; *in ~ komen* go into circulation; *aan de ~ onttrekken* withdraw from circulation, call in [a book], recall
circulatiebank bank of issue, note-issuing bank
circulatiemiddel circulating medium, currency
circuleren circulate; *laten ~* send round [letters], circulate, put about [news, rumours]
circumcisie circumcision
circumferentie circumference
circumflex circumflex
circumscriptie circumscription
circumspect circumspect
circus circus *(ook fig)*, ring
circusnummer circus act (turn)
cirkel circle; *~tje* circlet; *zie ook* kring, vicieus, enz
cirkelboog arc of a circle
cirkeldiagram pie chart
cirkelen circle; *(ve vogel, ook)* wheel; *vgl* omcirkelen
cirkelgang circular course; cycle; *zie* kringloop
cirkelmaaier rotary mower
cirkelredenering circular argument (reasoning)
cirkelvlak plane of a circle
cirkelvorm circular shape
cirkelvormig circular
cirkelzaag circular (power) saw
cirrose cirrhosis (of the liver)
cirrus cirrus (*mv:* cirri) [cirrus clouds]
cis *(muz)* C sharp
cisalpijns cisalpine
ciseleerwerk chased work, chasing
ciseleren chase, emboss
ciseleur chaser
cissus kangaroo vine
cisterciënzer Cistercian
cisterne cistern
citaat quotation, *(fam)* quote; *begin ... einde ~* quote ... unquote
citadel citadel
citatie *(dagvaarding)* citation, summons
citeertitel short title [of an Act, a book]
citer zither
citeren 1 cite; *(woordelijk)* quote; *ik citeer, (ook)* quote, unquote; **2** *(dagvaarden)* cite, summon(s)
cito quickly, immediately
citroen lemon; *(grote)* citron; *zie ook* citroentje
citroenboom lemon tree, citron (tree)
citroengeel I *bn* citrine, lemon-yellow, lemon-coloured; **II** *zn* citrine, lemon yellow
citroenkleurig lemon-coloured
citroenkruid southernwood
citroenlimonade *(siroop)* lemon syrup; *(drank)* lemon drink
citroenmelisse *(plant)* (lemon) balm
citroenolie oil of citron
citroenpers lemon squeezer
citroenschil lemon peel
citroentje 1 brimstone (butterfly); **2** *(vogel)* icterine warbler; **3** *een ~* a lemon gin
citroenvlinder brimstone (butterfly)
citroenzuur citric acid
citroenzuurzout citrate
citronella citronella (grass; oil)
citruspers lemon squeezer
citrusvrucht citrus (fruit)
cityvorming loss of residential function (of a town centre)
civet civet
civetkat civet (cat)
civiel 1 civil; *~e actie, zie ~*e zaak; *~e dienst* civil service, *(aan boord)* catering staff; *~ effect* professional qualification (conferred by university degree, etc); *~e lijst* civil list; *~e partij* party in a civil suit; *zich ~e partij stellen* bring a civil suit against a p.; *~ recht* civil law; *~e zaak* civil suit, civil action; *hof voor ~e zaken* civil court; *in ~, zie* burgerkleren; **2** *(billijk)* moderate, reasonable [price]; *~ behandelen* treat [a p.] fairly (decently)
civiel-ingenieur civil engineer
civielrechtelijk civil [action, suit]
civieltechnisch civil engineering [works]
civiliseren civilize, humanize
civisme good citizenship
claim claim, right; *een ~ leggen op* lay claim to, claim; *(fig)* make [heavy] demands on
claimen claim [damages, rights, a bombing], lay claim to [an estate]
claimrecht: *met ~* cum rights; *zonder ~* ex rights; *het ~ uitoefenen* exercise one's right to subscribe
clair-obscur chiaroscuro, clear-obscure
clairvoyant, enz *zie* helderziend 2, enz
clandestien clandestine, secret [newspaper], illegal [slaughtering], illicit [trading], [bootleg] whisky
claque 1 *(hoed)* opera hat, crush hat; **2** *(claqueurs)* claque
claqueur claqueur
claris Clare; *~sen* Poor Clares

classicaal classical; *classicale vergadering, vglb:* diocese meeting; *(in presbyteriaanse kerk)* presbytery
classicisme classicism
classicistisch classicist
classicus classicist
classificatie classification
classificeren **1** classify, class; **2** *(v schepen)* clean, scrape [ship's walls, tanks, etc]
classis classis (of Protestant parishes in Holland)
claus *(theat)* **1** speech; **2** *(wacht~)* cue
clauskop speech-heading
claustrofobie claustrophobia
claustrofoob claustrophobic
clausule clause, proviso, stipulation
clausuleren make (put in) provisos
claviatuur keyboard
claxon klaxon, motor horn, hooter
claxonneren honk, sound the (one's) horn
clearing *(fin)* clearing, transfer
cleistogaam cleistogamous
clematis clematis
clement lenient, clement, merciful; *~ behandelen, (ook)* let down lightly (gently)
clementie leniency, clemency, mercy, indulgence; *zich (iem) in de ~ van het Hof aanbevelen* throw o.s. on the mercy (recommend a p. to the clemency) of the Court; *ik roep uw ~ in voor ...* I ask your indulgence for ...
clementine clementine
cleresie, cleresij clergy; *de Oud-bisschoppelijke ~, (vglb)* the Jansenists
clerus clergy
cliché **1** (stereotype) block (*of:* plate), process block, *(soms)* cliché; **2** *(fig)* cliché, hackneyed phrase; *(als bn)* cliché, stereotyped [ideas]
clicheren stereotype, engrave
cliënt(e) **1** *(Rome & v advocaat)* client; **2** *(klant)* customer, client
clientèle clientele, customers, connection; *vgl* klandizie
clignoteur indicator (light), flasher
climacterium climacteric, change of life, menopause
climax(en) climax
clinch clinch; *in de ~ liggen* be at loggerheads [with a p.]
clinicus clinician
clip [ear, film, hair, paper, video] clip
clitoris clitoris
clivia clivia, amaryllis
cloaca cloaca
cloqué seersucker
closet water closet, WC; *droog ~* earth closet
closetbril toilet seat
closetpapier toilet paper
closetpot toilet pan, toilet bowl
closetrol toilet roll
clou (outstanding) feature [of an exhibition, etc], chief attraction, (essential) point [of a story]
clown clown; *voor ~ spelen* play the fool, clown around
club club [champion, song]; *~je* club, party, set
clubfauteuil easy chair, armchair
clubhuis **1** clubhouse, pavilion; **2** community centre
cluster **1** *(eig)* cluster; **2** [research, etc] group
co. Co., Company
coach(en) coach
coadjutor (bishop) coadjutor
coaguleren coagulate
coalitie coalition [government, etc]
coassistent: *(Br), junior ~* medical student on clinical attachment; *senior ~* (pre-registration) house officer; *(Am)* intern(e)
coassuradeur co-insurer
coaxiaal coaxial [cable, connector, plug, socket]
cobra cobra
cocaïne cocaine [addict], *(sl)* snow, coke
coccus coccus (*mv:* -ci)
cochenille cochineal
cockpit cockpit; *(v lijnvliegtuig)* flight deck
cocktail cocktail [dress, lounge, party, stick *prikker*]
cocon cocoon
code *(in beide bet)* code; *(cijfer~)* cipher; *in ~ overbrengen* encode
codebericht code (coded) message
coderen (en)code
codewoord code word
codex codex (*mv:* codices)
codicil codicil
codicologie codicology
codificatie codification
codificeren codify
co-educatie co-education, mixed education
coëfficiënt coefficient
coelacant coelacanth
coëxistentie coexistence
cofferdam coffer-dam
cognac brandy, cognac
cognitief cognitive
cognossement Bill of Lading, B/L [*over ...* for ..., covering ...]
cohabiteren have (sexual) intercourse
coherent coherent
cohesie cohesion
cohort(e) cohort
coifferen: *iem ~* dress a p.'s hair; *erg gecoiffeerd zijn met* be enormously bucked with
coiffeur coiffeur, hairdresser
coiffeuse **1** coiffeuse, woman hairdresser; **2** dressing table
coiffure **1** coiffure, headdress, style of hairdressing, hairstyle, *(fam)* hairdo; **2** hairdresser's
coïncidentie coincidence
coïncideren coincide
coïteren copulate
coïtus coitus, coition
cokes coke

col **1** polo neck, rollneck, cowl collar; **2** col, pass
cola cola [drink]; *(inz Am)* coke
colbert jacket
colbertkostuum lounge suit
collaar clerical collar
collaborateur collaborator, collaborationist
collage collage
collaps collapse
collateraal collateral
collatie collation *(alle bet)*
collatierecht advowson
collationeren collate, check
collator **1** *(kerk)* patron; **2** *(data, enz)* collator
collectant collector, canvasser [for charities]; *(in kerk)* sidesman
collecte collection; *(aan uitgang)* retiring collection; *(gebed)* collect; *een ~ houden* make a collection, *(fam)* send (pass) round the hat; *zie ook* huis
collectebus collecting box; *(kerk)* offertory box
collectemoeheid *(vglb)* compassion fatigue
collecteren collect, make a collection
collecteschaal collection plate
collecteur state lottery office keeper
collectezakje offertory bag
collectie collection
collectief **I** *bn* collective [agreement, bargaining, farm, noun, ownership, responsibility, security, unconscious]; *collectieve arbeidsovereenkomst* collective labour agreement; **II** *zn* **1** [writers'] collective, [owners'] cooperative; **2** collective (noun)
collectioneren collect
collectioneur collector
collectiviseren collectivize [farms]
collectivisme collectivism
collectivist(isch) collectivist
collectiviteit collectivity
collector [solar] collector
collectrice *zie* collecteur
collega colleague; *~ Pieterse* my (respected) colleague, (Mr) ...; *mijn ~, (ook)* my fellow journalist (musician, etc)
collega-schrijvers, enz, fellow authors, etc
college **1** *(lichaam)* college [of cardinals, etc], board; *~ van B en W* Court of Mayor and Aldermen; *~ van Bestuur, (univ)* Governing Body, Board of Governors; *~ van Regenten* Board of Trustees; **2** *(aan univ)* lecture, course (of lectures), *(werk~)* class; *de ~s zijn begonnen* term has started; *~ geven* lecture [*over* on; lecture twice a week], give (a course of) lectures, give a lecture; *zijn ~s hervatten* resume one's lectures; *~ lopen* attend (the) lectures (a course of lectures); **3** *zie* scholengemeenschap
collegegeld tuition (university, lecture) fee(s)
collegezaal lecture room, *(amfitheater)* lecture theatre
collegiaal fraternal [greetings], amicable [relations], loyal [attitude], [act] as a good colleague; *-giale rechtspraak* jurisdiction by court of justice
collegialiteit loyalty (to one's colleagues), collegiality
colli *(mv) zie* collo
collie collie
collier necklace
collisie collision, conflict; *(jur)* conflict of laws
collo package, case, bale
collocatie collocation
collodium collodion
colloïdaal colloidal
colloïde colloid
colloquium colloquium; *~ doctum, (vglb)* university entrance examination
collotypie collotype
colofon colophon
colofonium rosin, colophony
Colombia *(staat)* Colombia
Colombiaan(s) Colombian
Colombine Columbine
colonnade colonnade, portico
colonne column [of trucks]; *zie ook* vijfde
coloradokever Colorado beetle
coloraturen, coloratuur *(muz)* coloratura, grace notes
coloratuursopraan coloratura soprano
***coloriet** *(Wdl: koloriet)* colo(u)ration, colouring, *(Am)* coloring
colorist colourist, *(Am)* colorist
Colossenzen Colossians
Colosseum Colosseum
colportage hawking, door-to-door sales; *(inz telef)* cold call
colporteren hawk (about), sell in the streets; *(fig ook)* spread, retail [news, lies]
colporteur colporteur, canvasser, hawker
coltrui polo neck, rollneck (sweater), *(Am)* turtleneck (sweater)
columbarium columbarium
Columbia *(Am district)* Columbia; *zie verder* Colombia
columnist columnist
coma(teus) coma(tose)
combattant combatant
combi estate (car), *(Am)* (station) wagon
combikaart combined ticket
combikast fridge-freezer
combinatie **1** combination; **2** *(syndicaat)* combine, [drug] ring
combinatieslot combination lock
combinatietang engineer's (*of:* combination) pliers
combinatiewagen estate car, *(Am)* station wagon
combination *(hemdbroek)* combinations, *(Am)* union suit
combine **1** combine (harvester); **2** collusion; *(Am)* combine; *~ maken* collude
combineren combine
comédienne comédienne
comestibles comestibles, provisions; *(fijne eetwaren)* delicacies, delicatessen

comestibleswinkel delicatessen (shop)
comfort 1 comfort; **2** *(v hotel, enz)* conveniences
comfortabel comfortable, commodious [house]
comité committee; *en petit* ~ with only a few intimate friends, in a small group, privately
comité-generaal Committee of the Whole House; *in ~ (over)gaan* go into Committee
commandant commander; *(ve vesting, enz)* commandant; *(gezagvoerder)* master, captain, commander; *(vd brandweer)* chief fire officer, *(Am)* fire chief
commanderen command, order, be in command of; *de vrouw commandeert ...* calls the tune; *ik laat me niet* ~ I won't take orders from anybody, won't be dictated to; *hij commandeert mij maar* he orders me about; *commandeer je hond en blaf zelf, (fam)* I don't take orders from you; *~de officier* Commanding Officer (CO), Officer Commanding (OC), Officer in Command
commandeur commander
commanditair: ~ *vennoot* limited partner; *~e vennootschap* limited partnership
commando 1 (word of) command; *het ~ voeren (over)* be in command (of); *het ~ overnemen* take over command; *op* ~ [talk, etc] to order; **2** *(troepenafdeling)* command; *(speciale eenheid)* commando
commandobrug (navigating) bridge, control platform
commandopost *(mil)* command post
commandostaf baton, staff of office
commandotoren conning tower
comme il faut comme il faut; *zie ook* netjes *bn*
commensaal 1 boarder, lodger; **2** *(biol)* commensal
commentaar commentary [*op* on], comment; *~ leveren op* comment (up)on; *~ overbodig* comment would be superfluous; *van ~ voorzien, (tv, enz)* voice-over
commentaarstem *(tv-achtergrond~)* voice-over
commentariëren comment (up)on
commentator commentator, [political] analyst
commenteren comment (up)on
commercialisering commercialization, commodification
commercie: *(de)* ~ commerce
commercieel commercial; *-ciële radio, tv* sponsored (*of:* commercial) radio, TV
commère commère
commies 1 custom-house officer, exciseman; **2** *(ve departement, enz)* clerk
commiesbrood army bread
commissariaat commissionership; *(ve maatschappij)* directorate, directorship
commissaris 1 commissioner; **2** *(ve maatschappij)* director; *~ zijn van* be on the board of [a company]; **3** *(v politie)* superintendent of police, *(vglb)* Chief Constable; **4** *(der Koningin)* Queen's Commissioner, provincial governor; **5** *(v orde)* steward; **6** *(ve sociëteit, enz)* steward
commissie 1 *(personen)* committee, board; *~ van advies* advisory body (*of:* committee); *~ van beheer* board of control; *~ van onderzoek* committee of inquiry; *(Am)* fact-finding committee; *~ van ontvangst* reception committee; *~ van toezicht* board of supervisors, visiting committee; *in de ~ zitten* be (serve) on the committee (the board); **2** *(opdracht, enz)* commission; *in ~, a)* [send goods] on consignment, [sell] on commission (on sale or return); *b)* by proxy; *als ik lieg, dan lieg ik in* ~ if ... I do so on good authority; **3** *(bestelling)* order; **4** *(~loon)* commission
commissieboek order book
commissiegoederen goods on consignment, consigned goods
commissieloon commission
commissionair 1 commission agent (merchant); *~ in effecten* stockbroker; **2** *(kruier, vero)* commissionaire, porter
commissoriaal: ~ *maken* refer to a committee
committent principal
commode chest of drawers; *(hoog)* tallboy
commodore *(mar)* commodore; *(luchtv)* air commodore
commotie commotion, fuss, to-do
communaal communal (ownership)
communautair communal [affairs], community [problems]
commune commune
communicant communicant
communicatie communication
communicatief communicative [skills *vaardigheden*]
communicatiemiddel means of communication *(ev & mv)*
communicatiestoornis 1 failure in communication(s); **2** misunderstanding
communiceren communicate *(beide bet)*
communie (Holy) Communion; *zijn ~ doen* receive one's first Holy Communion
communiebank altar rails, communion rails
communietafel communion table
communiqué communiqué, news release
communisme communism
communist communist
communistisch communist(ic)
Comoren Comoros
comp. afk van *compagnie* co., Co., company
compact compact [car, disc, *(Am)* disk]
compagnie company
compagniesbureau orderly room
compagniescommandant company commander
compagnon partner, business associate; *vgl* vennoot
compagnonschap partnership
comparant appearer, party; *getrouwe* ~ regular attendant
comparatief comparative
comparatist comparat(iv)ist
compareren appear

comparitie 1 appearance; **2** meeting
compartiment compartment
compassie compassion
compatibel compatible
compatibiliteit compatibility
compendium *(wet & fot)* compendium
compensabel capable of being compensated, *(Am)* compensable
compensatie compensation
compensatieslinger compensation (compensating) pendulum
compenseren 1 *(opwegen tegen)* compensate, counterbalance, offset; **2** *(vergoeden)* make good [a loss], compensate [a p.] for s.t.; **3** *(vereffenen)* set off [one thing against another], compensate, balance [one thing with (against) another]; *elkaar ~* balance out
competent competent; *(jur ook)* cognizant; *zijn ~e portie* his rightful share
competentie competency, [exceed one's] remit; *(jur ook)* cognizance
competeren be due
competitie 1 competition; **2** *(sp)* league
competitief competitive
competitiestand league table
competitiewedstrijd league game, league match
compilatie compilation
compilator compiler
compileren compile
compleet complete, full; *(fig ook)* utter [failure]; downright [scandal]; regular [downpour]; *(bw)* clean [forgotten]; utterly [indifferent to things]
complement complement
complementair complementary [colours]
complementshoek complementary angle
complet *(kostuum)* ensemble
completen compline
completeren complete
complex I *zn* **1** complex; hang-up [on sex]; *een ~ hebben, ook* be hung up; **2** block (of buildings), [building, industrial] complex; **II** *bn* complex
complexie constitution, nature
complexiteit complexity
compliantie compliance
complicatie complication
compliceren complicate
compliment 1 compliment (*ook iron: ~en van mij, en ...* you can tell him, with my compliments, that ...); *~en thuis* remember me to all at home; *een ~ **afsteken*** pay a compliment; ***doe** hem mijn ~en* give him my compliments, my compliments to him *(ook iron); (doe) mijn ~en aan uw **broer*** (give) my regards (respects) to your brother; *iem zijn ~ **maken** (over)* pay a p. a compliment (on), compliment a p. (on); *ik maak je mijn ~* my compliments to you!; *zie ook* regenen; ***zonder** (meer) ~en* without ceremony, unceremoniously, without more ado, offhand; **2** *~en, (franje)* fal-lals
complimenteren compliment [a p. (up)on s.t.]
complimenteus complimentary
complot plot, intrigue, conspiracy [theory]
complotteren (lay a) plot, conspire
complotteur plotter, conspirator
component component
componeren compose
componist(e) (musical) composer
composiet *(plant)* composite (plant)
compositie composition
compositiefoto photofit, identikit picture
compositorisch compositional
compositum compound
compost compost [bin]
composteren compost
compote compote, stewed fruit
compressie compression
compressiekamer, compressieruimte 1 compression chamber; **2** *(v motor)* combustion chamber
compressor compressor
comprimeren compress
compromis compromise; *~ van averij grosse* average bond
compromittant compromising
compromitteren compromise; *zich ~* compromise o.s.; *gecompromitteerd zijn* be under a cloud; *~de situatie* compromising situation
comptabel responsible, accountable, answerable
comptabele finance officer, comptroller, bursar
comptabiliteit 1 *(rekenplichtigheid)* accountability; **2** *(vak)* accountancy, accounts; **3** *(instelling)* audit office; **4** *(afdeling)* accountancy department
comptabiliteitsambtenaren commissioners of audit
computer computer [animation, conferencing, dating, game, graphics, language, science, virus]; *vertrouwd(heid) met de ~* computerliterate (-racy)
computergestuurd computerized
computeriseren computerize
computerkraker hacker
computerkunde computer science, computing, computation
con amore con amore, with devotion
concaaf concave
concaaf-convex concavo-convex
concentratie concentration [camp]
concentratievermogen powers of concentration
concentreren concentrate [troops, one's attention, etc], focus [one's thoughts, attention], fix [one's mind]; *zich ~* concentrate [on a subject], put one's mind [to a project]; *zijn hoop concentreerde zich op ...* his hopes (were) centred in (on) ...
concentrisch concentric (*bw:* -ally)
concept 1 *(begrip)* concept; **2** *(ontwerp)* (rough, first) draft (*of:* copy)
concept-contract draft contract
conceptie conception
conceptkunst conceptual art
concept-reglement draft regulation
conceptueel conceptual

concept-wetsontwerp draft bill
concern concern, company, enterprise
concert 1 concert; *(solo)* recital; **2** *(muziekstuk)* concerto
concertbezoeker concert-goer
concerteren give a concert
concertmeester leader (of an orchestra); *(Am)* concertmaster
concerto, concertstuk concerto
concertvleugel concert grand (piano)
concertzaal concert hall
concessie concession, grant, charter; *(ve autobus enz)* licence, franchise; *(mijn~)* claim; *~ aanvragen* apply for a concession; *een ~ doen* make a concession; *~ verlenen* grant a concession
concessief concessive
concessiehouder, concessionaris concessionaire, concessionary
conciërge caretaker, hall porter, doorman, doorkeeper, janitor, concierge, *(ve school)* school porter
conciliair conciliar
conciliant conciliatory, conciliating
concilie council
concipiëren draft, conceive [a plan, method]
conclaaf conclave
concluderen conclude, infer [*uit* from]
conclusie conclusion, inference; finding; *een ~ trekken* draw a conclusion (an inference) [*uit* from]; *tot een ~ komen* arrive at (come to, reach) a conclusion
concordaat concordat
concordantie concordance
concorderen agree, harmonize
concours match, competition; *~ hippique* horse show; *vgl* springconcours
concreet concrete [proposals, etc]; tangible [results, etc]
concretiseren concretize; *een plan ~* produce a definite (detailed) plan
concubinaat concubinage, cohabitation
concubine concubine
concurrent I *zn* competitor, rival; **II** *bn: ~e crediteuren* unsecured (ordinary) creditors; *~ zijn, (bij faillissement)* rank pari passu
concurrentie competition, rivalry; *~ aandoen* enter into competition with, compete with
concurrentiebeding competition clause
concurrentiepositie competitive position
concurrentievervalsing unfair competition
concurreren compete [*met* with]; *niemand kan hiertegen ~, (ook)* nobody can touch this; *concurrerend, (ook)* competitive [price], rival [firm]
condens 1 condensate; *zie voor sam* condensatie...; **2** condensed milk
condensaat condensate
condensatie condensation
condensatiestreep *(ve vliegtuig)* vapour (condensation) contrail
condensator 1 condenser; **2** *(elektr)* capacitor
condenseren evaporate, condense [condensed milk]
condensor condenser
conditie 1 condition, *(mv ook)* terms; *zie ook* voorwaarde; **2** *(toestand)* condition, state; *in goede (slechte) ~, (v goederen, enz)* in good (bad) condition; *in (goede) ~, (sp)* in (good) form (condition, shape); *in uitstekende ~, (sp)* in splendid form (condition), at the top of one's form; *in slechte ~, (sp)* in poor condition, out of condition; *om in ~ te blijven* [take long walks] in order to keep (o.s.) fit (*of:* in condition); *uit ~ raken, (sp)* go off form
conditietraining fitness training, keep-fit exercises
conditionalis conditional
conditioneel 1 *(voorwaardelijk:) conditionele acceptatie* qualified acceptance; **2** *(fysiek, inz sp:) ~ beter* better conditioned, in better condition (shape)
conditioneren 1 stipulate, condition; **2** condition; *zie ook* geconditioneerd
condoléance, condoleantie condolence
condoleantiebrief letter of condolence
condoleantieregister book of condolence
condoleren condole; *iem ~* condole with a p. [*met* on], express one's sympathy, sympathize [with a p. in his loss]; *ik condoleer je* you have my sympathy, accept my sympathies
condominium condominium
condoom condom, sheath
condor condor
conducteur *(ve trein, tram, bus)* conductor; *(ve trein, vero)* guard; *(ve goederentrein)* trainman; *(bestuurder)* driver
conductrice conductress
conduitelijst, conduitestaat 1 conduct roll (*of:* sheet), *(fam)* track record; **2** *(mil)* confidential report
confectie ready-made (ready-to-wear) clothing (clothes), off-the-peg [suit], reach-me-downs
confectiekleding ready-made clothes
confectiepakje ready-made suit, *(fam)* suit off the peg
confederaal confederative
confederatie confederation, confederacy
conference 1 conference; **2** one-man show
conferencier 1 compère, *(Am)* emcee; **2** entertainer
conferentie 1 [hold a] conference, parley; **2** discussion, meeting
confereren consult (together), confer (together), hold a conference; *~ met ... over* consult (confer) with ... on; *~ op afstand* teleconference
confessie confession
confessioneel 1 confessional; *(v school, enz)* denominational, *(enigszins ongunstig)* sectarian *(ook zn)* **2** orthodox
confetti confetti
confidentie confidence; *een ~ doen* make a confidence [to a p.]
confidentieel confidential; *(boulevardpers, ook)* kiss-and-tell [interviews]

configuratie configuration
configureren configure
confirmatie confirmation
confirmeren confirm
confiscatie confiscation, seizure
confiserie confectioner's (shop)
confiseur confectioner, pastry-cook
confisqueerbaar confiscable
confisqueren confiscate, seize
confiture conserve; *~n* candied fruit
confituur jam
conflict conflict, dispute; *in ~ komen met* come into conflict with, conflict (*of:* clash) with, come up (find o.s. up) against
conflicteren conflict [*met* with]
conflictmodel confrontation strategy
conflictueren conflict [*met* with]
conflictueus conflictive, conflictory
conform in accordance with, in conformity with; *voor kopie ~* conformable to the original; [of which] this is a true copy
conformeren: *zich ~* conform [*aan* to]
conformisme conformism
conformist(isch) conformist
conformiteit conformity
confrater, confrère colleague; confrère; *(jur)* [my] learned friend, [his] brother counsel
confrontatie confrontation, [final] showdown
confronteren confront [*met* with]
confucianisme Confucianism
confusie confusion
confuus confused, abashed, taken aback
congé congé, dismissal; *zijn ~ geven* dismiss, send packing, (give the) sack, give [a p.] his congé (his marching orders), fire [the cook], *(fam)* give the boot; *hij kreeg zijn ~* he was sacked (sent packing)
congeniaal congenial
congenitaal congenital [blindness, idiot]
congestie congestion
congestiepunt bottleneck
conglomeraat conglomeration; *(inz geol)* conglomerate
congregatie congregation
congres conference, [world] congress; *het (Am) Congres* Congress
congresgebouw conference centre
Congreslid *(Am)* member of Congress, Congressman
congresseren hold (take part in) a conference (a congress)
congressist conference (congress) member, delegate, conferee
congruent congruent; *~e figuren, (ook)* duplicates
congruentie **1** agreement; **2** *(wisk)* congruency; **3** *(gramm)* agreement, concord
congrueren correspond; agree; *(wisk)* be congruent
conifeer conifer
conisch conic(al), tapered [pin]
conjectuur conjecture
conjugatie conjugation
conjugeren conjugate
conjunctie conjunction *(alle bet)*
conjunctief subjunctive
conjunctivitis conjunctivitis
conjunctureel cyclical [fluctuations, unemployment; cyclically sensitive]
conjunctuur **1** conjuncture; **2** *(handel)* state of the economy, tendency (condition, trend) of the market, business outlook; *opgaande ~* upswing, upward movement (trend), revival in trade, *(sterk)* boom; *dalende ~* downswing, recession, decline, slump
conjunctuurgolf trade [*of:* business] cycle
connectie connection, connexion; *zij had uitstekende ~s* she was excellently connected; *veel ~s hebben, (handel)* have a large connection
connossement *zie* cognossement
connotatie connotation
conrector vice-principal, deputy headmaster, senior master
consacreren consecrate
consciëntie conscience
consciëntieus conscientious, scrupulous
conscript conscript; *(Am)* inductee
conscriptie conscription
consecratie consecration
consecreren consecrate
consecutief consecutive
consensus consensus
consent **1** consent; **2** *(verlofbrief)* permit, licence
consequent consistent
consequentie **1** *(gevolg)* (logical) conclusion, consequence; **2** *(beginselvastheid)* consistency
conservatie conservation, preservation
conservatief *bn & zn* conservative; *(bn ook)* unprogressive
conservatisme conservatism
conservatoir: *~ beslag* garnishee; *~ beslag leggen op* garnishee [a p.'s salary]
conservator conservator, keeper, custodian, curator [of a museum]
conservatorium school (college, academy) of music; *(inz Am)* conservatory; *(niet-Eng)* conservatoire
conserveermiddel preservative
conserven preserves
conservenfabriek canning factory, cannery
conserveren preserve, keep; *(in blik)* tin, can; *goed geconserveerd, (ook v pers)* well preserved
conserveringsmiddel preservative
considerans **1** preamble; **2** consideration
consideratie [treat a p. with great] consideration, [show a p. much] deference; *~ hebben* make allowances [*met iem* for a p.]; exercise leniency (mercy) [towards]; *met ~, (ook)* considerately; *uit ~ voor* in deference to, out of consideration for; *zonder (enige) ~* without more ado
consignataris consignee

consignatie consignment; *in ~* [send] on consignment; *(jur)* [give] in consignation
consignatiegever consignor
consignatienemer consignee
consigne 1 instructions, orders; **2** *(wachtwoord)* password
consigneren 1 consign; **2** *(mil)* confine to barracks
consistent consistent
consistentie consistency, consistence
consistentvet hard grease
consistorie 1 consistory; **2** *(~kamer)* vestry
console 1 console, bracket, *(v steen, ook)* corbel, *(lang)* cantilever; **2** *(tafeltje)* console (table); **3** *(apparaat)* console
consolidatie consolidation
consolideren consolidate
consommé consommé, beef tea, broth, clear soup
consonant consonant
consorten confederates, associates; *en ~, (ook)* and company, & Co, [you] and your likes
consortium consortium, syndicate
conspiratie conspiration
conspiratief conspiratorial
conspireren conspire
constant constant, stable, steady; consistent [quality]; *(ve pers, ook)* firm [friend], staunch [ally], loyal; *hij liet mij ~ in de steek* he was forever letting me down
constante constant
constantheid constancy
Constantijn Constantine
Constantinopel Constantinople
constateren ascertain; establish [a truth, a p.'s guilt]; put [a fact] on record, state; find, note [a deficit of £5m]; *(ziekte)* diagnose [ten cases of smallpox], confirm [foot-and-mouth disease]; *de dood ~* certify death, testify to a p.'s death; *... zo constateerde men in de pers* it was observed in the papers ...; *we moeten ~ dat ...* we have to accept the fact that ...
constatering statement, finding; diagnosis; confirmation; observation
constellatie 1 configuration, set-up [under the present set-up renewal is almost impossible], state of affairs; **2** *(sterrenbeeld)* constellation
consternatie consternation
constipatie constipation; *aan ~ lijden* be constipated
constiperen constipate [the bowels]; *geconstipeerd, (ook)* costive
constituante constituent assembly
constitueren constitute; *zich ~, (tot commissie, enz)* constitute themselves; *~de vergadering* constituent assembly
constitutie constitution; *(ve persoon, ook)* [his whole] make-up
constitutief constituent
constitutioneel constitutional
constructeur design engineer, designer
constructie 1 construction, structure; **2** [an innovative] arrangement; [a theoretical] construct; **3** *(het construeren)* construction, design
constructiebankwerker constructional fitter
constructiebureau drawing office
constructief 1 constructive [remarks; drawing]; **2** structural [elements, timber]
constructiefout fault in construction, faulty design; [the bridge collapsed owing to a] structural defect
constructiestaal steel girders
constructietekening construction (working, engineering, design) drawing (*of:* plan)
constructiewerkplaats engineering shop (*of:* works)
constructivisme constructivism
construeren 1 *(samenstellen)* construct [a sentence, an argument; a bridge; a triangle], engineer; **2** *(bedenken)* make up, imagine; **3** *(ontleden)* construe [a sentence; a p.'s remarks]
consul 1 consul; **2** (local) representative
consulaat consulate
consulair consular [official, etc]
consulent 1 adviser, counsel; **2** clergyman having the care of a vacant parish; **3** advisory expert, consultant; *zie ook* belastingconsulent
consul-generaal consul general
consult consultation; *in ~ roepen, (med)* take into consultation; call in in consultation; *iem in ~ roepen, (ook)* call in a consultant, seek a second (another) opinion
consultant consultant *(in beide bet)*
consultatie consultation
consultatiebureau health centre; *~ voor (aanstaande) moeders* maternity centre, antenatal clinic; *~ voor zuigelingen* infant welfare centre
consultatief consultative
consulteren consult; *een dokter ~, (ook)* take medical advice, see a doctor [about ...]
consulterend advisory; *~ geneesheer* consulting physician, consultant
consument(en-) consumer [credit, electronics, organization, research]
consumentenbond consumers' association
consumentenprijs retail price
consumentisme consumerism
consumeren consume
consumptie 1 *(verbruik)* consumption; *voor ~ geschikt* fit for consumption, edible; *in ~, (handel)* duty paid; **2** *(genuttigde)* food [the food and cellar are good], fare, drink(s), refreshment(s)
consumptieaardappel cooking potato
consumptieartikelen *zie* consumptiegoederen
consumptiebon (food, drinks) voucher
consumptief *(inz Am)* consumptive; *-tieve belasting, (vglb)* goods and services tax; *voor -tieve doeleinden* [produced] for consumption; *~ krediet* consumer credit; *uitgaven in de -tieve sfeer* consumer expenditure; *-tieve technieken* catering technology
consumptiegoederen [basic] consumer goods, consumables; *(niet-)duurzame ~* consumer (non-)dura-

bles
consumptieijs ice cream
consumptiemaatschappij consumer society
consumptiemelk liquid (*Am:* fluid) milk, drinking milk
consumptietent refreshment (drinks, coffee) stall
contact contact, touch; liaison; *in ~ komen met* contact; *~en leggen* make contacts; *~ maken, (ook)* establish a rapport [with]; *(zakelijk)* liaise; *zie ook* aanraking & contacten
contactadres contact address
contactadvertentie *(vglb)* personal ad(vertisement)
contactafdruk contact print
contactarm lacking social skills; *~ persoon* social isolate
contactdoos power point, (wall) socket; *(Am)* (wall) outlet
contact(er)en contact [one's lawyer]; *(informeel contacten opbouwen)* network
contactlens contact lens
contactlijm contact adhesive
contactman contact (man)
contactmijn contact mine
contactpersoon 1 contact *(ook med)* **2** person to be contacted
contactpunt 1 terminal; **2** *(auto, enz)* point
contactsleutel ignition key
contactslot starter lock
contactsport contact sport
contactstop plug (connector)
contactueel contactual; interpersonal; social; *-ele eigenschappen* [lack] people (*of:* social) skills; *met goede ..., (ook)* getting on well with others, well-socialized; *(werving)* has excellent rapport; *vgl* communicatief
container 1 container; *in (standaard)~s vervoeren* containerize [cargo]; **2** *(afvalbak)* skip; [bottle] bank
containerschip (all-)container ship
containerwagen *(spoorw)* container wagon (*Am:* truck)
contaminant contaminant
contaminatie contamination
contamineren contaminate
contant cash; *à ~* [sell] for cash (down), for ready money, cash in hand; *prijs à ~* cash price; *~ met 2% korting* cash less 2 per cent; *2 % voor ~* 2 per cent for cash; *~ zonder korting* net(t) cash; *~ betalen* pay cash, pay money down, pay on the nail; *~ tegen documenten* cash against documents; *extra ~* prompt cash; *~e betaling* cash payment; *~e waarde* market value; *~e zaken* ready money transactions; *~ geld, ~en* (hard) cash, ready money, specie; *[£20] aan ~en* in cash
conté 1 conté(-crayon); **2** charcoal
contemplatie contemplation
contemplatief contemplative
contemporain contemporary
content content [with life]; contented [smiles]; *niet ~, (ook)* discontented [with one's job]
contentieus contentious, controversial
conter- *zie* contre-
contestant contestant; oppositionist
contestatie protest
contesteren contest; oppose
context context [of words in a Statute; the social context]
contextueel contextual [meaning]
contigu contiguous
contiguïteit contiguity
continent continent
continentaal continental [shelf *plat*]
contingent I *zn* contingent, share, quota, proportion; **II** *bn* contingent
contingenteren impose quotas [on, for grain imports]; restrict, apportion
contingentering 1 quota system; **2** quota restrictions
continu continuous [operation, process]; *hij klaagt ~* he is forever complaining
continuarbeid shift work
continuatie continuation
continubedrijf 1 continuous working plant; **2** continuous working (operation)
continueren continue [(with) a project; continue unbroken]; *een tijdelijke aanstelling ~* renew (extend) a temporary appointment (a p.'s tenure of an office)
continuïteit continuity [of thought, of fuel supplies]
continuüm [the space-time] continuum
conto account; *à ~* on account; *op zijn ~* [with two victories] to his account; *op iems ~ schrijven* hold a p. accountable for [the defeat]; *~ finto* pro forma invoice
contour contour, profile; *de ~en van een plan* [sketch] the outlines of...
contourscherpte *(fot)* acutance
contra I *bn & bw* **1** contra, against; **2** *(jur, sp)* versus, v; **II** *zn* contra
contrabande contraband (goods)
contrabas double bass, contrabass [player], *(fam)* bass fiddle
contrabezoek *zie* contravisite
contraboek customer's book
contraceptie contraception
contraceptief I *bn* contraceptive [devices *middelen*, pills]; **II** *zn: (~ middel)* contraceptive
contraceptioneel *zie* contraceptief I
contraceptivum contraceptive
contract contract, agreement; *(leer~)* articles (of apprenticeship), indentures; *een ~ aangaan (sluiten)* enter into (make, conclude, fix) a contract; *bij ~, zie* contractueel; *op ~* by contract, on a contract; *volgens ~* according to contract
contractant contracting party
contractbreuk breach of contract
contracteren 1 *(overeenkomen)* contract; *~de partijen* contracting parties; *gecontracteerd* contract

[price], [the salary] contracted for; **2** *(aannemen)* put under contract, engage, *(inz sp)* sign on [players]
contractie contraction
contractueel contractual; *zich ~ verbinden* bind o.s. by contract; *~ verbonden zijn aan* be under contract to
contradans contredanse; country dance
contradictie contradiction
contradictio in terminis contradiction in terms
contraduik reverse dive
contra-expert *(vglb)* second opinion
contra-expertise countercheck
contrafagot double bassoon
contragewicht counterweight; counterpoise
contraheren contract
contra-indicatie contra-indication
contrair contrary (to)
contramerk 1 countermark; **2** *(theat, enz)* (pass-out) check
contramine *(handel)* bears; *in de ~ zijn, a)* be contrary, disagree with everything; *b) (handel)* speculate for a fall, sell short
contramineur bear, speculator for a fall
contramoer locknut, safety nut
contramonster counter (*of:* reference) sample
contraprestatie *zie* tegenprestatie
contraproductief counter-productive
contrapunt counterpoint
contrapuntisch contrapuntal
contrapuntist contrapuntist
Contrareformatie Counter-Reformation
contrarevolutie counter-revolution
contrarie contrary; *juist ~* just the other way about; *zie ook* Jantje
contrariëren thwart, cross
contraseign counter-signature
contrasigneren countersign
contraspionage counter-espionage
contrast contrast; *een groot ~ met* a great contrast to
contrastekker extension jack (*of:* socket)
contrasteren contrast [*met* with]
contrastief contrastive [colouring, analysis]
contrastrijk *(fot)* contrasty
contrastvloeistof contrast medium
contrastwerking contrast
contratenor counter-tenor
contravisite return call, return visit; *een ~ brengen* return a call
contrecoeur: *(à) ~* half-heartedly
contrefort 1 *(v schoen, enz)* counter, stiffener; **2** *(steunmuur)* counterfort, buttress
contrei(e) part, region
contribuabel *zie* belastbaar 1
contribuant contributor
contribueren contribute
contributie 1 *(als lid)* subscription; **2** *(belasting)* contribution, tax
controle check [*op* on], supervision; inspection [of tickets]; *iem (iets) onder ~ houden* keep a check on a p. (keep s.t. under control); *de bal onder ~ brengen, (sp)* control the ball; *doorlopende ~, (v boekhouding)* continuous audit; *door de ~ gaan* pass through the entrance gate, the (ticket) barrier; *~ uitoefenen op, zie* controleren; *(attr ook)* watchdog [committee, function]
controlecijfer check digit
controleerbaar verifiable
controlegroep control group
controlekamer control room
controleklok time-clock
controlelamp pilot light
controlelijst tally sheet
controlepost *(sp)* control point; *(mil)* checkpoint; *de ~ bereiken* check in
controleren check [a p., a statement], verify [accounts, etc], *(ve accountant)* audit [accounts]; examine, inspect [tickets, the books]; supervise; *(regelmatig)* control [product quality]; monitor [radio transmission]; *behoorlijk ~* keep a proper check on; *~d geneesheer* medical officer [of the Company]
controleur 1 controller, checker, inspector; *(v kaartjes)* ticket inspector (collector), checker; **2** *(Ind)* district officer, collector, deputy commissioner
controverse controversy
controversieel controversial
conus cone
convalescent *bn & zn* convalescent
convectie convection
convector convector, convection (convector) heater
convenabel becoming, suitable, fit
convenant covenant, accord, agreement [on acceptable levels of pollution]
conveniëren suit, be convenient to (for)
convent convent; *zie ook* conventie
conventie convention
conventikel conventicle
conventioneel conventional [ideas, weapons]
conventueel *(r-k)* conventual
convergent convergent
convergentie convergence [zone]
convergeren converge; *~d* converging [lens], convergent [series]
conversabel easy to talk to, sociable
conversatie 1 conversation; **2** (social) intercourse
conversatieles conversation lesson
conversatiezaal [hotel] lounge
converseren 1 converse; make conversation [with]; **2** *(omgaan)* associate [*met* with]
conversie conversion
conversielening conversion loan
converteerbaar: *-bare effecten* conversion (convertible) stock
converteren convert [*in* into]
convertibel convertible [currencies]
convex convex

convex-concaaf convexo-concave
convocaat *zie* convocatie 2
convocatie 1 convocation; **2** notice (convening a (the) meeting)
convoceren convene, convoke
convoluut 1 bundle, sheaf [of papers]; **2** composite volume; **3** *(med)* convolution
convulsie convulsion
convulsief convulsive
coöperatie 1 *(abstr)* cooperation; **2** *(lichaam)* cooperative; *vgl het vlg*
coöperatief cooperative [attitude, person, (building) society, stores]
coöperator cooperator
coöpereren cooperate [*met* with]
coöptatie co-op(ta)tion
coöpteren co-opt
coördinaten coordinates
coördinatennet grid
coördinatenstelsel [astronomical, Cartesian, polar] coordinate system
coördinatie coordination
coördinator, coördinatrice coordinator
coördineren coordinate
co-ouder co-parent
copieus copious [meal], abundant, plentiful
coproductie co-production
coprofaag coprophagous
coprofilie coprophilia
coprolalie coprolalia
coproliet coprolite, *(med)* coprolith
copromotor co-supervisor of a doctoral dissertation
copula copula
copulatie copulation; *(plantk)* splice graft(ing)
copuleren copulate; *(plantk)* splice-graft
copyright copyright; *zie* auteursrecht
cordiaal cordial
cordon *zie* kordon; *~ bleu* cordon bleu *(alle bet)*
corduroy corduroy, cord; *(fijn, Br)* needlecord; *~ broek* corduroys
coreferent referee
Corinthe Corinth
Corinthiër, Corinthisch Corinthian; *Corinthische spelen* Isthmian games
cornage *(v paard)* roaring
cornedbeef corned beef, *(fam)* bully (beef)
corner *(handel & sp)* corner; *(sp ook)* corner kick (*hockey:* hit); *de bal ging ~* the ball went into corner
cornet 1 *(doosje)* (small cardboard) box; **2** *(mil & muz)* cornet
cornet-à-pistons cornet, cornopean
Cornwall(is) Cornwall; *van ~* Cornish
corona corona (*mv ook:* -nae)
coronair coronary [artery, bypass, care, thrombosis]
corporaal corporate
corporatie corporate body, corporation; *als ~* [act] in a corporate capacity
corporatief corporative [State]
corporeel corporal
corps corps *(ev & mv)*, body *(ook v wijn)*; (student) society; *~ diplomatique* corps diplomatique, diplomatic corps; *en ~* in a body
corpslid, corpsstudent student society member
corpulent stout, corpulent, obese; *(fam)* tubby
corpulentie corpulence, stoutness, obesity
corpus corpus; *(lichaam)* body, [he has no fear in his] composition; [linguistic] corpus; *~ delicti* corpus delicti
correct correct; *~ handelen, (ook)* do the correct thing
correctheid correctness
correctie correction
correctief corrective
correctielak correcting fluid
correctietekens proofreaders' (printers', (proof) correction) marks
correctietoets correction key
correctievloeistof correcting fluid
correctioneel correctional
corrector (proof *of:* printer's) reader, corrector
correctrice correctrix
correlatie correlation [coefficient]; *in ~ staan, brengen, zie* correleren 1, 2
correlatief correlative
correleren 1 correlate; **2** *(in correlatie brengen)* show (establish) a correlation (between)
correspondent(e) correspondent; *(ve krant, ook)* stringer
correspondentie [conduct the] correspondence
correspondentieadres mailing address, accommodation address
correspondentiekaart *(niet Br & Am)* correspondence card
corresponderen 1 *(schrijven)* correspond [*met* with]; *we ~ geregeld* we are regular correspondents; *~d lid* corresponding member; **2** *(overeenkomen)* correspond [*met* to], agree, conform [*met* with]; *(v treinen, enz) zie* aansluiting hebben
corridor corridor
corrigenda corrigenda
corrigendum corrigendum
corrigeren correct *(ook: berispen, straffen)*; adjust [an error in the accounts]; read [proofs], proofread; mark [papers, proofs]; set [a p.] right
corroderen corrode
corrosie corrosion
corrosief corrosive
corrumperen corrupt [manners, youth; power corrupts]
corrupt(ie) corrupt(ion)
corsage corsage, spray
corselet corslet
Corsicaan(s) Corsican
corso [flower] parade, pageant
cortège cortege
cortex cortex

corticoïde corticoid
corticosteroïde corticosteroid
cortison cortisone
corvee 1 household chore(s); *(kamp, enz)* orderly duty; *(mil, inz straf~)* fatigue (duty); *(troep)* fatigue (party); *(Am, ook straf)* KP, kitchen police; **2** *(heel karwei)* tiring job, chore, unending drag
corveeër orderly; *(Am, ook straf)* KP, kitchen police
coryfee leading exponent, star (performer) [etc]
co-schap *vgl* co-assistent
cosecans cosecant
cosinus cosine
cosmetica cosmetics
cosmetiek cosmetic, make-up
cosmetisch cosmetic *(ook fig)*
costumier, costumière costumier, -ière, costumer; *(theat)* wardrobe master (mistress)
cotangens contangent
coterie coterie, clique
cothurn(e) buskin
cotillon cotillion
cotoneaster cotoneaster
couchette couchette, (sleeping) berth, bunk
coulance courtesy, consideration
coulant considerate, accommodating, obliging, generous, tolerant; *~e voorwaarden* reasonable terms
coulisse side scene, side wing, movable scene, coulisse; *achter de ~n* behind the scenes *(ook fig)*, in the wings, [step back] into the wings
counter counter
counteren 1 *(sp)* counter; **2** *(afslaan)* frustrate
coup coup, stroke, move
coupage blending [wine]
coup d'état coup (d'état)
coupe 1 *(snit)* cut; **2** *(kapsel)* (hair)style; *~ soleil* highlights; **3** *(glas)* coupe; *(schaal)* cup; **4** *(biol)* section
coupé 1 *(ve trein)* compartment; *(ook)* [travel in the same] carriage; *halve ~, (ve trein)* coupé; **2** *(rijtuig, auto; ook: coupeetje)* brougham, coupé
couperen 1 *(kaartspel)* cut; **2** *(staart, enz)* dock; **3** *(in toneelstuk)* cut, make cuts; **4** *(afkappen)* preclude [further questioning]; cut short [a p.'s excuses]; **5** blend [wine]
couperose rosacea
coupeur (tailor's) cutter
coupeuse dressmaker
couplet stanza, stave; *(tweeregelig)* couplet
coupon 1 coupon *(cadeau- (ook)* gift coupon); **2** *(stof)* remnant, cutting
couponboekje coupon *(of:* ticket) book
couponring rubber band
coupure 1 cut [in film, etc]; excision; **2** *(v effecten, enz)* denomination
cour 1 court; **2** *(ten hove) zie* receptie; **3** *zie* koer
courage courage, pluck, spirit; *~!* cheer up!, never say die!, thumbs up!
courant I *bn* current, marketable; *~e maten* stock sizes; *niet ~e maten* off-sizes; **II** *zn* **1** *Nederlands ~* Dutch currency; **2** (news)paper, journal; *zie verder* krant *& sam met* krant
coureur racing driver (motorcyclist, cyclist)
courgette courgette, *(Am)* zucchini
courtage brokerage, (selling) commission, [house agent's] fee
courtisane courtesan
courtoisie courtesy
coûte que coûte at all costs, at any cost
couture couture
couturier, couturière couturier, -ière, fashion designer, dressmaker
couvert 1 envelope; *onder ~* under cover; **2** *(op tafel)* place setting, cover [a dinner of ten covers]
couveuse incubator
couveusekind premature baby
cover 1 *(omslag)* cover, [book] jacket, [record] sleeve; **2** *(muz)* cover (version)
coveren 1 retread [tyres]; **2** cover [a news story]; **3** *(muz)* cover
cowboy cowboy *(ook fig)*
cowboyfilm western (picture)
c.q. *zie* casu: *~* quo
crack *(sp & kristallijne cocaïne)* crack
crapaud low-seat easy chair; *(rond)* tub chair
crapuul rabble, riff-raff
craquelé crackle (china, glassware); *(in verf)* craquelure
crash(en) crash
crawl(en) crawl
crawlslag crawl stroke
crayon crayon; *in ~* in crayon(s), in chalk
crayontekenaar pastellist
creatianisme creationism, fresh creation theory
creatie creation *(alle bet)*
creatief creative *(ook euf:* creative accountancy)
creationisme creationism, anti-evolutionism, Christian fundamentalism
creativiteit creativeness, creativity
creatuur 1 creature; **2** *(min)* critter
crèche crèche, day nursery; [seal] sanctuary
credenstafel credence (table)
credit credit [balance *saldo,* card, note *nota,* side]; *in iems ~ boeken, zie* crediteren
crediteren: *~ voor* pass (place) to a p.'s credit (to the credit of a p.'s account), credit a p. with
crediteur creditor [country]; *~en, (bkh)* accounts payable
creditpost credit entry, entry on the credit side
creditrente (bank) interest
credo credo *(mv: -*os); *(theol ook)* creed
creëren create *(in alle bet)*
crematie cremation
crematorium crematorium; *(Am)* crematory
crème I *zn* cream [*ook fig:* the cream of the military riders]; *~ de la ~* crème de la crème; **II** *bn* cream(-coloured)
cremeren cremate

crèmespoeling conditioner
Cremona Cremona *(ook de viool)*
creolisering creolization
creool Creole
creools *bn & zn* creole
creoolse Creole
creooltaal creole
creosoot, creosoteren creosote
crêpe 1 crêpe [dress, paper, rubber, tape], crape; *~ de Chine* crêpe de Chine; **2** *(flensje)* crêpe [Suzette]
crepeergeval desperate case
crepeersterkte *(vglb)* skeleton staff
creperen die (miserably), *(fam)* pop off (the hooks), croak; *~ van de pijn* suffer an agony of pain
crêperie crêperie, creperie, pancake house
cresc., crescendo cresc., crescendo
cretin(isme) cretin(ism)
cretonne cretonne
criant: *~ vervelend* deadly dull [lecture], infuriating [child]
cricket cricket
cricketen play cricket
cricketveld cricket ground (*of:* field)
crime: *het is een ~* it's more than flesh and blood can bear; *die speedboten zijn een ~* those speedboats are a disaster; *~ passionnel* crime passionnel, crime of passion
criminaliseren criminalize
criminalist criminalist, criminal lawyer
criminaliteit 1 criminality; **2** [organized, petty *kleine*] crime
crimineel 1 criminal [law]; *uit de criminele sfeer halen* decriminalize [cannabis]; **2** *(fig)* horrible, outrageous; enormous; *~ vervelend (koud)* excruciatingly dull (perishing cold); *~!* great!
criminologie criminology
criminoloog criminologist
crinoline crinoline
crisis crisis (*mv:* crises), critical stage (moment, point), turning point; *(attr)* crisis [centre, intervention, situation, talks, team]; *de zaken hebben een ~ bereikt* things have come to a crisis (a head); *de kerk maakt een ~ door* the ... is in a critical situation; *hij is de ~ te boven, (ve patiënt, enz)* he has turned the corner
Crispijn Crispin
criterium 1 criterion (*mv:* -ria), (acid) test; benchmark; **2** *(sp)* criterium
criticaster criticaster
criticus critic; *(vitter)* fault-finder
Croesus Croesus
croissanterie croissant shop
croque-monsieur toasted sandwich
croquet *(sp)* [play] croquet
cross cross-country (race)
crossauto stock car
crosscultureel cross-cultural
crossen autocross (cyclo-cross, motocross) racing
crosser cross-country racer
crossfiets cyclo-cross bike, BMX bike
cross-pass cross
crossrijden stock-car racing
croupier croupier
crouton crouton
cru I *bn* crude; blunt; cruel; **II** *zn* cru, [first, fifth] growth
cruciaal crucial
cruciferen crucifers, *(plantk)* Cruciferae
crucifix crucifix
crudités crudités, salad (of raw vegetables)
crustaceeën crustacea(ns)
crux crux
cryo- cryo- [cryobiology, cryosurgery, cryotherapy]
cryogeen cryogenic
crypt(e) crypt
cryptisch cryptic
cryptofoon scrambler
cryptogaam 1 *zn* cryptogam; **2** *bn* cryptogamous
cryptograaf cryptographer
cryptogram 1 cryptogram; **2** cryptic crossword
cryptologie cryptography, cryptology
c.s. afk van **1** *cum suis* et al; **2** *cum sociis* & co
csardas csardas, czardas
CT-scan(ner) CAT scan(ner), CTscan(ner)
Cubaan, Cubaans, Cubaanse Cuban
cuisinier caterer
cul-de-sac cul-de-sac, dead end, blind alley
culi *(fam)* foodie
culinair culinary; *~e vakschool* catering school
culminatie culmination
culminatiepunt culminating point *(ook fig)*
culmineren culminate *(ook fig)*
culpoos culpable [homicide]
cult cult [book, hero, figure, writer]
cultisch cultic
cultivar cultivar
cultivator cultivator
cultivéparel cultured pearl
cultiveren cultivate [land, people, a beard, friendship, the mind, the soil]; refine [one's language, manners]; educate [one's taste]; *zie ook* gecultiveerd
culture plantation, estate; *zie ook* cultuur
cultureel cultural [activities, anthropology, desert, differences, diversity, events, minorities, studies]
cultus cult, *(r-k, ook)* cultus
cultuur 1 *(verbouw)* cultivation, culture; *in ~* under cultivation; *in ~ brengen* bring into cultivation, put under the plough; **2** *(v bacteriën)* culture; **3** *(beschaving)* culture, civilization
cultuurbarbaar philistine
cultuurbezit cultural heritage
cultuurdrager great (leading) mind, formative influence
cultuurgeschiedenis history of civilization
cultuurgewas cultivated plant
cultuurgoed (cultural) heritage

cultuurgrond cultivated (cultivable) land
cultuurhistoricus cultural historian
cultuurhistorisch: *uit ~ oogpunt* from a cultural-historical point of view
cultuurplant cultivated plant
cultuurschok culture shock
cultuurtaal civilized language, language of civilization, standard language
cultuurtechniek land development, agricultural engineering
cultuurtechnisch: *~e werken* land development projects
cultuurvolk civilized nation
cum *vz* cum; *zn zie* cum laude; *(een) ~ krijgen, (Br vglb)* get a first; *~ annexis* with appurtenances, *(fam)* with all the trimmings; *~ dividend* cum dividend; *~ grano salis* cum grano salis *(fam:* cum grano), [take] with a pinch (a grain) of salt; *~ laude* [graduate, pass] with credit (distinction, first class honours); *(Am)* (summa, magna) cum laude, with honors; *~ suis* et al, and others *(niet:* a.o. *!)*, and supporters, and family; *zie ook* consorten
cumarien, cumarine coumarin
cumi cultural minority
cumulatie cumulation; *(v ambten)* plurality, pluralism
cumulatief cumulative; *~ preferent aandeel* cumulative preference share
cumuleren cumulate
cumulus cumulus
cunnilinctus, cunnilingus cunnilingus
cupidootje cupid, love
curaçao curaçao *(likeur)*
curare curare, curari
curatele guardianship, custodial care; *onder ~ staan* be in ward (under guardianship, under tutelage); *(fam)* be under close supervision, have one's wings clipped; *onder ~ stellen* make [a person of unsound mind] a ward of court, put [a p.] in ward, place [a p.] under guardianship, appoint a guardian over [a p.]; *(fig)* call [a p.] to order
curatief curative [medicine]
curator 1 guardian; **2** *(museum, enz)* curator, custodian; **3** *(in faillissement)* trustee in bankruptcy; liquidator; *(rechter-commissaris)* (official) receiver; *onder het beheer ve curator komen* go into receivership; *(voorafgaand aan faillissement)* administrator; *onder het beheer ve curator komen* go into receivership (into administration); **4** *(gymnasium, univ; vglb)* governor, trustee
curatorium *(vglb)* board of control (of governors, of trustees)
cureren cure
curettage (dilatation and) curettage
curette(ren) curette
curie 1 *(r-k)* Curia; **2** *(nat)* curie
curieus curious *(ook v boek: erotisch)*, odd, queer
curiositeit curiosity, curio; *artistieke ~en* articles (objects) of virtu, bric-à-brac
curiosum *(mv: -sa)* rarity; *curiosa, (erotische boeken)* curiosa; *zie ook* curiositeit
curriculum curriculum *(mv:* -la); *~ vitae* curriculum vitae; *(Am ook)* resumé
cursief 1 in italics, italicized; **2** *zie* cursiefletter; *~je* (gossip, etc) column
cursiefletter italic (letter) *(mv:* italics)
cursist student; course member
cursiveren italicize, print (put) in italics; *ik cursiveer* (the) italics (are) mine, my (own) italics, emphasis added
cursor cursor
cursorisch cursory
cursus 1 course (of study), curriculum; [evening] classes; **2** school year; *driejarige ~* three years' (three-year) course; *een ~ volgen* take classes [in cookery, etc], take a course [of first aid]
curulisch: *~e stoel* curule chair (seat)
curve curve; *(grafische voorstelling, ook)* graph
curvimeter curvometer
custard custard (powder); *(pudding, vla)* custard
custode catchword
custos 1 keeper, custodian; **2** *(bladwachter)* catchword
cv 1 central heating [boiler, system]; **2** CV, curriculum vitae
cve afk van *centrale verwerkingseenheid* CPU, central processing unit
CVS afk van *chronischevermoeidheidssyndroom* CFS, ME
cyaan 1 cyanogen; **2** *(kleur)* cyan
cyaankali potassium cyanide
cyaanwaterstofzuur hydrocyanic acid
cyanide cyanide
cyanose cyanosis
cybernetica cybernetics
cyclaam cyclamen; *(alpenviooltje, ook)* sowbread
Cycladen: *de ~* the Cyclades
cyclamaat cyclamate
cyclamen cyclamen; *(alpenviooltje, ook)* sowbread
cyclisch cyclic [compounds, flowers, permutations], cyclical
cycloïde cycloid
cyclometer cyclometer
cyclonaal cyclonic
cycloon cyclone
cycloop Cyclops *(mv:* Cyclopes, -ops, -opses); *(kreeftje)* cyclops
cyclopisch cyclopean
cyclostyle(ren) cyclostyle
cyclotron cyclotron
cyclus cycle
cynicus cynic
cynisch cynic(al)
cynisme cynicism
cypers Cyprian; *~e kat* tabby (cat)
Cyprioot Cyprian, Cypriot(e)

Cyprisch Cyprian, Cypriot(e)
Cyprus Cyprus
cyrillisch Cyrillic [alphabet, script]
cyste cyst
cysteaaltje potato eelworm
cystitis cystitis
cystoscopie cystoscopy
cytologie cytology
cytoplasma cytoplasm
cytostaticum, cytostatisch cytostatic

d

d (the letter) d

D D *(ook noot en Romeins cijfer); d-kruis* D sharp; *d-mol* D flat

daad action, act, deed; move [one of the first moves of the new government]; *(roemrijke)* achievement, exploit; *de ~ bij het woord voegen* suit the action to the word; *tot daden overgaan* proceed to action; *daden spreken beter dan woorden* actions speak louder than words; *een man van de ~* a man of action; *zie ook* betrappen, omzetten & stellen

daadkracht energy, [lack of] initiative

daadwerkelijk actual

daags I *bw: (des) ~* by day, in the daytime; *~ daarna* the next day, the day after; *~ tevoren* the day before; *eenmaal ~* once daily; *5 euro ~, (ook)* five euros per diem; II *bn* daily, per diem [allowance]; *~e kleren* everyday (weekday, workaday) clothes; *voor ~* for ordinary wear

daalder *(hist)* dollar; *zie ook* klap

daar I *bw* **1** there; here [they come; here's Bob; here we are again]; *~(ginds)* over there; *dáár moet je wezen!* that's where you should be, that's the place to be (to go to); *zo, bén je ~?* ah, here you are!; *ben je ~?* are you there?; *ben 'jij ~?* is that 'you?; *wie praat ~?* who's that talking?; *~ ben ik warempel mijn horloge kwijt* if I haven't lost my watch!; *ik ben ~ (een beetje) gek!* I'm not that stupid!, catch me!; *~ ging de deur open* then the door opened; *zie ook* gaan; *~ had je lelijk kunnen vallen* you might have had a bad fall then; *het einde is nog niet ~* the end is not yet (in sight); *... is weer ~* [Christmas] is here again, has come round again; *~ en ~* at (to) such and such a place; *tot ~* as far as that; *van ~* from there; *..., ~ niet van ...* to be sure; admittedly, ...; *[hij blaft,] ~ is het een hond voor* that's dogs (what dogs are 'like); **2** *(d'r, er)* there; *vgl* er; II *vw* as, because; since; *~ hij ziek was, kon hij ..., (ook)* being ill ...

daaraan *(aan + vnw)* by that [we see], from that; *zie ook* hebben

daar aan toe: *dat is tot ~* let that pass

daaraanvolgend next, following

daarachter behind it (that)

daarbeneden **1** under it; **2** down there; *zie verder* beneden

daarbenevens besides, over and above that

daarbij **1** near it; **2** *zie* daarnevens; *~ komt nog, dat ...* add to this that ..., besides, what is more, ...; *~ moet men bedenken ...* in doing so one should remember ...; *zie ook* laten, enz

daarbinnen within, in there

daarboven **1** over *(of:* above) it; **2** up there; *van vijf euro en ~* of five euros and upwards; *16 jaar en ~* boys aged 16 years and upwards (and over)

daarbuiten outside (it); *zie ook* buiten: er ~

daardoor **1** through that (this, it, there); **2** by that, by these means; thereby; *zonder te zien dat hij ~ ...* without seeing that by doing so ...; *zie ook* daarom

daarenboven besides, moreover

daarentegen on the contrary, on the other hand [I maintain]; [he might tell] and (but) then again [she might not want him to]

daareven just now

daargelaten *zie* daarlaten

daarginder, daarginds over there; out there *(bijv in Australië)*

daarheen there, *(vero)* thither

daarin in it (that, this, there)

daarlangs by (past) it, by (along) that road, etc

daarlaten: *dat zullen we maar ~* we will leave it at that, drop it; *dit -gelaten* apart from this, putting this aside; *(nog) -gelaten, dat ...* let alone that ...; *-gelaten of men ...* whether or not [one accepts this thesis]

daarme(d)e with that [he left us]; by that [he means]; *zie ook* uit

daarna after that, next, then; [dinner, and dessert] to follow; *de zondag ~* the Sunday after; *kort ~* shortly after; *wat hij ~ zou doen* [he looked round] (for) what he would do afterwards (next)

daarnaar [copy it, judge] by that, [look] at that, [much demand] for that (it); *~ handelen* act accordingly; *vgl* [2]naar

daarnaast beside (by the side of, next to) it; *(bovendien)* besides

daarnet just now, a moment ago

daarnevens besides, over and above that

daaro there

daarom therefore, for this (that) reason, hence, on that account, that's why [I can't come]; *waarom? wel, ~* why? well, just because; well, I won't, that's why; *maar ~ kun je toch wel met hem dansen?* but surely that's no reason for not dancing with him?

daaromheen around it, about it

daaromtrent **1** thereabouts; **2** as to (concerning) that

daaronder **1** under it (that), underneath; **2** among them

daarop **1** (up)on it (that); **2** after that, thereupon, (up)on this; *zie ook* daarna

daaropvolgend next, following; *de ~e regenbui* the subsequent shower

daarover **1** over (across) that (it); **2** about (concerning) that, on that point

daarstraks just now, a while ago

daartegen against that

daartegenover 1 [the house] opposite, facing it (that, them); **2** *zie* daarentegen

daartoe for that (it), to that end, for that purpose; *~ is het gekomen* it has come to that; *de ~ dienende maatregelen* the appropriate measures

daartussen between (them), in between, among them; *vgl* tussen

daaruit out (of that), from that

daarvan 1 of that; **2** from that; *zie ook* niets

daarvandaan 1 (away) from there; **2** therefore, hence

daarvoor 1 for that (purpose); *~ zijn ze* that's what they are for; *~ zijn we hier* that's what we're here for; **2** [he was punished] for it; **3** *(tijd)* before that; *enige jaren ~* some years previously; **4** *(plaats)* in front of it (that, them)

'daarzo there

daar'zo just now

daas *bn* **1** dazed; **2** daft; woolly-minded

daas(vlieg) horsefly, cleg

da capo da capo; *een ~* an encore

dacht *ovt van* denken

dactylisch dactylic

dactylo- dactylo- [dactylogram, -graphy, -logy, -scopy]

dactylus dactyl

dadaïsme Dadaism

dadaïst(e) Dadaist

dadel 1 *(vrucht)* date; **2** *(boom)* date (palm)

dadelijk I *bn* immediate; *~e levering, (ook)* prompt delivery; **II** *bw* immediately, directly, at once, this instant, right (straight) away; *hij wist zo ~ niets te zeggen* he did not know what to say on the spur of the moment; *~ in het begin* right at the beginning (the start); *~ van het begin af, ~ al* right from the start, at the outset, from the first; *~ opzegbaar, (handel)* withdrawable at call; *zie ook* onmiddellijk & straks

dadelijkheden [come to] blows

dadelpalm date palm

dadelpruim persimmon, sharon fruit

dadendrang drive, ambition, dynamism, thirst for action

dader(es) perpetrator, doer, author; *(ve misdaad)* offender, culprit; *(vs medeplichtige)* principal; *vgl* kerkhof

dading compromise, settlement

dag day; *(binnenwerkse maat)* clear; *~!, a)* hello!; *b)* goodbye, (bye-)bye!; *de ~ daarna* the day after, the next (the following) day; *de ~ tevoren* the day before, the previous day; *~ en nacht* [work] night and day; *een ~je uit (naar buiten)* a day out (in the country); *wat voor ~ is het?, welke ~ hebben we?* what day of the week is it?, what day is it today?; *hij wordt een ~je ouder* he is getting on (a bit); *het wordt ~* it's getting light, day is breaking; ***alle** ~en* every day; ***de** ~ hebben* be on duty; *(één) **dezer** ~en, (toekomst)* one of these (fine) days, *(verleden)* the other day, lately, recently; *zeg eens ~ tegen ...* say 'How do you do?' to ...; *hij had **betere** ~en gekend* he had seen better (had fallen on evil) days; *de **(ge)hele** ~* all day (long), the whole day; *(ge)hele ~en* (for) whole days, for days together; *elke ~ **heeft genoeg aan zijn eigen** kwaad* sufficient unto the day is the evil thereof; *het was een **grote** ~ voor hem, (ook)* he had a field day; *de ~ **des Heren*** the Lord's Day; *de **jongste** ~* Doomsday, the Day of Judgement; *er zal een ~ **komen** dat ...* there will come a day when ...; *het is (wordt) **kort** ~* time is running out fast (is getting short); ***de oude** ~* old age; *(fam)* [suffer from] Anno Domini; ***prijs** de ~ niet voor het avond is, (vglb)* there's many a slip 'twixt cup and lip; *het is morgen **vroeg** ~* we have to get (be) up early tomorrow morning; *~ **zeggen*** say hello (*afscheid:* bye-bye) to [a p.]; *zie ook* goedendag & hand; *~ **aan** ~* day by day; *aan de ~ brengen* bring to light; *aan de ~ komen* come to light, emerge [two facts have emerged so far]; *(v gesteente, enz)* crop out; *het komt altijd aan de ~* murder will out; *zie ook* voor de ~ komen; *aan de ~ leggen* display [courage, advanced ideas], manifest, evince [affection, curiosity, interest]; ***bij** ~* by day, in the daytime; *bij de ~ leven* live by the day (from day to day); *~ **in** ~ uit* day in (and) day out; *in onze ~en* in our time; *in de laatste ~en* during the last few days, of late, lately; *in vroeger ~en* in former days, in olden times; *3 voet in de ~* 3 feet in the clear; ***met** de ~ erger worden* get worse day by day (every day); ***om** de andere ~, zie* ander; *om de drie ~en* every third day; *later **op** de ~* later in the day; *op de ~ af* to the day; *midden op de ~* in broad daylight; *op een goeie (mooie) ~* one fine day; *op mijn oude ~* in my old age; *op zekere ~* one (fine) day; ***over** ~, zie* overdag; *heden **ten** ~e* in our time, nowadays; *ten ~e van* in the days of; ***tot** op deze ~* to this day; *het onderwerp (boek, enz) **van** de ~* the topic (book, man) of the day; *(ook)* current [topics, fiction]; *van ~ tot ~* from day to day; *van de ~ een nacht maken* turn day into night; *van de ene ~ op de andere* from one day to the next; ***voor** ~ en dauw* before daybreak, [be up, rise] with the lark; *gevraagd ..., voor ~ en nacht* wanted ..., sleep in; *voor de ~ brengen* bring out, produce, turn out [turn out 50 an hour]; *voor de ~ halen* take out [one's watch], produce [the cards], get out [a torch]; pull (dig) out [10p pieces]; *(plotseling)* whip out [a revolver]; *zie ook* opdiepen *(fig)* & ophalen; *voor de ~ komen* appear, turn up, make one's appearance; *(v gebreken, enz)* become apparent [the defect made itself apparent], show; *(ve vos)* break cover; *(met cadeau, enz)* produce [a present]; *(met idee, enz)* come out (up) [with an idea], come forward [with a scheme], put forward [a proposal], advance [a theory], weigh in [with an argument], trot out [old commonplaces]; *(plotseling)* spring [a question, a surprise] on a p.; *hij kwam er niet mee voor de ~, (ook)* he kept it back; *openlijk voor de ~ komen* come out into the open; *het best voor de ~ ko-*

men show up best; *netjes voor de ~ komen* present a good appearance, be neatly turned out; *voor de ~ ermee!, (zeg op)* out with it!, *(fam)* cough it up!, spit (trot) it out!
dagafschrift statement
dagblad daily (paper); *de ~en, (ook)* the daily press
dagbladartikel newspaper article
dagbladpers daily press
dagbladschrijver journalist
dagblind(heid) day blind(ness)
dagboek diary, journal; *(bkh)* daybook
dagboekschrijver diarist
dagboot day-boat
dagbouw opencast mining
dagbrander bypass (burner), pilot flame, pilot jet
dagcirkel diurnal circle
dagdeel (morning, afternoon, night) shift, [work four] mornings, afternoons or evenings
dagdief idler, dawdler
dagdienst 1 *(ve boot, enz)* day service; **2** *~ hebben* be on day duty
dagdieven idle (away one's time)
dagdieverij idling
dagdromen daydream
dagelijks I *bw* every day, daily; **II** *bn* daily [bread, routine], everyday [occurrence, use]; workaday [life]; *(inz ve hemellichaam)* diurnal [rotation of the earth]; *~ bestuur, a) (lichaam)* executive (committee), *(v gemeente)* municipal executive, mayor and aldermen; *b) (handeling)* day-to-day management; *~e toelage, (ook)* per diem (allowance); *~e order, (mil), zie* dagorder; *~ verbruik* everyday consumption; *~e zonde, (r-k)* venial sin
dagen I *tr zie* dagvaarden; **II** *intr* dawn (*ook:* the truth began to dawn on him); *het daagt* day is breaking (dawning)
dag-en-nachtevening equinox [*voorjaars-* vernal equinox, *najaars-* autumnal equinox]
dageraad dawn (*ook fig:* the dawn of life), daybreak
dagge dagger, poniard
daggeld 1 day's (daily) wages; **2** *(Beurs)* call money, day-to-day money
daggelder day labourer
daggeldlening loan on call
dagjesmensen (day) trippers
dagkaart day ticket
dagkoekoeksbloem red campion
dagkoers day's quotation, day's rate of exchange
dagleerling day-boy
daglelie day lily
daglicht daylight; *bij ~* by (in) daylight; *in het volle ~* in broad daylight; *dat kan het ~ niet verdragen (zien, velen)* it will not bear the light of day, *(fam)* it is not on the level; *in een helder ~ stellen* throw a flood of light (up)on; *in een ander ~ stellen* put a different face (complexion) (up)on; *in een (on)gunstig ~ stellen* put in a favourable (an unfavourable) light; *in een verkeerd ~ stellen* misrepresent
dagloner day labourer
dagloon day's (daily) wages
dagmars day's march
dagmeisje daily help, *(fam)* daily
dagopening *(radio, vglb)* thought for the day
dagopleiding daytime (*volledige:* fulltime) course
dagopvang day(-care) centre
dagorde order of the day, programme, agenda
dagorder routine order, order of the day
dagpauwoog peacock butterfly
dagploeg day shift
dagrecreant tripper
dagregister daybook, journal
dagreis day's journey
dagretour day return
dagscholier(e) day-boy (-girl)
dagschool day school
dagschotel plat du jour, *(fam)* today's special
dagslaper *(vogel)* nightjar
dagsluiting *(radio, vglb)* closedown (and a thought at bedtime), epilogue
dagtaak day's work; full-time job; *halve (onvolledige) ~* half-time (part-time) job
dagtekenen date; *vgl* dateren
dagtekening date
dagteller tripmeter
dagtocht day excursion; *~je* day trip
dagvaarden summon(s), cite, subpoena, serve a subpoena on
dagvaarding summons, citation, subpoena, warrant to appear, writ
dagverblijf day-care centre; *(ziekenhuis, enz)* day room; *(v dier)* outside cage (kennel, pen, etc)
dagverdeling division of the day, timetable
dagvergoeding per diem
dagverpleegster day nurse
dagvers dairy-fresh [milk], fresh today
dagvlinder (diurnal) butterfly
dagwaarde marketable value
dagwacht *(mar)* morning watch
dagwerk 1 daily work; **2** day's work; *[als je dat alles wou doen,] had je wel ~* you'd have your work cut out for you
dagwerker day labourer
dagwinkel lock-up (shop)
dahlia dahlia
Daja(as), Dajak(ker), Dajaks D(a)yak
dak roof; *~je* circumflex (accent); *zie ook* leien; *een ~ boven zijn hoofd hebben* have a roof over one's head; *met een rood (plat, enz) ~, (ook)* red- (flat-, etc) roofed; *open ~ (ve auto), zie* schuifdak; *zilveren (gouden, papieren) ~* mortgage; *er is (teveel) ~ op het huis* we are not by ourselves; *door het ~ gaan* go through (hit) the roof, blow one's top; *onder ~ brengen, a)* cover in, roof (in, over) [a house]; *b)* put up [a friend], accommodate [a p.], house [one's car in a garage]; *we werden bij hen onder ~ gebracht* they took us in; *onder ~ zijn, (beschermd)* be under cov-

er [during a storm, etc]; *(binnen)* be well off, be a made man; *ik wil niet langer onder één ~ met hem wonen* I will no longer live under the same roof with him; *op zijn ~ geven (krijgen)* give (get) what for, give (get) a sound trouncing; *dat krijg ik op mijn ~* they'll lay it at my door; *iem iets op zijn ~ schuiven* fasten s.t. [a crime, etc] (up)on a p.; *je zult me daar ineens vijf soldaten op je ~ gestuurd krijgen* fancy being saddled with ... all of a sudden; *ga op het ~ zitten!* go to blazes!; *uit zijn ~ gaan* blow one's top; *van de ~en schreeuwen (verkondigen)* proclaim (shout) from the housetops (rooftops)

dakbalk roof beam; *(mv ook)* roof timbers

dakbedekking roofing

dakbint tie-beam

dakdekker roofer; *(met riet of stro)* thatcher; *(met pannen)* tiler; *(met lei)* slater; *(met dakspanen)* shingler

dakgoot gutter

dakje circumflex (accent); *zie* dak & leien

dakkamertje attic, garret

dakkapel dormer

dakleer roofing felt

daklei roof(ing) slate

daklicht skylight

daklook houseleek, hen and chickens

dakloos roofless, homeless; *-loze* homeless person, waif; *-lozen, (ook, inz Am)* bag people; *zie ook* asiel

daklozenwijk cardboard city

dakpan roof(ing) tile, (pan)tile

dakpansgewijs [overlapping] like roof(ing) tiles, *(biol)* imbricate(ly)

dakraam dormer (window), skylight

dakrand *(onderste)* eaves

dakreclame sky-sign

dakriet thatch

dakruiter **1** roof-turret; *(op viering)* crossing turret; **2** ridge-beam

dakschild roof-face

dakspaan shingle

dakspar rafter

dakstoel truss, roof trestle

dakstro thatch

daktuin roof garden

dakvenster dormer (window), skylight

dakvilt roofing felt

dakvorst ridge of a (the) roof

dal **1** valley; *(dicht)* vale, dale; *(klein houtrijk ketel~)* dell; *(nauw, inz Sch)* glen; *~ der schaduw des doods* valley of the shadow of death; **2** *(fig)* depression; *door een diep ~ gaan* be in great trouble

dalen go down; *(vliegtuig, enz)* descend; alight [on the sea]; *(zon)* sink, go down; *(barometer, water, temperatuur)* fall, dropl *in het graf ~* sink into the grave; *(stem)* sink, drop; *(avond, duisternis)* close in; *(prijs)* fall, go down, drop, *(snel)* slump [the franc slumped]; ease [the rate eased to 4%]; *(fig)* sink [in a p.'s estimation]; *doen ~* bring down [prices]; *laten ~* lower (drop) [one's voice]; *de uitvoer is (£35m) gedaald* exports are down (by £35m)

dalgrond peatmoor soil

daling descent, fall, drop, decline, slump *vgl het ww; de ~ van het ledental* the falling off in the number of members

dalles poverty, misery

dalmatiek dalmatic

Dalmatiër, Dalmatiner, Dalmatisch Dalmatian *(ook hond)*

daltonmethode Dalton plan (system, method)

daluren off-peak hours

dalven **1** traipse (about); **2** beg, cadge

dalweg t(h)alweg, valley line

dam **1** dam, dike, embankment; *(verhoogde weg)* causeway; *(overlaat)* weir; *(stuw~)* dam, barrage; *een ~ opwerpen tegen, (fig)* stem the tide (arrest the course) of, check; *zie ook* hek & schaap; **2** *(penant)* pier; **3** *(in ~spel)* king; *een ~ halen* crown a man, go to king

Damascener: *~ staal* Damascus steel; *~ kling (zwaard)* Damascus blade

damasceren damascene

damast damask

damastbloem dame's violet

damasten damask

damastpruim damson

dambord draughtboard, *(Am)* checkerboard; *~je, (vlinder)* marbled white

dame **1** lady, *(vero)* gentlewoman; *een ~ (niet) passend* (un)ladylike; *~s, (opschrift)* ladies; **2** *(bij dans, aan tafel, enz)* partner; *~ van gezelschap* (lady) companion; *vergezeld van hun ~s, (ook)* accompanied by their womenfolk; **3** *(sp)* queen; *~ halen, (schaaksp)* queen a pawn

damesblad women's magazine

damesfiets lady's (bi)cycle (bike)

dameshandtasje handbag

dameskapper ladies' hairdresser

dameskoor female choir

damesroman Mills and Boon novel

damestasje handbag

damesverband sanitary towel

damesvest cardigan

dameszadel **1** *(paard)* [ride] side-saddle; **2** *(fiets)* lady's saddle

damhert fallow deer *(ev & mv); jong ~* fawn; *mannetjes~* buck; *wijfjes~* doe

dammen play at draughts, *(Am)* at checkers

dammer draughts player, *(Am)* checkers player

Damocles [the sword of] Damocles

damp vapour, steam, smoke

dampen steam, smoke; puff (away) at one's pipe (cigar)

dampig **1** vaporous, hazy, misty; **2** *(kortademig, v paard)* broken-, short-winded

dampigheid vaporousness, etc; broken-windedness

dampkring atmosphere

dampkringslucht atmospheric(al) air
dampmeter vaporimeter
dampvorming vaporization
damschijf draughtsman; *(Am)* checker
damspel **1** (game of, at) draughts, *(Am)* checkers; **2** draughts(men) (*Am:* checkers) and board, draughtboard (*Am:* checkerboard) and men
damwand sheet-pile wall, sheet piling
dan **I** *bw* then; *(onvertaald): verlies ik, ~ verlies ik* if I lose, I lose; *[als hij het zegt,] ~ is het waar* it is true; *[doe het,] ~ ben je een beste meid* there's (that's) a dear (girl); *en jij ~?* what about you?; *deze rat ~ had het erg arm* this rat, as I was saying, was very poor; *~ ook* consequently, accordingly, therefore; *ik vind ~ ook* ... in fact, I think ...; *zie ook* ook; *kom ~ toch* do come; *[zij leven,] zo niet in weelde, ~ toch zonder vrees voor de toekomst* if not in plenty, then without fear of ...; *[hij hielp alleen mij,] en ~ nog niet eens van harte* and that half-heartedly; *[het zal om te beginnen een heel karwei zijn,] en (waar zijn we) ~ nóg* and even so; **II** *vw (na comparatief)* than; *ik weet niet of hij ziek is, ~ wel* ... I don't know whether he is ill, or ...; *[ik weet te veel,] ~ dat jij me dat aan kunt praten* for you to talk me into that
Danaïden [the vessel of the] Danaids
dancing: *een ~* a dance hall
dandy dandy, fop
Daniël Daniel
danig **I** *bn* thorough, tremendous; *een ~e honger hebben* be awfully hungry; **II** *bw* thoroughly, tremendously; dreadfully [cold]; badly [hurt]; *~ het land hebben aan* heartily detest [s.t.]; *zich ~ vergissen (weren)* be sorely mistaken (give a good account of o.s., exert o.s. to the utmost); *iem ~ de waarheid zeggen* tell a p. off properly; *zie ook* deerlijk
dank thanks, acknowledgement; *mijn ~!* (my best) thanks!; *veel ~!* many thanks!, thanks very much!, thanks ever so much!, *(Am)* thanks a lot!; *geen ~, zonder ~* you're welcome!; don't mention it!; [thank you so much!] not at all!; that's quite all right; *en dat is mijn ~ ervoor* and this is my reward, and that's all the thanks I get; *zijn ~* ***betuigen*** express (tender) one's thanks; *de voorzitter werd de ~ der vergadering gebracht* a vote of thanks was passed to the chair; *ik heb er geen ~ van gehad* small (little, *iron:* much) thanks I got for it (for my pains); *wij zijn hem grote ~ (ver)schuldig(d)* we owe him a great debt of gratitude; *~* ***zeggen*** return (give, render) thanks; *ik zeg er u ~ voor* I thank you for it; *God zij ~* thank God; *~ zij uw steun* thanks to your support; *dat is (helemaal) ~ zij jou* it is (all) your doing; ***in*** *~ aanvaarden* accept gratefully; *(niet) in ~ afnemen* be grateful for (not receive well); *hij nam het u niet in ~ af* he took it ill of you; *in ~ ontvangen (terug)* received (returned) with thanks
dankbaar grateful, thankful *(ook v taak, rol, enz)*, rewarding [task]
dankbaarheid gratitude, thankfulness; *uit ~* in gratitude [*jegens* to]
dankbetuiging expression (vote, letter) of thanks, acknowledgement; *onder ~* with thanks
dankdag thanksgiving day
dankdienst thanksgiving service; *~ voor het gewas* harvest festival (service)
danken **1** thank, give (render, return) thanks; *dank u, a) (bij aanneming)* thank you; *b) (bij weigering)* no, thank you; thank you, no; ['may I offer you a cigar?'] 'thank you, I don't smoke'; *ik dank* not for me, thanks; *dank u zeer* thank you (thanks) very much, thank you so much, many thanks, much obliged to you; *dank je* thanks!, *(fam)* ta!; *dank je wel* thanks very much *(ook iron), (fam)* ta ever so; *ik zou je ~, dank je wel, daar dank ik voor* thank you for nothing; *hem vragen? ik zou je ~!* ask him? no, thank you!; *ik zou je ~ om* ... I'm blessed if I would ...; *ik dank ervoor om* ... I'm not going to ..., I decline to ...; *niet(s) te ~, zie* dank: geen ~; *zie ook* gastvrijheid; **2** *(aan tafel)* say grace; **3** *(te danken hebben)* owe [s.t. to a p.]; be indebted to [a p. for s.t.]; *dat dank(t) (haal(t)) je de koekoek (drommel)!, a)* you bet!; *b)* some hope!, no way!; *je hebt het aan jezelf te ~* you have yourself to thank for it, you may thank yourself for it, you have only yourself to blame; *dat heb ik aan u te ~, (d.w.z. te wijten)* I have to thank you for that; *waar heb ik dat aan te ~?* what have I done to deserve this?; *het was te ~ aan* ... it was owing (due) to ...
dankoffer thankoffering
dankwoord word (speech) of thanks
dankzeggen *zie* dank
dankzegging thanksgiving; *zie ook* dankbetuiging
dankzij thanks to
dans dance; *~je, (fam)* hop; *de ~ openen* open the ball, lead off; *de ~ ontspringen* get off scot-free; *(op het nippertje)* escape by the skin of one's teeth, have a narrow escape; *ten ~ leiden* lead (*of:* take) out, lead on to the floor
dansclub dance (dancing) club
danse macabre dance macabre, dance of death
dansen dance *(ook ve bootje, enz)*; *een kind op zijn knie laten ~* dandle a child on one's knee; *er werd gedanst* we (they) had a dance, there was dancing; *gaan ~* take the floor; *zie ook* hart, pijpen, enz
danser dancer
danseres (girl, woman) dancer; *zie ook* dansmeisje
danseuse **1** danseuse, ballet dancer; **2** partner
dansfeest dance
dansgelegenheid dance hall
dansgroep dance group
dansinstituut school of dancing
danskunst (art of) dancing; [drama,] dance [and opera]
dansleraar dancing master, dance teacher
dansles dancing lesson, dance class
dansmarieke majorette
dansmeester dancing master, dance teacher

dansmeisje *(Ind)* dancing girl, nautch girl
dansmuziek dance music
danspartij dance, dancing party, *(fam)* hop
danspas dance step
dansschoen pump, dancing shoe
dansschool dancing school, school of dancing
dansvloer dance (dancing) floor
danszaal **1** ballroom; **2** dance hall
Dante Dante; *(in de stijl) van ~* Dantean, Dantesque
dapper brave, gallant, valiant; *~ ventje* plucky little fellow; *zich ~ houden* behave (bear up) bravely; *(zich verweren)* offer a stout resistance, make a gallant stand; *~ vechten* put up a gallant fight; *hou je ~!* never say die!, keep your tail up!; *zie ook* moedig
dapperheid bravery, valour, gallantry
dar drone
Dardanellen: *de ~* the Dardanelles
darm **1** intestine; gut; *~en, (ook)* bowels, entrails; *blinde ~, (eig)* caecum, *(fam)* blind gut; *(meestal)* appendix; *dikke (dunne) ~* large (small) intestine; *nuchtere ~* jejunum; *twaalfvingerige ~* duodenum; **2** tube
darmbeen ilium, iliac bone
darmbloeding intestinal hemorrhage
darmcatarre enteritis
darmflora intestinal flora
darmkanaal intestinal canal
darmkronkel ileus; *(knoop)* volvulus
darmontsteking enteritis
darmscheel mesentery
darmsnaar (cat)gut string; *(stofnaam)* catgut
darmwandbreuk (incomplete) hernia
darren mess about, work (wander) aimlessly
dartel playful, frisky, frolicsome, rollicking; skittish [horse, woman]; *zo ~ als een veulen* as frisky as a lamb
dartelen frolic, gambol, sport, romp
darwinisme Darwinism
darwinist(isch) Darwinian, Darwinist
das **1** *(strop~)* tie, *(Am)* necktie; *(sjaal)* scarf; *(wollen ~)* comforter, muffler; *dat deed hem de ~ om* that settled his hash, cooked his goose, did for him; **2** *(dier)* badger
dashboard dashboard, *(Br)* fascia
dashond dachshund
daslook ramson(s)
dassenburcht, dassenhol badger's set(t) (earth, burrow)
dasspeld scarf pin, tiepin; *vgl* das 1
dat **I** *aanw vnw* that; *wat zijn ~?* what are they (those)?; *~ zijn de vleugels* those are ...; *ben jij ~?* is that you?; *~ is ~, ~ hebben we (weer) gehad* that is that, so much for that; *het is (hij is) niet (je) ~* it's (he's) not all that marvellous; *~ is het 'm juist* that's just it; *~ doe je niet!* you'll do nothing of the sort; *Mijnheer A? ~ ben ik zelf* that's me; *hoe weet je ~?* how do you know?; *acht uur? ~ is het nog niet* it's not that yet; *..., maar wat zou ~?* ..., but what of that?; *~ dacht ik, ~ zou ik denken* I should think so; *~ zei (dacht, verwachtte) ik al* I said (thought, expected) as much; *griep, en ~ in juni* flu in June, of all times; *..., ~ wel ...*, all the same, for all that; **II** *betr vnw* that, which; *vgl* die; **III** *vw* that (*dikwijls onvertaald:* I know he was there; how old do you think he is?); *op de dag, ~ ...* on the day that (*of:* when) ...; *zo slecht geschreven ~ het onleesbaar was* so badly written as to be illegible; *en kwaad ~ hij was!* and wasn't he angry, just!, he was wild!
data data [communications, pen, processing, protection]
databank data bank
database data base
datatypist(e) keyboard operator, keyboarder
dateren date; *gedateerd 9 mei* dated (under (the) date, bearing date) May 9(th); *gedateerd circa 1600* dated to about 1600; *dat boek is nogal gedateerd* that book is rather dated; *vroeger ~* antedate; *later ~* postdate; *dat dateert van eeuwen her (30 jaar geleden, 1200)* that dates back for many centuries (dates 30 years back; dates back to, dates from 1200)
datgene that; *~ wat* that which
datief dative
dato: *(onder) ~* dated; *zie* dateren; *3 maanden na ~* three months after date, three months later
dattum: *van ~* [he was sacked for, only thinks of] you-know-what
datum date; *welke ~ hebben we vandaag?* what's the date today, what's today's date?; *de brief draagt geen ~* the ... is not dated (is undated); *~ postmerk* date as postmark; *van gelijke (van jonge) ~* of even (of recent) date; *zonder ~* undated
datumgrens date line
datumstempel date stamp
dauphin(e) dauphin(ess)
dauw(achtig) dew(y)
dauwbraam dewberry
dauwdruppel dewdrop
dauwen **I** *ww: het dauwt* the dew is falling; *het heeft sterk gedauwd* there has been a heavy dew; **II** *zn* dewfall
dauwpunt dew point
dauwtrappen go out into the country in early morning (on certain spring days)
dauwworm **1** *(pier)* earthworm; **2** *(ziekte)* ringworm
dav. afk van *daaraanvolgende* following, next
daveren boom, thunder; shake; *~de toejuiching(en)* thunders of applause; *doen ~* shake [cheers shook the building]; *de rede werd ~d toegejuicht* the ... was cheered to the echo, brought the house down; *de zaal daverde van het lachen* the ... resounded (rang) with laughter; *een ~d succes (fiasco)* a roaring success (colossal flop); *~de ruzie* flaming row
daviaan Davy (lamp), safety lamp
davidster Star of David
davit *(mar)* davit
dazen jaw, gas, blether, talk rot

d.c. afk van *da capo* DC
d.d. afk van *de dato, zie* dateren: gedateerd
DDR *(hist)* GDR, German Democratic Republic
de the; *3 euro ~ duizend* a (per) thousand; *hij is dé man* he is *the* man; *het is dé tabak* it is *the* tobacco
debacle 1 debacle; **2** *('krach')* crash, smash; ruin, collapse, cataclysm
deballoteren blackball
debarkeren disembark
debat debate, discussion; *het ~ sluiten* close the debate; *in ~ treden met* enter into argument with; *voorstellen het ~ te sluiten* move the closure; *zie ook* discussie
debatingclub debating society
debatteren debate, discuss; *~ over* debate (on), discuss; *daar valt over te ~* that is a matter of debate, opinions may differ on that
debet debit [note, side]; *(door overdisponeren)* overdraft; *~ en credit, (bkh)* Dr(s) and Cr(s), debtor(s) and creditor(s); *ik heb een ~ bij de bank* I have an overdraft at ..., I have overdrawn my account with ...; *£200 in iems ~ boeken* debit a p.'s account with £200 (£200 against a p.'s account, £200 to a p.); *ik ben er niet ~ aan* I am not guilty of it, I am not to blame for it
debetpost debit entry; *debet- en creditposten* debits and credits
debetsaldo debit balance, balance due
debiel I *bn* mentally defective, backward; **II** *zn* mental defective, *(min)* moron
debiet 1 sale; *een groot ~ hebben* command (find) a ready market, meet with a ready sale, sell readily; **2** flow (rate)
debiliseren dumb down
debitant retail dealer, retailer
debiteren 1 *we hebben u voor het bedrag gedebiteerd* we have debited you with the amount; *voor de kosten moet zijn rekening gedebiteerd worden* the cost is to be debited (charged) to his account; *vgl* debet; **2** sell; *(in het klein)* retail; *aardigheden ~* crack jokes [*over* on]; *hij debiteerde een grap, (ook)* he delivered himself of a joke
debiteur debtor; *~en, (bkh)* accounts receivable
debiteurenrekening debtor account
deblokkeren release (unblock) [an account]
debutant(e) debutant(e); *(vrouw ook, fam)* deb
debuteren make one's début (one's first appearance, one's bow); *(in de wereld) ~, (ve jong meisje)* come out
debuut debut, first appearance (before the public); *zijn ~ maken, zie* debuteren
decaan dean; *zie ook* schooldecaan & studentendecaan
decade decade
decadent decadent
decadentie decadence
decaf decaf(feinated coffee)
decagram decagram(me) (*evenzo:* decalitre; decametre (*Am:* -liter, -meter))
decalcomanie decal, transfer
decanaal decanal
decanaat *(ambt, ambtsperiode)* deanship; *(r-k: ambt, gebied, woning)* deanery
decanteren decant
decatlon decathlon
december December
decemvir decemvir (*mv ook:* -viri)
decemviraat decemvirate
decennium decade, *(soms)* decennium (*mv:* -ia)
decent decent
decentie decency
decentralisatie decentralization, devolution
decentraliseren decentralize
deceptie disappointment, disillusionment
decharge discharge; *te uwer (onzer) ~* to your (our) discharge; *hem werd ~ verleend, zie* dechargeren; *zie ook* getuige
dechargeren discharge; *hij werd gedechargeerd* he obtained his discharge, was relieved of all responsibility; *iem voor een bedrag ~* credit a p. for an amount
deciare deciare
decibel decibel
decideren decide; *zie ook* gedecideerd
decigram decigram(me)
deciliter decilitre (*Am:* -liter)
decimaal I *bn* decimal; *-male breuk* decimal (fraction); *~ stelsel* decimal system; **II** *zn* decimal place; *tot in 5 -malen* [correct, calculate] to 5 places of decimals (decimal places)
decimaalpunt, decimaalteken decimal point
decimeren decimate
decimeter 1 *(maat)* decimetre (*Am:* -meter); **2** *(liniaal)* rule(r)
declamatie declamation, recitation
declamator reciter
declamatrice (lady) reciter, diseuse
declameren recite, declaim, *(ong)* mouth, spout [poetry]
declarant declarant
declaratie declaration; *(douane~)* (customs) entry; *(kosten~)* statement of expenses
declaratiebasis: *op ~* [expenses will be reimbursed] on presentation of an account
declareren declare; *(goederen, ook)* enter; *(uitgaven)* claim [expenses]; *iets te ~?* anything to declare?; *zich (zijn liefde) ~* declare o.s. (one's love), propose (to a girl)
declasseren: *gedeclasseerd* declassé(e); *gedeclasseerd worden* lose caste
declinatie 1 *(ve ster)* declination; **2** *(ve kompas)* declination, variation; **3** *(gramm)* declension
declinatiehoek angle of declination
declineren 1 decline; **2** *(iem: door handeling)* slight, *(door woorden)* belittle
decoderen decode

decolleté décolleté, décolletage, low-necked dress
decolleteren: *zich* ~ wear (a) low(-necked) dress(es); *zie ook* gedecolleteerd
deconfiture failure, ruin, collapse
deconstructie deconstruction
deconstructivisme deconstructionism
deconstrueren deconstruct
decor 1 *(ton)* ~*(s)* scenery, decor; **2** *(achtergrond)* setting, background; **3** *(versiering)* decoration, ornamentation
decorateur decorator, ornamental painter; *(theat)* scene painter, scenic artist
decoratie 1 decoration; **2** decoration, order of knighthood, cross, star; **3** *(theat)* scenery
decoratief I *bn* decorative; **II** *zn* scenery
decoratieschilder *zie* decorateur
decoreren decorate; *(met ridderorde, ook)* confer an order of knighthood (up)on
decorontwerp set (setting, scenic) design
decorontwerper stage (set, scenic) designer
decorum decorum; *het* ~ *in acht nemen* observe the proprieties (the decencies)
decoupeerzaag jigsaw
decreet decree, enactment
decrescendo decrescendo
decreteren decree, ordain, enact
dédain disdain, contempt, hauteur
dedicatie dedication
deduceren deduce, infer
deductie deduction, inference
deductief deductive
deed *ovt van* doen
deeg dough; *(gerezen)* sponge; *(v gebak)* paste
deegrol(ler) rolling pin
deegwaar, deegwaren pasta
[1]**deel 1** board, plank; **2** *(dors~)* threshing floor
[2]**deel 1** part, [happiness had not been his] portion; *~tje, (natuurk)* particle [accelerator]; *dat is een essentieel ~ van mijn werkzaamheden* that is part and parcel of my job; *neem 3 delen suiker, 6 meel* take 3 parts of sugar, 6 of flour; *een ~ van de weg lopen* walk part of the way; ~ ***uitmaken van*** form part of; *in allen (genen) dele* in every respect (not at all, by no means); *iem* ***ten*** ~ *vallen* fall to a p.'s share (*of:* lot), fall to a p. [the task fell to the chaplain]; *hem viel een hartelijke ontvangst ten* ~ he was accorded a hearty ...; *ten dele,* ***voor*** *een* ~ partly; *zie ook* deels; *voor een groot* ~ to a great extent, largely; *voor het grootste* ~ for the most (the greater) part; *het grootste ~ van het land, (ook)* most of the country; *zie ook* deelnemen; **2** *(aandeel)* share [get one's share, I've had my share], *(sl)* [you've had your] whack; *geluk zij uw ~!* good luck attend you!; *ik* ***heb*** *er geen ~ aan (in)* I am no party to it (I have no share in it); **3** *(afdeling)* section; **4** *(boek~)* volume; *roman* ***in*** *3 delen* three-volume novel, *(fam)* three-decker
deelachtig: ~ *zijn (worden)* participate in, share; ~ *maken* impart to; *de hemelse zaligheid ~ worden* enter (up)on the joys of Heaven
deelbaar divisible [*door* by]; *3 is ~ op 9* 3 goes into 9, 9 is divisible by 3; ~ *getal* composite number
deelbaarheid divisibility
deelbetrekking 1 part-time job; **2** shared job
deelcertificaat subject certificate
deelgebied subdivision, sub-area, subsector
deelgenoot partner, sharer; *(handel)* partner, (business) associate; ~ *maken van een geheim* confide a secret to
deelgenootschap partnership
deelgerechtigd entitled to a share
deelgerechtigdheid title (*of:* right) to a share; *zie ook* bewijs
deelhebber *zie* deelgenoot
deelname *zie* deelneming
deelnemen: ~ *aan* take part in, participate in, join in [a game, war, the conversation], compete in [a match], enter [a competition], be a party to [a plot], partake of [a meal], sit for [junior students are not allowed to sit for this examination]; *zie ook* meedoen; ~ *in, zie* delen in
deelnemend sympathetic, sympathizing
deelnemer 1 participant [in a plot], participator, partner; **2** *(vergelijkend examen, wedstrijd)* competitor; *(examen, wedstrijd)* entrant; *(wedstrijd)* contestant; *(paard)* runner
deelneming 1 participation [*aan* in]; *(aan wedstrijd)* entry; **2** *(medegevoel)* sympathy [in a loss], compassion, commiseration; *betuiging van* ~ condolence(s), expression of sympathy; *iem zijn ~ betuigen* condole with a p. [on a loss]; ~ *tonen* show sympathy
deelnemingsformulier entry (enrolment) form
deels partly [pay partly in money, partly in goods], part [it's part cause and part effect of the catastrophe], partially; ~ *verguld* parcel gilt; ~ *door drinken,* ~ *door spelen* what with drinking and gambling
deelsom division sum, [do a] sum in division
deelstaat federal state
deeltal dividend
deelteken diaeresis; *(rek)* division sign, double point
deeltijd: *in* ~ part-time
deeltijder part-timer
deeltijds part-time [job, student, work]
deeltijdwerk *(ook)* job sharing
deelverzameling *(wisk)* subset
deelwoord [present, past] participle
deemoed humility, meekness, submissiveness
deemoedig humble, meek, submissive, chastened [mood]
Deen Dane
Deens Danish ['deiniʃ]; *~e dog* (Great) Dane
Deense Danish woman, [she is a] Dane
deerlijk sad, pitiful, pitiable; ~ *gewond* badly wounded; ~ *teleurgesteld* grievously disappointed; *zich* ~ *vergissen* be very much (greatly) mistaken, make a

profound mistake
deern lass; ~*tje* lassie
deerne slut, hussy
deernis pity, commiseration, compassion; ~ *hebben met* have (take) pity on
deerniswekkend pitiful, pathetic
defaitisme defeatism
defaitist(isch) defeatist
defameren defame
defect I *zn* defect, deficiency, hitch; *(in constructie)* fault; ~ *aan de motor* breakdown of the engine, engine trouble; II *bn* faulty [valve, connection], defective [brake], out of (working) order, broken-down [car]; ~ *raken* break down, go wrong
defectief defective [verb]
defensie defence (*Am:* defense) [budget, system]
defensief defensive; *in het* ~ on the defence (*Am:* defense); ~ *optreden* be on the defensive; *zie ook* dringen II
deficiënt deficient
deficiëntie deficiency
deficit deficit, shortfall
defilé 1 *(engte)* defile; 2 *(mil)* march past; *(luchtv)* fly-past; ~ *langs de baar* procession past the bier
defileerpunt saluting base (*of:* point)
defileren march (*of:* file) past *(ook: ~ langs)*, defile; *(luchtv)* fly past; *langs de kist* ~ file past the coffin; *de troepen defileerden voor de Koning* the King took the salute
definiëren define; *niet gemakkelijk te* ~ not easily definable, elusive; *niet te* ~ indefinable
definitie definition; *per* ~ by definition; in the nature of things
definitief definitive, definite [result, answer], final [settlement], permanent [appointment], [the decree nisi becomes] absolute; *zie ook* voorgoed
deflatie deflation; ~ *tot stand brengen in* deflate [the currency]
deflationistisch, deflatoir deflationary [policy]
deftig 1 stately [building, bearing], dignified, solemn [style, language]; fashionable [district], aristocratic [family], distinguished [air], [people] of high rank, of gentle birth; *(meestal iron)* genteel; ~ *gezin* well-to-do family; ~ *doen* give o.s. airs; 2 respectable; decent
deftigheid stateliness, fashionableness, smartness; dignity; (air of) distinction; *(meestal iron)* gentility
degel *(typ & v schrijfmachine)* platen
degelijk I *bn* sound [argument, reasoning, judge], substantial [house, meal], thorough [knowledge], solid [argument, house], sterling [character, qualities], steady [character], conscientious [housewife]; *ver van* ~ [her knowledge is] very sketchy; ~ *geleerde* sound (thorough, profound) scholar; II *bw* soundly, etc; *wel* ~ really, positively, [he did it] right enough; *het geld is er wel* ~ the money is there all right; *ik meen het wel* ~ I do mean it; *maar hij hield wel* ~ *stil* but stop he did
degelijkheid soundness, thoroughness, solidity, sterling character, reliability
degen sword; *(scherm-)* épée; *de ~ (de ~s) kruisen* cross swords [*met* with]; *(fig ook)* have a passage of arms; *de ~ opsteken (trekken)* put up (draw) the sword
degene he, she, the one; ~*n* those [who ...]
degeneratie degeneration, degeneracy
degenereren degenerate *(ook med)*
degenknop pommel
degenkoppel sword-belt
degenkrab king crab
degenslikker sword-swallower
degenstok swordstick
degradatie degradation; *(Am)* demotion; *(mil)* reduction to the ranks; *(mar)* disrating; *(sp)* relegation
degraderen degrade, *(Am)* demote; *(mil, enz)* reduce to the ranks; [the police inspector was reduced to constable]; *(mar)* disrate; *(sp, intr)* be relegated; *niet ~, (ook)* stay up
degressief degressive
degusteren 1 taste; 2 relish
dehydreren dehydrate
deinen heave, roll, sway
deining 1 swell, (back)wash; 2 *(fig)* stir, excitement
deinzen 1 shrink (back); 2 *(mar)* gain sternway
deïsme deism
deïst(isch) deist(ic)
dejeuner lunch(eon)
dejeuneren (have) lunch
dek 1 cover; 2 horse-cloth, blanket; 3 bedclothes; 4 *(mar)* deck
dekbalk deck-beam
dekbed duvet, *(Br ook)* continental quilt, *(Am ook)* comforter; *(echt dons)* eiderdown (quilt)
dekblad *(plantk)* bract; *(ve sigaar)* wrapper
deken 1 blanket, *(ve paard, ook)* (horse-)cloth; *onder de ~s, zie* wol: onder de ~; *samen onder één ~ liggen, (fig)* play into each other's hands, be hand in glove; 2 *(persoon)* dean; doyen [of ambassadors]
dekenaal, dekenaat *zie* decanaal, decanaat
dekenkist blanket chest
dekgeld stud fee, service fee
dekglaasje *(ve microscoop)* cover glass
dekhengst 1 (breeding) stallion, stud-horse; 2 *(pers)* stud
dekhuis deckhouse
dekken I *tr* 1 *(beschutten)* cover; *(huis), (met pannen)* tile, *(met lei)* slate, *(met stro, riet)* thatch; *(sauveren)* screen, shield [a p.]; *de aftocht* ~ cover the retreat; *de tafel* ~ lay (*of:* set) the table, lay the cloth; *zijn raadsheer* ~ cover one's bishop; **zich** ~ secure o.s. [against loss], shield (screen) o.s. [behind others]; *(mil)* take cover [from the gunfire]; *zich gedekt houden, (fig)* keep in the background, keep a low profile, *(fam)* lie low; *hou je gedekt, (ook), a)* be on your guard; *b)* keep calm; *gedekt zijn tegen verlies* be

secured against loss(es); **2** *(merrie)* cover, serve; **3** *(onkosten)* cover, defray; *(assurantie)* cover; *(tekort, schade)* cover, make good; **4** *(sp)* mark [one's opponent]; **5** *(schilderk)* scumble; **II** *intr (de tafel ~) zie* I; *~ voor het ontbijt (avondeten, enz)* lay breakfast (supper, etc); *~ voor de thee* set tea [in the drawing room]; *er werd (was) gedekt voor 5 personen* the table was (dinner, tea, etc, was) laid for five; *voor nog iem ~* lay another place
dekker roofer, thatcher, etc; *zie* dakdekker
dekking 1 cover *(ook mil)*, shelter, protection, guard; *(balsp)* marking; *(boksen)* guard; *~ zoeken* seek (take) cover [from enemy fire]; **2** *(fin)* cover; *~ zenden, (handel)* provide funds; *ter ~ uwer kosten* to cover your expenses, for your reimbursement; *zonder ~, (handel)* uncovered, without funds; **3** *(v dieren)* service
dekkingsfout *(sp)* marking failure
dekkingsmiddel [dedicated, earmarked] revenue source
dekkingsplan financial scheme
dekkleed 1 (horse-)cloth, cover; **2** *(mar)* boat cover; tarpaulin
dekkleur body colour, scumble
dekknecht *(mar)* deck hand
deklaag upper layer; covering; *(verf)* top coat, finishing coat; *(mijn, enz)* overburden
deklading, deklast deck cargo
deklat *(sp)* crossbar
deklei roofing slate
dekmantel cloak; *(fig ook)* mask, disguise, colour; front [for unlawful business], stalking-horse; *onder de ~ van* under the cloak of, under (the) cover (colour) of
deknaam alias, pseudonym
dekofficier deck (*of:* warrant) officer
dekolonisatie decolonization
dekoloniseren decolonize
dekpassagier deck passenger
dekpersoneel *(mar)* deck crew, deckhands
dekriet thatch
dekschaal covered (vegetable, potato) dish, tureen
dekschild wing-case, elytron
dekschuit dump barge
deksel cover, lid, top [of a basket, etc]; *(te) ~, ~s!* the deuce!, Christ!; *wat ~!* what the dickens!; *zie ook* drommels
dekservet *(vglb)* place mat
deksteen *(ve muur, enz)* coping stone, capstone, covering slab; *dekstenen, (ve muur)* coping
dekstier breeding-bull, stud-bull
dekstoel deckchair
dekstro thatch
dekstuk *(ve zuil)* abacus
dekveren (wing, tail) coverts
dekverf body colour, scumble
dekvrucht cover crop
dekzand coversand
dekzeil tarpaulin, tilt
del 1 *(slons)* slut, slattern; **2** dune valley
delegatie delegation
delegeren delegate [a person, a task]; assign [a right, a debt]
delen 1 *(verdelen)* divide (into [parts]); *in tweeën ~* divide in two; split [the difference *het verschil*]; *eerlijk ~!* share and share alike!; *gelijk (op) ~* share alike; *de derde plaats ~* tie for third place (*met* with); *een gedeelde derde plaats bezetten* tie in third place; **2** *(rek)* divide; *(op school)* do division; *20 ~ door 5* divide 20 by 5; *5 op 20 ~* divide 5 into 20; **3** *(meedoen)* share [a p.'s views], [I cannot] subscribe to [this view]; *een kamer ~ met, (ook)* double (up) with; *~ in* participate in, share (in) [a triumph, the spoils *buit*]; *ik deel in uw smart* I sympathize with you in your grief; *doen ~ in* share [one's good fortune] with; *iets ~ met* share s.t. with; *zie ook* gelijk
deler 1 divider; **2** *(rek)* divisor; **3** sharer; *zie ook* gemeen
deletie deletion
Delfisch Delphic [oracle], Delphian
delfstof(felijk) mineral
delfstoffenkunde mineralogy
delfstoffenrijk mineral kingdom
Delfts I *bn* Delft; **II** *zn: ~ aardewerk* delft(ware)
delgen discharge, pay off, clear off, wipe out, extinguish, amortize [a debt]; redeem, call in [a loan]
delging discharge, payment, amortization; redemption; *vgl* delgen
delgingsfonds sinking fund
deliberatie deliberation
delibereren deliberate [*over* on], debate [whether ...]
delicaat 1 delicate [health, situation], ticklish [affair]; **2** *(lekker)* delicious
delicatesse delicacy *(alle bet)*
***delicatessezaak** *(Wdl: delicatessenzaak)* deli(catessen)
delicieus delicious
delict offence, delinquency, *(Sch & Z-Afr)* delict
Delila Delilah
deling 1 division; **2** *(verdeling)* partition [of Poland]; **3** *(biol)* [reproduction by] fission
delinquent delinquent, offender
delirium delirium; *~ tremens* delirium tremens, *(fam)* DT, the DT's
deloyaal disloyal
delta delta [ray, rhythm, wing]
Deltaplan Delta scheme
deltaspier deltoid (muscle)
deltavleugel 1 delta wing; **2** hang-glider
deltavliegen hang-gliding
deltavormig deltoid
Deltawerken Delta works
delven dig [a grave, potatoes], quarry [slate], extract [ore *erts*], mine [coal]
delver digger
demagnetiseren demagnetize

demagogie demagogy; *(ong)* demagoguery
demagogisch demagogic
demagoog demagogue
demarcatielijn line of demarcation
demarche démarche
demarrage breakaway
demarreren break away
demaskeren unmask
dement demented
dementeren 1 deny (officially); **2** grow demented
dementi démenti, denial, repudiation, disclaimer
dementie dementia
demi 1 *zie* demi-saison; **2** pint (of beer)
demi-finale semi-final(s)
demilitarisatie demilitarization
demilitariseren demilitarize
demi-mondaine demi-mondaine, demi-rep
demi-monde demi-monde
demineraliseren demineralize
demi-reliëf mezzo-relievo
demi-saison spring (summer, autumn, *Am:* fall) overcoat (*of:* topcoat)
demissie dismissal; *zie ook* ontslag
demissionair: *het kabinet is ~ ...* is under (has tendered its) resignation; *het ~e kabinet* the outgoing Cabinet
demiurg demiurge
demo demo
demobilisatie demobilization, *(fam)* demob
demobiliseren demobilize, *(fam)* demob
democraat democrat
democratie democracy
democratisch democratic (*bw:* -ally)
democratiseren democratize
democratisering democratization
demograaf demographer
demografie demography
demografisch demographic
demologie demology
demon demon
demonetiseren demonetize
demonie (demonic) possession
demonisch demoniac(al), demonic
demoniseren demonize
demonstrant, demonstrateur, demonstratrice demonstrator
demonstratie demonstration; *(vertoning, ook)* exhibition, display
demonstratief demonstrative [behaviour, pronoun], ostentatious [lifestyle], pointed [manner; she pointedly turned her back on him]
demonstratiepartij *(sp)* exhibition (game)
demonstreren demonstrate; *(vertonen, ook)* display, exhibit, show
demontabel easily dismantled; take-apart; knock-down [furniture]
demontage dismantling, etc; *vgl* demonteren
demonteren 1 dismantle [machinery], demount, dismount [a gun], take apart, disassemble [machinery], remove [a machine part], strip (down) [an engine]; **2** *(bom, mijn)* deactivate, defuse, disarm
demoralisatie demoralization
demoraliseren demoralize
demotie demotion
demotisch demotic
demotivatie 1 lack of incentive; **2** demotivation, discouragement
demotiveren demotivate, discourage; *~d, (ook)* disincentive [effect]
dempen 1 *(sloot, enz)* fill in (up); **2** *(oproer)* quell, stamp out, put down, crush; **3** *(licht)* subdue, dim; **4** *(geluid)* deaden, muffle [a muffled sound], *(inz muz)* mute; *(muz)* damp; *(verzwakken)* attenuate; *met gedempte stem* in a subdued (muffled, hushed) voice, in an undertone; **5** absorb, cushion [a shock]; *(natuurk)* damp [an oscillation, a wave]; **6** *de vuren ~* quench (extinguish) the fires, damp down the furnaces
demper 1 *(techn)* damper *(ook v piano)*, shock absorber; **2** *(muz)* mute, sordino; **3** *(v vuurwapen)* silencer; *(uitlaat~)* silencer, *(Am)* muffler
demping filling up, extinction, etc; *vgl* dempen
demystificeren, demystifiëren demystify
demythologiseren demythologize
den pine (tree); *grove ~* Scots pine; *vgl* spar
denappel pine cone
denationaliseren denationalize, *(inz industrie, enz)* privatize
denaturaliseren denaturalize
denatureren denature [alcohol]
denazificeren denazify
denderen rumble; *het resultaat is niet bepaald ~d* the result is not exactly overwhelming
dendriet *(geol, med)* dendrite
dendrochronologie dendrochronology
dendrologie dendrology
Denemarken Denmark
Den Haag The Hague
denier denier
denigreren denigrate, disparage, belittle; *~d, (ook)* scornful, opprobrious
denim denim
denivelleren increase differentials; *de inkomens ~* reverse the equalization of incomes
denkbaar imaginable, conceivable, thinkable; *het is niet ~ dat ...* it is unthinkable that ...
denkbeeld idea, notion; *(mening, ook)* view [on art, etc], opinion; *ik kan er mij geen ~ van maken* I cannot form an idea of it; *zie ook* idee
denkbeeldig imaginary, hypothetical [put a hypothetical case *een ... stellen*], fictitious, illusory; *het gevaar is niet ~ dat ...* there is a real danger that ...
denkelijk probable; *zie ook* waarschijnlijk
denken 1 think; *(even) ~*, *(fam)* have a think (*zo ook:* have a long, a hard think); *terdege ~* do some hard thinking; *ik dacht het je gezegd te hebben* I thought I

(had) told you; *om zo iets ook maar te ~!* the very idea (of it)!; *de grootste lafaard, die men zich kan ~* the greatest coward imaginable; *dácht ik het niet!* just as I feared!, I knew it!; *dat feit **geeft** te ~* that fact sets one thinking, gives one food for thought, is enough to make you think; ***zich** ~, zie* zich voorstellen *b); denk u op een eilandje* imagine yourself on ...; *dat laat zich (gemakkelijk) ~* that may be (easily) imagined; *denk eens **aan!*** just think of that!, just fancy (that)!, only think!; *~ aan* think of; *zie ook ~* om; *zij dacht aan geen kwaad* she suspected no harm; *ik (men) moet er niet aan ~* I cannot bear to think of it (it doesn't bear thinking of); *laten we er niet meer aan ~* let's forget (about) it; *hij dacht helemaal niet aan haar (er ... aan)* he never gave her (it) a thought; *nu ik eraan denk* now I come to think of it; *denk aan mij* remember me; *daar dacht ik juist aan* that's what I had in mind (*zo ook:* he was the person I had in mind just now); *ik dacht er niet aan dat het zondag was* I did not realize it was Sunday; *ze kan alleen maar aan kleren ~* she cannot think of anything but clothes; *ik denk er niet aan (het te doen)* I'll do nothing of the kind; I should not dream of (doing) it; I have not the slightest intention of doing it; *geen ~ aan!* (it is) out of the question!; ***zonder** te ~, (ook)* [act] unthinkingly; *zonder te ~ aan, (ook)* without a thought for (unmindful of) [her own safety]; *zie ook* vallen; ***doen** ~ aan* make [a p.] think of; *(herinneren aan)* remind [a p.] of, recall [s.t.], be reminiscent of; *het doet aan toverij ~* it savours of magic; *niets dat deed ~ aan roof* [there was] no suggestion of robbery; ***bij** zichzelf ~* think to o.s.; *~ **in** geld* think (in terms of) money; *~ **om*** think of; remember [the latchkey]; mind [the step, paint, baby, fire, eggs]; [I'll] bear [you] in mind; *denk erom!* remember!, mind!; *denk erom dat je om acht uur klaarstaat (dat je goed ontbijt)* mind you are ready by eight (be sure you have a good breakfast); *denk erom te schrijven* mind and write; *denk erom wat je zegt!* be careful what you are saying!; *vóór we erom ~, (ook)* [he'll be here] before we know where we are; *~ **over*** think about (of), think [it, the matter] over; *zie ook ~* aan; *erover ~ te ...* think of ...ing; *hij dacht erover, zelfmoord te plegen* he contemplated suicide; *er anders over ~* think otherwise; *er net zo over ~* be of the same way of thinking; *je moet er niet te licht over ~* you shouldn't think too lightly of it; *~ **van*** think of [I don't know what to think of it], say to [what do you say to a walk?]; *ik weet niet, wat ik ervan (van hem) ~ moet, (ook)* I ... what to make of it (of him); **2** *(v plan zijn)* intend [to go], think of [going]; *(verwachten)* expect, think [I never thought he'd do it]; *zie ook* mening: in de ~ verkeren; *wat denk je te doen?* what do you intend (mean) to do?; *wat denkt hij te bereiken?* what does he expect to achieve?; *ik had gedacht, dat hij meer verstand had, (ook)* I'd have given him credit for more sense; *dan men zou ~, (ook)* [he has more talent] than one would give him credit for; *... zou ik ~* [you'll see enough of her] I should imagine; ***dat dacht ik al*** I thought as much; *[ken je hem?] dat zou ik ~!* rather!, you bet!, I should jolly well think so!; *zie ook* of: en ~!; *dat kun je net ~!* catch me (at that)!, not I (he, etc)!, not likely!, not much!; *ik zou ~, dat ...* I am inclined to think that ...; *dat had ik niet van hem gedacht* I would never have believed it of him; *zie ook* [1]mijn 2

denkend thinking, rational [being], intelligent

denker thinker; *~tje* food for thought

denkfout [make an] error in reasoning, logical error, wrong inference

denkgewoonte, denkkader habit of thought, way of thinking

denkkracht mental capacity, brainpower

denkpatroon pattern of thought, way of thinking

denkproces mental process

denkraam 1 mental capacity; **2** pattern of thought

denksport (art of) problem solving; *(rubriek)* brainteasers, brain-twisters

denktank think-tank

denkvermogen thinking faculty, intellectual capacity

denkwereld mental world

denkwerk headwork

denkwijze way of thinking (of thought)

denkwolk(je) *(fam)* balloon [in a strip cartoon]

dennenappel pine cone; *vgl* sparappel

dennenboom pine tree

dennenbos pine wood, pine forest

dennengroen pine branches

dennenhars pine resin

dennenhout pinewood

dennenkegel pine cone

dennennaald pine needle

dennenpijlstaart pine moth

dennenscheerder, dennensnuitkever pine weevil

dennenuil pine beauty

denominatie denomination

denominatief denominative

denotatie denotation

densimeter densimeter

densiteit density

densitometer densitometer

dentaal I *bn* dental; **II** *zn* dental (consonant, sound)

denudatie denudation

denuderen denude

deodorans, deodorant deodorant, anti-perspirant

deodoriseren deodorize

depanneren put back on the road, repair

departement department; *(regerings~, ook)* Office; *zie ook* ministerie

departementaal departmental

departementsambtenaar ministry official, civil servant

depêche dispatch, telegram, message

depenaliseren decriminalize [abortion]

dependance 1 *(gebouw)* annexe; **2** *(afdeling)* (local) branch
dependentie dependence
depersonaliseren depersonalize *(beide bet)*
deplorabel deplorable, lamentable
depolariseren depolarize
depolitiseren depoliticize
deponent 1 depositor; **2** *(jur)* deponent
deponeren 1 put down, place; *(geld, aandelen, enz)* deposit [with, at a bank]; pay in [money], pay [money into a bank]; *(documenten)* file, lodge; **2** *(merk)* register, have registered; *(wettig) gedeponeerd handelsmerk* registered trademark; **3** *(jur: onder ede verklaren)* depose, make a deposition, testify
deport backwardation
deportatie deportation; *(hist)* transportation [to Australia]
deporteren deport; *(hist)* transport
deposant depositor
dépositaire, depositaris depositary
depositie 1 *(jur)* deposition; **2** *(neerslag)* deposit
deposito deposit; *in ~* on deposit; *gelden in ~ nemen* receive money on deposit, receive deposits; *~ met (zonder) voorafgaande opzegging* deposit at notice (at call)
depositobank commercial bank
depositobewijs certificate of deposit, CD
depositorekening deposit account
depositorente deposit rate, CD rate
depot 1 depot *(ook mil)*, [petrol] dump; *(v museum)* reserve collection; *(bibliotheek)* storage library; **2** *(bewaring)* [legal *wettelijk*] deposit; *(v publicaties, ook)* copyright deposit; *in ~ geven, zie* deponeren 1; **3** *(sediment)* [throw a] deposit; **4** *(filiaal)* branch (establishment)
depotbibliotheek deposit (*of:* copyright) library
depotfractiebewijs trust unit
depothouder branch manager
deppen dab
depper pad
depreciatie depreciation
depreciëren depreciate
depressie depression *(ook fig)*; *(weerk ook)* trough of low pressure; *(econ ook)* recession, slump
depressief [feel] depressed, dejected; *(psych)* [manic] depressive
depri depressed, down, dejected (person)
deprimeren depress, dishearten
deprimerend depressing, disheartening
deprivatie, depriveren deprivation, deprive
deprofessionaliseren deprofessionalize
deprogrammeren deprogramme
deputaat deputy, delegate
deputatie deputation
deputeren depute
der 1 *(van de)* of (the) [the king of beasts, the rigour of the times]; -'s, -s' [in God's name, the churls' god]; **2** *(van haar)* her; **3** *(van hen)* their; **4** *(daarheen)* [here and] there, [hither and] thither
derailement derailment
derailleren go (run) off the rails (metals, track), be (get, become) derailed, derail, jump (leave) the rails; *(fig)* go off the rails, go wrong; *doen ~* derail
derailleur derailleur
derangeren (put to) inconvenience, put out; *zie ook* storen
derde I *telw* third [person, gear *versnelling*, world, the third of July]; *ten ~n male* for the third time; *~ been(tje), (sl)* middle (*of:* third) leg; *~ oksel, (sl)* slit; *Derde Rijk* Third Reich; **II** *zn* **1** third (part); *een ~* a, one third [of a pound]; *twee (drie, enz) ~* two (three, etc) thirds; *voor twee ~ gevuld, (ook)* two thirds full; **2** third person, *(inz jur, enz)* third-party [insurance, risk]; *~n, (ook)* outside organizations, etc; *vertel het niet aan ~n* don't let it go (any) further; *zie ook* ten, maal, stand, verzekeren, verzekering
derdedeel third (part)
derdegraads third-degree [burns]
derdehalf two and a half
derdejaars *bn* third-year [undergraduate, student]
derdemachtsvergelijking cubic equation, (algebraic) equation of the third degree; *vgl* macht 4
derdemachtswortel cube root
derdendaags: *~e koorts* quartan fever (*of:* ague)
derderangs third-rate
derdewereldland Third World country
dereguleren deregulate
deren 1 hurt, harm, injure; *dat deert niet* there is no harm in that; **2** grieve, touch; *het deert mij niet* it is no concern of mine; *wat niet weet, wat niet deert* what the eye doesn't see the heart doesn't grieve about; *zie ook* schelen & oog
dergelijk such(like), similar, like; *een ~e ontwikkeling* some such development; *en ~e* and suchlike, and the like, [talk of dogs] and things; *iets ~s* something (anything) like it; *iets ~s heb ik nooit gezien* I never saw the like (anything like it, such a thing); *in ~e geest* in a like spirit; *vgl* verwant
derhalve therefore, so, consequently
derivaat derivative, derivate
derivatie 1 derivation; **2** *(afwijking)* deviation
derivatief derivative
dermate in such a manner, to such a degree, to such an extent, so much
dermatitis dermatitis
dermatologie dermatology
dermatoloog dermatologist
derogeren derogate [*aan* from]
derrie 1 clayey peat; **2** *(vuil)* muck
derrière *(fam)* derrière, behind, sit-upon
dertien thirteen; *zie ook* ambacht, dozijn & *vgl* met, enz
dertiende *bn & zn* thirteenth [year]; *vgl* [1]mijn 1, enz
dertienjarig *vgl* jarig
dertig thirty; *de jaren ~* the thirties; *vgl* dik, in, rond

III, enz

dertiger person of thirty (years), thirtysomething; *de ~ jaren* the thirties; *vgl* [1]goed I.5

dertigjarig *vgl* jarig

dertigste *bn & zn* thirtieth

dertigtal: *een ~, a)* thirty; *b)* about thirty, some thirty [members]

derven 1 lack, be deprived of, lose; **2** abstain from

derving lack, privation, loss

derwaarts thither; *zie ook* herwaarts

derwisj dervish

[1]**des** *(muz)* D flat

[2]**des** of (the); *zie ook* avond, daags, enz; *~ te beter (erger, meer)* so much the (all the) better (worse, more); *hoe meer (beter, enz) ..., ~ te meer (beter, enz)* the more (better, etc) ... the more (better, etc); *~ te meer, omdat ...* the more so as ...; *ze werkte ~ te beter, omdat zij ... was* she worked all the better for being in love

desa village

desahoofd village headman

desalniettemin nevertheless, nonetheless, for all that, notwithstanding all that, despite it

desastreus disastrous [floods, results], calamitous [floods]

desavoueren repudiate, disavow [an agent], disown

desavouering repudiation, disavowal

desbetreffend [questions] relating to this (matter), [the matter] in question, [the authorities] concerned, relative [the relative act *wet*], relevant [the relevant passage]; *zie ook* betreffend

desbevoegd competent

desbewust conscious (of it), [utter false coin] wittingly

descendant *(astrologie)* Descendant

descendent *zn* descendant

descendentie descendence

descriptief descriptive [writing; grammar]

deseksualiseren desexualize

desem leaven(ing), yeast

desemen leaven

desensibiliseren, desensitiseren desensitize [a patient, film]

deserteren desert (the colours)

deserteur deserter

desertie desertion

desespereren despair

desgelijks likewise

desgevallend where required

desgevorderd on demand

desgevraagd if required, if necessary; *~ verklaarde hij* when (*of:* on being) asked he ...

desgewenst if required; *u kunt ~ ...* if you (so) desire (if you like) you may ...

deshabillé dishabille, undress

desideratum desideratum (*mv:* -rata)

desillusie disillusion(ment)

desillusioneren disillusion

desinfectans disinfectant

desinfecteren disinfect [a wound, the toilet]; *vgl* ontsmetten

desinfectie disinfection

desinfectiemiddel disinfectant

desinformatie disinformation

desintegratie disintegration

desintegreren disintegrate

desinteresse lack of interest, indifference

desinteresseren: *zich ~ in* take no interest in, be (remain) indifferent to

desinvesteren disinvest

deskundig expert [advice, judgment, opinion; be expert at, in, on teaching *mbt, inzake, op het gebied van*]; informed [criticism]

deskundige expert [at, in, on]; *(bij examen, vglb)* external examiner

deskundigheid 1 expertise; **2** [lack of] professional competence

deskundoloog self-styled expert

desniettegenstaande, desniettemin *zie* desalniettemin

desnoods if necessary, if need be, in case of need, at need, in an emergency, at a pinch

desolaat 1 *(verlaten, ontredderd)* desolate; *-late boedel* insolvent estate; **2** *(diep bedroefd)* disconsolate, forlorn

desondanks all the same, in spite of it (this, etc), nevertheless, for all that; *vgl* desalniettemin

desorganisatie disorganization

desorganiseren disorganize

desoriëntatie disorientation

desoxyribonucleïnezuur deoxyribonucleic acid, DNA

despecialisatie despecialization

desperaat desperate, despairing

desperado desperado

despoot [a benevolent] despot

despotisch despotic (*bw:* -ally)

despotisme despotism

dessa village

dessert dessert, sweet (course), pudding

dessertlepel dessertspoon

dessertvork dessertfork

dessin design, pattern, draft, drawing

dessinateur pattern designer

dessineren pattern

dessous underlying reasons, hidden motives

destabiliseren destabilize

destijds [the views held] at the (that) time, [cars were rare] in those days, at one time, [when they settled here] originally; *de ~e naam van Oslo* the then name of ...

destil- *zie* distil-

destinatie destination

destineren destine

destructie destruction

destructiebedrijf carcass destructor plant

destructief destructive [criticism, a destructive nature]
destructor destructor
desverkiezende if desired; if so inclined
desverlangd if desired, [passes to be shown] on request
deswege on that account, for that reason, therefore
detachement detachment, draft
detacheren 1 second [to another branch, school]; *gedetacheerd, (ook)* (placed, put) on secondment; **2** *(mil)* detach, detail, [to another unit]; *gedetacheerd zijn, (ook)* be on detachment; *bij een ander wapen ~* attach (second) [an officer] to another arm
detachering 1 secondment; **2** *(mil)* detachment, detail(ing); attachment, secondment; *vgl* detacheren
detail 1 detail [the full details; a good eye for detail]; *en ~, in ~s* in (great) detail; *in ~s treden* go (enter) into detail(s); **2** *(handel)* retail; *en ~* by retail, [sell] retail
detailhandel 1 retail trade; **2** *zie* detailzaak
detailkritiek detailed criticism
detailkwestie question of detail
detailleren 1 detail, specify; *zie ook* gedetailleerd; **2** describe in detail
detaillist retailer
detailonderzoek detailed (in-depth) investigation (examination)
detailopname close-up, detail (shot)
detailprijs retail price
detailpunt point of detail
detailtekening detail(ed) drawing
detailverkoop retail sale
detailzaak retail business (shop, *Am:* store)
detecteren detect
detectie detection
detectielus detector loop
detectiepoort detector gate, security gate
detective 1 detective, *(fam)* sleuth, tec, *(sl)* dick; *particulier ~* private inquiry agent; **2** *(boek)* detective (crime) novel
detectiveroman detective novel, crime novel, *(fam)* whodunit
detectiveverhaal detective (crime) story
detector detector
detentie 1 detention, custody; **2** *(jur)* custody
detergens, detergent detergent
determinant determinant
determinatie determination
determinatief determinative
determinator *(tlk)* determiner
determineren I *tr* determine; *(plantk)* identify; II *intr* botanize
determinisme determinism
detestabel, detesteren detestable, detest
detineren detain, remand in custody
detonabel detonative, explosive
detonatie detonation, explosion
detonator detonator
detoneren 1 detonate, blow up, explode; **2** be out of tune; **3** *(fig)* be out of keeping (of tune, of place); *een ~de figuur* an incongruous figure [in that company]
detoxificatie detoxification [centre]
detoxificeren detoxify
detriment detriment; *ten ~e van* to the detriment of
deugd virtue; (good) quality; good thing; *lieve ~!* good heavens!; *de ~ loont zichzelf* virtue is its own reward; *dat doet me ~, ik heb er ~ aan* I'm glad of that, it does me a power of good; *zie ook* deugdelijkheid, [2]eer, goedmaken, nood, [1]pad, enz
deugdelijk I *bn* **1** sound [advice, argument], reliable [article]; valid [argument, proof]; substantial [meal], conclusive [proof]; thorough [work]; *(Am ook)* honest [liquor]; *geen enkele ~e reden* not a single solid reason; *~ bewezen* proved up to the hilt; **2** *(duurzaam)* durable, [stuff] that wears well; II *bw* soundly, etc, *vgl* I; extremely [noticeable]; absolutely [right]
deugdelijkheid soundness, reliability, durability, thoroughness, good quality; validity; *vgl* deugdelijk
deugdzaam virtuous; *~ blijven* keep to the straight and narrow; *~ leven* live honestly
deugdzaamheid virtuousness, virtue; honesty
deugen 1 *niet (willen) ~, nergens voor ~* be good for nothing, be no good (at anything), be a good-for-nothing (boy, fellow, etc), be a ne'er-do-well; *(fam)* be a bad lot; **2** *niet ~, (v dingen)* be good for nothing, be no good; *dat werk deugt niet (fam: deugt voor geen cent, geen meter, enz)* that ... is not up to the mark (is nbg, no bloody good); **3** *~ voor* be good (fit) for; *je deugt niet voor leraar* you will never make a good teacher; *wat voor de een deugt, deugt nog niet voor de ander* one man's meat is another man's poison
deugniet good-for-nothing (fellow, boy, girl); ne'er-do-well, rogue; *kleine ~* little rascal (rogue, scamp)
deuk dent [in a hat, etc], dint; *(fig)* blow [to one's prestige]; *ik lag in een ~, (fam)* I was in stitches (with laughter)
deuken 1 dent, indent; **2** get dented
deukhoed soft felt hat, trilby (hat), Homburg (hat)
deun 1 *(ook: deuntje)* air, tune; song; *vgl* lied: *~je; een ~tje huilen* have a cry; **2** tiresome jingle, tune the old cow died of
deur [double, folding, glass, louvre, revolving, sliding] door; *daar is de ~!* there's the door!; *dat doet de ~ dicht (toe)* that clinches (settles) it; that is the last straw; *zie ook* neus; *een open ~ intrappen* hammer on (at) an open door; *de ~ open laten voor* leave the door open to [negotiations]; *de ~ openzetten voor* open the door to [all kinds of abuses]; *de ~ sluiten voor* close the door to [a settlement], on [further negotiations]; *de ~ uitgaan* leave the house, go out of doors; *ik kom de ~ niet uit* I never go out, always keep indoors; *iem de ~ uitzetten (uitgooien)* turn (*fam:* chuck) a p. out, show a p. the door; *de ~ uit!* out with you!; *iem de ~ wijzen* show a p. the door;

aan de ~ [stand, knock] at the door; *aan de ~ wordt niet gekocht* no hawkers [and no circulars]; ***aan (buiten)** de ~ zetten* throw (*fam:* chuck) out; *buiten de ~ eten (houden)* eat (keep) out; *buiten de ~ staan wachten* be waiting outside, cool one's heels; ***door** de ~* [he poked his head] through the door; *door de ~ naar binnen gaan* enter by (through) the door; *ze kunnen niet meer door één ~* they can no longer be in the same room together; ***in** de (open) ~ staan* stand in the door(way); ***met** gesloten ~en* behind closed doors, in camera, in private; *met de ~ in huis vallen* get down to business at once, plunge into the matter; *niet direct **naast** de ~* not exactly on the doorstep; *zijn vinger **tussen** de ~ krijgen* catch (trap) one's finger in the door; *een voet tussen de ~ krijgen, (fig)* get a foot in the door; *dat staat ons **voor** de ~* that is in store for us; *een hongersnood staat voor de ~* a famine is staring us in the face; *zie ook* aanstaande, link, platlopen, enz

deurbel doorbell
deurcollecte house-to-house collection, *(kerk)* retiring collection
deurdranger door-closer
deurgat doorway
deurketting door chain
deurklink door latch; door handle
deurklopper door knocker
deurknop doorknob, door handle
deurkozijn door frame
deurkruk doorknob, door handle
deurmat doormat
deuropening doorway; *de heer A, staande in de ~* Mr A, framed in the doorway
deurplaat 1 finger-plate; **2** *(naamplaat)* doorplate
deurpost doorpost
deursleutel latchkey; *zie* huissleutel
deurstijl doorpost
deurstopper, deurtegenhouder doorstop
deurtelefoon entryphone
deurvleugel leaf (of a door)
deurwaarder bailiff, sheriff's officer, process server; *(in rechtszaal)* usher, crier
deurwaardersexploot summons; *(dagvaarding)* subpoena; warrant of execution
deurwachter porter, doorkeeper
deutel treenail wedge
deuterium deuterium
Deuteronomium Deuteronomy
deuvekater *zie* duivekater
deuvel dowel
deuvik spigot
deuviken tap (draw) through the spigot
deux-pièces two-piece (suit, costume)
devaluatie devaluation, depreciation
devalueren devaluate, devalue [the rouble by ten percent]
deveine a run of bad luck
deviant deviant
deviatie deviation; *(v kompas)* deflection, deviation
deviationisme deviationism
deviëren deviate
devies motto, device; *(her)* device, charge
deviezen 1 foreign bills, foreign paper; **2** foreign currency, foreign exchange
deviezenbeperking exchange control
deviezenhandel foreign exchange market
deviezensmokkel currency smuggling
devolutie devolution
devolveren devolve [(up)on the Vice-President; on another heir; to the local authorities]
devoot devout, pious
devotie 1 devotion, piety; *Moderne Devotie* Devotio Moderna, Modern Devotion; **2** worship, veneration [of saints]
devotionalia objects of devotion
dewelke *(vero)* (the) which
dewijl *(vero)* inasmuch as
dextrine dextrin
dextrose dextrose
deze this, *(zelfst)* this one, *(mv)* these (ones); *(de laatstgenoemde)* the latter; *~ en gene* [I heard it from] various people; *~ of gene* one or other; *als ~ of gene er naar vraagt* if anybody asks; *~ of gene idioot* some idiot; *bij (door) ~n* herewith, hereby; *in ~n, te ~n* in this (matter); *na (voor) ~n* after (before) this; *de 2e ~r* the 2nd of this month; *zie ook* brenger, dag, schrijver, enz
dezelfde the same; *dit is ~* this is the same (one); *~(n)* [these are] the same (ones); *zie ook* precies
dezer *zie* deze
dezerzijds on this side; *~ zullen wij alles doen ...* on our part we shall do everything ...; *~ antwoord* [please await] our answer; *~e bezwaren* objections on our part
dezulke(n) such; *derzulken* of such [is the Kingdom of Heaven]
D.G. afk van *Dei gratia* DG, by the grace of God
dhz afk van *doe het zelf* DIY
d.i. afk van *dat is, dit is* ie, viz
dia 1 [colour] slide (*of:* transparency); **2** diameter
diabeet, diabete diabetic
diabetes diabetes
diabetica, diabeticus, diabetisch diabetic
diabolisch diabolic(al)
diabolo diabolo
diachronie diachrony
diachronisch diachronic [linguistics]
diaconaal diaconal
diacones deaconess
diaconie church welfare board; *(hist)* poor-relief board
diadeem diadem
diafaan diaphanous
diafonie diaphony
diafragma diaphragm, *(fot ook)* stop
diafragmeren *(fot)* stop down

diagnose diagnosis; *de ~ stellen van* diagnose [TB]
diagnosticeren diagnose [measles, the ills of society]
diagnosticus diagnostician
diagnostiek diagnostics
diagnostisch diagnostic
diagonaal *bn & zn* diagonal
diagonaalband cross-ply tyre
diagonaalsgewijze diagonal(ly)
diagram diagram; *(grafiek)* graph, chart, *(wisk ook)* [Venn] diagram
diagrammatisch diagrammatic (*bw:* -ally)
diaken deacon
diakritisch diacritic *(ook: ~ teken)*
dialect dialect [atlas, geography]
dialectica dialectic(s)
dialecticus dialectician
dialectiek dialectic(s)
dialectisch 1 *(v dialect)* dialectal; **2** *(v dialectiek)* dialectic(al)
dialectologie dialectology
dialectoloog dialectologist
dialoog dialogue; *in ~vorm* in the form of a dialogue
dialysator dialyser (*Am:* -zer)
dialyse dialysis
dialyseren dialyse (*Am:* -ze)
diamagnetisch diamagnetic
diamagnetisme diamagnetism
diamant diamond [cutter, drill, edition]; *ruwe (ongeslepen) ~* rough diamond *(ook fig)*
diamantair 1 diamond cutter; **2** diamond merchant
diamantdruk diamond (type)
diamanten *bn* **1** diamond; **2** *(zeer hard)* adamantine
diamanthoudend diamond-bearing, diamondiferous
diamantklover diamond splitter (cleaver)
diamantletter diamond (type)
diamantnaald diamond stylus
diamantslijper diamond cutter; *(in engere zin)* diamond polisher
diamantslijperij diamond-cutting establishment
diamantspaat adamantine spar
diamantwerker diamond cutter
diameter diameter; *(ve cilinder, ook)* bore; *in ~* [ten feet] in diameter, [ten feet] across
diametraal diametral; *(ook fig)* diametrical; *~ tegenover elkaar staan* be diametrically opposed, *(v pers, ook)* be poles apart
diapositief diapositive, (positive) transparency, *(ingeraamd)* slide
diaprojector slide projector
diaraampje slide mount, slide frame
diarree diarrhoea; *(bij vee)* scour; *aan de ~ zijn* have diarrhoea; *vgl* dun
diaserie slide set
diaspora diaspora
diastase 1 *(chem)* diastase; **2** *(med)* diastasis
diatheek slide library
diathermaan diathermanous, diathermic
diathermie diathermy
diatomee diatom
diatonisch diatonic [scale]
dichotomie dichotomy
dicht I *bn* **1** *(deur, enz)* closed, shut; *(gordijnen, ook)* drawn; *(ve kraan)* off; *hij is zo ~ als een pot* he is as close as an oyster; *de paraplu wil niet ~* the umbrella won't shut (up); *zij knoopte haar mantel ~er vast* she buttoned her coat closer; **2** *(niet lek)* tight; **3** *(~ opeen)* dense [population, forest, crowd], compact [mass], thick [wood, crowd, fog (*zeer ~* dense fog), hair], close [writing, order, texture]; **II** *bw* densely [populated], thickly [planted], closely [written]; *~ bijeen staand* close-set [eyes]; *~* ***bij*** near [home, the truth], close to [the church], close (up)on [twenty]; *zie ook* [2]kust; *dat is ~er bij de waarheid, er ~er bij, (fig)* that is nearer (to) the mark; *~(er)bij komen* draw near(er); *~er komen bij* draw nearer to; *sta er niet zo ~ bij* don't stand so close; *zie ook* dichtbij & naderbij; *dit komt er het ~st bij* this is the nearest (approach) to it; *~* ***op*** close (up)on; *iem ~ op de hielen zitten* be close (up)on a p.'s heels; *~ op elkaar* tight-packed; *~er* ***tot*** *elkaar komen* draw closer (nearer to each other); **III** *zn* poetry; *(ge~)* poem; *~ en ondicht* prose and poetry
dichtader poetic vein
dichtbevolkt densely populated
dichtbij close by, close at hand, near (at hand); *van ~* at close quarters, close to (up); *van te ~* [don't look at it] from too close; *(~ zijnd)* nearby [noises; a nearby territory]; *zie ook* dicht II & nabij
dichtbinden tie up
dichtbundel volume of poems (of poetry)
dichtdoen close, shut [the door], draw [the curtains]; *zie ook* deur, oog, enz
dichtdraaien turn off [a tap]; *de oliekraan ~* cut off oil supplies
dichtduwen push to, shut
[1]**dichten** make verses, write poetry (verses)
[2]**dichten** *(toemaken)* stop (up), seal (up), close, fill (in, up); seal (close) [a dike]
dichter(es) poet(ess)
dichterlijk poetic [feeling, genius, language; licence *vrijheid*], poetical [works]
dichterschap life (work) as a poet
dichtgaan shut, close; *(ve wond)* close, heal up
dichtgenootschap poetry society
dichtgooien slam, bang [a door], fill in [a grave]
dichtgroeien *(ve wond)* close, heal up
dichtheid density, compactness, closeness, *vgl* [1]dicht; *(inz ve dikke vloeistof)* consistency
dichthouden keep [one's mouth, eyes, shop] shut, keep [one's ears] closed (stopped up)
dichtklappen 1 slam [a door], shut up, snap [one's book, the lid] shut; **2** *(intr, v pers)* become inhibited, *(fam)* dry up
dichtknijpen squeeze; *de neus ~* hold one's nose; *zijn ogen ~* screw up one's eyes; *zie ook* hand, [1]keel, oog,

enz
dichtknopen button (up)
dichtkunst (art of) poetry, poetic art
dichtmaat metre; *in ~* in verse
dichtmaken close, stop [a hole]; screw up [a coffin]; fasten, button up; *zie ook* sluiten
dichtmetselen brick up, wall up
dichtnaaien sew up [a hole], stitch up [a wound]
dichtplakken seal [a letter], stick (*of:* gum) down [an envelope]; *waar de wereld met kranten dichtgeplakt is* at the back of beyond
dichtregel verse
dichtschroeien sear [meat]
dichtschroeven screw up (down)
dichtschuiven slide to, close, draw [the curtains]
dichtslaan I *tr* bang [a desk], slam [the door] (shut); bung up [a p.'s eye]; II *intr* slam (to); *(v pers)* become inhibited, *(fam)* dry up
dichtslibben silt up
dichtsmijten *zie* dichtgooien
dichtsoort poetic genre, kind of poetry
dichtspijkeren nail up (down); board up [a window]
dichtstbijzijnd nearest
dichtstoppen plug, stop up [a hole]
dichtstuk poem
dichttrant poetic style
dichttrappen kick [the door] to
dichttrekken pull [the door] to (*of:* shut, close), draw [the curtains]
dichtvallen fall (*in het slot:* click) shut
dichtvorm form of poetry; *in ~* in verse
dichtvouwen fold up
dichtvriezen freeze (be frozen) over (*of:* up), freeze solid
dichtwaaien blow (be blown) shut
dichtwerk poetical work, poem
dicotyl dicotyledon(ous plant)
dictaat dictation; lecture notes; *(~cahier)* notebook; *op ~ schrijven* write from dictation; *~ maken* take (down) notes
dictafoon dictating machine, Dictaphone
dictator dictator
dictatoriaal dictatorial [behaviour, power, regime]
dictatorschap, dictatuur dictatorship
dictee dictation
dicteermachine dictating machine
dicteersnelheid (at *op*) dictation speed
dicteren dictate
dictie diction
dictionaire dictionary
dictum dictum
didacticus lecturer in education; didactician
didactiek didactics
didactisch didactic (*bw:* -ally)
die I *aanw vnw* that, *(mv)* those; the [here's the old coat you asked for *hier heb je ...*]; *~ Brown, enz, (min)* that Brown (fellow), that actress girl, that anarchist (painter, etc) fellow (*of:* chap); *~ staking is een ernstige zaak* this strike is ...; *je broer? ~ is uitgegaan* he has gone out; *~ met de zwarte jas aan* the one in the black coat; *met alle gevolgen van ~n* with all the consequences (of that); *hij was een genie, ~ Low* he was a genius, was Low; (*evenzo:* he could ..., could H, etc); *Mijnheer, enz ~ en ~* Mr So-and-So; *~ of ~ stad* some town or another, a given town; *~ ...!* these women!, these English!; *~ ben ik* that's me; *zie ook* [1]goed I.1; II *betr vnw* who, which, that; *hij was altijd de eerste (laatste) ~ naar huis ging* he was always the first (last) to go home; *overtuigd vrijgezel ~ hij was* confirmed bachelor that he was; *gehoorzame man, ~ hij was* [he sat down] like the dutiful husband he was
dieet diet [kitchen], regimen; *~ houden, op ~ zijn* be on a diet, diet (o.s.); *op ~ stellen* put on a diet; *(attr)* dietary, dietetic
dieetleer dietetics
dieetwinkel health food shop (*Am:* store)
dief **1** thief *(ook aan kaars); met dieven moet men dieven vangen* set a thief to catch a thief; *houdt de ~!* stop thief!; *'houdt de ~!' roepen* raise the hue and cry; *als een ~ in de nacht* as a thief in the night; *wie eens steelt is altijd een ~* once a thief, always a thief; *het is ~ en ~jesmaat* they are two of a kind; *een ~ zijn van eigen portemonnee* rob one's own purse; *zie ook* gelegenheid; **2** *(plantk)* side shoot [pinch out side shoots regularly]; *vgl* zuiger
diefachtig thievish
diefje-met-verlos prisoner's base
diefjesmaat *zie* dief
diefstal theft, *(met bedreiging of geweld)* robbery, *(met braak)* burglary; *(jur hist)* larceny, *(met braak)* housebreaking; *letterkundige ~* plagiarism, piracy; *zie ook* lijf
diegene he, she; *~n* those [who *die*]
Diemensland: *Van ~* Tasmania
diemit(en) dimity
dienaangaande with respect (reference) to that, as to that; on that head (point, question, etc)
dienaar **1** servant; *~ des Woords* minister of God's (Holy) Word; *de dienaren der Kroon* the ministers of the Crown; *uw dienstwillige (dienstvaardige, onderdanige) ~* your obedient servant; *uw ..., XYZ* yours faithfully (obediently), XYZ; *uw ~* your servant [Ma'am]; **2** *(buiging)* bow; *een ~ maken, (hist)* make (scrape) a leg
dienares(se) **1** servant; **2** *(fig)* handmaid [education, the handmaid of religion]; **3** *(buiging)* curtsy; *een ~ maken, (hist)* drop a curtsy
dienbak (dinner) tray, dumb waiter
dienblad (dinner) tray, *(kleiner)* salver
diender constable, *(sl)* cop(per); *dooie ~* dull dog; *zie ook* stil
dienen I *tr* serve [God, a master, one's country]; *de mis ~* serve at mass; *zie ook* [1]heer; *op deze manier worden uw belangen het best gediend* your interests will be best served in this way; *[God heeft mij geroe-*

pen] ***om*** *anderen te ~* to minister to others; *om u te ~* at your service!; *waarmee kan ik u ~?* what can I do for you?, *(in winkel, ook)* can I help you?; *het geluk diende hem* fortune favoured him, his luck was in; ***daarmee*** *ben ik niet gediend* that is (of) no use to me; *iem* ***van*** *antwoord ~, a)* answer a p.; *b)* give as good as one gets; *iem van raad (advies) ~* advise a p.; *daarvan (van uw opmerkingen, grappen) ben ik niet gediend* none of that for me! (keep your remarks for those who want them; none of your jokes!, I don't want your jokes); *zie ook* gemak, heer, enz; **II** *intr* **1** be in the armed forces, serve [*bij de artillerie* in the ...]; **2** serve [as a footman, butler, etc], be in (domestic) service [*bij* with]; *gaan ~* go (out) to service, go into service; *gaan ~* ***bij****, (ve dienstbode)* take service with; **3** *(nuttig, bestemd, enz zijn)* serve; *ijs (wind) en we(d)er ~de* weather permitting; *~* ***als (tot, voor)*** serve as (for); *dit dient als (tot) kurk* this does duty as (for) a cork; *laat hem dat tot waarschuwing ~* let that be a warning to him; *deze dient* ***om*** *u te berichten ...* this is to inform you ...; ***ter*** *vergelijking diene dat ...* for the sake of comparison it may be pointed out that ...; *nergens* ***toe*** *(tot niets) ~* be of no use, serve no useful purpose, be no good; *waartoe zou het ~?* what's the good (the use) of it?; *waartoe dient deze klep?* what is the purpose of this valve?; **4** *(behoren)* need; *het dient te gebeuren* it needs to be done; *je dient te gaan* you should (ought to) go; *zij dient te luisteren, (lit)* it behoves her to listen; *zij ~ genoemd te worden* they call for mention; **5** *(ve rechtszaak)* come up, be down for hearing

dienluik serving hatch

dienovereenkomstig accordingly

dienst 1 *(instelling, functie)* service (*ook: tak van ~:* consular, educational, foreign, secret, social service, etc); *(tak van ~, ook)* [audit, horticulture, legal, management, planning] division; *(op brief)* OHMS (On Her [His] Majesty's Service); *(inz gemeentelijk)* [cleansing, housing, public works] department; *(functie)* duty [he took duty for me]; *~* ***hebben*** be on duty (on call); *geen ~ hebben* be off duty; *20 jaar ~ hebben* have twenty year's service; ***buiten*** *~, (v pers), a)* off duty; *b)* retired [governor, major, etc]; *(ve lift)* out of use; *(ve bus)* private; *(ve schip)* laid up; *buiten ~ stellen, (schip)* scrap, *(tijdelijk:)* lay up, mothball [a cruiser]; *(bus, enz)* take out of service; ***in*** *~ komen* take up one's post (one's appointment), enter (up)on one's duties; *in ~ nemen* engage, take [a p.] on; *weer in ~ nemen* reinstate [strikers]; *in ~ stellen* put into service (into use), press into service; *(inz oorlogsschip)* (put in) commission; *vgl* 3; *in ~ treden, zie boven:* in ~ komen; *bij mij in ~* in my service (my employ); *in ~ van, (ook)* in the pay of (employed by) [the Government]; *in ~ zijnde (oorlogs)schepen* ships in commission; *in en door de ~* [an accident arising] out of and in the course of one's employment; *gezant in gewone (buitengewone, algemene) ~* ordinary ambassador (ambassador extraordinary, at large); *zie ook* kamerheer; ... *van ~* on duty; **2** *(baan, inz ve dienstbode)* place; *in ~ zijn, (ve dienstbode)* be in service, *(zonder ~ zijn)* be out of employment; *de ~* ***opzeggen*** give a month's notice (warning); *de ~ is haar opgezegd* she is under notice (to go); **3** *(nuttige handeling, hulp, bediening)* service; *Commissie van Goede D~en* [UN] Commission of Good Offices; *iem een ~* ***bewijzen (doen)*** render (do) a p. a service, do a p. a good turn; *iem een slechte ~ bewijzen* do a p. a disservice (an ill service); *~* ***doen*** function [the driver also functions as conductor], do duty [that coat did duty on festive occasions], serve [this one might serve as well]; *dat heeft zijn ~en gedaan* it has served its turn; *~ doen als* serve for (as), do duty for (as) [a sack did duty for curtain]; act as [interpreter]; *de ene ~ is de andere* ***waard*** one good turn deserves another; *(de) ~* ***weigeren****, (ve motor, enz)* miss, cease working; *zijn benen weigerden hun ~* his legs refused their office; ***in*** *~ stellen van* press into the service of, harness [science to creative fancy], dedicate, devote [one's energies to the environment]; ***ten*** *~e van scholen* for the use of schools; *de faciliteiten die hun ten ~e staan* the facilities (that are) at their service; *ten ~e stellen van* put [one's knowledge, etc] at the service (disposal) of; *het is* ***tot*** *uw ~* it is at your service; *tot uw ~!* don't mention it, (you are) welcome; *(dat is) alles tot je ~, maar ...* (that's) all very well, but ...; ***van*** *~ zijn, a)* be of use; *waarmee kan ik u van ~ zijn?, wat is er van uw ~?* what can I do for you?; *kan ik u van ~ zijn?* can I be of any use (of service) to you?; *wij zullen u gaarne van ~ zijn* we shall be happy to oblige you; *b)* be on duty; **4** *(godsd)* service; *de ~ doen, (ve predikant)* officiate; *een ~ houden* hold a (religious) service; *onder de (kerk)~* during the service; *tot de heilige ~ toegelaten worden* take (be admitted) to holy orders; **5** *(mil)* service; *officier van ~* duty officer; ***in*** *~ gaan, ~* ***nemen*** *(mil)* enter the service (the army), enlist (*opnieuw:* re-enlist), take service, join (go into) the army, etc, join up; *in ~ zijn, (mil), zie* onder ~ zijn; ***onder*** *~ gaan, zie* ~ nemen; *onder ~ zijn* be in the army, serve with the colours; *hij was twee jaar onder ~* he did military service for two years; *de ~* ***verlaten*** retire; leave the army; *(ve officier, ook)* be gazetted out (of the army); *(met pensioen)* be pensioned off; ***uit*** *de ~ gaan, zie* de ~ verlaten; *uit de ~ ontslaan, (mil)* discharge from the services

dienstaanvaarding entrance (up)on one's duties

dienstauto official car (vehicle)

dienstbaar 1 in service; **2** *~ aan* subservient to; *~ maken* subjugate [a nation]; *~ maken aan* make subservient to

dienstbaarheid servitude, bondage

dienstbetoon service(s) rendered; helpfulness; [public] welfare

dienstbetrekking relation between master and serv-

ant; *(dienst)* employment, service
dienstbode (maid)servant, domestic (servant); *zie ook* meid & bediende
dienstbodenvertrek servants' hall (quarters)
dienstbrief official letter
dienstdoend *(v wacht, beambte, enz)* on duty, in charge; *(aan het hof)* [lord, etc] in waiting; *(v geestelijke, ambtenaar)* officiating; *(waarnemend)* acting
dienstencentrum social services centre
dienstenpakket package of services
dienstensector tertiary sector
dienstenverkeer invisible trade
dienster(tje) waitress
dienstgeheim official secret
diensthond police dog; patrol dog
diensthoofd head of division (of branch, of department), head of [medical, etc] services
dienstig serviceable, of service, useful, expedient; suitable; ~ *voor* conducive (instrumental) to [your welfare]; ~ *achten* deem useful, think fit
dienstigheid serviceableness, usefulness
dienstijver professional zeal
dienstingang **1** staff entrance; *(opschrift)* staff only; **2** trade(smen's) entrance
dienstjaar **1** year of service; *hij heeft 40 dienstjaren, (ook)* he has been in office for forty years; **2** *(boekjaar)* financial (*Am:* fiscal) year
dienstkleding uniform, livery, service dress
dienstklopper stickler for regulations and discipline, martinet; *een ~, (ook)* an over-zealous constable, a fussy official
dienstklopperij stickling for regulations and discipline
dienstknecht (man)servant
dienstlift service lift
dienstmaagd (maid)servant, *(bijb)* handmaid
dienstmededeling staff announcement
dienstmeid (maid)servant
dienstmeisje (house)maid
dienstneming enlistment
dienstontduiker shirker
dienstorder order
dienstpersoneel domestic staff
dienstpistool service (*of:* duty) pistol
dienstplicht compulsory (military) service, conscription; *(Br)* national service; *algemene* ~ general conscription
dienstplichtig liable to (military) service, *(Am)* draftable; *van ~e leeftijd* of military age; *~e* conscript
dienstplichtontduiker *(Am)* draft dodger
dienstregeling timetable, schedule
dienstreglement (service) regulations
dienstreis official journey; *meneer A is op* ~ Mr A is away on official business
dienstrooster duty roster
dienstruimte staff room, *(trein, enz)* staff compartment
dienststempel official stamp
diensttableau duty roster
diensttijd time (length, term) of service; *(ambtsperiode)* term of office; *(mil)* (period of) military service; ~ *geldig voor pensioen* pensionable service; *zie ook* diensturen
diensttrap service stairs (staircase)
diensturen hours of attendance (of business), [during, out of] office hours
dienstvaardig obliging, eager to oblige; *te* ~ officious; *van Uwe Genade de ~e XYZ* Your Grace's obedient servant XYZ; *zie ook* dienaar
dienstvaardigheid obligingness, eagerness to oblige; *te grote* ~ officiousness
dienstvak department, branch of the service
dienstverband [permanent, temporary] employment; *(inz Br)* tenure [his tenure expires in May]
dienstverlenend: *~e bedrijven* service (*of:* tertiary) industries
dienstverlening service(s); *(als straf)* community service; *veroordeling tot* ~ community service order
dienstvervulling discharge of one's duties
dienstvoorwaarden conditions of service
dienstwapen duty pistol
dienstweigeraar conscientious objector, *(fam)* CO, conchy; *(Am)* draft dodger
dienstweigering refusal to obey orders, wilful disobedience; *(mil)* refusal of (military) service (of duty); *(uit principe)* conscientious objection; *(te velde)* disobedience in the field
dienstwillig(heid) *zie* dienstvaardig(heid) & dienaar
dienstwoning official residence
dientafeltje dumb waiter
dientengevolge therefore, in consequence, as a consequence, as a result
dienvolgens accordingly, consequently
dienwagentje (dessert, tea) trolley
diep I *bn* deep [water, cupboard, insight, sigh, voice, mourning, sleep, sorrow, indignation, secret, silence, *(sp)* field], profound [*meest fig:* mystery, sympathy, interest]; *~er maken (worden)* deepen; *~e buiging* low bow; ~ *geheim, (ook)* close (strict) secret; *z'n ~ste geheimen* one's innermost secrets; *~e minachting* sovereign contempt; *in ~e gedachten* deep in thought; *in het ~st van mijn ziel* [I believe] in my heart of hearts; *uit het ~st van mijn hart* [thank you] from the bottom of my heart; *zie ook* diepe; II *bw* deeply [deeply moved, breathe deeply], profoundly [unhappy, etc], low [bow low, he had fallen very low], far [penetrate far into the wood]; *[het schip] ligt zes voet* ~ draws six feet of water; *het zit niet ~ bij hem* it's all on the surface; ~ *in de schuld* deep(ly) in debt; ~ *in de vijftig* well on in the fifties; *tot ~ in de nacht* (till) far (late, well) into the ...; *het werd ~ geheim gehouden* it was kept a close secret; III *zn* **1** *(vaarwater)* canal; *(vaargeul)* channel; **2** *(diepe plaats, zee)* deep
diepbedroefd deeply afflicted, (profoundly) dis-

tressed, broken-hearted
diepblauw deep blue
diepdruk gravure
diepe *(v zwembad)* deep end, *(afzonderlijk bad)* swimmers' pool; *iem (zomaar) in het ~ gooien* throw a p. in at the deep end
diepen deepen
diepgaand searching [inquiry, questions], profound, thorough, in-depth [investigation], penetrating [study], deep-lying [difference], radical [changes], [investigation] in depth
diepgang 1 draught; *20 voet ~ hebben* draw twenty feet (of water); *met grote, geringe ~* heavy-, shallow-draught [vessels]; **2** *(fig)* depth; *met veel, met weinig ~, (ook)* profound [thinker], shallow [TV programmes]
diepgevoeld heartfelt [thanks]
diepgeworteld deep-rooted
diepgravend *zie* diepgaand
dieplader low loader
diepliggend deep-set [eyes], deep-seated [causes, feelings], deep-lying [characteristics]
dieplood sounding lead, deep-sea lead, plumb line
diepstekend deep-drawing [ship]
diepte 1 depth *(ook fig)*; *op grote ~* at great depth; *uit ~n van ellende, uit de ~n, (Ps. 130)* out of the deep; **2** *(zee, enz)* [the creatures of the] deep
dieptebom depth charge, depth bomb
diepte-interview in-depth interview
diepte-investering capital deepening
dieptelijn depth contour
dieptemeter echo sounder
dieptepass through pass, deep pass
dieptepsychologie depth psychology
dieptepunt low(est) point, (all-time) low, nadir; *zijn ~ bereiken, (ook)* reach rock-bottom
diepteroer diving rudder
dieptescherpte *(fot)* depth of focus
dieptestructuur deep structure
diepvries 1 [put meat, a plan into] deep-freeze; **2** freezer; **3** frozen food; *vgl* vries-
diepvriesgroente frozen vegetables
diepvrieskast upright freezer
diepvrieskist chest freezer
diepvriesmaaltijd freezer meal
diepvriesproducten frozen food
diepvriezen deep-freeze
diepvriezer (deep) freezer
diepzee- deep-sea [diving, research]
diepzinnig deep [principles, thinker, a deeply thoughtful look], profound [reasoning, remark, thinker], abstruse [theory], recondite [ideas, knowledge]
diepzinnigheid depth, profundity, profound-, abstruse-, thoughtfulness
dier *zn* animal [man is a political, a social animal], beast [of burden, of prey; the king of beasts], [a dog is a dumb] creature; *(redeloos ~)* brute; *(troetel~)* pet; *~tje, (microscopisch)* animalcule; *(lief)* pet; *elk ~tje zijn pleziertje* everyone (each) to his taste; *zie ook* beest, lekker & recht I.1
dierage virago, vixen
dierbaar dear, beloved; cherished [memories]; fond [remembrance]; *onze dierbaren* our dear (*of:* loved) ones, our nearest and dearest
dierenaanbidding animal worship; zoolatry
dierenarts *(Br)* veterinary surgeon, *(Am)* veterinarian, *(fam)* vet
dierenasiel animals' shelter
dierenbescherming protection of animals; *vereniging voor ~* (Royal) Society for the Prevention of Cruelty to Animals, (R)SPCA; *wet op de ~* Protection of Animals Act
dierenbeschrijving zoography
dierenbeul person who maltreats (is cruel to) animals
Dierenbevrijdingsfront animal liberation (front)
dierendag October 4th, 'World Animals' Day'
dierenepos beast epic
dierenfabel beast fable
dierengeografie zoogeography
dierenhuid animal skin
dierenliefde love of animals
dierenliefhebber animal lover
dierenmishandeling cruelty to animals
dierenopzetter taxidermist
dierenpark zoo
dierenpension pets' home; *(inz honden)* (boarding) kennel(s)
dierenriem zodiac
dierenrijk animal kingdom
dierentemmer (wild animal) tamer, trainer
dierentuin zoo, zoological garden(s)
dierenverzorger (animal, zoo) keeper
dierenvoeding pet food(s)
dierenvriend animal lover
dierenwereld animal world
dierenwinkel pet shop
diëresis diaeresis
diergaarde zoo(logical garden)
diergeneeskunde veterinary science (*of:* medicine)
diergeneeskundig veterinarian, vet; *~e, zie* dierenarts
diergeografie zoogeography
dierkunde zoology
dierkundig zoological
dierkundige zoologist
dierlijk animal [food, heat, fear, instinct]; bestial, brutal, brutish [lusts]; *het ~e in de mens* the animal nature of man, the beast
dierlijkheid bestiality, brutality
diermens brute
dierproef animal experiment; *vrij van -proeven* animal-free, cruelty-free
diersoort animal species *(ev & mv)*
dierverzorger *zie* dierenverzorger

[1]**dies** therefore; *en wat ~ meer zij* and so on, etc
[2]**dies** *zie* dies natalis
diesel diesel *(alle bet)*
dieselelektrisch diesel-electric
dieselen afterburn; *zie* nadieselen
dieselmotor diesel engine (*of:* motor)
dieselolie diesel oil (*of:* fuel); *(voor wegvervoer, Br)* derv
dieseltrein diesel train
dieselwagen diesel railcar
dies natalis *(vglb)* Founder's (Founders') Day, Commemoration (Day)
dië(te)tiek dietetics
diëtisch dietetic(al)
diëtist(e), diëtologe, diëtoloog dietitian
diets: *iem iets ~ maken, zie* wijs 2
Diets 1 (mediaeval) Dutch; **2** *(soms)* Middle Dutch
dievegge (female) thief; *(winkel~)* shoplifter
dieven *ww* pilfer, thieve, *(fam)* pinch
dievenbende gang (*of:* pack) of thieves
dievenhol thieves' den
dievenklauw security bolt
dievenlantaarn dark lantern, bull's eye
dievenpad: *op het ~* out stealing
dievenpoortje detector gate, security gate
dieventaal 1 cant, thieves' Latin, flash language; **2** *(iron)* jargon
dieventronie crook's face
dievenwagen *zie* gevangenwagen
dieverij theft, robbery, thievery, thieving
diezelfde that same; *vgl* dezelfde
diffameren defame
different different
differentiaal differential
differentiaalquotiënt (first) derivative
differentiaalrekening (differential) calculus
differentiatie differentiation
differentieel differential; *-tiële rechten* differential (*of:* discriminating) duties
differentiëren differentiate [*tussen* between]; *gedifferentieerd onderwijs* individual tuition
difficiel difficult
diffractie diffraction
diffunderen diffuse
diffusie diffusion
diffuus diffuse [light, reflection; growth; speech, style]
difterie, difteritis diphtheria
diftong(eren) diphthong(ize)
digereren digest
digestie digestion
digestief I *bn* digestive [enzymes, system, biscuits]; **II** *zn* digestant
diggel potsherd; *aan ~en slaan* smash to bits (to smithereens)
digibeet computer illiterate
digitaal digital [clock, computer, recording, watch]
digitaline digitalin
digitalis digitalis
digitaliseren 1 *(computer)* digitize; **2** *(med)* digitalize
dignitaris dignitary
digressie digression
dij thigh
dijbeen thigh bone, *(wtsch)* femur
dijenkletser side-splitting remark (joke, etc), side-splitter, (absolute) scream; slapstick comedy
dijharnas cuisses *(mv)*
dijk 1 dike, dyke *(beide ook: sloot);* bank, dam, embankment; *(zee~)* sea wall, seafront; *(verbindings~)* causeway; *(overlaat)* weir; *aan de ~ zetten* (give the) sack, send packing, give a p. his marching orders, *(Am)* walking papers; *(ter bezuiniging, fam)* axe; *zie ook* zode; **2** *(fam)* whopper; *een ~ van een* a whopping big [house], a cracking good [match], a terrific [film]
dijkbestuur dike board, dike authority
dijkbreuk, dijkdoorbraak dike collapse, breach in a dike
dijker diker; *zie ook* eten
dijkgeld dike rate(s), tax levied for dike maintenance
dijkgraaf dike-reeve, chairman of polder board
dijkleger dike-watch
dijklichaam body of a (the) dike
dijkplicht dike maintenance duty
dijkplichtig charged with (rateable for) dike maintenance
dijkraad dike board (member), dike authority (member)
dijkrechten 1 dike regulations; **2** dike rates
dijkschouw inspection of dikes
dijkval dike subsidence
dijkvoet toe of the dike
dijkwacht 1 dike-watch; **2** dike warden
dijkwerker diker, dike-worker
dijkwezen (construction and maintenance of) dikes
dijn [mine and] thine, [meum et] tuum
dijstuk 1 leg (of mutton); **2** *(ve harnas)* cuisse
dik I *bn* **1** thick [book, coat, line, lips, soup, weather]; *3 duim ~, (ook)* 3 inches in thickness; *in een rij van 3 ~* three deep; *~ke letter, zie* vet; **2** *(groot, ruim)* big [tears, kiss]; *een ~ke 40* forty odd, [he is] forty something; *een ~ke 5 euro* five euros and more; *een ~ke 10 mijlen* a good ten miles; *~ uur* good hour; *~ke voldoende* easy pass; *~ke vrienden* great (close, firm) friends; *het zijn ~ke vrienden* they are very thick (as thick as thieves), hand in glove; **3** *(log, moeilijk te hanteren)* bulky [folio]; weighty, hefty [tome *boekdeel,* fellow *kerel*]; **4** *(dicht)* thick [hair, fog], dense [fog]; *~* ***worden,*** *(v mist)* thicken; **5** *(ve pers, ook ve boek, enz)* fat [woman, volume], *(zwaarlijvig)* stout; *(mollig)* plump [girl, cheeks], chubby [child]; *(kort en dik)* podgy; *(opgezet)* swollen [cheek, eyes]; *~ke buik* paunch, pot belly, *(fam)* corporation; *~ke huid* thick skin *(ook fig); ~* ***worden*** grow (run to) fat, put on weight (flesh); **6** *(geklonterd)* curdled [milk], clotted [cream]; *zie ook*

darm, room, [1]woord, enz; **7** *(opgewonden, boos)* excited; *zich ~ **maken*** get excited (about), make heavy weather (of); *maak je niet ~, (sl)* keep your hair (*of:* wool, shirt) on; **II** *bw* thickly, densely; well over [a hundred euros]; *~ lopen* be thick on the ground; *~ tevreden* very well satisfied; *~ voldoende* more than enough (sufficient); *~ **doen*** swank, swagger; *hij heeft er ~ **aan** verdiend* he has made a big profit on it; *hij zit ~ **in** de schulden* he is over head and ears in debt; *hij zit er ~ in* he has money to burn; *het zit er ~ in* it is quite on the cards; *alles was ~ in orde* everything was shipshape; *ze is ~ in de tachtig* she is well into her eighties; *~ **onder** de sneeuw (het stof)* under deep snow (thick with dust); *het er ~ **op** leggen* lay it on thick (*of:* with a trowel), pile it on; overstate [a case]; *er ~ op **liggen*** be laid on thick(ly); *het ligt er ~ op* it's quite obvious (sticks out a mile, is as plain as the nose on your face); **III** *zn* thick [of the arm, etc], grounds [of coffee]; *door ~ en **dun** gaan* go through thick and thin; *door ~ en dun met iem meegaan* go with (stand by) a p. through thick and thin

dikachtig thickish

dikbil double-muscled

dikbuik pot belly; *(als scheldnaam)* fat-guts

dikbuikig big-, pot-bellied, corpulent, paunchy

dikdoener swank(pot), boaster

dikdoenerig swanky, pompous

dikdoenerij swagger, swank, pomposity

dikhoofdig thickheaded

dikhuid pachyderm

dikhuidig thick-skinned *(ook fig)*, pachydermatous; *~ dier, (ook)* pachyderm

dikkedarmontsteking colitis

dikkerd *zie* dikzak

dikkop 1 thickhead; **2** *zie* stijfkop

dikkopje 1 *(vlinder)* skipper; **2** *(kikkervisje)* tadpole

diklippig thick-, blubber-lipped

dikte thickness, fatness, etc, *vgl* dik; *(v plaatijzer, glas, enz)* gauge; *een ~* a swelling, lump; *twee ~n, (ve stof)* two thicknesses

dikwangig chubby-cheeked

dikwerf, dikwijls often, frequently; *we ontmoetten elkaar ~, (ook)* we saw a lot of one another; *zie ook* vaak

dikzak big fellow, *(fam)* fatty, *(min sl)* fatso *(beide vooral aanspr)*; *(volkst)* fats, fat-guts; *korte (kleine) ~* podge, roly-poly

dildo dildo

dilemma [be in an awkward] dilemma, *(fam)* catch-22; *voor een ~ staan (stellen)* be (place [a p.]) in (on the horns of) a dilemma

dilettant(e) dilettante (*mv:* -ti), amateur

dilettantentoneel amateur theatricals

dilettanterig, dilettantisch dilettantish, amateurish

dilettantisme dilettantism, amateurishness

diligence (stage)coach; *van de ~* coaching [days, period]

diligent diligent, active, vigilant

diligentie diligence

dille *(plant)* dill

diluviaal diluvial

diluvium *(vero)* Diluvium; *vgl* Pleistoceen

dimensie, dimensioneren dimension

dimlicht dipped headlights

dimmen dip [the headlights]; *(fam)* take it easy, cool it

dimmer dimmer

dimorf dimorphic, dimorphous

dimorfie dimorphism

dimschakelaar dipswitch

diner dinner (party); *officieel ~* public dinner, (official) banquet; *iem een ~ aanbieden* entertain a p. to dinner, dine a p.

dineren dine [at home, out], have (be, sit at) dinner; *~ met soep, een lamsbout, enz* dine on soup, off a leg of lamb, etc; *zie ook* eten

ding 1 thing, *(fam)* affair [this wooden affair, a huge affair, her handbag was an expensive affair]; *dat is een goed ~* that's a good thing; *het is een heel ~* it's no easy matter, it's a job [to understand him]; *het is me een ~ (gekke geschiedenis, enz)* it's a strange business!; *ik zou er een lief (mooi) ~ voor geven (overhebben) om ...* I would give my ears (my right hand) to ...; *ik heb eens over de ~en nagedacht* I've been thinking things over; *zie ook* drie & dingsigheidje; **2** *(meisje)* thing [a poor, bright little thing]; *aardig, schattig ~* pleasant, sweet little thing

dingen 1 *~ naar* compete for [a post, prize, etc], stand for [an office, a scholarship *beurs*], bid for [a larger share of ...]; **2** haggle, higgle, bargain

dinges whatsitsname, whatshisname, whatshername, wossname; thingummy; *meneer D~* Mr So-and-So, Mr What's his name

dingetje little thing; *zie ook* ding

dingsigheidje gadget, contraption; trifle

dino(saurus) dino(saur)

dinsdag Tuesday

dinsdags I *bw* on Tuesdays, *(Am)* Tuesdays; **II** *bn* Tuesday

diocees diocese

diocesaan *bn & zn* diocesan

diocese diocese

Diocletianus Diocletian

diode diode

Dionysisch Dionysian

Dionys(i)us Dionys(i)us

dioptaas dioptase

diopter 1 *(eenheid)* diopter; **2** *(kijkspleet)* aperture

dioptrica dioptrics

dioptrie diopter

dioptrisch dioptric

diorama diorama

dioxide dioxide

dioxine dioxin

dip dip

diploma certificate (of qualification); *(getuigschrift)* diploma; *(v lidmaatschap)* membership card; *(hist)* diploma; *een ~ verwerven als ...* qualify as [a programmer]; *zonder ~('s)* unqualified, uncertified
diplomaat diplomat(ist)
diplomatenkoffertje, diplomatentas attaché case
diplomatie diplomacy, [be in the] diplomatic service
diplomatiek I *bn* diplomatic (*bw:* -ally); *langs ~e weg* through diplomatic channels; II *zn* diplomatic
diplomatisch *zie* diplomatiek I
diplomeren certificate; *zie ook* gediplomeerd
diplopie diplopia
dipool dipole (aerial)
dippen dip
dipsaus dip
dipsomanie dipsomania
diptera dipterous insects, diptera
diptiek diptych
direct I *bn* direct [communication, evidence, taxes, train]; immediate [cause, neighbourhood, plans, reply, superior *chef*]; *vgl* onmiddellijk; *~e levering* prompt delivery; *~e uitzending* live broadcast, direct transmission; *rechtse (linkse) ~e, (sp)* straight right (left); II *bw* **1** *(meteen)* directly, immediately, at once, right away, from the word go; *zie ook* dadelijk; **2** *(rechtstreeks)* direct [from the manufacturer]; **3** *niet ~, (niet precies)* not exactly [tactful]
directeur *(ve fabriek, zaak, bank, schouwburg, enz)* manager; *(toneel-, opera-, enz, proefstation)* director [of research]; *(maatschappij)* managing director; *(postkantoor)* postmaster; *(gevangenis, Eng Bank)* governor; *(school)* headmaster, principal; *(dierentuin, begraafplaats)* superintendent; *(museum, bibliotheek)* director, curator; *zie ook* dirigent
directeur-generaal director-general, general manager; *(ve ministerie, vglb)* (Permanent) Under-Secretary of State
directie management *(abstr & concr)*, board (of directors, of management), directorate, managing (governing) board, executive
directief I *zn* directive; II *bn* directive [group]; leading [remark]
directiekamer boardroom [a boardroom power struggle]
directiekeet site hut, site office
directielid board member, member of the board (of directors, of management)
directiesecretaris executive secretary
directietaak executive (managerial) duties (position)
directioneel managerial, executive
directoire knickers, pants
Directoire Directory
directoraat *(functie & lichaam)* directorate; *(functie, ook)* director-, managership, etc (*vgl* directeur)
directoraat-generaal *(functie)* director-generalship; *(lichaam)* board (of governors, etc)
directrice *(ve zaak)* manageress; *(school)* headmistress, principal; *(ziekenhuis)* matron(-in-chief), superintendent
dirigeerstok (conductor's) baton
dirigent conductor, *(v koor)* choirmaster
dirigeren **1** direct; *~d officier van gezondheid 1e (2e, 3e) klas* surgeon colonel (lieutenant colonel, major); **2** *(orkest)* conduct
dirigisme dirigisme, state (economic) planning
dirigistisch dirigiste [approach, etc]
Dirk Derrick, Derek, Thierry [I, Count of Holland]
dirkjespeer yellow diamond pear
[1]**dis** *(muz)* D sharp
[2]**dis** table, board; *'s Heren ~* the Lord's table
disagio discount; *~ doen* be at a discount [of 10%]
discant descant, treble
discipel disciple
disciplinair disciplinary; *~ straffen* take disciplinary action against
discipline discipline; *commissie van ~* disciplinary board (*of:* committee)
disciplineren discipline
disco disco
discobar discotheque
discofiel discophil(e)
discografie discography
discomuziek disco (music)
disconteren discount
discontering *zie* disconto
discontinu discontinuous
discontinueren discontinue
discontinuïteit discontinuity
disconto discount; *(bank~)* bank rate, *(Am)* discount rate; *particulier ~* cash (*of:* settlement) discount; *in ~ geven (nemen)* sell (buy) at a discount
discontobank discount bank; *(bij huurkoop)* finance house
discontovoet discount rate, market rate of discount
discotheek **1** record library; **2** disco(theque)
discount(zaak) discount store, cash-and-carry
discours conversation
discrediteren discredit
discreet **1** *(bescheiden)* modest; **2** *(kies)* considerate, tactful, delicate; **3** *(geheimhoudend & wisk)* discreet
discrepantie discrepancy
discretie **1** modesty; **2** considerateness; **3** discretion; *de ~ in persoon* [she is] the soul of discretion; *~ verzekerd* privacy guaranteed; *vgl* discreet
discriminatie discrimination; *positieve ~ (van vrouwen)* positive (*of:* reverse) discrimination, *(Am)* affirmative action
discriminatoir discriminatory
discrimineren discriminate [*tegen* against]; *~ van gehandicapten* ableism; *~ van ouderen* ageism
disculperen exculpate; *zich ~* justify (vindicate) o.s.
discus disc, disk; *(sp)* discus
discussiant discussant
discussie discussion, debate [*over* on], argument; *~ gesloten* this discussion must now close, this debate, correspondence, etc is now closed; *in ~ treden*

met enter into discussion with; *ter* ~ [be, come, put] up for debate; *punt van* ~ topic of (for) discussion, talking point; point at issue; *zonder* ~ [the bill passed through the House] undiscussed; *zie ook* debat
discussienota *zie* discussiestuk
discussiëren discuss
discussiestuk document for discussion, discussion document, *(vglb)* working paper
discusvis discus
discuswerpen discus throwing, the discus
discuswerper discus thrower, discobolus
discutabel open to question, debatable [point]
discuteren discuss [a subject *over*...], argue [a point with a p.; about (over) money]
disfunctie dysfunction
disfunctioneel dysfunctional
disfunctioneren malfunction
disgenoot fellow guest; *de disgenoten* those at table, the guests
disharmonie disharmony, discord
diskette diskette, floppy (disk)
diskettestation disk drive
diskrediet discredit; *in* ~ *brengen* discredit [*bij* with], bring into discredit (disrepute), bring discredit on, disparage; *in* ~ discredited, under a cloud; *in* ~ *geraken* become discredited, fall into discredit [*bij* with]
diskwalificatie disqualification
diskwalificeren disqualify [a p. from driving, a p. for having custody of an animal]
***dislokatie** *(Wdl: dislocatie)* dislocation
dislokeren dislocate
dispache average statement (adjustment); *de* ~ *opmaken* state (adjust) the average
dispacheur average adjuster
disparaat dissimilar
disparaatheid dissimilarity, disparity
dispensatie dispensation
dispenseren: ~ *van* dispense (exempt) from
dispereren despair
dispergens dispersant
dispergeren disperse
dispersie dispersion
displezier annoyance, vexation
disponeren: ~ *over* collect [an amount]; ~ *op iem voor* draw on a p. for [an amount]; *zie verder* beschikken & gedisponeerd
disponibel available, at command, at one's disposal
dispositie 1 disposition, disposal; *zie ook* beschikking; **2** *(geldopneming)* withdrawal
disproportie disproportion
disproportioneel disproportional
disputatie *zie* dispuut 1
disputeren dispute, argue [(about, over) a question], debate [(on) a subject]; *over dat punt valt te* ~ the point is arguable
dispuut 1 dispute, disputation, argument; **2** *(~gezelschap)* debating society
dissel 1 pole; **2** *(bijl)* adze
disselboom pole; *(lamoen)* (pair of) shafts
disselen adze
dissenter dissenter, nonconformist
dissertatie 1 thesis (for a doctorate) (*mv:* theses), (doctoral) dissertation; *zie ook* proefschrift; **2** *(verhandeling)* dissertation
dissident dissident
dissidentie dissidence
dissimilatie dissimilation
dissimileren dissimilate
dissimuleren dissimulate
dissociatie dissociation
dissociëren dis(as)sociate
dissonant I *zn* discord, dissonance; *(fig)* jarring (discordant) note; **II** *bn* dissonant, discordant
dissoneren *(ook fig)* be dissonant, jar
distaal distal
distantie distance; *zie ook* afstand
distantiëren: *zich* ~ *van* dis(as)sociate o.s. (distance o.s.) from [an action, an opinion]; keep aloof from [one's inferiors]
distel(pluis) thistle(down)
distelvink goldfinch
distelvlinder painted lady
distichon distich
distillaat distillate, distillation
distillateur distiller
distillatie distillation
distilleerderij distillery
distilleerketel still
distilleerkolf receiver [of a still]
distilleertoestel still
distilleren distil, *(Am)* distill [water, gin, meaning from a p.'s words]
distinctie distinction, *(fam)* [have] class
distinctief I *bn* distinctive; **II** *zn* badge, mark, distinction, *(mil)* (rank) insignia
distingeren distinguish
distorsie distortion, *(med)* sprain
distractie distraction, absent-mindedness
distribueren 1 distribute; ration [food]; **2** *(radio & tv)* rediffuse, relay [programmes]
distributie 1 distribution; [food] rationing; **2** *(radio & tv)* rediffusion, radio (TV) relay
distributieapparaat distribution system
distributiebedrijven distributive trades
distributiekaart ration card
district district; *zie ook* kiesdistrict
districtenstelsel constituency voting system
dit this; ~ *werk, (in recensie)* the present work; ~ *zijn mijn boeken* these are ...; ~ *en dat* [talk of] this and that; [swear by] all that is holy; ~*jes en datjes* all sorts of things (remarks, excuses), trifling matters; [talk about] one thing and another
dithyrambe dithyramb
dithyrambisch dithyrambic

ditmaal this time; *zie ook* keer: deze ~
dito ditto, do; *(sl)* same here!
dittografie dittography
dittum *zie* dattum
ditzelfde this same (thing, etc)
diurese diuresis
diureticum diuretic
divagatie divagation
divageren divagate
divan 1 *(rustbank)* divan, couch, ottoman; **2** *(raad)* divan
divanbed divan bed
divergent divergent
divergentie divergence
divergeren diverge; *~d* divergent [lens, opinions, series]
divers 1 various, several, sundry; **2** diverse, varied [interests]
diversen sundries; *(rubriek)* general, miscellaneous
diversie diversion
diversificatie diversification
diversificeren, diversifiëren diversify
diversiteit diversity
diverteren divert
divertimento divertimento
divertissement divertissement
dividend dividend; *met (zonder)* ~ cum (ex) div; *het ~ passeren* pass the (a, its) dividend, pay no dividend; *zie* voorstellen, enz
dividendbelasting tax on dividends
dividendbewijs dividend coupon
dividendmandaat dividend warrant
dividendstop dividend limitation
divinatie divination
divinatorisch divinatory
divisie division; *(sp ook)* league; *(typ)* en rule, en dash
divisiecommandant divisional commander
djati teak
djatiboom teak (tree)
djatihout teak(wood)
d.m.v. afk van *door middel van* by means of, through
do *(muz)* do, doh
dobbe pool
dobbel *zie* dobber 1
dobbelaar dicer, gambler
dobbelbeker dice-box
dobbelen (play) dice, gamble; *laten we erom* ~ let us throw for it
dobbelspel game of (at) dice, dice playing, dicing, gambling
dobbelsteen dice (*mv:* dice); *(fig)* cube [cubes of bread], *(in mv)* dice [cut bread into dice]; *in ~tjes snijden, (ook)* dice [carrots], cube
dobber 1 *(ve hengel)* float; *een harde (kwade, zware) ~ hebben* be hard put (to it) [to explain ...]; **2** *(boei)* buoy
dobberen bob (up and down), dance, drift about; *(fig)* fluctuate; *zie ook* schommelen; *tussen hoop en vrees* ~ hover between hope and fear
docent teacher, master, (university, college) lecturer, *(Am)* assistant professor; *deze leraar is een goed ~* this master is a good teacher
docentenkamer staff room, (staff, teachers') common room
doceren teach
doch but, yet, still
docht I *zn* thwart, (rowing) bench; **II** *ww ovt van* dunken
dochter daughter; *~tje* little (small, baby) daughter; *zie ook* jongedochter & dochtermaatschappij
dochterkompas repeater compass
dochterlief (the self-willed, etc) young miss [refused to listen]
dochtermaatschappij subsidiary (daughter) company
dociel docile
doctor doctor; *(graden verschillen per universiteit; algemeen doctoraat (vglb: meestal geen theologie, rechten & medicijnen)* Doctor of Philosophy, PhD, DPhil*); ~ in de godsdienstwetenschappen* Doctor of Divinity, DD; *rechten* Laws, LLD; *medicijnen* Medicine, MD; *wis- en natuurkunde* Science, DSc; *letteren* Literature, DLitt; *muziekwetenschappen* Music, DMus; *technische wetenschappen* Science in Engineering, DSc(Eng)
doctoraal I *bn (ve doctor)* doctoral [dissertation]; *doctorale fase* final (2 or) 3 undergraduate years; **II** *zn (ook: ~examen)* examination for the 'drs.' degree, (first) degree examination
doctoraalstudent undergraduate
doctoraat doctorate, doctor's degree; *vgl* doctor
doctoranda, doctorandus candidate for a doctorate; *vgl* doctor, dra. & drs.
doctorandussentaal gobbledegook
doctoreren *zie* promoveren
doctorsbul doctoral diploma
doctorsgraad doctorate, doctor's degree; *vgl* doctor
doctrinair doctrinaire, doctrinarian
doctrine doctrine
docudrama docudrama
document document; *~en tegen accept (betaling)* documents against acceptance (payment); *officiële ~en, (ook)* official records
documentair: *~e wissel* document(ary) draft; *~e (film)* documentary (film)
documentalist documentalist
documentatie documentation
documenteren document [an article, one's research]; *zich ~ over* research [a subject fully, inadequately]
documentering documentation
documentverschaffing document delivery
dodaars little grebe, dabchick
doddegras timothy (grass)
dodderig 1 dozy, drowsy; **2** *zie* doddig

doddig sweet, lovely, cute
dode dead man (woman); *de ~, (ook)* (the) deceased; *de ~n* the dead; *van de ~n niets dan goed* nothing but good should be said of the dead; *1500 (aan) ~n en gewonden* 1500 killed (*of:* dead) and wounded; *het aantal ~n en gewonden* the number of casualties; *er waren geen ~n, (bij ongeluk)* there was no loss of life
dodecaëder dodecahedron
dodecafonie dodecaphony
Dodecanesus, Dodekanesos Dodecanese Islands, the Dodecanese
dodekop colcothar
dodelijk I *bn* deadly [blow, earnest, poison, precision, weapon], mortal [fear, agony, wound], fatal [accident, injury], lethal [dose, effect *uitwerking*, poison, weapon]; *ongeluk met ~e afloop* [road, motoring, traffic] fatality; II *bw* mortally, fatally [wounded, injured]; *ze is ~ van het kind* she adores ...; *~ verliefd* desperately in love; *~ verongelukt* killed [in a plane crash]; *~ verschrikt* frightened to death; *~ vervelend* deadly dull; *zie ook* vervelen & *vgl* moordend
dodemanskruk *(in trein)* dead man's handle
doden 1 kill (*ook fig:* kill time); *(verheven)* slay; 2 *(fig)* mortify [the flesh]
dodenakker God's acre, graveyard
dodenboek Book of the Dead
dodencel condemned cell
dodencijfer *zie* dodental
dodendans dance of death, danse macabre
dodenherdenking commemoration of the dead; *(dag, Br)* Remembrance Sunday (*of:* Day), *(Am)* Memorial Day
dodenhuis ossuary
dodenlijst death roll
dodenmars funeral march, dead march
dodenmasker death mask
dodenmis office of the dead, requiem mass
dodenrijk realm of the dead
dodenrit suicidal drive (ride)
dodensprong salto mortale, daring (death-defying) leap
dodenstad city of the dead, necropolis
dodenstoel (front) passenger seat, *(Am)* death seat
dodental death roll, death toll, (number of) casualties (victims)
dodenwake vigil for the dead, death watch
doder killer
doding 1 killing; 2 mortification [of the flesh]
dodo *(walgvogel)* [as dead as the] dodo
doe! 1 hello!; 2 bye!
doeal factotum
doedel *zie* doedelzak
doedelen I *ww* 1 play the bagpipe(s), skirl; 2 tootle; II *zn* 1 skirl; 2 tootle
doedelzak bagpipe, (bag)pipes
doedelzakspeler (bag)piper, bagpipe player
doeg! 1 hello!; 2 bye!
doe-het-zelf- do-it-yourself, DIY [shop]
doe-het-zelver do-it-yourselfer, DIY enthusiast, hobbyist
doehoeg!, doei! 1 hello!; 2 bye!
doejo(e)ng dugong
doek 1 *(het ~)* cloth, linen; *(schilders~, schilderij)* canvas; *(zeil, zeilen)* sail(s), canvas; *(het witte ~)* screen; *(theat)* curtain; *open ~je* applause during performance; *het ~ is gevallen* the curtain has fallen [*ook fig:* on his career]; *zie ook* gordijn, & *zie* vlaggendoek, enz; 2 *(de ~: keuken~, enz)* cloth; *(omslag~)* shawl, wrap; *(lap)* rag [on one's finger]; *(luier)* napkin; *zo wit als een ~* as white as a sheet; *hij had zijn arm in een ~* he had his arm in a sling; *uit de ~en doen* explain, reveal, disclose; *een ~je voor het bloeden* a mere blind, mere eyewash; *er geen ~jes om winden (hangen)* not mince matters, speak in plain terms, make it clear [that ...]; *om er maar geen ~jes om te winden* not to put too fine a point (up)on it; *zonder er ~jes om te winden, (ook)* [she said so] bluntly; *zie ook* halsdoek, enz
doekspeld brooch
doel 1 *(mikpunt, ook fig)* target, butt; 2 *(eindpunt)* goal, destination; 3 *(veldsp)* [open] goal; *schot voor open ~* easy success; *schot in eigen ~* own goal *(ook fig)*; 4 *(oogmerk)* aim, object, end (in view), purpose, goal, target, design; objective; *wat is het ~ van uw reis?* what is your destination?; *het enige ~, (ook)* the be-all and end-all [of life]; *het ~ heiligt de middelen* the end justifies the means; *het is voor een goed ~ ...* for (in) a good cause; *een ~ beogen (najagen)* have an object (an end) in view; *zijn ~ bereiken* attain (gain, secure, achieve) one's end (object); *zijn ~ missen, (ook fig)* miss the mark [the remark failed of its purpose]; *zijn woorden misten hun ~ niet* his ... went home; *zich een ~ stellen* set a goal for o.s.; *het ~ treffen* hit the mark; *zijn ~ voorbijstreven* overshoot the mark, overreach oneself; *wie het ~ wil, moet de middelen willen* you cannot make an omelette without breaking eggs; *zie ook* middel; ***met (tot) dat*** *~* for that purpose, to that end, with that object; *met het ~ om te ...* with a view to (with the aim of, for the purpose of) ...ing; *zie ook* oog; *recht op het ~ afgaan* go (come) straight to the point; *zich ten ~ stellen te ...* make it one's aim to ..., set out to ...; *dat had hij zich ten ~ gesteld* this task he had set himself; *deze vereniging heeft tot ~ ...* the aims of this society are ...; *voor dat ~, zie boven:* met dat ~; *zie ook* bedoeling
doelaanwijzend final [clause *bijzin*]
doelbewust purposeful, purposive, of set purpose; intentional [act, foul *overtreding*]; determined [effort]; *vgl* bewust
doelbewustheid purpose, singleness (fixity) of purpose
doelbord *(basketbal)* backboard
doeleinde end [apply public money to private ends],

purpose [for business, tax purposes, a multi-purpose tool], object(ive), aim; *vgl* doel

doelen I *ww: ~ op* aim at; *(fig ook)* allude to; *dat doelt op mij* that is meant for me; *waar ik op doel, is ...* what I am driving (getting) at is ...; II *zn* shooting range, butts

doelgebied goal area

doelgemiddelde goal average

doelgericht *(psych)* goal-directed; *zie verder* doelbewust

doelgroep target group, (intended) audience (readership, etc)

doellat crossbar

doellijn goal line

doelloos 1 aimless, purposeless; *~ rondlopen* walk about aimlessly, idly; **2** *(nutteloos)* useless, pointless [strikes]; *~ voortleven, (ook)* drift on; *het -loze van, (ook)* the pointlessness of

doelloosheid aimlessness, etc, *vgl* doelloos; lack of point

doelman *(sp)* goalkeeper, *(fam)* keeper; *~ zijn* keep goal

doelmatig effective [measures], appropriate, suitable, answering its purpose, efficient, practical; *(ve gebouw, ook)* functional

doelmatigheid appropriateness, suitability, efficiency; functionality

doelmond goalmouth

doelpaal (goal)post [hit the post]

doelpunt goal [lead by two goals to nil]; *vgl* afkeuren, doel, enz

doelpunten score, make (score, kick) a goal

doelpuntloos goalless [draw]

doelpuntmaker (goal) scorer

doelsaldo goal difference

doelschop goal kick

doelstelling objective, aim [war aims], goals [of education]

doeltaal target language

doeltrap goal kick

doeltreffend effective [help], efficient, efficacious, to the purpose; *het ~e van ...* the effectiveness (efficacy, efficiency) of ...

doelverdedig(st)er, doelvrouw, doelwachter *zie* doelman

doelwit target, object [of criticism, fury, ridicule]; *gemakkelijk ~* sitting duck (target)

doelzuivering *(sp)* clearance (kick)

doem 1 doom; **2** curse

doemdenken doomwatch

doemdenker doomsayer, doomster, doomwatcher, prophet of doom

doemen doom; *ten ondergang gedoemd* [our civilization is] doomed; *(reeds van tevoren) gedoemd tot mislukking* (fore)doomed to failure; *hij was gedoemd nooit voet aan land te zetten* he was fated (destined) never to set foot on land

doemenswaardig condemnable, damnable

doemvonnis doom, sentence of condemnation

doen I *ww* **1** do (*ovt* did, *v dw* done) [do a p. a service, eight miles in one minute, one's hair, etc], make [a discovery, request, journey], take [a step, walk], put [it in your pocket], ask [a question]; *dat doet men (eenvoudig) niet* it (simply) isn't done; *een kamer ~* do (turn out, do out) a room; *ik heb **niets** gedaan, (ook: geen kwaad)* I have done nothing; *hij kan mij niets ~* he can do nothing to me; *hij heeft je nooit iets gedaan* he has never done you any harm; *het [schilderij] doet me niets* it does not appeal to me, leaves me cold; *zij doet (met hem) wat ze wil* she has it all her own way (with him); *zie ook* 9; *het doet je **wat*** it does things (something) to you, it gets you, somehow; ***wat** heb je hem gedaan?* what have you been doing to him?; *zie ook* gedaan; *wat moet ik ~?, (beginnen)* what is to be done?, what am I to do?; *wat zullen we ~?, (uitvoeren)* what shall we do with ourselves?; *wat ~ we nu?, (zullen, moeten we ~)* what do we do now?, where do we go from here?; *ze wist (v angst, enz) niet wat ze deed* she hardly knew what she was doing; *hij weet (van verveling) niet wat hij ~ zal* he does not know what to do with himself; *hij wist wel wat hij deed* he knew what he was about; *doe maar wat je niet laten kunt* please yourself; *wat doet hij (voor de kost) (wat is zijn vak)?* what does he do for a living?, what is his job (profession)?; *wat doet dat boek hier?* what is that book doing here?; *je hebt het beloofd, maar nu ook ~!* you ... but now get on with it!; *zie ook* 9 & boodschap, [1]goed II, enz; **2** *met **het**: het om het geld ~* do it for the money; *hij kan het goed ~* he is comfortably off; *hij kan het (financieel) niet ~* he cannot afford it; *[dat beetje extra] doet het hem* makes all the difference; *het geld doet het hem niet alleen* money is not everything; *hij deed het, (lapte het)* he managed it, *(fam)* he (*van machine, enz* it) did the trick; *de mixer doet het niet (meer)* the ... doesn't work (any more); *zo'n argument doet het altijd* such an argument always works; *die bloemen ~ het goed, a)* those flowers are doing well; *b)* those flowers look very nice; *wat doet het buiten?* what's the weather like?; what's it like outside?; *ik kan het er niet zonder ~* I cannot do without (it); *je zult het er mee moeten ~* you'll have to make do with it; *daar kan ik het mee ~* that will do; *daar kun je het mee ~, (iron)* put that in your pipe and smoke it; *hij kan het me ~* he can go to blazes; *hij doet het erom* he does it on purpose; *ik doe het (lekker) toch niet, (ve kind)* shan't; *zie ook* 4; **3** ***bergen, steken, enz:*** put [it in your pocket]; stick [a stamp on the envelope]; *doe het weer in de fles* return it to the bottle; **4** *met **te**: de jongen **geeft** me heel wat te ~* the boy gives me a lot of trouble; *ik geef het je te ~* sooner you than me, it's a pretty daunting task; *ik **heb** veel te ~* I have a good deal to do (on my hands); *heb je veel te ~?* are you very busy?; ***het is** niet te ~* it's an impossible job; *een dagje naar A'dam is nog wel eens te ~* a ... is not too expensive; *wat is* *daar te ~?* what is going on there?; *om **iets** te ~ te hebben* [study French] for something to do; ***niets** te ~ hebben* be at a loose end; *er is niets te ~, (in zaken)* there is nothing doing; *er is niets aan te ~* it can't be helped, nothing can be done about it; *hij had het er erg **mee** te ~* he was extremely concerned over it; *om mee te ~ te hebben* [a difficult man] to deal with; *ik wil er niets mee te ~ (mee **van** doen) hebben* I will have nothing to do with it; *ik heb **met** je te ~* I am sorry for you (*zo ook:* he was extremely sorry for himself); *ik wil niets met hem te ~ hebben* I will have nothing to do with him, I'll have no truck with him; *anders krijg je met mij te ~* or you'll have me to deal with; *het is hem alleen **om** het geld te ~* he only does it for the money; *het is mij om mijn geld te ~* it's my money I want; *het is mij erom te ~* my object is [to get my money]; *is het je daarom te ~?* is that your little game?; *daarom is het je te ~* that's what you're up to; *het is maar om honderd euro (één week) te ~* it's a matter of a hundred euros (one week) only; *daarom is het niet te ~, (dat is niet de zaak)* that is not the question (the point); *zie ook* staan; *er is veel **over** te ~* there is a great to-do about it; **5** ***ter vervanging van een ww:*** *hij werkt korter, dan jij ooit gedaan hebt* he ... than you have ever done; *[ik ga eerst ontbijten;] dat zou ik maar niet ~* I wouldn't; *zal ik het hem zeggen, of wil jij het ~?* shall ... or will you?; **6** ***met onbep wijs:*** make [a p. laugh, believe s.t.], set [a p. thinking], lead [a p. to believe]; *zie ook* gelden, weten, enz; **7** ***met er:*** *dat doet er niet(s) toe* that does not matter (does not make the slightest difference); *(dat heeft er niets mee te maken)* that is neither here nor there; *het geld doet er niet toe* money is of no account; *zie ook* 4; **8** ***kosten:*** *wat doet de koffie vandaag?* what is the price of coffee today?; *wat doet dit huis (deze kamer)?* what is the rent of this house? (how much is this room?); *het doet £8000 per jaar* it is £8000 a year; *deze (peren, enz) ~ 30p* these are 30p; **9** ***met voorzetsels,*** *enz:* ***~ aan*** go in for [bungee jumping, spiritualism, etc], indulge in [sunbathing]; *wat aan het Latijn ~* put some time in on Latin; *zij ~ nog aan sinterklaas* they still go in for St Nicholas celebrations; *er meer aan ~* give more time to it; *ik doe niet meer aan ...* I have given up [dancing, etc]; *aan de politiek gaan ~* take to (engage in) politics; *aan Engels gaan ~* go in for (take up) English; *hij is katholiek, maar hij doet er niet meer aan* he is a Roman Catholic, but he is not a practising one; *hij deed aan het verzamelen van porselein* he was something of a collector of china; *je (men) moet er iets aan ~* you must do s.t. (s.t. ought to be done) about it; *iets aan zijn fiets ~* do something to one's bicycle; *wat kan ik eraan ~?* what can I do?, how am I to help it?; *er is niets aan te ~* it can't be helped; *ik kon er niets aan ~, (moest wel)* I could not help myself (help it); *daar kan ik niets aan ~* I can't help it; *zie ook* helpen; *hij gaat niet, als ik er iets aan kan ~ ...* if I can help (prevent) it; *~ **alsof*** make as if (as though) [he made as if he wanted to ...], pretend (feign, affect) to [cry; she either did not see him, or affected not to], make a pretence (a show) of [reading], make believe [to read]; *hij deed alsof hij wou gaan* he made as if (as though) to leave; *doe alsof je thuis bent* make yourself at home; *hij doet alsof hij gek is* he acts dumb; *doe net (als)of ik er niet ben* don't take any notice of me, don't worry about me; *je doet **beter** maar meteen te gaan* you had better go at once; *zie ook* beter: ~ doen; ***erbij*** *~* add; *hoe kunnen ze het **ervoor** ~?* how can they do it at that price?; *ik doe het ervoor* I'll be glad to do it on those conditions; ***goed*** *~, zie* [2]goed 1; *~ **in*** deal in [coffee, etc]; *doet u ook in sigaren?, (ook)* do you keep (*of:* stock) cigars?; *je doet **maar*** please yourself, do as you please; *zie ook* 1; *hij doet **maar zo*** he is only shamming (pretending), it is only make-believe on his part; *daar kan hij het **mee** ~* that is one (a smack) in the eye for him; *wat doet ze **met** haar tijd?* what does she do with her time?; *ze kan met hem ~ wat ze wil* she has him (he is) in her pocket, she holds him in the hollow of her hand (can twist him round her little finger); *met een euro kan men niet veel ~* a euro does not go far; *ik moet het met mijn jas nog een jaartje ~* my coat will have to last for another year; *hoe lang doe je met een blik cacao?* how far does a tin of cocoa go?; *wat heb je met mijn auto gedaan?, a) (kapot)* what have you done to my car?; *b) (zoek)* what ... with my car?; *zie ook* 4 & gedaan; *~ **om**, zie* 4; *zie ook* school I: op ~ doen; *hoe lang heb je er **over** gedaan?* how long has it taken you?; ***vreemd*** *~* behave oddly; *doe **wel** en zie niet om* do right and fear no man; *~ **zonder**, zie* 2; *zie ook* lief, verstandig, enz; **II** *zn* doing(s); *ons ~ en laten* (all) our doings (actions); *er is geen ~ aan* it's no go; *zijn gewone ~* his usual way of life; *hij is niet in (is uit) zijn gewone ~* he is not himself; *iem uit zijn gewone ~ brengen* put a p. out, upset a p.; *het is het oude ~* it's the old story; *in goeden ~* well-to-do, well (comfortably) off; *in slechten ~* badly off; *voor zijn ~* [he spoke very well,] for him; *zij was erg opgewonden voor haar ~* she was, for her, very excited

doende doing; *al ~ leert men* practice makes perfect, live and learn; *zie ook* bezig

doener doer

doeniet do-nothing, idler

doenlijk practicable, feasible, doable

doerak scamp, rascal

doerian durian

does **1** poodle; **2** shower nozzle, *(v sproeier)* rose

doetje silly (woman), softy, simpleton, wimp

doevakantie action holiday

doezel **1** stump; **2** doze, drowse

doezelaar stump

doezelen **1** stump; **2** doze, drowse

doezelig **1** drowsy, dozy; **2** *(vaag)* fuzzy, blurred

dof **I** *bn* **1** dull [colour, metal, sound]; lacklustre, dim [eye, glow]; muffled [sound]; matt [colour, finish *afwerklaag*]; *~fe slag* dull thud; *~grijs* dull grey; *~ worden (maken)* tarnish, dull; **2** *(lusteloos)* dull; dumb [misery *ellende*, despair]; **II** *zn* **1** *(bons)* thud; *(duw)* push; **2** *(ve japon, enz)* puff

doffer cock pigeon

dofheid dullness, dimness, lack of lustre

doft thwart, (rowing) bench

dog mastiff, bulldog; *Duitse ~* Great Dane

doge doge

dogger 1 cod-fisher; **2** *(schip)* dogger

Doggersbank Dogger Bank

dogkar dogcart

dogma(ticus) dogma(tist)

dogmatiek 1 dogmatics, dogmatic theology; **2** dogma

dogmatisch dogmatic (*bw:* -ally)

dogmatiseren dogmatize

dogmatisme dogmatism

dok 1 dock; *drijvend ~* floating dock; **2** *(muz)* jack

doka darkroom

dokgelden dock dues, dockage

dokken 1 dock, put (go) into dock, dry-dock; **2** fork out [a pound]; *zie* opdokken

doksaal *(scherm)* rood-screen, *(galerij)* rood-loft

dokter doctor, physician; *zie ook* huisarts; *onder ~s handen zijn* be in the doctor's hands, under medical treatment; *zijn eigen ~ zijn, (ook)* doctor o.s.; *~tje spelen* play doctors and nurses (hospitals); *zie ook* consulteren, studeren, enz

dokteren *(ve dokter)* practise (as a doctor); *~ aan, (fig)* tinker at, with [a clock, the computer], patch up

doktersadvies medical advice

doktersassistente *(med)* doctor's assistant; *(ontvangst)* medical receptionist

doktersattest doctor's (*of:* medical) certificate

doktersgang: *het is geen ~* it's easy to call again

doktersjas white overall

doktersrekening doctor's (*fig:* stiff) bill

doktersroman doctor novel

doktersverklaring doctor's (*of:* medical) certificate

doktersvoorschrift: *op ~* on (medical) prescription; *zie ook* recept

dokwerker dock labourer, docker

[1]dol *zn* thole(-pin)

[2]dol *bn* **1** *(gek)* mad; *(dwaas)* foolish, crazy, daft; *zie ook* dolzinnig; *~le hond* mad dog; *~le inval* mad scheme; *~le klucht* roaring farce; *~le pret* rollicking fun; *~le pret hebben* have lots of fun; *~le streek* mad trick, monkey trick; *het is ~ druk geweest* life has been one mad rush; *~ gelukkig* deliriously happy; *~ verliefd* head over heels (desperately, madly) in love, infatuated; *door het ~le heen zijn* be wild (delirious) [with joy, etc]; *door het ~le heen redeneren* lose all sense of proportion; *~ maken* drive mad; *~ worden* run mad; *~ worden op* go mad on [polo]; *het is om ~ te worden* it's enough to drive you mad; *~ op iem zijn* be mad on (*of:* about) a p., be crazy about a p.; *~ op iets zijn* be very fond of s.t., be mad (*of:* keen) on s.t., adore [cats, plays]; *overdreven ~ op muziek (schaken)* music-mad (chess-mad); *wat zijn ze er ~ op!* how they love it!; **2** *(ve kompas)* whirling; **3** *(ve schroef)* stripped; *de schroef is ~, (ook)* the screw does not bite; *zie* doldraaien; **4** *(opgewonden)* frantic, wild, mad; rabid [hate, hunger]; *~le drift* frenzy; *~ van opwinding* agog with excitement; *~ van vreugde (woede)* delirious with joy (mad with rage)

dolappel thorn apple

dolblij overjoyed, over the moon

dolboord gunwale, gunnel

doldraaien 1 strip (the thread of) [a screw], overturn [a nut]; *vgl* [2]dol 3; **2** *(fig)* get out of control; *iem ~* drive a p. crazy; *dolgedraaid, (ook)* in a state

doldriest foolhardy, reckless, daredevil [rider]; *~e kerel* daredevil

doldriftig 1 hot-headed; **2** furious; lunatic

doldriftigheid 1 hot-headedness; **2** fury, frenzy, lunacy

dolen wander (about), roam, rove, ramble; *~de ridder* knight errant

dolerend: *~e kerk* (Dutch) Nonconformist Church; *~e dominee* dissenting minister; *een ~e* a (Dutch) dissenter

dolf *ovt van* delven

dolfijn dolphin

dolfinarium dolphinarium

dolgelukkig deliriously happy

dolgraag [accept] most eagerly; *~ willen, lusten* be mad keen [on going; on apricots; be dying to go]; *ik zou ~ willen* [will you come too?] I'd love to; *ik mag haar ~* I am very fond of her

dolheid 1 madness, frenzy; **2** lark(s), (mad) prank(s)

dolhuis madhouse

dolichocefaal dolichocephalous

dolik *(plant)* darnel

dolk dagger, poniard, dirk, stiletto; *vgl* dolkstoot

dolkmes dagger knife

dolkomisch wildly funny; *iets ~* a scream

dolkop madman, madcap

dolksteek, dolkstoot stab [in the back]

dollar dollar [area, rate, sign]; *(biljet)* dollar bill; $^1/_4$ ~ quarter; $^1/_{10}$ ~ dime

dollarcent (American) cent

dollekervel 1 *(eig)* cowbane; **2** rough chervil; **3** hemlock

dolleman madman, madcap

dollemanspraat mad (wild) talk; *het is ~* it's sheer madness to talk like that

dollemanswerk piece of folly, sheer madness

dollen I *intr* romp, lark (around) [with the dog]; **II** *tr* **1** pole-axe [an ox]; **2** *(sp)* fool [an opponent]

dolletjes [that's] super; *wat ~!* what fun!

dolman dolman

dolmen dolmen

dolomiet dolomite; *de D~en* the Dolomites

dolzinnig mad, frantic, hare-brained [scheme], wildcat [speculation, expedition]; *~e onderneming* wild-goose chase; *zie ook* ²dol 1
dolzinnigheid madness, frenzy
¹**dom** *zn* **1** (archi)episcopal church, cathedral (church), [York] Minster; **2** *(stoom~)* (steam) dome; **3** *(titel)* Dom
²**dom** *bn* stupid [*in* at], dull, dense; *(fam)* dumb [a dumb thing to say], thick [as thick as two short planks *oliedom*]; *(onnozel)* simple, silly, daft; *door ~ geluk* by sheer luck (a mere fluke); *je hebt ~ gedaan* you've been stupid; *hij is te ~ om voor de du(i)vel te dansen, zo ~ als het achtereind van een varken* he is pig-ignorant (too stupid for words, as stupid as they make 'em, ... as they come); *hij is niet zo ~ als hij lijkt* he is not such a fool as he looks; *dat is nog zo ~ niet* there's some sense in that; *~ houden* keep ignorant; *zich ~ (van de ~me) houden* act dumb, pretend innocence; *dat is het ~me ervan* that's the stupid part of it
domaniaal domanial [estates *goederen*]
dombo dumbo, *(inz Am)* bubblehead, airhead
domein domain (*ook fig:* the domain of science; it is out of my domain); crown land, demesne, *(in Br)* Crown Estate; *publiek ~* public property
domeinbestuur management of crown lands; *(in Br opgedragen aan)* the Crown Estate Commissioners
domeingronden domain lands
domesticeren domesticate [wild animals, plants]
domheer canon, prebendary
domheerschap canonry, canonship
domheid **1** stupidity; **2** *(domme streek)* stupid trick, stupid thing (to do)
domicilie domicile *(ook ve wissel); ~ van afkomst* domicile of origin; *~ van onderstand* place of settlement; *~ kiezen* choose one's domicile
domiciliëren domicile, *(ve wissel, ook)* make payable; *gedomicilieerd zijn te ...* be domiciled at ...; *gedomicilieerde wissel* domiciled draft
domina clergywoman, woman minister; *vgl* dominee
dominant I *bn* dominant; II *zn (biol, muz)* dominant; *(schilderk)* dominant colour
dominantie dominance
dominee clergyman, vicar, rector; *(fam, soms min)* parson; incumbent [of the parish]; *(niet-anglicaans)* minister (of religion); *(als aanspreekvorm)* vicar, rector; *(fam, vooral mil)* padre; *~ (J) Smith* (the) Rev J(ohn) Smith; *(volkst)* (the) Rev Smith; *er ging een ~ voorbij* there was a lull in the conversation; *~ worden* go into the Church (the ministry); *hij moet ~ worden* he is intended for the Church
domineeachtig moralizing
domineese clergyman's, etc wife
domineesland (nation [*ie the Netherlands*] characterized by) self-satisfied parochialism; *in ~* among the righteous
domineesvrouw clergyman's (etc) wife
domineren I *tr* dominate, lord it over; *~de moeder* possessive mother; II *intr* **1** (pre)dominate; **2** play (at) dominoes
dominicaan, dominicaner *(monnik)* Dominican, Black Friar
dominicanes Dominican nun
domino domino [effect, theory]; *(spel)* dominoes
domino-effect domino (*of:* knock-on) effect
dominoën play (at) dominoes
dominospel **1** (game of) dominoes; **2** set of dominoes
dominosteen domino (tile)
domkapittel (dean and) chapter
domkerk *zie* ¹dom 1
domkop block-, thick-, dunderhead, ignoramus; [you] stupid!
dommekracht **1** jackscrew, (screw) jack; **2** *(pers)* hulk
dommel doze; *in de ~ zijn* be in a doze, be dozing
dommelen doze, drowse; *(v kleuren)* merge
dommelig dozy, drowsy; *(v kleuren)* merging
dommerik *zie* domkop
dommigheid blunder, stupidity
domoor *zie* domkop
dompelaar **1** *(vogel)* diver; **2** *(ve werktuig)* plunger; **3** *elektrische ~* immersion heater; **4** *(pers)* oaf; duffer
dompeldoop baptism by (total) immersion
dompelen **1** plunge [*ook fig:* in (*of:* into) darkness, mourning, sorrow], immerse, dip, duck; **2** wander; **3** be ailing, in trouble
dompeling immersion
dompelpomp immersed pump
dompen extinguish, put out [a light]
domper **1** extinguisher; *de ~ zetten op* damp down [their joy], put a damper on [a p.'s spirits]; **2** *(fig)* obscurant(ist)
dompergeest obscurantism
dompig **1** close, stuffy; **2** hazy, misty
domproost dean
dompteur, dompteuse (wild animal) tamer, trainer
domsticht diocese
domweg mindlessly, without thinking; *er was ~ geen plaats, (fam)* there simply was no room
don don, Don [Carlos]
doña doña, Doña [Clara]
donaat **1** *(r-k)* donat(e); **2** *(boek)* Donat, Donet
donataris donee
donateur *(schenker, schenkster)* donor; *(van vereniging)* supporter
donatie donation
donatrice *zie* donateur
Donau Danube
Donaulanden, Donaustaten Danubian states
donder **1** thunder *(ook v geschut); wat ~ wil je toch?* what the devil do you want?; *daar kun je ~ op zeggen* you bet!, you can put your shirt (bet your life) on it; *naar de ~ gaan* go to the dogs; *het helpt geen ~, (volkst)* it's nbg (no bloody good); **2** body; *arme ~* poor devil, poor wretch; *op zijn ~ krijgen, (fysiek, ook: een pak ...)* get a good hiding, *(ook: verliezen)* get plastered, take a beating, *(sp sl)* be plastered

[seven-nil]; *(fysiek & mondeling)* get a proper dressing down, *(mondeling)* get a roasting, *(verliezen)* get stuffed; *geen* ~ damn all, not a damn thing, [he does] not [care, give] a damn; *zie ook* donderen
donderaal loach
donderaar 1 *(dondergod; ook fig: schetteraar)* thunderer; **2** *(kweller)* bully
donderbeestje thrips
donderbui thundery shower, thunderstorm; *(fig) zie* donderspeech
donderbus blunderbuss
donderdag Thursday; *zie ook* wit
donderdags I *bw* on Thursdays; **II** *bn* **1** Thursday; **2** *(fam) zie* donders
donderen I *intr* **1** thunder *(ook v geschut, waterval, enz); het dondert* it is thundering; *hij keek of hij het in Keulen hoorde* ~ he stared like a stuck pig, in utter bewilderment; **2** *(uitvaren)* thunder [*tegen* against], hector, fulminate, storm; *(vd kansel)* preach fire and brimstone; **3** *(vallen)* tumble [down the stairs], crash down; **4** *het is ~, a)* they're at loggerheads; *b)* the fat is in the fire; *dat dondert niet(s), kan geen donder schelen* he (etc) should care; *wat dondert dat?* who cares?; **II** *tr* **1** rag, bully; **2** *(gooien)* fling, pitch, hurl, chuck
donderend thundering, thunderous [applause]; *met ~e stem, (ook)* in a voice of thunder
dondergod god of thunder, Thor; *(Jupiter)* (the) Thunderer
donderjagen bully; rag; *zie ook* zaniken
donderkop thunderhead
donderkruid ploughman's spikenard, fleawort
donderlucht thundery sky
donderpad 1 *(zee~)* father-lasher; *(rivier~)* miller's thumb; **2** *zie* kikkervisje
donderpreek fire-and-brimstone sermon
donders I *tw* the devil, the deuce!; **II** *bw* deucedly, confoundedly [difficult], [you know it] darn(ed) [well], [a] thundering [good lawyer], *(Am)* doggone; **III** *bn* deuced, thundering [liar], darned [fool], *(Am)* doggone; *het ~e ding* the blamed (blasted) thing; *die ~e jongens* those blasted boys; *de hele ~e zo* the whole blooming lot
donderslag thunderclap, peal of thunder, thunderbolt; *vgl* bliksemstraal
donderspeech harangue *(ook ww: een ~ houden)*
dondersteen, donderstraal 1 handful, *(kind)* [a regular] pickle, [a cheerful] little blighter; **2** plucky little devil
donderwolk thundercloud
doneren donate
dong *ovt van* dingen
Don Juan Don Juan, gay Lothario, ladykiller
donker I *bn* dark [beer, colour, night; *ook fig:* dark days], obscure; *(somber)* gloomy, dull [weather]; dusky, dark-skinned [races]; swarthy [man: ~ *uitziend*]; *(akelig)* murky; *(fig ook)* [the outlook is] black; *helemaal ~, (ook)* [the house was] all in darkness; *~e kamer, (fot)* dark room; ~ *maken (worden)* darken; *het wordt* ~ it's getting dark; *het ziet er ~ voor hem uit* it's a dark outlook for him, things look black for him; *zie ook* maan; **II** *bw* darkly; ~ *kijken, (boos)* look black, *(somber)* look gloomy; *zie ook* inzien; **III** *zn* dark, darkness; *(somber)* gloom; *bij (voor, na)* ~ at (before, after) dark; *in het* ~ in the dark; *tegen* ~ towards nightfall, at dusk; *zie ook* duister, kat, enz
donkerblauw *(-rood, enz)* dark (*of:* deep) blue (red, etc)
donkerblond mousy, dark blond(e)
donkerbruin dark brown; ~ *vermoeden* shrewd (sound) suspicion
donkerheid darkness, obscurity
donkerte *zie* donker III
donkey *(mar)* donkey engine
donor [sperm] donor
donorcodicil donor card
Don Quichot Don Quixote
donquichotachtig quixotic
donquichotterie quixotism, quixotry
dons down, fluff
donsachtig downy, fluffy
donsdeken duvet, continental quilt, eiderdown; *(Am)* comforter
donshaar down(y hair)
donzen down, downy, fluffy; ~ *deken, zie* donsdeken
donzig downy, fluffy
dood I *bn* dead *(ook v vingers, enz); ~!, (tegen hond)* die!; *zo ~ als een pier* as dead as a doornail (as mutton); ~ *of levend* dead or alive; ~ *van de slaap* dead sleepy; *hij (het lieve vaderland, enz) is nog lang niet* ~ there's life in the old dog yet; *een dooie boel* a dull affair; ~ *gat (ve plaats)* dead-and-alive place; ~ *getij, zie* doodtij; ~ *gewicht* dead weight; *in de dode hand* in mortmain; *dode hoek, (mil)* dead angle (space, ground); *(luchtv)* blind spot; *(auto)* blind area; ~ *kapitaal* dead capital; *dooie diender* dry stick; *dode letter* [this law is a] dead letter; *dode punt* dead point, dead centre; *op het dode punt brengen* bring to a deadlock, deadlock [the conference]; *iets van het dode punt afbrengen* break the deadlock; ~ *spoor* dead-end siding; *op ~ spoor raken, (fig)* come to (reach) a dead end; *dode talen* dead languages; ~ *vlees* proud flesh; *dode vulkaan* extinct volcano; ~ *water* dead water; *de Dode Zee* the Dead Sea; *iem ~* ***ergeren*** drive a p. up the wall; ~ ***verklaren*** send [a p.] to Coventry, ostracize, boycott; *(ve dokter)* certify dead; ***zich*** *~ drinken (zuipen)* drink o.s. to death; *zich ~ houden* sham dead; *zich ~ lachen* die with (of) laughing, be tickled to death; *ik lach me ~ als ...* I'll laugh my head off if ...; *zich ~ schrikken* be frightened to death, jump out of one's skin; *zich ~ werken* work o.s. to death; ***op sterven na*** ~ as good as (all but) dead; ***voor*** *~ liggen* lie like one dead; *voor ~ laten liggen* leave [a p.] for dead; *zie verder de sam &* dode, have, vervelen, enz; **II** *zn* death; *dat zal*

je ~ zijn it will be the death of you; *als de ~ zijn voor* be mortally afraid of; *de ~ ligt hem op het gezicht* the seal of death is in (*of:* on) his face; *de ~ **aandoen*** be the death of; *de een zijn ~ is de ander zijn **brood*** one man's meat is another man's poison; *de ~ maakt allen **gelijk*** death is the great leveller; *de ~ of de **gladiolen*** [it is] do or die; *hij ziet er uit als de ~ van **Ieperen*** he looks like death (warmed up); *het is er de ~ in de **pot*** it's the deadest hole on the face of the earth; *de ~ **sterven*** die the death; *de ~ voor het vaderland sterven* die (lay down one's life) for ...; *duizend doden sterven* die a thousand deaths; *een langzame ~ sterven* die by inches; *een natuurlijke ~ sterven* die a natural death; *een zachte ~ sterven* die without a struggle; *de ~ **vinden*** meet (come by) one's death; *zijn ~ in de golven vinden* find a watery grave; *de ~ **zoeken*** seek one's death, court death; ***bij** de ~ van* at the death of; ***in (na)** de ~* in (after) death; *na de ~ van de vader geboren (van de schrijver uitgegeven)* posthumous [child, works]; ***om** de (dooie) ~ niet* not on your life; ***op** iems ~ wachten* wait for dead men's shoes; ***ten** dode opgeschreven zijn* be doomed (to death), be a dead (a doomed) man, *(fam)* be done for; *ten dode toe vervolgen* pursue to the death, hound to destruction; ***ter** ~ brengen* put to death; *trouw **tot** in de ~* true till death; ***uit** de ~ verrijzen* rise from the dead; *zie ook* kind, ongeval, veroordelen, zwart, enz

doodaf *zie* doodop

doodarm as poor as Job (as a church mouse), poverty-stricken; *~ worden* be ruined

doodbedaard perfectly calm, as cool as a cucumber

doodbidder undertaker's man, mute

doodbijten bite to death

doodblijven remain dead, be killed [*op de plaats* on the spot, outright]; *hij blijft dood op een halve cent* he grudges every penny

doodbloeden bleed to death; *(fig)* blow over, fade, die a natural death, [allow an affair to] peter out

dooddoener bromide

dooddrukken squeeze (*of:* crush) to death, squash [a mosquito]

doodeenvoudig perfectly simple; *zie ook* doodgemakkelijk

doodeerlijk completely honest

doodeng scary, terrifying

doodenkel very occasional; *een ~e keer* once in a blue moon; *(bij uitzondering)* [we see] the odd [robin, but it's mostly sparrows]

doodergeren *zie* dood I

doodeter *zie* doodvreter

doodfluiten kill [a game] (with the whistle)

doodgaan die, *(fam)* peg out; *(v honger)* starve (to death); *laten ~* kill [the hero in the last chapter]; *daar ga je niet dood van (aan)* it won't kill you; *ik ga liever gewoon dood* not for me, thanks

doodgeboren stillborn *(ook fig),* [the child was] born dead; *het boek was een ~ kindje* the book fell stillborn from the press

doodgemakkelijk dead easy, as easy as falling off a log (as ABC)

doodgemoedereerd coolly, calmly, blandly

doodgewoon I *bn* perfectly common; run-of-the-mill, common or garden [schoolmaster]; *een ~ verslag* a perfectly ordinary report; *als iets ~s* [he looks on it] as all in the day's work; **II** *bw* simply

doodgoed [she is] good to a fault [she wouldn't hurt a fly]

doodgooien 1 stone, kill; **2** *(fig)* bombard [with questions], deluge, inundate, swamp; *ze gooien je dood met souvenirs* it's souvenirs, souvenirs wherever you go

doodgraver 1 gravedigger; **2** *(kever)* sexton (*of:* burying) beetle

doodhongeren starve (to death); *zie* verhongeren

doodjammer [it is] a great pity, a thousand pities

doodkalm perfectly calm, as cool as a cucumber

doodkist coffin, *(Am)* casket

doodklap 1 death blow, fatal blow, [the fire was the] final blow; **2** smashing blow; *iem een ~ geven* knock a p. cold

doodkloppertje death-watch (beetle)

doodknuffelen 1 kill with kindness; **2** embarrass

doodknuppelen club to death

doodlachen: *zich ~* die (choke) with laughter, laugh o.s. silly; *het is om je dood te lachen* it's an absolute scream

doodleuk coolly; calmly; blandly

doodliggen overlie [a child]; *lig dood!, (tegen hond)* die!

doodlopen 1 *(v pers)* walk, run [o.s., a p.] off one's (his) legs, feet; **2** *(ve straat, enz)* come to a dead end, end in a blind alley; *~de weg* dead-end road, cul-de-sac; *(op bord)* no through road; **3** *(ve onderneming, enz)* peter out, come to nothing; *zie ook* vastlopen

doodmaken kill, *(sp ook)* trap [the ball]

doodmoe dead tired, worn-out [by dancing *van het* ...]; *zie ook* doodop; *ik word ~ van die grappen van je* I'm sick to death (sick and tired) of ...

doodnormaal perfectly normal (ordinary)

doodnuchter 1 completely sober, as sober as a judge; **2** *zie* doodleuk

doodongelukkig utterly wretched

doodonschuldig as innocent as a lamb

doodop dead tired, (completely) done in, fagged (out), deadbeat, dog-tired

doodrijden 1 knock down and kill; *zich ~* get o.s. killed in a car crash; **2** ride [a horse] to death

doods deathly, deathlike, dead [silence], dead-and-alive [place]

doodsakte death certificate

doodsangst 1 pangs of death; **2** *(fig)* mortal fear, agony of terror

doodsattest death certificate

doodsbang mortally afraid, terrified [*voor* of, at], [be] in mortal fear (terror); *~ maken* scare to death

[with tales of hell]
doodsbed deathbed
doodsbeenderen human bones; (skull and) cross-bones
doodsbenauwd 1 *(eig)* suffocating; **2** *(fig) zie* doodsbang
doodsbericht 1 obituary (notice), In Memoriam; **2** death notice (*of:* announcement)
doodsbleek [he went] deathly pale, as white as a sheet
doodschamen: *zich ~* die of shame
doodschieten shoot [a p., o.s.] (dead), shoot and kill
doodschop vicious kick
doodschoppen kick to death
doodschouw post-mortem, autopsy
doodschrikken *zie* dood I
doodsdrift death wish
doodsengel angel of death
doodserieus deadly serious
doodseskader death squad
doodsgerochel death rattle, ruckle
doodsgevaar danger of life, deadly peril, mortal danger; *in ~ verkeren* be in danger (in peril) of one's life
doodsheid deadness, deathliness
doodshemd shroud, winding-sheet
doodshoofd death's-head [monkey, moth], skull
doodsimpel dead simple, open-and-shut [case *geval*]; [it's] as easy as falling off a log
doodskleed 1 shroud, winding-sheet; **2** *(baarkleed)* pall; *(fig)* pall, shroud
doodskleren graveclothes
doodskleur livid colour, deathly pallor
doodsklok passing bell, funeral bell, (death) knell
doodskloppertje death-watch (beetle)
doodskop death's head, skull
doodskreet death cry
doodskus kiss of death
doodslaan kill (*ook:* the wallpaper kills the furniture), strike dead, beat to death, swat [a fly], silence [a p. by a sharp retort]; *zij trachtte hem dood te slaan met ...* she flung [her social position] at him; *al sla (sloeg) je me dood* not for the life of me; *zie ook* halfdood
doodslag homicide, manslaughter
doodslaken shroud, winding-sheet
doodsmak: *een ~ maken* come a cropper
doodsmakken plunge to one's death
doodsnood agonies (throes) of death, death struggle
doodsoorzaak cause of death
doodspelen play to death
doodspuiten 1 give a fatal injection (to); **2** kill [bugs, plants] by spraying
doodsschrik mortal fright, the fright of one's life; *iem een ~ op het lijf jagen* frighten a p. out of his wits (senses, life)
doodsslaap sleep of death
doodssnik last gasp
doodsstrijd death struggle, agony of death; *(ve walvis)* (death) flurry; *een zware ~ hebben* die hard
doodsstuip spasm of death; final convulsion
doodsteek *(ook fig)* death blow (*voor* to), finishing stroke; *zie ook* genadeslag
doodsteken stab to death
doodstil stock-still, (as) still as death, [all was] deathly quiet, [sit in a corner] as quiet as a mouse; *~ worden* fall silent [a hush fell on (*of:* over) the room]
doodstraf capital punishment, death penalty; *daarop staat de ~* it is punishable by death; *de ~ krijgen* be sentenced to death
doodsverachting contempt of (disregard for) death
doodsverlangen death wish
doodsvijand(in) mortal (deadly) enemy
doodswade *zie* doodskleed
doodszweet sweat of death, death sweat
doodtij 1 neap (tide); **2** *(tussen eb en vloed)* slack water
doodtrappen kick (*onder de voet:* trample) to death
doodvallen fall (drop) dead; *(ve hoogte, ook)* fall to one's death; *val dood!* drop dead!; *ik mag ~ als ...* cross my heart (and hope to die) if ...; *verzoeken dood te vallen, (sl)* give [a p.] the V-sign; *zie ook* doodblijven
doodvechten: *zich ~* fight to the death
doodverf dead colour
doodverklaren *zie* dood I
doodverklaring boycott, ostracism
doodverlegen at one's wit's end, completely at a loss [what to do, for s.t.]
doodvermoeid dead tired
doodverven *(eig)* dead-colour; *hij wordt met die betrekking gedoodverfd* he is generally thought to be the favourite candidate; *iem als de dader van iets ~* attribute s.t. to a p., lay s.t. at a p.'s door; *gedoodverfd als premier* tipped as Premier (for the Premiership)
doodvissen overfish(ing)
doodvonnis sentence of death, death sentence; *(bevel tot voltrekking van ~)* death warrant
doodvreter drone, idler, loafer; *hij is een ~* he is eating his head off
doodvriezen be frozen (freeze) to death; *zie ook* vriezen
doodwerken work [o.s.] to death
doodwond mortal (fatal) wound; *dat is geen ~* it won't kill you; worse things happen
doodziek 1 dangerously (critically) ill; **2** sick to death, sick and tired; *~ worden van, a)* catch one's death by [going out] (of, from [cold]); *b)* be sick to death of; *je wordt er ~ van, a)* you'll catch your death by it; *b)* it makes you sick; *vgl* doodmoe
doodzonde mortal (deadly) sin; *het is ~* it is a downright shame (is a great pity)
doodzwak extremely weak, as weak as water
doodzwijgen ignore, take no notice of [criticism]; hush up [an act of negligence]
doof 1 deaf; *zo ~ als een kwartel* as deaf as a post;

Oost-Indisch ~ zijn, zich ~ houden sham deaf(ness), pretend not to hear; *~ aan één oor* deaf of (in) one (an) ear; *aan dat oor is hij ~* he won't hear of it; *~ van het geraas* deafened by the noise; *~ zijn voor* be deaf to [advice, etc]; *~ blijven voor* turn a deaf ear to [entreaties]; *zie ook* dove & muzikaal; **2** *(fig)* dead; *dove kool* dead coal; *dove vingers* dead fingers

doofblind deaf-blind [person]

doofgeboren born deaf, pre-lingually deaf

doofheid deafness

doofpot extinguisher; *in de ~ stoppen* hush up, cover up, smother, keep [s.t.] dark; *politiek van de ~* cover-up policy

doofstom profoundly deaf [person]; deaf and dumb, deaf-mute

doofstomheid profound deafness

doofstommenalfabet sign language

doofstommeninstituut institution for the profoundly deaf

dooi thaw *(ook fig); zie ook* invallen

dooie *(sl)* couch potato

dooien thaw [it is thawing; the snow thaws]; *het begon te ~* the thaw set in, the frost broke

dooier yolk; *met dubbele ~* double-yolked [egg]

dooiervlies yolk-bag, yolk-sac

dooievisjesvreter wimp

dooiweer thaw

dook I *zn (techn)* dowel; II *ww ovt van* duiken

doolhof *(ook fig)* labyrinth *(ook vh oor)*, maze, *(v straatjes en steegjes)* warren

doolweg wrong way, wrong track; *op de ~ geraken* go astray

doop *(ook ve schip, klok, enz)* baptism, christening; *(ve schip, ook)* naming; *de ~ toedienen (ontvangen)* administer (receive) baptism; *ten ~ houden* present at the font; *(fig)* present to the public, inaugurate; *door de ~ opgenomen worden in* be baptized into [the Church]

doopakte, doopattest(atie) certificate of baptism

doopbediening baptism

doopbekken (baptismal) font

doopbelofte baptismal vows

doopboek baptismal register, parish register

doopceel certificate of baptism; *iems ~ lichten* bring out a p.'s record, show a p. up

doopformulier order of baptism

doopgetuige godparent, sponsor

doophek baptistery screen

doopjurk christening robe, baptismal robe

doopkapel baptistery

doopkind godchild

doopkleed christening robe, baptismal robe

dooplid: *~ worden van* be baptized into [the RC church]

doopmoeder godmother

doopnaam Christian name, baptismal name

doopplechtigheid christening (baptismal, *ve schip ook:* naming) ceremony, baptism

doopregister baptismal register, parish register

doopsel (Holy) baptism

doopsgezind(e) Baptist; *(inz Ned)* Mennonite

doopsuiker sweets offered at baptism

doopvader godfather

doopvont (baptismal) font

doopwater baptismal water, water of baptism

door I *vz* **1** *(plaats)* through [look through the window] (*ook fig:* pass through many hands; be through one's examination); *~ geheel Engeland* throughout England; *~ de stad dwalen* roam around the town; *~ het rode licht heen rijden* jump the red light; **2** *(tijd) ~ alle eeuwen heen* throughout the ages; *~ de week* on weekdays; *het ene jaar ~ het andere* one year with another; **3** *(oorzaak, middel)* by [be killed by one's enemy, send by post, perish by the sword], through [make mistakes through ignorance, pay through a bank], by dint of [hard work]; *(wegens)* on account of, for [I can't see for the fog], from [lack of space]; *~ te lezen* by reading; *~ wie is dat (geschreven)?* who's that by?; *~ hem heb ik de stad leren kennen* thanks to him I ...; *zie ook* elkaar; II *bw* through; *ik ben het boek ~* I have finished (got through) the book; *de tand is er ~* the tooth is through; *hij is er ~* he has got through, he is through, *(sp ook)* he is away; *de wet is er ~* the bill has been passed; *hij heeft je ~, (fam)* he has got your number; *de hele nacht (zijn hele leven, het hele concert) ~* all through the night (his life, the concert), throughout the night, etc; *het hele jaar ~, (ook)* all the year through (*of:* round); *de hele wereld ~* all over the world, all the world over; *we liepen steeds maar ~* we walked on and on; *al ~, zie* aldoor; *~ en ~* thoroughly, [English, Welsh] through and through [know a p. (Paris, etc) through and through], out and out [villain], [he is] downright [stupid], radically [wrong], [know a p.] inside out, like a book; *ik ken hem (Napels, enz) ~ en ~, (ook)* like the back of my hand; *iem ~ en ~ vertrouwen* trust a p. implicitly; *~ en ~ een dame* a lady to the fingertips; *~ en ~ eerlijk (gek, goed)* honest to the core (an absolute fool; kind to a fault); *~ en ~ nat, zie* doornat; *~ en ~ een schurk* an out-and-out scoundrel; *~ en ~ slecht* thoroughly bad; *~ en ~ verkleumd* chilled to the bone; *zie ook* kunnen, enz

dooraderd veined

door'bakken *bn: goed, slecht ~ brood* well-, lightly-, half-, slack-baked bread

doorbellen phone [a message] through

doorberekenen pass on (along) [the charges to the customers], recharge; *doorberekende kosten* on-charged expenses

doorberekeningsclausule escalator clause

doorbetalen continue [a p.'s salary]

doorbijten bite through; bite (hard); *niet ~, (ve vis)* nibble; *(fig)* stick at it, carry on doggedly

doorbijter sticker

doorbladeren turn over the leaves of, run over,

glance (cursorily) at, leaf (riffle) through [a book], *(al lezend)* browse through
doorblazen blow through
doorbloeding blood supply [to the heart muscle *vd hartspier*]
'doorborduren: ~ *op* embroider on, elaborate [a plan, theme]
'doorboren bore through, perforate, pierce
door'boren run through, transfix [with a bayonet, etc], stab [with a dagger], gore [with the horns], riddle [with bullets], drill through [the window pane was drilled clean through], tunnel [a mountain], *(in alle richtingen)* honeycomb; *met zijn blikken* ~ transfix with one's looks, look daggers at; *~d, zie* doordringend
doorboring perforation; tunnelling; transfixion *vgl het ww*
doorbraak 1 *(ve dijk)* collapse, break, breach; *(v water)* breaking through; *(mil, pol, sp)* breakthrough [of the enemy's lines, a political breakthrough, score from an unexpected breakthrough]; *(tennis)* (service) break; **2** *(plaats van ~)* breach
doorbraden roast well (*of:* thoroughly)
doorbranden I *intr* burn on; burn [day and night]; **II** *intr & tr* **1** burn through; *(ve elektr lamp)* blow; **2** *(v vuur)* draw up
'doorbreken I *tr* break, snap [a stick] (in two), break through [the enemy], run [the blockade]; *vgl* verbreken; **II** *intr* **1** *(dijk)* collapse, *(zweer)* burst; **2** *(v pers: wtsch, sp, enz)* break through; *(zon)* break through, come out; **3** *(tanden) zie* doorkomen
door'breken break [a deadlock, the sound barrier], break down [a taboo], break through [a barrier]
doorbrengen spend [one's holidays, the night], pass [the time], run through, *(sl)* blue [one's money]; *zijn leven ~ met anderen te helpen* spend one's life (in) helping others; *hoe heb je de dag doorgebracht?* what did you do with yourself today?; *de tijd met nietsdoen* ~ idle away one's time
doorbreng(st)er spendthrift, wastrel
doorbuigen bend; *(door verzakking)* sag
doorcognossement through Bill of Lading
doordacht well-considered, well thought-out
doordat because [he did not have enough time], through [not having had enough sleep], owing to [their being sold in sealed tins]
'doordenken think, reflect
door'denken consider, think through (carefully); *zie ook* doordacht
doordenkertje subtle (sly, indirect) remark
doordeweeks weekday, workaday [clothes]; *~e dag (avond)* weekday (weeknight)
doordien as, because, since
doordoen *zie* doorhalen 2 & doorschrijven
doordouwen push ahead (forward, on); push [a plan] through
doordouwer go-getter, pusher; *(in verkeer)* road hog
doordraaien 1 keep on turning (running), go on; *zich er* ~ get through somehow; *(verder draaien)* wind on [the film]; **2** *(stukdraaien)* break (by turning); *(draad)* strip; *de schroef draait door* the ... doesn't bite; *vgl* doldraaien; **3** squander, blue [money]; *(boemelen)* be on the spree, make a night of it; *doorgedraaid* [be] knackered, [feel] fagged out; **4** *(op veiling)* destroy [vegetables not fetching minimum price]
doordrammen go (keep) on [about s.t.]
doordraven trot on; *(fig)* talk at random; run on [how you run on!]; *hij was weer aan het ~, (ook)* he was off again
doordraver person whose tongue runs away with him
doordrenken soak [with rain], steep [*met* in: steeped in nationalism]
doordrijven drive (force) [a proposal] through; *zijn zin* ~ get (have) one's own way; *zie ook* doorzetten
doordrijver headstrong person
doordrijverij obstinacy
doordringbaar penetrable [by the eye, etc], permeable, pervious [to heat, water, etc]
doordringbaarheid penetrability, permeability, perviousness
'doordringen penetrate; *(doorsijpelen)* ooze through, filter through; ~ *in* penetrate (into) [a country], press [far] into [enemy territory], enter into [the spirit of a poet], push out into [the unknown]; ~ *tot* penetrate as far as; *(vd stem, ook)* carry [to every part of the hall]; *het drong tot hem door, dat* it dawned on him that; *de ernst ervan drong tot hem door* came home to him; *het was niet tot hem doorgedrongen* it had not sunk in (into his mind), he had not taken it in; *wat hij zei, drong niet tot mij door* did not register; *hij drong tussen hen door* he pushed his way between them
door'dringen penetrate, pierce, permeate, pervade; leaven [a whole generation with his ideals]; *iem van iets* ~ impress [a fact, the necessity of s.t.] on a p., bring [s.t., the truth, etc] home to a p., rub [a thing] in; *dit moet het publiek ~ van het feit, dat ...* this should bring home to the public the fact that ...
doordringend piercing [cold, eyes, look, cry], penetrating [smell], searching [look], permeating [fluids, light]; *(alles ~)* pervading, pervasive [spirit] eye
doordrongen *zie* door'dringen; ~ *zijn van* be deeply convinced of, be impressed with, be fully alive to [the importance of ...], be imbued with [the necessity of ...]
doordrukken 1 press (squeeze, push) through; **2** extend the print run; **3** *(papier)* mackle; *de bladzij is doorgedrukt* the type shows through (the page) [there is showthrough on nearly every page]; **4** push through; *een maatregel (er)* ~ steamroller (*Am ook:* railroad) a measure through
doordrukstrip foil strip
doorduwen push through
dooreen together, jumbled up, higgledy-piggledy, in

confusion; ~ *genomen* on (an) average, one (thing, year, etc) with another; *zie ook* elkaar: door ~; *zie voor andere dan de volgende sam de hoofdwoorden*

dooreenstrengelen intertwine

dooreenvlechten interlace

dooreenweven interweave

dooreten eat on, continue one's meal

doorfietsen cycle (*of:* pedal) along; *(fam)* carry on, keep it up

doorfokken line breeding

doorgaan 1 go (*of:* walk) on; *de trein gaat door, a)* the train does not stop here; *b)* the train goes straight through, it is a through train; *de voorste rijtuigen gaan door* the front coaches will go forward [to Glasgow]; *ga door!* go on!, carry on!; *(loop heen)* go on!, get along with you!; *het kon zo niet (blijven)* ~ it couldn't last; ~ ***met*** continue with [the medicine], carry on with [one's work], proceed with [the sale, the programme]; *(doorzetten)* go through with [a plan, etc], see [a plan] through; *niet verder met de zaak* ~ proceed no further in the matter; ~ *met (te)* ... keep (continue) ...ing; *het gaat maar door met regenen* it keeps on raining; ~ ***naar,*** *(ook)* go through to [the next round]; ***op*** *(over) de zaak (het punt)* ~ pursue the subject, press the point, *(telkens herhalen)* [don't] rub it in; *(tot vervelens toe)* flog [a good idea] to death; **2** *(gaan door)* go (pass) through [the garden], go through [life], go over [a museum]; *rekeningen, enz* ~ go through (over) accounts (a lesson, etc); *de lijst snel weer* ~ run through the list again; *onder een ladder* ~ pass under ...; **3** *(ve zweer)* burst; **4** *er van* ~ go off, make off, cut and run, make a dash for it; run away [with another man], (do a) bolt; *('met de noorderzon')* abscond, take French leave, decamp; *het paard ging er vandoor* the horse bolted; *ik ga er vandoor, (ga heen)* I am off; **5** *(plaatshebben)* come off, [the strike, the concert, the marriage will not] take place, go through [the scheme, the divorce goes through], stand [the arrangement stands]; *de koop, enz, gaat niet (wel) door* the sale (bet, wedding, etc) is off (on); *niet* ~, *(ve wedstrijd)* be scratched (cancelled, abandoned) [owing to bad weather, etc]; *gaat de conferentie door?* is the conference (still) on?; *gaat A's examen woensdag door?* does A's exam stand for Wednesday?; *het plan gaat niet door* the plan has fallen through; *er* ~, *(wet)* pass, *(motie)* be carried, *(v beide)* go through; **6** *(steek houden)* [the rule does not always] hold (good); *zie ook* gelden; **7** ~ ***voor*** pass for [one's brother], pass as [old enough to pass as my grandfather], go (pass) by the name of, be reputed [to be rich]; *laten* ~ *voor* pass off as (for); *zich laten* ~ *voor* pass o.s. off as (for), pose (masquerade) as [a widow]

doorgaand *(algem)* general [rule]; *(aanhoudend)* continuous; *(spoorwegen)* through [carriage, passenger, ticket, traffic, train]; *geen* ~ *verkeer, (ook)* access only

doorgaans generally, usually, as a rule

doorgang 1 passage; *(door menigte, ook)* lane, corridor; *(onder spoorbaan, enz)* underpass; *(tussen banken)* aisle, gangway; *nauwe* ~ bottleneck; *geen* ~*!* no thoroughfare!; **2** transit [of Venus, etc]; **3** ~ *hebben (vinden)* take place [the match will not take place, is off]

doorgangshoogte headroom; [low bridge] height [9 feet]

doorgangshuis 1 refuge, asylum, shelter; **2** temporary place of stay

doorgangskamp transit camp

doorgecomponeerd through-composed, non-strophic

doorgeefkast cupboard functioning as serving hatch

doorgeefluik 1 serving (*of:* service) hatch; **2** *(fig)* transfer point; intermediary

doorgefourneerd 1 fully paid; **2** *(fig)* double-distilled [scoundrel]

doorgeven 1 pass [the salt, the bottle], pass [a message, etc] on [*aan* to], pass down [an order], hand [the letter] on [*aan* to]; **2** *(radio, enz)* relay [a programme]; **3** ~*!, (spelletje)* pass it on, neighbour!; *woordje* ~ Chinese whispers

doorgewinterd dyed-in-the-wool [schoolmaster]; seasoned [traveller]

doorgraven dig through, tunnel [a mountain]; *(landengte)* cut, pierce

doorgroeid 1 *(plantk)* perfoliate; **2** *zie* doorregen

doorgronden fathom [a p.'s character], penetrate [a scheme], get to the bottom of [a secret], see through [a p., his plans]

doorhakken cut (through), cleave, split; *zie* knoop

doorhalen 1 *(ergens ~)* pull through; **2** *(woord, enz)* strike (cross) out, cancel, delete, run through; *door te halen wat niet verlangd wordt* please cross (strike) out what does not apply, delete as necessary, delete if not applicable; **3** *er* ~, *(iem, duchtig)* haul over the coals, trounce; *(boek, enz)* criticize harshly, slate; *een verkiezingskandidaat (wetsontwerp) er* ~ carry a candidate (a bill, pilot a bill through Parliament)

doorhaling deletion, crossing out [five crossings out]

doorhebben see through; *hij heeft het door, (fam)* the penny has dropped; *hij heeft je door, (fam)* he has got your number, he is up to your tricks

doorheen through; *ik ben er juist* ~, *(door correspondentie, enz)* I am just through [with it, the letters, etc]; *ik moet er* ~ I must get through; ~ *het verhaal* all through the story; *zich er* ~ *slaan* break through, force one's way through; *(fig)* win through, scrape through, carry it off, make the best of it; *(er* ~ *scharrelen)* muddle through; *er* ~ *zitten* be knackered; *zie ook* [2]dol 1, doorkomen, erdoor, enz

doorjagen hurry (rush) on; *er* ~ run through [one's property, money]; *(sl)* blue [money]; *een wetsontwerp er* ~ rush (hurry, race) a bill through

doorkiesnummer direct line

doorkiezen *(telec)* dial direct; direct dialling

doorkijk vista
doorkijkbloes see-through blouse
doorkijken look (glance) through (*of:* over), go through [accounts], run (one's eye) over, skim (glance) through [a book]
doorkijkspiegel two-way mirror
doorklieven cleave (in two); cleave [the air], breast [the waves, wind], cleave, plough [the waves]; *(v geluid)* rend the air
doorklinken 1 ring (out), resound, reverberate [throughout the building; *(fig)* round the world]; **2** be heard; *in zijn woorden klonk geen spijt door* his words betrayed no regret
doorkneed expert [negotiator]; ~ *in* well versed in, steeped in [French literature]; *zijn ~heid in* his intimate acquaintance with, thorough knowledge of
doorknippen cut (through), snip (through)
doorknoopjurk button-through dress
doorkomen 1 get through [the crowd, difficult times, an examination], pass [an exam], live through [the winter], tide over [a difficult period]; *hiermee zal ik de winter wel* ~ this will carry me through the winter; *er is geen ~ aan* it is impossible to get through; *er ~, (door menigte, examen, ook ve wetsontwerp)* get through, *(door examen, ook)* pass, *(door ziekte)* pull through, survive; *er net* ~ scrape through (an exam); **2** pass by, pass through; *(vd zon) zie* doorbreken; *(v tanden)* come through, erupt; *zijn tandjes komen door, (ook)* he is cutting his teeth
doorkomst passage [of a runner]; reception [of a radio station]; transit [of a satellite]
doorkrijgen 1 get [a pupil] through (an examination); **2** *(er)* ~ get down [food], pull [a patient] through, put [a scheme] across, carry [a motion]; **3** *(ontvangen)* get, receive [a message]; **4** *(doorzien)* see through [a person, his motives]; *vgl* doorhebben
doorkruisen 1 traverse (in all directions); cross [a p.'s mind]; scour, range [the seas, woods]; **2** *(dwarsbomen)* thwart, *(fam)* stymie [a p.'s plans]
doorlaat culvert
doorlaatbaar permeable [soil]
doorlaatpost *(mil)* checkpoint
doorlappen *zie* doorjagen: er ~
doorlaten let through, let [a p.] pass, pass [a candidate], transmit [light]; *geen water ~, (stof)* be waterproof, *(schoenen)* be watertight; *(geen) water ~, (vd bodem)* be (im)pervious to water; *licht ~d* translucent; *geen geluid* ~ be soundproof; *doorgelaten worden, (v goederen)* pass the customs
doorlekken *zie* doorsijpelen
doorleren continue one's studies
'doorleven live on, go on living
door'leven live (pass) through; *weer* ~ live [one's schooldays] over again, relive; *een doorleefd verhaal* a vivid story
doorleveren resell (promptly)
doorlezen I *tr* read (right *helemaal*) through, peruse; **II** *intr* go on reading, read on; *maar al* ~ read on and on
doorlichten 1 X-ray [a patient]; **2** make careful examination of [a situation], investigate [a company], screen [an applicant]; *(fam)* vet [a document]
doorlichting 1 radioscopy, radiography, X-ray examination; **2** examination, investigation, screening
doorlichtingsapparaat fluoroscope
doorliggen become bedsore, contract (get) bedsores; *doorgelegen plek* bedsore, pressure sore, *(med)* decubitus ulcer
doorloop passage
'doorlopen 1 go (walk, run) on [*tot* as far as]; *~!* move on (pass on, pass along), please!; **2** *wat* ~ mend one's pace; *flink* ~ step out, keep up a stiff pace; **3** ~ *onder* pass under [the bridge]; *het schrift loopt door onder het zegel* the writing continues under the seal; **4** *(ve molen)* run away; **5** *(v kleuren)* run; **6** *(lopen door)* go (walk, run) through, walk down [a street]; traverse; *zie ook* doorgaan 2; **7** *(schoenen)* wear through; *zijn voeten* ~ get footsore; **8** *zie* doorkijken
door'lopen 1 *zie* 'doorlopen 6; **2** pass through [a school], complete [the full course]; **3** *zie* doorkijken
doorlopend continuous, non-stop [programme], running [commentary, fire of interruptions]; *~e kaart* season ticket; ~ *krediet* revolving credit; *~e polis* open (*of:* floating) policy; ~ *recht van toegang* standing right of entry; ~ *nummeren* number consecutively; *~e (regel)nummering* through (line) numbering; ~ *ruzie hebben* keep up a running quarrel; *zie ook* voortdurend
doorlopers *(schaatsen)* speed skates
doorluchtig illustrious; *Uwe Doorluchtige Hoogheid* Your Serene Highness
doorluchtigheid illustriousness; *Uwe ~, vgl* doorluchtig
doormaken go (pass) through [a crisis, etc], experience; *wat hij doorgemaakt heeft* [remember] what he has been through; *zie ook* door'leven
doormengen mix through, mix with
doormeten *(elektr)* continuity testing
doormidden in two, in half, [tear it] across; *zie ook* middendoor
doormodderen muddle on
doorn thorn, prickle, spine; *(ve mes, enz)* tang; ~ *in het oog* thorn in the (my, etc) flesh, *(lelijk gebouw, enz)* eyesore
doornachtig thorny, spinous
doornappel thorn apple
doornat wet through, soaking (wet), soaked, drenched (to the skin)
doornemen take [a passage] through, go through [the mail], go over [a lesson], discuss [one's plans]
doornenkroon crown of thorns
doornhaag thorn hedge
doornhaai spur-dog, spiny dogfish
doornig thorny *(ook fig)*; spinous [fins]
Doornik Tournai

Doornroosje the Sleeping Beauty
doornstruik thornbush
doornuitsteeksel spinous process
doornummeren number consecutively, number through
doornzaad hedge parsley
'doorploegen 1 go on ploughing; **2** plough through [a book]; **3** pass on [profits]
door'ploegen plough [*ook fig:* plough the sea; a face furrowed with wrinkles]
doorpraten I *intr* go on talking, talk on; **II** *tr* discuss [a matter] fully, canvass [a subject], argue [a question] out
doorprikken 1 prick, puncture (*ook fig:* puncture a p.'s self-importance); *(met lancet)* lance [an abscess]; **2** *(fig)* prick (burst) [the bubble of his pretence]; explode [a myth, a claim]; **3** *(telec)* relay
doorregen streaky [bacon], marbled [meat]
doorregenen 1 keep on raining; **2** rain through; *het dak regent door* the roof lets in the rain; *het regent hier door* the rain is coming through (in)
doorreis passage (journey) through; *op mijn (je) ~* on my way through, [I'll stop over a few days in Paris] en route, [buy clothes in Paris] as you pass through
doorreisvisum transit visa
doorreizen 1 pass (travel) through; *de hele nacht ~* travel all night; **2** travel all over [Europe]
doorrekenen calculate [the effects of the new tax laws]
doorrijden 1 ride (drive) on; *(na wachten bij verkeerssein)* go; *(na ongeluk)* drive on (fail to stop), hit and run [a hit-and-run driver]; *zie ook* rijden; **2** *wat ~* ride (drive) faster; **3** ride (drive) through [the village]; **4** gall [a horse]; *zich ~* get saddle-sore; *zich doorgereden hebben* be saddle-sore
doorrijhoogte headroom, clearance, headway, maximum vehicle height
doorrit passage
doorroeien row on; *(stud)* carry on [celebrating, studying, etc] without sleep
doorroeren stir (in), mix (in) [well]
doorroesten rust through
doorroken smoke (through, thoroughly)
doorschemeren glimmer through, filter through [ground glass]; *hij liet ~ dat ...* he hinted that ...
doorscheuren tear (to pieces, in two); *zie ook* dwars
'doorschieten 1 go on shooting (firing); **2** shoot through *(ook v bal, enz); (v groente)* bolt; *(fig)* go too far
door'schieten 1 riddle [with bullets]; **2** interleave [a book]
doorschijnen shine (show) through
doorschijnend translucent; diaphanous [dress]; see-through [dress]
doorschrappen cross (strike, scratch) out, cancel, delete
doorschrijfkopie carbon copy
doorschrijven 1 write on; **2** carbon copy
doorschuiven 1 put off [decisions]; **2** pass [problems] on [to someone else]; *(intr)* move on (along)
doorseinen transmit
doorsijpelen ooze (filter, seep) through, percolate; trickle down; *het ~* seepage
doorslaan I *tr* **1** drive [a nail] through; punch [metal, leather]; break through, pierce [a wall]; **2** *(op schrijfmachine)* x out [a line]; *zie ook* doorschrappen; **3** *(in tweeën slaan)* knock in two; *(kapot)* smash [a window pane]; beat up [eggs]; *zijn geld er ~, zie* doorjagen; *zich er ~, zie* doorheen; **II** *intr* **1** *(doordraven)* run on; *te ver (naar de andere kant) ~* overreact; **2** *(ve paard)* break into a gallop; **3** *(ve balans)* dip; *de* **balans** *doen ~* tip the scales; turn the scale [*ten gunste van* in favour of]; **4** *(v papier)* blot, run; *(ve muur)* sweat; **5** *(ve schroef, motor)* race; *(v wielen)* skid, race; *mijn remmen sloegen door* my ... would not take (hold); **6** *(ve zekering)* blow (out); *doorgeslagen zekering* blown fuse; *er is een zekering doorgeslagen, (ook)* the light has fused (the fuse is gone); *toen sloegen bij hem alle stoppen door, (fig)* then he blew all his fuses; **7** *(bij verhoor)* blab, *(fam)* spill the beans, *(sl, inz Am)* sing
doorslaand resounding [success]; *~ bewijs* proof positive; *zie ook* bewijs
doorslag 1 *(ve brief)* carbon copy, carbon; **2** *(v balans)* turn of the scale; *de ~ geven* turn (tip) the scale (the balance); clinch (decide) it, settle the matter (it); **3** *(drevel)* punch; *(opruimer)* drift(pin); **4** *in ~, zie* doorsnede; **5** *(vergiet)* colander, strainer
doorslaggevend decisive [advantage, argument], conclusive [proof], overriding [importance]
doorslagpapier copying paper
doorslapen sleep on; sleep through [the night]
doorslijten wear through
doorslikken swallow (down); *(met wat water)* wash down [a pill]
doorsluizen pass on, channel through
doorsmeerbeurt lubrication
doorsmelten *(elektr) zie* doorslaan 6
doorsmeren lubricate
doorsne(d)e I *zn* section; *(wisk)* intersection; *zie ook* dwarsdoorsnede & overlangs; *in ~, (eig)* in section; *(fig)* on an average; **II** *bn: doorsnee* average [citizen, price]
'doorsnijden cut (through), cut in two
door'snijden intersect, cross, traverse; *(in alle richtingen, ook)* criss-cross
doorsnijdend piercing, penetrating
doorsnuffelen rummage [*in* among], forage in, ransack, hunt through [every room]
doorspekken lard; *(fig ook)* interlard, intersperse
doorspelen 1 play on; **2** play through [the night]; *het hele stuk nog eens ~* play (take) the whole piece through (*of:* over) again; **3** pass on [information, a request, *(sp)* the ball]
doorspitten scrutinize, *(fam)* vet
doorspoelen rinse [a tube, linen], flush [the toilet, a

drain *riool*], wash down [one's food]
doorspreken *zie* doorpraten
'doorstaan *(vd wind)* (continue to) blow hard
door'staan stand [a shock, the test *(proef)*, the enemy's fire, an attack, a siege, cold, criticism], pass [a test], sustain [a siege, an attack], endure [pain], survive [all perils], pull through [an illness], ride out (weather) [the storm, crisis]; *wat hij ~ heeft* what he has gone through; *de vergelijking kunnen ~ met* bear (stand) comparison with
doorstappen *zie* 'doorlopen 2
doorstart *(luchtv)* aborted landing; *(fig)* new start
doorsteek short cut
'doorsteken pierce [ice, etc], open, cut [dikes], prick [a blister], *(met lancet)* lance [an abscess], clean [a pipe]; *(route)* take a short cut; *(fijnmaken)* mash, *(door zeef)* strain; *doorgestoken kaart* put-up job, fiddle, plant
door'steken stab, run through, pierce
doorstoot *(bilj)* follow, run-through (stroke)
doorstoten push (thrust) through; *(bilj)* run through, play a follow
'doorstralen shine through; *zie ook* doorschemeren
door'stralen light up, irradiate, illuminate
doorstrepen *zie* doorschrappen
doorstromen flow (run, stream) through; move on; proceed [to a university course]
doorstroming flow [of traffic]
doorstroomschema flow chart, flowsheet
doorstuderen continue one's studies; *(boek) zie* doorwerken
doorsturen *zie* doorzenden
doortasten act with decision, take (strong) action (a strong line); *zie* doorzetten
doortastend I *bn* drastic [measures], energetic (*fam:* go-ahead) [man], vigorous; sweeping [reforms]; **II** *bw* energetically, drastically, etc
doortastendheid energy, thoroughness
doortimmerd: *goed ~* substantially built [house], solid [piece of work], well-constructed [argument], sound [building, report]
doortocht way (march) through, [demand free] passage, transit; *recht van ~* right of way; *zich een ~ banen* force one's way through
doortrappen 1 *(kapot trappen)* kick to pieces; **2** *(op fiets)* pedal on
doortrapt unmitigated, consummate, thorough-paced, double-dyed, out-and-out, arrant [villain, scoundrel]
doortraptheid cunning, craft
doortrek *(tekening)* tracing; *zie ook* doorreis
'doortrekken 1 *(door opening trekken)* pull through; **2** *(stuk trekken)* pull to pieces (in two); **3** extend (*meetk:* produce) [a line]; extend, carry forward, carry further; pursue [the comparison further]; **4** go (march) through [the streets], traverse [the desert]; *het hele land ~* go all over the country; **5** trace [a drawing]; **6** *(wc)* flush
door'trekken pervade, imbue, soak, saturate; *zie ook* doortrokken
'doortrekker transmigrant; *(vogel)* passage migrant
'doortrekking *(ve weg, enz)* extension
doortreklaken *(onder zieke)* drawsheet
doortrokken soaked [with water, alcohol, etc], imbued [with Scots ideas], steeped [in romance], leavened [with humour]; *van vooroordelen ~* steeped in prejudice
doorvaart passage
doorvaarthoogte *(ve brug)* (clear) headway, clearance
doorvallend: *~ licht* transmitted light
doorvaren pass (sail) through [a canal]; pass [under a bridge]; *(verder ~)* sail on
doorvechten fight on; *zich er ~* fight one's way through
doorverbinden connect [with], put through [to]
doorverbinding through connection
doorverkopen resell, onsell
doorverwijzen refer (elsewhere, to [a specialist])
doorvlechten interweave, intertwine, interlace
doorvliegen fly through [the air, the street], rush through [a book]
doorvlooien go over with a fine-tooth comb
doorvoed well-fed
doorvoer transit [camp, duties, freight, port, trade]; *(elektr)* feedthrough
doorvoeren convey (*of:* pass) [goods] in transit; carry [a reform] through; support, sustain [a role, character]; *te ver ~* push [one's principles] too far, carry [modesty] to excess
doorvracht through freight; *goederen in ~* through goods
doorvreten eat through [s.t.]
doorwaadbaar fordable; *doorwaadbare plaats* ford
doorwaaien blow through; *zich laten ~* go for (get, have) a blow, [go for a walk to] blow the cobwebs away
doorwaden wade through, ford
doorwaken watch through [the night]
doorwandelen I *intr* walk on; **II** *tr* walk through, walk all over [a place]
doorwas *(plant)* hare's-ear
doorweekt soaked, sopping, sodden, soggy, waterlogged [fields]
doorweken soak, steep
'doorwerken I *intr* work on, go on with one's work; *[het proces] heeft nog niet ver genoeg doorgewerkt* has not gone far enough yet; *[deze gevoelens] zullen ongetwijfeld ~ in het milieubeleid* will no doubt carry over into ...; **II** *tr* work through [a book], finish; *zich er ~* work one's way through
door'werken elaborate; interweave, work [with gold, etc]; *zie ook* doorwrocht
doorweven interweave *(ook fig)*
doorwoelen root up
doorworstelen struggle through [difficulties]; strug-

gle (wade, work one's way) through [a book], wrestle with [a book]
doorwrocht elaborate
doorzagen I *tr* saw through; *iem ~, a)* question a p. closely; *b)* keep on bothering a p.; II *intr* saw on; *zie ook* zagen
doorzakken 1 *(ve muur, telegraafdraad, enz)* sag; **2** *(ve pers)* sag at the knees; *(ve knie, enz)* give [my ankle gave under me]; *doorgezakte knie (voeten)* football knee (fallen arches); **3** *(luchtv)* pancake *(ook: doen ~)* **4** *(zich bedrinken)* booze, drink to excess
doorzakking sag
doorzaklanding *(luchtv)* pancake landing
doorzenden send on, forward (on), transmit, redirect [a letter]
doorzetten: *iets ~* carry (see, put) a thing through, go through with a thing (a plan, etc), press [an attack], push on [with a job], assert [one's will]; *(volharden)* persevere, press on, see it through (*of:* out), go the whole hog; *de ziekte zette niet door* did not develop further
doorzetter go-ahead man; *(fam)* go-getter; sticker
doorzettingsvermogen perseverance
doorzeuren keep whining; *zie ook* zeuren
doorzeven riddle [with bullets]
doorzicht discernment, perspicacity, insight
doorzichtig transparent (*ook fig:* pretext, etc), clear [glass, *vs matglas*], thin [excuse, disguise]; *het is nogal ~, (fig)* it's a bit obvious
doorzichtigheid transparency *(ook fig)*
'doorzien *zie* doorkijken
door'zien see through [a p., his designs, tricks, disguise], size up [a p.]; *ik doorzie hem, (ook)* I've got his number all right, I can read him like a book
doorzijgen *zie* filtreren
doorzitten *(paardensp)* do sitting trot; *(broek)* wear through the seat of one's trousers; *zich ~, (op zadel)* get saddle-sore
doorzoeken search [a house, pocket], rummage, ransack [a room], go through [a p.'s pockets], scour [a district], beat, comb [the woods for a criminal], comb out [the London underworld]
doorzonwoning house with through lounge (sitting room)
doorzweten sweat through, transude
doorzwikken sprain [an ankle] (severely)
doos 1 box, case; *~je* [cigarette] carton; *(blik)* can; *zwarte ~, (luchtv)* black box; *de wereld in een ~je* the ... in a nutshell; *uit de oude ~* old, antiquated; old-time [stories]; *zie ook* Pandora; **2** *(tv, Eng)* (goggle) box, *(Am)* idiot box; **3** *(wc)* lav(atory), loo; **4** *(gevangenis)* [be in] quod, stir, jug; *in de ~ zitten, (ook)* be doing time; *iem in de ~ stoppen* clap a p. in prison (in jug); *de ~ ingaan* go into clink, get time, get a stretch
doosvrucht capsule
dop 1 *(ve ei, noot)* shell; *(v zaden)* husk; *(ve erwt, boon)* pod; *in de ~, (fig)* budding [lawyer, etc], ... in the making, ... in embryo; *hij is pas uit de ~* he is still wet behind the ears; *kijk uit je ~pen!* look where you're going!; **2** *(deksel)* lid, cover; *(ve vulpen, fles, enz)* cap, top; *(ve floret)* button; **3** *(hoed)* bowler (hat), *(hoge)* topper; *~je, (dameshoed)* cloche (hat)
dope dope
dopeling child (person) receiving baptism
dopen 1 baptize, christen; *(schip, klok, enz; ook: een bijnaam geven)* christen; name [a ship]; *(in~)* dip; *(soppen)* sop [bread in milk]; water [milk, etc]; *hij werd Jan gedoopt* he was christened (by the name of) John [*naar* after]; **2** *(chem, elektr)* dope
doper baptizer; *Johannes de Doper* John the Baptist
dopers baptist [church]; *ze zijn ~* they are baptists
doperwt green pea
dopheide (cross-leaved) heath; *grauwe ~* bell heather
dophoed *zie* dop 3
doping drug(s), drug-taking, doping [control]; *~ toedienen* drug
dopingtest dope (*of:* doping) test
dopluis scale insect
dopmoer cap (box, blind) nut
doppen 1 shell [beans, peas, eggs, nuts]; *zie ook* boon; **2** *(groeten)* raise one's hat; **3** *zie* dopen 1
doppers green peas
dopsleutel *(techn)* socket spanner (*of:* wrench)
dor 1 dry [wood], barren [land], arid [desert]; *~re streken, (Am)* barrens; **2** *(fig)* dry, arid, barren [subject]; **3** *(verdord)* withered *(ook ve arm, enz)*
dorade *(vis)* dorado
dorado El Dorado
dorheid dryness, barrenness, aridity; *vgl* dor
Doriër Dorian
Dorisch 1 *(van Doris)* Dorian, Doric; **2** *(muz)* Dorian; **3** *(bk, tlk)* Doric
dorknoperij bumbledom
dormitorium dormitory
dormobiel Dormobile
dorp village [centre, fête, idiot, pump, school]; *op een ~* in a village
dorpachtig countrified, rural [society], rustic [charm]
dorpel threshold; *zie ook* drempel
dorpeling villager
dorper *(hist)* **1** villein; **2** *(fig)* boor
dorps countrified, rural [society], rustic [charm]
dorpsbewoner villager
dorpsgemeenschap village community
dorpsgemeente rural parish
dorpsgenoot fellow villager
dorpsheer squire
dorpshoofd village headman
dorpshuis village social centre
dorpsplein *(vglb)* village green
dorpspolitiek *(fig)* petty politics
dorpsstraat village street, *(hoofdstraat)* main street
dorren wither

dors 1 *(jonge kabeljauw)* torsk; **2** *(dorsvis)* hake
dorsaal dorsal [fin]
dorsen thresh; *hooi ~, zie* stro: ~ dorsen
dorsmachine threshing machine
dorst I *zn* thirst *(ook fig); ~ hebben (krijgen)* be (get) thirsty; *~ naar* thirst for (after) [glory, blood, etc]; **II** *ww ovt van* durven
dorsten: *~ naar* thirst for (after) [blood], be thirsty for [peace]
dorstig thirsty; *~ werk* thirsty work
dorstigheid thirst(iness)
dorstlessend, dorststillend thirst-quenching
dorstverwekkend causing thirst; *(fam)* thirsty [work]
dorsvlegel flail
dorsvloer threshing floor
dos attire, dress; *(dicht)* raiment
doseren dose; *gedoseerde vergelding* graduated retaliation
dosering dosage
dosis dose *(ook fig)*, quantity; *(v drug)* line; *te grote ~* overdose; *een kleine (grote) ~ gezond verstand* [it needs] a modicum (a large dose, measure) of (common) sense
dossen 1 attire, dress; **2** *(tooien)* deck
dossier dossier, file [have, open, keep a file on all suspects; put facts on file]
dossierdiploma diploma specifying courses taken and results achieved
dossiermap file
dot 1 knot [of hair, etc], tuft [of grass, moss, hair], dollop [of cream, jam, mash(ed potatoes)]; *een ~ gas geven* step on it; *een ~ geld* a mint of money; *een ~ watten* a cotton swab; **2** love, darling; *een ~ van een hoed (kind)* a dream, love of a hat (a perfect pet); *wat een ~(je)!* what a (little) dear (darling)!; *zie ook* snoes
dotatie donation
doteren *zie* begiftigen
dotter(bloem) marsh marigold, kingcup
dotteren *(med)* balloon angioplasty
douairière dowager
douane 1 [the] Customs; **2** customs officer
douanebeambte customs officer
douanekantoor custom(s) house
douaneloods customs shed
douanepapieren customs documents
douanerechten customs duties, customs
douane-unie customs union
douaneverklaring customs declaration
douaneversluiting: *onder ~* under customs seal
douanier customs officer
doublé 1 gold-plated work; **2** *(bilj)* doublet
doubleren 1 *(bilj, bridge)* double; **2** *(klas)* repeat a class, stay down; *(functie)* double up [ambulances doubling up as minibuses]; *(theat, enz)* double [a part]; **3** *(kaap)* double; **4** *(voeren)* line
doublet doublet; *(dubbel exemplaar)* duplicate, double(t)
doublure 1 *(theat)* understudy; **2** duplication; **3** *(in boek)* doublure
douceur(tje) 1 douceur; **2** *(fooi)* gratuity, tip; **3** *(ter overreding, fam)* sweetener; *(ter omkoping)* bribe; *(sl)* backhander, kickback
douche shower, *(Am ook)* shower bath; *(inz med)* douche; *koude ~, (fig)* disillusionment; *een koude ~ geven* disillusion [a p.], throw cold water [on a p.'s zeal]
douchebak shower base
douchecabine, douchecel shower (cubicle)
douchekop 1 shower head; **2** *(broes)* shower nozzle
douchen (have, take a) shower, *(inz med)* douche
douw: *een ~ krijgen, (fam), a)* suffer a setback; *b)* be reprimanded (*mil:* punished); *zie verder* duw
douwen shove; *zie* duwen
dove deaf person; *nieuws voor ~n* headlines for the deaf; *dat heb je aan geen ~ gezegd* I'll make a note of that; *voor ~n preken* preach to deaf ears
dovekool dead coal
doveman: *hij klopte aan ~s deur* his words (his proposal, etc) fell on deaf ears
dovemansoren: *preken voor ~* waste one's breath; *dat is niet aan ~ gezegd* I'll take you up on that
doven 1 extinguish, put out, switch (*of:* shut) off (*half:* dim) [the headlights]; *(as)* quench; **2** *(met as dekken)* damp down [a fire]; **3** *(dempen)* deaden [sound]
dovenetel (red, spotted, white) dead-nettle; *gele ~* yellow archangel
doventolk signer
dovig somewhat deaf; *vgl* hardhorig
downloaden download
doyen doyen
dozijn dozen; *een, twee, verscheiden, enz ~ (boeken)* one, two, several, etc dozen (books); *enige ~en (boeken)* some dozens (of books); *~en boeken* dozens of books; *een paar ~* a couple of dozen; *bij het ~ (bij ~en) verkopen* sell by the dozen (in dozens); *zo gaan er dertien (gaan er geen twaalf) in een ~* they are ten a penny (are quite fantastic)
dr. Dr
d'r *zie* daar I, er 2, [1]haar I & hun I
dra *(lit)* soon, before long
dra. *zie* doctoranda
draad 1 thread (*ook in glas, enz, van schroef en fig: ~* of life, etc); *(metaal~)* wire; *(vezel)* fibre, filament; *(ve peul)* string; *(in elektr lamp)* filament; *(telef)* [get a p. on the] line; *een ~, (ook)* a length of thread; *de draden uit een wond halen* take the stitches out; *hij heeft geen* ***droge*** *draad aan het lijf* he is soaked to the skin; ***elke*** *dag een ~je is een hemdsmouw in het jaar* many a little makes a mickle; *de draden van iets* ***in handen*** *hebben* hold the clue to s.t.; *geen ~ aan iem* ***heel*** *laten* not leave a rag on a p. *(ook fig); er bleef geen ~ heel van de verklaring* the statement was torn to shreds; *de ~* ***kwijt*** *raken (zijn)* lose (have

lost) the thread (of the story, etc); *een ~ in de **naald** steken* thread a needle; *de ~ van het gesprek (de gedachtegang) weer **opvatten*** take up (resume) the thread of the ...; *dat loopt er als een **rode** ~ doorheen* that runs through it like a (continuous) thread; ***aan** een zijden ~ hangen* hang by a thread, hang in the balance; ***tegen** de ~* against the grain; *hij is altijd tegen de ~* he is a cross-grained sort of chap, is always contrary; ***tot op** de ~ versleten* worn to a thread, threadbare; ***van** draden voorzien* wire; ***voor** de ~ ermee!* shoot!, speak up!, let's have it!; *met iets voor de ~ komen* come out with s.t.; **2** *(richting van houtvezels)* grain; **3** *(ve mes, schaats, enz)* wire edge

draadbank drawbench

draadborstel wire brush

draadgaas wire netting

draadglas 1 wire(d) glass; **2** filigree glass

draadharig wire-haired [terrier]; *~e hond, (ook)* wire-hair

draadkabel wire cable, wire rope

draadloos wireless [telegraphy, telephony]; *~ telegraferen* radio; *~ bestuurd* remote controlled

draadmandje wire basket

draadnagel wire nail

draadomroep rediffusion

draadontspanner *(fot)* cable release

draadschaar wire-cutter

draadspanner turnbuckle

draadtang pliers

draadtrekken wiredrawing, cold drawing

draadversperring (barbed) wire fence

draadvormig threadlike

draadwerk wirework; *(fijn, v goud, enz)* filigree

draadwier conferva

draadworm threadworm, nematode

draagbaar I *zn* stretcher, litter; **II** *bn* **1** portable [altar, radio], movable [altar]; **2** bearable [pain, life]; **3** wearable [clothes]

draagbalk supporting beam, girder

draagband strap, belt; *(voor arm)* (arm) sling

draagdoek [carry a baby in a] sling

draaggolf *(telec)* carrier wave

draagjuk yoke

draagkarton carry-home pack

draagkoets palanquin

draagkoord lanyard

draagkorf pannier

draagkracht 1 bearing power; *(ve schip, brug, enz)* carrying capacity; **2** [financial] strength, [tax-bearing] capacity, ability (to pay); **3** *(ve vuurwapen)* range; **4** *(vd stem)* carrying power, range; *zie ook* draagwijdte

draagkrachtig financially sound, able to pay, well-off; *de minder ~en* the financially weak

draaglijk I *bn* tolerable, endurable; *(tamelijk, ook)* passable, so-so, fair; **II** *bw* tolerably, passably

draagloon porterage

draagmoeder surrogate mother

draagmoederschap surrogacy, surrogate motherhood (mothering)

draagmuur supporting wall; load-bearing wall

draagplaats *(tussen 2 rivieren, bijv)* portage

draagraket carrier rocket

draagriem (carrying) strap; *(ve officier)* Sam Browne (belt)

draagstoel *(hist)* sedan (chair); *(Ind, enz)* palanquin; *(ve zieke)* carrying chair; *(vd paus)* gestatorial chair

draagstok carrying pole

draagtas carrier (bag)

draagverband sling

draagvermogen (load-)carrying (*of:* load-bearing) capacity; *zie ook* draagkracht

draagvlak 1 (load-)bearing surface, base; *(ve vliegt)* aerofoil; **2** basis, support *(ook fig)*

draagvleugel(boot) hydrofoil

draagwijdte 1 range [of a gun]; **2** import [of a p.'s words]; scope [of a decision]

draagzak baby carrier

draagzeel strap

draai turn; *(ve touw)* turn, twist; *(ve weg, enz)* [dangerous] bend, curve; *iem een ~ (om de oren) **geven*** give a p. a box on the ear(s), box (cuff) a p.'s ears; *er een ~ aan geven, (fig), a)* pass [the matter] off [adroitly]; *b)* give it a twist, misrepresent it; *zijn ~ **hebben*** be in high feather, be as pleased as Punch; *een ~ **maken*** make (take) a turn [to the right]; *(om eigen as)* slew (*ook: doen maken:* slew the boat round); *de ~ te kort (te wijd) **nemen*** take the turning too sharply (too widely); *zijn ~ nemen, (fig)* change front, make a (complete) change of front; *zijn ~ **vinden*** find one's niche, settle down

draaibaar revolving [bookcase, hatstand]; *vgl* draaien *en de sam met* draai-

draaibank [bench, centre, turret, watchmaker's] lathe

draaibeitel lathe tool, turning chisel

draaiboek *(ve film)* scenario *(ook fig: uitgewerkt plan);* (shooting) script

draaibord 1 *(op kermis, enz)* spinner; **2** *(v roulette)* spinning wheel

draaibrug swing (*of:* swivel) bridge

draaicirkel turning circle

draaideur revolving door

draaien I *intr* **1** turn; *(om as of middelpunt, ook)* revolve, rotate; *(op of om pen)* pivot [a pivoting gate]; *(op scharnier)* hinge; *(snel)* spin (round); *(in cirkel, spiraal)* gyrate, whirl; *(ve stoel, boekenmolen, enz)* swivel; *(ve motor)* run; *(kronkelen)* turn, wind; *(vd wind)* shift, *(met de zon)* veer, *(tegen de zon)* back; *zitten te ~* wriggle, fidget [on one's chair], be fidgety; *(ve film)* be showing, be on; *(ve grammofoonplaat)* play; *een tol laten ~* spin a top; *~de beweging* rota(to)ry motion; *mijn **hoofd** draait* my head swims; ***met** zijn ogen ~* roll one's eyes; *hij zat te ~ met een potlood* he sat fiddling with ...; *met ~de motor* with the engine running; *~ **om*** turn (revolve) on [an axis]; *alles draait hierom* everything turns (hinges, pivots) on this, this is the crux of the whole question; *waar het om draait is of...* the whole issue (the bottom line) is whether ...; *de huishouding draait om hem* the household revolves round him; **2** *(fig)* equivocate, prevaricate, hedge, shilly-shally; *er* ***omheen*** ~ beat about the bush, hedge, wriggle, equivocate, prevaricate; **3** *(ve bedrijf, fabriek, enz)* run, be in production; *zie ook* wind; **II** *tr* **1** turn [a wheel, wood, ivory, etc]; traverse [a gun]; roll [pills]; wind [a piece of string round s.t.]; twiddle [a knob]; *(in elkaar)* twist [a rope, wire, the stem of a glass, two wires together]; *kapot* ~ overwind [one's watch]; *het zo ~, dat...* represent things in such a way that ...; ***zich*** ~ turn [to the right, etc]; twist [to free o.s.]; *zich eruit* ~ wriggle out; **2** show [a film]; play [a record]; *(telef)* dial [a number]; *zie ook* orgel, gedraai, enz

draaier 1 turner [in ivory, etc]; **2** *(fig)* shifty person, prevaricator; **3** *(wervel)* axis

draaierig dizzy, giddy

draaierigheid dizziness, giddiness

draaierij 1 turnery, turner's business; **2** *(fig)* shuffling, shift(s), prevarication, equivocation, hedging; *met ~en omgaan, zie* draaien I.2

draaigewricht pivot joint

draaihals wryneck

draaihek 1 swinggate; **2** *(tourniquet)* turnstile

draaiing 1 turn(ing); rotation [on an axis], revolution [round the sun]; **2** *(duizeligheid)* giddiness

draaiingsas axis of rotation

draaikever whirligig (beetle)

draaikolk whirlpool *(ook fig)*, eddy, vortex

draaikont 1 fidget; **2** twister; *~en, ww, zie* draaien I.2

draaikonterij shilly-shallying, equivocation

draaikruis turnstile

draaikruk 1 crank; **2** *(~je)* revolving stool

draailadder *(bij brand)* turntable ladder

draailicht revolving light

draailier hurdy-gurdy

draaimolen roundabout, merry-go-round

draaimolenverkeer roundabout (gyratory) traffic

draaimoment *(techn)* torque, twisting-moment

draaiorgel street organ; *(draagbaar)* hand organ

draaiplateau revolving tray, lazy Susan

draaipunt turning point; pivot, centre of rotation

draairaam casement (window)

draaischijf 1 *(spoorw)* turntable, traverse table, traverser; **2** (potter's) wheel; *op de ~ gemaakt* made on the wheel, wheel-made [pottery]; **3** *(telef)* dial

draaispiegel swing-glass, *(lang)* cheval glass

draaispil capstan

draaispit (roasting) spit

draaispoel moving coil [speaker, voltmeter]

draaistel *(ve spoorwagen, Br)* bogie; *(inz Am)* truck

draaistoel 1 swivel (*of:* revolving) chair; **2** *(ve horlogemaker)* turn-bench

draaistroom 1 *zie* draaikolk; **2** *(elektr)* rota(to)ry current, three-phase current

draaistroommotor rotary-current motor

draaitafel *(ve grammofoon)* turntable

draaitol 1 (spinning) top, pegtop; **2** *(fig)* weathercock

draaitoneel revolving stage

draaitorretje whirligig (beetle)

draaitrap spiral staircase

draaivleugel rotary wing

draaiwerk turnery (ware), turner's work

draaiziekte staggers, sturdy, gid

draak 1 dragon; *gevleugelde ~, (her)* wyvern; *de ~ steken met* poke fun at, make fun of; **2** *(theat)* blood-and-thunder play; **3** odious person; *een echte (oude)* ~ a perfect horror, an old terror (fright)

drab dregs, lees, sediment

drabbig turbid, thick, muddy

drachme 1 *(gewicht)* drachm, dram; **2** *(munt)* drachma; *(Oud-Griekse munt)* drachm(a)

dracht 1 *(kleder~)* dress, costume, garb, [summer] wear; **2** *(last)* load, charge; **3** *(draagwijdte)* range [of a gun]; **4** *(zwangerschap)* gestation; *honden van één* ~ dogs of the same litter; **5** *(ve wond)* matter, discharge, pus; **6** ~ *(stok)slagen* sound thrashing

drachtig with young; in foal; in calf; in lamb; in pig; *(ve teef)* in pup

drachtigheid gestation (period)

draconisch draconian, draconic

drad(er)ig stringy [beans, meat], ropy [liquid]

draf 1 trot; *in* ~ at a [brisk, quick, full] trot; *in ~ brengen (zetten)* bring (put) to the (a) trot; *op een ~(je)* at a trot (a run); *het op een ~ zetten* break (strike) into a trot; **2** *(varkensvoer)* swill, hogwash

drafsport trotting (races)

dragant 1 *(plant & gom)* tragacanth; **2** *(plant)* sea buckthorn

dragee dragée; *(med)* coated tablet (pill)

dragen 1 bear [a weight, fruit, the marks of ..., a name, date, inscription, loss, the cost, responsibility; the trees are bearing]; *je draagt je* ***jaren*** *met ere* you carry your years well, you are wearing well; *de gevolgen* ~ take the consequences; *moedig* ~ bear up against [misfortunes], face [illness] courageously; *ik kan het niet* ***langer*** *~, (uithouden)* I cannot bear it any longer; *wapens ~, (soldaat zijn)* bear arms; **2** *(schragen)* support; *de koepel wordt door 4 pijlers gedragen* four piers carry the dome; *(niet-)~de muur* (non-)load-bearing wall; *~de waarde* contributory value; **3** *(aan het lichaam)* wear [clothes, spectacles, a ring, a beard, a cheerful expression, a worried look, the crown; a sword]; carry [s.t. from one place to another, one's hat in one's hand, one's head high]; *niets om hier* ***bij*** *te* ~ nothing to wear with it; *niet te ~, (v kleren)* unwearable; **4** *(bij zich hebben)* carry [a parcel, firearms, money; I never carry a watch]; *die koffer draagt ongemakkelijk* this ... is awkward to carry; **5** *(ve wapen, stem)* carry [the rifle, his voice, does not carry far]; *dit* ***geweer*** *draagt 1000 m, (ook)* this gun has a range of ...; **6** *(ve* *wond)* fester, discharge [matter], run, suppurate; **7** *(drachtig zijn) zie* drachtig; *de koe draagt 9 maanden* the cow has a gestation period of nine months; *zie ook* hand, schuld, wapen, enz

drager 1 bearer *(ook bij begrafenis & ve brancard)*, carrier, porter; **2** *(med)* carrier, vector; **3** *(techn)* support [of a painting], [film] base; **4** *(fig)* exponent [of a principle]; *de taal is de ~ der gedachte* language is the vehicle of thought

dragline dragline

dragoman dragoman (*mv:* -mans, -men)

dragon 1 sword knot; **2** *(plant)* tarragon

dragonder 1 dragoon; *zie ook* vloeken; **2** *(manwijf)* virago

drainage drainage (system), draining

drainagegebied catchment area, drainage area (basin)

draineerbuis drainpipe

draineren drain

drainering drainage, draining; drains

drakenbloed 1 *(plant)* wood dock; **2** *(kleurstof)* dragon's blood

drakenbloedboom dragon tree

drakenkop dragon's head *(ook plant)*

drakentanden dragon's teeth

drakerig: *een ~ stuk, (theat)* a blood-and-thunder play

dralen 1 linger, delay; **2** *(treuzelen)* dawdle, dally; *zonder ~* without (further) delay

dralend hesitating(ly)

drama drama [contemporary drama; a journey full of drama]; *(stuk, ramp)* tragedy

dramatiek drama, dramatic art, dramatics

dramatisch dramatic (*bw:* -ally); *(aanstellerig)* theatrical; *(aangrijpend)* harrowing, tragic

dramatiseren dramatize

dramatisering dramatization

dramaturg dramaturge, dramatist

dramaturgie dramaturgy

drammen whine, go on (and on) [*over* about]

drammerig aggravating, tiresome

drang pressure [of public opinion], urgency, impulse, impulsion, [inner] urge, craving [*naar liefde* for love]; *~ naar eenheid* urge for unity; *zie ook* aandrang

dranger door closer

dranghek crush barrier

drank drink, beverage; *~je* drink; potion; *(med)* medicine, mixture; *(voor dier)* drench; *sterke ~* strong drink, spirits, hard liquor, *(Am)* liquor; *aan de ~ zijn* be addicted to drink, *(fam)* be on the drink; *aan de ~ raken* take to drink(ing); *van de ~ af, (ook)* [go] on the wagon; *zie ook* invloed & staan: laten ~

drankbestrijdersvereniging temperance society

drankbestrijding temperance movement, prohibitionism

drankfles spirit bottle; *~je* medicine bottle, phial

drankfuif bottle party; *(Am, inz bierfuif)* keg party

drankgebruik consumption of alcohol

drankhandel liquor trade

drankmisbruik excessive drinking

drankoffer drink-offering, libation

drankorgel drunkard, soak

dranksmokkel liquor smuggling, *(Am sl)* bootlegging

drankverbod prohibition; *voorstander van ~* prohibitionist

drankvergunning licence to sell alcohol(ic beverages), liquor licence

drankvrij teetotal

drankwet licensing act

drankwinkel wine (and spirit) merchants, *(Br)* off-licence, *(Am)* liquor store

drankzucht dipsomania, addiction to drink

drankzuchtig given to drink(ing), dipsomaniacal

drankzuchtige dipso(maniac), alcohol addict

draperen drape

draperie 1 drapery, hangings; **2** draw-curtain

drapering 1 draping; **2** hangings

dras I *zn* bog, marshy land; **II** *bn zie* drassig

drasland marshland, marshy land, swamp

drassig marshy, boggy, swampy, spongy, soggy, miry

drastisch drastic (*bw:* -ally), radical [measure], sweeping [change]

draven trot *(ook v pers)*

draver trotter

draverij trotting-match, *(Am)* harness race

dravik *(plant)* brome

dreef I *zn* alley, lane, avenue; *(veld)* field, pasture, *(dicht)* mead; *hij was goed (prachtig)* **op** *~* he was in good (great, fine, brilliant, excellent) form, had got into his stride; *niet (erg) goed op ~* (somewhat) out of form, off form; *op ~ komen* get into one's stride (the swing of one's work), get going; *een dag waarop men niet op ~ kan komen* an off day; *iem op ~ helpen* give a p. a start (*fam:* a shove-off), help a p. on; **II** *ww ovt van* drijven

dreg drag, grapnel, grappling iron

dreganker grapnel

dreggen drag, trail, creep [*naar* for]; *er werd gedregd tot ...* dragging operations were carried out till ...

dreghaak grappling hook, grapnel

dregnet dragnet, trawl

dreigbrief threatening letter; *(om geld af te persen)* blackmailing letter

dreigement threat, menace

dreigen threaten (*ook fig:* it threatens to be an expensive undertaking), menace; *iem ~ met* threaten a p. with [death, etc]; *met de dood (boete, enz) ~* threaten death (a fine, etc) [he threatened suicide; the Premier threatened a dissolution]; *met de vinger ~* wag (shake) one's finger at; *er dreigt een onweer* a (thunder)storm is threatening; *hij dreigt te zullen aftreden* he threatens to resign; *~ erin te vallen* be in imminent danger of falling in

dreigend threatening [clouds, circumstances], menacing; lowering [sky], imminent [danger], impending [misfortune], looming [disaster], *(lit)* minatory; *(waarmee gedreigd wordt, ook)* [the] threatened [strike]; *de ~e menigte, (ook)* the ugly mob; *een ~e houding aannemen* adopt a threatening (menacing) attitude; *(woest) ~, (ook)* glowering [eyes]
dreiging threat, menace
dreinen 1 whine [*om* for], whimper [a whimpering child]; **2** *(dial) zie* treiteren
drek muck, dung, dirt, excrements; droppings [of beasts and birds]; *(slijk)* mire, dirt; *voor sam zie* mest
drekkig mucky, dirty
drektor dung beetle
drempel 1 threshold (*ook fig:* on the threshold of manhood), doorstep; *hij komt bij mij niet weer over de ~* he shall never cross my threshold again, shall darken my door(s) no more; *vgl* platlopen; **2** *(boven~)* lintel; **3** *(ve sluis)* sill; *(zandbank in havenmond)* bar; *(vd zeebodem)* rise
drempelverhogend inhibiting, discouraging [participation]
drempelverlagend encouraging [participation], improving accessibility
drempelvrees initial reluctance [to enter, see the boss, etc], threshold fear
drempelwaarde threshold value
drenkeling 1 drowning person; **2** drowned person; **3** [resuscitate an] apparently drowned person
drenken water [cattle, etc]; *(vd regen, bloed, enz)* drench; *(in iets)* steep, soak, imbue
drentelaar saunterer
drentelen saunter
drenzen, enz, *zie* dreinen, enz;, *(v regen)* drizzle
dresseren train [animals], teach [a dog] tricks; break (in) [horses]; drill, coach [pupils]; *(paard)* break to the rein (*of:* saddle); *gedresseerd* trained, performing [dogs, etc]; *goed gedresseerd* [her dog, child is] very well disciplined, [her husband is] well trained
dresseur trainer, horsebreaker
dressoir sideboard, (kitchen) dresser
dressuur training, etc; *(paard)* dressage; *zie ook* dresseren
dreumes toddler, (little) mite, tiny tot, nipper
dreun 1 roar(ing), boom, drone, rumble; shaking; *(bij lezen, enz)* singsong, drone, chant; *op dezelfde ~* in the same monotone; **2** *(sl) zie* opstopper; *geef hem een ~!, (fam)* sock him one!
dreunen *(vd donder)* rumble, roar; *(v geschut)* boom, roar; *(v ramen, enz)* shake; *(bij lezen, enz)* drone; *doen ~* shake; *het ~, zie* dreun
dreutel 1 (tiny) tot, toddler, nipper; **2** bungler
dreutelen dawdle
drevel 1 nail punch; *(voor metaal)* drift(pin); **2** *(houten pen)* dowel
drevelen 1 punch, drift; **2** dowel
dribbel 1 dribble; **2** toddler
dribbelaar(ster) 1 toddler; **2** *(sp)* dribbler
dribbelen 1 toddle, trip (along); **2** *(sp)* dribble
drie three; *(bij dobbel- & kaartspel ook)* trey [the trey of hearts]; *twee ~ën* two threes, *(dobbelspel)* two treys; *alle goeie dingen bestaan in ~ën* third time lucky, three for luck; *het werk in ~ën doen* do ... in three stages; *tussen ~ partijen* three-cornered [fight]; *vgl* driehoeks- & driezijdig, & aan, [2]bij I.6, delen, met, rijden, regel, trein, vouwen, zetten
drieachtste three eighths; *~ maat* three-eight (time)
driearmig three-armed
driebaansweg three-lane road
driebanden (play) three-cushion billiards
driebenig three-legged
drieblad trefoil
driebladig trifoliate, three-leaved
driedaags three days'
driedekker 1 three-decker; **2** *(vliegt)* triplane
driedelig three-piece [suit]; three-volume [novel]; three-part [serial]; tripartite [agreement; leaf]; *(muz)* triple [time]
driedik threefold, treble, three-ply; *vgl* driedubbel
driedimensionaal three-dimensional, 3-D, solid
driedistel carline (thistle)
driedraads three-ply [rope, etc]; *(elektr)* three-wire [system]
driedubbel treble [dose], triple [line of soldiers], double-dyed [fool], threefold; *je moet er ~ voor betalen* you must pay for it three times over; *zie ook* dubbel
drie-eenheid trinity; *(soms)* triad; *de (Heilige) D~* the (Holy) Trinity
drie-eenheidsleer Trinitarianism
drie-enig triune
drie-enigheid trinity
drieërhande, drieërlei of three sorts
driefasig three-phase [engine]
driegestreept *(muz)* thrice-marked; *vgl* eengestreept
driehelmig *(plantk)* triandrous
driehoek triangle; *(teken~)* set square, triangle; *(vorm)* delta [connection, wing]
driehoekig triangular, trigonal, three-cornered
driehoeksgesprek three-cornered discussion
driehoeksmeting trigonometry
driehoekstransactie three-way transaction, triangular deal
driehoeksverhouding triangular love affair, [the] eternal triangle
driehoeksverkiezing three-cornered election [contest, fight]
driehokkig trilocular
driehonderdjarig tercentenary; *~ bestaan, ~e gedenkdag* tercentenary
driehoofdig three-headed [serpent]; *~e armspier* triceps (muscle)
driehoog three (*Am:* four) floors up, on (in) the third (fourth) floor; *~ achter* three floors up at the back; *(fig)* [live in] cheap accommodation

driejaarlijks triennial
driejarig *zie* jarig; *(ook)* triennial [period]
driekaart tierce
driekant(ig) three-sided, trilateral, three-cornered [hat], triangular
drieklank 1 *(taal)* triphthong; **2** *(muz)* triad; *harmonische ~* common chord
driekleppig trivalvular
driekleur [the Dutch, Belgian, French, etc] tricolour
driekleurendruk three-colour print(ing)
driekleurig three-colour(ed); *zie ook* viooltje
Driekoningen(feest) Epiphany, Twelfth Night
driekroon triple crown, tiara
driekwart 1 three quarters of [a mile]; three fourths; *(voor) ~* three parts [empty, etc]; three-quarter(s) [full], [it has] three-quarters [ruined you]; *~ idioot* next door to an idiot; *~ jas* three-quarter length coat; **2** innocent, slowcoach; **3** *(rugby)* three-quarter
driekwartsmaat three-four (time)
drieledig 1 threefold, tripartite; three-barrelled [question]; **2** *(wisk)* trinomial
drielettergrepig trisyllabic; *~ woord* trisyllable
drieletterwoord four-letter word
drieling 1 (set of) triplets [they are (he is one of) triplets]; *(een der drie)* triplet; **2** triple-barrelled rifle
drielobbig three-lobed, trilobate
drieloops- triple-barrelled
drieluik triptych
driemaal three times [daily]; *(vero & lit)* thrice; *zie ook* maal, scheepsrecht, enz
driemaandelijks I *bw* quarterly, every three months; **II** *bn* quarterly, three-monthly *(ook zn: ~ tijdschrift)*
driemaands three months old, three-months'
drieman triumvir *(mv ook: -viri)*
driemanschap 1 trio, *(fam)* threesome; **2** *(regering)* triumvirate
driemaster three-master
driemotorig triple-engined
driepas trefoil [arch]
driepoot *zie* drievoet
driepuntslanding *(luchtv)* three-point landing
drieregelig of three lines, three-line; *~ vers* triplet
drieriemsgalei trireme
drieslagsmaat triple time
drieslagstelsel three-course rotation
driesnarig three-stringed
driespan team of three (horses, oxen)
driesprong (three-way) road junction, fork; *(fig) zie* tweesprong; *(paardensp)* treble (combination); *(atletiek)* triple jump
driest audacious, impudent
driestal three-legged stool, tripod
driestar asterism
driestemmig for three voices, three-part [song]
driestheid audacity, impudence
driestrengs three-ply [cord]
driestuiversroman shocker, penny dreadful, *(Am)* dime novel
drietal (number of) three, trio, triad, threesome; *een ~ dagen* (some) three days
drietalig trilingual
drietallig ternary; *vgl* tientallig
drietand trident, three-pronged (-tined) fork
drietandig 1 three-pronged, three-tined; **2** *(biol, plantk)* tridental, tridentate
drietenig three-toed; *~e meeuw* kittiwake (gull); *~e zandloper* sanderling
drietonner three-tonner
drietrapsraket three-stage rocket
drieversnellingsnaaf three-speed gear
drievingerig three-fingered
drievlakshoek trihedral angle
drievoet 1 tripod *(ook ve camera)* **2** *(treeft)* trivet; **3** three-legged trestle
drievoetig three-footed
drievoud 1 multiple of three; **2** treble; *vgl* drievoudig
drievoudig threefold [champion], triple [crown], treble [chance]; tripartite [pact *verdrag*], [copy] in triplicate; *zie ook* verbond
Drievuldigheid Trinity [Sunday *drievuldigheidsdag*]
driewaardigheid trivalency
drieweg *zie* driesprong; *(attr)* three-way [cock *kraan*, plug, speaker, switch], three-point [switch]
driewerf thrice, three times; *(attr)* threefold, triple
driewieler tricycle; *berijder van ~* tricyclist
driezijdig three-sided, trilateral, tripartite [treaty], three-cornered
driezitsbank three-seater settee
drift 1 *(opvliegendheid)* passion, (hot) temper, [words spoken in] heat; *in ~* in a fit of passion, [act] in hot blood; *in ~ raken, zie* driftig 1: *~ worden*; **2** *(hartstocht)* passion [evil passions]; **3** *(drang)* impulse, [sexual] urge, [reforming] zest, *(psych)* [sex] drive; **4** *(haast)* haste, precipitation; **5** *(kudde)* drove [of oxen], flock [of sheep], flight [of geese]; *(~recht) zie* driftrecht **6** *(mar)* leeway, drift; *(in zee)* drift (current); *(v wolken)* scud, drift; *op ~ gaan, (mar)* break adrift
driftbui (fit of) temper, tantrum
driftig 1 *(v aard)* quick-, hot-tempered, passionate, choleric; *(boos)* in a passion, angry, hot [answer hotly]; *~ worden, zich ~ maken* fly into a passion, lose one's temper; *zie ook* bui; **2** *(haastig)* hasty, hurried; **3** *(mar)* adrift; *~ worden, (mar)* break adrift
driftigheid irascibility, quick (hot) temper
driftkikker, driftkop hothead; *zijn ~ van een vrouw* his spitfire (of a) wife
driftrecht grazing right(s), right of pasture
driftstroom drift
drijfanker sea anchor, drogue
drijfas (drive) shaft; *(auto, enz)* driveshaft, propeller shaft; *(spoorw, enz)* driving axle
drijfbeitel chasing chisel
drijfgas propellant
drijfhaard refining furnace (*of:* hearth)
drijfhamer chasing hammer

drijfhout driftwood
drijfijs drift-ice
drijfijzer driving bolt
drijfjacht *zie* klopjacht
drijfkracht motive (moving, driving) power; *(fig ook)* driving force, moving spirit, drive, dynamic force; *van ~ voorzien* power
drijfmest semi-liquid manure, slurry
drijfnat soaked, soaking (sopping) wet
drijfnet drift-net
drijfriem driving belt (*of:* band)
drijfschaal floating bowl
drijfstang connecting rod
drijfsteen float-stone
drijftil trembling bog
drijftol whipping-top
drijfveer moving-spring, mainspring; *(fig ook)* motive, mainspring [the mainsprings of his actions], incentive
drijfvermogen buoyancy
drijfwant drift-net
drijfweefsel *(plantk)* floating tissue
drijfwerk 1 chasing, chased work; **2** *(ve mach)* driving gear
drijfwiel driving wheel
drijfzand quicksand(s), shifting sand(s)
drijven I *intr* **1** float [on (in) the water, in the air], swim [in butter, on the surface], drift [with the current, down the river, ashore, the clouds drifted westward]; *zie ook* wiek; **2** *(nat zijn)* be soaking (sopping) wet; *de vloer dreef van het bloed* swam in (with) blood; *ik drijf (van het zweet)* I'm dripping with sweat; **3** *(in godsdienst, enz)* be a fanatic (a zealot); **II** *tr* **1** drive [cattle to market, a p. to despair]; drive, propel [a machine]; whip [a top]; *(sp)* dribble [the ball]; ***door** stoom gedreven* driven (propelled, worked) by steam, steam-driven; *elektrisch gedreven* electrically driven (operated); **2** *(bedrijven)* carry on, conduct, run [a business]; **3** *(dringen)* drive, impel; ***iem** ~* drive (urge) a p. on; *(jachten)* hurry (hustle, rush) a p.; ***de prijzen** in de hoogte ~* force up prices; *de zaken (het) te ver ~ (zo ver ~ dat ...)* carry (*of:* push) things too far (to such lengths that ...); *de voorzichtigheid zo ver ~ dat ...* carry precaution to such a point that ...; *nu drijf je het te ver, (ook)* now you're going too far; ***door** edele beginselen (een innerlijke drang, nieuwsgierigheid) gedreven* prompted (actuated) by noble principles (impelled by an inner urge, actuated by curiosity); *zie ook* aandrijven, handel, nauw, uiterste, enz; **4** chase, emboss [metals], beat [gold]
drijvend 1 floating [crane, point *komma*]; drifting [mine]; adrift [on the ocean]; [remain] afloat; *~ houden* buoy up; *zie ook* brandspuit, dok, enz; **2** moving [spirit], driving [force]
drijver 1 *(v vee)* driver, drover; *(jacht)* beater; **2** *(v metalen)* chaser, embosser; **3** *(ve vliegtuig, visserij, v lampje, enz)* float; **4** *(fig)* zealot, fanatic; *(bekrompen ~)* bigot
drijverij fanaticism, zealotry, bigotry
dril 1 *(stof, boor & africhting)* drill; **2** *(gelei)* (meat) jelly
drilboor drill
drillen 1 drill [recruits, pupils, etc]; *(voor examen)* coach, cram; **2** *(boren)* drill
drilmeester 1 drill sergeant; **2** *(fig)* crammer
drilschool cramming school
dringen I *intr* push, *(ve menigte ook)* crowd, throng, hustle; *niet ~!* don't push!, no pushing, please!; *er werd vreselijk gedrongen* there was a terrible crush; *de tijd dringt* time presses; *~ **door*** pierce, penetrate (through); *(door menigte, enz)* force (push, elbow) one's way through, squeeze through [the crowd, etc]; *~ in, zie* binnendringen; *zie ook* nood; **II** *tr* push [a p. aside], crowd [crowded into a corner], press, hustle, jostle; *(fig)* urge [a p. to action], force [a p. on to the defence]; ***zich** ~ in* insinuate (*of:* worm) o.s. into a p.'s favour (confidence, etc); *zie ook* gedrongen
dringend urgent [request], pressing [business, invitation, need], acute, crying, dire [need]; *~ nodig hebben* be in urgent need of; *~ verzoeken* request urgently (earnestly)
drinkbaar drinkable, *(soms)* potable
drinkbak *(ve paard)* water(ing) trough; *(ve hond, enz)* drinking bowl
drinkbeker cup; *(lit)* goblet, beaker; *laat deze ~ aan mij voorbijgaan* let this cup pass from me
drinkebroer tippler, toper; *(fam)* soak, boozer
drinken I *ww* drink; *(met kleine teugjes)* sip; *(met grote teugen, lit & scherts)* quaff; *(aan de drank zijn, ook)* be given to drink(ing); *wat ~* have a drink; *zwaar ~* drink deep (hard); *te veel ~* drink to excess; *wat wil je ~?* what are you having?, *(fam)* what's yours?; *een glas wijn **met** iem ~, (ook)* join a p. in a glass of wine; ***onder** de tafel ~* drink [a p.] under the table; ***op** iemand(s gezondheid) ~ (met ...)* drink (to) a p.'s health (in champagne, in a glass of port), drink to a p., toast a p.; *ik stel voor op de bruid (op de heer K) te ~* I (I'll) give you the bride (I propose Mr K's health); *op onze nadere kennismaking ~* drink to our further acquaintance; *~ op de ondergang van* drink confusion to; *ik drink op je succes* here's to your success!; *daar moeten we op ~* we must have a drink on this; *zie ook* tempelier; **II** *zn* **1** drinking; **2** *(concr)* drink(s), beverage; *dat is geen ~ (niet te ~)* that is not fit to drink
drinker [a hard, heavy, moderate] drinker; *vgl* drinkebroer
drinkfles water bottle
drinkfonteintje drinking fountain
drinkgelag drinking bout, carouse, carousal
drinkgeld tip
drinkglas drinking glass; *(zonder voet)* tumbler
drinkhoorn drinking horn
drinkkan tankard

drinkkroes (drinking) mug
drinklied drinking song
drinkplaats watering place, watering hole
drinkschuitje *(voor zieke)* spouted cup, feeding cup
drinktrog water(ing) trough, cattle trough
drinkwater drinking water [supply]; *geen ~!* water unfit for drinking
droedelen doodle
droef sad [day, duty, sight]; melancholy [duty, song]; afflicted [parents]; *~ peinzend* wistful [look]; *~ te moede* in low spirits, cast down; *door droeve noodzaak* by dire necessity
droefenis sorrow, grief, affliction, distress
droefgeestig melancholy, mournful, sad; *~ peinzend* wistful
droefgeestigheid melancholy, mournfulness, sadness
droefheid sadness, sorrow [*over* at]
droeg *ovt van* dragen
droes 1 *(kwade)* glanders; *(goedaardige)* strangles; **2** *zie* drommel
droesem dregs, lees, sediment
droevig 1 sad, sorrowful; **2** *(beklagenswaardig)* sad, pitiful [sight], sorry [present a sorry spectacle]; *zie ook* bedroefd & ridder
drogbeeld illusion, phantom
droge 1 dry land, dry spot; *op het ~* on dry land; *op het ~ brengen* land; *op het ~ zitten* be stranded *(ook fig); zie ook* schaap, enz; **2** *(pers) zie* droogkomiek & droogpruim
drogen I *tr* dry [one's hands on a towel], wipe (dry); *(fruit)* dry; *(kunstmatig)* dehydrate; *gedroogde kokosnoot* desiccated coconut; **II** *intr* dry
drogenaaldets dry-point, etching in dry-points
droger drier, dryer
drogeren drug, administer stimulants to [a racing cyclist]
drogerij 1 drying house (*of:* room); **2** dried herb, dye, colour, chemical
droget drugget
drogist chemist, druggist
drogisterij chemist's
drogman dragoman (*mv:* -mans, -men)
drogreden sophism, fallacy
drogredenaar sophist
drol 1 turd; [dog's] droppings; **2** droll person; *(plat)* clot
drom crowd, throng, multitude; *in ~men* in droves
dromedaris dromedary
dromen dream; *(fig ook)* moon; *lopen te ~* moon about; *je droomt* you are dreaming; *wie had dat kunnen ~* who could have dreamt of such a thing; *ik kan het wel ~* I know it backwards; *dat heb je gedroomd* you've been imagining things; *(dat) had je gedroomd!* not on your life!, forget it!; *vgl* droom
dromenland dreamland
dromer dreamer
dromerig dreamy; faraway, far-off [look]
dromerij reverie
drommel deuce; *arme ~* poor devil (wretch); *wat ~!* confound it!, dash (hang) it all!; *om de ~ niet!* bless me no!, not on your life!; *om de ~ niet slecht* by no means bad; *laat hij naar de ~ lopen!* blast him!; *de ~ hale hem (het)!* the deuce take him (it)!; *zie* duivel, *en vgl* donder & drommels
drommels I *tw: ~!* the devil!, the deuce!; *~ nog (an) toe* hang it all; **II** *bw: ~ heet* confoundedly (damnably, darn(ed)) hot; *ik zal het hem ~ goed aan het verstand brengen* I'll jolly well make him understand; **III** *bn* dratted, blasted, confounded; *die ~e jongen!* drat the boy!; *vgl* donders
drommen crowd (together), throng, swarm [out of the gates]
drong *ovt van* dringen
dronk I *zn* drink [a drink of water], draught; *hij heeft een kwade (goedaardige) ~ over zich* he is quarrelsome (extremely cordial) when drunk; *een ~ instellen op* propose (give, call) a toast to, toast [each other's sovereigns]; *zie ook* drinken op; **II** *ww ovt van* drinken
dronkaard drunkard, *(fam)* soak
dronken drunken *(alleen attr),* drunk, intoxicated, inebriated, tipsy, the worse for drink, *(fam)* tight; *~ van vreugde* drunk (intoxicated) with joy; *~ worden van* get drunk, etc on [one glass, brandy, etc]; *iem ~ maken (voeren)* make (get) a p. drunk, etc [*met* on gin]; *zie ook* stomdronken
***dronkenlap** *(Wdl: dronkelap) zie* dronkaard
***dronkenman** *(Wdl: dronkeman)* drunk
dronkenmansgebed: *een ~ doen* count one's (last) money
dronkenmanspartij *(jool)* drunken frolic; *(ruzie)* drunken brawl
***dronkenmanspraat** *(Wdl: dronkemanspraat)* drunken talk
dronkenschap drunkenness, inebriety, intoxication; *in z'n ~* in his drunken fit [he said things]
droog dry [climate, cow, cough, humour, sherry, subject, etc; *ook: zonder drankverkoop*]; *(dor)* arid *(ook fig); (vh weer, ook)* fine [there were 200 fine days in the year]; *erg ~* dry as dust [book, writer]; *droge batterij* dry battery; *~ brood, (in beide bet)* dry bread; *hij verdient geen ~ brood* he doesn't earn enough to live on; *daar zit geen ~ brood in* it won't keep body and soul together; *~ closet* earth closet; *droge min* dry-nurse; *met droge ogen* with dry eyes, dry-eyed; *droge opmerking, (ook)* wry remark; *een droge vent* a dull fellow, a dry stick; *droge waren* dry goods; *zie ook* [1]maat 1; *~ warm weer* fine and warm weather; *het zal wel ~* ***blijven*** the weather will hold, the rain will hold off, it will keep fine; *~* ***worden****, (ve stroom)* run dry, dry up; *(ve koe & door drankverbod)* go dry; *zo ~* ***als kurk*** *(zand)* as dry as dust, bone dry; *hij is nog niet ~ achter de oren* he is still wet behind the ears; *zie ook* droge, zand, enz
droogautomaat tumble-dryer, spin-dryer

droogbloeier *(inz)* autumn crocus
droogbloem cudweed
droogboeket bouquet of dried flowers
droogdoek tea towel
droogdok dry dock, graving dock; *vgl* dok 1 & dokken 1
droogje: *op een ~* with nothing to drink
droogjes drily, dryly, with dry humour
droogkamer drying room
droogkap dryer
droogkloot bore
droogkoken boil dry
droogkomiek *(bn ook: droogkomisch)* drily humorous (person)
droogleggen 1 drain [land, bogs], reclaim [the Zuider Zee]; **2** *(drankverkoop verbieden in)* make dry
drooglegging 1 drainage, draining; reclamation; making dry; *vgl* droogleggen 1; **2** *(verbod drankverkoop)* prohibition
drooglijn clothes line, washing line
drooglopen run dry, dry up
droogmaken 1 dry; **2** *zie* droogleggen 1
droogmakerij reclaimed marshland
droogmaking *zie* drooglegging 1
droogmalen *zie* droogleggen 1
droogmiddel siccative
droogmolen rotary airer (dryer)
droogoven drying kiln
droogparasol rotary airer (dryer)
droogpruim(er) dry stick, old stick; *(vrouw, ook)* dry piece of goods
droograam drying frame, drying rack
droogrek (clothes) airer, clothes horse
droogscheren 1 dry-shave; **2** shear cloth
droogschuur drying shed
droogstaan be dry *(ook v koe),* [the river has] run dry; *~d* dry, dried-up [cow]
droogstempel embossed stamp
droogstoppel *zie* droogpruim
droogte 1 dryness, drought; **2** shoal, sandbank
droogtoestel drying apparatus, desiccator
droogtrommel tumble-dryer, spin-dryer
droogvoer dry feed
droogvoets dry-shod
droogweg drily, dryly, with dry humour
droogzolder drying loft
droogzwemmen 1 practise swimming strokes out of the water, land drill; **2** *(fig)* rehearse, do a dry (a dummy) run
droogzwierder spin-dryer
droom dream *(alle bet); dromen zijn bedrog* dreams are lies; *in dromen verzonken zijn* be lost in dreams, *(wakend)* be in a daydream, be daydreaming; *iem uit de ~ helpen* undeceive (disabuse) a p., open a p.'s eyes
droombeeld phantasm, vision, illusion
droomgezicht vision
droomhuis house of one's dreams, dream house
droomuitlegger, droomuitlegster interpreter of dreams
droomwereld dream-world
droop *ovt van* druipen
drop 1 liquorice, *(Am)* licorice; *~je, (ruitvormig teken)* lozenge; **2** *(drup)* drop, bead [of perspiration]; *(het druppelen)* drip; *van een ~je (drupje) houden* be fond of a drop; *zie ook* druppel, regen; **3** *(erop) zie* op II *bw:* erop
droppel, enz *zie* druppel enz
droppen drop (off)
drops acid drop
drossaard (high) bailiff, sheriff
drossaardschap bailiwick, shrievalty
drossen run away, dash off, desert
drost (high) bailiff, sheriff
drs. *zie* doctorandus
drug drug
drugsgebruiker drug taker
drugshandelaar drug dealer (trafficker), pusher
drugsverslaafde drug addict
druïde druid
druïdenvoet pentagram
druif 1 grape *(ook knop); blauwe (witte) ~* black (white) grape; *blauwe ~jes* grape hyacinth; *de druiven zijn zuur* the grapes are sour; [cry] 'sour grapes'; *druiven van distelen lezen* gather grapes of thorns; **2** *rare ~* queer cuss; *fijne, lekkere ~* [you're a] nice one
druifhyacint grape hyacinth
druifluis phylloxera
druil 1 *(mar)* driver; **2** *(~oor)* mope
druilen mope, pout; *(vh weer)* drizzle, mizzle
druilerig moping, mopish; *(vh weer)* sullen, drizzling, mizzling; weeping [sky]
druiloor mope
druilorig moping, mopish
druipdroog drip-dry
druipen 1 drip [*van bloed* with blood]; *(ve kaars)* run, gutter; *~ van het zweet, zie* drijven; *~ van medegevoel, (iron)* ooze sympathy; *mijn kleren ~* my ... are dripping; *het geld druipt hem door de vingers* money slips (runs) through his ...; **2** *(vero: zakken)* be ploughed [in an exam]
druiper *(med)* clap
druipkaars drip(ping) candle
druipkant eaves
druiplijst drip-moulding, dripstone
druipnat dripping (wet), soaked
druipneus 1 running nose; **2** *(pers)* sniveller; *een ~ hebben* run at the nose, snivel
druipstaarten: *~d weglopen, (ook fig)* go off with one's tail between one's legs
druipsteen sinter (deposits); *(hangend)* stalactite; *(staand)* stalagmite
druipsteengrot stalactitic (stalagmitic) cavern
druipvet dripping
druisen roar, swish

druivenblad vine leaf
druivenbloed grape juice
druivenkas vinery
druivenkwekerij 1 viti-, viniculture; **2** *(concr)* grapery
druivenmoer (wine) marc
druivenoogst vintage, grape harvest
druivenpers winepress
druivenpit grape pip, grapeseed
druivenpluk vintage
druivenplukker vintager, grape harvester
druivensap grape juice
druivenschaar grape scissors
druivensuiker grape-sugar, glucose, dextrose
druiventros bunch of grapes
druivenziekte vine disease
druk I *bn* **1** *(vol beweging)* busy [scene, street, spot, traffic, day, time, practice *praktijk*], bustling, lively; heavy [traffic]; *(~ bezocht)* much frequented [resort]; *(levendig)* lively, brisk [trade, conversation], close [in close conversation]; *(vol)* crowded [meeting, week]; *(bedrijvig)* bustling [woman]; *wegens ~ke bezigheden* [resign] owing to pressure of work; *~ gebruik maken van* make much use of; *een ~ leven hebben* lead a busy life, be always on the go; *in de ~ke tijd* in the height of the season; *~ke tijden* times of pressure; *~ke uren, (aan station, enz)* rush (peak) hours; *het is me hier te ~* there is too much noise for me here; *~ke zaak* well-patronized shop; *het is hier niet ~* there is little doing here; *het ~* ***hebben*** be busy; *(ve winkel)* do (a) good business; *het ~ hebben met schrijven* be busy writing; *het te ~ hebben met schrijven om te praten* be too busy writing to ...; *ze hebben het er ~ over* it is the general topic of conversation; *zich (niet) ~* ***maken*** get excited (exercised), worry, trouble o.s. (remain calm, unruffled) [*over* about]; *maak je (daarover) niet ~* don't worry (about it); *het zich niet ~ maken* take things easy; **2** *(zenuwachtig ~)* fussy, fidgety; **3** *(v versiering, kleuren, enz)* loud, obtrusive, fussy, gaudy, jazz(y); **II** *bw* [talk] busily, animatedly, etc; *~ aan het schrijven* writing busily; *ze waren zo ~ aan het spelen* they were so absorbed in their game; *~ bezig* very busy; *~ bezig met* actively engaged in; *~ in gesprek* in close conversation, deep in talk; *een van de ~st bereden lijnen ter wereld* one of the most intensively used railway lines ...; *~ bezochte vergadering* well-attended meeting; *er werd ~ gestemd* there was a large poll, the polling (voting) was heavy; *~ gevraagd (verkocht) worden* be in great demand; *zie ook* baas; **III** *zn* **1** pressure [atmospheric, high, low pressure, a pressure of three atmospheres; *ook fig:* mental pressure, financial pressure], weight, burden [of taxation], strain [on the nerves], squeeze [of the hand]; *~ uitoefenen op* bring pressure to bear (up)on, put (exert) pressure on; ***onder*** *hoge ~* [work, live] at high pressure; *onder de ~ der ...* under the stress of [circumstances], under the pressure of [necessity]; *iem onder ~ zetten* put pressure on (pressure) a p.; *(fam)* lean on [a p., the BBC]; **2** *(drukkend gevoel, onderdrukking)* oppression; **3** *(v boek)* print(ing), *(uitgave)* edition; *onveranderde ~* [second] impression; *grote (kleine) ~* large (small) print (*of:* type); *een vel ~s* a sheet; *100 blz ~s* 100 pages of print; ***in*** *~* [see one's name] in print; *in ~ geven* have [a work] printed, publish; *in ~ verschijnen* appear (in print), be published; ***voor*** *de ~ bezorgen* see [a book] through (prepare [a book] for) the press, edit
drukbel push-bell
drukdoenerig ostentatiously busy, swanky
drukfout misprint, printer's error, typographic(al) error, typo, error of the press
drukfoutduiveltje printer's imp
drukinkt printer's (printing) ink
drukkajuit *(luchtv)* pressure cabin
drukken I *tr* **1** press, squeeze; *iems hand ~* press (squeeze) a p.'s hand; *iem de hand ~* shake hands with a p.; *iem* ***aan*** *zijn hart (borst) ~* press (fold) a p. to one's heart (breast); *zie ook* aandrukken; *iem* ***in*** *zijn armen ~* clasp (press) a p. in one's arms, embrace (hug) a p.; *iem geld in de hand ~* slip money into a p.'s hand; *iem iets* ***op*** *het hart (gemoed) ~* impress (urge, enjoin) s.t. (up)on a p.; *iem* ***tegen*** *de muur ~* press (pin) a p. against the wall; *de markt ~* depress the market; *de prijzen ~* depress, send (force) down prices; *(v belasting, enz)* weigh (heavy) (up)on; *zie ook* voetstap, enz; **2** *(fig)* oppress [this thought oppressed him]; *(v zorgen, enz)* weigh (heavy) (up)on, weigh (up)on a p.'s mind [the responsibility weighed upon his mind]; **3** *(boek, katoen)* print; *het boek wordt gedrukt* is in the press (at press), is being printed; *duizend exemplaren ~* print (run off) a thousand copies; *(niet) geschikt om gedrukt te worden* (not) fit to be printed [the joke is unprintable]; **II** *intr* press; *(knellen)* pinch; ***zich*** *~* shirk, dodge; *~* ***op*** press [a button], stress [a syllable]; *deze wet drukt zwaar op de armen* this law bears (presses) hard (heavily) (up)on ...; *zie verder* I
drukkend heavy, burdensome, onerous [taxes], *(sterker)* crushing [taxation]; oppressive [feeling, heat], *(zwoel ook)* close, sultry, muggy
drukker 1 *(boek-, katoen~)* printer; *zie ook* drukknop; *naar de ~ gaan (zenden)* go (send) to press; *bij de ~ zijn* be in the press; **2** *zie* drukknoop & drukknop
drukkerij printing office (*of:* works), *(Am)* printshop; *(katoen~)* printing shop
drukkersgezel journeyman printer
drukkersjongen printer's devil
drukkerspatroon master printer
drukking 1 pressure *(ook med & fig)*, weight; **2** oppression
drukknoop press-stud, snap-fastener, *(fam)* popper
drukknop push-button; *(ve bel, ook)* bell push
drukkunst (art of) printing, typography, typographic art

drukletter (printing) type; *(vs schrijfletter)* roman letter, print letter, printed character; *~s s.v.p.* please print
drukmeter pressure gauge
drukmiddel lever, [use various] means of exerting pressure
druk-op-de-knop push-button [warfare]
drukpers (printing) press; *zie* vrijheid
drukproef (printer's) proof(-sheet)
drukraam *(fot)* press-frame; *(typ)* chase
drukrol press roller
drukschakelaar pressure switch
drukschrift *(drukletters)* printhand; *(tekst)* letterpress, printed matter
druksluiting press-stud, snap-fastener, *(fam)* popper
drukte 1 *(herrie)* bustle, to-do; *zie ook* herrie; *(opwinding)* excitement, stir; **2** *(last)* trouble, bother; **3** *(ophef)* fuss, commotion; *waar is al die ~ over?* what is all this fuss about?; *veel ~* ***maken*** make a great fuss (*of:* to-do) [*over* about: she likes to be fussed over; *fam ook:* make a great song about]; *veel ~ om niets* much ado about nothing; *(kouwe ~)* swank; *(zenuwachtige ~)* flurry; *zie ook* omslag & ophef; **4** *(in zaken)* rush (pressure, press) of business; *tijden van ~* times of pressure; *(aan station, bij uitverkoop, enz)* rush
druktemaker 1 noisy (rowdy) fellow; **2** swaggerer, show-off
druktoets push-button [telephone]
drukverband compress
drukvorm (printing) form(e)
drukwerk printed papers; [it looks like] print; *tarief voor ~* printed paper rate; *ongeadresseerd (handels)~* junk mail
drum drum
drumband marching band
drummen drum
drumstel drum kit, drum set, drums
drup *zie* drop
druppel drop, drip [a drop on the tip of her nose]; *(fam)* spot [a spot of whisky]; *~s, (medicijn)* drops; *~tje* droplet; *er valt een enkele ~* it is spitting (with rain); *een ~(tje) drinken* have a drop of drink; *het is een ~ aan de emmer (in de zee, op een gloeiende plaat)* it is a drop in the ocean (the bucket); *de ~ die de emmer doet overlopen* the last straw; *op elkaar lijken als twee ~s water* be as like as two peas (in a pod); *de gestage ~ holt de steen uit* constant dropping wears away the stone
druppelaar, druppelbuisje dropper
druppelen drop, drip, trickle [the tears trickled down her cheeks]; dribble [the teapot dribbled at the spout]
druppelflesje dropper bottle
druppelgelijkrichter trickle charger
druppelinfusie intravenous drips
druppelsgewijs drop by drop, in (by) drops; *(fig)* bit by bit, by dribs and drabs; *~ binnenkomen, (v nieuws, enz)* trickle in
druppelteller [medicine bottle with] dropper
druppelvanger drip catcher
druus Druse
dryade dryad, wood nymph
ds.: *~ Smith* (the) Rev(erend) J(ohn) Smith, (the) Rev Mr Smith
D-trein (international) express train
duaal dual
dualis dual (number)
dualisme dualism
dualistisch dualistic
dualiteit duality
dubbel I *bn* double [door, flower, eagle, standard]; dual [aim, carriageway, role]; double-fronted [house]; *~e besturing* dual control(s); *een ~e betrekking hebben* have two jobs; *~e bodem* false bottom; *(fig)* hidden meaning; *vraag met ~e bodem* loaded question; *titel met ~e bodem* title with a hidden (an additional) meaning; *~e breuk* double hernia; *~e deur, (ook)* folding door(s); *een ~ leven leiden* lead a double life (a Jekyll and Hyde existence); *~e naam* double (double-barrelled, hyphenated) name; *~ raam* double-glazed window; *(het buitenste raam)* storm window; *de ~e som* double the sum; *~ spel spelen* play a double game, play double; *~ spoor* double track; *~ twee, (roeien)* double sculls; *helft van ~ woonhuis* semi-detached residence; *zie ook* boekhouden; **II** *bw* doubly [be doubly welcome]; *~ zo duur* double the price; *wie spoedig geeft, geeft ~* he gives twice who gives quickly; *(de dingen) ~ zien* see (things) double; *hij verdient het ~ en dwars* he richly (more than) deserves it; *~ op* [that is] doing the same thing twice; *~ gedistilleerd* double distilled; **III** *zn (bridge)* double; *~e, (doublet)* duplicate, double, doublet; *het ~e* double the sum, twice the amount, etc; *het ~e daarvan* [the weight is] double that; *~ of quitte* double or quits
dubbelbesluit twin-track decision
dubbelbrekend double-refracting [crystals]
dubbeldekker double-decker [boat, bus, train]; *(luchtv)* biplane
dubbeldik double size (thickness); thick [glass]
dubbelen double; *(film, enz)* dub; *(schip)* sheathe; *(sp)* lap; *zie ook* doubleren
dubbelepunt colon
dubbelfocusbril bifocal glasses, *(fam)* bifocals
dubbelfout *(tennis)* double fault
dubbelganger double; [a Diana] lookalike; *(geestverschijning, ook)* doppelgänger, wraith
dubbelgebeid double-distilled; *(fig)* double-dyed
dubbelglas double glazing; *van ~ voorzien* double-glaze
dubbelhartig two-faced, two-tongued; *~ mens* double-dealer
dubbelhartigheid double-dealing, duplicity
dubbeling *(ve schip)* sheathing
dubbelkoolzuur: *-zure soda* sodium bicarbonate, bi-

carbonate of soda, *(fam)* bicarb
dubbelkoolzuurzout bicarbonate
dubbelkruis patriarchal cross; *(muz)* double sharp
dubbelloops double-barrelled (shotgun)
dubbelmol *(muz)* double flat
dubbelopname double exposure
dubbel parkeren park double, double-park; *(het)* ~ double parking
dubbelpolig bipolar
dubbelrol double (role)
dubbelschaduwigen amphiscians
dubbelschroef twin-screw [steamer]
dubbelslaan double (up); *zie ook* tong
dubbelspel *(sp)* double(s); *(golf)* foursome; *(honkbal)* double play
dubbelspion double agent
dubbelspoor double(-line) track; twin-track [recorder]; *van ~ voorzien* double-track
dubbelster double star, binary star
dubbeltal double number, two
dubbeltje *(hist)* ten-cent piece; *de ~s, (sl)* the tin; *op de ~s passen* take care of the pence; *voor een ~ op de eerste rang (rij) willen zitten* want all the frills without the expense; *zie ook* ²kant & omkeren
dubbeltjeskwestie question of money
dubbeltonig two-tone
dubbelvouwen fold in two
dubbelwerkend double-acting, double-action
dubbelzien *zn* double vision, diplopia
dubbelzinnig ambiguous; backhanded [compliment]; *(ook: verdacht)* equivocal; *(onkies)* indecent [joke], suggestive, involving a double entendre
dubbelzinnigheid ambiguity, equivocalness, equivocality; *(onkiesheid)* double entendre, double meaning
dubbelzout double salt
dubben 1 be in two minds, brood [over], worry [about]; **2** *(film, enz)* dub; *(met commentaarstem)* voice over
dubiëren stand in doubt
dubieus doubtful, dubious; questionable [practices], backhanded [compliment]
dubio: *in ~ staan* waver, hesitate
dubloen doubloon
duchten dread [danger], [there is nothing to] fear
duchtig I *bn* sound, thorough, strong; **II** *bw* soundly etc; [be] heavily [beaten], [abuse a p.] roundly, [fight, etc] like a good one, with a will; *iem ~ afranselen* give a p. a sound thrashing; *ik gaf er hem ~ van langs* I gave it him hot and strong; *zie ook* danig & flink
duel duel [*op de degen* with swords], single combat
duelleren (fight a) duel [with pistols]
duellist duellist
dueña duenna, governess, chaperonne
duet(zanger) duet(tist)
duf musty, fusty, stuffy, frowzy; nosy [hay]; *(fig)* musty [old books], suffty [ideas], [this job's making me] dull; *(sloom)* dull, dense
duffel(s) duffel, duffle
dufheid mustiness, etc; *zie ook* duf
duidelijk clear, plain; distinct [pronunciation]; broad [hint]; *(evident)* obvious [mistake]; patent [violation]; *(uitdrukkelijk)* explicit; *(~ omschreven)* clear-cut [proposal]; *zo ~ als tweemaal twee* as plain as the nose on your face; *het is mij niet ~* it's not clear to me, I am not clear about it; *het werd hem ~* it dawned (up)on him; *het is zonder meer ~* it needs no explaining; *hoe moeten we dit aan de gewone man ~ maken?* how are we to get it across to the man in the street?; *om het maar eens ~ te zeggen* to put it quite plainly; *dit bewijst vrij ~* this goes far to prove; *hij toont ~ aan, dat …* he makes it clear that …; *~ schrijven* write clearly; *(v inhoud)* write clearly, lucidly
duidelijkheid plainness, clarity; *vgl* duidelijk; *aan ~ niets te wensen laten* be crystal clear, quite explicit
duidelijkheidshalve for the sake of clearness (clarity), for clearness' sake
duiden I *intr: ~ op* point to; *zijn vlucht duidt op schuld* his flight argues guilt; *dat duidt op mij* that is meant for me; *~de op, (ook)* indicative of; *zie ook* wijzen; **II** *tr* interpret; *zie* kwaad, euvel, enz
duiding interpretation
duif pigeon; *(minder gewoon & pol)* dove [doves and hawks]; *jonge ~* squab; *de gebraden duiven vliegen je (vliegen niemand) in de mond* it's the land of plenty (if you won't work you shan't eat); *onder iems duiven schieten* poach on a p.'s preserves
duifkruid small scabious
duig stave; *het plan viel (lag) in ~en* the plan fell through, miscarried, collapsed, came to nothing (had fallen through)
duighout clapboard
duik dive; *even een ~ nemen* go for (have) a dip
duikbommenwerper dive-bomber
duikboot sub(marine); *(Duitse)* U-boat
duikbootjager submarine chaser, *(fam)* sub-chaser
duikbril diving goggles
duikeend diving duck
duikelaar diver; *(duif)* tumbler; *zie ook* sloom; *~tje* tumbler
duikelen 1 *(buitelingen maken)* turn somersaults, somersault; *(ve vliegt)* loop the loop; *(tuimelen)* tumble, fall head over heels; **2** *(duiken)* dive; *(fig)* come to grief
duikeling *zie* buiteling
duiken 1 dive [*naar* for] (*ook fig:* dive into a new project), dip, duck, plunge, take a plunge (a header); *(sport~)* skin dive; *(in een onderwerp)* explore, delve into; **2** *(zich buigen)* duck; *(weg~)* huddle [into one's coat]; *ineengedoken* hunched (huddled) (up), doubled up, hunched [over one's work]; *(weg)gedoken* ensconced [in an easy chair]
duiker 1 diver; *(vogel)* diver, diving bird; *cartesiaans ~tje* Cartesian devil (*of:* diver); **2** *(onder dijk, enz)*

culvert
duikereend diving duck
duikerhelm diving helmet
duikerklok diving bell
duikerpak wetsuit; diving dress (kit, suit)
duikersluis culvert
duikpak wetsuit
duikplank diving board (*of:* platform), springboard; *hoge ~* highboard
duiksport diving
duikvlucht *(luchtv)* (nose)dive, *(aangedreven)* power-dive
duim 1 thumb; *~en draaien* twiddle one's thumbs *(ook fig); iem* ***onder*** *de ~ hebben (houden)* have (keep) a p. under one's thumb [*ook:* he is under my thumb], keep a tight hand over a p.; *hij kan* ***op*** *zijn ~ fluiten* he may whistle for it; ***tussen*** *~ en vinger* between finger and thumb; *iets* ***uit*** *zijn ~ zuigen* make up (invent, fabricate) a story; **2** *(maat)* inch; **3** *(haak)* hook
duimbreed inch [one inch thick]; *geen ~ wijken* not give (move) an inch, not yield an inch of ground
duimdik inch-thick [snakes]; *zie ook* dik II: er ~ op liggen
duimeling, duimelot thumbstall
duimen 1 suck one's thumb; **2** *voor iem ~, (vglb)* keep one's fingers crossed
duimendik *zie* duimdik
duimendraaien twiddle one's thumbs *(ook fig)*
duimgreep thumb-index
duimkruid *(geld)* palm grease; *iem ~ geven* grease (oil) a p.'s palm
duimleer thumbstall
duimpje 1 (little) thumb; *ik ken het op mijn ~* I have it at my fingers' ends (fingertips), I have it (the story, etc) pat, I have [all the regulations] off by heart; *zie ook* kleinduimpje; **2** (small) hook
duimschroef thumbscrew; *iem de duimschroeven aanleggen* put on the thumbscrews, *(fig)* put the screws on
duimspijker thumbtack
duimstok (folding, *lang:* zigzag) rule
duimzuigen 1 thumb sucking; **2** romancing, making things up
duin dune
duinafslag dune erosion
duindoorn sea buckthorn
duinenrij range of dunes; *zie ook* zeereep
Duinkerken Dunkirk
duinpan dip, hollow in the dunes
duinpieper tawny pipit
duinroos burnet rose, Scotch rose
Duins the Downs [Battle of the Downs]
duinwater spring water (drawn from the dunes)
duinwaterleiding waterworks (drawing its water from the dunes)
duist slender foxtail
duister I *bn* **1** dark [night, future], obscure [style, etc]; *(schemerig)* dim [eyes dim with tears, burn dimly]; *(pikdonker)* murky; **2** *(somber)* gloomy; **3** *(fig)* abstruse [pronouncement], gloomy [outlook], mysterious [business], shady [practices], sinister [intentions, motives]; **II** *zn* dark; *iem in het ~ laten* keep a p. in the dark; *in het ~ tasten* grope in the dark, be in the dark [*omtrent* about, as to]; *zie ook* donker & hullen
duisterheid obscurity (*ook fig:* a poem full of obscurities), darkness, gloom
duisterling obscurantist
duisternis darkness (*ook fig:* deeds, the powers of darkness), dark, obscurity; *het invallen van de ~* dusk, nightfall
duit *(vglb)* farthing, *(hist)* doit; *de ~en* the dibs (brass, tin); *geen rooie ~ geven* not give a brass farthing; *hij heeft geen rooie ~* he hasn't got a penny to bless himself with; *een ~ in het zakje doen* contribute one's mite, put in a word, put (stick) one's oar in; *een flinke ~ kosten* cost a tidy penny; *hij verdient er een aardige ~ aan* he makes an excellent thing out of it; *hij is erg op de ~en* he is always after money; *vgl* cent
duitblad frogbit
duitendief moneybags
Duits German; *~e biefstuk* minced steak; *~e dog* Great Dane; *~e drukletter* black letter, Gothic type; *~e herder* Alsatian, *(Am)* German shepherd; *~e staande* German pointer; *zie ook* komma
Duitse German (woman, lady, girl)
Duitser German
Duitsgezind(e) pro-German, Germanophil
Duitsland Germany
duivekater 1 (kind of) Christmas bread; **2** *~(s), zie* drommels
duivekervel *zie* duivenkervel
duivel devil, the Evil One; *(fam)* Old Nick, Old Harry; fiend; *des ~s* [such things are] of the devil, [he was] furious; *de ~ en zijn moer* the devil and his dam; *arme ~* poor devil (wretch); *alle ~s!* the devil!, confound it!; ***hoe (waar, wat, wie)*** *~?* how (where, what, who) the devil?; *wie de ~ aan* ***boord heeft*** *moet met hem varen* needs must whom the devil drives; *de ~* ***hale*** *hem!* the deuce (the devil) take him!; ***maak*** *de ~ niet zwarter dan hij is* give the devil his due; *daar* ***mag*** *de ~ wijs uit worden* the devil take me if I can make head or tail of it; *als je van de ~* ***spreekt****, dan trap je op zijn staart* talk of the devil and he is bound to appear; talk of an angel and you hear the flutter of its wings; *de ~* ***speelt*** *ermee* the devil (the deuce) is in it; *de ~ in hebben (krijgen)* have (get) one's monkey up, be (get) wild; *hij had de ~ in, (ook)* his blood was up; *loop* ***naar*** *de ~!* go to the devil (to hell, to blazes)!, be hanged to you!; *hij mag naar de ~ lopen* he can go to the devil; blast him!; *iem naar de ~ wensen* wish a p. in hell; ***om*** *de ~ niet, zie* drommel; *zie ook* biecht, [2]dom, duvel & varen

duivelaanbidder devil worshipper
duivelachtig devilish, fiendish, diabolical
duivelarij devilry, devilment
duivelbanner exorcist
duivelbanning exorcism
duivelbezweerder, duivelbezwering *zie* duivelbanner, -banning
duivelen *zie* duvelen
duivelin she-devil
duivels I *bn* devilish, diabolical, fiendish; *die ~e jongens!* drat the boys!; *een ~e kerel* a devil of a fellow; *een ~ lawaai maken* make a devil of a noise; *~ maken* infuriate; *~ zijn (worden)* have (get) one's dander up; *je zou er ~ van worden* it's enough to provoke a saint; **II** *bw* devilish(ly), deuced(ly) [pretty]; *(wel) ~!* the devil!; *~ veel last veroorzaken* cause a devil of a lot of trouble; *vgl* drommels & donders
duivelsadvocaat devil's advocate
duivelsbrood toadstools
duivelsdrek asafoetida
duivelsei immature stinkhorn
duivelskind child of the devil, limb (of Satan), imp
duivelskunst black magic (art), sorcery, devilry
duivelskunstenaar, duivelskunstenares 1 sorcerer, -ress; **2** *(handig pers)* wizard
duivelsnaaigaren *(plantk)* dodder
duivelsrit hellride
duivelswerk devilish work, a devil of a job
duiveltje little devil, imp; *zie* duveltje
duivelverering diabolism, devil worship
duivendrek pigeon dung
duivenei pigeon egg
duivengat pigeon-hole
duivenhok pigeon house (*of:* loft), pigeonry, dovecot(e)
duivenhouder pigeon fancier
***duivenkervel** *(Wdl: duivekervel)* fumitory
duivenmelk pigeon's milk
duivenmelker pigeon fancier
duivenplat pigeon loft
duivenpost pigeon post
duivensport pigeon flying, pigeon racing
duiventil *zie* duivenhok
duivenvlucht 1 flight of pigeons; **2** *zie* duivenhok
duivin hen pigeon
duizelen grow (get) dizzy (giddy); *het duizelt mij* my head swims, my brain reels; *je verhaal doet me ~* your story staggers me
duizelend dizzy, giddy
duizelig dizzy, giddy; *het maakte me ~* it made my head spin; *~ worden* turn (feel, *fam:* come over) giddy
duizeligheid dizziness, giddiness
duizeling dizziness, vertigo, dizzy spell
duizelingwekkend dizzy, giddy [height]; *(fig)* [a] staggering [number]
duizend a (one) thousand, (*fam:* thou), *vgl* [2]bij I.6, de, uit, tegen, enz; *(in getallen, ook)* K [a 95K house *een huis van £95.000*]; *~je* thousand-guilder note (*Am:* bill); *~ pond (Am: dollar), (sl)* [twenty] grand; *de ~ en één verschillen* the thousand and one points of difference; *~en en ~en* thousands upon thousands [of insects]; *hij is er een (is een man) uit ~(en)* he is one in a thousand; *zie ook* lopen, enz
duizendblad milfoil, yarrow
duizend-en-een-nacht: *de ~* the Arabian Nights(' Entertainments), the Thousand and One Nights
duizenderlei of a thousand kinds
duizendguldenkruid centaury
duizendjarig of a thousand years, millennial; *het ~ rijk* the millennium
duizendknoop knotgrass, knotweed
duizendkoppig 1 thousand-headed; **2** innumerable [multitude], immense [crowd]
duizendkunstenaar wizard; *hij is een ~* he can do anything he puts his hand to
duizendmaal a thousand times; *~ dank (pardon)* a thousand thanks (pardons)
duizendpoot 1 centipede; **2** jack of all trades
duizendschoon sweet william
duizendste *bn & zn* thousandth; *een~ inch* (a) one-thousandth of an inch, one thou (*mv ook:* thou)
duizendtal thousand
duizendvoud multiple of 1000
duizendvoud(ig) I *bn* thousandfold; **II** *bw* a thousandfold
duizendwerf a thousand times
dukaat ducat
dukatengoud standard gold
dukaton ducatoon
dukdalf dolphin, mooring post
dulcimer dulcimer
dulcinea inamorata
duldbaar bearable
duldeloos unbearable
dulden 1 *(pijn)* bear, endure, suffer; **2** *(iem, sekte, enz)* tolerate [he is tolerated rather than liked]; *hij wordt hier slechts geduld* he is here on sufferance; *deze regering wordt slechts geduld* this ... exists only on sufferance; **3** *(behandeling, enz)* stand, put up with; *geen uitstel ~* brook no delay; *hij kan geen tirannie ~* he is impatient of tyranny; **4** *(toestaan)* allow
dumbo *(sl)* dumbo
dumdumkogel dumdum (bullet), soft-nosed bullet, expanding bullet
dump 1 dump; **2** (Army) Surplus Stores
dumpen dump
dumpprijs dumping price
dumpwinkel (Army) Surplus Stores
dun thin [board, beer, blood, hair, beard, air], slender [waist, stem], rare, tenuous [atmosphere], scanty [hair]; slim [volume]; *~ bier, zie* dunbier; *~ne bevolking* thin (*of:* sparse) population; *~ne darm* small intestine; *~ laagje* thin layer; dusting [of powder]; film [of dust, ice, oil]; *~ papier* thin paper,

flimsy (paper); *~ne soep* clear soup, *(waterachtig)* thin (*of:* washy) soup; *zijn rede was (uiterst) ~* there was nothing much in his speech; *dat is ~, (gemeen)* that is mean; *zie ook* dunnetjes; *aan de ~ne zijn* have the trots (diarrhoea); *het zal hem ~ door de broek lopen* he'll be sorry; *het liep hem ~ door de broek* he shit himself, was shit-scared; *~ bevolkt* thinly (sparsely) populated (settled); *~ smeren* spread [butter] thin(ly); *~ toelopen* thin down, taper; *genieën zijn ~ gezaaid* geniuses are scarce (thin on the ground); *~ner worden, (v mist)* thin

dunbier thin (*of:* small) beer

dundoek 1 bunting; **2** flag, colours

dundruk India paper [an India-paper edition]

dunharig thin-haired

dunheid thinness; rarity, tenuity [of the air]; scarcity; *vgl ook* dun

dunhuidig thin-skinned

dunk 1 opinion; *een hoge ~ hebben van* have a high opinion of, think highly (no end, the world) of [a p., o.s.]; *een hoge ~ hebben van zichzelf (als schaakspeler, schilder, van zijn Engels, ook)* fancy o.s. (at chess, as a painter, fancy one's English); *een geringe ~ hebben van* have a low (poor) opinion of [human nature]; *te veel ~ van zichzelf krijgen, (fam)* get above o.s.; *een slechte ~ hebben van, (ook)* think badly of; **2** *(sp)* dunk

dunken 1 *mij dunkt* I think; it seems to me; *wat dunkt u daarvan?* what do you think of it?; **2** *(sp)* dunk

dunlippig thin-lipped

dunnen I *tr* thin [a tree, the ranks], thin out, cull [plants], single [turnips]; **II** *intr* thin; *gedunde gelederen* depleted ranks

dunnetjes I *bw* thinly; *zijn godsdienst zit er ~ op* religion sits lightly on him; *het ~ overdoen* go through it again; *(weer proberen)* have another try (another go); **II** *bn* rather thin; so-so; [his grammar is] shaky; [it's] a poor show; *zie ook* dun

dunschiller potato peeler

dunsel 1 thinnings; **2** young lettuce

duo duo, duet; *~ rijden* ride pillion

duobaan shared job

duobed dual bed

duodecimaal duodecimal [system]

duodecimo duodecimo *(ook fig: heel klein)*, 12mo *(spreek uit als* duodecimo *of* twelvemo*)*; *in ~, (ook)* in twelves

duopassagier pillion rider (passenger); *als ~ rijden* ride pillion

duozitting pillion (seat); *vgl* duo

dupe dupe, victim; *hij werd er de ~ van* he had to stand the racket (pay the bill, *fam:* carry the baby)

duperen disappoint, let [a p.] down, fail [a p.], upset a p.'s plans; *(bedriegen)* dupe; *ik ben erg gedupeerd door het uitvallen van die trein* I am greatly inconvenienced by the withdrawal of that train

duplex duplex, double

duplicaat duplicate

dupliceren 1 duplicate; **2** rejoin

dupliek rejoinder

duplo: *in ~* in duplicate; *in ~ opmaken* draw up in duplicate, duplicate

dur *(muz)* major

duraluminium Duralumin

duratief durative

duren last [the trip lasts an hour]; continue [the storm continued all night]; go on [that cannot go on for ever; it has gone on long enough]; *(in stand blijven, ook)* endure [as long as British prestige endures]; *(in onpersoonlijke uitdrukkingen)* be [it may be weeks before ...]; *deze appels kunnen niet ~* these apples will not keep; *het spel duurt 90 minuten* the game is of 90 minutes' duration; *dat zal nog wel tien **jaar** ~* that is ten years ahead; *het duurde **lang** voor de brief af was* writing the letter took a long time; *duurt het lang voor het ontbijt klaar is?* is breakfast going to be long?; *wat duurt het lang (voor je komt, enz)* what an age you are!; *het duurde niet lang of hij kwam (of er werd een aanbod gedaan; of hij bemerkte ...), (ook)* he (an offer) was not long in coming (he was not slow in perceiving ...); *het zal lang ~ voor ik het weer probeer* I won't try it again in a hurry; *het duurt mij te lang* it is too long for my liking; *zolang als het duurt* while it lasts, *(iron)* long may it last!; *voor zolang als het duurt, (fam)* for the duration; *met de trein reizen duurt veel langer* travelling by train takes much longer; *langer ~ dan, (ook)* outlast [his grief did not outlast the spring]; *wat duurt dat een **tijd**, voor je je hoed op hebt!* what a time you are putting on your hat!; *het zal mijn tijd wel ~* it will last (out) my time; *het zal nog één **uur** ~ voor het jaar om is* the ... still has one hour to run

durf pluck, daring, nerve, guts

durfal daredevil

durfkapitaal venture capital

durfniet coward

durven dare [I dare not (daren't) go; he dares (to) go; he does not dare (to), dare not, daren't go; does he dare (to), dare he go?; *vt:* he did not dare (to) go, dared (*vero:* durst) not go]; *ik durf beweren* I venture to say; *ik durf zweren* I'll swear; *dat zal hij niet ~ beweren* he won't have the face to (wouldn't dare to) say so; *dat durf ik niet zeker zeggen* I couldn't say for certain; *jij durft!* you've got a nerve, *(brutaliteit, ook)* you've got plenty of cheek; *hoe durf je!* how dare you!; *je moet maar ~!* of all the nerve!; *als je durft!* if you dare!; *zie ook* aandurven

dus *(bijgevolg)* so, consequently, therefore, then [then it is settled that ...?]; *(aldus)* thus

dusdanig I *bn* such; **II** *bw* in such a way (manner), so

duster housecoat

dusver(re): *tot ~* so far, thus far, up to now; hitherto [..., but ...]; *zie ook* heden: tot ~; *tot ~ is het in orde* so far so good

dut 1 nap, snooze, doze; *in de ~ raken* doze off; *een (zijn) ~je doen* take (have) a nap (a snooze, forty winks, *(fam)* a bit of shut-eye); **2** doubt, uncertainty; *uit de ~ helpen* undeceive [a p.]

dutten doze, snooze, (take a) nap; *hij zit te ~, (fig)* is dreaming (wool-gathering)

[1]duur *zn* duration [of the war, etc]; currency (term) [of a contract]; lifetime [during the lifetime of the present Parliament], life [the life of a passport is ten years]; *op den ~* in the long run; *van lange (korte) ~* of long (short) duration, long- (short-)lived; *(reeds lang bestaande)* of long standing; *zie ook* rust

[2]duur I *bn* dear [money, shop, year; bread is dear, life is dear in Belgium]; [cigars, doctors, dresses, hotels, seats are] expensive; big [words]; costly [our costly law courts]; *(in het gebruik)* wasteful [heater]; *de benzine is weer ~der* petrol is up (has gone up) again; *te ~* overpriced, pricey; *te ~ worden* [our goods will] price themselves out of the market; *een dure les, (fig)* a dearly bought lesson; *een dure liefhebberij* an expensive hobby; *hoe ~ is dat?* how much is it?; *dat komt nogal ~* it comes rather expensive; *het is onze dure plicht* it is our bounden duty; *een dure eed zweren* swear a solemn oath; *(de wat) ~dere soorten* up-market lines; **II** *bw* dear(ly); *~ bevochten* hard-won [peace]; *~ doen* show off; *het kwam hun ~ te staan* it cost them dear(ly); *zijn leven ~ verkopen* sell one's life dearly

duurkoop dear (at the money)

duurloop endurance run

duursport endurance sport

duurte expensiveness; *~ en schaarste* dearth

duurtebijslag, duurtetoeslag cost-of-living allowance

duurzaam durable, lasting [peace; the peace did not last]; renewable, sustainable [energy]; [fabric] that wears well, *(v stof, ook)* hard-wearing; [built, etc] to last; *-zame energiebronnen* renewables; *zie ook* consumptiegoederen

duurzaamheid durableness, durability, [guaranteed for] hard wear

duvel 1 devil; **2** body; *op zijn ~ geven (krijgen), a)* give (get) a hiding; *b)* tell (be told) off; *zie verder* duivel, drommel & duveltje

duvelen 1 bully, rag; **2** *(vallen)* tumble [down the stairs], drop, smash; **3** *(gooien)* fling, pitch, hurl, chuck

duvelstoejager factotum, handyman; *(sloof)* drudge, dogsbody; *als ~ werken* devil [for a barrister]

duveltje 1 little devil, imp; *~ in een doosje* jack-in-the-box; *als een ~ uit een doosje* like a jack-in-the-box; **2** small cooking stove; **3** sharp child; *zie ook* dondersteen

duw push; *(por)* thrust, poke, shove; *~tje, (met elleboog)* nudge; *een ~tje geven, (met elleboog)* nudge [a p.]; *zie ook* stoot(je)

duwbak pushed barge, tug-pushed dumb barge (lighter)

duwboot pusher (tug)

duwen push; thrust [s.t. into a p.'s hand]; shove [it down]; cram [one's hat firmly on one's head]; *opzij~, (ook)* elbow aside; *de menigte opzij~* elbow one's way through the crowd; *niet ~!* don't push!; *zie ook* stoten

duwvaart pushtow navigation, pushing

dv. *zie* dienstvaardig

D.V. afk van *Deo volente* D.V., God willing, under God

dw. *zie* dienstwillig

dwaal altar cloth

dwaalbegrip misconception, erroneous idea, false (*of:* mistaken) notion, fallacy

dwaalgeest erring spirit, heretic

dwaalleer false doctrine, heresy

dwaallicht will-o'-the-wisp, jack-o'-lantern, ignis fatuus

dwaalspoor wrong track; *op een ~ zijn* be on the wrong track; *op een ~ brengen* lead astray; *(fig ook)* put [a p.] off the scent; *op een ~ geraken* go astray *(ook fig)*

dwaalster planet, wandering star

dwaalweg *zie* dwaalspoor

dwaas I *bn* foolish [grin, remark], silly [face, idea, mistake], absurd [idea, suggestion], daft [thing to say], inept [attempt, remark]; *wees nu niet ~* don't be silly (absurd, an ass); *ik was zo ~ om te ..., (ook)* I was fool enough to ...; *je bent ~ dat je het doet* you are a fool to do it; *des te dwazer van je!* the more fool you!; *hij was zo ~ zich te verbeelden ...* he fondly imagined ...; *zie ook* aanstellen, gek, onderneming, enz; **II** *zn* (silly) ass, fool; *een grote ~, (fam)* a prize fool

dwaasheid folly, foolishness, absurdity; *(handeling, enz)* piece of folly

dwalen 1 wander *(ook v gedachten, enz)*, ramble, roam, rove, stray [his eyes strayed round the room]; **2** *(in dwaling verkeren)* err; *~ is menselijk* to err is human; *zie ook* dolen & weiden

dwaling error, mistake; *in ~ verkeren* be in error, labour under a mistake; *iem uit zijn ~ helpen* undeceive (disabuse) a p.; *de ~en zijns weegs inzien* see the error of one's ways; *rechterlijke (gerechtelijke) ~* miscarriage of justice, judicial error

dwang compulsion, coercion, constraint; *onder ~* [act] under compulsion (pressure); *(inz jur)* under duress

dwangarbeid *(jur)* penal servitude, hard labour; forced labour

dwangarbeider forced labourer

dwangbevel warrant, writ; enforcement order; *(voor belastingen)* distress warrant

dwangbuis straitjacket

dwangmaatregel coercive measure, *(pol ook)* sanction

dwangmatig obsessive [hatred]; compulsive [action, gambling]

dwangmiddel means of coercion

dwangnagel agnail, hangnail

dwangneurose obsessive-compulsive disorder (*of:*

neurosis), obsesssional neurosis
dwangopvoeding corrective training
dwangpositie *(bridge)* squeeze; *in een ~ brengen* squeeze; *(fig) in een ~ verkeren* have one's hands tied, have a situation forced (up)on one
dwangsom recognizance
dwangvoeding forced feeding; *~ geven* force-feed
dwangvoorstelling obsession, fixed idea
dwangzet *(schaaksp)* forced move
dwarrel whirl(ing)
dwarrelen whirl (round), flutter [fluttering leaves]
dwarreling whirl(ing)
dwarrelwind whirlwind, tornado
dwars transverse, diagonal; *(fig)* cross-grained, fractious, perverse, wrong-headed, mulish, pig-headed, contrary; *een ~ mens* a crosspatch; *iem de voet ~ zetten, iem ~ zitten, zie* dwarsbomen; *dat zit me ~* it worries me, it's (preying) on my mind; *~ oversteken* cross [the street], cut (straight) across [a field]; *~ van Dover* abreast of Dover; *~ door ... (heen), ~ over* ... (right, straight) across ...; *~ doorsnijden* cut (right) across; *~ doorscheuren* tear [a letter] across; *~ op* transversely to, across; *zie* boeg, dubbel, voet, enz
dwarsas lateral axis
dwarsbalk crossbeam, joist, transverse beam; *(her)* fesse
dwarsbank cross-bench
dwarsbesturing *(luchtv)* lateral control
dwarsbeuk transept
dwarsbomen cross [a p.('s plans, wishes)], thwart, frustrate [a p.]
dwarsdal transverse valley
dwarsdoorsnede cross-section, transverse section
dwarsdraad *(weverij)* weft, woof, filling
dwarsdraads cross-grained
dwarsdrijven *zie* dwarsbomen; *(fam)* be contrary
dwarsdrijver crosspatch, cross-grained fellow
dwarsdrijverij contrariness, pig-headedness, perverseness, cussedness
dwarsfluit (German) flute, transverse flute
dwarsgestreept striped [muscle]
dwarsheid *(fig) zie* dwarsdrijverij
dwarshelling transverse slope; *(v weg, enz)* bank, superelevation; *(luchtv)* bank; *(scheepsbouw)* side-launching yard, transverse slipway
dwarshout cross-beam
dwarskijker spy, *(fam)* snooper
dwarskop crosspatch, cross-grained fellow
dwarskoppig *zie* dwars *(fig)*
dwarslaesie spinal cord lesion; *(ziektebeeld)* paraplegia
dwarslat cross-lath; *(sp)* crossbar
dwarsliggen be contrary (obstructive)
dwarsligger *(spoorw)* sleeper; *(fig)* obstructionist; *(sp)* crossbar
dwarsscheeps athwartships; [wind] abeam, on the beam
dwarsschip *(ve kerk)* transept
dwarsschot *(mar)* bulkhead
dwarssnede cross-section
dwarsspier transverse muscle
dwarsstang crossbar
dwarssteeg side alley
dwarssteek cross stitch
dwarsstraat side street; *een paar dwarsstraten noemen* mention a few examples (cases) at random
dwarsstreep cross-line, transverse line, crossbar, *(v pen)* cross stroke
dwarsstrooms athwart the stream
dwarsstuk crosspiece
dwarste: *in de ~* across, athwart
dwarsverbinding lateral link(age)
dwarsweg crossroad
dwarswind crosswind; *(mar, luchtv)* beam-wind
dwarszee beam-, cross-sea
dwarszitten *zie* dwars & dwarsbomen
dweepster *zie* dweper
dweepziek **1** *(fel)* fanatic(al); **2** enthusiastic (*bw:* -ally)
dweepzucht fanaticism
dweil **1** (floor)cloth; *(stok~)* mop; *(mar)* swab; **2** *(wijf)* slut; *(zuiplap)* soak; *(waardeloos persoon)* nerd, *(Am)* dweeb
dweilen wash [floors], mop, swab [the deck]; *~ met de kraan open* waste one's efforts; *langs de straten ~* gad about; *zie* boemelen & *vgl* vloer
dwepen **1** enthuse; *~ met* be enthusiastic (gush, enthuse) about, be passionately fond of, rave about, be mad on (about) [Bach], think all the world of, idolize [a p.]; *zij dweept met Shaw, (ook)* she is a Shaw fan; **2** *(in godsd, enz)* be fanatical, be a fanatic; *~d* fanatic(al)
dweper **1** enthusiast; *~s met Shaw* Shaw devotees; **2** fanatic, zealot, bigot
dweperij **1** extravagant enthusiasm, [the Byron] cult; **2** fanaticism
dwerg **1** *(kabouter & astron)* dwarf [Snow White and the seven dwarfs; a red, white dwarf]; **2** *(mensje)* pygmy, pigmy; manikin, midget
dwergachtig dwarfish, pygmean, stunted
dwergboom dwarf tree, stunted tree
dwergeik dwarf oak
dwerggors little bunting
dwerggroei dwarfism, nanism
dwerghert chevrotain
dwerghondje miniature, toy dog
dwergmuis harvest mouse
dwergpoedel pygmy poodle
dwergras toy breed
dwergvalk merlin
dwergvlas allseed
dwergvleermuis pipistrelle
dwergvolk dwarf people, (tribe of) pygmies
dwingeland tyrant, bully
dwingelandij tyranny

dwingen I *tr* force [a p. (o.s.) to do (into doing) s.t.], compel, constrain; *(door geweld) iem (tot iets)* ~ coerce a p. [Ulster cannot be coerced], force a p.'s hand; *iem tot betaling (gehoorzaamheid)* ~ enforce payment (obedience); *tot gehoorzaamheid* ~, *(ook)* compel obedience; *hij laat zich niet* ~ he won't yield to force; *zo iets laat zich niet* ~ force is (of) no use in such matters; *zie ook* gedwongen; II *intr (ve kind)* whine; ~ *om* whine (cry) for
dwingend coercive [force], compelling [reason], cogent [argument], imperative [task]
dwingerig troublesome, insistent
dwong *ovt van* dwingen
d.w.z. afk van *dat wil zeggen* i e, that is (to say)
dyade dyad
dynamica dynamics
dynamiek dynamic(s)
dynamiet dynamite; *met* ~ *vernielen* dynamite
dynamisch dynamic [period, personality, pressure]; *(v pers, ook)* dynamical
dynamo dynamo (*mv:* -os)
dynamometer dynamometer
dynast(ie) dynast(y)
dynastiek dynastic (*bw:* -ally)
dysarthria, dysartrie dysarthria
dysenterie dysentery
dysenterisch dysenteric
dysfemisme dysphemism
dysforie dysphoria
dyslect, dyslectica, dyslecticus dyslectic, dyslexic
dyslexie dyslexia
dyspepsie dyspepsia, dyspepsy
dysplasie dysplasia
dystopie *(med)* dystopia, malplacement
dystrofie dystrophy
dystrofisch dystrophic

e

e (the letter) e
E E *(ook noot)*
e.a. afk van *en andere(n)* and others, and other things, etc, et al *(de afk* a.o. *is vastelands-Engels)*
eau: ~ *de cologne* eau de Cologne, Cologne water, cologne; ~ *de toilette* toilet water, eau de toilette; ~ *de vie* eau de vie, brandy
eb ebb (tide), reflux; *het is* ~ the tide is out, it is low tide; ~ *en vloed* ebb and flow, low tide and high tide, flux and reflux
[1]**ebben** *bn & zn* ebony *(hout & kleur)*
[2]**ebben** *ww* ebb, flow back; *het water is aan het* ~ the tide is going out, is on the ebb
ebbenboom ebony (tree)
ebbenhout(en) ebony
eboniet(en) vulcanite, ebonite
ebstroom ebb tide; *vgl* stroom
ecarté écarté
ecarteren I *intr* play at écarté; II *tr* discard, cast aside
ecclesiastisch ecclesiastical
ecclesiologie ecclesiology
e.c.g. ECG, electrocardiogram
echappement escapement
echaufferen heat; *zich* ~ get worked up [over nothing]
echec check, rebuff, repulse, setback, failure, flop; *(v regering, enz)* defeat, reverse; ~ *lijden* meet with a rebuff; *(v regering, enz)* be defeated
echelon *(mil & geleding)* echelon; *en* ~ in echelon
echelonneren line up [problems]
echo echo; *(op scherm)* blip
echobeeld double image
echocardiogram echocardiograph
echoën (re-)echo, reverberate; *(nazeggen)* echo [a p.'s words]
echo-encefalogram echoencephalograph
echofoon echo sounder
echogedicht echo verse
echografie echography; *(med) zie* echoscopie
echoïsch echoic *(bw:* -ally) [memory]
echokamer echo chamber
echolalie echolalia
echolokalisatie echolocation, sonar
echolood echo sounder, depth recorder
echopraxie echopraxia, echopraxis
echoput echoing well
echoscopie ultrasound scan, ultrasonography
echovirus echovirus
echt I *bn* **1** genuine [pearls, document, Picasso], real [her hair is not real, a real flirt], authentic [documents], thorough [a thorough mess], thoroughgoing [snob], regular [hero, scamp], true(-born) [Dutchman], [his room was a] proper [pigsty]; *~e boter* honest-to-goodness butter; ~ *geld, (veel)* real *(heel veel:* serious) money; *het ~e toneel (drama)* the legitimate theatre (drama); *een ~e Tory (Schot)* a true-blue Tory (a Scot to the backbone); *kindergeweertjes? welnee, ~e!* ...? no, the real thing!; *het ziet er uit als* ~ it looks like the real thing, *(fam)* like the real McCoy; *~e boter* honest-to-goodness butter; *dat is ~, (leuk)* it's first-rate; **2** *(wettig)* legitimate [child]; II *bw* really; ~ *boos* downright angry; ~ *Spaans* typically Spanish; *het is ~ waar* it's really true; *het is ~ gebeurd* it's a true story; *ik meen het* ~ honestly, I mean it; *dat is ~ iets voor hem, a)* that is just like him; *b)* that is the very thing for him; III *zn* marriage, matrimony, wedlock; *in de ~ treden, zich in de ~ begeven* enter the married state, enter into matrimony; *in de ~ verbinden* join in matrimony
echtbreekster, echtbreker adulteress, adulterer
echtbreuk [commit] adultery
echtelieden married people; *de* ~ the married (wedded) couple, the marriage partners; *A en B,* ~ A and B, husband and wife
echtelijk conjugal, matrimonial, connubial, marital; *de ~e staat* the married (marital, wedded) state, (the holy estate of) matrimony, wedlock; *zie ook* huwelijks-
echten legitimate, legitim(at)ize [a child]
echter however, nevertheless, yet; but
echtgenoot husband, spouse; *vgl* echtelieden
echtgenote wife, spouse
echtheid genuineness, authenticity, legitimacy; *vgl* echt; *de ~ bewijzen van, (ook)* authenticate
echtpaar married couple; *het ~ X* Mr and Mrs X
echtscheiden divorce
echtscheiding divorce; ~ *aanvragen* sue (bring a petition) for a divorce, start (institute) divorce proceedings, file a divorce suit, seek a divorce; *aanvraag tot* ~ divorce petition, application for (a) divorce; *hij weigert in ~ toe te stemmen* he refuses to give her a divorce; *grond tot* ~ ground for divorce
echtscheidingsproces divorce suit, divorce case
echtverbintenis, echtvereniging marriage, matrimonial alliance
echtvriend(in) spouse
éclat éclat; *veel ~ maken* make a great stir *(fam:* a splash)
eclatant *(schitterend)* brilliant; *(opzienbarend)* sensational, startling; resounding [success]
eclecticisme eclecticism
eclecticus, eclectisch eclectic *(bw:* -ally)
eclips eclipse

eclipseren I *tr* eclipse *(ook fig)*; II *intr* abscond, decamp
eclipskleed *(ve vogel)* eclipse plumage
ecliptica ecliptic
ecologie [human] ecology
ecologisch ecological
ecoloog ecologist
econometrie econometrics
econometrist econometrician
economie 1 economics; political economy; *geleide ~* command (*of*: controlled) economy; *vgl* planeconomie; 2 *(zuinigheid)* economy
economisch economic [problems, geography, affairs, etc]; *(zuinig, zuinig werkend)* economical; *~e aspecten* [the] economics [of dictionary making]; *~e snelheid* economic(al) speed; *~ werkend* efficient
economiseren economize
economist (political) economist
econoom economist; *(in klooster)* procurator, procuratrix
ecosfeer ecosphere
ecosysteem ecosystem
ecotaks ecotax
ecru ecru
ectoplasma ectoplasm
ecu ecu, ECU
eczeem eczema; *vochtig ~* weeping eczema
e.d. afk van *en dergelijke(n)* and such(like), and the like, etc
edammer: *~ (kaas)* Edam (cheese)
Edda Edda
edel noble [animal, character, lord], precious [metals, stones]; inert [gases]; *niet-~ metaal* base metal; *de ~e delen* the vital parts [of the body]; *(scherts)* the private parts; *de ~en* the nobility, the nobles, *(Br, ook)* the peers [of the Realm]
edelaardig noble-minded
edelachtbaar worshipful; *-achtbare, (aanspr)* Your Worship, Your Honour, my Lord; *zijn -achtbare* His Lordship
edelgas inert gas
edelgeboren of noble birth
edelgesteente precious (gem)stone
edelheid nobleness, nobility; *Uwe E~* Your Honour
edelhert red deer
edelknaap page
edellieden *mv van* edelman
edelman nobleman, noble
edelmarter pine marten
edelmoedig generous, magnanimous
edelmoedigheid generosity, magnanimity
edelsmeedkunst jeweller's art, jewellery
edelsmid worker in precious metals, gold and silversmith, jeweller
edelstaal high-qualit steel
edelsteen precious stone, gem(stone), jewel; *kenner (slijper) van -stenen* lapidary; *met -stenen bezet* jewelled
edelvrouw noblewoman, noble lady
edelweiss edelweiss
Eden (the Garden of) Eden, Paradise
edict edict, decree
edik *(bijb)* vinegar
editie edition (*ook fig*: a younger edition of his father); *(ve krant, ook)* issue
edoch however, yet, still, but
Eduard Edward
educatie [adult, further, higher] education; *zie ook* opvoeding & onderwijs
educatief educational [experience, toys]
eed [Bible, dying, solemn] oath; *de ~ afleggen* take the oath; *de ~ afleggen in handen van* be sworn (*bij ambtsaanvaarding*: sworn in) by; *de ~ afnemen* administer the oath to, swear [a witness], *(bij ambtsaanvaarding)* swear [a p.] in; *zijn ~ breken* break one's oath; *een ~ doen* swear (take) an oath; *ik doe er een ~ op, dat ...* I will take my oath that ...; *ik zou er een ~ op kunnen doen* I could swear to it; *mij werd een ~ opgelegd* I was put on (my, I was placed under) oath; *onder ede bezweren (verklaren, getuigenis afleggen)* swear (declare, give evidence) on oath; *onder ede staan* be on (one's, be under) oath
eedaflegging taking an (the) oath
eedafneming administration of an (the) oath, swearing-in (*vgl* eed); *zie* beëdiging
eedbreekster, eedbreker perjurer
eedbreuk perjury, breach of oath, violation of one's oath; *~ plegen* commit perjury, break one's oath
eedformule form of oath
eedgenoot confederate
eedgenootschap confederacy, [the Swiss] confederation
EEG afk van 1 *Europese Economische Gemeenschap* (European) Common Market, EEC; 2 EEG, electroencephalogram
eega(de) spouse
eekhoorn [red, grey, flying] squirrel; *(N-Am) gestreepte ~* chipmunk
eekhoornnest squirrel's nest, drey
eekhoorntjesbrood cep
eelt callus, callosity, horny skin
eelt(acht)ig callous, horny
eeltknobbel, eeltplek callus, callosity; *(v grote teen)* bunion
een I *lw* an *(voor klinker)*, a *(voor medeklinker)*; *~ nero* a Nero; *~ dertig* some (*of*: about) thirty; II *telw (ook: één)* one; *ene Smith* one Smith; *twee enen* two ones; *ik ken er ~ die ...* I know of someone who ...; *man en vrouw zijn ~* husband and wife are one; *hij is er niet ~ om weg te lopen* he is not one (a person) to ...; *niet ~ op de duizend* not one man in a thousand; *bloemen van één kleur* flowers of a single colour; *~, twee, ... drie!* one, two, three (and away)!; here goes!, ready, steady, go!; *dat gaat niet zo ~ twee drie* it can't be done just like that, it is not so simple a matter; *dat is er ~ (punt, succes, enz) voor jou* that's

one up to you; ~ *en al gehoor* all ears (*zo ook:* all eyes, smiles, attention); ~ *en al zenuwen* [he is] a bundle of nerves; ~ *en al eenvoud* [she is] simplicity itself; *het ~ en* **ander** something, [I know] a thing or two [about it]; one thing and another; *het (de) ~ of ander* something (some one) or other; one or other [of his friends, of these books]; *het ~ of andere boek* some book (or [an]other); *de ~ of andere dag* some day; *het ~ of het ander* [either stay or go on,] one or the other; *noch het ~, noch het ander* neither one thing nor the other; *het ~ met het ander* [I've spent £100] one way and another; *zo met het ~ en ander* what with one thing and what with another [the day passed pleasantly enough]; ~ *en ander tegen de prijs van* ... all this at the price of ...; *de ~ de ander, zie* elkander; *van het ene deel van het land naar het andere* from one part of the country to another; *van de ene dag op de andere* from one day to the next; *met Mevr. S aan de ene arm en Mevr. P aan de andere* with Mrs S on one arm and Mrs P on the other; ***op** ~ stellen, (wisk)* set at unity; *op ~* ***na*** [all] except one, [the last] but one; ***tot** ~ worden* become (grow into) one; *zij zijn* ***van** ~ leeftijd (grootte)* they are of an age (a size); ~ ***voor*** ~ one by one, one at a time; *zie ook* [1]woord, [1]zijde, enz

eenakter one-act play, one-acter
eenarmig one-armed
eenbaar single
eenbes herb Paris
eenbladig one-leaved; *(ve bloemkrans)* monopetalous; *(ve kelk)* monophyllous
eenbloemig uniflorous
eenbroederig *(plantk)* monadelphous
eencellig unicellular, one-celled, single-celled [organism], single-cell [protein]
eend duck; *jonge ~, ~je* [the ugly] duckling; *lelijke ~, (auto)* 2 CV; *wilde ~* wild duck, mallard; *wat ben je een ~!* what a goose you are!; *vreemde ~ in de bijt* stranger, intruder, outsider, odd man out
eendaags one-day, day [return, trip]; once daily
eendachtig 1 duck-like; **2** silly, stupid, asinine
eendagsbloem (Virginian) spiderwort, tradescantia
eendagskuiken day-old chick
eendagsvlieg ephemeron (*mv ook:* ephemera), ephemera (*mv:* -ras), ephemerid, mayfly; *(fig)* nine days' wonder, flash in the pan
eendekker monoplane; *(bus)* single-decker
eendelig one-part; one-piece [swimsuit]; single-volume [dictionary]
eendelijk lonely, deserted, derelict; terrifying
eendenbier Adam's ale
eendenbijt duck hole
eendenbout(je) leg (*of:* wing) of a duck
eendenei duck's egg
eendenjacht duck shooting (*Am:* hunting)
eendenkom duck pond
eendenkooi (duck) decoy
***eendenkroos** *(Wdl: eendekroos)* duckweed
eendenkuiken duck chick, duckling
eendenmossel goose barnacle
eendenplanken *(mil)* duckboards
eendenroer fowling piece
eendensnavel duck's bill
eendenvijver duck pond
eender alike, the same; *het is mij ~* it's all one (*of:* all the same) to me; ~ *welk* no matter which
eendimensionaal one-dimensional *(ook fig)*
eendracht concord, union; ~ *maakt macht* union is strength; united we stand, divided we fall
eendrachtig I *bn* united, unanimous; **II** *bw* unanimously, in concord, hand in hand, as one man; ~ *samenwerken, (ook)* pull together
eenduidig unequivocal, unambiguous
eendvogel duck; *zie ook* eend & schot
eeneiig: *~e tweeling* identical (monovular, monozygotic) twins
eenentwintigen *(sp)* vingt-et-un, pontoon, *(vglb)* blackjack
eenfasig single-phase [current]
eengestreept *(muz)* once-marked, once-accented, *(Am)* one-lined [octave]
eengezinswoning (small) family house (dwelling)
eenhandig one-handed
eenheid 1 *(maat, in getallen, strategische ~, enz)* unit; *mobiele ~* riot police; **2** *(wisk) (de) ~* unity; **3** *(het één zijn)* [party] unity, oneness [with nature]; *een zekere ~ van denken* a certain agreement of thought; *tot een ~ maken* unify; *dramatische eenheden* dramatic unities [of time, place and action]
eenheidsgedachte desire for unity
eenheidslading unit load
eenheidsprijs 1 unit price; **2** uniform price, flat rate
eenheidsstaat unitary state
eenheidstarief flat rate
eenheidsworst: *ergens (een) ~ van maken* treat everyone (everything) uniformly
eenhelmig *(plantk)* monandrous
eenhoevig one-hoofed
eenhoofdig *(vh staatsbestuur)* monarchical; *(anders)* one-head [system, management]; *~e regering* monarchy
eenhoog one floor up
eenhoorn unicorn; *(vis)* narwhal, sea unicorn
eenhoornig one-horned, unicornous
eenhuizig *(plantk)* monoecious
eenieder everyone
eenjarig one-year [course]; of one year, one year old; yearling [colt, stallion, heifer]; ~ *dier* yearling; ~ *kind* one-year-old; *~e (plant)* annual
eenkamerflat one-room (*Am:* efficiency) apartment
eenkennig shy, timid
eenkennigheid shyness, timidity
eenklank 1 *(muz)* unison; *(fig)* harmony; **2** *(klinker)* monophthong
eenkleppig univalve
eenkleurig unicoloured, solid coloured, of one col-

our; monochromatic [light, painting], self-coloured [cattle, dress, flowers]
eenlettergrepig monosyllabic; ~ *woord* monosyllable
eenling 1 individual; **2** *(alleenstaande)* solitary (unattached) person, freelance, *(fam)* lone wolf, loner
eenlobbig *zie* eenzaadlobbig
eenmaal 1 [we're only young] once; **2** *(te eniger tijd)* [you will agree with me] one day; ~ *is geen maal* first try doesn't count; ~, *andermaal, derdemaal* going, going, gone; once, twice, for the last time; ~ *en andermaal* repeatedly; *als we maar ~ het Kanaal uit zijn (je maar ~ mijn vrouw bent)* when once we are out of ... (when you are once ...); *het is nu ~ zo* [it is lamentable, but] there it is; it cannot be helped; *ik haat nu ~ de zee* I just hate the sea; *ze was nu ~ zo* that's the way she was; *jongens zijn nu ~ jongens* boys will be boys; *zie ook* anders; *zoiets wordt nu ~ ruchtbaar* such things do get about; *het moet nu ~ gebeuren* there's no getting out of it
eenmaking unification, integration
eenmalig once-only [grant, offer], one-off [operation, event, a one-off lump sum of ...], non-recurrent [allowance], disposable [lighter], non-returnable [bottle], single [performance], one-way [pack]
eenmannig *(plantk)* monandrous
eenmansgat *(mil)* foxhole
eenmanswagen single-manned bus (tramcar)
eenmanszaak one-man business; *(kleinerend)* one-horse show
eenmaster single-masted vessel
eenmotorig single-engine(d) [plane]
eenogig one-eyed
eenoog one-eyed person; *zie ook* blinde
een op een one-to-one [correspondence, ratio, teaching]
eenoudergezin single-parent (one-parent) family (household)
eenparig I *bn* unanimous [approval, decision, vote]; *~e beweging* uniform motion; **II** *bw* unanimously, of one accord, by common consent, [declare] with one voice; [they were in white gloves] to a man; ~ *versneld (vertraagd)* uniformly accelerated (decelerated, retarded); *men is ~ van oordeel, dat ...* there is a consensus of opinion that ...; *zij prijzen hem ~* they unite in praising him
eenparigheid unanimity, uniformity
eenpersoons one-man [canoe], single [accommodation, bed, bedroom]; ~ *hut* single(-berth) cabin; ~ *vliegtuig* single-seater
eenre: *ter ~* [party] of the one (of the first) part
eenregelig one-line, single-line, of one line
eenrichtings- one-way [street, traffic]
eens I *bw* **1** *(eenmaal)* once; *dat is ~ maar nooit weer* never again; ~ *voor al* once (and) for all; *(eenmaal extra:) (nog) ~* **zoveel** as much (many) again, twice as much (many); ~ *zo groot* twice as large, as large again; **2** *(tijd: in het verleden)* once; *een ~ beroemd man* a once-famous man; *de ~ zo sterke man* the man who used to be so strong; *(op een keer)* once, one day; *(in sprookjes)* once upon a time [there was ...]; *(in de toekomst, en in sprookjes verteld door Adam & Eva)* one day [there will be ...]; ~ *op een dag (avond, enz)* one day (evening, etc); *zij moest het toch ééns horen* she had to hear it some day; **3** *(toonloos)* just [just come here; just get me some cigars]; *ik heb de eieren nu ~ gebakken* I've fried the eggs for a change; ***als*** *je nu ~ ging slapen* suppose you go to sleep now; ***hoor*** *~, Jan* I say, John!; *kijk nu* ***toch*** *~* look at that now!; **4** *(zelfs:)* even; *hij bedankte mij* ***niet*** *~* he did not so much as (did not even) thank me; *en niet ~ zo ver van Londen* and not so far from London either; *zie ook* eenmaal, nog, enz; **II** *bn: het ~ zijn* agree, be at one [*met* with]; *(onder één hoedje spelen)* be hand and (*of:* in) glove (with each other); *ik ben het* ***met*** *u ~, (ook)* I am [entirely, altogether] with you; *ik ben 't niet met hem ~, (ook)* I disagree (don't see eye to eye) with him, differ from him; *daarmee kan ik het niet ~ zijn* I cannot subscribe to that; *ik ben het met mijzelf niet ~* I am in two minds about it; I am not sure in my mind [whether ...]; *vgl* instemmen; ***daarover*** *zijn we het allen (volmaakt) ~* we are all agreed about that, we are in complete agreement on that; *men is het er algemeen over ~ dat ...* there is general agreement that ...; *daarover is men het ~, (ook)* that is common ground; *we zijn het erover eens dat ...* we are agreed that ...; *daarover moeten allen het wel ~ zijn* there can be no two opinions about that; *u zult het met mij ~ zijn, dat ...* you'll agree that ...; *zie ook* geleerde; *het ~* ***worden*** come to an agreement (to terms); *het ~ worden over een plan* agree on a plan; *we konden het op dat punt niet ~ worden* we could not agree on that point; *het ~ worden met zichzelf* make up one's mind; **III** *vw: ~ (dat)* once, as soon as
eenschelpig univalve *(ook: ~ dier)*
eensdeels: *eensdeels ..., anderdeels* partly ..., partly; for one thing ..., for another
eensdenkend of one mind
eensgezind unanimous, at one, in harmony; united [family]; solid [the nation is solidly behind him]; concerted [action]
eensgezindheid unanimousness, unanimity, harmony, [working-class] solidarity
eensklaps suddenly, all at once, (all) of a sudden
eensluidend of the same tenor [*met* as]; uniform [*met* with]; ~ *afschrift* true copy; *voor ~ afschrift* I certify this to be a true copy [of ...]
eensnarig one-stringed
eenspan one-horse carriage
eensteensmuur single-brick wall
eenstemmig 1 unanimous; *vgl* eenparig; **2** *(muz)* for one voice; ~ *gezang, a)* monody; *b) (lied)* unison singing (song); ~ *zingen* sing in unison
eenstemmigheid 1 unanimity, agreement, consensus (of opinion); **2** *(muz)* monody

eentalig mono-, unilingual
eentje one; *jij bent me er ~!* you 'are a one!, you're a nice one!; *er ~ nemen (pakken)* have a drink (a drop), have one (a quick one); *neem er nog ~* have another; *hij gaf me er ~ op mijn oog* he caught me one in the eye; *op (in) mijn ~* all by myself; *op zijn ~ handelen* play a lone hand, go it alone; *zie ook* alleen
eentonig **1** monotonous, drab, humdrum [routine]; **2** monotone [singing]
eentonigheid monotony, monotone; drabness [of modern life]
een-tweetje *(voetbal)* wall pass, one-two
eenvormig(heid) uniform(ity)
eenvoud **1** simplicity, plainness, homeliness; *~ is het kenmerk van het ware* simplicity is the hallmark of truth; *in alle ~* [he was buried] without any ceremony; **2** naivety, innocence, artlessness, simplicity; *in ~ des harten* in singleness of heart
eenvoudig **I** *bn* simple [subject, style, taste, dress, manners, person], plain [food, meal, man, the plain truth], homely [fare], frugal [meal], homespun [philosophy]; *een daad van ~e beleefdheid* an act of common politeness; *zie ook* breuk; *in ~e bewoordingen* in plain terms; *zie ook* enkelvoudig; **II** *bw* simply [dress simply; it simply isn't true; it's simply awful], plainly; *ik doe het ~ niet* I just won't do it [*zo ook:* I just can't; I just dote on it; it's just plain theft]; *~ een belediging* [it's] nothing short of an insult
eenvoudigheidshalve for the sake of simplicity
eenvoudigweg just, simply; *zie ook* eenvoudig II
eenwaardig *(chem)* mono-, univalent
eenwieler unicycle
eenwording unification, union, integration
eenzaadlobbig monocotyledonous; *~e plant* monocotyledon
eenzaam **1** solitary [walk, life], lonely [road, it is lonely here]; *-zame opsluiting* solitary confinement; *zich ~ voelen* feel lonely; *hij leeft erg ~* he leads a very solitary life; **2** *(afgezonderd)* retired, secluded [spot, life], isolated [spot], sequestered [nook], unfrequented [road]; **3** *(verlaten, doods)* desolate
eenzaamheid solitude, solitariness, loneliness; seclusion, retirement, privacy; desolation
eenzaat solitary, recluse
eenzelfde **1** one and the same; **2** a similar [fate], such another [idiot]
eenzelvig withdrawn, retiring; *~ worden, (ook)* be driven in on o.s.; *~ persoon* loner, bad mixer
eenzelvigheid **1** solitariness, self-containment, retiredness; **2** identity
eenzijdig **1** one-sided [view; look at a thing one-sidedly]; unilateral [disarmament; the contract was unilaterally cancelled]; lopsided [education]; *~e akte* unilateral deed, deed poll; **2** *(partijdig)* bias(s)ed, partial, ex parte [statement]
eenzijdigheid **1** one-sidedness; **2** partiality
[1]**eer** **I** *bw zie* eerder; **II** *vw* before
[2]**eer** *zn* honour, credit; *~ **aandoen (bewijzen)*** honour, do honour to, do [a p.] honour [you do me great honour], pay tribute to; *een diner (alle) ~ aandoen* do (full) justice to a dinner; *iem alle mogelijke ~ aandoen, (fam)* do a p. proud; *zijn familie (zijn naam) ~ aandoen* be a credit to one's family (live up to one's name); *dat doet u (uw smaak) ~ aan* it does credit to you (your taste); *doe mij de ~ (aan) te ...* do me the honour to ...; *de laatste ~ **bewijzen*** render (pay) the last honours (to); *iem de ~ **geven** van* credit a p. with [another's work]; *zichzelf er de ~ van geven* take credit to o.s. for it; *ik moet Bristol alle ~ geven voor ...* I must give (hand) it to B for ...; *~ van zijn werk **hebben*** get credit for a fine job, have done a creditable job; *daar heb je ~ van* that's to your (that does you) credit; *de ~ hebben te* have the honour to; *ik heb de ~ u te berichten* I beg to inform you; *ik heb de ~ te zijn uw dienstwillige ...* I am, Yours respectfully, ...; *ik heb niet de ~ (u te kennen)* you have the advantage of me; *met wie heb ik de ~?* may I beg your name?; *de ~ aan zich **houden*** accept (take) the consequences [and resign]; *~ **inleggen** met* gain honour (credit) by; *je legt er geen ~ mee in* it does you no credit; *hij **kreeg** er de ~ van* he got the credit of it; *de ~ **redden**, (sp)* score a consolation goal; *er een ~ in **stellen** te* make it a point of honour to, consider it an honour to, take a pride in ...ing; *hij stelde er een ~ in, (ook)* he prided himself on it; *ere wie ere **toekomt*** honour to whom honour is due; *het zal mij een ~ **zijn*** I shall be honoured (by it); *ere zij God* glory to God; *je bent **aan** je ~ verplicht te ...* you are in honour bound to ...; ***in** alle ~ en deugd* decently [married], [believe s.t.] innocently; *in ere houden* honour, keep up [a tradition]; *iems aandenken in ere houden* hold a p.'s memory in esteem, keep a p.'s memory green, cherish a p.'s memory; *zich **met** ere kwijten van* acquit o.s. with honour (with credit, honourably, creditably) of; *met ere een plaats innemen tussen ...* hold one's own among ...; *met militaire ~ begraven* bury with military honours; *zie ook* dragen; *naar ~ en geweten* to the best of my knowledge, in good conscience; ***op** mijn ~* (up)on my honour; *(fam)* honour bright!; *(sl)* honest Injun!; ***te** zijner ~* in his honour; ***ter** ere van deze dag* in honour of the day; *acceptatie (betaling) ter ere* acceptance (payment) for honour; *het zij **tot** zijn ~ gezegd* to his honour be it said (spoken); *het strekt u tot ~* it does you credit, redounds to your honour, reflects honour (credit) on you; *het strekt ... tot ~* it is to the credit of ...; *zie ook* aanrekenen, behalen, na, nageven, tasten, enz
eerbaar **1** honourable [intentions, motives]; **2** virtuous, chaste, modest
eerbaarheid virtue, chastity, modesty; *aantasting (aanranding) der ~* indecent assault; *openbare schennis der ~* indecent exposure, gross indecency
eerbetoon (mark of) honour, homage; *vol ~* full honours
eerbewijs (mark of) honour, homage; *militaire eer-*

bewijzen military honours
eerbied respect, regard, veneration, reverence; *met alle ~ voor* with all respect for; *uit ~ voor* out of respect (consideration) for, in deference to [his wishes]
eerbiedig respectful, reverent, reverential, dutiful, deferential; *(vroom)* devout; *zie ook* afstand
eerbiedigen respect; *(iems wensen, enz, ook)* defer to; *(naleven, ook)* observe [the law]
eerbiedigheid respect; *(godsd)* devotion
eerbiediging respect, deference; observance
eerbiedwaardig respectable [motives], venerable [age, building, priest]; time-honoured [customs]
eerbiedwekkend imposing
eerdaags one of these days, soon
eerder I *bn* earlier, former, prior; II *bw* before, [I've heard of it] before now; sooner, rather; *~ in deze maand* earlier this ...; *hoe ~ hoe liever (beter)* the sooner the better; *~ meer dan minder* more rather than less; *~ te hoog dan te laag* rather too high than ...; *het neemt ~ toe dan af* it increases, if anything; *je zou mij toch ~ geloven dan hem* surely you would believe me sooner than him; *hij zal het ~ krijgen dan ...* he is more likely to get it than ...; *hij zal het ~ doen, als je ...* he will do it more readily if you ...; *niet ~ dan* not before [May], only [then]; *vgl* eerst & *zie* liever
eergevoel sense of honour; *het ging tegen zijn ~ in (te ...)* it wounded his pride (to ...)
eergierig ambitious
eergister- [the night, etc] before last
eergisteren the day before yesterday
eerherstel rehabilitation
eerlang before long, shortly
eerlijk I *bn* honest [man, dealings, truth], honourable [man, intentions], fair [fight, chance, it is my fair share]; straightforward (square) [dealing]; *~ en open, (fam)* upfront; *een ~e beoordeling* a fair-minded appraisal; *~ is ~* fair is fair; *zo ~ **als goud*** as honest as the day, (as) straight as a die, (as) true as steel; *~ **blijven** (d.w.z. niet meer stelen of inbreken)* keep (go) straight; *~ **duurt** het langst* honesty is the best policy; *geef hem een ~e **kans*** give him a fair chance; *~ **spel*** fair play; *dat is geen ~ spel* that's not playing the game, not cricket; *een ~ **stukje** brood verdienen* turn an honest penny; *dat zou niet ~ **zijn** tegenover u* that would not be fair on (to) you; *~ zijn tegenover zichzelf* be honest (candid) with o.s.; II *bw* honestly, etc; *we worden niet ~ behandeld* we're not getting a fair deal; *alles gaat ~ toe* everything is above board, is fair and square; *zorgen, dat alles ~ toegaat* see fair play; *~ handelen, (ook)* play fair, act straight, play the game [*tegenover* by]; *~ gezegd* honestly (speaking) [I don't know], to tell the (honest) truth; *het moet ~ worden gezegd dat ...* it must be said, in fairness, that ...; *~ de kost (een ~ stuk brood) verdienen* make an honest living (turn an honest penny); *het ~ menen met iem* mean well by a p.; *~ met iem omgaan* play straight with a p.; *~ spelen* play fair, play straight; *~ (waar)!* really (and truly)!, *(sl)* honest Injun!; *~ (waar), ik weet het niet* honestly (and truly) I don't know; I don't know! honest, I don't; *~ de waarheid zeggen* tell the honest truth
eerlijkheid honesty, fairness, probity, decency
eerlijkheidshalve in (all) fairness [I have to add]
eerloos infamous, dishonourable
eerloosheid infamy
eerroof defamation (of character)
eershalve for honour's sake
eerst I *bn* first; *(voornaamste, ook)* chief, leading [authority, politicians], first-class [firms], foremost [experts], prime [minister, meridian], premier [hold one of the premier posts], senior [surgeon, medical officer]; [the] early [Christians, phase *stadium*], [one of the] earliest [voyages to India]; *de ~e(n), (v twee)* the former; *(v meer)* the first(-named); *vgl* eerstgenoemd; *als ~e (aan)komen (de ~e zijn)* arrive (be) first; *hij is de ~e van de klas* he is at the top of the class, is top boy, *(vd school)* head boy; *hij zou de ~e zijn om het toe te geven* he would be the first to ...; *dat is het ~e wat ik hoor* that's the first thing I hear; *de ~e april* the first of April; *de ~e **de beste*** the first man (you meet), the next man [I see, etc], the first comer, any man [will tell you that]; *hij is de ~e de beste niet* he is not just anybody; *de ~e de beste gelegenheid* [take] the first (the earliest possible) opportunity; *~e bediende* chief (*of:* head) clerk; *~e bod, (ook)* opening bid; *de ~e dagen, a)* the first days; *b) zie* eerstvolgend; *~e **hulp** (bij ongelukken)* first aid; *de mannen van de eerste hulp* the first-aid men; *~e hulp verlenen* render first aid; *zie ook ben:* eerstehulp-; *~e levensbehoeften* necessaries (necessities) of life; *de ~en zullen de **laatsten** zijn* the first shall be the last; *de ~e maanden van het jaar* the opening months of the year; *van het ~e ogenblik af* from the first; *~e redevoering* maiden speech; *~e reis, (ve schip)* maiden voyage; *~e steen* foundation stone; *de ~e **tijd*** [we are fully engaged] for some time to come; at first ..., for some time ... [nothing much happened]; *~e uitgaven* initial expenses (*of:* outlay); ***in het** ~* at first; ***ten** ~e* first(ly), in the first place, *(fam)* first off; *ten ~e ..., ten tweede, (ook)* for one thing ..., for another; ***van** ~ af (aan)* from the first; ***voor het** ~* for the first time; *het is voor het ~ dat ik het hoor* that is news to me, this is the first I've heard of it; *voor het ~ doen (gebruiken, enz), (ook)* originate [a phrase, process]; *zie ook* gezicht, plaats, enz; II *bw* **1** first(ly); *die het ~ **komt**, het ~ **maalt*** first come, first served; *zij sprak het ~* she spoke first, was the first to speak; *ik zal dit morgen het (aller)~ doen* I shall do this first thing in the morning; *van ~ af* from the first; **2** *(in het ~)* at first; *het is kouder dan ~* it is colder than it was; *dat moet ~ nog blijken* that remains to be seen; **3** *(pas, slechts)* only [the barony was created only in

1980; the practice was only abolished in 1830]; *we zijn ~ vanmorgen begonnen* we did not begin until (we only began) this morning; *ik kwam ~ om 2 uur thuis* I did not come home until two o'clock; *~ toen ik sprak* not until I spoke [did he move]; *toen ~, ~ toen* not until then, only then [did he come]; *nu begrijp ik ~ hoe ...* only now do I understand how ...; *als ik maar ~ in L ben* when once I am in L

eerstaanwezend senior [officer, etc]; *~e, (ook)* Commanding Officer, CO

eerstbeginnende beginner, tiro, tyro

eerstdaags one of these days, soon

eerstedagenveloppe first-day cover

eerstegraads first-degree [burns, *(Am)* murder]; *~ leraar* fully qualified teacher; *~ vergelijking* linear (*of:* simple) equation, equation of the first degree

eerstegraadsbevoegdheid full teaching qualifications

eerstehands first-hand [information]

eerstehulpdienst ambulance service

eerstehulpdoos, eerstehulpkist first-aid box

eerstehulpverlening first aid [post]

eerstejaars(student) first-year student, fresher, freshman

Eerste-Kamerlid Member of Parliament (of the upper house), senator; *vgl* kamer

eersteklas first-class [compartment, restaurant, ticket; travel first class]; first-rate [beer, performance]; *~ patiënt, (vglb)* private patient

eersteklasser 1 first-former; **2** *(sp, al naar de indeling)* first- (second-, etc) divisionist

eerstelijns frontline [medical aid], primary [care]

eersteling first-born (child); *(ve dier)* firstling; *(bijb, meestal mv)* first-fruits; *(fig)* first-fruit(s) [of his genius], firstling

eerstens first, in the first place

eersterangs first-rate, first-class

eerstgeboorterecht right of primogeniture, birthright

eerstgeboren(e) first-born

eerstgenoemd first(-named, -mentioned); *de ~e, (v twee)* the former; *(twee & meer, ook)* the first (one)

eerstkomend *zie* eerstvolgend; *de ~e* the first comer

eerstvolgend next, following; *de ~e dagen* the next few days; *de ~e trein* the next train due

eertijds formerly, in former times

eervergeten lost to all sense of honour, devoid of honour

eerverleden [the week] before last

eervol honourable [deed, peace, person]; [suffer defeat] with honour; *de Koningin heeft ~ ontslag verleend aan ...* the Queen has accepted the resignation of ...; *~le vermelding* honourable mention; *een ~le vermelding krijgen, (mil)* be mentioned in dispatches; *niet ~, zie* oneervol

eervorig [the week, year] before last

Eerw., Eerwaarde Reverend; *de ~ Heer J Smith* the Rev J(ohn) Smith; *~ Heer, (aanspr)* Sir; *~ Moeder* Mother Superior; *Uw ~* Your Reverence

eerwaardig venerable [scholar], time-honoured [custom, institutions]

eerzaam respectable; *(ve vrouw, ook)* modest

eerzucht ambition

eerzuchtig ambitious, aspiring

eest oast (house), (drying) kiln

eesten kiln-dry

eetappel eating apple

eetbaar *(smakelijk)* eatable; *(te eten)* edible, fit for human consumption; *zie ook* vogelnest

eetbaarheid edibility

eetcafé café with meals service, eatery

eetgelegenheid eating place, restaurant

eetgerei tableware, plates and cutlery

eetgewoonten eating habits; *(wat men eet)* food habits, diet

eethoek 1 dinette, dining area; **2** dining suite (table and chairs)

eethuis eating house, eatery

eetkamer dining room (furniture)

eetkamerstoel dining (room) chair

eetketeltje *(mil)* mess tin, canteen

eetkeuken kitchen-diner

eetlepel *(grote)* soupspoon; *(kleine)* dessertspoon; *(med)* tablespoon(ful) *(Ned 15 ml, G Br 14,2 ml, Am 14,8 ml)*; *vgl* bestek 3

eetlust appetite; *~ hebben (geven)* have (give) an appetite [they've all got good appetites]; *een gezonde ~ hebben* have a healthy (hearty) appetite; *geen ~ hebben* have no appetite, be off one's food; *de ~ opwekken* whet the appetite; *iem de ~ benemen* put a p. off his food; *de ~ kwijtraken* lose one's appetite, *(fam)* go off one's food; *de ~ opwekkend* appetizing

eetservies dinner set (*of:* service); *(Am)* dining ensemble, dinnerware

eetstokje chopstick

eettafel dining table

eettent eatery

eetwaar, eetwaren food(s), provisions, eatables, victuals, foodstuffs

eetzaal dining hall (*of:* room); *(mil, mar)* mess(room); *(mar)* dining saloon; *(in klooster; soms in 'college')* refectory

eeuw 1 [the 19th] century; *in de vorige ~* (in the) last century; *van de 18e ~* eighteenth-century [London]; *door alle ~en heen* throughout all ages, [his words ring] down the centuries (*of:* ages); **2** *(lang tijdvak)* age [the golden age; the age of Queen Anne]; *ik heb je in geen ~(en) gezien* I have not seen you for ages (*fam:* for yonks)

eeuweling centenarian

eeuwenlang I *bn* age-long [enmity]; **II** *bw: ~ heeft men gedacht ...* for centuries (on end) it was thought

eeuwenoud centuries old, age-old [customs]

eeuwfeest centenary (celebration); *tweede, derde, vierde ~, enz* bi-, tri-, quatercentenary (celebration), etc

eeuwig eternal [complaints, life, optimist, the eternal triangle]; perpetual [edict, snow; her perpetual nagging]; perennial [youth; the perennial joke about the mother-in-law], undying [friendship], [grant us life] everlasting; *ten ~en dage, voor ~* for ever, for all time (eternity), [the picture will remain in Holland] in perpetuity; *tot mijn ~e spijt* to my lasting regret; *een ~e tijd* [stay] an unconscionable time; *zie ook* rust; ***bw:** hij loopt ~ dat liedje te zingen* he is forever (endlessly) singing that song; *~ en altijd, altijd en ~* forever, everlastingly; *het is ~ jammer* it's a thousand pities; *'eeuwig jeugdig', (persoon, enz, ook)* evergreen; *wat duurt dat ~ lang (wat blijf je ~ lang weg, enz)!* what a time you are (you've been ages!); [*(zo ook, fam:)* he's lived here for yonks]
eeuwigdurend eternal, perpetual, etc; *zie* eeuwig
eeuwigheid eternity; *de ~ ingaan* pass into eternity; *een ~ (weg)blijven, zie* eeuwig: ~ lang; *in der ~ niet, nooit in der ~* not (never) in a month of Sundays; *ik heb je in geen ~ gezien, zie* eeuw; *tot in ~* to all eternity; *zie ook* eeuwig: voor ~; *van ~ tot ~ (tot amen)* world without end, for ever and ever (amen)
eeuwigheidswaarde permanent value
eeuwjaar end-year of a century
eeuwwisseling [at the] turn of the century
efemeer ephemeral
efemeride 1 *(biol)* ephemera (*mv:* -ae & -as); **2** *(astron)* ephemeris (*mv:* -ides)
efemerisch ephemeral
Efeze Ephesus; *van ~* Ephesian, of Ephesus
effaceren efface
effe *zie* ²effen
effect 1 effect; *(sp, v bal)* (top, back) spin, *(bilj)* side; *dat had geen ~* that was ineffectual; *~ hebben (sorteren), (ook)* be effective, [the sanctions begin to] bite; *het tegengestelde ~ hebben (sorteren), (ook)* be counterproductive; *op het ~ werken, ~ najagen* strain after effect; *op ~ berekend* calculated for effect; *civiel ~* (professional) qualification (conferred by a university degree, etc); **2** *zie* effecten
effectbejag straining after effect, claptrap
effecten stocks (and shares), securities; *(in sam)* stock-
effectenbeurs [on the] stock exchange, *(buitenland, ook)* bourse
effectenbezit stockholding
effectenhandel stockjobbing; stockbroking
effectenhandelaar stock (and share) dealer, stockjobber, *(Br)* market maker
effectenhouder stockholder
effectenkantoor stockbroker's office
effectenkoers price of stocks
effectenmakelaar stockbroker
effectenmarkt stock market
effectenrekening stock account
effectief I *bn* effective, useful, efficacious; *in effectieve dienst* on active service (*of:* duty); *effectieve kracht* effective power; *~ vermogen* brake horsepower, BHP; *effectieve rang, (mil)* substantive rank (*zo ook:* substantive major, etc); **II** *zn (mil)* effective
effectiviteit effectiveness
effectueren effect [a sale]; execute [an order]
¹effen 1 smooth, level, even; *(v stoffen)* plain, unpatterned, unfigured; *(v kleur)* plain, uniform, solid [black, grey], *(inz natuurlijk)* self-coloured; *een ~ gezicht* [crack jokes with] a straight (an impassive, a poker) face; *~ maken* smooth; **2** uneventful; **3** *(ve rekening)* settled; *~ maken* settle; *op zijn ~, (fig)* quits; fit; in good order; *zie* even
²effen just [just get me a brush, it's just after ten]; *wacht ~* (just) wait a moment (a bit, (half) a minute, (half) a sec); *was ik ~ blij, dat ik ...* was(n't) I glad I ...; *was dát ~ een harde slag!* some blow, that!; *maar ~ £200* a cool £200; *ik moet ~ weg* I just have to go a minute; *a(l)s 't ~ kan* if poss(ible); *is me dát ~ wat* now there's a fine kettle of fish; *zie verder* even II.2
effenaf simply, absolutely
effenen level, smooth (down, over, out), make even; *het pad ~ voor* smooth (pave) the way for; *zie ook* vereffenen
effenheid smoothness, evenness
effentjes *zie* ²effen & even II.2
efficiënt efficient
efficiëntie efficiency
effigie [burn a p. in] effigy
efoor ephor
eg harrow
EG afk van *Europese Gemeenschap* EC, European Community; *voor sam vgl* euro-
egaal smooth, level, even; *de lucht was ~ grauw* the sky was a uniform (solid) grey; *het is mij ~* it's all the same (all one) to me
egalisatiefonds exchange equalization fund
egaliseren level, smooth; *zie* effenen
egalitair egalitarian
egard(s) regard(s), respect, attention(s), consideration; *met de nodige egards behandelen* show due deference [to a p.]
Egeïsch Aegean [Islands, Sea]
egel hedgehog
egelantier sweet-brier, eglantine
egelboterbloem spearwort
egelskop: *(grote) ~* (branched) bur-reed
egelstelling *(mil)* hedgehog
egelvis globe-, swell-fish, puffer(-fish)
egge(n) harrow
EG-jargon Eurobabble, Eurojargon, Eurospeak; *vgl* euro-
egocentrisch egocentric (*bw:* -ally), self-centred
egoïsme egoism, selfishness; *ziekelijk ~* egomania
egoïst egoist, self-seeker
egoïstisch egoistic(al), selfish
egotistisch egotistical, self-centred
egotrip [be on an] ego trip
Egypte Egypt
Egyptenaar Egyptian

Egyptisch Egyptian; *~e duisternis* Cymmerian darkness
egyptologie Egyptology
egyptoloog Egyptologist
EHBO first aid [diploma, post]; *vgl* eerstehulp-
EHBO'(st)er first-aider
[1]**ei** *tw* indeed!, ah!
[2]**ei** *zn* **1** egg; *(wtsch, dierk)* ovum (*mv:* ova); *(plantk)* ovule; *~tje, (dierk)* ovule; *het ~ van Columbus* the egg of Columbus; *een zacht (gekookt) ~tje, (fig)* a piece of cake, a walkover, *(Am)* a cinch; *beter een half ~ dan een lege dop* half a loaf is better than no bread; *het ~ wil wijzer zijn dan de hen* teach your grandmother to suck eggs; *als een kip die haar ~ niet kwijt kan* like a cat on hot bricks (on a hot tin roof); *zijn ~ niet kwijt kunnen* be unable to say what one wants (to express o.s.); *zijn ~ gelegd hebben* have made one's point; *zij lijken op elkaar als het ene ~ op het andere* they are as like as two peas (in a pod); *met een ~ zitten* be in a quandary; *een ~tje te pellen hebben* have a bone to pick [with a p.]; *als op ~eren lopen* walk on eggshells, tread (walk) warily; *~eren voor zijn geld kiezen* make the best of a bad job (bargain); *zie ook* zoeken; **2** *(~ ve vent), (fam)* wimp, wet; *(Am)* dweeb
eiber stork
eicel germ cell, ovum
eiderdons eider(down)
eidereend, eidergans eider (duck)
eidetica eidetics
eidooier (egg) yolk
eierbrood brioche
eierdans egg dance
eierdooier (egg) yolk
eierdop eggshell; *~je* eggcup
eier(en)eten: *dat is het hele ~* that's all there's to it
eierklopper, eierklutser egg-beater, egg-whisk
eierkoek 1 *(vglb)* sponge cake; **2** omelet(te)
eierkoker egg-boiler
eierkolen ovoid coal(s), ovoids
eierleggend egg-laying, oviparous
eierlepeltje egg-spoon
eierlevendbarend ovoviviparous
eierlijst ovolo (moulding), egg and dart, egg and anchor, egg and tongue (moulding)
eierlopen *(volksfeest)* egg-and-spoon race
eiermijn egg-market
eierplant eggplant
eierrekje egg-rack, egg-stand
eierschaal eggshell [china *porselein*]
eiersnijder egg-slicer
eierstok ovary
eierstruif 1 (contents of broken) egg; **2** omelette
eiertikken crack(ing) eggs together
eierwarmer egg-cosy
eierwekker egg-timer
eierzwam chanterelle
Eiffeltoren Eiffel Tower
eigeel yellow (of an egg), (egg) yolk
eigen I *bn* **1** own; private [grave, car, girls with private incomes]; personal [observation]; *(vd ~ partij)* friendly [fire]; *hij heeft een ~ huis (wil, enz)* he has a house (a will, etc) of his own; *hij kent zijn ~* ***belang*** he knows (on) which side his bread is buttered; *~* ***bijdrage*** personal contribution; *(v recept, vglb)* prescription charge; *zijn ~* ***dood sterven*** die a natural death; *voor (tot) ~* ***gebruik*** for one's private use, apply [money] to one's own use; *zijn ~* ***huis*** his own house; *~* ***rijder*** self-employed (taxi-, etc) driver; *~* ***teelt*** home-grown [tobacco]; *~* ***vuur****, (mil)* friendly fire; *~* ***weg*** private road; *ze gingen ieder hun ~ weg* they went their respective (separate) ways; *dit zijn haar ~* ***woorden****, (ook)* these are her very words; *zij is een ~* ***zuster*** *(nicht, enz) van ...* she is own sister (cousin, etc) to ...; *zie ook* risico; **2** *(aangeboren)* innate, natural; *(eigenaardig)* peculiar; *die glimlach is hem ~* that is his own special smile; *zoals honden ~ is* [the dog made up to him] as dogs will; *is dit u ~ of aangeleerd?* is this natural to you or acquired?; *het lachen is de mens ~ (~ aan de mens)* laughing is peculiar to man; *met de hem ~ moed* with the courage so characteristic of him; *~* ***aan*** [defects] inherent in [the system]; [diseases] proper to [the tropics]; **3** *(vertrouwelijk)* familiar, intimate; *~ bedankt* family hold back; *zich ~* ***maken*** acquire [a manner, language], contract [a habit], get conversant with, master, pick up [a language]; *we maakten ons hun gewoonten spoedig ~, (ook)* we soon fell into their habits; *(zeer) ~ zijn* ***met*** *iem* be on (the most) intimate terms with a p.; *zeer ~ met elkaar, (ook)* [be] very thick (together); **4** *(gewend)* at home; *ik* ***ben*** *hier al ~* I am already at home here; **5** *(eenkennig)* shy; **6** *(zelfde)* same; *op de ~(ste)* ***dag*** (on) the very (the (very) same) day; *zie ook* gelijk, naam, persoon, enz; **II** *zn* own; *mijn, je, enz ~, (fam)* my-, yourself, etc; *op je ~ wonen* live on one's own; *van ~(s)* naturally
eigenaar owner [of a book, an estate, etc], proprietor [of an estate, a hotel]; *van ~ veranderen* change hands; *verandering van ~* change of owner(ship)
eigenaar-bewoner owner-occupier
eigenaardig peculiar, singular; *op zijn ~e manier* [he cut up his bread] in a way he had; *het heeft iets ~s, (ook)* there is s.t. curious (*nog iets ~s* another curious thing) about it
eigenaardigheid peculiarity, *(vooral geestelijke)* idiosyncrasy; *hij heeft zijn eigenaardigheden, (ook)* he has his oddities
eigenares (woman) owner; proprietress; *vgl* eigenaar
eigenbaat egoism, selfishness
eigenbelang self-interest; *uit ~* from interested motives
eigendom property; *het ~ van ..., (ook)* owned by ..., [British] owned; *het ~ worden van ...* pass into the ownership of ..., pass to [his son]; *iets tot zijn ~ maken, (fig)* make something one's own; *gebouwde en*

ongebouwde ~men real estate
eigendomsbewijs title deed
eigendomsoverdracht transfer of property
eigendomsrecht proprietary right(s), ownership, title [the title remains in the seller], tenure; *(ve boek)* copyright
eigendunk (self-)conceit
eigendunkelijk *zie* eigenmachtig
eigenen: *zich ~ voor, zie* geschikt: ~ zijn voor
eigenerfde freeholder
eigengebakken home-baked (-made)
eigengebrouwen home-brewed
eigengeërfde freeholder
eigengemaakt home-made
eigengerechtig self-righteous; self-opinionated; self-willed, wilful
eigengerechtigheid 1 self-righteousness; self-will; **2** act of wilfulness
eigengereid arbitrary [behaviour], self-willed, headstrong [persons]
eigengesponnen homespun
eigengewicht net(t) weight
eigenhandig with one's own hand, [written] in one's own hand(writing), autograph(ic); *(op brief)* by hand; *~ geschreven brief (stuk)* autograph (letter, document), holograph (letter, document); *door de Koning ~ geschreven* in the King's own handwriting
eigenheid (cultural, etc) identity, special character, individuality, singularity
eigenliefde self-love, love of self, amour propre
eigenlijk I *bn* proper [fraction *breuk*; sense *betekenis*]; real [name, reason]; *de ~e roman (City)* the novel (City) proper; *het ~e Griekenland, (ook)* Greece properly so called; **II** *bw: ~ (gezegd)* properly (strictly) speaking, really, basically; *dat is het, waarvoor ik ~ kom* that's what I really came for; *wat voer je nu ~ uit?* what are you doing actually?; *wat weten we er ~ van?* what do we know of it after all?; *wat wil je ~, dat ik doe?* what exactly do you want me to do?; *wat is een limoen ~?* just what is a lime?; *wat moet je hier ~?* what are you here for anyway?; *~ moest het niet nodig zijn* in theory it should not be necessary; *~ deed hij niets verkeerds* in point of fact he did nothing wrong; *~ niet, (ook)* hardly [I can hardly say I like it; it's hardly fair]; *ik kan het toch ~ niet doen* I can't very well (I can hardly) do it; *~ vreselijk* dreadful when you come to think of it
eigenlof *zie* eigenroem & lof
eigenmachtig arbitrary, high-handed; *~ optreden, (ook)* take matters into one's own hands
eigennaam proper name; *(tlk)* proper noun
eigenrichting taking the law into one's own hands
eigenroem self-praise [is no recommendation *stinkt*], self-advertising, blowing one's own trumpet
eigenschap quality [of persons; *(ook: goede ~)* he has many (good) qualities; *zie* hoedanigheid], property [of things: the properties of mercury, of the circle, of matter *de stof*], attribute [of God, persons, things]; *(vereiste ~)* qualification; *(rek)* law, rule; *goede ~pen, (ve paard, enz)* points
eigensoortig sui generis, unique
eigenstandig 1 independent; **2** native
eigenste *zie* eigen I.6
eigentijds contemporary, modern, up-to-date, present-day [English]
eigenwaan (self-)conceit, overweening conceit; conceitedness
eigenwaarde: *gevoel van ~* self-respect, self-esteem; sense of one's own dignity; *een overdreven gevoel van ~ hebben* overrate one's own importance
eigenwijs 1 opinionated, *(fam)* pig-headed, bloody-minded; *kinderen zijn zo ~* children always think they know better; *stuk ~* clever clogs, wise guy; **2** cute [a cute little hat]
eigenwijsheid (self-)conceit, conceitedness
eigenwillig I *bn zie* eigenzinnig; **II** *bw* voluntarily, of one's own free will
eigenzinnig self-willed, obstinate, wilful, headstrong, wayward, wrong-headed; *(fam)* pig-headed
eigenzinnigheid self-will, obstinacy, wilfulness, waywardness, *(fam)* pig-headedness
eik oak
eikel 1 acorn; **2** *(anat)* glans (penis); **3** *(sl)* oaf
eikeldopje acorn cup
eikeldragend glandiferous
eikelen *(sl)* drivel, blether
eiken(blad) oak (leaf) [oak-leaf lettuce]
eikenboom oak tree
eikenbos oakwood, *(groot)* oak forest, *(~je)* oak grove
eikengal oak apple, oak gall
eikenhakhout oak scrub
eikenhout oak(wood)
eikenhouten oak(en)
eikenkroon crown of oak(leaves); [Order of the] Crown of Oak
eikenmos oak moss
eikenschors oak bark; *gemalen ~* tan
eikvaren oak fern
eilaas alas, alack-a-day, lackaday
eiland island (*ook fig:* an island of peace); *(dicht & met [Britse] eigennaam, meestal v kleine ~en)* isle [this sceptred isle; the Isle of Wight, the Scilly Isles; the island of Java, the Hawai Islands]; *~je* islet; *de Britse ~en* the British Isles; *op een ~* [live] on (*groot ook:* in) an island; *zie* booreiland, wind, enz
eilandbewoner islander
eilandengroep group of islands, archipelago
eilandenrijk *(Japan)* island empire; *(Indonesië)* archipelago
eilander islander
eilandgebied island territory
eilandperron island platform
eileider oviduct; *(in zoogdieren)* Fallopian (*of:* uterine) tube
eilieve *(vero)* pray

eind 1 *(slot)* end, termination, conclusion, close; ending [a happy ending]; *dat is het ~e, (fam)* the ultimate, out of this world; *het ~ van mijn bemoeiingen was een weigering* my exertions resulted in a refusal; *~ **goed**, al goed* all is well that ends well; *aan alles **komt** een ~* all good things come to an end; *er scheen geen ~ aan de tocht te komen* the journey seemed interminable; *eindelijk kwam er een ~ aan* at last it came to an end; *daar moet een ~ aan komen* that must stop; *het ~(j)e zal de **last** dragen* we'll see what we'll see; *het ~ van het **liedje** was dat ...* the end (the upshot) of it was that ...; *een ~ **maken** aan* put an end (put a stop, put paid) to, make an end of, end [one's life], cut short [a p.'s career], terminate [the partnership], bring [a campaign] to a close (a conclusion), (bring to a) stop, put down [abuses], break up [a party]; *een ~e **nemen*** come to an end; *zal dat gezeur dan geen ~e nemen?* shall I never hear the last of it?; *praten dat ze doen (brutaal dat hij is), daar is het ~ van weg* they keep on talking endlessly (there is no limit to his cheek); *ik **zie** er het ~e niet van* I see no end to it; *zie ook* 5; *we zijn nog niet **aan** het ~e* the end is not yet; ***in (op)** het ~* in the end, at last; *op het ~ van* at the end of [April], [it was] late [July]; *op het ~ van de 14e eeuw, (ook)* late in the 14th century; *op een ~e lopen, zie ben:* ten ~e lopen; ***te** dien ~e* to that end, for that purpose, with that end in view; ***tegen** het ~e, (vh leven bijv)* latterly; *tegen het ~e van mei* towards (by) the end of May; ***ten** ~e* [his troubles are] at an end; *ten ~e te* in order to; *ten ~e brengen* bring to a conclusion (an end, a close), go through with; *ten ~e lezen* read (right) through [the book]; *ten ~e lopen* draw to a close, come to an end, *(ve contract, enz)* expire; *mijn geduld loopt (is) ten ~e* my ... is wearing thin (is at an end, exhausted); *ten ~e raad* [I'm] at my wits' (wit's) end; *ten ~e toe* [they will disagree] to the end; *de zaak werd **tot** een goed ~e gebracht* the matter was brought to a satisfactory (successful) conclusion; *tot het ~e (toe)* till the end; *tot het ~e der tijden* to the end of time; *hoor mij aan tot het ~e* hear me out; *de zaak tot het ~ toe doorzetten* see the thing through; *tot een ~ komen* come to an end, terminate; ***van** het ene ~ tot het andere* from end to end; ***zonder*** ~ without end; endless [chain, labour, screw]; *schroef zonder ~, (ook)* worm; interminable [discussions]; **2** *(uiteinde)* extremity, end; tail [the tail of the procession]; *de ~jes aan elkaar knopen, (fig)* make (both) ends meet; *zijn ~je vasthouden* stick to one's point (one's text); ***aan** het andere ~ van de wereld* [live] at the back of beyond, [the place is almost] off the map; *aan het langste (kortste) ~ trekken* have the best (get the worst) of it; *(kortste, ook)* draw the short straw (*tegenover* from); *je hebt het **bij** het rechte ~* you've got it right, you have hit the mark; *je hebt het bij het verkeerde ~* you've got hold of the wrong end of the stick; *bij het verkeerde ~ aanpakken* tackle [a problem] at (from) the wrong end; **3** *(dood)* [it made me think of my] (latter) end; *hij voelde zijn ~e naderen* he felt his end drawing near; *lelijk **aan** zijn ~ komen* come to a bad end; *het loopt met hem **op** een ~* his end is drawing near, he (the patient) is sinking fast; **4** *(stuk)* piece [of wood, of string], length [of rope, of string]; *~je* [fag, cigar] end; [cigarette] stub, butt; [pencil] stub, stump; *~je kaars* bit of candle, candle end; *~(je) touw* piece (*of:* length) of string (*dik:* of rope), *(ter afranseling)* rope's end; *een klein ~je, (afstand)* a short distance; *het huis staat een ~ van de straat* the ... stands back from the street; *een ~ verder* some distance further; **5** *(afstand, tijd)* distance, way; [the final] stretch; *ze kon ~en (ver) lopen* she could walk long distances; *een ~(je) met iem oplopen* walk part of the way with a p.; *een **heel** ~* quite a long way; *een heel ~ over tienen* well after ten; *daarmee kom ik een heel ~* it will go a long way towards paying for my expenses; *een heel ~ (weg)* a long way (off); *ik ben al een heel ~ in dat boek* I am quite a way through ...; *een heel ~ in januari* [we are] well into January; *een heel ~ in de 60* [he is] well into (well on in) the sixties, well over 60; *hij stak een heel ~ boven hen uit* he towered head and shoulders above them; *een ~ **weegs*** [accompany a p.] part of the way, for a stretch; *een ~ **weg** kletsen* talk (chatter) away; *zie ook* stuk

eindaccent final accent

eindbedrag total (amount), sum total

eindbeslissing final decision (say)

eindbestemming (ultimate) destination; *dit is G, ~ van deze trein* this is G, this train terminates here

eindcijfer final figure, result; *(v optelling)* (grand) total; *(school)* final mark

eindconclusie final (*uiteindelijk:* ultimate) conclusion

einddatum final (last, closing) date

einddiploma (school-)leaving certificate, diploma

einddoel final (ultimate) object (aim, goal)

einde *zie* eind

eindejaarsgeschenk Christmas present; New Year's gift

eindelijk I *bw* at last, at length, in the end, finally, ultimately; *~ en ten laatste* at long last; *zie ook* nu; **II** *bn* ultimate

eindeloos 1 endless, unending, infinite, interminable; *het duurde ~ voordat hij kwam* it took ages before he came, he took ages to come (an interminable time in coming); **2** *(sl)* super; *zie ook* bink

eindeloosheid endlessness, infinity

einder horizon

eindexamen (school-)leaving exam(ination), final examination; *vgl* examen

eindfase final phase (stage); *vgl* eindstadium

eindig finite [number, universe], terminal [fraction *breuk*]; fixed-term [appointment *benoeming*]

eindigen I *intr* end, finish, terminate, [now I must] conclude, come to an end (a conclusion), stop [we'll stop now], end up [she ends up thus]; *in het juist ge-*

eindigde jaar in the year just completed; *de zitting eindigde, (ook)* the session broke up; ~ *als onderkoning* end up (as) Viceroy; ~ ***in*** end (terminate) in [a point, etc]; ~ ***met*** end in [death, defeat], wind (finish, end) up with [a song]; ~ *met* ... end (up) by [saying ..., by opposing each other]; *de opstand eindigde met de omverwerping van de regering* the uprising resulted in the overthrow of ...; ~ ***op*** *een klinker* end in a vowel; *hij eindigt, waar hij begonnen is, (ook)* he has come full circle; II *tr* end [one's life], finish [one's work], close, conclude [a letter], terminate [a contract]

eindindruk final impression (judgment)

eindklank final sound

eindklassement *(sp)* final (overall) ranking; *plaats in het* ~ final placing

eindlijst final list; *(school)* examination results

eindmedeklinker final consonant

eindmeet *zie* eindstreep

eindoordeel final judg(e)ment, conclusion

eindpaal limit, bound, goal; *(bij wedstrijd)* winning post

eindproduct final (end) product, finished article

eindpunt end, farthest point; *(ve spoorw, enz)* [railway, tram, bus] terminus; *is dit het ~?* is this as far as we go?; *dit is het* ~ *van deze trein* this train terminates here; *~!, (bus, tram)* all change, please!

eindrapport final report; *(school)* end-of-year report; school-leaving report

eindredacteur *(vglb)* chief editor

eindredactie final editing

eindreductie final drive ratio

eindregeling final settlement

eindresultaat final (end, net) result, upshot, [the] sum total [is that ...]

eindrijm end rhyme

eindronde final round

eindsaldo final (*einde ve periode:* closing) balance

eindsignaal *(sp)* final whistle (hooter, etc)

eindspel endgame

eindsprint, eindspurt final sprint

eindstadium final stage(s); *(dodelijk)* terminal phase; *kanker in het* ~ terminal cancer

eindstand final score (result), close-of-play score

eindstandig *(plantk)* terminal

eindstation terminus, terminal station; *(fig ook)* final goal, end of the line

eindstreep *(sp)* [cross the] finishing line, [go through the] finish; *de* ~ *halen, (ook fig)* be successful, make it; *de* ~ *niet halen, (fig)* [the bill will] not get through; *vgl* kloppen

eindstrijd final(s)

eindtermen goals [of an educational programme]

eindtermijn *zie* einddatum

eindtijd finishing time

einduitslag final result(s), final (*uit meer dan één beurt, partij, enz:* aggregate) score

eindvonnis final sentence, final judg(e)ment

eindwedstrijd final (match); *(om beker)* cup final

eindzitting closing session [of a congress], winding-up session

einzelgänger loner

eirond oval, egg-shaped

eis demand, claim; *export is een dringende* ~ ... is an urgent necessity; *(gestelde ~, voor examen, enz, meestal mv)* requirement, *(voor toelating, ook)* qualifications for entrance, entrance qualifications; *(tot echtscheiding, enz)* petition; *(vh Openbaar Ministerie)* sentence demanded by the Public Prosecutor *(bestaat niet in Eng)*; ~ *tot schadevergoeding* claim for damages; *iems* ~ ***afwijzen***, *(jur)* find against a p., nonsuit a p.; *van zijn* ~ ***afzien*** waive one's claim; *een* ~ ***instellen*** bring (file, put in) a claim [*tot* for], bring an action [*tegen* against]; *een ~ instellen tegen iem, (jur ook)* sue a p. [*tot* for]; ***~en stellen*** make demands; *hoge ~en stellen* make high demands [*aan* (up)on]; *hoge ~en aan iems betrouwbaarheid stellen* exact a high standard of reliability; *de* ~ ***toewijzen***, *(jur)* enter (give) judg(e)ment for the plaintiff, find for the plaintiff; *aan de ~en (des tijds)* ***voldoen*** come up to the requirements (meet modern standards); ***naar*** *de* ~ properly, as (is, was) required; *naar de ~en des tijds* in accordance with modern standards, up-to-date; *zie ook* ontvankelijk, ontzeggen, pakket, enz

eïs *(muz)* E sharp

eisen demand [*van* of, from], require [*van* of], claim [damages from], take [time], call for [the cases call for separate consideration]; *herstel* ~ demand reparation; *het vraagstuk eist dringend de aandacht* the problem is clamouring for attention; *u eist heel wat* that is a tall order; *dit eiste veel mensenlevens* this caused heavy loss of life; *zie ook* vergen

eisenpakket list of demands

eiser(es) *(jur)* plaintiff, prosecutor (prosecutrix); *(vooral jur)* claimant, suitor; *(bij echtscheiding)* petitioner

eisprong ovulation

eivol crammed, packed [hall]; [the train was] chock-full, chock-a-block

eivormig oval, egg-shaped, oviform, ovoid

eiwit **1** *(ve ei)* egg-white, white of egg, glair, albumen; **2** *(proteïne)* protein; *(albumine)* albumin

eiwitachtig: *~e stof* albuminoid

eiwitarm low-protein

eiwithoudend albuminous

eiwitrijk high-protein [diet]

ejaculaat semen, ejaculate

ejaculeren ejaculate

EK European championship

e.k. *zie* eerstkomend

ekster magpie

eksteroog corn; *iem op zijn eksterogen trappen* tread on a p.'s corns; *zie ook* likdoorn

el (Dutch) ell; *(bijb)* cubit; *(Engelse ~)* yard *(91,4 cm)*; *(maatstok, vglb)* yardstick

elan élan, zest, panache, impetuousness
eland elk; *Noord-Amerikaanse ~* moose (deer); *(Z-Afr)* eland
elasticiteit elasticity
elasticiteitsgrens elastic limit
elastiek I *zn (ook: ~je)* (piece of) elastic, rubber band, elastic band; II *bn* elastic
elastieken elastic
elastiekspringen bungee jumping
elastisch elastic [band, concept, conscience], springy [step, sword]
Elckerlijc Everyman
elders elsewhere; *ergens ~* somewhere else; *nergens ~* nowhere else; *overal ~* everywhere (anywhere) else; *naar ~* [go] elsewhere; *zie ook* onderbrengen
eldorado eldorado
electie election
electoraal electoral
electoraat electorate *(beide bet)*
elefantiasis elephantiasis
elegant elegant [clothes, manners, solution, woman], refined, civilized [taste], graceful, smart [smartly dressed]; *dat zou weinig ~ zijn* that would be less than handsome
elegantie elegance, grace(fulness)
elegie elegy
elegisch elegiac
elektra 1 electricity (supply); 2 electrical goods
elektricien electrician
elektriciteit electricity [bill, cable, company, grid, meter, supply]
elektriciteitsdistributiebedrijf power-distribution company
elektriciteitsnet (power, electricity) grid
elektriciteitsproductiemaatschappij (power-)generating company
elektrificatie electrification
elektrificeren electrify
elektrisch electric [blanket, chair, current, field, generator, light, railway, shock, wiring], electrical [apparatus, appliances, engineering, an electrical fault, an electrically powered tool, electrically charged]; [cook] with electricity; *zie ook* bedrijf & centrale
elektriseren electrify, *(fig ook)* galvanize
elektrisering electrification
elektrocardiogram electrocardiogram, ECG
elektrocuteren electrocute
elektrocutie electrocution
elektrode electrode
elektrodynamica electrodynamics
elektrodynamisch electrodynamic
elektro-encefalogram electroencephalogram, EEG
elektroforese electrophoresis
elektrofysiologie electrophysiology
elektrokar electric trolley (truck, cart)
elektrolyse electrolysis
elektrolyt electrolyte
elektromagneet electromagnet
elektromagnetisch electromagnetic [brake, lens, switch, wave]
elektromagnetisme electromagnetism
elektrometer electrometer
elektromonteur electrician, electrical fitter
elektromotor electric motor
elektromotorisch electromotive [force]
elektron electron
elektronenbuis (electron) tube, valve
elektronenflits electronic flash(gun)
elektronenmicroscoop electron microscope
elektronica electronics
elektronicus electronic engineer
elektronisch electronic [components, data processing, ignition, mail, music, shopping]; *~ betalen* electronic funds transfer (at point of sale), *(Br)* EFTPOS, *(Am)* EFT; *~e voorraadbewaking* electronic point of sale (system), EPOS
elektroscoop electroscope
elektroshocktherapie electro-shock (electric shock, electroconvulsive) therapy
elektrotechnicus electrical engineer
elektrotechniek electrical engineering
elektrotechnisch electrotechnical; *~ ingenieur* electrical engineer
elektrotechnologie electrotechnology, electrotechnics
elektrotherapie electrotherapeutics, electropathy
elektrotypie electrotype, electrotyping
element 1 element; *(meubilair)* unit; *(bouw~)* element, component; *(fig ook)* spirit [discontented spirits]; *zich (niet) in zijn ~ voelen* be in one's element (be out of one's element, feel out of it, feel lost); 2 *(elektr)* [wet, dry] cell; *(v pick-up)* cartridge
elementair elementary, basic; *~ leerboek* elementary textbook, primer
elevatie elevation; *(r-k)* Elevation (of the Host)
elevatiehoek (angle of) elevation
elevator elevator, hoist
elf I *zn* 1 *(geest)* elf *(mv:* elves); *~je* fairy; 2 *(sp) zie* elftal; II *telw* [number] eleven; *~ mei* the eleventh of May, May the eleven(th); *bij elven* getting on for (close on) eleven; *vgl* met
elfde I *bn* eleventh; II *zn* eleventh (part); *ter ~r ure* at the eleventh hour
elfen- elfin [feet], fairy [queen, ring]
elfenbankje bracket fungus
elfendertigst: *op zijn ~* at a snail's pace; *hij doet alles op zijn ~* he ... in a slow and roundabout way; *zie ook* gemak: op zijn ~
elfhoek(ig) hendecagon(al)
elfjarig *vgl* jarig
elfmeterstip penalty spot, [score from the] spot
elfstedentocht [Frisian] eleven-towns skating race
elft (allis) shad
elftal 1 (number of) eleven; 2 *(sp)* eleven, team, side
elftalcommissie selection committee
elfuurtje [have one's] elevenses

elfvoud multiple of eleven
elfvoudig elevenfold
elger eel-spear
Elia *(I Kr. 8:27)* Eliah; *(I Kon. 17:1)* Elijah; *(Matth. 11:14)* Elias
elideren elide
eliminatie elimination
elimineren eliminate *(ook in wisk),* cut out
elisie elision
elitair élitist
elitarisme elitism
elite elite, smart set, rank and fashion, top people
eliteregiment crack regiment
elitisme elitism
elixer, elixir elixir
Elizabeth Elizabeth; *van (Koningin)* ~ Elizabethan
Elizabethaans Elizabethan [age, poetry]
elk 1 *(bijvoegl)* every [he comes here every day], *(willekeurig)* any [he may come any day]; *(~ afzonderlijk)* each; **2** *(zelfst)* everyone, everybody, anyone, anybody, each; [they cost a penny] each, apiece; *vgl* 1 & *zie ook* ieder, iegelijk & wil
elkaar, elkander each other, one another; *~ zenuwachtig maken* get on each other's (one another's) nerves; ***aan*** ~ [glue, stick, weld, etc] together; *ik kan de stukjes niet aan ~ krijgen* the pieces won't join (won't fit); *aan ~ leggen* lay end to end; *aan ~ zetten* set [the tables] together (*of:* one to another); *vgl de sam met* aaneen; ***achter*** ~ behind (after) each other (one another); [they lined the pavement six] deep; *achter ~ de kamer in- (uit)gaan* file into (out of) the room; *achter ~ lopen* walk in single (*of:* Indian) file; *zie ook* achtereen; ***bij*** ~ together; *deze woorden worden **door** ~ gebruikt* are interchangeable, are used indifferently; *door* ~ [everything was lying] in a heap (*of:* higgledy-piggledy), [they were sitting about] just anyhow; *door ~ genomen (gerekend)* one (one year, etc) with another, on an average; *door ~ gooien* jumble up, make hay of [one's papers]; *door ~ halen (haspelen)* mix (*of:* jumble) up; *door ~ mengen* mix through; *door ~ schudden* shake up; give [a p.] a [good] shaking; *door ~ spreken* speak together (at the same time); *hun handen **in** ~ leggen, (ten huwelijk)* join their hands; *in ~ zetten* put together; assemble [parts of a motor car], stack [plates *borden*], *(vlug)* knock together [a play], run up [a fire escape]; *iem in ~ slaan (trimmen)* beat a p. up; *het stuk (de avond) zat goed in* ~ the play was well made (the evening was well organized); *ik snap niet hoe de zaak in ~ zit (steekt)* I cannot get the hang of the business; ***met*** ~ together; *ze hadden met ~ nog geen shilling* they could not muster a shilling between (among) them; *zij kochten het huis met (onder)* ~ between them *(v twee of meer),* among them *(v meer); getallen onder ~ zetten* place one figure below the other; ***na*** ~ after each other, one after another, [they arrived] within [a few minutes] of each other; *10 dagen na ~ verzonden* shipped 10 days apart; *3 jaar na* ~ 3 years in succession; ***naast*** ~ side by side, abreast, in juxtaposition; *naast ~ plaatsen, (ook)* juxtapose; ***onder*** ~ [they were talking] among themselves; *zie ook boven:* met ~; ***op*** ~ one on top of the other, on top of each other; *ik ken ze niet **uit*** ~ I can't tell them apart, I don't know one from the other (which is which); *uit ~ gaan* separate, split up, *(als vrienden)* part [(as) friends]; *het kan uit ~ worden genomen* it can be taken to pieces; *zie ook de sam met* uiteen-; *ze hebben niets **van*** ~ they have nothing in common, are absolutely unlike; *van ~ gaan* separate, part (company); *ver van* ~ [his eyes were] wide apart; *met zijn knieën van* ~ his knees apart; *dat is **voor*** ~ that is settled; *ik heb het voor* ~ I've planned (thought) it all out
elkeen everybody, everyone
elleboog elbow *(ook v kachelpijp, enz); de ellebogen vrij hebben* have elbow room; *de ellebogen erdoor hebben* be out at elbows; *met de ellebogen werken* elbow people aside, fight (push) one's way up; *achter de ~, zie* mouw: achter de ~; *zie ook* stoten
ellende misery, distress, woe(s), wretchedness; wretched business; *de ~ van de oorlog* the miseries of war; *zie ook* dof & ellendig
ellendeling wretch, villain
ellendig miserable [day, living conditions], wretched [the wretched story; feel wretched]; *(fam)* rotten [have a rotten time, feel rotten], awful; *het ~e was, dat* ... the trouble was that ...; *~ aan zijn eind komen* come to a miserable end, die miserably; *vgl* beroerd
ellendige *zn* (poor) wretch
ellendigheid misery, wretchedness
ellenlang (many) yards long; *(fig)* lengthy, sesquipedalian [words], long-drawn out [stories]
ellenmaat 1 ell, yard; **2** tape measure; (Dutch) yardstick
ellenstok *(vglb)* yardstick
ellenwaar drapers' goods, soft goods
ellepijp ulna
ellips 1 *(figuur)* ellipse; **2** *(gramm)* ellipsis (*mv:* -ses), ellipse
elliptisch elliptic(al)
elm(u)svuur: *(sint-)~* St Elmo's fire
elocutie elocution
eloquent eloquent
eloquentie eloquence
eloxeren anodize
elpee LP, long-playing record
elpenbeen, elpenbenen *(vero)* ivory
elrits *(vis)* minnow
els 1 *(priem)* (brad)awl; **2** *(boom)* alder
Elseneur Elsinore
Elysium Elysium
Elyzees Elysian [fields]
Elzas-Lotharingen Alsace-Lorraine
Elzasser, Elzassisch Alsatian
elzen *bn* alder [brake *bosje,* cone *prop,* wood *hout*]

elzenboom alder (tree)
Elzevier Elzevir
Em. *zie* eminentie & emeritus
email enamel; ~ *artikelen* enamel(led) ware
e-mail(en) e-mail
emailleeroven enamelling stove
emailleren enamel
emanatie emanation
emancipatie emancipation; *zie ook* vrouwenemancipatie
emancipatoir emancipatory
emanciperen emancipate
emballage packing
emballeren pack (up)
emballeur packer
embargo embargo; *onder ~ leggen* embargo, lay (put) an embargo on, place under (an) embargo; *het ~ opheffen* raise (remove, lift) the embargo; ~ *tot donderdag 21 oktober, 12.00 uur, (pers)* embargoed until (not to be released before) 12 noon, Thursday, October 21st
embarkeren embark [troops]
embarras du choix embarras de richesse(s) (de choix)
embleem emblem; *(op auto)* badging; *zie ook* beeldmerk
emblema emblem
emblematisch emblematic(al)
embolie embolism
embolus embolus
embonpoint embonpoint, plumpness, stoutness
embouchure embouchure
embrasse tie-back
embryo embryo
embryologie embryology
embryoloog embryologist
embryonaal embryonic; *in het -nale stadium* [the scheme is still] in its embryonic stage, in embryo
emelt leatherjacket
emendatie emendation
emenderen emend
emeritaat superannuation; *tijdens zijn ~* after his retirement
emeritus I *bn* emeritus, retired; ~ *predikant* pastor emeritus; ~ *Prof. Strong* Em. Prof. Strong; II *zn* emeritus professor, etc
emfase emphasis
emfatisch emphatic
emfyseem (pulmonary) emphysema
emigrant emigrant
emigratie emigration
emigré émigré
emigreren emigrate
eminent eminent, distinguished, outstanding
eminentie eminence; *Zijne (Uwe) E~* His (Your) Eminence
emir emir, amir
emiraat emirate
emissie emission [of particles, smoke]; *(handel)* issue
emissiebank, emissiehuis issuing house
emissiekoers price of issue
emittent issuer
emitteren emit [light, noxious fumes]; *(handel)* issue
Emmaüsgangers men of Emmaus
emmer bucket, pail; *iem een ~ koud water over het lijf gieten, (fig)* pour cold water on a p.'s expectations (enthusiasm, etc); *het regent alsof het met ~s uit de lucht valt* it is coming down in buckets, it is raining cats and dogs; *alsof je een ~ leeggooit* pots and pots of it; *zie ook* druppel
emmerbaggermolen multi-bucket ladder dredge
emmeren *(fam)* ya(c)k, chatter, waffle, twaddle
emmerketting bucket (elevator) chain
emmerpomp stirrup pump
emoe emu
emolumenten perquisites, fringe benefits, extras, *(fam)* perks
emotie emotion, excitement, stir
emotionaliteit emotionalism, emotionality
emotioneel emotional
emotioneren emotionalize, disturb, affect (emotionally); *geëmotioneerd reageren* react emotionally
empathie empathy; ~ *voelen* empathize
empathisch empathic
empire Empire [furniture, style]
empiricus empiricist
empirie empiricism
empirisch empiric(al)
empirisme empiricism
empirist empiricist
emplacement [station, goods] yard; *(voor kanon)* [gun] emplacement
emplooi employ, employment; *(theat)* part; *zonder (vast) ~* unemployed
employé employee, assistant, clerk
employeren employ
EMS afk van *Europees Monetair Stelsel* EMS, European Monetary System
EMU afk van *Economische en Monetaire Unie* EMU, Economic and Monetary Union
emulgator emulsifier
emulgeren emulsify
emulsie emulsion
en and [miles and miles, mile upon mile]; *(in rek & chem)* plus; *én ... én ...* both ... and ...; *en/of* and/or; *en(ne), ...* and, eh, ...; *er zijn dichters ~ dichters* there are poets and poets; *en?* well?; ~, *ga je mee?* well, are you coming?; ~ *wat dan nog?, ~ wat zou dat?* so what?; *zie ook* [1]maar, nu, of 6, toch, enz
enakskind giant
en bloc en bloc; [vote against it] en masse (*of:* in a body)
encadreerband passepartout
encadreren **1** frame; **2** *(mil)* enrol(l) [recruits]
encanailleren: *zich ~* keep low company, cheapen

o.s., make o.s. cheap
encaustiek encaustic
encefalitis encephalitis
encefalogram encephalogram
enclave enclave
enclise, enclisis enclisis
enclitisch enclitic
encore encore
encryptie encryption
encycliek encyclical (letter)
encyclopedie [he is a walking] encyclop(a)edia
encyclopedisch encyclop(a)edic
encyclopedist encyclop(a)edist
end end; *zie* eind
endeldarm rectum
endemie endemic (disease)
endemisch endemic
en dépôt **1** on deposit; **2** in stock
en détail **1** in detail; **2** [sell] retail
endocardiaal endocardial
endocrien endocrine, ductless [gland]
endodontie endodontics
endogamie endogamy, marrying(-)in
endogeen endogenous
endoscopie endoscopy
endossant endorser
endossement endorsement
endosseren endorse; *(fig)* pass [a question] on [to ...]
endotherm endothermic
ene a, an, one, a certain; *zie verder* een II
enema enema (*mv ook:* -mata)
enenmale: *te(n)* ~ entirely, altogether, absolutely, utterly
energetisch energetic
energie energy [balance, conservation, crisis, saving, supply, energy-conscious], push, drive, go; power; *hij heeft veel* ~, *(ook, fam)* he has plenty of go in him, is full of go
energiebedrijf **1** power company; **2** *(centrale)* power station
energiebron power source, source of energy
energiedrager fuel
energiek energetic (*bw:* -ally), dynamic, vigorous [action], *(vaak ong)* pushing; ~ *persoon, (fam)* live wire
energieverbruik power (energy) consumption
energievoorziening power supply
energiezuinig energy efficient, low-energy
enerlei of the same kind (*of:* sort); *zie ook* eender
enerveren excite; *~d, (ook)* nerve-racking
enerzijds on the one side; ~ ... *anderzijds* on the one hand ... on the other
en face **1** (in) full face; **2** face to face
en famille [live] as a member of the family
enfant terrible enfant terrible; little (*of:* holy) terror
enfin **1** ~, *ga door* well, go on; *maar* ~ but there; **2** *(kortom)* in short, in fine
eng **I** *bn* **1** *(nauw)* narrow, *(nauwsluitend)* tight; *(besloten)* intimate [circle]; *~e poort, (bijb)* strait gate; *~e blik* narrow view; *in ~ere zin* in a narrower (a more restricted) sense; ~ *behuisd zijn* be cramped (pinched) for room; **2** *(griezelig)* creepy, weird, eerie, scary; *een ~e vent, zie* engerd; *waar je ~ van wordt* [a story] that gives you the creeps; **II** *zn zie* es 3
engagement **1** engagement [*met* to]; **2** *(geëngageerdheid)* commitment
engageren engage; *(een advocaat, ook)* brief; *zich* ~ become engaged [*met* to]; *geëngageerde schrijver* committed writer
engel angel (*ook fig:* an angel of a child); *~tje* (little) angel; *(op schilderij)* love
engelachtig angelic (*bw:* -ally), cherubic, seraphic
engelachtigheid angelic nature
Engeland England, *(dicht)* Albion
engelbewaarder guardian angel
engelenbak (upper) gallery; *(de personen)* the gods, the gallery
engelengeduld patience of a saint, angelic patience
engelengroet angelic salutation
engelenhaar tinsel
engelenkoor **1** choir of angels, angelic choir; **2** *(bk)* angel choir
engelenkopje cherub's head
engelenleer angelology
engelenrei choir of angels, angelic choir
engelenschaar host of angels
Engels English; *~en* English people, Englishmen, Englishwomen; *zij is ~ (het zijn ~en), (ook)* she is (they are) English; *de ~en* the English; *het* ~ English; *zuiver* ~ pure English, the King's (Queen's) English; *de ~e Bank* the Bank of England; *~(e) drop* liquorice (*Am:* licorice) all-sorts; ~ *gras* thrift, sea pink; *~e hoorn* English horn, cor anglais; *~e kerk* Church of England (C of E), Anglican Church; *lid van de ~e kerk, (ook)* Anglican, churchman, churchwoman; *(ook)* [she was] Church of England; ~ *leer* moleskin; *~e naad* French seam; *~e pleister* court plaster; *~e sleutel* monkey wrench, shifting spanner; *~e vlag* British (national) flag, Union Jack (*of:* flag); *~e wissel* cross points; *~e ziekte* rachitis, [the] rickets (*daaraan lijdend* rickety); ~ *zout* Epsom salt(s), magnesium sulphate; *Engels-, (ook)* Anglo-[American, Frisian, etc]
Engelsman Englishman (*ook:* he is English)
Engelstalig English-speaking [world], anglophone [people]
engeltjesmaakster **1** (infanticidal) baby farmer; **2** abortionist
engelwortel angelica
engerd creep, horror, horrible (horrid) fellow; *hij is een ~, (ook)* he gives you the creeps
engerling white grub
enggeestig, enghartig narrow-minded
engheid narrowness, tightness
en gros [sell] wholesale; ~ *en en détail* wholesale and

retail; ~ *handelaar (prijs, zaak)* wholesale dealer (price, business); ~ *prijs, (ook)* trade price

engte narrow(s); *(zee-~, ook)* strait(s); *(berg~)* defile; *(land~)* isthmus; *(ve weg, v geest)* narrowness; *vgl* nauw III

engtevrees claustrophobia

enharmonisch enharmonic

enig I *bn* **1** *(zonder 2e)* only [child], sole [heir], one [his one hope; the one blot on this beautiful landscape]; *iets geheel ~s* s.t. entirely unique; ~ *in zijn soort* unique of his (its) kind (*ook:* it's the only book etc of its kind); *de ~e* the only man (woman), the only one; *daarin is hij (zijn zij) de ~(st)e(n) niet, (ook)* in this he is (they are) not alone; *het ~(st)e dat ik weet (waaraan hij denkt)* the only thing I know (all he thinks about); **2** *(ongeëvenaard)* unique; *(prachtig)* marvellous; *een ~e kans, (ook)* the chance of a lifetime; *het is ~* it is wonderful; II *bw* **1** simply; ~ *en alleen* simply and solely; **2** wonderfully, marvellously, uniquely [beautiful]; *wat ~(jes)!* how marvellous!; III *vnw* some [give me some money, some books], any [have you any money, any books?, without any trouble], a few [books]; *te ~er tijd, a)* [if you should need it] at any time; *b)* [I will need it] at some time (or other); *~en zeggen* some (people) say; *nogal ~e(n), zie* enkele(n)

enigerhande, enigerlei of some kind (sort)

enigermate to some extent, in some degree, in a (*of:* some) measure

enigerwijze in some way (or other), in any way

eniggeboren only-begotten

enigheid union, unity, unanimity

eniglijk solely

enigma enigma, puzzle

enigmatisch enigmatic, puzzling

enigst *zie* enig I.1

enigszins **1** somewhat, in some degree (measure), slightly, distantly (remotely) [it distantly resembles a bluebell]; [can you play? - I can] after a fashion; [he was] a bit of (something of) [a dandy]; *(fam)* [I am] sort of [responsible for her]; *het is ~ een tegenvaller* it's a bit of a disappointment; ~ *ongeduldig, (ook)* with a touch of impatience [he said ...]; **2** *(ook maar ~)* at all [if it is at all possible]; *als hij er ook maar ~ om gaf* if he cared at all; *als hij het ~ kan vermijden* if he can possibly (at all) avoid it; *alle ~ belangrijke factoren* all factors of any importance

enjambement enjamb(e)ment

enjamberend: *~e versregel* unstopped (run on) line

enk *zie* es 3

[1]**enkel** *zn* ankle; *tot de ~s* up to the ankles, ankle-deep [in snow, etc], ankle-length [skirt; skirts are ankle-length]

[2]**enkel** I *bn & telw* **1** single [flower, sheet, thread, track, width]; *geen ~ huis* not a single house; *een ~ deel van Dickens* an odd volume of Dickens; ~ *geld* (small) change; *een ~e handschoen* an odd glove; *geen ~e kans* no chance at all, not the slightest chance; *een ~ ogenblikje (regeltje, woord)* just a moment (line, word); *nog een ~ woord* just another word; *één ~ woord(je)* [may I say] just one word?; *~e reis* single (*Am:* one-way) journey, *(kaartje)* single (ticket); *drie ~ (tweede) Groningen* three (second class, *Br:* standard) singles to G., please; *met de ~e uitzondering van ...* with the solitary (sole) exception of ..., the one exception being ...; **2** *(weinig, enige)* a few [hours], one or two; *een ~e maal, (soms)* occasionally, on occasion, *(heel enkele)* once in a blue moon; *~e tijd* a (short) while [later]; *in ~e uren, (ook)* in a matter of hours; *nogal ~e(n)* quite a few, a good (*fam:* a tidy) few; *met ~e Chinezen, (ook)* [Americans] with a sprinkling of Chinese; *zie ook* keer, [2]spoor 5, enz; II *zn:* *~en* some few; III *bw* simply, only, merely; ~ *en alleen* simply and solely

enkelband [a torn] ankle ligament

enkeldakstent single tent

enkelgewricht ankle (joint)

enkeling individual; *slechts een ~ bereikte de eindstreep* only one or two reached the finish

enkelloops single-barrelled [rifle]

enkelsokje ankle sock, *(Am)* anklet

enkelspel single(s)

enkelspoor single track

enkeltje single (ticket)

enkelvoud singular (number); *in ~* [most paintings only exist] in single copies (in a single copy); *in het ~* in the singular, singular [noun]

enkelvoudig **1** *(vs meervoudig)* singular [noun, verb]; *~e kamer* judge sitting alone; **2** *(vs samengesteld)* simple [fraction, leaf, sentence, tenses]

Enkhuizer: *de ~ (almanak), (vglb)* Old Moore('s Almanac); *dat is er een uit de ~* that is a chestnut

en masse en masse

enne: ~ ... and eh ...

enorm enormous; *het is ~ belangrijk* it's immensely (extremely, tremendously) important

enormiteit enormity

en passant in passing, by the way; *(schaaksp)* en passant; *iets ~ doen, (ook)* take s.t. in one's stride

en petit comité *zie* comité

en plein public publicly, in public

en profil in profile

enquête (official) inquiry, (opinion) poll, (election) survey; *(jur)* hearing; *parlementaire ~* parliamentary inquiry; *een ~ instellen (houden)* set up (hold, conduct) an inquiry [*naar* into]

enquêtecommissie inquiry (*of:* fact-finding) committee, board of inquiry

enquêteformulier questionnaire

enquêteren (conduct a) poll

enquêteur, enquêtrice pollster

en route en route, on the road

ensceneren stage, stage-manage; *(fig)* fake [a burglary]

ensemble ensemble *(ook kostuum, muz, enz)*, whole; general effect

ent graft
entablement entablature
entameren begin [a task]; broach, approach [a subject], take [the matter] up
enten 1 *(plantk & fig)* graft [*op* (up)on]; **2** *(dierk)* inoculate
entente: ~ *(cordiale)* entente (cordiale)
enter 1 grafter; **2** *(dier)* yearling
enteren 1 board [a ship], *(met enterhaak)* grapple; **2** waylay, buttonhole [a p.]
enterhaak grappling iron, grapnel
enteritis enteritis
entertainen entertain
enthousiasme enthusiasm, keenness
enthousiasmeren kindle with enthusiasm, enthuse [students]
enthousiast I *zn* enthusiast, devotee; *(fam)* [football, jazz] fan; **II** *bn* enthusiastic (*bw:* -ally), keen; *(fam)* wild [*over* about]; *zich ~ tonen, (fam)* enthuse
enthousiasteling enthusiast, freak, buff
enting (en)grafting
entiteit entity
entloot graft
entomologie entomology
entomoloog entomologist
entourage entourage, surroundings
entozoön entozoon
entr'acte entr'acte, interval, wait (between the acts); *(fig)* interlude
entrain spirit, dash
entrainement 1 training establishment; **2** training
entraineren 1 carry along (away) [an audience]; **2** train
entrecote entrecôte
entre-deux 1 centrepiece; **2** *(v kant, enz)* insertion; **3** interval
entree 1 *(het binnenkomen)* entrance, entry; *zijn ~ maken* enter; *(fig)* make one's debut; **2** *(ingang)* entrance; *(vestibule)* (entrance) hall; **3** *(geld) zie* entreegeld; *~ betalen* pay for admission; *~ heffen* charge for admission; *~ vrij* admission free; **4** *(recht van toegang)* entrée [he has no entrée there]; **5** *(voorspijs)* entrée
entreebiljet ticket (of admission)
entreegeld admission (money), entrance fee; *(als lid)* entrance fee; *gezamenlijke ~en, (sp)* gate (money, receipts); *(theat)* box-office takings; *zie ook* recette
entreeprijs price of admission, admission price
entrefilet newspaper item; *(fam)* paragraph
entremets entremets, dessert, sweet
entre nous between you and me
entrepot: *(particulier) ~* (private) bonded warehouse; *in ~ opslaan* (store in) bond; *in ~ verkopen* sell in bond; *goederen in ~* bonded goods, goods in bond; *in ~ geleverd New York* bonded terms NY
entrepreneur entrepreneur
entresol entresol, mezzanine (floor)
entrijs graft, scion
entropie entropy
entspleet graft
entstof inoculum; *(koepok~)* vaccine (matter)
envelop(pe) envelope
envelopperen enclose (put) in an envelope
enz., enzovoort(s) etc, et cetera, and so on, and so forth; ~, ~ etc, etc; and so on and so forth
enzym enzyme
enzymologie enzymology
e.o. 1 ex officio; **2** afk van *en omstreken* and environs (surroundings)
Eoceen Eocene
eoliet eolith
eolisch aeolian
eolusharp aeolian harp
eon aeon
eosine eosin(e)
Eozoïcum Eozoic
epacta epact
epateren amaze, shock, dumbfound, stagger
epaulet epaulette, *(inz Am)* epaulet; *(ve lakei)* shoulder-knot
epenthese epenthesis
epibreren take care of, fix
epicentrum *(geol)* epicentre
epicurisch epicurean
epicurist epicurean; *(gastronoom)* epicure
epicuristisch epicurean
epidemie epidemic
epidemiologie epidemiology
epidemisch epidemic (*bw:* -ally)
epidermis epidermis
epidiascoop epidiascope
epididymis epididymis (*mv:* -mides)
epiduraal epidural
epiek epic (poetry)
epifyse 1 epiphysis; **2** epiphysis (cerebri), pineal gland
epifyt epiphyte
epigoon epigone *(mv ook: -ni)*
epigraaf epigraph
epigram epigram
epigrammaticus epigrammatist
epigrammatisch epigrammatic
epilatie depilation
epilator epilator
epileerpincet depilator
epilepsie epilepsy
epilepticus, epileptisch epileptic
epileren depilate
epiloog epilogue
episch epic; *~ gedicht* epic (poem)
episcoop episcope
episcopaal episcopal, episcopalian
episcopaat episcopacy
episode episode; incident [only an incident in the conflict]

episodisch episodic
epistel epistle; *(vervelend, ook)* screed
epistemologie epistemology
epistolair epistolary [genre, style]
epitaaf, epitafium epitaph
epitheel epithelium
epitheton epithet
epizoën epizoa
eponiem eponym
epoque epoch; ~ *maken* mark an epoch; make history
epoquemakend epoch-making
epos epic
epoxide epoxide
epoxyhars epoxy (resin)
eppe *(plant)* smallage, wild celery
equator(iaal) equator(ial)
equilibrist equilibrist, rope-walker, acrobat
equinoctiaal equinoctial
equinoctium, equinox [vernal, autumnal] equinox
equipage 1 *(rijtuig)* equipage, carriage; **2** *(mar)* ship's company, crew
equipagemeester *(mar)* boatswain
equipe *(sp)* team, side
equiperen equip
equivalent equivalent; *(ook)* counterpart [the French 'juge d'instruction' has no counterpart in the English system of justice]; ~ *aan* equivalent to
er 1 there; *we zijn ~, (na reis)* we're there; *de kersen zijn ~* cherries are here; *ik heb ~ nog drie* I have three left; *ik heb ~ nóg drie* I have three more; *ik heb ~ geen* I haven't any; *~ zijn ~, die …* there are those who …; *wat is ~?* what is it?, what's the trouble?; *is ~ iets?* is anything the matter?; *nu ben ik ~, (ik heb het)* I've got it; *we zijn ~ nog niet, (niet uit de moeilijkheden)* we are not yet out of the wood; *je hoefde alleen maar …, en dan was je ~* you only had to … and that would be that; *de dokter was ~ nog niet geweest* had not yet been; *~ ging niemand voorbij* nobody passed; *~ werd geen schade aangericht* no damage was done; *~ werd verondersteld, dat …* it was supposed that …; *~ werd die avond gedanst* there was dancing that night; **2** *zie* daar, [1]haar & hier
era era
eraan, enz *zie* aan: er ~, enz, *en de sam met* aan-, enz
erachten: *(vero) mijns ~s* in my opinion
Erasmiaans Erasmian
erbarmelijk pathetic,pathetic, pitiful, lamentable, miserable, wretched, abominable, rotten [roads], poor [excuse]
erbarmen I *ww: zich ~ over* have mercy (*of:* pity) on, compassionate; *Heer, erbarm U onzer* Lord, have mercy upon us; **II** *zn* pity, compassion
erbij *zie* [2]bij
erdoor [climb] through; *'t is ~* it's settled; *een voorstel, enz, ~ halen (krijgen)* get a proposal carried (get a bill through Parliament); *~(heen) slepen* pull [a patient] round; *~ zijn* have finished; have passed (one's exam); *zie ook* doorheen
ere honour; *zie ook* [2]eer
ereambt, erebaantje honorary post
erebegraafplaats war cemetery
ereblijk mark of honour
ereboog 1 triumphal arch; **2** *zie* haag
ereburger(es) (woman) freeman
ereburgerschap (honorary) freedom [of a city]; *hem werd het ~ der stad aangeboden* he was admitted to (presented with, offered) the freedom (he was made free) of the city
erecode code of honour
erectie erection
eredegen sword of honour
eredienst (public) worship
eredivisie premier (*Am:* major) league
eredoctoraat honorary doctorate (*of:* degree)
eregast guest of honour
erehaag lane; *vgl* haag
ereis just [just come here]!; *er was ~* once upon a time there was
erekruis cross of honour
erelid honorary member
erelidmaatschap honorary membership; *(Br ook)* (honorary) freedom (of a society) [he was made free of the society *hij kreeg het ~*]
erelijst roll of honour; *(sp)* performance record
ereloon fee
eremedaille medal of honour
eremetaal insignia
eremiet hermit
eren honour, *(sterker)* revere; *wie het kleine niet eert, is het grote niet weerd* if you don't value small things you are not worthy of greater things
erepalm palm (of honour)
erepenning (commemorative) medal [awarded the Gold Medal of the Society]
ereplaats seat of honour; *de ~ innemen, (fig)* have pride of place
erepodium rostrum
erepoort triumphal arch
erepost honorary post
ereprijs 1 prize, award; **2** *(plant)* germander speedwell, bird's-eye
ererond(j)e lap (round) of honour
eresabel sword of honour
eresaluut salute; *een ~ brengen* [we] salute [these pioneers]
ereschot salute
ereschuld debt of honour
ereteken mark of honour; *(ordeteken)* badge of honour; *~s, (ook)* decorations and honours, insignia
eretitel title of honour, honorary (honorific) title
eretribune grandstand
ereveld war cemetery
erevoorzitter honorary president
erewacht guard of honour
erewijn wine drunk in honour of the occasion; *(vglb)*

loving cup [the loving cup circulated]
erewoord word of honour; *(inz mil)* [break one's] parole; *op mijn ~* on my word, on my honour, word of honour!, *(fam)* honour bright!, *(sl)* honest Injun!; *op zijn ~ vrijgelaten* set free on parole
erezaak affair of honour; point of honour
erezetel seat of honour
erezuil commemorative column
erezwaard sword of honour
erf yard, farmyard; *(Ind, enz)* compound; *huis en ~* premises; *der vaderen ~* our native soil; *ieder is baas op zijn eigen ~* a man's house is his castle
erfadel hereditary nobility
erfdeel portion, inheritance, heritage; *moederlijk ~* maternal portion; *vaderlijk ~* patrimony; *zijn ~ krijgen* come into one's own
erfdienstbaarheid easement
erfdochter heiress
erfelijk hereditary, heritable, transmissible [defects]; *~e belasting* hereditary taint, hereditary transmission; *zie ook* belasten
erfelijkheid 1 heritability; *(v titel, enz)* hereditariness; **2** *(biol)* heredity
erfelijkheidsleer genetics
erfenis [the laws of] inheritance, [our national, cultural] heritage, [receive a] legacy (*ook fig:* a legacy from the past)
erfenisjager legacy hunter
erffactor hereditary factor
erfgenaam heir [to, of, a p.; to property]; *rechtmatige ~* heir apparent; *vermoedelijke ~* heir presumptive; *wettig ~* heir-at-law
erfgename heiress
erfgerechtigd heritable
erfgoed inheritance, [world] heritage (*ook attr:* heritage buildings), estate; *vaderlijk ~* patrimony, patrimonial estate
erfhuis 1 house of a deceased person (where the public sale of his effects takes place); **2** sale by auction; *~ houden* sell by auction
erflaatster testatrix
erfland hereditary land
erflater testator; *(v vast goed ook)* devisor
erflating bequest; *(concr ook)* legacy
erfleen hereditary fief, allodium
erfoom uncle from whom one expects a legacy
erfopvolging succession
erfpacht 1 (tenure by) long lease, hereditary tenure; *in ~ hebben (afstaan, nemen)* hold (let out, take) on long lease; **2** *(de som) zie* erfpachtcanon
erfpachtcanon rent charge, ground rent; fee farm
erfpachtcontract long-lease contract
erfpachter long leaseholder
erfprins(es) hereditary prince(ss)
erfrecht 1 law of succession; **2** *(recht om te erven)* right of succession; **3** *(erfelijk recht)* hereditary right
erfrente (perpetual) rent charge
erfscheiding boundary (between two properties)
erfstadhouder hereditary stadtholder
erfstelling testamentary disposition; *~ over de hand* entail
erfstuk 1 heirloom; **2** *(iron)* cast-off
erftante *vgl* erfoom
erfvijand(in) hereditary enemy
erfvorst(in) hereditary monarch
erfzonde original sin
[1]erg *(natuurk)* erg
[2]erg I *bn* bad; *(ve zieke ook)* ill, poorly; *is het zo ~?* is it so serious?; *dat is al te ~* that's too bad, that's beyond a joke; *het wordt te ~* it's getting beyond a joke; *al ~ genoeg* quite bad enough; *zo ~ zal het wel niet zijn* it won't be as bad as all that; *het is niet (zo) ~* it does not (really) matter; *zo ~ als het maar kan* [protectionism] with a vengeance; *ik vind het niet ~* I don't mind; *het is heel ~ om arm en ziek te zijn* it's a terrible thing to be ...; *~* ***er*** worse; *het wordt steeds ~er* it is getting worse and worse; *het zou nog ~er worden* worse was to follow, there was worse to come; *des te ~er* so much the worse, worse luck, more's the pity; *het had ~er kunnen zijn* it could have been worse; ***ergst*** worst [prepared for (tell me) the worst]; *de ~ste belediging, (ook)* the crowning insult; *het ~ste is, dat ...* the worst of it is that ...; *het ~ste is voorbij, (ook)* the corner has been turned; *op zijn ~st* at (the) worst, [bureaucracy] at its worst; *in het ~ste geval* at worst, if the worst comes to the worst; **II** *bw* badly [treat a p. badly, badly damaged, I need it badly], [suffer] severely, very [bad, much, etc]; [she trembled] very much; *het bloedde ~* it bled freely; *~ mishandeld* cruelly maltreated; *~ nalatig* grossly negligent; *heb je zo ~ het land aan hem?* do you hate him as much as that?; *zijn das had ~ veel van de jouwe* his tie looked very much like yours; ***niet*** *~* [are you hurt?] not much; *het komt niet ~ te zien* it doesn't show much; *niet ~ schitterend* [the outlook is] none too bright; *hij is er ~* ***aan toe*** he is in a bad way; *hij* ***maakt*** *het te ~* he is going too far; *maak het niet te ~* don't be too hard (up)on him, *(overdrijf niet)* don't overdo it, draw it mild; **III** *zn: zonder ~, a)* unintentionally, unthinkingly; *b)* without malice, meaning no harm; *hij had er geen ~ in* he was not aware of it; *voor ik er ~ in had, lag ik er, (ook)* before I knew where I was, I ...
ergdenkend suspicious
ergdenkendheid suspiciousness, suspicion
ergens 1 somewhere (*ook: ~ naar toe:* let's go somewhere), anywhere (did you see him anywhere?); *(Am ook)* some place, any place; *hier ~* [there must be a farm] somewhere near; *waar heb je het ~ gelegd?* whereabouts did you put it?; *~ waar we rustig kunnen praten* [let us go] where we can talk quietly; *~ mee belast zijn* be responsible for doing s.t.; *hij vraagt nooit ~ om* he never asks for anything; *zie ook* anders; **2** *(in enig opzicht)* somehow, in some ways, in a way [you are right]
ergeren *(kwaad maken)* annoy, vex, spite [he does it

to spite you], mortify; *(aanstoot geven)* scandalize, shock, give offence; ***zich*** ~ be offended (irritated) [by s.t.], be annoyed [with a.p.], be vexed [at s.t.], take offence [*aan* at], be scandalized (shocked), fret; *zij ergerde de mensen in het dorp* she caused a scandal in the village; *hij ergert zich al over niets* the slightest thing puts his back up; *deze uitdrukking ergerde hem* he took offence at this expression; ***mens****, erger je niet, (fam)* keep your hair on; *(spel)* ludo; *zie ook* dood

ergerlijk **1** annoying, provoking, vexatious, exasperating; **2** *(aanstootgevend)* offensive [language], scandalous, outrageous, shocking [shockingly dirty]; *het ~e ervan is ...* the outrageous (annoying, etc) part of it is ...

ergerlijkheid **1** vexatiousness; **2** offensiveness; *vgl* ergerlijk

ergernis **1** *(aanstoot)* offence; *(onaangenaamheid)* annoyance, vexation, exasperation, irritation; *bron van ~* nuisance, source of irritation; *~ geven, zie* ergeren; *tot grote ~ van* to the great annoyance of; **2** *(doorn in het oog)* thorn in one's side (*of:* flesh)

ergo therefore; *(meestal scherts)* ergo

ergonomie ergonomics, biotechnology, human engineering

ergotherapie occupational therapy

erica erica, heath

Eriemeer: *het ~* Lake Erie

erin *zie* in *en de sam met* in-

Erin Erin

erkend acknowledged [expert, leader], recognized [authority, fact], approved [method], accepted [leader, principles], [the] accredited [achievements of acupuncture]

erkennen **1** acknowledge [the authority of the court], recognize [a new state]; *(openlijk)* avow [one's errors]; *een vordering ~* allow a claim; ***niet*** *~, (ook)* disown [one's son, one's signature], repudiate [one's debts]; ***ontvangst*** *~* acknowledge receipt [*van* of]; *zie ook* erkend; **2** *(toegeven)* admit [admitted facts], grant, allow, own, confess [guilt, etc]; *ik erken, dat ik verslagen ben, uw verwijt verdiend heb (ongelijk heb)* I admit (that) I'm beaten, own to deserving your reproach (to being wrong); *ik erken, dat ik nieuwsgierig ben* I confess to being inquisitive; *ik erken, dat ik zeer teleurgesteld ben* I confess to a feeling of profound disappointment; *~ bang te zijn voor ...* confess to (having) a dread of ...; *en laat me ~, nog heel wat meer* and, be it admitted, a great deal more; *naar hij zelf erkent* on his own confession, by his own admission

erkenning acknowledgement, recognition; admission [of a fact, etc]; *ter ~ van* in recognition of [his merits]; *vgl* erkennen

erkentelijk grateful, thankful

erkentelijkheid gratitude, thankfulness

erkentenis *zie* erkenning & *(vero)* erkentelijkheid; *tot ~ komen van* see, realize

erker *(hoekig)* bay window; *(rond)* bow window; *(v bovenverdieping)* oriel (window)

erlangen obtain, acquire, gain [admission]

erlangs, ernaast, enz *zie* langs: er ~, enz

ernst earnest(ness), seriousness, gravity [of the situation]; *in (volle, alle) ~* in (real, sober, deadly) earnest, in all seriousness, joking apart; *ik meen het in ~* I am serious, I mean business; *het is hem geen ~* he is not in earnest; *dat meen je niet in ~* you don't (really) mean it; *het in ~ opnemen* take it seriously; *het wordt nu ~* it is getting serious now, matters are taking a grave turn

ernstig serious [illness, accident, case, matter, person, candidate], serious-minded [person], grave [condition, fears; be seriously, though not gravely ill], severe [illness, severely injured]; *(~ en deftig)* grave [as grave as a judge]; *~ gezicht* grave face; *een ~ gezicht zetten* look grave, put on a solemn face; *het is helemaal niet ~* it is not anything serious, *(fam)* (there are) no bones broken; *het niet ~ nemen met* palter (trifle) with; *zie* inzien

eroderen erode

erogeen erogenous

erom round it; *zie* doen, vragen, enz: ~ ..., & *verder* aan, omheen: er ~

eromheen, eronder, erop, enz *zie* omheen, onder, op: er ~

eroscentrum sex centre

erosie [soil] erosion

erotica erotica

erotiek eroticism, sex

erotisch erotic (*bw:* -ally)

erotogeen erogenous [zone]

erotomaan erotomaniac

erotomanie erotomania

erratisch erratic [blocks]

erratum erratum (*mv:* -ta)

ertoe *zie* brengen, moed, toedoen, zwijgen, enz & *vgl* toe II

erts ore

ertsader mineral vein, lode

ertshoudend ore-bearing

ertslaag ore deposit

ertsrijk rich in ore

ertswinning ore mining

ertszeef jig

ertussendoor in between, through; [it can be done] as we go along

erudiet erudite

eruditie erudition

eruit *zie* uit *en de sam met* uit-

eruptie eruption

eruptief eruptive [rocks]

ervandoor, ervantussen: *~ gaan* decamp, run off, clear off, make off [with the lot]

ervaren **I** *ww* experience; discover; *hij ervoer tot zijn schade* he found out to his cost; **II** *bn* experienced, expert, skilled, practised [teacher]; *~ in, (ook)*

versed in
ervarenheid skill, experience
ervaring experience (*in* of); *een man met veel* ~ a man of much experience; *uit (eigen)* ~ from (one's own) experience; *zie* ondervinding
ervarings- experiential [world], empiric(al) [fact, datum *gegeven*]
ervaringsleer, ervaringswetenschap experimental science
erven **I** *zn* heirs; *de* ~ *Van Nelle* Van Nelle Heirs; **II** *ww tr* inherit [*van* from], come into [the earldom, property], succeed to [a title]; *wat* ~ come into a little money; *ze heeft wat geërfd, (ook)* she's been left s.t.; **III** *ww intr* inherit [*van* from]; come into money
erwt pea
erwtenblazer pea-shooter
erwtendop pea-pod
erwtensoep pea soup
erwtenteller **1** bore; **2** cheese-paring person, penny-pincher
erysipelas erysipelas
erytheem erythema
erytrocyt erythrocyte
es **1** *(muz)* E flat; **2** ash (tree); **3** *(land)* common arable, *(vglb)* mark; *(hist)* open field [system]
esbattement farce
escadrille(commandant) *(luchtv)* flight (lieutenant)
escalatie escalation
escaleren escalate
escapade escapade
escapisme escapism
eschatologie eschatology
eschatologisch eschatological
escort escort
escorte, escorteren escort
esculaap **1** *(fam)* medico (*mv:* -os); **2** *(~teken)* staff of Aesculapius, *(oneig)* caduceus
Escuriaal Escorial, Escurial
esdoorn *(familie)* maple; *gewone* ~ sycamore (tree, wood)
eskader, eskadron squadron
eskimo Eskimo, Inuit
eskimohond Eskimo dog, husky
Esopus Aesop
esoterisch esoteric (*bw:* -ally)
esp aspen
espadrille espadrille
espagnolet espagnolette, French-window fastener
espalier espalier
esparcette *(plant)* sainfoin
espartogras esparto (grass), Spanish grass
espen *bn* aspen
espenblad aspen leaf
espenboom aspen
esperantist Esperantist
Esperanto Esperanto
esplanade esplanade
espresso(koffie), espressomachine espresso
esprit esprit; ~ *de corps* esprit de corps, corporate spirit
essaai assay [balance, office, weight]
essay essay
essayeren assay
essayeur assayer
essayist essayist
essayistisch essay-like
essenboom ash tree
essence essence
essenhout ash (wood)
essenhouten, essen ashen
essennootje ash-key
essentialia essentials
essentie essence
essentieel essential; *een* ~ *punt* an essential (point); *van* ~ *belang* of vital importance; *het essentiële* the essence [of religion], the essential part, the quintessence, the gist [of the matter]
esstelsel open field system
Est Estonian
estafette **1** *(koerier)* dispatch rider, estafette; **2** *(~loop)* relay race; *(~rit)* team (pursuit) race
estafettestokje baton
ester ester
estheet aesthete
esthetica aesthetics; [an] aesthetic [of criticism]
estheticienne beautician
estheticus aesthetician
esthetiek *zie* esthetica
esthetisch aesthetical
Estland Estonia
Estlander, Estlands Estonian
estrade platform, dais
estrik floor tile
estuarium estuary
etablissement **1** establishment; **2** (building) complex; *zie ook* marine ~
etage stor(e)y, floor; *(als afzonderlijke woning)* flat; *(met bediening)* service flat; *(laag)* tier, level, layer
etagebed bunk bed
etagebewoner flat-dweller
etagère etagère, whatnot, bracket
etagetaart **1** tiered cake; **2** tree cake
etagetransport multi-tier transport
etagewoning **1** *(één etage)* flat; *(Am)* apartment; **2** *(het geheel)* block of flats, apartment (building)
etalage **1** *(raam)* shop window, show-window; **2** *(uitstalling)* (window) display; *~s kijken* window-shop(ping)
etalagebenen *(med)* intermittent claudication
etalagediefstal *(door stukslaan van venster)* smash-and-grab raid
etalagekast showcase
etalagepop (window) dummy, mannequin; *(Am ook)* lay figure
etalageverpakking dummy (package)
etalagist window dresser

etaleren I *ww tr* display [articles, learning, one's attractions], *(overdreven)* show off [one's accomplishments], advertise [one's opinions], parade [one's knowledge, wealth]; II *ww intr* dress (shop) windows; III *zn: het* ~ window dressing
etaleur window dresser
etappe 1 *(rustpunt)* halting place, stage; *(v voorraden)* depot; *(wielersp)* staging post; **2** *(afstand)* stage, lap; *(ve vliegtuig, fam, ook)* hop, leg [cover 800 miles in the first leg]; *in ~n* [travel] by (easy, short) stages
etappedienst supply service, supply department
etappeverbindingen lines of communication
etappewedstrijd *(wielersp)* cycling stage race
état-major (the vessel's) staff, commissioned officers on board a naval vessel
etc. etc(.)
et cetera et cetera, etcetera; (*ook zn mv:* etceteras)
eten I *ww tr* eat; II *ww intr* eat; *(aan tafel)* dine; *driemaal daags* ~ take three meals a day; *al gegeten?* had your dinner?; *wat ~ we?* what's (what is there) for dinner?, what are we going to have for dinner?; *(gauw) wat* ~ have a snack; *laten we even wat* ~ let's have something to eat; *we ~ om 7 uur, (ook)* dinner is at seven; ***flink*** *(weinig)* ~ make a good (a poor) meal; *al gegeten en* ***gedronken*** *hebben, (fig)* have had (more than) enough, be thoroughly sick (of things, etc); *je eet daar heel* ***goed*** the food is very good there; *(fam)* they do you very well there; *er goed (slecht, eenvoudig) van* ~ eat (*fam:* feed) well (badly, simply); *goed kunnen* ~ have a good appetite; *hij eet uit je* ***hand*** he eats out of your hand; *te* ***veel*** ~ eat too much, *(zich ziek ~)* overeat; ***warm*** ~ have a hot meal; *zie ook* lekker; *zich dik* ***aan*** *iets* ~ eat one's fill of something; *ik eet nooit veel aan de lunch* I never eat much lunch; *ik eet* ***bij*** *mijn oom* I dine at my uncle's; *kom bij ons ~!* come and have dinner with us!; *ik kan* ***met*** *hem ~ en drinken* we get on very well together; *mensen* ***te*** *~ hebben (verwachten)* have (expect) people to dinner; ***uit*** *~ gaan* dine out, go out to dinner (for a meal); *~ als een wolf, dijker, enz* eat like a horse; *zie* om 8 & oor; *zie ook* III; III *zn (kost)* food, fare; [horseflesh is good] eating; *(fam)* grub, *(sl)* nosh; *(maal)* meal, dinner, supper; *~tje* small dinner party; *~ voor drie bestellen* order dinner for three; *het ~ is er goed, vgl* II; *dat is ~ en* ***drinken*** *voor hem, hij laat er ~ en drinken voor staan* it is meat and drink to him (*~ en drinken voor hem, ook:* all in the day's work for him); *dat is* ***geen*** ~ that is not fit to eat; *~* ***geven*** feed [the ducks]; *de hond zijn ~ geven* give the dog his dinner; *het ~* ***klaar*** *maken* prepare dinner, cook the dinner; *de tafel stond vol* ***lekker*** ~ the table was full of good things to eat; *hij houdt veel van (lekker) ~* he is fond of his food (of good food); *de zieke krijgt weer* ***trek*** *in* ~ is getting his appetite back; ***onder*** ***(na, voor)*** *het (den)* ~ during (after, before) dinner (the meal); *zich kleden voor het* ~ dress for dinner; *te(n) ~ vragen* ask to dinner; *het* ***zonder*** *~ stellen* go without one's dinner; *zie ook* stuk: ~ (vr)eten
etensbak(je) feeding trough, feeder; [cat's, dog's] bowl
etensbord dinner plate
etensgek foodie
etenskast store cupboard; *(voor brood, enz)* pantry; *(voor vlees, enz)* larder
etenslucht smell (*of:* odour) of cooking
etensresten leftovers
etenstijd mealtime, dinner time
etensuur dinner hour
etenswaar food(stuff)
eter eater; *hij is een flinke, slechte* ~ a large (great, big) poor (small) eater
eterij food, eatables; *(fam)* eats, grub; *(sl)* nosh
eterniet(en) eternite, asbestos cement
etgras, etgroen aftermath
ethaan ethane
ethanol ethanol, (ethyl) alcohol
etheen ethene
ether ether; *in de ~, (radio)* on the air
etherisch ethereal; *~e olie* essential oil
etherpiraat pirate radio (transmitter, station)
etherreclame radio and TV commercials
ethervervuiling pollution of the airwaves
ethica ethics
ethicus ethicist
ethiek 1 ethics; **2** [professional] ethic
Ethiopië Ethiopia
Ethiopiër, Ethiopisch Ethiopian
ethisch 1 ethical; **2** *(gramm)* ethic [dative]
ethologie ethology
ethos ethos
ethyl ethyl [alcohol]
ethyleen ethylene
etiket label (*ook fig:* party label); *(met touwtje)* tag
etiketteren label
etiologie aetiology
etiquette etiquette; *tegen de ~ zijn* be contrary to etiquette, be a breach of good manners
etmaal 24 hours' day, 24-hour period, natural day, (space of) 24 hours
etniciteit ethnicity
etnisch ethnic [cleansing, groups, minorities]; *~ geweld, (vglb)* communal (racially motivated) violence
etno- ethno[centric (*bw:* -ally), -cide, -history, -linguistics, -methodology, -musicology, etc]
etnograaf ethnographer
etnografica ethnographic(al) objects, [a collection of] non-Western art
etnografie ethnography
etnografisch ethnographic(al)
etnologie ethnology
etnologisch ethnologic(al)
etnoloog ethnologist
Etrurië Etruria

Etruriër, Etrurisch Etrurian, Etruscan
Etrusk(isch) Etruscan
ets etching
etsen etch
etser etcher
etsgrond etching-ground, varnish
etskunst (art of) etching
etsnaald etching needle; *droge* ~ dry-point
etspers copperplate press
etsplaat etching plate
etswater, etszuur etching solution, etchant, mordant
ettelijke several, some, quite a few
etter 1 matter, discharge, pus; **2** *(persoon)* twerp, pain (in the neck)
etterachtig purulent
etterbak *zie* etter 2
etterbuil 1 abscess, boil, gathering; **2** *zie* etter 2
etteren 1 suppurate, fester, ulcerate, run; **2** *(fig)* bellyache; **3** mess (about) [with], work [at]
ettergezwel abscess, boil, gathering
etterhaard septic focus
etterig 1 purulent; **2** provoking, cantankerous
ettering, ettervorming suppuration
etterzak cyst
etude study; *(muz)* étude
etui [card-, spectacle-]case, [spoons in a handsome] container
etymologie etymology
etymologisch etymological
etymologiseren etymologize
etymoloog etymologist
EU afk van *Europese Unie* EU, European Union
eucalyptus eucalyptus [oil]
eucharistie(viering) (celebration of the) Eucharist
eucharistisch eucharistic (*bw:* -ally)
Euclides Euclid
euclidisch Euclidean
eufemisme euphemism
eufemistisch euphemistic (*bw:* -ally)
eufonie euphony
eufonisch euphonic (*bw:* -ally)
eufoor euphoric (*bw:* -ally)
euforbia euphorbia
euforie euphoria
euforisch euphoric
eufotisch euphotic (*bw:* -ally)
Eufraat Euphrates
eugenese eugenics
eugenetica 1 *(eugenese)* eugenics; **2** *(beoefenaarster der eugenese)* eugenist
eugeneticus eugenist
eugenetiek eugenics
eugenetisch eugenic (*bw:* -ally)
eulogie eulogy
eulogist eulogist, eulogizer
eunuch eunuch
Euratom Euratom
Euraziër, Eurazisch Eurasian
euregio European region straddling (a) national border(s)
eureka eureka
euritmie *(Steiner)* eurhythmy; *(Dalcroze)* eurhythmics; *(med)* eurhythmia
euro 1 unleaded (petrol); **2** *(munt)* euro; *het kost twee (vijftig)* ~ it costs two euros (fifty euro)
eurocent Eurocent
eurocentrisch eurocentric
eurocontainer *(fam)* wheelie bin
eurocraat Eurocrat
eurofles Eurobottle
euroland Euro country
euromarkt Common Market, *(fin)* Euromar(ke)t
Europa Europe
europarlement European Parliament
europarlementariër Euro-MP, Member of the European Parliament, MEP
Europeaan European, *(fam)* Euro
europeaniseren Europeanize
Europeeër European
Europees European [Commission, Community, Council, Court of Justice, Currency Unit, Investment Bank, Union]
Europoort (the) Europo(o)rt (area)
euroscepticus Eurosceptic
Eurotunnel Eurotunnel
euroverpakking Euro-pack; Eurocontainer
Eurovisie Eurovision
eustachiaans Eustachian [tube *buis*]
Eustatius: *St-~* St-Eustatius
euthanaseren practise (carry out) euthanasia on
euthanasie [active, passive] euthanasia, mercy killing
eutrofisch, eutroof eutrophic (*bw:* -ally)
euvel I *zn* evil, fault; *(misstand, ook)* abuse; *aan hetzelfde (aan het andere) ~ mank gaan* suffer from the same defect (err on the other side); **II** *bn* ill; *de ~e moed hebben* have the nerve (gall, cheek, audacity, impudence) [to ...]; *~ duiden (opnemen)* take ill (amiss, in bad part), resent; *duid het mij niet ~* don't take it ill of me (hold it against me)
euveldaad evil deed, wrongdoing, misdeed, crime
euvelmoed wantonness, insolence
e.v. afk van *en volgende; bl. 52 e.v.* p.(p.) 52 f(f), sq(q)
Eva Eve; *dochter ~'s* daughter of Eve
EVA afk van *Europese Vrijhandelsassociatie* Efta, EFTA, European Free Trade Association
evacuatie evacuation
evacué, evacuee evacuee
evacueren evacuate [a town, wounded soldiers, etc; *(natuurk)* a flask]
evakostuum birthday suit; *in ~, (ook)* in the altogether (the nude)
evaluatie evaluation; *(achteraf, ook, fam)* postmortem
evaluatief evaluative
evalueren evaluate

evangeliarium [the Egmond] gospels
evangelie gospel; *het E~ naar Mattheus* the Gospel according to St Matthew, St Matthew's Gospel; *neem zijn woorden niet aan als* ~ don't take his words as (*of:* for) gospel; *tot het ~ bekeren* evangelize; *het ~ prediken* preach the gospel
evangeliebediening ministry
evangeliedienaar minister of the gospel
evangelieprediker preacher of the gospel, evangelist
evangelieverspreiding propagation of the gospel
evangelisatie evangelization
evangelisch evangelic(al)
evangeliseren evangelize
evangelist **1** evangelist, Gospel writer; **2** evangelist, evangelizer
evaporeren evaporate
evasie evasion
evasief evasive
even I *bn* even; *~ of on~* odd or even; II *bw* **1** equally, as [it is equally useful to boys and girls; as useful to ... as to ...]; *~ lang (hoog, wijd)* of the same length (height, width); *ze zijn ~ groot, (hebben dezelfde lengte)* they are of a size, *(beide zijn groot)* are equally tall; *we zijn ~ oud* we are (of) the same age, of an age; *in een ~ groot aantal* in an equal number (in equal numbers); *~ rijk als Rothschild* as rich as ...; *~ goed, zie* evengoed; *hij heeft het altijd ~ druk* is always very busy; *alles is er ~ zindelijk* everything there is spotlessly clean; **2** *(eventjes)* just; *haal me ~ een fles wijn* just get me a ...; *wacht ~* (just) wait a moment (a bit, half a minute); *dit moet ~ worden gezegd* this has to be said; *als ze het maar ~ vermijden kunnen* if they can possibly avoid it; *was ik ~ blij, dat ik niets gezegd had!* was(n't) I glad I ...; *was dát ~ een harde slag!* some blow, that!; *~ in de 40* [he is] in the early forties, *(v effecten)* in the low forties; *~ over de 20* just over twenty; *~ daarna (later)* shortly after, presently; *ik kwam er maar ~ aan* I scarcely (only just) touched it; *maar ~ £200* a cool £200; *een schadevergoeding van maar ~* ... damages to the tune of ... (of no less than ...); *een lading van maar ~ 30 ton* to (in) the order of 30 tons; III *zn: het is mij om het ~* it is all the same (all one, quite immaterial) to me; *om het ~ wat* no matter what
evenaar **1** equator; **2** tongue [of a balance]
evenals (just) as, (just) like; *hij, ~ andere kooplieden* ... he, in common with other merchants ...; *zie ook* zoals
evenaren equal, be a match for, come up to (the level of); *bijna ~* run hard (*of:* close); *niet te ~* unapproachable
evenbeeld image, (exact) likeness, (very) picture, (precise) counterpart; *(fam)* [he is] the very (*of:* the dead) spit [of his father]
eveneens as well, too, also, likewise
evenement event
evengoed *bw* (just) as well, [it will answer the purpose] equally well; [able to use both hands] alike; [thank you] anyway; *... maar ~ ...* [he has lost] but all the same (just the same, for all that) [he won't stop]; *je bent ~ schuldig als hij* you are just as guilty as (no less guilty than) he
evenhoevigen Artiodactyls
evenknie equal, (com)peer
evenmatig proportional; *~ deel* aliquot part
evenmens fellow man
evenmin: *~ als* no more than, not any more than, as little as; *ik slaagde niet en hij ~* I did not succeed, nor (*of:* no more) did he; *er is ~ een excuus voor ...* neither (nor) is there any excuse for ...
evennaaste fellow man
evennachtslijn equator, equinoctial (line)
evenredig proportional, proportionate, commensurate; *~ aan* proportionate (proportional, in proportion) to, commensurate with (*of:* to); *~e bijdrage* pro rata contribution; *~e vertegenwoordiging* proportional representation; *de straf behoort ~ te zijn aan het misdrijf* the punishment should fit the crime; *recht (omgekeerd) ~ met* directly (inversely) proportional to; *de 4e ~e zoeken van* find a 4th proportional to
evenredigheid proportion; *(wisk)* ratio; *zie ook* verhouding
eventjes just, (for) a moment; *zie ook* even II.2
eventualiteit eventuality, contingency
eventueel I *bn* (any) possible [in order to repress possible disorders], potential [buyers]; eventual [an eventual aggressor, his eventual return to the Cabinet]; *eventuele onkosten worden vergoed* any expenses will be made good; *eventuele klachten indienen bij ...* complaints, if any, to be lodged with ...; *verzekering tegen eventuele verliezen* accidental loss insurance; II *bw* possibly, etc; *vgl het bn; indien hij ~ mocht komen* if (by any chance) he should come; *indien de maatschappij ~ mocht weigeren* if, for any reason, the company should decline; *mocht dit ~ het geval zijn* if such should be the case; *u kunt ~ betalen in ponden* you may, if necessary (if desired), pay in sterling
evenveel as much, as many; the same amount (number); *ik zal altijd ~ van je houden* I shall always love you the same
evenvingerig *zie* tweehoevig
evenwaardig equivalent, equal
evenwel however, yet, still, nevertheless
evenwicht balance, equilibrium, poise; *in ~* in equilibrium, well-balanced, poised; *gebrek aan ~* imbalance; *gevoel van ~* sense of balance; *het (z'n) ~ bewaren* keep one's balance; *in ~ brengen* bring into equilibrium (balance), make [income and expenditure] balance, balance [the budget]; *uit het ~ brengen* unbalance, throw out of balance; throw [a p.] off his balance; *het ~ herstellen* redress (restore) the balance (*ook fig:* of the world, etc); *het ~ herkrijgen* recover (regain) one's balance; *in ~ houden* balance, keep in equilibrium, keep well balanced; *het ~*

verliezen lose one's balance *(ook fig)*, overbalance; *zijn ~ kwijt zijn* be off one's balance; *het niet in ~ zijn van de internationale betalingsbalansen* the disequilibrium in international balances of payments; *zie ook* staatkundig
evenwichtig well- (*of:* evenly) balanced, balanced [diet], steady; *(fig ook)* level-headed
evenwichtigheid balance, poise
evenwichtsbalk balance beam
evenwichtsgevoel sense of balance
evenwichtsklap, evenwichtsklep *(ve vliegtuig)* aileron
evenwichtskunstenaar equilibrist
evenwichtsleer statics
evenwichtsorgaan balance organ
evenwichtsstoornis disturbance of equilibrium
evenwichtstoestand equilibrium
evenwijdig parallel [*aan, met* to, with]; *~e lijn* parallel (line)
evenwijdigheid parallelism
evenzeer as much, equally; alike [it demoralizes the givers and receivers alike]; *~ als* as much as, no less than
evenzo likewise, similarly; [do] the same; *~ doen, (ook)* follow suit; *~ rijk als* as rich as
evenzogoed *bw* **1** (just) as well, equally well [he might as well have killed you]; **2** all the same, just the same, nonetheless
ever wild boar
evertebraat invertebrate
everzwijn wild boar
evident evident, obvious
evidentie obviousness; self-evident fact
evocatie evocation
evocatief evocative
evoceren evoke
evolueren 1 evolve; **2** swing (about, round); revolve; **3** move, appear, act
evolutie evolution; manoeuvre
evolutieleer theory of evolution, evolutionism
evolutionair evolutionary
evoqueren evoke
Evriet (modern) Hebrew
ex ex [ex-Premier], former, late, one-time [chancellor], old [lag *boef*]; *ex art. 461* under Section 461; *~ btw* VAT excl(uded), exclusive of VAT; *~ dividend* ex dividend; *~ schip* ex ship; *~(-echtgenote)* ex(-wife)
exact exact, precise, strict; *~!* precisely!; *~e wetenschappen* (exact) sciences
ex aequo joint [winners; finish, rank joint second]; *~ aankomen, eindigen, enz, (ook)* tie for first, etc place
exaltatie exaltation
exalteren exalt, elate
examen examination, *(fam)* exam; *een ~ afnemen* examine; *een ~ afleggen, ~ doen* take (sit) an examination, sit for an (one's) examination, take one's (an, the) examination; *~ doen (en slagen)* pass an examination; *zich aan een ~ onderwerpen* go in for an examination; *voor zijn ~ slagen, zakken* pass, fail (one's examination); *een ~ overdoen* resit (retake) an examination
examenbevoegd admissible (to an, the examination)
examencommissie examining board, board of examiners
exameneis examination requirement
examengeld examination fee
examenkandidaat *zie* examinandus
examenopgave examination paper
examenpakket (selection of) examination subjects
examenstof syllabus (for an examination)
examenvrees examination fright
examinandus examinee, candidate
examinator examiner
examineren examine [*in* (up)on]
exarchaat exarchate
Exc. *zie* excellentie
excavateur, excavator excavator, digger, dragline
excellent excellent
excellentie excellency; *Zijne (Uwe) E~* His (Your) Excellency
excelleren excel
excelsior excelsior
excentriciteit eccentricity, crankiness
excentriek I *bn* eccentric (*bw:* -ally), odd; *~ persoon, zie* excentriekeling; **II** *zn* eccentric
excentriekeling eccentric, crank, freak
excentriekstang eccentric rod
excentrisch eccentric (*bw:* -ally)
exceptie exception, *(jur ook)* demurrer, bar; *een ~ opwerpen, (jur)* put in a demurrer, demur [*tegen* to]
exceptioneel exceptional
excerperen make an abstract of, epitomize
excerpt abstract
exces excess; *(mbt geld)* extravagance
excessief excessive; extravagant
exclamatie exclamation
exclameren exclaim
exclave exclave
exclusie exclusion
exclusief exclusive; *(v producten & diensten, ook)* upmarket; *(in hotel, enz)* excluding service charges, tips extra; *~ onkosten* exclusive of charges; *~ emballage* packing extra
exclusivisme exclusivism, exclusiveness
exclusiviteit exclusiveness
excommunicatie excommunication
excommuniceren excommunicate
excrement excrement
excretie excretion
excurs excursus, digression
excursie excursion, outing, (field) trip, [nature] ramble
excusabel excusable
excuseren excuse; *ook:* excuse [a p.] from attendance; *excuseer de vraag* pardon the question; *zich ~*

excuse o.s., send (plead) an excuse; *ze heeft gevraagd haar te willen* ~ she has asked to be excused, *(fam)* she has begged off
excusez le mot pardon (*of:* excuse) my French
excuus excuse, apology; ~ *maken* apologize, make (offer) an (one's) apology (one's apologies); *ik vraag u* ~ I beg your pardon; ~ *Truus* token woman
executabel executable, enforceable
executant executant, performer
executeren execute [a criminal]; *(wegens schulden)* sell a p.'s goods under execution; *(hypotheek)* foreclose [a mortgage]
executeur executor; ~ *testamentair* executor, executrix (of a will)
executie execution; *(ve hypotheek)* foreclosure; *bij* ~ *laten verkopen* sell under execution; *verkoop bij* ~, *(ook)* distress selling (sale)
executief executive
executiepeloton firing squad
executieve **1** executive; **2** regional government
executiewaarde liquidation value
executoir executory
executoriaal: *executoriale verkoop* distress sale, sale under distress, compulsory sale; ~ *beslag leggen op iems bezittingen (wegens schuld)* levy execution against a p. (for debt)
executrice executrix (*mv:* -trices)
exegeet exegete
exegese exegesis
exegetisch exegetic(al)
exempel (moral) example, exemplum (*mv:* exempla); *(schrijfexempel)* copybook heading
exemplaar [a splendid] specimen *(ook v pers),* sample; *(ve kunstproduct)* example; *(ve boek, enz)* copy, *(inz Am)* exemplar; *(ve wissel)* via
exemplair exemplary [punishment]
exemplarisch exemplary [treatment of a subject]
exerceren *tr & intr* drill
exercitie drill, practice
exercitiepatroon blank (cartridge)
exercitieveld parade ground
exhalatie exhalation
exhaleren exhale
exhiberen exhibit
exhibitionisme exhibitionism, *(seksueel, ook)* indecent exposure
exhibitionist exhibitionist
exhumatie exhumation
exhumeren exhume
exil(ium) (place of) exile
existentialisme existentialism
existentialist(isch) existentialist
existentie existence
existentieel existential
existeren exist
exit exit
ex jure *zie* rechtens
ex-libris bookplate, exlibris
exobiologie astrobiology, exobiology
exodus exodus; *(fig ook)* trek [to the seaside], haemorrhage [of members]
ex off., ex officio ex off(icio), in virtue of one's office
exogamie exogamy, marrying-out
exogeen exogenous
exoniem exonym
exoot exotic
exorbitant exorbitant
exorciseren exorcize
exorcisme exorcism
exorcist exorcist
exosfeer exosphere
exosmose exosmosis
exoterisch exoteric
exotherm exothermal, exothermic
exotica exotica
exotisch exotic
exotisme exoticism
expander expander
expanderen expand
expansie expansion
expansief **1** expansive; **2** *(econ)* expansionary
expansiepolitiek expansionist policy, policy of expansion
expansievat expansion tank
expediënt **1** *(redmiddel)* expedient; **2** *(bevrachter)* forwarding (shipping) clerk
expediëren forward, dispatch, ship
expediteur forwarding (*of:* shipping) agent, *(Am)* freight agent
expeditie **1** *(tocht)* expedition; **2** *zie* onderneming; **3** *(verzending)* forwarding, shipping, *(Am)* freightin; **4** *(ve akte)* copy [of a deed]
expeditiebedrijf, expeditiefirma freight forwarding (transport) firm; (road) haulage cotractor, road haulier; (*Am:* freight (*duurder:* express)) company
expeditiekantoor forwarding office
expeditieleger expeditionary force
experiment experiment
experimenteel experimental [artist, farm, methods, physics]
experimenteren experiment
expert expert; *(verzekering)* assessor, surveyor
expertise **1** assessment, survey (report); **2** surveyor's certificate
expertiseren *(verzekering)* survey
expertsysteem expert system
expiratie expiration
expiratorisch expiratory
expireren expire
expletie suppletion
explicateur explicator
explicatie explanation
expliceren explain, explicate
expliciet explicit
expliciteren make explicit, state explicitly
explicitering explicitation

expliqueren explain, explicate
exploderen explode
exploitabel exploitable, workable, remunerative, paying [proposition]
exploitant licensee; proprietor; *(Am)* operator [of a store]
exploitatie working [of a mine, railway], *(ook: uitbuiting)* exploitation; *in ~ brengen* put into operation, open (up) [a mine, an oil well]; *maatschappij tot ~* development company [of oil fields; estate d c *(ve bouwterrein)*]; *in eigen ~, zie* beheer
exploitatiekapitaal working capital
exploitatiekosten working expenses, running (operating) costs
exploitatiemaatschappij operating company
exploitatieoverschot return
exploitatierekening trading (*of:* working) account
exploitatiewinst operating (trading) profit
exploiteren exploit [oilfields, mines, etc; *ook ong:* a p.], run [a railway, etc], operate [an air service]; trade on [a p.'s forgiving nature], grind down [the workers]
exploot 1 writ; *~ van gijzeling* writ of attachment; *~ van executie* writ of execution; *iem een ~ betekenen* serve a writ (up)on a p.; **2** *(sp)* feat
explorabel explorable
exploratie exploration, *(mijnb, ook)* prospecting
exploratief exploratory, explorative
explosie explosion, blast, detonation
explosief I *bn & bw* explosive(ly); **II** *zn* explosive
explosiemotor internal combustion engine
expo expo
exponent exponent, index
exponentieel exponential [equation, growth]
exponeren 1 expose; **2** expound
export export [company, earnings, figures, market, restrictions, surplus, trade]; *zie voor sam ook* uitvoer; exportation [of corn to Asia]
exporteren export
exporteur exporter
exportvergunning export licence
exportvolume volume of exports
exposant exhibitor
exposé exposé, exposition
exposeren exhibit *(ook intr)*
expositie 1 *(tentoonstelling)* exhibition, show; **2** *(uitstalling)* exhibit; **3** *(theat, muz)* exposition
ex post facto after the event, *(fam)* by hindsight
expres I *bn* express; *~se bestelling* express delivery; *~se brief* express, express delivery letter; **II** *bw* expressly [I came expressly to see you], intentionally, on purpose, purposely; **III** *zn* express (train)
expresgoed express goods; *als ~ verzenden* send express
expresse 1 express, special messenger; **2** *(mbt post) zie* expres I; *(op brief)* express; *per ~* [send] by special messenger, by express post
expresselijk *zie* expres II
expressie expression
expressief expressive
expressievakken creative arts
expressionisme expressionism
expressionist(isch) expressionist
expressis verbis in so many (as many) words
expressiviteit expressiveness
exprestrein express (train)
expresweg *(vglb)* clearway
expulsie expulsion
exquis exquisite
extase ecstasy, rapture(s); *in ~* in ecstasies, in an ecstasy; *~ veroorzakend* mind-blowing [drugs]; *in ~ brengen* throw into ecstasies; *in ~ geraken* go into raptures (ecstasies) [over s.t.]; *in ~ zijn, (ook)* rave (be ecstatic) [*over* about, over]
extatisch ecstatic(ally)
ex-tempore I *bw* extempore, impromptu; **II** *zn* extempore speech (etc), impromptu
extensie extension
extensief extensive
extensiveren make (more) extensive, scale up, expand
extensivering scaling up; expansion
exterieur exterior
extern non-resident; *~e (leerling)* day pupil; *~ onderwijzer* non-resident master
externeren banish, expel
exterritoriaal extraterritorial
extra I *bn* extra [extra dividend], special [offer], added [responsibility]; *~ blad (editie)* special edition; *~ kosten* extra (additional) charges; *~ port* surcharge; *~ trein* special (train); *~ voeding* supplementary food; *~ vracht* excess fare, extra fare; *zie ook* tarra; **II** *bw* extra [an extra long cigar, make a point extra clear]; [she had done it] specially [well]; *(sp)* [have a man] over; *~ fijn* extra fine, superfine; *hij heeft er ~ onder te lijden* it affects him more than others; **III** *zn* extra [no extras]; *~ belasting (op hoge inkomens)* surtax; *extraatje* extra, windfall, bonus
extract extract [of beef, etc; from a book], excerpt [from a book]; *zie ook* uittreksel
extractie extraction
extraheren extract, excerpt
extralegaal exceeding legal requirements
extramuraal extramural
extraneus external candidate, outsider
extraordinair extraordinary
extraparlementair [government] without a parliamentary majority (or party commitment); *~ kabinet, (vglb)* caretaker government, government of all the talents
extrapolatie extrapolation
extrapoleren extrapolate
extra-uterien extra-uterine
extravagant extravagant
extravagantie extravagance
extravert I *bn* extrovert(ed); **II** *zn* extrovert

extreem extreme
extremis *zie* in extremis
extremist(isch) extremist
extremiteit extremity
extrinsiek extrinsic
extrovert I *bn* extrovert(ed); II *zn* extrovert
extrusie extrusion
exuberant exuberant
exuberantie exuberance
ex-voto ex-voto, votive offering
Ezechiël Ezekiel
ezel (jack)ass *(ook v pers),* donkey *(scherts ook v pers); (sl)* [a coster's] moke; *(ve schilder)* easel; *zo dom als een ~* as stupid as an owl; *een ~ stoot zich geen tweemaal aan dezelfde steen* once bit(ten) twice shy
ezelachtig asinine, *(fig ook)* stupid, [be] ass [enough to ...]; *wat heb je je ~ aangesteld!* what an ass you have been making of yourself!
ezelachtigheid stupidity, asininity
ezelin she-, jenny-ass
ezelinnenmelk ass's milk
ezelsbrug(getje) *(vglb)* aid to memory, memoria technica, mnemonic
ezelshoofd *(mar)* cap
ezelskop ass's head; *(fig)* dunce, blockhead
ezelsoor ass's ear, donkey's ear; *(ve boek)* dog('s)-ear; *een boek vol ezelsoren* a dog-eared book
ezelsrug *(boog)* ogee (arch)
ezelsstamp: *de ~ krijgen, (fam)* get the sack; *(sp)* be left out of the squad
ezelsveulen *(fig)* (stupid) ass
ezelwagen donkey cart

f

f (the letter) f; *f, f* afk van *florijn,* zie fl; afk van *forto* f(orte)
F F; *f-kruis* F sharp; *f-mol* F flat
fa *(muz)* fa
fa. afk van *firma* Messrs
faag phage
faalangst fear of failure
faam fame, reputation, repute
faas 1 chisel edge, bevel; **2** *(her)* fesse
fabel fable; *(verzinsel ook)* fiction, fabrication; *(attr ook)* fabled [beings, creatures]
fabelachtig fabulous [wealth, a fabulous party], fantastic [a fantastic sum, swimmer]
fabeldichter fabulist
fabeldier fabulous (*of:* mythical) creature (animal)
fabelen 1 fable; **2** *(fig)* romance
fabelleer mythology
fabricage manufacture, [mass] production
fabricagekosten cost of manufacture, manufacturing costs
fabricatie 1 *zie* fabricage; **2** fabrication, concoction
fabriceren manufacture, produce; *(fig)* fabricate [lies], concoct, cook up [a story]
fabriek factory, works, mill, (manufacturing) plant; *in de ~, (ook)* on the shop floor
fabrieken *(in elkaar zetten)* knock together, run up [a new dress]
fabrieksaardappelen industrial potatoes
fabrieksarbeid(st)er factory (*of:* industrial) worker
fabrieksboter creamery butter
fabrieksentrepot bonded factory
fabrieksgebouw factory (building)
fabrieksgeheim trade secret
fabrieksgoed manufactured goods
fabriekshal factory building, machine shop, *(werkplaats)* (work)shop
fabrieksinstallatie (factory) plant
fabrieksmeisje (female) industrial worker; *(min)* factory girl
fabrieksmerk trademark
fabrieksnijverheid manufacturing industry
fabrieksopzichter factory inspector
fabrieksprijs manufacturer's (cost) price, factory price
fabrieksschip factory ship
fabrieksstad manufacturing town
fabrieksterrein factory site (*of:* premises)
fabrikaat 1 *(vervaardiging)* manufacture; make [a car, pistol of French make]; *geheel Brits ~* British-made throughout; *van eigen ~* home-made; **2** *(product)* product, line
fabrikant 1 [aircraft] manufacturer; [mass] producer; *~ van, (ook)* ... makers of [fishing tackle; who are the makers?]; **2** factory owner, mill-owner
fabuleren fantasize
fabuleus fabulous, fantastic; *vgl* fabelachtig
façade façade
face-à-main lorgnette
facelift(en) *(ook fig)* facelift
facet façet, aspect [of an affair]
facet(ten)oog compound eye
fâcheux troisième: *~ zijn* play gooseberry
faciaal facial
facie *(sl)* mug
faciel docile, pliant
facilitair general and technical support [department, company, services]
faciliteit facility; [tax] concession
facsimile, facsimileren facsimile
facteur postman, postal worker; *(mil)* postal orderly
factie faction
factisch factual
factitief factitive
factoor factor, agent
factor factor; *in ~en ontbinden* factorize [a number]
factoranalyse factor analysis
factorij 1 *(hist)* trading station (*of:* post), factory; **2** factory ship
factotum factotum, odd-job man, handyman
factum (accomplished) fact; given; act
factureren invoice [for goods supplied]
facturist invoice clerk
factuur 1 invoice [*over* of, for]; *(rekening)* bill; *30 dagen na dato ~* thirty days from date of invoice; **2** workmanship
factuurboek invoice book
facultair faculty [policy]
facultatief optional; *iets ~ stellen* make s.t. optional
faculteit 1 faculty; **2** *(rekenk)* factorial
faculteitsbestuur faculty board
faculteitsraad faculty council
Faerøer Faeroes, Faeroe Islands; *(bewoner, taal) van de ~* Faeroese
faëton phaeton
fagocyt phagocyte
fagot bassoon
fagottist bassoonist
faience 1 faience; **2** glazed tiles
failleren fail, become (a) bankrupt, go bankrupt; *(fam)* go smash, be smashed
failliet I *zn* **1** bankruptcy (*ook fig:* the bankruptcy of the communist system, moral bankruptcy); *zie* faillissement; **2** *(pers)* bankrupt; **II** *bn* bankrupt; *~e*

boedel (massa) insolvent('s) (*of:* bankrupt's) estate; ~ *gaan, zie* failleren; ~ *doen gaan, (ook)* bankrupt [a p.]; ~ *verklaard worden* be adjudged (adjudicated) bankrupt

faillietverklaring adjudication in bankruptcy, adjudication (order)

faillissement bankruptcy, failure; ~ *aanvragen* file one's petition (in bankruptcy), present a bankruptcy petition [against o.s., a firm], petition a firm's bankruptcy; ~*aanvragende crediteur* petitioning creditor

faillissementsaanvrage petition (in bankruptcy)

fait accompli fait accompli, accomplished fact; *iem voor een ~ stellen* place a p. before (present a p. with) a fait accompli

faits divers miscellaneous news (items)

faken fake

fakir fakir

fakkel torch [dance]; *(gas~)* flare; *de ~ aan anderen overdragen* hand on the torch [of science, etc]

fakkeldrager torch-bearer

fakkellicht torchlight [procession *optocht*]

falangist Falangist

falanx phalanx; *een aaneengesloten ~ vertonen, (fig)* show a united front

falen 1 *(mislukken, ontbreken, tekortschieten)* fail [the plan, his courage failed; my memory fails me; failing health]; *niet (nooit) ~d* unfailing, unswerving [devotion]; *zonder ~* without fail; **2** *(het mis hebben)* make a mistake; **3** *(missen)* miss; *een nooit ~d schutter* a dead shot

falie mantle; *iem op z'n ~ geven* dust a p.'s jacket, pitch into (tear a strip off) a p.

faliekant totally [wrong]; ~ *uitkomen* go wrong, go awry; *het plan kwam (helemaal) ~ uit, (ook)* the plan misfired (completely)

Falklandeilanden, Falklands Falkland Islands, Falklands

fallisch phallic

fallisme phallicism

fallocentrisch phallocentric

fallocratie phallocracy

fallus phallus

falsaris forger, falsifier, counterfeiter

falset falsetto (*mv:* -os)

falsificaat, falsificatie falsification

falsificeren, falsifiëren falsify [the truth, a theory]

fameus I *bn* **1** *(veelbesproken)* famous, [his] celebrated [wealth]; *(ong)* notorious; **2** *(groot)* enormous [it's enormous!], capital, stunning, glorious, grand, fabulous [riches]; **II** *bw* enormously; [we got on] famously

familiaal I *bn* familial; *-ale hulp* home help; *(Am)* homemaker; *-ale verzekering* third-party insurance; **II** *zn* estate car, *(Am)* (station) wagon

familiaar, familiair 1 familiar [expression, etc], informal [party]; *een ~ praatje* a free-and-easy chat; *hij is wel wat ~* he is rather free; ~ *omgaan met* be familiar (on familiar terms) with, hobnob with; *kom ~ bij ons eten* come and take pot luck; **2** *(med)* familial [disease]

familiariteit familiarity; *zich ~en veroorloven* take liberties

familie *(geslacht & gezin)* family; *(~leden)* relations, relatives; *de ~ is gewaarschuwd, (bij ongeluk)* next of kin have been informed; *mijn ~(leden)* my relations (*fam:* people); *iems ~ en vrienden, (ook)* one's kith and kin; *de ~ Smith* the Smith family, the Smiths; *ik ben ~ van hem* I am related to him, he is a relation of mine; *we zijn verre ~* we are distant relations (distantly related); *van goede ~* of good family, of good birth, well-born; *van je ~ moet je het maar hebben* trust your relatives to do you a bad turn, more kin than kind; *zie* zitten

familieaangelegenheid family affair

familieband family tie

familieberichten (notices of) births, marriages and deaths

familiebetrekking family connection, family relation; relationship, kindred; *zie ook* familielid

familiebezit family property (possessions); *(in) ~* family-owned [company]

familiebezoek: *op ~ gaan (~ krijgen)* go to visit (get a visit from) one's relatives

familiedrama domestic drama

familiefeest family celebration

familiegelijkenis family likeness

familiegoed family estate

familiegraf family grave, family vault

familiehotel private (residential) hotel

familiekring family (*of:* domestic) circle

familiekwaal family complaint; *het is een ~* it runs in the family

familielid member of the (a) family; *(bloedverwant)* relative, relation; *(bij begrafenis)* family mourner

familienaam surname *(niet v adellijke familie)*, family name

familieomstandigheden: *wegens ~* for family reasons, *(overlijden)* owing to bereavement

familiepension private boarding house

familieraad family council

familieroman domestic novel

familieschandaal: *(verborgen) ~* skeleton in the cupboard, family skeleton

familiestuk 1 family piece, heirloom; **2** family portrait; **3** *(scherts)* old faithful

familietrek family trait

familietrots family pride, pride of family

familievennootschap private company

familievete family feud

familiewapen (family) coat of arms [the arms of English families]; *een ~ voeren* bear arms

familiezaak 1 family affair (*of:* matter); **2** family business

familieziek over-fond (excessively fond) of one's relations, *(vglb)* clannish

fanaal **1** ship's lantern; **2** signal light, beacon
fanaat **I** *bn* fanatical; **II** *zn* [health food, soccer] fanatic; [computer, health, film] freak
fanaticus fanatic
fanatiek fanatical (*bw:* -cally)
fanatiekeling enthusiast; *zie* fanaat II
fanatisme fanaticism
fancy-fair bazaar
fandango fandango
fanfare **1** fanfare (*ook fig:* announced with much fanfare), flourish; **2** brass band
fanfarekorps brass band
fantaseren **I** *intr* romance, indulge in fancies, fantasize; *(muz)* improvise, play extempore; **II** *tr* invent, make up, dream up [a story]; *hij fantaseert maar, (ook)* his imagination runs (is running) away with him
fantasia fantasia
fantasie **1** *(droombeeld)* [a sexual] fantasy; *(verbeeldingskracht)* [the novelist's] imaginative powers, [lack] imagination; *rijk aan ~* imaginative; *dat is ~, (verzonnen)* that is fanciful (*uit de lucht gegrepen:* a mere fabrication); *(attr)* fancy [dress, prices, waistcoat], fantasy [world]; **2** *(muz)* fantasia; *(orgel~)* voluntary
fantasieartikelen fancy goods
fantasieloos unimaginative
fantasierijk imaginative
fantasiestof fancy suiting
fantasma phantasm
fantasmagorie phantasmagoria
fantast fantast, dreamer, visionary
fantastisch fantastic (*bw:* -ally); visionary [ideas]; *(sl: gaaf)* crucial; *ze (een actrice bijv) is ~* she is terrific; *~e verhalen, (ook)* wild stories; *~!, (sl)* brill(iant)!, wicked!
fantoom **1** phantom; **2** *(model vh lichaam)* manikin
fantoompijn phantom limb pain
farao Pharaoh [ant]
faraorat mongoose, ichneumon
farce **1** farce, piece of low comedy; **2** stupid joke; **3** *(vulsel)* forcemeat, stuffing
farceren stuff
farceur farceur; joker
farde **1** loose-leaf notebook; **2** folder; **3** carton (of cigarettes)
farizeeër Pharisee, *(fig ook)* hypocrite
farizees, farizeïsch Pharisaic(al), hypocritical
farmaceut **1** (pharmaceutical) chemist; **2** pharmacology student
farmaceutica pharmaceutics
farmaceutisch pharmaceutical
farmacie **1** pharmacy; **2** *zie* apotheek
farmacognosie pharmacognosy
farmacokinese pharmacokinetics
farmacologie pharmacology
farmacologisch pharmacological
farmacopee pharmacopoeia; [the National] Formulary
farmacotheek first-aid kit
faro *(bier, spel)* faro
farynx pharynx
fasces fasces
fascinatie fascination
fascine fascine
fascineren fascinate; *zie ook* boeien; *~d* fascinating, intriguing
fascisme Fascism
fascist(isch) Fascist
fascistoïde fascistic
fase phase; stage [of an illness]; *eerste (tweede) ~, (univ)* undergraduate (postgraduate) course of studies
faseren phase; *gefaseerd invoeren (afschaffen)* phase in (out)
fasisch phased
fat dandy, fop; *(Am)* dude (*vrouw:* dudine)
fataal fatal [accident, effect, mistake, wound; it was fatal to our plans, to his career]; lethal [dose of a drug]
fatalisme fatalism
fatalist fatalist
fatalistisch fatalistic (*bw:* -ally)
fataliteit fatality
fata morgana fata morgana, mirage
fatsoen **1** *(vorm)* fashion, form, shape, model, *(v kleren)* cut; ***uit** zijn ~* [a hat hopelessly] out of shape; **2** *(~lijkheid)* decency; *zijn ~ houden* behave o.s.; *zijn ~ ophouden* keep up appearances; ***met** (goed) ~* decently, with (in) decency [as soon as he could with (in) decency go], very well [I can't very well do it]; *hij is erg **op** zijn ~* he is a great stickler for the proprieties; ***voor** zijn ~* for decency's (for form's) sake; *voor zijn ~ moest hij wel meedoen* in common decency he had to join them; *zie ook* grabbel; **3** *(goede manieren)* (good) manners, decorum, good breeding; *hij kent geen ~* he has no sense of propriety
fatsoeneren fashion (*tot* into), shape, lick [a resolution] into shape, model, remodel [she had her nose remodelled]
fatsoenlijk decent [fellow, girl, clothes, shop; he is a decent (sort of) chap], respectable [people, respectably dressed], good [girl]; *zij komen ~ voor de(n) dag* they keep up proper appearances; *de ~e armen* the deserving (the honest) poor; *~e armoede* decent (genteel) poverty, shabby gentility; *je moest zo ~ zijn het voor je te houden* you ought to have the decency (the grace) to ...
fatsoenlijkheid respectability, decency
fatsoenshalve for decency's sake, in decency; *zie* fatsoen: met ~, voor zijn ~
fatsoensrakker (self-appointed) moral censor
fatterig foppish, dandified
fatterigheid dandyism, foppishness
fattig *zie* fatterig
fatum fate

fatwa fatwa(h)
faun faun
fauna fauna, [the] wild life [of Peru]
faunistisch faunal
fausset falsetto (*mv:* -os)
fauteuil easy chair, armchair; *(theat)* fauteuil, stall; *~s de balcon* dress circle
faveur favour; *ten ~e van* in favour of; *~tje* windfall
favorabel favourable
favoriet favourite
favoriseren favour
fax fax [mail, number, post]
faxen fax
fazant [cock, hen] pheasant
februari February
fecaal faecal, *(Am)* fecal
fecaliën, feces faeces, *(Am)* feces
federaal federal
federaliseren federalize
federalisme federalism
federalist federalist
federalistisch federalist(ic)
federatie federation
federatief federative
federeren federate
fee fairy; *de ~ën, (ook)* the good people; *zie* weldoen
feeachtig fairylike, sylphlike
feeënland Fairyland, faerie
feeërie *(theat)* fairy scene
feeëriek fairylike [illumination], enchanting
feeks virago, termagant, vixen, shrew
feest party; celebration; function; fête *(meestal buitenshuis)*, feast *(vooral kerkelijk)*, festival *(ook kerkelijk)*, festivity; *~je* party, celebration, [Sunday school] treat; *(dronken ~ & iron: een waar ~)* bender; *het zal me een waar ~ zijn* it will be quite a treat to me; *het is morgen ~* we're having a party (there's a celebration) tomorrow; *dat ~ gaat niet door, (fam)* not (bloody) likely!, you've got another think coming on that one
feestartikelen party goods
feestavond festive evening
feestbundel anniversary (memorial) volume, festschrift
feestcommissie organizing committee
feestdag (public) holiday, feast day *(vooral kerkelijk), (Am)* fête day, fest(iv)al day; *(kerkelijk, ook)* holy day; *zie ook* nationaal; *zon- en ~en* Sundays and public holidays; *algemeen erkende ~* public (legal, official, statutory) holiday; *veranderlijke ~en* movable feasts
feestdiner banquet, celebration dinner
feestdronk toast
feestdrukte festivities
feestelijk festive, festal; *~ onthalen* entertain, fête; *dank je ~!* no thank you!, not on your life!; *zie ook* stemming
feestelijkheid festivity, merrymaking, *(mv: ook)* rejoicings
feesteling(e) *zie* feestvarken
feesten celebrate, make merry
feestganger partygoer
feestgedruis (sound of) revelry
feestgewaad festive attire
feestlied festive (party) song
feestmaal feast, banquet
feestneus 1 false nose; **2** *zie* feestnummer
feestnummer gay spark, merrymaker, partygoer
feestrede (main, principal) speech of the day (the evening)
feestredenaar official (principal) speaker
feestroes flush of excitement, ecstasy
feeststemming [in] festive mood
feesttent marquee
feesttijd festive season
feestvarken hero of the feast, guest of the evening, guest of honour; *vgl* jarig: de ~e
feestverlichting festive illumination
feestvierder reveller, merrymaker, partygoer
feestvieren celebrate, make merry
feestvreugde merrymaking; *(luidruchtig)* revelry
feestwijzer programme of festivities
feestzaal hall (room) for parties, receptions, etc
feil 1 *(gebrek)* fault; *'de vriend, die mij mijn ~en toont'* [save me from] the candid friend; **2** *(misslag)* mistake, error
feilbaar fallible, liable to error
feilbaarheid fallibility, liability to err
feilen make a mistake (a slip), err
feilloos faultless
feit fact; *het ~ bekennen* confess the fact; *het is (blijft) een ~* it is (remains) a (*of:* the) fact [that ...]; *we staan voor het ~* there is no help for it, we have no alternative; *in ~e* in fact
feitelijk I *bn* actual, real, de facto [the de facto government], moral [a moral impossibility]; **II** *bw* practically [the same], virtually, for all practical purposes, to all intents and purposes [he reigned as a king], in point of fact, as a matter of fact, in fact, in effect
feitelijkheid fact; act of violence
feitenkennis knowledge of facts, factual knowledge
feitenmateriaal data, facts
fel fierce [heat, wind, fire, cold, struggle, competition], sharp [competition, contest, frost, struggle], heated [discussion]; keen [competition, frost, wind], vivid [colour, flash of lightning], harsh, glaring [light]; *hij is er ~ op* he is (dead) keen on it; *iets ~ afkeuren* denounce s.t. passionately; *zie ook* tegen
felheid fierceness
felicitatie congratulation, message of congratulation, *(met iems verjaardag)* birthday greetings; *dat is een ~ waard* that is a matter for congratulation
felicitatiebrief letter of congratulation
feliciteren congratulate, offer congratulations [*met* on], wish [a p.] joy [*met* of], wish [a p.] (good) luck;

zich ~, (ook) pat o.s. (give o.s. a pat) on the back, hug o.s. [*met een bof* over a piece of luck]; *ik feliciteer je, (ook)* you have my congratulations; *(wel) gefeliciteerd!* congratulations [*met* on]!, *(alleen v verjaardag)* many happy returns (of the day)!
felien feline
fellah fellah (*mv:* -een, -s)
fellatie fellatio(n)
feloek *(vaartuig)* felucca
felsen bead, seam
felsrand flange
femelaar(ster) hypocrite
femelarij canting, sanctimoniousness
femelen cant
feminien feminine
feminiseren feminize
feminisme feminism; Women's Lib
feminist(e) feminist
feministisch feminist(ic)
fenacetine phenacetin
fenegriek *(plantk)* fenugreek
Fenicië Phoenicia
Feniciër, Fenicisch Phoenician
feniks phoenix
fenol phenol
fenomeen phenomenon (*mv:* -mena)
fenomenaal phenomenal
fenomenologie phenomenology
fenotype phenotype
fenylalcohol phenyl alcohol
fenylketonurie phenylketonuria
fenylzuur phenol, carbolic acid
feodaal feudal
feodalisme feudalism, feudal system
feodaliteit feudality
ferm *(vd markt)* firm, steady; *zie verder* flink
fermate *(muz)* fermata
ferment(atie) fermen(tation)
fermenteren ferment
fermette converted farmhouse
fermoor(beitel) ripping chisel
fernambukhout Brazil (wood)
feromoon pheromone
fertiliseren fertilize
fertiliteit fertility; *hoge ~* fecundity
fervent fervent, ardent [adherent, admirer, nationalist]
fes *(muz)* F flat
festijn feast, banquet
festival festival
festiviteit festivity
festo(e)n festoon
festonneren 1 festoon; **2** buttonholing
fêteren fête, make much of [a p.]; *(onthalen, ook)* wine and dine [a p.]
fetisj fetish
fetisjdienst, fetisjisme fetishism
fetisjist fetishist
feuilletee(deeg) flaky pastry
feuilleton serial (story, novel); *(lit of wtsch artikel)* feuilleton; *als ~* [appear] in serial form, serially; *als ~ uitgeven* serialize [a novel]; *als ~ verschijnen* be serialized
feuilletonist serialist
feut *(student)* fresher
fez fez (*mv:* fezzes)
fezelen whisper
f-gaten *(in viool, enz)* f(f) holes
fiasco fiasco (*mv:* -os), failure, collapse [of a scheme], *(fam)* [he (it) is a] disaster (a wash-out, a damp squib), [the book (dinner) was a complete] frost, [the piece, book, meeting was a] flop; *(Am)* turkey; *~ lijden* turn out a fiasco, be (prove) a (complete) failure, break down, fall flat, misfire [the plan misfired]
fiat fiat, sanction, authorization; *~!* done!, that's a bargain!; *~ drukken!* press!; *zijn ~ geven op, zie* fiatteren
fiatteren sanction, authorize, attach one's fiat to, OK [an order]; *(typ)* sign (mark, pass) for press
fiber fibre [optics]
fiberglas fibreglass
fibrilleren fibrillate
fibrine fibrin
fibroom fibroma
fiche 1 *(speelschijfje)* counter, marker, fish, chip; **2** *(kaartje)* (index) card, slip; *op ~s brengen* enter on slips, card-index; **3** *(elektr)* plug
ficheren card-index
fichu 1 fichu, neckerchief; **2** *hij is ~* he's had it
fictie fiction
fictief fictitious, fictive; *fictieve winst* imaginary profit
fictionaliseren fictionalize
fictionaliteit fictional character
fictioneel fictional
ficus ficus, rubber plant
fideel jolly, jovial; *fidele vent* jolly good fellow, (regular) sport, sportsman, [he is the] right sort
fideï-commis entail
fideliteit joviality, jolliness
fidibus spill, pipe-light
fiduciair fiduciary [currency, etc]
fiducie trust, confidence; *niet veel ~ hebben in* have little faith (not much confidence) in [an undertaking]
fiedel(en) fiddle
fielt scoundrel, villain
fieltenstreek piece of villainy
fielterig scoundrelly, rascally
fier proud, high-spirited, high-hearted
fierheid pride, high-spiritedness, high spirit
fiets (bi)cycle, *(fam)* bike; *zie ook* rijwiel; *(vs motorfiets)* push-bike, pedal cycle; *per ~* on one's bicycle, by bike; *wat heb ik nou aan mijn ~ hangen?, (fam)* what's up now?, what on earth (what the dickens) is

happening now?
fietsband bicycle tyre (*Am:* tire)
fietsbenodigdheden bicycle accessories
fietscross cyclo-cross
fietsen cycle, bike; *wat gaan ~* go (for) a bicycle ride; *(fam)* go for a spin (on one's bicycle); *ik fietste van ..., (fam)* I biked it from ...; *mijn fiets is ~, (fam)* my bike is gone; *ergens doorheen ~, (fam)* thwart, stymie [a p.'s plans]
fietsenbergplaats, fietsenbewaarplaats (bi)cycle shed (*of:* store)
fietsendief bicycle thief
fietsenhandelaar cycle dealer
fietsenhok (bi)cycle shed
fietsenmaker (bi)cycle repairer
fietsenrek bicycle stand; *(fig)* gappy teeth
fietsenstander 1 bicycle stand; **2** jiffy (kick, prop) stand
fietser (bi)cyclist
fietsketting bicycle chain
fietskluis (bi)cycle locker
fietslamp, fietslantaarn (bicycle) (head)lamp
fietsmandje handlebar basket
fietspad cycle track, cycle path; *(aanliggend)* (bi)cycle lane
fietspomp (bi)cycle pump, inflator
fietsslot (bi)cycle lock
fietsstrook cycle lane
fietstas saddlebag, *(klein)* toolbag, *(dubbel)* pannier bag
fietstaxi trishaw
fietstocht cycling tour; *een ~je gaan maken* go for a bicycle ride
fig. *zie* figuur(lijk)
figuraal figural
figurant(e) 1 walk-on, supernumerary (actor), walking gentleman (lady), *(inz massa~)* extra; *(fam)* super; **2** *(fig)* dummy, (mere) cipher, puppet, passenger, onlooker
figurantenrol 1 walk(ing)-on (non-speaking) part, walk-on; **2** spectator's role
figuratie figuration
figuratief 1 figurative; **2** decorative
figureren figure, pose [*als* as]
figuur figure *(in alle bet); (in drama, enz)* character; *(meetk ook)* diagram; pattern [in embroidery]; *(fam: persoon)* chap, type, fellow; *een aardig ~tje* a pretty figure; *een goed (mooi, slecht, droevig, gek) ~ slaan (maken)* cut a good (fine, poor, sorry, foolish) figure, make a good showing; *hij sloeg geen mooi ~, (ook)* he didn't shine; *een prachtig ~ slaan, (ook)* put up a great show; *een tamelijk goed (een slecht) ~ slaan* show up rather well (badly) [*naast* beside]; *een ~ als modder slaan* cut a sorry figure; *iem een mal (gek) ~ laten slaan* make a p. look silly, let a p. down; *zijn ~ redden* save one's face; *zie ook* verlegen
figuurdansen figure dancing
figuurknippen, figuurknipsel decoupage
figuurlijk figurative
figuurnaad dart
figuurraadsel picture puzzle, rebus
figuurrijden figure skating
figuurzaag fretsaw
figuurzagen I *ww* do fretwork; **II** *zn* fretwork, fretsawing
figuurzwemmen synchronized swimming
Fiji Fiji [Islands]
Fijiër, Fijisch Fijian
fijn 1 fine [rain, hair, sand, point, gold, taste]; *~ afgewerkt* highly finished; *~e gereedschappen (instrumenten)* precision tools (instruments); *een ~ gehoor* a fine ear; *een ~ gezichtje* a delicate face; *~e kam* [go over s.t. with a] fine-tooth comb; *zijn ~e manieren* his fancy manners; *~e neus, (fig)* keen (quick) nose, subtle sense; *~e onderscheiding* nice (subtle) distinction; *~e opmerking* shrewd remark; *~ schrift* close writing; *~ stemmetje* small voice; *~ verschil* subtle difference; *~e was* fine (delicate) fabrics; ***het ~e ervan*** [he knows] the rights (the ins and outs) of it; *het ~e van de grap* the essence of the joke; *het ~e van de zaak te weten komen (weten)* get to the root of (have the low-down on) the matter; *zie ook* fijnigheden & punt: de fijne ~jes; **2** *(heerlijk)* delicate [food, fruit], lovely [a lovely pear, day], [that's] great; nice [to see you again]; *(sl)* [how] smashing, marvellous; *(uitgelezen)* exquisite, choice [wines]; *(chic)* smart [how smart you look!]; *~!* fine!, lovely!, great!; *niet zo ~!* not too good!; *zich ~ amuseren* enjoy o.s. no end, have a ripping time; *dat is ~* that's a bit of all right; *een ~ heer, (iron)* a fine (nice) specimen; **3** rigidly orthodox (religious); *(femelend)* sanctimonious; *zich ~ voordoen, (huichelen)* play the saint; *~e kerk* orthodox church; *~e roomse* strict Roman Catholic; *~e zus* bigot; *een ~e, (iron)* a precisian; *de ~en, (Sch)* the unco guid
fijnaard *(Z-Ned)* slyboots
fijnafstelling fine adjustment
fijnbesnaard finely strung
fijnbesneden finely cut [features]
fijngebouwd slight [figure], slightly built
fijngevoelig 1 sensitive; delicate, finely strung; **2** tactful, *(ong)* touchy
fijngevoeligheid 1 sensitiveness, delicacy; **2** tact(fulness), *(ong)* touchiness
fijnhakken cut small, mince, chop up (finely)
fijnheid 1 fineness, delicacy; *(ve onderscheiding)* nicety; **2** *(in godsd)* piety, godliness; sanctimony; *vgl* fijn
fijnigheden niceties, tricks [know the tricks of the trade]
fijnkauwen masticate
fijnkloppen break (up), pound, crush
fijnknijpen squeeze to bits (to powder), crush; *(fig, v pers)* hug
fijnkorrelig fine-grained
fijnmaken pulverize, crush, break up [food], mash

[bananas]
fijnmalen grind (down, up, to pieces); *(kauwen)* masticate
fijnmazig fine-meshed
fijnmechanisch precision [engineering, component]
fijnproever gourmet; *(fig)* connoisseur
fijnregelen fine-tune *(ook fig)*
fijnschaaf shave
fijnsnijden cut up fine (*of:* small)
fijnspar spruce
fijnstampen mash [potatoes], pulverize, pound
fijnstraal *(plant)* fleabane
fijnte fineness
fijntjes smartly, cleverly; [smile] subtly; with fine irony
fijnwrijven rub down, pound, pulverize, powder
fijnzinnig 1 sensitive; **2** subtle
fijt whitlow
fik 1 doggie, pooch; *zie ook* hond & portie; **2** *(sl)* fire, blaze; *in de fik* [be, set] ablaze
fikken I *zn mv (fam)* paws; *blijf af met je ~* keep your paws off; **II** *ww (sl)* burn, blaze
fikkie 1 *zie* fik; **2** *F~, zie* portie
fiks 1 *zie* flink; **2** fixed [stare]; **3** upright, erect
fiksen fix (up)
filantroop philanthropist
filantropie philanthropy
filantropisch philanthropic (*bw:* -ally)
filatelie philately
filatelist philatelist
filatelistisch philatelic
fil d'écosse lisle thread
file 1 file, queue, string [of taxis], *(bij stremming)* tailback [of cars], (traffic) jam; *zie ook* queue; **2** *(bestand)* file
fileet fillet
fileren fillet [fish; filleted haddock]
filet 1 fillet [of beef], undercut, tenderloin; *filet américain* steak tartare, tartare steak; *~ van schelvis* filleted haddock; **2** *(ornament, enz)* fillet
filetwerk filet, netting
fileverkeer single-file (lane) traffic
filevorming traffic jam(s), tailback(s)
filharmonie philharmonic (orchestra)
filharmonisch philharmonic
filhelleen philhellene
filiaal I *bn* filial [affection, duty]; **II** *zn* branch (office); *(ve bank, ook)* affiliation
filiaalbedrijf multiple shop, chain store
filiaalchef, filiaalhouder branch manager
filiatie filiation, descent
filigraan filigree
filigraanpapier watermarked paper
filigram papermark, watermark
filigrein filigree
Filippenzen Philippians
filippica philippic
Filippijnen: *de ~* the Philippine Islands, the Philippines
Filippijns Filipino, Philippine [Sea]
filippine philop(o)ena, philippine, -na, *(Am)* fillipeen
Filippino Filipino (*mv:* -s)
Filips Philip; *~ de Schone* Philip the Fair
filister philistine
Filistijn Philistine; *naar de f~en* wrecked, lost, down the drain
film 1 [black-and-white, daylight, colour reversal] film; **2** *(bioscoop~)* [silent, documentary, cinema] film, motion picture [industry], *(fam)* flick, movie; *zie ook* bioscoop; *(eig het doek)* screen [stories written for the screen]; *zie ook* sprekend, zwijgend; **3** *(laagje)* film [a film of oil; the water was filmed over with oil *er lag…*]
filmacteur, filmactrice film (*of:* screen, *Am:* movie) actor, actress
filmarchief film library
filmbeeldje frame
filmbewerking screen (*of:* film, cinema) version [of a novel]; *een ~ maken, (ook)* adapt [a novel] for the screen
filmcamera cine-camera
filmcensuur *zie* filmkeuring
filmdrager film base
filmdruk screen process, silk-screen printing
filmen film, shoot; *niet te ~!* incredible!, absurd!
filmer 1 filmer; **2** film-maker
filmfragment (film) clip
filmhuis art cinema
filmindustrie motion-picture industry
filmisch filmic
filmjournaal newsreel
filmkeuring 1 film censorship; **2** *(commissie)* board of film censors
filmkit film cement
filmkunst cinematographic art
filmliga film society
filmmuziek film music
filmografie filmography
filmoperateur film operator, cameraman; projectionist
filmopname shot; *(het opnemen)* shooting; *een ~ doen* take a moving picture [*van* of], *(fam)* shoot a film (a scene)
filmotheek film library
filmprojector film pojector
filmrechten film rights [of a novel]
filmrol 1 role (*of:* part) in a film; **2** film reel, film spool, reel of film; *(rolletje)* film roll
filmster film star, movie star
filmstrip, filmstrook film strip
filmstudio film studio
filmversie *zie* filmbewerking
filmvoorstelling film showing
filmzaal cinema auditorium
filmzetsel film type

filmzetten filmset(ting)
filmzon camera floodlight
filologie philology
filologisch philological
filoloog philologist
filomeel Philomela, nightingale
filosoferen philosophize
filosofie philosophy *(alle bet)*
filosofisch philosophic(al)
filosoof philosopher
filter [air, coffee, oil, sediment, water] filter, [coffee] percolator, [tea] strainer; *(vd waterleiding)* filter-bed; *(elektr, fot)* filter
filteren I *tr* filter [smoke], percolate [coffee]; II *intr* filter [sunlight filtered through the curtains]
filterpot percolator
filtersigaret filter (tip), filter-tipped cigarette
filterzakje (coffee) filter
filtraat filtrate
filtratie filtration
filtreerdoek filtering cloth
filtreerkan *(vglb)* percolator; *(hist)* biggin
filtreerkoffiepot coffee percolator
filtreerpapier filter paper
filtreren filter, filtrate, strain, percolate
Fin Finn
finaal total, complete [failure]; final [decision]; *finale uitverkoop* closing down sale; ~ *onmogelijk* absolutely (utterly) impossible; *ik vergat het* ~ I clean forgot it
finale 1 finale; *(sp)* final(s); *halve, kwart, achtste* ~ semifinal(s), quarter final(s), last sixteen; 2 *(bk)* finial
finalist finalist
finaliteit finality
financieel financial [financially independent], pecuniary, monetary; ~ *wetsontwerp* money bill; *-ciële commissie* committee of ways and means; *de -ciële kant ervan* the money side of it; *de -ciële wereld* the world of finance; *zie ook* geldelijk
financieel-economisch financial economic
financiën 1 *(geldmiddelen)* finances; 2 *(financiewezen)* finance; *zie ook* minister(ie)
financier financier
financieren *tr & intr* finance [a newspaper, etc], fund [an experiment], back [a Broadway production]; *(fam)* bankroll; *(meestal ong)* financier
financiering *(ook)* credit facilities
financieringsbank, financieringsmaatschappij finance company
financieringstekort financing deficit; *(vd overheid)* (public sector) borrowing requirement, PSBR
financiewezen finance, financial system
fine: *ter* ~ *van consideratie en advies* for consideration and advice (advice and report)
fineer veneer *(ook: ~bladen, ~hout)*
fine fleur fine flower [of the aristocracy], [the] pick of the bunch
fineren 1 *(opleggen)* veneer [wood, furniture]; 2 *(lamineren)* laminate; 3 refine [gold, etc]
finesse nicety [know the niceties of entertaining]; finesse, subtlety; *~s, (ook)* the finer points, [know] the ins and outs; *tot in de ~s* down to the minutest detail(s)
fingeren feign, simulate [illness], sham [ill]; fake *(opzetten:* stage) [a robbery]; *zie ook* gefingeerd
fingerspitzengefühl (special) feeling [for s.t.]
fini(to) finished
Finland Finland
finnjol Finn (dinghy)
finoegristiek Finno-Ugrian studies
Fins Finnish; *(inz tlk)* Finnic; *(in sam ook)* Finno(-Russian, -Swedish)
Fins-Oegrisch Finno-Ugrian
fint *(vis)* twaite shad
FIOD *(vglb)* Fraud Squad
fiool phial; *fiolen laten zorgen* let things drift; *de fiolen des toorns uitstorten* pour out the vials of wrath [*over* upon]
firma firm, concern, house; *onder de* ~ ... [carry on business] under the style of ...; *de* ~ *H. & Co* the firm of H. & Co, *(inz adres)* Messrs H. & Co
firmament firmament, sky; *zie ook* uitspansel
firmanaam firm, style, company name
firmant partner; *zie ook* jongst & oudst
fis *(muz)* F sharp
fiscaal I *bn* fiscal; ~ *jurist* tax lawyer; ~ *loon* taxable income; ~ *recht, a)* fiscal (*of:* tax) law; *b)* revenue tax; II *zn (mil)* Judge Advocate
fiscaliseren render taxable
fiscalist tax specialist
fiscaliteit 1 fiscal system; tax legislation; 2 taxability
fiscus: *de* ~ the Inland Revenue, the Exchequer, the Treasury, *(fam)* the tax man
fistel fistula, sinus
fistelachtig fistulous
fit fit; *ik voel me nog niet helemaal* ~ I'm not feeling quite up to scratch yet
fitis *(vogel)* willow warbler
fitter [electrical, gas] fitter; *water~* plumber
fitting *(hulpstuk)* fitting; *(lamphouder)* lampholder, (lamp) socket; *(v lamp)* (screw) base, *(Br)* bayonet (fitting)
fixatie *(psych)* fixation
fixatief fixative
fixeer *(fot)* fixer
fixeerbad fixing bath
fixeermiddel fixative
fixeerzout fixing salt
fixeren 1 fix *(ook fot)*; *iem* ~ fix a p. with one's eyes, *(onbescheiden)* stare at a p.; *op geld gefixeerd* obsessed with money; 2 *(psych)* fixate
fixum fixed sum (salary)
fjord fiord, fjord
fl afk van *florijn* fl, *(bank)* FL; (Dutch) florin, guilder; *fl 90* fl 90, FL 90, guilders 90

flabberen flap, flutter
flacon bottle, flask; *(reukflesje)* scent-bottle; *op de ~, zie* fles
fladderak lemon brandy
fladderen [flags] flutter, flap, flit; hover [round a p.]; stream, flow [her hair flowed behind her]
flagellant flagellant
flageolet flageolet; *~tonen* flageolet notes, harmonics
flagrant flagrant, glaring, notorious; *en ~ délit, in flagrante delicto* in the very act, [catch a p.] red-handed; *in ~e tegenspraak* in flat contradiction
flair flair, [business, political] acumen
flakkeren flicker, waver
flambard slouch hat, wideawake (hat)
flamberen flambé(e)
flambouw torch
flamboyant flamboyant *(ook boom)*
flamingant Flamingant, nationalist Fleming
flamingo flamingo (*mv:* -os)
flamoes cunt
flanel 1 flannel; **2** *(~letje)* flannel vest, flannel shirt, singlet
flanellen flannel; *~ broek* flannel trousers, flannels
flaneren stroll, parade, saunter, laze about the streets
flaneur lounger, idler, flâneur
flank flank [attack, protection], side; *rechts (links) uit de ~* to the right (left) about; *met vieren uit de ~* in columns of four; *met tweeën uit de ~* in file; *in de ~ aanvallen* take in flank, attack in (*of:* on) the flank
flankbeweging flanking movement
flankeren flank; *~d vuur* flanking fire
flankeur guide, flanker
flansen 1 *zie* samenflansen; **2** *(gooien)* chuck, dash
flap I *zn* **1** slap, blow, box [on the ear]; **2** *(gebak)* turnover; **3** *(ve boekomslag)* flap; **4** *(fam)* (bank)note; **II** *tw* flop!; *~! zei de deur* bang! went the door
flapdrol *(plat)* dead loss, drip
flaphoed *zie* flambard
flapkan lidded jug, tankard
flapoor large (sticking-out) ear, [dog's] floppy ear
flappen flap; *er uit ~* blurt out; *het flapte neer* it came flop down
flappentap hole in the wall
flaptekst blurb
flapuit blab(ber)
flard rag, tatter; fragment; *~en ve gesprek* snatches of a conversation; *aan ~en* in rags, in tatters, [he left with his reputation] in shreds; [tear] to shreds (to ribbons)
flat flat, *(Am)* apartment; *~je* flatlet, small flat; *zie ook* flatgebouw
flatbewoner flat-dweller; *(Am)* apartment-dweller
flater blunder; *(fam)* howler; *zie* begaan
flatgebouw block of flats, flat (building); *(Am)* apartment building (*of:* house)
flatneurose flat (*Am:* apartment) neurosis
flats *(schoenen)* flats, flatties
flatteren flatter; *de balans ~* cook (doctor) the balance sheet; *geflatteerde foto (overwinning)* flattering photo (win); *je portret is geflatteerd* the photo flatters you; *zie* opsieren
flatteus flattering; becoming [dress, hat]
flatulentie flatulence
flatwoning *zie* flat
flauw 1 *(smakeloos, geesteloos, ook fig)* insipid [remarks, anecdotes], vapid [conversation], [the beer tastes] flat; *(ve grap)* silly, feeble, poor [joke], pointless [anecdote]; *(kleingeestig)* [he is] no sport; *dat is ~ van je* I think that's (pretty) beastly of you; *aan de ~e kant zijn, (ve grap)* verge on silliness; *(v voedsel)* be a bit tasteless; **2** *(niet helder)* dim [light, outline, idea, memories], remote [resemblance], faint [colour, murmur]; *ik heb er geen ~ **idee** (begrip) van* I have not the faintest (remotest, *fam:* foggiest, haziest) idea (notion) of it, *(fam)* I haven't the foggiest; *ik had er een (geen) ~ **vermoeden** van* I had an (no) inkling of it; **3** *(zwak)* weak, faint, half-hearted [effort]; wan [smile]; *(vd markt)* dull, flat, weak, inactive; *ik werd (voelde me) ~* I felt faint; *(zich ~ voelend)* faint [*van honger* with hunger]; *ik voel me wat ~* I'm a bit peckish; *ik ben er ~ van* I'm fed up with it; *er zich ~ van **bewust** zijn* be dimly conscious of it; *~ **liggen*** be in a swoon
flauwekul [talk] nonsense, rubbish, [a load of] codswallop; *geen ~* deadly serious
flauwerd, flauwerik 1 silly (fellow); **2** *(bangerd)* mollycoddle, milksop
flauwhartig faint-hearted
flauwheid insipidity, faintness, weakness, silliness, etc; *vgl* flauw
flauwiteit silly (feeble) joke
flauwlijn: *met ~en, (papier)* ruled feint (faint)
flauwlijnen *ww* feint-, faint-rule
flauwte swoon, fainting fit, faint; *een ~ krijgen* swoon, faint, have a fainting fit
flauwtjes dimly [visible], [breathe] faintly
flauwvallen faint, swoon, fall into a swoon, pass out; *(ve boord)* wilt
flavon flavone
flebitis phlebitis
flebologie phlebology
flecteren inflect; *~de taal* inflectional language
fleemkous, fleemster cajoler, coaxer
flegma phlegm, impassiveness; *(ong)* stolidity
flegmaticus stoic; *(ong)* cold fish
flegmatiek, flegmatisch phlegmatic (*bw:* -ally), impassive; *(ong)* stolid
flemen cajole, coax, wheedle; *(ong)* fawn
flemerij cajolery, coaxing; *(ong)* fawning
flens flange
flensje crêpe, thin pancake
flenter 1 splinter, shiver, sliver; *~tje* thin slice, shave, [the last] wafer [of soap]; **2** *(stof) zie* flard
fleppen 1 fuck; **2** sip
fleps flat, feeble, faded

fles bottle; *(met zuurtjes, enz)* glass jar; *dubbele* ~ magnum; ~*je* (small) bottle; *(voor azijn, enz)* cruet; *zie ook* half; *met de* ~ *grootbrengen* bring up on the bottle (*of:* by hand); *met de* ~ *grootgebracht, (ook)* bottle-fed; *samen een* ~ *drinken* split a bottle; *op* ~ *brengen* bottle [beer, wine]; *op de* ~ *gaan, (sl)* go to pot, go west, go bust, go phut, go to smash; *hij houdt veel van de* ~ he is fond of the bottle, is fond of a drop; *zie ook* knappen

fleskind bottle baby, bottle-fed child

flesopener bottle opener

flessen swindle; *je bent geflest* you've been had (conned)

flessenbier bottled beer

flessengas bottle(d) gas

flessenhals bottleneck *(ook fig)*

flessenkind bottle baby, bottle-fed child

flessenmand bottle basket, wine cradle; *(op wieltjes)* wine carriage

flessenmelk bottled milk

flessenpost bottle post, message-in-a-bottle

flessenrek bottle-rack

flessenstander *(om fles te laten rondgaan)* coaster

flessentrekker swindler

flessentrekkerij swindling, swindle

flesvoeding 1 bottle feeding; **2** *(pap)* formula

flets 1 dull, lacklustre [eyes]; dim [light]; pale; wishy-washy [colour]; **2** *(verlept)* faded *(ook van pers);* wilted [flowers]; *(ve pers ook)* off-colour; ~ *worden, (v bloemen)* wilt

fletsheid dullness, dimness, pallor

fleur 1 prime, bloom, flower, heyday; *in de* ~ *van het leven* in the prime (bloom) of life; *in volle* ~ in full bloom; *nog in zijn volle* ~ still going strong; *de* ~ *is eraf* it has lost its bloom (freshness); **2** open double hook (with rod, reel, & fishing line)

fleurig 1 blooming; **2** lively, merry, cheerful

fleurigheid 1 bloom; **2** liveliness

flexibel flexible

flexibiliseren make flexible, relax

flexibiliteit flexibility

flexie (in)flection

flexuur flexure, fold

flexwerker flexiworker, *(Am ook)* flexworker

flibustier *(rede & hist)* filibuster

flierefluiter 1 good-for-nothing, irresponsible person; **2** womanizer

flik 1 chocolate drop; **2** *(smeris)* cop(per), fuzz

flikflak back flip, flip-flop

flikflooien coax, cajole, fawn on [a p.], flatter

flikflooier flatterer, coaxer, cajoler

flikflooierij coaxing, cajolery, fawning

flikken manage, pull (bring) off [he pulled it off nicely]; *iem iets (een kunstje)* ~ put one over on a p.; *dat flik je me niet weer* don't you try that again

flikker 1 caper; **2** *(plat)* sod; **3** *(min)* homo, pansy, gay; **4** *(plat)* body; *iem op z'n* ~ *geven* give a p. a good hiding; **5** *geen* ~ not a damn (bloody) thing; *hij weet er geen* ~ *van, (fam, ook)* he hasn't a clue; *er deugt geen* ~ *van* it's no bloody good (nbg)

flikkeren 1 flicker [a flickering candle], twinkle [twinkling (winking) stars]; glitter, glint; *de straatlantaarn* ~*de zwakjes* the ... feebly glimmered; **2** *(vallen)* drop, crash; **3** *(smijten)* chuck; **4** matter; *dat flikkert niet* that doesn't matter; **5** practise sodomy

flikkering flicker(ing), twinkling, glittering, gleam, glint

flikkerlicht flickering light; *(ve auto)* flashing light; *(flikkervuur)* flashlight

flink I *bn* **1** *(lichamelijk)* fine [boy, woman], comely [woman], vigorous, robust, stalwart; *(energiek)* energetic, competent, efficient, capable [servant]; *(~ in de huishouding)* managing [woman, housewife]; *(kranig)* plucky, spirited; ~*e houding, (fig)* firm attitude; ~*e meid* strapping girl; *met een* ~*e pas* [trot, go, etc] at a good round pace; *zie* II: ~ doorstappen; ~*e slag (tik, draf)* smart (sharp) blow (tap, trot); *een* ~*e vent* an excellent (a fine, stout) fellow; *hij is nog* ~ he is still hale and hearty (still going strong); *wees eens* ~ pull yourself together; ~ *zo!* that's the stuff (to give them)!; **2** *(aanzienlijk)* considerable [quantity], substantial [sum, increase, building, meal, volume *boekdeel*], handsome [reward], good(ly) [number], good-sized, sizeable [garden]; ~*e bestelling* substantial (fair-sized) order; ~*e bui* sharp shower; ~*e dosis* stiff (generous) dose; ~*e maaltijd* good, square meal; ~*e portie* liberal helping; ~*e prijs* stiff (*nogal* ~: stiffish) price; ~*e slok* good mouthful, [take a] stiff pull [at one's tankard]; ~*e wandeling* [take a] good walk; **3** *(degelijk)* thorough [scolding *uitbrander*], sound [thrashing *pak ransel*]; **II** *bw* vigorously, energetically; [beat a p.] soundly, [wash it] thoroughly; [work] away (hard, with a will); *het* ~ *schoonmaken (uitborstelen, omspoelen)* give it a good clean-up (brush-out, swill); *zijn kapitaal* ~ *aanspreken* make inroads on one's capital; ~ *betalen* pay handsomely; ~ *doorstappen* walk along briskly (at a brisk, steady pace), step out well; ~ *eten* make a good meal; *iem* ~ *de waarheid zeggen* give a p. a piece of one's mind; ~ *optreden tegen iem* deal firmly with a p., be firm with a p.; *iem* ~ *aan de kaak stellen* show a p. up (properly), denounce a p.; ~ *vooruitgaan* make substantial progress; *doe de ketel* ~ *vol* fill the kettle up well; *zich eens* ~ *wassen* have a good wash

flinkerd 1 strapping fellow; **2** fine chap; **3** whopper

flinkgebouwd strapping [girl, fellow], robust

flinkheid thoroughness, spirit, nerve

flinkweg openly, [speak] roundly

flinter *zie* flenter

flinterdun wafer-thin

flintglas flint glass

flipflop flipflop

flipkant flip side, B-side

flip-over flip chart

flippen 1 *(mbt drugs)* freak out; **2** *(afknappen)* fail [a

failed student; fail a course *op ...*]; *~ op* get fed up with, become allergic to
flipper 1 *(in ~kast)* flipper; **2** pin-table
flipperen play pinball
flipperkast pin-table, *(Am)* pinball machine
flirt flirt
flirten flirt, *(vooral v man)* philander; *~ met* chat up [a girl]
flits 1 arrow, dart; **2** flash (of lightning); **3** *(fig)* flash [(news)flashes from the sporting world], [TV] highlight
flitsblokje flashcube
flitsen flash; *~d, (sl)* glitzy; *(v kleren)* stylish, snappy; *een ~de loopbaan* a dazzling career; *een ~de partij* a lively game; *(naakthollen)* streak
flitser 1 flash(-gun); **2** *(naaktholler)* streaker
flitslampje flash bulb
flitspaal camera speed trap
flitstrein high-speed train
flodder 1 dirt, mire, mud; **2** *(vrouw)* slattern; **3** *losse ~* blank (cartridge)
flodderbroek baggy trousers, slacks
flodderen 1 hang loosely, flap, flutter; **2** flounder (*of:* splash) through (*of:* in) the mud; **3** pet, coax
flodderig floppy [tie], sloppy [dress], baggy, sagging, dowdy, frumpish [woman]
flodderjurk sloppy dress
floddermadam showily dressed (tarted up) female
floddermuts full-bottomed lace cap
flodderwerk sloppy work, bungling
floep *(ve fles)* pop!; *(in water)* flop!, plop!
floepen flash (by, on *voorbij, aan*), snap
floer velvet
floers 1 (black) crape; *(fig)* veil [of night], mist [of tears]; **2** nap [of velvet]
flonkeren sparkle, twinkle
flonkering sparkle, sparkling, twinkling
flonkerster twinkling star; *(fig)* luminary
floot *ovt van* fluiten
flop(pen) flop
floppy floppy (disk), diskette
flora flora
floraal floral [motif]
floralia 1 floralia; **2** flower show
Florentijn(s) Florentine
floreren 1 flourish, prosper; *de zaak (zaken) doen ~* make things hum; **2** cut a dash
floret 1 foil, fencing sword; **2** *(zijde) zie* vloszijde
florijn florin; *vgl* fl
Floris Floris, Florence
florissant 1 flourishing, prospering; **2** favourable, bright, healthy [outlook, prospects]
floristiek floristics
floss dental floss
flossen floss (one's teeth)
floszijde floss (silk)
flotatie (froth) flo(a)tation
flotteur ballcock
flottielje flotilla
flousje feeble joke (remark, excuse)
flox phlox
fluctuatie fluctuation
fluctueren fluctuate
fluïdum *(spiritisme)* ectoplasm, aura
fluim phlegm; *(fam)* gob; *(persoon)* revolting fellow, squirt
fluimen *(opgeven)* expectorate
fluisteraar(ster) whisperer
fluistercampagne whisper(ing) campaign
fluisteren whisper; *iem iets in het oor ~* whisper s.t. in a p.'s ear; *er werd gefluisterd, (ook)* word got round, rumour had it [that ...]; *~d, (ook)* in a whisper, in an undertone, under one's breath; *half ~d* [speak] in a half-whisper; *hardop ~d* in a stage whisper
fluistergalerij, fluistergewelf whispering gallery (*of:* dome)
fluit 1 flute *(ook slank wijnglas & ~schip)*; *~je* whistle, *(ve vogelaar)* bird call; *~je van een cent* doddle, cinch, piece of cake; *hij weet er geen ~ van* he doesn't know a thing about it; *vgl* flikker 5; **2** *(pijp)* fife; **3** *(penis)* dick; **4** *(~brood)* French loaf
fluitconcert 1 flute concerto; **2** catcalls; *vgl* uitfluiten
fluiteend widgeon
fluiten whistle *(ook v wind, kogel, locomotief, enz; ook op fluitje)*; *(ve vogel)* flute, pipe; *(op fluit)* flute, play (on) the flute; *(uitfluiten)* hiss; *(ve kogel ook)* whizz, zip; *(v wind, kogel, ook)* pipe; *(op fluitje ook)* blow (*of:* sound) a (one's) whistle; *hij floot, (ook)* he gave a whistle; *(om) iem (een hond) ~* whistle (for) a p. (a dog); *een wedstrijd ~, (fam)* ref a match; *hij kan ernaar (naar zijn geld) ~* he can whistle for it (for his money); *en dan kun je ernaar ~* [they borrow your money] and then you can say goodbye to it
fluitenkruid *(plant)* cow parsley, wild chervil
fluiter 1 whistler; **2** *(vogel)* (wood)warbler
fluitglas flute
fluitist 1 flautist, *(Am)* flutist; **2** ref(eree)
fluitketel whistling (tea) kettle
fluitregister *(ve orgel)* flute stop
fluitschip flute, fluyt
fluitsignaal whistle signal; *(sp)* [the final] whistle
fluitspeler flute-player; *zie ook* fluitist
fluittoon whistle, whistling tone; *(korte)* b(l)eep
fluks quickly, immediately
fluor fluorine
fluorescentie fluorescence
fluorescentielamp fluorescent lamp
fluoresceren fluoresce
fluoride fluoride
fluorideren fluoridate
flut 1 slops; **2** *zie* flutt(er)ig
flutt(er)ig rubbishy, trashy [novel], crummy [book, idea]
fluviatiel fluvial, fluviatile
fluviometer fluviometer
fluweel velvet; *op ~ zitten* be on velvet, have it made

fluweelachtig velvety (*ook fig:* tone, manner)
fluwelen velvet; *zie ook* handschoen; ~ *tong* silken (honeyed) tongue
fluwijn stone marten, beech marten
flux de bouche [have a great] flow of words (of language), [have] the gift of the gab
FM FM, VHF *(Very High Frequency)*
fnuiken: *iems macht* ~ clip a p.'s wings; *iems trots* ~ put down a p.'s pride
fnuikend fatal (*voor* to)
fobie phobia (*voor* about)
fobisch phobic [fear, hatred]
focaliseren focus
focus, focuss(er)en focus
foedraal (umbrella, spectacle) case, casing, sheath [of the colours *vaandel*], cover, (revolver) holster
foef *(~je)* dodge, trick; *(fam)* wheeze, gimmick, [an extra] tweak; *(smoesje)* (mere) pretext; *hij probeerde dat ~je* he tried to come that dodge [*bij mij* over me]
foefelen 1 *(verlakken)* cheat; **2** *(verprutsen)* bungle; **3** *(weg~)* stash; **4** pet; cajole
foei (for) shame!, fie!, shame on you!
foeilelijk as ugly as sin, ugly in the extreme
foelie 1 *(v muskaat)* mace; **2** *(achter spiegel of edelsteen)* (tin)foil
foeliën tinfoil, (quick)silver
foeliesel (tin)foil
foerage forage, provisions
foerageren forage
foerier quartermaster sergeant
foeteren 1 *(uitvaren)* storm, rage; **2** *(mopperen)* grumble [*op* at]
foetotomie embryotomy
foetsie *(fam)* **I** *bn* gone; **II** *zn* swingbin
foetus foetus, fetus
foeyonghai foo yong
foezel fusel oil
foezelen cheat, swindle
foezelolie fusel oil
föhn 1 föhn; **2** hair dryer
föhnen blow-dry
fok 1 foresail; **2** *(fam, bril)* specs, goggles *(beide mv)* **3** *(kweek)* breed
fokdier breeding animal, breeder
fokhengst (breeding) stallion, stud-horse, sire
fokken breed, rear, raise
fokkenist foremastman
fokkenmast foremast
fokkenra foreyard
fokkenschoot foresheet
fokkenstag forestay
fokkenzeil foresail
fokker breeder; *(v vee)* stockbreeder
fokkerij 1 [horse-, poultry-, pig-]breeding; *(v vee)* stockbreeding; **2** *(v vee)* stock-farm; *(v varkens)* pig-farm
fokmateriaal breeding stock
fokmerrie broodmare, breeding mare
fokpremie 1 breeding bonus; **2** *(iron)* child benefit
fokschaap breeding ewe
fokstier breeding bull
fokvee breeding cattle, breeding stock
fokvereniging breeders' association
fol. fol., fo; *zie ook* folio
folder leaflet, brochure, circular, pamphlet, *(Am ook)* folder
foliant folio (volume), [a heavy] tome
folie [aluminium] foil; *plastic* ~ cling film, film wrap
foliëren foliate
folio folio; *in* ~ in folio, (in) folio; *ezel in* ~ consummate (unmitigated, prize) ass; *gek in* ~ arrant (*of:* prize) fool
folioformaat folio size
foliopapier foolscap
foliovel folio
foliumzuur folic acid
folklore folklore
folklorist folklorist
folkloristisch 1 folklor(ist)ic; **2** *(min)* olde worlde
follikel follicle
folteraar torturer, tormentor
folterbank rack
folteren *(eig & fig)* put on (*of:* to) the rack, torture; *(fig)* torment; *~d* excruciating, agonizing [pains]; racking [headaches]
foltering torture, torment; *(fig ook)* agony
folterkamer torture chamber
folter(werk)tuig instrument of torture
fond 1 bottom; *à* ~ thoroughly; *au* ~ [he is a kind man] at bottom, basically; **2** [black spots on a yellow] (back)ground; **3** *(sp)* long (*halve ~:* medium) distance
fondament *zie* fundament
fondant 1 fondant; **2** clear enamel; **3** bitter chocolate
fondering foundation
fonds 1 *(uitgevers~)* (publisher's) list; *(reserve~, enz)* fund; *(zieken~, enz, vglb)* the National Health; **2** *(kapitaal)* funds; *~en, (effecten)* securities, stock(s), funds; ~ *bezorgen (fourneren)* send cover, provide funds, provide with security; *geen (voldoende)* ~ *aanwezig* no effects, no funds, R D, refer to drawer; *zijn ~en rijzen, (ook fig)* his stock is rising
fondsartikelen: *onze* ~ the works published by us, the works on our list
fondscatalogus publisher's catalogue, publisher's list
fondsdokter *(vglb)* National Health doctor
fondsenlijst official list
fondsenmarkt stock exchange
fondsenwerving fund-raising
fondskapitaal original stock
fondslijst 1 *zie* fondscatalogus; **2** stocklist
fondspatiënt *(vglb)* National Health patient
fondsrestanten publisher's remainders
fondue fondue
foneem phoneme

fonematisch, fonemisch phonemic
foneticus phonetician
fonetiek phonetics
fonetisch phonetic (*bw:* -ally)
foniatrie phoniatrics
foniek phonology and phonetics
fonkelen sparkle, scintillate; *(v ogen)* sparkle [with excitement], twinkle [with amusement], flash [with anger]
fonkeling sparkling, sparkle, scintillation
fonkelnieuw brand new, spick and span (new)
fonografie 1 sound recording; **2** phonography
fonogram phonogram
fonologie 1 phonology; **2** phonemics
fonoscoop phonoscope
fonotheek sound library
fontanel 1 *(anat)* fontanelle, *(Am)* fontanel; **2** *(med)* issue
fontein fountain; *zie ook* springen
fonteinkruid pondweed
fonteintje 1 handbasin, handwash; **2** drinking fountain
fooi tip, gratuity; *(fig)* trifle, pittance; *de ober (£5) ~ geven* tip the waiter (£5); *geen ~en* no gratuities, please; *zie ook* bonnefooi
fooienpot staff gratuities pool
foon phon
foor fair
fopartikel joke
foppen fool, hoax; *(bedriegen)* cheat, take in; *we zijn gefopt* we've been had (taken for a ride); *weer gefopt!* had again!
fopper hoaxer
fopperij hoax, trickery
fopsigaar trick cigar
fopspeen comforter, (baby)soother, dummy
fopzwam: *(eetbare) ~* (amethyst) deceiver
force majeure force majeure, circumstances beyond one's control; *(in cognossement)* Act of God
forceps forceps (*mv:* forceps); *(ook)* a pair of forceps
forceren force [o.s., a p.; a door, lock; a smile; plants], force [the window] open, overtax [o.s., one's strength], (over)strain [one's voice]; *de dingen ~* force the issue; *we hoeven het (de zaak) niet te ~* there's no need to force the pace; *zie ook* geforceerd
forel *(ev & mv)* trout [farm, hatchery *kwekerij*]
forelschimmel trout-coloured horse
forens commuter, non-resident
forensenplaats dormitory town
forensisch forensic
forensisme [the need to discourage] commuting, non-residence
forenzen commute
forfait 1 lump sum; **2** fixed deduction; **3** default
forfaitair: *~ bedrag* lump sum
forma: *in optima ~* in due form; *pro ~* for form's sake; *pro ~ factuur* pro-forma invoice
formaat size, format; *(fig)* stature; *groot ~* commercial size; *klein ~* note size; *van groot ~* large-sized; *(fig)* of large stature; *een schrijver van ~* a writer of stature
formaatzegel stamped paper
formaldehyde formaldehyde, methanal
formaline formalin
formaliseren formalize
formalisering formalization
formalisme formalism
formalist formalist
formalistisch formalistic (*bw:* -ally)
formaliteit formality, (mere) form; *zekere ~en vervullen* go through (complete, comply with, perform) certain formalities
formateur *zie* kabinetsformateur
formatie 1 formation *(ook geol & mil)*; *in ~* [fly] in formation; *(mil eenheid)* unit; **2** *(personeelssterkte)* establishment; *boven de ~* supernumerary to the establishment; *buiten de ~, (mil)* off the strength; **3** *(muz)* band, group
formatieplaats established (*Am:* tenured) post
formatieplan establishment
formatievliegen formation flying
formatteren format
formeel I *bn* **1** formal [command, person, protest, request]; *iets ~ ontkennen* formally deny s.t.; *~ is de zaak wel in orde* technically (as to form) matters are correct; *~ bezwaar* objection on formal grounds (on grounds of form); *~ recht* procedural law; **2** *(volslagen)* fully-fledged; downright, flat [refusal; refuse flatly], clean [it means a clean break]; *~ gek* utterly crazy; **II** *zn (bk)* falsework
formeren 1 form [a government], create; **2** form up [into a line]
formering formation, creation
formica formica
formidabel formidable [enemy, question, task, voice]
formulair formulaic [poetry]
formule formula (*mv ook:* -lae)
formuleren formulate [one's ideas, policy, reply], word [a contract carefully], phrase [one's ideas badly]; *zoals hij het zeer juist formuleert* as he aptly puts it; *vgl* herformuleren
formulering formulation, wording, phrasing, [an unfortunate] way of putting things; *vgl* formuleren
formulier 1 form, blank; **2** *(kerkelijk)* formulary; *~ van de Ziekentroost* service for the visitation of the sick
formuliergebed collect
fornuis cooker; *(groot kolen-, etc ~)* kitchen range
fornuiskachel cooking stove; *(Am)* cookstove
fors robust, big, stalwart, hefty [fellows], strong [wind], large, massive [figure, forehead], loud [voice], bold [letters, handwriting], vigorous [language], forceful [style], smart [blow]; *~e greep* firm grip
forsgebouwd square-built, strongly built
forsheid robustness, strength, vigour

forsythia forsythia
fort 1 *(versterking)* fort(ress); *(v zand)* sandcastle; **2** *(sterke punt)* forte, strong point; *dat is mijn ~ niet, (ook)* that is not my strong (my long) suit
forte(piano) *(muz)* forte(piano)
fortepiano fortepiano
fortificatie fortification
fortificeren fortify
fortissimo *(muz)* fortissimo
forto forte
fortuin fortune; *~ maken* make a fortune [*in suiker* in (out of) sugar]; *zijn ~ maken (zoeken)* make (seek) one's fortune; *je ~ is gemaakt* you're a made man; *zie ook* toelachen
fortuinlijk lucky; *~ zijn* be in luck; *niet ~ zijn* be out of luck, have bad luck
fortuintje 1 small fortune; **2** piece of good fortune, windfall
fortuinzoek(st)er fortune hunter, adventurer (-ress)
Fortuna Fortuna, Fortune
forum 1 *(plaats)* forum (*mv:* forums) (*ook fig:* a forum for public discussion); **2** *(~discussie)* forum [a forum on education]; *(radio, enz)* panel (discussion)
fosfaat phosphate
fosfaatvrij phosphate-free, no-phosphate
fosfeen phosphene
fosfor phosphorus
fosforescentie phosphorescence
fosforesceren phosphoresce
fosforiet phosphorite
fosforigzuur phosphorous acid
fosforiseren phosphoresce
fosfornecrose phosphor necrosis; *(fam)* phossy jaw
fosforzuur phosphoric acid; *-zure meststoffen* phosphatic fertilizers
fosgeen phosgene
fossiel *bn & zn* fossil *(ook v pers)*
fossiliseren fossilize, be (become) fossilized
foto photo (*mv:* photos), photograph, [he took her] picture; *op de ~ komen, a)* get (be) photographed; *b)* get into the picture
fotoalbum photo album
fotoartikelen photographic materials
fotobehang tapestry wallpaper
fotobureau photo(graphic) agency
fotocel photocell, photoelectric cell, electric eye
fotofinish photo finish
fotofobie photophobia
fotogeen photogenic
fotogeniek photogenic
fotograaf photographer
fotograferen photograph [a building], take photographs [of people]; *zich laten ~* have one's picture (one's photograph) taken; *goed ~, a)* be a good photographer; *b) (zich goed laten ~)* photograph well
fotografie 1 *(kunst)* photography; **2** *zie* foto
fotografisch photographic (*bw:* -ally); *~ atelier* photographer's studio
fotogrammetrie photogrammetry
fotogravure photogravure
fotohandelaar photographic dealer; *vgl* fotozaak
fotohoekje photo corner
fotojournalist photojournalist, press photographer
fotokopie photocopy
fotokopieerapparaat photocopier
fotokopiëren photocopy
fotomaterialen photographic materials
fotomechanisch photomechanical
fotometer photometer
fotometrie photometry
fotomicrografie photomicrograph
fotomodel photographer's model
fotomontage photomontage, composite photograph (*of:* picture)
foton photon
fotonica photonics
fotorolletje film roll
fotosessie *(voor de media)* photocall, *(Am)* photo opportunity
fotostander photo frame
fotosynthese photosynthesis
fototherapie phototherapy, phototherapeutics
fototoestel camera
fototroop phototropic
fototropie phototropism
fototypie phototype
fotozaak photographer's (shop), photo dealer's
fotozetten photo-, filmset; *(Am)* phototypeset
fouilleren search, frisk [a p. for arms, etc]; *-ring* body search
foulard foulard, silk neckerchief
fourneren furnish, put up [the money]; *volgefourneerde aandelen* (fully) paid-up shares; *zie ook* fonds & fineren 1
fournituren haberdashery, [tailor's, seamstress's, etc] requisites; *zaak in ~* haberdasher's (shop)
fourragères shoulder-knots
fout I *zn* mistake, error, lapse; *(gebrek)* defect; *(moreel & bij wedstrijd)* fault; *vol ~en, (ook)* flawed; *geen mens is zonder ~en* no one is perfect; *een ~ begaan, in de ~ gaan* make a mistake, commit an error, *(fam)* slip up; *grove ~* blunder; *een grove ~ maken* blunder; *de oude ~ maken* fall into the old mistake (error) [of supposing ...]; *persoonlijke ~, (wtsch)* personal equation; *~ op ~ maken* pile up blunder (up)on blunder; *er is geen systeem, waarmee geen ~en gemaakt kunnen worden* no system is foolproof; *zie ook* vol; **II** *bn* wrong [answer, solution], faulty [reasoning]; *hij was ~, (1940-45)* he was a collaborator; *~e boel* bad business; *~e voorlichting, (ook)* misinformation; *~ gaan (lopen)* go wrong; *~ zitten* be (in the) wrong
foutenanalyse error analysis
foutenmarge margin of error
foutief wrong, faulty; *vgl* fout

foutlijn *(honkbal)* foul line, baseline
foutloos faultless, perfect, without blemish
foutmelding error message
foutparkeerder illegal parker
foutvracht dead freight
foutzet wrong (false) move
foyer foyer, lobby
fr. *zie* franco & freule
fraai fine, pretty, handsome; well-formed, elegant [proof]; *dat staat je ~, (iron)* that's nice of you!; *zie* mooi
fraaiheid prettiness, beauty
fraaiigheid fine thing; *het was een gedwongen ~* it was a case of must; it was Hobson's choice; *dergelijke fraaiigheden* such rubbish
fraaitjes prettily, nicely; *(iron)* properly
fractaal fractal
fractie 1 *(breukdeel)* fraction; *een ~ lager* a fraction lower, fractionally lower; *een ~ van een seconde* a split second; *vgl* onderdeel; **2** *(pol)* (parliamentary) party; section [a small section of the Labour party]
fractieleider, fractievoorzitter leader of parliamentary party
fractioneel fractional
fractioneren fractionize; *(chem)* fractionate
fractuur fracture
fragiel fragile
fragiliteit fragility
fragment fragment; *zie ook* brokstuk
fragmentarisch fragmentary, patchy [account, knowledge, novel], bitty [conversation, film], sketchy [treatment of a problem]
fragmentatiebom fragmentation bomb, splinter bomb
fragmenteren fragment, *(Am)* fragmentize
frak dress coat
framboesia framboesia (*Am:* frambesia), yaws
framboos raspberry
frambozenjam raspberry jam
frambozenlimonade 1 *(siroop)* raspberry syrup; **2** *(drank)* raspberry drink, *(met koolzuur)* raspberry pop
frambozenrood raspberry (colour)
frambozensap raspberry juice
frambozenstruik raspberry canes
frambozenuitslag framboesia, yaws
franc franc
Française Frenchwoman, French lady
franchise franchise
franciscaan Franciscan
franciscaner: *~ monnik* Grey Friar, Franciscan friar, Minorite
franciscanes Franciscan nun
Franciscus Francis
franc-maçon(nerie) freemason(ry)
franco 1 *(per post)* post-paid, postage paid; **2** *(v goederen)* carriage paid; *niet ~* carriage forward; *~ boord* free on board, FOB; *~ emballage* packing free; *~ huis* free domicile, free destination; *~ lichter* free overside; *~ pakhuis* free warehouse; *~ spoor* free rail; *~ station* free station; *~ wagon* free on rail, FOR (on truck(s), FOT); *~ vracht* carriage paid; *~ wal* free on quay
francofiel Francophil(e)
francofoob Francophobe
francofoon Francophone
franc-tireur franc-tireur, guer(r)illa
frangipane frangipane
franje fringe, edging; *(fig)* [the rest is mere] frills, flounces and furbelows, trimmings
franjepoot phalarope
franjestaart bristletail
frank I *bn* frank, free, bold; *~ en vrij* as free as the birds; **II** *zn (munt)* franc; *zijn ~ valt* the penny drops
Frank *(persoons- & volksnaam)* Frank
frankeerkosten postage [of a letter], carriage [of a parcel]
frankeermachine franking machine, *(Am)* postage meter
frankeerwaarde postal value
frankeerzegel postage stamp
Frankenland Franconia
frankeren prepay; *(postzegel opplakken)* stamp [a letter]; *(machinaal, ook)* meter; *gefrankeerd* post(age) paid; *onvoldoende gefrankeerd* insufficiently stamped, understamped, underfranked
frankering prepayment; *~ bij abonnement, (op krant, enz)* (postage) paid
frankfurter frankfurter
Frankisch Frankish
Frankrijk France
Frans 1 *(taal)* French; *de ~en* the French; *tien ~en* ten Frenchmen; *in het ~* in French; *~e titel* half-title; *manie (voorliefde) voor wat ~ is* Gallomania, predilection for things French; *zich er met de ~e slag van afmaken* give it (the room, etc) a lick and a promise, do it in a slapdash manner, be rather haphazard about it; *met de ~e slag gedaan* perfunctory; *daar is geen woord ~ bij* that's plain speaking (language, English); *zie ook* Frans-; **2** *(naam)* Francis; *een vrolijke ~* a live wire, a (bright) spark, a bit of a lad, a playboy
Frans- Franco- [German, American, Prussian, etc]
Franse Frenchwoman, French lady
Fransgezind pro-French, Francophile; *~e* Francophile
franskiljon Flemish Francophile
Fransman Frenchman
fransoos Frenchy, Frog(gy)
Franssprekend, Franstalig French-speaking [Belgium], Francophone [Africa]
frappant striking [similarities]
frappé: *champagne ~* iced champagne
frapperen 1 *(treffen)* strike; **2** ice [wine]
frase (high-sounding) phrase; *(muz)* phrase; *(holle) ~n* (hollow) phrases, empty talk

fraseologie phraseology
fraseren phrase
fraseur phrasemonger, windbag
frater **1** *(r-k)* (lay) brother, friar; **2** *(vogel)* twite
fraterhuis friary
fraterniseren fraternize
fraterniteit fraternity
frats caprice, antic, quirk, whim; *rare ~en* crazy tricks
fratsenmaker buffoon, clown
fraude fraud; *~ plegen, zie* frauderen
frauderen practise (commit) fraud
fraudeteam fraud squad
fraudeur fraudster, fraudulent operator, swindler; *(Am ook)* fraud
frauduleus fraudulent [bankruptcy]
frazelen prattle; sing softly; murmur
freak(en) freak; *freaken, (ook)* freak out
freatisch phreatic
freelancer freelance(r)
frees *(kraag & werktuig)* fraise; *(werktuig)* milling cutter, *(landbouw)* rotary cultivator
freesbank, freesmachine milling machine
fregat frigate
fregatvogel frigate bird
frêle frail, delicate [figure]
Fremdkörper foreign body, alien element
frenalgie phrenalgia
frenesie frenzy
frenetiek frenetic
frenologie phrenology
freon freon
frequent(atief) frequent(ative)
frequenteren **1** frequent [night clubs]; **2** associate, mix, rub shoulders (*met* with)
frequentie frequency, rate (of occurrence)
frequentiemodulatie *(radio)* frequency modulation, FM
frère (et) compagnon: *~ zijn met iedereen* be hail-fellow(-well-met) with everybody
fresco fresco [painting, painting in fresco]; *al ~, in ~* alfresco
fresia *(plant)* freesia
fret **1** *(dier)* ferret; **2** *(muz)* fret; **3** *zie* fretboor; **4** *(eten)* nosh
fretboor gimlet, *(groter)* (twist) auger
frett(er)en ferret
fretzaag fretsaw
Freudiaan(s) Freudian; *freudiaanse vergissing* Freudian slip
freule 'Freule', unmarried noble lady; *~ R, (vglb)* the Honourable Miss R
frezen mill; *(grond)* cultivate
fricandeau fricandeau
fricassee fricassee
frictie friction [clutch, coupling]
frictiewerkloosheid frictional unemployment
friemelen fumble, fiddle [*aan, met* with]
fries *(stof & in bk)* frieze
Fries *zn & bn* Frisian; *~ bont* Frisian (cotton) prints; *~e ruiters* chevaux-de-frise; *~ vee* Friesians, *(Am)* Holsteins
Friesland Friesland; *(hist ook)* Frisia
friet(en) chips, French fries
Friezin Frisian woman; *ze is een ~* she is Frisian
frigide frigid
frigiditeit frigidity
frik pedagogue; *(vrouw)* schoolmarm
frika(n)del minced-meat sausage
frikk(er)ig schoolmistressy, schoolmasterish
fris **I** *bn* fresh [air, breeze, complexion, flower]; refreshing [drinks], cool [morning, weather], fit [feel very fit]; *met ~se kleur (~ gezicht)* fresh-complexioned; *zo ~ als een hoen(tje)* as fresh as a rose (as a daisy, as paint); *gezond en ~* hale and hearty; *iem ~se moed geven* put fresh courage into a p.; *met ~se tegenzin* without (any) enthusiasm; *minder ~, niet geheel ~* [the other party's motives, too, are] not all that edifying (blameless, untainted); *vgl* onfris, lekker, & *zie ook* lever; **II** *zn* soft drink
frisbee(ën) (play) frisbee
frisdrank soft drink
frisé frizz(l)y [hair]
friseerijzer, friseertang crisping (*of:* curling) iron (*of:* tongs)
friseren frizz(le), crisp, crimp, curl
friseur hairdresser
frisheid freshness, coolness
frisist Frisian scholar
frisistiek Frisian studies
frisjes somewhat fresh; *het is ~, (ook)* there is a nip in the air, it's nippy (chilly)
frisling young (wild) boar
frissen *(ijzer)* refine, puddle
frisuur hairstyle
frit frit
frites chips, French fries
friteuse (deep fat, deep) fryer
fritten French-fry
frituren deep-fry
frituurmandje fryer basket
frituurpan deep (fat) frying pan, chip pan
frituurvet deep fat, frying fat
fritvlieg frit-fly
frivolité tatting; *~ maken* tat
frivoliteit frivolity
frivool frivolous
fröbelen tinker
fröbelschool *(hist)* kindergarten
frommelen rumple, crumple, fumble
frommelgoal fumbled goal
frondeel browband, front band
fronsel wrinkle
fronsen knit, pucker [one's (eye)brows]; wrinkle [one's forehead]; *zijn voorhoofd (wenkbrauwen) ~, (ook)* frown, *(dreigend)* scowl; *zie ook* gefronst

front front *(alle bet); (ve gebouw ook)* façade, frontage; *(~je, halfhemdje, ook, fam)* dicky; *met het ~ naar de straat* fronting (on, towards) the street; *met het ~ naar het zuiden* with a southern aspect (*of:* frontage); *van ~ veranderen, (ook fig)* change front; *voor het ~ komen* stand (*of:* step) forward; *~ maken* (turn to the) front; *~ maken naar* front (to, towards), face; *~ maken tegen* front [the enemy, etc]
frontaal frontal; head-on [collision *botsing*; collide head-on]
frontaanval frontal attack
frontbalkon *(theat)* dress circle
frontispice, frontispies frontispiece
frontlijn, frontlinie front line [state]
frontloge front box
fronton fronton, pediment
frontpagina: *de ~ halen* make front-page news
frontverandering *(ook fig)* change of front
frontvorming *(weerk)* frontogenesis
frotté terry (cloth)
frotteren scrub
frou-frou cream wafer
fructivoor frugivorous (animal)
fructose fructose, fruit sugar
fruit fruit; *(attr)* fruit; *zie ook sam met* vrucht
fruitautomaat fruit machine
fruiten 1 fry; **2** play the fruit machine
fruithandelaar fruiterer
fruitig fruity
fruitkwekerij fruit farm(ing)
fruitmand fruit basket
fruitschaal fruit dish (stand, bowl)
fruitventer fruit dealer, coster(monger)
fruitverkoper fruit seller, fruiterer
fruitwinkel fruiterer's (shop), fruit shop
frul 1 trinket; **2** *(pers)* dead loss; tart
frullen, frunniken fumble, fiddle
frustratie frustration
frustreren frustrate
frutje modicum; trifle
frutsel trinket
frutselen fumble, fiddle, pluck [at]
Frygië Phrygia
Frygiër, Frygisch Phrygian; *~ische muts* Phrygian cap
f-sleutel bass clef, F clef
fuchsia fuchsia
fuchsine fuchsine
fuga fugue
fugue *(psych)* fugue
fuif party, spree, celebration, jollification; *(fam)* bash, binge; *een ~ geven (houden)* throw (have) a party
fuifnummer gay spark, partygoer
fuik bow net, fish trap; eel basket, eelpot; *in de ~ lopen* walk into the trap, be trapped
fuikwerking funnel action
fuiven celebrate, have a party, *(fam)* be (go) on the binge, junket; *iem ~* entertain, treat a p. (to)
fuiver partygoer, merrymaker, reveller
fullprof fulltime professional
fulminant fuming
fulmineren fulminate [*tegen* against], thunder [*tegen* against, at]
fumarole *(geol)* fumarole
functie function; *in ~ zijn* be in function (in office); *een nieuwe ~ aanvaarden* take up a new appointment; *een verantwoordelijke ~* a responsible position; *in ~ treden* enter (up)on one's duties; *de ~ van gastheer vervullen* officiate as host; *in zijn ~ van* in his capacity as (of)
functieanalyse job analysis
functieleer function theory
functieomschrijving job description, job specification
functiewaardering job ranking
functionalisme functionalism
functionaliteit functionality
functionaris official, [the new] office holder; *(ook min)* functionary
functioneel functional [disease]; established [chair *ordinariaat*]
functioneren 1 function [the propeller no longer functioned], work; **2** *(fungeren)* act, officiate [*als* as]
functioneringsgesprek staff (performance) appraisal
fundament 1 foundation; **2** *(achterste)* behind, bottom (btm), fundament
fundamentalist fundamentalist
fundamenteel fundamental, basic [agree on basic points]
fundatie foundation
funderen 1 lay the foundations of [a building], found [on solid rock], build [on sand, on piles]; *~ op, (fig)* base on; *goed gefundeerd* well-founded [view]; **2** fund [a debt]
fundering 1 founding; **2** foundation(s); **3** *(v schuld)* funding
funest fatal, disastrous
fungeren: *~ als* act (officiate) as, perform the duties of
fungerend deputy, acting [chairman]
fungibel fungible
fungicide fungicide
funiculaire funicular (*of:* cable) railway
furie fury *(ook fig); als een ~ tekeergaan* rage, rampage
furieus furious
furore furore, enthusiastic admiration; *~ maken* create a furore, make a big hit [in a play]
fusee 1 swivel; **2** *(in uurwerk)* fusee
fuseearm spindle arm
fuselage fuselage, body [of an aeroplane]
fuselier fusilier
fuseren fuse; *(handel)* merge
fusie fusion, amalgamation; *(handel)* merger, take-

over

fusillade 1 fusillade; **2** *(het fusilleren)* shooting

fusilleren shoot, execute by firing squad

fusioneren *zie* fuseren

fust 1 cask, barrel; *wijn op (bier uit het)* ~ wine in (beer drawn from) the wood; **2** pack(ag)ing; *slecht* ~ frail packing; *zie ook* leeg

fustage pack(ag)ing

fustein fustian

fut spirit, push, go, zip, energy; *de ~ is er bij hem uit* he has no life (fight) left in him; *er zit nog genoeg ~ in hem, (ook)* there's life in the old dog yet; *vol* ~ full of go

futiel futile, frivolous [complaints]

futiliteit futility, frivolity, triviality

futloos 1 spineless; **2** knackered; *vgl* fut

futselaar(ster) trifler, fumbler

futselarij trifling, fiddling

futselen trifle, fiddle

futselwerk trifling work

futurisme futurism

futurist(isch) futurist

futurologie futurology

futuroloog futurologist

futurum future

fuut *(vogel)* (great crested) grebe

fylloxera phylloxera

fylogenese phylogeny, phylogenesis

fysica physics

fysicus physicist

fysiek I *bn* physical [examination, violence, *(sp)* tackle]; *dat is ~ onmogelijk* that is a physical impossibility; **II** *zn* physique, physical structure

fysiognomie(k) physiognomy

fysiologie physiology

fysiologisch physiological [saline]

fysioloog physiologist

fysionomie physiognomy

fysiotherapeut physiotherapist

fysiotherapie physiotherapy, *(fam)* physio, *(Am)* physiatrics

fysisch physical [anthropology, geography, therapy], physics [laboratory]

fytopathologie phytopathology

fytopatholoog phytopathologist

fytoplankton phytoplankton

g

g (the letter) g
gaaf 1 sound [wood, fruit, teeth]; whole, entire, intact, perfect [specimen; game *partij*], flawless [character, performance]; **2** *(onwijs)* ~, *(sl)* super, wicked, crucial, ace, *(Am)* awesome
gaafheid soundness, etc; *vgl* gaaf; *morele* ~ moral integrity
gaafrandig *(plantk)* entire
gaai 1 jay; **2** *(houten vogel)* popinjay; **3** stupid, dolt
gaaike *(ve vogel)* mate
gaal *(in breiwerk, enz)* ladder; *galen vertonen (krijgen)* ladder
gaan 1 *(voortbeweging)* go; pass [the wheel passed over his head; pass through the country]; move [to the door]; *ik ga* I am going, I am off, I'll be moving; *we ~, (de trein, enz vertrekt)* we're off; ***daar*** *~ we!* off we go!; *daar gaat mijn hoed (de trein)!* there goes my hat (the train)!; ***hoe*** *~ we?, hoe zullen we ~?* how do we go?; ***laten*** *we ~* let's go; *hij liet hem ~, (zond hem weg)* he dismissed him; *ik zie hem* ***liever*** *~ dan komen* I prefer his room to his company; *ik* ***moet*** *~* I must be going (must go, must say goodbye now); **2** *(vergaan, verlopen:) het is mij net zo (heel anders) gegaan* it was just the same with me (I fared quite differently); *het gaat hem bijzonder* he is getting on swimmingly; *het gaat hem* ***goed*** *(slecht)* he is doing well (badly), things are going well (badly) with him; *het gaat goed (slecht) met de zaken (de patiënt)* things are (the patient is) in a good (bad) way, the business is doing well; *het gaat goed met de nieuwe leerling* the ... is shaping well; *het gaat niet erg goed met hem* he isn't doing any too well; *gaat het goed met de baby?* is ... doing well?; *het ga je goed!* good luck to you!; *als alles goed gaat, ...* if all goes well, ...; *zo gaat het goed!* that's the way (the style)!; ***hoe*** *gaat het?* how are you?, how are you getting on?; *hoe gaat dat liedje?* how does that song go?; *hoe gaat het met je broer?* how is your brother?; *hoe gaat het met hem* how is he doing?; *het gaat* ***nogal*** things aren't too bad; *het gaat* ***slecht*** *in de handel* trade is bad; ***zo*** *gaat het (in de wereld, in het leven)* such is life; that's the way of the world; **3** *(activiteit)* go (*v bel, fluit, klok, radio, de tijd, enz:* the doorbell keeps going all day; there goes the gong); *de telefoon ging* the telephone went (rang); *de fluit ging* the whistle went; *mijn horloge gaat goed* my watch keeps good time; *gaat die klok goed?* is that clock right?; *hij* ***liet*** *zijn oog over het papier ~* he ran his eye over the paper; *hij liet zijn vingers over de letters ~* he passed his fingers over the letters; *daar gaat ie!* here goes!; *daar ga je!* here goes!, here's to you!; *zich* ***laten*** *~* let o.s. go, speak (launch) out freely; *het gaat* ***niet*** it can't be done; I cannot manage it; *het ging niet (op)* it (the plan, etc) didn't work; *ik vrees, dat het niet zal ~* that it will not be possible; *dat gaat zo niet (langer)* that won't do, that will never do, this cannot go on any longer; *het zal niet ~!, (iron)* nothing doing (thank you)!; **4** *(met infinitief:) hij gaat een zaak beginnen* he is going to set up in business; *daarna ga ik bekijken ...* then I will go on to consider ...; *iem ~ bezoeken* go to see (go and see) a p.; *wanneer je erover gaat denken* when you come (begin) to think of it; *~ eten* have dinner (a meal); *~ halen* go and (go to) fetch; *je zult het ~ haten (ervan ~ houden)* you'll come to hate (to love) it; *ga je klaar maken* go and get ready; *het gaat regenen* it is going to rain; *~ roeien* go (out) rowing, go for a row; *~ trouwen* get married [she is getting married at Christmas]; *men is ze ~ vieren als feestdagen* they have come to be observed as holidays; *~ vissen* go (out) fishing; *~ wandelen* go for a walk; *ga je wassen* go and wash; *ga het zoeken* go and find it; **5** *(het goed, enz doen)* go; *het* ***stuk*** *ging heel goed* the play went very well; *het artikel gaat (niet)* the article sells well (does not sell); *het zal zeker ~* it is sure to catch on; **6** *(met vz & bw:) zijn geld ging* ***aan*** *zijn neef* went to his nephew; *het gaat me aan het hart* it makes my heart bleed; *al zijn geld gaat aan boeken* goes in books; *hij ging* ***bij*** *de marine* he joined the navy; *dat gaat* ***boven*** *alles* that beats everything, there is nothing like it (nothing to beat it); *er gaat niets boven een glas wijn* there is nothing like a glass of wine; *dat gaat bij mij boven alles* that comes first with me; *de eer gaat boven alles* honour comes before everything; *zijn spaarduiten gingen* ***eraan*** his savings went; *zie ook* aan; *het boek ging* ***erin*** *(bij het publiek)* went down (with the public); *er ~ 400 man* ***in*** *de zaal (vier man in de auto, 12 liter in de emmer)* the hall will hold (accommodate, seat) ... (the car, the bucket holds ...); *het boek gaat niet in de tas* the ... will not go into the bag; *in de politiek ~* take up politics; *mijn auto ging juist (ging rakelings)* ***langs*** *de vrachtauto* my car just cleared (just grazed) the lorry; *zij ging* ***met*** *een ander* she went out with another chap; *met de QE ~* sail in the ...; *zie ook boven:* 2; *ga even* ***naar*** *de overkant om sigaren* just slip across for cigars; *de boot gaat naar A* the ... is bound for A; *waar gaat deze weg naar toe?* where does this road go (lead) to?; *waar gaan we naar toe?, (fig)* what are we coming to?; *het gaat* ***om*** *uw eer (uw belangen)* your honour is (interests are) at stake (in question); *het gaat om het leven (om zijn leven)* it is a matter of life and death (with him); *waar gaat het om?, (spel)* what are you play-

ing for?; *het gaat erom, of...* the issue is whether ...; *daar gaat het om, (bij verkiezing, enz)* that's the point (at issue); *waar het om gaat* the issue at stake; *daar gaat het niet om* that's not (that is beside) the point; *het gaat hier niet om ..., (ook)* we are not concerned here with ...; *het gaat er mij alleen om, dat je* ... all I want is that you ...; *het gaat er maar om of...* what matters is whether ...; *als het om ... gaat* if it is a question of ...; *de tijd waar het om ging* [he was in L at] the time in question; *(helemaal) niet begrijpen, waar het om gaat* miss the point (entirely); *4 gaat 3 maal* ***op*** *12* 4 into 12 goes three times; *6 op 5 gaat niet* 6 into 5 will not go; *6 op 13 gaat 2 keer, blijft 1* 6 into 13 goes twice and one over; *hoeveel maal gaat 5 op 10?* how many times does 5 go into 10?, how many fives make ten?; *er ~ er 10 op een pond* there are ten in a (to the) pound; ***over*** *Amsterdam ~* go via (by way of) ...; *het boek gaat over ...* the book tells about (is concerned with) ...; *waar gaat het over?* what is it about?; *over het pakhuis (de kleine kas) ~* be in charge of the warehouse (control the petty cash); *zij gaat over het huishoudelijk personeel* she supervises the ...; *dr. N ging over hem* Dr N was in charge of him, he was Dr N's patient; ***tot*** *Utrecht ~* go as far as ...; *ik wil tot 12 pond ~* I will go to £12; *het gaat* ***tussen*** *hem en mij* the choice is between him and me; *ga mij* ***uit*** *het gezicht* get out of my sight; *het oude handwerk gaat er uit* the ... is on its way out; *de kurk gaat niet* ***van*** *de fles* the cork will not come out; *dit schilderij ging* ***voor*** *...* this picture went for [£9500]; *zie verder* doorgaan, gerucht, heen, hoe, liggen, slapen, enz

gaande going; on foot [there is a movement on foot to ...]; [something evil is] afoot; *(her)* passant; *de ~ en komende man, a)* all comers and goers; *b)* the outgoing and incoming functionary, etc; *er is een oorlog ~* there's a war on; *wat is er ~?* what is the matter (going on)?; *daar is iets ~* there is s.t. the matter (s.t. in the wind); *~ houden* keep [the pumps, etc] going; *de aandacht ~ houden* hold (engage) the attention, keep the interest alive; *het gesprek ~ houden* keep the conversation going, keep the ball rolling; *~ maken* set [machinery, things] going, set in motion; *(opwekken)* work up, stir [a p.'s pity], rouse, provoke [a p.'s anger]

gaanderij gallery; *zie* galerij

gaandeweg little by little, by degrees, gradually; [his work improved] as he went along

gaanpad pavement, *(Am)* sidewalk

gaans: *een uur (een kwartiertje) ~* an hour's (a quarter of an hour's) walk

gaap yawn

gaapziekte gapes

gaar 1 done, cooked; *goed ~ stoven, enz* do [the meat] well; *te ~* overdone; *te ~ koken* overcook; *goed ~* well(-)done; *niet ~* underdone; *(v pap, rijst)* not cooked enough; *precies ~, (v vlees)* done to a turn; **2** *(fig)* wide awake, [be] all there; *een gare kerel* a knowing one; *hij is niet helemaal ~* he is half-baked (half-witted, crack-brained), he is not all there; *halve gare* softy, halfwit; **3** *(v leer)* dressed; **4** *(v textiel)* threadbare; **5** *(v vermoeidheid, enz)* [feel] done (up)

gaard(e) garden

gaarkeuken (cheap, low-class) eating house, soup kitchen

gaarne willingly, readily, gladly; *ik zal ~ vragen beantwoorden* I shall be pleased (happy) to ...; *uw antwoord ~ tegemoet ziende, ...* looking forward to (receiving) your reply (to hearing from you), ...; *zie verder* graag *bw*

gaas 1 gauze, [mosquito] netting; *(verband)~je* gauze (dressing); **2** *(v stoffering, boekbinden)* scrim; **3** *(metaal~)* gauze; *(kippen~)* wire netting; *(fijn)* small-mesh wire netting

gaasdoek cambric

gaasvleugelig lacewinged, neuropterous; *~en* neuroptera

gaasvlieg lacewing(ed) fly

gaatje (little) hole; *(v fluit, enz)* (finger) hole; *(in gebit)* cavity; *(merk v dier)* punchmark [in the right ear]; *tot (door) het ~ gaan* go to the limit (blow one's top); *zie ook* gat

gaatjesboard pegboard

gaatsteen airbrick

gabardine gabardine

gabber mate, pal, chum; chap, bloke

Gabriël Gabriel

gad Christ, my (*of:* good) God

gade husband; wife; *(m & v)* consort, spouse; *~ en kroost* wife and family

gader: *te ~* together

gadeslaan watch, observe [developments closely], regard [with pleasure]

gading liking [this is to my liking]; *dat is niet van mijn ~, (ook)* it doesn't suit me (my requirements), that is not to my taste; *is er iets van uw ~ bij?* is there anything you fancy?; *alles is van zijn ~* nothing comes amiss to him, all is grist that comes to his mill; *zie ook* allemansgading

gadsie, gadver Christ, dammit, dash it (all)

gaf *ovt van* geven

gaffel *(algem)* fork; *(tweetandige vork)* two-pronged fork; *(hooivork)* pitchfork; *(mar)* gaff; *(v Neptunus)* trident

gaffelbeen *zie* vorkbeen

gaffelbok 1 stag of three years; **2** *(antilope)* pronghorn

gaffeldissel (pair of) shafts

gaffelen 1 pitch [hay], fork; **2** *(eten)* nosh

gaffelschoener fore-and-aft schooner

gaffelvormig forked

gaffelzeil gaff sail, trysail

gage salary; *(v scheepsvolk)* pay

gagel *(plant)* (sweet) gale, bog myrtle

gaggelen gaggle

gaillarde galliard

gajes rabble
gakken *(v ganzen)* honk; *(snateren)* gabble
gal 1 bile; *(fig)* gall; *de ~ loopt hem over* his blood is up; *de ~ doen overlopen* stir up a p.'s bile; *zijn pen in ~ dopen* dip one's pen in gall; *zijn ~ uitspuwen* vent one's spleen (gall), spit one's venom [*over iem* on a p.]; **2** *(bij paard, enz)* (wind) gall; **3** (oak) gall, gallnut
gala 1 *(feest)* gala; **2** *zie* galakleding; *in ~* in full dress, in state
gala-avond gala night
galabal formal ball
galabia galabiya
galachtig bilious; *(fig ook)* choleric
galachtigheid biliousness; *(fig ook)* choler, spleen
galactiet galactite
galactisch galactic [halo, nebula]
galactose galactose
galadag gala day
galadegen dress sword
galadiner (state) banquet
galakleding, galakostuum gala dress, full dress, robes of state, (full) state dress
galant I *bn* gallant; **II** *zn* intended, fiancé
galanterie 1 gallantry; **2** *~ën* fancy goods (*of:* articles)
galantine galantine
galappel oak-apple, gallnut
Galaten Galatians
gala-uniform full dress (uniform)
galavoorstelling gala (state) performance
galblaas gall bladder
galei galley *(ook typ); tot de ~en veroordelen* send to the galleys
galeiboef galley slave
galeiproef galley proof, slip proof
galerie art gallery [owner, manager]
galerij gallery *(ook mil, theat, v kerk & mijn); (Ind ook)* veranda(h); *(ve flat)* access balcony; *(loopbrug, enz)* walkway; catwalk
galerijflat, galerijwoning deck access flat
galerist art gallery owner (manager)
galg 1 gallows (tree), gibbet; *rijp voor de ~* ripe for the gallows; *de ~ ziet hem uit de ogen* he has a gallows face, a hanging look; *aan de ~ sterven (helpen)* die on (bring to) the gallows; *daar staat de ~ op* it is a hanging affair; *hij groeit op voor ~ en rad* he will end on the gallows; *zie ook* boter; **2** *(mv: bretels)* braces, *(Am)* suspenders
galgang bile duct, biliary duct
galgen *(spel)* (play) hangman
galgenaas, galgenbrok gallows bird
galgenhumor grim (sardonic, gallows) humour
galgenmaal last meal, farewell dinner
galgentronie gallows face, hangdog look
Galicië Galicia
galigaan *(plant)* galingale
Galilea Galilee
Galileeër, Galilees Galilean
galjoen galleon
galjoot galliot
galkanaal *zie* galgang
galkoorts bilious fever
gallen 1 *(ververij)* gall; **2** take the gall bladder out [of a fish]; *zie ook* bot I.1; **3** be in the dumps
gallicisme Gallicism
Gallië(r) Gaul
gallig *zie* galachtig & gallisch
gallisch galled; *ik word er helemaal ~ van* it gets my goat
Gallisch Gallic [cock]; Gaulish [language]
gallofiel Gallophil(e)
gallofobie Gallophobia
gallomaan Gallomaniac
gallomanie Gallomania
galm 1 boom(ing sound); **2** resonance, *(in kerk, enz)* echo; reverberation
galmbord soundboard, sounding board, *(in toren)* louvre-board
galmei calamine
galmen sound, resound, (re-)echo, reverberate; *(v klok, ook)* peal; *(ve persoon)* bawl
galmgat soundhole, *(in kerktoren)* louvre-hole, bell louvre(s), *(zonder galmborden)* belfry window
galmijt gall mite
galmug gall fly
galnoot gallnut, gall apple
galnotenzuur gallic acid
galon lace, braid, galloon, *(koord)* piping
galonneren (trim with) lace [a laced coat], braid, *(met koord)* pipe
galop 1 gallop; *korte ~* canter; *in ~* at a gallop; *in volle ~* (at) full gallop; *in korte ~* at (in) a canter; *het paard in ~ brengen (zetten)* put the horse into a gallop; **2** *(dans)* galop
galoppade 1 gallop; **2** *(dans)* galop
galopperen 1 gallop; *laten ~* gallop [a horse]; **2** *(v dansers)* galop
galsteen gallstone; *vgl* vergruizer
galsterig rancid
galvanisch galvanic
galvaniseren galvanize *(ook fig);* electroplate
galvano electrotype
galvanometer galvanometer
galvanoplastiek galvanoplasty, electrotyping, electroforming; *(voorwerp)* electrotype
galvanotypie electrotyping
galwesp gall wasp
galziek bilious
galziekte, galzucht bilious complaint
galzuur bile acid
gamba, gambe (viola da) gamba
Gambia (The) Gambia
gambiet gambit
gambir gambier
gameet gamete

gamel *(mil, mar)* mess tin; *(groot)* dixie
gamelan gamelan
gamma 1 *(letter)* gamma; **2** *(toonladder)* scale, gamut (*ook fig:* run the whole gamut of human experience); *(fig ook)* range [of colours, possibilities, products]
gammadeeltje gamma particle
gammastraal gamma ray
gammastraling gamma radiation
gamma-uiltje gamma, Y-moth
gammawetenschappen social sciences
gammel crazy, shaky, ramshackle
gander gander
[1]gang *(ve huis, enz & onderaards)* passage; *(ve gravend dier)* tunnel; *(ve gebouw en trein)* corridor; *(vestibule)* hall; *(aan boord)* alleyway, companionway; *(steeg)* alley; *(in mijn)* gallery, level; *(mar: huid-, plaat~)* strake; *(anat)* duct, canal
[2]gang 1 *(wijze v lopen)* walk, gait; *(v paard)* gait; **2** *(beweging, snelheid, vaart)* pace, speed; *~ **hebben** (mar)* have way on; *de boot had niet genoeg ~ meer* the ... had not sufficient way left on her; *een goede ~ hebben, (ve paard)* have good action; *hij **maakte** ~ bij het einde van de weg* he put on a spurt at the end of the road; *er **zit** ~ in* things are moving, (good) progress is being made; ***aan de** ~ blijven* keep going (moving); *zie ook* gaande; *aan de ~ brengen* set (get) [a watch] going, start (up) [an engine], touch off [a storm of protest], spark (off) [a riot]; *het (de zaak) aan de ~ brengen* start the ball rolling; *weer aan de ~ brengen* re-start [the wheels of industry]; *iem aan de ~ brengen, (lachen, enz)* set a p. off (laughing, etc); *aan de ~ gaan* set to work; *iem aan de ~ helpen* set a p. up in business, give a p. a start in life; *iem weer aan de ~ helpen* set a p. on his legs again; *de zaak aan de ~ houden* keep things going, ticking over, keep the ball rolling; *het gesprek aan de ~ houden* keep the conversation alive; *hij wou aan de ~ komen* he wanted to get a start in life; *ik kon niet aan de ~ komen* I could not get going; *ik kon de motor niet aan de ~ krijgen* I could not get the engine started; *aan de ~ maken, zie:* aan de ~ brengen; *toen raakte het aan de ~, (nl de ruzie)* then it got going; *aan (de) ~ zijn, (ve pers)* be at work; *(ve vergadering)* be on; *(ve motor)* be running; *(ve campagne, verhaal, enz)* be under way; *onderhandelingen zijn aan de ~* negotiations are in progress; *het seizoen is nog maar een week aan de ~* the ... is only a week old; *de voorstelling is al aan de ~* the performance is now on; *wat is er aan de ~?* what's up?; *ze zijn weer aan de ~ geweest* they have been at it again; *wat er in Genève aan de ~ is* what is going on at ...; *er ~ **achter** zetten* get things moving, push things on; *alles is **in** volle ~* everything is in full swing; *het seizoen was in volle ~* was at its height; *in ~ schieten* start up; *weer **op** ~* [the engine] is in working order again; *(goed) op ~* [things are] (well) under way; *op ~ brengen* get going; *op ~ komen* get under way; *zie ook* aan de ~; **3** *(schermen)* pass; **4** *(loop; verloop v ziekte, enz)* course; *~ der gesprekken* trend of conversation; *~ van zaken* course of things (*handel:* of business); *de gewone ~ van zaken* the usual course (of events), the usual procedure, [vary] the routine; *zijn eigen ~ **gaan*** go one's own way, follow one's own devices, live (*of:* lead) one's own life (in one's own way), suit o.s.; *ga uw ~!* do as you please!, have it your own way!, you are welcome!, *(tartend)* do your worst!, *(na u!)* after you!; *[mag ik ...?] ga je ~!* please do!, feel free!, be my guest!; *(meestal: gaat ...) (ve winkelier die klant uitlaat)* thank you; *ga gerust uw ~, (ook)* carry on, don't mind me; *ze ging zo rustig haar ~* she went her own way (got on with things) so quietly; *alles gaat zijn gewone ~* things are going on as usual (life continues normally); *iem zijn ~ **laten** gaan* let a p. have his way, give him his head, give him a free run, let him follow his bent; *laat hem zijn ~ gaan, (ook)* let him (be); *hij laat de zaken hun ~ gaan* he lets things take their course; **5** *(loop, tocht)* [it saves me a] journey; *zijn **laatste** ~ doen* go to one's grave; *iem op zijn laatste ~ begeleiden* attend a p.'s funeral; *ik wil u die ~ **sparen*** I will spare you that journey; **6** *(mar)* tack; *zie ook* 1; **7** *(gerecht)* course; **8** *~en, (handelingen)* [no news could be obtained of his] movements; *iems ~en (laten) **nagaan*** watch a p.'s movements, dog a p. (have a p. watched, set a watch on a p.)
gangbaar current [coin, words, article], saleable [article]; customary, normal [method]; *niet meer ~* out of date
gangbaarheid currency
gangboord gangway
gangetje 1 (narrow) passage(way), alley(way); **2** jogtrot; *het gaat zo'n ~* things are jogging on pretty well (not too well); *het gewone ~ volgen* go on in the old way, continue on the old lines; *met een rustig ~* at an easy pace
ganggesteente gangue
gangkast hall cupboard
ganglion ganglion
gangmaken pace
gangmaker pacer, pacemaker, pace-setter, *(fig ook)* leading spirit, life (and soul) (of the party)
gangmaking pacemaking; *met ~* paced; *zonder ~* unpaced
gangpad footpath; *(tussen stoelen, enz)* gangway; *(in kerk)* aisle
gangreen gangrene
gangreneus gangrenous
gangspil capstan
gangsteen *(mijnb)* gangue
gangster gangster, gunman
gangsterbende (robber, etc) gang
gangwerk driving gear (*of:* train)
gangwissel gear change, gearbox, changing gear
ganja ganja
gannef swindler; *(scherts)* (little) rascal (rogue)

gannefen *zie* gappen

[1]**gans** goose (*mv:* geese) *(ook fig); zie ook* wild; *~je* little goose *(ook fig)*, gosling; *Moeder de G~* Mother Goose; *als de ganzen achter elkaar* in single file

[2]**gans I** *bn* whole [the whole week, etc], all, entire; *zie verder* geheel & hart; **II** *bw (ook: ~elijk)* wholly, entirely; absolutely; *~ niet mooi* by no means (not at all) pretty

Ganymedes Ganymede

***ganzenbloem** *(Wdl: ganzebloem)* ox-eye (daisy)

ganzenbord [play the] (royal) game of goose

ganzenbout leg (*of:* wing) of a goose

ganzenei goose egg

ganzenhagel goose-shot

ganzenhoed(st)er gooseherd; *-hoedster, (ook)* goose-girl

ganzenkuiken gosling

ganzenleverpastei goose liver paste, (pâté de) foie gras

ganzenmars, ganzenpas single (*of:* Indian) file (*in de ~* in ...)

ganzenpen *zie* ganzenveer

ganzenroer fowling piece, shotgun

ganzenveer 1 goose-quill; **2** quill (pen)

ganzenvoet *(plant)* goosefoot (*mv:* -s)

ganzerik 1 gander; **2** *(plant)* cinquefoil, potentilla

gapen 1 *(geeuwen & v afgrond)* yawn; *(opzettelijk & v mond, wond, enz)* gape; *~de afgrond* yawning abyss; *~de wond* gaping wound; **2** *(dom kijken)* gape

gaper 1 gaper; **2** (gaping head as) chemist's sign; **3** *(dierk)* gaper, clam

gaperig yawning

gaping gap, hiatus, lacuna (*mv:* -nae); *een ~ aanvullen* fill up a blank (a gap)

gappen pinch, nick, swipe; *(kleinigheden)* filch, pilfer

gapper pilferer

garage garage; *in de ~ zetten* garage [the car]

garagehouder garage proprietor

garagist 1 garage proprietor (manager); **2** motor mechanic

garanderen guarantee [delivery, a product], warrant [a product]; *ik garandeer je dat hij niet weer komt* I warrant you that he won't return; *gegarandeerd krimpvrij* warranted not to shrink

garant guarantee, guarantor; *~ staan voor* guarantee (*ook fig:* a good performance); *zich ~ stellen voor, (lett)* guarantee, warrant, vouch for, stand surety for

garantie guarantee [a five-year guarantee, it is still under guarantee, the guarantee has expired], *(inz schriftelijk)* [a twelve months'] warranty, *(inz jur)* guaranty; security [against bad times]; *met ~* guaranteed, warranted

garantiebewijs guarantee, warranty

garantiefonds guarantee fund

garantietermijn guarantee (*of:* warranty) period

garantievoorwaarden terms of guarantee

garbanzo garbanzo, chickpea

gard(e) 1 rod; **2** *(keuken~)* (wire) whisk

garde guard(s); *koninklijke ~* Royal Guards, Household Troops

gardenia gardenia

gardeofficier officer of the Guards

garderegiment Guards regiment

garderobe wardrobe; *(theat, enz)* cloakroom

garderobejuffrouw cloakroom attendant

gardiaan guardian

gardist guardsman

gareel collar, harness; *(ve paard)* horse collar; *in het ~* in harness; *altijd in het ~ lopen* be always in harness; *in hetzelfde ~ lopen* be yoked together; *in het ~ spannen (houden)* set [a p.] to work (make [a p.] toe the line); *ik ben de hele dag in het ~ geweest* I had my nose to the grindstone all day

garen I *zn* thread, yarn; *(naaigaren)* cotton; *~ en band* haberdashery; *getwijnd ~* twine; *wollen ~* woollen yarn, [a ball of] wool; *iem in zijn ~ krijgen* ensnare a p.; *zie ook* spinnen; **II** *ww* **1** *(ver~)* gather, collect; **2** *(gaar worden)* get fully cooked

garen-en-bandwinkel haberdasher's (shop)

garenklos spool, reel, bobbin (of sewing thread, cotton, silk, etc)

garf sheaf; *in garven binden, zie* garven

gargouille gargoyle

garnaal shrimp; *(steur~)* prawn; *garnalen vangen* shrimp, prawn; *een geheugen (verstand) als een ~* [he has] a memory like a sieve (not an atom of sense in him); *een ~ heeft ook een hoofdje, (vglb)* the worm will turn

garnalencocktail shrimp (*steur~:* prawn) cocktail

garnalenvangst shrimping, prawning; *zie ook* garnaal

garnalenvisser shrimper, *(ook boot)* prawner

garneersel trimming

garneren trim [a garment, a dish], garnish [a dish], decorate [a cake]

garnering trimming; decoration; *(mar)* dunnage

garnituur 1 set [of jewels]; *(ve kleed)* trimming; *(ve schotel)* trimmings, garniture, accessories; **2** assortment, set; *tweede ~* second choice (rate)

garnizoen garrison [commander, duty, town]; *~ leggen in* garrison [a town]; *in ~ leggen* garrison [soldiers at P]; *in ~ liggen te P* be in garrison (be garrisoned) at P

garstig rancid

garven sheave, sheaf, bind into sheaves

gas gas; *(aard~)* natural gas; *(auto~)* LPG; *~je* gas ring; *er is geen ~ in het huis* gas is not laid on in ...; *door ~ bedwelmen (doden)* gas; *~ geven (auto)* open (out, up) the throttle, step on the gas; *meer ~ geven* give more gas, accelerate, *(fam)* step on it (on the gas); *minder ~ geven, ~ terugnemen* throttle down (*of:* back); *(fig)* ease up; *vol ~ geven* give full throttle; *met vol (half) ~ lopen* run at full (half) throttle; *zie ook* gasmengsel, gaspedaal, koken, enz

gasaansteker gas lighter

gasaanvoer gas supply
gasachtig gaseous
gasafsluiter obturator
gasafzuiging fume extraction
gasarm gas bracket
gasbedrijf gas industry; [local] gas company; gasworks
gasbel 1 gas bubble; **2** (natural) gas reservoir
gasbeton aerated (cellular, gas) concrete
gasbrander gas burner; gas jet
gasbuis *zie* gaspijp
Gascogne Gascony
gascokes gas coke
gasconnade gasconade
gasdicht gastight
gasdoorlatend gas-permeable [lens]
gasdraad gas (*of:* pipe) thread, BSP
gasfabriek gasworks; *man van de ~* gasman
gasfitter gas fitter
gasfles gas cylinder (*kort:* bottle)
gasfornuis gas cooker
gasgeiser gas water heater
gasgestookt gas-fired [boiler]
gasgevuld gas-filled [lamp, shock absorbers]
gashaard gas fire
gashouder gasholder, gasometer
gaskachel gas stove, gas fire, gas heater
gaskamer 1 *(ve ontsmettingsinrichting)* fumigator; **2** *(voor verstikking)* gas chamber
gaskastje gas meter cupboard
gaskolen gas coal
gaskomfoor gas ring, gas cooker, gas burner
gaskousje gas mantle
gaskraan gas tap; *de ~ stond (geheel) open* the gas was turned (full) on
gaslantaarn gaslight, gas lamp
gasleiding 1 *(hoofdleiding)* gas main; **2** *(in huis)* gas pipes
gaslek escape of gas, gas leak(age)
gaslicht gaslight
gaslucht smell of gas
gasmasker gas mask
gasmengsel *(auto)* [lean, rich] mixture
gasmeter gas meter
gasmotor gas engine
gasnet gas grid
gasohol gasohol
gasolie diesel oil
gasoline gasoline
gasontlading gas-discharge [tube], electric discharge [lamp]
gasoven 1 gas oven; **2** *(in dierenasiel)* lethal chamber
gaspak gas-proof suit
gaspedaal accelerator (pedal)
gaspeldoorn furze, gorse; *(inz Sch)* whin
gaspijp 1 gas pipe; **2** *(hoofdbuis)* gas main; **3** *(tussen straat en huis)* service pipe
gaspit 1 gas nozzle; **2** gas jet; *(gasarm)* gas bracket; *(brander)* gas burner
gassen *ww* fumigate [ships], gas [rats]
gasslang gas tube (*techn:* hose)
gasstel [double burner] gas cooker
gast guest *(ook parasiet)*, visitor *(beide ook v hotel); (sl)* chap, type, bloke; *(theat)* guest actor, actress, performer; *(ere~)* guest of honour; *~en, (sp)* visitors, visiting team; *(vero & Z-Ned)* journeyman; *iems ~ (bij iem te ~) zijn* be a p.'s guest; *te ~ gaan, (smullen)* do o.s. well; *te ~ gaan aan* feast (up)on; *zie ook* ongenood
gastarbeid migrant (*of:* foreign) labour
gastarbeider guest worker, (im)migrant worker; *~s* foreign labour
gastcollege guest lecture
gastdirigent guest conductor
gastdocent visiting (*of:* guest) lecturer
gastenboek visitors' book; *(ve hotel)* hotel register
gasteren 1 guest; **2** star, be starring
gastgezin host family
gastheer host; *de gulle ~* the founder of the feast; *(ve parasiet)* host, *(plant, ook)* host plant; *(mv, sp)* home club, home team
gasthoogleraar visiting professor
gasthuis 1 hospital; **2** *(voor ouderen)* home (for the aged and infirm)
gasthuismeester superintendent of a hospital
gastland host country; *~ zijn voor* host [the Olympics]
gastlidmaatschap special membership
gastmaal feast, banquet, entertainment
gastoestel gas appliance; *zie ook* gaskomfoor
gastoevoer gas supply
gastoptreden guest appearance (*of:* performance)
gastouder childminder
gastplant epiphyte
gastrisch gastric [fever]
gastritis gastritis
gastro-enteritis gastroenteritis
gastrol 1 guest performance; **2** star part; *vgl* gasteren
gastronomie gastronomy
gastronomisch gastronomical
gastronoom gastronome
gastroscopie gastroscopy
gastschrijver *(univ)* writer in residence, literary fellow
gastspreker guest speaker
gasturbine gas turbine
gastvoorstelling guest performance, guest production; *~en geven* guest; star
gastvrij hospitable
gastvrijheid hospitality; *~ verlenen* give (extend) hospitality; *dank voor uw ~* thank you for having me
gastvrouw hostess *(alle bet)*
gasvergiftiging [death by] gas poisoning
gasverwarming gas heating
gasvlam gas flame, gas jet

gasvormig gasiform, gaseous
gasvorming gasification
gasvrij gas-proof [shelter]
gaszinker underwater gas main
gat 1 hole, opening, gap, aperture; *(in dijk, ook)* breach; *(in weg)* (pot)hole, *(door water, ook)* washout; *(zee~) zie aldaar; zie ook* gaatje; *hij heeft een ~ in zijn hand* he spends money like water; *~ in de markt* gap in the market; *hij heeft ~en in zijn sokken (mouwen)* he is out at heels (elbows); *het schip heeft een ~ onder de waterlijn* the ship is holed below ...; *iem het ~ van de* ***deur*** *wijzen* show a p. the door; *daar is het ~ van de deur!* there's the door!; *een ~* ***eten in*** make a hole in [the pudding]; *~en* ***krijgen,*** *(ve kous, enz)* wear (go) into holes; *een heel ~* ***maken in*** [tobacco and beer] make a big hole in [his income]; *een ~ (gaten) maken in* hole [the wall]; *een ~ in de dag* ***slapen*** sleep far into the day; *de storm* ***sloeg*** *~en in de dijken* the storm breached the dikes; *hij sloeg* ***(sprong)*** *een ~ in de lucht van verbazing (van blijdschap, van kwaadheid)* it took away his breath (he jumped for joy, jumped out of his skin); *een ~* ***stoppen*** stop a gap *(ook fig); het ene ~ met het andere stoppen* rob Peter to pay Paul; *het ~ uitgaan* depart; die; *hij is niet voor één ~ te* ***vangen*** he has more than one string to his bow; *ik* ***zie*** *er geen ~ in* I am up against a blank (brick, stone) wall, I don't see a way out (of the difficulty); *hij heeft het in de ~en* he has noticed it, *(fam)* has twigged it; *ik had hem gauw in de ~en* I had soon found him out, had soon sized (summed) him up; *houd hem in de ~en!* keep your eye on him!, watch him! *(zo ook:* he needs watching); *in de ~en krijgen* get sight of, spot, twig [s.t.]; get wind of [s.t.]; *in de ~en lopen* attract notice; *het begint in de ~en te lopen dat hij ...* people are getting wise to the fact that he ...; **2** *(achterste)* bottom, btm; *(fam)* backside; *(sl)* bum; *(plat)* arse; *vgl* kont; **3** *(krot)* hole; *(dorpje, enz)* (dog)hole, dump
gaten *ww* hole, perforate
gatenkaas Swiss cheese
gatenplant monstera, Swiss cheese plant
gatenzaag hole saw
gatlikker arse-licker, lickspittle, toady
gauchisme left radicalism
gaucho gaucho
gaufreerijzer goffer(ing iron)
gaullisme Gaullism
gaullist Gaullist
gauw I *bn* quick, swift; *hij was me te ~ af* was too quick (was one too many) for me; **II** *bw* quickly, swiftly, [suspect a p. too] readily; *(spoedig)* soon, before long; easily [satisfied; laugh easily]; *~ wat!* be quick!, look sharp!, look alive!; *ga nou ~!, (fam)* come off it!; *dat geeft ~ een gevoel van teleurstelling* that tends (is apt) to give ...; *ik pieker niet ~* I don't brood easily; *ik kom ~ terug* I'll be back soon, I won't be long; *hij vergeeft niet ~* he is slow to forgive; *hij zal hier zo ~ niet weer komen* he won't come here again in a hurry; *hij wist zo ~ niet wat hij zou zeggen* he did not know what to say on the spur of the moment; *~er gezegd dan gedaan* [it's] easier said than done
gauwdief sneak thief, pickpocket
gauwdieverij sneak thievery, pickpocketing
gauwerd sharp fellow
gauwigheid, gauwte 1 quickness, swiftness; *in de ~* in a hurry, hurriedly; *in de ~ vergat hij zijn portefeuille* in the rush he ...; *zie ook* gauw; **2** *(handigheid)* knack
gave gift *(ook fig:* have the gift of poetry), donation; bounty [the bounties of Nature]; *de ~ van het woord hebben* have the gift of speech; *man van grote ~n* highly gifted man; *zijn ~ om de mensen voor zich in te nemen* his faculty of (gift for) ingratiating himself with people; *~n (aalmoezen) uitdelen* dispense charity
gaviaal gharial, gavial
gavotte gavotte
gazel(le) gazelle
gazelleogen: *met ~* gazelle-eyed
gazen gauze [curtains, dressing], net [curtain, dress, veil]
gazet newspaper, daily
gazeus aerated, effervescent, carbonated [drinks], fizzy [lemonade]
gazeuse carbonated soft drink, *(fam)* pop
gazon lawn [mower, sprinkler], green, (green)sward
gazonprikker lawn aerator
gazpacho gazpacho
ge *zie* gij
geaard[1] **1** *(elektr)* earthed, grounded; **2** *(v aard; in sam)* natured, disposed, tempered
geaardheid nature, disposition, (sexual) orientation
geabonneerd(e) *zie* abonneren & abonnee
geaccidenteerd *(v terrein)* uneven (broken) [ground]
geacheveerd finished, perfected, sophisticated
geacht esteemed, respected; *~e Heer* Dear Sir; *de ~e afgevaardigde voor ...* the honourable member for ...; *mijn ~e collega, (rechtszaal)* my learned friend
geaderd veined [hands, leaves, marble, wood]
geadresseerde addressee; *(v goederen)* consignee
geaffaireerd busy
geaffecteerdheid affectation, affectedness
geaggregeerde 1 adjunct; **2** fully qualified teacher
geagiteerd agitated, flustered, [be] in a flutter
geallieerd allied; *de ~en* the Allies
geamuseerd amused [smile], [watch] in an amused way, [listen] with amusement
geanimeerd animated [conversation]
geappeld dapple grey, dappled
gearmd arm in arm, with arms locked *(of:* linked)
gearriveerd settled, established

1 zie voor niet opgenomen deelwoorden de ww

gearticuleerd 1 articulated [sounds]; **2** *(jur)* set out
geassocieerde associate, partner
geautomatiseerd automated, automatic
geavanceerd advanced [ideas, techniques], sophisticated [techniques], progressive [ideas]
gebaar gesture *(ook fig)*, gesticulation; [patriotism is something more than a] flourish; *mooi ~, (fig)* fine (handsome) gesture, beau geste; *breed ~* expansive gesture; *met een breed ~* [he dismissed the subject] cavalierly; *gebaren maken, zie* gebaren
gebaard bearded
gebabbel *(onschuldig)* prattle; *(in ongunstiger betek)* chatter, tittle-tattle, gossip
gebak pastry, cake(s); *~je* pastry *(ook: ~jes)*, tart(let), (fancy) cake
gebakdeeg paste
gebakkelei tussle, scuffle, scrap
gebakken *zie* bakken 1 & gebeiteld
gebakschaal cake dish
gebakstel cake plate and side (*of:* tea) plates, *(vglb)* tea set
gebaren 1 gesture, gesticulate [with one's arms], motion [a p. into the room]; **2** sham; *van niets ~* keep mum
gebarenkunst mimic art
gebarenspel 1 gestures, gesticulation; **2** mime, dumbshow
gebarentaal sign (*of:* gesture) language; *~ gebruiken, in ~ spreken* sign
gebas bay(ing)
gebazel empty talk, waffle, *(fam)* hot air
gebbetje *(fam)* joke, lark
gebed prayer; *(voor & na maaltijd)* grace; *het ~ des Heren* the Lord's prayer; *een ~ doen* say a prayer; *zijn ~(en) doen* say one's prayers; *in ~ zijn* be at one's prayers (*of:* devotions); *zie ook* gedachtig
gebedenboek prayer book
gebedsgenezer faith healer
gebedshuis place of worship
gebedskleedje prayer mat
gebedsriem phylactery
gebeente bones *(ook stoffelijk overschot); wee je ~!* [you'll do it right, or] I'll know the reason (why)!; *verkleumd tot op het ~* chilled to the bone
gebeft with bands, banded; *~e lijster* ring ouzel
gebeid distilled (over juniper berries)
gebeier chiming, ringing
gebeiteld: *hij zit daar ~* he has it made there; *dat zit ~* that's a cert (all tied up)
gebekt beaked; *ze is goed ~* she has the gift of the gab, she has a well-oiled tongue; *zie ook* vogel
gebelgd incensed, offended [*over iets* at s.t.], huffed; *~ zijn over, (ook)* resent
gebergte chain of mountains, mountain range, [the Berwyn] Mountains
gebergtevorming mountain building
gebeten bit(ten); *~ zijn op* have a grudge (a spite) against, owe [a p.] a grudge; *zie ook* hond
gebeurde: *het ~* what has (had) happened, the incident, occurrence, *(ongelukkig)* mishap
gebeuren I *ww* happen, chance, come about, come to pass, occur; *(lit)* befall; *het moet ~* it has to be done; *zo iets gebeurt meer* such things will happen; *er gebeurt hier niets* nothing ever happens here; *er is niet veel gebeurd* there have been hardly any developments; *de dag ging voorbij zonder dat er iets gebeurde* the day passed uneventfully; *(voor) als er eens iets mocht ~* just in case; ***waar** het gebeurt* where the action is, where it's at; ***wat** zij zegt, gebeurt* what she says goes; *wat er ook gebeurt* whatever happens (may happen), come (*of:* happen) what may, come hell or high water; *wat gebeurd is, is gebeurd* what is done, is done; it is no use crying over spilt milk; *zal het binnenkort ~?* is it to come about (*of:* off) soon?; *dat zal me niet meer ~* I won't be caught out in that way again; *en wat zal er vandaag ~?* and what's the programme for today?, what's on (for) today?; *wat is er **met** u gebeurd?* what has happened to you?; *voor hij wist wat er met hem gebeurde* before he knew where he was; *het is met hem gebeurd, (fam)* he's had it; *zie ook* best III; **II** *zn* event, happening(s); activity, activities, goings-on
gebeurlijk possible; *dat zijn ~e dingen* such things are possible
gebeurlijkheid contingency, possibility, eventuality
gebeurtenis event, occurrence; *blijde ~, (ook van bevalling)* happy event; *een nationale ~* a national occasion; *het is een hele ~* it is quite an event; *de jongste ~sen* recent happenings; *de loop der ~sen afwachten* watch events, wait and see
gebeuzel trifling, toying, fiddle-faddle
gebied 1 *(aardr)* territory [of a state], dominion; [the flooded] area; [corn, cotton, etc] belt; *op Frans ~* in (on) French territory, on French soil; **2** *(rechts~)* jurisdiction; *het ~ voeren* be in authority, have authority [*over* over]; **3** *(bereik)* range; **4** *(fig)* domain [the domain of trade], territory, province, field, department, sphere, scope; *~ der letteren* domain (*of:* republic) of letters; ***op** dit ~ is hij zonder weerga* in this field (domain) he is unrivalled; *deskundige op het ~ van ...* expert on ...; *de vooraanstaande personen op ieder ~* the ... in every walk of life; *op verstandelijk ~* in the sphere of the intellect; *vragen op belasting~* [income] tax queries; *dat behoort niet **tot** mijn ~* that is outside my province, is out of (beyond) my sphere
gebieden order, command, direct; *stilte ~* order (*of:* call for) silence; *wat uw plicht gebiedt* what your duty dictates; *de waarheid gebiedt te zeggen ...* the honest truth must be told ..., I am in all honesty compelled to say ...; *geboden, (ook)* advisable; *de grootste voorzichtigheid blijft geboden* the greatest caution should be exercised
gebiedend commanding (peremptory) [tone], im-

zie voor niet opgenomen deelwoorden de ww

perative [necessity], compelling [reason], vital [necessity]; *(vooral van pers)* imperious; *~e wijs* imperative (mood); *~ noodzakelijk* imperative, essential
gebiedenderwijs imperiously, authoritatively
gebieder ruler, lord, master
gebiedsdeel territory
gebiedster ruler, lady
gebiesd piped, bordered
gebint cross-beams, tiebeams; *(bint)* truss
gebit 1 [a good set of] teeth; *zie ook* kunstgebit; **2** *(ve toom)* bit
gebitketting curb
gebitsbeschermer gumshield
gebitsregulatie orthodontics
gebitsverzorging dental care
geblaard blistered
gebladerte foliage, leaves
geblaf bark(ing); *vgl* gekef
geblesseerde injured person (player, etc)
gebloemd flowered [dress, silk, etc]
geblokkeerd blocked [road], blockaded [port], frozen [assets], locked [brakes, wheels], turned [letter]
geblokt 1 chequered, check [cloth]; **2** sturdy [chap]
gebluf boasting, brag(ging), tall talk
gebocheld hunch-, humpbacked; *~e* hunch-, humpback; *(hist)* [Richard] Crookback
gebod order, command, injunction; *(goddelijk)* commandment; *de tien ~en* the ten commandments, the Decalogue; *zij staan onder de ~en, (kerk)* they have had their banns published, *(burgerlijke stand)* notice of their marriage has been given
gebodsbord mandatory sign
geboefte riff-raff, rabble
gebogen bent (crooked) [back, stick], bowed [figure], arched [nose], curved [blade, mirror]
gebonden 1 *(niet vrij)* tied; *~ zijn, (fig)* be committed (to s.t., to do s.t.); *aan handen en voeten ~* bound hand and foot; *niet aan tijd ~* not tied for time; **2** *(ve boek)* [leather-, linen-]bound; **3** *(dik)* thick [sauce, soup], creamy; **4** *(v warmte)* latent; **5** *(v stijl)* poetic; *zie ook* binden
gebondenheid lack of freedom; thickness; latency; *vrijheid in ~* freedom in restraint
geboomte trees
geboorte 1 (child)birth; *bij de ~* at birth; *ze stierf bij de ~ van een zoon* she died in giving birth to a son; *(van) voor de ~* ante-, prenatal [care]; *(van) na de ~* post-natal; *een Brit van ~* a Briton by birth, British-born (*zo ook:* London-, Turkish-born, etc); *van hoge (lage) ~* of high (low) birth; *van zijn ~ af aan* [dumb] from birth, from one's birth (up); **2** *(bk, ve gewelf)* skewback
geboorteadel nobility by birth
geboorteakte, geboortebewijs certificate of birth, birth certificate
geboortebeperking birth control, family planning

zie voor niet opgenomen deelwoorden de ww

geboortecijfer birth rate
geboortedag birthday
geboortedatum date of birth, DOB
geboortegolf baby boom; *naoorlogse ~* post-war bulge
geboortegrond native soil
geboortehuis birthplace
geboortejaar year of [a p.'s] birth
geboortekrik calving jack (*of:* aid)
geboorteland native country (land; *zo ook:* his native Scotland), homeland
geboorteoverschot excess of births over deaths, natural increase in population
geboorteplaats birthplace, place of birth, native town (city, village, etc)
geboorterecht birthright
geboorteregeling birth control, family planning
geboorteregister birth register, register of births
geboortestad native town, home town
geboortestatistiek *(ev & mv:)* statistics of birth, birth returns
geboortig: *~ uit H* born at (in) H, a native of H; born of [a noble family]
geboren born; *een ~ dichter* a born poet, a poet born; *~ uit een blanke moeder* born of a white mother; *een ~ Engelse* [she is] an Englishwoman (English) by birth; *Mevrouw K, ~ H* Mrs K, née H (whose maiden name was H, formerly Miss H, *fam:* Miss H that was); *~ Hagenaar* native of The Hague; *hij is ~ in 1900* he was born in ...; *ik ben hier ~ en getogen* I was born and bred in this place; *er werd hun een dochter ~* a daughter was born to them; *uit dit huwelijk werd Jan ~* from this marriage ... was born; *een ~ idioot* a congenital (a born) idiot; *~ luilak* born idler; *weder ~ worden* be born again; *hij is ~ tot heersen* he is a born ruler; *... moet nog ~ worden ...* is not born yet, is still unborn
geborgen [know o.s. to be] safe, [feel] secure
geborgenheid [sense of] security
geborneerd narrow-minded [people], narrow [views]; *zie ook* gezichtskring
geborrel 1 bubbling [of water]; **2** *(drinken)* tippling
gebouw building; *(ook fig)* structure, edifice; *(fig)* [the social] fabric; *[de conciërge] woont in het ~* lives on the premises, lives in
gebouwd built
gebouwencomplex building complex
gebr.: *Gebr. J* J Bros
gebraad roast (meat)
gebrabbel gibberish, jabber, gabble
gebral bragging, boasting
gebrand burnt; *~e amandelen* roasted (burnt) almonds; *~ glas* stained glass; *~ zijn op* be keen on (*sterker:* mad about); *vgl* branden
gebreid knitted; *~e goederen* knitted goods, knitwear, *(kousen & ondergoed)* hosiery; *met de hand ~* hand-knitted
gebrek 1 *(tekort: gemis)* want, lack [*aan* of: there is no

lack of criticism, of interest]; *(schaarste)* shortage, shortness [*aan* of], *(vooral ~ aan levensmiddelen)* dearth [a time of dearth; *ook:* dearth of labourers, etc]; deficiency [a deficiency of teachers], want, lack; *(armoede)* want, deprivation; *(lichamelijk)* defect; ~ ***hebben (lijden)*** be in want, suffer want, starve; ~ *hebben aan* be in want of, go short of; *groot ~ hebben aan* be hard up for; *aan niets ~ hebben* want for nothing; *de bodem heeft ~ aan kalk* the soil is deficient in lime; *~ aan ruimte hebben* be cramped (pinched) for room; *zij lijden aan alles ~* they are short of everything, are destitute; ~ ***krijgen aan*** run short of; ***bij*** *~ aan* for want (for lack) of; *bij ~ aan bewijs* for lack of evidence; *bij ~ aan beter* for want of something better; *bij ~ daaraan* failing that; *bij ~e van* in default of, in the absence of, failing [an answer, a successor, etc]; ***door (uit)*** *~ aan* for lack (want) of, [fail] from lack of [goodwill]; **2** *(tekortkoming)* failing [virtues and failings; their greatest failing is their lack of cleanliness], fault, defect, shortcoming; *(in wet, enz)* defect, flaw; *[het portret toont hem] met al zijn ~en* warts and all; *een ~ aan de machine* a defect in the machine; *de ~en van de oude* ***dag*** the infirmities of old age; ***in*** *~e blijven* fall short, not come up to the mark; fail [*te* to], *(te verschijnen, schulden te betalen, enz)* default; *niemand bleef in ~e* no one held back; *hij bleef niet in ~e te ...* he was not slow to ..., was not backward in [doing likewise]; *de organisatie bleef in ~e* the ... fell short; *in ~e stellen* hold liable, put (declare) in default; *in ~e zijn* be in default

gebrekkelijk infirm, crippled; *zie ook* gebrekkig

gebrekkig 1 defective [eyesight, pronunciation, apparatus], insufficient (deficient) [packing], faulty [English, equipment], poor [argument, English, writing], [his] imperfect [English], vicious [style]; *~e voordracht* halting delivery; *~ Engels spreken* speak broken English; *zich ~ uitdrukken* express o.s. badly; **2** *(pers)* deformed, crippled, lame; *(v ouderdom)* decrepit, infirm; *een ~e* a cripple

gebrekkigheid defectiveness, deformity, etc

gebrild (be)spectacled; *~e zee-eend* surf scoter

gebrod(del) bungling, botch(-work), bodge

gebroed brood *(ook fig); (ve vis, ook)* fry; *het jonge ~, (fig)* the small fry

gebroeders: *de ~ F* the F brothers, the brothers F; *(als firma)* F Bros

gebroedsel *zie* gebroed

gebroken broken; fractured [rib]; *(door smart)* heartbroken; *~ Engels* broken English; *~ getal* fraction; *~ dak* curb (*of:* mansard) roof; *~ diensten* [work] irregular hours; *~ hartje, (plant)* bleeding heart, dicentra; *met ~ stem* in a broken voice, with a break in one's voice; *~ wit* broken white, off-white

gebrom 1 buzz(ing), murmur; *(radio)* hum; **2** *(ve hond)* growl(ing); *(ve pers)* grumbling [*over* at, about], growling [*op* at], grunt [of approval]; *zie ook* brommen

gebronsd bronzed [face]

gebrouilleerd on bad terms [*met* with] *vgl het ww*

gebruik 1 use [of one's arms, legs, instruments, medicine, tobacco]; *(verbruik)* [unfit for human] consumption; ~ ***maken van*** make use of, use [one's authority], avail o.s. of [an offer, an opportunity], take advantage of [the occasion], exploit [a situation], utilize [the forces of nature], enlist [the services of ...], command [you may command me], exercise [a right]; *er werd een druk ~ gemaakt van revolvers* guns were freely used; *een goed ~ van iets maken* put a thing to good use, make good use of a thing, turn a thing to good account; *er het juiste ~ van maken* put it to the right (to its proper) use; *een slecht ~ maken van* make bad use of, misuse; *slecht (verkeerd) ~* misuse [of one's talents]; ***buiten*** *~* out of use; *buiten ~ raken* go (drop) out of use, fall into disuse; *buiten ~ stellen* put out of use; ***door (in)*** *het ~* [learn to type] by practice; ***in*** *~* in use; *de lift is weer in ~* the lift is working again; *dagelijks (algemeen, voortdurend) in ~* in daily (general, constant) use; *in ~ komen (nemen)* come (put) into use; *niet meer in ~, (ook)* disused; ***ten*** *~e van* for the use of [schools, etc]; ***voor*** *dagelijks ~, (v kleren)* for everyday wear; *zie ook* uitwendig & vrij; **2** *(gewoonte)* usage, practice, custom, habit; *joodse ~en* Jewish observances; *zoals ~ is onder ...* as is the practice among ...

gebruikelijk usual, customary; *op de ~e wijze* in the usual way (manner); *~e breuk* proper fraction

gebruikelijkheid usage

gebruiken 1 use [books, instruments, a p.'s name, one's time well], employ [instruments, servants], make use of, exercise, utilize [one's talents]; *ik* ***kan*** *het niet (niet meer) ~* I have no use (no further use) for it; *ieder, die het kan ~* anybody who has a use for it; *zo goed mogelijk ~* make the most of [one's time, etc]; *ik kan je hier niet ~* I cannot have you here; *ik kan het nog wel eens ~* I'll find a use for it sooner or later; *hij kan wel een extra portie ~, (aan tafel)* he can do with an extra helping; *hij kan van alles ~* all is grist that comes to his mill; *ik zou best wat geld (een nieuwe jas, enz) kunnen ~* I could do with ...; *kunt u ook een tuinman ~?* can you do with a gardener?; **2** *(verbruiken)* consume; take [food, medicine, one's meals, sugar in one's tea], drink [alcohol], have [breakfast, lunch, etc], partake of [a nice little dinner], eat [one's dinner]; ***wat*** *~* have some refreshments; *wat wil je ~?* what are you going to (what will you) have?, *(fam)* what's yours?, what shall it be?; *vraag mijnheer T wat hij ~ zal* take Mr T's order; ask Mr T what he is going to have; *wat zal mijnheer ~?* what can I get you, please?; *ik gebruikte gauw wat* I snatched a hasty breakfast (supper, etc); *hij gebruikt nooit sterke drank* he never touches drink; *zie ook* gebruikt

---

gebruiker 1 user; *zie ook* drugsgebruiker; **2** *(verbruiker)* consumer
gebruikers(on)vriendelijk user-(un)friendly
gebruikmaking use, utilization; *met (onder) ~ van* using [every means]
gebruiksaanwijzing directions (instructions) for use, usage (*of:* operating) instructions; *hij is iem met een ~* he needs careful handling
gebruiksartikelen *zie* gebruiksgoederen
gebruiksduur useful life
gebruiksgoederen consumer goods; *duurzame ~* consumer durables
gebruiksgrafiek (applied) commercial art, commercial graphics
gebruiksklaar ready for use; ready-to-eat [food]; ready [meal]; convenience [foods]
gebruiksvee productive (live)stock
gebruiksvoorwerp utensil; implement
gebruikswaarde useful (functional, practical, utility) value
gebruikt used [car, cup, match]; second-hand [car]; spent [bullet]; *niet meer ~* disused [church]; *te veel ~* overworked [word], overused [banknotes]
gebruind sunburnt, (sun-)tanned
gebruis 1 effervescence; **2** seething, roaring
gebrul roaring, howling, roars [of laughter, the roar of a football crowd]
gebukt bowed (down); *~ gaan onder* be weighed down by
gebulder boom(ing), roar(ing)
gebuur neighbour
gecharmeerd charmed; *~ zijn van* be (greatly) taken (be smitten) with
gecijferd numerate
geclausuleerd with provisos, with conditions (strings) attached
gecommitteerde delegate; *(bij examens)* external examiner
gecompliceerd complicated; *~e breuk* compound fracture
gecompliceerdheid complexity
geconcentreerd concentrated [attack, effort, gunfire, orange juice], [work] with (great) concentration
geconditioneerd 1 stipulated; **2** conditioned [reflex]; *goed ~* in good (order and) condition
geconfedereerd confederated; *de G~en, (Am hist)* the Confederate States, the Confederacy
geconfirmeerd confirmed [bank credit]
geconsigneerde consignee
gecorseerd full-bodied [wine]
gecultiveerd cultivated; cultured [circles, pearls]; (carefully) nurtured [scruffiness]
ged *zie* gadsie
gedaagde defendant; *(vooral bij echtscheidingsproces)* respondent

---

zie voor niet opgenomen deelwoorden de ww

gedaan done; *(in akten, enz)* given [this 8th day of May]; *dat moet nu maar eens ~ zijn* that should be the end of it, I want to hear no more about it; *het is niets ~* it's no good (no go, *sl:* a wash-out); *het is niets ~* ***met hem*** he is a failure; *het is met hem ~* he is done for (*of:* finished), it's all over (*of:* up) with him; *het is met je spelletje ~* it's all up with your little game; *het is (helemaal) met mijn geluk (bij spel, enz) ~* my luck is out; *het is met de rust ~* goodbye to peace and quiet(ness)!; *~* ***geven*** give the sack, *(tijdelijk)* lay off; *~* ***krijgen*** get the sack; *(bij werkstaking)* be locked out; *hij kan alles van haar ~ krijgen* she will do anything for him; *ik kan niets (zij kan alles) van hem ~ krijgen* I have no influence over (*of:* with) him, I cannot get him to do anything (she can get anything out of him); *hij kreeg het ~* he brought it off, managed it; *gedane* ***zaken*** *nemen geen keer* what is done cannot be undone, it is no use crying over spilt milk; *zie ook* rusten
gedaante shape, figure, form; *in (onder) de ~ van* in the shape of; *in menselijke ~* in human shape; *in elke ~ en vorm* in every shape and form; *zich in zijn* ***ware*** *~ vertonen* show o.s. in one's true colours (character) [*zo:* this shows him in his true colours]; *van ~ veranderen* change one's shape; *van ~ (doen) veranderen, (ook)* metamorphose; *zie ook* aanzien II.1
gedaanteverandering, gedaanteverwisseling metamorphosis (*mv:* -ses), transformation, transfiguration
gedaas hot air, twaddle
gedachte 1 thought [*aan* of], idea, notion; *~n zijn tolvrij* thought is free; *waar zijn je ~n?* what are you thinking of?; *daar had ik geen ~ op* I did not suspect that, I had no idea of it; *haal je zulke ~n niet in het hoofd* don't entertain such thoughts; *zijn ~n hebben bij* keep one's mind on [one's job]; *zijn ~n waren bij iets anders (heel ergens anders)* his thoughts were elsewhere (were miles away); *zijn ~n niet bij elkaar hebben* be absent-minded, be wool-gathering; *zijn ~n laten gaan over* think about, bend one's mind to, give thought to, turn over in one's mind, consider; *zijn ~n gingen terug naar die dag* his mind went back to that day; *in welke richting de ~n gaan* which way their minds are working; *zijn ~n verzamelen* collect one's thoughts; *hij glimlachte* ***bij*** *de ~ ...* he smiled to think ...; ***in*** *~n, (in de geest)* [I am with you] in thought, in the spirit; *het kwam hem in de ~ dat ...* it occurred to him that ...; *iem iets in de ~n brengen* put a p. in mind of s.t.; *dat heeft me* ***op*** *de ~ gebracht* that (first) suggested the idea to me; *wie (wat) heeft je op die ~ gebracht?* who (what) put that notion into your head (made you think so)?; **2** *(herinnering)* memory; *met dit* ***in*** *~n* with this (idea) in mind; *houd dat in ~* bear that in mind, remember that; *het* ***uit*** *de ~n zetten* put (*of:* get) it from (*of:* out of) one's mind; *zie* afzetten: van zich ~; *nooit uit zijn ~n* [it was] always uppermost in his mind (in his

thoughts); **3** *(nadenken)* thought, reflection; *(in ~n verzonken)* absorbed (buried, lost, wrapped) in thought, deep in thought, preoccupied; **4** *(mening)* opinion; *iem tot andere ~n brengen* make a p. change his mind; *iem tot betere ~n brengen, (ook)* bring a p. to a better frame of mind; *tot andere ~n komen* change one's mind; *van ~(n) veranderen* change one's mind; *van ~n wisselen over* exchange views on, discuss; *zie ook* bepalen, hinken, idee, opkomen, enz

gedachtegang train (trend) of thought, line of reasoning; *volgens deze ~, (ook)* on this reasoning

gedachtegoed philosophy, stock of ideas, mental attitudes

gedachtelezen thought-, mind-reading, telepathy

gedachtelezer thought-, mind-reader, telepath(ist)

gedachteloop *zie* gedachtegang

gedachteloos thoughtless, unthinking, unreflecting; absent-minded

gedachteloosheid thoughtlessness; absent-mindedness

gedachtenis **1** *(abstr)* memory, remembrance; *ter ~ van* [a statue] in memory of, to the memory of; *te zijner ~* in memory (in remembrance) of him; *zaliger ~* of blessed memory; **2** *(concr)* memento, souvenir, keepsake

gedachtenismis *(r-k)* anniversary (requiem) mass

gedachteoverbrenging thought transference, telepathy

gedachtespinsel figment of the imagination

gedachtesprong sudden jump in a train of thought, leap of the imagination

gedachtestreep dash

gedachtewending turn of thought

gedachtewereld way of thinking, realm of thought

gedachtewisseling exchange (interchange) of thoughts (views, ideas)

gedachtewolkje balloon

gedachtig mindful (of); *wees mij(ner) ~* remember me [in your prayers]

gedateerd dated

gedecideerd decided, resolute; *een ~e weigering* a flat (an uncompromising) refusal

gedecideerdheid resolution, decisiveness, [act with] decision

gedecolleteerd [women] in low(-necked, -cut) dresses, décolleté(e)

gedecoreerd decorated *(ook v aardewerk)*

gedeeld *(her)* (party) per pale; *zie ook* smart

gedeelte part, portion, section, instalment; *(aandeel)* share; *een heel klein ~, (ook)* a fraction [of the true value]; *een mooi ~ van Edinburgh* a pleasant (an attractive) district (part) of E; *~n uit een boek* excerpts from a book; *de lagere ~n van de rivier* the lower reaches of ...; *elke volgende 250 g of ~* each extra 250g or part thereof, each additional 250g or fraction (thereof); *bij ~n afbetalen* pay in (*of:* by) instalments; *de roman zal bij ~n geplaatst worden* the ... will be published in instalments, will appear in serial (form); *voor het grootste ~* for the most (the greater) part

gedeeltelijk **I** *bn* partial [eclipse]; *ter ~e afdoening* in part payment; **II** *bw* partly, in part, [open] partway; *~ gemeubileerd* semi-furnished; *zie ook* deels

gedegen native, pure [gold, silver, etc]; *~ zink* virgin spelter; *zie ook* degelijk

gedegenereerd(e) degenerate

gedeisd quiet; *zich ~ houden* keep a low profile

gedekt **1** laid [table]; **2** secured [creditors]; *(kaartspel, enz)* guarded; *(sp)* marked; *niet ~* unguarded; unmarked; *~e kleuren* subdued colours; *~e nasaal* covered nasal; *~e r* supported r; *zie verder* dekken & gedeisd

gedelegeerde delegate [*bij de Verenigde Naties* to ...]; *(bij examen)* external examiner

gedempt subdued [light, tone]; *zie* dempen

gedenkboek memorial volume; *(mv:)* annals, records

gedenkbundel commemoration (memorial) volume, miscellany

gedenkdag anniversary; day of commemoration

gedenken remember (*ook:* in one's last will, prayers; *ook:* remember the sabbath day); commemorate; *iem in liefde ~* keep a p.'s memory green; *zie ook* bedenken 3

gedenknaald obelisk

gedenkpenning commemorative medal

gedenkplaat memorial (commemorative) tablet (plaque)

gedenkraam memorial window

gedenkschrift memoir

gedenkspreuk apophthegm, aphorism

gedenksteen memorial stone (*of:* tablet)

gedenkstuk memorial, monument

gedenkteken monument, memorial

gedenkwaardig memorable

gedenkwaardigheid memorability, memorableness; *-heden* memorabilia

gedenkzuil commemorative column

gedeponeerd registered [trademark]

gedeporteerde deportee

gedeprimeerd depressed, disheartened

gedeputeerde **1** deputy, delegate; **2** Member of the *(College van) G~ Staten* provincial executive; **3** *(soms)* Member of Parliament

gederangeerd **1** deranged, not in one's right mind; **2** out of sorts

gedesequilibreerd unbalanced

gedesillusioneerd disillusioned [at, about, with *over*]

gedesinteresseerd indifferent [*in* to], uninterested [in]

gedesoriënteerd disorien(ta)ted

gedetailleerd **I** *bn* detailed [account], in-depth

---

zie voor niet opgenomen deelwoorden de ww

[study]; **II** *bw: (zeer)* ~ in (great) detail, with (much) detail

gedetineerde (trial, remand) prisoner, detainee

gedicht poem; *~en schrijven, (ook)* write poetry

gedienstig obliging, attentive; *al te ~* officious, too obliging; *een ~e geest* some obliging person

gedienstige servant (girl)

gedienstigheid obligingness; *(te grote)* officiousness

gedierte **1** animals, beasts; **2** *(ongedierte)* vermin; **3** *(één dier)* animal, creature, brute

gedijen **1** prosper, thrive, flourish [*van* on]; *~ ten koste van* batten on; *gestolen goed gedijt niet* ill-gotten goods never prosper; **2** *zie* strekken tot

geding **1** lawsuit, action, case; *in kort ~ beslissen* settle [a case] summarily (in Chambers; *Am:* in short order); *in kort ~ gaan* apply for immediate judgment; **2** *(fig)* quarrel; **3** issue; *in het ~ zijn* be at stake (at issue); *in het ~ komen* become involved; *in het ~ brengen* bring up

gediplomeerd certificated [midwife, etc], qualified [nurse, teacher], trained [nurse], registered [nurse], chartered [accountant]; *~ zijn* be (fully) qualified

gedisciplineerd disciplined *vgl het ww*

gedisponeerd **1** disposed [*te* to]; *goed (slecht) ~* in good (bad) form; *er niet toe ~* not in the mood for it; *niet ~* indisposed; **2** predisposed [*tot* to]

gedistilleerd **I** *zn* spirits, strong liquor; *handelaar in wijn en ~* wine and spirit merchant; **II** *bn* distilled

gedistingeerd refined [features], refined-looking, distingué, distinguished

gedistingeerdheid distinction

gedocumenteerd documented [report]; documentary [evidence; bill *wissel*]

gedoe **1** *(druk)* bustle; **2** *(mal, mondain)* doings, carry-on, goings-on; **3** *(gezanik)* bother; **4** *(bedoening:) het hele ~(tje)* the whole concern, the whole show

gedogen tolerate, permit, suffer, allow

gedonder **1** (peals of) thunder; **2** bother, trouble, fuss; *dat ~!* blast the fellow (etc)!; *daar heb je het ~* the fat is in the fire!; *er komt vast ~ van* there's sure to be a fuss over it

gedonderjaag bother(ation), carry-on

gedoodverfd tipped [for the Premiership] *vgl het ww*

gedoogzone toleration area (for prostitution)

gedraai **1** turning; *(op stoel, enz)* wriggling, fidgeting; **2** *(fig)* shiftiness, shuffling, evasion (of the truth)

gedrag *(zedelijk)* conduct; *(optreden, manieren)* behaviour, demeanour, deportment, bearing; *van goed ~* well-behaved; *getuigschrift van goed (zedelijk) ~* certificate of good character; *daar ga je met je goeie ~, (fam)* that's all the thanks you get; I might have saved myself the trouble

gedragen **I** *ww: zich ~* behave, conduct o.s.; *zich goed ~* behave well; *(vooral ve kind)* behave (o.s.) [behave yourself!, behave!]; *zich voor de gelegenheid (op z'n best) ~* be on one's best behaviour; *zich netjes ~ (in gezelschap)* be on one's best behaviour; *zich slecht ~* misbehave (o.s.); *zich beter gaan ~* mend one's ways; *zich ~ naar, zie* schikken; **II** *bn* **1** lofty [style, etc], solemn [tone]; **2** worn [clothing]

gedragingen *zie* gedrag

gedragscijfer *(Am)* citizenship mark

gedragscode code of conduct (of practice)

gedragslijn line of conduct (of action, of policy), course (of action), policy; *een zekere ~ volgen, (ook)* take (adopt) a certain line (course)

gedragsregel rule of conduct, maxim; *zie ook* gedragslijn

gedragstherapie behaviour therapy

gedragswetenschap behavioural science

gedrang crowd, throng, crush, squash [what a squash!], [there was no] crowding, scramble [for seats], rush [to the exit]; *in het ~ komen* get in among the crowd; *(fig)* get into a tight corner; *het godsdienstonderwijs komt in het ~* religious instruction is going to suffer, it will be (go) at the expense of religious instruction

gedreun drone, din, shaking, etc; *vgl* dreunen; *het ~ van de machine* the thud of the engine

gedreven **1** chased, embossed; **2** impassioned, ardent, fervent [feminist], committed [socialist], inspired [artist]; driven [woman]

gedrieën: *~ gingen ze (we) op weg* the three of them (of us) set out

gedrocht monster, monstrosity, freak (of nature)

gedrochtelijk monstrous, misshapen

gedrochtelijkheid monstrosity *(ook concr)*

gedrongen: *~ gestalte* thick-set (squat, stocky) figure; *~ stijl* terse style; *we zaten nogal ~* it was rather a squeeze; *zich ~ voelen te ...* feel impelled to ...; *zie* dringen

gedrongenheid *(ve pers)* compact build; *(v stijl)* terseness

gedruis noise, rush, roar

gedrukt **1** printed [book, circuit, cotton]; *als ~* copperplate [writing], [look] like print; **2** *(somber)* dejected, depressed, low(-spirited); *(handel)* depressed, dull; *ijzer was ~, maar wordt williger* iron was dull, but is looking up

gedruktheid dejection, depression, dullness; *vgl* gedrukt

gedsie *zie* gadsie

geducht **I** *bn* formidable [opponent], redoubtable; *(vero & scherts)* doughty [opponent]; *(enorm)* tremendous, enormous; *~ pak slaag* sound thrashing; *het maakte zijn naam ~* it made his name feared; **II** *bw zie* duchtig

geduchtheid formidableness

geduld patience, forbearance; *een ogenblik ~!* one moment, please!; *~ hebben (oefenen)* have (exercise) patience, be patient; *ik heb geen ~ meer, mijn ~*

---

zie voor niet opgenomen deelwoorden de ww

is op I have come to the end of my patience, my patience is at an end (is exhausted); *ik heb (helemaal) geen ~ meer met hem* I have lost (all) patience with him; *u moet nog wat ~ met hem hebben* you should be patient (bear) with him for a while yet; *~ overwint alles* patience overcomes all things; *zijn ~ raakte op* his patience was wearing thin; *hij verloor zijn ~* he lost patience

geduldig patient; *(het) papier is ~* anything can be put on paper

geduldigheid patience, forbearance

gedupeerde [flood, earthquake] victim

gedurende *(een tijd lang)* for [ill for three weeks, for a year], over [stay over the weekend]; *(tijdens)* during [during his whole life, during the night (*of:* overnight) some rain fell]; *~ de hele dag* all through (throughout) the day

gedurfd daring [performance, her daring dress], risky, risqué [jokes], provocative [film]

gedurig I *bn* continual, incessant; *~(e) evenredigheid (product)* continued proportion (product); II *bw* continually, incessantly, time and again

geduvel *zie* gedonder

gedver *zie* gadsie

gedwee submissive, subdued, meek, docile; *~ worden, (ook)* come (meekly) to heel; *zo ~ als een lam* as meek as a lamb

gedweeheid meekness, submissiveness

gedweep *zie* dweperij

gedwongen enforced [holiday, idleness], forced [gaiety, laugh, smile, sale, loan], compulsory [sale], constrained [manners], laboured [gaiety], strained [mirth], twisted [smile]; *~ arbeid* forced (compulsory, conscript) labour; *~ landing, zie* noodlanding; *~ voeding* forcible feeding, force-feeding; *~ glimlachen* smile forcedly, force a smile; *zie ook* dwang: onder ~

gedwongenheid [a feeling of] constraint, forcedness

geëerd [widely] honoured, [generally] esteemed; *Uw ~e order* your valued order; *~e, (vero)* favour

geef: *dat is te ~* that's dirt cheap; *ik zou het niet te ~ willen hebben* I wouldn't have it at (even as) a gift; *(soms:)* I wouldn't give it houseroom; *dat is ook niet te ~!* that's not exactly giving it away; *zie ook* heb

geefster giver, donor

geëigend appropriate, suitable

geel I *bn* yellow [card, fever, peril]; *~ worden* yellow; *de bladeren worden ~* the leaves are turning; *zie ook* groen; II *zn* yellow; *(ve ei, ook)* yolk, *(sp ook)* yellow card; yellow jersey

geelachtig yellowish

geelbek fledg(e)ling

geelborstje icterine warbler

geelbruin yellowish brown, tan; fawn(-coloured)

geelgieter brass-founder

geelgors yellowhammer, yellow bunting

geelhout yellowwood, fustic

geelijzersteen yellow iron ore

geelkoper(en) brass

geeltje 1 *(bankbiljet)* 25-guilder note; 2 *(vogel, vlinder, enz)* yellow

geelvink 1 serin; 2 *(goudstuk)* yellow-boy

geelwit off-white

geelzucht(ig) jaundice(d)

geëmailleerd enamelled; *~e goederen* enamelware

geëmancipeerd emancipated, liberated [woman]

geëmotioneerd 1 excited; 2 emotional

geëmployeerde employee

geen 1 *(bijvoeglijk)* no, not a [not a bird sang, this is not a busy street, not a minute later], not any, not [he doesn't know French; the garrison was not a hundred strong]; *het is ~ afstand* it's no distance; *ze zou ~ vrouw geweest zijn, als ...* she would have been less than woman if ...; *er was ~ betere* [she was a good mother,] none better; *de auto kwam, maar ~ Jan* the car came, but no John; *hij was ~ Nelson* he was no Nelson; 2 *(blote ontkenning:) hij heet ~ Piet* he isn't called Peter; *dat is ~ Engels (~ voetballen, enz)* that is not English (not football, etc); *dat kost volstrekt ~ inspanning* that does not entail any exertion (at all); 3 *(zelfst)* not one, none, not any; *~ van hen (beiden)* neither (of them); *~ van hen (allen)* none (not one) of them; *ik ken ~ van hen* I don't know any (*van twee:* either) of them; *~ van beide staat mij aan* I like neither; *zie ook* einde, enz

geëndosseerde endorsee

geeneens not so much as, not even, not once

geëngageerd 1 engaged (to be married) [*met* to]; 2 [socially] committed, concerned, involved

geenszins by no means, not at all, (in) no way, nowise

geep garfish

geer gore, gusset

geërfde landowner

geervalk gyrfalcon

[1]**geest** *(zandgrond)* geest

[2]**geest** 1 *(vs lichaam)* spirit; *de Heilige ~* the Holy Spirit (*of:* Ghost); *~ van zout* hydrochloric acid; *de ~ geven* breathe one's last; *(vero)* give up the ghost; *de ~ is (wel ge)willig, maar het vlees is zwak* the spirit is willing, but the flesh is weak; 2 *(met betrekking tot denken, waarnemen, willen)* mind; ***door** de ~ gaan* pass through one's mind; *ik zal in de ~ bij u zijn* I shall be with you in (the) spirit; *gehoorzamen naar de letter en **naar** de ~* obey in letter and in spirit; *de armen **van** ~* the poor in spirit; *jong van ~* young at heart; ***volgens** de ~ van de wet* according to the spirit of the law; ***voor** de ~ komen* come (*plotseling:* spring, leap) to one's mind; *haar beeld kwam hem voor de ~* her picture rose up before him; *voor de ~ roepen (brengen)* bring (call) to mind; *weer voor de ~ roepen* recall [names, etc]; *het roept mij mijn vorig bezoek weer voor de ~* it brings back to me my previous visit; *het staat mij nog duidelijk voor de ~* I can distinctly remember it, it stands out clearly in

---

zie voor niet opgenomen deelwoorden de ww

my mind; **3** *(geestigheid)* wit; **4** *(persoon)* spirit [noble spirits], mind [the greatest minds]; *een grote ~* an intellectual giant; *hoe groter ~, hoe groter* ***beest*** great men have great faults; **5** *(aard, karakter)* spirit, genius [of a language, a law]; *de ~ van de tijd* the spirit of the times; *~ van verzet* spirit of revolt; *er heerst een goede ~ in de klas* there is a good atmosphere ...; *tegenwoordigheid van ~* presence of mind; *als de ~* ***vaardig*** *wordt over hem, als hij de ~ krijgt* when the mood is on him, when the spirit moves him; *het is geheel* ***in*** *de ~ van ...* it is quite in the spirit of ...; *in dezelfde ~* [he spoke] to the same effect, in the same strain; [her answer was] in the same vein; *de meeste antwoorden waren in de ~ van ...* most answers were on the lines of ...; *dit, of woorden in die ~* this, or words to that effect; *de ~ waarin het gedaan wordt* the spirit in which it is done; **6** *(onstoffelijk wezen)* spirit, ghost, spectre; *boze ~en* evil spirits; *hij zag er uit* ***als een*** *~* he looked like a ghost; *zie ook* letter, oproepen, zweven, enz

geestdodend soul-destroying [routine]; deadly [monotony]; dull, monotonous; *~ werk, (ook)* drudgery

geestdrift enthusiasm; *in ~ brengen* throw into ecstasies; *in ~ komen (geraken)* become enthusiastic, *(fam)* enthuse

geestdriftig enthusiastic (*bw:* -ally), rousing [welcome]; [he was cheered] to the echo

geestdrijver fanatic, zealot

geestdrijverij fanaticism, zealotry

geestelijk **1** *(onstoffelijk)* spiritual, immaterial [beings]; **2** *(verstandelijk)* intellectual, mental; *(mbt de geest)* spiritual; *(cultureel)* cultural [life]; *hij heeft de ~e ontwikkeling van iem van 11 jaar* his mental age is 11; *~ voorbehoud* mental reservation; *(zich) ~ voorbereiden, (ook, fam)* psych up; *~e vader* spiritual father; *~ welzijn* spiritual welfare; *~e zaken* spiritual affairs; **3** *(kerkelijk, niet-werelds)* spiritual, ecclesiastical; sacred [songs], religious [orders]; *(vd geestelijkheid)* clerical [robes; garb *gewaad*], ecclesiastical, sacerdotal [office *ambt*]; *~e bijstand* ministration, counselling; *~e rechtbank* ecclesiastical (*of:* spiritual) court; *~e staat* holy orders, clerical state

geestelijke minister of religion, cleric, [Anglican] clergyman, [RC] priest; *~ worden* go into the Church, take (enter into) holy orders, enter the ministry

geestelijkheid clergy; *de ~, (ook)* the cloth

geesteloos spiritless, insipid, dull, vapid

geesteloosheid dullness, insipidity

geestenbanner exorcist

geestenbezweerder **1** exorcist; **2** necromancer

geestenbezwering **1** exorcism; **2** necromancy, conjuring up of spirits

geestenleer spirit(ual)ism

geestenrijk, geestenwereld spirit world, invisible world

---

zie voor niet opgenomen deelwoorden de ww

geestesarbeid intellectual work

geestesbeschaving culture

geestesgaven intellectual gifts (powers), mental faculties

geestesgesteldheid mentality; mental make-up

geesteshouding attitude of mind, mindset

geesteskind brainchild, child of (one's) brain

geestesleven cultural life

geestesoog mind's eye

geestesproduct brainchild, product of (one's) brain

geestesrichting **1** attitude of mind; **2** intellectual movement

geestestoestand state of mind, mental state; *zijn ~* the state of his mind

geesteswetenschap: *de ~pen, (vglb)* the humanities

geestesziek mentally ill (disordered)

geestesziekte mental illness (disorder)

geestgrond geest

geestig **1** witty, smart [answer, a smart little hat]; *een ~ man* a wit; *het ~e, zie* geestigheid; **2** humorous

geestigheid **1** wit, wittiness; *ik zie de ~ van de grap niet* I don't see the point of the joke, I don't see where the joke comes in; **2** *(aardigheid)* witticism, quip, wisecrack

geestkracht strength of mind, fortitude

geestrijk **1** *(ve pers, enz)* witty; **2** spirituous; *~e dranken* spirituous liquors, strong drinks, (ardent) spirits

geestverheffend noble, sublime

geestvermogens (mental) faculties; *in het volle bezit (genot) zijner ~* in full possession of his (mental) faculties; *zijn ~ waren gestoord* his mind was disturbed

geestverruimend mind-blowing, psychedelic

geestverrukking ecstasy, rapture, exaltation, trance

geestverschijning apparition, phantom; *(even voor of na iems dood)* wraith

geestvervoering ecstasy, rapture, exaltation, trance

geestverwant **I** *bn* congenial; **II** *zn* kindred (congenial) spirit; *(aanhanger)* supporter, adherent

geestverwantschap like-mindedness, [they are] of a similar cast of mind

geestvol *zie* geestrijk

geeuw yawn

geeuwen (give a) yawn

geeuwerig yawning

geeuwhonger bulimia

geëvacueerde evacuee

geëvenredigd proportional; *goed (beter) ~* well-, better-balanced [programme]; *zie verder* evenredig

geëxalteerd highly strung, overstrung, over-excited, overwrought

gefaseerd phased [withdrawal], in phases

gefemel cant(ing)

gefingeerd fictitious [name, story], feigned [name], made-up [name, story], sham [invoice], bogus [address], faked [burglary]

gefladder flutter(ing), flitting

geflatteerd flattering [photo, win] *vgl het ww*
gefleem, geflikflooi coaxing, fawning, wheedling
geflikker 1 twinkling, twinkle, glitter(ing), flash(ing), sparkle, sparkling; **2** *zie* gedonder
geflirt flirtation
gefluister whisper(ing)
gefluit whistling; *(v vogels)* warbling, fluting [of the blackbird]; *(in theater, enz, vglb)* catcall(s); *zie* fluiten
geforceerd forced [march, smile], contrived [ending], strained [atmosphere, laugh, manner]
gefortuneerd wealthy, rich, [man] of means
gefrankeerd post-paid; stamped [envelope]
gefriemel fumbling, fiddling
gefronst frowning [face]
gefundeerd funded [debt]; *goed* ~ well(-)founded, well(-)grounded
gefundenes Fressen 1 grist to a p.'s mill; **2** windfall
gegadigde interested party; *(bij koop)* intending (would-be, prospective) purchaser (buyer); *(bij inschrijving)* intending subscriber; *(sollicitant)* applicant, candidate
gegarandeerd 1 guaranteed, warranted; **2** definitely; *zie* stellig
gegeneerd embarrassed, ill at ease
gegeneerdheid embarrassment
gegeven I *bn* given [a given number, at a given moment]; ~ *de lengte, zoek de breedte* given the length, find the breadth; ~ *overvloed van tijd kan ik ...* given plenty of time I can ...; *in de* ~ *omstandigheden* in (under) the circumstances; *zich aan zijn* ~ *woord houden* stick to one's word, be as good as one's word; *zie* geven; **II** *zn* datum (*mv:* data); *(inz wisk)* given; theme [of a play]; [supporting] fact; *~s, (ook)* information; *(comp)* data [bank; file *bestand*; management *beheer*; processing *verwerking*; protection *beveiliging*]
gegevenheid (firm) fact, datum
gegiechel giggling, titter(ing), snigger(ing)
gegier scream(ing), yell(ing)
gegijzelde hostage
gegil scream(ing), yell(ing)
geglaceerd 1 glazed [cardboard, paper, calico]; **2** *(v gebak)* iced, frosted; **3** *(v vruchten)* candied, crystallized [fruits]; *~e kastanje* marron glacé
gegleufd grooved, fluted
gegniffel sniggering, tittering
gegoed well-to-do, well(-)off, in easy circumstances; *~e stand* moneyed (propertied) classes; *de meer ~en* the well-to-do (classes), the better-off; *zijn minder ~e vrienden* his less well-to-do friends
gegoedheid wealth, affluence, easy circumstances
gegolfd waving, wavy, undulating [ground]; corrugated [iron, glass, paper]; *(plantk)* corrugated; *(v bladrand)* sinuate
gegomd gummed [envelope]
gegons buzz(ing), hum [of insects], whirr [of wheels, wings]
gegoochel *(ook fig)* juggling, legerdemain, hocus-pocus
gegooi: *daar heb je het ~ in de glazen* now the fat is in the fire (there will be the devil to pay)
gegoten cast [iron], moulded [candles], mould-made [glass]; *de jas zit als (aan het lijf) gegoten* the coat fits him like a glove (to a T)
gegrabbel scramble, scrambling, grabbling
gegradueerde 1 graduate; **2** *(mil, officier)* officer, *(onderofficier)* NCO
gegrinnik chuckle, chortle, titter(ing)
gegroefd 1 *(biol, delfstk & techn)* grooved, striated, scored, channelled; **2** *(ve zuil)* fluted; **3** *(vh gelaat)* lined, furrowed
gegrom snarl(ing), growl(ing), grumbling
gegrond 1 well-founded, well-grounded, just; good [hopes of recovery, reason for joy], sound [reasons], educated [guess], strong [motive], reasonable [doubt]; *zonder ~e redenen* [I can't discharge him] without proper cause; **2** *(verf)* primed
gegrondheid soundness, justness, justice
gehaaid sharp, knowing
gehaast hurried; ~ *zijn* be in a hurry
gehaat [make o.s.] hated, detested
gehakketak bickering, wrangling, squabbling
gehakt mince, minced meat, *(runder~)* minced beef; *(als vulling)* forcemeat; *(varkens~)* sausage meat; *bal ~, a)* meatball; *b) (sl)* meatball, *(Am ook)* schmuck; ~ *van iem (iets) maken* make mincemeat of a p. (make a hash of s.t.)
gehaktbal meatball
gehaktmolen mincing machine, (meat) mincer, *(Am)* meat grinder
gehalte *(algem)* quality, standard; *(v goud, enz)* (degree of) fineness, alloy; strength [of beer, of a solution *oplossing*]; *(normaal ~ van alcohol)* proof [above, below proof]; *zie ook* alcoholgehalte; *(water-, eiwit-, enz)* percentage [of water etc]; *arsenicum~* [the] arsenic content [of the soil]; *zie ook* vetgehalte, enz; *goud van een ~ van 950* gold of 950 thousandths fine; *van hetzelfde ~ als, (fig)* of a piece with; *gezelschap van het slechtste ~* of the worst sort; *erts (olie, genoegens) van laag ~* low-grade ore (oil, amusements)
gehandicapt handicapped, disabled [person; good access for the disabled, the Disabled Winter Olympics *voor ~en*]; *zie ook* onthand
gehannes messing (fumbling) around
gehard tempered [steel]; toughened [windscreen]; [hydrogenated] fat; *(fig)* hardened [*tegen* against], hardy; seasoned, battle-tried [soldiers]; ~ *tegen pijn* inured to pain
gehardheid temper; *(fig)* hardiness
geharnast in armour, armoured; *(fig)* strongly-worded [answer], strong [language]
geharrewar bickering(s), squabble(s)

---

gehaspel 1 *(geknoei)* bungling, botching; **2** *zie* geharrewar; **3** trouble
gehavend battered, dilapidated; [his clothes were] in rags; tattered [books]; *erg* ~ [the vessel was] badly battered [*of:* damaged]; *zijn reputatie was deerlijk* ~ his ... was in shreds; *door de oorlog* ~ war-torn [Yugoslavia]
gehecht: ~ *aan* attached to, *(sterker)* devoted to [one's children, each other]; *zij zijn bijzonder aan elkaar* ~, *(ook)* they are a devoted couple; *hij is* ~ *aan goede vormen* he is a stickler for good manners
gehechtheid attachment, devotion
geheel I *bn* whole, entire, complete, integral; ~ *getal* whole number, integer; ~ *Engeland (Londen)* all (*of:* the whole of) England (London); *de gehele wereld* all the (the whole) world; *de gehele dag* all day, the whole day; *gister (morgen) de gehele dag* [I was out (shall be out)] all day yesterday (tomorrow); *zijn gehele bestaan* [these things made up] the whole of his life; *het gehele jaar open* open all the year (round); *over het gehele land* all over the country; *de gehele stad* the whole town; *de gehele Shaw* [read] the whole of Shaw, [buy] the complete works (a complete set) of Shaw; *met* ~ *mijn hart* with all my heart; *zie ook* heel; **II** *bw* wholly, entirely, completely, quite [different], all [all alone; all in white]; full [leather binding]; ~ *en al* altogether, entirely, quite, utterly; ~ *of gedeeltelijk* in whole or in part; ~ *de Uwe* yours sincerely; ~ *wol (zij, enz)* all-wool, all-silk, etc [underwear]; ~ *gekleed* fully dressed; *zie ook* helemaal; **III** *zn* whole; *de cilinder vormt één* ~ *met* the ... is integrated with; *het land als* ~ the country as a whole; *zeven in het* ~ seven in all; *in het* ~ *niet (niets)* not (nothing) at all, not a bit of it; *het duurde vier jaar in het* ~ it lasted altogether four years; *het in zijn* ~ *inslikken* swallow it whole; *in zijn* ~ *drukken* print in full; *het gedicht in zijn* ~ *aanhalen* quote the poem in its entirety; *het huis in zijn* ~ *verplaatsen* move the house bodily; *de huid was er in z'n* ~ *afgekomen* the skin had come off complete; *in hun* ~ *of gedeeltelijk* [read good authors] in whole or in part; *de zaak in haar* ~ *beschouwen* look at the matter as a whole; *over het* ~ (up)on the whole, in the main
geheelonthouder total abstainer, teetotaller (*Am:* teetotaler); ~ *worden, (fam)* take the pledge
geheelonthoudersvereniging temperance society
geheelonthouding total abstinence (abstention), teetotalism
geheid *(fam)* firm(ly); certain [goal]; [it's] a dead cert; decidedly [wrong]
geheiligd hallowed, sanctified, sacred
geheim I *bn* secret [door, drawer, treaty, meeting; *ook op brief*]; occult [science]; hidden [agenda, designs, feelings, reserves]; *(ongeoorloofd)* clandestine [marriage, sale of strong drinks]; illicit [still *distilleerinrichting*]; underground [organizations]; *zie ook* geheimzinnig; ~*e agenda* hidden agenda; ~*e agent* secret agent; ~*e bergplaats* secret compartment (cabinet); ~*e handelingen* hole-and-corner proceedings; ~*e politie* secret police; ~*e Raad* Privy Council; ~*e stemming* secret voting, voting by ballot; ~ *telefoonnummer* ex-directory (unlisted, *fam:* ex-d) telephone number; ~*e zender, (radio)* secret transmitter; *(diep)* ~ *blijven* remain a (dead) secret; **II** *zn* secret, mystery; *publiek* ~ open secret; *een* ~ *bewaren* keep (*of:* guard) a secret; *geen* ~*en voor iem hebben* have no secrets from a p.; *iem het* ~ *mededelen* let a p. into the secret; *een* ~ *openbaren* disclose a secret; *in het* ~ *zijn* be in the secret; *in het* ~ in secret, in secrecy, secretly, on the quiet; *zie ook* geheimhouden, inwijden & verklappen
geheimdoenerij secretiveness
geheimenis mystery
geheimhouden keep [s.t.] (a) secret [*voor* from], keep [s.t.] dark; *een geheimgehouden bestemming* [bound for] an undisclosed destination
geheimhouding secrecy, privacy, confidentiality; ~ *in acht nemen* maintain secrecy; *iem* ~ *opleggen (laten zweren)* enjoin secrecy (up)on a p., swear a p. to secrecy [he was sworn to the strictest (closest) secrecy]
geheimschrift cipher, cryptography
geheimschrijver *(hist)* (private) secretary
geheimtaal secret language
geheimzegelbewaarder Lord (Keeper) of the Privy Seal, Lord Privy Seal
geheimzinnig mysterious [*met iets* about s.t.], dark [..., she added darkly]; cryptic [retort], [his] uncanny [sixth sense]; ~ *doend* mysterious, secretive
geheimzinnigheid mysteriousness, mystery; *(heimelijkheid)* secrecy
gehelmd helmeted
gehemelte 1 *(in mond)* [hard, soft, cleft *gespleten*] palate; **2** *(ve troon)* canopy
gehemelteklank, gehemelteletter palatal (sound, letter)
gehemelteplaat (dental) plate
Gehenna Gehenna
geheugen I *zn* [bad, good; random access] memory, remembrance; *sterk* ~ strong (retentive, tenacious) memory; *een slecht* ~ *voor namen hebben, vgl* onthouden 3; *het ligt mij nog vers in het* ~ it is (still) fresh in my memory; *iets in het* ~ *prenten* imprint s.t. on the memory; *zie* bedriegen, garnaal, memorie, opslag, enz; **II** *ww zie* heugen
geheugenis *zie* heugenis
geheugenkunst, geheugenleer mnemonics
geheugenplaats storage location
geheugenruimte storage capacity, [run out of] memory
geheugensteuntje aid to memory, mnemonic aid; reminder
geheugenstoornis temporary (partial) amnesia
geheugenverlies loss of memory, amnesia

gehik hiccup(ing), hiccough(ing)
gehinnik neighing, whinny(ing)
gehoor 1 *(het horen, ~vermogen)* hearing, sense of hearing; *goed (fijn) ~* good (quick) ear; *absoluut ~* absolute (perfect) pitch; *geen muzikaal ~ hebben* have no ear for music, be tone-deaf; ***buiten** ~ van* out of hearing of; ***in** het ~ liggen* be easy on the ear; ***op** het ~ opschrijven* write down from hearing; *op het ~ spelen* play by ear; ***ten** gehore brengen* play [a sonata], present [a radio play]; *scherp van ~* sharp of hearing; **2** *(aandacht) geheel ~ zijn* be all ears; *~ **geven** aan* listen to [a p.'s advice]; respond to [an appeal, a call for help]; answer [the call of duty]; accept [an invitation]; follow [the dictates of one's heart]; comply with [a request]; *ik **kreeg** geen ~, (telefoon)* I could not get through; there was no answer; *(bij kloppen)* I failed to get any answer, could not make anyone hear; *~ **vinden*** get a response; *mijn klacht vond (geen) ~* my complaint was listened, attended to (was ignored; fell on deaf ears); *hij **weigerde** mij ~* he would not listen to me; **3** *(audiëntie)* audience; *zie ook* audiëntie; **4** *(hoorders)* audience, auditory, hearers, *(in kerk)* congregation; *een welwillend ~* [he was sure of] an appreciative (a sympathetic) hearing; **5** *(geluid)* [a disagreeable] sound
gehoorapparaat hearing aid, deaf aid
gehoorbeentje auditory ossicle
gehoordrempel threshold of audibility, auditory threshold
gehoorgang auditory (*of:* acoustic) meatus (duct, canal)
gehoorgestoord hearing-impaired, deafened
gehoorgrens limit of audibility (of hearing)
gehoornd horned
gehooroefening ear-training; *een ~* an ear-training exercise
gehoororgaan organ of hearing, auditory organ
gehoorsafstand hearing distance; *op (binnen) ~* [be] within earshot, within hearing (distance); *buiten ~* out of hearing, out of earshot
gehoorsteentje otolith
gehoorverlies loss of hearing, hearing loss (*of:* impairment)
gehoorvlies eardrum
gehoorzaal 1 auditorium, concert hall; **2** audience chamber
gehoorzaam obedient, dutiful; *~ aan de wet* law-abiding
gehoorzaamheid obedience, dutifulness; *zie ook* opzeggen
gehoorzamen I *tr* obey; **II** *intr* obey, be obedient; *~ aan* obey [a call], be obedient to; *niet ~, (tr & intr, ook)* disobey; *~d aan* in obedience to
gehoorzenuw auditory (*of:* acoustic) nerve
gehorig: *dit huis is erg ~* this house has thin walls, you hear everything in this house
gehouden: *~ te* bound to, obliged to; *ik acht mij ~ te* ... I think myself bound (think it my duty) to ...; *niet ~ zijn aan een aanbeveling* not be bound to act (up)on a ...
gehoudenheid obligation
gehucht hamlet
gehuichel hypocrisy, dissembling
gehuicheld feigned, pretended, sham
gehumeurd: *goed, slecht ~* good-, ill-humoured (-tempered); *wat ben je slecht ~!* what a temper you are in!
gehuwd married; *~e staat* married state; *~en* married people (persons); *voor ~en, (ook)* married [quarters]
gei *(mar)* clew line
geien clew (up)
geigerteller Geiger counter, GM counter
geijkt: *~e maten* legally stamped measures; *~e methode* time-honoured (traditional) method; *~e uitdrukking (term)* accepted (set) expression, stereotyped (stock) phrase; *de ~e vraag* the invariable question
geil 1 randy, raunchy, horny, lascivious, lecherous; *zo ~ als boter* as horny as a hoot-owl; **2** *(v bodem, plant, groei)* rank
geilaard lecher
geilen lech (lust) [after, for *op*]
geilheid 1 lasciviousness, salacity, lechery, lust; *vgl* geil; **2** rankness
geïmproviseerd improvised, extemporized, impromptu; makeshift [dinner], scratch [meal]
gein *(fam)* **1** fun; *~tje* (little) joke; prank; *geen ~tjes!* no funny business!; **2** high jinks
geinig funny [remark], fun [person, it's fun to win], cute [little hat]
geinlijn *(Am)* dial-a-joke
geinponem funny-face; joker
geïntegreerd integrated [circuit, whole], solid state [amplifier]
geïnteresseerd interested, involved, concerned [*bij* in]; *~e, zie* gegadigde
geïnterneerde internee
geïntimeerde defendant
geiser geyser; *(v bad, ook)* gas (water) heater
geisha geisha
geisslerse buis Geissler tube
geit (she-)goat, nanny (goat); *~je* kid, little (*of:* young) goat; *zie ook* vooruit
geitenbaard goat's beard *(ook plant)*
geitenblad honeysuckle
geitenbok billy goat
geitenbreier duffer
geitenfuif hen-party
geitenhaar goat's hair
geitenhoed(st)er goatherd
geitenkaas goat's milk cheese
geitenleer goatskin

---

zie voor niet opgenomen deelwoorden de ww

geitenmelk goat's milk
geitenmelker *(vogel)* nightjar, goatsucker
geitensik goat's beard; *(v man)* goatee
geitenvel goatskin
geitenwollen goat's wool [socks]
geitouw *(mar)* clew line
gejaag 1 hunting; **2** *(fig)* hurry(ing), hustle, drive
gejaagd 1 hunted; **2** *(fig)* agitated, flurried, fluttered, flustered, nervous; [life is so] rushed; *~ maken* flurry, fuss, put [a p.] in a flutter
gejaagdheid agitation, flurry, flutter, fluster
gejakker scramble, etc; *zie* jakkeren
gejammer lamentation(s), wailing(s), moaning(s)
gejank yelping, whining, whine
gejeremieer *zie* gejammer
gejoel shouting, cheering; *(honend)* jeering
gejouw hooting, boos, jeering, catcalls
gejubel, gejuich cheers, (burst of, bursts of) cheering, shouts, shouting, exultation, jubilation
gek I *bn* **1** *(krankzinnig)* mad, frantic, crazy, crackbrained, *(sl)* bonkers, loony; *zich ~* ***houden*** sham madness; *je zult me nog ~* ***maken*** you'll drive me mad (silly) next; *iem ~ maken, (ook)* drive a p. to distraction (*fam:* up the wall); *~makend* maddening, infuriating; *~* ***worden*** go mad; *je wordt er ~ van* it is maddening, it's enough to drive one mad (to distraction); *ik word ~ van de kiespijn* this toothache is driving me crazy; *tot ~ wordens toe* [love a p.] to distraction; ***alsof*** *hij ~ was* [he looked] as if he had taken leave of his senses, [he ran, shouted] like mad; ***ben je ~?*** are you mad (crazy)?; *ik ben daar ~* I'm not as stupid as all that; *~ van vreugde* mad with joy; **2** *(dwaas)* foolish, mad, silly, wild [stories]; *(koddig)* funny; *hij is ~ dat hij zo iets doet* he is a fool to do such a thing; *dat is* ***al te*** *~, te ~ om* ***los te lopen*** that is too ridiculous for words (for anything); *te ~, (sl)* fantastic; *ik heb er mij half ~ naar* ***gezocht*** I am half crazy with looking for it; *hij is* ***lang niet*** *~* he is no fool; *dat is nog zo ~ niet* there's some sense in what you say, there's something in that; *hij is niet zo ~ als hij er uitziet* he is not such a fool as he looks; **3** *(vreemd)* queer, funny, odd, *(fam)* rum(my); *op de ~ste plaatsen* in the most unlikely places; *het heeft een ~ke smaak* it has a funny taste; *dat is een ~* ***geval*** *(zaakje)* it's an awkward affair (business); *het ~ke van het geval is ...* the strange (funny) part of it is ...; ***het is*** *~, maar hij schijnt te menen ...* strangely enough, he seems to think ...; *het is ~ hoe een kopje thee je opknapt* it is curious (funny) how a ... does you good; *het zou er ~* ***uitzien*** *als de trein al weg was* we should be in a fix if ...; ***zo iets*** *~s* [did you ever see] such a funny thing?; **4** *(gesteld) hij is al te ~* ***met*** *zijn jongen* he is too fond of (dotes on) his boy; *hij is ~* ***op*** *dat meisje* he is madly in love with that girl; *~ op dansen* mad on dancing; **5** *(erg)* bad; *dat wordt te ~* it's getting a bit too much; *zie ook* dol, vreemd, figuur, enz; **II** *bw* madly, etc; *niet ~ duur (veel, enz)* not all that expensive (much, etc); *zie ook* mal, opkijken, toegaan; **III** *zn* **1** *(krankzinnige)* mad(wo)man, lunatic, *(sl)* loony; *(idioot)* idiot, halfwit; **2** *(dwaas)* fool; *een oude ~* an old fool; *zie ook* buurman; *(mode~)* fop; *lopen (rijden, enz)* ***als een*** *~* run (ride, etc) like mad; ***één*** *~ kan meer vragen dan tien wijzen kunnen beantwoorden* fools ask questions that wise men cannot answer; ***iedere*** *~ heeft zijn gebrek* everybody has his faults; *de ~ken krijgen de* ***kaart*** fortune favours fools; *het is* ***van de*** *~ke(n)* it's absurd (too silly for words); *de ~* ***scheren*** *(steken) met,* ***voor de*** *~ houden* poke fun at, make fun of, make a fool of [a p.], *(fam)* pull a p.'s leg, kid [a p.], take a rise (*fam:* the mickey) out of a p.; *(bedriegen)* fool [a p.]; *zij hield hem (haar minnaar) voor de ~* she played fast and loose with him; *voor ~ lopen* look ridiculous [wearing a fur hat in summer]; *iem voor ~ laten lopen* send a p. on a fool's errand; *voor ~ spelen* play the fool; **3** *(schoorsteen~)* cowl, turn-cap
gekakel cackle, cackling; *(fig ook)* chit-chat, tittle-tattle
gekanker grouching, grumbling, grousing
gekant: *~ tegen* [be] set against, opposed to
gekarteld 1 crenate(d) [leaf]; **2** milled [coin]; knurled [cap, knob, handle]
gekef yelping; *(ook v pers)* yapping
gekend well-known; *zie verder* kennen
gekerm moans, moaning, lamentation(s)
gekeuvel chat(ting), chit-chat
gekheid 1 *(dwaasheid)* folly, foolishness, madness, (tom)foolery; **2** *(scherts)* joke(s), joking; *(pret)* fun, lark(s); *~!, (onzin)* nonsense!; *wat is dat voor ~?* what nonsense is that?; *het is* ***geen*** *~, (dwz ernstig genoeg)* it's no joke, no laughing matter; *zo'n erfenis is geen ~* such a legacy is not to be sneezed at; *geen ~!* no funny business!; *~* ***maken*** joke, lark [with the dog]; *jij maakt er maar ~ van* you are just fooling; *alle ~ op een* ***stokje*** (all) joking apart, *(Am)* all kidding aside; *~* ***uithalen*** play pranks (tricks); *hij kan geen ~* ***verdragen*** he cannot take (stand) a joke; *ik* ***versta*** *(d.w.z. permitteer) geen ~* I'll stand no nonsense [*van* from]; ***uit*** *~* for (in) fun; ***zonder*** *~* putting all jokes aside, joking apart; *zie ook* gekkigheid & grap
gekibbel squabbling, bickering
gekietel tickling, titillation
gekift, gekijf quarrelling, bickering, wrangling, wrangle(s)
gekir cooing
gekkekoeienziekte mad cow disease, BSE
gekken joke, jest; *met iem ~* make fun of a p.
gekkendag April Fools' (All Fools') Day
gekkengetal (the number) eleven
gekkenhuis madhouse, *(fig ook)* bedlam; *(Am)* booby hatch
gekkenmat fool's mate

---

zie voor niet opgenomen deelwoorden de ww

gekkenpraat (stuff and) nonsense
gekkenwerk madness, folly, *(fam)* a mug's game
gekkerd, gekkie silly
gekkigheid: *wat is dat voor ~?* what sort of nonsense is that?; *uit (van) louter ~* out of (for) sheer devilment (mischief)
gekkin fool
gekko gecko
geklaag complaining, lamentation; moaning [the gentle moaning of the pines]; *(bij dode)* wailing
geklak *(v klompen)* click-clack
geklap 1 clapping [of hands]; *(ve zweep)* cracking; **2** *(fig)* prattle, tittle-tattle
geklater splash(ing), splash-splash
geklauwd clawed; unguiculate; *(her)* armed
gekleed dressed [in black; she went dressed like a man]; *(vero)* clad; *ze kwamen ~* they came dressed for the occasion (appropriately dressed; in formal, morning, evening dress); *~ om uit te gaan* dressed to go out; *keurig ~, (ook)* perfectly turned out; *het staat ~* it is very smart; *geklede jas* frock coat; *~ kostuum* formal dress
geklep 1 *(ve klok)* tolling, clanging; **2** *zie* geklepper
geklepper *(ve ooievaar)* (bill-)clattering; *(v hoeven)* clatter(ing), clip-clop; *(v vleugels)* flapping
geklets 1 smacking, banging; **2** *(kletspraat)* twaddle, rot, jaw, rubbish
gekletter clashing, clanging, clattering
gekleurd coloured; *sterk ~* highly coloured [pictures, stories]; *hij stond er ~ op, (fam)* he looked pretty silly, he had egg on his face; *~e bril* tinted glasses; *~ glas* stained glass, coloured glass; *~e platen* colour plates; *~ verhaal, (ook)* one-side (biased) story
geklikklak clatter(ing), clash(ing), clicking [of heels]
geklingel jingle, tinkling, tinkle
geklink clink
gekloft 1 togged up, natty; **2** intimate, thick; **3** smart, wideawake
gekluisd vaulted over
geknars *(ve scharnier, enz)* grating; *(v tanden)* gnashing; *(ve wiel, ook)* grind(ing); crunch [of steps on the gravel]; jar
geknetter crackling, crackle; ping-ping [of rifles]; sputtering [of melted butter, of a candle]
geknikt *(biol)* geniculate
geknipt: *~ voor* cut out for [a teacher]; cut out (made, meant) for [one another]; *dat is als voor mij ~* that is just the thing for me; *zie ook* kort
geknoei 1 bungling, botching; **2** *(gekonkel)* intriguing, plotting, scheming, jobbery; *zie ook* knoeierij
gekorven: *~ dieren* insects; *~ nagels* jagged nails; *zie verder* kerven
gekostumeerd *(ve pers)* in costume; *~ bal* fancy-dress ball; *~e optocht* pageant
gekrabbel 1 scratching; **2** scribbling; [I can't read your] scrawl
gekrakeel wrangling, bickering, squabbling
gekras 1 scratching; *(ve geluiddrager, ook)* surface noise; **2** croaking [of ravens], screeching [of owls]
gekroesd crisp(ed), frizz(l)y, frizzled, woolly
gekromd curved, bent, bowed, hooked [nose], stooping [shoulders]; *met ~e tenen* in shamed indignation
gekruist 1 crossed [arms]; *met ~e benen* crosslegged; *~e beenderen, (op grafzerk, piratenvlag)* crossbones; **2** cross-bred; *(van ~ ras)* cross-breed (crossbred)
gekruld curled, curly, *(fijn)* crinkly, *(met tang)* crimped [hair]
gekscheren joke, banter, jest; *~ met* make fun of; *zonder ~* joking apart, in (sober) earnest; *het is geen ~* it's no joke; *hij laat niet met zich ~* he will stand no nonsense
gekte 1 craze; **2** craziness
gekuifd crested [waves, birds], tufted [birds]; *zie ook* aalscholver
gekuip intriguing, intrigues, plotting, scheming
gekuist 1 chaste, pure; **2** *(ve boek)* expurgated, *(overmatig)* bowdlerized
gekunsteld artificial, affected, mannered [style]; laboured [gaiety]
gekunsteldheid artificiality, preciosity, mannerism
gekwaak croak(ing) [of frogs], quacking [of ducks]; *(fig)* cackling, chattering
gekwalificeerd qualified [personnel, majority]; skilled [trades]
gekwartileerd *(her)* quartered
gekwetste wounded (injured) person; *er waren 30 ~n* 30 were wounded (injured), there were 30 casualties
gekwispel (tail-)wagging
gel *(chem)* gel
gelaagd layered, stratified [rock]; laminated [glass]
gelaarsd booted; *~ en gespoord* booted and spurred, all ready to go; *de Ge~ Kat* Puss in Boots
gelaat countenance; face (*ook fig:* the face of capitalism); *iems ~ aanschouwen* see a p. face to face, see a p. in the flesh; *zie ook* lezen
gelaatkunde physiognomy
gelaatkundige physiognomist
gelaats- facial [angle, massage, muscle, nerve]
gelaatskleur complexion; *met een donkere (frisse) ~* dark-, fresh-complexioned
gelaatstrek feature, lineament
gelaatsuitdrukking facial expression, [his sour] aspect
gelach laughter, laughing
geladen *(fig)* full of suppressed anger; *de stemming was ~* the atmosphere was explosive (tense, charged with tension, emotion); *een ~ idealist* a committed (ardent) idealist
gelag score; *het is een hard ~ (voor je)* it is hard lines (on you); *het ~ betalen* pay the score, foot the bill;

zie voor niet opgenomen deelwoorden de ww

(fig) pay the piper
gelagerd 1 supported (on bearings); *vijfmaal ~e krukas* five-bearing camshaft; **2** stored, stacked
gelagkamer taproom, *(fam)* tap
gelambriseerd wainscoted, dadoed
gelamenteer lamentation, whining, whimpering
gelande landholder (in a polder)
gelang: *al naar ~* depending on [one's premisses]; *naar ~ van* in proportion to, according to; *naar ~ van zaken* (according) as circumstances may require; *naar ~ (dat)* according(ly) as, as [I'll give you money as you want it]; *naar ~* [everything was] in proportion, in keeping
gelasten order, direct, charge, instruct; *hem werd gelast het veld te verlaten* he was ordered off (the field); *iem ~ het huis te verlaten* order a p. out of the house
gelastigde delegate, deputy, proxy
gelaten resigned, uncomplaining
gelatenheid resignation
gelatine gelatin(e)
gelatineachtig gelatinous
gelatinepudding jelly
gelauwerd laureate; *~e dichter* poet laureate
gelazer 1 bother, trouble; *daar begint het ~* now the fat is in the fire; *dat geeft maar ~* that'll only get us a lot of hassle; **2** fuss, moaning, [I can't stand his perpetual] bellyaching
geld money; *~en* moneys, monies; *toegestane (aangevraagde, uitgetrokken) gelden* appropriations; *je ~ of je leven!* your money or your life!, *(hist)* stand and deliver!; *vals ~* bad money, base coin; *ik heb geen ~ voor een postzegel (een taxi)* I haven't the price of a postage stamp (taxi); *het ~ voor een tuinman uitsparen* save the cost of a gardener; *kinderen half ~* children half price; *met ~ bereik je* ***alles*** money talks; ***goed*** *~ naar kwaad ~ gooien* throw good money after bad; *het ~* ***groeit*** *me niet op de rug* I am not made of money; *daar is (een hoop) ~ mee te* ***verdienen*** there is (a lot of) money in it; *~ als* ***water*** *verdienen* coin money, make money hand over fist; *vgl* uitgeven; *iem die (iets waarmee men) ~ als water verdient* money-spinner; *honderd euro* ***aan*** *~* a hundred euros in cash; *mensen* ***met*** *~* people with money, moneyed people; *het is met geen ~ te betalen* it's worth its weight in gold; *zie ook* smijten; ***te*** *~e maken* turn (convert) into money, realize; *~ slaan* ***uit*** make money out of; *man* ***van*** *~* man of means (of substance); *zie ook* bulken; *het is* ***voor*** *geen ~ te koop* money will not buy it; *voor geen ~ (van de wereld)* [I would] not [have him here] at any price, not for (all) the world; *ik zou me voor geen ~ met hem willen vertonen* I would not be seen dead with him; *voor ~ of goede woorden* for love or money; *voor hetzelfde ~, (fig)* just as easily; ***zonder*** *~* without money, penniless, impecunious; *zie ook* balk, grof, groot, klein, kloppen, rollen, toestaan, Zwitser, enz
geldadel, geldaristocratie moneyed aristocracy
geldautomaat cashpoint, cash dispenser, ATM, *(Am)* cashomat
geldbedrag amount, sum of money
geldbelegging investment
geldbeugel purse
geldboete fine
geldbuidel moneybag, purse
gelddorst thirst (*of:* lust) for money
gedduivel demon of money, mammon; money-grubber
geldeenheid monetary unit, currency unit
geldelijk monetary [loss, reward, transaction, offer], pecuniary [difficulties, advantage], financial [support, difficulties, worries]; *(ook)* money [troubles, the money side of it]; *alles van de ~e kant beschouwen* measure everything in terms of money; *~ getroffen worden* suffer financially
gelden 1 *(van kracht zijn, opgaan)* be in force, be operative, be valid, obtain, apply, hold (good); *die bepaling geldt in dit geval niet* that provision does not apply in this case; *zulke redeneringen ~ niet bij mij* such arguments do not weigh (*of:* count) with me; *deze regel geldt zonder uitzondering* this rule holds good (obtains) universally; *wat hij zegt, geldt* what he says goes; *zijn aanspraken (invloed, rechten)* ***doen*** *(laten) ~* assert one's pretensions (influence, rights) [*bij* with]; *zijn invloed doen ~, (ook)* make one's influence felt; *dat* ***laat*** *ik ~* I grant (admit) that; ***zich*** *(weer) doen ~* assert (reassert) o.s. (itself), make itself felt, come into play; *ervaring doet zich ~* experience tells; *dat geldt ook* ***van*** *de anderen* the same applies to (holds good with regard to, goes for) the others; *~ (opgaan)* ***voor*** apply to [that applies only to our country], hold (good) for; *~ (doorgaan) voor* be said to be, be considered (to be), rank as; *dat geldt zowel voor Engeland als voor Duitsland, (ook)* that is true both of England and Germany; *dat geldt ook voor jou* that also goes for you; *zijn smaak geldt voor goed* is considered (accounted) good; *de beurs geldt voor één jaar* the scholarship is tenable for one year; *zie ook* stem; **2** *(tellen)* count; *dat geldt niet* that does not count; *6 geldt als voldoende* 6 ranks as a pass-mark; *dat geldt mij meer dan schatten* that counts with me more than treasures; *hij geldt* ***voor niets*** he counts for nothing; **3** *(betreffen)* concern; *wie geldt* ***het?*** who(m) is it meant for (aimed at)?; *het geldt mijn eer (mijn leven)* my honour (my life) is at stake; *zie ook* betreffen; *het geldt hier snel te handelen* quick action is called for here
geldend valid, ruling, current, received, prevailing; *de algemene ~e opinie (gewoonte)* the (generally) received opinion (custom); *de thans ~e prijzen* current prices, the prices now prevailing
Gelders: *~e roos* guelder rose
Geldersman native of Gelderland

geldgebrek want of money, lack of funds, impecuniosity; ~ *hebben* be short of money (of cash); *zie ook* geldverlegenheid
geldgever 1 lender; **2** backer, sponsor
geldhandel banking (business)
geldhandelaar money dealer, banker
geldig valid [for all values of x; *volgens de wet* in law], operative; *slechts ~ voor de dag van afgifte* available (valid) on the day of issue only; *zie ook* gelden: ~ voor; *niet meer ~* [the passport is] out of date; *~ maken, verklaren* make, declare valid, validate; *het contract (besluit, enz) is niet ~* the contract (decree, etc) cannot stand; *zie ook* kracht: van ~
geldigheid validity; currency [of a timetable]; *(v kaartjes)* availability; *onderlinge ~* interavailability [of railway and bus tickets]
geldigheidsduur *zie* geldigheid
geldigverklaring validation [of a contract], recognition [of a diploma]
gelding validity
geldingsdrang 1 assertiveness, desire to assert o.s.; **2** *(psych)* aggression
geldkas till; cash box
geldkist strongbox, money box, coffer; *~je* cash box
geldklopper money-grubber
geldkoers rate of exchange
geldkraan: *de ~ dichtdraaien* refuse further credit (loans, subsidies)
geldkwestie money matter, [it's a] question of money
geldlade till, cash drawer
geldlening loan
geldmagnaat financial magnate (tycoon)
geldmakerij *zie* geldwinning
geldmarkt money (*of:* stock) market
geldmiddelen pecuniary resources, means, finance(s)
geldnemer borrower
geldnood *zie* geldgebrek & geldschaarste
geldomloop circulation of money
geldontwaarding 1 inflation; **2** devaluation
geldpolitiek monetary policy
geldprijs money prize
geldsanering currency (monetary) reform
geldschaarste scarcity (dearth, stringency, tightness) of money
geldschepping creation of money
geldschieter moneylender
geldsmijterij throwing money down the drain
geldsom sum of money
geldsoort kind of money, coin, [foreign] currency
geldstroom: *eerste, tweede, derde ~* direct, indirect, third party (*of:* private contract) funding
geldstuk coin
geldswaarde money value, value in money, [currency or other forms of] monetary worth
geldswaardig: *~e papieren* papers of value, securities; *~e artikelen* monetary articles
geldverkeer [international] finance
geldverlegenheid financial difficulties, money problems; *in ~ verkeren, (ook)* be hard pressed, be hard up, be pushed for money
geldverspilling waste of money
geldvoorraad supply of money, money supply; *te grote ~* glut of money
geldwereld world of finance
geldwezen finance, monetary matters
geldwinning moneymaking (business); *het is een ~* they are coining money
geldwisselaar 1 money changer; **2** *(apparaat)* change giver
geldwolf money-grubber
geldzaak money affair (*of:* matter)
geldzending remittance
geldzorgen money troubles (worries)
geldzucht lust for money
geldzuchtig money-grubbing, mercenary
geldzuivering currency (monetary) reform
geleden ago; *(ve punt in het verleden gerekend)* before, previously, [I had seen him a week] earlier; *korte tijd ~, (ook)* a short time since; *een jaar ~ was hij ...* this time last year he was ...; *het is lang ~, dat* it is a long time (past), it is a long time since [I saw him last]; *het is 10 jaar ~ dat hij stierf* it is ten years since (it was ... ago that) he died; *hoe lang is dat ~?* how long ago is that?; *heel kort ~* quite recently
gelederen *zie* gelid
geleding 1 *(biol)* articulation, joint; **2** *(ve harnas, enz)* joint; **3** *(vd kust)* indentation; **4** *(personen)* echelon; *in al zijn ~en, (fig)* at all levels, throughout the rank and file
geleed articulate(d), jointed [stalk, tail]; *(vd kust)* indented; *~ dier, (ook)* articulate; *gelede bus* articulated bus
geleedpotigen arthropods
geleend: *het ~e* [repay] the loan; *zie ook* pronken
geleerd learned [journal, man], scholarly [journal, production, work], academic [circles]; *de ~e wereld* the learned world, the world of learning, *(natuurwetenschap)* the world of science; *hij is ~ in het Grieks* a good Greek scholar; *dat is mij te ~* that is beyond me (beyond my comprehension); *hij spreekt mij te ~* he talks (his talk goes) over my head
geleerde scholar, man of learning, *(natuurwetenschap)* scientist, *(uitstekend)* savant, *(fam)* egghead; *(hindoes & scherts)* pundit; *de ~n zijn het er niet over eens* the matter is disputed
geleerdheid learning, erudition
gelegen 1 situated [*aan een weg* on a road], lying; *een slecht ~ kerk* an ill-sited church; *~ zijn in, zie* liggen in; **2** convenient, opportune; *te ~er tijd (ure)* in due time, in good season; *het is zo ~* it's like this, it's this way; *ik weet niet hoe de zaken ~ zijn* I ... how matters stand; *dat* ***komt*** *mij nu niet ~* it does not suit me now, it is not convenient for (to) me now; *komt dat*

~? is that (will that be) convenient?; *zie ook* [1]pas 6: van ~ komen; *er is mij veel **aan** ~ u te overtuigen* I am anxious to convince you; *er is (mij) veel aan ~* it is of great importance (to me); *daar is niets aan ~* it does not matter; it is of no consequence; *er was ons niet veel aan ~* we did not feel strongly on the matter; *ze lieten zich weinig aan mij ~ liggen* they paid little attention to (took little notice of) me

gelegenheid 1 occasion; *(gunstige ~, kans)* opportunity, chance, opening; *ruim ~* ample scope [to show your ability]; *de ~ **biedt zich aan** (doet zich voor), a)* the opportunity offers (presents itself); *b)* the occasion arises; *ruimschoots ~ (aan)bieden voor discussie* give ample scope for discussion; *het meer biedt uitstekende ~ (aan) om te vissen en te zwemmen* the lake affords excellent fishing and bathing; *de ~ **aangrijpen*** seize (take, avail o.s. of) the opportunity [of doing, to do]; *men moet de juiste ~ aangrijpen* time and tide wait for no man, (there is) no time like the present; *~ **geven*** give (afford) an opportunity, enable; *~ **hebben*** have (an) opportunity; *weinig ~ hebben* have little opportunity; *~ **krijgen** (maken, vinden)* get (make, find) an opportunity [*om te* to]; *de ~ laten **voorbijgaan*** let the opportunity slip; *als de ~ zich voordoet* when (if) the opportunity arises; *(naarmate)* as occasion offers; ***bij** ~* on occasion, occasionally; *stuur het me bij ~ terug* return it at your convenience; *bij ~ van* on the occasion of [his silver wedding]; *bij die ~ had ik geen ~ om ...* on that occasion I had no opportunity to ...; *bij de eerste ~* at the first opportunity; *bij elke ~* on every occasion, on all occasions; *bij feestelijke gelegenheden* on festive occasions; *bij voorkomende ~* when opportunity offers, when occasion arises; ***in** de ~ stellen* give (afford) an opportunity, enable; *in de ~ zijn te* be in a position to, have an (the) opportunity to, be able to; *ik deed het **op** eigen ~* unaided, off my own bat, on my own hook; *op eigen ~ reizen* travel on one's own (independently); ***per** eerste ~* [send] at the earliest opportunity; ***ter** ~ van* on the occasion of; ***voor** de ~* [written] for the occasion; **2** *(plaats, ruimte, voorziening)* place, accommodation, convenience, facility; *(café, enz)* place, [a high-class] establishment; *zekere ~* convenience, WC; *~ om zich te wassen (kleden)* washing (dressing) accommodation; *mooie ~ om te schaatsen* fine place for skating; *prachtige ~ voor het golfspel* excellent golfing facilities; *er is ~ voor sport* provision is made for games

gelegenheids- occasional [drinker, poem, poet]

gelegenheidsbezoek informal (occasional, unplanned, chance) visit

gelegenheidsgezicht [with a] countenance (expression) to suit (well suited to) the occasion

gelegenheidskleding formal dress

gelegenheidskoopje bargain

gelegenheidswetgeving ad hoc legislation

gelegenheidszegel special (*of:* commemorative) stamp

gelei *(vruchten~)* jelly; preserve; *(dierlijk)* jelly; *paling in ~* jellied eel(s)

geleiachtig jelly-like, gelatinous, viscous

geleibiljet, geleibrief *(spoorw)* waybill; *(douane)* permit; *(vrijgeleide)* safe conduct

geleid guided [missile *projectiel*; tour]; *zie ook* economie

geleide attendance, guard, care, protection; *(mil, enz)* escort; *(v vloot)* convoy; *hij bood haar zijn ~ aan* he offered to accompany her (to see her home); ***onder** ~* under escort; *onder sterk ~* under a strong guard; *onder ~ van* [children] under the care (*Am:* in charge) of [an adult]; ***ten** ~* preface, foreword; *zie ook* leiding

geleidebaken warning sign; *(mar)* leading light

geleidebiljet waybill

geleidebrief covering letter, covering note

geleidehond guide dog, *(Am)* seeing-eye dog

geleidelijk I *bn* gradual; **II** *bw* gradually, by degrees, little by little; *~ afvoeren, opheffen, enz* phase out

geleidelijkheid gradualness; *langs lijnen van ~, zie* geleidelijk II

geleiden lead, conduct, accompany, escort, attend; *(mil)* escort; *(vloot)* convoy; *(natuurk)* conduct [heat, electricity]; *(techn)* guide; *naar tafel ~* take [a lady] in (hand ... down) to dinner; *zie ook* altaar, economie

geleidend conductive [layer, metal], conductible

geleider leader, guide, conductor; (dog) handler; *(natuurk)* conductor; *slechte ~* non-conductor; *(techn)* guide

geleiderail 1 check rail, guard rail; **2** guide rail; **3** crash barrier

geleidestraal *(luchtv)* beam

geleiding leading, conducting, etc; *(natuurk)* conduction [of heat, etc]; *(concr)* (electric) wiring; *zie ook* leiding

geleidingsvermogen conductivity

geleidraad [copper] conductor

geleidster leader, guide

geleigeest attendant spirit

gelen I *tr* (make) yellow; **II** *intr* (get, turn) yellow

geleren gel

gelet *zie* letten

geletterd literary, lettered, [man] of letters; educated; literate

geletterde man of letters, literary person; educated person; *~n, (ook)* literati

geletterdheid: *functionele ~* literacy

geleuter waffle, drivel, twaddle

gelid 1 *(gewricht)* joint; **2** *(mil)* rank *(ook fig)*, file; *voorste (achterste) ~* front (rear) rank; ***in** het ~ gaan staan* fall in, line up; *in enkele (dubbele) gelederen* in single (double) file(s); *zich in ~ opstellen* draw up; *in het ~!* line up!; *in het ~ blijven* keep rank(s); *voorste ~, (fig ook)* cutting edge [of cancer research]; *in*

---

zie voor niet opgenomen deelwoorden de ww

de voorste gelederen van de beweging in the forefront of the movement; *de gelederen sluiten* close ranks; *de gelederen verbreken* break rank(s); ***uit** het ~ treden* leave the ranks, fall out; *uit de gelederen voortkomen, (ve officier)* rise from the ranks; *zie ook* gesloten; **3** *(bijb)* generation

gelidknoop *(plantk)* node

gelieerd allied [to, with], connected (associated) [with] *vgl het ww*

geliefd dear, beloved, well-liked (*bij* by, of), popular [*bij* with, among]; *niet erg ~* not liked very much (not too popular); *hij was overal ~* he was a favourite everywhere; *zijn ~ hoekje* his favourite corner; *zijn ~e plan* his pet (*of:* cherished) scheme; *zie ook* trek: in ~

geliefde sweetheart, dearest, love, beloved, [his] lady-love, [her] lover

geliefhebber dilettantism, amateurism, dabbling [in poetry, etc]

geliefkoosd favourite, cherished

gelieven I *zn* lovers; **II** *ww* please; *gelieve mij te berichten* kindly (*of:* please) inform me; *u gelieve te betalen* you are requested (please be kind enough) to pay; *ik zal wachten tot het hem gelieft (mij te helpen, enz)* I'll wait his pleasure; *wat hij geliefde te noemen* ... what he chose (*of:* was pleased) to call ...; *hij geliefde mij niet te geloven* he was pleased not to ...

gelig yellowish

geligniet gelignite

gelijk I *bn* **1** *(niet verschillend)* equal, identical, similar, alike; [a] like [amount]; *~ en gelijkvormig, zie* congruent; *~ spel* draw; *vijftien ~, (sp, enz)* fifteen all; *zichzelf ~ blijven* be consistent (with o.s.); *het is mij ~* it is all the same (makes no difference) to me; *zij zijn ~ in jaren (van grootte)* they are of an age (of a size); *de **klok** is niet ~* the clock is not right; *zie ook* gelijkgaan; *jullie mannen zijn allemaal ~* you men are all alike, all (just) the same; *~ (spel) **maken**, (sp)* draw (level), equalize [at 7-7]; *~ maken (op hetzelfde peil brengen), (ook)* level up; *zie verder* gelijkmaken; *~ **aan*** equal (identical, similar) to; *10 min 4 is ~ (aan) 6* ten less (minus) four is six; ***in** ~e mate* equally, in the same degree; ***onder** overigens ~e omstandigheden* other things being equal; *~ (onder ~e condities) beginnen* start on a level; ***op** ~e wijze* in the same way (manner); *de gevallen zijn niet ~, zie* gelijkstaan; ***van** ~e datum* of same (*of:* even) date; *~ van humeur* even-tempered; **2** *(effen)* even [teeth], smooth [lawn], level [site; the tiles are not level]; *~ zijn met, (ook sp)* be level with; *~ met, (ook)* flush (even) with [the ground, etc]; *de deur is geheel ~ met de muur* the door fits flush into the wall; **II** *bw* **1** [divide] equally, [dressed] alike; [she treated all men] the same, similarly [stupid]; *~ behandelen, (ook)* treat without discrimination; *~ (op) delen* (share and) share alike, *(v 2 pers, ook)* go fifty-fifty, divide (*of:* share) the profits etc fifty-fifty (on a fifty-fifty basis); *~ als* just as; *~ denken* think alike; *~ op gaan* keep up (with each other), *(sp)* be level pegging; **2** *(meteen; prompt)* at the same time, simultaneously; straightaway; *~ aankomen, (ook)* arrive together; *~ toen ik binnenkwam* as soon as I came in; *als je dat doet verlies je ~* if ... you lose at once (straightaway); **3** *(even ver, enz)* [draw, finish, keep] level; **III** *zn* right; *iem ~ **geven**, a)* say that a p. is right, agree with a p., be of a p.'s opinion, bear a p. out; *(fam)* back a p. up; *b)* decide in a p.'s favour; *ik geef je ~, (ook)* I think you are right; *~ **hebben*** be right, be in the right; *hij wil altijd ~ **hebben*** he always wants to carry his point (to be in the right); *hij is overtuigd van zijn eigen ~* he is ... of being in the right; *je hebt (groot) ~ met dat te zeggen* you are (quite) right in saying so (to say so); *daar heb je ~ aan* you are right there; *~ heb je!* right you are!; *hij **kreeg** ~* he (was) proved (to be) right; *iets **in** het ~ brengen* set a thing to rights; *in het ~ stellen, zie ~* geven; *dat (de uitkomst, enz) stelde haar in het ~* that (the event, etc) put her in the right, justified her; ***van** 's ~en!* (the) same to you!; *zie ook* insgelijks; **IV** *vw* as [do it as I have shown you]; *(fam)* like

gelijkaardig similar

gelijkbenig isosceles [triangle]

gelijkberechtigd *zie* gelijkgerechtigd

gelijkbetekenend of like meaning, synonymous

gelijkdelend: *~ erfrecht* gavelkind

gelijke equal; [you will not find his] peer (*ook:* equal); *zijns ~n, (ook, min)* the likes of him; *het heeft zijns ~ niet, (ook)* it is unequalled; *als ~(n), zie* voet: op ~ van gelijkheid

gelijkelijk equally, evenly [divided], [divide] in equal shares; *zie ook* gelijk II.1

gelijken: *~ (op)* resemble, look like, be like; *dit is een goed ~d portret* this photo is very like (is a good likeness); *zie verder* lijken

gelijkenis 1 resemblance [*met, op* to], likeness [to ...], similarity; *(bijb: afbeelding)* likeness; *zie ook* vertonen; **2** *(parabel)* parable

gelijkgaan keep good time; *gaat uw horloge ~?* is your watch right?; *mijn horloge gaat ~ met de radio* my watch is correct (right) by ...

gelijkgerechtigd equal, co-equal [partners]; *~ zijn, (ook)* rank equally

gelijkgerechtigdheid *zie* rechtsgelijkheid

gelijkgericht: *mensen met ~e belangstelling* people with common interests

gelijkgestemd *(fig)*, **gelijkgezind** like-minded, of one mind

gelijkhebberig opinionated, disputatious, self-righteous

gelijkheid equality; *(gelijkenis)* similarity; *(eenvormigheid)* sameness; *(v oppervlak, enz)* smoothness, evenness; *zie ook* voet

gelijkheidsprediker leveller, egalitarian

gelijkhoekig equiangular

---

zie voor niet opgenomen deelwoorden de ww

gelijkklinkend *zie* gelijkluidend
gelijkknippen trim
gelijkkomen *(sp)* draw level, equalize; ~ *met* come (*of:* catch) up with
gelijklastig: ~ *zijn, (mar)* be on an even keel
gelijklopen 1 *zie* gelijkgaan; **2** run parallel [*met* to]; **3** be level
gelijklopend 1 keeping good time; **2** *(v lijnen, enz)* parallel; **3** level
gelijkluidend 1 *(klank)* homophonous [words], *(muz)* homophonic; **2** *(betekenis)* homonymous [words]; **3** *(inhoud)* identical [answer]; ~ *afschrift* true copy; *zie ook* eensluidend
gelijkmaken 1 equalize [*aan* to, with]; *(sp)* draw level, equalize, level the score(s); **2** *(effenen)* level [the ground], smooth; *met de grond* ~ raze to the ground, level to (with) the ground; ~ *aan (brengen op het peil van)* level up (down) to; *het Schots gebruik* ~ *aan het Engels* bring Scottish practice into line with English
gelijkmaker *(sp)* equalizer
gelijkmaking equalization; levelling
gelijkmatig equable [temperature, climate], uniform [motion], steady [pressure]; even [temperature, tint, light distribution, speak in even tones], equal; *een* ~ *humeur* an even temper
gelijkmatigheid equableness, equability, uniformity, evenness
gelijkmoedig equanimous, even-tempered
gelijkmoedigheid equanimity, evenness of temper
gelijknamig of the same name; *(v breuken)* having the same denominator; *(elektr)* similar, like [poles]; *zie ook* pool; ~ *maken* reduce [fractions] to the same denominator
gelijkrichten align [particles]; rectify [a current]
gelijkrichter rectifier [circuit]
gelijkrichting [half-, full-wave] rectification
gelijkschakelen 1 co-ordinate [with ...]; standardize; **2** bring into line, treat equally (badly), conform
gelijkslachtig homogeneous [polynomial *veelterm*]
gelijkslachtigheid homogeneity
gelijksoortig similar, (a)like
gelijksoortigheid similarity, likeness
gelijkspanning direct (DC) voltage
gelijkspel *(sp)* draw
gelijkspelen *(sp)* draw [at 3-3], tie [3-3]; *Liverpool en Everton speelden gelijk* Liverpool and Everton drew (their match); *Liverpool speelde gelijk met Everton* Liverpool drew with (to) Everton
gelijkstaan be equal [*met* to], be level (on a par, on a level) [*met* with]; *(sp fam)* be level pegging; ~ *met, (ook)* be tantamount (equivalent) to, amount to [an affront]; *de gevallen staan niet gelijk* the cases are not on all fours
gelijkstandig *(wisk)* homologous [sides]
gelijkstellen put on a par (on a level, on the same footing) [*met* with], equate, identify; give equal status [with], give equal treatment [to], *(maatschappelijk, enz)* emancipate
gelijkstelling equal treatment [of men and women]; emancipation; parity [of two currencies; demand parity of status, pay, treatment]
gelijkstoten joggle [cards]
gelijkstrijken smooth
gelijkstroom direct (*of:* continuous) current, DC [engine]
gelijkteken equal(s) sign, sign of equality
gelijktijdig I *bn* simultaneous, synchronous; contemporary [writers]; **II** *bw* simultaneously, concurrently, [arrive] at the same time
gelijktijdigheid simultaneousness, simultaneity, synchronism
gelijktrekken 1 straighten [curtains]; **2** level up [incomes, scores]
gelijkvloers 1 on the ground floor, on the entrance floor, on ground (street) level; *~e kruising* level intersection, *(Am)* grade crossing; *het* ~ the ground floor; **2** on the same floor; **3** *(fig)* plain, homely, pedestrian [style]
gelijkvormig of the same form, similar [figures]; *gelijk en* ~ equal and similar, congruent, identical
gelijkvormigheid conformity, similarity; *gelijk- en* ~ congruence, identity
gelijkwaardig equivalent [*aan* to]; [diploma's] of the same value; [candidates] of equal merit; equal [opponents], [they are] evenly matched
gelijkwaardigheid equivalence, equality
gelijkzetten put (set) [the clock, one's watch] right [*met de radio* by the radio], *(met elkaar)* synchronize [clocks]
gelijkzijdig equilateral [triangles]
gelijkzijdigheid equalness
gelijkzwevend: *~e temperatuur, (muz)* equal (*of:* even) temperament
gelijmd: ~ *papier* sized paper
gelik licking, lapping; *(fig)* toadyism
gelikt 1 highly finished, polished; **2** *(al te glad)* slick
gelinieerd ruled [paper]
gelobd lobed, lobate; *(ve blad)* sinuate
geloei (bel)lowing; roar(ing), booming *(ve misthoorn); vgl* loeien
gelofte vow, (solemn) promise; *de* ~ *afleggen, (r-k)* take the vow; *een* ~ *doen* make a vow
geloftegift ex voto, votive offering
geloken closed, shut
gelokt [long-, raven-, silver-]haired, with [fair] tresses
gelood leaded [petrol]
geloof belief, faith, credit; *(godsd)* faith, belief, persuasion, religion; *(~sbelijdenis)* creed; ~, *hoop en liefde* faith, hope and charity; *een blind* ~ [have] blind (implicit) faith [in a p.'s honesty]; ~ *aan* faith (belief, trust) in; *het* ~ ***kan bergen verzetten*** faith will remove mountains; ~ ***hechten (schenken,***

zie voor niet opgenomen deelwoorden de ww

slaan) aan believe, give (attach) credence (credit) to; ~ ***stellen in*** trust, put faith in; *van zijn* ~ ***vallen*** lose one's faith; *(fig)* change one's mind, come to see reason; ~ ***vinden*** find credence; ***op goed*** ~ *aannemen* take (up)on trust; *zie ook* artikel
geloofsartikel article of faith (of religion)
geloofsbelijdenis confession (profession) of faith, [the Athanasian] creed, [his political] credo; *vgl* belijdenis
geloofsbezwaren religious scruples
geloofsbrieven 1 credentials, letters of credence; **2** documentary proof of one's election
geloofsdaad act of faith
geloofsdwang coercion in matters of faith
geloofsformulier creed
geloofsgemeenschap religious community
geloofsgenoot co-religionist
geloofsgeschil religious controversy
geloofsgetuige martyr
geloofsijver religious zeal
geloofsleer dogmatics, religious doctrine
geloofsleven religious life
geloofsonderzoek test (*of:* trial) of faith
geloofsovertuiging religious conviction
geloofspunt point of doctrine, doctrinal point
geloofsregel rule of faith
geloofsrichting denomination
geloofsverkondiging preaching (propagation) of the faith
geloofsvertrouwen (religious) faith
geloofsvervolging religious persecution
geloofsverzaking apostasy
geloofsvrijheid religious liberty (freedom)
geloofszaak matter (question) of faith
geloofwaardig credible [account, story], reliable [person, account], plausible [account], colourable [imitation]; [a witness] of credit; *klinkt dat ~?* does that ring true?; *zie ook* bron
geloofwaardigheid credibleness, credibility, reliability; *(bij de jeugd)* street cred
geloop running (to and fro), coming and going
geloven believe (*ook:* one's eyes, etc), credit; *(v mening zijn)* think, believe; *niet ~, (ook)* disbelieve *(tr & intr); ~ dat iem dood is, (ook)* believe a p. (to be) dead; *ze kon haar ogen niet ~, (ook)* she could not credit her senses; *dat moet je zien om het te* ~ it has to be seen to be believed; *hij kon maar niet ~ dat ...* he could not bring himself to believe ...; *hij gelooft alles* he will swallow anything; *geloof dat **maar*** you may take my word for it; *geloof maar, dat hij een handige kerel is* give him credit for being a clever fellow; ***doen*** ~ make [a p.] believe, bring [a p.] to believe; [he is not so stupid as you want to] suggest; *dat geloof ik **graag**!* I should think so!, I dare say!, I can well believe it; ['I don't like the word'] 'I dare say not'; ***niet*** *te* ~ unbelievable; *je kunt me ~ of niet* believe me or not; *zie ook* ongelofelijk; *hij gelooft het **wel*** he does not trouble his head about it; he takes things (*of:* everything) for granted; *het verder wel* ~ leave it at that; ~ ***aan*** believe in [God, ghosts]; *je moet eraan ~, (fig)* you are in for it now; *mijn boot (auto, enz) moet eraan* ~ my boat (car, etc) will have to go; ~ ***in*** believe in; *zie ook* woord
gelovig *(vroom)* pious; *(kerks)* religious; *de ~en* the faithful, the believers, the worshippers; *de overleden ~en, (r-k)* the faithful departed
Gelre Guelders
gelui ringing, tolling; *vgl* luiden
geluid sound [the sound of voices, make a sound, a sound recording]; *(inz ongewenst, onbestemd)* noise; *allerlei ~en* various noises; *een ander (een optimistisch) ~ laten horen* strike a different (an optimistic) note [*zo ook:* make encouraging, sympathetic noises]; *zie ook* klank & toon
geluidarm noiseless, silent
geluiddempend soundproof(ing), sound-reducing, muffling, acoustic [material]
geluiddemper sound absorber, sound suppressor; *(muz)* mute; *(ve motor)* silencer, *(Am)* muffler; *(ve vuurwapen)* silencer
geluiddemping *(ve huis, enz)* soundproofing
geluiddicht soundproof
geluidloos soundless
geluidsarchief sound archive
geluidsband magnetic (sound recording) tape
geluidsbarrière sound barrier
geluidscamera sound camera
geluidscassette audio cassette
geluidsfilm sound film, *(fam)* talkie
geluidsgolf soundwave
geluidshinder noise nuisance (interference, pollution); *bestrijding van* ~ noise abatement, noise control
geluidsingenieur sound engineer, audio engineer
geluidsinstallatie public address system; *(thuis)* audio system
geluidsleer acoustics
geluidsmuur 1 sound barrier; **2** baffle wall
geluidsopname 1 sound recording, audiotape; **2** *(film)* sound record
geluidsoverlast *zie* geluidshinder
geluidsscherm acoustic fencing
geluidssignaal sound (*of:* acoustic) signal
geluidssnelheid speed of sound
geluidsspoor soundtrack; *(amateurfilm)* stripe
geluidstechnicus audio engineer
geluidstrilling acoustic (*of:* sound) vibration (oscillation)
geluidsversterker audio amplifier
geluidsvervuiling noise pollution
geluidsvolume volume of sound
geluidswagen recording van
geluidswal baffle bank, noise baffle
geluidswand 1 acoustic wall; **2** *zie* geluidswal

---

geluidszoeker sound locator
geluidvrij soundproof
geluidwerend soundproof *(ook: ~ maken)*
geluidwering 1 soundproofing; **2** noise baffle
geluier idling, laziness
geluimd: *goed* ~ good-humoured, in a good humour; *erg goed* ~ in high feather; *slecht* ~ in a (bad) temper, out of humour; *wat is hij slecht ~!* what a temper he is in!; *ik ben er niet naar ~ om ...* I am not in the mood to ...; *zie ook* gestemd
geluk *(gevoel)* [domestic] happiness, *(sterker)* felicity, bliss; *(door omstandigheid)* fortune; *(~kig toeval)* (good) luck, good fortune; *(succes)* success; *~je* piece of (good) luck, stroke of good fortune, windfall; *wat een ~!* what a piece of luck!; *wat een ~, dat ze niet thuis was* what a mercy she was ...; *zijn ~* ***beproeven*** try one's luck (fortune); *een hoefijzer* ***brengt*** ~ a horseshoe brings good luck; *het ~* ***diende*** *hem* his luck was in; good fortune attended him; ~ ***hebben*** be in luck, be fortunate; *ik had het ~ te ...* I had the good fortune to ...; *het liefste meisje, dat ik het ~ gehad heb te ontmoeten* the sweetest girl it has been my good fortune to meet; *het ~* ***is met de dommen****, (vglb)* [have] beginner's luck; *het ~* ***is met de*** *stoutmoedige* fortune favours the bold; *het is een ~ bij een ongeluk, (vglb)* it's an ill wind that blows nobody any good; it's a blessing in disguise; *het was een ~ voor me dat ...* luckily for me [the train was late]; *zie ook* gelukkig dat; *je mag nog van ~* ***spreken****, dat ...* you may think (*of:* count) yourself lucky that ... (thank your stars that ...); *je mag van ~ spreken (dat je er niets mee te maken hebt)* you are well out of it; ~ ***wensen****, zie* gelukwensen; *dat is meer ~ dan* ***wijsheid*** it is more by luck than good judgement; *meer door ~ dan wijsheid, (ook)* through no virtue of his own [he found ...], more through luck than through anything else; ***bij*** ~ by chance, as luck would have it, by (great) good fortune; *bij louter ~, (ook)* by a mere fluke; ~ ***ermee!*** best of luck with it!; ***op*** *goed ~ (af)* at random, randomly, at a venture; hoping for the best; *een selectie op goed ~* a random selection
gelukaanbrenger bringer of good luck, mascot
gelukken succeed; *zie verder* lukken
gelukkig I *bn* **1** *(fortuinlijk)* fortunate; *(door toeval)* lucky [Sunday is a lucky day for me]; *(voorspoedig)* prosperous [voyage]; happy [days]; *~e afloop* happy ending (issue); *de ~e bezitter* the lucky possessor; ~ *toeval* lucky (happy) chance, fluke; ~ *voortekens* good omen; *~!* thank goodness!; *en maar ~ ook!* and a (jolly) good thing (*of:* job) too!; ~ *dat hij ...* (a) good thing he ...; ~ ***zijn****, (boffen)* have (good) luck, be in luck; *we zijn zo ~, Mej. B als spreekster te hebben* we are fortunate in having Miss B ...; *[als ze er achter komen] dan is hij nog niet ~, (fam)* he'll be for it; *hij was* ***de ~e*** he was the lucky man; *de ~e loopt alles mee* nothing succeeds like success; **2** *(blij tevreden)* happy [marriage, thought, he is as happy as the day is long]; *zich ~ voelen met iets* feel happy about s.t.; **3** *(welgekozen)* felicitous [terms *bewoordingen*]; *een minder ~ zinswending* [that is] not a happy turn of phrase; **II** *bw* fortunately, happily; luckily, as luck would have it
gelukkigerwijze *zie* gelukkig II
geluksbode bearer of good news
geluksdag lucky (happy) day, red-letter day
geluksgetal lucky number
geluksgodin goddess of fortune, Fortune
gelukshanger *(aan armband, enz)* charm
gelukskind fortune's favourite, spoilt child of fortune, *(fam)* lucky dog; *hij is een ~, (ook)* he was born with a silver spoon in his mouth
geluksnummer lucky number
gelukspoppetje mascot
geluksspel game of chance (of hazard)
geluksspinnetje money spider, money-spinner
gelukssterr lucky star; *zijn ~ rijst* his star is in the ascendant
gelukstoot fluke, lucky hit
gelukstelegram greetings telegram
geluksvogel *zie* gelukskind
gelukwens congratulation; *mijn ~en!* (you have) my congratulations [*met* on]
gelukwensen *ww* congratulate [*met* on], offer one's congratulations, wish [a p.] good luck (happiness)
gelukzalig blessed, blissful, beatific; *het verblijf der ~en* the abode of the blessed
gelukzaligheid bliss, blessedness, beatitude, euphoria
gelukzoeker fortune hunter, adventurer
gelukzoekster adventuress
gelul *(plat)* [a load of] balls, bull, crap, shit
gemaakt 1 ready-made [clothes]; **2** affected, prim, mincing [speech, gait], niminy-piminy; *~e glimlach* simper; *~e nederigheid* sham humility; *~e vrolijkheid* artificial (forced) gaiety; ~ *lachen (spreken)* laugh (speak) affectedly
gemaaktheid affectation, primness
gemaal 1 consort (*vooral in titels:* prince consort), spouse; **2** *(het malen)* grinding; **3** *(machine)* pumping engine; *(gebouw)* pumping station; **4** *(gezeur)* bother, worry
gemachtigde proxy, assignee, deputy, attorney; *(ve postwissel, enz)* endorsee
gemak 1 *(behaaglijkheid)* ease, comfort; *(gemakkelijkheid)* ease, facility; ***met*** ~ with ease, easily; *met ~ winnen, (ook)* win hands down; *(rennen & fig)* have a walkover, win at a canter, romp in (*of:* home); *iem met ~ verslaan* beat a p. hands down; ***op*** *zijn (dooie)* ~ at (one's) ease, *(zonder haast)* at one's leisure; *zich (niet) op zijn ~ voelen, (ook)* feel (un)comfortable; *doe het op uw ~* take your time (over it); *op zijn ~ reizen* travel by easy stages; *op zijn ~ lopen* stroll; *hij zette zich op zijn ~ in zijn stoel* he settled down com-

fortably in his chair; *op zijn ~ gesteld zijn, van zijn ~ houden* be fond of taking things easy; *iem op z'n ~ stellen* put (set) a p. at his ease, make a p. feel at home, make a p. comfortable; ***voor** het ~* to simplify matters [let's assume that ...]; **2** *(gerief)* comfort, convenience, facility; *(heimelijk ~)* convenience, loo, privy; *van moderne ~ken voorzien* fitted (out) with modern conveniences (appliances, comforts), labour-saving [house]; *~ van betaling* easy terms; *het ~ **dient** de mens* why not make things easy for yourself; ***hou** je ~!, a)* calm down!, *(sl)* keep your hair on!; *b)* stay where you are; *zijn ~ **nemen*** take one's ease, make o.s. comfortable; *voor mijn ~* [a telephone] for my convenience

gemakkelijk easy [sum, problem, life, posture, steps]; labour-saving [house], convenient [operation *bediening*], handy; comfortable [bed, coat]; [those signposts are] practical; *~ baantje* easy (*fam:* cushy) job; *~e betalingsvoorwaarden* easy terms (of payment); *~e buit* easy prey; *~e houding* comfortable position; *~ leven* easy (soft) life; *~e regeling* convenient arrangement; *~e stoel* comfortable (easy) chair; *u zult ~ **begrijpen*** you will readily understand; *het ~ **hebben*** have an easy time of it; *ze **is** lang niet ~* she is a difficult person, is not easy to get on with; *hij is wat ~* he takes things easy, is (an) easygoing (man); *haar hoofd is wat ~er* her head is a bit easier; *het is zo ~ als wat* as easy as ABC (as pie, as falling off a log); *het is ~ te vinden (bereiken)* it is easy to find (within easy reach); *de toestand ~er **maken*** ease the situation; *het zich ~ maken, a) (zijn gemak nemen)* make o.s. comfortable, make things easy for o.s., take things easily; *b) vgl* hij is wat ~; *het is **niet** ~, (ook)* it's no easy matter; *dat is niet ~ te overtreffen, (ook)* that takes some beating; *het was niet ~ haar te sussen* she took some soothing; *hij **spreekt** ~* he is a ready (fluent) speaker; *we spreken zo ~ over het leren van een taal* we talk casually about learning a language; *hij **werd** (haalde) ~ no 1* he was an easy first; *dat wordt ~ misverstaan* it is apt (liable) to be misunderstood (liable to misconstruction); *vgl* licht II.2; *~ **zitten**, (v pers)* be comfortably seated, be comfortable; *zit je ~?* are you comfortable?; *(ve kledingstuk)* be an easy fit, be comfortable; *zie ook* omgang, zeggen, enz

gemakkelijkheid ease, facility, easiness, comfortableness, commodiousness, convenience

gemakshalve for convenience(' sake)

gemaksvoeding, gemaksvoedsel convenience food(s)

gemakzucht laziness, indolence

gemakzuchtig easygoing, lazy, indolent; *hij is ~* he likes taking things easy, doesn't like to exert himself

gemalied mailed

gemalin consort, spouse

gemanierd *zie* welgemanierd & gemaniëreerd

gemaniëreerd mannered, affected [style]

gemaniëreerdheid mannerism

gemankeerd would-be, [a politician] manqué

gemarineerd marinaded, pickled, soused [herrings]

gemartel 1 torturing, tormenting; **2** *zie* getob

gemaskerd masked; *~ bal* masked ball

gematigd moderate [temperature, drinker, principles, language], moderate-minded [people], middle-of-the-road [beliefs, taste], measured [in measured terms], temperate [zone *luchtstreek*]; *de ~en* the moderates

gematigdheid moderation; temperance, sobriety

gematteerd matt(ed) [gold]; powdered [cigar]; frosted [glass]

gember ginger

gemberbier ginger beer (ale, *fam:* pop)

gemberkoek ginger honey cake; *~je* ginger biscuit (nut, *inz Am:* snap)

gemeen I *bn* **1** *(gemeenschappelijk)* common, joint; *(grootste) gemene **deler*** highest common factor; (greatest) common divisor (*of:* measure); *(kleinste) gemene **veelvoud*** (least) common multiple; *~ goed, (bezit)* common property; *(niets) ~ **hebben** (met)* have (nothing) in common (with); **2** *(algemeen)* common, public, general; *de gemene **zaak*** the public cause; *gemene zaak maken met* make common cause with, throw in one's lot with; **3** *(gewoon)* ordinary, common, usual; *de gemene man, zie* gewoon; *~ soldaat* private (soldier); **4** *(slecht, lelijk)* bad, vile [weather; write a vile hand], beastly (foul) [weather], nasty [smell]; *(min, laag)* low, mean, base, sordid, dirty [trick], foul [murder]; *(vals)* vicious [dog]; *gemene dief* low-down thief; *~ goedje* vile (nasty, filthy) stuff; *ik kan zijn gemene poot niet lezen* I can't read his ghastly scrawl; *gemene slag* backhander, foul blow; *gemene snee* nasty cut; *~ spel* foul play, [play a] low-down game; *gemene streek* shabby (dirty, low-down) trick; *een gemene vent* a skunk, a rotter; *het **is** ~* it's a (beastly) shame, it's a rotten thing to do, it's a dirty trick; *dat is ~ van je* it's horrid of you; **5** *(plat, vuil)* obscene, scurrilous [writings], filthy [talk]; *gemene taal* scurrilous (filthy, offensive) language; **II** *bw* meanly, etc; beastly, perishing(ly) [cold]; *iem ~ behandelen* treat a p. shabbily, *(fam)* do the dirty on a p.; *(eig Am)* hand a p. a dirty deal; **III** *zn: het ~* the rabble, the mob

gemeend 1 intentional [insult]; **2** sincere [words]

gemeengoed common property; *deze woorden zijn ~* these words are common coin

gemeenheid meanness, shabbiness, beastliness, etc; shabby trick; filthy talk, scurrility

gemeenlijk usually, commonly, as a rule

gemeenplaats commonplace, platitude, tag, bromide, cliché

gemeenschap 1 *(het gemeen hebben)* community [of interests]; *~ van goederen* community of goods; *in ~ van goederen trouwen* marry in community of property (on equal terms); *buiten ~ van goederen*

---

zie voor niet opgenomen deelwoorden de ww

[marry] under the separate estate arrangement; **2** *(omgang)* intercourse; ~ ***hebben met*** have (sexual) intercourse (relations) with; *zie* geslachtsgemeenschap; **3** *(verbinding, betrekking)* connection, connexion, communication; *alle ~ verbreken* break off all communication, *(met iem)* break with a p. altogether; **4** *(maatschappij, enz)* community [useful members of the community; the European Community]; *de ~ der Heiligen* the communion of saints; **5** *(België)* (federal) state

gemeenschappelijk I *bn* common [friend, staircase, action, the Common Market], joint [action, effort, report], shared [responsibility]; ~ *beheer* communal management; ~ *bezit* collective (communal) ownership, *(bezitting)* common property; ~ *gezang* community singing; *~e keuken* communal kitchen; ~ *leven* community life; *~e muur* party wall; *voor ~e rekening* on (*of:* for) joint account; II *bw* commonly, (con)jointly, [have s.t.] in common, [act] together

gemeenschappelijkheid community [of interests]

gemeenschapsexecutieve *(België)* regional executive

gemeenschapsgeest communal sense, public spirit

gemeenschapsgeld public money (funds)

gemeenschapsgevoel communal sense, public spirit

gemeenschapsleven community life, [individual and] corporate life

gemeenschapsraad *(België)* regional parliament

gemeenschapsschool *(België)* state school

gemeenschapszin communal sense, public spirit

gemeenslachtig of common gender

gemeente *(burgerlijk)* (civil) parish, local authority, [apply to, work for the] (local) council; municipality; *(kerkelijk)* parish; [the Catholic] community [in Ludlow]; *(het gehoor)* congregation; *de goe~*, *zie* goegemeente & parochie

gemeenteadministratie local government

gemeenteambtenaar local government (municipal, parish) official

gemeentearchitect municipal (city, town) architect

gemeentearts medical officer (of health)

gemeentebedrijven public works (department)

gemeentebelasting council tax

gemeentebestuur city (town) council, local authority

gemeentebode *(vero)* (parish) beadle

gemeentegarantie local authority mortgage guarantee

gemeentegrond council land

gemeentehuis town (city) hall, council offices, *(soms)* civic centre

gemeentekas municipal treasury, civic chest

gemeentelid parishioner

gemeentelijk municipal [affairs, buildings, rubbish dump]; council [services], corporation [buses]

gemeenteontvanger city (town, municipal) treasurer

gemeentepils Adam's ale

gemeentepolitie local, city police

gemeenteraad *(zonder de burgemeester)* town (city, municipal) council; *(Br)* (non-)metropolitan district council, *(Londen)* borough council; *(landelijk)* parish council, *(vergadering)* parish meeting; *(met de burgemeester)* (municipal) corporation; *zie ook* raad

gemeenteraadslid town (city) councillor, common councillor; *(Br)* district (*London:* borough, *landelijk:* parish) councillor

gemeenteraadsverkiezing municipal (local) election

gemeentereiniging municipal cleansing and waste disposal department

gemeenteschool local authority school

gemeentesecretaris *(vglb)* Chief Executive, *(in sommige plaatsen)* Clerk (of the council)

gemeenteverordening (local) by-law

gemeentewapen town (city, municipal) (coat of) arms

gemeentewege: *van ~* by authority (of the local council); [a grant] from (the) local funds, on the rates

gemeentewerken public works [department]; *directeur van G~* municipal (city, town, borough) surveyor

Gemeentewet Local Government Act

gemeentewoning council house (flat)

gemeentezegel municipal seal

gemeenzaam familiar, intimate; *gemeenzame uitdrukking* familiar (*of:* everyday) expression

gemeenzaamheid familiarity, intimacy

gemeld above-mentioned, above

gemêleerd mixed [crowd]

gemelijk peevish, morose, sullen, grumpy

gemenebest commonwealth [the (British) Commonwealth of Nations; the Commonwealth of Independent States, of Australia], republic

gemenerik nasty character (piece of work)

gemengd mixed [bathing, blood, company, crowd, doubles, farm(ing), feelings, forest, marriage, number], miscellaneous [collection, news], assorted [sweets]; *~e commissie* joint committee; ~ *koor* mixed choir; [for] mixed voices; *~e lading* general cargo; *~e polis* endowment policy; *~e school* mixed (*of:* co-educational) school; *~e verzekering* endowment insurance; *zie ook* gevoelen

gemenigheid **1** *zie* gemeenheid; **2** *(~je)* mean (dirty, shabby) trick; **3** bad language

gemeniteit *zie* gemenigheid

gemest: *het ~e kalf, (bijb)* the fatted calf

gemeubileerd furnished [apartments]; ~ *verhuren (te huur)* let (to be let) furnished; *~e boterham* ham (cheese, etc) sandwich

gemiddeld I *bn* average [number, price], mean [time]; *van ~e lengte (grootte)* [man] of medium

---

zie voor niet opgenomen deelwoorden de ww

height, medium-sized; II *bw* on (an) average; ~ *opbrengen (bedragen, wegen, enz)* average [10p, 5 pounds; the wind averaged 80 mph]; ~ *twee hazen per dag schieten* average two hares a day; ~ *neerkomen op ...* average out at ...
gemiddelde [above the] average; *het* ~ *nemen* strike an average; *rekenkundig* ~ (arithmetic) mean, average
gemie(te)r bother, fuss, botheration
gemijmer musing, meditation, [lost in] reverie
gemijterd mitred
geminatie gemination
gemis lack [*aan* of], want; miss [feel the miss of a p.'s presence]; deprivation, loss; *een* ~ *vergoeden* supply a want
gemma gem; *(biol, plantk)* gemma
gemme gem
gemodder muddling, bungling
gemodereerd moderate(d)
gemoed mind, heart; *in ~e* [recommend] earnestly, inwardly [convinced], [ask] in all conscience; *zijn* ~ *schoot vol* he was deeply moved; *de ~eren kwamen in beweging (waren verhit)* feeling ran high; *die vraag houdt vele ~eren bezig* that ... exercises many minds; *zie ook* hart, luchten & werken
gemoedelijk kind(-hearted), good-natured, genial; ~ *gesprek* heart-to-heart talk
gemoedelijkheid kind-heartedness, good nature, geniality; good-natured, easy-going disposition
gemoedereerd *zie* doodleuk
gemoedsaandoening emotion
gemoedsbezwaar *zie* gewetensbezwaar
gemoedsgesteldheid temper, disposition, attitude (*of:* frame) of mind
gemoedsleven inner life
gemoedsrust tranquillity (*of:* peace) of mind, inward peace
gemoedsstemming frame of mind, mood
gemoedstoestand state of mind
gemoeid: *mijn leven (toekomst, enz) is ermee* ~ my life (future, etc) is at stake, the prestige of the country (a sum of £600) is involved; *daar is de hele dag (veel geld) mee* ~ it will take the whole day (a lot of money); *er zijn 3 jaar mee* ~ *om de tunnel te voltooien* the tunnel will take ... to complete; *alsof zijn leven ermee* ~ *was* as if his life depended on it
gemotiveerd 1 reasoned [conclusions]; *een* ~ *verzoek indienen* apply, stating reasons; **2** well-motivated, [study] with a will
gemotoriseerd motorized [vehicles]; motor [police] *vgl het ww*
gems chamois [buck]
gemsleer shammy, chamois (leather)
gemunt 1 *(v geld)* coined; ~ *geld* specie; **2** ~ *op* aimed at; *zij hebben het op uw geld* ~ they are after your money; *hij heeft het altijd op mij* ~ he has got his knife into me (is always down on me, has it in for me); *dat was op mij* ~ that was meant (intended) for me
gemutst: *goed (slecht)* ~ in a good (bad) mood (temper)
gemzenleer shammy, chamois (leather)
gen *(biol)* gene
genaakbaar accessible, easy of access, get-at-able
genaakbaarheid accessibility
genaald *(v grassen)* awned
genaamd named, called; *Willem ~, (ook)* William by name, of the name of William
genachtzeggen say goodnight (*fam:* nightynight)
genade *(goddelijke ~)* grace; *(barmhartigheid)* mercy; *(begenadiging)* pardon; *grote (goede) ~!* good gracious!, good grief!, I'll be blessed!, my!; *goeie ~, kerel!* man alive!; *Uwe* ~ your Grace; *iem weer in* ~ ***aannemen*** receive a p. back into favour; *iem* ~ ***betonen*** *(verlenen, schenken)* pardon a p.; *de vijand* ***gaf*** *geen* ~ the ... gave no quarter; *zich* ***overgeven op*** *~ of on~* surrender at discretion, make an unconditional surrender; *hij gaf zich over op ~ of on~, (ook)* he cast (threw) himself on (the mercy of) his enemies; ~ *voor* ***recht*** *laten gelden* temper justice with mercy; *ik* ***vond*** *geen* ~ *in zijn ogen* I found no favour in his eyes; *hij is* ***zonder*** *(kent geen)* ~ he is without (knows no) mercy; *overgeleverd (prijsgegeven) zijn* ***aan*** *de* ~ *van* be at (be left to) the mercy of [a p., the waves], be abandoned to the tender mercies of; ***bij*** *(door) Gods* ~ by the grace of God; ***om*** ~ *smeken (roepen)* pray (cry, cry out) for mercy; ***uit*** ~ as an act of grace; ***van*** *iems* ~ *afhangen* be dependent on a p.'s good graces; *zie ook* gratie
genadebrief letter of pardon
genadebrood charity; ~ *eten* live on charity
genadegave, genadegift (gift of) grace
genadeklap *zie* genadeslag
genadekruid hedge hyssop
genadeleer doctrine of grace
genadeloos ruthless, merciless
genademiddel means of grace; *de ~en der Kerk* the (last) sacraments
genadeschot coup de grâce
genadeslag coup de grâce, finishing stroke, death blow, final (fatal) blow, knock-out (blow); *de* ~ *geven, (ook)* torpedo [the conference]; *dat gaf hem de* ~ that finished him (off), *(fam)* settled his hash
genadestoel, genadetroon mercy seat
genadeverbond convenant of grace
genadig 1 *(v God, enz)* merciful, gracious; *~e hemel!* merciful Heaven!; *God zij mij ~!* God have mercy upon me!; *wees hem* ~ have mercy on him, be merciful to him; *er* ~ *afkomen* get off lightly; *iem* ~ *behandelen* let a p. down gently (lightly); **2** *(neerbuigend)* gracious, *(minder gunstig)* condescending
genadigheid condescension
genadiglijk mercifully, graciously; ~ *verlenen* vouchsafe [an audience]

---

zie voor niet opgenomen deelwoorden de ww

genageld *(her)* unguled, armed
genaken I *tr* approach; **II** *intr* draw near, approach; *moeilijk te ~* difficult of access
gênant embarrassing, awkward
genas *ovt van* genezen
gendarme(rie) gendarme(rie)
gene that, the former; *deze ... gene* the latter ... the former; *deze beweert dit, ~ dat* one maintains this, another that; *aan ~ zijde* on the other side; *aan ~ zijde van de rivier (het graf)* beyond the river (the grave); *zie ook* deze
gêne embarrassment
genealogie genealogy
genealogisch genealogical
genealoog genealogist
Geneefs Genevan
geneesheer physician, doctor, medical practitioner, *(fam)* medical man; *controlerend ~* medical officer; *zie ook* arts; *~-directeur* medical superintendent
geneeskracht healing (*of:* curative) power
geneeskrachtig healing, curative, therapeutic [effect]; medicinal [herbs, springs]; *~e eigenschappen* curative (healing) properties
geneeskruid medicinal herb
geneeskunde [forensic, internal] medicine, medical science; *student (in de) ~* medical student
geneeskundig medical [journal]; *~ onderzoek, a)* medical examination, *(fam)* medical; *b) (wtsch)* medical research; *~ onderzocht worden* be medically examined; *~e bijstand* medical aid; *~e dienst, (mil)* Royal Army Medical Corps, *(gemeentelijk)* public health department; *GGD-arts* medical officer of health; *~ toezicht* Health Authorities
geneeskundige physician, medical practitioner
geneeskunst *zie* geneeskunde
geneeslijk curable, remediable
geneesmiddel remedy, medicine, drug; *zie ook* kwaal
geneesmiddelenleer pharmacology
geneeswijze therapy, treatment; *alternatieve ~n* alternative medicine
genegen inclined, disposed, minded [to do s.t.]; *ik ben hem ~* I am favourably (kindly) disposed towards him; *ik ben ertoe ~, (ook)* I am ready (willing) to do it; *de goden waren hem ~* the gods were kind (to him)
genegenheid affection, attachment, inclination; *~ hebben voor* feel (have) affection for, have a warm place (corner) in one's heart for; *~ opvatten voor* take a liking to
geneigd: *~ te (tot)* inclined (disposed, given) to; *(meestal tot iets verkeerds)* prone to [error, mischief]; *men is ~ te denken ...* people are apt to think ... *(... te vergeten, (ook)* it is apt to be forgotten); *ik ben ~ te denken ...* I am inclined (tempted) to think ...
geneigdheid inclination, proneness, propensity

zie voor niet opgenomen deelwoorden de ww

genenbank gene bank
genentherapie gene therapy
generaal *bn & zn* general; *-rale bas* thorough bass; *-rale repetitie* dress rehearsal; *-rale staf* general staff; *-rale volmacht* full proxy; *zie ook* repetitie
generaal-majoor major general
generaalschap, generaalsrang rank of general
generale dress rehearsal
generalisatie generalization
generaliseren generalize
generalissimus generalissimo
generalist generalist
Generaliteit States General
generatie generation [gap *kloof*]
generatief generative [grammar]
generatiewisseling *(biol)* alternation of generations
generator generator; *(gas~)* gas producer
generen inconvenience, incommode, be in the way (of); *geneer ik (u)?* am I in your way?; *zich ~* feel embarrassed, be shy; *geneer je niet (voor mij)* make yourself at home, don't mind me; *geneer u niet het aan te nemen* you needn't feel embarrassed about accepting it; *ik zou me dood ~* I'd die of shame; *zich ~ te ...* hesitate to ..., be shy of ...ing; *zich niet ~ te, (ook)* not scruple to
genereren generate; *(radio)* oscillate
genereus generous [gesture, friend, offer]
generfd nerved, nervate
generiek, generisch generic *(ook: ~ medicijn)*
generlei no kind (no sort) of [danger], [allow] no [contradiction] of any sort; *van ~ waarde* of no value what(so)ever; *op ~ wijze* in no way
generositeit generosity
genese genesis
genesis, Genesis genesis, Genesis
genet 1 *(paard)* jennet; **2** *(kat)* genet
genetica 1 genetics; **2** geneticist
geneticus geneticist
genetisch genetic (*bw:* -ally); *~e identificatie* genetic fingerprinting; *~e manipulatie* genetic engineering; *~ gemanipuleerd* genetically engineered (manipulated), GM [crop, food, plants, products]
genetkat *(ook het bont)* genet
geneugte pleasure, delight, joy
geneuzel silly twaddle
Genève Geneva; *(bewoner) van ~* Genevan, Genevese; *zie ook* [1]meer
genezen I *tr* cure [*iem van ...* a p. of ...]; restore [a p.] to health; heal [wounds]; *die moeilijke tijd had hem van die gekheid ~* that ... had knocked the nonsense out of him; **II** *intr* recover [*van een ziekte* from an illness], get well again, regain one's health, be restored to health; *(ve wond)* heal (up), close; *ik ben (ervan) ~, (fig)* I am cured (of it); *~d (middel)* curative
genezing [effect a] cure, recovery [process], healing [of a wound]
geniaal highly gifted, brilliant [a brilliant young

man]; ~ *man (geniale zet)* man (stroke) of genius; ~ *zijn in* ... have a genius for ...; *iets ~s, een geniale trek* [have] a touch of genius
genialiteit genius, brilliance
genie 1 (man of) genius; **2** military engineering; *de ~* the (Royal) Engineers
genieofficier engineer officer
geniep: *in het ~* on the sly, by stealth, furtively, stealthily
geniepig I *bn* sneaky, sneaking; *~e streek* underhand trick; **II** *bw* sneakingly, in an underhand (a hole-and-corner) way, on the sly
geniepigerd sneak
geniesoldaat engineer
genietbaar enjoyable
genieten I *tr* enjoy [advantages, privileges, confidence]; *aandacht (een goede opvoeding) ~* receive attention (a good education); *salaris ~* receive (draw) a salary; ***niet** te ~* unbearable; *zie ook* gezondheid; **II** *intr* enjoy o.s.; have a good time; *hij genoot als nooit tevoren* he had the time of his life; ~ ***van*** enjoy [life, a concert, trip]; relish [opposition]; *zoveel mogelijk ~ van* make the most of [one's holiday]
genieting enjoyment; *(genot, ook)* pleasure
genietroepen engineers
genist (military) engineer; *inz:* engineer officer
genitaal genital
genitaliën genitals
genitief genitive
genius genius (*mv:* genii); *goede ~* good genius
genocide genocide
genodigde person (*mv ook:* those) invited, guest; *(fam)* invitee; *alleen voor ~n* (by) invitation only
genoeg enough, sufficient(ly); ~ *voor allen* enough to go round; *meer dan ~* more than enough, enough and to spare; *~!* enough!; ~ *daarvan!* enough of this (of that)!; *dat is ~, (ook)* that will do; *zeg maar als het ~ is, (bij inschenken)* say when; *de naam zegt al ~* the name speaks for itself; *ik ben niet deskundig ~ om* ... I am not enough of an expert to ...; *(geen) doktoren (geld) ~* (not) enough doctors (money); *de schuld was (al) groot ~* it was a large enough debt (to pay); *de plaats is veilig ~, (ook)* it's a safe enough place; *zonderling ~* oddly enough [he was not there]; *ik **had** papier ~ voor het hele jaar* I had paper enough to last me through the year [*zo ook:* it lasted me about a fortnight]; *ik had er ruim ~ aan* it was plenty (more than enough) for me; *ik had ~ te doen met alles weer op zijn plaats te zetten* I had enough to do putting ...; ***aan** zichzelf ~ hebben* be self-sufficient; *ik heb **er** ~ **van** (~ van hem)* I've had enough of it (of him), *(fam)* I am fed up (I'm through) with it (with him; *Am:* I've had it with him); *ik heb er (schoon) ~ van* I'm (heartily) sick of it; *hij keek, tot hij er ~ van had, (ook)* he gazed his fill; ~ *van iem (iets) krijgen* get enough of ..., tire (weary) of ..., get bored (*fam:* fed up) with ...; *boeken waar je nooit ~ van krijgt* books that never pall
genoegdoening satisfaction, reparation; ~ *eisen* demand satisfaction [*voor* for]; *ter ~ van, zie* genoegen
genoegen pleasure, joy, delight; liking; satisfaction; *zie ook* plezier; *veel ~ **doen** (geven)* give (afford) great (much) pleasure; *om hem ~ te doen* to please (oblige) him; *het doet mij ~ te* ... I am glad (pleased) to ...; *wil je mij het ~ doen?* will you do me the pleasure (the favour)?; *wil je mij het ~ doen me te schrijven (te bezoeken)?* I'd be very pleased if you'd write to me (pay me a visit); *het zal me een waar ~ zijn* I shall be only too delighted; *zijn ~ **drinken** (eten)* drink (eat) one's fill; ~ ***geven**, zie boven:* ~ doen; *wij **hebben** het ~ U te berichten* ... we have the pleasure of (have pleasure in) informing you ...; *ik heb niet het ~ (U te kennen)* I haven't the pleasure; ~ ***nemen** met* be content with; *daar neem ik geen ~ mee* I won't put up with it; ~ ***scheppen** in* take (a) pleasure (delight) in, delight in; *het ~ is aan mij* the pleasure is mine; ***met** ~* with pleasure; [come and have lunch with me] I shall be delighted; *(examen)* (pass with) credit, good (pass); *met alle ~* with the greatest pleasure; *met veel ~ voldoe ik aan uw verzoek* it gives me great pleasure to comply with your request; *de goederen waren **naar** ~* the ... were satisfactory; *ik hoop dat alles naar je ~ is* I hope everything is to your liking; *de zaak werd naar ieders ~ geschikt* the ... was settled to the satisfaction of everyone; *wij hopen u naar ~ te hebben ingelicht* we trust that the above information will meet your requirements; ***ten** ~ van* ... to please ...; *ten (tot) ~ van* to the satisfaction of; *zie ook boven:* naar ~; *ik zie tot mijn ~, dat* ... I am pleased to see that ...; *tot ~!* goodbye! I hope we shall meet again; ***voor** zijn ~, zie* plezier
genoeglijk pleasant, agreeable, enjoyable
genoegzaam sufficient (*bw:* -ly)
genoegzaamheid sufficiency
genoemd: *de ~e (persoon)* the person mentioned (*of:* in question); *(jur)* (the) said person
genoom genome
genoot I *zn* fellow, companion, associate, partner; **II** *ww ovt van* genieten
genootschap society, association
genootschappelijk, genootschaps- of a (the) society (association), society..., club ...
genot 1 joy, pleasure, delight; *(het genieten)* enjoyment, delectation [for your delectation we now present ...]; *in het volle ~ van zijn vermogens* in full possession of his faculties; *het is een ~ naar hem te luisteren* it is a pleasure to ...; *onder het ~ van een glas bier* over a glass of beer; **2** *(vruchtgebruik)* usufruct
genotmiddel *(tabak, wijn, enz)* stimulant
genotvol delightful, enjoyable
genotype genotype

---

zie voor niet opgenomen deelwoorden de ww

genotziek pleasure-loving
genotzoeker pleasure-seeker
genotzucht love of pleasure, self-indulgence
genotzuchtig pleasure-seeking
genre genre, style, kind; *(in de kunst)* genre [painter]
genregroep conversation piece
genrestuk genre piece
genst *(plant)* genista, broom
gent gander
Gent Ghent
gentherapie gen therapy
gentiaan *(plant)* gentian
Genua Genoa; *iem van, uit ~* Genuese
genuanceerd nuanced, qualified, differentiated *vgl het ww*
genus *(biol)* genus; *(tlk)* gender
geocentrisch geocentric (*bw:* -ally)
geode geode
geodesie geodesy
geodetisch geodetic (*bw:* -ally), geodesic (*bw:* -ally)
geodriehoek combined protractor and triangle
geoefend practised, trained [ear, soldier], expert [skier], semi-skilled [worker]; *~ in* practised (trained) in
geoefendheid *zie* bedrevenheid
geofysica geophysics
geofyt geophyte
geognosie geognosy
geograaf geographer
geografie geography
geografisch geographic(al)
ge-o-ha waffle, wittering on; (a load of) bull(shit)
geolied oiled; *goed ~* well-oiled [machine, organization]; *~ doek* oilcloth; *~ papier* oil-paper; *zie ook* oliën & smeren
geologie geology
geologisch geological
geoloog geologist
geomagnetisch geomagnetic
geomechanica geomechanics, rock and soil mechanics
geometrie geometry
geometrisch geometric(al)
geomorfologie geomorphology
geonomie mathematical geography
geoogd looped
geoorloofd lawful, allowed, admissible, permissible; *~ middel* lawful means
geopend: *het ~e venster* the open(ed) window; *~ verklaren* declare open; *~ van ...* hours of opening ...; *dagelijks ~* open daily; *~ voor het publiek* open to the public
geopolitiek 1 geopolitics; **2** geopolitical
George George
Georgië(r) Georgia(n)
geostatica geostatics

---

zie voor niet opgenomen deelwoorden de ww

geostationair geostationary [orbit, satellite]
geotechnisch geotechnical
geothermisch geothermal [energy, gradient]
geouwehoer waffle, wittering (on); (a load of) bull(shit)
geowetenschap geoscience
gepaard in pairs (couples), coupled, by twos, two and (*of:* by) two; *het gaat ~ met ...* it is attended (accompanied) by [grave dangers], it involves [great expense]; *grotere productie ~ met een betere prijs* a larger output coupled with ...; *dit verlangen ging ~ met een gevoel ...* this ... was allied to a feeling ...; *de gevaren, die met deze huwelijken ~ gaan* the dangers that attend (the dangers attendant on) these ...; *oorlog en de daarmee ~ gaande gruwelen* war and its attendant horrors; *met die liefde voor de zee gaat een grote liefde voor zijn land ~* with that love of the sea goes ...; *zie ook* vergezeld
gepaardhoevigen *(biol)* artiodactyls, odd-toed ungulates
gepakt packed; *~ en gezakt* ready for the journey; *zie ook* pakken
gepantserd armoured [car], armour-clad; *~e vuist* mailed fist; *~ tegen* steeled against
gepareld pearled, beaded [rim]; *~e gerst* pearl barley
geparenteerd related [*aan* to]; *ik ben aan hem ~, (ook)* he is a relation of mine
gepassioneerd passionate [interest, speech, woman], ardent, enthusiastic [skater], impassioned [plea]
gepast fit(ting), becoming, proper, suitable, seemly, apt, apposite [remark]; *~ geld, zie* afgepast; *~e maatregelen* appropriate measures
gepastheid fitness, propriety, seemliness, suitableness, suitability, [the] aptness [of the name]
gepatenteerd proprietary, patent [medicines], patent(ed) [inventions, devices]; *(fig)* arrant [liar]
gepeins meditation(s), reflection(s), reverie, brooding; *in ~ verzonken* absorbed (wrapped) in thought, lost in meditation
gepensioneerd pensioned (off), retired, superannuated *vgl het ww*
gepensioneerde recipient of (a) pension; retired [major, etc]; (old age) pensioner
gepeperd 1 peppered, peppery; **2** *(fig)* peppery [speech], caustic [style, writings], tall [story], steep [price]; **3** *(pikant)* highly seasoned (spiced) [dish], spicy [anecdote]
gepeupel mob, populace, rabble, riff-raff
gepikeerd piqued, nettled, sore [*over* at]; *enigszins ~* [reply] with mild pique; *gauw ~ zijn* be touchy (huffy, apt to take offence)
gepikeerdheid pique
geplaatst: *~ kapitaal* subscribed capital; *~e spelers, (tennistoernooi)* seeded players
geplogenheid habit, custom, usage, practice
geporteerd: *~ zijn voor* be in favour of, be taken with [an idea], be interested in [abolishing price control]

geposeerd steady, sedate; *~e leeftijd* mature age; *~e foto* posed photograph
gepraat tittle-tattle, talk; *er zou ~ van komen* it would set people talking
gepresseerd pressed (for time), in a hurry
geprikkeldheid irritation; *vgl* irritatie, irriteren
geprofest *(r-k)* professed [Brother, Sister, Father]
gepromoveerde holder of a doctor's degree (of a doctorate)
gepronk ostentation, showing-off, parade [of learning]
geprononceerd I *bn* pronounced [features, ideas]; *een ~e mening hebben over, (ook)* hold strong views on, feel strongly about; II *bw* positively, downright [bad]
geproportioneerd [well-, ill-, badly, nicely] proportioned; *slecht ~, (ook)* out of proportion
gepruikt bewigged, periwigged
gepruil pouting, sulkiness
gepunt pointed; jagged; spiked; sharpened
geraakt *(fig)* offended, nettled, piqued, hurt, [feel a bit] sore [*over* at], huffy, *(fam)* miffed; *enigszins ~* [reply] with a touch of temper, in a huff, irritably; *zie ook* gepikeerd & lichtgeraakt
geraaktheid irritation, pique
geraamte skeleton; *(fig ook)* frame(work), carcass [of a ship, a building], shell [of a building], fuselage [of an aircraft]; *een levend (wandelend) ~* a living (walking) skeleton, a mere skeleton
geraas din, noise, hubbub, roar; *~ en getier* storming and raging, cursing and swearing
geraaskal raving(s)
geraden advisable; *het is je ~ (het te doen)* you'd better (do it); *ik acht het ~* I think it advisable; *het zou niet ~ zijn om ...* it would be bad policy to ...
geraffineerd refined (*ook fig:* cruelty, etc); exquisite [torture]; subtle [play a subtle game]; sophisticated [equipment]; scheming, cunning, wily [person]; *~e schurk* thorough-paced (double-dyed) villain; *die meest ~e vorm van vleierij* [she asked his advice,] that subtlest form of flattery; *~ uitgedacht* ingeniously contrived
geraffineerdheid cunning, craftiness, wiliness, subtlety, sophistication
geraken get, arrive, attain; *onder dieven ~* fall among thieves; *bij iem in de gunst ~* win a p.'s favour; *tot zijn doel ~* attain one's end; *tot eer (macht, bloei) ~* attain (come) to honour (power, prosperity); *zie* raken & gezelschap
geramd *zie* gebeiteld
gerammel clanking, rattling, rattle, clatter
gerand edged, bordered; *(ve munt)* milled
geranium geranium; *achter de ~s zitten* lead an indoor life
gerant manager
geratel rattling, rattle
gerbera gerbera
gerbil gerbil
gerecht I *bn* just, condign [punishment], due [receive the due reward of one's deeds]; *de ~e straf doen ondergaan* bring to justice; II *zn* **1** *(jur)* court (of justice), tribunal; *voor het ~ brengen (slepen)* bring [a p.] to court (to trial); have [a p.] up, take [a matter] to court (take a p. to court over s.t.); *voor het ~ dagen* summon (to appear in court); *zich aan het ~ overleveren* give o.s. up to justice; *voor het ~ verschijnen* appear in court; **2** *(spijs)* course [dinner of five courses, five-course dinner]; [a delicious] dish
gerechtelijk judicial [murder; Joan of Arc was judicially burnt]; legal [adviser; take legal steps]; *~e geneeskunde* medical jurisprudence, forensic medicine; *~e verkoop* judicial sale; *iems bezittingen ~ laten verkopen* sell a p. up; *iem ~ vervolgen* proceed against a p., enter (bring) an action (take, start, institute proceedings) against a p.; *zie ook* dwaling
gerechtig just; *zie* gerecht I
gerechtigd qualified [to teach], entitled [to a pension]; *ik acht mij ~ zo iets te zeggen* I consider myself entitled to say (justified in saying) so; *niet-gerechtigd* disqualified [player]
gerechtigheid justice
gerechtsbode usher, sherriff's officer
gerechtsdag court day
gerechtsdienaar *zie* politieagent
gerechtsgebouw courthouse
gerechtshof court (of justice)
gerechtskosten costs, legal charges (expenses)
gerechtszitting session (of the court)
gerechtvaardigd justified, warranted, justifiable [demands, pride], righteous [anger], legitimate [claims, it's legitimate to ask ...]
geredelijk readily
geredeneer arguing, *(fam)* argufying
gereed ready [to go, for a journey]; *(af)* finished [product], done; *(ve huis)* ready for occupation; *gerede aftrek vinden* find a ready sale; *gerede betaling* cash payment; *~ geld* ready money; *meest gerede partij* first party to act; *ik ben ~, a) (voor)* I am ready [for]; *b) (met)* I have finished, I am through (with it); *zie ook* klaar
gereedheid readiness, [military] preparedness; *in ~ brengen* (get, make) ready, prepare
gereedhouden hold [one's ticket, the fare] in readiness, have ready; *kaartjes ~!* all tickets ready, please!; *zich ~* hold o.s. ready (in readiness), stand by [troops stand by in their barracks]
gereedkomen **1** get (be) done (finished); **2** get ready; *zie ook* klaarkomen
gereedleggen, gereedliggen *zie* klaarleggen, klaarliggen
gereedmaken prepare, get ready; *zich ~* prepare, get ready, make ready [for use]
gereedschap *(ook: ~pen)* tools, instruments, imple-

---

ments, utensils; *(stuk ~)* tool, instrument, etc

gereedschapsbak, gereedschapskist toolbox, tool chest

gereedschapsschuurtje tool shed

gereedschapstas tool kit

gereedschapswerktuig machine tool

gereedstaan, gereedzetten *zie* klaarstaan, klaarzetten

gereformeerd reformed [one holy, reformed Church]; *(geloofsrichting, nu)* Calvinist(ic); *(inz 16e-19e eeuw)* (Dutch) Reformed [Church]

gereformeerde (orthodox) Calvinist

geregeld regular [hours, visits], orderly [existence], fixed [schedule]; scheduled, routine [maintenance]; *in ~e banen leiden* regularize; *~ denken* think connectedly (rationally, consecutively); *~ gevecht* stand-up fight; *een ~ huishouden* a well-regulated household; *~e toevoer* constant supply [of water]; *~e veldslag* pitched battle; *hij komt ~ te laat* he is constantly (nearly always) late

gerei [fishing, shaving] tackle, [steering] gear, [coffee] things, implements, utensils

gerekt: *(lang)* ~ long-drawn(-out) [tone, negotiations], protracted [hearing *verhoor*; dispute], long-winded [speech]; lengthened [vowel]

gerekwireerde *zie* gedaagde

geremd *(psych)* inhibited

'geren *ww* **I** *intr* slant; *(ve rok)* flare; **II** *tr* gore

ge'ren *zn* running (to and fro)

gerenommeerd famous, renowned; well-known, noted, well-established [business]

gereputeerd well-reputed; celebrated

gereserveerd reserved, uncommunicative, reticent [*omtrent* (up)on], remote [in his remote way]; *~e plaats* reserved (booked) seat; *een ~e houding aannemen* hold (keep) aloof, hold back

gereserveerdheid reserve, aloofness

gereutel 1 *(ve stervende)* death rattle, ruckle; **2** *(geleuter)* rot, drivel, twaddle

geriater geriatrician

geriatrie geriatrics

geriatrisch geriatric [hospital, medicine, patient]

gerib(bel)d ribbed [cloth, etc], corrugated [glass, cardboard], scored [binding *boekband*], knurled [knob]

gericht I *bn* **1** *(radio, enz)* directional [transmitter *zender*; aerial *antenne; ook:* beam aerial], beamed [transmission], direct [reflection]; **2** *(ve activiteit)* with a specific purpose in mind, addressed [to], directed [towards], targeted [at, towards]; *~ schieten* shoot to kill; *~e vragen* [the information was elicited by] carefully selected questions; **II** *zn: het jongste (laatste) ~* the last Judg(e)ment, the Judgement Day, Doomsday

gerichtheid 1 *(radio)* selectivity; **2** *(algem)* directedness

---

zie voor niet opgenomen deelwoorden de ww

gerief convenience, comfort, accommodation; *ten gerieve van* for the convenience (*of:* use) of

gerief(e)lijk convenient, comfortable [house]; *~ gelegen (ingericht)* conveniently situated (arranged)

gerief(e)lijkheid convenience; *-heden, (ook)* facilities; *de -heden des levens* the comforts (amenities) of life

geriefhout timber

gerieve *zie* gerief

gerieven accommodate, oblige [*met* with]; *om de reizigers te ~* to meet the convenience of ..., to suit ...; *kan ik u daarmee ~?, (ook)* will it be of service (of use) to you?

gerijm(el) rhyming, versifying

gerijpt ripened, mature(d), ripe [cheese]

gerikketik ticking, tick-tock, tick-tick

gerimpeld wrinkly, crinkly; *zie* rimpelig

gering small, scanty, trifling, slight [not the slightest idea, effect], narrow [majority], minor [defect]; *uiterst ~* minute [quantity]; *de verliezen (in veldslag) waren ~* the casualties were few (light); *daar moet je niet ~ over denken* that is no small matter; you should not make light of that; *een ~e* ***dunk hebben*** *van* have a poor (low) opinion of; *~e kans* faint (slender, slim, remote) chance; ***geen*** *~e prestatie* no mean achievement; *in geen ~e mate* in no small measure; *het ~ste herinnerde hem aan haar* the slightest thing ...; *zie ook* minst

geringachten, geringschatten hold cheap, have a low opinion of, disparage, depreciate

geringschattend disparaging(ly), slighting(ly), derogatory [remark]

geringschatting depreciation, disdain; *met ~ spreken over* speak slightingly of

gerinkel, gerinkink jingling, clank [of chains], clink, chinking [of glass], tinkle [of a bell], [sabre] rattling

geritsel rustling, rustle; *zie ook* geruis

Germaan (ancient) German

Germaans Germanic

Germanië Ancient Germany, Germania

germanisme Germanism

germanist Germanist, German(ic) scholar

germanistiek Germanic studies

germanium germanium

germanofiel Germanophile

gerochel 1 *(het opgeven)* expectoration; **2** *(doods~)* (death) rattle, ruckle; **3** *(ve pijp)* gurgling

geroddel *(kwaadsprekerij)* backbiting; *(onschuldig)* gossip, tittle-tattle

geroep calling, shouting, calls, shouts, cries

geroepen: *~ zijn (zich ~ voelen) te ...* be (feel) called (up)on to ...

geroezemoes buzz, bustle, din, hum [of voices]

geroffel roll [of the drum], ruffle

gerokt *(ve vrouw)* skirted; *(ve heer) zie* rok: in ~; *(plantk)* tunicated [bulb]

gerommel rumbling; *zie* rommelen

geronk snoring, snorting, drone, roar, etc; *vgl* ronken
geronnen curdled [milk]; clotted [blood]; ~ *bloed, (ook)* gore; *zie ook* winnen
gerontocratie gerontocracy
gerontologie gerontology
geroutineerd experienced [typist], practised, seasoned [traveller]; *een ~e* an old hand [at it]
Gerrit Gerard; *(ekster)* magpie, *(kraai)* crow
gerst barley [beer, water]
gerstebrood bannock
gerstekorrel 1 barleycorn; **2** *(stof)* huckaback; **3** *(breisteek)* moss stitch; **4** *(strontje)* stye
gerstenat 1 (barley) beer; **2** barley water
gerucht 1 rumour, report; *een los* ~ a mere rumour, mere hearsay; *het ~ gaat (loopt) dat...* there is a rumour (abroad), it is rumoured (reported, noised abroad), the story goes, rumour has it that ...; *ik weet het **bij** ~e* I have it by (from) hearsay (on hearsay evidence); *in een **kwaad** ~ staan* be in bad repute (*of:* odour); *zie ook* wolf; **2** *(geluid)* noise; ~ *maken* make a noise (*ook fig:* make a noise in the world, cause a stir); ***klein** ~(je), zie* kleintje
geruchtencircuit: *in het* ~ on the grapevine
geruchtmakend sensational, dramatic, notorious
geruim [some] considerable [time]; *het zal ~e tijd van tevoren worden aangekondigd* ample notice will be given of it
geruis noise; rustle, rustling [of a dress, trees], rushing [of water], swish [of a skirt, of silk], tingling [in the ears]; *(med)* murmur
geruisloos silent, noiseless; [drop a plan, leave] quietly
geruit checked, chequered; ~ *pak* check(ed) suit; *~e stof* [blue] check; *Schots ~ goed* tartan
gerust easy; *(rustig)* quiet, calm, peaceful; ~, *hij komt wel* he'll come all right, he is sure to come; ~ *geweten* clear (*of:* easy) conscience; *ik **durf** ~ beweren...* I don't hesitate to say [that he is wrong]; *je **kunt** het ~ nemen* you are welcome to take it; *hij **mag** (voor mijn part) ~ zijn hals breken* he can break his neck for all I care (as far as I'm concerned); *je kunt (men kan) ~ zeggen, dat...* you may safely say (it is safe to say) that ...; *laat hem ~ gaan* you may safely let him go; *~!* certainly!, yes, indeed!; *wees daar maar ~ **op*** set your mind at rest on that point; *hij is er niet ~ **op*** he is not happy about it; *je kunt er ~ op zijn dat...* you may rest assured that ...
gerustheid peace of mind, security, calm; [a sense of] assurance; *met* ~ calmy, confidently
geruststellen reassure [a p.], put (set) [a p.'s mind] at ease (at rest); *stel u gerust!* make yourself (your mind) easy about that (on that score)
geruststellend reassuring [news], [a] soothing [thought]
geruststelling reassurance, comfort, relief; *een grote* ~ [it is a] great comfort (relief) [to me]
ges *(muz)* G flat
geschaard chipped, jagged; *zie* scharen
geschal flourish [of trumpets], ringing sound(s), shouts
geschapen created; *tot heersen* ~ born to rule [be a born ruler]; *zo **staat** het ermee* ~ this is how things stand; *het staat slecht met hem* ~ he is in a bad way; *al het ~e* all created things (creation)
gescharrel hanky-panky; *vgl* scharrelen
geschater peals (burst, roars) of laughter
gescheiden *(v man of vrouw)* divorced; *een ~ paar* a divorced couple; *ze leeft ~ van haar man* she lives apart from ...; ~ *man (vrouw)* divorcee; *zie verder* scheiden
gescheld abusive language, abuse
geschenk present, gift; *gratis* ~ free gift; *hij gaf (bood) het mij ten ~e* he made me a present of it, gave it me as a present, presented me with it; ~ *des hemels* godsend, gift from the gods, [be] heaven-sent; *vgl* cadeau
geschenkverpakking gift wrapping; *in* ~ gift-wrapped
geschept handmade, mould-made [paper]
geschetter blare, flourish [of trumpets]; *(fig)* rant(ing), bragging
geschiedboeken, geschiedbronnen annals, records
geschieden happen, occur, take place; come to pass; *Uw wil geschiede* Thy will be done; *het kwaad is nu eenmaal geschied* the mischief is done; *zie ook* gebeuren & *vgl* recht I.2: ~ doen
geschiedenis [ancient, medieval, modern] history; *(verhaal)* story, tale; *daar is een ~ aan verbonden* thereby hangs a tale; *dat is een **andere*** ~ that's another story; *het is een **beroerde*** ~ it's a nasty business, a bad job; *de **hele** ~, (boel)* the whole concern; *dat is de hele* ~ that's all there is to it; *het is een **lange*** ~ it's a long story; *een lastige* ~ an awkward affair; ***mondeling** overgeleverde* ~ oral history; *(dat is) een mooie (gekke, rare) ~!* a fine carry-on!; *een **onverkwikkelijke*** ~ an unsavoury business; *het is (weer) de **oude*** ~ it's the old story (over again); *dat behoort **tot de*** ~ that is (a matter of) history now, that is a thing of the past
geschiedenisleraar history master
geschiedkunde history
geschiedkundig historical
geschiedkundige historian
geschiedschrijver historian, historiographer
geschiedschrijving historiography
geschiedverhaal historical narrative
geschiedvervalsing historical falsification
geschiedvorser historian
geschift *(fig)* crackers, daft, nuts, dotty, barmy
geschikt 1 *(schappelijk)* decent [a decent sort of chap], all right [is he all right?]; obliging, polite; **2** *(passend)* fit, proper, suitable [for presents]; suited [to, for, the purpose], appropriate [for, to the occasion]; *(bekwaam)* able, capable; ~ *om te eten* fit to

---

zie voor niet opgenomen deelwoorden de ww

eat, fit to be eaten; *een ~ persoon voor dat baantje, (ook)* a likely person for that job; *~ ogenblik* appropriate (opportune) moment; *~e tijd* convenient time; *~ voor onze behoeften* suited to (for) our wants; *~ **maken**, (ook)* fit [a p. for s.t.]; *~ **zijn** voor, (ook)* make [the house would make an excellent retirement home; he would make a splendid soldier]; *dat is ~ voor mijn doel (mijn beurs)* that suits my purpose (my purse), that will serve my purpose; *ik ben niet ~ voor zo iets (niet ~ om iets te vragen)* I am no good at that sort of thing (at asking for things); *was niet ~ om onze zenuwen te kalmeren* [the remark] did not tend to soothe our nerves

geschiktheid **1** fitness, suitability; ability, aptitude, capability; **2** obligingness; *vgl ook* geschikt

geschil difference, quarrel, controversy, dispute; *een ~ hebben met, (ook)* be at odds with; *zie ook* beslechten

geschillencommissie arbitration board

geschilpunt point (question) at issue, (controversial) issue, moot point, point of difference

geschimmeld grey [horse]

geschitter glitter, sparkle, lustre

geschoeid *(r-k)* calced [Carmelites, etc]

geschoold trained, practised, schooled; *~ arbeider* skilled worker; *~e arbeid(ers)* skilled labour

geschoren: *hij zit er lelijk mee ~* he is saddled with it, has it on his hands; *zie ook* knippen

geschreeuw cries, shouts, shouting, outcry; *veel ~ en weinig wol* much ado about nothing

geschrift writing; [ancient] document; *bij ~e* [spread racism] by published writings; *in ~e brengen* commit to paper, put in writing; *in woord en ~* through the spoken and the written word

geschubd scaled, squamous, with scales, scaly [anteater]

geschut artillery, guns, ordnance; *zie ook* bedienen, grof, enz

geschutbrons gunmetal

geschutkoepel (gun) turret

geschutpark artillery park

geschutpoort porthole

geschutstelling gun position

geschuttoren (gun) turret

geschutvuur gunfire

gesel scourge *(ook: bezoeking)*, lash, whip; *de ~ Gods* [Attila,] the scourge of God; *de ~ der satire* the lash of satire

geselaar **1** scourger; **2** flagellant

geselbroeder flagellant

geselen flog, cane, whip, flagellate; *(fig)* scourge, lash [lashed by the critics, the storm]

geseling flogging, etc; flagellation

geselkoord lash

geselmonnik flagellant

geselpaal whipping post

---

zie voor niet opgenomen deelwoorden de ww

geselroede scourge, rod, lash

geselstraf flogging, whipping, lashing

geserreerd terse [style]

gesitueerd situated [on the top of a hill]; *goed, enz, ~* [well-, better] circumstanced (situated); *de beter ~en* the better off

gesjacher bartering, haggling, chaffering; traffic [in titles, etc]

gesjochten: *een paar ~ jongens, (fam)* a couple of down-and-outs; *nou ben je ~, (fam)* now you're for it

gesjoemel manipulation [of the election results *met* ...], fiddling [the books]; jiggery-pokery, trickery

geslaagd successful [campaign, etc]; *~e* successful candidate; *aantal ~en* number of passes

geslacht **1** *(familie, enz)* race, family [spring from a noble family], lineage; *het ~ der Habsburgers* the Hapsburg family; *uit een Frans ~* [come] of French stock; **2** *(generatie)* [from generation to] generation; *het opkomende ~* the coming generation; *het volgende ~* the next generation; **3** *(biol)* genus (*mv:* genera); *het menselijk ~* the human race, mankind; **4** *(orgaan)* genitals, privy parts; [male] member; **5** *(sekse)* [male, female] sex, (*ook tlk:* masculine, feminine, neuter) gender; *het schone ~* the fair sex; *zie ook* zwak

geslachtelijk sexual

geslachtkunde genealogy

geslachtkundige genealogist

geslachtloos **1** sexless, asexual; **2** *(tlk)* genderless

geslachtsboom family tree, genealogical tree, pedigree

geslachtscel gamete

geslachtschromosoom sex chromosome

geslachtsdaad sex(ual) act

geslachtsdelen genital organs, genitals, private parts

geslachtsdrift sex urge, sexual instinct (drive)

geslachtsgemeenschap sexual intercourse, [have] sex [with], *(euf)* intimacy [took place]

geslachtshormoon sex hormone

geslachtskenmerk sexual characteristic

geslachtsklier sex(ual) gland, gonad

geslachtsleven sex(ual) life

geslachtsnaam **1** family name, surname, patronymic; **2** *(biol)* generic name

geslachtsorgaan sex(ual) organ, *(mv ook)* genitals

geslachtsregister genealogical register

geslachtsrijp sexually mature

geslachtsrijpheid puberty, sexual maturity

geslachtstafel genealogical table

geslachtsuitgang *(tlk)* gender-marking suffix

geslachtsverandering sex change [operation]

geslachtsverkeer sexual intercourse (*of:* relations), sex, *(euf)* intimacy

geslachtsverwantschap genetic affinity

geslachtswapen family (coat-of-)arms

geslachtsziekte venereal disease, VD

geslagen beaten [gold]; wrought [iron]; *zie ook* hond

& gezworen 1

geslenter lounging, sauntering, hanging about [shops *langs etalages*]

geslepen sharp(ened), whetted; *(fig)* astute, sly, cunning; ~ *glas* cut glass; ~ *vent* wily person, sly dog, sharp customer

geslepenheid astuteness, slyness, cunning

gesloten 1 closed [circuit, deposit, shop], shut, *(op slot)* locked; ~ *enveloppe (inschrijvingsbiljet)* sealed envelope (tender); *in ~ formatie* in close formation; ~ *gelederen* serried (closed) ranks; ~ *huis, (geen kenbare winkel)* private premises (*evt:* postal and by appointment only); ~ *jachttijd* close season; ~ *klinker* close(d) vowel; ~ *orde* close order; *ik verklaar onze werkzaamheden voor* ~ I declare our proceedings terminated; *zie ook* [2]beurs 1, boek, deur, enz; **2** *(fig)* uncommunicative, secretive, close [he is very close about it], reticent [about the matter], tight-lipped, reserved; ~ *als het graf* as silent as the grave, as close as an oyster

geslotenheid closeness, reticence

gesluierd 1 veiled; **2** *(fot)* fogged, foggy

gesmeed: ~ *ijzer* wrought iron

gesmeek supplication(s), entreaty, entreaties, pleading

gesmeerd greased [bearings]; buttered [rolls]; *het gaat als (loopt)* ~ it goes swimmingly (smoothly); *als de ~e bliksem* like greased lightning; *de machine gaat* ~ the machine is running smoothly

gesmolten melted [butter], rendered [fat], molten [lead]

gesnap tittle-tattle; small talk; *(ve kind)* prattle

gesneden cut; ~ *beeld, (bijb)* graven image; ~ *ham* sliced ham; ~ *kater* gelded (tom)cat; ~ *steen* carved stone; *zie ook* koek & *vgl* snijden

gesnoef boast(ing), brag(ging), tall talk

gesnopen twigged

gesoebat begging, pleading

gesol dragging about, fooling about [with ...]

gesorteerd assorted [goods], graded [apples, eggs, etc]; *ruim ~ zijn* have a large range (assortment) [*in* of], be well stocked

gesp buckle, clasp

gespan team [of horses]

gespannen stretched, bent; *zie ook* spannen; tense [cord, muscles; *ook fig:* situation *toestand*]; tight [rope, the coat is too tight under the arms], *(mar)* taut; ~ *toestand, (ook)* (state of) tension; ~ *verhoudingen* strained relations; *met ~* ***aandacht*** [listen] with rapt (close) attention, [watch a p.] intently; *in ~* ***verwachting*** in keen (*of:* on tiptoe(s) with) expectation; *de verwachtingen waren hoog* ~ expectations ran high; *zij staan op ~* ***voet*** relations are strained between them, *(sterker)* they are at daggers drawn; ***mijn zenuwen*** *waren* ~ my nerves were on edge

gespartel thrashing, floundering (about)

gespeend weaned; ~ *zijn van* lack, be devoid of; *vgl het ww*

gespen buckle; *(met riem)* strap

gespierd muscular, brawny; forceful [style, language]

gespierdheid muscularity; *(fig)* forcefulness

gespikkeld speckled [eggs], spotted [bird, dog, tie], mottled [wallpaper]

gespleten *zie* splijten

gespletenheid *(fig)* division, dichotomy, schizoid character

gespoord spurred

gesprek conversation, talk; discussion; *het ~* ***brengen op*** turn (switch) the conversation on to, lead (bring) the conversation round to (*op iets anders:* change the conversation, the subject); *een ~* ***voeren*** hold (carry on) a conversation; *hij was de enige, die het ~ voerde* he did all the talking, monopolized the conversation; ***in*** ~ [Mr A is] engaged; *(telef)* number engaged; *minimum 25 ct* ***per*** *lokaal* ~ minimum 10p for local calls; *zie ook* aanknopen, druk, gaande, mengen, enz

gesprekkenteller *(telef)* call checker (*of:* recorder)

gesprekkosten call charges

gesprekscentrum forum for discussions

gespreksgroep discussion group

gespreksleider panel chairman; *optreden als* ~ chair a discussion

gesprekspartner interlocutor; party to a discussion

gespreksronde discussion round

gespreksstof subject (*onderwerp:* topic) for conversation (discussion)

gesproken spoken [language]; ~ *boek* talking book

gespuis riff-raff, rabble, scum [of the earth, of society]

gestaag steady [rain; it rained steadily], continual, constant, settled; ~ *vooruitgaan* make steady progress; *zie ook* druppel

gestaagheid steadiness, constancy; *(volharding)* perseverance

gestadig *zie* gestaag

gestalte figure, stature, shape, size, build; *(concreet)* figure, shape; *klein van* ~ small in stature; ~ *geven aan, (ook)* fashion, shape; ~ *krijgen* take shape

gestamel stammer(ing); *(het ~de)* stammerings

gestand: *zijn woord (belofte) ~ doen* keep (live up to, stick to) one's word (keep, fulfil one's promise)

geste gesture *(ook fig); zie ook* gebaar

gesteente 1 (precious) stone(s); **2** stone, rock (formation); *het vaste* ~ the solid (the live, living) rock, bedrock; **3** monument, tomb

gestel constitution, system, frame; *hij is sterk (zwak) van* ~ he has a strong (weak) constitution

gesteld: ~, *dat ik ...* suppose (supposing) I ...; *de ~e* ***machten*** the constituted authorities, the powers that be; *goed* ~ well-worded, well-phrased, well-written [letter, article]; *de aan deze subsidie ~e* *voorwaarden* the conditions governing this grant; *binnen de ~e tijd* within the time specified (set, appointed); *het ~e in art 1* the provisions of ...; *zo is het ermee ~* that's how matters stand; *hij is er zeer* ***op*** *~ om te gaan* he is very much set (very keen) on going; *op zijn familie ~* fond of one's relations; *erg op geld ~* keen on money; *op de vormen (op zijn waardigheid) ~ zijn* stand on ceremony (on one's dignity), be a stickler for etiquette; *men was niet langer ~ op zijn aanwezigheid* his ... was no longer appreciated; *zie ook* stellen & taak

gesteldheid state, condition, constitution, [his physical] make-up; *~ van de bodem* character (nature) of the soil; *bepaling van ~, (gramm)* predicative adjunct

gestemd tuned; *(fig)* disposed; *~ zijn voor (tot)* be in the vein (mood) for; *gunstig ~ zijn tegenover iem (de regering)* be favourably disposed to (towards) a p. (be sympathetic to ...); *al naar hij ~ is* as the mood takes him; *zie ook* geluimd

gesternte constellation, star(s); *gelukkig ~* [born under a] lucky star

gesticht **I** *zn* institution, establishment, building, edifice; asylum, home, hospital; *liefdadig ~* charitable institution; **II** *bn zie* stichten; *allesbehalve ~ zijn over* be far from pleased (be annoyed) at

gesticulatie gesticulation

gesticuleren gesticulate

gestoelte seat, chair, pew; *zie ook* spreekgestoelte

gestoffeerd [apartments] with curtains and carpets, semi-furnished [rooms], upholstered [furniture]; *(fig)* furnished

gestoken excised [decoration], chip-carved [panels]; *~ scherp* absolutely sharp [image]

gestommel bumping (noise)

gestoord demented, mentally disordered, deranged, *(fam)* crazy, [he is] nuts; *daar word ik ~ van* it drives me up the wall; *zie verder* storen

gestort **1** paid-up [capital]; **2** bulk [cargo *lading*]

gestrafte punished person; *(mil)* defaulter

gestreept striped; *(wtsch)* striate(d); *(muz) zie* eengestreept, enz

gestrekt stretched; *~e hoek* angle of continuation, straight angle; *in ~e galop (draf)* at full gallop (trot)

gestreng, enz *zie* streng, enz

gestrest stressed (out)

gestudeerd university educated; *~ man, ~e* university man, graduate

gesuf daydreaming, dozing

gesuis buzz(ing); singing [in one's ears]; sough [of the wind]

gesukkel **1** indifferent health; **2** trudging, plodding

gesyndikeerde union member

getaand tanned, tawny, bronzed

getakt branched; forked [lightning]

getal number; *in groten ~e* in great numbers, [arrive] in (great) force; *in groten ~e voorkomen, (ook)* abound; *ten ~e van dertien* to the number of (numbering) thirteen, thirteen in number; [houses spring up] at the rate of [600 a year]; *ik zou geen ~ kunnen noemen* [the number was large, but] I couldn't put a figure on it; *zie ook* rond I.2

getalenteerd talented

getallenleer theory of numbers

getallenmagie, getallenmystiek numerology

getallenreeks sequence

getallensymboliek numerology

getalm procrastination, lingering, loitering, dawdling

getalsmatig numerical(ly)

getalsterkte numerical strength; *volledige ~, (ook)* (full) complement; *van groter ~* numerically superior [*dan* to]

getalwaarde numerical value

getand toothed, notched, jagged; *(ve wiel, enz)* cogged, toothed; *(ve blad)* dentate, serrate(d)

getapt *(fig)* popular [*bij* with]; *zie* tappen

geteisem riff-raff

getekend **1** *(ve dier)* [beautifully] marked, [brown] with [yellow] markings; **2** lined [face]; **3** disfigured, marked [by disease, for life]; *zie verder* tekenen

getier noise, clamour; *zie ook* geraas

getij(de) tide; *~en, (kerk)* hours; *hoog (opkomend, laag, afgaand, dood) ~* high (incoming, low, outgoing, neap) tide; *aan de ~en blootgesteld* tidal [portion of a river]; *het ~ waarnemen,* ***op*** *het ~ letten* take time by the forelock; *elk vist op zijn ~, (vglb)* every dog has his day; *hij vist op elk ~* all is grist that comes to his mill; *zie ook* baken & tij

getijde-energie tidal energy (power)

getijdegolf tidal wave; *(hoog, in riviermond)* bore

getijdehaven tidal harbour

getijdenboek (Book of) Hours

getijderivier tidal river

***getijdestroom** *(Wdl: getijdenstroom)* tide-race

getijgerd with tiger stripes, striped like a tiger

getijmeter tide gauge

getijsluis tide-lock, tide-gate

getijtafel tide table

getik *(ve klok, houtworm, enz)* ticking, tick; *(met vinger, enz)* tapping, rapping; *(v breinaalden)* click(ing)

getikt *(fig)* crackers, daft, nuts, dotty, barmy, off one's trolley

getiktak tick-tick, tick-tock

getimmerte (wooden) structure

getingel tinkling, [the] ting-ting [of the bell]

getint tinted [glasses, paper], toned [paper], tinged [with pink] *vgl het ww*

getintel sparkling, sparkle, twinkling; *(v kou)* tingling

getiteld *(pers)* titled; *(boek, enz)* entitled

getjilp chirp(ing), twitter(ing), cheep

getjingel *zie* getingel

---

zie voor niet opgenomen deelwoorden de ww

getob 1 *(gezwoeg)* toiling, drudgery; **2** *(zorgen)* worry, bother
getogen *v dw van* tijgen; *geboren en* ~ born and bred
getouw *(weef~)* loom; *zie ook* touw: in ~, op ~
getraind (well-)trained [athlete], practise
getralied (cross-)barred, grated, latticed; *zie ook* tralie & traliehek
getrappel stamping, trampling, tramp; *zie ook* hoefgetrappel
getrapt stepped [drill, pulley]; *~e steekproef* nested (*of:* multi-stage) sample (sampling); *~e verkiezingen* elections at two (or more) removes (*of:* by indirect vote), double elections
getreuzel dawdling, lingering, loitering, dilly-dallying
getrippel tripping
getroebleerd (mentally) disturbed, troubled in mind; *een beetje* ~ a bit cracked, slightly touched
getroffene [earthquake, flood] victim
getrokken *zie* trekken; *~ loop* rifled barrel; *met ~ loop* rifle-barrelled
getroost comforted; *de dood (zijn lot)* ~ resigned to death (to one's fate)
getroosten: *zich veel moeite* ~ spare no pains, go to great pains; *zich ongemakken (ontberingen)* ~ rough it (put up with privations)
getrouw faithful [*ook fig:* translation; portrait], true, loyal, devoted, reliable, trusty, exact [copy]; *~e parafrase* close paraphrase; *~ blijven aan zijn beginselen* remain true to one's ...; *~ naar het leven* true to life; *~ tot in de dood* faithful until death; *zie ook* trouw
getrouwe faithful follower, supporter; *oude* ~ old stand-by, old stalwart, faithful retainer
getrouwheid faithfulness, fidelity [to the original], loyalty, reliability
getruukt *zie* trukeren
getto ghetto [blaster]
gettovorming ghettoization
getuige I *zn* **1** *(de ~)* witness [*bij een huwelijk, een overeenkomst* to a marriage, an agreement]; *(toeschouwer, ook)* bystander; *(getuigenisaflegger, ook)* deponent; *(bij duel)* second; *stomme (stille) ~n* mute evidences; *~ à charge* witness for the prosecution (for the Crown); *~ à decharge* witness for the defence; ***als*** *~ (onder)tekenen* witness [a document]; *als ~ voorkomen* go into the witness box, *(Am)* take the stand; ***ten*** *~ waarvan* in testimony whereof; *iem* ***tot*** *~ roepen* call a p. to witness; *(in rechtszaal, ook)* put a p. in(to) the (witness) box, *(Am)* on the stand; *~* ***zijn*** *van* witness, be a witness of (to); **2** *(de ~)* (character) reference; *ik heb goede ~n van u gegeven* I've given you a good character; *van uitstekende ~n voorzien* [cook] with excellent references; **II** *vz* (as) witness; *~ de vele reacties* [the idea found much response,] (as) witness (as was shown, proved by) the many reactions
getuige-deskundige expert witness
getuigen I *tr: ~, dat ...* testify (attest, depose) that ..., say in evidence that ...; *ik kan ~, dat hij daar geweest is* I can testify (attest, depose, bear witness) to his having been there; *jij kunt ~, dat ik de waarheid gesproken heb* you can bear me out; **II** *intr* appear as a witness, give evidence; *(godsd)* testify, bear testimony; *zoals de geschiedenis van de school getuigt* as is witnessed by ...; *~* ***tegen*** give evidence against, testify against; *de feiten ~ tegen hem* the facts are against him; *~* ***van*** testify (attest, bear witness, bear testimony) to, speak of [suffering, a refined taste], speak well for [this speaks well for his honesty], argue [this argues a firm grasp of the facts], show [inventiveness], bespeak [patience]; ***voor*** *iem ~* testify in a p.'s favour; *dat getuigt voor u* that speaks (tells) in your favour, speaks well for you
getuigenbank witness box, *(Am)* witness stand
getuigenis [sworn] evidence, testimony; *(schriftelijk)* deposition [100 depositions have been taken *afgenomen*]; *~* ***afleggen*** give evidence, *(in rechtszaal, ook)* go into the (witness) box, *(Am)* take the stand; *~ afleggen van* bear witness (testimony) to, testify (depose) to; *gij zult geen* ***valse*** *~ spreken tegen uw naaste* thou shalt not bear false witness against thy neighbour; *een* ***welsprekend*** *~ zijn van* be eloquent of
getuigenverhoor examination of (the) witnesses
getuigenverklaring (statement of) evidence, deposition, testimony
getuigschrift [school] certificate; testimonial, attestation; *zie ook* gedrag
getweeën *vgl* gedrieën
geul channel, gully
geur fragrance, perfume, scent, odour, smell, flavour *(geur en smaak); (v wijn, ook)* bouquet; *~tje* scent, perfume; *(fig ook)* flavour; *er is een ~tje aan, (fig)* it stinks; *~ van heiligheid* odour of sanctity; *~ maken* cut a dash, make a splash; *iets in ~en en kleuren vertellen* tell s.t. in great detail (circumstantially)
geuren smell, give forth scent (perfume); *(opscheppen)* swank, cut a dash; *~ met* show off, parade [one's talents], sport [a gold watch chain], flaunt [one's happiness before one's friends]; *(fam)* flash [one's money in front of a p.]; *hij geurt ermee, dat hij zulke boeken leest* he boasts about reading ...; *leerling, enz, waarmee men 'geurt'* prize pupil, etc
geurig fragrant, odorous, aromatic [coffee], sweet-smelling, sweet(-scented), odoriferous
geurigheid *zie* geur
geurloos odourless; *vgl* reukloos
geurmaker braggart, swaggerer, swank
geurmakerig swanky
geurmakerij swank
geus 1 *(hist)* Beggar; Protestant; **2** *(techn)* pig [of metal]; **3** *(mar)* jack
geusstok jackstaff

geuzennaam (honorary) sobriquet, honorific
geuzenvlag Beggars' flag (orange, white, sky blue)
gevaar danger [*voor het publiek, de scheepvaart; van brand* to the public, to navigation; of fire], [fire] risk, peril [the perils of the sea], [fire, health] hazard; ~ *geweken!, (luchtaanval)* all clear! [sound the all clear (signal)]; ~ ***lopen*** incur risks (a risk); ~ *lopen om te ...* run the risk of ...ing; *er is geen ~ bij* there is no danger; ***buiten*** *~ zijn* be out of danger (*fam:* out of the wood); ***in*** ~ in danger, in jeopardy; *in ~ brengen* endanger, put at risk, imperil, jeopardize [a p.'s life]; *daarmee zou hij zijn uitkering in ~ brengen* that way he would risk his benefit; ***met*** *~ van zijn leven* at the risk (peril) of his life; *met groot ~ voor hemzelf* at great risk to ...; ***op*** *~ af van u te vervelen* at the risk of boring you; *daar is geen ~* ***voor*** there is no danger (no fear) of that
gevaarlijk dangerous [crossing; dangerously ill], perilous, risky, hazardous [waste *afval*], *vgl* gevaar; *(mil sl)* unhealthy [corner]; ~ *voor* dangerous to [health]; *~e onderneming* dangerous undertaking, risky affair; *~e zone* danger zone (*of:* area); *~e plek, (verkeer, enz, ook)* black spot; *zie ook* ²heer
gevaarlijkheid dangerousness, etc, danger
gevaarsbord danger sign, *(verkeersbord)* warning sign
gevaarte colossus, monster; *een kolossaal ~, (fam)* [the sideboard was] a huge (vast) affair
gevaarvol hazardous, perilous
geval 1 case; *drie ~len van pokken* three smallpox cases; *het tegendeel is het* ~ it's quite the opposite; *laat ons dit ~ stellen* let us put this case; *een concreet* ~ a concrete instance; *het ~ wilde* chance would have it; *zie ook* toeval; *dat is met mij ook het* ~ it's the same with me, I am in the same position; *lastig* ~ problem (tricky) case, poser; [we're up against a] bit of a problem, [he is a] nuisance; ***bij*** ~ by any chance; *zie* bijgeval; ***in*** *geen* ~ under no circumstances, by no means, on no (not on any) account [don't on any account ...]; *in allen ~le, in elk (ieder)* ~ at all events; at any rate, in any case, anyhow, anyway; *in elk ~ bedankt* [I don't need your help, but] thanks all the same; *in negen van de tien ~len* in nine cases out of ten; *in ~, zie* ingeval; *in het ergste* ~ at (the) worst, if the worst comes to the worst; *in ~ van oorlog* in (the) case of (in the event of) war; *zie ook* nood; *in voorkomende ~len* should the case (matter, need) arise; ***van*** *~ tot ~* [decide] as each case arises, in each individual case; ***voor*** *het ~ dat de politie hem wou spreken* in case the police ...; *ze droeg een badpak voor het ~ dat het bootje zou omslaan* she wore ... in case of a spill; ***ten*** *~le van* for the sake of; **2** *(ding)* affair; *het hele ~(letje) is versleten* the whole contraption is worn out; *wat heeft ze nu voor een raar ~ op haar hoofd, (fam)* what a strange affair (contraption) she's ...

---

zie voor niet opgenomen deelwoorden de ww

gevallen 1 *ww (lit)* happen; *het zich laten ~* put up with it; **2** *v dw van* vallen*:* fallen; *de ~en* the fallen, *(mil)* those killed in action; *herdenking der ~en* commemoration of the dead
gevallig pleasing, agreeable
gevang *zie* gevangenis
gevangen caught; captive, imprisoned; *zich ~ geven* give o.s. up (as a prisoner), surrender; ~ *nemen* take [a p.] prisoner; *zie verder de sam*
gevangenbewaarder warder, (prison) officer, jailer, *(inz Am)* (prison) guard
gevangenbewaarster wardress, *(inz Am)* (female prison) guard
gevangene prisoner, captive; *(in gevangenis)* inmate, *(langdurig)* convict
gevangenhouden detain, keep in prison, keep (hold) [a p.] (a) prisoner
gevangenhouding detention
gevangenis prison, jail, gaol, *(Am ook)* penitentiary; *de ~ ingaan* go to prison (to jail); *het zal je in de ~ brengen* it will land you in prison; *in de ~ stoppen (werpen, zetten)* clap (put throw) into prison, commit to prison, jail [a p.]; *uit de ~ breken* break prison (jail)
gevangeniskleren prison clothes
gevangenispredikant prison chaplain
gevangenispsychose prison psychosis, Ganser syndrome
gevangenisstraf imprisonment, confinement; *tot ~ veroordelen* sentence to prison [be sentenced to 10 days in gaol]; *een ~ van tien jaren* a term of imprisonment of ...
gevangeniswezen 1 prison system (service); **2** *(theorie)* penology
gevangenkamp prison camp
gevangennemen arrest, apprehend; *(mil)* take prisoner (captive), capture
gevangenneming arrest, apprehension, capture; *bevel tot ~* committal to prison
gevangenpoort gatehouse
gevangenschap imprisonment, confinement, captivity
gevangenwagen prison van, police van; *(fam)* Black Maria; *(Am)* patrol van
gevangenzetten put in (into) prison, commit to prison, imprison, gaol, jail
gevangenzitten be in prison (in jail)
gevankelijk: ~ *wegvoeren* carry off (as) a prisoner (prisoners), lead captive
gevarendriehoek (breakdown, reflecting) warning triangle
gevarenzone danger area (*of:* zone)
gevat quick-, sharp-witted, quick (good) at repartee, clever, smart; ~ *antwoord* witty (clever, ready) retort, repartee, smart answer; *hij is zeer ~, (ook)* he has a ready wit; ~ *ventje* sharp little boy
gevatheid ready wit, smartness, quickness at repartee, quick-, sharp-wittedness

gevecht fight, battle, combat, action [killed in action, go into action], engagement, encounter; *buiten ~ stellen* put out of action, *(fam & bokser)* knock out; *(soldaat)* disable; *zie ook* man & strijd
gevechtsbommenwerper fighter-bomber
gevechtseenheid fighting unit
gevechtsgroep task force
gevechtshandeling action; *~en* fighting, hostilities
gevechtsklaar ready for action (battle), fighting fit; *~heid* combat readiness
gevechtspak battle dress
gevechtssterkte fighting strength
gevechtsterrein battleground
gevechtstoren *(mar)* turret
gevechtstroepen combat troops
gevechtsuitrusting [full] battle kit; combat equipment
gevechtsvliegtuig fighter, combat aircraft (plane); *(Am)* pursuit plane
gevechtswaarde fighting power, effectiveness
gevechtswagen **1** tank; **2** armoured car (vehicle)
gevechtszone combat zone, battle zone
gevederd feathered [friends]
gevederte feathers, plumage
geveerd **1** sprung; spring-loaded; **2** *(ve blad)* pinnate (*even* abruptly; *oneven* odd); **3** *zie* gevederd
geveinsd pretended [modesty, sympathy], feigned [friendship], assumed [indifference], false [modesty], hypocritical [words]
geveinsdheid hypocrisy
gevel façade, front
gevelbreedte frontage
geveldriehoek pediment
gevellijst cornice
gevelspits gable
gevelsteen **1** stone (memorial, etc) tablet; **2** facing brick
geveltoerist cat burglar
geveltop gable
geveltrapjes corbie-steps, (crow-)stepped gable
geven **1** *(schenken, verschaffen)* give (*ook van koe:* she knew to a gill what each cow gave), present with; spare [a penny for the guy]; afford, yield, produce; *(geur, warmte, enz)* give out; *(verlenen)* bestow, confer, grant; *iem lunch geven* entertain a p. to lunch, *(fam)* lunch a p.; *(kaartsp, tr & intr)* deal; *verkeerd ~* (make a) misdeal; *wie geeft?* whose deal is it?; *geef mij het zuiden van Frankrijk maar* give me the south of France (for my money); *wie spoedig geeft, geeft* ***dubbel*** he gives twice who gives quickly; ***eens*** *gegeven blijft gegeven* a gift is a gift; *het is niet iedereen* ***gegeven*** *om ...* it is not given to everyone to ...; ***God*** *(de Hemel) geve, dat we hem gauw weerzien* God grant that we may ...; *God geve hem succes!* God grant him success!; *ik geef het* ***gewonnen*** I give it up; *zich gewonnen ~* own o.s. beaten, accept (admit) defeat, throw in the sponge, knuckle under; *zich niet gewonnen ~, (ook)* hang on; *dat moet ik u gewonnen ~* you are right there; *wie geeft wat hij* ***heeft****, is waard dat hij leeft* the Lord loveth a cheerful giver; *zijn* ***leven*** *~* lay down one's life; *ik wou het niet voor* ***minder*** *~* I would not let it go (part with it) for less; ***mag*** *ik u wat aardappels ~?* may I help you to some potatoes?; *~ en* ***nemen*** give and take; *men moet ~ en nemen, (ook)* there must be give and take [*zo ook:* the give and take of life]; *geef mij* ***nog*** *een glas bier, (ook)* let me have another glass of beer; *zie ook* [1]woord; *ik* ***zou*** *heel wat willen ~ om te weten ...* I would give a good deal to know ...; *zie ook* ding; ***zich*** *~ aan* give o.s. to [study], throw o.s. into [one's work]; *zich ~, (toegankelijker worden)* unbend, expand, come out of one's shell; *zijn betrekking* ***eraan*** *~* give (throw, chuck) up one's post (job); *de sigaren eraan ~* cut out cigars; *ik geef niet veel* ***voor*** *zijn kansen* I don't rate his chances very highly; **2** *(ten beste geven:) zijn* ***oordeel*** *~* state one's view; *een* ***teken*** *~* make a sign; *(onderwijzen)* teach [French]; *wat wordt er gegeven?, (theat)* what is on? [Hamlet is on; there's a film on called ...]; **3** *(ertoe doen)* matter; *dat geeft* ***niet(s)****, (doet er niet toe)* that doesn't matter; never mind!, *(fam)* no bones broken!; *het geeft* ***niets*** it is no use (no good, of no avail); *het geeft niets om te schrijven* it is no good writing, there is no use in writing; *het geeft niet, of je (je vader) al zegt ...* it's no use (no good) your (your father) saying ...; *protesten ~* ***niets*** protests are of no avail; *dat geeft niet veel* that is no good; *zie ook* helpen; ***wat*** *zal dat ~?* what will be the end of it (all)?; *wat geeft het?* what's the use (the good)?; *maar wat geeft (wat zou) dat nu?* but what of that?; *wat geeft een politieagent in zo'n geval?* what good is a policeman in such a case?; **4** *(oordelen:) ik gaf haar niet meer dan 30 (jaar)* I put her down at no more than thirty; *ik gaf hem (de zieke) niet meer dan een week* I gave him no more than a week (to live); *zie ook* schatten op; ***in*** ***(uit)*** *~, (sp)* give [a ball, player] in (out); **5** *(veroorzaken:) dat zal wat ~!* there'll be trouble (*fam:* ructions); *dat geeft* ***te denken*** it makes you think; *ik geef het je te doen* it's no picnic (almost impossible); **6** *~* ***om*** care for; *veel (weinig, niets) ~ om* care a great deal (little) for, set much (little, no) store by, make much (little, nothing) of; *veel ~ om, (ook)* hold dear; *niets ~ om* not care for [wine], think nothing of [such a walk], hold [life] cheap; *wie geeft er wat om, of ...* who cares if ...?; *hij geeft om niets* he doesn't give a damn; *ze gaf niet om de regen* she did not mind the rain; *zie ook* denken, eentje, gegeven, [2]geest 1, langs, voorbeeld, enz
gever giver, donor; *(v bloed, orgaan)* donor; *(kaartsp)* dealer
geverseerd well-versed, experienced, practised
gevest hilt
gevestigd established [reputation]; domiciled [in Britain]; *~e belangen* vested interests; *~e mening*

fixed (firm) opinion; *~e orde van zaken* constituted order of things; Establishment; *~e zaak* (old-)established business, going concern

gevierd celebrated [actor], fêted

gevierendeeld *(her)* quarterly, quartered

gevind finned; *(plantk)* pinnate(d)

gevingerd fingered; *(plantk)* digitate [leaves]

gevit fault-finding, cavilling, carping

gevlamd flamed [tulip], flamboyant; grained [beautifully grained wood]; watered [silk]

gevleesd fleshy, plump; *de ~e duivel* the devil incarnate

gevlekt spotted [hyena, orchid, skin], stained [clothes]; *(bont ~)* mottled [skin], variegated

gevleugeld winged; *(wtsch)* alate(d); *het ~e paard* the winged horse, Pegasus; *~ wild* game birds; *~ woord* winged word

gevlij: *bij iem in het ~ zien te komen* worm one's way (manage to get) into a p.'s good graces, play (make) up to a p., butter a p. up

gevoeg: *zijn ~ doen* ease nature, relieve o.s.

gevoeglijk decently, properly, appositely; *je zou ~ kunnen gaan* it would be quite in order for you to go

gevoeglijkheid decency, propriety, appositeness

gevoel *(~szin)* feeling, touch; *(gewaarwording)* feeling, sensation; *(niet-lichamelijk ~, ook)* [a matter of] sentiment; *ik heb zo'n ~ dat …* I have a feeling that …; *een ~ hebben alsof men moet braken* feel one is going to vomit; *geen ~ hebben in zijn voeten, (v kou, enz)* have no feeling in …; *zij had zelf ook dikwijls dat ~, (ook)* she often felt that way (the same way) herself; *ik ken dat ~* I know what it feels like; *~ van warmte* sensation of warmth; *(besef)* sense; *~ van wat goed (verkeerd) is* sense of what is right (wrong); *~ voor het schone (humor)* sense of beauty (humour); *met ~ spreken* speak feelingly; *naar mijn ~ drijft hij het te ver* I cannot help feeling that he carries it too far; *op het ~* [judge, know, etc] by the feel (of it), [knit] by feel; *hij vond de weg op het ~* he groped (felt) his way; *zacht op het ~* soft to the touch; *zie ook* gevoelen I

gevoeld: *~e behoefte* [supply a] felt want

gevoelen I *zn* feeling [receive news, a book, with mixed feelings], sentiment, opinion, sense [represent the sense of the country, of the meeting]; *dat zijn mijn ~s* those are (*scherts:* them's) my sentiments; *met gemengde ~s ontvangen worden* get a mixed reception; *naar zijn ~* in his opinion, to his mind, to his way of thinking; *van ~ zijn dat …* be of (the) opinion that …; II *ww* feel; *zie* voelen

gevoelig 1 *(vatbaar voor gewaarwordingen)* sensitive; *(v persoon, ook)* feeling, susceptible; *~ voor* susceptible to [pain, cold, criticism], susceptible to [praise], sensible of [your kindness], appreciative of [an offer]; *~ zijn voor, (ook)* appreciate [a p.'s attentions]; 2 *(pijnlijk)* tender, sensitive [skin, feet]; delicate [point, the matter is delicate *ligt ~*]; *~e klap* painful (nasty) blow; *~e kou* bitter cold; *~e les* sharp lesson; *~(e) nederlaag (verlies)* heavy defeat (loss); *een ~e nederlaag lijden* suffer a severe setback; *~e plek* tender spot; *hij raakte mij op een ~e plek, (fig)* he touched me on the raw; *zie ook* snaar; *hij gaf het paard een ~e tik met de zweep* he flicked … sharply with the whip; 3 *(aanmerkelijk)* substantial; 4 *(lichtgeraakt)* touchy, sensitive [to criticism]; *op dat punt is hij ~* he is very touchy on that point, it is a sore point with him; *wees niet zo ~* don't be so thin-skinned; *de zaak ligt ~* it is a sensitive matter; 5 *(ve instrument)* delicate, sensitive [scales *weegschaal*, meter]; *(fot)* sensitive, sensitized [film, paper]

gevoeligheid sensitiveness, sensitivity, tenderness, *vgl* gevoelig; [film] speed; *iems ~ ontzien (kwetsen)* spare (hurt, wound) a p.'s feelings (sensibilities, susceptibilities)

gevoelloos unfeeling, callous; impassive; insensible [*voor pijn, schande* of pain, to shame]; *(ve lichaamsdeel)* numb; *zie ook* gevoel; *~ maken, zie* verdoven

gevoelloosheid unfeelingness, callousness; insensibility

gevoelskwestie matter (question) of sentiment

gevoelsleven inner life, emotional life

gevoelsmatig instinctive; *~e reactie, (fam)* gut reaction

gevoelsmens (wo)man of feeling, emotional person; *overdreven ~* sentimentalist

gevoelstemperatuur sensible temperature

gevoelswaarde emotional value [of a word]

gevoelszenuw sensory (sensorial) nerve

gevoelszin sense of feeling (touch), tactile sense

gevoelvol full of feeling, tender, [speak] feelingly

gevoerd lined [coat, envelope], padded [jacket, quilt] *vgl het ww*

gevogelte birds, fowl, [game and] poultry

gevoileerd veiled [ladies, voice]; *(wazig)* dim, hazy; *(fot)* fogged

gevolg 1 *(ve persoon)* train, suite, retinue, following; 2 *(resultaat, enz)* consequence, result, outcome; (after-)effect [of an illness]; *(goed ~)* success; *geen nadelige ~en ondervinden van* be none the worse for [one's adventure]; *de ~en zijn voor jou* (you must) take the consequences; *~ geven aan* accept [an invitation], carry out [a plan], grant (comply with) [a request]; *geen ~ geven aan een bevel* refuse to comply with (carry out) an order; *~ gevende aan* in response to [an invitation to join the committee]; *zie ook* ingevolge; *werkloosheid als ~ van de staking* unemployment consequent on …; *en als ~ daarvan onderbreking van de treindienst* [the flooding of the track] and consequent interruption of …; *zie ook* bijgevolg; *met goed ~* successfully, with success; *met als ~ …* resulting in …; *ten ~e hebben* bring on, bring in its train, be the cause of [a p.'s death], result in [loss, etc]; *ten~e van* in consequence of, as a result of; *ten~e daarvan, (ook)* in consequence, as a

---

zie voor niet opgenomen deelwoorden de ww

result [he cancelled his plan]; ***zonder*** *~, (resultaat)* without success, unsuccessful(ly)
gevolgtrekking conclusion, deduction, inference; *tot de ~ komen dat ...* arrive at (reach) the conclusion that ...; *~en maken* draw conclusions [*uit* from]; *voorbarige ~en maken* jump to conclusions
gevolmachtigd having full powers; *~ minister* minister plenipotentiary
gevolmachtigde proxy, attorney; *(v regering, enz)* plenipotentiary
gevorderd advanced [season, level], late [hour]; *op ~e leeftijd* at an advanced age, [be] well on in years
gevorkt forked, (bi)furcate(d)
gevraagd *(v waren)* in request, in demand; *zie ook* vragen & koop
gevreeën *(fam) v dw van* vrijen
gevreesd dreaded [disease], [make o.s.] feared
gevrij smooching, cuddling, (heavy) petting, necking, lovemaking
gevuld full [figure, lips]; [chocolates] with filling; *(ve pers)* well-covered, plump; *~er worden* fill out; *goed ~e beurs* well-lined purse; *met ~e zitting* upholstered [chair]; *zie ook* vullen
gewaad attire, garment(s), garb, dress, robe [of state], [church] vestment
gewaagd risky, hazardous [enterprise]; *(fam)* chancy; risqué [story], suggestive [joke], daring [décolleté]; *~e gissing* bold guess; *zie ook* gedurfd & [1]wagen
gewaand supposed; pretended, feigned
gewaarworden become aware of, notice, perceive, experience; *(te weten komen)* find out; *zonder dat iem er iets van gewaar wordt* without anyone being (any) the wiser
gewaarwording sensation, perception, feeling
gewag mention; *~ maken van* make mention of, mention, report; *er wordt ~ gemaakt van ...* there is some talk of ...; *maak er geen ~ van* do not speak about it (mention it); *er wordt geen ~ gemaakt van verliezen* no ... are reported; *de honden maakten ~* the ... gave tongue
gewagen mention, report; *~ van* mention, make mention of; *niet ~ van, (ook)* be silent of (as to, about, on)
gewapend armed [conflict, forces, magnet, robbery, soldier, etc]; live [shell, bomb]; armoured [glass]; *~e bandiet, enz* gunman; *~e vrede* armed peace, armed truce; *zie ook* beton & wapenen
gewapenderhand by force of arms
gewas vegetation, growth; *(oogst)* crop(s), harvest; *(plant)* plant; *(uitwas)* excrescence
gewast waxed; *~e taf* wax taffeta, oil(ed) silk
gewaterd watered [silk]
gewatteerd quilted [cover *boekband*], padded; *~e deken* quilt, quilted coverlet
gewauwel twaddle, drivel, waffle; *sentimenteel ~* sentimental slush, slip-slop
geweeklaag lamentation, wailing
geweer rifle; *(jacht~)* gun; *over het ~!* slope arms!; *presenteer het ~!* present arms!; *schouder het ~!* shoulder arms!; *zet af het ~!* order arms!; ***in het*** *~ zijn, a)* be up in arms; *b)* be active; *in het ~ komen, a)* stand to (arms); *b)* take up arms, take action; *in het ~ roepen* call to arms; *de wacht kwam in het ~* the guard turned out; ***naar*** *het ~ grijpen* take up arms
geweerkolf rifle butt
geweerlade stock
geweerloop rifle barrel
geweermaker gunsmith, gunmaker
geweerriem rifle sling
geweerschot rifle shot, gunshot
geweerslot gunlock
geweervuur rifle fire
gewei 1 (pair of, set of) antlers, horns; *met een ~* antlered; *~ met twaalf takken* twelve-tined antlers; **2** *(geweide)* intestines, entrails; **3** *(uitwerpselen)* droppings
geweld *(kracht)* violence, (brute) force; *(lawaai)* noise, hubbub, din, racket; *~* ***aandoen*** do violence to [one's conscience], violate [the law], stretch, strain [the meaning of a word, one's conscience, the law, the truth]; *zichzelf ~ aandoen* restrain o.s.; *~* ***gebruiken*** use force; ***met*** *~* by (main) force, by violence, forcibly; [resist force] by force; [come downstairs] noisily; *met ~ van wapenen* by force of arms; *hij wil er met alle ~ heen* he is (quite) determined to go there, insists on going there; *de zaak met (alle) ~ tot een beslissing brengen* force the issue, force a solution
gewelddaad act of violence, outrage; *openlijke gewelddaden* open violence
gewelddadig I *bn* violent [die a violent death]; **II** *bw* violently, by violence
gewelddadigheid (act of) violence, outrage; *(harde misdaad)* thuggery
gewelddelict violent offence
geweldenaar 1 superman, go-getter, whizz-kid; **2** tyrant, usurper
geweldenarij tyranny, usurpation
geweldfilm slasher (film, *Am* movie), [video] nasty
geweldig vehement, violent, powerful, enormous, huge [a huge slice of ham], prodigious [pressure], tremendous, terrific, almighty [explosion], phenomenal [attendance]; *(vreselijk)* dreadful(ly), terrible, terribly, awful(ly); *~!, (fam)* terrific!, super!, *(jeugdsl)* wicked!; *niet zo ~, (fam)* not so hot; *ik heb er een ~e afkeer van* I loathe it, I hate it like poison
geweldloos non-violent; *zie verder* lijdelijk
geweldloosheid non-violence
geweldmisdrijf crime of violence, *(jur ook)* assault (and battery)
geweldpleging (unlawful personal) violence
gewelf vault(ing), arch, dome, (arched) roof; *~ des*

hemels vault (*of:* canopy) of heaven, firmament
gewelfboog vaulted arch
gewelfd vaulted, arched, domed [forehead]; *(ve weg)* cambered [road]
gewend accustomed; *~ zijn aan* be used (accustomed) to; *niet ~ aan, (ook)* unused to; *~ zijn te ...* be in the habit of ...ing; *hij is niet veel ~* he is not used to the ways of the world; *hij is hier nog niet ~* he does not feel at home here yet, has not yet settled down; *vgl* gewoon
gewennen I *tr* accustom, habituate [*aan* to]; *aan ontberingen ~* inure to hardships; *aan het zadel ~* break [a horse] to the saddle; **II** *intr: ~ aan, (zich ~ aan)* accustom o.s. to, get accustomed (used) to, grow familiar with; *zie ook* wennen
gewenning habituation, [it takes some] getting used to
gewenst 1 *(verlangd)* desired, wished for; *het ~e* the desired thing (etc); **2** *(wenselijk)* desirable, advisable; *hoe ~ zou het zijn ...* what a desirable thing it would be ...
gewenstheid: *de ~ van ...* the desirability of ...
gewerveld vertebrate *(ook zn: ~ dier)*
gewest region, district; *(provincie)* province; *betere ~en* the abode of the blessed; *naar betere ~en gaan* be called to higher spheres, *(fam)* go to glory
gewestelijk 1 regional, provincial; **2** dialectal
geweten conscience; *kwaad ~* bad (guilty) conscience; *ruim ~* elastic conscience; *rustig ~* easy conscience; *een rein (zuiver) ~* a good (clear) conscience; *omwille (ter wille) van het ~* for conscience' sake; *zijn ~ werd wakker (begon te spreken)* his conscience awoke (pricked him); *gekweld **door** het ~* conscience-stricken; *ik kan het niet **met** mijn ~ overeenbrengen* I cannot reconcile it to (square it with) my conscience; ***op** zijn ~* [he has s.t.] on his conscience (*zo ook:* I won't have that on my conscience); *heel wat op zijn ~ hebben, (ook)* have much (*fam:* a lot) to answer for; *zie ook* [2]eer
gewetenloos unscrupulous, unprincipled, heartless [fraud]
gewetenloosheid unscrupulousness, etc, lack of scruple
gewetensangst pangs of conscience
gewetensbezwaar (conscientious) scruples, conscientious objection; *zonder ~* without any qualms; *vrijstelling wegens -bezwaren, (ook)* exemption on grounds of conscience
gewetensbezwaarde conscientious objector
gewetensconflict moral conflict
gewetensdwang moral constraint
gewetensgeld conscience money
gewetensnood moral dilemma
gewetensonderzoek examination of conscience, soul-searching
gewetensvol conscientious

---

zie voor niet opgenomen deelwoorden de ww

gewetensvraag 1 soul-searching question; *(fam)* poser; **2** question (matter) of conscience
gewetensvrijheid freedom (liberty) of conscience
gewetenswroeging qualms (pangs, twinges) of conscience, [without] compunction, heart-searching, remorse; *door ~ gekweld* conscience-stricken
gewetenszaak matter of conscience
gewettigd justified, legitimate [hope]
geweven woven; *~ stoffen* textiles, (textile) fabrics
gewezen late, former, ex-, past [president]
gewicht weight *(ook ve klok); (fig ook)* importance; *(v slachtvee: levend)* live weight, weight on the hoof, *(schoon aan de haak)* dressed weight; *soortelijk ~* specific gravity; *~ **dragen**, (ve renpaard)* carry weight; *goed (slecht) ~ **geven*** give good (full) weight (short weight); *hun namen **hebben** het meeste ~* their ... carry most weight; ***hecht** geen ~ aan zijn woorden* do not attach any importance (*of:* weight) to his words; *veel ~ hechten aan, (ook)* make much of [the fact that ...]; *~ **heffen*** lift weights; *zie* gewichtheffen; *(veel, geen) ~ **in de schaal** leggen* carry (much, no) weight; *geen ~ in de schaal leggen, (ook)* cut no ice; *zijn ~ in de schaal werpen, (fig)* throw one's weight into the scale; ***bij** het ~ verkopen* sell by weight, by the pound; *weer **op** zijn ~ komen* recover one's lost weight; ***man van** ~* man of consequence; *(fam)* heavyweight, bigwig, big bug (shot, noise); *een zaak van groot ~* a matter of great weight (importance, moment); *zie ook* belang; *haar mening is van ~* her ... carries weight; *van meer ~ zijn dan* outweigh; *spreken op een toon van ~* speak portentously
gewichtheffen weightlifting
gewichtheffer weightlifter
gewichtig important, momentous, weighty; *(~doend)* pompous, self-important; *~ doen* give o.s. airs, behave (act) importantly; *(fam)* put it on (a bit)
gewichtigdoenerij display of self-importance, pomposity
gewichtigheid importance, weight; pomposity; *vgl* gewichtig
gewichtloos(heid) weightless(ness)
gewichtsdeel part by weight
gewichtseenheid unit of weight
gewichtsklasse *(sp)* weight
gewichtsmanco deficiency in weight, short weight
gewichtsstelsel system of weights; *het Britse ~* avoirdupois
gewichtstoename weight increase, gain in weight
gewichtsverlies loss of weight
gewiekst knowing, sharp, smart, *(sl)* fly; *een ~e* a knowing one, a deep one
gewiekstheid slyness, sharp-wittedness, smartness
gewijd consecrated [earth], sacred [poetry, music], hallowed [spot], devotional [music]
gewijsde judgement entered; *het vonnis is in kracht van ~ gegaan* sentence has been entered
gewild 1 *(in trek)* in demand (request, favour), much

sought after, popular; *een ~ blad* a popular paper; **2** *(gemaakt)* affected, laboured, contrived; *~ geestig* studiously (would-be) witty, intended to be humorous

gewillig willing, ready, tractable, docile; *zie ook* [2]geest 1; *zich ~ overgeven* surrender with a good grace; *~ het oor lenen aan* lend a ready ear to

gewilligheid willingness, readiness, docility

gewin gain, profit; *(v bijen)* take [of honey]; *vuil ~* filthy lucre; *het eerste ~ is kattengespin* first winnings don't count

gewinnen win, gain; *(bijb)* beget [children]; *zie verder* winnen

gewinzucht love of money, covetousness

gewis I *bn* certain, sure; *dat is een ~se dood* that is certain death; II *bw* certainly, surely, to be sure; *zie ook* zeker

gewisheid certainty, certitude

gewoel bustle, stir; *(menigte)* crowd, throng

gewogen weighted [average *gemiddelde*]; *zie verder* wegen

gewolkt clouded, cloudy

gewond wounded, injured [person]; *~en, (ook)* injured, casualties

gewoon I *bn* **1** *(gewend)* accustomed, used [*te* to], habituated; *zoals hij ~* ***was*** as was his wont, [he stared in front of him] as his habit was; *dat was men niet van hem ~* that was an unusual thing with him; *~ zijn te, (ook)* be in the habit of ...ing; *het is heel ~ dat kinderen op straat spelen* it is quite normal for children to play in the street; *~* ***raken*** *(worden) aan* get used (accustomed) to, grow familiar with; **2** *(gebruikelijk)* usual [the usual hour]; customary, accustomed [his accustomed corner]; *(niet on- of buitengewoon)* ordinary [an ordinary boy, year; ordinary people, members], common [mistake, soldier, cold *verkoudheid*], plain [fare *kost*; plain and illustrated postcards; plain and milk chocolate; stained and plain glass]; *(ordinair)* common [people]; *neus ~, (signalement)* ordinary nose; *gewone aandelen* ordinary (*Am:* common) shares, equities; *gewone breuk* vulgar fraction; *de gewone burger* the average citizen; *~ hoogleraar* (full) professor; *~ gezant* ambassador in ordinary; *de gewone lezer* the general reader; *de gewone man* the common man, the man in the street; *gewone pas* quick march (step, time); *het gewone publiek* the general public; *een heel ~ zakenman* just an ordinary businessman; *(scherts)* a common or garden businessman; *~ schrift, (vs stenografie)* longhand; *in ~ schrift, (ve telegram)* in clear (*vs:* in cipher); *meer (beter) dan ~* above the common; *~* ***doen****, (ook)* behave naturally; ***iets*** *heel ~s* nothing out of the common, nothing special; *(fam)* nothing to write home about; *zie ook* doen II, gewend, soldaat, enz; II *bw* commonly, [behave quite] ordinarily; simply [I simply cannot think now]; *zie ook* gewoonweg

gewoonheid *(alledaagsheid)* commonness; *zie ook* gewoonte

gewoonlijk usually, generally, ordinarily, habitually, as a rule; *als ~* as usual; *ze was niet zoals ze ~ was* she was not her usual self

gewoonte **1** *(algem gebruik)* [ancient, national] custom, usage, use, (customary) practice; *zie ook* oudergewoonte; *een ~ worden* become a habit, grow into a custom (habit); *als* ***naar*** *~, volgens ~* as usual, according to custom, by custom; *het is hier niet de ~* it is not the custom (customary) here, *(is* ***tegen*** *de ~* is contrary to custom*);* **2** *(persoonlijk)* habit, custom, practice; *zijn slordige ~n, (ook)* his slovenly ways; *(attr)* habitual [criminal, drinker, drunkard, liar]; *de ~* ***hebben*** *te ...* have a habit (a way) of ...ing; *het* ***is*** *alles ~* it's all a matter of habit; *het is een ~ van hem (is* ***tegen*** *zijn ~)* it's a custom (habit) of his (is contrary to his habit); *er een ~ van* ***maken*** *te ...* make it a rule to ..., make a habit (a practice) of ...ing, *(geleidelijk)* get (fall) into the habit of ...ing; *~ is een tweede* ***natuur*** habit is a second nature; *het is* ***niet*** *mijn ~ om te liegen* I am not in the habit of lying; *(louter)* ***uit*** *~* from (out of) (sheer) habit, from (sheer) force of habit; **3** *(aanwensel)* habit; trick [he has tricks that remind me of his dad]; *hij* ***heeft*** *de ~ met zijn vingers op de tafel te trommelen* he has a trick of drumming with ... on the table; *zie ook* aannemen 3

gewoontedier creature of habit

gewoontedrinker, enz *zie* gewoonte 2 *attr*

gewoontegetrouw in accordancd with (faithful to, true to) custom; [he ordered a beer] as his habit was [he had his usual beer]

gewoonterecht customary law

gewoontevorming *(psych)* habit formation

gewoontjes plain, everyday, ordinary

gewoonweg downright, perfectly [wonderful]; just [I just don't know what to do; this is just not possible]; *ik ben ~ doornat* I am simply soaked; *het was ~ een janboel* it was a regular mess; *hij brulde ~ van het lachen* he simply roared with laughter

geworden [your letter has] come to hand; *ik zal het u doen ~* I'll send it you, let you have it; *laat hem ~* let him have his way; *ik kan er niet mee ~* I cannot get on with it (manage it)

geworteld [deeply, firmly] rooted; *zie ook* ingeworteld

gewricht joint, articulation

gewrichtsband ligament

gewrichtsholte socket, joint-cavity

gewrichtsknobbel condyle

gewrichtsontsteking arthritis; *(vh vlies)* synovitis

gewrichtsreumatiek **1** acute rheumatism, rheumatic fever; **2** *(chronisch)* rheumatoid arthritis

gewrichtsvocht synovia(l fluid)

gewrichtsziekte articular disease

gewrocht I *zn* production, creation, work, handi-

work; **II** *ww* made, created, produced; ~ *door* the work of [God's hand]
gewroet 1 rooting, burrowing; **2** *(fig)* toil, drudgery; **3** *(fig)* intrigues, underhand manoeuvres, schemings
gewrongen tortuous [reasoning, style]; disguised [handwriting]
gezaagd sawn [timber]; *(plantk)* serrate; *dubbel* ~ serrulate [leaf]
gezag authority, power, prestige; *het* ~ the authorities; *zijn stem heeft* ~ his voice carries weight; *zijn* ~ *doen gelden* put one's foot down; *het* ~ *voeren* (be in) command; *het* ~ *voeren over* command, be in command of; ***met*** ~ with authority, [speak] authoritatively; ***op*** ~ *aannemen* take on trust; *op* ~ *van ...* [we have it] on the authority of ...; *op eigen* ~ on one's own authority, arbitrarily, off one's own bat; *een man van* ~ an authority [on Greek]
gezaghebbend authoritative; *in ~e kringen* in influential (leading) circles; *op ~e toon spreken* speak authoritatively; *zie ook* bron; *~en* authorities
gezaghebber 1 manager, administrator, director, person in charge; **2** (person in) authority
gezagscrisis breakdown of authority (of law and order)
gezagsdrager (person in) authority
gezagsgetrouw loyal, law-abiding
gezagsorgaan authority
gezagsvacuüm power vacuum
gezagvoerder 1 *(mar)* master, (sea) captain, commander, master mariner; *(luchtv)* captain; *oudste* ~ *(der maatschappij)* commodore; *als* ~ *varen* be in command; **2** (person in) authority
gezakt *(in zakken)* bagged; *(bij examen)* failed, *(sl)* ploughed; *zie ook* afwijzen & gepakt
Gezalfde: *de* ~ *des Heren* the Lord's Anointed
gezaligden: *de* ~ the blessed, the blest
gezamenlijk I *bn* complete [the complete works of S], total, aggregate [amount], joint [effort, owners; for their joint use], united [forces], collective [responsibility], combined [efforts]; *~(e) actie (optreden)* concerted (joint, united) action; ~ *gezang, zie* samenzang; *voor ~e kosten* at joint expense; *voor ~e rekening* for (on) joint account; ~ *werk* teamwork *(ook op wtsch gebied);* **II** *bw* completely, etc; *vgl het bn;* together, [go] in a body; ~ *en **hoofdelijk** aansprakelijk* jointly and severally liable, collectively and individually responsible; ~ *optreden* act in concert
gezang 1 *(het zingen)* singing; *(kwelen)* warbling; **2** *(lied)* song; *(kerk~)* hymn; *het* ~ *van een vogel* (bird)song, *(kort)* (bird)note
gezangboek, gezangbundel hymn book, hymnal
gezanik 1 fuss, bother(ation); **2** nagging, harping on [about s.t.]
gezant envoy, *(v lagere rang)* minister resident; *(algemeen)* minister; *(pauselijk)* apostolic nuncio (*v lagere rang:* internuncio); *(afgezant)* envoy, ambassador, *(geheim)* emissary; *buitengewoon* ~ *en gevolmachtigd minister* envoy extraordinary and minister plenipotentiary; *de Britse* ~ *in IJsland* the British (*formeel:* Her Britannic Majesty's) Minister to Iceland; *de IJslandse* ~ *bij het Engelse Hof (te Londen)* the Icelandic Minister to the Court of St James's (to Great Britain, in London)
gezantschap 1 legation, embassy, mission; **2** *(ambt)* envoyship, etc; *vgl* gezant
gezantschapsraad counsellor (to a legation)
gezapig easygoing, complacent, apathetic, lax [person]; sluggish [stream, rain]
gezegd *(bovengenoemd)* said, above(-said, -mentioned); *Simon,* ~ *Petrus* Simon, called Peter; *de eigenlijk ~e roman* the novel proper
gezegde 1 saying, expression, phrase; *(uitspraak)* dictum; *bekend ~, (ook)* household word; **2** *(gramm)* predicate
gezegdezin subject complement clause
gezegend blessed; ~ *met* blessed with [worldly goods]; *daar is hij mee ~, (iron)* good luck to him!; *zij verkeert in ~e omstandigheden* she is in the family way, is in an interesting condition; *in de ~e ouderdom van ...* [die] at the good (the ripe) old age of ...; *zie ook* aandenken
gezeggen: *zich laten* ~ be docile, listen (be amenable) to reason; *zich niet laten* ~ refuse to listen to reason
gezeglijk docile, obedient, biddable, amenable to discipline
gezeglijkheid docility, obedience
gezeik 1 crap, nonsense; **2** *zie* gezanik
gezel fellow, companion, mate; *(handwerks~)* journeyman [butcher, etc], [plumber's] mate, workman, working printer (carpenter, etc)
gezellig *(v pers)* companionable, convivial, sociable, *(fam)* chummy, matey; *(ve vertrek, enz)* pleasant; *(intiem)* cosy, snug; *(pratend, enz)* chatty [person, letters]; *~e omgang* social intercourse; ~ *levende dieren* social (gregarious) animals; *de mens is een* ~ *dier* man is a social animal; *~e avond* pleasant (convivial) evening; ~ *avondje, (muziek, enz)* social evening, *(fam)* social; *~e bijeenkomst* social gathering, *(fam)* social, get-together; *hij is 'n ~e baas, (ook)* he is good company; *het is* ~ *om samen uit te gaan* it's fun to go out together; *zie ook* baas; *het was erg ~, (na bezoek)* thank you for a delightful evening; *je bent allesbehalve* ~ you are precious poor company; *we dronken een* ~ *glaasje* we enjoyed a drink together; ~ *hoekje* cosy corner, snuggery; *een* ~ *tehuis* a happy home; ~ *vertrek* snug room, snuggery
gezelligheid companionableness, sociability, conviviality, chumminess; *(ve vertrek, enz)* snugness, cosiness; *huiselijke* ~ home (*of:* fireside) comfort(s); *ik heb* ~ *nodig* I need company; *voor de* ~ for company

---

zie voor niet opgenomen deelwoorden de ww

gezelligheidsdier [man is a] social animal
gezelligheidsvereniging social club
gezellin companion
gezelschap company, society, party [of friends]; *(theat, enz)* company, troupe; *dit doorluchtige* ~ this august assemblage; *zijn ~ waard zijn* be good company; *hij vermeed alle* ~ he kept (himself) to himself; *kwade ~pen* ***bederven*** *goede zeden* evil communications corrupt good manners; *iem ~* ***houden*** keep a p. company; ***in*** *~ van* in the company of, in company with; *in goed* ~ [if I am wrong, I'm erring] in good company; *in slecht ~ geraken* fall (get) into bad company; ***niet van*** *het ~ zijn* [I shall] not be of the party; *juffrouw van ~, zie* gezelschapsdame
gezelschapsdame (lady) companion [to an old lady]
gezelschapsdier pet, companion mammal
Gezelschapseilanden Society Islands
gezelschapsleven social life
gezelschapsspel (round) game, board game, party game
gezet corpulent, stout, portly; *(gedrongen)* thickset, stocky; *(vast)* set [times], definite, fixed; regular [read the Bible regularly]; *zie ook* gesteld, taak & zetten
gezeten seated; settled; *vgl* zitten; *~ zijn* be seated; be mounted [on a fine horse]; *~ boer (burger)* substantial farmer (citizen); *~ man* man of substance
gezetheid 1 corpulence, stoutness; **2** regularity; *vgl* gezet
gezeur bother(ation); [the story is just] drivel
gezever 1 slavering; **2** drivel
gezicht 1 *(het zien)* sight; *(het vermogen)* (eye)sight; *hij* ***verloor*** *zijn* ~ he lost his (eye)sight (the use of his eyes); *vgl* 2; ***op*** *het* ~ [play, sing] at sight; *op het ~ van* at sight of; *op het eerste* ~ at first sight (blush), at the first glance; on the face of it [it seems probable]; ***uit*** *het* ~ out of sight; *uit mijn ~!* out of my sight!; *uit het ~ verdwijnen* disappear (vanish) from sight; *uit het ~ verliezen* lose sight of; *uit het ~ verloren* lost to sight (to view); **2** *(gelaat)* face; *~je* (pretty) face; *(mbt de uitdrukking)* countenance; *(lit)* visage; *(uitzicht v persoon)* [I don't like his] looks; *het ~ van ..., (fig)* [he is] the embodiment of ..., [for years he was] Mr ...; ***hou*** *je ~!, (fam)* shut up!, hold your tongue!; *zijn ~* ***redden***, *(fig)* save one's face; *~en* ***trekken*** pull (make) faces [*tegen* at]; *een gek (zuur) ~ trekken* make a wry face, make a grimace; *hij trok een lang* ~ he pulled (made) a long face; *zijn ~* ***verliezen***, *(fig)* lose face; *een vrolijk (ernstig) ~* ***zetten*** put on a cheerful (serious) face; *iem vlak* ***in*** *zijn ~ kijken* look a p. full (*of:* straight) in the face; *ik lachte hem in het ~ uit* I laughed in his face; *iem in zijn ~ prijzen* praise a p. to his face; *ik zei het hem in zijn* ~ I told him so to his face; *iem een slag (klap) in het ~ geven, in het ~ slaan* give a p. a slap in the face *(ook fig)*, slap (smack) a p.'s face; *het was me, alsof ik een klap in het ~ kreeg* it was like being hit in the face; ***met*** *een onschuldig* ~ with an air of innocence; *iem op zijn ~ geven* tan a p.'s hide; *op zijn ~ krijgen* get a licking; *[wou je dat?] op je ~!* not on your life!; *op zijn eerlijk* ~ [they lent him £50] on the strength of his honest appearance; *iem* ***van*** *~ kennen* know a p. by sight; **3** *(wat men ziet)* view, [a sad] sight; *(uitzicht)* [a beautiful] view, prospect; *het was géén* ~ it was a dreadful (ghastly) sight; ***aan*** *het ~ onttrekken* hide from view; blank out; ***in*** *het ~ van* in sight (view) of; *in het ~ komen* come in(to) sight (*of:* view), *(op zee & fam in algem zin)* heave in sight [another bus hove in sight]; *in het ~ krijgen* get (catch) sight of, sight [land, a sail]; *in het ~ zijn* be (with)in sight; *iem in het ~ staan* block a p.'s view; ~ ***op*** *Amsterdam* view of ...; **4** *(visioen)* vision; *~en* ***zien*** see visions, see things
gezichtsafstand[1] **1** *(scherp)* focusing distance; **2** *(ver)* range (of vision), [within] sight, view
gezichtsas visual axis
gezichtsbedrog optical illusion
gezichtsbepalend vital to [one's, the party's] image (to the townscape)
gezichtseinder horizon, skyline (*aan de* ~ on the skyline); *dat ligt buiten onze* ~ that is beyond our ken (our horizon)
gezichtsgehandicapt visually handicapped
gezichtshoek optic (visual, viewing) angle, angle of vision; *(fig)* point of view
gezichtskring (intellectual) horizon; *zijn ~ uitbreiden* extend (widen) one's horizon, broaden one's mind; *beperkte* ~ restricted outlook; *zie ook* gezichtseinder
gezichtslijn visual line, line of sight
gezichtsorgaan organ of sight
gezichtspunt point of view, viewpoint, aspect; *uit een ander (medisch) ~ bezien* view [life] from a different angle (from the angle of medical science)
gezichtsscherpte visual acuity
gezichtsveld field (range) of vision, visual field
gezichtsverlies *(fig)* loss of face; *~ lijden* lose face
gezichtsvermogen (eye)sight, visual faculty (*of:* power)
gezichtszenuw optic nerve
gezien 1 visa; *voor ~ tekenen* visa; *(boven handtekening)* seen by me; *voor ~ houden* take as read, wash one's hands of; *het mag ~ worden* it is worth looking at; **2** esteemed, respected; *hij is hier zeer ~, (ook)* he is highly thought of here; *zeer ~ onder* very popular with [his friends]; **3** *(wegens)* in view of [our low prices], considering [what followed]; **4** *(aangezien)* considering that [this was the third time]; *zie verder* zien
gezin family, household; *uit een groot ~ komen* come from (of) a large family; *het ~ bestaat uit 3 personen* they are three in family, there are three in the family
gezind disposed, inclined; [democratically, evangeli-

1 zie voor sam met *gezichts-* ook *gelaat(s)-*
zie voor niet opgenomen deelwoorden de ww

cally] minded; *iem gunstig (goed) ~ zijn* be kindly disposed (well-disposed) towards a p.; *hij is mij slecht (vijandig) ~* he is ill-disposed (hostile) towards me

gezindheid disposition, inclination; *(godsd)* religious conviction, persuasion

gezindte denomination, sect, persuasion

gezinsbedrijf family business

gezinsbeperking family planning

gezinsbijslag child benefit

gezinsbijstand family credit

gezinsfles family size bottle

gezinshereniging reunion (reuniting) of a family

gezinshoofd **1** head of the (a) family; **2** householder

gezinshulp home help

gezinsleven family life, home life

gezinspak family pack

gezinsplanning family planning

gezinsuitbreiding addition to the family

gezinsverband **1** family ties; **2** family life; *in ~* as a family

gezinsverpleging boarding out [of mental patients, orphans, etc]

gezinsverzorgster home help; *(Am)* homemaker

gezinszorg home help

gezocht **1** *(in trek)* in (great) demand, in request, (much) sought after, in vogue; **2** *(gemaakt)* laboured, affected; *(ver~)* far-fetched, recherché; *(verzonnen)* got-up [pretext]

gezochtheid **1** (great) demand; **2** affectation; farfetchedness

gezoem buzz(ing), hum(ming)

gezond healthy [man, constitution, sleep, etc]; well [a well woman]; sound [argument, judgement, principle; on a sound basis]; *(gaaf)* sound [fruit, teeth]; *(geestelijk ~)* sane; *(heilzaam)* healthy [climate, house], healthful, health-giving, salubrious [climate]; *(v spijs, drank)* wholesome [food; *ook fig:* advice, outlook on life, punishment]; *(pred van persoon)* in (good) health, well; *hij redeneert ~* his reasoning is sound; *~ denkbeeld* sound idea; *~e eetlust* healthy (hearty) appetite; *~e kijk op het leven* sane outlook on life; *~e maag* good stomach; *~e taal spreken* talk sense; *~ verstand* common sense; *zo ~ **als een vis*** as fit as a fiddle, as sound as a bell; *~ **bidden*** cure by prayer; *~ **blijven*** keep well, keep fit; *~ **houden*** keep [the body] in health; *~ **maken*** restore to health, cure, make [a p.] well (again); *hij is **niet erg** ~* he is in poor (indifferent) health; *~ **en wel*** safe and sound, alive and well; *weer ~ **worden*** recover (one's health), get well again; *die zaak is ~* that's all right, that's OK; *~ **naar lichaam en geest*** sound in body and mind; *~ **van lijf en leden*** sound in wind and limb, able-bodied

gezondbidden cure by prayer; *het ~* faith healing

gezondbidder faith healer

gezondheid health; healthiness [of a climate]; soundness; saneness, sanity; *vgl* gezond; *slechte ~* ill-health; *~ van oordeel* soundness (sanity) of judgement; *hoe is het met zijn ~?* how is his health?; *een goede (uitstekende) ~ genieten* enjoy good health, be in excellent health; *op iems ~ drinken* drink a p.'s health; *(op je) ~!* here's luck!, here's to you!, to your good health!, here's your very good health!, cheers!; *vgl* prosit; ***voor zijn ~*** for the sake (the benefit) of his health; *slecht voor de ~* bad for (injurious to) (the) health

gezondheidsattest certificate of health

gezondheidscommissie board of health, (public) health committee

gezondheidsdienst (public) health service, health authorities; *(mil)* Royal Army Medical Corps; *arts van de ~* (civil) medical officer

gezondheidshalve for the sake of one's health

gezondheidskunde [social] (health and) hygiene

gezondheidsleer hygiene, hygienics

gezondheidsorganisatie health organization

gezondheidspas *(mar)* bill of health [*schoon* clean; *vuil* foul]

gezondheidsredenen reasons (considerations) of health, health reasons, on the ground of ill-health

gezondheidstoestand state of [personal, public] health, health conditions

gezondheidsverklaring health certificate

gezondheidszorg **1** health care (system); *openbare ~* public health, public hygiene; **2** hygiene, sanitation

gezondmaking reconstruction [of the country's finances]

gezouten salt [butter, beef, fish], corned [beef], salted [herring]; strong [language]; *(pred)* salted

gezusters: *de ~ W* the W sisters

gezwam drivel, hot air, vapourings, tosh; *hol, leeg ~* meaningless garbage

gezwel swelling, growth, tumour

gezwets **1** drivel; **2** boasting

gezwind swift, quick, rapid; *met ~e pas (spoed)* at the double

gezwindheid quickness, rapidity, swiftness, celerity

gezwoeg toil(ing); *(saai)* drudging, drudgery

gezwollen swollen [cheek, ankle, river]; *(fig)* bombastic, stilted, turgid, inflated [style]

gezworen **1** sworn [friend, enemy, translator]; **2** dependable

gezworene juror, jury(wo)man; *de ~n, (ook)* the jury

gft(-afval) organic waste

GGD, GG en GD Municipal Health Service

Ghanees Ghanaian

gibberen giggle

gibbon gibbon

Gibraltar Gibraltar; *(fam)* Gib; *(ook)* the Rock

gibus opera hat, crush hat

gids *(pers)* guide; *(boek)* guide(book), handbook; *een ~ van Londen* a guide to ...

gidsen guide

---

zie voor niet opgenomen deelwoorden de ww

gidsfossiel index fossil
gidsland model country [in its treatment of criminals]
giebel giggler
giebelen, giechelen giggle, titter, snigger
giechelig giggly
giek 1 *(boot)* gig; **2** *(zeilboom)* boom; *(zwaaiarm)* jib, boom
gier 1 vulture; **2** *(gil)* scream, screech; **3** *(mar)* sheer; **4** *(mest)* liquid manure, slurry
gierbrug flying bridge
gieren 1 scream [with laughter], screech [screeching brakes, tyres]; *(v varkens)* squeal; *(v wind)* whistle, howl; *hij deed ons voortdurend ~ van het lachen* he kept us in screams of laughter; *het probleem loopt ~d uit de hand* the ... is getting thoroughly out of hand; *zie ook* gillen; **2** *(mar, luchtv)* yaw, sheer; **3** manure, dress (*of:* feed) with liquid manure
gierig avaricious, stingy, niggardly, mean, close-fisted, miserly
gierigaard miser, skinflint
gierigheid avarice, miserliness, stinginess, meanness, niggardliness; *zie ook* zuinigheid
gierpont flying ferry, cable (chain) ferry
gierput manure pit, slurry pit
gierst millet
giervalk gyrfalcon
gierzwaluw swift
gietbeton cast concrete
gietbui downpour, pouring rain
gietcokes foundry coke
gieteling 1 pig of iron; **2** *(vogel)* blackbird
gieten 1 pour; *het giet (vd regen)* it is pouring; **2** cast [bells, a statue, iron]; found [guns, bells, glass]; mould [candles]; *in een (andere) vorm ~* (re)mould [one's thoughts]; *zie ook* gegoten
gieter 1 watering can, *(Am)* sprinkling can; **2** founder, caster, moulder
gieterij 1 foundry; casting (moulding) shop; **2** casting, founding
gietgal flaw
gietgat sprue
giethars moulding resin
gietijzer cast iron
gietkroes crucible
gietsel 1 pour; **2** casting
gietstaal cast (*of:* crucible) steel
gietstuk casting; moulding
gietvorm (casting) mould, matrix (*mv:* matrices)
gietzand casting sand
gif poison, *(dierlijk & fig, ook)* venom; *(smetstof)* virus, toxin; *~ spuwen, (fig)* spit venom
gifbeker poison(ed) cup
gifbelt toxic waste dump
gifblaas poison bag
gifdrank poisoned draught
gifgas poison gas
gifgroen bilious green
gifgrond polluted (contaminated) soil
gifkikker 1 hothead, spitfire; **2** poisonous fellow
gifklier poison gland
giflozing dumping of toxic waste
gifmeng(st)er poisoner
gifslang poisonous (venomous) snake
gift *(gave)* present, gift, donation, gratuity, contribution; *(in kerk)* offering; *(dosis)* dose
giftand (poison) fang
giftbrief deed of gift
giftig poisonous, venomous, toxic [waste *afval*]; *~e pijlen, (ook fig)* poison(ed) arrows; *(fig)* venomous [remark]; *ik werd ~* I saw red, was furious (absolutely wild); *zie ook* vergiftig
giftigheid toxicity, poisonousness, venomousness, virulence
gifvrij non-poisonous
gifwerend antitoxic
gifwijk housing estate built on polluted soil
giga- giga[byte, -hertz, -joule, etc]
gigant giant; *(fig ook)* jumbo, colossus
gigantisch gigantic, giant, colossal
gigolo gigolo
gij *(ev & mv)* you, *(dicht)* ye; *(ev: dicht)* thou
gijl(en) ferment
gijlieden you; *vgl* jullie
gijpen *(mar)* gybe, *(Am)* jibe
gijzelaar 1 *(wegens schuld)* prisoner for debt; **2** hostage; *(oneig) zie* gijzelhouder
gijzelen 1 imprison for debt; **2** kidnap, hijack
gijzelhouder kidnapper; hijacker
gijzeling 1 imprisonment for debt; **2** hijack(ing); hostage-taking; *(met politiekordon)* siege; *in ~ houden* hold hostage
gijzelnemer *zie* gijzelhouder
gil yell, shriek, scream, [give a] squeal
gild(e) guild, corporation, craft; *(in de City)* City (*of:* livery) company
gildebrief charter
***gildebroeder** *(Wdl: gildenbroeder)* member of a guild
***gildehuis** *(Wdl: gildenhuis)* guildhall
***gildemeester** *(Wdl: gildenmeester)* guild master, warden of a (the) craft
***gildeproef** *(Wdl: gildenproef)* masterpiece
***gildewezen** *(Wdl: gildenwezen)* (everything relating to, system of) guilds
gilet gilet
gillen yell, shriek, scream, howl; *het is (jij bent) om te ~* it is (you are) a (perfect) scream; *de kinderen gilden om het hardst* the ... were yelling their heads off; *vgl* gieren
giller scream, hoot
ginder *zie* ginds I
ginds I *bw: (daar) ~* over (up) there, yonder; *~ bij de deur* over by the door; *~ bij de rivier* down by the river; *~ in Egypte* [he died] out in Egypt; *wel hier en ~!* well, I'll be blowed!; **II** *bn* yonder, *(dicht)* yon; *~ huis* the house over there; *aan ~e kant* on the other

side, over the way, across; *aan ~e kant van, (ook)* beyond [the river]
ging *ovt van* gaan
gingang gingham
ginnegappen giggle, snigger
ginst genista, broom
gips gypsum; *(gebrand)* plaster (of Paris); *zie ook* gipsverband
gipsafdruk, gipsafgietsel plaster cast; *(ve dode)* death mask
gipsbeeld plaster (of Paris) figure (*of:* image)
gipsbeen leg in plaster
gipsen *bn & ww* plaster
gipskruid gypsophila
gipsmodel plaster cast
gipsornament stucco ornament
gipsplaat plasterboard
gipsverband plaster (of Paris) bandage (dressing, casting); *een ~ aanleggen* dress (place, put) in plaster (of Paris)
gipsvlucht special flight for skiing casualties
gipsvorm plaster mould
giraal giro [payments]; *~ geld* deposit money
giraffe giraffe
giraffehals giraffe('s) neck
girandole girandole
gireren transfer, remit (by giro)
giro giro, credit transfer
giroafrekening giro statement
girobank clearing (*of:* transfer) bank
girobetaalkaart giro payment card
girobiljet giro form
girodienst giro service; *(Br)* National Giro(bank)
girokantoor: *(centraal) ~* giro centre
giromaat cashpoint; *(Br vglb)* (LINK card) cash machine
giromaatpas cash card; *(Br vglb)* Girobank LINK card
Girondijn(s) Girondist
gironummer (giro, Girobank credit) account number
giro-overschrijving (bank) giro transfer
giropas giro guarantee card, cheque card
girorekening giro (*Br:* Girobank) account
girostorting giro inpayment [form *~skaart*]
giroverkeer giro (*of:* credit) transfer, (bank) clearing
[1]gis *(muz)* G sharp
[2]gis guess; *op de ~* by guess; *raming op de ~, (fam)* guesstimate; *~ in het wilde* wild guess
[3]gis 1 bright, fly; **2** chancy, hazardous
gisant gisant, (recumbent, reclining) effigy
gispen blame, censure, castigate; *(onbarmhartig, van pers)* scarify
gisping blame, censure, castigation, scarification
gissen guess, conjecture; *naar iets ~* guess (make a guess, *fam:* have a shot) at a thing; *men kan ~ hoe dat afliep* the result may be easily conjectured; *zie ook* bestek
gissing guess, conjecture; *(schatting)* estimation; *naar ~* at a guess, at a rough estimate; *het zijn (allemaal) maar ~en* it is (all) mere guesswork (*of:* speculation)
gist yeast
gisten ferment; *laten ~* ferment; *aan het ~, (fig)* [the town is] in a ferment
gister *zie* gisteren
gisteravond last night, yesterday evening
gisteren yesterday; *ik was ~ de hele dag thuis* I was at home all day yesterday; *~ voor (over) een week* [it was] a week ago yesterday, eight days ago, ([it will be] a week from yesterday, six days hence); *ik herinner het me als de dag van ~* I ... as if it was (happened) yesterday; *hij is niet van ~* he was not born yesterday, there are no flies on him; *de Telegraaf van ~* yesterday's T
gistermiddag yesterday afternoon
gistermorgen yesterday morning
gisternacht yestarday night, last night
gisting fermentation [process], ferment *(beide ook fig); in ~, zie* gisten: aan het ~
gistvlokken yeast flakes
git jet
gitaar guitar [player]
gitarist guitarist
gitten (made of) jet
gitzwart jet black [hair], (as) black as jet
glaasje (little) glass; *(fam)* peg [of whisky]; *(ve toverlantaarn & microscoop)* slide; *bij een ~* over a glass; *van een ~ houden* like (be fond of) a drop; *hij heeft te diep in het ~ gekeken* he has had a drop too much (had one too many); *een ~ pakken* have a quick one; *zie ook* afscheid
glacé(leer) kid (leather); *~s, ~handschoenen* kid gloves
glacépapier glazed paper
glaceren glaze [pottery, paper]; ice, frost [cakes]; candy, crystallize [fruits]
glaciaal glacial [period, look]
glaciologie glaciology
glacis glacis *(ev & mv)*
glad I *bn* **1** smooth [surface, skin, sea, tongue, style], sleek [hair, skin], plain [ring]; *(gewiekst)* clever, cunning, cute, long-headed [a long-headed fellow]; slick [salesman]; *~de band* bald tyre; *~de boot* racing boat, racing shell; *~de jas* shiny coat; *~de jongen* smoothie; *~de loop* smooth-bore barrel; *~de ring* plain (gold) ring; *~de schedel* shiny top; *~de spier* unstriped (plain) muscle; *~ van tong* smooth-tongued, smooth-spoken [he has a glib (smooth, ready) tongue]; *~de vogel* slippery customer; *~ voorhoofd* smooth (unwrinkled) brow; *dat is **nogal** ~* that goes without saying, is self-evident; **2** *(glibberig)* slippery [floor, road, surface], greasy [pitch *speelveld*]; *(bij vorst, ook)* icy [roads]; *het is ~ buiten* it is slippery out(side); *de wegen zijn plaatselijk ~* there are icy patches on the roads; *zie ook* spiegel-

glad, aal, glibberig, ijs, enz; II *bw* smoothly, smooth; [cut off] clean; ~ *lopen* run smooth(ly); *het* ***gaat*** *hem* ~ ***af*** it comes easy to him; *het gaat hem nog niet* ~ *af* he has not got the knack of it yet, he has not yet got his hand in; *de namen* ~ *achter elkaar* ***opzeggen*** reel (rattle) off the names; *ik ben het* ~ ***vergeten*** I have clean forgotten it; ~ ***verkeerd*** altogether wrong; *het* ***zat*** *hem niet* ~ he got nowhere, [he tried flattery, but] it didn't (wouldn't) wash (with me); *dat zal je niet* ~ ***zitten*** you're not going to get away with that, *(het van mij te weten te komen, enz)* you won't get any change out of me; *zie ook* gladaf, [2]mis I & stapel

gladaf [refuse] flatly

gladakker 1 pariah dog; **2** *(gemene vent)* scoundrel, rascal; **3** *(leperd)* sly dog, slyboots, slick customer

gladboenen polish

gladborstelen brush (down), smooth (down)

gladdekschip flush-deck ship

gladden polish, sleek

gladdigheid *zie* gladheid

gladgeschoren clean-shaven

gladharig sleek-, smooth-haired

gladheid smoothness *(ook van taal, enz)*; slipperiness; *denk om de* ~ be careful, it's slippery out(side)

gladhout 1 sleeking stick, polisher; **2** French-polished wood

gladiator gladiator

gladiool gladiolus (*mv:* -li); *zie ook* dood II

gladjanus slyboots, slick customer, smoothie

gladloop(sgeweer) smooth-bore

gladmaken smooth, polish

gladschuren *zie* schuren

gladstrijken smooth (out, down), sleek down [hair]; iron out [a crease, differences]; *(korenmaat)* stroke [a bushel]; *(ve vogel, ook)* plume, preen [its feathers]; *gladgestreken* level [spoonful]

gladvijl smoothing file

gladweg [confess] readily; [I have] clean [forgotten it]

gladwrijven polish

glans gloss [of hair, silk], lustre [of eyes, metals], glitter [of gold; a peculiar glitter in a p.'s eyes], shine, sheen; *(fig)* lustre [of his name], [with royal] splendour, brilliancy; *(poetsmiddel)* polish; *verblindende* ~ glare; *zachte* ~ gleam; ~ *van genoegen* flush of pleasure; *een* ~ *van genoegen lag op zijn gelaat* his face shone with joy; *hij slaagde met* ~ he passed with flying colours (with distinction); *zijn* ~ *verliezen* lose its lustre, tarnish; *vgl* glansloos

glansfoto glossy photograph

glanskarton glazed cardboard

glanskop marsh tit

glansloos lustreless, lacklustre [eyes]

glansperiode heyday [the heyday of his life, his power], golden age

glanspunt acme, height, crowning event, highlight, high spot [of the fête], hit [of the day], shining glory [of the museum], (outstanding) feature [of the exhibition], *(fam)* star turn

glansrijk glorious, brilliant, resplendent, radiant; ~ *succes* signal (brilliant) success; *het* ~ *afleggen* fail signally (*of:* gloriously); *zie ook* glans: hij slaagde met ~

glansrijkheid resplendence, splendour, brilliancy

glansrol *(theat)* star part

glanssteen polishing stone

glansverf gloss(y) paint

glanzen I *intr* shine, gleam, shimmer [shimmering silk], glisten; **II** *tr* glaze [cloth, leather, a photo, picture], burnish [metals], polish, gloss [textiles]; *~d haar* glossy (sleek) hair; *~d papier, (fot)* glossy paper (*afdruk daarop:* glossy print)

glanzig glossy, shining

glariën 1 glitter, glint; **2** stare glassily

glas glass; *(ruit)* (window) pane; *(ve lamp)* chimney; *(ve bril)* glass, lens; *(mar)* bell [*drie glazen* three bells]; ~ *water* glass of water; *zijn eigen glazen ingooien* spoil one's own chances, ruin one's own case; ***achter*** ~ *zetten* glaze [a picture]; ***bij een*** ~ *wijn* over a glass of wine; ***onder*** ~ [grown] under glass; *vgl* ruit & *zie ook* gegooi, lood

glasaal elver

glasachtig glassy, glass-like, vitreous; ~ *lichaam, (vh oog)* vitreous humour; ~ *vlies* hyaloid membrane

glasbak bottle bank

glasblazen I *ww* blow glass; **II** *zn* glassblowing, glassmaking

glasblazer glassblower, glassmaker

glasblazerij glassworks

glasbouw, glascultuur glass(house) cultivation (culture), greenhouse horticulture

glasdiamant paste diamond

glasdicht glazed

glasdraad 1 glass fibre; glass filament; **2** fibreglass

glaselektriciteit vitreous (positive) electricity

glasfabriek glassworks

glasfiber fibreglass

glasgal glass gall, sandiver

glasgordijn net curtain, lace curtain

glasgroen bottle green

glashandel glazier's (shop, business)

glashard *(fig)* as hard as nails; hard, incontrovertible [fact]; [refuse] flatly

glashelder (as) clear as glass (as crystal), crystal clear (*ook fig:* his exposition was crystal clear); [a voice] as clear as a bell

glas-in-loodraam leaded light (window); *vgl* brandschilderen

glasjaloezie window ventilator

glaskroos waterwort

glaskruid pellitory (of the wall), wallwort

glaslichaam vitreous humour [of the eye]

glasliniaal glazier's rule

glasoog 1 wall-eye; **2** *zie* glazen

glasoven glass furnace

glasparel 1 artificial pearl; **2** glass bead
glasplaat sheet of glass; *(fot, enz)* glass plate; *(v kopieermachine)* document plate; *(tafelblad)* glass top, *(afdek~)* glass cover
glasraam window (frame)
glasruit (window) pane
glasschade broken glass; (glass) breakage
glasscherf fragment of glass, piece of broken glass, glass splinter; *(mv ook)* splintered (shivered) glass
glasschilder stained-glass artist
glasservies glass(ware) set, set of glasses
glasslijper glass grinder
glassnijder glass cutter
glassplinter *zie* glasscherf
glasverzekering plate glass (window glass) insurance
glasvezel 1 glass fibre (*of:* filament); **2** *(stof)* glass fibre, fibreglass
glasvezeloptiek fibre optics
glasvlies *(vh oog)* hyaloid (membrane)
glasvlinder clearwing
glaswaren glassware, glass(work)
glaswerk 1 *zie* glaswaren; **2** glazing [of a building]
glaswol glass wool, spun glass
glaszetter glazier
glauberzout Glauber('s) salt(s)
glazen (of) glass, glassy; *~ deur* glazed door, glass door; *~ koets* glass coach; *~ oog* glass eye; *wie in een ~ huisje woont, moet niet met stenen gooien* people who live in glass houses should not throw stones
glazendoek glass cloth
glazenier stained-glass artist
glazenkast 1 glazed (*of:* display) cabinet; **2** glasses cupboard
glazenmaker 1 glazier; **2** *(insect)* dragonfly
glazenwasser window cleaner *(ook instrument)*
glazig glassy, *(v ogen, ook)* glazed [expression]; *~ worden* glaze (over); *(v aardappel)* waxy
glazuren glaze [bricks, paper, pottery]; *geglazuurd aardewerk* vitreous china
glazuur(sel) glaze, glazing; *(v tanden)* enamel; *(op gebak)* (sugar) icing, frosting
gleed *ovt van* glijden
gletsjer glacier
gletsjerbeek subglacial stream
gletsjerdal glaciated valley
gletsjerijs glacial ice
gletsjerpoort glacier snout
gletsjerspleet crevasse
gletsjertong valley glacier
gleuf 1 groove; *(lange opening)* slit [of a letter box], slot [of a slot machine, CD player]; *(voor horlogeglas)* bezel; **2** *(min sl) (vagina)* slit; *(vrouw)* broad
gleufhoed trilby (hat)
glibberen slither [in the mud], slip
glibberig slithery, slippery [road, character], greasy [road], slimy [fish]
glijbaan slide; [water] chute; *vgl* glijgoot
glijbank *(in giek)* sliding seat, slide(r)
glijboot planing boat, (surface) skimmer, hydroplane (motorboat)
glijcontact sliding contact
glijden *(op glijbaan, enz)* slide; *(ve boot, gedaante, slang, vogel enz)* glide; *(v vogel, ook)* soar; *(uit-, af~, enz)* slip; *(ve vliegt)* plane, glide; *het gleed mij* **door** *de vingers* it slipped through my fingers; *hij liet het in zijn zak ~* he slipped it into his pocket; ***over***... *(heen) ~* skate over [a difficulty, a subject]; pass lightly over [a p.'s bad points; a smile passed over his face]; *hij liet zijn blik ~ over ...* he let his look travel over ...; *de mantel gleed* **van** *zijn schouders* the cloak slipped from his shoulders; *zich van het paard laten ~* slip off one's horse; *hij liet zich van de helling ~* he slid down the slope; *zie ook* kleed; ***glijdende*** *(loon)schaal* sliding scale (of wages); *~de werktijd* flex(i)time
glijder *(fon)* continuant
glijgoot channel, chute
glijlager journal (bearing); sleeve bearing
glijmiddel lubricant
glijoogje *(v gordijn, enz)* glider
glijplank skid
glijvlucht glide, volplane; *(v vogel)* soaring, gliding flight
glimkever glow-worm, firefly
glimlach [a broad, proud, radiant] smile; *domme, eigenwijze ~* smirk; *~je* half-smile, faint smile
glimlachen smile [*tegen* at, on; *over* at]; *tegen iem ~, (ook)* give a p. a smile; *zonder zelfs maar te ~* unsmilingly; *~d naar binnen kijken* smile in at the window; *~d te kennen geven* smile [one's thanks, appreciation]
glimmen glimmer [glimmering ashes]; shine [his face shone from soap, with excitement, pleasure], gleam [his teeth gleamed], glisten [with perspiration], glow [with pride]; *zijn pak glom* his suit was shiny (at the seams)
glimmend shining [boots], shiny [nose, trousers]
glimmer mica
glimmeraarde micaceous earth
glimmerlei mica(ceous) schist (*of:* slate)
glimp glimpse [catch a glimpse of the Queen]; gleam [of hope], glimmer [of understanding]; *een ~ van spot* a touch of mockery; *een ~ van waarheid geven aan* give (lend) some colour to
glimpieper wide boy
glimworm glow-worm, firefly
glinsteren glitter, glisten, sparkle, twinkle, glint; *zie* glimmen; *~d, (ook)* shiny; iridescent
glinstering glitter(ing), sparkle, sparkling, glint
glioom glioma (*mv ook:* -mata)
glip slit, split
glippen slip [my foot, my bicycle slipped]; *door de vingers ~* slip through one's fingers; *een gelegenheid laten ~* let an opportunity slip (through one's fingers)

glissen glide, slip
glit litharge
globaal I *bn* rough; broad [survey]; *een globale raming (berekening) maken* make a rough estimate (calculation); II *bw* roughly, etc; in the gross; ~ *bekijken* take an overall view of; ~ *genomen* taking it roughly, broadly, (roughly) speaking, in the aggregate; ~ *£1000* roughly £1000
globaliseren globalize
globe globe, sphere
gloed glow, blaze (*ook fig:* a blaze of colour); *(fig)* ardour, [speak with great] fervour, fire, warmth, verve; *in* ~ aglow; *in ~ geraken over zijn onderwerp* warm to one's ...
gloednieuw brand new
gloedvol [give a] glowing [account of ...], colourful [scene], warm [his warm baritone]; *~le bewoordingen* [in] glowing terms
gloeidraad filament
gloeien I *intr* glow, be red-hot; *(fig)* glow, be aglow [her eyes were aglow], [her ears began to] burn, tingle; ~ ***van*** glow with [enthusiasm], burn (blaze, be ablaze) with [indignation]; II *tr* make red-hot (white-hot); *(uit~)* anneal
gloeiend I *bn* glowing, etc; red-hot [iron, lava, anger], burning [sand], broiling [heat], live [coals], ardent [love]; *een ~e hekel hebben aan* loathe [a p., a thing, getting up early; *aan iem, ook:* hate a p.'s guts]; *~e verontwaardiging* blazing indignation; ~ ***van*** aglow with [delight], ablaze, white-hot with [anger]; *vgl* kolen & *zie ook* spijker, enz; II *bw:* ~ *heet* burning hot, broiling, blazing [day]; *(ve vloeistof)* scalding (piping) hot; *(v metaal)* red-hot; ~ *contant* prompt cash; *je bent er ~ bij, (fam)* you're in for it; *hij was ~ vervelend* he made a thorough nuisance of himself; *zie ook* druppel & land
gloeierig burning, tingling
gloeihitte 1 white (red) heat; 2 intense heat
gloeiing glowing, incandescence
gloeikathode hot cathode
gloeikousje gas mantle, incandescent mantle
gloeilamp [electric] (light) bulb, incandescent lamp
glom *ovt van* glimmen
glooien slope, shelve; *het land glooit zacht af naar de zee* the land shelves gently down to the sea; *een ~d landschap* a rolling countryside
glooiing [hill] slope
glooiingshoek gradient
gloor glow; *(fig)* lustre, splendour
gloren glimmer; *(vd dag)* dawn, break; *zie* ochtendgloren
gloria 1 *(r-k)* gloria; 2 glory; *lang zal ze leven in de ~* happy birthday to you
glorie 1 [there it stood in all its] glory, lustre; [his son was his] pride; 2 *(nimbus)* gloria, glory
gloriekrans gloriole
gloriekroon crown of gloriole
gloriëren glory [in one's success]
glorierijk glorious
glorietijd heyday
glorieus glorious
glorificatie glorification
glos *zie* glosse
glossarium glossary
glosse gloss, commentary; *(spotternij)* gibe; *~n maken op* gloss [a text]; *(fig)* gloss (comment) (up)on
glosseren gloss [a text]
glossolalie glossolalia
glottis glottis
glottisslag glottal stop
gloxinia gloxinia
glucose glucose
gluipen sneak, spy, skulk
gluiper(d) sneak, skulk
gluiperig sneaking, sneaky, skulking [fellow], hangdog [look], furtive [eyes]
glunder cheerful; *een ~ gezicht* a face shining with happiness
glunderen smile happily, beam; *hij glunderde bij die gedachte* his face shone at the thought
gluon gluon
gluren peep, peek, peer; *(ong)* leer [*naar* at]; *naar binnen ~* peep (peer, peek) in (at the window)
gluten gluten
glutenbrood bran bread, diabetic bread
glutine gluten
gluton white paste
gluurder voyeur, *(fam)* Peeping Tom
gluurogen *zie* gluren
glycerine glycerin(e)
glycerol glycerol
glycogeen glycogen
glycol glycol
gneis gneiss
gniffelen chuckle [*over* over, at], laugh in one's sleeve
gnoe gnu
gnome gnome, maxim
gnomon gnomon
gnoom gnome
gnosticus, gnostisch gnostic
gnuiven *zie* gniffelen
goal goal; *een ~ maken* make (score) a goal, score
gobelin Gobelin (tapestry)
God God; ~ *de Heer* the Lord God; ~ *zij* ***dank*** thank God; *hij vreest ~ noch* ***gebod*** he is godless and lawless; *van ~* ***gegeven*** God-given [leader]; *grote goden!* good Heavens!, great Scott!, ye gods!; *de goden waren ons gunstig* the stars were in our favour; *dat is ~ (de goden)* ***verzoeken*** that is asking for trouble; *ze hebben een* ***leven*** *als ~ in Frankrijk* they live in clover; *zo* ***waarlijk*** *helpe mij ~ almachtig* so help me God; *~s* ***water*** *over ~s akker laten lopen* let things take their (own) course; ~ ***weet*** *waar vandaan* [they came] from goodness knows where; ~ ***zal*** *me kraken!* strike me pink!; ***bij*** *~ is alles mogelijk* with God all things are possible; *zie ook* beteren, bewaren, ge-

nade, geven, godgeklaagd, godsnaam, godswil, minder, naast, willen
godallemachtig almighty, God-awful [racket *lawaai*]; *(wel) ~!* well I'm damned!
godbetere dammit, damn it all; *zie ook* beteren
goddank thank God; thank heaven!, thank goodness!; *hij stierf ~ vóór …* mercifully, he died before …
goddelijk divine (*ook fig:* she sings divinely), godlike, sublime; *de ~e deugden* the divine virtues: Faith, Hope and Charity (*of:* Love); *het was ~* it was bliss(ful), marvellous, delicious
goddelijkheid divineness, divinity, godhead, godhood
goddeloos godless, ungodly, impious, sinful, wicked, unholy (*ook fig:* a most unholy mess), nefarious; *~ lawaai* dreadful racket; *hij kan ~ liegen* he lies shamelessly
goddeloosheid godlessness, impiety, wickedness
goddom(m)e, goddorie (god)damn, damn it, (god)dammit, dash it
godendienst idolatry
godendom (heathen) gods; *het Germaanse ~* the Germanic pantheon
godendrank nectar
godenleer mythology
godenschemering twilight of the gods
godenspijs ambrosia, food of the gods
godenwereld world of the gods, [the Greek] pantheon
godes(se) goddess
godgans(elijk): *de ~e dag* the livelong day, the whole blessed day
godgeklaagd scandalous; *het is ~* it cries to (high) Heaven, is a crying shame
godgeleerd theological
godgeleerde divine, theologian
godgeleerdheid theology, divinity
godgevallig pleasing to God
godheid *(abstr)* godhead, divinity, *(concr)* deity, divinity; *de G~* the Deity, the Godhead
godin goddess
godje *(iron)* (little) tin god, tin-pot deity
godlasterend blasphemous
godlof praise be (to God)
godloochenaar atheist
Godmens God-man
godronrand gadrooning
godsakker God's Acre, churchyard, graveyard
godsbegrip idea (conception) of God
godsdienst religion; *(~oefening)* divine worship
godsdiensthaat religious hatred
godsdienstig religious, devout, pious
godsdienstigheid religiousness, devotion, piety; *(vaak voorgewend of dweperig)* religiosity
godsdienstijver religious zeal; *blinde ~* fanaticism
godsdienstoefening divine service
godsdienstonderwijs religious teaching (instruction, education)
godsdienstonderwijzer teacher of religion, religious teacher
godsdienstoorlog religious war, war of religion
godsdienstplechtigheid religious ceremony (*of:* rite)
godsdienstvrijheid religious freedom, freedom of religion (of worship)
godsdienstwaanzin religious mania
godsdienstwetenschap theology, divinity, science of religion
godsgericht **1** (trial by) ordeal; **2** divine judgement, judgement of God
godsgeschenk godsend, gift from the gods
Godsgezant divine messenger
godsgruwelijk God-awful; *vgl* gruwelijk
godshuis place of worship, church, temple, etc
godsjammerlijk pitiable, wretched, miserable; *vgl* jammerlijk
godslamp sanctuary lamp
godslasteraar(ster) blasphemer
godslastering blasphemy
godslasterlijk blasphemous; *~e taal uitslaan* blaspheme
godsliederlijk *zie* godsjammerlijk & liederlijk
Godsman man of God, godly man, prophet, apostle
godsmogelijk: *hoe is het ~, (fam)* how on earth can it be possible?
godsnaam God's name; *ik zal het in ~ maar doen* I'll do it, though it goes against the grain; *ga in ~ niet* don't go for Heaven's (for goodness') sake; *ik wou in ~ …* I wish to Heaven …
godsonmogelijk **I** *bn* **1** absolutely impossible; **2** impossible, terrible [mess]; **II** *bw* not possibly, noway; *vgl* onmogelijk
godsoordeel *zie* godsgericht
godspenning earnest money
godsregering theocracy
godsrijk kingdom of God
godsverering worship of God, divine worship
godsvrede *(hist)* truce of God; political truce
godsvrucht piety; godliness, devotion
Godswege: *van ~* in the name of God
godswil: *om ~* for God's (Heaven's) sake
godswonder absolute miracle
godver(domme) God damn it
godveren swear
godvergeten God-forsaken [place], abandoned [wretch]
godvrezend *zie* godvruchtig
godvrezendheid, godsvrucht piety, godliness, devotion
godvruchtig God-fearing, godly, pious, devout
godzalig godly
godzaligheid godliness
godzijdank *zie* goddank
[1]**goed** **I** *bn* **1** good [*ook:* his good *(niet bezeerde)* hand, his good ear]; *een ~e beloning* a liberal reward; *geen al te ~e dag* [the patient had] not too good a day; *zie*

ook dag; ~ ***Engels** spreken* speak good English, speak English well; *ze verdienen ~ **geld*** they earn good money; *~e **morgen!*** good morning!; *op een ~e morgen* one fine morning; *op een ~ **ogenblik** (moment) kan het je niets meer schelen* the moment comes (there comes a moment) when ...; *G~e **Vrijdag*** Good Friday; *G~e **Week*** Holy Week; *~ **af**, zie* af; *~ **in** de talen (in het oplossen van raadsels)* good at languages, good at puzzles; *het **gaat** nooit ~ als W erbij is* things never go right when W is there; *niets ging ~ (met hem)* nothing went right (with [*of:* for] him); *zie ook* gaan; ***heel** ~, mijnheer!* very good, Sir!; *dat **is** ~, zei Bob* good, said Bob; *is dat ~?* [I'll come at two;] will that do?; *die is ~!* that is a good one!, that's good; [make a fool of myself?] I like that!; *elke enveloppe is ~* any envelope will do; *het is niet ~ om te pessimistisch te zijn* it won't do (is not a good thing) to be too pessimistic; *zo is het ~* that will do; *het is ~ zo, (tegen kelner, enz)* you can keep the change; *het zou ~ zijn getuigen te hebben* it would be as well to have witnesses; *en **maar** ~ ook* [you never see it now] and a good thing (a good job) too!, and quite right too!; *het is maar ~ dat hij het niet heeft (gekregen)* he is just as well without it; *het is maar ~* it's just as well [you didn't go]; *het is (maar) ~ dat je het zegt* thank you for reminding me; *alles is ~ **met** hem* all is well with him; ***mij** ~, (ook)* I don't mind; it's all right with (by) me; *~ **om** te eten* good to eat, good eating; *wil je weer ~ **op** me zijn?* will you be friends with me again?; *ze zijn weer ~ op elkaar* they have made it up, are on good terms again; *ben ik op de ~e weg naar ...?* am I (is this) right for ...?; *~ **van** iem spreken* speak well of a p.; *hij was heel ~ **voor** me* he was very good (kind) to me; *Guinness is ~ voor u* ... is good for you; *wat ~ voor je is, (ook)* [we only want] your good; *dit pad is niet ~ voor de auto* this track is not doing the car any good; *hij is ~ voor die som* he is good for ...; *daar is de verzekering ~ voor* the insurance will take care of that; *nergens ~ voor* [he (it) is] no use for anything; *hij is er niet te ~ voor* he is not above that sort of thing; *ik acht hem er niet te ~ voor, (er wel toe in staat)* I wouldn't put it past him; *(alles) ~ en **wel*** (all) well and good, that is all very well (very nice) [but ...]; *zie ook* II & zogoed; **2** *(goedaardig)* kind, good-natured; *hij was zo'n goeie vent* he was such a good sort; *die goeie ouwe!* the old dear!; *hij is **te** ~ voor deze wereld* he is much too other-worldly [he is much too nice a person to ...]; *hij was **zo** ~ niet of hij moest betalen* he had to pay, there was no help for it; *wees zo ~ mij te helpen* be so kind as (have the kindness) to help me, be good enough to help me; *wees zo ~ niet met dat mes te spelen* oblige me by not fiddling with ...; *wil je zo ~ zijn meteen te gaan?* will you please ...?; *u wilt wel zo ~ zijn ...* you will be good enough ..., you will have the goodness ...; **3** *(juist)* right [the right age for marriage], correct; **4** *(gezond)* well; *ik ben (**voel** me) niet ~ (sterk enz) genoeg (daarvoor), (ook)* I am not (don't feel) up to it; ***ben** je niet ~?, (fig)* what's wrong with you?; *je bent niet ~!, (fam)* you're crazy (mad)!; *~ **blijven**, (v eetwaren)* [that sauce won't] keep, *(v bloemen)* last [the flowers will last some days]; *als het weer ~ blijft* if the weather holds; *hij **maakt** het ~* he is doing well; *het vlees, enz is **niet helemaal** ~ meer* the meat (milk, etc) is slightly (a bit) off, is beginning to go off, is going off; *ik word er niet ~ van* it makes me sick; **5** *(ruim)* good; *een ~ uur (een ~e ...)* a good hour (a good ten miles, [he looks] a good fifty-five); *een ~e tachtig pond* eighty odd pounds (*zo ook:* forty odd years, miles, etc) eighty pounds odd, upwards of eighty pounds; *hij is een ~e **dertiger*** he is turned thirty, is thirty-something; *zie ook* [2]goed, [2]bij II, buurman, genade, houden 12, [2]kant, maken, reis, tijd, trouw, werken, [1]woord, zitten, enz; **II** *bw* well; *(juist)* [do a sum] right, correctly; [clean them] properly; *als je ~ kijkt* if you look carefully; *was de wond ~ uit* wash the wound thoroughly; *ik was ~ moe* I was jolly tired; *dat kan ik (toch eigenlijk) niet ~ doen* I can't very well do it [*zo ook:* I cannot very well invite ladies]; *'Ik moet je eens spreken.' '~!'* 'I want to talk to you.' 'Good!'; *~! dan heeft ze dat gezegd. Wat dan nog?* all right! so she said it. So what?; *~, hij is dom, maar ...* admittedly, he is dumb, but ...; *~ **bedoeld*** well-meant, well-intentioned; *ik **begrijp** niet ~ ...* I don't quite understand ...; *begrijp me ~* don't get me wrong; *hij wordt er ~ voor **betaald*** he gets good money for it; *het ~ **doen*** do well; *je kunt het nooit ~ doen, (fam)* you can't win (at this game); *het ~ **hebben*** be well off; *heb je het hier niet ~?* aren't you comfortable here?; *als ik het ~ heb* if I am not mistaken; *hij **kaart** ~* he is a good card-player; *~ **komen*** come right; *het komt wel ~* it will work out (in the end); *ik kan het niet ~ **krijgen*** I can't get it right; *er ~ van **leven*** live well; *jij hebt ~ **praten*** it is all very well for you to talk (to say so); *hij **slaapt** minder ~* he sleeps indifferently; *het **smaakt** ~* it tastes good (*of:* nice); *de Australiërs **spelen** ~* the Australians play a good game; the Australians are playing very well; *ik ben niet zeker of ik het ~ **verstaan** heb* I am ... if I have heard rightly; *toen hij ~ en **wel** weg was* he had hardly left when [his wife rang]; *het kan niet anders dan ~ **werken*** it's all to the good; ***zit** (lig, enz) je ~?* are you quite comfortable?; *hij kan de dingen **zo** ~ uitleggen* he is so good at explaining things; *~ zo!, zo gaat ie ~!* that's right!, all right!, well done!, very good!, *(fam)* right ho!, that's the way!; ['I've just sold my old car for £1000.'] 'Good for you!'; *zo ~ en zo kwaad als het gaat* as best I (you) can, somehow or other; *zo ~ ik kon, (ook)* [I described it] to the best of my ability; *zo ~ hij kon* [he picked up a living] as best he could; *zo ~ ik weet* to the best of my knowledge

[2]**goed** *zn* **1** *(vs kwaad)* good [think good of your fellow-man]; *het **goede** uit iem halen* bring out the good in a p.; *men kan van het ~e te veel krijgen* one can have too much of a good thing; *het vele ~e* the

many good things; *zie ook ben:* ten ~e; *ik kan niets anders dan* **goeds** *van haar zeggen* I have nothing but good to say about her; *iedereen heeft wel iets ~s* there is (some) good in everybody; *ze heeft veel ~s* she has many good points; *er zit nog wel iets ~s in hem* he is not all bad; ~ ***doen*** do good [what good can it do?; the bath did me good]; *'n verandering zal hem ~ doen* he will be the better for a change; *anderen ~ doen* do good to others; *het ~e doen* do what is right, do the right (thing) [by a p. *jegens iem*]; *dat het je veel ~ doe!, (iron)* much good it may do you!; *het had hem verbazend veel ~ gedaan* it had done him all the good in the world (a world of good); *het deed zijn hart ~* it did his heart good, it rejoiced his heart; *dat zal hem ~ doen, (moed geven)* that will cheer (*fam:* buck) him up; *daarna kon ik geen ~ meer doen* after that I could not do anything (could do nothing) right; *ik kon geen ~ bij hem doen* he never had a good word to say whatever I did; there was no pleasing him, try as I might; *je hebt (er) ~ (aan) gedaan (met hier te komen)* you have done well (done the right thing) (to come here); *zich* ***te*** *~ doen* do o.s. well [*aan* on]; *zich te ~ doen aan, (ook)* feast (up)on, tuck into [a pie]; *ik heb £500 (drie maanden salaris) te ~* I have £500 owing to me (three months' back pay outstanding); *ik heb een brief van hem te ~* he owes me a letter; *hij had geld te ~* money was owing to him; ***ten*** *~e (of ten kwade)* [influence] for good (or evil); *(ook)* for good or ill [the die is cast]; *veranderen (verandering) ten ~e* change for the better; *houd het mij ten ~e* excuse me [for saying so], don't take it ill of me; if you don't mind my saying so; *het zal uw gezondheid ten ~e komen* it will do you good, you will feel the better for it; *zie ook* keren & *zie ook boven:* goed doen; ***voor*** ~, *zie* voorgoed; **2** *(bezit)* goods, property; *(land~)* estate; ***aardse*** *~eren* worldly goods; *~ en* ***bloed*** life and possessions; *(bagage)* luggage, things, traps; *(waren)* goods, wares, stuff, commodities; *(rommel, ~je)* stuff [this stuff is worthless]; *(gerei)* things; *een waardevol ~* [healthy family life is a national] asset; *het* ***kleine*** *~(je)* the youngsters, the small fry; **3** *(stof)* stuff, material; *(kleren)* things; *~je (spul)* stuff; *trek* ***je*** *~ uit* take off your things; *zie ook* vuil

goedaardig 1 good-natured, kind-hearted, benignant; *een ~ mannetje* a mild little man; **2** *(v ziekten)* benign, mild [a mild form of measles]; *~ gezwel* benign (harmless, non-malignant) tumour

goedaardigheid 1 good nature, kind-heartedness, harmlessness; **2** *(ve ziekte)* mildness, benign character, non-malignity

goedachten *zie* goedvinden

goedang godown

goedbloed kind soul; *(sul)* softy

goeddeels for the greater part

goeddoen do good; *zie ook* ²goed 1

goeddoend beneficent

goeddunken *ww* think fit (proper); *zn* pleasure; *naar ~* at will; *naar ~ van* at the discretion of; *naar zijn ~* at his discretion, as he sees fit; *handel naar ~* use your own discretion, suit yourself

goede *zie* ²goed 1

goedemiddag good afternoon

goedemorgen [wish a p. a] good morning

goedenacht [say] good night

goedenavond *(aankomst)* good evening; *(afscheid)* good night

goedendag 1 hello, *(formeel)* good day; *(afscheid)* goodbye, *(formeel, ook)* good day; **2** *(wapen, hist)* mace

goedendagzeggen 1 [Johnny, come and] say how d'you do; **2** *(afscheid)* say goodbye [to a p.]; *zie ook* dag

goederen goods, merchandise, commodities; *zie ook* ²goed 2

goederenbeurs produce exchange

goederenemplacement goods depot

goederenhandel produce (*of:* goods) trade

goederenloods goods shed, *(Am)* freight house

goederenmakelaar produce broker

goederenprijzen commodity prices

goederenruil exchange of commodities

goederenstation goods station, freight depot

goederentrein goods train, freight train

goederenverkeer *(tussen landen)* exchange of goods

goederenvervoer goods (freight) traffic, carrying traffic

goederenvliegtuig freight(er) plane

goederenvoorraad stock (of goods), stock-in-trade

goederenwagen [open, covered] goods van (*of:* wagon), freight wagon, *(Am)* freight car; *(open, ook)* truck; *(plat)* flat wagon, *(Am)* flatcar; *gesloten ~, (Am)* boxcar

goederhand: *iets van ~ hebben* have s.t. on good authority (from a reliable source)

goedertieren merciful, clement

goedertierenheid mercy, loving kindness, clemency

goedgebouwd well-built

goedgeefs generous, liberal, open-handed, free-handed

goedgeefsheid generosity, liberality, open-handedness, free-handedness

goedgehumeurd good-tempered, good-humoured

goedgelijkend good [photo], [this photo is] an excellent likeness

goedgelovig 1 credulous, trusting, trustful; **2** orthodox

goedgelovigheid 1 credulity, trustfulness; **2** orthodoxy

goedgeordend well-regulated [household], orderly [mind]

goedgevormd well-shaped

goedgezind well-disposed, kindly disposed [towards ...], well-meaning

goedgunstig kind, obliging; *(iron)* gracious(ly); *~e*

lezer gentle reader
goedgunstigheid kindness
goedhals kind soul; *(sul)* softy
goedhartig, enz *zie* goedaardig 1, enz
goedheid goodness, kindness; *uit* ~ out of the kindness of one's heart; *grote ~!* good gracious!, Lord bless me (us, etc)!
goedheilig man benevolent saint (Nicholas)
goedhouden *zie* houden 12
goedig good-natured, mild; *te* ~ too soft
goedigheid good nature, mildness; softness
goedkeuren *(oordeel)* approve of, *(gezag)* approve; endorse [the action of ...]; *(rapport, notulen)* adopt; *(ve dokter)* pass [a p.], pass [a p.] (as) fit [for military service]; *(film)* pass (for public exhibition); *(vliegt)* certify as airworthy; *goedgekeurd worden, (ve begroting)* be agreed to; *(ve dividend)* be approved (confirmed); *koninklijk goedgekeurd worden, (v maatschappij, enz)* be incorporated [the Incorporated Association of Headmasters]; *~d: ~ knikken* nod approvingly, nod (one's) approval [of ...]
goedkeuring approval, approbation; *(koninklijke)* (royal) assent; *(v notulen, rapport)* adoption; *(goede aantekening)* good mark, good conduct mark; *zijn ~* ***hechten aan*** approve of, give one's blessing to [a scheme]; *zijn ~ onthouden* withhold (refuse) one's consent; *zijn ~ uitdrukken* express one's agreement; *ter ~ voorleggen* submit for approval; *ter Koninklijke ~ voordragen* present [a bill] for Royal Assent; *de Koninklijke ~ verkrijgen* receive the Royal Assent; *zie* wegdragen
goedkoop I *bn* cheap *(ook fig:* cheap popularity, humour, success, gibe *hatelijkheid)* inexpensive; low-priced [cars], low-cost [tourist flights], cut-price [store; offers, petrol], cut-rate [electricity]; *goedkope mop* cheap (feeble, poor) joke; *goedkope vlag* flag of convenience; *goedkope wijn, (fam)* plonk; *~ voor het geld* cheap at the money; *~ en slecht* cheap and nasty, shoddy, *(fam)* tacky; *(de wat) goedkopere soorten* down-market lines; *~ is* ***duurkoop*** quality pays; *dat is* ***het ~st*** *in het gebruik* that goes farthest (works out cheapest); **II** *bw* [buy, sell] cheap, at a low price; cheaply; *er ~ afkomen* get off cheaply; *Amerikanen kunnen goedkoper leveren dan Britten* Americans can undersell ...
goedkoopheid, goedkoopte cheapness
goedlachs fond of laughing, given to laughter; *hij was erg ~* it did not take much to make him laugh, he was quick to laugh
goedleers teachable, intelligent
goedleven *zie* pater
goedmaken make good, make up for, recoup (compensate for) [a loss], make [it] all right, repair [a mistake], make restitution for [a wrong], put [a wrong] right, make reparation for [everything], make amends for [past misdeeds], expiate [a crime]; *het heeft mijn dag goedgemaakt* it has saved my day; *ze kunnen de kosten nauwelijks ~* they can scarcely defray the cost; *het weer ~* make amends; *zijn gebreken worden meer dan goedgemaakt door zijn deugden* his faults are outweighed (more than counterbalanced) by ...; *niet meer goed te maken* irreparable [harm], irretrievable [errors]
goedmakertje cheap amends
goedmoedig good-natured, kind-hearted
goedpraten gloss over [a p.'s shortcomings], explain away [a mistake], excuse [a p.'s conduct]; *het is niet goed te praten* it is quite inexcusable
goedrond straightforward, frank, candid
goeds *zie* [2]goed 1
goedschiks with a good grace, willingly; *~ of kwaadschiks* willy-nilly, (whether you) like it or not
goedsmoeds *(welgemoed)* [be] of good cheer, cheerful
goedspreken: *~ voor* make o.s. answerable (go bail) for
goedvinden I *ww* think fit (*of:* proper); *(goedkeuren)* approve of; *hij vindt alles goed* anything will do for him; *als u het goedvindt* if you agree; *als je moeder het goedvindt* if your mother does not mind, will let you (go, etc); *ik vind het ~ dat hij het geld krijgt* I shall be content for him to get the money; *hij moet het maar ~* if he does not like it, he will have to lump it; **II** *zn* consent; [I leave it to your] discretion; *met wederzijds ~* by mutual agreement (consent); *naar ~* at pleasure; *handel naar ~* use your discretion; *met (zonder) uw ~* with (without) your permission
goedwillend well-meaning [citizens], well-intentioned; benevolent [man]
goedwillig willing
goedwilligheid willingness
goedzak kind soul; *(sul)* softy
goegemeente: *de ~* the general public, the community at large
goeie! *(fam)* **1** 'bye!, 'morning!, etc; **2** goodness!; **3** well done!, good for you!
goeiemorgen! *(fig)* goodness gracious!; *jawel, ~!* that's what you think!; *~ dokter!* well I never!; *zie voor de begroetingen met* goeie(n)- *die met* goede(n)-
goeierd good-natured person
goeiig good-natured, mild
goelag Gulag
goelijk good-natured
goeling *(Ind)* Dutch wife
goeni gunny [bag, sack]
goeroe guru
goesting appetite, inclination; [eat one's] fill
goj(im) goy, goyim
gok gamble; *(fam) het is een ~* it's taking a chance; it's a toss-up; *~je* [have a] (tiny) flutter, *(Am)* [take a] flyer; *de ~ wagen* take the chance; *iets op de ~ doen* do s.t. on the off chance [that ...]
gokautomaat gambling machine
gokbaas gaming boss

gokkantoor betting shop; *(ong)* bucket shop
gokkast gambling machine
gokken gamble; *(sl)* plunge; *ik gok erop dat het waarde heeft* I'm taking a chance on its value
gokker gambler, punter; *(sl)* plunger
gokkerij gamble, gambling
gokspel game of chance
goktent gaming house
gold *ovt van* gelden
golf 1 wave, *(groot)* billow, surge, *(lang en zwaar)* roller; ~ *bloed* stream of blood; *op de korte ~, (radio)* [reception] on the short wave; **2** *(inham)* gulf, bay; **3** *(spel)* golf; ~ *spelen* (play) golf
golfbaan golf course, golf links *(ev & mv)*
golfbad surf pool
golfband *(radio)* waveband
golfberg top (crest) of a wave
golfbeweging wave (*of:* undulatory) motion, undulation
golfbreker breakwater, groyne
golfclub golf club
golfdal wave trough, trough of the sea
golfen (play) golf
golffront wavefront
golfgeklots dash of the waves
golfgeleider *(natuurk)* waveguide
golfijzer corrugated iron
golfkarton corrugated cardboard
golflengte wavelength *(ook fig)*
golflijn waving (wavy) line; *(natuurk)* waveline
golfpijp waveguide
golfplaat corrugated iron (asbestos, plastic, etc)
golfslag wash (dash) of the waves; *zie ook* kort
golfslagbad surf pool
golfsnede serrated edge
golfspel (the game of) golf, golfing
golfspeler golf player, golfer
golfstaat Gulf state
golfstok golf club (stick)
Golfstroom Gulf Stream
golfterrein golf course
golftheorie wave theory, undulatory theory
golftrein wave train
goliardisch: *~e gedichten* goliardic poetry, goliardery
Goliath Goliath
golven 1 wave, undulate; **2** gush, flow
golvend waving [grass], wavy (flowing) [hair], undulating (rolling) [field, landscape], billowing [hills], surging [crowd]
golving waving, undulation
gom 1 gum; *(vlak~)* Indiarubber, [ink, pencil] eraser; *Arabische* ~ gum arabic; **2** *zie* gommie
gomachtig gummy
gomboom gumtree
gomelastiek India rubber
gomelastieken (India)rubber [ball, etc]
gomhars gum resin
gommen 1 gum; **2** rub (out)
gommenikkie, gommie gosh, by gum
gonade gonad
gondel gondola; *(ve luchtschip ook)* nacelle
gondelier gondolier
gondellied barcarole, gondolier's song
gong gong; *(huisbel)* chime
gongslag gong-beat
goniometer goniometer
goniometrie goniometry
goniometrisch goniometric(al)
gonje gunny [bag, sack]
gonokok gonococcus (*mv:* -ci)
gonorroe gonorrhoea, *(Am)* gonorrhea
gonzen hum, buzz, drone, whirr; *mijn oren* ~ my ears are buzzing (singing); ~ *van bedrijvigheid* be a hive of activity; ~ *van (de) geruchten* be buzzing with rumours
goochelaar(ster) conjuror, magician, illusionist, *(inz jongleur & fig)* juggler
goochelarij conjuring, magic; juggling
goochelen conjure, do, perform (conjuring, magic) tricks; juggle [with balls, figures, words, *(sp)* juggle the ball]
goochelkunst 1 art of conjuring; [handbook for, of] magic; **2** *~(je), zie* goocheltoer; *(fig ook)* illusion
goocheltoer conjuring (magic, juggling) trick
goochem knowing, smart, wide-awake
goochemerd slyboots, knowing one
gooi throw, cast; *(naar doel, ook)* shy; *een ~* ***doen*** *naar* have a shot (a shy) at; *(fig ook)* make a bid for [power]; *hij doet een goede ~ naar de betrekking* he stands a good chance of getting ...; *ergens een (goede) ~ naar doen, (ook)* have a (good) run for one's money; ***ga je ~!*** do as you please!
gooien fling, throw, cast, pitch [*naar* at]; *(fam)* chuck; *(naar doel, ook)* shy; *(sp ook)* deliver [the ball]; *jij* ***moet*** ~ it is your throw; ***met de deur*** ~ slam (bang) the door; *met de dingen* ~ throw things; *iem ~ met* pelt a p. with [snowballs, rotten eggs], fling (throw) s.t. at a p.; ***door elkaar*** *~, zie* elkaar; ***het ~ op,*** *a)* turn the conversation on (*plotseling:* switch on to) [politics]; *b)* put it down to ...; *er een schep geld* ***tegenaan*** ~ spend pots of money on it; ***ertussen*** ~ interject [a remark], throw in [a(n) (occasional) question]; *zie ook* balk, hoofd, papier, smijten, enz
gooi-en-smijtfilm knockabout (slapstick) comedy film, custard-pie (comedy)
goor *(onfris)* dingy; frowzy [a frowzy looking shop]; sallow [face]; *(onsmakelijk, enz)* nasty, disgusting; *(vuil)* grimy [hands], grubby [face, shirt], filthy [bastard, language, liar]
goorheid dinginess, etc
goospenning earnest money
goot I *zn (dak~, straat~)* gutter; *(straat~, ook)* drain; *(dak~, ook)* spout; *(schud~, enz)* chute; *(wild water)* flume, race; *iem uit de ~ oprapen* take a p. out of the gutter; **II** *ww ovt van* gieten

gootgat sink-hole
gootpijp (rain)water pipe
gootsteen 1 (kitchen) sink; *iets door de ~ spoelen* pour s.t. down the ...; **2** slab
gootsteenbakje sink tidy
gootsteenontstopper plunger
gootwater 1 gutter-water; **2** *(thee, enz)* slops
gordel [corn, green, leather, safety] belt, waistband, girdle; *(lit & fig, ook)* zone; *(v forten)* circle, ring, girdle; *onder de ~* [hit] below the belt *(ook fig)*
gordeldier armadillo
gordelriem belt, girdle
gordelroos shingles
gorden gird; *zich ten strijde ~* gird o.s. for the fight
gordiaans: *de ~e knoop* [cut] the Gordian knot
gordijn curtain; *(theat, ook)* act drop; *lang ~* drape; *(rol~)* blind; *(bed~en)* curtains, (bed-)hangings; *met ~en behangen (afsluiten)* curtain (off); *er is geen ~ voor het raam* the ... is uncurtained; *het ~ ophalen (neerlaten)* pull up (let down, pull down, drop) the blind, *(theat)* raise (drop) the curtain, *(het sein ertoe geven)* ring the curtain up (down); *het ~ gaat op voor ... (en vertoont ...), (theat)* the curtain rises on ...; *het ~ valt* the curtain drops, falls, *(theat: doek)* curtain, act drop
gordijnkap pelmet
gordijnrail curtain rail, curtain track
gordijnroede curtain rod (pole)
gordijnstof curtain(ing) material, curtaining
gordijnvuur curtain fire, barrage
gording 1 *(balk)* purlin; **2** *(mar: buik~)* buntline
gorgel throat
gorgeldrank gargle
gorgelen 1 gargle; **2** *(v vogel)* warble
gorgelwater gargle
Gorgo(ne) Gorgon
gorilla *(aap & man)* gorilla
gors 1 (reed) marsh; **2** *(vogel)* bunting; *grauwe ~* corn bunting; *zie ook* geel-, sneeuwgors
gort groats, grits; *(parel~)* pearl barley; *aan ~* to pieces
gortebrij, *gortepap *(Wdl: gortenpap)* barley gruel
gortig *(v vlees)* measly; *je maakt het (dat is) al te ~* you are (that is) going (much) too far
GOS afk van *Gemenebest van Onafhankelijke Staten* CIS, Commonwealth of Independent States
Gosen Goshen
goser bloke, guy
gossamme, gossie(mijne)!, enz, (by) golly!, by gum!, gosh!
goteling 1 pig of iron; **2** *(ketel)* copper
Goten Goths
Gotenburg Gothenburg
gotiek Gothicism, Gothic (style)
gotisch, Gotisch Gothic; *gotische letter* black (Gothic) letter
gotspe chutzpah, piece of cheek
gouache gouache
goud gold; *het witte, zwarte, bruine ~* hydroelectricity, coal, peat; *het is al geen ~ wat er blinkt* all that glitters (glisters) is not gold; *een hart van ~* a heart of gold; *dat is ~ waard* it is worth its weight in gold; *voor geen ~* not for love or money; *zie ook* bekronen, goudeerlijk, gouden, wit, enz
goudachtig goldlike, like gold, golden
goudader gold vein (lode), vein of gold
goudagio premium on gold
goudappel golden pippin
goudbad *(fot)* gold toning bath
goudblad gold leaf, gold foil, leaf gold
goudblond golden
goudbrasem gilthead
goudbrokaat gold brocade
goudbrons I *zn* gold powder, gilded bronze; **II** *bn* bronze(-coloured), ormolu
goudbronsartikelen ormolu
goudbruin golden brown, auburn
gouddekking gold-backing, gold-cover(age)
gouddelver gold-digger
gouddraad gold wire, *(gesponnen)* gold thread
gouddruk gold printing
goudeerlijk completely (utterly) honest
gouden gold [coin, ring], *(inz fig)* golden [age, calf, hair, handshake, parachute, wedding]; *~ bergen beloven* promise the earth; *~ bril* gold-rimmed spectacles; *G~ Gids, (vglb)* Yellow Pages; *de ~ koets* the gilded coach; *gouwe ouwe* golden oldie; *~ standaard* [be on, go off, abandon the] gold standard; *~ tor* rose beetle, rose-chafer; *~ vaatwerk* gold plate; *zie ook* greep
goudenregen 1 *(plant)* laburnum; **2** *(vuurwerk)* golden rain
gouderts gold ore
goudfazant golden pheasant
goudgalon gold lace
goudgeel gold-coloured, golden [corn]
goudgehalte gold content, fineness [of coins]
goudgeld gold coin, gold
goudgerand: *~e waarden* gilt-edged stock (*of:* securities)
goudglit (gold) litharge
goudgraver gold-digger
goudhaantje 1 *(vogel)* goldcrest; **2** *(insect)* leaf beetle; *er uitzien (blinken) als een ~* be dressed up to the nines; **3** *(sp)* winner
goudhoudend gold-bearing, auriferous
goudkever garden chafer, bracket clock
goudkleurig gold-coloured
goudklomp nugget of gold
goudkoorts gold fever
goudkorrel grain of gold
Goudkust Gold Coast
goudlaag *(geol)* auriferous formation
goudlak *(bloem)* wallflower
goudlaken gold cloth, cloth of gold
goudlakens cloth-of-gold; *~e fazant* golden pheasant

goudland *(fig)* eldorado
goudleer gold leather
goudmakreel dorado
goudmerel golden oriole
goudmijn gold mine; *(fig)* gold mine, mine of wealth; *een ~ vinden, (fig)* strike oil, *(Am ook)* strike lucky; *een echt ~tje* a regular money-spinner
goudobligatie gold bond
goudpletter gold-beater
goudplevier golden plover
goudprijs price of gold
goudpunt gold point
goudregen *(vuurwerk)* golden rain
goudrenet golden rennet
goudreserve gold reserve
Gouds Gouda [cheese]; *een ~e pijp* a long clay (pipe), a churchwarden
goudsbloem marigold
goudschaal gold scales (*of:* balance); *zijn woorden op een ~tje wegen* weigh every word, pick one's words
goudschuim *zie* goudglit
goudsmid goldsmith
goudstaaf gold bar (*of:* ingot)
goudstempeling: *met ~* blocked in gold
goudstof gold dust
goudstuk gold coin
goudveil *(plant)* golden saxifrage
goudveld goldfield
goudvink 1 bullfinch; **2** wealthy person, lover, etc, *(sl)* fat cat
goudvis goldfish; *(fig)* rich heiress
goudviskom fishbowl
goudvlieg greenbottle
goudvlies gold-beater's skin
goudvoorraad gold stock(s), gold-holding [of the Bank of England]
goudvos *(paard)* light bay
goudwerk gold work, goldsmith's work
goudwesp ruby-tail wasp
goudwinning gold-mining
goudwolf jackal; *(fig)* money-grubber
goudzand gold sand, auriferous sand
goudzoeker gold-digger
goudzucht greed for gold
goulash goulash
gourmand gourmand
gourmandise sweetmeat
gourmet gourmet
gourmetstel *(vglb)* raclette set
gouteren like, approve, find to one's taste
gouvernante 1 *(in gezin)* (nursery) governess, *(fam)* nanny; **2** *(landvoogdes)* governess
gouvernement government
gouvernementeel governmental
gouvernements- *zie ook* regerings-
gouvernementshotel government house
gouvernementsorder *(vglb)* Order in Council
gouverneren govern
gouverneur governor; *(ve vesting, ook)* commandant; *(onderwijzer)* tutor; *(commissaris der Koningin, vglb)* Lord Lieutenant
gouverneur-generaal governor-general
gouw district, canton, region
gouwe: *stinkende ~* greater celandine, swallowwort
gouwenaar long clay (pipe), churchwarden
govie *(vis)* gudgeon, goby
gozer bloke, guy
graad 1 *(verdeling ve hoek, enz, thermometer)* degree; *12 graden Celsius* 12 degrees Celsius (centigrade), 12 °C; ***bij** 0 graden* at zero; ***in** graden verdelen* graduate; ***op** 105 graden lengte en 53 graden breedte* in longitude 105, latitude 53; *zie ook* nul; **2** *(rang)* degree (*ook academisch, (ook)* different degrees of aptitude, etc); rank, grade; *(mar)* rating; *alle graden **doorlopen*** pass through all the ranks; *een ~ **halen*** graduate, get (take) one's degree; *de ~ van MA halen* proceed (to the degree of) MA; *een ~je boven u* a cut above you; *in hoge ~* to a high degree (*fam:* to a degree); *in de hoogste ~* [he is vain] to the last degree, *(fam)* to a degree; *tot (in) zekere ~* to a certain degree, in (*of:* to) some degree; **3** *(v verwantschap)* degree, remove; *neef in de tweede ~* cousin twice removed
graadboog protractor
graadmeter 1 graduated scale; **2** *(fig)* gauge
graadmeting measurement of a degree of latitude
graadverdeling graduation, degree scale; *met ~* graduated
graaf *(Engelse)* earl, *(buitenlandse)* count [Earl Beatty, Count Bentinck]
graafmachine *zie* excavateur
graafpoot *(bijv ve mol)* digging claw
graafschap 1 earldom; countship; *vgl* graaf; **2** *(Eng provincie)* county, shire; *de ~pen om Londen* the Home Counties
graafwerk digging, excavation(s)
graafwesp digger (wasp)
graag I *bn* hungry [look]; eager [look]; **II** *bw* gladly, readily, willingly; *~ **of niet*** (you may) take it or leave it; *~!* with pleasure!, yes, please!, [Another cup of tea?] Thank you!; *~ **gedaan!*** you're welcome!; ***wat** (heel) ~!, van harte ~!* with all my heart, with the greatest pleasure, I shall be delighted; *ik doe het ~* I like to do (doing) it; *hij **zou** het zo ~ hebben* he wants it so badly; *ik zou het ~ weten* I should like to know; *ik zou het zo ~ willen* I do so wish it, I want it so much; *ik zou hem ~ willen ontmoeten* I should very much like to meet him; *ik zou toch zo ~ gaan* I should love to go; *hij zou niet ~ willen, dat zijn vrouw erheen ging* he would not like his ... to go there; *hij zou niet ~ die schrijver zijn* he would not be ... for anything; *ik zal het je ~ geven (afstaan, enz)* you're welcome to it; *ik laat de beslissing ~ aan u (over)* I'm quite content to leave the decision to you; *ik erken ~ ...* I frankly (freely, willingly) admit ..., I am (very) ready to admit ...; *het hondje bijt ~*

the dog is given to biting; *zie ook* geloven & mogen
graagheid, graagte eagerness, appetite; *met ~ aannemen* accept eagerly
graaien grabble, grub, rummage; *(inpikken)* grab; *~ naar* grab at
graal (Holy) Grail
graalridder Knight of the Round Table
graalroman romance of the Holy Grail, Grail romance
graan grain, *(inz Br)* corn; *zie ook sam met* koren-; *granen* cereals; *een ~tje pikken* have a quick one; *een ~tje meepikken* get one's share, get in on the act
graanbeurs corn exchange
graanbouw corn-growing
graancirkel crop circle
graanetend granivorous
graangewassen cereals
graanhandel corn trade
graanhandelaar corn dealer, corn chandler
graankever corn weevil
graankorrel grain of corn
graanpakhuis grain warehouse, granary, silo
graanschuur granary
graansilo *zie* silo
graanvrucht caryopsis
graanzolder corn loft
graanzuiger (corn) elevator
graat 1 *(berg~)* crest; **2** fishbone; *hij is niet zuiver **op** de ~* he is not altogether reliable; ***van** graten ontdoen* bone; *van de ~ vallen, a)* lose flesh; *b)* faint; *c)* be starving (dying) with hunger
graatachtig bony [fish]
graatbalk hip rafter
graatrib groin
graatspar hip rafter
grabbel: *geld te ~ gooien* throw money to be scrambled for; *te ~ gooien, (fig: zijn geld)* make ducks and drakes of (play ducks and drakes with) one's money; *(zijn eer)* throw away (*of:* prostitute) one's honour [for the sake of money]; *(zijn fatsoen)* throw decorum to the winds
grabbelen scramble [for sweets], grabble [in ...]
grabbelton lucky dip (bag, tub), bran tub
gracht 1 *(stads~, enz)* canal; **2** *(verdedigings~)* moat, ditch
grachtengordel ring of canals
graciel gracile
gracieus graceful, elegant
gradatie gradation
gradenboog protractor
graderen graduate [salt]
gradiënt gradient
graduale *(r-k)* gradual
gradueel 1 [difference] in degree; **2** gradual [increase]
gradueren 1 *(in graden verdelen)* graduate; **2** *(een graad verlenen)* confer a degree (up)on, *(Am)* graduate
graecisme Gr(a)ecism
graecist(e) Hellenist
graecus (classical) Greek scholar
graf grave; *(verheven)* tomb, sepulchre; *zie ook* heilig; *hij graaft zijn **eigen** ~* he is digging his own grave; *hij nam het **geheim** met zich in het ~* he carried the secret to his grave, the secret died with him; *het ~ maakt allen **gelijk*** Death is a great leveller; *een ~ in de **golven** vinden* find a watery grave; *er **loopt** iemand (een hondje) over mijn ~* somebody is walking over my grave; *hij zou zich in zijn ~ **omkeren*** he would turn in his grave, it is enough to make him turn in his grave; *een **stilte** als van het ~* the silence of the grave; *hij staat met de ene **voet** in het ~* he has one foot in the grave; *iem in het ~ **volgen*** follow a p. to the grave; *aan gene **zijde** van het ~* beyond the tomb; ***aan** het ~* at the graveside, at the grave; *rede aan het ~, zie* grafrede; ***ten** grave dalen* sink into one's grave; *zie ook* grafwaarts; *ten grave slepen* carry off; *zie ook* zwijgen
grafdelver gravedigger
grafdief grave-robber
grafeem grapheme
grafelijk of a count (an earl); like a count (an earl); [his] earl's [robes]; *~e waardigheid* countship; earldom; *vgl* graaf & graven-
graffiguur effigy
graffiti graffitti; *maker van ~* graffitist
graffito sgraffito, scratch-work
grafgiften grave furniture, burial goods
grafheuvel grave mound, burial mound; *(hist ook)* barrow, tumulus (*mv:* -li)
graficus graphic artist
grafiek 1 graphic art; graphics; **2** *(wisk)* graph, diagram
grafiet graphite, plumbago, black lead
grafietolie graphited oil
grafisch graphic (*bw:* -ally); *de ~e vakken* the printing trade; *~e voorstelling* graph, diagram, graphic representation
grafkamer burial chamber
grafkelder burial vault, family vault, tomb
grafkrans funeral wreath; *(gedenk~)* memorial wreath
grafkuil grave; grave pit
graflegging interment, sepulture [of Christ]
grafmonument (funerary) monument, memorial
grafologie graphology
grafologisch graphological [report]
grafoloog graphologist, handwriting expert
grafrede funeral oration, graveside speech
grafschender desecrator of a grave (of graves)
grafschennis desecration of a grave (of graves)
grafschrift epitaph
grafsteen tomb-, gravestone; *(staand)* headstone
grafstem sepulchral voice
grafteken (funerary) monument
graftombe tomb

grafurn, grafvaas funeral urn
grafzerk tomb-, gravestone
[1]**gram** *zn* gram(me)
[2]**gram I** *bn* wroth, wrathful; **II** *zn* [one's] proper share; *zijn ~ halen* get one's own back, square the account, get even
gramatoom gram atom, gram-atomic weight
gramcalorie (gram) calorie
gramequivalent gram equivalent, gram-equivalent weight
grammatica grammar
grammaticaal grammatical
grammaticus grammarian
grammatisch grammatical [grammatically correct]
grammofoon gramophone; *(Am)* phonograph
grammofoonnaald stylus; *(hist)* gramophone (*Am:* phonograph) needle
grammofoonplaat gramophone (*Am:* phonograph) record, disc
grammolecule gram molecule, gram-molecular weight
gramnegatief Gram-negative [bacteria]
gramschap anger, wrath, ire
gramstorig angry, wrathful
granaat 1 *(vrucht)* pomegranate; **2** *(mil)* shell; *(hand~)* grenade; *met granaten bestoken* shell; **3** *(steen)* garnet
granaatappel pomegranate
granaatboom pomegranate (tree)
granaatscherf shell-splinter
granaatsteen garnet
granaattrechter shell-hole, shell-crater
granaatvuur shellfire
granaten *bn* garnet [necklace]
grande *(Spanje)* grandee
grandeur grandeur
grandioos grandiose; *(fam)* marvellous
grand seigneur grand seigneur; *de ~ spelen* put on lordly airs
graniet granite
granietachtig granitic
granieten granite
granietrots granitic rock
granietsteen granite
granulatie granulation
granuleren granulate *(ook ve wond)*
granuleus granular, granulous
granuloma granuloma
grap joke, jest, pleasantry; *~je* (little) joke; *een ~, (ook)* a bit of fun; *~pen maken* make jokes, joke; *dolle ~* lark; *dure ~, duur ~je, (fig)* expensive business (luxury); *uitgehaalde (niet vertelde) ~* practical joke; *(mystificatie)* hoax; *~pen vertellen* crack jokes; *hij zit vol ~pen* he is full of fun; *hij houdt van een ~je* he must have his little joke; *dat is geen ~(je)* it's no joke (no picnic); *dat is geen ~ meer* that is past (is getting beyond) a joke; *geen ~pen!* none of your jokes!, none of that!; *dat zou me een (lelijke, mooie) ~ wezen, (iron)* that would be a nice to-do (a pretty how-d'ye-do); *het mooiste van de ~ was* the best of it was ...; *hij **maakt** ~jes* he is joking; *hij maakte er een ~(je) van* he made fun of it; *jawel, maak er maar een ~je van!* you and your little jokes!; *het was **maar** een ~* it wasn't meant seriously; ***tegen** een ~(je) kunnen* be able to take a joke; *een ~ **uithalen*** play a joke; *die ~pen moet je met mij niet uithalen* don't play those tricks on me; ***uit (voor)** de ~* for fun, in fun, in sport, in play, for the fun of it (of the thing); *ik zei het maar uit de ~* I was only joking; *zie ook* aardigheid & afmaken
grapjas, enz *zie* grappenmaker, enz
grappen joke
grappenmaker joker, wag
grappenmakerij 1 joking, larking on; **2** stupid business, foolish (irresponsible) action, lark
grappig funny, droll, comic, amusing, facetious; *ik zie het ~e ervan niet* I don't see where the joke comes in; *het ~ste was dat ...* the funny thing about it (the funniest part of it) was that ...; *wat ~!* what fun!, how amusing!; how fascinating!
grappigheid facetiousness, fun
gras grass [please keep off the grass]; *~sen* grasses, gramineae; *~je* blade of grass; *met ~ begroeid* grass-grown, grassy; *je moet er geen ~ over laten **groeien*** don't let the grass grow under your feet; *we lieten er geen ~ over groeien, maar kochten ze direct* we lost no time in buying them; *iem het ~ voor **voeten** wegmaaien* cut the ground from under a p.'s feet; *zie ook* groen
grasaartje spikelet, spike
grasachtig grassy, grass-like; *(wtsch)* gramineous, graminaceous
grasbaan 1 grass track [racing]; **2** *(tennis)* grass court
grasbloem daisy
grasboerderij dairy farm
grasboter grass butter
grasduinen browse; *~ in* browse in [a library, a book], browse among [books, antiquities]
grasetend herbivorous, graminivorous
grasgewassen graminaceous plants
grasgroen grass-green
grasgrond *zie* grasland
grashalm blade of grass
grashark lawn rake
graskalf grass-fed calf
graskantmaaier lawn edger
grasklokje harebell, *(Sch)* bluebell
graslam grass lamb
grasland grassland, *(wei)* pasture(land), *(hooi)* meadow; *tot ~ maken* lay down [land] to grass
graslinnen grass cloth
grasmaaier 1 *(pers)* grass-mower; **2** [hand, electric, motor] (lawn) mower
grasmaand April
grasmat grass, turf; *(luchtv)* grassed surface

grasmus whitethroat
grasoogst hay crop
grasparkiet budgerigar
grasperk lawn, grass plot
graspieper meadow pipit
grasrand grass border; *(langs weg)* grass verge
grasrijk grassy
grasschaar (pair of) garden shears
grasscheut, grasspriet blade of grass
grastapijt grassy carpet, greensward, turf
grastrimmer grass trimmer, strimmer
grasvanger grass box
grasveld field of grass, lawn; *zie ook* grasperk; *tot ~ maken* grass over
grasvlakte area of grass, prairie
graszode turf, sod
gratenkut scrawny girl (woman)
graterig bony [fish]
gratie 1 *(bevalligheid, gunst)* grace; *bij de ~ Gods* by the grace of God, by divine right (and authority); *koningschap bij de ~ Gods* divine right of kings; *in de ~ zijn bij* be in favour with; *weer in de ~ komen bij iem* get into a p.'s good books again, regain a p.'s favour; *bij de meisjes in de ~ zijn* be popular with the girls; *bij iem **uit** de ~ geraken* get into a p.'s bad (*of:* black) books, lose favour with a p.; *uit de ~ zijn* be out of favour [*bij* with], be in disgrace, be under a cloud; **2** *(kwijtschelding v straf)* pardon, *(jur)* free pardon; *(vd doodstraf)* reprieve; *~ **verlenen*** (grant a free) pardon; *(vd doodstraf)* reprieve [a p.]; *verzoek **om** ~* petition for mercy
gratiëren, gratiëring pardon
gratificatie extra pay, bonus, gratuity
gratig bony [fish]
gratineren cook (au gratin)
gratis I *bn* gratis, free (of charge); *(fam)* for free; *~ bijvoegsel (exemplaar, monster)* free supplement (copy, sample); give-away [puzzle, etc]; courtesy [bus]; **II** *bw* gratis, without (free of) charge, [be admitted] free; *~ admissie verlenen, (jur)* certify for legal aid
gratuit gratuitous [contract; insult], uncalled-for [remark]
grauw I *bn* grey, gray [morning, sky], ashen [face]; *(vuil)* grimy [hands]; *(fig)* drab [existence], dim [past]; *zie ook* goor & grijs; *~e erwten* marrow(fat) peas; *(pakje in) ~ papier* brown paper (parcel); *zie ook* grauwschildering, klauwier, enz; **II** *zn* **1** *(gepeupel)* rabble, mob; **2** *(snauw)* snarl, growl
grauwachtig greyish, grizzly
grauwak *(geol)* wacke
grauwbruin grey(ish) brown
Grauwbunderland The Grisons
grauwen 1 snarl, growl; **2** grey
grauwgeel grey(ish) yellow
grauwheid greyness
grauwschildering grisaille
grauwsluier (grey) haze, mist, fog
grauwtje donkey; *(fam)* Neddy; *(sl)* moke
gravamen gravamen (*mv:* -mina)
graveel gravel, stone, calculus
graveerbeitel, graveerijzer burin, graver
graveerkunst (art of) engraving, engraver's art
graveernaald, graveerstift engraving needle, graver
graveerwerk engraving
gravel 1 *(kiezel)* gravel; **2** *zie* steengruis; *op ~, (tennis)* on clay
gravelbaan *(tennis)* clay court
graven dig [a hole, a canal, peat; *naar goud* for gold], sink [a mine, a well], cut [ditches, trenches, canals], excavate [a large hole, trench]; *(v konijnen, enz)* burrow; *(fig)* delve [into the archives, the past]; *hij graaft niet diep* he (his mind) is rather shallow; *zie ook* kuil
Gravenhage: *'s-~* The Hague
gravenhuis line of counts
gravenkroon earl's (count's) coronet
graver digger, etc; *vgl* graven
graveren engrave [on copper, etc]; sink [dies *stempels*]; *(in)gegraveerd* engraved [coat of arms]
graverij 1 digging; **2** dig, excavation
graveur 1 engraver; **2** *(v munten)* die-sinker
graviditeit pregnancy
gravimeter gravimeter
gravimetrie gravimetry
gravin *(Br & buitenlands)* countess
gravitatie gravitation, gravity
graviteit gravity
graviteren gravitate
gravure [line, stipple, tone; copperplate, steel, wood] engraving, (engraved) print
grazen graze, feed; *iem te ~ nemen, a)* pull a p.'s leg; *b)* haul a p. over the coals; give a p. a sound thrashing
grazer grazer
grazig grassy
greb(be) trench, ditch
greep I *zn* **1** *(het grijpen)* grip, grasp, clutch; *(turnen)* grasp; *(handvol)* handful [of nuts]; *een gelukkige (een gouden) ~ doen* make a lucky hit, strike lucky; *hier en daar een (een willekeurige) ~ doen* choose, pick out examples (an example) at random; *een ongelukkige ~* an unlucky shot; *een stoute ~* a bold stroke; *God zegen de ~, (vglb)* let's trust to luck; *zijn ~ op het publiek verliezen* lose one's hold on the public; *in zijn ~ hebben* have in one's grip (*inz fig:* (with)in one's grasp); *een ~ in de zak doen* dive into one's pocket; *hij deed er een ~ naar* he made a grab at (a dive for) it, snatched at it; *~ naar de macht* bid for power; (attempted) coup; *een ~ uit de collectie* a (random) selection from ...; *een ~ uit de geschiedenis* extracts from history; **2** *(handvat)* grip, handle, hilt [of a sword]; *(ve geweer)* small of the butt (of the stock); *(ve pistool)* pistol grip, butt; **3** *(werktuig)* (manure) fork; **4** *(handigheid)* knack; **5** *(muz)* touch; **II** *ww ovt van* grijpen

greepplank *(muz)* fingerboard
gregoriaans 1 Gregorian; *~e stijl* Gregorian (*of:* New) Style; **2** *(~ gezang)* Gregorian chant, plainchant, plainsong
Gregorius Gregory
grein 1 grain; **2** *(stof)* camlet; **3** *(~tje)* grain; *geen ~* not a grain, not an atom [of truth], not a shred (tittle, scrap) [of evidence], not a spark (one scintilla) [of jealousy, hope, shame]; *er is geen ~tje verschil tussen hen* there is nothing to choose between them, they are as like as two peas; *geen ~tje verstand* not a particle (grain) of (common) sense; *als hij een ~tje eergevoel heeft* if he has a grain of honour in his composition; *zonder een ~tje trots* without an ounce of pride
greinen I *ww* granulate; **II** *bn* (of) camlet
greineren granulate
greinig granular, rough
gremium (influential) group of experts
grenadier grenadier
grenadine grenadine *(stof & drank)*
grendel bolt *(ook ve geweer); de ~ erop doen (schuiven)* shoot (draw) the bolt
grendelen bolt; *van binnen ~* bolt [the door] on the inside
grenen deal, pine(wood)
grenenboom Scotch pine
grenenhout fir, deal, pine(wood); *Amerikaans ~* pitch pine
grens *(grenslijn, grenspunt, ook fig)* limit; *(vooral mv)* bound [his joy knew no bounds]; *(scheidslijn)* dividing line; *(v land, landgoed enz)* boundary; *(v stad, ook)* [city] limits; *(vooral mv)* confine(s) [of civilization]; *(zoom)* border, margin; *(staatkundige ~)* frontier (*ook fig:* the frontiers of knowledge); [we had no trouble at the] border; *natuurlijke ~* natural boundary; *er zijn grenzen* there are limits; *nu is de ~* ***bereikt*** that's the limit; *grenzen* ***stellen aan*** set bounds (limits) to; *geen grenzen stellen aan het te betalen bedrag* put no limit on ...; ***daar trek ik de ~*** I draw the line (I stick) at that; *men moet de ~ ergens trekken* one has to draw the line somewhere; ***aan de ~*** on the frontier; *aan de stadsgrenzen* on the outskirts of the city; ***binnen*** *de grenzen der mogelijkheid* within the bounds of possibility; *binnen enge grenzen* within narrow limits; *binnen zekere grenzen* [true] within (certain) limits, [keep] within certain bounds; *het dispuut binnen zekere grenzen houden* limit the scope of the ...; *dat gaat alle grenzen te* ***buiten*** that exceeds (is beyond) all bounds; *buiten de grenzen van de wet* beyond the pale of the law; *het is (net)* ***op de ~***, *(fig)* it is (just) on the (border)line; *op de ~ van* on the verge of [madness], on the borderline of [consciousness]; ***over*** *de ~ zetten* conduct to the frontier, put across (*of:* over) the frontier, deport; *een aardig mondje over de ~ spreken* speak a foreign language fairly well
grensbedrijf *(econ)* marginal undertaking
grensbeeld term(inal figure)
grensbewaker frontier guard
grensbewoner frontier inhabitant; *(inz tussen Eng & Sch)* borderer
grenscommissie boundary commission
grensconflict 1 border clash; **2** frontier (boundary) dispute
grenscontrole border control, customs check
grenscorrectie frontier readjustment
grensdocument travel document
grensgebied border(land), border region, marginal area
grensgeval borderline case
grensincident border incident
grenskantoor frontier custom house
grenslijn line of demarcation, boundary line, frontier line; *(scheidslijn)* dividing line
grensovergang border crossing (point), checkpoint
grensoverschrijdend cross-frontier [traffic], transfrontier [broadcasting]
grensoverschrijding crossing (of) the border (frontier)
grenspaal boundary post, landmark
grensplaats border (frontier) town
grenspost frontier post
grensrechter *(voetbal)* linesman; *(rugby)* touch judge; *(tennis)* line judge
grensrivier boundary river
grensscheiding line of demarcation
grensstation frontier station
grenssteen boundary stone, landmark
grensstreek border (region)
grensverkeer frontier traffic
grensverleggend ground-breaking [research]
grensvlak interface
grenswaarde limit; *(econ)* marginal value
grenswacht(er) frontier guard
grenswijziging modification (*verbetering:* rectification) of the frontier, frontier modification (rectification)
grenzeloos boundless, limitless, unlimited, unbounded, illimitable; *~ vervelend* utterly boring
grenzen: *~ aan* border (on) [Germany], abut on [the cemetery], adjoin [the road]; *(fig)* border (verge) (up)on [the ridiculous, despair, etc] (*ook:* his skill is little short of miraculous); ***aan elkaar ~***, *(v kamers, tuinen, enz)* be adjoining (adjacent); *zijn land grenst aan het mijne* his estate adjoins mine; *Nederland grenst ten oosten aan Duitsland, (ook)* Holland is bounded on the east by ...
grep(pel) trench, (field) drain, ditch
greppelen trench, ditch
gresbuis earthenware pipe
gretig eager, desirous, greedy, avid [reader]; *zie ook* toehappen
gretigheid eagerness, greediness, avidity
Grevelingen Gravelines
gribus 1 slum; **2** ruin(ous house)

grief 1 grievance [air one's grievances]; *(fam)* grouse; *een ~ hebben tegen* have (nurse) a grievance against; **2** *(krenking)* offence, wrong; **3** *(bezwaar)* objection
Griek Greek
Griekenland Greece
Grieks I *bn* Greek; *(vooral v kunst)* Grecian; *~e, ~-orthodoxe, ~-katholieke kerk* Greek (Orthodox, Eastern) Church; *~-Romeins* Gr(a)eco-Roman [wrestling]; **II** *zn* Greek
griel *(vogel)* stone curlew
griend 1 *(waard)* holm; *(met rijshout)* willow coppice, osier bed; **2** *(dolfijn)* blackfish, pilot whale, ca'ing whale
griendhout osiers, willow shoots, wicker
grienen snivel, blubber, blub, whine, whimper
griep influenza, *(fam)* flu; *~je* touch of flu; *zie ook* buikgriep & grieperig
griepen *(sl)* gripe
grieperig: *ik voel me wat ~* (I think) I've got a bit of a cold coming on
gries 1 grit; **2** semolina
griesmeel semolina [pudding]
griet 1 *(vis)* brill; **2** *(vogel)* godwit; **3** *(vrouw)* chick, dame, bit (piece) of skirt, bird; *grote ~!* good grief!; *~je, (sl)* chick
grieven grieve, hurt, gall; *hij voelde zich gegriefd* he felt aggrieved; *het griefde mij diep* it cut me to the heart (to the quick)
grievend grievous [wrong *onrecht*], mortifying [failure], cutting [criticism], [needlessly] hurtful; *iem ~ bejegenen* cut a p. to the quick
griezel 1 *(pers)* creep, horror; **2** *(wezen)* bogey, terror; **3** tiny (wee) bit; **4** *zie* rilling; *een ~ hebben van* have a horror of
griezelen shudder, shiver; *iem doen ~* give a p. the creeps, make a p.'s flesh creep, set a p.'s teeth on edge; *zie ook* huiveren
griezelfilm horror film, slasher (film, movie)
griezelig creepy, gruesome, grisly, scary, weird, (blood-)curdling; *hij is ~ knap* he is uncannily clever
griezelstrip horror comic, H-comic
griezelverhaal blood-curdling (creepy, horror) story
grif promptly, readily; *dat zal ~ gebeuren* that is sure (*of:* bound) to happen; *~ toegeven* admit readily (freely); *er ~ in toestemmen* agree to it like a shot; *~ van de hand gaan* sell readily (*of:* like hot cakes)
griffel 1 slate pencil; **2** *(plantk)* graft
griff(el)en (en)grave, impress; *het staat in mijn geheugen (geest) gegrift* it remains stamped on my memory, has (en)graved (impressed) itself (is indelibly printed) on my mind
griffie office of the clerk; *zie ook* griffier; *een document ter ~ deponeren* file a document; *het voorstel werd ter ~ gedeponeerd, (fig)* the proposal was shelved
griffier clerk (of the court), recorder, registrar; *(1e Kamer)* Clerk of the Parliaments; *(2e Kamer)* Clerk of the House; *(Kantongerecht, vglb)* Clerk of the Peace
griff(i)oen griffin
griffon *(hond)* griffon
grift slate pencil
grifweg promptly, readily; *zie ook* grif
grijns sneer, grin, grimace; *zelfvoldane ~* smirk
grijnslach sneer, sardonic smile; grin
grijnslachen sneer, grin
grijnzen sneer, grin, (make a) grimace
grijp griffin; *(fig) zie* grijpgier
grijparm tentacle
grijpemmer grab (bucket)
grijpen seize, catch, grasp, grip [a p.'s hand, the audience were gripped by the music], clutch, grab, snatch, lay hold of; *hij voelde zich gegrepen, (fam)* he felt had; ***in elkaar ~**, zie* ineengrijpen; *iem in de ziel ~* touch a p. to the quick; *~ **naar*** clutch (grab, snatch, make a grab) at, reach (out) for [one's hat; *zie ook* zwaard & wapen]; ***om zich heen ~**, (v vuur, ziekte, enz)* spread [the fire spread rapidly]; *je hebt ze maar **voor het** ~* they are as common as dirt, are there for the asking; *zulke kandidaten zijn niet voor het ~* such ... do not grow on trees; *de ... liggen voor het ~* the ... are up for grabs; *de boeken voor het ~ hebben* have the ... to one's hand (ready to hand); *hij had ze maar voor het ~* he found them ready to hand; *ze denken, dat ik het geld maar voor het ~ heb* they ... that I am made of money; *zie ook* [1]keel
grijper 1 grab (bucket); **2** gripper; *(tang)* tongs
grijpgier *('haai')* shark, vulture
grijpgraag grabbing [hands], grasping [taxman]
grijplijnen *(voor drenkelingen)* beckets
grijpstaart prehensile tail
grijpstuiver 1 extra; *hij heeft er een aardige ~ aan* it's earning him a nice bit on the side; **2** trifle, flea bite; *voor een ~* [I bought it] for a song; **3** *~s, (sl)* paws, claws
grijpteen prehensile toe
grijpvogel 1 griffin; **2** *zie* lammergier; **3** *(fig) zie* grijpgier
grijs grey (*ook fig:* grey literature, the grey economy), gray, grey-headed; *(v ouderdom)* hoary; *grijze beer* grizzly (bear); *het grijze circuit, a) (vglb)* the grey market; *b)* the exploitation of pensioners; *de grijze oudheid* remote antiquity; *het grijze verleden* the dim (hazy) past; *het te ~ maken* go too far; *~ worden, zie* grijzen
grijsaard grey-haired man, old man
grijsachtig greyish, grizzly [beard]
grijsbok *(Z-Afr)* grysbok
grijsheid 1 greyness; **2** *(ouderdom)* old age
grijskop greyhead
grijzen grey, get (go, become) grey
grijzend greying, grizzled; [hair] shot with grey
grijzig greyish
gril whim, caprice, fad, quirk, freak (*ook fig:* of fate, etc), vagary (*ook:* of the weather, etc), whimsy, fan-

cy; *een ~ van het noodlot* a trick of fate
grill grill; *zie ook* grilloven
grillade grill(ed meat, fish)
grille grill(e)
grill(er)en grill
grillig whimsical, capricious, fanciful, fantastic (*bw:* -ally), fickle, wayward, flighty, freakish, fitful [weather]; *(ook)* freak [weather, (thunder)storm]; *de ~e bewegingen van de markt* the erratic movements of the market
grilligheid whimsicalness, whimsicality, capriciousness, etc; *zie ook* gril
grilloven rotisserie
grillspies spit
grimas grimace, wry face; *~sen maken* make grimaces, pull faces
grime make-up
grimeren make up *(ook: zich ~)*
grimeur make-up artist (and hair stylist)
grimlach bitter smile; malicious grin
grimmen 1 *(vero)* be angry; **2** *(grommen)* grumble; *de honger grimt hun tegen* hunger stares them in the face
grimmig grim; sullen; furious; severe, bitter [cold]
grimmigheid grimness; fury; severity
grind [a stretch of] gravel; *(grof, inz op strand)* shingle; *met ~ bedekken* gravel
grindkuil gravel pit
grindpad gravel(led) path (walk)
grindweg gravel(led) road
grinniken *(genoeglijk)* chuckle, chortle; *(giechelen)* snigger
grint, enz *zie* grind, enz
grip 1 grip; *zie ook* greep & [2]vat; **2** *(film)* camera assistant
grisaille grisaille
grissen snatch, grab; *(gappen)* pinch, pilfer
grit grit
gritstralen sandblast
groef I *zn* groove; flute [in a column]; *(in molensteen)* furrow, flute, trench; *(rimpel)* furrow; **II** *ww ovt van* graven
groefschaaf grooving (*of:* fluting) plane
groei growth; *hij is nog in de ~* he is still growing [a growing boy]; *op de ~ gemaakt* made to allow for growing; *attr, zie* groeikern
groeien grow [you've grown; nothing is growing yet]; *zich voelen ~, (fig)* increase one's self-respect; *iemand boven het hoofd ~* outgrow a p.; *(fig)* get beyond a p.'s control; *in iets ~, a)* improve one's skill; *b)* enjoy s.t. more and more; *ergens overheen ~* outgrow (grow out of) s.t.; *uit elkaar (naar elkaar toe) ~* grow apart (closer); *uit zijn kleren ~* grow out of one's clothes; *er zal nooit een genie uit hem ~* he'll never make a genius; *zie ook* geld, kracht & verdrukking
groeifonds growth share (*of:* stock)
groeihormoon growth hormone
groeihypotheek graduated payment mortgage
groeikern growth centre (*zo ook:* growth industry, market, university, etc), centre of development
groeikoorts *(vglb)* growing pains
groeikracht growing power, capacity for growth, vitality
groeiplaats habitat
groeipunt *(biol)* growing point
groeistuipen growing pains
groeizaam favourable (to vegetation); *~ weer* growing weather
groen I *bn* green *(ook: milieubewust); (her)* vert; *(fig ook)* fresh, inexperienced; *in haar ~e jeugd* in her (green and) salad days; *~e erwten* green peas; *~e haring* fresh (*of:* white) herring; *~e kaart* green card, International Motor Insurance Card; *het ~e licht geven, het licht (sein) op ~ zetten* give the go-ahead (the green light, the all-clear); *~e stroom* green energy; *~e zeep* soft soap; *het werd me ~ en geel voor de ogen* my head was swimming, everything swam before my eyes; *zo ~ als gras* as green as grass *(ook fig)*; **II** *zn* **1** *(kleur)* green; **2** *(planten)* greenery, green, verdure; **3** *(pers)* newcomer, novice, greenhorn, Johnny Raw; tenderfoot, *(Austr)* new chum; *(univ)* freshman, *(fam)* fresher
groenachtig greenish
groenbemester, groenbemesting green manure, manuring
groenblauw greenish blue, peacock blue
groenblijvend evergreen [shrub]; *~e plant* evergreen
groene: *(radicale) ~* (deep, dark) green; *G~n* [the] Greens, Green Party
groenen 1 grow (become) green; **2** make green
groenend virescent
groengebied, groengordel green belt
groenhart greenheart
groenheid greenness
groenig greenish
Groenland(er) Greenland(er)
Groenlandvaarder whaler
groenling greenfinch
groenlopen be a freshman, be ragged
groenpootruiter greenshank
groensteen greenstone
groenstrook 1 green belt; **2** grassy verge
groente (green) vegetables, greens, greenstuff; *(fam)* veg (*mv:* veges); *een ~* a vegetable; *twee ~n* two vegetables, *(fam)* two veg
groentebed vegetable plot (patch)
groenteboer greengrocer
groenteburger veggieburger
groentekweker market gardener, *(Am)* truck gardener (farmer)
groentela crisper, salad drawer
groentemarkt vegetable market
groenteschaaf vegetable slicer; *(vierkant)* box grater
groentesnijder vegetable shredder
groentesoep vegetable soup, julienne

groentetuin vegetable garden; *(moestuin)* kitchen garden
groentewinkel, groentezaak greengrocer's (shop), greengrocery
groentijd noviciate, novitiate, freshmanship
groentje *zie* groen II.3
groenvink greenfinch
groenvoe(de)r green food, green stuff, grass-fodder; fodder, forage [plants]
groenvoorziening green space, green area
groenzone green belt
groep group, cluster [of trees, stars, houses], clump [of trees], batch [of recruits], body [of men], gang [of rowdies], panel [of experts]; *(op school)* year; *(Am)* grade; *(elektr huisleiding)* branch circuit; *~(je), (ook)* knot [of persons, trees]; *bij ~en, zie* groepsgewijze; *in ~jes van twee of drie* in twos and threes
groepagedienst groupage (joint-cargo) system
groepen group
groeperen group; *zich ~* group themselves, centre [my happiest memories centre round this place]
groepering group(ing); faction
groepsbelang sectional interest
groepscommandant *(politie)* district superintendent
groepsdynamica group dynamics
groepsgeest group loyalty
groepsgesprek 1 group discussion; **2** *(telec)* conference call; *een ~ voeren, (ook)* (audio-, tele-, video)conferencing
groepsgewijze in groups, [be admitted] in batches
groepsleider group leader
groepspraktijk *(med)* group practice
groepsreis group travel
groepsseks group sex
groepsverband: *in ~* [travel] in (as) a group
groepsverkrachting gang rape
groepswerk 1 (social) groupwork; **2** teamwork
groet greeting, salute, salutation; *een ~ brengen* give a salute; *een ~ zenden* send greetings; *met vriendelijke ~en* yours sincerely; *de ~en* ***aan*** ... remember me to ..., give my love to ...; *vriendelijke ~en, ook van J* J joins with me in good wishes; *~en (een ~) wisselen* exchange greetings (a word of greeting); *(jawel,) de groeten!, (fam, iron)* not on your life; *zie ook* compliment
groeten greet, salute, bow, take off one's hat (to), *(fam)* pass the time of day; *groet uw zuster hartelijk van mij* remember me kindly to your sister, give my kind regards (*fam:* my love) to your sister; *hij* ***laat*** *u ~* he sends you his greetings, wishes to be remembered to you, *(fam)* sends his love; ***gegroet*** goodbye!, so long!; *wees gegroet, Maria* hail, Mary; *ik groet je (hoor)!, (iron)* (a very) good day to you!; *zie ook* teruggroeten
groeve *(kuil, mijn)* pit; *(steen~)* quarry; *zie ook* groef & graf
groeven *ww* groove, score
groezelig dingy, grubby, dirty
groezeligheid dinginess, etc
grof coarse [bread, gravel, linen, face, features, language], rude [remarks, you're most abominably rude, treat a p. rudely], rough [towel], gross [abuse, sensuality, carelessness, inattention], big [lie], crass [stupidity, ignorance], profound [ignorance, mistake], glaring [error], broad [humour, joke], abusive [letter], earthy [jokes]; *grove den* Scots pine; *grove fout* gross (bad) mistake, blunder; *~ geld betalen* pay through the nose; *~ geld verdienen* earn (make) big money, coin money; *~ geld verteren* spend money like water, spend lots of money; *~ geschut* heavy guns (artillery, ordnance); *met ~ geschut beginnen* start throwing one's weight about; *grove hagel* buckshot; *grove kerel* coarse(-grained) fellow; *grove ketterij* rank heresy; *~ liegen* lie shamelessly; *~ spelen* play high; *grove stem* harsh (*niet ong:* deep) voice; *grove kristalsuiker* granulated sugar; *grove taal, (ook)* [use] bad language; *met grove trekken* coarse-featured; *het* ***te*** *~ maken, zie* bont
grofdradig coarse-threaded; *(v hout, enz)* coarse-grained
grofgebouwd big-boned, large-limbed
grofgrein grogram
grofheid coarseness, etc; *-heden* [say] rude things, [make] rude remarks
grofkorrelig coarse-grained
grofsmederij 1 blacksmith's workshop; **2** ironworks
grofsmid blacksmith
grofstoffelijk coarsely material, unmannered, rude
grofvezelig coarse-fibred
grofvuil larger items of household rubbish
grofweg roughly [five-six thousand pounds]
grofwild big game
grofzinnelijk lascivious, lewd
grog grog; *(met suiker)* toddy; *een ~(je)* a grog
grogstem throaty voice
grol broad joke, gag; *zie ook* gril
grom 1 guts; **2** *(gegrom)* growl, snarl
grommen 1 grumble, growl, snarl [*tegen* at]; *(vd donder)* growl, rumble; **2** gut [a fish]
grompot grumbler, growler
grond 1 *(aarde)* ground, earth; *(met het oog op de aard)* [poor, rich] soil; *(ondergrond) wit op zwarte ~* white on a black field; ***vaste*** *~ onder de voeten hebben* be on firm ground; *~* ***winnen*** *(verliezen)* gain (lose) ground; ***aan de*** *~ zetten, (luchtv)* set [an aircraft] down; *aan de ~ houden* ground [aircraft]; ***boven de*** *~* above ground; *het was 20 voet boven de ~* there was a drop of twenty feet to the ground; *hij had wel* ***door de*** *~ willen zinken* he wished that the earth could have swallowed him up; *het was alsof ik door de ~ zonk* I was dumbfounded; *de vaas ging* ***naar de*** *~* the ... crashed (to the ground); ***onder de*** *~* [hide] underground, under ground; ***(dood)*** be-

low ground, under ground [she had buried three husbands]; *de geweren op de ~ leggen* ground arms; *op de ~ vallen (gooien)* fall (throw) to the ground (floor); *op Belgische ~, zie* grondgebied; *te ~e gaan* go to rack and ruin [to pieces, *fam:* to the dogs], *(ve pers, ook)* go under, perish; *te ~e liggen aan, zie* grondslag; *te ~e richten* ruin, wreck; ***tegen de ~ gooien*** throw to the ground (floor); knock down; pull [a house] down; *hij ligt tegen de ~* he is down; *zie ook* slaan; ***tot de ~ toe afbranden*** be burnt to the ground; ***uit de ~ verrijzen*** spring out of the ground; *uit de ~ van mijn hart* from the bottom of my heart; ***van de koude ~*** open-, outdoor-grown [strawberries]; *(fig)* twopenny(-halfpenny) [poet], [a politician] of a sort, of sorts; shallow [philosophy]; *van de ~ komen, (luchtv)* become airborne; *(fig)* get off to a good start; *nooit van de ~ komen, (fig)* never get off the ground, be bogged down; *van de ~ krijgen* get off the ground; *iets weer van de ~ ophalen* begin again at the very beginning; **2** *(land, terrein)* land [own a great deal of land]; *(bouw-)* site [site and building]; *stuk ~* plot; **3** *(bodem vd zee, enz)* bottom, [sea] floor; *(vloer)* floor; *ik kon geen ~* ***vinden*** I had got (was) beyond my depth; *ik* ***voel*** *~* I feel (touch) ground, I am (with)in my depth; *(fig)* I've about had my fill; *ik voel geen ~* I am out of my depth; ***aan de ~ lopen (raken)*** run aground; *aan de ~ zitten* be aground; *(fig)* be in low water; *aan de ~ zetten, (mar)* run aground, beach; *in de ~ boren* sink, send to the bottom; *(fig, ook: de ~ in boren, stampen)* annihilate, crush [a p.], slate [a book], see off, scupper [a rival plan]; *in de ~ zeilen (lopen)* run down [a steamer]; **4** *(grondslag)* ground, [a rumour without] foundation; *(motief)* ground [the grounds of my decision], reason; *~en, (v wetenschap)* elements, fundamentals, rudiments, ABC; *(v onderwijs)* [good] grounding; *de ~en van hoger beroep* the grounds of appeal; *er is* ***goede*** *~ om te geloven ...* there is good reason to believe ...; *de ~ (de ~en)* ***leggen,*** *zie* grondslag; *het* ***mist*** *alle ~* it is without any foundation; *er is een ~ van* ***waarheid*** *in* it has a basis of truth; ***met*** *~* with (good) reason; *zie ook* gelijkmaken; ***op*** *goede ~* [act] on good grounds; *op goede ~en berusten* be well founded; *ik geloof het op goede ~* I have good grounds for my belief, believe it on good grounds; *op ~ van* on (the) grounds of, on account of [ill health]; *(krachtens)* on the strength of, in (by) virtue of; under [article 15]; *protesteren op ~ dat ...* protest on the ground (the score) that ...; *op die ~* on that account; *zijn krediet staat op solide ~* his ... stands on firm ground; ***van alle ~ ontbloot, zonder enige ~*** without any grounds (*of:* foundation), [the rumour is] utterly baseless; **5** *(kern)* ***in de ~*** essentially, fundamentally; *in de ~ is hij eerlijk* he is honest at bottom (at heart); *in de ~ kennen* know thoroughly; *in de ~ tegengestelde meningen* fundamentally opposite views; *in de ~ van de* ***zaak*** to all intents and purposes, fundamentally [the position has not changed], basically

grondaas groundbait

grondachtig earthy [taste], muddy

grondakkoord fundamental chord

grondbedrijf (estate) development corporation

grondbeginsel basic (*of:* root) principle, fundamental; *~en, (v wetenschap, enz)* elements, rudiments

grondbegrip fundamental (*of:* basic) idea

grondbelasting *(vglb)* land tax

grondbestanddeel fundamental part (ingredient)

grondbetekenis original meaning

grondbewerking tillage

grondbezit landed property; *(wijze van ~)* land tenure [in Java]; *zie ook* grootgrondbezit

grondbezitter landowner, landed proprietor; *de ~s* the landed class

grondblad basal leaf

grondboor earth drill

grondboring soil drilling

gronddeining groundswell

gronddienst *(luchtv) zie* grondorganisatie

grondeigenaar *zie* grondbezitter; *(bij erfpacht)* ground landlord

grondeigendom landed property

grondeigenschap axiom

grondel gudgeon; *kleine ~* spotted goby

grondelen *(ve eend)* up-end

grondeling *zie* grondel

grondeloos bottomless, unfathomable; abysmal [ignorance]

grondeloosheid unfathomableness, bottomless depth

gronden *ww* **1** base, found, ground [*op* on]; *hierop grond ik mijn mening* I found (base) my opinion on this; **2** *(grondvesten)* found, lay the foundations of; **3** *(grondverven)* ground, prime

gronderig earthy [taste]

grondfout basic error

grondgebied territory; *op Belgisch ~* on (in) Belgian territory, on ... soil

grondgebruiker land-user

grondgedachte basic (underlying) idea

grondgesteldheid **1** soil condition; **2** nature of the soil

grondgetal base [ten]

grondhouding (fundamental) attitude

grondig **1** *(eig)* earthy, muddy [taste]; **2** *(fig)* thorough [scholar, knowledge, investigation, he knows it thoroughly], in-depth [investigation], intimate [knowledge], radical [cure], searching [examination], exhaustive [inquiry, search]; *de zaak ~ onderzoeken, (ook)* probe (*of:* sift) the matter to the (very) bottom

grondigheid thoroughness, profoundness, etc

grondijs ground ice

grondkleur **1** ground colour, priming colour; **2** *(primaire kleur)* primary colour

grondkredietbank land mortgage bank

grondlaag 1 first layer; **2** *(verf)* priming coat, undercoat
grondlasten *(vglb)* land tax
grondlegger founder
grondlegging foundation, establishment
grondlijn *(meetk)* base
grondlucht earthy smell
grondmechanica soil mechanics
grondonderzoek soil analysis
grondoorzaak root (first, basic, original) cause
grondorganisatie *(luchtv)* ground organization; *chef van de ~* ground engineer
grondpacht ground rent
grondpapier lining paper
grondpersoneel *(luchtv)* ground staff
grondplan ground plan
grondrecht 1 fundamental law; **2** fundamental right
grondregel principle, maxim, ground rule
grondsalaris basic salary
grondslag foundation(s), groundwork; basis [of negotiations]; nucleus [for a fund]; *zie ook* grondsalaris, & *zie* grond(en); *de ~ leggen van (tot, voor)* lay the foundation(s) of; *dat legde de ~ tot zijn fortuin* that was the beginning (the foundation) of ...; *op hechte ~ plaatsen* place on a firm footing; *wat ligt eraan ten ~?* what is at the root of it?; *(eraan) ten ~ liggend* underlying [conditions]
grondslagenonderzoek fundamental research
grondsoort (type of) soil
grondsop dregs, grounds
grondspeling ground clearance; *met grote ~* high-clearance
grondsteen cornerstone
grondstelling *(ve leer)* tenet; *(wisk)* axiom; *zie ook* hoofdbeginsel & stelregel
grondstof raw material, element
grondtaal 1 parent language; **2** original language
grondtal base [ten]
grondtekst original text
grondtoon 1 keynote, fundamental (tone); **2** *(fig)* keynote, ground note, prevailing tone
grondtrek characteristic feature, groundwork
grondtroepen ground forces
grondverf ground colour, primer, undercoat
grondverven prime
grondverzakking subsidence
grondverzet earth moving
grondvesten I *zn* foundations; *op zijn ~ doen schudden* rock (shake) [society] to its foundations (roots, depths); **II** *ww* found, lay the foundations of
grondvester founder
grondvlak base
grondvorm primitive form (*of:* type)
grondwaarheid fundamental (basic) truth
grondwater groundwater, subsoil water
grondwaterstand water table, groundwater level
grondwerk earthwork
grondwerker navvy
grondwet (written) constitution, fundamental law
grondwetswijziging revision (amendment) of the constitution
grondwettelijk, grondwettig constitutional [government]
grondwettigheid constitutionality
grondwoord radical (word)
grondzee ground swell
grondzeil groundsheet
Groningen Groningen
Groninger, enz, *vgl* Amsterdammer, enz
groos *zie* groots 2
groot I *bn* **1** *(uitgestrekt)* large; *(zeer uitgestrekt)* vast; *(omvangrijk)* big, large; *een hele grote pad* a great big (ugly) toad; *driemaal zo ~ als een voetbal* [a ball] three times the size of ...; *vrij ~ aantal* goodish number; *een vrij ~ plantsoen* sizeable public gardens; *een grote B* a capital B; *het* ***grootste*** *deel van* the greater (the best) part of [the way]; the bulk of [our exports]; *zie ook* [2]deel 1; *grote* ***cirkel*** great circle; *grote eter* big eater; *het grote geld* serious money, the big money; *grote hitte (kou)* intense heat (cold); *~ lezer* great reader; *hij is geen ~ lezer, (ook)* he is not much of a reader; *~ licht (ve auto)* full (undipped) headlights; *de grote lijnen van het plan* the broad lines of ...; *grote mars* maintop; *de grote massa* the masses; *het grote publiek* the public at large; *de Grote Oceaan* the Pacific (Ocean); *grote ra* mainyard; *de ~ste snelheid van de auto is ...* the car has a top speed of ...; *een ~ uur* a good hour, upwards of an hour; *een ~ verschil* a great (wide) difference; *er is grote vraag naar ...* there is a heavy demand for ...; *~ want* main rigging; *grote weg* high road; *de grote wereld, a)* the fashionable world, Society, *(fam)* the upper ten (thousand); *b)* the world at large; *je hebt ~* ***gelijk*** you are perfectly right; *~ en* ***klein*** great (big) and small, high and low; *te ~* ***leven*** live beyond one's means; ***in*** *het ~* [buy] in bulk; *in het ~ en klein* [sell] wholesale and retail; *alles in het ~ doen* do everything on a large scale; *~* ***met*** *elkaar zijn* be great friends; **2** *(lang)* tall [of stature]; high [when you were three you were so high]; *hoge hakken maken je groter* high heels add to your height; *grote man* tall man; *grote mast* mainmast; *~* ***worden,*** *(ve kind)* grow up, shoot up, grow into a (wo)man; *(lang worden)* grow tall; *groter worden, zie ook* groter worden; **3** *(volwassen)* grown(-up); *grote kinderen* grown-up children; *grote mensen* grown-ups; *als grote mensen spreken moeten kinderen zwijgen* children should be seen and not heard; *je bent al een grote jongen* you're already a big boy [you're big enough now to ...]; **4** *(veel indruk makend)* great; *~ man* great man; *de grote mogendheden* the Great Powers; *(fig)* great, big [the biggest fool ever born]; *(groots)* grand; *iets* ***groots*** something great (grand, impressive, spectacular); *grote (voorname) lui* grand folk; *de groten van Spanje* the (Spanish) grandees; *de groten van het voetbal* the football greats; **5**

(op grote schaal) large [the largest employers, a large shareholder], big [one of the biggest landowners]; **6** *(ter waarde van)* for, to the value of; *een cheque ~ £50* a ... for £50; *zie ook* boon, getal, [1]hoop, [2]klok 1, oog, operatie, [1]woord, groothouden, enz; **II** *zn (oude munt)* (Dutch) groat; *pond ~* pound Flemish

grootbedrijf big industry

grootbeeld large-screen [tv]

grootboek ledger; *~ der nationale schuld* register of Government stock

grootbrengen bring up, rear, raise [a large family], nurture; *met de borst (fles) ~* breastfeed (bottle-feed)

Groot-Brittannië Great Britain

grootdoen put on airs, swagger; *(fam)* swank

grootdoener braggart, swaggerer; *(fam)* swanker

grootdoenerij swagger, *(fam)* swank

grootgrondbezit landownership on a large scale

grootgrondbezitter large landowner; *~s* landed gentry

grootgrutter grocery chain

groothandel wholesale trade; *(concr)* wholesale house

groothandelaar wholesale dealer, merchant, *(fam)* wholesaler

groothandelsprijs wholesale price

groothartig, enz *zie* grootmoedig, enz

grootheid 1 greatness, magnitude; *~ van ziel* magnanimity; **2** *(persoon)* man of consequence; *(fam)* bigwig, big shot; **3** *(wisk)* quantity [unknown quantity; *ook fig*]

grootheidswaanzin megalomania, self-aggrandizement; *lijder aan ~* megalomaniac

groothertog grand duke

groothertogdom grand duchy

groothertogelijk grand-ducal

groothertogin grand duchess

groothoeklens *(fot)* wide-angle lens

groothouden: *zich ~* bear up, put a good (a brave) face on it (on a bad business); *zie ook* houden 12: zich goed ~

grootindustrie: *de ~* the big (major) industries, big industry

grootindustrieel big industrialist, captain of industry

grootje granny, grannie; *maak dat je ~ wijs!* tell that to the marines!; *je ~!* bosh!; *naar zijn ~* bust, wrecked

grootkanselier Lord (High) Chancellor

grootkapitaal: *het ~* the moneyed interest, high finance

grootkruis grand cross

grootmacht superpower

grootmachtig almighty; *(scherts)* high and mighty

grootmaken make great, be the making of; *(prijzen)* praise, laud

grootmama grandma(m)ma

grootmeester grand master

grootmeesterschap grand-mastership

grootmetaal iron and steel industry

grootmoeder(lijk) grandmother(ly)

grootmoederschap grandmotherhood

grootmoedig magnanimous, high-minded, generous

grootmoedigheid magnanimity, generosity

grootmogol Great (Grand) Mogul

grootofficier *(dignitaris)* Grand Officer of the Queen's (King's) Household; *(lid v orde, vglb)* Knight (Dame) Commander

grootoor *(vleermuis)* long-eared bat

grootoosten Grand Lodge

grootouders grandparents

grootpapa grandpapa, grand(d)ad

groots 1 grand, grandiose, august, majestic, noble, ambitious [an ambitious programme], spectacular; **2** *(trots)* proud, haughty

grootschalig large-scale

grootschaligheid largeness of scale

grootscheeps I *bw* [live, do things] in grand style, on a large scale; *het ~ doen, (ook)* launch out; **II** *bn* princely, grand; ambitious [attempt], all-out [effort], large-scale [enterprise]

grootschrift text hand, large hand

grootseminarie seminary

grootsheid grandeur, majesty; *(trots)* pride, haughtiness

grootspraak boast(ing), bragging, bravado, tall talk

grootsprakig grandiloquent, bombastic (*bw:* -ally), boastful

grootspreken boast, brag

grootspreker braggart, boaster

grootstedelijk metropolitan [centre]

grootsteeds of a large town (city)

grootte size, bigness, greatness, tallness, extent, magnitude; *(lengte ve pers)* height; *het heeft de ~ van ...* it is the size of ...; *op ware ~* life-size, full-sized, full (actual) size; *ter ~ van* [half] the size of [rats]; *zij zijn van dezelfde ~* they are (of) the same (are of a) size; *van de eerste ~* [a star, blunder] of the first magnitude; *van behoorlijke ~* fair-sized

grootteorde order of magnitude

grootvader(lijk) grandfather(ly)

grootvaderschap grandfathership, grandfatherhood

grootvee cattle

grootverbruik large-scale use (consumption)

grootverbruiker large user, bulk consumer; *voor ~s, (ook)* for institutional use

grootvizier grand vizier

grootvorst grand duke

grootvorstendom grand duchy

grootvorstin grand duchess

grootwaardigheidsbekleder (high) dignitary

grootwinkelbedrijf multiple (store, shop), chain store

grootzegel Great Seal

grootzegelbewaarder Keeper of the Great Seal
grootzeil mainsail, main course
gros 1 *(12 dozijn)* gross; **2** gross, mass, main body [of an army], bulk; *het ~ der mensen* people in general, the ordinary run of people; *zie ook* en gros
groslijst list of candidates
grosse engrossment, engrossed document
grosseren engross
grossier wholesale dealer, wholesaler
grossierderij wholesale business
grossieren (sell) wholesale; *~ in blunders (leugens, titels)* commit one blunder (tell one lie, collect one title) after another
grossiershuis wholesale house (*of:* firm)
grossiersprijs wholesale (*of:* trade) price
grosso modo by and large, roughly (speaking)
grot grotto, cave, cavern
grotbewoner cave dweller
grote *zn zie* groot I.4 & boodschap
grotelijks to a great extent, greatly, largely, to a high degree
grotendeels for the greater (the most) part; *~ afhangen van, (ook)* depend largely (up)on (... was based in large part on)
grotesk(e) grotesque
grotonderzoeker spel(a)eologist, spelunker
grotwerk roughcast
grovelijk rudely, coarsely, grossly
grrr *(knorren, v varkens)* oink
gruis grit; *(geol)* [rock] waste; *(v kolen)* slack, coal dust, breeze; *in ~ vallen* be smashed to bits
gruiskool slack, coal dust
gruisthee fine tea, siftings (of tea), fannings
gruizel fragment, splinter, sliver
gruizelementen *zie* gruzele ...
gruizelen pulverize, pound, bray
gruizen bruise, kibble [maize, etc], pound [salt]
grup manure gutter, drain
grupstal tie-stall
grut 1 *(tw)* gosh!, Lord!; **2** *het kleine ~* the small fry; **3** *zie* grutten
grutten groats, grits; *vgl* gort
gruttenmeel barley flour
gruttenteller penny-pincher
grutter 1 corn chandler; **2** petty-minded penny-pincher
grutterswaren corn chandler's wares
grutto *(vogel)* black-tailed godwit
gruwel 1 *(daad)* atrocity, horror [the horrors of war]; **2** *(gevoel & wat afschuw wekt)* horror, abomination; *dat is mij een ~* I abhor it; **3** (water) gruel
gruweldaad atrocity
gruwelen *zie* gruwen
gruwelijk horrible, atrocious, abominable, terrible; *ik heb er een ~e hekel aan* it gets me (gets my goat)
gruwelijkheid horribleness, atrocity; *(concr)* horror, atrocity
gruwelkamer chamber of horrors
gruwelstuk atrocity; *(toneelstuk)* thriller
gruwelverhaal terror story
gruwen shudder [*bij* at]; *~ van* abhor
gruwzaam horrible
gruyèrekaas Gruyère cheese
gruzelementen: *aan ~* [knock] (in)to smithereens, [smash] to atoms (pieces, fragments), [the boat was smashed] to matchwood
g-sleutel treble clef, g-clef
gsm GSM
g-snaar g-string
guano guano
Guatemalaan(s), Guatemalteek(s) Guatemalan
Guelf(isch) Guelph(ic)
guerrilla 1 guerrilla (warfare); **2** *(pers)* guerrilla
guichelheil *(plant)* (scarlet) pimpernel, Poor Man's Weatherglass
guilloche, guillocheerwerk guilloche
guillocheren adorn by rose-engine turning, chequer; *het ~* engine turning; *geguillocheerd* engine-turned
guillotine, guillotineren guillotine
Guinee(s) Guinea(n); *~s biggetje* guinea pig
guinje guinea
guipure guipure
guirlande garland, wreath, festoon, swag, [paper] chain
guit wag, [little] rogue
guitenstreek roguish trick
guitig roguish, arch
guitigheid roguishness, archness
gul I *bn* **1** *(hartelijk, open)* cordial, genial; open(-hearted), frank; *~le lach* hearty laugh; **2** *(vrijgevig)* open-handed, generous, liberal; **3** *(mul)* loose [sand]; **II** *zn (vis)* codling
guldeling golden pippin
gulden I *zn* guilder, Dutch florin; **II** *bn* golden; *~ boterbloem* goldilocks; *~ snede* golden section; *G~ Sporenslag* Battle of the Spurs; *G~ Vlies* Golden Fleece; *zie ook* middelmaat: gulden ~
guldengetal golden number
guldenroede *(plant)* golden rod, woundwort
gulhartig *zie* gul I.1 & 2
gul(hartig)heid 1 cordiality, geniality; open-heartedness, frankness, openness; **2** generosity, open-handedness, liberality; *vgl* gul I.1 & 2
Gulik Juliers
gulp 1 fly, flies [in trousers]; **2** gush [of blood, water]
gulpen gush, pour (forth), spout
gulzig gluttonous, greedy, voracious; *~ eten, (tr & intr)* gobble; *zij aten ~ hun boterham* they bolted (wolfed down) their bread and butter
gulzigaard glutton, gourmand
gulzigheid gluttony, greed(iness), voracity
gum *zie* gom
gummi (India) rubber
gummiband rubber tyre (*Am:* tire)
gummilaarzen gumboots, rubber boots, *(Am)* gums

gummioverschoenen galoshes
gummistok (rubber) truncheon, [policeman's] baton
gummizwabber squeegee
gunder *zie* ginder
gunnen 1 *(toewijzen)* allow, grant, award; ***de levering** (aanbesteding) ~ aan* award the contract to; *een **order** ~ aan* place an order with [a firm]; **2** *(niet misgunnen)* not grudge, not envy; *ik gun het je, het is je **gegund*** you are welcome to it; *(alleen iron)* much good may it do you; *hij gunt mij het **licht** in mijn ogen niet* he begrudges me everything; *ze gunt zich geen ogenblik **rust*** she does not allow herself a moment's rest; *niet ~, zie ook* niet ~
gunning allotment [of shares], award [of a contract]
gunningskoers price of allotment
[1]**gunst** *tw: ~ (nog toe)!* good(ness) gracious!, fancy that (now)!
[2]**gunst** *zn* favour; *(handel)* favour, patronage, support, custom, goodwill; *iem een ~ **bewijzen*** do a p. a favour, bestow a favour (up)on a p.; *~en bewijzen* accord favors; ***in** iems ~ **trachten** te **geraken*** ingratiate o.s. (curry favour) with a p., make up to a p.; *(zeer) in de ~ **komen** bij* find (great) favour with, *(fam)* get on the right side of; *weer in de ~ **komen*** come back into favour [he was received again into the king's favour]; *in de ~ **herstellen*** restore to favour; *in de ~ **staan** bij iem* be in a p.'s good books; *in hoge ~ staan bij iem* be in high favour with a p., stand high in a p.'s favour; ***naar** de ~ **dingen** van* court (the favour of); *iem **om** een ~ **verzoeken*** beg a favour of a p.; ***ten** ~e van, a)* in favour of; *b) (fin)* to the credit of; *de prijzen bewogen zich ten ~e van kopers* prices moved in favour of buyers, showed a downward tendency; ***uit** de ~ **geraken*** fall out of favour, fall into disfavour [*bij* with]; *uit de ~ **zijn*** be out of favour [*bij* with], be in disfavour (in disgrace)
gunstbejag currying favour
gunstbetoon mark(s) of favour
gunstbewijs (mark of) favour
gunsteling(e) favourite
gunstig favourable, propitious, auspicious; *~ **gelegen*** conveniently (favourably) situated; *al naar de **gelegenheid** ~ is* as opportunity serves; *het **geluk** (lot) was ons ~* fortune favoured (smiled on) us; *in het ~ste **geval*** at (the) best; *~e **voorwaarden*** favourable terms; *bij ~ **weer*** weather permitting; *~ **stemmen*** propitiate; *~ **gestemd jegens*** favourable to, in favour of; *iems woorden zo ~ mogelijk **uitleggen*** put the best construction on a p.'s words; *zich ~ **voordoen*** make o.s. agreeable
gunstkoopje bargain, special offer
gunsttarief reduced rate (fare)
gup, gupje, guppy *(vis)* guppy; *(pers)* (little) squirt
gust barren; *(geen melk gevend)* dry
gut! good gracious!, gosh!
guts gouge; *(voor linoleumsnede)* linocutter
gutsen 1 gush, spout [blood spouted from the wound], swirl [the rain swirled down]; **2** *(uithollen, uitsteken)* gouge
guttapercha gutta-percha
guttegom gamboge
gutturaal guttural
guur raw, bleak, inclement, rough
guurheid rawness, bleakness, inclemency, roughness
Guyaans Guyanan
Guyanees Guyanese
gvd goddam
gym 1 *(gymnastiek)* gym; **2** *zie* gymnasium
gymmen do PE (PT)
gymnasiaal grammar-school [education]; *met gymnasiale opleiding* grammar-school educated
gymnasiast grammar-school pupil
gymnasium *(vglb)* (secondary) grammar school
gymnast gymnast
gymnastiek gymnastics (*ook fig:* intellectual gymnastics); *(fam)* gym, PE (physical education), PT (physical training)
gymnastiekleraar gym(nastics) instructor (master), PE (PT) instructor
gymnastieklokaal gymnasium, drill hall
gymnastiekschoen gym shoe, plimsoll, pump, *(Am)* sneaker
gymnastiekvereniging gymnastic (athletic) club
gymnastiekzaal gymnasium, drill hall
gymnastisch gymnastic; *~e toer* gymnastic feat
gymnosperm gymnosperm
gympie, gymschoen *zie* gymnastiekschoen
gynaecologie gynaecology
gynaecologisch gynaecological
gynaecoloog gynaecologist
gyrokompas gyro compass
gyroscoop gyroscope
gyrostatisch gyrostatic

h

h (the letter) h; *zie ook* weglaten
H afk van *Heilig(e)* St, *(inz r-k)* S
ha hectare
ha! ha!, oh!, ah!
haag hedge, hedgerow; *(v personen)* [form a] lane, [pass between a] double line [of drummers], [under an] archway [of swords]; *Den H~* The Hague; *zie ook* levend
haagappel haw
haagbeuk hornbeam
haagdoorn hawthorn; *(wit)* whitethorn
haageik holm-oak
Haags (of The) Hague; *(fig)* pretentious, la-di-da
haagwinde great (hedge, larger, white) bindweed
haai I *zn* shark; *(fig ook)* kite, vulture, hawk; *je bent voor de ~en* it's all up with you, you've had it; *naar de ~en gaan* go to the bottom, go to Davy Jones's locker; *~en op de kust, zie* kaper; II *bn (sl)* fly
haaiachtig shark-like; *(wtsch)* squaloid
haai(e)baai shrew, termagant, scold
haaientand 1 shark's tooth; 2 triangular road marking [at major road]
haaienvel sharkskin
haaienvin shark-fin [soup]
haaiig sharp(-tongued), tart; bossy
haak 1 hook [boat-, fish-hook, etc]; *(v stok & paraplu)* crook; *(ve venster, enz)* hook, hasp, clasp; *haken en **ogen*** hooks and eyes; *(fig)* difficulties; squabbles, bickerings; *met haken en ogen aaneenhangen* be patched together; ***aan** de ~ slaan* hook [a fish, a customer]; *zich aan de ~ laten slaan* get hooked; *schoon aan de ~ woog het beest 400 pond* the dressed carcass weighed ...; *schoon aan de ~, (v pers)* in one's birthday suit; *zie ook* gewicht; *het weer **in** de ~ brengen* put it right, set it to rights, square it; *het is niet in de ~* it is not as it should be; *er is iets niet mee in de ~* there is something wrong (fishy) about it; 2 *(winkel~)* square; *(teken~)* T-square; *(zet~)* composing stick; *(ve fiets)* (lamp) bracket; *(telef)* hook, cradle; *de telefoon weer op de ~ leggen* replace the receive; *(kapstok~)* peg, (coat) hook; *(steeksleutel)* picklock; 3 *~(je), (insluitingsteken)* (round (), square [], pointed *of* angle ⟨⟩) bracket; *(rond, ook)* parenthesis (*mv:* -theses); *(accolade:* {}*)* brace; *~ openen (sluiten), a) zn* opening (closing) bracket; *b) ww* (close) bracket; ***tussen** ~jes* in brackets, in parentheses; *(fig, ook: tussen twee ~jes)* by the way, in passing, incidentally; *maar dat is tussen twee ~jes* but that is by the way; *passage tussen ~s* parenthesis
haakbek *(vogel)* pine grosbeak
haakbus harquebus
haakgaren crochet yarn (cotton, thread)
haakje *zie* haak 3
haaknaald crochet needle (*of:* hook)
haakneus hook-nose, aquiline nose
haakpatroon crochet pattern
haakpen *zie* haaknaald
haaks I *bn* square(d); II *bw* square(ly); *~ staan op* be at right angles to; *(fig)* be diametrically opposed to; *hou je ~* take care (of yourself)
haaksleutel picklock
haakster crochet worker; crocheter
haakvormig hooked, hook-shaped
haakwerk crochet(ing)
haal 1 *(aan touw, sigaar, enz)* pull; *(met touw, ook)* tug, haul; 2 *(met pen)* stroke [downstroke, upstroke], dash [by one dash of the pen *met één ...*]; *(met klauw)* scratch; 3 run; ***aan** de ~ gaan* take to one's heels; *(sl)* do a bunk; *zij ging met ... aan de ~* she ran off (eloped, bolted) with ...; *aan de ~ zijn* be on the run; 4 *(schoorsteen~)* (pot-)hanger, chimney crook
haalbaar attainable, realizable, feasible; *(financieel)* affordable; *-bare kaart* winner; *(fig)* workable (realistic) proposition
haalbaarheid feasibility [study *onderzoek*]
haalbij worker (bee)
haalmes draw-knife
haam 1 hames *(mv)*, collar; 2 *(net)* draw-net
haamhout splinter bar
haamkussen collar pad
haan 1 cock; *~tje* young cock, cockerel; *(voor tafel)* broiler, chicken; *(fig)* young fighting cock, little spitfire; *zijn ~ **kraait** koning* he is (the) cock of the walk, he has it all his own way; *daar kraait geen ~ naar* nobody will be (any) the wiser; *zonder dat er een ~ naar kraait* [you may ...] and no questions asked; *de **rode** ~ laten kraaien* set fire to a house, etc; *zie ook* uithangen; 2 *(ve geweer)* cock, hammer; *de ~ **overhalen*** cock a gun; *met geheel (half) overgehaalde (gespannen) ~* at full (half) cock
haanpal safety catch
haantje-de-voorste [he is (the)] cock of the walk (the ringleader)
haantjesgedrag machismo
1**haar** I *bez vnw* her, *mv:* their; *(mbt zaken & dieren veelal)* its; *de (het) hare* hers, *mv:* theirs; *zie ook* 1mijn; II *pers vnw* her, *mv:* them; *dit is van ~* this is hers (theirs)
2**haar** *zn* hair *(ook v plant); (hoofd~, fam, ook)* [lose one's] thatch; *(huid met ~)* coat; *rood ~* red (ginger) hair; *zie ook* rooie; *ben je een ~tje **bedonderd** (niet*

lekker)? are you stark staring mad?; *hij is geen ~(tje)* ***beter*** *dan jij* he is not a whit (not one jot) better than you; *je* ***groeit*** *door je ~* you're getting thin on top; *ik heb er* ***grijze*** *haren van gekregen* it has turned my hair grey; *geen ~ aan iem* ***heel*** *laten* not leave a rag on a p.; *hij trok zich de haren uit het* ***hoofd*** he tore his hair; *er is geen ~ op mijn hoofd dat er aan denkt* I should not dream of doing such a thing; *hij had spijt als haren op zijn hoofd* he was as sorry as could be; *het* ***scheelde*** *maar een ~* it was touch and go (a near thing, a close shave), he had a hair's breadth escape; *het scheelde geen ~ of ...* he was within an ace of [getting killed], he came perilously near to [marrying her]; *het scheelde geen ~, of ik had hem geraakt (gevonden)* I just missed hitting (finding) him; *hij heeft ~ op de* ***tanden*** he has a tongue of his own; *zijn* ***wilde*** *haren verliezen* sow one's wild oats, settle down; *elkaar* ***in*** *de haren (het ~) zitten* be at loggerheads; *elkaar in het ~* ***vliegen*** fly at each other; *het er* ***met*** *de haren bijslepen* drag it in; *alles* ***op*** *haren en snaren zetten* leave no stone unturned, move heaven and earth; *(tot) op een ~* to a hair (a nicety, a T); ***tegen*** *het ~ in strijken* stroke against the hair; *(fig)* rub [a p.] up the wrong way; *zie ook* berg, doen, krenken, enz

haarachtig hair-like

haarbal hairball

haarband 1 hair ribbon; **2** hairband, fillet, headband

haarbarstje *(in porselein)* hair(line) crack; *vol ~s maken (worden)* craze; *met ~s* crazed; *porselein met ~s* crackle (china, ware)

haarborstel hairbrush

haarbos tuft of hair; *(al het haar)* mop (*of:* shock) of hair; *met een ruige ~* shock-headed

haarbreed(te) hairbreadth, hair's breadth

haarbuisje capillary (vessel)

haard 1 *(open)* hearth, fireplace, fireside; *(kachel)* stove; *(techn soms)* furnace; ***bij*** *de ~, in het hoekje van de ~* by (at) the fireside; ***eigen*** *~ is goud waard* there is no place like home; **2** *(fig)* hotbed [of cholera, of sedition]; seat [of trouble]; **3** *(ziekte~)* nidus, focus; *(brand~)* seat (of the fire); *(aardbevings~)* (seismic) focus, centre

haardhekje fender

haardijzer *(rand)* fender; *(vuurbok)* firedog, andiron

haardkleedje hearthrug

haardoek (horse) haircloth

haardos (head of) hair; *haar rijke ~* her wealth of hair

haardracht hairstyle

haardroger hairdryer

haardroogkap hood hairdryer

haardscherm fire screen

haardstede fireside; *zij vochten voor ~n en altaren* they fought for their hearths and homes (for home and country)

haardstel (set of) fire-irons

haardstoel fireside chair

haardvegertje hearthbrush

haardvuur open fire

haarfijn I *bn* as fine as a hair; *(fig)* subtle, fine-spun [distinctions], minute; **II** *bw* minutely, [tell s.t.] in great detail

haargrens hairline

haargroei hair growth, growth of hair

haargroeimiddel hair restorer

haarkam haircomb

haarkloven split hairs, quibble

haarklover hairsplitter; casuist

haarkloverij hairsplitting, quibbling; casuistry

haarknippen *zn* haircutting; *~ £8* haircut £8; *~, mijnheer?* haircut, Sir?

haarkrul curl of hair

haarkruller (heated, heat-retaining) roller

haarkrulset hair setter

haarkrultang hair styling (*of:* curling) tong; *(kroes)* hair crimper

haarkunde trichology

haarlak hair set, hair spray

Haarlemmer I *bn* Haarlem; **II** *zn* native (inhabitant) of Haarlem

haarlijn(tje) hairline

haarlint hair ribbon

haarlok lock of hair

haarmos hair moss

haarmug St Mark's fly

haarnet(je) hairnet

haarpijn hangover; [have, get up with, it gives you] a head

haarrook peat smoke

haarroos dandruff

haarscheiding parting (of the hair)

haarscherp clear-cut [division], razor-sharp [analysis]

haarscheurtje hair(line) crack; *zie* haarbarstje

haarspeld hairpin; *platte ~* hairgrip; *(verschuifbaar) ~je* (hair) slide

haarspeldbocht hairpin (bend, turn)

haarspoeling hair colouring

haarstijl hairstyle

haarstilist hairstylist

haarstuk(je) hairpiece, toupee (wig)

haartangetje (pair of) tweezers

haartooi headdress, coiffure

haaruitval hair loss

haarvat capillary

haarverf hair dye

haarversteviger hair conditioner, setting lotion

haarvilt fur felt

haarvlecht plait, braid (of hair); *(hangend, ook)* pigtail; *(vals)* switch

haarwassing shampoo

haarwater hair lotion, hair tonic

haarwild furred game

haarworm threadworm, hairworm

haarwortel *(anat)* hair root; *(plantk)* root hair

haarzak(je) **1** hair tidy; **2** *(anat)* (hair) follicle
haarzeef hair sieve
haarzelf herself, *(mv)* themselves; *vgl* zichzelf
haarzijde hairside [of hides, parchment]
haas hare; *(fam)* puss; *(sp)* pacemaker; *jonge ~, ~je* leveret, young hare; *zie ook* biefstuk & ossenhaas; *zo bang als een ~* as timid as a hare; *als een ~ (de hazen)* in a hurry, with no time lost; *hij ging er vandoor als een ~* he was off like a shot; *wat een ~!, (bangerd)* what a coward!; *hij is het ~je, (fam)* he is for it, he has had it; *mijn naam is ~, (fam)* it's nothing to do with me; *~ vreten, (sl)* get the wind up
haasfilet tenderloin
haasje-over [play (at)] leapfrog
haaskarbonade loin chop
haast **I** *zn* haste, speed; *(te grote ~)* hurry; *~* ***hebben*** be in a hurry (in too much of a hurry to ...); *verschrikkelijk veel (vliegende) ~ hebben* be in a tearing (a dreadful) hurry; *het heeft niet zo'n haast* there is no great (no particular) hurry; ***in*** *~* in haste, in a hurry; *in grote ~, (ook)* post-haste; *met (in) drie (zeven) ~en* in (too much of) a hurry; *er* ***is*** *~ bij (mee)* there is no time to be lost, the matter cannot wait (is urgent); *er is geen ~ bij* there is no hurry (about it); *er is ~ bij de machines* we are in a hurry for the ...; *~* ***maken*** make haste, hurry up; *~ maken met* speed up [production], press on with [an order]; *geen ~ maken met* be in no hurry to [go], take one's time in [replying]; *hoe* ***meer*** *~, hoe minder spoed* more haste less speed; *~* ***zetten*** *achter iets* push ahead with s.t., urge matters on; *waarom* ***zo'n*** *~?* what's the hurry?, why (all) the hurry?; *zie ook* inderhaast; **II** *bw* almost, nearly; *kom je ~?* are you never coming?; *ben je ~ klaar?, a)* are you nearly ready?; *b)* have you nearly finished?; *ik kreeg ~ een ongeluk* I nearly had an accident; *ik had het ~ gedaan* I came near to doing it; *zie ook* bijna
haasten hurry [a p.]; *iem te veel ~* push a p. too much; ***zich*** *~* hasten, make haste, hurry; *haast je wat!* hurry up!, be quick!, look sharp (alive, *fam:* slippy)!; *zonder (zich) te ~* unhurried [breakfast]; *ik* ***laat*** *me niet ~* I am not going to be rushed (hurried); *haast u* ***langzaam!*** take your time!; *haast je maar* ***niet*** don't hurry, take your time; *haastje-repje* [away we went] helter-skelter, in a tearing hurry; *zie ook* gehaast
haastig **I** *bn* hasty, hurried, speedy, rash; *~e spoed is zelden goed* more haste less speed; **II** *bw* hastily, hurriedly, in a hurry; *~ wat eten* snatch a hasty dinner (etc); *~ ontbijten* hurry through one's breakfast; *~ getrouwd, lang berouwd* marry in haste, repent at leisure
haastigheid hastiness, hurry
haastklus, haastwerk **1** urgent work, rush job; **2** hasty (skimped) work
haat hatred [*tegen* of, for]; hate
haatdragend resentful, vindictive; *hij is niet ~* he bears no malice
haatdragendheid resentfulness, vindictiveness, rancour
haat-liefdeverhouding love-hate relationship
habbekra(t)s (mere) trifle; *zie* krats
haberdoedas *zie* labberdoedas
habijt (monk's) habit, frock
habitat habitat
habitué habitué, frequenter, regular visitor (customer)
habitueel habitual
habitus habitus
Habsburg(er) Hapsburg(er), Habsburg(er)
hachee stew, hash, hashed meat
hachelen eat; *je kan me de bout ~* go to blazes
hachelijk critical, precarious, perilous, desperate [position]; *wij verkeren in ~e omstandigheden* we are in a predicament
hachelijkheid precariousness, critical state
hachje life, skin; *hij schoot er het ~ bij in* it cost him his life; *zijn ~ redden* save one's bacon (one's skin); *bang zijn voor zijn ~* be anxious to save one's skin
haciënda hacienda
had *ovt van* hebben
hadith Hadith
hadj(i) haj(i), hadj(i)
Hadrianus Hadrian
haf lagoon
haft mayfly
hagedis lizard
hagel **1** hail; **2** shower *(of stones)*, rain *(of bullets)*; **3** *(jacht~)* shot; *schot ~* volley of shot; *zie ook* hartslag
hagelbui hailstorm, shower of hail; *vgl* hagel 2
hagelen hail; *het hagelde stenen op de vijand* volleys of stones came down on ...
hagelkorrel **1** hailstone; **2** pellet (*of:* grain) of shot
hagelnieuw brand new
hagelpatroon shot cartridge
hagelschade hail(storm) damage, damage caused by hail
hagelslag **1** hailstorm; **2** *zie* hagelschade; **3** *(lekkernij, vglb)* hundreds and thousands; *chocolade ~* chocolate strands (*of:* vermicelli)
hagelsnoer *(in ei)* balancer, *(wtsch)* chalaza (*mv:* -zae)
hagelsteen hailstone
hagelwit (as) white as snow, snowy white
hagen- *zie ook* haag-
Hagenaar, *(iron)* **Hagenees** inhabitant of The Hague
hagenprediker hedge priest (parson)
hagenpreek hedge sermon; *(de bijeenkomst)* field conventicle
hagiograaf hagiographer
hagiografie hagiography
hagioscoop squint, hagioscope
hai hi
haie: *zich 'en ~' opstellen* form a lane; *vgl* haag
haik haik
haiku haiku

Haïtiaan(s) Haitian
hak 1 heel; *~je, (sp)* back-heel; *met hoge ~ken* high-heeled [shoes]; *de ~ken* ***in*** *het zand zetten* dig in one's heels; *~ken zetten* (new-)heel [shoes]; *het heeft niet veel* ***om*** *(de) ~ken* it isn't up to much; *iem* ***op*** *de ~ nemen* ridicule a p.; *zie ook* hiel, sloot; **2** *(werktuig)* hoe, pickaxe, pick, hack; **3** *(houw)* cut; *iem een ~* ***zetten*** put a spoke in a p.'s wheel, play a p. a nasty trick; spite a p.; **4** *van de ~ op de* ***tak*** *springen* jump from one subject to another, *(fam)* wander all over the place; *...de brief, toespraak* rambling (desultory) letter, address
hakbal *(sp)* back-heel
hakband *(ve schaats)* heelstrap
hakbeitel mortise chisel
hakbijl hatchet; *(ve slager)* chopper, cleaver
hakblok chopping block
hakbord chopping board
haken I *tr (vast~, enz)* hook, hitch [a horse to a tree]; *(handwerkje)* crochet; *(beentje lichten)* trip (up); **II** *intr* **1** *(blijven ~)* catch; *hij bleef met zijn voet (jas) daarin ~* he caught his foot (coat) in it, his foot (coat) caught in it; *~* ***naar*** hanker after, crave for, yearn for (after); **2** *(handwerken)* crochet
hakenkruis swastika, *(inz bk)* fylfot
hakgewricht *(ve paard, enz)* hough, hock
hakhout coppice, copse
hakig hooked
hakkebord 1 *(muz)* dulcimer; *(fig)* bad piano; **2** *(mar)* taffrail
hakkelaar stammerer
hakkelen stammer, stutter, flounder, stumble [in one's speech]
hakkelig stammering, faltering, stuttering
hakken cut (up), hew, hack, chip, hash, mince [meat]; *(kloven)* cleave, chop; *in kleine stukjes ~* chop up; *in de pan ~* cut up, cut to pieces; *hij zit altijd op mij te ~* he is always getting at me, has a down on me; *zie ook* inhakken & spaander
hakkenbar heel bar
hakkenei ambler, ambling horse
hakkepoffen chug
hakketakken 1 bicker, wrangle, squabble; **2** nag, pick at [a p.]
hakleer heel-leather; *(ve schaats)* heelstrap
hakmachine mincing (chopping) machine, mincer
hakmes chopper, cleaver, chopping knife
hakpees hamstring, hock tendon; *de ~ doorsnijden* hamstring
haksel chopped straw, chaff
hakselaar straw-, chaff-cutter; field chopper
hakselen chop
hakstuk heel-piece
hakvruchten root crops
hal 1 (entrance, market, sports) hall; covered market; *centrale ~, (in gebouw)* (main) concourse; (hotel) lobby; **2** frost (patch); *eeuwige ~* permafrost
halen 1 *(laten komen)* fetch, go for, get [the doctor]; *(dokter, politie, ook:)* call in [the doctor, the police]; *we halen er een mannetje bij* we'll have a man in [to do the repairs]; ***door elkaar*** *~* mix up; **2** *(ergens vandaan halen)* collect; recover [a body from the river]; *ze werd iedere dag gehaald en gebracht* she was fetched and delivered every day; *word je gehaald?* is anybody coming for you?; *vgl* afhalen; ***ga*** *je moeder ~* go and find (fetch) your mother; *hij ging hulp ~* he went for help; *haal mij een* ***glas*** *bier* get me a glass of beer; *een* ***kind*** *~* deliver a child (with forceps); ***laten*** *~* send for; *(buitenshuis) eten laten ~* send out for a meal; *van de* ***trein*** *~* meet [a p.] at the station, meet a p.'s train; *ze haalt het* ***bij*** *de kruidenier* she gets it from ...; ***naar*** *zich toe ~* rake in [money], sweep (gather) in [the winnings]; *haal niet alles naar je toe* don't grab; ***uit*** *de duik ~, (luchtv)* pull out of the dive; *uit de zak ~* take out [one's watch]; *de waarheid uit iem ~* elicit the truth from (*trekken:* drag ... out of) a p.; *vgl* trekken & voordeel; *zoveel mogelijk uit zijn vakantie ~* make the most of (get the most out of) one's holiday; *iem uit zijn werk ~* drag a p. away from his work; *geld* ***van*** *de spaarbank ~* withdraw money from the savings bank; *waar haal je het* ***vandaan****?* how did you get it into (how did it enter) your head?; *waar heb je je uitspraak vandaan gehaald?* where did you pick up ...?; *waar zal ik het geld vandaan ~?* where can I find the money?; **3** *(trekken)* draw (run) [a comb through one's hair], pull [a chair towards one]; *(theat)* raise (draw) the curtain; *er moest (vijfmaal) voor hem (de acteur) gehaald worden* he got (had) a curtain call (*fam:* a curtain) (five curtain calls); **4** *(verkrijgen)* get [good marks *cijfers*], obtain [a certificate *akte*]; *een diploma ~ in ...* take a diploma in ...; *zie ook* graad; *~ wat er te ~ is* take all one can get; *hij ziet altijd of er* ***iets*** *voor hem te ~ is* he is always on the look-out for pickings; *er is hier* ***niets*** *te ~* there is nothing to be got here; *een hoge* ***prijs*** *~* fetch a high price; **5** *(vergelijkbaar zijn)* compare [*bij* with]; *dat haalt er niet* ***bij*** that cannot compare with it [there is nothing to compare with skiing], cannot touch it, is not a patch (up)on it; *niemand haalt bij hem* there is no one to touch him; *daar haalt niets bij* nothing touches that; *dat haalt niet bij wat ik zag* that is nothing to what I saw; *hij haalt niet bij u* he cannot hold a candle to you, you beat him hollow; *wat uiterlijk aangaat haalt ze niet bij haar zus* she is not in the same street with (is not a patch on) ... for looks; **6** *(bereiken)* fetch (*ook muz:* he can't fetch the top notes); make [the front page]; *zal hij het ~?, (ve zieke)* will he pull through?; *hij haalt de morgen niet* he will not live out (*of:* through) the night, will not last till morning; *hij haalt de tachtig nog wel* he'll live to be eighty yet; *de bus kon de* ***helling*** *niet ~* the bus could not take the incline; *hij haalde* ***net*** *de 6 voet* he touched six feet [*zo ook:* the car touched 120 mph]; *onze kandidaat haalde het net* our ... scraped (squeezed) through; *het vliegtuig haalde het net* the

plane barely made it; *hij haalt 180* ***pond*** he turns (tips) the scale at ...; ***de post (de trein)*** ~ catch the post (the train) [he just made the 8.15]; *zie ook* bed, bij-, door-, uithalen, drommel, enz

half half; semi-[barbarian, oriental, savage, be semi-conscious]; *(ve huis)* semi-detached [villa]; *het (zijn) halve rijk* half the (his) empire; *halve bol* hemisphere; *een ~ broodje, flesje* a small loaf, half-bottle; *halve cirkel* semicircle; *een (Ned) ~ flesje melk, (vglb)* a (pint) bottle of milk; *~ Europa* half E; *voor halve dagen* half-time [pupils]; *drie en een halve el* three yards and a half, three and a half yards; *~ elf* half past ten, *(fam)* half ten; *3 minuten voor (over) ~ elf* 27 minutes past ten (to eleven), *(ook)* three minutes to (past) the half-hour; *halve eindstrijd* semi-final(s); ***~ geld, zie ben:*** halve prijs; *omstreeks ~ juli* about the middle of July (mid-July); *halve kost* partial board; *~ lachend, ~ schreiend* half laughing, half crying; between a laugh and a cry [he said ...]; *in het halve licht* in the half-light; *halve maan, zie* halvemaan; *halve maatregelen* half measures; *tegen de halve prijs, voor ~ geld* at half-price, [travel] half-rate, half-fare, [be admitted] half-price; *~ rijp* half ripe; *de ogen (het boek) ~ sluiten* half(-)close the eyes (the book); *halve storm, zie* waaien; *wie de halve tijd werkt* half-timer; *halve toon* semitone; *halve waarheid* halftruth; *halve waarheden vertellen, (ook)* be economical with the truth; *geen ~ werk doen* not do things by halves; *zie ook* keren; *hij heeft maar een ~ woord nodig* he needs no more than a hint; *~* ***klaar*** *met* halfway through [one's dinner]; *de maaltijd was ~ geëindigd* the ... was halfway through; ***niet*** *~ zo veel* not half so much (many); *niet ~ lang genoeg* not half long enough; *niet ~ zo goed als ...* not half (not nearly) so good as ...; *je weet niet ~ hoe ik me voel* you little know how ...; *~* ***slaan*** strike the half-hour; *de klok slaat heel en ~* the ... strikes the (full) hours and the half-hours; *ik heb het maar ~* ***verstaan*** I did not get more than half of it; *dat is me maar ~ naar de zin, ik vind het maar ~ (~)* I only half like it, can't say I like it, find it only so-so; *~* ***en*** *~ beloven* more or less promise; *ik had ~ en ~ zin om, dacht er ~ (en ~) over om ...* I had half a mind to ..., half thought of ...ing; *ik dacht (hoopte) zo ~ en ~* I rather thought ... (I sort of hoped ...); *al ~ en ~ besloten hebben* have more or less decided; *~* ***om*** *~* ['how shall I mix them?'] 'half and half'; *zie ook* verstaander & half-om-half

halfaap half-ape

halfacht half past seven, *(fam)* half seven

halfbakken half-baked *(ook fig)*

halfbloed I *zn* half-breed, half-caste, half-blood; II *bn* half-bred, half-blooded

halfbroer half-brother

halfcirkelvormig semi-circular

halfdonker *zn* semi-darkness, half-dark(ness), twilight

halfdood half dead [*v moeheid* with fatigue]; *iem ~ slaan* half kill a p., thrash a p. within an inch of his life; *zich ~ lopen* run (walk) o.s. off one's legs, nearly kill o.s. with running

halfdoor: *~ snijden* cut half through

halfdronken half drunk, half-seas-over

halfdroog semi-dry [white wine]

halfduister *zie* halfdonker

halfedelsteen semi-precious stone

halffabrikaat semi-manufactured article

halfgaar **1** half-done, half-baked; **2** *(fig)* half-baked, dotty

halfgare halfwit

halfgeleider semiconductor [technology]; *(attr ook)* solid-state [components]

halfgeschoold semi-skilled

halfgod demigod

halfgodin demigoddess

halfhalf [it's only] so-so

halfheid half-heartedness, irresolution, shilly-shallying

halfhemdje front, dickey

halfhoog half-length; *~ laarsje* half-boot

halfhoutverbinding half-to-half joint

halfjaar six months, half a year

halfjaarlijks I *bn* half-yearly, semi-annual; II *bw* every six months

halfje half a glass (loaf, etc); *zie verder* half

halfkleinbeeld half-frame

halfklinker semivowel

halfleer half (*hoeken niet van leer:* quarter) leather (calf, etc); *in ~ gebonden* half-, quarter-bound; *-leren band* half-, quarter-binding

halflinnen half-linen; *(ve boekband)* half-, quarter-cloth

halfluid in an undertone

halfmaandelijks I *bn* fortnightly [paper], semi-monthly; II *bw* every fortnight

halfnaakt half-naked

halfom: *een broodje ~* salt beef and liver roll

half-om-half **1** beef-and-pork mince; **2** half and half [mixture of curaçao and bitters]

halfpension half board

halfrond I *zn* hemisphere; II *bn* hemispherical

halfschaduw penumbra

halfslachtig **1** half-bred, mongrel [breed, dog]; *(fig ook)* half-hearted [measures], half-fledged [protectionist]; *~ te werk gaan, (pol)* fudge and mudge; **2** *(amfibisch)* amphibious

halfslachtigheid half-heartedness, indecision, irresolution

halfslag **1** *(ve klok)* the half-hour; **2** *(fig)* half-breed, half-bred, mongrel; *zie ook* halfslachtig & halfwas

halfsleets, halfsleten half-worn, second-hand

halfspeler half-back

halfsteensverband stretcher bond

halfstok [the flag was flying] (at) half-mast (half-staff)

halfuur half-hour; *een ~, (ook)* half an hour

halfvasten mid-Lent
halfvet *(typ)* semi-bold, black-faced [type]
halfvleugeligen hemiptera
halfvocaal semivowel
halfvol [fill] half-full; semi-skimmed (half-fat, low-fat) [milk]
halfwaardetijd *(natuurk)* half-life
halfwas I *zn* improver, apprentice; II *bn* **1** immature; **2** *(halfwassen)* half-grown
halfweg halfway [house]
halfwekelijks I *bn* half-weekly; II *bw* twice a week
halfwijs half-witted
halfwijze halfwit
halfzacht semi-boiled [egg]; *(fig)* half-baked [policies]
halfzuster half-sister
halfzwaargewicht *(boksen)* light heavyweight
halitose halitosis, bad breath
hallali *(jachtkreet)* tally-ho
halleluja hallelujah, alleluia
hallo *(ook bij telef)* hello!, hullo!
hallucinatie hallucination; *~s hebben, (ook)* see (be seeing) things
hallucineren **1** hallucinate, see things; **2** delude, daze
hallucinogeen hallucinogen(ic)
halm [corn] stalk, blade [of grass, of corn]
halma halma
halmstro threshed stalks, straw
halo halo
halofyt halophyte
halogeen halogen [headlights, lamp]
halogeneren halogenate
hals neck *(ook van fles, enz)*; tack [of a sail]; *(onnozele) ~* mug, simpleton; *iem de ~ afsnijden* cut a p.'s throat; *de ~ breken* break one's neck; *dat zal hem de ~ breken* that'll be his undoing; *met open ~* open-necked [shirt]; *iem om ~ brengen* kill a p.; *(sl)* do a p. in; *iem om de ~ vallen* fall (up)on a p.'s neck, throw one's arms (o.s.) round a p.'s neck; *zich iets (een kou) op de ~ halen* bring s.t. on o.s., incur [debts, a p.'s displeasure] (catch a cold); *je weet niet, wat je je op de ~ haalt* you don't know what you are letting yourself in for (*evenzo:* let o.s. in for no end of worry); *iem een probleem (de verantwoordelijkheid) op de ~ schuiven* shove ... on to a p., saddle a p. with ..., *(fam)* pass the buck; *zie ook* halsoverkop
halsader jugular (vein)
halsband **1** collar; **2** neckband
halsbrekend breakneck [at breakneck speed]
halsdoek neckerchief, scarf
halsgerecht **1** criminal justice; **2** criminal court
halsketting necklace, necklet; *(keten)* collar
halskraag collar; *(geplooide)* frill, *(hist)* ruff; *(ve harnas)* gorget
halskwab(be) *(v vee)* dewlap; *(ve varken, enz)* wattle
halslengte neck-length; *met een ~ winnen (verslaan)* win (beat) by a neck
halslijn neckline
halsmisdaad *zie* halszaak
halsoverkop: *~ vallen* fall head foremost (headlong, head over heels) [into a pit]; *~ vertrekken (trouwen; naar het ziekenhuis brengen)* leave hastily, dash off (rush into marriage; rush [a p.] to hospital)
halsrecht *(hist)* **1** criminal jurisdiction; **2** execution
halsslagader carotid (artery)
halssnoer necklace, necklet
halsstarrig obstinate, stubborn, headstrong, wilful
halsstarrigheid obstinacy, stubbornness, wilfulness
halsstuk *(ve kledingstuk)* neckpiece; *(ve geslacht dier)* neck of beef (of mutton), scrag(-end) of mutton
halster halter; *de ~ strijken* slip the halter
halsteren halter
halswervel cervical vertebra (*mv:* -brae)
halswijdte collar size
halszaak capital crime (*inz fig:* offence); *geen ~* no hanging matter
halszenuw cervical nerve
halt halt, stop; *(commando)* halt!; *~! wie daar?* halt! who goes there?; *~ houden (maken)* make (call) a halt, halt; *~ laten houden, a) tr* halt; *b) intr* call a halt; *een ~ toeroepen* call to a halt; halt [a development]
halte stopping place, [get off at the next] stop; [railway] halt, wayside station; *volgende ~!* next stop, please!
halter *(kort)* dumbbell; *(lang)* barbell
halterjurk, haltertruitje halter-neck
halvarine low-fat margarine
halve *zie* half
halvelings more or less, vaguely
halvemaan half-moon, crescent; *(broodje)* crescent; croissant
halvemaanvormig crescent(-shaped), half-moon shaped [window]
halveren halve, divide into halves (into two equal parts); bisect [an angle, plane, etc]
halverhoogte: *ter ~* halfway up
halveringstijd *(natuurk)* half-life
halverwege I *bw* [we are now] halfway (through, down, across); II *vz* halfway through [the interview] (along [the dike], between [A and B], to [the Hook], etc), midway between [A and B]
halverwind *(mar)* having the wind on the beam
halvezolen *ww* half-sole
halvezool **1** half-sole; **2** halfwit, dumbo
halzen *(mar)* wear (*v t & v dw* wore)
ham ham
hamamelis witch hazel
Hamansfeest Purim
Hamburger I *bn* (of) Hamburg; II *zn* Hamburger, inhabitant of Hamburg; *h~* hamburger; *vegetarische h~* veggieburger
hamei portcullis
hamel wether
hamelvlees mutton
hamer hammer; *(houten, ook)* mallet; *tussen ~ en*

aambeeld between the devil and the deep (blue) sea, in a scrape; *onder de ~ brengen* put up to (for) auction; *onder de ~ komen (gaan)* come under the hammer, be put up to (for) auction, come up for sale

hamerbaar malleable

hameren hammer [*op de deur* at the door]; *(ve specht)* drum; *zie ook* aambeeld; *op iets blijven ~* keep on about s.t.; *door ~ harden* hammer-harden; *iets erin ~* hammer s.t. home

hamerhaai hammer-head(ed shark)

hamerslag 1 stroke of a hammer, hammer-blow; **2** hammer-scale, iron-dross; *afgewerkt in ~* hammered [surface]

hamerstuk item of business dealt with as a formality (passed on the nod)

hamerteen hammer toe

hamerwerpen throwing the hammer

hamster hamster

hamsteraar (food) hoarder

hamsteren hoard; *het ~* (food) hoarding, panic buying

hamvraag crucial question; *de ~* the sixty-four (thousand) dollar question

hand hand [his hand was against every man]; *(~schrift)* hand(writing); *het was zijn ~* the writing was in his hand, it was his hand(writing), *(fam)* his fist; *~je* ***contantje****, (fam)* down on the nail, (in) cash; *zeg maar* ***dag*** *met het ~je* forget it; *hij mag zijn ~en* ***dichtknijpen*** he may count himself lucky; *je ~* ***erop!*** your hand (up)on it!; *ik gaf er hem de ~ op* I gave him my hand (up)on it, we shook hands on it; *ik* ***gaf*** *(drukte) hem de ~* I gave him my hand, shook hands with him; *zij gaven (schudden) elkaar de ~* they shook hands, shook each other by the hand; *elkaar de ~ geven (om een keten te vormen)* link hands, make a (human) chain; *(met) de ~ over het* ***hart*** *strijken* strain (*of:* stretch) a point [*ter wille van u* on your behalf]; *zie ook* hart; *de ~* ***erin*** *(de ~ in het* ***spel****)* ***hebben*** have a hand in it, have a finger in the pie, be in it (*zo ook:* I'll have no hand in it); *hij heeft* ***er*** *een ~je* ***van*** *om ...* he is apt to ..., he has a trick (way) of ...ing; *een ~je* ***helpen*** give (lend) a hand; *hij had een ~je meegeholpen bij de inbraak* he had taken a hand in the burglary; *de ~* ***houden*** *aan* enforce [rules]; *je moet er de ~ aan houden* you must keep it up; *de ~ boven de ogen houden* shade one's eyes with one's hand; *iem de ~ boven het hoofd houden* support a p., back a p. up; shield (screen) an offender; *de ~en* ***ineenslaan****, (eig)* strike (clasp) one's hands together; *(fig)* join hands, band together; *de* ***laatste*** *~ leggen aan* put the finishing (final) touches to [one's work]; *de ~* ***leggen*** *op* lay hands on; *ik wil er mijn ~ niet toe* ***lenen*** I won't have a hand in it; *de ~* ***lezen*** read one's palm; *veel ~en maken* ***licht*** *werk* many hands make light work; *de ~* ***lichten*** *met, zie* [2]lichten 1; *de ~en uit de* ***mouwen*** *steken* put one's shoulder to the wheel, take off one's coat to it, get down to it; *geen ~ voor* ***ogen*** *kunnen zien* be unable to see one's hand before one's face (in front of one); *ik* ***draai*** *er mijn ~ niet voor* ***om****, a)* I don't care a rap (for it), it leaves me cold; *b)* I think nothing of it; *ik wil er mijn ~ voor* ***opsteken*** I will take my oath on it; *stemmen door de ~en op te steken* vote by show of hands; *laat uw* ***rechter*** *~ niet weten wat uw linker doet* let not thy right hand know what thy left hand doeth; *zij* ***schonk*** *haar ~ aan ...* she gave her hand to ...; *een goede (mooie) ~* ***schrijven*** *(~ van schrijven hebben)* write a good (beautiful) hand; *de ~ aan zichzelf* ***slaan*** lay violent hands (up)on o.s., die by one's own hand; *de ~ aan de ploeg slaan* put one's hand to the plough; *de ~en* ***staan*** *hem verkeerd* he can't manage, hasn't got the knack; *mijn ~ staat er niet meer naar* my hand is out; *met ~ en* ***tand*** *verdedigen* defend tooth and nail; *~en* ***thuis*** hands off; *zijn ~en thuis houden* keep one's hands off [other people's property]; *nooit een ~* ***uitsteken*** never do a stroke (of work); *ik steek geen ~ uit* I won't lift (raise) a finger [to help him]; *aan ~en en* ***voeten*** *gebonden* bound hand and foot; *op ~en en voeten* [go, creep] on all fours; *ik had mijn ~en* ***vol*** I had my hands full [*aan* with], I had my work cut out (for me); *hij had er de ~en aan vol om ...* he had his work cut out (had quite a job) to [stop her], it was as much as (it was all) he could do to [keep his men within bounds], (*zo ook:* the police had a busy time keeping the crowd back); *ik heb mijn ~en vol aan hem* he is a handful, I have my work cut out with him, he gives me no end of trouble; *~en vol geld* [he spent] loads (lots) of money; *iem de* ***vrije*** *~ laten (de ~en vrijlaten)* give (allow) a p. a free hand; *de ~en niet vrij hebben* not have a free hand, not have one's hands free, *(niet geheel)* have one hand tied behind one's back; *uit de vrije ~* free-hand [drawing], off-hand [shot]; *als de ene ~ de andere* ***wast*** *worden beide schoon, (vglb)* one good turn deserves another; scratch my back and I'll scratch yours; *ik wil er mijn ~ niet onder* ***zetten*** I won't put my hand to it; ***aan*** *iems linker ~* [sit] on a p.'s left (hand); *aan de ~ van deze cijfers* (judging) from (in the light of, with the help of, on the basis of) ... [it may be stated ...]; *iem iets aan de ~ doen* put s.t. in a p.'s way, suggest s.t. (a means, a remedy) to a p., put a p. in the way of doing s.t., throw out a hint (a suggestion) to a p., put a p. on to [a good dentist, a good thing]; *~ aan ~ gaan* go hand in hand *(ook fig); zijn fiets aan de ~ hebben* wheel one's bicycle; *wat heb je nu aan de ~?* what are you doing now?; *hij heeft veel (andere) zaken aan de ~* he has many (other) irons in the fire; *te veel aan de ~ hebben* have too much on hand; *iets aan de ~ hebben* have problems; *iem aan de ~ hebben* be detained by a p.; *aan de ~ houden* hold by the hand; *wat is er aan de ~?* what's up?, what's happening?, what's the trouble?; *er is iets aan de ~* there is s.t. in the wind (*of:* going on); *is er iets met zijn gezondheid aan de ~?* is there anything the matter with ...?; *er is niets aan de ~* there is nothing wrong (no problem); *aan de betere ~, zie* beter; *iets* ***achter*** *de ~ hebben* have s.t. up one's sleeve (in reserve, to fall back on), have a second string to one's bow; *achter de ~ houden* keep in hand; ***bij*** *de ~ hebben* hold by the hand; *(fig)* have at hand, have handy; *(bezig zijn met)* be engaged on; *het zo plaatsen, dat men het vlak bij de ~ heeft* place it ready to hand; *een geschiedschrijver moet altijd een kaart bij de ~ hebben* a historian ... at his elbow; *ik heb dit vaker bij de ~ gehad* I am an old hand at this; *bij de ~ nemen* take by the hand; *bij de ~ zijn, a)* be at hand, be handy, be about; *b) (gewiekst) zie* bijdehand; *vlak bij de ~* near (close) at hand; *vroeg bij de ~ zijn* be up early; *iem die (altijd) vroeg bij de ~ is* an early riser; ***in*** *~en, (op brieven)* by hand; *in de eerste (tweede) ~, (handel)* in first (second) hand; *met de hoed (een camera) in de ~* hat (camera) in hand; *een kind een boek in ~en geven* put a book into a child's hands; *hij heeft uw leven in zijn ~* he holds your life in the hollow (the palm) of his hand; *ik heb het niet alleen in de ~* it's not entirely up to me; *de partij (vast) in ~en hebben tot ...* have the refusal of the parcel till ...; *een markt in ~en hebben* control a market; *de politie heeft de zaak in ~en* the ... have the case in hand; *in de ~ houden* have [matters] under control; *in eigen ~ houden* keep control over; *~ in ~ gaan* go hand in hand with; *tijdig in ~en komen* come to hand in due time; *in ~en krijgen, (een order)* secure an order; *(een boek)* light (*toevallig:* chance) (up)on a book [he would read anything he could get hold of]; *in andere ~en overgaan* change (pass into other) hands; *in ~en der regering overgaan* pass under Government control; *elkaar in de ~en slaan* [buyer and seller] slap hands; *in ~en stellen van* refer [a matter] to [a committee]; place [the case] in the hands of [the police]; *iem iets in de ~en stoppen* foist (*of:* palm) s.t. off (up)on a p.; *hij laat zich gemakkelijk wat in de ~en stoppen* he is easily cheated; *iem een fooi in de ~ stoppen* slip a tip into a p.'s hand; *in verkeerde (in slechte) ~en vallen* fall into the wrong (into bad) hands; *in ~en van de vijand (de politie) vallen* fall into the enemy's hands (get into the clutches of the police); *gebied in ~en van de vijand* enemy-held territory; *het boek viel mij in ~en* the ... came my way; *in de ~ werken, (iets)* promote, facilitate; *(iem)* play into the hands of; *elkaar in de ~ werken* play into each other's hands; *in ~en van Duitse firma's* [this business is largely] in the hands (in the control) of ...; *de zaak kan in geen betere ~en zijn* the ... cannot be in better hands; *in goede (veilige, de beste) ~en zijn* be in good (safe, capable) hands; *zie ook* schoon; ***met*** *beide ~en aangrijpen* jump at [a thing, a proposal]; *(ook)* grasp the offer (take the opportunity) with both hands; *met ~en vol weggooien* spend [money] like water; *met de ~en over elkaar zitten* be idle; *met de ~* [feed, etc] by hand; *met de ~ gemaakt, geschreven, geschilderd, enz* handmade, handwritten, hand-painted, hand-decorated, etc [*zo ook:* hand-sewn, hand-woven, etc], made (etc) by hand; *zie ook* eigenhandig; *met de ~en in het haar zitten* be at one's wit's (wits') end, be at a loss what to do; *zie ook* hart, leeg, schoot, zacht; *zij kan hem* ***naar*** *haar ~ zetten* she knows how to manage him; *iem naar zijn ~ zetten* bend a p. to one's will; *alles naar zijn ~ zetten* have it all one's own way; *zie ook* dingen; *niets* ***om*** *~en hebben* have nothing to do, be at a loose end, [I] have (got) nothing on [at the moment]; *om haar ~ vragen* propose to her; *zie* huwelijk: ten ~; ***onder*** *de ~* meanwhile, in the mean time, incidentally; [he may die] on your hands; *onder ~en hebben* have [a task] in hand, be engaged on [a task], be at work on [a picture]; *onder ~en nemen, (zaak, persoon)* take in hand; *zie ook* ter ~ nemen; *iem onder ~en nemen, (ook)* take a p. to task, give a p. a good talking-to, haul a p. over the coals; *hij moet eens goed onder ~en genomen worden, (ook)* he wants a good talking-to; *onder ~en zijnde werken* works being performed (carried out); *zie ook* dokter; ***op*** *eigen ~* on one's own account (responsibility, initiative); *iem op de ~en dragen* worship a p.; *iem erg op de ~en zien* watch a p. closely; *op ~en zijn* be near at hand, be imminent, be drawing near; *zie* aanstaande; *ik heb hem (hij is) op mijn ~* I have him (he is) on my side; *~* ***over*** *~* [lose money] hand over hand, hand over fist; *het misbruik nam ~ over ~ toe* the ... gained ground (rapidly), spread (gradually), became rampant; ***ter*** *~ nemen* take [a task] in hand, put [an order, the work, repairs] in hand, take [the matter] up; *ter ~ stellen* hand [a p. something, s.t. to a p.], deliver [s.t.] into a p.'s hands; *... om* ***uit*** *de ~ te eten* these apples are for eating (are eating apples); *uit de eerste (tweede) ~* (at) first (second) hand [first-hand (*ook:* inside) information, buy second-hand]; *uit de eerste ~, (ook)* [I've got it] straight from the horse's mouth; *de dingen uit de eerste ~ bestuderen* study things at first hand; *de beweging loopt (hem) uit de ~* the ... is getting out of hand (out of his control); *uit de ~ verkopen* sell by private contract (*of:* treaty); *zie ook* koop; *uit de ~en der justitie blijven* keep on the right side of the law; *uit de ~ gemaakt, enz, zie boven* met de ~; *uit ~en geven* part with, hand over; *iem werk uit ~en nemen* take work off someone's hands; *hij is mij uit de ~ gevallen* he has fallen short of my expectations; *zie ook* eten; ***van*** *de ~ doen* dispose of, sell, part with; *het van de ~ doen* the disposal (disposition) of [goods]; *dat gaat hem goed (flink) van de ~* he is handy (quick, a quick hand) at it; *duur van de ~ gaan* sell at high prices; *goed (vlot, vlug) van de ~ gaan, (v waren)* sell well (rapidly, like hot cakes); *het werk gaat vlug van de ~* the ... is getting on well, is proceeding smoothly; *van de ~ in de tand leven* live from hand to mouth, lead a hand-to-mouth life (existence); *van de ~ wijzen* refuse, reject, *(zwakker:)* decline [a request, an offer], dismiss [an appeal *beroep*]; turn down [a proposal, etc]; repudiate [a theory]; *onder dankzegging van de ~ gewezen* declined with thanks; *van ~ tot ~* from hand to hand; *van dezelfde ~* [a picture] by (from) the same hand; *van hoger ~* [orders] from above, from the government, on high authority; *bevel van hoger ~* superior orders; ***voor de ~ komen*** come handy, [seize whatever may] come to hand; *alles wat hem voor de ~ komt* [he takes] everything that comes his way; *voor de ~ liggen* go without saying, be self-evident (obvious, natural); *voor de ~ liggend* obvious [comments]; *de meest voor de ~ liggende gevolgtrekking* the most plausible inference; *voor de ~ zitten, (kaartsp)* have the lead, play first; *zie ook* buik, omhoog, enz

handappel eating apple, eater

handarbeider manual worker (labourer)

handbagage hand luggage (*Am:* baggage)

handbal handball

handballen play (at) handball

handballer handballer

handbediening manual operation (control); *met ~* manually operated, hand-controlled (-operated)

handbeenderen metacarpals

handbel handbell

handbereik [within, out of] reach

handbeweging motion (*of:* wave) of the hand, gesture; *(ve hypnotiseur en goochelaar)* pass; *met een ~ beduidde hij mij te gaan zitten* he motioned me to a chair

handbibliotheek reference library

handboeien handcuffs, manacles; *zie ook* boei

handboek manual, handbook, textbook

handboog longbow, hand-drawn bow

handboogschutter archer

handboor gimlet

handboormachine hand drill, wheel-brace; *elektrische ~* electric drill, (domestic, cordless) power drill

handbreed(te) hand's breadth; *zie ook* duimbreed

handdoek towel; *(op rol)* roller towel; *ruwe ~* Turkish towel; *stof voor ~en* towelling

handdoekrek towel rail(s); *(staand)* towel rack, towel-horse

handdruk [golden] handshake; *een ~ wisselen* shake hands; *met een ~ bezegelen* shake hands on

handekenskruid marsh orchid

handel 1 *(bedrijf)* trade [*op, met China* with China], commerce, business; [stock exchange] trading; *(vaak ong)* traffic [in women, drug traffic, white slave traffic]; *(zaak)* business; *~tje* business; lot; *een ~tje maken van* commercialize; *zie ook* handeldrijven, handelen, *en de sam met* -handel; ***in de ~*** on the market; *in de ~ brengen* place (put) (up)on the market, bring out, launch, market, release (for publication, to the trade); *in de ~ gaan, a) (pers)* go into business; *b) (zaak, ook: komen)* come into (be put on) the market, be released, etc *(vgl in ... brengen)*; *niet in de ~* not supplied to the trade; *(ve boek)* (printed) for private circulation (for members) only; ***uit de ~ nemen*** take off (the market), withdraw; **2** *(waar)* merchandise; **3** *(fam: bedoening, troep)* caboodle, affair, business; **4** *(gedrag:) ~ en wandel* [his] conduct (life, dealings, manner of living); *eerlijk zijn in ~ en wandel* lead an upright life

handelaar merchant, dealer, trader; *(ong)* trafficker; *(in narcotica)* pusher; *vgl* handel

handelbaar manageable, docile [person, animal], tractable; workable [materials]; *zie ook* handig 2 & hanteerbaar

handelbaarheid *(v pers)* manageability, docility, tractability; *(v zaak)* workability; [added for] handling, (easy) manipulation

handeldrijven trade [*met iem* with a p.; *met (op) een land* with (to) a country], deal, carry on business (*of:* trade); *~ **in*** deal (trade, *ong:* traffic) in; *~d* trading, commercial, mercantile

handelen 1 *(te werk gaan)* act; *~ **over*** treat of, deal with; *~ **overeenkomstig** (naar) zijn belofte* act in accordance with one's promise; *~ **volgens** iems raad (een besluit, instructies)* act on a p.'s advice (a decision, instructions); *~d optreden* take action; *zie ook* believen; **2** *zie* handeldrijven, *vgl* handel & *zie ook* voorkennis

handeling action *(ook in drama)*, act, operation; *een verslag van zijn ~en* a report on his actions (activities); *~en van het Aardrijkskundig Genootschap* Transactions (Proceedings) of the Geographical Society; *~en der Staten-Generaal* Official Parliamentary Reports; *(vh Eng parlement)* Hansard; *H~en der Apostelen* Acts of the Apostles; *zie ook* plaats

handelmaatschappij trading company

handelsaangelegenheid business (trade) matter (affair)

handelsagent commercial agent

handelsakkoord [bi-, multilateral] trade agreement, commercial treaty

handelsartikel article of commerce, commodity

handelsattaché commercial attaché, trade commissioner

handelsbalans balance of trade, trade balance

handelsbank joint stock (commercial, deposit) bank

handelsbelang commercial (trade, business) interest

handelsbelemmeringen barriers to trade, trade barriers (restrictions)

handelsbericht commercial report, market report; *(voor Londen)* City article; *~en, (ook)* commercial intelligence

handelsbetrekkingen commercial relations, trading contacts

handelscorrespondentie business (commercial) correspondence

handelseditie commercial edition; *als ~ verschenen* commercially published

handelsfirma *zie* handelshuis

handelsgebied: *op ~* in the domain of trade

handelsgeest flair for business; *(ong)* commercial-

ism
handelsgewassen plants grown for commercial purposes
handelshaven commercial (mercantile, trading) port
handelshuis 1 business house, firm; **2** business premises
handelsingenieur business economist
handelskamer 1 Chamber of Commerce; **2** commercial court
handelskantoor business office
handelskennis (knowledge of) business (commercial) practice
handelskrediet trade credit
handelskringen business (trade, commercial) circles
handelsluchtvaart commercial aviation
handelsmaatschappij trading company
handelsmagnaat business tycoon, merchant prince
handelsman businessman
handelsmerk trademark (*ook v pers; (wettig) gedeponeerd* registered); *Wet op de ~en* Merchandise Marks Act; *(naam)* brand (name)
handelsmissie trade mission
handelsnaam trade name, trading name
handelsnederzetting trading post (station)
handelsonderneming commercial undertaking (enterprise), trading (business) concern
handelsonderwijs business education
handelsoorlog 1 tariff war; **2** trade war
handelsovereenkomst trade (*of:* commercial) agreement
handelspapier commercial paper
handelspartner business (trading) partner
handelspolitiek I *zn* commercial policy; **II** *bn* commercial [aim, purpose]
handelsprijs trade price
handelsrecht commercial (trade) law
handelsrechtbank commercial court
handelsregister commercial register
handelsreiziger sales rep(resentative), (commercial) traveller, *(Am)* (traveling) salesman
handelsrekenen commercial accounting
handelsrelatie 1 business contact; **2** *zie* handelsbetrekkingen
handelsstad trading town
handelsstatistiek trade return(s) (statistics) *(ook mv)*
handelstekort trade deficit
handelsterm business term
handelstraktaat commercial treaty
handelstransactie business transaction
handelsuitgave trade edition
handelsvaartuig merchant (*of:* trading) vessel, merchantman
handelsverdrag commercial treaty
handelsvereniging trading company
handelsverkeer 1 trade, *(vaak ong)* traffic; **2** commercial transportation
handelsvlag *zie* koopvaardijvlag
handelsvloot mercantile marine, merchant fleet
handelsvrijheid freedom of trade
handelswaar commodity; *(ook: -waren)* merchandise
handelswaarde commercial (*of:* salable) value
handelsweg trade route; *langs de ~* by way of trade
handelswereld business community, commercial world
handelswet commercial law
handelswetboek commercial code
handelswetenschappen business studies, commercial science
handelswissel trade bill
handelszaak 1 *(bedrijf)* business, business concern; **2** commercial affair
handelwijze procedure, proceeding, way of acting, method, policy
handenarbeid 1 manual labour (work); **2** handicraft
handenbinder [Baby is such a] tie
hand- en spandiensten small services; *iem ~ bewijzen* aid and abet a p.
handenwerk manual work
handenwringen wringing (one's) hands; *~d* desperate(ly), in despair
handexemplaar desk copy; author's copy
handgalop hand-gallop, (hand-)canter
handgaren 1 sewing thread; **2** handspun yarn
handgebaar gesture; *zie* handbeweging
handgeklap clapping, applause, [slow] handclap
handgeklokt timed by hand
handgeknoopt handknotted [carpet]
handgeld earnest (money), handsel; *(mil hist)* King's (Queen's) shilling (bounty)
handgemaakt handmade, made by hand
handgemeen I *bn: ~ raken (worden)* come to blows, close (in) [*met* with], come to close quarters (to grips) [with an assailant]; *~ zijn* be at close quarters [*met* with]; **II** *zn* hand-to-hand fight, scuffle
handgeschilderd handpainted [porcelain]
handgeschreven handwritten, manuscript
handgetouw hand loom
handgevormd handmoulded [brick]
handgranaat (hand) grenade
handgreep 1 grip, grasp; *(handvat)* handle; *(v instrument)* (hand)grip; *(v hengel, ook)* butt; *de -grepen vh geweer* rifle drill; **2** *(kunstgreep)* knack; *(truc)* trick, dodge
handhabiliteit manual skill; *(ve goochelaar)* legerdemain, sleight of hand
handhaven maintain [discipline, order, rights], uphold [the law, a decision, one's honour], live up to, make good [one's reputation], assert [one's independence], vindicate [rights]; *(met kracht)* enforce [laws]; *zich ~* hold one's own; *olies handhaafden zich* oils were supported (sustained, maintained); *zich weten te ~* maintain one's position; *iem in zijn ambt ~* continue a p. in office

handhaving maintenance, preservation [of order]
handicap handicap; disability
handig 1 *(vaardig)* handy, deft [blow], clever [with one's hands], skilful, adroit, dexterous, expert [*in* at], nimble [with one's fingers; *(ook)* nimble fingers], *(fam)* slick; ~ *zijn in, (ook)* be a good hand at; *het ~ aanleggen* set about it cleverly; ~ *gedaan, (ook)* neatly done; *hij heeft het ~ gedaan* he has made a good (a nice) job of it; *op ~e wijze wist hij zijn vrouw weg te krijgen* he manoeuvred his wife out of the way; **2** *(hanteerbaar)* handy [volume, sailing vessel], useful [gadget]; ~ *gelegen* conveniently situated
handigheid handiness, adroitness, dexterity, etc; *een ~je* a knack
handjegauw I *zn* **1** *(vechter)* (little) bantam; **2** *(gapper)* pilferer; **II** *bn (diefachtig)* light-fingered
handjeklap, handjeplak: ~ *doen (spelen), a)* clap hands; *b)* bargain, haggle; *c)* be hand in glove, be in league [*met* with]
handjes geven handshaking(s), handshakes
handjesgras Bermuda grass
handjevol handful
handkar barrow, handcart, pushcart
handkoffer small case; *(plat)* suitcase; *plat ~tje* attaché case
handkus: *een ~ geven, tot de ~ toegelaten worden* kiss hands, kiss the king's, etc hand
handlang(st)er 1 *('werktuig')* tool, creature, henchman; **2** *(medeplichtige)* accomplice, confederate; *handlangersdiensten bewijzen* aid and abet; **3** *(v metselaar)* hodman
handleiding (operating) manual, guide; instruction booklet; ~ *voor gebruik* directions (instructions) for use
handlezen palmistry, chiromancy
handlezer palmist, chiromancer
handlichting (restricted *beperkte*) emancipation; ~ *verlenen* declare (pronounce) of age
handlijnen lines of the hand [the life, head and heart lines]
handlijnkunde chiromancy
handlijst *(ve trap)* handrail
handmatig manual
handmolen handmill
handnervig palmate
handomdraai moment; *in een ~* in no time (at all) [it won't take me a minute]
handoplegging laying on (imposition) of hands
handopsteken [vote by, the motion was carried by] (a) show of hands
handpalm palm of the hand
handpeer eating pear
handpers hand press
handpomp hand pump
handreiking (gesture of) assistance, help; [offer the committee a] helping hand; [it is only meant for an] aid
handrem [pull, release the] handbrake
handrug back of the hand
hands hands, handball (*aangeschoten* accidental)
handschoen glove; *(pantser-, rij-, scherm-, sport-, werk~)* gauntlet; *de ~ opnemen* take up the gauntlet (the cudgels) [*voor* for]; *iem de ~ toewerpen* throw down the gauntlet, hurl defiance at a p.; *met de ~ trouwen* marry by proxy [*zo ook:* proxy wedding]; *met fluwelen ~en aanpakken* handle with kid (*of:* velvet) gloves
handschoenenkastje *(ve auto)* glove compartment
handschrift 1 manuscript; **2** handwriting, [write a vile] hand
handschriftelijk manuscript [tradition *overlevering*; volume of poems]
handschroef hand vice
handslag slap with the hand; *het met (op, onder) ~ beloven* slap hands (up)on it
handspaak handspike
handspiegel hand mirror, hand glass
handstand handstand
handtas handbag; *(met spiegeltje, enz)* vanity bag
handtastelijk: ~ *worden* become aggressive (violent); paw [a girl, woman]
handtastelijkheden [they came to] blows, physical violence; pawing; *geen ~!* hands off!; *zie ook* handgemeen
handtekenen freehand drawing
handtekening signature; [under the royal] sign manual; *~en verzamelen* collect autographs; *zie* zetten
handtekeningenactie petition
handtekeningenjager autograph hunter
handvaardigheid 1 manual dexterity, manipulative skill; **2** handicraft(s)
handvat(sel) handle *(ook fig)*, grip, *(neervallend)* drop handle; *(v fiets)* handle(bar grip), (hand)grip; *met zilveren ~* silver-handled [cane]; *vgl* handgreep
handvest charter [of the United Nations], covenant [of the League of Nations]
handvleugelig chiropterous
handvol handful; *handenvol geld kosten* cost a lot of money (*fam:* an arm and a leg)
handvormig hand-shaped; *(plantk)* palmate
handvuurwapen small arm, handgun
handwarm lukewarm, hand-hot
handwerk 1 trade, (handi)craft; **2** *(vs machinaal werk)* handwork; [these cigars are] handmade; **3** *(~kunst)* needlecraft; *nuttige (fraaie) ~en* plain (art) needlework; *~je* piece of fancy work (needlework)
handwerken *ww* do needlework
handwerksgezel journeyman, workman, hand
handwerkslieden, handwerkslui *mv van* handwerksman
handwerksman artisan; *(voor fijner werk)* artificer
handwerktuig hand tool
handwiel handwheel
handwijzer finger-, sign-, guidepost

handwissel 1 change of hands; **2** manually operated points *(Am:* switch)
handwoordenboek concise *(of:* desk) dictionary
handwortel carpus
handwortelbeentje carpal (bone)
handzaag handsaw
handzaam 1 *(ve pers)* manageable, tractable; **2** *(hanteerbaar)* handy; *(vh weer)* fine
handzetter hand compositor
hanenbalk purlin, collar-beam; *onder (in) de ~en* in the garret, at the top of the house
hanenei yolkless egg
hanengekraai cockcrow(ing)
hanengevecht cockfight(ing)
hanenkam 1 cock's comb *(ook plant)* **2** *(haardracht, enz)* Mohican, *(Am)* Mohawk
hanenmat cockpit
hanenpoot 1 *(eig)* cock's foot; **2** *(plant, o.a.)* panic (grass); **3** *-poten, (schrift)* scrawl *(ook: -poten schrijven)*
hanenspoor cockspur
hanenvoet *(plant)* crowfoot
hang 1 tendency, leaning *(naar* towards); longing *(naar* for); **2** *(rokerij)* smokehouse, [herring] hang
hanga(a)r hangar, (aircraft) shed
hangborst pendulous breast
hangbrug suspension bridge
hangbuik potbelly
hangbuikzwijn potbellied pig
hangen I *intr* hang [*aan* ... on, against, from the wall], be suspended [*aan* from: a lamp was suspended from the ceiling]; *(ve bloem, oogleden, lip, enz, ook)* droop; *(v bloem, ook)* wilt; *(leunen)* loll [don't loll on that desk]; **II** *tr* hang, suspend; *gehangen worden* be hanged, [that fellow 'll] swing; *hij hangt, (fig)* he's for it; *zie ook ben:* ~ aan; *het onderzoek hangt nog* the enquiry is still pending; *zie ook* hangend; ***blijven*** ~ stick; *ik ben daar blijven* ~ I got stuck (hung up) there; *er is weinig van blijven ~, (fig)* very little of it has stuck (to him, me, etc); *de geur van een sigaret blijft* ~ the ... lingers; *een beetje van de laster blijft altijd* ~ some of the mud will always stick; *zie ook ben:* ~ aan; *het hoofd (de oren) **laten*** ~ hang one's head (ears); *de hond liet zijn staart* ~ the ... had his tail down, hung its tail; *de bloemen laten de kopjes* ~ the ... are drooping (their heads); *ze liet haar hand (buiten de boot) in het water* ~ she trailed her hand (her hand trailed) in the water; *ik laat me (ik mag) ~ als ...* I'll be hanged if [I can make head or tail of it]; *met ~ en **wurgen*** by the skin of one's teeth; *tussen ~ en wurgen* between the devil and the deep (blue) sea; *het is tussen ~ en wurgen* it's a ticklish affair; ~ ***aan*** hang on [a nail, the peg *kapstok; fig:* a p.'s lips, words]; *(fig)* cling to [a p., old customs, etc], be (very much) attached to [a house, etc]; *blijven ~ aan* catch (be caught) in (on); *hij bleef met zijn jas aan een spijker* ~ his coat caught in (on) a ...; *blijf niet aan de letterlijke betekenis* ~ don't stick to the literal sense; *ik ben aan dat huis blijven* ~ I got stuck with the house; *aan elkaar* ~ be attached to each other; *zij ~ erg aan elkaar* they are quite wrapped up in each other; *zie ook* aaneenhangen; *hij hangt aan geld* he is always after money; *hij hangt erg aan de letter van de wet* he is a great stickler for (sticks to) the ...; *dat hangt ons **boven** het hoofd* that is hanging over our heads; *zijn oor hing **erbij*** his ear was almost hanging off; ~ ***over*** hang over, overhang [trees overhanging the road]; *over het vuur* ~ crouch over the fire; *staan **te** ~, zie* omhangen; *zie ook* barbertje, draad, [2]klok 1, enz
hangend(e) hanging [gardens], drooping [eyelids, moustache]; pendulous [breasts, cheeks]; [the case is still] pending, sub judice, in abeyance, *(slepende)* dragging on; [he has four cases] outstanding [against him]; *het proces bleef maar hangende* the suit hung fire; *hangende kwesties* pending issues; *hangende het onderzoek* pending the inquiry
hang-en-sluitwerk [door, window] fastenings
hanger 1 (coat-, dress-)hanger; **2** *(aan halssnoer, enz)* pendant; *(in oor)* (ear) drop; **3** *(mar)* sling
hangerig drooping, listless, limp, languid
hangijzer pot-hook; *dat is een heet* ~ it's a ticklish affair, a sore subject (point)
hangkamer mezzanine room
hangkast wardrobe; *(Am)* clothes closet
hangklok hanging *(of:* wall) clock
hanglamp hanging lamp, pendant lamp
hang-legkast wardrobe; *(Am)* clothes closet
hanglip hanging lip
hangmap suspension file
hangmat hammock
hangoor 1 lop-ear, drooping ear; **2** *(sukkel)* booby, mug; **3** *(tafel)* gatelegged *(of:* Pembroke) table, drop-leaf table
hangop bag-cheese; *(vglb)* curds
hangpartij *(sp)* adjourned game
hangplant hanging plant
hangslot padlock
hangsnor drooping moustache
hangstelling cradle
hangwang hanging (baggy, pendulous) cheek
hangwieg hanging cradle
hanig 1 quarrelsome, snappy, waspish; **2** macho
hannes blockhead, juggins
hannesen mess about; *zie* prutsen, treuzelen, zaniken
Hannoveraan, Hannovers Hanoverian *(ook paard)*
Hans Jack; *domme* ~ Simple Simon; *grote* ~ bigwig, big pot, big noise, panjandrum; ~ *en Grietje* Hansel and Gretel; *wat ~je niet leert, zal Hans niet kennen* it is hard to teach an old dog new tricks; *voor ~je-mijn-knecht spelen* fetch and carry
hansop (child's) sleeping suit
hansworst buffoon, clown, Punch(inello)
hansworsterij buffoonery, clownery, clowning
hanteerbaar manageable; *gemakkelijk* ~ easy to han-

dle, manoeuvrable *vgl het vlg*
hanteren handle, operate, ply, work [a gun], wield [a weapon]; *gemakkelijk te ~, (ook)* easy in operation; *moeilijk te ~* unwieldy, unmanageable
hantering handling, manipulation
Hanze Hanse(atic League)
hanzeaat, hanzeatisch Hanseatic
hanzestad Hanse(atic) town
hap 1 *(het happen)* bite; **2** *(portie)* bite, morsel, bit, mouthful; *~je* snack; *(mv ook)* finger food; *een ~je eten* [have] a snack, [get] a spot of food (dinner, etc); *lekker ~je* titbit; *het is me een ~je!* what a job!; *in één ~* at one bite, at one swallow; *dat is een grote ~ uit mijn inkomen* that makes a big hole in ...; *hij weet er een ~ en een snap van* he has a smattering of it [of English, etc]; *in een ~ en een snap* just like that, in a jiffy; *ouwe (nieuwe) ~, (mil sl)* old (new) mob
haperen *(bij het spreken)* falter, stammer; *(ve machine)* not function properly, miss [the engine missed], come to a standstill (every now and then), hesitate, stick; *haar stem haperde* her voice broke, there was a break in ...; *er hapert iets aan* there's a hitch somewhere, there is something wrong (with ...); *het gesprek haperde* the ... flagged; ***zonder** ~* without a hitch; *vgl* ontbreken
hapering hitch; *(bij het spreken)* hesitation; [there was a] halt [in her voice]
hapjespan small saucepan
hapklaar ready to eat; *~ amusement* light entertainment; *hapklare brokjes* bite-size(d) chunks
haplografie haplography
haplologie haplology
happen bite; *~ naar, a)* snap at [a cat]; *b)* gasp for [breath]; *~ in* bite (into); *een stuk uit het brood ~* bite a piece out of the loaf; *(fam) hij hapte niet* he did not rise to the bait
happig eager [for], keen [on]; *hij is erg ~ op* he is (very) keen on it; *(om te spelen)* as keen as mustard [to play]; *hij was niet erg ~* he was none too keen
hapsnap bitty, ad hoc, snap [decision]
haptonoom haptonomist
harakiri hara-kiri, happy dispatch
hard I *bn* hard [*ook fig:* action, blow, currency, fate, features, heart, law, necessity, TV picture, struggle, times, treatment, water, winter, worker], harsh [measures, sentence *vonnis*], hard-boiled [egoist], keen [frost], solid [rock, figures *cijfers*], rigid [plastics], real [facts, figures], tough [fight]; loud [voice, crash], glaring [colours], high-contrast [film, picture], stern [facts, necessity, reality], uncharitable [judgement, feelings]; *~ **gekookt*** hard-boiled [eggs]; *hij heeft een ~ **hoofd*** he is thick-headed *(dom)*; pig-headed *(koppig); ik heb er een ~ hoofd in* I have my doubts about it (about the results); *~ **maken*** provide firm evidence for, support with hard facts (figures), substantiate [a claim]; make [s.t.] stick; *zich ~ **maken voor*** go all out for, go to town on; *de band was ~ (zo ~ mogelijk) **opgepompt*** the tyre was blown up to full pressure; *~e **woorden*** hard (harsh) words; *er zijn enkele ~e woorden gevallen* there has been some straight (tough) talking; *~ **worden*** harden; *(v kalk, enz)* set; *~ **in de mond (bek)*** hard in the mouth, hard-mouthed [horse]; ***om het ~st** met elkaar lopen (fietsen, enz)* race each other [I'll race you home]; *ze schreeuwden om het ~st* they shouted at the top of their voices, shouted their loudest; ***te** ~ rijden* speed; *het gaat ~ **tegen** ~* it is a tug of war between them, a ding-dong battle; *~ **van** de vorst* hard with frost, frost-bound; *het is ~ **voor** mij* it is hard lines (is hard, *fam:* rough) on me; *~ zijn voor zichzelf* be hard on o.s.; *zie ook* hardvallen, verantwoorden, enz; **II** *bw* **1** [blow, freeze, rain, work (a p.)] hard; [rain] heavily; *zo ~ **mogelijk**, (ook)* [work, pull] one's hardest; **2** *(luid)* [don't talk so] loud; *(spreek wat) ~er!* speak up; **3** *(snel)* fast; *ik liep ~ **door*** I walked on quickly; *~er!, (sneller)* faster!; *~ **vooruitgaan*** make great progress, get on fine; *zo ~ mogelijk rijden* drive (ride) at top speed, (at) full pelt, flat out, as hard as one can (*of:* can go); *hij reed zo ~ hij kon, (in auto, ook)* he was getting every ounce out of his car; *rijd (loop) zo ~ als je kunt* drive (run) for all you are worth; **4** *(hevig)* [doubt] greatly, very much; *ik denk er ~ over om te ...* I have a good mind to ...; *het was ~ **nodig**, dat het gedaan werd* it badly needed doing; *je zult je geld ~ nodig hebben* you will need every penny of your money; *hij is ~ ziek* he is very ill
harddraven run (in a trotting match)
harddraver 1 *(Am ras)* Standardbred; **2** (fast) trotter, trotting horse; *(in telgang)* pacer
harddraverij 1 harness racing; trotting; pacing; **2** harness race; trotting match; pacing match
harden harden, temper [steel], steel [one's nerves, o.s. against s.t.], cure [plastics]; *ik kon het niet langer ~* I could not stand (*fam:* stick) it any longer; *die stank is niet te ~* that stench is unbearable
harder 1 *(vis)* lesser grey mullet; **2** *(stof)* hardener
hardgeel glaring yellow
hardglas hardened glass
hardhandig heavy-handed, rough, drastic, violent
hardheid 1 hardness, etc; *vgl* hard; *een politiek van ~* a policy of toughness; **2** hardship
hardheidsclausule hardship clause
hardhoofdig obstinate, headstrong
hardhoofdigheid obstinacy
hardhorend, hardhorig hard of hearing, deaf
hardhorigheid hardness of hearing
hardhout(en) hardwood
hardhuidig hard- (*fig:* thick-)skinned; *~en* sclerodermi, scleroderms
hardleers slow of understanding, dull, unteachable, a slow learner
hardlijvig constipated, costive
hardlijvigheid constipation, costiveness
hardlopen I *ww* run, race; **II** *zn* running
hardloper runner, racer; *(op korte afstand, man &*

paard) sprinter; *(boot)* fast sailer; *~s, (schaatsen)* speed skates; *~s zijn doodlopers* easy does it; more haste, less speed
hardnekkig obstinate [person, disease], dogged [person, resolution *vastberadenheid*], stubborn [fight, cold *verkoudheid*], persistent [cough, bronchitis, rumour, drizzle]; *~ weigeren* refuse doggedly; *~ weerstand bieden* offer a stubborn (tough) resistance
hardnekkigheid obstinacy, stubbornness, persistency
hardop loud, aloud; *~ bidden (denken)* pray (think) aloud; *zeg het ~* say it out loud (openly, in public)
hardrijden race; *(op de schaats)* speed-skating [champion *kampioen in het ~*]
hardrijder speed-skater, racer
hardrijderij skating match (race)
hardsoldeer high-melting solder
hardsolderen braze
hardsteen, hardstenen freestone, ashlar
hardvallen be hard (up)on [a p.]; *het valt me hard er weg te gaan* it's a great wrench to leave ...; *val hem niet te hard, (ook)* don't be too hard on him, don't blame him too much
hardvochtig hard(hearted), harsh, heartless, unfeeling, callous
hardwerkend hard-working
hardzeilen *zn* sailing match, regatta; yacht racing
hardzeiler **1** racing yachtsman; **2** racer, racing yacht
harem harem, seraglio
haren **I** *ww* **1** whet [a scythe]; **2** *zie* uitharen; **II** *bn* hair [shirt]
harent: *te ~* at her (*mv:* their) house
harenthalve for her sake
harentwege: *(van) ~* in her name
harentwil: *om ~* for her sake
harerzijds for (*of:* on) her part
harig hairy, hirsute, pilose, pilous
harigheid hairiness, pilosity
haring **1** herring; *(gezouten en gerookt)* kipper; *ik wil er ~ of kuit van hebben* I want to get to the bottom of it, I want to know how matters (how I) stand; *zo dicht gepakt als ~ in een ton* packed like sardines (in a tin); *zijn ~ braadt daar niet* he is not wanted there; **2** *(ve tent)* (tent-)peg
haringbuis herring-boat
haringgraat herringbone *(ook in bk; zie ook* visgraat*)*
haringgrond herring ground
haringhaai porbeagle, mackerel shark
haringkaken *zn* (gutting and) curing of herrings
haringkoning king of the herrings: *a)* ribbonfish *b)* rabbitfish
haringlogger herring drifter
haringsalade Russian herrings
haringvangst **1** herring catch; **2** herring fishery
haringvijver *(scherts)* North Sea; *grote ~, (Atl Oceaan)* herring pond
haringvisserij herring fishery
haringvloot herring fleet
hark rake; *zo stijf als een ~* as stiff as a poker; *(stijve) ~, (fig)* stick (of a fellow), gawky [girl]
harken rake
harkerig stiff, wooden
harkkeermachine acrobat rake
harlekijn harlequin, buffoon; *(vlinder)* harlequin (magpie, gooseberry) moth; *(speelgoed)* jumping jack
harlekijneend harlequin
harlekijnspak motley
harlekinade harlequinade
harmonica concertina; *(mond~)* harmonica
harmonicabed fold-up bed
harmonicagaas diamond mesh wire netting
harmonicamap expanding file
harmonicawand accordion wall, folding partition
harmonie **1** harmony; *in ~* in harmony, in keeping [*met* with]; *~ der sferen* harmony (*of:* music) of the spheres; **2** military band; *~ en fanfare* military and brass bands
harmonieleer theory of harmony, harmonics
harmonieorkest military band
harmoniëren harmonize, go [*met* with]; *goed ~, (ook)* agree (go) well together; *~ met, (ook)* chime with [pictures chiming with his sombre fancy], go (tone) with [the wallpaper], be in (*niet ~* be out of) step with [society]
harmonieus harmonious
harmonisatie harmonization
harmonisch *(welluidend, overeenstemmend)* harmonious; *~e (toon)* harmonic tone, [the third] harmonic
harmoniseren harmonize
harmonium harmonium
harnachement harness (and saddlery)
harnas armour; *(borst~)* cuirass; *een ~* a suit of armour; *iem in het ~ jagen* put a p.'s back up, rile a p.; *(tegen zich)* antagonize a p.; *ze tegen elkaar in het ~ jagen* set them against one another
harnasmannetje *(vis)* bullhead, miller's thumb
harnassen armour; *zich ~ tegen* arm (o.s.) against
harp **1** harp; **2** *(zeef)* riddle; **3** *(sluiting)* (bow) shackle; *(schalm)* coupling link
harpbout shackle
harpen *(ziften)* riddle
harpenist *zie* harpist
harpij **1** harpy; **2** *(vogel)* harpy eagle
harpist(e) harpist, harp-player, harper
harpoen, harpoeneren harpoon
harpoengeweer whaling gun
harpoenier harpooner
harpoenkanon whaling gun
harpspeelster, harpspeler harpist, harp-player
harpuis resin, spar varnish
harrejasses yuck; *zie* jasses
harrewarren bicker, wrangle, squabble
hars resin; *(inz viool~)* rosin, colophony

harsachtig *zie* harshoudend & harsig

harses nut; *gebruik je* ~ use your loaf; *zie verder* hersens & kop

harshoudend resiniferous [tree]

harsig resinous [wood, smell]

harst sirloin

hart heart; *(kern)* heart *(ook v kool),* core; *zie ook* harten; *het ~je van Afrika* the heart of ...; *wat je ~je maar* ***begeert*** [buy] anything you set your heart on; *hij* ***brak*** *zijn moeder het* ~ he broke his mother's heart; *zijn* ~ ***danste*** *van vreugde* his heart danced (leapt, leapt up) with joy; *mijn* ~ ***draaide*** *ervan om in mijn lijf* it turned my stomach, it gave me such a turn; ~ *en* ***hand*** *schenken* give hand and heart; *hij* ***heeft*** *geen* ~ he has no heart; *hij heeft het ~ op de rechte plaats* he has his heart in the right place; *heb het ~ niet te ...* don't you dare to ...; *daar heb jij het ~ niet toe* you have not the nerve (*fam:* the guts) to do it; *hij heeft een ~ van goud (van steen)* he has a heart of gold (of stone, of flint); *hij heeft ~ voor de zaak* his heart is in the business; *zijn* ~ ***klopte hem in de keel*** he had his heart (his heart was) in his mouth [*het deed zijn ~ ... kloppen* it brought his heart into his mouth]; *zijn ~ aan iets* ***ophalen*** eat (drink, etc) to one's heart's content, eat (drink, have, etc) one's fill [of s.t.]; *zijn* ~ ***op(vr)eten*** eat one's heart out; *zijn ~ is niet in* ***orde,*** *zie ben:* hij heeft het *aan* zijn ~; *iems* ~ ***stelen*** steal (away) a p.'s heart; *hij heeft (draagt) het ~ op de* ***tong*** he wears his heart on his sleeve; *iems* ~ ***veroveren*** win a p.'s heart; *waar het* ~ ***vol*** *van is, loopt de mond van over* out of the abundance of the heart the mouth speaks; *ze kon niet spreken omdat haar ~ zo vol was* she ... because of the fulness of her heart; *een* ~ ***vormen*** *(v kool, enz)* heart (up); *haar ~ is nog* ***vrij*** she is still fancy-free; *in (het) ~je (van de)* ***winter*** in the depth of winter; *het ~je van de zomer (van het seizoen)* the height of summer (of the season); *zijn* ~ ***zetten*** *op* set one's heart on; *zich met ~ en ziel aan de zaak geven* throw one's heart and soul into the ...; *hij is er niet met ~ en ziel bij* his heart is not in it; *het gaat me* ***aan*** *mijn* ~ it hurts (grieves) me [to disappoint you]; *hij heeft het aan zijn* ~ he has a heart (condition), has heart-trouble; *dat ligt mij na aan het* ~ it is near to my heart (*het naast aan het* ~ nearest (to) my heart); *wat haar het naast aan het ~ lag, (ook)* the things that touched her most nearly; *zie ook* drukken; ***in*** *zijn ~ weet hij ...* in his heart (of hearts) he knows ...; *in zijn ~ altijd een Forsyte* ever a F at heart; *in zijn ~ is hij een goeie kerel* he is a ... at heart (at bottom); *in zijn ~ toch wel houden van* have a sneaking fondness (love) for; *in haar ~ houdt zij nog van hem* she still has a soft spot (in her heart) for him; *hij zegt wat er in zijn ~ omgaat* he speaks his mind freely, speaks as his heart dictates; *in ~ en* ***nieren*** to the backbone; ***met*** *~ en ziel* [apply o.s. to one's task] heart and soul; *een man* ***naar*** *mijn* ~ a man after my own heart; *het was (werd) mij bang* ***om*** *het* ~ my heart sank; *zich lichter om het ~ voelen* feel easier in one's mind; ~ ***op*** ~ centre to centre; *met de hand op het ~ kan ik verklaren ...* I can lay my hand on my heart and say ...; *met de hand op het* ~ [do you mean it?] *(fam),* cross my heart; *iem iets op het ~ binden (drukken)* impress (enjoin) s.t. on a p., urge a p. to ...; *op het* ~ [have s.t.] on one's mind; *zeg, wat je op het ~ hebt* say what is on your mind, get it off your chest; *(fam)* cough it up; *ik heb gezegd, wat ik op het ~ had, (ook)* I've had my say; *ik kon het niet* ***over*** *mijn ~ krijgen* I had not the heart (could not find it in my heart) (to do it), I could not bring myself to do it; *zie ook* hand; ***tegen*** *zijn* ~ unwillingly; ***ter*** *~e nemen* take [a warning, a lesson] to heart, heed [a warning]; *uw belangen gaan (uw welzijn gaat) mij ter ~e* I have your interests (your welfare) at heart; *die woorden kwamen* ***uit*** *zijn ~ (waren mij uit het ~ gegrepen)* those ... came (straight) from his heart (expressed my feelings exactly); *uit het* ~ [a cry] from the heart; *uit* ***(van)*** *ganser ~e* heartily, from the heart, with all [my, etc] heart [we wish with all our hearts ...], [sympathize] wholeheartedly [with ...], [thank you] from the bottom of my heart; *het van ~e doen* put one's heart into it; *hij doet het werk niet van ~e* his heart is not in the job; *jong van* ~ young in heart; *het moet me van het ~, dat ...* I have to confess ..., I can't help observing ...; *zie ook* [2]goed 1: ~ doen, grond, pak, rein, snijden, stilstaan, toedragen, uitstorten, vasthouden, enz

hartaandoening heart condition; *(plotseling)* heart attack

hartaanval heart attack

hartader great artery, aorta; *(fig, v verkeer, enz)* artery; *in de ~ treffen* strike at the heart [of trade, etc], deal a mortal blow

hartafwijking heart condition

hartbeklemming **1** angina (pectoris); **2** oppression of the heart

hartbewaking coronary care [unit]

hartboezem [left, right] auricle (of the heart)

hartbrekend heartbreaking, heart-rending (*bw:* -ly); *~ snikken, (ook)* sob one's heart out

hartcentrum heart clinic

hartchirurg(ie) cardiac (*of:* heart) surgeon (surgery)

hartdood cardiac death

hartelap darling, love, pet, angel

hartelijk hearty [approval, welcome], cordial [reception, smile], affectionate [child, embrace], warm [congratulations], warm-hearted [woman]; *hij schudde mij ~ de hand* he shook me warmly by the hand; ~ *lachen* laugh heartily; *hij laat u ~ groeten* he sends his kindest regards (his love); *met ~e groeten, (onder brief)* with kind regards, yours sincerely; *overdreven* ~ effusive

hartelijkheid cordiality, heartiness, warmth; cordial manner

harteloos(heid) heartless(ness)

harten *(kaartsp)* hearts [are trumps]; *één* ~ one heart

hartenaas, hartenboer, enz, ace, jack (*of:* knave), etc of hearts; *vgl* klaveren-
hartenbeest hartebeest
hartenbloed heart('s) blood, lifeblood
hartenbreker charmer, breaker of hearts
hartendief darling, love, pet, angel
hartenjagen *(kaartsp)* hearts
hartenkreet cry from the heart
hartenleed (heartfelt) grief, heartbreak, heartache
hartenliefje darling, love, pet, angel
***hartenlust** *(Wdl: hartelust): naar ~* to one's heart's content; *naar ~ lachen* have a good laugh; *de vogels zongen naar ~* the ... sang their hearts out
hartenpijn (heartfelt) grief, heartbreak, heartache
hart- en vaatziekten cardiovascular diseases
hartenvreter curmudgeon
hartenwens heart's desire, fondest wish; *alles ging naar ~* everything went off as hoped for (splendidly, according to plan)
hartgeruis (heart, cardiac) murmur(s)
hartgrondig I *bn* heartfelt, wholehearted, cordial; **II** *bw* whole-heartedly, cordially, from the bottom (of one's heart); *ze verfoeide hem ~ (had ~ de pest aan hem)* she cordially detested him (loathed him); *zich ~ vervelen* be bored stiff
hartig *(zout)* savoury, salt and piquant; *(flink, krachtig)* hearty [meal, drink]; *een ~ woordje* a word in season; a heart-to-heart talk
hartinfarct heart (*med:* myocardial) infarction, coronary thrombosis, heart attack, *(fam)* coronary
hartkamer [left, right] ventricle (of the heart)
hartklacht heart complaint; *~en, zie* hartkwaal
hartklep valve of the heart, heart (*of:* cardiac) valve; *(ve pomp)* suction valve; *ziekte vd ~pen* valvular disease (of the heart)
hartklop heartbeat
hartklopping palpitation (of the heart), heart flutter(ing)
hartkramp angina (pectoris)
hartkuil pit of the stomach
hartkwaal heart condition, [have] heart disease, heart trouble; *(fam)* a heart
hartlap *zie* hartendief
hartlijn 1 centre line; **2** *(handlijn)* heart line
hart-longmachine heart-lung machine
hartmassage cardiac massage
hartoperatie heart operation, [undergo] cardiac surgery
hartpatiënt heart patient, cardiac
hartpunt *(techn)* centre point
hartroerend heart-rending; touching, pathetic (*bw:* -ally)
hartschelp cockle
hartschild *(her)* inescutcheon
hartsgeheim 1 secret of the heart; **2** (most) intimate secret
hartshoorn *zie* hertshoorn
hartslag heartbeat, pulsation of the heart
hartspecialist heart specialist
hartsterkend tonic, bracing
hartsterking *zie* hartversterking
hartstikke utterly [crazy]; *~ bedankt* thanks a lot; *~ donker* pitch dark; *~ dood* stone dead; *~ gek* stark staring mad; *~ goed (lekker, leuk, mooi, enz)* fantastic, smashing, terrific
hartstilstand cardiac arrest
hartstimulator (cardiac) pacemaker
hartstocht passion [a burning passion; passions ran high *laaiden hoog op*]
hartstochtelijk passionate [love letter], impassioned [protest], keen [horsewoman, motorcyclist]; *~ veel houden van* have a passion for
hartstreek region of the heart, cardiac region
hartsvanger hanger, cutlass
hartsvriend(in) bosom friend
harttonen cardiac sounds
harttransplantatie heart transplant (operation)
hartvergroting enlargement (dilatation, hypertrophy) of the heart, cardiomegaly
hartverheffend exalting, ennobling, elevating, sublime
hartverlamming heart failure, heart seizure, paralysis of the heart
hartveroverend ravishing, entrancing
hartverscheurend heart-rending, poignant [scenes], agonizing [cry]; *zie ook* hartbrekend
hartversterkend stimulating, encouraging, invigorating
hartversterking cordial, refresher; *(fam)* reviver, bracer, pick-me-up
hartvervetting fatty degeneration of the heart, [death was due to] (a) fatty heart
hartverwarmend heart-warming
hartvlies endocardium
hartvliesontsteking endocarditis
hartvormig heart-shaped, cordate
hartzakje pericardium
hartzeer heartbreak, heartache, (heartfelt) grief; *ik zal er geen ~ van krijgen* it won't break my heart; *van ~ sterven* die of a broken heart; *van ~ verteren* eat one's heart out, pine away with grief
hartziekte heart disease
hartzwakte cardiac weakness
hasj hash
hasjhond sniffer dog
hasjiesj hashish, Indian hemp
haspel (hose-)reel; spool
haspelaar 1 reeler, winder; **2** *(knoeier)* bungler; **3** *(kibbelaar)* bickerer
haspelarij *zie* gehaspel
haspelen 1 reel, spool, wind; **2** *(knoeien)* bungle, *(Br fam)* muck about; **3** *(kibbelen)* bicker, wrangle
hassebassen *zie* harrewarren
hassebassie tot [of gin], dram
hat-eenheid (small) housing unit for up to two people, *(vglb)* bachelor flat

hatelijk spiteful, malicious, snide [remarks], odious, hateful
hatelijkheid spitefulness, malice, spite; *een ~* a gibe (snide remark, taunt), a (nasty) dig
haten hate; *zie ook* pest
hatsekiedee, enz, bang, crash, wham
hatsjie, hatsjoe atishoo
hattrick hat-trick
hausse rise, *(snel & sterk)* [stock market, car sale] boom; *à la ~ speculeren* speculate for a rise, bull
haussier bull, bull operator
hautain haughty
haute: *~ couture* haute couture, high fashion; *~ cuisine* haute cuisine, cordon bleu (high class) cooking; *la ~ finance* high finance; *la ~ nouveauté* the latest fashion; *~ volée, zie* chic
hauteur hauteur, haughtiness
haut-reliëf haut-relief, high relief
hauw *(plantk)* silique, siliqua (*mv:* -quae)
havanna, Havana Havana *(ook sigaar)*
have property, goods, [live, dead] stock; *~ en goed* goods and chattels
haveloos ragged [beggar], scruffy [tramp], shabby [clothes, interior]
haven harbour, port; *(sluis~)* dock(s); *(~stad)* port; *(vooral fig)* haven; *de ~ van Dover* Dover harbour; *veilige ~, (fig)* haven of safety (of refuge); *in behouden (veilige) ~* safe in port, bring [the agreement] safely into port; *een (de) ~ binnenlopen (binnenvallen)* put (drop) into port; *weer naar de ~ terugkeren* put back (return) to port; *zie* inklaring, enz
havenarbeider docker; *(Am)* longshoreman
havenbedrijf 1 port (harbour, dock) installations; **2** [municipal] port administration; **3** dock industry
havenbestuur port authorities, (dock and) harbour board
havendam mole
havenen handle roughly, ill-treat, batter, mess (up); *zie ook* gehavend
havengeld dock (port, harbour) dues
havenhoofd jetty, pier, mole
havenkantoor port administration (harbour master's) office
havenkom basin
havenmeester harbour master; *(luchtv)* airport manager
havenplaats port, (sea)port town
havenschap Port Authority
havenstad port, (sea)port town
havenstaking dock strike
havenwerken 1 docks; **2** harbour works
havenwerker docker; *(Am)* longshoreman
havenwijk dock(s) area, dockland
haver oats; *van ~ tot gort kennen* know [a p., a thing] inside out
haverbrood oaten bread; *(dun & hardgebakken)* oatcake
havergort (oat) groats
havergras oat grass
haverkist oat bin (chest); *zie ook* bok
haverklap trifle; *om de ~* forever, all the time; *om de ~ boos worden* get angry at the merest trifle
havermeel oatmeal
havermout rolled oats; *(pap)* oatmeal porridge
havervlokken oatflakes
haverzak oat bag; *(ve paard)* nosebag
havezate *(vglb)* manorial farm
havik goshawk; *(pers)* hawk
havikachtige hawk
havikskruid hawkweed
haviksneus hooknose, aquiline nose; *met ~* hooknosed
havo higher general secondary education
Hawaïaan(s) Hawaiian
hazardspel game of hazard (of chance)
hazelaar hazel(nut tree)
hazelaarsbos, hazelaarshout hazelwood
hazelhoen hazel-grouse
hazelkatjes hazel catkins, *(fam)* lamb's tails
hazelmuis (common, hazel; *grote:* garden, oak) dormouse
hazelnoot hazelnut; *(dessert~)* filbert; *(grote)* cobnut; *(boom) zie* hazelaar
hazelstruik hazel bush
hazelworm blindworm, slowworm
***hazendistel** *(Wdl: hazedistel)* sow (*of:* milk) thistle, hare's lettuce
hazenhart chicken-heartedness, *(pers)* coward
hazenjacht 1 hare shooting; **2** *(met windhonden)* (hare) coursing
hazenleger form (of a hare)
hazenlip harelip
hazenpad: *het ~ kiezen* take to one's heels, show a clean pair of heels
hazenpeper jugged hare; *~ zonder haas* Hamlet without the Prince
hazenpootje *(plant)* haresfoot (clover)
hazenprent prick of a hare
hazenslaap catnap, snatch of sleep
hazenspoor prick of a hare
hazensprong shin bone (and splint-bone) of a hare's hind leg
hazewind greyhound; *kleine ~* whippet; *Russische ~* borzoi, Russian wolfhound; *Afghaanse ~* Afghan hound
H-bom H-bomb
hbs *(hist)* (Secondary) Modern School
HD afk van *heupdysplasie* HD (hip dysplasia)
hé I say!, hey!, hi! [you there]; *~, vind je dat?* really, do you think so?
hè dear me!, oh (what a pity); heigh-ho! [sighed Nicolas]; eh?, *(mar)* ahoy!; *aardige kerel, ~?* nice fellow, what?; *~! die is goed, (Am)* gee, that's good!; *vgl* hé
heao afk van *hoger economisch en administratief onderwijs* (College of) Economics and Business Ad-

ministration

hearing *zie* hoorzitting

heb: *voor de ~ of voor de geef?* for keeps or to be given away again?; *het gaat om de ~* it's the money that matters

hebbeding thingummy; *~etje* gadget

hebbelijk reasonable, tolerable

hebbelijkheid habit, idiosyncrasy, peculiarity, trick; *de ~ hebben om de mensen aan te staren* have a way of staring at people

hebben I *ww* **1** have; *hij heeft 50.000 pond per jaar, (ook)* he is worth £50,000 a year; *we ~ de behanger (in huis) gehad* we've had the ... in; *ik heb geen telefoon* I am not on the ...; *heb je het al lang?, (de pijn, enz)* have you had it long?; *voor zacht weer moet je het zuiden van Frankrijk ~* for mild weather give me ... (every time); *morgen zul je het ~* tomorrow you'll get it; *~ of niet?* take it or leave it!; *ik had nog (tijd, enz) tot morgen* I had until ...; *wie heeft, die wordt* ***gegeven*** unto every one that hath shall be given; *het* ***goed*** *(slecht, beter) ~* be well (badly, better) off; *ze ~ het moeilijk* they are having a difficult time of it; *heb je het warm?* are you warm?; *ik heb thee* ***graag*** *sterk* I like tea strong; ***hadden*** *we maar ...!* if only we had [more money!]; oh, for [a flask of wine!]; ***hier*** *heb je het geld* here is the money; *hier heb je het!* here you are!; *hij heeft* ***iets*** *(waar hij over piekert)* there is s.t. (s.t. is preying) on his mind; *het heeft iets van ... (in zich)* it savours of [jealousy, magic]; *~ is ~,* ***krijgen*** *is de kunst* possession is nine points of the law; *honden moet ik hier* ***niet*** *~* I'm not having dogs here; *ik* ***wil*** *mijn geld ~* I want (I insist on getting) my money; **2** *(te pakken)* have; *nu heb ik je (gesnapt, vastgezet)* I have you now, I've got you; caught you this time!; *ik heb het, (ben er)* I've got it, I have it; *daar had ik hem (te pakken)* I had him there; **3** *(tijd:) hoe* ***laat*** *heb je het?* what time do you make it?; *ik heb het tien uur* I make it ten; *we ~ nu de 18e* we are now at the 18th; *we ~ nu april* this is April; **4** *(zijn:)* ***daar*** *heb je bijv ...* take ...; *wie ~ we daar?* who(m) have we here?; *daar heb je het al, heb ik het je niet gezegd?* there you are!, didn't I tell you? (what did I tell you?); *ziezo, dat ~ we weer gehad* well, that's that (that's finished with); *daar had je nu eens een man, die ...* here was a man who ...; **5** *(toestaan)* have [I won't have it, I'm not having it]; *ik wil niet ~, dat je zulke dingen zegt (dat je de hele dag niets uitvoert)* I won't have you saying such things (doing nothing all day); *ik zou voor geen geld willen ~ (had voor geen geld gewild) dat dit gebeurde* I would not have (wouldn't have had) this happen for the world; *ik wil niet ~, dat erover gesproken wordt* I won't have it spoken about; **6** *(verdragen)* bear, stand [I can't stand that noise]; *dat* ***kan*** *ik nog niet ~* I am not up to it yet; *dat speelgoed kan heel wat ~* those toys can stand rough treatment; *het kan nog best een kleurtje ~* it will be all the better (nicer, etc) for a spot of colour; **7** *(spreken, enz)* see; ***moet*** *je mijnheer D hebben?* do you want to see Mr D?; *dit is de man, die ik moet ~* this is my (the) man; *iemand moet je ~, (er wordt naar je gevraagd)* you're wanted || *van* ***heb*** *ik jou daar* prodigious [blow, noise, speed], [he can play the piano] like nobody's business; *wat heb je daar?* what's that you've got there?; *wat heb (scheelt) je?* what is the matter with you?, what's worrying (biting) you?; *grote hemel!, wat zullen we nu ~!* good Heavens!, what's happening now? (what on earth's wrong?); *wat wilt u ~?, (in bar bijv)* what would you like?; *je weet nooit wat je* ***aan*** *hem hebt* you never know where you are with him; *het aan het hart ~* have heart trouble; *wat heb je daar aan?* what use is it (to you)?, what is the use (the good) of it?; *ik heb er niets (meer) aan* it's no use to me (I have no further use for it); *wat heb je aan geld bij je?* what have you on you by way of money?; *ik heb het* ***bij*** *mij* I've got it with me; *ze had een zoon bij haar eerste man ...* by her first husband; *ik wist niet* ***hoe*** *ik het had (wat ik eraan, aan hem had)* I did not know what to make of it (of him); *hoe heb ik het nou met je?* I cannot make you out; *ik heb het* ***in*** *de rug* I've got back trouble; *hij moet* ***met*** *de zweep ~* he ought to be horsewhipped; *we moeten haar* ***op*** *de thee ~* we must have her to tea; *(zulke lui,) daar heb ik het niet op* I don't care for that sort of thing (people); *het ~* ***over*** talk about (of); talk [finance, horses]; hold forth on [all kinds of subjects]; *daar ~ we het niet over* that's not the point; *nu we het er toch over ~* as we are on the subject; *waar had ik het ook weer over?* what was I saying (going to say)?; *zij heeft iets over zich, dat de anderen missen* there is something about her that ...; *we ~* ***te*** *gehoorzamen* there is nothing for it but to obey; *ik heb er niets* ***tegen*** I don't mind; *ik heb niets tegen je* I have nothing against you; *ik had het tegen ...* I was talking to ...; *zie* tegen; *hij had het* ***van*** *een vriend (gehoord)* he had it from a friend; *[mijn dochter is muzikaal, maar] dat heeft ze niet van mij* she doesn't get it from me; *het heeft er iets (niets) van* it is somewhat (nothing) like it; *niets van elkaar ~* be as like as chalk and cheese; *hij had weinig van een puritein* he had little of the Puritan about him; *ze had meer van een huisvrouw dan van een arts* she was (looked) more like a housewife than a doctor; *ze moeten het van de haringvangst hebben* they depend on the herring trade; *van je familie moet je het maar ~* trust your relatives (to let you down, etc); *dat heb je ervan* now you see what happens; *ik moet er* ***niets*** *van (niets van hem) ~, (fig)* I'll have none of it, I won't have anything to do with it (with him), I have no use for it (for him); *dank je wel! ik moet er niets van ~, (fam)* thanks! I'm not having any, not for me, thanks!; *van die pop-art moet ik niets ~!* none of your pop art for me!; *van je grappen moet ik niets ~* I don't want your jokes; *zie ook* ophebben: ~ met; *ik moet er niets meer van ~* I have no further use for it; ***hebt u £40 (een ogenblikje, enz) voor mij?*** can you spare me £40 (a minute, etc)?; *zie* dat, [1]goed

II, enz; II *zn: zijn hele ~ en houden* all his belongings, his all, all his worldly goods

hebberig *zie* hebzuchtig

hebbes! bingo!, got it (you, etc)!, gotcha!

hebraïcus Hebraist

hebraïsme Hebraism

Hebreeër, Hebreeuws Hebrew

Hebriden Hebrides

Hebridiaan(s) Hebridean

hebzucht greed, cupidity, covetousnes

hebzuchtig greedy, grasping, covetous, acquisitive

hecatombe hecatomb

hecht I *zn* heft; II *bn* firm, solid [wall], strong [family ties], soundly constructed, well-built [vessel, wall], staunch [friendship], well-knit [frame]

hechtbolletje *(ve vlieg)* suction pad

hechtdraad *(med)* suture, ligature (thread)

hechten *(vastmaken)* attach, fasten, affix [*aan* to]; *(nieten)* staple; *(wond)* stitch, suture, sew up; *de dokter hechtte de wond, (ook)* the ... put in a stitch (a few stitches); *(blijven zitten)* adhere, stick; *~d vermogen* adhesive capacity (power, strength); *~ aan* attach [importance, different meanings] to; *(fig ook)* cherish [one's freedom]; be a believer in, believe in [fresh air, early rising]; *zie ook* gehecht, gewicht, waarde, enz; *zeer aan het decorum (de traditie) ~, (ook)* [be] strong on the proprieties (a stickler for tradition); *ik hecht er niet aan* I set no great store by it, attach no great value to it; ***zich*** *~ aan* attach o.s. to; *de betekenis, die hij aan mijn woorden hechtte, (ook)* the meaning he placed on my words; *de handtekeningen zijn aan het verzoekschrift gehecht* the ... have been appended to the petition

hechtenis custody, detention; *in ~ nemen* (place under) arrest, apprehend, take into custody; *in ~ houden* detain, keep under restraint; *in ~ zijn* be under arrest (in custody); *in ~ laten nemen* give into custody; *uit de ~ ontslaan* release from custody; *hij werd veroordeeld tot 21 dagen hechtenis ~* he was ordered 21 days' detention

hechtheid solidity, firmness, strength

hechthout laminated wood

hechting 1 stitch [six stitches were put in(to) the wound], suture; **2** adhesion

hechtnaald stitching needle, surgical needle

hechtpleister sticking (adhesive) plaster

hechtrank tendril, clasper

hechttang stapler

hechtwortel clinging root

hectare hectare

hectiek agitation, commotion

hectisch hectic

hectograaf hectograph

hectogram hectogram

hectoliter hectolitre

hectometer hectometre

heden today; *tot op ~* up to the present, up to the time of writing; *onze verliezen tot op ~ zijn ..., (ook)* our losses to date are ...; *~ ten dage* nowadays; *zelfs nog ~ ten dage, (ook)* even in this day and age; *van ~ aan* from this day forward; *de krant van ~* today's paper; *het ~* the present; *~ (nog toe)!* good gracious!; *zie ook* vandaag

hedenavond this evening, tonight

hedendaags I *bw* nowadays; II *bn* modern, present, [the English girl] of today, present-day [girls, Russia, morals], modern-day [miracles], contemporary, current [literature, usage]

hedenmiddag this afternoon

hedenmorgen this morning

hedennacht *(komende)* tonight; *(verleden)* last night

hedenochtend this morning

hedonisme hedonism

hedonist(isch) hedonist(ic)

hedsjra hegira

heel I *bn* **1** *(gaaf)* whole, entire [bear the entire weight; the ancient glass is still entire]; complete, unbroken, [the egg was] intact; *(weer) ~ maken* repair; **2** *(onverdeeld)* whole [number]; all, the whole of [London]; *de hele dag, ~ de dag* all (the whole) day; *gister de hele dag (nacht)* all day yesterday (all last night); *hele dagen* [spend] whole days [in A], [work] full-time; *voor hele of halve dagen* full- or part-time; *ik ken de hele man niet* I don't know him from Adam; *een wanhoop, dat hele project van jullie* an utter mess, that project of yours; *hele noot* semibreve; *dubbele hele noot* breve; *door ~ Europa* throughout (all through, all over) Europe; *hele koloniën vogels* whole ... of birds; *de hele beschaafde wereld* the whole (of the) ... world; *de hele zomer lang* throughout the summer; **3** *(groot)* quite a [number], quite some [crowd]; *een ~ aantal jaren later* a good many years after; *een ~ brood* a large loaf; *je bent al een hele dame (meid)* you're quite a lady (you're getting quite big now); *hij kent hele passages van buiten* he knows entire passages by heart; *een hele tijd* quite a time, [be back] well [before tea], [I had not seen him] for ages; *de hele tijd* all the time; *(gedurende) hele uren* for (whole) hours together; *hele stukken vlees* large pieces of meat; *zie ook* geheel, door, eind 5 & hart; II *bw* quite, very [old]; *een ~ klein aantal* a very small number; *~ vroeg* very early; *~ wel* very well, perfectly (well); *~ **en al*** entirely, quite, altogether; *~ **anders*** quite different; *je weet het ~ **goed*** you ... very (perfectly, full) well; *een ~ goeie auto* a perfectly good car [for its age]; *~ **veel*** a great many [books], a great deal of [money], [since then] quite a lot [has happened]; *~ **wat** aardiger dan jij, (fam)* a jolly sight (lots) nicer than you; *~ wat moeite doen* take a lot of trouble; *~ wat meer* a good deal (good many) more; *we hadden ~ wat gedronken* we had drunk quite a bit; *... en dat is ~ wat ...* and that is quite something; *dat is al ~ wat* that is a great step forward; *zie ook* geheel, helemaal, anders, enz

heelal universe

heelbaar curable, healable
heelhuids escape unharmed, [come out of it] unscathed, without injury, without a scratch
heelkracht healing (curative) power
heelkruid medicinal herb
heelkunde surgery
heelkundig surgical [instruments, treatment]
heelkundige surgeon
heelmeester *(vero)* surgeon; *de grote H~* the Great Healer; *zachte ~s maken stinkende wonden* desperate cases call for desperate remedies
heeltijds full-time [job]
heelvlees: *goed ~ hebben* heal easily
heem (farm)yard
heemkunde regional geography and history, the study (knowledge) of local lore
heempark *zie* heemtuin
heemraad *(vglb)* (member of) water (drainage, conservancy, polder) board; *(pers, hist)* dikereeve
heemraadschap (membership of a) water board
Heemschut: *de Bond ~, (Eng, vglb)* the National Trust (*Sch:* for Scotland)
Heemskinderen: *de Vier ~* the Four Sons of Aymon
heemst marshmallow
heemtuin botanical garden (with a collection of native flora)
heen away; [drive, sneak, ride etc] off; *vgl* overheen & [2]weg; *nergens ~* nowhere; *overal ~* everywhere; *ik ben door mijn voorraad enveloppen ~* I have run out of ...; *wat ging er door je ~?* how did it feel?; *zie ook* doorheen; *waar **gaat** u ~?* where are you going (*of:* off to)?; *waar **moet** de tafel ~?* where is the ... to go?; *waar moet dat ~?, (fig)* what are we (what's the world) coming to?; *waar **wil** je ~?, (fig)* what are you driving (*of:* getting) at?; *ik zie waar hij ~ wil, (ook)* I see his drift; *~ en **terug*** there and back; [take a bus] each way, both ways; *~ en terug naar K* to K and back; *zie ook* heen-en-terugreis; *hij is ver ~, (van zieke, dronkaard)* he is far gone; *~ en **weer*** [walk] to and fro, up and down, backward(s) and forward(s); *~ en weer bewegen (trekken), (intr)* move about; *een reis ~ en weer van hier naar B* a round trip to B; *na lang ~ en weer praten* after a good deal of talking; *zie ook* om: ~heen, over(heen), zitten, enz
heen-en-terugreis double journey (voyage), round trip
heen-en-weer: *~ gaand* reciprocating [motion]; *~ geloop* (constant) coming and going; *~ gepraat* palaver, crosstalk; *krijg het ~* drop dead!
heengaan go away, walk off, leave, take o.s. off, make one's exit; *(stilletjes)* slip off; *(sterven)* pass away; *in vrede ~* depart in peace; *ik ga heen* I'm going, I'm off; *daar gaan twee dagen mee heen* it will take two days; *zijn ~, (sterven)* his passing away; *(aftreden)* resignation; *zie ook* heen
heenkomen I *ww* get away, escape; *~ door* get (make one's way) through; tide over [the difficulties]; **II** *zn: hij zocht een goed ~* he sought safety in flight
heenlopen run away; *loop heen!* get along with you!; *luchtig (gemakkelijk) over iets ~* brush aside [an objection], dismiss [an idea] too lightly, scamp [one's work]; *laat niet over je ~* don't let people (your husband, etc) walk over you; *zie ook* glijden: ~ over
heenreis journey (*zee:* voyage) out, outward journey (voyage)
heenweg: *(op) de ~* (on) the way there
[1]**heer** host, army
[2]**heer** gentleman; *(vorst, gebieder)* lord; *(des huizes, baas)* master; *(ve heerlijkheid)* seigneur, lord of the manor; *de ~ vh dorp* the (village) squire; *(ve dame bij dans, diner)* partner; *(kaart)* king; *~tje* young gentleman; *(fatje)* swell, dandy, (young) blood; *het ~tje zijn* be in clover; *gevaarlijk ~* ugly customer; *de H~* the Lord; *onze lieve H~* our Lord; *(iron v pers)* tin god, tinpot deity, [he thinks he's] God Almighty; *Ons-H~, (r-k)* the host; *dames en heren* ladies and gentlemen; *mijne heren* gentlemen; *Neen, ~!* No, my Lord!; *och ~!* Oh, Lord!, good heavens!; *de ~ W* Mr W; *de heren S en L* Mr S and Mr L; *(soms, v firma steeds)* Messrs S & L; *de heren W & Co* Messrs W & Co; *twee heren **dienen*** [no one can] serve two masters; ***grote** heren* great lords; *de ~ des **huizes*** the master of the house; *in het **jaar** onzes Heren* in the year of grace, in the year of our Lord; *de **jonge** ~ S* Master S; *zo ~ zo **knecht*** like master, like servant; *~ en **meester*** lord and master [*over* of]; *zijn eigen ~ en meester zijn* be one's own master (man, woman); *de (mijn) **oude** ~* the (my) governor, the old man; *(scherts, soms)* the pater; *de heren der **schepping*** the lords of creation; ***voornaam** ~, (fam)* great swell, nob; *zie ook* dag, fijn, herejee, heerschaar, huis, kers, uithangen & *vgl* willen
heerachtig genteel(-looking); *~ type* gent
heerbaan high road, military road
heerban arrière-ban, summons (call) to arms
heerleger host
heerlijk 1 *(vd heer)* manorial, *(Eng ook)* seigniorial, *(Fr)* seigneurial [rights]; *~ recht, (ook)* seigniory; **2** delicious [food, smell], glorious, lovely [weather, I am having a lovely time], beautiful [cakes, smell]; *dat zou ~ zijn! (fam)* that would be wonderful!; *ik zou het ~ vinden!* I'd love to (go, etc); *het is ~ zo'n vriend te hebben* it's splendid to ...; *jullie ~ landje, (iron)* your precious country
heerlijkheid 1 *(landgoed)* manor, seigniory; *vgl* heerlijk 1; **2** *(pracht)* magnificence, glory; *(gelukzaligheid)* [heavenly] bliss, glory; **3** deliciousness; *(concr, meest mv)* [eat all kinds of] delicacies
heerneef, heeroom, heerzoon *(r-k)* **1** cousin or nephew (uncle, son) in orders; reverend cousin or nephew (uncle, son); **2** His (Your) Reverence
heerschaar host; *de Heer der Heerscharen* the Lord (God) of Hosts
heerschap 1 *(kwaliteit)* seigniory; **2** *(iron)* gent; *(aanspr: volkst)* Mister!, Guv'nor!; *zie ook* fijn
heerschappij mastery, dominion, power, [come un-

der British] rule, lordship, sovereignty; *elkaar de ~ betwisten* fight for the mastery; *~ voeren (uitoefenen)* rule, hold sway [*over* over]

heersen *(regeren)* rule, *(ve vorst(in) & fig)* reign, hold sway; *(ve ziekte, gewoonte, winden, enz)* prevail, be prevalent; *(woeden, ve ziekte)* be about; *~ **over*** rule [a country], hold sway over; *er heerst een meer hoopvolle stemming* a ... feeling prevails; *er heerst een lelijke geest onder de stakers* there is an ugly spirit abroad among ...; *de werkloosheid heerste algemeen* unemployment was rampant (rife, prevalent); *het ~* the prevalence [of winds, fogs, etc]

heersend prevailing [opinion, fashion, wind], prevalent [economic theories], ruling [prices], established [form of government], obtaining [the conditions obtaining in this institution]

heerser(es) ruler

heerszucht lust for power, ambition

heerszuchtig ambitious

heerweg high road, military road

hees I *bn* hoarse, husky; II *ww ovt van* hijsen

heesheid hoarseness, huskiness

heester(achtig) shrub(like); *heesters, (ook)* shrubbery

heet hot *(ook v tranen, kruiderijen, gevecht, enz); hete luchtstreek* torrid zone; *hete tranen, (ook)* scalding tears; *ik word er niet ~ of koud van* I couldn't care less; *in het **heetst** van de strijd* in the thick of the fight; *~ van de **naald*** red-hot [news]; *~ van de **rooster*** piping hot; *het zal er ~ **toegaan*** it will be hot work; *zie ook* warm, betrappen, hangijzer, vuur, enz

heetgebakerd hot-, quick-tempered; *een ~ jong hervormer* a young man in a hurry

heethoofd hothead(ed person), firebrand

heetlopen get heated *(ook fig)*

heetwatertoestel (water) heater

hef 1 dregs, lees; **2** *(uitvaagsel)* scum; *de ~fe des volks* the dregs of the population, the rabble, the riff-raff

hefbok screw jack

hefboom lever [of the first order *soort*]

hefboomwerking leverage

hefbrug (vertical) lift bridge, *(in garage)* [hydraulic] lift

heffe *zie* hef 2

heffen 1 *(optillen)* raise, lift; *zie ook* gewicht, enz; *op iem ~* drink a p.'s health; **2** *(belasting)* levy, impose [taxes, duties]; *(schoolgeld)* charge [a fee of £500]; *belastingen (bijdragen) ~ van* levy taxes (contributions) on

heffing 1 *(fin)* levying [of taxes], imposition; *een ~ van 12%* a 12 per cent levy; *~ ineens* capital levy, [raise a] levy on capital; **2** *(metriek)* arsis, lift

heffingsvers accentual verse

hefschroefvliegtuig helicopter

heft handle, haft; *(ve zwaard)* hilt; *het ~ in handen hebben* be at the helm (in power, in control), have the whip hand; *ik laat mij het ~ niet uit handen nemen* I am not going to give up control

heftig violent [objections, person], vehement [attack, denial], furious [argument], heated [debate, words; he went on heatedly], hot ['...!', he answered hotly]; *(fam)* super

heftigheid violence, vehemence, heat

heftruck forklift (truck), fork truck

hefvermogen lifting power, [a ten ton] lift, capacity

heg hedge, fence; *zie ook* haag; *over ~ en steg* up hill and down dale, across country; cross-country [race]; *ik weet hier ~ noch steg* I don't know my way (am a total stranger) here

hegemonie hegemony

heggenmus hedge sparrow

heggenrank (white) bryony

heggenschaar (garden, hand) shears, hedge shears; *(elektr)* hedge trimmer

hei 1 hey!, hi!, hello!, hullo!; *~, jongens, kalmte!* now boys, if you please!; *~ daar* hey there!, what ho!; **2** *zie* heide; **3** *zie* heiblok & heitoestel

heibei shrew, termagant, scold

heibel racket; row; *zie* herrie

heiblok drop (*of:* pile) hammer, ram, monkey

heibok floating piledriver

heidamp peat-smoke

heide 1 *(veld)* heath, moor; *vergaderen op de ~, de hei opgaan* hold a bonding session; **2** *(plant)* heather, heath

heideachtig heath(er)y; *~en* ericaceae

heidebrand heath(land) fire

heidebrem genista

heidegrond heath(land), moor(land)

heidehoning heather honey

heidekruid heather

heidemaatschappij moorland reclamation society

heiden heathen *(ook mv)*, pagan; *(hist: zigeuner)* gypsy; *aan de ~en overgeleverd zijn, (Matth. 20:19)* be delivered to the Gentiles; *(fig)* be abandoned to the tender mercies of someone

heidendom heathenism; paganism; *(de heidenen)* heathendom

heidens heathen [gods, practices], pagan [deities, tribes]; *(als een heiden)* heathenish; *~ lawaai* infernal noise (din, racket), unholy row; *een ~ karwei* a devil of a job; *~ moeilijk* devilish hard, hellishly (infernally) difficult

heideontginning moorland reclamation

heideplag heather sod

heideplant, heidestruik heather, heath

heideveld heath

heidin heathen (woman), pagan (woman); *(hist) vgl* heiden

heien ram, drive [piles]; *dat staat als geheid* that is as firm as a rock; *zie ook* geheid

heier rammer

heiig hazy

heiigheid haziness, haze

heikel perilous, risky, chancy

heikneuter boor
heil welfare, good [act for the good of the country; it is for your good]; *(der ziel)* salvation; *veel ~ en zegen (in het nieuwe jaar)* (a) happy New Year!; *ik zie er geen (niet veel) ~ in* I don't see the good of it (see much point in it); *hij zocht zijn ~ bij het spiritisme* he resorted (had recourse) to spiritualism; *zijn ~ in de vlucht zoeken* seek safety in flight; *zijn ~ verwachten van* pin one's faith on
heila *zie* hei 1
Heiland Saviour
heilbede good wishes [for a p.'s welfare], God speed
heilbot halibut
heildronk toast, health
heilgymnastiek remedial (gymnastic) exercises
heilig holy [ground, life, man], Holy [City, Father, Ghost, Land], sacred [cow, duty, promise, rights, river, writings]; *de H~e Franciscus* St Francis; *~ getal* sacred number: 7; *het H~e Graf* the Holy Sepulchre; *het H~e Hart* the Sacred Heart; *het is hem ~e ernst* he is dead serious; *~ huisje, a)* wayside shrine; *b)* pub; *c)* sacrosanct belief, etc; taboo, *(fam, ook: ~e koe)* sacred cow; *als het ~e moeten er bij komt* when it gets to be a case of must; *~e oorlog* holy war, jihad; *~e overtuiging* profound (firm) conviction [be firmly convinced of s.t.]; *de H~e Schrift* Holy Writ, Holy Scripture, the Holy Bible; *de ~e waarheid, ~ waar* [it is] gospel truth; *niets is hem ~* nothing is sacred to him; *hij is nog ~ bij zijn broer* he is a model compared with ...; *~ verklaren* canonize; *~ beloven (verzekeren)* promise (declare) solemnly; *zie ook* heilige, boon, dienst, [2]geest 1, maagd, olie, stoel, [1]vat 2, [2]zweren, enz
heiligbeen sacrum, sacred bone
heiligdom 1 *(plaats)* sanctuary, shrine; *zijn ~* his sanctum (private room); **2** *(voorwerp)* relic
heiligdomsvaart pilgrimage
heilige saint; *hij is geen ~* he is no saint; *het H~ der H~n* the Holy of Holies; *(als) van een ~, (ook)* saintly [face]
heiligedag saint's day, holy day
heiligen sanctify, hallow; keep holy [the Sabbath day]; *Uw naam worde geheiligd* hallowed be thy name; *zie ook* doel
heiligenbeeld image of a saint; *(Griekse kerk)* icon
heiligendag saint's day, holy day
heiligenleven saint's life
heiligenverering worship of saints, hagiolatry
heiligheid holiness, sacredness, sanctity; *Zijne H~* His Holiness
heiliging sanctification; consecration; *(viering)* observance
heiligmakend *(r-k)* sanctifying [grace]
heiligmaking sanctification
heiligschennend sacrilegious
heiligschenner desecrator, profaner
heiligschennis sacrilege, desecration, profanation
heiligverklaring canonization
heilloos 1 *(noodlottig)* fatal, disastrous; **2** *(slecht)* wicked, impious, unholy
heilsgebeuren Birth of Christ
heilsleer: *de ~* the Gospel
Heilsleger Salvation Army [officer]
heilsoldaat Salvationist
heilstaat ideal state, Utopia
heilwens congratulation, benediction
heilzaam salutary, beneficial, wholesome
heilzaamheid beneficial (salutary) influence (effect), salutariness, wholesomeness
heimachine piledriver
heimelijk I *bn* secret, private; *(ong)* clandestine, surreptitious; furtive [glance]; hole-and-corner [transactions], underhand [ways], sneaking [sympathy; have a sneaking idea that ...]; *~ gemak* privy; **II** *bw* secretly, etc, in secret, in private; *hij keek mij ~ aan, (ook)* he looked at me out of the corner of his eye, took a covert look at me
heimelijkheid secrecy, secretiveness, stealth
heimwee homesickness, nostalgia; *~ hebben* be homesick [*naar* for]
Hein Harry; *vriend (magere) ~* Death, the Grim Reaper; *~tje Pik* Old Nick; *zie ook* ijzeren
heinde: *~ en ver(re)* far and near
heining fence, enclosure
heipaal (timber, concrete, steel) pile
heir(-) *zie* heer(-)
heirook peat-smoke
heisa I *tw* yippee; **II** *zn* bother, fuss, to-do
heistelling pile(driver) frame
heisteren make a to-do
heitje *(kwartje, vglb)* tanner; *een ~ voor een karweitje* a bob a job
heitoestel piledriver
hek *(omheining)* fence, paling; *(inz ijzeren)* railing(s); *(in kerk)* [choir, etc] screen; *(toegangs~)* gate, *(~je, ook)* wicket; *(v overweg)* level-crossing gate; *(bij rennen)* hurdle, fence, *(mv: sl)* sticks; *(mar)* counter; taffrail; *(achterschip)* stern; *~je, (het teken #)* hash; *het ~ is van de dam* there is no stopping it now, the lid is off; *het ~ sluiten, (fig)* bring up the rear
hekel 1 *(werktuig)* hackle; *over de ~ halen, zie* hekelen; **2** dislike; *een (enorme) ~ hebben aan* hate, dislike (intensely); *een ~ krijgen aan* take a dislike to
hekeldicht satire
hekeldichter satirist
hekelen 1 hackle, comb; **2** *(fig)* criticize, berate, satirize, flay, slate [an author, a book]
hekeling 1 hackling; **2** *(fig)* satirizing, fault-finding
hekelschrift satire, lampoon
hekelzucht censoriousness
hekgolf *(mar)* stern wave
hekkensluiter last comer; *~ zijn* bring up the rear
heklicht *(luchtv en mar)* stern light
heks witch (*ook fig:* little witch); *(feeks)* vixen; *ouwe ~* hag

heksen practise witchcraft, work a charm; *ik kan niet ~ (en blauwverven tegelijk)* I can't do the impossible (perform miracles)
heksenbezem witches' broom
heksenjacht witch-hunt
heksenketel witches' cauldron; *(fig)* [the European] cauldron; *(hels lawaai)* bedlam, pandemonium
heksenkring fairy ring
heksenkruid enchanter's nightshade
heksenmeester wizard, sorcerer, magician
heksenproces witch trial
heksenproef ordeal by water
heksensabbat witches' Sabbath, coven
heksentoer ticklish (tough, devil of a) job; *dat is geen ~* it's as easy as falling off a log
heksenwerk witchcraft, sorcery; *vgl* heksentoer
hekserij witchcraft, sorcery
hekwerk railing(s), fencing, *(voor klimplanten)* trellis-work
hekwiel(er) sternwheel(er)
hel I *bn* bright, vivid [a vivid green]; *(schel)* glaring, violent [his hair was a violent red]; piercing [noise], shrill [sound]; *~ gekleurd* highly (brightly) coloured; II *zn: de ~* hell *(ook fig) een ~ op aarde* a hell (up)on earth; *loop naar de ~!, zie* duivel; *ter ~le varen* go to hell; *voor de poorten van de ~ weggesleept* obtained (achieved) in spite of all opposition
hela *zie* hei 1
helaas alas; unfortunately [he won't listen to me]; [I often have to go there,] more's the pity!, worse luck!
held hero [of the day, hour, match, novel]; *geen ~ in ...* not much good at [figures, maths]; *zie ook* sok
heldendaad heroic deed, act of heroism
heldendicht heroic poem, epic, epopee
heldendichter epic poet
heldendom heroism
heldendood heroic death, death of a hero; *de ~ sterven* die a hero
heldenfeit heroic deed, act of heroism
heldenmoed heroism
heldenrol part of a (the) hero, hero's part
heldensage heroic legend
heldentenor Heldentenor, dramatic tenor
heldenverering hero-worship
helder **1** *(klankvol)* clear; **2** *(v licht, enz)* clear, vivid; bright [colours, star]; luminous [star]; *(klaar)* clear [water, sky], bright [sky, eyes, day], limpid [water, air], transparent; lucid [mind, moment]; *het is ~ dag* it is broad daylight; *zijn geest is ~, (ve zieke)* his mind is lucid; *~ wakker, enz, zie* klaar; **3** *(duidelijk)* clear, lucid [exposition *uiteenzetting*], perspicuous [style]; *(scherpzinnig)* bright [boy]; *~ van hoofd* clear-headed; *~ betoog* clear (lucid, perspicuous) argument; *~e druk* clear print; *~ verstand* clear brain; *zo ~ als glas, zie* glashelder; **4** *(zindelijk)* clean, cleanly
helderblauw, enz, bright blue, etc
helderdenkend clear-headed, clear-thinking
helderheid *(mbt geluid)* clearness; *(mbt licht)* brightness, luminosity *(ook tv-scherm); (klaarheid, ook v betoog)* limpidity, lucidity, perspicuity, transparency; *(mbt stof)* cleanness, cleanliness; *vgl* helder; *~ van gedachte* clarity of thought
helderklinkend clear, ringing
helderziend clairvoyant, second-sighted; *~ zijn, (ook)* be gifted with second sight; *een ~e* a clairvoyant (*vr ook:* clairvoyante)
helderziendheid clairvoyance, second sight
heldhaftig heroic (*bw:* -ally)
heldhaftigheid heroism
heldin heroine *(ook fig: vgl* held*)*
heleboel (whole) lot; *zie* boel
helemaal entirely, altogether, all [alone, wrong; her trunk was all packed; he had all the appearance of ...]; quite, clean [I had clean forgotten it], utterly [I am utterly indifferent to it]; [what does it boil down to] after all; *hij is ~ een vreemdeling voor me* he is a perfect stranger to me; *dat is het ~* it couldn't be bettered; *~* ***aan*** *het eind* at the extreme end [of the train]; *~* ***alleen*** [the hill stands] all by itself; *~* ***beneden (in)*** right at the bottom; *~ boven* ***in*** *het huis (onder het dak)* right at the top of the house (under the roof); *~ in Devon* way down in ...; *~ in het noorden* right up in the north; *~ in de hoek* in the far corner; *~* ***niet*** not at all, not a bit [like this one, you've not changed a bit], nothing [loath]; *niet ~ verkeerd* not all (altogether) wrong; *~ niet verkeerd* not at all wrong; *niet ~ zonder gevaar* not altogether without danger; *nog niet ~ 14 jaar* not quite fourteen years old; *ik begrijp hem niet ~* I can't quite make him out; *de post is ~ niet geweest* the postman never came; *het kwam ~ niet in hem op* it never entered his head; *zij konden ons wel eens ~ niet willen leveren* they might refuse to supply us at all; *~ niet!* [they are engaged?] Engaged nothing!, not a bit of it!; *hij kan ~ niet zingen, enz, (ook)* he cannot sing (ride, etc) for nuts; *zie ook* lang: ~ niet; *~* ***niets*** nothing at all, absolutely nothing [against it]; *~* ***tot*** all the way to, right down to [the river]; *~ tot boven* right to the (very) top; *~* ***van*** *A* [come] all the way from A; *zie ook* opnieuw, enz
[1]**helen** receive, fence [stolen goods]
[2]**helen** I *tr* heal, cure; II *intr* heal (up), cicatrize; *de tijd heelt alle wonden* time cures all things
Helena Helen; *(heilige)* [St] Helena
heler receiver (of stolen goods), fence
helft half; *wat is de ~ van 4?* what is (the) half of four (half four)?; *de ~ van 4 is 2* (the) half of four (half four) is two; *de ~ ervan is bedorven* half of it is (half of them are) bad; *ieder de ~ betalen, (ook)* go halves (*fam:* fifty-fifty) [*van de kosten* in the expenses]; *de* ***beste*** *~* the better half; *zijn* ***betere*** *~* his better half; *de* ***grootste*** *~ van de tijd* [it took up] the best (the greater) part of ...; *de ~ meer* half as much (many) again; *de ~ te veel* too many (much) by half; *de ~ minder* less by half; *de ~ van de weg* half the way; *we*

zijn op de ~ (van het boek) we are halfway through (the book); ***tegen de ~ van de prijs*** at half the price, at half-price; ***tot op de ~ terugbrengen*** cut down [train services] by (a) half; ***voor de ~*** half [full of water; that only half describes it]

Helgoland Heligoland

Helhond hell-hound, Cerberus

heli chopper

helidak helipad roof

helihaven heliport

helikopter helicopter

helikopterdek helideck

helikopteren helicopter

heling receiving, fencing

heliocentrisch heliocentric

heliograaf heliograph

heliograferen heliograph; *(fam)* helio

heliogram heliogram

heliogravure heliogravure

helioscoop helioscope

heliostaat heliostat

heliotroop heliotrope

heliport heliport

helium helium

helix helix

hellebaard halberd

hellebaardier halberdier

helleborus hellebore

Helleen Hellene

Helleens Hellenic

hellen incline, slope, slant, dip, *(zacht)* shelve; *(luchtv, mar, enz) zie* overhellen; *~d, (ook)* inclined; *~d vlak* inclined plane, *(fig ook)* [stand on a] slippery slope

hellenisme Hellenism

hellenist Hellenist

hellepijn torments of hell

hellepoort gate(s) of hell

hellevaart descent into hell

helleveeg shrew, scold, virago, vixen, termagant

hellevorst prince of darkness

hellevuur hellfire

helling 1 slope, incline, dip, declivity, descent, downhill; *(ve spoorweg, enz)* gradient, *(Am)* grade; *~ van de magneetnaald* dip of the needle; **2** *(scheepsbouw)* slip(way), slips; *op de ~, (fig, voor herstel)* in dock; *(in heroverweging)* under review; *de hele procedure moet op de ~* the ... will have to be looked at (overhauled), must be revised, needs rethinking

hellingmeter clinometer; *(luchtv)* bank indicator

hellingproef hill start

hellingsgraad gradient, incline, *(Am)* grade

hellingshoek (angle of) dip (inclination)

hellingslijn *(geol)* line of dip

helm 1 helmet *(ook ve distilleerkolf)*, steel cap, *(fam)* tin hat; *(dicht)* helm, casque; *(ve duiker)* headpiece; *(bij pasgeboren kind: met de ~ geboren)* [born with a] caul; **2** *(plant)* marram (grass)

helmdraad filament

helmgras marram (grass)

helmhoed sun-helmet, pith helmet; *(Br-I)* topee

helmknop anther

helmkruid figwort

helmplant marram (grass)

helmstok tiller, helm

helmteken crest

heloot helot

help: *lieve ~!, zie* genade: goeie ~

helpen 1 *(bijstaan)* help, aid, assist, give a hand, *(lit)* succour; *(bedienen)* attend to, serve [are you being attended to?, served?, seen to?]; *(dokter bij bevalling)* attend; *(chirurg)* operate; *(steriliseren, euf)* neuter, doctor, *(Am)* alter, *(fam)* fix [the cat]; *help!* help!; *hij helpt me goed* he is quite a help; *ik help het je hopen* I'll hope so for your sake; *iem ~ ontsnappen* help a p. (to) escape; *iem ~ opstaan* assist a p. to get up; *iem ~ trouwen* assist at a p.'s wedding; ***de helpende hand reiken aan*** extend the (a) helping hand to; ***hij is niet meer te ~*** he is past help; *hij hielp me **mijn jas** aandoen (uitdoen, uittrekken)* he helped me on (off) with, helped me into (out of) my ...; ***kan ik ~?****, (van dienst zijn)* can I help?, can I be of any assistance?; *waarmee kan ik u ~?* what can I do for you?; ***ik kan het niet ~*** I cannot help it, it is not my fault; *kon hij het ~ dat zij (het meisje) hem gekust had?* could he help her (the girl's) kissing him?; *ik kan het niet ~, maar ik kan zijn houding niet bewonderen* I am sorry, but ...; ***zich ~*** help o.s.; *de dokters konden alle gewonden niet ~* the ... could not cope with all the wounded; *ik kan er u **aan** ~* I can get (procure) it for you; *kunt u mij ~ aan een lucifer?* can you oblige me with a match?; *iem aan een baantje ~* help a p. to get a job, get a p. a job; *daar is geen ~ aan* it cannot be helped; *een jongen ~ **bij (met)** zijn lessen* help a boy with his ...; *~ bij een operatie* assist in ...; ***er bovenop ~****, zie* bovenop; *deze voorraad zal ons **door** de winter heen ~* this ... will carry us through (help us over, tide us over) the ...; *iem **eronder ~**, a)* help to bury a p.; *b)* be the ruin of a p.; *iem **in (uit)** de jas ~* help a p. into (out of) his coat; *erin (eruit) ~* help a p. (to get) in (out); *iem uit de verlegenheid ~* help a p. out (of the difficulty); *hij zal je **in** het ongeluk ~* he will be the ruin of you; ***heen ~ over*** help [a p.] over [the difficulties]; *zie ook* been, lijden II, onthouden, waarlijk, enz; **2** *(baten)* avail, be of avail, be of use; *dat hielp werkelijk* that really answered (did the trick); *dat helpt niet veel* that doesn't help much, that is not (of) much use; ***het helpt niets*** it's (of) no use (no good, doesn't help matters); *het had haar totaal niets geholpen* it had not done her the least bit of good; ***dat zal veel ~!*** that'll help a lot!; ***wat helpt het?*** what's the use?, what is the good of it?

help(st)er assistant, helper, aid

hels hellish, infernal [noise], devilish; *een ~ lawaai, (ook)* a pandemonium, a hell of a noise; *~e machine* infernal machine; *~e steen* lunar caustic, lapis infernalis; *~ zijn* be in a devil of a temper, be furious; *iem ~ maken* infuriate a p.

Helvetië Helvetia

Helvetiër, Helvetisch Helvetian

hem I *vnw* him; *Jan is '~', (spel)* J is he, is it; *die van ~* his; *dat boek van ~* that book of his; *het is van ~* it is his; II *tw* ahem!, hem!, h'm!

hematiet haematite

hematologe, hematoloog haematologist

hematoom haematoma

hematurie haematuria

hemd vest (*v vrouwen, ook:* chemise), *(Am)* undershirt; shirt; ***in** zijn ~ staan, (fig), a)* cut a helpless (foolish) figure, have egg on one's face; *b)* be cleaned out; *iem in zijn ~ zetten (laten staan)* make a p. look silly (foolish); *het ~ is **nader** dan de rok* charity begins at home; ***tot** op het ~ toe nat* soaked to the skin, wet through; *iem tot het ~ toe uitkleden, (fig)* fleece (*of:* skin) a p., clean a p. out; *iem het ~ van het lijf **vragen*** pump a p. dry with questions; *zie ook* lijf

hemdsboord shirt-collar

hemdsknoopje *(vast)* shirt-button; *(los)* shirt-stud

hemdsmouw shirtsleeve; *in zijn ~en* in his shirt-sleeves; *zie ook* draad

hemel 1 *(uitspansel)* sky (*ook fig:* the political sky is clearing), firmament, heavens; *(op schilderij)* sky; *als de ~ **valt** zijn we allemaal dood* if the sky falls we shall catch larks; ***aan** de ~* in the sky, in the heavens; *de sterren staan aan de ~* the ... are out; *hoog aan de ~* [the sun was] high in the sky (the heavens); **2** *(ve ledikant)* tester, *(inz v ~bed & wieg)* canopy; *(ve troon)* canopy, baldachin; **3** *(~rijk & ~heer)* heaven; *(goeie, lieve, mijn) ~ (nog an toe)!* (good) heavens!, heavens above!, (my) goodness!, bless my soul!, dear me!; *al kon ik er de ~ mee verdienen* [I couldn't do it] to save my life; *~ en **aarde** bewegen* move heaven and earth, leave no stone unturned; *de ~ **beware** ons* Heaven (God) forbid; *de ~ zij **dank*** Heaven be praised; *de ~ danken* thank one's (lucky) stars; *de ~ **weet** wat er kan gebeuren* Heaven (goodness) knows ...; ***in** de ~* in heaven; *in de ~ komen* go to heaven; *in ('s) ~s naam* for Heaven's (for goodness') sake [do not go]; *ik wou in ('s) ~s naam ...* I wish to Heaven (to goodness) ...; *wat bedoel je in ('s) ~s naam?* what on earth do you mean?; *in de zevende ~ zijn* be in (the, one's) seventh heaven; *zijn handen (ogen) **ten** ~ heffen* raise one's ... to Heaven; *ten ~ zenden, (gebeden), zie* opzenden; *ten ~ varen* ascend to heaven; ***tussen** ~ en aarde* in mid-air; *zie ook* bloot, geven, prijzen, schreien, enz

hemelas celestial axis

hemelbed four-poster (bed), canopied bed

hemelbestormer Titan; *(fig)* idealistic revolutionary

hemelbewoner inhabitant of Heaven

hemelbode messenger from Heaven, heavenly messenger

hemelbol celestial globe

hemelboog *zie* hemelgewelf

hemelburger inhabitant of Heaven

hemeldak *zie* hemelgewelf

hemeldauw dew of heaven, manna

hemeldragonder sky pilot

hemelen *ww: (gaan) ~* go to heaven

hemelgewelf vault (arch, canopy) of heaven, firmament, sky

hemelglobe celestial globe

hemelheer 1 Lord of Heaven *(God)* **2** host of angels, celestial host *(de engelen)*

hemelhoog towering (to the sky, skies), sky-high; *-hoge bergen* soaring mountains; *~ prijzen* praise (laud) to the skies; *(in ong zin)* puff (cry up); *~ boven zijn collega's staan* stand (*of:* tower) head and shoulders above one's colleagues

hemelkaart astronomical map

hemelkoningin Queen of Heaven

hemelkoor heavenly choir

hemellichaam heavenly (celestial) body

hemelpoort gates of Heaven, Pearly Gates

hemelrijk kingdom of Heaven

hemelruim universe

hemels heavenly [our heavenly Father, heavenly bliss], celestial; *het ~e Jeruzalem* the New Jerusalem; *het Hemelse Rijk, (China)* the Celestial Empire

hemelsbreed 1 [three miles] as the crow flies, in a straight line; **2** wide, vast [difference]; *een ~ verschil* [make] a world of difference; *ze verschillen ~* they are poles apart (asunder), there is a world of difference between them

hemelsbreedte astronomical (celestial) latitude; *volgens ~, zie* hemelsbreed 1

hemelsnaam: *in ~, zie* hemel: in ('s) ~s naam

hemelstreek *(luchtstreek)* zone, climate, *(windstreek)* point of the compass

hemeltergend flagrant [offence], crying [shame; *ook:* the injustice cries to Heaven]

hemeltje(lief)! good(ness) gracious!, dear me!

Hemelvaart 1 Ascension; *Maria-~* Assumption of the Holy Virgin; **2** *(~dag)* Ascension Day

hemelvaartsdag Ascension Day

Hemelvader Heavenly Father

hemelvuur [struck by] lightning

hemelwaarts heavenward, towards Heaven

hemelwater rain(water)

hemeralopie nyctalopia, night blindness

hemicyclus hemicycle

hemisfeer hemisphere

hemmen hem, clear one's throat

hemofilie haemophilia, *(fam)* bleeding

hemoglobine haemoglobin

hemolyserend haemolytic

hemorroïden haemorrhoids

hemostatisch, hemostyptisch haemostatic

hemzelf himself; *vgl* zelf & zichzelf

[1]hen *zn* hen; *zie ook* kip

²hen *vnw* them; *vgl* hem I
hendel *(ve machine)* handle
hendiadys hendiadys
Hendrik Henry; *brave ~* paragon of virtue, goody-goody; *(plant)* Good King Henry
Henegouwen Hainault
henen forth; *zie verder* heen
heng hinge
hengel fishing (angling) rod, rod and line
hengelaar angler
hengelakte fishing licence
hengelartikelen fishing tackle
hengelclub angling club
hengelen angle; *~ naar* fish (angle) for [a compliment, invitations]; *zij hengelt naar hem* she is setting her cap at him (leading him on); *het ~* (rod, coarse) fishing, coarse fishing, angling
hengelmicrofoon boom microphone
hengelroede fishing rod
hengelsnoer fishing line
hengelsport angling
hengelstok fishing rod
hengsel handle, bail; *(scharnier)* hinge; *uit de ~s* [the door is] off the hinges
hengselkorf handbasket
hengselkruis ansate cross
hengselmand handbasket
hengst stallion, *(soms)* horse; *(min ook: 'boerenhengst')* bumpkin
hengsten *(vossen)* swot
hengstveulen colt (foal)
henna henna; *met ~ verven* henna
hennengat *(mar)* helm-port
hennep hemp, cannabis
hennepen hemp(en)
hennepgaren hemp yarn
hennepnetel hemp-nettle
hennepolie hempseed oil
hennepzaad hempseed
hens: *alle ~ aan dek* all hands on deck; *in de ~* [the house is] on fire
henzelf themselves; *vgl* zelf & zichzelf
henzen be on fire
hepatisch hepatic
hepatitis hepatitis
heptaan heptane
heptaëder heptahedron
heptagoon heptagon
heptameter heptameter
heptarchie heptarchy
heptatlon heptathlon
heptavalent heptavalent
¹her *bw: ~ en der, (overal)* here and there, (here, there and) everywhere, *(overal heen)* hither and thither; *van eeuwen ~* from times immemorial; *van ouds ~* (from) of old; *dateren van tijden ~* date back a long way; *hun vriendschap dateerde van jaren ~* their friendship was of long standing; *zie ook* hot
²her *zn (herexamen, fam)* resit
her- *(voorvoegsel)* re-, ... again
herademen *(ook fig)* breathe again, breathe more freely
herademing *(fig)* relief
heraldicus armorist, heraldist
heraldiek I *zn* heraldry, heraldic art; **II** *bn* heraldic
heraldisch heraldic (*bw:* -ally)
heraut herald
herbarist herbalist
herbarium 1 herbarium; **2** *(boek)* herbal
herbebossen re(af)forest
herbebossing re(af)forestation
herbeginnen begin again (all over), restart
herbegrafenis reburial
herbenoemen reappoint
herbenoeming [eligible for] reappointment
herberg inn, public house (*fam:* pub), tavern; *de ~ 'de Zon'* the Sun Inn [the White Horse Inn, etc]; *logeren in de ~ 'het Schip', (ook)* stay at (the sign of) the Ship
herbergen lodge, house, put up, accommodate; harbour [a fugitive]
herbergier innkeeper, publican, host, landlord; *~ met vergunning* licensed victualler
herbergierster landlady, hostess
herbergzaam hospitable
herbevestigen reconfirm [a flight reservation]
herbewapenen rearm
herbewapening rearmament
herbezinnen *vgl* heroverwegen
herbicide herbicide
herbivoor herbivore (*mv ook:* -vora), herbivorous animal
herboren born again, reborn, regenerate
herboriseren herborize, botanize
herborist herborist, botanist
herbouw rebuilding, reconstruction [of Europe]
herbouwen rebuild, reconstruct
hercirculatie recycling
herculesarbeid labour of Hercules, Herculean task
herculeskever Hercules (beetle)
herculisch Herculean
Hercynisch Hercynian [Forest]
herdenken *(vieren)* commemorate; *(zich herinneren)* remember, recall (to mind)
herdenking commemoration; remembrance; *ter ~ van* in commemoration of; *zie ook* dodenherdenking
herdenkings- commemorative [address *rede*; medal]; *vgl* gedenk-
herdenkingsdienst memorial (commemorative) service, service of commemoration
herdenkingspostzegel commemorative (postage) stamp, [Byron] centenary stamp, [De Ruyter] tercentenary stamp
herder 1 *(schaap~)* shepherd; *(vee~)* herdsman; *(vooral in sam)* herd [cowherd, swineherd]; *(zielen~)* shepherd; pastor; *de goede H~* the Good

Shepherd; **2** *zie* herdershond
herderin shepherdess
herderlijk pastoral [life, scene]; ~ *ambt, zie* herdersambt; ~ *schrijven* pastoral (letter)
herdersambt pastorate, pastoral office
herdersdicht pastoral (poem), eclogue
herdersfluit shepherd's (*of:* oaten) pipe
herdershond sheepdog, shepherd('s) dog; *(Duitse)* ~ Alsatian, German shepherd (dog)
herdersjongen, herdersknaap shepherd('s) boy
herdersleven shepherd's life, pastoral life
herderslied pastoral (song)
herdersmat *(schaaksp)* scholar's mate
herdersroman pastoral romance
herdersspel pastoral play
herdersstaf (shepherd's) crook; *(ve bisschop)* crozier, pastoral staff
herderstasje *(plant)* shepherd's purse
herdersvolk pastoral people, herdsmen, pastoralists
herderszang pastoral (song)
herdisconto re-discount
herdoop rebaptism
herdopen rebaptize, rechristen, rename; *vgl* dopen
herdruk reprint, new impression; *(herzien)* new edition; *in* ~ [the book is] reprinting
herdrukken reprint
hereditair hereditary
herediteit heredity
herejee dear me!, good(ness) gracious!
heremiet hermit
heremietkreeft hermit crab
heremijntijd dear me!, good(ness) gracious!
herenakkoord gentleman's (-men's) agreement
herenartikelen accessories for men, men's fashions
herenboer gentleman farmer
herendienst *(ook: ~en)* statute labour, labour service, corvée
herendubbel men's doubles
herenenkelspel men's singles
herenfiets men's bicycle
herenfuif bachelor (*fam:* stag) party
herenhuis 1 (detached, semi-detached) house, des res; **2** mansion; **3** *(ve ambachtsheer)* manor house, hall
herenigen 1 reunite; **2** reconcile
hereniging 1 reunion; *de* ~ *van Duitsland* the reunification of Germany; **2** reconciliation
herenkapper men's hairdresser, barber
herenkleding menswear, (gentle)men's clothing
herenknecht footman, gentlemen's man, *(scherts)* gentlemen's gentleman
herenkostuum men's suit
herenleventje: *een* ~ *leiden* live like a prince
herenmode men's fashion(s)
herenondergoed men's underwear
herentoilet men's, gentlemens' lavatory (toilet, room, *Am:* restroom), *(fam)* gents
herenwinkel (gentle)men's outfitter, man's shop
heresie heresy
herexamen resit, re-examination; ~ *doen* resit an exam
herexport re-export
herformuleren reformulate, reword, rephrase, put differently
herfst autumn; *(Am)* fall
herfstachtig autumnal
herfstaster Michaelmas daisy
herfstbladeren autumn leaves
herfstdag autumn(al) day
herfstdraden (threads of) gossamer, autumn cobwebs
herfstig autumnal; *het wordt* ~ autumn is setting in
herfstkleuren autumn tints, autumn(al) colours (hues)
herfstmaand 1 September; **2** autumn month
herfstnachtevening autumnal equinox
herfstpunt autumnal equinoctial point
herfstsering phlox
herfsttijd autumn (time)
herfsttijloos autumn crocus, meadow saffron, naked ladies
herfsttinten autumn tints
herfstvakantie autumn half term (break)
herfstweer autumn(al) weather
hergebruik 1 re-use; **2** recycling; *geschikt voor* ~ recyclable
hergeven 1 give (*kaartsp:* deal) again; **2** give back
hergroeperen regroup; *(pol, enz)* realign
hergroepering regrouping; realignment
herhaalbaar repeatable; reproducible [experiment]
herhaald repeated; *~e malen, zie* herhaaldelijk
herhaaldelijk repeatedly, again and again, time and again, over and over again
herhalen repeat; *(telkens weer)* reiterate, say (do) over and over again; *in het kort* ~ summarize, recapitulate; *zich* ~ repeat o.s.; *(v ziekte, enz)* recur; *zijn woorden laten zich niet* ~ his words do not bear repeating; *~d, (ook)* recursive
herhaling repetition, reiteration, recapitulation, repeat (performance); *(televisie)* action replay; *(mil) zie* herhalingsoefening; *bij ~, zie* herhaaldelijk; *in geval van ~, (jur)* in case of a second offence; *in ~en vervallen* repeat o.s.
herhalingscursus refresher (revision) course
herhalingsoefening revision exercise, refresher period; *~en, (mil)* [reservists called up for] retraining
herhalingsteken *(muz)* repeat
herhuisvesten rehouse
herijk regauge
herijken regauge; review [social security arrangements]; *zijn normen* ~ reassess one's norms
herik *(plant)* charlock
herinneren 1 *zich* ~ remember, recollect, (re)call to mind, recall; *als ik me goed herinner* if I remember rightly (right, aright); *voor zover ik me herinner* as far as I remember, to the best of my recollection;

niet voor zover ik mij herinner not to my recollection, not that I can remember; *we ~ ons niet, dat ...*, *(ook)* we do not remember [him visiting us], I have no recollection of [his saying so]; *ze herinnerde zich (totaal) niets, (ook)* her memory (mind) was a(n utter) blank; *men zal zich ~ ...* it will be remembered ...; **2** *iem (aan) iets ~* remind a p. (put a p. in mind) of s.t. [I reminded him of where we had met]; *~ aan (zonder lijdend voorwerp)* recall (to mind) [(the fact) that ...]; *ze ~ aan de tijd, dat ...* they remind one of, recall (to mind) the time when ...; *herinner mij eraan, dat ik ga* remind me to go; *heel vriendelijk, dat je me eraan herinnert* thank you for reminding me; *~de aan ...* [a story] reminiscent of ...

herinnering 1 *(het zich herinneren; ook: een ~)* recollection, remembrance, reminiscence, memory [*aan* of]; *pijnlijke ~en* painful memories; *in ~ brengen* call to mind; *ter ~ aan* in memory (in remembrance) of; **2** *(wat helpt onthouden)* reminder [*aan* of]; *(aandenken)* memento, keepsake, souvenir; *een kleine ~* a gentle reminder; *historische ~en van een plaats* historical associations of ...; *terug in de ~* down memory lane

herinnerings- *zie* herdenkings-

herintreden re-enter [to a profession]

herintreder re-entrant; *(inz vrouw)* returner, returnee

herkansing *(sp)* repêchage; *(examen)* resit

herkauwen 1 ruminate, chew the cud; **2** *(fig)* repeat (keep saying) over and over again

herkauwend: *~ (dier)* ruminant

herkauwer ruminant

herkenbaar recognizable; identifiable

herkennen recognize; identify [a dead body]; *iem aan zijn gang ~* know (recognize) a p. by his walk; *ik zou u niet herkend hebben* I would not have known you (again); *zich ~ in* identify with, find common ground in; *niet te ~, zie* onherkenbaar

herkenning recognition

herkenningsmelodie *(radio, tv)* signature tune

herkenningsplaatje identity disc

herkenningsteken mark (sign, signal) of recognition; distinctive (identifying) mark; mark for identification; *als ~ draag ik ...* you will recognize me by ...

herkeuren re-examine [the rejects *afgekeurden*], retest

herkeuring re-examination, retest

herkiesbaar eligible for re-election, re-eligible; *zich niet ~ stellen* not offer o.s. for (not seek) re-election

herkiezen re-elect; *niet herkozen worden, (ook)* lose one's seat, be unseated

herkomst origin, descent, source, extraction, provenance

herkomstig *zie* afkomstig

herkrijgen recover [one's health, property, one's balance], regain [one's strength, one's faith], get back [one's health]; *de spraak ~* find (recover) one's voice

herkrijging recovery, recuperation *vgl het ww*

herladen recharge [a battery]

herleidbaar reducible (*tot* to)

herleiden reduce *(ook in de rek);* convert [Dutch money into English, local time into GMT (Greenwich Mean Time)]; *prijzen tot goud herleid* prices in terms of gold

herleiding reduction, conversion [rate, table]

herleven revive, return to life, live again; relive, live [life] over again; *doen ~* revive

herleving revival, rebirth, renascence [of the Liberal party]

herlezen reread, read again

herlezing rereading; *bij de ~ van Uw brief* on reading your letter over again, on a second reading of ...

hermafrodiet hermaphrodite (*attr ook:* -ditic)

Herman *(hist)* Arminius

hermandad Hermandad; *de (heilige) ~* the police, the law

herme *(bk)* herm

hermelijn *(dier & bont)* ermine; *(dier in bruine zomervacht)* stoat

hermelijnen ermine

hermeneutiek hermeneutics

hermeneutisch hermeneutic(al)

hermesstaf caduceus

hermeszuil herm

hermetisch 1 *(esoterisch)* hermetic (*bw:* -ally); **2** *(luchtdicht)* airtight; *~ gesloten* hermetically sealed, firmly (tight) shut

hermetisme hermetism

hermitage hermitage; *(wijn & museum)* Hermitage

hernemen 1 take again; resume [one's seat], reassume [his face reassumed the same expression]; *(vesting, enz)* retake, recapture; **2** *(hervatten)* resume, reply; *zich ~* recover; pull o.s. together

herneming 1 recapture; **2** revival *(ook theat)* **3** restart, resumption

hernhutter *zn* Moravian (brother, *mv:* brethren)

hernhutter(s) *bn* Moravian

hernia 1 hernia, rupture; **2** slipped disc (*Am:* disk)

hernieuwen renew, renovate; resume [old friendship]; *de aanval ~* return to the charge

hernieuwing renewal

Herodes Herod

heroïek 1 heroicism; **2** *zie* heroïsch

heroïne heroin [addict, prostitute, traffic]

heroïnehond sniffer dog

heroïsch heroic (*bw:* -ally)

heroïsme heroism

heropenen reopen

heropening reopening

heropvoeden re-educate

heroriënteren reorient(ate)

heros *(mv: heroën)* hero (*mv:* heroes), demigod

heroveren reconquer, recapture, retake, recover [from the enemy *op* ...]

herovering reconquest, recapture, recovery

heroverwegen rethink
heroverweging rethink; *in* ~ under review
herpakken: *zich* ~ recover, pull o.s. together
herpes herpes
herpetologie herpetology
herplaatsen re-place; reinsert [an advertisement]
herplaatsing *(ve advertentie)* reinsertion; ~ *wegens misstelling* amended notice; *(hulp bij)* ~, *(v personeel)* outplacement
herplanten replant
herrie *(lawaai, opschudding)* noise, din, hubbub, hullabaloo, racket, row, uproar; *(ruzie)* row, shindy; ~ *maken (schoppen)* kick up a row, raise a dust; *vgl* ruzie
herriemaker *(bij opstootje)* rowdy, rioter, hooligan
herriemakerij hooliganism, rowdyism; aggro
herrieschopper *zie* herriemaker
herrijzen rise again, rise [from the dead]
herrijzenis resurrection, resurgence
herroepbaar revocable, repealable
herroepen revoke [a decree, promise], repeal [laws], retract [a promise], recant [a statement], countermand [an order], reverse [a decree, decision]; *zijn woorden* ~ retract one's words, recant
herroeping revocation, recall, repeal, retraction, recantation; *vgl* herroepen
herschapen *v dw van* herscheppen
herschatten revalue
herscheppen recreate, create again, regenerate, metamorphose, convert, transform [*tot* into]
herschepping re-creation, regeneration, metamorphosis, transformation
herschikken rearrange, reorder; redeploy [troops]; reshuffle [tasks]; reschedule [debts]
herschikking rearrangement, reordering, redeployment, realignment, [cabinet] reshuffle
herscholen retrain, reskill
herscholing retraining
herschrijven rewrite [rule]
hersenarbeid brainwork
hersenbloeding cerebral haemorrhage (*Am:* hemorrhage)
hersenbreker brain-teaser
hersendood cerebral death, brain death
hersenen *(orgaan)* brain; *(massa)* brains; *grote* ~ great brain, cerebrum; *kleine* ~ little (lesser) brain, cerebellum; *zie verder* hersens
hersengezwel brain tumour (*Am:* tumor)
hersengymnastiek mental gymnastics; quiz (programme)
hersenhelft [left, right] cerebral hemisphere
hersenholte 1 cerebral cavity; **2** ventricle
herseninfarct cerebral infarct
hersenkas *zie* hersenpan
hersenkraker brain-teaser
hersenkronkel 1 convolution, gyrus; **2** brain-teaser; **3** queer notion
hersenkwab lobe of the cerebrum (brain)
hersenletsel brain injury (*of:* damage)
hersenloos brainless
hersenontsteking inflammation of the brain, encephalitis
hersenpan brainpan, (vault of the) cranium; skull, head [his head had been battered in]
hersens 1 *(orgaan & massa) zie* hersenen; *iem de* ~ *inslaan* brain a p., knock a p.'s brains out; **2** *(verstand & hoofd)* brains; *vermoei je* ~ *daar niet mee* don't trouble your head about it; *hoe haalde je het in je* ~*?* how did you get it into your head?; *je zult het wel* ***uit*** *je* ~ *laten (om ...)* don't you dare (to ...)!; *hij zal het wel uit zijn* ~ *laten* he will think twice before doing it; *zie ook* hoofd
hersenschim chimera, phantasm, figment of the (*of:* one's) imagination, mirage
hersenschimmig chimerical
hersenschors cerebral cortex
hersenschudding [suffer from] concussion
hersenspinsel *zie* hersenschim
hersenspoelen brainwash
hersenspoeling brainwashing
hersenstam brainstem
hersenstoring: *plotselinge* ~ brainstorm
hersenverweking softening of the brain
hersenvlies cerebral membrane, meninx (*mv:* meninges); *week (hard)* ~ pia (dura) mater
hersenvliesontsteking meningitis
hersenwerk(er) brainwork(er)
hersenwerking working of the brain, cerebration
hersenwinding convolution of the brain
herstel [trade, economic] recovery, recuperation [of the market], restoration [of law and order, the monarchy], reinstatement [in one's job], redress [of grievances]; *(v prijzen, enz)* rally, recovery; *(ve wapen bij het schermen)* recover; *(genezing)* recovery, recuperation; *hij is voor* ~ *van gezondheid in Davos* he is recruiting his health in ...; ~ *van eer* rehabilitation; ~ *van huwelijksrechten* restitution of conjugal rights
herstelbaar curable, repairable, reparable, restorable, retrievable; *vgl* herstellen
herstelbetalingen reparations (payments)
hersteldienst repair service
herstellen I *tr (repareren)* mend, repair [clothes, etc]; redress [grievances, an injustice], restore [the balance *evenwicht*, the monarchy], remedy [an omission *verzuim*, an evil *kwaad*], correct, rectify [a mistake], right [a wrong], set [a wrong] right, retrieve [one's fortunes], make good [the damage]; re-establish, reinstate [a p. in office, in his old rank]; reaffirm [faith in ...]; *in zijn eer* ~ rehabilitate; *men was bezig de weg te* ~ the ... was under repair; *dit type auto werd in ere hersteld* this ... came into its own again; ***zich*** ~, *(v schrik, enz)* recover o.s., pull o.s. together; recover [from ...]; *de handel herstelt zich* trade is recovering (picking up); *de markt (de aandelen) herstelde(n) zich* the market

(the shares) rallied; *de chaos herstelde zich spoedig* the ... soon righted itself; II *intr* recover [from an illness]; [go to the country to] convalesce; *geheel (snel)* ~ make a full (a rapid) recovery; *geheel hersteld zijn* be quite recovered, quite well again; *98, herstel, 89* 98, sorry, 89; *herstelt!, (mil)* as you were!; *~de zijn* be convalescing, convalescent; *~de (zieke)* convalescent
hersteller repairer, repairman
herstelling repair, correction, recovery, restoration, re-establishment, reinstatement *vgl het ww*
herstellingsoord sanatorium, health resort; *(voor herstellenden)* nursing home
herstellingsteken *(muz)* natural (sign)
herstellingsvermogen recuperative power
herstellingswerk repair work, repairs; ~ *uitvoeren* carry out repairs
herstelplan recovery plan
herstelprogramma rehabilitation (recovery) programme
hersteltoets correction key
herstelwerk *zie* herstellingswerk
herstemming second ballot
herstructureren restructure, reorganize
herstructurering restructuring, reorganization
hert deer *(ook mv)*; *(mannetje)* stag, hart; *vliegend* ~ stag beetle
hertelling recount [of votes]
hertenbok stag, buck
hertenbout haunch of venison
hertengewei *zie* gewei
hertenjacht deerstalking *(door besluiping)*; stag-hunting; *op de ~ zijn* stalk deer; hunt stags
hertenkamp deer park
hertenpastei venison pie
hertenvlees venison
hertog duke
hertogdom duchy
hertogelijk ducal; *~e waardigheid* dukedom
hertogin duchess
hertogshoed ducal coronet
hertrouw [lose one's pension on] remarriage
hertrouwen remarry, marry again
hertshooi St John's wort; *(grootbloemig)* Aaron's beard
hertshoorn stag-horn; *(med hist)* hartshorn
hertshoornkever staghorn, stagbeetle
hertsleer, hertsleren deerskin, buckskin
hertz hertz (Hz), cycles per second (cps)
hertzgolven Hertzian waves
hertzwijn babirusa
heruitzenden 1 *(doorgeven)* relay; **2** *(opnieuw uitzenden)* rebroadcast, rediffuse
heruitzending 1 relay; **2** rebroadcast, rediffusion
hervatten resume [work], restart [work, the train service], repeat [a visit]
hervatting resumption [of hostilities, etc]; repetition
herverdelen redistribute [jobs, land]
herverdeling redistribution [of resources, wealth]
herverkavelen reallocate [land]; reorganize [local government]
herverkaveling reallocation; reorganization
herverkiezing [present o.s. for] re-election
herverzekeren reinsure
herverzekering reinsurance
hervinden recover, find again, regain, recapture
hervormd reformed; *~e kerk* Reformed Church
hervormde protestant
hervormen reform, reshape, remodel, amend
hervormer reformer
hervorming 1 reform; **2** *(kerk)* reformation
hervormingsbeweging reform movement
Hervormingsdag Reformation Day *(31 okt)*
hervormingsgezind reformist
herwaarderen 1 revalue [money]; **2** reassess [the position]
herwaardering 1 revaluation; **2** [broad] reassessment
herwaarts hither [and thither *en derwaarts*]
herwinnen regain [control], recover [one's calm, o.s.], retake [a fort], retrieve [one's fortune, reputation]; *zilver ~ uit oude films* recycle old films for silver, recycle the silver from old films
herzien revise [a book, law, sentence *vonnis*], review [a decree], overhaul [the system needs drastic overhauling], reconsider [one's views]
herziening revision, reform [of higher education], reconsideration, review, overhaul(ing)
hes smock, blouse
Hes Hessian
Hesiodus Hesiod
hesp ham
Hesperiden Hesperides
Hesperië Hesperia
hessenweg medieval trade route
Hessisch Hessian; *~e mug* Hessian fly
het I *lw* the; *dit is hét weer ervoor* this is the [ði:] weather for it; *zie ook* de; **II** *vnw* it; he, she, they [what fools they are!], so [he said so, I think so]; *ben jij ~, Max?* is it you, Max?, (is) that you, Max?; *ik ben ~* it is me; *zij zijn ~ die ...* it is they who ...; *wat is ~ vandaag?* what is today?; *vandaag is (gisteren was) ~ 8 mei* today is (yesterday was) the 8th of May; *~ begon er slecht voor hem uit te zien* things were beginning to look bad for him; *dit is 'je (van) 'het, 'het van 'je* this is it (the thing, the last word)
hetaere hetaera, hetaira
heteluchtkachel hot-air stove
heteluchtkanaal flue
heteluchtmotor hot air motor (engine)
heteluchtverwarming space heating
[1]heten heat (up)
[2]heten I *tr* **1** name, call; **2** *(bevelen)* order, tell; **II** *intr* be called (named); *het boek heet ...* the book is entitled ...; *hoe heet dat?* what is it called?; *hoe heet dat in het Engels?* what's that in ...?, what is the ... for that?; *hoe heet hij* what is his name?; *hij heet Max* his

name is ...; *hoe heet ze van zichzelf?* what is her maiden name?; ***zoals** het heette om te* ... under colour of ...ing; *zie ook* zogenaamd; *je wordt verliefd, zoals dat heet* you ..., as the phrase goes; *het heet, dat hij ... is (lijdt aan ...)* he is said (reported) to be ... (to suffer from ...); *de cheque heette getekend te zijn door* ... the ... purported to be signed by ...; *ze heette nooit tijd voor bezoeken te hebben* she pretended she never had time for ...; *een jongen, Jan geheten* a boy, John by name, of (by) the name of ...; ***wat heet!*** that's putting it mildly; ***zo waar als ik K heet*** or my name is not K; *hij heet **naar** mij* he is called after me; *zie ook* welkom
heterdaad *zie* betrappen
hetero(fiel) hetero(sexual)
heterofilie heterosexuality
heterofyt heterophyte
heterogeen heterogeneous
heterogeniteit heterogeneity
heteronomie heteronomy
heteroseksueel *zie* heterofiel
heterozygoot heterozygote
hetgeen what; *(na antecedent)* which
hetman hetman
Hettiet, Hettitisch Hittite
hetwelk which
hetze [Jew-]baiting, [newspaper] smear campaign
hetzelfde the same; *~ gebeurde weer* the same thing happened again; *van ~ materiaal* self(-covered) [belt]; *zie ook* insgelijks
hetzelve (the) same, it
hetzij: *~ ... of, (nevenschikkend)* either ... or; *(onderschikkend)* whether ... or; *~ het goed of fout is, (ook)* be it right or wrong
heug: *tegen ~ en meug* reluctantly, against one's wishes
heugel *(in schoorsteen)* chimney crook; *(tand~)* rack
heugen: *de tijd heugt me niet, dat* ... I don't remember the time when ...; *het heugt me* I remember; *zolang mij heugt* as far as my recollection goes; *dát zal u ~* you won't forget that in a hurry
heugenis memory, remembrance; *bij (sedert) mensen~* (with)in living memory (from time immemorial)
heuglijk 1 *(blij)* joyful [event, news], glad [tidings], pleasant; **2** *(gedenkwaardig)* memorable [evening]
heul 1 *(steun)* comfort, aid; **2** *(duiker)* culvert; *(brug)* bridge
heulbol poppy
heulen be in league, collaborate [with the enemy]
heulsap opium
heup hip; *(ve dier)* haunch; *nieuwe ~* hip replacement; *het op de ~en hebben* be in a bad mood, be in a devil of a temper; *als hij het op de ~en kreeg (had), (ook)* [he could ...] when the fit was on him
heupbeen hipbone
heupdoek loincloth
heupdysplasie hip dysplasia, congenital dislocation of the hip
heupfles hip flask
heupgewricht hip joint
heupjicht sciatica
heuptasje waist wallet, belt bag, *(fam Br)* bumbag, *(Am)* fanny pack
heupwiegen swing (wiggle) one's hips
heupzenuw sciatic nerve
heupzwaai cross-buttock
heur *zie* [1]haar
heureka eureka
heuristiek heuristics
heuristisch heuristic (*bw:* -ally)
heus I *bn* **1** *(beleefd)* courteous, polite, obliging, kind; **2** *(werkelijk)* real; *zijn vader is een ~e 'baronet', (fam)* his ... is a real live baronet; **II** *bw* **1** courteously, etc; **2** really, truly, indeed; *het is ~ waar* it's really true; *ik weet het ~ niet* I'm sure I don't know (*zo ook:* he is sure not to do that); *~?* really?; *~ (waar)!* really (and truly)!, honour bright!, honest Injun!; *ik meen het ~* I do mean it; *maar niet ~, (fam)* says you!, I don't think!
heusheid courteousness, courtesy, kindness
heuvel hill; [traffic] island; *~tje* hillock, knoll
heuvel(acht)ig hilly
heuvelkling 1 hill; **2** *zie* heuvelrij
heuvelland hilly country, [the Limburg] hills
heuvelreeks, heuvelrij, heuvelrug chain (*of:* range) of hills
heuveltop hilltop [fortress]
hevel siphon (syphon) [barometer]
hevelbarometer siphon barometer
hevelen siphon [off], draw out (*of:* off) by means of a siphon
hevelfles siphon
hevelpomp siphon pump
hevig violent [storm, pain], heavy [rainstorm], sharp [fight], fierce, intense [heat], vehement [protest]; *~ verschrikt* terribly frightened
hevigheid violence, intensity, fierceness, vehemence
hexaëder hexahedron
hexagonaal hexagonal
hexagoon hexagon
hexameter hexameter
HH.KK.HH. TRH, Their Royal Highnesses
HH.MM. Their Majesties
hiaat hiatus, gap, break
Hibernië(r) Hibernia(n)
hibiscus hibiscus, rose-mallow
hidalgo hidalgo
hief *ovt van* heffen
hiel heel *(ook ve mast, steng, kiel, & ~tje v plant); de ~en lichten (laten zien)* take to one's heels, turn tail, show a clean pair of heels; *(heengaan)* go, leave; *hij zat mij **op** de ~en, (ook fig)* he was at (close on, upon) my heels, ran me close; *de politie zat hem op de ~en* the police were hot on his trail (track); *hij zat No 1 op de ~en* he came off (was) a good (a close)

second
hielband *(ve schaats)* heel strap
hielbeen heel bone
hielbijl palstave
hield *ovt van* houden
hieldraad *(ve band)* bead
hielen *ww* heel
hielenlikker bootlicker, toady
hieling *(mar)* heel
hielp *ovt van* helpen
hiep, hiep, hiep, hoera! hip, hip, hurrah!
hier here; *~! (pak aan)* here!; *~, jij!* here, you; *~ de AVRO* this is the AVRO; *~ P, (telef)* P speaking; *hij zal spoedig ~ zijn, (ook)* he'll be along soon; *niemand ~ in de buurt* no one round here; *~ en daar* here and there, in places; *het ~ en daar over hebben* talk about one thing and another; *van ~* from here, *(lit)* hence; *je kunt van ~ om ...* you can leave here at ...; *de dokter van ~* the local doctor; *~ te lande* in this country; *zie ook* alhier *en de sam met* hier-
hieraan to (at, by, on, etc) this
hierachter behind (this); *(in boek, enz)* here(in)after
hiërarch(ie) hierarch(y)
hiërarchiek, hiërarchisch hierarchical
hiëratisch hieratic [writing]
hierbeneden below, down here; *(op aarde)* here below
hierbij 1 herewith [I herewith inform you], hereby [I hereby promise], enclosed [please find], annexed; *~ komt, dat ...* add to this the fact that ...; *zie ook* daarbij & laten; **2** hard (close) by, in the neighbourhood
hierbinnen in here, inside, within (this place, these limits, etc)
hierboven up here, overhead; in Heaven; *zoals ~ gezegd (vermeld)* as aforesaid (said, mentioned above)
hierbuiten 1 outside; **2** apart from this
hierdoor 1 by (owing to, in consequence of) this, by so doing; **2** *zie* hierbij 1; **3** through here
hierheen this way, [on my way] here (down, up), [I walked (all the way)] here [from ...], *(lit)* hither
hierin 1 in here; **2** in this (respect), on this point [he is right]
hierlangs past here; [go, pass] this way
hierme(d)e with this [he left us]; *zie ook* hierbij 1
hierna after this, hereafter, next; *(in tekst) zie* hieronder 1
hiernaar according to this, [judging] from this
hiernaast next door; [the picture] alongside, [the] facing [illustration]; [the] adjoining [house]; *vgl* hiertegenover
hiernamaals hereafter; *het ~* the hereafter, the (great) beyond, the world to come
hiernevens enclosed, annexed
hiero here
hiëroglief hieroglyph; *(mv ook)* hieroglyphic(s)
hiëroglifisch hieroglyphic
hierom 1 for this reason, because of this; *~ en daarom* for several reasons; *zie ook* gaan, enz; **2** *zie* hieromheen
hieromheen round this, hereabout(s)
hieromstreeks *zie* hieromtrent 2
hieromtrent 1 with regard to this; *vgl* hierin 2; **2** around (just about) here, hereabout(s)
hieronder 1 below, underneath; under here, on the floor (etc) below; *(onderaan bladzijde)* at foot; *als ~ aangegeven* as stated below; *de ~ genoemde(n)* the undermentioned; **2** *(te midden van)* among these (them); **3** *wat versta je ~?* what do you understand (mean) by this?
Hiëronymus Jerome, Hieronymus
hierop 1 *(tijd)* (up)on this, hereupon, then; **2** *(plaats)* on (top of) this, it, etc; *zie ook* neerkomen, enz
hierover 1 opposite, over (across) the way; **2** about this, on this (point, subject, etc), [enough] of this
hiertegen against this; to this [it can be objected ...]
hiertegenover 1 opposite, over the way; facing [page, illustration]; **2** *(fig)* against this; *vgl* hiertegen
hiertoe 1 for this purpose, to this end; **2** [what brought you] to (do) this; *tot ~* thus far [and no further], so far; to this point; up to here (now, this); *tot ~ is het in orde* so far so good
hiertussen between (among) these, (in) between
hieruit from this [we conclude], [we depart] from here, hence [it follows]; *~ blijkt* this goes to show [that ...]; *zie ook* volgen, enz
hiervan of this, of these; as a result of this
hiervandaan [two minutes, a mile] from here
hiervoor 1 *(ruil)* (in return, in exchange) for this; **2** *(plaats)* before (in front of) this; **3** *(tijd)* before (now, this); **4** *(reden)* [you needn't be ashamed] of this; **5** *(doel) zie* hiertoe
hierzo here
hieuw *ovt van* houwen
hieuwen *(mar)* heave
hij he; *(zaak; ook dier, baby, enz)* it; *(schip, trein, enz, ook)* she; *(met mv begrip als antecedent, ook)* they [everyone works as hard as they can]; *(spreektaal, fam ook)* him [it's him; I'm fatter than him; he ..., and him almost 100]; *een ~ en een zij* a he and a she
hijgen *(snel ademen)* pant (*ook fig:* the panting engine); *(snakken)* gasp (for breath); *~ naar, (fig)* pant (*of:* yearn) for (*of:* after)
hijger heavy breather
hijlikmaker spiced (wedding) cake
hijs 1 hoist(ing); **2** *zie* hijswerktuig; *een hele ~* a tough job
hijsarm jib
hijsbalk crane
hijsblok lifting block, pulley block
hijsbok floating crane
hijsen 1 hoist [the sails, etc], pull up, lift; *zich in zijn jas ~* struggle into one's coat; *de vlag ~* hoist (run up) the flag; **2** *(stevig drinken)* booze, tipple
hijshaak load hook, draw (*Am:* drag) hook
hijskabel bearer cable
hijskooi lift cage

hijskraan (pedestal, revolving, floating) crane; *(op auto, enz)* loading crane
hijstoestel hoist, lifting tackle
hijsvermogen lifting capacity
hijswerktuig hoist, lifting tackle
hijzelf he himself; *vgl* zelf & zichzelf
hik hiccup, hiccough; *de ~ hebben* have the hiccups
hikken hiccup, hiccough; *tegen iets aan ~* jib at s.t.
hilarisch hilarious
hilariteit hilarity, [cause] merriment, [amid general] amusement; ~, *(in notulen, enz)* laughter
hilt hilt
Himalaya Himalayas, Himalaya Mountains; *van de ~* Himalayan
hinde hind, doe
hindekalf fawn
hinder hindrance, impediment, obstacle; *hebt u ~ van mijn pijp (het lawaai)?* does my pipe (the noise) bother you?; *hij heeft ~ van zijn ogen* his eyes trouble him; *zie ook* last & *vgl* hinderen
hinderen *(belemmeren)* hinder, hamper, impede; obstruct [the police]; *(last geven)* incommode, inconvenience, bother; *zie ook* storen; *(ve lichaamsdeel)* trouble; *(ergernis, verdriet veroorzaken)* annoy [his whistling annoyed me], worry [the remark worried me], trouble; *(zonder voorwerp)* hinder [you are only hindering], be in the (in a p.'s) way, make o.s. a nuisance; *iem ~ bij zijn werk* hinder (hamper) a p. in his work; *is er iets dat je hindert?* is anything troubling (bothering) you?; *er is iets dat me hindert* I am worried; *hinder ik?* am I in the way?; *dat hindert niet* that does not matter
hinderlaag ambush, ambuscade; *in ~ liggen* lie in ambush; *in ~ leggen* ambuscade; *(iem) een ~ leggen* lay an ambush (for a p.), lay (in) wait (for a p.); *in een ~ lopen (vallen)* walk into an ambush, be ambushed; *uit een ~ aanvallen* ambush [a p.]
hinderlijk annoying, inconvenient, troublesome; *zie ook* lastig; *~ zijn, zie* hinderen
hindernis obstacle, hindrance, barrier; [strike, hit a] snag; *(paardensp)* fence; *wedren met ~sen, zie* hindernisren; *wedren zonder ~sen* flat race; *zie ook* hinderpaal & nemen
hindernisbaan obstacle course; *(mil)* assault course
hindernislicht *(luchtv)* obstacle light
hindernisren steeplechase, obstacle (hurdle, point-to-point) race
hinderpaal obstacle, bar, impediment, hindrance, stumbling block [*voor het onderwijs* to ...]; *-palen voor een vruchtbaar gesprek* barriers to a fruitful discussion; *iem -palen in de weg leggen* put obstacles in a p.'s way; *alle -palen overwinnen* carry all before one
hinderwet (public and private) nuisance act
hindoe(ïsme) Hindu(ism)
hindoes Hindu
Hindoestaans Hindustani
Hindoestan Hindustan
hing *ovt van* hangen
hinkelbaan hopscotch (figure)
hinkelblok hopping-stone
hinkelen hop, play (at) hopscotch
hinken 1 (have a) limp, walk with a limp, hobble; *op twee gedachten ~* hesitate (waver) between two opinions; *hij hinkt, (ook)* he has a game leg; *het ~de paard komt achteraan, (vglb)* the sting is in the tail; **2** *zie* hinkelen
hinkepink, hinkepoot hobbler, dot-and-go-one
hinkspel (game of) hopscotch
hink-stap-sprong triple jump; hop, skip (*of:* step) and jump
hinniken neigh [*ook:* the horse gave a loud neigh]; *(zacht, vrolijk)* whinny
hippe(le)n hop
hippie 1 hippie, hippy; **2** chit (of a girl); *winkel~* shop girl
hippisch hippic [festival]
Hippocreen Hippocrene
hippodroom hippodrome
hippopotamus hippopotamus; *(fam)* hippo
hispanist Hispan(ic)ist
histamine histamine
histogram histogram
historiciteit historicity
historicus historian, student of history
historie history, story; *vgl* geschiedenis
historiëren historiate [historiated initials]
historieschilder historical painter
historieschrijver historian, historiographer
historiestuk history piece, historical picture
historisch historical [novel]; *(van ~e betekenis)* historic [the historic meeting at V, a historic right, this historic spot, scene], epochal [events]; *(gramm)* historic [present]; *het is ~!* it's authentic!; *zie ook* optocht
historiseren historicize
historisme historicism
hit 1 Shetland pony, sheltie; *(zware)* cob; **2** *(dienstmeisje)* slavey, *(min)* skivvy; **3** *(slag)* hit
Hitlergroet Hitler salute
hitlijsten [in the] charts
hitsen incite, set on; *zie ook* aanhitsen
hitsig hot(-blooded)
hitsigheid heat, hot-bloodedness
hitte heat; *in de ~ van de strijd* in the heat (the thick) of the fight
hittebestendig heatproof, heat-resistant; refractory [materials]
hittegolf heatwave
hittepetit chit (of a girl)
hittepuistjes summer rash
Hittiet, Hittitisch Hittite
hiv-virus HIV virus
H.K.H. HRH, Her Royal Highness
H.M. H.M., Her Majesty
hm hem!, humph!

ho ho!, stop!; *(tegen paard)* wo!, whoa!; *men moet geen ~ roepen voor men over de brug is* don't halloo before you are out of the wood; there's many a slip 'twixt the cup and the lip; *~ maar* [fine words, but action?] nothing of the sort!, forget it!
hobbel knob, bump; *(fig)* hurdle, hiccup, glitch
hobbeldebobbel joltingly, bumpity-bump(ity)
hobbelen rock (to and fro), toss (up and down); *(in rijtuig)* jolt; *(op hobbelpaard)* ride (on a rocking horse); *laten ~* ride (*of:* jig) [a boy on one's knee]
hobbelig bumpy [road], uneven, rough
hobbelpaard rocking horse
hobbelstoel rocking chair
hobbezak ill-fitting dress; *(log pers)* jumbo; *(slons)* dowdy, frump
hobby hobby; *~'s* leisure interests
hobbyisme (obstinate) amateurism
hobbyist hobbyist
hobo oboe
hoboïst oboist, oboe player
hockey(en) (play) hockey
hockeystick hockey stick
hocus-pocus hocus pocus, hanky-panky, jiggery-pokery, mumbo-jumbo; *hocus pocus! (goochelformule)* hey presto!
hodometer hodometer
hoe how [did it happen?]; what [is he called?]; of how [you have no idea of how I suffered; I was reminded of how he had once deceived me]; as to how [I had no idea as to how it was done]; *je weet ~ Moeder is* you know what Mother is (like); *je weet niet half ~ 'n zin ik heb (~ 'n schoft hij is), (fam)* you ... how I'd like to (what a cad he is); *en ~* [he made them all look silly,] and how; *~! mijn land verraden?* what! betray my country?; *~* ***eer(der)*** *(~ meer) ~ beter* the sooner (the more) the better; *~* ***langer*** *~ beter, a)* [give me a long rope,] the longer the better; *b) (steeds beter)* better and better; *~ langer ~ duurder (meer, slechter)* dearer and dearer (more and more, worse and worse); *~ langer hij blijft, ~ beter* the longer he stays the better; *~ langer het duurt, ~ erger het wordt* the longer it lasts, the worse it gets; *~ dan* ***ook*** anyhow, anyway; come hell or high water [we'll finish the job]; *~ verschrikkelijk het ook is* however terrible it may be, terrible as (*of:* though) it is (may be); *~ hij ook ... wreef* rub his eyes as he would; *~ het ook zij* however that may be, be that as it may; *het ~ en* ***waarom*** the why(s) and (the) wherefore(s); *ik wil weten ~ of wat* I want to know where I am, how (where) I stand, I want a definite answer; *hij weet niet ~ of wat* he does not know what to do (*sterker:* which way to turn); *het ~ en wat weet ik niet* I do not know the rights of the case; *~ dat zo?* how (why) so?, how do you mean?; *~ vraag je dat zo?* why do you ask?; *zie ook* gaan, hebben, noemen, toch, uitzien, enz
hoed *(heren)* hat; *(dames)* hat, *(zonder rand en met keelbanden)* bonnet; *(ve paddestoel)* cap, *(wtsch)* pileus; *zie* hogehoed; *~en af!* hats off!, off with your hats!; *~en af voor ...!* hats off to ...!; *hij nam zijn ~ voor haar af* he raised his hat to her; *ik neem mijn ~(je) voor je af, (fig)* I take off my hat to you; *van de ~ en de* ***rand*** *weten* be well-informed (experienced), know the ins and outs [of s.t.]; *zich een ~je* ***schrikken*** be startled out of one's wits; ***met de*** *~ in de hand* hat in hand; *(fig)* cap in hand; ***onder*** *één ~je spelen* play into each other's hands, be hand and (*of:* in) glove [*met* with]; *onder één ~je spelen met, (ook)* be in league (in cahoots) with; *onder één ~je vangen* reconcile [conflicting opinions]; *hij was onder een ~je te vangen* he was in a chastened mood; *iets* ***uit*** *zijn ~ toveren* pull s.t. out of one's hat; *zie ook* rondgaan, enz
hoedanig how, what, what sort (kind) of [people are they?]
hoedanigheid quality; *goede en slechte hoedanigheden, (ook)* qualities and faults, good and bad points; *zie ook* eigenschap; *in de (zijn) ~ van* in the capacity of (in his capacity as)
hoede guard, care; ***aan*** *mijn ~ toevertrouwd* in my keeping (*of:* charge); *iem* ***onder*** *zijn ~ nemen* take charge of a p., take a p. under one's wing (care, protection); *onder de ~ stellen van* commit to the care of; ***op*** *zijn ~ zijn* be on one's guard [*tegen* against], be on the alert, keep one's weather eye open, *(fam)* watch out [for pickpockets]; *(niet) op zijn ~ zijn* be on (off) one's guard; *op zijn ~ zijn voor, (ook)* be wary of [strangers], guard against [mistakes], look out for [squalls]; *maken dat iem op zijn ~ is* put a p. on (his) guard
hoeden tend, watch, keep, look after [the cattle, sheep, geese]; *(be~)* guard, protect; *zich ~* ***voor*** guard against [mistakes]; *hoed u voor namaak* beware of imitations; *men hoede zich ervoor om ...* care should be taken not to ...
hoedendoos hatbox
hoedenlint hatband
hoedenmaakster milliner
hoedenmaker hatmaker, hatter
hoedenpen hatpin
hoedenplank *(in auto)* rear shelf
hoedenspeld hatpin
hoedenwinkel hat shop, hatter's (shop)
hoeder guardian, keeper; *(vee~)* herdsman; *(ganzen~)* gooseherd; *ben ik mijn broeders ~?* am I my brother's keeper?
hoef hoof; *op de ~* on the hoof; *zie ook* splijten
hoefbeen *(ve paard)* coffin bone
hoefbeslag **1** horse-shoeing; **2** horseshoes
hoefblad *(klein)* coltsfoot; *(groot)* butterbur
hoefdier ungulate, hoofed animal
hoefgetrappel hoofbeats, tramp of horses' feet
hoefijzer horseshoe [magnet]; *een ~ verliezen* cast (throw) a shoe
hoefijzerneus *(dierk)* horseshoe bat
hoefijzervormig horseshoe [arch]

hoefnagel horseshoe nail
hoefslag 1 hoofbeat, thud of hoofs; **2** (horse) track
hoefsmederij *(vak)* farriery; *(werkplaats)* smithy, shoeing forge
hoefsmid farrier
hoefspoor hoofprint
hoefstal shoeing shed
hoegenaamd: *~ niet* not at all; *~ niets* absolutely nothing, nothing whatever; *~ geen ...* no ... at all, no ... whatever, no ... of any description; *~ alles* anything at all; *zie ook* notie
hoegrootheid quantity, amount
hoek 1 *(wisk, natuurk, & scherpe kant of punt)* angle; *~ van inval (uitval)* angle of incidence (of reflection, of refraction); *scherpe (rechte, stompe, gestrekte) ~* acute (right, obtuse, straight) angle; ***met (onder) een ~ van 90°*** [meet, intersect] at an angle of 90 degrees; **2** *(in kamer, v straat, oog, mond, enz)* corner; *de H~ (van Holland)* the Hook (of Holland); *afgelegen, afgesloten ~je* nook; *~je van de haard* chimney corner, fireside; *iem (de tegenpartij) alle ~en laten zien* beat a p. (the other team) all ends up; *(verbaal)* give a p. a dressing down; ***in de goede (verkeerde) ~*** [the wind is] in the right (wrong) quarter; *zie ook* wind; *iem in de (een) ~ drijven (dringen), (fig)* drive a p. into a corner, corner a p.; ***in (uit) alle ~en en gaten*** in (from) every nook and cranny; ***om de ~*** round the corner; ***om de ~ komen kijken*** appear, [all sorts of problems will] crop up; *het ~je om gaan* pop off, *(sl)* snuff it, kick the bucket, *(Am sl)* kick off; ***op de ~, (vd straat)*** at (on) the corner; ***uit welke ~ (van het land) komt hij?*** what part of the country does he come from?; *flink (royaal) uit de ~ komen* come down handsomely; *verstandig uit de ~ komen* make a sensible remark (unexpectedly); *hij komt soms aardig (met een aardigheid) uit de ~* at times he comes out with a witty remark (joke); *fel uit de ~ schieten* flare up, cut up rough; **3** *(op de beurs)* [the oil (tobacco) share] market, section [depression in all sections]; *(Am)* [wheat] pit; **4** *(vishaak)* hook
hoekbeslag *(ve koffer of kist)* corner(s), corner piece(s)
hoeker *(vaartuig)* hooker
hoekgraad degree of angle
hoekhuis corner house; end house [of a terrace]
hoekig angular *(ook fig)*, jagged [rocks]
hoekigheid angularity
hoekijzer angle-iron
hoekkast corner cupboard (cabinet)
hoekman (stock)jobber
hoekmeter 1 goniometer; **2** *(graadboog)* protractor; **3** *(landmeten)* theodolite
hoekmeting goniometry
hoekpand corner premises
hoekplaatsje corner seat
hoekpunt angular point, vertex
hoekschop corner (kick)
hoekslag *(boksen)* hook; *(hockey)* corner (hit)
hoeksnelheid angular velocity
hoeksteen cornerstone, quoin, *(fig ook)* keystone, linchpin
hoekstoot *(boksen)* hook
hoektand eyetooth, canine tooth
hoekversnelling angular acceleration
hoekvulling *(bk, boven boog)* spandrel
hoekworp *(sp)* corner (throw)
hoekzak *(bilj)* corner pocket
hoela hula(-hula) [girl]; *zie ook* ammehoela
hoelang how long; *(tot) ~ duurt het?* how long (till when) will it last?
hoelarokje grass skirt
hoempa 1 *(geluid, ook ~pa)* oompah; **2** (member of) German band
hoen hen, (barndoor) fowl, *(mv ook)* poultry; *~tje* chicken, pullet; *zie ook* fris
hoenderachtig gallinaceous [birds]
hoenderbeet henbit
hoenderfokkerij poultry farm(ing)
hoenderhof poultry yard, fowl yard
hoenderhok henhouse, chicken house, hencoop; *zie ook* knuppel
hoendermaag gizzard
hoenderpark poultry farm
hoenderpest fowl pest
hoep, hoepel hoop; *met de ~ spelen, zie* hoepelen; *met ijzeren ~s* iron-hooped
hoepelbenen bandy legs; *met ~* bandy-legged
hoepelen bowl a hoop, play with hoops
hoepelrok hoop skirt, hoop petticoat, crinoline
hoepla *(spel)* hoopla; *~!* (wh)oops-a-daisy!, ups-a-daisy!
hoer whore, prostitute
hoera hurrah; *driemaal ~ voor de bruidegom* three cheers for the bridegroom
hoerachtig whorish
hoerageroep cheers, hurrahs
hoerastemming mood of jubilation, jubilant mood
hoereerder whoremonger
hoerenbuurt red-light district
hoerenjager whoremonger
hoerenjong 1 *(typ)* widow; **2** *zie* hoerenkind
hoerenkast whorehouse, brothel, *(Am)* cathouse
hoerenkind bastard, scoundrel, *(Am)* whoresucker
hoerenloper whoremonger
hoerenmadam madam
hoerenstreek filthy trick
hoereren whore, fornicate
hoererij fornication
hoeri houri
hoerig whorish
hoes *(voor stoel)* cover, dustsheet; *(voor boek)* slipcover, slipcase; *(ve grammofoonplaat)* sleeve
hoeslaken fitted sheet
hoest cough
hoestbonbon cough drop (lozenge)

hoestbui coughing fit, fit of coughing
hoestdrank cough mixture
hoestekst sleeve note(s)
hoesten cough; *ik heb last van ~* I have a cough
hoestmiddel cough medicine
hoestsiroop cough syrup
hoeststillend cough relieving, pectoral
hoeve farm(stead), homestead
hoeveel *(ev)* how much, *(mv)* how many; *~ is 2 en 2?* what do two and two make?; *~ is het?* how much?; *(tram, enz)* what's the fare?; *~ ook* however much (many); *~ hij ook van hem hield ..., (ook)* much as he liked him, ...; *zeg maar ~, (bij inschenken)* say when; *zie ook* hoeveelste
hoeveelheid quantity, amount [do a tremendous amount of work]; *in gelijke -heden, (ook)* [take them] in equal proportions; *kopers van grote -heden* quantity buyers
hoeveelste: *de ~ hebben wij (is hij jarig)?* what day of the month is it (which date is his birthday)?; *de ~ keer is dit?* how many times does this make [have you been asking this now, etc]?; *het ~ deel ervan is dit?* what part (fraction) of it is this?; *als ~ kwam hij aan?* what was his placing?
hoeven want, need, require; *ik hoef niet te gaan* I need not go; *je zult niet ~ (te) gaan* you won't need to go; *je hoeft geen jas aan* you need not wear a coat; *je hoeft hem zo iets niet te zeggen* there is no need for anyone to tell him such a thing; *hij hoeft zich met mij niet te bemoeien* he has no call to meddle with me; *je hoeft geen helderziende te zijn om ...* you don't need to be a seer to ...; *hij hoefde niet lang te wachten* he had not (didn't have) long to wait; *... waar niets betaald hoefde te worden* [museums] where you didn't have to pay (for) anything; *je hoeft hem maar aan te kijken om ...* you have only to look at him to ...; *hij hoeft haar maar te vragen* he can have her for the asking; *het hoeft niet* it is not necessary, there is no need; *het hoeft nauwelijks gezegd te worden* it hardly needs saying; *je hoeft me niet te zeggen ..., (excuus, enz)* it's no use your telling me ...; *we hoefden niet te klagen* we had no cause (did not need) to complain; ***van (voor)** mij hoeft het niet, (fam)* not for me, thanks!
hoever: *in ~(re)* how far, to what extent, [express no opinion] as to how far [this is right]
hoewel though, although; [quieter,] if [less amusing]; [he'll never know,] or will he?
hoezee hurrah
hoezeer how much; *(toegevend: ~ ook)* however much, much as [I regret it], much though [he tries]; *~ hij het ook probeerde, (ook)* try as he would
hoezenpoes *(vglb)* cover girl
hoezo? why so?, how so?; what do you mean?; *bonje? ~ bonje?* ructions? what ructions?
hof 1 *(tuin)* garden [the Garden of Eden, of Gethsemane]; **2** court; *het Engelse ~* the Court of St James's; *~ van appel (arbitrage, cassatie, revisie)* court of appeal (arbitration, cassation, review); *aan het ~* at court; *het ~* ***maken** (aan)* pay court (one's addresses, one's attentions) to, court
hofarts court physician, physician in ordinary to the Royal Household
hofberichten court circular
hofceremonieel court ceremonial
hofdame lady-in-waiting; *(ongehuwd)* maid of honour
hofdichter court poet; *(in Eng)* poet laureate
hofetiquette court etiquette, protocol
hoffelijk courteous, urbane
hoffelijkheid courtesy, courteousness; *internationale ~, (ook)* comity of nations
hofhorig predial
hofhorige serf, predial (slave)
hofhouding royal (imperial) household, court; *(fig)* princely suite, large establishment
hofje 1 *(pleintje)* court, courtyard; **2** *(instelling)* almshouse
hofjonker page
hofkapel 1 court chapel; **2** royal (court) orchestra
hofkapelaan *zie* hofprediker
hofkostuum court dress
hofkringen court circles
hofleverancier Royal Warrant holder; (by appointment) purveyor (tailor, etc) to Her Majesty the Queen (His ... the King), court dressmaker, etc
hofmaarschalk *(vglb)* Lord Chamberlain
hofmeester steward; *(in voornaam huis)* house-steward, major-domo; *(hist aan het hof)* seneschal
hofmeesteres stewardess; *(ve vliegt, ook)* air hostess
hofmeesterschap stewardship
hofmeier mayor of the palace, major-domo
hofnar court jester
hofprediker court chaplain, chaplain to the King (Queen)
hofstad royal residence
hofstede farm(stead), homestead
hofstoet royal (imperial) train (retinue)
hoge 1 *(pers)* bigwig, high-up; **2** *(sp)* highboard [diving]
hogedrukgebied area of high pressure, anticyclone
hogedrukpan pressure cooker
hogehoed top (tall, high, silk) hat; *(fam)* topper; *iets uit zijn ~ toveren, zie ook* iets uit zijn ~ toveren
hogelijk highly, greatly
hogen *zie* verhogen
hogepriester high priest, pontiff
hogepriesterambt *zie* ...schap
hogepriesterlijk pontifical
hogepriesterschap high-priesthood, pontificate
hoger *zie* hoog
hogereind head [of the table]
hogerhand *zie* hand
Hogerhuis Upper House, House of Lords
hogerop higher up; *~ gaan, zie* beroep: in hoger ~; *~ willen* be ambitious

hogerwal windward
hogeschool college (of advanced education); *(paardensp)* high school, haute école; *vgl* technisch & *zie* universiteit
hogesnelheidstrein high-speed train, HST
hogetonenluidspreker tweeter, treble speaker
hoi! hi!
hok kennel [for dogs], pen [for sheep, poultry], sty [for pigs], hutch [for rabbits, etc], cage [for wild animals], [pigeon-, hen]house; *(schuurtje)* shed; *(kamer)* den; *(sp)* goal; *(v schoven)* shock [sheaves in shocks]; *~je* compartment; *(getekend, ook)* space, *(vierkant)* square, *(op formulier)* box; *(in bureau, enz)* pigeonhole; *(kamertje)* cubbyhole; *in een ~je plaatsen, (fig)* pigeonhole; *in ~jes verdelen, (fig)* compartmentalize [science]; *in ~ken zetten* shock [corn]
hokjesgeest parochialism
hokjespeul milk-vetch
hokkeling yearling (calf)
hokken 1 *bij elkaar ~* huddle (herd) together; *(in krotten)* pig (together), pig it; *hij hokt altijd thuis* he never stirs out; *bij het vuur ~* sit huddled over the fire; *~ met, (samenwonen, sl)* shack up with; **2** *(ve gesprek)* (begin to) flag, halt, hang fire; *(ve machine, enz) zie* haperen; *het hokt ergens* there is a hitch somewhere; *haar stem hokte* a catch came into her voice
hokk(er)ig poky
hokvast stay-at-home; *hij is (erg) ~, (ook)* he is a stay-at-home
[1]**hol** I *bn* hollow [tree, tooth, cheeks, tones, voice, words], empty [stomach, head, talk, phrases, words, title], gaunt, concave [lens, mirror]; heavy [sea]; *~le ader* vena cava; *~le ogen* hollow (sunken, cavernous) eyes; *~le stempel* female die; *~le vaten klinken (bommen) het hardst* the less sense, the more talk; *~le weg* sunken road; *het ~le van de hand* the hollow of the hand; *in het ~le (het ~st) van de nacht* at dead (in the dead) of night; II *zn* cavern, cave; *(holte)* cavity; *(woning)* (dog)hole; *(ve wild dier)* den, lair; *(ve vos)* hole, earth; *(ve das)* earth; *(ve konijn)* burrow; *(ve bever)* lodge; *(v dieven, enz)* den, haunt; *(mar: romp)* hull, *(ruim)* hold; *(plat, v pers)* arse(hole), *(Am)* ass(hole); *me ~, (plat)* fuck all; *in zijn ~ kruipen, (ve das, enz)* go to earth (to ground); *uit zijn ~ komen, (ve vos)* break cover
[2]**hol** *zn: op ~ gaan (raken, slaan)* bolt, run away; *(fig)* run wild [the younger generation is running wild]; *(ve troep paarden, vee)* stampede; *(ve stier)* run amuck; *zie ook* hollen: ~d; *zijn verbeelding is op ~* his imagination is running riot; *iem het hoofd op ~ brengen* turn a p.'s head, put notions (fancy ideas) into a p.'s head, make a p. lose his head [over someone; he completely lost his head]
hola hello!, stop!, hold on!
holbeitel gouge
holbewoner caveman, cave dweller, troglodyte
holbol concave-convex
holbroeder hole-nesting bird
holderdebolder head over heels, head over ears, helter-skelter; *~ door elkaar* pell-mell
holenbeer cave bear
holenkunde speleology
holenkunst cavern art
holenmens caveman
holheid 1 hollowness, emptiness; **2** concavity; *vgl* [1]hol
holhoornig cavicorn
holisme holism
Holland Holland
hollander *(papierbereiding)* Hollander, rag engine
Hollander Dutchman; *Vliegende ~* Flying Dutchman; *vliegende h~ (speelgoed)* racer, pedal car; *de ~s* the Dutch
Hollands Dutch; *het ~* Dutch; *een ~e* a Dutchwoman
Hollandse Dutchwoman
Holle: *Vrouw ~ maakt haar bed op* Mother Carey is plucking her geese (her chickens)
hollen run, scamper, career [the bull careered through the street]; rush, tear (into *in, binnen*); *zie ook* weghollen; *het is met hem ~ of stilstaan* he always runs to extremes, it is all or nothing with him; *~d paard* runaway (horse); *~ de inflatie* galloping inflation; *~d achteruitgaan* go rapidly downhill
holocaust holocaust
Holoceen Holocene
hologig hollow-eyed, *(v zorg, enz, ook)* haggard [face]
holografisch holograph(ic) [will]; holographic [image]
hologram hologram
holpasser inside cal(l)ipers
holpijp hollow punch
holrond concave
holrondheid concavity
holsblok wooden shoe, clog
holspaat macle
holster holster, (pistol) case
holte cavity *(ook in het lichaam),* hollow [of the hand, etc], socket [of the eye], crook [of the arm, of the elbow]; *(kuil, kuiltje)* pit; *(diepte)* hollow; *(mar)* depth
holtedier coelenterate
holwangig hollow-cheeked
hom *(vocht)* milt; *(klier)* soft roe; *(vis)* milter; *met ~ en kuit, zie* huid: met ~ en haar
hombaars soft-roed perch *(evenzo v andere vissen)*
homeopaat homoeopath(ist)
homeopathie homoeopathy
homeopathisch homoeopathic (*bw:* -ally)
homerisch Homeric; *~ gelach* Homeric laughter, roar(s) of laughter
Homerus Homer [(even) Homer sometimes nods]
hometrainer 1 cycle roller, exercise bicycle (bike); **2** rowing machine
homileet homilist

homilie homily
hommage tribute
hommel bumble-bee
hommelen buzz, hum
hommeles: *het is ~ tussen hen* they are at odds, they've had a tiff; *het wordt ~* there'll be ructions, there's going to be a dust-up (a bust-up)
hommer milter
homo homo(sexual), gay [bar]; pansy, sissy; queer
homo-erotisch homo-erotic
homofiel homosexual
homofilie homosexuality
homofobie homophobia
homofoob homophobe
homofoon I *zn* homophone; II *bn* homophonous, *(muz)* homophonic
homogeen homogeneous
homogenisator homogenizer
homogeniteit homogeneity, homogeneousness
homograaf homograph
homohuwelijk same-sex marriage
homologatie sanction, confirmation; *(inz sp, ook)* homologation
homologeren sanction, confirm; *(inz sp, ook)* homologate
homoloog homologous
homoniem I *zn* homonym; II *bn* homonymous
homoseksualiteit homosexuality
homoseksueel *zn & bn* homosexual
homozygoot homozygote
homp lump, hunk, chunk [of cheese]
hompelen hobble, limp, walk lame, walk with a limp
homvis milter
homvocht milt
hond dog, *(jacht~)* hound, *(min)* cur; *geen ~, (fig)* not a soul; *gemene ~, (fig)* dirty dog; *jonge ~* pup(py); *~je* (little) dog, doggie; *een ~je ve kind* a perfect little darling; *iem als een ~ behandelen* lead a p. a dog's life (of it); *twee ~en vechten om een* ***been,*** *de derde loopt er ras mee heen, (vglb)* it is good fishing in troubled waters; divide and rule; ***blaffende*** *~en bijten niet* a barking dog never bites; *ik ben hier de* ***gebeten*** *~* I can do nothing right here; *van het ~je gebeten* conceited; *er zijn meer ~jes die Fik(kie) heten* you're barking up the wrong tree; *veel ~en zijn der* ***hazen*** *dood* there is no fighting against superior numbers; ***kwade*** *~en bijten elkaar niet* dog does not eat dog; *beter een* ***levende*** *~ dan een dode leeuw* discretion is the better part of valour; *met* ***onwillige*** *~en is het kwaad hazen vangen* you may lead a horse to water, but you cannot make him drink; *de ~ in de* ***pot*** *vinden* go without one's dinner, dine with Duke Humphrey; *wie een ~ wil* ***slaan,*** *vindt licht een stok* any stick to beat a dog; *er uitzien als een geslagen ~* have the tail between one's legs; *men moet geen* ***slapende*** *~en wakker maken* let sleeping dogs lie; *komt men over de ~ dan komt men over de* ***staart*** if the big problem is solved, the small ones will look after themselves; *op zijn ~jes* ***zwemmen*** dog(gy)-paddle; *zie ook* bekend, brood, commanderen, graf, kat, moe, rood, enz
hondenasiel (lost) dogs' home
hondenbaan awful (ghastly, wretched) job
hondenbelasting dog licence fee
hondenbrigade police dog unit
hondenbrokjes, hondenbrood dog biscuits
hondenfluitje dog whistle
hondenfokker dog breeder, dog fancier
hondengevecht dogfight
hondenhaar dog's hair
hondenhok (dog) kennel; *(Am ook)* doghouse
hondenkar cart drawn by dogs; dogcart
hondenkerkhof dogs' cemetery
hondenleven [he led (she led him) a] dog's life [he had a dog's life with her]
hondenlul (stupid) prick
hondenmand dog('s) basket
hondenneus dog's nose; *(fig)* [have a] keen nose
hondenpenning dog-licence badge, dog tag
hondenpension (boarding) kennel(s)
hondenpoep dog's mess (poop), dog dirt
hondenras breed (of dog)
hondenren greyhound (*of:* dog) race; *de ~* greyhound racing, [go to see] the dogs
hondenslager beadle, dog whipper
hondententoonstelling dog show
hondentoilet dog loo
hondentrouw doglike devotion
hondenvoer dogfood
hondenwacht mid(dle) watch, midnight watch
hondenweer beastly weather, weather not fit to turn a dog out
hondenziekte (canine) distemper
honderd a (one) hundred; *enige ~en* some hundreds (of); *~en en ~en* hundreds (up)on (and) hundreds; *één euro* ***de*** *~* one euro a hundred; *al word ik ~* ***jaar*** if I live to be a hundred; *wel ~ jaar kunnen worden* be booked for a century; *alles ligt* ***in*** *het ~* things are all at sixes and sevens; *alles (de boel) loopt in het ~* everything is going haywire; *alles in het ~ jagen (sturen)* make a mess of the whole affair; *het is ~* ***tegen één*** it's a hundred to one; *vijf* ***ten*** *~* five per cent; *~* ***uit*** *praten* talk nineteen to the dozen; *zie ook* [2]bij I.6, honderdje, enz
honderddelig centesimal; centigrade [thermometer]
honderdduizend a (one) hundred thousand; *~en* hundreds of thousands (of); *het verlies bedraagt meer dan ~ pond* the loss runs into six figures, there is a six-figure loss
honderdjarig a hundred years old; *~ bestaan (feest)* centenary, centennial; *de H~e Oorlog* the Hundred Years' War; *een ~e* a centenarian
honderdje hundred-euro (hundred-guilder) note
honderdmaal a hundred times
honderdman centurion
honderdste hundredth

honderdtal a (one) hundred; *twee ~len* two hundreds; *zie ook* honderd
honderdtallig centesimal
honderdtwintig a hundred and twenty; *(voor haring, enz)* a great (long) hundred
honderdvoud centuple
honderdvoudig (a) hundredfold, centuple
honds currish, churlish; *~ behandelen* treat [a p.] like dirt
hondsaap (dogfaced) baboon, cynocephalus
hondsbrutaal extremely impudent
hondsdagen dog days
hondsdolheid rabies; *(bij mens)* hydrophobia
hondsdraf ground ivy, alehoof
hondshaai (small spotted) dogfish
hondsmoe dog-tired
hondsnetel white nettle
hondspeterselie fool's parsley
hondsroos dog rose, brier rose
Hondsster dog-star, Sirius
hondstand *(plant)* dog's tooth violet; *(tand)* canine (tooth)
hondstong *(plant)* hound's tongue
hondstrouw unreasoningly faithful, devoted
hondsviooltje dog violet
hondsvot blackguard
Honduras Honduras
Hondurees Honduran
honen **1** scoff (jeer, sneer) at, taunt, flout, deride; **2** *(techn)* hone
honend *(ook)* scornful, derisive; *'...', zei ze ~* '...', she sneered
Hongaar(s) Hungarian
Hongarije Hungary
honger hunger; *~ is een scherp zwaard* hunger is sharper than the sword; *~ is de beste saus, ~ maakt rauwe bonen zoet* hunger is the best sauce; *de ~ buiten de deur houden* keep the wolf from the door; *(geen) ~* ***hebben*** (not) be hungry; *ik heb een ~ als een paard (wolf)* I am as hungry as a hunter; *~* ***krijgen*** get hungry; *~* ***lijden*** starve, go hungry; *van ~ (doen)* ***omkomen*** starve to death; *van ~* ***sterven*** die of hunger (of starvation), starve (to death), be starved to death; *zie ook* rammelen, stillen & uithongeren
hongerdood death from hunger (from starvation); *de ~ sterven* starve to death
hongeren hunger, be (feel) hungry; *~ naar* hunger after [righteousness], hunger for [gossip], be hungry for [knowledge]
hongerig hungry (*ook fig: naar* for); *een beetje ~* peckish
hongerkuur starvation therapy
hongerlap glutton
hongerlijd(st)er **1** starving person; **2** poor devil
hongerloon starvation wages (salary); *laten werken voor een ~* exploit, sweat [sweated workers]
hongeroedeem hunger oedema
hongersnood famine; *door ~ getroffen* famine-stricken [provinces]
hongerstaker hunger striker
hongerstaking [be, go on] hunger strike
hongerwinter famine winter (1944/45)
Hongkong Hong Kong
honi(n)g honey; *iem ~ om de mond smeren* butter a p. up, soft-soap a p.; *men vangt meer vliegen met ~ dan met azijn* you'll achieve more by (get further with) kindness than severity
honingachtig honeylike, honeyed
honingbakje *(plantk)* nectary
honingbeer: *(Maleise) ~* sun bear, honey bear
honingbij honeybee
honingcel alveolus (*mv:* -li), honey(comb) cell
honingdas honey badger, ratel
honingdauw honeydew
honingdrank mead
honingklaver melilot
honingklier *(plantk)* nectary, honey gland
honingkoek (Dutch) honey cake
honingkoekoek honeyguide
honingmeloen honeydew melon
honingmerk *(plantk)* honey guide, nectar guide
honingraat honeycomb
honingzakje *(ve bij)* honey bag
honingzeem virgin honey
honingzoet (as) sweet as honey, honey-sweet; *~e woorden* honeyed (honied) words; *op ~e toon, (ook)* in mellifluous accents
honingzuiger *(vogel)* honeysucker
honingzwam honey (*of:* bootlace) fungus
honk home, *(sp, ook)* goal; base; *~ bereiken* get home; *bij ~ blijven* stay at home; *van ~ gaan* leave home; *ver van ~* far from home, [go] far afield
honkbal baseball [bat *knuppel*]
honkloper baserunner
honkman baseman
honkslag base hit
honkvast stay-at-home
honneponnig sweet, lovely; *zie* snoezig
honneur honour; *vier ~s hebben, (in handen)* hold four honours, *(vier punten daarmee)* have four by honours; *de ~s waarnemen (aan tafel)* do the honours (of the table)
honnig sweet, lovely; *zie* snoezig
honorabel honourable
honorair honorary [consul, member]
honorarium [accountant's, architect's, doctor's, lawyer's, etc] fee; [auditor's] remuneration; *(vooruitbetaald aan advocaat)* retainer; *(ve schrijver)* (author's) fee, *(per exemplaar)* royalty, royalties
honoreren **1** *(accepteren)* honour [a credit card, promise], accept [a proposal], comply with [a request]; *(wissel)* honour (*niet ~* dishonour), meet, protect, take up [a draft]; **2** *(belonen)* pay, remunerate [an author], honour [with a prize]
honoris causa honorary; *iem ~ promoveren* confer

(bestow) an honorary degree (up)on a p.; *doctor ~* honorary doctor

hoofd **1** head; *~ links (rechts)!* left (right) face!; *een ~ groter* taller by a head, a head taller; *gekroonde ~en* crowned heads; *zoveel ~en zoveel zinnen* (so) many men, (so) many minds (opinions); *het ~* ***bieden*** stand up to [a p., severe tests], face, brave, defy [danger, competition], bear up against [misfortune], cope with [difficulties]; *de vijand (hardnekkig) het ~ bieden* make a bold stand against the enemy (put up a stubborn defence); *zich het ~* ***breken*** *over* rack (cudgel) one's brains about; *het ~* ***kwijtraken*** lose one's head; *hij was het ~ kwijt* he had lost his head; *zijn ~* ***neerleggen*** lay down one's head *(ook fig); ze hebben geen plaats om hun ~ (het moede ~) neer te leggen* they have nowhere to lay their (weary) heads; *het ~* ***omhoog*** *houden* hold up one's head; *(fig ook, fam)* keep one's tail up; *het ~* ***opsteken*** raise one's head [*ook fig:* the rebels raised (*of:* reared) their heads again]; *mijn ~* ***staat*** *er niet naar* I am not in the mood for it; *zij* ***staken*** *de ~en bij elkaar* they laid (put) their heads together; *het ~* ***stoten*** knock one's head [against a wall]; *(fig)* meet with a rebuff; *overal het ~ stoten, (ook)* be up against a blank wall; *hij* ***volgt*** *zijn eigen ~* he goes his own way, takes his own line; ***aan*** *het ~ staan (van)* be at the head (of), be in charge (of), head [a delegation]; *de man die aan het ~ staat* the man at the top; *te veel aan het ~ hebben* have too much to think of; *aan het ~ van de tafel* at the head (the top) of ...; *hij is niet wel* ***bij*** *het ~* he is off (is not right in) his head; *(sl)* off his chump (nut, rocker); *ben je niet goed bij het (je) ~?* have you taken leave of your senses?; *er hangt u iets* ***boven*** *het ~* there is s.t. hanging over your head; *zie ook* groeien; *het is mij* ***door*** *het ~ gegaan* it has slipped my memory, *(sterker)* it has clean gone out of my head; *zie ook* malen; *al naar het mij* ***in*** *het ~ komt* just as the fancy takes me; *wie heeft je dat in het ~ gepraat?* who put that into your head?; *zich iets in het ~ halen, iets in zijn ~ krijgen* get s.t. into one's head; *hoe krijg je het in je ~?* how did you get it into your head?; ***met*** *het ~ in de nek* [he stalked out] head flung back; *hij viel met het ~ vooruit* he fell headlong; *de wijn steeg hem* ***naar*** *het ~* the ... went to his head; *iem een belediging (beschuldiging) naar het ~ gooien* fling an insult in a p.'s teeth (level an accusation at a p.); *zie ook* voet: voor de ~en gooien; ***onder*** *een ander ~* [you'll find this word] under another heading; ***op*** *zijn ~ staan, zie* kop; *op zijn ~ gevallen, (fig)* crazy, not all there; *onze daden komen op ons eigen ~* ***neer*** our actions come home to roost; *wat hij zei ging* ***over*** *hun ~en heen* his talk was above their heads; *over het ~ zien* overlook [mistakes, a fact]; ***per*** *~* [five euros] a head; *verbruik per ~ (van de bevolking)* consumption per head (of population), per capita consumption; ***uit*** *~e van* on account of, owing to, by reason of, in consideration of [his good character]; *uit ~e van zijn beroep als chirurg* in his quality (capacity) as (a) surgeon; *uit dien ~e* for that reason, on that account; *uit het ~ aanhalen (citeren)* quote from memory; *uit het ~ kennen (leren, opzeggen, zingen)* know (learn, say, sing) by heart; *hij kent die geschiedenis uit het ~, (ook)* he has ... by heart; *uit het ~ opzeggen, (ook)* repeat without book; *zomaar uit zijn (blote) hoofd* off the top of his head; *uit het ~ spreken, enz* extemporize; *sommen uit het ~ maken* do sums in one's head; *dat zal hij wel uit zijn ~ laten* he knows better than that; *iem iets uit het ~ praten* talk a p. out of s.t.; *ik kon hem dat idee niet uit het ~ praten, (ook)* I could not disabuse him of that idea; *zich iets uit het ~ zetten* put (get) s.t. out of one's head (*of:* mind), dismiss s.t. from one's mind; ***van*** *het ~ tot de voeten* from head to foot, from top to toe, [look a p.] up and down, [armed] cap-à-pie; *hij heeft geen ~* ***voor*** *studie (een goed ~ voor wiskunde, niet veel ~ voor jaartallen)* he has no head for study (a good head for mathematics, not much head for dates); *~ voor ~* (each) separately; *iem voor het ~ stoten* rebuff (repulse) a p.; *zie ook* bloot, buigen, hangen, kop, nek, schieten, water, enz; **2** *(persoon)* head [of a family, school, etc], chief, leader, principal; *~ der school* headmaster, headmistress, head teacher; *~ van de huishouding, (in school, enz)* matron; **3** *(ve brief, enz)* [printed] heading; **4** *(stroomdam)* groyne; *(haven~) zie aldaar*

hoofd- *(dikwijls)* principal, chief, main, leading

hoofdaalmoezenier *(mil)* Chaplain General to the Forces

hoofdaanlegger prime mover, moving spirit, chief instigator, mastermind

hoofdader **1** cephalic vein; **2** *(verkeer)* main artery

hoofdafdeling principal (main) section, division; *(vh dieren-, plantenrijk)* subkingdom, phylum (*mv:* -la)

hoofdagent **1** general (*of:* distributing) agent; **2** *(vglb)* police sergeant

hoofdagentschap, hoofdagentuur general agency

hoofdakte (primary school) head teacher's certificate

hoofdaltaar high altar

hoofdambtenaar senior official; Senior, Chief, Principal [Executive, Scientific etc] Officer *(opklimmende rangorde)*

hoofdarbeid brainwork

hoofdarbeider brainworker, white-collar worker

hoofdartikel leading article, leader, editorial

hoofdartikelschrijver leader writer

hoofdas *(wisk)* principal axis, *(v ellips)* major axis; *(auto)* main shaft

hoofdband headband, bandeau, fillet

hoofdbedekking covering for the head, headgear

hoofdbeginsel chief (main, fundamental) principle

hoofdbestanddeel main ingredient (constituent)

hoofdbestuur general (central) committee; national council [of a party], executive (committee) [of a so-

ciety]
hoofdbestuurder director-in-chief, director-general, member of the general committee
hoofdbewerking *(rek)* elementary (fundamental) operation (*of:* rule)
hoofdbewoner main tenant
hoofdbezigheid principal occupation, main pursuit
hoofdboekhouder chief accountant
hoofdbreken racking of one's brains; *vgl* hoofd: zich het ~ breken; *het kostte veel ~(s)* it took (entailed) some hard thinking
hoofdbrekend perplexing [subjects]
hoofdbron chief source; *(v rivier)* headspring
hoofdbuis [water] main
hoofdbureau head office; *(v politie)* police headquarters
hoofdcommies principal clerk [in the Home Office]
hoofdcommissariaat police headquarters
hoofdcommissaris (chief) commissioner (of police)
hoofdconducteur chief (*of:* senior) conductor
hoofddader *zie* hoofdaanlegger & hoofdschuldige
hoofddek main deck
hoofddeksel headgear, head-covering
hoofddeugd cardinal virtue
hoofddeur main door (*of:* entrance)
hoofddocent *(univ, vglb)* senior lecturer
hoofddoek headscarf, kerchief
hoofddoel main object, chief aim
hoofdeigenschap chief quality (property); *(wisk)* fundamental theorem
hoofdeinde head [of the bed, table], top [of the table]
hoofdelijk *(per hoofd) zie* hoofd; *~ aansprakelijk* severally liable; *zie ook* gezamenlijk; *~e akte* deed poll; *~e omslag, (belasting)* poll tax, capitation; *zie ook* omslaan; *~ onderwijs* individual teaching; *~ stemmen* vote by call; *~ laten stemmen* take a poll; *~e stemming* voting by call, poll; *(parl, enz)* division; *zonder ~e stemming, (parl, enz)* [the motion was carried] without a division
hoofdfiguur *zie* hoofdpersoon
hoofdfilm feature film
hoofdgebouw main (part of a) building
hoofdgedachte main idea
hoofdgeld poll tax, capitation (tax)
hoofdgerecht *zie* hoofdschotel
hoofdgestel *(bk)* entablature
hoofdgetuige chief (*of:* principal) witness
hoofdgroep division
hoofdgrond main cause, principal argument
hoofdhaar hair of the head
hoofdhuid scalp
hoofdig obstinate, headstrong
hoofding heading
hoofdingang main entrance
hoofdingeland chief landholder (in a polder)
hoofdingenieur chief engineer
hoofdinhoud gist, purport, substance, chief contents
hoofdinspecteur chief inspector; *~ van gezondheid* chief medical officer of health, Chief MOH; *~ van politie* police superintendent
hoofdintendant Quartermaster General, QMG
hoofdkaas (pork) brawn, collared head; *(Am)* head-cheese
hoofdkantoor **1** head office, headquarters (building); **2** *zie* hoofdpostkantoor
hoofdkerk cathedral
hoofdklasse *(sp)* premier league
hoofdklemtoon principal stress
hoofdkleur principal colour; *(één der drie)* primary colour
hoofdknik nod
hoofdkraan main cock; *de ~ dichtdraaien* turn off the gas, etc at the main
hoofdkussen pillow; *~tje* headrest
hoofdkwartier headquarters *(ook mv)*, HQ; *groot ~* general headquarters, GHQ; *een ~* a headquarters; *in het ~* at headquarters
hoofdleiding **1** general direction (management); **2** [gas, water, electric] main, main supply; *hoofd- en zijleiding* main and service pipe(s)
hoofdletter capital (letter); *(aan het begin, ook)* capital initial; *~ A* capital A
hoofdlieden *mv van* hoofdman
hoofdlijn **1** *(v spoor, telef, enz)* main line, trunk line, mainline; *hoofd- en zijlijnen* main and branch lines; **2** *~en, (fig)* outlines; *plan in ~en* outline plan; *de ~en, (ook)* an outline [of history], [know] the basics; *vgl* hoofdtrek
hoofdluis head louse
hoofdmaaltijd main (*of:* principal) meal
hoofdmaatschappij parent company
hoofdmacht main body [of an army]
hoofdman chief, leader; *(dorpshoofd)* headman; *~ over honderd, (bijb)* centurion
hoofdmiddel: *~ van bestaan* chief (means of) support, stand-by
hoofdmoot main portion, principal part
hoofdmotief main (primary, principal) motive; main theme; *(muz)* principal motif
hoofdnerf *(ve blad)* midrib
hoofdnummer principal item; *(artiest)* star turn; *(sp)* main event
hoofdofficier *(mil)* field officer
hoofdonderwijzer(es) head teacher
hoofdoorzaak principal (main, root) cause
hoofdopsteller editor-in-chief
hoofdpersoon principal person, principal (leading, central) figure; *(in drama, enz)* principal character, protagonist *(ook fig)*, hero; *de hoofdpersoon zijn, zie* hoofdrol: de hoofdrol spelen
hoofdpijn headache; *(fam)* head [have an awful (a bit of a) head]; *~ hebben* have a headache
hoofdplaats **1** *zie* hoofdstad; **2** chief town
hoofdplaneet primary planet
hoofdpostkantoor head post office; *(in Londen)* general post office, GPO

hoofdprijs first prize
hoofdpunt main (chief, most essential) point; *de ~en van onze overeenkomst (van het nieuws)* the heads of our agreement (the news headlines)
hoofdredacteur editor, editor-in-chief, general editor
hoofdregel principal (cardinal, general) rule; *(typ)* headline
hoofdrekenen mental arithmetic
hoofdrol principal (leading) part (role); *de ~ spelen* play the lead (the leading part), be the leading man (the leading lady); *(fig)* play first fiddle, call the tune
hoofdschakelaar mains switch
hoofdschotel main course, principal dish; pièce de résistance *(ook fig); (Am ook)* blue plate; *(fig)* staple (fare); *(fig)* main item [on the programme, etc]
hoofdschudden I *ww* shake one's head; II *zn* shake of the head, [much] shaking of heads
hoofdschuld 1 principal debt; 2 chief fault
hoofdschuldige chief offender (culprit); *hij is de ~* the fault lies chiefly with him
hoofdslagader aorta
hoofdsom *(vs interest & opcenten)* principal
hoofdstad capital (town, city), metropolis; *(ve graafschap, Eng)* county town, *(Am)* county seat
hoofdstel bridle
hoofdstelling 1 *(mil)* principal position; 2 *zie* grondstelling
hoofdstengel main stem
hoofdsteun [adjustable] headrest; *(ve auto ook)* head restraint
hoofdstraat main street, principal street
hoofdstreken *(ve kompas)* cardinal points
hoofdstudie 1 principal study; 2 *zie* hoofdvak
hoofdstuk chapter
hoofdtak main branch
hoofdtelefoon [lightweight 'in the ear' stereo] headphone(s), *(in oor, ook)* earphone(s), *(evt met microfoon)* headset, *(fam)* cans
hoofdtelwoord cardinal (number)
hoofdthema central theme, burden [of speech], *(muz)* principal theme
hoofdtijdvak *(geol)* era
hoofdtooi(sel) headdress
hoofdtoon 1 *zie* grondtoon; 2 principal stress
hoofdtrek main (outstanding) feature, principal trait (characteristic); *~ken* outline(s), main lines; *in ~ken* in outline; *in ~ken aangeven* outline; *vgl* hoofdlijn 2
hoofdtribune grandstand
hoofdvak principal subject; *(Am univ)* major
hoofdverdienste 1 chief merit; 2 principal income
hoofdverkeersweg main (trunk, major, arterial) road, main thoroughfare (highway *Am*)
hoofdverkenner Chief Scout
hoofdverkoudheid head cold
hoofdverpleegkundige (ward) sister, head nurse, charge nurse, ward matron, sister in charge (of a ward); *(man)* wardmaster
hoofdvoedsel principal food, staple diet
hoofdvogel topmost popinjay; *de ~ afschieten, a)* perform an extraordinary feat; *b)* make an awful blunder
hoofdvorm principal form; *~en van ww* principal parts of a verb
hoofdvrouw principal wife, number one wife
hoofdwacht main guard(house)
hoofdwapen *(ve leger)* main arm
hoofdwas main (washing) cycle, main wash
hoofdweg main road, major road, highroad
hoofdwerk principal work; *(mil)* main fort; *(v orgel, vglb)* great organ
hoofdwindstreken cardinal points (of the compass)
hoofdwond headwound, head injury
hoofdwoord headword, entry word
hoofdwortel main root, tap root
hoofdzaak main point, main thing; *-zaken* essentials; *in ~* in the main, in substance; *in ~ juist* substantially correct; *dat is bij mij de ~* that is the first consideration (principal thing) with me; *voor hen is de ~ ...* their main concern is with ...
hoofdzakelijk principally, chiefly, mainly
hoofdzeer ringworm of the scalp, *(fam)* scald-head
hoofdzetel principal seat, headquarters
hoofdzin principal sentence, main (head-, principal) clause
hoofdzonde capital sin; *de zeven ~en* the Seven Deadly Sins
hoofdzuster *zie* hoofdverpleegkundige
hoofs courtly
hoofsheid courtliness
hoog high [mountain, oak, room, note, colour, opinion, temperature, position, post, price, rank, antiquity, politics], lofty [mountain, entrance hall, ideals], deep [snow], high-pitched [voice; roof], high-ceilinged [room]; *(in rang, ook)* high-ranking; *(lang & slank)* tall [poplar, chimney]; *~ op de poten* rangy; *(verheven)* exalted [personage, guest]; *de hoge c* [sing] the top C, the upper C; *~ wonen* live high up; *voor- (achter)kamer twee ~* two pair front (back); *vier ~* [live] four floors up, four storeys high, up four pair of stairs, four stairs up; *de man van vier ~* the man on the fourth floor; *van hoge **afkomst*** of high descent, of exalted birth; *op hoge breedte* in a high latitude; *~ en droog* high and dry; *(fig)* safe, out of harm's way; *hoge functionaris* high (senior) official; *~ **grijpen**, (fig)* aim high; *we hebben te ~ gegrepen* we've bitten off more than we can chew; *hij kreeg een hoge kleur, (ook)* his cheeks flushed deep; *~ en laag, (v land)* surface relief; *of je ~ of **laag** springt* whether you like it or not; *een hoge leeftijd bereiken* attain (to) a great age; *~ op het water liggen, (mar)* ride high; *de sneeuw ligt drie voet ~* the ... lies three feet deep; *~ **nodig**, zie* hoognodig; *in het hoge noorden* in the far (the extreme) North; *bespottelijk hoge **prijs*** fancy price; *zeer hoge prijs,*

(ook) steep (stiff) price; *de prijzen worden hoger* prices are looking up (going up); *zie* prijs; *Hoge* ***Raad*** Supreme Court; *(Eng, vglb)* Court of Appeal; *Hoge Raad van Adel* College of Heralds; *een hoge rekening* a big bill; *(enigszins) een hoge* ***rug*** *hebben* have a (slight) stoop; *stoel met hoge rug* high-backed chair; ~ *in de* ***schouders*** high-shouldered; ~ ***spelen*** play (gamble) high; *de aandelen* ***staan*** *heel* ~ shares are very high; *de rivier staat* ~ the ... is in (full) flood; *hij achtte zich niet* ***te*** ~ *om te ...* he was not above ...ing; *dat is mij te* ~ that is beyond (above) me (my comprehension), above my head; *hij staat te* ~ *om zich die laster aan te trekken* he can afford to ignore that ...; *een halve toon te* ~ *staan* be half a tone sharp; *zie ook* hemel; ~ ***water,*** *zie* hoogwater; *we kregen hoge woorden* we had words [*over* over], we had a (raging) quarrel; *het hoge woord moet (is) eruit* the plain truth must be told (the truth is out); *ten laatste kwam het hoge woord eruit* at last he made a clean breast of it; *een* ~ *woord hebben* brag; ~ ***zingen*** sing high; *dat zit mij nog* ~ it still sticks in my throat; ***bij*** ~ *en bij laag* [swear] by all that is holy; ***hoger,*** *(ook)* up [sugar is up; road deaths are up by 16; the deficit is £200 up]; *[de productie was] 40 ton hoger dan de vorige week* 40 tons up on the previous week; *drie euro en hoger* [prices] three euros and upwards; *hogere ambtenaar* higher-grade civil servant; *hoger onderwijs, a)* higher (tertiary) education; *b)* university education; *hogere wiskunde* higher mathematics; *hoger geplaatsten* [our] betters; ***een hoge*** a bigwig (big shot, *mil:* brass hat); *ere zij God in den hoge(n)* glory to God in the highest; *zie ook* hoogst, hooggespannen, bevel, hogehoed, lopen, opgeven, toon, tijd, verwachting, vliegen, [2]zweren, enz

hoogaanzienlijk very distinguished

hoogachten respect, esteem highly

hoogachtend: ~, *Uw ...* Yours faithfully (truly) ...

hoogachting esteem, respect, regard

hoogadellijk most noble

hoogaltaar high altar

hoogbegaafd highly gifted

hoogbejaard aged, greatly advanced in years

hoogblond reddish, golden [hair]

hoogbouw high-rise (building)

hoogconjunctuur boom

hoogdag high day, feast day

hoogdekker *(vliegt)* high-wing monoplane

hoogdravend *(eig)* high-stepping; *(fig)* stilted, bombastic, high-sounding, grandiloquent, high-flown

hoogdravendheid grandiloquence

hoogdraver high-stepper

hoogdruk relief printing

***Hoog-Duits** *(Wdl: Hoogduits)* High German

hoogedelachtbaar, hoogedelgestreng *(vglb)* (Right) Honourable

hoogeerwaard Very Reverend

hoogfrequent high-frequency [current]

hooggaand running high, heavy [sea]; *~e ruzie* flaming row; *zie ook* hoog: hoge woorden

hooggeacht highly (much) esteemed; *H~e Heer* (Dear) Sir

hooggebergte high mountains, upper region of (the) mountains

hooggeboren high-born; *(titel, vglb)* Right Honourable

hooggeëerd highly honoured

hooggekleurd florid [face], high-coloured

hooggekwalificeerd high-grade [personnel]

hooggeleerd most learned *(niet als titel!); de ~e heer prof. dr. A B, (op adres)* Professor A B

hooggeleerde professor

hooggelegen high, elevated

hooggeplaatst highly placed, high-placed

hooggerechtshof High Court (of Justice), Supreme Court (of Judicature)

hooggeroemd [his] boasted [wealth], [our] vaunted [civilization]

hooggeschat highly esteemed, [our] much-prized [liberty]

hooggespannen high [hopes]; *onze verwachtingen waren* ~ our expectation ran high; *zie ook* gespannen

hooggestemd high-pitched; *(fig ook)* high [ideals]

hoogglans high gloss [high-gloss paint], *(metaal)* high lustre

hooghartig proud, haughty, supercilious, *(fam)* high and mighty; *op zijn ~e manier* in his hoity-toity (off-hand, cavalier) manner

hooghartigheid hauteur, haughtiness

hoogheemraad *zie* heemraad

hoogheid highness; height; grandeur; *Zijne H~* His Highness

hooghouden uphold [authority, a p.'s honour, a tradition], maintain [a tradition], live up to [one's reputation], keep up [the prestige of ...], hold aloft [the Imperial banner], keep [one's head] high

hoogkoor sanctuary

hoogland highland; *de H~en* the Highlands

Hooglander Highlander; *~s, (runderen)* Highland cattle

Hooglands Highland

hoogleraar professor; *zie ook* universiteit

hoogleraarsambt professorship

Hooglied: *het Hooglied van Salomo* the Song of Solomon, the (Canticle of) Canticles, the Song of Songs

hooglijk highly, greatly

hooglopend violent [quarrel], flaming [row]

hoogmis high mass

hoogmoed pride, haughtiness; ~ *komt vóór de val* pride goes (comes) before a fall, pride will have a fall

hoogmoedig proud, haughty

hoogmoedswaanzin megalomania; *zie ook* grootheidswaanzin

hoogmogend high and mighty; *Hunne H~en* their

High (and) Mightinesses (the States General)
hoognodig highly necessary, much-needed; ~ *hersteld moeten worden* be sadly (badly, urgently) in need of repair; *het ~e* what is absolutely necessary, [furnished with] the bare necessities; *hij heeft slechts het ~e* he has barely enough to live on
hoogoplopend violent [quarrel], flaming [row]
hoogoven blast-furnace
hoogpolig deep-pile
hoogrood bright red; *(v gezicht, blijvend:)* florid, rubicund; *(tijdelijk:)* flushed, as red as a turkeycock
hoogschatten esteem (value) highly
hoogseizoen high season, peak (holiday) season, [at the] height of the season; *vgl* seizoen
hoogslaper high sleeper
hoogspanning high voltage, high tension [high-tension battery]; *gevaarlijk! ~!* danger! high voltage!; *(fig)* [work under] high pressure
hoogspanningskabel high-voltage cable
hoogspanningslijn power line, high-voltage transmission line
hoogspanningsmast pylon, tower
hoogspanningsnet power grid, *(Br)* national grid
hoogspringen (the) high jump
hoogst I *bn* highest, utmost, sovereign [power], supreme [joy], top [branch, prices]; *~e klas, (school)* top form (*of:* class); *~e versnelling* top gear; ***op** zijn (het)* ~ [the fun, the storm was] at its height; *zie ook* ten ~e *b); **ten** ~e, a)* highly, greatly, extremely [pleased]; *b)* [twenty] at (the) most, at best, at the utmost, at the outside; at worst [you'll miss the train]; *boete van ten ~e £50* a fine up to (*of:* not exceeding) £50; *een bedrag van ten ~e £10* a maximum amount of £10; ***van** het ~e belang, (ook)* of the first (greatest) importance; *zie ook* [1]woord; **II** *bw* highly [improper], extremely [improbable, rarely], [simple] to a degree, vitally [important]
hoogstaand high-principled, [man] of high moral standing; *het was een ~ debat* the ... was on a high level (of a high order)
hoogstaangeslagenen highest taxpayers
hoogstam standard
hoogstammig of tall growth, tall; standard [cherry, rose]; ~ *hout* forest timber
hoogstand long-arm balance; *~je, (fig)* tour de force
hoogstbiedende highest bidder
Hoogstdezelve His (Her) Majesty
hoogsteigen: *in ~ persoon* in his own proper person, [the baron] himself (of all people, no less)
hoogstens *zie* hoogst I: ten ~e b)
hoogstnodig *zie* hoognodig
hoogstpersoonlijk in person
hoogstwaarschijnlijk I *bn* highly probable; **II** *bw* most probably (likely), in all probability (likelihood)
hoogte height [of a tower, mountain, the tide; *ook fig*], elevation; *(ve hemellichaam, ~ in de lucht, boven zeepeil, in meetk)* altitude; *(ve dak, van toon; fig: grote ~)* pitch [his fury reached such a pitch that ...]; *(v prijs, belasting)* highness; *(concr)* [the house stands on a] height, eminence, rise, elevation; *de zaken hadden zulk een ~ **bereikt** ...* things had come to such a pass (such a pitch) ...; *~ bereiken (verliezen), (luchtv)* gain (lose) height; *hij **heeft** de ~* he is tipsy; *ik heb er geen ~ van, kan er geen ~ van (geen ~ van hem) **krijgen*** it's beyond me, it beats me (I cannot make him out); ***in** de ~ bouwen* build upward(s); *in de ~ gaan* rise; *(v prijzen, enz)* rise, advance, go up, look up, *(sterker)* soar [oil shares are soaring]; *de ~ doen ingaan* send up [stocks, prices]; *in de ~ steken* cry up [a novel, a person], crack up; ***op** dezelfde ~* at the same height; *(fig)* on a par; *het venster was op gelijke ~ met de vloer* the ... was flush (on a level) with the floor; *op de ~ van Damstraat 50* outside Number 50, ...; *vlucht op grote ~* high-altitude flight; *op één ~ zijn **met*** be on a par (a level) with, be up to the level of; *het bleef op dezelfde ~* it remained stationary; ***op** de ~ **van*** in possession of [the facts], knowledgeable about [horses, music]; *hij is niet op de ~ van de laatste ontwikkelingen* he is not in (is out of) touch with ...; *niet op de ~ zijnd* uninformed [the uninformed reader], ignorant [*van* of]; *hij is goed op de ~ van dit onderwerp* he is well informed about, is well versed, well posted (up) in this ... (*geheel op de ~* is well up in the matter); *hij is op de ~ van zijn tijd* he is abreast of (*of:* with) the times; ***op** de ~ **blijven** van de ontwikkelingen* keep abreast of (*of:* with, keep pace with) ...; ***op** de ~ brengen* inform, post (up), fill in, put in the picture, show the ropes; *(fam)* put wise [*van* to, about]; *met alle feiten op de ~ brengen* place [the public] in possession of all the facts; *ik zal u **op** de ~ houden* I'll keep you posted (up) [*van de loop van zaken* as to how things go], keep you informed [*wat betreft* of, as to], *(fam)* keep you in the know, keep o.s. up to date [in nuclear physics]; *om weer met het nieuws op de ~ te komen* [skim the papers] to get abreast of (with) the news again; *zich op de ~ stellen van* make o.s. acquainted (acquaint o.s.) with, ascertain [the position of affairs], inform o.s. of (about, on) [the facts]; *zie ook* op de ~ brengen; ***ter** ~ van de tafel* [a cabinet] the height of ...; [five feet] in height; off [Dover]; ***tot** op zekere ~* [you are right] to a certain extent, up to a point, in a way; ***uit** de ~ behandelen, (zaken)* act in a high-handed manner; *(iem)* treat a p. haughtily (superciliously, cavalierly, off-handedly); *uit de ~ optreden* take a high line [*tegen* with]; *(Am)* high-hat [a p.]; *erg uit de ~ zijn* be very high and mighty; *hij is een tikje uit de ~* he is somewhat superior; *uit de ~ neerzien op, uit de ~ aanzien* look down (up)on
hoogtegrens *(luchtv)* ceiling
hoogtekaart relief map, contour map
hoogtelijn 1 *(meetk)* altitude; **2** *(aardr)* contour (line)
hoogtemeter altimeter, height (*of:* altitude) recorder

(*of:* gauge)
hoogtemeting altimetry, hypsometry
hoogtepunt 1 *(meetk)* orthocentre; **2** height, high point, summit, acme, zenith, culmination, culminating point, pinnacle, peak [unemployment peak; the peak of production], highlight [of the season; the highlights of the match], [a TV] high spot; high-water mark; *het ~ bereiken* culminate, reach the pinnacle [of one's fame], *(crisis)* come to a head; *de opwinding had het ~ bereikt* excitement had risen to fever pitch, [prices reached a new high]
hoogterecord altitude (*of:* height) record
hoogteroer elevator; *(ve duikboot)* diving rudder
hoogtesprong high jump
hoogteverschil difference in height (altitude, level)
hoogtevrees acrophobia, fear of heights
hoogtewerker steeplejack
hoogtezon sunlamp; *behandeling met ~* sunray (ultraviolet ray) treatment
hoogtezone contour interval
hoogtij: *~ vieren* run riot, be rampant, reign supreme, reign unchallenged; *zie ook* hoogtijd
hoogtijd 1 festival, high day; **2** Holy Communion
hoogtijdag great day, red letter day [in family history]
hooguit at most [40 people], [40 people] at the outside; *vgl* hoogst I: ten ~e b)
hoogveen peatmoor; *(grondsoort)* moor peat
hoogverheven lofty, sublime
hoogverraad high treason
hoogvlakte plateau, upland plain, [the Golan] heights
hoogvliegend high-flying, flying high, soaring; *(fam ook)* ambitious
hoogvlieger *(duif & fig)* high-flyer; *hij is geen ~* he is no genius
hoogwaardig 1 venerable, eminent; *het ~e* the consecrated wafer, the host; *H~e Eminentie, (bisschop)* Right (*aarts-:* Most) Reverend; **2** high-quality [research, steel], high-grade [cloth, oil]
hoogwaardigheid (Your, His) Eminence
hoogwaardigheidsbekleder dignitary
hoogwater high water, high tide; *(fam)* (too) short trouser legs; *het is ~* the tide is in; *bij ~* at high tide
hoogwaterlijn flood mark, high-water mark
hoogwelgeboren *(vglb)* right honourable
hoogwerker hydraulic hoist (*of:* platform), *(fam)* cherry picker; *vgl* hoogtewerker
hoogzit raised hide (*of:* stand), high seat
hoogzwanger in the last weeks of pregnancy
hooi hay; *hij neemt te veel ~ op zijn vork* he bites off more than he can chew, has too many irons in the fire; *te ~ en te gras* in a haphazard way, at odd moments; snatchy [reading]; *zie ook* keren
hooiberg haystack, hayrick; *zie ook* speld
hooibouw haymaking
hooibroei heating of hay
hooien I *ww* make hay, hay; **II** *zn* haymaking
hooigaffel hayfork, pitchfork, prong
hooigras haygrass, mowing grass
hooikeerder hay tedder
hooikist haybox
hooikoorts hay fever
hooiland 1 hayfield; **2** meadow(land)
hooimaand July
hooimachine haymaking machine
hooimijt haystack, hayrick
hooioogst hay harvest, hay crop
hooiopper haycock
hooischelf haystack, hayrick
hooischudder *(persoon & werktuig)* hay tedder
hooischuur hay barn, hay shed
hooistapel, hooitas *zie* hooiberg & hooiopper
hooitijd haytime, haymaking season
hooiveld hayfield
hooivork hayfork, pitchfork
hooiwagen 1 hay wagon; **2** *(spin & mug)* daddy-long-legs; *(spin, ook)* harvest spider
hooizolder hayloft
hoon scorn, scoffing, taunt(s), jeer(s), sneer(s), derision; *zie* smaad
hoongelach scornful laughter, jeering laugh
[1]**hoop** *(stapel)* heap, pile; *(menigte)* heap [of information]; crowd [of people]; *(fam)* lot [a lot of fuss about nothing, drink quite a lot, there's lots of them, lots of children], stack(s), heaps [of work]; *~ en al* all in all; at most; *een ~ geld* heaps (pots) of money, *(fam)* [cost] a packet; *de grote ~* the masses, the common herd, the (common) ruck, the rank and file, the multitude, the common people; *met de grote ~ meedoen* follow the crowd; *een verwarde ~* a huddle [of old houses]; *een ~ last* [give a p.] a lot (no end) of trouble; *een ~ leugens* [tell] a pack of lies; *een ~ knapper* heaps (a heap) cleverer; ***bij** hopen* [lie] in heaps, [drop out] by the score; *geld bij hopen* heaps (*fam:* bags, oodles, pots) of money; *bij de ~ verkopen* sell in the lump; *alles **op** een ~* all in a heap; ***te** ~ lopen* crowd (*of:* flock) together
[2]**hoop** hope [*op herstel* of recovery], hopes; *~ **geven*** give (hold out) hope(s); *geen (weinig) ~ geven* hold out no hope (but faint hopes); *wel (geen) ~ **hebben** op* entertain a (no) hope of; *hij had niet veel ~* he was not very hopeful (had no great hope) [that ...]; *ik had alle (goede) ~, dat ...* I had every hope (good hopes) that ...; *~ **koesteren*** entertain (cherish) hopes; *~ doet **leven*** hope springs eternal; *alle ~ **opgeven*** give up (abandon) all hope; *zijn ~ **vestigen** op* place (pin, set) one's hope(s) on; ***in** de ~ dat ...* in the hope that ...; *in de ~ verkeren, dat ...* live in hopes of ...ing, be in hopes that ...; ***op** ~ van een schikking* in the hope of (reaching) a settlement; ***tussen** ~ en vrees slingeren (dobberen)* be poised between hope and fear; ***vol** ~ zijn op* be hopeful of [success]; *zie ook* vleien, teleurstellen
hoopgevend hopeful [signs]
hoopvol hopeful, sanguine; *(veelbelovend)* promis-

ing, hopeful [results]; *men is zeer ~ gestemd* hopes are running high
hoor 1 *(vaak onvertaald: nee ~, ik doe het niet* no, I won't); *op tijd thuis zijn,* ~ mind you're home (do be home) on time; *zie* [1]horen; **2** *zie* wederhoor
hoorapparaat hearing aid
hoorbaar audible; *-bare frequentie* audio frequency
hoorbaarheid audibility
hoorbril hearing glasses
hoorcollege lecture
hoorder(es) hearer, listener, auditor
hoorn *(ook stofnaam, muz, voel~, v maan, v aambeeld)* horn; *(muz)* French horn, *(mil)* bugle; *(ve auto)* horn, hooter; *(v telef)* handset, receiver; *(schelp)* shell, conch; *~ des overvloeds* horn of plenty, cornucopia; *de ~s opsteken, (fig)* show one's teeth; *de ~ van de haak nemen, (telef)* lift the receiver
hoornaar hornet
hoornachtig horny, hornlike
hoornbeesten horned cattle
hoornblazer hornblower; *(mil)* bugler, trumpeter
hoornblende hornblende
hoornbloem mouse-ear (chickweed)
hoorndol stark mad
hoorndrager 1 horned animal (beast); **2** *(vero)* cuckold
hoornen horn; *zie ook* montuur
hoorngeschal horn-blowing, flourish (of trumpets)
hoornist horn(ist), horn player
hoornklaver fenugreek
hoornloos hornless
hoornschil *(ve koffieboon)* parchment
hoornschoen *(ve paard)* coffin
hoornsignaal bugle call
hoornslang horned viper
hoornsnavel *(vogel)* hornbill
hoornsteen chert
hoorntje 1 (little) horn, [ice] cornet; **2** *(insect)* hornet
hoornuil long-eared owl
hoornvee horned cattle
hoornvis triggerfish, filefish
hoornvlies cornea [transplant]
hoornvliesontsteking inflammation of the cornea, ceratitis
hoornweefsel corneous (*of:* horny) tissue
hoorspel radio play
hoorstukje earpiece
hoortoestel hearing aid
hoorzitting public inquiry [on traffic plans], public hearing
hoos 1 *zie* waterhoos & windhoos; **2** *~(vat)* bailer, scoop
hop I *zn* **1** *(vogel)* hoopoe; **2** *(plant)* hop; *(de bellen)* hops; *~ plukken* pick hops; **II** *tw* gee up!
hopakker hopfield
hopbel hop-cone (*mv meestal* hops)
hopbitter lupulin
hope *zie* [2]hoop
hopelijk hopefully
hopeloos hopeless, without hope, desperate; *hij is ~ (slecht, enz)* he is quite hopeless; *de zieke is ~* the patient is past hope; *het staat ~ (met hem)* it is all up (with him); *[het schip is] een ~ wrak* a wreck beyond recovery; *~ bedorven* [the dress is] past praying for; *~ vervelend* hopelessly (desperately, painfully) dull
hopeloosheid hopelessness; *(v pers, ook)* desperation
[1]**hopen** heap up, pile up
[2]**hopen** hope (for) [I hope with you that ...]; *het beste ~* hope for the best; *de gehoopte uitslag* the hoped-for result; *tegen beter weten in ~* hope against hope; *op betere dagen ~* hope for better days; *op God ~* hope (trust, put one's trust) in God; *ik hoop van niet (wel)* I hope not (hope so); *ik hoop het voor haar* I hope so for her sake; *zie ook* blijven **6** & men
hopje (coffee-flavoured) toffee, *(Am)* coffee candy
hopklaver black medick, nonesuch
hopman chief, captain; *(scouting)* scoutmaster
hoppen hop
hopper 1 hopper; **2** *(schuit)* hopper (barge)
hoppestaak hop-pole
hopsa *zie* hoepla
hopsen hop
hopstaak hop-pole
hopstengel hop bind, hop bine
hopveld hopfield, hop garden
hor (gauze, wire) screen [against insects]; *(~retje)* wire blind
Horatiaans Horatian
Horatius Horace
horde 1 horde, troop, band; **2** *(vlechtwerk)* hurdle, wattle; **3** *(sp & fig)* hurdle [race; a hurdle in his career]; [the 80 metres] hurdles; *een ~ nemen, (ook fig)* clear a hurdle
hordelopen hurdle (racing)
hordeloper hurdler
hordeur screen door
horeca(bedrijf) hotel and catering industry (trade); *een ~* a catering establishment
horecaffer *(fam)* catering worker
[1]**horen 1** hear; *toevallig ~* overhear; *zie ook* verhoren; *moeilijk ~* be hard of hearing; *hij hoort zichzelf graag* he likes to hear the sound of his own voice; *het was een leven, dat ~ en zien je verging* the noise was deafening (was fit to wake the dead); *men hoorde hem dikwijls beweren ...* he was often heard to assert ...; *hij hoorde lopen* he heard footsteps; *ik hoorde haar nooit noemen* I never heard her mentioned; *ik hoor het lied zingen* I hear the song sung; *ik hoor hem een lied zingen* I hear him sing a song; *ik heb het ~ zeggen* I've heard it said; *ik heb het van ~ zeggen* I have it on (by, from) hearsay; *het is hier niet te ~* it cannot be heard here; *te ~ krijgen* hear, learn, be told, be given to understand; *hij kreeg heel wat te ~* he had a proper telling-off; *we kregen een mooi con-*

cert te ~ we were given a fine concert; ***horende*** *doof zijn* pretend not to hear, sham deaf(ness); **2** *(vernemen)* hear, learn; *wat hoor ik, ...?* what's this I hear, [are you leaving us]?; *dat hoor ik nu voor het eerst* that is news to me; **3** *(aan~)* hear; *beide partijen ~* hear both sides; *het is niet mogelijk alle getuigen te ~, (ook)* it ... to take all the evidence; *de minister heeft het recht in beide Kamers gehoord te worden* the ... has a right of audience in both Houses || ***hoor*** *eens* I say; *(als protest)* look here; *hoor hem eens!* hear who's talking!, hark at (just listen to) him!; *je moet zwijgen, hoor je?* be quiet, do you hear?; *verlies het niet, hoor!* don't lose it, mind!; *het is een knappe vent, hoor!* he is a clever chap, you know (*of*:, he is); *[ik dacht dat de auto zou stoppen,] maar nee, hoor!* but no such luck; *zijn stem* ***doen*** *~* raise one's voice; *een waarschuwing doen ~* sound a warning; *hij* ***kon*** *het niet ~* he was out of earshot; *hij kan de waarheid niet ~* he cannot bear to hear the truth; ***laat*** *nu en dan eens wat van je ~* let us hear from you now and then; *niets van zich laten ~* send no news of o.s.; *laat eens ~, (wat je te zeggen hebt)* let's have it; *ze lieten zich geducht ~* they were very vocal; *een gefluit laten ~* give a whistle; *dat laat zich ~* there is s.t. in that, that is plausible enough, that sounds all right; *(zo* ***mag*** *ik het ~)* now you're talking (sense), that's the stuff; ***moet*** *je ~!* just listen to this!; *ik moet altijd maar ~, dat ...* I am constantly having it drummed into me that ...; *hij heeft het nog jaren moeten ~* it was years before he had heard the last of it; *wie niet ~ wil moet* ***voelen*** people who won't take advice must learn the hard way; *ik kon* ***aan*** *zijn stem ~* I could tell by his voice; *~* ***naar*** listen to [a p., advice]; *naar alles wat men hoort* by all accounts [they ...]; *zie ook* luisteren; *ik heb* ***over*** *(van) je gehoord van Mevr. S* I've heard of you from Mrs S (*zo ook:* there was no news of her); ***van*** *iem ~, (bericht ontvangen)* have word from a p.; *hij wou er niet van ~* he would not hear of it, would have none of it; *ik wil van geen weigering ~* I will take no denial; *je zult er meer van ~* you shall hear about this; *zie ook* aanhoren, eind, geluid, waarschuwing, enz

²horen I *ww (betamen, passen)* be fit, be proper; *u hoort hier niet* you have no business to be here; *weten* ***hoe*** *het hoort* have a sense of the fitness of things; know how to behave; *~* ***bij*** go with; *bij elkaar ~* belong together; *waar ~ de vorken (thuis)?* where do the forks go?; *dat hoort er zo bij* it's all in the day's work (all part of it); *zie ook* behoren & bijbehorend; *je hoort (hoorde)* ***te*** *gaan* you should (ought to) go; *straf, waar gestraft hoort te worden* punish where punishment is due; ***voor*** *wat hoort wat* one good turn deserves another, one cannot have something for nothing; ***zo*** *hoort het* that's as it should be; **II** *zn zie* hoorn

horig predial

horige predial (slave), serf

horigheid serfdom, vassalage

horizon horizon, skyline; *aan de ~* on the horizon; *dat gaat boven mijn ~* that is beyond me, it passes my comprehension; *zijn ~ verbreden* enlarge one's view; *onder de ~* below the horizon; *(ve schip)* hull down

horizontaal horizontal [projection, etc]; *(in kruiswoord)* across; *het hing ~* it hung level; *~ roer, (ve onderzeeboot)* diving-rudder; *in -tale stand komen (brengen), (vliegtuig)* flatten out; *~ gaan, (fam)* lie down

hork boor

horlepijp hornpipe *(instrument & dans)*

horloge watch; *zie ook* staand; *het is drie uur op mijn ~* by my watch; *op zijn ~ kijken (zien)* look at (*of:* consult) one's watch; *wedstrijd tegen het ~* time trial

horlogebandje watch strap

horlogeglas watch-glass

horlogekast watch-case

horlogeketting watch-chain; *(chatelaine)* fob(-chain)

horlogemaker watchmaker

hormonaal hormonal

hormoon hormone

horoscoop horoscope; *iems ~ trekken* cast a p.'s horoscope (a p.'s nativity)

horoscooptrekken: *het ~* horoscopy

horrelvoet club foot; *met ~(en)* club-footed

horreur horror

horribel horrible

hors scad

hors concours hors concours, not competing

hors-d'oeuvre hors d'œuvre

horsmakreel scad

horst 1 *(nest)* eyrie; **2** high ground; **3** *(geol)* horst

hort jerk, jolt, push; *met ~en en stoten, (eig)* joltingly, jerkingly; *(fig)* by fits and starts, fitfully; *de ~ op gaan* go on a spree; *~!* gee up!

horten 1 jolt, jerk, shake; **2** *zie* haperen; *~d* jerky [sentences, speak jerkily], gritty, abrupt [style, sentences]

hortensia hydrangea

hortoloog horticulturist

hortulanus conservator [of the botanic gardens]

hortus botanic(al) garden(s)

horzel horsefly, gadfly, warble fly

hosanna hosanna

hospes landlord

hospik medical orderly, *(Am)* medic

hospita 1 landlady; **2** hostess

hospitaal hospital; *zie ook* ziekenhuis

hospitaallinnen waterproof bed sheeting

hospitaalridder (Knight) Hospitaller

hospitaalschip hospital ship, floating hospital, *(klein)* rescue cruiser

hospitaliseren hospitalize

hospitant(e) teacher-trainee, student teacher

hospiteren attend classes as a teacher-trainee

hospitium 1 *(voor pelgrims, enz)* hospice; *(voor stu-*

denten, enz) hostel; **2** teacher training
hossebossen jolt, jerk, jostle
hossen go jigging and singing along, jig up and down
hostie host, consecrated wafer
hostiekelk pyx
hostieschoteltje paten
hostiliteit hostility
hot *(tegen paard)* gee up!; *van ~ naar haar (her)* from pillar to post; *~ en haar door elkaar* higgledy-piggledy
hotel hotel; *~ Eden* the Eden Hotel; *~ garni* bed-and-breakfast hotel, *(Am)* rooming house
hotelbedrijf 1 hotel industry (business, trade); **2** hotel
hoteldebotel 1 bewildered; crackers; **2** swept off [one's] feet
hotelhoud(st)er, hôtelier hotel-keeper, hotelier
hotellerie *zie* hotelbedrijf
hotelrat hotel thief
hotelschakelaar two-way switch
hotelschip floating hotel, bo(a)tel
hotelschool hotel and catering school; *hogere ~* hotel management college
hotelwezen *zie* hotelbedrijf; *(ook)* hotels
hotemetoot I *zn* bigwig; **II** *bn* crackers
hotsen shake, jolt, bump
hotsknots awkward, clumsy
Hottentot(s) Hottentot
hou I *tw* stop; *(tegen paard)* wo, whoa; **II** *bn: ~ en trouw* loyal and true
houdbaar 1 tenable [theory, etc], maintainable; *niet langer ~* untenable [position]; **2** *niet -bare goederen* perishable goods, perishables; *vis is niet lang ~* fish will not keep; *gegarandeerd een maand ~* guaranteed to keep fresh for ...; *ten minste ~ tot* use by [use-by date], best before [...]
houdbaarheid 1 tenableness, tenability; **2** *(v eetwaren)* keeping qualities; *(in winkel, enz)* shelf (*magazijn:* storage) life; *vgl* houdbaar
houden 1 *(behouden)* keep [the money]; *je mag het ~, (ik geef het je, ook)* it's yours (you can have it) for keeps; *die naam heeft hij altijd gehouden* the name has stuck to him ever since; *dat recht houd ik aan mij* I reserve that right for myself; *vijf 'k houd er één* five carry one; *we moeten dat voor de volgende vergadering ~* we must hold it over till ...; **2** *(vast-, tegenhouden)* hold [a p.'s hand, a pistol in one's hand]; *houd de dief!, zie* dief; *de lijm houdt niet* the glue won't stick; *hij is niet te ~ (er is geen ~ aan)* there's no holding him (no stopping it); *hij was niet te ~ van woede* he was beside himself with rage; *~ aan* be attached to [a p.]; set great store by [a p.'s advice]; insist on [declaring ...]; **3** *(dragen:) het ijs houdt nog niet* the ice will not bear one's weight yet; **4** *(bevatten)* hold [a pint], contain; **5** *(aan~)* keep; *rechts ~* keep to the right; *om de zuid ~* stand to the southward; **6** *(gestand doen)* keep [a promise, one's word]; *hij hield zijn woord, (ook)* he was as good as his word; **7** *(uit~)* stick; *hij kan het op die manier nog lang ~* in this manner he can hold out a long time yet; *hoe lang houdt deze verf (het)?* how long will this paint last?; **8** *(er op na ~)* keep [hens, a pub, servant, shop], run [a shop]; *(blijven ~)* [I cannot afford to] keep [him] on; **9** *(vieren)* keep, observe [the Sabbath], celebrate; **10** *(uitspreken)* deliver [a speech, lecture], make [a speech], give [an address]; **11** *(plaats doen hebben)* hold [a meeting, sale, examination]; **12** ***zich ~**: ik wist niet goed hoe ik mij moest ~* I did not quite know how to conduct myself; *zich **doof** (ziek, enz) ~* sham (pretend to be) deaf (ill, etc); *hou je **goed**!* take care (of yourself)!, *(fam)* cheerio; *zich goed ~, (gedragen)* behave well, behave o.s.; *(zich in bedwang ~)* control o.s.; *(niet lachen)* keep a straight face, keep one's countenance; *(in verdriet, ongeluk, enz)* bear up (well, bravely), keep a stiff upper lip; *(voor zijn leeftijd)* wear well, bear (carry) one's years well; *zij houdt zich bijzonder goed, (in verdriet)* she is simply wonderful, *(voor haar jaren)* she is wonderful for her age; *hij kon zich niet goed ~* he could not help laughing (crying), *(verried het)* he gave the game away; *ons elftal hield zich goed (slecht)* our team did well (badly), *(beter dan verwacht)* put up a better fight than was expected; *zie ook* kranig & kalm; *deze stof houdt zich goed (heeft zich goed gehouden)* this material wears well (has worn well); *het weer hield zich goed* the ... continued fair, held (out, up); *de mensen hielden zich **prachtig*** the people were splendid (there was no panic); *het schip hield zich **schitterend**, (in de storm)* the vessel behaved splendidly; *daar kun je je van **verzekerd** ~* you may rest assured of that; *hij houdt zich maar **zo*** he is only pretending (shamming), is merely putting it on; *zich ~ **aan*** stick to [a method], adhere to [an agreement, the terms], abide by [a decision, ruling], comply with, conform to [the rules], keep (stick to) [a term *termijn*]; *zich stipt aan het programma ~* keep strictly to the programme; *zich aan zijn woord ~* stick to one's word; *zich aan de voordracht ~* [the Crown is not bound to] act (up)on the recommendation; *zich aan de feiten ~* confine o.s. to facts; *ik houd mij aan (bij) de whisky* I shall stick to ...; *nu weet je, waar je je aan te ~ hebt* now you know where you are; *zich ~ **alsof**, zie* doen I.9: *~ alsof* || *ik houd je **aan** je belofte (woord)* I hold (keep) you to your promise, take you at your word; *houd dit pakje **bij** je* keep this parcel by you; *houd je bij ...* stick to [your work]; *zij kon haar gedachten niet lang bij iets ~* she could not keep her mind on anything for long; *het **met** iem ~, a)* side (hold) with a p., be on a p.'s side; *b)* carry on with [other women]; *de politie houdt het met de maffia* the police are in (league) with ...; *het er **op** ~ dat* take it (assume) that; *laten we het ~ op de 14e* let's make it the 14th, then; *ik kan ze niet **uit** elkaar ~* I cannot tell them apart (tell which is which); *~ **van*** like, be fond of, have a liking for, be partial to

[a p., a thing]; *zie ook* meest & ophebben met; *ik hou heel veel van haar* I love her dearly; *ik hou niet van bloot op de buis* I don't hold with nudity on the box; *ik houd niet van halve maatregelen (houd er niet van te lenen)* I do not believe (am no believer) in half-measures (in borrowing); *hij hield niet van vertoon, (ook)* he wasn't one for show; *zich ver ~ van* hold (keep) aloof from [politics]; ***houd het (enz) s.v.p. voor je*** please keep it (the secret, your remarks, etc) to yourself; *ik hield mijn commentaar voor me* I kept my thoughts to myself; *houd je medelijden maar vóór je!* spare (me) your pity!; *houd dat 'Jessie' maar vóór je* [oh, Jessie!] don't Jessie me!; *mag ik het ervoor ~ dat je geen bezwaar hebt?* may I take it that you ...?; *waar hou je me voor?* what do you take me for?; *ik hield hem voor een gast* I took (*ten onrechte:* mistook) him for (took him to be, set him down as) a ...; *als hij de man is, waarvoor ik hem houd* if he is the man I take him to be; *ze ~ hem voor schuldig (een schurk)* they consider him (to be) guilty (they think him a rogue); *zie ook* gehouden, nahouden; afspraak, bed, beschikking, [2]dom, enz

houder 1 [hotel] keeper; *(v effecten, wissel, enz)* holder; *(ve wissel, ook: 'nemer')* payee; *(ve bankbiljet, brief, paspoort, enz)* bearer; *(ve record)* [the present] holder; *(vergunning~, ook)* licensee; **2** *(ding)* [gas]holder, [oil] container, [sticky tape] dispenser, *(pen~)* penholder

houdgreep *(sp)* hold, *(inz fig)* armlock

houding [sitting, lying] posture, position; [an erect, stiff] carriage, [military] bearing; deportment, attitude, *(pose)* pose; *(optreden)* attitude [*jegens* to(wards)], [a constrained *gedwongen*] demeanour; *een goede ~ hebben* hold o.s. well; *de (militaire) ~ **aannemen*** come (stand) to attention; *een dreigende ~ aannemen* assume a threatening attitude; *een gemaakte (theatrale) ~ aannemen* strike an attitude; *een kloeke ~ aannemen tegen* make a firm stand against; *om zich een ~ te **geven*** to conceal his embarrassment; ***in** de ~ staan, (mil)* stand at (*ook:* to) attention; *zie ook* bepalen

houdstermaatschappij holding company

houpaardje: *een duur ~, (fig)* a white elephant

hout 1 *(stof, gewas, bos)* wood; *~je* piece (bit) of wood; *(timmer~; groot ~gewas)* timber; *(kreupel~)* underwood, brushwood, bushes; *(stuk ~)* piece of wood; *te veel ~ maken, (ve boom)* run to wood, produce too much growth; *geen ~, (sl)* bugger-all; *op een ~je (moeten) **bijten*** have little to eat; *van **dik** ~ zaagt men planken, a)* those that have plenty of butter can lay it on thick; *b)* [get] a sound thrashing; *c)* do things in a rough and ready manner; ***klein** ~ maken* make a mess of things; *tot klein ~ maken* wreck; *dat **snijdt** geen ~* that [theory] won't wash, cuts no ice, does not hold water; *uit het goede ~ gesneden* made of the right stuff; *alle ~ is geen **timmerhout*** you cannot make a silk purse out of a sow's ear; ***op** (zijn) eigen ~je* [he did it] off his own bat; ***over** zijn ~ gaan* go too far; ***van** het ~je zijn* be a papist; *zie ook* mager; **2** *(ve schaats, schaaf, enz)* stock; **3** *het ~, (muz)* the wood, the woodwind(s)

houtaankap timber felling

houtaanplant afforestation

houtachtig woody, woodlike

houtazijn wood vinegar

houtbestrating woodblock pavement

houtbewerking woodwork(ing)

houtblazers woodwinds

houtblok log of wood, chump, woodblock

houtbranden pokerwork

houtcellulose cellulose, wood pulp

houtdraaier woodturner

houtdruk (wood)block printing, xylography

houtduif wood pigeon

houten wooden, timber [cottage]; *~ broek, (preekstoel, sl)* pulpit; *zie ook* Klaas

houterig wooden *(ook fig)*; *~ mens, (ook)* stick

houtgeest wood spirit; wood alcohol

houtgewas wood, *(hoog, ook)* timber

houtgraveerkunst wood engraving

houtgraveur wood engraver

houtgravure wood engraving, woodcut

houthakker 1 woodcutter, woodman; **2** *(pers)* lump

houthakkersbijl felling axe

houthandel timber trade, wood trade

houthandelaar timber merchant

houthouwer: *~s en waterputters, (Jozua 9:21)* hewers of wood and drawers of water

houtig woody

houtindustrie wood-processing industry

houting *(vis)* houting

houtje-touwtje *(jas)* duffel coat; *(sluiting)* toggle fastening

houtkever death-watch (beetle)

houtkrullen wood shavings

houtlijm wood glue, joiner's glue

houtloods woodshed, timber shed

houtluis woodlouse

houtmijt woodpile, woodstack; *(brandstapel)* (funeral) pile

houtmolm dry rot

houtopstand standing timber

houtpap, houtpulp wood pulp

houtrijk woody

houtring tree ring

houtschroef woodscrew

houtschuur woodshed, timber shed

houtskool charcoal [grill, pencil]

houtslijp ground wood, wood pulp

houtsnede *(figuur)* woodcut

houtsnijder 1 woodcarver, wood sculptor; **2** woodcut artist

houtsnijkunst 1 woodcarving; **2** (art of the) woodcut

houtsnijwerk woodcarving

houtsnip 1 woodcock; **2** white bread, rye bread and cheese sandwich

houtsoort (kind of) wood; *tropische ~en* tropical woods
houtspaander chip (of wood), wood shaving; *~s (om vuur aan te maken)* wood kindlings
houtstof *(voor papier)* wood pulp
houtteer wood tar
houttuin timber yard
houtverbinding woodworking joint, timber joint
houtvester forester
houtvesterij **1** forestry; **2** forester's house
houtvezel wood fibre
houtvezelplaat fibreboard
houtvlot timber raft
houtvlotter raftsman, rafter
houtvrij woodfree [paper]
houtvuur wood fire, log fire
houtwagen timber waggon
houtwal wooded bank
houtwerf timber yard
houtwerk woodwork
houtwerker worker in wood, woodworker
houtwesp woodwasp
houtwol wood wool
houtwolf timber wolf
houtworm woodworm
houtzaag woodsaw
houtzaagmolen sawmill, *(Am)* lumber mill
houtzager (wood) sawyer
houtzagerij sawmill
houvast handhold, [give a firm] grip, hold, support, purchase; *(klamp)* holdfast; *(fig ook)* mainstay; *geen ~ hebben, (fig)* have nothing to go by (*of:* on); *~ hebben, (fig ook)* have s.t. to hang on to
houw cut, gash; slash
houwdegen broadsword; *(pers)* fire-eater
houweel pickaxe, mattock, hack
houwen hew, cut, hack, slash; *(steen uit groeve, ook)* quarry; *zij hieuwen erop in* they laid about them
houw-en-stootwapen cut-and-thrust sword
houwer broadsword; *(pers)* hewer
houwitser howitzer
hovaardig proud, haughty
hovaardigheid, hovaardij pride, haughtiness
hoveling courtier
hovenier horticulturist, gardener
hovenierskunst horticulture
hoving garden, park
hozen bail, bale, scoop; *(fam)* pour with rain
hs(s). MS(S), manuscript(s)
HS afk van *Heilige Schrift* Holy Scripture
hst afk van *hogesnelheidstrein* HST
hts *(vglb)* College of Technology; *(Am)* Technical College
hu ugh!, *(tot paard: aanzetten)* gee up!, *(stilhouden)* wo!, whoa!
hufter lout, boor, yokel
hufterig **1** loutish; **2** raw [weather]
hugenoot, hugenote Huguenot
Hugo Hugh, Hugo; *~ de Groot* (Hugo) Grotius
hui whey
huichelaar hypocrite, dissembler; *een ~ zijn, (ook)* live a lie
huichelachtig hypocritical, sanctimonious, canting
huichelarij hypocrisy, dissimulation, duplicity, sanctimoniousness
huichelen **I** *tr* simulate, feign, sham; **II** *intr* dissemble, play the hypocrite, sham, pretend
huicheltaal hypocritical language, cant
huid *(v mens of dier)* skin; *(ve dier, scherts van pers)* hide; *(met haar)* fell; *(ve schaap, geit, enz)* pelt; *(ve paard, enz)* coat; *(ve schip)* sheathing, skin, planking, [iron] plating; *~je* skin, film; *een* ***dikke*** *(harde, enz) ~ hebben, (ook fig)* be thick-skinned, have a thick skin *(zo ook: een donkere, rode, lichte, enz ~ hebben); hij verkocht zijn ~* ***duur*** he sold his life dearly; ***met ~ en haar*** [swallow] whole, *(fig)* lock, stock and barrel; *iem de ~* ***vol schelden*** heap a p. with abuse, abuse a p. roundly; *iem* ***op*** *zijn ~ geven (komen), a)* give a p. a good thrashing; *b)* take a p. to task, give a p. a good talking-to; *op zijn ~ zitten* keep after (keep pestering) [a p.], *(sp)* mark closely; *op de blote ~ dragen* wear next to (*of:* next) the skin; *tot op de ~* to the skin; *zie ook* beer, olifantshuid, enz
huidaandoening skin disease
huidader cutaneous vein
huidarts skin specialist, dermatologist
huidenverkoper fellmonger, dealer in hides
huidgang *(mar)* strake
huidig present(-day), of the present day, modern; current [prices]; *tot op de ~e dag* to this day
huidkanker cancer of the skin, skin cancer
huidkleur colour of the skin, skin colour; *(gelaatskleur)* complexion
huidkleuring pigmentation (of the skin)
huidklier cutaneous gland
huidmondje stoma (*mv:* stomata)
huidontsteking inflammation of the skin, dermatitis
huidplooi fold of the skin
huidschilfer scale
huidskleur *zie* huidkleur
huidspecialist skin specialist, dermatologist
huidtransplantaat skin graft
huidtransplantatie skin grafting
huiduitslag rash
huidverzorging care of the skin, skin care
huidvlek mole
huidworm Guinea worm
huidzenuw cutaneous nerve
huidziekte skin disease; *leer der ~n* dermatology
huif *(ve kar)* tilt, hood, awning; *(ve valk)* hood; *(ve vrouw, vero)* coif
huifkar, huifwagen **1** tilt-cart, hooded cart; **2** covered (*of:* hooded) waggon
huig uvula; *huig-r* uvular r
huik hooded cloak; *de ~ naar de wind hangen* trim one's sails to the wind, temporize; *iem die de ~ naar*

de wind laat hangen timeserver

huilbaby cry-baby

huilbui fit of crying

huilebalk cry-baby, blubberer; *(hist, bij begrafenis)* weeper

huilebalken whimper, whine, blubber

huilen *(ve hond, wolf, wind, enz)* howl, *(meer klagend)* whine; *(ve mens, zie ook* schreien*)* cry, *(verachtelijk)* howl; *eens goed ~* have a good cry; *het ~ stond me nader dan het lachen, ik kon wel ~* I felt like crying, was close to (on the verge of) tears; *het is om te ~* it's enough to make you weep; *het is ~ (met de pet op)* it's all wrong (a wretched mess); *zie ook* wolf

huilerig whining, whimpering, snivelling, tearful [in tearful tones], lachrymose

huis house (*ook vorsten~; ook gezin:* the whole house was down with influenza); home; *(handels~)* house, firm, concern; *(techn)* housing, casing; *huizen, (bezit, ook)* house property; *~ van bewaring* remand prison; *~ en erf* premises; *~ en haard* hearth and home; *het ~ des Heren* the house of God; *heer, vrouw, zoon des huizes* master, mistress (lady), son of the house; *vier huizen van hier (verder)* four doors off; *men kan huizen op hem* ***bouwen*** he is thoroughly dependable; *toen was het ~ te* ***klein*** then the fat was in the fire; *huizen* ***zien****, een ~ zoeken* be house-hunting; *bij iem* ***aan*** *~ komen* visit at a p.'s house; *we komen niet bij elkaar aan ~* we are not on visiting terms; *~ aan ~* door-to-door [collection, selling, visiting]; *~ aan ~ bezorgen* distribute house to house; *~ aan ~ heeft men televisie* there is TV in every home; *behandeling (v patiënten) aan ~* home treatment; *aan ~ gewend, (ve hond)* house-trained; *baas* ***in*** *eigen ~* master in one's own house; *in ~ hebben* have [bread] in the house; *(fig)* have [much talent] at one's disposal (within the firm), possess [adequate knowledge], pack [a hard punch]; *daar komt niets van in ~* it'll be a wash-out; *in ~ nemen* take in [boys], receive [a child] into one's house; *in ~ zijn bij* live (lodge) with; ***langs*** *de huizen, zie ben:* van ~ tot ~; ***naar*** *~* home; *naar ~ brengen, enz, zie* thuis; *naar ~ gaan* go (make for) home; ***te*** *mijnen huize* at my house; ***uit*** *~ en hof verdreven* driven out of house and home, rendered homeless; *uit het ~ zetten, (gezin)* evict; *hij mag het ~ nog niet uit* he is still confined to the house; *hij is het ~ al uit, (fig)* he has gone out into the world; ***van*** *~ gaan* go from home, leave home; *van ~ komen (zijn, sturen)* come (be, send) from home; *van ~ tot ~* [sell] from house to house, from door to door [make a door-to-door collection]; [greetings] from all of us to all of you; *van ~ uit* originally; at heart, at bottom; *van goeden huize zijn* come of a good family, *(fig)* [to beat him, you'll need to] have what it takes; *niet verder van ~ dan L* [he had been] no farther (further) afield than L; *nu zijn we nog verder van ~* now we're even further off (further away from a solution, etc) than when we began (*en dan ..., ook:* and then we shall be even worse off); *zie ook* huishouden, huisje & kruis

huis-aan-huisblad local advertiser, (free) local (news)paper

huis-aan-huispost junk mail

huisadres home address

huisakte certificate for private tuition

huisaltaar household (*of:* domestic) altar

huisapotheek (domestic) medicine chest

huisarbeid home (domestic, cottage) industry

huisarrest house arrest; *(elektronisch)* home parole; *hij heeft ~* he is confined to his house (*of:* indoors)

huisarts family doctor, GP (general practitioner)

huisbaas landlord

huisbakken home-baked; *(fig)* trite, hidebound

huisbankier company('s) bankers

huisbediende domestic (servant)

huisbel front-door bell

huisbewaarder caretaker

huisbezoek home visit(ing); *(door geestelijke)* parish (pastoral) visit(ing); *~ doen* go visiting, doorstep

huisbijbel family bible

huisbrand household (domestic) fuel, house(hold) coal

huisbrandolie (domestic) fuel oil

huisdeur front door

huisdier *(groot)* domestic animal, *(klein)* (household, domestic) pet; *tot ~ maken* domesticate

huisdokter family doctor, GP (general practitioner)

huiseigenaar, huiseigenares house-owner; *(vs huurder)* landlord, landlady

huiselijk *(vh huis, gezin, enz)* domestic [problems]; home [life, surroundings]; *(aan huis gehecht, gezellig, enz)* domesticated, home-loving [couple], wedded to one's home, [make the place more] homelike, *(fam)* homy; *de ~e haard* the fireside, the home; *~e kring* family circle; *~ man* home-loving man, family man; *wegens ~e omstandigheden* for family reasons; *~e plichten* household duties; *~e twist* domestic quarrel; *~ werk* domestic work; *(betaald, ook)* homework; *zich ~ voelen* feel homey; *zie ook* huishoudelijk

huiselijkheid domesticity, hominess

huisgenoot, huisgenote inmate; *(mede~)* housemate; *de huisgenoten, (ook)* the family

huisgezin family, household

huisgoden household gods, gods of the hearth, lares, penates

huisheer master of the house; *(vs huurder)* landlord

huishoenders barn-door fowls

huishoudapparaat household appliance

huishoudboek housekeeping book; *het ~ bijhouden* keep the accounts

huishoudelijk household [affairs, appliances *apparaten*, articles, duties, expenses, goods, utensils; for household purposes (*of:* use) *gebruik*], domestic [affairs, appliances, staff, utensils, work]; home [appliances, help]; *~ aangelegd, (v pers)* domestic, tidy and economical; *~e bezigheden* housework; *statuten en ~ reglement* constitution and rules; *~e vergadering* business meeting; *~e zaken, (op vergadering)* [the session was devoted to] domestic business

huishouden I *zn (het besturen)* housekeeping, [her capable] management; *(gezin, enz)* household, family; *~tje spelen* play at keeping house; *het ~ van de staat* the nation's housekeeping; *het ~* ***doen****, (besturen)* run the household (the home), keep house, *(voor iem, fam, ook)* do for a p.; *het ~ bij elkaar houden* keep the home together; *een ~ van Jan Steen* an absolute shambles; ***hulp*** *in het ~* home help; *een ~* ***opzetten*** *(beginnen)* set up house, set up for o.s.; *zij is handig* ***in*** *het ~* she is skilled in housekeeping, a good manager; *iets voor het ~* [my present was] something for the home; **II** *ww* **1** keep house [*van £60 per week* on £60 a week]; *er is met hem geen huis te houden* there is no doing anything with him; *zie ook* I: het ~ doen; **2** carry on; *in de provisiekast ~* make a hole in the larder; *vreselijk ~* play havoc [*in, onder* with], be on the rampage

huishoudfolie cling film

huishoudgeld housekeeping money (*of:* allowance); *en dat ging allemaal van haar ~ af* and all that had to come out of the housekeeping; *ze kreeg £40 ~, (ook)* she got £40 to keep house

huishoudhulp **1** home help, domestic help; **2** household appliance (*of:* utensil)

huishouding *zie* huishouden I; *(fig)* [water] economy

huishoudkunde home economics, domestic economy (*of:* science), housecraft

huishoudschaal *zie* huishoudweegschaal

huishoudschool domestic science school, school of domestic economy (science)

huishoudster **1** housekeeper; **2** *zie* huisvrouw

huishoudweegschaal household (*of:* domestic) scale(s)

huishuur rent

huisindustrie home (domestic, cottage) industry

huisje **1** little (small) house, cottage; *zie ook* heilig & kruis(je); **2** *(privaat)* outdoor privy; **3** *(ve bril)* case; **4** *(ve slak)* shell

huisje-boompje-beestje complacent, middle-class

huisjesmelker rack-rent landlord

huisjesslak snail

huisjongen (house)boy

huiskamer sitting room, living room

huiskapel **1** private chapel; **2** *(orkest)* private band

huiskapelaan domestic chaplain [*vd koning* to the King]

huiskat domestic cat

huisknecht manservant; *(in livrei)* footman; *(hist, in hotel)* boots

huiskrekel cricket (on the hearth)

huiskruis domestic affliction; *zie ook* huisplaag

huisleiding domestic pipework; *(elektr)* house-wiring

huislook houseleek

huisman house-husband

huismanskiesrecht household(er's) suffrage

huismarter beech (*of:* stone) marten

huismeester steward, major-domo; *(ve flat)* warden, caretaker

huismerk own brand [products], house brand, own label

huismiddel household (domestic, family) medicine (remedy); *~tje, (fig)* palliative; makeshift

huismoeder **1** mother of a family; **2** housewife

huismoederlijk housewifely

huismuis house mouse

huismus house sparrow; *(fig)* homebird, homebody, stay-, stick-at-home

huisnijverheid home industry

huisnummer house number

huisonderwijs private tuition

huisonderwijzer(es) private teacher, tutor

huisorde rules of the house, household regulations; *(ridderorde)* family order (conferred privately by the monarch)

huisorgaan house organ (journal, magazine)

huisorgel house organ

huispersoneel domestic (household) staff

huisplaag *(dier)* house pest; *(vrouw)* termagant; *(man)* tyrant

huisraad furniture, household effects, chattels

huisregel house rule; *~s, (ook)* house style

huisschilder housepainter, decorator

huissleutel latchkey, house key, front-door key

huissloof domestic drudge

huisstijl **1** house style; **2** company logo

huisstofmijt house dust mite

huistelefoon house (tele)phone; internal (tele)phone (system); *(groot)* private (telephone) exchange

huistiran household (*of:* petty) tyrant

huistoe home(wards)

huis-, tuin- en keuken- common or garden [cold *verkoudheid*]

huisuitzetting eviction

huisvader father of a (the) family, family man, paterfamilias; *(ve gesticht) zie* vader

huisvesten house, lodge, take in(to the house), put up; *gehuisvest zijn* live [we've lived here for years], reside

huisvesting lodging, houseroom, housing [of the poor], quarters; *de ~ der werkende klasse, (ook)* the housing conditions of the workers; *~ verlenen* put [a p.] up, take in

huisvestingsbureau (local authority) housing department; [university] accommodation office

huisvlieg housefly, domestic fly

huisvlijt home crafts

huisvredebreuk disturbance of domestic peace

huisvriend family friend

huisvrouw housewife, mistress (of the house); *(echtgenote)* wife; *zij is geen goed ~* she is not a good manager (not a practical woman about the house)

huisvuil household refuse; *zie* vuilnis
huiswaarts homeward(s)
huiswerk housework, household work; *(voor school)* [do, set] homework, prep
huiszegen motto (for the house), text (on, upon the wall)
huiszittend sedentary [life]
huiszoeking house-search, domiciliary visit; *(van ~ tot ~)* house-to-house search; *machtiging tot ~* search warrant; *er werd ~ gedaan* the house was searched; house-to-house searches were made
huiszwaluw (house) martin
huiven hood [a falcon], canopy
huiver shudder; horror
huiverachtig *zie* huiverig
huiveren shudder [with fear]; shiver [with cold, fear, terror]; *ik huiver reeds bij de gedachte* I shudder at the very thought, shudder to think of it; *hij huiverde ervoor* he shrank from it, shied away from it; *zie ook* rillen
huiverig shivery, chilly; *ik ben ~ om het te doen* I shrink from doing it
huiverigheid **1** shiveriness, chilliness; **2** *(fig)* hesitation, scruple(s)
huivering shiver(s), shudder; *zie ook* huiveren; *een ~ voer mij door de leden* I shuddered, it sent a shudder through me; I went cold all over
huiveringwekkend horrible
Huize: *~ Vosbergen* Vosbergen House; *zie verder* huis
huizen be housed, lodge; dwell, reside, live
huizenblok **1** block (of houses); **2** row of houses
huizenhoog mountain-high, mountainous [waves], [the waves ran] mountain(s) high
huizenkant: *aan de ~ gaan lopen* take the inside of the pavement
huizing house, premises
hulde homage, tribute; *~ brengen (betonen, bewijzen), (een vorst)* do (pay) homage (to), *(iem, iets)* pay homage (to), pay (a) tribute (to); *aan de waarheid ~ doen* pay homage to truth; *als ~ voor* in homage to, as a tribute to; *~!* bravo!; *~ aan ...!* honour to ...!
huldebetoon homage
huldeblijk tribute, testimonial
huldigen do (pay, render) homage to, do honour (to), honour [the country's liberator]; believe in [a system, method], recognize [a principle]; *de opvatting ~* hold the view; *iem geestdriftig ~ bij zijn vertrek* give a p. a rousing send-off
huldiging homage, honouring
huldigingseed oath of allegiance
hulk vessel, ship; *~je* cockle(shell)
hullen wrap (up), envelop, swathe [in flannel]; *(fig)* wrap [wrapped in silence, darkness, mystery], shroud [in fog, mystery], veil [veiled in secrecy]; *gehuld, (ook)* blanketed [in fog]
hulp help, aid, assistance; *(in nood, ook)* succour, relief; *(redding)* rescue; *~je, ~ in de huishouding* help in the house, household (domestic, home) help; *ze had niet veel ~ aan hem* he was not a great help to her; *iems ~ **inroepen*** call in a p.'s aid (assistance), summon a p. to one's aid; *~ **verlenen*** render help (assistance, aid), assist [a p.]; *iem alle ~ verlenen* give a p. every assistance (every ounce of help); *zich gereed houden om ~ te verlenen* stand by; ***om** ~ roepen* cry (call) for help; ***te** ~ komen (snellen)* come (run, hasten) to the rescue; *iem te ~ komen (snellen)* come (run, rush, hasten) to a p.'s assistance, help, aid, rescue; *te ~ schieten* hasten, rush to the rescue; ***zonder** (iems) ~* [do s.t.] unaided, single-handed (without anybody's assistance); *zie ook* baten & eerst
hulp- auxiliary, ancillary
hulpactie [earthquake, famine, flood] relief action
hulpbehoevend requiring help; *(lichamelijk)* helpless, invalid; *(gebrekkig)* handicapped, crippled; *(door ouderdom)* infirm; *(behoeftig)* indigent, needy, destitute; *de ~en, a)* the infirm; *b)* the destitute
hulpbehoevendheid helplessness; infirmity; indigence, neediness, destitution; *vgl* hulpbehoevend
hulpbetoon assistance, succour, relief; *zie ook* maatschappelijk & onderling
hulpbron resource
hulpbrug temporary bridge
hulpeloos helpless; *zie ook* hulpbehoevend
hulpfonds relief fund
hulpgeroep cry for help
hulpgoederen relief goods (supplies)
hulpje *zie* hulp & hulpkracht
hulpkantoor sub-office, branch office
hulpkerk chapel of ease
hulpkracht helper; *(tijdelijk)* temp(orary assistant, worker); *~en, (ook)* ancillary staff
hulpkreet cry for help
hulplijn **1** auxiliary (*of:* artificial) line; *(muz)* ledger line; **2** *telefonische ~* helpline
hulpmachine donkey (*of:* auxiliary) engine
hulpmiddel aid, help, expedient, *(tijdelijk)* makeshift; *~en, (ook)* aids (and appliances); resources
hulpmotor auxiliary engine
hulponderwijzer(es) assistant teacher
hulporganisatie relief agency
hulppersoneel emergency staff
hulpploeg aid team; *(bij treinongeluk)* breakdown gang
hulppost first-aid post
hulppostkantoor sub-post office; *directeur van ~* sub-postmaster
hulpprediker *(angl kerk)* curate; *(anders)* assistant minister
hulpstartkabel jump lead
hulpstation sub-station
hulpstukken [machine and] accessories
hulptroepen auxiliaries, auxiliary troops
hulpvaardig ready (willing) to help (assist), helpful

hulpvaardigheid readiness (willingness) to help (assist), helpfulness
hulpverlener 1 carer, care provider, care (*of:* social) worker; **2** relief worker
hulpverlening care; assistance
hulpvraag demand for (medical, social) aid
hulpwerkwoord [modal, passive, tense] auxiliary (verb)
hulpwetenschap auxiliary (ancillary) science
huls 1 container, wrapper, envelope; *strooien* ~ straw cover; *(ve gloeilamp)* collar; *(v vuurwerk)* cartridge; *(ve patroon)* (cartridge) case; *lege (patroon)*~ spent cartridge; **2** *(plantk)* pod, hull, husk
hulsel *zie* omhulsel
hulst holly
hum *zie* humeur
humaan humane
humaniora 1 humanities; **2** *(België)* secondary education
humaniseren humanize
humanisme humanism
humanist(isch) humanist(ic)
humanitair humanitarian
humaniteit humanity
humbug humbug
humeraal amice
humeur temper, mood, humour; *zij heeft het ~tje wel (een verschrikkelijk ~)* she has got a (devil of a) temper; *in zijn ~* [he is] in a good temper; *in een bijzonder goed ~* [she is] in a good mood (high spirits, high feather); *slecht in zijn ~* [he is] in a bad (*bijzonder slecht:* a vile) temper, very cross; *uit zijn ~* in a bad temper, put out, in a pet; *iem uit zijn ~ brengen* put a p. out, ruffle a p., rub a p. up the wrong way
humeurig moody, sulky, capricious
humeus humous
hummel (tiny) tot, toddler, (little) mite
hummen 1 *(hemmen)* hem; **2** *(neuriën)* hum
humor humour; *grove ~* slapstick
humoreske humorous sketch; *(muz)* humoresque
humorist humorist
humoristisch humorous, humoristic (*bw:* -ally), full of humour; comic [paper]
humorloos humourless
humus vegetable mould, humus [layer], humic compost
humusvorming humification
humuszuur humic acid
hun I *bez vnw* their; *zij en de ~nen* they and theirs; *het ~ne* theirs; *zij waren met ~ tienen* there were ten of them, they were ten; *vgl ook* [1]mijn; **II** *pers vnw* them
Hun Hun
hunebed hunebed, (megalithic) chambered tomb, passage grave, gallery grave; *(met dekheuvel)* long barrow
hunkeren: *~ naar* hanker after (for), hunger for (after), crave for, pine for [sympathy], long for [freedom, home], yearn for [love], be spoiling for [a fight]; *(ernaar) ~ om* be aching (itching) to [go out], be dying for [a smoke]
hunnent: *te ~* at their house
hunnenthalve on their behalf; for their sake(s)
hunnentwege on their behalf, in their name
hunnentwil: *om ~* for their sake(s), in (on) their behalf
hunnerzijds for (on) their part, on their side, where (as far as) they are concerned
hup *zie* hupsakee
huppeldepup [Mr] So-and-so, What's-his-name
huppelen hop, skip, frisk
huppelkut silly girl (woman)
huppen hop
hups 1 *(voorkomend)* obliging, courteous, kind; *(monter)* lively, brisk; **2** *(flink)* strapping [a strapping young lad]
hupsakee oops-a-daisy [and off you go], one-two-three [done, that's it]
hupsheid courtesy, obligingness, kindness
huren hire [a servant, marquee, car, etc], rent [a house], take [a room in a hotel], engage [a servant], charter [a ship]; *(op contract)* lease [a car, house, an estate, office]; *ik heb dit huis voor twintig jaar gehuurd* I hold this house on a twenty years' lease
hurk: *op de ~en zitten, zie* hurken
hurken squat, sit on one's haunches *(ook: gehurkt zitten)*
hurkgraf crouched burial
hurk-wc squatter
husselen *zie* hutselen
hussiet Hussite
hut *(klein huisje)* cottage, *(dicht)* cot; *(armoedig)* hut, hovel; *(v leem, enz)* cabin; *(v hout, Am)* shack; *(op boot)* cabin, *(Am & privé~)* stateroom; *met ~je en mutje* bag and baggage
hutkoffer cabin trunk
hutselen mix (up), shuffle (together)
hutspot stewed potatoes, carrots, onions and meat; *(fig)* hotchpotch, hodgepodge
huttentut *(plant)* gold of pleasure
huur 1 (house)rent [he owed me thirty pounds rent], [car, telephone] rental, [car] hire; *(loon)* wages; *huis te ~* house to let; *te ~ of te koop* to be let or sold, for sale or to let; *fietsen te ~* for hire; *schandelijk hoge ~* rack-rent; **2** *(huurtijd)* lease; *mijn ~ is a.s. jaar om* my lease expires next year; *de ~ is om* the tenancy is up; *zie ook* kamer, opzeggen, enz
huurachterstand arrears of rent [amounting to £100], rent arrears
huurauto hire car, hired car
huurbescherming rent protection [act]
huurbordje 'To Let' board (sign, notice)
huurbriefje tenancy note
huurcommissie rent tribunal
huurcompensatie *(vglb)* housing benefit
huurcontract lease, tenancy agreement

huurder hirer; renter [of a private safe]; *(ve huis)* tenant, lessee; *gemakkelijk ~s vinden, (v huizen)* let easily (*of:* well)
huurhuis rented house
huurkazerne tenement house
huurkoop [buy on (the)] hire purchase [(system)], *(afk)* HP; *(Am)* instal(l)ment plan
huurleger mercenary army
huurling hireling, mercenary
huurmatiging rent reduction
huurmoordenaar hired assassin, contract killer, hit man
huuropbrengst rental
huuropzegging 1 notice to quit; **2** notice of intention to leave
huurpaard hack
huurpenning earnest money, handsel; *de ~en* the rental, house rent
huurprijs rent
huurrijtuig hackney carriage, cab
huursom rent(al)
huurster *zie* huurder
huursubsidie housing benefit; rent subvention
huurtijd term of lease, tenancy
huurtroepen mercenary troops, mercenaries
huurvoorwaarden terms of lease
huurwaarde rat(e)able value
huurwet rent act, landlords and tenants act
huurwoning rented house
huwbaar marriageable; *(ve vrouw, ook)* nubile; *huwbare leeftijd* marriageable age
huwelijk I *zn (het huwen)* marriage, wedding; *(toestand)* marriage, matrimony, wedlock; *hun hele ~ door* all their married life; *haar ~ met ...* her marriage to (with) ...; *~ bij volmacht (met de handschoen)* marriage by proxy; *~ uit berekening* marriage of convenience; *~ uit liefde* love match; *~ tussen verschillende stammen, families, enz* intermarriage; *een ~* ***aangaan*** contract a marriage; *om een ~ aan te gaan* with a view to matrimony; *een goed (rijk) ~* ***doen*** marry well, make a good match (marry money, a fortune); *een ~* ***sluiten****, (aangaan)* contract a marriage; *(tot stand brengen)* conclude (*kerk:* celebrate) a marriage; *~en worden in de hemel gesloten* marriages (matches) are made in heaven; ***buiten*** *~ geboren* born out of wedlock; *(fam)* born on the wrong side of the blanket; *zich* ***in*** *het ~ begeven, in het ~ treden* enter into matrimony, marry; *haar vader gaf haar* ***ten*** *~* her ... gave her in marriage; *een meisje ten ~ vragen* ask a girl (*plechtig:* ask for a girl's hand) in marriage, propose to a girl, *(fam)* pop the question; ***uit*** *een wettig ~ geboren* born in (lawful) wedlock; *kind uit haar eerste ~* child by (*of:* of) her first marriage; *zie ook* afkondigen, berekening, burgerlijk, kerkelijk, enz; **II** *bn: ~e staat, zie* echtelijk; *~e voorwaarden, zie* huwelijksvoorwaarden
huwelijks: *~e staat, zie* echtelijk; *~e voorwaarden, zie* huwelijksvoorwaarden
huwelijksaankondiging wedding announcement, notification of marriage; *zie ook* familieberichten
huwelijksaanzoek proposal (of marriage), offer (of marriage); *een ~ doen* propose
huwelijksadvertentie matrimonial advertisement
huwelijksafkondiging public notice of marriage, *(kerk)* banns; *de ~ voorlezen* proclaim the banns
huwelijksakte marriage certificate
huwelijksband nuptial tie, marriage bond
huwelijksbed marriage bed, nuptial bed
huwelijksbeletsel *(r-k)* impediment to marriage
huwelijksbelofte, enz *zie* trouwbelofte, enz
huwelijksbemiddelaar marriage broker
huwelijksbootje: *in het ~ stappen* get married
huwelijksbureau marriage bureau
huwelijksconsulent marriage guidance counsellor
huwelijkscontract marriage settlement (*of:* contract)
huwelijksdicht epithalamium
huwelijksfeest wedding (party, feast)
huwelijksformulier marriage service
huwelijksgelofte marriage vow
huwelijksgeluk conjugal (connubial, wedded) bliss (*of:* happiness)
huwelijksgemeenschap 1 consummation of marriage; **2** *zie* gemeenschap: ~ van goederen
huwelijksgeschenk wedding present (*of:* gift)
huwelijksgift marriage portion, dowry
huwelijksgod god of marriage, Hymen
huwelijksgoed dowry, marriage portion
huwelijksinzegening blessing of the Church (after civil marriage)
huwelijkskandidaat suitor
huwelijksleven married life
huwelijksliefde conjugal (*of:* married) love
huwelijksmakelaar marriage broker
huwelijksmarkt marriage market
huwelijksnacht wedding night
huwelijksplechtigheid marriage ceremony
huwelijksplicht conjugal duty
huwelijksprobleem marital problem
huwelijksrechten conjugal rights; *zie ook* herstel
huwelijksreis [a young couple on their] honeymoon; *op de ~ zijn, (ook)* be honeymooning
huwelijkstrouw conjugal fidelity
huwelijksvoltrekking solemnization of marriage
huwelijksvoorwaarden marriage settlement (*of:* contract)
huwelijkszegen 1 nuptial blessing (*of:* benediction); **2** *(kroost)* offspring
huwen I *tr* marry, *(krantentaal)* wed; *(dicht)* espouse; **II** *intr* marry, wed; *~ met* marry, wed; *zie ook* trouwen
huzaar hussar
huzarensalade Russian salad
huzarenstukje tour de force
hyacint *(plant & steen)* hyacinth; *wilde ~* bluebell
hybride, hybridisch hybrid; *-isch woord* hybrid

hybridiseren hybridize
hydra hydra
hydraat hydrate
hydrangea 1 hydrangea; **2** hortensia
hydrant hydrant
hydraulica hydraulics
hydraulisch hydraulic (*bw:* -ally); *~e pers* hydraulic (*of:* hydrostatic) press
hydreren hydrogenate
hydrocefalus hydrocephalus
hydrocultuur hydroponics
hydrodynamica hydrodynamics
hydro-elektrisch hydroelectric
hydrofiel hydrophilic
hydrofobie hydrophobia
hydrofoon hydrophone
hydrogeneren hydrogenate
hydrografie hydrography
hydrologie hydrology
hydrolyse hydrolysis
hydrometer *(dichtheid)* hydrometer; *(snelheid)* flow-meter
hydrosfeer hydropshere
hydrostatica hydrostatics
hydrotherapie hydrotherapy, water cure
hydrothermaal hydrothermal
hydroxide hydroxide
hyena(hond) hyena(dog)
hygiëne hygiene, hygienics
hygiënisch hygienic (*bw:* -ally), sanitary [conditions]
hygiënist hygienist
hygrometer hygrometer
hygrometrisch hygrometric(al)
hygroscoop hygroscope
hygroscopisch hygroscopic(al)
hymen hymen
hymne hymn
hymnologie hymnology
hype *zn & bn* hype
hyperbolisch 1 *(meetk)* hyperbolic; **2** hyperbolical
hyperbool 1 *(kegelsnede)* hyperbola; **2** *(troop)* hyperbole
hypergevoelig hypersensitive
hyperkritiek hypercriticism
hyperkritisch hypercritical
hypermodern ultra-modern
hyperoniem superordinate
hypersoon hypersonic
hypertekst hypertext
hypertensie hypertension
hyperventilatie hyperventilation
hypnose hypnosis; *onder ~* in hypnosis, under hypnotic influence
hypnotisch hypnotic (*bw:* -ally)
hypnotiseren hypnotize, mesmerize
hypnotiseur hypnotist, mesmerist
hypnotisme hypnotism, mesmerism
hypo *(fot)* hypo
hypocentrum hypocentre, ground zero
hypochonder hypochondriac
hypochondrie hypochondria
hypochondrisch hypochondriac(al)
hypocriet I *zn* hypocrite; **II** *bn* hypocritic(al)
hypocrisie hypocrisy
hypofyse pituitary (gland, body), hypophysis
hypomanie hypomania
hyponiem hyponym
hypostaseren hypostatize, hypostasize
hypotensie hypotension
hypotenusa hypotenuse
hypothecair mortgage [debt *schuld*; debenture *obligatie*]; *~e schuldeiser* mortgagee; *~e schuldenaar* mortgagor
hypotheek mortgage; *eerste ~ **hebben op*** hold a first mortgage on; ***met ~** bezwaard* mortgaged [for £50,000]; *met zware ~ **belast*** heavily mortgaged, mortgaged up to the hilt; ***op** eerste ~* [lend money] on first mortgage; *geld op ~ **nemen*** raise money on mortgage; *zie* executeren
hypotheekakte mortgage deed
hypotheekbewaarder recorder of mortgages
hypotheekgever mortgagor
hypotheekhouder mortgagee
hypotheekkantoor mortgage registry
hypotheeknemer mortgagee
hypotheekrente, hypotheektarief mortgage rate
hypotheekverschaffer mortgagee
hypothekeren mortgage
hypothermie hypothermia
hypothese hypothesis (*mv:* -ses)
hypothetisch hypothetic(al)
hypsometer hypsometer
hypsometrie hypsometry
hypsometrisch hypsometric(al)
hysop *(plant)* hyssop
hysterectomie hysterectomy
hysteresis hysteresis
hysterica, hystericus hysterical person
hysterie hysteria; *aanval van ~* fit of hysteria, hysterics
hysterisch hysterical
Hz afk van *hertz* cps, c/s (cycles per second)

i

i, I (the letter) i; *zie ook* punt; *(Rom cijfer)* i, I
ia(ën) *(ve ezel)* heehaw
iatrogeen iatrogenic, hospital-acquired [infections]
ib. ib(id).
I-balk I-beam, I-girder
ibbel *zie* iebel
Iberië Iberia
Iberiër, Iberisch Iberian
ibid., ibidem ibid, ibidem, ib.
ibis ibis
ic afk van *intensive care* ICU (intensive care unit)
IC afk van **1** *integrated circuit* IC; **2** *intercity* IC
i.c. afk van *in casu* viz, in this case
ichneumon ichneumon, mongoose
ichneumonwesp ichneumon fly (*of:* wasp)
ichtyofaag ichthyophagous
ichtyografie ichthyography
ichtyologie ichthyology
ichtyosaurus ichthyosaurus
ichtyosis ichtyosis, fishskin disease
icon icon
iconoclasme iconoclasm
iconoclast iconoclast
iconografie iconography
iconologie iconology
iconostase iconostasis (*mv:* -ses)
icoon icon
icosaëder icosahedron
id. id., ditto, do
ideaal I *bn* ideal [place, etc]; **II** *zn* ideal; [it was his] ambition [to ...]; *een ~ van een vrouw (echtgenote)* a model wife; *zijn idealen verwezenlijken, (ook)* realize one's ambitions; *ver ~, (ook)* never-never land
ideaalbeeld ideal(ized) picture (image, representation)
idealiseren idealize
idealisme idealism
idealist idealist
idealistisch idealistic (*bw:* -ally)
idealiter ideally
idee idea, *(voorstelling, ook)* notion, concept(ion), *(gedachte, ook)* thought; *(mening)* opinion; *(voorstel)* suggestion; *het ~!, wat een ~!* the idea (of it)!; *dit gedeelte **geeft** een vrij juist ~ van het geheel, (ook)* this ... is a fair sample (gives a fair impression) of ...; *ik **had** (helemaal) geen ~, dat het zo laat was* I had no idea (I never dreamt) ...; *zij had geen ~ van huishouden* she had no notion (no conception, no idea) of ...; *ik had er niet het minste ~ van* I had not the least idea (of it), I had no notion (of it); *zie ook* flauw; *hij had geen ~, hoe het moest* he had no notion of how ...; *ik heb zo'n ~ dat ...* I have a sort of idea (a feeling) that ...; *een **hoog** ~ hebben van, zie* dunk: een hoge ~ hebben; *dat is een ~!* it's (quite) an idea!; [Why don't you ...?] that's a thought!; *het ~ is om te ...* the idea is to ...; *zich een ~ **vormen** van* gauge (form an idea of) [conditions]; ***in** het ~, dat* ... thinking (under the impression) that ...; ***met** het ~ om te ...* with the idea of ...ing; ***naar** mijn ~* in my opinion (view), to my mind; *hij bracht me **op** het ~* he suggested the idea to me; *hij kwam op het ~ om ...* he hit on the idea (it occurred to him) to ..., the idea of ...ing occurred to him; *hoe kwam je op het ~?* who (what) put the idea into your head?
ideëel 1 ideal, imaginary, imagined; **2** idealistic; *ideële reclame* public service advertising
ideeënbus suggestion(s) box
ideeëngoed stock of ideas, philosophy
ideeënkunst conceptual art
ideeënwereld world of ideas; conceptual world
idee-fixe fixed idea, monomania; *hij heeft een ~, (ook)* he has a bee in his bonnet
ideetje: *een ~, (fig)* a suspicion (a touch) [of salt]
idem idem, the same, ditto, do; *~ ~, ~ dito* ditto; *(borrel, e.d.)* same here, same again; *~ zoveel* so much (many)
iden *(in Romeinse kalender)* ides
identiek identical (*aan* with, to)
identificatie identification, [provide] ID
identificatieplicht compulsory ID
identificeren identify; *zich ~, (ook)* establish one's identity, give evidence of identity; *zich ~ met* identify (o.s.) with
identiteit identity; *zijn ~ bewijzen* prove one's identity, provide identification (ID)
identiteitsbewijs identity (ID) card
identiteitscrisis identity crisis
identiteitspapieren identity (identification) papers
identiteitsplaatje identity disc
identiteitsverlies loss of identity
ideografie ideography
ideografisch ideographic [writing]
ideogram ideogram, ideograph
ideologie ideology
ideologisch ideological
ideoloog ideologist
ideomotorisch ideomotor
idiofoon idiophone
idiografisch idiographic
idiolect idiolect
idiomatisch idiomatic (*bw:* -ally)
idioom idiom
idioot I *bn* idiotic (*bw:* -ally); imbecile; *(fig)* idiotic,

silly; *zie ook* gek; II *zn* idiot, imbecile; *zich als een ~ gedragen* make a perfect idiot of o.s., behave idiotically

idiopathisch idiopathic

idiosyncrasie idiosyncrasy

idioterie idiocy, inanity

idioterig idiotic (*bw:* -ally)

idioticon dialect dictionary

idiotisme 1 idiocy; **2** *(in de taal)* idiom

idolaat: *~ zijn van* be infatuated with, idolize

idool idol

idus ides [of March]

idylle idyll

idyllisch idyllic (*bw:* -ally)

ie *(pers)* he; *(zaak)* it

iebel frantic; *je wordt er ~ van* it drives you up the wall

ieder 1 *(bijvoegl)* every [eat up every crumb], *(~ afzonderlijk)* each [reply to each letter personally], *(willekeurig)* any [any fool can do that; need any help one can get]; **2** *(zelfst)* everyone, everybody [not everybody can do this]; each [told the story in his own way]; anyone [can afford that luxury]; [challenge] all comers; *vgl* 1 & *zie ook* zich

iedereen *zie* ieder 2; *hij is niet ~* he is not just anybody; *niet voor ~* not to everyone's taste

iegelijk: *een ~* everybody

iel thin; pale; meagre; *vgl* ijl I

iemand I *vnw* somebody, someone [there is someone to see you; has somebody taken my hat?]; *(willekeurig ~)* anybody, anyone [anybody might have done it; has anyone seen my hat?]; one, a man, a person; *zeker ~* somebody; *hij maakte de indruk van ~, die …* he gave the impression of being someone who …; *~ die woorden verspilt (die gauw opgeeft)* [she's not] one for wasting words (one to give in quickly); *~, die zo jong is* one so young; *~ van de 'Times'* a Times man; *zie ook* mens: een ~; II *zn* [a very pleasant] person; *een fatsoenlijk ~* [he is] a decent sort

iemker *zie* imker

iep elm (tree)

iepen(houten) elm

iepenspintkever elm bark beetle

Ieperen Ypres

iepziekte (Dutch) elm disease, die-back of elms

Ier Irishman; *(fam)* Pat; *de ~en, (natie)* the Irish; *enige ~en* some Irishmen

Ierland Ireland; *(dicht)* Hibernia, Erin, the Emerald Isle; *(de Republiek)* Republic of Ireland, Eire

Iers Irish; *typisch ~e uitdrukking* Irishism

Ierse Irishwoman; *het is een ~, (ook)* she is Irish

iet: *~ of wat* somewhat; *zie* iets II

iets I *vnw* something; *(willekeurig ~)* anything; *heb je ooit zo ~ gezien?* did you ever see the like of that?; *zie ook* zoiets; *is er ~?* is anything the matter?, (is) anything up?; *kan ik ~ voor u halen?* can I get you something [to eat]?; *hij was ~ op een kantoor* he was something in …; *dat is (tenminste) ~* that is (at least) something; *~ nieuws* something new; *is er ~ nieuws?* is there anything new?; *er is ~ mystieks in* there is a mystic touch (a touch of mysticism) about it; *hij had ~ in zijn ogen (zijn toon), dat …* there was that in his eyes (his tone) which …; *net ~ voor een man!* how like a man!; *[stiekem weglopen,] net ~ voor jou!* just like you!, you would!; *(met nadruk:) beter '~ dan niets* something is better than nothing; *als er '~ is, dat ik haat* if there is one thing I hate; *als hij er '~ om gaf* if he cared at all; *zie ook* hebben: iets ~ van, zo, enz; II *bw* a little, a bit, somewhat, rather, slightly; *is hij ook ~ beter?* is he any better?; *hij is ~ beter* he is slightly better; III *zn* [a little] something; *een dom ~* [then he did] a stupid thing; *vreemd ~, het geweten* rum(my) thing, conscience; *zie ook* ietsje

ietsepietsje, ietsje (wee) bit, *(Am)* tad; *een ~ beter (donkerder)* a shade better (darker); *een ~ te lang* a thought too long; *een ~ meer* a little extra; *een ~ verlegen* a trifle shy; *een ~ zout* a pinch of salt; *zie ook* iets

ietsjes, ietwat *zie* iets II & ietsje: een ~

iezegrim 1 grumbler, surly fellow, bear; **2** (name of the) wolf

iezegrimmig surly, bearish

iezeltje (wee) bit, *(Am)* tad

iglo igloo

ignoramus ignoramus

ignorantie ignorance

ignoreren ignore, cut [a p.]; brush aside [arguments]

i-grec (the letter) y

i.h.a. afk van *in het algemeen* generally, in general

i.h.b. afk van *in het bijzonder* particularly, in particular, especially, esp.

ijbokking estuarine herring

ijdel vain [attempt, boast, hope, person], idle [hope, words], empty [boast, promises, threats]; illusive [how illusive that hope was!]; *~ vertoon* vain show

ijdelheid vanity; *(vergeefsheid)* futility; *~ der -heden* vanity of vanities [all is vanity]

ijdellijk: *Gods naam ~ gebruiken* take the name of God in vain

ijdeltuit: *een ~* a vain person

ijdeltuiterij frivolousness, vanity

ijdeltuitig frivolous, vain

ijf yew (tree)

ijfel (bow made of) yew

ijk gauge, stamping and verifying of weights and measures

ijken gauge, stamp and verify; *(techn)* calibrate; *zie ook* geijkt

ijker gauger; inspector of weights and measures

ijkgewicht standard weight

ijkkantoor weights and measures office

ijkmaat standard measure

ijkmeester *zie* ijker

ijkmerk seal

ijkprijs standard charge

ijkpunt gauge, standard, *(fig ook)* benchmark, point of reference
ijl I *bn* thin [wood *bos*; air], tenuous, rare, rarefied [air, gas]; *~e haring, enz* spent (*of:* shotten) herring, etc; II *zn: in aller ~* in great haste, post-haste, at top speed, hotfoot; *in aller ~ vervoeren* rush [a p. to hospital]
ijlbode courier, express (messenger)
ijlen 1 be delirious, rave, wander (in one's mind), be light-headed; **2** hasten, hurry (on), speed
ijlgoed *zie* expresgoed
ijlheid thinness, rarity, tenuity
ijlhoofdig 1 light-headed, delirious; **2** *(onnadenkend)* empty-headed, thoughtless, rash
ijlings in great haste, hastily; *zie ook* ijl: in aller ~
ijltempo utmost speed; *in ~* post-haste, hotfoot
ijs ice; *(room~)* ice (cream); *een portie ~, een ~je* an ice (cream); *blok ~, (pers)* iceberg, cold fish; *door het ~ ingesloten* ice-bound; *goed* ***beslagen*** *(geheel onbeslagen) ten ~ komen* be well prepared (utterly unprepared) for one's task; *het ~* ***breken****, (ook fig)* break the ice; *iets om het ~ te breken, (fig)* icebreaker; *zich op* ***glad*** *~ wagen* skate on thin ice; *ga niet over één* ***nacht*** *~* take no chances, keep on the safe side, look before you leap; ***door het*** *~* ***zakken*** go through the ice; *(fig)* fail when it comes to the crunch; ***in*** *~* ***houden*** keep in cold storage (on ice); *champagne in ~* iced champagne; *zie ook* dienen II.3 & klomp
ijsafzetting *zie* ijsvorming
ijsazijn glacial acetic acid
ijsbaan *(ook kunstmatig)* skating rink, ice rink
ijsbakje ice-cube tray
ijsbeer polar (*of:* white) bear
ijsberen do sentry-go, walk (*of:* pace) up and down
ijsberg [the tip of the] iceberg
ijsbergsla iceberg lettuce
ijsbericht ice bulletin
ijsbestrijder *(luchtv, enz)* de-icer
ijsbijl (short-shafted) ice axe
ijsblink iceblink
ijsbloemen ice (*of:* frost) flowers, frostwork, tracery of frost
ijsblokje ice cube [tray]
ijsbok ice apron
ijsbreker icebreaker
ijsclub skating club
ijscoman ice cream vendor (*of:* man)
ijsdam ice jam, ice dam
ijsdansen ice dancing
ijsdek ice cap, ice plateau
ijsduiker great northern diver
ijseend long-tailed duck
ijselijk horrible, terrible; *(afgrijselijk)* gruesome, ghastly; *~ koud* dreadfully cold
ijsemmer ice bucket
ijsgang ice drift, breaking up of (the) ice
ijsglas frosted glass
ijsgors Lapland bunting
ijsheiligen Ice Saints, Frost Saints, blackthorn winter (11-14 May, often with cold nights)
ijshockey ice hockey, *(Am)* hockey
ijshouweel (ice) pick
ijskarretje ice cream barrow
ijskast refrigerator, *(Am ook)* icebox, *(fam)* fridge; *in de ~, (fig)* in cold storage, on ice
ijskegel icicle
ijskelder [the place is like an] ice house
ijsklomp lump of ice; *mijn voeten zijn net ~en* my ... are frozen stiff
ijskompres ice-bag, ice pack
ijskonijn *(fam)* iceberg, cold fish
ijskorst crust (coating, skin) of ice
ijskoud 1 icy cold, icy (*ook fig:* icy indifference), ice-cold; *(fig ook)* frosty, wintry [a wintry smile], frigid [answer frigidly]; *~ zijn, (ve pers)* be frozen stiff; *ik werd er ~ van* it chilled me to the bone; **2** *(fam: flegmatiek)* flegmatic, cool; *hij ging ~ op de rails liggen* he calmly went and lay down on ...; *hij bleef er ~ onder, (fam)* he kept his cool; *een ~e (-kouwe)* a cool customer
ijslade ice-cube tray
IJsland(er) Iceland(er)
IJslands Icelandic; *~ mos* Iceland moss
ijslolly ice(d) lolly, *(Am)* popsicle
ijsmachine freezing (refrigerating) machine, freezer; *(voor kunstijs)* ice machine, *(Am ook)* icemaker
ijsmassa ice pack
ijsnaald spicule of ice, *(weerk)* ice needle
ijspegel icicle
ijsplant ice plant
ijsregen frozen (freezing) rain, *(Am)* sleet, ice storm
ijsrevue ice show
ijssalon ice-cream parlour
ijsschol, ijsschots (ice) floe, *(klein)* ice cake, ice pan
ijssle(d)e ice-sledge
ijsspoor crampon
ijsthee iced tea
ijstijd ice age, glacial (epoch, period)
ijsveld ice field
ijsventer ice-cream vendor (*of:* man)
ijsvereniging skating club
ijsvermaak skating, etc
ijsvlakte (sheet, expanse of) ice, ice sheet
ijsvloer ice (area)
ijsvogel kingfisher; *(dicht)* halcyon
ijsvorming *(luchtv, enz)* ice formation (accretion), icing (up)
ijsvos white fox
ijsvrij I *bn* ice-free [ports], open [water]; II *zn* skating holiday
ijswafel ice-cream wafer
ijswater ice(d) water
ijswaterval icefall
ijszak ice-bag, ice pack
ijszee polar sea; frozen ocean; *de Noordelijke (Zuide-*

lijke) IJ~ the (Ant)arctic Ocean

ijszeilen ice yachting, iceboating

ijver 1 *(vlijt)* diligence, industry; *(onverdroten ~)* assiduity; *met ~, zie* ijverig; **2** *(vurige ~)* [blind] zeal, ardour, fervour

ijveraar [religious] zealot, [health food] fanatic; advocate [of women's rights]; stickler [for punctuality]

ijveren be zealous; *~ voor* be zealous for, devote o.s. to [a cause]; *~ tegen* declaim against

ijverig 1 *(vlijtig)* diligent, industrious, assiduous, sedulous, painstaking; *~ bezig zijn met* be hard at, be intent (up)on [one's work]; *~ bezig zijn, (ook)* be hard at it; *de politie doet ~ onderzoek* the police are making active inquiries; *~ werken, (ook)* work strenuously; **2** *(vurig)* zealous, ardent

ijverzucht jealousy, envy

ijverzuchtig jealous, envious

ijzel 1 *(weersgesteldheid)* freezing rain (*of:* fog, drizzle); *(Am)* sleet, *(zwaar)* ice storm; **2** *(resultaat)* glazed (*of:* silver) frost, glaze ice, *(op steen)* verglas, *(op weg)* black ice; *(Am)* glaze; **3** *zie* rijp

ijzelen: *het ijzelt* there is a freezing drizzle (glazed frost); *(Am)* it is sleeting, there is an ice storm; *vgl* ijzel

ijzen shudder; *~ bij de gedachte* shudder at the thought; *het is om van te ~* it makes you shudder, makes your flesh creep

ijzer iron; *(ve schaats)* blade; *(ve slee)* runner; *zie ook* hoefijzer; *~s, (boeien)* irons; *met ~ beslagen* iron-bound [chest], iron-shod [pole]; *(met spijkerkoppen)* iron-studded [door]; *men kan geen ~ met handen breken* you can't make bricks without straw; no one can do impossibilities; *iem in de ~s sluiten* put a p. in irons; ***smeed het ~ terwijl het heet is*** strike while the iron is hot, make hay while the sun shines; *meerdere ~s in het **vuur hebben*** have several irons in the fire; *zie ook* gegoten, enz

ijzeraarde ferruginous earth

ijzerachtig iron-like, ferruginous

ijzerbeslag iron mounting

ijzerdraad (iron) wire; *met ~ afsluiten* wire in

ijzerdraadschaar (pair of) wire-cutters

ijzeren iron (*ook fig:* an iron discipline, will; the Iron Chancellor *(Bismarck)*, Cross, Curtain, Gate); cast-iron [régime]; *~ hein* cold fish; *met ~ vuist regeren* rule with a rod of iron; *~ long* iron lung, artificial respirator

ijzererts iron ore

ijzerfabrikant ironmaster

ijzergaas wire netting; *(fijner)* wire gauze [of a safety lamp]

ijzergaren (waxed) thread

ijzergieter iron-founder

ijzergieterij iron-foundry

ijzergrauw iron grey

ijzerhandel 1 iron trade; **2** ironmonger's (shop), *(Am)* hardware store

ijzerhandelaar ironmonger, *(Am)* hardware dealer

ijzerhard I *bn* (as) hard as iron (as nails); **II** *zn zie* ijzerkruid

ijzerhoudend ferriferous, ferrous, ferruginous; chalybeate [water, spring]

ijzerhout ironwood

ijzerkleurig iron-coloured, iron grey

ijzerkruid verbena, vervain

ijzeroer bog ore

ijzeroxide iron oxide

ijzersmelterij iron-foundry

ijzersteen ironstone

ijzersterk 1 (as) strong as iron, (cast-)iron [constitution]; **2** A 1, excellent

ijzertijd iron age

ijzervijlsel iron filings

ijzervitriool ferrous sulphate

ijzervlechter bar-bender

ijzervreter fire-eater, [an old] warhorse

ijzerwaren hardware, ironware, ironmongery

ijzerwerk ironwork

ijzerwinkel ironmonger's (shop), *(Am)* hardware store

ijzerzaag metal saw, *(beugel~)* (junior, mini-) hacksaw

ijzerzuur ferric acid, acid of iron

ijzig icy [look, silence, voice], as cold as ice; *zie ook* ijskoud

ijzing horror, shudder(ing)

ijzingwekkend gruesome, appalling, ghastly, terrifying [heights]; *zie ook* ijselijk

ik I *pers vnw* I; *~ ben het* it's me; *groter dan (niet zo groot als) ~* [he is] bigger than (not as big as) I am, *(fam)* bigger than (not as big as) me; *~ voor mij* I myself, I for one [do not approve of it; *(fam)* me, I don't hold with it]; **II** *zn: het ~* (a person's) self, the ego; *mijn tweede (beter) ~* my other (better) self (nature); *zijn tweede ~, (partner, enz, vglb)* his better half; *zijn eigen ~* his own self

ik-bewustzijn self-esteem

ik-figuur first-person narrator, [the] 'I' [of the novel]

ikheid one's own self, individuality

ik-tijdperk (age of the) Me-generation

ik-vorm first person [a first-person novel]

ikzelf (I) myself; *vgl* zelf & zichzelf

Ilias Iliad

illegaal illegal [immigrants], unlawful [assembly, killing], underground [activities]

illegaliteit illegality, unlawfulness; *(beweging)* underground, resistance (movement)

illegitiem illegitimate

illegitimiteit illegitimacy

illiciet illicit

illuminaten illuminati

illuminatie illumination

illumineren illuminate *(ook: verluchten)*

illusie illusion; *een ~ armer* an illusion the poorer, disillusioned; *iem de ~ benemen* disabuse a p.'s

mind, disillusion a p.; *zich ~s maken over* have (entertain, cherish, harbour) illusions about; *zich geen ~s maken omtrent* be under no illusion about (*of:* as to), have no illusions about; *zich valse ~s maken (met ~s voeden)* live in a fool's paradise
illusionair illusionary
illusionisme 1 illusionism; **2** *(goochelen)* conjuring
illusionist illusionist, conjurer, magician
illusoir illusory, illusive
illuster illustrious
illustratie illustration; *ter ~* in (by way of) illustration
illustratiedruk glossy paper
illustratief illustrative
illustratiemateriaal *(in boek)* artwork
illustrator illustrator
illustreren illustrate [a book, theory; this act strikingly illustrates his meanness]; *geïllustreerd blad* picture paper, *(tijdschrift)* colour magazine; *geïllustreerde gids* pictorial guide
imaginair imaginary [number, quantity, profit]
imaginatie imagination
imago image; *(biol)* imago
imam imam
imbeciel *bn & zn* imbecile
imbiberen imbibe
imitatie imitation; *vgl* nabootsing & namaak
imitatieleer imitation leather, leatherette
imitator imitator, mimic, impersonator
imiteren imitate; *(grappig: iem)* take [a p.] off, *(ook onaardig)* mimic
imker beekeeper, apiarist, *(Am)* beeman
imkeren keep bees
imkerij beekeeping, apiculture
immanent immanent
immanentie immanence
immaterieel intangible [assets]; immaterial [spirit]; non-material [damage, value]
immens immense (*bw:* -ly), huge (*bw:* -ly)
immer ever; *voor ~* for ever
immermeer evermore
immers 1 *(toch:) hij was er ~?* he was there, wasn't he?; *je hield er ~ niet van?* you did not like it, did you?; *dat kon ik ~ niet weten?* how should I know?; *zie ook* toch 2; **2** *(want, namelijk)* for; *ik zeg het niet, ~, hij is mijn beste vriend* I ..., for(, as you know,) he is my best friend; *~, hoe het ook zij, ik ...* for, however it may be, I ...; *ik heb het ~ veel te druk* I'm far too busy, you know that (*of:* as you can see)
immersie immersion [lens]
immigrant [illegal] immigrant
immigratie immigration [control]
immigreren immigrate
imminent imminent, impending [doom], threatening
immobiel immobile; *~ maken* immobilize
immobiliën real estate, property
immobiliseren immobilize
immobiliteit immobility
immoraliteit immorality, moral turpitude
immoreel immoral
immortelle immortelle, everlasting (flower)
immunisatie immunization
immuniseren immunize [against]
immuniteit *(ook pol)* immunity [from]
immunodeficiëntie immunodeficiency
immunologie immunology
immunotherapie immunotherapy
immuun immune [from arrest, prosecution; to (*of:* against) disease, poison; to criticism, opposition]; *~ maken* make (render) immune, immunize [against]
impact, impacteren impact
impasse impasse, blind alley; *(fig)* impasse, deadlock, stalemate; *zich in een ~ bevinden* be in an impasse; *(v zaken, ook)* be at a deadlock
impedantie *(elektr)* impedance
impediëren impede
impediment impediment
imperatief I *bn* imperative; **II** *zn* imperative (mood)
imperiaal I *bn* imperial; **II** *zn (baardje, papier)* imperial; *(ve auto, enz)* roof-rack
imperiaalpapier imperial (paper)
imperiale *(fles)* Methuselah
imperialisme imperialism
imperialist imperialist
imperialistisch imperialistic (*bw:* -ally), imperialist
imperium empire, imperium
impermeabel impermeable
impertinent impertinent
impertinentie impertinence
implantaat implant
implantatie implantation
implanteren implant
implementatie implementation
implementeren implement
implicatie implication
impliceren *(meebrengen)* imply; *(betrekken in)* implicate
impliciet implicit
imploderen implode
implosie implosion
imponderabel imponderable
imponderabilia, imponderabiliën imponderables
imponeren impress, *(sterk)* (over)awe
imponerend imposing, impressive
impopulair unpopular
impopulariteit unpopularity
import 1 import; *voor sam zie* invoer; **2** *(pers)* incomer
important important
importantie importance
importeren import
importeur, importrice importer
imposant imposing, impressive, commanding
impost duty, excise duty, impost

impotent impotent
impotentie impotence
impregneren impregnate [with polish]
impresariaat (theatre, etc) agency
impresario impresario, artiste (etc) agent, (publicity) manager
impressie impression
impressief impressive
impressionabel impressionable
impressionisme impressionism
impressionist impressionist
impressionistisch impressionist(ic)
impressum imprint
imprimatur imprimatur; *zie ook* afdrukken!
imprimé (cotton, etc) print
improductief unproductive
improductiviteit unproductiveness
impromptu impromptu
improvisatie improvisation, impromptu, *(fam)* ad lib
improvisator improviser, extemporizer
improvisatorisch extempore, impromptu, improvisational
improviseren improvise, extemporize, speak extempore, speak without notes; *(fam)* ad lib; *(muz begeleiding, ook, tr & intr)* vamp; *zie ook* geïmproviseerd
impuls(ie) impulse, impulsion; *(mech)* momentum; *(elektr)* pulse; *zie ook* opwelling
impulsief impulsive
impulsiviteit impulsiveness
impulsmoment *(mech)* angular momentum
in I *vz* **1** *(binnen zekere grenzen)* in [the room, France, Dickens], inside [the house]; *(voor namen v grote steden & plaats v inwoning)* in; *(voor andere plaatsnamen)* at; *ben je ooit ~ Parijs geweest?* have you ever been to Paris?; *ik ben verleden jaar ~ P geweest* I was in (went to) P last year; *~ en om Londen* in and around L; *hij* ***is*** *~ (even, midden ~) de zestig* he is turned sixty, in his (in the early, the middle) sixties; *zij is ~ haar derde maand* she is three months gone; *~ de vijftig* [there were] fifty odd; *er* ***gaan*** *16 ons ~ een (Engels) pond* there are 16 ounces to a pound; **2** *(overschrijding v grenzen)* into [go into the garden], inside [go inside a church]; **3** *(verkeren in een toestand)* in [be in trouble]; ***zwak*** *~ (de) algebra* weak in ...; **4** *(komen in een toestand)* into [get into trouble]; *~* ***stukken*** *snijden* cut to (*of:* in) pieces; *~* ***tweeën*** *springen* burst in two; **5** *(tijdruimte)* in [three years, my youth], for [I have not seen him for years]; *zie verder* in casu, enz, & commissie, gaan, raad, voorbereiding, enz; **II** *bw* **1** *(naar binnen:) hij liep het huis ~* he walked into the house; *er ~, en gauw wat!* in you get, and look sharp!; *dat* ***wil*** *er bij mij niet ~* that won't go down with me; **2** *(herhaling:) dag ~, dag uit* day in, day out; **3** *(geliefd)* in [whiskers, poodles are in]; **4** *zie* inkomen, inlopen, enz; & tegen, tussen, enz: ~ in
inacceptabel unacceptable
inaccuraat inaccurate
inachtneming observance; *met ~ van* with due observance of [these rules], with due regard to [your interests]; with due allowance for, in consideration of [his age]; *met ~ van uw wenken, (ook)* mindful of your hints; *vgl* [1]acht
inactief inactive
inademen breathe (in), inhale, draw in
inademing breathing (in), inhalation, intake of (the) breath
inadequaat inadequate
inaliënabel inalienable
inalterabel inalterable
inauguraal *zie* inaugureel
inauguratie inauguration (ceremony)
inaugureel inaugural [lecture, meeting, address, speech *rede*]; *-rele rede, (ook)* inaugural
inaugureren inaugurate
inbaar recoverable [debt]
inbakeren 1 swaddle [a baby]; **2** *zie* inpakken
inbakken 1 lose in weight (by baking); **2** bake in; *ingebakken* caked [dirt], innate [character], built-in [conflict]
inbedden embed [in rock, the mind, a sentence], incorporate [in the existing structures]
inbedroefd *zie* diepbedroefd
inbeelden: *zich ~* fancy, imagine; *hij beeldt zich heel wat in* he thinks a lot of (fancies) himself
inbeelding 1 fancy, imagination; **2** *(verwaandheid)* (self-)conceit, presumption
inbegrepen included; *kosten ~* inclusive of charges, charges included; *wijn ~* including wine, wine included; *alles ~* all found, no extras, [twenty pounds a week] inclusive; *(attr)* all-in [tour, an all-in rate of fifty dollars a day]; *prijs alles ~* overhead price; *emballage niet ~* exclusive of packing, packing not included (*of:* extra)
inbegrip: *met ~ van, zie* inbegrepen
inbeitelen chisel in (into s.t.), engrave
inbellen dial up
inbeslagneming 1 seizure, attachment; *(wegens schuld, ook)* distraint, distress, execution; *(ve schip)* seizure, embargo; **2** *(v tijd)* taking up [a p.'s time]
inbewaringgeving deposit
inbewaringstelling arrest, custody
inbezitneming taking (seizing) possession [*van* of], occupation
inbezitstelling putting in possession [*van* of], delivery
inbijten bite into, attack, corrode; *~d* corrosive, mordant
inbinden 1 bind [a book]; *laten ~* have [a book] bound; **2** *een zeil ~* take in a sail, shorten sail; **3** *(zich) wat ~* come down a peg or two, climb down, back down, draw in one's horns
inblauw intensely blue, deep blue
inblazen blow into; *(fig: in het oor blazen)* prompt, suggest [s.t. to a p.]; *(nieuw) leven ~* breathe (put, infuse) (new) life into, give [the old car] a new lease

of life; *de storm blies het dak in* the gale blew down the roof
inblazer prompter, instigator
inblazing suggestion, prompting, instigation; *op ~ van* at the instigation of
inblikken tin, can [meat, music]
inboedel furniture, household effects
inboedelverzekering content(s) insurance
inboeken book, enter
inboeten lose; *hij heeft er zijn positie bij ingeboet* it has lost him his position; *zonder aan geloofwaardigheid in te boeten* without losing (loss of) credibility, though not at the expense of ...
inboezemen inspire [confidence, fear, etc], strike [fear] into [a p.], strike [a p.] with [dismay *ontzetting*]; *iem liefde (ver-, wantrouwen) ~* inspire love (confidence) in a p.; *argwaan ~* rouse (excite) suspicion [in a p.]; *vrees ~, (ook)* fill [a p.] with dread; *zie ook* belangstelling
inboezeming inspiration
inboorling native, aborigine, aboriginal
inboren *zie* boren & grond 3
inborst character, nature, disposition
inbouw building in, inclusion, incorporation
inbouwen build in [we are completely built in]; *ingebouwd* built-in [cupboard, bath, guarantee, safety], [safe] built (*of:* let, recessed) into the wall, inbuilt [mistrust]; inboard [motor], integrated [air filter], self-contained [aerial *antenne*]
inbouwkeuken fitted kitchen
inbraak burglary, housebreaking, break-in; *~ en insluiping* breaking and entering
inbraakbeveiliging burglar alarm
inbraakpoging burglary attempt, attempted burglary
inbraakverzekering theft insurance
inbraakvrij burglar-proof
inbranden burn in [enamel], burn [letters, a mark] into (s.t.); *(fig)* ingrain [an ingrained habit]; *een merk, enz ~, (ook)* brand [cattle]; *in zijn geheugen ingebrand* [the scene was] branded into his memory
inbreken break into a house, commit burglary, break in [through a window], burgle a house; hack [into a computer]; *er is bij A ingebroken* A had his house broken into, A has been burgled
inbreker burglar, housebreaker, *(fam)* cracksman; *(comp)* hacker
inbreng contribution [to the discussion]; *(in huwelijk)* dowry, (marriage) portion; *(in zaak)* brought-in capital, (capital) contribution; input
inbrengen *(eig)* bring (take) in; *(in spaarbank, enz)* deposit; *kapitaal ~* bring in capital, *(door inbrenger in nv)* sell to the company; *(buis in longen, enz)* introduce; *klachten, enz ~, zie* indienen; *de ingebrachte verdediging* the defence put forward; *hij heeft heel wat in te brengen* he has great personal influence, *(inz pol)* he has a lot of clout [with the government]; *je hebt hier niets in te brengen* you cannot give orders here; *vgl* melk; *~ tegen* object to; bring against [even his enemies can bring nothing against him]; bring up against; allege [s.t.] against [a p.], urge [objections] against; *het getuigenis reeds tegen hem ingebracht* the evidence standing against him; ..., *bracht hij ertegen in* ['I do'], he countered; ['my name isn't W'], he objected; *hij had niets tegen de aanklacht in te brengen* he had nothing to say to the charge; *daar kan ik niets tegen ~, a)* I have nothing to say to that, that argument is unanswerable; *b)* I have no objection to it
inbrenger depositor; *(in nv & op veiling)* vendor
inbreuk violation, transgression, infringement, infraction [of the law]; *~ op ...* encroachment on (infringement of) [rights], invasion [of my privacy]; *~ maken op* infringe [the law, rights], encroach (up)on [rights]
inbuigen bend (curve) inward
inburgeren naturalize, acclimatize; *dit anglicisme (deze gewoonte) is nu helemaal ingeburgerd* this anglicism is now quite current (this habit has now become established); *hij is daar helemaal ingeburgerd* he feels quite at home there; *zie ook* burgerrecht
inburgeringscursus settling-in course [for migrants, etc]
inbusbout Allen (socket head, cap) screw
inbussleutel hexagonal wrench, Allen key, *(fam)* hex key
incalculeren take into account, calculate in, reckon with [the possibility of rain]
incapabel incapable; *(dronken)* drunk and incapable
incarnatie incarnation
incarneren incarnate; *de geïncarneerde gierigheid* avarice incarnate
incasseerder [debt] collector
incasseren collect; *(verzilveren)* cash [a cheque]; swallow, put up with [insults]; take [a beating]
incassering **1** collection; **2** cashing; *~ bezorgen van* undertake the collection of, collect [a bill]
incasseringsvermogen resilience, *(sp)* stamina; *hij heeft een groot ~* he can stand a few knocks, take a lot (of punishment) [the Chancellor has a great capacity for (political) punishment]
incasso collection; *ter ~ zenden* send for collection; *ter ~ geven* bank [a cheque]; *met het ~ belaste bankier* collecting banker
incassobank, incassobureau (debt) collecting agency
incassokosten, incassoloon collecting charge
incassowissel bill for collection
in casu viz, in this case
incest incest
incestueus incestuous
incheckbalie check-in (desk, counter)
inchecken check in
inchoatief inchoative (verb)
incident incident; *het ~ is gesloten* the matter is closed

incidenteel incidental(ly), as occasion arises; *in -ele gevallen, (ook)* occasionally
incidentie incidence
incisie incision
incivisme incivism, neglect of civic duty
inclinatie [angle of] inclination, dip [of the magnetic needle]
inclinatiekompas dipping compass
inclinatienaald dipping needle
inclineren incline
includeren include
incluis included
inclusief inclusive (of); *drie euro ~* ... including tip(s), service charge(s) included
incognito incognito, *(fam)* incog
incoherent incoherent
incoherentie incoherence
incompatibel incompatible
incompatibiliteit incompatibility [*van humeur* of temperament]
incompetent incompetent
incompetentie incompetence
incompleet incomplete; *een ~ van 180 man* a shortage of ...
in concreto in (the) concrete, to give an actual example
inconsequent inconsistent
inconsequentie inconsistency
inconsistent inconsistent
inconstitutioneel unconstitutional
incontestabel incontestable
incontinent incontinent
inconveniënt inconvenience; difficulty
inconveniëren be inconvenient, inconvenience [a p.]
incorporeren incorporate
incorrect incorrect
incourant unsaleable, unmarketable [article]; *~e maat* off-size; *~e fondsen* unlisted securities, non-quoted stocks; *~e voorraad* dead stock
incrimineren incriminate
incrustatie en-, incrustation
incrusteren en-, incrust
incubatie incubation [period *tijd*]
incubatieperiode, incubatietijd incubation period
inculperen inculpate
incunabel incunabulum (*mv:* -bula), incunable
indachtig mindful of; *iem iets ~ maken* put a p. in mind of s.t., remind a p. of s.t.; *wees mijner ~, (vero)* remember me
indagen summon, cite
indaging summons, citation
indalen *(v foetus)* drop; *geheel ingedaald* deeply engaged
indammen dam, embank
indampen 1 reduce [milk] by evaporation; **2** damp, moisten [linen]
indecent indecent
indeclinabel indeclinable
indekken: *zich ~* cover o.s. [against the risk of further outbreaks], take precautions
indelen (sub)divide, class(ify), group, arrange; map out [the day as follows]; *(in lagen)* stratify; *(in graden)* graduate; *(in intelligentiegroepen)* stream [pupils]; *(in schijven)* band [pay scales, taxes]; *(inlijven)* incorporate [*bij* in, with]; post [to a unit *bij* ...]; draft [into the army]; assign [to *(bij)* the second group]; *zie ook* inlijven
indeling (sub)division, incorporation, grouping (etc, *vgl* indelen); layout, geography [of the house]
indemnisatie indemnification
indemniteit indemnity
indenken: *zich ~* imagine; *zich ~ in* (try to) realize [a p.'s position], enter into [a p.'s feelings], visualize; *denk je eens in* just imagine; *ik kan het mij niet ~, dat hij dood is* I cannot bring myself to believe that ...; *hij kon zich niet ~ dat er mensen waren* ... he could not conceive the possibility of there being people ...; *daar kan ik me ~* I can understand (imagine) that; *zie ook* inleven: zich ~ & voorstellen: zich ~
inderdaad indeed, really, in (point of) fact, sure (true) enough [sure enough, there he was]; *zie ook* werkelijk
inderhaast in haste, in a hurry, hurriedly
indertijd at the time; at one time; on a previous occasion; *toen wij ~ deze partij kochten* at the time when we bought ...; *~ (in de jaren 50) woonde hij hier* he used to live here (back in the 50's)
indeuken dent, indent; *vgl* deuken
index 1 *(register)* index, table of contents; *~ van kosten van levensonderhoud* cost of living index; *van een ~ voorzien* index [a book]; **2** *(typ)* index, fist; **3** *zie* indexcijfer; **4** *(r-k)* index; *~ van verboden boeken* prohibitory (expurgatory) index; *op de ~ plaatsen* place on the index, blacklist
indexatie *zie* indexering
indexcijfer index figure, index number
indexeren index(ate) [wages, pensions]
indexering indexing, indexation, index-linking
indexlening index-linked loan
indiaan (American, Red) Indian; *zie ook* spelen
indiaans Indian
Indiaas Indian
indianenverhaal *(fig)* wild tale; *(sterk verhaal)* tall story
indicateur: *~ paardenkracht* indicated horsepower, ihp
indicatie indication
indicatief I *zn* indicative (mood); **II** *bn* indicative
indicator indicator
indiceren 1 indicate; **2** index
indiciën *(jur)* circumstantial evidence
Indië *(hist: Eng)* (British) India; *(Ned)* the (Dutch East) Indies, *(fam)* Dutch East; *vgl* Nederlands-Indië
indien if, in the event that; *~ al* if at all; *zie ook* als

indienen bring in, introduce [a bill *wetsontwerp*], lodge [a complaint *klacht*] [*bij* with], tender, submit (hand in, send in) [one's resignation] [*bij* to], move, table, propose, hand in [an amendment, a motion], put forward [proposals]; put in [an affidavit, a reply]; *(aanklacht)* prefer a charge, level an accusation, *(magistrates' court)* lay an information [*tegen* against]; *(begroting)* present (introduce, bring in) the budget (the estimates); *(vordering)* put in a claim; *(verzoekschrift)* present a petition; *(verzoek tot echtscheiding)* file a petition for divorce; *het thans ingediende ontwerp* the bill now before Parliament
indiening presentation, introduction, bringing in; *vgl* indienen
indiensttreding entrance into office (*of:* (up)on one's duties), assumption of office; ~ *1 januari* duties to commence (to be taken up) on ...
Indiër Indian
indifferent indifferent [manner], neutral [equilibrium]
indigestie indigestion
indigo indigo (blue)
indijken dike (in), dam in, embank, reclaim [land]
indijking diking (in), damming in, embankment
indikken thicken [a sauce]; concentrate *(ook fig)*
indirect indirect; *~e belasting* indirect tax(ation); *~e kosten* overheads; *~e verlichting* indirect (*of:* concealed) lighting
Indisch 1 Indian; **2** Indonesian; *hij is* ~ he has Indonesian blood; *hij praat* ~ he speaks the Dutch-Indonesian Creole; *de ~e Archipel* the Malay Archipelago; ~ *ambtenaar* Indian civil servant
Indischgast colonial
indiscreet indiscreet, indelicate
indiscretie indiscretion
indiscutabel 1 indisputable; **2** not open to discussion
indispositie indisposition
individu individual; *(ong)* [a pretty] specimen; *een gemeen* ~ a bad lot (*of:* character); *een verdacht* ~ a shady character
individualiseren individualize; *~d onderwijs* pupil-centred teaching
individualisering individualization
individualisme individualism
individualist individualist
individualistisch individualist(ic)
individualiteit individuality
individuatie individuation
individueel individual
indo Eurasian, half-caste
Indo-Chinees Indo-Chinese
indoctrinatie indoctrination
indoctrineren indoctrinate
indoen put in
***Indo-Europeaan** *(Wdl: Indo-europeaan)* Indo-European
***Indo-Germaans** *(Wdl: Indogermaans)* Indo-Germanic, Indo-European
indolent indolent
indolentie indolence
indologie Indology
indoloog Indologist
indommelen doze off, drop off (to sleep)
indompelen plunge (*of:* dip) in, immerse
indompeling immersion; *doop door* ~ baptism by immersion
Indonesië Indonesia
Indonesiër, Indonesisch Indonesian
indool indole
indopen dip in(to), immerse [in]; *zie ook* dopen
indraaien I *intr* turn into; *de bak* ~ get a stretch; **II** *tr* screw in(to); *hij heeft er zich lelijk ingedraaid* he has got himself into problems
indraaier *(sp)* inswinger
indrijven I *tr* drive in(to); **II** *intr* float in(to)
indringen enter by force, break into, penetrate (into); *(ve vloeistof)* soak in; *ik wil niet ~ in uw geheimen* I do not wish to pry into your secrets; *hij werd het water ingedrongen* he was hustled into the water; *zich* ~ intrude, obtrude o.s.; *zich bij iem* ~ force (*of:* obtrude) o.s. (up)on a p.; *zich in iems gunst* ~ insinuate (*op slinkse wijs:* worm) o.s. into a p.'s favour, ingratiate o.s. with a p.
indringend searching, penetrating
indringer intruder, interloper; *(ongenode gast, fam)* gatecrasher, *(bij ontvangst, enz)* freeloader
indringerig intrusive, obtrusive, importunate
indringerigheid in-, obtrusiveness, importunity
indringing penetration; intrusion; *vgl* indringen
indrinken drink in [the cool air], imbibe
indroevig very sad
indrogen dry up, shrivel up; shrink, lose weight
indruisen: ~ *tegen* clash with, contravene [a principle, law], conflict (be in conflict) with; run counter to [principles, public opinion, tradition]; be at variance with [the facts]; be contrary to [all justice], cut across [a principle, tradition]
indruk impression *(ook fig)*; *(ve vinger, voet)* finger-, footprint, imprint [of a foot]; *ik krijg de ~ dat ...*, *(ook)* I gather that ...; *een ~ geven* give an idea (an inkling) [of the difficulties]; *de ~ hebben dat* have (be under) the (an) impression that; *de ~ (trachten te) vermijden dat ...* (try to) avoid even the impression of ...; ~ *(geen, weinig ~)* ***maken*** make an impression (no, little impression); *die opmerking maakte (geen)* ~ that ... went home (fell flat); *de brief maakte geen ~ op de ontvanger* the ... failed to impress the recipient; *een gunstige ~ op iem maken* make a favourable impression (up)on a p., impress (*of:* strike) a p. favourably; *een goede ~ van iets meenemen* be favourably impressed by s.t.; *hij maakt op mij de ~ (van) heel jong te zijn* he strikes me as extremely young; *hij maakte de ~ van iem, die ...* he gave the impression of (being) someone who ...; *de ~ wekken* create the impression, suggest; *diep on-*

der de ~ deeply impressed [*van de muziek* by ...], quite overcome [*van* with, by]; *te zeer onder de ~ om veel te zeggen, (ook)* too much affected to ...; *niet onder de ~* unimpressed; *onder de ~ verkeren, dat* be under the impression that ...

indrukken push in, stave in; (de)press, push [a button]; compress [a spring]; *(plat drukken)* crush, squash; *(een merk, enz)* impress, imprint; *zie ook* kop

indruksel *zie* indruk

indrukwekkend impressive, imposing [building, etc]; telling, striking [speech]; commanding [personality]; *het ~e van ...* the impressiveness of ...

indruppelen I *tr* pour in drop by drop, instil; II *intr* drip in, dribble in

induceren induce

inductie inductance, *(vooral in sam)* induction [coil, current, heating, motor]

inductief inductive

inductor inductor

induiken dive in(to); *(fig)* immerse o.s. in [a subject]

indulgent indulgent

indulgentie indulgence

industrialisatie industrialization

industrialiseren industrialize

industrie (manufacturing) industry

industriearbeider industrial worker

industrieel I *bn* industrial [diamond, enterprise, city]; *industriële fondsen (waarden)* industrial shares, industrials; *industriële vormgeving* industrial design; *~ vormgegeven* designer [offices]; II *zn* industrialist, manufacturer; *zie ook* grootindustrieel

industriegebied industrial area (district, zone)

industriekern industrial nucleus

industrieland industrial(ized) country

industriestad industrial (manufacturing) town

industrieterrein industrial (*of:* trading) estate, business (*Am:* industrial) park

indutten doze off, drop off (to sleep), go off into a doze

induwen push (thrust, shove) in(to), ram [a cork] home

ineen together

ineengedoken hunched (up); *zie* duiken

ineengedrongen close together; *(ve gestalte)* thickset

ineengrijpen interlock; *(v raderen)* gear (work) into (work on, mesh with, engage with) one another; *(fig)* dovetail, interlock, interconnect, interweave [the two problems are interwoven]

ineenkrimpen wince [at an allusion], writhe [with pain], double up [with pain], cower [at the sight of ...], shrink (together); *haar hart kromp ineen van angst* her ... tightened with fear

ineenlopen *(v vertrekken)* communicate; *(v kleuren, enz)* pass (melt, run, merge, blend) into each other

ineenrollen roll up

ineens all at once; *(zo maar ~)* [I cannot tell you] offhand; *een bedrag (som) ~* a lump sum; *~ betalen* pay in a single (in one, in a lump) sum; *het ~ raden* guess it right off (right away)

ineenschieten *(v planken, enz)* dovetail

ineenschrompelen shrivel (up); *zie* verschrompelen

ineenschuiven telescope (into each other) [two coaches were telescoped]

ineenslaan strike together; *(in elkaar zetten)* knock together; *zie ook* hand

ineensluiten fit into each other, dovetail (into one another) [see how everything fits in]; *~d, (ook)* nested [boxes]

ineensmelten melt together, fuse; *zie ook* ineenlopen

ineenstorten collapse *(ook fig)*, topple down, fall to the ground; *(met geraas)* (come down with a) crash

ineenstorting collapse, break(-up), breakdown, downfall, crash

ineenstrengelen interlace, intertwine, knit [one's fingers]

ineenvloeien flow together; *(v kleuren) zie* ineenlopen

ineenzakken collapse, crumple up, buckle; *(v grond, enz)* cave in

ineffectief ineffective, inefficient

inefficiënt inefficient

inegaal uneven

inenen (all) at once

inenten vaccinate, inoculate

inenting vaccination, inoculation

inentingsbewijs vaccination certificate

inert inert [gas]

inertie inertia

in extenso in extenso, at full length, in full

in extremis 1 in extremis, at the point of death; **2** at the last moment

infaam infamous, shameful; *vglb:* downright [a downright lie]

infamie infamy

infant infante

infante infanta

infanterie infantry, *(hist)* foot

infanterist infantryman, foot soldier

infanticide infanticide

infantiel infantile, childish

infantiliseren infantilize, dumb down

infantilisme infantilism

infarct infarct(ion)

infecteren infect *(ook fig)*

infectie [risk of] infection

infectiehaard focus of infection, nidus

infectieziekte infectious disease

inferieur I *bn* inferior, low-grade [flour, workers], poor [quality]; II *zn: ~(e)* inferior, subordinate

inferioriteit inferiority

infernaal infernal

inferno inferno

infertiliteit infertility

infibulatie infibulation

infiltraat infiltrate
infiltrant infiltrator, intruder
infiltratie infiltration
infiltreren infiltrate
infinitesimaalrekening (infinitesimal) calculus
infinitief infinitive
infix infix
inflatie (currency) inflation
inflatiebestrijding combating (restraining) inflation, anti-inflationary policy
inflatiepolitiek policy of inflation, inflationary policy
inflatiespiraal inflationary spiral
inflationisme inflationism
inflatoir inflationary [financing, forces]
inflexibel inflexible
inflexie inflection, inflexion
inflorescentie inflorescence
influenceren influence, affect; *vgl* beïnvloeden
influenza influenza, *(fam)* flu
influisteren whisper (in a p.'s ear), prompt, suggest
info info
infokiosk 1 infobar; **2** kiosk telephone
informaliteit 1 informality; **2** inappropriateness
informant informant
informateur *(pol)* politician appointed to explore the options for forming a cabinet (etc)
informatica informatics, information science (*of:* technology)
informaticus information scientist
informatie *(ook ~s)* information, *(fam)* info; *(navraag)* inquiry; *numerieke* ~ data; *~s inwinnen* make inquiries [of *bij*], ask for information; *zie* inlichting(en)
informatiebalie information desk (counter)
informatiedrager data carrier
informatief informative, informatory; *-tieve vraag* request for information; *een -tieve vraag stellen* ask (inquire) on a point of information
informatiemaatschappij computerized (*soms:* networked) society
informatieontsluiting information retrieval
informatiesysteem information system
informatietechnologie information technology
informatietoon *(vglb)* number unobtainable tone
informatieverwerking: *(numerieke)* ~ data processing
informatisering computerization (of information)
informatorisch exploratory [discussions]; *zie ook* informatief
informatrice information clerk (*of:* officer)
informeel informal [reception, talks]
informeren 1 inquire, make inquiry (inquiries); ~ *naar* inquire after (about); ~ *bij* inquire (make inquiries) of; **2** inform [a p., o.s. thoroughly]
infractie *(ook med)* infraction
infrageluid infrasound
infrarood infrared [astronomy, lamp, photography, rays]
infrasoon infrasonic
infrastructuur infrastructure
infusie infusion
infusiediertjes, infusoriën infusoria
infuus *(med)* infusion, drip
ingaan 1 *(binnengaan)* enter, go (walk, step) into [go in and out of the room]; *er ~, (ve artikel, enz)* catch on; *de geschiedenis* ~ go down in history; *zijn 60e jaar* ~ enter one's 60th year; *het jaar, dat we nu* ~ the year we are entering (up)on; *de* ***wereld*** *(het leven)* ~ set out into the world; *zie ook* rust, enz; ***op*** *een voorstel (voorwaarden)* ~ agree to a proposal (accept terms); *(nader, verder) op de zaak* ~ go (further) into the matter, go (enter) into (the merits of) the case [we need not go (enter) into that now]; pursue the matter (further); *(aandringen op)* press the matter; *op een idee* ~ take up (*gretig:* jump at) an ...; *maar hij ging er niet op in* [I made a suggestion,] but he didn't respond; *op een lokmiddel* ~ rise to the bait; ~ ***tegen*** run counter to [a p.'s plans, public opinion], go against [the law, a p.'s wishes]; *(lijn)recht ~ tegen* fly in the face of [authority, public opinion]; *zie ook* indruisen; *~de rechten* import duties; **2** *(v kracht worden)* take effect, become effective; *mijn betrekking gaat morgen in* I enter (up)on my duties ...; *de* ***huur*** *gaat 1 mei in* the rent will run (is due) from ...; *zijn* ***ontslag*** *gaat 2 juni in* his resignation will take effect (become effective) from ...; *zie ook* ingang: ~ vinden
ingaande: ~ *1 mei* dating (with effect, effective) from May 1st, (as) from (as of) ...
ingang entrance, doorway, entry; access point; *(als opschrift)* way in, entrance; *(in lexicon, enz)* entry(word), headword; *(elektr)* input; *met ~ van heden* (as) from (as of) today; *zie ook* ingaande; ~ ***vinden*** *(bij)* find acceptance (with) [his ideas found acceptance with the public], gain currency, *(fam)* catch on [the fashion caught on]; *deze ideeën vinden langzamerhand* ~ these ... are winning through
ingangscontrole entrance (*of:* ticket) gate
ingangsdatum commencing date
ingangssignaal input signal
ingebeeld[1] *(denkbeeldig)* imaginary [complaint *kwaal*; invalid *zieke*], fancied; *(verwaand)* (self-)conceited
ingebeeldheid *zie* inbeelding 2
ingeboren innate, native, inborn; *~e* native; *dat is hem* ~ that is innate to (*of:* in) him
ingeborene native
ingebrekestelling notification of default
ingebruikname, ingebruikneming inauguration, commissioning, introduction, putting into action
ingehouden restrained [passion], pent-up, bottled-up [anger], subdued force; *met ~ adem* with bated breath

---

1 zie voor de niet opgenomen deelwoorden de ww

ingekankerd inveterate, deep-rooted [hatred]
ingeland landholder [in a polder]
ingelegd inlaid [work, linoleum, floor], tessellated [floor]; *zie ook* inleggen & ingemaakt
ingeleide official reception
ingemaakt 1 preserved (bottled) [peaches, vegetables]; *(in azijn, enz)* pickled [onions]; **2** built-in, fitted [cupboard]
ingemeen utterly base, vile
ingenaaid sewed, stitched, *(met metaaldraad)* wire-stitched [books]; ~ *etiket* sewed-in label
ingenieur (university trained) [civil, electrical] engineer
ingenieus ingenious [method]
ingenomen: ~ *gewicht* shipped weight; ~ *met* [greatly, highly] pleased (charmed, taken) with; *met zichzelf* ~ [be, feel] pleased with o.s.; *zie ook* vooringenomen
ingenomenheid sympathy; *(voldoening)* satisfaction; ~ *met zichzelf* self-complacency; *zie ook* vooringenomenheid
ingénue ingénue, artless (ingenuous) girl
ingeschapen innate, inborn, native, inherent
ingeschoven inset [story, episode]
ingeschreven inscribed [circle]; *zie* inschrijven
ingeschrevene [exam] candidate; *(univ)* enrolled student; *(sp)* entrant, participant
ingesleten inveterate [habit]
ingesloten enclosed; *door land* ~ landlocked; *door ijs* ~ ice-bound; *de* ~ *hoek* the angle contained (included); ~ *gelieve u aan te treffen* enclosed please find; *zie ook* inbegrepen
ingespannen I *bn* strenuous [work]; *3 weken van* ~ *arbeid* three strenuous weeks; **II** *bw* strenuously; ~ *luisteren* listen intently; ~ *denken* think hard
ingesprekstoon engaged tone
ingetogen modest, retiring, quiet [live quietly]; subdued [in a subdued mood; be unusually subdued]; *streng* ~ austere
ingetogenheid modesty, retiring character; *strenge* ~ austerity
ingeval in case [of fire]; ~ *mij iets overkomt* in the event of anything happening to me; ~ *het onmogelijk is* in the event of it(s) being impossible
ingevallen hollow, sunken [cheeks, eyes, face], fallen in; *zie ook* invallen
ingeven administer [medicine to a p.]; *(fig)* suggest [a plan], prompt [an idea], dictate [measures dictated by fear]; *al naar haar gril haar ingaf* as her whim dictated, as the fancy took her; *doe wat je hart je ingeeft* follow your own inclination
ingeving inspiration, suggestion; *(fam)* [I suddenly had a] hunch; *plotselinge* ~ flash of intuition; *naar de* ~ *van het ogenblik handelen* act on the spur of the moment
ingevoerd informed, well-up [in]; *goed* ~ *zijn, (ve firma)* have a good connection, be well connected (established); *zie verder* invoeren
ingevolge 1 in pursuance of, pursuant to, in obedience to, in accordance with [your instructions], in compliance (accordance) with [your instructions, request], in response to [an invitation]; ~ *instructies van, (ook)* acting under instructions from; **2** as a result of
ingevroren 1 ice-bound [ship]; **2** frozen [food]
ingewand(en) bowel(s), intestines, entrails; *(fam)* [have pains in one's] inside
ingewandsontsteking inflammation of the bowels, enteritis
ingewandsstoornis intestinal disorder, bowel trouble
ingewandsworm intestinal worm, helminth
ingewijd initiated, adept; ~ *zijn in het geheim* be in the secret (*fam* in the know)
ingewijde initiate, insider; *(alleen) voor* ~*n, (ook)* esoteric
inge'wikkeld intricate, complicated, complex; ~*e zinsbouw* involved construction; ~ *maken* [it would] complicate [the situation]; *de intrige wordt* ~*er* the plot thickens
ingewikkeldheid intricacy, complication, complexity
ingeworteld (deep-)rooted [prejudices], deep-seated [fears], inveterate [hatred], ingrained [sentiments, habit; it is ingrained in her]
ingezetene inhabitant, resident; *als* ~ residential [franchise, qualification *stemrecht*]
ingezonden: ~ *stuk* letter (to the editor) [*ook:* letters from readers, readers' letters]
ingezonken sunken [eyes]; *vgl* ingevallen
ingieten 1 pour in(to), *(fig ook)* infuse [new life into ...], instil; *men moet het hem met de trechter* ~ you have to drum it into him; **2** embed [insects in plastic]
inglijden glide (slide) in(to)
ingoed very good [man]
ingooi throw-in
ingooien 1 throw in(to); **2** smash [windows]; *zie ook* glas
ingraven 1 dig in; *zich* ~ dig (o.s.) in, entrench o.s.; *(v dieren)* burrow; go to ground; **2** bury
ingrediënt ingredient
ingreep intervention; *medische* ~ surgery
ingriff(el)en engrave, imprint [on the memory]
ingrijpen 1 intervene [between parties], interfere [in a p.'s affairs], take a hand, take action, [the State should] step in; *(nog) niet* ~ hold (stay) one's hand; *in iems gezag* ~ encroach (up)on a p.'s authority; *internationaal* ~, *(zn)* international intervention; *operatief* ~ operate, resort to an operation, *(zn)* operative intervention; ~*de beperkingen* severe restrictions; ~*de veranderingen* radical (sweeping, drastic) changes; **2** engage, mesh; *een ... waarop twee tandwielen* ~ a ... meshing with two wheels

---

zie voor de niet opgenomen deelwoorden de ww

ingroeien grow in(to); *~d* ingrowing [nail]
Ingveoons Ingvaeonic
inhaalstrook fast (*of:* outside) lane
inhaalverbod overtaking prohibition; *(bord)* no overtaking
inhaalwedstrijd 1 pursuit race; **2** postponed (deferred) match
inhaken hook in(to), hitch in(to); *~ op* take up [a p.'s words, a suggestion]
inhakken cut in; *~ op* pitch into, hit out at [the enemy], hack (away) at; *dat hakt er nogal in* that makes a hole in my pocket (income, savings)
inhalatie inhalation
inhalator (nose-, throat-)inhaler, (throat-)spray
inhalen 1 *(binnenhalen)* fetch in, bring in; get in, gather (in) [the crop(s) *oogst*]; take in [sails], lower [a flag], draw in [nets], *(met inspanning)* haul in [the gangway, nets], haul home [a rope]; wind in [a fishing line]; *(intrekken)* draw in; *(feestelijk ~)* receive in state; **2** *(achterhalen)* overtake, come up (draw level) with, catch up, catch up with [a runaway]; overhaul [a ship]; *geleidelijk ~* gain on [a p.]; *(~ en voorbijgaan)* pass [on the road, at sea, etc]; **3** *(goedmaken: les, enz)* make up for [a lesson, lost time, an omission *verzuim*], recover [lost time]; *(ve vertraagde trein)* pick up [3 minutes]; *het achterstallige ~* work off (clear off, make up) arrears; *veel (achterstand) in te halen hebben* have much ground (a great deal of leeway) to make up; *zie ook* schade & tekort
inhaleren inhale
inhalig greedy, covetous, grasping, money-grubbing
inhaligheid greed, covetousness
inham creek, bay, inlet; *kleine ~* cove, recess
inhameren hammer in; *(fig)* drum (hammer) [s.t.] into a p.'s head, hammer [it] home
inhangen hang in, hang [a door]
inhebben contain, hold; *rogge ~* carry a cargo of rye; *dat zal heel wat ~* that will be a tough job (a hard nut to crack); *zie ook* pee, enz
inhechtenisneming arrest, apprehension; *bevel tot ~* warrant (of arrest), (warrant of) commitment
inheems native, indigenous [plants, etc], aboriginal [Indians], home(-grown) [produce], endemic [disease]; *zie ook* inlands
inheien drive (*of:* ram) in
inherent inherent [in *aan*]
inherentie inherence
inhibitie inhibition
inhoud contents [of a cask, book, letter]; *(essentiële ~)* content, substance [the substance of the speech can be summed up in two words], terms [of a settlement]; *(~sopgave)* table of contents; *(~sruimte)* capacity, content; *(ve schip)* [300 tons] burden; *(strekking)* purport, tenor; *kubieke ~* cubic capacity (*of:* content), (solid) content; *korte ~* abstract, summary, précis; *de rede had weinig ~* the speech had little substance; *een brief van deze ~* a letter to this effect; *van dezelfde ~, (ve brief)* to the same effect, *(ve wissel, enz)* of the same tenor
inhoudelijk as regards content; *~e veranderingen* changes in content
inhouden 1 *(bevatten)* contain, hold; *wat houdt deze bepaling in?* what is the effect of this provision?; *besef je wat deze belofte inhoudt?* do you ... what this promise implies?; *dit houdt niet in, dat ...* this does not mean that ...; *een kennisgeving ~de dat ...* a notice to the effect that ...; *we weten niet, wat de toekomst inhoudt* we ... what the future holds; **2** *(tegenhouden)* rein in, pull up, hold in, check [a horse], check, restrain [one's anger], repress, keep back [one's tears], hold [one's breath, fire *(mil)*]; *(voedsel)* retain [food], keep [food] down [he could keep nothing down]; *(urine)* retain; *(niet uitbetalen, korten)* stop [a boy's pocket money], dock [a person's wages], deduct [insurance premiums]; *(verlof)* stop [her holiday was stopped], cancel; *(paspoort)* impound, withhold; *(op veiling)* withdraw, buy in; *(niet uitreiken)* reserve [the prize]; *zijn **paard** ~, (ook)* draw rein, pull up; *zie ook* [1]pas 1; ***zich** ~* contain (restrain, check) o.s. [he was going to ..., but he checked himself], hold o.s. in; *iem een bedrag ~ **op** zijn loon (voor zijn verzuim)* stop (dock) an amount from a p.'s wages (for his absence); *zie ook* ingehouden
inhouding checking, etc, *vgl* inhouden; retention; *(v loon, enz)* stoppage, deduction
inhoudsmaat cubic measure, measure of capacity; *~ voor droge (natte) waren* dry (liquid) measure
inhoudsopgave table of contents
inhout *(ve schip)* rib, frame-timber
inhuldigen inaugurate, install
inhuldiging inauguration [ceremony, speech], installation
inhumaan inhumane
inhuppelen: *de kamer ~* skip (come skipping) into the room, skip in
inhuren hire (engage) again; renew the lease; *weer ~* rehire, re-engage; *je hebt weer ingehuurd, (fig)* you have taken a new lease of life; *daar ben ik niet voor ingehuurd* that isn't my job
initiaal *bn & zn* initial; *met zijn initialen ondertekenen* initial [a report]
initiaalwoord acronym
initialiseren initialize
initiatie 1 initiation [ceremony]; **2** introduction
initiatief [have the (right of)] initiative; *het particulier ~, (bedrijfsleven)* private enterprise; *het ~ nemen [tot iets]* take the initiative [in doing s.t.]; ***op** ~ van* on (at) the initiative of; *op eigen ~ handelen* act on one's own initiative
initiatiefnemer originator [of the plan], initiator
initiatiefwetsvoorstel private member's bill
initieel initial
initiëren *(beide bet)* initiate
injagen I *tr* drive in(to); **II** *intr* rush in(to)

injecteren inject
injecteur injector
injectie injection, shot
injectiegeweer stun gun
injectiemotor fuel-injection engine
injectienaald hypodermic (needle)
injectiespuitje hypodermic (syringe)
injector injector, injection cock
inkalven cave in
inkankeren eat in(to), fester, corrode; become deeply rooted; *zie ook* ingekankerd
inkapselen enclose, wrap up, encapsulate, isolate
inkapseling encapsulation
inkarnaat carnation, pink
inkarnaten flesh-coloured, pink
inkassen set [a gem]
inkasten encase
inkeep notch, nick; *zie ook* inkeping
inkeer *(berouw)* repentance; *(bezinning)* introspection, searching(s) of the heart; *tot ~ brengen* bring [a p.] to his senses, make [a p.] see the error of his ways; *tot ~ komen* repent; *zie ook* inkeren
inkepen notch, nick, indent, score
inkeping notch, nick, indentation; *(vh vizier)* V (of the backsight); *~(en) ve sleutelbaard* ward(s)
inkeren: *tot zichzelf ~, a)* repent; *b)* search one's (own) heart, turn in on o.s.
inkerven notch, nick, indent, score
inkijk cleavage; *je hebt ~* your dress is gaping a bit; *[horretjes] tegen de ~* to prevent people from looking in
inkijken I *intr* look in; *bij iem (in het boek) ~* look on with a p.; II *tr* glance over [the paper], skim, dip into [a book], *(fam)* have a squint at [the catalogue]
inkijkexemplaar inspection copy
inklapbaar collapsible [table]
inklappen collapse [mentally and physically; this table collapses]
inklaren clear (inwards) [ships, goods], enter [goods]
inklaring clearance (inwards), clearing (inwards), entry
inklaringshaven port of entry
inklaringsrecht customs clearance fee
inkleden word, put into words, clothe (couch) (in words), express; *(als monnik)* give [a p.] the cowl; *(als non)* (give the) veil; *een punt zorgvuldig ~* frame a question carefully; *goed ingekleed, (ook)* well-written [story]
inkleding clothing, wording
inkleuren 1 colour; *(film)* colourize; 2 fill in, work out [a sketch]
inklikken snap (shut)
inklimmen climb in(to)
inklinken *(v grond, enz)* set; *doen ~* compact [soil]
inklokken clock in
inkloppen drive in [a nail]
inkoken I *tr* boil down (in), reduce (by boiling); II *intr* boil down, be boiled down
inkom admission (price)
inkomen I *ww* come in *(ook v klachten, gelden, bestellingen, enz),* enter; *zie ook* binnenkomen; *er zijn nog geen bijzonderheden ingekomen* details are not yet to hand; *ik begin er net in te komen, (te wennen)* I'm just getting my hand in; *deze vormen komen er hoe langer hoe meer in* these ... are gaining favour; *de snor komt er weer in* the ... is back again; *daar kan ik ~* I quite appreciate (can quite understand) it; *daar komt niets van in* that's out of the question; *inkomend* incoming [correspondence, vessels *schepen*]; inward [cargo]; *~de rechten* import duties; II *zn* income; *behoorlijk ~* competence; *zie ook* inkomsten
inkomensafhankelijk means-tested [benefits]
inkomensgroep, inkomensklasse income group, income bracket
inkomensonderzoek means test
inkomst entry; *blijde ~* state entry [of a sovereign]
inkomsten income, earnings; *(v staat, kerk, groot bedrijf)* revenue; *~ uit beleggingen* unearned income; *~ en uitgaven* receipts and expenditure, incomings and outgoings
inkomstenbelasting income tax
inkoop purchase; buying; procurement; *inkopen doen* make (one's) purchases, go shopping; *wekelijkse inkopen* [go to town for the] weekly shopping; *in- en verkoop van boeken, (opschrift)* books bought and sold
inkoopboek bought book
inkoopcentrale central buying organization
inkoopprijs cost (buying, purchase) price; *tegen (beneden) ~* [sell] at (below) cost price
inkopen buy, purchase; *(terugkopen op veiling)* buy in; *iem (zichzelf) ~* buy a p. (o.s.) in (into a business, etc)
inkoper purchaser; *(ve zaak)* buyer, purchasing agent
inkoppen *(sp)* head [the ball] in(to goal)
inkorten shorten [a dress, a speech], curtail [a p.'s power]; *zie verder* korten
inkorting shortening, curtailment
inkrijgen get in; get down [one's food]; *het schip kreeg water in* the ... made water; *zie ook* duivel & pest
inkrimpen shrink, contract; *(fig ook)* dwindle [their number dwindled to 30]; *zich (zijn uitgaven) ~* retrench (reduce, curtail) one's expenses, draw in; *het personeel ~* cut down the staff
inkrimping shrinking, contraction, dwindling; curtailment, retrenchment; *vgl* inkrimpen
inkruipen creep in(to); *(misbruik, enz)* creep in
inkt ink; *~ vermorsen* spill ink [on a subject]
inktachtig inky
inkten *ww* ink
inktgom ink-eraser
inktkoker inkpot, inkwell
inktkussen ink-pad
inktlap penwiper
inktlint (inked, typewriter) ribbon

inktpot inkpot, inkwell
inktpotlood indelible pencil
inktrol ink(ing) roller
inktstel inkstand
inktvis cuttlefish, squid
inktvlek ink-blot
inktvraat ink corrosion
inktzwam ink-cap
inktzwart inky black
inkuilen clamp (*of:* pit) [potatoes]; *(veevoeder)* pit, ensile, silo; *ingekuild veevoer* silage
inkuiling (en)silage, storage in a silo
inkwartieren billet, quarter [*troepen bij de bewoners* troops (up)on the ...]
inkwartiering billeting, quartering
inlaag *zie* inleg
inlaagdijk back dike
inlaat inlet
inlaat(duiker) inlet
inlaatklep inlet (intake, admission) valve
inlaatsluis inlet
inladen load, put on board, ship; *(eten)* shovel [one's food] in; *opnieuw* ~ re-ship
inlander native
inlands native [fruit], indigenous [plants], home [produce], home-made [articles], home-bred [cattle], home-grown [wool, meat], home-fed [bacon]; *zie ook* binnenlands
inlandse native woman
inlas *(in krant)* stop-press (news); *zie ook* inlassing
inlassen insert, intercalate, interpolate; sandwich [between], put on, add [a train]; *(techn)* let in, mortise
inlassing insert(ion), intercalation, interpolation, parenthesis
inlaten let in, admit; *een balk (in een muur)* ~ tail a beam in(to a wall); *zij wilden ons er niet* ~ they refused us admittance; ***zich*** ~ *met* concern o.s. (deal) with [s.t.]; consort (associate) with [a p.], mix with [the wrong people]; go in for, engage in [politics]; embark on [speculation]; meddle with, interfere with [a p.'s affairs]; *zich met een meisje* ~ take up with a girl; *ik wil er mij niet mee (wil mij niet met hem)* ~ I will have nothing to do with it (him); *ze liet zich niet met haar buren in* she had no dealings with her ...; *laat u er niet mee in* leave it alone; *niemand laat zich met hem in* they all fight shy of him (give him a wide berth)
inleg *(ve kledingstuk)* tuck, seam; *(ve sigaar)* filler; *(~geld), (voor lidmaatschap, enz)* entrance fee (*of:* money); *(in spaarbank, uitleenbibliotheek, enz)* deposit; *zie ook* inzet
inlegblad *(ve tafel)* extra (*of:* loose) leaf
inlegeren **1** garrison; **2** *zie* inkwartieren
inleggeld **1** entrance fee; participation fee; **2** deposit; **3** *zie* inzet
inleggen **1** put in, lay in; *(trein)* put on [a train]; **2** *(geld)* deposit [money in a bank]; *(bij spel)* stake [money]; **3** *(hout, enz)* inlay [with gold, etc], encrust [with diamonds, etc]; **4** *(japon)* take in [a dress]; **5** *zie* inmaken; *zie ook* [2]eer & behalen
inlegger depositor
inlegkapitaal invested capital
inlegkruisje panty liner
inlegkunde reading one's own ideas into another's text, eisegesis
inlegraam *(fot)* plate-carrier
inlegsel *(ve kledingstuk) zie* inleg
inlegvel insert, inset, supplementary sheet
inlegwerk inlaid work, inlay, marquetry, mosaic
inlegzool insole
inleiden usher in, introduce; *(fig)* usher in [a new era], initiate [a p. into a society, a subject], introduce [a subject for discussion], preface [by (*of:* with) a few remarks], open [a debate]
inleidend introductory, preliminary, opening [remarks], propaedeutic [studies]
inleider initiator [of a debate]; introducer; *(spreker)* speaker
inleiding introduction [to the study of ...], preface, preamble, introductory remarks; speech, address; ~ *tot de klankleer* primer of phonetics
inlelijk hideous [face], unsightly [building]
inleven: *zich* ~ *in* project o.s. into [a situation, the past], identify (o.s.) with [one's role], empathize with; *zie ook* indenken
inleveren give (hand) in [work in class, names], send in, hand in [a list, books], turn in [surplus goods], deliver up [one's arms], surrender [arms, one's driving licence], present [a petition]; *(moeten)* ~ (have to) surrender part of one's salary, accept a reduction (in income, wages); *stukken* ~ *bij* lodge documents (papers) with
inlevering handing-in, etc, delivery, surrender
inlevingsvermogen empathy
inlezen read in [data]; read [a book on to tape]; *zich* ~ read up [on a subject]
inlichten inform [*omtrent* on, about], enlighten [*omtrent* on], give information [*omtrent* on, about]; *(fam)* put [a p.] wise [*over* to, about]; *verkeerd* ~ misinform [*over* (up)on]; *goed ingelicht* well-informed [circles]
inlichting information *(ook: ~en); een* ~ an item (a piece) of information; *~en, (telef)* directory enquiries; *~en* ***geven*** give information; *~en* ***vragen*** make inquiries, inquire [*bij* of; *omtrent* about], ask for information [*over* about]; ***voor*** *vollediger ~en wende men zich tot de uitgever* for further particulars apply to (further particulars may be had from) ...
inlichtingenbalie information desk
inlichtingenbureau **1** inquiry office; **2** information bureau
inlichtingendienst [military] intelligence (service); [private] intelligence agency; *geheime* ~ secret service
inlichtingenformulier [fill out a] questionnaire

inlichtingsofficier intelligence officer
inliggend enclosed
inlijsten frame
inlijven incorporate [*bij* in, with], annex [*bij* to]; *(mil Br)* enrol(l), enlist, *(Am)* induct; *ingelijfd worden bij, (v kleine maatschappij bij grote, ook)* be absorbed by
inlijving incorporation, annexation; enrolment, enlistment, *(Am)* induction; absorption
inloggen log in
inloodsen pilot [a ship] into port
inloop 1 walking in; **2** open house
inlooptijd settling-in period
inlopen 1 enter [a shop]; turn into [a street]; drop in [*bij iem* (up)on a p.]; *hij liep jaren lang bij ons in en uit* he was in and out of our house for years; *tegen elkaar ~, (v boten, enz)* collide (head on), meet (end on); *(naar binnen lopen)* bring in [mud] on one's shoes; *een* ***deur*** *~* force a door; **2** run in [an engine]; *hij is* ***zich*** *aan het ~, (sp)* he is warming up; **3** gain [3 minutes on the schedule]; ***achterstand*** *~* make up arrears; *een* ***doelpunt*** *~* take back a goal; **4** ***er*** *~* walk (fall) into the trap, rise to (take, swallow) the bait, [you'll] get caught, be had, *(sl)* cop it; *(beetgenomen worden), (sl)* be sold a pup; *ik liep er lelijk in* I was badly caught (out); *daar loopt niemand in* that won't fool anybody; *er al weer ingelopen!* sold again!; *hij liep erin* he fell for it, he rose to (swallowed) the bait, *(geldelijk)* he was (*of:* got) let in, he was had [*voor £5* for ...]; *zie ook* inluizen; *iem er* ***laten*** *~* take a p. in; *(beetnemen, sl)* sell a p. a pup; *vgl* uitlopen
inlossen redeem [a pledge, mortgage, one's word], take out of pawn; acquit [a debt]
inlossing redemption
inloten draw a (student) place by lot
inlui bone lazy, as lazy as can be
inluiden ring in; *een nieuw tijdperk ~, (ook)* usher in (herald, inaugurate) a new era
inluizen: *hij luisde erin, (fam)* he fell for it; *iem er ~, a)* play a dirty trick on a p.; *b)* make a fool of (fool, trick, hoodwink) a p., *(Am)* sucker a p.; *vgl* inlopen 4
inmaak 1 preservation; bottling; *(zuur, enz)* pickling; **2** *(ingemaakt fruit, enz)* preserves; *(zuur, enz)* pickles
inmaakazijn aromatic vinegar
inmaakfles preserving jar
inmaken 1 preserve [greens], bottle; *(in blik)* tin, can; *(in azijn, zout, enz)* pickle; **2** *(sp)* plaster, slaughter [22 to 6], murder, make mincemeat of
in memoriam in memoriam
inmengen: *er ~* mix (up) with it; *zie* mengen
inmenging interference, meddling, intervention
inmeten 1 lose in measuring, shrink; *het ~* loss in measuring; **2** *(ve landmeter)* measure
inmetselen brick (*of:* wall) up, immure; *ingemetselde brandkast* built-in safe, wall safe; *ingemetselde plaquette* wall plaque
inmiddels meanwhile, in the mean time; [you will have received the money] by now
innaaien *(kledingstuk)* take in; *(boek)* sew, stitch; *(met metaaldraad)* wire-stitch
inname *zie* inneming
innemen 1 *(naar binnen brengen)* take in, bring in; *(gebruiken)* take [medicine, a powder]; *(ve schip)* take in [cargo, etc,] load [cargo]; *(weer) brandstof ~* (re)fuel, *(benzine, ook)* tank, fill up; ***kolen*** *~* (take in) coal, bunker; *de* ***riemen*** *~* ship (*of:* boat) the oars; ***water*** *~* (take in) water; *hij is goed* ***van*** *~, (fam)* he is fond of his grub; *vóór het ~ goed schudden* shake (the bottle) well before use; **2** *(ruimte, enz)* take up, occupy [room]; *(actief)* assume [a position]; *(betrekking)* fill [he found his job filled]; **3** *(veroveren)* take, carry, capture, reduce [a fortress]; **4** *(kaartjes, enz)* collect [tickets, work in class]; **5** *(innaaien)* take in [a dress]; *(zeilen)* furl [sails]; **6** *(bekoren)* charm, captivate, fascinate, catch a p.'s fancy; *iem* ***tegen*** *zich (tegen iets) ~* prejudice a p. against one (against s.t.), antagonize a p.; ***iem voor*** *zich ~* prepossess a p. in one's favour, impress a p. favourably; *zie ook* plaats, standpunt, ingenomen, enz
in'nemend taking, winning [look, smile, manner], compelling [manner], fetching [smile], pleasing, engaging, ingratiating [manners, frankness], prepossessing [appearance], attractive [girl], endearing [qualities], captivating [personality]; *niet erg ~* [she is] rather unprepossessing
innemendheid charm, winning ways
inneming taking, capture, reduction [of a town]
innen collect [debts, taxes, bills], cash [a cheque]; *te ~ wissels* bills receivable; *het ~, zie* inning
innerlijk inner [life], inward [the inward eye], internal [forces], intrinsic [merit, value]; *het ~(e) van een mens* one's inner self (nature); *de ~e mens versterken* refresh the inner man
innestelen: *zich ~, (med)* become implanted (embedded)
innesteling *(med)* implantation
innig heartfelt [joy], earnest [wish], close [attachment, cooperation, the closest ties of love], fond [love], fervent [prayer]; *~e overtuiging* profound conviction; *ik heb u ~ lief* I love you dearly; *~ blij, dat ...* overjoyed that ...; *~ gehecht aan ...* devotedly attached to ...
innigheid earnestness, closeness, fondness, fervour
inning 1 collection [*ter ~* for collection], cashing; *vgl* innen; **2** *(honkbal)* inning; *(cricket)* innings
inningskosten collecting charges, cost of collection
innovatie innovation
innovatief innovative
innoveren innovate
inoculatie inoculation
inoculeren inoculate
inofficieel unofficial
inoogsten harvest; *zie* oogsten

inoperabel inoperable [cancer]
inopportuun inopportune
in optima forma in set form, formal [call *bezoek*]; [do a thing] in style; *debat* ~ full-dress debate
inpakken **1** pack [goods, a trunk], pack up [parcels], wrap up, package; *(in balen)* bale [goods]; *(in krat)* crate; *(warm)* ~ wrap [a p., o.s.] up; *zie ook* verpakken; **2** *(ophoepelen)* pack (up) one's traps; *moeten* ~, *(fig)* get one's marching orders; *pak in!* clear out!; **3** *(bedotten)* take in, fool; *(Am)* sucker; ***iem*** ~, *(ook)* put one over on a p.; *(sp)* put a p. in one's pocket; **4** *zie* inpalmen
inpalmen haul in [a rope]; *iem* ~ win over (get round) a p.; *hij liet zich door haar* ~, *(fam)* he fell for her; *ze probeerde hem in te palmen* she made a dead set at him; *de winst* ~ pocket the winnings; *zij trachten alles in te palmen* they try to get hold of everything
inpalming appropriation
inpandig integral, inbuilt [garage]
inpassen fit in
inpekelen salt, pickle
inpeperen pepper; *ik zal het hem* ~ I'll pay him out, get even with him, take it out of him
inperken fence in, enclose; *(fig)* curtail
inperking curtailment
in petto in reserve, in store; up one's sleeve; *(in het verschiet)* in the offing; *iets* ~ *hebben*, *(ook)* have s.t. to fall back (up)on; ~ *houden* keep [the names] for later use
inpikken **1** *(gappen)* pinch, snaffle; *(op de kop tikken)* pick up; *(inrekenen)* run in, *(sl)* pinch, cop; **2** *het (goed, verkeerd)* ~ set about it (the right, wrong way); *ik had het zo ingepikt, dat* ... I had arranged that ...; *het handig* ~ wangle it
inplakken paste in [newspaper cuttings], stick in [stamps]
inplanten **1** plant; *(med)* implant, insert; *(fig)* implant; inculcate, imprint; **2** *(vestigen)* establish
inplanting planting, implantation, insertion [of a muscle]; inculcation; establishment; *vgl* inplanten
in pleno: ~ *vergaderen* meet in full (*of:* plenary) session
inpluggen plug in
inpolderen reclaim, impolder
inpoldering reclamation
inpompen pump in; *(fig ook)* drill, cram (in); *(fam)* swot up, mug up [a subject, facts, etc]
inpraten: *iem iets* ~ talk a p. into doing (taking, etc) s.t.; *op iem* ~ talk at (work on) a p.; *zich er* ~ put one's foot in it
inprenten inculcate, impress [s.t. (up)on a p.], imprint, [s.t. on the memory], instil [into ...], drum, drill [s.t. into the heads of ...]; *(biol)* imprint
inprikken *(op werk, enz)* clock in
inquisiteur inquisitor
inquisitie inquisition
inquisitoriaal inquisitorial
inramen mount [slides], frame
inregelen adjust, set, trim
inregenen rain in; *het regent in, (ook)* the rain is coming in (*of:* through)
inrekenen **1** rake in [the fire]; **2** *(v politie)* run (pull) in, take (round) up; *(sl)* nab, pinch
inrichten arrange, organize, manage, adapt; mount [an exhibition]; *(huis, enz)* fit up, furnish, *(fam)* fix (rig) up; *als badkamer ingericht* fitted up as a bathroom; *mooi (goed, wel) ingericht* handsomely (well-)appointed [villa, hotel, consulting room]; *een behoorlijk ingerichte donkere kamer, (fot)* a properly appointed ...; *bent u al ingericht?* are you settled in yet?; ***het*** *zo* ~ *dat* ... manage (things) so that ...; *zijn* ***leven*** ~ order (manage) one's life [in one's own way]; *hij richtte zijn* ***onderzoek*** *zodanig in, dat* ... he framed his inquiries so as to ...; ***zich*** ~ set up house, settle in, furnish one's house; *(in zaak)* set up in business, set up for o.s.; *richt uw rede in* ***naar*** *uw gehoor* suit your speech to ...; *daar zijn we niet* ***op (voor)*** *ingericht* we're not equipped for that
inrichting **1** *(regeling)* arrangement, organization; *(samenstelling)* structure; lay-out [of the shop], *(fam)* [know the] run [of the house], [be familiar with the] geography [of the house, etc]; *de bestaande* ~ *der maatschappij* the existing fabric of society; *de* ~ *van de Staat* the polity of the State; **2** *(meubilering)* furnishing, fitting up, appointments; *(ameublement)* furniture; **3** *(toestel)* apparatus, appliance; **4** *(gesticht, instelling) zie aldaar;* ~ *van (voor) onderwijs* educational institution; ~*en van lager en middelbaar onderwijs* elementary and secondary schools
inrij *zie* inrit
inrijden **1** drive (ride) in(to); ~ *tegen* crash into [a train]; *tegen elkaar* ~ collide (head on); **2** *(nieuwe auto)* run in [see that the car is well run in]; *(paard)* break in; *goed ingereden* well-schooled [riding horse]
inrijgen lace in, lace tight(ly); *zich* ~ lace o.s. in, lace tight(ly), pinch one's waist (in); *ingeregen, (ook)* nipped-in [waist]
inrit entry; *(toegang)* way in, entrance; *geen* ~ no entry
inroepen call in [a p., a p.'s aid], invoke, enlist [a p.'s help]; *ik roep uw toegevendheid in* I appeal to (throw myself on) your indulgence
inroeping invocation
inroesten rust; *ingeroeste ondeugden (gewoontes)* deep-rooted vices (engrained habits)
inroosteren schedule [classes on Monday]
inruil **1** (part-)exchange, barter(ing); **2** *(object)* trade-in; *vgl* inruilen
inruilen exchange, barter [*tegen* for]; trade in [a used car]
inruilobject trade-in
inruilwaarde trade-in value
inruimen: *plaats* ~ make room [for a p.]; *zijn (ka-*

mer)zetel, enz ~ voor stand down for

inrukken I *tr* march into [a town]; **II** *intr* break ranks, dismiss; *(v wacht, enz)* turn in; *het signaal tot ~ geven* beat (sound) the dismiss; *ingerukt, mars!* dismiss!, break ranks!; *ruk in!* clear out!; *laten ~* dismiss [troops]

inschakelen switch on (in, into circuit), turn on; connect [speedometer]; engage [lowest gear]; *(ve chauffeur)* slip (*of:* let) in the clutch; *(mach)* throw into gear; *(computer)* enable [a function]; *(inlassen)* insert; call in (the help of) [the police]; retain [an expert]; employ [a private detective]; involve [a p. in s.t. *bij iets*]; *zich ~ in* plug into [a network]; *zijn relaties ~* mobilize one's connections; *een adviesbureau ~* enlist (the services of) a firm of consultants

inschalen grade [civil servants], put on a (salary) scale

inschatten estimate, assess, consider, rate; *vgl* schatten & achten 2

inschatting estimate, estimation, judgement

inschenken pour out [a cup of tea], pour [she poured herself a cup of tea; will you pour?], pour in; *zijn glas ~* fill one's glass; *schenk me nog eens in* pour me out another glass

inschepen ship, embark; *zich ~* embark [*naar* for], take ship [*naar* for, to]

inscheping embarkation; *haven van ~* port of embarkation

inscheren *(mar)* reeve [a rope]

inscherpen: *iem iets ~* impress s.t. (up)on (inculcate s.t. into) a p., rub s.t. into a p.

inscheuren tear, rend

inschieten 1 find the range of [a gun]; *zich ~* find the range; *de vijand had zich op ons ingeschoten* the ... had got our range; *hij is er nog niet op ingeschoten, (fig)* he has not got the hang of it yet; **2** *(naar binnen)* shoot; *de bal ~* kick (score) a goal; *hij had de bal voor het ~* all he had to do was shoot (at goal); *de muis schoot het gat in* the mouse whisked (*of:* shot) into ...; **3** *(kapot)* shatter [windows]; **4** *(verliezen:) er veel geld (€50) bij ~* lose a great deal of money over it (be ... out of pocket by it); *hij schoot er het leven bij in* he lost his life in it; *ik schoot er mijn diner (mijn uitje) bij in* it cost me (I was done out of) my ...; *sport neemt zoveel tijd dat de studie er bij inschiet* sport ... that study gets crowded out (*of:* goes by the board); *zie verder* binnen: te ~ schieten; **5** *(invoegen)* insert

inschieter insert, supplement

inschietschot sighter, sighting shot

inschikkelijk accommodating, obliging

inschikken move up, sit closer

inschoppen *(deur)* kick in (open); *hij werd er ingeschopt (in dat baantje)* he was pitchforked into it (into the place)

inschrift inscription

inschrijfgeld enrolment (*of:* registration) fee, *(sp ook)* entry fee

inschrijven book, enrol (*Am:* enroll), enlist, enter [for a competition, in a register]; register [names, the birth of a child, etc]; inscribe [one's name on ...]; *(bij aanbesteding)* tender [*op* for]; *(intekenen)* subscribe; *zich (laten) ~* enter (put down) one's name, register; *(als student)* matriculate, be matriculated [at a college, in(to) London University]; *(ook)* there were nearly 1400 students enrolled during that term; *(als lid)* enrol(l) o.s. as a member; *er zijn 300 leden ingeschreven in de boeken van de club* the club has 300 names on its books; *aantal ingeschreven leerlingen* number of pupils on the roll; *op een lening ~* subscribe to a loan; *op aandelen ~* apply (tender) for shares

inschrijver [the lowest] tenderer, tendering firm; subscriber [to a loan]; applicant [for shares]

inschrijving *(in register)* registration [of pupils], enrolment; *(v studenten)* matriculation, enrolment; *(in boek, voor wedstrijd, enz)* entry; *(bij aanbesteding)* tender [*op* for]; *(op lening)* subscription [*op* to]; *(op aandelen)* application [*op* for]; *~(en) op naam* inscribed stock; *~(en) op het Grootboek* inscribed (government) stock; *verkoop bij ~* sale by tender (entry); *bij ~ te koop aanbieden* put up for tender; *de ~ openstellen* invite subscriptions, be prepared to receive tenders; *de ~ wordt 1 febr gesloten* the subscription list(s) will close on ...

inschrijvingsbiljet *(bij aanbesteding)* tender; *(voor aandelen)* form of application, application form; *zie ook* gesloten

inschrijvingsformulier form of tender; *zie ook* inschrijvingsbiljet

inschrijvingskoers price of issue

inschrijvingskosten registration fee

inschrijvingstaks *(vglb)* vehicle excise duty, road tax

inschuifbaar telescopic; retractable

inschuifladder extension ladder

inschuiven push in, shove in, sandwich in [I was sandwiched in between two fat people], squeeze in [I can squeeze you in somewhere]; *een beetje ~* close up a little

inschuld debt due (*of:* payable) to the company (etc)

inscriptie inscription

insect insect

insectarium insectarium

insectenbeet insect bite

insectenetend insect-eating, insectivorous

insecteneter insect-eater, insectivore (*mv ook:* -vora)

insectenkenner entomologist

insectenkunde, insectenleer entomology

insectenpoeder insect powder, insecticide

insecticide insecticide

insectivoor *(dier)* insectivore

insectoloog insectologist

inseinen brief [a p.], tip (off)

inseminatie [artificial] insemination

insemineren inseminate

inseparabel inseparable
inseraat insertion; newspaper paragraph
insereren insert
insertie insertion
insgelijks likewise, in the same way (manner), similarly; *[veel succes! -] ~!* (the) same to you!
insigne badge; *~s, (ook)* insignia
insigniën: *~ van een ambt* insignia of office; *~ van een orde* insignia (*of:* regalia) of an order
insijpelen ooze (filter) in
insinuatie insinuation, innuendo
insinueren insinuate; *zich ~* insinuate o.s. [into a p.'s favour]
insisteren insist [*op* on]
inslaan I *ww* **1** *(spijker, enz)* drive in [a nail]; **2** *(stukslaan)* beat (bash, batter, punch) in, smash (in) [windows, a p.'s skull]; **3** *(inkopen)* lay in, stock [goods, provisions]; **4** *(kledingstuk)* take in; **5** *(een weg, enz)* take, turn (strike) into, turn down [a road]; *zij sloegen de wildernis in* they struck off into the wilderness; *de goede (verkeerde) weg ~, (fig)* set about it the right (wrong) way; **6** *(vd bliksem)* strike [the lightning struck (the house)]; **7** *(sp)* have a knock-up; **8** *(typ)* impose [a form]; **9** *(fig)* take, [the book did not] catch on, go down [the tale went down well], make a hit [the song made a hit], go home [the remark went home], sink in [the advice, the lesson sank in]; *het nieuws sloeg in als een bom* the news came as a thunderbolt [to ...], burst like a bomb [on the meeting]; *doen ~* get (*of:* put) [a play, one's ideas] across; *de* ***grap*** *sloeg niet in* the joke fell flat (misfired); *zie ook* binnen: naar ~ slaan, bodem, hersens; II *zn* impact [of a projectile]
inslag 1 *(voorraad)* provisions, supply; **2** *(ve weefsel)* woof, weft; **3** *(in kleding)* turning; **4** *(karakter)* tendency, character, streak [of humour], [with a technical] slant (bias); *hij heeft een praktische ~* he has a practical (turn of) mind; **5** *(ve granaat)* (shell-)burst; *vernield door bliksem~* destroyed by lightning; **6** *(sp)* hit-in
inslaggaren weft yarn
inslagspoel shuttle
inslagzijde tram (silk)
inslapen 1 fall asleep, drop off (go) to sleep; *(sterven)* pass away; *laten ~* [the cat was] put to sleep; **2** live in
inslijpen 1 grind (down); *ingeslepen stop* ground stopper; **2** cut [glass]; **3** ingrain, inculcate [habits, ideas]
inslikken swallow; clip [one's words, letters]; *zijn woorden ~, (fig)* swallow one's words
insluimeren doze off, drop asleep; *(sterven)* pass away
insluipen steal (sneak, slip) in(to), *(fig)* creep in [abuses crept in (into the State)]
insluiper sneak thief
insluiping stealing (sneaking) in; *zie* inbraak
insluipsel abuse that has crept in
insluiten enclose [a letter, etc], lock [a p., o.s.] in, shut in [mountains shut in the village], close in [closed in by a wall, the fire closed in on the town], surround, hem in [hemmed in by enemies], invest [a town], seal (bottle) up [the fleet, a submarine base]; *(omvatten)* include [all charges, everybody], comprise; *(meetk)* contain; *het land was door vijanden ingesloten* the ... was encircled by enemies; *wat sluiten deze woorden in?* what do these words imply?; *de prijs sluit alles in* the ... is all-inclusive; *Uw schrijven, ~de cheque voor £50* your letter covering cheque ...; *zie* ingesloten
insluiting locking in, etc; investment [of a town]; enclosure; encirclement [of the country by enemies]; *onder ~ van* enclosing [our invoice]; *zie ook* insluitsel
insluitingspolitiek policy of encirclement (of containment)
insluitplaat *(typ)* (imposing) stone
insluitsel inclusion; *(geol ook)* xenolith
insluizen fit in [newcomers], incorporate
insmelten I *tr* melt in; II *intr* be reduced (*of:* lost) in melting; *(fig)* shrink, dwindle
insmeren grease, oil, smear; rub [with suntan lotion]
insmijten fling (throw) in, smash (in)
insneeuwen snow in; *ergens ~* be (get) snowed up (in); *ingesneeuwd* snowed-in, snowed-up, snowbound
insnijden cut in(to), incise, score; cut back [roses]; *ingesneden* indented [coastline]
insnijding incision; *(vd kust)* indentation
insnoeren constrict; *zie ook* inrijgen
insnuiven sniff in (up), inhale
insociabel unsociable
insolide *(onsterk)* flimsy, frail, un-, insubstantial; *(ve firma, belegging, enz)* unsound; *(niet oppassend)* unsteady
insolvabel, insolvent insolvent
insolventie insolvency
inspannen 1 harness [the horses to the waggon]; *(inz Z-Afr)* inspan; **2** *(techn)* clamp [a work piece]; **3** exert; *zijn krachten ~* exert (put forth) one's strength; *de ogen (te) zeer ~* strain one's eyes; *dit spande hem te erg in* this put too great a strain (up)on him; ***zich*** *~* exert o.s., lay o.s. out; *zich tot het uiterste ~* exert o.s. to the utmost, strain every nerve; **4** institute [proceedings]
inspannend exacting, strenuous [work]; *dat is nogal ~ voor u* that is rather a strain on you
inspanning exertion(s), effort(s), [listening attentively is a great] strain; *het is een ~ voor mij* it's an effort for (to) me; ***met*** *~ van alle krachten* with the utmost exertion, using one's utmost endeavours; ***zonder*** *~* effortless
in spe intended, prospective, [his bride-]to-be
inspeciënt *(theat)* property and lighting manager
inspecteren inspect; survey [a building]; review [the Guards]
inspecteur inspector, superintendent; *(v politie)*

chief inspector; ~ *van de arbeid* labour inspector; ~ *der belastingen* inspector of taxes; ~*-generaal* inspector general; ~ *van de volksgezondheid* health inspector
inspecteurschap inspectorship, inspectorate
inspectie inspection; *(gebied & personen)* inspectorate
inspectiereis tour (*of:* round) of inspection
inspectoraal inspectorial
inspectoraat inspectorate
inspectrice (woman) inspector; *vgl* inspecteur
inspelen: *zich* ~ play o.s. in; ~ *op* prepare for [the future], adapt to [circumstances], go along with [new ideas], play on [fears]; *ingespeeld raken* settle down; *(fig)* shake down (*op* with)
inspiciënt *(theat)* property and lighting manager
inspinnen: *zich* ~ (form a) cocoon
inspiratie inspiration; *een ~ krijgen* have an inspiration (a flash of inspiration, *fam:* a brainwave)
inspireren inspire; *geïnspireerd (dagblad)artikel* inspired article
inspraak [student] participation, [have a] say (voice) [in]; [follow the] dictate(s) [of one's heart]
inspreken 1 record [a message]; **2** inspire [a p. with courage]; *zie ook* moed: ~ geven
inspringen 1 *(eig)* leap (jump) in(to); **2** *voor iem ~* take a p.'s place, deputize (stand in) for a p.; **3** *(inbuigen)* bend in(ward); *(ve huis)* stand back (from the street); *(v regels)* indent; *(ve hoek)* re-enter; *het ~, (v regels)* indentation; *~de hoek* re-entrant angle; *~de deur* recessed door
inspuiten inject
inspuiting injection
instaan: ~ *voor de echtheid (de kwaliteit) van ...* answer for (guarantee) the genuineness (the quality) of ...; ~ *voor de waarheid (juistheid) van* vouch for the truth (the accuracy) of; *voor iem ~* answer for a p., make o.s. answerable for a p.; *daar sta ik voor in* you can take my word for it; *ik sta ervoor in, dat ...* I'll guarantee that ...
instabiel unstable
instabiliteit instability
installateur electrician, electrical installation engineer
installatie 1 *(in ambt)* installation, inauguration; *(ve geestelijke vooral)* induction, institution; *(ve bisschop)* enthronement; **2** *(het inrichten)* installation; **3** *(concreet)* [electric] installation, [electric light] fittings; *(bedrijfs~)* [electric(al)] plant; *vaste ~* fixed plant
installeren 1 install (*Am:* instal), inaugurate, invest; *(geestelijke)* induct [to a living], institute; *(bisschop)* enthrone; **2** *(aanbrengen)* instal(l), *(fam)* fix up; **3** *(meubileren)* furnish; *zie* inrichten
instampen ram in, stamp in; *iem iets ~* hammer (drum, knock) s.t. into a p.'s head
instandhouden *zie* stand: in ~
instandhouding maintenance, upkeep, preservation, [forest] conservation
instant instant [coffee]
instantelijk urgently
instantie 1 instance, resort; *in eerste (laatste) ~* in the first instance (in the last resort, in the final analysis); **2** (official) body, authority [military -ies]; government department
instapkaart boarding pass
instappen step in(to); *(in rijtuig, enz)* get in, *(bus)* get on; ~ *in* board [a bus, plane, train]; *~!* take your seats, please!, join the train now, please!, *(Am)* all aboard!; *vóór (achter) ~* get on (get in) in front (at the back); *(fig)* join (in)
instapper loafer, casual
instaptoets aptitude test
insteek 1 (line of) approach; **2** mezzanine (room)
insteekblad leaf [of a table]
insteekkamer mezzanine room
insteekverdieping mezzanine (floor)
insteken put in; *(elektr)* insert, plug in; *(fig, Z-Ned) zie* inblazen; *een draad ~* thread a needle
insteker package insert
instelbaar adjustable; *(v lens)* focusable
instellen 1 establish, set up [a committee], institute [proceedings, a holiday, a new bishopric]; *een vordering ~* bring (file, put in) a claim; **2** focus [a camera], tune in [radio, TV], adjust [instruments, the sights of a rifle]; ~ *op, (fot)* focus (on) [an object]; *zich ~ op, zie* inrichten: zich ~ naar; *Denemarken is in economisch opzicht op Engeland ingesteld* Denmark's economy is orientated towards ...; *ingesteld op oorlog (op de behoeften van toeristen)* [the industry is] geared for war (tailored to the requirements of tourists); *zie* dronk, eis, enquête, onderzoek, enz
instelling 1 institution, establishment; ~ *van liefdadigheid* charitable institution; **2** *(techn)* adjustment, alignment, setting; *(radio & tv)* tuning-in; *(fot)* focussing; **3** *(houding)* attitude [towards one's work], mindset; *vgl* instellen
instelschroef set (*of:* adjusting) screw
instemmen agree (*met* with [a p., what he says], to [a plan, proposal]), chime (fall) in with [an idea], concur [with a view], approve of [a plan], assent to [a bill *wetsontwerp*]; join in [a p.'s praise]; *men stemt algemeen in met het plan* there is general approval of the plan
instemming agreement; *(goedkeuring)* approval; *zijn voorstel vond geen ~ bij de andere leden* did not commend itself to the other members; *zie* bijval & adhesie
instigatie instigation; *op ~ van* at the instigation of
instigeren instigate
instinct instinct, flair; *bij ~* by instinct
instinctief, instinctmatig I *bn* instinctive; *(wtsch ook)* instinctual; **II** *bw* instinctively, by instinct
instinken: *er ~, zie* stinken: erin ~, inlopen, inluizen: er ~; *er voor een ton ~* be swindled out of ...
instippen dip in [one's brush]

instituëren institute
institutie institution
institutionaliseren institutionalize
institutioneel institutional
instituut 1 *(abstr)* [marriage, afternoon tea, is an] institution (*ook fig:* his long service has made him quite an institution); *de Instituten, (jur)* the Institutes; **2** *(concr)* institute [for the blind]; *(univ, ook)* department; boarding school; *Koninklijk ~ voor de Marine* Royal Naval College
instoppen 1 tuck [a p.] in (up) [in bed]; wrap [a p., o.s.] up; **2** *(inproppen)* cram in, stuff in; *er komt uit wat je er instopt, (comp)* garbage in, garbage out, GIGO
instormen tear (rush) in(to); *~ op* rush (up)on
instorten I *intr* fall (tumble) down, fall in, collapse [the house, the wall collapsed]; *(v grond, put)* cave in; *(weer ~, van zieke)* (have a) relapse; *(door te hard werken)* crack up; *op het punt staan om in te storten* be tottering on the brink of collapse; *het was hem, alsof de hemel instortte* it was as if the whole world tumbled about his ears; **II** *tr* pour in(to)
instorting collapse, falling down, etc; (down)fall [of an empire], break-up [of the industrial system, of the coalition], collapse; relapse, setback [of a patient]; [nervous] breakdown; *vgl* instorten
instouwen stow in
instraling 1 irradiance, irradiation; **2** external radiation
instromen stream (flow, pour, crowd, flock) in(to)
instroming influx, inflow
instroom 1 inlet; **2** [student] intake
instructeur instructor, *(mil ook)* drill sergeant
instructie instruction, *(voorschrift, ook)* direction, order; *(v vliegers enz)* briefing; *(jur)* (judicial) inquiry; *(v rechter aan jury)* charge; *met de ~ belast zijn, (jur)* be in charge of the case; *te zijner ~* for his guidance; *iem ~s geven, (ook)* instruct (direct) a p. [to ...], brief [aircrew]; *zie ook* rechter I
instructief instructive
instrueren instruct; brief [a barrister, aircrew]; *(jur)* prepare [a case]
instrument instrument *(ook jur); (~je, hebbedingetje)* device, gadget; *uitrusting met ~en* instrumentation
instrumentaal instrumental
instrumentalis instrumental (case)
instrumentalist(isch) instrumental(ist)
instrumentarium (set of) instruments; *(fig)* instruments, machinery, apparatus [of government]
instrumentatie instrumentation, orchestration
instrumentenbord instrument panel; *(ve auto & vliegt, ook)* dashboard, *(fam)* dash
instrumenteren instrument, orchestrate
instrumentmaker instrument maker
instuderen practise [a duet], study [a part *rol*], rehearse [a play, scene, dance]; *ingestudeerd worden* be in rehearsal
instuif 1 (informal) party; **2** youth centre
instuiven 1 *het stuift hier in* the dust gets in here; **2** *zie* instormen
instulpen introvert, invaginate, *(inz vd darm)* be intussuscepted
instulping invagination, introversion, *(inz vd darm)* intussusception
insturen 1 steer in(to); **2** send in(to), send [a p.] to [his death]; *zie ook* bos, enz
instuwen stow in
insubordinatie (act of) insubordination
insufficiënt insufficient
insufficiëntie insufficiency
insulair insular
Insulinde the Malay Archipelago
insuline insulin
insult 1 insult; **2** *(med)* attack, (epileptic) fit
intact intact, unimpaired, entire
intaglio intaglio
intarsia intarsia
inteelt inbreeding, breeding in
integendeel on the contrary; [do you think ...?] far from it
integer incorruptible, upright
integraal I *bn & bw* integral; complete; **II** *zn* integral
integraalhelm integral (*of:* full-face) helmet
integraalrekening integral calculus
integratie integration
integreren integrate
integrerend integral, integrant; *een ~ deel vormen van, (ook)* be part and parcel of
integriteit integrity
intekenaar 1 subscriber; **2** plotter; *vgl* intekenen
intekenbiljet subscription form
intekenen 1 subscribe [to, for]; *zie* abonneren & inschrijven; **2** draw in; plot (in) [places on a map]
intekening 1 subscription; *bij ~, (ve boek)* (offered) on subscription terms; *zie ook* inschrijving; **2** drawing in; plotting
intekenlijst subscription list
intekenprijs subscription (pre-publication) price
intellect intellect
intellectualisme intellectualism
intellectueel *bn & zn* intellectual [education, property], *(fam)* highbrow
intelligent intelligent; bright [child, idea, student], smart [bomb, card, house]
intelligentie intelligence [quotient, test]
intelligentieleeftijd mental age, MA
intelligentieonderzoek intelligence (*of:* mental) test(s)
intelligentsia intelligentsia
intendance Army Service Corps (ASC), commissariat, QMG's (Quartermaster General's) department
intendant intendant, house steward; comptroller [of the King's Household]; manager [of an opera house]; *(mil)* quartermaster, ASC (Army Service Corps) officer

intens intense [desire, dislike]; acute [anxiety]
intensief intensive [agriculture, course, study, verb]; *-sieve veehouderij* factory farming
intensiteit intensity
intensiveren intensify, step up [doping controls]
intensivering intensification
intentie intention
intentieverklaring declaration of intent
intentioneel intentional, [done] on purpose
inter inter, among; ~ *alia* inter alia, among other things
interacademiaal inter-university
interactie interaction
interactief interactive
interactioneel interactional
interbancair inter-bank
interbellum interbellum, inter-war period
intercederen intercede
intercellulair intercellular
interceptie interception
intercessie intercession
intercity *(Br)* InterCity [train]
intercom intercom
intercommunaal *zie* interlokaal
intercontinentaal intercontinental
interdepartementaal interdepartmental
interdependent interdependent
interdict interdict [lay (*of:* place) under an interdict]
interdisciplinair interdisciplinary, cross-disciplinary, cross-discipline [research]
interen eat into one's capital (one's stocks)
interessant interesting; *veel ~s* many interesting things (features); ~ *willen zijn* show off; *het ~e zit voornamelijk in ...* the interest lies largely in ...
interesse interest; *zie* belangstelling
interessent interested person
interesseren interest; *zich voor iets (iem)* ~ be interested (interest o.s.) in s.t. (a p.); *zich voor iem ~, (ook)* interest o.s. on a p.'s behalf; *iem voor iets* ~ interest a p. in s.t.; *het zal u misschien ~ te horen ...* you may be interested to hear ...; *geïnteresseerd zijn bij* have a (financial) stake (interest) in [a business]
interest interest; *3% ~ geven* bear 3% interest, bear interest at 3%; *tegen 5%* ~ at the rate of five per cent; *samengestelde (enkelvoudige)* ~ compound (simple) interest; ***met*** ~ *terugbetalen* return with interest (*ook fig:* he returned the blows with interest); ***op*** ~ *zetten* put out at interest; ~ *op* ~ (at) compound interest; *zie* rente
interestrekening interest account, *(rek)* (sums in) interest
interferentie interference
interfereren interfere
interferon interferon
interglaciaal interglacial
intergouvernementeel intergovernmental
interieur interior; *(schilderij, ook)* interior picture
interieurverlichting *(ve auto)* courtesy light
interieurverzorgster charlady
interim interim [dividend, measures, report], acting [manager]; *ad* ~ ad interim, pro tem
interimaandeel scrip (certificate)
interimaris temp
interland international (match)
interlineair interlinear [translation]
interlinie line-space; *(typ)* lead; ***zonder*** ~ single-space [typing]
interliniëren interline; *(typ)* lead
interlocutoir: *~(e) vonnis (beschikking)* interlocutory judg(e)ment (decree)
interlokaal inter-urban; ~ *gesprek, (telef)* long-distance (*Br ook:* national) call; *automatisch ~ telefoneren* dial direct
interludium interlude
intermediair intermediary *(ook bn);* (inter)medium; *door het ~ van* through the intermediary (the medium) of; ~ *onderwijs* remedial teaching
intermediëren (inter)mediate
intermenselijk human [relations], interpersonal [contact]
intermezzo intermezzo (*mv* -zi & -zos), interlude
intermissie intermission
intermitterend intermittent [fever]
intern 1 *(inwendig)* internal; *~e aangelegenheden* domestic concerns; *~e geneeskunde* internal medicine; **2** *(inwonend)* resident; *~e leerling* resident pupil, boarder, intern(e); ~ *zijn* live in; *~e onderwijzer* resident teacher; *~e patiënt* in-patient; **3** *(in het bedrijf, enz)* in-house [printing, training, *typ:* correction], on-the-job [training]
internaat boarding school
internaliseren internalize
internationaal international; *Internationale, (lied)* Internationale
internationaliseren internationalize
interneren intern
internering internment [camp]
internetcafé cybercafé
internetten use the internet
internist specialist for internal diseases; *(Am)* internist
internuntius internuncio (*mv:* -os)
interpellant *(niet-Br)* interpellant, interpellator; *(Br)* questioner
interpellatie *(niet-Br)* interpellation; *(Br)* (asking a) question
interpelleren *(niet-Br)* interpellate; *(Br)* question [a minister: *over* on]; *(fig)* take [a p.] to task [*over* about]
interplanetair interplanetary
interpolatie interpolation
interpoleren interpolate
interpreet interpreter, explicator
interpretabel interpretable
interpretatie interpretation, reading, version
interpretatief interpre(ta)tive

interpreteren interpret [a poem; a sonata]
interpunctie punctuation [mark]
interpungeren punctuate
interregionaal interregional
interregnum interregnum
interrogatief interrogative
interrumperen interrupt
interruptie interruption
interseksueel intersexual
interstellair interstellar
intertekstueel intertextual
interuniversitair inter-university
interval interval
interveniënt intervener; *(handel)* acceptor for honour
interveniëren intervene, *(in handel, ook)* accept for honour
interventie intervention [price; rate]
interview, interviewen interview
interviewer interviewer
intestaat intestate
intestinaal intestinal
inteugelen restrain [one's hatred]
intiem intimate; *(interieur, kamer)* cosy; *de ~e geschiedenis van ...* the inside story of ...; *de ~e kring* the inner circle; *zij zijn erg ~* they are on intimate terms, on terms of intimacy, very close, *(fam)* as thick as thieves; *~ worden* ***met****, (ook)* get on familiar terms with; *zij waren nogal ~ met elkaar* they were on terms of some intimacy; *~e vriend, (ook)* close friend, intimate
intijds in good season, in good time
intikken 1 break [a pane *ruitje*]; **2** type in; keyboard, key in; **3** *(sp)* tap in(to goal)
intimidatie intimidation; *iem door ~ brengen tot* browbeat a p. into
intimideren intimidate, overawe, browbeat, bully; *zich niet laten ~ door* stand up to
intimiteit intimacy [exchange intimacies]; *zich ~en veroorloven* take liberties; *ongewenste ~en* unwanted intimacies, sexual harassment [at work]; *vgl* intiem
intimus intimate (friend); *(fam)* chum, pal
intippelen: *er ~* be had; *zie* inlopen 4
intocht entry; *zijn plechtige ~ houden in de stad* make one's solemn (formal, ceremonial, state) entry into the city
intoetsen key (in), keyboard
intolerabel intolerable
intolerant intolerant [*jegens, ten opzichte van* towards, of]
intomen *(paard)* curb, rein in, pull up; *zijn paard ~, (ook)* draw rein; *(fig)* curb [one's passions], check, restrain [a p., o.s.]; *zie ook* inbinden
intonatie intonation
intoneren intone
intoxicatie intoxication; poisoning
intramuraal intramural
intramusculair intramuscular
intransigent *bn & zn* intransigent; *(bn ook)* uncompromising
intransitief intransitive
intrappen tread (trample) down; step on [the brake, gas], depress [the accelerator (pedal)]; kick in, down; *zie ook* deur; *(voetbal)* kick a goal; *er ~* get caught; *vgl* inlopen 4 & *zie* trappen: erin ~
intra-uterien intrauterine [device]
intraveneus intravenous [injection]
intrede entrance [upon one's office], entry [Spain's entry into the EC], advent [of spring], (in)coming [of the New Year]; *zijn ~ doen, (v winter, enz)* set in; *(ve predikant)* preach one's first (one's induction) sermon; *ze deed haar ~ in een klooster* she entered a ...
intreden enter; enter (up)on [one's 70th year, a new year]; fall; *zie ook* stilte; spring up [a coolness sprang up between us]; *(v vorst, dooi, reactie, enz)* set in; *zijn laatste stadium ~* enter (up)on its last phase; *de dood trad onmiddellijk in* death was instantaneous
intree *zie* intrede
intreerede inaugural lecture (address, speech)
intrek: *zijn ~ nemen* put up [at a hotel], take up one's residence [at the palace], settle in
intrekbaar retractile [claws], retractable [undercarriage *onderstel*]
intrekken 1 *(eig)* draw in [one's head], retract [claws, etc]; **2** *(stad)* march into a town; *(huis)* move in, move into a house; *de wereld ~* go out into the world; **3** *(zijn intrek nemen)* put up [with a p.]; **4** *(ve vloeistof)* soak in; **5** *(herroepen, terugnemen)* withdraw [a bill *wetsontwerp*, motion, privilege, statement; coins from circulation], recall [an order, a book], call in [coins, banknotes], retire [bonds *obligaties*], repeal [an act *wet*], revoke [an edict, a decree], cancel [an order *bestelling*, leave *verlof*], rescind, reverse [a decision, an order *bevel*], countermand [an order *bevel*], retract [a statement]; *een rijbewijs ~* withdraw (*tijdelijk:* suspend) a driving licence; *alle verloven ~* stop all leave
intrekking withdrawal, recall, repeal, revocation, cancellation, retrac(ta)tion; *vgl* intrekken 5
intrigant(e) intriguer, schemer, plotter, wirepuller; *(vr ook)* designing woman
intrige intrigue, machination, scheming, wirepulling; *(roman, enz)* plot; *zie ook* ingewikkeld
intrigeren intrigue, (plot and) scheme; *dat intrigeert mij* that intrigues (puzzles) me
intrinsiek intrinsic (*bw:* -ally)
intro intro
introducé, introducee guest
introduceren introduce; *(in ambt, enz)* induct; *(in club, enz)* sign in [*ook:* I'll put your name down at the club]
introductie [letter of] introduction; *(in ambt)* induction [course, period]; *(attr ook)* introductory [of-

fer]; *zie ook* inleiding
introïtus introit
intronisatie enthronement
introspectie introspection
introvert *bn & zn* introvert, *(bn ook)* introverted
intubatie intubation, cannulation
intuinen: *er ~* get caught; *zie* inlopen 4
intuïtie intuition; *bij ~* by intuition, intuitively
intuïtief intuitive
intussen 1 meanwhile, in the mean time, in the interim; **2** *(evenwel)* however, all the same, nonetheless; *(ze beloven ...) maar ~!* but no such thing!
intypen type in [a name], keyboard, key in [a document]
inundatie inundation, flooding; flooded area
inunderen inundate, flood
invaart entrance [of a harbour]
inval 1 invasion [*in* of], irruption [*in* into]; *(vooral om te plunderen)* incursion, inroad; *(v politie, enz)* raid [on a nightclub, etc]; *een ~ doen in* invade [a country]; *(v politie)* raid [a nightclub]; *het is daar de zoete ~, (vglb)* they keep open house there; **2** *(idee)* idea, notion, thought, *(fam)* brainwave; *een gelukkige ~* a bright idea; *een wonderlijke ~* a strange whim; *zie verder* idee & invalshoek
invalide I *bn* disabled [soldiers]; *~ worden* become crippled [with rheumatism]; **II** *zn* disabled person (soldier, etc); *de ~n* the disabled; *als ~ gepensioneerd* pensioned off, invalided out
invalidentehuis home for the disabled
invalidenwagentje wheelchair
invaliditeit disablement, disability
invaliditeitspensioen, invaliditeitsrente disability pension
invaliditeitsuitkering disability benefit; severe disablement allowance
invaliditeitsverzekering continuous disability (*of:* permanent health) policy
invalkracht temp; *zie* invaller 2
invallen 1 *(vallen in)* fall (*of:* drop) in(to); **2** *(instorten)* tumble down, fall in, give way, collapse; *zijn gelaat was ingevallen* his face had fallen in; **3** *(v licht)* enter; *~d licht* incident light; **4** *(v vorst, dooi, enz)* set in; *(v duisternis, nacht)* fall, set in, close in, come on [night came on]; *vóór het ~ van de nacht* before nightfall; **5** *(land)* invade [a country]; *(haven)* put in(to port); **6** *(mee beginnen te zingen, enz)* join in; *(bij zang)* fall in, come in [on *bij*]; *met het refrein ~* join in the chorus; *(in de rede vallen)* cut (chip, *instemmend:* chime) in, interpose, interrupt; *(v gedachten, enz)* come into (cross) a p.'s mind, occur [the idea suddenly occurred to me]; *het viel me in* the idea occurred to me (crossed my mind, struck me); *hij schrijft zoals het hem invalt* he ... as the fancy takes him; he says whatever comes into his head; *~de gedachte* sudden idea; **7** *(voor iem)* stand in, deputize, substitute; *zie ook* waarnemen
invaller 1 invader, *(kort)* raider; **2** *(vervanger)* substitute, deputy, stand-in, temp(orary worker, replacement); *zie ook* vervanger
invalshoek angle of incidence; *(ve projectiel)* angle of descent; *(fig)* point of view, (line of) approach
invalsweg approach road, point of entry
invangen collect; intercept; catch
invaren sail in, sail into [port, the harbour]
invariabel invariable
invariant invariant
invasie [enemy, tourist] invasion
invasief invasive
inventaris inventory; *(goederen, enz, ook)* stock-in-trade; *de ~ opmaken* take stock, draw up (take, make) an inventory; *zie ook* beneficie & inboedel
inventarisatie stocktaking
inventariseren make (draw up, take) an inventory of, take stock of, inventory
inventarisuitverkoop stocktaking sale (clearance)
inventief inventive
inventiviteit inventiveness
inverdienen 1 work off [a loan]; **2** profit by earlier investment
invers inverse
inversie inversion
inverteren invert
inverzekeringstelling custody
investeerder investor
investeren invest
investering investment [bank, company]
investeringskosten capital expenditure
investituur investiture
invetten grease, oil, lubricate
invitatie invitation, *(fam)* invite
invite indirect invitation; *(bridge, vglb)* echo
invité (invited) guest
inviteren invite [*op, voor* to]; *(bij spel)* call
invlechten plait (weave) in; *(fig)* put in, introduce [remarks]; *anekdoten in zijn rede ~* intersperse one's speech with anecdotes; *ingevlochten verhalen* interwoven stories
invliegen fly in(to); *(nieuw vliegtuig)* fly in, test-fly; *~ op* fly (rush) at [the enemy]; *er ~, (fig)* be caught, walk into the trap, fall for a trick; *vgl* inlopen 4
invlieger *(luchtv)* test pilot
invloed influence; *(fam, vaak ong)* pull [he has quite a lot of pull on the city council]; *(inz pol)* clout, leverage; *man van ~* man of influence; *al zijn ~ **aanwenden** om* use every ounce of influence to ...; *~ **hebben** bij* have influence with; *ik heb geen ~ op hem* I have no influence on (over) him; *dat heeft op hem geen ~* that does not influence him; *de oorlog had geen ~ op de markt* the war did not affect the ...; *de ~ van de oorlog op het dagelijkse leven* the effect (impact) of the war on ...; *privézaken moeten geen ~ hebben op openbare* private business should not interfere with ...; *~ **uitoefenen*** exert (exercise) an influence [*op* on]; ***onder** de ~ staan (komen) van* be (come) under the influence of; *geheel onder de ~*

staan van, (ook) be in a p.'s pocket; *onder de ~ van de drank* under the influence of (the worse for) drink, intoxicated; *(fam)* [be] under the influence; *rijden onder ~* drink-drive [*zo ook:* drink-driver, drink-driving], drive under the influence; ***van ~ zijn*** be of (have an) influence; *van ~ zijn op* influence; *zie ook* gelden & [2]goed 1: ten ~e
invloedrijk influential; *zie ook* invloed: man van ~
invloedssfeer sphere of influence
invloeier *(film)* fade-in
invocatie invocation
invochten damp (down) [the washing], moisten
invoegen insert, put in, intercalate; file (cards, slips); *(verkeer)* merge with (join in) [a stream of traffic]
invoeging, invoegsel insertion, intercalation
invoegstrook acceleration lane
invoelbaar understandable
invoelen empathize; *zich ~ in* feel one's way into
invoer import [duties, restrictions], importation [of drugs]; *(de goederen)* imports; *(radio) zie* invoerdraad; *(techn)* inlet, intake, feed; *(computer)* input
invoerder importer; *(ve nieuwe methode, enz)* introducer
invoerdraad *(elektr)* lead-in (wire), leading-in wire
invoeren 1 *(uit het buitenland)* import; **2** *(nieuw systeem, machines, mode, enz)* introduce [into *in*]; set up [a custom]; *(nieuw boek op school)* adopt; *weer ~* reintroduce, reinstate [the £50 holiday allowance is to be reinstated]; *de personen worden handelend ingevoerd* the characters are presented dramatically; *zie* ingevoerd; **3** feed [paper into a press], feed in [raw material], input [data]
invoerhandel import trade
invoering introduction; adoption
invoerrecht import duty
invoerverbod import ban [on exotic birds]
involgen indulge; give way to
involveren involve
invorderaar collector
invorderbaar collectable, *(ve schuld)* recoverable
invorderen collect; *(schulden)* recover
invordering collection; *(ve schuld)* recovery
invreten eat (its way) into [the sea eats its way into the land], erode, corrode
invretend corrosive *(ook: ~ middel)*
invreting corrosion, erosion
invriezen 1 be frozen in (up); **2** freeze [*ook: zich laten ~:* strawberries don't freeze well]
invrijheidstelling release, discharge
invulformulier form
invullen 1 *(naam, datum, enz)* fill in, write in, insert; *(formulier, cheque, stembiljet, enz)* complete, fill up, fill in; *verzoeke dit formulier ingevuld terug te zenden aan ...* please return the completed form to ..., please complete this form and return to ...; *zijn naam ~ als* put o.s. down as ...; **2** *(uitwerken)* elaborate, work out [plans, a scheme]; **3** *(uitvoeren)* implement [plans]
invulling filling in (up); elaboration; implementation; *vgl* invullen
invuloefening gap-filling exercise
inwaaien *(v sneeuw, enz)* blow in, be blown in; *de gevel woei in* the façade was blown in
inwaarts I *bw* inward(s); **II** *bn* inward
inwachten: *inschrijvingen ~* invite tenders; *een antwoord ~* await a reply
inwateren get soaked (with water); *ingewaterd, (ook)* water-bound [road]
inwegen lose in weighing out
inweken soak
inwendig I *bn* inner, inward, internal [resistance, use], interior, inside [diameter]; *niet voor ~ gebruik, (op etiket)* not to be taken; *de ~e mens versterken* fortify (refresh) the inner man; **II** *bw* [laugh] inwardly, internally; *(ook)* in my secret heart [I was glad]; **III** *zn: het ~e* the interior (part, parts)
inwerken 1 *~ op* act (operate) (up)on, affect, influence; *op elkaar ~* interact; *op zich laten ~* saturate o.s. with; **2** *er ~, (eten)* get down [food], *(artikel)* push [an article]; *ze heeft zich handig (bij die familie) ingewerkt* she wormed her way in very cleverly; **3** coach, train; *iem ~, (in nieuwe baan)* show a p. the ropes, break in [a new reporter]; *als hij in ... is ingewerkt* when he has settled into (shaken down in) his new job; *zich (er) ~* learn the ropes, become thoroughly acquainted with (master the details of) [a job]; *zich in een onderwerp ~* work up a subject
inwerking action, influence
inwerkingtreding coming into force (*of:* operation), taking effect
inwerkperiode settling-in period
inwerpen throw in(to); smash [windows]; insert [coins in a slot machine]
inweven weave in(to), interweave
inwijden consecrate [a church, a bishop], ordain [a priest], inaugurate [a new building]; *een nieuw huis ~* give a house-warming; ***iem ~ in*** initiate a p. in [a plan, a science, an art], initiate a p. into [a secret, mysteries], let a p. into [a secret]; *zij werd ingewijd als lid van ...* she was initiated as a member of ...; *zie ook* ingewijd
inwijding consecration, ordination; inauguration; initiation; *vgl* inwijden
inwijdingsfeest inaugural feast; *~je, (ve huis)* house-warming (party)
inwijdingsrede inaugural address (*of:* speech)
inwijken immigrate
inwikkelen wrap (up), cover up
inwilligen comply with, grant, satisfy, agree (accede, assent) to [a request]; *een eis ~* admit (concede) a claim (demand)
inwilliging compliance [*van* with]
inwinnen 1 gather, collect, obtain, take [information]; *inlichtingen ~ bij* apply for information to, make enquiries from; *rechtskundig advies ~* take le-

gal advice, take counsel's opinion, seek advice from a solicitor; **2** *(typ)* get in, take back [matter]
inwippen whip in(to), whisk in(to) [the rat whisked into its hole], *(fam)* nip in
inwisselbaar convertible [paper money]
inwisselen change [banknotes]; cash, redeem [coupons]; ~ *voor (tegen)* exchange for
inwonen *(ve dienstbode, enz)* live in; ~ *bij* live (lodge) with; *(met kost)* board with; *gaan (komen)* ~ *bij* make one's home with; move in with
inwonend: ~ *assistent* intern(e), *(Am)* interne; ~ *geneesheer* house physician, resident physician (surgeon); *zie ook* intern
inwonende subtenant
inwoner inhabitant, resident; *(op kamer)* lodger; *zie ook* bewoner
inwonertal population
inwoning, inwoon lodging; *ze hebben* ~ they have people living with them; *plaats van* ~ place of residence; *zie ook* kost
inworp 1 money inserted; ~ *een euro* insert ...; **2** *(sp)* throw-in
inwortelen take (strike) root, become deeply rooted; *zie ook* ingeworteld
inwrijven rub in(to), rub; ~ *met* rub with
inz. afk van *inzonderheid* esp.
inzaai (spring) sowing
inzaaien seed (*opnieuw:* reseed) [a lawn]
inzage inspection, examination, perusal [of a book]; ~ *nemen van* peruse, inspect; ***ter*** ~ for inspection, on approval; *ter* ~ *leggen* deposit for (public) inspection; *het ligt ter* ~ *op ons kantoor* it is open to (public) inspection (may be seen, may be inspected) at our office; *exemplaar van boek ter* ~ inspection copy, examination copy; *het voorstel ligt ter* ~ *voor de leden* is on the table for the inspection (perusal) of members
inzagen saw in, serrate
inzake in the matter of, on the subject of, concerning, re [your letter], [he was summoned] in respect of [unpaid taxes]
inzakken collapse, sink down, sink in, give way; *(ve weg, enz)* cave in; *(ve huis, ook van prijzen)* sag; *sterk* ~, *(v prijzen)* slump; *zie ook* inzinken
inzakking collapse; slump; sinking; *vgl* inzakken
inzamelaar collector
inzamelen collect, gather (in); *het* ~ *van gelden* fundraising
inzameling collection; *een* ~ *houden* make a collection, send (pass) the hat round
inzegenen consecrate, bless; *(ve predikant)* ordain; *vgl* inzegening
inzegening consecration, blessing; *(ve predikant)* ordination; *zie ook* huwelijksinzegening
inzeilen sail into, enter [the harbour]
inzenden send in *(ook op tentoonstelling),* enter [three paintings], hand in; *(in krant)* contribute; *zijn stukken* ~ send in one's papers; *sollicitatiestukken in te zenden bij ...* applications should be addressed to ...; *zie ook* ingezonden & wereld
inzender correspondent, contributor; sender [ten pounds is paid to the sender of every item published]; *(op tentoonstelling)* exhibitor
inzending sending in; contribution; entry [in competition]; *(op tentoonstelling)* exhibit; *dag van* ~ sending-in day [at the RA]
inzepen soap; *(voor het scheren, ook)* lather
inzet 1 *(bij spel, enz)* stake(s); *(bij verkiezing, enz)* main issue; *(bij poker)* ante; *gehele* ~ pool; *de hele* ~ *winnen* sweep the board, win the pool; **2** *(bij veiling)* starting price; *(bod)* opening bid; **3** *(bijkaartje, enz)* inset (map); **4** *(muz)* start; attack; **5** *(overgave)* devotion, dedication, application; *(betrokkenheid)* commitment; *met* ~ *van alle krachten* mustering every force; **6** *(v personeel)* deployment
inzetbaar available (for use, service), effective [troops]
inzetsel insertion
inzetstuk *(techn)* insert
inzetten I *tr* **1** *(ruiten, enz)* put in, set in; *(inlassen)* insert, let in; *(diamant)* set; **2** *(op verkoping)* start [a house at £...]; *(bij spel)* stake; **3** *(lied, enz)* strike up [a song, a march], start [a hymn, a psalm]; **4** *(actie)* launch [an attack, an offensive]; commit [troops to battle]; deploy [2800 troops to the task of earthquake relief]; muster [one's forces]; *(materieel)* put on, lay on, bring into action; *de achtervolging* ~ go in pursuit; *zich (geheel)* ~ give of one's best; *zich* ~ ***voor*** devote (dedicate) o.s. to; *zie ook* inpompen & inspannen; **II** *intr (spel)* stake; *(muz)* strike up; *(beginnen)* set in [winter is setting in], make a [good, bad] start; ~ ***op*** put one's money (*fig ook:* go to town) on
inzetter first bidder
inzicht 1 insight [into a question], discernment; *goed* ~ sound judgement; *een dieper* ~ a deeper understanding; *zakelijk* ~ business acumen; *zedelijk* ~ moral sense; ~ *krijgen in* gain an insight into; **2** *(mening)* view, opinion; *naar mijn* ~ in my opinion, to my mind; *verandering van* ~, *(ook)* change of heart; **3** *(bedoeling)* aim, plan, purpose
inzichtelijk clear, self-explanatory; ~ *maken* clarify [the report], analyse, bring out [the underlying motives]
inzichtelijkheid clarity, transparency
inzien I *ww* **1** glance over [a letter], skim [a report], look into; *zie ook* inkijken; **2** *(begrijpen)* see, realize, recognize, be alive to [the danger of doing nothing]; ***(gaan)*** ~ wake up to, *(fam)* tumble to [the fact that ..., the truth of ...]; *dat zie ik niet in* I do not see that (see it like that); *dat zie je verkeerd in* that's the wrong way of looking at it; *het somber* ~ take a gloomy view of it [of things, of a p.'s condition]; *zie ook* aardigheid; **II** *zn: mijns* ~*s* in my opinion (view), to my thinking; *bij **nader*** ~ on second thoughts, on reflection

inzinken 1 sink in (down), subside, give way, *(ve oever, enz)* cave in; **2** *(fig)* decline, fall off; *(instorten)* slump [sales are slumping]; *(weer ~, van zieke)* (have a) relapse
inzinking 1 dip; subsidence; **2** relapse [of a patient], decline [of morality], falling off; slump; *vgl* inzinken; *totale ~* collapse, breakdown
inzitten: *wij zitten er* ***lelijk*** *in* we are in a hole (in a fix, on the spot, *Am:* in a spot); *het zit er* ***niet*** *in* there isn't a chance, it isn't any good; *hij zit er* ***warm(pjes)*** *in* he is comfortably off (well-heeled); *ik zit ermee in* I am at a loss what to do (in an awful hole); ***erover*** *~* be worried (embarrassed) about it; *zie ook* zitten
inzittenden occupants, passengers and crew
inzoet sickly sweet
inzonderheid especially
inzoomen zoom in [on *op*]
inzouten salt (down)
inzuigen suck in (up), absorb, imbibe
inzulten pickle
inzwachtelen bandage (up)
inzwelgen swallow (up), gulp down
ion *(elektr)* ion
ionisatie ionization
Ionisch Ionian
ioniseren ionize
ionosfeer ionosphere
ipso facto ipso facto, by that very fact
i.p.v. afk van *in plaats van* instead of
IQ afk van *intelligentiequotiënt* IQ
Ir *zie* ingenieur
Iraans Iranian
Irak(ees) Iraq(i)
Iran Iran
Iraniër Iranian
irenisch irenic(al)
iridium iridium
iris *(plant, regenboogvlies)* iris; *I~* Iris; *zie* lis
iriscopie iridology
iriseren iridize
iriserend iridescent
iritis iritis
Irokees Iroquois *(ook mv)*
iroko iroko
ironie irony; *de ~ van het noodlot* the irony of fate
ironisch ironical; *~ schrijver* ironist; *het artikel was ~ bedoeld* he wrote the article with his tongue in his cheek
ironiseren ironize; ridicule
irrationalisme irrationalism
irrationaliteit irrationality
irrationeel irrational [decision; number]
irrealistisch unrealistic
irredentist(isch) irredentist
irreëel unreal, imaginary
irrelevant irrelevant
irreversibel irreversible
irrigatie irrigation [channel]
irrigator (hydrostatic) douche
irrigeren irrigate
irritabel irritable
irritant irritating, annoying, *(erg)* exasperating
irritatie irritation, *(erg)* exasperation; *blijk geven van ~* show irritation, react irritably
irriteren irritate; *(erg)* exasperate; *(vd huid, ook)* chafe; *iem ~, (ook)* rub a p. up the wrong way, annoy a p., *(sl)* get up a p.'s nose; *(onopzettelijk)* get on a p.'s nerves; *het irriteert mij, (fam)* it is getting under my skin, it gets my goat; *vgl* geraakt & lichtgeraakt
Isabella Isabella; *vgl* izabelkleur
ISBN ISBN
ischemie isch(a)emia
ischias sciatica
islam: *de ~* Islam
islamiet Muslim
islamiseren Islamize
islamitisch Islam(it)ic
Ismaël(iet) Ishmael(ite)
isme ism
isobaar isobar
isochimeen isocheim
isochromatisch isochromatic
isochroon isochronous
isoglosse isogloss
isolatie 1 isolation; **2** *(elektr, warmte)* insulation; *zie ook* isolatiemateriaal
isolatieband insulating (*Am:* friction) tape
isolatiebuis insulating conduit
isolatiemateriaal insulating material, insulation, insulator, insulant; *(om buis)* lagging
isolationisme isolationism
isolationistisch isolationist [policy]
isolator insulator
isoleerband, enz *zie* isolatieband, enz
isoleercel isolation cell
isoleerfles, isoleerkan thermos (flask, jug)
isolement isolation
isoleren isolate; *(door overstroming)* maroon [the marooned towns]; *(elektr)* insulate; *met rubber geïsoleerd* rubber-insulated [cable]
isolering isolation; *(elektr)* insulation
isomeer isomer
isomerie isomerism
isometrie isometry
isomorf isomorphic, isomorphous
isotheer isothere
isotherm(isch) isotherm(al)
isotoop isotope
isotopie isotopy
isotropie isotropy
Israëli, Israëliër Israeli
Israëliet Israelite
Israëlisch Israeli
Israëlitisch Israelite

Istanboel Istanbul
istmisch Isthmian [games]
istmus isthmus
Italiaan Italian
Italiaans Italian; Italo-[Greek, British, etc]
Italiaanse Italian woman (lady); *(ook)* Italian
Italië Italy
Italisch Italic
item I *zn* item; *een ~pje* a trifle; II *bw* item, the same, ditto, id
iteratie iteration
iteratief iterative
itinerarium itinerary
i.v.m. afk van *in verband met* in connection with, with respect to, on account of
ivoor *(kleur, stof & voorwerp)* ivory [cardboard, nut, tower, turner]
Ivoorkust Ivory Coast
ivoorzwart bone black, ivory black
ivoren ivory [tower]; *~ voorwerp, (ook)* ivory
Ivriet (modern) Hebrew
Izaäk Isaac
izabelkleur(ig) Isabel(la)
Izebel Jezebel

j

j (the letter) j

ja yes; *(stemming, dial, & vero)* ay, aye; *(mar)* aye aye [sir]; *(wat meer is, ja zelfs)* yes [trade, commerce, yes, national honour, all are ...], indeed; *~?, (ongelovig)* [he'll come today;] Oh?; *(vero)* yea; *uw ~ zij ~ en uw neen, neen* let your yea be yea, and your nay, nay; *zijn ~ is mijn neen* it is my word against his; *[is hij uitgegaan?] ik geloof (van) ~* [has he gone out?] I think he has, I think so; *er was weinig ruimte tussen ..., ~ zo weinig, dat ...* there was little space between ..., so little indeed that ...; *~, ik was zo verbaasd, dat ...* indeed, I was so surprised that ...; *ik ben voorzichtig, ~ (zelfs) angstvallig* I am a cautious man, indeed a timid one; *op alles ~ en **amen** zeggen* say yes to everything; ***maar** ~, ...* but well, ..., but then, ...; *een vraag **met** ~ beantwoorden* answer yes to a question, answer a ... in the affirmative; *(met) ~ **of nee** antwoorden* answer yes or no [just give me a straight yes or no, will you?]; *het is moeilijk de vraag met ~ of nee te beantwoorden* it is difficult to answer the ... either way; ***wel** ~* that's right (go on) [, blame it on us]; *zie ook* jawel & jazeker

jaaglijn towline, tow rope

jaagpad towpath, towing path

jaap cut, slash, gash

jaar year; *per ~, 's ~s* [£100] a year, per annum; *ze is 10 ~* she is ten (years old); *ze is verleden maandag 10 ~ geworden* she was ten last Monday; *het is jaren geleden, dat ik ...* it's years since I ...; *de laatste 25 ~* (for) the last 25 years; *de jaren dertig, de dertiger jaren* the thirties; *~ en **dag*** a year and a day; *al (sinds) jaar en dag* for years (and years); *het ene ~ door het andere* one year with another; *het **hele** ~ door* all the year round, throughout the year; *~ **in** ~ **uit*** year in (and) year out; *eens in het ~* once a year; *hij is in z'n 15e ~* he is in his 15th year, rising fifteen; *ik had hem in geen tien ~ gezien* I had not seen him for the last ten years; ***met** de jaren* [that will come] with the passing years; *~ **na** ~* year after year; *na lange jaren* after many years; *daar kunnen **nog** jaren over heengaan (verlopen)* it may be years before that happens; *nog geen vijf ~ na zijn dood* within five years of his death; *het ~ **nul**, (fig)* [in, since] the year dot; *van het ~ nul, a)* totally useless; *b)* outdated; ***om** de twee (drie) ~* every other (third) year; *~ **op** ~* year by year; *op jaren komen* be getting on (in years); *vandaag **over** een ~* a year from today; ***van** ~ **tot** ~* [renewed] annually, from one year to the next, year by year [he became richer]; *van mijn jaren* [he is] my age; *een meisje van 10 ~* a girl of ten (years), a ten-year old girl; *van zijn zesde ~ af* from the age of six; *kinderen van tien ~* ten-year-olds; *van 20 jaren (her)* [a friend] of 20 years' standing; *een reis van twee ~* a two years' journey; *van een goed ~* [wine] of a good vintage; *vandaag **voor** een ~* a year ago today; *jong voor haar jaren* young for her years; *zie ook* jarenlang, [2]heer, laatst, nul, enz

jaarabonnement annual (year's, yearly) subscription

jaarbasis: *op ~* annualized [profit, percentage]

jaarbericht annual report

jaarbeurs (trade and) industries fair

jaarboek(je) yearbook, annual; *jaarboeken* annals

jaarboekschrijver annalist

jaarcijfers annual return(s)

jaardicht chronogram

jaarfeest anniversary, annual feast

jaargang volume [of a magazine]; [second] year of publication (of issue); *(v wijn)* vintage; *oude ~* back volume; *reeks oude ~en* back file(s)

jaargeld annual allowance, annuity; *(pensioen)* pension

jaargeldtrekker **1** annuitant; **2** pensioner

jaargenoot classmate, contemporary

jaargetij(de) **1** season; **2** annual mass

jaarhuur yearly rent

jaarinkomen annual income

jaarkaart annual (season) ticket, annual pass

jaarklasse *(mil & Am univ)* class

jaarkring annual cycle; *(in boom)* annual ring

jaarletter date letter

jaarlijks **I** *bw* every year, yearly, annually; **II** *bn* yearly, annual

jaarling yearling

jaarloon annual pay, yearly (year's) wages

jaarmarkt (annual) fair

jaaroverzicht annual review (survey); survey of the year

jaarring annual ring, tree ring

jaarstaat annual returns

jaartal (year) date, year

jaartelling era

jaarvergadering annual (general) meeting

jaarvers chronogram

jaarverslag annual report

jaarwedde (annual) salary; *(ve geestelijke)* stipend

jaarwisseling: *bij de ~* at the turn(ing) of the year; *goede ~!* happy New Year!

jabot jabot, frill

jabroer yes-man

jacht **1** *(vaartuig)* yacht; **2** *(op groot wild, ook vossen)* hunt(ing); *(met geweer op patrijzen, enz)* shooting; *(algem)* hunting, blood sport(s), the chase; *(fig)* pursuit [*naar rijkdom* of wealth], hunt, chase; *zie*

ook jachtveld; ~ *naar vermaak, (ook)* pleasure-seeking; *korte* ~ shooting; *lange* ~ coursing; *de wilde* ~ the wild hunt; ~ ***op*** *grof wild* big-game hunting; ~ *op waterwild* waterfowling, wildfowling; ~ *op anarchisten* hunt for (round-up of) anarchists; ~ *maken op* hunt [tigers, etc], give chase to [a hostile ship], pursue; *(fig)* strain after [effect], pursue [pleasure]; ~ *maken op leeuwen, (ook)* be (*of:* go) lion-hunting; *op (de)* ~ *gaan* go out shooting (hunting), *(vooral op vossen)* ride to hounds, *(op de lange* ~*)* go coursing; *op* ~ *naar* on the hunt for *(ook fig); de* ~ *is* ***open*** the shooting season has opened
jachtakte shooting (*of:* game) licence
jachtbedrijf: *het* ~ hunting
jachtbommenwerper fighter-bomber
jachtclub yacht club
jachten I *tr* hurry, drive, hustle, rush; **II** *intr* hurry, hustle; *ik wil me niet laten* ~ I won't be rushed; *het* ~, *zie* gejaag *(fig)*
jachtgeweer sporting gun, shotgun
jachtgezelschap *zie* jachtstoet
jachtgodin goddess of the hunt (Diana)
jachtgrond hunting ground
jachthaven marina, yacht haven
jachthond *(staand)* gun dog, *(lopend)* hound
jachthoorn hunting horn
jachthuis hunting (shooting) box (*of:* lodge)
jachtig hurried
jachtkleed hunting habit
jachtluipaard cheetah
jachtmes hunting knife
jachtopziener gamekeeper
jachtpaard hunter
jachtpartij hunting (shooting) party, hunt, shoot; *vgl* jacht
jachtpatroon shot cartridge
jachtrecht shooting (hunting) right(s)
jachtrit hunt; point-to-point (race)
jachtschotel hotpot
jachtseizoen hunting (shooting) season
jachtsneeuw driving (drifting) snow, snowdrift
jachtspin wolf spider, hunting spider, hunter
jachtstoet hunt(ing party), shooting party, [the] field
jachtterrein: *een dankbaar (welkom)* ~, *(fig)* a happy hunting ground; *zie* jachtveld
jachttijd shooting season, open season [for red deer]; *zie ook* gesloten
jachtveld hunting field (ground); *particulier* ~ preserve, (private) shoot(ing); *de eeuwige ~en* the happy hunting grounds
jachtvereniging hunt, hunting association
jachtvergunning shooting (*of:* game) licence
jachtvliegtuig fighter [pilot]
jachtwachter gamekeeper
jachtwagen dog cart, drag
jachtwet game act; *~ten* game laws
jachtwezen: *het* ~ hunting
jachtzweep hunting crop
jack (bomber, denim, donkey, flak, lumber, waxed, etc) jacket
jacketkroon jacket crown
Jacob *zie* Jakob
Jacobse & Van Es petty criminals (crime)
Jacobus James, Jacob; ~ *de kleine* James the Less
jacquet morning coat, cutaway, *(fam)* tails; *in* ~ in morning dress
jade jade
jaeger jaeger
jagen I *ww* **1** *(ook:* ~ *op)* hunt [lions, foxes, etc], shoot [hares, duck, etc], course [hares], *(besluipen)* stalk [deer], *(nazitten)* chase [one's prey, enemy, ship]; *met honden* ~ shoot over dogs, *(vooral op vossen)* ride to hounds; ***uit*** ~ *gaan (zijn)* go (be) out shooting (hunting); *vgl* jacht; **2** *(fig)* drive, hurry (on), urge on, rush, hustle [don't hustle me!]; *iem een kogel* ***door*** *het lijf* ~ put a bullet through a p., *(sl)* plug a p.; *zich een kogel door het hoofd* ~, *(ook)* blow one's brains out; *een wetsontwerp door het parlement* ~ rush a bill through Parliament; ***naar*** *vermaak* ~ pursue pleasure; *~d naar vermaak* pleasure-seeking; *naar rijkdom* ~ hunt after riches; *de straat* ***op*** ~, *zie* straat: op ~ zetten; *zijn vader joeg hem het huis* ***uit*** his ... turned him out (of the house); *de vijand het land uit* ~ drive the enemy out (of the country); ***voor*** *zich uit* ~ drive before one; *zie ook* [1]keel, kosten, vlucht, enz; **3** *(snellen)* race, rush, tear, fly; *(vd pols, enz)* race [his pulse, his heart raced; it set the blood racing in her veins]; **II** *zn: het* ~, *zie* gejaag & jacht
jager 1 hunter, sportsman, huntsman, gun [a party of five guns]; *(vossen~, ook)* [a keen] rider to hounds; *(mil)* rifleman; *de ~s, (mil)* the Rifles; ~ *op leeuwen, enz* big-game hunter; **2** *(ve schuit)* driver of a towing-horse; **3** *(zeil)* flying jib; **4** *(vliegtuig)* fighter; **5** *(haring~)* carrier; **6** *grote (kleine, kleinste)* ~, *(vogel)* great (arctic, long-tailed) skua
jageres huntress
jagermeester master of (fox)hounds (*afk:* MFH); *(pikeur)* huntsman
jagers- *zie ook sam met* jacht-
jagerslatijn tall story
jagerstas game-bag
jaguar jaguar
Jahweh Yahweh, Yahveh, Jahveh, *(bijb)* Jehovah
jajem gin
jak 1 *(soort bloes)* smock; **2** *(dier)* yak
Jakarta Djakarta
jakhals jackal; *kale* ~ wretch, poor fellow
jakkeren I *tr* ride [a horse] to death; overwork [a p., an animal]; **II** *intr* tear (rush, pelt) along; rush [through a programme]; *zie ook* jachten
jakkes bah!
jaknikker 1 yes-man; **2** nodding donkey, pumping unit
Jakob James; *(de aartsvader)* Jacob; *de ware* ~ Mr

Right

Jakoba Jacob(in)a; ~ *van Beieren* Jacqueline of Hainault

jakobakannetje glazed brown jug

jakobiet Jacobite

jakobijnenmuts red cap (of the Jacobins), Phrygian bonnet (cap)

jakobijns Jacobin(ical)

jakobinisme Jacobinism

jakobitisch Jacobite, Jacobitic

jakobs(kruis)kruid ragwort

jakobsladder *(ladder & plant)* Jacob's ladder; *(techn)* chain conveyor

jakobsmantel, jakobsschelp Jacob's shell

jalap(pe) jalap

jaloers jealous [*op* of], envious [*op* of]

jaloersheid *zie* jaloezie 1

jaloezie 1 jealousy [his jealousy of you], envy; *uit ~* out of jealousy, in envy; *ze (haar auto, enz) wekt de ~ op van alle anderen* she (her car, etc) is the envy of ...; **2** Venetian blind, slatted blind

jaloeziedeur tambour (*of:* roll-up) door

jaloeziekast roller front cabinet

jaloezielat slat

jalon levelling staff, ranging pole, ranging rod

jalonneren stake out

jalousie: *~ de métier* professional jealousy

jam jam; *~ maken van* make [cherries] into jam, jam [strawberries]

Jamaicaan(s) Jamaican

jamaicapeper *zie* piment

jambe 1 iambus, iamb; *vijfvoetige rijmloze ~n* blank verse; **2** iambic poem

jambisch iambic

jammer I *zn* misery, distress; *de ~en* the evils [of war]; **II** *pred bn & tw: het is (meer dan) ~* it is (more than) a pity; *het is erg ~ (is zonde en)* it is a great pity (a thousand pities); *(maar er is niets aan te doen)* it's too bad; *het is (zo) ~ dat ...* the pity (of it) is ...; *(het is) ~* ***dat*** *hij er niet eerder om gedacht heeft* it's unfortunate that ...; *~* ***genoeg!*** [they are not all like you,] (the) more's the pity!; [business is pretty slow,] worse luck!; *~ genoeg werd zijn hoop niet vervuld* sad to relate (to say) his hopes were not ...; *het is ~* ***van*** *hem (het mooie boek)* I am sorry, he was such a nice fellow (it was such a nice book); *het is ~ van het geld* it is a pity that the money should be thus wasted; *(het is) ~ van, (ook)* (it's a) pity about [her gown, the fellow]; *het is ~* ***voor*** *hem* I feel sorry for him; it's rather hard (is hard lines) on him; *wat (hoe) ~ (nou)!* what a pity!, what a shame!

jammeren lament, wail, moan, *(fam)* yammer; *(janken)* whine

jammerhout *(fam)* fiddle

jammerklacht lamentation

jammerlijk miserable, woeful, wretched, pitiable, pitiful, piteous, dismal; *~ falen* fail signally (miserably)

jammerpoel pool of misery

jampot jam jar

Jan John; *(fam)* Jack; *de jannen* the giants [of the racing track, of golf]; *~, Piet en Klaas, ~ en alleman* (every) Tom, Dick and Harry, all the world and his wife; *redenering van ~ Kalebas* silly reasoning; *janklaassen (hansworst)* merry andrew; *Janklaassen en Katrijn* Punch and Judy; *er voor ~ Lul (~ met de korte achternaam) bij staan* look silly; *~ Modaal* the average wage earner; *~ met de Pet* the working man; *~ Publiek* Joe Public, John (Q) Citizen, Mr Average, the man in the street; *~ Rap en z'n maat* ragtag and bobtail, the great unwashed, the riffraff; *~ zonderland* John Lackland; *ik ben* ***boven*** *jan* I've turned the corner, I'm out of the wood; *zie ook* boezeroen, oom, enz

janboel muddle, mess, *(fam)* shambles; *een grote ~* a regular mess

janboerenfluitjes: *op z'n ~* in a slapdash manner

jandoedel 1 gin; **2** sissy

jandoppie, jandorie (by) gosh!, my hat!, lumme!

jangat duffer, mug

janhagel 1 mob, rabble, riffraff, ragtag and bobtail; **2** kind of biscuit

janhen henpecked husband; sissy

jan-in-de-zak duff: flour pudding boiled in a bag; *(met krenten of rozijnen)* plum duff, spotted dog

janitsaar janizary, janissary

jank yelp, etc, *vgl* janken; *(geluidstechniek)* wow

janken 1 yelp, whine, squeal, whimper; **2** *(fam: huilen)* cry, weep; *ze kon wel ~* she was almost in tears

janklaassen 1 merry andrew; **2** *(fam)* kerfuffle

janklaassenkast Punch and Judy show; *vgl* Jan

janmaat (Jack) tar, bluejacket

janplezier (covered) charabanc (break, brake)

jansalie stick-in-the-mud, spineless fellow

jansaliegeest spinelessness

jansenisme Jansenism

jansenist Jansenist

jansul noodle, booby, mug

jantje *(matroos)* bluejacket, (jack) tar

Jantje Johnnie; *wat ~ niet leert, zal Jan nooit kennen* you can't teach an old dog new tricks; *~ Contrarie* perverse (contradictious) person; *hij is altijd ~ Contrarie* he is always contrary; *~ secuur* man of precision, precisian

jantje-van-leiden: *zich met een ~ van iets afmaken* skimp [an essay], shirk [the difficulty], brush aside [a question, etc], dismiss [a matter] lightly

januari January; *de ~maand* the month of January

janusgezicht Janus face; *een ~ hebben* be Janus-faced, face both ways, be a Mr Facing-both-ways

jan-van-gent gannet

jap Jap

japanlak Japanese lacquer

japanner Japanese product (car, computer, etc); *zie ook* zakjapanner; *J~* Japanese *(ev & mv), (fam)* Jap

Japans Japanese; *~e Zee* Sea of Japan

Japanse Japanese woman; *ze is een* ~ she is Japanese
japen gash, slash
japon dress, *(lang)* gown
japonstof dress material
jappenkamp Japanese internment camp
jardinière jardinière, flower stand
jarenlang I *bn* of many years, [an acquaintance] of many years' standing; II *bw* for years and years, for years on end
jargon jargon; *ambtelijk* ~ officialese, gobbledegook
jarig *(één jaar oud)* a year old, of a year; *drie~* [child] three years old, [child] of three (years), three-year(s)-old [child]; three years' [war]; *drie~ bestaan* third anniversary; *een drie~ kind (paard), een drie~e, (ook)* a three-year-old; *ik ben vandaag* ~ today is my birthday; *over zes dagen ben ik* ~ I shall have (I'm having) my birthday in six days(' time); *de ~e* the birthday person (boy, girl), the person whose birthday it is
jarretel(le) [stocking] suspender, *(Am)* garter [belt]
jas coat; *(kort ~je)* jacket; *iem aan zijn ~je trekken, a)* remind a p. of s.t.; *b)* pull a p. up; *in een ander ~je steken* give [s.t.] a face-lift
jasbeschermer overcoat guard
jasmijn *(echte ~)* jasmin(e), jessamine; *(boeren~)* mock orange, syringa, seringa; *zie ook* Kaaps
jaspand coat-tail
jaspis jasper
jassen 1 peel [potatoes]; 2 scamp, rush [one's work]; 3 play jass (a card game)
jasses bah!, pah!, faugh!, yuck!
jaszak coat (jacket) pocket
jat *(sl)* paw
jatten pinch, nick; *zie* gappen
Javaan(s) Javanese *(ook mv)*
Javaanse Javanese woman [she is Javanese]
Javaas Java(nese)
jawel yes, indeed; *(iron, ook: ~, morgen brengen)* indeed!, not a bit of it; *hem zijn zin geven? ~!* let him have his way? indeed!
jawoord yes, consent; *om het ~ vragen* ask in marriage, *(fam)* pop the question; *het ~ geven* say yes
jazeker (yes,) certainly, yes indeed; *(iron) zie* jawel
jazz jazz [age, band, fan, music]
J.C. afk van *Jezus Christus* Jesus Christ
je I *pers & onbep vnw* you [will you come, John?; you can't get food here]; *elkaar met ~ en jou aanspreken* be on first names (familiar terms); *zo iets geeft ~ moed* that's what cheers one (a man) up; II *bez vnw* your; *'je van 'het, (fam)* the thing, the cat's whiskers
jee(tje) oh dear!, oh Lord! [I've spoilt it!], dear me! [look at the time!], Christ! [I've lost the key!], (Good) Lord! [how amazing!]; *ach jeetje* dear, oh dear
jegens towards, to, by [I have always done right by you]; with [be frank with a p.]
Jehova Jehovah; *~h's getuige, (fam) jehova* Jehovah's Witness
jekker heavy jacket, reefer, donkey jacket
jelui *(vero)* you (people); *zie* jullie I
Jemen (the) Yemen
jemenie, jeminee Christ!, gosh!
jenever gin, Hollands, geneva; *vgl* klare
jeneverbes 1 juniper berry; 2 juniper (bush, tree)
jeneverboom juniper (bush, tree)
jenevermoed pot valour, Dutch courage
jeneverneus bottlenose
jeneverstokerij gin distillery
jeneverstruik juniper (bush, tree)
jengel *(geluidstechniek)* flutter
jengelen whine, whimper, pule; *(ve bel)* jingle
jennen *(fam)* badger
jenoffel pink, carnation
Jeremia Jeremiah
jeremiade jeremiad
Jeremias Jeremiah
jeremiëren moan, lament
Jeruzalem Jerusalem; *zie ook* hemels & vreemdeling
Jesaja Isaiah
jesses bah!, pah!, yuck!
jethelm jet (*of:* open-face) helmet
jetje: *iem van ~ geven, (fam)* give a p. what for
jeu: *met veel ~, (fig)* [tell a story] with gusto; *~ de boules* boule(s), pétanque
jeugd [eternal] youth; *de ~, (personen)* (the) youth [modern youth; our youth]; *boeken voor de ~* juvenile books, books for young people; *de lieve ~, (vglb)* young hopefuls; *hier* ***onderwijst*** *men de ~* teach your grandmother to suck eggs
jeugdbescherming child protection
jeugdbeweging youth movement
jeugdboek book for young people
jeugdcentrum youth centre
jeugdcriminaliteit juvenile crime, juvenile delinquency
jeugddelinquent juvenile delinquent
jeugdgevangenis detention centre, youth custody centre; *(hist)* Borstal (institution)
jeugdherberg (youth) hostel
jeugdherbergcentrale youth hostels association, YHA
jeugdig youthful, youngish; juvenile [offender]; *op ~e leeftijd* at an early age; *~ persoon, ~e* juvenile
jeugdigheid youthfulness, youth
jeugdleid(st)er youth leader
jeugdliefde youthful love; *(pers)* love of one's youth
jeugdpuistjes acne
jeugdrechter children's court magistrate
jeugdsentiment 1 youthful memories; 2 nostalgia for one's youth
jeugdvereniging youth club
jeugdwerk 1 juvenile work, *(mv ook)* juvenilia; 2 *(voor de jeugd)* youth work
jeugdzorg youth welfare work
jeuïg jolly
jeuïgheid: *voor de ~* for the fun of it

jeuk itch, itching; ~ *hebben* itch
jeuken itch; *mijn handen ~ om hem ...* my fingers itch to [box his ears]; *mijn maag jeukt* I feel a bit peckish; *zich ~* scratch o.s.
jeukerig itchy, itching [elbow]; scratchy [blanket]
jeukerigheid itchiness
jeuking itching
jeukmug sandfly
jeukpoeder itching powder
jeukziekte prurigo
jeune premier juvenile lead, leading juvenile
jeunesse dorée jeunesse dorée, gilded youth
jewelste *zie* welste
jezelf yourself; *(hist)* thyself; *vgl* zelf & zichzelf
jezuïet Jesuit; *(fig ook)* sly deceiver, casuist
jezuïetenorde Society of Jesus, order of Jesuits
jezuïetenstreek sly (nasty) trick
jezuïtisch Jesuitical
Jezus Jesus
Jezuskindje Christ child
jezussandalen Jesus sandals
jg. vol; *zie ook* jaargang
jicht gout
jichtig gouty
jichtknobbel chalk-stone, tophus (*mv:* -phi)
Jiddisch I *bn* Jewish; **II** *zn* Yiddish
jihad jihad, jehad
jij you; *(hist)* thou
jijbak *(vglb)* tu quoque
jijen: ~ *(en jouen)* be on (over-)familiar terms [with a p.]
jijzelf (you) yourself; *vgl* zelf & zichzelf
jioe-jitsoe jujitsu
jippie yippee
jl. last [Sunday; May 5th last]
job 1 job; **2** part-time job
Job Job; *zie ook* ²arm
jobsgeduld patience of Job
jobstijding bad news
jobstrooster Job's comforter
jobstudent *zie* werkstudent
joch boy; *zie* jochie
jochie boy, lad(die); *nee, ~!* no, sonny!, no, my son!; *het is nog maar een ~* he is only a kid
jockey jockey; *(fam)* jock
jockeypet jockey cap
jodelen, jodellied yodel
jodenbuurt Jews' (Jewish) quarter, *(afgesloten)* ghetto, *(hist)* Jewry
jodendom 1 *(leer)* Judaism; **2** *(volk)* Jewry [British Jewry], Jews
jodenfooi pittance
jodenhaat anti-Semitism, hatred of Jews
jodenkerk synagogue; *het lijkt wel een ~* it's utter bedlam, it's a regular beargarden
jodenkerkhof Jewish cemetery
jodenkers, jodenkriek winter cherry
jodenlijm 1 bitumen, asphalt; **2** *(scherts)* spittle
jodenneus Jewish (hooked) nose
jodenster Star of David
jodenstreek sly (dirty) trick
jodenvervolger Jew-baiter
jodenvervolging persecution of the Jews, Jew-baiting; *(Rusland, enz)* pogrom
jodenwijk *zie* jodenbuurt
joderen *(med, fot)* iodize; *(chem)* iod(in)ate
jodide [silver] iodide
jodin Jewess
jodium iodine
jodiumtinctuur tincture of iodine
jodoform iodoform [cotton wool, gauze]
joeg *ovt van* jagen
Joegoslaaf Yugoslav
Joegoslavië Yugoslavia
Joegoslavisch Yugoslav
joehoe yoo-hoo
joekel *(fam)* whopper
joelen shout, bawl, howl; *~de menigte* roaring crowd
joepen jump
joepie yippee, whoopee
joert *(tent)* yurt
joetje ten guilders
jofel pleasant, splendid
joggen jog
joggingpak tracksuit
joh *aanspr* boy; man *(vaak onvertaald)*
Johannes John; *~ de Doper* John the Baptist; *het evangelie naar ~* the Gospel according to (St) John, the Johannine Gospel
johannesbloem (large) daisy
johannesbrood carob, locust bean
johanneskever garden chafer, bracken clock
Johannesridder Knight of St John
johannieterorde order of the Knights of St John (*of:* of Malta)
jojo 1 yo-yo *(ook fig)* **2** *(sl, v pers)* dope, fathead
jojobeleid policy of shilly-shally
jojoën yo-yo *(ook fig)*
joker joker *(ook sl)*, wild card; *voor ~ staan* look a fool, have egg on one's face
jokkebrok *zie* jokker
jokken fib, tell fibs (stories), romance; *(kaartsp)* cheat
jokkentje fib
jokker fibber, fibster, storyteller, romancer
jol yawl, jolly (boat); *(klein)* dinghy
jolen make merry
jolig jolly, merry
joligheid jolliness
jolijt joy, mirth, merrymaking, jollification
jollenman boatman, waterman
Jom Kippoer Yom Kippur [war]
Jonas Jonah; *hij is een echte ~* he was born for failure; *hij zit te kijken als ~ in de walvis* he looks like a drowned rat (like a dying duck in a thunderstorm)
jonashaai man-eating white shark

jonassen toss [a p.] in a blanket
Jonathan: *broeder* ~ Uncle Sam
jong I *bn* young [*van jaren* in years; *van geest* in mind; *(ook)* that dress is too young for me]; *~e boom, (ook)* sapling (*~e eik, iep, enz* oak, elm, etc sapling); *~e kaas (wijn)* new cheese (wine); *een ~e formatie* a recent formation; *de wereld behoort aan het ~e geslacht* the world is to the young; *in mijn ~e jaren* in my young days; *hij is ~ van hart gebleven* his heart is still young; *~ trouwen (sterven)* marry (die) young [the poet Chatterton, who died young]; *wij zijn maar eens ~* we are only young once; *~ en oud* young and old; *~ gewend (geleerd) oud gedaan* what is learnt early is learnt well; *zie ook* jonger, jongst & datum, kleden, leeftijd, ²meer II.5; **II** *zn* young one [three young ones]; *(ve vos, beer, enz)* cub; *~en, (ook)* young [a bird and its young; produce several young at a birth]; *~en werpen* litter
jonge: *~ (~), zie* jongen: *~ ~*
jongedame young lady
jongedochter *(ongehuwde vrouw)* spinster
jongeheer 1 young gentleman, *(met naam)* Master [William]; **2** *(sl: penis)* willie, John Thomas
jongejuffrouw young lady; *(met naam)* Miss [Jane]; *oude ~* old maid
jongeling young man, youth, lad
jongelingschap youth, (years, age of) adolescence; *(jongelingen)* young men
jongelingsjaren years of adolescence (of early manhood)
jongelingsvereniging: *christelijke ~* Young Men's Christian Association, YMCA
jongelui young people *(ook aanspr)*, youths, youngsters
jongeman young man
jongen I *zn* boy *(ook: bediende)*, lad; *haar ~, zie* vrijer; *neen, mijn ~!, (ook) (fam)* no, my son!, no, sonny!; *jonge ~* adolescent (boy); *ouwe ~!* old boy!, old cock!; *deze ~, (fam)* yours truly; *ze is net een ~* she is a regular hoyden (*of:* tomboy); *een ~ van Jan de Witt* a heart of oak, a splendid fellow; *~s zijn ~s* boys will be boys; *~, ~!* dear, dear!, my word!, *(Am)* (boy, oh) boy!; *gladde ~, (fam)* smart alec, wise guy; *zie ook* jongetje & ouwejongen; **II** *ww* bring forth young (ones), litter, breed; *(in bijzonder geval)* calve, lamb, pig, whelp, foal; *(ve kat)* kitten; *(ve hond)* pup; *(v konijn & haas)* kindle; *(ve geit)* kid
jongensachtig boyish [smile boyishly], boylike [girl]
jongensdroom boyish dream
jongensgek boy-crazy girl, regular flirt
jongensjaren boyhood
jongenskop *(ve meisje)* Eton crop; *(langer)* shingle, shingled (bobbed) hair
jongenspak boy's suit
jongensschool boys' school
jongensstreek boyish prank
jonger younger; *hij is 3 jaar ~ dan zij* he is three years younger than she, three years her junior, her junior by three years; *een ~e zoon (ve adellijke familie)* a younger son, a cadet; *Scipio de ~e* Scipio the Younger
jongere *zn* young person, youth, youngster; *~n* young people; [Jesus and His] disciples; *werkende ~n* working youths; *voor de sam vgl* jeugd-
jongerejaars junior student
jongerenwerk youth work
jongetje 1 little (small) boy, [a two-year-old] baby boy; *verwend ~, zie* moederskindje; **2** catamite, fairy
jonggeborene newborn child, baby
jonggehuwden, jonggetrouwden newly-married couple, newly-weds
jonggezel bachelor, single man
jongleren juggle [(with) balls, plates; figures *cijfers*]
jongleur juggler; *(hist)* jongleur
jongmaatje apprentice; *zie ook* jongmens
jongmens young man, youngster
jongs: *van ~ af* from childhood, from my (his, etc) youth up
jongst youngest; *~e bediende (firmant, vennoot)* junior clerk (partner); *de ~e berichten* the latest news; *de ~e dag* the day of the Lord, the day of judgement; [until] the crack of doom; *de ~e gebeurtenissen* recent events
jongstleden last; *~ maandag* last Monday, Monday last; *de 2e april ~* April 2nd last
jonk junk
jonker (young) nobleman; [German] junker; *(land~)* (country) squire; *kale ~* impoverished nobleman
jonkervis rainbow wrasse
jonkheer Jonkheer
jonkie 1 youngster; **2** young, little one; **3** glass of gin
jonkman 1 *zie* jongmens; **2** bachelor
jonkvrouw *zie* freule; *(meer algem)* maid, damsel
jonkvrouwelijk maidenly
jonnen allow; not mind; *zich ~* delight [in s.t.]
jood 1 Jew; *twee joden weten wat een bril kost, (vglb)* it is diamond cut diamond (Greek meets Greek); **2** *zie* jodium
joods Jewish [customs, faith, religion], Judaic [law]; *het ~e geloof, (ook)* Judaism
jool fun, [drunken] frolic, jollity, jollification; *(sl)* binge; *(studenten~)* rag; *grote ~* high jinks
joon dan (buoy)
joosjesthee gunpowder (tea), pearl tea
Joost Just(us); *dat mag ~ weten* goodness knows, search me
jopper heavy jacket, reefer, donkey jacket
Jordaan: *de ~* Jordan, the (river) Jordan
Jordaans Jordanian
Jordanië (the Hashemite Kingdom of) Jordan
Jordaniër Jordanian
Joris George; *zie ook* goedbloed
Josua Joshua
jota iota; *geen ~* not an iota, not a jot
jou you; *zie* je & jouw; *die vriend van ~* that friend of

yours
jouen *(vglb)* be on first names with; *vgl* jijen
joule joule
journaal 1 *(mar)* logbook; *(handel)* journal; **2** *(bioscoop)* newsreel; *(radio & tv)* [the] news
journaille press hounds
journaliseren journalize, enter in the journal
journalist journalist, pressman
journalistiek I *zn* [gutter, radio, sensational, TV] journalism; **II** *bn* journalistic (*bw:* -ally)
journalistisch journalistic (*bw:* -ally)
jouw your [cat]; *(hist)* thy; *het ~e* [it's] yours
jouwen 1 jeer, boo; *zie ook* uitjouwen; **2** *zie* jouen
jouwerzijds on your part
jouzelf *zie* jezelf
joviaal jovial, genial, sporting; breezy [laugh, remark]; *een joviale kerel, (ook)* a jolly good fellow, a sport
jovialiteit joviality, geniality
joyrijden joyride
joystick joystick *(alle bet)*
Jozef Joseph *(ook fig); als de ware ~ maar komt* if Mr Right comes along; *zie ook* kuis
Jozua Joshua
jr. Jr; *zie* junior
ju! gee (up)!
jubel shout(s) of joy, jubilation
jubelen exult, rejoice, be jubilant, be exultant, shout for joy; *~ over* exult (rejoice) at (in)
jubelend *(ook)* jubilant, exultant
jubelfeest jubilee
jubeljaar jubilee year; *(joods)* (year of) Jubilee; *(r-k)* Holy Year, Jubilee
jubelkreet shout of joy (of rejoicing, jubilation), cheer
jubelstemming jubilant mood
jubeltenen upturned toes
jubilaris celebrator of a jubilee
jubileren 1 *zie* jubelen; **2** celebrate one's jubilee
jubileum jubilee; *25-jarig ~* silver jubilee, 25th anniversary [of his accession to office]
jubileumuitgave jubilee volume (edition, issue)
juchtleer, juchtleren Russia leather, russia
Juda Judah
judaïca Judaica
judaïsme Judaism
judas 1 Judas; **2** judas; *zie* judasvenster
judasboom Judas tree
judaskus Judas kiss
judasloon traitor's wages, blood money
judaspenning *(plant)* honesty
judassen nag, tease, needle
judasstreek act of betrayal
judasvenster judas (hole, window)
judicieel judicial
judicium 1 verdict, judgment; **2** assessment, grade
judo judo
judoën do judo
judogi judogi
judoka judoka
juf miss; *de ~, (kinderjuffrouw)* nurse; *ja ~, (op school)* yes, teacher; yes, Miss
juffer 1 young lady, miss; **2** *(insect)* dragonfly; **3** *(bk: aanbinder)* ledger; **4** *(straatstamper)* rammer
jufferachtig old-maidish, prim, finical, squeamish
jufferblok *(mar)* deadeye
juffershondje toy dog, lapdog; *beven als een ~* tremble like a jelly, shake like a leaf
juffertje *zie* juffie; *juffertje-in-'t-groen* love-in-a-mist
juffie young lady, [my fine] missie
juffrouw lady; *met naam, (ongetrouwd)* Miss (Ms, Mrs) [Brown], *(getrouwd)* Mrs [Brown]; *(bij aanspreking zonder naam)* Madam; *(in winkel, enz)* Miss; *~ van gezelschap* lady companion; *zie ook* juf, jongejuffrouw & winkeljuffrouw
Jugendstil Art Nouveau, Jugendstil
juichen shout for (with) joy; cheer (*ook: ~ om, voor:* cheer a goal, the team); *zie verder* jubelen & jubel-
juist I *bn* right [your guess is right; the right time, quantity, etc], correct [definition], proper [dosage, food], precise [the precise reasons], exact [value, an exact balance], accurate [thermometer]; *de ~e **datum*** the right (correct) date, *(precies aangegeven)* the exact date; *het ~e woord* the right (exact, proper) word; *het heeft de ~e **lengte*** it is the right (correct) length; ***te*** *~er **tijd*** at the proper time; just in time, on time; *~!* quite (so)!, exactly!, precisely!, that's it!, quite right!; ***zeer*** *~!, (in vergadering)* hear! hear!; *zie ook* man; **II** *bw* **1** *(daarnet)* just [I have just arrived], *(zo ~)* just now; **2** *(met name)* especially [in this case]; exactly; **3** *(precies:) ~ de man, die ik hebben moet* the one (the very) man I want; *dat is ~ wat ik zoek* that's the very thing I'm looking for; *~ wat ik zei* just (exactly) what I said; *ik heb het ~ gisteren verkocht* I sold it only yesterday; ***dat*** *is het ~* that's just it, that's just the point; *~ zijn deugden* his very virtues [caused his failure]; *~ **daarom*** for that very reason; ***waarom*** *~ hij?* why he rather than another?; *waarom nu ~ vandaag (~ in deze kamer)?* why today of all days (in this room of all places)?; *zie ook* [2]net III; **4** *(correct)* [translate, describe, etc] correctly; rightly, [guess, judge] right; *of ~er gezegd ...* or more correctly ...; **5** *(integendeel:) teleurgesteld? ik ben ~ blij* disappointed? I am only too glad; *... of ~ niet?* or just the reverse?; *... of ~ een ondeugd ...* or a vice, rather; *[weggaan?] wel nee, ik blijf ~* on the contrary, I ...
juistement 1 exactly; **2** just now
juistheid 1 correctness, rightness, exactness, exactitude, precision, accuracy; *vgl* juist; **2** *(terechtheid)* justness, justice [of a remark]
jujube jujube
juk yoke; *(bk)* cross-beam; *(ve balans)* beam; *een ~ ossen* a yoke of oxen; *het ~ afwerpen* throw (shake) off the yoke; ***in*** *het ~ spannen* put to the yoke, yoke; ***onder*** *het ~ brengen* bring under the yoke, subju-

gate; *onder het ~ doorgaan* pass under the yoke
jukbeen cheekbone, *(wtsch)* zygomatic bone
jukboog zygomatic arch
jukspier zygomatic muscle
juli July; *de ~maand* the month of July
juliaans Julian; *~e tijdrekening* Julian calendar, Old Style
julienne julienne
Julische Alpen Julian Alps
jullie I *pers vnw* you (chaps, fellows, people, *(Am)* guys); *van ~* [that's] yours; II *bez vnw* your [cat]
jumbo jumbo; *(attr ook)* jumbo-size(d)
jumbojet jumbo (jet)
jumelage twinning [of towns, etc]
jumeleren twin
junctie junction
junctuur juncture
jungle jungle *(ook fig)*
juni June
junikever summer chafer
junior junior; *(v broers op school)* [Smith] minor
junk 1 junkie, junky; **2** junk [bond, food]
junta junta
Jupijn, Jupiter Jupiter, Jove; *van ~* Jovian
jupiterlamp klieg light
jupon petticoat
Jura *(geol)* Jurassic; *(aardr) de ~* the Jura (Mountains)
jureren 1 judge [a contest], adjudicate; **2** act as judge
juridisch juridical, legal; *~e afdeling* legal department; *~e commissie* judicial (jurists') committee; *de ~e studie* the study of law
jurisdictie jurisdiction; *(rechtsmacht, ook)* competence [of the court]
jurisprudentie jurisprudence; *(vglb)* case law
jurist(e) 1 jurist, lawyer; **2** *(student)* law student
juristerij legal quibbling(s) (sophistry)
jurk dress, frock, *(scherts ook v man)* gown
jury jury; *(bij wedstrijd, ook)* (panel of) judges, adjudicators; *~ van aankomst* judges of finish; *lid van de ~ zijn* be on the jury
jurylid member of the jury, juror, jury(wo)man; *(bij wedstrijd)* judge; *lijst van juryleden* panel
juryrechtspraak trial by jury
[1]**jus** law; *~ docendi* right to teach; *~ promovendi* right of conferring or taking a doctor's degree
[2]**jus 1** gravy; **2** *~ (d'orange)* orange juice
jusblokje (beef, etc) stock cube
juskom gravy boat
justeerbalans adjusting balance
justeren adjust; *(typ)* justify [a matrix]
justificatie justification
justificeren justify
Justiniaans, Justinianus Justinian
Justitia Justice
justitiabel justiciable
justitie *(rechterlijke macht)* judicature; *(rechtsbedeling)* administration of justice, judicature; *hof van ~* court of justice; *de ~, (vaak)* the law [escape from the law]; *de zaak **aan** de ~ in handen geven* go to law, take the matter before the court; *aan de ~ overleveren* hand [a p.] over to the law (to the police, to justice); ***met** de ~ in aanraking komen* come into contact (*of:* conflict) with (find o.s. up against) the law; ***uit** de handen der ~ blijven* keep clear of the law; *zie ook* officier
justitieel judicial [inquiry *onderzoek*]
jut *zie* juttepeer
Jut 1 *kop van ~* try-your-strength machine; **2** Jutlander, Jute
jute jute
jutezak jute (gunny, burlap) sack (*of:* bag)
Jutland(er) Jutland(er); *vgl* Jut 2
Jutlands, Juts Jutish, Jutland(ish)
juttemis *zie* sint-juttemis
jutten live (be active) as a beachcomber
***juttepeer** *(Wdl: juttenpeer)* (kind of) small, juicy pear
jutter beachcomber
jutterij beachcombing
Juvenalis Juvenal
juveniel juvenile
juweel jewel, gem, *(mv ook)* jewellery, *(Am)* jewelry; *(fig ook)* [our cook is a] treasure; *een ~ van ...* a jewel of [a woman, a servant]; *een ~tje* [the painting, my secretary is] a real gem; a brilliant piece (of work)
juwelen *bn* jewelled [bracelet], set with jewels
juwelenkistje jewel case, jewel box
juwelier jeweller
juwelierswerk jewellery, *(Am)* jewelry
juwelierswinkel, juwelierszaak jeweller's (shop)
juxtapositie juxtaposition

k

k (the letter) k

ka 1 bossy woman; *kaatje* sharp (pert) young girl; **2** *zie* kade

Kaäba Kaaba

kaag ketch, flat-bottomed boat

kaai *zie* kade

kaaien 1 *(gappen)* pinch; **2** *(gooien)* chuck

kaaiman cayman, alligator

kaak 1 jaw (*ook ve bankschroef, enz; ook:* snatch a p. from the jaws of death); lantern-jawed; *zie ook* beschaamd; **2** *(wang)* cheek; **3** *(ve vis)* gill; **4** *(schandpaal)* pillory; ***aan** de ~ stellen, (fig)* pillory, show up, expose (to ridicule), denounce [a p.'s action]; *misstanden aan de ~ stellend* investigative [journalism]; **5** *(scheepsbeschuit)* hard tack

kaakbeen jawbone

kaakchirurg oral surgeon; maxillofacial surgeon

kaakfractuur fractured jaw

kaakholte maxillary sinus

kaakje (plain) biscuit

kaakkramp lockjaw, trismus

kaakmes gutting knife

kaakslag punch on the jaw; slap in the face *(ook fig)*

kaal 1 *(hoofd)* bald; *hij heeft een ~ hoofd, (ook)* he is baldheaded; *zo ~ als een knikker (biljartbal)* as bald as a coot; *ik heb mij ~ laten knippen* I've had my hair cut short; *zie ook* kale; **2** *(boom, muur, kamer, banken, planken, veld)* bare; *(heuvels, enz, ook)* stark; *(muur, ook)* unadorned; *(vloer, ook)* uncarpeted; *(vogel)* edged; *(kleren, karpet, enz)* threadbare, shabby; *(band)* bald [tyre]; *(onvruchtbaar)* barren [rock]; *~ vreten* eat bare, crop short; *(v rupsen)* strip [trees]; **3** *(fig)* shabby [people, present], meagre [dinner], poor, paltry [excuse *uitvlucht*]; *er ~ **afkomen*** come away empty-handed; *zie ook* bekaaid; *kale **chic*** shabby-genteel [people]; *iem geheel ~ **plukken*** fleece a p., drain a p. dry, bleed a p. white; *zo ~ als een **rat*** as poor as a church mouse

kaalgeknipt close-cropped

kaalgeschoren *(v schapen, enz)* shorn

kaalheid baldness; threadbareness, shabbiness; barrenness; *vgl* kaal

kaalhoofdig bald(headed)

kaalknippen shave bald

kaalkop baldhead, baldpate

kaalslaan clear-fell

kaalslag clear felling, clearing; *(terrein)* clear-felled area, clearing; *(fig ook)* total clearance, complete demolition

kaaltjes (rather) shabby; *vgl* kaal 3

kaam(sel) mould [forming on beer, etc]

kaan 1 *(vaartuig)* barge, lighter; **2** *(vetkanen)* greaves, cracklings; *(fig)* windfall, bit of luck

kaap 1 cape [Cape Horn], promontory, headland; *de K~* the Cape; *K~ de Goede Hoop* the Cape of Good Hope; *K~ Hoorn, (ook)* The Horn; *K~ Lizard* Lizard Head (*of:* Point); **2** *ter ~ varen* go (out) privateering

Kaapkolonie: *de ~* Cape Colony

Kaaps Cape [wool, etc]; *~e Hollander* Cape Dutchman; *~e duif* Cape pigeon; *~e jasmijn* Cape jasmine; *~ viooltje* African violet

Kaapstad Cape Town

kaapstander capstan

kaapvaarder *(man & schip)* privateer

kaapvaart privateering; *zie ook* kaap 2

Kaapverdiër, Kaapverdisch Cape Verdean; *Kaapverdische Eilanden* Cape Verde Islands

Kaapwolken Magellanic clouds

kaar *(bak)* (fish) well, tank, live box; *(mand)* creel; *(in molen)* hopper

kaarde 1 *(plant)* teasel; **2** *(werktuig)* card(ing engine)

***kaardebol** *(Wdl: kaardenbol)* teasel(-head)

kaardedistel (fuller's) teasel

kaarden card (tease) [wool]

kaardmachine carding machine

kaars 1 candle (*ook vero lichteenheid, nu* candela), *(was~)* wax candle, *(dun)* taper; *(vet~)* tallow candle; *eindje ~* candle-end; *zo recht als een ~, zie* kaarsrecht; ***bij** de ~* by candlelight; ***in** de ~ vliegen* burn one's wings, come to grief; ***met** een ~je te zoeken* extremely rare, few and far between; *met het uitbranden der ~ verkopen* sell by the candle (by inch of candle, by candle auction); **2** *(ve kastanje)* (chestnut) candle; *(ve paardenbloem)* blow-ball, dandelion head *(of: clock), (wtsch)* pappus; *~je blazen* blow dandelion clocks

kaarsenpit wick

kaarsensnuiter (pair of) snuffers

kaarshouder *(aan piano)* candle bracket

kaarslicht: *(bij) ~* (by) candlelight

kaarsrecht dead straight [road], [he stood] erect, bolt upright, (as) straight as an arrow (a die)

kaarsvet candlegrease, tallow

kaart 1 [cash, charge, cheque, credit, debit, expansion, graphics, hard, index, playing, visiting, yellow] card; *(~en van één speler)* [pick up one's] hand; *op ~ brengen* card index; ***de gele**, enz kaart krijgen* be shown the yellow, etc card; *de ~en zijn **geschud*** the die is cast; *een **goede** (sterke, slechte) ~ **hebben*** have a good (strong, poor) hand; *iem in de ~ **kijken*** look at a p.'s cards; *(fig)* see through a p.('s plans); *zich in de ~ laten kijken* show one's hand, give o.s. away; *zich niet in de ~ laten kijken* play one's cards

close to one's chest; *iem de ~ leggen* tell a p.'s fortune (by the cards); *zijn ~en op tafel leggen, (ook fig)* put (lay, place) (all) one's cards on the table, show one's hand; *~ **spelen*** play at cards; *open ~ spelen* put (lay) (all) one's cards (up)on the table, put down one's cards; *in iems ~ (iem in de ~) spelen* play into a p.'s hands; *alles op één ~ **zetten*** put all one's eggs in one basket, stake everything on one throw; *zie ook* doorsteken, haalbaar, enz; **2** *(land~, plattegrond)* map; *(weer-, zee~)* chart; *de ~ van het land kennen, (fig)* know how the land lies; ***in** ~ brengen* map (out), *(fig ook)* sketch out; *(v klippen, enz)* chart; *niet in ~ gebracht* unmapped [country], uncharted [rocks]; *(weer) **op** de ~ zetten* put [a place] (back) on the map; ***van** de ~* off the map; *vgl* 4; **3** *(toegangs-, spoor~)* ticket; *toegang (was) alleen op vertoon van ~en* admission (was) by ticket only; **4** *(menu)* (menu) card; ***van** de ~, a)* [steak is] off; *b) (fig: uitgeput)* finished, played out; *(in de war)* all at sea
kaartcatalogus card catalogue
kaarten play at cards, [lose money at] cards
kaartenbak card tray
kaartenhuis [collapse like a] house of cards
kaartenkamer map room; *(mar)* chart room
kaartenkast 1 map cabinet; **2** [2 or 4-drawer] card(-index) cabinet
kaartenmaker map-maker, cartographer
kaartgleuf card-swipe
kaarthouder *(pers & voorw)* card holder; *(pers, v creditcard, enz)* card member
kaarting match at cards
kaartje 1 *(visite~, speel~, enz)* card; *een ~ leggen* have a game of cards; *zijn ~ afgeven* leave one's card [*bij iem* on a p.]; *zie ook* visitekaart; **2** *(spoor~, enz)* ticket; *~s, alstublieft!* tickets, please!; *een ~ nemen naar L* book for L, take (buy) a ticket to L; *waar moet ik mijn ~ nemen?* where do I book?
kaartjesknipper 1 *(instrument)* ticket punch; **2** *(persoon)* ticket collector, conductor
kaartleggen fortune-telling; *zie ook* kaart
kaartlegster fortune-teller
kaartlezen map-reading; read maps
kaartlezer 1 map-reader; **2** *(elektr)* card reader; *vgl* kaartsleuf
kaartpassen *(mar)* plot
kaartregister card index
kaartsleuf *(leessleuf)* card-swipe; *door de ~ halen, (ook)* (s)wipe [a card] through the machine
kaartspel 1 card game; **2** *(het spelen)* card-playing; *(spelletje)* game at (of) cards; *vgl* kaarten; **3** *(spel kaarten)* pack of cards
kaartspeler card-player; *goede ~* [he is a] good hand at cards
kaartsysteem card index (system)
kaarttekens conventional signs (on maps)
kaarttelefoon cardphone
kaartverkoop sale of tickets, ticket sale(s), booking
kaas cheese; *hij heeft er geen ~ van gegeten* it is beyond him; *van eten koken had ik geen ~ gegeten* I was not much of a cook; *hij laat zich de ~ niet van het brood eten* he can stand up (stick up) for himself (take care of himself)
kaasbereiding cheesemaking
kaasboer cheesemaker, cheesemaking farmer; *zie ook* kaaskoper
kaasbolletje bowler (hat); *(zoutje)* cheese profiterole
kaasboor cheese scoop, cheese-taster
kaasdoek cheesecloth
kaashandelaar cheesemonger
kaasjeskruid mallow
kaaskoekje cheese-biscuit
kaaskop *(schn)* Dutch cheese
kaaskoper cheesemonger
kaaskorst rind of cheese, cheese rind
kaasmarkt cheesemarket
kaasmes cheese-cutter; *~je* cheeseknife
kaasmijt cheese-mite
kaasplank cheeseboard
kaasschaaf cheese-slicer; *methode van de ~* equal-misery-all-round method
kaassoort (kind of) cheese
kaasstengel cheese straw, *(dikker)* cheese finger
kaasstof casein(e)
kaasstolp cheese cover; *(met de schaal)* cheese dish and cover, cheese-stand
kaasstremsel rennet
kaasvat, kaasvorm chessel, cheese mould
kaaswei whey
kaaswrongel curd
kaatsbaan *(hist)* tennis court; *(vglb)* fives court
kaats(e)bal handball; *(vglb)* fives ball; *(ve kind)* (rubber) ball
kaatsen 1 play at ball (*vglb:* at fives); *wie kaatst moet de bal verwachten* if you get as good as you gave, don't complain; **2** *(stuiten)* bounce, (re)bound
kaatser handball player; *(vglb)* fives-player
kaatsspel (kind of) handball, palm-play
kabaai cabaya, kabaya
kabaal 1 hubbub, racket, row, hullabaloo, rumpus; *~ maken (schoppen)* kick up a row (a shindy); *er was een hels ~* pandemonium was let loose; **2** cabal
kabaja cabaya, kabaya
kabas bag
kabbala cabbala
kabbalisme cabbalism
kabbalist(isch) cabbalist(ic)
kabbelen ripple, babble, lap, murmur, purl
kabbeling rippling, etc; ripple, babble, murmur, purl
kabel cable; *(mar ook)* hawser
kabelbaan 1 cableway; **2** *zie* kabelspoorweg
kabelballon captive balloon; *(als versperring)* barrage balloon
kabelbrug suspension bridge, *(touwbrug)* rope bridge
kabelen cable
kabelexploitant cable TV operator

kabelgaren *(mar)* rope yarn
kabelgat *(mar)* cable tier, boatswain's locker
kabelgoot cable tray
kabelhaspel cable drum
kabeljauw cod(fish)
kabeljauwvisserij cod-fishing, cod-fishery
kabelkrant cable TV newscast
kabellas cable joint
kabellengte cable('s) length; *(lengtemaat)* cable (*meestal* $^1/_{10}$ *zeemijl* 185 meter; *Kon. Marine* 225 meter)
kabelnet 1 electric mains; **2** cable (TV) network
kabelschip cable(-laying) ship
kabelschoen (eye, fork, hook) cable tag
kabelslag: ~ *touw(werk)* cable-laid rope(s)
kabelslot cable-lock
kabelspoorweg cable (*of:* funicular) railway; *(meest voor goederen)* telpherage, telpher line
kabelsteek cable stitch
kabeltelegram cablegram
kabeltelevisie cable television, cable TV
kabeltouw cable
kabeltram cable tram(way), cable car; *(Am)* grip-car
kabinet *(meubel, vertrek, ministerie)* cabinet; *(kunst~)* (picture) gallery, museum; *(v arts)* surgery; *(kamertje, vero)* closet; *(wc)* lavatory; *~je* closet, cabinet; *zie ook* ministerie
kabinetformaat cabinet size
kabinetportret cabinet portrait (*of:* photograph)
kabinetschef *(Ned, vglb)* principal private secretary; *(Belg, vglb)* permanent under-secretary
kabinetscrisis cabinet crisis
kabinetsformateur *(vglb)* premier-designate; *X is tot ~ benoemd* X has been asked to form a government (cabinet)
kabinetskwestie: *de ~ stellen* ask for a vote of confidence
kabinetsorder order in council
kabinetsraad cabinet council, cabinet meeting
kabinetswijziging cabinet reshuffle
Kaboel Kabul
kabouter [garden] gnome, imp *(ook ondeugend kind),* pixie, *(boosaardig)* (hob)goblin; *(goedaardig & scouting)* brownie
kabuiskool headed cabbage
kachel I *zn* stove; [electric] heater, fire; *~tje* [electric] fire, room heater; *zie ook* aanhebben; *wat in de ~ doen* fill up the stove; *de ~ met iem aanmaken* make a p. look foolish; *zich de ~ niet laten aanmaken* refuse to be made a fool of; **II** *bn (sl)* tight, soaked
kachelen trudge (along); *achteruit ~* decline
kachelpijp stovepipe; *(hoed)* stovepipe (hat), topper
kadaster land registry (register), register of real property; *(kantoor)* land registry office
kadastraal cadastral; *-trale kaart* cadastral map; *-trale opmeting* cadastral survey
kadastreren *(opmeten)* survey; *(inschrijven)* register
kadaver dead body, carrion; *(voor dissectie)* subject; *~ zijn* be dead drunk
kadaverdiscipline blind (unthinking) obedience to orders
kade *(open)* quay, *(afgesloten)* wharf; *(dijk)* embankment, dike; *~n, (ook)* quayage
kadee 1 whopper; *(pers)* stout chap; **2** filthy fellow; **3** *(kind)* nipper
kadehuur wharfage, quayage, quay dues
kadelengte quayage
kademeester wharfinger
kademuur quay wall
kader 1 senior staff, (lower, middle, top) management; *(mil)* cadre; *een tekort aan ~, (in handel en industrie)* a shortage of trained executives (of senior staff); *hoger ~* senior (*of:* key) executives; **2** *(fig)* [legislative] framework, compass [it comes within the compass (the scope) of the treaty], plan, scheme, scope; *alle in het ~ van dit krediet getrokken wissels* all drafts drawn in accordance with the terms of this credit; *in het ~ passen* fit in with the whole (the rest, etc); **3** *(randje)* border; **4** *(bilj)* baulk
kaderen 1 fit (into); **2** fit in with
kaderfunctie executive post
kaderleger skeleton army
kaderlid [union] official
kaderoefeningen skeleton drill
kaderopleiding *(handel)* management training
kaderspel *(bilj)* baulk-line game
kaderuimte quay (*of:* wharfage) space (*of:* accommodation); *vgl* kade
kaderwet *zie* raamwet
kadetje (bread) roll
kadi kadi
kadraai bumboat; *(pers)* bumboat man (woman)
kadraaien bum
kaduuk clapped out, worn out; broken; *(ve pers)* knocked up
Kaenozoïcum Cenozoic
kaf *(v graan)* chaff; *(v andere zaden en vruchten)* husks; *~je, (plantk)* glume; *~ dorsen* flog a dead horse; *het ~ van het koren scheiden* separate the wheat from the chaff; *verstuiven als ~ voor de wind* be scattered like chaff before the wind
kaffer boor, lout
Kaffer Kaffir
kafferkoren Kaffir corn
kafferpokken alastrim
kafir Kafir, giaour
kafkaësk Kafkaesque
kaft (paper) cover, wrapper, (book) jacket; *met harde ~* hardbound
kaftan kaftan
kaften cover [a book]
kaftpapier wrapping paper, brown paper
kaïk caique
Kaïn [the mark, brand, of] Cain
kainiet kainite
kairomo(o)n kairomone

kajak kayak
kajuit (ship's) cabin; *(ve vliegt)* cabin; *(officiers-, op oorlogsschip)* wardroom; *(voor luitenants)* gunroom; *eerste ~* saloon
kajuitbed cabin bed
kajuitsjongen cabin boy
kajuitspassagier cabin passenger
kajuitstrap companion ladder, companion(way)
kajuitsvenster bull's eye
kak 1 shit, crap; **2** *(kouwe) ~* swank; *de ~* the (would-be) élite
kakebeen jawbone
kakel 1 trap; *hou je ~* keep your trap shut; **2** *zie* kakelaar; **3** *(ge~)* cackle, chatter
kakelaar chatterer, babbler, cackler, chatterbox
kakelbont gaudy, flashy, flamboyant, jazzy
kakelen cackle; *(fig ook)* chatter, gabble, rattle (on)
kakelobbes *(vglb)* hulk, ogre; good-for-nothing
kakelvers farm-fresh
kakement jaws, chops
kaken gut (and cure), gill [herrings]
kaketoe cockatoo
kaki 1 *(stof, kleur)* khaki; **2** *(vrucht)* kaki, Japanese persimmon; **3** foot
kakikleurig khaki(-coloured), drab
kakken shit; *te ~ zetten* make [a p.] look silly (a berk)
kakker 1 snooty, toffee-nosed person; **2** *(bangerd)* chicken
kakkerlak cockroach, black beetle
kakkies feet
kakkineus la-di-da, stuck-up
kakmadam 1 tarted-up woman; **2** stuck-up woman
kakofonie cacophony
kakografie cacography
kalamijn calamine
kalanchoë kalanchoe
kalander 1 calender; **2** *(insect)* corn weevil
kalanderen calender
kale baldhead, baldpate, *(Am ook)* baldie
kalebas gourd; calabash [tree]
kalen grow bald
kalend balding
kalender 1 [Gregorian, Hegira, Julian] calendar; **2** *(derwisj)* calender
kalenderjaar calendar year
kalf 1 calf *(ook van hert, enz); ~ van een jongen* calf, booby, ninny; *het gemeste ~ slachten* kill the fatted calf; *als het ~ verdronken is dempt men de put, (vglb)* lock the stable door after the horse has bolted; *zie ook* gouden & sint-juttemis; **2** *(bovendrempel)* lintel; *(dwarshout)* crossbeam
kalfaathamer caulking mallet
kalfaatwerk oakum
kalfat(er)en caulk; *(fig)* patch up
kalfkoe cow in calf
kalfsbiefstuk veal steak
kalfsborst breast of veal
kalfsbouillon veal tea
kalfsgehakt minced veal
kalfsgelei veal jelly
kalfskarbonade veal cutlet
kalfskop calf's head; *(fig)* blockhead
kalfskotelet veal cutlet
kalfslapje veal steak
kalfsleer calfskin, calf (leather); *in -leren band* bound in calf, calf-bound
kalfsoester collop (escalope) of veal
kalfsoog calf's eye; *-ogen, (fig)* goggle eyes, saucer eyes
kalfsperkament vellum
kalfsrollade round of veal, rolled veal
kalfsschenkel knuckle of veal
kalfsschijf fillet of veal
kalfstand calf's tooth; *(bk)* dentil
kalfsvel calf's skin, calfskin
kalfsvlees veal
kalfszwezerik sweetbread
kali 1 *(mest)* potash; *(chem, meestal)* potassium hydroxide; *(kalium)* potassium; **2** *(Ind)* river
kaliber calibre [*ook fig:* a musician (a rogue) of his calibre], gauge [a 12-gauge shotgun], bore; *(afmeting)* size; *van klein ~* small-bore [rifle]; *een man van een heel ander ~* a man of very different mould (calibre, stature)
kalibreren calibrate
kalibrering calibration
kalief caliph
kalifaat caliphate
kaliloog potassium hydroxide, caustic potash
kalisse liquorice
kalium potassium
kalk lime; *(geblust)* slaked lime; *(ongeblust)* quicklime; *(gebrand)* burnt lime; *(metsel~)* mortar; *(pleister~)* plaster; *(wit~)* limewash; *(koolzure ~)* chalk; *(als voedingscomponent)* calcium; *vgl* kalken
kalkaanslag scale, fur [the kettle is furred (up) and needs descaling]
kalkaarde calcareous earth
kalkachtig limy, calcareous
kalkbak hod
kalkbranderij lime kiln
kalken 1 *(bepleisteren)* plaster, *(berapen)* roughcast [a wall]; *(witten)* whitewash; **2** *(bewerken)* lime [hides, the soil]; **3** *(schrijven)* chalk, pencil, *(fam)* scrawl
kalkgroeve limestone quarry
kalkgrond limy (calcareous) soil
kalkhoudend calcareous, calciferous
kalklaag *(geol)* limestone layer
kalklicht limelight
kalkmergel lime marl
kalknagel fungal nail
kalkoen 1 turkey; *(fam)* gobbler; **2** *(spijker)* stud, frost-nail
kalkoenenvlees turkey
kalkoens: *~e haan (hen)* turkey cock (hen)

kalkoentje *(fles)* quarter-bottle, split (c 0.2 litres)
kalkoven limekiln
kalkput lime pit
kalkrots limestone rock
kalkspaat calcite, calcspar
kalkspecie lime mortar
kalksteen limestone [mountains]
kalktuf calcareous tufa
kalkwater lime water
kalkzandsteen sand-lime brick(s)
kalligraaf calligrapher
kalligrafie calligraphy
kalligrafisch calligraphic
kalm calm, quiet, cool, composed, sedate, self-possessed, serene [sky, temper]; *(vd markt)* quiet, easy; *een ~e overtocht, (ook)* a smooth passage; *~ blijven, zich ~ houden* keep calm (cool); *(niet driftig worden, ook)* keep one's temper (*fam:* one's cool); *hou je ~!, (praat niet tegen)* be quiet!; *~ aan (dan breekt het lijntje niet)* easy does it; *~ aan doen, het ~ aanleggen* go easy, go steady; *~ worden, zie* kalmeren II; *zie ook* kalmpjes & opnemen
kalmeren I *tr* calm, soothe [soothing to the nerves, a soothing influence], quieten, appease, allay [fears], pacify, tranquillize, steady [the nerves]; **II** *intr* calm down, regain one's composure, compose (calm, collect) o.s.; *~d middel* sedative, tranquillizer, calmative; *~d, (ook)* steadying [effect]
kalmoes sweet flag (*of:* sedge)
kalmpjes quietly, calmly; *~ aan!* steady!, steady on!, (go) easy!, easy does it!; *zie ook* kalm
kalmte calm(ness), composure, self-possession; *zijn ~ bewaren, zie* kalm: ~ blijven; *zijn ~ herkrijgen, zie* kalmeren II
kalmtegordel *(weerk)* doldrums
kalmweg coolly
kalomel calomel
kalong kalong, flying fox
kalotje skullcap; *(r-k)* calotte
kalven calve; *(v grond)* cave in; *(ve gletsjer, enz)* calve
kalverachtig calflike
kalverliefde puppy love, calf love
kam 1 comb; *alles over één ~* ***scheren*** [you shouldn't] ignore all distinctions, lump everything together; *allen over één ~ scheren* treat everyone similarly, judge everybody by the same standards; *zie ook* fijn; **2** *(ve haan)* comb, crest; *(ve vogel, hagedis, helm, enz)* crest; *de ~ opsteken* erect (elevate) one's crest; *(fig ook)* bristle up; **3** *(ve heuvel, enz)* crest, ridge; **4** *(ve rad: nok)* cam; *(tand)* cog, tooth; **5** *(ve viool)* bridge; **6** *(bananen)* hand, bunch
kameel camel *(ook het toestel)*
kameeldrijver camel driver
kameelhaar, kameelharen camel('s) hair
kameleon chameleon
kameleontisch chameleon-like
kamelot camlet
kamen grow (turn, go) mouldy
kamenier(ster) lady's maid
kamer 1 *(vertrek)* room, chamber; *~tje* little room; *(gezellig)* cubbyhole; *(in slaapzaal, enz)* cubicle; *huis met zes ~s* six-roomed house; *zijn ~* ***houden*** keep (be confined to) one's room; *gemeubileerde ~s te* ***huur*** furnished apartments to let; *~s* ***verhuren,*** *(ook)* take in lodgers; ***op*** *~s wonen* live in lodgings (in rooms; *fam:* in digs); *op ~s gaan wonen* go into lodgings (into rooms), move into digs; *(ook)* take up one's quarters [in a quiet street]; *op mijn ~* in my room; *zie ook* bestekamer, bed, doen, donker, nemen, enz; **2** *(holte)* cavity; *(ve vuurwapen, sluis, enz)* chamber; *(vh hart)* ventricle; **3** *(college)* chamber; *(jur)* court; *~ voor vakantie* vacation court; *de Eerste K~* the First Chamber (*Eng:* the Lords, the Upper House, the Second Chamber; *Am:* the Senate); *de Tweede K~* the Second Chamber (*Eng:* the Commons, the Lower House, *Am:* the House of Representatives); *was hij (aanwezig) in de K~?* was he in the House?; *K~ van Koophandel* Chamber of Commerce; *de ~* ***bijeenroepen*** *(ontbinden, openen, sluiten)* convoke (dissolve, open, prorogue) the (First, Second) Chamber; *de ~s ontbinden, (ook)* go (*of:* appeal) to the country; **4** *(attr ook)* indoor [game], armchair [strategist]
kameraad comrade, mate, fellow, companion; *(fam)* chum, pal
kameraadschap companionship, (good-)fellowship, (good-)comradeship, camaraderie
kameraadschappelijk companionable, comradely; *(fam)* chummy, matey, pally; *~ met elkaar omgaan* be on a familiar footing
kamerantenne indoor aerial
kamerarrest confinement to one's room; *(met acces)* open arrest; *(zonder acces)* close arrest; *hij heeft ~, (fig)* he is confined to his room
kamerbewaarder usher
kamerbewoner, kamerbewoonster lodger
kamerbreed wall-to-wall [carpeting]; *(fig)* overall, wide [agreement], general [support]
kamerconcert chamber concert
kamerdebatten parliamentary debates
kamerdienaar valet, man; *(scherts)* gentleman's gentleman; *(ve vorst)* groom of the chamber, chamberlain
kamerfractie Parliamentary party, [Liberal, Labour] party in the House
kamergeleerde armchair scholar, scholarly recluse
kamergenoot room-mate
kamergymnastiek indoor gymnastics
kamerheer chamberlain *(ook van de paus); ~ van dienst* lord (*of:* gentleman) in waiting
kamerhuur room rent
Kamerijk Cambray; *~s doek* cambric
kamerjas dressing gown
kamerkoor chamber choir
kamerlid member of the (Second) Chamber; *(in Eng)* Member of Parliament, MP; *(in Am)* Representa-

tive, Senator; ~ *worden* go into (enter) Parliament (the Second Chamber); ~ *voor de VVD* parliamentary representative of the VVD, VVD member
kamerlinde African hemp
kamermeisje parlourmaid; *(in hotel)* chambermaid
kamermuziek chamber music
Kameroen(s) Cameroon(ian)
kamerolifant fatso
kamerontbinding dissolution of the First (Second) Chamber (*in Eng:* of Parliament)
kamerorgel chamber organ
kamerorkest chamber orchestra
kameroverzicht parliamentary report
kamerplant house plant, indoor plant
kamerpot chamber (pot)
kamerpresident President of the First (Second) Chamber; *(in Eng)* Speaker of the House of Commons
kamerscherm draught screen; *(scheiding)* room divider
kamertemperatuur room temperature
kamertoon diapason normal
kamerverhuurder, kamerverhuurster lodging-house keeper
kamerverkiezing parliamentary election
kamerverslag report of the parliamentary debates, *(Eng parl)* Hansard
kamerverslaggever parliamentary correspondent
kamervlieg housefly
kamervragen: *er werden ~ gesteld* questions were asked in the House
kamerzetel (parliamentary) seat
kamerzitting session (sitting) of Parliament (of the 1st or 2nd Chamber)
kamfer camphor [ball, ice, laurel, tree]
kamferspiritus camphorated spirits
kamgaren worsted [yarn, suit]
kamgras dog(s)tail, windlestraw
kamhagedis iguana
kamig mouldy
kamille camomile [tea]; *(stinkende)* stinking camomile, mayweed
kamizool camisole
kammen comb; *vgl* kaarden
kammossel pecten, scallop
kamneus horseshoe bat
kamp 1 camp (*ook fig:* the Liberal camp), encampment; *in het ~, (ook)* under canvas; *de strijd in het vijandelijk ~ overbrengen* carry the war into the enemy's country (*of:* territory); *het ~ opslaan* pitch (the) camp (the tents); *het ~ opbreken* break (strike) camp; **2** *(afgepaald stuk grond)* enclosed field, lot, parcel; *bij ~en veilen* sell in lots; **3** *(strijd)* fight, combat, struggle; **4** ~ *geven* give in, throw up the sponge; *hij gaf geen ~* he fought (was game) to the last
kampanje *(mar)* poop
kampbeul camp bully
kampbewoner inmate of a camp
kampeerauto camper, motor home, mobile home
kampeerboerderij farm campsite
kampeerbusje motor caravan
kampeerder camper
kampeerterrein camping site, campsite; caravan park
kampeerwagen (touring) caravan, tourer; *(Am)* house trailer
kampement encampment, camp; *(Ind)* cantonment
kampen fight, struggle, combat, contend (*met* with); *te ~ hebben met* have to contend with, be up against, labour under [difficulties]; ~ *om* contend for [the mastery, the prize]
Kamperduin Camperdown
kamperen (en)camp, camp out; *wild ~* camp wild
kamperfoelie honeysuckle; *wilde ~* woodbine, woodbind
kampernoelie mushroom
kamperui *vglb:* Irish bull
kampioen champion (*ook attr:* champion boxer, skater, etc); *(fam)* champ; *(fig ook)* advocate; *de ~ van de vrijheid zijn* be the champion of liberty, champion liberty
kampioenschap championship [match, race]
kampong kampong, village
kamprechter umpire; *(zwemmen)* placing judge
kampvechter fighter, wrestler; *zie ook* kampioen
kampvuur campfire
kamrad cog-, gearwheel
kamschelp scallop
kamsel combings
kamwol combing-wool
kan jug, jar, can, mug; *(maat)* litre; *wie het onderste uit de ~ wil hebben, krijgt het lid op de neus* greediness punishes itself; grasp all, lose all; *je moet niet het onderste uit de ~ willen hebben* you cannot have everything; *hij wil altijd het onderste uit de ~* he drives a hard bargain; *in ~nen en kruiken* [that is all] cut and dried, [the agreement is] in the bag
kanaal 1 *(gegraven)* canal; *(natuurlijk)* channel; *het K~* the (English) Channel; **2** *(buis)* channel; duct; *(water, enz, ook)* conduit; *(in lichaam)* canal, channel; **3** *(fig)* channel [through the usual channels], conduit
Kanaalboot cross-Channel boat (*of:* ferry)
Kanaaldienst cross-Channel service
Kanaaleilanden Channel Islands
kanaalgelden canal dues (tolls)
Kanaaltunnel Channel Tunnel; *(fam)* Chunnel
kanaalzwemmen 1 Channel swimming; **2** zapping, channel-hopping, grazing
Kanaän Canaan; *de tale ~s, a)* the language of Canaan *(Jes. 19:18)*; *b)* scriptural language; *c)* cant
Kanaäniet Canaanite
kanalenkiezer channel selector, tuner
kanalisatie canalization; channelling
kanaliseren canalize [rivers]; channel(ize) [informa-

tion]

kanarie 1 canary; *Midden-Europese ~* serin; **2** *(boom)* kanari

kanariegeel canary yellow

kanariegras canary grass

kanariepiet (cock) canary

kanarievogel canary (bird)

kanariezaad canary seed

kanaster canaster

kandeel caudle

kandeelwijn negus

kandelaar candlestick, candleholder

kandelaber candelabrum (*mv:* -bra)

kandelaberen trim [trees]

kandidaat 1 candidate, *(ook)* [the Liberal] nominee; *(sollicitant)* applicant; *een ~* ***stellen*** nominate (put forward, *fam:* run) a candidate; *iem ~ stellen* nominate a p., put a p. up, enter a p. as a candidate; *zich ~ stellen* stand [for Liverpool, a post, etc; the present member will not stand again], put up; *~ zijn voor, (ook)* run for [the Presidency, etc]; **2** *(hist academische graad, vglb)* bachelor; *~ in de rechten (letteren, medicijnen, godgeleerdheid), (hist vglb)* Bachelor of Law (BL), of Arts (BA), of Medicine (BM), of Divinity (BD); *~ tot de Heilige dienst* candidate for holy orders, ordinand

kandidaat-notaris notary working as a junior pending a vacancy, *(vglb)* notary's managing clerk

kandidaatsexamen *(hist vglb)* BA examination, etc; *vgl* kandidaat 2

kandidaatstelling nomination, adoption; *bij enkele ~ gekozen worden* be returned unopposed

kandidatenlijst list of candidates

kandidatuur candidature, candidacy, nomination; *zijn ~ stellen* apply [for a post]

kandideren *zie* kandidaat 1: ~ stellen

kandij(suiker) (sugar) candy

kaneel cinnamon

kaneelappel sweetsop, custard apple

kaneelbast cinnamon (bark)

kaneelkleurig cinnamon(-coloured)

kaneelpijp, kaneelstokje stick of cinnamon

kanen 1 *ww (fam)* stuff o.s.; **2** *zn zie* kaan 2

kangoeroe kangaroo

kangoeroebal bouncing ball

kangoeroezak baby sling

kanis 1 fish-basket, creel; **2** *(hoofd)* nut, block; *hou je ~!* shut your trap!, put a sock in it!

kanjer whopper; *(fig)* genius

kanker cancer; *(v planten)* canker; *(fig)* cancer [cure the cancer of unemployment], canker [drugs are the canker in our society], pest [such men are social pests], blight; *zie ook* keelkanker, enz; *~ hebben* have (a) cancer

kankeraar grouser, grumbler, bellyacher, grievance-monger

kankerachtig cancerous, cancroid

kankerbestrijding fight against cancer, cancer control, anti-cancer campaign

kankerbloem *zie* klaproos, akkerwinde & plomp: gele

kankeren 1 cancer; *(fig)* canker; **2** *(mopperen, fam)* grouch, moan, grouse, *(sl)* chew the fat (the rag)

kankergezwel cancerous tumour (*of:* growth)

kankerlijder cancer patient

kankerpit *zie* kankeraar

kankerverwekkend carcinogenic, carcinogenous

kannetjeskruid 1 *(inlands)* common (field) penny cress; **2** *(Ind)* pitcher plant, monkey-cup

kannibaal(s) cannibal(istic)

kannibaliseren cannibalize

kannibalisme cannibalism

kano(ën) canoe

kanoër canoeist

kanoetstrandloper *(vogel)* knot

kanon I *zn* gun, *(inz hist)* cannon *(ev & mv);* **II** *bn zie* stomdronken

kanongebulder roar (boom, booming) of (the) guns

kanonnade cannonade

kanonneerboot gunboat

kanonnenvlees cannon fodder

kanonneren cannonade, bombard

kanonnier gunner

kanonschotsafstand: *op (buiten) ~* within (out of) gun range

kanonskogel cannon ball

kanonslag *(vuurwerk)* thunderflash

kanonvuur gunfire, cannonade

kanovaarder canoeist

kanovaren canoe

kans *(mogelijkheid)* chance [*op* of rain, etc]; *(gelegenheid)* opportunity [of (for) promotion]; *(gevaar)* risk, hazard; *(waarschijnlijkheid)* probability; *~je* half a chance, off chance; *een kleine ~, (ook)* an outside chance; *een klein ~je op ontsnapping* a loophole, a slender (an outside) chance of escape; *één ~ op de honderd* a hundred to one chance, a chance in a million; *de ~ is tien tegen een dat hij niet komt* the odds are ten to one against his coming; *er is geen ~ op dat hij komt* there is no chance of his coming; *er is niet veel ~ op dat er iets gebeurt (dat hij je ziet)* there is not much chance of anything happening (of his seeing you); *iem de ~* ***geven*** *iets te doen* give a p. a chance of doing s.t.; *geef hem een (eerlijke) ~* give him a (fair) chance; *iem een eerlijke ~ geven, (ook)* give a p. a run for his money; *de ~en staan* ***gelijk*** the chances are even; it is a toss-up; *gelijkheid van ~* equality of opportunity; *gelijke ~en voor allen* equal opportunities [employer]; *er is* ***grote*** *~ dat ...* there is a great chance that ..., the chances (the odds) are that ...; *~* ***hebben*** have (stand) a chance, *(fam)* have a look-in; *(bij sollicitatie, ook)* be in the running; *hij heeft alle ~ er veel bij te winnen* he stands to win a lot by it; *je hebt geen schijn van ~* you have not the ghost of a chance (not a dog's chance; *fam:* not an earthly); *~ (een goede, aardige, weinig, geen ~) heb-*

ben om de post te krijgen stand a chance (a good, a fair, a poor, no chance) of getting ...; *hij zou niet veel ~ hebben* he wouldn't have (*of:* stand) much of a chance; *een kwade ~ maken (lopen) om* ... run a serious risk of ...; *een prachtige ~, (ook)* a hundred to one chance; *allen hebben dezelfde ~* everyone stands an equal chance; *meer ~* a better chance; *waar heb ik de meeste ~ een taxi te vinden?* where am I most likely to find ...?; *wisselende ~en* swaying fortunes [of war]; *de ~ kan **keren*** things may take a turn, (the) luck may turn; *daardoor keerde de ~ van de oorlog* that turned the fortune of the war; *een ~ zoals men nooit weer **krijgt*** the chance of a lifetime (of his, etc life); *de ~ **lopen** (om) te* ... run the risk of ...ing; *de ~ **schoon** zien* see one's chance (*of:* opportunity), see one's way clear; *de ~ **waarnemen*** seize the opportunity; *een ~ ten volle waarnemen* make much (the most) of a chance; *een ~ **wagen*** take one's (a) chance; *ik **zie** (geen) ~ het te doen* I see my way to do it (see no way of doing it) [*zo:* I don't see my way to comply(ing) with your request]; *ik zie er geen ~ toe* it is beyond my power, it is more than I can do; *hij zag ~ te ontsnappen* he managed (contrived) to escape; *zie ook* verkijken

kansarm underprivileged, deprived

kansberekening *zie* kansrekening

kansel pulpit; *van de ~ aflezen* announce from the pulpit; *de ~ verlaten* step down from the ministry; *zie ook* beklimmen & wildkansel

kanselarij chancery, chancellery

kanselarijschrift chancery script (*of:* hand)

kanselarijstijl official style; *(fam)* officialese

kanselbijbel *(vglb)* lectern bible

kanselier chancellor

kanselredenaar pulpit orator

kanselstijl, kanseltaal pulpit style

kanshebber likely candidate (winner, etc); *hij is de grootste ~* he has the best chance (of succeeding), is the favourite

kansloos doomed; hopeless; *hij was volstrekt ~* he never had a chance, *(fam)* he didn't have a snowball's chance (in hell)

kansovereenkomst aleatory contract

kanspaard *zie* kanshebber

kansrekening theory of chances, probability calculus; calculus (calculation) of probabilities

kansrijk likely [candidate]; *~ zijn* be well-placed for success, likely to suceed

kansspel game of chance (of hazard)

[1]kant *(weefsel)* lace; *onechte ~* imitation lace; *zijden ~* silk lace, blonde lace

[2]kant *(rand)* side, face; *zie ook* [1]zijde; *(rand, zoom)* border, *(v water)* edge; *(oever)* bank, border; margin; *(ve afgrond)* brink; *(ve trottoir, enz, scherpe ~)* edge; *(onbeschreven rand)* margin; *(aspect)* side, aspect; *zie ook* kantje; *de mooie (lelijke) ~* the sunny (seamy) side [of life]; *die ~ van de zaak is volstrekt nieuw voor me* that aspect of the matter is ...; *de zaak heeft een **andere** (haar **grappige**) ~* there is another (a humorous) side (aspect) to the matter; *het gesprek ging een andere ~ op* took another (a new) turn; *de andere ~ uitkijken* look the other way, look away; ***de goede** ~ boven* right side up; *het heeft zijn goede ~* it has its good side; *de goede (verkeerde) ~ **opgaan*** go the right (wrong) way; *elke zaak heeft **twee** ~en* there are two sides to every question; *die (deze) ~ **uit*** that way, [come] this way; *de ~ van Epping uit* [a village] out Epping way, [he walked] Epping way; *de frank ging dezelfde ~ uit* the ... followed a similar course, was going the same way; *mijn neigingen gaan die ~ niet uit* my inclinations do not lie in that direction (that way); *hij kan nog alle ~en uit* he is still a free agent (still free to do as he pleases, still has all his options open); *daar kun je alle ~en mee uit* it will serve all sorts of purposes; *geen ~ uit kunnen* have nowhere to turn; *vgl ben:* naar alle ~en; *die ~ moet het onderwijs uit* that's the way in which education ought to develop; *dat raakt ~ noch **wal*** that's preposterous; ***aan** ~* tidy; *dat is weer aan ~, (fam)* that job is done (finished with); *aan ~ doen* tidy up [a room], scrap [an old engine]; *zijn zaken aan ~ doen* retire from business; *(fam)* put up the shutters; *iets aan ~ gooien* throw s.t. away; *iets aan ~ leggen* put s.t. to one side; *aan ~ zetten* swallow [one's pride], put [one's pride] in one's pocket; scrap [old ideas, prejudices]; ***aan alle** ~en* on every side, on all sides; [lose money] on all hands; *maar aan de andere kant* ... but on the other hand ...; *hij is erg zuinig en ik ben een beetje te veel aan de andere ~* he is very tight about money, and I am a bit too much the other way; *het karpet kan aan beide ~en gebruikt worden* the carpet is reversible; *aan deze ~ van* ... at (on) this side of ...; [I met him] (on) this side of [the Strand]; *aan de ene ~ geloof ik ... aan de andere* ... on the one hand ..., on the other ...; *aan de kleine, enz ~* [my hat is] on the small (large) side; *het blijft aan de koele ~* it will remain rather chilly; *aan de ~ van de weg* at (by) the side of the road, by the wayside (roadside); ***langs de** ~ van het water lopen* walk by the waterside; ***naar de** ~ zwemmen* swim ashore; *naar de ~ uithalen (roeien)* pull in; *naar de ~ van het trottoir gaan* draw into the kerb; *ik ben naar alle ~en bezet* I am so busy I don't know which way to turn; *naar alle ~en rondzien* look in all directions; *naar alle ~en uitglijden, (fam)* slide all over the place; *het bloed spoot naar alle ~en* the ... squirted all over the place; ***op** zijn ~ zetten* up-end, cant [a cask]; put [boards, etc] edgeways; *iets op de ~ aantekenen* make a marginal note; *het is een dubbeltje (stuivertje) op zijn ~* it's a (mere) toss-up, it's touch and go (a gamble, *fam:* a close call); *iets **over** z'n ~ laten gaan* put up with s.t.; *hij kan het niet over z'n ~ laten gaan* he can't let it pass, pass it over; ***van alle** ~en* [hear s.t.] on all sides, [come] from all quarters, from every quarter; *van alle ~en geeft men dat toe* it is admitted on all hands; *de zaak* *van alle ~en bezien* discuss (consider, study) the matter from every single angle (in all its aspects); *iets van de beste (van de praktische) ~ beschouwen* put a good face on a thing (consider a thing from a practical point of view); *de antipathie kwam niet van één ~* the ... was not one-sided; *van geen ~* not in any way, in no way; *zich (iem) van ~ maken* kill o.s. (a p.), *(sl)* do (a p.) in; *ik, van mijn ~* I on (for) my part; I, for one; I, on my side; *van moeders (vaders) ~* [grandfather, relations] on the (my, etc) mother's (father's) side, maternal (paternal) [grandfather]; *de dingen van de mooie (lelijke) ~ zien* see the bright (dark) side of things; *men kan de zaak van twee ~en bekijken* there are two sides to the question; *het mes snijdt van (aan) twee (beide) ~en, (fig)* that works both ways; *mishandeling van de ~ van de politie* ill-treatment at the hands of the police; *achterdocht van de ~ van zijn vrouw* suspicion on the part of his wife; *hij ziet het leven van veel ~en* he sees life from many angles; *van welke ~ men de zaak ook bekijkt* whatever view we take of the matter

[3]**kant** *bn* neat; *~ en klaar* [find things] ready to hand; *(keurig in orde)* in apple-pie order

kantbeschikking apostil

kanteel battlement, crenel, crenelle

kantekleer chanticleer

kantelbed wall bed

kanteldeur up-and-over door

'kantelen I *tr* **1** tip up, tilt, cant; **2** *(omkantelen)* turn bottom up, turn over, overturn; **II** *intr* topple (turn) over, overturn; *(ve schip)* capsize, turn turtle; *niet ~!* this side up!

kan'telen *ww* crenellate, embattle

kanteloep cantaloupe (melon)

kantelraam Velux window

[1]**kanten** *bn* (of) lace; *~ ondergoed, (ook)* frillies

[2]**kanten** *ww* square; *(schuin)* cant; *(schip)* careen; *zich ~ tegen* oppose, turn against, set one's face against, resist

kant-en-klaar *zie* gebruiksklaar

kanthaak cant-dog, cant-hook

kanthalf *(sp)* wing half

kanthout squared timber

kanthouwen square [timber]

kantig angular, sharp-edged

kantine canteen, cafeteria; *rijdende ~* mobile canteen

kantje 1 side, *vgl* [2]kant; *(ve brief)* page, side; *de ~s eraf lopen* malinger, *(fam)* swing the lead; *het was op het ~ af, het was ~ boord* it was a close shave, a narrow escape (*of:* squeak), a near thing, touch and go, *(fam)* a close call; *(op het ~ van fatsoen, eerlijkheid, enz)* it was sailing very near (close to) the wind [his transactions were pretty close to the wind], near the knuckle; *ze was op het ~ van onbeleefd* she was barely civil; *op het ~ af ontsnappen* escape (get off) by (with) the skin of one's teeth; *op het ~ af slagen* scrape through (an examination), get through by (with) the skin of one's teeth (by a narrow margin); *schetsen die op het ~ af zijn* daring sketches; **2** *(haring)* cran

kantkloss(t)er lacemaker

kantkussen lace-pillow

kantlijn 1 marginal line; *een ~ trekken* rule (draw) a margin; **2** *(meetk)* edge

kanton canton

kantongerecht cantonal court, *(vglb)* magistrate's court

kantonnaal cantonal

kantonnement cantonment

kantonnier lengthman

kantonrechter cantonal judge

kantoor office; *je bent aan het verkeerde ~* you have come to the wrong shop, have mistaken your man, are barking up the wrong tree; ***ten kantore van*** at the office of

kantoorbaan office (*of:* clerical) job

kantoorbediende (office) clerk

kantoorbehoeften 1 *(schrijfbehoeften)* stationery; **2** office equipment

kantoorboekhandel stationer's (shop)

kantoorgebouw office building (*of:* block)

kantoorpersoneel office staff (employees, workers)

kantoorstoel desk chair

kantoortijd *(v personeel)* office hours; *(voor publiek)* business hours; *na ~* after business hours

kantoortuin open-plan office

kantooruren *zie* kantoortijd

kantoorvlag house flag

kantoorwerk office work, clerical work

kantoorziekte sick (*of:* tight) building syndrome, TBS

kantrechten square; *(sloot, vglb)* ditch(ing)

kantschrijven covering letter (note)

kanttekening marginal note, side note; *(mv ook)* marginalia; *ergens ~en bij plaatsen* add (critical) observations to s.t.

kantwerk lace(work)

kantwerk(st)er laceworker, lacemaker

kanunnik canon

kaolien kaolin

kap *(algem, hoofddeksel, enz)* cap; *(ve mantel, voor hoofd & hals, van rijtuig, auto, huifkar, valk)* hood; *(ve auto, ook)* top, head [*vast* fixed head; *niet vast* drop head]; *(capuchon)* cowl, hood; *(nonnen~)* wimple; *(over automotor)* bonnet; *(ve vliegtuigmotor)* cowling, *(zitplaats)* canopy *(ook voor wasem~ e.d.)*; *(schoorsteen~)* cowl, cap, top; *(ve lamp)* shade; *(ve gebouw)* roof; *(ve molen)* cap, dome; *(ve laars)* top; *(ve muur)* coping; *zie ook* luifel & monnik; *onder de ~, (ve huis)* covered in; *een van twee onder één ~* [the house is] semi-detached; *Friese ~* gold (or silver) casque; *de ~ aannemen* take the cowl

kapdoos toilet case, dressing case

kapduif jacobin

kapel 1 *(bedehuis)* chapel; **2** *(insect)* butterfly; **3** *(mu-*

ziekkorps) band
kapelaan curate, chaplain
kapelmeester (town, military) bandmaster
kapen I *tr* **1** hijack [a plane]; *(ter zee)* capture; **2** *(stelen)* purloin, pinch, pilfer, filch; **II** *intr* **1** privateer; **2** pilfer
Kapenaar inhabitant of Cape Town
kaper hijacker; *(ter zee)* privateer, raider *(beide ook het schip)*; pilferer, *vgl* kapen; *(muts)* hood; *er zijn ~s op de kust* the coast is not clear; there are competitors in the field
kaperbrief letter of marque (and reprisal)
kaperschip privateer, raider
kapgebint truss
kapgewelf 1 (wooden roof) vault; **2** cell
kaphandschoen gauntlet (glove)
kaphout copse(wood)
kaping hijack
kapitaal I *zn* **1** *(geld)* capital; *(vs rente)* principal; *van ~ voorzien* finance; *man van ~* man of capital; **2** *(letter)* capital [printed in ALL CAPITALS]; **II** *bn* capital; *~!* capital!; *kapitale letter* capital (letter); *kapitale beginletter* capital initial; *kapitale fout* capital error; *~ huis* substantial house; **III** *bw* [he is doing] capitally, [lie] shamelessly
kapitaalafvloeiing flight of capital
kapitaalband *(boven)* headband, *(onder)* tailband
kapitaalgoederen capital goods; *belegging in ~* capital investment
kapitaalheffing capital levy, levy on capital
kapitaalkrachtig financially strong, well provided with capital, substantial [company], wealthy [backer]
kapitaalrekening capital account
kapitaaluitgave capital expenditure
kapitaaluitgifte capital issue
kapitaalverkeer flow of capital, capital movements
kapitaalvernietiging destruction of assets (of capital)
kapitaalverzekering endowment policy
kapitaalvlucht flight of capital
kapitaalvorming capital accumulation (formation)
kapitalisatie 1 capitalization; **2** realization
kapitaliseren capitalize; *(te gelde maken)* realize
kapitalisme capitalism
kapitalist capitalist
kapitalistisch I *bn* capitalist(ic); **II** *bw* capitalistically
kapiteel capital, head (of a column)
kapitein captain; *(ve schip)* captain, master; *(ve kleine koopvaarder)* skipper; *~ der infanterie* infantry captain; *~-ter-zee* (naval) captain
kapitein-generaal *(hist)* captain-general
kapitein-intendant Army Service Corps (ASC) captain
kapitein-kwartiermeester paymaster
kapitein-luitenant commander
kapiteinschap captainship, captaincy
kapiteinskopie *(ve cognossement)* captain's copy
kapitein-vlieger flight lieutenant
kapittel chapter *(alle bet)*; *(een) stem in het ~ hebben* have a say (in the matter)
kapittelen: *iem ~* read a p. a lecture, lecture (reprimand) a p.
kapittelheer canon
kapittelkerk minster
kapittelsgewijs in (by) chapters
kapittelstokje 1 *(eig)* bible marker; **2** *(sluiting)* toggle
kapittelzaal chapterhouse
kapje 1 (ˆ) circumflex; **2** *(ve brood)* heel; *zie* kap & kalotje
kaplaars top boot, jackboot
kapmantel 1 hooded cloak, capuchin; **2** *(bij het kappen)* dressing jacket
kapmeeuw black-headed gull
kapmes chopper, chopping knife
kapoen(en) capon(ize)
kapoeres done for; *zie ook* kapot
kapoets(muts) fur cap
kapok(boom) kapok (tree)
kapoot 1 capote; **2** hood; **3** condom
kapot I *bn* broken [glasses, etc], cracked [cup], torn [coat], defective [lock], punctured [tube], [it has] gone to pieces, [it is] all to pieces, [my socks are] in holes, [the lock is] out of order, [one elbow of the jacket was] out; *(dood)* gone west; *(doodop)* knocked up, knackered; *(v verdriet)* broken-hearted, cut up; *(vd zenuwen)* frayed, [my nerves are] all to pieces; *(op de fles)* gone to smash; *helemaal ~* [his clothes were] in tatters, [the dress was] ruined; *~ aan de tenen* [slippers] gaping at the toes; *~* ***gaan*** break, go [her blouse was beginning to go in one place], go to pieces *(ook fig)*, smash; *(bankroet)* go to pot, come to grief; *(doodgaan)* pop off, go west; *het ging in mijn handen ~* it came to pieces in my hands; *~* ***gooien*** smash (to pieces); *~ ~* ***maken*** break [coal]; smash; *~* ***slaan*** smash (up); *zie ook* kort: ~ en klein; run through [one's money]; *het kopje viel ~* the cup smashed; *zich ~* ***werken*** work o.s. to death; *~* ***van vermoeidheid*** worn out with fatigue; *hij was er ~ van* he was dreadfully cut up by it; *ik ben er niet ~ van* I am unimpressed; **II** *zn zie* kapothoed, kapotjas, kapotje
kapothoed bonnet
kapotjas capote, greatcoat
kapotje 1 condom, *(fam)* rubber, *(Am ook)* safe; **2** *(hoed)* bonnet
kappen 1 fell, cut down [trees], chop [wood], cut [the cable], cut away [the mast]; *met z'n werk ~* chuck one's job, quit; **2** *(haar)* dress [the hair]; *zich laten ~* have one's hair done; *de pas gekapte dames* the newly coiffured ladies
kapper 1 *(inz dames~)* hairdresser, hairstylist; *(heren~)* barber; **2** feller, woodcutter, etc; **3** *(plant)* caper
kappersschool hairdressing school
kapperswinkel hairdresser's (shop)

kappertjeskool drumhead (cabbage)
kappertjessaus caper sauce
kapsalon hairdresser's (shop), hairdressing salon
kapseizen capsize, turn turtle
kapsel hairstyle, coiffure, *(fam)* hairdo
kapsones: *~ hebben (maken)* make a fuss; *vgl* captie
kapspiegel dressing-table mirror
kapster hairdresser, hairstylist
kapstok hallstand, hatrack; row of pegs; *(knop)* peg, *(haak)* coat hook; *(fig)* peg [to hang s.t. on]; *~je* (clothes-, coat-)hanger; *aan de ~ hangen, (fig)* shelve [a plan]
kapstokartikel blanket clause
kaptafel dressing table, toilet table
kapucijn Capuchin
kapucijner 1 Capuchin; *~ aap* capuchin monkey; *~ monnik* Capuchin (monk), grey (*of:* Franciscan) friar; *~ non* grey (*of:* Franciscan) nun; *~ orde* Franciscan order; **2** *(erwt, vglb)* marrowfat (pea)
kapverbod timber-felling prohibition; *een ~ leggen op een laan, enz* prohibit the cutting down of trees (of timber)
kapwieg bassinet
kapzaag tenon saw
kar 1 cart; *(hand~)* handcart, barrow, *(laag)* trolley; *de ~ trekken* carry the enterprise, etc; **2** *(karvol)* cartload; **3** *(fiets, auto)* machine
karaat carat; *goud van 18 ~* eighteen carat gold, gold of 18 carats
karabijn carbine
karabinier carabineer
karaf *(open)* carafe; *(met stop)* decanter
karakter 1 *(teken)* character, mark, sign; **2** *(aard, biol soort, persoon)* character; *man van ~* man of character; *het heeft het ~ van ...* it is in the nature of ...; *de rede was opruiend van ~* the speech was of an inflammatory nature
karaktereigenschappen qualities (traits) of character
karakterfout defect of character
karakteriseren characterize; be characteristic of
karakteristiek I *bn* characteristic (*bw:* -ally), distinguishing [mark]; *het ~e van* the characteristic feature(s) of; **II** *zn* delineation, description; *(rek)* characteristic
karakterloos characterless, of no character, lacking character; *(gewetenloos)* unprincipled
karaktermoord character assassination
karakterrol character part
karakterschets character sketch, profile
karaktertekening characterization
karaktertrek trait of character, characteristic
karaktervastheid strength of character
karaktervorming character building, character formation, formation of character
karamel caramel
karaoke karaoke
karate(slag) karate (chop)
karavaan caravan [route, track]
karavanserai caravanserai
karbeel corbel
karbies (plaited two-handled) shopping basket
karbonade chop, cutlet
karbonkel carbuncle *(ook puist)*
karbonkelneus copper nose
karbouw water buffalo, carabao
kardemom cardamom, cardamum
kardinaal I *bn* cardinal; *het kardinale punt, (ook)* the vital point, the root question, the crux of the question; **II** *zn* cardinal *(ook de vogel)*
kardinaalgetal cardinal (number)
kardinaalsbloem cardinal flower
kardinaalshoed cardinal's hat; *de ~ ontvangen* be raised to the purple
kardinaalsmuts *(plant)* spindle tree
kardinaalvogel cardinal bird
kardinalaat cardinalate
kardoen *(plant)* cardoon
kardoes 1 poodle; **2** *(huls)* cartouche; **3** cartridge (paper); **4** roll of coins
kareel tile
karekiet: *kleine (grote) ~* (great) reed warbler
Karel Charles; *~ de Dikke (de Kale, de Stoute)* Charles the Fat (the Bald, the Bold); *~ de Grote* Charlemagne; *de tijd van ~ I en II, (Eng)* the Caroline age
Karelië Karelia
Karelromans Charlemagne romances
karet(schildpad) 1 hawksbill (turtle); **2** *(stof)* tortoiseshell
karhengst lout
kariatide caryatid
kariboe caribou
karig 1 *(schraal)* scanty [meal], meagre [wages], slender [means]; *~ gemeubileerd* scantily furnished; *zie ook* schraal; **2** *(schriel)* parsimonious; *~ met woorden* sparing of (one's) words; *ze was niet ~ met haar lof, (ook)* she did not stint her praise
karigheid 1 scantiness; **2** parsimony
karikaturiseren caricature, take off
karikaturist caricaturist
karikatuur caricature, take-off; *een ~ maken van* caricature, take off [a p.]
Karinthië Carinthia
Karinthiër, Karinthisch Carinthian
karkas carcass; *(bouwskelet, ook)* skeleton
karkiet: *kleine (grote) ~* (great) reed warbler
karma karma
karmeliet(er) *(monnik)* Carmelite (friar)
karmelietes Carmelite (nun)
karmijn carmine
karmijnrood carmine, crimson
karmijnzuur carminic acid
karmozijn(en), karmozijnrood crimson
karn churn
karnemelk buttermilk
karnen churn

karnton churn
Karolinger, Karolingisch Carolingian, Carlovingian; *Karolingische minuskel* Caroline minuscule
karonje shrew, vixen, virago, scold
karos state carriage, coach
karot roll
Karpaten: *de* ~ the Carpathians, the Carpathian Mountains
karper carp [pond]
karpet (square of) carpet
karpetschuier carpet brush, *(met lange steel)* carpet sweeper
karren 1 cart; **2** *(fietsen)* bike, pedal
karrenpaard carthorse
karrenspoor cart track
karrenvoerder carter
karrenvracht cartload *(ook fig)*
karrenwiel cartwheel
karretje 1 little cart, etc; *zie ook* kar; *(rijtuigje)* trap; *iem voor zijn ~ spannen* get a p. to do one's work for one; *zich voor iems ~ laten spannen* become some-one's tool (cat's-paw); **2** *(fiets)* bike, machine
karst karst [formation, scenery, spring, window]
kart (go-)kart
'kartel notch
kar'tel cartel
kartelblad lousewort
karteldarm colon
kartelen 1 notch; *(munten)* mill; *(doppen, enz)* knurl; *gekartelde snede* serrated edge; **2** *(v melk)* curdle, run
kartelig notched; *(ve munt)* milled; *(ve blad, schelp, enz)* crenate(d)
karteling milling; knurling
kartelmes serrated knife
kartelrand *(ve munt)* milled edge; *(ve flessendop e.d.)* knurled edge
kartelschaar pinking scissors
karteren map (out), survey
kartering mapping out, survey; *lucht~* aerial survey
kartets round of grapeshot, case-shot; *~en* grapeshot
karting (go-)karting
karton 1 cardboard, pasteboard; **2** *(doos)* cardboard box, carton [of cigarettes]; **3** *(tekening)* cartoon; **4** *(bijkaartje)* inset (map)
kartonnen card-, pasteboard; *~ doos, zie* karton 2
kartonneren board, put (bind) in boards
kartouw *(hist)* cannon royal; *zo dronken als een ~* as drunk as a lord (a fiddler)
kartuizer Carthusian [monk, nun, convent]
karveel carvel [a carvel-built boat], *(inz hist)* caravel
karwats 1 riding whip, hunting crop; *met de ~ slaan* horsewhip; **2** cat(-o'-nine-tails)
karwei job, piece of work, chore; *naar (de, het) ~ gaan* go to (one's) work; *bezig met (of: op) het ~* [have ten men] on the job; *een hels (heidens) ~* a tough job (problem); *allerlei ~tjes doen (opknappen)* do odd jobs, make o.s. generally useful
karwij caraway [seed]
kas 1 *(ve horloge)* (watch-)case; *(ve oog, tand)* socket; *(in ring)* bezel; **2** *(voor planten)* greenhouse, glass-house; *(broei~)* hothouse; ***uit de ~, kas-, (ook)*** forced [grapes]; **3** *(geld)* cash; *(kantoor)* cash-, pay-office; *zie* kassa 2; *'s lands ~* the exchequer, the cof-fers of the State; *de openbare ~* the public purse, [the money is to come from] public funds; *de ~* ***houden*** keep the cash; *de ~* ***opmaken*** make up the cash, *(Br)* cash up; ***aan de ~ betalen*** pay at the counter (the desk); ***goed bij*** *~ zijn* be in cash (flush, flush with money, in funds); *ik ben niet (of: slecht) bij ~* I am out of cash (short of money), I am hard up (for money); *geld* ***in*** *~* cash in hand; *zie* klein & puilen
kasboek cash book; *zie ook* huishoudboek
kascheque giro-cheque for cash withdrawal
kasdruiven hothouse grapes
kasgeld till-money, cash (in hand)
kasgeldrekening cash account
kasgroenten glasshouse vegetables, vegetables grown under glass
kashba kasbah
kasje: *~ gooien* (play at) dice; *iem ~ zes slaan* knock a p. senseless; *~ klote* bugger all
kasjmier cashmere [shawl], kerseymere
Kasjmir(i) Kashmir(i)
kasmiddelen cash (resources), cash in hand
Kaspische Zee: *de ~* the Caspian (Sea)
kasplant hothouse plant *(ook fig)*
kasregister cash register
kasrekening cash account
kassa 1 cash; *per ~* net cash; **2** pay desk, cash desk, cash point, [supermarket] checkout, [cinema, etc] box office; *(opschrift)* pay here; *de ~ opmaken* cash up; *~!, (fam)* collect!
kassabon receipt, sales check (*of:* slip)
kassaldo cash balance
kassei sett, cobble(stone)
kasseien pave
kassen set [in gold, etc]
kassian pity; *~!* poor fellow!, poor thing!; *~ hebben met* sympathize with
kassie 1 cassia [tree]; **2** *zie* kasje
kassier 1 *(kashouder)* cashier; *(ve bank, ook)* teller; **2** banker
kassiersboekje passbook, bank book
kassiersbriefje cheque
kasstortingsformulier inpayment form
kasstroom cash flow
kasstuk 1 voucher; **2** *zie* kassucces
kassucces box-office draw (hit, success); *een gega-randeerd ~ zijn, (ook)* be highly bankable
kast 1 *(algem)* cupboard, press, *(Am)* closet; *(kleer~)* wardrobe; *(linnen~)* linen cupboard; *(lade~)* chest of drawers; *(boeken~)* bookcase; *(porselein-, instru-menten-, tv-, enz)* cabinet [a china, TV cabinet, a cabinet of instruments]; *(ve piano, klok, enz)* case; *(in museum, enz)* [glass] case; *piano in ~ van noten-*

hout piano in walnut case, walnut-cased piano; ***op de ~ jagen*** take the mickey out of [a p.], get (take) a rise out of a p.; *(kwaad maken)* get a p.'s rag out; *laat je niet op de ~ jagen* keep your shirt (your hair) on; *alles **uit** de ~ halen* make every effort; *uit de ~ komen, (fig)* come out (of the closet); *zie ook* kastje; **2** *(horloge~)* watch-case; *(viool~)* body; **3** *(kamer)* digs; *(gevangenis)* quod, can, clink; *(bordeel)* bawdy house; *een ~ van een huis* a barrack (barn) of a house; ***in** de ~ zetten* run in [a drunken man]; *hij zit in de ~* he is in quod, is doing time; **4** *oude ~, (rijtuig)* rattletrap

kastanje chestnut (tree); *tamme ~* sweet (Spanish) chestnut; *wilde ~* horse chestnut, *(fam)* conker; *ik wil voor u de ~s niet uit het vuur halen* I am not going to pull the chestnuts out of the fire for you, I won't be made a cat's-paw of by you

kastanjeboom chestnut (tree)

kastanjebruin chestnut, auburn [hair], bay [horse]

kastanjekleurig chestnut(-coloured)

kaste caste [system]

kasteel *(middeleeuws)* castle; *(in Eng ook)* country house; *(in Frankrijk)* chateau; *(burcht, ook)* citadel; *(schaakspel)* rook; *zie ook* luchtkasteel

kasteelheer lord of the (a) castle

kasteelplein castle yard

kasteelroman *(vglb)* Gothic novel

kasteelvrouwe lady of the (a) castle, chatelaine

***kastegeest** *(Wdl: kastengeest)* spirit of caste

kastekort deficit, deficiency

kastelein innkeeper, publican, landlord, licensee [of the Bull Hotel]; *(hist)* castellan

kasteleines, kasteleinse landlady

kastenmaker cabinetmaker

kastenwand wall units

kastijden chastise, castigate, punish; *(met de roede, ook)* (apply the) birch (to); *(bijb)* chasten; *zijn vlees ~* mortify one's flesh

kastijder chastiser, castigator

kastijding chastisement, castigation

kastje *zie* kast; *(vooral voor privégebruik)* locker; *(bed-, radio-, muziek-, enz)* cabinet; *(tv)* box; *~ kijken* view; *ze stuurden me van het ~ naar de muur* I was sent (driven) from pillar to post

kastjekijker *(sl)* couch potato

kastlijntje *(typ)* metal rule; *(kort)* em-rule, (em-)dash

kastnummer pressmark, *(inz Am)* shelfmark

kastoor beaver, castor

kastoren beaver; *~ hoed* beaver (hat)

kastpapier shelf paper

kastrand lace(d) paper edging

kastrol casserole, saucepan, stewpan

kasuaris cassowary

kasvoorraad cash in hand

kasvruchten hothouse fruit

kat 1 cat; *(wijfje; ook: gestreepte ~)* tabby cat; *zij is een echte ~* she is a regular (tiger-)cat; *zo'n kleine ~!* the little tiger-cat!; *~ in het **bakkie**, (fam)* easy meat, child's play, a piece of cake; *de ~ de **bel** aanbinden* bell the cat; *de ~ uit de **boom** kijken* wait to see which way the wind blows, sit on the fence, play a waiting game, play for safety; *er omheen lopen als de ~ om de hete **brij*** pussyfoot, be pussyfooting; *andere ~ten te **geselen** hebben* have other fish to fry; *de ~ in de **gordijnen** jagen* put the cat among the pigeons; *toen was de ~ in de gordijnen* then there was hell to pay; *leven als ~ en **hond*** lead a cat-and-dog life; *of je van de ~ of van de **kater** gebeten wordt, het blijft hetzelfde* it is six of one and half a dozen of the other; *hij **knijpt** de ~ in het donker* he does things on the sly; *~ en **muis** spelen met* play cat and mouse (a cat-and-mouse game) with; *als de ~ weg (van huis) is, dansen de muizen* when the cat's away the mice will play; *een ~ in het **nauw**, (fig)* a cornered rat; *een ~ in het nauw maakt vreemde sprongen, (vglb)* desperate needs lead to desperate remedies; *als een ~ in een vreemd **pakhuis*** [feel] out of one's element, like a fish out of water; *de ~ op het **spek** binden* trust the cat to keep the cream, set the fox to watch the geese; *zijn ~ **sturen*** fail to come; *iets **voor** de ~ zijn kut (kont, kloten) doen* be wasting one's time; *maak het de ~ **wijs*** tell it to the marines!; *een ~ in de **zak** kopen* buy a pig in a poke; *een ~ in de zak, (ook)* a blind bargain; *zie ook* katje & gelaarsd, muizen, poes, smeer, verzuipen, enz; **2** *(standje)* reprimand; **3** *(versterkingskunst)* cavalier; **4** *(oud krijgstuig)* cat; **5** *(~ met negen staarten)* cat(-o'-nine-tails); *(mar)* cat

katabolisch catabolic

katabolisme catabolism

katachtig catlike, feline, felid; *zie ook* kattig

katafalk catafalque

katalysator catalyst *(ook fig)*; *(v motor ook)* cat(alytic) converter, catalyser

katalyse catalysis

katalytisch catalytic

katapult catapult *(alle bet)*; *(klein schiettuig, Am)* slingshot; *met een ~ (af)schieten (beschieten)* catapult

katapulteren catapult

Katar(ees) Qatar(i), Katar(i)

kater 1 tom(cat); **2** hangover; [get up with a] head; *morele ~* moral hangover; **3** [be left with a] sense of disillusionment

katern quire; *(boekbinden)* section, gathering

kathaar Cathar(ist)

katheder 1 lectern; *zie ook* spreekgestoelte; **2** bishop's throne, cathedra

kathedraal cathedral (church)

katheter catheter

kathode cathode

kathodestraalbuis cathode ray tube

kathodisch cathodic

katholicisme (Roman) Catholicism

katholiciteit catholicity

katholiek *bn & zn* (Roman) Catholic
katholiseren catholicize
katjang 1 peanut(s), monkey-nut(s); **2** *(min)* half-caste
katje kitten; *(ve plant)* catkin; *(meisje) zie* kat; *ze is geen ~ om zonder handschoenen aan te pakken* she has a tongue of her own, you'll have to watch your step with her; *in het donker (bij avond, nacht) zijn alle ~s grauw* all cats are grey in the dark
katjesdragend amentiferous [tree]
katjesspel: *dat wordt nog ~* it is sure to end in ructions
katoen cotton; *(pit)* (cotton) wick; *hem van ~ geven* buckle down (to the job); *(iem)* give a p. a hiding
katoenachtig cottony
katoenbatist cotton cambric
katoendrukker calico printer
katoenen cotton; *~ stoffen* cottons, cotton fabrics
katoenfabriek cotton mill
katoenflanel flannelette
katoenfluweel velveteen
katoengaren cotton yarn
katoenknopkever boll weevil
katoenolie cottonseed oil
katoenpit cottonseed
katoenspinnerij cotton mill
katoenstruik cotton plant
katoentje (cotton) print; *(japon, ook)* print dress
katoenwaren cottons, cotton fabrics
katoenwol wincey
katoenzaad cottonseed [oil]
katoog cat's-eye *(ook steen & reflector)*
katrol [fixed, loose] pulley, block; *zie ook* dronken
katrolblok pulley block
katrolschijf (pulley) sheave
kattebelletje scrawled note
katten 1 refuse [goods]; break [an agreement]; *iem ~* snap at a p., bite a p.'s head off; **2** *(mar)* cat [the anchor]
kattenasiel cats' home
kattenbak 1 litter tray, cat's box, cat loo; **2** *(v auto, rijtuig)* dickey (seat)
kattenbakkorrels cat litter
kattendarm catgut
*__kattendoorn__ *(Wdl: kattedoorn)* rest-harrow
kattendrek: *geen ~* not to be sneezed at
kattengejammer, kattengejank 1 miao(u)wing, miauling, *(inz Am)* me(o)wing; **2** *(op viool)* scraping
kattengekrol caterwauling
kattengespin *zie* gewin
kattengrit cat litter
kattenkop cat's head; *(fig, van vrouw)* cat
kattenkorrels cat litter
*__kattenkruid__ *(Wdl: kattekruid)* catmint
kattenkwaad mischief; *hij voert (haalt) altijd ~ uit* he is never out of (always in, always up to) mischief
kattenluikje cat flap
kattenmuziek caterwauling; *(fig)* rough music
kattenoog *zie* katoog
kattenpi(e)s: *geen ~* not to be sneezed at
kattenpislucht smell of cats
kattenpoot cat's paw
kattenrug cat's (arched) back; *(mar)* broken backed
kattenspoor *(mar)* rider
kattensprong caper; *(fig)* stone's throw
kattenstaart 1 cat's tail; **2** *(plant)* purple loosestrife
kattenstaartamarant love-lies-(a-)bleeding
kattenvel catskin
kattepul *zie* katapult
katterig: *~ zijn* have a hangover (a head), *(Am)* be hung over
katterigheid hangover
kattig cattish, catty
kattigheid catti(sh)ness
katuil *zie* kerkuil
katvanger catspaw
katvis small fry
katwilg osier, withy
katzwijm [fall into a] momentary fainting fit; *het schip lag in ~* the ship was becalmed, lay idle
Kaukasiër, Kaukasisch(e) Caucasian
Kaukasus: *de ~* the Caucasus
kauri cowrie
kauw jackdaw
kauwen chew, masticate, munch; *op zijn potlood ~* chew (on) one's pencil; *daar heeft hij wat aan te ~* that's a hard nut to crack (a tough job) for him
kauwgom, kauwgum (chewing) gum
kauwsnoepje chewy sweet
kauwspier masseter, masticatory muscle
kava kava
kavalje 1 *(huis)* tumbledown house, old barrack; **2** *(schip)* old tub; **3** *(paard)* jade, screw
kavel parcel, lot, [building] plot
kavelen parcel out, divide up; *(berekenen)* compute; *tijd en tij ~* trim one's sails to the wind
kaveling 1 parcelling out, etc; **2** lot, parcel
kaviaar caviar, caviare
kawa kava
Kazach(stan) Kazakh(stan)
kazak 1 smock overall; *(hist)* greatcoat; **2** bag; *(fig)* peel; jacket potato
Kazak(kië) Kazakh(stan)
kazemat casemate
kazen 1 curdle, turn to curds, coagulate; **2** make cheese
kazerne barracks; *een ~* a barrack(s); *een oude ~, (fig)* an old barrack
kazerneren barrack, put into (house in) barracks
kazernewoning tenement house
kazuifel chasuble
kebab kebab
kedive khedive
keek *ovt van* kijken
[1]**keel** throat, gullet; *droge ~* dry throat; *een droge ~ hebben, (ook)* be thirsty; *zere ~* sore throat, strep

throat; *iem de ~ **afsnijden*** cut a p.'s throat; *iem de ~ **dichtknijpen*** strangle a p.; *het kneep mij de ~ dicht* it caught me by the throat, I felt a tightening of my throat, my throat contracted; *een (harde) ~ **opzetten*** squeal, set up a cry, cry (scream) at the top of one's voice, yell one's head off; *zich de ~ **smeren*** wet one's whistle; *het **hangt** me de ~ **uit*** I'm sick and tired of it, I'm fed up with it (fed up to the back teeth); ***achter** in de ~ **spreken*** talk in a throaty (guttural) voice; *iem **bij** de ~ **pakken (grijpen)*** seize (grip) a p. by the throat; *bij de ~ **hebben**, (ook fig)* have by the throat, have a stranglehold on; *elkaar **bij** de ~ **hebben*** be at each other's throats; ***door** de ~ **jagen*** guzzle [beer]; *appel (het woord) bleef haar **in** de ~ **steken*** the apple lodged (the word stuck) in her throat; *iem **naar** de ~ **vliegen*** fly at a p.'s throat; *zie ook* brok, hart, schrapen, enz

[2]**keel** *(her)* gules

keelaandoening affection of the throat, throat trouble, throat affection

keelader jugular (vein)

keelarts throat specialist, laryngologist

keelband string [of a bonnet]; chinstrap [of a helmet]

keelgat gullet; *in het verkeerde ~ schieten* go down the wrong way, *(fig ook, sl)* get up a p.'s nose; *zie ook* [1]keel

keelgeluid guttural (sound)

keelholte pharynx, throat

keelkanker cancer of the throat

keelklank guttural (sound)

keelmicrofoon throat microphone, laryngophone

keel-, neus- en oorarts ear, nose and throat specialist, oto(rhino)laryngologist

keelontsteking sore throat, strep throat, inflammation of the throat, laryngitis

keelpijn [have a] sore throat

keelriem *(ve paard)* throat-latch, throat-lash

keelspiegel laryngoscope

keelstem guttural (throaty) voice

keen 1 *(kloof)* chap, crack; **2** *(kiem)* germ

keep 1 notch, nick, score, snick; *de ~ van het vizier* the V (vee) of the backsight; **2** *(vogel)* brambling

keepen keep goal, goalkeep

keeper *(doelverdediger)* goalie, (goal)keeper

keer 1 turn, change; *de zaken **namen** een gunstige ~* things took a favourable turn; ***tegen** de ~ (in)* contrary; **2** *(maal)* time; *zie ook* maal; *negen van de tien ~* nine times out of ten; *dat was de laatste ~ dat ik hem zag, (ook)* that was the last I saw of him; *wanneer wij een volgende ~ ...* when next we ...; *ik raadde het de **eerste** ~* I ... first time (at the first go); *de **éne** ~ ..., de andere ...* (at) one time ..., (at) another ...; ***één** ~ moet de eerste zijn* everything must have a beginning; *men hoefde hem nooit iets **twee** ~ te zeggen* he never had to be told (a thing) twice; *voor mijn part is hij twintig ~ baron* I don't care if he is a baron twenty times over; *geen **enkele** ~* never once [he never once alluded to it]; *een enkele ~* once or twice, once in a while, occasionally; *een heel enkel ~tje, een doodenkele ~* once in a blue moon; ***één** enkele ~* only once; *een **paar** ~* once or twice, two or three times; ***in** één ~* at one go, [swallow it] at a draught; *in (binnen) de kortste keren* in no time (at all); ***op** een ~* one day (morning, etc); *~ **op** ~* time after time; ***per** ~* [a pound] a time; ***voor** een ~* (just) for once, once in a way (a while); *(voor) deze ~* this time, [that's all] for now; *voor de laatste ~* for the last time; *voor deze (die) éne ~* for this (that) once, for once [he had spoken the truth]; *zie ook* gedaan & tekeergaan

keerdam weir, barrage

keerdicht rondeau

keerkoppeling reversing clutch (gear, coupling)

keerkring tropic [of Cancer *noorder~*; of Capricorn *zuider~*]

keerkringslanden [the] tropics

keerkringsvogel tropicbird

keerkringszon tropical sun turning point, crisis

keerpunt turning point; crisis

keerpuntcommissaris turning judge

keersluis sluice

keervers burden [of a song]

keerwand retaining wall

keerweer blind alley

keerzijde reverse [of a medal, etc; *ook fig:* show the reverse (side) of the medal]; *(v stoffen)* wrong side; *(fig ook)* seamy (dark) side; *alles heeft zijn ~* there is a reverse to every medal, nothing is perfect; *de medaille heeft haar ~* there's another side to the picture (to the coin); *aan de ~, (ve blad)* on the back

kees keeshond

Kees 1 Cornelius; *zie ook* klaar; **2** *(hist)* 'Patriot', Dutch anti-Orangeman

keeshond keeshond

keet 1 shed, shanty, hut; *een oude ~* an old barrack(s) (barn); **2** *(fam)* mess, disorder; *een gezellige ~* an enjoyable do; *~ schoppen* kick up a row (a shindy)

keffen 1 yelp, yap *(ook fig)* **2** *(kijven)* squabble, wrangle

keffer 1 yapper *(ook fig)* **2** wrangler

keg wedge

kegel 1 [fir] cone; *(ijs~)* icicle; **2** *(sp)* skittle, ninepin; *(bowling)* tenpin; **3** alcoholic breath

kegelaar skittle-player

kegelbaan skittle (*of:* bowling) alley

kegelclub skittle club; bowls club

kegelen 1 play at skittles (ninepins); play bowls; *een partij ~* have a game of skittles; **2** crash [to the ground]; *eruit ~* chuck out, throw out

kegelmantel conical surface, envelope of a cone

kegelsnede conic section; *de leer der ~n* conics

kegelspel (game of) skittles, ninepins

kegelvlak conical surface

kegelvormig conical, cone-shaped, *(plantk)* strobilaceous

kegelvrucht cone, strobilus
kegge wedge
keggen wedge (in)
kei 1 boulder; *(straat~, rond)* cobble(stone), *(vierkant)* [granite] sett; *iem op de ~en zetten, a)* give a p. the key of the street; *b) (aan de dijk)* give a p. his marching orders; *op de ~en staan, a)* be out of a job; *b)* be on the rocks; *met ronde ~en bestraat* cobbled [street]; *zie ook* keihard; **2** *(fig)* crack (player), *(Am)* crackerjack; *zie ook* kraan
keihard as hard as nails; hard-boiled; [shout] at the top of one's voice; *vgl* hard; *de radio stond ~ aan* the ... was blaring; *~ onderhandelen, a) ww* drive a hard bargain; *b) zn* hard bargaining; *een ~e leugen* a barefaced lie
keil wedge
keilbout expanding bolt, cotter bolt
keileem boulder clay
keilen 1 fling, pitch, shy [*naar* at]; *eruit ~, (fam)* chuck out; **2** *(kiskassen)* play at ducks and drakes
keisteen *zie* kei
keizer emperor; *de Duitse ~, (ook)* the Kaiser; *geef de ~ wat des ~s is* render unto Caesar the things which are Caesar's; *waar niets is verliest de ~ zijn recht* you cannot get blood out of a stone; *zie ook* baard
keizerin empress; *~-weduwe* empress dowager
keizerlijk imperial
keizerrijk empire
keizershof imperial court
keizerskroon 1 imperial crown; **2** *(plant)* fritillary
keizersnede Caesarean (section)
kek smart, with-it
keker chickpea
kelder cellar; *(ve bank, enz)* vault; *naar de ~ gaan, (op zee)* go to the bottom, go to Davy Jones's locker; *(fig)* go to pot (to the dogs)
kelderen I *tr* lay up, store (in a cellar), cellar; **II** *intr (v effecten, enz)* slump, tumble, topple, take a downward plunge
keldergarage basement car park
keldergat air-, vent-hole; *(toegang)* trapdoor; manhole
kelderhuur cellarage, cellar rent
keldering slump; *vgl* kelderen
kelderkamer 1 room over a cellar; **2** basement room
kelderkast *(vglb)* cupboard under the stairs
kelderkeuken basement kitchen
kelderlucht fusty smell
kelderluik cellar flap, trapdoor
keldermeester cellarman; *(in klooster)* cellarer
keldermot *zie* pissebed
kelderruimte cellarage
keldertje bottle stand, cellaret
keldertrap cellar stairs
kelderverdieping basement
kelderwoning basement flat
kelen I *ww* cut the throat of, kill (off); stick [pigs]; **II** *bn (her)* gules
kelere *(volkst)* **I** *attr & tw* rotten [bastard]; *o, ~!* oh, shit!; **II** *zn: (krijg) de ~* drop dead
kelk cup, chalice; *(ve bloem)* calyx, *(mv ook)* calyces; *(ve arons~)* sheath; *(ve trompet)* bell
kelkblad sepal
kelkvormig cup-shaped, calyx-like
kelner waiter; *(mar)* steward
kelnerin waitress
Kelt Celt; *Schotse ~* Gael
Keltisch Celtic; *(Schots ~)* Gaelic
kemel camel; *(fig)* blunder
kemelsgaren mohair
kemelshaar camel's hair
kemelsharen *bn* camelhair [brush]
Kempen: *de ~* the Campine
kemphaan 1 *(mannetje)* ruff; *(wijfje)* reeve; **2** *(fig)* fighting cock, (little) bantam, *(Am sl)* scrapper
kenari(boom) kanari (tree)
kenau: *een ~* a strapping woman, a battleaxe
kenbaar recognizable, knowable, distinguishable; *~ maken* make known
kengetal 1 index number; **2** area code prefix
Keniaan(s) Kenyan
kenleer epistemology, theory of cognition
kenmerk distinguishing mark; index [a reliable index of relationship]; *(fig)* characteristic, feature
kenmerken 1 *(concreet)* mark, tag, label, stamp; **2** characterize, mark, qualify; *zich ~ door* be characterized (marked) by
kenmerkend characteristic [*voor* of]; distinctive, outstanding, salient
kennel kennel(s)
kennelijk I *bn (zichtbaar)* visible; *(blijkbaar)* apparent, obvious; *(herkenbaar)* recognizable; *in ~e staat* drunk and incapable, under the influence; *~ worden, (v baby)* begin to take notice; **II** *bw* clearly, evidently
kennen know, understand, be acquainted (familiar) with; *ik ken zijn naam (goed)* his name is familiar to me; *ze kende geen (alleen maar) Spaans, (ook)* she had no (nothing but) ...; *kent u elkaar?* are you acquainted?; *mensen die ik ken* people of my acquaintance; *ken uzelven* know thyself; *ik ken je wel* I know all about you; *ik ken hem niet al val ik over hem* I don't know him from Adam; *hij wou me niet ~* he cut me; *geen vrees ~* know no fear; *dat ken ik!, (iron)* I know a trick worth two of that; *hij **deed (liet)** zich ~ als een goed zakenman* he proved himself to be (showed himself) ...; *hij **gaf** het mij te ~* he intimated (signified, hinted) as much to me; *ze gaven als hun mening te ~ ...* they gave it as their view ...; *hij gaf zijn toestemming te ~* he signified his ...; *de wens te ~ geven om te ...* express a wish to ...; *zij gaf me te ~ dat ...* she gave me to understand that ...; *zich **laten** ~* show one's true (mean, etc) character; *laat je niet ~!* keep your pecker up!; *zich laten ~ aan, zie* doodblijven op; *men **moet** hem ~ (om hem te appreciëren, enz)* he improves on acquaintance; *zijn **men**-*

sen ~ know whom (who) one has to deal with, know how to deal with people; *de **wereld*** ~ know the world; ***zo ken ik je weer*** that's more like you; *ik ken hem **aan** zijn stem (gang, schoenen, enz)* I know him by his voice (gait, shoes, etc); *men kent de man aan zijn gezelschap* a man is known by the company he keeps; *iem ~ **als,** (weten dat iem is)* know a p. for [a great leader]; *hij heeft er mij niet **in** gekend* he has not consulted me about it; *hij wordt overal in gekend* everything is referred to him; *iem alleen **van** gezicht* ~ only know a p. by sight; *zie ook* a, binnen, dag, door, [2]leren 2, enz

kenner connoisseur [*van* of, in], (good) judge [*van* of], [a jazz] aficionado; authority [on Greek literature], [a good Goethe] scholar

kennersblik: *met* ~ with the eye of a connoisseur (an expert eye)

kennis 1 knowledge [*van* of], acquaintance [*van* with]; *technische ~, (fam)* know-how; *zie ook* boom; *familie en ~sen* kith and kin; *man van grote* ~ man of solid learning (profound erudition); *de ~ weer **aanknopen*** renew acquaintance; *~ **dragen** van* be aware of, know, have knowledge (cognizance) of; *~ **geven** (van)* announce [s.t.], give notice [of s.t.], notify [a p. of s.t.]; *ik heb de eer U ~ te geven, dat ...* I beg to inform you that ...; *zonder vooraf ~ te geven* [visit schools] without notice; *ik **heb** geen ~ aan hem* I have no acquaintance with him; *~ hebben aan een meisje* be courting; *~ **krijgen** aan* get to know; *zie ook* kennisgeven, kennismaken, kennisnemen; *~ is **macht*** knowledge is power; *~ **maken** met iem* make a p.'s acquaintance, make the acquaintance of a p.; *~ met elkaar maken* make acquaintance; *persoonlijk ~ maken met* make the personal acquaintance of; *zie* aangenaam; *nader ~ maken met iem* cultivate a p.'s acquaintance; *(terloops) ~ met iem maken* pick up (strike up) an acquaintance with a p.; *met de politie ~ maken* fall foul of the police; *een leerling laten ~ maken met literatuur* introduce a pupil to literature; *~ **nemen** van* take cognizance (*of:* note) of, note [the contents of a letter], consult; *met ~ van **zaken*** [speak] with (full) knowledge (of the facts, etc), with authority; *met ~ van zaken spreken, (ook)* know what one is talking about; *~ van zaken, (ook)* special knowledge; *hij was tot het laatst **bij*** ~ he was conscious to the last; *weer bij ~ komen* recover one's senses, regain consciousness; *het duurde lang voor hij bij ~ kwam* he took a long time to come round; ***buiten** ~ zijn* be unconscious; *buiten ~ raken* lose consciousness; *zie ook* medeweten; *ik zal je met hem **in** ~ brengen* I'll introduce you to him; *met iem in ~ komen* make a p.'s acquaintance, get acquainted with a p.; *in ~ stellen met* acquaint with, inform (apprise) of; ***ter** ~ brengen van* bring to the notice of; *ter algemene ~ brengen* give public notice of; *ter ~ komen van* come to the knowledge of [it came to my knowledge]; **2** *(bekende)* acquaintance, friend; *~je* female acquaintance, friend; *goede* ~ intimate friend; *veel ~sen **hebben*** have many acquaintances; *gemakkelijk ~sen **krijgen*** pick up acquaintances easily; *wij zijn **onder** ~sen* we are among acquaintances (friends); *een dichter onder mijn ~sen* a poet of my acquaintance

kennisgeven: *~ (van)* announce [s.t.], give notice [of s.t.], notify [a p. of s.t.]; *ik heb de eer u kennis te geven, dat ...* I beg to inform you that ...; *zonder vooraf kennis te geven* [visit schools] without notice

kennisgeving notice, intimation [of death], [official] notification; *(ve engagement, enz)* announcement; *voor ~ aannemen* note, receive [the communication was noted; the report was received]; *(v notulen, enz)* take as read *(ook fig)*; *voor ~ aangenomen* duly noted; *hij nam de waarschuwing voor ~ aan* he did not attach too much value to the warning

kennisleer *zie* kenleer

kennismaken: *~ met iem* make a p.'s acquaintance, make the acquaintance of a p.; *kennis met elkaar maken* make acquaintance; *persoonlijk ~ met* make the personal acquaintance of; *zie* aangenaam; *nader ~ met iem* cultivate a p.'s acquaintance; *(terloops) kennis met iem maken* pick up (strike up) acquaintance with a p.; *met de politie ~* fall foul of the police; *een leerling laten ~ met literatuur* introduce a pupil to literature

kennismaking (making a p.'s) acquaintance; *zijn eerste ~ met het studentenleven* his first introduction to ...; *een toevallige ~* a chance acquaintanceship; *bij eerste (nadere) ~* on first (further, closer) acquaintance; *hun eerste ~* their first meeting; *(vlug of vluchtig) ~ aanknopen* strike up an acquaintance; *ter ~* for your (kind) attention; *exemplaar ter ~* inspection copy; *zie ook* meevallen

kennisnemen: *~ van* take cognizance (*of:* note) of, note [the contents of a letter], consult

kennisneming (taking) cognizance, inspection, examination, consultation; *ter ~* for information (only)

kennisoverdracht transfer of knowledge

kennissenkring [the women of his] acquaintance, circle of acquaintances

kennistheoretisch epistemological

kennistheorie *zie* kenleer

kenschets *(vglb)* profile

kenschetsen characterize, mark

kenschetsend characteristic [*voor* of]; *zie ook* kenmerken(d)

kenspreuk motto

kenteken distinctive (distinguishing) mark, token, badge; *(ve auto)* registration (*Am:* license) number

kentekenbewijs vehicle registration document

kentekenen characterize

kentekenplaat number (registration, *Am:* license) plate

kenteren turn; *het tij kentert* the tide is on the turn; *zie ook* kantelen & krengen

kentering turn, turning, turn of the tide *(ook fig)*; *(vd* *moesson)* change, transition; *het was in de ~* the monsoon had not broken yet; *er komt een ~ in de publieke opinie* public opinion is swinging back

kentheoretisch epistemological

kenvermogen (faculty of) cognition, cognitive power (*of:* faculty)

kepen notch, nick, score, snick

keper twill; *(her)* chevron; *iets op de ~ beschouwen* examine (look at) a thing closely, look beneath the surface; *op de ~ beschouwd* on close inspection, when all is said and done, in the final analysis, basically

keperen twill

keperverband *(bk)* herringbone bond

kepie kepi, cap

keppeltje yarmulke, skullcap

keramiek ceramics, ceramic art

keramisch ceramic

keramist ceram(ic)ist

keratine keratin

kerel fellow, chap; *(aanspr)* old man, man [wake up, man!]; *een ferme ~* a capital (fine) fellow, a sport; *als je een ~ was* if you were half a man; *zie ook* vent & niks; *(klein) ~tje* little fellow, little chap; *wel, ~tje!* well, my little man!

keren I *tr* **1** *(draaien, om~)* turn; *hooi ~* make (toss, ted) hay; *een jas ~* turn a coat; *een kaart ~* turn up a card; *een wapen tegen zichzelf ~* turn a weapon (up)on o.s.; *iets het* ***onderste*** *boven (het binnenste buiten) ~* turn a thing upside down (inside out); *God zal alles ten* ***goede*** *(ten beste) ~* God will order everything for the best; ***zich*** *~* turn (round); *zich naar rechts ~* turn to the right; *zich ~ tegen* turn against (*of:* on) [a p.], round on [a p.]; *zich ten goede (kwade) ~* take a turn for the better (the worse) [*ook:* it will work out for the best]; *in zichzelf ~, zie* teruggetrokken: ~ zijn; *zich niet ~ aan, zie* storen; **2** *(tegenhouden)* stem, stop, check; *het water ~ (bij overstroming)* stem the flood; **3** *(vegen)* sweep, clean; *zie ook* bezem; **II** *intr* **1** turn; *zie ook* kans; *(terug~)* turn back, return; *(v wind) zie* draaien; *beter ten* ***halve*** *gekeerd dan ten hele gedwaald* it is better to stop half way than to persevere in an error; ***per*** *~de post* by return (of post); **2** *(uithouden)* stand, *(fam)* stick [it]; *zie ook* rug, wenden, enz

kerf notch, nick

kerfsnede chipcarving

kerfstok tally (stick); *hij heeft veel op zijn ~* he has much to answer for, *(een aantal misdaden)* he has a number of crimes to his record; *ik wil dat niet op mijn ~ hebben* I won't have it laid at my door

kerftabak shag

kering *(med, van de vrucht)* version

kerk church; *(van niet-anglicaanse protestanten)* chapel; *(v methodisten, ook)* tabernacle; *(mar)* long room; *de strijdende (zegepralende) ~* the Church militant (triumphant); *de (on)zichtbare ~* the (In)visible Church; *~ en staat* church and state; *zie ook* scheiding; *de ~ gaat om 10 uur* ***aan*** *(uit)* church (divine service) begins (is over) at ten; *de ~ was uit* church was over; ***in de*** *~ zijn, (voor de dienst)* be at (in) church; *ben je in de ~ geboren?, (bij openlaten ve deur)* were you born in a field?; ***na*** *de ~* after church; ***naar*** *de ~ gaan* go to church; *hij was naar de ~ geweest* he had been to church; *geregeld* ***ter*** *~ gaan* be a regular worshipper; *de ~ in het* ***midden*** *(van het dorp) laten* give and take, steer a middle course, be reasonable

kerkappel *(mil)* church parade

kerkban excommunication [*grote* greater; *kleine* lesser]

kerkbank pew

kerkbestuur *(algem)* church government; *(v plaatselijke kerk) zie* kerkenraad

kerkbezoek church attendance, churchgoing

kerkblad church (*of:* parish) magazine

kerkboek 1 service book, prayer book; **2** church book, church register

kerkdienaar verger, sexton, beadle

kerkdienst divine service

kerkelijk ecclesiastical [office *ambt*]; church [affairs, calendar, lands, property]; *~e ban (provincie, recht, enz), zie* kerkban; *~(e) feest(dag)* church festival; *~ huwelijk* church (*of:* religious) marriage (*of:* wedding); *~ jaar* Church (Ecclesiastical) year; *~e overheid* Church authorities; *~e partijen* clerical parties; *~e plechtigheid* church ceremony; *Kerkelijke Staat* Ecclesiastical (Papal) State(s), States of the Church; *~e tucht* church discipline

kerken *ww (fam)* go to church, worship, attend divine service

kerkenkamer vestry

kerkenraad *(Ned)* elders and deacons; *(Eng staatskerk)* church council; *(afgescheiden)* consistory

kerkenraadskamer vestry

kerkenraadsvergadering church council meeting, etc; *vgl* kerkenraad

kerkenrechten *(r-k)* last sacraments; *hij ligt onder volle ~* he has had the last sacraments administered to him

kerkenzakje collection bag; *met het ~ rondgaan* take up the collection, *(vglb)* pass the plate

kerker jail, gaol; *(onderaards)* dungeon

kerkeren imprison, incarcerate

kerkfabriek church council

kerkfeest church festival

kerkgang churchgoing, going to church; *(na bevalling)* churching; *haar ~ doen* be churched

kerkgang(st)er churchgoer, chapel-goer, *vgl* kerk; worshipper; *trouw ~* regular attendant at church

kerkgebied ecclesiastical jurisdiction

kerkgebouw church (building); chapel; *vgl* kerk

kerkgebruik ecclesiastical rite; *voor ~* for church use

kerkgenootschap communion [Anglican and other communions], religious community; *(sekte)* denomination, sect

kerkgeschiedenis church (*of:* ecclesiastical) history
kerkgewaad vestment
kerkgezang church singing; *(lied)* hymn
kerkhervormer (church) reformer
kerkhervorming Reformation
kerkhof churchyard [*op het ~* in the churchyard], cemetery, graveyard; *de dader ligt op het ~* the cat (Mr Nobody) has done it
kerkhofhoest churchyard cough
kerkklok 1 church bell; **2** church clock
kerkkoor *(zang)* church choir; *(bk)* choir, chancel
kerkleer church doctrine
kerkleraar clergyman, ecclesiastic, minister (of religion); *(r-k)* Doctor of the Church
kerklied hymn
kerkmeester churchwarden
kerkparade *(mil)* church parade
kerkpatroon, kerkpatrones patron saint
kerkplein parvis
kerkprovincie ecclesiastical province; archdiocese
kerkraam church window; *~pjes, (ve glas)* [fill a glass up to the] pretty
kerkrat: *zo arm als een ~* as poor as a church mouse
kerkrecht ecclesiastical law, canon law
kerkrechtelijk canonical
kerks churchgoing [public], [she is terribly] churchy
kerkschender sacrilegious person, desecrator of the (a) church
kerkschennis sacrilege
kerkscheuring schism
kerkschip 1 nave; **2** *(vglb)* hospital ship
Kerk-Slavisch Church Slavonic
kerkstoel prie-dieu
kerktijd: *voor (na, onder) ~* before (after, during) church
kerktoon church mode
kerktoren (church) steeple; *(zonder spits)* church tower
kerktorenspits (church) spire
kerkuil (dark-breasted) barn owl
kerkvader father (of the church), church father
kerkvergadering church meeting, synod, convocation
kerkvolk churchgoers, church people
kerkvoogd *(r-k)* prelate; *(protestants)* churchwarden
kerkvoogdij *(vglb)* churchwardens
kerkvorst prince of the church, prelate
kerkwet canon law
kerkwijding consecration (dedication) of a (the) church
kerkzakje *zie* kerkenzakje
kerkzang church singing; *(lied)* hymn
kermen moan, groan, whine
kermes kermes
kermis (fun)fair; *het was ~ te Goes* a fair was on at Goes; *(Hollandse ~, ook)* kermis; *het is niet **alle** dagen ~* life is not all beer and skittles; Christmas comes but once a year; *het is ~ in de **hel*** it is raining while the sun is shining; *hij kwam van een **koude** ~ thuis* he came away with a flea in his ear, he had a rude awakening; ***naar** de ~ gaan* go to the fair
kermisbed shakedown, makeshift bed
kermisganger visitor to a fair
kermisgast, kermisklant fairground proprietor (showman)
kermiskraam (fairground) booth
kermisspel showbooth, travelling show
kermistent (fairground) booth
kermisterrein fairground
kermisvolk 1 visitors to a fair; **2** fairground showmen (show-people)
kermiswagen caravan
kern kernel [of a nut], stone [of a peach], pith [of wood], heart [of a tree], nucleus [of a comet, of an atom, (*mv:* nuclei)]; *(techn)* core; *(fig)* kernel [of truth], heart [of the matter], pith, gist [the gist of his speech], essence [of his statement], nucleus [of a library, a navy]; *de ~ van het leger* the core of the army; *een ~ van **waarheid*** a germ (a grain) of truth; *dat is de ~ van de hele **zaak*** that is the crux of the whole matter; *tot de ~ van de zaak doordringen* get to the (very) root (heart) of the matter
kernaandrijving nuclear propulsion; *met ~* nuclear-powered [ship]
kernachtig pithy, terse
kernafval nuclear waste
kernbedrijf key industry
kernbewapening 1 nuclear armament; **2** nuclear arms
kerncentrale nuclear power station
kerndoel basic (primary) aim [of a project]
kernenergie nuclear power
kernfusie nuclear fusion
kernfysica nuclear physics
kerngedachte central idea
kerngezin nuclear family
kerngezond perfectly healthy (*v zaken, ook:* sound); *(inz van oud pers)* hale and hearty
kernhout heartwood
kernkabinet inner cabinet
kernkop nuclear warhead
kernlading 1 *(natuurk)* nuclear charge; **2** *(v wapen) zie* kernkop
kernonderzoek nuclear research
kernploeg *(sp)* national selection (squad)
kernprobleem central problem
kernproef nuclear test
kernpunt crucial (central) issue
kernreactie nuclear reaction
kernreactor nuclear reactor, atomic pile
kernschaduw inner shadow, umbra
kernsplitsing nuclear fission
kernspreuk aphorism, apophthegm
kernstop test ban [treaty], nuclear freeze
kernvakken key subjects
kernvraag(stuk) key question (problem)

kernvrucht pome
kernwapen nuclear weapon
kernwapenvrij nuclear-free [zone]
kernwoord key word
kerosine kerosene, kerosine
kerrie curry powder
kerriesaus curry sauce
kers 1 *(plant)* cress; **2** *(boom & vrucht)* cherry; *met grote heren is het kwaad ~en eten* he needs a long spoon who sups with the devil; the weakest goes to the wall
kersappel Siberian crab (apple)
kersenbloesem cherry blossom
kersenbonbon cherry liqueur chocolate
kersenboom cherry tree
kersenboomgaard cherry orchard
kersenbrandewijn cherry brandy
kersenhout cherry wood
kersenpit 1 cherry stone; **2** *(hoofd)* nob, chump
kersenpluk cherry picking
kersentijd cherry season
kerspel parish [church]
kersrood *bn & zn* cherry red, cerise
kerst [a white] Christmas; *met (de) ~* at Christmas
kerstavond *(24 dec)* Christmas Eve; *(25 dec)* Christmas evening
kerstboodschap 1 Nativity; **2** Christmas message
kerstboom Christmas tree
kerstboomverlichting: *elektrische ~* tree lights, *(Br)* fairy lights
kerstdag: *eerste ~* Christmas Day; *tweede ~* Boxing Day, *(als 1e op zaterdag valt:)* Christmas Sunday; *in de ~en* at Christmas
kerstenen 1 christianize; **2** *(dopen)* christen
kerstening christianization, conversion
kerstfeest Christmas (feast)
kerstgeschenk Christmas present; *(vglb: nieuwjaarsfooi)* Christmas box
kerstgroet Christmas greeting(s), greetings of the season
kerstkind child born at Christmas; *het K~je* the Christ-child, the Infant Jesus
kerstklokken Christmas bells
kerstkrans 1 almond-filled pastry ring; **2** Christmas (door-, table-)wreath
kerstlied Christmas carol
kerstman(netje) Father Christmas, Santa Claus
Kerstmis Christmas, Xmas; the Nativity; *(vooral Sch)* Yule(tide); *een witte ~* a white Christmas
kerstmorgen Christmas morning
kerstnacht Christmas night
kerstroos Christmas rose
kerststal crib, nativity scene
kerstster poinsettia; *K~* Star of Bethlehem
kerststronk Christmas log cake
kersttijd Christmas (time, season); *(vooral Sch)* Yule(tide)
kerstvakantie Christmas holidays
kerstweek Christmas week
kerstwens: *kerst- en nieuwjaarswensen* compliments of the season, season's greetings
kersvers quite fresh, completely new, [get the news] red-hot; *(boek)* hot from the press; *~ van de academie* fresh from the university
kervel chervil; *fijne ~* bur chervil; *wilde ~* wild chervil, cow parsley; *zie ook* dollekervel
kerven notch, carve, slash; *(lijn)* score; *(tabak)* cut
kerver carver; [tobacco] cutter
ketel 1 kettle; *(was~, brouw~, enz)* copper, cauldron; *(was~, cv-~, stoom~)* boiler; *(heksen~)* cauldron; **2** *zie* keteldal
ketelbekleding boiler lagging
ketelboeter tinker
keteldal basin(-shaped valley), bowl, cirque
ketelhuis boiler house
ketellapper tinker
ketelmaker boilermaker
ketelmuziek rough music, tin-kettling
ketelruim *(mar)* boiler room
ketelsteen scale *(ook ve stoomketel)*, fur
keteltrom kettledrum
ketelvormig *(ve dal)* basin-shaped, bowl-shaped
keten chain *(ook berg~)*; *(elektr)* circuit; *~en, (fig)* chains, bonds [of slavery], fetters; *in ~en slaan* put into chains; *zijn ~en verbreken* break (shake off) one's chains; *een ~ vormen, (v personen)* form a human chain; *zie ook* ketting
ketenen *ww* chain, shackle, enchain
ketengebergte mountain range
ketenwinkel chain store, multiple shop (store)
ketjap soy sauce, soya bean sauce
keton ketone
ketsen I *intr* **1** *(ve geweer)* miss fire, misfire; **2** *(biljart)* miscue; **3** *(plat)* screw; **II** *tr* defeat [a proposal], turn down [a plan], blackball [a person]
ketsschot misfire, flash in the pan
ketsstoot *(biljart)* miscue
ketter heretic; *zie ook* vloeken
ketterdom heretics
ketteren rage, storm, swear
ketterij heresy *(ook fig)*
ketterjacht heretic-, heresy-hunt(ing), witch-hunt
ketterjager heretic-, heresy-, witch-hunter
kettermeester inquisitor
ketters heretical
ketting chain; *(weverij)* warp, chain; *~ van kralen, (ook)* rope (*of:* string) of beads; *de ~ losmaken* undo the chain, *(ve hond)* unchain the dog; *aan de ~* chained up, on the chain; *aan de ~ leggen* chain up, put on the chain; *(schip)* serve an Admiralty writ on, arrest, embargo [a ship]; *op de ~* [have (keep) the door] on the chain; *de ~ op de deur doen* chain the door; *op de ~ springen* take action
kettingaandrijving chain drive
kettingbak chain locker
kettingblad chain wheel

kettingboek chained book
kettingbotsing multiple collision, pile-up
kettingbout coupling pin
kettingbreuk continued fraction
kettingbrief chain letter
kettingbrug chain bridge, suspension bridge
kettingdraad warp thread
kettingformulier continuous form; *~en* continuous (fanfold) stationery
kettingganger: *(troep) ~s* chain gang
kettinggaren warp thread
kettinghandel intermediary trade
kettinghond watchdog
kettingkast gearcase
kettingkogel chain shot
kettinglijn catenary (curve)
kettingmolen chain pump
kettingpapier fanfold paper; *scheider voor ~* burster
kettingrad chain wheel
kettingreactie chain reaction
kettingregel compound rule of three
kettingroker chain-smoker
kettingsteek chain (*of:* lock) stitch, figure of eight (knot)
kettingwiel chain wheel; *(klein, inz van fiets)* sprocket (wheel)
kettingzaag chainsaw
kettingzijde organzine
keu 1 *(biljart)* cue; **2** *zie* queue
keuken 1 kitchen; *~tje, (inz in flat)* kitchenette; **2** cooking [good cooking; the cooking is excellent], [excellent] cuisine; *een koude ~* a cold meal; *de vrolijke ~, (spel)* breaking-up-the-happy-home booth; *er een goede ~ op na houden* keep a good table
keukenafval kitchen garbage [disposer]
keukenblok sink unit
keukendoek kitchen towel
keukenfornuis kitchen cooker; *vgl* fornuis
keukengereedschap, keukengerei kitchen utensils, kitchenware
keukenhulp 1 kitchen help; **2** food processor; *~en, (ook)* kitchen electrics
keukenkast kitchen cupboard; kitchen cabinet
keukenmachine food processor
keukenmeester head cook, chef
keukenmeid cook; *tweede ~* kitchen maid; *gillende ~* whistling firecracker
keukenmeidenpootje scrawl
keukenmeidenroman sentimental pulp novel, *(Am)* dime novel
keukenpiet *zie* janhen
keukenprinses (bossy; excellent) cook
keukenrol kitchen roll
keukentrap stepladder, steps; *~je, (ook)* (folding) step-stool
keukenuitrusting kitchen equipment
keukenwagen *(mil)* mobile canteen, *(Am ook)* chuckwagon
keukenzout common salt, sodium chloride
Keulen Cologne; *~ en Aken zijn niet op één dag gebouwd* Rome was not built in a day; *waarop men naar ~ kan rijden* blunt [knife]; *zie ook* donderen
Keulenaar 1 inhabitant of Cologne; **2** *k~* Rhine barge (*of:* craft)
Keuls Cologne; *~e pot* stone jar, Cologne pot
keur 1 *(keuze)* choice, selection; *een ~ van spijzen* a choice (*of:* variety) of foods; *een ruime ~ van artikelen* a varied selection of ...; *zie ook* [1]kust; **2** *(puikje)* pick [of our forces], flower [of the nation]; **3** *(op goud & zilver)* hallmark; **4** *(verordening)* by-law; **5** *(handvest)* charter
keurbende picked men (troops)
keurcollectie choice collection
keurder *zie* keurmeester
keuren *(algem)* examine, judge, try, test, assess; *(voedsel)* inspect; *(metalen)* assay; *(med)* examine; *(proeven)* taste, sample [food, wine, cigars]; *van rijkswege gekeurd* government-inspected; *geen blik waardig ~* not deign to look at [a p.]
keurig neat, smart, tidy; exquisite [the room was furnished exquisitely], trim; *er ~ netjes uitzien* look very spruce (trim and neat, spick and span, *Am:* preppy); *zij zag er ~ uit (als bruid)* she made a beautiful bride; *~ afgewerkt* of exquisite workmanship; *~ getrouwd* decently married; *een ~ gestrikte sjerp* a meticulously tied sash; *het past u ~* it fits you beautifully, perfectly (to a T)
keuring [medical] examination; inspection [of food]; assay [of metals]; test(ing), tasting, etc; *vgl* keuren
keuringsarts medical examiner
keuringscommissie committee of inspection; board of (film) censors; *(med)* medical board
keuringsdienst food inspection department
keuringseis test requirement; approval specification
keurkamer Assay Office
keurkorps picked body (of men); crack (élite) regiment
keurmeester [food] inspector; assayer [of gold and silver]; [film] censor; *(bij tentoonstelling, enz)* judge; *(v bier)* ale (*of:* beer) taster
keurmerk control mark; *(edelmetaal)* hallmark
keurs(lijf) 1 bodice, stays, corset; **2** *(fig)* shackles, trammels [the trammels of convention]; *in een keurslijf dwingen (persen)* shackle, put (force) into a straitjacket
keurstempel, keurteken hallmark, stamp
keurtroepen picked (élite) troops
keurvorst(elijk) elector(al)
keurvorstendom electorate
keurvorstin electress
keus choice, selection; *(recht van ~)* option; *een ruime ~* a large assortment, a wide choice; *~ uit 19 gerechten* a choice of 19 items [on the menu]; *de ~ is aan u* the choice lies (rests) with you (is yours); *er blijft mij (ons, enz) geen andere ~ over* there is no alternative, it's Hobson's choice, I have no other

choice (option), *(dan te ...)* I have no choice (no option) but to ...; *dit feit liet mij geen ~* this ... left me no choice (no alternative); *iem de ~ laten* let a p. take his choice, give a p. the option [*tussen ...* between ...]; *een ~ **maken (doen)*** make a choice (one's selection), take one's choice; ***tweede ~ (artikelen)*** [factory] seconds; *de ~ **vestigen op*** fix (decide) on [such a house]; ***naar ~*** at choice, as desired; optional [subjects *vakken*]; *naar (ter) keuze van* at (in) the option of; *dit laat u de ~ tussen drie mogelijkheden* this ... a choice of three possibilities (leaves three options open to you); ***uit** vrije ~* of one's own free will, [I do not wear these clothes] by choice, [live in the country] from (out of) choice; ***van** zijn ~* [the woman] of his choice; *iem **voor** de ~ stellen* give a p. the choice, force a choice upon a p.; *zie ook* kiezen, nestkeuze, staan 3, enz
keutel: *~s* [sheep's] droppings
keutelachtig niggling, over-punctilious
keutelen trifle; dawdle
keuter(boer) small farmer, crofter
keuvelaar(ster) talker; *(inz kind)* prattler; *(vrouw)* gossip
keuvelarij (chit-)chat; *(ve klein kind)* prattle
keuvelen (have a) chat; *(ve klein kind)* prattle, babble; *~de stijl* chatty style
keuze *zie* keus & plaatselijk
keuzecommissie selection committee (*ook:* the selectors)
keuzeschakelaar selector switch
keuzevak optional subject, *(Am & med Br)* elective
kever beetle; *(Am)* bug
kevie (wicker) cage; *naar zijn ~ gaan* go to kip
kezen *(plat)* screw
Khartoem Khartoum
KI afk van **1** *kunstmatige inseminatie* AI, artificial insemination; **2** *kunstmatige intelligentie* AI, artificial intelligence
kibbelaar(ster) bickerer, squabbler, wrangler
kibbelarij bickering(s), wrangling, wrangle, squabble, tiff
kibbelen bicker, wrangle, haggle, squabble, have a tiff
kibbeling cod parings
kibbelpartij *zie* kibbelarij
kibboets kibbutz (*mv:* -im)
kibla kiblah
kicken: *~ op* get a kick out of
KID afk van *kunstmatige inseminatie donor* AID, artificial insemination by donor
kidnappen kidnap
kiekeboe bo-peep, peekaboo; *(uitroep, ook)* peepbo!; *~ spelen* play (at) bo-peep (peekaboo)
[1]**kieken** *ww* snap, take (a snap of)
[2]**kieken** *zn* **1** chicken; **2** chick; *het ~ wil wijzer zijn dan de hen* teach your grandmother to suck eggs; **3** stupid
kiekendief: *(bruine, grauwe, blauwe) ~* (marsh, Montagu's, hen) harrier
kiekje snap(shot), shot; *~s maken, zie* [1]kieken
kiel 1 keel *(ook plantk & dicht voor schip); de ~ leggen van een schip* lay down a ship, lay down the keel; **2** *(bk)* valley; **3** *(kleding)* blouse, smock(-frock); **4** *(muz)* plectrum
kielekiele [it's] touch and go
kielen heave down, careen
kielgang garboard strake
kielhalen heave down, careen; *(straf)* keelhaul
kiellinie *(mar)* line ahead
kielvlak *(ve vliegt)* (tail) fin, *(inz Am)* vertical stabilizer
kielvleugel harpsichord
kielwater, kielzog wake (*ook fig:* follow in a p.'s wake), dead water, backwash; *zie ook* zog
kielzwaard centreboard
kiem germ; *~pje* germule; *(fig ook)* [sow, plant] seed(s) [of doubt]; *in de ~ smoren* nip in the bud, stifle at birth
kiemblad seed-leaf, cotyledon
kiemcel germ cell
kiemdodend germicidal
kiemen germinate *(ook fig)*, sprout, shoot
kiemhuid blastoderm
kieming germination
kiemkracht germinal force; germinative power
kiemplant embryo plant
kiemvrij germ-free, sterile
kiemwit albumen, endosperm
kiemwortel radicle
kien keen, sharp
kienhout fossil wood
kienspel (game of) lotto
kiepauto dump truck, tipper
kiepen tip (up)
kieperen 1 tip (up); **2** tumble (down)
kiepkar tip-, tilt-, dumping cart
kiepwagen tipping waggon; *zie ook* kiepkar & kiepauto
kier chink; *op een ~* ajar; *op een ~ staan (zetten)* be (set) ajar
kieren: *'m ~, (sl)* have the wind up
kierewiet *(fam)* round the bend, whacky, bonkers
kies I *zn* **1** molar (tooth), back tooth, *(fam)* grinder; *een ~ laten trekken* have a tooth (pulled) out; *iem een ~ trekken, (fig)* bleed a p.; *de kiezen op elkaar houden* keep one's mouth shut, keep mum; *voor zijn kiezen krijgen* be faced with [problems]; **2** *(mineraal)* pyrites; **II** *bn* **1** delicate, considerate, discreet; **2** *(teer)* delicate, tender, nice
kiesarrondissement *zie* kieskring
kiesbaar eligible
kiesbevoegd entitled to (the, a) vote, enfranchised, eligible for the franchise
kiesbevoegdheid right to vote, franchise
kiesbrief(je) voting (*of:* ballot) paper
kiescollege electoral college

kiesdeler quota (of votes needed for a seat)
kiesdistrict *(voor Tweede Kamer)* constituency; *(stedelijk ~ voor Tweede Kamer, ook)* borough; *(voor gemeenteraad)* ward
kiesdrempel electoral threshold
kiesgerechtigden electorate; persons entitled to vote; *zie ook* kiesbevoegd
kiesheid delicacy, considerateness, discretion
kiesheidshalve from feelings of delicacy
kieskauwen 1 toy with (dawdle over, nibble at) one's food; **2** moan
kieskeurig dainty, (over)nice; [be] particular, choosey [in the selection of one's guests], [clients have become more] discriminating; fastidious, particular [about the company one keeps]; finical, finicky, fussy, picky
kieskeurigheid fastidiousness, over-niceness
kieskring polling district, constituency
kieslichaam constituent body
kiesman elector
kiespijn toothache; *~ hebben* have toothache; *ik kan hem missen als ~* I prefer his room to his company; *zie* lachen
kiesplicht compulsory suffrage
kiesrecht suffrage, franchise; *het ~, (ook)* votes [for women], the [municipal, Parliamentary] vote; *algemeen ~* universal suffrage; *van het ~ beroven* dis(en)franchise; *het ~ geven* enfranchise; *het ~ krijgen* be enfranchised; *(fam)* get the vote
kiesrechthervorming electoral reform
kiesregister list of eligible parties
kiesschijf dial
kiesstelsel electoral (election) system
kiestoon *(telef)* dialling (*Am:* dial) tone
kiesvereniging constituency association
kieswet electoral law, ballot act
kietel- *zie* kittel-
kieuw gill [arch, cleft, opening *holte*, slit]
kieuwdeksel gill cover; *(wtsch)* operculum (*mv:* -la)
kieuwpotigen branchiopoda, branchiopods
kieviet peewit, lapwing, green plover; *lopen als een ~* run like a hare
kievietsbloem snake's head, fritillary
kievietsei plover's egg
kiezel 1 gravel; *(inz strand~)* shingle; **2** *(chem)* silicon
kiezelaarde silica, siliceous earth
kiezelachtig 1 siliceous; **2** *(grindachtig)* gravelly
kiezelgrond gravelly soil
kiezelpad gravel walk
kiezelsteen pebble
kiezelwier diatom
kiezelzand gravel
kiezelzuur silicic acid
kiezen choose, select; single out [two poems for discussion]; *(tot voorzitter, afgevaardigde, enz)* elect; *(stemmen)* vote; opt [for union with England]; *(telef)* dial [a number]; *het luchtruim ~* take to the air; *zie ook* sop & zee; *zijn woorden ~* choose (*met zorg:* pick) one's words; *kies welke je wilt* take your pick; *u kunt ~ tussen de auto en de trein* you have the option of going by car ...; *niet kunnen ~* be spoilt for choice; *kiest B!* vote for B!; *het is ~ of* ***delen*** you must take it or leave it, it is one thing or the other; *hij werd gekozen* ***in*** *(voor) de gemeenteraad* he was elected to (*of:* (as) a member of) the town council; *iem* ***tot*** *voorzitter ~* elect a p. chairman (president, to the chair); *~* ***uit*** choose from
kiezer 1 constituent, voter, elector; *de (gezamenlijke) ~s* the electorate; *het kabinet zal de ~s laten beslissen* the ... will go (appeal) to the country; **2** [channel, electronic] selector
kiezersbedrog failure to live up to election promises
kiezerskorps electorate
kiezerslijst (electoral) register, electoral roll, list of voters; *van de ~ schrappen* remove from the register
kiezersvolk electorate
kif(t) *(fam)* jealousy; wrangling; *dat is de ~!* sour grapes!
kiften wrangle
kijf: *buiten ~* beyond dispute (question), beyond all argument, without (any possibility of) dispute
kijfster scold, quarrelsome woman
kijfziek, kijfzuchtig quarrelsome
kijk look, aspect; *(fig)* sidelight [on a p.'s life]; *~je* look, peep [*ook fig:* a peep into a p.'s mind], *(fam)* squint; *een ~je nemen* have (take) a look; *zijn ~* ***op*** *de zaak* his view of the matter; *zijn ~ op het leven* his outlook (up)on life; *het geeft een eigenaardige ~ op het Engelse leven* it sheds a peculiar light on ...; *hij heeft een sombere (goede, verkeerde) ~ op de dingen (de zaak)* he takes a gloomy view of things (has a good understanding of, a wrong perspective on the matter); *ik begin er ~ op te krijgen* I am getting my eye in (getting the hang of it, beginning to see how things are); *daar is geen ~ op* that is out of the question, that is not to be expected; ***te*** *~ lopen met* make a show of, show off; *te ~ staan (zijn)* be on view; *te ~ zetten* place on view, exhibit; ***tot*** *~* (be) see(ing) you
kijkblad scan mag
kijkboek coffee-table book
kijkcijfer rating, viewing figure
kijkdag show-, view-day; *(voor genodigden)* private view-day; *(voor de pers)* press day
kijkdichtheid viewership figures, rating(s); *uren met de grootste ~* peak viewing times
kijkdoos *zie* kijkkast
kijken look, have a look; *zie ook* zien; *(fam)* peep; *(tv)* watch, view; *niet ~!* you're not to look; *~ staat vrij* a cat may look at a king; *kijk* ***eens!*** look (here)!; *kijk nu eens aan!, (verwijt, enz)* look at that now!, there now!, *(verrassing)* fancy that now!; *ga eens ~* go and have a look (*fam:* a peep); *ik kom morgen eens ~* I will call (drop) in tomorrow; *laat me eens goed ~* let me have a good look at it; *hij* ***komt*** *pas ~* he is still wet behind the ears; *iets* ***laten*** *~* show s.t.; *daar komt heel wat* ***bij*** *~* that's quite a job; *en alles wat er-*

bij komt kijken and everything that it involves; *in de kast (de spiegel)* ~ look in the cupboard (the mirror); *kijk me in de ogen* look me in the eyes; ~ *naar* look at, have a look (*vluchtig:* a glance, *fam:* a squint) at; *(gadeslaan)* watch, eye; *naar de televisie* ~ watch TV; *(passen op, enz)* look after [the children], attend (look, see) to; *naar rechts noch links* ~ look neither right nor left; *ik zal er eens naar* ~ I'll have look at it; *er moet naar het slot gekeken worden* the lock should be looked (seen) to; *je deed beter eens naar een kamer te gaan* ~ *(om te zien)* you'd better see about a room; *kijk naar jezelf!* look at home!; *laat naar je* ~*!* don't be silly; ~ *op* look at [one's watch]; look out on [the garden]; *ik hoef niet op een paar pond te* ~ I need not look twice at every pound; *ik kijk niet op geld* money is no object with me; *iem de woorden* ***uit*** *de mond* ~ hang on a p.'s lips; *de hebzucht kijkt hem de ogen uit* greed is written all over his face; *daar sta ik van te* ~*!* well, I am dashed!; *hij stond ervan te* ~ it made him sit up (and take notice); *zie ook* glaasje, [2]klok 1, kwaad II, lelijk, neus, raam, enz

kijker spectator, looker-on, onlooker; *(tv)* viewer, *(mv ook)* [TV] audience; *(instrument)* (field) glasses, binoculars; telescope; *(toneel)* opera glasses; ~*(tje)s* peepers; *jij loopt in de* ~ you will be found out; *zich in de* ~ *spelen, (sp vglb)* force o.s. into the reckoning

kijkgat peep-, loophole; *(in celdeur, enz)* spyhole, observation hole, judas

kijkgeld TV-licence fee

kijkgewoonten viewing habits

kijkglas inspection window

kijkgraag *zie* kijklustig

kijk-in-de-pot inquisitive person

kijkkast 1 peepshow, raree-show; **2** *(tv)* (goggle-)box

kijklustig eager to see, inquisitive; ~*en* sightseers, *(fam)* rubbernecks

kijkoperatie arthroscopy

kijkshop catalogue (*of:* showroom) shop

kijkspel spectacular play, showpiece

kijkspleet aperture

kijkuit 1 peephole; **2** small dormer (window)

kijven quarrel, wrangle; *op iem* ~ scold a p.; *zie ook* twee

kijver wrangler, quarrelsome person

kijverij *zie* gekijf

kik: *hij gaf geen* ~ he didn't utter a sound

kikken: *je hoeft maar te* ~ you have only to say the word; *je moet er niet van* ~ don't breathe a word of it, keep it close

kikker 1 frog, *(wtsch)* anuran, batrachian; *kale* ~ down-and-out; *kouwe* ~ cold fish; *een* ~ *in de keel hebben* have a frog in one's throat; *zie ook* veer 1; **2** *(mar)* cleat

kikkerbad paddling pool

kikkerbeet frogbit

kikkerbilletje frog's leg

kikkerdril frogspawn

kikkererwt chickpea

kikkerrit frogspawn

kikkerspog frogspit, cuckoospit

kikkervisje tadpole, *(Am & dial)* polliwog

kikvors frog; *zie ook* kikker

kikvorsman frogman

kikvorspak frogman suit

kil I *zn* **1** channel; **2** *(bk)* valley; **II** *bn* chilly, shivery

kilheid chilliness

killen 1 kill; rough [a p.] up; **2** *(ve zeil)* flap

killer killer [instinct, mentality]

killig chilly, shivery

kilo kilo, K

kilogram kilogram(me)

kilohertz kilocycle(s) per second, kilohertz, kcs

kilojoule kilojoule

kiloliter kilolitre

kilometer kilometre; *gereden* ~*s* mileage

kilometerpaal kilometre marker; *(vglb)* milestone

kilometerteller odometer, *(vglb)* milometer

kilometervergoeding mileage (allowance)

kilometervreter speed merchant, scorcher

kilometervreterij speeding, scorching

kilometrage *(vglb)* mileage

kiloperiode *(natuurk)* kilocycle, kc

kilovolt kilovolt

kilowatt kilowatt

kilowattuur kilowatt-hour, (BOT) unit

kilte chilliness

kim 1 horizon; *verrijzen aan (duiken onder) de* ~ appear on (sink below) the horizon; *(ve schip ook in beide gevallen)* be hull down; **2** *(ve vat)* chime, rim; **3** *(ve schip)* bilge; **4** *(v blad in boek)* stub; **5** *(schimmel)* mould

Kimbrisch Cimbric

kimduiking dip (of the horizon)

kimkiel bilge keel

Kimmerisch Cimmerian [darkness]

kimono kimono (*mv:* -nos), housecoat

kin chin; *iem onder de* ~ *strijken* chuck a p. under the chin; *(fig)* praise (commend, compliment) a p., *(vleien)* butter a p. up

kina 1 cinchona (bark, tree); **2** quinine [tonic]

kinabast cinchona, Peruvian bark

kinaboom cinchona (tree)

kinband *(mil)* chinstrap

kind child *(ook fig:* a child of his time; he is a child at business *in zaken); (fam)* kid(dy); *(~je)* baby (*ook fig:* he is a big baby; what a baby you are!), infant, *(lit)* babe; *een aardig* ~, *(ook)* a nice girl; *zij heeft drie ~eren, (ook)* she has a family of three (*zo ook:* a married man with no family); *met zijn vrouw en ~eren, (ook)* with his wife and family; *u hebt vrouw en ~eren, nietwaar?* you are a family man, aren't you?; *het* ~ *met het* ***badwater weggooien*** throw out the baby with the bathwater, reject the good with the bad; *een* ~ ***des doods*** [he is] a dead man; *zij is*

geen ~ meer she is no longer a child; *het zijn geen ~eren (meer)* they are not children; *je hebt er geen ~ aan* it's no trouble at all; *hij is daar ~ aan* ***huis*** he is quite one of the family; *~eren* ***Israëls*** children of Israel; *wie zijn ~ liefheeft,* ***kastijdt*** *het* spare the rod and spoil the child; *hij heeft ~ noch* ***kraai*** he is alone in the world; *ze moet een ~ (van hem)* ***krijgen*** she is going to have a baby (by him); *te oud om ~eren te krijgen* past childbearing; *ik krijg er een ~ van, (fam)* it makes me sick; *zie ook* last; *zo ~ zo* ***man*** the child is father of (*ook:* to) the man; *het ~ bij zijn* ***naam*** *noemen* call a spade a spade; *je wordt het ~ van de* ***rekening*** you will have to pay the piper (to foot the bill, carry the can); *daar ben jij een ~* ***bij*** you are not in the same league with him, you are not a patch (up)on him; *zie ook* ²bij I.5, met
kindeke: *het ~ Jezus* the Infant Jesus, the Christ-child
kinderachtig childish, infantile, silly; *wees niet zo ~!* be your age!; *wat ben je toch ~!* what a baby you are!
kinderachtigheid childishness, silliness; childish behaviour
kinderafdeling 1 *(winkel, enz)* children's department; **2** *(med)* paediatric ward
kinderaftrek child allowance, tax relief for children
kinderarbeid child labour
kinderarts children's doctor (*of:* specialist), paediatrician
kinderbad *(in zwembad)* paddling pool
kinderbed 1 child's bed, cot; **2** *(kraambed)* childbed
kinderbescherming child protection, child welfare, childcare; *bureau voor ~* infant welfare centre; *vereniging voor ~* National Society for the Prevention of Cruelty to Children; NSPCC
kinderbewaarplaats crèche, day nursery
kinderbijslag child benefit
kinderboek children's book
kinderboerderij *(vglb)* children's zoo
kindercourant children's paper
kinderdagverblijf day nursery
kinderdoop infant baptism, paedobaptism
kinderfeest children's party
kinderfiets child's bicycle
kindergebabbel child's (children's) prattle
kindergek person doting on children
kindergeld child benefit
kindergeneeskunde paediatrics
kinderhand 1 child's hand; *een ~ is gauw gevuld* a child is easily made happy; *(iron)* (s)he is easily pleased; **2** childish hand(writing)
kinderhoofdje 1 baby's head; **2** cobblestone
kinderjaren (years of) childhood, infancy
kinderjuffrouw nursery governess, nurse; nanny
kinderkaart child's ticket, half ticket
kinderkamer nursery; playroom
kinderkens: *laat de ~ tot mij komen* suffer the little children to come unto me
kinderkleding children's clothing (clothes, wear)
kinderkleertjes baby clothes
kinderkolonie children's holiday camp
kinderkost children's food, food for infants; *dat is geen ~* that is not milk for babes (not for children)
kinderkwaal children's complaint
kinderledikantje cot
kinderliefde *(voor kinderen)* love of (one's) children, *(van kinderen)* filial love
kinderlijk childish (*als ve kind:* childlike) [simplicity]; *(ve zoon of dochter, ook fig)* filial [piety]; *een ~ geloof, (ook)* a child's faith
kinderlijkheid childlike nature, naivety
kinderlokker child molester
kinderloos childless [couple]; [die] without issue
kindermeid, kindermeisje nursemaid, nanny
kindermishandeling child abuse, cruelty to children
kindermoord infanticide, child murder; *(te Bethlehem)* massacre of the Innocents
kindermoordenaar child murderer, infanticide
kinderoppas babysitter; childminder
kinderopvang day nursery, crèche
kinderoren: *niet voor ~ bestemd* not meant for children to hear
kinderpek meconium
kinderpistooltje toy (*of:* dummy) gun
kinderplicht filial duty
kinderpokken smallpox
kinderpolitie juvenile police
kinderporno child pornography
kinderpostzegel child welfare (postage) stamp
kinderpraat childish prattle (*of:* talk); *(fig)* childish talk
kinderpsychologie child psychology
kinderrechtbank juvenile court, *(Br)* youth court
kinderrechter juvenile (*Br:* youth) court magistrate
kinderrijk: *~ gezin* large family
kinderrijmpje nursery rhyme
kinderroof kidnapping, child stealing
kinderschoen child's shoe; *nog in de ~en (staand)* [industry] still in its infancy; *de ~en ontwassen zijn* have come to full development
kinderslot childproof lock
kinderspeelgoed children's toys
kinderspel child's play [*ook fig:* it is mere child's play (to him)]; *een ~* a children's game
kinderstem child's (childish) voice, *mv:* children's voices
kindersterfte infant(ile) mortality
kinderstoel high chair
kindertaal child('s, children's) language, infant speech; *zie ook* kinderpraat
kindertehuis children's home
kindertelefoon childline, children's helpline
kindertijd childhood, inBr: fancy
kindertoeslag child benefit
kinderveilig childproof
kinderverhaal children's story, story for children
kinderverlamming poliomyelitis, *(fam)* polio, infantile paralysis

kinderversje nursery rhyme
kinderverzorging child care; *zie* kinderzorg
kindervriend(in) friend of children, child-lover, children's friend
kinderwagen perambulator (*fam:* pram), baby carriage
kinderweegschaal baby balance (*of:* weighing machine)
kinderwereld children's world
kinderwerk child's (children's) work
kinderwet Children Act
kinderzegel child welfare (postage) stamp
kinderzegen: *een rijke ~* a quiverful (of children)
kinderziekenhuis children's hospital
kinderziekte children's (*of:* infantile) complaint, childhood disease; *(fig)* teething trouble(s)
kinderzitje child's seat, child carrier seat
kinderzorg child (infant, baby) welfare (*of:* care), infant welfare work
kindlief dear child, darling (child)
kinds doting, childish, senile; [be] in one's dotage, in one's second childhood; *(sl)* gaga; *~ worden* grow childish, lapse into second childhood, *(sl)* go gaga
kindsbeen: *van ~ af* from a child, from childhood (*of:* infancy), from the (his, her) cradle
kindsdeel child's portion
kindsheid 1 childhood, infancy; *eerste ~* early childhood; *allereerste ~* babyhood; **2** second childhood; dotage
kindskind grandchild; *~eren, (ook)* children's children
kindsoldaat child soldier
kindveilig childproof
kindvrouwtje child-wife
kinematica kinematics
kinesie physiotherapy
kinesiologie kinesiology
kinetica kinetics
kinetisch kinetic
kinhouder *(ve viool)* chinrest
kinine quinine; *zie ook* kina
kink kink, hitch, twist; *er is een ~ in de kabel* there is a hitch somewhere, there is something wrong; *er kwam een ~ in de kabel* there was a hitch
kinkel boor, lout, clodhopper, bumpkin
kinken clink, clank, clang
kinketting curb (chain)
kinkhoest whooping cough
kinkhoorn whelk-shell
kinnebak(kes) jawbone, mandible
kinnesinne envy, jealousy
kinriem chinstrap
kinsteun *(ve viool)* chinrest
kiosk kiosk; [railway] bookstall, newspaper stall
kip hen, chicken, fowl; *(sl, ook meisje)* bird, chick; *(als gerecht)* chicken; *jonge ~* pullet; *~! ~!* chick! chick!, chuck! chuck!; *~, ik heb je* I have you there!, I've caught you!; *er als de ~pen* ***bij zijn*** be there in a flash, be quick to seize one's opportunity; *de ~ met de gouden eieren slachten* kill the goose that lays the golden eggs; *rondlopen als een kip die haar ei niet kwijt kan* walk restlessly up and down; *redeneren als een ~ zonder* ***kop*** talk through one's hat; *met de ~pen op* ***stok*** *gaan* go to bed with the sun; *je ziet er geen ~* you don't see a (living) soul there; *zie ook* ²ei 1 & lekker
kiplekker as right as rain, as fit as a fiddle; *zie ook* lekker
kippenboer chicken (*of:* poultry) farmer
kippenborst pigeon-breast; *een ~ hebben* be pigeon-breasted
kippenboutje drumstick
kippendrift nervous haste
kippenei hen's (chicken's) egg
kippenfokkerij 1 poultry farming; **2** poultry farm
kippengaas chicken wire, wire netting
kippenhok hen (poultry) house, chicken coop
kippenkontje *(haar)* duck('s) arse, DA
kippenkoorts: *de ~ krijgen* get the jim-jams
kippenkuur whim, freak
kippenladder chicken ladder
kippenloop hen-, chicken-, poultry-run
kippenpoot 1 *(v fiets)* kickstand; **2** *(dessin)* houndstooth (check), dogtooth
kippenrek hen-roost
kippenren hen-, chicken-, poultry-run
kippensoep chicken soup
kippentrapje 1 chicken ladder; **2** *(fig)* short flight of (narrow) stairs (steps)
kippenvel 1 chicken skin; **2** *(fig)* goose-flesh [be goose-flesh all over], goose pimples, goose-skin, *(Am)* goose-bumps; *ik krijg er ~ van* it makes my flesh creep; *(fam)* it gives me the creeps
kippenvoer chicken feed
kippetje 1 (small) chicken; **2** *(meisje, sl)* bird, chick
kippetjesgort, kippetjesgrutten grits, groats
kippig near-sighted, short-sighted, myopic
Kirgizië Kyrgyzstan
kirren coo; *(ve klein kind)* coo, gurgle
kiskassen make (play at) ducks and drakes
kissebissen squabble, wrangle, bicker
kissen I *intr* hiss; **II** *tr zie* aanhitsen
kist [packing] case; chest (bin) [of tea, etc]; *(~je)* box [of cigars]; *(dood~)* coffin, *(Am)* casket; *(vliegtuig)* kite, bus, *(Am)* ship; *~jes, (fam)* army boots
kistdam coffer-dam
kisten 1 *(lijk)* (place in a) coffin; *laat je niet ~, (fam)* don't let yourself be sat (up)on; **2** *(dijk)* strengthen by means of a coffer-dam
kisting *zie* bekisting
kit 1 *(kan)* jug; *(kolen~)* coal-hod; **2** *(kroeg)* pub; *(opium~)* (opium) den; *in ~ten en kroegen lopen* frequent pubs; **3** *(vulmiddel)* sealant, cement, lute; **4** *(lijm)* cement
kitlijm cement, lute
kits [everything] OK

kitsch kitsch, *(fam)* tack
kitscherig kitschy, camp, *(fam)* tacky
kittelaar 1 tickler; **2** *(anat)* clitoris, *(fam)* clit
kittelachtig ticklish
kittelen tickle, titillate
kittelig ticklish
kitteling tickling, titillation
kittelorig touchy, short-tempered, thin-skinned
kitten *ww* **1** seal, lute; **2** cement; *vgl* kit 3, 4
kittig smart, spruce; *een ~ paard* spirited horse
kittigheid smart-, spruceness; *(ve paard)* spirit
kiwi 1 *(vogel)* kiwi; **2** *(vrucht)* kiwi fruit
kJ afk van *kilojoule* kJ
klaaggeschrei lamentation(s)
klaaglied (song of) lamentation, dirge, threnody, lament; *(fig)* jeremiad; *de K~eren* the Lamentations [of Jeremiah]
klaaglijk plaintive, doleful
Klaagmuur Wailing Wall (at Jerusalem)
klaagschrift plaint
klaagstem mournful (plaintive) voice
klaagtoon: *op een ~* in a mournful (plaintive) tone
klaagzang *zie* klaaglied
klaar 1 *(helder)* clear, limpid; *(duidelijk)* clear, evident; *klare cognac* brandy neat, neat brandy; *klare jenever* raw gin; *klare onzin, zie* klinkklaar; *zo ~ als de **dag** (een klontje)* as clear (as plain) as daylight, as plain as a pikestaff (*of:* as the nose on your face); *zie ook* klaarwakker, klare, wijn, enz; **2** *(gereed)* ready; *(af)* completed, finished; *(na opleiding)* [positions will be found for them when] qualified; *ik **ben** ~, a)* I am ready; *b)* I have (am) finished; *ben je ~?, (is het af)* have you finished?, are you through?; *ik ben ~ met eten (schrijven)* I've finished dinner (writing); *als je ~ bent (met de lucifer)* after you (with the match); *~ hebben, a)* have ready; *b)* have finished; *vgl* klaar; *dat is ~, ~ is **Kees*** that is finished, that is that; *en ~ is Kees!* and there you are!, and Bob's your uncle!; *alles ~ **vinden*** find everything ready (to one's hand); *we zijn **ermee** ~* we are done with it; *je bent er niet ~ mee te zeggen ...* it is not enough to say ...; *daar ben je nog niet ~ mee* you haven't heard (seen, etc) the last of that (yet); *een vrouw is nooit ~ **met** haar werk* a woman's work is never done; *ik ben nog niet ~ met hem* I have not done (am not finished) with him yet; ***gauw** ~ met een antwoord* prompt with an answer; *zie ook* gereed, enz
klaarblijkelijk I *bn* evident, obvious, clear, manifest; **II** *bw* evidently, etc; [the evidence is false] on the face of it
klaarblijkelijkheid obviousness, clearness
klaarheid clearness, clarity, limpidity; *tot ~ brengen* clear up; think [things] out; thrash out [a problem]
klaarkomen 1 *(voor iets)* get ready [for], get (be) done [she would never be done in time]; **2** *(met iets)* finish, be finished, get done [with]; *(sl: orgasme)* come; *zorg dat je klaarkomt met het pakken* get your packing over
klaarkrijgen 1 get [it] ready; **2** get [it] done; *vgl* klaar
klaarleggen put [a towel] ready; lay [the fire]; *(kleren, enz)* lay out, lay ready; *alles ~, (ook)* put everything ready to hand
klaarlicht: *het is ~e dag* it is broad daylight; *op ~e dag* in broad daylight
klaarliggen lie ready; *uw kaartjes liggen klaar* your tickets are waiting for you
klaarmaken 1 get ready, prepare; dress [the salad]; cook [dinner]; mix [a salad, a brandy and soda]; make up [a bed for a p. on the floor]; coach [a p. for an examination]; *geneesmiddelen (een recept) ~* make up (dispense) medicines (a prescription); *zich ~* get ready; prepare [for departure]; **2** *(sl: bevredigen)* toss [o.s.] off
klaar-overs school (crossing) patrol *(in Eng volwassenen)*
klaarschrift [a text in] clear
klaarspelen: *het ~* manage (it), work it, pull (bring) it off, fix it up, do the trick; *(ook)* he performed the remarkable feat of [decoding it]; *zie ook* lappen; *het met iem ~* manage a p.; *het zelf ~* shift for o.s.
klaarstaan be ready (quick, not slow to *om*), be waiting; *(om hulp te verlenen, eig mar, ook)* stand by; *de tafel (het ontbijt, enz) staat klaar* the table (breakfast, etc) is laid; *voor ieder ~* be always ready to oblige everybody; *voor ieder moeten ~* be at everybody's beck and call
klaarstomen *(leerlingen)* cram, prepare (through a crash course)
klaarte clarity
klaarwakker wide awake
klaarzetten place (set, put) ready, set out [cups, plates, supper, the tea-things]; lay (out) [breakfast, supper]; set [the card table]
klaarziend clear-sighted, shrewd
Klaas: *een houten (stijve) ~* a stick; *~ Vaak* Wee Willie Winkie
klabak bobby, copper, cop
klacht complaint (*over* about); *(wee~)* lamentation; *(aan~)* charge, accusation, complaint; *zie* aanklacht
klachtenboek complaints book
klachtenbureau complaints desk
klad [ink-]blot, stain, blotch, splodge, splotch; *(veeg)* smudge; *(ruwe schets, ~je)* rough draft (*of:* copy); *een ~ op iems naam werpen* cast a slur on ...; *iem **bij** de ~den pakken* catch hold of a p., collar a p.; *hij had hem dadelijk bij de ~den* he was down on him in a moment; *de ~ **erin** brengen* spoil things; *de ~ is erin (in zijn zaak)* the bottom has fallen (*of:* gone) out of his business, his business is falling off; the rot has set in; *zie ook* diskrediet; *schrijf het **in** het ~* make a rough copy (*of:* draft)
kladblok (economy) jotter, scribbling (*Am:* scratch) pad
kladboek memorandum book; *ik heb er nog wel een paar in mijn ~je staan* I could easily mention some (more) [names, etc]

kladden blot, stain; *(v papier)* blot, smudge; *(met verf, enz)* daub; *(krabbelen)* scrawl, scribble; *(handel)* undersell, undercut
kladder dauber; *(handel)* underseller
kladderadatsch total collapse
kladderig blotchy, splotchy, splodgy
kladpapier scribbling paper, scrap paper
kladschilder dauber
kladschilderen, kladschilderij daub
kladschrift 1 bad (*of:* messy) handwriting; **2** rough-copy book, scribbling book
kladschrijfster, kladschrijver scribbler
kladwerk rough copy; *(schilderij)* daub
klagen complain [*over* of; *bij* to; *wegens* for], make complaint; *(weeklagen)* lament, wail [for a lost child, over a dead body]; *niet gauw ~* not be one to complain; *men klaagt (er wordt geklaagd), dat ...* people are complaining that ...; *ik heb **geen** (reden tot) ~* I have no cause to complain (for complaint); *ik heb niet over hem te ~* I have no complaints to make of (about) him; *ik **mag** niet ~* I mustn't grumble (complain); *zijn **nood** ~* pour out one's troubles; *sterven **zonder** te ~* die uncomplainingly; *zie* godgeklaagd & steen
klagend plaintive
klager complainer; *(jur)* plaintiff, complainant; *~s hebben geen nood, (vglb)* those who complain are not always worst off
klagerig complaining, querulous
klak 1 *(slag)* thud, crack, slap; **2** *(vlak)* [ink-]blot, splotch, smudge; **3** opera hat, crush hat
klakkelings suddenly, unexpectedly
klakkeloos I *bw* suddenly, off-hand, without more ado; gratuitously, unthinkingly, rashly; *maar zo ~ aannemen* accept uncritically, swallow [an idea]; **II** *bn* groundless (wild) [accusation], gratuitous [lie]
klakken clack, click [one's tongue *met de tong*]
klam damp, moist, clammy; *zie ook* zweet
klamaai *(mar)* caulking iron
klamaaien caulk
klamboe mosquito curtain, mosquito net(ting)
klamheid dampness, moistness, clamminess
klamp 1 clamp, cleat, brace, chock, lock; **2** stack, rick [of hay], clamp [of potatoes]
klampen clamp; *aan boord ~* board [a ship]; *(fig)* accost, buttonhole [a p.]
klamplaag *(bk)* bond course, header course
klander *zie* kalander
klandizie *(abstr)* custom, connection, patronage; *(coll)* clientele, customers; *(als deel der activa)* goodwill; *de ~ gunnen (ontnemen)* place one's custom with (take away one's custom from) [a p.]
klank [a dull] sound, ring [there was a peculiar ring in his voice, the phrase has a familiar ring]; *ijdele ~en* empty sounds, idle (empty) words; *zijn naam heeft een goede ~* he is held in high repute, enjoys a good reputation, is a [writer, etc] of distinction; *met ~* four-square; squarely
klankbeeld sound picture
klankbodem soundboard, sounding board
klankbord sounding board; *(v luidspreker)* baffle (board)
klankdemper sordino, damper, mute
klank-en-lichtspel son et lumière
klankfiguur sonorous figure
klankgat *(ve viool)* soundhole, f-hole; *(in toren)* soundhole
klankkast resonance box, acoustic box, resonator
klankkleur timbre
klankleer phonetics; [historical] phonology
klankloos toneless [voice]; *met -loze stem, (ook)* [speak] tonelessly
klankmeter audiometer, sonometer
klankmethode phon(et)ic method
klanknabootsend sound-imitative, onomatopoeic
klanknabootsing sound imitation, onomatopoeia
klankrijk sonorous, full-sounding, rich [voice]
klankrijkheid sonority, sonorousness, richness
klankschrift 1 phonography, phonographic writing; **2** phonetic script
klankstelsel, klanksysteem sound (phonetic) system
klankteken phonetic symbol
klankverandering sound change, sound shift(ing)
klankverschuiving sound shift; *wet der eerste Germaanse ~* Grimm's Law
klankvol *zie* klankrijk
klankwet sound (*of:* phonetic) law
klankwijziging sound change
klant customer, client; *(fam)* punter; *rare (ruwe) ~* queer (rough) customer
klantenbinding 1 customer relations; *aan ~ doen* keep one's customers (etc) happy; **2** registration of customers
klantenkaart loyalty (advantage, club, reward) card
klantenlokker [circus] barker
klantenservice customer (*of:* after-sales) service
klantvriendelijk customer-friendly
klap 1 slap, blow, smack; *(met zweep)* lash, stroke; *(knal van zweep)* crack; *in één ~* at (with) a (one) blow, at one stroke; ***de eerste ~ is een daalder waard*** the first blow is half the battle; ***de eerste ~ geven*** get one's blow in first; *iem een ~ **geven*** hit a p.; *(om de oren)* give a p. a box on the ears, box a p.'s ears; slap (smack) [a child]; *een ~ in het gezicht, zie* gezicht; *je **hebt** er geen ~ aan, (fam)* it's no bloody use; *een lelijke ~ **krijgen*** receive a staggering blow; *(fig)* be hard hit, get a hard knock; *de (meeste) ~pen krijgen, (fig)* come off worst; *op de ~ **lopen,** zie* klaplopen; *hij voert geen ~ **uit,** (fam)* he doesn't do a stroke of work; *zie ook* molen, uitdelen, vuurpijl, vallen; **2** *(gesnap)* tittle-tattle, gossip; *ijdele ~* idle talk; **3** *(brug)* drawbridge; **4** *(vd klepperman)* rattle
klapband blow-out, tyre-burst
klapbankje tip-up seat
klapbes gooseberry [bush]
klapbrug drawbridge

klapcamera folding camera
klapcaravan trailer-tent
klapdeur swing door
klapekster 1 great (*kleine:* little) grey shrike; **2** *(fig)* gossip
klaphek swing gate
klaphoed crush hat, opera hat
klapkarretje (folding) push chair
klapkauwgom bubble gum
klaplong pneumothorax
klaplopen sponge [*bij iem* on a p.], cadge [*bij* from], *(sl)* lig
klaploper sponger, cadger
klaploperij sponging, cadging
klapmuts 1 *(~rob)* hooded seal, hood-cap; **2** cap with flaps
klappei(en) gossip
klappen 1 smack, clap; *(met de tong)* click one's tongue; *(met de zweep)* crack a whip; *(met vleugels) zie* klapwieken; *(ve band)* burst; *in **elkaar** ~* collapse, give up; *in de **handen** ~* clap one's hands; *naar voren ~* open out (let down) at the front; *hij kent het ~ van de **zweep*** he knows the ropes (has been through the mill, is an old hand); *het ~ van de zweep leren* learn the ropes; **2** chat; *(klikken)* tell tales, blab; *zie ook* geklap & school
klapper 1 *(babbelaar)* tattler; *(klikker)* telltale; **2** *(ratel)* rattle; *~s, zie* klepper 2; **3** *(register)* (subject) index, register; **4** *(ringband)* loose-leaf file, ring file; **5** *(ve molen)* clap(per), clacker; **6** *(vuurwerk)* cracker, squib; *(fig)* sensation, smasher, topper; *zie ook* klappertje; **7** coconut (tree, palm)
klapperboom coconut tree (*of:* palm)
klapperdop coconut shell
klapperen rattle; *(ve deur, zeil, enz)* flap; *(ve ooievaar)* clatter; *(v tanden)* chatter; *(met klappers)* play (the) castanets
klappermelk coconut milk
klappermolen clack (mill); *haar tong lijkt wel een ~* her clack goes sixteen to the dozen
klappernoot coconut
klapperpistool toy pistol, cap gun
klappertanden: *hij klappertandt* his teeth chatter [*van de kou* with the cold]
klappertje *(ve pistooltje)* cap
klapraam Velux window
klaproos (corn) poppy
klapschaats clap skate, folding skate, klapschaats
klapsigaar explosive cigar
klapstoel folding chair; *(in theat, enz)* tip-up seat
klapstuk 1 *(vlees)* thin flank; **2** *(hoogtepunt)* highlight, pièce de résistance, hit
klaptafel drop-leaf table; *~tje* folding table
klapvlies valve
klapwieken clap (flap) one's (its, their) wings
klapzitting *zie* klapstoel
klapzoen smack(ing kiss), smacker
klare: *(oude, jonge) ~* Dutch gin, Hollands, geneva
klaren 1 *(zuiveren)* clear, clarify, purify, decant, fine (down); **2** *(goederen, schip)* clear; *(anker, touw, enz)* clear; *ik zal het wel ~* I'll manage (it); *zie ook* opklaren
klarinet clarinet
klarinettist clarinettist
klaring 1 *(zuivering)* clearing, clarification, purification; **2** *(inklaring)* clearance
klaroen clarion
klaroengeschal clarion (call)
klas 1 *(ve school)* class, form, *(Am)* grade; *alle ~sen doorlopen* go through all the classes; *in de ~* in class; *voor de ~ staan* teach, be a teacher, *(fam)* be at the chalkface; **2** *(lokaal)* classroom; *zie ook* klasse
klasgenoot classmate, form-mate
klaslokaal classroom
klasse *(algem)* class; *(inkomen)* bracket [the higher income brackets]; *(ve loterij)* section; *(ve begraafplaats)* class, grade; *(ve schip)* class; *(mar, v manschappen)* rating, class; *eerste ~ reizen* travel first class; *zie* eersteklas; *~!* super!, great!, terrific!, fantastic!, brilliant!; *een speler van ~* a first-class player
***klassebewust** *(Wdl: klassenbewust)* class-conscious
***klassebewustzijn** *(Wdl: klassenbewustzijn)* class-consciousness
klassegeest class (caste) feeling (spirit)
***klassehaat** *(Wdl: klassenhaat)* class hatred
klasse-indeling classification
***klassejustitie** *(Wdl: klassenjustitie)* class justice
klasseloos classless [society]
klassement classification, [final] ranking, league table *(ook fig)*
klassenboek form (black) book
klassengenoot classmate, form-mate
klassenleraar form master
klassenonderwijzer class teacher
klassenoudste, klassenvertegenwoordiger *(vglb)* form captain
klasseren class; classify; grade; *(in tabel)* rank; *zich ~* qualify [for the next round], finish, come [first, second]
klassering 1 classification; **2** placing, grading, ranking
***klassestrijd** *(Wdl: klassenstrijd)* class war(fare), class struggle
***klassetegenstelling** *(Wdl: klassentegenstelling)* class difference
klassevooroordeel class prejudice; *behept met ~* classist
klassewerk first-rate work, brilliant performance
klassiek classic(al); *~e muziek* classical music; *~e talen* classical languages; *een ~ werk (schrijver)* a classic; *de ~en* the classics; *~ opgevoed* classically educated; *zie ook* leraar
klassieker classic
klassikaal (whole-)class [teaching, etc]
klaterabeel trembling poplar
klateren *(v water)* splash; *(vd donder)* rumble; *het ~*

van de fontein the splashing of the fountain
klatergoud tinsel *(ook fig)*, Dutch metal
klaterpopulier trembling poplar
klats bang!, smack!
klauteren clamber, scramble; ~ *in* clamber (scramble, swarm, shin) up [a pole]
klautermast, klauterpaal climbing pole, greasy pole
klautervis climbing perch, anabas
klauw 1 *(ve roofdier, roofvogel)* claw; *(ve ander dier)* paw; *(ve roofvogel, ook)* talon; **2** *(tuingereedschap)* rake; **3** *(ve anker)* fluke; **4** *(techn)* jaw; *(koppel~)* claw; *(ve auto)* clutch; **5** *(fig)* clutch; *('poot' v mens)* paw; *in de ~en van een geldschieter vallen* fall into the clutches of a moneylender; *neem je vuile ~en van mij af!* take your dirty paws off me!; *de zaak is uit de ~ gelopen* the matter has got out of hand
klauwen scratch, claw
klauwhamer claw hammer
klauwier shrike; *grauwe ~* red-backed shrike
klauwkoppeling clutch coupling
klauwplaat chuck
klauwzeer foot-rot; *zie ook* mond- en klauwzeer
klavecimbel harpsichord
klavecinist harpsichordist
klaver clover, shamrock, trefoil; *rode ~* red clover, purple clover; *witte ~* Dutch clover, white clover; *zie ook* klaveren
klaveraas, enz *zie* klaveren; *een-twee-drie ~* three-card trick
klaverblad 1 cloverleaf, trefoil leaf; **2** *(fig)* trio; **3** *(verkeer)* cloverleaf
klaverbladvormig trefoil(ed)
klaveren [ace, king, queen, jack, (*of:* knave), ten of] clubs
klaverjas *(Am)* klaberjass
klavertjevier four-leaved (four-leaf) clover
klaverzuring oxalis; *witte ~* wood sorrel
klavichord(ium) clavichord
klavier 1 *(toetsenbord)* keyboard; **2** piano(forte); *zie ook* piano; **3** *(in boek)* tab; **4** *(hand)* paw
klavierinstrument keyboard instrument
kledder I *zn* **1** blob, splash; **2** slush; **II** *bn* soaking
kledderen *zie* kliederen
kleddernat soaking wet
kleden *(op bepaalde wijze, naar zekere mode, de kleren aantrekken)* dress, *(lit)* attire; *(het lichaam bedekken)* clothe; *iem voeden en ~* feed and clothe a p.; *zich ~* dress *(ook: zich extra ~, voor diner, enz)*; *zichzelf ~* dress o.s.; *zich goed ~* dress well; *zich te mooi ~* overdress; *zich jong (oud) ~* dress young (old); *zich als de andere sekse ~* cross-dress; *dat kleedt u **goed*** that suits (becomes) you; *in schone taal ~* clothe (*of:* couch) in beautiful language; *zie ook* gekleed
klederdracht [national, regional] costume, dress, attire
kledij, kleding clothes, clothing, dress, attire; *(inz van bepaalde stand)* [clerical] garb; *(lit)* raiment, apparel; *vgl* kleed 2
kledingindustrie clothing industry
kledingrek clothes stand
kledingstoffen dress materials
kledingstuk article of dress (clothing, attire), garment
kledingzaak clothes shop, [a] clothing stores, (men's) outfitters; *(dames~)* dress shop, fashion house
kleed 1 *(vloer~)* carpet; *(tafel~)* tablecloth, table cover; *(over bok van rijtuig)* hammercloth; *er lag geen ~ op de vloer* the floor was uncarpeted; **2** *(kleding)* garment, garb, dress; *(japon)* dress, gown; *kleren* clothes; *het geestelijke ~* the cloth; *de kleren maken de man* fine feathers make fine birds; *zo iets gaat je niet in je **koude** kleren zitten* a thing like that gets you; *vgl* aanpakken 4; *dat raakt mijn koude kleren niet* it leaves me stone cold; *mooie kleren* fine clothes, finery; *in de kleren steken* clothe [a p.]; *hij verstopte het in z'n kleren* he concealed it about him (about his person); *met de kleren aan naar bed gaan* go to bed with one's clothes on (*of:* in one's clothes); *zie ook* kleedje
kleedcabine (changing) cubicle
kleedgeld dress money, dress allowance; *(mil)* clothing allowance
kleedhokje (changing) cubicle
kleedje 1 *(vloer-, haard~)* rug; *(tafel~)* table centre; **2** *(jurkje)* frock; *zie verder* kleed
kleedkamer dressing room *(ook v acteurs)*; *(v rechters, enz)* robing room; *(voor sport, mijnwerkers, enz)* changing room, *(inz Am)* locker room; *(in kantoor, voor publiek in theat, enz)* cloakroom
kleedster *(theat)* dresser
Kleef Cleves; *hij is van ~, (fig)* he is tight-fisted
kleefband sticky (adhesive) tape
kleefkracht adhesive strength, sticking power
kleefkruid cleavers, goosegrass
kleefmiddel adhesive
kleefmijn limpet mine
kleefpleister sticking (*of:* adhesive) plaster
kleefrijst glutinous rice
kleefstof adhesive
kleerborstel clothes brush
kleerhanger 1 *(knaapje)* (coat-, clothes-)hanger; **2** *zie* kapstok
kleerkast 1 wardrobe; **2** *(pers)* muscleman
kleerkoop, kleerkoper old-clothes man
kleerluis body louse
kleermaker tailor; *(dames~)* dressmaker
kleermakerskrijt French chalk
kleermakerszit: *in ~* [sit] cross-legged
kleermot clothes moth
kleerscheuren: *er zonder ~ afkomen* get off (get away, go) scot-free
kleerschuier clothes brush
kleertjes (children's, baby, doll's) clothes
klef doughy, sodden [bread], clammy, sticky
klei clay; *uit de ~ getrokken* boorish [person]

kleiaardappel clay-soil potato
kleiaarde *zie* kleigrond
kleiachtig clayish, clayey, argillaceous [soil]
kleiduif clay pigeon
kleiduivenschieten clay-pigeon shooting, skeet (shooting)
kleien (do) clay modelling
kleigroeve clay pit
kleigrond clay soil
kleilaag clay bed, clay layer
kleimasker mud pack
klein little (*zelden pred, behalve in de bet v jong:* when she was quite little; *in dit geval ook:* small); small (*in relatieve zin:* this little boy is small for his age; *(ook: op ~e schaal)* a small farmer, tradesman); *heel ~, (ook)* tiny, diminutive, exiguous [income]; *(v gestalte, ook)* short, undersized [boy]; *(gering)* slight [mistake, misunderstanding]; *(~zielig)* small, little-minded, petty; *nogal ~ (van gestalte)* shortish; *~(er), (ook)* minor [injuries, operation]; *~er, (ook)* less [the top figure is less than the bottom one]; *~ beetje* little bit; *~e druk* small print; *~e eter* small (poor) eater; *~ geld* (small) change, small coin; *het kost een ~e honderd euro* it costs close on (costs nearly) a hundred euros; *de ~e kas* the petty cash; *~e letter* small letter, small type; *(typ, vs hoofdletters)* lower case; *de ~e lettertjes* the fine print; *de ~e man* the humble worker, the common sort; *~e onkosten* petty expenses; *~e stappen* short (*gemaakt:* mincing) steps; *een ~ uur* a little under an hour; *over een ~e week* inside a week; *~ maar* ***dapper*** small but tough, small but game; *~ en* ***groot*** great and small; *iem ~* ***houden*** keep a p. in his place; *~ doen* ***lijken*** dwarf; *zich ~* ***voelen*** feel small; *maken, dat iem zich ~ voelt* make a p. feel small; *de voorraad* ***wordt*** *~* the stock is getting low; *een steeds ~er wordende lezerskring* an ever narrowing circle of readers; ***in het*** *~* [it is a masterpiece] in little; *de wereld in het ~* the world in a nutshell, in miniature; the microcosm; *in het ~ verkopen* retail, sell (by) retail; *zuinig in het ~e en royaal (verkwistend) in het grote* penny-wise and pound-foolish; *in het ~ beginnen* begin (start) in a small way; ***van*** *~(s) af aan* from a little boy (girl); *er is* ***niets*** *~s (~zieligs) aan hem* there is nothing small about him; *zie ook* burgerij & kop
kleinachten, enz *zie* geringschatten, enz
Klein-Azië Asia Minor
kleinbedrijf small business; *zie ook* kleinindustrie
kleinbeeldcamera miniature (*of:* 35-mm) camera
kleinburgerlijk lower middle-class, petit bourgeois; *zie ook* kleinsteeds
kleindochter granddaughter
Kleinduimpje Tom Thumb; *een k~* a hop-o'-my-thumb
kleine: *de ~* the little one, the baby; *zie ook* kleintje & eren
kleineren belittle, disparage; *iem ~, (ook)* make a p. feel (look) small
kleinering belittlement, disparagement
kleingeestig petty, narrow-minded
kleingeld (small) change, small coin
kleingelovig of little faith, lacking in faith
kleingelovigheid lack of faith
kleingoed **1** *(koekjes)* all sorts; **2** *(kinderen)* small fry, youngsters; **3** odds and ends
kleinhandel retail trade
kleinhandelaar retail dealer, retailer
kleinhandelsprijs retail price
kleinhartig pusillanimous, faint-hearted
kleinhartigheid pusillanimity, faint-heartedness
kleinheid smallness, littleness
kleinigheid trifle, small thing (matter, affair); *(onbeduidend iets, ook)* flea bite; *zo'n ~ van 100 pond* a mere trifle of £100; *dat is me een ~* that is nothing to me; *30 mijl(en) per dag is voor hem een ~* he thinks nothing of 30 miles a day; *hij stuift op bij iedere ~* he has a very short fuse; *technische kleinigheden* technical minutiae; *het komt op de kleinigheden aan* it's the little things that matter; *dankbaar voor kleinigheden* grateful for small mercies
kleinindustrie light industry
kleinkind grandchild
kleinkrijgen bring [a p.] to his knees (to heel), break [a p.'s] spirit
kleinkunst (art of the) cabaret
kleinmaken cut up, cut small; *(geld)* change; *iem ~* make a p. feel small; *zie ook* kleinkrijgen; *zich ~, (fig)* humble o.s.
kleinmenselijk petty
kleinood jewel, gem *(beide ook fig)*, trinket
kleinschalig small-scale
kleinseminarie preparatory seminary
kleinsteeds provincial, parochial, suburban, small-town [habits]
kleinsteedsheid parochialism, provinciality
kleinte *zie* kleinheid
kleintje little one, baby; *twee ~s cognac* two small brandies; *veel ~s maken een grote* many a little makes a mickle; *alle ~s helpen* every little (*of:* bit) helps; *pas op de ~s* take care of the pence (and the pounds will take care of themselves); *ik moest op de ~s letten* I had to count my pennies; *hij is voor geen ~ vervaard* he is not easily frightened (*of:* shocked); *de politie arresteerde de ~s* the ... the minnows [and let the big fish go]
kleintjes *bn & bw* submissive; [moan] softly, faintly
kleinvee small domestic animals
kleinverbruik household (domestic) use
kleinverbruiker domestic user
kleinzen strain
kleinzerig frightened of pain, crying out before one is hurt; *(fig)* touchy, oversensitive; *ik ben erg ~, (ook)* I'm a coward about pain; *niet ~ zijn* be brave, be a brave little fellow; *wees niet zo ~!* don't be such a mollycoddle!

kleinzerigheid touchiness, oversensitiveness
kleinzielig little-, small-, petty-minded, petty [spite, quarrels]
kleinzieligheid little-mindedness, pettiness, smallness
kleinzoon grandson
kleitablet, kleitafeltje clay tablet
kleiweg mud track, mud road
kleiwerken: *het ~* clay modelling
klem I *zn* **1** *(vang~)* catch, (man)trap; *(tegen konijnen, enz)* gin-trap; **2** *(instrument)* clip, clamp, holdfast; **3** *(elektr)* terminal; **4** *(moeilijkheid)* scrape; *(geducht)* ***in de ~ zitten (raken)*** be in (get into) a tight place, a fix, a scrape, a cleft stick; ***uit de ~ raken*** get out of a tight corner, get out of a hole; **5** *(nadruk)* stress, accent, emphasis; ***met ~ van redenen*** with forceful arguments, forcibly; *met veel ~ spreken* speak with great emphasis, speak emphatically; *met ~ betogen* urge; *zie ook* nadruk; **6** *(med)* lockjaw, tetanus; II *bn: ~ raken* jam; get stuck [in the doorway]; *~ rijden* force into the kerb; *~ zitten* be jammed, seized, stuck; *(fig) vgl* I.4
klemband 1 spring-back binder; **2** clamping strap
klemblokje *(elektr)* terminal block
klembord clipboard
klemhaak holdfast, benchhook
klemmap clip binder
klemmen I *tr* pinch, jam [one's finger in the door], pin [pinned beneath a car]; *(techn)* clamp; clip; *op elkaar ~* clench, set [one's teeth], tighten [one's lips]; *aan zijn hart ~* clasp (press) to one's heart; II *intr (ve deur)* stick, jam; *(ve betoog)* be conclusive
klemmend *(fig)* forcible, convincing, conclusive, cogent [argument]; urgent, pressing [question]
klemordner *(met hefboommechaniek)* lever-arch file
klemschroef clamping screw; *(elektr)* terminal (screw)
klemspanning *(elektr)* terminal voltage
klemtoon stress, accent; *zie ook* nadruk
klemtoonteken stress-mark, accent
klemvast: *de bal ~ hebben* have the ball firmly in one's hands
klep 1 *(in machine, v schelp, vrucht, hart, enz)* valve; *(ve hoorn, enz)* key; **2** *(ve zak, tafel, tas, enveloppe, val, brievenbus, enz)* flap; **3** *(ve molen)* clapper, clack; **4** *(ve vliegt)* flap; **5** *(ve pet)* peak; *(ve vizier)* leaf; **6** *(ve kachel)* damper; **7** *(mond)* [shut your] trap
klepel 1 *(ve bel)* clapper, tongue; *zie ook* [2]klok 1; **2** *(ve ooievaar)* bill
klephoorn key-bugle, key-trumpet
kleppen 1 clatter *(ook van ooievaar)*, clapper; **2** *(ve klok)* toll; *(ve brandklok, ook)* clang; **3** chatter, jaw
klepper 1 watchman; **2** *(ratel)* rattle; *~s* (rattle-)bones, castanets, clacks; **3** *(paard)* steed
klepperen clapper, rattle; *(ve ooievaar)* clatter
klepperman watchman
klepstoter *(v motor, ben)* tappet; *(boven)* bucket, pushrod
kleptomaan kleptomaniac
kleptomanie kleptomania
klepvizier leaf sight
klepzitting valve seat
klere *(volkst)* I *attr & tw* rotten [bastard]; II *zn: (krijg) de ~* drop dead
klerelijer effing bastard
kleren clothes, clothing; *zie* kleed 2 & kleding
klerikaal *bn & zn* clerical
klerikalisme clericalism
klerk clerk; *eerste ~* chief (*of:* head) clerk
klessebessen chatter, gossip
klets 1 *(slag)* smack, bang [on the head], slap [in the face]; *~!* smack!, bang!; **2** *(~koek)* rubbish, piffle, twaddle, (tommy)rot, bunkum, tosh, balderdash; **3** odds and ends
kletsen 1 *(met de zweep)* crack [the whip]; **2** *(vd regen)* splash, swish (down); **3** *(smijten)* pitch, dash, heave; **4** *(praten)* jaw, chatter, gossip; *(onzin praten)* talk rubbish, talk through one's hat; *zie ook* nek
kletser twaddler; *(babbelaar)* chatterer
kletserij twaddle, hot air
kletsica, kletskoek *zie* klets 2
kletskop 1 scald-head; **2** *(koekje, vglb)* ginger snap
kletskous chatterbox, tittle-tattler
kletsmajoor, kletsmeier 1 twaddler; **2** chattering fool
kletsnat wet through, soaking (wet), soaked to the skin, sopping
kletspraat small talk, (idle) gossip; *(-koek) zie* klets 2
kletsverhalen rubbishy tales
kletteren *(v wapens, enz)* clang, clash; *(vd regen, enz)* pelt, sheet (down)
kleumen feel chilled, be frozen, shiver
kleums chilly [person]
kleun swipe, sock
kleunen hit out hard; fight; *ernaast ~* be well wide of the mark
kleur 1 colour (*ook van pers:* healthy colour, he never had any colour); *(tint)* hue; *(her)* tincture; *(gelaats~)* complexion; *zie ook* gelaatskleur; *~tje* colour, tint; *ze had een ~tje* she looked slightly flushed; *~en, (als symbool, ve ridder, enz)* colours; *(uit verfdoos)* paints; *nieuwe dessins en ~en* new designs and colour(ing)s; ***alle ~en van de regenboog*** all the colours of the rainbow; *welke ~* ***heeft haar haar?*** what colour is her hair?; *het had de ~ van azalea's* it was the colour of ...; *ze had een ~ van opwinding* she was flushed with excitement; *~* ***houden*** be fast-dyed; *een ~* ***krijgen*** colour (up), flush, go red in the face [he went all red]; *hij kreeg een ~, (ook)* the colour rose to his cheeks; *in welke ~ wil je het geschilderd hebben?* what colour do you want it to be painted?; *van ~ verschieten* change colour; **2** *(kaartsp)* suit; *~* ***bekennen*** follow suit; *(fig)* show one's colours (hand); *~* ***verzaken*** revoke; **3** *(muz)* colour, timbre; **4** *(fig)* colour, complexion, [the political colour (complexion, allegiance) of a newspaper]; ***van ~***

veranderen, (pol) change sides
kleuraanpassing protective colouring
kleurbad *(fot)* toning bath
kleurboek painting book, colouring book
kleurdoos paintbox, box of paints
kleurecht colour fast, fast-dyed
kleurechtheid colour fastness
kleuren I *tr* colour; *(preparaat)* stain; *(fot)* tone; *te sterk* ~ overcolour, overdraw, overpaint [the picture]; *zie ook* gekleurd; **II** *intr* colour, flush; *~ bij* [the shoes] tone with [the dress]; *met daarbij ~de bloemen* with ... to match, with matching ...; *zie ook* kleur: een ~ krijgen
kleurenblind colour-blind
kleurenblinde colour-blind person
kleurenblindheid colour-blindness
kleurendia colour transparency, colour slide
kleurendruk colour print(ing); *prent in ~* colour print
kleurenfilm colour film
kleurenfoto colour photo(graph)
kleurengamma colour range
kleurenkaart colour card, tint card
kleurenleer chromatics
kleurenlitho(grafie) chromolithograph(y), chromo
kleurenplaat colour plate
kleurenpracht: *(bonte) ~* riot (blaze, wealth) of colour(s)
kleurenschema colour scheme
kleurenspectrum chromatic spectrum
kleurenspel play of colours, iridescence
kleurentelevisie colour television
kleurfilter colour filter
kleurfixeerbad toning and fixing bath
kleurgevoelig colour sensitive; orthochromatic [plates]
kleurhoudend fast-dyed
kleurig many-coloured, colourful [garments], gay
kleuring colouring, coloration
kleurkrijt coloured chalk
kleurling(e) 1 coloured person (man, woman); **2** *(niet-blanke)* Coloured
kleurlingenvraagstuk colour problem
kleurloos colourless *(ook fig)*, achromatic; *(fig, ook)* drab [life]
kleurloosheid colourlessness, achromatism; drabness; *vgl* kleurloos
kleurplaat colouring picture
kleurpotlood colour pencil
kleurrijk richly coloured, colourful [scene]
kleurschakering shade (of colour), nuance, hue, tinge
kleurschifting (chromatic) dispersion
kleursel colouring
kleurshampoo colour rinse shampoo
kleurspoeling rinse
kleurstelling colour scheme
kleurstof colouring matter, pigment
kleurtoon hue
kleurvast colour fast, fast-dyed
kleurversteviger colour rinse
kleurweergave colour rendition
kleurzin chromatic sense
kleurzweem tinge, colour cast
kleuter tot, toddler, kid(dy), nipper
kleuterafdeling *(ve school)* infants' department
kleuterbad paddling pool
kleuterklas, kleuterschool kindergarten, nursery class (school)
kleuterleidster *(vglb)* infant (school) teacher
kleuterzorg baby care; *zie* kinderzorg
kleven I *intr* cling, stick, adhere [*aan* to], *(lit)* cleave; *(bumper~)* tailgate; *er kleeft bloed aan dat geld* it is blood money; *er kleeft een smet aan het geld* the money is tainted; *zie ook* aankleven; **II** *tr* stick
kleverig sticky [fingers, *ook fig*], viscous, gluey, gooey, glutinous, gummy, tacky
kleverigheid stickiness, viscosity
klewang (single-edged short) sabre
kliederen (make a) mess
kliederig messy
kliek 1 clique, junta, coterie; **2** *(v eten) zie* klieken
klieken leavings, leftovers, scraps, odds and ends
kliekgeest cliquism
kliekjes *zie* klieken
kliekjesdag: *het is vandaag ~* we have yesterday's leftovers today
klier gland; *(attr)* glandular [secretion]; *~ van een vent* pain (in the neck), twerp, creep
klierachtig glandular
klieren pester; be a pest, make a nuisance of o.s.
klierig annoying, beastly
klieven cleave [the waves, the air]; *de golven ~, (ook)* breast, plough the waves
klif cliff, bluff
klik *(mar)* backpiece(s) of the rudder; *(ve uurwerk)* warning; *(met tong, geluid)* click; *~ken en klakken* belongings
klikken 1 click [a button; the camera clicked, click on an icon]; *het klikte meteen tussen hen* they clicked at once; **2** *(ver~)* tell tales; *(sl)* squeal, peach; *(school)* split, sneak; *van iem ~* tell (up)on a p., *(sl)* peach (split) (up)on a p.; *het ~, (ook)* [cure a p. of] talebearing
klikker *zie* klikspaan
klikklak(ken) click-clack, *(v hoeven)* clip-clop
klikspaan telltale, talebearer, sneak
klim climb; *een ~ van een uur* an hour's climb; *dat is een hele ~* it's a stiff climb, a bit of a climb
klimaat climate
klimaatbehandeling 1 climatotherapy; **2** air-conditioning
klimaatgordel climatic zone
klimaatregeling air-conditioning
klimaatverandering climatic change
klimatiseren air-condition

klimatologie climatology
klimatologisch climatic (*bw:* -ally)
klimbaars climbing perch, anabas
klimboon runner (bean)
klimgeit *(wielersp)* mountain goat
klimijzer climbing iron
klimmast climbing pole, greasy pole
klimmen I *ww* climb, mount, ascend, go up; *de zon klimt* ***aan*** *de hemel* the sun rises in the sky; ~ ***in*** climb (up) [a tree], swarm (*of:* shin) up [the mast]; *in de pen* ~ take up one's pen, write to the papers (etc); *ergens in* ~ take a matter up; ***over*** *een muur* ~ get over (scale) a wall; ***uit*** *een rijtuig* ~ descend from a carriage; II *zn: een uur* ~ an hour's climb; *met het ~ der jaren* with advancing years
klimmend climbing; *~e belangstelling* growing (increasing) interest; *~e leeuw, (her)* lion rampant
klimmer climber; *zie ook* klimplant
klimming climbing, ascension; *rechte ~, (astron)* right ascension
klimmuur, klimwand climbing wall
klimnet climbing net
klimop ivy; *met ~ begroeid* ivy-covered
klimopstaf *(v Bacchus)* thyrsus
klimpaal climbing pole, greasy pole
klimpartij *zie* klim
klimplant climbing plant, climber, creeper
klimpoot climbing (scansorial) foot
klimrek climbing frame, monkey bars; *(wandrek)* wall bars; *(v planten)* (wall) trellis
klimroos climbing rose, rambler (rose)
klimsnelheid *(ve vliegt)* rate of climb
klimspoor climbing iron
klimtouw climbing rope
klimvis climbing perch, anabas
klimvoet climbing (scansorial) foot
klimvogel scansorial bird, climber; *(mv ook)* scansores
kling 1 blade, sword; *over de ~ jagen* put to the sword; 2 sandhill, dune
klingel bell
klingelen tinkle, jingle
klingeling! ting-a-ling!, ting-ting!
kliniek clinic
klinisch clinical [detachment, look, style; medicine, training; clinically dead]
klink 1 *(ve deur)* latch, catch; *(kruk)* handle; *op de ~ doen* latch; *van de ~ doen* unlatch; *de deur is op de ~* the ... is on the latch; 2 *(elektr)* plug; 3 *(ve kous)* clock; 4 *(v grond)* compaction
klinkbout rivet
klinkdicht sonnet
klinken I *intr* sound, ring; *(hard metaalachtig)* clang; *(met glazen)* clink (touch, click) glasses [*op* to; *ook:* they clinked their glasses to the bride and bridegroom; he clinked his glass with ...]; *dat klinkt* ***goed*** *(vreemd, heel anders)* that sounds all right (strange, quite different); ***vals*** *(echt) ~, (ve munt, ook van woorden, enz)* ring false (true); *zijn stem klinkt oprecht, (ook)* there is a ring of sincerity in his voice; *de uitdrukking klinkt bekend (ouderwets)* the phrase has a familiar ring (there is an old-world ring about the phrase); *het klinkt als een onmogelijk verhaal* it sounds a fishy story; *het zal u vreemd in de* ***oren*** *~* it will sound strange to you; *er klonk een* ***schot*** a shot rang out; *zie ook* inklinken & [2]klok 1; II *tr* 1 rivet, clinch; nail [Christ was nailed to the Cross], chain [Prometheus was chained to a rock]; 2 *(v grond)* be compacted
klinkend resounding [slap, speech], resonant [voice], ringing [laugh], (high-, fine-)sounding [titles, words], sonorous [phrases], sound [arguments]; *~e munt* hard cash, specie
klinker 1 vowel; 2 *(pers)* [the Eiffel Tower is the work of the] riveter; 3 *(steen)* clinker, brick
klinkerweg brick-paved road
klinket wicket (gate, door)
klinkhamer riveting hammer
klinkklaar pure [butter, gold]; *klinkklare onzin* sheer (downright, utter, arrant) nonsense, pure rubbish, absolute rot, stuff and nonsense
klinkklank jingle(-jangle); 'words, words, words!'
klinknagel rivet
klip I *zn* rock, crag, shelf, reef; *(fig)* rock, snag; *blinde ~* sunken rock; ***op een*** *~ (de ~pen)* ***lopen*** strike a rock, run on (to) the rocks [their marriage is on the rocks]; ***tegen de ~pen aan (op)*** [lie] shamelessly, prodigiously; [eat, drink] immoderately; [work] for all you are worth; ***tussen de ~pen door zeilen*** steer clear of the rocks [*fig:* the problems, etc]; II *bn: ~ en klaar* absolutely clear
klipachtig rocky, iron-bound [coast]
klipdas hyrax, *(Z-Afr)* dassie, rock rabbit
klipgeit chamois
klipklap clitter-clatter
klipper *(schip)* [tea] clipper
klippig *zie* klipachtig
klipvis dried cod
klipzout rock salt
klipzwaluw salangane
klis 1 bur; *(~kruid)* burdock; *aan iem hangen als een ~* stick to a p. like a bur (a leech, a limpet), *(fam)* freeze on to a p.; 2 bunch; *(haar, enz)* tangle
kliskruid burdock
klissen *ww* 1 be (*of:* get) tangled; 2 catch (red-handed); 3 stick (together)
klisteren administer an enema
klit *zie* klis
klitten: *aan elkaar ~* stick (hang) together
klittenband barbed tape, Velcro
KLM KLM: Royal Dutch Airlines
klodder clot, blob, dab; dollop [of jam]
klodderen (make a) mess, mess about; *(met verf)* daub
kloek I *zn* clucking hen, mother hen; II *bn* brave, stout, manly, bold; substantial [volume *boekdeel*];

een ~e kerel a fine upstanding (stalwart) fellow; *zie ook* flink
kloekheid bravery, courage, boldness
kloekmoedig stout-hearted, brave, valiant, bold
kloekmoedigheid bravery, valour, boldness, fortitude
kloet punting pole
kloffie togs, gear
klojo twit, berk; *(klootzak)* shit
[1]**klok I** *tw* cluck!; ~, *~!, (v water, enz)* gurgle, gurgle!, glug-glug!; **II** *zn zie* kloek I
[2]**klok** *zn* **1** *(uurwerk)* clock; *(bel)* bell; *de ~ staat op tien uur* the clock is pointing to ten; *(om, te) ~ke zeven* at seven o'clock (*ook:* at seven sharp); *kunnen ~* ***kijken*** be able to tell the time; *hij heeft de ~ (het ~je) horen* ***luiden****, maar hij weet niet waar de klepel hangt* he has heard something about it, but has no real knowledge of the matter; *de ~* ***rond*** *slapen* sleep the clock round; *het is werken, wat de ~* ***slaat*** work is the order of the day; *het* ***aan*** *de grote ~ hangen* noise (blaze, spread) it abroad; *(ook)* wash dirty linen in public; *een stem* ***als*** *een ~* a voice as clear as a bell; *die (dat) klinkt als een ~* a resounding [slap], a slap-up [dinner, wedding]; *dat klinkt als een ~* that is splendid (first rate); ***met*** *de (wijzers van de) ~ mee* clockwise; ***tegen*** *de (wijzers van de) ~ in* anticlockwise, *(Am)* counterclockwise; ***op*** *de ~ af* to the minute, [in six minutes] by the clock; *hij is een man* ***van*** *de ~* he is always on time; *alles ging* ***volgens*** *de ~* everything went like clockwork; *zie ook* zomertijd; **2** *(stolp)* bell glass; *(chem, enz)* bell jar; *(ve luchtpomp)* receiver
klokbeker bell beaker [culture]
klok-en-hamerspel *(sl: genitaliën)* (crown, family) jewels
klokgelui bell-ringing, chiming; *(voor dode)* tolling
klokgevel Dutch (bell-shaped) gable
klokhuis core; *het ~ uit een appel halen* core an apple
klokje 1 little clock; *(horloge, sl)* ticker; *~ van gehoorzaamheid* bedtime, time to start, etc; *zie ook* [2]klok 1; **2** *(bloem)* campanula, bellflower; *(gekweekt)* Canterbury bell; **3** quick one
klokke *zie* [2]klok 1
klokken 1 *(geluid)* cluck, chuck; *(ve kalkoen)* gobble; *(ve vloeistof)* gurgle, glug; **2** *(tijd)* clock [thirty seconds for the lap *ronde*]; time [a race]
klokkengalg bell-cage, belfry
klokkengieter bell-founder
klokkengieterij bell-foundry
klokkenhuis bell-chamber, belfry
klokkenist carillon player, carillonneur
klokkenkamer bell-chamber, belfry
klokkenkast clockcase
klokkenluider bell-ringer; *(fig)* whistle-blower
klokkenmaker clockmaker
klokkenreep bell rope
klokkenspel 1 chimes, peal (of bells), carillon; **2** *(instrument)* glockenspiel; **3** *(sl: genitaliën)* (crown, family) jewels
klokkenspeler carillon player, carillonneur
klokkenstoel bell-cage, belfry
klokkentoren bell-tower, belfry
klokkentouw bell rope
klokmetaal bell metal
klokrok flared skirt
klokslag stroke of the clock; *met ~ van twaalf* on the stroke of twelve, at twelve sharp; *hij was er op ~* he was there on the stroke (of the hour); *het eten werd op ~ opgediend* meals were served on the tick
klokslot dial lock
klokspijs bell metal; *dat gaat erin als ~* they simply lap it up
klokuur full (60-minute) hour
klokvormig bell-shaped
klokwinde bindweed
klom *ovt van* klimmen
klomp 1 *(klont)* lump; *~je* pat [of butter]; *zie ook* vleesklomp; **2** *(schoeisel)* clog, wooden shoe; *dat kun je met je ~en aanvoelen* that is pretty obvious; *met de ~en op het* ***ijs*** *komen* rush headlong into a business, butt in; *nou* ***breekt*** *mijn ~!* Good Lord! what next, I wonder!; **3** *~ goud* nugget of gold; *~ ruw ijzer (lood)* pig of iron (lead)
klompendans clog dance
klompenmaker clog-maker
klompvis sunfish
klompvoet club foot
klon(er)en clone
klonk *ovt van* klinken
klont clod [of earth], daub [of paint]; *(~je)* lump [of sugar, etc], pat, knob [of butter], dollop [of mayonnaise]; *zie ook* klaar
klonter clot [of blood], lump [in porridge, etc]
klonteren clot, curdle, become lumpy, coagulate
klonter(acht)ig clotted, lumpy [sauce]
klontjessuiker lump sugar, cube sugar
kloof I *zn* **1** cleft, chasm, fissure, gap, rift; **2** *(in de huid)* chap; *met kloven in de handen* with chapped hands; **3** *(fig)* cleft, rift, gap, split [in the Cabinet], gulf [between the two parties]; *er ligt een ~ tussen hen* there is a gulf fixed between them; *de ~ overbruggen (verbreden)* bridge (widen) the gulf; **II** *ww* **1** *ovt van* kluiven; **2** *Z-Ned ovt van* klieven
kloofbijl, kloofhamer riving (cleaving, splitting) hammer
klooi duffer; botcher
klooien 1 drivel; **2** mess about, fool around, idle
kloon clone
klooster religious house; *(mannen)* monastery; *(vrouwen)* nunnery; *(meestal vrouwen)* convent; *in een ~ gaan* go into a monastery, etc
kloosterachtig cloistral, monastic, conventual
kloosterbalsem friar's balsam
kloosterbroeder friar; *(lekenbroeder)* lay brother
kloostercel monastery (convent) cell
kloostergang cloister

kloostergebouwen conventual buildings
kloostergelofte monastic vow; *de ~n afleggen* take the vows
kloostergewaad monastic dress
kloosterkerk conventual (monastic) church
kloosterleven monastic (convent) life
kloosterlijk cloistral, monastic, conventual
kloosterling religious *(ev & mv)*, monk; nun
kloostermop large medieval brick
kloosternaam name in religion
kloosterorde monastic (religious) order
kloosteroverste superior
kloosterregel monastic rule
kloosterschool convent school
kloostertafel *(vglb)* refectory table
kloosterwezen monasticism
kloosterzuster nun
kloot 1 ball, sphere, globe; **2** *(aan mast)* truck; **3** *(plat)* bastard; *zie ook* klote(n) & klootzak 2
kloothannesen make a nuisance of o.s.
kloothommel bastard, shit(head)
klootjesvolk rabble, populace
klootzak *(plat)* **1** scrotum; **2** bastard, shit(head)
klop knock, tap, rap; throb [of the heart]; *iem ~ geven* whack (whop, lick) a p., give a p. a good drubbing; *(lelijk) ~ krijgen* be (soundly) beaten, get the worst of it, be worsted; *~, ~!* rat-(a-)tat!; *zie ook* klap
klopboor hammer drill
klopgeest poltergeist
klophamer 1 mallet; **2** chasing hammer
klopjacht battue, beat(-up), drive; *(fig)* round-up; *een ~ houden* beat a wood, beat up game
klopje *(hist)* beguine
klopkever death-watch (beetle)
klopklop [the] clip-clop [of horses' feet]
kloppartij fight, affray, scuffle, scrap, free-for-all
kloppen 1 *(op deur, enz)* knock, tap, rap [at the door]; pat [a child on the head]; tap [a p. on the shoulder]; break [stones]; beat [carpets]; beat up, whip [eggs]; *(v bloed)* pulse [in one's veins]; *(vh hart, normaal)* beat, *(bonzen)* throb, palpitate, thump [with fear]; *(ve motor)* knock; *het deed zijn hart sneller ~* it set ... beating faster; *zie ook* warm; *zijn pols begon sneller te ~* his pulse quickened; *hij klopte met het potlood op de tafel* he tapped his ... on the table; *de as uit de pijp ~* knock the ashes from (out of) one's pipe; *deuken eruit ~* hammer out dents; *iem geld uit de zak ~* part a p. from his money, make a p. contribute (etc); *er geld uit ~* make money out of it; *er wordt geklopt* there's a knock (at the door); *binnen zonder ~!* please enter!; **2** *(klop geven)* beat, *(zwaar)* hammer [the other team]; *op de streep geklopt worden* be beaten at the post; *vgl* klop; **3** *(wekken)* knock [a p.] up; **4** *(overeenstemmen)* tally, fit (in), be on all fours [*met* with]; *dit klopt met de feiten* this fits the facts; *zie ook ben;* ***dat klopt*** that's right; *dat (je uitleg) klopt niet* ***met ...*** that does not square (tally, fit in) with [what I said]; your explanation does not fit [the facts]; *de verklaringen ~ niet, (ook)* the statements do not match each other; *dat klopt met zijn gedrag* it is of a piece with his conduct; *zijn kas klopt altijd* he is never a penny out
klopper 1 *(ve deur)* knocker; **2** *(bij jacht)* beater; **3** *(porder)* knocker-up
klopping *(vh hart)* beat(ing), pulsation; *(sterker)* throb(bing), palpitation
kloptor death-watch (beetle)
klopvast antiknock [petrol]
kloris 1 dolt, blockhead, *(Am)* sad sack; **2** beau
klos 1 *(ook: ~je)* bobbin, reel, spool; *hij is de ~, (fam)* he'll catch it, *(Br ook)* he's for it; **2** *(blok)* chock; **3** *(elektr)* coil
kloskant bobbin lace
klosklos clippety-clop(pety), [the clogs went] clipper-clapper
klossen *ww* **1** bobbin [yarn]; **2** *(lomp stappen)* stump, clump [down the stairs]
klossenrek creel
klote(n) *(plat)* shit; *(attr)* beastly [remark, weather], rotten [thing to say], useless
kloten *ww (plat)* piss (mess) about (around)
kloterig 1 *(zeurderig)* whiny; **2** *(klungelig)* bungling; **3** *(rottig)* shitty; **4** *(dwaas)* stupid
klots *(biljart)* kiss, click
klotsen 1 *(v golven)* dash, splash; *het ~, (ook)* the lapping [of the waves]; **2** *(biljart)* kiss, click
kloven *(algem)* cleave, split; *(hout, ook)* chop; *(diamant)* cleave, divide, split; *gekloofde handen* chapped hands
klovenier *(hist)* (h)arquebusier
klover cleaver, chopper, splitter
klucht 1 farce *(ook: grap)* **2** *(patrijzen)* bevy
kluchtig farcical, funny, droll, comical
kluchtspel farce, low comedy
kluif 1 knuckle of pork (of beef), bone (to pick); *'t is een (hele) ~* it's a formidable task (a lot to take on); *lekker ~je, (fig)* nice job to do; **2** *(fam: hand)* mitt, paw; *vgl* klauw 5
kluifhout jib-boom
kluis 1 hermitage, cell; **2** *(ve bank)* strongroom, vault, safe deposit; *~je* steel box, [luggage] locker; **3** *(mar)* hawse-hole
kluisgat hawse-hole
kluister fetter, shackle; *~s, (fig ook)* trammels; *zie ook* boei
kluisteren fetter, shackle; hobble [a horse]; *(fig, ook)* trammel; *aan het bed gekluisterd* chained to one's bed, bedridden
kluit 1 *(vogel)* avocet; **2** clod, lump; pat [of butter]; *uit de ~en schieten* shoot up; *hij (zij) is flink uit de ~en gewassen* he (she) is a fine upstanding (a strapping) fellow (girl); *iem met een ~je in het riet sturen* put *(of:* fob) a p. off with fair promises (fair words); *op een ~je* in a heap; **3** *(fam)* caboodle
kluitenbreker clod-crusher; *(eg)* brake
kluiven pick [a bone]; gnaw, nibble [*aan* at]; *daar valt*

wat aan te ~, zie kluif: 't is een ~
kluiver *(zeil)* jib
kluiverboom jib-boom
kluizenaar hermit, recluse, anchorite
kluizenaarshut hermit's cell, hermitage
kluizenaarskreeft hermit crab
kluizenaarsleven hermit's life, solitary life
klungel 1 bungler; *(Am)* sad sack; **2** *(vod)* rag, trash
klungelen 1 bungle (one's work); **2** tinker, fiddle (mess) about
klungelig bungling, clumsy
kluns oaf, blockhead; bungler; *(Am)* clunker
klunzen mess about
klus 1 chore, [big, tough; *~je:* small, odd] job, chore; **2** amount, lot [of money]; **3** *~(je)* leftovers; bunch [of people]
klusje 1 *(fam)* party, group; **2** (small) job; *~s* odd jobs
klusjesman odd-job man, handyman
klussen do odd jobs; *zie ook* bijklussen
kluts 1 *de ~ kwijtraken* lose one's bearings, get rattled (flurried); *iem de ~ doen kwijtraken* put a p. out (out of countenance); *de ~ kwijt zijn* be at sea (at a loss, out of one's depth, in a state); **2** *(v auto, enz)* clutch
klutsei beaten-up (whisked, whipped) egg
klutsen beat up, whisk, whip [eggs]
kluut avocet
kluwen ball [of wool]; jumble, tangle [of players]
klysma enema
km/u afk van *kilometers per uur* kph (kilometres per hour)
knaagdier rodent
knaak *(hist)* (Dutch) two guilders fifty coin
knaap 1 lad, boy, fellow; *(edelknaap)* page; **2** *(groot exemplaar)* big fellow, whopper; **3** hat stand; *(~je)* (coat-)hanger; **4** *(dommekracht)* jack
knabbelen nibble, gnaw, peck [*aan* at]; *~ aan, (ook)* nibble [the grass, some chocolate], munch [biscuits, nuts]; *(v water)* eat away [the land]
knäckebröd crispbread
knagen gnaw *(ook fig); ~ aan* gnaw (at); *(fig)* prey (up)on [a p.'s mind, rest]; *(vh geweten)* [his conscience began to] prick
knaging gnawing; *~en van het geweten* pangs (twinges, pricks) of conscience
knak crack, snap; *~!* crack!, snap!; *zijn gezondheid (de handel) kreeg een ~* his health (trade) received a setback; *een ~ geven* deal a blow to
knakken crack, snap, break; *(de gezondheid)* injure, impair, *(sterker)* break [his health is broken], shatter; *de mast knakte (af)* the mast snapped (off); *zijn vingers laten ~* crack one's fingers; *de stengel is geknakt* the stalk is broken
knakker type, fellow
knakworst frankfurter
knal I *zn* **1** pop [of a cork], bang [of a tyre], [sonic] boom; detonation, explosion; report, crack [of a pistol], peal [of thunder]; **2** *(sl: klap)* crack, clout; **II** *bn* bright [yellow]; *(fam)* [the party was] super
knalbonbon cracker
knaldemper silencer; *(Am)* muffler
knaleffect stage effect
knalerwt banger
knalfuif super party, *(wild)* rave-up
knalgas oxyhydrogen
knalgeel garish (bright) yellow
knalgoud fulminating gold
knalkwik fulminate of mercury
knallen *(ve geweer, enz)* crack, bark [the bark of a pistol]; *(ve schot)* ring out; *(ve kanon)* boom; *(ve kurk)* pop; *(ve zweep)* crack; *de auto knalde tegen een boom* the car smashed bang into ...; *~de ruzie* flaming row
knaller *(fam)* smash (hit); stunt [price]
knalpatroon detonator
knalpoeder fulminating powder
knalpot silencer; *(Am)* muffler
knalsein, knalsignaal detonating signal, detonator
knalsucces smash hit
knalzilver fulminating silver
knalzuur fulminic acid
[1]**knap** *zn* crack, snap; *~!* crack!, snap!
[2]**knap I** *bn* **1** *(lichamelijk)* handsome, good-looking, personable, comely; *een ~pe man (vrouw), (ook)* a fine figure of a man (woman); *zij wordt er niet ~per op* she is losing her (is going off in) looks; **2** *(bekwaam)* clever [article], able, capable [writer], *(Am)* smart; *(met hersens)* brainy; *~ werk* smart work; *daar is hij ~ (helemaal niet ~) in* he is pretty good (a poor hand) at it; *hij is ~ in het Grieks* he is well up in Greek, a good Greek scholar; **3** *(uiterlijk)* neat, spruce, smart; *~pe burgermensen* respectable middle-class people; **4** *(krap)* tight; **II** *bw* **1** *(bekwaam)* cleverly, etc; *dat heb je ~(jes) gedaan* you've managed it cleverly, you've made a nice job of it; **2** *(nogal)* rather; *hij was ~ vervelend* he was pretty tiresome; **3** *(net, prettig)* neatly, tidily; *~jes voor de dag komen* be respectably dressed
knaphandig deft, skilful
knapheid 1 good looks; **2** cleverness, skill
knapkers white-heart (cherry), bigarreau
knappen I *intr* **1** crack; *doen ~* crack [one's fingers, one's joints]; **2** *(ve touw, veer, enz)* snap; *(ve band)* burst; **3** *(v vuur)* crackle; **II** *tr* crack; *een fles ~* crack (put away) a bottle; *een uiltje ~* take a nap (*of:* forty winks)
knappend crackling [fire], crisp [biscuit, toast]
knapperd clever fellow
knapperen crackle
knapperig crisp [toast], crunchy [biscuits]
knapzak knapsack, haversack
knar 1 *(ouwe) ~* (old) fogey, geezer (*vrouw:* crone); **2** *(vrek)* skinflint; **3** *(stronk)* stump
knarsen creak, grate [a grating voice]; *(~d over iets gaan)* grind [grinding wheels], crunch [the wheels crunched the gravel]; *(v groente, enz)* be gritty; *op*

de tanden ~, zie knarsetanden
knarsetanden gnash (grind, grit) one's teeth
knaster canaster (tobacco)
knauw (gnawing) bite; *een lelijke ~ krijgen (beschadigd worden)* get badly damaged; *(geestelijk)* be hit pretty hard; *zie verder* knak & knauwen
knauwen I *intr* gnaw [*aan* at], munch, mumble; II *tr* **1** *(beschadigen)* injure, damage, bruise; **2** *(mishandelen)* maul, knock about; **3** *(afmatten)* knock up
KNAW afk van *Koninklijke Nederlandse Akademie van Wetenschappen* Royal Netherlands Academy of Arts and Sciences
knecht (man)servant, [baker's] man, [plumber's] mate; *(huis~)* footman; *(heren~)* valet, man; *(op boerderij)* farmhand; *(sp)* domestique; *~je* page-boy, buttons; *(inz Am)* bellhop, bellboy
knechten enslave; oppress
knechtschap servitude
kneden knead; *(fig ook)* mould, fashion
kneedbaar **1** kneadable; **2** *(fig)* pliable, mouldable, malleable
kneedbom plastic bomb
kneedmachine kneading machine, dough-mixer
kneedtrog kneading trough
kneep I *zn* **1** pinch(-mark); *(v boek)* hinge, groove; **2** *(fig)* dodge, trick, catch [there's a catch in it], wrinkle; *de knepen (de fijne ~jes) kennen* have the knack of it, know the ropes, know the tricks [of the trade *van het vak*]; *daar zit 'm de ~* there's the rub (the catch), that's the snag (where the shoe pinches); II *ww ovt van* knijpen
knekel bone
knekelhuis charnel (house), ossuary
knekelman skeleton; Death
knel: *in de ~ zitten* be in a hole (in a tight place, a scrape); *zie verder* klem
knellen I *tr* **1** pinch, squeeze; *zie ook* klemmen; **2** *(fig)* oppress; *~d, (fig)* oppressive, irksome; II *intr* pinch; *zie ook* schoen
knelpunt bottleneck, (main) sticking point
knerpen (s)crunch
knersen *zie* knarsen
knetter *zie* knettergek
knetteren crackle *(ook v radio)*, sputter; *(vd donder)* crash; *het ~, zie* geknetter
knettergek *(fam)* crackers, raving (barking, stark staring) mad
kneu **1** *(vogel)* linnet; **2** *ouwe ~* old fogey
kneukel knuckle
kneus **1** bruise; **2** *zie* kneusje
kneusje **1** *(pers)* reject [of society], misfit, loser; **2** *(zaak)* [factory] reject; cracked egg; bruised fruit; *(auto)* (old) crock, wreck
kneuswond contusion, bruise
kneuteren **1** *(ve vogel)* warble, carol; **2** *(mopperen)* grumble
kneuterig **1** snug [we sat snugly together]; **2** hide-bound, self-satisfied
kneuzen bruise *(ook v fruit:* bruise easily), squash; *(med)* contuse; *zaad ~* crush seed; *zich ~* get bruised; *gekneusd ei* cracked egg
kneuzing bruise; *(med)* contusion; *inwendige ~en* internal injuries
knevel **1** (handlebar) moustache; *(ve kat, enz)* whiskers; **2** *(mondprop)* gag; **3** *(handboei)* handcuff; **4** *(stokje)* toggle
knevelaar *(afzetter)* extortioner
knevelarij extortion
knevelbout swing-bolt
knevelen **1** *(met prop)* gag; **2** *(binden)* pinion, truss up, truss [a p. hand and foot]; **3** *(fig)* oppress; extort money from; *de pers ~* muzzle (gag) the press
knevelverband tourniquet
knibbelaar(ster) higgler, haggler; *(vrek)* pincher
knibbelarij higgling, haggling, cheeseparing
knibbelen **1** haggle, higgle; **2** play at spillikins *(knibbelspel)*
knickerbocker (pair of) knickerbockers, *(Am ook)* knickers
knie knee *(ook v broek; ook: gebogen ijzer, enz); er zitten ~ën in je broek* your trousers are baggy at the knees; *de ~ buigen voor* bow (bend) the knee to; *slappe ~ën krijgen, (fig)* lose heart; ***door** de ~ën gaan* give in, knuckle under; ***met** ~ën* baggy-kneed [trousers]; *hij had zijn handen **om** zijn ~ën geslagen* he sat with his knees clasped, was nursing his knees; *iets **onder** de ~ hebben* have a perfect command of (be proficient in) s.t.; *onder de ~ krijgen, zie* meester worden; ***op** de ~ hebben, (ook)* nurse [a child]; *zie ook* rijden; *op je ~ën!* down on your knees!; ***over** de ~ leggen* take across one's knee; ***tot** aan de ~ën* knee-deep, up to one's knees; *zie ook* [1]zakken 1 & knietje
knieband *(anat)* knee ligament; *vgl* kniepees & kruisband
kniebeschermer knee-pad, knee-guard
knieboog back (*of:* hollow) of the knee
kniebroek knickerbockers (*Am fam:* knickers), knee-breeches
kniebuiging *(voor altaar)* genuflexion; *(ve vrouw)* curtsey; *(gymn)* knee-bending; *diepe ~* deep knee-bend; *een ~ maken, (ter verering, ook)* genuflect
kniedicht impromptu poem
kniegewricht knee joint; *(techn)* toggle joint
kniehefboom, kniehevel toggle (lever)
knieholte back (*of:* hollow) of the knee
kniekous knee-stocking
knielaars knee-length boot
knielap *(ve werkman)* knee-pad
knielbank kneeling bench, prie-dieu
knielen kneel [*voor* to, before]; *vgl* knieval; *geknield* kneeling, on one's knees
knielkussen hassock, kneeler
kniepees hamstring
knier hinge [of a door]
kniereflex knee-jerk, patella reflex

knieschijf kneecap, knee-pan, *(wtsch)* patella
kniesoor mope, curmudgeon, [a] chronic grumbler; *maar wie daarop let is een ~* but never mind that, better leave well alone
kniestuk 1 knee-piece; 2 *(portret)* three-quarter(s length); 3 *(techn)* elbow
knietje 1 *(zetje)* knee; 2 *(sportknie)* cartilage trouble; 3 *(techn)* elbow joint
knieval prostration; *een ~ voor iem doen* go down on one's knees before a p., throw o.s. at a p.'s feet
knieverband *(bk)* toggle joint
knievers impromptu poem
kniezen mope, fret [*over* about], brood [*over* on], sulk
kniezer *zie* kniesoor
kniez(er)ig fretful
knijp 1 *(kroeg)* pub; 2 *zie* knel
knijpbriefje three-cornered note
knijpbril pince-nez
knijpen 1 pinch, nip; *iem in de arm (de wang) ~* pinch a p.'s arm (cheek); *iem in de neus ~* tweak a p.'s nose; *als het knijpt (en weer knijpt)* at (*Am:* in) a pinch, when it comes to the push; *zie verder* kat, nijpen, spannen & rats: in de ~; 2 throttle [the air intake]; 3 *(afzetten)* pinch (squeeze) money from (out of); 4 *(mar)* hug (keep close to) the wind
knijper 1 pincher *(ook: vrek)* 2 *(klem)* (clothes) peg, clip, fastener; 3 *(ve kreeft)* pincer; 4 pince-nez
knijperig 1 *(gierig)* stingy, mean; 2 *(kleinzielig)* hidebound, narrow-minded
knijpfles squeeze bottle
knijprem calliper brake
knijptang *(groot)* pincers, *(klein)* nippers
knijzen see, twig, understand; *geknijsd?* see?, got it?
knik 1 *(hoofd~)* nod; 2 *(knak)* crack; 3 *(in staaldraad, enz)* bend, kink, twist; 4 *(klei)* ferruginous clay
knikkebenen give at the knees
knikkebollen (nid-)nod, niddle-noddle
knikken 1 nod; *ja ~* nod yes; *neen ~* shake one's head; *toestemmend (goedkeurend) ~* nod assent (approbation); 2 bend; *(v metaal)* buckle; *mijn knieën knikten* my knees gave way (shook); *met ~de knieën lopen* shamble; *zie ook* knakken
knikker marble; *(grote)* taw; *(albasten)* ally; *kale ~* bald pate; *het is (gaat) niet om de ~s, maar om (het recht van) het spel* it is not a matter of money, but of principle; *er is iets (er is stront) aan de ~* s.t. is the matter (they are having a bust-up)
knikkeren play (at) marbles; *eruit ~* chuck out [a p.]
knikkerspel game at (of) marbles
knip 1 *(met schaar)* cut, snip; *~, zei de schaar* snip went the scissors; *~, ~!* snip, snip!; 2 *(gaatje)* punch-hole [in a ticket]; 3 *(met vinger en duim)* fillip, snap; *het (hij) is geen ~ voor de neus waard* it (he) is not worth a button (straw); 4 *(val)* trap, snare, spring; 5 *(sluiting)* catch; *(ve deur, ook)* spring bolt; *(ve raam, ook)* sash-fastener; *(ve armband)* snap, spring catch; *(ve boek)* clasp; *(ve beurs)* [silver] snap
knipbeugel clasp, snap-frame [of a purse]
knipbeurs snap-purse
knipmes clasp-knife; *(groot)* jackknife; *buigen als een ~* bow (low) from the waist, make a deep bow, bow and scrape
knipmuts mob cap
knipogen blink (one's eyes), wink; *~ tegen* wink at [a p.]
knipoogje wink, twinkle; *iem een ~ geven* give a p. a (the) wink, wink at a p.; *(sl, v meisje)* give a p. the glad eye
knippatroon paper pattern
knippen I *tr* 1 cut [the hair], *(wat bijknippen)* trim [the hair, beard, a hedge]; cut, pare, trim [one's nails]; cut out [a dress]; clip [coupons]; *kaartjes ~, (gaatje)* punch tickets, *(knip uit rand)* clip tickets; *~ en scheren, (fig), a)* maintenance, service, servicing; *b)* take [a p.] apart; ***kort geknipt haar*** close-cropped hair; *zich **laten** ~* have a haircut; *zie ook* haarknippen, kort & geknipt; 2 *(vangen)* trap, *(fam)* nab, pinch [a thief]; *een **vogel** ~* trap (snare) a bird; 3 *(kieken)* snap; II *intr* 1 *(v oogleden)* flicker; 2 *(v ogen)* blink [her eyes blinked against the light]; ***met** de ogen ~* blink (one's eyes), wink; 3 snap; *met de vingers ~* snap one's fingers
knipperbol 1 (Belisha) beacon; 2 orange juice and sherry
knipperen *zie* knippen II; *(met de koplampen)* flash [the headlights]; *hij stond met de ogen te ~, (fig)* he couldn't believe his eyes; *zonder met de ogen te ~* unblinking
knipperflits strobe (light)
knipperlicht: *(rood) ~* flashing (red) light (beacon), (red) flasher
knipplaat cut-out
knipsel cutting, clipping [file]
knipselkrant press cuttings (clippings) bulletin
kniptang 1 wire-cutter(s); nippers; 2 (ticket) punch
kniptor click beetle, skipjack, snapping beetle
knipvlies nictitating membrane, third eyelid
knisperen, knisteren rustle, crackle, swish
KNMI afk van *Koninklijk Nederlands Meteorologisch Instituut* Royal Dutch Meteorological Institute, Dutch weather service
KNO-arts ENT (ear nose and throat) specialist, otorhinolaryngologist
knobbel 1 bump *(ook: schedel~ & buil)*; knob, knot; *(plantk & med)* tubercle; 2 *(aanleg)* aptitude, talent, gift; *zijn oriëntatie~ is zeer ontwikkeld* his bump of locality is highly developed; *vgl* talenknobbel
knobbelig knobbly [fingers], gnarled, gnarly [hand], knotted
knobbeljicht chronic gout
knobbelzwaan mute swan
knobelen *(vglb)* toss up
knock-out knockout; *~ slaan* knock out
knoedel 1 dumpling; 2 *(haar)* knot of hair; *~tje* bun
knoei *zie* klem: in de ~ & knauw

knoeiboel mess, muddle, hash; *(bedriegerij)* swindle; *zie ook* knoeierij & knoeiwerk

knoeien 1 *(morsen)* make a mess; **2** *(broddelen)* bungle; ~ ***aan*** mess (muck, monkey) about with [a revolver]; tinker with [a TV set]; **3** *(bedrieglijk)* swindle, cheat; ~ ***met*** tamper with [food, a contract, accounts, etc], rig [votes], fix [a dope test], fudge [figures]; ~ *met rekeningen, enz, (ook)* manipulate (*fam:* cook) accounts, etc; **4** *(beschadigen)* damage; ***iem*** ~ injure (*of:* harm) a p.; *zulk werk knoeit je* such work takes it out of you

knoeier 1 bungler, botcher; **2** *(bedrieger)* cheat

knoeierig bungling, messy

knoeierij 1 mess, bungle, bungling, etc; *vgl* knoeien; **2** [political] jobbery, corruption, machinations, intrigues, corrupt practices, [vote] rigging; **3** *(geldelijk)* malversation(s); *(Am pol)* graft

knoeipot messy child

knoeister *zie* knoeier

knoeiwerk bungling (shoddy) work, (piece of) bungling, bungle, botch

knoeperd, knoert whopper; *een ~ van een karper* a whopping big carp

knoest knot

knoest(er)ig knotty, gnarled, gnarly

knoet 1 knout; **2** *(haar)* bun

knoflook garlic [butter, press]

knok *zie* knook

knokig knuckly, bony

knokkel knuckle

knokkelkoorts dengue

knokken fight; *iem* ~ lick [a p.]; *(fig)* slave away [for years]

knokpartij fight

knokploeg strong-arm gang

knol *(plantk, aardappel, enz)* tuber, *(ve krokus)* corm; *(raap)* turnip *(ook horloge)*; *(paard)* jade, screw; *(in kous), (fam)* potato [in one's stocking]; *iem ~len voor* ***citroenen*** *verkopen, (fam)* sell a p. a pup; *zich geen ~len voor citroenen laten verkopen* not let the wool be pulled over one's eyes

knolachtig tuberous

knolamaniet amanita; *groene* ~ death cap

knolbegonia tuberous begonia

knolboterbloem kingcup

knolgewas tuberous plant

knollentuin: *in zijn* ~ [he is] in high feather, as pleased as Punch; *zie ook* nopje

knolraap swede

knolradijs turnip radish

knolselderie celeriac, turnip-rooted celery

knolvormig tuberiform

knolzwam *zie* knolamaniet

knook bone, knuckle; *hij heeft sterke knoken* he has strong bones, he is strong-boned

knoop 1 *(in touw & mar)* knot; *zie ook* lopen; *halve* ~ thumb knot, overhand knot; *platte* ~ reef knot; *de ~ des huwelijks* the marriage tie; *de ~* ***doorhakken*** cut the Gordian knot; *een ~* ***leggen*** tie a knot; *een ~ in zijn zakdoek leggen* tie a knot in one's ...; *zie ook* 5; *een ~* ***losmaken*** undo a knot; ***vol*** *knopen* knotted [cord]; *daar* ***zit*** *'m de ~* there's the rub, that's the difficulty; ***in*** *de ~ zitten* be tangled (in a tangle, *verkeer:* jammed up, in a jam), *(met zichzelf)* be all mixed up; ***uit*** *de ~ halen* untangle [one's bootlaces]; **2** *(aan kleding, enz)* button; *(boordenknoop, enz)* stud; ***achter*** *de knopen hebben, (eten)* have [a good meal] under one's belt; *(drank)* have got a (one's) skinful [of beer, etc]; ***met één (twee) rij(en)*** *knopen* single- (double-)breasted [coat]; **3** *(plantk)* node, joint; **4** *(astron, geluidsleer)* node; **5** *(vloek)* expletive, oath; *er een ~ op* ***leggen*** rap out an oath (an expletive)

knoopgras knotgrass

knoopkruid knapweed

knooplijn *(astron)* nodal line

knooppunt 1 [road, rail] junction; [Utrecht is a railway] centre; **2** *(astron & fig)* nodal point

knoopsgat buttonhole [scissors, stitch]

knoopsluiting button fastening

knoopwerk *(handwerken)* tatting

knop 1 knob; *(ve deur)* knob, handle; *(kapstok)* peg; *(ve stok)* knob, head, top; *(ve zadel, degen)* pommel; *(ve trekhaak)* towball; *(aan punt ve schermdegen, ve tafelbel)* button; *(ve geweergrendel)* bolt-head; *de ~ (weer) omzetten* switch over; ***naar*** *de ~pen, (fam)* [be] wrecked, lost, [go] down the drain; **2** *(ve elektr bel, enz)* button, push; *(v elektr licht)* switch; **3** *(ve plant & fig)* bud; ***in*** ~ in bud; *in ~* ***komen*** (come into) bud; *een schoonheid in de* ~ a budding beauty; **4** *zie* knoop

knopbies bog-rush

knopen 1 tie, knot, button; *iets in zijn oor* ~ make a (mental) note of s.t., bear in mind; *vgl* knoop; **2** net [a purse], make [fishing nets]

knopenhaakje buttonhook

knoppen *ww* bud

knor 1 *(ge~)* grunt; *(geluid, ook ~ ~)* oink; *~ren krijgen* get a scolding; **2** cartilage, gristle; **3** *(studententaal)* non-member of students' corps

knorhaan gurnard, gurnet

knorren 1 *(ve varken)* grunt; **2** *(vd maag)* rumble; **3** *(brommen)* grumble, growl; ~ *op* scold

knorrepot grumbler, grouser

knorrig grumpy, peevish, testy, crusty, grumbling, growling

knot 1 knot, skein [of yarn], tuft [of hair]; **2** *(vogel)* knot

knots I *zn* **1** club, bludgeon; *(gymnastiek)* Indian club; **2** *(kanjer, enz)* whopper; **3** *(bult)* lump; **II** *bn zie* knotsgek & knotsgoed

knots-boem wham

knotsdrager *(her)* wild man

knotsgek crazy, crackers, bananas

knotsgoed terrific, great, fantastic

knotssprietig clavicorn; ~ *insect* clavicorn (*mv ook:*

-nia)

knotsvormig *(inz biol)* club-shaped, claviform, clavate

knotten *(boom)* head, top; *(wilg)* pollard, poll; *(kegel, enz)* truncate; *(vleugel)* clip (*ook fig:* clip a p.'s wings); *geknotte boom* pollard; *geknot vogeltje, (her)* martlet; *zie verder* fnuiken

knotwilg pollard(ed) willow

knudde *(fam)* a flop, a wash-out

knuffel 1 hug, cuddle; **2** *(~dier)* cuddly toy (animal)

knuffelen cuddle, hug; *elkaar ~, (ook)* bill and coo

knuffelziekte kissing disease

knuist fist; *hij heeft ~en aan zijn lijf* he is a tremendous worker; *als ik hem ooit in mijn ~en krijg* if ever I get hold of him (get him into my clutches)

knul 1 *(vent)* fellow, chap, guy; *(lomperd)* lout; *~ van een vent* awkward fellow, gawk, silly mug; *haar ~* her boyfriend; *lekker ~letje* fine little chap; **2** *(sul)* booby, dolt, duffer, mug; *(homo)* butch

knullig doltish, awkward, gawky

knuppel 1 cudgel; *een ~ in het hoenderhok gooien* put the cat among the pigeons; **2** *(ve vliegt)* (joy)stick; **3** *zie* knul; *zo'n ~!* what a lout!

knuppelen cudgel

knuppelrijm, knuppelvers doggerel (rhyme)

knuppelweg corduroy road

knurf(t) 1 bastard; **2** nit(wit)

knus I *bn* snug, cosy, *(fam)* comfy; **II** *bw* snugly, cosily

knusjes snugly, cosily

knutselaar amateur carpenter, etc, handyman

knutselen potter, do some carpentering, etc; *(het ~)* DIY, do it yourself; *~ aan* tinker with [the TV set], fiddle with [a bicycle]; *in elkaar ~* rig up, knock together

knutselwerk 1 handicraft; tinkering; **2** fiddly (pernickety) job

koala koala

kobalt cobalt [blue]

kobold kobold, (hob)goblin

kocht *ovt van* kopen

koddebeier 1 gamekeeper, park-keeper; **2** cop(per)

koddig droll, comical

koddigheid drollery, comicality

koe cow; *koeien van letters* huge (oversize) letters; *men noemt geen ~ **bont**, of er is een vlekje aan* (there is) no smoke without fire; *men kan nooit weten hoe een ~ een **haas** vangt* you never know your luck, you never can tell; *de ~ bij de **hoorns** pakken* take the bull by the horns, grasp the nettle; *haal geen **oude** koeien uit de sloot* don't rip up old sores, don't dig (*of:* rake) up the past (rake over old ashes, old coals), let bygones be bygones; *oude koeien, (ook)* ancient history, water under the bridge; *over ~**tjes** en kalfjes praten* talk (chat) about one thing and another (about nothing in particular); *gepraat over ~tjes en kalfjes* small talk; *zie ook* heilig & waarheid

koebeest[1] cow, beast

koeboom cow-, milk-tree

koebrugdek *(mar)* orlop (deck)

koedoe kudu

koehandel wheeling and dealing (*zo ook:* he is a wheeler-dealer); [political] barter, horse-trading

koeherder cowherd, cowman

koeiendrek cow dung

koeiendrijver (cattle) drover

koeiengekte mad cow disease

koeienkop cow's head

koeienletter oversize letter

koeienoog cow's eye; *(plant)* oxeye

koeienstal cowshed

koeienvanger cowcatcher

koeienvlaai cow-pat

koeioneren bully, dragoon, badger

koek gingerbread; *(gebak)* cake; *(fig)* cake [of blood, etc]; *(onzin)* twaddle; *(billen~)* spanking, smacking; *erin gaan **als** (gesneden) ~, a)* be readily accepted (easily learned, very popular); *b)* sell like hot cakes; *dat is **andere** ~* that is a different kettle of fish (another matter); *~ en **ei** (en **deeg**)* [they are] as thick as thieves, hand and (*of:* in) glove [*met:* with]; *dat is **gesneden** ~* that is as easy as falling off a log, as easy as pie, mere child's play [*voor* to]; ***oude** ~* [that is] ancient history; *alles voor **zoete** ~ opeten (aannemen, slikken)* swallow everything

koekalf heifer (calf)

koekbakker confectioner, pastrycook

koekbakkerij confectioner's (shop)

koekeloeren look absently, sit and stare

koeken cake, coagulate

koekenbakker bungler

koekenpan frying pan, frypan; *(klein & Am)* skillet

koek-en-zopie refreshment stall (on the ice)

koekhakker bungler

koekje (sweet) biscuit; *(Am)* cookie; *een ~ van eigen deeg* payment in kind, a leaf out of one's own book

koekjestrommel biscuit tin

koekoek 1 cuckoo; *het is met hem altijd ~ één zang* he is always harping on the same string; *dat haal (dank) je de ~!, a)* I daresay!, you bet!; *b)* no go!, not a bit of it!; *zie verder* duivel; **2** *(dakkapel)* dormer (window); *(dakraam)* skylight

koekoeksbloem 1 ragged robin, cuckoo gillyflower; **2** bachelor's buttons

koekoeksei cuckoo's egg; *(fig)* source of trouble (brought on o.s.)

koekoeksjong *(fig)* cuckoo in the nest

koekoeksklok cuckoo clock

koekoeksspog cuckoo spit, frogspit

koel cool *(ook fig)*; *~ onthaal* cool (cold, chilly, frosty) reception; *~ staan tegenover* be cool towards (about) [the idea]; *~e wind* fresh wind; *in ~en **bloede*** in cold blood; *het **hoofd** ~ houden, (fig)* keep (one's head) cool, keep one's cool, keep a level head;

---

1 zie voor sam met *koe-* ook die met *vee-*

het wordt ~er it is getting cooler (fresher, chilly)
koelapparaat *zie* koelinrichting
koelbak cooler
koelbloedig I *bn* cold-blooded, cool(-headed); II *bw* coolly, in cold blood
koelbloedigheid cold-blooded- (-headed)ness, sang-froid
koelblok radiator
koelbox cool box, cooler
koelcel refrigerator, cold storage container, freezer
koelelement ice pack
koelemmer ice bucket, ice pail
koelen I *tr* cool, refrigerate, *(sterk)* chill; *(in ijs, ook)* ice [wine]; *zijn woede (enz)* ~ vent one's rage (anger, resentment, etc; *aan* (up)on); *zijn wraak (gemoed)* ~ *aan* wreak vengeance (up)on; II *intr* cool (down) *(ook v vriendschap, enz); (vd wind, mar)* freshen up; *zijn ijver begon te* ~ his ... began to slacken (to flag)
koeler 1 [wine] cooler; refrigerator; 2 condenser
koelheid coolness; *(fig ook)* coldness
koelhuis cold store, cold-storage building
koelhuiseieren chilled (cold-stored) eggs
koelie coolie; *werken als een* ~ work like a black
koeliewerk *(fig)* drudgery, donkey work
koeling 1 cooling; 2 cold storage; *(in winkel)* cold shelves
koelinrichting, koelinstallatie refrigerator, refrigerating plant; cooling unit; condenser; *met* ~ refrigerated [vessel]
koelkamer cold-storage chamber; *(in brouwerij)* chilling room
koelkast refrigerator, *(fam)* fridge, *(Am)* icebox; *zie* ijskast
koelmantel water (*of:* cooling) jacket
koelmiddel refrigerant, coolant
koeloven annealing furnace
koelpakhuis cold-storage warehouse; *in ~ opslaan* cold-store
koelrib cooling fin
koelruimte chilling space; cold storage room
koelschip refrigerator ship
koeltas cool bag, cool box, [bottle] cooler
koelte coolness, cool [of the evening]; *flauwe (lichte, matige)* ~ slight (gentle, moderate) breeze; *koeltje* gentle breeze
koeltechniek refrigeration
koeltechnisch refrigerative
koeltjes coolly, coldly
koeltoren cooling tower
koelvat cooler
koelvitrine cold shelves
koelvloeistof coolant
koelwagen refrigerator truck (*spoor:* van, *Am:* car)
koelwater cooling water
koelweg coolly, coldly

zie voor sam met *koe-* ook die met *vee-*

koelzeil wind-sail
koemelk cow's (cows') milk
koemest cow-dung, cow-manure
koemis koumiss
koen bold, daring
koenheid boldness, daring
koepaard piebald (horse)
koepel 1 dome, cupola; 2 *(prieel)* summerhouse; 3 *(organisatie)* umbrella (organization)
koepeldak dome(-shaped roof)
koepelgewelf dome(-shaped vault)
koepelkerk domed church
koepelorganisatie umbrella (organization)
koepeloven cupola (furnace)
koepelvenster bow window
koepelvormig dome-shaped, domed
koepokinenting vaccination
koepokken cowpox
koepokstof vaccine (lymph)
koer 1 (inner) court, (court)yard; playground; 2 toilet, loo
Koerd(istan) Kurd(istan)
koereiger cattle egret
koeren coo
koerier courier; *koninklijke ~, (hist)* King's Messenger
koers 1 *(richting, loop)* course (*ook fig:* the new course in politics), direction; *(mar, bij laveren)* tack; *(beleid)* policy; ~ *afzetten (bepalen), (mar)* plot (lay out) a course; *dat is een gelopen* ~ that point is settled; *een nieuwe ~ inslaan, (ook fig)* embark on a new course; *een geheel nieuwe ~, (ook)* quite a new departure; ~ ***houden naar de kust (naar het zuiden)*** head (stand) for (towards) the coast, stand (head) south; *de* ~ ***kwijt*** *zijn (raken)* be (get) off one's course; *van* ~ ***veranderen****, (ook fig)* change tack; ~ ***zetten naar*** steer (shape) a (one's) course for, set course for, make (head) for; ***uit de ~ raken*** get off-course, *(fig)* get mixed up; 2 *(v effecten)* price, quotation; *(wissel~)* rate (of exchange); ~ *van uitgifte* price of issue; ***tegen de*** ~ *van* at the rate (*of:* price) of; 3 *(v munten)* circulation; ***buiten*** ~ *stellen* demonetize; 4 [cycle, horse] race; *zie* paardenkoers & wielerkoers
koersbericht market report
koersblad list of quotations, stock-exchange list
koersdaling fall in prices; depreciation of currency values
koersen *zie* koers 1: ~ houden & ~ zetten; *naar de kust, naar zee* ~ stand in (from the sea), stand out (to sea)
koersherstel market recovery
koershoudend standing-on [vessel]; *(handel)* steady, firm
koersindex (stock exchange) index
koerslijst stocklist; *zie ook* beursnotering
koersnotering (market) quotation
koersschommeling (price, market) fluctuation

koersschrijver *(mar)* course recorder
koersverandering change of course *(ook fig); plotselinge* ~ right-about turn, U-turn, change of front, volte-face
koersverbetering, koersverhoging advance, improvement (in prices), rise in the exchange
koersverlaging fall (in prices; in the exchange)
koersverlies loss on (*of:* by) exchange
koersverloop movement of prices
koersverschil difference in price
koerswaarde exchange value; market price [of shares]
koerswinst market (*geld:* exchange rate) profit
koers-winstverhouding price-earnings (P/E) ratio
koeskoes 1 *(gerecht)* couscous; **2** *(dier)* cuscus, spotted phalanger
koest: *~!* quiet!, down!, hush!; *zich ~ houden* keep quiet (close, mum), lie low, *(fam)* lie doggo
koestal cow-house, cowshed, byre
koesteren cherish [children, plants, an intention, a grudge, hope], entertain [admiration, a hope, desire, suspicion], foster [feelings], nurse [feelings, a grievance], harbour [evil thoughts, a grievance], hug [a prejudice]; *vrees* ~ fear, entertain fears [for a p.'s safety]; *twijfel* ~ have doubts [I have my doubts about it]; *ik koester het voornemen* I intend, it is my intention; *hoge verwachtingen* ~ pitch one's expectations high; *zie ook* wrok; *een ~d vuurtje* a cosy fire; ***zich*** ~ bask; *(in de zon, ook)* sun o.s.; *(fig)* bask (sun o.s.) [in the admiration of ...]
koet coot
koeteren jabber, talk gibberish
koeterwaals gibberish, double Dutch
koets coach; *uit de ~ vallen* come back (*of:* down) to earth
koetsen *ww* couch
koetshuis coach house
koetsier coachman
koetspoort carriage entrance
koetswerk bodywork, coachwork
koevoet crowbar
Koeweit Kuwait
koffer trunk, box; *(hand~)* handbag, bag, portmanteau, case; *(platte)* suitcase; *(plat ~tje)* attaché case; *(bed)* sack; *met iedereen in de ~ duiken* have a roll in the hay with anyone, sleep around; *zie ook* pakken
kofferbak *zie* kofferruimte
koffergrammofoon portable gramophone (*Am:* phonograph)
kofferruimte *(v auto)* boot, luggage locker; *(Am)* baggage compartment, trunk
kofferschrijfmachine portable (typewriter)
koffervis coffer-fish, trunk fish
koffie 1 coffee; *~ verkeerd* white coffee; *een* ~ a (cup of) coffee; *twee* ~ two coffees; *~ zonder melk* coffee without milk, black coffee; *~ drinken* take coffee, *(lunchen)* lunch; *~ zetten* make coffee; *op de ~ komen, (fig)* come away with a flea in one's ear, catch it; **2** cold lunch; *na de* ~ after lunch
koffiebar coffee bar, café
koffieblad 1 coffee leaf; **2** coffee tray
koffieboon coffee bean, coffee nib
koffiebrander coffee roaster
koffiebranderij coffee-roasting factory
koffiebroodje glazed currant roll, Danish pastry
koffiedik coffee grounds; *zo helder als* ~ as clear as mud; *~ kijken* [it is] mere guesswork, speculation; *ik kan geen ~ kijken* I haven't got a crystal ball
koffie-extract coffee essence, extract (*of:* essence) of coffee
koffiefilter coffee percolator, coffee filter
koffiehuis café, coffee house; *zie ook* café
koffiekamer refreshment room; coffee room
koffiekan coffee pot
koffiekleurig coffee-coloured
koffiekopje coffee cup
koffiekraampje coffee stall, pull-up
koffielepel dessert spoon
koffiemaaltijd (cold) lunch
koffiemelk evaporated milk
koffiemolen coffee mill (*of:* grinder)
koffiepluk coffee harvest
koffiepot coffee pot
koffiepraatjes *(vglb)* tea-table gossip
koffieroom single cream
koffieshop coffee bar
koffiestalletje coffee stall, pull-up
koffiesurrogaat ersatz coffee
koffietafel 1 cold lunch; **2** coffee table
koffietent coffee stall
koffietuin coffee plantation
koffie-uur lunch hour
koffiezetapparaat coffee maker, cafetière
koffiezetmachine coffee machine
kog *(mar hist)* [Hansa] cog
kogel 1 *(ve geweer)* bullet [wound]; *(ve kanon & techn)* ball; *~tje* pellet; *de ~ geven (krijgen)* shoot (be shot); *tot de ~ veroordelen* sentence to death by shooting; *de ~ is door de kerk* the die is cast; *iedere ~ heeft zijn bestemming* every bullet has its billet; *zie ook* jagen; **2** *(ve paard)* fetlock (joint); *(ve slachtdier)* round [steak]
kogelafsluiter ball valve
kogelamarant globe amaranth
kogelas ball-bearing
kogelbaan 1 trajectory, path of projectile; **2** *(techn)* ball-track, ball-race
kogelbloem globeflower
kogeldiertje globe animalcule
kogeldistel ball (*of:* globe) thistle
kogelen throw, pelt; *(sp)* slam [the ball into the net]
kogelflesje marble (*of:* round) stopper bottle
kogelgat bullet-hole
kogelgewricht *(ook techn)* ball(-and-socket) joint

---

zie voor sam met *koe-* ook die met *vee-*

kogellager ball-bearing
kogelpen ballpoint (pen)
kogelring ball-race
kogelrond spherical, globular
kogelslingeren (throwing the) hammer
kogelstoten I *ww* put the shot; II *zn* putting the shot, shot-put(ting)
kogelton spherical buoy
kogelvanger butt
kogelvis sunfish
kogelvormig spherical, globular
kogelvrij bulletproof
kogge *(mar hist)* [Hansa] cog
kohier valuation (*of:* assessment) list
kohl kohl, eyeblack
koikarper koi (carp)
[1]**kok** (man-)cook; *(hoofd ve kokszaak)* caterer; *eerste ~* chef; *wij eten van de ~* we are having a hot meal delivered; *het zijn niet allen ~s, die lange messen dragen* the cowl does not make the monk; *te veel ~s bederven (verzouten) de brij* too many cooks spoil the broth
[2]**kok** *(med)* coccus
Kokanje: *land van ~* land of Cockaigne
kokarde cockade
kokardebloem blanket flower, gaillardia
koken 1 boil [water, eggs], cook [food]; *(voor de keuken zorgen)* do the cooking; *(fig, ook van de zee)* seethe, boil; *(v woede, ook)* fume, chafe; *deze aardappels ~ gemakkelijk (laten zich makkelijk ~)* these ... cook well (are good cookers); *water ~, (gewoonlijk)* boil the kettle; *het water kookt* the kettle is boiling; *mijn* ***bloed*** *kookte* my blood boiled (was up); *het deed mijn bloed ~* it made my blood boil; *inwendig ~, (ook)* smoulder; *water kookt* ***bij*** *100°* water boils at 100°; *~* ***op*** cook by (with) [gas, electricity, etc]; *~ van verontwaardiging* seethe with indignation; *zij kookt* ***voor mij*** she does my cooking; **2** *(mar)* caulk [seams]
kokend(heet) boiling (scalding, piping) hot
koker 1 *(kooktoestel, vooral in sam)* boiler, cooker; **2** *(doos)* case, sheath, socket; [cardboard] container, cylinder, tube; *(tunnelbuis)* tube; *(pijl~)* quiver; *(stort~)* chute; *zie ook* sigarenkoker, enz; *dat komt niet uit zijn eigen ~* that was not his own idea
kokerbrug tubular bridge
kokeren encase, sheathe
kokerijschip *(walvisvangst)* factory ship
kokerjuffer caddis
kokerlijn pencil silhouette
kokerrok tube skirt
kokervrucht follicle
kokerworm tube worm, pipe worm
kokerzien tunnel vision
koket 1 coquettish; **2** smart
kokette coquette, flirt
koketteren flirt, philander; *~ met, (fig)* toy with [an idea, etc]; show off, parade [one's wealth]
koketterie coquetry, flirtation(s), flirting
kokhalzen retch, heave, *(Am)* gag [*tegen* at]; *het deed me ~* it turned my stomach (made my gorge rise)
kokinje *(vglb)* bull's eye
kokkel cockle
kokkelkorrels Indian berries
kokker(d) whopper, spanker; *(neus)* conk
kokkerellen cook
kokkie, kokkin cook
kokmeeuw black-headed gull
kokos 1 grated coconut; **2** coconut fibre; *(in sam)* coco
kokosboom coco(nut) tree
kokosboter coconut butter
kokosmakroon coconut macaroon
kokosmat coco(nut) mat(ting)
kokosmelk coconut milk
kokosnoot coconut
kokosolie coconut oil
kokospalm coco(nut) palm
kokosvet (hard) coconut oil
kokosvezel coco(nut) fibre; *(mv ook)* coir
kokosvlees coconut (flesh, kernel)
koksjongen cook's (*mar:* galley) boy
koksmaat cook's mate
koksmes chef's (cook's) knife
koksmuts chef's cap
kokszaak catering business
kol 1 star (on a horse's forehead); **2** *(heks)* witch, sorceress
kola cola (tree)
kolanoot cola nut
kolbak busby, bearskin
kolbijl pole-axe
kolchoz kolkhoz
kolder 1 *(ziekte)* (blind) staggers; *hij heeft de ~ in de kop* he is in a mad fit; **2** (fantastic, frivolous) nonsense; **3** *(hist)* (leather) jerkin
kolderen be seized with the staggers; *hij koldert* he is crackers
kolderfilm slapstick comedy
kolderiek nonsensical, crazy
kolderverhaal nonsense story
kolen coal, coals; *op hete ~ zitten* be on tenterhooks; *vurige ~ op iems hoofd stapelen* heap coals of fire (up)on a p.'s head; *zie ook* innemen
kolenader coal seam
kolenbak coal box, coal scuttle
kolenbedding coal-bed, coal-seam, coal stratum
kolenbekken coal measure, coalfield, coal basin
kolenboer coalman, coaler
kolenbrander charcoal burner
kolendamp carbon monoxide (fumes), coal fume(s)
kolendampvergiftiging carbon monoxide poisoning
kolendrager coal-heaver
kolenemmer coal scuttle
kolenfront coalface
kolengas coal gas

kolengestookt coal-fired [boiler, power station]
kolengruis coal dust
kolenhandelaar coal-dealer
kolenhaven coaling port
kolenhok coalhouse, coalshed, coal-hole
kolenkelder coal-cellar, coal-hole
kolenkit coal-hod, coal-bucket
kolenlaag coal-bed, coal-seam, coal stratum
kolenmijn coal mine, colliery, coal pit
kolenmijnwerker collier
kolenruim coal-hold, bunker
kolenschip collier, coaler
kolenschop coal shovel, coal scoop
kolenslik slack
kolenstook coal-fired CH system
kolenwagen coal truck; *(ve locomotief)* tender
kolenwinning coal mining
kole(i)re anger, rage, fury; *zie ook* kelere
kolf 1 bat, club; *(vh kolfspel)* 'kolf'-stick; *de ~ naar de bal werpen* throw the helve after the hatchet; **2** *(geweer~)* butt(-end); **3** *(fles)* flask; *(distilleer~)* receiver; **4** *(bloei~)* spadix
kolfbaan mall
kolfbal 'kolf'-ball
kolfje: *dat is een ~ naar mijn hand* that is meat and drink to me, just the thing (the very thing) for me
kolfplaat butt-, heel-plate
kolfspel game of 'kolf'
kolgans white-fronted goose
kolhamer pole-axe
kolibrie hummingbird
koliek colic
koliekpijn gripes
kolk 1 *(gat)* pothole, pool; **2** *(afgrond)* abyss, gulf; **3** *(sluis~)* chamber; **4** *(straat~)* gully-hole; **5** *(draai~)* eddy, whirlpool; **6** *(lucht~)* (air) pocket
kolken whirl, swirl, eddy, churn
kolkenzuiger gully-sucker
kolkgat pothole
kollen pole-axe [cattle]
kolokwint colocynth, bitter-apple
kolom column, pillar; *(in grafiek)* bar; *(in matrix)* file; *zie ook* zuil
kolomboormachine drill press
kolomhoofd column heading
kolomkachel cannon stove
kolomschrijver columnist
kolomtitel column heading
kolonel colonel
kolonelsbewind (military) junta
kolonel-vlieger group captain
koloniaal I *bn* colonial; *koloniale waren* groceries; **II** *zn* colonial soldier
kolonialisme colonialism
kolonialistisch colonialist
kolonie colony (*ook:* the Dutch colony in London), settlement; *zie ook* strafkolonie
kolonisatie colonization
kolonisator colonizer
koloniseren colonize, settle
kolonist colonist, settler; *(op onontgonnen terrein in Am, of Austr schapenweider)* squatter
koloriet colo(u)ration, colo(u)ring
kolos colossus
kolossaal colossal, gigantic, huge; *-sale leugen, (fam)* thumping (whopping) lie; *-sale onwetendheid* monumental ignorance; *-sale oogst* bumper crop; *-sale (prijs)vermindering* sweeping (drastic) reduction, slashing cut(s); *een -sale taak* a stupendous task; *zie ook* reusachtig
Kolossenzen Colossians
kolsem *(mar)* keelson
kolven 1 *zie* afkolven; **2** play (at) 'kolf'
[1]kom *zn* **1** basin, bowl; *(was~)* washbasin; *~metje* cup, bowl; **2** *(~vormige diepte, bassin)* basin; *(in terrein) zie* laagte **3** *(ve gewricht)* socket; **4** built-up area; *de ~ van de gemeente* the central part of the town (village); *zie ook* bebouwd
[2]kom *tw* come (on, along)! [let's go]; *~, bén je daar?* ah! here you are!; *~, dat is gedaan!* there now! that's done; *~, ~!, (sussend, enz)* come, come!, now, now!, there, there!; *~, ~!, (ach wat!)* come on!, come (on) now!; *maar ~!* but there!; *och ~!, zie* och
komaan *zie* [2]kom
komaf 1 *(fam)* origin, stock; *van goede ~* of good family; *van hoge ~* high-born; *van lage ~* low-born; *zie ook* afkomst; **2** *~ maken* finish (the job)
kombuis caboose, (cook's) galley
komediant(e) 1 *(fig)* play-actor, person putting on an act; **2** comedian (*vr ook:* comedienne); *(hist)* strolling player
komedie 1 *(stuk)* comedy, play; *(gebouw)* theatre, playhouse; ***naar de** ~ gaan* go to the theatre (the play); **2** *(fig)* play-acting; *wat een ~!* what a farce!; *het is alles (louter) ~* it is all sham (pure comedy, make-believe); *~ **spelen*** act; *ze speelt maar ~* she is only (play-)acting (acting a part, pretending)
komediespel 1 theatrical performance; **2** *(fig) zie* komedie 2
komediespeler *zie* komediant
komeet comet; *omhoogschieten als een ~* rocket [to stardom], shoot up like a rocket
komen I *ww* come; *(ook)* call [call tomorrow; he called at my office]; *ik kom niet weer, (ve dokter bijv)* I shan't call again; *de tijd is gekomen, dat er iets moet gebeuren, (ook)* the time has arrived that ...; *ze kwam nooit buiten* she never went outside (out of doors); ***(met inf:)*** *~ aanrijden* come riding (driving) along; *aan komen hijgen, hinken, enz* come panting, limping, etc along; *~ bezoeken* come and see, come to visit; *~ feliciteren* come to congratulate; *~ halen* come for; *~ logeren* come and stay; *hij kwam mij verwelkomen* he came to welcome me; *kom hier zitten* come and sit here; *toen hij kwam **te** sterven* when he came to die; *hij kwam te vallen* he happened to fall, he fell; *(fig)* he died; *ik kwam naast*

hem te zitten I happened to sit next to him; *we kwamen te spreken over ...* we came to speak of ...; *zie ook* ²kom; *ik kom* ***al*** (I am) coming!; *dat komt geleidelijk (door oefening)* that comes gradually (with practice); *dat komt nogal* ***duur*** that comes rather expensive; ***er*** *komt iem* someone is coming, there is someone coming; ~ *(komt) er nog meer?* are (is) there any more to come?; *er kome wat wil!* come what may!; *er komt regen* we are going to have rain; *zij was er of zij kwam er* she was always to be found there; *als deze wet er komt* if this bill goes through; *hij komt er nooit* he'll never get there; *hij komt er wel* he will make good (succeed); ~ *en* ***gaan*** come and go; *er was een druk* ~ *en gaan* there was much coming and going; *dat komt wel* ***goed*** it will be all right; *kom je nu* ***haast*** *(kom je nou nooit)?* aren't you ever (are you never) coming?; *kom jij eens* ***hier*** you step (come) this way; ***hoe*** *kwam dat?* how did it come about?; *hoe kom jij hier?* how do you come to be here?; *hoe kwam het dat hij gewond werd?* how did he come to be injured?; *maar hoe er te* ~*?* but how to get there?; *hoe kom ik daar (bij het station, enz)?* how do I get there (to the station, etc)?; *hoe komt het dat ...?* how is it that ...?, *(fam)* how come [he isn't here?]; *hoe komt het dat ..., (ook)* what is making [the car jerk so]?; *hoe ben je het te weten gekomen?* how did you come (get) to know it?; *hoe kwam dat kapot?* how did it come to be broken?; *het einde (de tijd)* ***is*** *nog niet* ***gekomen*** the ... is not yet; *Kerstmis is weer gekomen* Christmas has come round (is here, is with us) again; ***laten*** ~ send for [the doctor, goods], call in [the doctor], order [goods; can I order you a cup of tea?]; summon [a p.]; *laat hem beneden* ~ have him down; *thuis laten* ~ have [her] home [from hospital]; *laten* ~, *(v buiten)* have [one's meals] sent in; *laat hem maar* ~*!* let him come!; *ik had het niet zover moeten laten* ~ I ought not to have let things go so far; *haar kindje* ***moest*** *in mei* ~ her baby was due in May; *is het zo* ***ver*** *gekomen?* has it come to this?; *het is ver gekomen* things have come to a pretty pass; *zie ook* ver; ***zo*** *komt het dat ...* so it comes (about) that ...; that is how [I came to know him]; *dat komt zó* this is how; *hoe kwam hij* ***aan*** *het geld?* how did he come by (how did he get) the money?; *er eerlijk aan* ~ come by it honestly; *hij kan niet aan het geld komen, voor hij meerderjarig is* he cannot touch (get at) the money before ...; *na zijn dood komt het landgoed aan zijn neef* after ... passes to his nephew; *hoe is zij aan haar manieren (dat boek, enz) gekomen?* where did she pick up her manners (that book, etc)?; *hoe ben je eraan (aan het bericht, enz) gekomen?* how did you come (get) to know it?; *hoe ben je aan dit bedrag gekomen?, a)* how did you come by this amount?; *b) (door berekening)* how did you arrive at this amount?; *aan een baantje* ~ get (find, *fam:* land) a job; *een manier om aan goedkope arbeidskrachten te* ~ a means of obtaining cheap labour; *daar kom ik zo aan toe* I'm coming (getting around) to that; *zie ook* kost, *enz; ik kom* ***achter*** *zijn streken* I am getting to know his tricks; *achter de waarheid (de feiten)* ~ get at (find out) the truth (the facts); *erachter* ~ get to the bottom of it; ~ ***bij*** come to, arrive at [an inn, etc]; *ik kon niet bij hem* ~ I could not get near him; *ik kon niet bij die plank* ~ I could not get at (reach) that shelf; *hoe kwam je erbij?* how did you come to think of it (to do that), what put that (idea) into your head?; *hij kwam bij zijn vader in de zaak* he joined his father in the business; *je moet dadelijk bij moeder* ~ mother wants you right away; *kom in de lounge bij me* join me in the lounge; *kom vanavond bij mij* come round to my place (come to me) this evening; *ik zal morgenochtend dadelijk* ~ I'll be round (the) first thing tomorrow morning; *de kat probeerde bij de kanarie te* ~ the cat tried to get at ...; *de kleuren* ~ *niet bij elkaar* the colours don't match; *het tapijt kwam goed bij de meubelen* the carpet went well with ...; *zie verder* bijkomen; ***door*** *een examen* ~ get through (an examination); *zijn tenen* ~ *door zijn sokken* his toes are showing (sticking) through ...; *we kwamen door Dover* we passed through ...; *het komt alles door u* it is all owing (due) to you, it's all your doing; *het komt alles door uw weigering om ons te helpen* it is all through (owing to) your refusal to help us; *het komt allemaal doordat ik lui ben* it all comes of my being lazy; *zie ook* doorkomen; ***in*** *het huis* ~ come into (enter) the house; *hij kon niet in het huis* ~ he could not get into the house; *je kunt nu niet in H* ~ there is no getting to H now; *hoe ver ben je in dat boek gekomen?* how far have you got in that book?; *kom in mijn armen* come to my arms; *in de hemel* ~ go to heaven; *hij komt in de beste kringen* he moves in the best circles; *zie ook* inkomen; ***met*** *twee pond kom je een heel eind* two pounds will go a long way; *met dat soort praatjes kom je er niet* that ... won't get you anywhere; *hij kwam (aan) met een raar verhaal* he came up with ...; *hij kwam onmiddellijk* ***na*** *u, (ook)* he followed in your wake; *hij kwam* ***naar*** *mij toe* he came up to me; ~ ***om*** come for; *kom daar nu eens om* wherever would you find that (can you get it at that price, etc) now?; *daar hoef je bij mij niet om te* ~ you needn't come to me for that; *zie ook* leven; *bij A* ***op*** *de hoofdweg* ~ join the main road at A; *ik kan niet op zijn naam (de uitdrukking)* ~ I cannot think of (hit on) his name (the expression); *ik kwam op het denkbeeld ...* the idea struck me ...; *het komt op 25 p per persoon* it comes to (works out at) 25p a head; *om op ons onderwerp (de man zelf) te* ~ to come to our subject (the man himself); *op een onderwerp (de politiek, enz)* ~ get on to a subject (politics, etc); *van het ene onderwerp kwam men op het andere* the conversation drifted from one subject to another; *hun gesprek kwam op de politiek* their conversation turned to (*kwam geleidelijk op* drifted on to) politics; *hoe kwamen jullie daarop?* how did that question arise between you?, how did you get around to that question?; *hij komt op mijn terrein, (fig)* he is trespassing (up)on my province; *er kwam een vreemde uitdrukking op zijn gezicht* a strange look crept (came) over ...; *de geest kwam* **over** *mij* the spirit moved me; *er kwam een gevoel van rust over mij* there came a sense of peace (up)on me; *zie ook* lip; *zij kon er niet* **toe** ~ she could not bring herself to (do) it; *ik kom er niet toe om een boek te lezen* I cannot find time to ...; *het zal daar niet toe* ~ it won't come to that; *hoe kwam u ertoe zich mevrouw R te noemen?* how did you come to (what made you) ...; *ze kwam ertoe hem te verachten* she came to despise him; *kom* **tot** *mij* come to me; *ik kwam weer tot mijzelf* I came to myself (my senses) again; *we zijn nog maar tot de C gekomen* we've only got as far as C; *het kwam tot vechten* it came to fighting; *het water kwam tot mijn mond* the ... reached my mouth; *het haar komt niet tot de schouders* the ... hangs short of the shoulders; *tot een akkoord (een besluit)* ~ come to (arrive at) ...; ~ ***tussen*** come (in) between [husband and wife]; *komt de zieke wel* **uit** *zijn bed?* does the patient leave his bed?; *kom daaruit!* come out of that!; *twee mannen kwamen uit de lift* two men emerged from the lift; *die wens komt mij uit het hart* that wish comes from my heart; *uit (van) L komen* come (hail) from L; *dat woord komt uit (van) het Latijn* that word is derived from Latin; *van een goede familie* ~ come of a good family; *daar komt niets van* nothing will come of it, *(fam)* that's a wash-out; *(geen sprake van)* it is out of the question; *er kwam nooit iets van het plan* the ... never came off (never materialized); *van werken komt nu niets* it is impossible to do any work now; *daar komt voorlopig niets van* that's off for the present; *van haar lessen was niets gekomen* her ... had gone by default; *als er (ooit) iets van komt, (als het gevolgen heeft)* if anything comes of (results from) it; *(als het gebeurt)* if ever it comes to anything; *er kwam nooit iets van* it never came to anything; *wat er ook van komt (kwam)* come what may (might); *dat komt ervan, joh!* you may thank yourself for it, my boy!; *dat komt van je mopperen* that's what comes of your grumbling; *er zou niets dan last van* ~ nothing but trouble would come of it; *van die reis is nooit iets gekomen* that trip has never materialized; *om vijf uur van zijn werk* ~ get away from work at five; *zie ook* daar, eerst, Jozef, ver, enz; **II** *zn: een voortdurend* ~ *en gaan* a perpetual coming and going; *mijn* ~ *en gaan* my comings and goings [*zo ook:* there were many comings and goings of visitors]

komend coming; *de ~e week* next week; *het ~e jaar* next year, the coming year; *in de ~e jaren, (ook)* in (the) years to come; *de ~e en gaande man* anyone who happens to be there; *zie ook* toekomend

komfoor gas ring, spirit stove

komiek **I** *bn zie* komisch; **II** *zn* (low) comedian, funny-man

komiekeling clown, funny man

komijn(ekaas) cum(m)in (cheese)

Kominform *(hist)* Cominform

Komintern *(hist)* Comintern

komisch comical [hat, situation], droll [person, remark]; comic [actor, song, relief]; *het ~e van iets inzien* [I don't] see where the joke comes in

komkommer cucumber [frame, slicer]

komkommertijd silly (slack, dead) season

komma comma; *(in breuk: in Eng punt)* decimal point; *drie* ~ *twee (3,2)* three point two (3.2); *nul* ~ *twee* (nought) point two; *nul* ~ *nul* absolutely nothing; *drijvende* ~ floating point; *Duitse* ~ virgule; *tot* ***achter*** *de* ~ [calculate] to [one, two, etc] decimal places (decimals)

kommabacil comma bacillus

kommaliewant *(mar)* (mess-room) crockery, mess kit (traps, utensils)

kommaneuker nit-picker

kommapunt semicolon

kommavlinder comma butterfly

kommer distress, trouble, cares, affliction, sorrow, grief, misery; ~ *en kwel* trials and tribulations

kommerlijk **1** needy, indigent; **2** worried, wretched

kommerloos carefree, free from care

kommernis worry, wretchedness

kommervol distressful, distressed [in distressed circumstances], wretched

kompaan crony, henchman

kompas compass; *op* ~ *varen (vliegen)* steer by compass; *op andermans* ~ *varen* follow another p.'s lead

kompasbeugel gimbals

kompasdoos compass box

kompashuisje binnacle

kompasnaald compass needle

kompasroos compass card, thumb card

kompasstreek point of the compass

kompel miner

kompres **I** *bn* compact, close; *~se druk* close (compressed, huddled, crowded) type, solid printing; ~ *gedrukt* closely printed, printed solid, closely packed [pages]; ~ *zetten* set solid; **II** *zn* compress, pledget; *warm* ~ fomentation

komsa: *van* ~ terrific, gigantic [uproar]

komst coming, arrival; advent [the advent of the Normans, of spring]; ~ *op de troon* accession (to the throne); *op* ~ *zijn* be coming, be at hand [great changes are at hand]; be on the way [another child is on the way]; be in the offing; *(spoedig)* be imminent [there's a storm imminent]; *er is regen op* ~ it is going to rain

komvormig bowl-, basin-shaped

kon *ovt van* kunnen

kond: ~ *doen* notify; ~ *maken* make known

kondschap information, intelligence, notice; *op* ~ *uitgaan* make a reconnaissance

kondschapper messenger

konfijt preserves

konfijten preserve, candy

kongeraal conger eel
Kongo(lees) Congo(lese)
kongsie 1 combine, ring, trust; **2** clique
konijn [domestic, wild] rabbit; *(vero)* cony; *(fam)* bunny; *op ~en jagen* shoot rabbits, rabbit, go rabbiting; *het is bij de ~en af, (fam)* it's too bad for words
konijnenberg, konijnenpark (rabbit) warren
konijnenhok rabbit hutch
konijnenhol rabbit burrow
konijnenjacht rabbit shooting; *(met fret)* ferreting
konijnenpluim scut
konijnenvel rabbit skin; *(bont)* cony
koning king *(ook in kaart-, schaak-, kegelspel); de K~ der Koningen* the King of Kings; *de ~ der dieren* the king of beasts; *K~ Winter* Jack Frost; *koninkje* petty king, kinglet; *de drie ~en* the three Kings, the (three) Magi; *~ van de poon, (vis)* red mullet; *K~en, (bijb)* [the First (Second) Book of] Kings; *hij was de ~ te rijk* he was as pleased as Punch; *de klant is ~* the customer is always right; *zie ook* haan
koningin queen *(ook in kaart- & schaaksp & v bijen); regerende ~* queen regnant; *als een ~ heersen, (fam)* queen it; *een ~ halen, (schaaksp)* queen a pawn
koningin-moeder queen mother, *(fam)* queen mum
Koninginnedag the Queen's Birthday (celebrations)
koninginnenbrood 1 Swiss roll; **2** royal jelly
koninginnenpage swallow-tail(ed butterfly)
koninginnensoep cream of chicken soup
koningin-regentes queen regent
koningin-weduwe queen dowager, dowager queen
koningsadelaar royal eagle
koningsappel pomeroy
koningsarend royal eagle
koningsblauw royal blue
koningschap kingship, royalty
koningsgezind(e) royalist
koningsgezindheid royalism
koningsgier condor
koningshuis royal house
koningskaars *(plant)* great (*of:* common) mullein
koningsmantel 1 royal mantle; **2** *(vlinder)* Camberwell Beauty
koningsmoord(enaar) regicide
koningsslang boa (constrictor)
koningstijger royal tiger
koningstitel title of king, regal title
koningstroon royal throne
koningsvaren royal fern
koningsvis sunfish
koningsvleugel *(schaaksp)* king's side
koningsvogel kingbird
koningswater aqua regia
koningszeer king's evil, scrofula
koninklijk royal, regal, kingly, kinglike; *~ besluit* Order in Council, Royal Warrant, [by] Royal Decree; *~e houding* kinglike (kingly) bearing; *het K~ Huis* the Royal House(hold); *de ~e weg bewandelen* steer a straight course; *van ~en bloede* of royal blood, of the blood royal; *hij leeft ~* he lives like a king (a lord); *een ~e maaltijd* a regal repast; *iem ~ onthalen* entertain a p. royally; *de K~e (Ned Petr Mij)* the Royal Dutch
koninkrijk kingdom; *het ~ der hemelen* the Kingdom of Heaven
konkelaar(ster) intriguer, schemer, plotter
konkelarij plotting, intriguing, scheming, machination(s)
konkelen plot (and scheme), intrigue
konkelfoezen 1 *zie* konkelen; **2** exchange confidences (in an audible whisper)
konstabel 1 gunner; **2** chief docks security officer
Konstantinopel Constantinople
Konstanz Constance
kont arse, bum, *(Am)* ass; *ergens zijn ~ in (uit) draaien* wriggle into (out of) s.t.; *iem in de ~ kruipen* toady to a p.; *zijn ~ niet kunnen keren* have no room to swing a cat in; *de zaak ligt op zijn ~* the ... is on its beam-ends; *iem een ~je geven* give a p. a leg-up
konterfeiten portray, picture
konterfeitsel portrait, likeness
konterfoort *(hielstuk)* counter
kontjongetje catamite
kontlikker arse-licker
kontzak hip pocket
konvooi(eren) convoy
konvooiloper customs broker
konvooischip convoy (ship)
koof cove
kooi 1 *(vogels, roofdieren, enz)* cage; *(schapen)* pen, fold; *(eenden)* (duck) decoy; *~ van Faraday* Faraday cage; *in een ~ opsluiten* cage [birds, etc], pen [sheep]; **2** *(mar)* berth, bunk; *naar ~ gaan* turn in, *(sl)* go to kip; **3** *(sp)* goal; *(cricket)* nets; **4** *(typ)* quoin
kooibed bunk bed
kooi-eend decoy duck
kooien (en)cage [a bird]; fold (in) [sheep]; decoy [wildfowl]
kooiker decoy man
kooikershondje decoy dog
kooiverbinding buckyball, fullerene
kooivogel cage bird
kook: *aan de ~ brengen (komen)* bring (come) to the boil; *water aan de ~ brengen, (ook)* boil the kettle; *aan (van) de ~ zijn* be on (off) the boil; *bijna aan de ~* near the boil; *van de ~ zijn, (fig)* be emotionally upset, all at sea; *van de ~ raken, (fam)* go spare
kookbeitel caulking chisel
kookboek cookery book, cookbook
kookcursus cookery course (class); *zie ook* cursus
kookfornuis cooking range, cooker, *(Am)* cookstove
kookgelegenheid [room with] cooking facilities
kookgereedschap, kookgerei cooking utensils
kookhitte boiling heat
kookkachel cooking stove
kookketel boiler, cauldron

kookkunst culinary art, cookery, art of cooking
kookpan saucepan; *(v steen)* casserole
kookplaat hotplate; *(ve fornuis)* hob
kookpot cooking pot
kookpunt boiling point
kooksel boiling
kookster cook
kooktoestel cooking apparatus, cooker
kookwekker kitchen timer
kool 1 coal [*doof* dead; *gloeiend* live]; *(houts~)* charcoal; *(chem)* carbon; *met een zwarte ~ getekend* in bad repute; *(bij iem)* [be] in a p.'s black books; *zie ook* kolen; **2** *(plant)* cabbage; *de ~ en de geit (willen) sparen* run with the hare and hunt with the hounds, try to please everybody; *het is allemaal ~* it's all gammon (baloney); *groeien als ~* grow very fast, shoot up; *iem een ~ stoven* play a p. a trick; *zie ook* Chinees, sop, enz
koolachtig 1 carbonaceous; **2** cabbage-like
koolbooglamp arc lamp
koolborstel (carbon) brush
kooldioxide carbon dioxide
kooldraad (carbon) filament
kooldruk 1 carbon printing; **2** [a] carbon print
kooldrukpapier pigment paper
koolgas coal gas
koolgewassen brassicaceous plants
koolhydraat carbohydrate
koolmees great tit
koolmonoxide carbon monoxide [poisoning]
kooloxide carbonic oxide
koolpalm cabbage tree
koolraap swede, *(Am)* rutabaga; *~ boven de grond, zie* koolrabi
koolrabi kohlrabi
koolrups cabbage caterpillar
koolschaaf vegetable-shredder
koolsla (salad of) sliced cabbage; coleslaw
koolspits carbon (point), crayon
koolstof carbon
koolstofchemie organic chemistry
koolstofhoudend carbonaceous, carboniferous
koolstofverbinding carbon compound
koolstronk cabbage stalk
koolteer coal tar
kooltje-vuur *(plant)* pheasant's eye
koolvis coley, coalfish, green cod
koolwaterstof hydrocarbon
koolwitje cabbage white
koolzaad rape(seed), colza; *(plant)* (oilseed) rape
koolzaadolie rape oil, colza oil
koolzuur carbon dioxide [snow], carbonic acid; *(in mijn)* choke-damp
koolzuurhoudend aerated [bread, waters], carbonated (*niet ~* non-carbonated) [drinks]
koolzuurzout carbonate
koolzwart coal black, raven black
koon cheek
koop bargain, purchase; *een goede ~* ***doen*** make a good bargain; ***op*** *de ~ toe* into the bargain, to boot, [with a radio] thrown in (for good measure); *een ~* ***sluiten*** strike a bargain; *de ~ is gesloten* it is a bargain; ***te*** *~* [house] for sale, [books] on sale; *te ~ staan* be (up) for sale; *het huis is (staat) te ~, (ook)* the house is in (on) the market; *te ~ zetten* put up for sale; *zie ook* huur; *weten wat er in de wereld te ~ is* know what is what (*ik wil weten wat er ...* I want to see life); *te ~ aanbieden (hebben)* offer (keep) for sale; *te ~ gevraagd* wanted to purchase [a house and garden]; *het is te ~ tegen geschatte waarde* it will be disposed of at valuation; *uit de hand te ~* for sale by private contract, to be sold privately; *te ~ hebben, (ook)* have in plenty; *te ~ lopen met* cry [oranges, fish]; *(fig)* show off (parade, air) [one's learning]; *(met zijn rijkdom, ook)* flaunt (make a display of) one's wealth; *(met zijn gevoelens), (ook)* wear one's heart (up)on one's sleeve; *zij loopt met haar grieven te koop* she hawks her grievances about; *we zitten te ~* we have not drawn the curtains
koopakte title deed, purchase deed, deed of purchase
koopavond late-night shopping [on Friday], shopping night
koopbrief *zie* koopakte; *~je, (ve makelaar: voor koper)* bought note; *(voor verkoper)* sold note; *(voor beiden)* contract note
koopcontract contract of sale (of purchase), sale contract
koopflat owner-occupied flat; *(Am)* condo(minium) *(zowel gebouw als afzonderlijke flat)*
koopgraag eager to buy (to spend money), addicted to buying
koophandel commerce, trade; *zie ook* handel & kamer
koophuis owner-occupied house
koopje bargain, *(fam)* [make a] good buy, *(Br)* snip; *(duur ~)* bad bargain; *daar heb je een ~ aan* that's a (great) bargain; *het zou me een* ***(lelijk)*** *~ wezen* it would be a regular sell, a bad bargain; *iem een ~* ***leveren*** *(bezorgen)* sell a p. a pup; *wel, jij hebt me een ~ geleverd!* you've let me in for something! (*waarom heb je ...* why did you let me in for such a thing?); ***ook*** *een ~!, (iron)* what a sell!; ***op*** *een ~* on the cheap; *op ~s uit zijn* be (out) bargain hunting
koopjesjaagster, koopjesjager bargain hunter
koopkracht *(ve pers & geld)* purchasing power, buying power; *(ve pers, ook)* spending power, spending capacity
koopkrachtig with great purchasing power
kooplieden *mv van* koopman
kooplust inclination to buy; *er was weinig ~* there was little animation among buyers; *de ~ houdt aan* the demand continues
kooplustig eager (willing) to buy
kooplustige shopper, bargain hunter
koopman merchant, dealer; *(straat~)* street trade; hawker; *~ worden* go into business (into trade)

koopmansbeurs[1] produce exchange; [the Amsterdam] Stock Exchange
koopmansboek account book
koopmanschap 1 trade, business; ~ *drijven* carry on trade; *dat getuigt van weinig* ~ that does not show much business acumen; **2** business sense; **3** merchandise
koopmansgoederen merchandise
koopovereenkomst *zie* koopcontract
kooppenningen purchase money
koopprijs purchase price, buying price
koopsom purchase money
koopsompolis single-premium assurance policy
koopvaarder *zie* koopvaardijkapitein & -schip
koopvaardij merchant service, mercantile marine; *bij de ~, ter ~* [officers] in the merchant service, etc; *wet op de ~* Merchant Shipping Act
koopvaardijkapitein captain of a merchantman, merchant captain
koopvaardijschip merchantman, merchant (*of:* trading) vessel
koopvaardijvlag merchant flag; *de Britse ~* the red ensign
koopvaardijvloot mercantile (merchant) marine, merchant fleet (navy)
koopvrouw tradeswoman; *(op straat)* street seller
koopwaar merchandise, commodity
koopwoede buying mania
koopwoning owner-occupied house
koopziek *zie* koopgraag(te)
koopzondag shopping Sunday
koopzucht *zie* koopgraag(te)
koor 1 *(zangers, ook vogels)* choir, *(in het oude drama)* chorus; *(vs solo)* chorus; *in ~* [sing] in chorus; [cry out] in (a) chorus; **2** *(deel v kerk)* chancel, choir
koorbank choir stall
koord 1 cord, (thick) string, (thin) rope; *~je* bit (piece, length) of string; *de ~en van de* ***beurs in handen hebben*** hold the purse strings; *op het strakke ~* ***dansen****, (lett)* walk (perform, dance on) the tightrope; *hij moest op het slappe ~ komen* he had to show his paces; *iem op het slappe ~ laten komen* put a p. through his paces; **2** *(koordfluweel)* corduroy
koorddansen tightrope walking (dancing)
koorddanser(es) tightrope walker (dancer)
koorde *(meetk)* chord
koordirigent choirmaster
koorgestoelte choir stalls
koorgezang choral song, choral singing
koorhek choir screen, rood-screen
koorhemd surplice
koorkap cope
koorknaap chorister, choirboy
koorleider 1 leader of the chorus; **2** choirmaster; *vgl* koor
koormantel cope

1 zie ook de sam met *handels-*

koorstoel choir stall
koorts [yellow] fever; *ik* ***heb*** *(de) ~* I have (a, the, a touch of) fever; *je jaagt me de ~ op het lijf* you frighten the life out of me; *zie ook* anderdaags
koortsaanval attack of fever, fever fit
koortsachtig feverish [speed]; *(fig ook)* hectic, frenzied [haste], [his] fevered [fancy]
koortshitte fever heat *(ook fig)*
koortsig feverish, in a fever
koortsmiddel febrifuge
koortsstillend febrifugal; ~ *middel* febrifuge
koortsthermometer clinical thermometer
koortsuitslag cold sore
koortsverdrijvend febrifugal; ~ *middel* febrifuge
koortsvrij free from (of) fever
koortswerend febrifugal; ~ *middel* febrifuge
koorzang *zie* koorgezang
koorzanger *(in kerk)* chorister
koos *ovt van* kiezen
koosjer kosher [restaurant, etc], [the meat was not] ritually prepared; *het is niet ~, (fig)* that business is not quite kosher, there's something fishy about ...; ~ *snijden* porge
koosnaam pet name, term of endearment
koot knuckle-bone; *(ve paard)* pastern; *~je, (ve vinger)* phalanx (*mv:* phalanges)
kootbeen knuckle-bone; *(wtsch)* astragalus
kop 1 *(kom)* cup, bowl; *(med hist)* cupping glass; *een ~je (vol) thee* a cup(ful) of tea; *~pen zetten* cup [a patient]; **2** *(maat)* litre; **3** head *(ook op bier, enz, v granaat, schip, speld, spijker, torpedo, zweer); (fam)* pate, headpiece; *(ve pijp)* bowl; *(ve boek, ook)* top edge; *(ve vos, ook)* mask; *(fig)* head [he uses his head before deciding]; *(boven krantenartikel)* headline (*over de hele breedte:* banner headline); *(ve vliegt)* head, nose; *(ve golf)* crest; *(wolk)* thunderhead; *~pen, (personen)* [manned with fifty] hands, [with twenty] souls [on board]; *~pie, ~pie* clever chap (remark, etc); *lief ~je* pretty face; *~je krauw!* scratch a poll!, scratch my head!; ~ ***dicht!****, ~* ***houden!*** shut up!, shut your trap!; *de ~pen bij* ***elkaar*** *steken* put (our, their) heads together; *mijn ~* ***eraf!*** I'll eat my hat (first); *zijn ~* ***ervoor*** *houden, de ~* ***ertegenin*** *zetten* brave it out, face things bravely; *hij heeft een* ***goede*** *~, er zit een goede ~ op* he has a good head on his shoulders, has his head screwed on properly; *de ~* ***indrukken*** put down, suppress [a rebellion], squash [a scandal, report], knock [a rumour, an opinion] on the head, dispose (knock the bottom out) of [an argument, a rumour], crush [an attempt], scotch [a rumour], stamp out [a revolt]; *iets dadelijk de ~ indrukken* nip s.t. in the bud; *een ~(je)* ***kleiner*** *maken* behead; *het zal hem zijn ~* ***kosten*** it will cost him his head; *dat kan je de ~ niet kosten* it won't cost you an arm and a leg, it won't break you; ~ ***op!*** keep your chin (your pecker) up!; *er kwam een ~ op de* ***puist*** the boil came to a head; *ik kan er ~* ***noch staart*** *aan vinden* I can make neither head nor

tail of it; *met ~ en staart, zie* huid en haar; *[verhaal] zonder ~ of staart* without either head or tail; *het anarchisme* ***stak*** *de kop op* anarchism reared its (ugly) head; *hij heeft een* ***stijve*** ~ he is stubborn; *zijn ~* ***tonen*** be obstinate; *hij kreeg een ~ als* ***vuur*** he went brick-red, blushed scarlet; *elkaar* ***bij*** *de ~ hebben (krijgen)* be at loggerheads; *wat heeft hij in vredesnaam nu weer bij de ~?* what on earth has he got hold of this time?; *een probleem bij de ~ nemen* tackle a problem; ***met*** *de ~ tegen de muur lopen* run one's head against a stone wall; *met de ~ in de wind, (ve vliegt)* with her head on to the wind; *met een ~ erop* heaped [measure, spoonful]; *iem* ***op*** *zijn ~ geven* punch a p.'s head; *zie verder* langs: ervan ~ geven, krijgen; *we zullen ze op de ~ geven, (bij het spel)* we'll lick them; *iem op zijn ~ slaan* hit a p. over the head; *al gaat hij op zijn ~ staan* [I won't do it] whatever he may do; *de wereld staat (helemaal) op de ~* the world has turned topsy-turvy, is upside down; *iets op de ~ tikken, (kopen)* pick up, snap up [an old edition]; *(gappen)* nab, pinch, collar; *op zijn ~ zetten* turn upside down; *iem op de ~ zitten* boss a p. (about); *zich op de ~ laten zitten* allow o.s. to be sat (up)on [*door* by], take things lying down; *laat je niet op de ~ zitten* don't be bullied; *op de ~ (af)* exactly, precisely, flat; ***over*** *de ~ gaan* go broke, fold [the company folded]; *over de ~ slaan* topple over, overturn, turn a somersault; *(ook)* somersault [the car somersaulted]; *over de ~ schieten* come a cropper; *ik had me voor de ~ kunnen slaan* I could have kicked myself; *zie ook* hoofd, Jut, klein, schieten, enz

kopal copal

kopbal *(voetbal)* header

kopborststuk cephalothorax

kopek(e) copeck

kopen buy *(ook in kaartsp),* [*van* of, from], purchase; *ik koop altijd bij hem (in die winkel)* I always deal with him (at that shop); *boeken voor z'n geld ~* buy books out of (with) one's money; *iem een cadeau ~* buy a p. a present; *~ met geleend geld* buy on borrowed money; *iem (zich)* ***eruit*** ~ buy a p. (o.s.) out

Kopenhagen Copenhagen

koper 1 buyer, purchaser; **2** *(metaal: rood & element)* copper, *(geel)* brass; **3** *zie* koperblazers

koperachtig coppery, cupreous; brassy

koperblazers brass

koperblik thin sheet-copper

koperdiepdruk (photo)gravure

koperdraad copper wire; brass wire

koperdruk 1 copperplate printing; **2** *(resultaat)* copperplate

koperen I *bn* copper; brass; *geen ~ cent* not a brass farthing; *een ~ hemel* a copper sky; *~ bruiloft* 'copper wedding' *(lett vertaling: in Eng niet gevierd); zie ook* ploert; **II** *ww* copper

kopererts copper ore

kopergeld coppers, copper coin

kopergieterij copper foundry; brassworks

kopergoud similor

kopergravure 1 copperplate; **2** *(afdruk, procédé)* copper engraving

kopergroen verdigris

koperhoudend *(chem)* cupric, cuprous; *(vd bodem)* copper-bearing, cupriferous

koperkies copper pyrites

koperkleurig copper-, brass-coloured; brazen [sky]

koperlazuur lazurite, lapis lazuli

koperlegering copper alloy

kopermijn copper mine

kopernikkel cupro-nickel

koperplaat sheet copper

koperpoets brass polish

koperroest verdigris

koperrood I *bn* copper-coloured; **II** *zn* copperas

koperslager coppersmith, brazier

kopersstaking consumers' (buyers') strike

koperstuk copper (coin)

kopervitriool copper vitriol, blue vitriol

koperwaren, koperwerk copper-, brassware

koperwiek *(vogel)* redwing

koperzuur cupric acid

kopgroep leading group

kopie 1 copy, duplicate; *(v muz opname)* dubbing; *(getrouwe ~, inz door de kunstenaar zelf)* replica; *zie ook* conform; **2** *zie* kopij

kopieboek letter book

kopieerapparaat (photo)copier, (photo)copying machine

kopieerinrichting (photo)copying centre

kopieerpapier copying paper

kopieerpotlood copying pencil

kopiëren copy; *(muz opname)* dub; *(akte)* engross [a deed]

kopiist copyist, copying clerk, transcriber

kopij copy

kopijrecht copyright; *het ~ verzekeren* copyright [a book]; *het ~ van dit boek is verzekerd* this book has been duly copyrighted, copyright (reserved), ©; *het ~ van het boek is verstreken* the book is out of copyright (*nog niet verstreken* in copyright)

kopijvoorbereider sub-editor, copy editor, *(inz krant)* copyreader

kopje *(Z-Afr)* kopje; *zie verder* kop

kopjeduikelen turn head over heels, turn somersaults (a somersault); *iem doen ~* send a p. head over heels

kopje-onder: *~ gaan* take a header, get a ducking; *hij is ~ geweest* he has had a ducking

kopklep overhead valve

koplaag 1 *(bovenste)* top course; **2** *(kopse)* header course

koplamp headlight, headlamp

koplastig *(mar)* down by the head; *(ve vliegt)* nose-heavy

koplengte: *het paard won met een ~* won by a head

kopletter *(typ)* ascender
koplicht headlight
koploos acephalous; *(fig)* brainless
koploper front runner, leader; ~ *zijn* be in the lead
koplozen acephala
kopman leader
koppel 1 *(riem)* [sword] belt, *(ve officier, ook)* Sam Browne (belt); leash [for hounds]; **2** *(paar)* couple [of hounds, of eggs; a married couple], brace [of pistols, of partridges], yoke [of oxen]; *(troep)* covey [of partridges], herd [of cattle], bevy [of larks *leeuweriken*, of quails *kwartels*]; **3** *(techn)* torque
koppelaar(ster) 1 matchmaker; **2** *(strafbaar)* procurer (*vrouw:* procuress, bawd), pimp, pander
koppelarij 1 matchmaking; **2** *(strafbaar)* procuring, pimping
koppelbaas labour-only sub-contractor, labour broker, (job) agent, gangmaster
koppelband coupling strap
koppelbout coupling pin
koppelen I *tr* couple [dogs, railway carriages]; dock [spacecraft]; *gekoppelde zuil, (bk)* clustered pillar; join [words]; *zie ook* vastkoppelen; **II** *intr* make a match [she was matchmaking again]; *(strafbaar)* procure, pimp
koppeling 1 coupling, joining, linkage; *zie ook* koppelen; **2** *(concr)* coupling, joint, *(ve auto, ook)* clutch [pedal]; *de ~ verbreken* throw a machine, etc out of gear
koppelkoers *(mar)* compound course
koppelletter ligature
koppelnet *(elektr)* (National) Grid
koppelriem 1 *(mil) zie* koppel; **2** coupling strap
koppelstang coupling rod; *(tussen spoorwagens)* drawbar
koppelteken hyphen
koppeltransactie, koppelverkoop tie-in sale; package deal
koppelwedstrijd Madison race
koppelwerkwoord copula, linking verb
koppelwoord copulative, link-word
koppen 1 poll, decapitate; **2** *(voetbal)* head [the ball]
koppensnellen 1 (go) headhunting; **2** make (look for) victims; **3** glance through the headlines
koppensneller headhunter
koppermaandag printers' Monday; *(vglb)* wayzgoose (*mv:* -gooses)
koppie *zie* kop; ~, ~*!* clever chap (remark, etc)
koppig obstinate, headstrong, stubborn; *(volhoudend)* dogged; *(v drank)* heady
koppigaard 1 obstinate person; **2** go-getter
koppigheid 1 obstinacy, doggedness; **2** *(v drank)* headiness
koppijn headache
koppositie lead(ing position)
koppotig: ~ *dier,* ~*e* cephalopod
kopra copra
koprol forward roll, somersault, [do a] head-over-heels
kops: ~ *hout* end grain; ~ *gezaagd* cut across the grain
kopschuw: *iem ~ maken* head a p. off, frighten off; ~ *worden* fight shy (*voor* of)
kopspiegel bowl reflector [lamp]
kopspijker hobnail, (tin-)tack
kopsprong header
kop-staartbotsing shunt, rear-end collision, *(meervoudig)* concertina crash
kopstation terminus, terminal station
kopsteen header, bonder, bond-, through-stone
kopstem falsetto, head voice
kopstoot header; *iem een ~ geven* butt (one's head into) a p.
kopstuk headpiece; *(pers)* boss [the bosses of the medical profession], captain [of business, finance], giant [the giants of the press], [a Liberal] standard bearer, [the society's] leading light; *(krant)* headrules; *alle ~ken, (ook)* all the big noises (shots); *zie ook* stijfkop
kopt Copt
koptelefoon headphone(s), earphone(s), headset
koptisch, Koptisch Coptic
kopvoorn chub
kopwit head margin
kopzak *(ve paard)* nosebag
kopzee headsea
kopziekte *(v vee)* staggers
kopzorg worry; *een ~ minder* one headache less
kor dredge-net
koraal 1 *(stof)* coral; *(kraal)* bead; *(attr ook)* coralline [sponge, structure]; **2** *(zang)* chorale, choral; *(pers)* chorister
koraalachtig coralline *(ook zn: ~e)*, coralloid
koraalbank coral reef
koraaldier coral animal, coral polyp, coral zoophyte
koraaleiland coral island
koraalgezang choral singing; *(gregoriaans)* plainsong
koraalmos *zie* koralijn
koraalpoliep *zie* koraaldier
koraalrif coral reef, *(ringrif)* atoll
koraalrood coral (red), coralline
koraalsteen corallite
koraalvisser coral-fisher, coral-diver
koraalvisserij coral-fishing, coral-fishery
koraalzwam coral fungus; *(oranje)gele ~* goats-beard mushroom
koralen *bn* coral [lips, necklace], coralline
koraliet corallite
koralijn coralline, coral moss
koran Koran; *van de ~* Koranic [law]
korbeel corbel
kordaat bold, resolute, firm, plucky; ~ *optreden tegen* deal firmly with
kordelier Cordelier
kordon cordon *(ook ve ridderorde)*, chain, line [of po-

lice]; *een ~ trekken om* post (draw, throw) a cordon round [troops cordoned off the district]
kordonsteek overcast stitch
Koreaan(s) Korean
koren grain; *dat is ~ op mijn molen* that is grist to my mill
korenaar ear of corn
korenakker cornfield, *(Am)* grainfield
korenbeurs corn exchange
korenblauw cornflower blue, azure
korenbloem cornflower, bluebottle
korenbrander distiller
korenhalm cornstalk, *(Am)* grainstalk
korenkalander corn weevil
korenmaat corn measure; *zie ook* licht III
korenmijt corn stack
korenmolen flour mill
korenschoof sheaf of corn (of wheat, etc)
korenschuur granary *(ook fig)*
korenveld cornfield, *(Am)* grainfield
korenwolf (wild) hamster
korenworm grain weevil, corn weevil
korenzolder corn loft, granary
korf I *zn* **1** basket, hamper; **2** *(bijen~)* hive; **3** *(bij examen)* plough; *een ~ krijgen* get the mitten, be turned down; *(bij examen)* be ploughed; II *ww ovt van* kerven
korfbal [play] korfball
korffles wicker bottle; *(grote)* carboy, demijohn
korfgevest basket hilt
Korfoe Corfu
korhoen black grouse *(ev & mv)*, black game *(ev & mv)*, *(haan)* blackcock, *(hen)* greyhen
koriander coriander
korist(e) chorus singer (girl)
kornak mahout
kornalijn cornelian
kornet *(mil, muz, muts)* cornet
kornettist cornettist
kornis cornice
kornoelje cornel(berry); *gele ~* cornelian cherry
kornuit comrade, crony, companion; *(bij drinkpartij, ook)* boon companion; *(ve dief, enz)* confederate
koroester North-Sea oyster
korporaal corporal
korps corps *(ev & mv)*; *~ leraren* teaching staff; *(typ)* body
korpschef [Police] Superintendent
korpsgeest esprit de corps, corporate spirit
korpsgrootte *(typ)* type size
korre dredge net
korrel **1** *(~tje)* grain; pellet, granule; *geen ~(tje)* not a grain; *met een ~tje zout* with a pinch (a grain) of salt; *zie ook* hagelkorrel; **2** *(op geweer)* bead, foresight; *op de ~ nemen* draw a bead on, target; *(fig)* make a butt of [a p.]
korrelen granulate, grain; *(kruit)* corn
korrelhagel graupel
korrelig granular; gritty [substance]
korrelsneeuw graupel
korrelsuiker granulated sugar
korrelvormig granular
korren trawl, dredge
korset corset, (pair of) corsets *(vero:* (of) stays)
korsetbalein busk
korsetlijfje camisole; *(Am)* corset cover
korst *(algem)* crust; *(brood)* crust; *(kaas)* rind; *(op wond)* scab; *zachte ~, (v brood)* kissing crust; *met een dikke ~, (ook)* thickly incrusted; *zie ook* pastei
korstdeeg puff (*of:* short) pastry *(Am)* paste
korsten crust
korstgebak puff pastry
korstig crusty
korstmos (crustaceous) lichen
kort short, brief; *het is ~ dag* time is getting short; *~ geheugen* [have a] short memory; *~e golfslag* choppy sea; *~ papier* short bills; *~e rokken* short skirts; *~ spel, (sp)* short passing; *~e(re) weg* short cut (*ook fig:* believe in short cuts); *~ daarna* shortly after; *~ geleden* a short time ago, the other day; *~ na (voor) mijn aankomst* shortly after (before) my arrival; *~ op de poten* low-set; ***korter** maken (worden)* shorten; *de dagen worden ~er* the days are drawing in; *~ en **bondig*** short but (and) to the point, concise, succinct, terse; [write, speak] briefly and to the point; *(kortaf)* curt [reply]; *~ en bondig, jij gaat!* in short, you go!; *~ en **dik*** thickset, squat, dumpy; *om ~ te **gaan**, om het (een lang verhaal) ~ te maken* in short; to cut a long story short, to put it shortly (briefly), the long and the short of it is ...; *~ **geknipt*** close(ly) cropped (clipped) [hair, moustache], closely cut [nails], close-clipped [hedge]; *zie ook* knippen; *~ en **goed**, zie* kortom; *iem ~ **houden**, a) (geldelijk)* keep a p. short (of money), keep a p. on short allowance; *b)* keep a tight hand over a p.; *[een hond] ~ aan de riem houden* keep [a dog] on a short lead; *alles (de boel) ~ en **klein** slaan* smash everything to bits (to smithereens), smash things up; *~ maar **krachtig*** short and to the point; short and sweet; ***maak** het ~* keep (make) it short; ***binnen** ~* shortly, before long; ***in** het ~* in brief, briefly, in short; [put it] in a nutshell; ***na** ~er of langer tijd* sooner or later; *twee keer ~ na elkaar* twice within a short time; ***sedert** ~(e tijd)* recently, lately; *verscheiden voeten **te** ~* [the ladder was] short by several feet; *er is een euro te ~* there is a euro short; *de bocht te ~ nemen* take the corner too close; *iem (zichzelf) te ~ **doen*** do a p. (o.s.) an injustice; *zich te ~ doen, (ook)* commit suicide; *zich te ~ gedaan voelen, a)* feel cheated; *b)* feel frustrated; *hij heeft me nooit een cent te ~ gedaan* he's never done me out of a penny; *iems verdiensten te ~ doen* detract (derogate) from a p.'s merits; *de waarheid te ~ doen* strain the truth; *zie ook* verkorten; *te ~ **komen*** be [four euros, a man, etc] short, be short of [staff, sleep]; *(inz sp)* be no match [for]; *tijd te ~ komen* be pressed for time; *ik kom woorden te ~*

I lack words [to express my thanks]; *aan iets te ~ komen, a)* be a (the) loser by s.t.; *b)* fall short; *ik kom er geld bij te ~* I have lost money (am out of pocket) over it; *je zult er niet bij te ~ komen* you'll be no loser by it; *hij is in zijn leven veel te ~ gekomen* he has lost out on many things in life; *zie ook* tekortschieten; *mijn krachten schoten (mijn geheugen schoot) te ~* my strength (memory) failed (me); *zijn vreugde was ~ van duur* his ... was short-lived; *~ van stof* brief; *tot voor ~* until recently, until lately; *zie ook* broek, geding, inhoud, kortaangebonden, enz

kortaangebonden short-tempered; *zie ook* aanbinden

kortademig short of breath, short-winded; *(ve paard)* broken-winded

kortademigheid shortness of breath, short-windedness

kortaf short [*tegen iem* with a p.], curt [to a p.; answer curtly], [his manner was] abrupt, blunt

kortarmig short-armed

kortbenig short-legged

kortbij nearby

korteafstands- short-distance [race, runner, skater]; short-range [missile]; short-haul [road transport]

kortebaanwedstrijd short-distance skating match

kortegolfzender short-wave transmitter; *zie ook* golf

kortelas cutlass

kortelijk briefly, shortly

korteling *(bk)* putlog, putlock

kortelings 1 recently, lately, the other day; **2** *(dial)* shortly, soon

korten 1 shorten [a rope, a p.'s life, the way]; *(zeil)* take in, shorten; *(haar, enz)* trim, *(heel kort)* crop [the hair]; clip [the wings]; *de tijd ~* beguile (while away, shorten) the time, make the time pass; *de dagen (nachten) ~* are closing (drawing) in (getting shorter); **2** *(loon, enz)* deduct from, cut down, dock [a p.'s wages; he docked us £10 from our wages]

kortetermijn- short-term [forecast, planning, policy]

korthalzig short-necked

kortharig short-haired [terrier]

kortheid shortness [of memory, etc], conciseness, brevity, briefness, succinctness

kortheidshalve to keep it short, for the sake of brevity, [Benjamin, called Ben] for short

korthoornvee short-horn(ed) cattle

korting reduction, deduction; *(overeengekomen)* discount; *(voor beschadiging, te late levering, enz)* allowance; *(op grote partij, aftrek van belasting, enz)* rebate; *~ voor contant* cash discount; *~ aan wederverkopers* trade discount; *betaling op 1 maand zonder ~* one month net; *betaling op 1 maand met 2 % ~* 2 per cent for one month; *met een ~ van 25 % op de uitgeversprijs* at a discount of 25p in the pound off publisher's price; terms: 1/4 off (published prices); *zie ook* contant

kortingkaart reduced-fare pass; *(Br trein)* railcard

kortingzaak discount shop (house)

kortjan jackknife

kortlopend short-term [credit]

kortom in short, in brief, in fine, in a word

kortparkeerder short-term parker

Kortrijk Courtrai

kortschedelig short-headed; *(wtsch)* brachycephalic

kortschildkever rove beetle

kortschrift shorthand

kortsluiten short-circuit; *iets met iem ~* arrange s.t. with a p.

kortsluiting short-circuit(ing) [due to a short-circuit]; *(fam)* [have a] short; *(fig)* misunderstanding, communication breakdown; *~ veroorzaken* create (cause) a short-circuit; *~ maken in* short-circuit

kortstaart bobtail

kortstaarten dock (the tail of)

kortstondig short-lived, short

kortstondigheid shortness, brevity

kortswijl fun, sport, banter

kortvleugelig short-winged

kortweg in short, shortly, briefly, summarily [dismissed *afgewezen*]

kortwieken clip the wings (of); *iem ~* clip a p.'s wings; *zie ook* fnuiken

kortzichtig short-sighted; *(fig ook)* purblind, myopic

kortzichtigheid short-sightedness, etc, myopia

kortzichtwissel short(-dated) bill, bill at short sight

korund corundum

korven put into a basket; hive [bees]

korvet corvette

korvijnagel *(mar)* belaying pin

korzelig grumpy, cantankerous, snappy

kosmisch cosmic [radiation, rays]; *~ stof* cosmic (*of:* star) dust

kosmografie cosmography

kosmologie cosmology

kosmonaut astronaut, [Russian] cosmonaut

kosmopoliet, kosmopolitisch cosmopolitan

kosmos cosmos

kossem dewlap

kost food, fare, board; living, livelihood; *halve (volle) ~* partial (full) board; *~ en inwoning* board and lodging (*of:* residence), bed and board (*of:* keep); *goede degelijke ~* good, substantial food; *dat is oude ~* that is an old story (ancient history); *zware ~* heavy food; *(fig)* strong meat [the Premier's words were rather strong meat for the French]; ***de ~ geven*** feed [a p.]; *(zijn ogen)* keep one's eyes open, look (*of:* have all one's eyes) about one; *zijn ~je is gekocht* he is a made man; *~ voor **kinderen**, (fig), zie* kinderkost; ***de ~ verdienen*** earn one's bread and butter (one's keep), earn a livelihood, make (earn) a living; *de ~ verdienen door kamers te verhuren* maintain o.s. by letting rooms; *hij is zijn ~ **waard*** he is worth his salt; *iem aan de ~ helpen* put a p. in the way of making a living; *aan de ~ komen, zie:* de ~ verdienen *(ook)* [how does he] live?; *(op de een of andere manier)* pick up a living (a livelihood); *(eer-*

lijk) earn an honest living; *hij is bij W* ***in de*** ~ he lodges at W's (with W) [I board here]; *in de ~ nemen* take in as a boarder; *werken* ***voor*** *de* ~ [have to] work for a living [what does he do for ...?]; *zie ook* baat, koste(n), enz

kostbaar *(veel kostend)* expensive [dress, jewellery]; *(erg duur)* costly, *(waardevol)* valuable [time, life, books], precious [stones, possession]; *(rijk, weelderig)* sumptuous [dinner]; *de tijd is* ~ time is precious

kostbaarheid expensiveness, etc; *-heden* valuables

kostbaas landlord

koste: *ten ~ van mij* [he amused himself] at my expense; *ten ~ van uw gezondheid* at the cost of your health; *ten ~ van alles* at all costs; *ten ~ gaan van* be at the expense of (to the detriment of) [the environment]; *ten ~ leggen aan* spend [money, time, care] on, lay out [money] on

kostelijk exquisite [food, wine], splendid [weather], magnificent [view], glorious [a glorious time], delightful [caricature], first-rate [idea]; *(sl)* top-hole [a top-hole idea]; *een ~ staaltje van ...* a priceless illustration of ...; *hij is ~!, a)* isn't he priceless!; *b) zie* die is ~!; ***die is*** *~!* that's a good one!, that's rich!; *wij amuseerden ons ~* we enjoyed ourselves enormously, *(fam)* we had a high old time of it

kostelijkheid exquisiteness, magnificence

kosteloos I *bn* free [school, places in schools, seats, days at a museum], gratis; rent-free [house]; II *bw* gratis, free of charge; *ik nam hem ~ in huis* I gave him free board and lodging; *zie ook* gratis & pro Deo

kosten I *zn (wat iets kost)* cost; *(ve aantekening, enz)* fee; *(gerechts-)* costs; *(uitgaven)* expense(s), expenditure, outlay; *(in rekening gebrachte uitgaven)* charges; *de ~ bedragen £25* the cost amounts (runs) to £25; ~ ***maken*** incur expenses; *grote ~ maken* go to great expense; *grote ~* ***meebrengen*** entail a great deal of expense; *~ noch* ***moeite*** *sparen* spare neither trouble nor expense; ***in*** *de ~ veroordeeld (verwezen) worden* be ordered to pay costs, have costs given (awarded) against one; ***op*** *eigen ~* at one's own expense; *op jouw ~* at your expense; *het gaat op mijn ~* I bear the expense; *(bij trakteren)* I'm paying, *(fam)* it's on me; *iem op (hoge) ~ (zozeer op ~) jagen* put a p. to (great, such) expense; *op zijn ~ komen* make good one's expenses, recoup (o.s.); *op ~* ***van*** *ongelijk* on condition that the loser shall pay; *op ~ van de Staat, zie* rijkskosten: op ~; ***zonder*** *(protest)~, (handel)* without charge(s), WC; II *ww* cost; *wat kost dit?* how much is this?, what price is this?, what do you charge for this?; *het koste wat het wil* [the fort must be held] at all costs, whatever the cost; *het kon me mijn* ***betrekking*** *(leven) ~ als ik nu ging* it's as much as my place (life) is worth to go now; *vliegen kost* ***geld*** flying takes money; *dat kost veel (een bom) geld* it comes expensive, it runs into (runs away with) a lot of money; *het kostte hem zijn* ***leven,*** *enz* it cost him his life (his head, the sight of his eyes); *het kostte* ***mensenlevens*** it caused (heavy) loss of life; *het kostte me veel* ***moeite*** it gave (cost) me a great deal of trouble; *het kostte hem moeite te vertrekken (de huur te betalen, zijn ogen open te houden)* he found it hard (it was a wrench to him) to leave the place (he was hard put to it to pay the rent; it was all he could do to keep his eyes open); *beleefd zijn (proberen) kost* ***niets*** it costs nothing to be polite (to try); *de verpakking kost niets* there is no charge for packing; *het kost* ***tijd*** it takes time [it took us two days; the story took some time in the telling]; *~****de prijs,*** *zie* kostprijs; *zie ook* kop

kosten-batenanalyse cost-benefit analysis

kostenberekening calculation of expenses; *(vd kostprijs)* costing

kostenbesparing economy, saving, cost reduction

kostenbewaking cost accounting, cost control

kostendekkend self-financing; *~ werken* cover one's costs

kostenderving loss of income

kostenplaatje (estimated) costs

kostenplaats cost centre

kostenraming estimate of the cost

kostenteller *(telef)* (customer's) private meter

kostenverhoging cost inflation

koster verger, sexton, sacristan

kosterij verger's (sexton's) house

kostgang(st)er boarder; *~s houden* take in boarders; *een dure ~* a big eater; *onze lieve Heer heeft rare ~s, (vglb)* what queer people one meets in the world

kostgeld board

kosthuis boarding house

kostjuffrouw landlady

kostleerling boarder; *halve ~* day boarder

kostprijs [at *tegen*] cost price, [at] (prime) cost

kostprijsberekening costing

kostschool boarding school; *grote ~* public school

kostumeren costume; *(zich) ~* dress up; *zie* gekostumeerd

kostuum *(ve vrouw)* costume, suit; *(ve man)* suit (of clothes); *(voor gekostumeerd bal)* fancy dress

kostuumnaaister dressmaker

kostuumpop dress stand, dummy

kostuumstof suiting

kostuumstuk costume drama (*of:* play)

kostwinner breadwinner, wage earner

kostwinnersvergoeding separation allowance

kostwinning livelihood

kot hovel; [sheep] cote, pen; [pig] sty; [dog] kennel; [student] digs; *in het ~ zitten* be in quod

kotelet cutlet, chop

koter youngster

kots *(plat)* sick

kotsen puke, spew, cat; *ik kots ervan* it makes me sick

kotsmisselijk: *ik ben er ~ van, (fig)* I am sick to death of it

kotter cutter; *als ~ opgetuigd* cutter-rigged

kotteren bore

kou cold; *korte strenge ~* cold snap; *~ in de handen (voeten)* chilblained hands (feet); *~ in het hoofd* cold in the head, head cold; *~ op de borst* cold on the chest; *~ op de maag* stomach chill; *~ vatten* catch a cold (a chill); *er is geen ~* ***aan*** *de lucht* there isn't the slightest danger, nothing the matter; *vgl* vuiltje & wolk; *wat doe je* ***in*** *de ~?, (vglb)* well, you let yourself in for it; why stick your neck out?; *in de ~ laten staan, (fig)* leave out in the cold; ***tegen*** *de ~* against the cold, [a drop of gin] to keep the cold out

koubeitel cold chisel

koud cold *(ook fig); ~e luchtstreek* frigid zone; *niet te ~ water* water with the chill off; *zie* emmer; *ik ben ~ een uur thuis* I ... hardly an hour; *hij is* ***er om*** *~* he is done for; *ik* ***heb*** *het ~* I am cold; *dat* ***laat*** *(schilderijen laten) mij ~* it leaves (pictures leave) me cold; *het zou me gewoon ~ laten, (ook)* I should not turn a hair; *het viel me ~ op het* ***lijf*** it gave me a shock, it made me go cold all over; *iem ~* ***maken,*** *(fig)* do a p. in; *hij* ***werd*** *~* he grew (went) cold; *ik word er ~ van* it makes me go cold all over; *[een luxe,] daar word je ~ van!* it strikes you dumb!; *zie ook* drukte, grond, heet, kleed, enz

koudbloedig cold-blooded *(ook fig)*

koudbloedpaard underbred horse

koudbreukig, koudbros cold-short

koude(-) *zie ook* kou(-)

koudegolf cold wave

koudgetrokken *(techn)* cold-drawn, cold-worked

koudheid coldness

koudjes **I** *bn* coldish; **II** *bw* coldly

koudmakend cooling; *~ mengsel* freezing mixture

koudslachter *zie* vilder

koudvuur gangrene, mortification; *door ~ aangetast worden* gangrene, mortify; *door ~ aangetast* gangrenous, gangrened

koudwaterinrichting hydropathic (establishment), *(fam)* hydro

koudwaterkuur hydropathy, cold-water cure

koudwatervrees: *aan ~ lijden, (fig)* have cold feet

koufront cold front

koukleum chilly person; *een ~ zijn* be sensitive to cold, feel the cold; *zitten te ~en* sit shivering

kous **1** stocking; *~en, (handel)* hose; *en daarmee was de ~ af* and that was that, and that was the end of the matter; *met de ~ op de kop thuiskomen* come away with a flea in one's ear (with empty hands); ***op*** *zijn ~en* in one's stockings [he stands six feet in his stockings], in one's stocking(ed) feet; **2** *(techn)* sleeve, tubing; **3** *~(je)* (lamp) wick; *(gloei-)* (gas) mantle; **4** *(mar)* thimble

kousenband garter; *Orde (Ridder) van de Kouseband* Order (Knight) of the Garter

kousenbroek **1** body stocking; **2** tights

kousenvoet stockinged foot [*op ~en* in his ... feet]; *vgl* kous

kousjer kosher; *zie* koosjer

kout chat, (small) talk

kouten talk, chat; *hij kan gezellig ~, (ook)* he is good company

kouter **1** talker; **2** arable; **3** *(ve ploeg)* coulter

kouvatten *zn* [owing to a] cold, chill

kouwelijk chilly, sensitive to cold

kozak Cossack

kozen caress, fondle; talk sweet nothings

kozijn **1** window frame; *(vensterbank)* windowsill, window ledge; **2** cousin

kp afk van *kiloperiode* kc, kilocycle

kraag **1** collar, *(v bont, enz)* tippet, *(hist: geplooide ~)* ruff; *(v vogels, enz)* ruff; *~je* collar(et, -ette); *iem* ***bij*** *de ~ pakken* collar a p., seize a p. by the collar; *hij heeft een stuk* ***in*** *zijn ~* he is tipsy (well-oiled); **2** *(ve buis, enz)* flange, shoulder

kraageend harlequin duck

kraagmerel ring ouzel

kraagsteen corbel, truss

kraai **1** crow; *zwarte ~* carrion crow; *zie ook* bont, kind; **2** *(aanspreker)* undertaker's man

kraaiachtig(e) corvine

kraaien crow *(ook ve kind); zie ook* haan, enz

kraaienmars: *de ~ blazen* pop off, peg out, go west, snuff it

kraaiennest crow's nest *(ook mar)*

kraaienpoot *(nagel)* caltrop, crow's-foot; *~jes, (bij ooghoek)* crow's-feet

kraaiheide crowberry

kraak **1** crack, cracking; *er is geen ~ of smaak (geen ~, smaak of heerlijkheid) aan* it just has no taste at all (it tastes like nothing); *(fig)* it is neither fish, flesh nor good red herring (neither fish nor flesh); **2** break-in, burglary; *een ~ zetten, (sl)* crack a crib; **3** *(v huis, enz)* squat; **4** *(luchtv)* crash; **5** *(hist schip)* carack

kraakactie house-squat

kraakamandel soft-shelled almond

kraakbeen cartilage; gristle

kraakbeenachtig, kraakbenig cartilaginous [fish], gristly

kraakhelder *zie* kraakzindelijk

kraakinstallatie: *katalytische ~* catalytic cracker (cracking plant), cat cracker

kraaknet *zie* kraakzindelijk

kraakpand squat

kraakporselein *(eig)* kraak porcelain; *(fijn porselein)* eggshell china; *zo teer als ~* as brittle as glass, extremely fragile

kraakproces *(olie-industrie)* cracking process

kraakstem grating (rasping) voice

kraakzindelijk scrupulously (spotlessly, squeaky) clean, spotless

kraal **1** bead; **2** *(bk)* bead(ing); **3** *(dorp, veeperk, enz)* kraal; *(Am)* corral

kraallijst beading, bead moulding

kraaloog(je) beady eye

kraaltjes *(v suiker)* hundreds and thousands

kraam 1 booth, stall, stand; *~pje* stall; *dat komt niet in zijn ~ te* ***pas*** that does not suit him (his purpose, convenience, book); *het kwam in haar ~ te pas dat te zeggen* it suited her interests to say so; **2** confinement; *vgl* kraambed
kraamafdeling maternity ward
kraambed childbed; *in het ~ sterven, (ook)* die in childbirth
kraambeen white leg, milk leg
kraambezoek visit(ors) to the mother of a new baby
kraamheer father of the new baby
kraaminrichting maternity home (hospital)
kraamkamer delivery room
kraamkind newborn child
kraamkliniek maternity hospital
kraamverpleegster, kraamverzorgende maternity (*of:* obstetric) nurse
kraamvrouw woman in childbed, mother of newly-born child
kraamvrouwenafdeling maternity ward (*of:* department)
kraamvrouwenkliniek maternity hospital
kraamvrouwenkoorts puerperal fever
kraamvrouwenuitkering maternity allowance
kraamzorg maternity care
kraan 1 *(water~, enz)* tap, cock, *(Am)* faucet; **2** *(hijstoestel)* crane, derrick; *drijvende ~* floating crane; **3** *(vogel)* crane; **4** *(persoon)* dab hand; *(Am)* crackerjack; *een ~ in het rekenen, enz* a dab hand (expert) at sums
kraanarm (crane) jib
kraanbalk cathead
kraandrijver crane driver
kraangeld cranage
kraanleertje tap washer
kraanoog *zie* braaknoot
kraantjeskan, kraantjespot coffee urn
kraanvogel (common) crane
kraanwagen breakdown lorry (truck), *(Am)* crane truck
krab 1 crab; **2** scratch
krabbedieven nab, pinch
krabbekat scratch-cat
krabbel 1 *(schrift, enz, ~tje)* scrawl, scribble; *(tekening)* thumbnail (sketch, caricature); *(willekeurig)* doodle; **2** *(schram)* scratch
krabbelaar(ster) 1 scrawler; **2** scratcher
krabbelen 1 *tr & intr* scrawl, scribble; *(willekeurig)* doodle; **2** *zie* krabben; *weer overeind ~* scramble up; *zie ook* achteruitkrabbelen
krabbelig scrawled, scrawly, scribbling, crabbed [writing]
krabbelpootje, krabbelschrift scrawl(s), scribble, cramped writing
krabben 1 scratch; *(met klauw, ook)* claw; *(ve paard)* paw; *(ve anker)* drag [the ship is dragging her anchors]; *(schrapen)* scrape; *zich achter de oren ~* scratch one's head; **2** *(zwoegen)* drudge, slave
***krabbenscheer** *(Wdl: krabbescheer) (plant)* water soldier
krabber 1 [ice] scraper; **2** drudge; **3** bungler
krabbetje 1 small crab; **2** scratch; **3** *(vlees)* spare rib
krabpaal scratching post
krabvormig crablike, cancriform
krach 1 [stock market] crash; collapse; **2** bust-up
kracht strength *(meestal passief)*, force (*actief*: collect one's strength to strike with force; a most potent force in history), vigour *(lichamelijke of geestelijke ~)*, power [of lightning]; *(vd wind, enz)* force, intensity; *(ve geneesmiddel, enz)* potency, efficacy, strength [the strength is out of it]; goodness (all the goodness of the meat is lost); *(persoon)* employee; *we verliezen in hem een goede ~* we ... a good man (worker); *zijn ~en* ***beproeven aan*** try one's hand at; *zijn ~en* ***bijeenrapen*** *(verzamelen)* summon up all one's strength, brace o.s. [for a new beginning]; *hij* ***gaf*** *er al z'n ~en (zijn beste ~en) aan* he gave all his energies (gave of his best) to it; *God geeft ~ naar kruis* God tempers the wind to the shorn lamb; ***halve*** *~!, (mar)* ease her!; *halve ~ vooruit (achteruit)!, (mar)* half speed ahead (astern)!; *zijn ~en* ***herkrijgen*** recover one's strength; *de wind* ***kreeg*** *de ~ van een storm* the wind reached gale force; ***volle*** *~!, (mar)* let her go!; *zie ook ben:* met volle ~; *het* ***vonnis*** *heeft geen ~* the sentence cannot stand; *~ van* ***wet*** *krijgen* acquire the force of law; *zijn ~en* ***wijden*** *aan* devote one's energies to; *ik kon geen ~* ***zetten*** I could not get any purchase; *zie ook* bijzetten, inspannen, enz; *dat is* ***boven*** *mijn ~en* that is too much for me; *boven zijn (financiële) ~en leven* live beyond one's means, overspend (o.s.); ***in*** *de ~ van zijn leven* in his prime, in the prime of life; *zie ook* toenemen; ***met*** *~ aanpakken* set about [a problem] with gusto, get down to [it]; *hij ontkende met ~ de beschuldiging* he emphatically (stoutly) denied the charge, denied it vigorously; *met ~ weerstand bieden* resist strenuously; *met alle ~* [work] with might and main, with a will; *met volle ~* [the radio was going] at full blast; *met volle ~ doorstomen* steam on at full speed; *(met) volle ~ vooruit* full speed ahead; *zie ook ben:* op volle ~; ***op*** *~en komen* regain one's strength, recuperate; *op ~ zijn, (sp)* be in good shape; *op eigen ~* [the vessel is going on to R] under her own power; *(ook fig)* under one's own steam; *op halve ~ werken* work at half pressure; *op volle ~ werken* work at (*of:* to) full capacity (at full pressure, at full strength), go all out; ***uit*** *~ van, zie* krachtens; *uit ~ der gewoonte* by (from, through) force of habit; *uit zijn ~ groeien* grow too fast for one's strength; ***van*** *~ zijn, (ve wet, prijzen, enz)* be operative, be in force; *de vóór de staking van ~ zijnde voorwaarden* the terms obtaining before ...; *de benoeming is van ~ voor de tijd van 5 jaar* the appointment will run for five years; *de wet is niet van ~* the act is inoperative; *van ~ blijven* remain in force (in operation); *de offerte blijft van ~ tot ...* the offer holds (good) till ...;

de uitnodiging blijft van ~ the invitation stands; *van ~ worden* come into force, take effect, become operative; *van ~ doen (laten) worden* bring into effect (operation); *van die ~ ben ik niet* I am not that sort; *hij is zelf ook van die ~* he is inclined that way himself; *van dezelfde ~ als de andere argumenten* of a piece with ...

krachtbron source of power (of energy), power plant, power unit

krachtcentrale power station

krachtdadig energetic (*bw:* -ally), vigorous; effectual, efficacious

krachtdadigheid energy, vigour; efficacy

krachteloos powerless, impotent, effete; *(ve wet, enz)* invalid; *~ maken, (wet, besluit, enz)* invalidate, make null and void, annul, nullify

krachteloosheid powerlessness, impotence; invalidity

krachtens in (*of:* by) virtue of [my office *ambt*], (up)on the strength of, under [this act *wet*, his will *testament*]; *zie ook* volgens

krachtenveld field of force

krachtig strong [man, protest, wind], powerful [language, battery, magnet, grasp, poison], robust [health], forceful [personality, style], potent [drug], high [wind], strengthening, nourishing [food], rich [broth, soup], full-bodied [wine], vigorous [effort, attack, language, ring the bell vigorously], all-out [effort, offensive], cogent [arguments], strenuous [effort], stout [resistance], energetic [protest], forcible [language, express o.s. forcibly]; *~e trekken* strong features; *~ gebouwd* strongly(-)built; *zie ook* kracht: met ~

krachtinstallatie (electric) power plant, power unit

krachtlijn *(natuurk)* line of force

krachtmeter dynamometer

krachtmeting *(fig)* trial of strength, tug-of-war [between ...], showdown [between management and the unions]

krachtoverbrenging power transmission, transmission of power (of energy)

krachtpatser bruiser, muscleman

krachtprestatie *(ve motor, enz)* power output

krachtproef trial of strength; *aan een ~ onderwerpen* submit to a severe trial

krachtseenheid unit of force, dynamic unit

krachtsinspanning effort, exertion

krachtsport sport demanding great physical strength (weightlifting, tug-of-war, wrestling, etc)

krachtstation power station

krachtstroom power current

krachtterm strong phrase, expletive; *~en, (ook)* strong language

krachttoer feat of strength, tour de force, stunt

krachttraining weight training

krachtveld field of force

krachtverspilling waste (dissipation) of energy

krachtvertoon display of strength

krachtvoedsel body-building food

krachtvoe(de)r concentrate(s)

krachtwerktuig prime mover

krak crack; *~!* crack!

Krakatau Krakatoa

Krakau Cracow; *(inwoner) van ~* Cracovian

krakeel quarrel, wrangle, squabble

krakeend gadwall

krakelen quarrel, wrangle, squabble

krakeling cracknel; *(zoute)* pretzel

kraken I *intr* crack; *(ve trap, schoenen, enz)* creak; *(v zand, grind, enz)* (s)crunch; *(v sneeuw)* crackle, (s)crunch; ***het vriest dat het kraakt*** there is a sharp (hard) frost; *~de stem* grating voice; *een ~de stoel* a creaky chair; *~de **wagens** lopen het langst* the cracked pitcher goes longest to the well; **II** *tr* **1** crack [nuts; *ook techn:* petroleum]; *(comp)* hack; *een flesje ~* crack a bottle; *een huis ~* squat (in) a house; *zie ook* noot; **2** *(vernielen)* wreck; **3** *(afmaken)* slate, *(Am)* slash [a book, an author]

kraker 1 cracker; **2** *(ve huis)* squatter; *(comp)* hacker; **3** *(fam)* smasher; **4** slashing review

krakerig creaky [chair, voice]

kraking squat

krakkemikkig ramshackle [house], rickety [chair], shaky [on one's legs], decrepit

krakken crack

kralen I *ww* bead, sparkle, pearl; **II** *bn* of beads, beaded, bead [fringe *franje*]

kralenrand *(bk)* bead(ing)

kram staple, cramp (iron); *(ve boek)* clasp

kramer pedlar, hawker, cheapjack

kramerij(en) cheapjack goods

kramerslatijn dog Latin

kramiek currant loaf

krammat mat of brushwood, etc, fascine work

krammen cramp, clamp; *(porselein)* rivet, wire

kramp cramp, spasm; *~ krijgen (in zijn been)* be seized with cramp (get (a) cramp in one's leg)

krampaanval fit (*of:* attack) of cramp

krampachtig spasmodic (*ook fig:* efforts; *bw:* -ally), convulsive (*ook fig:* laughter), cramping [pains]; *zich ~ vasthouden* hold on like grim death, cling convulsively; *(fig)* cling [to an idea] with desperate tenacity

krampstillend antispasmodic *(ook: ~ middel)*

kramsvogel fieldfare

kramwerk *zie* krammat

kranig clever, smart, dashing, spirited; *(dapper)* plucky, bold, game; *~ schutter (speler, enz)* crack shot (player, etc); *~ spreker* powerful speaker; *een ~e vent* a first-rate fellow, a fine fellow; *~ voor de **dag** komen* make (put on) an excellent (fine) show; *zich ~ **houden*** put up a brave fight, behave splendidly, give a good account of o.s., keep one's end up; bear up bravely (against fate); ***hij weert zich nog ~*** there is still fight in the old dog

krankjorum *(sl)* crazy, bonkers

krankzinnig insane, mad, crazy, lunatic (*meestal zn:* a lunatic); ~ *worden, (ook)* go out of one's mind, go mad; *iem ~ verklaren* certify a p. (insane); *het is (in één woord) ~* it is (sheer) madness
krankzinnige lunatic, madman, madwoman; *zie ook* bezeten
krankzinnigengesticht mental hospital (*of:* home)
krankzinnigenverpleegster, krankzinnigenverpleger mental nurse
krankzinnigheid insanity, lunacy, madness, craziness
krans 1 wreath, garland, crown [of flowers], chaplet; ~ *van forten (voorsteden)* ring of forts (suburbs); **2** *(plantk)* whorl; **3** *zie* kransje
kransen wreathe, garland
kransje 1 *(personen)* circle, club; **2** chocolate (etc) ring
kranslijst cornice
kransslagader coronary (artery); *vgl* coronair
kransstandig *(plantk)* verticillate(d)
krant (news)paper; *(min)* rag; *(film)* newsreel; *wandelende ~* newsmonger; *in de ~ staan (komen)* be in (get into) the paper(s)
krantenartikel newspaper article
krantenbericht newspaper report, (newspaper) paragraph
krantenbezorger newspaperman, paper boy
kranteneigenaar newspaper proprietor
krantenhanger newspaper rack
krantenjongen paper boy
krantenkiosk newspaper kiosk, news-stand
krantenkioskhouder newsagent
krantenknipsel press cutting, newspaper cutting
krantenkop newspaper headline; *zie ook* kop 3
krantenlezer newspaper reader
krantenloper newspaperman, paper boy
krantenman 1 newspaperman, journalist; **2** *zie* krantenloper
krantenpapier newsprint, [wrapped in] newspaper
krantenrek newspaper rack
krantenschrijver journalist
krantentaal newspaper language, journalese
krantenverkoper news-vendor
krantenwijk paper round
krap I *zn* **1** *(meekrap)* madder; **2** *(ve boek)* clasp; **3** *(varkensrib)* spare rib; **II** *bn (& bw)* narrow(ly), tight(ly) [the coat is tight under the arms, money, the market is tight], sparing(ly), scanty (scantily); *het kan er maar ~(jes) in* it is a tight fit; *erg ~* ***berekenen*** cut [the price] very fine; *zij* ***hebben*** *het ~(jes)* they just manage to rub along; *iem ~* ***houden,*** *zie* kort; ~ ***meten*** *(wegen)* give barely enough; *we* ***zitten*** ~ we are cramped (pinched) for room, have no elbow room; *(in het geld, bij kas)* we are short of (*fam:* strapped for) cash; *dat is ~* ***aan*** that is barely enough; *(vd tijd)* that is cutting (running) it fine
krapjes *zie* krap
krapte *(schaarste)* scarcity; *(v geldmarkt)* stringency, tightness
[1]kras *zn* scratch; *er komen gauw ~sen op* it soon scratches
[2]kras I *bn* **1** *(ve pers)* strong, vigorous, robust, *(vooral van oud pers)* hale and hearty; **2** *(ve maatregel)* strong, drastic; *~se brief* strong (strongly worded) letter; *~se uitdrukking* strong expression; *een ~ staaltje* a glaring example; ~ *verhaal* tall story; *dat is ~* that beats everything, that's the limit; *dat is al te (nogal) ~* that is a bit thick (a bit steep); **II** *bw* strongly, etc; *dat is ~* ***gesproken*** *(gezegd)* that's putting it strongly; ~ ***optreden*** take a strong (stiff) line; *het ~* ***zeggen,*** *(fam)* pitch it strong
kraslot scratchcard
kraspen scriber
krassen 1 scratch, scrape; *op de viool ~* scrape the violin (the fiddle); *het krast mij in de oren* it grates (jars) on my ...; *ingekraste initialen* scratched initials; **2** *(vd stem)* grate; *(ve uil)* hoot; tu-whit, tu-whoo; (w)hoop, screech; *(ve papegaai)* screech; *(ve raaf)* croak; *(ve kraai, roek)* caw
krasser 1 *(voorwerp)* scraper, scratcher; **2** *(op viool)* (gut-)scraper
krasvast scratch-resistant
krat 1 crate; **2** *(ve wagen)* tailboard
krater crater [lake]
kratervormig crater-shaped, crater-like, crateriform
kraton palace and grounds in Java
krats *(fam)* mere trifle, [bought it for a] song
krauw scratch; *zie ook* kop
krauwel weeding fork
krauwen scratch
krediet [blank, limited, unlimited] credit; *(fin)* tick; *~en* credits; ~ *geven* give (allow) credit (*fam:* tick); *een ~ openen* open a credit; *op ~ kopen* buy on credit (*fam:* on tick)
kredietbank credit bank
kredietbeperking 1 credit squeeze; **2** surcharge for delayed payment
kredietbewaking credit control
kredietbrief letter of credit, l.c.
kredietgever lender
kredietinstelling credit bank
kredietnemer borrower
kredietpapier credit instrument
kredietstelsel credit system
kredietuitbreiding expansion of credit
kredieturen in-service training hours
kredietwaardig solvent, (financially) sound, creditworthy
kredietwaardigheid solvency, soundness, creditworthiness
kreeft *(rivier~)* crawfish, crayfish; *(zee~)* lobster; *de K~, (astron)* Cancer, the Crab
kreeftdicht palindrome
kreeftenfuik lobster pot
kreeftengang: *de ~ gaan* go backward, go downhill
kreeftenschaar claw of lobster

kreeftskeerkring tropic of Cancer
kreeftvers palindrome
kreeg *ovt van* ²krijgen
kreek creek
kreet cry, scream, shriek, shout, whoop [of triumph]; *(loze ~)* slogan, catchword, buzzword, *(Am)* fuzzword
kregel 1 *(ook:* kregelig*)* peevish, petulant, touchy; *zo'n vent maakt me ~, (fam)* such a fellow gets my goat (gets under my skin); *zie ook* nijdig; **2** *(pittig)* spirited, game; ['...', she said] with spirit
kreits *(vh oude Duitse Rijk)* district
krek *(fam)* exactly, precisely, just
krekel (house) cricket
Krelis: *Boer ~* Farmer Hodge
kreng 1 carrion; **2** *(fig, fam)* rotter, nasty piece of work; *(vr)* bitch; *dat kleine ~!* the little beast!, the little perisher!; *dat gierige ~!* the stingy brute!; *dat ~ loopt weer niet, (ve horloge bijv)* the beastly thing won't go
krengen careen [a ship]
krengerig beastly, nasty, bitchy
krenken offend, injure [a p.'s health, reputation], hurt, wound [a p.'s pride]; *zich **gekrenkt** voelen* feel hurt (offended, aggrieved); *diep gekrenkt, (ook)* outraged, cut to the quick; *hij voelt zich erdoor gekrenkt* he feels sore (hurt) about it; *gekrenkte trots* wounded pride; *geen **haar** op uw hoofd zal gekrenkt worden* not a hair of your head shall be touched (harmed)
krenkend injurious [words], offending, insulting
krenking injury, hurt, offence
krent 1 (dried) currant; *zonder ~en* plain [cake]; *de ~en in de pap, (fig)* the gilt on the gingerbread; **2** *(fam)* [he was just sitting on his] bum; **3** miser, skinflint, cheapskate
krenten *ww* thin [grapes]; *het ~* [grape-]thinning
krentenbaard herpes
krentenbol currant bun
krentenboompje 1 *(amelanchier)* serviceberry; **2** *(ribes)* mountain berry
krentenbrood 1 currant bread; **2** currant loaf, loaf of currant bread; *~je* currant bun
krentenkakker, krentenweger cheese-paring person, miser
krenterig mean (about money), niggardly, stingy, near; *~e beperkingen* niggling restrictions
krepijzer crisping iron
kreppen crisp
Kreta Crete
Kretenzer, Kretenzisch Cretan
kretologie slogan-mongering, *(Am)* sloganeering
kreuk(el) crease, wrinkle, pucker, ruck
kreukelaar wrecked car
kreukelen crease, rumple, crumple, wrinkle, pucker (up), ruck up, get crumpled; get wrecked
kreukelig (c)rumpled, creased, wrinkled
kreukelzone crumple zone
kreuken *zie* kreukelen
kreukherstellend crease-resistant
kreukvrij crease-resisting
kreunen groan, moan
kreupel lame [*aan een been* of *(of:* in*)* one leg]; *hij is (loopt) ~* he is lame, limps [with the left leg], walks with a limp, has a limp; *(enigszins, erg)* has a slight, a bad limp; *~ **maken*** lame; *~ **worden*** go lame; *~e verzen* doggerel; *een ~e* a lame person, a cripple
kreupelbos thicket, underwood, undergrowth, coppice, copse, brushwood, spinney
kreupelen limp; *vgl* kreupel
kreupelhout *zie* kreupelbos
kreupelrijm doggerel (rhyme)
krib(be) 1 *(voerbak)* manger, crib; **2** *(slaapplaats)* crib, cot; **3** *(dam)* jetty, groyne; *zie ook* achterste
***kribbebijter** *(Wdl: kribbenbijter)* crib-biter; *(fig ook)* crosspatch
kribbebijtster, kribbekat scratch-cat
kribbig peevish, testy, grumpy, querulous, petulant
kribwerk fascine work
kriebel itch(ing); *ik kreeg er de ~ van* it got on my nerves
kriebelen 1 *intr* tickle, itch; *tr* tickle; *het begint te ~, (fig)* I am (he is etc) itching to do s.t.; **2** *zie* krabbelen 1
kriebelhoest tickling cough
kriebelig 1 tickling, itching; *(fig)* nettled [*over* at]; *je wordt er ~ van* it gets on your nerves, it gets your dander up; **2** crabbed [writing]
kriebeling tickling, itching
kriebelmugje sandfly
kriebelpootje, kriebelschrift crabbed hand(writing)
kriebelziekte ergotism
kriegel *zie* kregel 1
kriek 1 black cherry; **2** black-cherry tree; *zie ook* lachen
krieken chirp; *bij het ~ van de dag* at peep of day, at the crack (the first streak) of dawn
kriel 1 small potatoes, etc; *(kinderen, enz)* small fry; *een (kleine) ~* a pigmy, a whippersnapper; **2** *zie* krielhen; **3** *(viskorf)* creel
krielen *zie* krioelen
krielhaan bantam cock
krielhen, krielkip, krieltje bantam (fowl)
krieuwelen *zie* krioelen & kriebelen
kriezeltje crumb, bit; *zie ook* grein: ~tje
krijg war; *zie verder* oorlog & strijd
¹krijgen make *(of:* wage) war
²krijgen get [money, nothing, a reward, etc], receive [an answer, a letter, a reward, a good education], be given [a certificate, a reward], catch [a cold, the thief], have [can I have my dinner now?, she was going to have a baby], come in for [one's share, blows, a scolding], be shown [the yellow card]; *(verkrijgen)* acquire [riches, a knowledge of painting], obtain [dyes from the barks of trees]; *hij krijgt zijn inkomen uit ...* he derives his income from ...; *ik heb*

het gekregen I had it given to me; *je kunt het wel van me (cadeau)* ~ I can give it to you; I can let you have it; *je krijgt het morgen* you'll have it tomorrow; *zijn ogen kregen een glazige uitdrukking* took on a glazed expression; *ze* ~ ***elkaar*** they get married (in the end); *hij kreeg er mij* ***ertoe*** *het te doen* he got me to do it, *(door vleierij)* he coaxed me into doing it; *ik kreeg het* ***gedaan*** I got it done; *ik krijg het* ***koud*** I am getting cold; ***longontsteking*** ~ fall ill with (develop) pneumonia; *hij kreeg 3* ***maanden*** *(gevangenisstraf)* he got three months; *(bij examen)* he was referred for three months; *een* ***ongeluk*** ~ meet with an accident; *we* ~ ***sneeuw*** we shall have (we are in for, it looks like) snow; *ik kon hem niet te* ***spreken*** ~ I could not get hold of him; ***wat*** ~ *we nu?* what are we in for now?, *(fig)* what next?; *wat (hoeveel) krijgt u van me?* what (how much) do I owe you?, how much is it?; *ik 'krijg wat van die vent, (fam)* that fellow gets my goat (drives me up the wall); *je krijgt er wat van, zoals hij ..., (fam)* it (really) gets you, the way he ...; *ik* ***zal*** *hem* ***wel*** *~!* I'll have him yet!, I'll teach him!; *hij kreeg het* ***zijne*** he came by his own; ***te*** ~ [it is not] to be had, [there are hardly any houses] going; *eten was voor geen geld te* ~ food was not to be had at any price, for love nor money; *het boek is niet meer te* ~ the book is out of print; *u kunt deze appels* ~ ***tegen*** *€2 de kilo* you can have these apples at ...; *ik kon niets* ***uit*** *hem* ~ I could get nothing out of him; *ik kreeg het met moeite uit hem* I wormed it out of him; *ik kreeg mijn beurs uit de zak* I took my purse out of my pocket; *ik krijg er hoofdpijn* ***van*** it gives me a headache; *zie ook* blad, dorst, genoeg, [1]goed II, langs, door krijgen, meekrijgen, presenteerblad, enz

krijger warrior

krijgertje 1 (game of) tag, tig; ~ *spelen* play tag (touch, tig); **2** gift, giveaway

krijgsartikelen[1] articles of war

krijgsbanier banner of war

krijgsbende band of soldiers

krijgsdans war dance

krijgsdienst military service; *voor de ~ aanwijzen* conscript

krijgseer military honours, [march out with] the honours of war

krijgsgeschiedenis military history

krijgsgeschreeuw war cry, war cries

krijgsgevangen [take] captive

krijgsgevangene prisoner of war, POW

krijgsgevangenschap captivity

krijgshaftig warlike, martial, soldierly

krijgshaftigheid valour, prowess [in battle], soldierly spirit, warlike appearance

krijgsheer warlord

Krijgshof *(Belg; Br vglb:)* Courts-Martial Appeal Court

1 zie ook de sam met *oorlogs-* en *strijd-*

krijgskans chance(s) of war; *de ~ doen keren* turn the fortunes of war (the tide of battle)

krijgskas war chest, military chest

krijgsknecht soldier

krijgskunde military science, art of war

krijgskundig military

krijgskundige military expert

krijgskunst military science, art of war

krijgsleus battle-cry, slogan *(ook fig)*

krijgslieden warriors, soldiers

krijgslist stratagem

krijgsmacht (armed, military) force; *de (nationale) ~* the armed forces

krijgsmakker fellow soldier, brother-officer

krijgsman warrior

krijgsmanseer military honour

krijgsoverste general; [mighty] captain, [Chinese] warlord

krijgsplan plan of campaign

krijgsraad 1 *(vergadering)* council of war; **2** *(mil rechtbank)* court martial (*mv:* courts martial, *(fam)* court martials); *voor de ~ roepen* court-martial; ~ *te velde* drumhead court martial

krijgsroem military glory (fame)

krijgsschool military academy; *hogere ~, (vglb)* staff college

krijgsspel wargame, mimic warfare

krijgstocht (military) expedition, campaign

krijgstucht military discipline

krijgsverrichtingen military operations; *(roemrijke daden)* warlike deeds

krijgsvolk soldiers, [the] military, soldiery

krijgswet martial law; *de ~ afkondigen* proclaim martial law; *in W is de ~ afgekondigd* W is under martial law

krijgswetenschap military science, science (theory) of war

krijsen scream, shriek, screech, cry; *(ve meeuw, papegaai, enz, ook)* squawk

krijt 1 *(om te schrijven)* chalk; *(om te tekenen)* crayon, chalk; *~je* piece of chalk; *zie ook* balk; *ik sta bij hem* ***in het*** ~ I am in his debt; ***met dubbel*** ~ *schrijven* charge double, overcharge; ***met*** ~ *tekenen* crayon, draw in chalks (in crayons); **2** *(strijdperk)* lists; *in het ~ treden* enter the lists, *(fig ook)* take up the cudgels [for a p.]

Krijt *(geol)* cretaceous (period, system)

krijtaarde cretaceous earth

krijtachtig chalky

krijten 1 cry, weep; wail; **2** chalk [a (billiard) cue]

krijt(st)er crier, cry-baby

krijtgebergte chalk hill(s)

krijtgrond chalky soil

krijtlaag layer of chalk, chalk bed

krijtmergel chalk marl

krijtpoeder powdered chalk

krijtrots chalk cliff

krijtstreep 1 chalk line; **2** pinstripe [suit]

krijttekening chalk (crayon) drawing
krijtwit I *zn* chalk dust; II *bn* as white as chalk, chalk-white, [look] ashen
krik 1 *~!* crack!; **2** *(vijzel)* (screw-)jack
krikkemik 1 *(hijswerktuig)* jack, hoist; **2** *(beuzelarij)* trifle
krikkemikkig rickety
krikken make love, screw; *zie ook* opkrikken
krikkrak! crack!
krikkrakken (go) crack
krill krill
Krim: *de ~* The Crimea
Krimoorlog Crimean War
krimp I *bn* crimp; *~ snijden* crimp [fish]; II *zn* **1** *(krimping)* shrinkage, contraction; *(geen) ~ geven* (not) give (*of:* cave) in, yield, climb down; **2** *(gebrek)* want; *ze* ***hebben*** *geen ~* they are well off, they don't need to stint themselves
krimpen I *intr* **1** *(ve stof)* shrink; **2** *(vd wind)* back; **3** *(v pijn)* writhe [with pain]; II *tr* shrink
krimpfolie shrink-foil, shrink-wrapping; *in ~ verpakken* shrink-wrap
krimping shrinkage
krimpkabeljauw, enz, crimped cod, etc
krimpvrij unshrinkable, non-shrink(able), shrink-proof
kring 1 circle, ring [around the moon]; *(ve ster)* orbit; *(om zon of maan)* halo; *~etje* circlet, ring; *de vogels* ***beschreven*** *~en boven het water* the birds circled (wheeled) over ...; *~etjes* ***blazen*** blow (send out, puff) smoke rings (rings of smoke); *(blauwe) ~en onder (om) de* ***ogen*** (dark) rings (shadows) under (round) one's eyes; ***in een*** *~ gaan staan* form a circle; *in een ~etje ronddraaien (redeneren)* argue (reason) in a circle; **2** *(fig)* circle [financial circles, etc]; *(v invloed)* sphere, orbit; *het boek werd in ruime ~ gelezen* the book was widely read; *de* ***hoogste*** *~en* the highest circles; *meisjes* ***in (uit)*** *haar ~* girls in her set, *(fam)* of her crowd; *het gerucht loopt in zekere ~en, dat ...* it is rumoured in some quarters that ...; *in alle ~en* in all walks (every walk) of life, at all levels of society; **3** *(wijk, enz)* district, area; **4** *(elektr)* [tuned, closed] circuit
kringelen curl, coil, wreathe
kringgrep ring-ditch
kringloop circular course, orbit; *(fig)* circle, cycle [things move in cycles]
kringloopglas recycled glass
kringloopproces cycle, cyclical process
kringsgewijze circularly
kringspier sphincter
kringvormig circular
krinkel(en) curl
krioelen swarm; *het krioelt hier van muizen* the place is swarming (infested, teeming, overrun, crawling, alive) with mice
krip crape
krippen I *bn* (of) crape; II *ww* crape
kris 1 *(wapen)* kris; **2** *bij ~ en kras zweren* swear by all that is holy; *hij ontkende bij ~ en kras ...* he stoutly denied ...
kriskras criss-cross
kriskrassen criss-cross, scratch
Krispijn Crispin
krissen (stab with a) kris
kristal crystal *(ook ~werk)*
kristalachtig crystalline
kristalgember candied ginger
kristalglas crystal glass
kristalhelder crystal clear, (as clear as) crystal
kristalkunde crystallography
kristallen crystal(line)
kristallens crystalline lens
kristallijn crystalline [structure]
kristallisatie crystallization
kristalliseren crystallize *(ook v ideeën, vruchten, enz)*
kristallografie crystallography
kristalloïde crystalloid
kristalrooster crystal lattice
kristalstelsel crystal system
kristalstructuur crystal structure
kristalsuiker granulated sugar
kristalvormig crystalloid
kristalvorming crystallization
kristalwater water of crystallization
kristalwerk crystal ware
kritiek I *zn* criticism [*op* of]; *(literatuur, ook)* critique, review, notice; *(kunst, ook)* critique; *ze is altijd vol ~* she is always finding fault; *beneden alle ~* beneath contempt; *~ (uit)oefenen (op)* criticize, pass criticism on, level criticism against (at); *de ~, (coll)* the critics; II *bn* **1** critical, crucial; *het ~e van zijn positie* the critical character of ...; *de toestand komt in een ~ stadium* is coming to a head; **2** critical, discriminating [listener]
kritiekloos uncritical [admiration], undiscriminating
kritisch critical [analysis, comment, study; age; point, temperature]; *~ gestemd tegenover* critical of [a proposal]; *zeer ~, (ook)* censorious; *~e snelheid, (luchtv)* stalling speed
kritiseren criticize; *(afkeurend, ook)* censure; *(boek)* review; *(scherp)* slate
Kroaat Croat(ian)
Kroatië Croatia; *van ~, Kroatisch* Croatian
krocht 1 crypt; **2** cavern
krodde *(plant)* charlock, wild mustard; *witte ~* common penny-cress
kroeg public house, pub; *(stud)* (students') union; *de ~en aflopen* pub-crawl
kroegbaas, kroegbazin public house keeper; *(baas, ook)* publican
kroegentocht pub crawl [go pub-crawling]
kroeghoud(st)er *zie* kroegbaas
kroegjool students' drinking bout
kroeglopen: *het ~* pub-crawling

kroelen cuddle; make love
kroep croup; *valse ~* spurious croup
kroepoek prawn crackers
kroes I *zn* **1** *(drink~)* mug, cup; **2** *(smelt~)* crucible; **II** *bn* crisp(ed), frizz(l)y, frizzled, woolly, fuzzy, curly [hair]
kroesharig woolly-haired
kroeskarper crucian (carp)
kroeskop curly(-head), fuzzy-head
kroesziekte *(plantk)* curl
kroezelen, kroezelig *zie* kroezen, kroes
kroezen frizz, crisp, curl, crimp
kroezig *zie* kroes
krokant crisp, crunchy
kroket(je) croquette
krokodil crocodile; *(fam)* croc
krokodillenklem crocodile (*of:* alligator) clip
krokodillenleer crocodile (leather)
krokodillentranen [shed] crocodile tears
krokus crocus
krokusvakantie spring half-term (holiday)
krollen (cater)waul
krols in (on, at) heat
krom crooked [back, fingers, street], bent [back], curved [line], hooked [nose]; *(krom getrokken)* warped; *~ van het lachen* doubled up with laughing; *~me benen, zie* o-benen & x-benen; *met ~me benen, zie* krombenig; *een ~ en verdraaid geslacht* a crooked generation; *~me sabel* curved sword, sabre, scimitar; *~me taal* bad English (Dutch, etc), gibberish; *~me tenen krijgen* feel highly embarrassed; *zich ~ werken* work one's fingers to the bone; *zie ook* lachen, sprong, enz
krombek kidney bean
krombekstrandloper curlew sandpiper
krombenig with crooked legs; *(met o-benen)* bandy-, bow-legged; *(met x-benen)* knock-kneed
krombuigen bend (double)
kromgroeien grow crooked
kromhals 1 wryneck; **2** *(plant)* bugloss; **3** *(retort)* retort
kromheid crookedness
kromhoorn crum-, krummhorn
kromhout knee (timber)
kromliggen pinch (o.s.), pinch and scrape, go short [to buy shoes]
kromlijnig curvilineal, curvilinear
kromlopen 1 *(ve pers)* (walk with a) stoop; **2** *(ve weg, enz)* be crooked, curve
kromme 1 *(pers)* hunchback; **2** *(lijn)* curve; graph
krommen *tr & intr* curve, bow, crook, bend
krommes hollowing-knife
kromming bend, curve, winding, turn; curvature [of the earth]
kromneus hook-nose(d person)
kromp *ovt van* krimpen
krompasser calliper compasses, callipers
krompraten talk double Dutch, murder the King's English; *(ve kind)* lisp, babble
kromsluiten tie [a p.] hand and foot
kromspreken *zie* krompraten
kromstaf crosier, crozier; crook
kromte *zie* kromheid & kromming
kromtrekken warp, become warped; *(v metaal, enz)* buckle; *zie ook* gekromd
kromzwaard scimitar, falchion
kronen crown [a p. king *tot koning*]; *zie ook* bekronen
kroniek chronicle; *de K~en, (bijb)* the Chronicles
kroniekschrijver chronicler
kroning coronation [ceremony, day, oath, etc], crowning
kronkel 1 twist(ing), coil; *~ in de darm, zie* darmkronkel; **2** *(wtsch)* torsion; **3** *(in touw, geest, hersens)* kink
kronkeldarm ileum
kronkelen *(ook: zich ~)* wind, twist, meander; *(ve slang)* squirm, wriggle; twist and turn; *een beekje kronkelde door het dal* a brook wound its way through the valley
kronkelend, kronkelig winding, twisting, twirly(-whirly), tortuous, meandering, sinuous
kronkeling *zie* kronkel; *~en van de darmen (hersenen)* convolutions of the intestines (brain)
kronkelpad winding path; *vgl* kronkelweg
kronkelredenering tortuous reasoning
kronkelweg winding road; crooked (tortuous) path *(ook fig); langs ~en gaan, (fig)* follow devious ways (paths)
kroon 1 crown *(ook fig; ook munt; ook v kies & diamant); (adellijke ~)* [ducal] coronet; *(ve boom)* top; *de K~* the Crown; *de ~ van zijn levenswerk* the crown (crowning achievement) of his life's work; *de ~ **neerleggen*** resign the crown, abdicate (the throne); *iem de ~ **opzetten*** put the crown on a p.'s head; *dat zette de ~ op alles* that crowned all (was the crowning touch); *dat zet zijn verdiensten de ~ op* that is his crowning merit; *dat **spant** de ~* that caps (tops) everything; *(fam)* that takes the cake (the biscuit); *hij spande de ~* he bore (carried off) the palm; *naar de ~ **steken*** rival, vie with, run [a p., etc] hard; **2** *(licht~)* chandelier, lustre; **3** *(bloem~)* corolla; **4** *(ve hoef)* coronet
kroonblad *(plantk)* petal
kroondocent (Crown-appointed) professor
kroondomein crown (*of:* royal) demesne, crown land, estate of the Crown
kroonduif crown(ed) pigeon
krooneend red-crested pochard
kroongetuige chief witness for the Crown (the prosecution)
kroonglas crown glass
kroongoed *zie* kroondomein
kroonjaar jubilee year
kroonjuwelen crown jewels
kroonkandelaar *zie* kroon 2
kroonkolonie Crown colony

kroonkurk crown cap
kroonlid Crown-appointed member
kroonlijst cornice
kroonluchter *zie* kroon 2
kroonmoer castle nut
kroonprins Crown prince, prince royal
kroonprinses Crown princess, *(vglb)* Princess Royal
kroonraad Crown Council; *(vglb)* Privy Council
kroonrad crown wheel
kroonrand *(ve paardenhoef)* coronet
kroonsteentje connector
kroontje 1 *(adellijk)* coronet; **2** *(ve vrucht)* eye, nose
kroontjeskruid milkweed
kroontjespen crown pen
kroonvormig crown-shaped
kroop *ovt van* kruipen
kroos *(eenden~)* duckweed
kroosje bullace
kroost issue, offspring, progeny; *zonder ~ na te laten* [die] without issue, issueless
kroot beet(root)
krop 1 *(ve vogel)* crop, gizzard, maw; *dat steekt hem in de ~* that sticks in his gizzard; *een ~ opzetten* puff o.s. up; **2** *(~gezwel)* goitre; **3** *(v sla, kool, enz)* head; *vgl* kropsla
kropaar *(plant)* cocksfoot (grass)
kropader jugular (vein)
kropduif pouter (pigeon)
kropgezwel goitre, struma
kroppen 1 cram [geese, etc]; **2** *(v sla, enz)* heart (up), (form a) head; *vgl* verkroppen
kropper *zie* kropduif
kropsla, kropsalade cabbage lettuce; *een krop sla* a (head of) lettuce
krot hovel, slum dwelling
krotopruiming slum clearance
krottenbuurt slum (area), slums
krottenwijk shanty town
krotwoning slum dwelling
krozig [a pond] covered with duckweed
kruid herb; *(genees~)* herb(al) medicine, medicinal herb, *(hist)* simple; *er is geen ~ voor gewassen* there is no cure for it
kruidachtig herbaceous
kruidboek herbal
kruiden season, spice; *(fig ook)* add spice to; *sterk gekruid* highly seasoned (flavoured, spiced); *(fig)* spicy [stories]
kruidenaftreksel decoction of herbs
kruidenazijn spiced (*of:* medicated) vinegar
kruidenbitter bitters
kruidenboter herb butter
kruidenbuiltje bouquet garni
kruidendokter herb doctor
kruidenier grocer
kruideniersgeest narrow-mindedness, bourgeois mentality
kruidenierspolitiek narrow-minded policy
kruidenierswaren groceries
kruidenierswinkel, kruidenierszaak grocer's (shop), grocery shop *(Am:* store)
kruidenkenner *zie* kruidkundige
kruidenlezer herbalist
kruidenthee herb tea
kruidentuin (medicinal) herb garden; *(voor keuken)* kitchen garden
kruidenwijn spiced wine
kruidenzoeker herbalist
kruiderij spice(s), condiment(s), flavouring(s), seasoning(s)
kruidig spicy, spiced
kruidje-roer-mij-niet sensitive plant; *(fig)* touchy person
kruidkaas spiced cheese
kruidkers cress
kruidkoek spiced gingerbread
kruidkundige (medical) botanist, herbalist
kruidnagel clove
kruidnagelolie oil of cloves, clove oil
kruidnoot 1 nutmeg; **2** *zie* pepernoot
kruidvlier dwarf elder
kruien 1 wheel; trundle (push) a wheelbarrow; **2** *(v ijs)* drift, break up; *(ve rivier)* be full of drift-ice; *het ~* ice drift, break-up
kruier 1 *(eig)* barrow man; **2** *(hist)* (luggage) porter
kruiersloon porterage
kruik stone bottle, jar, pitcher; *warme ~* hot-water bottle; *de ~ gaat zo lang te water tot ze breekt* the pitcher will go to the well once too often; *zie ook* kan
kruikenblad *(plant)* yellow water lily
kruim crumb; *(fig)* [the] cream
kruimel crumb; *geen ~, (fig)* not a crumb
kruimelaar(ster) *(fig) zie* pietlut
kruimelarij cheese-paring
kruimeldief petty thief
kruimeldiefstal petty thieving, petty theft
kruimelen crumble
kruimelig crumbly; *(v aardappelen)* mealy, floury
kruimeltaart [apple] crumble, *(inz Am)* streusel cake
kruimelvegertje crumb brush
kruimelzuiger hand vac
kruimig *zie* kruimelig
kruin 1 *(ve berg, dijk, hoofd)* crown, top; *(ve weg)* crown [drive on the crown of the road]; *(ve boom)* top; *(ve golf)* crest; **2** tonsure; *zie ook* hoofd
kruinschering tonsure
kruip creep
kruipbrem hairy greenweed
kruip-door-sluip-door thread-(the-)needle; *(fig)* circuitous route
kruipelings creeping, crawling
kruipen 1 creep *(ook v plant)*, crawl; *(v tijd)* drag, crawl; *op handen en voeten ~* go on all fours; **2** *(kruiperig zijn)* cringe [*voor* to, before], truckle [*voor* to], crawl, grovel, bow and scrape; *(fam)* kotow [*voor* to]

kruipend creeping, etc; ~ *dier* reptile; ~*e plant* creeper
kruiper toady, cringer, lickspittle
kruiperig cringing, fawning, servile, abject, obsequious
kruiperij toad-eating, toadyism, cringing
kruipertje wall barley
kruiperwt dwarf pea
kruipolie (*met grafiet:* graphited) penetrating oil
kruippakje playsuit
kruipruimte crawl space
kruipspoor crawler lane
kruipstroom creepage current
kruipwilg creeping willow
kruis 1 cross; *iem het **heilige** ~ nageven* be glad to be rid of a p.; ~ *of **munt*** heads or tails; *het **Rode** K~* the Red Cross (Society); *een ~ **slaan*** cross o.s., make the sign of the cross; ***aan het** ~ slaan* nail to the cross, crucify; *aan het K~* [die] on the Cross; ***over** ~, zie* kruiselings; *zie ook* kracht & kruisje; **2** *(muz)* sharp; *~en en **mollen*** sharps and flats; **3** *(ve dier)* croup; *(ve paard, ook)* crupper; *(ve mens)* crotch; *(ve broek)* seat, slack; ***in het** ~ getast, (fam)* [feel] offended, huffed; **4** *(ve anker)* crown; **5** *(fig)* [bear one's (own)] cross(es), [have to bear (carry) a heavy] burden; affliction, trial, [spring-cleaning is a] nuisance; *elk **huis(je)** heeft zijn ~(je)* we all have our own cross to bear
kruisafneming descent from the Cross
kruisarcering cross-hatch(ing)
kruisbalk 1 *(bk)* crossbeam; **2** *(v kruis)* crossbar
kruisband 1 (postal) wrapper; *onder ~* under wrapper; **2** *(anat)* cruciate ligament [of the knee]
kruisbeeld crucifix, rood
kruisbek *(vogel)* crossbill
Kruisberg (Mount) Calvary
kruisbes gooseberry (bush)
kruisbessenvla gooseberry fool
kruisbestuiving cross-pollination
kruisbevruchting cross-fertilization, allogamy
kruisbladig: ~ *walstro* crosswort
kruisbloem 1 milkwort; **2** *(bk)* finial
kruisbloemig cruciferous; *~e plant, (ook)* crucifer; *~en, (ook)* cruciferae
kruisboog 1 crossbow, arbalest; **2** *(bk)* groined arch
kruisdagen Rogation Days
kruisdistel eryngo, sea holly
kruisdood death on the cross
kruisdraad *(ve kijker)* reticle, spider('s) line
kruisdrager crucifer, cross-bearer
kruiselings crosswise, crossways
kruisen I *tr* **1** cross [one's arms, animals, plants, breeds]; *(dieren, enz, ook)* interbreed; *(planten, ook)* cross-fertilize; *de brieven kruisten elkaar* the letters crossed (each other); **2** *(kruisigen)* crucify; *zich ~* make the sign of the cross, cross o.s.; *het vlees ~* mortify the flesh; **II** *intr* cruise [in the Channel]; *zie ook* degen, [1]pad & gekruist
kruiser cruiser; *(jacht)* (cabin, motor) cruiser
kruisgang 1 cloister; **2** *(r-k) zie* kruisweg
kruisgewelf cross-vault, groined roof
kruisgewijs *zie* kruiswijs
kruisheer Crutched Friar
kruishout 1 crossbeam; *het ~, (v Christus)* the Cross; **2** *(techn)* marking gauge
kruisigen crucify; *zie ook* kruisen
kruisiging crucifixion
kruising 1 *(v dieren en planten: abstr)* cross-breeding, hybridization; *(concr)* cross, hybrid; **2** *(v wegen)* crossing, crossroads; **3** *(bk)* crossing
kruisje 1 small cross; *(her)* crosslet; *een ~ maken* cross o.s.; *een ~ zetten, (als handtekening)* make one's mark; *er staan vier ~s* there are four (small) crosses, *(geschreven, ook)* four Xes; *hij is aan zijn vierde ~ bezig* he is in his thirties; *zie ook* kruis & rug; **2** *(in broekje)* gusset
kruiskerk cruciform church
kruiskop Phillips head
kruiskoppeling u(niversal) joint
kruiskopschroef cross head, cross-head screw
kruiskopschroevendraaier cross-head (cross-point, Phillips, Pozidrive) screwdriver
kruiskozijn crossbar window (frame)
kruiskruid groundsel
kruisling cross, hybrid
kruismast mizzen-mast
kruisnet square net
kruispand *(bk)* crossing
kruispeiling cross-bearing, fix
kruispunt 1 (point of) intersection, crossing, crossover; **2** *(knooppunt)* [railway] junction
kruisraam crossbar window
kruisrak *(zeilsp)* windward leg
kruisraket cruise missile
kruisridder knight of the Cross, crusader (knight)
kruisriem crupper
kruissleutel four-way wrench
kruissnarig overstrung
kruissnede crucial incision
kruissnelheid cruising speed
kruisspin cross-, diadem-spider, garden spider
kruisstandig decussate
kruissteek cross-stitch
kruisteken sign of the cross
kruistocht 1 *(hist)* crusade; *een ~ voeren* (carry on a) crusade [for women's rights, against smoking]; **2** *(ve schip & vliegt)* cruise
kruisvaan banner of the cross
kruisvaarder crusader
kruisvaart crusade *(ook fig)*
kruisverband 1 *(metselwerk)* cross-bond; **2** *(med)* cross bandage
kruisvereniging home health care society
Kruisverheffing Exaltation of the Cross, Holy Cross Day *(14 sept)*
kruisverhoor cross-examination; *een ~ afnemen*

cross-examine, cross-question
kruisverwijzing cross-reference
Kruisvinding Invention of the Cross *(3 mei)*
kruisvormig cruciform, cross-shaped
kruisvuur crossfire *(ook fig)*
kruisweg 1 [a] crossroad(s) *(zie* tweesprong); **2** *(r-k)* Way *(of:* Stations) of the Cross; *de ~ bidden* make (do) the Stations (of the Cross)
kruiswerk home care, home health care work
kruiswijs, kruiswijze crosswise, crossways
kruiswissel cross points, scissors (diamond) over-crossings
kruiswoord 1 *(puzzel)* crossword; **2** word from the Cross
kruiswoordraadsel crossword (puzzle)
kruit powder, gunpowder; *~ en lood* powder and shot; *zijn ~ drooghouden* keep one's powder dry; *verschiet al je ~ niet ineens* always keep a last shot in the locker; *hij heeft al zijn ~ verschoten* he has shot his bolt, is at the end of his tether (his resources); *zie ook* buskruit & [2]los 1
kruitdamp (gun)powder smoke; *(fig)* [when the] smoke (of battle) [had cleared *was opgetrokken*]
kruitfabriek ordnance (munitions) factory
kruitvat [a political] powder keg
kruiwagen (wheel)barrow; *achter een ~ lopen* trundle (push) a wheelbarrow; *~s, (fig)* [have] friends at court, connections, [obtain a post through] influence, [he got the job by] patronage, influential backing; *een ~ vol kikkers, (fig)* an unruly gathering
kruizemunt spearmint; *(oneig)* mint
kruk 1 *(ve kreupele)* crutch; **2** *(ve deur)* handle; **3** *(ve vogel)* perch; **4** *(ve machine)* crank; **5** *(zit~, ~je)* stool; **6** *(knoeier)* bungler; **7** *(fysiek)* crock
krukas crankshaft
krukboor auger
krukken 1 go on crutches; *wat zit ie weer te ~* how clumsily he's doing it; **2** *(sukkelen)* be ailing
krukkig 1 ailing; **2** clumsy
krul 1 *(algem)* curl; *~letje, (ook)* ringlet; *lange ~len* corkscrew curls; **2** *(hout~)* shaving *(meestal mv)*, chip; **3** *(met pen)* flourish, quirk, twirl; *(versiering)* scroll, curlicue; **4** *(plantenziekte)* curl; **5** *(urinoir)* gents (toilet)
krulandijvie curled endive
krulborstel styling brush, curling brush
krulhaar curly *(met fijne krulletjes:* crinkly) hair
krulijzer curling iron, crimping iron, (hair) curler
krullen I *tr* curl; *(haar, ook)* crimp, crisp, frizz; **II** *intr* curl; *een kind met ~d haar* a curly-haired child
krullenbol, krullenkop curly-head
krullenjongen carpenter's apprentice; *zie ook* duvelstoejager
kruller roller, curler
krulletter flourished *(of:* swash) letter
krullig curly
krulpruik curled wig
krulsnoer curly cord
krulspeld roller, curler
krulstaart 1 curly tail; **2** pig
krultabak shredded tobacco
krultang styling tong, curling tong
krulversiering scrollwork
krulziekte curl
krummel crumb
kryoliet cryolite
ks, ksh!, kst! shoo!
ktv afk van *kleurentelevisie* CTV
kuberen cube
kubiek I *bn* cubic [foot, etc]; *~e maat* cubic measure; *zie ook* inhoud; **II** *zn* cube; *in het ~ verheffen* cube [a number]; 2 *voet in het ~* 2 feet cube
kubiekwortel cube root
kubisme cubism
kubist(isch) cubist
kubus cube
kubusvormig cubical, cubic-shaped
kuch 1 (dry) cough; **2** *zie* commiesbrood
kuchen 1 cough; **2** give a cough, hem
kuchhoest: *droge ~* hacking cough
kudde herd [of cattle, swine, elephants], flock [of sheep, goats]; *(voortgedreven)* drove [of cattle]; *(fig)* common herd; *de geestelijke en zijn ~* the pastor and his flock
kuddedier *(fig)* herd animal
kuddegeest herd instinct
kuier(en) stroll, saunter
kuierlatten pins; *de ~ nemen* take to one's legs
kuif *(ve mens)* forelock; *(ve vogel)* tuft, crest; *in zijn ~ gepikt* [feel] offended
kuifduiker Slavonian grebe
kuifeend tufted duck
kuifleeuwerik crested (tufted) lark
kuifmees crested tit
kuiken 1 chick(en); **2** *(fig)* dolt, nit, ninny
kuil 1 pit *(ook voor aardappelen)*, hole; *(in bed)* hollow; *(in wegdek)* pothole; *~tje, (in kin, enz)* dimple; *~tjes in de wangen hebben* have dimpled cheeks; *hij viel in de ~, die hij voor een ander gegraven had* he was caught in his own trap (hoist with his own petard); **2** *(mar)* waist; **3** *(ve net)* cod(-end); *(net)* trawl (net)
kuildek well deck [vessel]
kuilen put [potatoes] in pits, ensile, ensilage, silo
kuilvisserij trawl fishing, trawling
kuilvoer silage
kuip tub, barrel; *(gist-, verf~, enz)* vat; *ik weet welk vlees ik in de ~ heb* I know who I am dealing with, I have his (your) number
kuipbad tub bath
kuipen 1 tub [butter], barrel; **2** *(kuipen maken)* cooper; **3** *(fig)* intrigue, scheme
kuiper 1 cooper; **2** *(fig)* intriguer
kuiperij 1 cooperage; **2** *(fig)* intrigue, machination(s)
kuiphout staves
kuipstoel bucket seat

kuis I *bn* chaste, pure; *~e Jozef* Joseph, *(sl)* holy Joe; II *zn* cleaning
kuisboom chaste tree, agnus castus
kuisen chasten, purify; *(reinigen)* clean; *(ve boek, enz)* expurgate, *(overmatig)* bowdlerize
kuisheid chastity [belt], purity; *gelofte van ~* vow of chastity
kuisvrouw charlady, charwoman
kuit 1 *(ve been)* calf; 2 *(ve vis)* spawn, roe; *vrouwelijk ~* (hard) roe; *mannelijk ~* soft roe, milt; *~ schieten* spawn
kuitbeen splint-bone, *(wtsch)* fibula
kuitbroek knee-breeches
kuitenflikker (cross-)caper; *een ~ slaan* cut a caper
kuiter spawner
kuitlaars calf-length boot
kuitspier calf (*of:* sural) muscle
kukeleku cock-a-doodle-doo; *(fam)* eyewash
kukelen tumble [down the stairs, into a ditch]
kul nonsense, rubbish
kulas *(ve kanon)* breech
kulkoek 1 silly joke; 2 nonsense, rubbish
kummel 1 *(komijn)* cumin; 2 *(karwij)* caraway; 3 *(likeur)* kümmel
kunde knowledge, learning; *vgl* kundig(heid)
kundig clever, able, capable, skilful, expert; *(fam)* knowledgeable; *~ in* versed (well up) in; *hij is ter zake ~* he is an expert
kundigheid skill, knowledge, learning; *kundigheden, (ook)* acquirements, attainments, accomplishments
kunne sex, gender; *zie ook* sekse
kunnen I *ww (slechts in ott & ovt)* can, may, could, might 1 *(in staat zijn:) hij kan heel aardig (koppig, enz) zijn* he can be very nice (obstinate, etc); *hij was er bij, dus hij kan het weten* he ... so he ought to know; ***dát** kan ik ook* two can play at that game; *hij kan **goed** brieven schrijven* he is good at writing letters; *ze kan goed koken* she is a good cook; *we ~ **niet** begrijpen hoe ...* we are at a loss to understand how ...; *ik kan niet inzien ...* I fail to see ...; *ik kan niet **meer*** I am all in, I cannot carry on; *ik kan niet verder* I cannot go on; *hij kan **niets*** he can do nothing, does not know anything; *hij kon **soms** dagen achtereen verdwijnen* he would disappear for days together; *ik kan **verklaren** ...* I am in a position to state ...; *hij rende (schreeuwde, enz) **wat** hij kon* he was running (yelling, etc) for all he was worth; *ik had hem **wel** ~ vermoorden* I could have wrung his neck; *ik kan wel wachten* I can afford to wait; *ik troostte hem **zo goed** ik kon* I ... as best I could; *ik help je zoveel ik kan* I'll help you all (as much as) I can; *ik kan er niet **bij*** I cannot reach it (get at it); *(fig)* it is beyond me, it beats (defeats) me; *hij kan de trap niet **op*** he can't get up the stairs; *daar kan ik niet **tegen op*** that beats me, that is too much for me; *je kunt niet tegen hem op* you are no match for him; *zoveel patiënten dat de dokters er niet tegen op kunnen* so ... that the doctors cannot cope with them; *zie ook* aankunnen, op kunnen, doen 9, in, tegen, weten, enz; 2 *(mogelijk zijn:) dat kan niet* that is impossible, that cannot be (true); *dat kan zo niet langer* this can't go on, things cannot go on like that; *dat kan later wel* there's no hurry for that; *dat kan een andere keer even goed* another time will do as well; *de boeken ~ wel in de tas* the ... will go in the bag; *zo rood (in zijn schik) **als het maar kan*** [your nose is] absolutely brick-red ([he was] as pleased as can be); ***de vertaling kon beter** (had beter gekund)* the ... is not as good as it could have been (might have been better); ***hoe** kon je dat toch doen (zeggen, enz)!* how on earth could you do (say, etc) it!, how could you (possibly do it)!; *hoe kon ik weten ...?* how was I to know ...?; ***moet** ~* ought to be OK (acceptable); *(fam)* we can stretch a point; see nothing, hear nothing; *ik kan **wel** laat thuiskomen* I may come home late; *ze kon wel, en ze kon ook wel niet komen* she might, or might not come; *het **zou** ~, dat ik meer moet hebben* I might want ...; *het kan **zijn**, dat mijn smaak niet de uwe is* my taste may not be yours; 3 *(mogen:) je kunt nu gaan* you can go now; *dat had je mij wel ~ zeggen* you might have told me; *hij kan zijn geld wel houden* he can keep ...; *dat kan ermee **door*** that'll do; *dat kan er niet mee door* that cannot pass (pass muster), that's no go; *zie ook* anders, doen 9, gaan, tegen, weten, enz; II *zn* ability, capability, capabilities, capacities; *beneden zijn ~ werken* fall short
kunst 1 art; *~ en ambacht* arts and crafts; *~en en wetenschappen* arts and sciences; *meer geld voor de ~* more ... for the (performing and fine) arts; ***uit** de ~* fantastic, first-rate; *zie ook* beeldend, enz; 2 *(kunstje)* trick [with cards, etc; does your dog know any tricks?]; *(kunstgreep)* trick, knack; *(toer)* trick, feat; *~en, (fratsen)* whims, tricks; *~jes **doen** (vertonen)* do (perform) tricks; *~jes laten doen* put [a dog] through its tricks (performance); *het **is** een klein (koud) ~je om ...* it's easy enough to ...; *dat is geen ~, daar is geen ~ aan* there's nothing clever (very difficult) in that; *zie ook* doodgemakkelijk; *dat is juist de ~* that's the whole secret (the main thing, the big point); *dat ~je **ken** ik* I know a trick worth two of that; *hij **verstaat** de ~ om te ...* he knows how to ..., has a knack of ...ing; *zie ook* flikken
kunst- *(vs natuur-)* artificial [arm, bait, flower, leg], synthetic [honey], man-made [fibres]
kunstacademie academy of art(s)
kunstbeschermer patron of art (of the arts)
kunstbroeder brother-, fellow-artist
kunstcriticus art critic
kunstdraaier (ivory) turner
kunstdruk art paper
kunsteloos artless, naive, unsophisticated
kunsteloosheid artlessness, naivety
kunstenaar artist(e)
kunstenaarschap 1 artistry, artistic skill; 2 artistic calling
kunstenares artist(e)

kunstenmaker 1 acrobat; *(goochelaar)* juggler; **2** clown; attitudinizer
kunst- en vliegwerk *(hist)* stage machinery; *iets met ~ doen* do a thing somehow (*of:* by hook or by crook)
kunstfotograaf art photographer
kunstgalerij art gallery
kunstgebit denture, (dental) plate, false teeth
kunstgeschiedenis art history, history of art
kunstgevoel artistic sense (feeling)
kunstgewrocht product of art
kunstgras artificial turf
kunstgreep trick, knack, artifice; *de kunstgrepen van zijn vak kennen* know the tricks of the trade
kunsthandel 1 art trade, dealing in works of art; **2** picture shop, print shop
kunsthandelaar art dealer
kunsthars plastic; (synthetic) resin
kunsthistoricus art historian, historian of art
kunsthistorisch art-historical
kunstig ingenious, clever
kunstigheid ingeniousness, etc, artifice
kunstijs artificial ice
kunstijsbaan ice rink
kunstkabinet art gallery, collection of works of art
kunstkenner connoisseur of art, art expert
kunstkoper art dealer
kunstkring art club; *~en* [in] art circles
kunstkritiek art criticism
kunstle(d)er leatherette, imitation leather
kunstlicht artificial light
kunstlichtfilm tungsten (type) film
kunstliefhebber art lover
kunstlievend art-loving; *~ lid* non-acting member
kunstlong iron (plastic) lung
kunstmaan (earth) satellite
kunstmarmer imitation marble
kunstmatig artificial [insemination, intelligence], synthetic [diamond, ruby]; *~e ademhaling toepassen* apply artificial respiration; *~ opgezet* trumped-up [charge, plot]
kunstmatigheid artificiality
kunstmest (artificial) fertilizer(s), artificial manure
kunstmiddel 1 artificial means, expedient; **2** *(trucje)* art (*meestal mv:* all the arts of which she was mistress)
kunstminnaar, kunstminnend *zie* kunstliefhebber, kunstlievend
kunstmoeder artificial mother
kunstmuseum art gallery
kunstnaaldwerk art needlework
kunstnier artificial kidney, kidney machine
kunstnijverheid applied (decorative) art(s), industrial art, industrial design, arts and crafts
kunstoog artificial eye
kunstopvatting conception (theory) of art, [Poussin's] artistic creed
kunstproduct art product, work of art
kunstrijden circus-, trick-riding; *(op de schaats)* figure skating
kunstrijd(st)er circus-, horse-, trick rider, equestrian (*vr:* equestrienne); *(op de schaats)* figure skater, ice skater
kunstrijk artistic
kunstschaats figure skate
kunstschaatsen figure-skate, figure-skating
kunstschat art treasure
kunstschilder painter, artist
kunstschool art school, school of art
kunststof synthetic (material)
kunststofbaan *(sp)* synthetic track, *(tartan)* tartan track
kunststuk masterpiece; *(kranig stukje)* (clever) feat, stunt
kunsttaal 1 artificial language; **2** technical language
kunsttand artificial tooth
kunstterm technical term
kunstuitleen art library
kunstvaardig skilful, clever
kunstvaardigheid (artistic) skill, craft, cleverness
kunstveiling art sale
kunstverzameling art collection
kunstvezel synthetic (*of:* man-made) fibre
kunstvlees *(vglb, merk)* Quorn
kunstvlieg fishing fly
kunstvliegen I *zn* stunt flying, aerobatics; **II** *ww* stunt
kunstvoorwerp art object, objet d'art
kunstvorm 1 artistic form; **2** art form
kunstwaarde artistic value
kunstweg (metalled) road, highway
kunstwereld world of art
kunstwerk 1 work of art; artefact; **2** *(bk)* (engineering) construction
kunstwol artificial (*of:* synthetic) wool; *(uit lompen)* shoddy
kunstwoord technical term
kunstzaal art gallery
kunstzijde rayon
kunstzin artistic sense (*of:* judgment)
kunstzinnig artistically(-)minded, artistic; *would-be ~* arty(-crafty, *(fam)* -tarty)
kunstzwemmen synchronized swimming
kuras(sier) cuirass(ier)
kuren *zie* kuur 2: een ~ doen
kurhaus assembly rooms, pump room
kurk cork; *de ~ waarop de zaak drijft* the mainstay; *iets onder de ~ hebben* have drinks in the house; *zie ook* droog & smaken
kurkachtig corky
kurkdroog bone dry; *zie ook* droog
kurkeik cork tree, cork oak
kurken *ww & bn* cork
kurkenbreien French knitting
kurkengeld corkage
kurkentrekker corkscrew; *(krul)* corkscrew curl
kurkparket cork flooring

kurkuma turmeric
kurkzeil linoleum
kus kiss
kushandje blown kiss; *een ~ geven* blow a kiss (to) [she blew him a kiss], kiss one's hand to
[1]**kussen** *ww* kiss; *iem vaarwel (welterusten) ~* kiss a p. goodbye (good night); *elkaar ~, (ook)* kiss; *zie ook* roede & zoenen
[2]**kussen** *zn* cushion; *(bed~)* pillow; *~tje* (little) cushion; *(om stoten op te vangen)* pad; *(lekkernij, vglb)* bull's eye; *op het ~ komen* come (get) into office; *op het ~ zitten* be in office
kussenblok bearing(s)
kussengevecht pillow fight
kussenovertrek cushion cover
kussensloop pillowcase, pillowslip
kussenvormig: *~e vertekening* pincushion distortion
[1]**kust:** *te ~ en te keur* in plenty, galore; *ze zijn er te ~ en te keur* there are plenty (there is a wide choice) of them; *je kunt te ~ en te keur gaan* you can pick and choose
[2]**kust** coast, shore; *(attr, vaak)* coastal; *de ~ is veilig (schoon, vrij)* the coast is clear; *aan de ~* on the coast; *langs de ~* coastwise [traffic]; *naar de ~* [row] in to shore; *onder de ~* [lie] inshore; *onder de ~ blijven, onder de ~ varen* skirt (*dicht onder:* hug) the coast; *op de ~ zetten* beach [a vessel]; *van de ~* [a few miles, the wind blew] off shore; *voor de ~* offshore [islands; the oilfield lies 26m offshore]
kustbatterij coastal (*of:* shore) battery
kustbewoner inhabitant of the coast
kusterosie coast(al) erosion
kustgebied coastal area, littoral (region)
kusthandel *zie* kustvaart
kustlicht coast(ing) light
kustlijn coastline
kustplaats coastal place, seaside town
kuststreek coastal district (*of:* region)
kuststrook coastal strip (belt)
kustvaarder (master of a) coasting vessel, coaster
kustvaart coastal navigation, coasting (*of:* coastwise) trade
kustverdediging coastal defence
kustverkeer coastwise traffic
kustverlichting coast(ing) lights
kustvisser inshore fisherman
kustvisserij inshore fishery, coast-fishing
kustvlakte coastal plain
kustwacht coastguard (service)
kustwachter coastguard
kustwateren coastal waters
kustzoom seaboard
kut *(plat)* cunt; *~!* shit!; *(attr)* beastly, bloody, fucking; *~ met een rietje (met peren)* bugger all; a washout; *het slaat als ~ op Dirk* it is totally irrelevant
kutkammen drivel; get het up
kutlikken eat pussy; *(fig)* kiss a p.'s arse
kutsmoesje thin excuse
kuttenkop shithead
kuttig shitty
kuub cubic metre
kuur 1 whim, caprice, freak; *boze kuren* tantrums; *(ve paard)* vice; *geen kuren, alsjeblieft* none of your little tempers, please; *vol kuren, (ve paard)* vicious, tricky; **2** *(genees~)* cure; course [of penicillin]; *een ~ doen* take a cure; take a course of medicine (of waters)
kuuroord 1 *(badplaats)* spa; **2** health resort
kwaad I *bn* **1** *(slecht)* bad [not a bad idea], ill, evil, wicked; *kwade betaler* bad payer, defaulter; *op een kwade dag* one ill-fated day; *de kwade dag uitstellen* postpone the evil day; *~ geweten* guilty conscience; *een kwade kans maken* run a heavy risk [of losing]; *het kwade oog* the evil eye; *kwade praktijken* malpractices; *kwade schulden* bad debts; *te kwader ure* in an evil hour; ***geen** kwaaie vent* [he's] not a bad chap; *dat is lang **niet** ~* that is not bad at all, *(fam)* not so dusty; *hij is niet zo ~ als hij afgeschilderd wordt (zich voordoet)* he is not so black as he is painted (his bark is worse than his bite); **2** *(boos)* angry [*op* with], *(fam, inz Am)* mad [*op* at s.t., with a p.]; *iem ~ **maken*** make a p. angry; *zich ~ **maken**, ~ **worden*** get angry, get one's back up; *~ **zijn*** be angry [*op* with]; **3** *(kwaadaardig)* malignant [disease], vicious, nasty [dog]; *zie ook* bloed, bui, pier, tong, trouw, wijf, enz; **II** *bw* badly; *~ **kijken** naar* scowl at; *het te ~ **krijgen*** break down, be overpowered by one's emotions; *zie ook* menen; **III** *zn* **1** *(het slechte)* evil, wrong; *het kleinste ~* the lesser evil; *een maatschappelijk ~* a social evil; *~ **denken** van* think ill (badly) of; *zonder dat iem er ~ van denkt (er ~ in ziet)* without anybody thinking anything of it; *hij kon geen ~ **doen** (bij haar, enz)* he could do nothing wrong; *wie ~ doet, ~ vermoedt* evil be to him who evil thinks; *het ~, dat hij gedaan heeft* the mischief he has done; *je hebt ~ gedaan* you've done wrong; *het **kan** geen ~* it can do no harm, there's no harm in it; *kies van **twee** kwaden altijd het minste* of two evils always choose the least (less, lesser); *ik **weet** geen ~ van hem* I don't know anything against him; *invloed (macht) ten goede of **ten** kwade* influence (power) for good or evil; *invloed ten kwade, (ook)* malign influence; *ik duid het u niet ten kwade* I don't take it ill of you, I don't blame you; *ten kwade veranderen* change for the worse; ***van** ~ tot erger vervallen* go from bad to worse; *zie ook* steken, vergelden, enz; **2** *(nadeel, letsel)* harm, injury, wrong; *ik **bedoel** geen ~ (niets ~s)* I mean no harm; *dat (hij) zal je geen ~ **doen*** that (he) will do you no harm; *zijn zaak ~ doen door ...* injure one's cause by ...; *iets ~s in de zin hebben* be up to no good, mean mischief; *zie ook* kwaaie
kwaadaardig 1 ill-natured, malicious, spiteful [remarks], vicious [dog]; **2** *(med)* malignant, virulent
kwaadaardigheid malice, malignity, ill-nature, spite, viciousness; *(ve ziekte)* malignancy, virulence

kwaaddenkend suspicious
kwaaddoener evildoer, malefactor
kwaadheid anger
kwaadschiks unwillingly, with a bad grace; *zie* goedschiks
kwaadspreekster *zie* kwaadspreker
kwaadspreken spread scandal, backbite, throw (sling) mud; ~ *van* slander, malign, speak ill of
kwaadsprekend slanderous, backbiting, scandalous [a scandalous tongue]
kwaadspreker backbiter, detractor, slanderer, scandalmonger, mudslinger
kwaadsprekerij backbiting, scandal(mongering), mudslinging
kwaadwillend, kwaadwillig malevolent, ill-disposed, malignant; *~e verlating* desertion; *~en* rebels
kwaadwilligheid malevolence, ill will; foul play
kwaaie: *aan hem heb je een ~* he is a tough nut to crack; *zie verder* kwaad
kwaaiigheid anger
kwaal complaint, disease, ailment, trouble, disorder; *kwalen, (ook)* infirmities [of old age], [social] evils; *het middel is erger dan de ~* the remedy is worse than the disease; *~tje* minor ailment
kwab 1 lobe, lappet; **2** *(ve koe)* dewlap; *zie ook* halskwab
kwabaal burbot, eelpout
kwabbe *zie* kwab
kwabbig flabby, pendulous [cheeks]
kwadraat *bn & zn* square; *x ~* x square(d); *in het ~ verheffen* (raise to a) square; *een ezel in het ~* a consummate ass, a prize idiot, a double-dyed fool; *zie* vierkant
kwadraatgetal square number
kwadraatwortel square root
kwadrant quadrant
kwadrateren square
kwadratisch quadratic [equation]
kwadratuur quadrature; *~ van de cirkel* quadrature (squaring) of the circle; *de ~ van de cirkel zoeken* try to square the circle
kwajongen 1 mischievous (naughty) boy, urchin; **2** adolescent (boy), youngster; *bij jou vergeleken is hij nog maar een ~* compared with you he is a mere whippersnapper
kwajongensachtig boyish, mischievous
kwajongensstreek boyish prank (trick), monkey trick, practical joke
kwak 1 *(slag)* thud, thump, bump, flop; *~!* flop!, smack!; **2** *(klodder)* blob, clot, dab, dollop; *~je, (sl)* come; **3** *(ve eend)* quack!; *(ve kikvors)* croak!; **4** *(vogel)* night heron
kwaken 1 *(kikkers)* croak; *(eenden)* quack; **2** *(fig)* quack
kwakkel 1 *(vogel)* quail; **2** *aan de ~ zijn, zie* kwakkelen
kwakkelen be ailing (sickly); *een ~de gezondheid hebben* be in indifferent (delicate) health; *(vh weer)* be fitful
kwakkelweer changeable weather
kwakkelwinter fitful (uncertain, sluggish) winter
kwakken I *tr* pitch, hurl, dump, slap (down); *hij kwakte me plof op de vloer* he flung me with a smack on ...; **II** *intr* bump, come down with a thud
kwakzalver quack (doctor); *(fig)* quack, charlatan, mountebank
kwakzalverij charlatanism, quackery
kwakzalversmiddel quack medicine (remedy)
kwal jellyfish; *het is een ~ van een vent* he's a revolting specimen
kwalificatie qualification; *(betiteling, ook)* designation, description, characterization
kwalificatiewedstrijd qualifier
kwalificeren qualify (*ook: zich ~:* qualify for the second round); *~ als* call [a p. a fool]; style, term, describe as
kwalijk 1 ill; *~e zaak* disgraceful affair; *~ **nemen*** take ill (amiss, in bad part), resent [an intrusion]; ***hij nam het mij ~*** he took it ill of me; ***hij nam het zeer ~*** he took it very much amiss; ***ik neem het u niet ~*** I don't blame you (for it) (*zo ook:* can you blame her?); ***het is hem niet ~** te nemen* you can't blame him; ***neem me niet ~*** I beg your pardon; excuse me; (I am) sorry; so sorry; ***neem me niet ~** dat ik je stoor, maar ...* sorry to trouble you, but ...; ***neem me niet ~** dat ik te laat kom* excuse me for being late; ***neem me niet ~**, maar ...* forgive me (forgive me for saying so, forgive my saying so), but ...; *~ verholen* ill-concealed [vexation]; *zie ook* gedijen & [2]varen; **2** *(nauwelijks)* hardly, scarcely; *zie ook* bezwaarlijk
kwalijkgezind *vgl* gezind
kwalijkriekend evil-smelling, malodorous; *zie ook* stinkend
kwalitatief qualitative
kwaliteit quality; *(aard, ook)* character; *(bekwaamheid, ook)* capacity; *(handel)* quality, grade [medium grades]; *in zijn ~ van ...* in his capacity of (as) ...
kwaliteitsartikel quality article (product)
kwaliteitsbeheersing, kwaliteitscontrole quality control
kwaliteitskrant quality paper
kwalm dense smoke
kwalmen smoke
kwam *ovt van* komen
kwanselaar barterer
kwanselarij bartering
kwanselen barter, haggle
kwansuis for form's sake; ostensibly; *ik schreide ~* I pretended to cry
kwant chap, fellow; *zie ook* klant
kwantificeren quantify
kwantitatief quantitative
kwantiteit quantity
kwantum 1 quantum [leap, mechanics, physics, theory]; **2** quantity [discount, rebate]

kwantumorder bulk order
kwark curd(s), curd cheese, fromage frais, quark
kwarktaart cheesecake
kwart 1 quarter, fourth part; *~ over drie* (a) quarter past (*Am:* after; *voor:* to, *Am:* of) three; *een ~ mijl (miljoen, enz)* a quarter of a mile (million, etc), *(ook)* a quarter mile (million, etc); *één en een ~ minuut (mijl)* a minute (a mile) and a quarter; *twee en een ~ duim* two and a quarter inches; *ze is voor een ~ Frans* she is a quarter French; *de fles is voor een ~ vol* the ... is quarter full; *zie ook* driekwart; **2** *(noot)* crotchet; **3** *(interval)* fourth
kwartaal quarter (of a year), three months; *(v school, enz)* term; *per ~, zie* kwartaalsgewijs
kwartaalblad quarterly
kwartaalcijfers quarterly balance
kwartaalrekening quarterly account
kwarteeuw quarter of a century, quarter-century
kwarteindstrijd *(sp)* quarter-final
kwartel quail; *zie ook* doof & vet
kwartelkoning corncrake, landrail
kwartelslag call of the quail
kwartet quartet
kwartetten play happy families
kwartfinale quarterfinal(s)
kwartiel quartile
kwartier 1 quarter-hour, quarter (of an hour); *zie ook* kwart; *de klok slaat de ~en* the clock strikes the quarters; *vijf (zeven) ~* an hour and a quarter (three-quarters), one and a quarter hour(s) (one and three-quarter hours); *drie ~* three-quarters of an hour; ***vrij*** *~, (school)* recess, break; *zie ook* academisch & speelkwartier; **2** *(stadswijk, her, vd maan, genade)* quarter; ***eerste (laatste)*** *~* first (last) quarter; *in haar eerste ~* [the moon is] in (*of:* at) its (the) first quarter; *geen ~* ***geven (vragen)*** give (ask for) no quarter; **3** *(mil)* quarters, billet(s); *~* ***maken*** prepare quarters
kwartierarrest confinement to barracks (CB); *~ hebben* be confined to barracks
kwartiermaker quartermaster
kwartiermeester paymaster; *(mar)* quartermaster; *(mar)* leading seaman
kwartiermuts forage (*of:* fatigue) cap
kwartierslag quarter chime
kwartijn quarto
kwartje 25 cent piece, 25 cents; *het ~ is gevallen, (fig)* the penny has dropped
kwartjesvinder con(fidence) man, sharper
kwartnoot crotchet, *(Am)* quarter note
kwarto quarto; *in ~* in quarto, (in) 4to
kwarts quartz [clock, lamp]
kwartsglas quartz glass, vitreous silica
kwartsiet quartzite
kwartslag quarter turn
kwassie(hout) quassia
kwast 1 *(ve schilder, enz)* brush; *een ~je geven* give [a house] a lick (a coat) of paint; *nodig een ~je moeten hebben* need a fresh coat of paint; **2** *(sieraad)* tassel; **3** *(in hout)* knot; **4** *(pers)* fop, twerp, (young) pup(py); **5** *(citroen~)* lemon squash
kwasterig foppish, dandified
kwastig knotty, gnarled
kwatrijn quatrain
kwebbel chatterbox
kwebbelen chatter, cackle, jaw
kwee 1 quince; **2** *zie* kween 2
kweeappel quince
kweek couch (grass), twitch
kweekbed seed-plot, seedbed
kweekbodem breeding ground
kweekgras couch (grass), twitch
kweekplaats nursery *(ook fig); zie ook* broeinest
kweekreactor breeder reactor
kweekschool *(hist)* (teacher) training college; *(fig)* nursery
kweekvijver fry pond; *(fig)* nursery
kween 1 barren cow; **2** hermaphrodite; **3** old crone
kweepeer quince
kweet *ovt van* kwijten
kwek chatterbox; *hou je ~!* shut your trap!; *~ ~, (eend)* quack quack; *(kikker)* croak croak
kwekeling *(algem)* pupil; *(onderwijs)* teacher-trainee, student teacher
kweken grow [plants], cultivate [plants, feelings], breed [animals, hatred, suspicion, distrust], foster [goodwill], work up [hatred, a custom *clientèle*]; *gekweekt* cultivated [plant]; *gekweekte parel* cultured pearl; *gekweekte rente* accrued interest
kweker grower [of roses], nurseryman, nursery gardener
kwekerij 1 nursery (garden); **2** *(v vis)* hatchery
kwekkebek chatterbox
kwekken *zie* kwaken
kwel 1 *zie* kwelwater; **2** misery; *zie* kommer
kwelder salting(s), mudflat(s)
kwelduivel tormentor, tease(r)
kwelen warble, carol
kwelgeest tormentor, tease(r)
kwellen 1 harass, torment, vex, tease, annoy, worry [that thought worries me], pain [a pained expression, look]; *zijn hersens ~* cudgel (rack) one's brains; *die gedachte kwelt me, (ook)* is (preys) on my mind; *er is iets dat hem kwelt* he has s.t. on his mind; *door reumatiek gekweld* troubled (afflicted) with rheumatism; *door vrees (zorgen) gekweld* haunted with fear (care-ridden); *een ~d probleem* an agonizing problem; *~de zorgen* pressing cares; **2** *(v water)* seep
kweller tormentor, tease(r)
kwelling vexation, trouble, torment
kwelwater percolating water, seepage (water)
kwelziek, kwelzucht *zie* plaagziek, plaagzucht
kwestie question, matter; issue [fresh issues are demanding a solution]; *(twist)* quarrel; *er is ~ (sprake) van dat ...* there is talk (some idea) of ...; *de ~*

van vertrouwen stellen ask for a vote of confidence; ***geen*** *~ van* that's out of the question, not a bit of it, *(fam)* no way!; *de (zaak in)* ~ the point at issue (in question); *dat is de ~ niet* that is not the question; *dat is eigenlijk de ~ niet* that is a little off the point; *de ~ is ...* the point (fact) is ...; *als er ~ is van geld* when it comes to money; ***buiten*** ~ beyond (all) question, without question; *buiten ~ stellen* rule out; *een ~ **van tijd*** a question of time; *het is een ~ van smaak (geld, enz)* it's a matter of taste (money, etc)
kwestieus questionable, doubtful
kwets (dark purple) plum
kwetsbaar vulnerable
kwetsbaarheid vulnerability
kwetsen 1 injure, wound, hurt; *(vruchten)* bruise; **2** *(fig)* wound [a p.'s pride], hurt [a p.'s feelings], offend [a p.]; *gekwetste majesteit* offended majesty; *zich gekwetst voelen* feel hurt (offended)
kwetsing 1 *zie* kwetsuur; **2** *(fig)* offence, hurt
kwetsuur injury, wound, hurt; *zie ook* [2]wond
kwetteren *(ve vogels)* twitter, chirp, chatter; *(ve pers)* chatter
kwezel(aar) 1 sanctimonious person; **2** *zie* sul
kwezelachtig bigoted, sanctimonious
kwezelarij sanctimoniousness, excessive piety
kwezelen cant, talk piously
kwibus fop, prig; *rare ~* queer fish; *zie ook* kwast
kwiek spry, nimble, dapper, bright, sprightly, alert; *een ~ hoedje* a smart little hat
kwijl slaver, slobber
kwijlebabbel, kwijlebal twerp
kwijlen 1 slaver, slobber, dribble, run at the mouth; **2** drivel
kwijlerig smarmy
kwijnen *(ve pers)* languish, pine (away), droop, linger (on); *(ve plant)* droop, wither, wilt; *(ve gesprek)* drag (on), flag, languish; *(v handel, gesprek, enz)* flag, languish; *beginnen te ~, (ve pers, ook)* fall into a decline, sicken
kwijnend languishing, etc; *~e gezondheid* failing health
kwijt: *ik ben mijn geld (goede naam, enz, mijn bril) ~* I have lost my money (good name, etc; I have mislaid my glasses); *hij is zijn verstand ~* he is off his head; *ik ben zijn naam ~* I forget his name, I cannot think of his name now; *ik was blij, hem ~ te zijn* I was glad to be rid of him; *hem (dat) zijn we gelukkig ~* good riddance to him (it); *ik ben hem liever ~ dan rijk* I prefer his room to his company; *hij zei niet meer dan hij ~ wou (wezen)* he kept his own counsel
kwijten pay, discharge, settle [a debt]; *zich ~ van* acquit o.s. of [a task, duty], discharge [a duty, one's obligations]
kwijting discharge; *(ve schuld, ook)* payment; *ter algehele ~ van* in full settlement of; *~ verlenen* discharge
kwijtraken *(verliezen)* lose; *(in ontlasting)* pass (out) [a worm]; *(afkomen van)* get rid of [a p., goods, one's cold]; [I could not] shake (throw) off [my cold, my pursuers]; *met een wandeling ~* walk off [one's depression]; *hij was haar helemaal kwijtgeraakt* he had lost all trace of (all touch with) her; *ik wist hem kwijt te raken* I shook him off; *de tv raken we niet weer kwijt* TV has come to stay; *slechte gewoonten raakt men moeilijk kwijt, (ook)* bad habits will cling; *zie ook* kluts
kwijtschelden remit [taxes, a debt, punishment], forgive [sins, a debt]; *iem zijn schuld (straf) ~* let a p. off his debt (punishment); *de huur (een gevangenisstraf) werd hem kwijtgescholden* he had ... remitted
kwijtschelding remission [of sins, of a debt], amnesty, (free) pardon; *(v zonden, ook)* absolution
kwijtschrift receipt
kwik I *zn* **1** mercury [barometer, poisoning]; *hij heeft ~ in zijn lijf, is als ~* he is like quicksilver; **2** *zie* kwikje; **II** *bn zie* kwiek
kwikchloride mercury chloride
kwikdamplamp mercury vapour lamp
kwikje: *~s en strikjes* frills, finery, fineries
kwikken *zie* foeliën
kwikkolom mercury column, column of mercury
kwikontladingslamp mercury discharge tube
kwikoxide oxide of mercury
kwikstaart wagtail
kwikthermometer mercury thermometer
kwikzalf mercurial (*of:* blue) ointment
kwikzilver *zie* kwik I.1
kwikzilverachtig like quicksilver, mercurial
kwikzuil column of mercury
kwinkeleren warble, carol
kwinkslag witticism, jest, joke, quip; *hij probeerde er zich met een ~ af te maken* he tried to laugh it off
kwint fifth
kwintaal *(100 lb)* quintal; *(100 kg)* metric quintal
kwintappel colocynth, bitter apple
kwintencirkel circle of fifths
kwintessens quintessence, pith (*of:* gist) of the matter
kwintet quintette
kwispedoor spittoon, *(Am ook)* cuspidor(e)
kwispel brush, tuft; *(wijwaterkwast)* sprinkler
kwispelen: *(met de staart) ~* wag (the tail)
kwispelstaarten wag the tail; *het ~* tail-wagging
kwistig lavish, liberal, unsparing [*met* of], *(sterker, vaak ong)* prodigal [*met* of]; *~ in het geven van ...* lavish in giving ...; *met ~**e hand** schenken* give with a lavish hand, lavish [bounties, etc] on [a p.]; *in ~e overvloed* in profusion
kwistigheid lavishness, liberality, prodigality
kwitantie, kwiteren receipt
kyaniseren kyanize
kyfose kyphosis
kynologenclub kennel club
kynoloog dog-fancier
KZ-syndroom concentration camp syndrome

l

l (the letter) l; *(afk)* litre(s)
L *(Romeins cijfer)* L
la 1 *(lade)* drawer; *zie ook* laatje; **2** *(muz)* la
laadbak 1 *(mar)* (hopper) barge; **2** (loading) platform (body); **3** container
laadboom derrick
laadbord pallet
laadbrief bill of lading; *(Am)* waybill; *(v agent)* shipping order
laadbrug (transporter) loading bridge
laad- en losdagen lay-days
laadgoot cargo chute (shoot)
laadhaven port of loading, loading port
laadhoofd hatch
laadkist container
laadklep *(mar)* (loading) ramp; *(auto)* tailboard
laadlijn Plimsoll mark (*of:* line), load line
laadperron loading platform
laadplaats loading berth
laadruim cargo hold
laadruimte cargo space, tonnage; *zie ook* laadvermogen
laadschop mechanical shovel
laadstation *zie* benzinestation
laadsteiger landing stage
laadstok ramrod, rammer
laadvermogen carrying (cargo, loading, *elektr:* charging) capacity; *(mar ook)* dead-weight capacity, burthen
laadvloer load-bed
[1]**laag** *zn* **1** layer, stratum (*mv:* strata: the lowest strata of society), bed; *(dun, v steenkool)* seam; *(stenen in muur)* course; *(ve weefsel)* ply; *(v verf, enz)* coat, coating; *(v ijs)* sheet; *~je* film [of dust, ice, etc], thin layer; ***in lagen*** in layers, layered, stratified [rocks]; *in alle lagen der maatschappij* at all levels of society; **2** ***de volle*** *~* [give the enemy] a broadside; *hij gaf mij de volle ~, (fig)* he gave me a terrific broadside; **3** *(hinderlaag)* ambush, snare, trap; *iem lagen leggen* lay snares for a p.
[2]**laag** *bn* low; *(~ van verdieping)* low-pitched [roof]; *(fig)* low, base, mean, vile; foul [murder]; *lage (~ uitgesneden) japon* low(-cut, -necked) dress; *lage stem, a)* deep voice; *b)* low-pitched voice; *~ sujet* nasty piece of work; *~ zingen* sing low; *de lage a* [sing] the lower A, the bottom A; *~* ***houden*** keep down [expenses]; *~* ***neerzien op*** look down (up)on; *een lage* ***opinie*** *hebben van* have a poor opinion of; *~ van* ***prijs*** low-priced; *buitengewoon ~* ***stellen*** cut [the price] extremely fine; *~* ***uitsnijden*** cut low; *zie ook* vliegen, enz; ***lager*** lower, inferior; *lagere beambten (ambtenaren)* lower-grade civil servants, minor officials; *zie ook* lagereind, enz; *lager onderwijs (lagere school)* primary education (school); junior school; *maatschappelijk lager* lower in the social scale (on the social ladder); *de prijzen zijn lager, (ook)* prices are down; *zie ook* noteren; *lager stellen* reduce [the price]; *(iets)* shade [the price] somewhat; *zijn eisen lager stellen* lower one's demands; ***laagst*** lowest; *zie ook* onderst; *het ~ste punt bereiken, (v prijzen, enz)* touch bottom, bottom out; *op zijn ~st* at (its) lowest
laagalcoholbier low-alcohol beer
laag-bij-de-gronds low [humour], coarse, crude
laagbouw low-rise (building)
laagdrempelig accessible; no specialist knowledge required
laagfrequent low- (*of:* audio-)frequency [amplifier]
laaggelegen low-lying [areas]
laaggeschoold semi-skilled [work]
laaggespannen (pitched) low
laaghangend low [clouds]
laaghartig base, vile, mean
laag(hartig)heid baseness, meanness
laagland lowland
laagopgeleid semi-skilled [worker]
laagseizoen off-season
laagsgewijs, laagsgewijze in layers, in strata; *(geol, anat)* stratoform; *-wijze indeling* stratification
laagspanning low tension
laagstaand inferior [breed, work], low [character, sun]
laagstammig dwarf
laagte 1 lowness [of prices, etc], low level; **2** *(lage plaats)* depression [in the ground], dip, hollow; *in de ~, (ook)* down below
laagterecord low record; [an all-time] low
laagtij *zie* laagwater
laagveen 1 peat bog; **2** bog peat
laagvlakte low-lying (lowland) plain
laagvliegend *(luchtv)* low flying; *(fam)* hedge-hopping
laagvormig stratiform, stratified, in layers
laagwater low water, low tide [*bij ~* at low tide]; *het is ~* the tide is out
laagwaterlijn low-water mark
laagweergave bass response
laagwolk stratus (*mv:* strati)
laai: *in lichter ~e* in a blaze, ablaze
laaien blaze, flare, flame; *~ van verontwaardiging* burn (blaze) with indignation; *~d* incandescent
laakbaar reprehensible, blameworthy, deserving of blame, objectionable

laan avenue; *~tje* alley; *ik heb hem de ~ uitgestuurd* I've sent him packing, sent him about his business, fired him; *hij moest de ~ uit* he got the sack

laars boot; *hoge ~* jackboot; *~je* lady's boot; *(halve laars)* half-boot; *een stuk in zijn ~ hebben* be tight (tipsy, fuddled); *aan zijn ~ lappen* ignore [a warning], flout [orders]; *hij lapt het aan zijn ~* he doesn't give a damn, he snaps his fingers at it; *dat lap ik aan mijn ~, (fam)* (a) fat lot I care!; *je weet er geen ~ van, (fam)* you don't know a thing (the first thing) about it; *het kan hem geen ~ schelen, (fam)* he doesn't care a damn (a rap)

laarzenknecht bootjack

laarzenmaker bootmaker

laat late; *nogal ~* rather late, latish; *een late Pasen* a late Easter; *wegens het late uur* owing to the lateness of the hour; ***beter** ~ dan nooit* better late than never; ***hoe** ~ is het?* what's the time?, what time is it?; *hoe ~ heb jij het?* what time do you make it?; *ik wil weten hoe ~ het is* I want to know the time, *(fig)* how matters stand (the land lies); *kijken (vragen, zeggen) hoe ~ het is* look at (ask, tell) the time; *kijk eens hoe ~ het al is!* look at the time!; *ik vroeg een werkman, hoe ~ het was, (ook)* I asked the time of a workman; *hoe ~ eten we?* what time do we dine (is dinner)?; *o, **is het zo** ~?, (fig)* so that's how things are?; *daar **kom** je wel wat ~ mee aan* it is rather late in the day to say so; *je verontschuldiging komt wel wat ~* your apology is rather late in the day (rather tardy); ***wat** is het al ~!* how late it is!; *~ **in het voorjaar** (de 14e eeuw, op de middag)* in the late spring (14th century, afternoon); *tot ~ **in de avond*** till late at night; *tot ~ **in de nacht*** (until) late into (far into) the night; ***op** de late avond* late in the evening; *~ **op** een avond* late one night; *~ **op de dag*** late in the day; *boete voor **te** ~ komen* fine for late attendance; *door te ~ komen* [time lost] through late arrival; *te ~ zijn (komen) (over tijd)* be late; *(bijv om iem nog levend te zien)* be too late; *te ~ zijn voor het eten (voor school)* be late for dinner (for school); *vóór het te ~ is* before it is too late; *ze was een minuut te ~ voor de trein* she missed the train by a minute; *ze kwamen uren te ~ thuis* they were hours late in getting home; *de trein is 5 minuten te ~* the ... is five minutes late (overdue, behind schedule); *de trein vertrok een uur te ~* the ... was an hour late in starting; *zie ook* laatst & later

laatbeurs towards the close

laatbloeiend late-flowering

laatbloeier late developer

laatdunkend conceited, arrogant, overweening

laatdunkendheid conceitedness, etc; self-conceit, arrogance

laatje (little) drawer; *geld in het ~ brengen* bring in money, be a moneymaker (money-spinner)

laatkoers selling rate

laatkomer latecomer

laatst I *bw (onlangs)* lately, the other day; *zie ook* onlangs; **II** *bn (volgorde)* last, *(tijd)* latest, last; *het ~e huis in de straat, (ook)* the end house in ...; *het ~e stadium, (ook)* the final stage [of a disease]; *een ~e sigaar* [have] a final cigar; ***de ~ aangekomene, a)*** the latest to arrive; *b)* the last to come; ***de ~e berichten*** the latest reports; ***de ~e dagen** (weken, jaren) van zijn leven* the last (the closing) days etc of his life; *ik ben er de ~e dagen (weken, jaren) niet geweest* I ... the last few days, etc; *in de ~e jaren* in the last few years, of recent years; *in de ~e jaren van zijn leven, (ook)* in his declining years; *ik heb hem (in) de **~e tijd niet gezien*** I have not seen him of late (lately, recently, latterly); *van de ~e tijd* recent [his recent successes]; *~e **nieuws*** stop-press news; *het ~e **nummer*** the current issue [of a periodical]; *in een van de ~e nummers* in a recent issue; *in de ~e **oorlog*** in the last war; *het ~e **stuk**, (sp)* the home stretch; *hoe laat gaat de ~e **trein** naar L?* what time is the last train to L?; *de ~e **uitvindingen** hebben het bewezen* the latest discoveries have ...; *zijn ~ **wens**, (vóór zijn dood)* his dying wish; *zijn ~e **werk**, (vóór zijn dood)* his last work, *(jongste)* his latest (most recent) work; *hij is **de laatste** om zoiets te zeggen* he would be the last man (person) to ...; *de ~en zullen de eersten zijn* the last shall be first; *de ~e(n), (~genoemde(n)), (v twee)* the latter; *(v meer)* the last(-named, -mentioned); *het is **het laatste** wat ik zou doen* it's the last thing I should do; ***in** het ~ van november* late in N, at the end of N, [it was] late N; *in het ~ kwam hij toch nog* in the end he did come; *morgen **op** zijn ~* tomorrow at (the) latest (at the outside); *het loopt met hem op het ~* his end is drawing near; *op het ~, **ten** ~e* at last, in the end; *ze loopt op het ~* she is getting near her time; *ten ~e, (in de ~e plaats)* lastly, last, in the last place; *ten langen ~e* at long last; ***tot** het ~* to (till) the last; ***voor** het ~* for the last time; [he kept the peach] to the last; *zie ook* [2]eer, [1]woord, enz

laatstelijk last, finally, lastly

laatstgeboren last-born, last (*ook zelfst:* her last was a boy)

laatstgenoemd last-named, last-mentioned; *vgl* laatst: de laatstgenoemde(n)

laatstleden *zie* jongstleden

laattijdig late; belated

lab afk van *laboratorium* lab

Laban: *vee van ~* scum (of the earth)

labbekak coward, milksop, softy

labbekakkerig cowardly, wet, soft

labberdaan salt cod

labberdoedas: *iem een ~ geven* hit a p., give a p. a wallop, sock a p. in the eye, sock him one

labberen *(v zeilen)* flap

labberkoelte breath of air, slight air

labberlottig sloppy

label (tie-on) label

labelen label

labeur 1 (heavy) labour; **2** farm(ing)

labiaal labial

labiaalpijp *(orgel)* labial pipe, flue pipe
labiaat *zn & bn* labiate
labiel unstable [equilibrium, mind], *(chem)* labile
labiodentaal labiodental
labium *(muz)* lip
laborant laboratory worker (chemist, technician)
laboratorium laboratory; *(fam)* lab
laboreren labour; ~ *aan* labour under [a delusion, mistake]
labrador, Labrador Labrador [a Labrador retriever]
labyrint(isch) labyrinth(ine)
lach laugh, laughter; *(glim~)* smile; *(inwendige, onderdrukte ~)* chuckle; *~je* little laugh, half laugh; half smile; *in de (een) ~ schieten* burst into laughter, burst out laughing, give a (sudden) laugh; *zie ook* slap
lachbui fit of laughter
lachduif laughing dove
lachebek giggly girl
lachen laugh; *(glim~)* smile; *inwendig (onderdrukt)* ~ chuckle; *luid* ~ laugh aloud (out loud); *hij lachte eventjes* he gave a little laugh; ~ *is gezond* laugh and grow fat (care killed the cat); ***zich dood** (kapot, rot, krom, slap, ziek, een aap, bult, kriek, ongeluk, tranen, enz) ~, barsten **van het** ~* split one's sides with (die of) laughing, double up with laughter, laugh fit to kill o.s., be in fits (of laughter), laugh till the tears come into your eyes; *ik lach me dood om je* you'll be the death of me; *~ **als** een boer die kiespijn heeft* laugh on the wrong side of one's face (mouth); *nu was het hun **beurt** om (om mij) te ~* now they had the laugh of me; *iem **doen** ~* make a p. laugh; *hij deed ons voortdurend ~* he kept us laughing; *ik kon mijn ~ niet **houden*** I could not help laughing; ***laat** me niet ~, (fam)* don't make me laugh, how absolutely ridiculous; *wie het **laatst** lacht, lacht het best* he laughs best who laughs last; ***wie lacht daar?*** who is that laughing?; *in **zichzelf** ~* laugh to o.s., laugh inwardly; *hij maakte ons **aan het** ~* he set us off laughing, he raised a laugh; *ik lach **erom (ermee)*** I don't care a bit, *(fam)* (a) fat lot I care!; *~ **om*** laugh at, laugh over; *we lachten erom, (ook)* we had our laugh over it; *ik moet altijd om hem ~* he always makes me laugh; *het is (niet) **om te*** it's ridiculous (it's no laughing matter); *er is niets om te ~* there is nothing to laugh at; *~ **tegen** iem* smile at a p.; *zie ook* dood, schudden, uitbarsten, vuist
lachend smiling, smiley [face *smoeltje*], laughing [eyes]
lacher laugher; *hij had de ~s op zijn hand* he got the audience with him by amusing them; *~tje, (fam)* ridiculous suggestion (etc)
lacherig giggly
lachgas laughing gas
lachlust inclination to laugh, risibility; *de ~ opwekken* raise a laugh, provoke (move to) laughter; *ik kon mijn ~ niet bedwingen* I was unable to restrain my amusement
lachmeeuw black-headed gull
lachsalvo burst of laughing, explosive laughter
lachspiegel distorting mirror
lachspier risorius muscle; *op de ~en werken* raise a laugh
lachstern gull-billed tern
lachstuip convulsion(s) of laughter
lachsucces comic success (hit)
lachwekkend ridiculous, ludicrous, laughable
lachziek given to laughing, giggly
laconiek 1 laconic (*bw:* -ally); **2** calm, cool, easygoing
laconisme laconism, laconicism
lactaat lactate
lactase lactase
lactatie lactation
lactometer lactometer
lactose lactose
lacto-vegetariër lacto-vegetarian
lacune gap, lacuna (*mv:* -ae), vacancy; *zie ook* leemte
ladder *(ook fig & in kous)* ladder [get one's foot on the ladder, the social ladder]; *(in kous, ook)* run; *(ve wagen)* rack; *bovenaan op de maatschappelijke ~ staan (de top van de ... bereiken)* be at (reach) the top of the tree (*of:* ladder) (*lager op ..., (ook)* lower in the social scale)
ladderauto *zie* ladderwagen
ladderen *(ve kous)* ladder
laddervrij run-resist [stockings]
ladderwagen 1 *(vd brandweer)* turntable ladder fire engine; *(Am)* hook and ladder, ladder truck; **2** *(boerenwagen)* rack-wag(g)on
ladderwedstrijd ladder (tournament)
ladderzat soaked, soused, blind drunk
lade 1 drawer; *(geld~, winkel~)* till; **2** *(geweer~)* stock
ladekast chest of drawers; *(hoog)* tallboy
ladelichter 1 till-robber; **2** swindler
laden I *tr (schip)* load, lade; *(wagen)* load; *(vuurwapen)* load, charge; *(accu, enz)* charge (*ook fig:* the charged atmosphere); *opnieuw* ~ recharge [a battery]; *een grote verantwoordelijkheid op zich* ~ shoulder a heavy responsibility; *zie ook* zwaar; **II** *intr* load, take in cargo
lader loader, *(elektr)* charger
lading *(ve schip)* cargo; freight; *(ve wagon, enz)* load [visitors came in busloads]; *(elektr & vuurwapen)* charge; *inkomende (uitgaande)* ~ inward (outward) cargo; *pas aangekomen ~en* recent arrivals; *~ innemen* take in cargo, load; *de ~ aanbreken* break bulk; *in ~ liggen* be (in) loading; *zonder ~ terugkomen* return empty (light, in ballast); *de volle ~, zie* laag: de volle ~
ladingcontroleur, ladingmeester loading clerk, tally clerk
ladingskosten shipping charges
ladingsplaats 1 loading berth; **2** port of loading
Ladinisch Ladin
laesie lesion
laf 1 *(flauw)* insipid *(ook fig)* **2** *(vh weer)* muggy; **3**

(lafhartig) cowardly, spineless, faint-hearted, craven [fears], abject [surrender]; *~ en gemeen, (vero)* dastardly; *~fe praat* empty talk; *zich ~ gedragen, (ook)* show the white feather

lafaard, lafbek coward

lafenis refreshment, comfort, relief

lafhartig *zie* laf

lafhartigheid cowardice, cowardliness, pusillanimity

lafheid 1 insipidness, insipidity; **2** *zie* lafhartigheid

lag *ovt van* liggen

lagedrukgebied area of low pressure

lager I *zn* **1** lager (beer); **2** *(techn)* bearing(s); **II** *bn zie* [2]laag

lagereind lower end, bottom [of the table]

lageren 1 *(techn)* support; **2** *(opslaan)* stack, store

lagerhand: *aan de ~ van* on the left of [the host]

Lagerhuis House of Commons, Lower Chamber (House); *in het ~* in the Commons

Lagerhuislid Member of Parliament, MP

lagerwal *(mar)* lee shore; ***aan ~ raken*** be borne down (up)on the (pile up on a) lee shore; *(fig)* be on the rocks, broke, on one's beam-ends, in the gutter, (down) on one's uppers

lagetonenluidspreker woofer

lagetonenregelaar bass control

lagune lagoon

lahar lahar, mudflow

laisser aller laissez-aller

laisser faire laissez-faire; *(in pol, enz)* (policy of) drift

laissez-passer laissez-passer

lak 1 *(zegel~)* sealing wax; *(op brief, wijnfles)* seal; *(vernis~)* lacquer; varnish; *(~verf)* enamel, *(v auto)* [a scratch in the] paintwork; **2** *(smet)* slur, stain; *zie ook* smet; *allemaal ~* all humbug, all eyewash; **3** *ik heb ~ aan hem* I don't care a rap for him; *ik heb er ~ aan, (fam)* I don't care (give) a damn about it

lakei footman, lackey; *(smalend)* flunkey

[1]laken *ww* blame, censure, find fault with; *te ~, zie* laakbaar

[2]laken *zn* **1** *(stof)* cloth; *met groen ~ bedekt* baize-covered [door]; *hij kreeg van hetzelfde ~ een* ***pak*** he got the same treatment (punishment) [*het was ...* it was the same story all over again]; **2** *(bedden~)* sheet; *(tafel~)* cloth; *stof voor (bedden)~s* sheeting; *de ~s* ***uitdelen*** rule the roost [*hij ...* he's the boss]; **3** *(fig)* sheet [of snow, etc]

lakenfabrikant clothier, cloth manufacturer

lakengilde Drapers' Company

lakenhal cloth hall

lakenhandelaar clothier, cloth merchant, woollen draper

lakens cloth; *er de ~e bril bij opzetten* look closely (at s.t.)

lakenvelder *(ook: -veldse koe)* sheeted (*of:* belted) cow

lakenzak sheet sleeping bag

Lakkadiven: *de ~* the Laccadives

lakken 1 *(met vernislak)* varnish, lacquer, japan; *(met lakverf)* enamel [white enamelled garden furniture]; **2** *(brief, wijnfles, enz)* seal

lakleer patent leather

lakmoes litmus [paper]

lakmoesproef litmus (*fig ook:* acid) test

lakooi stock (gillyflower)

laks lax, slack, indolent, supine

lakschoenen patent leather shoes, dress shoes; *(fam)* patent leathers

laksheid laxity, laxness, slackness, indolence, supineness

lakspuit spray gun

lakstempel wax stamp

lakverf enamel (paint)

lakvernis lacquer

lakwerk japanned goods, lacquered ware (*of:* work), lacquer(s); *(het lakken)* japanning; *zie ook* lak 1

lakzegel wax seal

lala: *het is maar ~* it's only so-so

lallen speak thickly

[1]lam *zn* lamb; *~metje* (little) lamb, lambkin, baa-lamb; *het Lam Gods* the Lamb of God; *zo mak als een ~* as quiet as a lamb; *als een ~ ter slachting geleid* like a lamb to the slaughter; *~meren krijgen (werpen)* lamb; *zie ook* lammertijd

[2]lam *bn* **1** paralysed, paralytic; *(ve toets)* dumb; *(ve schroef) zie* [2]dol 2; *zijn beide benen zijn ~, (ook)* he is paralysed in both legs; *mijn arm is ~ van het pakjes dragen* my arm is numb from ...; *de veer is ~* the spring won't work; *~* ***slaan*** beat [a p.] to a jelly, knock the stuffing out of a p.; paralyse, cripple [trade, industry]; *hij stond als ~ geslagen* he stood paralysed; *zich ~* ***werken*** work one's fingers to the bone; *een ~me* a paralytic; **2** *(lamlendig, naar)* tiresome, awkward; *zie ook* beroerd; *dat ~me geld!* this wretched money!; *dat is een ~me* ***geschiedenis*** here's a pretty (an awkward) business; *~me kerel,* ***zie*** lammeling; *het ~me (~ste) is ...* the worst of it is ...

lama 1 *(dier, stof)* l(l)ama; **2** *(priester)* lama

lamaïsme lamaism

lamaklooster lamasery

lambertsnoot filbert

lambiek Lambic

lambrekijn lambrequin; *(her ook)* mantling; *(ve ledikant, ook)* valance

lambriseren wainscot, panel

lambrisering wainscot, panelling, dado; *met een eikenhouten ~, (ook)* panelled in oak

lamé lamé

lamel(le) lamella (*mv:* -lae)

lamelleren laminate

lamentabel lamentable

lamentatie lamentation

lamenteren lament

lamheid paralysis, palsy; *met ~ slaan, zie* [2]lam

laminaat laminate

laminair laminar [flow]

lamineren laminate
lamleggen paralyse; *zie ook* verlammen
lamlendig *(akelig)* [feel] wretched; *zie ook* ²lam 2, lammenadig 2 & laks
lamlendigheid *zie* laksheid
lamme 1 *(de ~)* lame person, paralytic; *de ~ die de blinde leidt* [a case of] the blind leading the blind; **2** *(het ~) zie* ²lam 2
lammeling 1 wretched (rotten) fellow, rotter; **2** dead loss
lammenadig 1 *zie* lamlendig; **2** *(futloos)* spiritless
lammeren lamb
lammergier lammergeyer, bearded vulture
lammertijd lambing season (time)
lammertjesnoot filbert
lammetjespap gruel
lamoen (pair of) shafts, thills
lamp 1 lamp; *naar de ~ rieken* smell (*of:* reek) of the lamp (the midnight oil); *tegen de ~ lopen* get caught, cop it; **2** *(gloei~)* bulb; **3** *(radio)* valve, *(Am)* tube
lampenglas lamp-chimney
lampenist lampman, lampboy
lampenkap lampshade
lampenkousje 1 *(pit)* wick; **2** *(gloeikousje)* mantle
lampenpit wick
lampetkan (water) jug, ewer
lampetkom washbasin
lampfitting *(houder)* lamp holder; *(aan lamp)* base, [screw, bayonet] fitting
lampion(plant) Chinese lantern
lampionvrucht winter cherry
lamprei lamprey
lampzwart lampblack
lamsbout leg of lamb
lamsgebraad roast lamb
lamskotelet lamb chop
lamslaan *zie* ²lam 1
lamsoor *(plantk)* sea lavender
lamstraal *zie* lammeling
lamsvel lambskin
lamsvlees lamb
lamswol lambswool
lamzak *zie* lammeling
lamzalig miserable, wretched
lancaster *(stof)* American cloth; *(gordijn)* Lancaster blind
lanceerapparaat launcher
lanceerbasis launching site
lanceerbuis *(ve torpedo)* launching tube
lanceerinrichting launching gear
lanceerplaats, lanceerplatform launching site, launch(ing) pad
lanceerprijs introductory price
lanceren launch [a rocket, plan, new fashion, project, an offensive]; start [a rumour]; put forward [an idea]
lancering launching; *(v raket, ook)* lift-off, blast-off
lancet lancet
lancetvisje lancelet
lancetvormig lancet-shaped, lanceolate [leaf]
land 1 *(vs water)* land; *hij **heeft** het ~* he is annoyed, is down in the dumps; *hij had het ~ als een stier* he was thoroughly disgruntled; *ik heb er het ~ **a an*** I hate it, *(het stuit me tegen de borst, ook)* it goes against the grain with me; *aan alles het ~ **hebben*** be fed up with everything; *ik heb er gloeiend het ~ **aan*** I detest it, I hate it like poison, it is my pet aversion; *ik heb er het ~ aan hem te vragen* I hate asking him (to ask him); *ik heb het ~ aan mezelf* I am annoyed with myself; *ik heb het ~ aan de vent* I hate (dislike) the fellow, I cannot stand (*of:* stick) him; *het ~ **hebben o ver*** be (feel) vexed (annoyed) at (about); *er **is geen** ~ meer **achter*** it is at the back of beyond, it's miles (away) from anywhere; *het ~ **krijgen*** get annoyed (vexed) [*over* at]; *ik kreeg er het ~ aan* I took a dislike to it; *(fam)* it gave me the hump; *iem het ~ **opjagen*** rub a p. up the wrong way, rile a p.; ***aan** ~* [go] ashore; *aan ~ komen* land, reach the shore; *aan ~ zetten* put on shore (ashore); ***door** ~ ingesloten* landlocked; ***naar** ~* to the shore; ***over** ~ reizen* travel by land, overland; ***te** ~ en te water (ter zee)* by land and sea; *strijdkrachten te ~* land forces; *te ~ komen, zie* belanden; *van ~ steken, zie ook* van ~ steken; **2** *(staat)* country, *(deftiger)* land; *(platte~)* country; *het ~ van **belofte**, beloofde ~* the promised land; *'s ~s **wijs**, 's ~s eer* when in Rome do as the Romans do; *zijn naam is **door** het hele ~ bekend* his ... is a household word; *de winter (de haring) is **in** het ~* winter is here (herrings have come in); *in het ~ met verlof* [be] home on leave; *ver het ~ in* far up-country; ***op** het ~* [live] in the country, [work] on the land; *bij ons **te** ~e* in our country, with us; ***uit** welk ~ komt u?* what country are you from?, what nationality are you?; *zie ook* zetten; *een meisje **van** het ~* a country girl; *voor rekening van den Lande* Government paid, at Government expense; **3** *(stuk ~)* field; *~je* piece of ground; **4** *(grond, grondbezit)* [own a great deal of] land, estate(s); **5** *(streek)* country; **6** *(fig)* land [he is still in the land of the living]; *het ~ der **dromen** (der **verbeelding**)* dreamland (the realm of fancy)
landaanwinning land reclamation
landaard 1 national character; **2** *(nationaliteit)* nationality
landadel landed nobility
landarbeider farm worker, agricultural labourer
landauer landau
landaulet landaulet
landbewoner countryman (*mv:* country folk, country people)
landbezit landed property; *(wijze van bezit)* land tenure [in Java]
landbezit(s)ter landowner, landed proprietor (*vr:* proprietress)
landbouw arable farming; *(en veeteelt)* agriculture, husbandry; *zie ook* minister(ie)

landbouwareaal (total) agricultural area
landbouwbank agrarian bank
landbouwbedrijf 1 farm (enterprise), agricultural enterprise (industry, holding); **2** agriculture, ploughland (*of:* arable) farming
landbouwconsulent agricultural expert (adviser)
landbouwer farmer, agricultur(al)ist
landbouwgereedschappen agricultural implements
landbouwgewas crop (plant)
landbouwgrond agricultural (*of:* farming) land
landbouwhogeschool *zie* landbouwuniversiteit
landbouwhuishoudkunde (rural) home economics
landbouwindustrie agribusiness
landbouwkredietbank agricultural credit bank
landbouwkunde agriculture, agricultural science, agronomy
landbouwkundig agricultural
landbouwkundige agriculturist, agronomist
landbouwmachines farm machinery
landbouwproducten agricultural (*of:* farm) produce
landbouwproefstation agricultural experiment(al) (*of:* research) station
landbouwschool agricultural school
landbouwtentoonstelling agricultural show
landbouwtractor, landbouwtrekker farm tractor
landbouwuniversiteit agricultural university, university of agriculture
landbouwwerktuig agricultural implement; *~en* agricultural equipment
landdag 1 *(parl)* diet; *zie ook* Pools; **2** *(ve pol partij, enz)* convention
landdier land animal
landdrost bailiff, sheriff
landedelman country nobleman
landeigenaar landed proprietor, landowner
landeigendom landed property, real estate
landelijk 1 rural; *(vaak boers)* rustic; pastoral [scene]; **2** national [daily *dagblad*, committee, élite], countrywide, nationwide [interest]
landelijkheid rurality; rusticity
landen I *intr* land, disembark, go ashore; *(luchtv)* land, descend, touch down; *(op water)* alight, land; **II** *tr* land [a fish, a plane], disembark [passengers]
landengte isthmus, neck of land
landenploeg national team
land- en volkenkunde geography and ethnography
landenwedstrijd international (match)
land- en zeemacht Army and Navy
landerig bored, down, in the dumps, disgruntled, listless; *het maakt je ~* it gives you the hump
landerigheid the blues (dumps), listlessness
landerijen landed property (*of:* estates); farmlands
landgenoot, landgenote (fellow) country(wo)man, compatriot; *-genoten, (in den vreemde)* [British] nationals [in China, etc]
landgoed country seat, (landed) estate, property
landgraaf(schap) landgrave (-graviate)
landgravin landgravine
landgrens 1 land frontier; **2** *zie* landsgrens
landhaai *(uitzuiger v zeelui)* land shark
landheer 1 landowner, landed proprietor; **2** *(vs pachter)* landlord
landhoeve farm
landhoofd land abutment, abutment pier
landhuis country house; *~je* cottage
landhuishoudkunde rural economy
landhuishoudkundige rural economist
landhuisjesstof casement cloth
landhuur land rent
landijs ice sheet, ice cap
landing landing, disembarkation; *(ve vliegt)* descent, landing, touchdown
landingsbaan *(ve vliegt)* runway
landingsbaken landing beacon
landingsboot landing craft
landingsbrug gangway
landingsgestel *(ve vliegt)* undercarriage, landing gear
landingsklep *(ve vliegt)* (trailing edge) flap
landingslicht 1 runway light; **2** *(v vliegt)* landing light
landingsmast *(ve luchtschip)* mooring mast
landingsplaats landing place; *(drijvend)* landing stage
landingssnelheid *(ve vliegt)* landing speed
landingsstrook airstrip
landingstouw mooring rope
landingstroepen landing forces
landingsvaartuig landing craft
landinrichting land use
landinwaarts inland, up-country
landjepik, landjeveroveren *(fig vglb)* beggar-my-neighbour
landjonker (village) squire
landjuweel *(hist)* dramatic contest
landkaart map
landkaartformaat double spread
landklimaat continental climate
landkrab land crab; *(fig)* landlubber
landleger land forces
landleven country life, rural life
landlieden country people, country folk
landloopster, landloper tramp, vagrant, vagabond; *(Am)* hobo
landloperij vagrancy, vagabondage, wandering
landmacht land forces
landmail overland mail
landman *zie* buitenman & landbouwer
landmeetkunde geodesy
landmerk landmark
landmeten surveying
landmeter surveyor; *(rups)* looper, geometer
landmetersketting surveying chain, Gunter's chain
landmijn *(mil)* landmine
landnummer *(telec)* international code
landontginner reclaimer (of land)
landontginning land reclamation

landouw field, lea, pasture
landpaal boundary post (*of:* mark), frontier
landpacht land rent
landrat landlubber
landreis journey by land, overland journey (trip)
landrente land tax, land revenue
landrit cross-country ride
landrot landlubber
landroute overland route
landsadvocaat 1 *(hist) zie* raadpensionaris; **2** government attorney
landsbelang national interest
landschap landscape *(ook schilderij);* scenery [imposing scenery *een indrukwekkend ~*]; region, district
landschappelijk of the landscape
landschapsarchitect landscape gardener
landschapschilder landscape painter (*of:* artist), landscapist
landschapspark *(vglb)* national park
landschapsschoon scenic beauty
landscheiding boundary
landschildpad land tortoise
landsdeel region, province
landsdienaar public servant
landsgrens national frontier, border
landsheer sovereign lord, ruler of the country
landsheerlijk sovereign
landskind native, child (son) of the soil
landsknecht lansquenet
landslieden (fellow) countrymen
landsman (fellow) countryman; *wat is hij voor een ~?* what country does he come from?
landsregering national (*of:* central) government
landstaal 1 vernacular (language), mother tongue; **2** national language
Landstorm *(hist Br vglb)* Home Guard
landstreek part of the country, region, district, quarter
landstrijdkrachten land forces
landsverdediging national defence
landsvrouwe [our] sovereign lady
landszaak national cause
landtong spit (tongue, neck) of land, headland
landvast *zn (mar & v luchtschip)* mooring rope
landverhuizer emigrant
landverhuizing emigration
landverraad (high) treason
landverrader traitor (to one's country)
landverschuiving landslide *(ook fig); (klein)* landslip
landvolk country people; peasantry
landvoogd governor (of a country), viceroy; *(Ind)* governor-general
landvoogdes 1 governess (of a country); **2** *(vrouw vd landvoogd)* vicereine
landvoogdij governorship
landwaarts landward(s); *~ in* inland
landwacht *(1940-45)* Quisling militia
landweg 1 country road, lane; **2** overland route
landwijn local wine, country wine
landwind land breeze
landwinning land reclamation
landzaat native
landzijde landward side, landside
lang I *bn, bw* **1** *(lengte, afstand)* long; *3 mijlen ~, (ook)* three miles in length; *nogal (vrij) ~* longish [a longish ride]; *(v gestalte, enz)* tall [person, grass]; *hij is 6 voet ~* he is six feet high (tall), *(met zijn schoenen aan)* he stands six feet in his shoes; *~e **as**, (v ellips)* major axis; *~e **broek*** long trousers (pants); *een ~ **gezicht**, (fig)* a long face, a face as long as a fiddle; *een ~ gezicht zetten* pull a long face; *~e **hond*** greyhound; *~ **papier*** long bills, long paper; *~ **geen** honderd* far short of a hundred; *hij is ~ geen slechte vent (geen gek)* he is not a bad fellow at all (far from being a fool); *~ **niet, bij** ~e (na) niet* not nearly [so old as you], not by a long way (*fam:* [they are not the worst] by a long chalk, a long shot); *je hebt het bij ~e na niet geraden* your guess is wide of the mark (is altogether wrong); *~ niet allen (allemaal)* not nearly all, by no means all; *het is ~ niet kwaad* not at all bad; *~ niet groot genoeg* far from big enough; *hij is ~ niet zo rijk* not nearly (nothing like, not anything like) so rich; *~ niet zoveel als ik nodig had* nothing like what ...; *~ niet zo goed als ..., (ook)* far from being so good as ...; *ze was ~ niet meer wat ze geweest was* she was not a patch on what she had been; *hij viel **zo** ~ hij was* he measured his length on the ground; *het is zo ~ als het breed is* it is as broad as it is long, it is six of one and half a dozen of the other; **2** *(tijd)* long, a long time, [it won't satisfy him] for long; *~e uren werken* work long hours; *dat doe je niet ~ achter elkaar* you can't do that for any length of time; *hij is **al** ~ dood (weg)* he has been dead (gone) a long time; *je had al ~ in bed moeten liggen* you should have been in bed long ago; *ben je hier al ~?* have you been here long?; *die hervorming had al ~ moeten plaatshebben* the reform is long overdue; *iem die al ~ klant is* a customer of long standing; *~ **bezig** zijn over iets* be long (take a long time) over s.t.; *hij (succes) **blijft** ~ uit* he (success) is long in coming; *wat ben je ~ uitgebleven!* what a time you have been!; *hij bleef ~er dan ons lief was* he outstayed his welcome; *iets ~ en **breed** bespreken* discuss a thing at great length; *ik kan **geen** uur ~er wachten* I cannot wait another hour; ***hoe** ~ zal je het **nog** verdragen?* how much longer are you going to stand it?; *~ zal hij **leven**!* long life to him; *(toezang, vglb)* for he's a jolly good fellow; *een **tijd** (een jaar) ~* for a time (a year); *10 jaren ~* for a period of 10 years; *zijn leven ~* all his life; *men praatte er **uren** ~ over* they talked about it by the hour (for hours together); *de avonden **vallen** mij ~* the evenings drag with me; *de tijd viel hun ~* time hung heavy on their hands; *~er **worden**, zie* lengen; *ik heb hem **in** ~ (in ~e jaren) niet gezien* I have not seen him for years

(for a long time; *(fam)* for yonks); *we zijn er nog ~ niet, (ook fig)* we (still) have a long way to go; ***op** zijn **langst** kan het tot morgen duren* at the furthest (the outside) it can only last till tomorrow; *~ **van stof*** long-winded; *zie ook* doen, hoe, jaar, maken, [2]meer II.5, tand, vinger, enz; **II** *zn: in **het** ~* in a long (in evening) dress

lang aanhoudend long-continued [unrest]

langarmig long-armed

langbeen 1 long-shanks; **2** *(spin)* harvestman, *(Am ook)* daddy-long-legs; **3** *zie* langpootmug; **4** *(ooievaar)* stork

langbek *(vogel)* longbill

langbenig long-legged, long in the leg

langdradig long-winded, tedious, prolix

langdradigheid long-windedness, prolixity

langdurig long [war], lasting [friendship], long-established [relations], prolonged [stay, absence], protracted [it is going to be a protracted affair], lengthy [business], long-standing [rivalry], long-term [agreement, sentence *vonnis*], long-time [friends]

langdurigheid length, long duration

langeafstand(s)- long-distance [bomber, flight, march, race, runner]

langebaan- long-distance [race, skater]

langetermijn- long-term [forecast, planning, policy]

langgehoopt long hoped-for

langgerekt elongated [face, figure]; long-drawn (out) [tone, negotiations], protracted [hearing *verhoor*]; *zie ook* langdurig

langgevreesd long-dreaded

langgewenst long wished-for

langhals long-necked person (*of:* bottle)

langharig long-haired

langjarig of long standing, of many years' duration

langlauf(en) langlauf, cross-country skiing

langlevend long-lived

langlevendheid longevity

langlopend long-term [credits]

langoest spiny lobster, langouste

langoor long-ear(s); donkey, hare, rabbit

langoureus languorous

langoustine langoustine

langparkeerder long-term parker

langpoot 1 long-legged person; **2** *(hooiwagen)* harvestman; **3** *zie* langpootmug

langpootmug daddy-long-legs, crane-fly

langs 1 *(in de lengte, richting van)* along [houses along the road]; *hier ~, alstublieft* this way, please; *planken ~ de muren* boards round the walls; *~ een andere weg* [return] by another route; *~ de hele weg* all along the road, the whole (entire) length of the road; *er staan bomen ~ de weg* the road is bordered by trees; ***dicht** ~ de kust varen* hug the coast; **2** *(voorbij)* [drive, hurry, ride] past; *~ mijn huis* [he came, etc] past my house; *~ **elkaar** heen praten* talk (be) at cross-purposes; *~ elkaar heen leven* live separate lives; ***er** ~ gaan* pass (by); overtake; *hij **komt** hier dikwijls ~* he often passes (comes) this way; ***lopen** (varen, enz) ~* skirt [the wood, the coast], pass along; *hij **praatte** ~ mij heen tegen haar* he talked to her across me; ***achter (voor)** het paard ~ gaan* pass behind (in front of) ...; ***bij** iem ~ gaan (komen), zie* aangaan; *even ~ lopen bij iem* drop in on a p.; ***onder** een ladder ~* [go] under a ladder; *ik gaf hem er **van** ~* I gave him what for, let him have it, laid into him [with a whip, etc], gave him a sound thrashing; *geef ze er ongenadig van ~!* give them hell!; *hij kreeg er van ~* he got it hot, caught it properly; **3** via

langschedelig long-headed, dolichocephalic

langsdoorsnede longitudinal section

langslaper late riser, lie-abed

langsnavel long-bill

langsom: *(van) ~* ever [more]

langspeelplaat LP, long-player, long-play(ing) record

langsrichting longitudinal direction; *in de ~* longitudinally

langsscheeps fore and aft

langstaart long-tail; *(attr)* long-tailed [duck, tit *mees*]

langstlevend longest-lived; surviving [spouse *echtgenoot*]

langstlevende longest liver, survivor

langsverband *(techn)* stringer

langszij alongside

languit (at) full length; *hij viel ~ op het ijs* he measured his length on the ice

langverbeid, langverwacht long-expected, long looked-for

langvezelig long-staple [cotton]

langvingerig 1 long-fingered; **2** *(fig)* light-fingered

langvleugelig long-winged; *(wtsch)* longipennate

langvoetig long-footed; *(wtsch)* longiped

langwerpig oblong [form]; *~ rond* oval

langwijlig *zie* langdradig

langzaam slow *(ook fig)*, tardy, lingering; *langzame betaler* slow payer; *een langzame dood sterven* die by inches; *langzame verlamming* creeping paralysis; *~ maar zeker* slow but (and) sure; *zeer ~* dead slow; *~ vooruit (achteruit), (mar)* easy ahead (astern); *~ **aan!*** easy!, steady!; *zo ~ aan* gradually; by and by, before long; by now; *~ aan, dan breekt het lijntje niet* easy does it; *vgl* langzamerhand; *langzamer gaan rijden (werken, enz)* slow down, slack off, slacken speed, ease up; *langzamer laten gaan* slow down [the car]; *~ (rijden)!* drive (go) slowly!; *~ te werk gaan* go slow; *~ spreken* speak slow(ly), *(gewoonte)* be slow of speech; *zie ook* haasten

langzaam-aan-actie go-slow strike

langzaamheid slowness, tardiness

langzamerhand little by little, by degrees, gradually; *~ ging het slechter (beter) met hem* little by little he took a turn for the worse (gradually he improved); *het water zal nu wel ~ koken* the ... will be boiling by

now; *ik word het ~ beu* I'm getting (beginning to get) tired of it; *hij zal het nu ~ wel weten* he will know it (must have got the point) by now; *zo ~ moeten we een vervanger zoeken* we shall have to find a replacement before long
langzichtwissel long(-dated) bill
lankmoedig long-suffering, patient
lankmoedigheid long-suffering, long-sufferance, patience
lanoline lanolin
lans lance; *een ~ breken met* break a lance with; *een ~ breken voor* break a lance for, stand up for; *zie ook* vellen
lansier lancer; *de ~s, (dans, eig lanciers)* the lancers
lantaarn lantern [fish, wheel, slide *plaatje*]; *(ve dak, ook)* skylight; *(fiets-, straat~)* lamp; *grote ~ en weinig licht* big in body, but weak in brain; *die moet je met een ~(tje) zoeken* they don't grow on (the) bushes, they are few and far between; *~ van Aristoteles* Aristotle's lantern
lantaarndrager lantern bearer; *(insect)* lantern fly
lantaarnopsteker lamplighter
lantaarnpaal lamppost, lamp standard; street light
lantaarnvis lantern fish
lanterfant *zie* lanterfanter
lanterfanten loiter, idle, loaf, lounge (about)
lanterfanter loiterer, idler, loafer
lanterlu *(kaartsp)* loo
Laodiceeër Laodicean
Laos Laos; *van ~, Laotiaans, Laotisch* Laotian
lap 1 piece [of cloth, meat, skin], length [of cloth]; *(afgeknipt)* cutting; *(afgescheurd)* rag, tatter; *(restant)* remnant; *(op kledingstuk)* patch; *(om te wrijven, enz)* cloth; *(zeem)* shammy; *~pen, (bij opruiming)* remnants, odd lengths; *(knipsels)* clippings; *(zeer) ~je* bandage, rag [on one's finger]; *een ~je van 20* a twenty-euro note; *iem **voor** het ~je houden* make fun of a p., pull a p.'s leg; ***gezicht** van ouwe ~pen* sour face; *de ~pen **hangen** erbij* it is in rags (in tatters); *het werkt op hem als een **rode** ~ op een stier* it is a red rag to him, it's like a red rag to a bull; *alle ~pen **uithangen**, (mar)* spread every bit (crowd every stitch) of canvas; *de jas zat **vol** ~pen* the ... was full of patches; ***op** de ~pen gaan* go on the razzle; *zie ook* afvliegen; **2** *~(je) grond* patch (plot) of ground, piece of land, *(met aardappelen, enz)* potato patch, etc; **3** *(vlees)* slice; *(bak~, runder~je, enz)* steak; **4** *(klap)* slap [in the face], box [on the ears]; **5** *(ronde)* lap
Lap Lapp, Laplander, Sami
laparoscoop laparoscope
lapel lapel
lapidair lapidary [style, etc]
lapidarist lapidary
lapis: *~ (lazuli)* (lapis) lazuli
lapjeskat tortoiseshell (cat)
Laplander Laplander, Lapp, Sami
Laplands Lappish
lapmiddel makeshift, palliative, stopgap; [policy of] tinkering
lappen 1 patch, piece, mend; cobble, patch (up) [shoes]; *(met zeem)* shammy [windows]; *zie ook* laars; **2** *(fig)* manage (it); *hij lapt **het** hem wel* he'll manage it, he is sure to bring (pull) it off, he'll get there; *het 'm prachtig ~* get there with both feet; *wie heeft me **dat** gelapt?* who let me in for this?, who played me that trick?; *dat heb je 'm vlug gelapt* that's pretty quick work; *dat heb ik 'm goed gelapt, hè?* not a bad job, eh?, *(Am)* how's that for high?; *dat zal hij me niet zo gauw weer ~* he won't do that again in a hurry; *iem erbij ~* blow the whistle on a p.; *erdoor ~, zie* doorjagen: er ~; **3** *(sp)* lap [an opponent]; **4** *(fam)* collect (money), have a whip-round
lappendeken 1 patchwork quilt; **2** *(fig)* patchwork
lappenmand: *in de ~ zijn* be on the sick list, be under the weather, be crocked up
lappenpop rag doll
lappenschijf cloth wheel
lapper patcher; *(schoen~)* cobbler
Laps Lapp
lapsus lapse, slip; *~ calami (linguae, memoriae)* lapsus calami (linguae, memoriae); slip of the pen (the tongue, the memory)
lapwerk patchwork *(ook fig); zie ook* lapmiddel
lapzalf quack remedy
lapzwans wet, drip
lardeerpriem larding pin, larding needle
lardeersel, lardeerspek lard
larderen lard
larf larva
larie(koek) stuff and nonsense, flapdoodle, humbug, [it's all] moonshine, [a load of] codswallop; *larie!* fiddlesticks!
lariks larch
larmoyant tearful, plaintive, lachrymose, *(fam)* weepy
larve larva (*mv:* -vae), grub; *~n voortbrengend* larviparous; *(attr)* larval [state]
laryngaal laryngeal
laryngitis laryngitis
laryngoscoop laryngoscope
larynx larynx
las I *zn* **1** *(hout)* joint; *(metaal)* joint, weld, seam, *(schuin)* scarf; *(film)* splice; *(plastic)* seal; **2** *zie* lasplaat; **II** *ww ovt van* lezen
lasapparaat welder
lasbaar weldable
lasbrander welding torch
lasbril welding goggles
lasdoos *(elektr)* junction box
lasdraad electrode
laser laser [angioplasty, beam, printer, surgery]
lasnaad weld
lasplaat *(v rails)* fish-plate
lassen *(ijzer)* weld; *(hout)* joint, scarf; *(met zwaluwstaart)* dovetail; *(met tap en gat)* tenon, mortise

lasser welder

lasso lasso, lariat; *met een ~ vangen* lasso, rope

lasstaaf welding (*of:* filler) rod

last 1 *(vracht)* load, burden; *(lading)* load, *(ve schip)* cargo; *de ~* ***breken,*** *(mar)* break bulk; **2** *(maat)* 30 hectolitres; *(haring)* 14 barrels; *(scheeps~)* 2 tons; *een schip van 200 ~* a ship of 400 tons' burden; **3** *(wat drukt)* burden [of taxation], weight [on one's mind], load [on one's shoulders]; *(hinder)* trouble, [the noise] nuisance, bother; *iem (veel) ~ bezorgen (aandoen)* give a p. (a great deal of) trouble, put a p. to (great) inconvenience; *~ veroorzaken* cause (give, make) trouble, make o.s. a nuisance [to everybody]; *ik* ***heb*** *~ van mijn rug* my back is troublesome (is troubling me); *heb je hier ~ van muizen?* are you bothered with mice here?; *zie ook* hinder; *ik heb geen ~ van hen* they don't give me any trouble; *zorg dat men geen ~ van je heeft* don't be a nuisance (make a nuisance of yourself); *hij heeft ~ van duizelingen* he is liable (subject) to fits of dizziness; *heb je ~ van mijn sigaar?* does my cigar bother you?; *hij had er een hoop ~ mee* he had a lot of trouble with it; *je* ***krijgt*** *~ met die jongen* that boy will give you trouble; *daar krijg je ~ mee (van)* it will get you into trouble; *hij is een ~ voor* ***zichzelf*** *en zijn ouders* he is a burden to himself and his parents; *toen was Leiden (Holland)* ***in*** *~, (fig), a)* then there was the devil to pay; *b)* now we (they) were in a fix; *gebogen* ***onder*** *de ~ der jaren* bowed down under the burden of years; *hij was zijn moeder* ***tot*** *~* he was a burden on his mother; *hij maakte haar het leven tot een ~* he made her life a burden; *ik ben u toch niet tot ~?* I am not in the way, I hope?; *meer tot ~ dan tot hulp* more hindrance than help; **4** *(verplichting)* charge; *~en* rates and taxes, charges; *hij zit op zware ~en* his expenses are very high; ***ten*** *~e komen van* be chargeable to; *ten ~e van het Rijk (de gemeenschap) komen, (ook)* become a public charge; *de belasting komt ten ~e van de verhuurder* the tax is borne by the landlord; *onkosten (komen) te uwen ~e, (handel)* charges are for (will be debited to) your account; *hij legde het mij ten ~e* he charged me with it, laid it to my charge (at my door); ***tot*** *zijn ~ hebben* have to support; **5** *(opdracht)* instruction(s), order, command, *(jur)* injunction; *~ (instructies)* ***geven*** give instructions, instruct; ***(in)*** *~* ***hebben*** *te ...* be charged (instructed) to ...; *~* ***krijgen*** receive instructions, be instructed; *de boedel aanvaarden* ***met*** *alle ~en* accept the estate with all its encumbrances; ***op*** *~ van* by order (the orders) of; *zich kwijten* ***van*** *zijn ~* acquit o.s. of one's obligations

lastarm *(ve weegschaal)* weight arm

lastbrief mandate

lastdier beast of burden, pack animal

lastdrager porter

lastendruk [increasing, reducing the] burden of taxation (on the taxpayer, tax burden)

lastenverzwaring increased burden of taxation, *(Am ook)* tax hike

laster slander, calumny, defamation; *zie verder* smaad

lasteraar(ster) slanderer, calumniator, defamer, mudslinger

lastercampagne smear campaign

lasteren slander, calumniate, defame, vilify, cast aspersions on; *God ~* blaspheme (God)

lastering slander, calumny, vilification; *(gods~)* blasphemy

lasterlijk slanderous; defamatory [statement]; *(gods~)* blasphemous

lasterpraatje (piece of) scandal; *~s* scandal, malicious gossip, backbiting

lasterschrift (defamatory) libel

lastertaal slanderous (defamatory) language

lastertong slanderous tongue; *(pers)* scandalmonger

lastezel pack donkey; *(fig)* drudge, *(Am)* packhorse

lastgeld tonnage, duty per ton

lastgever principal

lastgeving instruction(s), commission, mandate

lasthebber mandatary, agent

lastig 1 *(netelig)* ticklish, delicate [question, position], trying [situation], knotty [point]; *~ als je wat krijgt* [alone in the house?] awkward if you fall ill; *dat is het ~e van het geval* that's the awkward part of it; *~* ***vallen*** trouble (*met* about) importune, worry, badger [*om* for], annoy; pester [he was always pestering her to marry him], press [his creditors are pressing him]; *(euf)* harass, molest [women]; *(door vrouw op straat)* solicit [a man]; *ik zal u daarmee niet ~ vallen* I'll not bother you about that; *~* ***worden*** become troublesome, make a nuisance of o.s.; **2** *(ongelegen)* inconvenient, awkward [such a call is awkward in the middle of your work]; *haar vriendelijkheid was werkelijk ~* her ... was really embarrassing; **3** *(moeilijk)* difficult, hard; embarrassing [position]; *een ~* ***geval*** a difficult (*of:* hard) case; *ze zullen het haar niet ~* ***maken*** they won't make it difficult for her; *zijn schuldeisers maakten het hem ~* his creditors pressed him hard; *een ~e* ***vraag,*** *a)* a difficult question, poser, teaser; *b)* an awkward (embarrassing, a delicate) question; **4** *(veeleisend)* exacting, hard to please; **5** *(vervelend)* annoying; *(moeilijk te regeren)* difficult, troublesome [child], problem [child]; *een ~e kerel* a troublesome fellow; *~e leeftijd* awkward age; *de kleine* ***is*** *nogal ~ vandaag* baby is rather fractious today; *wat ben je ~!* what a nuisance you are!; *ze is ~, (ook)* she is bothersome

lastlijn load line

lastpaard packhorse

lastpak handful

lastpost nuisance, bore; *(ve pers, ook)* [he, she, is a bit of a] handful

lastpunt *(ve hefboom)* weight

lat 1 lath; *(doellat)* crossbar; *(v jaloezie)* slat, lath; *aan de ~ten hangen, (fig)* be on the rocks; *op de ~ kopen* buy on tick; *zie ook* mager; **2** *(pers)* beanpole

latafel 1 chest of drawers, commode; **2** table with drawer

laten 1 *(toelaten)* let, permit, allow [she allowed him to lead her from the room; have you allowed the stove to go out?; he allowed himself to be persuaded]; *(vero)* suffer; *iem **tijd*** ~ give (allow) a p. time; *dat laat **zich** niet ontkennen* there's no denying that; *zich ~ leiden* let o.s. be guided; *hij laat zich niet overtuigen* there is no convincing him; *het laat zich gemakkelijk verklaren* it is very easily explained; *het laat zich goed lezen* it reads well; *hij liet zich niet troosten* he would not be comforted; *het laat zich niet vertalen* it cannot be translated; *het laat zich niet beschrijven* it is indescribable, it beggars (defies) description; *zijn gedrag laat zich niet verontschuldigen* his ... admits of no excuse; *de lamp ~ **branden*** leave the lamp burning; *ik heb mijn paraplu bij u ~ **staan*** I left my umbrella at your house; *hij liet het (een opmerking) **vallen*** he dropped it (let fall a remark); *ik heb me ~ **vertellen*** I am told; *laat meneer **in** mijn kamer (boven)* show the gentleman into my room (up); **2** *(onderstellen)* let [let ABC be any triangle]; **3** *(in een toestand ~, ergens ~)* leave [leave things as they are; leave it here]; *het ~ voor wat het is* leave the matter there, let it rest; *iem ver **achter zich*** ~ leave a p. far behind, outdistance (outstrip) a p.; ***waar** zal ik het ~?* where shall I put it?; *waar heeft hij het geld gelaten?* what has he done with the money?; *waar hij dat alles (nl zijn eten) laat, is een raadsel* where he puts it all is ...; *men liet hem **zonder** hulp* he was left to his own resources; **4** *(ophouden met)* stop, leave off; *het drinken (roken)* ~ leave off (give up) drinking (smoking), cut out the drink (smoking); *het roken ~, (ook)* [he cannot] keep from smoking; *ik kan het niet* ~ I cannot help it; I cannot break myself of the habit; *je kunt het net zo goed ~ (ze waardeert het toch niet)* you might just as well not, ...; *hij liet het daar niet **bij*** he did not stop at that; *we zullen het hierbij* ~ we'll leave it (let it go) at that; *we kunnen het hierbij niet* ~ the matter cannot rest here; *laat **dat**!* stop it!, don't!; ***doe** wat je niet ~ kunt* (go ahead) if you really must, just as you please; *laat **maar**, (het hoeft niet)* don't trouble; *dat zal je wel* ~ you'll do nothing of the kind; *laat dat praten* stop talking; **5** *(verzuimen)* omit, help, forbear; **6** *(zorgen, dat iets gebeurt)* have, make, cause, get; *(opdracht geven)* order, command, tell, *(vero)* bid; *ze zullen hem ~ betalen* he will be made to pay; *(ter opwekking)* let [let us go on]; *laat ons bidden* let us pray; *laat hij maar oppassen* he'd better look out; *~ we niet vergeten* ... let's not forget ...; *laat hij nu ook Piet heten!* (what) if he too wasn't called ...; ~ ***gaan (halen, komen, staan)**, zie* gaan, enz; *een huis ~ **bouwen*** have a house built; *we zullen A ons huis ~ bouwen* we'll get A to build our house; *laat het dadelijk **doen*** get it done at once; ~ ***maken*** have ... made [where do you have your clothes made?]; *(repareren)* have ... repaired; *het bad ~ **vollopen*** fill the bath; ~ ***vragen*** send to inquire (to ask); *ze lieten hem in de tuin **werken*** he was set to work in the garden; *ik zal het je ~ **weten*** I'll let you know, send (write) you word; *Shakespeare laat Hamlet **zeggen** ...* S makes (has) H say ...; *dat laat ik me door jou niet zeggen (toevoegen)* I won't take that sort of talk (of remark) from you; ~ ***zien*** show; produce [a ticket]; *ik liet hem het museum zien* I showed him over the ...; *laat eens zien, wat wou ik zeggen* let me see, what ...?; *iets moeten ~ zien, (fig)* have to put up a good show; **7** *(overlaten) ik kan het u ~ **voor** £5* I can let you have it for £5; **8** *(laten gaan) (ader~)* bleed; *(vero)* let blood; *een **wind** ~, er een ~ **vliegen*** break wind; *een **zucht*** ~ heave a sigh; *zie ook* begaan, hoofd, [2]horen, leven, [2]wel II, werken, zitten, enz

latent latent [aggression, feelings, heat, infection], dormant [abilities], potential [energy]

later I *bn* later; *in ~e jaren* in after years; *op ~e leeftijd* at an (a more) advanced age; *maar het wordt ~, (ook)* but time is getting on; **II** *bw* later; *(naderhand)* afterwards, later on, subsequently; *even* ~ by and by, presently; *maar daarvan* ~ but of that later; *ik kom hier ~ nog op terug* I shall come back to this point; *zie ook* laat

lateraal lateral

Lateraan Lateran [basilica, Councils]; *verdrag van Lateranen* Lateran Treaty (*of:* Pact)

latertje: *dat wordt een* ~ it will be late before we are finished (we get home, the party is over, etc)

latex latex [emulsion, paint]

lathyrus *(pronkerwt)* sweet pea; *(wild)* vetchling

latierboom stable bar

Latijn Latin *(ook pers)*; *dat is ~ voor me* that is Greek to me; *aan het eind van zijn* ~ at the end of his tether

Latijnen Latins

Latijns Latin [alphabet, language, America]; *~e school, (hist)* grammar school

latijnzeil lateen

latiniseren latinize

latinisme Latinism

latinist Latinist, [a good] Latin scholar

latiniteit Latinity

latitude latitude

latitudinaal latitudinal

latoen latten

lat-relatie: *ze hebben een* ~ they are living apart together

latrine latrine

latten 1 *ww & bn* lath; **2** live apart together

lattenbodem slatted base

latuw lettuce

latwerk lathwork, lathing; *(inz voor leibomen)* trellis; *(hekwerk)* lattice

laudanum laudanum

laudatio laudation, laudatory address

lauden lauds

laureaat (poet) laureate

laurier laurel, *(inz culinair)* bay
laurierbes laurel berry
laurierblad laurel leaf, *(inz culinair)* bay leaf
laurierboom laurel (tree), bay (tree)
laurierkers cherry laurel
laurierroos oleander
lauw tepid, lukewarm; *(fig meest)* lukewarm, half-hearted
lauwer laurel [branch], bay *(meestal mv); ~en behalen* reap laurels; *op zijn ~en rusten* rest on one's laurels (one's oars)
lauweren crown with laurels; *(hist)* laureate
lauwerkrans laurel wreath
lauwerkroon crown of laurel
lauwhartig lukewarm
lauwheid, lauwte tepidness, tepidity, lukewarmness, half-heartedness; *vgl* lauw
lava lava
lavaglas obsidian, vitreous lava
lavas lovage
lavastroom lava stream, lava flow
laveloos *(fam)* soaked, sloshed, blotto
lavement enema; *een ~ zetten* administer an enema [to a p.]
lavementspuit enema (syringe)
laven refresh; *(fig)* comfort, assuage; *zich ~* refresh o.s., slake (*of:* quench) one's thirst
lavendel lavender [blossom, oil, water]
laveren tack (about), beat (up) against the wind; *(fig)* tack, shift, steer a middle course, navigate
lavet lavette
laving refreshment
lawaai noise, din, tumult, uproar, hubbub, hullabaloo, racket; *(kouwe drukte)* showing off; *hels ~* pandemonium; *zie* herrie
lawaaidoofheid boilermaker's disease
lawaai(er)ig noisy, uproarious [laughter], tumultuous [welcome]; knockabout [performance, play, comedian], rough-and-tumble [farce]
lawaaimaker noisy person; *(opschepper)* show-off
lawaaioverlast noise nuisance
lawaaisaus thin gravy
lawaaivervuiling noise pollution
lawine avalanche, snow-slip
lawinegevaar avalanche risk
lawinereactie *(nat)* avalanche breakdown
laxans, laxatief, laxeerdrank, laxeermiddel laxative, opening medicine, aperient
laxeerpil purgative pill
laxeren purge, open the bowels
laxerend laxative, aperient
laxisme laxism
lazaret lazaret(to)
lazarus leper; *~ zijn, (sl)* be sloshed (blotto); *zich het ~ schrikken* be frightened to death
lazarusklep *(hist)* leper's clapper
lazer *(plat)* body; *op zijn ~ geven (krijgen)* give (get) a hiding
lazeren 1 *tr* chuck, hurl; *intr* drop, fall, tumble [down the stairs]; **2** make a fuss
lazuren azure
lazuur lazulite
lazuurblauw azure
lazuursteen lapis lazuli
LCD-scherm LCD (screen)
leb(be) rennet
lebberen lap, sip, lick (up)
lebenzym rennin
lebmaag abomasum, proper stomach
lecithine lecithin
lector *(univ)* reader [in biochemistry]; *(r-k)* lector; *(uitgeverij)* publisher's reader
lectoraat readership
lectrice (woman) reader [to the Queen]
lectuur reading (matter); literature [on Madeira]; *prettige ~* agreeable reading [the report makes pleasant (*weinig prettige:* dismal) reading]; *ik zoek wat ~* I am looking for something to read
lectuurbak *(vglb)* magazine rack
ledemaat limb, member (of the body); *achterste (voorste) ledematen* hind limbs (forelimbs); *zie ook* lid
ledenlijst list (roll) of members, membership list
ledenpop lay figure, dummy (figure), manikin; *(fig)* puppet, figurehead
ledental membership (figures) [the membership is 800]
ledenvergadering general meeting
ledenwerving membership recruitment
leder *zie* [1]leer
lederen leather
lederhuid corium; *zie* onderhuid
lederkarper leather carp
lederschildpad leatherback (turtle), leathery turtle
lederwaren leather goods, leather articles, leatherware
ledig 1 *(nietsdoend)* idle; **2** *zie* leeg
ledigen empty
lediggang idleness
lediggang(st)er idler
ledigheid 1 idleness; *~ is des duivels oorkussen* idleness is the parent of vice, the devil finds work for idle hands to do; **2** emptiness; *vgl* leeg
ledikant [single, double] bed(stead); *~je, (voor kind)* cot
lee waist; *het op zijn ~ hebben* be in a tantrum
leed I *zn* **1** *(smart)* grief, affliction, sorrow, distress; *het doet mij ~* it grieves (pains) me; *het doet me ~ dat…* I am sorry (I regret) that…; **2** *(letsel)* harm, injury, hurt; **II** *bn: met lede ogen, a)* with regret; *b)* with envious eyes; **III** *ww ovt van* lijden
leedvermaak malicious pleasure (at the misfortune(s) of others), unholy glee
leedwezen regret; *met ~* with regret; *tot mijn ~* to my regret; *tot mijn ~ moet ik zeggen…* I regret (am sorry) to say…

leefbaar 1 pleasant to live in, liveable [surroundings]; **2** viable
leefbaarheid 1 liv(e)ability, amenities [of an industrial area], bearable living conditions; **2** viability
leefeenheid family unit, household
leefgemeenschap 1 commune; **2** [monastic] community
leefgewoonte mode of life (of living)
leefklimaat social climate
leefmilieu environment
leefnet keep net, live net
leefregel regimen, rule of life, diet; *de dokter heeft mij een ~ voorgeschreven* I am under doctor's orders; *zie ook* dieet
leefstijl lifestyle
leeftijd *(ouderdom)* age; *(levensduur)* lifetime; ***boven de ~, (bijv om half geld te betalen)*** over-age; ***op de ~ van*** at the age of; *op jonge ~* at an early age; *op latere ~* in later life; *op ~ komen* be getting on (in life); *op mijn ~* at my age, at my time of life; *een man op ~* an elderly man; ***van dezelfde ~*** [they are] of an age, (of) the same age; *personen van dezelfde ~* contemporaries; *toen ik van jouw ~ was* when I was your age; *klein (jong)* ***voor*** *zijn ~* small (young) for one's age (*of:* years); *(voor) alle ~en, (film)* U (for universal exhibition) [a U film]; *zie ook* hoog, houden 12, mannelijk, uitzien
leeftijdgenoot contemporary, person of one's own age
leeftijdsdiscriminatie ageism
leeftijdsgrens age limit; *heengaan wegens het bereiken van de ~* be superannuated
leeftijdsgroep, leeftijdsklasse age group
leeftijdsopbouw age structure, age distribution
leeftijdsverschil age difference, age gap, disparity in age
leeftocht provisions, victuals
leefwereld social environment
leefwijze manner (way, mode, style) of life, [adapt one's] lifestyle
leeg 1 empty; *(mar, ook)* [return] light; *(~staand, ook)* unoccupied, vacant [house]; *(~gelopen)* flat [battery, tyre]; *(uitgeput)* exhausted [battery, exchequer *staatskas*]; *lege band, (ook)* flat; *~ fust* empties, empty barrels (cases); *een lege plaats achterlaten, zie* leegte; *lege tijd* spare (leisure) hours (time); *mijn vulpen is ~* my ... is dry; *met lege* ***handen*** [return] empty-handed; *met een lege* ***maag*** [go to school] on an empty stomach; *zie ook* huls; **2** *(fig)* empty [head, life, words], vacant [place]; *voor sam zie ook* ledig
leegdrinken empty, drain
leegeten clear [one's plate], finish [the tin of bicuits]
leeggewicht unladen weight; *(ve vliegt)* empty weight
leeggieten empty (out)
leeghalen clear out; *(plunderen)* loot, rifle [a safe]; strip [a company] of its assets (*als zn:* asset-stripping)
leeghoofd halfwit, nitwit, brainless person
leeghoofdig empty-headed, brainless
leegloop 1 idle time, idling [of a machine]; **2** emptying [of churches], drift away [from villages], exodus [of players from the club]
leeglopen 1 [the room begins to] empty, empty itself [the bottle (the cask) emptied itself], become empty; *(ve band)* go flat, go down; *laten ~, (band, ballon, enz)* deflate, let the wind out of [a tyre]; *(het bad)* drain; **2** *(niksen)* idle (about), loaf
leegloper idler, loafer
leegmaken empty; clear [a dish]
leegmelken milk dry *(ook fig)*
leegplunderen loot, rifle
leegpompen *(vloeistof)* pump dry, drain (dry); *(gas)* exhaust
leegstaan stand (be) empty, be unoccupied (uninhabited)
leegstand: *er is veel ~* many houses (flats, etc) are standing empty
leegte emptiness; *(fig ook)* blank, void; *zijn dood liet een ~ achter* left a gap
leegverkoop closing-down sale
leegzuigen suck dry, suck out, drain
leek layman *(ook fig); de leken* the laity; *(fig)* the uninitiated; *in rechtskwesties ben ik een ~* where the law is concerned, I am only a layman; *de ontwikkelde ~* [a book for] the educated layman
leem loam, clay, mud
leemachtig loamy, clayey
leemgroeve clay pit
leemgrond loam(y soil)
leemkuil, leemput clay pit
leemte gap, flaw [in the law], hiatus, void, blank, lacuna (*mv:* -nae); *een ~ aanvullen* fill up a gap (void, hiatus), supply a want; *er is één ~ in zijn betoog* there is one flaw in his argument
leen 1 loan; *te ~ hebben* have borrowed [s.t.], have [s.t.] on loan; *ik bood het hem te ~ aan* I offered him the loan of it; *te ~ geven, in ~ afstaan* lend; *in ~ afgestane collectie* loan collection; *te ~ krijgen* get [s.t.] on loan; *te ~ vragen* ask for the loan of; **2** *(feodaal)* fief, feudal tenure; ***in ~ hebben*** hold in fee
leenbank [agricultural] loan bank; *(hist)* pawnbroker
leenbrief bill of enfeoffment
leendienst feudal service
leengoed feudal estate (*of:* holding), fief
leenheer feudal lord, liege lord
leenhof court leet, court baron
leenhouder, leenman vassal, (feudal) tenant
leenmanschap vassalage
leenmanstrouw allegiance, fealty
leenmoeder surrogate mother
leenplicht feudal duty
leenplichtig liege
leenrecht 1 feudal law; **2** right of investiture; **3** (pub-

lic) lending right; **4** lending fee
leenroerig(heid) feudal(ity)
leenstelsel feudal system, feudalism
leentjebuur: ~ *spelen* borrow (right and left)
leenvergoeding lending fee
leenvertaling loan translation, calque
leenvorst feudal prince
leenvrouw liege lady
leenwoord loanword
leep cunning, sly, shrewd, deep
leepheid slyness, cunning
leepogig bleary-eyed
[1]leer leather; *van ~ trekken* let fly, hit out, wade in (*tegen iem:* pitch into, round on a p.); *~ om ~* tit for tat, blow for blow; *voor sam zie ook* leder- & leertje
[2]leer ladder
[3]leer 1 *(les)* lesson; *laat dit je tot ~ zijn* let this be a lesson to you; **2** *(~stelsel)* doctrine; *zuiver in de ~* sound in the faith; **3** *(theorie)* theory; **4** *(het leerling zijn)* apprenticeship; *in de ~ doen bij* (bind) apprentice to; *in de ~ zijn* serve one's apprenticeship [*bij* with]; *in de ~ gaan (zijn) bij* be apprenticed (articled) to; *wat kookkunst betreft zou je bij haar in de ~ kunnen gaan* in the matter of ... you could learn a thing or two from her
leerachtig leathery
leerbegrip principle, element, dogma
leerbereider leather dresser, currier
leerboek textbook, lesson book, manual; *eerste ~je* primer
leercontract indentures, articles (of apprenticeship)
leerdicht didactic poem
leerdoek leathercloth, imitation leather
leerdoel (educational) attainment target
leerfilm educational film
leergang course (of instruction); (educational) method; *zie ook* leerplan
leergast apprentice
leergeld apprenticeship fee; tuition fee; *ik heb ~ betaald, (fig)* I've learned by (bitter) experience
leergierig studious, eager to learn
leergoed leatherwork
leergraag studious, eager to learn
leerjaar year's course, [1st, etc] form, class; [he was the first of his] year; *leerjaren, zie* leertijd
leerjongen apprentice
leerkracht teacher, master, instructor
leerling *(algem)* disciple, pupil; *(school)* pupil, student; *(leerjongen)* apprentice [to a plumber, *bij ...*]; *(in opleiding)* trainee
leerlingcontract *zie* leercontract
leerlingstelsel apprentice system
leerling-verpleegster student nurse
leerlooien tan
leerlooier tanner
leerlooierij 1 tanning; **2** *(zaak)* tannery
leermeester teacher, master, tutor, preceptor
leermeesteres teacher, mistress; *zie ook* ondervinding
leermethode teaching method
leermiddelen educational materials (equipment)
leermoeilijkheden learning difficulties; *met ~, (vakt)* learning-disabled [child]; *(IQ 50-70)* moron
leerovereenkomst indentures
leerplan curriculum (*mv:* -la), syllabus (*mv:* -bi, -buses)
leerplicht compulsory education
leerplichtig of school age, *(soms)* schoolable; *~e leeftijd* school age
leerproces learning process
leerrede homily
leerrijk instructive, informative, improving [book]
leerschool *(algem)* school [of discipline, of adversity]; *een harde ~ doorlopen* learn in a hard school
leerstellig dogmatic (*bw:* -ally), doctrinal
leerstelling tenet; *(kerkelijk, ook)* dogma
leerstelsel [theological] system
leerstoel (professorial) chair [*voor het Duits* of German]
leerstof subject matter of teaching, subject(s) for tuition
leerstuk dogma, doctrine, tenet
leertijd time to learn, pupillage; *(ve leerjongen)* (term of, years of) apprenticeship, period of training; *zijn ~ uitdienen* serve one's apprenticeship (one's articles) [*bij* with]
leertje thong, strap; *(ve schoen)* tongue; *(ve kraan, enz)* washer
leertouwen curry (*of:* dress) leather
leervak subject (of instruction)
leerwerk leatherwork
leerwijze method of teaching
leerzaam 1 instructive; *zie* leerrijk; **2** teachable, studious
leesapparaat *(voor microfilms e.d.)* reader; *zie ook* lezer
leesbaar 1 *(naar inhoud)* readable, worth reading; **2** *(v schrift, druk, enz)* legible, readable; *(niet gespiegeld)* right-reading
leesbaarheid readableness; legibility; [machine] readability
leesbeurt turn to read; *(ve spreker)* lecturing engagement, lecture; *vgl* spreekbeurt
leesbibliotheek circulating (*of:* lending) library
leesblind alexic, dyslexic, word-blind
leesblindheid alexia, dyslexia, word-blindness
leesboek reading book, reader
leesbril reading glasses
leesdrama closet play (*vs* acting play)
leesgezelschap reading circle
leesglas reading glass
leeshonger *zie* leeswoede
leeskabinet, leeskamer reading room, library
leeskop read(ing) head
leeskring reading circle
leeslamp reading lamp

leesmap *zie* leesportefeuille
leesmoeder reading helper
leesmuseum public reading room
leesoefening reading exercise
leespen wand
leesportefeuille portfolio of periodicals (etc, circulating by subscription)
lees-schrijfkop read-write (*of:* combined) head
leessleuf *(voor magneetstrook)* card-swipe
leesstof reading matter
leesstuk 1 fragment (passage, piece) for reading; **2** *zie* leesdrama
leest 1 *(ve mens)* figure, waist; *slanke ~* slender waist; **2** *(schoen~)* last; *(om de vorm te bewaren)* (boot) tree; *schoenmaker, blijf bij je ~* cobbler, stick to your last; every man to his trade; *schoeien* **op** *de ~ van* model (up)on (after); *op (dezelfde) een andere ~ schoeien* cast in the same (a different) mould; *op dezelfde (op conservatieve) ~ geschoeid* organized on the same (on conservative) lines
leestafel reading table
leesteken punctuation mark, stop
leestoon tone, intonation (in reading)
leesvaardigheid reading ability (skill)
leesvoer reading matter; light reading; *(ong)* pulp fiction
leeswijzer bookmark(er)
leeswoede mania (passion) for reading
leeszaal reading room; *openbare ~* public library
leeuw lion; *de L~, (astron)* Leo, the Lion; *~tje* lion cub; *zie* Maltezer; *iem voor de ~en gooien* throw a p. to the lions
leeuwaapje lion monkey, silky marmoset
leeuwachtig lion-like, leonine
Leeuwehart: *Richard ~* Richard the Lion-hearted (Lion-heart, Coeur de Lion)
leeuwenaandeel *zie* leeuwendeel
leeuwenbek 1 lion's mouth; **2** *(plant)* snapdragon, *(eironde & spies~)* fluellen
leeuwendeel lion's share; *het ~ in het gesprek hebben* do most of the talking
leeuwenjacht lion hunt(ing)
leeuwenklauw lion's paw; *(plant)* lady's mantle
leeuwenkuil lion's den
leeuwenmoed a lion's courage; *vol ~* lion-hearted
leeuwentand lion's tooth *(ook plant)*
leeuwentemmer lion tamer, lion trainer
leeuwenwelp lion's cub (*of:* whelp)
leeuwerik (sky)lark
leeuwin lioness
leewater synovia, synovial fluid; *(als ziekte)* synovitis; *(fam)* [have] water on the knee
lef pluck, grit, guts, bottle, nerve; *(airs)* swank; *als je (het) ~ hebt!* if you (don't you) dare!
lefdoekje breast-pocket handkerchief
lefgozer, lefschopper show-off, swank
leg lay; *aan de ~* in lay; *de kip is van de ~* the hen has stopped laying
legaal legal, lawful, legitimate
legaat 1 legacy, bequest; *een ~ krijgen* come in for a legacy; **2** *(vd paus)* legate
legalisatie legalization
legaliseren legalize, make valid
legalisme legalism
legataris legatee
legateren *zie* vermaken 3
legatie legation, embassy
legato legato
legbatterij (hen) battery
legboor ovipositor
legbord shelf
legbuis oviduct
legen empty
legenda *zie* legende
legendarisch legendary
legende legend *(ook v munt, kaart, enz); (ve kaart, ook)* key, reference; *(fig)* myth; *volgens de ~* legend has it [that Arthur will return]
legendevorming mythologizing
leger 1 army; *(vero)* host; *(fig)* host, army [of photographers]; *het ~, (ook)* the military; *L~ des Heils* Salvation Army; **2** bed; *(ve haas)* form; *(ve wild dier)* lair; *(ve wolf)* haunt
legeraanvoerder commander-in-chief; *(inz min)* warlord
legerarts army medical officer, army doctor
legerbed campbed
legerbende band of soldiers
legercommandant commander-in-chief
legerdistrict command
'legeren 1 encamp [troops]; **2** *(v koren, enz)* lodge, flatten, lay; *zich ~* encamp; *de vijand legerde zich om de stad* the enemy sat down before the town
le'geren alloy
'legering 1 encampment; **2** quarters; **3** *(v koren)* lodging, flattening
le'gering alloy
legerkamp army camp
legerkorps army corps
legerleiding army command
legermacht armed forces
legeroefeningen army exercises, [large-scale] manoeuvres
legeronderdeel army unit
legerplaats camp, encampment; *heidense ~* Celtic field
legerpredikant army chaplain
legerschaar host
legerstede couch, bed
legertrein, legertros (army) baggage, impedimenta
leges legal charges (*of:* dues), fee(s)
leggen lay (*ook van kippen:* laying hens), put, place; *(sp)* throw, knock out, lay out, stretch out; *(elektr)* connect [to earth], apply [a voltage to]; *~ bij* put [these papers] with [the others]; *~ in* read [a certain meaning] into [words], put [one's life] into

[one's poetry]; ~ *op* put [a pound] on [the price]; *een pleister (zalfje) ~ op* apply a plaster (an ointment) to; *zie ook* beslag, kaart, kiel, nadruk, enz

legger 1 *(pers)* layer; **2** *(vloerbalk)* joist; *(ligger)* ledger; *(v brug)* girder; *(v gymn brug)* bar; *(v spoorw)* sleeper; *(luchtv)* [wing] spar; **3** *(register)* register; *(ve krant, enz)* file; *(voorbeeld)* exemplar; **4** *(standaardmaat)* standard; *(maat voor arak, enz)* leaguer; **5** *zie* leghen

leghen layer, laying-hen

leghorn *(kip)* Leghorn

legio legion; *hun aantal is ~* their number (name) is legion; ~ ... a host of [subjects], no end of [people, books]

legioen legion [the Legion of Honour]; *(menigte)* host; *(sp)* fans

legionair *(Romeins)* legionary; *(modern)* legionnaire

legionairsziekte, legionella legionnaires' disease, legionella

legislatief legislative

legislatuur legislature

legitiem legitimate; *~e (portie)* statutory share; *(Sch)* legitim

legitimatie legitimation

legitimatiebewijs identification papers, identity card, ID

legitimeren legitimate; *zich ~* prove one's identity, produce evidence of identity, provide ID

legitimist legitimist

legitimiteit legitimacy

legkaart jigsaw (puzzle)

legkast (linen) cupboard, cupboard with shelves

legkip layer, laying-hen

legpenning medal

legpuzzel jigsaw (puzzle)

legsel clutch [of eggs]

leguaan 1 iguana; **2** *(mar)* pudd(en)ing

leguminoos leguminous plant

lei I *zn* **1** slate *(ook schoolleitje)*; *vgl* leisteen; *een schone ~ hebben (met ... beginnen)* have (start with) a clean slate (*of:* sheet); **2** avenue; **3** *(Hawaï)* lei; **II** *ww ovt van* leggen

leiachtig slaty

leiband leading string(s); *aan de ~* in leading strings; *hij loopt aan de ~ van zijn vrouw* is tied to his wife's apron strings

leiboom espalier (tree), wall tree, fan-trained tree

leidak slate(d) roof

leidekker slater

leiden lead [a p., a party, a bad life, the conversation], conduct [a campaign, business, meeting, an investigation, the service], manage [a business], guide [a p.'s steps, a boy's natural instincts, a missile], usher [a p. upstairs], direct [a work, project, etc], train [plants]; *(sp)* lead, be in the lead; *zie ook* presideren & voorzitten; *het onderzoek ~, (ook)* be in charge of the investigation(s); *een ellendig (eenvoudig)* ***bestaan*** *~* lead a miserable (simple) life; *zich* ***laten*** *~* ***door*** be guided by, go by [one's feelings, judgement]; *hij liet zich door vooroordeel ~* he was swayed by prejudice; ***verkeerd geleid*** misdirected [genius]; *onze weg leidde* ***door*** *...* our way led through ...; *iem door de menigte ~* shepherd a p. through the crowd; *iets ~* ***langs, via*** *...* channel s.t. through ...; ~ ***naar*** lead to(wards) [this road leads to P], steer [a p., the conversation] towards; ~ ***tot*** lead to [a discovery, a good result, high words], induce [a critical habit of mind]; *wat tot dit toneel leidde* what led up to this scene; *tot niets ~* lead nowhere, [arguments that] serve no purpose; *zie ook* leidend, & baan, tuin, verzoeking, enz

Leiden Leiden; *zie ook* Jantje & last

leidend leading; *~ beginsel* guiding (ruling) principle; *~e positie, (ook)* executive position (post) [in a business]

leider leader [of a party, etc; of revolt], [spiritual, tourist] guide, conductor, person in charge [of operations], [branch, business] manager; *(ve reisgezelschap, ook)* courier; *(ve cabaret, enz)* compère; *vgl* leiden

leiderschap leadership

leiderspositie leading position

leiding 1 duct; *(water~, enz)* (conduit) pipe(s), service pipe(s), *(hoofd~)* main(s), *(huis~)* delivery pipe; *~en* piping; *opgaande ~* up service; *(elektr)* line, lead; *(telef, enz)* cable, *(hoofd~)* [cable] pipeline; *zie ook* lichtleiding; *elektrische ~ aanbrengen in* wire [a house]; **2** conduct [of the war], [under my] guidance, [follow a p.'s] lead, [aspire to the] leadership, direction [under the direction of], management [of a company], *vgl* leiden; [be in] control; *~ der zaken* conduct of affairs; *iem van de ~* someone in authority; *~ geven aan* manage [a company], direct [a project], conduct [a meeting], give guidance to [juveniles], lead [the conversation]; *P gaf zijn ploeg de ~* P put his team into the lead (ahead); *vgl het vlg; de ~* ***hebben*** have (be in) control, be in charge [*bij, van* of], mastermind [a campaign], *(sp)* be in the lead, *(rennen, ook fig)* make the running; *de ~ (op zich)* ***nemen*** take the lead, take charge (command, control); *(ve onderzoek)* take charge of the investigation(s); ***onder*** *~* conducted [tour], guided [visit]; *onder ~ van* under the leadership (management, guidance, etc) of; *(kerk)dienst (orkest) onder ~ van* service (orchestra) conducted by

leidinggevend executive [ability *capaciteiten*, staff *personeel*], supervisory [staff], managerial [position], [person] in charge

leidingnet mains (*of:* piping) system; *(elektr)* wiring (system); *(telef, kabel)* network

leidingschema circuit (*of:* wiring) diagram

leidingwater tap water, mains water

leidmotief leitmotiv, leitmotif

leidraad guide, key, guiding principle; guideline

Leids (of) Leiden; *~e fles* Leyden jar; *~e kaas* cumin cheese

leidsel rein
leidsman guide, mentor, leader
leidstar, leidster *(ook fig)* guiding star, lodestar, pole star
leidster *zie* leider
leidsvrouw 1 woman in charge; *vgl* leider; **2** guide
leien slate; *het gaat van een ~ dakje* it is plain sailing; *alles ging van een ~ dakje* everything went smoothly, swimmingly, like clockwork
leikleurig slate-coloured
leilinde lime espalier
leiplaat *(techn)* baffle plate
leisteen slate [mountain, quarry]; shale [oil]
lek I *bn* leaky; *(ve fietsband)* punctured; *zo ~ als een zeef* like a sieve; *de kan is ~, (ook)* the jug will not hold water, leaks; *~ zijn, (ve dak, schoenen)* be leaky, let in the water; *vgl* lekken; **II** *zn* leak, leakage; *(in fietsband)* [have a] puncture; *(gaslek)* leak(age), escape (of gas), fault [in a geyser]; *een ~ stoppen* stop a leak *(ook fig); het schip kreeg een ~* the ... sprang a leak, was holed [by a rock]
lekbakje drip cup
lekdoek filtering cloth
lekenbroeder lay brother
lekenoordeel layman's opinion
lekenorde lay order
lekenrechtspraak lay justice
lekenstand lay status; *de ~, (pers)* laymen
lekenzuster lay sister
lekhoning virgin honey
lekkage leakage, leak; *(vergoeding voor ~)* leakage, allowance for drainage
lekken 1 leak [like a sieve], have a leak, be leaky, drip; *(ve schip)* take on water; *de dijk lekt* water is filtering through the dike; *vgl* lek; **2** *(laten uit~)* leak [information to the press]; **3** *(likken)* lick *(ook v vlammen); ~de vlammen* licking (lambent, lapping) flames
lekker *(v eten, enz)* nice, delicious, good, palatable, tasty, *(soms)* toothsome; *(vh weer)* nice; *(ve geur)* [smell] nice, sweet; *(kieskeurig)* dainty, nice, fastidious; *~ hapje* titbit; *een ~e jas* a comfortable coat; *een ~e jongen, een ~ dier, (iron)* [you're] a nice one!; *~ gefopt!* had you there!; *het ~ste voor het laatst bewaren* keep the best till the last; ***dank** je ~!, ik doe het ~ **niet!*** nothing doing!, thank you for nothing!; *~!* serve you (him, her) right!; *ik **ben** (voel me) niet ~* I am out of sorts (not myself), don't feel quite fit (up to the mark), feel a bit below par, am a bit under the weather; *je bent niet ~!, (sl)* (you're) nuts!, you're crazy!; *ik ben zo ~ als kip* I am as right as rain (as a trivet); *ben je daar niet ~ mee?* aren't you pleased with it?; *~ **eten,** a)* enjoy one's meal; *b)* have an excellent dinner; *veel van ~ eten en drinken houden* be fond of good living; *ik heb ~ **geslapen*** I've slept well, I've had a nice sleep; *iem ~ **maken*** rouse expectations in a p., make a p.'s mouth water [for a thing]; *(vleien, sl)* butter a p. up; *het **smaakt** ~* it tastes nice; *~ **vinden*** enjoy; *~ is maar een **vinger** lang* 'short and sweet'; *het is hier ~ **warm*** it is nice and warm here; *~ zitten, (v kleding, stoel, enz)* be comfortable [are you sitting comfortably?]; *dat zit me niet ~, (fig)* I'm not happy about that, I'm uneasy about it; *~ **zoet*** nice and sweet; *~ **zwart*** good and black; *zie ook* lekkers
lekkerbek gourmet, foodie, epicure; *~je* fried fish fillet
lekkerbekken feast, have a tuck-in
lekkernij titbit, delicacy
lekkers sweets, sweetmeats, goodies; *het is (me) wat ~!, (iron)* some job!, a fine to-do!
lekkertje sweet
lekkertjes *vgl* lekker
leksteen filtering stone, dripstone
lekstroom leakage current
lekvrij leakproof
lel 1 *(vh oor)* lobe; *(v pluimvee)* wattle, gill; *(huig)* uvula; **2** *(klap)* clout; **3** *(iets groots)* whopper; **4** *(vod)* rag, tatter; **5** *(slet)* slut
lelie lily [consider the lilies of the field, *bijb*], *(her)* fleur-de-lis (-lys); *witte ~* white lily, Madonna lily
lelieachtig lily-like, liliaceous
lelieblank lily-white
lelietje(-van-dalen) lily of the valley
lelijk *(v uitzien)* ugly [monster, building; *v pers: foei~*], *(Am)* homely [features]; *(fig)* ugly [rumour, omen, practice, sea], nasty [taste, habit, blow, cut, accident, fellow], bad [I've got a bad cold, be badly burnt, burn one's fingers badly, smell bad, a bad habit]; *hij was ~ geschrokken* he had a nasty fright; *dat is ~, nu kan ik mijn sleutel niet vinden* that's awkward, I cannot ...; *een ~ **gezicht** trekken* make a wry face (a grimace); *~ **kijken*** look displeased; *(naar iem)* frown [at a p.], *(erger)* scowl [at a p.], give [a p.] an ugly look; *~ staan te kijken* get a nasty surprise; *zo ~ als de **nacht*** (as) ugly as sin; *dat **treft** ~* that's awkward; *hij zei een ~ **woord*** he used a naughty word; *~ **worden**, (ve pers)* go off in one's looks; *dat **ziet** er ~ **uit**, (fig)* that looks ugly; *zie ook* uitzien, & inzitten, steek, enz
lelijkerd ugly fellow; *(fig)* nasty piece of work, ugly customer
lelijkheid ugliness, plainness
lellebel slut
lellen *(fam: slaan)* clout
lemen I *bn* loam, mud [wall, floor, hut]; *~ voeten* feet of clay; **II** *ww* loam
lemma lemma, headword, entry (word)
lemmer, lemmet blade; *met één (twee) ~(en)* single-(double-)bladed [knife]
lemming lemming
lemoen *(vrucht)* lime
lemuur lemur
lende loin; *~n(en), a)* lumbar region, small of the back; *b)* waist(line)
lendeader lumbar vein

***lendebiefstuk** *(Wdl: lendenbiefstuk)* sirloin steak
***lendedoek** *(Wdl: lendendoek)* loincloth
lendekussen small cushion, support (for the back)
lendepijn lumbar pain, lumbago
lendestreek lumbar region, small of the back
***lendestuk** *(Wdl: lendenstuk)* saddle [of mutton], sirloin [of beef]
***lendewervel** *(Wdl: lendenwervel)* lumbar vertebra (*mv:* -brae)
lenen 1 *(te leen geven)* lend [a p. money, money to a p.]; *(Am)* loan; *het* ***oor*** *~ aan* lend (an) ear (one's ears) to, give ear to, incline one's ear to; *gewillig het oor ~ aan* lend a willing ear to; *ik wil* ***mij*** *er niet toe ~* I will not lend myself to it; *het leent* ***zich*** *goed (uitstekend) voor het doel* it lends itself well (admirably) to the purpose; **2** *(te leen krijgen)* borrow [money from, of a p.], have the loan of [one's neighbour's lawnmower]; *(rek)* borrow; *links en rechts ~* borrow right and left; *geld ~ op* lend (borrow) money on [securities]
lener 1 lender; **2** borrower; *vgl* lenen
leng 1 ling; **2** *(mar)* sling; **3** rope *(in bier)*
lengen *tr & intr* lengthen; *(intr ook)* grow longer; *de dagen ~, (ook)* the days are drawing out; *de avonden ~, (ook)* the days are drawing in; *zie ook* aanlengen
lenging lengthening
lengte length; *(ve pers)* height, size, [a p. of diminutive] stature, [a man of your] inches; *(geografische ~)* longitude; *het heeft dezelfde ~ als ...* it is the same length as ...; ***door (in)*** *~ van tijd* in course of time; *in de ~* [three metres] in length; [place, saw] lengthwise, lengthways, longitudinally; *in zijn volle ~* (at) full length; *zie ook* languit; *hij richtte zich op in zijn volle ~* he drew himself up to his full height; ***over*** *de (hele) ~ van* [the wire runs, the room goes] the length of the house; ***ter*** *~ van* the length of [my thumb], [five feet] in length; ***tot in*** *~ van dagen* for many years to come; *het moet* ***uit*** *de ~ of uit de breedte* it must be found (*of:* managed) somehow
lengteas longitudinal axis
lengtecirkel meridian, circle of longitude
lengtedoorsnede longitudinal (lengthwise) section
lengtedraad longitudinal thread
lengte-eenheid unit of length
lengtegraad degree of longitude
lengtemaat linear (*of:* long) measure, longitudinal measurement
lengterichting longitudinal (lengthwise, linear) direction; *in de ~* lengthways, lengthwise, longitudinally
lenig [keep o.s.] supple, lithe, limber; pliant [leather]; *~ maken* limber (up)
lenigen relieve, alleviate, assuage, mitigate, ease
lenigheid suppleness, litheness; pliancy
leniging relief, alleviation, mitigation, assuagement
lening loan; *een ~ sluiten* contract (negotiate) a loan; *een ~ tot stand brengen* float a loan; *een ~ uitgeven (plaatsen; verstrekken)* issue (place; make) a loan; *zie ook* uitschrijven
leningslimiet [raise the] borrowing powers; *hun ~ bedraagt ...* their borrowing powers extend to ...
leninisme Leninism
leninist(isch) Leninist
lens I *zn* **1** [hard, soft, gas-permeable] lens; *zie ook* loep; **2** *zie* luns; **II** *bn* empty, dry; *de pomp is ~* the pump sucks; *het schip ~ pompen (houden)* free the ship from water, empty the bilges (keep the ship free from water); *ik ben ~* I am cleared out; *iem ~ slaan* knock a p. senseless (*of:* silly)
lensdop lens cap
lenskap lens hood
lensopening (lens) aperture, *(diafragma)* diaphragm, stop; *de ~ verkleinen* stop down
lenspomp bilge pump
lensvormig lens-shaped, lenticular
lente spring (*ook fig:* the spring of life)
lenteachtig springlike
lentebloem spring flower
lentebode harbinger of spring
lentebui spring (*dicht:* vernal) shower
lentedag spring day, day in spring
lentefeest *(vglb)* May Day festivities
lenteklokje (spring) snowflake
lentemaand [the third of] March
lentenachtevening vernal equinox
lentepunt vernal equinoctial point
lenteteken vernal sign [of the zodiac]
lentetijd springtime; *(dicht)* springtide
lenteweer 1 spring weather; **2** springlike weather
lento *(muz)* lento
lenzen 1 *(leegmaken)* empty; **2** *(voor top en takel)* scud (under bare poles)
lenzenstelsel lens system
lepel 1 *(eet-, thee~(tje), enz)* spoon; *(om te scheppen)* ladle [soup, sauce ladle; *maar: mosterd-, zout-, jus~, ~ in theebusje* spoon]; *~(vol)* spoonful; *ieder uur een ~, (fig)* [administered] in small doses; *zie ook* paplepel; **2** *(oor)* ear [of a hare]
lepelaar spoonbill
lepelblad bowl of a spoon; *(plant)* scurvy grass
lepelboor spoon auger
lepeldiefje *(plant)* shepherd's purse
lepelen spoon (up) [one's soup]; ladle; *vgl* lepel
lepelvol spoonful
lepelvormig spoon-shaped
leperd slyboots, shrewd fellow; *hij is een ~, (ook)* he is a deep one
lepidopterist lepidopterist
leplazarus, leplazer: *zich het ~ praten (schrikken, werken)* talk one's head off (be scared stiff, work o.s. to death); *zie* lazarus
leppen sip, lap, lick (up); *(techn)* lap
lepra leprosy
lepralijder leprosy patient
lepreus leprous

leproos leper
leprozerie leper hospital
leptosoom *bn* leptosomic
leraar (assistant) master, (school)teacher; *hij is een goed ~* he is a good teacher; *(predikant)* minister; *~ in de klassieke talen* classics master
leraarsambt, leraarschap 1 mastership; **2** teaching profession; **3** *(godsd)* ministry
leraarskamer masters' room, common room, staff room
leraarsvergadering staff meeting
leraren *ww* **1** teach; **2** sermonize
lerarenkorps teaching staff
lerarenopleiding teacher training (college)
lerares (woman) teacher, (secondary) schoolteacher (schoolmistress); *vgl* leraar
[1]**leren** *bn* leather; *(ook fig:)* [as tough as] leather; *zie ook* zak
[2]**leren** *ww* **1** *(onderwijzen)* teach; *de ervaring leert ...* experience shows ...; *niet te ~* unteachable [boy]; *iem ~* ***lezen*** *(een geweer vasthouden)* teach a p. to read (how to hold a gun); *vgl ook* 2; *ik* ***zal*** *je wel ~!* I'll teach you!; *ik zal je ~ me voor de gek te houden* I'll teach you to make a fool of me!; *dat zal de* ***tijd*** *~* time will show (*of:* tell); **2** *(kennis opdoen)* learn; *uit dit voorbeeld kunnen we veel ~* this ... holds many lessons for us; *~* ***kennen*** get acquainted with, get (come, learn) to know; *naarmate ik hem beter leerde kennen* as I came to know him better; *leer mij ze kennen!, (iron)* don't I know them!; *~* ***lezen*** learn to read; *vgl ook* 1; *iets* ***van*** *iem ~* learn s.t. from (of) a p.; *om het op te ~* [a piano] to learn on; *zie ook* doende, enz
lering instruction; *(veel) ~ trekken uit* learn (many lessons) from [one's mistakes]; *zie ook* catechisatie
les lesson; *gedurende (in, onder) de ~* in class, during lessons (the lesson); *~* ***geven*** give lessons [in French, on the flute]; *goed (uitstekend) ~ geven* be a good (an excellent) teacher; *iem een ~****je geven*** teach a p. a lesson; *~* ***krijgen*** have lessons; *iem de ~* ***lezen*** lecture a p., rate a p. [soundly *duchtig*], haul (call) a p. over the coals; *~* ***nemen*** take lessons [*bij* from, with; *in* in]; *laat dit u een ~* ***zijn*** let this be a lesson to you; *niet* ***bij*** *de ~ zijn* be inattentive (daydreaming, off one's guard)
lesauto learner car
lesba, lesbi lesbian
lesbianisme lesbianism
lesbienne lesbian
Lesbiër Lesbian
lesbisch lesbian; *L~* Lesbian
lesbo lesbian
lèse-majesté lèse-majesté, lese-majesty
lesgeld tuition (fee)
lesgeven *zie* les
leslokaal classroom
lesmateriaal educational material
lesrooster timetable
lessen 1 quench, assuage [thirst]; slake [thirst; lime]; **2** take (give) [driving, flying] lessons
lessenaar (reading, writing) desk
lessenaarsdak lean-to roof
lest *zie* laatst; *ten lange ~e* at long last; *~ best* the last is the best; [... and,] last but not least, ...
lestoestel (flight, jet) trainer
lesuur lesson, (40-minute) period
lesvliegtuig (flight, jet) trainer
leswagen learner car
Let *(Letlander)* Lett
letaal lethal
lethargie lethargy
lethargisch lethargic (*bw:* -ally)
Letland Latvia
Letlands, Lets Lettic, Lettish, Latvian
letsel injury, [receive no] hurt, harm, damage; *ernstig ~ bekomen* sustain (suffer) severe injury (injuries); *geen ~ bekomen, (ook)* take no harm; *iem ~ toebrengen* do a p. (an) injury; *ernstig (zwaar lichamelijk) ~ toebrengen* inflict grievous bodily harm [on a p.]; *zonder ~, (ook)* with a whole skin
letseladvocaat personal injuries solicitor, compensation lawyer, *(fam)* ambulance chaser
letten 1 *let wel!* mark (you)!, mind (you)!, now observe ...; *~* ***op*** pay attention to [a p.'s words]; mind, attend to [one's business]; observe [what is going on]; watch [the clock]; look after [the children]; *meer op kwaliteit dan op kwantiteit ~* look more to quality than to quantity; *op zijn woorden ~* be careful (cautious) in one's speech; *er werd niet op zijn smeekbede gelet* his prayer went unheeded; *ze ~ meer op hun zak dan op hun kwaliteit* they are more concerned about their pockets than ...; *let op wat ik zeg* mind what I say; mark my words; *let op het handelsmerk* look out for the trademark; *er zal vooral op stiptheid gelet worden* punctuality is the first (prime) consideration; *niet ~ op, (ook)* disregard, neglect; *gelet op* considering; *zie ook* salaris; ***zonder*** *op de tijd (de kosten) te ~* heedless of time, regardless of expense; *zonder te ~ op de wensen van ...* without regard to the wishes of ...; *niet* ***lettende*** *op* unmindful (heedless) of; **2** prevent; ***wat*** *let me, of ...* what prevents (is to prevent) me from ...ing; *wat let me, of ik doe het, (ook)* I'll do it for two pins
letter 1 letter, character; *grote (kleine) ~* big (small) letter; *de ~ van de wet* the letter of the law; *zie* hangen; *zich aan de ~ houden* stick to the letter; *met grote ~s* [written] in big letters; *de kleine ~tjes* the small (the fine) print; *schrijf hem even een ~tje* just drop him a line; ***naar*** *de ~* [obey, enforce the law] to the letter; *naar de ~ en naar de geest* in letter and spirit; *zie ook* dood & klein; **2** *(in drukkerij, ~type)* type, fount; ***met*** *duidelijke (kleine, vette) ~ gedrukt* printed in clear (small, bold) type; **3** *~en* literature, letters; *faculteit der ~en* Faculty of Arts; *de fraaie ~en* belles lettres; ***in*** *de ~en studeren* study literature (arts)

letterbak typecase
letterdief plagiarist
letterdieverij plagiarism; ~ *plegen* plagiarize
letteren I *ww* mark, letter; II *zn zie* letter 3
lettergieter type founder
lettergieterij type foundry
lettergreep syllable
lettergrootte type size
letterhoogte type height
letterkaart *(ve oogarts)* letter chart
letterkast typecase
letterkeer anagram
letterknecht literalist, verbalist
letterknechterij literalism, verbalism, letter worship
letterkorps type body
letterkunde literature
letterkundig literary; *zie ook* literair
letterkundige literary (wo)man, (wo)man of letters
letterlievend literary [society]
letterlijk I *bn* literal [interpretation, meaning, text, translation]; *(woordelijk)* verbatim [report]; II *bw* literally, [follow instructions] to the letter; *hij kwam ~ om van honger* he was literally starving; ~ *iedere nacht* every single night
letterlijn *(typ)* baseline
letteromzetting metathesis
letterproef type specimen
letterraadsel word puzzle
letterroof plagiarism
letterschrift alphabetic(al) writing
letterslot letter lock
lettersnijder letter cutter
lettersoort type(face)
letterspecie, letterspijs type metal
lettertang (embossing) tape printer
letterteken character
lettertype (type)face
lettervers acrostic
letterverspringing metathesis
letterwijs: ~ *in iets zijn* be versed in s.t.; *iem ~ maken* post a p. up; *(fam)* put a p. wise
letterwisseling metathesis
letterwoord 1 acronym; 2 *(comp)* alphabetic word
letterzetsel letterpress
letterzetten compose, set up type; *het ~, (ook)* typesetting
letterzetter compositor, typesetter
letterzetterij composing room
letterzifterij hair-splitting, quibbling
Lettisch Latvian, Lettish
leugen lie, falsehood; *grote (grove)* ~ big (thumping) lie, gross falsehood; *~tje* fib, story; *onschuldig ~tje, ~(tje) om bestwil* white lie; *een kolossale ~, (fam)* a whopping (thumping) lie, a whopper; *het zijn allemaal ~s* it's all lies; *~s verkopen* tell lies; *al is de ~ nog zo snel, de waarheid achterhaalt haar wel* truth will out; *van ~ en bedrog leven* live by one's wits; *zie ook* aaneenhangen & omgaan
leugenaar(ster) liar; *zie ook* uitmaken
leugenachtig lying [rumour], mendacious, untruthful; *(v zaken ook)* false, untrue
leugenachtigheid mendacity, untruthfulness, falseness
leugenbeest habitual (consummate) liar; *jij ~!* you liar!
leugendetector lie detector
leugenprofeet false prophet
leugentaal lies
leugenzak *zie* leugenbeest
leuk 1 *(bedaard)* cool, dry; *(kalmpjes)* calmly, (quite) coolly, without more ado; *hij nam het heel ~ als vanzelfsprekend aan* he coolly took it for granted; *hij hield zich ~* he did not let on; *zie ook* doodleuk; 2 *(grappig)* amusing, funny, jolly, droll; *(typisch)* quaint [china teacups]; *die is ~!* that's a good one!; *hij is werkelijk ~* he is really amusing; *het ~ste is* the best thing of all is [that ...]; 3 *(prettig)* nice, pleasant; *verbazend ~* [I thought it] great fun; *dat zou niet erg ~ zijn* that would not be much fun; *dat was een ~e tijd* life was good fun then; *~e dingen* fun things [to do]; *we hebben ~ verkocht* sales have been quite decent
leukemie leukaemia
leukerd: *een ~* a droll fellow; *jij bent een ~!* you're a nice one!
leukheid coolness, dryness; fun
leukjes coolly, drily
leukocyt leucocyte, *(Am)* leukocyte
leukodermie leucoderma, *(Am)* leukoderma
leukopenie leucopaenia, *(Am)* leukopenia
leukoplast 1 sticking plaster, *(Am)* adhesive tape; 2 *(plantk)* leucoplast
leukorroe leucorrhoea, *(Am)* leukorrhea
leukose leucosis, *(Am)* leukosis
leukweg coolly, drily
leunen lean (*ook fig:* lean heavily on Dante), recline [*op* on; *tegen* against]; *met de ellebogen op de tafel ~* lean (*of:* prop) one's elbows on the table; *met de rug tegen de muur ~* lean one's back against the wall
leuning (guard) rail; *(trap~)* banisters, handrail, *vgl* trapleuning; *(ve stoel, enz)* back, arm, (elbow) rest; *(ve brug)* parapet
leun(ing)stoel armchair, easy chair; *(Am)* elbow chair
leunstokje *(ve schilder)* maulstick
leurder hawker, peddler
leuren hawk; ~ *met* hawk [goods, gossip, ideas] (about, around), peddle [drugs, rumours]
leurhandel door-to-door selling
leus watchword, (rallying) cry, slogan, device, motto; *(kreet)* buzzword; *afgezaagde ~* tag; *mooie leuzen* fine phrases; *voor de ~* for show, for form's sake, as a make-believe, as a blind
leut 1 fun; *voor de ~* for fun; 2 *(fam)* coffee
leuteraar *(kletser)* twaddler, driveller
leuteren 1 *(kletsen)* twaddle, drivel; 2 *(vero: talmen)*

dawdle, loiter; *zie ook* treuzelen
leuterkoek twaddle, nonsense
leuterkous chatterbox, twaddler
leuterpraat piffle, drivel
Leuven(s) Louvain
leuver *(mar)* cringle, hank
leuze *zie* leus
Levantijn Levantine; ~ *(schip), l~ (wind)* Levanter
Levantijns, Levants Levantine
leven I *zn* **1** *(bestaan)* life; *het ~ weer van voren af aan* ***beginnen*** begin life (all) over again; *een nieuw ~ beginnen* begin a new life, make a new start in life, start life afresh, turn over a new leaf; *zijn ~* ***geven*** lay down one's life [for one's country]; *ik zou er mijn ~ voor willen geven* I would give my life for it; *een ~tje* ***hebben*** *als een prins* live in clover, live like a prince, live the life of Riley; *het ~* ***laten*** lose (lay down) one's life; *laat hem het ~* spare his life, let him live; *het ~* ***schenken*** *(aan), a)* give birth to; *b)* grant [a p.] his life; ~ ***voelen***, *(ve zwangere vrouw)* quicken, feel quickening; ***zolang*** *er ~ is, is er hoop* while there is life, there is hope; ***bij*** *~ en welzijn* if I am (we are, etc) spared, God willing, DV; *bij het ~* like nobody's business; ***in*** *~ ...* [Mr S] late [rector of A]; *in ~ blijven* [he is not expected to] live; *om in (het) ~ te blijven* [hardly enough] to keep body and soul together, to support life; *in (het) ~ houden* keep alive; *nog in ~ zijn* be still alive; *in het ~ roepen* call into existence (into being), call forth, create; *zie ook ben:* van zijn ~; *iem* ***naar*** *het ~ staan* be out for a p.'s life; ***om*** *het ~ brengen* make away with, kill; *om het ~ komen* perish; *de bemanning van 5 koppen kwam om het ~* the crew of 5 were killed; *zie ook* gaan; *strijd* ***op*** *~ en dood* war to the death (*of:* knife), life-and-death struggle; *hij zweeft* ***tussen*** *~ en dood* he is at death's door, his life hangs in the balance; ***uit*** *het ~ gegrepen* taken from life; *voor het ~, (fam)* for dear life, like one o'clock; *zie ook* afbrengen, beroven, blootstellen, brouwerij, gemoeid, inblazen, lief, waagschaal, enz; **2** *(levenstijd)* life(time); *daar heeft hij zijn ~* ***lang*** *genoeg aan* it will last him a lifetime; ***bij*** *zijn ~* during his life, in his lifetime, in life; ***tijdens*** *zijn ~, zie* bij zijn ~; *hij was nooit* ***van*** *zijn ~ meer verbaasd geweest (geschrokken)* he had (it gave him) the surprise (the shock) of his life; *nooit van mijn ~* never in all my life (in all my born days), [I shall never do it again] as long as I live; *heb je (ik) ooit van je (m'n) ~!* well, I never!, did you ever!, well, I declare!; *hij had (kreeg) een les* ***voor*** *zijn ~* he had a lesson for life; *voor zijn ~ benoemd worden* be appointed for life [he holds office for life]; **3** *(animatie:) nieuw ~ brengen in (inblazen)* put (breathe) new life into; *er komt meer ~ in de zaken* business is picking up; *de woorden begonnen ~ (voor hem) te* ***krijgen*** the words began to come alive; *er* ***zit*** *geen ~ in hem* there is no life (go) in him; *er zit nog ~ in hem* there's life in the old dog yet!; **4** *(wijze van leven:) het ~ is goedkoop in Z* living is cheap in Z; *het is* ***geen*** *~* it's no life; *dan heb je geen ~* then life is not worth living; *een druk ~* ***hebben*** lead a busy life; *hij heeft geen ~* he leads a dog's life; *een zwervend (los, slecht) ~* ***leiden*** lead a wandering (loose, bad) life; *een los(bandig) (al te vrolijk) ~ leiden* live it up; *hij houdt van een goed ~* he is fond of good living; *in het ~ zijn, (ve prostituee)* be on the game; **5** *(werkelijkheid:)* ***naar*** *het ~ getekend* drawn from (the) life; *getrouw naar het ~ tekenen (schilderen, beschrijven)* draw (portray, describe) to the life; **6** *(levensbeschrijving)* life [Boswell's 'Life of Johnson']; **7** *(het levende vlees)* the quick; *in het ~ snijden* cut to the quick; ***tot*** *in het ~* [cut one's nails] to the quick; **8** *(lawaai)* noise, bustle, tumult, din, racket; *~* ***maken*** make a noise; II *ww* live; *al wat leeft* all living things; *een portret dat leeft* a lifelike portrait; ***als*** *eerlijk man ~* live the life of an honest man; *als vrijgezel ~ en sterven* live and die a bachelor; *hij* ***doet*** *de astronomie (voor ons) ~* he makes ... come alive; *hij kan* ***goed*** *~* he is comfortably off; *hij zal niet* ***lang*** *(geen jaar) meer ~* he has not long (has less than a year) to live; *lang zal hij ~!* long life to him!, long may he live!; *ze zongen: lang zal hij ~!, (vglb)* they sang, 'For he's a jolly good fellow'; *~ en* ***laten*** *~* live and let live; ***leve*** *de koning!* long live the King!; *leve de republiek!* up the republic!; *leve de vriendschap!* friendship for ever!; *leve de vrijheid!* three cheers for liberty!; *zij ~* ***matig*** they lead sober lives; *wel, inbrekers* ***moeten*** *ook ~* well, burglars must live; *hij heeft* ***sterk (zwaar)*** *geleefd* he has burnt the candle at both ends; ***zo waar*** *als ik leef!* as I live!; *wie dan leeft, wie dan* ***zorgt*** care killed the cat; sufficient unto the day is the evil thereof; *alles leeft* ***aan*** *hem* he is full of life; *deze wens leeft* ***bij*** *ons allen* we are unanimous in wanting (hoping for) this; *we zullen* ***ermee*** *moeten (leren) ~* we shall have (to learn) to live with it; ***op*** *zichzelf ~* live by o.s.; ***van*** *zijn rente (inkomen, kapitaal) ~* live on one's means (income, capital); *hij leeft (van het geld) van zijn vrouw* he lives on his wife('s money); *de advocaten ~ van onze ruzies* lawyers live by our ...; *hij leeft er goed van* he lives well; *(fam)* he does himself well; *daar kan ik niet van ~* I cannot live on that, it won't keep me; *ze leeft van £4000 per jaar, (ook)* she exists on ...; *van liefdadigheid ~* subsist on charity; *de kaas leeft van de maden* the ... is alive (crawling) with maggots; *het leeft hier van de muizen* the place is alive (overrun) with mice; ***volgens*** *zijn beginselen ~* live up to one's principles; *~* ***voor*** live for [one's work, children]; *zie ook* aalmoes, brood, [2]hoop, voet, enz
levend *(attr & pred)* living [animal, language, water, not a living soul]; *(v vee, ook)* [cattle] on the hoof; *(alleen attr van dier, scherts van pers)* live [lion; a real live queen]; *(alleen pred)* alive; *iems nagedachtenis ~ houden* keep a p.'s memory alive (green); *~ dood* dead alive; *~ begraven, (ook fig)* bury alive; *~e beelden* living pictures, tableaux vivants; *~e haag* quickset (hedge); *de ~e natuur* the living (biologi-

cal) world; *~e talen* modern languages; *de ~en en de doden* the quick and the dead; *~ worden* come to life; *(plotseling)* spring to life; *zie ook* afbrengen, have, lijf

levendbarend viviparous

levendig lively [person, description, scene, colour], sprightly [80-year-old], vivacious [person], vivid [colour, light, imagination], bright [eyes], brisk [conversation, trade], animated [discussion], graphic [description], keen [take a keen interest in ...]; *hij was zeer ~, (ook)* he was very much alive; *zijn herinneringen ~ houden* keep one's memories green

levendigheid liveliness, etc, vivacity, animation

levendmakend vivifying, quickening

leven gevend life-giving [sleep]

levenloos lifeless [body], inanimate [nature]

levenmaker noisy person

levensadem breath of life

levensader fount(ain) of life

levensavond evening (sunset) of life [the evening of his life]

levensbaan career, course of life

levensbedreigend life-threatening [situations]

levensbeginsel 1 principle of life; **2** philosophy of life

levensbehoefte necessity of life; *de eerste ~n* the bare necessities (of life); *ze schijnen geen hogere ~ te hebben dan ...* they seem to have no higher aspiration than ...; *zie verder* levensbenodigdheden

levensbehoud preservation of (one's) life

levensbelang vital interest

levensbenodigdheden necessaries (necessities) (of life)

levensbericht biographical notice; *(ve pas gestorvene)* obituary (notice)

levensbeschouwelijk ideological [conflicts], confessional [character]

levensbeschouwing 1 ideology; **2** *zie* levensopvatting

levensbeschrijver biographer

levensbeschrijving biography; [candidates send in a] curriculum vitae, CV, résumé, *(Am ook)* resume; *eigen ~* autobiography

levensboek book of life

levensboom 1 arbor vitae; **2** *(in Eden)* tree of life

levenscyclus life cycle

levensdagen days of (one's) life, lifetime; [for the rest of my] natural life; *al mijn ~* [I never saw such things in] all my born days; *wel, heb ik van mijn ~!*, *zie* leven I.2

levensdelict crime against life

levensdoel aim of life, [our] aim in life

levensdraad thread of life; *zijn ~ werd afgesneden* his life was cut short

levensduur duration (*of:* term) of life; (working) life [of a vacuum cleaner], lifetime; *vermoedelijke ~, (stat)* expectation of life; *korte ~* [our] span of life; *lange ~* longevity; *een korte (lange) ~ hebben* be short- (long-)lived; *met lange ~* long-life [battery]

levensecht lifelike, true to life

levenselixer elixir of life

levenservaring knowledge (experience) of life

levensgeesten vital spirits; *de ~ weer bij iem opwekken* resuscitate a p.; *zie ook* wijken

levensgeluk happiness (in life)

levensgemeenschap *(biol)* biotic community

levensgenieter bon-vivant

levensgenot enjoyment of life

levensgeschiedenis 1 life history, life story; **2** *zie* levensbeschrijving

levensgevaar peril (danger) of life, mortal danger, life hazard; *(opschrift)* danger!; *er is ~ aan verbonden* it involves risk of (to) life; *in ~ zijn, (ook)* stand in peril of one's life; *met ~* at the peril (risk, hazard) of one's life

levensgevaarlijk perilous, involving risk of life, life-threatening, [be in a] critical [condition], [that thing is] a menace; *(fig, sp)* deadly [accuracy, shot]; *~e plaats* death trap; *met een ~e snelheid* at breakneck speed

levensgezel(lin) companion of one's life, partner in life, (help)mate

levensgroot life-size(d), as large as life; *meer dan ~* larger (bigger) than life

levensgrootte life-size

levenshouding attitude to life

levensjaar year of one's life

levenskracht vital strength (energy, power, force), vitality; life force

levenskrachtig full of life, vigorous; *zie ook* levensvatbaar

levenskunst art of living

levenskwestie question (matter) of life and death, vital question

levenslang [imprisonment] for life, lifelong, life [imprisonment]; *met ~e premiebetaling* whole-life [assurance]; *vonnis van ~e gevangenschap* life sentence; *tot ~ veroordeelde* person under a life sentence; *(sl)* lifer

levenslast burden of life

levensleer philosophy of life

levenslicht light (of day); *het ~ aanschouwen* see the light (of day)

levenslied sentimental ballad, *(fam)* tear jerker

levenslijn line of life

levensloop course of life [the course of his life], career (record); *(op schrift)* curriculum vitae, CV

levenslot fate

levenslust animal spirits, zest for living (for life); *vol ~ zijn, (ook)* bubble over with life

levenslustig enjoying life, full of life (of animal spirits)

levensmiddelen food(s), foodstuffs, provisions, victuals

levensmiddelenbedrijf 1 food industry; **2** *(zaak)* food shop (*Am:* store), grocery

levensmoe tired (weary) of life, world-weary

levensmoed courage to face life, [it gave him a new] zest for existence; *nu had hij ~* he now felt that life was worth living
levensmoeheid weariness of life
levensomstandigheden living conditions, circumstances in life, conditions of life
levensonderhoud subsistence, livelihood; *kosten van ~* cost of living, living expenses
levensopvatting view of life, outlook (up)on life, philosophy (of life)
levensovertuiging philosophy of life
levenspad *zie* levensweg
levenspartner *zie* levensgezel(lin)
levenspeil *zie* levensstandaard
levensruimte *(ve volk)* living space
levenssap sap (of life); *(fig ook)* lifeblood
levensschets biographical sketch
levenssfeer walk of life; *persoonlijke ~, (jur)* privacy
levensstandaard 1 *(peil)* standard of life (living), living standard; **2** *(kosten)* cost of living
levensstijl lifestyle, style of living
levenstaak life's work, mission in life
levensteken [give a] sign of life
levensvatbaar viable, capable of living
levensvatbaarheid viability, vitality
levensverrichtingen vital functions; *leer der ~* physiology
levensverwachting life expectancy
levensverzekering life assurance (insurance); *een ~ sluiten* take out a life policy, insure one's life
levensverzekeringskantoor life office
levensverzekeringsmaatschappij life (assurance) company
levensverzekeringspolis life policy
levensvoorwaarde 1 necessity of life; **2** *(fig)* vital condition
levensvorm [primitive] life form, form of life
levensvraag vital question, question of life and death
levensvreugde enjoyment of life, joy of living
levenswandel life, conduct
levensweg path of life; *op uw ~* [I wish you much success] in your career
levenswerk life's work
levenswijs *zie* levenswijze
levenswijsheid worldly wisdom
levenswijze manner of life, way of living
levenwekkend life-giving, vivifying
lever liver; *het aan de ~ hebben* have a (touch of) liver, be liverish; *iets op de ~ hebben* have s.t. on one's mind; *fris van de ~* frankly, straight from the shoulder
leveraandoening liver complaint, [have] liver trouble
leverancier supplier, furnisher, purveyor, [ask your] dealer; *(voor leger & vloot)* [army, navy] contractor; *(v eetwaren)* caterer; *(inz aan de deur)* tradesman (*mv ook* -people); *ingang voor ~s* tradesmen's (*ve zaak:* delivery) entrance
leverantie supply, delivery; [L had all the] catering; *zie ook* klandizie
leverbaar deliverable; available [for immediate delivery]; *beperkt ~ zijn* be in short (limited) supply; *dooreen ~ zijn, (v effecten)* rank pari passu; *goed leverbare kwaliteit* fair merchantable quality; *zie verder* verkrijgbaar
leverbot liver fluke
leverbotziekte liver rot
levercirrose cirrhosis of the liver
leverdatum date of delivery
leveren supply, furnish, provide, produce [evidence]; *(afleveren)* deliver [the goods, good work]; *groothandelaars wilden (aan) hem niet ~* wholesale dealers would not supply him; *op ceel geleverd* stored terms; *in entrepot geleverd* bonded terms; *het ~* manage; *hij zal* ***het 'm*** *wel ~, enz, zie* lappen; ***stof*** *~ tot* give rise to [all kinds of rumours]; *goed* ***werk*** *~* turn out (turn in) good work; *hij is geleverd* he is lost (done for); *zie ook* bewijs, [2]slag 8, verkopen, enz
levering *(af~)* delivery; *(algem)* supply; *op ~* [sell] for future (*of:* forward) delivery, [sell] forward; *(effectenbeurs)* for the account; *prijs op ~, voor ~ op termijn* forward price
leveringscondities terms of delivery
leveringscontract delivery (*of:* supply) contract
leveringsprijs delivery price; *(inclusief alle kosten)* delivered price
leveringstermijn, leveringstijd delivery time, lead time; *~ 21 dagen* allow ... for delivery
leveringsvoorwaarden terms of delivery
leverkaas liver pâté
leverkleurig liver-coloured
leverkruid 1 hemp agrimony; **2** agrimony
leverkwaal liver complaint
levermos liverwort; *(blad-)* scale moss
leverontsteking inflammation of the liver, hepatitis
leverpastei liver pâté
leversteen hepatite
levertijd *zie* leveringstijd
levertraan cod liver oil
leverworst liver sausage, *(Am)* liverwurst
leverziekte liver disorder
leviet Levite; *de ~en lezen* lecture [a p.]
leviraat levirate [marriage]
levitatie levitation
levitisch Levitical
lexicaal lexical [meaning]
lexicaliseren lexicalize
lexicograaf lexicographer
lexicografie lexicography
lexicografisch lexicographical
lexicologie lexicology
lexicon lexicon, vocabulary
lezen 1 glean [ears], pick [hops], gather [grapes, simples]; ***vijgen van distelen*** *~, (bijb)* gather grapes of thorns; **2** read [*ook:* music, the future]; *(elektr)* scan [bar codes]; *(geregeld) ~* take in [a newspaper]; *[een*

opknapper,] lees (men leze) wrak ..., i.e. a wreck; *hij leest **alles*** he is an omnivorous reader; *ik **kan** het niet ~, (ook)* I cannot make it out; *het (niet) kunnen ~ en schrijven* (il)literacy; *een jas die kan ~ en schrijven* a coat that has done sterling service; *het **laat** zich goed ~* it reads very well, is (makes) good reading (*evenzo:* the report makes pleasant, unpleasant, dismal, etc reading); *de druk laat zich goed (aangenaam) ~* the print is easy on the eye; *het laat zich ~ als een roman* it reads like a novel; ***in** de bijbel ~ wij* it says in the Bible; *in iems hart ~* read a p.'s heart; *er iets in ~ (dat er niet in ligt)* read s.t. into it; *zich in slaap ~* read o.s. to sleep; *je leest **over** zo iets heen* these things escape you (in reading); *hij zat rustig te ~* he was having a quiet read; *het stond duidelijk op ieder gelaat te ~* it was written large on every face [guilt was written on his face]; *(niet) te ~, zie* (on)leesbaar; *ik lees hier **uit** dat ...* I read this to mean ...; *hij houdt niet **van** ~, (ook)* he is not a reading man; *zie ook* ¹mis, regel, enz

lezenaar reading desk; *(op tafel, bijv)* bookrest; *(in de kerk)* lectern

lezenswaard(ig) *zie* leesbaar

lezer **1** gleaner, gatherer; **2** reader; scanner; *vgl* lezen & *zie* kaartlezer

lezeres (*vero:* fair) reader

lezerskring readership [of a newspaper], audience [of a report]

lezerspubliek reading public

lezing **1** *(het lezen)* reading *(ook ve wetsvoorstel)* **2** *(voor~)* lecture, *(ve gedicht bijv)* reading; *een ~ **houden*** read a paper, deliver (give) a lecture, lecture [*over* on; *voor* to]; give a reading [from one's own works]; *~en houden, (ook)* give a course of lectures; **3** *(wijze van voorstellen)* version [he gave an entirely different version of it]

liaan liana, liane

liaison liaison

liane liane, liana

lias *(voor papieren)* file; *L~, (gesteente)* Lias

liasseren file

Libanees, Libanese Lebanese

Libanon *(staat)* (the) Lebanon

libel **1** libel, lampoon; **2** *(insect)* dragonfly; **3** *(waterpas)* spirit level

libellettrie pulp writing

libellist, libelschrijver libeller, lampooner

liberaal liberal

liberalisatie, liberalisering liberalization [of trade]

liberalisme liberalism

liberalist liberalist

liberalistisch liberalist(ic)

liberaliteit liberality

Liberiaan(s) Liberian

libero sweeper, libero

libertair libertarian

libertijn(s) libertine

libidineus libidinous

libido libido

Libië Libya

Libiër, Libisch Libyan

libratie libration

librettist librettist

libretto libretto (*mv:* libretti), book (of words)

licentiaat licentiate

licentie licence; *(sp)* permit; *in ~ gebouwd* built under licence

licentiehouder licensee

lichaam body (*ook lijk; ook fig:* legislative body, etc), frame; *vaste, vloeibare en gasvormige lichamen* solids, liquids and gases; *naar ~ en geest (ziel)* [weak] in body and mind; *op het ~ verborgen* [he had a gun] concealed about (*of:* on) his person; *over zijn hele ~* [tremble] all over; *zie ook* openbaar, enz

lichaamsarbeid physical labour

lichaamsbeweging (bodily) exercise

lichaamsbouw build, stature, physique [a fine physique, of poor physique]

lichaamsdeel part of the body, limb, member

lichaamsfuncties bodily functions

lichaamsgebrek physical defect

lichaamsgestel constitution, frame, system

lichaamsgeur scent; *(onaangenaam)* body odour, BO

lichaamshoek solid angle

lichaamshouding [an erect] posture; [a proud, an upright] bearing, carriage

lichaamskracht bodily (physical) strength

lichaamslengte height

lichaamsoefening physical exercise, physical education

lichaamssap body fluid, tissue fluid

lichaamstaal body language, kinesics

lichaamsverzorging personal hygiene

lichaamsvocht body fluid, tissue fluid

lichaamswarmte animal heat, body heat, heat of the body

lichaamszwakte bodily weakness, debility

lichamelijk **1** bodily [pain, defect]; physical [development, disabilities, education, effort *inspanning*, examination *onderzoek*, strength]; corporal [punishment]; *~e oefening, (het oefenen)* physical education (training); *(één oefening)* physical exercise; *(zwaar) ~ letsel* (grievous) bodily harm; **2** *(stoffelijk)* corporeal, material

lichamelijkheid **1** corporality; **2** body awareness

licht **I** *bn* **1** *(niet donker)* light, light-coloured, bright; *~e kant, zie* lichtzijde; *~ worden* get light [at 7 a.m.]; **2** *(niet zwaar)* light [diet, task, step, blow, infantry, music, sleep(er), work; as light as a feather]; mild [beer, cigar, tobacco]; *~e lectuur* light reading; *~e maaltijd* light meal, snack; *~e vrouw* light woman; *~ **in** het hoofd* giddy, light-headed; *~ **van** gewicht* light in weight; *zie ook* hand, hart, maan, wegen, enz; **3** *(gering)* slight [wound, headache, frost, shock]; **II** *bw* **1** lightly, slightly; *het valt ~ te begrijpen (laat zich ~ begrijpen)* it is easily understood;

zulke mensen ***denken*** *~ over een mensenleven* human life means little to such people; such people make light of human life; ~ ***opvatten*** make light of, pass lightly over [one's work]; *hij vatte het leven nogal ~ op* he took life rather casually, was easygoing; **2** *(gemakkelijk)* easily; *zij wordt ~ boos* she quickly gets (it doesn't take much to make her) angry; *het wordt ~ eentonig* it tends to become monotonous; *zulke dingen vergeet men ~ (gebeuren ~)* such things are apt to be forgotten (are apt [*of:* liable] to occur); ~ *rijden* do rising trot; *zie ook* allicht, lichtelijk & misschien; **III** *zn* light *(ook boven deur, enz); ~ op, 7.53 nm.* lighting-up time 7.53 pm; *groot ~, (pers)* shining light, luminary; *(auto)* main beam, full headlights; *~ en schaduw, ~ en bruin, (ve schilderij)* light and shade *(ook fig); er* ***brandde*** *geen ~* the place (the house) was in darkness; *~* ***brengen in*** lighten [the darkness, the gloom]; let in some light (up)on [a business *zaak*]; *~* ***geven*** give light; *zijn antwoord gaf niet veel ~* his answer was not very illuminating; *er* ***komt*** *een beetje ~ (in de duisternis), (fig)* we (I) can see daylight (light at the end of the tunnel); *~* ***maken*** strike a light, light up, turn (*of:* switch) on the (electric) light [let's have the light(s) on]; *toen* ***ging*** *mij een ~* ***op*** a light dawned (broke in, burst) (up)on me; *(fam)* that rang the a bell; *zijn ~ bij iem* ***opsteken*** go to a p. for information; *zijn ~ laten* ***schijnen*** *op* give one's views on [a problem]; *het ~* ***verdragen*** stand the light; *iem ~* ***verschaffen***, *(fig)* enlighten a p.; *~ (meer, een nieuw, een schel ~)* ***werpen*** *op* throw (shed) light (more, a new, a vivid light) on; *wat een eigenaardig ~ werpt dit op sport!* what a sidelight on sport!; *het ~* ***zien*** *(ook van boek)* see the light; *ik zie ~, (fig)* I see (day)light; *er helemaal geen ~ in zien* be up against a blank (brick, stone) wall; *er* ***zij*** *~* let there be light; ***aan*** *het ~ brengen* bring to light, reveal, make known, elicit [the fact that ...]; *(door opgraving)* unearth; *aan het ~ komen* come to light; ***in*** *het ~* [put it here] in the light; *in het ~ geven* give to the world, publish, bring out [a book]; *je staat jezelf (mij) in het ~* you are standing in your own (in my) light; *in het ~ stellen* throw light (up)on, elucidate; *iets in het juiste ~ stellen* put s.t. in its proper light; *in een ander enz ~ stellen, zie* daglicht; *in dat ~ gezien* viewed (looked at) in that light; *in het ~ van deze feiten* in the light of (*Am:* in light of) these facts; *zijn ~* ***onder een korenmaat*** *zetten* hide one's light under a bushel; ***tegen*** *het ~ houden* hold against (up to, to) the light; ***tussen*** *~ en donker* in the twilight, between two lights; *ga mij* ***uit*** *het ~* stand out of my light; ***zonder*** *~* [cycle] without a light; *zie ook* [2]bij I.5, gunnen, enz

lichtbaak beacon (light)

lichtbak **1** illuminated sign; **2** *(fot, enz)* light box, light screen; **3** *(jacht)* dazzle-light

lichtbeeld (lantern) slide

lichtbeuk clerestory

lichtblauw light (*of:* pale) blue

lichtblond light(-coloured)

lichtboei light buoy

lichtboog electric arc, voltaic arc

lichtbrekend refractive

lichtbreking refraction of light

lichtbron light source, source of light

lichtbruin light (*of* pale) brown; *met ~e ogen* hazel-eyed, with hazel(-brown) eyes

lichtbrulboei light-and-whistle buoy

lichtbundel pencil (shaft, beam) of light

lichtcel photocell

lichtclaxon headlamp flasher

lichtdicht light-tight [bag, tank]

lichtdruk phototype, photoprint

lichtecht lightfast, fast(-dyed), fadeless

lichteenheid light unit, lumen

lichtekooi prostitute, wanton, woman of easy virtue

lichtelaaie *zie* lichterlaaie

lichtelijk faintly [amused], mildly [surprised], slightly [embarrassed]; *zie ook* [1]licht II

[1]**lichten** *(dagen)* dawn; *(vd zee)* phosphoresce; *(weerlichten)* lighten; *(bij~)* light [a p.]; *het ~* phosphorescence [of the sea]

[2]**lichten** **1** *(optillen)* lift, raise [one's hat]; *het* ***anker*** *~* weigh anchor; *iem van het* ***bed*** *~* lift a p. from his bed; *de* ***hand*** *~ met* scamp [one's work, lessons], give [a thing] a lick and a promise, palter with [the truth]; *een* ***schip*** *~, (omhoogbrengen)* raise a ship, *(deels lossen)* lighten a ship; *zie ook* voet; **2** *(ledigen)* empty (*illegaal:* rifle) [a parking meter]; *de* ***bus*** *~* collect the letters, clear the (pillar) box; **3** *(op de been brengen)* raise [an army]

lichtend shining [a shining example]; *(vd zee)* phosphorescent; *~ punt (voorwerp)* luminosity; *een ~e ster, (fig)* a shining (*of:* bright) light

lichter *(vaartuig)* lighter, *(motorloos)* dumb barge; *vervoeren (vervoer) per ~* lighter (lighterage)

lichtergeld(en) lighterage

lichterlaaie: *(in) ~* in a blaze, ablaze

lichterman lighterman

lichtflits flash (of light)

lichtgas coal gas

lichtgebouwd (s)lightly built

lichtgeel light (*of:* pale) yellow

lichtgelovig credulous, gullible

lichtgelovigheid credulity, gullibility

lichtgeraakt touchy, thin-skinned, quick to take offence, irritable, spiky

lichtgestalte **1** luminous (radiant) form; **2** *(vd maan)* phase

lichtgevend luminous [dial *wijzerplaat*, paint]

lichtgevendheid luminosity

lichtgevoelig light-sensitive, photosensitive

lichtgewapend light(ly)-armed

lichtgewicht lightweight

lichtgewonde minor casualty

lichtgrijs light (*of:* pale) grey

lichtgroen light (*of:* pale) green

lichthartig happy-go-lucky, easygoing [fellow]; *zie ook* luchthartig
lichtheid lightness, easiness
lichting 1 levy, draft [of an army]; *de ~ 1993* the 1993 class, the class of 1993; **2** collection [of letters]; **3** *(ve schip)* raising; *vgl* [2]lichten
lichtinstallatie lighting equipment
lichtinval incidence of light
lichtjaar light year
lichtjes 1 *(luchthartig)* airily, [take it] lightly; **2** *zie* lichtelijk
lichtkabel electric light cable
lichtkever firefly, glowworm
lichtkogel Very light, (parachute) flare, star shell
lichtkoker lighting shaft
lichtkrans luminous circle; *(om zon)* corona; *(om hoofd)* halo; *(om persoon)* aureole, nimbus, glory
lichtkroon *zie* luchter
lichtleiding *(buitenshuis)* lighting main(s); *(in huis)* electric light (electrical) wiring
lichtmast lamp standard
lichtmatroos ordinary seaman, OS
lichtmeter photometer, exposure meter
lichtmis *(pers)* libertine, rake, debauchee
Lichtmis Candlemas
lichtnet electric (light) mains, lighting system
lichtopstand lantern tower
lichtorgel colour organ
lichtpen light pen
lichtpistool Very pistol, flare pistol
lichtpunt 1 luminous point, point of light; **2** *(elektr)* connection; bulb; **3** *(fig)* ray of hope, [the one] bright spot; *het enige ~, (ook)* the one redeeming feature
lichtreclame illuminated advertising (advertisement, -ments); *(op dak ook)* sky-sign
lichtrood light red, pink
lichtscherm shade, screen
lichtschip lightship
lichtschuw shunning (afraid of) the light, *(med, enz)* lucifugal, lucifugous, *(abnormaal)* photophobic; *(ong)* shady [elements]
lichtschuwheid photophobia
lichtsignaal light signal, flash; *een ~ geven (met)* flash [one's headlights]
lichtsluis light trap
lichtspoorammunitie tracer (ammunition, bullet, shell)
lichtstad City of Light, Paris
lichtsterkte intensity of light, luminous intensity; *(in kaars, nu in candela's uitgedrukt)* candlepower; *een ~ van 100 kaars* 100 candlepower
lichtstip dot of light, luminous spot
lichtstraal 1 ray *(of:* beam) of light; **2** *(fig)* ray of hope
lichtstreep streak of light
lichtstroom stream of light; *(natuurk)* luminous flux
lichttherapie phototherapy, light treatment
lichtvaardig rash, inconsiderate, thoughtless; *zo iets moest men niet ~ beweren* such allegations should not be made lightly
lichtvaardigheid rashness, enz, levity
lichtval incidence of light
lichtvoetig light-footed, nimble
lichtwachter lighthouse keeper
lichtzijde [look on the] bright side
lichtzinnig frivolous, flighty, flippant [remarks]
lichtzinnigheid frivolity, flightiness, levity, flippancy
lictor lictor
lid 1 *(vh lichaam)* limb; *(ve vinger, teen)* phalanx, *(mv:* phalanges); *(vingergewricht)* finger joint; *(roede)* member; *(v insect, voelhoorn, enz)* articulation; *(ve stengel)* internode; *weer **in** het ~ zetten, (med)* reduce; *iets (de mazelen) **onder** de leden hebben* be sickening for s.t. (the measles); ***over** al zijn leden beven* tremble in every limb; *zijn arm is **uit** het ~* his arm is out of joint, is dislocated; *uit het ~ vallen* dislocate [one's arm] by a fall; **2** *(v club, enz)* member; *de vereniging **heeft** 200 leden, (ook)* the ... has a membership of 200, has 200 names on its books; *~ **worden van*** join [a club, society]; *zie ook* kamerlid; *~ **zijn van**, (ook)* serve (be) on [a committee]; **3** *(ve wetsartikel)* paragraph, subsection; **4** *(ve vergelijking)* term; **5** *(gewricht)* joint; **6** *(deksel)* lid [of the eye]; **7** *(graad v verwantschap)* degree, generation; ***tot** in het vierde ~* to the fourth generation
lidcactus crab *(of:* Christmas, *(Am)* Thanksgiving) cactus
lidgras couch grass
lidkaart membership card
lidmaat (church) member
lidmaatschap membership [card]; *het ~ kost £10* the membership fee (the subscription) is £10
lidstaat member state
lidsteng *(plant)* mare's tail
lidwoord article
liebaard *(her)* lion
lied song; *(kerk~)* hymn; *(ve minstreel)* lay; *~je* song, ditty, [street] ballad; *een **ander** ~je zingen, (fig)* change one's tune; *het **eind** van het ~je* the end of the matter; *het eind van het ~je was dat ...* the upshot was that ...; *hij zong zijn **hoogste** ~* he sang away to (his) heart's content; *het is het **oude** ~je* it's the (same) old song (over again); *het ~je van **verlangen** zingen* look for excuses for staying up a bit longer
liedboek songbook, book of songs
lieden people, folk; *zie ook* mens(en)
liederlijk 1 dissolute, debauched, raffish, abandoned; *een ~e vent* a debauchee; *~e taal* low talk, obscene language; **2** miserable, wretched; *zie* vervelen
liederlijkheid dissoluteness, debauchery
liedertafel glee club, singing club, choral union
liedjeszang(st)er (ballad, folk) singer
lief I *bn & bw* **1** *(bemind)* dear, beloved; *lieve Nora!* dear Nora!, Nora darling!; *mijn lieve kind!* my dear-

est (darling) child!; *lieve God!* dear God!; *zie ook* hemeltjelief; *Onze Lieve Vrouwe* Our Lady, the Virgin Mary; *haar ~ste bezit* her most treasured possession; *zijn ~ste werk* his favourite work; *meer dan me ~ is* more than I care for; *meer malen dan me ~ is* more times than I care to count (to remember); *als je leven je ~ is* if you value your life; *om het lieve **geld*** [work] for the sake of the money; *om de lieve **vrede*** for the sake of peace; anything for a quiet life; **2** *(beminnelijk, innemend)* dear [she is a dear thing *schepseltje*], sweet [girl, voice], amiable; *(aardig)* nice [people]; *(vriendelijk)* kind; *~ willen zijn, ~ **doen*** set out (go out of one's way) to be agreeable; *een ~ **hoedje*** a sweet hat; *een ~ **huisje*** a charming little house; *je bent me een lieve **jongen**!, (iron)* you're a fine fellow (a nice one)!; *de lieve **lange** dag* the livelong day; *toen had je het lieve **leven** gaande* then the fat was in the fire; *lieve **naampjes*** pet names, endearments; *lieve **woorden*** soft words; *het is verbazend ~ **van** je* it is awfully sweet (nice) of you; *ze was erg ~ **tegen** hem* she was very sweet to him; **3** *(begeerd) mijn ~ste hoop (wens)* my fondest hope (wish); *het **voor** ~ nemen* put up with it, make shift with it; *hij was net zo ~ ...* he'd just as soon [be dead; be in prison as out]; *zie* ding, ²heer, liever, liefst, enz; **II** *zn* **1** (lady-)love; *zie* liefje; **2** *~ en **leed*** joys and sorrows; *in ~ en leed* (in) rain or shine, for better for worse

liefdadig charitable, beneficent; *het geld is bestemd voor een ~ doel* the money goes to charity

liefdadigheid charity, beneficence; *van ~ leven* live on charity

liefdadigheidsconcert charity concert

liefdadigheidsinstelling charitable institution, charity

liefdadigheidspostzegel charity (postage) stamp *(niet in Eng en Am)*

liefde love [*voor* of, for, to, towards]; *(naasten~, ook)* charity; *zijn **eerste** ~* his first love; *~ zoekt **list*** love will find a way; ***oude** ~ roest niet* old love lies deep; ***met** ~* with (the greatest) pleasure; *de ~ **tot** God, **voor** de kunst* the love of God, of art; ***uit** ~* for (out of, from) love; *huwelijk uit ~* love match; *uit ~ trouwen* marry for love; *zie ook* geloof

liefdeblijk proof of love, love token

liefdedienst labour of love, kind service, kindly office

liefdegave, liefdegift charity, alms, charitable gift

liefdeknoop love-knot, lovers' knot

liefdeloos loveless, uncharitable, unfeeling, hardhearted

liefdemaal(tijd) love feast, agape

liefdepand pledge of love, love token

liefderijk loving, affectionate

liefdesaffaire love affair

liefdesavontuur amorous adventure, romance

liefdesbaby lovechild

liefdesbeet lovebite

liefdesbetrekking love intrigue, amour, relationship, love affair

liefdesbetuiging profession (protestation) of love

liefdesbrief love letter

liefdesdaad sex act

liefdesdrank love potion, philtre, aphrodisiac

liefdesgeschiedenis **1** love story; **2** love affair, affair of the heart, romance

liefdesgodje love, cupid

liefdesintrige *zie* liefdesbetrekking

liefdesleven love life

liefdesspel lovemaking

liefdesverdriet pangs of love; disappointed love

liefdesverklaring declaration (of love), proposal; *hij deed haar een ~* he proposed to her

liefdevol loving, full of love

liefdewerk work of charity, charitable deed; *~ oud papier, (fam)* voluntary work

liefdezuster sister of charity (of mercy)

liefelijk lovely, charming, sweet

liefelijkheden *(iron) zie* hatelijkheid

liefelijkheid loveliness, etc; charm

liefhebben love

liefhebbend loving, affectionate; *de ~e moeder, (ook)* the fond mother; *uw ~e ...* yours affectionately ..., your loving ...

liefhebber lover [of books], devotee, votary [of golf, etc], amateur, aficionado; *(bij verkoping)* (intending) buyer; *geen ~s, (ook)* no takers

liefhebberen: *~ in* dabble in, amuse o.s. with [politics, etc], play at [painting, diplomacy]

liefhebberij favourite pursuit, hobby; *er bestaat grote ~ voor* it is greatly sought after; *uit ~* [paint, etc] as a hobby, for the love of the thing; *het is een ~ te zien ...* it is a (real) treat to see ...; *dure ~* expensive hobby (luxury)

liefhebberijtoneel amateur (*of:* private) theatricals; *(vereniging)* amateur dramatic club

liefheid sweetness, amiability

liefje darling, pet, dearest; *(beminde)* sweetheart; *(bijzit)* kept woman, mistress

liefjes sweetly; *~ doen (uit berekening)* soft-soap [a p.]

liefkozen fondle, caress, cuddle

liefkozing caress, endearment

lieflijk lovely, charming, sweet

liefst **I** *bn zie* lief; **II** *bw* rather; for (by) preference (choice), preferably; *ik zou ~ blijven* I should prefer to stay; *ik zou hem (het) ~ zien vertrekken* I'd like to see the back of him; *welke heb je het ~?* which do you like best (do you prefer)?; *~ niet* rather not; *schadeloosstelling van maar ~ £20.000* damages to the tune of £20,000; *en maar ~ te middernacht* and that at midnight; *maar ~ tachtig* no fewer than eighty

liefste lover; sweetheart; [my] love, dearest

lieftallig sweet, winsome, attractive

lieftalligheid sweetness, etc; amiability

liegbeest habitual (consummate) liar; *jij ~!* you liar!

liegen lie, tell lies; *(kaartspel)* cheat; *hij liegt (het)* he lies, is a liar; *het is (alles) gelogen* it's a lie (all lies); *hij liegt **alsof** het gedrukt is (dat hij zwart ziet, barst)* he is a terrible liar, he tells lies till he is black in the face (he lies in his teeth); *als ik lieg, lieg ik in **commissie*** I've told you the story just as it was told to me; *met een **effen** gezicht* ~ lie with a straight face; *maar **nou** lieg ik* [a nice young man,] I don't think; *hij trachtte zich **eruit** te* ~ he tried to lie himself (his way) out of it (out of the difficulty); *ik wil er niet **om*** ~ I won't tell a lie; *dat liegt er niet om* that's quite something (is telling him all right, etc); *de voorbeelden die hij aanhaalt ~ er niet om* the ... are of no uncertain kind

lier 1 *(muz)* lyre; *(draai~)* hurdy-gurdy; *de L~, (astron)* Lyra; *de ~ aan de **wilgen** hangen* hang one's harp on the willows; **2** *(werktuig)* winch; **3** *(boom, vero)* larch; *branden **als** een* ~ burn like matchwood; *het ging als een* ~ it went like a house on fire (like one o'clock)

lierdicht lyric (poem)

lierdichter lyric poet

liëren ally (*aan, met* to, with); *gelieerd aan, (ook)* related to [a family], connected (associated) with [a university]

lierenman 1 organ-grinder; **2** hurdy-gurdy player

liervogel lyre-bird

liervormig lyre-shaped, lyrate

lies 1 groin; **2** *(plant)* float grass

liesbreuk inguinal rupture (*of:* hernia)

liesje: *vlijtig* ~ Busy Lizzie

lieslaars wader

liesstreek groin

lieveheersbeestje ladybird, *(Am)* ladybug

lieveling darling, dear, pet, favourite; *(fam)* honey; [teacher's] blue-eyed boy; *jij bent een ~, (iron)* you are a nice one

lievelings- favourite [subject, book, poet, dish, flower]; pet [animals, lamb]

lievelingsdier, lievelingskind, enz, *(ook)* pet

lievemoederen: *daar helpt geen ~ aan* there is no help for it, that cannot be helped

liever I *bw* rather, sooner [I'd sooner die]; *ik heb dit* ~ I like this better [*dan* than], prefer this [*dan* to]; *ik heb de mijne ~ warm* I prefer mine warm; *ik wil nu ~ niemand zien, (ook)* I don't feel like seeing anyone just now; *ik wou ~ blijven dan heengaan, (ook)* I would (I had) rather stay than otherwise; *ik zou veel ~ willen, dat je weigerde* I'd much rather you refused; *... ~ **dan** ..., (ook)* [go to the cinema] in preference to [the theatre]; *hij wilde ~ sterven dan ...* he preferred to die rather than [surrender]; *ik slaap nog ~ op straat (dan zo iets te doen)* I'll sleep on the street first; *[zal ik het raam opendoen?] ~ **niet*** better not; *ik ga ~ niet, wil ~ niet gaan* I had rather not go; *daar wil ik ~ niet van horen* I (should) prefer not to hear anything about it, I don't want to hear about it; *zou je nu niet ~ gaan? ik wou ~ niet* hadn't you better go now? I'd rather not; *ik wil (verlang, wens) **niets*** ~ I ask for (I'd like) nothing better; *[ik zou in Utrecht willen wonen,] of, **nog** ~, in Zeist* or, even better, at ...; **II** *bn zie* lief

lieverd darling, etc; *vgl* lieveling; *het is me een ~je!* (s)he isn't half a handful!

lieverig sugary, saccharine

lieverkoekjes: *~ worden niet gebakken, (vglb)* if you do not like it, you may lump it

lieverle(d)e: *van* ~ gradually, by degrees, little by little

lievevrouwebedstro woodruff

lievig sugary, saccharine

lievigheid endearment; *-heden, (iron)* (gentle) amenities

life *(levend, direct)* live

liflafje dainty

lift lift; *(inz Am)* elevator; *(goederen~, ook)* (luggage) hoist; *in de ~ zitten* be improving (making progress, on the way up)

liftbediende lift attendant, liftman

liften hitch(hike), thumb a lift

lifter hitchhiker

liftkoker lift-shaft, lift-well

liftkooi lift cage

liga league

ligament ligament

ligatuur *(med, muz, typ)* ligature

ligbad bath

ligboxenstal cubicle stall

ligdagen lay-days

ligfiets (prostrate; supine) recumbent (bicycle)

liggeld harbour dues, dock dues (*of:* charges), port charges, anchorage (dues); *(overliggeld)* demurrage

liggen 1 lie; *lekker* ~ nestle [in a chair, among leaves]; *lig je goed?* are you comfortable?; **2** *(gelegen zijn: ve stad, enz)* be situated, lie, stand; *de tuin ligt noord-zuid* the ... bears north and south; *de zaak ligt gunstig (moeilijk)* the position is favourable (the matter is tricky); *zoals het wetsontwerp daar ligt, lijdt het aan ...* as it stands the bill suffers from ...; **3** *(passen)* suit [the part *(rol)* suits (does not suit) him]; *ze ~ elkaar niet* they don't get on (together); *vgl* afgaan 8 || ***blijven*** ~ remain; remain in bed; *(tot later) blijven* ~ stand over, [many advertisements must] be held over [till tomorrow]; *het artikel bleef* ~ the ... was crowded out; *blijf* ~ don't get up; *de sneeuw zal niet blijven* ~ the snow won't lie; ***gaan*** ~ lie down; *(wegens ziekte)* take to one's bed; *even gaan* ~ have a lie-down; *de wind ging* ~ the ... dropped, died (went) down, fell, *(kort)* lulled; *het stof ging* ~ the dust settled; *achterover gaan* ~ lie back; *ik **heb** het geld* ~ I have the money ready; ***laten*** ~ [you may] leave [the fat]; *(sp)* drop [points]; *laat dat* ~ leave it; *hij heeft het lelijk laten* ~ he has made a bad job of it; *de stad ligt **aan** een rivier* the ... is situated (lies) on a river; *waar ligt het aan?* what's the cause of it?; *aan wie ligt het?* who is to blame?; *het ligt aan hem* it is his fault, *(fam)* it is all along of him; *het zal aan mij niet* ~ it won't be my fault (if we don't succeed, etc); it won't be for want of trying; *niet als (voor zover) het aan mij ligt* not if I can help it (as far as I am concerned); *vgl* afhangen (van); *als het alleen daaraan ligt* if that is all; *de schuld ligt* ***bij*** *hem* the ... lies with him; ~ ***in*** lie in [the difference lies in this; the reason lies in his character]; *in bed (in het ziekenhuis)* ~ be in bed (in hospital); *zie ook* bedoeling; *hij ligt (kwam te ~)* ***met*** *griep* he is laid up (went down with) with flu; *hij lag met de ellebogen op de tafel* he leant his ... on the table; *het kasteel ligt* ***op*** *een hoogte* the ... stands on a height; *dit vertrek ligt op het zuiden* this ... has a southern (south, southerly) aspect, faces south, looks to(wards) the south; *de klemtoon ligt op de laatste lettergreep* the stress is on ...; ~ ***te*** *luisteren* lie listening, lie and listen; *wel, het geval lag er* ***toe*** well, there it was! the milk was spilt; *hij lag* ***uit*** *het raam* he leant out of ...; *je ligt eruit bij hen, (fam)* you have forfeited their good opinion; *er ~ angstige tijden* ***voor*** *ons* there are anxious times ahead (of us); *de vijand lag voor de stad* the ... lay before the town; *zie ook* aard, vol, [1]weg 1, zaniken, enz

liggend lying; recumbent [posture], reclining [nude]; *~e boord* turn-down collar; *~ geld* ready money; *~e leeuw, (her)* lion couchant

ligger *(ve brug)* girder; *zie verder* legger

ligging situation [of a country, etc], position, siting, *(Am)* location; lie [of the land, of the chalk beds]; *(fig)* position, view(s), outlook; *(ve auto)* road holding

ligkuur rest-cure

ligniet lignite

ligplaats *(ve schip)* berth, mooring; *een ~ geven* berth [a ship]; *een ~ innemen* take up a berth, berth; *van ~ veranderen* shift one's berth

ligrijtuig couchette (car)

ligsteun front support; *een ~ doen* do a press-up

ligstoel reclining chair, lounge chair, *(canvas)* deckchair

ligstro bedding litter

liguster privet

ligusterpijlstaart privet hawkmoth

ligweide sunbathing lawn

lij lee; *aan ~* on the lee side, [put the helm] alee, to leeward; *aan ~ je roer!* up (with the) helm!

lijboord lee side

lijdelijk passive; *~(e) gehoorzaamheid (verzet)* passive obedience (resistance); *iets ~ aanzien* stand (idly) by

lijdelijkheid passiveness, passivity

lijden I *ww* **1** suffer [pain, cold, hunger, thirst]; *(doorstaan)* endure, bear, stand; *hevige pijn ~, (ook)* be in an agony of pain; *een verlies ~* sustain (suffer) a loss; *het meubilair* ***heeft*** *veel te ~* the ... takes a lot of punishment; *zijn fiets had erg geleden* his ... had been knocked about a bit; *hij had (zijn kleren hadden) niet geleden door het ongeluk* he was (his clothes were) none the worse for the accident; ~ ***aan*** suffer from [a disease], be ill with [typhoid fever], be down with [flu]; *aan een waanvoorstelling ~* labour under a delusion; *erg ~ aan, (ook)* be a martyr to; *(schade) ~* ***door*** suffer by; ~ *door (onder) de oorlog* suffer from the war; ~ ***naar*** *lichaam en geest* suffer in body and mind; ~ ***onder*** suffer from [a sense of injustice]; *(nadeel ondervinden)* suffer by, be a sufferer by [the recession]; *zijn gezondheid leed er onder* it seriously affected his health; *te ~* ***hebben van*** suffer from; *zie ook* schipbreuk, uitstel, enz; **2** ***mogen*** ~ like; *ik mag ~, dat hij de kous op de kop krijgt* I'd like to see him come a cropper; *zij mogen elkaar niet ~* there is no love lost between them; *dat* ***kan*** *niet ~* I cannot afford it; II *zn* suffering(s); *het ~ van Christus* the Passion (of Christ); *iem uit zijn ~ helpen (verlossen), (door te doden)* put a p. out of his misery (his pain); ***na*** *~ komt verblijden* after rain comes sunshine

lijdend suffering; *(gramm)* passive; *~e partij* losing party; *~ voorwerp* direct object; *~e vorm* passive voice

lijdensbeker cup of bitterness (sorrow); *de ~ tot de bodem ledigen* drink the cup of bitterness (the bitter cup) to the dregs

lijdensgeschiedenis **1** *(v Christus)* Passion; **2** *(fig)* tale of woe; *zie ook* lijdensweg

lijdenskelk *zie* lijdensbeker

lijdensweek Passion Week, Holy Week

lijdensweg **1** way of the Cross; *(fig)* [his life was one long] martyrdom; **2** [the journey became a] road to Calvary

lijder sufferer, patient

lijdzaam patient, meek, submissive

lijdzaamheid patience, meekness; *zijn ziel in ~ bezitten* possess one's soul in patience

lijf body; *(ve japon)* bodice; *~ en rok, (ve japon)* body (*of:* bodice) and skirt; *~ en goed* [security of] person (*of:* life) and property; *kom me niet* ***aan*** *mijn ~!, zie ben:* van het ~; *hij had geen hemd (geen kleren) aan het ~* he had not a shirt (no clothes) to his back; *ik bezit niets dan wat ik aan het ~ heb* I own nothing but what I stand up in; *hij ondervond het aan den lijve* he found it to his cost; *ze voelden de oorlog aan den lijve* the war was brought home to them; *aan den lijve onderzoeken* search [a p.]; *diefstal aan den lijve* robbery from the person; *~ aan ~ boksen* infighting; *hij heeft geen vrees* ***in*** *z'n ~* he has no fear in his composition; *in levenden lijve* in the flesh, as large as life; *pijn in het ~ hebben, (fig)* be worried; *zie ook* buikpijn; ***met*** *~ en ziel* body and soul; *niet veel* ***om*** *het ~ hebben* be of little importance; *het heeft niet veel om het ~, (ook)* there is not much in it, it isn't anything (doesn't amount to) much, it comes to very little; *iem* ***op*** *het ~ vallen* fall (drop in) (up)on a p., land on a p., take a p. unawares; *iem met iets op het ~ vallen* spring s.t. (a surprise, etc) on a p.; *iem een schrik (de stuipen) op het ~ jagen* give a p. a fright (send a p. into fits); *zich de dood op het ~ halen (van de kou)* catch one's death (of cold); *de rol is hem op het ~ geschreven* the ... fits him like a glove, was simply made for him; *beven* **over** *zijn gehele ~* tremble in every limb (all over); *iem* **te** *~ gaan* go for a p., pitch (wade) into a p.; *iem* **tegen** *het ~ lopen, (fig)* run across a p., *(ook lett)* run up against (run, bump into) a p.; *blijf me* **van** *het ~* don't touch me!, keep off!, hands off!; *zich iem van het ~ houden* keep a p. at arm's length; *zie ook* bergen, draad, gezond, enz

lijfarts personal physician, physician in ordinary, court physician

lijfblad favourite paper

lijfdeuntje favourite song (ditty, tune)

lijfeigene serf

lijfeigenschap bondage, serfdom

lijfelijk bodily; *~ aanwezig* present in the flesh; *zijn ~e broeder* his own brother; *een ~ mens* a physical person

lijfgarde bodyguard, *(fam)* minder

lijfgoed body linen, wearing apparel

lijfje bodice

lijfknecht valet, servant, [his] man

lijfrente (life) annuity; *zie ook* uitstellen

lijfrentetrekker annuitant

lijfsbehoud preservation of life; *op ~ bedacht* anxious to save one's life

lijfsdwang imprisonment for debt

lijfsgevaar danger of life; *zie ook* levensgevaar

lijfsieraad personal ornament

lijfspreuk device, motto, (favourite) maxim

lijfstraf corporal punishment

lijfwacht bodyguard, *(fam)* minder

lijgierig *(mar)* leewardly

lijk 1 corpse, (dead) body; *(anat)* subject; *een ~ in de kast* a skeleton in the cupboard; *zo wit als een ~* as white as a sheet; *over mijn ~* over my (dead) body; *over ~en gaan* be wholly ruthless; *voor ~ liggen* be dead drunk; **2** *(ve zeil)* leech; **3** *(lege fles)* dead man

lijkauto (motor) hearse

lijkbaar bier

lijkbezorger undertaker, *(Am)* mortician

lijkbezorging 1 undertaking; **2** disposal of the dead

lijkbleek pale as death, deadly (deathly) pale

lijkbus *zie* lijkurn

lijkdicht funeral poem

lijkdienst funeral service

lijkdrager bearer

lijken 1 *(gelijken)* resemble, look (be) like; *dit portret lijkt helemaal niet (lijkt heel goed)* this ... is not a bit like [you, etc] (is very like); *het lijkt maar zo* it only seems so; *het lijkt wel port* it looks like port; *dat lijkt nergens* **naar** *(naar niets, er niet naar)* that is absolutely hopeless (completely useless); *daar lijkt het wel (wél) naar* that's what it looks like (it does look like it); *~* **op** look (be) like, resemble; *waar lijkt het op?* what is it like?; *dat lijkt er helemaal niet op* that is not a bit like it; *het (hij) lijkt enigszins (vrij veel) op ...* it (he) is not unlike (rather like) ...; *u lijkt veel op uw vader* you are very like (greatly resemble) your ...; *je enen ~ te veel op zevens* your ones are (look) too like sevens; *het lijkt precies (te veel) op een gevangenis* it looks for all the world like (is too much like) a ...; *dat begint erop te ~* that's better; that's something like it at last; *niets dat op een veer leek* [there was] no semblance of a ...; *[hij slagen?] het lijkt er niet op!* ... not a bit of it!; *zie ook* alsof, sprekend, enz; **2** *(schijnen)* seem, appear, look (to be); *het lijkt wel, dat hij ...* it would appear that he ...; *het lijkt wel alsof ik niets anders te doen heb dan ...* you'd think I had nothing to do but ...; *het lijkt, of het gaat vriezen* it looks like freezing; **3** *(aanstaan)* suit, please; *dat lijkt hem niet* he does not like it, it does not suit him

lijkenberover grave robber

lijkendief body snatcher

lijkengif(t) ptomaine

lijkenhuisje mortuary

lijkenpikker body snatcher

lijkenroof 1 body-snatching; **2** grave-robbing

lijkentouw *(mar)* bolt-rope

lijkkist coffin; *(Am ook)* casket

lijkkleed 1 *(over de kist)* pall; **2** shroud, winding sheet

lijkkleur livid (cadaverous) colour

lijkkoets hearse, funeral car

lijkkrans funeral wreath

lijklaken shroud, winding sheet

lijkmaal funeral meal

lijkmis Requiem Mass

lijkoffer funeral sacrifice

lijkopening *zie* lijkschouwing

lijkrede funeral oration

lijkroof body-snatching

lijkschennis violation of the dead (of a dead body)

lijkschouwer coroner

lijkschouwing post-mortem (examination), autopsy; *(gerechtelijke)* (coroner's) inquest [on a p., into a p.'s death]

lijkstaatsie funeral procession (cortège)

lijkstijfheid rigor (mortis)

lijkstoet funeral procession (cortège)

lijkurn funeral (*of:* cinerary) urn

lijkverbranding cremation

lijkverstijving rigor mortis

lijkwade shroud, winding sheet

lijkwagen hearse, funeral car

lijkwit white as a sheet

lijkzak body bag

lijkzang dirge, funeral song

lijm *(inz plantaardig)* gum; *(kleefstof)* adhesive; *(hout-)* glue; *(synthetisch)* glue, (liquid) cement; *(vogel~)* birdlime

lijmachtig gluey, glutinous

lijmen 1 glue; *(stevig)* bond [wood to metal]; *(papier-*

makerij) size; **2** *(fig)* patch (up) [a split in the Cabinet]; *iem* ~ rope a p. in, talk a p. over; **3** *(bij het spreken)* (speak with a) drawl
lijmerig 1 sticky; **2** drawling [speech]; *vgl* lijmen 3
lijmstok lime twig
lijmtang (screw) clamp, cramp, holdfast
lijmverbinding glued (*of:* adhesive) joint
lijmverf distemper
lijmvlakken mating surfaces
lijmwater size
lijn 1 *(streep)* line; *~en* ***trekken*** *op* rule [paper]; *de bal ging over de* ~ the ball went out, *(zijlijn)* into touch, *(doellijn)* behind; **2** *(spoor-, tram-, bus~)* line; ~ *3* route three, number three tram (bus); *die ~ is opgeheven (vervallen)* that service has been taken off; **3** *(bloed~)* [male, female] line; *afstammelingen in de rechte ~* lineal descendants; **4** *(koord, draad)* line, string, cord, rope; *zie ook* linie; *kalm aan, dan* ***breekt*** *het ~tje niet* easy does it; *met een* ***zacht*** *(zoet) ~tje* with kind words, by gentle measures [I coaxed him into doing it]; *zie ook* langzaam; *iem* ***aan*** *het ~tje hebben (houden)* have (keep) a p. on a string, *(houden, ook)* keep a p. dangling, *(bedrieglijk)* string a p. along; *aan de ~ houden* keep [a dog] on the lead (leash); *blijft u aan de ~?, (telef)* hold on (hold the line), please!; **5** *(fig)* line; *de grote (algemene) ~en* the main (general) lines [of a policy]; *opgaande, stijgende (neergaande, dalende) ~, (fig)* upward (downward) tendency (trend); *de ~ van de minste weerstand (volgen)* (take) the line of least resistance; *ze doet aan de slanke ~* she is weight watching (slimming); *dat mag ik niet eten vanwege de ~* I can't eat that: I have to watch my figure (my calories); *één ~* ***trekken*** pull together, present a common front; *één ~ trekken met, (ook)* line up with [the railwaymen lined up with the miners]; *geen vaste ~* ***volgen*** follow no definite policy; *dat ligt niet* ***in*** *mijn ~* that is not in my line; *in grote ~en* in broad outline; *in ~ stellen* line up [a team]; ***op*** *één ~ met* in line with; *op één ~ staan met, (fig)* be on a par (a level) with, be on all fours with; *op één ~ stellen* put on a level, bracket together [with]; *op één ~ stellen met, (ook)* rank [a p.'s works] with ...; *op één ~ opstellen* line up [soldiers, etc]; ***over*** *de hele ~* [score] all along the line, all-round [improvement]; *de toestand over de hele ~* the overall situation
lijnbaan ropewalk, ropery
lijnboot liner
lijncliché line block
lijndienst regular (scheduled) service
lijndraaier ropemaker
lijnen 1 rule, line; **2** slim, watch one's weight
lijnfunctie line function
lijnfunctionaris line executive (functionary)
lijnkoek oilcake
lijnolie linseed oil
lijnopzichter *(spoorw)* lineman; *(Am)* trackwalker
lijnperspectief linear perspective
lijnrecht (dead) straight, perpendicular, diametrical; *~ staan tegenover* be diametrically opposed to; *~ in strijd met* in flat contradiction with, in flat opposition to [the law]; *~ ingaan tegen* cut right across [a p.'s preconceptions]
lijnrechter *(sp)* linesman
lijnstuk *(wisk)* line segment
lijntekenen linear (*of:* geometrical) drawing
lijntekening line drawing
lijntoestel scheduled plane, airliner
lijntrekken slack, go slow; *(sl)* swing the lead, scrimshank
lijntrekker slacker, shirk(er), skulk(er), *(mil sl)* scrimshanker
lijntrekkerij slacking, shirking, ca'canny (policy), go-slow policy
lijnvliegtuig scheduled plane, airliner
lijnvlucht scheduled flight
lijnwaad linen
lijnwerker *(telef)* line(s)man, wireman
lijnwerp- line-throwing [gun, appliance]
lijnzaad linseed; *(zaai~)* flaxseed
lijp 1 daft, bonkers; **2** chancy, risky
lijs slowcoach; *lange ~* long china vase; *(pers)* beanpole
lijst 1 list, register, roll; *(v artsen, sprekers)* panel; *~ van werkzaamheden* timetable; ***op*** *de ~ plaatsen* (place on the) list; schedule; *(voor evt plaats)* place on the waiting list; *no 3 op de ~* third down on the list; *zie* monumentenlijst & schrappen; **2** *(omlijsting)* frame; *(rand)* edge, border; *(kroon~)* cornice, moulding; ***in*** *een ~ zetten* frame [a picture]; *passen in de ~ van, (fig)* fit in with
lijstaanvoerder 1 person heading party's list of election candidates; **2** *(sport)* leader; *~ zijn* head the league table
lijsten frame [a picture]
lijstenmaker frame-maker, picture framer
lijster thrush; *grote ~* mistle thrush; *zwarte ~* blackbird; *als een ~* [sing] like a lark
lijsterbes rowan(berry); *(boom)* mountain ash, rowan (tree)
lijsttoneel proscenium arch (theatre)
lijsttrekker *zie* lijstaanvoerder
lijstwerk framework; *(bk)* moulding(s)
lijvig corpulent; voluminous [document], bulky, fat, substantial [volume]; viscous [paint], thick [syrup]
lijvigheid corpulency, voluminousness, bulk(iness); *(v verf)* body
lijwaarts leeward
lijzeil studding-sail, stunsail
lijzig drawling
lijzijde lee side; *aan ~* alee; *zie ook* lij
lik 1 lick; *iem een ~ geven* give a p. a blow; *~ op stuk geven* give tit-for-tat; *zie ook* lik-op-stukbeleid; *~ uit de pan, zie* veeg; *een ~je slagroom* a dab (spot, *groter:* blob) of cream; **2** *(nor)* clink, cooler
likdoorn corn

likdoornpleister corn plaster
likeur liqueur; *~tje* [have a] liqueur
likeurbonbon liqueur chocolate
likeurglaasje liqueur glass, *(fam)* liqueur tot
likeurkeldertje cellaret
likeurstel liqueur stand
likhout polishing stick, sleeking stick
likkebaarden lick one's lips (*of:* chops) [lick (*of:* smack) one's lips over a scandal]
likken 1 lick *(ook van vlammen); (op~)* lap; *iem ~* soft-soap a p., lick a p.'s shoes (boots), toady to, soft-sawder a p.; *zijn baard ~, zie* likkebaarden; **2** *(glad maken)* sleek, polish
likkepot electuary; *(het potje zelf)* gallipot
likker licker; *(fig)* lickspittle, toady
likkerij toadyism, soft soap, soft sawder, blarney
likmevestje *(fam) zie* niks: van ~
lik-op-stukbeleid tit-for-tat policy
liksteen 1 sleeking stone; **2** mineral (*of:* salt) lick, mineral block
lil (meat) jelly, gelatine
lila *zn & bn* lilac; *zacht ~* lavender
lillen quiver, shake, palpitate, dither
lilliputachtig, lilliputs, lilliputter Lilliputian
limbisch limbic [system]
limbo limbo
Limburgs Limburg(er) [cheese]; *~e klei* loess
limiet limit; *(op veiling)* reserve (price, figure); *aan een ~ binden* bind (*of:* tie) to a limit; *een ~ stellen* fix a limit
limitatie: *opdracht met ~, (handel)* stop(-loss) order
limitatief limitative
limiteren limit
limmetje sweet lime
limoen lime
limonade cordial, drink; *(citroen~)* lemonade; *~ gazeuse* mineral; *zie ook* frambozenlimonade, enz
limonadesiroop lemon, etc concentrate
limousine limousine
lindaan lindane
linde lime (tree), linden (tree)
lindebloesem lime-tree blossom
lindeboom lime (tree), linden (tree)
lindehouten, linden limewood
lineair linear [expansion]
linea recta straight, as the crow flies; *~ gaan naar, (ook)* make a beeline for
lingerie lingerie; (women's) underwear, *(fam)* undies
lingua franca lingua franca
linguïst linguist
linguïstiek linguistics
linguïstisch linguistic (*bw:* -ally)
liniaal ruler; *met de ~ trekken* rule [lines]
liniatuur ruling
linie line; *de ~ passeren* cross the line; *zie verder* lijn
linieregiment line regiment
liniëren rule
linieschip ship of the line, line-of-battle ship
linietroepen troops of the line
link I *bn* **1** sly, cunning, crafty; **2** chancy, risky; *~ als een looien deur* extremely chancy; **II** *zn* link; *een ~ leggen* link [two facts]
linken 1 cheat [a p.]; **2** link [facts]
linker left *(ook in pol);* left-hand [side, road, etc]; *(ve paard, rijtuig, enz, in links verkeer)* near [hind leg, front wheel, side], *(ve auto, enz, ook)* nearside [back light; move into the nearside lane]; *~ beneden- (boven)hoek* bottom (top) left-hand corner
linkerarm left arm; *(ve ruiter ook)* bridle arm
linkerbeen left leg; *met het ~ uit bed stappen, (fig)* get out of bed on the wrong side
linkerd sly (crafty) devil, deep one
linkerhand left hand; *laat uw ~ niet weten wat uw rechter doet, (bijb)* let not thy left hand know what thy right hand doeth; *huwen (huwelijk) met de ~* marry with the left hand (morganatic marriage); *twee ~en hebben* be all (fingers and) thumbs
linkerkant left(-hand) side; *(ve auto, enz)* [the car was hit on the] near side; *vgl* linker
linkervleugel left wing *(ook in pol); lid van (sp: speler op) de ~* left-winger
linkerzijde *zie* linkerkant; *(pol)* the Left
linkmichel 1 crafty devil; *(ong)* wheeler-dealer; **2** joker
links I *bn* left-handed; *(fig ook)* gauche, maladroit, awkward; *(fam)* cack-handed; *(pol)* left, leftist, left-wing [ideas]; *zie ook* linkse; **II** *bw* to (on, at) the left; [eat, write] left-handed; *(fig)* clumsily, awkwardly; *naar ~* [turn] left; *iem ~ laten liggen* ignore a p., give a p. the cold shoulder (the go-by); *~ binnen (buiten), (voetbal)* inside (outside) left; *vgl verder* rechts
linksachter left back
linksaf to the left
linksbenig *(sp)* left-footed
linksbuiten outside left, left wing(er)
linksdraaiend *(natuurk)* laevorotatory
linkse 1 *(pol)* leftist, lefty; *de ~n, (ook)* the Left (wing, wingers); **2** *(sp)* left
linkshandig left-handed [person]; *~e, (fam: sp, Am)* southpaw
linksheid left-handedness; *(fig ook)* gaucherie, awkwardness
linksisme leftism
linksmidden left midfielder
linksom to the left; anticlockwise, *(Am)* counter-clockwise; *(mil)* left turn!
linkspoot *(sp)* left-footer
Linnaeus Linnaeus; *van ~* Linnaean
linnen linen *(ook: ~goed); in ~, (ve boek)* in cloth; *~ band* cloth binding; *~ stoffen* linens; *op ~* linen-mounted
linnengoed linen
linnenkast linen cupboard
linnenpers linen press
linoleum linoleum; *(fam)* lino [tile]

linoleumsnede linocut
linoleumsnijden linocutting
linolzuur linoleic acid
linotype linotype; *(fam)* lino
lint ribbon; tape; *door het ~ gaan, (sp)* breast the tape; *(fig)* lose one's cool, blow one's top; *~je* ribbon *(ook ve orde); (fam)* order (of knighthood)
lintaal elver
lintbebouwing ribbon building (*of:* development)
lintgordijn fly curtain
lintgras reed grass
lintjesregen *(fam)* (Birthday) Honours List
lintvormig *(plantk)* ligulate
lintworm tapeworm
lintzaag bandsaw
linze lentil
linzekooksel *(bijb)* mess of pottage
lip lip *(ook ve wond, orgelpijp, enz & plantk); (ve anker)* bill; *(techn, ook ~je)* lug, tag; *de ~ **laten hangen*** pout, hang one's lip [*ook:* her lip drooped]; ***aan** de ~pen brengen* place (raise) [the glass] to one's lips; *aan iems lippen hangen* hang (up)on a p.'s lips (*of:* words); *zich **op** de ~pen bijten* bite one's lips; *het lag haar op de ~pen* she had it on (at) the tip of her tongue [to say ...]; *op aller ~pen* [his name is] on everyone's lips; *op elkaars ~ zitten* be (too) close together; get on each other's nerves; *geen woord (geen druppel) kwam **over** zijn ~pen* not a word (not a drop) passed his lips; *een ~je trekken* make a lip
lipbloem(ig) labiate
lipklank labial (sound)
liplap half-caste, half-breed
lipletter labial (letter)
liplezen *ww* lip-read; *zn* lip-, speech-reading
lipogram lipogram
liposuctie liposuction
lippenbeer sloth bear
lippendienst [do, give, pay] lip-service [to ...]
lippenglans lipgloss
lippenrood, lippenstift lipstick
lippenzalf lipsalve
lippijp *(ve orgel)* flue pie, lip pipe
lipssleutel Yale key
lipsslot Yale lock, cylinder lock
lipsynchroon lip-synch [dubbing]; *~ opnemen, enz* lip-sync(h)
lipvis wrasse
lipvormig lip-shaped, labial
liquefactie liquefaction
liquida liquid
liquidateur liquidator
liquidatie winding-up, [be in, go into] liquidation; *(beurs)* settlement; *bevel tot ~* winding-up order
liquidatiedag settling day
liquidatie-uitverkoop winding-up (*of:* closing-down) sale
liquide liquid [capital, assets *middelen*]
liquideren **I** *tr* wind up [a business], liquidate [opponents of the regime]; **II** *intr* go into (be in) liquidation
liquiditeit liquidity [preference *voorkeur*, ratio *quote*]
liquiditeitspositie liquidity
lira, lire *(munt)* lira (*mv:* lire, liras)
lis **1** *(plant)* flag, iris; *gele ~* yellow flag; **2** loop; *zie* lus
lisdodde reed mace, false bulrush, *(Am)* cattail
lisgras ribbon grass
lisp(el)en lisp, speak with a lisp
lisper lisper
Lissabon Lisbon; *(inwoner) van ~* Lisbonian
list ruse, trick, wile, guile, artifice, stratagem; *~en en lagen* devices, designs
listig sly, cunning, crafty, wily, subtle; *een ~ ding* [she is] a sly puss; *een ~ complot* a deep-laid plot; *op een ~e manier, (ook)* in an artful manner
listigaard slyboots
listigheid slyness, cunning, subtlety
litanie litany (*ook fig:* a litany of woes)
liter litre [bottle, measure, pack]
literair, literarisch literary [agent, criticism, executor, historian, prize]
literator literary (wo)man, (wo)man of letters
literatuur literature [read up the literature of *(over)* a subject]
literatuurgeschiedenis history of literature, literary history
literatuurlijst reading list, list for further reading
literatuuronderzoek review of the literature
literatuuropgave **1** bibliography, list of works consulted (cited); **2** list of works for further reading
literatuurstudie **1** *(vd lit)* study of literature; **2** *(over de lit)* literary study; **3** *zie* literatuuronderzoek
literatuurwetenschap theory of literature, literary theory; *algemene (vergelijkende) ~* general (comparative) literature
lithium lithium
litho litho
lithograaf lithographer
lithograferen lithograph
lithografie lithography; [a] lithograph
lithografisch lithographic (*bw:* -ally)
lithopoon lithopone
lithosfeer lithosphere
litoraal littoral [zone]
litotes litotes, meiosis
Litouwen Lithuania; *(inwoner) van ~* Lithuanian
litrage capacity (in litres)
lits-jumeaux twin beds [a twin-bedded room]
litteken scar, cicatrice
littekenvorming scarring, scar formation, cicatrization
litterair, enz *zie* literair, enz
liturgie **1** liturgy; **2** *(boek)* prayer book
liturgiek liturgics
liturgisch liturgical [drama, hymns, vestments]
living **1** living room; **2** *(bestaan)* living

Livius Livy
Livorno Livorno, Leghorn
livrei livery; *(jag, v dier)* coat
livreibediende, livreiknecht footman (in livery)
livreirups *zie* ringrups
llano llano
lob 1 *(kwab; v blad)* lobe; **2** *(zaad~)* cotyledon; **3** *(boogbal)* lob
lobberen sit loosely, hang loose, *(slordig)* be floppy (sloppy)
lobberig *zie* lobbig
lobbes big stupid fellow, goof; *een goeie ~* a big good-natured chap (dog)
lobbesachtig good-natured but rather stupid
lobbig 1 *(v pap, enz)* (rather) thick; **2** *(v kleren)* loose, floppy, sloppy
lobby 1 lobby, lounge, foyer; **2** *(pol)* lobby; *(gesprek)* (private) lobbying
lobbyen lobby
lobbyist lobbyist
lobelia lobelia
loboor 1 lop-ear; **2** lop-eared dog (*of:* hog)
lobotomie lobotomy; *een ~ uitvoeren* perform a lobotomy; *(inz Am)* lobotomize
lobvormig lobate
loc loco(motive)
locatie location; *zie verder* lokatie
loco 1 spot, on spot; *~station* free station; *~ Liverpool* ex warehouse Liverpool; *in ~* [investigations] on the spot; *~ verkopen* sell for immediate delivery; **2** *(med)* generic drug
loco- acting, deputy [mayor, burgomaster]
locogoederen spot goods
locomarkt spot market
locomobiel traction engine
locomotief (locomotive) engine, locomotive; *~ en tender (in één)* tank engine
locomotiefloods engine shed
locopreparaat generic drug
locoprijs spot price
loddereindoosje *(hist)* scent-box
lodderig drowsy, sleepy [eye]
[1]**loden** *(stof)* loden
[2]**loden I** *bn* lead, leaden; *(fig)* leaden; *~ dak, (ook)* leads; *met ~ schoenen, zie* lood; **II** *ww* **1** *(met schietlood)* plumb; *(mar)* sound, plumb, heave the lead, take soundings; **2** *(plomberen)* lead [goods]; **3** *(in lood zetten)* lead [windows]
Lodewijk Louis [XIV, etc]
loding *(mar)* sounding, cast of the lead
loebas 1 boor; scoundrel; **2** *zie* lobbes
loeder (mean) skunk, beast, bastard
loef luff; *de ~ afsteken* get to windward of *(ook fig); iem de ~ afsteken, (ook)* take the wind out of a p.'s sails, score off (go one better than) a p.
loefgierig *(mar)* griping, weatherly
loefwaarts *zie* loever: te ~
loefzijde weather side
loei swipe; *een ~ van een ...* a whopping (big, great, etc) ...; *(attr, fam)* tremendously [crowded, hard, hot]
loeien *(ve koe)* moo, low; *(ve stier)* bellow; *(vd wind, vlammen, enz)* roar, *(ve sirene)* wail; *(ve misthoorn)* boom
loeier *zie* loei
loempia spring roll
loens having a cast in the eye; *~ zien, zie* loensen
loensen have a cast in one's eye
loep magnifying glass, magnifier, hand lens, pocket lens; *onder de ~ nemen, (fig)* scrutinize
loepzuiver (internally) flawless
loer *(valkerij)* lure; *op de ~ liggen* lie in wait, lie (be) on the look-out; *iem een ~ draaien* play a p. a nasty trick, do the dirty on a p., do a p. in the eye
loeren peer, leer, spy, pry; *~ op* lie in wait for; *op een gunstige gelegenheid ~* be on the watch for one's opportunity
loeris noodle, booby
loeven luff
loever(t): *te ~* to windward, on the weather beam
lof 1 praise, commendation, eulogy; ***eigen ~*** self-praise, self-advertising; *eigen ~ stinkt* self-praise is no recommendation; *ik heb niets dan ~ voor ...* I have nothing but praise for ...; *zijn eigen ~ (de ~ van zijn vriend) verkondigen (uitbazuinen)* blow one's own trumpet, sing one's friend's praises; ***boven alle ~ verheven*** beyond all praise; ***met ~ slagen*** pass with credit, graduate with distinction; *zie ook* cum: ~ laude; *hij spreekt van hen met grote ~* he speaks highly of them, speaks of them in the highest terms; *zie* toezwaaien; **2** *(r-k)* benediction; **3** *zie* loof & Brussels
lofbazuin *zie* loftrompet
lofdicht laudatory poem, panegyric; *~ op, (ook)* poem in praise of
loffelijk laudable, commendable, praiseworthy; *~ spreken over* speak in terms of praise (in flattering terms) of; *zie ook* lof: met ~
lofgezang, loflied hymn (*of:* song) of praise, paean; *(r-k)* canticle; *(aan God, ook)* doxology
lofrede laudatory oration, panegyric, eulogy
lofredenaar eulogist, panegyrist
lofspraak praise, eulogy, encomium
loftrompet: *de ~ steken over* sound (sing) the praises of; *zijn eigen ~ steken, (ook)* blow one's own trumpet
loftuiting praise, eulogy, encomium
lofwaardig *zie* loffelijk
lofwerk *(bk)* leafwork, (ornamental) foliage
lofzang *zie* loflied
[1]**log** *bn* unwieldy, unmanageable, heavy, lumbering, ponderous, cumbersome; *met ~ge tred binnen (boven) komen* lumber (come lumbering) in (up)
[2]**log** *zn* log *(snelheidsmeter & logaritme)*
logaritme logarithm
logaritmetafel logarithmic table(s)

logaritmisch logarithmic [scale]
logboek logbook
loge [freemasons'] lodge; *(in schouwburg)* box
logé, logee guest; *betalend* ~ paying guest
logeerbed spare bed
logeergast guest, visitor
logeerkamer spare (bed)room, guest room, visitor's room
logement inn, (cheap) hotel; *zie ook* herberg
logementhouder innkeeper
logen I *ww* soak (*of:* steep) in lye, leach, lixiviate; II *zn* lie; *zie* leugen
logenstraffen give the lie (to), belie [hopes, etc; your actions belie your words], falsify [a prediction, expectations], live down [one's past; the false notion that ...]
logeplaats box seat
logeren stay, *(fam)* stop; *iem* ~ put a p. up, accommodate a p.; ~ *bij iem* stay with a p. (at a p.'s house); *blijven* ~ stay the night; *uit* ~ *zijn bij* be on a visit to; *wij* ~ *bij tante (bij vrienden, in een hotel)* we are staying at my aunt's (with friends, at a hotel); *ik heb een vriend te* ~ I have a friend staying (with me)
loggen heave the log, pay out the log-line
logger lugger, drifter
loggerzeil lug(sail)
loggia loggia
logheid unwieldiness, etc; *zie* [1]log
logica logic
logicisme logicism
logie ology
logies accommodation, lodging(s), [seek new] quarters; *(mar)* living quarters; ~ *met ontbijt* bed and breakfast
logisch logical, rational [think rationally]; *dat is nogal* ~ that is only logical (pretty obvious), that goes without saying; *scherp ~e redenering* close reasoning; *het ~e* [I felt] the logic [of it]
logischerwijs logically
logisticus logistician
logistiek I *zn* **1** logistics; **2** *(wisk)* symbolic logic; II *bn* logistic
loglijn log-line
logo(gram) logo(gram)
logogrief logogriph
logopedie speech therapy
logopedist speech therapist
lok lock, curl; *(op voorhoofd)* quiff
lokaal I *zn* room, hall; *(school)* classroom; II *bn* local [authorities *overheden*]
lokaalspoorweg district railway, light railway
lokaaltrein local (train)
lokaalvredebreuk illegal entry (and occupation)
lokaas bait, enticement, lure, decoy, bribe
lokaliseren **1** *(beperken)* localize; **2** *(plaats bepalen van)* locate
lokaliteit **1** *(plaats, omgeving)* locality; **2** *(lokaal, enz)* room, hall, premises
lokartikel loss-leader
***lokatie** *(Wdl: locatie)* [film on] location, site, [a new Post Office] siting
***lokatief** *(Wdl: locatief)* locative
lokduif decoy pigeon, stool-pigeon
lokeend *(ook fig)* decoy (duck)
loket *(in loketkast)* pigeon-hole; *(in kluis)* (safe-deposit) box, safe, locker; *(in station)* ticket office; *(kaartenbureau)* booking office, ticket office; *(ve schouwburg)* (box-office) window, *(kassa)* box office; *(ve postkantoor)* counter, desk; ***aan het*** ~, *(ve kantoor)* at the counter, [pay, etc] across (*of:* over) the counter; *de bank sloot haar ~ten, (fig)* the ... closed its doors
loketambtenaar *zie* lokettist
loketkast set of pigeon-holes
loketkluis safe deposit
lokettist ticket (booking, counter) clerk; *vgl* loket
lokfluitje bird call
lokken (al)lure, entice, decoy, tempt; *iem naar een plaats (uit huis)* ~ lure a p. to a place (from home); *de zonneschijn lokt hen naar buiten* the ... lures them forth
lokkertje carrot, bait; *(fam)* come-on
lokkig curled, curly
lokmiddel lure, bait, enticement, temptation, inducement
lokroep call (note); *(fig)* call [the call of the wild]
lokspijs *zie* lokaas
lokstem tempting (*of:* siren) voice, lure
lokster temptress
loktoon call note
lokvink, lokvogel decoy; *(fig)* decoy (duck)
lol *(fam)* (fine) fun, lark(s); *verbazend veel* ~ *hebben* have a wonderful time; *wat hadden we een* ~*!* what fun we had!; *ze zijn aan het* ~ *maken (trappen) geweest* they have been on the spree; ***voor de*** ~ for fun, in fun, for a lark; *zie ook* lolletje, jool & pret
lolbroek joker
lollarden Lollards
lollen **1** *(schreeuwen)* bawl; *(ve kat)* caterwaul; **2** *(gekheid uithalen)* lark
lolletje lark, spree; *zo'n leven is geen* ~ such a life is no joke (no picnic)
lollig jolly, funny; *zie ook* grappig
lolly *(snoep)* lollipop, lolly
lom *(vis)* torsk
Lombard(ije) Lombard(y)
Lombardisch Lombard(ic)
Lombok Lombok; *l*~ cayenne, capsicum
lommer **1** shade; **2** foliage
lommerachtig shady, shaded
lommerd pawnbroker's (shop), pawnshop; *(sl)* pop-shop; ***in de*** ~ at the pawnbroker's, in pawn; *(sl)* in pop, at my (his, etc) uncle's, at the three (gilt) balls
lommerdbriefje pawn-ticket
lommerdhouder pawnbroker
lommerig, lommerrijk shady, shaded, leafy

lomp I *zn* rag, tatter; *in ~en (gekleed)* in rags, in tatters, tattered [man, coat]; II *bn* 1 *(plomp)* ponderous, unwieldy; 2 *(onbehouwen)* ungainly; 3 *(vlegelachtig)* rude, churlish; 4 *(onhandig)* clumsy, awkward, lumpish
lompen *ww: ik laat me niet ~* I am not going to be put upon
lompenkoopman ragman, rag-and-bone man, dealer in rags
lompenproletariaat lumpenproletariat
lomperd, lomperik boor, lout, churl
lompweg rudely, bluntly
lom-school special school
Londen(aar) London(er)
Londens London
lonen pay, repay [it will repay study, the trouble]; *het loont de moeite niet* it is not worth while (worth the trouble); *het zal de moeite ~ te ..., (ook)* it will pay you (us, etc) to ...; *God lone het u!* God reward you for it!
lonend paying, remunerative, rewarding, profitable; *niet ~* unremunerative; *~ zijn, (v werk)* pay; *~e winst* working profit
long lung; *~en, (ve dier als voedsel)* lights; *goede ~en* good lungs *(ook: goede stem)*
longaandoening pulmonary affection, affection of the lungs
longarts lung specialist
longblaasje (pulmonary) alveolus (*mv:* -li), air sac
longbloeding pulmonary haemorrhage
longe lunge, longe
longeren lunge
longitude longitude
longitudinaal longitudinal
longkanker lung cancer
longkruid lungwort, pulmonaria
longkwab pulmonary lobe
longontsteking [double] pneumonia
longpijp 1 bronchus (*mv:* -chi); 2 *zie* luchtpijp
longroom *(mar)* wardroom
longslagader pulmonary artery
longvis lungfish
longziekte lung disease
lonk ogle, (amorous) glance; *een ~ toewerpen, zie* lonken: *~* naar
lonken ogle; *~ naar* ogle, make eyes at [a p.]; have one's eye on [a post]
lont fuse, (slow) match, touchpaper; *(ve granaat)* fuse; *de ~ in het kruit steken (werpen), (fig)* spark things off; *~ ruiken* smell a rat, scent danger
lontstok linstock
loochenaar(ster) denier
loochenbaar deniable
loochenen deny, disavow
loochening denial, disavowal
lood 1 lead; *(diep~)* (sounding) lead, plummet, plumb; *(schiet~)* plumb line; *(plombeerloodje)* lead seal; *~ in blokken* pig-lead; *zie* kruit; *het is ~ om oud ijzer* it is six of one and half a dozen of the other; *het ~ uitwerpen, (mar)* heave the lead; *in ~ gevatte ruitjes* lead(ed) lights; *ramen met glas in ~* leaded windows; *in het ~, (typ)* in type; ***met** ~ in de schoenen* with leaden feet, leaden-footed; ***uit** het ~* [one inch] out of plumb, out of the perpendicular; *uit het ~ geslagen, a)* bewildered, perplexed; *b)* unbalanced; 2 *(vero gewicht)* decagram(me); *zie ook* loodje
loodgieter plumber
loodgieterswerk plumber's work, plumbing
loodglans galena
loodglit litharge, protoxide of lead
loodgrijs lead grey, leaden (grey)
loodhoudend plumbiferous [rock], leaded [petrol]
loodje *zie* lood; *~s, (aan hengelsnoer)* split shot; *het ~ (moeten) leggen* give out, get the worst of it; *de zwakste legt het ~* the weakest goes to the wall; *onder het ~ leggen* pigeon-hole [a plan, etc], shelve [a request]; *de laatste ~s wegen het zwaarst* the last bit always seems worst, *(vglb)* it is the last straw that breaks the camel's back
loodkleur lead colour, leaden hue
loodkleurig lead-coloured, leaden, livid
loodkruid plumbago, leadwort
loodlijn perpendicular (line); *(mar)* sounding line; *een ~ oprichten, neerlaten* erect (raise), drop (let fall) a perpendicular
loodmenie *zie* menie
loodmijn lead mine
loodrecht perpendicular (*op* to); vertical [ascent]; sheer [cliffs rise sheer from the water]; *~ op de weg* at right angles to the road
loods 1 shed; *(vliegtuig~)* hangar; *(open, tegen huis, enz aangebouwd)* lean-to; 2 *(mar)* pilot
loodsballon pilot balloon
loodsboot pilot boat
loodsdienst pilot service, pilotage
loodsen pilot [a ship into port; *ook fig:* pilot a bill through Parliament]; *(fig ook)* steer [a p. (in)to ...]; shepherd [all passengers into ...]
loodsgeld pilotage (dues)
loodskantoor pilotage office
loodskotter pilot cutter, pilot boat
loodsmannetje pilot fish
loodsuiker sugar of lead, plumbic acetate
loodsvlag pilot flag, *(klein)* pilot jack
loodswezen pilotage
loodverf lead paint
loodvergiftiging lead poisoning
loodvrij unleaded, lead-free [petrol]
loodwit white lead
loodzwaar (as) heavy as lead, leaden [feet, sky]
loof foliage, leaves; *(afstervend)* haulm
loofboom deciduous (non-coniferous) tree
loofhout 1 deciduous trees; 2 hardwood
Loofhuttenfeest Feast of Tabernacles
loofrijk leafy

loofwerk leafwork, (ornamental) foliage
loog I *zn* **1** lye, lixivium; **2** ologist; **II** *ww ovt van* liegen
loogachtig alkaline, lixivial
loogkruid (prickly) glasswort, saltwort
loogwater lye
loogzout alkali(ne salt)
looien tan; *zie verder* leerlooien
looiersboom sumac
looistof tannin
looizuur tannic acid
look I *zn (genus)* allium; *(prei)* leek; *zie verder de sam;* **II** *ww ovt van* luiken
look-zonder-look jack-by-the-hedge, garlic mustard, hedge garlic
loom slow, [feel] heavy; *(mat)* languid; *(vh weer)* muggy, close, oppressive; *(vd markt)* inactive, dull, featureless; *met lome schreden* with dragging steps, leaden-heeled
loomheid slowness, etc; *(matheid)* languor, lassitude, lethargy
loon [basic, daily, guaranteed, gross, minimum, net] wage, [good, low, weekly] wages, [holiday, sick, take-home] pay; *(beloning)* reward; *(verdiende ~)* earnings; *(fig)* deserts; ~ ***trekken*** draw wages; *je hebt je* ***verdiende*** ~ it serves you (*fam:* serve you) right; *hij kreeg zijn verdiende ~ (~ naar werken)* he got what he deserved (his deserts, his due), he deserved all he got; *het ~ der* ***zonde is de dood*** the wages of sin is death; *zie ook* arbeider & menswaardig
loonactie campaign for higher wages
loonarbeid wage work, hired labour
loonarbeider wage labourer
loonbederver blackleg, scab
loonbedrijf contracting firm
loonbelasting income tax, PAYE (pay as you earn)
loonbeslag attachment of (distraint on) wages
loonderving loss of wages (of income)
loondienst paid employment; *in ~ zijn, (ook)* be on the payroll
loondorser threshing contractor
loondrukker jobbing printer
looneis wage demand, pay claim
loongeschil wage dispute (conflict)
loongrens 1 wage limit; **2** income qualification (for social security purposes)
loonkosten, loonlasten labour cost(s), cost of labour
loonlijst payroll, wages sheet
loonmaatregel government intervention in wages
loonmatiging wage restraint; *(euf)* wage flexibility
loonnormen basic wage rates
loonovereenkomst wage(s) agreement, *(fam)* pay deal
loonplafond wage ceiling
loonpolitiek wages policy
loonraad wage(s) board
loonregeling wage scheme, regulation of wages
loonronde round of wage claims (settlements), *(fam)* wage hike
loonschaal scale of wages, wage scale, pay scale; *zie* glijden
loonslaaf wage slave
loonsom (total) wage bill
loonstaat wages sheet
loonstaking strike for higher pay
loonstandaard wage level, wage rate, rate of pay
loonstop wage freeze, pay pause
loonstrookje pay slip, wage slip
loonsverhoging rise (advance) in wages, wage (*of:* pay) increase
loonsverlaging reduction of (fall in) wages, wage(s) cut
loontoeslag wage supplement
loontrekkend wage-earning, wage-paid; *niet ~* unwaged
loontrekker wage earner, *(Am)* wageworker
loonverschil (wage) differential
loonwerk job work, contract work
loonwerker jobber, contract worker
loonzakje pay (wage) packet *(ook fig),* pay envelope
loonzetter jobbing compositor
loop 1 *(gang v pers & dier)* walk, gait; *(v dingen)* course [of nature, events, river]; drift (trend) [of events]; *(het lopen, aanloop, muz)* run; *(buik~)* diarrhoea; *de ~ der gebeurtenissen, (ook)* the march of events, [await] events (developments); *de ~ der prijzen* the trend of prices; *de ~* ***hebben,*** *(ve winkel)* be well situated for custom; *het recht moet zijn ~ hebben* the law must take its course; *de ziekte* ***neemt*** *z'n ~* the disease is running its course; *zie ook* recht I.2; *hij liet zijn gedachten de* ***vrije*** *~* he gave his thoughts free play, let his ... range at will; *de zaken de vrije ~ laten* let things (events) take their course; *ze liet haar tranen de vrije ~* she gave free rein to ...; ***in de ~*** *van de week (der jaren, der tijden, van het gesprek)* in the course of the week (of years, of time, of the conversation); *in de ~ der jaren, (ook)* over the years, as the years pass by; ***op de ~ gaan,*** *(ve paard)* bolt, *(ve pers)* take to one's heels, cut and run, bolt; *op de ~ gaan voor* run away from; *op de ~ zijn* be on the run; *(zoek zijn)* be gone; *hij heeft er een paar op de ~* he has a screw loose; **2** *(ve vuurwapen)* barrel; ***met dubbele*** *~* double-barrelled [shotgun]
loopafstand [within] walking distance; [a considerable] distance to walk
loopbaan 1 career; *een ~ beginnen* start (embark) (up)on a [literary, an academic] career; *zijn ~ beginnen, (ook)* start life [in the Royal Engineers]; *het begin van zijn ~* his start in life; **2** *(ve hemellichaam)* orbit
loopbaanadviseur careers adviser
loopbaanbegeleiding career guidance
loopbaanbeleid career planning
loopbeen *(ve vogelpoot)* shank, tarsus
loopbrug 1 footbridge; **2** *(mar, naar de wal)* (shore)

gangway, *(overlangs)* catwalk, fore-and-aft bridge
loopdeur wicket (gate)
loopeend runner duck
loopgips walking cast
loopgraaf trench; *de -graven verlaten (voor de aanval)* go over the top
loopgraafmortier trench mortar
loopgravenoorlog trench war(fare); *(fig)* protracted dispute
loophek *zie* looprek
loopje 1 (short) run; *het is maar een kort ~* it is but a short distance; **2** *(muz)* run, roulade; **3** *(foefje)* dodge, trick; *een ~ met iem nemen* make fun of a p., pull a p.'s leg
loopjongen errand (*of:* messenger) boy; *~ spelen* run errands
loopkat (travelling) crab
loopkever ground beetle
loopkraan travelling (overhead) crane
looplamp inspection lamp
loopneus running (runny) nose
loopnummer *(sp)* track event
loopoverslag *(gymn)* walkover
looppad aisle, gangway, walkway
looppas trot, jog(trot), double-quick (time); *in de ~ marcheren* march at the double, at double-quick time; *~!* double-march!
loopplank (foot) plank; *(mar)* gangplank, *(breed)* gangway
looprek 1 playpen; **2** walking frame, walker, Zimmer (frame)
loopring *(v kogellager)* (inner, outer) (ball-)race
loops in (on, at) heat, rutting
loopsheid heat
loopstal cubicle stall
looptijd *(ve wissel, contract, enz)* currency, term, tenor; *(ve order)* lead time; *lening met lange ~* long-term loan
loopvlak working (running) surface; *(ve autoband, enz)* tread
loopvogel courser, walker, cursorial bird; *(mv ook)* cursores
loopvuur brush fire
loopwerk 1 *(techn)* wheelwork; **2** tape deck
loopwiel *(ve voertuig)* running wheel; *(vóór)* leading wheel, *(achter)* trailing wheel
loor: *te ~, zie* teloorgaan
loos 1 *(leeg)* hollow [nut]; **2** *(onecht)* blind, blank, dummy [door, wall]; false [alarm, bottom, keel]; hollow, idle, empty [gesture]; *loze knop* blind bud; **3** *(listig)* sly, cunning, crafty; *zie ook* slim; **4** *er is iets (mee) ~* something is the matter (up, wrong); *wat is daar ~?* what's going on there?
loosgat outfall
loosheid slyness, craftiness, cunning
loospijp waste pipe
loot shoot, cutting; *(fig)* scion, offspring
lopen I *ww* walk, go; *(hard ~)* run; *(v trein, schip, rivier, weg, bergketen, hek om huis, contract, wissel, vers, tranen, bloed, kraantje, bad, neus, ogen, wond, zin, enz)* run; *(v ogen ook)* water; *(v machine, enz)* run, go; *(ve trein, ook)* travel [75 miles]; *op en neer ~ in ...* pace [the room]; *te zwak om te ~* [the patient is] too weak to get about; *we moesten ~, (ook)* we had to foot it; *maar het is anders ge~* but things worked (panned) out differently; *och* ***loop!****, loop* ***heen!*** go (get) along with you!, go on!, come now!; [Father Christmas?] nothing!; you're telling me!; *de* ***auto*** *liep 70 mijlen per uur* the car did 70 miles an hour; *de fiets (het mechaniek) loopt lekker* the bicycle runs (the mechanism works) smoothly; *het schip loopt 10 knopen* the ship runs (goes, logs) 10 knots; *de klok loopt goed (slecht)* the ... goes well, keeps good (bad) time, is a good timekeeper; *de klok loopt 10 dagen (loopt niet)* the ... goes for ten days (is not going); *~ en* ***draven*** run about; *het moet al* ***gek*** *~, of ...* it would be surprising if [you didn't pass your exam]; ***goed*** *~* run well; *(hand)* do very nicely, sell well; *goed ~d* well-written [story]; well-patronized [shop]; fast-selling [article]; ***harder*** *~ dan* outrun; *we zullen (het) maar ~* we'll walk (it); *je kunt het ~* it is within walking distance; *zien hoe het loopt* await events (developments); *de ruzie liep* ***hoog*** *(op)* the quarrel (tempers) ran high; *de twee treinen liepen* ***in*** *dezelfde richting* the ... were travelling in the same direction; *het loopt in de duizenden* it runs into thousands (into four figures); *zie* inlopen; ***laten*** *~* let [criminals] go; lay on [extra buses]; *laat hem ~, (begaan)* let (leave) him alone; *laat hem maar ~, (hij is een knappe vent)* no need to worry about him, ...; *laat hem maar ~, hij redt het wel* leave it to him to manage it; *de zaken maar laten ~* let things slide; *een kans laten ~* pass up a chance; *de straat loopt* ***langs*** *de bank* the ... passes the bank; *de weg loopt langs het bos* the road skirts the wood; *~* ***met****, vgl* venten; *de wind liep* ***naar*** *het oosten* the ... shifted to the east; *waar loopt dit pad naar toe?* where does this path lead to?; *de kust loopt naar het noorden* the ... runs northward, trends (towards the) north; *het loopt naar (tegen) vieren* it is getting (going) on for (coming up to) four o'clock; *hij loopt naar de dertig* he is getting (going) on for thirty, is rising thirty; *hij loopt hard naar de dertig* he is well on the way to thirty; *het loopt hard naar de winter* winter is closing in; *~* ***om*** go (walk, run) round [the house]; *de planeten ~ om de zon* the ... revolve round the sun; *hij liep om de hele tuin heen, (ook)* he made a complete circuit of the ...; *de kelner liep de hele tijd om ons heen* the ... hovered round us all the time; *om het probleem heen ~* skirt the issue; ***op*** *een klip ~* run on to (strike) a rock; *het gesprek liep* ***over*** *allerlei onderwerpen* the ... ranged over a variety of topics; *waarover loopt het?* what is it about?; *het verhaal loopt over die tijd* the tale concerns that period; *de perioden waarover de betalingen ~* the ... over which the payments extend; *de collectie liep over een*

lange periode the collection covered ...; *de trein loopt over Utrecht* the train runs via ...; *de zolder loopt over de hele lengte van het huis* the attic runs the length of the house; *over iem heen* ~ walk over (trample on) a p.; *hij laat over zich heen* ~ he is a doormat; *hij liep (met zijn hoofd)* ***tegen*** *de deur* he banged his head against the door; ~ *tegen, zie* ~ naar; *de boeten* ~ ***van*** *10 tot 40 pond* the fines range from £10 to £40; *zie ook* aanlopen, heenlopen, inlopen, gevaar, risico, scheef, vanzelf, wandelen, enz; **II** *zn: het is een uur* ~ it is an hour's walk; *het op een* ~ *zetten* take to one's heels; *(op de loop gaan) zie* loop

lopend running [expenses, contract, etc]; current [week, year, month, expenses, etc]; ongoing [research]; ambulant [patient]; *~e* ***band*** conveyor (belt), belt conveyor; assembly line, production line; *productie aan de ~e band* flow production; *aan de ~e band gemaakt, (ook fig)* turned out on the assembly line; ~ *buffet* stand-up buffet, buffet meal, fork supper; *~e dagen, (handel)* running days; *~e golf, (natuurk)* travelling wave; *~e meter, enz, zie* strekken II; *~e ogen (oren)* running (runny, discharging) eyes (ears); *~e orders* outstanding orders; ~ ***patiënt****, (ook)* out-patient; *~e rekening* current account; ~ *schrift* running hand, current handwriting; *~e schulden* running (current) debts; ~ *souper, zie* ~ buffet; *~e titel* open entry; ~ *tijdschrift* current(ly received) periodical; *zich als een* ~ *vuurtje verbreiden* spread like wildfire; *~e waarde* current value; ~ *want* running rigging; ~ *water* running water; *~e wissel* running bill; *~e wond* running sore; *~e* ***zaken*** *afdoen* deal with matters outstanding (current business); *(ve aftredend kabinet)* carry on for the time being

loper 1 runner *(ook ve slee, & hard~, koerier, renpaard, bovenste molensteen)* **2** *(bank~, enz)* messenger; *(kranten~)* newsboy; *(ve bakker, enz)* roundsman; *zie ook* loopjongen; **3** *(sleutel)* master key, passkey, skeleton key; **4** *(schaaksp)* bishop; **5** *(trap~, enz)* [stair] carpet; *zonder* ~ uncarpeted [stairs]; *(tafel~)* table centre, table runner; **6** *(poot)* pad [of a hare]

lor rag; *het is een* ~ it is trash (rubbishy stuff); *een* ~ *(van een vent)* a good-for-nothing (person), a dud; *het kan me geen* ~ *schelen* I do not care a straw, a rap, a hang, a (tinker's) cuss; *hij weet er geen* ~ *van* he doesn't know a thing about it

lorgnet (pair of) pince-nez, (pair of) eyeglasses, double eyeglass

lorgnon *(face-à-main)* lorgnette

lori 1 *(vogel)* lory; **2** *(aap)* loris

lork(enboom) larch

lorre (Pretty) Polly

lorrenboer rag-and-bone man, *(Am)* junkman

lorrie 1 trolley, truck, lorry; **2** *zie* lori 1 & lorre

lorrig 1 trashy, rubbishy; **2** paltry

lorum: *in de ~, (in de war)* at sea; *(dronken)* tight, tipsy, mellow

[1]los *zn (dier)* lynx

[2]los *bn* **1** *(niet vast)* loose [board, page, horse, knot, material, screw, stone, tea (not in packets), thread, tooth], loose, unset [diamond], [his tie, the parcel, the catch of the window was] undone, [your collar is] unbuttoned, [his shoelace was] unfastened, detachable [cover, roof, collar], false [lining], movable [pulley]; *(ve wild dier)* at large; *er was (hij had) een knoop (van zijn jas, enz)* ~ he had a button undone; ~ *rijden, (op fiets)* ride with both hands off the handlebar; *~se* ***boord*** separate collar; *~se grond* loose soil; made earth, made ground; *met* ~ *kruit schieten* fire blanks; *~se lading* bulk cargo; *~se patroon* blank (cartridge); *~se plank, (in kast, enz)* movable shelf; *~se rib* floating rib; *~se zitting, (ve stoel)* loose (drop-in) seat; *alles wat* ~ *en* ***vast*** *is* he steals whatever he can lay hands on; ~ *zweefrek* flying trapeze; ~ ***ser*** *maken* loosen [a knot, girth, the soil]; *zie ook* losmaken; **2** *(afzonderlijk)* loose [papers, they are sold loose], single [copies *afleveringen*], *(losstaand)* detached [house]; *(~ gelegd)* loose-laid [carpet tiles]; ~ *bijgeleverd* supplied separately; *drukken met ~se* ***letters*** printing with movable types; *~se locomotief* light engine; ~ *onderdeel* accessory, spare; ~ ***van*** apart from [these considerations]; ~ *van vooroordelen* free from prejudice; ~ *van elkaar [kwamen zij tot dezelfde conclusie]* independently; *het probleem staat* ~ *van* the ... lies outside [the present conflict]; ~ *van Rome (van God)* off his (her) faith; *zie ook* loslaten, losraken, schroef, enz; **3** *(v gebak, brood)* light, spongy; **4** *(op zichzelf staand)* detached [sentences], stray [notes, remarks], disconnected [remarks]; *~se* ***arbeider*** casual labourer (*mv ook:* casual labour); *~se beweringen* loose allegations; *~se bloemen* cut flowers; *in ~se dienst* in casual service, on a freelance basis; *~se feiten* isolated facts; ~ *geld* loose cash (change); ~ *gerucht* floating rumour; *op ~se gronden* [maintain] on flimsy grounds, [assume] gratuitously; *op ~se gronden rusten* be ill-founded; *uit (met) de ~se* ***hand*** freehand [drawing]; *(fig)* effortlessly; *~(se) karwei* casual work; *~se opmerking* casual (random, *ong:* flippant) remark; *~se praatjes* loose talk, [this is not] hearsay; *~se stijl* easy (fluent) style *(vgl* loose style *slordige stijl); ~se tuinman* jobbing gardener; *~se wenken* stray hints; ~ *weer* unsettled weather; ~ ***werk*** *(werkman, werkvolk)* casual work (labourer, labour); **5** *(slap, ook v zeden)* loose [conduct, life *(zie ook* 1 leven*)*, morals], fast [man, girl, life], slack; ~ *in de* ***mond*** *zijn* have a loose tongue, be indiscreet; *uit de ~se* ***pols*** off the cuff; *met ~se* ***teugel*** [ride] with a loose rein; **6** *(uitverkocht)* sold out; **7** *(sp) ~!* go!, play!, let go!, [one, two, three and] away!, *(boksen, enz)* break!; *ze zijn ~, (wedstrijd, enz)* they're off; **8** ***erop*** *~!* at them (him, it)!; *erop* ~ ***beuken*** pound (hammer) away [at the door]; *erop* ~ ***blazen****, (ve muziekkorps)* be at full blast; *erop* ~ *dampen* puff away; *er maar op* ~ ***kopen*** buy things recklessly; *erop ~ **leven*** live from hand to mouth, *(boemelen)* go the pace, live it up; *erop ~ **praten*** talk away (sixteen to the dozen); *erop ~ **schieten*** blaze (fire) away; *erop ~ **slaan*** hit out freely; *erop ~ **werken*** study (*fam:* slog) away; *erop ~ **zingen*** sing lustily

losbaar redeemable; *losbare obligaties* stock drawn for redemption

losbandig dissolute, dissipated, licentious, fast, loose, profligate, riotous [living], lawless

losbandigheid debauchery, dissoluteness, dissipation, licentiousness, etc

losbarsten break [the storm broke], break out, burst (forth), explode; *er barstte een applaus los* there came a burst of applause

losbinden unbind, untie, undo [a knot, etc]

losbladig loose-leaf [notebook, album]; *(plantk: ve kelk)* polysepalous; *(ve kroon)* polypetalous

losbol loose liver, debauchee

losbranden 1 blaze away; **2** burn loose; *(fig)* tear apart, separate

losbreken 1 break loose [the dog (the prisoner) has broken loose], break away, break prison; **2** *zie* losbarsten & uitbarsten

loscedel customs bond note

losdagen discharging days

losdoen *zie* losbinden, losmaken, enz

losdraaien untwist, unscrew [an electric bulb], twist off, loosen [a screw]

losgaan get (come, work) loose (unstuck); *(ve plank, enz)* start; *(ve strik, enz)* come undone (untied, unfastened); *~ op* go (rush) at, make a dash at

losgeld 1 ransom (money); *er wordt 5000 pond ~ voor hem geëist* he is being held to ransom for ...; **2** landing charges

losgespen unbuckle

losgooien cast off [a rope, boat], slip [a cable]; *de kabels ~, (ook)* cast off

loshaken unhook, unhitch

loshangen hang loose; *met ~d haar* with her, etc hair loose; *met ~de (verwarde) haren* (with) dishevelled (hair); *zie ook* ²los; *~de monocle* dangling eyeglass

loshaven port of discharge, unloading port

losheid looseness; ease, fluency, *vgl* ²los; *(v zeden, ook)* laxity

losjes 1 loosely; **2** *(luchtig)* lightly; **3** *(lichtzinnig)* casual

losknopen 1 untie; **2** unbutton

loskomen get loose, be released, be set free; *(fig)* let o.s. go, get going [he's an amusing chap when he gets going], unbend, expand, (begin to) lose one's reserve (shyness); *(ve vliegtuig)* get off the ground; *de regen komt niet los* the rain is holding off; *de tongen kwamen los* tongues became loosened

loskopen ransom, buy off (out), redeem

loskoppelen 1 uncouple, throw out of gear, disconnect, disengage; *(onder het rijden)* slip [a railway carriage]; **2** slip, unleash [hounds]; **3** *(fig)* isolate, dissociate, tackle [a problem] in isolation [from ...]

loskrijgen get loose; undo [the door, a knot]; *ik kon de schroef niet ~* I could not get the screw undone; *(verkrijgen, fam)* wangle [a few days' leave]; *geld van iem ~* get (squeeze) money out of a p., *(sl)* touch a p. for money; *geld zien los te krijgen* try to raise money (*fam:* to raise the wind); *een bekentenis ~* wring a confession from [a p.]

loslaten 1 let (turn) loose, unchain, (un)loose(n), unleash [the dog], set free, release; liberalize [prices]; *(iets, iem) ~* let go (of a thing, a p.), abandon, relinquish [the key], loose hold of [the bridle], let go one's hold; *zie ook* gouden; *laat los!* let go!; *laat me los!* let go of me!; *hij liet haar hand los* he let go (of) her hand; *iets ~, (fig)* let on; *hij liet niets los* he did not let out anything, did not give anything away, was very reticent [*tegenover mij* to me], he kept his (own) counsel; *niet ~, (ook fig)* hang on; *de gedachte liet me niet los* the thought haunted (obsessed) me, I could not get the idea out of my head; *de hond ~ op* set the dog at; **2** *(losgaan, niet houden)* come off (loose, undone, unstuck, etc), peel off

losliggend loose [leaf, tile]

loslijvig loose (in the bowels)

loslippig loose-tongued, indiscreet, blabbing

loslippigheid indiscretion

losloon landing charges

loslopen 1 be at liberty (at large), *(v dieren)* run free; *~d, (niet gebonden)* unattached; *(ve hond)* stray; *dat zal wel ~* that is sure to come right; *zie ook* gek; **2** work loose

losmaken loose [a dog]; undo [the bolt, one's coat]; undo, untie [a knot]; unbutton [one's coat]; unfasten [one's coat, collar], unhook [a bra]; unlace [one's boots]; take (let) down [one's hair]; disengage [one's arm]; loosen [one's collar]; dislodge [a stone]; unlock [one's capital]; *zie ook* ketting, tong & losweken; *de spieren ~* limber up; *~ van* detach from; unlink [the pound] from [gold]; ***zich** ~* disengage (free, release, extricate) o.s., shake o.s. free; *zich ~ van* dissociate o.s. from [a policy], break away from [a federation, the Church], disengage o.s. from [the poet could not disengage himself from the statesman], cut o.s. adrift from; *zie ook* afscheiden: zich ~; *ik kan me niet ~ van dat idee* I cannot get away from that idea; *zich van zulke denkbeelden ~* disabuse one's mind of such ideas; *ik kon me dagen lang niet ~ van die melodie* I could not get the tune out of my head for days on end

losmaking loosening, dissociation, etc

losperron unloading platform

lospeuteren pick loose, pick apart, unpick, undo, unravel; *(fig) zie* loswurmen

losplaats discharging berth

lospraten: *een bijdrage (vijftig pond) bij iem ~* persuade a p. to contribute (*sl:* touch a p. for fifty pounds)

losprijs *zie* losgeld 1

losraken get loose (detached), loosen, come loose (undone, untied, unstuck, etc), work loose; *(ve schip) zie* losslaan; *(v ijs)* break up; *stukken cement raakten los* pieces of ... became dislodged; *de tongen raakten los* (the) ... were loosened (unloosed); *zie ook* losgaan

losrijden *(wielersp) zie* lossen 4

losrukken *zie* losscheuren; *zich ~* tear o.s. away, wrench o.s. (break) free [from a p.'s grasp]; *zie verder* losscheuren

löss loess

losscheuren tear (pull) loose (free), sever; *zich ~* tear o.s. away (free), break away (free), wrench o.s. free [from one's friends], shake o.s. free

losschroeven unscrew, loosen

lossen 1 *(schip)* unload, discharge; *(lading)* unload, land; *beginnen te ~* break bulk; **2** *(wapen)* discharge, fire; *(schot)* fire; **3** *(pand)* redeem; *(gevangene)* ransom; **4** *(wielersp, tr)* break away from [an opponent]; *(intr)* fall behind

losser unloader, etc; *vgl* stuwadoor

lossing discharge, unloading, landing; redemption; *vgl* lossen

lossingskosten landing charges

losslaan I *tr* knock loose (open); **II** *intr (ve schip)* break adrift; *zie ook* [2]los 8

lossnijden cut loose; *(gehangene)* cut down; *zie ook* opensnijden

losspringen spring open (loose)

losstaand detached [house]

losstevenen: *~ op* bear down (up)on

losstormen: *~ op* rush (up)on, charge [the enemy]

lostijd time for unloading

lostornen unsew, rip (open), unrip, unpick

lostrekken tear (pull) loose; *~ op* go at, go for [a p.], march (up)on [a town]

los-vast finger-tight [bolt]; *~e relatie* casual relationship; *~e verkering hebben* have a budding relationship

losweg loosely, lightly

losweken soak off, unglue; *(door stoom)* steam open [a letter]; *(fig) zie* loswurmen

loswerken I *tr* work loose, disengage; **II** *intr* work loose [the ring worked loose]; *zich ~* disengage o.s., release o.s.

loswerpen *zie* losgooien

loswurmen extricate; *(fig)* extract [money, an answer]; *geld bij iem ~, (ook)* squeeze money out of a p.

loszinnig frivolous, flippant

loszinnigheid frivolity, levity

loszitten be loose; *de knoop zit los* the button is coming off

lot 1 *(nood~)* fate, fortune, destiny; *(levens~)* lot; *zijn ~ is niet te benijden* his lot is not an enviable one; *men liet hem* ***aan*** *zijn ~ over* he was left to his fate, he was left to sink or swim; ***volgens*** *het ~ aanwijzen, zie* loting: bij *~; zie ook* gunstig; **2** *(loterijbriefje)* (lottery) ticket; *(prijs)* prize; *~ waarop een prijs valt* winning number; *een ~ uit de loterij trekken, (fig)* draw a lucky number, back a winner; **3** *(kavel)* lot

loteling conscript

loten draw (cast) lots; *~ om* draw (cast) lots for, draw for; raffle for [a goose]; ballot for [seats]

loterij lottery, [our Christmas] draws; *(om gans, enz)* raffle; *(fig)* [life is a] gamble

loterijbriefje lottery ticket

loterijlening lottery loan

loterijwet lotteries act

lotgenoot partner (companion) in misfortune (adversity), fellow sufferer

lotgevallen adventures, fortunes, vicissitudes, ups and downs

Lotharingen Lorraine

Lotharinger, Lotharings Lotharingian

Lotharius Lothair

loting drawing of lots, ballot, draw; *bij ~ aanwijzen* assign by lot; *bij ~ toewijzen* allot [shares] by ballot

lotion 1 *(wassing)* shampoo; **2** *(vloeistof)* (beauty, body, hair, setting, etc) lotion, toilet water

lotje: *hij is van ~ getikt, (fam)* he has bats in the belfry (is barmy, nuts, crazy)

lotsbedeling lot

lotsbeschikking fate, lot

lotsbestemming destiny

lotsverbetering improvement in one's lot

lotsverbondenheid solidarity [with working-class ideals]

lotswisseling vicissitude, turn of fate

lotto 1 bingo; *de ~* (bingo) lottery; **2** *(spel)* lotto

lotus lotus [flower, tree, position *houding*]

louche louche, shady, unreliable

louter mere [coincidence], pure [chance], sheer [negligence]; *het was ~ een ongeluk* it was a pure accident, just simply an ...; *~ uit gewoonte* from sheer force of habit; *de ~e waarheid* the bare (the naked) truth; *zie ook* toeval & uitsluitend

louteren purify, refine; *(fig ook)* chasten

loutering purification, refining, chastening

louvredeur louvre(d) *(Am:* louver(d)) door

louw nothing, little; *~ loene* no go, nothing doing

louwmaand January

loven praise [a p., God, a work to the skies *hemelhoog*], commend, *(sterker)* eulogize, extol [a p., a p.'s virtues, work], glorify [God]; *haar werk voor het milieu valt te ~, (ook)* her ... is highly laudable; *vgl* loffelijk; *~ en bieden* haggle, higgle, bargain; *~d* laudatory [remark]; *zich ~d uitlaten over* speak favourably (well) of, commend, *(sterk)* extol

lover foliage; *~tje* spangle, paillette, sequin; *zie ook* loof

loxodroom rhumb line, loxodromic line (curve, spiral)

loyaal loyal

loyalisme loyalism

loyaliteit loyalty
loyaliteitsverklaring pledge of loyalty
lozen drain off (away) [water]; void, evacuate [excrements], pass [urine]; discharge [oil from a ship]; dump [nuclear waste at sea, a p. on the UN *naar de VN*]; *(ve rivier, polder, enz)* empty, drain [into the sea]; *iem ~, (ook)* get rid of a p.
lozing draining, drainage; passing, voidance, evacuation, emptying, discharge, [nuclear waste] disposal; *vgl* lozen
LPG afk van *liquefied petroleum gas* LPG
L.S. afk van *Lectori salutem* Dear Sir or Madam
lubben 1 castrate, geld; **2** gut [fish]; **3** ensnare, rope in, shanghai [a p. for a job]
lubberen sit loosely, hang loosely; *(slordig)* be floppy (sloppy)
Lucanus Lucan
Lucas (St) Luke; *van ~* Lucan; *vgl* evangelie
lucht 1 [want a change of] air; *gebakken ~* hot air; *geen ~je bewoog zich* there was not a breath of air; *geen ~ krijgen* be unable (get no room) to breathe; *zij was ~ voor hem* he ignored her; *zijn hart (gemoed) ~ **geven*** give vent to (relieve, vent) one's feelings, unbosom o.s.; *het hangt nog in de ~* it is still in the air; *de ~ **ingaan**, (ve vliegt)* take (to) the air, go up (into the air); *(radio & tv)* go on the air; *een ~je **scheppen*** get a breath of (fresh) air, air o.s.; *de politie schoot in de ~* the ... fired in(to) the air; *in de ~ vliegen* blow up, be blown up, explode; *in de ~ laten vliegen* blow up, blow sky-high; *in de ~ **zijn**, (ve vliegt)* be up [for two hours]; *(ve zender)* be on the air; *botsing in de ~* mid-air collision, *(bijna)* air miss; *verandering zit tegenwoordig in de ~* change is in the air nowadays; *zie ook* gat & open; *dat is **uit** de ~ gegrepen* that is without any foundation, utterly unfounded, a mere fabrication; *uit de ~ komen vallen* fall from the skies, appear out of the blue (*of:* from nowhere); *hoe kom jij zo uit de ~ vallen?* where do you spring (have you sprung) from?; *bomaanslagen zijn niet **van** de ~* bombings are rife; **2** *(uitspansel)* [a clouded] sky; ***aan** de ~, zie* hemel, kou, onweer, vuiltje, wolk; **3** *(reuk)* smell, scent [give scent to a police dog]; *er is een ~je **aan*** it smells; *(fig)* there is s.t. fishy about it; *ik **kreeg** er de ~ van* I got wind of it
luchtaanval air attack, *(Am)* airstrike, *(inz massaal)* air raid
luchtacrobaat 1 stunt-flyer; **2** trapeze artist
luchtacrobatiek 1 stunt flying, aerobatics; **2** trapeze work
luchtafweer anti-aircraft defence; *zie ook sam met* afweer
luchtalarm air raid warning, alert
luchtballon (air) balloon
luchtband pneumatic tyre
luchtbasis airbase
luchtbed (inflatable) air-bed, air mattress, *(drijvend)* beach mattress
luchtbel air bubble
luchtbelwaterpas spirit level
luchtbescherming air-raid precautions, ARP
luchtbevochtiger humidifier
luchtbezoedeling air pollution
luchtblaas air bladder; *~je* air bubble
luchtbombardement aerial bombardment
luchtboog flying buttress
luchtboot inflatable boat (dinghy)
luchtbrug 1 high-level (*of:* elevated) bridge; **2** *(luchtv)* airlift
luchtbuis air pipe, air tube; *(ve insect)* trachea (*mv:* tracheae)
luchtbuks airgun, air rifle
luchtbus airbus
luchtcorridor airlane
luchtdefilé fly-past
luchtdicht airtight, hermetic(ally sealed)
luchtdoelraket anti-aircraft missile (*of:* rocket)
luchtdoop maiden flight
luchtdroog air-dry
luchtdruk 1 atmospheric pressure; **2** air pressure; *(bij ontploffing)* blast
luchtdrukboor pneumatic drill
luchtdrukgeweer airgun
luchtdrukrem air (pneumatic, vacuum) brake
luchten air, ventilate; *(fig ook)* vent, give vent to; *ik kan hem niet ~ (of zien)* I hate the sight of him, I can't stand him at any price; *zijn geleerdheid (kennis) ~* air (show off, parade) one's learning (knowledge); *zijn gevoel (gemoed, hart) ~* give vent to (relieve) one's feelings, unburden one's soul (mind); *zijn grieven ~* ventilate (air) one's grievances; *een kamer ~* air a room
luchter 1 candelabrum (*mv:* -bra); **2** *(lichtkroon)* chandelier, lustre
luchteskader air squadron
luchtfietser(ij) fantast (fantasizing)
luchtfilter air filter
luchtfoto aerial photograph, air photo, air view
luchtgat 1 airhole, vent (hole), ventilator; **2** *(luchtv)* airhole, air pocket; *(in mijn)* airway; **3** *(ve insect)* stigma (*mv ook:* -mata)
luchtgeest sylph
luchtgekoeld air-cooled [motor, engine]
luchtgesteldheid 1 condition of the air, atmosphere; **2** climate
luchtgevecht aerial fight, air combat, *(v jagers)* dogfight
luchtgezicht 1 skyscape; **2** aerial view [of the castle]
luchthartig light-hearted; *zie ook* luchtig
luchthaven [Schiphol] airport
luchtig airy [room, dress, tread, mood, contempt]; light [cake]; jaunty [walk, manners]; *~ opvatten* make light of, treat [the matter] light-heartedly; *zich ~ van de zaak afmaken* dismiss the matter lightly; *..., zei hij ~(jes) ...*, he said airily; *zie ook* lichthartig & luchthartig

luchtinlaat air inlet (intake, vent, feedpipe)
luchtkamer air chamber; *(in ei)* air cell
luchtkanaal air channel (duct, passage); airway [to help breathing]
luchtkartering aerial survey(ing)
luchtkasteel castle in the air [build castles in the air], pie in the sky
luchtklep air valve
luchtkoeling air cooling; *met* ~ air-cooled [engine]
luchtkoker air shaft, ventilating shaft, air duct, funnel
luchtkolk air pocket, air hole
luchtkussen air cushion; air pillow
luchtkussenmaaier hover mower
luchtkussenvoertuig hovercraft
luchtlaag layer of air; *de hogere luchtlagen* the upper strata (of the atmosphere)
luchtlandingstroepen airborne troops
luchtledig I *bn* void of air, exhausted (of air); ~ *maken* exhaust, evacuate; *~e buis* vacuum tube; *~e ruimte* vacuum; II *zn ((ook) ~e)* vacuum
luchtleiding **1** air piping, airline; **2** *(elektr)* overhead wires
luchtlijn airline
luchtmacht air force
luchtmatras air mattress
luchtmeter aerometer
luchtnet aerial(s); *(net van luchtlijnen)* air network
luchtoorlog air war(fare), aerial warfare
luchtpenseel air brush
luchtperspomp air condenser
luchtpijp windpipe, trachea
luchtpijpsnede tracheotomy
luchtpijpvertakkingen bronchial tubes
luchtpiraat skyjacker, air pirate
luchtpomp air pump; *(perspomp)* blower
luchtpost: *(per)* ~ (by) airmail
luchtpostblad aerogramme, air letter
luchtpostzegel airmail stamp
luchtrecht air law
luchtreclame sky-sign
luchtreis air voyage, air trip, journey by air
luchtreiziger **1** aeronaut, balloonist; **2** air traveller, air passenger
luchtreus jumbo
luchtrooster ventilator
luchtruim atmosphere, air; [French] airspace; *gebruik van het* ~ overflight (air transit) facilities
luchtschip airship, dirigible; *(klein, niet stijf)* blimp
luchtschommel swingboat
luchtschrift sky writing
luchtschroef airscrew
luchtsluis airlock
luchtspiegeling mirage
luchtspoorweg elevated (overhead, aerial) railway
luchtsprong caper, gambol; hop in the air
luchtstoringen *(radio)* atmospherics, statics, strays
luchtstreek climate, [temperate] zone
luchtstrijdkrachten air forces
luchtstroming air current
luchtstroom airstream, *(sterk)* blast (rush) of air
luchttoevoer air supply, supply (access) of air; *zie ook* luchtinlaat
luchtvaart aviation, aeronautics, air navigation; *ministerie van Luchtvaart, (mil)* Air Ministry; *(burger)* Ministry of Aviation
luchtvaartgeneeskunde aviation medicine
luchtvaartkundig aeronautic(al)
luchtvaartmaatschappij airline (company); *zie ook* KLM
luchtvaartrecht air law
luchtvaartshow air show
luchtvaarttechniek aeronautical engineering
luchtvaarttentoonstelling aircraft exhibition
luchtvaartuig aircraft *(ev & mv)*
luchtvaartwet Civil Aviation Act
luchtverbinding airlink; *(geregeld)* air route
luchtverdediging air defence
luchtverfrisser air freshener
luchtverheveling atmospheric phenomenon
luchtvering air (*of:* pneumatic) suspension; *matras met* ~ airsprung mattress
luchtverkeer air traffic
luchtverkeersleiding air traffic control
luchtverkenning air reconnaissance
luchtverontreiniging air pollution
luchtverschijnsel atmospheric phenomenon
luchtverversing ventilation; *met* ~ ventilated
luchtvervoer air (aerial) transport
luchtvloot air fleet
luchtvochtigheid [absolute, relative] humidity
luchtvracht air freight
luchtwaardig airworthy
luchtwaardigheid [certificate of] airworthiness
luchtwacht air surveillance
luchtwapen: *het* ~ the air arm
luchtweerstand air resistance, air drag
luchtweg **1** *(door de lucht)* air route, airway; **2** *(voor de lucht)* air passage; **3** *(in mijn)* airway; **4** *~en, (anat)* bronchial tubes
luchtwortel aerial root
luchtzak **1** *(luchtv)* air pocket, airhole; **2** *(ve luchtschip)* ballon(n)et
luchtziek(te) airsick(ness)
luchtzuiger *(paard)* wind-sucker
luchtzuiging *(luchtv)* backwash
luchtzuiveringsinstallatie air purification plant
Lucianus Lucian
lucide lucid
luciditeit lucidity
lucifer match; *L~* Lucifer
lucifersdoosje matchbox
lucifershoutje [break like a] matchstick; *in elkaar vallen als (versplinteren tot) ~s* be reduced (smashed) to matchwood
luciferskop match-head

lucifersstokje matchstick
lucratief lucrative
Lucretia Lucretia, Lucrece
lucullisch Lucullian [feast]
ludiek whimsical, playful, *(soms)* ludic
lues lues
luguber gruesome [discovery], sinister
¹lui *zn* people, folk; *zeg, ~!* (I) say, folks!; *zie ook* mens(en)
²lui *bn* lazy, idle; *~ leventje* [lead an] easy life; *~e stoel* easy chair; *~ liggen (hangen, enz)* lounge, laze, loll [in a chair]; *hij is liever ~ dan moe* he was born tired, is bone idle
luiaard 1 lazybones, sluggard; **2** *(dier)* sloth, ai
luibakken *zie* luieren
luid I *bn* loud; **II** *bw* loud(ly); *spreek ~er* speak louder, speak up please; *~(e) klagen* complain loudly; *met ~e(r) stem* in a loud voice
luide *zie* luid II
¹luiden *ww* **I** *intr* **1** *(ve klok)* ring, peal, sound; *(kleppen)* toll; **2** *(ve brief, enz)* read [a message reading: ...], run [the letter runs as follows]; *zijn antwoord luidt gunstig* his ... is favourable; *de geschiedenis luidt als volgt* the story is as follows; *het telegram luidde, (ook)* the ... said; *zoals de wet nu luidt* as the law now stands; *zoals de uitdrukking luidt* as the saying is; *een wissel ~d in ponden* a draft expressed in sterling; **II** *tr* ring, peal; *(kleppen)* toll
²luiden *zn mv* people, folk; *de kleine ~* the common sort; *zie ook* mens(en)
luidens according to
luidkeels at the top of one's voice, [laugh] loudly
luidklok (church) bell
luidop loud, aloud, [announce] loudly
luidruchtig clamorous, tumultuous, noisy, boisterous, loud; *~e vrolijkheid* noisy hilarity
luidspreker (loud)speaker [box, housing]
luier nappy, napkin, *(Am)* diaper
luierbroekje baby pants
luiereczeem nappy rash
luieren (be) idle, loaf, laze (about), lounge (about, around)
luiermand 1 baby-linen basket; **2** *(kleertjes)* (outfit of) baby clothes, layette, baby linen
luierstoel lounge chair, easy chair
luifel penthouse [roof]; *(boven ingang ve hotel, enz)* [glass] awning, [glass] porch; *(deur~)* canopy; *(tent~)* awning
lui(ig)heid laziness, idleness, sloth; *(geestelijke) (ook)* accidie; *zie ook* ledigheid
luik 1 *(ve raam)* shutter; *de ~en waren ervoor (afgenomen)* the shutters were up (down); *met de ~en ervoor* shuttered [windows]; **2** *(mar)* hatch; *de ~en sluiten, (mar)* batten down the hatches; **3** *(valluik)* trapdoor; **4** *(ve triptiek, enz)* panel
Luik Liège
luiken close; shut
Luikerwaal(s) Walloon
luikgat *(mar)* hatchway
luikhoofd *(mar)* (hatch) coaming
luilak lazybones, sluggard; *(techn)* idle wheel; *jij ~!* you lazy thing!
luilakken *zie* luieren
luilekkerland (land of) Cockaigne, *(vglb)* never-never land
luim 1 *(stemming)* humour, temper, mood; *in een goede ~ zijn* be in a good temper (humour); *in een slechte ~ zijn* be in a bad temper, be out of humour; **2** *(gril)* caprice, whim, freak, crotchet; **3** *(vs ernst)* humour, fun
luimig 1 facetious; **2** *(nukkig)* capricious
luimigheid facetiousness, etc; humour
luipaard leopard
luis 1 louse *(mv: lice)*; *~ in de pels* troublesome person; irritant; *zie ook* teerton; **2** plant louse; *zie* blad-, dop-, schildluis, enz
luister lustre, splendour; *~ bijzetten* add lustre (*aan* to), *(met muziekkorps, enz)* add to the proceedings
luisteraar(ster) listener; *onopgemerkte ~* fly on the wall; *zie ook* luistervink
luisterdichtheid rating, listening figure
luisteren listen [*naar* to]; *(radio)* listen (in); *staan ~* eavesdrop; *dat luistert nauw* it requires the greatest care, it's tricky work; *~ naar de naam van Boy* answer to the name of Boy; *hij luisterde niet naar mijn raad, (ook)* he turned a deaf ear to my advice; *naar het roer ~* respond to (answer) the helm; *de vergadering luisterde gretig naar hem, (ook)* he had the ear of the meeting; *ingespannen naar elk woord ~* hang on every word; *men wilde niet naar hem ~* he could not obtain a hearing; *er werd niet geluisterd naar haar uitleg, (ook)* her ... went unheard; *~ of men ook voetstappen hoort* listen for ...; *zie ook* oor
luisterpost *(mil)* listening post
luisterrijk brilliant, glorious, splendid
luisterspel radio play
luistertoets listening comprehension test
luistervaardigheid listening comprehension
luistervink eavesdropper; *(radio)* listener(-in); *vgl* luisteraar
luistervinken *ww* eavesdrop
luit 1 lute; **2** *zie* luitenant
luitenant lieutenant; *eerste ~* lieutenant; *tweede ~* second lieutenant
luitenant-admiraal admiral
luitenant-generaal lieutenant general
luitenant-kolonel lieutenant colonel; *(vliegdienst)* wing commander
luitenant-ter-zee *(1e kl. o.c.)* lieutenant commander, *(j.c.)* lieutenant; *(2e kl.)* sub-lieutenant
luitenant-vlieger flying officer
luitist(e) lute-player, lutenist, lutanist
luitjes people, folk; *de oude ~* the old folks; *zie verder* mens(en)
luitspeelster, luitspeler luteplayer, lutenist, lutanist
luiwagen (long-handled) scrubbing brush

luiwammes(en) *zie* luilak, luieren
luizen *ww* louse; *zie ook* inluizen
luizenbaan cushy job
luizenbos 1 shock of hair; **2** tramp, *(Am)* hobo
luizenkam fine-tooth (small-tooth) comb
luizenkruid lousewort
luizenleven: *een ~(tje) leiden* lead the life of Riley
luizenmarkt flea market
luizenpoot match
luizenstreek lousy trick
luizig lousy, *(fig ook)* scabby [you scabby liar!]
luk: *~ of raak* hit or miss, at random, at haphazard
lukken succeed; *niets lukt hem* nothing succeeds with him; *alles lukte hem* he succeeded in everything, he carried all before him; *het (kunstje) lukte niet* it (the trick) did not come off; *de foto lukte goed* the photo came out well; *het lukte hem* he succeeded [*te ...* in ...ing], he was successful; *het is eindelijk gelukt* at last our efforts have been successful; *het lukte mij binnen te komen, (ook)* I managed to get in; *het lukte hem niet* he failed [*te ...* to ...]; *het lukte haar goed (niet), (fam)* she made a (good) job (a bad job, a poor job) of it; *dat zal je niet ~!* you won't get away with that; *(mij beet te nemen, enz)* you won't get any change out of me; *gelukt* successful [plan]
lukraak I *bw zie* luk; **II** *bn* haphazard [remark], random [example], wild [guess]
lul 1 prick, cock, *(inz Am)* dick; **2** *(pers)* prick, shit, sod; *ouwe ~* old geezer; *L~ de behanger, slappe ~, ~letje rozenwater* wally; *hij is de ~, (sl)* he'll catch it
lulhannes 1 twaddler; **2** wally
lulkoek crap, bull(shit)
lullen waffle, talk nonsense; *uit z'n nek ~* talk through one's neck
lullepotje jaw
lullig [it looks so] stupid, wet [excuse]; shitty [thing to do]; *doe niet zo ~* don't be such a wet (such a jerk)
lulverhaal piece of crap (bull, bullshit), load of codswallop
lumbaal lumbar [region]
lumbaalpunctie lumbar puncture, spinal tap
lumen *(natuurk)* lumen
luminantie luminance
luminescentie luminescence
lumineus luminous, bright [idea]; *~ idee, (ook)* [he had a] brainwave
lummel 1 lout, clodhopper, lubber, gawk; **2** *(ijzeren pen)* swivel bolt
lummelachtig loutish, lubberly, gawky
lummelen laze (about), hang [about street corners], loll, lounge
lummelig loutish, lubberly, gawky
lunair lunary
lunapark amusement park
lunch lunch, luncheon
lunchconcert lunchtime concert
lunchen (eat, have, take) lunch; *mee uit ~ nemen* lunch [a p.]
lunchpakket packed lunch
lunchpauze lunch(time) break
lunchroom snackbar, café, tearoom, teashop; *(Am)* lunchroom
lunchtijd lunchtime, the luncheon hour
lunet lunette
luns linchpin
lupine lupin
lupus lupus [patient]
lurken 1 suck audibly; **2** *(drinken)* slurp; **3** *(pruttelen)* gurgle
lurven: *bij de ~ pakken* collar, grab [a p.]
lus 1 *(voor knoop, enz)* loop; *de ~ vliegen* loop the loop; **2** *(v touw)* noose; **3** *(ve jas, kussensloop, enz)* tag; *(ve laars, in tram, enz)* strap; **4** *(mar)* slip-knot, running noose
lusfilm (film) loop
lushanger *(in tram)* straphanger
Lusiaden: *de ~* the Lusiads
lust 1 *(genot)* delight; *het is een ~ hem te zien werken* it's a treat (a pleasure) to see him work; *het is een ~ om te zien, een ~ voor de ogen (voor het oog)* it is a feast for the eyes, a sight to see, a treat to look at it; *dat het een ~ is* [work, etc] with a will, [sing] lustily, [talk French] like one o'clock; *de ~en wensen, maar niet de* ***lasten*** want the pleasures without the problems (the profits without the expense); *werken is haar ~ en haar* ***leven*** working is the breath of life to her; *wel, een mens zijn ~, een mens zijn leven* everyone to his liking; *hij deed zijn werk* ***met*** *~ en ijver* he did his work with a will, put his whole heart into it; **2** *(verlangen)* desire, mind; *(eet~)* appetite; *~ (grote, geen ~)* ***hebben (voelen)*** *om te ...* have a mind (a good mind, no mind) to ..., feel like [writing, bed, doing it], [I don't] care to [go]; *ik heb er bijzonder veel ~ in* I have a particular (*fam:* a special) liking for it; *~* ***krijgen*** *in* take a fancy (a liking) to; *plotseling ~ krijgen om ...* be seized with a desire to ...; *zie ook* bekruipen; *~* ***tot*** *werken* zest for work; *zie ook* zin 4; **3** *(zinnelijke)* lust, appetite, desire, passion
lusteloos listless, languid, apathetic, *(& sentimenteel)* lackadaisical; *(vd markt)* dull, flat, listless
lusteloosheid listlessness, apathy, languor, dullness
lusten like, fancy; *ik lust geen eten* I have no appetite, do not fancy my food; *ik lust niet meer* I can't eat any more; *als je het niet lust, dan laat je het maar staan* if you don't like it you can leave (*fam:* lump) it; *hij lust er wel eentje* he is fond of a drop; *ik lust er wel tien zoals hij, (fam)* let them all come!; *zo lust ik er nog wel een, (iron)* tell me another; *ik zou wel een glas bier ~* I could do with a glass of beer; *dat je ze nog lang mag ~!, (vglb)* here's long life to you!; ***het*** *lust mij niet te ...* I have no mind to ...; *hij zal* ***ervan*** *~* I'll give it him, he'll catch it; *iem ervan laten ~* give a p. a bad time, lead a p. (no end of) a dance
luster lustre; *zie* lustre 1
lustgevoel 1 feeling of delight; **2** (feeling of) lust
lusthof pleasure garden

lustig merry, cheerful; ~ *zingen (schreeuwen)* sing (shout) lustily; *de vogels zongen ~, (ook)* the birds were in full song; *hij ging ~ aan het werk* he set to work with a will; *het ging maar ~ voort, (iron)* it went on merrily
lustigheid cheerfulness, merriment, gaiety
lustmoord(enaar) sex murder(er)
lustobject sex object
lustoord delightful (pleasant) spot
lustprieel bower
lustre 1 lustre, chandelier; *(ve piano)* sconce; **2** *(stof)* lustre
lustrum lustrum; (*mv:* -ra, -rums); *(univ)* fifth (10th, 15th, etc) anniversary
lustrumfeest *(univ)* quinquennial celebration
lustwarande pleasure garden, pleasance
lusvlucht *(luchtv)* looping the loop
lutheraan Lutheran
lutheranisme Lutheranism
luthers Lutheran
luttel little; *(mv)* few; *zie ook* weinig
luur *zie* luier; *iem in de luren leggen* take a p. in, bamboozle a p.; *hij laat zich niet in de luren leggen* he is too old a bird to be caught with chaff
luw sheltered; *(zacht)* mild
luwen *(vd wind)* abate, fall, die down; *(v opwinding, enz)* die down, subside; *(v ijver)* flag; *(v vriendschap, enz)* cool (down); *de toestand is aan het ~* things are quiet(en)ing down (getting quieter); *het zal wel ~, (fig)* it is sure to blow over
luwte lee, shelter; *in de ~ van* under the lee of [the wood, etc]
lux 1 *(natuurk)* lux; **2** *zie* luxe; **3** light
luxaflex venetian blind(s)
luxatie luxation, dislocation
luxe luxury; *(attr ook)* de luxe [car, hotel], fancy [box, goods]; *geen (overbodige) ~* no luxury, badly needed; *een nieuwe auto zou geen ~ zijn* we could do with a new car
luxeartikelen fancy articles, luxury goods
luxeauto private car, limousine
luxebrood fancy bread; *~je* fancy roll
luxehut state cabin (*of:* room), de luxe cabin
luxeleven life of luxury; *een ~tje leiden* live in the lap of luxury
Luxemburg(s) Luxembourg
luxepaard 1 riding horse; **2** sinecurist
luxepostpapier fancy notepaper
luxeprobleem embarras de richesse
luxe-uitgave édition de luxe, de luxe edition
luxe-uitvoering de luxe model
luxezaak fancy goods business, luxury goods shop
luxueus luxurious, sumptuous, luxury [hotel]
luzerne *(plant)* lucerne
lyceum lyceum; *(vglb)* grammar school, *(Am)* high school
lychee lychee
Lydië(r, Lydisch) Lydia(n)
Lyme: *ziekte van ~, (~-artritis)* Lyme disease
lymf *zie* lymfe
lymfatisch lymphatic
lymfe lymph [node *klier*]
lymfvat lymph(atic) vessel
lynchen lynch
lynchwet lynch law
lynx lynx
Lyon Lyons
lyra glockenspiel, *(mil)* lyra
lyriek lyric poetry
lyrisch lyric(al)
lysergamide lysergic acid diethylamide, LSD
lysimeter lysimeter
lysine lysine
lysol lysol

m (the letter) m; afk van *meter(s)* m, metre(s)
M M *(ook Romeins cijfer)*
ma mum; *(Am)* mom
[1]maag stomach; *(fam)* tummy; *(ve dier ook)* maw; *zes hongerige magen* six hungry mouths; *een goede ~ hebben* have a good digestion; *zich de ~ volstoppen* gorge; ***in de ~ brengen*** ingest [food]; *iem iets in zijn ~ stoppen (splitsen), (fig)* palm s.t. off on a p.; *daar zit ik mee in m'n ~* it puts me in a quandary; *werken met een lege ~* work on an empty stomach; *zie ook* leeg, oog, overladen, streek: van ~, zwaar, enz
[2]maag kinsman, kinswoman; *vrienden en magen* kith and kin
maagbloeding gastric haemorrhage (*Am:* hemo-), haemorrhage (*Am:* hemo-) of (from) the stomach
maagcatarre gastritis, gastric catarrh
maagd maid(en), virgin; *de M~ (in dierenriem)* Virgo, the Virgin; *de Heilige M~* the (Holy) Virgin; *de M~ van Orleans* the Maid of Orleans
maag-darmcatarre gastroenteritis
maag-darmkanaal alimentary canal, *(med)* gastrointestinal tract
maag-darmspecialist gastroenterologist
maagdelijk virginal, maidenly, virgin [forest, snow, birth]
maagdelijkheid virginity
Maagdenburg Magdeburg [hemispheres *halve bollen*]
maagdenhoning virgin honey
maagdenpalm periwinkle
maagdenroof rape, ravishment
maagdenvlies hymen
maagdenwas virgin wax, bee-glue, propolis
maagdom maidenhead, maidenhood
maagkanker stomach cancer, cancer of the stomach
maagklacht stomach complaint
maagkramp stomach cramps
maagkuil pit of the stomach
maagkwaal stomach complaint
maaglijder gastric patient
maagmiddel stomachic
maagmond cardia, upper orifice of the stomach
maagontsteking inflammation of the stomach, gastritis
maagoperatie stomach operation, operation on the stomach
maagpijn stomach-ache; *(fam)* tummy ache
maagpomp stomach pump
maagsap gastric juice
maagsapklier peptic gland
maagschap kindred, kinship, consanguintity; *(concr)* kinsfolk
maagslijmvlies stomach lining
maagsonde stomach tube
maagstoornis stomach upset (disorder), gastric disturbance
maagstreek (epi)gastric region
maagzuur 1 gastric acid; **2** *(maagklacht)* heartburn, acidity of the stomach
maagzweer stomach (*of:* gastric) ulcer
maaidorser combine (harvester)
maaien mow [grass], cut [grass, corn], reap [corn]; *omver ~* mow down [enemies]; *(fig)* sweep [over the ball; a vase off a stand], flail [one's arms above one's head]; *zie ook* zaaien
maaier mower, reaper
maaimachine mowing machine; *(voor koren)* reaping machine, reaper, harvester; *(voor grasperk)* lawnmower
maaitrekker riding mower
maaiveld surface (level), ground level; *zijn kop boven het ~ uitsteken* raise one's head above the crowd
maak: *in de ~ zijn* be in the making [another system is in the making], *(reparatie)* be under repair; *ik heb een jas in de ~* I am having a coat made; *hij heeft een nieuw boek in de ~* he has ... on the stocks
maakbaar realistic [plans], realizable [schemes], makeable [society]; *-bare bal, (sp)* scoring chance
maakloon charge for (cost of) making
maaksel make, manufacture
maakster maker
maakwerk work made (turned out) to order *(ook fig); (min v boek, enz)* journeyman work
maal 1 *(keer)* time; *een~, twee~, drie~, vier~, enz* once, twice, three times (*vero:* thrice), four times, etc; *twee of drie ~* two or three times; *twee en een half ~ zo groot* two and a half times as large; (*zo (ook)* force is mass times acceleration); *zie ook* anderhalf; *een ~ is geen ~* first time doesn't count; *2 ~ 6 is 12* twice 6 is 12; *doe het voor de 2e ~* do it a second time; *nog vele malen na deze!* many happy returns (of the day)!; *ten enen male onmogelijk (uitgesloten)* utterly impossible (altogether out of the question); *zie ook* herhaald & keer; **2** *(eten)* meal; *(haastig)* snack; *(ve dier, fam ve mens)* feed; *een stevig ~* a square meal; *zijn ~ doen met* dine (lunch) off [a steak]; **3** *(teken)* spot; *(moeder~)* mole; **4** *(vero: zak)* mail, postbag
maalderij milling business, mill
maalsel grinding
maalstokje maulstick
maalstroom whirlpool, eddy, maelstrom, swirl, vortex [*ook fig:* vortex of dissipation]; *(fig ook)* [the]

whirligig [of time], whirl [of exciting events]
maaltand grinder, molar (tooth)
maalteken multiplication sign
maaltijd meal, repast; *(feestelijk)* banquet; *(attr ook)* main course [salad, soup]; *aan de ~* [be] at table; *onder de ~* during the meal; *zie ook* maal 2
maan [new, half, full] moon; *de halve ~, (v Turkije)* the Crescent; *zie ook* halvemaan; *het is donkere (lichte) ~* there is no (a) moon; *het is volle ~* it is full moon, the moon is at the full; *de ~ breekt bij hem door* his thatch is thinning; ***bij** lichte ~* with the moon shining; ***door** de ~ verlicht* moonlit; ***naar** de ~ gaan* go to the dogs, go to pot; *laat hem naar de ~ lopen!* he can go to hell!; *loop naar de ~!* go to the devil!; *weer 100 pond naar de ~* another hundred pounds gone west, (gone) up the spout; *naar de ~ reiken* cry for the moon, attempt impossibilities; *iem naar de ~ wensen* wish a p. was at Timbuctoo; ***tegen** de ~ blaffen* bay at the moon; *zie ook* [1]wassen
maanbaan moon's (*of:* lunar) orbit
maanbeschrijving selenography
maanbewoner inhabitant of the moon, lunarian
maanblind moon-blind
maanbrief dunning letter
maancirkel lunar cycle
maand month; *de 15e dezer, der vorige, der volgende ~* the 15th inst(ant), ult(imo), prox(imo); *de ~ juli, de ~maand* the month of July; *een ~ loon* a month's wages; *zes ~en lang* for (during) six months; *ze is in haar zesde ~, (v zwangerschap)* she is five months gone; *zie ook* [2]krijgen
maandabonnement monthly season (ticket)
maandag 1 Monday [morning, newspaper]; *~ houden* take Monday off; *('s) ~s, op ~* every Monday, [closed] Mondays (on Monday); *zie* blauw; **2** lunar day
maandagsgevoel Monday morning feeling
maandbericht monthly report
maandblad monthly (review, magazine, publication)
maandbloeier 1 wild strawberry; **2** monthly rose
maandelijks I *bw* [published] monthly, every month, once a month; **II** *bn* monthly
maandenlang months-long [illness]; [lasting] months, [absent] for months (on end)
maandgeld monthly pay (salary, allowance)
maandkaart monthly (season) ticket
maandroos monthly rose
maandstaat monthly return
maandverband sanitary towel (*Am:* napkin)
maandwedde monthly pay (salary)
maaneclips eclipse of the moon, lunar eclipse
maanfase lunar phase
maangestalte phase (of the moon)
maangodin moon goddess
maanjaar lunar year
maankop 1 *(plant)* poppy; **2** *(vrucht)* poppy head; **3** *(sap)* opium
maankrans halo round the moon
maankring *zie* maancirkel & maankrans
maanlander lunar (excursion) module, L(E)M
maanlandschap moonscape
maanlicht moonlight
maanmaand lunar month
maanschijf lunar disc
maansikkel crescent (moon)
maansomloop 1 lunar revolution; **2** *(omloopstijd)* lunation
maanstand position of the moon
maansteen 1 moonstone; **2** lunar rock
maansverandering change of the moon
maansverduistering eclipse of the moon, lunar eclipse
maanvis moonfish
maanvormig moon-shaped
maanzaad poppy seed [poppy-seed rolls]
maanziek moonstruck, lunatic
[1]**maar I** *vw* but [not Peter, but me; I'll do it, but not now]; *(maar toch)* yet [she was sad, yet relieved]; *~ misschien heb je wel gelijk* perhaps you are right, though; *~ ik slaap nu eenmaal licht* but then, I am a light sleeper; *ik zou graag willen, ~ ...* I would love to, but (only, except,) [there's no-one at home]; *hij probeerde het af te vegen, ~ zag dat het nog erger werd* he ..., only to find it getting worse; *niemand, ~ dan ook niemand* absolutely nobody; *ik begrijp het wel, ~ **toch**!* I ..., but all the same!; **II** *bw* **1** *(modaal)* just, only; *ik hoop ~ ...* I only hope ...; *hij doet ~* he does just as he pleases; *zeg het mij ~* you might tell me; *ga nu ~, a)* you may go now; *b)* you had better go now; *kom ~ binnen* come right in; *blijf ~ bij ons* (you'd) better keep with us; *stuur ~ niet terug wat je overhoudt* don't bother to return what is left; *geeft u ~ ham* ham will be all right; *hij huilde ~ en (hij) huilde ~* he cried and (he) cried; *hij kwam ~ (steeds) niet* he just didn't come; *en wij ~ roepen* and there we were, shouting away; *en (zij) maar lachen* and all they did was laugh their heads off; *als hij zijn vinger ~ ophief* if he so much as raised ...; *als ik ~ kon!* if only I could!; *als zij ~ gezelschap had* [she would not mind who it was] as (so) long as she had a companion; *zo'n grote boef als men ~ kon zijn* as big a ... as any; *zonder **ook** ~ op te kijken* without even looking up; ***wacht** ~!* (just) you wait!; ***was** ik ~ in E* I wish I were in E; *dat kan zo ~ niet beantwoord worden* such a ... can't be answered off-hand; *zo vlug je ~ kunt* as quickly as (ever) you can; *zoveel hij ~ wilde* as much as (ever) he wanted; **2** *(beperkend)* but, only, merely; *~ een pover resultaat* [I think it] a poor result when all is said and done; *~ **al te spoedig*** all too soon; *we zullen ~ al te blij zijn* we shall be only too glad; *we kunnen ~ **eenmaal** sterven* we can only die once; *als ik ~ **even** te laat ben* if I am as much as a minute late; *~ **net*** only just; *het kan er ~ net in* there's just room for it; *tussen ... was ~ **weinig** ruimte: zo weinig ~ dat ...* between ... was but little space: so little indeed that ...; *zie ook* even, [1]goed I.1, nee,

nog, toch, enz; **III** *zn* but; *er is* **een** *(grote)* ~ *bij* there is a (big) but (in the question), there is a catch in it; ***geen maren!*** (but me) no buts!

²maar *zn* **1** *(geol)* maar; **2** *zie* mare

maarschalk marshal

maarschalksstaf marshal's baton

maart March; ~ *roert zijn staart* late March can be showery (and April may still bring snow)

Maarten Martin; *zie ook* pijp & Sint-Maarten

maarts (of) March; ~ *viooltje* sweet violet; ~*e vlieg* St Mark's fly; *zie ook* bui

maas mesh; *(v breiwerk)* stitch; *(ve wet, enz) (ook)* loophole; *door de mazen kruipen (glippen), (fig)* slip through (the meshes of) the net, find a hole to creep out of; *door de mazen der wet kruipen, (ook)* circumvent the law

Maas: *de* ~ the (river) Maas, the Meuse

maasbal darning egg

maasnaald darning needle

maaswerk **1** darning; **2** *(bk)* tracery

¹maat **1** *(om te meten)* measure; *maten en* ***gewichten*** weights and measures; *maten voor droge (natte) waren* dry (liquid) measures; ~*je* decilitre; *goede* ~ good (full) measure; *niet de volle* ~ *geven* give short measure; *de* ~ ***liep bijna over,*** *(fig)* the cup nearly overflowed; *dat deed de* ~ *overlopen* that was the last straw; *(fam)* that put the (tin) lid on it; *de* ~ *is* ***vol*** the cup is full; *de* ~ *vol maken* fill the cup to the brim; ***bij*** *de* ~ *verkopen* sell by measure; *met de* ~, *waarmede gij meet, zal u toegemeten worden, (Matth. 7:2)* with what measure ye mete, it shall be measured to you again; *met twee maten meten* apply (use) a double standard; **2** *(afmetingen)* measure, size [of hats, gloves], dimension; *(kaliber)* gauge; *een* ~*je te groot (voor), (fam)* a size too big (for); *abnormaal grote* ~ outsize; *(pas)maten* measurements; *(inz v vrouw, fam)* vital statistics; *de* ~ *nemen voor een doodkist* take the measurements for a coffin; *zie ook* aanmeten; ***boven, onder*** *de* ~ over-, undersize; ***in hoge mate*** in a great (large) measure, to a high degree, greatly, highly, *(fam)* to a degree; *in de hoogste mate* to the last degree, in the extreme; supremely [confident]; *in zulk een mate, dat* ... to such an extent that ...; *in geen geringe mate* in no small measure; *in meerdere of mindere mate* to a greater or less extent, in a greater or less degree, more or less; *in de mate van het mogelijke* as much as possible; *in zekere mate* in some measure; *zie ook* gelijk; ***naar*** *de mate van mijn krachten* according to my abilities; *naar* ~ [suit] made to measure (to order), tailor-made [suit]; ***op*** ~ [made] to measure, [cut] to size; *op* ~ *gemaakt pak, (ook)* bespoke suit, tailored suit; **3** *(matiging)* measure; *maat* ***houden,*** *(fig)* keep within bounds; *zij weten geen* ~ *te houden* they don't know when to stop, where to draw the line; ***met*** *mate* [drink] in moderation, moderately; *alles met mate* everything in moderation (in reason); **4** *(verskunst)* metre, measure; **5** *(muz abstr)* measure, time; *(muz concr)* bar; *de eerste maten* the opening bars; *de fluit was twee maten achter* the ... was two bars behind; *(goed, uitstekend)* ~ ***houden,*** *(muz)* keep (good, excellent) time; *de* ~ ***slaan*** beat time; ***in de*** ~ in time; ***op de*** ~ *van de muziek* in time to (with) ...; *volmaakt op de* ~ *dansen* dance in perfect time; ***uit de*** ~ out of time

²maat mate, comrade, companion, partner, *(fam)* chum, pal; ~*je* matey; *(bij spel)* partner; *tot* ~ *hebben, (spel)* be partnered by; *ze zijn dikke* ~*(je)s* they are the best of friends (as thick as thieves); *goede* ~*jes zijn (blijven) met* be well in (keep in) with; *hij is goede* ~*jes met iedereen* he is hail-fellow-well-met with everybody; *goede* ~*jes worden* chum up, pal up [*met* with]; *zie ook* jongmaatje

maatbeker measuring jug, graduated beaker; ~*tje, (voor drank)* jigger

maatconfectie ready-made, factory-tailored (clothing)

maateenheid unit of measure

maatgevend authoritative, normative, standard; ~ *zijn* set a standard [for], be decisive, be the norm, count, *(jur)* [the Dutch text shall] prevail

maatgevoel sense of rhythm; *geen* ~ *hebben, (ook)* have no ear for time

maatglas **1** measuring glass (beaker, cylinder), graduated glass; **2** measure

maatgoederen goods made to measure

maathouden *zie* ¹maat 3 & 5

maatje *zie* ¹maat 2 & ma

maatjesharing virgin herring, *(Sch)* mattie

maatjespeer bergamot

maatkleding made-to-measure clothes, custom-made (*Am ook:* custom) clothing

maatkleermaker bespoke (*Am ook:* custom)tailor

maatkostuum tailor-made (custom-made, *Am ook:* custom) suit

maatlat rule, measuring staff, *(ook fig)* yardstick

maatregel measure; *Algemene M*~ *van Bestuur, vglb* Order in Council, [salary cuts by] decree; ~*en nemen (treffen)* take measures (steps), take action, deal with the matter; ~*en nemen voor (tegen), (ook)* provide for (against); *halve* ~*en* half measures

maatschap partnership

maatschappelijk social; societal; ~ *hulpbetoon* public assistance (committee, department); ~*e dienstverlening* social services; ~ *kapitaal* nominal (authorized, registered, share) capital; ~*e vraag* societal demand; ~ *werk(er, -ster)* social work(er)

maatschappij **1** *(samenleving, de* ~*)* society; **2** *(genootschap)* society; *(handel)* company; ~ *op aandelen* joint-stock company; ~ *van (dier)geneeskunde* medical society (veterinary association); ~ *met beperkte aansprakelijkheid* limited liability company

maatschappijhervorming social engineering, social engineering

maatschappijkritiek social criticism

maatschappijkritisch critical of society

maatschappijleer 1 sociology; **2** social science, social studies
maatschappijvlag house-flag
maatschappijvorm societal form
maatschappijwetenschap social science
maatslag beat
maatsoort *(muz)* time
maatstaf 1 measuring staff (rule, rod); **2** *(fig)* standard, gauge, measure, yardstick [money is not the yardstick of success]; *dat is geen ~, (ook)* that is no criterion; *naar die ~* by that standard, at that rate; *een ~ aanleggen* apply a standard (to s.t.)
maatstok 1 *(ve timmerman)* rule; *(ve schoenmaker)* size-stick; **2** *(muz)* baton
maatstreep graduation; *(muz)* bar (line)
maatvast 1 dimensionally stable; **2** *(muz)* with a good (excellent) sense of time
maatverdeling graduation
maatvoering *(bk)* dimensioning; *(pol)* proportion, dosage
maatwerk (goods) made to measure; *(v kleren)* bespoke tailoring; custom-made (clothes)
macaber macabre
macadam macadam
macadamianoot macadamia nut
macadamiseren macadamize
macaroni macaroni
macaronisch macaronic
Maccabeeën, Maccabeeërs Maccabees
macedoine macedoine
Macedonië Macedonia; *(hist)* [Philip, Alexander of] Macedon
Macedoniër, Macedonisch Macedonian
macereren macerate
macher doer, go-ahead person
machgetal Mach number
machiavellisme Machiavellianism
machiavellistisch Machiavellian
machientje gadget, device; *als een ~* [it goes] like clockwork, like a well-oiled machine; *zie verder* machine
machinaal mechanical, automatic (*bw:* -ally); machine- [finished, glazed, translation, washable]; *~ van buiten leren* learn by rote; *~ bewerken* machine; *~ gebreid* machine-knitted [garments]; *~ gedreven gereedschappen* machine tools; *~ vervaardigd* machine-made
machinatie machination
machine *(als beweegkracht)* engine, *(anders)* machine [aero engine; sewing machine]; *~s, (ook)* plant; *(fig)* machine; *de ~s, (ook)* the machinery; *met de ~ gemaakt* machine-made; *zie ook* machientje
machinebankwerker machinist
machinebedrijf engineering (trade)
machinebouw engine building; *(vak)* mechanical engineering
machineconstructeur constructional (mechanical) engineer
machinedrijver machinist
machinefabriek engineering works
machinegaren *(voor naaimachine)* machine cotton
machinegeweer machinegun; *met -geweren (be)schieten* machine-gun
machinekamer *(inz v schip)* engine room; *(v fabriek)* machine room (*of:* shop)
machineleesbaar machine-readable [text]
machineloods engine house (*of:* shed)
machinenaaister machinist
machineolie engine (machine, lubricating) oil
machinepark machinery
machinepistool sub-machine gun
machinerie(ën) machinery [of bureaucracy], [the party] machine
machineschrijven typewriting, typing
machinetaal machine (*of:* computer) language (*of:* code)
machinetekenaar engineering draughtsman
machinetekenen, machinetekening engineering drawing
machinewerkplaats machine shop
machinezetten mechanical (*of:* machine) composition
machinist(e) 1 *(op schip)* engineer (*eerste ~* chief engineer); *(spoor)* (engine) driver, motorman, *(Am)* engineer; **2** *(theat)* (scene-)shifter
machismo machismo
macho *bn & zn* macho
macht 1 *(gezag)* power, might, [paternal] authority; *(heerschappij)* dominion; *de ~ der **gewoonte*** the force of habit; *de ~ in **handen hebben*** be in power (in control); *ik **heb** geen ~ over hem* I have no power (authority, control, hold) over him; ***aan** de ~ komen (zijn, brengen)* come into (be in, lead [a party] to) power; *ik ben niet **bij** ~e u bij te staan* I am not able (unable, powerless, not in a position) to assist you; *dat gaat **boven** mijn ~* it is not in my power; *~ gaat boven recht* might is right; *oorzaken **buiten** mijn ~, die ik niet **in** mijn ~ heb* causes beyond my control, over which I have no control; *hij had mij in zijn ~* he had (held) me in his power, had me at his mercy; *ze heeft hem geheel in haar ~, (ook) (fam)* she has him in her pocket; *ik heb het niet (het staat niet) in mijn ~* it is not in my power; *in zijn ~ krijgen* gain a hold over, get a hold on; *voor zover het in mijn ~ ligt* so far as lies in my power; ***met (uit)** alle ~* with might and main, with all one's might, [shout] at the top of one's voice, [they are at it] hammer and tongs, [he ran] for all he was worth; *de ~ verliezen **over*** lose control of [one's car]; *hij verloor de ~ over het stuur* his car went (ran) out of control; **2** *(personen, lichaam)* power [the great powers]; *wereldlijke (geestelijke, wetgevende) ~* temporal (spiritual, legislative) power; *de ~en der duisternis* the powers of darkness; **3** *(fam: massa)* power; ***een** ~ geld, (fam)* a power (heaps) of money; *het heeft een ~ goeds ge-*

daan it has done a power of good; **4** *(wisk)* power [thirty-two is the fifth power of two, two to the power of five]; ***tot de nde*** *~ verheffen* raise (involve, carry) to the nth power; *x tot de 5e ~* x to the fifth (power); x^2 x square(d); x^3, *x tot de derde ~* x cube(d); *zie ook* gesteld

machteloos powerless, impotent, helpless, nerveless [fingers]; *~ staan tegenover* be powerless against

machteloosheid powerlessness, impotence, helplessness

machthebbende, machthebber authority, ruler, man (person) in power; *(mv ook:* those in authority)

machtig I *bn* powerful, mighty; *(overweldigend)* stupendous, tremendous; *(v voedsel)* rich; *een ~ onderscheid* [that makes] an enormous difference; *hij is zijn onderwerp volkomen ~* he has a thorough grasp of his subject; *hij is die taal ~* he has thorough command of that language; *hij is het Duits niet ~* he has no German; *dat is mij* ***te*** *~, (v verhaal, enz)* that is a bit steep; *(ik kan het niet langer aanzien)* that's more than I can bear; *het wordt me te ~* it's getting too much for me; *iets ~* ***worden*** get hold (possession) of s.t.; *bestellingen (een baantje) ~ worden* secure orders (land a job); *zijn gevoel werd hem te ~* his feelings overcame him; II *bw* powerfully; *~ in z'n schik, enz, (fam)* mighty pleased, etc

machtigen authorize, empower; *gemachtigd zijn te …, (ook)* have power to …

machtiging authorization; *(vooral van geestelijkheid)* faculty; *~ verlenen* authorize [a p. to do s.t.]; *~ verlenen tot* authorize [payment]

machtigingsformulier form of proxy

machtigingswet enabling act (*~sontwerp:* bill)

machtpunt *(ve hefboom)* fulcrum

machtreeks power series

machtsaanwijzer exponent, index

machtsbetoon display of power

machtsblok power block

machtsdenken *(vglb)* might is right

machtsevenwicht balance of power

machtsmiddel means of power, powerful weapon

machtsmisbruik abuse of power (of authority)

machtsoverdracht delegation of power

machtsoverneming transfer of power

machtspolitiek power politics

machtspositie position of authority (of power)

machtspreuk dogmatic statement, knock-down argument

machtssfeer sphere of influence; *in de ~ liggen van, (ook)* be controlled by

machtsstrijd struggle for power, power struggle

machtsverheffing involution, raising to a (higher) power

machtsverhouding(en) relative power; *de nieuwe machtsverhoudingen in Azië* the new balance of power in Asia

machtsvertoon display of power

machtswellust craving (lust) for power

machtswisseling change (transfer) of power, changeover

machtswoord authoritative pronouncement

macis mace [oil]

maçon(nerie) freemason(ry)

maçonniek masonic

macramé macramé

macro *(computer)* macro; *(in sam)* macro [macrobiotic(s), -cephaly, -climate, -cosm, -economic(s), -geography, -graph, -molecule, -scopic, -sociology, -spore]

macrolens macro lens

macron macron

macropsie macropsia

maculatuur printer's waste, mackle

Madagaskar Madagascar; *zie verder* Malagasi

madam *(in Noord-Ned min)* married middle-class woman; *(hoeren~)* madam

made **1** maggot, grub, cheese-mite; *(visaas)* gentle; *(aars-)* seat-worm, threadworm; **2** mead(ow)

madeliefje daisy

madera Madeira (wine)

maderiseren oxidize, maderize

Madoera Madura

madonna Madonna

madras madras [cotton]

madrigaal madrigal

Madrileen(s) Madrilenian

Maecenas Maecenas

maenade maenad, bacchante

maestro maestro

maf I *bn* **1** slow, heavy, dull; *(vh weer)* muggy, sultry; **2** funny, crazy [hat]; **3** silly, stupid, daft, naff; II *zn: ik heb ~, (fam)* I am sleepy

maffen snooze; *gaan ~, (sl)* go off to kip, *(Am)* sack out

maffia mafia

maffioos, maffioso mafioso

mafje *(hist sl)* 25-cent piece

mafkees, mafketel, mafkikker duffer, dope, idiot

magazijn **1** warehouse, storehouse; *(bibliotheek)* stacks, (book)stack; *(winkel)* store(s); *in ~ hebben* have [an article] in stock; *in ~ nemen* stock [an article]; **2** *(mil, ook v geweer)* magazine

magazijnbediende, magazijnier warehouseman

magazijnmeester warehouse-, storekeeper

Magellaan: *Straat van ~* Straits of Magellan; *~se wolken* Magellanic clouds

magenta magenta

mager **1** *(ve pers)* thin, lean; hollow, sunken [cheeks]; *~ en gespierd* wiry; *~* ***worden,*** *zie* vermageren; ***zo*** *~ als een lat (talhout, houtje; als brandhout)* as thin as a lath, as lean as a rake; **2** *(zonder vet)* skimmed [milk]; *~e kaas* low-fat cheese; *(v vlees)* lean; *het ~e zowel als het vette* the lean as well as the fat; **3** *(fig)* meagre [meal]; lean [years]; poor [soil, yield *opbrengst*]; feeble [excuse]; *zie ook* schraal

magerheid, magerte thin-, leanness, etc; *vgl* mager
magertjes poorly; [the result was rather] thin, so-so; *vgl* mager
magerzucht anorexia
maggiblokje stock cube
maggiplant lovage
magie [black, white] magic, magic art
magiër magician, magus (*mv:* magi)
magirusladder extending ladder, ladder tower
magisch magic(al) [realism]; ~ *vierkant* magic square
magister magister, master
magistraal magisterial, authoritative, masterly
magistraat magistrate
magistratuur magistracy, magistrature; *de zittende* ~ the bench
magma magma
magnaat [oil, tobacco, etc] magnate, [business] tycoon
Magna Charta: *de* ~ (the) Magna C(h)arta, the Great Charter
magneet 1 magnet; **2** *(in motor)* magneto
magneetband magnetic tape
magneetijzer magnetic iron
magneetijzererts lodestone
magneetkaart magnetic card, *(Am ook)* mag card
magneetkern magnetic core [storage (unit)]
magneetkracht magnetic force
magneetnaald magnetic needle
magneetring ring magnet
magneetschijf magnetic disc (disk) [storage (unit)]
magneetsteen magnetite, lodestone
magneetstrip magnetic stripe
magneetveld magnetic field
magnesia magnesia
magnesiet magnesite
magnesium magnesium
magnesiumlamp, magnesiumlicht magnesium (*of:* flashlight) lamp (light)
magnetiet magnetite
magnetisch magnetic (*bw:* -ally)
magnetiseren 1 magnetize *(ook fig)* **2** *(paramed)* mesmerize
magnetiseur mesmerist
magnetisme magnetism
magnetochemie magnetochemistry
magnetodetector magnetic detector
magneto-elektrisch magnetoelectric
magnetofoon tape recorder
magnetograaf magnetograph
magnetometer magnetometer
magnetron 1 microwave (oven); **2** *(buis)* magnetron
magnificat magnificat
magnifiek magnificent, splendid
magnolia magnolia
Magyaar(s) Magyar
maharadja maharaja(h)
mahdist Mahdi(i)st
mahjong mahjong
Mahomed, enz *zie* Mohammed, enz
mahonia mahonia
mahonie *zn & bn* mahogany
mail [electronic] mail
mailboot mail steamer
maileditie overseas edition
mailen mail
maillot tights
mailtje e-mail (message)
mailzak mailbag
maintenee kept woman, mistress
mainteneren keep [a woman]
maïs maize, Indian corn; *(Am)* corn; *(Z-Afr)* mealies
maïsbrood *(Am)* corn bread, Indian bread
maïskoek corn cake
maïskolf maize ear; *(zonder de korrels)* corncob; *(als gerecht)* corn on the cob
maïskorrel seed, grain, kernel of maize, *(Am)* corn
maïsmeel maize flour, *(inz Am)* cornmeal, Indian meal
maisonnette maisonette
maïsvlokken cornflakes
maître d'hôtel maître d'hôtel, head waiter, head steward
maîtresse mistress
maïzena cornflour, maizena, *(Am)* cornstarch
majem water
majestatisch majestic
majesteit majesty; *Uwe M~* Your Majesty
majesteitelijk majestic
majesteitsschennis lese-majesty
majestueus majestic (*bw:* -ally)
majeur major; *a* ~ A major; ~ *toonladder* major scale
majolica majolica
majoor major; *(luchtmacht)* squadron leader
major major (premise)
majoraan *zie* marjolein
majoraat 1 (right of) primogeniture; **2** *(het erfgoed)* entailed estate
majordomus major-domo (*mv:* -s)
majoreren *(bij inschrijving, enz)* majorate
majorette (drum) majorette
majoriteit majority *(beide bet)*
majuskel majuscule
mak tame, docile, meek, gentle, tractable, manageable; *(ve paard)* quiet [as quiet as a lamb]; *hij is lang niet* ~ he has a decided will of his own; he is difficult to get on with
makaron macaroon
Makassar Ujung Pandang, *(hist)* Macassar [oil]
makelaar 1 broker, house agent, estate agent; ~ *in assuranties* insurance broker; ~ *in effecten* stockbroker; ~ *in huizen* house (estate) agent; ~ *in onroerend goed (vaste goederen)* (real) estate agent, *(Am)* realtor; **2** *(bk, in dak)* king post
makelaardij broker's business, broking, brokerage
makelaarsfirma firm of brokers, brokerage firm

makelaarsloon, makelaarsprovisie brokerage, house (estate) agent's fee (commission)
makelij make, making, workmanship
maken 1 *(vervaardigen, scheppen, vormen)* make [a coat, laws, a fortune, a name, a noise, a plan, a journey, a distinction, friends, enemies, coffee]; manufacture, produce [goods by machinery]; form [I can form no idea of his character]; mix [a grog, a lemon squash]; take [a photograph]; *dat maakt 17* that makes seventeen; *in Duitsland (Groot-Brittannië, enz) gemaakt* German- (British-, etc) made [articles]; *hij kan je ~ en* ***breken*** he is more than a match for you; *maak me niet* ***erger*** *dan ik ben* don't paint me blacker than I am; *100 pennies ~ een* ***pond*** a hundred pence make (go to) a pound; *dat maakt* ***verschil*** that makes a difference; *maak dat je* ***weg*** *komt!* make yourself scarce!, get out!; *hij heeft* ***zichzelf*** *niet gemaakt* he can't help his face (his birth, etc); *iem* ***tot*** *koning ~* make a p. (a) king; *dit maakt het schrijven tot een genoegen* this makes writing a pleasure; *wat moest je daar nu* ***van*** *~?, (van zo'n antwoord)* what was one to make of that?; *ik kon er niets van ~* I could make nothing (couldn't make any sense) of it; *ik weet niet wat ik ervan ~ moet* I don't know what to make of it; *we hebben ervan gemaakt wat we konden* we have done the best we could; **2** *(herstellen)* repair, mend, *(fam)* fix; make [the beds]; *dat is niet meer te ~* it is beyond repair; **3** *(verkrijgen)* make [£50,000 a year]; *een* ***slag*** *(kaart, 12 punten) ~* make a trick (card, 12 points); **4** *(veroorzaken)* make; *iem* ***aan*** *het lachen (huilen) ~* make a p. laugh (cry); *ik zal ~* ***dat*** *hij het doet* I'll make him do it; *de brief maakte dat hij zich naar huis haastte* the ... made him (caused him to) hurry home; *~ dat iets niet gebeurt* keep s.t. from happening; *zijn houding maakte dat ik mijn zenuwachtigheid verloor* his attitude had the effect of ridding me of my nervousness; *..., maar hij maakt het er ook naar* [people don't like him], but he has only himself to blame; *hij heeft het ernaar gemaakt* he deserves all he gets; **5** *(in een toestand brengen, met bn)* make, render [a p. happy, etc]; **6** *(in een toestand zijn)* be; *hoe maak je* ***het?*** how are you (getting on)?; *ik maak het (vrij) goed* I am (pretty) well; *ik hoop dat je het goed maakt* I hope all goes well with you; *ze maakt het heel goed (in haar nieuwe betrekking, enz)* she is doing very well; *hij zal het niet lang meer ~* he won't last much longer, has not much longer to live; **7** *(verrichten, klaarspelen)* pay [a visit]; do [a sum, an exercise, a translation, one's task]; ***het*** *~* make it, take off; *dat kun je niet ~* you can't (possibly) do that; *maak het een beetje!, (fam)* come off it!; *ik zal het wel goed met hem ~* I'll make it all right with him; *hoe heb je het (bij het examen) gemaakt?* how have you done?, how did you get on?; *het heel goed ~ op school* do very well at school; **8** *(doen)* do, make; *jullie hebben hier niets te ~* you have no business here; *hij kan me niets ~* he cannot touch me; *het* ***heeft*** *(iets) te ~* ***met*** *J* it has to do with J; *we hebben hier te ~ met ...* we are here dealing with ..., we have here [a simple case of ...]; *ik heb meer rechtstreeks met die zaak te ~* I am more immediately concerned with that matter; *ik heb slechts te ~ met de kunstwaarde* my sole concern is with the value as a work of art; *wat heeft hij ermee te ~?* where (*of:* how) does he come in?, what has that to do with him (he got to do with that)?; *daarmee heb ik hier* ***niet*** *te ~* I am not here concerned with that; *ik heb* ***niets met*** *hem te ~* I have nothing to do with him; *ik wil niets meer met hem te ~ hebben* I have done (I am through) with him; *dat heeft er niets mee te ~* that has nothing to do with it, is neither here nor there, is beside the point; *ik heb er niets mee te ~* it is none of my business; *ik wil er niets meer mee te ~ hebben* I'm washing my hands of it (of the whole affair); *te ~* ***krijgen met*** be faced with [problems]; *dan krijg je met mij te ~* then you'll have me to reckon (to deal) with; *dat maakt niets* ***uit*** that does not matter, that makes no difference; *zie ook* gemaakt, boos, laten, gewoonte, uitmaken, enz
maker maker, author, architect [of the Universe]
makheid tameness, quietness, etc; *zie ook* mak
maki lemur
Makkabeeërs Maccabees
makke blow; *(fig)* failing, trouble
makkelijk easy; *zie* gemakkelijk
makken: *hij heeft geen cent (niets) te ~, a)* he hasn't a penny; *b)* he carries no weight
makker comrade, mate, companion; *vgl* [2]maat
makkie *(fam)* easy job, doddle; *geen ~* no picnic
makreel mackerel
makreelgeep saury (pike), skipper
makron macron
makroon macaroon
[1]mal *zn (vorm)* mould, shape, model; *(techn, ook)* pattern; *(sjabloon)* stencil(-plate); template; *(houder)* jig, fixture; *(kaliber)* gauge
[2]mal *bn* foolish, mad; silly [you silly boy!]; *(met iem of iets)* fond [of ...]; *zie ook* dwaas, gek, raar, enz; *~ moertje, ~ kindje* a fond mother, a spoilt child; *de ~le leeftijd* the awkward (silly) age; *dat is een ~le* ***geschiedenis*** it's a strange business; *~ doen* act silly; *zij is ~* ***met*** *de kleine* she dotes on the baby; *we hielden hem* ***voor*** *de ~* we made a fool of him, pulled his leg; *zij hield hem voor de ~, (in de liefde)* she played fast and loose with him; *je bent ~!, ben je ~?, (ook)* are you mad?, *(Am)* you're kidding!, are you kidding?
malachiet malachite
malacologie malacology
malafide I *bn* dishonest [practices], unscrupulous [dealers]; **II** *bw* mala fide, [acting] in bad faith
malaga Malaga (wine); *~ amandelen* jordan almonds
Malagasi, Malagassiër Malagasy
malaise (trade, industrial, mental) depression, stagnation (slackness) in trade, slump

Malakka 1 *(land & stad)* Malacca; 2 *(schiereiland)* the Malay Peninsula
mal-à-propos I *bw* malapropos; II *zn* misunderstanding
malaria malaria, malarial fever
malariamug malarial mosquito, anopheles
Malawi, Malawiër, Malawisch Malawi
malcontenten malcontents
Maleachi Malachi
maledictie malediction
Malediven Maldives
Maleier Malay; *zo zat als een ~* (as) drunk as a lord
Maleis Malay(an); *zie ook* honingbeer
Maleise Malayan woman
Maleisië Malaysia
malen 1 grind [corn, coffee], mill [corn, flour *meel*]; *zie ook* eerst; 2 revolve, churn; *dat maalt mij steeds door het hoofd* it keeps running in my head; *wat maal ik erom?* what do I care?; *ik maal er geen steek om!* (a) fat lot I care!; *aan het ~ (~de) zijn (raken)* be off one's rocker (go crazy); *zie verder* zaniken; 3 *(schilderen, vero)* paint, picture
malenger malingerer, scrimshanker
malengeren malinger, scrimshank
malerij mill(ing business)
malheid foolishness, folly
malheur 1 mishap, accident; 2 misfortune, misery, trouble
malheureus unfortunate
mali deficit
malicieus malicious
malie 1 *(ve pantser)* ring [of a coat of mail] *(mv (ook)* ring mail); 2 *(ve veter)* tag; 3 *(kolf)* mall, mallet
maliebaan mall
maliënhemd, maliënkolder coat of mail, hauberk
malieveld mall
maligne *(med)* malignant
maling grind; *snelfilter of grove ~* filter fine or coarse ground; *er ~ aan **hebben*** not care a fig (two hoots) for it, snap one's fingers at it; *zie ook* lak; *ik heb ~ aan de grammatica!* hang (to hell with) grammar!; *iem in de ~ nemen* make a fool of a p., pull a p.'s leg; *in de ~ zijn* be at sea, be all abroad
mallejan timber wagon, truck
mallemoer the devil's dam; *naar zijn ~* ruined, kaput; *geen ~* damn-all; *dat gaat je geen ~ aan* that's none of your (damn) business
mallemolen merry-go-round, roundabout, *(ook fig)* whirligig
mallen romp, lark, play pranks, fool
mallepraat nonsense, stuff
mallerd [you] silly
malligheid foolishness, nonsense
malloot fool, scatterbrain
mallotig silly
malrove *(plant)* white horehound
mals tender [meat], juicy [steak, titbit *hapje*], lush [grass, meadows], soft [rain]; *dat was lang niet ~* that was one in the eye for you (him, etc); *zie ook* ongezouten
maltakoorts Malta (*of:* undulant) fever, brucellosis
maltentig fastidious
Maltezer *zn & bn* Maltese [cross]; *~ leeuwtje* Maltese (dog, terrier); *~ ridder* Knight of Malta, Maltese Knight
malthusianisme Malthusianism
maltose maltose
maltraiteren maltreat
malve, maluwe *(plant)* mallow
malversatie embezzlement, malversation
malverseren embezzle, be guilty of malversation
malvezij malmsey (wine), malvoisie
mama, mam(ma) mum, mummy, *(Am)* mom; *(inz Am ook)* momma, mamma
mammeluk Mameluke
mammie mummy, *(Am)* mommy
mammoet mammoth; *de ~, (fam), zie* Mammoetwet
mammoetboom (giant) sequoia, (giant) redwood
mammoetpomp air-lift pump
mammoettanker supertanker
Mammoetwet Education Act (of 1963)
mammografie mammography
mammogram mammogram
mammon: *de ~* Mammon; *de ~ dienen* serve (worship) Mammon
mams mum, *(Am)* mom
man man; *(echtgenoot)* husband; *~ en vrouw* husband (man) and wife; *zie ook* een; *~ van aanzien* man of note (of consequence); *~ van betekenis* man of importance; *~ van de daad* man of action; *~ van eer* man of honour; *~ van stand* man of rank; *~ van de wereld* man of the world; *het leger had een ~ van hem gemaakt* the Army had made a man of him; *daar is hij de ~ niet voor* he is not the man to do it; *100 ~, (mil)* 100 troops; *als één ~* to a man, [rise] as one man, [vote] solid(ly) [for peace], [the nation is] solidly [behind him], with one accord; *draag het als een ~* bear it *(straf, enz: fam,* take your medicine) like a man; *als ~nen onder elkaar* [discuss things] as between one man and another, as man to man; *~nen **broeders*** men and brethren (brothers); *in die tijd was hij dé ~* in ... he was the [ði:] man; *de derde (vierde) ~ zijn, (spel)* make a third (fourth); *mijn goeie ~!* my good man!; *onzin, ~!* nonsense, man!; *de juiste ~ op de juiste plaats* the right man in the right place, *(fam)* horses for courses; *dat is **mijn** ~* he is my man, he's the man for me *(fam:* for my money); *hij is er de ~ niet **naar** om ...* he is not the kind of person who ...; *~ en **paard** noemen* give chapter and verse; name one's informant; *hij **staat** zijn ~* he is able to hold his own (stand his ground); *het zal zijn ~ wel **vinden*** it is sure to find a buyer; *ik had mijn ~ gevonden* I had met (found) my match; *wees een ~!* be a man!; *een ~ een ~, een **woord** een woord* an honest man's word is as good as his bond; a bargain is a bargain; *hij is een ~ van zijn woord* he

is as good as (he is a man of) his word; *een ~ van weinig woorden* a man of few words; ***aan de** ~ brengen* dispose of, sell [an article], market [one's wares; *ook fig*]; marry off, find a husband for [one's daughter], get [one's daughter] off one's hands; *het schip verging **met** ~ en muis* ..... was lost with all hands; *met ~ en macht* with might and main; ***onder** ~nen* among men; ***op** de ~ af* [ask] point-blank, [talk] straight from the shoulder, direct [the sermon was simple and direct; she is a very direct woman], pointed [speech, remark], straight, home [question]; *zoveel **per** ~* so much a head; ***tot** de laatste ~* to a man, to the last man, *(fam)* every man Jack of them; *gevecht **van** ~ **tegen** ~* hand-to-hand fight; *~ voor ~* man by (for) man

Man: *het eiland ~* the Isle of Man; *van het eiland ~* Manx; *bewoner (bewoonster) van het eiland ~* Manxman (Manxwoman)

manachtig mannish, masculine [woman]

managen 1 manage; **2** fix

manager manager

managerziekte stress (disease)

Manasse Manasseh

manbaar marriageable [age], nubile [girls]

manche *(sp)* heat; *(whist & bridge)* game

manchester *(stof)* corduroy

manchet *(los of vast)* cuff, *(vast ook)* wristband; *(v ham)* frill; *(ve glas bier)* head; *~ten, (boeien)* handcuffs, *(sl)* darbies; *(techn)* bush, [leather] gaiter, sleeve

manchetknoop (cuff) link

manco 1 shortage; short weight (measure, delivery); *zonder ~ ontvangen* receive full delivery of [a parcel]; *reclame wegens ~* claim for short delivery; **2** shortcoming, defect

mancolijst wants list

mand basket, hamper; *(ve lastdier, of op schouder gedragen)* pannier; *~je* basket *(ook fin); (spanen ~je)* punnet; *~jes vlechten* basket-making; *naar zijn ~je gaan* turn in; *door de ~ vallen, a)* (have to) own up; *b)* be shown up for what one is

mandaat 1 *(v kiezers, enz)* mandate; *zijn ~ neerleggen (ter beschikking stellen), (Tweede Kamer, enz)* vacate one's seat, resign (one's seat); **2** *(dividend~)* dividend warrant; *(betalings~)* pay-warrant; **3** *(volmacht)* proxy, power of attorney

mandaatgebied mandated territory

mandaathouder *zie* mandataris

mandag man-day

mandant principal, *(jur)* mandator

mandarijn 1 *(pers)* mandarin; **2** *(vrucht)* mandarin orange

mandataris mandatary, mandatory

mandatoir mandatory

mandekker *(sp)* (man-)marker, marking defender

mandekking *(sp)* marking

mandement mandate; *(ve bisschop)* charge

mandenfles wicker bottle; *(groot)* demijohn; *(v gekleurd glas)* carboy

mandenmaken basket-making

mandenwagen wicker (*of:* basket) carriage

mandenwerk basketwork, basketry

mandenwieg wicker cradle

mandfles *zie* mandenfles

mandi flip-flop

mandoer *(Ind)* overseer, foreman

mandoline mandolin

mandragora *(plant)* mandragora, mandrake

mandril mandrill

mandvol basketful, hamperful

manege riding school, manège

manen I *zn* mane *(steeds ev);* **II** *ww* **1** dun, press for payment; **2** urge, incite; *zie* aanmanen

maner dun

maneschijn moonlight; *(soms)* moonshine; *~tje, (fig)* bald patch

manga mango

mangaan manganese [bronze, ore, steel]

mangat manhole

mangatdeksel manhole cover

mangel 1 *(toestel)* mangle; *door de ~ halen* take through the wringer; **2** *(gebrek)* lack

mangelen 1 mangle [linen]; *(sp)* sandwich; **2** *zie* ontbreken

mangelwortel mangel(-wurzel), mangold(-wurzel)

manggis(tan) *(boom & vrucht)* mangosteen

mango mango

mangoest mongoose

mangrove mangrove

manhaft(ig) manly, manful, brave

manhaftigheid manliness, manfulness, bravery

maniak maniac, crank; fiend [bridge fiend, fresh-air fiend]; [film] freak, buff; [football] fan

maniakaal maniacal

manicheeër Manichee, Manichaean

manicure 1 *(pers)* manicure, manicurist, chiropodist; **2** *(behandeling)* manicure; **3** *(stel voorwerpen)* manicure set

manicuren *ww* manicure

manie 1 mania; **2** *(rage)* rage, craze, fad, *(sterk)* mania

manier manner [good manners, teach a p. manners]; fashion, way; *zie ook* wijs 1; *~tje (kunstje)* knack, trick, [I know a] way of doing it; *denk om je ~en* mind your manners; *dat is zo z'n ~* it's (only) his little way, it's a way he has; *~ van doen* manner; *dat is geen ~ (van doen)* that is not the way to treat anybody (to behave); *dat is 'de ('je) ~! (fam)* that's the style!; *hij **heeft** zo zijn eigen ~en* his manners are his own; *hij **kent** geen ~en* he has no manners; *ken je geen ~en?* where are your manners?; ***op** die ~* in that manner (way), that way (*vgl **ben:*** op zo'n ~); *op die ~ zou ik nooit klaar komen, (ook)* at that rate I should ...; *op zijn ~, (ook)* [he loved her] after his fashion; *op de ~ van Rembrandt* after the manner of ...; *op alle mogelijke ~en* in every possible way; *op de een of* *andere ~* in one way or another, somehow (or other); *hij nam het op de juiste ~ op* he took it in the proper spirit; *o, op zo'n ~* now I see (what you mean, etc); *knap, maar op een andere ~* clever, but with a difference; *op zijn eigenaardige ~* [he scowled] in a way he had

maniërisme *(kunsthistorie)* mannerism

manifest manifesto; *(scheeps~)* manifest

manifestant demonstrator

manifestatie demonstration, manifestation

manifesteren demonstrate, manifest, hold a demonstration; *zich ~, (ve geest)* manifest, come (get) through

Manilla Manila

manillahennep Manila hemp, manil(l)a

manille *(in kaartsp)* manille

maniok manioc [meal, flour]

manipel maniple *(beide bet)*

manipulatie manipulation *(ook fig); zie ook* genetisch

manipuleren manipulate (*ook fig:* accounts); *gemanipuleerde balans* cooked balance sheet

manisch(-depressief) manic(-depressive)

Manitoe manitou

manjaar man-year

mank lame, crippled; game [a game leg]; *hij gaat ~* he is lame, limps, has a limp (in his gait); *de vergelijking gaat ~* the comparison will not hold water; *alle vergelijkingen gaan ~* no comparison goes on all fours; it is difficult to draw an exact parallel; *zie ook* kreupel & euvel

mankement defect, trouble, s.t. wrong, s.t. the matter [*aan zijn voet* with ...]

mankeren fail, be absent; *zie ook* gemankeerd, missen, ontbreken & schelen; *hij mankeerde nooit* he never failed to come, was never absent; *wat mankeert je?* what is the matter with you?, *(wat bezielt je?)* what has come over you?, what possesses (has got) you?; *ik mankeer (mij mankeert) niets* I am all right; *al wat* ***eraan*** *mankeerde* everything that was amiss [was set right]; *er mankeert een euro aan* there is a euro short; *daar mankeert wat aan* there is something wrong; *dat mankeerde er nog maar aan* that would have been the last straw (the crowning idiocy, etc); ***zonder*** *~* without fail; *ik zal u zonder ~ een boodschap zenden* I shall not fail to send you word

mankpoot *(fam)* dot-and-go-one

mankracht manpower

manlief hubby; *~!* hubby dear!

manmoedig manful, manly, bold

manna manna [from Heaven]

manneke *zie* mannetje

mannelijk 1 *(natuurlijk geslacht)* male *(ook ve bloem); de ~e leeftijd bereiken, op ~e leeftijd komen* arrive at (come to) manhood (man's estate); **2** *(een man eigen)* masculine [pride, nature]; **3** *(flink)* manly; **4** *(krachtig)* virile; **5** *(gramm, rijm)* masculine; **6** *(ong)* mannish [woman]

mannelijkheid 1 masculinity, manliness, manhood; *(het man-zijn)* maleness; **2** *(concr)* (male) member

mannen manage

mannengek man-mad, man-crazy [girl, woman]; nymphomaniac

mannenhuis 1 (old) men's home; **2** men's house

mannenklooster monastery

mannenkoor male (male voice) choir, men's choral society

mannenmaatschappij men's world

mannenmoed manly courage

mannenrol male part

mannenstem man's voice; male voice [choir]

mannentaal manly language; *dat is ~!* that's the stuff (the talk)!, that's talking!

mannenwerk man's (men's) work, [a] man's job

mannenzaal men's ward

mannenzangvereniging *zie* mannenkoor

mannequin (dress, fashion) model, *(inz paspop)* mannequin; *als ~ werken* model

mannetje little man, manikin; *(ve dier)* male, bull, he; *(ve vogel ook)* cock (bird); *(theat)* type; *~ en wijfje* male and female, he and she; *~ aan ~* [stand] shoulder to shoulder; *wel, ~!* well, my (little) man!; *daar heb ik mijn ~s voor, zie* mens; *~s maken, a)* show off, play-act; *b)* tell stories, make excuses; *c) (theat)* play stock parts (stereotypes); *zijn ~ staan* (be able to) hold one's own; *het ~ in de maan* the man in the moon; *zie ook* man

mannetjesbij drone

mannetjeseend drake

mannetjesezel jackass, he-ass

mannetjesgans gander

mannetjesmakerij stereotyping (of characters)

mannetjesolifant bull elephant

mannetjesputter he-man; *(vrouw)* she-man; *(kraan)* ace

mannetjesvaren male fern

mannetjesvos dog-fox

mannie hubby

mannin *(bijb)* woman; *(feeks)* virago

manoeuvre manoeuvre *(ook fig)*, evolution; *op ~* on manoeuvres

manoeuvredag field day

manoeuvreerbaar manoeuvrable

manoeuvreerruimte room to manoeuvre

manoeuvreren manoeuvre; *(fig ook)* wangle [he wangled his way on to the committee]; *schip, waarmee (niet) te ~ is* ship (not) under command

manometer manometer, steam gauge, pressure gauge

mans: *hij is ~ genoeg om ...* he is man enough to ...; *hij is wat ~* he is a man's man; *hij is heel wat (niet veel) ~* he is (not) very strong (*of:* capable)

mansarde attic (room), garret

mansardedak mansard (roof), curb roof, *(Am)* gambrel roof

manschap *(mar)* crew, [officers and] ratings; *~pen (mil)* men, manpower
manshoog man-size(d) [ferns]
manskerel man; he-man
manslag homicide, manslaughter
manslengte man's height
mansmoeder mother-in-law
mansoor *(plant)* asarabacca
manspersoon male (person), man
mansvolk menfolk
mantel (lady's) coat, jacket; *(meestal zonder mouwen)* cloak; *(v wandelkostuum)* costume coat; *(ve vogel)* mantle; *(v effecten)* mantle, warrant; *(techn)* jacket, casing, housing; *(ve kabel)* [lead] sheath; *(ve kogel)* jacket; *(om kachel)* fire screen; *de ~ van Nelson is gevallen op Lord Beatty* Nelson's mantle has fallen on ...; *iets met de ~ der liefde bedekken* draw a veil over s.t.; *iem de ~* ***uitvegen*** give a p. a dressing down, haul a p. over the coals; ***onder de ~*** *van* under the cloak of [religion, etc]
mantelaap, mantelbaviaan hamadryas (baboon)
manteldier tunicate
mantelkostuum (skirt) suit
mantelmeeuw great black-backed gull, saddleback
mantelorganisatie under-cover (front) organization
mantelovereenkomst blanket (*of:* umbrella) agreement
mantelpak (skirt) suit
mantelwet consolidating act
mantelzak coat pocket
mantelzorg volunteer aid
mantiek divination
mantille mantilla
mantisse mantissa
mantra mantra
Mantsjoe(rije) Manchu(ria)
manuaal 1 *(klavier)* manual, key-, fingerboard; **2** *(gebaar)* gesture
manueel manual; *manuele therapie* chiropractic
manufacturen piece-goods, drapery, draper's goods, mercery, soft goods; *(eig Am)* dry goods
manufacturenwinkel, manufacturenzaak drapery shop (business), draper's
manufacturier draper
manuscript manuscript, *(getypt, ook)* typescript; *(theat)* script
manuscriptologie codicology
manusje-van-alles odd-job man, jack of all trades
manuur man-hour
manvolk menfolk
manwijf virago, mannish woman
manziek man-mad, mad after men, nymphomaniac
manziekte nymphomania
maoïst(e) Maoist
map file, folder; *(groot)* portfolio
maquette moquette, model
maquillage maquillage, make-up
maquilleren make up
maquis brushwood; *(fig)* Maquis
maraboe 1 *(vogel)* marabou; **2** *zie* maraboet
maraboet *(kluizenaar)* marabout
maraskijn, maraskino, marasquin maraschino
marathon marathon [speech, race, skating; a dance marathon]
marchanderen bargain, haggle, higgle; *er viel niet met hem te ~* he was adamant
marchand-tailleur clothier, cloth merchant and tailor
marcheren 1 march; *(in optocht) door de straten ~, (ook)* parade the streets; *met enen ~* file; **2** run, go well; *de zaak laten ~* make a go of things; *de zaak marcheert* things are moving; everything is going well; *de zaak marcheerde niet* the business was a failure; things didn't work out quite right; the thing didn't work
marconist radio officer (*of:* operator); *de ~, (fam)* Sparks
Marcus Mark; *vgl* evangelie
mare news, tidings, report [the report goes that ...]
marechaussee *(vglb)* (member of the) military police, (royal) constabulary
maren keep raising objections, be obstructive
maretak mistletoe; *een ~* a mistletoe bough
margarine margarine; *(fam)* marge
marge 1 margin; *in de ~, (ook)* marginal; fringe [theatre group]; *zie ook* rommelen; **2** *(verschil)* difference; **3** *(effectenbeurs)* jobber's turn, turn of the market
marginaal marginal [cost, difference, farmland, improvement, offside decision, profits, taxes]; fringe [group]; *-nale toetsing* limited (judicial) review
marginaliën marginalia, marginal notes, side notes
marginaliseren marginalize
margine: *in ~* in the margin
margriet ox-eye daisy, marguerite
Margriet: *~ weet raad, (vglb)* agony column
margrietschijf daisywheel
Maria 1 Mary, Maria; **2** *(koekje)* Marie biscuit
mariaal Marian
Mariabeeld image of the Virgin Mary
Maria-Boodschap Lady Day, Feast of the Annunciation
mariage 1 *(kaartsp)* matrimony; **2** *(in kaartsp)* marriage; **3** *~ de convenance* mariage de convenance, marriage of convenience
Maria-Geboorte the Nativity of the Virgin Mary
Maria-Hemelvaart the Assumption of the Virgin Mary
Mariakapel Lady Chapel
Maria-Lichtmis Candlemas
Maria-Ontvangenis Conception of the Blessed Virgin
Mariaverering worship of the Blessed Virgin; *(afgodisch)* Mariolatry
marien marine [biology, creature, life, sediment]
marifoon shipping traffic radiotelephone

marihuana marihuana, marijuana; *(sl)* grass
marimba marimba
marinade marinade; *vgl* marineren
marine **I** *zn* navy; *(attr, ook)* naval [base, officer, stores]; *hij is bij de ~* he is in the navy; **II** *bn zie* marineblauw
marineblauw navy blue
marine-etablissement *zie* marinewerf
marinehaven naval harbour (port, base)
marineluchtmacht naval air force
marineofficier naval officer, officer in the navy
marineren souse, pickle, marinate, marinade
marinevlieger naval (Navy) pilot
marinevliegtuig naval aircraft
marinewerf naval dockyard
marinewezen **1** naval affairs; **2** navy
marinier marine; *het korps ~s* the marine corps, the marines
marionet puppet (*ook fig:* a puppet government), marionette
marionettenspel, marionettentheater puppet show
maritiem maritime [history, law]
marjolein *(plant)* (sweet) marjoram; *wilde ~* oregano
mark **1** *(grensland)* march, borderland; *(marke)* common (land) *(ook: ~grond)* **2** *(teken)* mark, sign; **3** *(munt)* mark; *Duitse ~, (ook)* Deutschmark; **4** *~(je), (fiche)* marker, fish, counter
markant conspicuous, salient [points], outstanding [features *kenmerken*], striking [face, features *trekken*]
marke common (land)
markeerpen, markeerstift marker, highlighter
marker marker; *(pen, ook)* highlighter
markeren mark; *(met markeerstift, ook)* highlight; *(met etiket, enz)* tag; signpost [a route]; *(ve jachthond)* mark; *de pas ~* mark time; *gemarkeerd handgeklap* slow handclap
markering mark(er), [road] marking
marketentster *(hist)* sutler
markeur (billiard) marker
markgraaf margrave
markgraafschap margraviate
markgravin margravine
markies **1** *(pers)* marquess, *(inz Sch & buitenl)* marquis; **2** *(zonnescherm)* awning, (awning) blind; *(boven hotelingang, enz) zie* luifel
markiezin marchioness; *(buitenlands)* marquise
markizaat marquisate
markt [cattle, fruit, labour] market; *(~plaats)* market (place); *de ~ is afgelopen* market is over; *de ~ bederven* spoil the market, disturb the market price; *(door lage prijzen)* undersell, undercut; *een ~ vinden voor* find a market (an outlet) for; *weten waar het ~ is* catch it, get punished; ***aan (op)*** *de ~ brengen* put on the market, market [goods]; *aan de ~ komen* come into the market; *aan de ~ zijn* be on (in) the market; ***bij*** *het scheiden van de ~* at the end of the day; *goed* ***in*** *de ~ liggen* be in high favour (well thought of); ***naar*** *de ~ gaan* go to market; ***onder*** *de ~ verkopen* sell below market price(s); ***op*** *de ~, (eig)* in the market place; *op de ~ gooien* throw [goods] on the market, dump [one's stocks] (on the market); ***ter*** *~, zie* aan (& naar) de ~; ***van*** *de ~ verdringen* push off (oust from) the market; *hij is van alle ~en thuis* he is an all-round man, an all-rounder
marktaandeel market share
marktanalyse **1** market analysis; **2** market survey; **3** market(ing) research
marktbericht market report
marktdag market day
markteconomie market economy
markten go to market, go marketing
marktgeld market dues, stallage, tolls
marktgericht market-orientated
marktgewas cash crop
markthal market hall, covered market
marktkoopman market vendor, stallholder
marktkraam market stall, booth
marktleider market leader
marktmechanisme market forces
marktmeester market superintendent, inspector (*of:* clerk) of the market
marktnotering **1** market price; **2** market rate (of interest: interest rate; of discount: discount rate)
marktonderzoek market research
marktplaats **1** *zie* marktplein; **2** market town
marktplein market place, market square
marktpositie **1** market situation; **2** marketing position
marktprijs market price
marktrecht market privilege, right of holding a market
marktsegment market segment
marktsegmentering (market) segmentation
marktverkenning **1** market(ing) research; **2** market survey
marktverordening market regulations
marktwaarde market value
marktwerking free-market system, free competition
marlen *(mar)* marl
marlijn, marling *(mar)* marline
marlpriem *(mar)* marlinspike
marmelade marmalade
marmer marble [cake, quarry, statue]
marmerachtig marbly, like marble
marmerader vein in marble
marmeren **I** *ww* marble, grain; **II** *bn* marble [statue]; *tafel met ~ blad* marble-top(ped) table; *~ plaat* marble slab
marmering marbling, graining
marmerpapier marbled paper
marmersteen marble
marmot **1** marmot; *(Am)* woodchuck, groundhog; *slapen als een ~* sleep like a top; **2** *(vero, ook: ~je)* guinea pig
marokijn morocco (leather)

marokijnen morocco
Marokkaan(s) Moroccan
Marokko Morocco
maroniet Maronite
marot (fool's) bauble; *zie ook* zot
marqué *(theat)* villain
marron maroon
[1]**mars** (pedlar's) pack; *(mar)* top; *(ve oorlogsschip)* fighting-top; *grote ~* maintop; *hij heeft heel wat (niet veel) in zijn ~* he knows a lot, is very able, gifted, has a good head on his shoulders (he hasn't got much about him, hasn't got much to offer, is not very bright)
[2]**mars** march; *~! weg!* away with you!; *op ~ zijn* be on the march; *op ~ gaan* set out; *zie ook* inrukken & voorwaarts
Mars Mars; *(bewoner) van ~* Martian
marsbevel *zie* marsorder
Marseille Marseilles
marsepein(en) marzipan
marsklaar ready to march
marskramer pedlar, (travelling) hawker
marsmannetje Martian
marsorde order of march, marching order
marsorder marching orders; *~s ontvangen hebben* be under marching orders
marsroute line of march
marssteng topmast
marstempo rate of march
marszeil topsail
martelaar martyr [*van de wetenschap* to science]
martelaarsboek martyrology
martelaarschap martyrdom
martelaarskroon martyr's crown; *iem de ~ op het hoofd zetten* confer the crown of martyrdom on a p.
martelares martyr
martelarij torture, torment
marteldood martyrdom, [die a] martyr's death; *de ~ sterven, ook* suffer martyrdom, suffer death by torture
martelen torture, torment, put to the rack, rack [one's brains]; *een ~de gedachte* an agonizing thought
martelgang suffering, agony, torture
marteling torture, torment
martelkamer torture chamber
martelpaal torture post
marteltuig instrument(s) of torture
marter marten
marterachtigen mustelidae
martiaal martial
Martialis Martial
Marva Wren, WRNS
marxisme Marxism
marxist(e), marxistisch Marxist, Marxian
mascara mascara
mascotte mascot
masculien masculine
masculinisme masculinism
masculinist masculist
masculinum masculine
Maskate Muscat
masker 1 mask, *(fig ook)* disguise; *(bij schermen)* face-guard; *iem het ~ afrukken* unmask a p.; *het ~ afwerpen (afdoen)* throw off (drop) the mask; *onder het ~ van vriendschap* under the cloak (the mask, a show) of friendship; **2** *(ve insect)* larva (*mv:* larvae), grub
maskerade 1 masquerade, [historical] pageant; **2** masked ball
maskerbloem monkey flower, mimulus
'maskeren mask
mas'keren mask, cover, disguise, camouflage
masochisme masochism
masochist(e) masochist
massa 1 mass [the great mass of the people, critical mass], crowd; body [a large body of information]; *een ~ dingen* a lot (a multitude) of things; *failliete ~* bankrupt's estate; *de (grote) ~* the masses; *zie ook* vulgus; *bij ~'s* [sell] in large quantities; *bij ~'s doden* kill wholesale; *in (bij de) ~ verkopen* sell in bulk; **2** *(elektr)* earth, *(Am)* ground; *aan ~ leggen, (elektr)* (connect to) earth, *(Am)* ground
massa-aanval mass(ed) attack
massaal wholesale [destruction]; massive [building, crowd, efforts, resistance, turnout *opkomst*; on a massive scale]; mass [unemployment]; bulk [sales, transport]
massa-artikel mass-produced article
massabeweging mass movement
massacommunicatie mass communication
massacre(ren) massacre
massafabricage mass production
massage massage
massagetal mass number
massagoederen bulk goods
massagraf mass grave
massalading bulk cargo
massaliteit massiveness
massamedia mass media
massamens man in the crowd
massamoord(enaar) mass murder(er)
massaontslag wholesale dismissal
massaproduct mass-produced article
massaproductie mass production
massapsychologie crowd (*of:* mass) psychology
massascène *(film)* crowd (*onrustig:* mob) scene
massasprint massed sprint
massavernietigingswapen weapon of mass destruction, mass destruction weapon, WMD
massawerking mass effect
masseren 1 massage (*ook manipuleren:* facts, figures, statistics), knead; **2** *(biljarten)* make a massé (shot)
masseur masseur
masseuse masseuse

massief I *bn* solid [gold, silver, oak table], massive [building]; *massieve band, (ve fiets, enz)* solid tyre; II *zn* massif, chain, group (of mountains)
massificatie massification
mast 1 mast; *(voor elektr, enz draden)* pylon; *(gymn)* (climbing) pole; *(bij volksfeest, enz)* greasy pole; ***voor** de ~* [be a sailor, serve] afore (before) the mast; *hij zit voor de ~, (fig)* he cannot eat any more; **2** *(varkensvoer)* mast
mastaba mastaba
mastbok pair of sheers
mastboom pine
mastbos fir wood; *(fig)* forest of masts (and spars)
mastectomie mastectomy
mastiek 1 mastic (asphalt); **2** *(Z-Ned)* putty
mastiekboom mastic (tree)
mastklimmen climbing the (greasy) pole
mastodont mastodon
masturbatie masturbation
masturberen masturbate
mastworp clove hitch
[1]mat *zn* **1** [door]mat; *~je, (op tafel, enz)* table mat; *op het ~je roepen* (put on the) carpet; *zijn ~ten oprollen* pack up (one's traps), *(de zaak sluiten)* shut up shop; *op de ~ laten staan* not ask [a p.] to come in; **2** *(ve stoel)* (rush) bottom; **3** *(vijgen~)* frail; **4** *(Sp munt)* piastre
[2]mat *bn* **1** *(moe)* tired, weary, languid; **2** *(dof)* matt [gold, photographic paper], dull, dead, frosted [gold]; *(v verf, ook)* eggshell [finish]; **3** *(v stijl, stem, enz)* flat; **4** *(vh oog)* dull, lacklustre; **5** *(ve klank)* dull; **6** *(v licht)* dim; **7** *(vd markt)* dull, flat, weak; **8** *(dood; schaaksp)* (check)mate; *wit geeft ~ in vier zetten* white mates (*of:* to mate) in four moves; *zie ook* schaakmat; *~te kogel* spent bullet
[3]mat *ww ovt van* meten
matador 1 matador *(ook in kaart- & dominospel)* **2** *(fig)* past master [in ...]; *zie ook* kraan
mataglap: *~ zijn, worden, (Ind)* see red, go berserk
match match; *~ nul (spelen)* draw
mate [in a great, a large] measure, [to a greater or less, to a large] extent, [to a (high)] degree; *de hoogste ~ van zelfbestuur genieten* enjoy the fullest measure of self-government; *een zekere ~ van risico* a certain amount of risk; ***in** de mate van het mogelijke* as much as possible; *in geen geringe mate* in no small measure; *in meerdere of mindere mate* to a greater or less(er) extent, in a greater or less(er) degree; *in toenemende ~* increasingly; *in zekere mate* in some measure; *in zulk een mate, dat ...* to such an extent that ...; *alles **met** mate* everything in moderation; ***naar** de mate van mijn krachten* according to my abilities; *zie ook* [1]maat & naarmate
mateloos immoderate, unlimited
matelot boater
matennaaien rat [on a p.]
matennaaier rat
materiaal material(s)
materiaalkunde materials science
materiaalmoeheid [metal] fatigue
materiaalonderzoek materials testing
materialiseren materialize
materialisme materialism
materialist(isch) materialist(ic, *bw:* -ically)
materie (subject) matter
materiedeeltje particle of matter
materieel I *bn* material [damage, help, need, world]; II *zn* materials; [factory] plant, working stock; *(vs personeel, in leger, vloot, bedrijf)* matériel; *rollend ~* rolling stock; *met groot (zwaar) ~* with heavy equipment
matglanzend matt(-finished)
matglas ground (frosted) glass; *(fot)* focus(s)ing screen
matheid 1 weariness, lassitude, languor; dullness, dimness, deadness; *vgl* [2]mat 1; **2** mattness, dullness; *vgl* [2]mat 2
mathematica mathematics, *(fam)* maths
mathematicus mathematician
mathematisch mathematical
mathesis mathematics
matig moderate [eater, drinker, price]; *(met betrekking tot eten)* frugal [meal, person], *(in drinken)* moderate, temperate, *(in eten, (ook))* abstemious; *~ succes* moderate (*of:* indifferent) success; *~ succes hebben* be moderately successful; *~ bezocht* thinly (poorly) attended; *er maar ~ mee ingenomen* not overpleased with it; *ik vind het maar ~* I don't think much of it; *zie ook* maat: met mate & schatting
matigen moderate [one's desires, one's tone], mitigate [grief], modify [one's pleasure], restrain, control [o.s., one's anger]; *zie ook* gematigd
matigheid moderation, frugality, soberness, temperance [society], abstemiousness; *vgl* matig
matiging moderation, mitigation, modification; *~ betrachten* use restraint
matigjes indifferent; [that film is only] so-so
matinee matinée, afternoon performance
matineus: *~ zijn* be an early riser
matjesvlechten mat-plaiting
matkopmees willow tit
matras [foam, spring, beach] mattress
matriarchaal matriarchal
matriarchaat matriarchy
matrijs matrix (*mv ook:* matrices), mould
matrix matrix
matrixprinter (dot) matrix printer
matrone matron; *(als) van een ~, ~achtig* matronly [figure]
matroos sailor; *licht ~* ordinary seaman, OS; *vol ~* able-bodied seaman, AB; *~ 1e klas, (Br mar)* leading seaman, *(Am mar)* petty officer 3rd class
matrozenhoed sailor hat
matrozenkist sea-chest
matrozenkraag sailor collar (*of:* top)
matrozenliedje shanty, sea song

matrozenmuts sailor's cap
matrozenpak sailor suit
matse *(jodenpaasbrood)* matzo
matsen wangle, fix
matten I *ww* **1** mat, rush; **2** *zie* matteren; II *bn* rush-bottomed, rush-seated [chair]
mattenbies bulrush
mattenkeesje wicker bottle
mattenklopper carpet beater
mattenmaker mat-maker
mattenvlechten mat-plaiting
matteren frost [glass]; mat(t) [paint]; powder [cigars]
Matthäuspassion [Bach's] St Matthew Passion
Mattheus Matthew; *vgl* evangelie
maturiteit maturity
maturiteitsexamen matriculation
matverf matt paint
matwerk matting
Mauritanië Mauretania
Maurits Maurice
mausoleum mausoleum
mauve mauve
mauwen mew
mavo advanced elementary education
m.a.w. afk van *met andere woorden* in other words
maxi maxi
maxillair maxillary
maximaal I *bn* maximum, maximal, top [speed]; *maximale hoogte 4 meter* clearance 13 feet; II *bw* at most; [a fine] not exceeding [£100], [60 points out of] a maximum of [100]; *vgl* hoogst: ten ~e
maximaliseren maximize
maxime maxim
maximeren restrict, impose an upper limit on
Maximiliaan Maximilian
maximum maximum *(mv:* -ma); *hij staat op zijn ~* he is at his maximum; *tot een ~ van* to a maximum of
maximumaantal maximum number
maximum-en-minimumthermometer *(ook)* self-registering thermometer
maximumprijs maximum price
maximumsnelheid maximum speed; *(wettelijk, enz)* speed limit, [drive at, slow down to] regulation speed; *overschrijding van de ~, (ook)* [be stopped for] speeding; *waarvoor geen ~ geldt* derestricted [road]
mayonaise mayonnaise
mazelen [have, get (the)] measles; *zie ook* pokken
mazen *(vglb)* darn
mazout (fuel, diesel) oil
mazurka mazurka
mazzel lucky strike, bonanza, windfall; *~ hebben* be in luck; *vgl* mazzelen; *de ~!* see you!
mazzelen have luck, do well; get away with [s.t.]; *(soms)* fix
mbo-diploma *(Br vglb)* GNVQ, General National Vocational Qualification
m.b.t. afk van *met betrekking tot, zie* betrekking
MC: *27 ~* CB *(afk van:* Citizens' Band) radio
M.D. MD (Medicinae Doctor, Doctor of Medicine)
me me; *(fam) (ook)* us [give us a kiss]; *het is ~ te zuur* it is too sour for my liking (for me); *wat zal ~ dat een boek zijn!* what a book it will be!; *daar heeft hij ~ de ruit ingeslagen!* if he hasn't smashed ...!
ME afk van **1** *Middeleeuwen* middle ages; **2** *mobiele eenheid* riot police, *(Am)* riot squad; **3** *myalgische encefa(lomye)litis* ME, chronic fatigue syndrome
meander(en) meander
mecanicien, meccano [air] mechanic
meccanodoos meccano set
mecenaat (art) patronage
mecenas Maecenas, (wealthy) patron
mechanica mechanics
mechanicus mechanician
mechaniek I *zn* mechanism, action, works, [clock(work)] movement, mechanical device; II *bn* mechanical
mechanisatie mechanization
mechanisch mechanical; *~ voortbewogen* mechanically propelled [vehicles]; clockwork [toys]
mechaniseren mechanize
mechanisering mechanization
mechanisme *zie* mechaniek I; *(fig, ook)* machinery
Mechelen Mechelen, *(vero)* Mechlin, Malines
Mechels: *~e kant* Mechlin (lace)
medaille medal; *grote ~* medallion; *met ~s behangen* bemedalled; *dit is één zijde van de ~* this is one side of the picture; *winnaar van gouden ~* Gold Medallist; *zie ook* keerzijde
medailleur medallist
medaillon **1** *(in lijst, enz)* medallion, roundel; **2** *(doosje)* locket; **3** *(illustratie)* inset
[1]**mede** *zn* **1** *(drank)* mead; **2** *(meekrap)* madder
[2]**mede** *bw* also [because ...], [in your interest,] too, as well; [they came] with me (him, etc); *~ wegens* partly owing (due) to; *(in sam vaak)* fellow, co-, joint
medeaansprakelijk[1] jointly responsible (liable)
medearbeider fellow worker
medeassuradeur co-insurer
medeauteur co-author; *~ zijn van* co-author [a book]
medebeklaagde co-defendant
medebelanghebbende person *(of:* party) also interested [in ...], sharer
medebeslissingsrecht participation, co-determination
medebestuurder co-director
medebewoner fellow resident, fellow tenant
medeborg joint security
medebroeder **1** colleague; **2** fellow man
medeburger fellow citizen
medechristen fellow Christian
mededader accomplice

---

1 zie ook de sam met *mee-*

mededeelbaar communicable
mededeelzaam communicative, expansive; ~ *worden, (ook)* expand
mededelen 1 communicate [name, address, diseases, light, heat, etc to ...]; impart [happiness, knowledge, one's feelings to ..., *(natuurk)* motion to ...]; *(berichten)* inform [a p. of s.t., a p. that ...], intimate [that ...]; *deel het hem voorzichtig mede* break it gently to him; *ik zal hem mijn beslissing ~* I will let him know my decision; **2** share, participate (*in* in)
mededeler informant
mededeling communication, information *(geen mv)*, announcement; *een ~ doen* make an announcement (a statement); *~ doen van* announce [s.t.], inform [a p.] of [s.t.]; *ingezonden ~/advertentie* advertorial
mededingen compete [*naar* for]
mededing(st)er rival, competitor, contestant
mededinging competition, rivalry; *buiten ~* not competing, not for competition, hors concours; *vrije ~* open competition
mededirecteur co-manager, joint manager
mededogen compassion
mede-eigenaar joint proprietor (owner), part owner
mede-eigendom co-ownership
mede-erfgenaam joint heir(ess), co-heir(ess)
medegebruik joint use
medegerechtigd co-entitled
medegerechtigde co-sharer; participant
medegevangene fellow prisoner
medehuurder co-tenant
medeklinker consonant
medelander non-native Dutch citizen
medeleerling fellow pupil
medeleven I *ww: ~ met* enter into the spirit of, sympathize with; **II** *zn* sympathy
medelid fellow member
medelijden I *zn* pity, compassion, commiseration; ~ *met zichzelf* self-pity; *~ hebben met* have (take) pity on, feel pity for, feel (sorry) for, pity [a p.]; *hij had diep ~ met haar* his heart went out to her; *hij had ~ met zichzelf* he felt sorry for himself; *dat wekte mijn ~ op* that roused my pity (compassion), moved me to pity; *om ~ mee te hebben* pitiful, pitiable [condition], miserable [performance]; *uit ~* out of pity [*met* for]; **II** *ww* share a p.'s sufferings
medelijdend compassionate; *~e blik* look of pity
medelijdenswaardig, medelijdenwekkend piteous, pitiable, pitiful, pathetic
medemens fellow man (human being)
medemenselijkheid common humanity
medeminnaar, medeminnares rival
Meden Medes; *zie ook* wet
medeofficier brother officer
medeondergetekende co-undersigned
medeondertekenaar co-signatory
medeondertekenen add one's signature; *(ve meerdere)* countersign
medeondertekening co-signature
medeoorzaak secondary (contributory) cause
medepassagier fellow passenger
medeplichtig accessory [*aan* to]; *eraan (aan de moord) ~ zijn, (ook)* be a party to it (to the murder)
medeplichtige accomplice, associate, accessory [to a crime], confederate; *(bij echtscheidingsproces)* co-respondent
medeplichtigheid complicity [*aan* in]
mederedacteur joint editor, co-editor
medereiziger fellow-traveller, fellow passenger
medeschepsel fellow creature (human being)
medeschuldig *zie* medeplichtig
medespeler *(sp)* teammate, fellow player, *(bridge, tennis, enz)* partner; *(theat)* fellow actor (actress); *zie ook* speler
medestander supporter, partisan, partner
medestrijder fellow-combatant, brother-in-arms
medestudent fellow student
medevennoot co-partner
medeverantwoordelijk jointly responsible
medeverantwoordelijkheid joint responsibility
medewerker co-worker, fellow worker, co-operator; assistant; *(employé)* employee; *(aan krant, enz)* contributor [to a paper], [cricket] correspondent; *(bij lit werk, enz)* collaborator [*aan* in]; *(bij voorstelling)* performer; *wetenschappelijk ~* lecturer, staff member
medewerking co-operation, assistance, collaboration; *vgl* meewerken; *bereid (zijn) tot ~* (be) co-operative; *met ~ van* assisted by, with the co-operation of
medeweten knowledge; *zonder (buiten) mijn ~* without my knowledge, unknown to me
medezeggenschap say (in the matter); *(in bedrijf)* (labour) co-partnership, (employees') participation; *~ hebben (eisen)* have (demand) a say (a voice) in the matter
media *(pers, radio, televisie)* media
mediaal medial
mediaan 1 *(wisk)* median [line]; **2** *(papier)* medium (paper); **3** *(typ, ~letter)* pica [type]
mediakunde media studies
mediamiek mediumistic, psychic
mediatheek (multi)media resource centre
medicament medicament, medicine
medicamenteus medicinal
medicatie [prescribe, use, be on] medication
medicijn medicine [cabinet, chest, cupboard]; *de ~en* [study] medicine; *hoogleraar (doctor) in de ~en* professor (doctor) of medicine; *student in de ~en* medical student; *~en gebruiken, innemen* take medicine, *(inz Am)* use medication
medicijnman medicine man, witch doctor
medicinaal medicinal [draught, waters]; *~ gewicht* apothecaries' weight

---

zie ook de sam met *mee-*

medicus doctor, physician, medical practitioner (attendant, *(fam)* man); *(scherts)* medico; *(student)* medical student, *(fam)* medical; *de (heren en dames) medici* the medical profession

Medië(r) Media (Mede)

mediëvist medievalist

mediëvistiek medieval studies

medinaworm Guinea worm

medio: ~ *april* mid-April, in (by, about) the middle of April

medisch medical [advice, analyst, assistance, centre, examination, faculty, student, etc]; *zie verder* geneeskundig

meditatie meditation

mediteren meditate

medium medium; *(spiritisme, ook)* psychic; *vgl* media

medusa *(kwal)* medusa, jellyfish

medusahoofd 1 Medusa head; **2** *(zeester)* Medusa's head

mee I *bw* [they came] with me (him, etc); also [because ...], [in your interest,] too, as well; *mag ik ook ~?* may I come too (join you, be of the party)?; *met de wind* ~ with the wind behind us; *hij had alles mee* he had every advantage; *wat doen we er ~?* what do we do with (*eraan:* about) it?; *zie ook* ²mede, leven, zitten, enz; **II** *zn* mead

meebrengen[1] bring [a present, a friend], bring [a friend] along, bring [a warm coat] with one; *(fig)* involve [a risk, delay], entail [delay, labour], carry [such a position carries heavy responsibilities], bring with it [a constant strain], carry with it [a great risk], result in, lead to [serious problems]; *je brengt mooi weer mee* you have brought fine weather with you; *zijn eigen bestek* ~ bring one's own cutlery; *grote onkosten* ~ entail great expense [*voor mij* (up)on me]; *de aanvraag brengt geen verplichting voor u mee* the ... involves you in no obligation

meedenken help to think, think along [with]; *als jullie mee kunnen denken* if you could help to find a solution (join in the deliberation, planning, etc)

meedoen join [in a game, etc; who'll join (in)?], take part [in a performance], take a hand [in an election, etc], compete [in a match, race]; *(aan het maatschappelijk leven, enz)* be in the swim, 'play up'; *best kunnen* ~ be one of the lads; *(gaan) ~, (zingen, enz)* join in; *(aan examen voor een beurs)* go in (enter) for a scholarship (exam); *niet ~, (aan oorlog, enz)* keep out [of the war, of the election]; *ben je van plan mee te doen?, (solliciteren)* do you mean to stand?; *zonder geld kun je niet* ~ without money you're out of it; *hij kan ~, als het erop aankomt* he can keep his end up, if it comes to that; *hij kon niet meer* ~ he was out of the running; *ik doe (graag) mee* I will join in, I'm game, I'm on; *hij heeft ook meegedaan* he has been in it as well; *doe mee* take a hand, join us [in the game]; *ik doe graag mee aan elk spel* I like to have a turn at ...; *daar doe ik niet aan mee* I won't take part (be in on that), count me out!

meedogend compassionate

meedogendheid compassion

meedogenloos pitiless, merciless, relentless, ruthless, *(fam)* dog-eat-dog [competition, mentality]

meedraaien 1 rotate (*met* with); **2** work (with others); *ik draai hier al jaren mee* I've worked here for ages

meedragen carry (about, along); *als een last met zich* ~ be bowed down by

meedrinken drink with others; *drink je mee?* will you join me [in a drink]?

mee-erven be joint heir(ess), come in for a share

mee-eten stay (for) dinner

mee-eter fellow diner; *(in huid)* blackhead, whitehead, comedo

meegaan 1 accompany a p., go (come) with a p., come along [with a p.]; *ga je mee?* will you come (come too)?, (are you) coming?; *iem, die meegaat?* [I'm going to ...] anyone coming?; *zij zou niet meegegaan zijn als ik niet meegegaan was* she would not have come if I hadn't gone; *met zijn tijd* ~ move (keep up) with the times; *hij gaat (geheel) met zijn partij* ~ he goes (all the way) with his party; *met een voorstel* ~ fall in with a proposal; *met dat voorstel kan ik niet* ~ I cannot agree (subscribe) to that proposal; *ik ga met u mee, a)* I'll accompany you; *b)* I agree (I am) with you; *c) (spel)* I am your partner; *laat mij* ~ let me come (with you); ~ *tot de deur* see [a visitor] as far as the door; **2** *(bruikbaar blijven)* last [another year]; *lang* ~ wear well; **3** *zie* meelopen 3

meegaand accommodating, yielding, pliable, pliant, complaisant; *(te ~)* compliant

meegaandheid complaisance, pliability, pliancy; *(te groot)* compliance

meegeven I *tr* give, send along with; provide with [food for the journey]; *(in huwelijk)* give as a dowry; **II** *intr* yield, give (way) [the bar gave, gave way a little]; *een stenen vloer geeft niet mee* there is no give in a stone floor; *zij gaf niets mee, (bij het optillen)* she was a dead lift

meegevoel fellow feeling, sympathy; *met* ~ sympathetic(ally); *zonder* ~ unsympathetic(ally)

meehebben: *we hadden de wind (de stroom) mee* we had the wind (the stream) with us; *je hebt je jeugd mee* you've got youth on your side

meehelpen assist [*met iets* in s.t.], help [a p. with the luggage], lend a hand, make o.s. useful, [I had to] help out [at home]

meehelp(st)er assistant

meehobbelen tag along

meehuilen weep for company

meekomen come along [with a p.]; *kom mee naar binnen!* come along in!; *hij kan (wat mij betreft)* ~ I don't object to his coming; *zie ook* meekunnen 1

---

1 zie ook de sam met *mede-*

meekrap madder
meekrijgen 1 get [people] on one's side, win over; *(ten huwelijk)* receive for one's portion, [what will she] get[?]; *ik kon hem niet ~* I could not persuade him to come; *hij kreeg de vergadering (zijn collega's, de Kamer) mee* he carried the meeting (his colleagues, the Chamber) with him; **2** get; *kan ik de kaarten direct ~?* can I take the tickets with me (straight away)?; *hij heeft niet veel meegekregen* he has always been rather limited (in his abilities), he was never very gifted; *heb je dat meegekregen?* did you get that?
meekunnen 1 be able to follow (to keep up with one's class, to keep abreast of one's studies, to come along); **2** *(bruikbaar zijn)* last [another year]; *lang ~* wear well
meel 1 *(gemalen granen, ongebuild)* meal; *(gebuild)* flour; **2** [bone, fish, etc] meal; *zie de sam*
meelachen join in the laugh(ter), laugh too
meelachtig mealy, floury, farinaceous
meelbes whitebeam
meeldauw mildew, blight
meeldraad stamen
meelfabriek flour mill
meeligger *(mar)* vessel on the same course, companion vessel, consort
meelij- *zie* medelijden-
meelokken coax along, entice away, cajole [into accompanying him], *(met kwade bedoelingen)* lure (away)
meelopen 1 accompany (follow) a p.; take part (in a race, etc); *ik heb al 30 jaar meegelopen* I have been in harness for thirty years; *vgl* meedraaien 2; **2** follow, hang on; **3** fall out well; *het loopt hem altijd mee, alles loopt hem mee* his luck is never out, he is always in luck; *als het hem meeloopt* if he has luck, with luck (on his side) [he can do it]; *het is mij meegelopen* I have had a run of (good) luck, *(fam)* I've struck lucky; *zie ook* gelukkig
meeloper 1 hanger-on, *(pol)* fellow-traveller; **2** *~(tje), zie* meevaller
meelpap gruel
meelspijs starchy (*inz med:* farinaceous) food
meeltor meal-beetle
meeltrog kneading trough
meeluisteren listen in [on the phone]; *(controle, enz)* monitor [a transmission, conversation]
meelworm mealworm
meemaken witness; *veel ~* go through a great deal [he has been through so many things]; *hij heeft de oorlog meegemaakt* he has been in the war; *men moet het ~ om het te geloven* it has to be experienced to be believed; *ik heb nooit meegemaakt dat de bus zo langzaam ging* I've never known the bus (to) go so slowly
meeneemprijs cash-and-carry price

---

zie ook de sam met *mede-*

meeneemrestaurant takeaway; *(Am)* takeout, carry-out
meenemen take along with one, take [one's umbrella, etc; I cannot take you]; *(laten meerijden)* give a lift; *(begrijpen)* take on board, gather; *~ uit wandelen* take [a p. (for, on) long] walks; *neem mij mee* take me with you, let me come; *... om mee te nemen* [hamburgers] to take away, [meals] to take out, takeaway [meals]; *hij werd meegenomen in een politieauto* he was taken away in a ...; *een goede opinie van iets (iem) ~* leave with a favourable impression of s.t. (a p.); *dat is (alvast, mooi) meegenomen* that is a good start (so much to the good); *mooi meegenomen, (ook)* an unexpected (added) bonus; *iets (gelijk, even) ~* take s.t. in one's stride, do a thing while one is about it; *vgl* meepikken; *een artikel ~, (krant)* print an article; *van die lessen zullen zij niet veel ~* they will not profit much by ...
meenemer *(techn)* carrier, [lathe] dog
meent common (land)
meepakken snap up [a bargain]
meepikken 1 take in [a movie (the museum) while we're there]; *zie ook* graan; **2** understand, gather
meepraten join (take part) in the conversation; *(mogen ~)* have a say in the matter; *(ook wat zeggen)* put in a word, *(fam)* put (shove, stick) in one's oar; *daar kan ik van ~* I know something (a thing or two) about that; *met iemand ~* play up to a person
meeprofiteren profit too, get one's share
[1]**meer** *zn* lake; *(Sch)* loch; *(Ir)* lough; *het Meer van Genève (Galilea, het Garda~)* Lake Geneva (the Sea of Galilee, Lake Garda)
[2]**meer I** *onbep telw* more; *~ loon* higher pay; *steeds ~ geld* more and more money; £3 *of meer* £3 or over; *~ kan ik niet zeggen (beloven, enz)* I can't say fairer than that; *wie nog ~?* who else?; *~ **dan**, (ook)* over [for over 300 years], upward(s) of [half an hour]; *niet ~ dan 10* no more than ten; *40 ton ~ dan de vorige week* 40 tons up on (more than) the previous week; *een man ~ **hebben**, (sp)* have a man over; *het had ~ van een bevel* it was more in the nature of a command; *zie ook* hebben: ~ van; *hiervan **later** ~* of this more later on; ***niemand** ~ dan 50 euro?, (op veiling)* any advance on fifty euros?; ***onder** ~* among other things (*personen:* others), inter alia; ***steeds** ~* more and more; *roeien, zwemmen, en zo ~ ...* ... and the like, and all that, and (such) things; ***zonder** ~* simply [he simply turned away]; *(zo maar) zonder ~* without more ado; [this statement cannot be allowed to pass] without comment; without due consideration; *feiten zonder ~* plain facts; **II** *bw* **1** *(in hogere mate)* more; *~ dan erg* too bad for words; *dat is niet ~ dan billijk (dan mijn plicht)* that is only fair (no more than my duty); *niets ~ of **minder** dan* nothing (*of:* neither) more nor less than; *niets ~ en niets minder* neither more nor less; *2 euro per pond ~ of minder ..., (ook)* 2 euros a pound one way or another [makes little difference]; *~ of minder vaag*

vague in varying degrees (in a greater or less(er) degree); *een gevaar te* ~ [every hour he stays here is] an added danger; *een aanwijzing te* ~ another indication; *vgl* temeer; **2** *(veeleer)* rather; ~ *gierig dan zuinig* stingy rather than economical; **3** *(bovendien)* else, besides; *wat er* ~ *wordt voortgebracht ...* what is produced over and above this (in excess of this) ...; *wat wil je* ~*?* what more do you want?; **4** *(vaker)* oftener; *steeds* ~ more and more; *dat **doet** hij* ~ *(is een hebbelijkheid van hem)* he does so frequently; *ik heb het* ~ *gedaan* I've done it before; ***wel*** ~ [such criticisms have been heard] before now; *ik hoop u* ~ *te **zien*** I hope to see more of you; **5** *(verder)* more, further, any longer; *hij is **geen** kind* ~ he is no longer a child; *geen woord* ~*!* not another word!; *hij heeft geen geld* ~ he has no (not any) money left; *er zit geen inkt* ~ *in mijn pen* there is no more ink in my pen; *we hebben geen aardappelen* ~*, (ook)* we're out of potatoes; *hij zal **niet** lang* ~ *blijven* he won't stay much longer; *ik dans niet* ~ I have given up dancing; *de guinea bestaat niet* ~ the ... no longer exists; *niet (zo) jong* ~ [she is] not young any more (any longer), not so young as she used to be (as she was), getting on a bit; *het is er nu niet* ~ it is not there now; *er is **niets*** ~ there is nothing left; *zie* [2]des, hoe, bieden, maken, nog, smaken, [1]wat II, enz

ME'er member of the riot police

meeraderig multi-core [cable]

meerboei mooring buoy

meercellig multicellular

meerdaags [congress, journey] lasting several days

meerder greater, superior, more

meerdere superior; *(mil)* [his] superior officer; *mijn* ~*n* my superiors, my betters; *hij moest zijn* ~ *erkennen in Jim* he had to acknowledge Jim's superiority; *wat zal ik met het* ~ *doen?* what shall I do with the surplus?; ~ *voorbeelden* several examples

meerderen *ww* increase, multiply; *(bij het breien)* increase; *twee steken* ~ make two (stitches); *zeil* ~ make sail

meerderheid *(merendeel)* majority [elected by a majority of 40 votes], plurality; *(in bekwaamheid, enz)* superiority; *een* ~ *behalen* secure a majority; *een* ~ *van 2 tegen 1* a 2 to 1 majority; *in de* ~ *zijn* be in the (a) majority; *de motie werd **met** grote (geringe)* ~ *(een* ~ *van 22) aangenomen* was carried by a large (narrow) majority (a majority of 22); *zie* volstrekt, enz

meerderheids- majority [decision, party, rule, shareholder, support, verdict]

meerderheidsbelang controlling interest

meerderjarig [be] of age; ~ *worden* come of age, attain one's majority; *bij zijn* ~ *worden* on his coming of age; ~*e* major, person of full age, *(jur)* adult

meerderjarigheid majority, full age; *seksuele* ~*, (jur)* age of consent

meerderjarigverklaring (letter of) emancipation

meerekenen include (in the reckoning), count (in) [counting R there were six in all]; *reken mij maar niet mee* count me out; *we hebben vijf vingers als we de duim* ~ if we count in the thumb; *emballage meegerekend* packing included; *niet meegerekend* exclusive of [packing]

meergemeld, meergenoemd above-named, beforementioned, mentioned higher up

meergevorderd more advanced

meerhokkig polycarpous

meerijden drive (ride) along with a p.; *(ongevraagd, boven-, buitenop)* steal a ride, joyride, *(op trein, enz)* surf; *iem laten* ~ give a p. a lift

meerjarenplan long-term plan

meerjarig: ~ *contract* contract for more than one year, long-term contract

meerkat long-tailed monkey

meerkeuzetoets multiple-choice test

meerkoet coot

meerkol jay

meerkosten extra (additional, surplus) charges (costs)

meerledig compound; complex

meerlettergrepig polysyllabic

meerling multiple birth

meerltje *(her)* martlet

meermaals, meermalen more than once, frequently

meerman merman

meermanskaart *(vglb)* group ticket

meermin mermaid

meeroken passive smoking

meeropbrengst: *de wet der verminderende* ~*en* the law of diminishing returns

meerpaal mooring-post, bollard

meerpartijenstelsel multi-party system

meerprijs extra charge (cost), surcharge, supplement

meerschuim(en) meerschaum [pipe]

meerslachtig *(gramm)* having more than one gender

meerslag *(dammen)* multiple take

meerstemmig *(muz)* arranged for several voices *(of:* parts); polyphonic; ~ *gezang, a)* part-singing; *b) (*~ *lied)* part-song; ~ *zingen* sing in parts

meerstemmigheid polyphony

meertalig polyglot, multilingual

meertouw mooring-rope, mooring-cable; ~*en* moorings

meertrapsraket multi-stage rocket

meerval wels, sheatfish; ~*(achtige)* catfish

meervoud plural [ending, formation, suffix]; *in het* ~ *zetten* pluralize

meervoudig plural [noun]; multiple [births, correlation, injuries]; ~*e kamer, (jur)* full court; ~ *kiesrecht* plural vote (voting); ~ *onverzadigd* polyunsaturated [fatty acid]

meervoudsvorm plural (form)

meerwaarde surplus value, added value, margin

meerwaardigheid [a sense of] superiority

---

zie ook de sam met *mede-*

meerzijdig multilateral
mees tit; *zwarte ~* coal tit
meeslepen drag along (with one); carry along [the story carries the reader along; he carried his audience with him]; *(v water, enz)* carry (sweep) [everything] before it [he was carried (swept) out to sea by the tide]; *zijn onderwerp begon hem mee te slepen* he warmed to his subject; *meegesleept door de algemene geestdrift* carried away (swept off one's feet) by the general enthusiasm; *zij werden in zijn ondergang meegesleept* they were involved in his ruin, dragged down in his fall; *zie ook* beheersen: zich laten ~; *~d* gripping [story]; enchanting [music]
meesleuren *zie* meeslepen
meesmuilen laugh scornfully (derisively); *~d* with a wry smile
meespelen take part (join) in a game, join in; *(ve acteur)* play; *(een rol spelen)* play a part [in the negotiations]; *het spel ~* play the (another p.'s) game
meespreken *zie* meepraten; *mag ik ook een woordje ~?* may I put in a word?; *ik wil hierin ook een woordje ~* I want to have my say in this matter
meest most; *(meestal)* mostly; ***op** zijn ~* at (the) most, at the outside; *de ~ zuidelijke haven* the southernmost port; *het ~ gelezen dagblad* the most widely read newspaper; *de ~e mannen* most men; *bij de ~e kranten* in the majority of papers; *het ~e lawaai maken* make most noise; *wat ik het ~ nodig heb* what I want most; *de ~en van ons* most of us; *de ~e van onze landbouwers zijn pachters* most of our farmers are tenants; *het ~e ervan* most of it; *ik houd van deze het ~* I like this one best; *de ~ gehate (gehekelde) man, (fam) (ook)* the best hated (abused) man
meestal mostly, usually, more often than not
meestbegunstigingsclausule most-favoured-nation clause
meestbiedende highest bidder
meestemmen vote (with others)
meestendeels *zie* merendeels
meestentijds most times, mostly
meester master (*ook van gilde:* master craftsman); *(fig) (ook)* adept [in an art]; *(spoorw)* (engine) driver; *(mar)* first engineer; *~ kleermaker, enz* master tailor, etc; *de Meester, (bijb)* the Master; *hij is ~ in de rechten* he has a degree in Law; *oude ~s* old masters; *zijn **eigen** ~ zijn* be one's own master; *zich ~ **maken** van* seize [power, the King's person, control], take possession of, possess o.s. of, secure, get hold of; *zijn ~ **vinden** (in iem)* meet one's master (in a p.); *~ **worden*** master [a subject, one's fears], get [a fire] under (control); ***zichzelf** weer (volkomen) ~ worden* get (full) control of o.s. again; *hij is zichzelf geen (niet) ~* he cannot control (restrain) himself; *zichzelf volkomen ~ zijn* have a firm grip of o.s.; *vele talen, enz ~ **zijn*** have a thorough command of many languages (of English); *hij was de machine niet meer ~* he had lost control of the engine; *de stad ~ zijn* be in possession of the town [*(ook)* they are masters of the town]; *de toestand ~ zijn* be master (mistress) of the situation; *men is de toestand (de brand) ~* the situation is well in hand (the fire is under control); *ze was haar ontroering ~* she had got the better of her emotion; *(volkomen) ~ zijn in de lucht* have (complete) control of the air
meesterachtig magisterial; *(bazig)* masterful, imperious
meesterbrein mastermind [behind the robbery]
meesteres mistress
meesterhand master('s) hand
meesterklasse master class
meesterknecht foreman, working overseer; *(fam)* gaffer
meesterlijk I *bn* masterly; *~e zet* master stroke; **II** *bw* with consummate skill
meesterschap 1 mastership; mastery [his mastery of the language]; *het ~ ter zee* the command (control) of the sea; *zijn ~ over zijn kunst, (ook)* his grasp of his art; **2** *(kampioenschap) zie aldaar*
meesterstuk masterpiece
meesterteken maker's mark
meestertitel master's title
meesterwerk masterpiece
meesterzanger mastersinger
meesterzet masterstroke
meestmogelijk as much (as many) as possible, the greatest possible
meestrijden join in the fight
meesttijds most times, mostly
meet 1 starting line (*of:* point); *van ~ af (aan)* from the beginning (the outset); *weer van ~ af beginnen* start afresh; **2** *(inz Z-Ned)* finishing line
meetapparatuur measuring equipment
meetbaar measurable; *(wisk)* rational [number]
meetband tape measure, measuring tape
meetbereik measuring range
meetbrief *(mar)* certificate of registry
meetellen *zie* meerekenen; *dat (hij) telt niet mee* that (he does) not count, counts for nothing; *niet meer ~, (ook)* drop out of the race (the picture)
meet-en-regeltechniek cybernetics
meetfout measuring fault (error)
meetgeld metage
meeting (mass) meeting
meetinstrument measuring instrument
meetkast *(telec)* fault-finding apparatus, lineman's fault-finder
meetketting surveyor's (*of:* measuring) chain
meetkunde geometry
meetkundig geometric [mean *gemiddelde*, progression *reeks*, pattern], geometrical; *~e plaats* locus
meetkundige 1 geometrician; **2** surveyor
meetlat bench rule, measuring staff; *~je* rule
meetlijn measuring line
meetlint tape measure, measuring tape

---

zie ook de sam met *mede-*

meetlood plummet
meetrekken 1 pull too; **2** drag along
meetronen coax along, cajole [into accompanying him], *(met kwade bedoelingen)* lure (away)
meetsnoer measuring line
meetstok measuring staff
meettafeltje plane (*of:* surveyor's) table
meetwaarde measured value
meeuw (sea)gull, sea mew; *~tje, (duif)* turbit; *(visdiefje)* tern
meevallen exceed one's expectations; *dat zal je ~* you'll be agreeably surprised; *het valt nog ~* it might have been worse; *het viel niet mee hem te vangen* he took some catching; *het zal u niet ~ (het te doen)* it is more difficult than you suppose, you'll have your work cut out, you won't find it easy going; *het valt niet mee om 12 uur per dag te werken* it's no picnic working ...; *bij (nadere) kennismaking valt hij mee* he improves (up)on (further) acquaintance
meevaller piece (bit) of good luck, stroke of unexpected luck, godsend, windfall, pleasant surprise, *(fam)* turn-up
meevechten join in the fight
meevieren join in the celebration of
meevoelen: *met iem ~* feel (sympathize) with a p.; *we voelen met hem mee, (ook)* our sympathies go out to him [in his loss]; *zij voelde zo met iem mee* she was so sympathetic; *ik kan met je ~* I can feel for you
meevoeren carry (sweep) away [the flood carried (swept) away trees, etc], carry along (off), bring away (off); *zie ook* meeslepen
meewarig compassionate; pitying(ly)
meewarigheid compassion, pity
meewerken co-operate [in a scheme], assist [in a settlement], contribute [*tot* to(wards)]; *(bij lit werk, enz)* collaborate [in ...]; *de tijd werkt mee (voor ons)* time is on our side; *alles werkte mee om het feest te doen slagen* all things combined (conspired) to make the party a success
meewerkend co-operating; *~ voorwerp* indirect object
meewind *(luchtv)* tail (*of:* following) wind
meezenden send along with a p. (*of:* s.t.)
meezingen sing [in the choir]; *(met zanger)* singalong; *de menigte begon het lied mee te zingen* the crowd took up the song, joined in (the song)
meezinger *(lied)* singalong (chorus, song)
meezitten be favourable; *als alles meezit* if all goes well
meezoeken join in the search
Mefisto(feles) Mephisto(pheles)
mefistofelisch Mephistophelean, -lian
mega- mega- (10^6)
megabioscoop multiplex
megafoon megaphone, loud hailer
megahertz megacycles (per second), mc/s, MCPS

---

zie ook de sam met *mede-*

megaliet megalith
megalithisch megalithic
megalomaan megalomaniac
megalomanie megalomania
megaster megastar
megaton megaton
megawatt megawatt
mei May; *de ~ van het leven* the springtime of life
meiboom maypole
meiboter spring butter
meid 1 *(meisje)* girl, lass; *wilde ~* tomboy; *een aardige ~* a jolly girl; *nee, ~!* no, old girl!, no, (old) dear!; *doe het, dan ben je een beste ~* do it, there's a good girl; *je bent al een hele ~* you're quite a girl (woman); **2** *(dienstbode)* (maid)servant, maid, girl; *~ alleen* maid-of-all-work; *tweede ~* parlourmaid
meidengroep 1 women's discussion group; **2** female band
meid-huishoudster cook-housekeeper
meidoorn hawthorn, may tree
meier 1 farmer; **2** sheriff, bailiff; **3** *(sl)* hundred-guilder note
meieren go on [about s.t.]
meierij jurisdiction of a sheriff, shrievalty, bailiwick
meifeest May Day festivities; maying
meikers early cherry
meikever cockchafer, May bug
meikoningin May queen
meimaand month of May
meinedig perjured, forsworn
meinedige perjurer
meinedigheid perjury
meineed perjury; *een ~ doen* commit perjury, perjure (forswear) o.s.
meisje girl *(ook dienst~)*, lass; *(verloofde)* fiancée; *(fam)* sweetheart, [my, his] young lady (woman); *~ van plezier* lady of pleasure; *zie ook* meid
meisjesachtig girl-like, girlish
meisjesgek boy (man) who is mad about girls
meisjeshand girl's hand(writing)
meisjesjaren girlhood
meisjeskleren girl's (girls') clothes
meisjesnaam 1 girl's name; **2** *(ve getrouwde vrouw)* maiden name; *haar ~ weer aannemen* change back to one's maiden name
meisjesschool girls' school
meisjesstem girl's voice
meisjesstudent girl (*of:* woman) student, *(Am, ook)* co-ed
Meissener: *~ porselein* Dresden china
meiviering May Day celebration(s)
meizoentje daisy
mejuffrouw *(zonder naam)* Madam; *(met naam, ongetrouwd)* Miss; *(met naam, getrouwd)* Mrs; *(met naam, onbestemd)* Ms
mekaar *zie* elkaar
Mekka Mecca [pilgrim *-ganger*]
mekkeren 1 bleat; **2** *(klagen)* whine, *(Br)* whinge; *(inz*

sp) bleat; ~ *over* keep on (go on and on) about
melaatsheid, enz *zie* lepra, enz
melancholicus melancholic, hypochondriac
melancholie melancholy, depression (of spirits)
melancholiek melancholy
Melanesië Melanesia
Melanesiër, Melanesisch Melanesian
melange blend, mixture, mélange
melaniet melanite
melanoom melanoma
melasse molasses
melati *(plant)* zambak
melde *(plant)* orache, *(Am)* orach
melden mention, state, report [ten deaths are reported], announce; *zie ook* berichten; *iem iets* ~ inform a p. of s.t. [notify the police of a crime]; *hij meldde mij, dat* ... he informed me that ...; *niets te* ~ *hebben* have nothing (interesting) to say; *zich* ~ report (o.s.); *zich* ~ *bij* report to [the police, etc]; *zich* ~ *(op zijn werk)* report for duty; *zich ziek* ~, *(mil, enz)* report sick; *vele gevallen worden gemeld* many cases [of smallpox, etc] are reported
meldenswaard worth mentioning
melder 1 *(toestel)* [fire] alarm, [smoke] detector; *vgl de sam;* **2** informant, notifier
melding 1 mention; ~ *maken van* mention, make mention of, refer to, make reference to; *er werd* ~ *gemaakt van* ..., *(ook)* there was mention of ...; **2** *(aangifte)* report
meldkamer *(v politie)* incident(s) room
mêlee mêlée
mêleren blend [tobaccos], mix [a mixed company], shuffle [cards]
melganzenvoet *(plant)* fat hen
melig 1 mealy; *(ve aardappel ook)* floury; *(ve peer ook)* woolly; **2** *(fam)* corny, dull, feeble
melioratie melioration
melis 1 loaf sugar; **2** *(sl: bek)* trap; **3** *(plant)* balm (mint)
melisme melisma
melisse *(plant)* balm (mint)
melk milk [bar, bottle, bread, chocolate, porridge, powder, product]; *er uitzien als* ~ *en bloed* have a healthy colour; *hij heeft veel (weinig) in de* ~ *te brokk(el)en* he has a lot of (hasn't much) clout; *zie ook* overvloeien
melkachtig milky
melkauto milk van, milk float
melkbezorger milk roundsman
melkbocht milking yard
melkboer milkman
melkbus milk churn
melkdistel sow thistle
melkemmer milk(ing) pail
melken 1 milk (*ook fig:* a p.); **2** *(bilj)* nurse (the balls); **3** *(sl)* whine
melkeppe milk parsley
melker milker
melkerij 1 dairy farm(ing); **2** *(melkhuis)* dairy, (milking) parlour; **3** *(Z-Ned)* dairy factory
melkfabriek dairy factory
melkgebit milk (*of:* deciduous) teeth
melkgeit milk (milch) goat
melkgevend milk yielding (giving), [she-ass] in milk; ~*e koe, zie* melkkoe
melkglas milk glass, opal glass
melkinrichting dairy (shop)
melkkalf sucking calf
melkkan(netje) milk jug; *zie ook* melkbus
melkklier lacteal gland
melkkoe milch cow, milking (*of:* dairy) cow, [good, bad] milker; *(fig:* ~*tje)* cash cow; [treat a p. as a] milch cow; *(sl)* gravy train
melkkoker *(vglb)* milk pan
melkkoorts milk fever, lacteal fever
melkkruid sea milkwort
melkleider milk duct
melklijst milk record
melkloop milk round
melkmachine milking machine
melkmeid, melkmeisje milkmaid, dairy maid
melkmeter lactometer
melkmuil greenhorn, raw youth
melkopbrengst milk yield
melksalon milk bar
melksap milky juice; *(wtsch, plantk)* latex; *(in maag)* chyle
melkslijter milk retailer
melkstoeltje milking stool
melksuiker milk sugar, lactose
melktand milk (*of:* deciduous) tooth
melktijd milking time
melkvee dairy cattle
melkwagen milk float
melkweg Milky Way, Galaxy
melkweger lactometer
melkwegstelsel galaxy
melkwei whey
melkwinkel dairy (shop)
melkwit milky white
melkzuur lactic acid
melkzwavel milk of sulphur
melodie melody, tune, air; *op de* ~ *van* to the tune of
melodieus, melodisch melodious, tuneful
melodrama melodrama
melodramatisch melodramatic (*bw:* -ally); ~*e kost, (sl)* sob-stuff
meloen melon
meloenboompje wintersweet
meloencactus melocactus, melon cactus
melomaan melomaniac
melomanie melomania
membraan membrane; *(ve luidspreker, enz)* diaphragm
memento memento; ~ *mori* memento mori
memoires memoirs

memorabel memorable
memorandum memorandum (*mv:* -da, -dums), *(fam)* memo
memoreren 1 recall to memory; **2** mention, make mention of, note, draw attention to
memoriaal memorandum book; diary
memorie 1 *(geheugen)* memory; *hij is kort van ~* he has a short memory; *pro ~* pro memoria; **2** *(geschrift)* memorial; *~ van antwoord* memorandum in reply; *~ van toelichting* explanatory memorandum (*of:* statement)
memoriseren commit to memory, learn (off) by heart, memorize
men *(dikwijls vertaald door middel van de lijdende vorm; verder:* people, they, we, you, one, a man*):* **1** *(algemeen: de mensen)* one, people, they; *~ zegt* it is said, people say, they say; *~ vroeg zich af wat ...* people wondered what ...; *~ wordt* ***verzocht*** *de voorwerpen niet aan te raken* visitors (the public) are requested not to touch the exhibits; *wat zal ~ ervan* ***zeggen?*** what will people say?; *ik doe het wat ~ er ook van zegt* I'll ... in spite of anything people may say; **2** *(een of meer ongenoemden: ze)* they; *naar ~ zegt* it is said, (as) they say; *~ zegt, dat hij ...* he is said (reported) to ...; *~ hoopt (vreest) dat ...* it is hoped (feared) that ...; *~ heeft mij gezegd* I have been told; *~ is van plan te ...* it is intended to ...; **3** *(zij die denken zoals de spreker: ik, wij, je)* one, you, we, a man; *zo iets zegt ~ niet* such things are not said; *zie ook* doen 1; *~ zou het haast geloven* one would almost believe it; *de dood is iets wat ~ moet aanvaarden* death is something a man has (we have) to accept; *~ kan het niet iedereen naar de zin maken* you (one) cannot please everybody; *~ kan hen niet laten verhongeren* they cannot be allowed to starve
menage *(mil)* mess, messing
menageren spare, be lenient to; *zich ~* take care of o.s.; *zie ook* sparen
menagerie menagerie
menarche menarche
mendelen be inherited according to Mendel's laws
mendelisme Mendelism
meneer *(heer)* gentleman; *(fijne heer, sl)* toff; *(heer des huizes)* master; *(met naam)* Mr; *(aanspr zonder naam)* Sir; *~ Dinges* Mr So-and-So; *~ pastoor* the (local) priest (*aanspr:* Sir); *~ de voorzitter* Mr Chairman; *mijn (uw) ~, (ve bediende)* my (your) master; *is ~ thuis?* is Mr X in?; *had ~ nog koffie gewenst?* did you want more coffee, Sir?; *~, mag ik nu gaan?* please, Sir, may I go now?; *en wat doet ~?, (iron)* and what does his lordship do?; *iem met ~ aanspreken* address a p. as sir, sir (*of:* mister) a p.; *een hele ~* quite somebody; *de krant is een ~* papers are made by people
menen 1 *(bedoelen)* mean; *ik meen het* I am in earnest, I mean it (*zo (ook)* every word he said was meant), I am quite serious; *je méént het!, dat meen je niet!* you're not serious!; ***hoe*** *meent u dat?* what do you mean?; *wat meent u daarmee?* what do you mean by it?; *hij meent het* ***goed*** he means well [*met ons* by us]; *het was goed gemeend* it was well meant (meant for the best); *zij ~ het goed met ons, (ook)* they have our welfare at heart; *een dame, die het goed meende* a well-intentioned (well-meaning) lady; *iem, die het goed met u meent* a well-wisher [every well-wisher of the country]; *het was niet* ***kwaad*** *gemeend* no offence was meant, I (he) meant no harm; *hij meent het niet kwaad (met u)* he means (you) no harm; **2** *(van plan zijn)* mean, intend; **3** *(denken)* think, fancy, suppose; *dat* ***zou*** *ik ~!* I should think so!; *ik meende het u gezegd te hebben* I thought I had told you; *hij meent te zien ...* he thinks he sees ...; *soms meen ik zijn stem te horen* at times I seem to hear ...
menens: *het is ~* it is serious (*fam:* for real); *(bij gevecht, woordenstrijd, enz) (ook)* the gloves are off; *het wordt ~* it is getting serious; *het is me ~, zie* menen: ik meen het
meneren *zie* meneer: met ~ aanspreken
mengbaar mixable, miscible
mengbaarheid mixability
mengbeker mixer, blender
mengeldichten miscellaneous poems
mengelen mingle, mix
mengeling mingling, mixture
mengelmoes medley, jumble, mishmash, hodgepodge, hotchpotch
mengelwerk miscellany
mengen mix, mingle; blend [tea, coffee]; alloy [metals]; *(aanlengen)* dilute, qualify; *olie en water laten zich niet ~* oil and water do not mix (together); ***zich ~ in*** meddle with [other people's affairs], get (o.s.) mixed up in [politics], interfere in [a quarrel, a p.'s affairs], join in [the conversation]; *zich ongevraagd (brutaal, enz) in iets ~* butt in; barge in [(up)on the discussions]; *zich in alles ~* poke one's nose into everything; *zich onder de menigte ~* mingle (mix) with the crowd; *zijn naam is erin gemengd* he is mixed up in it
menging mixing, mixture, blending; *zie ook* mengsel
mengingssom alligation sum
mengkraan mixer tap, mix valve, *(Am)* mixing faucet
mengmest slurry
mengpaneel mixing unit, mixer
mengsel mixture; blend [of teas]; compound
mengsmering petroil lubrication
mengtaal mixed language
mengtafel mixing console, mixer
mengverhouding mixing ratio
mengvoer mash
mengvorm hybrid
menhir menhir
menie red lead, minium
meniën (paint with) red lead
menig many (a); *~ ander* many another; *~ jaar* many a year; *in ~ opzicht* in many ways

menigeen many a man, many a one
menigerhande, menigerlei manifold, of many kinds, various
menigmaal many a time, often, frequently
menigte crowd, multitude, host, throng, great number; *in* ~ in abundance, plentifully; *zie ook* hoop 1; *psychologie van de* ~ crowd (*of* mass) psychology
menigvuldig I *bn* manifold, frequent, abundant; II *bw* abundantly, frequently, often
menigvuldigheid multiplicity, abundance, frequency
menigwerf *zie* menigmaal
mening opinion, view [on, of *over*], idea [about, on *over*]; *de ~en verschillen* opinions differ; *de openbare* ~ public opinion; *ik geef mijn ~ voor beter* I speak under correction; *zijn* ~ ***zeggen*** say (give, offer) one's opinion [*over* of, on]; *(uitkomen voor zijn ~)* speak one's mind (freely); *hij **hield** er een eigen* ~ ***op na*** he held views of his own; ***bij** zijn ~ blijven* hold (stick) to one's opinion; *handelen **in** de ~ dat* act in the belief that …; *in de ~ verkeren dat* be under the impression that; ***naar (volgens)** mijn* ~ in my opinion [*zo (ook)* in the general opinion of the House], to my mind, to my (way of) thinking; *zie ook* bescheiden; *wij verschillen **van*** ~ we hold different views; *van een andere ~ zijn dan* differ (in opinion) from, be of a different opinion from; *van ~ zijn dat* be of (the) opinion that, hold the view that; *men is van ~ dat* it is held that; *zij waren van ~ dat …* they felt that …; *zie ook* in de ~ verkeren, dat; *ik ben van uw* ~ I agree with you, I am with you; *van dezelfde ~ zijn* be of the same opinion (mind, way of thinking), hold the same view; *verschil van ~, zie* meningsverschil; *zie ook* veranderen, uitkomen, enz
meningitis (cerebrospinal) meningitis
meningsuiting expression of opinion; *vrije* ~ freedom of speech (and the press)
meningsverschil difference (divergence) of opinion, disagreement; *daaromtrent kan geen ~ bestaan* there can be no two opinions about it
meniscus meniscus (*mv:* -ci)
menist Mennonite [church]
menistenleugentje white lie
menistenstreek sly trick
mennen *tr & intr* drive
mennoniet Mennonite
menopauze menopause, change of life
mens man, human being, human; *~en* men, people; *(bezoek)* people, company, visitors; *zie ook* eten; *~je* diminutive person; ***het** ~!* the creature!; *ga weg, ~!* get out, woman!; *zo is **de*** ~ such is man; *de ~ is (alle ~en zijn) sterfelijk* man is (all men are) mortal; *de ~**en*** people; *veel ~en* many (a lot of) people; *bij ons (soort) ~en is dat geen gewoonte* it is not the custom with our kind of people; *zij begrijpt een* ~ she understands a man (a person, etc, *fam:* a fellow); *het doet een ~ goed te …* it does one good to …; *een mooie tijd om een ~ uit zijn bed te halen* a nice time to drag a person out of bed; *ik ben (ook) maar een* ~ I'm only human; *het is meer dan een ~ kan verdragen* it is more than flesh and blood can bear; ***als** ~ gesproken* humanly speaking; *het **arme*** ~ the poor soul; *arm ~!* poor thing; *wie is **dat** ~?* who is that person?; *dat ~ van het toneel* that actress person; *~, **erger** je niet, (spel)* ludo; ***geen*** ~ nobody, no one, [I did] not [see] a soul; *ik ben geen **half** ~ meer* I am knocked up (fagged out); *het is een **goed*** ~ she is a good soul; *daar **heb** ik mijn ~en voor* I've got my men (*iron:* menials, underlings) for that; *we **krijgen** ~en (te eten)* there are visitors coming (people coming to dinner); *een* ~ ***maken van*** make a man of; *(fam)* lick into shape; *gevangenen zijn **ook** ~en* prisoners are humans the same as anyone else; *het **oude*** ~ the old woman (*fam:* body); *de oude ~ afleggen* put off the old man, put on the new man; ~ ***worden*** become human; *(bijb)* take flesh; *de ~ geworden Zoon Gods* the Incarnate Son of God; *we **zien** weinig ~en, (bezoek)* we see few people; ***door** ~en gemaakt* man-made [laws]; *ik kom weinig **onder** de ~en* I do not see many people [she ought to go out and about more]; *het geld onder de ~en brengen* spend money freely; *zie ook* beschikken, inwendig, stuk, enz
mensa student restaurant (cafeteria), refectory
mensaap[1] ape, anthropoid (ape)
mensbeeld [the] concept of man [in Stuart drama]
mensdom: *het* ~ (hu)mankind, humanity
menselijk human [being, element, error, relations, standards]; humane [person, treatment]; *de ~e natuur* human nature; *~er maken* humanize
menselijkerwijs humanly [it is humanly impossible]; *~ gesproken* humanly speaking
menselijkheid humanity
mensenbloed human blood
menseneter man-eater, cannibal; *(in sprookje)* ogre
mensengedaante human shape (form)
mensengeslacht human race
mensenhaai man-eating shark
mensenhaat misanthropy, hatred of mankind
mensenhand: *niet door ~ gebouwd* not built by the hand of man; *door ~en bewegen, enz* manhandle [the piano up the stairs]
mensenhandel slave trade
mensenhart human heart
mensenhater misanthrope; hater of mankind
mensenheugenis: *bij (sinds)* ~ (with)in living memory (from time immemorial)
mensenjacht manhunt
mensenkenner [he was no] judge of people (human nature, human character)
mensenkennis knowledge of men, knowledge of (insight into) human character
mensenkind human being, [every] son of man (*mv:*

---

1 zie voor de sam met *mens-* ook *man-*

sons of men); ~*eren!* goodness gracious! [how wonderful, how terrible]
mensenleeftijd [it lasts a] lifetime
mensenleven human life, life of man, [heavy loss of] life (lives)
mensenliefde philanthropy, love of mankind
mensenmassa crowd, multitude, mass of people
mensenoffer human sacrifice
mensenpaar: *het eerste* ~ the first human couple
mensenplicht duty of man
mensenras human race; *een ander* ~ a different breed of men
mensenrechten human rights
mensenroof kidnapping
mensenrover kidnapper
mensenschuw (very) shy, unsociable
mensenschuwheid shyness, fear of company
mensenstem human voice
mensenverstand human understanding; *gezond* ~ sound common sense
mensenvlees human flesh
mensenvrees fear of people, anthropophobia
mensenvriend philanthropist
mensenwereld human world
mensenwerk work of man
mensenwijsheid human wisdom
Mensenzoon Son of Man
mensheid 1 human nature, humanity; **2** mankind *(de ~)*, humanity, human race
menskunde 1 human biology; **2** *zie* mensenkennis
menslievend humane, philanthropic (*bw:* -ally), charitable
menslievendheid humanity, philanthropy, charity
mensonterend, mensonwaardig unworthy of man, degrading
menstruatie menstruation
menstruatiecyclus menstrual cycle
menstrueel menstrual [bleeding]
menstrueren menstruate
mensuraal mensural [music, notation]
mensuratie mensuration
menswaardig worthy of a human being, decent [existence]; ~ *loon* living wage
menswetenschap social science
menswording 1 incarnation; **2** origin of man(kind), anthropogenesis
mentaal mental
mentaliteit mentality, mental outlook, state of mind; [change of] attitude
menthol menthol
mentor mentor
mentoraat 1 *(functie)* mentorship; **2** *(begeleiden)* mentoring
menu menu; *vis is van het* ~ fish is off (the menu)
menuet minuet
menugestuurd *(comp)* menu-driven [programmes]

---

zie voor de sam met *mens-* ook *man-*

menukaart menu (card)
mep slap, smack, wallop, sock [on the jaw], bang, clout [on the head]; *de volle* ~ the full amount
meppen slap (smack, sock, clout) [a p.], lam into [a p.], swat [a fly]
MER *zie* milieueffectrapportage
mer à boire hopeless (never-ending) task
mercantiel mercantile [system]
mercantilisme mercantilism
mercatorprojectie Mercator's projection
merceriseren mercerize
merci! thank you!, thanks!, *(fam)* ta!
Mercurius Mercury
mercuriusstaf caduceus
merel blackbird
meren moor [*aan* to]
merendeel: *het* ~ the greater part (number), the bulk, the majority [of people]
merendeels for the greater (the most) part; in the majority of cases
merengebied: *het* ~ the [Frisian] lakes
merg *(in been)* marrow; *(wtsch)* medulla; *(plantk)* pith, medulla; *(fig)* pith; *verlengde* ~ medulla oblongata; *de wind dringt door ~ en **been*** the ... cuts one to the marrow; *een conservatief in ~ en been* a conservative to the marrow (to the backbone), an out-and-out conservative; *Engels in ~ en been* English to the core (to the backbone)
mergel marl
mergelgroeve marlpit
mergelsteen marlite, marlstone
mergkool marrow-stem(med) kale
mergpijp marrowbone
mergpompoen vegetable marrow
mergstraal *(plantk)* medullary ray
meridiaan meridian [circle, altitude]
merinos merino (*mv:* -os)
merinosschaap merino
merinoswol merino wool
meristeem meristem
merite merit [judge a proposal on its merits]
meritocratie meritocracy
merk 1 *(merkteken)* mark; *(los merkje, enz)* tag; **2** *(soort)* brand [of cigars, spirits, perfume, chocolate, etc], sort, quality; *fijne ~en* choice brands; **3** *(fabrikaat)* make [of bicycle, car, etc]; **4** *(handels~)* trademark; **5** *(keur)* hallmark
merkartikel branded article (product, *mv ook:* goods), proprietary brand
merkbaar perceptible, noticeable, appreciable, marked [improvement]; *dit heeft de kans op oorlog ~ verminderd* this has appreciably diminished the risk of war
merkel 1 *(langsscheeps)* fore-and-after; **2** *(dwarsscheeps)* gutter ledge
merkelijk considerable, marked
merken 1 *(ve merk voorzien)* mark [goods, linen, etc]; *(met los merkje)* tag [bottles]; *(brand~)* brand;

2 *(bemerken)* perceive, notice, observe; *ik merk beslist vooruitgang* I see (feel) decided progress; *ik heb nooit gemerkt dat hij ...* I never noticed him [doing it], knew him [to go there, etc]; ~ ***aan*** [I could] tell by [the way you ...]; *hij liet ~ dat het hem niet beviel* he showed (intimated) that he did not like it; *u moet niets laten ~* don't let on, don't give yourself away; *hij liet niets ~* he made no sign; *hij liet haar niets ~ van zijn hachelijke positie* he gave her no inkling of his precarious position; *zonder het te ~* without [*zelfs maar:* even, so much as] noticing, [you could let me have £30] and never notice it
merkenbureau trademark office
merkenlijst list of marks
merkenwet patent and trade-mark law, *(Br)* Trade Descriptions Act (1968)
merkhouder trade-mark owner
merkijzer branding iron
merkinkt marking ink
merklap sampler
merkloos unbranded; *~ artikel, (ook)* generic brand
merknaam brand name; trade-mark
merkstift text marker
merkteken mark, sign, token
merkwaardig *(opmerkelijk)* remarkable, noteworthy; *(vreemd)* curious, odd, peculiar
merkwaardigerwijs oddly (strangely) enough
merkwaardigheid 1 remarkableness, curiosity, oddity, peculiarity; **2** *(concr)* curiosity; *de -heden van een plaats* the sights of a place
merlet *(her)* martlet
merlijn merlin
Merlijn Merlin
Merovinger, Merovingisch Merovingian
merrie mare
merrieveulen filly (foal)
mes knife; *~(je) (in houder, v machine, enz, ook)* blade; *(ve balans)* knife edge; *~sen, vorken, enz* cutlery; *het ~* ***snijdt*** *aan (van) twee kanten* it works both ways, kills two birds with one stone; *het ~ erin* ***zetten*** take drastic measures; *(ter bezuiniging)* apply the axe; *het ~ werd hem op de keel gezet, (fig)* the knife was put to his throat, a pistol was put to his head; *het ~ in de prijzen (de begroting) zetten* slash prices (the budget); ***onder*** *het ~* [the patient died] under the knife; *hij zit onder het ~, (fig)* he is under examination (being examined)
mesalliance mésalliance, misalliance
mesalliëren: *zich ~* marry beneath one
mescaline mescalin(e)
ME-schild riot shield
mesheft 1 knife handle; **2** *(dier)* razor-shell, razor-fish, *(Am)* razor clam
mesigit *(Ind)* masjid, mosque
mesjoche, mesjoege, mesjogge, mesjokke crazy, cracked, w(h)acky, crackpot [schemes]
mesmeriseren mesmerize
mesmerisme mesmerism
mesofauna meiofauna
meson meson
Mesopotamië Mesopotamia
Mesopotamiër, Mesopotamisch Mesopotamian
mesosfeer mesosphere
Mesozoïcum Mesozoic
mespunt 1 knifepoint; **2** *(in recept)* pinch
messchede knife case, knife sheath
messcherp razor-sharp (*ook fig:* criticism, wit)
messenaanzetter knife sharpener, table steel
messenbak knife box (tray)
messenlegger knife rest
messenmaker cutler
messenslijper knife grinder (sharpener)
messentrekkerij fighting with knives
Messiaans Messianic
Messias Messiah
messing 1 brass; **2** *(ve plank)* tongue [and groove joint]
messnede 1 knife cut; **2** knife-edge
messteek (knife-)stab, knife-thrust
mest dung, muck, manure; *(kunst~)* fertilizer; *(drijf~)* slurry
mestbeest *zie* mestdier
mestbelt dunghill
mestdier fatting animal; *~en, (ook)* fatting stock
mesten 1 *(grond)* dress, fertilize, muck, manure, *(met vloeimest)* dung; **2** *(dier)* fatten, feed up; *(gevogelte, ook)* cram; *zie ook* gemest
mester fattener
mesthok fatting-pen
mesthoop dunghill, midden, muckheap
mesties mestizo (*mv:* -zos, zoes; *vr:* -za)
mestkalf 1 fatting-calf; **2** fattened calf
mestkar dung cart
mestkever dung beetle
mestkuil dung pit
mestprobleem slurry problem
mestput dung pit
meststof manure; fertilizer
meststrooier *(machine)* manure distributor, (spreader), muck spreader
mesttor dung beetle
mestvaalt dunghill
mestvarken porker
mestvee beef (cattle), stores, fatting-stock
mestvork muck fork, manure fork
met I *vz* **1** *(in gezelschap van, in verbinding met)* with, along with; *prijs ... ~ 5% voor contant* price ... less 5 per cent for cash; *~ 5% toe-, afnemen* increase (decrease) by 5 per cent; *~ X, (telef)* X speaking, X here; *jij ~ je marmiet!* you and your ...!; *~ (z'n) hoevelen zijn jullie? ~ z'n zessen* how many are you? we are six, there are six of us [in the car]; *we zijn thuis ~ ons zessen* we are a family of six; *~ z'n twintigen in het geheel* twenty all told; *~ zijn twaalven in een kamer slapen (aan tafel zitten)* sleep twelve in a room (sit twelve at table); *~ zijn tweeën of drieën gaan* go two

or three together; *~ zijn drieën gingen we naar ...* (together) we three went to ...; **2** *(toestand:) ~ de hoed (een kopje, enz) in de hand* hat (cup, etc) in hand; *~ de palm naar boven* [his hand rested] palm upward [on ...]; *zak ~ geld* bag of money; *hij is ~* ***vakantie*** he is on holiday; **3** *(gekleed in, met ... aan, op)* in; *de man ~ de kaplaarzen (aan)* the man in the top-boots (*zo ook:* in spectacles, in a silk hat); *~ zijn hoed op* [speak] with one's hat on; *~* ***kleren en al*** clothes and all; **4** *(tijd)* at; *~* ***Kerstmis*** at Christmas; *~ het aanbreken van de dag* at daybreak; *~ het nieuwe seizoen, (ook, fam)* come the new season; *~ Pasen 20 jaar geleden* twenty years ago come Easter; *~ de dag* every day; *~ elke dag, die voorbijgaat* [our strength is increasing] day by day; *~ de vrede werd alles anders* with the peace, everything changed; **5** *(dmv)* with [cut with a knife], in [celebrate the event in a glass of sherry]; *zie ook* drinken; *~* ***handen vol*** by handfuls; *~ de* ***pen*** *geschreven* written with a pen; *~ inkt (~ potlood) geschreven, (ook)* in ink (in pencil); **6** *(per)* by [boat, bus, post, rail]; *~ de ochtendpost* by the morning post; *~ de* ***trein*** *van 5 uur* by the five o'clock train; *~ dezelfde trein reizen, (ook)* travel on the same train; *~ een rijtuig* [come] in a carriage; **7** *(ondanks:) ~ dat* ***al*** yet, for all that, in spite of this; *al ~ al* altogether; **II** *bw* at the same time (moment)

metaal metal; *(blad~)* foil; *de ~* the metal industry; *oud ~* scrap (metal); *geheel van ~* all-metal; *(attr ook)* metallic

metaalachtig metallic [lustre, paint]

metaalarbeider metalworker

metaalbarometer aneroid (barometer)

metaalbewerker metalworker

metaalbewerking metalwork(ing)

metaaldekking *(ve bank)* bullion

metaaldraad wire; *(ve elektr lamp)* filament [lamp]

metaalgaas wire gauze, wire netting

metaalgieterij (metal) foundry; *(het gieten)* metal casting

metaalglans metallic lustre

metaalhoudend metalliferous [deposits *afzettingen*]

metaalindustrie metal (*of:* metallurgical) industry

metaalklank metallic ring

metaalkunde metallurgy

metaalkundige metallurgist

metaalmoeheid metal fatigue

metaalplaat *(stof)* sheet metal; *(voorwerp)* metal sheet (*dikker:* plate)

metaalschuim dross

metaalslak slag, scoria (*mv:* -iae)

metaalverbinding metallic compound

metaalwaren metal goods; *(ijzer)* hardware

metaalwerk(er) metalwork(er)

metaalzaag hacksaw

metafoor metaphor

metaforisch metaphorical

metafysica metaphysics

metafysisch metaphysical

metalen *bn* metal [box]; *(fig)* metallic [voice]

metalliek metallic [packing]

metallisatie metallization

metallisch metallic [copper]

metalliseren metallize

metallofoon metallophone

metalloïde metalloid

metallurg metallurgist

metallurgie metallurgy

metallurgisch metallurgic(al)

metamorf metamorphic [rock]

metamorfose metamorphosis; *(geol)* metamorphism

metamorfoseren metamorphose

metanalyse metanalysis

metaplasie metaplasia

metastase metastasis

metataal metalanguage

metathese, metathesis metathesis

meteen 1 at the same time; *koop ook ~ wat postzegels voor mij* please ... while you're about it; **2** immediately; *(zo) ~* presently, in a minute, by and by; *tot ~!* see you later!; *ik kom ~* I shan't be long, won't be a minute; *nu ~* this minute, right away; *~ meenemen, (winkel, ook)* take away; *zo ~ raakt hij ons nog* he'll be hitting us next; next thing he'll be hitting us; *hij was ~ dood* he died (was killed) instantly

meten measure (*ook met de ogen:* measure a p. with one's eyes), gauge; *van binnen (buiten) gemeten* inside (outside) measurement; *gemeten aan ... ...* measured by [eternity]; *hij meet zes voet* he stands six feet [*met schoenen aan* in his boots; *met zijn schoenen uit* in his stockings]; *op de gemeten mijl* [speed trials] on the measured mile; ***zich met iem ~*** measure one's strength against a p., pit o.s. (one's strength) against a p., try conclusions with a p.; *(in worstelwedstrijd)* try a fall with a p. *(ook fig); je kunt je niet met hem ~* you are no match for him; *zie ook* [1]maat 1, opgewassen, enz

meteo *(fam)* met [flight]

meteoor meteor [shower, swarm, trail]

meteoorsteen, meteoriet meteorite, meteoric stone, aerolite

meteorisch meteoric [dust, water]

meteorologie meteorology

meteorologisch meteorological; *M~ Instituut* Meteorological Office, weather bureau, weather centre

meteoroloog meteorologist

[1]**meter** *(peet)* godmother

[2]**meter 1** *(pers)* measurer, gauger; **2** *(maat)* metre, *(Am)* meter; *voor geen ~, (fam)* (in) no way, not at all; **3** *(druk~)* gauge; *(gas~, enz)* meter; *de ~ opnemen* read the meter

meteropnemer meter reader

meterstand meter reading

metgezel(lin) companion, mate

methaan methane

methadon methadone
methanol methanol
methode method, plan; *een ~ volgen, (ook)* follow a procedure
methodeleer methodology
methodiek methodology, (science of) method
methodisch methodical [study, worker]
methodisme Methodism
methodist(isch) Methodist [the Methodist Church, revival]
methodologie methodology
methodologisch methodological
Methusalem Methuselah
methyl methyl
methylalcohol methanol, methyl alcohol
methyleren methylate
metier métier, profession, trade
meting measuring, measurement; *~en doen* take measurements, *(aflezen)* take readings
metonymia, metonymie metonymy
metope metope
metrage *(vglb)* yardage, footage
metriek I *bn* metric (*bw:* -ally); *~ stelsel* metric system; *overgang op het ~ stelsel* metrication; **II** *zn (lit)* prosody, metrics
metrisch 1 *(vh metrum)* metrical [stress]; **2** metric [screw thread, tonne]; *zie* metriek I
metro underground (railway), metro; *(Am)* subway
metronoom metronome
metropoliet metropolitan
metropolis metropolis
metropolitaan(s) metropolitan
metropool metropolis
metrum metre
metselaar bricklayer
metselaarsbak hod
metselbij mason bee
metselen set (lay) bricks; build [a wall]; *(fig)* swill down one's food; *gemetselde haard* brick fireplace
metselkalk, metselspecie mortar
metselsteen brick
metselwerk brickwork, masonry
metsen, enz *zie* metselen, enz
metten matins; *donkere ~* tenebrae; *iem de ~ lezen* read a p. a lesson, lecture a p.; *korte ~ maken met* make short work of, give short shrift to; *er werden korte metten met hem gemaakt, (ook)* he had (*of:* received) short shrift
metterdaad indeed, in fact, really [heroic]; [show one's willingness] by one's actions
metterhaast hurriedly, quickly
mettertijd in course of time, in due course, as time goes (went) on, with (in) time
metterwoon: *zich ~ vestigen* establish o.s., settle, come to reside, take up one's residence
metworst (kind of) German sausage, mettwurst
meubel piece of furniture; *~en* furniture; *lastig ~, (pers)* cantankerous person, handful; *een raar ~, (fig)* a rum (a difficult) customer; *haar (paar) ~tjes* her (few) sticks (*of:* bits) of furniture
meubelen furnish, fit up
meubelmagazijn furniture store (shop)
meubelmaker cabinetmaker, joiner
meubelplaat blockboard
meubelpolitoer furniture (*of:* French) polish
meubelrolletje castor
meubelstof upholstery material, furniture fabric
meubelstoffeerder upholsterer
meubelstuk piece (*of:* article) of furniture
meubelwagen furniture van
meubelwas furniture polish
meubelzaak furniture shop (store)
meubilair furniture
meubileren furnish, fit up; *zie ook* gemeubileerd
meubilering 1 furnishing; **2** furniture
meug: *elk zijn ~* every man to his taste (to his choice); everyone as they like best; *zie ook* heug
meuk: *in de ~ staan* be soaking
meuken soak
meun *(vis)* **1** (five-bearded) rockling; **2** *(oneig)* chub
meuren *zie* maffen & vunzen
meute pack (of hounds)
mevrouw *(met naam)* Mrs, Miss, Ms; *(zonder naam)* [a, the] lady; *(door, en tot bediende)* mistress [the mistress is resting, Sir], *(volkst)* [my, your, the] missis; *(aanspr zonder naam)* Madam, *(fam)* mum, mam, 'm [Yes 'm]; *(fam)* lady; *(tot leden der koninklijke familie)* Ma'am; *hoe gaat het met ~ (uw vrouw)?* how is Mrs B?; *is ~ thuis?* is your mistress (Mrs X) in?
Mexicaan(s) Mexican; *Mexicaanse hond, (radio)* howl
mezelf myself; *vgl* zichzelf
mezzo(sopraan) mezzo(-soprano) (*mv:* -os)
mezzotint mezzotint
Mgr. Mgr, Monseigneur, Monsignor
mi Chinese noodles
m.i. afk van *mijns inziens* in my opinion
miasma miasma (*mv:* -mata, -mas)
miasmatisch miasmatic(al)
miasme miasma
miauw miaow!, mew!, *(inz Am)* meow!
miauwen miaow, mew, mewl, miaul, *(inz Am)* meow
mica(-achtig) mica(ceous)
micro 1 micro(computer); **2** microphone, mike
microbe microbe
microbieel microbial, microbic [diseases]
microbiologie microbiology
microcefaal microcephalous
micro-elektronica microelectronics
microfiche microfiche
microfilm microfilm
microfonist broadcaster, (radio) reporter
microfoon microphone; *(fam)* mike; *(v telef, ook)* mouthpiece; *voor de ~ spreken* speak into (*of:* before) the microphone, broadcast, go on the air
microfotografie 1 *(v microscopisch object)* photomi-

crography; **2** *(verkleinde foto)* microphotography
microgolf 1 *(radio)* microwave; **2** *(sp)* minigolf, midget golf
micrografie micrography; micrographics
microkaart 1 *(film)* microfiche; **2** *(papier)* microcard
microklimaat microclimate
microkopie microcopy
microkorfbal indoor korfball
microkosmos microcosm
microliet microlith
micrometer micrometer
micron micron
Micronesië Micronesia
Micronesiër, Micronesisch Micronesian
micro-organisme micro-organism
microprocessor microprocessor
microscoop microscope
microscopisch microscopic(al) (*bw:* -ally); *~ klein* microscopic
microstip microdot
microtechnologie microtechnology
microtoom microtome
microvorm microform; *in ~ vastleggen* microrecord
microwave microwave (oven), micro
microwaven microwave, *(Am sl)* nuke
middag midday, noon; *(na~)* afternoon; *na de ~* in the afternoon; *rond de ~* around noon (midday); *tussen de ~* at lunchtime; *voor de ~* before noon, in the morning; *heden~, van~* this afternoon; *'s ~s, a)* at (twelve) noon, at midday; *b)* in the afternoon; *om 3 uur 's ~s, (ook)* at three pm
middagcirkel meridian
middagdutje after-dinner nap, siesta
middageten *zie* middagmaal 1
middaghoogte meridian altitude
middaglijn meridian
middagmaal 1 *(hoofdmaaltijd)* dinner; *zijn ~ doen met* dine on (*of:* off) [bread and cheese]; **2** *(twaalfuurtje)* midday meal, lunch(eon)
middagpauze lunch(time) break; midday interval (break)
middagrust afternoon (midday) rest
middagsluiting lunchtime closing
middaguur noon(tide)
middagvoorstelling matinee
middagzon midday (noonday) sun
middel 1 *(vh lichaam)* waist, middle; **2** means *(ook mv),* expedient, device; *(chem)* agent [soap is a cleansing agent]; *(tegen ziekte, enz)* remedy [against toothache]; *~tje, (kunstje)* trick, device; *het is slechts een ~, geen doel* it is only a means to an end; *de algemene ~* ***en*** [subsidy from] public funds; *geen eigen ~en hebben* have no private means; *al mijn ~en waren (raakten) uitgeput* I was at (came to) the end of my tether (resources); *alle mogelijke ~en in het werk stellen* try all (every) possible means; *~ van* ***bestaan*** means of subsistence (support, livelihood); *hij heeft geen ~ van bestaan, (ook)* he has not the wherewithal to live; *~en ter verdediging* means of defence; *~ van* ***vervoer,*** *zie* vervoermiddel; ***door*** *~ van* by means of; through the medium of [the press]; through [may be obtained through any bookseller]; ***met alle*** *~en* using every means [to achieve his aim]; *met geen ~* in no way; *zie ook* kwaal, onbeproefd, enz
middelaar mediator
middelares mediatrix
middelbaar middle, medium, intermediate, mean, average; secondary [school, education]; *-bare akte* secondary school teaching certificate; *-bare opleiding* (secondary) teacher training course; *-bare tijd* mean time; *op -bare leeftijd* in middle age, in middle life; *van -bare leeftijd* middle-aged; *van -bare grootte* of medium size (*ve pers meestal:* height), medium-sized
Middeleeuwen middle ages
middeleeuwer medieval (wo)man
middeleeuws medieval
middelen *ww* average [percentages]
Middel-Engels Middle English
middelenwet finance act
middelerwijl meanwhile; *zie* onderwijl
middelevenredig(e) mean proportional
middelgebergte secondary mountain chain (range)
middelgewicht middleweight
middelgroot medium(-sized)
middelgrootte medium size
middelhand metacarpus
middelhandsbeentje metacarpal
Middel-Hoog-Duits Middle High German
middelkleur intermediate colour
middellands Mediterranean; *M~e Zee, M~e-Zeegebied* Mediterranean; *bewoner van het M~e-Zeegebied* Mediterranean
middellang: *(op) ~(e termijn)* medium-term [planning]; *(op) ~(e afstand)* medium-range, intermediate-range [ballistic missile]
middellijk indirect [help a p. directly and indirectly]
middellijn 1 diameter [3 ft in diameter; *(ook)* 3 ft across]; **2** *(middelste lijn)* middle line, *(sp)* centre line, halfway line
middelloodlijn perpendicular bisector
middelmaat 1 medium size; **2** [not above] average; *grauwe ~* dull mediocrity; *gulden ~* golden mean; *~ versiert de straat* mediocrity is the norm
middelmatig 1 middling, moderate, **2** *(tamelijk slecht)* mediocre, indifferent, so-so; **3** *(gemiddeld)* average, medium [he was under medium height]; *een huis van ~e grootte* a medium-sized house
middelmatigheid mediocrity
middelmoot *zie* middenmoot
***Middel-Nederlands** *(Wdl: Middelnederlands)* Middle Dutch
middelpunt centre, central point; *(fig ook)* hub, pivot, central figure; *in het ~ der belangstelling staan* be the centre of interest, be in the limelight; *(in kran-*

ten) be in the news
middelpuntvliedend centrifugal
middelpuntzoekend centripetal
middels by means of; *zie* middel **2**: door ~ van
middelschot partition
middelslag *zie* middelsoort 1
middelsoort 1 medium (sort); **2** *(schrift)* half-text
middelst(e) middle [the middle one of five sons], middlemost; ~ *kolom* centre column
middelvinger middle finger
middelvoet metatarsus
middelvoetsbeentje metatarsal
midden I *zn* middle [of the room, road, month, century], centre [of a town, country, table], midst; *het juiste* ~ the golden mean; *het* ~ ***houden*** *tussen* stand midway between; *de maaltijd hield het* ~ *tussen ontbijt en lunch* the meal was a cross between ...; ***in het*** ~ *van de kamer (de week, juli, de winter)* in the middle of the room (the week, July, winter; *(ook)* in midweek, mid-July, midwinter); *het was in het* ~ *van de zomer, (ook)* it was high summer, the summer was at its height; *in het* ~ *van de Atlantische Oceaan* in mid-Atlantic; *in ons* ~ in our midst; *in het* ~ ***brengen*** put forward, advance [an opinion], put in [a word], interpose; *in het* ~ ***laten*** leave undecided (aside), pass over (in silence); *dat laat ik in het* ~ I offer no opinion on the subject; *de waarheid* ***ligt*** *in het* ~ the truth lies midway (*of:* between the two), is somewhere in between; *hij liep in het* ~ *(tussen twee)* he walked between them; ***op*** *het* ~ *van de dag* in the middle of the day; ***te*** ~ *van* in the midst of [the waves, dangers, the enemy; poverty in the midst of plenty; in the midst of life we are in death]; amidst [enemies]; *te* ~ *van vrienden* among friends; *één* ***uit*** *ons* ~ one from among us (from our midst); *uit het* ~ off-centre; ***van*** ~ *twintig, vgl bw:* ~ in ...; **II** *bw:* ~ *in de kamer (op de bank, de brug)* in the middle of the room (the sofa, the bridge); ~ *in zijn werk* in the middle (in the thick) of his work; ~ *in zijn werk sterven, (ook)* die in harness; ~ *in de twintig* in the (in his, her) middle twenties; *zie boven:* in (op) het ~ van
Midden-Afrika Central Africa
middenafstandsloper middle-distance runner
Midden-Amerika, Midden-Azië Central America, Asia
middenberm central reserve (reservation) [in a dual carriageway]; *(Am)* median strip
middencirkel *(voetbal)* centre circle
middending *zie* tussending
middendoor in two, in half, [tear it] across; ~ *delen* bisect [an angle]; ~ *gaan* go down the middle
midden- en kleinbedrijf small and medium-sized undertakings, small businesses
Midden-Europees Central European [time]
middengedeelte centre portion
middengolf medium wave
middenin in the middle (midst)
middeninkomens middle income bracket
middenkader middle management
middenklasse middle (intermediate) class
middenklasser *(auto)* medium-price car
middenkleur intermediate colour
middenkoers middle price
middenkwaliteit: *behoorlijke* ~ fair average quality, faq
middenloop middle course, middle reaches [of a river]
middenmoot middle group (section, bracket); *(ve vliegt)* centre section; *uit de* ~, *(ook)* (no more than) average; *(sp ook)* (the) field
middenoor middle ear
middenoorontsteking inflammation of the middle ear
Midden-Oosten Middle (*inz Am:* Mid-) East
middenpad central path; *(in trein, enz)* aisle; *(in kerk)* central aisle
middenplan *(schilderk)* middle distance
middenprijs average price
middenrail *(v weg)* central barrier
middenrif diaphragm, midriff
middenschip nave
middenschool school for pupils aged 12 to 16
middenspel middle game
middenstand *(soms)* middle classes; *(meestal)* shopkeepers, tradespeople
middenstander shopkeeper, tradesman, retailer
middenstandsdiploma retailer's (shopkeeper's) diploma
middensteentijd middle stone age, mesolithic
middenstem intermediate (*of:* mezzo) voice
middenstijl king post; *(in raam)* mullion
middenstip centre spot
middenstof medium
middenstrook 1 middle lane; **2** *zie* middenberm
middenstuk middle piece; *(inz sierstuk)* centrepiece; *(op tafel, ook)* epergne
middenterm mean
middenveld centre-field, midfield; *het maatschappelijk* ~ the social and political interest groups and organizations
middenvelder midfield player, midfielder
middenvlak middle level
middenvoet metatarsus
middenvoetsbeentje metatarsal
middenvoor *(sp)* centre forward
middenwaarde average; central (median) value
middenweg middle course (path, way; the middle course is the way of safety); *de gulden* ~ the golden mean, the happy medium; ~ *tussen twee uitersten* mean between two extremes; *de* ~ *bewandelen* adopt (steer, pursue) a middle course; *een* ~ *vinden* hit (up)on a compromise, strike the happy mean (medium)
middernacht midnight; *te* ~ at midnight; *tot na* ~ [the House sat] into the small hours

middernachtelijk: ~ *uur* (the hour of) midnight, *(lit)* the midnight hour
middernachtzon midnight sun
midhalf *(sp)* centre half
midscheeps amidship(s)
midvoor *(sp)* centre forward
midweek midweek
midweeks midweek(ly)
midwinter midwinter
midzomer midsummer
midzwaard *(mar)* centreboard
mie Chinese noodles
mielie *(Z-Afr)* mealie(s)
mier ant; *(gevleugelde)* ant fly; *de (het) ~ hebben, (sl)* be fed up (annoyed); *zie ook* [2]arm
mieren *ww* **1** go on and on [about s.t.]; **2** fiddle (about) [with s.t.]
mierenegel echidna, porcupine anteater
mierenei ant's egg
miereneter anteater
mierenhoning honeydew
mierenhoop anthill
mierenleeuw ant-lion
mierennest ants' nest, anthill
mierenneuker nit-picker
mierenzuur formic acid
mierik(s)wortel horseradish
mierzoet extremely (sickly) sweet
Mies Poll(y), Moll(y)
mieter *(plat)* body; *hoge ~* VIP (Very Important Person); *geen ~* not a damn; *als de ~* like blazes; *op zijn ~ geven* give [a p.] a dressing-down
mieteren *zie* sodemieteren
mieters *(sl)* super, terrific, great
mietje *(fam)* gay, sissy, homo(sexual), queer, pansy
Mietje: *elkaar geen ~ noemen* speak one's mind, be honest
miezelen, miezeren drizzle, mizzle
miezerig 1 *(vh weer)* drizzly, dull; **2** measly, scrubby, puny, [look] off-colour; *een ~ ventje, (ook)* a little scrub of a fellow
migraine migraine
migrant migrant
migratie migration
migreren migrate
mihoen Chinese noodles
mij (to) me; *vgl* me & hem I
Mij afk van *Maatschappij* Co, *(Am)* Cy
mijden avoid, shun, fight shy of; *het ~ van* the avoidance of
mijl *(Eng ~)* mile (*ca* 1609 metres); league (*geen vaste lengte, ca* 3 miles); *(Ned ~)* kilometre; *zie ook* zeemijl; *afstand in ~en* mileage; *dat is de ~ op zeven* it is a roundabout way
mijlenlang mile-long [streets], [a beach] miles long
mijlenver for miles (and miles); *~ afstaan van* be utterly remote from; *~ weg* miles away
mijlpaal milestone; *(fig ook)* landmark
mijlschaal scale of miles
mijlsteen milestone
mijmeraar(ster) (day)dreamer, muser, brooder
mijmeren muse, brood, be lost in a reverie
mijmerij, mijmering musing, daydreaming, reverie
[1]**mijn** *vnw* **1** *(bijv)* my [books]; *met, op (voor) ~ tachtigste* at (before I am) eighty; *zie ook* hemel 3, inzien, enz; **2** *(zelfst)* mine; *~! (bij het vinden van iets)* bags I (that)!, *(veiling)* me!; *het ~* ***en dijn*** mine and thine; *de ~****en*** my family *(vrouw en kinderen),* my people; *ik en de ~en* I and mine; *ik deed* ***het*** *~e* I did my part (my bit), pulled my weight; *daar wil ik het ~e van hebben* I want to know what is what (how matters stand); *ik denk er het ~e van* I have my own opinion about it; *ik zei er het ~e van* I had my say about it; *ik zal hem het ~e ervan zeggen* I'll tell him a thing or two; *gedenk ~* ***er*** remember me
[2]**mijn** *zn* **1** mine, pit; **2** *(mil, enz)* mine; **3** Dutch auction, market
mijnbouw mining (industry)
mijnbouwkunde mining; mining engineering
mijnbouwkundig: ~ *ingenieur* mining engineer
mijnen buy at a public (Dutch) auction
mijnenjager minehunter
mijnenlegger minelayer
mijnent: *te ~* [be, stay] at my house; [come] to my house
mijnenthalve, mijnentwege 1 so far as I am concerned, as for me; **2** in my name
mijnentwille: *om ~* for my sake
mijnenveger minesweeper
mijnenveld minefield, mined area
mijner *(bij verkoping)* buyer
mijnerzijds for (on) my part
mijngang mine gallery
mijngas firedamp
mijnheer *(heer)* gentleman; *(fijne heer, sl)* toff; *(des huizes)* master; *(met naam)* Mr; *(aanspr zonder naam)* Sir; *zie verder* meneer
mijnhout pit props
mijningang pithead
mijningenieur mining engineer
mijnlamp safety (miner's, Davy) lamp
mijnopruiming mine (bomb) disposal [squad]
mijnramp mining (mine, pit) disaster
mijnrechten 1 mining rights; **2** mining royalties
mijnschacht mine shaft
mijnstreek mining district (area)
mijnstut pit prop
mijnwerker miner
mijnwerkersziekte pneumonoultramicroscopicsilicovolcanoconiosis, silicosis
mijnwet mines act; mining law
mijnwezen mining
mijnworm hookworm
mijnwormziekte hookworm disease, ankylostomiasis, miners' anaemia
mijt 1 *(insect)* mite; *rode ~, (op theeplant)* red spider;

2 *(stapel)* stack, pile
mijten *ww* stack (up) [hay]
mijter mitre
mijterdragend mitred
mijteren mitre
mijtervormig: ~ *klapvlies* mitral (valve)
mijzelf myself; *vgl* zichzelf
mik 1 forked post, clothes prop; **2** loaf; *het is dikke ~ tussen ze* they are as thick as thieves
mikado mikado (*mv:* -os)
mikken (take) aim [*op* at]; ~ *op, (ook)* target [the world title]; *hoger* ~ raise one's sights *(ook fig); (fam)* chuck [a p. out; one's cycle in the ditch]
mikmak [the whole] caboodle, [the] lot
mikpunt 1 aim; **2** *(fig)* butt, target [for ridicule, etc]; ~ *van grappen* laughing stock; *zij maakte hem tot ~ (van haar spot)* she made a butt of him
milaan *(vogel)* kite
Milaan Milan
Milaans, Milanees Milanese
mild 1 *(vrijgevig)* liberal, generous, free-handed; ~ *met* liberal (free, *sterker:* lavish) of; *met ~e hand* lavishly; **2** *(overvloedig)* plentiful, generous, rich [harvest]; **3** *(zacht)* gentle [rain], mild [criticism]; *een ~ oordeel* a lenient view
milddadig liberal, generous, free-handed; charitable
milddadigheid generosity, liberality; charity
mildheid liberality, generosity; leniency
milicien recruit, conscript
milieu milieu, environment, surroundings, [the social] setting; class [people of all classes]; *(attr:)* environment(al, -ally); *gevolgen hebben voor het ~* have ecological consequences
milieuactivist environmentalist, conservationist
milieubederf (environmental) pollution (degradation)
milieubeheer (environmental) conservation (control)
milieubelasting 1 anti-pollution tax; **2** environmental hazard
milieubeleid environmental policy
milieubeschermer environmentalist
milieubescherming environmental protection
milieubewust environmentally aware, ecology-conscious, green; *niet ~, (ook)* ungreen
milieubox dustbin with separate sections (for segregated waste)
milieudeskundige environmentalist, ecologist
milieudienst Environmental (Health) Service; *directeur van de ~* Environmental Health Officer
milieueffectrapportage environmental impact assessment (statement), EIA, EIS
milieugevoelig environmentally sensitive [area, ESA]
milieuheffing anti-pollution levy
milieuhygiëne environmental health (care)
milieukunde ecology
milieupolitiek environmentalism
milieurakker eco-freak, eco-nut
milieuverontreiniging, milieuvervuiling *zie* milieubederf
milieuvriendelijk environment-friendly, green, eco-friendly
militair I *bn* military [service, force, police, academy]; *~e eer bewijzen* render military honours; *zie ook* houding; **II** *zn* soldier, serviceman, military man; *de ~en* the military; *100 ~, (ook)* 100 troops
militairement in military fashion
militant *bn & zn* militant
militaria militaria
militariseren militarize
militarisme militarism
militarist militarist
militaristisch militarist(ic)
military *(paardensp)* three-day event
militie 1 militia, conscript(ed) army; **2** military affairs
militieleger militia
miljard billion, thousand million, *(Br soms)* milliard
miljardair billionaire
miljardennota budget
miljoen (a, one) million; *twee ~* two million(s)
miljoenennota budget
miljoenenrede budget speech; *de ~ houden* open the budget
miljonair millionaire; *tweemaal (enige malen) ~* [be] a millionaire twice over (a multimillionaire)
mille 1 (one) thousand, thou; **2** one thousand euros; *per (pro) ~* per mil(l), per thousand, [parts] in a thousand
millennium millennium
milliampère milliamp(ere)
millibar millibar
milligram milligramme
milliliter millilitre
millimeter [accurate to a] millimetre
millimeteren 1 *(het haar)* crop (close); *gemillimeterd haar, (ook)* crew cut; **2** work out every detail
millimeterpapier graph paper
millimeterverdeling millimeter graduation; *(schaal)* millimeter scale
millimicron nanometre, *(Am)* nanometer
milliseconde millisecond
milt milt *(ook hom),* spleen
miltader splenic vein
miltontsteking splenitis
miltvuur anthrax, splenic fever
mime, mimen mime
mimespeler mime (artist)
mimicry mimicry, mimesis
mimiek 1 mimic art, mimicry; **2** (facial) expression
mimisch mimic
mimiset, mimitafeltjes nest of tables, nesting tables
mimosa mimosa; *(Austr)* wattle
¹min *(voedster)* (wet) nurse
²min *(liefde)* love; *zie ook* minne

³min I *bn, bw* **1** *(weinig)* little; *(minnetjes)* [the patient is very] poorly; *(slecht)* poor, bad; ~ *of meer* more or less; *dat is mij te* ~ that's beneath me; ~ *denken van* have a poor opinion of; *daar moet je niet* ~ *over denken* that's not to be sneezed (sniffed) at; *dat is nog zo* ~ *niet* it's not so bad; **2** *(gemeen)* mean, base, low; *zie ook* gemeen; ~*ne streek* dirty trick; *dat is* ~ *van hem* that is mean (shabby) of him; **3** *(wisk)* minus; ~ *twee* minus two; *drie* ~ *twee* three, take away (*of:* minus) two [is, makes one]; II *zn* **1** minus (sign); **2** minus (point, factor), negative point, disadvantage; **3** deficit; *in de* ~ *staan* have a deficit

Mina: *Dolle* ~, *a)* Women's Lib; *b)* women's libber

minachten disdain, slight, disregard, be disdainful of, hold in contempt

minachtend disdainful, contemptuous, scornful

minachting contempt [*voor* of, for], disdain [*voor* for, of, to], disrespect; *ze behandelde hem met de grootste* ~ she treated him like dirt (with sovereign contempt)

minaret minaret

minder **1** *(weiniger)* less [money], fewer [coins]; *een paar dagen* ~ a few days less; *de* ~*e goden* the lesser gods; *(fig ook)* the small fry; *dat is* ~ *aardig van je* that is not very nice of you; *zie ook* belang; ~ ***dan*** less (fewer) than; *(in kwaliteit, enz)* inferior to; *het woog iets* ~ *dan een pond* it weighed just under ...; ~ *dan 3 weken na zijn dood* within three weeks of his death; *ze stierven* ~ *dan 3 dagen na elkaar* within three days of each other; *in* ~ *dan geen tijd* in less than no time; *niemand* ~ *dan ...* no less a person than ...; *niets* ~ *dan ...* ... nothing less than [a mockery], nothing short of [a scandal]; *niet* ~ *dan, (maar eventjes)* no less than, *(beslist niet* ~*)* not less than; *de winst was £50m* ~ *(dan het vorige jaar)* the profits were less (were down) by £50m (on the year before); *kunt u het niet een euro* ~ ***doen?*** can't you knock off a euro?; ***hoe*** ~ *ervan gezegd hoe beter* the less said about it the better; least said soonest mended; *[hij kan het niet horen],* ***nog*** ~ *zien* let alone see it; **2** *(lager, slechter)* inferior [quality]; [the patient is] worse [today]; *'t kon* ~ it could be worse; not so bad; *de* ~*e stand (of: man)* the lower classes; ~ ***worden*** fall off [the demand, business has fallen off], decline [his strength is declining], decrease, lessen, diminish; *hij wordt* ~, *(ook)* he is on the decline; *mijn gezicht wordt* ~ my eyesight is failing; *de sneeuw wordt* ~ the snow is getting less; **3** *(minder erg)* less, no matter; *ik heb niet gegeten, maar dat is* ~ but that is of little (of no) consequenc

minderbedeeld poor, indigent

minderbegaafd retarded, less gifted, backward

minderbroeder Franciscan, Minorite, Friar Minor

mindere inferior; *in dit opzicht is hij uw* ~ in this respect he is inferior to you; *de* ~*n, (mil)* the rank and file; *(mar)* the ratings, the lower deck; *en* ~*n* [200 officers] and men; *200* ~*n, (mar)* 200 ratings

minderen *ww* diminish, lessen, decrease; *(bij breien)* decrease; *zeil* ~ shorten (take in) sail; *zie ook* minder: ~ worden & vaart

minderhedenvraagstuk problem of the minorities

minderheid *(in aantal)* [numerical, ethnic, religious] minority; *(in kracht, enz)* inferiority; *in de* ~ *zijn* be in the (a) minority; *in de* ~ *blijven* remain in the minority, be outvoted, be outnumbered [by 30 to 1]

minderheids- *(attr)* minority [government, group, interest, report]

mindering *(bij het breien)* decrease; *in* ~ *betalen* pay on account; *in* ~ *ontvangen* receive on account (*of:* in part payment); *in* ~ *brengen* deduct

minderjarig [be] under age

minderjarige minor, person under age; *(jur)* infant

minderjarigheid minority, nonage; *(jur)* infancy

minderwaardig inferior; poor [quality], low-grade [ore, oil]; *moreel (geestelijk)* ~ morally (mentally) deficient; *fysiek* ~ physically unfit

minderwaardigheid inferiority [complex]

minderwaardigheidsgevoel sense of inferiority

mineraal *bn & zn* mineral; *rijkdom aan mineralen* mineral resources

mineraalwater mineral water

mineraliseren mineralize

mineralogie mineralogy

mineraloog mineralogist

minetten eat pussy

mineur **1** *(muz)* minor; *a* ~ A minor; *in* ~ in a minor key; *(fig)* depressed; **2** *(mil hist)* miner

mineurstemming low spirits

mini mini; *vgl* minuscuul

miniaturiseren miniaturize

miniaturist miniaturist

miniatuur I *zn* miniature; thumbnail sketch; *in* ~, *zie* II; II *bn* miniature, diminutive, pocket(-handkerchief) [garden]

miniatuurgolf minigolf, midget golf

miniatuurschilder miniaturist

minibus minibus

minicomputer minicomputer, palmtop

miniem small, slight; nominal, marginal [benefits]; *vgl* minimaal & minimum

minima lowest income groups, [the true] minimum wage earners

minimaal **1** minimum, minimal; **2** at least; **3** infinitesimal(ly small)

minimaliseren minimize

minimalist minimalist

minimum minimum (*mv:* -ma) [*ook attr:* minimum age, number, requirement, speed, etc]; *met een* ~ *risico* with a minimum of risk; *in een* ~ *van tijd* in less than no time; *tot een* ~ *terugbrengen* reduce to a minimum, minimize; *zie ook* minimaal 2

minimumlijder *(iron)* **1** minimum wage-earner; **2** scrimshanker, shirker

minimumloon minimum wage

minimumprijs minimum price; *(verkoping)* reserve

price
minirok miniskirt
minirotonde miniature roundabout
miniseren minimalize, reduce (to a minimum)
miniserie miniseries
minister minister, secretary (of State); *Eerste ~* Prime Minister, Premier; *~ van Arbeid* Minister of Labour, *(in Eng)* Secretary of State for Employment; *~ van Binnenlandse Zaken* Minister of the Interior, *(in Eng)* Secretary of State for the Home Department, Home Secretary; *(in Am)* Secretary for the Interior; *~ van Buitenlandse Zaken* Minister for Foreign Affairs; *(in Eng)* Secretary of State for Foreign and Commonwealth Affairs, Foreign Secretary; *(in Am)* Secretary of State; *~ van Cultuur, Recreatie en Maatschappelijk Werk* Minister of Culture, Recreation and Social Work; *~ van Defensie* Minister of (*in Eng:* Secretary of State for) Defence, *(in Am)* Secretary of Defense, Defense Secretary; *~ van Economische Zaken* Minister of Economic Affairs; *~ van Energievoorziening* Minister of Energy; *~ van Financiën* Minister of Finance, Finance Minister; *(in Eng)* Chancellor of the Exchequer; *(in Am)* Secretary of the Treasury; *~ van Handel en Nijverheid* Minister of Trade and Industry; *~ van Justitie* Minister of Justice; *(in Eng, vglb)* Lord (High) Chancellor; *~ van Koloniën, (hist)* Minister of the Colonies; *(in Eng)* Secretary of State for the Colonies, Colonial Secretary; *~ van Landbouw en Visserij* Minister of Agriculture and Fisheries; *~ van Luchtvaart, (mil)* Secretary of State for Air, *(burgerlijk)* Minister of (Civil) Aviation; *~ van Maatschappelijk Werk* Minister of Social Work; *~ van Marine* Minister of Marine (of the Navy); *(in Eng)* First Lord of the Admiralty; *~ van Milieuzaken* Minister (*in Eng:* Secretary of State) for the Environment; *~ van Onderwijs en Wetenschappen* Minister of Education and Science; *~ van Oorlog* Minister of War, War Minister; *(in Eng)* Minister of Defence; *~ van Sociale Zaken* Minister for (of) Social Affairs; *~ van Staat* Minister of State; *~ van Verkeer* Minister of Transport; *~ van Volkshuisvesting* Minister of Housing; *~ van Voorlichting* Minister of Information; *~ van Waterstaat* Minister of Public Works; *~ van Welzijn, Volksgezondheid en Cultuur* Minister of Welfare, Public Health and Culture
ministerie ministry, department, Office; *vgl ook* minister; *het ~, (de regering)* the Cabinet; *een ~ vormen* form a government; *~ van Binnenlandse Zaken* Ministry (Department) of Home Affairs (of the Interior); *(in Eng)* Home Office; *~ van Buitenlandse Zaken* Ministry of Foreign Affairs; *(in Eng)* Foreign Office; *(Am)* State Department; *~ van Defensie* Ministry of Defence; *~ van Economische Zaken* Ministry of Economic Affairs; *~ van Financiën* Finance Department; *(in Eng)* the Treasury; *~ van Handel en Nijverheid* Department of Trade and Industry; *~ van Justitie* Department of Justice; *~ van Koloniën, (hist)* Department of the Colonies; *(in Eng)* Colonial Office; *~ van Landbouw en Visserij* Ministry of Agriculture and Fisheries; *~ van Marine, (hist)* Ministry of the Navy, Navy Office; *(in Eng)* (the Lords Commissioners of) the Admiralty; *~ van Milieuzaken* Department of the Environment; *~ van Onderwijs en Wetenschappen* Ministry of Education and Science; *~ van Oorlog, (hist)* Ministry of War, War Department; *het Openbaar ~* the Public Prosecutor, Counsel for the Prosecution, Prosecution Counsel; *het Openbaar M~ werd waargenomen door ...* Mr ... represented the Director of Public Prosecutions; *~ van Volksgezondheid* Department of (Public) Health; *~ van Waterstaat* Ministry of Public Works; *zie ook* luchtvaart
ministerieel ministerial; *een ministeriële commissie* a departmental committee; *ministeriële crisis* cabinet crisis
minister-president premier, prime minister
ministerraad cabinet council, council of ministers; *vergadering van de ~* cabinet meeting, [today's] Cabinet
ministersbank Government bench, Treasury bench
ministerschap ministry
ministerspost ministerial post
mink mink
minkukel fathead, twit
minlijn downward tendency
minnaar lover; *zie ook* liefhebber
minnares love, mistress
minnarijtje love affair, amour
minne love; *in der ~ schikken* settle amicably (by mutual agreement, *zonder rechterlijke tussenkomst:* out of court)
minnebrief love letter
minnedicht(er) love poem (poet)
minnedrank love potion, (love) philtre
minnegod(in) god(dess) of love; *-godje* cupid, love
minnekozen make love, bill and coo
minnekozerij billing and cooing, dalliance, lovemaking
minnelied love song
minnelijk amicable, friendly; *~e schikking* amicable settlement, settlement by agreement; *zie ook* minne: in der ~
minnen love; *zie ook* paar
minnenijd jealousy
minnepand pledge of love, love token
minnepijl, minneschicht Cupid's shaft
minnespel lovemaking
minnetjes poorly *(ook v zieke, eetlust, enz);* [the work is] not up to much, poor stuff; poorly, shabbily [dressed]; *de patiënt voelt zich erg ~* the patient feels very low
minnezang 1 love song; **2** *(lit)* poetry of courtly love; [the German] Minnesang
minnezanger minnesinger
minor minor

minoraat ultimogeniture, borough-English
minoriet Minorite
minoriteit minority
Minotaurus Minotaur
minpunt minus (point, factor), negative point, disadvantage
minst I *bn* **1** *(weinigst)* least [money], fewest [books]; *wie heeft de ~e fouten gemaakt?* who has made (the) fewest mistakes?; **2** *(geringst)* least [he had least reason to complain], slightest [not the slightest chance]; *als hij maar het ~e* ***bezwaar*** *maakt* if he should object at all; ***niet*** *het (de) ~e* not the least [reason], [there can be] no manner of [doubt], not one jot or tittle of [evidence], not the ghost of [a chance]; **3** *(slechtst)* worst; II *zn: ik zal* ***de*** *~e* ***zijn*** I will give in (give way); *hij kon de ~e zijn* he could (afford to) make the first move; ***bij*** *het ~e of geringste* at the least little thing, on the least provocation; ***in*** *het ~ niet,* ***niet*** *in het ~(e of geringste)* not in the least, not at all, by no means; *als je maar in het ~ moe bent* if you are (in) the least (*of:* at all) tired; ***op*** *zijn ~* [twenty] at (the) least, a minimum of, minimally [twenty]; *op zijn ~ genomen* [it is] to say the least (of it) [improbable]; *men mag op zijn ~ verwachten dat je je excuses maakt* the least you can do is to apologize; *zie ook* minstens; ***ten*** *~e* at least; *zie* op z'n ~; III *bw* least [happy, etc]; *wat hij het ~ verwacht had* what he had least expected, the last thing he had expected
minstens at least, at the least; *hij is ~ 50, ~ 6 voet, (ook)* he is fifty if he is a day, six feet if he is an inch; *zie ook* minst: op zijn ~
minstreel minstrel, *(vero)* gleeman
minteken minus (sign), negative sign
minus minus, less; *zie ook* [3]min I.3 & minteken
minuscuul tiny, minute, minuscule, pocket-handkerchief
minuskel minuscule
minutieus *(ve pers)* scrupulously careful; *(v onderzoek, enz)* close; *iets ~ beschrijven* give a minute description of s.t.
minuut **1** *(v tijd, graad)* minute; *het wordt met de ~ donkerder* it is getting darker every moment; *op de ~ af* [at 2.47] to the minute; [I'll be there] on the tick, on the dot; *5 minuten voor (over) half zeven* (at) 25 minutes past six (to seven); **2** *(ve document)* minute, final draft
minuutschoten minute-guns
minuutwijzer minute hand
minvermogend poor, needy, indigent [person]
minzaam affable, suave, condescending, gracious
minzaamheid affability, suavity, etc
minziek amorous, lovesick
Mioceen *(geol)* miocene
mirabel *(pruim)* mirabelle
miraculeus miraculous
mirakel miracle; *(inz fig)* marvel; *voor ~ liggen, a)* have passed out; *b)* be dead drunk
mirakels **1** miraculous; **2** confounded
mirakelspel miracle play, mystery
mirliton mirliton, reed pipe
mirre myrrh; *tinctuur van ~* tincture of myrrh
mirte(bes) myrtle(-berry)
mirteboom myrtle (tree)
[1]mis *zn* mass; *(jaarmarkt)* fair; *stille ~* low mass; *zingende ~* choral (*of:* high) mass; *de ~ bijwonen* attend mass; *de ~ lezen (doen, opdragen)* read (celebrate, say) mass; *de ~ horen* hear mass; *naar de ~ gaan* go to mass
[2]mis I *bw* wrong, amiss; *~ of* ***raak*** hit or miss; *je* ***hebt*** *het ~* you are mistaken, you are wrong; *daarin heb je het ~, dat heb je ~* that's where you're wrong; *je hebt het glad ~* you are wide of the mark (quite wrong, a long way out), you've got it all wrong; you're barking up the wrong tree; *je hebt het niet zo ver ~* you are not so far out (not far wrong); *~* ***is*** *~* a miss is as good as a mile; *het schot (de worp) was ~* the shot went wide (of the mark); *~!* bad shot!; *~ poes!* wrong (guess)!; *het is weer ~* things are (have gone) wrong again [*met hem* with him]; *zie ook* hommeles; *ik hoopte ...,* ***maar*** *~* I ..., but no such luck; *hij is lang* ***niet*** *~* he is no fool, a clever chap; *dat is lang niet ~* that is not at all bad, not bad at all, that's not to be sneezed at; *daar is* ***niets*** *~ mee* (there is) nothing wrong with that; *hij was ~ in zijn berekening* he was out in his reckoning; *die klap was niet ~* was no joke (no laughing matter); II *bn* wrong, bad, poor; *~se boel* sorry state of affairs
misantroop misanthrope, misanthropist
misantropie misanthropy
misantropisch misanthropic (*bw:* -ally)
'misbaar *bn* dispensable
mis'baar *zn* clamour, uproar, hullabaloo; *groot ~ maken* raise an outcry; take on terribly
misbaksel **1** *(eig: v aardewerk)* misfire; **2** *(fig)* monstrosity, monster
misbelletje sacring bell
misbillijken disapprove of
misboek missal, mass book
misbruik abuse [of power, etc], misuse; [penalty for] improper use; *~ van bevoegdheid* misfeasance; *~ van vertrouwen* breach of trust; *~* ***maken*** *van* take (an unfair) advantage of [the opportunity], abuse [one's power, liberty], trespass (impose, presume) (up)on [a p.'s good nature]; *~ maken van sterke drank* drink to excess
misbruiken *ww* abuse [one's talents, position, a privilege], misuse [one's abilities, time]; *zie ook* misbruik: ~ maken van
misdaad crime; *zware ~, (ook)* felony; *zie ook* spel
misdaadroman crime novel, (crime) thriller, whodunit; *schrijver van ~s* crime writer (novelist)
misdadig criminal [his criminal past], [career] of crime, culpable [negligence], felonious
misdadiger criminal, evildoer, malefactor
misdadigheid delinquency; criminal character [of

this plan]; *toenemende* ~ rising crime
misdeeld poor; handicapped (in life), *(soms)* disinherited, dispossessed, disadvantaged, deprived; ~ *van* deficient (lacking) in; *de ~en* the poor (destitute, deprived, disadvantaged)
misdienaar server, acolyte, altar boy
misdienst (celebration of) mass
'misdoen do [s.t.] wrong(ly)
mis'doen offend, do wrong, sin; *ik heb niets misdaan* I've done no wrong; *iem iets* ~ do a p. an injustice
misdragen: *zich* ~ misbehave
misdraging misdemeanour
misdrijf (criminal, indictable) offence, misdemeanour; *(ernstig)* felony; *zie ook* spel
misdrijven *zie* mis'doen
misdruk 1 *(morsvel)* mackle, macule, spoilt sheet, spoilage, printer's waste; **2** *(boek)* reject, bad copy
misduiden misinterpret, misconstrue, misread
mise *(bij spel)* stake; *(v wijn)* bottling
mise-en-page layout
mise-en-scène 1 mise-en-scene, stage setting, staging; **2** frame-up; *vgl* ensceneren
miserabel miserable, wretched, rotten; *zie ook* beroerd & ellendig
misère misery, misfortune; *(bij kaartspel)* misère; *het is weer* ~ everything is going wrong again; *wat een* ~ what a sad (terrible) state of affairs, what a wretched business; *in de ~ zitten* be in (great) misery
miserere miserere
misericordia misericord
miserie misery
misgaan *zie* mislopen I
misgeboorte 1 miscarriage, (spontaneous) abortion; **2** *(med)* monstrum; **3** *(fig)* abortive undertaking
misgewaad mass vestments
misgewas crop failure
misgissen, misgokken guess wrong
misgooien miss
misgreep mistake, blunder, slip
misgrijpen 1 *(lett)* miss one's hold (aim, target, etc), get hold of the wrong thing; **2** *(fig)* miss one's mark; blunder
misgunnen (be)grudge, envy [a p. s.t.]; *zie ook* gunnen: niet ~
mishagen I *ww* displease [it displeases me]; **II** *zn* displeasure
mishandelen ill-treat, ill-use, maltreat; batter [one's wife]; abuse, misuse [a tool]
mishandeling ill-treatment, maltreatment, ill-usage
mishemd alb
miskelk chalice
miskennen misjudge, undervalue, fail to appreciate; *niet te ~, zie* onmiskenbaar; *miskend* misunderstood [genius], neglected [talent], unsung [hero]; *miskende onschuld* [an air of] injured innocence
miskenning want of appreciation, misjudgement
miskleun, miskleunen blunder
misklokje sacring bell
miskocht *zie* bekocht
miskoop bad bargain, bad buy
miskraam miscarriage
misleiden deceive, circumvent, impose on, mislead, hoodwink; play [a p.] false; *zichzelf* ~ deceive o.s.
misleidend deceptive
misleider impostor, deceiver
misleiding imposture, deception, deceit
mislopen I *intr* go wrong (the wrong way); *(fig ook)* go awry [everything went wrong, awry], miscarry, fall through; **II** *tr* miss [a p., s.t., each other]; *ik had het niet graag willen* ~ I would not have missed it for anything; *zie ook* carrière
mislukkeling failure, misfit, drop-out
mislukken miscarry, fail; *(ve plan ook)* fall through, fall to the ground; *(v onderhandelingen)* break down; *het is hem mislukt* he has not succeeded in it; *het plan mislukte totaal* ... ... was a complete failure; *alles mislukte* went wrong (*of:* awry); *mislukt* unsuccessful [politician], abortive [attempt, conference], failed [actor]; *als onderwijzer was hij mislukt* he was a failure as a teacher; *doen* ~ wreck [the conference]
mislukking failure, miscarriage; breakdown [of negotiations]; *totale* ~ complete failure; *(fiasco)* flop
mismaakt deformed, misshapen
mismaaktheid deformity
mismaken disfigure, deform
mismoedig disheartened, discouraged, dejected
mismoedigheid discouragement, dejection
misnoegd displeased [*over* at, with], disgruntled, dissatisfied, discontented; *~en, (ook)* malcontents
misnoegdheid, misnoegen displeasure, dissatisfaction, discontent(edness)
misoffer sacrifice of the mass
misogamie misogamy
misogynie misogyny
misoogst bad harvest, crop failure
mispakken *zie* misgrijpen; *zich* ~ be wrong (mistaken), get [a thing] wrong
mispel 1 medlar; **2** medlar tree
misplaatst misplaced [faith], mistaken [pity], misdirected [sympathy], inappropriate [remark], [be] out of place
misprijzen disapprove of, condemn; *een ~de blik* a disapproving look, a look of disapproval; *~d* disparaging(ly)
mispunt 1 *(pers)* rotter, pain, stinker; *zo'n ~!* the beast!; **2** *(bilj)* miss; *een ~ maken, (bilj)* miss the ball
misraden guess wrong
'misrekenen miscalculate, make a mistake (be out) in one's calculations
mis'rekenen: *zich* ~ be out in one's reckoning (one's calculations); *(fam)* slip up [that's where he slipped up *daarin* ...]
mis'rekening miscalculation
miss beauty queen; ~ *Holland* Miss Holland
missaal missal, mass book

misschapen misshapen, deformed
misschien perhaps; maybe; *zoals u ~ weet, (ook)* as you may know; *het zal ~ nooit bekend worden* it may never be known; *ken je hem ~?* do you happen to know him?; *bent u ~ meneer B?* are you Mr B by any chance?
misschieten miss, miss the mark (one's aim)
misschot miss
misselijk 1 sick, queasy; *zo ~ als een kat* as sick as a dog; *je wordt er ~ van* it makes you (feel) sick *(ook fig)*, it is nauseating; **2** *(fig)* sickening, disgusting, beastly, revolting, nasty [stuff *goedje*], rotten [thing to do *streek*]; *wat ~!* how beastly!, how perfectly horrid!; *dat is niet ~* that's no small matter (quite something)
misselijkheid nausea, sickness
missen I *tr* **1** *(niet treffen, enz)* miss [the mark, a p., the train, boat, one's way, an opportunity *kans*, one's vocation *roeping*]; *zijn* ***uitwerking*** *~* be ineffective, fail of its effect; *(ve toneelstuk, enz)* fall flat; *de rede miste haar (zijn woorden misten hun) uitwerking niet* the speech had a marked effect (his words went home); *goede woorden ~ hun uitwerking op hem* good words are lost (up)on him; *geen* ***woord*** *~ van een rede* not miss a word of a speech; *een* ***les*** *(een dag school) ~, (verzuimen)* lose a day's school; *je hebt niet veel gemist, (het was niet veel bijzonders)* you haven't missed much; *zie ook* doel; **2** *(het stellen zonder)* spare [money, a p.], dispense with, do without; ***kunt*** *u dit boek een uurtje ~?* can you spare (me) this book for an hour?; *ik kan het niet ~* I can't do without it; *hij kan slecht gemist worden* he can ill be spared; *hij kon het geld slecht ~* he could ill afford the money; *ze moest haar ouders erg vroeg ~* she lost her parents very young; **3** *(kwijt zijn)* miss [one's keys, money from one's purse]; **4** *(niet hebben)* lack [wisdom, courage], be without [his father's sense of humour]; **5** *(het gemis voelen van)* miss [an old friend; he won't be missed]; *zonder het geld te ~* [she could have helped him] and never missed the money; **II** *intr* miss; fail [of one's purpose]; *(sp)* give a miss; *het schot miste* the shot went wide; *dat* ***kan niet*** *~* it is bound to happen; *je kunt niet ~* you cannot lose your way, you can't miss it; *het kan niet ~ of hij komt* he is sure to come; *er ~ er 30* thirty are missing; *er mist een knoop van je jas* your coat has a button missing
misser miss; mistake, failure, blunder
missie(post) mission
missiewerk missionary work
missiewetenschap, missiologie missiology
missionaris missionary [do missionary work]
missive missive, official letter
misslaan miss; *zie ook* [1]bal 1 & plank
misslag miss; mishit; *(fig)* error, fault
misstaan *(v kleding)* not become, not suit [a p.]; *(fig ook)* be unbecoming [a p., of a p.], misbecome [a p.]
misstand abuse, evil; *zie ook* kaak
misstap false (wrong) step, misstep; *(fig ook)* [moral] lapse, slip, faux pas; *een ~ doen, (eig) zie* misstappen *(fig, ook: begaan)* make a false step; *zonder een enkele ~* without putting a foot wrong
misstappen make a false step, miss (lose) one's footing
misstelling (typographical) error, misprint; *herplaatsing wegens ~* amended advertisement (notice)
missverkiezing beauty contest
mist 1 fog; *(nevel)* mist; *door ~ opgehouden (ingesloten)* fog-bound; *de ~ ingaan, (fig)* come to nothing, fail, flop; *zie ook* hullen; **2** *zie* mest
mistachterlicht rear fog lamp
mistasten 1 miss (one's target, aim, purpose), get hold of the wrong thing; **2** make a mistake, blunder
mistbank fog bank, fog patch, patch of fog
mistel mistletoe
mistellijster mistle thrush
misteltak mistletoe (branch, bough)
misten be foggy, be misty; *het mist erg* there is a thick (dense) fog, it is very foggy
mistgordijn blanket of fog
misthoorn foghorn
mistig foggy, misty
mistlamp, mistlicht fog lamp, foglight
mistroostig disconsolate, dejected, despondent, sick at heart; *... zei hij ~ ...* he said sadly
mistroostigheid disconsolateness, dejection, despondency
mistrouwen *ww & zn* distrust, mistrust
mistrouwig distrustful
misvatten misunderstand
misvatting misunderstanding, misconception, [common] fallacy, fallacious argument
misverstaan misunderstand, misapprehend, misconstrue; *elkaar ~, (ook)* be at cross-purposes
misverstand misunderstanding, [act under a] misapprehension
misvormd misshapen, malformed, deformed, disfigured
misvormdheid deformity
misvormen deform, disfigure
misvorming malformation, deformation, disfigurement
miswijn sacramental wine
miswijzing *(vh kompas)* deviation (of the compass), (magnetic) declination, variation
miszeggen: *daaraan heb ik toch niets miszegd?* there's nothing wrong in what I said, is there?
miszitten be wrong, have got it wrong
mitaine mitt
mitella sling
mitigeren mitigate
mitochondriën mitochondria (*ev:* -ion)
mitose mitosis
mitrailleren machine-gun
mitrailleur 1 machine-gun [fire, nest]; **2** machine-

gunner
mitrailleurpistool machine-pistol
mits I *vw* **1** provided (that), on the understanding that; ~ *onverkocht* subject to being unsold; ~ *dezen, (vero)* by these presents, hereby; **2** *(inz Z-Ned)* at [£50], on [payment]; **3** *(soms)* unless; **II** *zn* proviso, condition; *er is een ~ bij* there is a condition attached
mitsdien consequently, therefore
mitsgaders *(vero)* together with
mixage mix
mixen mix
mixer mixer; *(apparaat ook)* blender
mixtuur *(med & muz)* mixture
MKZ foot-and-mouth (disease)
mld afk van *miljard* bn
mln afk van *miljoen* m
mms *(hist) middelbare meisjesschool* girls' high school
mnemonisch mnemonic
mnemotechniek mnemonics, mnemotechnics
m.o.-akte (secondary school) teaching certificate
mobiel mobile; *~e belasting* live load; *~e eenheid* riot police; *~e telefoon, ~tje* mobile (phone); *~ bellen* mobile phoning; *ik bel ~* I'm on my mobile
mobilisatie mobilization
mobiliseren mobilize
mobiliteit [horizontal, job, labour, social] mobility
mobilofoon mobile CB radiophone
mobilofoontaxi radio-controlled taxi
mocassin moccasin
mocht *ovt van* mogen
modaal 1 modal; **2** *(gemiddeld)* average [income]; *Jan Modaal, (vglb)* the typical wage earner, Mr Average
modaliteit 1 modality; **2** *(beding)* stipulation
modder mud, mire, sludge; *(sneeuw~)* slush; *zo vet als ~, zie* moddervet; *met ~ gooien, (ook fig)* fling (sling) mud [*naar* at]; *door de ~ halen* drag (*of:* trail) [a p.'s name] in the mud; *zie* zitten
modderaar(ster) bungler
modderbad mudbath
modderbank mudbank, mudflat
modderen *zie* baggeren, schipperen & knoeien
modderfiguur [cut a] sorry figure
modderig muddy, miry; slushy, *(en glad)* greasy; *vgl* modder
modderkruiper loach
modderkuil mudhole
modderplas puddle
modderpoel *(ook fig)* slough, quagmire
modderschuit mud scow, mudboat; *(bij baggermachine)* hopper (barge); *zie ook* vlag
moddersloot muddy ditch
moddervet extremely fat, gross, podgy [child]
moddervulkaan mud volcano
mode fashion, mode, style; *de ~ aangeven* set the fashion; *~ worden* become the fashion; *(muz)* mode; *dat is nu de ~* that is the fashion (the vogue, *fam*; all the rage) now; *die hoeden zijn in de ~* are the fashion, are in fashion; *in de ~ komen* come into fashion, come in, become fashionable; *in de ~ brengen* bring into fashion; *met de ~ meedoen* follow the fashion; *naar de nieuwste ~* after (in) the latest fashion, in the height of fashion; *uit de ~ raken* go (fall) out of fashion, go out, become old-fashioned; *uit de ~ zijn* be out of fashion
modeartikel 1 fancy article, novelty; **2** fashion accessory
modeblad fashion magazine
modegek dandy, fop
modegril freak of fashion
modehuis *zie* modezaak
modekleur fashionable colour
model I *zn* model; pattern; cut [a suit of a fashionable cut]; *(ve kunstenaar ook)* sitter; *uit z'n ~ raken* lose its shape; *~ van beleefdheid* model (pattern) of politeness; *o, jij bent een ~!, (iron)* oh, you're a fine one!; *alle naar één ~ gemaakt* all cut on (turned out to) a pattern; *naar ... model, (ook)* on [foreign] lines; *hun universiteiten nemen de onze tot ~* their ... model themselves (are modelled) on ours; *~ staan voor* serve as a model for; **II** *bn* **1** *(voorbeeldig)* model [landlord, mother]; [his conduct was] exemplary; **2** *(miniatuur)* model [car, train]
modelactie work-to-rule; go-slow strike
modelboerderij model farm
modelbouw model making
modelechtgeno(o)t(e) ideal (model) husband (wife)
modeljapon [Paris] model dress
modelkamer showroom
modelkleding *(mil)* regulation dress
modellenbureau model agency
modelleren model [*naar* on], mould, fashion
modelleur modeller
modeltekenen model drawing
modelwoning showhouse, showhome
modem modem
modemagazijn *zie* modezaak
modeontwerper fashion designer
modeplaat fashion plate
modepop 1 fashion plate; **2** dandy, fop
moderamen synodal board
moderatie moderation
moderato *(muz)* moderato
moderator moderator
modern modern; modernistic [theology, doctrine], modernist [movement]
moderne modern [the moderns], modernist
moderniseren modernize, bring up to date
modernisering modernization
modernisme modernism
moderniteit modernity
modeshow fashion (mannequin) parade, dress show
modesnufje [the latest] craze, novelty
modest modest

modestie modesty
modevak fashion (business)
modevakschool school of dress design
modeverschijnsel fashion
modewinkel *zie* modezaak
modewoord vogue word
modezaak fashion house; *(dames)* dress shop; *(heren)* gentlemen's outfitter's (shop)
modieus fashionable, stylish, modish
modificatie modification
modificeren modify
modinette dressmaker
modisch modish
modiste milliner, modiste
modulair modular [courses]
modulariseren modularize
modulatie modulation
modulator modulator
module *zie* modulus
moduleren modulate
modulus 1 module, building block; **2** *(wisk)* modulus
modus 1 *(wisk)* mode, modal value; **2** *(tlk)* mood; **3** *(muz)* mode; **4** ~ *operandi (vivendi)* modus operandi (vivendi); *we moeten een ~ vinden* we'll have to come to some arrangement [about ...]
moduul *zie* modulus
moe I *bn* tired, fatigued, weary; *je ziet er ~ uit, (ook)* you look worn out; *ik ben het (het lezen) ~* I am tired of it (of reading); *ik ben ~ van het lezen* I am tired with reading; *het leven ~* weary of life; *~ in de benen* leg-weary; *zich ~ lopen* tire o.s. (out) with walking, *(sterker)* walk one's legs off; *zo ~ als een hond* dog-tired; ~ ***maken*** tire (out); *hij* ***wordt*** *(het) nooit ~ ernaar te kijken* he never tires of looking at it; **II** *zn zie* moeder & nou
moed courage, heart, spirit, nerve; *met nieuwe ~* with fresh courage; *met nieuwe ~ bezielen* put new heart into [a p.]; *al zijn ~* ***bijeenrapen*** muster up courage, summon up (one's) courage, screw up (one's) courage, take one's courage in both hands; ~ ***geven*** *(inspreken)* encourage, buoy up, put (fresh) heart into, hearten [a p.], *(fam)* buck [a p.] up; *zie ook* burger; *hij* ***heeft*** *de ~ niet om ... (er niet toe)* he cannot nerve himself to ... (to it); *ik heb de ~ niet om iemand te ontvangen* I don't feel up to seeing anyone; *ik dacht dat je meer ~ had* I thought you had more pluck; ~ ***houden*** remain cheerful (in good heart); *houd ~!, (ook, fam)* never say die!, keep your tail up!, keep smiling!; *de ~ erin houden* keep one's (a p.'s) spirits up, keep a p. in heart; *... om de ~ erin te houden* [I'll have a whisky and soda] to buck me up; *de ~ van zijn* ***overtuiging*** the courage of his convictions; ~ ***scheppen (vatten)*** take courage, take heart, pluck (muster) up courage; *de ~* ***verliezen*** *(opgeven, laten zinken)* lose heart [*(ook)* his heart failed him]; *blij* ***te*** *~e* in high spirits, *(fam)* in high feather; *je kunt je (in)denken hoe ik te ~e was* you may imagine how I felt; *zie ook* begeven & nodig
moëddzin muezzin
moede *zie* moe I & moed: te ~e
moedeloos dejected, dispirited, despondent, out of heart, disheartened; *hij werd ~, (ook)* his heart sank
moedeloosheid dejection, dejectedness, despondency
moeder mother; *(aanspr)* mother, mum(my); *(ve dier, inz paard), (ook)* dam; *(ve gesticht)* matron; *~ de vrouw, (fam)* the wife, the missis (missus); *~ Aarde* mother earth; *Moeder Gods* Mother of God; *~tje* little mother (*ook fig:* the girl was the little mother of the household); *(besje)* old woman; *(aanspr)* my good woman; *~tje spelen* play at mothers; *~tje spelen over iem* mother a p.; *zie ook* [1]gans & [2]kant
moederband 1 maternal bond; **2** master tape
moederbedrijf parent company
moederbinding mother-fixation
moederblad master
moederborst mother('s) breast; *aan de ~ gevoed* breast-fed
moedercursus maternity class
moederdag Mother's Day; *(kerk)* Mothering Sunday (4th Sunday in Lent)
moederdier 1 mother (animal), *(vee, inz paard)* dam; **2** (over-)anxious mother
moederen mother [over two infants]
moedergekje mammy-sick child
moedergesteente matrix, gangue
moederhart mother('s) heart
moederhuis 1 mother house, mother convent; **2** maternity ward
moederkerk mother church
moederklok master clock
moederklooster *zie* moederhuis
moederkoek placenta
moederkoren ergot
moederkruid (common) feverfew, pyrethrum
moederland mother (native) country, homeland; *in het ~* at home
moederlief dear mother; mother, darling; *daar helpt geen ~ aan* there is no help for it, that cannot be helped
moederliefde maternal love, mother(ly) love
moederlijk motherly, maternal; *zie ook* erfdeel
moederloog mother lye
moederloos motherless
Moedermaagd Virgin Mother, Holy Virgin
moedermaatschappij parent company
moedermavo school for secondary adult education
moedermelk mother's (*of:* breast) milk; *hij heeft het met de ~ ingezogen, (vglb)* he has learned it at his mother's knee
moedermoord(er) matricide
moedernaakt stark naked, mother-naked
moeder-overste mother superior
moederplant 1 mother plant; **2** mother of thousands, Aaron's beard

moeders mother, mum
moederschap motherhood, maternity [allowance, leave, welfare]; *opleiden voor het ~* train [girls] in mothercraft
moederschip mother (parent, depot) ship
moederschoot 1 mother's lap; **2** *(baarmoeder)* womb
moederskant *zie* ²kant
moederskindje mother's darling, mammy's boy, mollycoddle
moedersleutel master key, pass key
moedersmoeder (maternal) grandmother
moederstad *(geboortestad)* native town (city)
moederszijde *zie* ²kant
moederszoontje *zie* moederskindje
moedertaal mother (*of:* native) tongue, native language, vernacular
moedervlek birthmark, mole, *(wtsch)* naevus
moederzielalleen quite alone, [I am] on my lonesome
moederzorg mother's (maternal) care; *(zorg voor moeders)* mothercare
moedig courageous, valiant, plucky; *~ op zijn post blijven* stick gamely to one's post; *vgl* dapper
moedwil 1 wantonness; *uit ~* from love of mischief, wantonly; *uit dolle ~* from sheer devilment; **2** *(opzet)* wilfulness; *met ~* on purpose
moedwillig 1 wanton; **2** *(opzettelijk)* wilful [commit wilful damage]; *zie ook* moedwil: met (uit) ~
moedwilligheid *zie* moedwil
moeflon mouflon
moefti mufti
moegestreden battle-weary; (mentally, spiritually) exhausted
moeheid fatigue *(ook van metalen, enz)*, weariness
moei *(vero)* aunt
moeien trouble, annoy; *iem ~ in* mix a p. up in, involve a p. in; *zie ook* bemoeien & gemoeid
moeilijk I *bn* difficult [task, child, language; difficult to see], hard [task, lot, times; hard to believe], arduous [task], stiff [task, proposition], trying [situation], *(lastig)* troublesome [child]; *zie ook* begaanbaar, benard, lastig & netelig; *het ~e kind, (ook)* the problem child; *hij had het ~* he had a rough time; *~ werk(je)* uphill work, tough job; *~* ***doen*** make difficulties (*over* about); *~ te* ***genaken*** difficult of access; *het ~* ***vinden*** *te ...* find it difficult to [sell the goods], find difficulty in ...ing; **II** *bw* with difficulty; *(bezwaarlijk)* hardly; *zie ook* bezwaarlijk
moeilijkheid difficulty, trouble, *(fam)* headache; *(verlegenheid) (ook)* scrape; *dat is juist de ~* that's the snag; ***in*** *~ verkeren (zitten)* be in trouble (a scrape, a tight corner, a fix, a hole), be in hot water; *in geldelijke moeilijkheden* in financial difficulties (straits); *in moeilijkheden brengen* get [a p., o.s.] into trouble, land [a p.] in difficulties; *hij bracht zichzelf in moeilijkheden* he got himself into a mess; *in moeilijkheden geraken* get into trouble (into hot water); *iem* ***uit*** *een ~ helpen* help a p. out (of a difficulty); *we zijn uit de moeilijkheden* we are out of the wood
moeite *(last)* trouble, difficulty; *zie ook* last; *(inspanning)* trouble, pains, labour; *het is de ~* ***waard*** it is worth while; *de ~ waard om te zien (naar te luisteren)* worth seeing (listening to) [if a thing is worth doing it is worth doing well]; *dat (die) de ~ waard is, (ook)* worthwhile [present, experiment]; *dank u voor de ~* thank you very much!, sorry to have troubled you; *het is de ~ niet (waard)* don't mention it!, no trouble (at all)!, you're welcome!; *het is de ~ (waard)!, (iron)* don't make such a song and dance about it!; *als het niet* ***te veel*** *~ is* if it is not too much trouble; *~* ***doen*** take pains (trouble), try, exert o.s.; *veel ~ doen om te ...* take (be at) great pains to ..., lay o.s. out to ..., go out of one's way to ...; *doe geen ~!* don't bother (trouble)!; *je hoeft geen ~ te doen om me te halen* you need not trouble to ...; *vergeefse ~* wasted effort; *vergeefse ~ doen* lose one's labour; *~ doen op* take trouble with [one's lessons]; *zich de ~* ***geven*** *om te ...* take the trouble (pains) to ..., trouble [he did not trouble to lower his voice; he scarcely troubled to conceal his surprise]; *zich een hoop ~ geven om ...* go to a lot of trouble to ...; *hij gaf zich (veel) ~ om zijn afwezigheid te verklaren* he was at (great) pains to explain his absence; *iem heel wat ~ geven* put a p. to (give a p.) great trouble; *geef je om mij al die ~ niet* don't put yourself out on my account; *~* ***hebben*** *te ...* have difficulty in ...ing, find it difficult to ...; *hij had er verbazend veel ~* ***mee*** he had a lot of trouble with it; *~ hebben met de uitspraken van ...* find it hard to stomach (accept) ...; *geen ~ hebben met* have no problem(s) with; *ik had grote ~ hem te sussen (niet te huilen)* I had great difficulty in soothing him, it was all (as much as) I could do to soothe him (not to cry, to keep from crying); *de grootste ~ hebben (ook)* be hard-put (to it) [to find the money]; *de ~* ***nemen,*** *zie* zich de ~ geven; *geen ~* ***ontzien*** spare no pains; *~* ***veroorzaken (berokkenen)*** give [a p.] trouble; *veel ~ veroorzaken* put to great pains (trouble); *dat gaat* ***in*** *één ~* ***door*** [let's fix the aerial] while we're here (while we're about it); ***met*** *~* with difficulty; only just; hardly; *ze kregen met ~ hun duikpakken aan* they struggled into their wetsuits; *met de grootste ~ ademhalen* have great difficulty in breathing; *ik kon haar slechts met de grootste ~ bijhouden* it was all I could do to keep up with her; ***zonder*** *~* without difficulty; *zie ook* kosten & lonen
moeiteloos effortless
moeitevol toilsome, difficult, hard; laboured [breathing]
moeizaam laborious, tiring, fatiguing; with great difficulty; *zich ~ voortslepen* plod along heavily
moeke mummy
moer 1 mother; *(ve dier, vooral paard, ook)* dam; *naar zijn ouwe ~, (sl)* to blazes; *geen (ene) ~* not a damn, damn-all; *zie ook* moerkonijn, moervos, ²mal &

schaften; **2** *(bezinksel)* sediment, dregs, lees; **3** *(schroef~)* nut; **4** *(veen)* peat (bog, soil)

moeras marsh, swamp, morass, bog; *(fig)* [the financial] morass [into which we are drifting]

moerasgas marsh gas, methane

moeraskoorts malaria

moerasland marshland

moeraspalm nipa

moerasschildpad terrapin

moerassig marshy, boggy, swampy

moerasspirea meadowsweet

moerasvogel marsh bird

moerbei mulberry

moerbeiboom mulberry (tree)

moerbout bolt

moeren wreck, spoil

moerkonijn doe-rabbit

moerschroef nut, female screw

moersleutel spanner, *(Am)* wrench; *verstelbare ~* wrench, adjustable spanner (*Am:* wrench)

moerstaal mother tongue; *spreek je ~* say it in (plain) Dutch (English, etc)

moervos vixen

moes pulp, mash; stewed fruit or vegetables; *zie ook* appelmoes & boerenkool; *tot ~ koken* boil to mash; *iem tot ~ slaan* beat a p. to a jelly, knock the stuffing out of a p.

moesappel cooking apple

moesgroente green (leafy) vegetables

moesje 1 *(moeder)* mummy, mammy; **2** *(op stof)* spot; *(pronkpleistertje)* beauty spot

moeskruid pot-herb

moesson monsoon

moest *ovt van* moeten

moestuin kitchen garden, vegetable garden

moet spot, stain; *(indruksel)* dent, mark

moeten I *ww* **1** *(willen)* want, need; *ik moet een pond suiker hebben* I want a ...; *wat moet jij (hier)?* what are you after?; *wat moet je (van mij)?* what do you want (with me)?; *wat moet dat boek hier?* what is that book doing here?; *wat moet dit voorstellen?* what is this supposed to represent?; *wat hij moest* [he was asked] his business; [I wondered] what he was after; *moet je mij* ***hebben****?, (fam)* here, who are you getting at?; *ik moet niets van die moderne ideeën hebben* I don't hold with those ...; **2** *(verplicht zijn)* be obliged (forced, compelled) to, have to; *(soms)* do [where do I sit?, what do I wear?, do I give her a present?, how do I use it?]; *hij wil niet? hij móét!* he won't? he's got to!; *(afspraak, schikking)* be to [I am to meet him to-night]; *(in niet-samengestelde tijden)* must, should, ought to; *wel,* ***als*** *ik moet, dan moet ik* well, if I must, I must; *zie ook* nodig; **3** *(nodig, noodzakelijk zijn, behoren)* must, want, have to; *wat moet zijn, moet zijn* what must be, must be; *ik moet naar de keuken* I must be off to the kitchen; *mijn ketting moet gesmeerd (worden)* my ... wants (needs, is due for) oiling; *hij moet in het oog worden gehouden* he wants watching; *het huis moet nodig geverfd (worden)* the house badly needs a coat of paint; *je moet eens naar mij luisteren* just listen to me, will you?; *hij moe(s)t het weten, (behoort, behoorde)* he should (ought to) know; *moet je je moeder voor de gek houden, a)* are you trying to ...; *b)* ought you to ...; *ik móét £50 hebben, (heb beslist nodig)* I've got to have £50; ***als*** *je móét roken, ...* if you must smoke, [at least use the ashtray]; *als het moe(s)t* if it has (had) to be done, [there is room for 20 people] at a pinch; ***het*** *moet* there is no help for it, it cannot be helped, it has got to be done; ***hoe*** *moet het nu met ...* now what('s to be done) about ...; *hoe lang moet dit nog duren?* how long is this going to last (to go on)?; *je* ***moest*** *nu maar gaan* you had better go now; *hij moest eens een standje hebben* he ought to be given a talking-to; *het moest niet mogen* it shouldn't be allowed; *het moest grappig klinken* it was meant to be funny; *ik moet de man* ***nog*** *zien die ...* I have yet to see the man who ...; *de* ***trein*** *(de boot) moet om vijf uur* ***vertrekken*** the train is due to leave (the boat is due out) at five; ***waar*** *moet het geld* ***vandaan*** *komen?* where is the money to come from?; *ik moe(s)t zijn moed* ***wel*** *bewonderen* I cannot (could not) but admire ...; *ik moest (wel) lachen* I couldn't help laughing, I had to laugh; *zulke kwesties ~ zich wel voordoen* such questions are bound to arise; *het moest wel uitkomen* it was bound to ...; *zo'n rede moet de menigte wel aangrijpen* cannot fail to stir the crowd; *je moet* ***weten*** *dat hij ziek is* he is ill, you know; *hij moet dominee* ***worden*** he is intended for the Church; *de lijst moet herzien worden* is due for revision; *je moet timmerman* ***zijn*** *om ...* it takes a carpenter to ...; *ik moet morgen (weer) in A zijn* I am due (back) in A tomorrow; *hier ~ we zijn, (hier zijn we waar we wezen ~)* here we are; ***wat*** *moet dat?* what's all this (about)?; **4** *(mogen)* like; *ik moet hem niet* I don't like him; **5** *(hulpww v wijze)* must, be said (supposed) to; *hij moet een knappe vent zijn* he is said to be a clever fellow; *de stad moet in brand staan* the city is reported to be on fire; **II** *zn: het is* ***geen*** *~* it's not a case of must; *vgl* heilig

moetje *(fam)* shotgun wedding (marriage)

Moezel Moselle

moezelwijn Moselle (wine)

moezen I *tr* mash, pulp; **II** *intr (v aardappelen)* boil to mash, get mushy

moezjiek muzhik

mof 1 muff; **2** *(aan machine)* sleeve, socket; **3** *(min voor Duitser) (sl)* Jerry, *(inz Am)* Kraut; *(1914-18)* Boche, Hun; *zwijgen als een ~* be (as) silent as the grave

moffel muffle

moffelen 1 *(techn)* enamel, stove; **2** *(weg~)* spirit away, secrete

moffeloven enamelling oven, muffle furnace

moffenpijp *(plantk)* birthwort

Moffrika Germany, *(Am)* Krautland

mogelijk I *bn* possible; feasible; potential [customers]; ~ *voor hem* [the sort of life] possible to him; ~ *maken* make possible, enable; *al* ***het*** *~e doen* do everything possible, do all that is possible; ***alle*** *~e excuses* every possible (imaginable) excuse, all possible excuses; *alle ~e hulp* all possible (all sorts of) help; *op alle ~e manieren* in every possible way; *op alle ~e en onmogelijke plaatsen* in all likely and unlikely places; ***bij*** *~e problemen* in case of problems; *het* ***enig*** *~e* the only possible thing, the only thing possible; *het* ***grootst*** *~e aantal* the greatest possible number; *je* ***houdt*** *het niet voor ~!* what on earth next!, wonders never cease!; *het* ***is best*** ~ it is quite possible, it's quite on the cards; *het is best ~ dat hij de schuldige is, (ook)* it is quite possible for him to be (*of:* that he is) the culprit; *hoe is het ~!* well, I never!, you don't say so!; *het is me niet* ~ it is impossible for me, I cannot possibly do it; *het is niet ~ dat hij het gedaan heeft* he cannot possibly have done it; *om het ~ te* ***maken*** *dat de goederen Londen op tijd bereikten* to allow for the goods to reach London in time; ***zo*** ~ if possible; *zo eenvoudig* ~ as simple as possible; *een zo nauw ~ contact* as close a contact as possible; *met de kleinst ~e kosten* at the smallest possible cost; ***zo goed*** ~ to the best of (one's) abilities, as well as circumstances will allow; *ik sukkelde zo goed ~ voort* I jogged on as best I could; ***zoveel*** ~ as much (many) as possible; II *bw zie* mogelijkerwijs

mogelijkerwijs possibly; *(wellicht)* possibly, perhaps; *~ heeft hij me gezien* he may have seen me

mogelijkheid possibility; *(mogelijke gebeurtenis) (ook)* eventuality; *mogelijkheden om een vak te leren* facilities ...; *mogelijkheden die in iets besloten liggen* potentialities; *het plan biedt zeker mogelijkheden* offers prospects (of success), has considerable potential; *de ~ om te emigreren* the possibility of emigrating; *ik kan met geen ~ zeggen waarom* I cannot for the life of me (cannot possibly) say why; *er is een kleine ~ dat ...* it's just possible that ...

mogen I *vol ww* **1** *(houden van)* like, be fond of; *ik mag hem graag* I am very fond of him, I quite like him; *zij ~* ***elkaar*** *niet* there is no love lost between them; *maar dat mag ik* ***wel*** [he is a tough customer,] but I like them that way (I don't mind that); *ik mocht hem wel* I rather liked him; **2** *(verlof, enz hebben)* be allowed (permitted); *(ott)* may; *... Dat mag ook wel ...* ['That's a beautiful bronze.'] 'It ought to be, [I gave £900 for it]'; *in de liefde mag* ***alles*** all is fair in love and war; *alles mag* anything goes, (there are) no holds barred; *je mag hier* ***niet*** *roken* you may not (*sterker:* must not) smoke here; *ik mag niet van Moeder* Mother won't let me; *dat mag niet* you can't (you're not allowed to) do that; *ik rook niet meer, mag niet van de dokter* I never smoke now, doctor's orders; *mag ik mij even verkleden?* do you mind if I change?; *ik mocht een gesprek met hem hebben* I was privileged to have a talk with him; *hij mocht het geheim niet openbaar maken* he was not at liberty to divulge the secret; *hij mocht niet gaan* he was not allowed to go; *maar dat mocht je niet* but then you shouldn't have; *het mocht niet (heeft niet ~) zijn* it was not to be; *er ~* ***zijn*** show up well, make a good impression; *die snoek mag er zijn* that pike is a beauty (a whopper); some pike, that!; *wat geven? het* ***mocht wat!*** out of the question!; *(een vriendelijke man?) het mocht wat!* kind indeed! the devil he is!; *eerlijk? het mocht wat* honest? not on your life; II *hulpww: wat er ook* ***moge*** *gebeuren* happen what may; *hoe dat ook moge zijn* be that as it may; however that may be; *voor verdere gegevens moge worden verwezen naar ...* for further information the reader is referred to ...; *je mag wel voortmaken* you had better hurry; *het huis mag wel eens geverfd worden* the ... could do with a coat of paint; *dat mocht je echt wel weten* you really ought to know that; *ik mocht wel eens weten ...* I should like to know ...; *wie is hij? dat mag je wel vragen* who is he? who (is he) indeed!; ***mochten*** *er brieven voor me komen, stuur ze dan s.v.p. door* should any letters come for me, please ...; *mocht dat het geval zijn, (ook)* if so; *als je het niet mocht weten* in case you don't know; *zie ook* geluk, [2]horen, enz

mogendheid power [the Great Powers]

mogol [the Great (Grand)] Mogul

mohair mohair

Mohammed Muhammad, Mohammed

mohammedaan(s) Muhammadan, muslim

mohammedanisme Muhammadanism, Islam

Mohikaan Ma-, Mohican (*mv* -can, -cans)

moiré I *bn* moiré; II *zn* moiré, watered silk, tabby

moireren water

mok 1 *(beker)* mug; **2** *(paardenziekte)* grapes; **3** *zie* stormvogeltje

moker *(meestal v hout)* maul; *(smids~)* sledge(hammer)

mokeren hammer, strike (with a sledgehammer)

mokka mocha (coffee)

mokkel chubby woman (child); *(sl)* chick

mokken sulk, pout, nurse a grievance

mol 1 *(dier)* mole; *zie ook* blind; **2** *(muz: verlaging)* flat; *(kleine terts)* minor; **3** *(natuurk)* mole

molaar molar

Moldavië Moldavia

Moldaviër, Moldavisch Moldavian

Moldovaan(s) Moldovan

moleculair molecular [weight]

molecule molecule

molen mill; *~tje, (speelgoed)* paper windmill; *hij loopt met ~tjes* he has bats in the belfry; *hij heeft een klap (slag, tik) van de ~(wiek) gehad (beet), (fig)* he has a tile off, has a screw loose; *de ambtelijke ~s malen langzaam* the mills of government grind slowly; *zie ook* koren

molenaar 1 miller; **2** cockchafer; **3** *(vis) zie* [1]post & wijting; **4** *(vlinder)* white, miller

molenbeek mill-race

molenkolk millpond
molenlegger, molenligger bedstone
molenpaard millhorse; *(vrouw)* carthorse
molenrad mill-wheel
molenroede sail-arm
molensteen millstone; *(fig ook)* albatross
molentocht mill-race
molentrechter, molentremel mill-hopper
molenvang brake
molenvijver millpond
molenvliet, molenwater mill-race
molenwiek wing (sail, sweep) of a mill; *zie ook* molen
molest 1 molestation; *~ aandoen, zie* molesteren; **2** war risk, etc; *vgl* molestrisico; *vrij van ~, (mar)* free from capture (detention)
molestatie molestation, annoyance
molesteren importune, annoy [women], molest; beat up
molestrisico catastrophe risk, riot (and civil commotion) risk, war risk
molik scarecrow
molk *ovt van* melken
molkever carrion beetle
molkrekel mole cricket
mollah mullah
molleboon horsebean
mollen 1 kill, dispatch, do [a p.] in; **2** spoil, bust, wreck
mollengang mole tunnel, mole-track
mollenklem mole-trap
mollenvanger mole-catcher
mollenvel moleskin
mollig plump, chubby, soft; *(& stevig)* buxom; *met een ~ gezicht (~e wangen)* chubby-faced, chubby-cheeked
molligheid plumpness, chubbiness, softness
mollusk mollusc
molm mould; *(turf~)* peat dust
molmachtig wormeaten
molmen 1 moulder (away); **2** *(wormstekig worden)* get worm-eaten
molmig wormeaten
moloch *(fig)* Moloch
molploeg mole plough
molshoop molehill, moleheap
molsla dandelion (salad)
molteken *(muz)* flat
molton: *~ deken* thick flannel(ette) undersheet
Molukken: *de ~* the Moluccas
Molukker Moluccan
Moluks Molucca [Islands]
molybdeen molybdenum
mom mask; *onder het ~ van* under the cloak (mask, show, guise) of, under (the) cover of [humility]
mombakkes mask
moment moment *(ook natuurk); (beweging, ook)* [angular] momentum; *(koppel)* torque
momentaan, momenteel I *bn* momentary; II *bw* at the moment, for the time being, at present
momentopname 1 instantaneous photo(graph), snapshot; **2** (momentary) impression
momentschakelaar snap switch
momentsleutel torque wrench
mompelaar(ster) mutterer, mumbler
mompelen mutter [*in zichzelf* to o.s.], mumble, murmur
monade monad
monarch monarch
monarchaal monarchical
monarchie monarchy
monarchist(e) monarchist
monarchistisch monarchical, monarchist [propaganda]
monauraal monaural, monophonic
mond mouth *(ook v rivier, haven, oven, zak, put, vulkaan, enz); (v maag, buis, enz)* orifice; *(ve vuurwapen)* muzzle; *haar ~ stond niet stil* her tongue was going all the time; *heb je geen ~?* have you lost your tongue?; *~je **dicht**!* mum's the word!, keep mum (about it)!; *ik heb een **droge** mond* my mouth is (very) dry; *ze is niet op haar ~je **gevallen*** she has a ready tongue, has a tongue in her head; *zie ook* roeren; *een **grote** ~ hebben, (fig)* have plenty of cheek, be cheeky; *geen grote ~!, (fam)* none of your lip!, none of your cheek!, keep a civil tongue in your head; *een grote ~ tegen iem opzetten* cheek a p., answer back; *z'n ~ **houden*** hold one's tongue; *(niet over iets spreken, ~je dicht)* keep one's mouth shut; *hou je ~!, (ook)* shut up!, dry up!; *geen ~ **opendoen*** not open one's lips, be tongue-tied; *ze deed verder geen ~ open* she shut up tight (like a clam); *ik heb tien ~en **open te houden*** I have ten mouths to feed (to fill); *de ~en openhouden* keep the pot boiling; keep the wolf from the door; *iem de ~ **snoeren** (stoppen)* stop a p.'s mouth, shut a p. up; *dat snoerde hem de ~, (ook)* that finished him; *de ~ **vol hebben** van [ouderparticipatie, maar ...]* pay lip-service to, make a great song about; *ieder heeft er de ~ vol van* everyone is talking about it; *zijn ~ **voorbij** praten* blab; let one's tongue run away with one; *(zich vergalopperen)* commit o.s. (in speaking), put one's foot in it; *(iets verklappen)* give the game away; ***bij** ~e van* [we were informed] through [Mr ...]; *bij ~e beloven* promise by word of mouth; *leg me zulke woorden niet **in** de ~* don't put such words into my mouth; *hij gaf het mij in de ~* he put it into my mouth, he gave me my cue; *met een pijp in zijn ~* pipe in mouth, with a pipe in his mouth; *hij is ruw in de ~* he is coarse of speech; *zie ook* besterven; *met open ~* [listen] open-mouthed; *met open ~ staan kijken* stare like a stuck pig; *hij stond met de ~ vol tanden* he had not a word to say (for himself), was completely tongue-tied; *met twee ~en spreken* blow hot and cold; *iem **naar** de ~ praten* play up to a p.; *hij legde de vinger **op** de ~* he put his finger to his lips; *~-op-~-beademing* mouth-to-mouth resuscita-

tion, kiss of life; *ik heb het uit zijn eigen ~* I heard it from his own lips; *je neemt (haalt) me de woorden uit de ~* you take the words out of my mouth; *het viel mij uit de ~* it escaped me, slipped out; *iets uit zijn (uit eigen) ~ sparen* stint o.s. in s.t.; *het klinkt vreemd uit uw ~* it sounds strange coming from you; *het nieuwtje ging van ~ tot ~* the news spread (passed) from mouth to mouth; *hij zegt maar wat hem voor de ~ komt* whatever comes into his head; *zie ook* mondje, blad, brood, [2]los 5, enz

mondain mundane, worldly-minded; fashionable [women]

mondarts oral surgeon, stomatologist

mondbehoeften provisions, victuals

mondbeschermer gumshield, mouthpiece

monddelen *(ve insect)* mouth parts

monddood gagged; *~ maken* gag, silence

mondeling I *bn* oral, verbal [message]; *~e afspraak* verbal agreement; *~ examen* oral (viva voce) examination, viva (voce); *~e overlevering* oral tradition; **II** *zn (fam)* [my] oral, viva; **III** *bw* orally, verbally, by word of mouth

mond- en klauwzeer foot-and-mouth (disease)

mondharmonica mouth organ

mondharp jew's harp

mondheelkunde oral surgery, stomatology

mondhoek corner of the mouth

mondholte oral cavity, cavity of the mouth

mondhygiëne oral hygiene

mondhygiëniste dental (oral) hygienist

mondiaal worldwide, global, mondial

mondialisering globalization

mondig 1 emancipated, mature, independent; socially (politically) aware; **2** [be, come] of age

mondigheid 1 emancipation, maturity, independence; (social, political) awareness, involvement; **2** majority

monding mouth; *(ve vuurwapen)* muzzle; *zie ook* uitmonding

mondjesmaat scanty measure; *~ krijgen* be on short commons; get [s.t.] in dribs and drabs; *~ toedienen* administer by driblets

mondjevol: *een ~ Engels kennen* have a smattering of English

mondkost provisions

mond-op-mond- *zie* mond: ~-op-~beademing

mondorgel harmonica, mouth organ

mondprop gag

mondspoeling mouthwash

mondstopper gag; *(fig)* bribe

mondstuk mouthpiece; *(ve muziekinstrument, ook)* embouchure; *(ve pijp, slang, enz)* nozzle; *(ve fontein, ook)* adjutage; *(ve kanon)* chase; *(ve sigaret)* tip [gold-tipped cigarette; *zonder ~* plain cigarette]

mondtrom(mel) jew's harp

mondvol mouthful (*ook fig:* what a mouthful!)

mondvoorraad provisions

mondwater mouthwash

Monegask(isch) Monégasque

monetair monetary [policy]

monetarisme monetarism

Mongolië Mongolia

mongolisme *(med)* mongolism, Down's syndrome

mongoloïde Mongoloid

Mongool Mongol, Mongolian

Mongools Mongolian

mongooltje mongol, Down's child, Down's syndrome

monisme monism

monist(isch) monist(ic, *bw:* -ally)

monitor *(hagedis, in school, telec)* monitor; *(in school ook)* prefect; *(telec ook)* visual display unit, VDU [worker]; *(Belg univ)* student counsellor

monkelen laugh slily

monnik monk; *gelijke ~en, gelijke kappen* (what is) sauce for the goose is sauce for the gander

monnikachtig monkish, monastic

monnikenklooster monastery

monnikenlatijn monk(ish) Latin

monnikenleven monastic life

monnikenorde monastic order

monnikenwerk tedious (patient) drudgery; *~ doen, (ook)* plough the sands

monnikenwezen monasticism

monnikskap cowl; *(plant)* monkshood, aconite, wolfsbane

monnikskleed, monnikspij monk's habit

mono mono

monochord(ium) monochord

monochromatisch monochromatic

monochroom monochrome, monochromous

monocle monocle, (single) eyeglass

monocultuur monoculture

monodie monody

monofonisch mono(phonic)

monoftong monophthong

monogaam monogamous

monogamie monogamy

monogamist monogamist

monografie monograph

monogram monogram, cipher

monokini monokini

monokristallijn single-crystal [silicon]

monoliet monolith

monoloog monologue, soliloquy; *een ~ houden* soliloquize

monomaan I *zn* monomaniac, *(fam)* crank; **II** *bn* monomaniac(al), *(fam)* cranky

monomanie monomania

monomeer monomer

monoplaan monoplane

monoplegie monoplegia

monopolie monopoly; *een ~ hebben* have (hold) the monopoly of s.t. (a monopoly in s.t.)

monopoliseren monopolize

monopolistisch monopolistic

monoraal *zie* monauraal
monorail monorail
monoski monoski
monosyllabisch monosyllabic
monotheïsme monotheism
monotheïst monotheist
monotheïstisch monotheistic (*bw:* -ically)
monotonie monotony
monotoon monotonous
monotype monotype
monoxide monoxide
monseigneur monseigneur, monsignor
monster **1** monster; freak (of nature); *(attr ook)* mammoth [corporation, hotel, production, project, victory]; **2** *(handel)* sample, specimen; *(staal)* pattern; *~ zonder waarde* sample without value; *aan het ~ beantwoorden* come up to sample; *~s trekken* draw (take) samples, sample; *op ~ kopen* buy from sample; *volgens ~ zijn* be up to sample
monsterachtig monstrous; *vgl* monsterlijk
monsterachtigheid monstrousness, monstrosity
monsterboek pattern book, book of samples
monsteren muster, (pass in) review, inspect; *zie ook* aanmonsteren
monstering muster, review
monsterlijk monstrous, ghastly; *~ groot, (ook)* monster [potato]
monsterproces mass trial
monsterrol muster roll; ship's articles
monsterverbond monstrous alliance
monstrans monstrance, ostensorium
monstrueus monstrous
monstrum, monstruositeit monstrosity
montage assembling, assembly [hall, line, shop], mounting, erecting, fitting; *(film)* montage, editing; *zie ook* montering
montagebenodigdheden fittings
montagebouw prefabrication
montagefoto composite photograph, photomontage; *(politie)* photofit (picture)
montagetafel *(film)* cutting (*of:* editing) table, cutting bench
montagewagen repair van; *(v tram ook)* tower wag(g)on
montagewoning prefabricated house, prefab
montant amount
Montenegrijn(s) Montenegrin
monter cheerful, brisk, lively, sprightly
monteren **1** *(machine, enz)* assemble [a car], mount, set (put) up, erect, fit up, adjust; **2** *(schilderij, edelsteen, juweel)* mount; *(steen ook)* set [in gold]; **3** *(toneelstuk)* stage, get up, mount; *het stuk was goed gemonteerd* the play was well staged; **4** *(film)* edit, cut
montering mounting, fitting-up, erection; staging, etc, *vgl* monteren; get-up [of a play]; *zie ook* montage & uitrusting
montessorionderwijs Montessori system of education
monteur mechanic, fitter
montuur frame, mount; *(ve steen)* setting; *met gouden (hoornen) ~* gold-, horn-rimmed [spectacles]; *zonder ~* rimless [glasses]
monument monument (*voor* to [Lord K]); *(gebouw, ook)* listed building
monumentaal monumental
monumentendag: *open ~, (vglb)* Heritage open days
monumentenlijst: *op de ~ plaatsen* schedule [a building for preservation]; *het huis staat op de ~* the house has a preservation order on it, is a listed building
monumentenzorg *(vglb)* conservation; *Rijksdienst voor de M~, (vglb)* Historic Buildings and Monuments Commission
mooi I *bn* **1** *(knap, fraai)* handsome, fine, pretty, beautiful, lovely; *mijn ~e kleren* my Sunday best; *een ~ meisje* a pretty girl; *~e woorden* fine (fair) words; *wat ben je ~!* you do look smart!, how smart you look!; *zo ... dat het niet ~ meer was, (fam)* so ... that it was not even funny; *~ **maken*** beautify; *~ **zitten**, (ve hond)* beg; *zij wordt er niet **mooier** op* she is losing her looks; *moeders **mooiste** niet* [she is] no beauty; *er op zijn ~st uitzien* look one's best; *zie ook* uitzien, opdirken & opsieren; **2** *(goed, prettig; iron: lelijk)* fine, nice; *~ aanbod (cadeau)* handsome offer (present); *dat is allemaal **heel** ~, maar ...* that is all very fine (very well), but ...; *~ **met** iets zijn, (fig)* be saddled (landed) with s.t.; *daar kunnen we lang ~ mee zijn* that may be a long drawn-out business; *ik ben al drie weken ~ met die kwaal* I have been troubled with that complaint for the past three weeks; *het is **te** ~ om waar te zijn* it is too good to be true; *nu nog **mooier**!* well I never!, did you ever!, indeed!, I like that!; *kan het ~er?* can you beat that?; *het **mooist** van alles was dat ...* the best of it all was that ...; to crown it all [, she did not apologize]; *maar het ~ste komt nog* but the best (the funniest) part is still to come; **3** *(gunstig:) ~ weer* fair (fine) weather; *~ weer spelen van andermans geld* do o.s. well at somebody else's expense; ***op** zijn ~st krijgen ze tien euro* they'll get ten euros at best; *zij stelden het haar op het ~st voor* they painted her a rosy picture; *zie ook* ding, praatje, enz; II *bw* **1** *(knap, goed)* well; *daar zijn we ~ vanaf* we're well out of it; *dat heb je hem ~ gelapt* you've managed it cleverly; *ga ~ rechtop zitten* sit up nice and straight; *~ stil zitten* sit nice and still; **2** *(graad: nogal)* rather [it got to be rather late]; *je hebt de boel ~ in de war gestuurd* you've made a precious mess of it; *~ fout* quite wrong; *ik zit er ~ mee* it's put me in a proper fix; **3** *(modaliteit:) ~ niet* not on your life, no way; *ze lieten hem ~ zijn nek uitsteken* they calmly left him to ...; *zie ook* praten, enz; III *tw: ~ (zo)!* good!, (all) right!; *zie ook* mooie & moois
mooidoenerij airs and graces; *vgl* mooipraterij
mooie beauty; *wat een ~!* what a beauty!; *wel jij bent een ~!* well, you're a nice one!; *dat is het ~ ervan* that

is the beauty of it; *daarmee zou het ~ eraf gaan* that would spoil it, would take the gilt off the gingerbread

mooiheid beauty, fineness, handsomeness, prettiness

mooiigheid 1 *zie* mooiheid; **2** fine thing(s)

mooipraatster, mooiprater flatterer, fawner, wheedler

mooipraterij flattery, blarney, *(fam)* soft sawder, soap

moois fine things; *(opschik)* finery; *dat is wat ~!* that's a fine state of affairs!; *je zult wat ~ van mij denken* you'll have a nice opinion of me; *vgl* mooi

mooischrijverij fine writing

mooitjes finely, prettily

mooiweer- fairweather [friend, Liberals, sailor]

mooizitten *(ve hond)* sit (up), beg

Mookerhei: *loop naar de ~, (fam)* go to blazes; *ik wou dat hij op de ~ zat* I wish he was in hell

Moor Moor

moord murder; *(sluip~)* assassination; *de ~ op ...* the murder of ...; *~ en brand schreeuwen* cry blue murder; raise a hue and cry [against ...]; *hij weet van de ~* he knows all about it, is in the secret (the plot); *stik de ~!* drop dead!; *(uitroep & attr, sl)* terrific [chap, girl], fantastic

moordaanslag [charged with] attempted murder, attempt (up)on a p.'s life

moorddadig I *bn* **1** murderous [fight, weapon, etc]; **2** *(fig)* terrible [spectacle]; terrific [noise, fun]; *zie ook* moordend; **II** *bw* terribly, awfully

moorden commit murder, kill

moordenaar murderer, killer

moordenares murderess

moordend murderous [pace; open (keep up) a murderous fire]; punishing [climb, workload]; scorching [hot]; *~e concurrentie, (ook)* cut-throat competition

moordgeschreeuw cry (cries) of murder

moordkuil den of cut-throats; *hij maakt van zijn hart geen ~* he wears his heart (up)on his sleeve, says whatever comes first to mind

moordlust bloodlust

moordpartij massacre, slaughter

moordtoneel scene of (a, the) murder (of massacre)

moordtuig instrument(s) of murder

moordzaak murder case; murder trial

moordzuchtig murderous, homicidal

moorkop 1 black-headed horse; **2** chocolate éclair

Moors Moorish [woman], Moresque [style]

moos *(Bargoens: geld)* tin, dosh, rhino

moot fillet [of salmon, etc], slice, cut; *aan (in) ~jes hakken* chop up, slice; *(fig)* make mincemeat of [a p.]

mop 1 *(grap)* joke; *(mystificatie)* hoax; *ouwe ~* stale (well-worn) joke, chestnut; *het was een ~ (geen ernst)* it was a lark; *voor de ~* for a lark; *~pen tappen* crack jokes; *dat is juist de ~* that's where the fun comes in; *zie ook* grap; **2** *(steen)* brick; **3** *(koekje)* (kind of) biscuit; **4** *(inktvlek)* blot; **5** *(hond)* pug(-dog); **6** *~pen, (fam: geld)* tin (brass, etc; *vgl* cent); **7** *~(je), (muz)* (popular) tune; **8** *zie* moppie

mopneus pug-nose, snub nose

moppentapper wag, (regular) joker

mopperaar grumbler, grouser

mopperen grumble [*over* about, at, over], grouse, *(fam)* chunter; *stil voor zich heen ~* mouth curses

mopperig grumbling, disgruntled

moppie sweetie

moppig funny

mops(hond) pug(-dog)

mopsneus *zie* mopneus

moquette moquette

mora: *in ~ zijn (stellen)* be (declare) in default

moraal 1 *(leer, zeden)* morality; *de christelijke ~* Christian ethics; *(beginsel)* [a man without] morals; *tweeërlei (dubbele) ~* double standard of morals; **2** *(les)* moral [of a fable]; **3** *(sp)* morale

moraaltheologie moral theology

moraliseren moralize, point a moral

moralist moralist

moralistisch moralistic

moraliteit morality; *(spel ook)* moral(ity) play

moratoir moratory

moratorium moratorium; *een ~ instellen* declare a moratorium

Moravië(r) Moravia(n)

Moravisch Moravian; *~e broeders* Moravian Brethren

morbide morbid

mordax fiercely, squarely

mordicus inflexibly, adamantly, vigorously, resolutely [opposed to s.t.], [maintain s.t.] rigidly

moreel I *bn* moral; *de morele kant van de zaak, (ook)* the morality of the question; **II** *zn* morale

moreen *(stof)* moreen

morel morello [tree]

morene moraine

mores: *iem ~ leren* teach a p. manners, bring a p. to heel

morfeem morpheme

morfine morphia [injection], morphine [shot]

morfinisme morphinism, morphine addiction

morfinist(e) morphinist, morphine addict

morfologie morphology

morfologisch morphological

morganatisch morganatic (*bw:* -ally), left-handed

morgen I *zn* **1** morning; *'s ~s* in the morning; *om 10 uur 's ~s* at 10 am; *'s ~s en 's avonds* morning and evening, *(inz Am)* mornings and evenings; *de hele ~* all morning; *op een ~* one morning; *van ~* this morning; *van~ vroeg* early this morning; *van de ~ tot de avond* from morning till night; *zie ook* [1]goed I.1, halen; **2** *(maat)* approximately 2 acres; **II** *bw* tomorrow; *~ komt er weer een dag* tomorrow is another day; *~ over acht dagen* tomorrow week, a week tomorrow; *ik zal het ~ dadelijk (~ aan de dag) doen*

I'll do it first thing in the morning; ***tot*** *~!* till tomorrow!; *[hem helpen?]* ~ ***brengen!*** [help him?] not me!, catch me!; *zie ook* zorg

morgenavond tomorrow evening

morgendauw morning dew

morgendienst morning service; *(Eng kerk)* morning prayer, matins

morgengebed morning prayer

morgenkrieken crack of dawn

morgenland: *het* ~ the East, the Orient, the Levant

morgenlands oriental, eastern

morgennevel morning haze, morning mist

morgenochtend tomorrow morning, [you'll be all right] in the morning

morgenpost morning post, early mail

morgenrood red morning sky, red of dawn

morgenschemer(ing) morning twilight, dawn

morgenster 1 *(plant)* goat's-beard; *paarse* ~ salsify; **2** *(pers, fam)* totter; **3** *(wapen, hist)* mace

Morgenster morning star, Lucifer

morgenstond early morning; *de ~ heeft goud in de mond* the early bird catches the worm; early to bed and early to rise makes a man healthy, wealthy and wise

morgenvroeg (early) tomorrow morning

morgenwijding *(radio)* early morning service; *(vglb)* Thought for the Day

morgenzang morning song

morgenzon morning sun

morgue morgue, mortuary

Moriaan blackamoor; *het is de ~ gewassen (geschuurd)* it is lost (wasted) labour

morielje, morille morel

morinelplevier *(vogel)* dotterel

morion *(gesteente)* morion

morisk Morisco

mormel monster, freak; *(hond)* mutt

mormonisme Mormonism

mormoon Mormon; *(mv ook)* Latter-Day Saints

mormoons Mormon

Morpheus Morpheus; *in ~' armen* fast asleep

morrelen 1 *(in het donker)* fumble [*aan de deur, slot, enz* at the ...; *met de sleutel* with the key]; **2** *(peuteren)* fiddle [with a gun *aan* ...]; *wat lig je toch te ~?* what are you messing about with?; *laat hem maar ~* leave him be

morren grumble, murmur, fret [*over* at]

morsdood stone-dead, as dead as a doornail (as mutton)

morse Morse [code, key, sign]

morsebel slut, slattern

morsen I *intr* mess (about), make a mess; **II** *tr* spill [milk, wine, salt], slop [water, tea]

morsig dirty, grimy, grubby

morspot messy person (child)

morsring drip-catcher

mortaliteit mortality (rate)

mortel 1 mortar; **2** grit, chippings; *te ~ slaan* smash to bits (pieces, atoms), knock into smithereens

mortelbak hod

mortelmolen mortar mixer

mortibus dead and gone

mortier mortar *(alle bet)*

mortierstamper pestle

mortifiant mortifying; hurtful

mortificatie mortification

mortificeren mortify

mortuarium 1 mortuary; **2** funeral parlour (*Am:* home); **3** list of benefactors

morzel *zie* mortel 2

[1]mos *(plant)* moss; *met ~ begroeid* moss-grown

[2]mos *(gewoonte)* custom

mosachtig mossy

mosgroen moss(-)green

moskee mosque

Moskou Moscow

Moskovië Muscovy

Moskoviet, Moskovisch Muscovite; *-visch gebak, (vglb)* Madeira cake with currants; ~ *gebakje* queen cake

moslim Muslim, Moslem

moslims Muslim, Moslem

mosroos moss rose

mossel mussel [farmer, fishing]

mosselbank mussel bank (*of:* bed)

mosselzaad seed mussels

mossig 1 mossy, mosslike [plants]; **2** mossy, moss-grown [tree]

most must

mostapijt mossy carpet

mosterd mustard [gas, plaster, pot, seed]; *zijn komst was ~ na de* ***maaltijd*** he came too late to be of use; *kerstkaarten na Kerstmis komen als ~ na de maaltijd* Christmas cards after Christmas fall rather flat; ***tot*** *~ slaan* smash to pulp, beat to a jelly

mosterdzuur piccalilli

mot 1 *(insect)* (clothes-)moth; *de ~ zit erin* it is moth-eaten, it's got the moth in it; *(fig) zie* klad; *bestand tegen de ~* mothproof; **2** *(fam, ruzie:) ~ hebben, (fam)* have a tiff [with a p.]; *~ krijgen* fall out [with a p.]; **3** *(turfmolm)* peat dust; *(zaagsel)* sawdust

motecht mothproof *(ook ww: ~ maken)*

motel motel

motet *(muz)* motet

motgaatje moth-hole

motie motion, vote; *~ van afkeuring* vote of censure, censure vote; *~ van dankbetuiging (vertrouwen)* vote of thanks (confidence); *~ van wantrouwen* motion of no-confidence, no-confidence vote; *een ~ voorstellen, ondersteunen, intrekken, aannemen, verwerpen* introduce, second, withdraw, pass, reject (defeat) a motion

motief 1 *(beweegreden)* motive; *heimelijk ~* ulterior motive; **2** *(muz, enz)* motif, motive; **3** *(dessin)* design, pattern, [a leaf, cat, heart] motif

motivatie motivation, drive, incentive

motiveren 1 state one's reasons for, explain, defend, justify [one's attitude]; **2** *(aanzetten)* motivate, motive, stimulate; *zie ook* gemotiveerd
motivering motivation
motor 1 motor; *(ve vliegt, auto)* engine; *met 1, 2, 3 ~(en)* single-, twin-, three-, (triple-)engine(d); **2** *(motorfiets)* motorcycle, motorbike; *zie ook* zijspan
motoragent police motorcyclist
motorbarkas motor launch
motorboot motorboat, motor launch
motorbrandstof motor spirit
motorcoureur motorcycle racer
motorcross motocross [racer, rider]
motorescorte motorcycle escort, outriders
motorfiets motor bicycle, motorcycle, *(fam)* motorbike; *zie ook* zijspan; *per ~ gaan* motorcycle
motorgondel *(ve vliegt)* (engine) nacelle
motoriek locomotion
motorisch motorial; *~e zenuw* motor(y) nerve
motoriseren motorize [motorized vehicles, police]; *gemotoriseerd, (ook)* motor [traffic]
motorjacht motor (*of:* power) yacht, cruiser
motorkap bonnet; *(ve vliegt)* cowling
motorkast motor casing
motorkruiser cabin cruiser
motormaaier motor (lawn) mower
motorolie engine oil
motorordonnans despatch rider
motorpech engine trouble
motorpolitie mobile police
motorrennen motorcycle racing
motorrijder motorcyclist, biker
motorrijtuig motor vehicle
motorrijtuigenbelasting vehicle excise duty, road tax
motorrijwiel *zie* motorfiets
motorsport motorcycle racing
motorstoring engine trouble
motorvaartuig motor vessel
motorvliegtuig *(vs zweef-)* power plane
motorvoertuig motor vehicle
motorwagen *(ve tram)* motor car
motregen drizzle, drizzling (mizzling) rain, mizzle
motregenen drizzle, mizzle
motten *ww* **1** drizzle, mizzle; **2** *(fam) zie* moeten
mottenbal mothball
mottenzak mothproof bag
mottig 1 *(vh gelaat)* pock-marked; **2** *(vh weer)* thick; **3** moth-eaten; **4** *(haveloos)* scruffy; **5** [feel] unwell
motto motto, device; *onder het ~ dat* [he took the car] arguing (claiming) that [nobody needed it anyway]; *brieven onder het ~: ...* letters marked: ...
motvlinder clothes moth
motvrij mothproof *(ook ww: ~ maken)*
mouche *zie* moesje 2
mouilleren palatalize
moulure moulding
moussaka moussaka
mousse mousse
mousseline muslin; *(zijden ~)* mousseline
mousseren effervesce, sparkle, fizz
mousserend effervescent, sparkling [wine], fizzy; *niet ~* still, non-sparkling
mout malt
moutazijn malt vinegar
moutbrood malt bread
mouten malt
mouter maltster
mouterij malthouse
moutextract extract of malt, malt extract
moutjenever malt gin
moutkuip malt-steep
moutsuiker maltose
moutwijn malt liquor
mouw sleeve; *ik kan er geen ~ aan passen* it's beyond me, I see no solution; *we zullen er wel een ~ aan passen* we'll manage somehow, find a way out; *hij (zij) heeft ze achter de ~* he (she) is a slyboots, *(ve meisje) (ook)* a sly puss; *iem wat op de ~ spelden* gull (*sl:* kid) a p.; *hij laat zich alles op de ~ spelden* anything will go down with him; *hij schudt ze (verzen, enz) maar zo uit de ~* he just knocks (throws, dashes) them off (like anything), turns them out by the dozen; *zie ook* hand
mouwplankje sleeve board
mouwstrepen *(mil)* stripes
mouwveger flatterer
mouwvest sleeved (*of:* sleeve) waistcoat; *(mil)* undress jacket
moven move off; *~!* scram!
moveren broach [a subject], raise [a question]; *om hem ~de redenen* for reasons of his own
moyenne average (score, speed)
mozaïek mosaic (work)
mozaïekvloer mosaic floor, tessellated pavement
mozaïekwerk mosaic (work)
mozaïekziekte *(v aardappelen, tabak, enz)* mosaic disease
Mozaïsch Mosaic; *~e wet* Mosaic law
Mozambikaan(s) Mozambican
Mozes Moses; *~ en de profeten hebben, (sl)* be rolling in it
mr. *(vóór naam v meester in de rechten)* LLB, LLM *(achter de naam); (vóór titel v vakman)* Master [Shoemaker, Carpenter]
ms. afk van *manuscript* MS (*mv: mss.* MSS)
mts Polytechnic (School)
mud hectolitre
mudvol crammed, chock-a-block (with)
muf musty, fusty; stuffy, fuggy [room, atmosphere]; stale [tobacco smoke]; nosy [hay]; *een ~fe boel* a slow affair
muffeldier mouflon
muf(fig)heid mustiness, fustiness, fug; *vgl* muf
mug mosquito, gnat, midge; *de ~ uitzijgen en de kameel doorzwelgen* strain at (*eig:* strain out) a gnat and swallow a camel *(Matth. 23:24); van een ~ een*

olifant maken make a mountain out of a molehill

muggenbeet mosquito bite

muggengaas mosquito netting

muggengordijn mosquito net (*of:* curtain)

muggenolie insect repellent

muggenziften split hairs, niggle; *~d, (ook)* pettifogging [bureaucrats, lawyers]

muggenzifter hair-splitter, niggler

muggenzifterij hair-splitting, niggling

mui gully

muil 1 *(pantoffel)* [the glass] slipper; *(zonder hiel, ook)* mule; **2** *(bek)* mouth, muzzle; *(v mens)* [shut your] trap, [punch a p. in the] face; **3** *zie* muildier & muilezel

muilband(en) muzzle; *vgl* muilkorven

muildier(hert) mule (deer)

muilezel hinny (*minder juist:* mule); *zo koppig als een ~* as stubborn as a mule

muilezeldrijver muleteer

muilkorf muzzle

muilkorven muzzle *(ook fig)*, gag [the press]; *iem ~, (ook, fam)* stop a p.'s mouth

muilpaard mule

muilpeer box on the ear, slap in the face

muis 1 *(dier, comp, meisje)* mouse (*mv:* mice); *er komt een ~je aangelopen, (vglb)* this little pig went to market; *dat ~je zal een staartje hebben* this won't stop here, this won't be the end of the matter; *ik heb er een ~je van horen piepen* a little bird told me; *zie ook* muisjes & muisstil; **2** *(anat)* ball of the thumb; **3** *(rookvlees)* smoked fillet; **4** kidney (potato)

muisarm RSI, mouse arm

muisdoorn butcher's broom

muisgrauw, muisgrijs mouse grey

muisjes 1 sugar-coated aniseed (comfits); **2** kidneys, kidney potatoes

muiskat mouser

muiskleurig mouse-coloured

muismat mouse mat, mouse pad

muisstil as still (quiet) as a mouse; *vgl* doodstil

muisvaal mouse grey

muiteling mutineer, rebel

muiten mutiny, rebel; *aan het ~ slaan* (rise in) mutiny; *het regiment was aan het ~* was in mutiny

muitend mutinous

muiter mutineer, rebel

muiterij mutiny, sedition

muizen mouse; *(eten)* tuck in; *die kat kan goed ~* is a good mouser; *het muist (al) wat van katten komt* all cats love fish; *katjes die ~, mauwen niet* when the children are busy eating they don't chatter

muizengat, muizenhol mousehole

muizengif rat (mouse) poison

muizenis worry; *~sen in het hoofd hebben* have lots of little worries

muizenkeutels mouse droppings

muizennest 1 mouse-nest; **2** *(mv, fig)* small worries

muizenoor *(plant)* mouse-ear (hawkweed), mouse-ear chickweed, mouse-ear scorpion grass

muizenstaart *(plant)* mousetail

***muizentarwe** *(Wdl: muizetarwe)* rat poison

muizenval mousetrap

muizenvalk buzzard

muizenvanger mouser

muizerd *(vogel)* buzzard

mul I *bn* loose [sand]; sandy [path]; **II** *zn* **1** *(vis)* red mullet; **2** *(aarde)* mould

mulat mulatto (*mv:* -os)

mulattin mulatto (woman)

mulder 1 miller; **2** *(meikever)* cockchafer

mulheid looseness, sandiness

mullah mullah

mulo *(hist)* advanced elementary education

multiculti, multicultureel multicultural

multidisciplinair multidisciplinary

multi-etnisch multi-ethnic

multifunctioneel multifunctional

multilateraal multilateral

multimediaal multimedia [teaching aids]

multimiljonair multimillionaire

multinationaal multinational

multipel, multiple multiple [choice, sclerosis]

multiplex 1 plywood, laminated wood; **2** *(elektr)* multiplex

multiplicator multiplier

multipliceren, multipliëren multiply

multiraciaal multiracial

multivariabel multivariate

multo multi-ring binder

mum: *in een ~ van tijd* in no time

mummelen mumble

mummelmond toothless mouth

mummie mummy

mummificatie mummification

mummificeren mummify

München Munich

municipaal municipal

municipaliteit municipality

munitie munitions [factory]; ammunition [depot], *(fam)* ammo; *van ~ voorzien* munition

munster(kerk) minster

munt 1 *(geldstuk)* coin; *(penning)* token; *(geld)* coin(s), [bronze] coinage, money; *(valuta)* [in English] currency; *de M~* the (Royal) Mint; *~ slaan* coin (mint) money, strike coins; *~ slaan uit* make capital out of, cash in on; *iem met gelijke ~ betalen* pay a p. (back) in his own coin, pay a p. out, (re)pay a p. in kind, turn the tables on a p., give a p. tit for tat; *voor goede ~ aannemen* swallow, believe (implicitly); *zie ook* vals, enz; **2** head; *zie ook* kruis; **3** *(plant)* mint

muntbiljet currency note, treasury note

munteenheid monetary unit

munten coin, mint; *zie ook* gemunt

munt- en penningkabinet coin and medal room, numismatic collection

munt- en penningkunde numismatics, study of coins and medals
munter minter; *(valse~)* coiner
muntgehalte alloy (*of:* fineness) of coins
muntjak muntjak, muntjac, barking deer
muntkenner numismatist
muntkunde numismatics
muntloon mintage, seigniorage
muntmeester mint master; *(hist ook)* moneyer
muntmeter slot meter
muntpari(teit) mint par (of exchange)
muntpers coining (minting) press
muntplaatje blank, planchet, flan, coin disc (*Am:* disk)
muntplaats 1 place of minting; **2** mint
muntpolitiek monetary policy
muntrecht 1 right of coinage; **2** *zie* muntloon
muntsalon coin-op
muntslag mintage, coinage
muntsoort species of coin; currency
muntspecie specie
muntstelsel monetary system, coinage (system)
muntstempel (coin) die
muntstuk coin
muntteken mint-mark, mintage
munttelefoon payphone
muntunie: *(Latijnse)* ~ (Latin) monetary union
muntverzamelaar coin collector
muntvoet standard (of coinage)
muntwasserij coin-op, coin laundry
muntwet coinage act
muntwezen coinage, monetary system
muntzijde reverse, tail
murik *(plant)* chickweed
murmelen murmur; *(ve beekje ook)* babble, purl
murmureren murmur, grumble
murw soft, tender, mellow; *(fig)* all-in; *~ maken* soften up; break one's spirit; *iem ~ slaan* beat a p. to a jelly (a pulp)
mus sparrow; *blij maken met een dode ~* cheat [a p., o.s.] with false hopes
musculatuur musculature
museaal museological
muselaar virginal(s)
museologie museology
museum museum (*mv:* -s) *(in Eng niet v schilderijen);* [art, picture] gallery
museumjaarkaart annual museum pass
museumkunde museology
museumstuk museum piece
musiceren make music; *er werd wat gemusiceerd* we (they) had (there was) a little music
musicienne musician
musicologie musicology
musicoloog musicologist
musicus musician
muskaat 1 nutmeg; **2** *(wijn) zie* muskadel
muskaatbloem mace
muskaatboom nutmeg tree
muskaatdruif *zie* muskadel
muskaatnoot nutmeg
muskaatolie nutmeg oil, oil of mace
muskaatpeer musk pear
muskaatroos musk-rose
muskaatwijn *zie* muskadel
muskadel *(druif & wijn)* muscat(el), muscadel
musket 1 sugar beads, *(vglb)* hundreds and thousands; **2** matchlock, musket
musketier musketeer
musketon *(haak)* snap-hook, *(ring)* snap-link
muskiet mosquito [curtain]
muskietengaas mosquito netting
muskietennet mosquito net
muskus musk
muskusdier musk deer
muskuseend musk duck, Muscovy duck
muskushert musk deer
muskuskat civet (cat)
muskuskruid moschatel
muskusos musk ox
muskuspeer musk pear
muskusplant musk plant
muskusrat muskrat, musquash *(ook het bont)*
muskuszwijn peccary
müsli muesli
mussenhagel small shot
mutabel mutable
mutabiliteit mutability
mutageen I *zn* mutagen; **II** *bn* mutagenic
mutageniteit mutagenicity
mutant mutant
mutatie 1 mutation; **2** *(in personeel, enz)* change [army changes], transfer; **3** *(vd stem)* breaking of the voice
mutatieleer, mutatietheorie mutation theory
mutatis mutandis mutatis mutandis
muteren mutate
mutilatie mutilation
mutileren mutilate
mutje *zie* hut: *~je en mutje*
muts 1 *(hoofddeksel)* cap; *(Schotse ~) (plat)* bonnet, *(smal, ingedeukt)* glengarry; *dat is er met de ~ naar gooien* that's mere guesswork; *de ~ staat hem verkeerd* he is in a fit of the sulks; *daar staat hem de ~ niet naar* he is not in the mood (the vein) for it; *zie ook* pluim; **2** *(thee~)* teacosy; **3** *(netmaag)* bonnet; **4** *(sl)* old trout
mutsaard, mutserd faggot; *zie ook* brandstapel; *dat riekt naar de ~* that smells of the faggot
mutualisme symbiosis, mutualism
mutualiteit 1 mutuality; **2** health insurance fund
mutueel mutual
muur 1 wall *(ook voetbal); zie ook* wand; *zo vast als een ~* as firm as a rock; *de muren hebben oren* walls have ears; *met het hoofd tegen de ~ lopen, (fig)* run (bang, beat) one's head against a (stone, brick) wall;

ik stuitte op een ~ van wantrouwen I was met by a wall of suspicion; *hij zit tussen vier muren* he is in jail; *een kroket uit de ~ trekken* have a croquette from a vending machine; *zie ook* rug; **2** *(plant)* chickweed

muurafdekking (wall) coping

muuranker cramp iron, brace, wall-clamp

muurbloem wallflower *(ook fig: ~pje); voor ~ spelen* be a wallflower

muurkap (wall) coping

muurkast wall (*of:* built-in) cupboard; *~je, (ook)* wall (hanging) unit

muurkrant wall poster

muurkruid **1** pellitory; **2** *zie* muurvaren

muurkruiper wall creeper

muurleeuwenbek ivy-leaved toadflax, mother-of-thousands

muurpeper wall pepper

muurpijler pilaster

muurplaat *(bk)* wall-plate

muurschildering mural (painting), wall painting

muurtegel wall tile

muurvak panel of a wall, bay

muurvaren wall rue

muurvast as firm as a rock, deep-rooted [conviction]; *~ bekneld raken* be wedged tightly

muurverf *(saus)* distemper; *(verf)* masonry paint

muurvlakte wall space

muurwerk brickwork, masonry

m.u.v. afk van *met uitzondering van* except for, [errors, etc] excepted

muzak muzak

muze muse; *de ~n* the Muses; *de lichte ~* cabaret

muzelman Mussulman

muzentempel temple of the Muses

muziek music *(ook geschreven, gedrukte ~); (melodie)* tune [the tune is by ...; words by Pope, music by Handel]; *(muzikanten)* band (of musicians); *~je* (piece of) music; *als ~ in de* ***oren*** *klinken* be music to [one's] ears; *~* ***maken,*** *zie* musiceren; *er* ***zit*** *~ in* there is plenty of go in it; there is money in it; *er zit geen ~ in (ook)* it offers no prospects; ***met*** *~* with the band playing; ***op*** *de ~* [dance, etc] to the music; *op ~ zetten* set to music

muziekautomaat jukebox, *(Am ook)* nickelodeon

muziekavondje musical evening; *(fam)* musical

muziekblad sheet of music

muziekcassette musicassette

muziekconcours band contest

muziekdoos musical (*Am:* music) box

muziekfeest music festival

muziekgezelschap music(al) society (*of:* club)

muziekhandel music shop

muziekhouder music rest

muziekinstrument musical instrument

muziekkamer music room

muziekkastje music cabinet

muziekkenner connoisseur of music

muziekkorps (brass) band

muziekleer theory of music

muziekleraar music master (teacher)

muzieklerares music mistress (teacher)

muziekles music lesson

muzieklessenaar music stand; *(v piano, enz)* music rest

muziekliefhebber music lover, lover of music

muzieknoot musical note

muziekonderwijs music teaching

muziekonderwijzer(es) *zie* muziekleraar, -lerares

muziekpapier music paper

muziekrecensent music critic

muziekschool school of music

muziekschrift musical notation

muzieksleutel clef

muziekstander music stand

muziekstuk piece of music

muziektent bandstand

muziekuitvoering musical performance

muziekvereniging music(al) society (*of:* club)

muziekwetenschap musicology

muzikaal musical; *~ zijn* be musical, be fond of music; *een (geen) ~ gehoor hebben* have an (no) ear for music; *~ doof zijn* be tone-deaf

muzikaliteit musicality, musicalness

muzikant musician, bandsman

muzisch artistic; *~e vorming* art education

mv. afk van *meervoud* pl (plural)

Mw. afk van *mevrouw* Mrs, Ms

myalgie myalgia

mycelium mycelium

mycologie mycology

mycologisch mycological

mycoloog mycologist

myocardinfarct myocardial infarction

myoom myoma

myoop myopic

myopie myopia

myriade myriad; *zijn ~n lichtjes* its myriads of (its myriad) lights

myriagram myriagram(me)

myrialiter myrialitre

myriameter myriametre

mysterie(spel) mystery

mysterieus mysterious; *de zaak werd nog mysterieuzer* the mystery deepened

mysticisme mysticism

mysticus mystic

mystiek I *bn* mystic(al); II *zn* **1** mysticism; **2** mystique

mystificatie mystification, hoax

mystificeren mystify, hoax

mystisch mystic(al)

mythe myth

mythisch mythical

mythologie mythology

mythologisch mythological

mytholoog mythologist

mythomanie mythomania
mytylschool school for handicapped children
myxomatose myxomatosis
myxoom myxoma

n

n (the letter) n

N afk van *noord(en)* N (North)

na I *vz* after [he came after me, after dinner, after eight o'clock]; on [on receipt, on arrival]; *het was ~ 12 uur (na de middag)* it was past midday; *3 minuten ~ zes, zie* over; *~ u!* after you!; *~ dezen* after this (time, date), [ten years] hence, later, from now; *de grootste stad ~ Londen* next to London, after London, except London; *~ Shakespeare mag hij Byron het liefst* next to Shakespeare (after Shakespeare) he likes ... best; *onmiddellijk ~ de verkiezingen (ook)* on the morrow of the elections; *tot ~ Pasen, (ook)* [stay] over Easter; *zie ook* binnen & elkaar; **II** *bw* near, *(dichterlijk)* nigh; *de kinderen zijn mij allemaal even ~* are all equally dear to me; *~ aan de wal* close to the quay; *dat betreft mij* ***even*** *~ als iem anders* that touches me as nearly as anybody; *~* ***verwant*** *zijn, elkaar ~ bestaan* be closely related; *allen* ***op één*** *~* all except one; *de grootste stad op L ~, zie* I; *een jaar op een week ~* a year less a week; *op drie maanden ~ is hij zeventig* he is three months short of seventy; *op enkele seconden ~ ...* [it's now ten o'clock,] bar a few seconds; *de kamer was leeg op M ~* the room was empty but for M; *op dat ~* that excepted; *op één ~ de jongste* the second youngest (*evenzo:* the second strongest person; the third richest; the fourth largest); *op één ~ de laatste (volgende)* the last (next) but one; *op twee ~ de eerste* the first but two; *op één ~ de eerste, (bij wedstrijd, sollicitatie, enz)* the runner-up; *op één stem ~ had hij zijn zetel verloren* he was within a vote of losing his seat; *op een enkele uitzondering ~* with a single exception; *hij weet op geen miljoen ~ hoe rijk hij is* he does not know to a million what he is worth; *kom hem vooral niet* ***te*** *~, (fig)* be careful not to offend him; *dat is (was) mijn eer te ~* I have my pride; *J niet te ~ gesproken* with all due deference to J; *krijgen we nog iets ~?* is there anything to follow?; *vgl* toe; *wat room ~* [have] some cream to finish (to top) up with; *zie ook* hart, [2]voor, enz

naad seam *(ook v timmerwerk, enz)*; *(wel~)* weld; *(anat: v wond)* suture; ***uit*** *de naden barsten* burst at the seams; *zich uit de ~ lopen, (fam)* run (walk) o.s. off one's legs; *het ~je van de kous weten* know the ins and outs (the rights) of the matter

naadloos seamless, weldless; *vgl* naad; *~ aansluiten op, (fig)* fit (fit in, mesh) perfectly with

naaf nave, hub; *(ve luchtschroef)* (propeller) boss

naafdop hubcap, axle-cap

naafrem hub-brake

naaibank sewing frame

naaidoos workbox, sewing box

naaien I *ww* **1** sew [a button onto a shirt]; *(wond)* sew up, stitch, suture; *ze zat te ~ aan een japon* she was sewing at a dress; **2** *(neuken)* screw; *zich genaaid voelen, (fig)* feel screwed; **II** *zn* sewing, needlecraft

naaigaren sewing cotton (*of:* thread)

naaigerei sewing things, sewing kit

naaikatoen sewing cotton

naaikransje hen party

naaimachine sewing machine

naaimand workbasket

naainecessaire housewife ['hʌzif]

naaisel 1 sewing; **2** *(steken)* stitching

naaister needlewoman, sewing woman, seamstress, dressmaker

naaiwerk sewing (work), needlework

naaizakje housewife

naaizijde sewing silk

naakt I *bn* naked, bare (*ook fig:* facts, rocks, etc), nude [(sun)bathing, beach, model, photograph, scene, swimming]; [bathe, be taken] in the nude; *naar het ~(model)* [draw, studies] from the nude; *~e slak* slug; *de ~e waarheid* the bare (naked, plain, stark) truth; *(zich) ~ uitkleden* strip to the skin, strip naked *(ook: uitschudden)*; **II** *zn* nude

naaktbloeier naked lady (ladies); *vgl* herfsttijloos

naaktcultuur naturism

naaktfiguur nude

naaktheid nakedness, nudity

naaktholler streaker

naaktloopster, naaktloper nudist, naturist

naaktloperij, naaktrecreatie nudism, naturism

naaktslak slug

naaktstrand nudist (nude) beach

naaktzadig gymnospermous; *~e plant* gymnosperm

naald needle *(ook magneet-, graveer-, dennen-, kristal~, obelisk)*; *(ve grammofoon)* stylus; *van ~je tot draadje* from A to Z; *door het oog van een ~ kruipen* have a narrow (a hair's breadth) escape, get off by the skin of one's teeth

naaldboom needle-leaved tree

naaldbos pine forest

naaldenkoker needle-case

naaldhak stiletto (heel), spike heel

naaldhout needle-leaved trees (*of:* timber); *(vglb, hout:)* softwood, *(bomen:)* conifers

naaldkantwerk needle-lace, needlepoint (lace)

naaldklep needle valve

naaldlager *(techn)* needle bearing

naaldscherp as sharp as a needle *(ook fig)*

naaldvakken needlework

naaldvis needle-, pipefish

naaldvormig needle-shaped, aciform
naaldwerk needlework
naam name *(ook reputatie)*; *de ~ Smith* the name of Smith; *haar eigen ~* her maiden name; *de ~ van haar man, (ook)* her married name; *(ve boek)* title; *hoe is uw ~?* what is your name?; *zijn ~* ***geven*** give one's name; *(veel) ~* ***hebben*** have a great reputation; *een goede (slechte) ~ hebben* have a good (bad) name, stand in good (bad) repute [*bij* with]; *de ~ hebben van ...* have the name (reputation) of being ..., have a name for being ...; *hij heeft de ~ een eerlijk man te zijn, (ook)* he has a name for honesty; *ik wil er de ~ niet van hebben* I won't have it said of me; *het mag geen ~ hebben* it isn't worth mentioning; *~* ***krijgen (maken)*** make a name (for o.s.), make one's name (one's mark), win distinction; *zijn ~* ***zetten*** *onder* put (set, sign) one's name to; *zijn ~ zetten in het gastenboek* sign one's name in the ...; ***bij*** *zijn ~*, *zie ook* **bij** zijn ~; ***in*** *~* in name, nominal(ly); *in ~ van* in the name of [the King, the law]; *zie ook* God; ***met*** *~ en toenaam noemen* mention by name; *hij heeft je niet met name genoemd* he did not mention your name; *zie ook* name; *bekendstaan* ***onder*** *die ~* go (pass) by (under) that name; *ze trouwde onder een valse ~* she was married under a false name; *schrijven onder de ~ van* write in (under) the name of; *het artikel verscheen onder mijn ~* appeared under (over) my name; *het gaat onder uw ~* is done in your name; *onder de ~ van vriendschap* under a show of friendship; ***op*** *mijn ~ gekocht* bought in my name; *op zijn ~* [have 30 novels] to one's name; *op eigen ~* in one's own name; *de rekening staat op haar ~* the ... stands in her name; *boeken op ~ van* enter to (against); *overbrengen op de ~ van* transfer to the name of; *cheque op ~* order cheque; *vrij op ~* no law costs, no legal charges; ***te*** *goeder ~ (en faam) bekendstaan* have (enjoy) a good reputation, be in good repute (standing); *te goeder ~ bekendstaand, (ook)* (highly) reputable [firm]; *te slechter ~ bekendstaand* disreputable [person], ill-reputed [neighbourhood]; *het huis staat* ***ten*** *name van P* the ... stands in the name of P; *zeg hem dat* ***uit*** *mijn ~* from me, in my name; *uit ~ van* in the name of, on behalf of [Mr N]; *iem* ***van*** *~ kennen* know a p. by name; *van ~* distinguished, noted [persons], [papers] of standing, [men of] repute; ***zonder*** *~* without a name, nameless; anonymous; *zie ook* name
naambord *(ve schip, station, enz)* name board; *(langs winkelfront)* fa(s)cia; *~(je)* nameplate, door plate; *(bij plant)* plant-marker
naamchristen nominal Christian
naamcijfer monogram, cipher, initials
naamdag name-day; saint's day
naamdicht acrostic
naamfeest *zie* naamdag
naamgeno(o)t(e) namesake
naamgeving 1 naming, name-giving; **2** nomenclature
naamheilige patron saint
naamkaartje (visiting) card; *(handel)* business card
naamkunde study of names, onomastics
naamlijst list of names, register; *(v juryleden, verzekeringsartsen, enz)* panel
naamloos nameless, anonymous; *-loze vennootschap* limited liability company (*minder juist:* limited company); *omzetten in een -loze vennootschap* go public; *zie ook* nv & nameloos
naamplaat nameplate, door plate
naamsbekendheid *(vglb)* name recognition, consumer awareness (of brand name, etc)
naamstem preference vote
naamstemming roll-call (vote)
naamstempel 1 stamp; **2** stamped signature
naamsverandering change of name
naamsverwisseling 1 change of name; **2** confusion of names
naamtekenen sign
naamval case [nominative, genitive, dative, accusative]
naamvalsuitgang case ending
naamvers acrostic
naamwoord noun
naamwoordelijk nominal; *~ deel van het gezegde* nominal (part of the) predicate
na-apen ape, mimic, imitate
na-aper aper, mimic, imitator, *(fam, inz kind)* copy-cat
na-aperij aping, imitation, mimicry
[1]**naar** *bn* **1** unpleasant, disagreeable; *(sterker)* hateful [people], horrible, horrid, odious [woman], abominable [habit, etc]; dismal [sound]; nasty [smell, taste, fellow]; nasty, wretched [weather]; **2** *(triest)* dreary; *(bedroefd)* sad; *(onlekker)* unwell, bad; *je wordt er ~ van* it makes you sick; *hij is er ~ aan toe* he is very poorly, is in a bad way; *zich ~ schrikken (lachen)* be frightened out of one's wits (laugh fit to burst); *zie ook* akelig
[2]**naar I** *vz* to [go to London]; towards *(in de richting van)*; for [leave for Paris; thirst for gold]; at [fly at a p.'s throat; throw a stone at a p.]; of [smell of tobacco]; after [after Byron; named after (*Am* for) his father]; from [called Pegleg Pete from his wooden limb]; *(volgens)* according to [expectation, plan]; in [my opinion, in all probability]; by [all accounts], to [work to a drawing]; *zie verder* volgens; *~ boven* upstairs, up(wards); *~ huis* home; *de bus ~ Windsor* the Windsor(-bound) bus; *schilderen ~* paint from [nature, living models]; *~ al wat ik hoor, is het ..., (ook)* from all accounts it is ...; *~ ik meen* as I believe; *dat is er ~* that depends; *maar het is er dan ook ~* [he can do it in one hour,] but don't ask how; *het is een goed pak, maar de prijs is er dan ook ~ ... ...*, but it has a price to match (but it ought to be at that price); *daar is hij niet de man ~* he is not that sort (of man); he is not one to ...; *zie ook* lijken, oordelen, uitzien, waarheid, enz; **II** *vw* as; *~ men zegt* it is

said, as they say; ~ *wij vernemen* as we learn, it is reported that ...; ~ *men hoopt* [information which,] it is hoped [will ...]; *al* ~, *zie* gelang: naar ~
naardien whereas, since
naargeestig gloomy, melancholy, dreary, dismal [landscape]
naargeestigheid melancholy, gloom, dreariness
naargelang 1 as; **2** in proportion; *zie* gelang
naarling(e) beastly (odious) person
naarmate according as, (in proportion) as [you earn more as you learn more]
naarstig industrious, diligent, assiduous, sedulous
naarstigheid diligence, industry, assiduity, sedulity
naast I *vz* next (to) [the room next to mine], beside, by the side of; ~ *mij, (ook)* at my side, by my side; next door to [live next door to a chapel]; alongside (of) [a ship; *ook fig:* work alongside a p.]; *het wordt gebruikt* ~ it is used along with, alongside (of); *de sigaren staan* ~ *je* the ... are at your elbow; ~ *God* next to God, under God; ~ *zijn betrekking werkt hij nog mee aan een krant* besides (in addition to) his regular work he ...; ~ *dit voordeel* ... beside this advantage ...; *er (vierkant)* ~ [that remark is] (quite) beside (is wildly off) the mark; *er volkomen* ~ *(zitten)* (be) completely on the wrong track; *er* ~ *grijpen* miss the bus; *er* ~ *staan (zitten)* be left out in the cold; *zie ook* elkaar; **II** *bw* nearest; *hij (be)staat mij het* ~ he is nearest to me; *zijn schot ging* ~ his shot went wide, he shot wide; *zie ook* hart; **III** *bn* next, next-door, nearest; *hij is er tien jaar* ~ he is ten years out; ~*e bloedverwant* nearest relation, next of kin; ~*e buurman* next-door neighbour; ~*e medewerker* immediate colleague; *de* ~*e toekomst* the near future; *de* ~*e weg* the shortest (nearest) way; *ieder is* ***zichzelf*** *het* ~ charity begins at home; ***ten*** ~*e bij* approximately, about, something like; *ten* ~*e bij tussen 500 en 550 pond, (ook)* roughly between ...; *hij is er de* ~*e* ***toe*** he has the first claim to it, it concerns him most of all
naastbestaande next of kin *(ook mv)*, nearest relation
naastbijgelegen nearest
naaste fellow man, fellow creature, neighbour; *vgl* naast III
naasten nationalize, take over [taken over by the County Council], transfer to the State, expropriate; *(door gemeente)* municipalize; *(verbeurdverklaren)* seize, confiscate
naastenliefde love of one's neighbour (of one's fellow men), neighbourly love
naastgelegen 1 nearest; **2** *(aangrenzend)* adjacent
naasthoger next higher; ~*e overste* immediate superior
naasting nationalization, take-over, compulsory acquisition (purchase), expropriation; *(als straf)* seizure, confiscation; *vgl* naasten
naastkomend next, subsequent, following
naaststaande *zie* naastbestaande & naaste
naastvolgend *zie* naastkomend
naatje: *dat is* ~*!* (it's a) dead loss!
na-avond latter part of the evening
nababbelen *zie* napraten
nabauwen repeat like a parrot, parrot; *iem* ~, *(ook)* imitate (mimic) a p.'s way of talking
nabauwer (poll) parrot
nabeeld after-image, incidental image
nabehandeling after-treatment, follow-up treatment
nabericht epilogue, postscript
nabeschouwing retrospect, review, summing-up
nabespreking review; debriefing; post-mortem
nabestaande relation, relative, next of kin *(ook mv)*
nabestellen give a repeat order (for), order a fresh supply (of), repeat an order, reorder
nabestelling repeat (order), reorder
nabetalen pay afterwards
nabetaling subsequent payment
nabetrachting retrospect, review, summing-up
nabeurs the Street, Street dealing, Street market; *(Am)* Curb (Kerb) market
nabeurskoersen Street (*Am:* Curb) prices
nabewerken finish
nabij near [the town, be quite near], [be] near at hand, close by (to) [the river], [he is] close by; *de tijd is* ~ *dat* ... the time is (near) at hand when ...; *het Nabije Oosten* the Near East; *de* ***dood*** ~ at death's door; *de hongerdood* ~ on the verge of starvation; *hij was het* ***schreien*** ~ near crying; ***van*** ~ from close by, from quite near, [look at it] closely; *van* ~ *kennen* know intimately; *van* ~ *onderzoeken* inspect at close quarters; *het raakt mij van* ~ it concerns me closely (nearly)
nabijgelegen neighbouring, adjacent, nearby
nabijheid nearness [of death], neighbourhood, vicinity, proximity; *in de* ~ nearby; *in de* ~ *van* near [London]; *zie ook* buurt
nabijkomen approach; *(fig)* approach, approximate to, run [a p.] close; *niemand kwam hem nabij, (ook)* no one could touch him; *dat komt de betekenis nabij* that approaches the sense; *het Italiaans komt het Latijn het meest nabij* Italian is the nearest approach to Latin
nabijkomend approaching, similar; *vgl* bijkomend; *de meest* ~*e stof* the material that comes nearest (to it)
nabijzijnd nearby [street lamp]; forthcoming [festival]
nablijven stay (remain) behind; *(school)* stay in (after school), be kept in; *het* ~ detention; *nog wat* ~ stay a little longer
nablijver pupil kept in (after school hours)
nabloeden continue bleeding
nabloeding secondary haemorrhage
nabloei second flower(ing), second blossom(ing)
nabloeien flower later (a second time); ~*d(e roos)* remontant
nabloeier late flowerer; *(fig)* epigone

nablussen damp down [after a fire]
nabob nabob
nabootsen imitate, copy [a p.'s voice]; *(uit spotternij)* mimic, take off; *(techn)* simulate
nabootser imitator; mimic; [flight] simulator
nabootsing imitation; mimicry, take-off; simulation; *zie ook* kopie
nabrander 1 hang-fire; *(fig)* comment etc that sinks in later; **2** *(techn)* after-burner
naburig neighbouring, nearby; *(aangrenzend)* adjacent
nabuur neighbour
nabuurschap neighbourhood, vicinity; *goede ~* good neighbourliness
nacht night; *~ en dag* night and day, day and night; *de hele ~* all night (long) the whole night; *de ~ van zaterdag op zondag* Saturday night; ***goede ~!*** good night!; *een goede (slechte) ~ doorbrengen* have a good (bad) night; *de ~ brengt raad* good counsel comes overnight; *de ~ der tijden* the dim past, [lost in] the mists of antiquity; *het wordt ~* night is setting in (coming on), it is getting on towards night; *bij ~* by night, in the night(-time); *bij ~ en ontij* at unseasonable times; *gedurende (in) de ~* during (in) the night, overnight; *'s nachts* at (by) night; *vannacht, (afgelopen ~)* last night; *(komende ~)* tonight; *van de ~ een dag maken* turn night into day; *zie ook* diep, enz
nachtarbeid night work
nachtasiel night shelter
nachtbel night-bell
nachtblind night-blind
nachtblindheid night-blindness, nyctalopia
nachtboot night boat
nachtbraken turn night into day, burn the midnight oil; *(met pretmaken)* make a night of it
nachtbraker night-owl, nightbird; *(pretmaker)* night-time reveller
nachtclub nightclub
nachtdienst 1 *(ve boot, enz)* night service; **2** night duty; *~ hebben* be on night duty (night shift)
nachtdier nocturnal animal (creature)
nachtegaal nightingale; *Hollandse ~* Dutch nightingale, frog
nachtelijk 1 nocturnal [visit], night [attack, sky]; *~ duister* darkness of night; *~e stilte* silence of the night; *in de ~e uren* at night(-time), during the night; **2** *(elke nacht plaatshebbend)* nightly
nachtevening equinox
nachteveningspunt equinoctial point
nachtgewaad night attire
nachtgezang *(r-k)* nocturn
nachtgezicht 1 nocturnal vision; **2** *(schilderij) zie* nachtstuk
nachtgoed night clothes, nightwear
nachthemd nightshirt
nachthok *(v kippen)* (hen-)roost; *(in dierentuin)* night house
nachthuis *(mar)* binnacle
nachtjapon nightgown, nightdress; *(fam)* nightie
nachtkaars bedroom candle; *als een ~ uitgaan* fizzle out (like a damp squib)
nachtkastje pedestal (cupboard), bedside cabinet
nachtkijker night glasses
nachtkluis night deposit
nachtkus *zie* nachtzoen
nachtlampje night lamp, night light
nachtleven nightlife
nachtlichtje night light
nachtlijst (hotel) register
nachtlogies (night's) lodging
nachtmerrie *(ook fig)* nightmare, incubus
nachtmis midnight mass
nachtmuts nightcap
nachtpauwoog emperor moth
nachtpermissie: *~ hebben* have an extension of licence for the night
nachtpitje 1 floating wick, float; **2** *(fig)* nightbird
nachtploeg nightshift [*bij de ~* on the nightshift]
nachtpon *zie* nachtjapon
nachtportier night porter
nachtpost night mail
nachtraaf 1 night heron; **2** *(fig)* nightbird
nachtredacteur night editor, night sub-editor
nachtreiger night heron
nachtreis night journey, overnight journey
nachtrust night's rest; *het zal hem niet veel ~ kosten* it won't keep him awake at nights
nachtschade nightshade
nachtschone *(plant)* four-o'clock, marvel of Peru
nachtschuit night boat; *met de ~ komen* be late; bring stale news
nachtslot double lock; *op het ~ doen* double-lock
nachtspiegel 1 looking-glass; **2** chamber (pot), *(sl)* jerry
nachtstuk 1 *(schilderij)* night piece, nocturne; **2** *(muz)* nocturne
nachttafeltje *zie* nachtkastje
nachttarief off-peak tariff
nachttijd night-time
nachttrein night train
nachtuil 1 screech owl; **2** *(vlinder)* night moth
nachtveiligheidsdienst night security service
nachtverblijf accommodation for the night, lodging place, [the price of a] night's lodging
nachtverpleegster night nurse
nachtviooltje dame's violet
nachtvliegen night-flying
nachtvlinder night moth; *(fig)* nightbird; night-time reveller
nachtvlucht night flight, *(fam)* red-eye
nachtvogel nightbird, night owl *(ook fig)*
nachtvoorstelling *(ve film)* late-night showing
nachtvorst night frost, groundfrost (at night)
nachtwacht night watchman; *de Nachtwacht (v Rembrandt)* the Nightwatch; *zie ook* hondenwacht

nachtwake night watch *(in alle betek)*
nachtwaker night watchman
nachtwerk nightwork; *er ~ van maken* stay up (work) late; *het werd ~* the job lasted well into the night
nachtzoen goodnight kiss; *een ~ geven* kiss [a p.] goodnight
nachtzuster night nurse
nachtzwaluw nightjar
nacijferen 1 check, verify [an account]; **2** work out [the cost]
nacompetitie play-offs
nadagen evening of one's life, declining years; *de romantiek was in haar ~* romanticism had passed its peak, was on the decline
nadar(afsluiting) crush barrier
nadat after; *~ hij gesproken had vertrok hij* (after) having spoken, ...; *ze kwam, maar niet dan (maar pas) ~ ze eerst meer geld had gekregen* she came, but not until (but only after) she had first ...
nadeel 1 disadvantage, handicap; *ik weet niets* ***in*** *zijn ~* I know nothing to his discredit, against him; *zijn leeftijd was in zijn ~* his age counted against him; *in het ~ zijn* be at a disadvantage; *elk ~ heeft zijn voordeel* every cloud has a silver lining; ***ten*** *nadele van* at the expense (cost) of, to the prejudice (detriment) of [nothing was known to his detriment]; *niemand kon iets te zijnen nadele zeggen* nobody could say anything against him; ***tot*** *uw eigen ~* to your disadvantage (detriment, cost); **2** *(schaduwzijde)* drawback, demerit; **3** *(schade)* injury, hurt, harm; *(geldelijk)* loss; *~ toebrengen, zie* benadelen*; zie ook* schade
nadelig injurious [to health], prejudicial, harmful, ill [effects], disadvantageous, detrimental [*voor* to]; *~ gevolg* adverse effect; *een ~e vrede* a disadvantageous peace; *~ werken op* be detrimental (prejudicial) to, affect adversely (unfavourably); *zie ook* saldo
nademaal whereas, since
nadenken I *ww* think [*over* about], reflect [*over* (up)on], consider, take thought; *erover ~* think about it, think it over; *als je er goed over nadenkt* when you come to think of it; *ik heb behoorlijk over de zaak nagedacht, (ook)* I've given the matter due consideration; *als de mensen maar wilden ~* if people would only stop to think; *zie ook* denken; **II** *zn* reflection, [accepted without much] thought; ***bij*** *~* on consideration (reflection); ***tot*** *~ brengen* set a p. thinking; *tot ~ stemmen* give food for thought, make one pause, set [a p.] thinking; *tot ~ stemmend* thought-provoking [speech]; *na een ogenblik* ***van*** *~* after a moment's reflection; ***zonder*** *~* without thinking, unthinkingly
nadenkend thinking, thoughtful, pensive
nader I *bn* **1** nearer, shorter; **2** *(uitvoeriger)* further; *~e bijzonderheden (inlichtingen),* ***iets*** *~s* further particulars (information, news); *bij ~ inzien* on reflection, (up)on further consideration; on second thoughts; *bij ~ onderzoek* on closer investigation; ***tot*** *~ aankondiging (order)* until further notice (orders); **II** *bw* nearer; afterwards, later on; *~ aanduiden (aangeven)* specify; *een ~ te bepalen datum* a date to be fixed (announced, arranged); *~ bezien* consider in more detail; *~ op iets ingaan* enter into detail(s); *zie ook* ingaan; *~ leren kennen* get better acquainted with; *iets ~ onderzoeken* make further inquiries; *~ schrijven* write further particulars, write again; *daarover spreken we ~* we'll talk about that later on; *~ uiteenzetten* explain more fully
naderbij nearer, closer; *het van ~ bezien* look at it more closely
naderen I *intr* approach, draw near, come on; **II** *tr* approach, draw near to, near, come up to; *niet te ~* unapproachable; *bij het ~ van, zie* nadering; *~d, (ook)* oncoming [car]
naderhand afterwards, later on
nadering approach; *bij de ~ van* at the approach of
nadezen from now; *zie* na I: ~ dezen
nadien since
nadienen: *zes jaar blijven ~* sign on for another six years
nadienst (follow-up) service
nadieselen after-burn(ing); *(Am)* after-run, run on; dieseling
nadir nadir
nadoen: *doe hem na* do as he does; *doe me dat eens na!* match that if you can!, *(Am)* how's that for high?; *zie verder* nabootsen
nadorst dry throat (from hangover); *glaasje tegen de ~, (fam)* hair of the dog (that bit you)
nadragen: *iem iets ~* hound a p. on account of s.t.
nadruk 1 *(klem)* emphasis, accent, stress; *de ~ leggen op, (eig)* accent, stress; *(fig)* stress, lay (put the) stress (emphasis) on, emphasize, accentuate, underline, highlight; *(te veel)* over-emphasize, overstress [a point]; *met ~* emphatically; **2** *(ve boek)* reprint; *(ongeoorloofd)* pirated (spurious, surreptitious) edition, *(ook het nadrukken:)* piracy; *~ verboden* copyright, all rights reserved; *~, in welke vorm ook, verboden* no part of this work may be reproduced in any form
nadrukkelijk I *bn* emphatic, express, pointed, positive; **II** *bw* emphatically, expressly, pointedly, positively
nadrukken 1 reprint; **2** *(ongeoorloofd)* pirate; *vgl* nadruk 2
nadrukker piratical printer (publisher), (literary) pirate; *(geoorloofd)* reprint publisher
nafta naphtha
naftaleen, naftaline naphthalene, naphtalin(e)
nagaan 1 *(volgen)* follow; *(in het oog houden)* keep track of [a p., of what is going on]; *(nasporen)* trace [a fugitive, the beginnings of the drama]; take stock of [the past, the situation]; *(v politie)* dog, shadow, watch; *iem laten ~* have a p. watched; *het is onmogelijk na te gaan wie de schrijver is* it is impossible to

trace the writer; *voor zover ik kan ~* as (so) far as I can ascertain (determine, gather, make out); *zie ook* [2]gang 8; **2** *(toezien op)* keep an eye on, look after; **3** *(onderzoeken)* check, examine, verify [an account], go through, go over, run over [accounts, a list of names; he ran over in his mind every possible explanation]; *(nauwkeurig)* peruse [a paper]; *de gebeurtenissen van zijn leven nog eens ~* retrace the events of one's life; **4** *(bedenken) als ik dat alles naga* if (when) I consider all that; **5** *(zich voorstellen)* imagine, fancy; *(dat) kan, moet je ~!* just imagine; *(iron)* catch me at that!, not likely!; *(dat spreekt vanzelf)* obviously!; **6** *(ve uurwerk) zie* nalopen
nagalm reverberation, echo
nagalmen reverberate, resound, echo
nagapen gape (*of:* stare) after
nageboorte afterbirth, placenta
nageboren posthumous
nagedachtenis memory, remembrance, commemoration; *gewijd aan de ~ van* sacred to the memory of; *ter ~ van* in memory of; *zie ook* gedachtenis
nagekomen late [result]; stop-press [news]; *(ve cognossement, enz)* accomplished
nagel 1 nail *(ook spijker); (klink~)* rivet; *een ~ aan zijn doodkist* [it is] a nail in his coffin; *geen ~s hebben om zijn gat te krabben* not have a penny to call one's own; *zie ook* bijten, bloed, spijker, enz; **2** *(kruid~)* clove; **3** *(ve bloemblad)* claw
nagelbed nail-bed, nail matrix
nagelbijten I *ww* bite one's nails; **II** *zn* nail-biting
nagelbijt(st)er nail-biter
nagelbloem gillyflower
nagelbol(len) allspice, pimento
nagelborstel nailbrush
nagelen nail [Jesus was nailed to the Cross]; *aan de grond genageld* [stand] rooted to the ground (the spot), transfixed
nagelgarnituur manicure set
nagelkaas (Frisian) clove cheese
nagelknipper (pair of) nail clippers
nagelkruid herb bennet, wood avens; *knikkend ~* water avens
nagellak nail polish (varnish)
nagelnieuw brand new
nagelolie oil of cloves
nagelriem nail rim, cuticle (of the nail)
nagelschaartje (pair of) nail (*of:* manicure) scissors
nagelvast fastened with nails; *(aard-en-~)* clinched and riveted; *wat ~ is* fixtures
nagelvijl nail file; *(v karton)* emery board
nagelvlek nail speck; *(aan de nagelwortel)* lunula
nagelvlies nictitating membrane
nagemaakt imitation, counterfeit, spurious; forged [cheque, etc], *(fam)* faked [banknotes, diamonds]; artificial [flowers]; sham [jewels]; *vgl* namaak
nagenieten: *~ van iets* enjoy s.t. in retrospect, enjoy the afterglow of s.t.
nagenoeg almost, nearly, all but [done], next to [impossible], pretty much (well, nearly) [the same]
nagenoemd undermentioned
nagerecht dessert, pudding, afters
nageslacht: *het ~* posterity; *zijn ~* his descendants (posterity, progeny, issue, offspring)
nageven: *iets ~* finish up (wind up, conclude) with s.t.; *iem iets ~, (ong)* tax a p. with s.t., impute s.t. to a p.; *(tot zijn eer)* give a p. credit for s.t.; *dat moet ik hem (tot zijn eer) ~* I'll say that (that much) for him, *(fam)* I must hand that to him
nagewas after-growth
naglans afterglow, reflected glory
nagras aftergrass, aftermath
naheffing balance [of tax] payable
naherfst latter part of (the) autumn, late autumn
nahooi aftermath, aftercrop (of hay)
nahouden *(school)* keep in (after hours); *er op ~* have [ideas of one's own], hold [a view, peculiar ideas]; keep [articles for sale, bad company, a cat, servants]; *er een vaste vertegenwoordiger op ~* employ a regular salesman; *wij houden er geen auto op na* we don't run (keep) a car; *iem iets ~, zie* nageven *(ong)*
naïef naive, artless, ingenuous; *(ong, ook)* credulous, innocent; *(kunst, ook: naïeve schilder)* primitive, naive
naïeveling(e) innocent
naijleffect *(vglb)* knock-on effect
naijlen hurry (hasten) after; *(techn)* lag
naijling *(techn)* lag
naijver 1 emulation; **2** *(ong)* jealousy, envy
naijverig 1 emulous; **2** *(ong)* jealous, envious [*op* of]
naïviteit naivety, naïvety, artlessness, ingenuousness
najaar autumn; *(Am)* fall
najaarsopruiming autumn sale(s)
najaarsweer autumnal weather
najade naiad, water nymph
najagen I *ww* chase, pursue [an animal, a criminal]; *(fig)* chase [shadows], pursue [pleasure]; *een kogel ~* send a bullet after; *zie ook* effect; **II** *zn* pursuit
najager pursuer
najaging pursuit
nakaarten 1 hold a post-mortem, discuss might-have-beens, be wise after the event; **2** *zie* napraten **2**
naken approach, draw near
nakend starkers
nakie: *in zijn ~* starkers
nakijken 1 look after; *iem het ~ geven* frustrate a p. in his hopes, outsmart a p.; *het ~ hebben* be left standing; **2** look (go) over [one's lessons]; *(aandachtig)* peruse [a document]; **3** *(opzoeken)* look up, check [a date]; **4** correct [exercises], mark [papers], revise (read) [a proof]; see to [the lock should be seen to]; overhaul, go over [a car]; *zich laten ~* have a medical examination (check-up, *fam:* have a medical); *je moet je hoofd eens laten ~* you need to have your head examined; *zie ook* nazien & onderzoeken
naklank echo *(ook fig)*, reverberation
naklinken echo, resound, continue to sound, rever-

berate [in one's ears, memory]
nakomeling(e) descendant
nakomelingschap posterity, progeny, offspring, [she died without] issue
nakomen I *intr* follow, come later on; join a p. later; II *tr* **1** follow, come after [a p.]; **2** keep, fulfil, perform, redeem, make good [a promise]; observe [rules]; live up to, fulfil [one's pledges]; meet, discharge, honour [one's obligations]; obey [orders]; fulfil, perform [a contract]; comply with, fulfil [conditions]; *het ~ van een verplichting* the fulfilment of an obligation; *bij het niet ~ waarvan ...* failing which ...; *zie ook* naleven & nagekomen
nakomer **1** successor, descendant; **2** latecomer, late arrival; *(achterblijver)* straggler
nakomertje late arrival, *(fam)* afterthought
nakoming fulfilment, performance; observance; compliance [with the provisions of an act]; *vgl* nakomen & *zie ook* niet-nakoming
nakroost progeny, offspring, issue
nakuren follow a regimen (after illness)
nalaten **1** *(bij overlijden)* leave (behind) [he left his money to the poor]; *nagelaten werken* posthumous works, literary remains; *nagelaten betrekkingen* [the] survivors, [her] surviving relatives; **2** *(sporen, enz)* leave (behind); **3** *(in gebreke blijven)* omit [doing, to do], fail [he never failed to come]; **4** *(verzuimen)* neglect [one's duties]; *wij zullen niets ~ om ...* we shall leave nothing undone to ...; **5** *(ophouden met)* leave off, desist from; **6** *ik kon niet ~ te zeggen* I could not help (refrain from, forbear, omit) saying
nalatenschap estate; *(erfenis)* inheritance
nalatig neglectful, negligent, careless, remiss; *~ in het vervullen van zijn plicht* neglectful of one's duty; *~e betaler* bad (slow) payer
nalatigheid [culpable, gross, contributory] negligence, carelessness; *(plichtsverzuim)* dereliction of duty
nalating omission
naleven live up to [a principle], fulfil, perform [a contract], observe [the regulations], comply with [certain conditions]; *zie ook* nakomen
naleveren deliver subsequently, repeat
naleving performance, fulfilment, observance
nalezen **1** read over, peruse; **2** *(herlezen)* read again, re-read; **3** glean [corn, a field]
nalezing **1** reading over, perusal; **2** re-reading; **3** *(concr)* gleanings; addenda
nalichten: *het ~ van de zee* afterglow
naloop [have a great] following
nalopen I *tr* **1** *(ook fig)* run after; *een meisje ~* run after (hang round) a girl; *de vrouwen ~* run after women, womanize *(iem die vrouwen naloopt* womanizer); *ze moet hem de hele dag ~ (om hem te bedienen)* she must fetch and carry for him; **2** check, inspect; *ik kan niet alles ~* I cannot attend to everything; II *intr (ve uurwerk)* lose [two minutes a day]; *(achter zijn)* be [two minutes] slow
naloper follower; *vgl* nalopen
nam *ovt van* nemen
namaak, namaaksel imitation, counterfeit, forgery; *(attr:)* bogus [bishop], simulated [fur], dummy [articles, pistol]; *(slechte) ~* ersatz; *wacht u voor ~* beware of imitations; *het is ~, (ook) (fam)* it's a fake; *zie verder* nagemaakt
namaals (here)after
namaken imitate, copy; counterfeit [coins], forge, fake [banknotes, a signature]; *zie ook* nagemaakt
namaker imitator, forger, counterfeiter
name: *met ~, a)* particularly, notably; *b) (namelijk)* namely, viz; *iem bij, met ~ noemen* mention a p. by name; *ten ~ van* in the name of; *te zijnen ~* [the house is, stands] in his name; *zie ook* naam
namelijk **1** *(voor opsomming)* namely, to wit, viz (*afk van* videlicet; *uitspraak meestal* ['neimli]), that is; **2** *(redengevend)* for, because; *ik had hem ~ gezegd ...* for I had told him ...; *we dachten ~ ...* the fact (point) is that we thought ...
nameloos nameless, unutterable, unspeakable, ineffable, untold [misery]; *zie ook* naamloos
Namen Namur
namens in the name of, on behalf of; [tell him] from me; *ik spreek ~ allen, (ook)* I speak for all
nameten measure (again), check the measurements
Namibië Namibia
namiddag afternoon; *des ~s* in the afternoon; *om 4 uur des ~s, (ook)* at four pm; *zie ook* middag(-)
nanacht latter part of the night
nandoe rhea
naneef descendant
nanisme dwarfism, nanism
nanking nankeen
nano- *(10^{-9})* nano- [nanometre, nanosecond]
nansoek nainsook
naogen eye, watch, follow with one's eyes
naoogst aftercrop
naoorlogs post-war [prices]
nap (drinking) cup, bowl, basin, porringer; *~je, (plantk)* cupule; *(ook)* cup [of an acorn]; *zie ook* zuignap(je)
NAP afk van *Normaal Amsterdams Peil* Normal Amsterdam Level, Ordnance Datum
napalm napalm
Napels I *zn* Naples; II *bn* Neapolitan
napijn (painful) after-effect(s)
napjesdragend cupuliferous
napluizen investigate, sift; *vgl* uitpluizen
napluk aftercrop
naplukken glean
napoleon *(baard)* imperial; *(munt)* napoleon
napoleontisch Napoleonic
Napolitaan(s) Neapolitan
nappa(leer) nappa
napraat: *ik wil er geen ~ van hebben* I don't want it talked about
napraten **1** parrot, repeat, echo [a p.('s words)]; **2**

reminisce; *nog een beetje* ~ have a talk (a chat) after the others have gone (after the show, etc)
naprater(ij) parrot(ing)
napret amusement after party (after practical joke, etc)
nar fool, jester
narcis *(wit)* narcissus (*mv ook:* -ssi), *(geel)* daffodil
narcisme narcissism
narcistisch narcissistic
narcolepsie narcolepsy
narcose narcosis, anaesthesia; *zie ook* verdoving; *onder* ~ under an anaesthetic; *onder ~ brengen, zie* narcotiseren
narcoticabrigade drugs squad
narcoticum narcotic, anaesthetic; *(mv ook)* drugs
narcotisch narcotic; ~ *middel* narcotic, drug, *(fam)* dope; *handel(aar) in ~e middelen* drug (*fam:* dope) traffic (dealer, trafficker)
narcotiseren anaesthetize
narcotiseur anaesthetist
nardus (spike)nard
narede epilogue
nareizen travel after, follow (round)
narekenen 1 check, verify; **2** *(uitrekenen)* reckon up, calculate; *zie ook* vinger
nargileh narghile, hookah
narigheid misery; *zie ook* akeligheid
narijden ride (drive) after; *iem ~, (fig)* keep a p. at it, drive a p. on
naroepen 1 call after; **2** *(uitjouwen)* hoot (at)
narrenkap fool's cap, cap and bells
narrenpak fool's dress, motley
narrig peevish, cross
narwal narwhal
nasaal *bn & zn* nasal
nasaleren nasalize
naschilderen copy
naschok after-shock
nascholen retrain
nascholing refresher course
naschreeuwen 1 cry (shout) after; **2** *(uitjouwen)* hoot (at)
naschrift postscript
naschrijven 1 copy; **2** *(spieken)* crib; **3** *(plagiaat plegen)* plagiarize [an author, a work]
naschrijver copier, plagiarist
naseizoen late season
nasi 1 (boiled) rice; **2** afk van ~ *goreng* fried rice
nasibal fried rice ball
naslaan 1 look up [a word], look out [a train]; read (turn) up [a subject]; consult, refer to [a dictionary]; verify [a quotation]; *om na te slaan* for reference; *ter vergemakkelijking van het* ~ to facilitate reference; **2** counterfeit [coins]
naslagwerk reference work (*of:* book), work (book) of reference
nasleep train; aftermath [the aftermath of the war]; *een lange* ~ a long train of (serious) consequences; *de ziekten die een ~ zijn van de winter* the ailments that follow in the wake of winter
naslepen I *tr* drag along, drag after one; **II** *intr* drag (*of:* trail) behind
nasmaak (after)taste, taste, tang; *het heeft een bittere (lelijke) ~, (ook fig)* it leaves a bitter (nasty, bad) taste (in the mouth)
nasnede aftergrass, aftermath
nasnuffelen pry into [secrets, etc]; search [a place]; rummage [a p.'s pockets]
naspel 1 *(muz)* postlude, (concluding) voluntary; **2** *(liefde)* afterplay; **3** *(fig)* aftermath, sequel
naspelen 1 play [a piece of music] after a p.; *(op het gehoor)* repeat by ear; **2** *een kleur* ~ return one's partner's lead; *ruiten* ~ return diamonds; *in een andere kleur* ~ lead another suit
naspeuren track, trace, investigate
naspeuring tracking, etc, investigation
nasporen *zie* naspeuren
nasporing investigation, inquiry; ~ *naar* search for [the missing airman]; *(wetenschappelijke) ~en doen* undertake (carry out) research [into ...]
naspreken: *iem* ~ repeat a p.'s words; *(gedachteloos)* parrot a p.; *(nabauwen)* mimic a p.('s voice)
nastreven pursue [an object *doel*]; strive after, aspire to [power, etc]; emulate [a p.]; *zie ook* najagen
nasturen *zie* nazenden
nasynchroniseren *(film)* dub
nat I *bn* wet *(ook: met vrije drankverkoop); (vochtig)* damp, moist; *~!* wet paint!; *zo ~ als een poedel* [look] like a drowned rat; *het was ~ (weer)* it was wet (a wet day); ~ *van de regen* wet with the rain; ~ ***gaan**, (sl)* be for it; ~ ***maken*** wet; *het ~te **strand*** the foreshore; *~te **waren*** liquids; *langs de ~te weg, (techn)* by wet process; *zie ook* borst, [1]maat 1, vinger, enz; **II** *zn* wet, liquid; *(waarin iets gekookt is, v oesters, enz)* liquor; *(vlees~)* gravy; *(kook~ v beenderen, groenten, enz, voor soep)* stock; *voor ~ te bewaren!* keep dry!; *hij lust zijn ~je en zijn **droogje*** he is fond of his food and (his) drink; *zie ook* pot, enz
natachtig wettish, damp
natafelen linger at (the dinner) table
nataliteit birth rate, natality
nateelt after-crop
natekenen 1 copy; **2** draw, delineate
natellen count over (again), check; *zie ook* vinger
nathals toper, tippler, soak; *het zijn nathalzen* they are a thirsty lot
natheid wetness, dampness, moistness
natie nation; *de gehele ~ omvattend* nationwide; *een van de ~, (fam)* a Jew
nationaal national; *-nale feestdag* national (*of:* public) holiday; ~ *bestaan (bewustzijn)* (sense of) nationhood
nationaal-socialisme National Socialism, Nazi(i)sm
nationalisatie nationalization
nationaliseren nationalize, bring under public ownership

nationalisme nationalism
nationalistisch nationalist(ic)
nationaliteit nationality; *personen van Britse ~ (in den vreemde)* British nationals
nationaliteitsbeginsel right of self-determination
nationaliteitsbewijs national registration certificate
nationaliteitsgevoel national feeling
nativisme nativism
nativiteit birth rate, natality
natrappen *(sp)* late tackle; *(fig)* kick a p. when he is down
natrekken 1 travel (march) after, follow; **2** *(overtrekken)* trace, copy; **3** *(nagaan)* check (out), verify, follow up [clues]
natrium sodium
natriumbicarbonaat sodium bicarbonate, baking soda
natriumlamp sodium vapour lamp
natron(loog) caustic soda, sodium hydroxide
natten wet, moisten
nattevingerwerk guesswork
nattig damp, wettish
nattigheid wet *(ook: regen)*, damp, wetness; *~ voelen* smell a rat, sense danger
natura: *in ~, a) (niet in geld)* in kind; *b) (naakt)* in nature's garb
naturalisatie naturalization
naturaliseren naturalize; grant certificates of naturalization; *zich laten ~* take out letters of naturalization (naturalization papers)
naturalisme naturalism
naturalist naturalist
naturalistisch naturalist(ic) (*bw:* -istically)
naturel I *bn* natural [leather]; **II** *zn* **1** nature; **2** naturalness; **3** *(muz)* natural; **4** *(hist)* Bantu
naturisme naturism
naturist(e) naturist
naturopathie naturopathy, nature cure
natuur 1 *(aard)* nature; *dergelijke naturen* such natures; *het is bij hem een tweede ~ geworden* it has become second nature with (to) him; *de ~ gaat **boven** de leer* nature is stronger than nurture; ***tegen** de ~* against nature, contrary to nature; ***van** nature* naturally, by nature; **2** *(landschap & omgeving)* (natural) scenery [the scenery is wonderful here], [the] countryside; *de gehele ~* all nature; ***in** de vrije ~* in the country; *zie ook* natuurstaat; ***naar** de ~ getekend* drawn from nature
natuuraanbidder nature worshipper
natuurbad lido
natuurbeheer, natuurbehoud conservation, nature conservancy
natuurbeschermer conservationist
natuurbescherming nature conservation, protection of nature
natuurdienst nature worship
natuurdrift (natural) instinct
natuurfilosofie natural philosophy
natuurgebied nature area, *(beschermd)* nature reserve, wildlife area
natuurgeneeswijze naturopathy, nature cure; *inrichting voor ~* naturopathic (nature cure) establishment
natuurgetrouw true to nature (to life); *~ weergeven* reproduce faithfully
natuurgodsdienst nature worship
natuurhistorisch natural history [museum]
natuurijs natural ice
natuurkenner naturalist
natuurkennis natural history
natuurkeus natural selection
natuurkind child of nature
natuurkracht force of nature, natural force
natuurkunde physics, (natural) science
natuurkundeleraar, natuurkundelerares science (physics) master (mistress)
natuurkundig physical
natuurkundige physicist
natuurliefhebber nature lover
natuurlijk I *bn* natural [behaviour, child, history, logarithm, number, person, size, etc]; *het ~ verstand* common sense, mother wit; *het is een ~e zaak* it is quite natural (a matter of course); *een ~e dood sterven, (ook)* die from natural causes; *het is (heel) ~ dat hij weg wil* he (quite) naturally wants to go; *op de ~e grootte geschilderd, (ook)* painted life-size; *het ~e, zie* natuurlijkheid; **II** *bw* of course; *(op ~e wijze, overeenkomstig de natuur)* naturally; *het gaat hem ~ af, (fam)* it comes natural to him
natuurlijkerwijze naturally, of course
natuurlijkheid naturalness, simplicity, artlessness
natuurmens natural man; *zie ook* natuurvriend
natuurmonument nature reserve
natuuronderzoeker naturalist, natural scientist
natuurpad nature trail
natuurproduct natural product, *(mv ook)* natural produce
natuurramp natural disaster, catastrophe
natuurrecht 1 natural right; **2** natural law
natuurreservaat [forest, game, nature] reserve, [bird, wildlife] sanctuary
natuurrijk kingdom (*of:* realm) of nature
natuurschoon natural (scenic) beauty, beautiful scenery; *plekje ~* beauty spot
natuurstaat state of nature; natural state
natuursteen (natural) stone
natuurstudie nature study
natuurtalent 1 natural talent, gift; **2** *(pers)* naturally gifted person, *(fam)* natural
natuurverschijnsel natural phenomenon (*mv:* -mena)
natuurvoeding wholefood
natuurvolk primitive people (*of:* race)
natuurvoortbrengsel *zie* natuurproduct
natuurvorser naturalist
natuurvriend nature lover

natuurwet law of nature, natural law
natuurwetenschap *(ook mv)* natural science, science
natuurzijde natural (*of:* real) silk
nauplius nauplius (*mv:* -ii)
nautiek nautical science, science of navigation
nautilus nautilus
nautisch nautical
nauw I *bn* **1** *(smal)* narrow; *~e ingang, (ve straat, enz, ook)* bottleneck (entrance); *~e ruimte, (ook)* confined space; **2** *(~sluitend)* tight [boots]; **3** *(fig)* close [ties, acquaintanceship, co-operation, contact]; **4** *(~lettend)* strict; *~ van geweten* scrupulous, conscientious; II *bw* **1** narrowly; *~ zitten* sit close; *~ verwant* closely related; *~ voeling houden met* be closely in touch with; ***het ~ nemen**, ~ kijken* be very particular; *het niet ~ nemen met* play fast and loose with [public opinion], trifle with [the truth], be lax in [matters of faith]; *hij neemt het zo ~ niet, (met zijn werk, enz)* he is very easygoing (not very fussy); *hij neemt het niet zo ~ (met zijn geweten)* he has no (conscientious) scruples; *het komt (luistert, steekt) heel nauw* it requires great care (precision, a very delicate touch); **2** *(nauwelijks)* scarcely; III *zn* narrows; *(zee-engte ook)* strait(s); *het Nauw van Calais* the Straits of Dover; ***in het** ~ zijn (zitten)* be in a scrape, in a fix, in a (tight) corner, be hard pressed; *iem in het ~ brengen (drijven)* press a p. hard, drive a p. into a corner, corner a p.; *(in gevecht, ook)* bring a p. to bay; *in het ~ gedreven, maar pal staande* [stand] with one's back to the wall; *zie ook* kat
nauwelijks scarcely, hardly [*(ook)* a bare fifty yards away]; *niet of ~* hardly [necessary], if at all; *~ had hij ... of* scarcely (hardly) ... when, no sooner ... than; hardly [a day passes] but [we receive inquiries]
nauwgezet scrupulous [care], conscientious, painstaking; *pijnlijk ~* meticulous; *(stipt op tijd)* punctual; *hij voerde zijn opdracht ~ uit* he carried out his instructions religiously
nauwgezetheid scrupulousness, etc; punctuality
nauwheid narrow-, tightness, etc; *vgl* nauw
nauwkeurig accurate, exact, correct, precise; close [watch, follow, question, read a paper closely], narrow [watch a p. narrowly]; *~ omschrijven, (ook)* detail; *~ onderzoek* close examination, searching inquiry; *~ toezicht houden* keep strict watch; *~ tot op een millimeter* correct to (to within) a ...; *op een dag of twee ~, (ook)* give or take a couple or days; *zie ook* decimaal; *tot een stuiver ~* to the nearest penny
nauwkeurigheid accuracy, exactness, exactitude, precision
nauwlettend *zie* nauwgezet & nauwkeurig; *~e aandacht* close (minute) attention
nauwnemend particular; *vgl* nauw I.4
nauwsluitend close-, tight-fitting, clinging [dress]
nauwte defile, narrow pass; *(op zee)* strait(s), narrows; *zie ook* nauw III
nauwziend particular; *vgl* nauw I.4
n.a.v. afk van *naar aanleiding van* in connection with, with reference to, referring to
Navarra Navarre
navel navel *(ook sinaasappel), (fam)* belly (*of:* tummy) button; *(v zaad)* hilum; *op zijn ~ staren* contemplate one's navel
navelbandje umbilical bandage
navelbreuk navel rupture, umbilical hernia
navelkruid marsh pennywort
navelsinaasappel navel orange
navelstaren navel-gazing
navelstreng umbilical cord; *(plantk)* funiculus, funicle
navelzwijn peccary
navenant [the price is high] in proportion, [everything is] in keeping; commensurately, proportionately [high]; *het effect was ~* [the campaign was ill thought-out, and] the effect was according (was in keeping with that)
naverbrander afterburner
navertellen retell, repeat; *hij zal het niet ~, (fig)* he won't live to tell the tale
naverwant closely related; *~(e)* relation
naverwantschap relationship
navigabel navigable
navigatie navigation; *Akte van N~* Navigation Act
navigatielichten navigation lights, running lights
navigator navigator
navigeren navigate
navlooien check meticulously
NAVO afk van *Noord-Atlantische Verdragsorganisatie* North Atlantic Treaty Organization, NATO
navoelen empathize with [a p., a p.'s feelings]
navolgbaar imitable
navolgen **1** *(eig)* follow; **2** *(vervolgen)* pursue; **3** *(nadoen)* follow, imitate; *iem ~, (ook)* take a leaf out of a p.'s book
navolgend following, undermentioned
navolgenswaardig worth imitating (following)
navolger follower, imitator
navolging imitation; *in ~ van* in imitation of, after [Rembrandt]; *ter ~ dienen* serve for a model
navordering additional claim; *(belasting)* additional assessment
navorsen investigate, inquire into, search (into), explore; sift [a story]
navorser investigator
navorsing investigation, exploration; *(wetenschappelijke) ~en* researches
navraag (further) inquiry; ***bij** ~* on inquiry; *~ **doen naar*** inquire (make inquiries) about (after); *dat kan geen ~ **lijden*** that will not stand (*of:* bear) a close inquiry
navragen inquire, make inquiries
navrant distressing, heart-rending, harrowing
navullen refill
navulling refill (bottle, pack)
naweeën **1** afterpains; **2** *(fig)* evil consequences (effects), after-effects [of the party], aftermath [of the

war]
naweide aftergrass
nawerk extra (follow-up) work
nawerken 1 work after (school) hours, work overtime; **2** *lang ~* make itself felt long after; *zijn invloed werkt nog na* his influence still lingers
nawerking (after-)effect(s)
nawijzen point at (after); *zie ook* vinger
nawinter latter part of (the) winter
nawoord postscript, epilogue, afterword
nazaat descendant
Nazarener Nazarene, Nazarite
nazeggen repeat [an oath (after a p.)], say after [a p.]; *dat kan je mij niet ~, (fig)* that is more than you can say; *zie ook* nageven
nazenden send (on) after [a p.], [I'll] send on [your washing], forward (on); re-direct [letters]; *~ s.v.p.* please forward; *zich de brieven laten ~* have one's letters forwarded
nazetten pursue, chase; *iem ~, (ook)* give chase
nazi Nazi
nazien 1 look after, follow with one's eyes; *(bij verlaten vd kamer, ook)* watch [a p.] out; **2** *(nagaan)* examine, go through, look over (through); check [an account], *(ve accountant)* audit [accounts]; *(voor reparaties)* overhaul [a ship, car]; *bij het ~ van onze boeken* on looking through our books; **3** *(corrigeren)* correct; *zie ook* nakijken
nazingen sing after [a p.], echo [a song]
nazisme Nazi(i)sm
nazitten pursue, chase, chivvy; *een gevoel alsof men nagezeten wordt* a hunted feeling; *zie ook* narijden: iem ~
nazoeken look (read) up, examine, research [s.t.]
nazomer latter part of (the) summer, late summer; *mooie ~* St Martin's (*of:* St Luke's) (little) summer, Indian summer
nazorg after-sales service, product support; *(ve zieke, enz)* aftercare, follow-up care
N.B. 1 NB (nota bene); **2** N(orth) lat(itude); *zie ook* breedte
n.Chr. afk van *na Christus* AD (Anno Domini) *(meestal voor het jaartal)*
Neanderthaler Neanderthal (man)
neb bill, beak; *zie ook* sneb
nebbisj bless their hearts, poor things
Nebukadnezar Nebuchadnezzar *(ook de wijnfles)*
necessaire toilet (dressing, travelling) case, holdall; *(naai~)* housewife
necrofilie necrophilia
necrologie necrology; obituary (notice)
necroloog necrologist
necromantie necromancy
necropolis, necropool necropolis
necrose necrosis
necrotisch necrotic
nectar nectar
nectariën nectaries
nectarine nectarine
Ned. Ct. afk van *Nederlands courant* Dutch Currency
neder down; *zie voor de meeste sam* neer-
***Neder-Duits** *(Wdl: Nederduits)* Low German; *~ Hervormd* Dutch Reformed [Church]
nederig humble, modest, lowly; *~e hoogmoed* mock modesty
nederigheid humbleness, humility, modesty, lowliness
nederlaag defeat, overthrow; *de ~ lijden* be defeated (worsted), lose the day; *een verpletterende ~ lijden (toebrengen)* suffer a crushing defeat (inflict a ... [on the enemy])
Nederland The Netherlands, Holland; *de ~en, (ook)* the Low Countries
Nederlander Dutchman, Netherlander; *(officieel)* Netherland(s) subject
Nederlanderschap Dutch nationality
Nederlands I *bn* Dutch, Netherlands; *de ~e Antillen* the Netherlands Antilles; *de ~e Bank* the Bank of the Netherlands; **II** *zn* Dutch, Netherlandish
Nederlands-Indië the Netherlands (East) Indies, (the) Dutch East (Indies), *(officiële naam)* Netherlands East India; *zie ook* Indië
Nederlandstalig Dutch-speaking [Belgians]
Neder-Rijn Lower Rhine
Neder-Saksen Lower Saxony
Neder-Saksisch *(taal)* Low Saxon
nederwiet Dutch(-grown) cannabis
nederzetting settlement, *(handels~)* trading post (*of:* station)
Ned. Herv. afk van *Nederlands Hervormd & Neder-Duits Hervormd* Dutch Reformed [Church]
nee I *bw & tw* no; *~ **maar**!* oh, I say! [look at that now!]; the idea!, now really!, you don't say so!; ['poor C is dead'] 'no!'; why [, it's John!]; *maar ~!* but no!; *~ **toch**!* not really!, you don't (can't) mean it!, surely not!; ***wel** ~* oh no!, certainly not!; *~ zeggen* say no, refuse; *daar zeg ik geen ~ op* I won't say no to that; *(met) ~ (be)antwoorden* answer in the negative; *~ moeten verkopen* have to report an article out of stock, be sold out; **II** *zn* no; *mijn ~ staat tegenover uw ja* my word is as good as yours
neef cousin; *(oom-, tantezegger)* nephew; *ze zijn ~ en nicht* they are cousins; *een ~ die schilder is* an artist cousin; *zie ook* vol; *~je, (mug)* gnat
neeg *ovt van* nijgen
neen no; *zie* nee
neep 1 pinch; *in de ~ zitten* be in a fix; **2** *(plooi)* goffer; **3** *ovt van* nijpen
neer down
neerbuigen I *tr* bend down; **II** *intr (ook: zich ~)* bend (bow) down
neerbuigend condescending, patronizing
neerbuigendheid condescension
neerdalen descend, come down; *(ve vliegt, ook)* land *(ook op water)*; *(doen) ~ op, (ve kogelregen, scheldwoorden, enz)* shower down (up)on

neerdaling descent
neerdraaien wind down [a car window], turn down [a wick]
neerdrukken press (weigh) down; *(fig ook)* depress
neerduwen push (press, thrust) down
neergaan go down; *~de beweging* downward movement
neergang decline, downturn [in business]
neergooien throw (fling) down; throw [an opponent]; shoot [refuse *afval*], throw (*fam:* chuck) up [one's post]; *de boel (het bijltje) erbij ~, (fam)* chuck it; *(bij staking)* down tools [*zo (ook)* the mutineers downed arms]
neerhaal downstroke
neerhakken cut down
neerhalen 1 fetch down; let (draw) down [a blind]; haul down [a flag]; strike [a sail]; pull down [a wall]; bring down [an aircraft]; *~ tot* reduce to the level of; **2** *(afkammen)* run down
neerhangen *(intr)* hang down, droop [a drooping moustache, drooping branches]
neerhurken squat (down)
neerkijken *zie* neerzien
neerklappen fold down(wards), collapse
neerknallen shoot (down)
neerknielen kneel down
neerkomen come down, descend; *(met geweld)* come crashing down [the chimney crashed into the road]; alight [the bird alighted on the roof]; *(ve vliegt, ook)* land *(ook op zee); doen ~* bring down; *alles komt op hem neer* he has to do (see to) everything, everything falls on his shoulders; *het komt alles op mijn zere been neer* I shall be the one to pay for it all; *daar komt het op neer* that is what it comes (down) to (amounts to), it boils down to that, that's the long and the short of it; *(fam)* that's about the size of it; *het betoog (vraagstuk) komt hierop neer ...* the gist of the argument is ... (the problem resolves itself into this, comes down to this); *de hele geschiedenis komt ten slotte hier op (op hetzelfde) neer* the whole affair boils (comes) down to this (to the same thing); *erop ~d dat ...* [a letter] to the effect that ...
neerkrabbelen scribble down
neerkwakken *zie* neersmakken
neerlandica, neerlandicus student (teacher) of Dutch
neerlandisme Dutchism, Hollandism
neerlandistiek (academic) study of Dutch; Netherlandic (Dutch) studies
neerlaten let down [gangway], lower [window]; *zie ook* loodlijn; *zich ~* let o.s. down [by a rope]; *de gordijnen zijn neergelaten* the blinds are down (are drawn)
neerleggen lay (put, *(sp)* bring) down, put [where am I to put those books?]; *in een contract ~* embody in a contract; *zijn* ***ambt*** *~* resign (lay down) one's office, resign (office), relinquish [one's post]; *de (voorzitters)* ***hamer*** *~* vacate the chair; *een hert (iem) ~* shoot (kill, bring down) a deer (a p.); *iem ~, (boksen, enz)* floor a p., knock a p. out; *de* ***kroon*** *(regering) ~* abdicate (the crown), vacate the throne; *de* ***praktijk*** *~* retire from practice; *een som geld ~* deposit (*sl:* plank down) a sum of money; *de* ***wapens*** *~* lay down arms (*of:* one's arms); *het* ***werk*** *~* stop work, *(fam)* knock off; *(staken)* strike, *(fam)* down tools; ***zich*** *~* lie down; *~* ***bij*** present [a report] to, deposit [the accounts] with [the Council]; *zich* ***erbij*** *~* put up with it, resign o.s. to it, acquiesce in it [in a decision]; *~* ***in*** embody [one's principles] in [a book], set down [one's conclusions] in a report; ***naast*** *zich ~* put [advice, etc] on one side, ignore, disregard; *zie ook* hoofd
neerliggen lie down
neermaaien mow down
neerpennen jot down, scribble
neerpleuren plonk down
neerploffen I *tr* dump down; **II** *intr* plump down, flop down [into a chair]
neerpoten *(fam)* set (put) down; *vgl* neerzetten
neersabelen cut down, put to the sword
neerschieten I *tr* shoot (down), gun down, bring down [an aircraft, a bird], knock over [rabbits]; *(fam)* down [an aircraft]; **II** *intr* dash down, dart down, *(ve roofvogel, enz ook)* pounce, swoop down [*op* (up)on]
neerschrijven write (take) down
neerslaan I *tr* strike down, knock down, fell [a p.]; beat down, crush, quell [an insurrection]; *(oogst door regen, enz)* lay, flatten, beat down; cast down, lower [one's eyes]; turn down [one's collar]; let down [the hood of a carriage], slam down [the lid of a box]; *(chem)* precipitate; *(ontmoedigen)* dishearten; *ze sloeg de ogen neer, (ook)* her eyes fell; *neergeslagen* downcast [eyes]; *iem de ogen doen ~* stare a p. down (*of:* out of countenance), face, outface a p.; *de regen heeft het stof neergeslagen* the ... has laid the dust; **II** *intr* fall down, be struck down; *(chem)* be precipitated, precipitate; *(in een laagje)* deposit; *~de kap, (ve auto)* drophead
neerslachtig dejected, downhearted, depressed, despondent, low(-spirited), in low spirits
neerslachtigheid dejection, low spirits
neerslag 1 *(muz)* downbeat; **2** *(bezinksel)* sediment, deposit; *(v roet, enz)* deposit; **3** *(atmosferisch; chem: het neerslaan)* precipitation; *(chem: stof)* precipitate; [radioactive] fallout; **4** *(fig)* result(s), effect; *een ervaring die haar ~ vond in ...* which found concrete shape in ...; *voor zover die hun ~ vinden in ...* as far as they are reflected in ...
neerslaggebied drainage (*of:* catchment) area (*of:* basin)
neersmakken I *tr* plump (bang) down, dump (down); **II** *intr* fall flop [on the floor]
neersmijten fling down
neersteken stab (to death)
neerstormen tear (rush) down

neerstorten I *tr* fling down; II *intr* fall down; topple down [the chimney toppled down]; plunge down, crash [the plane crashed]; *zie ook* storten
neerstrijken I *tr* smooth (down) [one's hair]; II *intr* settle (perch, alight) [on a branch]
neertellen pay
neertransformeren *(elektr)* step down
neertrappen kick down; tread (trample) down
neertrekken pull (draw) down, draw [a veil]
neertuimelen tumble down
neervallen fall down, drop; *(ve vliegt ook)* crash; *ik val er bijna bij neer* I am ready to drop; *iem laten lopen (werken), tot hij er bij neervalt* walk (run, work) a p. off his legs (*of:* feet); work a p. to death; *dood ~* drop down dead
neervellen fell, strike down, *(fam)* down [a p.]
neervlijen lay down; *zich ~* lie down, nestle (down) [in an armchair]
neerwaaien be blown down
neerwaarts I *bw* downward(s); II *bn* downward; *~e slag, (ve zuiger)* downstroke
neerwerpen throw down; *zich ~* throw o.s. down
neerzetten set (put) down; plant [one's feet firmly]; *(kalmeren)* soothe; *(op zijn plaats zetten)* put down; *zich ~* sit down, *(op zijn gemak)* settle down, ensconce o.s. [in a big armchair]; *(zich vestigen)* settle; *(theat)* create [a part]
neerzien look down [at the plain]; *(laag) ~ op, (fig)* look down (up)on, look down one's nose at
neerzijgen, neerzinken sink down
neerzitten sit down
neet 1 nit; *kale ~* down-and-out; *(soms)* baldhead; 2 *zie* neetoor
neetoor crosspatch
nefast pernicious, wicked
nefralgie nephralgia
nefriet nephrite
nefritis nephritis
nefrologie nephrology
neg edge; *(v weefsel)* selvedge, *(inz Am)* selvage; *(bk)* reveal
negatie negation; *met ~ van, (ook)* in disregard of
negatief negative *(in alle betek, ook zn); negatieve pool* negative pole, cathode; *~ beantwoorden* answer in the negative; *~ beoordelen* judge unfavourably; *de rekening staat ~* is overdrawn (in the red)
negatieveling person who is always negative, caviller
negativisme negativism
negativist negativist
negen nine; *alle ~ gooien* throw all nine; *vgl* bij 7, met & keer
negende ninth *(ook zn); ten ~* in the ninth place, ninthly
negendoder *(vogel)* 1 *zie* klapekster; 2 *zie* klauwier: grauwe ~
negenhoek(ig) nonagon(al)
negenjarig *vgl* jarig
negenmaal nine times
negenmaands nine-months [child]
negenoog 1 *(vis)* lamprey; 2 *(bloedzweer)* carbuncle
negenproef casting out the nines
negental nine, nonary
negentallig nonary; *vgl* tientallig
negentien(de) nineteen(th)
negentig ninety
negentiger, negentigjarige nonagenarian; *vgl* jarig
negentigste ninetieth *(ook zn)*
negenvoud multiple of nine
negenvoudig ninefold
neger black (person), Negro
negerachtig Negroid, Negro-like
'negeren bully, hector
ne'geren *(pers)* ignore, give the cold shoulder, cut; *(zaak)* ignore, disregard [advice, opinions], brush aside [a question, protest], take no notice of; *totaal ~* cut [a p.] dead
***Neger-Engels** *(Wdl: Negerengels)* 1 Black English (Creole); 2 *(Suriname)* Sranan (Tongo)
Neger-Hollands 1 Black Dutch (Creole); 2 *(Guyana)* Berbice Dutch
negerij *zie* negorij
negerin black woman, Negress
ne'gering ignoring, cutting, etc
negerkoren millet
negerras Negro (Negroid) race
negerslaaf black slave
negerslavin black slave (woman)
negerwijk black town (district)
negerzoen *(fam)* chocolate éclair
negge edge; *(v weefsel)* selvedge, *(inz Am)* selvage; *(bk)* reveal
negligé negligée, informal dress
negligeren neglect; ignore
negorij *(fig)* (dog)hole, *(Am)* one-horse town (burg)
negotie 1 trade; 2 *(waren)* (pedlar's) wares
negotiepenning trade coin
negotiëren negotiate
negride Negroid
negril Negrillo
negrito Negrito
negroïde *bn & zn* Negroid
negus 1 *(vorst)* Negus; 2 *(drank)* negus
neigen I *tr* bend, bow, incline [one's head]; *zijn **oor** ~ naar* give ear to, incline one's ear to; II *intr: de dag neigt ten einde* the day is declining (drawing to a close); ***de zon** neigt ter kimme* the sun is declining; *naar links ~, (pol)* lean (tend) to the left; *zie ook* geneigd, nijgen & overhellen
neiging inclination, leaning [*tot* towards; musical, socialist, conservative leanings], proclivity [vicious, miserly proclivities], propensity [to extravagance, for gambling], predisposition, bent, tendency [upward, downward tendency of prices; democratic tendencies], disposition [*tot* to], trend [the trend on the Stock Exchange]; *het menselijk lichaam heeft de ~ nu en dan niet goed te fungeren* the

... has a way of occasionally getting out of order; ~ *gevoelen om* feel inclined to; *een ~ vertonen, (ook)* be apt (liable) [to be quarrelsome], tend [his shoulders tend to droop]; *een dalende ~ vertonen, (v prijzen)* tend downward

nek nape (*of:* back) of the neck; *hij heeft een **dikke** ~* he's rather snooty; ***stijve** ~* stiff neck; *een stijve ~ krijgen van het kijken, (ook)* get a crick in one's neck with staring; *iem de ~ **breken*** break a p.'s neck; *dat breekt hem de ~* that will be the end of him, he will come to grief over it; *iem de ~ **omdraaien*** wring a p.'s neck; *een plan de ~ omdraaien* kill a plan; *zijn ~ **uitsteken*** stick out one's neck; *~ **aan** ~* neck and neck; *iem **in** de ~ zien* diddle (do) a p., do a p. in the eye; *het hoofd in de ~ werpen* toss (fling back) one's head, bridle up; *zie ook* hoofd: met het ~ in de nek; *iem **met** de ~ aanzien* give a p. the cold shoulder, cold-shoulder a p.; *iem **op** zijn ~ zitten* be on a p.'s back; *[als ...] dan krijg je hem op je ~* he'll be down on you; ***over** zijn ~ gaan* be (get) sick [of s.t.]; ***uit** zijn ~ kletsen (plat: lullen)* talk through the back of one's neck, talk bullshit; *zie ook* voet

nek-aan-nekrace neck and neck race

nekhaar hair at the nape of the neck; *vgl* nek: uit zijn ~

nekken kill, break the neck of, *(sl)* do [a p.] in; smash [a glass]; *dat heeft hem genekt* that has done for (finished) him; *dat zou de auto-industrie ~* that would give the knock-out blow to the car industry; *de doktersrekeningen nekten ons* it was the ... that floored us; *zie verder* nek: de ~ breken

nekkramp cerebrospinal meningitis (*of:* fever), *(fam)* spotted fever

neklap havelock

nekschot shot in the back of the neck

nekslag *(eig)* rabbit punch; *(inz fig)* death blow, knock-out blow; *de ~ geven, (ook)* finish [a p.], torpedo [an argument], give the final blow [to the old system], blow [the old system] sky-high

nekspier neck (*of:* cervical) muscle

nekton nekton

nekvel [seize by the] scruff of the neck

nel *(kaartsp)* nine of trumps

nematode nematode

nemen take *(ook: kieken)*, help o.s. to [a sandwich], have [a drink]; take out [a patent, policy]; *(dam-, schaakspel)* take, capture; *(voor film)* shoot [a scene]; *een hoek (hek, alle hindernissen) ~* take (negotiate) a corner (fence, all the obstacles); *hij nam **als model** ...* he took for his model ...; *de dingen zo ~ als ze zijn* take things as they are (as one finds them) [you must take me as I am]; *je moet het ~ zoals het valt* you must take the rough with the smooth; *neem **het geval** ...* take the case ...; *nog een **glas** ~* have another glass; ***iem** (ertussen) ~, (fam)* have a p. on, take the mickey out of a p.; *zich genomen voelen* feel one has been taken in, feel had; *met die auto word je genomen* you're being had over that car; *dat neem ik **niet**, (fam)* I'm not having that, I won't stand for it (have it, put up with it); ***plaatsen** (kamers) ~* book seats (rooms); *een **slag** ~* take a trick; *een **vesting** ~* take (carry) a fortress; *iem **bij** de arm ~* take a p. by the arm; *iets **op** zich ~* take s.t. (up)on o.s. (*of:* one), undertake to do s.t., shoulder [a burden], take on [a stiff job]; *zie ook* verantwoordelijkheid; ***tot** zich ~* take [food]; *het er goed **van** ~* do o.s. well (proud), live well; *we ~ het er eens van* we are doing ourselves well, are launching out a bit, are going it, are having a good time; *zie ook* advocaat, bijeennemen, dienst, tijd, enz

nemer taker; *(koper)* buyer; *(ve wissel)* payee

neoclassicisme neoclassicism

neodarwinisme neo-Darwinism

neofiet neophyte

neogotiek Gothic Revival

neoklassiek neo-classical

neolithisch neolithic

neologisme neologism, neology; *(woord, ook)* (recent, new) coinage; *~n vormen, gebruiken* neologize

neon neon [lamp, light, sign, tube]

neonatologie neonatology

neonbuis neon tube

neonreclame neon sign

neonverlichting neon (*buis-, ook:* strip) lighting

neoplasma neoplasm

neopreen neoprene

neoteen neotenous

neotenie neoteny

nep fake [antiques], sham [marriage], bogus [doctor]; *allemaal ~* all sham (a swindle)

Nepalees Nepali *(ook taal)*, Nepalese

nepotisme nepotism

neppen *(sl)* sting, clip

neptent *(sl)* clip joint

neptunisch *(geol)* Neptunian

Neptunus Neptune

Neptunusfeest crossing-the-line ceremony

nereïde nereid

nerf rib, vein, nerve; *(v leer, hout)* grain

nergens nowhere; *hij geeft ~ om* he cares for nothing; *dat dient ~ toe* that's (of) no use; *~ goed voor* good for nothing; [such behaviour is] quite uncalled-for; *hij was (bleef) ~* he was nowhere; *zonder tekst is hij ~* he is lost without ...; *hij kon ~ naar toe gaan* he had nowhere to go; *dat slaat ~ op* that makes no sense (of any sort); *~ van weten* know nothing (of the matter); *zie ook* deugen, dienen II.3, [1]goed I.1, heen & lijken

Nergenshuizen nowhere

nering trade, retail trade; *(klandizie)* custom; *gedwongen ~* captive market; *zie verder* klandizie, tering

neringdoende tradesman, shopkeeper; *~n, (ook)* tradespeople

nero *(fig)* cruel tyrant; *(als) van N~* Neronian

nerts *(vglb)* mink [coat]

nervatuur nervation, venation
nerveus nervous; *(fam)* nervy
nervig veined [leaf]
nervositeit nervousness
nest 1 nest *(ook rovers-, broei~, stel pannen, enz); (roofvogel~, ook)* eyrie; *~en uithalen* go (bird's-)nesting; *zijn eigen ~ bevuilen* foul one's own nest; *zich **in** de ~en werken (in de ~en zitten)* get o.s. into (be in) a fix (*of:* a cleft stick); ***naar** zijn ~ gaan, (sl)* go to kip; *(Am)* sack out; *zie ook* bed; ***uit** een goed ~ komen* come of (a) good stock; **2** *(jongen)* nest [of kittens], litter [of pups]; **3** *(stadje)* hole, dump; **4** *(vod)* rag; *(mv: prullen)* trash, rubbish; **5** *(meisje)* minx, unbearable (impossible) girl
nestblijver nidicolous bird
nestei nest egg
nestel 1 lace, aiguillette, (tagged) shoulder-knot; **2** *(veter)* lace; **3** *(metalen punt)* tag
nestelen nest, build, build (make) a nest; *zich ~, (fig)* ensconce o.s., settle down [in an armchair]; *zich ~ tegen* nestle up to, snuggle against
nesteling 1 *(vogel)* nestling; **2** *(het nestelen)* nesting; *(med)* implantation [of the ovum], nidation
nesthaar first hair, down
nestholte nesting cavity
nestkastje nest(ing) box
nestkeuze: *de eerste ~ hebben* have the pick of the litter
nestkuiken chick, nestling; *(fig: jongste kind)* nestling
nestor, Nestor Nestor, Father [of the House of Commons, etc], doyen
nestplaats nesting place
nestvaren bird's-nest fern
nestveren first feathers
nestvliedend nidifugous [birds]
nestvol nestful
nestzittend nidicolous [bird]
[1]**net** *zn* **1** net *(ook voor haar, fruit, tennis, v spin, enz); (voor boodschappen)* net bag, string bag; *(ve wagon)* rack; *~ten **knopen*** net; *een ~ **uitwerpen*** cast a net; *zijn ~ten ver uitwerpen, (fig)* cast one's net wide; ***achter** het ~ vissen* miss the bus; *ze heeft hem **in** haar ~ten gevangen* she has trapped him, has got him into her toils; *de bal in het ~ slaan, (ook)* net the ball; **2** *(kaart~, elektr. ~)* grid [the National Grid]; *(~werk)* network, [the first accident on this] system; *(tv ook)* channel [one, two]; [electric] main(s); [telephone] system
[2]**net I** *bn* **1** *(proper)* tidy [keep your clothes tidy], clean; *(v aard)* cleanly; *(er aardig uitziend)* neat, smart, spruce, trim; **2** *(fatsoenlijk)* decent, respectable [neighbourhood, people], nice [girl, people]; *~te manieren* good manners; *zie ook* netjes; **II** *zn* fair copy; *in het ~ schrijven* make a fair copy of; **III** *bw* **1** neatly, decently, etc, *vgl* I; **2** *(zojuist)* [I saw him] just now; *het is ~ vanmorgen aangekomen* it arrived only this morning; *zie ook* zoëven; **3** *(precies)* just, exactly, precisely; *zie ook* precies; *~ een vogelverschrikker* [you are] for all the world like a scarecrow; *~ goed!* serve [him, etc] right; *kun je ~ denken* not a bit of it, you've got another think coming; *~ geraden!* right first time!, you've hit it!; *~ **als** jij* just like you, [I work with my hands] (the) same as you; *~ als gewoonlijk* just as usual; *~ **even** slecht* [mine is] just as bad; *dat is ~ **gepast*** it's the exact amount; *~ **iets** goedkoper* marginally cheaper; *~ iets meer verdraagzaam* just that bit more tolerant; *hij ontsnapte **nog** ~ (aan het gevaar)* he escaped by the skin of his teeth; *ik weet het **nog** zo ~ niet* I'm not so sure; *[ik kwam] ~ **op tijd*** in the nick of time; *hij kwam ~ **te laat** voor de trein* he just missed his train; *~ **toen** hij kwam* just when he came; *dat is ~ **wat** ik nodig heb* that is the very thing I want; *dat is ~ wat (iets) voor hem, a)* that is the very thing for him; *b)* that is just like him; *ik heb het ~ **zo** gedaan* exactly (precisely) like that; *~ zo goed als ...* every bit as good as ...; *men zou ~ zo goed kunnen zeggen ...* one might just as well say ...; *~ zo een* just such another; *zie ook* lief & [1]maar II.2: ~ net
netaansluiting mains connection
netbal netball
netel nettle
netelachtig urticaceous; *~e* urticacea
netelcel nematocyst
neteldier coelenterate
neteldoek muslin
netelig 1 *(lastig)* thorny, knotty, ticklish, tricky [affair]; vexed [question]; **2** *(hachelijk)* critical, invidious [position]
netelorgaan nematocyst
netelroos nettle rash
netenkam fine-tooth comb
netheid neatness, tidiness, spruceness, cleanness; cleanliness; respectability; *vgl* [2]net I.1
nethemd string vest
netje 1 (hair)net; *zie ook* [1]net; **2** *(ondergoed) zie* nethemd
netjes I *bw* **1** [write, dress] neatly; *~ bedacht* neatly (cleverly) contrived; *~ gezegd* neatly put; **2** *(zindelijk)* cleanly, trimly [kept lawns]; **3** *(fatsoenlijk)* [behave] properly, nicely; *~ eten* eat nicely; *~ handelen* do the proper thing; **II** *bn: dat is niet ~, (niet betamelijk)* that is not done; *(onfatsoenlijk)* improper, not right; *(niet eerlijk)* not fair, *(fam)* not cricket; *niet ~ van je* not nice of you, you can't do that; *hij is erg ~ op zijn boeken (kleren)* he is very careful with ...; *zie ook* [2]net I.1 & gedragen
netjesgoed cellular cloth
netkous net stocking
netmaag reticulum, honeycomb bag
netmeloen cantaloup(e), musk melon
netnummer area code (prefix)
netschakelaar mains switch
netschrift 1 fair copy; **2** fair-copy book
netspanning mains voltage
netstroom mains current

netten *(bevochtigen)* wet, moisten, sprinkle
nettenboet(st)er net mender, net repairer
nettenknoper net-maker
netto net(t) [amount, price, etc]; ~ *binnen 3 maanden* three months net(t); ~ *contant* net(t) cash
nettoestel mains set
nettogewicht net(t) weight
nettoloon *(ook)* take-home pay
netto-opbrengst net(t) proceeds
nettoresultaat net(t) result
nettowinst net(t) (clear) profit
netversperring *(mar)* boom defences
netvleugelig net-, lace-winged, neuropterous; ~*en* neuroptera, lacewings
netvlies retina; *dat staat helder op mijn* ~ I can see it clearly before my eyes
netvliesontsteking retinitis
netvoeding mains supply; *(apparaat)* mains (power) unit, mains adaptor, power pack
netvormig retiform, reticulate(d)
netwerk 1 network; **2** netting; **3** fair copy
netwerkbeheerder supervisor
netwerken network
neuken: ~ *(met)* bonk, screw; *potje* ~ nookie
neum neum
neuraal neural
neuralgie neuralgia
neurasthenicus neurasthenic
neurasthenie neurasthenia
neurasthenisch neurasthenic
Neurenberger I *zn* Nuremberger; **II** *bn* Nuremberg; ~ *schaar* lazy tongs
Neurenbergs Nuremberg
neuriën hum; *(als tegen klein kind)* croon
neuritis neuritis
neurochirurgie neurosurgery
neurologie neurology
neuroloog neurologist
neuroma neuroma (*mv ook:* -mata)
neuron neuron(e)
neuronaal neuronal
neuroom *zie* neuroma
neuroot neurotic
neuropaat neuropath
neuropathie neuropathy
neuropathisch neuropathic
neurose neurosis
neurotica, neuroticus, neurotisch neurotic
neus nose *(ook ve schip, enz); (ve schoen)* toecap; *(ve buis, blaasbalg)* nozzle, nose; *(ve dakpan)* hook, knob, nib; *(ve geweerkolf)* heel; *(ve schaaf)* handle; ~*je, (ve vrucht)* eye, nose; *schoen met een brede* ~ broad-toed shoe; *hij doet alsof zijn* ~ ***bloedt*** he acts dumb; *een goede (fijne)* ~ ***hebben*** have a good nose [*voor* for]; *hij heeft een fijne* ~ *voor zo iets* he has a nose (a flair) for that sort of thing; *een lange* ~ ***maken*** *tegen* make (pull) a long nose at, cock a snook at; *(eig Am)* thumb one's nose at; *de* ~ ***ophalen*** sniff; *de* ~ *ophalen (optrekken) voor* turn up one's nose at, sniff at (*voor alles, fam:* be a bit sniffy); *wie zijn* ~ ***schendt****, schendt zijn aangezicht, (vglb)* it's an ill bird that fouls its own nest; *zijn* ~ *in alles* ***steken*** put (poke, thrust, stick) one's nose into everything, pry into everything, *(fam)* be a Nosy Parker; *zijn* ~ ***stoten*** meet with a rebuff; *de neuzen* ***tellen*** count noses; *hij ziet niet* ***verder*** *dan zijn* ~ ***lang*** *is* he can't see past the end of his nose; *zijn* ~ ***volgen*** follow one's nose; *dat gaat je* ~ ***voorbij*** that (she, etc) is not for (such as) you, you've had it, you may whistle for it; *een* ***wassen*** ~ an empty (a mere) formality; *de* ~ *in de* ***wind*** *steken* hold (stick) one's nose in the air; *het* ~*je van de* ***zalm*** the pick of the bunch, the cream; *dat zal ik jou niet* ***aan*** *de* ~ *hangen* that would be telling; *dat heb ik hem niet aan zijn* ~ *gehangen* I haven't let him in on (put him wise to) that; *iem* ***bij*** *de* ~ *hebben (nemen)* pull a p.'s leg; *iem bij de* ~ *leiden* lead a p. by the nose; *iem iets* ***door*** *de* ~ *boren* do (*of:* diddle) a p. out of s.t.; *iets* ***in*** *de* ~ *krijgen* get wind of s.t.; *zo* ***langs*** *zijn* ~ *weg* [he said it] in a casual (in the most casual sort of) way, apropos of nothing; *hij moet overal* ***met*** *de* ~ *bij zijn* he wants to see everything that is going on; *met de* ~ *in de boeken zitten* be with one's nose in the books; *met zijn* ~ *in de boter vallen* be in luck, come at the right moment; *iem met zijn* ~ *op de feiten drukken* bring home the facts to a p., make a p. face the facts; *(vlak)* ***onder*** *zijn* ~ right under his (under his very) nose; *het iem onder de* ~ *wrijven* throw it in a p.'s teeth, rub it in (into a p.); *hij keek* ***op*** *zijn* ~ he looked crestfallen (blank, foolish, stumped, dismayed), got a nasty surprise; ***tussen*** ~ *en lippen (door)* [remark] in passing, casually, [do a job] in (at) odd moments; *het komt me de* ~ ***uit*** I'm fed up to the back teeth with it; *de deur* ***voor*** *iems* ~ *dichtdoen* shut (slam) the door in a p.'s face; *iem iets voor de* ~ *wegnemen* take s.t. from under a p.'s nose; *het staat (vlak) voor je* ~ it's right under (*of:* in front of) your nose
neusaap nose-ape, nose-monkey, nasalis, proboscis monkey
neusamandel adenoids
neusbeen nasal bone
neusbeer coati(mondi, mundi)
neusbloeding nosebleed; *een* ~ *hebben* have a nosebleed, bleed from the nose
neusgat nostril
neusgeluid nasal sound (*of:* twang)
neushaar hair in the nostrils
neusholte 1 nasal cavity; **2** nasal passage
neushoorn rhinoceros, *(fam)* rhino
neushoornkever rhinoceros beetle
neushoornvogel hornbill
neus-keelholte nasopharynx
neuskegel nose cone
neusklank nasal (sound)
neusknijper 1 pince-nez; **2** *zie* neusnijper

neuslengte [win by a] nose
neusletter nasal letter
neusnijper *(ve dier)* barnacles
neuspoliep nasal polypus
neusriem noseband
neusring nosering; *(ve varken ook)* snoutring
neusspiegel rhinoscope, rhinal mirror
neusspuitje nasal syringe (*of:* spray)
neusstem nasal voice, twang
neustoon nasal tone
neustussenschot (inter)nasal septum, partition of the nose
neusverkoudheid, neusverstopping cold in the nose, nasal catarrh
neusvleugel side (*of:* wing) of the nose; *zijn ~s trillen* his nostrils twitched (quivered)
neuswarmer cutty (pipe)
neuswiel *(ve vliegtuig)* nose wheel
neuswijs conceited, pert, *(fam)* cocky
neuswijsheid conceitedness, self-conceit, *(fam)* cockiness
neuswortel base (of the nose)
neut 1 corbel, tenon, nut; **2** *~(je)* short drink, quickie; [I'd like a] drop
neutraal neutral; *(onderwijs, school)* undenominational, non-sectarian, secular; *(pol ook)* non-aligned; *(niet oordelend)* non-judgemental; *~ blijven* remain neutral, take no sides, sit on the fence; *een neutrale* a neutral
neutralisatie neutralization
neutraliseren neutralize; counteract [a poison]
neutraliteit neutrality
neutraliteitsverklaring declaration of neutrality
neutrino neutrino
neutron neutron [bomb, gun, star]
neutrum neuter
neuzelen whinge, whine
neuzen nose; *~ in* pry (*of:* ferret) into
nevel haze, *(zware)* mist *(beide ook fig); (astron)* nebula (*mv:* -lae); *(med, onkruidbestrijding, enz)* spray
nevelachtig *(ook fig)* hazy, misty, nebulous
nevelachtigheid haziness, etc, nebulosity
nevelbank mist bank
nevelblusser (spray) extinguisher
nevelbom smoke canister
nevelen 1 be hazy (misty); **2** spray [crops]
nevelhypothese nebular theory
nevelig *(ook fig)* hazy, misty, nebulous
nevelkamer cloud (*of:* Wilson) chamber
nevelspuit spray gun
nevelster nebulous star
nevelvlek nebula (*mv:* -lae)
neven *zie* naast & benevens
nevenactiviteit sideline
nevenbedrijf branch (*of:* subsidiary) business; *fruitteelt als een ~ van de tuinbouw* fruit-growing as an adjunct to horticulture
nevenbranche *(in zaak)* sideline
nevendoel secondary object
neveneffect side effect
nevenfunctie additional job, *(fam)* job on the side
nevengeschikt coordinate
nevenhoek adjacent angle
neveninkomsten additional income
nevenintrige sub-plot
nevenkwestie side issue
nevens next (to); *zie* naast & benevens
nevenschikkend coordinating [conjunction], paratactic [construction]
nevenschikking coordination, parataxis
nevensgaand enclosed, annexed
nevenstaand adjacent [figure]
newfoundlander Newfoundland (dog)
newton *(natuurk)* newton
NFWO afk van *Nationaal Fonds voor Wetenschappelijk Onderzoek* National Research Fund
Niagara: *de ~* Niagara (Falls)
nichemarkt *(econ)* niche market
nicht 1 (girl, female) cousin; *(oomzegster)* niece; **2** *(homofiel)* fairy
nichtentent gay bar
nichterig fairy
Nicolaas Nicholas; *St-Nicolaas, (vglb)* Santa Claus
nicotine nicotine
nicotinearm low-nicotine [cigarettes]
nicotinevergiftiging nicotine poisoning, nicotinism, tobacco poisoning
nicotinevrij non-nicotine [cigarettes]
niëlleren niello
niëllo(werk) niello
niemand nobody, no one, none; *~ anders (minder) dan* none other (no less a person) than; *zie ook* anders
niemandsland no man's land
niemendal nothing at all; *zie ook* niets; *~letje* [a] mere nothing
niente nothing
nier kidney; *zie ook* hart, proeven & wandelend
nierbekken renal pelvis
nierdialyse haemodialysis, renal dialysis
nierharst loin of veal with the kidney
niermiddel antinephritic (medicine)
nierontsteking nephritis
nierpijn nephritic pain
niersteen 1 renal calculus (*mv:* -li), kidney stone; **2** *(delfstof)* nephrite, jade
niersteenvergruizer lithotripter
niersteenvergruizing lithotripsy, ESWL (extracorporeal shock wave lithotripsy)
nierstuk loin-end with kidney
niervet suet
niervormig kidney-shaped, reniform
nierziekte renal (nephritic, kidney) disease
niesbui sneezing fit
nieskruid, nieswortel hellebore
niesziekte cat flu

[1]**niet** *(klinknagel)* rivet; *~je, (voor papieren)* staple; *(in boek)* wire stitch, wire fastener

[2]**niet** I *bw* not; *ik zie ~ in dat ..., (ook)* I fail to see that ...; *ik denk van ~* I think not; *hij kwam ~ terug, (ook)* he failed to return; *zijn ~-betalen* his failure to pay; *~ beter* no better, not any better; *~ beter, maar slechter* not better, but worse; *~ wijzer* ***dan*** *vroeger* no wiser than before; *~ dan met de grootste moeite kon hij ...* it was only with the greatest difficulty that he managed to ...; *~* ***dat*** *ik het nodig had* not (it wasn't) that I needed it; *~ dat hij geen fouten heeft, (ook)* not but what he has his faults; *hij bedankte ons ~* ***eens*** he did not even (did not so much as) thank us, he never thanked us; *hoe men het moet doen, en* ***hoe*** *~* how to do it and how not to; ***wat*** *zou dat ~ prachtig zijn!* how marvellous it would be!, wouldn't it be marvellous!; *zie ook* al, liever, [2]meer, of 1, om, ook, enz; II *zn* nothing, nought; *(in loterij)* blank; *een ~* ***trekken*** draw a blank; ***in*** *het ~ vallen bij* pale into insignificance beside; ***in*** *het ~ verdwijnen* vanish into thin air, *(geleidelijk)* fade away; ***in*** *het ~ verzinken bij* sink (pale, shrink) into insignificance beside, pale before; ***om*** *(voor) ~* for nothing, gratis; [play] for love; ***te*** *~ doen* nullify, annul, make null and void, override, set aside [a law, decree], dispose of [a theory, arguments], undo [the good results], bring to nought [an opponent's efforts], dash [a p.'s hopes]; *te ~ gaan* come to nothing (nought), perish; *(ve recht)* lapse

niet-aanvalsverdrag non-aggression pact

niet-alcoholisch non-alcoholic; *~e drank, (ook)* soft drink

niet-bestaand non-existent

niet-betaling non-payment

niet-blanke non-White

niet-brandbaar non-(in)flammable

nieten staple [papers, etc]; wire-stitch [books, etc]

nietes ('t)isn't; *~-welles* no it isn't - yes it is

niet-gebonden non-aligned [nations]

niet-geleider *(elektr)* non-conductor

nietig 1 *(ongeldig)* [the marriage is] (null and) void; 2 *(ve pers)* puny, diminutive; 3 *(gering, onbetekenend)* paltry [the paltry sum of £5], miserable, insignificant; *een ~ tuintje* a scrap of a garden; *een ~ vrouwtje* a wisp of a woman; *~ verklaren* declare null (null and void, void), annul [a contract], nullify [a claim]

nietigheid 1 nullity [of a marriage]; 2 insignificance, [man's] littleness; 3 *een ~* a mere nothing, a trifle

nietigverklaring nullification, annulment; *besluit tot ~, (inz ve huwelijk)* decree of nullity

niet-ijzermetalen non-ferrous metals

niet-inmenging non-intervention

niet-jood(s) non-Jew(ish), gentile

niet-lid non-member

nietmachine wire stitch machine; *(voor papieren)* stapler

niet-metaal metalloid, non-metal

niet-nakoming non-fulfilment, non-observance [of the regulations], failure to comply [with the regulations], disobedience [of orders]

niet-Nederlander non-Dutch subject, foreign national, alien

niet-officieel unofficial

niet-ontvankelijk: *~ verklaren* nonsuit

niet-oorspronkelijk unoriginal, derivative

nietpistool staple gun

niet-rokencoupé no-smoking compartment, non-smoker

niet-roker non-smoker

niets nothing; *(totaal) ~* [I could] not [see] a thing; *hij is ~, (in godsd, enz)* he belongs to no church (etc); *~ dan klachten* nothing but complaints; *~ wijzer dan tevoren* no wiser than before; *~ beters* [I had] nothing better [to do]; *~ nieuws* nothing new; *~ van* ***belang*** nothing of importance; *~* ***daarvan!*** (you'll do) nothing of the sort (kind)!, no such thing!, that is out of the question!; *zie ook* ***ben:*** er kwam ~ van; *~* ***hebben*** *aan (van), zie* hebben; *ik heb ~ geen zin om ...* I haven't the slightest (least) intention (wish) to ...; *waar men ~ voor heeft* [spend millions of pounds] with nothing to show for it; *het (dat)* ***is*** *~!* it (that) is nothing!, don't mention it!, never mind!; *dat is ~ voor mij* that is not in my line, not my kind of thing; *£500 per week was ~ voor haar* £500 a week was nothing to her; *het is ~ voor jou om zoiets te doen* it's not like you to ...; *het is ~ gedaan* it's no good; *er* ***kwam*** *~ van* nothing came of it, [the plan etc] came to nothing, *(fam)* (it was) no go; *het* ***lijkt*** *er ~ op* it is nothing (isn't anything) like it; ***of*** *het (maar, zo, zomaar) ~ is* without more ado; *het was ~* ***vergeleken*** *bij ...* it was nothing to ... (compared with ...), [the outside of the house] was (had) nothing to (on) [the interior]; ***om*** *~* for nothing; [play] for love; *~* ***te*** *vroeg, te hoog, te veel* none too early (soon), too high, too much (many); ***van*** *~ opkomen* rise from nowhere; ***voor*** *~* [all his lying had been] for nothing, [I would not have it] as (*of:* at) a gift; *voor ~ en niemendal* free, gratis and for nothing; *niet voor ~ was zij ...* not for nothing was she ..., it was not for nothing that she was her father's child; *iem voor ~ laten lopen* send a p. on a fool's errand; *voor ~ gaat de zon op* you can't expect s.t. for nothing; *zie ook* aan, anders, doen, keizer, maken, [2]meer, minder, niks, staan, enz

nietsbeduidend, nietsbetekenend insignificant

nietsdoen I *zn* idleness, inaction; II *ww* idle, do nothing

nietsdoend idle, do-nothing

niet-sluitend unbalanced [budget]

nietsnut good-for-nothing; *die ~ van een ...* that good-for-nothing [son of his]; *de rijke ~ten* the idle rich

nietsontziend *zie* ontzien

nietsvermoedend unsuspecting; *(bw ook)* innocently

nietswaardig worthless, good-for-nothing
nietszeggend 1 meaningless, unmeaning, idle [compliment]; lame [excuse]; *een ~e titel* an empty title; **2** *(wezenloos)* vacant [stare], blank [look]
niettegenstaande I *vz* in spite of, notwithstanding; [he trusts me] for all [his jealousy]; **II** *vw* although, though
niettemin nevertheless, none the less, even so, [he is a good fellow] for all that
niet-vast non-permanent, temporary [workers]
niet-verschijning non-attendance; *(inz jur)* non-appearance; *(jur)* default
nietwaar *zie* [3]waar
nieuw new [friend, house, idea, life, potatoes, the New World], fresh [vegetables, herring, supply, start a fresh bottle, make a fresh start, receive fresh instructions, find fresh evidence]; modern [history, languages, writers]; *(vd laatste tijd)* recent; *(ongewoon)* novel [a novel idea]; *de ~e president, (ook)* the incoming ...; *~ aangekomene* newcomer, new arrival; *het is nog ~ voor mij (mij nog ~)* it is still new to me; *het* ***nieuwe****, a)* [love] the new, what is new; *b)* the novelty; *zie ook* nieuwtje; *de* ***nieuweren*** the moderns; *de* ***nieuwste*** *mode (modellen, berichten)* the latest fashion (models, news); *de nieuwe en ~ste geschiedenis* modern and contemporary history; *van de ~ste constructie* of the latest construction; *het ~ste op het gebied van* the last word in [travel comfort], the latest thing in [beachwear]; *zie ook* nieuws
nieuwaangestelden newcomers, new entrants
nieuwbakken 1 new, freshly-baked; **2** *(fig)* new, newfangled [ideas]; *~ adel* mushroom nobility
nieuwbekeerde neophyte, new convert
nieuwbouw 1 new building, new construction; **2** newly built houses (etc); [the whole area is] newly built; *vgl* nieuwbouwwijk
nieuwbouwwijk new housing estate (*of:* development)
nieuweling novice, beginner, new hand, tyro, newcomer, (raw) recruit; *(univ)* freshman; *een ~ in het vak, (ook)* [he is] new to the business
nieuwemaan new moon
Nieuw-Engeland(er) New England(er)
nieuwerwets modern, in the latest fashion; *(ong)* newfangled
nieuwgeboren newborn
***Nieuw-Grieks** *(Wdl: Nieuwgrieks)* Modern Greek
Nieuw-Guinea New Guinea
nieuwheid newness
Nieuw-Hoog-Duits Modern High German
nieuwigheid novelty, new departure, innovation
nieuwjaar 1 New Year [card, letter, message, present, reception]; *ik wens u een gelukkig ~* I wish you a happy New Year; **2** New Year's Day
nieuwjaarsdag New Year's Day
nieuwjaarsfooi *(vglb)* Christmas box
nieuwjaarsgeschenk New Year('s) gift
nieuwjaarswens New Year's greeting
nieuwkomer newcomer
nieuwlichter modernist, innovator
nieuwlichterij modernism
nieuwmodisch fashionable
Nieuwpoort Nieuport
nieuws 1 *(berichten)* news, tidings, intelligence, information; *het ~ van de* ***dag*** the day's news, the topic(s) of the day; ***geen*** *~ is goed ~* no news is good news; *er is geen ~ sinds gisteren* there is nothing new since yesterday; *dat is* ***oud*** *~* that is ancient history (stale news); ***wat*** *is er voor ~?* what('s the) news?, what's new?; **2** *(nieuwtje)* piece of news, piece of information; *er valt niets ~ te melden* there is nothing fresh to report; *dat is wat ~ voor me* that is news to me; **3** *(nieuw artikel)* novelty; ***iets*** *~* s.t. new, *(nieuwe methode, inrichting, enz)* a new departure; *er is* ***niets*** *~ onder de zon* there is nothing new under the sun; **4** ***van*** *~ (af aan)* anew, afresh
nieuwsagentschap news agency
nieuwsbericht news item, news report; *(kort)* news flash; *de ~en* the news (bulletin)
nieuwsblad newspaper
nieuwsbrief newsletter
nieuwsdienst news agency; *uitzending van de ~* newscast
nieuwsgaring [free] gathering of news
nieuwsgierig inquisitive, curious [*wat betreft, naar* about]; *(sl)* nosy; *~ te weten* curious (anxious, eager) to know; *ik ben ~ wat hij zal zeggen* I wonder what he will say; *zie ook* Aagje & kijklustig
nieuwsgierigheid inquisitiveness, curiosity; *uit ~* out of (from) curiosity
nieuwslezer newsreader, *(tv)* newscaster
nieuwsuitzending news bulletin, newscast
nieuwswaarde news value, newsworthiness [this item is hardly newsworthy]
nieuwtestamenticus New Testament scholar
nieuwtje 1 *(bericht)* (piece of) news; *het laatste ~* [have you heard] the latest; **2** *(nieuwigheid)* novelty; *als het ~* ***eraf*** *gaat (is)* when the novelty wears off (has worn off)
nieuwtjesjager newsmonger
nieuwvorming *(tlk)* neologism
nieuwwaarde replacement value
Nieuw-Zeeland(er) New Zealand(er)
nieuwzilver German silver, nickel silver
niezen sneeze
niezerig sneezy
Nigeriaan(s) Nigerian
nigromantie necromancy
nihil nil, nought, nothing at all
nihilisme nihilism
nihilist nihilist
nihilistisch nihilist(ic)
nijd envy
nijdas crosspatch
nijdig angry, cross, annoyed, miffed; [go away] in a

huff; *(fam)* shirty; *ze was verschrikkelijk ~* in a dreadful temper; *..., zei hij ~ ...,* he said waspishly; *iem ~ maken, (ook)* put a p.'s back up, rile a p., *(fam)* get a p.'s dander up; *~ worden* get angry, lose one's temper, *(fam)* cut up rough, get shirty; *zie ook* boos
nijdigheid anger
nijdnagel agnail, hangnail, ragged cuticle
nijgen (make a) bow, (drop a) curtsy [*voor* to]
nijging bow, curtsy
Nijl: *de ~* the Nile
nijlgans Egyptian goose
nijlgau nilgai, nylghau
nijlpaard hippopotamus, *(fam)* hippo
nijlreiger sacred ibis
nijnagel agnail, hangnail, ragged cuticle
nijpen pinch, nip; *het begint te ~* they (etc) are feeling the pinch, the situation is getting serious; *als het nijpt* at a pinch, when it comes to the pinch; *~de kou* biting (bitter) cold
nijpend *(vd wind, enz)* nipping, biting; *(van honger)* pinching; *(van gebrek)* grinding [poverty]; *~ gebrek hebben* be in dire (desperate) straits [*aan geld* for money]; *het ~e gebrek aan arbeiders* the acute shortage of labour
nijptang (pair of) pincers (*klein ook:* nippers)
nijver industrious, diligent, hard-working
nijveraar 1 *(fam)* eager beaver; **2** industrialist
nijverheid industry *(in beide betek)*
nijverheidsonderwijs domestic science; *(hist)* technical education
nijverheidsschool school for domestic science; *(hist)* technical school
nikkel nickel
nikkel-cadmium *(ook)* nicad [battery]
nikkelen *ww & bn* nickel
nikkelmunt *zie* nikkelstuk
nikkelstaal nickel steel
nikkelstuk nickel (coin)
nikker 1 *(min: neger)* nigger, sambo; **2** *(watergeest)* nix (*vr:* nixie); **3** *(duivel)* fiend
niks *(fam)* nothing; *(sl)* nix [for nix; what's up? nix]; *zie ook* niets; *niet ~* [that is] quite something; *een vent van ~* a dead loss, a dud; *een leraar van ~* an absolutely rotten teacher; *een ding van ~* a wash-out, a miserable (a twopenny-halfpenny) affair; *~ ervan, (Br sl)* no way!, *(Am)* noway!, nowise!; *~ hoor!, (fam)* nothing doing!; *niks geen moeite* no trouble at all
niksen *(fam)* do nothing, laze
nilotisch Nilotic [crocodile, peoples]
nimbus nimbus (*mv ook:* -bi), halo, glory
nimf(achtig) nymph(-like)
nimmer(meer) never(more)
nimmerzat *(vogel)* tantalus
n'importe n'importe, no matter
Ninevé Nineveh
ninja ninja
niobium, nioob niobium
nipa(palm) nipa (palm)
nippel nipple; *(pons~)* punch
nippen sip, nip
nippertje: *op het ~* in the (very) nick of time; *dat was net op het ~* it was a close shave (a narrow squeak, a near thing); *je was net op het ~* you were in the nick of time, cut (ran) it very fine
nipt I *bw* only just; *zie ook* nippertje: op het ~; **II** *bn* narrow [a narrow victory]
nirwana nirvana
nis niche *(inz beeld~)*, alcove, *(bk inz)* [window] recess
nitraat, nitreren nitrate
nitreus nitrous
nitride nitride
nitriet nitrite
nitro- *(in sam)* nitro- [nitrocellulose, -glycerine, etc]
niveau level [a high level of achievement (of radiation); roads on two levels (at sea level); talks at government level]; *~ hebben* show (real) quality; *op ~* [the work is fully] up to the mark; *een voorstelling op ~* a high-class production; *op alle ~s* multi-level [talks]; *op hoog ~* high-level [talks]; *bijeenkomst op het hoogste ~* summit meeting; *zie ook* peil
niveaubewaking quality control, maintaining standards
niveauverschil difference in level (*fig ook:* in standard)
nivelleerwerktuig levelling instrument
nivelleren level, *(naar boven)* level up, *(naar beneden)* level down; equalize [incomes]
nivellering levelling, equalization
nixe nix(ie)
njonja *(Ind)* Madam; Mrs
nl. viz; *zie* namelijk
nm. pm
N.N.: *de Hr. ~* Mr X, Mr - (*lees:* Blank, Dash)
N.N.O. NNE, north-north-east
N.N.W. NNW, north-north-west
no. no, number
N.O. NE, north-east
Noach Noah
nobel I *bn* noble(-minded), high-minded; **II** *zn (munt)* noble
Nobelprijs Nobel Prize [winner]
noblesse oblige noblesse oblige
noch: *(~) X ~ Y* neither X nor Y
nochtans nevertheless, yet, still
no-claimkorting no-claim discount (*of:* bonus)
noctambule noctambulist, sleepwalker
nocturne nocturne
node 1 reluctantly, unwillingly; *~ gaan, (ook)* be loth to go; *~ missen* ill spare; **2** *van ~, zie* nodig
nodeloos unnecessary, needless, gratuitous
noden *ww* invite; *zie* nodigen
nodig I *bn* necessary [*voor iem, voor geluk* to (for) a p., to happiness], needful; *de ~e ...* the necessary ...; *('een hoop')* heaps of ..., a lot of ...; *hij achtte het*

~, *haar een standje te geven* he thought fit to give her a reprimand; *hij zal wel (weer) de ~e bezwaren maken* as usual (as is his custom), he will object; *na de ~e borrels* after a good many drinks; *toen de ~e klachten waren binnengekomen* when the inevitable ..., when people had duly ...; *zeer ~(e)* much-needed [reforms]; ~ ***hebben*** want, need, be in want (in need) of, stand in (have) need of, require; *(handel, ook)* be in the market for; *we hebben 500 ton ~* we require 500 tons; *vakantie ~ hebben* need a holiday; *veel ~ hebben, (aankunnen)* be very extravagant; *je hebt meer tijd ~ gehad dan hij* it has taken you longer than him; *hij had niet lang ~ om ...* it did not take long for him to ...; *ik heb je diensten niet meer ~* I can dispense with your services; *als ik je ~ heb, zal ik je roepen, (iron)* when I want your advice I'll ask for it; *jawel, ik heb je ~, (fam, iron)* no thank you, not a bit of it; *ik heb al mijn tijd ~* I have no time to waste; *je hebt hier niets ~* you have no business (to be) here; *je hebt er niets mee ~* it's no business of yours; ~ ***maken*** necessitate; *dit maakte het ~ dat hij kwam* this made it necessary for him to come; *vandaag* ***niet*** *~, (aan de deur)* not today, thank you; *ik blijf nooit thuis als het niet ~ is* I never stay at home if I can help it; *kerken die niet meer ~ zijn* redundant churches; *het is niet ~ dat wij het hem vertellen* there is no need for us to ...; ~ ***zijn*** be necessary, be needed; *~ zijn voor, (ook)* go to [all the things that go to the making of a perfect holiday]; *er waren 10 jaar ~ om het gebouw te voltooien* the ... took ten years to complete; *er was een Nelson ~ om ...* it took (needed, required) a Nelson to ...; *er is moed (voor) ~ om te ...* it wants (needs, requires, takes) courage to ..., it takes a bold man to ...; *er is maar weinig ~ om ...* it takes but little to [cause an accident]; *blijf niet langer weg dan ~ is* don't be longer than you can help; *doen wat ~ is, (fam)* do the needful; *het is ~ het te zeggen* it needs saying; ***zo*** ~ if need be, if necessary; II *bw* necessarily; *~ moeten [plassen, enz], (fam)* be taken short; *je moet ~ beter toezien* you need to look more closely; *zijn broek moet ~ geperst worden* his ... badly need pressing; *dat moet jij ~ zeggen* that comes badly from you; hear who's talking; *je moet ~ nog zeggen dat ..., (iron)* you had better not repeat (say again) that ...; *hij moet (ik hoef niet) zo ~, (fam)* he is in a (I am in no) hurry; *hij moest zo ~ z'n vader vragen, a)* he had to spoil things by asking ...; *b)* he claimed he must ask ...; *en dan moest hij zo ~* and then he had to (go and) put his oar in; III *zn: het ~e* [do] what is necessary (*of:* required), the necessaries of life; *het éne ~e* the one thing needful; *hij heeft het ~e* ***op*** he has had a drop too much

nodigen invite [*op* to]; *zichzelf ~* invite o.s.; *hij liet zich niet lang ~* he did not need to be asked twice

nodiging invitation

noedel noodle

noembaar mentionable, nam(e)able

noemen 1 *(een naam geven)* name, call, term, style, denominate; ***dat*** *noem ik dankbaarheid* that's what I call gratitude; ***hoe*** *noem je dat (hem)?* what do you call that (him)?; *een vriend van mij, die ik* ***niet*** *zal ~* who shall be nameless; *niet te ~* nameless [vices]; *het diner was (niet)* ***wat*** *je noemt, (fam)* the dinner was excellent (so-so); ***zo*** *zou ik het (hem) niet ~* I would not call it (him) that; *noemt het* ***zoals*** *je wilt* call it what you will; *iem* ***bij*** *zijn naam ~* call a p. by his name; *de dingen bij hun naam ~, zie* kind; *een kind* ***naar*** *zijn vader ~* name a child after (*Am* for) its father; *zich* ***noemende*** *...* self-styled [prophet, etc]; *zie ook* genoemd; **2** *(vermelden, opnoemen)* name, mention; *noem maar een* ***dag*** name a day; *ik noem maar* ***iets***, *om maar iets te ~* to give [you] an example, by way of illustration; *ik wil niet dat mijn* ***naam*** *genoemd wordt* I don't want my name mentioned; *ik noem geen namen* I mention no names

noemenswaard(ig) worth mentioning, [no] appreciable [change]; *geen noemenswaardig verschil, (ook)* no difference to speak of (worth speaking of); *niet ~, (ook)* [it is] nothing to speak of, [it hurts] hardly at all, [what he knew about it was] negligible, not [damaged] to any extent

noemer denominator; *gemeenschappelijke ~* common denominator; *onder dezelfde ~ brengen* reduce to the same denominator; *(fig)* put under the same heading (into the same category); *alles onder één ~ brengen, (ook, fam)* lump everything together

noen noon

noenmaal lunch(eon), midday meal

noëpedist remedial teacher

noest I *zn zie* knoest; II *bn* diligent, industrious; *met ~e vlijt* with unwearying industry

noestheid diligence, industry

nog 1 *(tot nu, nog steeds)* yet [there is life in him yet]; *ik moet er ~ om lachen* it still makes me laugh to think of it; *ze was ~* ***geen*** *30* not (yet) thirty; *~ geen pond (twintig)* not quite a pound (twenty); *~ geen jaar geleden* less than a year ago; ~ ***niet*** not yet, not just yet; *~ steeds niet* [he has] still not [come]; *ken je mij ~ niet?* don't you know me by now?; *zelfs* ***nu*** *~* even yet; ***tot*** *~ toe* up to now; **2** *(voortdurend)* still [it is still a fortnight to Christmas]; ~ ***altijd*** still; **3** *(te eniger tijd)* yet; [you'll pay for it yet]; *~ diezelfde avond* that very evening; *~ in de 12e eeuw* as late as the 12th century; *~ in 1988* as late (so recently) as 1988; *heb jij ~ wat gezegd?* did you speak at all?; *vgl* 4; *ik zal mijn eigen naam ~ vergeten* I'll forget my own name next [*zo ook:* he'll be wanting a subsidy next; they'll be stopping football next]; ~ ***heden*** this very day; ~ ***onlangs*** *(gisteren, enz, onlangs, enz, nog)* only the other day (yesterday, etc); **4** *(meer)* further [some further examples]; *~ een glas (ei, 5 minuten)* another glass (egg, five minutes); *met ~ 5% verlagen* reduce by a further 5%; *~ een (andere) schrijver* another (*sterker:* yet another, still another) author; *(wil je) ~ thee* more tea?; *is er ~ thee* is there any tea left?; ~ ***eens*** once more; *ik heb het ~ eens gehad* I've had it happen to me before; *bomen en ~ eens bomen* trees and more trees; ~ *eens zoveel* as much (many) again; *als je ~* ***enig*** *verstand hebt* if you have any sense left (at all); ***hoe lang*** *~?* how much longer?; *hoe velen ~?* how many more?; ~ ***iemand*** somebody else; ~ ***iets*** s.t. else, s.t. more, one thing more, another thing; *(anders) ~ iets?* anything else?; *iem ~ iets?* anybody anything more to say?; *en dan is er ~ iets* and there's another thing; ~ *'iets (~ één woord) en ...* any more of it, and ...; ~ ***maar***, ~ ***slechts*** *10 minuten, en ...* only ten minutes to go, and ...; *... en ~* ***veel*** *meer ...* and much else besides; ~ *vele malen* many more times; *(gelukwens)* many happy returns; *zend me ~ drie kisten* three more cases; *ik heb er ~* ***vijf*** I have five left; ***wat*** *nu ~?* what else?; *geef me ~ wat* give me some more; *wacht ~ wat (enkele minuten)* wait a little (a few minutes) longer; *heb je nóg wat gezegd?* did you say anything else (besides)?; *en wat dan ~* so what?; *zeg ~* ***één woord*** *en ...* say another word and ...; ~ *één woord(je)* (yet) one word more; ~ ***zo'n*** *heethoofd* another of those hotheads; **5** *(versterkend)* still, yet, even; ~ *beter* better still, still better; ~ *erger* worse still, still worse; ~ *rijker* still (yet, even) richer; *dat is ~* ***eens een boek!*** that is something like a book!, there's a book for you!, *(fam)* some book, that!; *dat waren ~ eens dagen!* those were the days!; *hij keek me ~ (zelfs) niet eens aan* he never so (as) much as looked at me; *vóórdat hij ~* ***goed*** *en wel de kamer uit was* (even) before he was out of the room; *ik heb tenminste ~* ***iets*** *gedaan* I've done something at least; ~ ***maar*** [we are] only [at the beginning]; [you're] only [a youngster] yet; [she is a] mere [child], quite [a child]; *dit heeft ~* ***meer*** *betrekking op ...* this applies even more to ...; *daarom is hij ~* ***niet*** *mijn vriend* it does not follow that he is ..., that does not make him ...; *dat is ~ zo'n slecht baantje niet* it isn't a bad job at all; *en ~* ***wel*** *...* and [on my birthday,] too; and [a big one] at that (to boot); *en dat ~ wel zijn vriend* and that his friend of all people; *en ~ wel vanavond* tonight of all nights (*evenzo:* at W of all places); *en dan noemden ze haar ~ wel Emmeline!* they called her Emmeline, of all names!; *en ~ wel op jouw leeftijd!* at your age, too!; *en ik was ~ wel bang dat we te laat zouden komen* and I was afraid ...; *het smaakt ~ wél zo goed* it tastes even better; *al had ik ~* ***zoveel*** *geld* even if I had ever so much money; *al is het ook ~ zo weinig* however little it (may) be, be it ever so little

noga nougat

nogal rather, fairly, pretty, *(fam)* jolly; ~ *wat ouder dan ...* rather older than ...; *hij dronk ~* he drank pretty freely; ~ *warm* a bit warm; *zie ook* ²enkel I.2, gaan & tamelijk

nogmaals once more, once again

nogmaalsbrief bread-and-butter letter

nok 1 ridge [of a roof]; *tot de ~ gevuld* packed to the very roof, filled to capacity; **2** *(ve ra)* yardarm; **3** *(techn)* cam

nokbalk ridge beam, ridgepole, roof-tree

nokken stop, knock off

nokkenas [overhead] camshaft

nokpan ridge tile

noktent ridge tent

nokvolger tappet

nolens volens nolens volens, willy-nilly

nomade nomad

nomadisch nomad(ic); *een ~ leven leiden, (ook)* nomadize

nom de plume nom de plume, pen name

nomen *(tlk)* noun; *(Romeinse naam)* nomen

nomenclatuur nomenclature

nominaal nominal; *nominale waarde* face value, nominal value, *(techn)* rated value; *aandelen zonder nominale waarde* no par shares, shares of no par value; ~ *vermogen* rated capacity

nominalisme nominalism

nominatie nomination; *hij staat no 3 op de ~* he is third on the list; *op de ~ staan voor het gekkenhuis (om weggestuurd te worden)* be a candidate for the lunatic asylum (stand a chance of being dismissed)

nominatief *bn & zn* nominative

nomineren nominate

nomogram nomogram, nomograph

nomothetisch nomothetic(al)

non 1 nun *(ook ~vlinder)* **2** *(Ind)* young lady

non-acceptatie non-acceptance

non-actief on half-pay, *(mil ook)* not serving with the colours; *op ~ stellen* retire [a civil servant, an officer]

non-alcoholisch non-alcoholic; *~e drank, (ook)* soft drink

nonchalance nonchalance, casualness; *(nalatigheid)* carelessness

nonchalant nonchalant, off-hand, casual [she resented this casual treatment]; *(nalatig)* careless

non-combattant non-combatant

non-conformisme nonconformism, nonconformity

non-conformist(isch) nonconformist; *(Eng kerk)* Nonconformist, [he is] Free Church

non-descript nondescript

none 1 *(r-k)* nones; **2** *(muz)* ninth

nonet nonet

non-ferro non-ferrous [metals]

non-interventie non-intervention

nonius vernier [graduation *verdeling*]

nonnenkap wimple, nun's coif

nonnenkleed nun's dress

nonnenklooster nunnery, convent

nonnenorde order of nuns, sisterhood

nonnenschool convent (school)

nonnetje nun; *(eend)* smew

nonnie *(Ind)* young lady

nonpareille, nonparel *(lettertype)* nonpareil

non plus ultra tiptop, ne plus ultra

nonsens nonsense, bosh, *(sl)* (tommy)rot, crap; *~!, (ook)* rubbish!, fiddlesticks!
nonsensicaal nonsensical, absurd
non-valeur 1 bad debt; **2** worthless stuff; **3** *(pers)* good-for-nothing, dead loss, non-achiever, *(Am sl)* dead pigeon
nonvlinder nun
nood necessity, need, distress, want; *(~geval)* emergency; *~ **breekt** wet* necessity knows no law; *de ~ dringt (dwingt) mij* it is a matter of necessity; *~ leert **bidden** (maakt vindingrijk)* necessity is the mother of invention; ***geen** ~!* don't worry!; ***hoge** ~ hebben* be taken (caught) short; *als de ~ het **hoogst** is, is de redding (het meest) nabij* the darkest hour is before the dawn; *toen de ~ op het hoogst was* when things were at their blackest; *als de ~ aan de **man** komt, zie ben: in geval van ~; de ~ (der tijden) **voelen*** feel the pinch; ***door** de ~ gedrongen* from sheer necessity; ***in** ~* [ship] in distress, [musicians] in need; *in ~ verkeren* be in distress; *in geval van ~* at need, in case of emergency (of need), at a pinch, at a push, in an emergency, if the worst comes to the worst; *om in geval van ~ te gebruiken* [keep a second car] as a stand-by; *in de ~ leert men zijn vrienden kennen* a friend in need is a friend indeed; ***uit** ~* from necessity; *uit ~ geboren* born of (from) necessity; *iem uit de ~ helpen* set a p. on his feet, help a p. out; ***van** de ~ een deugd maken* make a virtue of necessity; *van node hebben, zie* nodig*; zie ook* klagen
noodadres emergency address
noodaggregaat stand-by power unit
noodanker sheet anchor
noodbrug temporary bridge
nooddeur emergency door, fire escape
nooddoop lay baptism; *de ~ toedienen* half-baptize
nooddruft 1 want, destitution, indigence; **2** *(voedsel)* food, provisions
nooddruftig destitute, indigent
noodfonds distress fund
noodgang breakneck speed; *met een ~* like a scalded cat
noodgebied distressed (*econ:* depressed) area; disaster area
noodgebouw temporary building
noodgedwongen by force, perforce, from sheer necessity; *dat men ~ moet overgaan tot …* that one is compelled to turn to …
noodgeld emergency money
noodgeval emergency; *zie ook* nood: in geval van ~
noodgraving rescue dig
noodgreep emergency measure
noodhulp 1 *(abstr)* emergency aid; **2** *(pers)* temporary (occasional) help, extra help; **3** *(zaak)* makeshift, stopgap; *bij wijze van ~* as a makeshift
noodkijk *(sl)* sight, eyesore
noodklok alarm bell, tocsin
noodkreet 1 call for help, SOS; **2** cry of distress
noodlanding [make a] forced (*of:* emergency) landing; *(met schade)* crash landing; *een ~ maken, (ook)* be forced down (forced to land)
noodlijdend necessitous, distressed [area *streek*]; *~e fondsen* defaulted (suspended) bonds (securities); *~e wissel* dishonoured bill
noodlot fate, destiny
noodlottig fatal [*voor* to]; ill-fated [an ill-fated day]; *een ~e afloop hebben* end fatally
noodlottigheid fatality
noodluik escape hatch, emergency exit
noodmaatregel emergency measure; *vgl* noodoplossing
noodmast jury-mast
noodoplossing temporary solution (expedient), band-aid; *(concr ook)* makeshift contrivance
noodpeil danger mark (level)
noodrantsoen emergency (*of:* iron) ration
noodrecht emergency powers; [appeal to] necessity
noodrem emergency (*of:* safety) brake; *aan de ~ trekken, (ook)* pull the communication cord; *(fig)* take strong measures; *(sp)* floor an opponent
noodroer jury-rudder
noodsein, noodsignaal distress signal (*of:* call), SOS (message)
noodsituatie emergency (situation)
noodslachting emergency slaughter
noodsprong last resource
noodstal *(hoefstal)* shoeing shed
noodstop emergency stop (halt); *sanitaire ~* comfort stop
noodtoestand [proclaim, declare, a] state of (national) emergency; untenable (intolerable) situation
noodtrap fire escape
nooduitgang emergency exit; *zie ook* noodluik
nooduitrusting emergency kit
noodvaart breakneck speed
noodverband emergency dressing; *(fam)* emergency measure, makeshift solution, band-aid
noodverlichting emergency lighting
noodvlag flag of distress
noodvoorziening emergency provision (arrangement)
noodvulling *(in kies)* temporary filling
noodweer 1 heavy weather; **2** self-defence; *uit ~* [act] in self-defence
noodwendig *zie* noodzakelijk
noodwet emergency act; *door middel van een ~, (ook)* by special legislation
noodwinkel temporary shop
noodwoning temporary house, emergency dwelling
noodzaak necessity [*uit ~* from …, out of …]; *ik zie er de ~ niet van in* I fail to see the need for it; *zonder ~* without need, unnecessarily
noodzakelijk I *bn* necessary [a necessary evil]; *~e dingen* necessities, essentials; *het hoogst ~e* the barest necessities; *zie ook* nodig & gebiedend; **II** *bw* necessarily, needs, of necessity; *daaruit volgt ~ dat* it follows as a matter of course that

noodzakelijkerwijs *zie* noodzakelijk II
noodzakelijkheid necessity; *zie ook* voordoen
noodzaken compel, oblige, force, constrain, coerce; *zich genoodzaakt zien (voelen) te …* be (feel) obliged (compelled, forced) to …
nooit never; ~ *ofte nimmer* never ever, at no time; *zal het dan ~ ophouden?, (ook)* won't it ever end?, will it never (come to an) end?; *nog ~ gezien* never seen before; *aan mijn (je) ~ niet, (fam)* not a bit of it, never ever
nooit falend never-failing
Noor(se) Norwegian
noord [the wind is] north; ~ *ten oosten* north by east; ~ *houden* steer north; *om de ~ varen* go north about
Noord-Afrika North Africa
Noord-Amerika(ans) North America(n)
Noord-Atlantisch North Atlantic
Noord-Brabant North Brabant
noordeinde north(ern) end
noordelijk I *bn* northern; northerly [wind]; *~ste, vgl* oostelijkste; II *bw* northward(s), [further] north; ~ *van* north of
Noordelijke IJszee Arctic Ocean
noorden north; *naar het ~* to(wards) the north; *ten ~ van* (to the) north of
noordenwind north wind
noorder- northern
noorderbreedte north latitude
noorderkeerkring tropic of Cancer
noorderlicht northern lights, aurora borealis
noorderling northerner
noorderzon: *met de ~ vertrekken* do a moonlight flit, skedaddle
noordgrens northern border (frontier)
Noord-Holland North Holland
Noord-Ierland Northern Ireland
Noordkaap North Cape
noordkant north side
noordkaper grampus, orc
Noord-Nederland the Northern Netherlands
noordnoordoost north-north-east
noordnoordwest north-north-west
noordoost north-east; ~ *ten oosten* north-east by east
noordoostelijk I *bn* north-east(erly), north-eastern; II *bw* north-east(ward)
noordoosten north-east
noordoostenwind, noordooster north-east(erly) wind, north-easter
noordpool North Pole; *(gebied)* Arctic; *(attr)* arctic [expedition, explorer, regions]
noordpoolcirkel Arctic Circle
Noordpoolster *zie* Noordster
noords northern; *~e stern* arctic tern; *~e stormvogel* fulmar (petrel); *~e winden* northerly winds, northerlies
Noordster North Star, Polar Star, Polaris
noordwaarts I *bw* northward(s); II *bn* northward
noordwest north-west; ~ *ten noorden* north-west by north
noordwestelijk I *bn* north-west(erly); II *bw* north-west(ward)
noordwesten north-west
noordwester northwester
Noordzee North Sea
noordzijde north(ern) side
Noorman Northman, Norseman, Dane, Viking
Noors I *bn* Norwegian [fishing vessel], Norse [sagas]; II *zn* Norwegian; [Old] Norse
Noorwegen Norway
noot 1 *(muz)* note; *hele, halve, kwart, achtste, … vierenzestigste ~* semibreve, minim, crotchet, quaver, semiquaver, demisemiquaver, hemidemisemiquaver (*Am* whole note, half-note, quarter-note, eighth-note, … sixty-fourth-note); *vrolijke ~* light (comic) relief; *veel noten op zijn zang hebben* be hard to please, be very exacting; ***op noten zetten*** set to music; **2** *(aantekening)* note; **3** *(vrucht)* nut; *(wal~)* walnut; *dat is een harde ~* a hard nut to crack; *er zullen harde noten over worden gekraakt* there will be some tough talking
nootcijfer *(typ)* superior figure
nootjeskolen nuts
nootmuskaat nutmeg [grater *rasp*]
noottekens *(typ)* superior letters and signs
nop 1 burl; *~(pen)* nap, pile; *met zware ~* deep-pile(d) [carpets]; **2** *(op jurk)* polka dot; **3** *(onder schoen)* stud; **4** *zie* noppes
nopen induce, compel; *zich genoopt voelen te …* feel obliged (compelled) to …
nopens concerning, as to, with regard to
nopje: *(erg) in zijn ~s zijn* be in high feather, be in a good mood, be as pleased as Punch; *(fam)* be (enormously) bucked [*over* about, with, by]
noppen *ww* burl
noppenzool cleated sole
noppes *(sl)* nix; *voor ~, (gratis)* for free; *(vergeefs)* to no purpose, for nothing
noppig napped
nor clink, [be in] quod, [go to] choky, [be in the] cooler (*Am:* the tank); *in de ~ stoppen* shove in quod
norbertijn Norbertine
Nordisch Nordic
noren racing skates
noria noria, chain pump
norm 1 *(eis)* requirement, standard; *aan de ~en voldoen* meet requirements; *de ~ halen* meet (come up to) the norm; *~en en waarden* standards and values; **2** *(gemiddelde)* norm, rule
normaal I *bn* normal; *hij is niet helemaal ~, a)* he is a bit odd; *b) (op dit ogenblik)* he is not quite himself; *boven het normale* above normal; *beneden het normale* below normal; *(vooral med)* subnormal; *boven ~* [30 per cent] up on normal; *weer ~ worden* return to normal; II *bw* normally, as a rule, usually; ~ *gesproken* generally speaking, normally; III *zn* **1** *(meetk)* normal; **2** *(benzine)* regular

normaaloplossing standard solution
normaalschool *(Belg)* college of education
normaalspoor standard gauge
normalisatie normalization, standardization, regulation
normaliseren normalize [relations, spelling]; *(standaardiseren)* standardize; *(waterbk)* regulate [a river]
normalisering *zie* normalisatie
normaliteit normality
normaliter normally
Normandië Normandy
Normandiër, Normandisch Norman
normatief normative
normbesef *(vglb)* moral code, ethic, ethos, sense of values
normblad standard specification
normeren set norms (standards) for, standardize
normoverschrijdend deviant [behaviour]
normvervaging loss (erosion) of (ethical, etc) standards
Norne Norn
nors gruff, surly, grumpy, crusty
nortonput Norton tube well
nostalgie nostalgia
nostalgisch nostalgic, retro
nota 1 note *(ook in diplomatie); (goede) ~ nemen van* take (due) note of, note; *van zijn protest werd geen ~ genomen* his protest went unheard; **2** *(rekening)* account, bill; *~ van onkosten* note of charges; **3** *(uittreksel rekening courant)* statement (of account)
notabel notable
notabele notable (man, citizen), leading resident, notability, man of standing
nota bene nota bene, take note, please note; *mijn brief, ~!* my letter, would you believe!; *ze noemden haar ~ Perdita* they called her ..., of all names (things)
notariaat 1 office of notary; **2** notary's practice
notarieel notarial; *notariële akte* notarial act; *notariële volmacht* power (*of:* warrant) of attorney
notaris solicitor; *(inz Am)* notary (public), public notary
notariskantoor solicitor's (notary's) office
notatie notation
notelaar walnut
noten walnut [cabinet]
notenbalk staff (*mv:* staves), stave
notenbar nut (section in a) shop
notenboek music book
notenboom walnut (tree)
notendop 1 nutshell; **2** *(bootje)* cockle(shell)
notenhout(en) walnut
notenkraker 1 (pair of) nutcrackers; **2** *(vogel)* nutcracker
notenlezen *zn* music reading
notenolie nut oil
notenpapier music paper
notenschrift musical notation; *(op balk)* staff notation
notenvoorbeeld music example
noteren 1 *(aantekenen)* note down, note, jot down, make a note of, record, register; *punten ~, (spel)* score; **2** *(prijzen)* quote [*op* at], *(in prijslijst ook)* list; *lager (hoger) ~* mark down (up) [shares, goods]; *officieel genoteerd* listed; **3** *(bestellingen)* book [orders]
notering 1 *(ve prijs)* quotation; **2** *(v effecten)* price; *zie ook* beursnotering
notie notion; *ik heb er hoegenaamd geen ~ van* I have not got the slightest (faintest) notion of it, *(fam)* I haven't the foggiest
notificatie notification; *zie ook* kennisgeving
notificeren, notifiëren notify
notitie 1 notice; *goede ~ nemen van* take (due) note of, note; *neem er geen ~ van* take no notice (of it), ignore it; *hij wil dat er ~ van hem genomen wordt* he wants to be noticed; *overdreven veel ~ van iem nemen* make a fuss of a p.; **2** *(aantekening)* note, memo, jotting; *notitiën, (bij veiling)* particulars (of sale)
notitieblok notepad, memo pad, jotter
notitieboek(je) notebook, memorandum book; jotter
n.o.t.k. afk van *nader overeen te komen* to be agreed
notoir notorious
notulen minutes [may I sign these minutes as a true record?], notes [of a meeting]; *de ~ lezen* read the minutes; *de ~ goedkeuren* adopt the minutes; *de ~ zonder voorlezing goedkeuren* take the minutes as read; *de ~ arresteren (vaststellen)* confirm the minutes; *de ~ houden* keep the minutes; *de ~ maken* take the minutes; *in de ~ opnemen* enter in (on) the minutes; *opmerkingen n.a.v. de ~* [minutes of previous meeting and] matters arising therefrom [not covered by any other item on this agenda]
notulenboek minute book
notuleren take (the) minutes, minute [a meeting]
notulist(e) secretary (to a committee)
nou now; *(hij was goed!) nou!* wasn't he!; *~ ~!* now now!, hoity-toity!; *~ dan!* well then!; *~ ja!* oh well!; *~ moe(, pa krijgt tandjes)* I'll be buggered; *~, wat wou je zeggen?* well, what were you going to say?; *nou, eh, ...* well, eh, ...; *~ én?* so what?, what about it?; *ik vraag me af of dit ~ wenselijk is* I ... whether this is really necessary; *zie verder* nu & of: of ik!
nouveau riche nouveau riche; *de nouveaux riches, (ook)* the new(ly) rich
nouveauté novelty; *~s, (ook)* fancy articles (*of:* goods)
nova *(astron)* nova (*mv:* novae)
Nova Zembla Novaya Zemlya, Nova Zembla
noveen *zie* novene
novelle 1 tale, short story, novella, novelette; **2** *(jur)* amending (amendment) bill (*of:* act)
novellist short-story writer

november November
novene *(r-k)* novena (*mv:* -nae)
novice novice
noviciaat noviciate, novitiate
noviet freshman, *(fam)* fresher
noviteit novelty, new departure, innovation
novitiaat novitiate, noviciate, freshmanship
novum novelty, new fact (circumstance); innovation
nozem *(vero sl, ong)* teddy boy, *(fam)* ted; *(oorspr Am)* beat(nik)
nozemgriet teddy girl
nr. no, number
nrs. Nos, numbers
NS NS, New Style
NSB'er Dutch Nazi
NT NT, New Testament
nu I *bw* now, at present; ~ *wel* [he might have been a colonel] by now, by this time; *je moest ~ eindelijk ook eens weten ...* you should know by now ...; ~ *niet* not (just) now; ~ *nog niet* not (just) yet; *wat ~?* what next?; *ik vroeg me af wat er ~ komen zou* I ... what was coming next; ~ *is het geschikte ogenblik* now is the moment; *en ~ het verhaal* (and) now for the story; *de koning ~ had drie dochters* now the king had ...; *eens op een nacht* ~ ... now, one night ...; ~, *zoals je wilt* well, please yourself; ~ ***dadelijk*** straight away; ~ *en **dan*** now and then, now and again, occasionally, at times; ~ *en dan ...* an occasional shower (visitor, smoke an occasional cigar); ~ ***(eens)*** *...*, *dán (weer) ...* now [here], now [there]; at one time ..., at another time ...; *dat heb je ~ eens mis (bij het rechte eind)* wrong (right) for once!; ~ ***eerst*** only now, not until (before) now; *ik voel het* ~ ***nog*** I feel it (even) now; ~ *of **nooit*** now or never; ***tot*** ~ *toe* up to now, (up) till now, so far, hitherto; ***van*** ~ *af (af aan, aan)* from this moment, from now (on), henceforth; *drie jaar van ~ (af)* three years hence; *zie ook* nou; **II** *vw* now that, now [now I come to think of it, ...]; ~ *die twee dood zijn, (ook)* with those two dead; **III** *zn: het* ~ the now
nuance nuance, shade (of meaning), gradation
nuanceren nuance, shade; qualify; *genuanceerd* nuanced; *een meer genuanceerde benadering (analyse)* a more differentiated (complicated, subtle) approach (a more refined analysis); *een genuanceerde beoordeling* a carefully (delicately) balanced appraisal
nuancering shade, nuance
Nubië Nubia
Nubiër, Nubisch Nubian
nuchter 1 *ik ben nog* ~ I have not yet breakfasted, have not had my breakfast yet; *~e darm* jejunum; *op de ~e maag* on an empty stomach; **2** ~ *kalf* newborn calf; *(fig)* greenhorn, callow youth; **3** *(niet dronken)* sober; ~ *worden* sober (up); **4** *(fig)* sober [people, truth], level-headed, matter-of-fact [person], down-to-earth [common sense], *(zonder fantasie)* unimaginative; *(onnozel)* green; *de ~e feiten* the cold (hard) facts; *met het ~e verstand* [judge of a thing] in sober reason; *iets ~ bekijken* take a realistic view of s.t.
nuchterheid *(eig & fig)* soberness, sobriety
nuchterling matter-of-fact person
nucleair nuclear
nucleus nucleus
nudisme nudism, naturism
nudist nudist, naturist
nudistenstrand nude (nudist) beach
nuditeit 1 nudity; **2** nude
nuf prim (and proper) miss, prissy girl, prude
nuffig prim (and proper), prissy
nuk freak, whim, caprice, vagary
nukkig quirky, moody, whimsical, capricious, wayward
nukkigheid moodiness, whimsicality, capriciousness
nul zero, nought; *(nulpunt)* zero; *(telefoon, koersberichten, enz)* o [3305, double three o [əu] five]; *(teken* o) zero, *(lit)* cipher; ~ *komma zes* 0.6, nought point six; ~ *komma* ~ absolutely nil (nothing); *met 5 tegen ~ verslaan, (voetbal)* beat by five goals to nil (nothing, nought); *ze werden met 5-0 verslagen* they were beaten five-nil; ~-~, *(ook)* no score; ~ *(tegen) dertig, (tennis)* love-thirty; *hij is **een*** ~ he is a nonentity, a nobody, a mere cipher; *zijn invloed is **gelijk*** ~ his influence is nil; *het **jaar*** ~ the year one (*of:* dot); *(fig) zie* jaar; *hij kreeg ~ op het **rekest*** he met with a refusal, came away empty-handed (with a flea in his ear); *de thermometer **staat op*** ~, *twaalf graden onder (boven)* ~ the ... stands at zero, at twelve degrees below (above) zero; *temperaturen onder ~, (ook)* sub-zero temperatures; *van ~ en gener waarde zijn (maken)* be (render) null and void
nulde zeroth
nulgroei zero growth, (economic) stagnation
nulhypothese null hypothesis
nullast zero load, no-load [power]
nullijn 1 zero line, datum line; **2** freeze on real incomes
nulliteit: *een* ~ a nullity (nothing, nobody)
nulmeridiaan zero (first, prime) meridian
nulnummer *(v tijdschrift)* pilot issue
nuloptie zero option
nulpunt zero; *(v grafiek)* origin
numerair numerical, numerary
numereren 1 number; **2** *(tellen)* enumerate
Numeri Numbers
numeriek I *bn* numerical [analysis, order, value], numeric [code, display]; *~e meerderheid* superior numbers; ~ *overtreffen* outnumber; *in ~e volgorde zetten, (ook)* sequence; **II** *bw* numerically
numero number
numerologie numerology
numeroteur numbering machine
numerus fixus restricted entry (regulations)
Numidië Numidia
numineus numinous

numismaat, numismaticus numismat(olog)ist
numismatiek numismatics
numismatisch numismatic
nummer number; *(op verkoping)* lot; *(ve handschoen, enz)* size; *(op programma)* item, number; *(in variété, enz)* act, turn; *(sp)* event; *(ve krant, enz)* [in today's] issue, number; *(ve auto)* registration number; *kade (enz) ~ drie* number three wharf (etc); *ze heeft ~ 9 van handschoenen* she takes nines in gloves; *~ **één*** number one; *~ één zijn, (school)* be (at the) top of one's class (form) [*zo (ook)* he is always on top; comes out on top]; *(op de lijst)* head the list; *~ één (twee, drie) zijn, (bij wedstrijd)* be (*of:* come) first (second, third); *~ twee, (ook)* runner-up; *~ honderd* the loo; *een **fijn** ~, (iron)* a nice specimen (sort, lot); *een ~tje **maken*** have a nookie; ***oud** ~, (ve tijdschrift)* back number; *een ~tje **weggeven*** put on an act; put on a fine display; *iem **op** zijn ~ zetten* put a p. in his place, cut a p. down to size, tell a p. off
nummerbewijs registration certificate
nummerbord 1 *(elektr)* annunciator, indicator; **2** *zie* nummerplaat
nummerbriefje numbered ticket
nummeren number; *zich ~* number (off) [from the right, number!]
nummering numbering
nummerplaat *(ve auto)* number plate, *(Am)* license plate
nummerschijf *(telef)* dial
nummervlinder red admiral
nuntiatuur nunciature
nuntius nuncio
nurks I *zn* grouser, grumbler; II *bn* gruff, peevish, cross-grained
nurksheid gruffness, etc
nut use, utility, benefit, profit; *lasers hebben hun ~ bewezen* lasers have proved their usefulness; *het kan zijn ~ **hebben** te ...* it may be of some use to ...; *het heeft geen ~ om te wachten* no purpose is served by waiting, it's no good (use) waiting; *heeft het enig ~ het hem te vertellen?* is it any good to tell (telling) him?; *ik zie het ~ er niet van in om dat te doen* I see no point in doing that; *~ **trekken** uit* derive profit from; *(zoveel mogelijk)* put to the best possible use; ***ten** ~te (tot ~) van* for the good (the benefit) of; *zich ten ~te maken* avail o.s. of; turn to good account, follow up [an advantage]; *ten algemenen ~te, tot ~ van het algemeen* for the general benefit; *de Maatschappij tot N~ van het Algemeen (het N~)* the Society for Public Welfare; *van ~ zijn voor* be of help to; *van geen ~* of no use [*voor mij* to me]; ***voor** (tot) niets ~* good for nothing, no good
nutatie nutation
nutria *(dier)* coypu, nutria; *(bont)* nutria
nutriënt nutrient
nutsbedrijf [public] utility
nutteloos useless, in vain, unavailing; *~ werk doen* plough
nutten 1 be of use, avail; **2** *zie* nuttigen
nuttig useful (*voor* to a p., for a purpose), of use, profitable; effective [use], efficient; *~e **belasting**, (ve vliegt, enz)* payload, useful load; *~ **effect*** useful effect, efficiency; *~ **gebruiken*** put [one's time] to good use; ***het** ~ met het aangename verenigen* combine business with pleasure; *~ **zijn** voor, (ook)* be helpful to; *het is ~ voor mij geweest, (ook)* it has benefited me
nuttigen take, partake of [a meal]; *iets ~, (ve zieke)* take nourishment; *na het ~ van het avondeten* after taking supper
nuttigheid utility, profitableness
nuttigheidsleer utilitarianism
nuttiging consumption; *(deel vd mis)* Communion
nv afk van *naamloze vennootschap* Ltd (Limited *achter naam van firma), (Am)* Inc (Incorporated); *zie ook* naamloos & open
N.V. afk van *Nieuw Verbond* NT (New Testament)
n.v.t. afk van *niet van toepassing* n/a, not applicable
N.W. NW, North-West
NWO afk van *Nederlandse Organisatie voor Wetenschappelijk Onderzoek* Netherlands Organization for the Advancement of Research
nyctalopie day blindness
nylon nylon; *~ kousen, (ook)* nylons
nymfomaan, nymfomane nymphomaniac, *(fam)* nympho
nystagmus nystagmus

O

o (the letter) o; *~!* oh!, o!, ah!; ~, *Clara!, Clara!* Oh, please, please, Clara!; *~ foei!* for shame!, *(iron)* fie (on, upon you)!; *~ hemel!* o heavens!; *~ jee!* oh dear!, dear me!; *~ wee!* oh!; *~ zo!* ah!, aha!; *zie ook* [1]zo
O *(als afk)* E (East)
o.a. afk van *onder andere(n)* among other things, inter alia; [Spain,] among others[, decided to ...]; *(geen Engelse afkorting)*
oase oasis *(mv:* oases)
Obadja Obadiah
obductie post-mortem, autopsy
obelisk obelisk
o-benen bandy legs, bow legs; *met ~* bandy-legged
ober (head) waiter; *ober!* waiter!
Oberon Oberon
object 1 object, thing, item; **2** *(doel)* objective; *(handel, ook)* proposition, project
objectglaasje slide
objectie objection
objectief I *bn* objective [judge objectively]; detached [opinions]; *hij is niet ~* he is biased; **II** *zn* objective, object glass (*of:* lens), front lens
objectiveren objectify, objectivate
objectivisme objectivism
objectiviteit objectivity, objectiveness, detachment
objecttafel *(ve microscoop)* stage
oblaat 1 *(pers)* oblate; **2** *(hostie)* host
oblie rolled wafer; *(Am)* cruller
obligaat *bn & zn* obligato; *(bn ook)* prescribed, requisite, obligatory; *(iron) vgl* nodig
obligatie 1 *(verplichting)* obligation; **2** *(beurs)* debenture (bond), bond, fixed interest security; *~ op naam* registered debenture
obligatiehouder debenture holder, bondholder
obligatiekapitaal debenture stock
obligatielening debenture loan
obligatieschuld bonded debt
obligatie-uitgifte bond issue
obligatoir obligatory
obligeren oblige
obligo: *zonder ons ~* without prejudice, without any responsibility on our part
oblong oblong
oblongformaat oblong format; *in ~* [quarto] oblong
obolus, obool obol
obsceen obscene
obsceniteit obscenity
obscurantisme obscurantism
obscuriteit obscurity
obscuur obscure [magazine, person], shadowy; *(ong)* dubious [character]; *~ kroegje* low dive; *een ~ zaakje* a doubtful (shady) business
obsederen obsess; *~d* obsessive, compulsive
observatie [keep under] observation
observatiecyclus *(Belg)* first two years of secondary education
observatiehuis remand home
observatiepost observation post
observatiezaal observation ward
observator, observatrice observer
observatorium observatory
observeren observe
obsessie obsession
obsessief obsessive
obsidiaan obsidian
obsoleet obsolete
obstakel obstacle; *een heel ~* [such an oil rig is] a real colossus
obstetrica, obstetricus obstetrician
obstetrie obstetrics
obstetrisch obstetric(al)
obstinaat obstinate
obstipatie constipation
obstructie obstruction; *~ voeren* practise obstruction, *(Br)* stonewall, *(Am)* filibuster; *~ voeren tegen* obstruct [a bill]
obstructief obstructive
obstructievoerder obstructor [*tegen* of], obstructionist, *(Am)* filibuster
obstructionisme obstructionism
obstrueren obstruct
ocarina ocarina
occasie occasion; *per ~* at second-hand; *zie ook* gelegenheid & occasion
occasion *(koopje)* (second-hand) bargain; *(auto)* used car
occasioneel occasional, casual
Occident occident
occidentaal occidental
occlusie occlusion
occlusief occlusive
occult(isme) occult(ism)
occupatie occupation
occuperen occupy [o.s. with s.t.]; *geoccupeerd* occupied, busy
oceaan ocean [front, liner, voyage; a drop in the ocean]; *(attr ook)* oceanic [depression], ocean-going [yacht], transoceanic [cable, flight]
oceanide Oceanid
Oceanië Oceania
oceanisch oceanic; *O~* Oceanian
oceanografie oceanography
oceanologie oceanology

ocelot ocelot
och oh!; ~ *kom!, (verbazing)* you don't (mean to) say so!, not really!; *(~ wat)* oh, come!, oh, come now!, go along with you; ~ *mijnheer, mag ik ...?* please, Sir, may I ...?; ~ *arme!* poor fellow!, poor thing!
ochlocratie ochlocracy
ochtend morning; *'s ~s* in the morning; *de hele ~* all morning; *van de ~ tot de avond* from dawn to dusk; *zie voor de sam ook* morgen-
ochtendblad morning paper
ochtenddienst 1 *(kerk)* morning service, *(angl)* morning prayer, matins; **2** (early) morning shift; morning duty
ochtendgloren daybreak, peep of day
ochtendgymnastiek morning exercises; *(fam)* daily dozen
ochtendhumeur (early) morning mood; *een ~ hebben* get out of bed on the wrong side
ochtendjas dressing gown, *(Am)* bathrobe
ochtendkrieken *zie* ochtendgloren
ochtendmens person who is at his best in the morning
ochtendnevel morning mist
ochtendspits morning rush hour
ochtendtrein early train, morning train
octaaf octave *(ook r-k en v sonnet)*
octaaffluit piccolo
octaan octane [number, rating *getal*]
octaëder octahedron
octant octant; *(sterrenbeeld)* Octans
octavo octavo, 8vo
octet octet
octogonaal octagonal
octogoon octagon
octool *(muz)* octuplet
octopus octopus
octrooi 1 patent; ~ *aanvragen* apply for a patent; ~ *aangevraagd* patent pending; ~ *nemen op* take out a patent for, patent [an invention]; ~ *verlenen* grant a patent; **2** *(handelsmachtiging)* charter; **3** *(plaatselijke accijns)* octroi
octrooibrief 1 letters patent; **2** charter
octrooibureau patent office (agency)
octrooieren 1 patent [an invention], grant a patent; **2** charter; *geoctrooieerde maatschappij* chartered company
octrooigemachtigde patent agent
octrooihouder patentee
Octrooiraad patent office
octrooischrift patent specification
octrooiwet Patents (and Designs) Act
oculair I *bn* ocular; **II** *zn* ocular, eyepiece
oculatie budding
oculeermes budding knife
oculeren bud
oculist oculist
oculus oculus
odalisk(e) odalisque
ode ode
odeon odeum, odeon (*mv ook:* odea)
odeur scent, perfume
odium odium
odontologie odontology
odyssee Odyssey *(ook fig)*
Odysseus Odysseus, Ulysses
oecumenisch ecumenical; *~e beweging* ecumenism
oedeem oedema (*mv ook:* -mata), *(Am)* edema
oedemateus oedematous, *(Am)* edematous
oedipaal oedipal, oedipean
Oedipuscomplex Oedipus complex
oef! phew!, whew!
oefenaar 1 trainer, etc, *vgl* oefenen; **2** lay reader (preacher, pastor)
oefenbal practice ball; *(boksen, enz)* punchball; *(gymn)* medicine ball
oefenen I *tr* train [a p., the eye, the memory, etc], practise, exercise; *(sp)* coach; *iem ~ in* train a p. in (for, to); *zich ~* train, be in training, practise; *zich in het zingen (op de piano) ~* practise singing (the piano); *zie ook* geduld, enz; **II** *intr* practise, train
oefening practice, exercise, training [camp, ship]; *een ~* an exercise; *(godsd)* prayer meeting; *~ op de kaart, (mil)* war game, map manoeuvres, kriegsspiel; *~ baart kunst* practice makes perfect; *zie ook* vrij
oefeningskamp training camp
oefenmaat sparring partner
oefenmeester trainer
oefenpartijtje *(sp)* knock-up
oefenperk practice ring
oefenplaats practice ground; *(mil)* parade ground
oefenschip training ship
oefenschool training school; *(fig)* practice ground, training
oefentherapeut remedial therapist
oefenwedstrijd practice match, practice game
Oegandees Ugandan
oeh! bah!, yah!, pah!
oehoe eagle owl
oei! whew!
oekaze ukase
Oekraïne: *de ~* the Ukraine
Oekraïner, Oekraïens Ukrainian
oelama, oelema ulema
Oelan Bator Ulan Bator
oelewapper ninny, duffer, wally
oempa 1 *(geluid, ook ~pa)* oompah; **2** (member of) German band
oen ass, jerk, schmuck, nerd, *(Am)* dweeb
oenig stupid, nerdy, gormless
oenologie oenology, *(Am)* enology
oenoloog oenologist, *(Am)* enologist
O en W Ministry of Education and Science
oepas(boom) upas (tree)
oeps! oops!
oer bog ore

oer- **1** extremely; **2** primeval, primordial, primal; **3** primitive
Oeral: *de ~* the Urals, the Ural Mountains
oerbewoner autochthon (*mv ook:* -nes)
oerbos **1** virgin forest; **2** primeval forest
oerconservatief ultra conservative
oerdegelijk **1** rugged, sturdy [bicycle]; **2** *(v pers)* sound, of sterling qualities
oerdier protozoon (*mv:* -zoa)
oerdom boneheaded, thickheaded, as thick as two (short) planks
Oer-Germaans Primitive Germanic
oerknal big bang [theory]
oerkomisch wildly funny
oermens prehistoric (*of:* primitive) man
oernevel primordial nebula
oeros aurochs
oeroud ancient [civilization]
oersaai deadly dull, unspeakably boring
oersoep primordial soup
oertaal primitive language
oertekst original text
oertijd prehistoric times
oervervelend deadly dull
oervorm archetype, prototype
oerwoud primeval (virgin) forest, jungle
oester oyster
oester(bank), oester(bed) oyster (bank, bed, park)
oesterbroed oyster spat
oestercultuur *zie* oesterteelt
oesterkweker oyster-farmer
oesterkwekerij **1** oyster-farm; **2** *zie* oesterteelt
oesterplaat oyster bank
oesterput oyster pond
oesterschelp oyster shell
oesterteelt oyster-farming
oesterzaad oyster spat
oesterzwam oyster fungus, *(inz op tafel)* oyster mushroom
oestrogeen **I** *zn* oestrogen, *(Am)* estrogen; **II** *bn* oestrogenic, *(Am)* estrogenic
oestrus oestrus, *(Am)* estrus
oetlul shit(head), jerk, schmuck
oeuvre oeuvre, works, output
oever *(v rivier, kanaal)* bank, *(v zee, meer)* shore, *(ve meer ook)* margin; *de rivier is buiten haar ~s getreden* the ... has flooded, has overflowed its banks
oeverbewoner riverain, riverside resident, riparian dweller (owner, proprietor)
oeverkruid shoreweed
oeverloos unlimited, endless, interminable [discussions]
oeverloper (common) sandpiper
oeverpieper rock pipit
oeverstaat riparian state
oeververbinding cross-river, etc (road, rail) link
oeverzwaluw sand martin
Oezbeek(s) Uzbek
Oezbekistan Uzbekistan
of **1** *(nevenschikking)* or [good or bad]; *~ A ~ B* either A or B; *~ je het prettig vindt ~ niet* (whether you) like it or not; *een jaar ~ 40* about (*of:* some) forty years; *een dag ~ twee* one or two days, a day or two; *zie ook* al; **2** *(in voorwerpszin:)* whether, if; *ik vroeg hem ~ ...* I asked him if (whether) ...; *ik weet niet ~ ... ~ niet* I don't know whether it is true or not, whether the shot was accidental or otherwise; *wie weet ~ hij niet ziek is* who knows but (but that, but what) he may be ill; *en ik betwijfel het zeer óf hij wel zal gaan* [he'll not go now] and I very much doubt whether he'll go at all; *~ hij ooit terug zal komen?* will he ever come back (I wonder)?; *(je vraagt) ~ ik het hem gezegd heb (~ ik getrouwd ben)?* have I told him (am I married)?; *de vraag ~ de gebreken ...* the question as to whether the defects ...; *~ ik wát deed* ['did you ...?'] 'did I what?'; *..., en ~ hij terug wou komen* [she said ...,] and would he call again?; *zie ook* twijfelen, enz; **3** *(in onderwerpszin) het duurde niet lang ~ ...* it was not long before ...; **4** *(in bijvoeglijke zin) er was niemand, ~ hij juichte de daad toe* there was nobody but applauded the deed; **5** *(in bijwoordelijke zin) ik zie hem nooit, ~ hij heeft een bril op (of hij is dronken)* I never see him without spectacles (without him being drunk); *kom niet, ~ ik moet je (al) roepen* don't come unless I call you; *zie ook* nauwelijks, enz; *hij is niet zo dwaas, ~ hij weet wat hij doet* he is not such a fool as not to know what he is about; *die tak is niet zo hoog ~ ik kan erbij* that branch is not too high for me to reach it; *~ je het prettig vindt, ~ niet (toegevend), zie boven* **1**; **6** *hou je ervan? nou, en ~!, ~ ik!* do you like it? rather!, you bet!, don't I just!, and how!; *~ ik blij was!* was I glad!; *~ hij ook liep (ook rijk is)!* oh, he did run (*is* rich)!; **7** as if, as though; *vgl* alsof
offensief *bn & zn* offensive; *het grote ~, (ook, fam)* the big push; *~ en defensief verbond* offensive and defensive alliance; *~ optreden* take (assume) the offensive, open the attack
offer sacrifice, offering; *een ~ brengen* make a sacrifice; *het hoogste ~ brengen (aan zijn land)* make the supreme sacrifice; *iets ten ~ brengen* sacrifice s.t.; *ten ~ vallen aan* fall victim to
offerande **1** offering, sacrifice, oblation; **2** *(deel der mis)* offertory
offerblok, offerbus poor box, offertory box
offerdier sacrificial animal
offeren **1** sacrifice (*ook intr: aan* to), offer as a sacrifice, immolate, offer (up); *aan Bacchus ~* worship at the shrine of Bacchus; **2** *(bijdragen)* make an offering [for a fund]; *hij moest heel wat geld ~* he had to pay a heavy toll
offergave offering
offergebed offertory
offerlam sacrificial lamb; *O~* Lamb of God
offerplechtigheid sacrificial ceremony
offerschaal **1** sacrificing dish; **2** *(in kerk)* offertory

plate; **3** *(Romeins)* patera
offerte offer, quotation, *(fam)* quote; *een ~ doen* make an offer, quote, submit a quotation
offertorium offertory
offervaardig liberal; willing to make sacrifices
offervaardigheid liberality; readiness to make sacrifices
offervat sacrificial vessel
offerwijn libatory wine
officiaal *(r-k)* official (principal)
officiant *(priester)* officiant
officie office
officieel official, formal, state [entry], statutory [holiday *feestdag*]; regular [visiting hour]; *officiële notering, zie* beursnotering; *zij zijn ~ verloofd* they are formally engaged
officier (military, army, etc) officer; *1e, 2e ~, (schip)* first (chief) officer, second officer; *~ van administratie* paymaster; *~ der artillerie, enz* artillery officer, etc; *~ van de dag* orderly officer; *~ van dienst* duty officer; *~ van gezondheid* medical officer; *(mar)* naval surgeon; *~ van Justitie* public prosecutor, counsel *(zonder lw)* for the prosecution; *~ van de wacht, (mar)* officer of the watch; *~en en minderen, (mar)* ranks and ratings
officiëren officiate
officiersaanstelling commission
officiersboekje Army List
officierskajuit *(mar)* wardroom
officierskantine officers' mess
officiersmes Swiss army knife
officier-vlieger flying officer; *(één rang hoger)* flight lieutenant; *(één rang lager)* pilot officer
officieus unofficial, semi-official (*bw:* -ly)
officinaal officinal, medicinal
offreren offer
offset offset [paper, press, printing]
offsetten offset
ofiet ophite
ofiologie ophiology
ofschoon (al)though, *(sterker)* even though, *(formeel)* albeit
oftalmie ophthalmia
oftalmologie ophthalmology
oftalmoloog ophthalmologist
oftalmoplegie ophthalmoplegia
oftalmoscopie ophthalmoscopy
ofte or; *zie ook* nooit
oftewel, ofwel or
ogen 1 look (*naar* at); *dat oogt niet* that doesn't look good; **2** aim (*op* at)
ogenblik moment, instant, point in time; *een ~ s.v.p.* a moment, please; *(telec)* hold on, *(fam)* hang on a moment, please!; *een ~je!* just a minute, please!; *het ene ~ ..., het andere ...* one moment ..., the next ...; *een ~ daarna* a moment after; *hij kan elk ~ komen* he may come at any moment; *hij aarzelde een ~, (ook)* he hesitated momentarily; ***in een*** *~* in a moment, in a flash, in the twinkling of an eye, before you can (could) say Jack Robinson, in a trice; ***na een*** *~ van aarzeling* after a moment's (a momentary) hesitation; ***op*** *het (dit) ~* at present, at the moment, [I have no time] just now, *(inz Am, Sch, enz)* presently; *op dit ~ niet* [do you wish to ...?] not just now; *op het juiste ~* at the right moment; *op dit (kritieke) ~* at this juncture; *op hetzelfde ~ dat* at the very moment when; *op het ~ dat ik dit schrijf* at the moment of writing; *een beslissing op het laatste ~* a last-minute decision; ***toen*** *het ~ kwam, (Am ook)* when it came time [to ...]; *hij (het) is ...* ***van het*** *~* he is the man (it is the burning question) of the moment (the hour); *de behoefte van het ~* the need of the present moment; *van het laatste ~* last-minute [changes]; ***voor*** *het ~* [stop] for the moment, for the present, for the time being; *zie ook* helder
ogenblikkelijk I *bn* momentary [impression]; immediate [danger]; II *bw* immediately, directly, instantly, on the instant, this instant, at a moment's notice
ogendienaar toady, sycophant
ogendienst toadyism, subservience
ogenschijnlijk I *bn* apparent, ostensible, seeming; II *bw* apparently, ostensibly, seemingly, on the face of it
ogenschouw: *in ~ nemen* inspect, take stock of, review [the situation], have a look at
ogentroost *(plant)* eyebright, euphrasy
ogief ogive
ogivaal ogival
o.g.v. afk van **1** *op grond van* on account of; under [section 15]; *zie* grond; **2** *onder gewoon voorbehoud* under usual reserve
ohaën jaw, gas, *(Am sl)* bull
ohm ohm
ohmmeter ohmmeter
ohms ohmic [resistance]
oho! aha!
o.i. afk van *onzes inziens* in our opinion
O.-I. afk van *Oost-Indië* the East Indies
o.i.d. afk van *of iets dergelijks* or the like, or something similar
oir issue; *mannelijk ~* male issue
oirbaar *zie* oorbaar
ojief ogee (arch)
ojiefschaaf ogee plane
okapi okapi
oker ochre
okerachtig ochr(e)ous
okergeel I *bn* ochr(e)ous; II *zn* yellow ochre
okido(ki) okey-doke(y)
okkernoot walnut; *(boom)* walnut (tree)
okra okra, gumbo
oksaal *(scherm)* rood-screen, *(galerij)* rood-loft
oksel 1 armpit; *derde ~* crotch; **2** *(plantk)* axil(la)
okselblad axillary leaf
okselfris fresh-smelling; *(fig)* fresh (as a daisy), fit
okselholte armpit

okselstuk gusset
okshoofd hogshead
oktober October
O.L. afk van *oosterlengte* E long (East longitude)
oleaat *(chem)* oleate
oleander oleander
oleaster oleaster
oleïne olein
oleografie oleograph; *(kunst)* oleography
O.L.H. afk van *Onze-Lieve-Heer* Our Lord
olie oil [beetle, burner, crisis, lamp, mill, palm, refinery, tank, tanker, well]; *zie ook* petroleum; *heilige* ~ holy oil, chrism; ~ *innemen, (ve schip)* (take in) oil; ~ *op de* **golven** *(in de branding) gieten* pour oil on the waters (on troubled waters); *dat is* ~ *in het* **vuur** that is adding fuel to the flames (fire); *hij is in de* ~ he is well-oiled (half-seas-over)
olieachtig oily, oleaginous
oliebol 1 *(vglb)* fritter; **2** *(pers)* boob(y)
oliedoek tarpaulin
oliedom as stupid as an owl
oliedrukmeter oil pressure gauge
olie-en-azijnstel oil-and-vinegar frame, cruet-stand
oliegoed oilskins
oliehoudend oil-bearing [seeds, sediment, district], oleiferous, oleaginous
olie-industrie petroleum (*of:* oil) industry
oliejas oilskin (coat)
oliekan oilcan
oliekleren oilskins
oliekoek 1 *(voor vee)* oilcake; **2** *zie* oliebol
olieleiding oil pipe(line)
olielozing discharge of oil
oliemaatschappij petroleum (*of:* oil) company
olieman 1 *(op boot)* greaser, oiler; **2** *(verkoper)* oilman
oliën oil, lubricate; *het* ~ oiling, lubrication
olienootje peanut, groundnut
oliepak oilskins
oliepeilstok dipstick
oliepit floating wick
olieplak oil slick
olieraffinaderij oil refinery
olieschokbreker oleo shock absorber
oliesel extreme (*of* holy) unction; *iem het laatste* ~ *toedienen* administer extreme unction to a p.
olieslagerij oil mill
oliespuit oil can, oiler
oliesteen oilstone, hone
oliestoker *(boot)* oil burner
oliestook oil heating (firing), oil-fired [stove, boiler]
oliesuiker oleosaccharum
olietank oil (storage) tank
olieton, olievat oil barrel, *(v ijzer)* oil drum
olieveld oilfield
olieverf oil colour(s), oil paint; *in (met)* ~ [portrait, paint] in oils
olieverfschilderij oil painting, painting in oils
olieverkoper oilman
olieverversen oil change
olievlek oil stain; *(op zee)* oil slick
olievormend olefiant [gas]
oliezaad oilseed
oliezoet glycerine
oliezuur oleic acid
olifant elephant [grass, hunt, hunter]; *zie ook de sam & mug*
olifantachtig elephantine
olifantengeheugen memory like an elephant
olifantsbeen *(fig) zie* olifantsziekte
olifantsdrijver mahout, elephant driver
olifantshuid: *een* ~ *hebben* have a skin like a rhinoceros, be thick-skinned
olifantsluisboom cashew
olifantspapier elephant paper
olifantstand elephant's tusk
olifantsvoet *(plant)* elephant's foot
olifantsziekte elephantiasis
oligarchie oligarchy
oligarchisch oligarchic(al)
olijf olive [oil, tree]
olijfachtig oleaceous; *(ve kleur)* olivaceous
Olijfberg: *de* ~ the Mount of Olives, Mount Olivet
olijfgroen olive (green)
olijfkleurig olive-coloured
olijfkrans olive crown
olijftak olive branch [hold out the olive branch to a p.]
olijfvormig olive-shaped, olivary
olijk sly, roguish, arch; '...', *zei hij* ~ '...', he said with a twinkle in his eye
olijkerd rogue, slyboots
olijkheid roguishness
olijvenhout olive (wood)
olim: *in de dagen van* ~ in the days of yore
olla podrida olla podrida, olio, hotchpotch
olm 1 *(boom)* elm; **2** *(salamander)* olm
o.l.v. afk van *onder leiding van, zie* leiding
O.L.V. afk van *Onze-Lieve-Vrouw* BVM (Blessed Virgin Mary)
olympiade olympiad
Olympisch Olympian [gods, Zeus, indifference; the Duke of Marlborough, an Olympian figure]; *(sp)* Olympic [games, champions]
Olympus: *de* ~ Olympus
om I *vz* **1** *(~heen)* round [the corner, sit round the table], about [the fragments flew about my ears], round about (around) [the town]; *zie* ~ *u* **(heen)** look about you; *ik kan ze niet* ~ **mij** *(heen) hebben* I cannot have them about me, want to have them out of the way; ~ *de* **noord** *varen (houden)* take the northern route (sail a northerly course); **2** ~ *een uur of negen* about nine o'clock; ~ **en bij** in the neighbourhood of, round about, somewhere near (*of:* about) [three pounds], (round) about [fifty], [he came] at roughly (approximately) [5.45]; **3** *(tijdstip)*

at [nine o'clock]; **4** *(telkens na)* every [month, etc]; ~ *de drie dagen* every three days (third day); ~ *de twee jaar* every two years (other, *of:* alternate year); ~ *de hoeveel minuten gaat er een bus?* how frequent are the buses?; *zie ook* ander, beurt, enz; **5** *(tegen, voor) vier* ~ **een euro** four for a euro; *zeven* ~ *zes* [the score is] seven to six; *zie ook* ²niet II; **6** *(voor, wegens)* for, on account of, because of; *daar is B* ~ ***jou*** B's come for you; *ze is net* ~ ***suiker*** she has just gone for sugar; ***beroemd (bemind)*** ~ famous (loved) for; *iem prijzen* ~ praise a p. for; *niet* ~ *mijzelf* not on my own account; *de kunst* ~ *de kunst* art for art's sake; *zie ook* ²reden 2, zeep, enz; ***vragen (schrijven, enz)*** ~ ask (write, etc) for; **7** *(wat betreft)* ~ ***mij*** *kun je gaan* as far as I am concerned (for my part) you can go; **8** *(doel)* in order, so as [to raise the level of prosperity]; *ze liepen (gilden)* ~ ***het*** *hardst* they raced each other (yelled their loudest); *aardig* ~ ***te*** *zien* nice to look at; *goed* ~ *te eten* [they are] good eating; *niet* ~ *te eten* not fit to eat, inedible, uneatable; II *bw* **1** *(rond)* round, about; *de hoek* ~ round the corner; ~ *en* ~ [we do this] turn and turn about, [red and blue] alternately; *vgl* beurt; *hij heeft* ***hem*** ~ he is tight (drunk, sozzled); ~ ***krijgen*** get on [one's collar], get down [a wall]; *er* ~ *krijgen* get [a cord, etc] round it; *om de tijd* ~ *te krijgen* [it serves] to pass the time; *een* ***straatje*** ~ round the block; *een straatje* ~ *gaan, (ook)* take a roundabout way (route); *(fig)* avoid trouble; *de* ***Kamer*** *is* ~, *a)* the House has come round (to a different view); *b)* the Opposition is in *(zo ook:* the Tories are out; Labour are in; London went Tory, etc); *deze* ***weg*** *is* ~ this is a roundabout way; *de* ***wind*** *is* ~ the wind has turned; **2** *(voorbij)* out, over; *voordat de dag (week, het jaar)* ~ *is* before ... is out; *de kermis is* ~ the fair is over; *de* ***tijd*** *(mijn verlof) is* ~ time (my leave) is up; *zie ook* omgaan 4

OM *zie* ministerie: Openbaar M~

o.m. afk van *onder meer* among other things, inter alia

oma grandmother; *(fam)* nana, gran(ny), grandma

omarmen[1] embrace, *(stevig)* hug

omarming embrace, hug

ombazuinen[1] trumpet about, blazon abroad

omber 1 *(aardsoort)* umber; **2** *(spel)* ombre; *~en* play at ombre

omberspel (game of) ombre

ombervis meagre, bar

ombervogel hammerhead, umbrette

ombinden bind (tie) round; tie [a bow] on [a cat]

omblad *(ve sigaar)* binder

ombladeren turn over the leaves; *in een boek* ~, *(ook)* leaf through a book, skim through a book

omboorden border, edge, hem

omboordsel border, edging, trimming

ombouw 1 conversion; **2** *(mantel)* surround; casing

'ombouwen rebuild, reconstruct, convert [*tot* into]; recast [a lecture, a paragraph]

om'bouwen surround with buildings

ombrassen *(mar)* brace about

ombrengen 1 *(doden)* dispatch [a traitor], make away with [o.s.], kill; *de tijd* ~ *met* kill (the) time with; **2** *zie* rondbrengen

ombudsman ombudsman; Parliamentary Commissioner

ombuigen I *tr* bend, turn back (*of:* down); change (adjust) [a policy]; reassign [appropriations]; II *intr* bend, double up

ombuiging *(pol ook)* retrenchment, economies

omcirkelen encircle [a river encircled the town], circle (round) [the plane circled (round) the airfield; complete by circling the appropriate answer], ring [mistakes in red ink]

omdat because

omdijken embank, enclose by a dike

omdoen put on [a shawl]; *er iets* ~ put (*of:* wrap) s.t. round it

omdonderen *zie* omlazeren

omdopen rechristen *(ook van schip, enz)*, rename

omdraai 1 *(ve wiel, enz)* turn; **2** *(bocht)* turn, bend

omdraaien I *tr* turn [one's head, a wheel, key], turn round; twist [a p.'s arm]; *de* ***hoek*** ~ turn (round) the corner; *het* ***om en om*** *draaien* turn it this way and that; ***zich*** ~ turn round; turn on one's heel; *(in bed, enz)* turn over [on one's face, etc]; *zie ook* nek; II *intr (vd wind)* shift, turn, go round; *(v mening veranderen)* change one's mind, veer round, *(geheel* ~*)* swing round completely; *zie ook* draai: zijn ~ nemen & blad, hand, hart, (om)keren, enz

omdraaiing turning, rotation; reversal; *vgl* omdraaien

omdragen carry about; *met zich* ~ harbour [a thought], entertain [an idea], go about with [a plan]

omduikelen turn head over heels; topple over

omduvelen topple over; knock over

omduwen push over, upset, knock over

ome *zie* oom

omega omega

omelet omelette, *(Am ook)* omelet

omen omen, augury

omflikkeren *zie* omlazeren

omfloersen 1 muffle [a drum]; *omfloerst vaandel* draped colours; **2** *(fig)* shroud [shrouded in mist], veil [her veiled eyes]

omgaan 1 *(rondgaan)* go round, go about; *een hoek* ~ turn a corner; *een mijl* ~ go a mile round; *zie ook* omlopen; **2** *(v Tweede Kamer, enz) zie* om II; **3** *(gebeuren)* happen, take place; *er gaat* ***veel*** *om in die zaak* they do a good deal of (*sterker:* a roaring) business; *er gaat weinig (niets) om* there is little (nothing) doing [in oil shares]; *dat gaat* ***buiten*** *mij om* I have nothing to do with it; *buiten haar om schreef ik aan haar zuster* without her knowledge I ...; *wat er toen* ***in*** *mij omging* what I felt then, what was then

---

1 zie voor sam met *om-* evt ook *omver-* & *rond-*

passing in my mind; *weten wat er in de wereld omgaat* know what is going on in the ...; *wat er in de geest omgaat* the workings of the mind; **4** *(voorbijgaan)* pass; *de* ***dag*** *wou maar niet* ~ it seemed that the day would never come to an end; *er gaat geen dag om, of ik zie hem* not a day passes without my seeing him; **5** *(omvallen, omslaan)* topple over; **6** ~ ***met*** associate with, go around with [a p.], mix with [people], rub shoulders with [all sorts of people], *(vertrouwelijk)* be on familiar terms with, hobnob with; *(met gereedschap)* handle; *zie ook* naald; *met niemand* ~ keep o.s. to o.s.; *met* ***bedrog*** *(leugens)* ~ practise deceit (be a liar); *ze gaan* ***druk*** *met elkaar om* they see a great deal of each other; *met slecht* ***gezelschap*** ~, *(ook)* keep bad company; *met een* ***meisje*** ~ be friends with a girl, take a girl out; ***moeilijk*** *om mee om te gaan* [he is] difficult to live (get on) with; *met een* ***plan*** ~ go around (about) with a plan; *met mensen* ***weten*** *om te gaan* know how to deal with (how to handle) people; *hij weet met ... om te gaan* he knows how to manage (*of:* handle) boys (a large staff, horses, etc), he has a way with animals (children, the natives); ***zeg mij*** *met wie je omgaat, en ik zal je zeggen wie je bent* tell me the company you keep, and I will tell you who you are; a man is known by the company he keeps

omgaand: *verzoeke* ~ *(per ~e) bericht* kindly reply by return (of post)

omgang 1 *(verkeer)* (social, sexual) intercourse, association, companionship; ~ *hebben met, zie* omgaan: ~ met; *de* ~ *afbreken met* break with, discontinue one's acquaintanceship with; *lastig (gemakkelijk) in de* ~ difficult (easy) to live (get on) with; *een prettig mens in de* ~ a pleasant companion; **2** *(rondgang)* round, procession; *(ve rad)* rotation; **3** gallery

omgangsrecht parental access, visiting rights

omgangstaal colloquial language (*of:* speech); *in de* ~, *(ook)* in everyday speech; *de beschaafde* ~ educated speech

omgangsvormen manners

omgekeerd I *bn & bw* (turned) upside down, turned-down, upturned [bucket, etc], face-down [the book was face-down on his knee], inside out, [put on one's socks] wrong side out; reverse [in a reverse order, the reverse side of a coin], [the positions are] reversed, inverted [letter, commas, order, relations; *ook ve interval*]; *(v verhouding)* inverse; *in ~e verhouding tot* in inverse ratio (*of:* proportion) to; ~ ***evenredig*** *zijn met* be inversely proportional to [the intensity of sound is (varies) inversely as the square of the distance]; *eerder blij* ***dan*** ~ I was rather glad of it than otherwise; ***en*** ~ and vice versa; ***juist*** ~ [it is] the other way round, just the opposite; ***maar*** ~ ... but on the other hand ...; *de ~e* ***wereld*** topsy-turvydom, the world turned upside down (topsy-turvy); *het is de* ~ ***wereld*** the tail wags the dog; **II** *zn: het ~e* the reverse, the opposite; the converse [of a proposition *stelling*]; *(ve getal)* the reciprocal; *eerst ..., en dan het ~e doen* first ..., and then reverse the process

omgelanden *(om water)* riparians

omgelegen surrounding, neighbouring

omgespen buckle on

om'geven surround, encircle; *(omhullen)* envelop, enfold; beset [the dangers which beset us; beset with dangers, difficulties, uncertainty]

omgeving neighbourhood, surroundings, [Norwich and] environs, environment, setting; *(ve pers)* surroundings, entourage, environment; *een andere* ~ a change of scenery

omgevingslawaai surrounding (ambient) noise

omgevingstemperatuur ambient temperature

'omgieten recast, refound [guns, bells]; *zie ook* overgieten

omgooien overturn [a chair], upset [an inkpot], knock over [a glass, furniture], bowl over [that wave nearly bowled me over], spill [the salt], swing round [a boat], reverse [the engine], shift [the helm], throw on [a cloak, etc]; recast [a report], reorganize [the whole timetable]; *gooi hem eens om* toss off your glass; *zie ook* roer

omgorden gird (up) [one's loins, etc]; gird on [a sword, etc]; *(fig)* gird [with strength, etc]; *zich* ~ gird o.s. [for a task]

omgraven dig up [the garden], break up [the soil]

omgrenzen bound, border; *(fig)* demarcate

omgroeien grow round; *met klimop omgroeid* ivy-grown, ivy-clad

omhaal 1 ceremony, fuss; *(v woorden)* verbiage, verbosity, circumlocution; *(mooie ~)* (wordy) frippery; *met veel ~ van woorden, (ook)* in a roundabout way; *zonder veel ~, a)* straight away, right out, [tell him] to his face; *b)* without much ado, without preamble; **2** *(krul)* flourish; **3** *(sp)* bicycle kick

omhakken cut (hew) down, fell

omhalen pull down [a wall], break up [the ground], put about [a ship], shift [a sail]; *zie ook* op- & overhalen

'omhangen I *tr* put on [a shawl]; **II** *intr* hang (loll, mooch) about, loiter; *in cafés* ~ sit around in cafés; *op straathoeken* ~ hang about street corners; *thuis* ~ hang about the house

om'hangen hang [with tapestry], cover [a p.'s chest with medals]

omhebben have on [a shawl]; *zie ook* om

omheen (round) about; *er~* about (*of:* round) it; *zie ook* praten & om

omheinen fence (*of:* hedge) in (*of:* round), enclose

omheining fence, enclosure, paling(s)

omhelzen embrace *(ook: elkaar ~)*, hug; *(fig)* embrace, espouse [a cause]

omhelzing embrace; *(v leer, enz)* embracement, espousal

omhoog *(richting)* [move] upwards, [rise] into the

---

zie voor sam met *om-* evt ook *omver-* & *rond-*

air; *handen ~!* hands up!; *met het hoofd ~* head erect; *het hoofd ~!* hold up your head!, *(fig)* keep your pecker up!; *naar ~* up(wards); *het raam wil niet ~* the ... will not go up; *(plaats)* on high, aloft; [the window is] up; *van ~* from above, from on high

omhoogbrengen[1] raise [the birth rate]; build up [a business]

omhoogdrukken force up

omhooggaan *(ook v prijs, enz)* rise, go up; *zie ook* stijgen

omhooggooien throw up [a coin, window]; *(zn: gymn)* high toss

omhoogheffen raise, lift (up)

omhooghouden hold up, hold [the candle] on high (aloft)

omhoogkomen rise, raise o.s. [in bed]

omhoogschieten shoot up *(ook v prijzen)*, rocket

omhoogschuiven push up

omhoogslaan turn up [one's eyes]

omhoogvallen *(iron)* rise through lack of ability (competence); *(vglb)* be kicked upstairs

omhoogvliegen *(fig)* [prices] shoot up, go up at a bound

omhoogzitten be stranded; *(fig)* be in a fix, have a problem [with ...]

omhullen envelop, wrap round, enwrap, enclose; (en)shroud [in mystery]

omhulsel wrapping, wrapper, cover, casing; envelope [of a balloon]; *het stoffelijk ~* the mortal remains

omineus ominous

omissie omission

omitteren omit

omkaden embank

omkaderen box

omkantelen turn (*of:* topple) over, overturn; *zie ook* kantelen

omkappen cut (*of:* hew) down, fell

omkeer *zie* ommekeer

omkeerbaar reversible [coat, process, reaction]; *(ve stelling)* convertible

omkeerbaarheid reversibility; convertibility

omkeerfilm reversal film

omkegelen bowl over

omkeren I *tr* turn [one's head, a coat, pillow], turn up [a card], turn over [a page, papers, hay, a patient in bed], turn [a glass, etc] upside down, turn [one's purse] inside out; turn [a picture] to the wall; invert [a glass, the order of words, a process], turn out [one's pockets], reverse [a motion, order, policy, the positions], convert [a proposition *stelling*]; *(omverwerpen)* subvert [the present order]; *ieder* ***dubbeltje*** *~* look twice at every penny, count every penny; ***zich*** *~* turn (round), turn on one's heel; *(snel)* wheel (spin, whip) round; *(in bed)* turn over, turn round; *zich ~ en ervandoor gaan* turn tail; *zodra hij zich had omgekeerd* as soon as his back was turned; II *intr* **1** turn back; **2** *(veranderen)* change; *vgl* blad, hart & *zie ook* graf, omgekeerd, enz

omkering turning over, inversion, reversal, conversion, subversion; *vgl* omkeren

omkiep(er)en *(fam)* **1** upset, tip over; **2** fall over

omkijk *zie* omkijken: geen ~ hebben

omkijken look back [*naar* at], look round, look behind one; *niet ~* ***naar***, *(fig)* take no notice of, *(geven om)* not care for, *(zich bekommeren om)* not take any trouble over; *ik hoef niet naar hem om te kijken* I can trust him to do his work (to get on with it); *je hebt er geen ~ naar* it needs no looking after; *zie ook* omzien

omklappen turn (topple) over, flip (over); *(inklappen)* collapse; *(fig)* swing round, reverse

om'kleden clothe [*ook fig:* with glory; clothe ideas with words], drape, invest *(ook fig)*; *met redenen ~* motivate, state the reasons for

'omkleden *zie* verkleden

omkleedsel clothing, casing, envelope

omklemmen clasp, grasp [the sword], grip; *(omhelzen)* clasp in one's arms, hug

'omklinken *(bout)* clinch, rivet down

om'klinken clinch, rivet

omklooien mess (*sl:* fart) about (around)

om'klotsen dash against, lap round

om'knellen *zie* omklemmen

omknikkeren bowl over, send flying

omknopen tie round one, tie [a bow] on [the cat]; *(anders knopen)* tie (*of:* button) differently

omkomen **1** *(sterven)* perish [*van kou* with, from, of cold; *door eigen hand* by one's own hand]; *hij kwam om van armoede* he died of poverty; *het aantal omgekomenen* the death roll [is given as 150]; **2** *de hoek ~* come (get) round the corner; **3** *(v tijd)* (come to an) end; **4** *zie* rondkomen

omkoopbaar bribable, corruptible, venal; *hij is ~*, *(ook)* he is open to bribery (bribes), has his price

omkoopbaarheid corruptibility, venality

omkoopsom bribe (money)

omkopen bribe, buy over, corrupt; suborn [a witness]; *(fam)* square, get at [the jockey had been got at], *(sl)* nobble; *iem ~*, *(ook)* grease a p.'s palm; *hij kocht mij daartoe om* he bribed me into doing it

omkoperij, omkoping bribery, corruption [of witnesses]; subornation

omkransen wreathe

omkrijgen *zie* om II.1

omkruipen creep about; *(v tijd)* drag (by), creep (along) [how the days creep (along)!]

omkrullen curl (up); *(vd golven)* curl over

omkuieren walk round (*of:* about)

omkukelen topple over

omkwakken send crashing

omlaag below, down, down below; *naar ~*

---

1 zie voor de sam ook *op-*

zie voor sam met *om-* evt ook *omver-* & *rond-*

down(wards); *zie voor sam ook* ne(d)er-; *van* ~ from below
omlaagdrukken[1] press down
omlaaggaan go down; *(ve prijs ook)* fall; *zie ook* dalen
omlaaghouden keep down
omladen trans-ship
omlading trans-shipment
omlazeren I *tr* knock over, send flying; II *intr* topple over
'omleggen 1 *(verband)* apply; 2 *(andersom leggen)* turn [a mattress], overturn [a boat]; divert [traffic]; throw [a switch]; *(roer)* put over, shift; *(spoorwegwissel)* shift; *zich* ~ turn over; 3 *(sl)* bump off, kill [a p.]
om'leggen border, edge
'omlegging *(v weg)* diversion, detour
om'legsel border, edging
omleiden divert, re-route [traffic]
omleiding diversion, detour
omliggen be upset, be overturned; *~d* surrounding, neighbouring; *het ~de* the surroundings
omlijnen outline; *(scherp)* define; *(met hokje)* box [a name], *(met kringetje)* circle, ring; *scherp omlijnd* clean-cut [features], clear-cut [plan], clearly defined [notion]
omlijning outline
omlijsten frame
omlijsting frame; *(het omlijsten)* framing; *(fig)* setting [the setting of the little cottage]; *muzikale* ~ musical accompaniment (background)
omloop 1 circulation [of the blood, of money]; ***buiten** ~ stellen* withdraw from circulation, demonetize [coins]; ***in** ~ brengen, (geld)* put into circulation, circulate; utter [counterfeit banknotes]; *(gerucht)* circulate, spread; *wie bracht het verhaal in ~?* who started the story?; *in ~ zijn* be in circulation, be current; *(ve gerucht, enz)* be in circulation, be going the rounds, be abroad; *er is minder geld in* ~ there is less money about; 2 revolution [of heavenly bodies], orbit [of a satellite], circuit [of the Earth round the sun]; rotation [of a wheel]; 3 *(ve toren)* gallery; *(ve molen)* platform; 4 *(ve dier)* pluck; 5 *(fijt)* whitlow; 6 *(sp)* round
omloopsnelheid 1 *(v geld)* velocity of circulation; *(v voorraad)* turnover rate; 2 *(ve hemellichaam)* orbital velocity
omloop(s)tijd 1 time (period) of (a) revolution, cycle time; *(ve planeet)* period of orbit, sidereal period; 2 *(ve wissel)* currency
omlopen 1 *(lopen om)* walk (go, run) round [the house]; turn [a corner]; 2 *(rondlopen)* walk about; 3 *een heel eind* ~ go a long way round; *een eindje (straatje)* ~ go for a turn (a stroll), walk round the block; 4 *(draaien)* revolve, rotate; *(vd wind)* shift (round); *(met de zon)* veer; *(tegen de zon)* back; 5 *(ve gerucht)* be abroad, be current; 6 *(vd tijd)* pass; 7 *het hoofd loopt mij om* my head reels, my head (my brain) is in a whirl; 8 *(omverlopen)* run down [a p.], knock over, upset [a chair]
omluieren idle away one's time, hang around
omlullen *(fam) zie* ompraten
omlummelen loiter away one's time, loiter (about)
ommantelen wall (in) [a town]
ommanteling 1 walling (in); 2 *(concr)* walls, ramparts
ommegaand *zie* omgaand
ommegang *zie* omgang 2 & 3
ommekeer 1 (complete) change, changeover [in political thought], about-face (-turn), U-turn, turnabout, sea change; swing [of opinion]; turn [in a p.'s fate], reversal [of fortune], revolution; *een hele ~ brengen in* revolutionize, change the face of [the world, etc]; 2 *(omverwerping)* subversion; 3 *(reactie)* revulsion [of feeling]
ommekomst expiration, expiry
ommeland(en) surrounding country; *stad en* ~ town and province
ommelands: *~e reis* (long and) troublesome journey
ommestaand overleaf; *het ~e* what is written (printed) overleaf
ommetje turn, short walk; *ze maakten een ~ door het plantsoen* they went for a turn in the park; *met een* ~ in a roundabout way
ommezien: *in een* ~ in the twinkling of an eye; *zie verder* ogenblik
ommezijde back; *aan* ~ overleaf; *zie* ~ please turn over, PTO, see over(leaf)
ommezwaai 1 swinging round; 2 *(fig)* turn [of fortune, etc], sudden change, change of front, volte-face; *(bij verkiezing, enz)* swing
ommuren wall in; *ommuurd* walled(-in) [garden, fortress]
omnibus omnibus; *(~uitgave)* omnibus (edition, volume)
omnivoor omnivore; (*mv ook:* -vora)
ompalen fence in with a paling (with stakes), palisade
'omplanten transplant, replant
om'planten plant all round [*met* with]
omploegen plough (up); *(door granaat, enz)* plough (*of:* churn) up
ompraten talk round, talk into [doing s.t.], persuade
omranden border, edge, rim
omranken entwine, enlace
omrasteren rail (fence, *met ijzerdraad:* wire) in
omrastering railing, wire netting
omreden because; ~ *van* by reason of
omreis roundabout journey
omreizen travel about; *(langs omweg)* go by a roundabout way
omrekenen convert, reduce, turn [*in* into]
omrekening conversion [factor, rate, table]

1 zie voor sam met *omlaag-* ook *neer-*
zie voor sam met *om-* evt ook *omver-* & *rond-*

omrijden I *tr* run (knock) down [a pedestrian]; II *intr* [vehicles must] go round, make a detour; *een eindje gaan* ~ go for a ride (*in auto, ook* a run, drive (around)); *het rijdt een heel eind om* it is a long way (drive) round

omringen surround, enclose, encircle, encompass, hem in [with buildings]; *(v gevaren, vijanden, enz, ook)* beset; *zie ook* omgeven

omrit 1 detour; 2 round

omroep *(radio & tv)* broadcasting (organization, corporation)

omroepbestel broadcasting set-up

omroepbijdrage radio and TV licence fee

omroepen *(radio & tv)* broadcast, announce; *iems naam* ~ page a p.

omroeper announcer; *(hist)* town crier, bellman

omroepinstallatie loudspeaker (public address, PA) system

omroeporkest radio orchestra

omroepstation broadcasting (*of:* radio) station

omroepster *(radio)* (woman) announcer

omroepvereniging broadcasting organization

omroepwet Broadcasting Act

omroepwezen broadcasting, the broadcasting organizations

omroeren stir [the pudding, tea, etc], agitate

omrollen I *tr* roll (bowl) over; *zich* ~ turn over; II *intr* 1 *(in gras, enz)* roll (about); 2 *(omver)* topple over

omruilen exchange; *zie ook* ruilen

omschakelaar throw-over switch; commutator

omschakelen change over, switch over, convert [from wartime to peacetime economy]

omschakeling changeover [to 220 volts]

omschansen entrench, circumvallate

omscharrelen potter (mess, nose) about; ~ *in* rummage (poke about) in

omscheppen remodel, transform, transfigure

omschieten shoot down; hurry round

omscholen retrain

omscholing retraining

omschoppen kick down, kick over [a pail]

omschrift legend, circumscription

omschrijfbaar definable

omschrijven 1 define [a word, the position, a p.'s duties, etc]; paraphrase [a passage]; 2 *(meetk)* circumscribe; 3 *(beschrijven)* describe

omschrijving 1 definition, paraphrase; circumscription; description; *vgl* omschrijven; 2 *(omslachtige manier v zeggen)* circumlocution, periphrasis

omschudden shake (up, about), agitate

omsingelen 1 surround, hem in, encircle; invest, beleaguer, besiege [a fortress]; *omsingeld door vijanden, (ook)* ringed round by enemies; 2 *(bijeendrijven)* round up [cattle]

omsingeling hemming in, encirclement [of an army]; round-up; *(ve vesting)* investment

omsingelingspolitiek policy of encirclement

omslaan I *tr* 1 *(omver)* knock (beat) down; 2 throw (put) on [a cloak]; wrap [a shawl] round one, wrap o.s. up in [a shawl]; 3 turn over [a leaf] [*ook:* shall I turn over for you?]; 4 *(omvouwen, enz)* turn (double) down, turn back [the page was turned back at the top], turn down [the bed(clothes)], turn up [trousers, sleeves], tuck up [sleeves]; *een spijker* ~ clinch a nail; *omgeslagen boord* turn-down collar, *(met omgeslagen punten)* butterfly (wing, winged) collar; *omgeslagen manchet* turn-back cuff; 5 *de hoek* ~ turn the corner, round the corner; 6 *(onkosten, enz)* apportion [*over* among]; *(hoofdelijk)* divide (distribute, assess, share) [costs] pro rata, *(inz Am)* prorate; II *intr* 1 *(met iets)* lay about one, brandish a stick, etc; *hij slaat er maar raar in om* he makes rather a hash of it; 2 *(ve paraplu)* blow (be blown, turn) inside out; 3 *rechts (links)* ~ turn (to the) right (left); 4 *(omdraaien)* swing (turn, flip) round, reverse; *(v stemming)* turn; *(vd wind)* turn, shift; *(vh weer)* break; *vgl* omslag 7; 5 *(omkantelen)* capsize, (be) upset, turn turtle, overturn; ~ *in* turn to [grief]; *doen* ~ upset

omslachtig 1 *(langdradig)* long-winded, prolix, digressive, wordy; cumbrous (roundabout, circuitous) [system]; 2 *zie* omstandig; *~e manier* roundabout way

omslachtigheid prolixity; cumbrousness; circumstantiality

omslag 1 *(omhaal)* ceremony, fuss, ado; *(moeite)* trouble, [all the] (fuss and) bother; *maak geen* ~ don't stand on ceremony; *zonder veel* ~ without much ado (*of:* ceremony); 2 *(v kosten)* apportionment; *(belasting)* tax; *zie ook* hoofdelijk; 3 *(ve mouw)* cuff; *(ve kous)* turn-over; 4 *(ve tijdschrift, enz)* cover [story]; *(los)* wrapper, dust cover, dust jacket; *(ve brief)* envelope, cover; 5 *natte* ~ compress, (wet) pack; *warme* ~ (hot) fomentation, (hot) application; 6 *(ve boor)* brace; 7 *(verandering)* swing (round), reversal; break [in the weather]; *(ve pers)* about-face [in attitude, policy], U-turn

omslagboor brace and bit

omslagdoek shawl, wrap

omslagpunt turning point

omslagverhaal cover story

omslenteren loiter (saunter, lounge) about

omslepen, omsleuren drag about

'omslingeren I *tr* 1 *(kleed)* throw on; 2 *(omver)* upset, knock over; II *intr* 1 be upset; 2 *(slenteren)* saunter about; 3 *(v boeken, enz)* lie about; *laten* ~ leave [one's things] about

omsluieren veil *(ook fig v wolken, enz)*

omsluiten enclose, encircle, surround; invest, beleaguer [a fortress]; *(mat)* include [an angle]; *(omklemmen)* clasp; *door land omsloten* landlocked [country, port]

omsmelten melt down [scrap], re-melt

omsmijten knock down; *zie ook* omgooien

---

zie voor sam met *om-* evt ook *omver- & rond-*

omsnellen run round [the corner]; *(v tijd)* fly
omsodemieteren *zie* omlazeren
'omspannen change [horses]
om'spannen span [distance, waist, etc]; *(met touwen)* rope off
omspelden pin about (*of:* round)
omspinnen spin round; *omsponnen kabel* covered cable
omspitten dig (up), break up
'omspoelen 1 rinse (out), swill (out), wash out, flush, give [the bottle] a rinse; **2** rewind [a film, tape]
om'spoelen wash, bathe [islands bathed by the sea], flow round
omspoken walk; ~ *in* haunt [a place]
omspringen 1 jump (hop, skip) about; ***met iem (iets)*** *weten om te springen* know how to manage a p. (a thing); *zij kan goed met jonge mensen ~* she gets on well (has a way) with ...; *vrijelijk met iems geld ~* make free with a p.'s money; *ruw ~ met* be rough on; **2** *(omver)* upset
omstaan *(gaan ~)* turn round; *zullen we erom ~?, (vglb)* shall we toss (up) for it?
omstaand 1 overleaf; **2** *(omringend)* surrounding
omstander bystander
omstandig I *bn* detailed, circumstantial [account]; **II** *bw* in detail, circumstantially; ~ *vertellen* retail [news]
omstandigheid 1 *(uitvoerigheid)* circumstantiality, fullness of detail; **2** circumstance [in poor circumstances]; *zijn geldelijke -heden* his financial position; ***in*** *de gegeven (tegenwoordige) -heden* in (under) the circumstances, as things are, under existing conditions; *in mijn -heden, (ook)* situated as I am; *in gelijke (gunstige, gelukkige) -heden verkerend, (ook)* similarly (favourably) placed; ***naar*** *omstandigheden* all things considered, comparatively speaking, [he is as well] as can be expected, *(fam)* [everything went off well] considering; *naar (bevind van) -heden handelen* act according to the exigencies of the case; ***onder*** *zekere (normale) -heden* under certain circumstances (normal conditions); *onder geen ~* on no account; *zie ook* bekrompen, gezegend, verzachtend, enz
omstorten I *tr* upset, overturn; **II** *intr* (be) upset, fall (topple) over
omstoten overthrow, upset, push down, push over
omstralen shine (up)on, light up, irradiate
omstreden disputed, contested [area *gebied*], controversial [topic]; *veel ~* vexed [question]
omstreeks about, in the neighbourhood of [fifty pence, five feet], around [£5 a ton]; *zo ~ Kerstmis* round about Christmas; *daar ~* thereabouts; *zie ook* ongeveer & om: om en bij
omstreken surrounding country, neighbourhood, vicinity; *Bath en ~* Bath and its environs
omstrengelen twine (*of:* wind) about, enlace, entwine, embrace
omstulpen turn inside out
omstuwen crowd (flock, press, swarm) round; *(met vijandige bedoelingen)* mob
omsukkelen 1 jog round (*of:* about); **2** *(ziek zijn)* be ailing; *ik heb er heel wat mee omgesukkeld* it has given me a good deal of trouble
omtogen: ~ *met* enwrapped (shrouded) in
omtoveren change (transform) by magic (as if by magic)
omtrappen kick down, kick over [a pail]
omtrek 1 *(algem)* outline, contour [of a face, etc]; *(schets)* outline; *in ~ken* in outline; *in ~ken aangeven* outline; **2** *(ve cirkel)* circumference, periphery; *(ve vlakke figuur)* perimeter; ***binnen een*** *~ van 20 mijl, a) (cirkel~)* within a circuit of 20 miles; *b) (~ met straal van ...)* within a radius of 20 miles (a 20-mile radius); ***in*** *~* in circumference [*(ook)* the crater was two miles round]; **3** *(buurt)* environs, neighbourhood, vicinity; *in de ~* in the neighbourhood, round here; *mijlen in de ~* for miles around; *zie ook* buurt
omtrekken 1 *(omver)* pull down; **2** *(trekken om)* march round (about), *(mil)* turn, outflank; draw round [a penny to get a circle]; *~de beweging* enveloping (flanking) movement
omtrent I *bw (ongeveer)* about; *of daar ~* or thereabouts; **II** *vz* **1** *(ongeveer, in de buurt van)* about; **2** *(aangaande)* [information, etc] about, as to, concerning, with regard to
omtreuzelen dawdle, loiter, idle
omtuimelen tumble down, topple over; *hij ..., ook:* over he went
omtuinen enclose, fence in
omturnen convert, win over, bring (cause to turn) round
omvademen encircle; *(fig)* grasp
omvallen fall (*of:* topple) over, (be) upset, overturn; ~ *van het lachen* split one's sides with laughter; ~ *van verbazing* be struck all of a heap, be bowled over; ~ *van vermoeienis (slaap)* be ready to drop with fatigue (sleep); ~ *van slaap, (ook)* be dead sleepy; *je valt om van de prijzen* the prices are simply staggering; *val om!* drop dead!
omvang 1 *(omtrek)* circumference; girth [of a tree]; compass, range [of a voice, of a musical instrument]; width [of the chest], dimension; size [of a book]; scope [of a work, an inquiry]; ambit [of an inquiry]; gamut [the gamut of human feeling]; **2** *(hoeveelheid)* bulk [goods of small bulk; I was able to shelter behind her bulk]; extent [of the damage, the disaster]; volume [the movement (his business) is growing in volume; the volume of exports, traffic]; magnitude [realize the magnitude of a task]; *een grote ~ aannemen* assume large proportions
omvangen encircle, encompass
omvangrijk 1 extensive [knowledge, etc], voluminous [writings]; *zie ook* veelomvattend; **2** *(lijvig)*

bulky, extended [a more extended work]
omvangrijkheid extensiveness, great extent, etc; *vgl* omvang
omvaren 1 circumnavigate, sail round [the world], double, round [a cape]; **2** *(omver)* run down; **3** *(langs omweg)* sail [a long way] about (round); **4** *(heen en weer)* sail about
omvatten 1 close round, enclose, embrace; cup [one's chin in one's hand]; *(omspannen)* span; **2** *(fig)* include, embrace, cover, comprise [the whole subject], involve [the strike also involved the miners], take in [the course takes in all the chief works]; grasp [an idea]; *de hele wereld ~, (ook)* be worldwide in its scope; *zie ook* al-, veelomvattend
omver [knock, pull, push] down, over
omvergooien 1 *zie* omgooien; **2** *(fig)* overthrow [the monarchy], subvert [a system, principles, etc], be subversive of [discipline, etc], refute [arguments], upset [a theory, plan]
omverhalen 1 pull down [a wall]; **2** *(fig) zie* omvergooien
omverlopen *zie* omlopen 8; *elkaar ~, (fig)* fall (tumble) over each other [to get a job]
omverpraten: *iem ~* bludgeon a p. into s.t., force an opinion (up)on a p.
omverredeneren argue [a p.] down
omverrijden run (knock) down
omverwerpen *zie* omvergooien
omverwerping *(fig)* overthrow, subversion; *zie ook de sam met* om
omvlaggen reflag [a ship]
omvlechten entwine, twine (wind) about; braid [a cable]; *(fles)* cover with wickerwork
omvliegen 1 *(vd tijd)* fly (by, past); **2** *(ve vliegtuig)* (make a) detour; **3** fly (dash, tear) round [a corner]
omvormen remodel, transform, convert
omvormer converter
omvorming remodelling, transformation, conversion
omvouwen fold (turn) down (back); double [a page]
omwaaien I *tr* blow down; **II** *intr* blow down, be blown down (*of:* over), be blown off one's feet; *hij kan voor mijn part ~* he can go to hell
omwallen wall (in, round), circumvallate
omwalling rampart(s), circumvallation
omwassen wash (out); *(schotels, enz)* wash up *(meestal zonder voorwerp)*
omweg roundabout (*of:* circuitous) way (*of:* route) detour; *een lange ~* a long way about (*of:* round); ***langs een ~*** [go, attain one's end] by a roundabout way, [hear s.t., arrange things] in a roundabout way; *een ~* ***maken*** go out of one's way, go [far, three miles] round, make a detour; *iem een ~ laten maken* take a p. out of his way; ***zonder*** *~en* [ask, etc] point-blank, straight out
omwenden turn (round); *(schip)* put about; *zich ~* turn (round)
omwentelen turn (round); *(om as, ook zich ~)* revolve, rotate; *zie ook* wentelen
omwenteling revolution, rotation, turn; *(revolutie)* revolution; *een ~ teweegbrengen in* revolutionize [trade, etc]
omwentelingsas axis of rotation
omwentelingslichaam solid of revolution
omwentelingssnelheid velocity of rotation
omwentelingstijd (period, time of) revolution (rotation)
omwentelingsvlak surface of revolution
omwerken 1 remodel, refashion, reconstruct; *(boek)* rewrite, recast; **2** *(grond)* dig up, plough
omwerking 1 remodelling, etc; **2** *(concr)* recast
omwerpen *zie* omgooien
'omwikkelen wrap round
om'wikkelen wrap round, wrap up [*met* in]
omwille: *~ van* for the sake of; *zie* wil: ter ~le
'omwinden wind (twine, twist) round
om'winden entwine, wrap up (round)
omwindsel bandage, wrapper; *(plantk)* involucre
omwisselen I *tr* change [banknotes], exchange; **II** *intr* alternate, change; *(onderling)* interchange; *(v plaatsen)* change places
'omwoelen 1 *(grond)* root up; *(door granaat bijv)* churn up, plough up; **2** *(door elkaar halen)* rummage (in, among)
om'woelen muffle [a bell, oars], serve [a rope]
omwonend surrounding, neighbouring
omwonenden, omwoners neighbours
omwroeten root up
omzagen saw down
omzeilen 1 *zie* omvaren; **2** *(moeilijkheid)* get round [a difficulty], bypass [obstacles]
omzendbrief circular letter; *(kerkelijk)* pastoral letter
omzenden send round
omzet [the annual] turnover; *(verkoop)* sale(s), business done (transacted), volume of business, movement [the movement was very limited]; ***kleine*** *winst, grote ~* small profits, quick returns
omzetbelasting *(btw)* value added tax, VAT; *(Am)* sales tax; *(Eng, hist)* purchase tax
omzetpremie turnover premium
'omzetten 1 place differently; transpose [words, etc; *ook in muz*]; **2** reverse [an engine]; **3** convert [iron into steel], convert, turn [a firm into a limited liability company], translate [words into action(s)], spend [one's money on beer]; transform [heat into energy]; *in geld ~* convert into money, realize; **4** *(handel)* turn over [one's capital]; sell; *hij zet tonnen om per jaar* his annual turnover amounts to ...; **5** *(ombuigen)* fold; **6** *de hoek komen ~* come (racing, running, etc) round the corner
om'zetten border; set [with diamonds, etc]
omzetting 1 transposition *(ook in muz)*; *(v woordorde)* inversion; **2** reversal; **3** conversion; translation; *vgl* 'omzetten

---

zie voor sam met *om-* evt ook *omver-* & *rond-*

omzichtig cautious, circumspect, wary; ~ *te werk gaan* proceed with caution; *zie verder* voorzichtig
omzichtigheid cautiousness, circumspection, wariness
omzien look back; look out [for another job]; *zie ook* omkijken & doen: doe wel en zie niet om
omziend *(her)* regardant
omzitten 1 change places; **2** *gaan* ~ turn round
'omzomen hem
om'zomen border, edge, fringe, skirt
omzwaai *zie* ommezwaai
omzwaaien I *tr* swing (round); swing round [a corner]; **II** *intr* **1** swing round; *(ve auto)* swerve; *(zwenken ook)* wheel round; **2** *(fig)* make a (complete) change of front; *(v studie, beroep, enz)* change over, switch (over), transfer [from history to art]
omzwachtelen bandage, swathe; *(kind)* swaddle
omzwalken drift about, be tossed this way and that; *zie ook* omzwerven
omzwenken wheel (*of:* swing) round
omzwenking change of front; *totale* ~ volte-face
omzwerven wander (ramble) about, roam, rove
omzwerving ramble, wandering, peregrination [Dickens's London peregrinations]
on: ~ *of even* odd or even
onaandoenlijk impassive, stolid
onaangebroken unopened, unused [packet of tea, etc]; *vgl* aanbreken
onaangedaan unmoved, untouched
onaangediend unannounced
onaangekleed *zie* ongekleed
onaangekondigd unannounced; *~e controle* spot check, random [drugs] check
onaangenaam disagreeable, unpleasant [I have no desire to be unpleasant, but I must say], offensive [smell], unappetizing [subject], unpalatable [truth, lesson, fact], unwelcome [surprise]; *het stemde mij* ~ it annoyed me; *het onaangename ervan* the unpleasant part of it, *(van het voorval)* the unpleasantness of the incident
onaangenaamheid disagreeableness; *-heden* unpleasantnesses; *-heden krijgen* fall out [with a p., with each other]; *-heden ondervinden* have unpleasant experiences; *ik wil geen -heden veroorzaken* I don't want to cause any unpleasantness; *-heden krijgen door* get into trouble over [s.t.]
onaangepast maladjusted [behaviour]
onaangeraakt *zie* onaangeroerd
onaangeroerd untouched, intact [leave money, etc intact]; *(v spijs, ook)* untasted; *een onderwerp ~ laten* not touch (up)on a subject, pass it over in silence
onaangesproken unbroached [cask], unopened [bottle]
onaangestoken 1 *(vrucht)* sound; **2** *(onbesmet)* uninfected; **3** *(vat)* unbroached; **4** *(kaars, enz)* unlighted, unlit
onaangetast untouched, unimpaired, [your honour is] unstained; [leave a capital, sum, etc] intact; *(door ziekte, het weer, zuren, enz)* unaffected
onaangevochten unchallenged, undisputed
onaanlokkelijk uninviting, unattractive
onaannemelijk 1 *(ve voorstel, enz)* unacceptable [*voor* to], prohibitive [terms]; **2** *(niet geloofwaardig)* incredible, implausible
onaannemelijkheid 1 unacceptability; **2** incredibility, implausibility
onaanraakbaar untouchable
onaanstotelijk inoffensive, unobjectionable
onaantastbaar unassailable (*ook fig:* unassailable truth); unimpeachable [honesty], inviolable [rights]
onaantastbaarheid unassailability, inviolability
onaantrekkelijk uninviting, unattractive
onaanvaardbaar unacceptable [motion]
onaanvechtbaar indisputable, incontestable, unchallengeable
onaanwendbaar inapplicable [*voor* to]
onaanzienlijk 1 undistinguished; *(v stand, geboorte)* humble; **2** *(onbeduidend)* insignificant; *(ve bedrag, enz)* inconsiderable; *het verlies is niet ~, (ook)* the loss is considerable
onaardig unpleasant; unkind, unfriendly; *niet ~, (nogal goed)* not bad; *het is ~ van je* it is not nice of you; *hoe ~ van je!* how unkind of you!
onaardigheid unpleasantness, unkindness
onaards 1 unearthly [light, howl]; **2** transcendental [beauty]
onacceptabel unacceptable
onachtzaam inattentive, inadvertent, careless, negligent
onachtzaamheid inattention, inadvertence, carelessness, negligence, neglect, lack of care
onaf incomplete, not finished
onafbetaald unpaid, not fully paid up [arrears]
onafgebroken I *bn* uninterrupted, continuous [stream], sustained [rifle fire], unbroken [service], unremitting [care], unrelieved [monotony]; **II** *bw* uninterruptedly, continuously, without interruption; [work five hours] without a break (non-stop)
onafgedaan 1 unfinished; **2** unpaid, unsettled; outstanding [debts]; **3** *(ve partij goederen)* unsold
onafgehaald unclaimed [luggage], not called for
onafgelost 1 *(schuld)* unpaid, outstanding; *(pandbrief, enz)* unredeemed; **2** *(wacht)* unrelieved
onafgesneden uncut, untrimmed [copy, edges]; *met ~ rand, (ook)* deckle-edged [paper]
onafgewend I *bn* unaverted; **II** *bw* fixedly, steadily [look steadily at a p.]; ~ *gevestigd houden op* keep [one's eyes] fixed steadily on
onafgewerkt [leave, remain] unfinished
onafhankelijk I *bn* independent [*van* of]; sovereign [state]; **II** *bw:* ~ *van* independently of, irrespective of

---

zie voor sam met *om-* evt ook *omver-* & *rond-*

onafhankelijkheid independence [movement]
onafhankelijkheidsoorlog war of independence
onaflosbaar irredeemable
onafscheidbaar *zie* onafscheidelijk
onafscheidbaarheid inseparability
onafscheidelijk inseparable [*van* from]; ~ *verbonden aan, (ook)* inherent in [human nature]
onafwendbaar not to be averted, unavoidable, inescapable, inevitable
onafwendbaarheid inescapability, inevitability
onafwijsbaar imperative [duty]; *-bare voorwaarde* sine qua non
onafzetbaar irremovable
onafzienbaar (extending) beyond the reach of the eye; interminable, immense; incalculable [consequences]
onafzienbaarheid immensity, immenseness
onager *(wilde ezel)* onager
onaneren masturbate
onanie onanism
onanist onanist
onappetijtelijk unappetizing
onartistiek inartistic (*bw:* -ally)
onattent inattentive; *(voor anderen, ook)* inconsiderate
onattentheid inattention
onbaatzuchtig disinterested, unselfish, selfless
onbalans imbalance; *in ~, (techn)* unbalanced
onbarmhartig merciless, pitiless, uncharitable; *iem ~ afranselen* thrash a p. unmercifully
onbeantwoord unanswered [letter]; unreturned, unrequited [love]; ~ *laten* leave without reply, not reply to [a letter]; *zijn vraag bleef* ~ his ... went unanswered
onbebouwd *(land)* uncultivated, untilled, waste; *(terrein)* unbuilt(-)on, vacant; *huurwaarde van ~ eigendom* site value
onbecijferbaar incalculable
onbedaarlijk uncontrollable, ungovernable, irrepressible [laughter]; ~ *gelach, (ook)* convulsions of laughter
onbedacht(zaam) thoughtless, rash, inconsiderate; *zie ook* onbezonnen
onbedekt uncovered, bare; uncarpeted [floor]; *iem ~ iets zeggen* tell a p. openly, in plain terms
onbedenkelijk: *niet* ~ rather precarious, pretty risky, *vgl* bedenkelijk
onbediend without receiving the last sacraments
onbedoeld unintentional
onbedorven unspoiled, unspoilt, innocent, unsophisticated; untainted, sound; uncorrupted; *vgl* bedorven
onbedorvenheid innocence
onbedreigd *(sp)* unchallenged [winner]
onbedreven unskilful, unskilled, inexperienced, inexpert, unpractised [*in* in]; ~ *in, (ook)* raw, a raw hand at [a job]
onbedrevenheid unskilfulness, inexperience
onbedrieglijk unmistakable [sign], unerring [instinct], infallible
onbedrukt plain [paper]; unprinted [leaf]; [one side of the sheet remained] blank
onbeducht undaunted, unafraid [*voor* of]
onbeduidend insignificant, trivial, trifling; *dit nummer is vrij ~, (ook)* rather thin; ~ *mens* mere nobody, nonentity; *de winst is* ~ negligible (*niet* ~ not inconsiderable)
onbeduidendheid 1 insignificance; **2** *(concr)* triviality
onbedwingbaar uncontrollable, indomitable; irrepressible [mirth]
onbedwongen untamed, unconquered
onbegaanbaar impassable, impracticable
onbegeerlijk undesirable
onbegerig undesirous
onbegonnen: *(een)* ~ *werk* an endless (hopeless) task
onbegraven unburied, (still) above ground
onbegrensd unlimited, unbounded
onbegrepen not understood; uncomprehended
onbegrijpelijk 1 incomprehensible, puzzling, incredible [that he should fall for this]; **2** *(v woorden, enz)* unintelligible; **3** *(ondenkbaar)* inconceivable
onbegrip lack of understanding; [he met with total (blank)] incomprehension
onbehaaglijk 1 unpleasant, disagreeable; **2** *(niet op zijn gemak)* ill at ease, uneasy, uncomfortable; *een ~ gevoel, (ook)* a feeling of discomfort
onbehaaglijkheid unpleasantness, etc, discomfort
onbehaard hairless, glabrous
onbehagen discomfort, uneasiness, [political] unease; *gevoelens van* ~ misgivings, qualms
onbeheerd ownerless, unowned; *het huis ~ laten* leave the house to take care of itself; ~ *vaartuig, (verzekering)* derelict (vessel); ~ *staand* unattended [bicycle, luggage]; *de auto stond* ~ the ... without anyone in charge
onbeheerst violent [demeanour], ungovernable [rage]; [she is very] temperamental; *ze begon ~ te snikken* she burst into uncontrollable sobs
onbeholpen awkward, clumsy
onbehoorlijk 1 unbecoming, unseemly, improper, indecent, undue [influence; be unduly late]; *het ~e van ...* the impropriety of ...; **2** *(onhebbelijk)* impertinent, rude
onbehouwen 1 unhewn, untrimmed [timber, stone]; **2** *(fig)* ungainly, unwieldy; **3** *(vlegelachtig)* rude, unmannered; ~ *kerel* lout, boor
onbehuisd homeless
onbehulpzaam unhelpful, disobliging
onbekend 1 *(niet gekend)* unknown; *ons* ~ unknown to us; *zijn gezicht kwam mij niet ~ voor* his face did not seem unfamiliar to me; ~ *maakt onbemind* unknown, unloved; *~e grootheid* unknown quantity *(ook fig)*; ~ *merk* obscure make; *de ~e soldaat* the Unknown Warrior; **2** *(niet op de hoogte) ik ben hier* ~ I am strange (a stranger) here, I am new to this

place; ~ *met* unacquainted with [a p., thing, fact], ignorant of [a thing, fact], unaware of [a fact]; *hij was ~ met dit soort werk, (ook)* that sort of work was new (strange) to him

onbekende 1 *(pers)* stranger, [the great] unknown; *(het ~)* [a journey into the] unknown; **2** *(wisk)* unknown [an equation with two unknowns]

onbekendheid 1 *(het onbekend zijn: ve pers)* obscurity; **2** *(het niet-kennen)* unfamiliarity [*met* with], ignorance [*met* of]

onbeklimbaar unclimbable, unscalable

onbekommerd free from care; *zie* onbezorgd 1

onbekookt thoughtless, ill-considered, ill-digested, rash, crude, wild [schemes]

onbekrompen *(royaal)* unstinted, liberal, openhanded; *(v geest)* liberal, open-minded, broadminded; *op ~ wijze* [spend money] freely (lavishly), [provide s.t.] without stint; ~ *leven* live comfortably

onbekrompenheid liberality, broadmindedness

onbekwaam 1 *(incapabel)* incapable, unable, incompetent; **2** *(onhandig)* incompetent, inefficient; **3** *(dronken)* drunk and incapable

onbekwaamheid inability, incapacity, incapability, inefficiency, incompetence

onbeladen unladen, unloaded

onbelangrijk unimportant, insignificant, immaterial, of no consequence

onbelangrijkheid unimportance, insignificance

onbelast 1 unburdened, unencumbered; **2** *(zonder hypotheek)* unencumbered, unmortgaged; *(zonder belasting)* untaxed, *vgl* onbelastbaar; ~ *gedeelte van het inkomen* personal allowance; *(invoer)* duty-free; **3** *(techn)* empty, without load; ~ *lopend* idling

onbelastbaar not liable to taxation; *(goederen)* free of (exempt from) duty, free

onbeleefd impolite, uncivil, discourteous, rude; [that is] bad manners

onbeleefdheid impoliteness, incivility, discourtesy, rudeness

onbelemmerd unhindered, unobstructed [view], unimpeded, unhampered, untrammelled, free; [act] without let or hindrance

onbeloond unrewarded, unrequited; *zijn arbeid bleef niet ~* his labour did not go unrewarded

onbemand unmanned [train, satellite], pilotless [plane]

onbemerkt unperceived, unnoticed, [come, go] unobserved

onbemiddeld without means, impecunious; *niet ~, (ook)* well off, well-to-do

onbemind unloved, unbeloved

onbeneveld unclouded [*ook fig*: eye, mind, etc]

onbenoembaarheid ineligibility

onbenoemd unappointed; ~ *getal* abstract number; *hij (de grootvader) is nog ~* none of his grandchildren have been named after him

onbenul 1 brainlessness; **2** *(stuk)* ~ nitwit, dumbo

onbenullig inane, clueless [person, remark], vapid [conversation], feeble [speech, story]

onbenulligheid inanity, vapidity; *-ligheden* inanities, nothings

onbenut unused, unutilized

onbepaald 1 indefinite *(ook in gramm)*, indeterminate, nondescript, unlimited, vague [express o.s. vaguely]; ~ *vertrouwen* implicit faith; *~e wijs* infinitive; *voor ~e tijd uitstellen* postpone indefinitely; *voor ~e tijd verdagen, (ook)* adjourn sine die; *voor ~e tijd met verlof gaan* go on indefinite leave; **2** *(onzeker)* uncertain

onbepaaldheid indefiniteness, indeterminacy, vagueness

onbeperkt unlimited, boundless, unrestrained; unrestricted [submarine warfare]; ~ *houdbaar* will keep indefinitely; ~ *vol te houden* sustainable; *zie ook* onbepaald

onbeproefd untried, untested; *niets (geen middel) ~ laten* leave nothing (no expedient) untried, leave no stone unturned

onberaden thoughtless, rash, inconsiderate, ill-advised, -judged, -conceived, -considered; *een ~ huwelijk aangaan* rush into marriage; *zie ook* onbezonnen

onbereden unbroken, unridden [horse]; ~ *weg* unbeaten track, unfrequented road

onberedeneerd 1 unreasoned [confidence, philosophy], unreasoning [optimism], irrational [fear, urge]; **2** *zie* onbezonnen

onbereid raw, unprepared

onbereikbaar unreachable; *(ook v pers)* inaccessible, unapproachable, *(fam)* unget-at-able; *(fig)* unattainable

onbereisd untravelled [people, country], unfrequented [country]

onberekenbaar incalculable *(ook fig)*; *(ook)* [he was so] unpredictable

onberekend 1 unequal [*voor een taak* to a task]; **2** not charged for

onberijdbaar unrideable [horse], impassable [road]

onberijmd rhymeless, unrhymed; *de ~e psalmen* the non-metrical (prose) version of the Psalms

onberispelijk blameless, irreproachable [behaviour], unimpeachable, faultless, flawless, unexceptionable, above (beyond) reproach; ~ *gekleed* faultlessly (immaculately) dressed; *~e manieren* impeccable manners

onberoerd unperturbed, serene

onbeschaafd 1 *(v pers)* ill-bred, unmannerly, unrefined; **2** *(ve volk)* uncivilized, barbarous, savage

onbeschaafdheid 1 ill-breeding, unmannerliness; **2** barbarism

onbeschaamd 1 unashamed; **2** impudent, insolent, impertinent, barefaced, brazen-faced, unblushing [liar; lie unblushingly], shameless; *zie ook* brutaal

onbeschaamdheid impudence, insolence, impertinence (*ook*: an impertinence), effrontery; *zie ook* brutaliteit

onbeschadigd undamaged, unharmed, sound, [arrive] in good (*of:* sound) condition, intact

onbescheiden immodest, arrogant, forward; *als het niet ~ is te vragen* if it is not a rude (indiscreet) question to ask

onbescheidenheid immodesty, arrogance; [an] indiscretion

onbeschermd unprotected, undefended; naked, unscreened [light]

onbeschoft rude, impertinent, insolent, impudent

onbeschoftheid rudeness, impertinence (*ook:* an impertinence, impertinences), insolence, impudence

onbeschreven 1 blank, not written (up)on; **2** undescribed; **3** *(ongeschreven)* unwritten [law]; *een ~ blad, (fig)* (a) tabula rasa

onbeschrijf(e)lijk indescribable, beyond description, [beautiful] beyond words; *~ grappig* too funny for words; *het is ~, (ook)* it defies (beggars) description; *~ veel* [do] untold [mischief]

onbeschroomd bold, undaunted, fearless, unabashed

onbeschut unsheltered, unprotected; exposed [place]

onbeslagen 1 unshod; **2** *(fig)* unprepared; *zie ook* ijs

onbeslapen [the bed has] not [been] slept in, [the bed was] undisturbed

onbeslecht *zie* onbeslist

onbeslist undecided; [problems] outstanding [between ...]; *~ spel (~e wedstrijd)* drawn game (match), draw, tie; *het spel bleef ~* the game ended in a draw, was drawn; *nog ~ zijn, (ook)* hang in the balance

onbeslistheid indecision

onbesmet spotless, stainless, untainted, undefiled, unblemished [honour]; uninfected [cattle], uncontaminated [food]; *(bij staking)* untainted [goods]

onbesneden uncircumcised

onbespeelbaar unplayable *(ook v bal & terrein);* unfit for play

onbespied unobserved

onbespoten unsprayed [fruit]

onbespreekbaar not open to discussion

onbesproken 1 *(onderwerp)* undiscussed; *~ blijven* not come up for discussion; *~ laten* not touch (up)on, pass over; **2** *(plaats)* unbooked, unreserved, free; **3** *(gedrag)* blameless [conduct, life]; *zie ook* onberispelijk

onbestaanbaar impossible; *~ met* incompatible (inconsistent) with

onbestaanbaarheid 1 impossibility; **2** incompatibility, inconsistency

onbestelbaar undeliverable, dead [letter]; *indien ~ gelieve terug te zenden aan ...* if undelivered (in case of non-delivery), please return to ...

onbestemd indeterminate, vague; indefinable [feeling], nameless [fears]

onbestendig unsettled [weather, etc], fitful [weather], unstable, unsteady, changeable, fickle [Fortune]

onbestendigheid unsettled state [of the weather], instability, changeability, inconstancy, fickleness

onbestorven 1 *(vlees)* too fresh; *(metselwerk)* fresh; *(verf)* tacky; **2** *~ weduwe (weduwnaar)* grass widow (widower)

onbestraat unpaved

onbestreden undisputed, unchallenged

onbestuurbaar unmanageable, not under control, [be, get, run] out of control, ungovernable, [get] out of hand; *-bare auto, (ook)* runaway car

onbesuisd rash, giddy, headlong, reckless, hot-headed; *~ fietser, enz, zie* woest

onbetaalbaar unpayable [debts]; prohibitive [price], prohibitively expensive [goods]; priceless, invaluable [services]; *(ve grap)* capital, priceless

onbetaald *(bedrag, enz)* unpaid; *(rekening ook)* unsettled; *(goederen)* unpaid-for [costume]; *~e rekeningen, (ook)* outstanding accounts

onbetamelijk unbecoming, unseemly, improper, indecent; *zie ook* onbehoorlijk & ongepast

onbetamelijkheid unseemliness, impropriety, indecency; [it's a] solecism

onbetekenend *zie* onbeduidend

onbetreden untrodden

onbetrouwbaar unreliable, untrustworthy, not to be trusted, shady [individual], unsafe [ice]

onbetrouwbaarheid unreliability, unreliableness, untrustworthiness

onbetuigd: *hij liet zich niet ~* he acquitted himself well, kept his end up; *(aan tafel)* he did justice to the food

onbetwijfelbaar *zie* ontwijfelbaar

onbetwist undisputed, uncontested, unchallenged

onbetwistbaar indisputable, incontestable, unassailable

onbevaarbaar unnavigable

onbevallig ungraceful, inelegant, ungainly

onbevangen 1 unprejudiced, unbias(s)ed, open-minded, detached [observer], [approach a subject] with an open mind; *~ oordelen* keep an open mind; **2** *(vrijmoedig)* unconcerned

onbevangenheid 1 open-mindedness, detachment, impartiality; **2** unconcern(edness)

onbevaren unnavigated [seas]; *~ matroos* inexperienced (freshwater) sailor

onbevattelijk 1 *(pers)* dense, slow (of comprehension); **2** *(zaak)* incomprehensible

onbevlekt unstained, unblemished, undefiled; *de ~e ontvangenis* the Immaculate Conception

onbevoegd unqualified [teacher]; unauthorized [use]; *(jur)* incompetent [person]; *... is ~* [this court] has no jurisdiction; *~ de geneeskunde uitoefenen* practise as a doctor without being registered; *~ verklaren* disqualify; *geen toegang voor ~en* no unauthorized access; *een minderjarige is ~* a minor is under a disability

onbevoegdverklaring disqualification

onbevolkt unpopulated, unpeopled
onbevooroordeeld unprejudiced, unbias(s)ed, open-minded; ~ *overwegen* consider with an open mind
onbevooroordeeldheid freedom from prejudice, open-mindedness
onbevoorrecht unprivileged
onbevredigd unsatisfied
onbevredigend unsatisfactory
onbevreesd fearless, dauntless, unafraid [*voor* of], undaunted
onbevrucht unimpregnated, unfertilized [eggs]
onbewaakt unguarded *(in alle betek); (ook)* [in an] unthinking [moment]; *zie ook* overweg
onbeweegbaar immovable
onbeweegbaarheid immovability
onbeweeglijk motionless, immovable, immobile, unyielding
onbeweeglijkheid immobility
onbewerkt 1 unprocessed, raw; **2** *(onbereid)* undressed [leather, wood]; **3** *(onversierd)* plain, unornamented
onbewezen unproved; *(jur, inz Sch)* not proven
onbewijsbaar unprovable, not to be proved
onbewimpeld frank, open, outspoken
onbewogen unmoved, unconcerned, impassive [face], unruffled [surface], without emotion, unemotional; uneventful [times]
onbewolkt cloudless, unclouded
onbewoonbaar uninhabitable, [declare] unfit for habitation; *(ve huis ook)* untenantable; ~ *verklaard* condemned [houses]
onbewoonbaarverklaring declaration of unfitness for (use or human) habitation
onbewoond uninhabited; *(ve woning ook)* unoccupied, untenanted; ~ *eiland* desert island; *~e winkel* lock-up shop
onbewust I *bn* unconscious [actions], unwitting [sin]; ~ *van* unaware (unconscious) of; *zich ~ dat (hoe, enz)* unaware (unconscious) that (how, etc); *het ~e* the unconscious; **II** *bw* unconsciously, unawares, [sin] unwittingly
onbewustheid unconsciousness
onbezet vacant [chair, post], unoccupied, empty; *(mil)* unoccupied; *vgl* bezetten
onbezield inanimate, lifeless, dead
onbezien(s) unseen; ~ *verkocht* sold by description
onbezocht unfrequented, unvisited
onbezoedeld undefiled, unpolluted, unstained, unsmirched
onbezoldigd *(v pers & ambt)* unsalaried, unpaid; honorary [treasurer]
onbezongen unsung
onbezonnen thoughtless, rash, giddy, inconsiderate, hare-brained, ill-advised, unthinking [in an unthinking moment]; *een ~ stap* an indiscreet step, an indiscretion
onbezonnenheid thoughtlessness, etc; [a youthful] indiscretion
onbezorgd 1 free from care, carefree [live a carefree life], light-hearted, unconcerned; **2** *(ve brief)* undelivered; **3** *(onverzorgd)* unprovided for
onbezorgdheid light-heartedness, unconcern
onbezwaard 1 *(v geweten, enz)* unburdened, clear; **2** *(v bezit)* unencumbered
onbezweken unflinching [courage]; unshaken [faith]
onbillijk unjust, unfair, inequitable, unreasonable
onbillijkheid injustice (*ook:* an injustice, injustices), inequity, unfairness, etc
onbloedig bloodless
onblusbaar inextinguishable, unquenchable
onboetvaardig impenitent
onboetvaardigheid impenitence
onbrandbaar incombustible, uninflammable, non-flam(mable); ~ *maken* fireproof, flameproof
onbrandbaarheid incombustibility
onbreekbaar unbreakable, infrangible; *zie ook* onsplinterbaar
onbreekbaarheid unbreakableness, infrangibility
onbruik disuse, desuetude; *in ~ geraken* go (drop, fall) out of use, fall into disuse; *(ve gewoonte, recht, enz, ook)* fall into abeyance, lapse
onbruikbaar unfit for use, useless, unusable, unserviceable; *(ve weg)* impracticable; *(ve pers)* unemployable, useless; ~ *maken* render useless; *(ook)* cripple [a TV transmitter]
onbruikbaarheid uselessness; impracticability; unemployability
onbuigbaar 1 inflexible; **2** *(gramm)* indeclinable
onbuigzaam inflexible; *(fig ook)* unbending, uncompromising, unyielding, rigid, intractable, stubborn
onbuigzaamheid inflexibility, rigidity, stubbornness, uncompromising attitude
onchristelijk unchristian; [at an] ungodly [hour]
onchristelijkheid unchristian conduct, unchristian spirit
oncogeen oncogenic
oncogen oncogene
oncollegiaal disloyal (to colleagues)
oncologie oncology
oncoloog oncologist
oncontroleerbaar 1 unverifiable, [reports] which cannot be checked; **2** uncontrollable
onconventioneel unconventional, unorthodox
ondank ingratitude, thanklessness; *mijns ~s* in spite of me (*of:* myself); ~ *is 's werelds loon* ingratitude is the way of the world; eaten bread is soon forgotten; *zie ook* oogsten
ondankbaar ungrateful, unthankful; ~ *werk* a thankless task
ondankbaarheid ingratitude, thanklessness
ondanks in spite of, despite, notwithstanding, for all [his money], in the face of [great difficulties]; ~ *dat …* even though [profits increased]; *zie ook* niettegenstaande

ondeelbaar indivisible; ~ *getal* prime number; *voor (in) een ~ ogenblik* for a fraction of a second (in a split second); ~ *klein* infinitesimal(ly small)
ondeelbaarheid indivisibility; *(ve getal)* primeness
ondefinieerbaar indefinable, elusive
ondegelijk unsubstantial, unsound, superficial
ondenkbaar unthinkable, inconceivable, unimaginable
onder I *vz* **1** *(plaats)* under, underneath, beneath; ~ *de brug (een ladder)* ***door*** [pass, go] under the bridge (a ladder); ***van*** ~ *de tafel* from under the table; **2** *(fig meestal)* under [the British flag, the city walls, Charles I, my predecessor, an insurrection under ..., work under a p., see under the article Natural History]; ~ *Amsterdam, a)* [a village] in the immediate neighbourhood of A; *b)* [a village] south of A; ~ *5* ***pond*** *(de 50, de 40 minuten)* under £5 (fifty, forty minutes); *hij heeft de stukken* ~ ***zich*** he has the documents in his keeping; *zie ook* hand: onder ~en; **3** *(te midden van)* among [friends], amid(st) [enemies], in [tears]; to [he drove off to the cheers of the crowd]; ~ *hen* among them, among their number; *er is minder geld* ~ *de mensen* there is less money about; *hij vocht* ~ *de* ***Duitsers*** he ... in the German ranks; ~ ***gelach*** amidst laughter; ~ *alle* ***gevaren*** in the midst of all dangers; ~ ***ons*** [dine, etc] just among ourselves; ~ *ons (gezegd)* between ourselves (you and me); *het moet* ~ *ons blijven* it must not go (get) any further (than ourselves), this is (entirely) between you and me; **4** *(bedekt met)* covered in [mud, greenfly]; **5** *(tijdens)* during; ~ *het eten* at dinner, during meals; ~ *schooltijd* during school hours (lessons); ~ *het lezen* while reading, [you see the scenes] as you read; ~ *het gaan* [she stooped, mopped her face] as she went; ~ *klokgelui* with the bells ringing; ~ *een glas wijn* [discuss the matter] over a glass of wine; *zie ook* ander, [2]meer 1, zitten, enz; **II** *bw* below; *de zon is* ~ the sun is set (is down); ~ *krijgen* get under, get the better of, overcome; ~ *wonen* live on the ground floor; ***er*** ~ underneath; *hoe was hij er ~?* how did he take it?; *hij bleef er vrolijk* ~ it did not affect his cheerfulness; *er ~ helpen* (help) bury; ***naar*** *~(en)* down, below, downward(s); ***van*** *~(en)* [wet, etc] underneath; *(richting)* from below; *4e regel van ~(en)* fourth line from (the) bottom; *van ~en!* watch out!, stand aside!; *(mar, enz)* down below!, heads below!; *van ~(en) op* (right) up from below, [learn the business] from the bottom, from the ground up; *(mil; ook fig)* [rise] from the ranks; *van ~(en) op beginnen, (fig)* begin (start) at the bottom (at the foot of the ladder); *hij is van ~(en) op begonnen, (ook)* he has worked his way up; *van ~(en) naar boven* from the bottom up (upward, upwards); *hij bekeek me van ~ tot boven* he looked me up and down; *zie ook* I.1; ***ten*** ~ *brengen* subjugate, subdue, overcome, conquer; *ten ~ gaan* founder; *vgl* [1]ondergaan; ~ ***aan*** at the foot of [the stairs, letter, page], at the bottom of [the page, the league table]; ~ ***in*** at the bottom of [the basket]; *zie ook* onderaan
onderaan at the bottom (*of:* foot), underneath; at the bottom of the class (table, list); *(in brief)* at foot, at the foot of the letter; *zie ook* onder II
onderaandeel subshare
onderaannemen subcontract
onderaannemer subcontractor
onderaanzicht bottom view
onderaards subterranean, underground
onderadjudant *(vglb)* warrant officer
onderaf at (*of:* from) the bottom
onderafdeling subdivision, subsection
onderarm forearm
onderbaas foreman
onderbalk architrave
onderbedeeld underprivileged
onderbeen lower leg, *(anat)* leg
onderbelichten underexpose
onderbetalen underpay
onderbevelhebber second in command
onderbewust(e) subconscious
onderbewustzijn subconscious(ness)
onderbezet undermanned, understaffed
onderbibliothecaris deputy librarian, sub-librarian
onderbieden underbid
onderbinden tie (put) on [skates]
onderbootsman boatswain's mate
onderbouw 1 substructure, infrastructure; **2** *(ve spoorw)* roadbed; **3** *(ve lyceum)* first year (*of:* first and second years)
onderbouwen substantiate, support, back up [a charge], underpin [arguments, a theory]; *goed onderbouwd* soundly based
onderbreken break [a journey], interrupt, break in on [a p.'s thoughts, a conversation]; punctuate [a speech with cheers; sobs punctuated the evidence]; relieve [the monotony]; *de reis in A* ~ stop off (over) at A
onderbreker *(elektr)* interrupter, circuit (*of:* contact) breaker
onderbreking break, interruption, intermission, halt
onderbrengen shelter [fugitives], accommodate, put up, lodge [persons], house [persons, things]; place, class [in a category], relegate [to an index]; *elders* ~ outhouse [books]; *zich nergens (in categorie, enz) laten* ~ fit in nowhere
onderbroek (under)pants, panties, (pair of) knickers
onderbuik (lower) abdomen
onderbuikgevoelens (instinctive) envy, hate, rancour
onderbuiks abdominal [pains]
onderbuur downstairs neighbour
onderdaan subject; *mijn -danen, (scherts: benen)* my pins; *onderdanen, (inz in het buitenland)* [British] nationals [in Spain]
onderdak shelter, home, lodging, accommodation; *geen ~ hebben, (ook)* be homeless; ~ *verschaffen* ac-

commodate, shelter
onderdanig submissive, humble; obsequious [he bowed most obsequiously], subservient; *Uw ~e dienaar* Yours obediently (respectfully); *de ~e dienaar spelen* bow and scrape [*voor* to]
onderdanigheid submissiveness, humility, subservience, obsequiousness
onderdeel part, component; subdivision; *(ve leger)* [army] unit; *(ve maatschappij)* branch; *(bk)* member; *(examen)* subject; head [the heads of a speech, a lecture]; branch [of a science]; fraction [in a fraction of a second]; *in een ~ van een seconde, (ook)* in a split second; *(ve machine, enz)* [motor] part, accessory, fitting, component
onderdehand *zie* hand: onder de ~
onderdeks below deck(s), below
onderdeur hatch, lower half of a door; *~tje, (fam)* shorty
onderdirecteur, onderdirectrice assistant (*of:* deputy) manager; *(ve school)* senior master (*vr* mistress), assistant headmaster (*vr* headmistress), vice-principal
onderdoen 1 tie (put) on [skates]; **2** knuckle under (*voor* to); **3** *niet ~ voor* be a match for, hold one's own with; *voor niemand ~* be second to (yield to) none, be behind no one [in …]; *niet voor elkaar ~* be well-matched
onderdompelen immerse, plunge, dip, duck
onderdompeling immersion, plunge, dip, ducking
onderdoor 1 underneath, under it (them, etc); **2** among them (the number); *zwakke leerlingen gaan er ~ …* go to the wall
onderdoorgang subway; *(onder weg)* underpass
onderdorpel bottom rail
onderdrukken oppress [a nation], suppress [a sigh, smile, an opinion, insurrection], repress, put down [a rebellion], stamp out [a rebellion], subdue [a passion], keep down [one's anger], stifle [a laugh], smother [a yawn, curse], force back [emotions, tears], choke back [tears, sobs], fight down [an impulse to …], quell, crush [a revolt]; *de menselijke natuur laat zich niet ~* human nature will out; *niet te ~* irrepressible [feelings]; *onderdrukt, (ook)* pent-up [feelings]
onderdrukker oppressor; suppressor
onderdrukking oppression, suppression; *vgl* onderdrukken
onderduiken dive, plunge, duck, take a header; *(vd zon)* dip (*of:* sink) below the horizon; *(tijdens bezetting)* go underground, go into hiding
onderduiker person in hiding
onderduiking dive, plunge, header
onderduwen push under
ondereen (mixed up) together, higgledy-piggledy; *zie ook* dooreen
ondereinde lower end, bottom end
onderen *zie* onder
'ondergaan 1 go down, sink; *(vd zon, enz)* set, go down; *de dichter ging onder in de staatsman* the poet was submerged (*of:* lost) in the …; **2** *(bezwijken)* go down [*voor* before], go under, perish
onder'gaan undergo [one's fate, a change, an operation, punishment], be subjected to [abuse, tests], suffer [humiliations], experience [a similar fate], endure [pain, etc], serve [a term of imprisonment]; *een gehele omwerking ~, (ve boek)* be entirely rewritten; *doen ~* inflict [humiliations] on [a p.], subject to [a thorough revision]; *iem een verhoor doen ~* put a p. through an examination
ondergang 1 setting [of the sun]; **2** *(fig)* (down)fall [of an empire]; ruin, ruination, destruction; *~ en verderf* death and destruction, *(fam)* gloom and doom; *de ~ der wereld* the end of the world, the crack of doom; *zij (dat) was mijn ~* she (that) was the ruin of me (my undoing); *zie ook* tegemoet
ondergedeelte lower part
ondergeschikt subordinate *(ook van zin)*, inferior, subsidiary [*aan* to]; *van ~ belang* of secondary (minor) importance; *~ punt* minor point; *~e rol, (ook fig)* subordinate (minor) part; *een ~e rol spelen, (fig)* play second fiddle; *~ maken* subordinate, place second [*aan* to]
ondergeschikte subordinate, inferior; *(min)* underling
ondergeschiktheid subordination, inferiority
ondergeschoven supposititious [child], spurious [charter, will]
ondergetekende: *(de) ~* the (present) writer, the undersigned; *(scherts: ik)* yours truly, your humble servant; *ik (wij) ~(n)* I (we) the undersigned
ondergistend bottom-fermenting, lager-type [beer]
ondergisting sedimentary fermentation
ondergoed underclothing, underclothes, underwear, *(fam, inz v vrouw of meisje)* undies
ondergordijntje low net curtain
onder'graven undermine, sap
ondergreep underhand grip; *in de ~* underhand
ondergrens lower limit
ondergrond underground; *(ook fig)* subsoil; *(fig)* foundation; the underlying causes [of an event]
ondergronds underground; *~e (spoorweg)* underground (railway), metro, *(Am)* subway; *~e (beweging)* underground, resistance (movement)
ondergrondsploeg subsoil plough
'onderhand *zn* **1** lower hand; **2** flat of the hand
onder'hand *bw* meanwhile
onderhandelaar negotiator
onderhandelbaar negotiable
onderhandelen negotiate [*over een punt* on a point; *over vrede* for peace], treat [for peace, with the enemy], parley
onderhandeling negotiation; *(mil)* parley; *in ~en treden, ~en aanknopen* enter into negotiations [*met* with], open (up) negotiations; *in ~ zijn met … over vrede* be negotiating with … for peace; *~en voeren* conduct (carry on) negotiations; *door ~ tot stand*

brengen negotiate [a settlement]

onderhandelingstafel negotiating table

onderhands I *bw zie* ondershands; **II** *bn* private [treaty, contract, sale, bargain]; *(ong)* underhand [intrigues], hole-and-corner [arrangement], backstairs, behind-the-scenes [negotiations]; *~ akkoord* private arrangement; *~e worp* underhand throw

onderhavig: *het ~e geval* the case in question (before us, under consideration, in hand), the present case; *het ~e punt* the point at issue

onderhebbend subordinate

onderheien found on piles

onderhevig: *~ aan* liable to, subject to; *aan twijfel ~* open to question (*of:* doubt)

onderhorig dependent, subordinate, belonging [*aan* to]

onderhorige dependant, subordinate

onderhorigheid 1 dependence, subordination; **2** *(land)* dependency

onderhoud 1 *(ve pers)* maintenance, support, keep, sustenance; ***voorzien** in het ~ van* provide for [one's family]; *(bij scheiding)* maintenance, *(inz Am)* alimony; *in zijn eigen ~ voorzien* provide for o.s., be self-supporting *(ook ve land)*, earn one's keep, pay one's (own) way; **2** *(ve huis, weg, enz)* upkeep; *(ve gebouw, weg, enz, ook)* maintenance; *(ve geweer, enz)* care; *voor het ~ van het huis zorgen* keep the house in repair; **3** *(gesprek)* interview, conversation

'onderhouden keep under *(ook fig* er *~)*

onder'houden 1 *(in stand houden), (zijn familie, enz)* support, provide for, keep, maintain; *(gebouw, enz)* keep in repair; maintain [a road]; service [a car, a machine]; keep up [one's studies, one's French, friendship, a correspondence]; *iets (een kunst, enz) ~, (ook)* keep one's hand in; *zich(zelf) ~* support (keep, provide for) o.s.; ***betrekkingen** ~ met* maintain relations with; *een **dienst** ~* maintain (provide, operate) a service; *Gods **geboden** ~* keep God's commandments; ***goed** ~ ...* well-kept [streets, graves], well-preserved (*slecht ~* badly kept); *het huis is goed (slecht) ~* the ... is in good (bad) repair; *een **leger** ~* maintain an army; *niets om het **leven** te ~* nothing to sustain life; **2** *(vermaken)* entertain, amuse; **3** *(spreken:) **zich** ~ met iem* converse with a p.; *iem ~ **over*** remonstrate (expostulate, have a word) with a p. on (about) [his behaviour], reprimand a p. for s.t.

onder'houdend entertaining [talker, book], amusing; interesting [stories]; *hij is ~, (ook)* he is good company

onderhoudplichtig liable for maintenance (support, upkeep, etc; *vgl* onderhoud)

onderhoudsbeurt *(v auto)* [annual] service

onderhoudskosten cost of maintenance (of upkeep), maintenance costs (expenses)

onderhoudsmonteur maintenance mechanic

onderhoudstoelage maintenance grant

onderhout underwood, undergrowth, brushwood

onderhuid corium, dermis, true skin; *(ve schip)* inner planking, ceiling

onderhuids hypodermic [injection], subcutaneous [fat(ty tissue)], [veins] under the skin; *(fig)* repressed [emotions], [live on] below the surface

onderhuis lower part of the (a) house; basement

onderhuren sub-rent

onderhuur subtenancy

onderhuurder, onderhuurster subtenant

onderin at the bottom (of); [stay] below

onderjurk slip, petticoat

onderkaak lower jaw

onderkaaks- submaxillary

onderkant bottom, underside, lower side, under-surface; *voor (aan, van) de ~ van de markt* downmarket

onderkast *(typ)* lower case

onderkennen distinguish, tell [one thing from another], discern; diagnose [a disease]

onderkin double chin, [he had a] chin, two chins

onderklasse *(biol)* subclass; *(sociologie)* underclass

onderkleed undergarment

onderkleren *zie* ondergoed

onderknuppel underling

onderkoelen supercool; *onderkoeld, (fig)* unemotional, *(fam)* laid-back

onderkoeling hypothermia

onderkok assistant cook

onderkomen I *ww* find shelter (*of:* accommodation); **II** *zn* shelter, lodging; *zie ook* onderdak

onderkoning viceroy

onderkoningin vicereine

onderkoningschap viceroyalty

onderkruipen 1 undercut, undersell [a p.]; **2** *(bij staking)* blackleg, rat, scab

onderkruiper 1 price cutter; **2** *(bij staking)* blackleg, scab

onderkruiperij, onderkruiping 1 undercutting; **2** blacklegging

onderkruipsel (little) shrimp; chit [of a girl]

onderlaag substratum, foundation, undercoat(ing)

onderlaken undersheet

onderlangs along the bottom, the foot (of)

onderleen mesne (arrière, sub-)fief

onder'legd: *goed ~ zijn in* be well (thoroughly) grounded (have a good grounding) in

onder'leggen prepare, give a [good, etc] grounding; *(typ)* underlay

'onderleggen lay (put) under

'onderlegger 1 blotting pad; **2** *(onder karpet, enz)* underlay, [stair] pad; **3** *~(tje), (onder glas, enz)* doily; **4** *(balk)* girder

onderlichaam lower part of the body, abdomen

onderliggen 1 lie under; **2** *(fig)* get the worst of it

onderliggend 1 underlying; **2** *(fig)* defeated, vanquished; *de ~e partij* the underdog

onderlijf lower part of the body, abdomen

onderlijfje (under)bodice, camisole

onderlijn *(hengelsp)* cast, leader

onderlijnen underline
onderling I *bn* mutual; *~e verzekering* mutual insurance; *vereniging voor ~ hulpbetoon* Friendly Society, mutual aid society; *met ~ goedvinden* by mutual (common) consent; *hun ~e verhouding* their relation to one another; *hun ~e afstand* the distance between them; *~e strijd (binnen een groep)* infighting; *~e wedstrijd* inter-club contest; II *bw (wederkerig)* mutually; *(samen)* together, between us (you, them); *~ (on)deelbaar, ~ (on)meetbaar* (in)commensurable; *~ beraadslagen* consult together; *~ gemeenschap hebben, (v vertrekken, enz)* communicate (with one another); *~ verdeeld zijn* be divided among themselves
onderlip lower lip, underlip
onderlopen be (get) flooded (swamped, submerged); *laten ~* flood
ondermaans sublunary; *het ~e* the sublunary world; *in dit ~e* here below
ondermaat short measure
ondermaats 1 undersized [fish]; 2 inferior; inadequate [reaction]
ondermaatschappij subsidiary (company)
ondermelk skim(med) milk, separated milk
ondermijnen *(ook fig)* undermine, sap; *~de activiteiten* subversive activities
ondermijning undermining, sapping
onderminister junior minister
ondernemen undertake, take (up)on o.s., attempt
ondernemend enterprising
ondernemer *(econ)* entrepreneur; producer; employer; undertaker [of a task]; *zie ook* exploitant; *(bouw~)* contractor; *de ~s, (ook)* private enterprise
ondernemersbond employers' association
ondernemersraad council of employers
onderneming 1 undertaking, enterprise; *een dwaze ~* a wild-goose chase, a fool's errand; 2 *(waagstuk)* venture; 3 *(bedrijf)* concern; 4 *(plantage)* estate, plantation
ondernemingsgeest (spirit of) enterprise; *zonder ~* unenterprising
ondernemingsraad works (company, employees) council; *wet op de ondernemingsraden* employees (works) council act
ondernemingsrubber plantation rubber
onderofficier non-commissioned officer, NCO; *(mar)* petty officer
onderom round the foot (lower part, bottom) (of)
onderonsje 1 family party, small intimate party, a select few; *(ong)* clique; 2 private affair (discussion, etc), tête-à-tête
onderontwikkeld underdeveloped
onderop at the bottom (of); *van ~* from below
onderorde *(biol)* suborder
onderpacht sub-lease
onderpachter sub-lessee
onderpand pledge, guarantee, security; *op ~ lenen* lend (borrow) on security; *in ~ geven* pledge; *zie ook* zakelijk
onderpastoor chaplain
onderploegen plough back, plough in
onderrand lower rim (*of:* edge)
onderregenen be inundated (swamped) with rain
onderricht instruction, tuition
onderrichten 1 instruct, teach; 2 *(inlichten)* inform, apprise [*van* of]
onderrichter instructor; informant
onderrichting instruction; *(inlichting)* information
onderrok (waist)slip, underskirt, petticoat
onderschatten underestimate, undervalue, underrate; make light of [foreign competition]; *niet te ~* far from negligible, [a] very real [advantage]
onderschatting underestimation, undervaluation
onderscheid difference; *zie ook* verschil; *(het maken van ~)* distinction, [unfair] discrimination, differentiation; ***jaren des ~s*** years of discretion; ***oordeel des ~s*** discernment, discrimination, discretion; *met oordeel des ~s* [act] discriminatingly (with discretion); *~ **maken** tussen* distinguish (discriminate, differentiate, draw a distinction) between [good and bad]; *~ maken ten voordele (ten nadele) van* discriminate in favour of (against); *geen ~ maken* make no distinction [between rich and poor]; *geen ~ makend* indiscriminate [charity]; *dat maakt geen ~* that does not make any difference; *~ maken waar geen ~ bestaat* make a distinction without a difference; *de dood maakt geen ~* death is the great leveller; ***allen zonder ~*** all and sundry, all without exception; *zonder ~ behandelen* treat without fear or favour
onderscheiden I *ww* 1 distinguish; *(onderscheid maken, ook)* discriminate; ***ik kan ze niet van elkaar ~*** I can't tell them apart, can't tell (the) one from the other (*fam:* tother from which), don't know which is which [*zo ook:* I can't tell margarine from butter; he did not know right from wrong]; ***zich ~*** distinguish o.s., make one's mark [he made no mark at school], stand out [from the rest]; *hij onderscheidde zich niet door ...* he was not conspicuous for [honesty, courage, frankness]; ***niet** (nauwelijks) te ~* indistinguishable (hardly distinguishable) [*van* from]; 2 *(onderkennen)* distinguish, discern, make out [a sail on the horizon]; *(fam)* spot; ***flauw** te ~* faintly discernible; 3 *(met medaille, enz)* decorate; II *bn* different, distinct, differentiated [*van* from]; *(verscheiden)* several; *(allerlei)* various
onderscheidenlijk respectively
onderscheiding distinction [draw, make a distinction; treat a p. with distinction]; decoration; *~en op 's Konings verjaardag* Birthday honours; *~en met nieuwjaar verleend* New Year honours
onderscheidingsteken distinguishing mark, badge; *~s, (ook)* insignia
onderscheidingsvermogen discrimination, (power of) discernment
onderscheppen intercept

onderschepping interception
onderschikken subordinate
onderschikkend subordinating
onderschikking subordination, hypotaxis
onderschildering underpainting
onderschoren, onderschragen *(ook fig)* shore up, buttress up, (under)prop, underpin
onderschrift *(ve film, foto, enz)* caption, subtitle; *(ve brief)* signature, subscription; *(ve plaat)* underline, *(tekst)* letterpress
onderschrijven **1** sign; **2** *(fig)* subscribe to, endorse [a view, etc]
onderschuiven shove (*of:* slip) under; *(fig)* substitute surreptitiously, plant [evidence]; *zie ook* ondergeschoven
ondershands privately, by private contract
ondersim *zie* onderlijn
onderslagbalk cross-beam, girder
onderslagrad undershot wheel
onderslagsmolen undershot mill
ondersneeuwen be snowed under
ondersoort *(biol)* subspecies
onderspannen subtend
onderspit: *het ~ delven* be worsted, have (get) the worst of it
onderst lowest, undermost, lowermost, bottommost, bottom [the bottom drawer, pane, etc]; *zie ook* kan
'onderstaan be flooded
onder'staan **1** dare, presume; **2** *(een waagstuk)* attempt
onderstaand subjoined, undermentioned, mentioned below (at foot); *volgens ~e kopie* as per copy at foot; *in het ~e* below
onderstam rootstock
onderstand *(vero)* [grant, receive] public (parish, Poor Law) relief (assistance)
onderstandig *(plantk)* inferior
onderstation *(elektr)* sub-station
onderstboven *zie* ondersteboven
onderste *zie* onderst
ondersteboven upside down, wrong side up, bottom up(permost); *~ halen* turn upside down, inside out; *~ gooien* overthrow, upset, knock down; *ik was er helemaal (helemaal niet) van ~* it knocked me sideways (I was not at all impressed)
ondersteek bedpan
onderstel undercarriage *(ook ve vliegt)*, underframe; *(ve auto)* chassis; *(draaistel)* bogie, truck
ondersteld hypothetical, suppositional [case]; *~, dat ...* suppose, supposing (that) ...
onderstellen suppose, presume; *het boek onderstelt kennis van* presupposes a knowledge of
onderstelling supposition, hypothesis; *zie ook* veronderstelling
ondersteunen support; *(fig ook)* succour; *(armen)* relieve; *zie ook* [2]steunen
ondersteuning support; *(vooral armen ~)* relief; *ter ~ van* in support (in aid) of
ondersteuningsfonds, ondersteuningskas relief fund, benevolent fund; *(bij staking)* strike fund
ondersteuningstroepen support troops
ondersteuningsvuur covering fire
onderstoppen *(bed)* tuck (up) in; *(bk)* pack up, tamp
onderstrepen underline *(ook fig)*, underscore
onderstromen be (*of:* get) flooded
onderstroom undercurrent, undertow
onderstuiven be (*of* get) covered with dust, etc
onderstuk bottom piece, lower part
onderstutten *zie* onderschoren
onderstuur understeer
onderstuurman second mate
ondertand lower tooth
ondertapijt underlay; *(v vilt)* underfelt
ondertekenaar signer, subscriber; signatory [to a treaty]
ondertekenen sign; *zie ook* tekenen
ondertekening **1** signature; *(het -tekenen)* signing; **2** *(ve schildering)* outline (preliminary) drawing; *zie ook* tekening
ondertitel subtitle, sub-heading; caption
ondertitelen subtitle [a film]
ondertoezichtstelling *(ter bescherming)* putting into care; *(na vergrijp)* putting on probation
ondertoon undertone
ondertrouw notice of (intended) marriage; *(vglb)* publication of the banns; *vgl* ondertrouwen; *gedurende de ~* during the time the banns are up; *~d, ..., (vglb)* a marriage has been arranged between ...
ondertrouwde bride(groom)
ondertrouwen give notice of a marriage [at a register office]; *(vglb)* have the banns published [in church]
ondertussen **1** meanwhile, in the meantime, by this (that) time, [scoffing at himself] the while; [tidy up] as you go along; **2** *(toch)* yet, all the same; *maar ~!, (er kwam niets van)* but no go!
onderuit from below, at the bottom; *~ zakken* sag, *(breeduit)* sprawl [in one's chair]; *ik kan er niet ~* I cannot get out of it; *je komt er niet ~ dat ...* you cannot get away from it (the fact) that ...; *zie ook* onderuitgaan & onderuithalen
onderuitgaan **1** fall over, slip, lose one's foothold; **2** faint; **3** *(fig)* slip up, fall flat on one's face, suffer defeat
onderuithalen trip (up), floor, bring down, *(fig ook)* flatten, nullify [an argument]
ondervangen obviate, remove [difficulties]; meet [objections, etc]; parry [a blow]; *zie ook* onderscheppen & onderschragen
onderverdelen subdivide
onderverdeling subdivision
onderverhuren sublet, sublease
onderverzekering under-insurance
ondervinden experience, meet with [hospitality, etc], find [difficulty], have to put up with [inconvenience], encounter [delay]; *laat ze het zelf eens ~*

give them a taste of their own medicine
ondervinding experience; *weten bij ~* know by (from) experience; *spreken uit ~* speak from experience; *~ is de beste leermeesteres* experience is the best teacher (the mother of science), *(vglb)* live and learn
ondervlak base; bottom surface
ondervoed underfed, undernourished
ondervoeden underfeed
ondervoeding underfeeding, undernourishment, malnutrition
ondervoorzitter vice- (*of:* deputy) chairman, vice-president; *(Lagerhuis)* Deputy Speaker
ondervragen interrogate, question, examine, interview; *(scherp)* grill
ondervrager interrogator, examiner
ondervraging interrogation, examination
onderwaarde bottom value
onderwaarderen put too low a value on, undervalue [a p.'s work]; underestimate [a p.'s abilities]
onderwal bottom of a dike
onderwater- underwater [camera, photography, sports, etc]
onderwaterzetting inundation, flooding
onderweg on the (one's) way, en route, [the plan is] in the pipeline; *lang ~ zijn* be a long time (in) coming
onderwereld nether world, underworld; *de ~ van New York* the NY underworld, gangland
onderwerp subject *(ook gramm)*, theme; topic [the topics of the day]; *(ook)* subject matter [of a book, etc]; *naar ~en gerangschikt* classified according to subjects; *nu we het toch over dat ~ hebben* since we are on the subject
onderwerpelijk *zie* onderhavig
onderwerpen *(volk, enz)* subject [*aan* to], subdue, reduce [a town]; *~ **aan**, (oordeel, beslissing)* submit to, *(onderzoek, proef, behandeling)* subject to; ***zich** ~* submit [to the law, a p.'s will], resign o.s. [to one's fate, to God's decrees]; *zich ~ aan een examen* go in (present o.s., sit) for an examination, take (sit) an ...; *ik onderwerp mij aan uw beslissing (mening), (ook)* I bow to (abide by) your decision, defer to your opinion
onderwerping subjection; reduction; submission, resignation (*vgl* onderwerpen)
onderwerpsontsluiting subject analysis; subject access
onderwerpszin subject clause
onderwicht short weight, deficiency in weight, underweight
onderwijl meanwhile; *zie* ondertussen
onderwijs education *(~ en opvoeding)*, instruction, tuition; *(schoolonderwijs, ook)* schooling; *~ geven (in)* teach; *bij het ~ zijn* be a teacher, be in the teaching profession; *hij had weinig (school)~ genoten* he had had (*of:* received) little schooling; *zie ook* [2]laag, enz
onderwijsbevoegdheid qualification to teach
onderwijsgebied: *vooruitgang op ~* educational progress
onderwijsinrichting, onderwijsinstelling educational (*of:* teaching) institution (*of:* establishment)
onderwijskracht teacher
onderwijskringen educational circles
onderwijskunde theory of education
onderwijskundige, onderwijsman education(al)ist
onderwijsmethode method of teaching, teaching method, educational method
onderwijsprogramma curriculum; *(voor afzonderlijke student)* programme of studies
onderwijsraad national advisory council for education
onderwijstelevisie educational television
onderwijsvernieuwing educational reform
onderwijswereld scholastic world, educational circles
onderwijswet education act
onderwijzen teach [persons, subjects: he teaches John history], instruct [persons]; *~d personeel* teaching staff; *zie ook* jeugd
onderwijzer (primary school) teacher [*in* of], schoolmaster, schoolmistress
onderwijzeres (woman) teacher
onderwijzersakte teacher's certificate
onderwijzing instruction
onderworpen 1 subject [tribe]; *~ aan* subject (liable) to [income tax, etc], amenable to [the law]; **2** *(onderdanig)* submissive; *(berustend)* resigned
onderworpenheid 1 subjection [of one sex to the other]; **2** submissiveness, submission; resignation
onderzaat subject
onderzeeboot submarine, underwater craft *(ook mv)*
onderzeebootjager sub(marine) chaser
onderzeeër *zie* onderzeeboot
onderzees submarine; sunken [rock]
onderzetten 1 inundate, flood; **2** *(jur)* mortgage
onderzetter dishstand, (table-)mat; *(voor glas, enz)* coaster
onderzijde bottom, underside, lower side, undersurface
onderzoek inquiry (enquiry), examination, investigation (*naar* of, into); [opinion] poll; *(ve machine, enz, ook)* overhaul; *(wtsch, enz)* research; *(chem)* analysis; [blood] test; examination [for acids]; *(mijnb)* prospecting; *diepgaand ~, (ook)* [fraud] probe; *geneeskundig ~* medical examination; *uitgebreid ~* extensive survey; *~ naar de middelen (het inkomen)* means test; *~ **doen**, een ~ **instellen*** make inquiries, set up (hold, institute) an inquiry [*naar* into], inquire (go, look) into a matter *(vgl het ww)*; make a search [for microbes]; *een gerechtelijk ~ instellen naar* hold a judicial inquiry into; ***bij** (nader) ~* (up)on (closer) examination (inquiry); *de zaak is **in** ~* the matter is under investigation; ***op** ~ **uitgaan***

explore; *zie ook* commissie, leiden, enz

onderzoeken examine *(ook med)*, inquire (look, go) into, investigate, explore [possibilities]; test [have one's eyes tested]; *(med of techn, fam)* vet; probe [the origin of ..., motives, etc]; *(wtsch)* do (conduct) research, research [(into) a subject], make researches into; *(toetsen)* test [gold, a theory, the truth of a statement]; *(chem)* analyse; test [blood]; *(mijnb)* prospect; *(aan den lijve)* search; *nauwkeurig* ~ scan, scrutinize; *(streng en vergelijkend)* screen; *onderzoekt alle* **dingen** *en behoudt het goede* prove all things, hold fast that which is good; ~ ***op*** test (examine) [the stomach] for [heroin; the organs were tested for cyanide]; *zie ook* grondig

onderzoekend *vgl* onderzoeken; *(ook)* searching [look, look at a p. searchingly], inquiring [mind]

onderzoeker examiner, investigator, research worker, researcher; pollster; *(chem)* analyst; *(mijnb)* prospector

onderzoeking *(ve land, enz)* exploration; *zie verder* onderzoek

onderzoekingstocht journey (voyage) of exploration, exploring expedition

onderzoeksjournalistiek investigative journalism

onderzoeksrechter *(niet in Eng)* investigating judge

onderzoekswerk research work; ~ *verrichten, (in laboratorium)* be engaged in (on) research

onderzoektafel examination couch (*of:* table)

ondeskundig inexpert, amateurish; *~e behandeling* improper use

ondeugd 1 vice; **2** *(guit)* (little) rogue (rascal); *de kleine* ~ the naughty little thing; *zie ook* ondeugendheid

ondeugdelijk inferior [quality], defective [workmanship], flimsy, shoddy [materials]

ondeugend naughty *(ook scherts)*, mischievous; *jij ~e jongen, ook* you bad (*of:* wicked) boy

ondeugendheid naughtiness, mischief

ondicht I *bn* leaky, not watertight; **II** *zn* prose

ondienst bad (*of:* ill) turn, ill service; *iem een ~ doen, (ook)* do a p. a disservice

ondienstig useless, inexpedient; *niet* ~ [some help would be] useful

ondiep shallow

ondiepte 1 shallowness; **2** *(concr)* shallow, shoal; *(in riviermond, enz)* bar

ondier monster, brute

onding 1 absurdity; **2** *zie* prul

ondoelmatig inefficient, ineffective, unsuitable, inappropriate, inexpedient

ondoelmatigheid inefficiency, ineffectiveness, unsuitability, inappropriateness, inexpediency

ondoeltreffend ineffective, ineffectual, inefficacious

ondoenlijk unfeasible, impracticable

ondoenlijkheid impracticability, unfeasibility

ondoordacht thoughtless, rash, ill-considered [moment], inadequately worked-out [plan]

ondoordringbaar impenetrable; *(voor water, enz)* impervious, impermeable [*voor* to]; ~ *voor geluid* soundproof

ondoordringbaarheid impenetrability, impermeability

ondoorgrondelijk inscrutable, impenetrable, opaque

ondoorgrondelijkheid inscrutability, impenetrability

ondoorschijnend opaque

ondoorschijnendheid opacity

ondoorzichtig not transparent, untransparent, opaque; *(fig)* obscure, impenetrable

ondoorzichtigheid intransparency, opacity, opaqueness; *(fig)* obscurity, impenetrability

ondraaglijk unbearable, intolerable, insupportable, insufferable

ondrinkbaar undrinkable

ondubbelzinnig unequivocal, unambiguous, unmistakable; *(v lof, enz, ook)* unqualified, wholehearted

onduidelijk indistinct [pronunciation, outlines, view]; *(ve schrijver, betekenis)* not clear, unclear, *(sterker)* obscure

onduidelijkheid indistinctness; obscurity

ondulatie undulation [theory]

onduldbaar unbearable, intolerable

onduleren undulate; *(haar)* wave [have one's hair waved], set

onecht 1 not genuine; false [coin], spurious [coin, manuscript], unauthentic [document], imitation [diamonds]; sham, bogus, counterfeit, *(fam)* phoney; *(rek)* improper [fraction]; *vgl* namaak & vals; **2** *(ve kind) zie* onechtelijk

onechtelijk illegitimate, born out of wedlock

onechtheid 1 spuriousness, unauthenticity; **2** illegitimacy

oneconomisch uneconomical

onedel 1 ignoble, mean, base; *~e bedoelingen* dishonourable intentions; **2** *(v metalen)* base

oneens: *het ~ zijn met* disagree with, differ from (with) [a p.], be at issue with [a p., a policy]; *het ~ zijn (over)* disagree (on), differ (about); *hij was het met zichzelf ~* he was unable to make up his mind, was in two minds [about it]

oneer dishonour, disgrace, discredit; *iem ~ aandoen* bring disgrace etc (up)on a p.; *zie ook* strekken

oneerbaar indecent, immodest; *-bare handelingen (voorstellen)* indecent assault (immodest proposals)

oneerbaarheid indecency, immodesty; *vgl* eerbaarheid

oneerbiedig disrespectful, irreverent

oneerbiedigheid disrespect, irreverence

oneerlijk dishonest, unfair [competition *concurrentie*]; *~e praktijken* dishonest (sharp, crooked) practices; ~ *spelen* cheat [at cards, etc]

oneerlijkheid dishonesty

oneervol dishonourable, discreditable [conduct]; ~ *ontslaan* discharge (dismiss) ignominiously (with ignominy, in disgrace); ~ *ontslag* ignominious dis-

missal (discharge)
oneetbaar uneatable, inedible
oneetbaarheid inedibility, uneatableness
oneffen uneven, rough, rugged, bumpy [road], irregular [surface]; ~ *terrein* broken ground
oneffenheid **1** unevenness, roughness, inequality; **2** bump, irregularity
oneigenlijk **1** figurative, metaphorical; **2** improper [use of funds], abuse [of benefits]; ~*e breuk* improper fraction
oneindig **I** *bn* infinite, endless; *de O~e* the Infinite; *het ~e* the infinite; *tot in het ~e* ad infinitum, indefinitely, [smoke cigars] endlessly; **II** *bw* infinitely; ~ *klein* infinitely small, infinitesimal(ly small); ~ *lang* interminable; ~ *veel gelukkiger (beter)* infinitely happier, *(fam)* [I feel] loads (tons) better; ~ *veel kwaad (geld, tijd)* an infinity of harm, no end (heaps) of money (time)
oneindigheid infinity, infinitude
on-Engels un-English
onenig at variance, at odds, at issue; *zie* oneens
onenigheid discord, disagreement, dissension, disunity; *(mv)* quarrels, [domestic] differences; ~ *stichten* sow discord; ~ *krijgen* fall out, quarrel
onereus onerous
onergdenkend innocent, unsuspecting
onervaren inexperienced
onervarenheid inexperience
onesthetisch unaesthetic
onethisch unethical
oneven odd
onevenhoevigen perissodactyls, odd-toed ungulates
onevenredig disproportionate, out of (all) proportion [*aan* to]
onevenredigheid disproportion
onevenwichtig *(ook fig)* unbalanced, ill-balanced, uneven
onevenwichtigheid lack of balance, imbalance, disequilibrium
onfatsoen indecency, impropriety
onfatsoenlijk indecent, improper, offensive [language]; unmannerly, rude [behaviour]
onfatsoenlijkheid *zie* onfatsoen
onfeilbaar infallible, unfailing, unerring, never-failing, foolproof [system]
onfeilbaarheid infallibility, inerrancy
onflatteus unbecoming [hat]
onfortuin misfortune
onfortuinlijk unlucky
onfraai unbeautiful, unlovely
onfris **1** not fresh, stale [air, egg], stuffy [room]; ~*se gelaatskleur* sallow complexion; **2** *(kwalijk)* unseemly [business *bedoening*], shady [affair], unsavoury [details]; **3** *(niet gezond)* [feel] out of sorts, under the weather
ong. afk van *ongeveer* approx [60], c [350 BC]
ongaar underdone, not done enough; ~ *brood* underbaked (slack-baked) bread
ongaarne unwillingly, reluctantly; ~ *scheiden van* be reluctant to part from; ~ *zien* look with disfavour on, frown (up)on; *ik doe het niet* ~ I am rather fond of it
ongans unwell; *zich (een)* ~ *eten* stuff o.s. sick (*aan* on, with)
ongastvrij inhospitable
ongastvrijheid inhospitality
ongeacht **I** *bn* unesteemed; **II** *vz* notwithstanding, in spite of, regardless of; ~ *tot welke partij men behoort* irrespective of party; ~ *het land van oorsprong* without regard to ...
ongeadresseerd unaddressed; ~ *drukwerk* junk mail
ongeanimeerd lifeless [debate]; *(handel)* dull, inanimate
ongebaand unbeaten [tracks], untrodden, pathless [waste], trackless [country]
ongebaard unbearded, beardless
ongebleekt unbleached; ~ *linnen* brown holland
ongebloemd *(ve stof)* plain
ongeblust unquenched *(ook fig)*; ~*e kalk* unslaked lime, quicklime
ongeboeid **1** unfettered, unchained; **2** *(zonder handboeien)* unmanacled
ongebonden **1** unbound; *(in losse vellen)* in sheets; **2** *(zonder partner)* unattached; **3** *(fig)* unrestrained; ~ *stijl* prose; **4** *(losbandig)* dissolute, licentious, loose, lawless
ongebondenheid dissoluteness, etc, dissipation
ongeboren unborn [child]; ~ *leven, (ook)* life in the womb
ongebouwd unbuilt; *(ve terrein)* unbuilt (on)
ongebreideld unbridled, unfettered
ongebroken unbroken
ongebruikelijk **1** unusual, not customary; **2** *(ve breuk)* improper
ongebruikt unused, idle [capital]; ~*e hulpbronnen* untapped resources; ~ *liggen* lie idle, lie by; *de tijd* ~ *laten voorbijgaan* idle one's time away
ongebuild unboulted, whole [meal]; *van* ~ *meel* wholemeal [bread]
ongecijferd innumerate
ongecijferdheid innumeracy
ongeclausuleerd unconditional, wholehearted
ongecompliceerd uncomplicated, simple [problem]; unsophisticated [people]
ongeconditioneerd unconditional, wholehearted
ongecontroleerd **1** unchecked, unverified [data]; **2** uncontrolled [movements]
ongedaan undone; *niets* ~ *laten, (ook)* spare no effort; ~ *maken* undo [years of work], cancel [a contract], rectify [a mistake], overrule [a decision]
ongedacht unexpected [help], unthought-of [possibilities], unimagined [horrors]
ongedagtekend, ongedateerd undated
ongedeeld **1** undivided; **2** unshared
ongedeerd unhurt, unharmed, uninjured, un-

scathed; ~ *blijven* receive no hurt (injury), come to no harm

ongedekt uncovered (*ook fig:* expenses); open [credit]; unsecured [debt, loan]; dud [cheque]; fiduciary [loan *lening*; issue *uitgifte*]; naked [option]; unlaid [table]; *(sp)* unmarked [player]; *(in spel)* unguarded [pawn], *(kaart, ook)* [king] bare; *met ~ hoofd* uncovered, bareheaded

ongedesemd unleavened [the Feast of the unleavened bread]

ongedienstig disobliging

ongedierte vermin; *bestrijding van ~* pest control; *vol ~* crawling with vermin, verminous

ongedisciplineerd undisciplined

ongedoopt unbaptized

ongedragen unworn

ongedroomd undreamt-of

ongedrukt unprinted; *(katoen)* plain

ongeduld impatience

ongeduldig impatient [*over het oponthoud* at the delay]; ~ *uitziend naar* impatient for [the day]

ongedurig 1 inconstant, restless; **2** *(onrustig)* restless, fidgety; ~ *maken* fidget [a p.]; *wees niet zo ~* don't fidget, stop fidgeting

ongedurigheid inconstancy, restlessness, fidgeting

ongedwongen unconstrained, unrestrained, natural, casual, unselfconscious [attitude], free and easy [chat], informal [gathering], familiar [greeting], relaxed [atmosphere]; unlaboured [style], unforced [humour]; ~ *zal hij het niet doen* he will only do it under compulsion

ongedwongenheid unconstraint, ease of manner, abandon

ongeëvenaard unequalled [*wat zuiverheid betreft* for purity], unparalleled, unrivalled, matchless, peerless [beauty]

ongeëvenredigd disproportionate, out of (all) proportion [*aan* to]

ongeflatteerd faithful [portrait], truthful [description]

ongefortuneerd without means

ongefrankeerd not prepaid, unpaid, unstamped [letter]; *(opschrift)* postage due; *goederen ~ verzenden* send goods carriage forward

ongefundeerd unfounded, ill-based [optimism], groundless

ongegeneerd [his] free and easy [ways], rough and ready, unceremonious, informal, off-hand(ed); *een ~ pak slaag* a thorough hiding

ongegeneerdheid unceremoniousness, free and easy way(s)

ongeglansd unglazed, matt [photo]

ongegrond unfounded, groundless, baseless [accusation, fear], without foundation; *(ve gerucht ook)* idle

ongehard unhardened; *(staal)* untempered

ongehavend undamaged; *(v pers, ook)* [escape] unhurt

ongeheveld *zie* ongezuurd

ongehinderd unhindered, unimpeded; unhampered, unchecked, unmolested

ongehoord unheard; *(fig)* unheard(-)of, unprecedented, shocking, outrageous, unconscionable

ongehoorzaam disobedient [to a p.]

ongehoorzaamheid [civil] disobedience

ongehuwd unmarried; *~e staat* single state, celibacy; *zie* ongetrouwd

ongein humourless affair, unfunny joke, (etc)

ongeïnteresseerd indifferent, unconcerned, uninterested; [he participated] half-heartedly, [look on] with indifference

ongeïnteresseerdheid lack of interest

ongekend unprecedented [prosperity]

ongekleed 1 undressed, unclothed; **2** in déshabillé, in dishabille, in undress; *(er niet op gekleed)* not dressed

ongekleurd uncoloured [butter, report]; plain, black and white [picture postcard]

ongekookt unboiled, raw [milk, eggs]

ongekrenkt unhurt, unoffended [pride]; sound [mental faculties]

ongekreukt uncrumpled [sheets], unwrinkled, unruffled [forehead]; unviolated; unshaken [loyalty]

ongekroond uncrowned

ongekuist unchastened, unexpurgated [edition]

ongekunsteld artless, unaffected, simple, natural, ingenuous, homespun

ongekunsteldheid artlessness, simplicity

ongekwetst unwounded, unhurt

ongel tallow

ongelaagd *(geol)* unstratified

ongeladen 1 *(schip)* unloaded, unladen; **2** *(wapen)* unloaded; **3** *(elektr)* uncharged

ongeldig invalid, (null and) void; spoiled [ballot paper]; ~ *maken* invalidate, render null and void, nullify; ~ *verklaren* annul, declare (null and) void

ongeldigheid invalidity, nullity [of marriage]

ongeldigverklaring annulment, nullification, invalidation

ongeleed inarticulate

ongeleerd *(les)* unlearnt, unlearned; *(pers)* unlearned, ignorant, untutored

ongelegen inconvenient, unseasonable, inopportune; *als het u ~ komt* if it is inconvenient to you; *het bezoek kwam mij ~* the visit came at an inopportune (awkward) moment; *kom ik u ~?* am I intruding?, am I in your way?

ongelegenheid inconvenience; *in ~ brengen* inconvenience, put to [great] inconvenience; *in geldelijke ~ verkeren* be in pecuniary difficulties; *zie ook* moeilijkheid

ongeletterd unlettered, illiterate, ignorant

ongelezen unread

ongelijk I *bn* **1** *(verschillend)* unequal [portions], different, unlike, dissimilar; *dat is ~, (wisselt af)* that varies; *niet ~ aan ...* not unlike ...; *~e brug, brug met*

~e leggers asymmetric bars; *~e (wed)strijd* unequal contest (match); *zie ook* pool; **2** *(ongelijkmatig)* unequal [step, temper, etc], uneven [progress, temper], patchy [fog, crop]; **3** *(oneffen)* unequal, uneven; **II** *bw* **1** unequally, unevenly; **2** depending on [what, how much]; **III** *zn* wrong; *iem ~ aandoen* wrong a p.; ~ ***bekennen*** admit o.s. to be wrong; *iem ~* ***geven****, in het ~ stellen* put a p. in the wrong, *(jur)* give judgement against a p.; *ik geef hem geen ~* I don't blame him; ~ ***hebben*** be (in the) wrong; *daarin heb je ~* you're wrong about that; *totaal ~ hebben* be completely wrong, not have a leg to stand on; *zie ook* afwezig, kosten, enz

ongelijkbenig scalene [triangle]

ongelijkheid inequality, dissimilarity, disparity [of age, etc], difference; *(oneffenheid)* inequality, unevenness

ongelijkmatig unequal [distribution, step, climate, style, temper], uneven [style, temper]

ongelijkmatigheid inequality, unevenness

ongelijknamig 1 having different names; **2** *(breuken)* having different denominators; **3** *(elektr)* opposite; *zie* pool

ongelijkslachtig heterogeneous

ongelijksoortig heterogeneous, dissimilar, incongruous, disparate

ongelijksoortigheid heterogeneity, dissimilarity, incongruity

ongelijkvloers at separate levels; *~e kruising* two-level crossing, overpass, underpass, flyover

ongelijkvormig(heid) dissimilar(ity)

ongelijkwaardig of unequal value, unequal in value

ongelijkzijdig scalene [triangle], irregular [polygon]

ongelijmd 1 unglued; **2** *(papier)* unsized

ongelijnd *zie* ongelinieerd

ongelikt unlicked; *~e beer* unlicked cub, ill-mannered brute

ongelimiteerd unlimited

ongelinieerd unruled, plain

ongelobd *(plantk)* acotyledonous

ongelofelijk incredible, unbelievable, past (all) belief

ongelofelijkheid incredibility

ongelogen *bw* really, actually

ongelood unleaded [petrol]

ongeloof unbelief, disbelief

ongeloofwaardig implausible [stories]; unreliable [news]

ongelooid untanned, undressed, raw

ongelouterd unpurified, unrefined

ongelovig unbelieving, *(niet op godsdienstig gebied)* incredulous [*wat zulke zaken betreft* of such things]; *(ongodsdienstig)* not religious, *(ong)* irreligious; *zie* Thomas

ongelovige *(godsd)* unbeliever, infidel; *(niet-mohammedaan)* giaour

ongelovigheid 1 incredulity; **2** unbelief

ongeluk 1 *(innerlijk)* unhappiness; **2** *(door omstandigheden)* misfortune; *(het ongelukkige toeval)* ill-luck; *(ongeval)* accident [*overkomen aan …* to …], crash; *(minder erg)* mishap; *~je, (ve ongehuwde moeder)* slip; *een voorgevoel van een of ander ~* [have] a foreboding (a presentiment of evil); *dat was zijn ~* that was his ruin (*of:* undoing); *een ~ aan iem (zichzelf)* ***begaan*** do a p. (o.s.) a mischief (an injury); *ze zou een ~ aan zichzelf kunnen begaan* she might do s.t. to herself; *iem een ~ slaan* beat the daylight out of a p.; *een ~ zit in een klein* ***hoekje*** accidents will (*of:* easily) happen; *een ~* ***komt*** *zelden alleen* misfortunes never come single (singly, alone); *hij heeft een ~* ***gehad (gekregen)*** he has had (met with) an accident, *(iets gebroken bijv)* he has had a mishap [*(ook)* I've had an accident with the vase]; *een ~ krijgen, (ve ruiter, fietser, enz, ook)* come to grief; *het ~* ***wilde*** *dat ik …* as ill-luck would have it, I …; ***zich*** *een ~ eten (lopen, werken)* eat till one is ready to burst (walk o.s. off one's legs, work o.s. to death); *ik kan me een ~ eten aan bonbons* I'm an absolute pig about chocolates; ***bij*** *~* by accident, accidentally; *bij ~ terechtkomen in* blunder into; *dood* ***door*** *~* accidental death; ***per*** *~, zie* bij *~*; *per ~ expres* accidentally on purpose; ***zonder*** *~ken* without accidents; *zie ook* ambacht, helpen, lachen, tegemoet, enz; **3** *(stuk ~)* rotter, pain (in the neck); ***dat*** *(zo'n) ~!, (ook)* the beast!

ongelukkig 1 *(vooral innerlijk)* unhappy [in one's children, etc]; *(diep ~)* [feel] miserable, wretched; *~e* ***liefde*** unreturned (unrequited) love; *iem ~* ***maken*** make a p. unhappy; *~* ***zijn*** *in de liefde* be crossed in love; *… en dan ben je ~, (fam) …* and then you're for it, then the fat is in the fire; **2** *(door omstandigheid)* unfortunate; *dat ~e vodje papier* that unfortunate scrap of paper; *(noodlottig)* ill-fated [day]; *(door toeval)* unlucky; *als je ~ aan mijn pen komt, dan …* if you dare touch …; *~* ***genoeg****, zie* jammer; *~* ***zijn****, (bij spel, enz)* have bad luck, be down on one's luck; *de term is ~ (gekozen)* the term is unfortunate; **3** *(gebrekkig)* disabled, handicapped, crippled; *zie ook* ongeluk: iem een ~ slaan

ongelukkige 1 (poor) wretch; **2** *(gebrekkige)* disabled (handicapped) person

ongelukkigerwijs unfortunately, unhappily, by mischance

ongeluksdag black (fatal, unlucky) day

ongeluksgetal unlucky number

ongelukskind *zie* ongeluksvogel

ongeluksnummer unlucky number

ongeluksprofeet prophet of doom, doomster

ongeluksster evil star

ongeluksvogel unlucky (ill-fated) person, child of misfortune; *hij is een ~, (ook)* everything goes against him

ongemaakt artless; *zie* ongekunsteld

ongemak 1 inconvenience, discomfort; *~ken van de oude dag* infirmities of old age; **2** *(ontbering)* hardship; **3** *(euvel)* [foot, ear] trouble, ailment; **4** *(ongedierte)* vermin

ongemakkelijk I *bn* 1 *(stoel, kledingstuk, enz)* uncomfortable; *een ~ pak slaag* a sound thrashing (beating); 2 *(ongelegen)* inconvenient; 3 *(lastig te voldoen)* hard to please; II *bw (ook)* soundly, roundly [abuse a p. roundly], mercilessly, unmercifully [he was unmercifully beaten]; *iem ~ de waarheid zeggen, zie* ongezouten

ongemakkentoeslag additional payment for unsocial hours

ongemanierd unmannerly, ill-mannered, ill-bred, rude

ongemanierdheid unmannerliness, ill-breeding, rudeness

ongemarkeerd unmarked

ongematigd intemperate [speech, zeal]

ongemeen uncommon, extraordinary, out of the common, rare; *hij had een ~ gecompliceerd karakter* his was a singularly complex nature

ongemengd unmixed; *zie ook* onvermengd

ongemerkt I *bn* 1 unperceived, imperceptible; 2 unmarked [linen]; II *bw* without being perceived, imperceptibly; *~ in moeilijkheden raken* drift into trouble

ongemeubileerd unfurnished

ongemoeid undisturbed; *laat mij ~* leave (let) me alone

ongemotiveerd unwarranted, uncalled for, gratuitous, unmotived, unmotivated, groundless

ongemunt uncoined; *~ metaal* bullion

ongenaakbaar unapproachable, inaccessible; *het kasteel ziet er ~ uit* the castle looks forbidding

ongenaakbaarheid inaccessibility

ongenade disgrace; *in ~ zijn* be in disgrace; *in ~ vallen bij iem* fall into disgrace (*of:* disfavour) with a p., incur a p.'s displeasure; *zie ook* genade

ongenadig merciless, pitiless; *~ koud* bitterly cold; *zie ook* ongemakkelijk

ongeneeslijk incurable, past recovery; *~ ziek, (ook)* terminally ill; *een ~(e) zieke, (soms)* an incurable

ongeneeslijkheid incurability

ongenegen 1 disinclined, unwilling, indisposed [to ...]; *helemaal niet ~, (ook)* nothing loath; 2 *iem (niet) ~ zijn* be ill (well) disposed towards a p.

ongenegenheid disinclination, indisposition

ongeneigd *zie* ongenegen 1

ongenietbaar 1 unpalatable, indigestible [talk] (*voor* to); 2 *(pers)* insufferable

ongenodigd uninvited [guest], unbidden, unasked; *~e gast (op feest), (fam)* gatecrasher

ongenoegen displeasure; *~ hebben* be at variance [*met* with]; *~ krijgen* fall out

ongenoegzaam insufficient, inadequate

ongenoegzaamheid insufficiency, inadequacy

ongenoemd unnamed, unmentioned, anonymous, nameless

ongenood uninvited; *zie* ongenodigd

ongenuanceerd oversimplified [comments], unsubtle, simple-minded [approach], wholesale [condemnation]; *~ denken* simplistic thinking

ongenummerd not numbered, unnumbered

ongeoefend unpractised, untrained, undrilled, raw [recruit]; *een ~e* a raw hand

ongeoefendheid lack of practice, inexperience

ongeoorloofd illegal, unlawful, illicit; *~ gebruik (bijv v noodrem)* improper use

ongeopend unopened

ongeordend unarranged, disorderly; *~e concurrentie* unregulated competition

ongeorganiseerd unorganized; *~e* non-union worker

ongepaard unpaired; *(handschoenen, enz)* odd

ongepast 1 unbecoming, unseemly, improper, out of place, ill-timed [pleasantry]; *dat is ~, (ook)* that is bad manners; *niet ~, (ook)* not inappropriate; 2 *ze komen altijd met ~ geld* they never have the exact money

ongepastheid unseemliness, etc; impropriety (*ook:* an impropriety)

ongepeld [rice] in the husk, unhusked; *vgl* pellen; *~e rijst, (ook)* rough rice, paddy

ongepermitteerd 1 *zie* ongeoorloofd; 2 disgraceful, unconscionable [he was unconscionably late]

ongepijnd virgin [honey]

ongeplaatst unseeded [player]; uncalled, unissued [shares]

ongeplaveid unpaved

ongepolijst unpolished *(ook fig)*

ongerechtigd unwarranted; *~ tot* not entitled to

ongerechtigheid iniquity, injustice; *ongerechtigheden* iniquities; *(iron)* blemishes, faults

ongerechtvaardigd unjustified, unwarranted, unwarrantable [intervention]

ongereed unready, unprepared; *in het ongerede raken, a)* get lost, be mislaid, get mixed up, go missing; *b)* get out of order, go wrong [the timer went wrong; *(ook)* the transmitter was put out of commission by heavy storms]; *in het ongerede brengen* disable [the plane was disabled by engine trouble]

ongeregeld irregular [order, life, troops, at irregular hours], disorderly, desultory [attendance at school, study]; *op ~e tijden, (ook)* at odd times (moments); *~e goederen* miscellaneous (unassorted) goods; *partijtje (zootje) ~* job lot, odd lot; *stelletje ~, (pers)* disorderly lot (bunch); *~e klant* chance (*of:* casual) customer; *~e troepen, (ook)* irregulars

ongeregeldheid irregularity; *-heden* riots, rioting, disturbances, disorders

ongerekend exclusive of, not counting, not including; *(afgescheiden van)* apart from

ongeremd uninhibited

ongerept 1 untouched, intact; unspoilt [beach]; virgin [snow, forest]; 2 *(rein)* pure, untainted, inviolate

ongerief inconvenience, trouble, hardship; *iem ~ veroorzaken* put a p. to inconvenience, inconvenience a p.

ongerief(e)lijk inconvenient [time]; uncomfortable

[chair, journey], incommodious [house]
ongerief(e)lijkheid inconvenience, discomfort
ongerijmd absurd, preposterous; *het ~e van* the absurdity of; *bewijs uit het ~e* indirect demonstration (*of:* proof); *tot het ~e herleiden* reduce to an absurdity
ongerijmdheid absurdity
ongeroerd unmoved, impassive
ongerust uneasy, anxious, worried, exercised (in one's mind) [*over* about]; *zich ~ maken* be uneasy etc, worry [*over* about]
ongerustheid uneasiness, anxiety, [there is cause for] concern, [his condition gave rise to] alarm, disquiet(ude)
ongeschikt 1 unfit [for work, for human habitation], unfitted [for the post], unsuited [to the climate, to the purpose], unsuitable; *~ maken voor* (render) unfit for, incapacitate for (from); *~ verklaren* disqualify [for a post]; **2** *(onbekwaam)* incompetent, inefficient [teachers]; **3** *(ongelegen)* inconvenient
ongeschiktheid unsuitability, unfitness, incapacity
ongeschild unpeeled, unpared, [potatoes] in their jackets
ongeschoeid unshod, shoeless; *(r-k)* discalced [Carmelites, etc]
ongeschokt unshaken, unmoved
ongeschonden undamaged, intact; *(wet, eer, enz)* inviolate, unviolated
ongeschoold unskilled [labour(er), work(er)]
ongeschoren unshaved, unshaven; *(schaap)* unshorn
ongeschreven unwritten; *het ~ recht* the unwritten law, (the) common law
ongeslachtelijk asexual
ongeslagen unbeaten [record; remain unbeaten]
ongeslepen unsharpened, unground; *(diamant)* uncut, rough (*ook fig:* a rough diamond)
ongestadig inconstant; unsettled [state]; fitful [the candle burnt fitfully]; *zie ook* onbestendig
ongesteeld without a handle; *(plantk)* stalkless, sessile
ongesteld unwell, indisposed; *~ zijn, (ve vrouw)* have a period
ongesteldheid indisposition; *(v vrouwen)* period [pains]
ongestoffeerd unfurnished [rooms]
ongestoord I *bn* undisturbed, uninterrupted, untroubled; **II** *bw* uninterruptedly, without being disturbed
ongestort uncalled [capital]
ongestraft I *bn* unpunished; *~ blijven* go unpunished; **II** *bw* with impunity; *(fam)* [commit perjury] and get away with it; *hij denkt dat hij alles maar ~ kan doen, (ook)* he thinks he can get away with murder
ongestraftheid impunity
ongetand smooth [edge], unperforated [stamp]
ongetekend unsigned; anonymous
ongeteld 1 uncounted; **2** untold, unnumbered, countless
ongetemd untamed
ongetemperd untempered
ongetrouwd unmarried, single; *~e man* bachelor; *~e vrouw* spinster; *~e oom (tante)* bachelor uncle (maiden aunt); *het ~e leven* single life
ongetwijfeld I *bn* undoubted; **II** *bw* undoubtedly, unquestionably, doubtless, no doubt, beyond question
ongevaarlijk harmless, [not altogether] without danger; *vgl* onschadelijk
ongeval accident, *(minder erg)* mishap; *dood door ~* accidental death
ongevallenverzekering accident insurance
ongevallenwet industrial injuries act; *in de ~ lopen* draw sickness benefit
ongevallig: *het was hem niet ~ te horen ...* he was not displeased to hear ...
ongevederd unfeathered; *nog ~* unfledged
ongeveer about, in the neighbourhood of, somewhere about, some [10 feet, two hours], approximately [5 by 4 feet], circa [1725], something like [the tenth time]; *~ hetzelfde* roughly (broadly) the same; *het luidt ~ als volgt* it runs something like this; *~ 8 uur, (fam)* eightish
ongeveinsd unfeigned, sincere
ongeveinsdheid sincerity
ongeverfd 1 unpainted; plain [a plain wooden table]; **2** undyed
ongevleugeld wingless; *(wtsch)* apterous
ongevoelig unfeeling, impassive; callous [remark]; *~ voor* insensible to (of); impervious to [a p.'s rhetoric]; *~ voor alle begrip van eer* lost to all sense of honour
ongevoeligheid insensibility, impassiveness
ongevraagd *(pers)* unasked, uninvited; *(zaak)* unasked (for), unsolicited, uncalled-for [advice, etc]; [he told me] without being asked; *~ drukwerk* junk mail; *~ inlichtingen geven, (ook)* volunteer information
ongewapend unarmed; *(vh oog, ook)* naked, unaided
ongewassen unwashed; *~ wol* wool in the grease; *zie ook* ongezouten
ongewend unaccustomed, unused [*aan* to]
ongewenst unwanted [visitors], undesirable; *~ persoon* undesirable; *het ~e van ...* the undesirability of ...; *zie ook* intimiteit
ongewerveld invertebrate; *~e dieren, (ook)* invertebrates, invertebrata
ongewettigd 1 unwarranted, unjustified [pride]; **2** unauthorized, illegitimate
ongewijd unconsecrated [earth], unhallowed; *(priester)* unordained; *(muziek)* secular
ongewijzigd unaltered, unchanged
ongewild 1 *(niet bedoeld)* unintended, unintentional; **2** *(waren)* not in demand; **3** *(ongewenst)* unwanted
ongewillig refractory, obstinate

ongewis uncertain; *in het ~se laten* keep [a p.] in the dark (guessing)
ongewisheid uncertainty
ongewoon 1 unusual, uncommon, out of the common (the ordinary, the way), unwonted, unfamiliar, novel [experience]; *het ongewone (van), zie* ongewoonheid; **2** *zie* ongewend
ongewoonheid unusualness, uncommonness, novelty
ongewoonte want of practice, newness, unwontedness, unfamiliarity
ongewroken unavenged; *~ blijven* go unavenged
ongewrongen 1 undistorted; **2** natural [explanation]
ongezadeld unsaddled, bareback(ed) [ride bareback]
ongezegd [remain] unsaid
ongezegeld *(zonder stempel, postzegel, enz)* unstamped; *(zonder lak)* unsealed
ongezeglijk unbiddable, disobedient [child]
ongezeglijkheid disobedience
ongezellig *(pers)* unsociable, uncompanionable, poor company; *(v kamer, enz)* cheerless, dreary; *een ~e boel* a dull affair, a dreary place
ongezelligheid unsociability
ongezien 1 unseen; **2** *zie* ongeacht; *het ~e* the unseen
ongezind disinclined, indisposed [*om* to]; *mij niet ~* not unkindly disposed towards me
ongezocht 1 unsought, chance [meeting, etc]; **2** natural, unaffected
ongezond unhealthy [person, complexion, place, curiosity, climate, air], unwholesome [food, air], insalubrious [atmosphere, climate], insanitary [conditions]; *~e toestand* unhealthy state of things
ongezondheid unhealthiness, unwholesomeness, insalubrity
ongezouten unsalted; *ik zei hem ~ de waarheid* I told him bluntly, gave it him hot
ongezuiverd unrefined, unpurified, untreated [effluent, waste]
ongezuurd unleavened [the Feast of the unleavened bread]
ongoddelijk ungodly
ongodsdienstig irreligious
ongrammaticaal ungrammatical
ongrijpbaar elusive
ongrondwettig unconstitutional
ongrondwettigheid unconstitutionality
ongunst disfavour; inclemency [of the weather]; harshness [of the times]
ongunstig unfavourable *(in alle betek)*, inauspicious [sign], adverse [criticism, trade balance, report]; *~ uitziend* unprepossessing; *in een ~e positie vergeleken met ...* [be] at a disadvantage as compared with ...; *~ste geval* worst case [analysis, scenario]
onguur forbidding, repulsive, unprepossessing, sinister; unsavoury [individual, story]; *een onguur type* a nasty bit of work
onhaalbaar impracticable [plans], unrealistic [targets], unfeasible [suggestions]
onhandelbaar unmanageable, intractable, unruly
onhandig 1 clumsy, awkward, unhandy; **2** *(ve ding)* awkward to use; *~ groot* unwieldy; *hij is erg ~, (ook)* his fingers are all thumbs
onhandzaam *zie* onhandig 2
onharmonisch inharmonious
onhartelijk cool, cold [reception], unkind, without cordiality
onhartelijkheid unkindness, coldness, lack of cordiality
onhebbelijk unmannerly, ill-mannered, rude; *zich ~ gedragen* behave rudely; *een ~e gewoonte* an objectionable habit
onhebbelijkheid unmannerliness, etc, *vgl* onhebbelijk; *een ~* a piece of rudeness, a rude remark
onheil calamity, disaster, mischief, evil; *de plaats des ~s* the scene of the accident; *~ stichten* stir up mischief; *~ brengen over ons* land us in disaster
onheilbrengend calamitous, disastrous
onheilig unholy, unhallowed
onheilsbode bearer (bringer) of bad news
onheilspellend ominous, sinister, ill-omened, inauspicious
onheilsprofeet prophet of doom, doomster
onheilsstichter mischief-maker
onherbergzaam inhospitable, desolate
onherkenbaar unrecognizable; [changed] beyond (out of all) recognition
onherleidbaar irreducible
onherroepelijk irrevocable, past (*of:* beyond) recall; *~ laatste voorstelling* positively the last performance
onherroepelijkheid irrevocability
onherstelbaar irreparable [damage, harm, loss], irremediable, irrecoverable [loss], irretrievable [ruin], past (beyond) remedy (cure, recovery, repair)
onherstelbaarheid irreparability, irremediability
onheuglijk immemorial; *sinds ~e tijden* since (from) time immemorial, time out of mind
onheus discourteous, ungracious, unkind, rude, disobliging
onhistorisch unhistorical
onhoffelijk *zie* onheus
on-Hollands un-Dutch, not Dutch
onhoorbaar inaudible
onhoorbaarheid inaudibility
onhoudbaar untenable [*ook fig:* an untenable theory]; *-bare toestand* untenable position (situation)
onhoudbaarheid untenability
onhygiënisch unhygienic, insanitary [conditions]
oninbaar irrecoverable, bad [debt]
oningebonden unbound, in sheets
oningenaaid in sheets; unsewn
oningepakt unpacked
oningesneden *(vd bladrand)* entire [margin]; *(vd kust)* unindented
oningevuld blank, empty, not filled in

oningewijd uninitiated; *de ~en* the uninitiated, outsiders
oninvorderbaar *zie* oninbaar
oninwisselbaar inconvertible [currencies]
onjuist incorrect, inaccurate, wrong; *~e behandeling* improper handling (treatment); *~e opvatting* misconception
onjuistheid inaccuracy, incorrectness; *(fout)* error
onkenbaar unknowable
onkerkelijk, onkerks of no religion, irreligious
onkies indelicate, immodest
onkiesheid indelicacy, immodesty
onklaar 1 out of order; *(anker, touw)* foul; *(pomp)* choked; *~ worden, (ve machine, enz)* break down, be put out of action; *zie ook* ongereed; **2** *(niet helder, ook fig)* not clear, turbid
onklaarheid lack of clearness, turbidness, turbidity
onknap: *niet ~* rather good-looking, not a bad looker; *niet ~ gedaan* done pretty well, not bad
onkosten expenses, charges; *(uitgaven)* outgoings; *af voor ~:* £5 charges to be deducted: £5; *~ inbegrepen* charges included; *zie ook* kosten, aftrek, enz
onkostenvergoeding expense allowance
onkreukbaar uncrushable [silk]; unimpeachable [honesty], upright [character]
onkreukbaarheid integrity
onkritisch uncritical
onkruid weeds; *een ~* a weed; *~ vergaat niet* ill weeds grow apace, a bad penny always turns up; *~ onder de tarwe* tares among the wheat
onkuis unchaste [thoughts], indecent [language], sexually improper [behaviour]
onkuisheid impurity; indecency
onkunde ignorance; *zuiver uit ~* from sheer ignorance
onkundig ignorant; *~ van* ignorant of, unaware of; *iem van iets ~ laten* keep a p. in the dark (about s.t.)
onkwetsbaar invulnerable
onland marshy ground
onlangs the other day, recently; *~ op een avond (een zondag)* the other evening (one Sunday recently); *heb je haar ~ nog gezien?* have you seen her lately?
onledig: *zich ~ houden met* occupy (busy) o.s. with, be engaged in [reading, etc], be busy at (about, over, with); *(in zijn lege uren)* fill in the vacant hours with [some hobby]
onleefbaar unfit to live in
onleesbaar illegible [writing], unreadable [book, writing]; *~ maken* obliterate, *(met inkt, enz), (ook)* black out
onleesbaarheid illegibility
onlekker out of sorts, off colour, seedy; *zie ook* lekker: niet ~
onlesbaar unquenchable
onlichamelijk incorporeal
onlogisch illogical; *het ~e van …* the illogicality (illogicalness) of …
onloochenbaar undeniable, incontestable
onlosmakelijk indissolubly
onlust: *gevoel van ~* uncomfortable feeling, sense of frustration
onlusten disturbances, troubles, riots; *binnenlandse ~* civil commotion
onmaatschappelijk antisocial
onmacht 1 impotence; **2** *(flauwte)* faint(ing fit), swoon; *in ~ liggen* lie in a swoon; *in ~ vallen* faint (away), swoon, fall in(to) (go off in) a swoon
onmachtig impotent, powerless; *(niet in staat)* unable [to …], incapable [of …]
onmannelijk unmanly, effeminate
onmanoeuvreerbaar *zie* onbestuurbaar
onmatig immoderate, intemperate; *~ drinken* drink to excess (*of:* immoderately)
onmatigheid immoderateness, intemperance, insobriety
onmededeelzaam uncommunicative
onmeedogend pitiless, merciless, ruthless
onmeetbaar immeasurable; *onderling ~* incommensurable; *~ getal* irrational (number), surd (number)
onmeetbaarheid 1 immeasurableness; **2** *(wisk)* irrationality
onmengbaar unmixable, immiscible
onmens brute, monster
onmenselijk inhuman, brutal
onmenselijkheid inhumanity, brutality
onmerkbaar imperceptible, insensible
onmetelijk immense; *~ groot* immeasurable, immense
onmetelijkheid immensity
onmiddellijk I *bn* immediate, prompt, instant; **II** *bw* immediately, directly, at once, promptly, instantly, there and then, out of hand, [killed] outright, straightaway, forthwith; [they may be had] at a moment's notice; *zie ook* dadelijk; *hij ging ~ aan het werk, (ook)* he lost no time in getting to work (*zo (ook)* in obeying, etc)
onmin discord, dissension; *in ~ leven* be permanently at odds, be (forever) at loggerheads [*met* with]; *in ~ raken* fall out
onmisbaar indispensable (for), essential (to)
onmisbaarheid indispensability
onmiskenbaar unmistakable, undeniable
onmodieus unfashionable, *(sl)* naff
onmogelijk I *bn* impossible [task, fellow, hat]; *(fig ook)* ungodly [at an ungodly hour]; *het is mij ~* it's impossible for me; *het is mij ~ om …* it is impossible for me to …, I cannot see my way to [visit him]; *het ~e beproeven (volbrengen)* attempt (achieve) the impossible; *het ~e willen* cry for the moon; *zie ook* situatie; **II** *bw* not possibly [I cannot possibly go]; [I can]not for the life of me [understand …]; *een ~ lange tijd* an unconscionable time; *op een ~ vroeg uur* at an impossibly (unconscionably) early hour
onmogelijkheid impossibility; *in de ~ verkeren* find it impossible (be unable) [to …]
onmondig 1 [be] under age; **2** unemancipated; *~ blij-*

ven (houden), (fig) remain (keep) in (under) tutelage

onnadenkend unthinking, thoughtless; [act] without thinking

onnadenkendheid thoughtlessness

onnaspeurbaar, onnaspeurlijk inscrutable, unsearchable; subtle [influence]

onnatuurlijk unnatural; *(gemaakt, ook)* affected

onnatuurlijkheid unnaturalness, affectation

onnauwkeurig inexact, inaccurate, loose [definition]

onnauwkeurigheid inaccuracy, inexactitude

onnavolgbaar inimitable, matchless

onnavolgbaarheid inimitableness, inimitability

on-Nederlands un-Dutch, not Dutch

onneembaar impregnable

onnet untidy; improper

onnodig unnecessary [expenditure], needless; *het ~e van* the unnecessariness of; *het maakte ... ~* it did away with the necessity of ...; *~ te zeggen* needless to say

onnoembaar *zie* onnoemelijk

onnoemelijk I *bn* unnameable; unmentionable; *(talloos)* countless, numberless; *~ veel schade* untold damage; II *bw zie* oneindig

onnozel 1 silly [you silly boy!, talk silly], simple, soft(-headed), green [recruits], sheepish [smile sheepishly]; *een ~e 5 pond* a beggarly (paltry, measly) five pounds; *een ~ stukje kaas* a (mere) scrap of cheese; *zie je me voor ~ aan?* do you see any green in my eye?; *jij ~e!* you silly!, you stupid!; **2** *(gemakkelijk beet te nemen)* gullible; **3** *(onschuldig)* innocent, harmless; *~e hals (bloed)* simpleton, ninny, innocent, sucker; *zich ~ houden* act the innocent

onnozelaar simpleton, Simple Simon

onnozele-kinderendag Innocents' Day *(28 dec)*

onnozelheid 1 silliness; gullibility; **2** *(onschuld)* innocence; *de vermoorde (verdrukte) ~* [his attitude of] holy innocence, [represent them (him) as] holy innocents (a holy innocent); *in zijn ~ ...* in his innocence [he thought ...]

onnut I *bn* useless, needless, unprofitable, good-for-nothing; II *zn* good-for-nothing (fellow)

onofficieel unofficial, *(niet voor publicatie bestemd)* off the record

onomastiek onomastics

onomatopee onomatopoeia

onomatopoëtisch onomatopoeic

onomkeerbaar irreversible

onomkoopbaar incorruptible, proof against bribes, not to be bribed

onomkoopbaarheid incorruptibility

onomstotelijk incontrovertible, irrefutable, incontestable, cast-iron [proof]; *~ bewijzen* prove beyond any doubt

onomstreden uncontested, undisputed

onomwonden I *bn* straightforward, frank, plain; II *bw zie* ronduit

ononderbroken *zie* onafgebroken

onontbeerlijk indispensable, essential [provisions]

onontcijferbaar undecipherable

onontgonnen uncultivated, uncleared, unreclaimed, unexploited, unworked; *zie ook* ontginnen

onontkoombaar inescapable, inevitable, ineluctable

onontploft unexploded; *~e granaat* blind (live) shell

onontvankelijk *(voor)* inaccessible (to), impervious (to)

onontvlambaar non-inflammable, uninflammable, non-flam(mable)

onontvreemdbaar inalienable

onontwarbaar inextricable

onontwikkeld 1 undeveloped; **2** *(pers)* uneducated, ignorant

onooglijk 1 unsightly, unpleasant to look at; **2** ragged, shabby

onoorbaar 1 inadmissible; **2** unbecoming, unseemly

onoordeelkundig injudicious

onopengesneden unopened [book]

onopereerbaar inoperable [cancer]

onopgeëist unclaimed [luggage, bombing]

onopgehelderd unexplained [mystery]; unsolved [murders]

onopgelost 1 undissolved; **2** *(fig)* unsolved [crime], unsettled, unresolved [problems]

onopgemaakt unmade [bed], undressed [hair], unmade-up [face], rough-dry [washing]; *~e (druk)proef* galley proof, slip proof

onopgemerkt unobserved, unnoticed, undetected

onopgesierd, onopgesmukt unadorned, unembellished, unvarnished [truth], unembroidered [record of facts], bald [statement, account], sober, plain [truth]

onopgevoed ill-bred

onopgevraagd unclaimed; *(kapitaal)* uncalled

onophoudelijk unceasing, ceaseless, incessant, unremitting [opposition]

onoplettend inattentive, unobservant

onoplettendheid inattention

onoplosbaar insoluble; *(fig ook)* unsolvable

onoplosbaarheid insolubility

onoprecht insincere, untruthful

onoprechtheid insincerity

onopvallend inconspicuous, unobtrusive, unspectacular, nondescript

onopzegbaar unbreakable [contract], non-withdrawable [credit]

onopzettelijk unintentional, inadvertent

onordelijk disorderly, unruly; untidy [room]

onordelijkheid disorderliness, unruliness; untidiness

onordentelijk *zie* onfatsoenlijk

onorganisch inorganic

onorthodox unorthodox

onoverbrugbaar unbridgeable

onoverdacht thoughtless, rash

onoverdekt uncovered; open-air [swimming pool]

onovergankelijk intransitive

onoverkomelijk insurmountable, insuperable
onoverkomelijkheid insurmountability, insuperability
onovertrefbaar unsurpassable
onovertroffen unsurpassed; *hij (zij) is ~ in die kunst* he (she) is a past master (mistress) in (of) that art
onoverwin(ne)lijk invincible, unconquerable
onoverwinnelijkheid invincibility
onoverzichtelijk disordered, confused, unclear; [the situation is] far from clear; poorly organized [textbook]; ill-digested [mass of information]
onpaar, onparig unpaired, odd
onparlementair unparliamentary [language]
onpartijdig impartial, even-handed [dealings, justice], dispassionate
onpartijdigheid impartiality
onpas: *te ~* out of season, unseasonably; *te ~ (gedaan, gemaakt)* unseasonable; uncalled-for [remarks]; *een glas bier kwam niet te ~* a ... did not come amiss, was very acceptable
onpasselijk(heid) sick(ness)
onpeilbaar unfathomable
onpersoonlijk impersonal
onplezierig unpleasant, disagreeable; *zie ook* onlekker
onpolitiek 1 impolitic; **2** apolitical
onpraktisch unpractical [schoolboys], impractical, unbusinesslike; *het ~e van* the impracticality of [the proposals]
onprettig *zie* onplezierig
onproductief unproductive
onraad danger, trouble; *er broeit ~* trouble is brewing, there is s.t. brewing; *~ bespeuren (merken)* take the alarm, *(fam)* smell a rat
onraadzaam unadvisable, inexpedient
onrecht wrong, injustice, injury; *ten ~e* wrongly, unjustly; *iem ~ aandoen* wrong a p., do a p. an injustice
onrechtmatig unlawful, illegal, illegitimate; wrongful [imprisonment, dismissal]; false (wrongful) [arrest]
onrechtmatigheid unlawfulness, illegality
onrechtstreeks indirect
onrechtvaardig unjust, unfair; *hij vindt dat hij ~ behandeld wordt* he thinks himself ill-used; *het ~e* the injustice [of it all]
onrechtvaardigheid injustice; *een ~* an injustice
onrechtzinnig heterodox
onredelijk unreasonable; *een ~ lange tijd* an unconscionable time; *het ~e van ...* the unreasonableness of ...
onregelmatig irregula [handwriting, hours *werktijden*, verbs], erratic [heartbeat]; *~ gebouwd* rambling [houses, villages]
onregelmatigheid irregularity *(ook fin)*
onregelmatigheidstoeslag payment for unsocial hours
onreglementair against the rules, irregular
onrein unclean, impure
onreinheid uncleanness, impurity
onrendabel unprofitable, loss-making
onridderlijk unchivalrous; *(onhoffelijk)* discourteous
onrijm prose
onrijp unripe [fruit], immature [ideas]
onroerend immovable; *~(e) goed(eren)* real property, real estate, realty; *(niet-Br jur)* immovables; *~e feestdag* immovable feast; *zie ook* makelaar
onroerendezaakbelasting real estate tax; *(Br vglb)* council tax; *(Am vglb)* property tax
onrond out-of-round
onrust 1 unrest, disquiet, commotion; **2** *(ongerustheid)* uneasiness; **3** *(rusteloosheid)* restlessness, unrest; **4** *(in horloge)* balance; **5** *(pers)* fidget
onrustbarend alarming
onrustig 1 restless, unquiet, disturbed [the patient had a disturbed night]; *(v slaap)* troubled, fitful; **2** *(zenuwachtig)* fidgety; **3** *(opstandig)* turbulent, riotous
onruststoker, onrustzaaier troublemaker, firebrand, agitator
[1]ons *zn* hectogram(me); *(Eng)* ounce *(± 28 g)*; *zie ook* wachten
[2]ons I *pers vnw* us; *de overwinning is aan ~* is ours; *~ kent ~* you can't put that across me; *vgl* hem I & *zie* II; **II** *bez vnw* **1** *(bijvoeglijk)* our; *zie ook* vader, enz; **2** *(zelfst) de (het) onze* ours; *zijn boeken en de onze* his ... and ours; *de onzen* our family (party, soldiers, men); *hij is een van de onzen* he is with us, one of our party, on our side; *vgl* [1]mijn
onsamendrukbaar incompressible
onsamenhangend incoherent [mass, sentences, talk, speak incoherently], desultory [remarks], disconnected, rambling [story, conversation], disjointed [sentences], scrappy, bitty [talk]; *~ spreken, (ook)* ramble; *~ verhaal, (ook)* rigmarole
onsamenhangendheid incoherence, disjointedness, scrappiness
onschadelijk harmless, inoffensive, innocuous; [this will keep him] out of mischief; *~ maken* render harmless, scotch [rumours, a proposal, etc], disarm [a bomb]; *iem ~ maken, (doden)* make away with (eliminate) a p.
onschatbaar invaluable, inestimable, priceless; *van onschatbare waarde, (ook)* of incalculable value
onscheidbaar inseparable
onschendbaar inviolable; *(v pers)* immune; *de Koning is ~* the King can do no wrong
onschendbaarheid inviolability; [the royal] prerogative; *(ve gezant, enz)* diplomatic immunity (*of:* privilege); *(ve parlementslid)* parliamentary immunity
onscherp *(fot)* blurred, out of focus, fuzzy
onschoon unlovely
onschriftuurlijk unscriptural
onschuld innocence; *de vermoorde (beledigde) ~ spelen* assume an (air of) injured innocence; *in alle ~* in all innocence; *zijn (iems) ~ bewijzen, (ook)* clear

o.s. (a p.); *ik was mijn handen in* ~ I am perfectly innocent; *zie ook* onnozelheid
onschuldig innocent [*aan* of], guiltless, harmless [pleasure]; *(ve gezwel) zie* goedaardig; *zo* ~ *als een pasgeboren kind (een lammetje)* as innocent as a new-born babe; *de ~e spelen* play the innocent [*tegenover* with]
onsmakelijk *(ook fig)* unsavoury, unpalatable, unappetizing
onsmakelijkheid unsavouriness, etc
onsolide *zie* insolide
onspeelbaar unplayable [ball, field; music]; unactable [play]
onsplinterbaar unsplinterable [glass]; *zie ook* splintervrij
onsportief unsporting, unsportsmanlike [behaviour]
onstabiel unstable
onstandvastig inconstant; unstable [equilibrium, nature]
onstandvastigheid inconstancy, instability
onstelselmatig unsystematic (*bw:* -ally)
onsterfelijk immortal, undying, deathless; ~ *maken* immortalize; *zich* ~ *belachelijk maken* make an absolute fool of o.s.; *~e* immortal; *de ~en* the immortals
onsterfelijkheid immortality; deathlessness [the deathlessness of love]
onsterk flimsy, frail, weak
onstichtelijk unedifying, offensive
onstoffelijk immaterial, incorporeal, spiritual
onstoffelijkheid immateriality, spirituality
onstuimig *(pers)* impetuous, boisterous; *(wind, zee)* tempestuous, boisterous, turbulent
onstuimigheid impetuosity, boisterousness, turbulence
onstuitbaar unstoppable
onsymmetrisch unsymmetrical, asymmetrical
onsympathiek uncongenial; not likeable; *ik vind zijn houding* ~ I cannot approve of his attitude (conduct)
onszelf ourselves; *vgl* zelf & zichzelf
ontaard degenerate
ontaarden degenerate [*in* into], deteriorate
ontaarding degeneration, deterioration; degeneracy
ontactisch impolitic, tactless
ontastbaar impalpable, intangible
ontbeerlijk dispensable
ontberen lack, be in want of; *ik kan het (niet)* ~ I can(not) do without (dispense with) it
ontbering privation, want, hardship
ontbieden send for, summon
ontbijt breakfast; *ik deed mijn* ~ *met een snee brood* I breakfasted on ...
ontbijten breakfast [*met vis* on fish], have (take) [an early] breakfast; *zie ook* eten
ontbijtgoed breakfast things
ontbijtkoek *(vglb)* Dutch honey cake
ontbijtservies breakfast service
ontbindbaar decomposable; *(Kamer, huwelijk, enz)* dissolvable, dissoluble
ontbinden 1 *(losmaken)* untie, undo; *in factoren* ~ resolve (break up, separate) into factors, factorize; **2** *(licht, lijk, enz, chem)* decompose; *(chem ook)* break down; *(rotsen, enz)* disintegrate; **3** *(krachten)* resolve [forces]; **4** *(leger, geheim genootschap)* disband; *(optocht, organisatie)* break up, dissolve; *(firma, huwelijk, Kamer)* dissolve; *zie ook* kamer; *zich* ~, *(ve commissie, enz)* dissolve, vote itself out of existence; *(v troepen, enz)* disband
ontbinding decomposition; resolution; disbandment; dissolution, *vgl* ontbinden; *(het uit elkaar vallen, ook)* disintegration [of a structure, the Coalition]; *tot* ~ *overgaan* become decomposed, decompose, decay; *in (vergevorderde) staat van* ~ in a(n advanced) state of decomposition
ontbladeren strip off the leaves, defoliate; *ontbladerd, (ook)* leafless [trees]
ontbladeringsmiddel defoliant
ontbloeien bloom
ontbloot bare, naked; *met ontblote hoofden* with bared (uncovered) heads; ~ *van* destitute of, devoid of, without [means]; *van alle grond* ~ utterly unfounded; *niet* ~ *van ironie* not untinged with irony
ontbloten *(lichaam, ding)* bare; *(hoofd)* bare, uncover; *(zwaard)* bare, unsheathe; ~ *van* denude [a country] of [troops], strip of
ontbloting baring; denudation, stripping; *(jur)* indecent exposure
ontboezemen: *zich* ~ unbosom o.s., pour out one's heart [*voor* to]
ontboezeming effusion, outpouring
ontbolsteren shell, husk, hull; *(fig)* civilize, vitalize [a p.]
ontbossen deforest, dis(af)forest; clear [land]
ontbossing deforestation, dis(af)forestation
ontbrandbaar (in)flammable, combustible, ignitable
ontbrandbaarheid (in)flammability, etc
ontbranden take fire, kindle, ignite; *(v oorlog)* break out; *doen* ~ kindle, ignite; *geruchten kunnen oproer doen* ~ rumours may set off riots; *in toorn* ~, *zie* ontsteken
ontbranding ignition, combustion
ontbreken *(er niet zijn)* be wanting (missing, lacking) [there is a leaf wanting; *ook:* the book wants a leaf]; *Engeland ontbrak op de conferentie* England was not present (represented) at the conference; *het ontbreekt hem* ***aan*** *geld (moed)* he is in need of money; he is wanting (lacking) in courage, lacks courage; *het zal u aan niets* ~ you shall want for nothing; *het ontbreekt ons aan woorden om ...* words fail us to ...; *dat ontbrak er nog maar aan!* it only needed that!, that's the last straw; *(fam)* that puts the (tin) lid on it; *het* ~ ***van wegen*** the absence of roads; *het* ***ontbrekende*** [make up] the deficiency, the remaining part; [pay] the balance; *het ~de be-*

drag, (ook) the amount of deficiency; *de ~de goederen* the goods that are short; *de ~de schakel* the missing link

ontcijferen decipher; decode [a telegram]; puzzle (spell) out [a notice]; [there is a word I cannot] make out; *niet te ~* undecipherable

ontcijfering deciphering, decipherment; decoding

ontdaan upset, disconcerted, shaken [*van* by], bowled over; *~ (beroofd) van* stripped (*of:* shorn) of [ornaments]

ontdekken discover [a country, person, thing, fact], detect [a mistake], strike [gold, oil]; *(fam)* spot [a p., thing]; *(er achter komen)* find out; *hij ontdekte dat ze verdwenen was* he found her gone (found that she had gone)

ontdekker discoverer

ontdekking discovery; *een ~ doen* make a discovery; *hij kwam tot de ~ dat ...*, *vgl* ontdekken: hij ontdekte dat

ontdekkingsreis journey (voyage) of discovery (of exploration)

ontdekkingsreiziger explorer

ontdekkingstocht *zie* ontdekkingsreis

ontdoen: *~ van* strip [a branch of its leaves, a p. of his clothes, etc], trim [the fat off the meat]; *zich ~ van* part with; dispose of [a dead body]; take (*snel:* slip) off [one's coat]; divest o.s. of [one's coat, power]; unload [stocks]; *zie ook* kwijtraken

ontdooien thaw (out); unfreeze [the waterpipes]; defrost [frozen meat, the freezer]; *(fig)* thaw, come out of one's shell, melt; unfreeze [assets, credits]

ontdubbelen clear of duplicates; *(Z-Ned)* split, duplicate

ontduiken dodge [a blow, pursuer, tax, going to school, *(Am)* the draft], elude [a blow, danger], evade [a blow, tax, contract, obligation, the law], get round [the rules, the law], circumvent [restrictions], go behind [a contract], shirk [one's duty, a difficulty]; *de belastingen (invoerrechten) ~, (ook)* defraud the revenue (the customs)

ontduiking evasion, elusion; defrauding

ontegensprekelijk undeniable, irrefutable, indisputable

ontegenzeglijk unquestionable, undeniable, incontestable

onteigenen expropriate [property, the owner], dispossess [the owner], *(Am jur)* condemn [a p.'s property]; *vgl* naasten

onteigening expropriation, dispossession, compulsory purchase

onteigeningswet compulsory purchase act

ontelbaar innumerable, countless, numberless, [times] without number

ontembaar untamable, indomitable, ungovernable

ontembaarheid untamableness, indomitability

onterecht wrong, unjust, incorrect

onteren 1 dishonour; **2** *(verkrachten)* violate, deflower, rape; **3** *(ontheiligen)* desecrate, defile

onterend *(ve straf)* degrading

ontering 1 dishonouring, degradation; **2** violation, defloration, rape; **3** desecration; *vgl* onteren

onterven disinherit

onterving disinheritance

ontevreden 1 discontented; *~ over* dissatisfied (displeased, discontented) with; *(mopperig)* disgruntled; **2** *(tov regering)* disaffected; *~en, (in de staat)* malcontents

ontevredenheid discontent *(at over)*, dissatisfaction

ontfermen: *zich ~ over* take pity on, have mercy on, commiserate

ontferming pity, commiseration

ontfutselen: *iem iets ~* filch (pilfer) s.t. from a p. [my purse was spirited away]; *iem een geheim ~* worm a secret out of a p.

ontgaan escape, elude [the fact eluded me]; *zijn bitterheid ontging haar* his ... was lost (up)on her; *het verschil ontgaat me* I fail to see the difference; *aan de **aandacht** ~* escape notice; *de **kans** ontging hem* the chance slipped through his fingers, he let the opportunity slip; *het is **mij** (mijn geheugen) ~* it has slipped my memory, escaped me; *dat is mij (mijn aandacht) ~* it escaped me, I did not notice (see, hear) it; ***niets** ontgaat hem* nothing escapes him (his notice); *een oog waaraan niets ontging* an eye that missed nothing; *zijn **prooi** ontging hem* he was baulked of his prey

ontgassen degas

ontgelden pay for, suffer for

ontgiften detoxify, detoxicate, *(fam)* detox

ontginnen reclaim [land], bring [land] under cultivation, open up [new land], clear [forests], exploit [a coalfield, mine], develop [a site, the resources of the earth]

ontginning reclamation, clearing, working, exploitation, development; *vgl* ontginnen

ontglippen slip from one's hands; *(ve zucht)* escape; *hij ontglipte mij* he gave me the slip; *het woord ontglipte mij* the word slipped out, slipped from my tongue

ontgoochelen 1 disillusion, undeceive, disenchant; *zie ook* ontnuchteren; **2** *zie* ontfutselen

ontgoocheling disillusionment, disenchantment

ontgraten bone, fillet

ontgrendelen unbolt

ontgroeien outgrow, grow out of, grow away from

ontgroenen rag [freshmen] before admission to students' society

ontgronden (re)move earth from [a site]

onthaal reception [centre]; *(feest)* entertainment, treat; *gastvrij ~* hospitable welcome; *een goed ~ vinden, (fig)* be well received

onthaasten de-stress

onthalen entertain, treat, regale, *(fam)* do [a p.] well; *~ op* treat to [a dinner, an anecdote], regale with [a dinner], entertain with [a story], stand [a p. a supper]

onthalzen behead, decapitate
onthand inconvenienced, *(erg)* lost [feel lost without one's hearing aid]
ontharden soften
ontharder [water] softener
ontharen depilate
ontharing depilation
ontharingsmiddel depilatory
onthechten: *zich ~* detach o.s.; *(r-k)* mortify o.s.
onthechting detachment; *(r-k)* mortification
ontheemd uprooted; *~e* displaced person, DP
ontheffen: *~ van* free from [cares, etc], exempt (dispense, exonerate) from [an obligation]; *iem van zijn ambt (verantwoordelijkheid) ~* relieve a p. of his office (responsibility); *van het commando ontheven worden* be removed from (relieved of, superseded in) one's command; *zie ook* ontslaan & vrijstellen
ontheffing **1** exemption, dispensation, exoneration; *(v belasting)* remission; *~ verlenen van* remit [taxes], exempt from [duties]; **2** *(ve ambt)* discharge, removal
ontheiligen desecrate, profane
ontheiliging desecration, profanation
onthoofden behead, decapitate
onthoofding beheading, decapitation
onthoornen dehorn [cattle]
onthouden **1** *iem iets ~* keep (withhold) s.t. from a p.; deny [his birthright was denied him]; *goedkeuring ~, (v dw)* consent withheld; *zie ook* ontzeggen; **2** *zich ~ van* abstain from [food, voting], refrain from [laughing], keep off [drink]; **3** remember [a lesson, names, etc], retain [not retain one word of what one reads], bear in mind; *twee ~, (optelling)* [write six and] carry two; *dat zal ik ~!* I'll make a note of that!; *hij kan goed ~* he has a retentive memory; *ik kan geen namen ~* I have a bad (a poor) memory for names, I'm bad at names; ***help het mij*** *~* remind me (of it); *ik zal het je helpen ~* I'll remind you; *(fig)* I'll get even with you, just you wait!; *onthoud dat wel* don't forget that, bear (keep) that in mind
onthoudend abstemious, abstinent
onthouder abstainer, *zie ook* geheelonthouder
onthouding abstinence, abstemiousness; continence [in sexual matters]; *(systeem van) periodieke ~* rhythm method; *(ve stemming, enz)* abstention
onthoudingsdag day of abstinence
onthoudingsverschijnsel withdrawal symptom
onthullen unveil [a monument], reveal, disclose, divulge [a secret]
onthulling unveiling [of a statue], revelation, disclosure [of a secret], exposure [of abuses]
onthutsen disconcert, bewilder
onthutst disconcerted, dismayed, upset
ontiegelijk enormous [job]; outrageously [clever], immensely [rich]; *~ veel* a vast (staggering) number of
ontij(d): *te(n) ontijde* at an unseasonable time, inopportunely; *zie ook* nacht
ontijdig unseasonable, untimely *(ook bw); (te vroeg)* premature [delivery *bevalling*]; *~ bevallen* be confined prematurely; *(miskraam)* miscarry; *tot een ~ einde brengen, (fam)* pull the plug on [a scheme]
ontijdigheid unseasonableness, untimeliness; prematurity
ontijz(el)en de-ice, defrost
ontkalken decalcify; (de)scale [pipes]
ontkalker decalcifier
ontkennen deny; *het valt niet te ~ dat ...* there is no denying (the fact) that, it is not to be (cannot be) denied that ...
ontkennend negative, [answer] in the negative
ontkenning negation, denial
ontkenningswoord negative word
ontkerkelijking secularization
ontkerstenen dechristianize
ontkerstening dechristianization
ontketenen unchain, unleash [energy, a storm of protest], unshackle; launch [an attack, a war]
ontkiemen germinate, sprout
ontkieming germination
ontkleden *(ook: zich ~)* undress, strip
ontkleuren **I** *tr* decolorize; **II** *intr* lose colour, pale
ontknopen untie, undo; unbutton [a coat]; unravel [a mystery], resolve
ontknoping dénouement, outcome, *(ton, ook)* catastrophe
ontkokeren *zie* ontzuilen
ontkolen decarbonize, *(fam)* decoke [cylinders]
ontkomen escape, get off, get clear; *~ aan* escape [one's pursuers], elude [a p.'s watchfulness]; evade [a tax]; get out of [paying in full]; *daar kun je niet aan ~* you can't escape that (get away from that); *aan hervormingen valt niet te ~* reforms are inescapably necessary; *zie ook* ontsnappen
ontkoppelen uncouple, decouple, disconnect, throw out of gear; unleash [hounds]; *(auto)* declutch, let (slip) in the clutch; *(fig)* separate, disengage
ontkoppelingspedaal clutch pedal
ontkrachten enfeeble, enervate; weaken [an argument]
ontkroezen unfrizz, straighten
ontkurken uncork
ontlaadsnelheid *(techn)* rate of discharge
ontlaadstok *(mil)* cleaning rod
ontlaadtang discharging rod
ontladen *(schip, vuurwapen)* unload, *(schip, elektr)* discharge; *(afschieten)* discharge; *~ raken, (ve accu)* run down
ontlader **1** unloader; **2** discharger
ontlading unloading, discharge [tube]
ontlasten unburden [*ook fig:* one's conscience, one's mind, o.s.]; relieve [tension; a p. of his coat, of a parcel; the curriculum of some subjects; *(afkapen)* a p. of his purse, etc]; take work off [a p.'s shoulders]; *een nieuwe brug om de oude te ~* a new bridge to relieve ...; *hij ontlastte haar ervan (van de jongen)* he

took it (the boy) off her hands; ***zich ~**, (ve rivier)* discharge (itself) [into the sea]; *(ve wolk, onweer)* burst, break; *(ontlasting hebben)* have a motion, relieve o.s.

ontlasting discharge, relief; *(stoelgang)* motion [have a motion; have two motions a day], stool, [daily] evacuation; *(uitwerpselen)* stool, motion, (human) excrement, faeces; *voor goede ~ zorgen* keep the bowels open, move the bowels

ontlastingsboog *(bk)* relieving arch

ontlaten I *intr* soften, thaw; II *tr* temper, anneal

ontleden 1 analyse; 2 *(lijk, dier, plant)* dissect, anatomize; *(chem)* decompose, break up (down); 3 *(redekundig)* analyse; *(taalkundig)* parse

ontleder *(anat)* dissector

ontleding analysis; dissection; decomposition; parsing; *vgl* ontleden

ontleedkamer dissecting room

ontleedkunde anatomy

ontleedkundig anatomical

ontleedkundige anatomist

ontleedmes dissecting knife, scalpel

ontleedtafel dissecting table

ontlenen borrow (*aan* from) [borrow words from Latin, lines from Milton], adopt [words from other languages], derive [comfort, one's title, name, origin from ...], quote [a passage from a book], take [data from a report], owe (*aan* to) [the haughty look that he owes to his race]; *het ontleent z'n naam aan ...* it takes its name from ...; *een recht ~ aan* derive a right from, found a right on

ontlening borrowing, adoption, derivation

ontlezing diminishing interest in reading

ontloken full-blown *(ook fig)*, in full bloom

ontlokken elicit [a reply, the truth] from, draw [tears, information] from, provoke [protests] from, coax (worm) [a secret] out of

ontlook *ovt van* ontluiken

ontlopen 1 run away from, give [a p.] the slip, escape; 2 *(ontwijken)* avoid; *zij ~ elkaar niet veel* they are much the same (*fam:* much of a muchness)

ontluchten bleed (off) [pipes, the radiators]

ontluiken open, expand; *vgl* ontloken

ontluikend *(fig)* budding [beauty, sentiments], dawning [love], burgeoning [talent]

ontluisteren tarnish, mar, disfigure, *(fam, ve pers)* debunk

ontluizen delouse

ontmaagden deflower

ontmagnetiseren demagnetize

ontmannen castrate, emasculate; *(fig)* unman, unnerve

ontmantelen dismantle

ontmaskeren unmask; *(fig ook)* expose, show up; *zich ~* unmask

ontmaskering unmasking; *(fig ook)* exposure

ontmengen separate

ontmenselijken dehumanize

ontmoedigen discourage, dishearten; *~d, (ook)* off-putting; *ontmoedigd, (ook)* dispirited, out of heart

ontmoediging [policy of] discouragement

ontmoeten meet *(ook: elkaar ~), (toevallig)* meet (with), come across [a p., word], run across [a p.], fall in with [a p.], happen (up)on [a p., thing]; *(dikwijls vijandig)* encounter [a p., an enemy, obstacles, stormy weather, opposition]; *we ~ elkaar niet vaak, (ook)* we don't see much of each other; *iem dikwijls ~* see a good deal (a lot) of a p.; *die goed doet, goed ontmoet* doing good has its reward

ontmoeting meeting; encounter; *(avontuur)* adventure

ontmunten demonetize

ontmunting demonetization

ontmythologiseren demythologize

ontnemen take (away) from, deprive [a p.] of [a right, chance]; *het recht tot het geven van onderwijs (recht op pensioen, op een rijbewijs, zijn medaille) werd hem ontnomen* he had his certificate taken from him (he was deprived of his pension rights, disqualified from holding a driving licence, stripped of his medal); *zie ook* afnemen, [1]woord, enz

ontneming deprivation

ontnieter staple extractor

ontnuchteren sober, *(fig ook)* disenchant, disillusion, bring to earth (with a bump), have a sobering effect on; *ontnuchterd worden, (ook)* sober up (down), come down with a bump; *ontnuchterd zijn* be in a sobered mood

ontnuchtering disenchantment, disillusionment; *pijnlijke ~* rude awakening

ontoegankelijk inaccessible, unapproachable; impervious [to argument]

ontoegankelijkheid inaccessibility, imperviousness

ontoegeeflijk, ontoegevend unaccommodating

ontoelaatbaar inadmissible, intolerable

ontoepasselijk inapplicable, irrelevant [*op* to]

ontoepasselijkheid inapplicability, irrelevance

ontoereikend insufficient, inadequate; *mijn geld was ~ voor mijn behoeften* fell short of my wants

ontoereikendheid insufficiency, inadequacy

ontoerekenbaar *(pers)* irresponsible, of unsound mind, unanswerable for one's actions; *(jur)* unfit to plead; *(daad)* not imputable

ontoerekenbaarheid irresponsibility; *(jur)* unfitness to plead

ontoerekeningsvatbaar *zie* ontoerekenbaar

ontoeschietelijk unresponsive, stand-offish, aloof

ontogenese, ontogenie ontogenesis

ontologie ontology

ontologisch ontological

ontoombaar uncontrollable

ontoonbaar not fit to be seen

ontpitten stone [dates]; gin [cotton]

ontplofbaar explosive *(ook: -bare stof)*

ontploffen *(ook: doen ~)* explode, detonate

ontploffing explosion, detonation; bang
ontploffingsgeluid *(fon)* (ex)plosive
ontplooien 1 unfurl [a flag], unfold, uncase [the colours *vaandel*], break [the standard], put forth [all one's eloquence], develop [talents]; ***zich*** ~ unfurl, unfold; **2** *(mil)* deploy; **3** *(fig)* unfold, expand; *gelegenheid geven om zich te* ~ give full scope to [one's talents]; *grote activiteit* ~ be (become) very active
ontplooiing unfurling; [the full] development [of his faculties]; *(mil)* deployment
ontpolitiseren depoliticize
ontpoppen: *zich* ~, *(eig)* break open the pupal case; *zich* ~ *als* turn out to be, reveal o.s. as; *(geleidelijk)* blossom into, blossom out as
ontraadselen unriddle, unravel, puzzle out
ontraden dissuade [a p.] from [s.t.], dissuade, discourage; advise against [a plan]; *hij ontried het mij* he dissuaded me
ontrafelen unravel
ontredderd 1 damaged, battered, dilapidated; *(schip)* disabled; **2** *(pers)* bewildered; [he sat down] in bewilderment
ontreddering 1 disorder, confusion, [social] upheaval; **2** *(pers)* bewilderment
ontregelen 1 upset, unsettle, dislocate, disrupt, throw into confusion; **2** bring (put) [a mechanism] out of adjustment
ontremmen disinhibit
ontrieven deprive of s.t., put to inconvenience
ontroeren I *tr* move, affect, touch; **II** *intr* be moved, etc
ontroerend moving, etc; pathetic [story]
ontroering emotion
ontroester rust remover
ontrollen *tr & intr* unroll, unwind, unfurl [a banner], unfold; *zich* ~ unroll etc (itself)
ontromen cream, skim
ontronding unrounding
ontroostbaar inconsolable, disconsolate
ontrouw I *bn* unfaithful, disloyal; *iem* ~ *worden*, *(ook)* break faith with a p.; *(pol ook)* rat [on one's leader]; *zijn woord* ~ *worden* go back on one's word; **II** *zn* unfaithfulness, disloyalty, infidelity, disaffection
ontroven: *iem iets* ~ rob a p. of s.t., steal s.t. from a p., deprive a p. of a chance, etc
ontruimen evacuate [a town], vacate [a house], clear [the park, streets, etc]; *de rechtszaal laten* ~ have the court cleared
ontruiming evacuation, vacation, clearing; *vgl* ontruimen & uitzetting
ontrukken snatch (away) from [snatch a p. from death], wrest (*of:* tear) from
ontschepen disembark [passengers], discharge [goods]; *zich* ~ disembark
ontscheping disembarkation; discharge
ontschieten slip from [a p.'s hand, etc]; escape; *het is mij ontschoten* it has slipped my memory
ontschorsen bark, strip
ontsieren deface, disfigure, mar [the play is marred by eccentricities]
ontsiering defacement, disfigurement [of the countryside]
ontslaan discharge [from an office], dismiss [he was dismissed (from) His Majesty's Service], cashier [an officer]; *(fam)* sack, fire; *(wegens bezuiniging)* axe; *(als overtollig)* make redundant; *(tijdelijk)* lay off [workmen]; discharge, release [from hospital, prison]; ~ ***van*** *(verplichting, enz)* release (absolve) from [an obligation, a promise, an oath]; *iem van een koop (zijn straf, een les)* ~ let a p. off a his punishment, a lesson; *iem van zijn belofte* ~ let a p. off, set a p. free; *iem van de verantwoordelijkheid (de moeite)* ~ relieve a p. of the responsibility (the trouble); *van rechtsvervolging* ~ discharge; ***zich*** ~ *van, ontslagen raken van* get rid of; *zie ook* (on)eervol
ontslag discharge *(ook uit hospitaal, enz)*, *(als overtollig)* [compulsory, voluntary] redundancy, *(euf)* outplacement; dismissal [from the Service]; *(vrijwillig)* resignation; release [from prison]; *(zijn)* ~ ***geven*** dismiss, discharge; *(fam)* give [a p.] the push; *zijn* ~ ***indienen*** *(aanvragen, aanbieden)* tender (hand in, send in, submit) one's resignation; *(ve officier)* resign one's commission; *zijn* ~ ***krijgen*** be dismissed; *(fam)* get the sack, be sacked (fired); *(zijn)* ~ ***nemen*** resign [*uit een baan* from a post], retire; *(als lid)* resign [from the committee]; *zie ook* (on)eervol
ontslagaanvraag (letter of) resignation
ontslagbrief 1 *(aanzegging)* notice of dismissal; *(ve gevangene)* certificate of discharge, discharge certificate; **2** *(verzoek)* letter of resignation
ontslagname, ontslagneming resignation
ontslagpremie severance pay
ontslagrecht right of dismissal
ontslakken *zie* ontgiften
ontslapen pass away, expire, depart this life; *de ~e* the deceased, the departed
ontslippen *zie* ontglippen
ontsluieren unveil, *(fig ook)* reveal, disclose [a secret]
ontsluiering unveiling, revelation, disclosure
ontsluipen steal (*of:* slink) away from
ontsluiten open *(ook: zich ~)*, unlock; *(fig)* open [one's heart to], unseal [one's mind], open up [new areas]; make available (accessible) [library resources]; analyse [a subject]; retrieve [information]
ontsluiting *(med)* dila(ta)tion
ontsmetten disinfect, decontaminate [a radioactive environment], *(met rook)* fumigate [a building]
ontsmetting disinfection, decontamination
ontsmettingsmiddel disinfectant
ontsnappen escape, get away; *(weten te ~)* make (make good, effect) one's escape; *zie ook* weten; ~ *aan* escape from [one's creditors, etc], escape [observation, death, a p.'s notice]; *zie ook* ontgaan, ontkomen, ontvallen, ontvluchten

ontsnapping escape, *(fam)* getaway; *vgl* uitbraak
ontsnappingsclausule escape (let-out) clause
ontsnappingsluik *(ve duikboot)* escape hatch
ontsnapte: *de ~* the escaped person; *(gevangene)* the escapee
ontsnavelen debeak [chickens]
ontspannen unbend [a bow, the mind], release, ease [a spring], relax [muscles, etc], unclench [one's fists], ease [the tense situation]; *de haan ~* uncock a pistol (rifle, etc); ***zich** ~, (v spieren, enz)* relax; *(ve vuist)* unclench; *(ve pers)* relax, unbend, *(fam)* chill out, *(Am fam)* mellow out
ontspanner *(fot)* [cable] release
ontspanning 1 relaxation *(ook fig)* **2** *(opluchting)* relief; **3** *(in pol situatie)* easing of the tension, détente; *dat gaf enige ~* that relieved the strain (the tension) to a certain extent; **4** *(verpozing)* recreation, relaxation, diversion; *gelegenheid voor ~* recreational facilities
ontspanningslectuur light reading
ontsparen *(inz Am)* dissave
ontspiegelen eliminate surface reflection from; *(fot)* bloom, coat [a lens]
ontspinnen: *daarover ontspon zich een belangwekkende discussie* this led to an interesting discussion
ontsporen be derailed, run off (go off, leave, jump) the rails (the metals); *(fig)* go off the rails, go wrong; *doen ~* derail, throw off the rails
ontsporing derailment; *(fig)* slip, mistake, wrong move
ontspringen jump away from; *(ve rivier)* (take its) rise; *zie ook* dans
ontspruiten sprout, spring, bud; *~ uit, (fig)* arise (spring, result, proceed) from; *aan zijn brein ontsproten* sprung from his brain; *zie ook* afstammen
ontstaan I *ww* arise, originate, come into being (existence), come about, develop; *(plotseling)* spring up; *doen ~* cause, occasion, start [a fire], raise [doubt]; *~ uit* arise (proceed, spring, originate) from; *een lijn ontstaat door de beweging van een punt* a line is generated by the motion of ...; *~ (v dw) door* [misfortunes] born of [the war], [the vacancy] caused by ...; **II** *zn* origin, genesis, birth [the birth of the universe]
ontsteken 1 light, ignite, kindle; *in woede ~* fly into a passion; *in woede doen ~* incense, infuriate; *Gods toorn was tegen hen ontstoken* God's wrath was kindled against them; **2** *(ve wond, enz)* inflame; ***doen** ~, (wond)* inflame
ontsteker igniter
ontsteking 1 ignition; *(ve bom)* fuse; *de ~ verwijderen uit* defuse, disarm [a bomb]; **2** *(ve wond, enz)* inflammation
ontstekingsremmer anti-inflammatory (drug)
ontstekingstemperatuur ignition temperature, flashpoint
ontstekingstijdstip ignition timing
ontsteld alarmed, frightened, dismayed, [listen] in (with) dismay
ontstelen: *iem iets ~* steal s.t. from a p., rob a p. of s.t.; *er werd haar een collier ontstolen* she had a necklace stolen
ontstellen I *tr* alarm, startle, disconcert, frighten, terrify, appal [appalling news]; **II** *intr* be frightened (startled), be greatly upset [by the bad news]
ontstellend *(ook)* fearfully [cold, expensive]
ontsteltenis consternation, alarm, dismay
ontstemd 1 *(eig)* out of tune; **2** *(fig)* put out, ruffled, displeased, vexed; *~ zijn over, (ook)* resent
ontstemmen 1 *(eig)* put out of tune; **2** *(fig)* put [a p.] out, ruffle, displease
ontstemming displeasure, resentment, vexation, annoyance, [arouse] feeling [among ...]
ontstentenis: *bij ~ van* in default of, failing [a successor]; in the absence of
ontstichten offend, give offence, shock, scandalize
ontstoken *(ve wond)* inflamed, angry; *vgl* ontsteken
ontstoppen 1 unplug; **2** unblock, clear [a drain]
ontstoren suppress
ontstrijden dispute; *iem iets ~* dispute s.t. with a p.; *dat laat ik me niet ~* I won't be argued out of that
onttakelen *(schip)* unrig, *(ook installatie, enz)* dismantle
onttoveren 1 disenchant, set free from a spell; **2** *zie* ontfutselen
onttrekken withdraw [*aan* from], hide [from view], take [oxygen from the air]; *aan de ouderlijke macht ~* remove [a minor] from parental control; *aan het oog ~* hide (conceal) from view; ***zich** ~ aan* withdraw (retire) from, shirk [one's duty, responsibility], back out of [one's obligations]; *zich aan de gerechtigheid ~* fly from justice; *we kunnen ons niet aan de indruk ~* it is hard to avoid the impression; *zich ~ aan de invloed van* break away from the influence of; *het onttrekt zich aan mijn oordeel* I do not have an opinion on it
onttrekking withdrawal, etc; *vgl* onttrekken
onttronen dethrone
onttroning dethronement
ontucht vice, prostitution, lewdness, lechery, fornication; *(soms)* sexual abuse; *~ plegen* fornicate; *huis van ~* disorderly house, house of ill repute; *van de ~ van anderen leven* live on the immoral earnings of others
ontuchtig lewd, lecherous, lascivious
ontuig 1 *(gespuis)* riff-raff; **2** *(onkruid)* weeds
ontvallen fall (drop, slip) from [a p.'s hand]; *het woord ontviel me* the word escaped me, slipped out; *zich laten ~* let out; *laat u daarover geen woord ~* don't say a word about it; *zijn vrouw ontviel hem* he lost his wife; *de oude helden ~ ons een voor een* the ... are slipping away one by one; *de grondslag was eraan ~* it had lost (come to lack) its basis
ontvangdag reception day, at-home (day)
ontvangen receive; be in receipt of [parish relief, a pension]; *(in ontvangst nemen)* draw [one's salary];

take delivery of [goods]; *ontvangen van, (op kwitantie)* received of (*of:* from); *bijzonderheden zijn nog niet* ~ no details are as yet to hand; *(bezoeker)* receive; see [awfully good of you to see me]; *Mevr. N ontvangt elke dinsdag* Mrs N is at home (receives) on Tuesdays; *ze ~ veel* they entertain a good deal; *ik kan (wil) hem niet* ~ I am not at home to him; *ontvang mijn* ***dank*** *(verontschuldigingen)* accept my thanks (apologies); *zijn voorstel werd* ***gunstig*** ~ his ... was favourably received, had a favourable (*niet onverdeeld gunstig:* got a mixed) reception; *hij ontving me* ***hartelijk*** he made me cordially welcome; *Uw* ***schrijven*** ~ your letter (yours) to hand; *de vijand werd* ***warm*** ~ the ... was given a warm reception

ontvangenis conception

ontvanger 1 receiver; *(ve brief, geschenk, enz)* recipient; *(v goederen)* consignee; *(bloedtransfusie)* receptor, recipient; **2** *(v belastingen)* tax collector; *(v zegelrechten)* stamp collector; *zie ook* hypotheek & gemeenteontvanger; **3** *(toestel)* receiver

ontvangkamer reception room

ontvangst *(ve brief, geld, enz)* receipt; *(ve pers)* reception; *(radio)* [have a poor] reception; *~en* receipts, takings; *commissie van* ~ reception committee; ~ *berichten (bevestigen)* acknowledge receipt; *bij (na)* ~ on receipt [*van* of]; *in ~ nemen* take [orders], receive, accept; draw [one's salary, money]; *(goederen)* take delivery of, take up; *(toejuichingen)* acknowledge; *applaus in ~ nemen* take a bow; *~ weigeren van* refuse to take delivery of; *een koude ~ hebben* meet with a cold reception; *zie ook* uitgave

ontvangstbericht *(post)* advice of delivery

ontvangstbevestiging: *post met* ~ recorded delivery

ontvangstbewijs receipt

ontvangstgebied *(telec)* reception area

ontvangststation receiving station

ontvangtoestel receiver, receiving set

ontvankelijk susceptible, receptive, impressionable; *~ voor* susceptible to [flattery], open (receptive) to [new ideas], alive to, amenable to; *zijn eis (het beroep) werd ~ verklaard* his claim was admitted (the appeal was allowed); *niet ~ verklaren* dismiss

ontvankelijkheid susceptibility, receptivity, sensitivity [to her wishes]

ontveinzen dissemble [one's satisfaction], disguise; *men kan zich niet ~ dat ...* there is no disguising the fact that ...; *zij kon zich niet ~ dat ...* she could not disguise (conceal) from herself that ...; *het geeft niet zich het feit te* ~ it is no use blinking at the fact; *zich de moeilijkheden niet* ~ be fully alive to (well aware of) the difficulties

ontveld stripped of the skin; abraded [shin]; grazed [elbow]

ontvellen skin, graze, excoriate, bark

ontvelling abrasion, graze, excoriation

ontvetten degrease [metal]; scour [wool, etc]; *zie ook* vermageren

ontvlambaar inflammable *(ook fig)*, flammable

ontvlambaarheid (in)flammability

ontvlammen *(ook fig)* inflame, kindle

ontvlamming inflammation

ontvlammingspunt flashpoint

ontvleesd stripped of the flesh; fleshless

ontvlekken clean, remove stains from

ontvlekkingsmiddel stain remover

ontvlezen strip off the flesh [from]; *ontvleesd* emaciated [arm]

ontvlieden flee from; *zijn ziel is het lichaam ontvloden ...* has taken wing

ontvliegen fly away from

ontvluchten escape [from prison], fly, flee; ~ *(aan)* escape [one's pursuers], fly (from), flee (from); *(wielersp)* breakaway; *het ouderlijk huis* ~ run away from home; *zie ook* ontsnappen

ontvluchting flight, escape; *(wielersp)* breakaway

ontvoerder kidnapper, abductor

ontvoeren kidnap, carry off, abduct [a woman, etc], elope with [a woman]

ontvoering kidnap(ping), abduction, elopement

ontvolken depopulate; *(fig)* empty [schools have been emptied]

ontvolking depopulation

ontvoogden emancipate

ontvoogding emancipation

ontvouwen *(ook fig)* unfold *(ook: zich ~)*

ontvreemden steal [*iem iets* s.t. from a p.], abstract

ontvreemding theft

ontwaarden 1 devalue; **2** cancel [a ticket]

ontwaarding 1 devaluation; **2** cancellation

ontwaken awake, wake up; *doen ~, zie* wekken

ontwaking awakening

ontwapenen disarm [*ook fig:* suspicion, etc]; *een ~de glimlach* a disarming smile

ontwapening disarmament [conference, talks, etc]

ontwaren perceive, descry, become aware of

ontwarren disentangle, unravel [*ook fig:* a mystery], unntangle [difficulties do not untangle themselves]; *niet te* ~ inextricable

ontwarring disentanglement, unravelling

ontwasemen demist

ontwassen *zie* ontgroeien

ontwateren drain [land]; dehydrate [crude oil]

ontwatering drainage; dehydration

ontweien disembowel, draw, paunch, eviscerate

ontwellen spring from

ontwennen *(iem iets)* break a p. of [a habit], wean a p. from (of); *(iets)* lose the habit of, forget how to [laugh], get out of the way of [reading]; *zie ook* afwennen

ontwenningskuur detox(ification)

ontwenningsverschijnselen withdrawal symptoms

ontwerp project, plan, design; *(ve document)* draft; *(ve wet)* bill

ontwerp-akkoord draft agreement

ontwerpen plan [a building, campaign, towns], design [a poster, a garden], devise [a new system], frame [laws], draw up, make [a plan], draft [a document, a scheme]; *speciaal ontworpen, (ook)* designer [clothes, flat, label]

ontwerper planner, projector, designer, framer [the framers of the treaty]; *(ve document)* draftsman

ontwerp-overeenkomst draft agreement

ontwerp-reglement draft regulations

ontwijden desecrate, profane, violate

ontwijder desecrator, profaner, violator

ontwijding desecration, profanation, violation

ontwijfelbaar I *bn* unquestionable, undoubted, indubitable; II *bw* unquestionably, etc, doubtless, no doubt

ontwijken dodge, evade [a pursuer, blow, question, difficulty], avoid [a lamp-post], sidestep [an opponent], parry [a question]; skirt [the issue *het probleem*]; shirk [a task]; avoid, *(sterker)* shun [a p., place]; shy away from [unpleasant things], fight shy of [a p.], give [a p.] a wide berth; *(v gas)* escape

ontwijkend evasive [answer], non-committal [reply]; *~e antwoorden geven, (ook)* fence, hedge

ontwijking evasion

ontwikkelaar [property, photographic] developer

ontwikkeld 1 developed *(ook van foto); een sterk ~ gevoel voor humor* a keen sense of humour; 2 *(beschaafd)* educated [man]

ontwikkelen develop [the mind, character, heat, an argument, a theory, film, property, an algebraic form], engender, generate [heat], produce [smoke], evolve [a system]; improve [the mind], unfold, set forth [theories]; *~ en afdrukken* process [a film]; *zich ~* develop, grow, *(snel)* burgeon [*tot* into]; *zien hoe de toestand zich zal ~* await developments; *de zaak kan zich op een interessante manier ~* there may be interesting developments; *het nieuwe instituut ontwikkelt zich goed* the ... is shaping well

ontwikkeling 1 development, evolvement, generation, production *vgl het ww; volle ~, (ook)* [reach] maturity; *tot ~ brengen (komen)* develop; 2 education [a man of little education, an all-round education]; *zie ook* algemeen

ontwikkelings- *(ook)* developmental

ontwikkelingsgang process of growth; progress [the progress of history]

ontwikkelingsgebied development area

ontwikkelingshulp development aid

ontwikkelingslanden developing countries

ontwikkelingsleer theory of evolution

ontwikkelingspsychologie developmental psychology

ontwikkelingssamenwerking development cooperation

ontwikkelingstijdperk period of development; *(bij mensen)* adolescence

ontwikkelingstoestand state (stage) of development

ontwoekeren: *~ aan* reclaim (recover, wrest) [land] from [the sea]; *uren aan de slaap ~* wrest hours from sleep

ontwormen worm [a dog]

ontworstelen wrest from; *zich ~ aan* tear o.s. (break) away from, shake off, struggle out of [bondage]

ontwortelen uproot, tear up (by its roots)

ontwouden *zie* ontbossen

ontwricht dislocated, out of joint; *duurzaam ~* irretrievably broken-down [marriage]

ontwrichten dislocate *(ook fig)*, put out [one's knee], disrupt [rail services]

ontwrichting dislocation *(ook fig); (sterker)* disruption [of society]

ontwringen wrest (force, wrench) from, wring [a confession] from

ontypisch untypical [of John]; atypical [of this species]

ontzadelen unsaddle [a horse]; unhorse, throw [a rider]

ontzag awe, respect, veneration; *(heilig) ~ hebben voor* stand in awe of (have a healthy respect for); *~ inboezemen* (inspire with) awe; *in ~ houden* overawe [one's public]; keep [one's subjects] in awe; *van ~ vervuld, vol ~* awed, awestruck

ontzaglijk awful [awfully clever], formidable [task], stupendous [blunder, difficulties], vast [crowd], tremendous [increase], immense [like a p. immensely, immensely popular]; *het heeft hem ~ veel goed gedaan* it has done him a world (a power) of good; *zie ook* ontzettend

ontzagwekkend awesome, awe-inspiring, majestic

ontzegelen unseal, break the seal of

ontzeggen deny [a p. genius, the right to ...], forbid [a p. the house]; *mijn benen ~ mij de dienst* my legs fail me; *zijn eis werd hem ontzegd* he was nonsuited, his claim (his suit) was dismissed; *dit geluk is mij ontzegd* this happiness is denied me, I am denied this happiness; *iem de toegang ~* deny (refuse) a p. admittance; *zich alles (een genoegen) ~* deny o.s. everything (forego, renounce a pleasure)

ontzegging denial

ontzeilen steer clear of [a rock, difficulties]; *een klip ~, (fig)* avoid a pitfall

ontzenuwen *(argument, enz)* refute, disprove, knock the bottom out of, rebut [evidence]; *iems argumenten geheel ~, (ook)* cut the ground from under a p.'s feet, *(fam)* make mincemeat of a p.'s arguments

ontzenuwing refutation

ontzet I *zn (ve vesting)* relief; *(ve aangevallene)* rescue; II *bn* 1 appalled [*over* at, by], horrified, [stand, be quite] aghast; 2 distorted; *(v rails)* twisted, buckled, out of alignment; *vgl* ontzetten

ontzetten 1 relieve [a fortress, garrison], rescue [a p. attacked]; 2 *(afzetten)* dismiss; *zie ook* afzetten; *iem ~ uit* deprive a p. of [his office, membership, rights], dispossess a p. of [his property, rights]; *uit de ouderlijke macht ~* deprive of parental control; 3 *(ontzetting inboezemen)* appal, horrify; 4 put out of shape, twist, dislocate, distort; *(inz van hout)* warp;

(scheepsplaten, enz) buckle

ontzettend appalling, terrible, dreadful, *(fam)* awful [awfully nice]; ~ *grappig* too funny for anything; ~ *veel* an awful lot (lots and lots) of [money]

ontzetting 1 relief; rescue; **2** dismissal; deprivation [of civil rights], dispossession; *(ve geestelijke)* deprivation; **3** dismay, horror; *vgl* ontzetten

ontzield inanimate, lifeless

ontzien 1 *(eerbiedigen)* respect, look up to; **2** *(vrezen)* stand in awe of; **3** *(sparen)* spare [a p., no pains, no expense], consider [a p.'s feelings]; ***zich*** *(zijn gezondheid)* ~ take care of o.s. (one's health); *zich (niet)* ~, *(aanpakken, enz)* (not) spare o.s.; *zich niet ~ te* not scruple to, go to any lengths to; *(de brutaliteit hebben te)* have the nerve (gall) to ...; *niets ~d* unscrupulous, uncompromising; ruthless, callous, desperate [criminal]; *geen kosten ~d* regardless of expense

ontzilten desalinate, desalt

ontziltingsinstallatie desalination unit (*of:* plant)

ontzind frantic, mad

ontzinken sink away from; *de krachten ontzonken hem* his strength gave way; *de moed ontzonk haar* her courage failed her (oozed away), her heart sank (within her)

ontzouten desalinate, desalt

ontzuilen desectarianize [social institutions]

ontzwavelen desulphurize [oil]

onuitgegeven unpublished

onuitgemaakt undecided, unsettled, open [an open question]

onuitgesproken [remain] unspoken

onuitgewerkt not worked out; sketchy [writings]; active [volcano]; *~e schets* sketch

onuitgezocht unsorted, ungraded

onuitputtelijk inexhaustible [supply, patience, fund of stories], unfailing [good humour]

onuitroeibaar ineradicable

onuitspreekbaar unpronounceable

onuitsprekelijk unspeakable [joy], ineffable, inexpressible; *(bw ook)* too [happy] for words, [glorious] beyond words

onuitstaanbaar intolerable [pain], unbearable, insufferable [fellow], unendurable; *-bare vent* pain in the neck; ~ *verwaand* insufferably conceited; *vgl* uitstaan

onuitvoerbaar impracticable, unworkable [plan], unenforceable [contract], unfeasible; *het is ~, (ook)* it won't work

onuitvoerbaarheid impracticability; unworkability [of an agreement]

onuitwisbaar indelible, ineffaceable; *(elektr)* nonerasable [memory]; *-bare herinnering* imperishable memory; *-bare inkt* indelible ink

onvaderlands(lievend) unpatriotic (*bw:* -ally)

onvast unsteady [market, hand, unsteady on one's legs, walk unsteadily], unstable, irresolute [character], infirm [will], shaky [fingers, writing], soft [ground], unsettled [weather], light [sleep], fluctuating [market], wavering [judgement], uncertain, groggy

onvastheid unsteadiness, instability, etc

onvatbaar: ~ *voor* insusceptible of [love], impervious (insensible) to [reason], incapable of [improvement], immune from [infection]; ~ *voor beroep, (jur)* unappealable; ~ *maken, zie* immuun

onvatbaarheid insusceptibility, immunity

onveilig unsafe; [feel] insecure; *(inz mil sl)* unhealthy [place]; ~ *sein* danger signal; *het sein staat op ~* the signal is at danger, is against us (etc); *op ~ zetten* put [the signal] at danger; ~ *maken* make (render) unsafe, infest [the seas]; *zie ook* rijden

onveiligheid unsafeness, insecurity

onveraccijnsd 1 in bond; **2** *(gesmokkeld)* uncustomed

onveranderbaar unchangeable, unalterable

onveranderd unchanged, unaltered; *het verdere programma blijft ~* the rest of the ... stands; *zie ook* druk III.3

onveranderlijk invariable, unvarying [his unvarying reply], uniform [temperature], immutable [laws of nature], unchangeable [affection], unalterable

onveranderlijkheid invariability, immutability

onverantwoord 1 unjustified, unwarranted, irresponsible; **2** *(v geld, enz)* unaccounted for

onverantwoordelijk 1 *(niet aansprakelijk)* irresponsible [behaviour], not accountable (for one's actions); **2** *(onvergeeflijk)* inexcusable, unwarrantable, unjustifiable

onverantwoordelijkheid 1 irresponsibility; **2** inexcusableness

onverbeterbaar, onverbeterlijk 1 incorrigible [*ook fig:* an incorrigible optimist], inveterate [grumbler], past praying for; **2** *zie* onovertrefbaar

onverbiddelijk adamant, inexorable, unrelenting

onverbiddelijkheid relentlessness, inexorability

onverbindend not binding, [declare a contract] void

onverbloemd sober, plain, unvarnished, [I told him so] in plain terms

onverbogen undeclined

onverbreekbaar, onverbrekelijk unbreakable, indissoluble

onverbuigbaar indeclinable

onverdacht unsuspected, above suspicion; *uit ~e bron* on unimpeachable authority

onverdedigbaar indefensible, unjustifiable

onverdedigd undefended

onverdeelbaar indivisible

onverdeeld I *bn* undivided [*ook fig:* undivided attention], undistributed [profit], whole, entire; unqualified [approval, success]; **II** *bw* wholly, whole-heartedly [give o.s. whole-heartedly to one's task]; ~ *gunstig* wholly (entirely) favourable; *zie ook* ontvangen

onverdelgbaar indestructible

onverderfelijk imperishable

onverdicht 1 uncondensed; **2** true [story]

onverdiend I *bn* **1** undeserved, unmerited; **2** *(geld)*

unearned; **II** *bw* undeservedly
onverdienstelijk: *niet ~, (ook)* not without merit
onverdorven pure, uncorrupted
onverdraaglijk *zie* ondraaglijk
onverdraagzaam intolerant
onverdraagzaamheid intolerance
onverdroten unwearying, indefatigable, painstaking, unremitting [industry, efforts]
onverdund *(drank)* undiluted, neat [whisky]
onvereffend unsettled, outstanding [debts]
onverenigbaar incompatible [*met* with], irreconcilable [*met* to]; *(v ambten)* incapable of being held together; *~ met, (ook)* inconsistent with
onverenigbaarheid incompatibility, inconsistency
onverflauwd undiminished, unabated, unabating [vigour], unflagging [energy, zeal, courage], unremitting [care, carry on unremittingly]
onvergankelijk imperishable, undying, everlasting
onvergankelijkheid imperishableness
onvergeeflijk unpardonable, unforgivable, inexcusable
onvergelijkbaar not to be compared
onvergelijkelijk incomparable, matchless, peerless, beyond (without, past) compare
onvergetelijk unforgettable, never to be forgotten [day]
onvergolden unrequited, unrewarded, [valid and] unpaid
onverhaalbaar *(kosten)* irrecoverable
onverhandelbaar non-negotiable
onverhard unimproved, unmetalled [road]
onverhinderd unhindered, unimpeded
onverhoeds I *bn* unexpected, sudden; **II** *bw* unawares, unexpectedly, suddenly
onverholen I *bn* undisguised, unconcealed, open; **II** *bw* openly, undisguisedly, candidly
onverhoopt unexpected, unlooked (unhoped, unwished)(-)for; *indien hij ~ mocht ...* if, against (*of:* contrary to) expectation, he should ...; if, unfortunately, he should ...
onverhoord unheard [prayer], ungranted, [remain] unanswered
onverhuurd unlet, untenanted; *~ laten staan* keep [the house] unlet
onverkiesbaar ineligible
onverkiesbaarheid ineligibility
onverkieslijk undesirable
onverklaarbaar inexplicable, unaccountable; *het is mij ~, (ook)* I cannot account for it
onverklaarbaarheid inexplicability
onverklaard unexplained
onverkleinbaar irreducible
onverkocht unsold; *mits ~* subject to being unsold
onverkoopbaar unsaleable, unmarketable; *-bare voorraad* dead stock; *het artikel was ~, (ook)* the ... was a drug on the market
onverkort unabridged [edition, rights], uncurtailed; *(eisen, standpunt) ~ handhaven* refuse to compromise (not yield an inch) [on ...], make no concession; *vgl* onwrikbaar & verkorten
onverkrijgbaar unobtainable, not to be had; *(onbereikbaar)* unattainable; *het onverkrijgbare najagen* attempt impossibilities
onverkwikkelijk unpalatable, distasteful, sordid [a sordid affair], unsavoury [theme]
onverlaat miscreant, wretch, monster, brute
onverlet 1 unhindered, unimpeded; **2** *(ongedeerd)* uninjured; **3** *(jur)* [leave] intact; *dat laat ~, (ook)* the fact remains [that ...]; **4** *(bw)* at once
onverlicht 1 unlighted, unlit; **2** *(fig)* unenlightened [ages]; **3** *(onverzacht)* unmitigated
onvermeld unmentioned, unrecorded
onvermengd unmixed, unalloyed, unqualified, undiluted [joy, bliss]
onvermijdelijk inevitable, unavoidable; *~ verbonden met* inseparable from; *zie ook* schikken
onvermijdelijkheid inevitability, unavoidableness
onverminderd 1 undiminished [appetite], unabated [zeal]; **2** *(behoudens)* without prejudice (detriment) to, subject to
onvermoed unsuspected, unthought-of
onvermoeibaar tireless, indefatigable
onvermoeibaarheid tirelessness, indefatigability
onvermoeid untiring [work untiringly], tireless, unwearying [energy], unwearied [researcher]
onvermogen 1 impotence, incapacity, disability, inability; *~ om te betalen* insolvency; *in staat van ~* insolvent; *bewijs van ~* proof of incapacity; *(jur, vglb)* certificate of legal aid; **2** *(behoeftigheid)* indigence
onvermogend 1 *(machteloos)* impotent, powerless, unable; **2** *(onbemiddeld)* without means, impecunious; **3** *(behoeftig)* indigent, poor
onvermogende poor person [free legal aid for poor persons], *(inz bedeelde)* pauper
onvermurwbaar unrelenting, relentless, inexorable, [he was (remained)] adamant [to her entreaties], as hard as nails
onvernielbaar, onvernietigbaar indestructible
onverpakt unpacked; *~e lading* bulk cargo
onverplaatsbaar immovable
onverplicht not obligatory, not compulsory; optional [subjects *leervakken*]; ex gratia [payment]
onverpoosd uninterrupted, unremitting [labour]
onverricht undone; *wij keerden ~er zake terug* we returned with nothing achieved, we returned empty-handed, had nothing to show for our pains; *honderden moesten ~er zake naar huis, (bij voorstelling bijv)* hundreds had to be turned away
onversaagd undaunted, dauntless, unflinching, intrepid, fearless
onversaagdheid dauntlessness, undauntedness, intrepidity
onverschillig indifferent [*voor* to]; reckless, devil-may-care [fellow]; *~ evenwicht* neutral equilibrium; *het is mij ~* it is immaterial (a matter of indifference, all the same) to me, I don't care one way or

another; *hij is ons geheel* ~ he is nothing to us; *hij was haar* ~ she was not interested in him; *met een* ~ *gezicht* with a 'couldn't care less' expression; *op een ~e manier* [laugh] in an unconcerned way; ~ *voor de gevolgen* regardless (heedless) of the consequences; ~ *wie (waar, enz)* no matter who (where, etc); ~ *of het ... is of ...* irrespective of whether it is ... or ...
onverschilligheid indifference [to], unconcern, disregard [for]; apathy
onverschoonbaar unpardonable, inexcusable
onverschrokken fearless; *zie* onversaagd
onversierd undecorated, plain
onverslaanbaar unbeatable
onverslapt unflagging, unremitting [zeal]
onverslijtbaar everlasting, indestructible, durable
onversneden undiluted, unadulterated
onverstaanbaar unintelligible [*voor* to]
onverstaanbaarheid unintelligibility, unintelligibleness
onverstand unwisdom
onverstandig unwise, ill-judged, ill-advised, injudicious; *het zou* ~ *zijn te ...*, *(ook)* it would be bad policy to ...; *het ~e ervan* the unwisdom (unreason) of it
onversterkt **1** unfortified, open [town]; **2** non-reinforced
onverstoorbaar imperturbable, impassive, *(fam)* unflappable
onverstoorbaarheid imperturbability, impassivity, *(fam)* unflappability
onverstoord unperturbed, unruffled; *(v stilte, enz)* undisturbed
onvertaalbaar untranslatable
onvertaald untranslated; original [novel]
onverteerbaar indigestible; *-bare bestanddelen van voedsel* roughage
onverteerbaarheid indigestibility
onverteerd undigested, unconsumed, unspent; *vgl* verteren
onvertogen indelicate, improper, indecent, unseemly
onvertogenheid indelicacy; indecency
onvervaard undismayed, fearless; *zie ook* onbevreesd & onversaagd
onvervaardheid fearlessness
onvervalst unadulterated [milk, protectionism], genuine, pure, unalloyed, unqualified, undiluted [Fascism]; real [coffee]; honest [beer]; ~ *socialisme* socialism pure and simple
onvervangbaar irreplaceable
onvervreemdbaar inalienable; *(inz van recht ook)* indefeasible; ~ *erfgoed* fee tail
onvervreemdbaarheid inalienability, indefeasibility
onvervulbaar unrealizable [wishes]
onvervuld **1** unfilled [post], vacant [position]; **2** unfulfilled, unperformed, unaccomplished, etc; *vgl* vervullen
onverwacht **1** unexpected, unlooked-for; ~ *bezoek* surprise visit; **2** *zie* onverwachts
onverwachts unexpectedly, unawares, [fall] without (any) warning
onverwarmd unheated, unwarmed
onverwijld **I** *bn* immediate; **II** *bw* immediately, without delay
onverwisselbaar inconvertible, unexchangeable
onverwoestbaar indestructible, invincible [optimism]
onverwoestbaarheid indestructibility
onverzacht unmitigated
onverzadelijk, onverzadigbaar insatiable, insatiate
onverzadigd **1** not satiated, unsatiated, unsatisfied; **2** *(chem)* unsaturated; *meervoudig* ~ *vetzuur (~e olie)* polyunsaturated fatty acid (oil), polyunsaturate
onverzekerd uninsured, uncovered
onverzettelijk unbending, unyielding, inflexible, uncompromising, stubborn, adamant, intransigent; *een ~e, (ook)* a diehard
onverzettelijkheid inflexibility, stubbornness, obstinacy
onverzoenlijk implacable, unyielding, irreconcilable, uncompromising; *een ~e* an irreconcilable, *(pol ook)* a diehard
onverzoenlijkheid implacability, irreconcilability
onverzorgd **1** *(zonder middelen)* unprovided for [the unprovided-for members of the family], [he left his wife] unsupported; **2** *(ve patiënt, enz)* untended, unattended (to); **3** *(slordig)* untidy [hair]; uncared-for, neglected; unkempt [appearance, person, garden]; slipshod, slovenly [style]
onverzwakt unweakened; unimpaired [health]; unabated [fury, vigour]
onvindbaar unfindable, untraceable, not to be found
onvoegzaam indecent, improper
onvoldaan **1** unsatisfied, dissatisfied; **2** *(rekening)* unpaid, unsettled; outstanding [debt]
onvoldaanheid dissatisfaction
onvoldoend(e) insufficient, not up to the mark; *(ontoereikend)* insufficient, inadequate [*voor* to]; *enkel een onderzoek is ~e* mere inquiry will not meet the case; *~e ontwikkeld, (ve foto)* underdeveloped; *woorden zijn ~e* words fail to describe it; *een ~e* an insufficient (fail) mark, a fail
onvoldragen abortive, immature; ~ *vrucht* embryo
onvoleind(igd) unfinished, uncompleted
onvolgroeid stunted [plant]; immature [mind]
onvolkomen **1** imperfect; **2** incomplete
onvolkomenheid **1** imperfection; **2** incompleteness
onvolledig incomplete; elliptical [sentence], defective [verb]; part-time [job]; one-parent [family]
onvolledigheid incompleteness
onvolmaakt imperfect, defective
onvolmaaktheid imperfection, deficiency, defectiveness
onvolprezen beyond praise, matchless, transcendent
onvoltallig incomplete; *(ve vergadering)* lacking a quorum

onvoltooid unfinished, incomplete; *(gramm)* imperfect [tenses]
onvolwaardig *zie* minderwaardig; *geestelijk ~* mentally defective (deficient); *~e arbeidskracht* partly disabled (handicapped) worker
onvolwaardigheid [physical] disability, disablement; [mental] deficiency
onvolwassen half-grown, not fully grown, immature
onvolwassenheid immaturity
onvoorbedacht unintentional, unpremeditated
onvoorbereid unprepared, extempore, offhand; [catch a p.] unawares; *zie ook* vue: à ~
onvoordelig unprofitable, uneconomical; unflattering [photo]; *~ uitkomen* appear at a disadvantage
onvoorspelbaar unpredictable
onvoorspoedig unpropitious, unsuccessful
onvoorstelbaar unimaginable, inconceivable; *het is ~* it staggers belief
onvoorwaardelijk unconditional, implicit [faith, obedience, trust a p. implicitly], unquestioning [faith, obedience], unqualified [support]; *zich ~ overgeven* surrender unconditionally (without terms)
onvoorzichtig careless [talk], imprudent, incautious, unguarded [remark]
onvoorzichtigheid carelessness, imprudence; *een ~, (ook)* an indiscretion
onvoorzien unforeseen, unexpected; *~e omstandigheden* unforeseen circumstances, emergencies; *~e uitgaven* unforeseen expenditure, incidental (minor) expenses, incidentals, contingencies; *fonds voor ~e uitgaven* contingency fund
onvoorziens unexpectedly, unawares
onvrede 1 discord, dissension; *hij leeft in ~ met zijn buren* he is at loggerheads with his neighbours; **2** dissatisfaction [*met, over* with], unease [about the new abortion laws]
onvriendelijk unkind; ungracious [an ungracious reply], uncomplimentary [remarks]; [environment, ozone, user-] unfriendly
onvriendschappelijk *bn* unfriendly [act *daad*]; *bw* in an unfriendly way
onvrij not free; *(inz: horig)* unfree; *het is hier erg ~* there is no privacy here
onvrije serf, bondman
onvrijheid want of freedom, constraint; lack of privacy; *(ve slaaf)* serfdom, bondage, servitude
onvrijwillig I *bn* not voluntary, forced, compulsory; **II** *bw* under compulsion (coercion)
onvrijzinnig illiberal
onvrouwelijk unwomanly, unfeminine
onvruchtbaar 1 *(v land, dier, enz)* infertile, sterile, barren, unfruitful; *~ maken* sterilize [fruit flies]; **2** *(vruchteloos)* fruitless; unprofitable, arid [discussion]
onvruchtbaarheid infertility, sterility, barrenness; fruitlessness
onvruchtbaarmaking sterilization
onwaar untrue, false
onwaarachtig *zie* onwaar & onoprecht
onwaarde invalidity, nullity; *van ~ zijn* be null and void; *van ~ verklaren* declare null and void, invalidate; *zes stembiljetten waren van ~* there were six spoiled (spoilt) papers, six ballot papers were void
onwaardeerbaar inestimable
onwaardig unworthy [act unworthily]; undignified [an undignified spectacle]; *hem ~* unworthy of him; *onze liefde ~* unworthy (undeserving) of our love; *een ... ~* [conduct] unbecoming [of an officer]; *zie ook* aandoen
onwaardigheid unworthiness
onwaarheid untruth, falsity, falsehood
onwaarneembaar imperceptible
onwaarschijnlijk improbable [excuse], unlikely [in the unlikely event that ...]; *het ~e van, zie* onwaarschijnlijkheid
onwaarschijnlijkheid improbability, unlikelihood, unlikeliness
onwankelbaar *zie* onwrikbaar
onwe(d)er thunderstorm, storm; *er is ~ aan (in) de lucht* there is thunder in the air; *(fig ook)* there is something (some mischief) brewing; *er komt ~* there is a storm brewing; *het ~ brak los* the storm burst *(ook fig)*
onweerachtig thundery
onweerlegbaar irrefutable, unanswerable, irrefragable, indisputable
onweerlegbaarheid irrefutableness, indisputability
onweersbeestje thunderfly, thrips *(ook mv)*
onweersbui thundershower
onweerslucht thundery sky
onweersproken uncontradicted
onweerstaanbaar irresistible [smile, charm]
onweerstaanbaarheid irresistibility
onweersvogel storm(y) petrel
onweerswolk thundercloud, stormcloud
onwel unwell, indisposed, ill
onwelgevallig unwelcome, displeasing
onwelkom unwelcome; *het ~e van ...* the unwelcomeness of ...
onwellevend impolite, discourteous, ill-mannered, rude
onwellevendheid impoliteness, discourtesy, rudeness
onwelluidend inharmonious, discordant
onwelluidendheid inharmoniousness, discordance
onwelriekend evil-smelling, malodorous
onwelvoeglijk indecorous; *zie ook* onbetamelijk
onwelvoeglijkheid indecorousness
onwelwillend unkind, disobliging
onwelwillendheid unkindness
onwennig not feeling at home, feeling out of one's element, [be] ill at ease, [feel] awkward; *het is voor ons allemaal nog wat ~* we haven't quite settled down yet
onwenselijk undesirable

onweren thunder; *het onweert* there is a thunderstorm; it is thundering
onwerkbaar unworkable [criterion]; impossible [situation]; impracticable [scheme]; *onwerkbare dagen* lay-off days
onwerkelijk unreal
onwerkzaam 1 ineffective [cure]; **2** inactive [person]
onwetend ignorant [*van* of]; *iem ~ laten van, (ook)* keep a p. in ignorance of; *iem ~ houden, (ook)* keep a p. in the dark
onwetendheid [blissful] ignorance
onwetenschappelijk unscientific (*bw:* -ally), unscholarly
onwetmatig unsystematic; *(jur)* illegal [act]
onwettelijk illegal
onwettig 1 unlawful, illegal; unauthorized; **2** *(ve kind)* illegitimate, born out of wedlock
onwettigheid unlawfulness, illegality; illegitimacy
onwezenlijk unreal
onwijs I *bn* **1** foolish [remark]; **2** *(fam)* crazy; **II** *bw* *(fam)* awfully, terribly; *~ gaaf* brill
onwil unwillingness, obstinacy
onwillekeurig I *bn* involuntary; **II** *bw* involuntarily, inadvertently, unwittingly, in spite of o.s.
onwillens unwillingly, in spite of o.s.; *zie ook* willens
onwillig unwilling; refractory, recalcitrant; *zie ook* hond
onwilligheid unwillingness; refractoriness, recalcitrance
onwis *(lit)* uncertain; *zie* ongewis
onwraakbaar unchallengeable, unimpeachable [witness, authority], unexceptionable
onwrikbaar immovable, unshakeable, (as) firm as a rock, unwavering, unswerving [loyalty], unflinching [resolution *vastberadenheid*], [stand] foursquare *(ook fig)*; *hij bleef ~, (ook)* he was adamant
onwrikbaarheid immovability, firmness
onyx onyx
onz. afk van *onzijdig* n (neuter)
onzaakkundig inexpert; unbusinesslike
onzacht rough, rude; *(bw ook)* none too gently; *in ~e aanraking komen met* come into sharp contact with, get a nasty blow from
onzakelijk unbusinesslike
onzalig unholy, wretched, disastrous [idea]; *te ~er ure* in an evil hour
onze our; *de (het) ~* ours; *zie ook* [2]ons II
onzedelijk immoral, obscene [books, etc], indecent [dress, joke]
onzedelijkheid immorality, vice, indecency
onzedig(heid) immodest(y)
onzeewaardig unseaworthy
onzegbaar *zie* onuitsprekelijk
onzeker 1 uncertain, doubtful, problematic; [their fate remains] in doubt, [those things are still] in the lap of the gods; *processen zijn ~e dingen, (ook)* lawsuits are chancy things; *alles is ~* everything is (up) in the air; *in het ~e laten* leave [a p.] in doubt, leave [a thing] undecided; *in het ~e zijn omtrent* be in uncertainty as to ...; *in het ~e zijn of* ... be doubtful whether ...; *omtrent het lot van negen mannen verkeert men nog in het ~e* nine men are still unaccounted for; **2** *(onvast)* shaky [hand], unsteady [walk, hand, steps], unsure [steps]; unsettled [weather, state of things]; **3** *(onveilig)* unsafe, insecure; **4** *(wisselvallig)* precarious [existence]
onzekerheid 1 uncertainty, incertitude, doubt; *een tijd van ~, (ook)* a time of suspense; **2** shakiness, unsteadiness; **3** insecurity; **4** precariousness; *vgl* onzeker
onzelfstandig dependent (on others)
onzelfstandigheid dependence (on others), want of firmness
onzelfzuchtig unselfish; *zie* onbaatzuchtig
Onze-Lieve-Heer Our Lord, the Lord; *zie ook* kostganger
onzelieveheersbeestje ladybird; *(Am)* ladybug
Onze-Lieve-Vrouw Our Lady
onzelievevrouwebedstro (sweet) woodruff; *(oneig)* lady's bedstraw
onzent: *te(n) ~* at our house (place), in our country, over here, at home
onzenthalve 1 as far as we are concerned; **2** *zie* onzentwege: van ~
onzentwege: *van ~* on our behalf, on our part
onzentwil: *om ~* for our sake(s)
onzerzijds on our part
Onze Vader Our Father; *het onzevader* the Lord's Prayer
onzichtbaar invisible; *~ maken, (v mist bijv)* blot out [the landscape]
onzichtbaarheid invisibleness, invisibility
onzienlijk invisible; *de O~e* the Unseen, the Invisible
onzijdig neutral; *(gramm)* neuter; *zich ~ houden* remain neutral; *~e (mogendheid, enz)* neutral (power, etc)
onzijdigheid neutrality
onzin nonsense, bosh, (tommy)rot, rubbish, poppycock; *~ uitkramen* talk (stuff and) nonsense, talk rot (rubbish), talk through one's hat; *~!, (ook)* fiddlesticks!
onzindelijk unclean, uncleanly, dirty; *~e redenering* impure reasoning (argument)
onzinkbaar unsinkable [ships]
onzinnelijk transcendental
onzinnig nonsensical, absurd, senseless, insensate [jealousy]
onzinnigheid absurdity, nonsense
onzorgvuldig negligent
onzorgvuldigheid negligence
onzuiver 1 impure; **2** inexact; *(bruto)* gross; *(vglb)* pre-tax [income]; *(ve weegschaal, gewichten, enz)* incorrect; *~ beeld* false picture; *~e redenering* false reasoning; *~e waarneming* inexact observation; *~ in de leer* unsound in the faith, heterodox; **3** *(muz)* out of tune, false [note]

onzuiverheid impurity
ooft fruit [tree]; *zie* fruit(-)
oog eye *(ook v naald, tak, aardappel, pauwenstaart, anker, molensteen, traproede; ook: lus ve koord); (ve knoop)* shank; *(op dobbelsteen, enz)* pip, spot, point; *(in brood, kaas)* hole; *~je, (in laars, japon, enz)* eyelet; *(ve schaar)* bow; *zie ook* haak; *goede ogen hebben* have sharp eyes, have good eyesight; *heb je geen ogen?* where are your eyes?; *wat het ~ niet ziet, **deert** het hart niet* what the eye does not see, the heart does not grieve over (about); *een ~je **dichtdoen** (toedoen)* turn a blind eye to (*of:* on) s.t., shut one's eyes to s.t., wink at s.t., make allowances, strain (stretch) a point; *geen ~ dicht-, toedoen* not sleep a wink, not get a wink of sleep; ***een en al (geheel)*** *~ zijn* be all eyes; *zijn ogen **gebruiken*** use one's eyes; *zie ook* kost; *iem ~jes **geven*** ogle (make eyes at) a p., *(sl, van meisje)* give a p. the glad eye; *hoge ogen **gooien**, (fig)* stand an excellent chance; *(het goed doen)* score; *je ogen zijn **groter** dan je maag* your eyes are bigger than your stomach; *~ **hebben** voor* have an eye for [*meer* ... girls have a keener eye for colour than boys]; *open ~ hebben voor* be (fully) alive to; *een ~je hebben op* have designs (up)on, have one's eye on [the Premiership]; *ieder die ogen in zijn **hoofd** heeft* anyone with eyes in his head [can see ...]; *een ~je **houden** op* keep an eye on; *je kunt er geen ~ op houden* [there are so many,] you cannot keep track (*of:* count) of them; *het ~ houden op iems belangen* watch a p.'s interests; *zich de ogen uit het hoofd **kijken*** stare one's eyes out; *het ~ van de **meester** maakt het paard vet* the best manure is the farmer's footstep; *daardoor gingen me de ogen **open**, dat heeft me de ogen geopend* that has been an eye-opener to me; *zie ook* openen; *grote ogen **opzetten*** open one's eyes wide; *hij zette grote ogen op, (ook)* he stared, it made him stare (sit up); *het ~ **slaan** op, a)* (cast a) look at; *b)* take an interest in; *het ~ laten **vallen** op, a)* consider [for a post]; *b)* choose for, settle on; *zijn ogen **sluiten** voor* shut one's eyes to, connive at; *het ~ **wil** ook wat (hebben)* appearances also count; *hij had zijn ogen niet in zijn **zak*** he did not miss much; *een ~ in het **zeil** houden* keep an eye on things, keep a sharp look-out, keep one's weather eye open; *hij heeft ogen van **achter** en van voren* he has eyes in the back of his head; *de hand **boven** de ogen houden* shade one's eyes with one's hand; ***in** ~ (komen te) staan met* stand (come) face to face with; *in het ~ der wet* in the eye of the law; *in de ogen des Heren* [wicked] in the sight of the Lord; *in mijn ~* in my eyes (opinion, judgement); *in het ~ houden* keep an eye (have one's eye) (up)on [a p.], keep [a p., s.t.] in view, bear [s.t.] in mind; *houd hem in het ~, (in de gaten)* watch him [*goed* closely], watch what he does, keep an eye (a watch) on his movements; *in het ~ krijgen* catch (gain) sight of; *(fam)* spot; *iem (recht, vlak) in de ogen zien* look a p. (full) in the face (in the eye); *in het ~ lopen* strike the eye; *het zou te veel in het ~ lopen* it would look too obvious (would be too conspicuous, too noticeable); *in het ~ lopend* flagrant [error]; *in het ~ springen (vallen)* strike (catch) the eye, be obvious (manifest), stand out; *(ook)* leap to the eye(s) [those advertisements simply jump at you]; *in het ~ springend (vallend)* conspicuous, striking [beauty], obvious, salient [points, features], marked [characteristics], glaring [mistakes, defects], eye-catching [advertisements]; ***met** het ~ op* in view of [the facts], in consideration of [his age], with a view (an eye) to [the future, that possibility], [take measures] against [the day when he will arrive]; *met blauwe ogen, (ook)* blue-eyed; *met droge ogen* [she sat] dry-eyed; *met grote ogen* [she stared at them] round-eyed, with round eyes; *met mijn eigen ogen* [I saw it] with my own eyes; *dat kun je al met een half ~ zien* you can see it with half an eye; *iem met een welwillend ~ beschouwen* look favourably (kindly) on a p.; *iem **naar** de ogen zien* toady to a p.; *hij hoeft niemand naar de ogen te zien* he is his own man; *zonder iem naar de ogen te zien* [speak one's mind] without fear or favour; *~ **om** ~ en tand om tand* an eye for an eye and a tooth for a tooth; *iem iets **onder** het ~ brengen* point out s.t. to a p., draw someone's attention to s.t.; remind a p. of [his duties, obligations]; *[hij deed het] onder mijn ogen* under my very nose, before my eyes (face); *kom mij nooit weer onder de ogen* never let me set eyes on you again; *ik durf hem niet onder de ogen te komen* I dare not look him in the face; *wanneer deze regels je onder de ogen komen* when you read these lines; *het bericht is mij niet onder (de) ogen gekomen* has not come my way; *onder de ogen krijgen* set (*fam:* clap) eyes (up)on; *de dood, enz onder de ogen zien* face death (a difficulty, a fact, the truth, the situation), look death (facts, etc) in the face, face up to [a p., the fact, problem, danger, situation], envisage [danger, facts]; *de gevolgen onder de ogen zien, (ook)* face the music; *de feiten (het vraagstuk) moedig onder de ogen zien* face facts (the problem) squarely; *een en ander onder het ~ zien* take stock of the situation, review the whole affair; ***op** het ~* on the face of it, outwardly; *iets op het ~ hebben* have s.t. in view (in mind); *wat kan hij toch op het ~ hebben?* what can he be driving (aiming) at?; *de man die ik op het ~ heb* the man I have in mind; *hij had voor haar een betrekking op het ~* he had a situation in view for her; *zo op het ~* at first sight, on cursory inspection; *op het eerste ~* at first sight, on the face of it; ***uit** mijn ogen!* (get) out of my sight!; *uit het ~, uit het hart* out of sight, out of mind; long absent (seldom seen), soon forgotten; *kijk uit je ogen* have your eyes about you, keep your eyes open; look where you are going (what you're doing); *zie uit je eigen ogen* look with your own eyes; *ik kan niet uit mijn ogen zien* [I'm so tired] I can't keep my eyes open, I cannot see [for the dust *van het stof*]; *iets uit heel andere ogen zien* (come to)

see s.t. in quite a different light; *de gierigheid kijkt hem de ogen uit* he has stinginess written all over his face; *zie ook* verliezen; *met dit doel* **voor** *ogen* with this end in view; *... die wij voor ogen hebben* [the ideal situation] which we envisage; *(alleen) voor het ~* (only) for show, for the look of the thing; *het is bij hem alles voor het ~* he is all show; *voor ogen houden* be mindful of, keep in mind; *iem iets voor ogen houden* hold s.t. before a p., impress s.t. (up)on a p.; *zij werd haar vriendin als voorbeeld voor ogen* she was held up to her friend as an example; *het toneel dat hem voor ogen stond* the scene in his mind; *ik kon geen hand voor ogen zien* I could not see my hand in front of my face; *zie verder* afhouden, blind, bloot, naald, schaar, schamen, traan, treffen, uitsteken, vallen, vier, wrijven, enz

oogappel 1 eyeball, pupil; **2** *(oogbol)* eyeball; **3** *(fig)* the apple of one's eye

oogarts eye specialist, ophthalmologist; *vgl* oogheelkundig

oogbad eyebath

oogbeschermer *zie* oogscherm

oogbol eyeball

oogbout eye bolt

oogcontact [have] eye contact

oogdruppelaar eye dropper

ooggetuige eyewitness

ooggetuigenverslag eyewitness account; *(sp)* running commentary

ooglas 1 monocle; **2** *(oculair)* eyepiece, ocular

ooghaartje eyelash

oogheelkunde ophthalmology

oogheelkundig ophthalmological; *~e* ophthalmologist, ophthalmic surgeon, eye surgeon

ooghoek corner of the eye

oogholte orbit, eye socket

ooghoogte: *op ~* at eye level

oogjesgoed diaper

oogkamer chamber of the eye

oogkas *zie* oogholte

oogklep eyeflap; blinker, *(Am)* blinder *(ook fig)*

oogkwaal [suffer from] eye trouble

ooglap eyepatch

ooglid eyelid; *met zware oogleden* heavy-lidded [eyes]

ooglijk pleasing to the eye, attractive, handsome

oogluikend: *~ toelaten* connive (wink) at, condone; *~e toelating* connivance

oogluiking connivance

oogmaat: *een goede ~ hebben* have a sure (a good) eye

oogmeetkundige ophthalmic optician, optometrist

oogmerk object in view, design, aim, intention; *met het ~ om* with a view to ...ing; *(jur)* with intent to [hurt, etc]

oogmeting eye test(ing)

oogonderzoek eye test, (eye)sight test(ing)

oogontsteking inflammation of the eye, ophthalmia

oogopslag look, glance; *bij de eerste ~* at the first glance; *met één ~* at a glance

oogpunt 1 *(perspectief, enz)* visual point; **2** *(gezichtspunt)* point of view, viewpoint; *uit een ~ van geld* from the money point of view, [consider] in terms of money; *uit verschillende ~en bekijken* view from different angles; *uit het ~ van kunst* from an artistic point of view; *uit het ~ van zedelijkheid* from the point of view of morality; *uit militair (handels-, financieel) ~, (ook)* militarily, commercially, financially

oogrok: *(harde) ~* sclerotic (coat), sclera

oogschaduw eyeshadow

oogscherm eye-shade, eye-shield

oogsidderen nystagmus

oogspiegel ophthalmoscope

oogspier eye (visual, ocular) muscle

oogspuitje eye syringe, eye dropper

oogst *(het oogsten, oogsttijd, opbrengst)* harvest; *(opbrengst inz)* crop(s); *(wijn~)* vintage; *de letterkundige ~ van 1894* the literary output of ...; *een goede (overvloedige) ~ opbrengen* crop well (heavily)

oogsten reap, harvest, gather; *(fig)* reap [glory], earn [gratitude], win [distinction]; *ondank ~* get little thanks; *grote lof ~* win golden opinions; *hij oogstte daarmee de dank van ...* it earned (for) him the gratitude of ..., *vgl* zaaien

oogstfeest harvest home

oogstmaand harvest month, August

oogstmachine harvester, harvesting machine

oogsttijd harvest time, reaping time

oogtand eye-tooth, canine tooth

oogverblindend dazzling

oogvlies tunic (*of:* coat) of the eye, *(hard)* cornea

oogwater eye lotion, eyewash

oogwenk *zie* ogenblik

oogwit white of the eye, sclera; *(fig) zie* oogmerk

oogzalf eye-salve

oogzenuw optic nerve

oogziekte *zie* oogkwaal

ooi ewe

ooievaar stork; *de ~ heeft het gebracht* it was found under the gooseberry bush, the stork brought it, the doctor brought it in a black bag

ooievaarsbek 1 stork's bill; **2** *(plant)* cranesbill

ooievaarsnest stork's nest

ooilam ewe lamb *(ook fig)*

ooit ever, at any time; *heb je ~ van je leven!* did you ever?; *wel heb ik ~!* well I never!; *de opkomst was groter dan ~ (tevoren)* the attendance was a record one; *die er ~ bestond, enz* the best friend (the funniest sight) ever; *het beste resultaat ~* the best result ever; *hij is ~ nog kok geweest* at one time ...; *er zal ~ ...* once there will be ..., there will come a time when ...; *Voltaire heeft ~ gezegd* Voltaire once said

ook 1 *(bovendien)* also, too, as well; *ik ben er ~ nog, a)* they still have me to fall back (up)on; *b)* they still have me to reckon with; *en het is ~ nog duur* and it is expensive, too; *ik wist het niet, en het kon me ~ niet schelen* I didn't know, and I didn't care, either; *hij is ~ zo jong niet meer* he is none so (none too) young either; *en hij dééd het ~* and he did (it) too; ..., *maar of hij het ~ doet?* ..., but whether he will really do it?; *[ik trachtte het mij te herinneren,] en ik herinnerde het mij ~* and I did remember; **2** *(evenzeer)* likewise; *en Jan ~* and John likewise; *[hij is ziek] en ik ~* and so am I; *hij is een gek, en jij ~* he is ... and so are you, and you're another; *[Ik ben blij dat ...] Ik ~, (fam)* Same here; *hij is niet ziek, en ik ~* ***niet*** he ..., nor am I; *ik weet het niet, en jij ~ niet* I ..., nor (neither) do you, nor do you either; *ik wist ~ niet ...* I also didn't know ...; *hij is geen genie, maar jij ~ niet* he ... but no more are you; *ze kon een kansje hebben, en ~ wel niet* she might have a chance, and again she might not; **3** *(dienovereenkomstig:) je kunt je* ***dan*** *~ niet verwonderen, dat ...* you cannot wonder, then, that ...; *waarom ging je (dan) ~ niet?* but then, why didn't you go?; *dat hád (wás, dééd) hij (dan) ~ niet* nor had (was, did) he!; *zie ook* dan; **4** *(zelfs)* even; *~ de kleinste gift* even the smallest gift; **5** *(modaal:) heeft hij ~ kinderen?* has he any children?; *~ brieven? ~ nieuws?* any letters? any news?; *ik krijg ~ nooit wat* I never do get anything; *wat doet hij ~ op straat?* what business has he (what is he doing) in the street?; *~ een mooi koopje!* a nice bargain, indeed!; *~ een vraag!* what a question to ask!; *~ een prettig plaatsje!, (iron)* a nice place, I don't think!; *wanneer was dat (hoe heet hij) ~* ***al*** *weer?* when was that (what is his name) again?; *je bent ~* ***altijd*** *uit* you always happen to be out [when I call]; *da's óók* ***gek!*** (that's) very strange indeed!; ***waarom*** *~?* why ever?; *waarom zou hij het ~ doen?* what should he do it for?; *da's óók* ***wat!*** what a nuisance!; *[hij is bang voor honden,] en dat is ~* ***wel*** *te begrijpen* and that is perfectly understandable; **6** *(versterkend:)* ***hoe*** *het ~ gaat, het moet gebeuren* it must be done, no matter how; ***waar*** *hij ~ mag zijn* wherever he may be; ***wat*** *je ~ zegt* whatever you may say, say what you like; *wat ik ~ deed* do what I would; ***wie*** *het ook is* whoever it may be; *zie ook* al, alleen, hoe, [1]maar, wie, [1]zijn, enz

ooliet oolite

oom uncle; ~ *(ome) Jan, zie* lommerd; *hoge ome* bigwig, big bug (gun, noise), nob, VIP (Very Important Person)

oomzegger nephew

oomzegster niece

oor ear *(ook van kruik, kopje, enz); (ve mand, enz)* handle; *(in boek)* dog's-ear; *het gaat het éne ~ in en het andere uit* it goes in (at) one ear and out (at) the other; *iem de oren van het hoofd* ***eten*** eat a p. out of house and home; *ik ben* ***geheel*** *~* I am all ears; *~ (geen ~)* ***hebben*** *voor muziek* have an ear (no ear) for music; *iems ~ hebben* have a p.'s ear; *wie oren heeft om te horen, die hore, (bijb)* he that hath ears to hear, let him hear; *ik* ***heb*** *er wel oren* ***naar*** I rather like the idea; *hij had er dadelijk oren naar* he fell in with it (with the idea) at once; *hij had er geen oren naar* he would not hear of it; *de oren* ***laten hangen*** hang one's head; *de oren laten hangen naar* lend a (too) willing ear to; *zijn ~ te* ***luisteren*** *leggen* put one's ear to the ground [he has had his ear to the ground]; *ergens een* ***open*** *~ voor hebben* give ready ear to s.t.; *de oren* ***opsteken*** prick (up) one's ears; *zijn oren* ***sluiten*** *voor* turn a deaf ear to, close (stop) one's ears to; *de oren* ***spitsen*** prick up one's ears; *(fig ook)* strain one's ears; *ze spitsten de oren, (ook)* ears were cocked; *zijn oren* ***staan*** *ver van het hoofd* his ears stick out; *de oren* ***toestoppen*** stop (*of:* hold) one's ears; *zie ook* krabben; ***met*** *een half ~ luisteren* listen with half a ear; *met hangende oren, (fig)* crestfallen; *iem wat* ***om*** *de oren geven* box a p.'s ears, give a p. a thick ear; *iem om de oren gooien met* fling [abuse, etc] at a p.; *hij ligt nog* ***op één*** *~* he is still asleep; *zijn hoed op één ~ zetten* cock one's hat; *het (varken, karwei) is op een ~ na gevild* we're on the last lap, it's all over bar the shouting; *het is mij* ***ter*** *ore gekomen* it has come to (reached) my ears; *het kwam zijn vrouw ter ore, (ook)* it came round to his wife; *kleuren* ***tot*** *achter de oren* colour up to one's ears; *tot over de oren in het werk (in de schuld)* up to one's ears (eyes, neck) in work (in debt); *tot over de oren verliefd* head over heels in love; *alleen* ***voor*** *uw ~ bestemd* [that is] between you and me; *zie ook* aannaaien, bewegen, doof, droog, knopen, lenen, suizen, treffen, tuiten, vel, [3]wassen 1, zaniken, enz

ooraap galago, bushbaby

oorader auricular vein

oorarts ear specialist, aural surgeon, aurist

oorbaar beseeming, becoming, proper, permitted

oorbaarheid propriety, decency

oorbel earring

oorbeschermer earflap

oorbiecht auricular confession

oord region, province, place, [holiday] resort; *(munt) zie* oortje

oordeel judgement, opinion; *zie ook* mening; *(jur)* judgement, sentence; *(ve jury; ook ve dokter, het publiek, enz)* verdict; *zie ook* onderscheid: oordeel des ~s; *algemeen ~* consensus of opinion; *gezond ~* sound judgement; *de dag des O~, het Laatste O~* Judgement Day, the Day of Judgement, the Last Judgement; *het was een leven als een ~* the noise was enough to raise the dead; *er ontstond een leven als een ~* pandemonium (*of:* Hell) broke loose; *zijn ~* ***opschorten****, nog geen ~ vellen* reserve one's judgement; *zijn ~* ***uitspreken*** express one's opinion [*over* on], give one's verdict [*over* on]; *een ~* ***vellen*** pass judgement [*over* on]; *ik kan er geen ~ over vellen* I cannot judge of it; *zijn ~* ***voor zich*** *houden* keep one's (own) counsel; *zich een ~ over iem* ***vormen*** sum up a p.; *dat laat ik* ***aan*** *uw ~ over* I leave it to your judgement (*of:* discretion); ***met*** *~ kiezen* choose with discernment; ***naar*** *(volgens) mijn ~ in*

my judgement (*of:* opinion), to my mind; *ik ben van ~ dat …* I am of (the) opinion that …; *de rechtbank was van ~ dat …* the Court held that …
oordeelkundig judicious, discreet
oordeelvelling judgement
oordelaar judge
oordelen judge [*over* of]; *zie ook* oordeel: van ~ zijn; *oordeelt niet, opdat gij niet geoordeeld wordt* judge not that ye be not judged; *ik kan daarover even goed ~ als jij* I am as good a judge of that as you; *te ~* ***naar*** (judging) from [his age], [a sailor] by [the looks of him]; *~ naar de schijn* judge by appearances; *oordeel zelf* judge for yourself, use your own judgement
oordopje earplug
oordruppels ear drops
oorhanger (pendant, drop) earring, ear drop
oorheelkunde otology
oorholte cavity of the ear
oorijzer (gold, silver) casque
oorklep ear flap, ear protector
oorklier parotid (gland)
oorknopje earring, ear stud
oorkonde 1 charter, deed, document, instrument, record; *(vooral mv)* muniment; **2** [illuminated] address; *ter ~ waarvan* in witness whereof
oorkondeboek cartulary, register of documents and records, roll-book
oorkussen pillow; *zie ook* ledigheid
oorkwal aurelia
oorlam drink ration, allowance of gin, dram, rum ration; *een ~ nemen (geven), (mar) (ook)* splice the main brace
oorlap *zie* oorklep
oorlel ear lobe
oorlepeltje ear pick
oorlog war [cemetery, criminal, effort, film, memorial], warfare; *zie ook* strijd; *de Zevenjarige Oorlog* the Seven Years' War; *de Grote Oorlog* the Great War; *grote (kleine) ~* major (minor) war; *koude ~* cold war; *de ~* ***aandoen*** make (declare) war (up)on; *tot (de) ~* ***overgaan*** go to war; *de ~* ***verklaren*** declare war [*aan* (up)on]; *de ~ was verklaard, (fig)* the gloves were off; *~* ***voeren*** wage (make) war [*tegen* against, on]; *er werd ~ tussen hen gevoerd* a war was carried on between them; ***in*** *staat van ~* in a state of war; *in ~ zijn, ~ hebben* be at war [*met* with]; *de eerste jaren* ***na*** *de ~* the early post-war years; ***ten*** *~ trekken* go to war; *Groot-Brittannië vóór (na) de ~* pre-war (post-war) (Great) Britain
oorlogen *ww zie* oorlog: ~ voeren
oorlogsbedrijf 1 military operations; **2** soldiering
oorlogsbehoeften, oorlogsbenodigdheden military stores, (am)munition(s)
oorlogsbodem *zie* oorlogsschip
oorlogsbuit war booty, spoils of war
oorlogscorrespondent war correspondent
oorlogsdaad act of war
oorlogsdreiging threat of war
oorlogsgedenkteken war memorial
oorlogsgerucht rumour of war
oorlogsgevaar 1 danger of war; **2** danger from war
oorlogsgeweld acts of war, force of arms
oorlogsgod(in) war god(dess)
oorlogsgraf war grave
oorlogshandelingen acts of war, hostilities
oorlogshaven naval port
oorlogsheld(in) war hero(ine)
oorlogsinvalide disabled ex-serviceman; *de ~n, (ook)* the war-disabled
oorlogskas war chest
oorlogskreet war cry
oorlogsmoe war-weary
oorlogsmoeheid war-weariness
oorlogsmolestverzekering war risk insurance
oorlogsnoodzaak military necessity
oorlogspad: *op het ~* on the warpath
oorlogsrecht law of war; *~en* belligerent rights
oorlogsrisico war risk
oorlogsroem military glory
oorlogsrumoer tumult of war
oorlogsschade [insurance against] war damage
oorlogsschip warship, *(hist)* man-of-war
oorlogsschuld 1 war debt; **2** war guilt
oorlogssterkte war strength, war establishment, fighting strength; *op ~* at war strength, on a war-footing
oorlogsstoker warmonger
oorlogsterrein *zie* oorlogstoneel
oorlogstijd time of war; wartime conditions
oorlogstoestand state of war; wartime conditions
oorlogstoneel theatre (*of:* seat) of war
oorlogstuig implements of war
oorlogsuitrusting war equipment
oorlogsveld field of battle
oorlogsverklaring declaration of war
oorlogsverleden wartime record
oorlogsveteraan veteran
oorlogsvloot navy, fleet
oorlogswet law of war
oorlogswinst war profit; *het maken van ~* war-profiteering
oorlogszuchtig bellicose, warlike, war-minded; *~e geest* warlike (drum-and-trumpet) spirit
oorlogszuchtigheid bellicosity
oorlogvoerend belligerent; *de ~en* the belligerents, *(partijen)* the warring factions
oorlogvoering conduct of (a, the) war, waging war
oormerk *(v vee)* earmark, ear tag
oormerken *(ook fig)* earmark; *(fin ook)* ring-fence
oorontsteking inflammation of the ear; *(wtsch)* otitis
oorpijn earache
oorrand rim of the ear, helix
oorring earring
oorrob eared seal
oorschelp auricle, concha, shell of the ear
oorsmeer earwax; *(wtsch)* cerumen

oorspeekselklier parotid gland
oorspiegel otoscope, auriscope, ear speculum
oorsprong origin *(ook wisk)*, fountainhead, source; *van ~ Fin(s)* a native Finn (originally Finnish); *het vindt zijn ~ in* it has its origin(s) in, results from; *zie ook* voortkomen uit
oorspronkelijk original, primitive, primary; *~e bewoners* original inhabitants, natives, aborigines; *hij is ~ uit Mexico* he is of Mexican origin, a native of Mexico; *in het ~e lezen* read [a book] in the original
oorspronkelijkheid originality
oorspuitje ear syringe
oorstuk(je) earpiece
oorsuizing singing (ringing) in the ears, tinnitus
oortelefoon earphone
oortje farthing, doit; *geen ~ waard* not worth a fig (a straw, a brass farthing); *hij kijkt alsof hij zijn laatste ~ versnoept heeft* he looks blank (sheepish, like a (dying) duck in a thunderstorm)
oortrompet ear trumpet
oortuiten tingling of the ears
ooruil long-eared owl
oorveeg box on the ear; *iem een ~ geven* box a p.'s ears
oorverdovend deafening
oorverscheurend ear-splitting
oorvijg *zie* oorveeg
oorwarmer earmuff
oorwas earwax
oorwatje earplug
oorworm, oorwurm earwig; *hij zet een gezicht als een ~* he looks like a bear with a sore head, his face is as long as a fiddle
oorzaak cause, origin; *~ en gevolg* cause and effect; *de ~ van alle moeilijkheid, (ook)* the root of all the trouble; *dit was de ~, dat hij het plan liet varen* this caused him to abandon the plan; *kleine oorzaken hebben grote gevolgen* small causes produce great effects; *gelijke oorzaken, gelijke gevolgen* like produces like; *ter ~ (oorzake) van* on account of
oorzaakaanduidend, oorzakelijk causal [connection, link]
oorzakelijkheid causality
oorzenuw auricular nerve
oost [the wind is] east; *de O~* the East, the Orient; *(onze Oost, hist)* the Dutch East Indies; *vgl* Indië; *~ west, thuis best* there is no place like home
Oost-Afrika East Africa
Oostblok Eastern bloc
Oost-Duitsland East Germany
oosteinde east end
oostelijk eastern, easterly; *~ van P* (to the) east of P; *~ aanhouden, (mar)* make easting; *~ste* easternmost [the easternmost province]
oosten east; *het ~* the East, the Orient; *het Verre (het Nabije) Oosten* the Far (the Near) East; *het ~ van het land* the eastern part of the country; *naar het ~ (gaand)* eastbound; *ten ~ van* (to the) east of; *zie ook* Midden-Oosten
Oostende Ostend
Oostenrijk(er) Austria(n)
Oostenrijk-Hongarije *(hist)* Austria-Hungary, the dual Monarchy
Oostenrijks Austrian; *(in verbindingen)* Austro-[German, Hungarian, etc]
Oostenrijks-Hongaars *(hist)* Austro-Hungarian
oostenwind east wind
oosterbuur eastern neighbour; *onze -buren* our neighbours to the east, the Germans
oostergrens eastern frontier
oosterlengte east(ern) longitude; *vgl* westerlengte
oosterling Oriental, Eastern(er)
oosters eastern, oriental; *de ~e kerk* the Eastern church; *~e talen* oriental languages; *kenner van ~e talen* orientalist
Oost-Europa East(ern) Europe
Oost-Fries *bn & zn* East Frisian
Oost-Friesland East Friesland
Oost-Goten Ostrogoths
Oost-Gotisch Ostrogothic
oostgrens eastern frontier (border)
Oost-Indië the East Indies, the Malay Archipelago; *zie ook* Oost: onze ~
Oost-Indiëvaarder East Indiaman
Oost-Indisch East Indian; *~e Compagnie* East India Company; *~e inkt* Indian ink, Chinese ink; *~e kers* nasturtium, Indian cress; *zie ook* doof
oostkant east side
oostkust east coast
oostmoesson north-east (*of:* dry) monsoon
oostnoordoost east-north-east
oostpassaat north-east trade wind
oostpunt equinoctial point
Oost-Romeins: *het ~e Rijk* the Eastern (Roman) Empire
oostwaarts I *bw* eastward(s); II *bn* eastward
Oostzee: *de ~* the Baltic; *(attr)* Baltic [port, trade]
oostzijde east side
oostzuidoost east-south-east
oot wild oat
ootje small o; *iem in het ~ nemen* make fun (a fool) of a p., pull a p.'s leg, chaff a p.
ootmoed humility, meekness, submission
ootmoedig humble, meek, submissive
op I *vz* **1** *(plaats)* on, upon [the roof]; at [school], in [an office]; *er zit een slot ~ de deur en dit is de sleutel* there is a lock to the door and this is the key to it; *geen vizieren ~ het geweer* no sights to the rifle; *whisky ~ wijn drinken* drink whisky on top of ...; *~ een **eiland** wonen* live in an island (*klein, ook:* on an island); *~ een eiland landen* land on an island; *zij ziet er lief uit ~ deze foto* she looks nice in (on) this photo; *~ een **kasteel*** [live] in a castle; *~ de **Keizersgracht*** [walk] in the ...; *~ de **preekstoel*** in the pulpit; *~ een **stoomboot*** on (board) a steamer; *~ **straat*** in (*Am:* on) the street; *~ **zee*** at sea; **2** *(tijd)* at; *~ zeke-*

*re **dag** (morgen, enz)* one day, etc; *later ~ de dag (morgen, avond)* later in the day, etc; *dag ~ dag* day after day; *van maandag ~ op dinsdag* from Monday to Tuesday; *leugen ~ leugen* [tell] lie (up)on lie; *kopen ~ juli, (handel)* buy for July; *~ een wenk van A ging hij weg* at a nod from A he ...; *~ mijn **horloge**, enz* [it is three] by my watch (by the station clock); *zie ook* ²klok; *~ dat **uur*** at that hour; *~ het uur (de minuut, enz) af* to the very hour (the minute, etc); *~ **zijn** achttiende* when he was eighteen [he ran off]; **3** *(omstandigheid, wijze, middel, oorzaak)* with, in; *duel ~ de **degen** (het pistool)* duel with swords (pistols); *~ **gas** koken* cook with gas; *~ je gezondheid (je succes, enz)!* your health! (here's to your success, your new play, etc)!; *~ zijn (eerlijk, enz) gezicht* [engage a servant] on his face; *~ zijn **Hollands*** in the Dutch manner, [do things] the Dutch way, [dressed] in (after) the Dutch fashion; *hoe heet dat ~ zijn Hollands?* what is that in Dutch?; *ze zag er ~ haar **mooist** uit* she looked her prettiest; *~ de **muziek*** [dance] to the music; *zingen ~ de muziek van de gitaar* sing to the guitar; **4** *(verhouding)* to, in; ***één** ~ de vijftig* one in fifty (out of every fifty); *één telefoon ~ elke vijftig inwoners* one telephone to ... (*zo ook:* one nurse to fifty patients; a cup of vinegar to each gallon of water; the air pressure is a ton to the square foot); *1 ~ 12, (benzineverbruik)* 12 kilometres to the litre (35 mpg); *zie ook* bank, best, bevel, liggen, na, zichzelf, enz; **II** *bw* **1** up; *~!* up!; *bajonet ~!* fix bayonet(s)!; *het deksel wil **er** niet ~* the lid won't go on; *met een kegel er~* surmounted by a cone; *de grendel is er ~* the bolt is on; *met alles er ~ en **er aan*** complete with all accessories; *het is er ~ of **er onder*** it is kill or cure, sink or swim (with me), neck (all) or nothing; *hij **had** iets ~* he had been having something; *de zon **is** ~* the sun has risen (is up); *hij is ~, (uit bed)* he is out of bed (up, astir, stirring); *het kleed is ~* the carpet is up; *~ **kunnen**, a) (op maken:) dat kan ik niet allemaal ~* I cannot eat all that; *het schijnt wel dat je **geld** niet ~ kan* you seem to have no end of money; *ik kon mijn (hij kan zijn) **plezier** wel ~* I had (he is having, he is in for) a pretty thin time; *b) zie* kunnen; *ze hebben **licht** ~* they have a light on; *~ en **neer*** [pace] up and down; *het dek ~ en neer stappen* pace (up and down) the deck; *het gaat ~ en neer met hem* it is up and down with him; *~-en-**top*** to the fingertips, every inch [a gentleman], all over, out and out, [satisfied] in every way; *~-en-top een aristocraat, (ook)* an aristocrat of aristocrats; ***verder** ~* further on; ***vraag** maar ~* ask away!; *het raam **wil** niet ~* the ... will not go up; **2** *(uitgeput, fini)* finished; *(financieel)* stony broke, on the rocks; *(afgeleefd)* worn out; *~ is ~* when it's gone, it's gone; ***het is** ~* there is nothing left; *het bier (geld, voedsel, de olie) is (de kolen zijn) ~* the beer (money, food, oil, coal) has (is) run out, is finished, we are (have run) out of beer, etc; *(ve menu)* [beans] are off; ***hij is** ~* he is deadbeat, all in, knocked up, done (up), knackered; *mijn **geduld** is ~* my ... is exhausted; *het **kleed** is ~* the carpet is worn (out); *mijn **kleingeld** is vrijwel ~* I've pretty well run out of change; *de **voorraad** is ~, (ook)* the stock is exhausted

opa gran(d)dad, grandpa

opaak opaque

opaal opal

opaalachtig opalescent, opaline

opaciteit opacity

opalen opal

opbakken bake (again), fry (again)

opbaren place (up)on the (a) bier; *opgebaard liggen, (op praalbed)* lie in state

opbellen ring (up); *(telefoon ook)* call (up), phone (up), give [a p.] a ring (*fam:* a tinkle), ring [a p.], get a p. on the phone; *(automatisch, ook)* dial [a p., a number]

opbergdoos file box

opbergen put away *(ook fig: gevangen zetten)*, stow away, put in safe keeping, tidy away [toys], pack up, pack away; *(achter slot)* lock away, lock up; store, [he offered to] give houseroom to [the few things I had]; *(in pakhuis)* store (away); *(in volgorde)* file [letters]; *(in vakjes)* pigeon-hole; *veilig opgeborgen, (ook)* safely stowed *(ook v pers)*

opbergmap file, folder

opbergsysteem filing system

opbeuren **1** lift up; **2** *(fig)* cheer (up), comfort

opbeuring **1** lifting up; **2** *(fig)* comfort

opbiechten confess, own up; *hij biechtte alles eerlijk op* he made a clean breast of it

opbieden: *~ tegen* bid against, make a higher bid than, try to outbid

opbinden bind (tie, do) up

opblaasbaar inflatable [boat, dinghy, rubber doll]

opblazen blow up (out), inflate, puff out (up) [one's cheeks]; *(brug, enz)* blow up; *(fig)* exaggerate, magnify [a matter] (out of all proportion), boost [the press boosted it into a national crisis]; *zie ook* opgeblazen

opblijven sit (stay, wait) up [for a p.]

opbloei flourishing [of art, etc]; (economic) prosperity

opbloeien **1** (begin to) flourish; prosper; **2** *(fig) zie* opfleuren

opbod: *verkoop bij ~* sale by (at) auction; *bij ~ verkopen* sell by (at) auction, auction

opboksen compete (*tegen* with, against); struggle (*tegen* against, with); *niet tegen iem kunnen ~* be no match for a p.; *moeten ~ tegen* have to contend with (against)

opbollen puff up, bag, bulge (out)

opboren bore out

opborrelen bubble (*of:* well) up

opborstelen brush (up), give a brush

opbouw **1** building, erection, construction; build-up [of a programme]; *(structuur)* structure; **2** *(stich-*

ting) edification; **3** *(bovenbouw)* upper structure; **4** *(bevordering)* advancement, promotion
opbouwen build up (*ook fig:* build up instead of pulling down); *weer ~* reconstruct, rebuild; *een nieuw bestaan ~* build a new life
opbouwend 1 constructive [policy; criticism]; **2** *(stichtelijk)* edifying, improving [reading]
opbouwwerk community work
opbouwwerk(st)er community (social) worker
opbranden I *tr* burn (down), consume; **II** *intr* be burnt (down); *hij was volledig opgebrand* he was completely burnt out
opbrassen *(mar)* brace up
opbreken I *tr* **1** *(openbreken)* break up (open); tear (take, dig, pull *(soms:)* break) up [the street], take (pull) up [the floor], tear up [the railway track]; *de straat is opgebroken* the road is up; *opgebroken rijweg* road up; **2** *(afbreken)* take down, strike [tents]; **3** *(beleg)* raise [the siege]; *(huishouden)* break up [the household]; *zie ook* kamp; **II** *intr* **1** strike (break) camp, break up; *(v ijs, enz)* break up; **2** *(oprispen)* repeat; *dat zal je (zuur) ~* you will (come to) regret it (will suffer for it), *(bedreiging)* you shall pay for it
opbreking breaking up (open), etc, *vgl* opbreken; break-up [of the household, etc]
opbrengen 1 raise, carry up(stairs); *verf ~* put on (apply) paint; *de bal ~, (sp)* carry the ball forward (upfield); **2** *(grootbrengen)* bring up, rear; **3** *(opleveren)* bring in [£60 a week], yield [profit]; *(bij verkoop)* realize [£100], fetch [a price, a great deal of money], command [a handsome premium]; *het zal de onkosten niet ~* it won't defray the cost; **4** *het ~* bring o.s., manage [to do s.t.]; *hij kon er geen belangstelling voor ~* he could not bring himself to take an interest in it; *moed ~* muster courage; *begrip ~ voor* show understanding of (sympathy for); **5** *(betalen)* pay [taxes]; *zoveel kunnen wij niet ~* we cannot pay (*of:* afford) so much; **6** *(arresteren)* run in [a thief]; *(schip)* seize, capture
opbrengst *(productie)* output, produce, out-turn; *(v oogst, belasting, enz)* yield [the yield per acre; milk yield]; *(geldelijk)* proceeds *(steeds mv)*; *jaarlijkse ~* [sell at 20 years'] purchase
opbrengsteigendom investment property
opbruisend 1 effervescent, sparkling; **2** *(fig)* hot-tempered, irascible; ebullient [idealism]
opbruising ebullition
opcenten, opcentiemen surtax, surcharges on taxes (etc)
opcommanderen summon
opdagen turn (*of:* show) up, come along; *weer ~, (ook)* pop up again
opdat (so) that, in order that; *~ niet* that ... not, *(lit)* lest; *~ een schikking mogelijk is zijn twee dingen nodig* for a settlement to be possible ...
opdelen divide up
opdelven dig up; *zie ook* opdiepen
opdienen serve (up), dish up; *er werd (is) opgediend* dinner was (is) served
opdiepen 1 *(sloot, enz)* deepen; **2** *(fig)* unearth, hunt (rout, ferret) out, dig up; *iets uit een zak, enz ~* fish up s.t., fish s.t. out of a bag
opdikken bulk [paper, yarn]
opdirken trick out (up), dress up, *(fam)* doll up, tart up; *zich ~* dress up, *(fam)* prink o.s. (up), doll o.s. up, titivate o.s.; *opgedirkt, (ook)* overdressed
opdissen 1 serve (up), dish up, put on the table; **2** *(fig)* dish up [a story], serve up [scandal]; *(fam)* pitch [a tale, a yarn]
opdoeken 1 furl, make up [sails], gather up [sails, flags]; **2** *(fig)* do away with; *(zaak)* shut up shop, put up the shutters; **3** *(weggaan)* clear out, hop it
opdoemen loom (up) [a form loomed up in the darkness, dangers loomed ahead]; *het doemde op voor mijn verbeelding* it loomed before my ...
opdoen 1 *(inslaan)* lay in [a stock of ...], get in [coal for the winter]; **2** serve (up); *zie* opdienen; **3** *(opmaken)* do up [linen]; **4** *(verkrijgen)* obtain, get; pick up [information, knowledge], gain (acquire) [experience]; *(ziekte)* contract, take, catch [a disease]; *waar heb je je Frans opgedaan?* where did you pick up your French?; *de ondervinding ~, dat ...* discover by experience that ...; **5** ***zich*** *~* arise; *zodra de gelegenheid zich opdoet* as soon as an opportunity offers (presents itself); *vgl* voordoen
opdoffen spruce [o.s.] up, buff [metal, leather]
opdoffer wallop, punch; *vgl* opdonder 1
opdokken *(fam)* fork (*of:* shell) out, cough up (the cash), stump up; *zie ook* afschuiven II.3
opdonder 1 blow, punch, wallop; *iem een ~ geven, (ook)* belt a p.; *(fig)* blow, shock, setback; **2** midget, *(ong)* squi(r)t
opdonderen piss off; *donder op!, (ook)* get lost! naff off!, get the hell out of here (it, this)!; *zie ook* uitrukken
opdooi (soil instability owing to) thaw; *(opschrift)* frost damage
opdraaien turn up [the lamp, light, volume]; twist up [one's moustache]; *ergens voor ~, (sl)* take the rap; *iem ervoor (voor de kosten, enz) laten ~* let a p. in for it (for the cost, etc); leave all the work for some one else to do; *ik moest ervoor ~* I had to stand the racket (to hold the baby, to carry the can); *(fam) zie* opgewonden
opdracht 1 *(last)* charge, commission, instruction, mandate, order, brief; *~* ***geven*** instruct, commission; ***buiten*** *zijn ~ gaan* go beyond one's remit (one's commission); *ik heb* ***in*** *~ om ...* I am instructed (directed, commissioned) to ...; *het fregat had ~ om ...* the frigate was under orders to ...; *in ~ handelen* act under orders; *in ~ van* by order of, by the direction of, [built] to the order of; *in ~ van de regering* by government order; *in ~ van ... deel ik u mede* I have been instructed by ... to inform you; **2** *(taak)* task, assignment; **3** *(zending)* mission; **4** *(ve*

commissie) (terms of) reference [the committee adhered rigidly to its terms of reference; broad (wide) terms of reference], remit; **5** *(ve boek, enz, gedrukt)* dedication; *(geschreven)* presentation inscription; *(v Christus in de Tempel)* presentation; *(verzonden) in ~ van de schrijver* with the author's compliments

opdrachtgever *(jur, handel)* principal; *(v advocaat, deurwaarder, enz)* client; *(klant)* customer; [building] commissioned by [...]

opdragen 1 *(gelasten)* charge, instruct, commission [a p. to ...]; *wie heeft u dat opgedragen?* who has instructed you to do this (charged you with this)?; *mij is opgedragen u te berichten* I am directed (instructed) to inform you; *ik draag het aan uw zorg op* I recommend (commit) it to your care; *de u opgedragen taak* your appointed (allotted) task; **2** *(boek, enz)* dedicate [a book to a p.]; **3** *(naar boven dragen)* carry up(stairs); **4** *(opdienen)* serve (dish) up, put on the table; *de* ***mis*** *~* celebrate (say) mass; **5** *(totaal verslijten)* wear out [a coat]

opdraven *(fig)* put in an appearance, present o.s., attend; *iem laten ~* send for a p.

opdreunen rattle (*of:* reel) off, drone [a lesson]

opdrijven force (run, send, push) up, inflate [prices]; *(effecten)* boom, bull; *examencommissies drijven hun eisen op* examining bodies are tightening up their requirements; *wild ~* start game

opdrijving forcing up, etc, inflation [of prices]

opdringen I *intr* press (push) on (forward), push closer; **II** *tr: iem iets ~* force (press) s.t. (one's opinion, attentions, etc) (up)on a p., *(sterker)* cram (ram, force, push) s.t. down a p.'s throat; impose [a policy] on a p.; *de oorlog (de kandidaat, enz) werd ons opgedrongen* was thrust (up)on us; ***zich*** *~ aan* intrude (up)on, obtrude (force) o.s. (up)on [a p., a p.'s company, notice], *(sterker)* inflict o.s. (up)on; *ik dring mij nooit op* I never force my company on others; *de vraag drong zich aan mij op* the question forced itself on me; *reclames dringen zich aan u op* advertisements shout at you; *zij drong zich aan hem op* she threw herself at him

opdringerig obtrusive, intrusive, officious, *(fam)* pushy; *~e reclame* insistent advertisement

opdringerigheid obtrusiveness, intrusiveness

opdrinken drink, drink up, finish, empty, drink (*of:* toss) off

opdrogen dry (up); *(v stroom, bron)* dry up, run dry

opdrogend *(middel)* desiccative

opdroging drying up, desiccation

opdruk *(op postzegel)* overprint, surcharge; *postzegel met ~* overprinted (surcharged) stamp; *met ~, (ook)* [a T-shirt] printed [Will Power]

opdrukken 1 impress (imprint, print) on; *deze tekst was opgedrukt op de postzegel* the stamp was overprinted with this text, this text was superimposed on ...; *zie ook* stempel; **2** push up, press up; *tien keer ~, (ook)* do ten press-ups

opduikelen dig up, unearth, hunt out

opduiken I *intr* emerge; *(fig ook)* turn (crop, pop) up; *weer ~, (ve pers, vraagstuk)* re-emerge, *(ve gerucht, onderwerp)* crop up again; *(ve duiker, enz)* surface; **II** *tr* **1** bring up, bring to the surface; **2** dig up, unearth, hunt out

opduvel wallop, clout

opduvelen hook it, scram

opduwen push (up)

opdweilen mop up

opdwingen *zie* opdringen II

opeen together, one (up)on (on top of) another; *zie ook* bijeen & samen

opeendrijven drive together, round up [cattle, criminals]

opeendringen crowd together

opeenhopen heap (pile) up, accumulate; *zich ~, (ve menigte)* crowd together

opeenhoping accumulation [of work], congestion [of traffic], [traffic] jam, congeries [of houses, stars, half-truths]; crowd, mass [of people]; *(v sneeuw)* snowdrift

opeenknijpen: *met -geknepen lippen* tight-lipped

opeenpakken pack up, pack together; *dicht opeengepakt* (tightly-)packed [the packed crowd], crowded [houses]

opeens all at once, suddenly

opeenschuiven push (shove) together

opeenstaan *(dicht)* stand (close) together

opeenstapelen pile up, stack (up); *zich ~* pile up, accumulate

opeenstapeling accumulation [of errors, mishaps]

opeenvolgen succeed (follow) each other

opeenvolgend successive, consecutive [for ten consecutive days]; *zie ook* achtereenvolgend

opeenvolging succession, sequence [of events]

opeisbaar claimable; *zie ook* opvorderbaar

opeisen claim [money, luggage, (responsibility for) a bombing], demand; *alle aandacht voor zich ~* monopolize the attention

open open [carriage, country, door, face, field, house, letter, question, wound; (*ook: niet versterkt:* an open town *& ijsvrij:* an open harbour, river, winter, weather)], open-necked [shirt], unsealed [envelope], vacant [post]; *(ve kraan)* on; *~ en bloot* [carried them] openly, [it was lying there] for all to see; *het kan ~ en dicht* it is made to open and shut; *het raam wil niet ~* the window won't open; *~ met iem spreken* be open (frank) with a p.; *~* ***been*** ulcered leg; *~ dak, (ve auto)* sunshine (*of:* sliding) roof; *~ haard* open fire; *~ krediet* open (*of:* blank) credit; *in de ~ lucht* in the open (air); *~ nv* public limited company, plc; *met ~* ***ogen*** with open eyes, with one's eyes open; *~ plaats, (betrekking)* vacancy, *(~liggend)* exposed place, *(niet versterkt)* open town; *~ plek, (wond)* sore, *(in bos)* clearing, glade; *~ polis* open (*of:* floating) policy; *de ~* ***zee*** the open sea; *in de ~ zee* in the offing, on the high seas; *zie ook* [1]arm, deur, kaart, tafel, enz

openbaar public [convenience *toilet*, life, office *ambt*, opinion, transport, worship *eredienst*]; [data] of a public nature; *openbare lagere school* (state) primary school; *openbare les, (hist, ve lector, enz)* inaugural lecture; *openbare gelegenheden* places of public resort; ~ *bestuur* public government [act], civil (public) administration; ~ *lichaam* public authority; *openbare nutsbedrijven* public utilities; *de openbare weg* the public road, the King's (Queen's) highway; ~ ***maken*** make public, publish, disclose, divulge [a p.'s name], promulgate [a sentence *vonnis*], ventilate [one's grievances]; ***in het*** ~ in public; *spreken in het ~, (ook)* [courses in] public speaking; *de (rechts)zaak in het ~ behandelen* try the case in open court; *zie ook* aanklager, ministerie, publiek, enz

openbaarheid publicity [give publicity to the speech]

openbaarmaking publication, disclosure, promulgation; *vgl* openbaar

openbaren reveal, disclose, divulge; *zich ~, (ve ziekte, enz) (ook)* declare (manifest) itself; *zijn geloof openbaarde zich in ...* his faith manifested itself in ...; *geopenbaarde godsdienst* revealed religion

openbaring revelation, disclosure; *de O~ (van Johannes)* the Revelation (of St John the Divine), the Apocalypse, *(fam)* (the) Revelations; *wat een ~!* what an eye-opener!

openbarsten burst (open) *(ook: doen ~)*

openbreken I *tr* **1** break open (*of:* in), force (open), burst [a door], prize (pry) open [a lock, a chest], crack [a safe], prize [the lid] off; **2** renegotiate [a contract]; **II** *intr* burst open, open

opendeurdag [hold] open house

opendeurpolitiek policy of the open door

opendoen I *tr* open; *zie ook* mond; **II** *intr* answer the door (bell, ring); *wil je tante ~?* will you open to Auntie?; *er werd niet opengedaan* there was no answer (to the bell)

opendraaien open, unscrew; *de kraan (het gas) ~* turn on the tap (the gas)

openduwen push (thrust, shove) open

openeindfinanciering open-ended financing

openen open [a door, meeting, credit, campaign, shop, an account, the debate, etc], open up [new fields of trade], unclench [one's fists]; ***iem de ogen*** ~ open a p.'s eyes [*voor* to], undeceive a p.; ***het park*** *werd voor het publiek geopend* the park was opened (thrown open) to ...; ***het seizoen*** *~ met Hamlet, (ook)* lead off with Hamlet; ***het vuur*** *~ op* open fire on; ***zich*** ~ open; *zie ook* [1]weg 1, enz

opener opener

opengaan open; come open [the purse (the door) came open]; *(ve knop, ook)* burst; *(ve deur, ook)* swing open; *de deur gaat naar binnen en buiten open* the ... opens inward and outward; *mijn hart ging voor hem open* I warmed to him, *(van vreugde)* my heart leaped with joy for his sake; *een wereld ging voor ons open* a ... opened up before us

opengewerkt openwork [stockings, basket]; [pieces executed] in openwork; exploded [drawing]; cutaway [model]; pierced [metalwork]

opengooien throw (fling) open [the door, etc]; *het raam wijd ~, (ook)* fling the window wide

openhalen rip (open), tear [one's hand, coat on a nail]

openhartchirurgie, openhartoperatie open-heart surgery

openhartig open-hearted, outspoken, frank, plain, plain-spoken, straight [be straight with one another]; heart-to-heart [talk]; *zie ook* rond(uit)

openhartigheid outspokenness, frankness, candour; *vgl* openhartig

openheid openness, frankness, sincerity

openhouden keep open; hold [the door] open [for a p.]; *iems baantje voor hem ~* keep open (save) a p.'s job for him, *(fam)* keep a p.'s job warm for him; *zie ook* mond

opening opening *(ook bij schaaksp);* aperture; interstice [interstices between the teeth], gap [in a hedge]; mouth [of a cave]; ~ *van zaken geven* give full information about the state of affairs

openingskoers opening price

openingsrede opening (inaugural) address (speech)

openingstijden hours of opening (of business), visiting hours [of a museum]

openingswoord opening words (speech)

openingszet opening move, first move

openkrabben scratch open

openkrijgen get open

openlaten leave [a door, line, question] open; leave [the tap *kraan*] on; *ruimte ~* leave a blank

openleggen lay open (*of:* bare) *(ook fig);* disclose [plans]; turn up [a card], lay [a card] face up; open up [a country, a new market]

openliggen lie open (*of:* naked) [*voor* before]; *zie ook* wereld

openlijk open, public; *zijn ~e bedoeling* his avowed intention; *~e agressie* overt aggression; *~e opstand* outright (open) rebellion; *~e vijandschap* open enmity; *zie ook* dag

openlopen 1 burst [the door] open; **2** walk [one's feet] sore, skin [one's heels]

openlucht- open-air [museum, performance, swimming pool, theatre]; outdoor [classes, sports]; alfresco [lunch]

openmaken open [a letter], unlock [the door], undo [a parcel]

openrijten rip up (*ook fig:* old sores); tear [one's finger on a nail]; *weer ~* re-open [old wounds]

openrukken tear (wrench) open

openscheuren tear open, rip open

openschuiven push open, shove up [the window], draw back [the curtains]

openslaan open [a book], knock open; *~de deur* folding door(s); *(tegelijk raam)* French window; *~d*

raam casement (window)
opensluiten unlock
opensnijden cut open [(the pages of) a book]; split [herrings]; *niet opengesneden* unopened [volume]
openspalken, opensperren open wide, distend [the eyes, nostrils]; *opengesperde ogen* dilated eyes (*met ... ogen, (ook)* wide-eyed)
openspringen burst (open), split (open); *(vd huid)* chap [chapped hands], crack [cracked lips]
openstaan be (stand) open [the door is still open to negotiations]; be vacant; *(ve rekening)* be unpaid (unsettled); *zie ook* gaskraan; *er staan me twee wegen open* there are two courses open to me [*zo (ook)* the only profession open to him]; *er staat mij geen andere weg open, (ook)* there is no alternative; *~de rekening* unpaid (*of:* outstanding) account; *~ voor nieuwe voorstellen* be open to new suggestions; *~ voor zijn personeel* [a manager should] be accessible to his staff; *zijn huis staat voor iedereen open* he keeps open house
opensteken broach [a cask]; pick [a lock]; prick [a blister]; *(met lancet)* lance [a tumour]
openstellen open, throw open [to the public]; *zich ~ voor, zie* openstaan voor; *zie ook* inschrijving
openstelling opening
openteren *(mar)* go aloft
op-en-top every inch [a sailor]; *zie* op II.1
opentornen rip up
opentrekken open [a can of beans], draw (pull) back [the curtains], uncork, open [a bottle], *(sp)* spring [the offside trap]; *even een blik technici ~, (fam)* just drum up (get along, call in) a few technical wallahs
openvallen 1 fall open; cut [one's knee]; **2** *(ve betrekking)* fall (become) vacant
openvouwen unfold, open out [a newspaper]
openwaaien be blown open; blow open
openzetten open; *de deur ~ voor misbruiken* open the door to abuses
opera 1 opera; *(attr)* operatic [tenor, world]; **2** opera house
operabel operable [heart condition]; *niet ~* inoperable [cancer]
opéra comique comic opera
operagebouw opera house
operagezelschap opera(tic) company
operateur operator; *(ve film, ook)* projectionist
operatie operation [*aan de ogen* on one's eyes]; *een grote (kleine) ~* a major (minor) operation; *een ~ ondergaan wegens appendicitis* undergo an operation for ...
operatiebasis base for operations
operatief operative [surgery], surgical [treatment]; *~ ingrijpen* operate
operatiegebied area of operations
operatiekamer operating theatre
operatietafel operating table
operatiezaal operating theatre
operatiezuster theatre nurse
operationaliseren make operational
operationeel operational [research]
operazanger(es) opera(tic) singer
opereerbaar *zie* operabel
opereren operate *(ook mil)*; *iem ~* operate (up)on a p.; *dit kan geopereerd worden* this is an operable case; *van kanker geopereerd* operated (up)on for cancer; *iem aan z'n maag ~* operate on a p.'s stomach
operette operetta, musical comedy
operment orpiment
opeten eat, eat up (*ook fig:* one's capital), finish (up) [one's soup]; *hij zal je niet ~* he won't eat you; *zie ook* opvreten
opfleuren *tr & intr* brighten (up), cheer up; perk up [trade is perking up]; *zie ook* opmonteren
opflikker wallop, clout
opflikkeren 1 flare up, *(sterker)* blaze up; *(ve zieke)* rally; *zie ook* opmonteren; **2** *(volkst) zie* opdonderen
opflikkering flare-up *(ook fig)*, flicker [of hope, life], rally
opfok breeding
opfokken breed, rear; *(ve motor)* tune up, soup up (*ook fig:* a souped-up version of the original film); *(fig)* work up, blow up [blown-up schemes *plannen*]
opfriscursus refresher course
opfrissen I *tr (verkwikken)* refresh, freshen (up), revive; *(kennis, enz)* rub (brush, touch, polish) up [one's English]; refresh, jog [a p.'s memory]; *je kunt je hier wat ~* you can have a wash and a brush-up here; **II** *intr* freshen (up); *daar zul je van ~, (fig)* it will make you sit up
opfrissertje refresher; pick-me-up, tonic
opfrissing refreshment, [his memory received a] refresher
opgaaf *zie* opgave
opgaan 1 *(stijgen)* go up, rise; *zie* gordijn; *(vd zon)* rise; **2** *(bestijgen, gaan naar)* go up [the stairs], ascend [a hill]; *de straat (de barricaden) ~* take to the streets (mount the barricades); *zie ook* [2]kant, [1]weg 1, enz; **3** *(voor examen)* go in [for an examination]; **4** *(ve deling)* terminate [the division does not terminate; *zie ook* gaan op]; **5** *(op raken, verloren gaan)* run out [my money is running out]; *het meeste geld ging op aan boeken* went in books; *de pudding was helemaal opgegaan* all the pudding had been eaten; *geheel in de menigte ~* be lost in the crowd; *in bewondering ~* be lost in admiration; *(ve onderneming, tijdschrift, enz)* be merged (merge) [with (in) another]; *~ in* be taken up with; *hij gaat te veel op in zichzelf* he is too much taken up with himself, is too self-centred; *hij gaat geheel in haar (in zijn werk) op* he is entirely wrapped up in her (is absorbed in his work, is quite taken up with ..., his work is everything to him); *de schrijver gaat in zijn onderwerp op* enters fully into his subject; *geheel in elkaar ~* be all in all to (be wrapped up in, be bound up in) each other; *zie ook* vlam, enz; **6** *(aangaan)* come on; *de*

lichten *gingen op* the lights went up (came on); *zie ook* licht; *er gaan stemmen op dat (om)* ... people are saying that ... (voices are heard suggesting ...); *dat gaat **niet** op* that won't do [*bij mij* with me], that won't wash (won't work); *de grap (het plan) ging niet op* the joke fell flat (the plan didn't work); *die redenering gaat niet langer op* that argument will no longer serve; *zulk een excuus gaat niet op* will not hold water; *dat gaat niet in alle gevallen op* that doesn't hold (good) in all cases; *die vergelijking gaat niet op* does not stand up

opgaand rising [sun], ascending [line *linie*]; *~e decimale breuk (deling)* terminating decimal (division); *~ hout (geboomte)* forest timber, timber trees; *~ metselwerk* above-ground masonry; *op- en neergaande prijzen* see-saw(ing) (fluctuating) prices; *in zichzelf ~, zie* opgaan

opgang 1 *(vd zon)* rise; *op- en neergang* ebb and flow; **2** *(fig)* rise, growth, success; *~ maken* become popular, catch on [the idea caught on], [the article did not] take; *het stuk maakte veel ~* the ... made a great hit; **3** *(ve woning)* entrance; *vrije ~* direct access from front door

opgave 1 *(mededeling)* statement (*verkeerde ~* misstatement), report; *(officieel)* return(s); *(voor belasting)* return [make false returns]; *met ~ van* stating [age, details]; *zonder ~ van redenen* [dismissed] without reasons given; **2** *(taak)* task, assignment; *een hele ~* a tall order; **3** *(oefening)* exercise; **4** *(vraagstuk)* problem; *(op examen)* paper, question; *de schriftelijke ~n* the written work, the papers; **5** *(inschrijving)* entry [for a race]; **6** *(ophouden)* giving up, abandonment

opgeblazen[1] **1** puffed [cheeks]; puffy, swollen; **2** *(fig)* puffed up, swollen [with pride], bloated, bumptious, flatulent [style]; *een ~ beschrijving* an inflated description

opgeblazenheid 1 puffiness [beneath one's eyes]; bloatedness, bumptiousness, flatulence; **2** *(verwaandheid)* swelled (swollen) head

opgebruiken use up, consume, finish [the cure]

opgeheven raised, upraised, uplifted [head, hand] tilted, lifted [chin], upturned [face]; *met ~ hoofd* with head erect; *zie verder* opheffen

opgeilen turn on

opgelaten: *zich ~ voelen* feel caught out (embarrassed)

opgeld 1 agio; *~ doen* be in great demand, be at a premium; *(fam)* be all the rage, catch on; **2** *(veiling)* mark-up

opgelegd 1 *(mar)* laid-up [ships]; **2** veneered [table]; *dat was ~ (pandoer)* that was a cert (*Am:* a cinch); *zie ook* opleggen & taak

opgepropt crammed [*met* with], [the benches were] packed

1 zie voor hier niet opgenomen deelwoorden de werkwoorden

opgericht *zie* opgeheven & oprichten

opgeruimd *(vrolijk)* cheerful, good-humoured, in high spirits; *zie verder* opruimen

opgeruimdheid cheerfulness, high spirits

opgeschoten: *~ jeugd* young adolescents; *~ jongen, (ong)* lanky (*of:* gangly) youth; *zie* opschieten

opgeschroefd inflated, bombastic, stilted; *~e vrolijkheid* forced gaiety

opgesmukt tricked out, showy, gaudy *vgl het ww*

opgestopt stuffed

opgetogen overjoyed, delighted, elated [*over* at, about]; *~ van blijdschap* in a rapture of delight; *~ staan van bewondering* stand in rapt admiration

opgetogenheid rapture, ecstasy, elation

opgeven I *ww* **1** *(aanreiken)* hand up; *(afgeven)* hand over; *geef op!* hand (it) over!; **2** *(braken)* spit [blood], cough (bring, fetch) up, expectorate, *(fam)* sick up [food]; **3** *(taak stellen, enz)* set [a p. a task, lessons, homework, impositions *strafwerk*], give out [a hymn, text], ask, propose, propound [a riddle]; **4** *(vermelden)* give [one's age, a false name], *(voor belasting)* return [an increase in income]; *(redenen, condities, enz)* state, give [the reason, conditions, terms]; *een **bestelling** ~* give an order; *zij wil haar **naam** niet ~* she refuses (to give) her name; *hoog (breed) ~ **van*** speak highly of, make much of, boast of; ***verkeerd** (te hoog, te laag) ~* misstate (overstate, understate) [one's age, etc]; ***zich** ~* enter one's name, enter (for) [a race]; *zich ~ als lid, (ook)* enrol o.s. as a member; *zie* aangeven, aanmelden; **5** *(laten varen)* give up [hope, the fight, a plan, a post], give over [a habit, study], scrap [a scheme], abandon [the attempt, a position], relinquish [a connection], resign [one's rights], drop [a plan], throw up [one's post], *(het roken, enz)* give up, leave off [smoking], cut out [cigars]; *(sport)* give up, abandon [at stage 14 *in de 14e etappe*]; *(schaaksp, enz, ook)* resign; *(een zieke)* give up; ***het** ~, (bezwijken)* give out [his strength, eyes, gave out], snap [his nerves snapped]; *mijn benen gaven het op* my legs gave out; *ik geef het op* I give it up (as a bad job); *ik geef het niet op (geef niet gewonnen)* I'm not going to give in, to knuckle under; *hij geeft het nooit op* he never knows (won't admit) when he is beaten; *(het) nooit ~!* never say die!; *wij gaven het op elkaar te overtuigen* we agreed to differ; *zie ook* [2]hoop, moed, enz; **II** *zn: het ~* expectoration [of blood, phlegm]

opgewassen: *~ zijn tegen* be a match for [a p.], be equal (be up, measure up) to [the task]; *ik ben niet tegen hem ~* I am no match for him, cannot hold my own with him; *tegen elkaar ~ zijn* be well matched; *niet ~ zijn tegen, (ook)* be unable to cope with [the difficulties]; *hij toonde zich tegen de moeilijkheden ~* he rose to the occasion (the emergency, the crisis), proved himself equal to the occasion

opgewekt cheerful, buoyant *(beide ook vd markt)*, genial, animated, in high spirits; *~ binnenkomen* breeze in; *hij werd ~er* his spirits rose

opgewektheid cheerfulness, high spirits, good humour, buoyancy
opgewonden excited, heated [words]; flushed [with joy]; ~ *zijn, (ook, fam)* be worked up, be in a great state [*over* about], *(fam)* in a flap; *zie ook* standje
opgewondenheid excitement, agitation; *er heerste grote ~, (ook)* feeling ran high
opgezet 1 stuffed [animals]; swollen [glands, face], bloated, puffy [face]; inflated [stomach]; enlarged [liver]; *~te kleur* flush; *een ~ gevoel* full (bloated) feeling; **2** *groot* ~ full-dress [debate], ambitious [programme]; **3** *~ spel* put-up job
opgezetheid puffiness, bloatedness
opgieten pour [water, etc] (up)on
opgooi toss; *de ~ winnen* win the toss
opgooien throw up, toss (up); *zullen wij erom ~?* shall we toss (up) for it?; *zie ook* balletje
opgraven dig up, dig out, unearth; exhume [a dead body]; excavate [a burial site]
opgraving excavation, dig; *(ve lijk)* exhumation
opgroeien grow up; ~ *tot* grow (up) into; *~de jeugd* teenagers, adolescents
ophaal *(ve letter)* upstroke, hairline
ophaalbrug drawbridge, lift bridge
ophaaldienst (rubbish) collection service
ophaalnet square net
ophakken 1 cut (*of:* hew) open; **2** *(fig)* brag, swank, swagger
ophakker braggart, swaggerer
ophakkerij brag(ging), swank, swagger
ophalen 1 *(omhooghalen)* draw up, pull up, raise [the blind], hoist [a flag], run up [the curtain at the theatre, a flag]; recover [a body from the river]; land [a fish]; sniff [the fresh air], inhale [smoke]; shrug [one's shoulders]; turn (wrinkle) up [one's nose: *over* at]; *het* ***anker*** ~ weigh anchor; **2** *(inzamelen)* collect [books in class, votes, money, rent, taxes, refuse]; *geld ~, (ook)* send the hat round; *het ~ van huisvuil* refuse collection; *het schoolwerk* ~ collect the papers; *ik zal jullie met mijn auto* ~ I'll come and collect you in my car; *zie ook* afhalen; **3** *(goedmaken)* repair [a loss], make up [a loss, a deficiency]; **4** *(bij wedren)* pull up; **5** *(weer ~)* revive [old differences]; resurrect [a grievance]; bring up [a memory]; *zijn* ***Frans*** ~ brush up (polish up) one's French; *een slecht cijfer* ~ improve on a poor (examination) mark; *hij kan* ***het*** *niet meer* ~ he cannot retrieve it; *(wat) ~, (in gezondheid, bij spel, enz)* pick up (*ook van effecten, enz:* stocks have picked up a little); *haal dat niet weer op* don't drag (*of:* bring) that (story) up again, don't rip up old sores (re-open the old wound), let bygones be bygones; *herinneringen ~, (ook)* indulge in reminiscences, reminisce; **6** rip (open), tear [a finger, one's coat on a nail]; *zie ook* openrijten, optrekken, grond, hart, neus, enz

---

zie voor hier niet opgenomen deelwoorden de werkwoorden

ophaler collector
ophanden at hand, approaching, imminent
ophangen hang, hang up [*aan een spijker* on a nail], hang out [the washing], suspend [*aan het plafond* from the ceiling]; *(telefoon)* ring off, hang up, replace the receiver; *een schilderij* ~ hang (put up) a picture; *een somber tafereel ~ van* paint a gloomy picture of; *een verhaal* ~ spin a yarn; *hij werd opgehangen* he was hanged; *hij hing zich op* he hanged himself; *ik zal je er niet aan* ~ I won't pin you down to it; *iets aan iets* ~ make s.t. depend on s.t.
ophanging [death by] hanging, [wheel] suspension
ophangpunt point of suspension
opharken rake together, rake up; *(aanharken)* rake [the garden]
ophaspelen reel
ophebben have on [a hat]; *(taak)* have to do; *(het eten, enz)* have eaten, have finished [one's bread and butter]; *hij heeft* ***te veel*** *op* he has had a drop too much; *hij had er al een paar (had al een paar glaasjes) op* he'd already had a few (drinks); *veel ~* ***met*** *iem* make much (be very fond) of a p.; *(niet) veel ~ met iets* be fond of s.t. (not take kindly to [flattery]); *ik heb niet veel met hem (ermee) op* I don't care for him (for it); *ik heb niet veel op met zulke nieuwigheden* I don't hold with such innovations
ophef fuss; *maak er toch niet zo'n ~ van* don't make such a fuss (*fam:* a song, a song and dance) about it; *met veel* ~ with a great deal of fuss; *met veel ~ aangekondigd* much trumpeted [reforms]
opheffen 1 *(gewicht, hand, hoofd, enz)* lift (up), raise; *(fig)* elevate, raise [a nation]; *(ogen)* raise; *(zijn hart, enz)* lift up [one's heart, mind, soul]; *zijn hart tot God* ~ lift up one's heart to God; *zijn* ***hand*** *~ tegen* raise one's hand against; *zie ook* opgeheven; **2** *(afschaffen, te niet doen)* abolish, repeal, abrogate [a law], remove [doubt(s), import duties], close [a school], discontinue, close (down) [a business], dissolve, suppress [monasteries], take off, lift, remove, raise [the embargo], raise [the siege, boycott, blockade], annul [a bankruptcy]; *(geleidelijk)* phase out; *(neutraliseren)* neutralize [these forces neutralize each other], cancel [each other] (out); *de* ***staking*** ~ declare (call) the strike off; *die* ***twijfel*** *werd opgeheven, (ook)* that doubt was set at rest; *het* ***verbod*** *op hun producten werd opgeheven* the ban on ... was lifted (removed, withdrawn); *de* ***zitting*** *werd opgeheven* the meeting was adjourned; the Court (Parliament, etc) rose (adjourned); *zie ook* lijn 2
opheffing 1 lifting (up); raising; elevation; **2** neutralization, cancellation; abolition, repeal, abrogation; removal, withdrawal; annulment; dissolution, suppression; closing (down), discontinuance; termination [of an agreement]; *vgl* opheffen; *uitverkoop wegens* ~ closing-down sale
ophelderen I *tr* clear up [a misunderstanding], explain, elucidate; *de situatie* ~ clarify the situation; **II** *intr (vh weer, gezicht)* clear (up), brighten (up)

opheldering explanation, elucidation, enlightenment, clarification; clearing (up), brightening (up)
ophelpen help up, raise; *(fig)* assist, support
ophemelen extol, praise to the skies, cry (crack, write) up, puff [one's goods], boost
ophijsen hoist (up), run up [a flag], hitch up [one's trousers]
ophitsen set on [a dog]; *(fig)* set on, incite, instigate, stir up, egg on
ophitsend inflammatory, incendiary [statements]
ophitser instigator
ophitsing instigation, incitement, setting on
ophoepelen make off, make o.s. scarce, *(sl)* hook it, hop it, get lost
ophoesten cough up [blood; *(fam)* money, the story]
ophogen raise, heighten
ophoging raised area
ophopen heap (pile, bank) up; accumulate; *het materiaal hoopte zich op* materials accumulated
ophoping accumulation, heap, pile, drift [of snow]; *zie ook* opeenhoping
ophoren: *ik hoor er vreemd van op* I am surprised to hear it, I am surprised at it; *daar zal hij van ~!* it will be news to him!, it will make him sit up!
ophouden I *ww* **1** *(omhooghouden)* hold up [one's head], hold [an umbrella]; *hij hield haar **mantel** voor haar op* he held out her coat; **2** *(uitsteken)* hold out [one's hand]; **3** *(op het hoofd houden)* keep on [one's hat]; **4** *(hoog houden)* keep up [a tradition, one's position, rank], uphold [one's honour, reputation], live up to [one's reputation, rank], support [a cause], maintain [one's position, a tradition]; **5** *(tegen-, terughouden)* hold up [a train, the work, the traffic, the news for a day or two; proceedings were held up by ...]; *(iem)* detain, keep [a p.], take up a p.'s time [I won't keep you; he was kept]; *door de mist (de wind, het ijs) opgehouden* fog-, wind-, icebound; *ik vrees dat ik je lelijk heb opgehouden* I've wasted a lot of your time, I'm afraid; **6** *(bij verkoping)* withdraw, hold over; **7** *(uitscheiden)* stop, cease, leave off, come to an end; *(met werken, fam)* knock off; pack up, pack it in; pause in one's work; *het jaargeld hield op bij zijn overlijden* the annuity died with him; ***houd op!*** stop (it)!; *(met geklets, enz, fam)* dry up!; *het **regenen** heeft opgehouden* it has stopped raining, the rain has left off; *~ te bestaan* cease to exist, go out of existence; *(ve handelszaak, ook)* be dissolved; *houdt **dat** (gezanik, enz) dan nooit op?* shall I never hear the last of it?; *~ **met*** stop [smoking], leave off [reading], cease [attending church], discontinue [one's visits, a newspaper]; *met werken ~* stop work, *(fam)* knock off; *(voorgoed)* stop working, retire; *ze hield maar niet op met klappen* she never stopped clapping her hands; *ze had nooit opgehouden hem lief te hebben* she had loved him all along; *houd op met je gekakel* cut your cackle; *~ met vuren* cease fire; **8** ***zich ~**: waar houdt hij zich op?* where is he staying (where does he live) now?, *(fam)* where does he hang out?; *zich onderweg in een paar plaatsen ~* stop *(fam:* stop off) at one or two places en route; *zich ~ bij* hang about, loiter near [the house]; *ik wil mij bij dit punt niet ~* I will not dwell (up)on this point; *de plaats waar hij zich ophoudt* his whereabouts; *ik wil me daarmee (met hem) niet ~* I will have nothing to do with it (with him); *daar houd ik me niet mee op* that's not my line; *zie ook* bemoeien: zich ~; **II** *zn: zonder ~* uninterruptedly, continuously, without intermission; *het heeft drie dagen zonder ~ geregend* it has been raining for three days running (at a stretch, on end)
opiaat opiate
opinie opinion; *naar mijn ~* in my opinion, to my mind, to my (way of) thinking; *van dezelfde ~ zijn als* be of the same opinion as; *zie ook* dunk & mening
opinieblad news magazine, political journal; *de ~en, (ook)* the quality press
opinieonderzoek, opiniepeiling opinion poll(s)
opiniëren expound one's views
opium opium [den, *(fam)* dive]; *~ schuiven* smoke opium
opiumregie state opium monopoly
opiumschuiver opium smoker
opjaagdynamo booster dynamo
opjagen drive (away); *(wild)* start, rouse, put up [game], *(vogels, ook)* flush, *(wegjagen)* shoo (away) [birds]; *(iem)* urge (egg, spur) on, incite [a p.]; *(vijand)* dislodge [the enemy from a position], keep [an enemy] on the run; *(prijzen)* force (send, run) up [prices]; *zie ook* opdrijven; *(het bod)* force, run up [the bidding]; *iem de **straat** ~* turn a p. out into the street; *iem de **trap** ~* chase (drive) a p. upstairs; *zie ook* land, kast, stof II, enz
opjager 1 *(jacht)* driver, beater; **2** *(bij verkoping)* bybidder, puffer; **3** *(elektr)* booster
opjuinen, opjutten stir up, incite, needle; egg on; *zich niet laten ~* refuse to get into a flap, keep one's cool
opkal(e)fateren I *tr* patch up; **II** *intr* recover
opkamer *(insteekkamer)* mezzanine room
opkammen comb (up); dress [a wig]; *iem ~* praise a p. to the skies
opkijken look up [*naar* at]; *hij zal er (vreemd, gek, raar) van ~* that will be a surprise for him, it will make him sit up; *je zult ervan ~* you will be surprised (are in for a surprise); *zie ook* ophoren
opkikker pick-me-up, bracer
opkikkeren *tr & intr* perk (cheer) up, *(ve zieke)* pick up
opkisten coffer [a dike]
opklapbaar tip-up [chair]
opklapbed wall bed, wentelbed, *(Am)* Murphy bed
opklappen fold back
opklaren I *tr* clear up [the matter], elucidate; **II** *intr (v weer, gezicht, geest, enz)* clear (up) [his mind, the

sky cleared], brighten (up); *(ve gezicht ook)* light up
opklaring bright (clear) period (interval, spell)
opklauteren clamber up, shin up [a tree, a wall]
opkleuren I *tr* raise the colour of, give a fresh colour to; II *intr* regain colour
opklimmen climb (up), mount, ascend; *(fig)* rise, get on in the world; *geregeld ~, (in moeilijkheid)* be carefully graduated; *~de reeks (linie)* ascending progression (line); *~ tegen* climb up [a rainwater pipe], scale [a wall]; *van onderen ~, (fig)* rise from the ranks *(zo ook:* he rose to be a general)
opklimming climb(ing), ascent; graduation, progression; rise; climax *vgl het ww*
opkloppen 1 beat (whisk) [two egg whites]; *(fig)* embellish [a story], inflate, blow up [a project], hype (up) [a product's qualities]; 2 (a)rouse by knocking, *(Br ook)* knock [a p.] up
opknapbeurt facelift, overhaul; *een ~ geven* spruce up [the garden]
opknappen I *tr (mooi, netjes, in orde maken)* (make) tidy, tidy up [a room], spruce up [the children]; furbish up (refurbish) [a room, old furniture], do up, brush up, redecorate [a house], give [the house] a facelift; recondition [a ship]; *(zieke)* put right, bring round, [the rest will] set [me] up; *(zaak, enz)* manage [matters], put [things] right, fix [things] up; *zie ook* vuil; *een karweitje ~* polish off (do) a job; *dat is gemakkelijk op te knappen* that can soon be put right; *zij weet dat wel op te knappen* she knows how to deal with it; *drie jaar ~ wegens inbraak* be doing three years for burglary; *de zeereis heeft me verbazend opgeknapt* the voyage has done me a world of good; *ons gesprek heeft me opgeknapt* I feel the better for our talk; ***laten*** *~* have [the furniture, etc] done up; *ik wil mijn huis laten ~* I want my house done up; *~* ***met*** saddle (land) [a p.] with [s.t.]; *zie ook* opschepen; ***zich*** *~* tidy (smarten, spruce) o.s. up, make o.s. neat; II *intr (ve zieke)* pick up, recuperate; *(vh uiterlijk)* improve; *het weer knapt op* the weather is looking up
opknopen tie up [a horse's tail]; button up [one's trousers]; *(ophangen)* string up
opkoken boil up, cook (boil) again; *(stoomketel)* prime [the boiler]
opkomen I *ww* 1 *(omhoog)* come up *(ook v gewas)*; *(trap, rivier)* come up [the stairs, the river]; *(vd zon, enz)* rise; *(v deeg)* rise; *(overeind komen)* get up; *(uit lage stand)* rise (in the world); *er komt nog niets op, (in tuin) (ook)* there is nothing showing yet; *de koppeling* ***laten*** *~* let in the clutch; *de* ***pokken*** *zijn opgekomen* the vaccine has taken; *het* ***tij*** *(water, de vloed) komt op* the tide is coming in; *hij zal er wel van ~* I daresay he'll pull through; 2 *(opdagen)* turn up; *(verschijnen voor examen, enz)* present o.s., attend [a meeting], *(jur)* appear, *(na borgstelling)* surrender; *(ve acteur)* come on, [he had to] go on; *(v koorts, storm, onweer, mist, enz)* come on; *(v storm, onweer, schemering, ook)* gather; *(v koorts, ook)* set in; *(v wind)* rise; *(mil: dienst nemen)* join the colours, join up; ***Hamlet*** *komt op* enter Hamlet; *kom* ***maar op!*** come on!; *laat ze maar ~!* let them all come!; *er komt een* ***onweer*** *op* a (thunder)storm is coming on (is gathering); *~* ***voor*** champion [a cause], assert, vindicate [one's rights], hold a brief for [free trade], stand up for, *(fam)* stick up for [a p., o.s., one's country], take up the cudgels for [a p.]; 3 *(in de geest)* occur; *zulke* ***vragen*** *komen telkens op* such ... are cropping up at every moment; *die gedachte kwam* ***bij*** *hem op* crossed (entered) his mind, occurred (came) to him, entered his head, *(kwam weer bij hem op)* recurred to him; *toen kwam er een idee bij hem op* then an idea struck him; *het komt niet bij me op* I should never dream of such a thing; *dat gevoel kwam langzamerhand bij mij op* stole in (up)on me; *dit voorval kwam plotseling weer bij mij op* this incident suddenly came back to me; *het kwam* ***in*** *mijn hoofd (gedachten) niet op* it never entered my head; 4 *(ontstaan, v steden bijv)* arise, spring up, *(v mode)* spring up, *(ve vraag, enz)* arise, crop up; 5 *(zich verzetten)* object; ***tegen*** *iets ~* object to (take exception to, protest against) s.t., challenge [a statement], deprecate [this practice]; *hij kwam niet op tegen de beslissing, (ook)* he did not quarrel with ...; *ik kon niet tegen de wind ~* I could not make headway against the wind; II *zn (ve acteur)* entrance; *(v pol partijen, enz)* emergence
opkomend rising [tide, generation, town, novelist], coming [the coming generation], nascent [ideas], oncoming [fever], incoming [tide]
opkomst 1 rise [of the Republic], origin, emergence [of a school of thought]; *(vd zon, maan)* rising, rise; *een bedrijf in ~* a rising industry; *in ~, (fam)* on the up and up, [the fundamentalists are] in the ascendant; 2 *(ve vergadering, wedstrijd, enz)* attendance; *(bij verkiezingen)* poll, turn-out; *(onder de wapenen)* joining the colours, etc, *vgl* opkomen; *een geringe ~* a small (poor) attendance
opkomstplicht compulsory attendance [at the polls]
opkontje leg-up; *(fig)* boost
opkoop buying-up; *(hist)* engrossment, forestalling
opkopen buy up; *(hist)* engross, forestall [the market]
opkoper 1 rag-and-bone man, *(Am)* junkman; 2 wholesale buyer; 3 *(hist)* engrosser, forestaller
opkorten draw in, shorten; *zie ook* korten & opschieten
opkrabbelen struggle (scramble) to one's feet, pick o.s. up; *(ve zieke)* pick up
opkrassen *(weggaan)* make o.s. scarce, beat it; *(doodgaan)* pop off (the hooks), snuff it
opkrijgen 1 *(taak)* be set [a task]; 2 *(opeten)* finish; *ik kan dat allemaal niet ~* I can't manage all that; 3 *~* ***met*** take (a fancy, a liking) to [a p., s.t.], *(Am)* cotton to [a p.]; *veel ~ met* take a great liking to; *ik kreeg met hem (ermee) op* I got to like him (it)
opkrikken jack up [a car]; boost [morale]

opkrimpen shrink, contract; *(vd wind)* back

opkroppen bottle up [one's emotions, anger]; *zijn verdriet* ~ eat one's heart out; *zijn haat* ~ nurse one's hatred (in silence); *opgekropte woede* pent-up (bottled-up) rage

opkruien 1 *(in kruiwagen)* wheel up; **2** *(v ijs)* drift

opkruipen 1 creep (*of:* crawl) up [the steps; the thermometer was creeping up hour by hour]; **2** *(v kleren)* work up, ride up

opkruisen beat up [against the wind]

opkrullen curl (up), frizzle

opkuisen 1 tidy (up), clean (up); **2** *(fam)* get rid of, get through, blue [money]

opkunnen *zie* op II.1

opkweken rear, nurse, breed, bring up, educate

opkwikken I *tr* refresh, freshen (up); **II** *intr* feel refreshed; *zie ook* opdirken

oplaadbaar rechargeable [battery]

oplaag *zie* oplage

oplaaien *(ook fig)* flare up, blaze (up); *de vlammen laaiden op tot ..., (ook)* the ... leapt to a height of 80 feet

opladen load (up) [a truck], lade [a boat]; *(elektr)* charge

oplader loader; [battery] charger

oplage 1 impression, printing [the third printing is now available]; *(te drukken aantal)* print run, print number; *(verkochte aantal per aflevering)* circulation, sale [a sale of over one million]; *de ~ is slechts 250 exemplaren* only 250 copies have been printed, the edition consists of 250 copies only; **2** plating; *met zilver* ~ silver-plated

oplandig landward [wind]

oplappen patch up *(ook fig)*, vamp up, revamp [old plays, a kitchen], fake up, furbish up, refurbish [old furniture]

oplaten 1 *(vlieger)* fly [a kite]; **2** *(kinderen)* allow to stay up; *zie ook* opgelaten

oplaveren beat up (against the wind)

oplawaai, oplawabber, oplazer wallop, clout; *vgl* opdonder 1

oplazeren *(plat)* piss (bugger) off

oplegblad veneer

opleggen 1 *(op iets leggen)* lay on [paint, colours, varnish, etc]; *(kanon)* limber up [a gun]; *5000 exemplaren ~ (op de pers)* have 5000 copies printed, pull 5000 copies; *er een euro (tien procent)* ~ raise the price by one euro (*verkoping:* improve (raise) the bid by ten per cent); *de handen* ~ lay on hands; *een paard een zadel* ~ saddle a horse; **2** *(belastingen)* impose [taxes], *(boete, enz)* impose [a fine, sanctions], inflict [a fine on a p.], *(straf)* inflict [punishment on ...], *(het zwijgen)* impose (enjoin) [silence], *(geheimhouding)* enjoin [secrecy on a p.], *(iem een taak, enz)* set a p. a task, charge a p. with s.t., lay an obligation on a p.; *(wil)* impose [one's will on ...], bend [a p.] to [one's will]; *een schatting* ~ lay under contribution (*of:* tribute); *zich(zelf) beperkingen* ~ exercise restraint; *zichzelf een zware taak* ~ set o.s. a difficult task; *zie ook* opgelegd, boete, enz; **3** *(schip)* lay up, mothball; **4** *(hout, tafel)* veneer [wood, a table]; *(metaal)* plate; **5** *(geld)* lay by [money]; *(in pakhuis)* store [goods]

oplegger semi-trailer

opleggercombinatie articulated vehicle

oplegging laying on, imposition, infliction, etc *vgl het ww; ~ (der handen)* laying on (imposition) of hands

oplegsel *(ve japon)* trimming; *(ve meubel)* veneer

opleiden 1 lead up; *tegen een muur* ~ train [a plant] up a wall; **2** train, tutor, bring up, educate; *hij werd voor monteur opgeleid* he was trained as a mechanic; *daar ben ik niet voor opgeleid* that's not (in) my line; *voor een examen* ~ prepare (*of:* coach) for an examination

opleider instructor, teacher, tutor

opleiding 1 training [college, course, facilities, school, ship], schooling; *... in* ~ trainee [reporter, salesman, etc]; **2** institute, department [of English]; [secretarial] course

opleidingsplaats trainee post, traineeship

opleidingsziekenhuis teaching hospital

oplepelen spoon (up) [one's soup]; *(toedienen)* ladle out *(ook fig);* trot out [a story], rehearse [data]

opletten pay attention, attend [to a p.]; *opgelet!* attention (please)!; *let op!* caution [men working overhead]; *je let niet op* you're not attending

oplettend attentive, observant

oplettendheid attention, attentiveness

opleuken brighten, *(fam)* jazz up, *(min)* tart up

opleven revive; *(v markt, enz, ook)* recover; *doen* ~ revive

opleveren 1 *zie* opbrengen; **2** *(resultaat, enz)* produce, give, yield [good results]; *(moeilijkheden)* present; *gevaar* ~ pose a threat (prove a danger) [*voor* to]; *een moeilijkheid* ~ pose a problem; *verlies* ~ result in a loss; *niets (geen resultaat)* ~ be unsuccessful, be without result (effect); *het onderzoek (het bezoek, de lijkschouwing) leverde niets op, (ook)* the inspection [of the room] yielded nothing (the visit was unproductive, the post-mortem produced a negative result); *goed wat ~, (v mijn, enz) (ook)* pan out well (handsomely); *wat levert het karwei op?* what does the job pay?; *deze betrekking levert een salaris op van ...* this position commands a salary of ...; *de maatregel heeft veel goeds opgeleverd* the ... has had a beneficial effect; *wat zal de dag van morgen ~?* what has tomorrow in store for us?; *wat levert het me op?* [if I let him go] what is it worth to me?; *niets ~d* [years of] abortive [discussion]; **3** *(aangenomen werk)* deliver (up), give delivery of

oplevering *(v werk)* delivery [within three weeks], completion

opleveringstermijn delivery time, *(bk)* time limit, completion date

opleving revival; upswing [of liberalism]; [spiritual]

uprising; [economic] recovery; upturn [of business]; *krachtige ~ van de vraag* upsurge of (in) demand

oplezen read out, give out [the text], call (over) [the names]

oplichten 1 *(verhelderen)* brighten, lighten, light up; *~de verf* luminescent (fluorescent) paint; *zie ook* lichten 2; **2** *(optillen, enz)* lift [a table, one's hat], lift up, raise; **3** *(afzetten)* swindle, defraud, fleece, *(fam)* con; *iem ~ voor ...* swindle (do, *(fam)* con) a p. out of [£200]; **4** *(ontvoeren)* carry off, kidnap

oplichter swindler, sharper, crook, conman

oplichterij swindle, fraud

oplichting *(jur)* fraud

oplichtster *zie* oplichter

oplikken lick up, lap up

oploeven haul (up)on (*of:* to) the wind, luff (up), bear up

oploop tumult, row, riot; *(menigte)* crowd; *er was een ~* a crowd had collected

oplooprem overrun brake

oplopen 1 *(de trap, enz)* go (walk, run) up [the stairs]; mount [the taxi mounted (ran on to) the pavement]; ***bij** iem ~* come round, drop in; *zie ook* aangaan 2; *ik loop even **met** je op* I'll come (walk along) with you part of the way; ***samen** ~* walk on together; *(een eindje)* walk a bit of the way together; ***tegen** iem ~* run (bump, barge, run full tilt) into a p.; **2** *(stijgen: van weg)* rise, slope upwards, *(v water)* rise; *(v kosten)* mount up; *(v prijzen, waren)* rise, go up, look up [rye is looking up], move up; firm up; *het kan tot zes maanden ~* it can run to six months; *een rekening **laten** ~* run up a bill (an account); **3** *(opzwellen)* swell (up); *zijn wang is opgelopen* his cheek is swollen; **4** *(vooruitlopen)* walk on; **5** *(krijgen)* receive [injuries], contract [a disease], catch [a cold, a disease], sustain [cuts and bruises, injuries, damage], incur [punishment]; **6** *(mar)* overtake (overhaul) [a vessel]

'oplopend rising, sloping upwards, etc *vgl het ww; ~ schip, zie* oploper

op'lopend short-, quick-tempered, hasty, irascible

'oploper *(mar)* overtaking vessel

oplosbaar soluble, dissolvable; *in water ~* water-soluble [paint]

oplosbaarheid solubility, solvability

oploskoffie instant coffee

oplosmiddel solvent, menstruum (*mv:* -strua)

oplossen dissolve [in water] *(tr & intr);* solve [a problem, a riddle, the crisis], work out, do [crossword puzzles], unriddle [a mystery]; *een dissonant (een vergelijking) ~* resolve a discord (an equation); *zich ~, (in vloeistof)* dissolve; *opgeloste stof* solute; *dit probleem zal zich gemakkelijk genoeg ~* will solve itself readily enough; *~d vermogen* resolution [of a lens]

oplossing *(in vloeistof, v probleem, enz)* solution [to a problem *voor*], resolution [of an equation, a discord]; *een ~ vinden, (ook)* find a way out

opluchten relieve [I am somewhat relieved]; *zeer opgelucht* [feel] greatly relieved; *opgelucht ademhalen* heave a sigh of relief

opluchting relief

opluisteren grace, add lustre to, adorn; *met z'n aanwezigheid ~* honour (grace) with one's presence

opluistering embellishment, adornment; *ter ~ van* to add (lustre) to [the occasion]

opm. (afk van *opmerking)* n., note

opmaak *(ve krant)* make-up; layout; *(vh gezicht)* make-up

opmaat *(muz)* upbeat; *(fig)* signal [for a new initiative]

opmaken 1 *(verbruiken)* eat [everything], use up, run through [one's stock]; spend, run through, squander, *(sl)* blue [all one's money]; **2** *(in orde maken)* do up, trim [a hat], get up [linen], make [a bed], make up [one's face], dress, do (up) [one's hair]; *je haar laten ~* have your hair done (up); *(schotel)* make up, garnish; *(kip)* truss [a fowl]; *een opgemaakt spel* a put-up job, a got-up thing; *hij komt in een opgemaakt bed* his future is assured; ***zich** ~, (gezicht)* make up; *(voor iets)* prepare, get ready [for the trip]; *opgemaakte schotel* made-up dish; **3** *(samenstellen)* draw up [a document, contract, programme, report, an inventory], make out [a bill, list]; *zie ook* balans, kas, enz; **4** *(typ)* make up [a page]; *opgemaakte proef* page proof; **5** *(concluderen)* conclude; *hieruit maak ik op, dat ...* from this I conclude (gather, understand) that ...

opmaker 1 spendthrift; **2** *(typ)* make-up man

opmalen draw (pump) up [water]

opmarcheren march (on), advance; *~ tegen* march on [a town], march against [the enemy]; *zie ook* ophoepelen

opmars advance; march [Mussolini's march on (*of:* to) Rome]; *in ~ zijn, (fig)* be on the increase

opmerkelijk striking [appearance], remarkable [phenomenon], notable [exception]

opmerken 1 *(bespeuren)* notice, observe, note, mark; *iem iets doen ~* point out s.t. to a p.; *er is een gevoel van optimisme op te merken* a feeling of ... is noticeable; *niet opgemerkt worden, (ook)* go (pass) unnoticed; **2** *(een opmerking maken)* observe, remark; *... merkte een toehoorder op, (ook) ...* a listener put in; *vgl* opmerking

opmerkenswaard(ig) remarkable, noteworthy, worth notice (noticing, noting)

opmerker observer

opmerking observation, remark, comment [*over* on]; *een ~ maken over, (ook)* remark on; *aanleiding geven tot ~en, (v gedrag, enz)* excite (cause) comment; *zie ook* dienen, fijn, notulen, plaatsen, raak, scherp, terloops, enz

opmerkingsgave keenness (power) of observation; *met ~* perceptive

opmerkzaam attentive, observant; *iem ~ maken op*

draw (call, direct) a p.'s attention to
opmerkzaamheid attention, attentiveness
opmeten 1 measure; **2** *(ve landmeter)* survey
opmeting 1 measurement; **2** survey; *een ~ (~en) doen, a)* take measurements; *b)* make a survey
opmetselen build up, run up [a wall]
opmieter(en) *zie* opsodemieter(en)
opmonteren *tr & intr* cheer up, hearten, brighten (up), buck up
opmontering cheering up, etc
opnaaien 1 *(naaien op)* sew on; patch [a pocket]; *opgenaaide zak* patch pocket; *(innemen)* tuck in, gather in; **2** *(opjuinen)* needle; *zich niet laten ~* keep one's cool
opname 1 *zie* opneming; **2** recording [of a speech]; **3** *(mil)* survey; *fotografische ~* photo, view; shot, exposure [a reel of 36 exposures (frames)]; *zie ook* kiekje & filmopname; *topografische ~* topographical sketch(ing); **4** admission [to hospital]
opnemen I *tr* **1** *(in handen)* take up; *(oprapen)* pick up [a p., a thing], *(snel)* snatch up; *(gevallene)* take up, lift; *(telefoon)* pick up [the receiver], answer [the phone]] *er wordt niet opgenomen* there is no answer; *(japon, enz)* tuck (gather, pick) up [one's skirts on the stairs]; gather up [one's hair; the cards, dominoes]; *(met lus)* loop up [the curtains]; *(steek)* take up [a dropped stitch]; *de toegeworpen* ***handschoen*** *~* take up the gauntlet, take up the challenge; *het* ***karpet*** *~* take up the carpet; *het karpet was opgenomen* the ... was up; *het* ***tegen*** *iem ~* take a p. on [at billiards], try conclusions with a p.; *hij kan het tegen iedereen ~* he is a match for anyone, he can [drink, etc] with the best; *wat dichten betreft neem ik het tegen iedereen op* I'll write poetry with any man; *het* ***voor*** *iem ~* take a p.'s part, take up the cudgels for a p., stand (*fam:* stick) up for a p.; *zie ook* opkomen voor; **2** *(reizigers)* take up, pick up [and put down passengers]; **3** *(met doek, enz)* mop up [ink with blotting paper], wipe up [the mess]; **4** *(opbreken)* take up [the floor], tear up [the pavement]; **5** *(innemen)* take in, tuck in [a dress]; **6** *(geld)* take up, borrow, raise [money], *(ve bankrekening)* take out, withdraw, draw [money from the bank]; **7** *(toelaten)* admit into one's house [the newcomer was admitted into their midst; admit a p. (in)to hospital], *(in ziekenhuis, ook)* hospitalize [a p.]; *(in huis)* take [a p.] in; *(in krant, enz)* insert [an article, advertisement; a clause in a contract]; include [a subject in the curriculum]; enter [words in a dictionary]; *in de r-k kerk opgenomen* [he was] received (admitted) into the RC Church; *vgl* doop; *in de zaak (de vennootschap) ~* take into partnership; *gebieden in de Unie (gebeurtenissen in een boek) ~* incorporate territories into the Union (events into a book); *~* ***onder*** include among; *de voorwaarden in een overeenkomst ~* embody the conditions in an agreement; **8** *(vastleggen)* take [a p.'s temperature, pulse, the number of a car]; *(schade)* ascertain (estimate) [the damage]; *(meten)* survey [land]; *(stemmen)* collect, count [votes]; *(gas, enz)* read, take the reading of [the meter]; *(kas)* check [the cash]; *(dictaat)* take down [in shorthand, from dictation]; *een brief ~* take (down) a letter; *(namen, enz)* take down; *(bestelling)* take (collect) [orders]; *(op band of plaat)* record [a song; recorded on His Master's Voice], *(op band, ook)* tape; *(voor een film)* film, shoot [a scene]; *de* ***tijd*** *~ (waarin iem iets doet)* time a p.; **9** *(bekijken)* survey [the situation]; take stock of [the position]; ***iem van het hoofd tot de voeten ~*** look a p. up and down, *(scherp)* scrutinize a p.; *zij namen de pasgekomene op* they took stock of (studied, *fam:* sized up) the new arrival; **10** *(opvatten)* take; *hoe nam hij het op?* how did he take it?; *het (de zaken)* ***gemakkelijk*** *~* take it (things) easy; *hij nam het* ***goed*** *(kwalijk, slecht) op* he took it well (ill), in good (bad) part; *hij neemt de maatregel niet* ***gunstig*** *op* he does not take kindly to the measure; *iets* ***hoog*** *~* resent s.t.; *het* ***kalm*** *(in ernst) ~* take it calmly (seriously); *iets erg* ***zwaar*** *~* make heavy weather of s.t.; *je moet het niet te zwaar ~* you shouldn't take it too seriously; *zie ook* opvatten; **11** *(in zich) ~* take in [I didn't take the words in], pick up [things very fast]; take, *(wtsch)* ingest [food]; absorb [heat, water, the shock, the atmosphere of one's surroundings, French words into our language]; *(ve plant, handdoek, enz)* take up [oxygen, water, etc]; *de markt kan het niet ~* the market cannot absorb it; **12** *(beginnen)* take up; ***contact*** *~ met* contact; **II** *intr (ve artikel, enz)* [the book is sure to] catch on; *(ve zaak)* prosper; *goed ~, a)* be successful, do (sell) well; *b)* take up water well, be very absorbent; *het stuk nam goed op* the piece went down well with the audience; *zij neemt gemakkelijk op* she is very receptive
opnemer 1 reader [of the gas meter, etc]; **2** *(landmeter)* surveyor; **3** *(ve grammofoon)* pick-up
opneming 1 admission [(in)to hospital, etc], reception; *Portugals ~ in de EU* P's inclusion in the EU; **2** absorption; intake, ingestion [of food]; **3** insertion [of an article]; **4** survey; *(ve gasmeter, enz)* reading; *(v stemmen)* count *vgl het ww; meteorologische ~en doen* take meteorological readings
opnemingsvaartuig survey(ing) vessel
opnemingsvermogen receptive faculty, receptivity; *(vd markt)* capacity for absorption
opnieuw again, anew, afresh, once more; *(helemaal) ~ beginnen* begin (*of:* start) (all) over again, make a fresh start; *~ doen, (ook)* redo; *zie ook* steeds
opnoemen 1 name, mention; **2** *(opsommen)* enumerate; *[geweren, kanonnen,] noem maar op* you name it, and whatever, and what have you
opnoeming mention(ing); enumeration
opoe granny
opofferen sacrifice [*ook fig: aan, voor* to], offer up; *~de daad* act of self-sacrifice
opoffering sacrifice; *met ~ van* at the sacrifice of

opofferingsgezind self-sacrificing
opofferingsgezindheid spirit of (self-)sacrifice
oponthoud stay, stop(over), halt [en route]; *(gedwongen)* detention; *(vertraging)* delay; *plaats van ~* [his] whereabouts
opossum opossum
oppakken 1 *(opnemen)* take up, pick up [a book, an idea, the poem's last line takes up the first], take [criticism] to heart; *(snel)* snatch up; **2** *(bijeenpakken)* pack up, collect; **3** *(inrekenen)* pick up, run in, round up; *zie ook* opeenpakken
oppas *(bij klein kind)* babysitter, childminder; *zie* oppassing & oppasser
oppassen 1 *(hoed)* try on [a hat]; **2** *(verzorgen)* take care of; nurse, tend [a patient]; **3** *(opletten)* attend, pay attention; *(zich in acht nemen)* take care, be careful [what you say]; *pas op!* be careful!, take care!, mind!, look (watch) out [for that car]!, *(opschrift)* caution! [left-hand drive]; *als we niet ~ bederft hij alles* if we don't look out he'll ...; *hij zal wel ~ dat hij niet te laat is* he knows better than to be late; *~ voor* be on one's guard against, guard against [mistakes]; *pas op voor de hond (zakkenrollers)!* beware of the dog (pickpockets)!; *pas op voor de drempel!* mind the step!; *pas maar eens op wat ik zeg!* mark my words!; **4** *(zich gedragen)* behave; *zie ook* laten, boodschap, passen: ~ op
oppassend well-behaved, steady, steady-going
oppasser *(ve huis)* caretaker; *(in dierentuin, enz)* attendant, keeper; *(lijfknecht)* valet; *(in hospitaal)* orderly; *(mil)* batman; *zie ook* ziekenoppasser
oppassing nursing, attendance, care
oppeppen pep (liven, ginger) up [the proceedings], *(geestelijk)* psych up; boost [morale]; *vgl* opkikker(en)
opper 1 *(hooi)* (hay)cock; *in ~s zetten* cock [hay]; **2** *(~wal)* lee, safe anchorage; **3** *zie* opperwachtmeester
opperarm upper arm
opperarmbeen humerus
opperbest excellent(ly), capital(ly), [an] A 1 [cook], [get on] extremely well
opperbestuur general management (direction); supreme government
opperbevel supreme (high) command
opperbevelhebber Commander-in-Chief, Supreme Commander
opperen 1 cock [hay]; **2** propose, suggest, put forward [a plan]; raise [objections]; advance [an opinion]; throw out [an idea, a suggestion], make [a suggestion *idee*], volunteer [an explanation]; *zie ook* twijfel; **3** work as a hodman
oppergerechtshof Supreme (*of:* High) Court of Judicature
oppergezag supreme authority
opperheer sovereign, overlord
opperheerschappij sovereignty, overlordship; [naval] supremacy; *de ~ voeren* rule supreme
opperhoofd (paramount) chief, chieftain, head
opperhuid epidermis, scarf-skin, outer skin
opperkleed upper garment
opperleen fief held in chief; direct fee
opperleenheer suzerain lord, overlord, lord paramount
oppermacht supremacy, sovereignty, supreme power
oppermachtig supreme
opperman hodman, builder's (bricklayer's) labourer
opperofficier general officer
opperpriester high priest; *(r-k)* (sovereign) pontiff
opperrabbijn Chief Rabbi
opperrechter (Lord) Chief Justice
oppersen 1 force up; **2** press [clothes]
opperst *bn* supreme [pleasure, wisdom], uppermost, utter [astonishment]; *de Opperste Raad* the Supreme Council
opperstalmeester (Grand) Master of the Horse
opperste *zn* superior
opperstuurman chief (*of:* first) mate
oppervlak 1 *(bovenvlak)* upper surface; **2** surface; *zie* oppervlakte
oppervlakkig superficial, *(fig ook)* shallow [reasoning, mind, person], slight [acquaintance], sketchy [article], nodding [have a nodding acquaintance with French], loose [thinking], facile [talk]; *(ook)* surface [knowledge, politeness]; skin-deep [emotions]; *~ beschouwd* [the facts are,] on the surface[, very simple]; on the face of it [it seems correct]; *bij ~e beschouwing* on a superficial view
oppervlakkigheid superficiality, shallowness
oppervlakte 1 surface [of the water]; *aan de ~* on the surface; *aan de ~ tredende (kolen)laag* outcrop (seam); *aan de ~ brengen* raise [coal]; *aan de ~ komen, (ve duikboot, duiker, enz)* surface, break (the) surface; *het zit bij hem alles aan de ~* he has everything in the shop window; **2** *(grootte)* area [of land, a triangle, etc]; superficies; *een uitgestrekte ~ water* a vast expanse of water
oppervlaktemaat superficial (area, square) measure
oppervlakteschip surface craft
oppervlaktespanning surface tension
oppervlaktewater surface water
opperwachtmeester *(cavalerie)* squadron sergeant major; *(artillerie)* battery sergeant major; *(politie)* (police) sergeant
Opperwezen: *het ~* the Supreme Being
oppeuzelen eat (in small quantities and with relish)
oppiepen b(l)eep (up) [a p.]; *vgl* pieper 4
oppikken 1 *(v vogels)* peck (up); **2** *(meenemen)* pick up [a drowning person, passengers]; **3** *(op de kop tikken)* pick up, snap up; **4** *(begrijpen)* gather; **5** *(inrekenen)* run in
opplakkarton mount
opplakken paste (*of:* glue) on; stick on [stamps]; mount [a photo, a map]
oppoetsen polish, rub up, clean up, buff (up); *het een beetje ~* give it a rub (up); *(fig)* massage [figures,

statistics]
oppoken poke (up), stir
oppompen *(omhoog)* pump (up); *(band)* pump up [one's bike], blow up, inflate [a tyre]
opponent opponent
opponeren raise objections, oppose
opporren poke (up); prod; *zie* oppoken & aanporren
opportunisme opportunism
opportunist opportunist, time-server
opportunistisch opportunist(ic)
opportuniteit opportuneness, expediency; *om redenen van ~* from motives of expediency
opportuun opportune, well-timed
opposant opponent
oppositie opposition [leader, party, newspaper]
oppositioneel opposition(al)
oppotten hoard, *(fam)* stash (salt) away [money]
opprikbord *zie* prikbord; *(voor insecten)* setting board
opprikken **1** pin (up), stick [insects], set [a butterfly], pin up [a notice]; *(door klauwier)* impale; **2** dress up, deck out, doll up
oppproppen *zie* volproppen & opgepropt
oprakelen poke up, stir up [the fire]; *(fig)* rake up [the past, an old quarrel], dig up (out), drag up [unpleasant facts]
opraken *(v geld, munitie, voorraad, enz)* run out (short, low), give out; *mijn geduld raakt op* my patience is wearing thin; *hun bier raakte op, (ook)* they ran out of beer; *zie ook* slijten
oprapen pick up, take up; *een opgeraapt leger* a scratch army; *van de straat opgeraapt* [he was] picked out of the gutter; *voor het ~ hebben, zie* grijpen
oprecht sincere, genuine [repentance], candid, straight, upright; *ik beloof u ~* I promise you faithfully; *wij hopen ~ ...* we earnestly hope ...
oprechtheid sincerity, candour, uprightness; *in alle ~* in all sincerity, in all honesty
opredderen tidy up; *zie* opruimen 1
oprekken stretch [gloves, shoes]
oprichten **1** *(overeind zetten)* set up, raise, place on end, upend [a boat, cask]; lift up [one's head]; *zich ~* straighten o.s., draw o.s. up, stand up, *(in bed)* raise o.s., sit up; **2** *(meetk)* erect [a perpendicular]; **3** *(stichten)* set up, erect [a statue to]; establish, found, set up [a business, school, newspaper]; start [a club, a branch *filiaal*], launch [a business]; form, float, found, start [a company]; *opgericht volgens de wet op de vennootschappen* incorporated under the Companies Act; *zie ook* opgeheven
oprichter founder; erector *vgl het ww*
oprichtersaandeel, oprichtersbewijs founder's share
oprichting foundation, establishment, formation; erection *vgl het ww; in ~* being established; *lid sinds de ~* founder member; *zie ook* akte
oprichtingskapitaal original stock
oprijden **1** ride (drive) up [a hill, etc]; *een weg ~, (inslaan)* turn (ride, drive) into a road; *het trottoir ~, (ve taxi)* mount (run on to) the pavement; *~ tegen* run (crash) into [a lamp-post]; **2** *(verder rijden)* move (drive) on
oprijgen baste, stitch together
oprijlaan drive, driveway
oprijten rip up, tear open
oprijzen rise, get up; *de gedachte rees bij mij op* the thought occurred to me
opril ramp
oprispen repeat; *levertraan rispt licht op* cod liver oil is apt to repeat
oprisping eructation, *(fam)* burp, belch; *(fig)* sudden notion
oprit *(helling)* ascent, slope, ramp; *(ve autoweg)* slip road, *(Am)* on-ramp; *(v garage, enz)* drive
oproeien row up [a river]; *zie ook* stroom
oproep summons; *(mil)* call-up, call [to arms]; appeal [for help]; *~ om hulp, (ook)* SOS (call)
oproepbaar on call
oproepen call up [for military training, etc], call (on), summon; call up, evoke, recall [images, memories]; call forth [fresh queries]; convoke [a meeting]; call out (up) [the reserves]; call over [the names]; *(omroepen)* page; incite [to mutiny]; arouse [opposition]; *een getuige ~* call a witness; *geesten ~* conjure up (*of:* raise) spirits
oproeping call, summons, (call-up) notice; convocation; conjuring-up, raising; *(ve officier)* joining notice; *vgl* oproepen
oproepkracht staff member on call
oproer rebellion, revolt, insurrection; *(aansporing tot ~)* sedition; *(muiterij)* mutiny; *(opstootje)* riot; *(tumult)* tumult; *~ kraaien* stir up strife; *~ verwekken* cause a rebellion
oproerig rebellious, insurgent, mutinous, riotous; rebel [states]; *(tot ~ aansporend)* seditious, inflammatory [words, speeches]
oproerigheid rebelliousness, insurgency; seditiousness
oproerkraaier agitator, firebrand, sedition-monger
oproerling(e) rebel, insurgent
oproermaker *zie* oproerkraaier & oproerling
oproerpolitie riot police
oproervaan [raise the] banner of revolt
oproken finish [a cigar]; smoke [another p.'s cigars]; *zijn zakgeld ~* spend one's pocket money on cigarettes, etc
oprolautomaat, oprolgordel inertia-reel seat belt
oprollen roll up; *(tot een tros)* coil up [a rope]; *(paraplu ook)* do up, furl, roll; *een drugsbende ~* roll up a gang of drug dealers; *zich ~* curl (o.s.) up, *(ve slang, ook)* coil (itself) up; *opgerold* rolled (folded) [umbrella]; *zie ook* [1]mat 1
oproller **1** pill-bug, woodlouse; **2** pill millipede
oprotpremie severance pay(ment); *(voor gastarbeiders)* repatriation bonus
oprotten get lost, *(plat)* piss off

opruien incite [to rebellion], stir up, instigate; *~de woorden* inflammatory (seditious, incendiary) words
opruier agitator
opruiing sedition; *~ tot* incitement (instigation) to
opruimen **1** *(wegruimen)* clear away [the tea things, snow], clear [mines]; *(kamer, enz)* tidy up, put to rights, straighten up; clear [the table]; *dat ruimt op!, opgeruimd staat netjes!* good riddance (to bad rubbish)!; **2** *(uitverkopen)* sell off, clear (off) [one's stock], remainder [books]; **3** *(afschaffen)* do away with, abolish, sweep away [an old system]; *het hele leger ~* make a clean sweep of the army; **4** *(techn)* ream [a hole]
opruimer *(instrument)* reamer
opruiming **1** clearing away, etc; **2** *(fig)* clean-up; *~ houden, (fig)* make a clean sweep [*onder* of]; *een ~ houden in, (ook)* clean up [the West End of London]; **3** *(handel)* selling-off, clearance (sale); *zie ook* seizoenopruiming; *~ houden* sell off
opruimingsploeg breakdown gang
opruimingsuitverkoop (clearance) sale(s)
oprukken advance; march (on), press onward; *~ tegen* march (up)on [a town], march (move, advance) against [the enemy]; *zie ook* ophoepelen
opruststelling retirement
opruwen roughen
opschakelen *(motor)* shift up
opscharrelen rout (rake, ferret, hunt, rummage, grub) out, unearth, dig up, dig out; nose out [a bargain]
opschenken pour [water] on
opschepen: *iem met iets ~* saddle (*of:* land) a p. with s.t.; *het publiek ~ met waardeloze aandelen* plant ... on the public; *ze schepen haar op met hun rommel* they unload their junk on her; *ik ben (zit) met hem (ermee) opgescheept* I have him (it) on my hands, I am saddled (stuck) with him (it)
opscheplepel serving spoon, tablespoon
opscheppen **1** ladle out, serve out [the soup], dish up; *mag ik u nog eens ~?* may I give you another helping?; *de boel (de peentjes) ~* kick up a dust, have a high old time; *het is er opgeschept* there is plenty; *(geld)* they are rolling in it; *voor het ~, zie* grijpen; **2** *(fig)* brag, boast, swank, swagger, show off
opschepper braggart, swank(pot); *hij is helemaal geen ~* he has no side at all
opschepperig boastful, swanky
opschepperij bragging, [it's all] swank
opscheren **1** shave up(ward); **2** *(heg)* trim
opscherpen whet, sharpen, refresh [the memory]
opscheuren tear (up, open)
opschieten **1** shoot up *(ook v plant & pers); zie ook* opgeschoten; **2** fire [rockets *vuurpijlen*]; **3** coil [a rope, cable]; **4** *(fig)* get on [time is getting on], make progress (headway), proceed [the work is proceeding satisfactorily]; ***schiet op!*** get a move on!, come along!, hurry up!, look sharp!; *een beetje ~!* lively now!, be quick about it!, get a move on!, hurry up a bit!; *laten we ~!* let's get on!; *ik kan niet ~* I can get no further; *het **plan** schoot niet op* the plan hung fire; *we schieten (maar) niet op* we don't seem to make any progress; *mijn **tijd** begint op te schieten* my time is growing short; *het **werk** schiet goed op, (ook)* the work is well in hand, is getting on well; *flink ~ (bij lange autorit)* make good time; *(uitstekend)* ***met*** *elkaar ~* get on (*of:* along) (well) together (like a house on fire), *(fam)* shake down well together; *ik kan niet met hem ~* I cannot (don't) get on (hit it off) with him; *moeilijk om mee op te schieten* difficult to get on with; *daar schieten we niet mee op* that doesn't help things
opschik finery, trappings, frills
opschikken **I** *tr* dress up (out), trick out, deck out; *zie ook* opdirken; *vreselijk opgeschikt* dressed to kill; **II** *intr* move up, close up
opschommelen rout out; *zie* opscharrelen
opschonen update (and maintain) [files]
opschorten **1** tuck up [a dress, sleeves]; **2** suspend, reserve [one's judgement], suspend [a work], hold up [a scheme], stay [(the execution of) a sentence], delay, postpone, defer [one's decision], adjourn [a meeting], prorogue [Parliament]
opschorting suspension; stay [of execution]; adjournment; prorogation; *~ van doodvonnis* reprieve; *vgl het ww*
opschrift superscription, inscription, lettering; *(ve artikel)* heading; *(bijschrift, ook)* caption; *(adres)* direction; *(ve munt, enz)* legend
opschrifttitel running title, headline
opschrijfboekje notebook, memorandum (*fam* memo) book
opschrijven write down, note down, take down (in writing), commit to paper; *(voor klant)* score (up) to (against) [a p.]; *(bij spel)* (keep the) score; *schrijf die vent op!* take that man's name; *voor hoeveel mag ik u ~?* what may I put you down for?; *schrijf het maar voor mij op, (op rekening)* charge it (to my account), put it down to me (to my account); *zie ook* dood II
opschrikken start, give a start, be startled, take alarm; *doen ~* startle; *daar schrok ik van op* that gave me a shock
opschroeven screw up; force up, drive up [prices, wages]; *zie ook* opgeschroefd
opschrokken bolt, gobble up, gorge, guzzle
opschudden shake, stir; shake up [a pillow]
opschudding commotion, sensation, bustle, stir; *~ veroorzaken* cause (create, make) a stir (a sensation); *in ~ brengen* cause a commotion, stir things up [at the head office]
opschuiven **1** push up, shove up; *(raam ook)* throw up; **2** *(opschikken)* move up *(ook fig in rang),* close up; *zie ook* opschorten
opschuren **1** scour; *(cilinders v auto)* decarbonize; **2** *(opbergen)* store

opsieren adorn, embellish; *(verhaal, ook)* embroider, touch up; *zich ~* dress up; *te zeer opgesierd* ornate [style, etc]; *het verhaal is (nogal) opgesierd, (ook)* the story has not lost (has lost nothing) in the telling

opsiering adornment, embellishment

opslaan I *tr* **1** *(omhoogslaan)* strike up; *(kraag, enz)* turn up [one's collar, trousers], tuck up, roll up [one's sleeves], turn back [the bedclothes]; **2** *(openslaan)* open, raise [one's eyes]; open [a book]; turn up [page 7]; **3** *(opzetten)* pitch, set up, put up [a tent], *(haastig)* knock up [temporary barracks]; *zijn verblijf ~ te ...* take up one's residence at ...; **4** *(prijzen, enz)* raise [prices, wages]; *het brood is opgeslagen* bread has gone up, is up [twopence]; *de prijs met 10 % ~* raise the price by 10 per cent; **5** *(bewaren)* lay in [potatoes]; store [data]; save [a computer file]; *(in pakhuis)* warehouse, (put into) store, put [one's furniture] into storage; **II** *intr (v koopwaar)* go up, rise, advance

opslag 1 *(muz)* upbeat; **2** *(v oog)* look; **3** *(ve mouw)* cuff; *(ve uniform)* facing; **4** *(verhoging)* rise, advance; *4000 pond per jaar met 200 pond ~* £4000 a year with a £200 rise, £4000 by £200 to £6000; *(op prijs, enz)* surcharge; premium; **5** *(berging)* storage [accommodation, area, capacity, space, tank, yard], *(in pakhuis, ook)* warehousing; **6** *(comp)* storage; **7** *(plantk)* wild shoots; self-sown (volunteer) plants; *zie ook* opslagplaats & oogopslag

opslagbedrijf warehousing firm

opslagkosten storage, warehouse charges (*of:* rent)

opslagloods transit warehouse, store

opslagmedium [a hard disk is a] storage device

opslagplaats store, storage depot; [munition(s)] depot (*of:* dump); *(voor vee)* stockyard

opslepen drag up, tow up; *vgl* slepen

opslobberen lap up

opslokken swallow, gulp down; *de belasting slokt alle winst op* taxes devour all profits; *grote bedrijven slokken kleine op* big firms absorb ...; *zijn werk slokt hem helemaal op* his work takes up all his time

opslorpen sip up, lap up; absorb, *(fam)* mop up [profits, supplies]

opslorping absorption

opslorpingsvermogen absorptive power

opsluiten lock (shut) up, lock in; lock [a p. in a room]; pen (in, up) [cattle, etc], fold [sheep]; lock up, incarcerate, confine [a prisoner]; coop up [cooped up in one's room all day]; *(mil)* close up, close [the ranks]; *(in zichzelf)* withdrawn, turned in (up)on o.s., *(fam)* buttoned up; *opgesloten, (na ongeluk)* trapped [miners]; *dat ligt erin opgesloten* that is implied in it; *het daarin opgesloten verwijt* the implied reproof; *alles wat daarin opgesloten ligt* [the question and] all its implications

opsluiting confinement, incarceration; *zie ook* eenzaam

opslurpen sip up; *zie* opslorpen

opsmuk finery, trappings, frills

opsmukken trick out, trim, dress up; *(verhaal)* embellish, embroider; *zie ook* opsieren & opgesmukt; *zich ~, (fam)* prink, preen (o.s.); *zie ook* opdirken

opsnijden cut (up, open), carve; *(fig)* brag, swank, swagger; *niets om over op te snijden* nothing to shout (to write home) about

opsnijder braggart

opsnijderij swank, swagger, brag(ging), bounce

opsnoepen eat up, squander, blue

opsnorren, opsnuffelen rout out; *zie* opscharrelen

opsnuiven sniff (in, up), inhale

opsodemieter *(plat)* belt, wallop

opsodemieteren *(plat)* piss off, bugger off

opsommen enumerate, count up, sum up, recite [all one's grievances], recount [her virtues]

opsomming enumeration, recital; string [of kings and queens]; [this is only a bare] catalogue

opsouperen spend, squander, *(sl)* blue [all the money]

opspalken open wide; *zie* openspalken

opspannen stretch, tighten; *(techn)* clamp, chuck [a workpiece]; *snaren ~* string an instrument, fit on strings

opsparen save up, lay by, put by, hoard

opspatten splash

opspelden pin on

opspelen 1 *(razen)* cut up rough, kick up a fuss; *(fig)* play up [my stomach is playing up]; **2** *(nadruk geven)* play up; **3** *(muz)* strike up; **4** *(sp: beginnen)* lead [trumps]; *(bij knikkeren, bijv)* play up

opsperren *zie* opensperren

opsplitsen split up, break up

opspoelen 1 rinse; **2** wind (up, on a reel), coil up

opsporen track (down), trace, trail, hunt up (*of:* down), run down, seek out, run [a criminal] to earth, locate [missing men], detect [faults]

opsporing tracing, etc; *(v delfstoffen)* exploration, prospecting; *de ~ wordt verzocht van ...* the police are anxious to trace ...

opsporingsambtenaar detective (officer)

opsporingsbericht *(radio & tv)* police message; *(schriftelijk, v misdadiger)* wanted notice, *(v vermiste)* 'missing' notice

opsporingsdienst criminal investigation department, CID

opspraak scandal; *~ verwekken* cause (a) scandal; *in ~ brengen* compromise, get [a p.] talked about, give [a p.] a bad name; *in ~ komen (raken)* get (o.s.) talked about (become the subject of controversy)

opspreken speak up; *(ronduit)* speak out; *spreek maar op!* go ahead!, fire away!, get it off your chest!, spit it out!, *(eig Am)* shoot!

opspringen jump (leap, start) up (*at* tegen), spring (jump) to one's feet; *(ve bal)* bounce; *de trap ~* bound up the stairs; *zijn hart sprong op* his heart leapt [for joy], gave a bound

opspuiten spout up, spout into the air; *terrein ~* raise a site [with fluid sand, etc]; *jaartallen* ~ reel off [dates]; *(spuiten op)* spray on [paint]

opstaan 1 *(in opstand komen)* rise, rebel, revolt [*tegen* against]; **2** *(ve stoel, uit bed, enz; gaan staan)* get up, rise; *(rechtop gaan staan)* stand up; *plotseling* ~ start up; *(ve gevallene ook)* pick o.s. up; *er stond een profeet op* a prophet arose; *de doden* **doen** ~ raise the dead; *uit de* **dood** ~ rise from the dead; *de leden stonden (enige ogenblikken) van hun* **plaatsen** *op* the ... rose (stood up) in their places; *opgestaan, plaats vergaan* leave your seat and lose it; *van* **tafel** ~ rise from (get up from the) table; *altijd* **vroeg** ~ be an early riser (*en vroeg naar bed gaan:* keep early hours); *[als ...] dan moet je vroeger* ~ you'll need to be a bit cleverer than that; *zie ook* overeind & vallen; **3** *het water staat op* the kettle is on

opstaand standing, upright [stone]; *~e kraag* stand-up collar; *~e oren* erect ears; *met ~e haren* with hairs bristling; *~e rand* raised border

opstal building(s), premises; *met de* ~ [freehold land] with the buildings erected on it; *recht van* ~ building and planting rights

opstand 1 rising, revolt, rebellion, insurrection, uprising; **in** *~ komen, (ook fig)* rise, rebel [*tegen* against; my whole soul rises against it], revolt [*tegen* against, from], rise in revolt (in arms); *tegen iets in ~ komen, (ook)* revolt at s.t.; *zie ook* verzet; *in ~ zijn, (ook fig)* be in revolt, be up in arms [*tegen* against]; **2** *(bk)* (vertical) elevation; **3** *(ve winkel)* fixtures; *zie ook* houtopstand

opstandeling rebel, insurgent

opstandig rebel(lious); *(minder sterk)* disaffected [subjects *onderdanen*]; disruptive [pupils]; *~e gedachten* mutinous thoughts

opstandigheid rebelliousness

opstanding resurrection

opstangen needle [a p.]

opstap step, stile; *~je, (fig)* stepping stone [to higher office]

opstapelen pile up [*ook fig:* accusations, etc], heap up, stack [hay, ammunition], accumulate; *het ~ van voorraden* stockpiling; *zich* ~ accumulate, [expenses] pile up; *opgestapeld* piled(-up) [pillows]

opstapeling accumulation [of difficulties], piling up, etc

opstappen 1 go up [the steps], go (get) into [the street]; *(op de fiets)* mount [one's bicycle]; **2** *(weggaan)* go away, move on, *(fam)* push off; *ze zei dat hij maar beter kon* ~ she gave him his marching orders; *de regering is opgestapt* the ... has resigned; *(sterven, fam)* pop off, peg out; *ik moet (eens)* ~ I must be getting along

opstapper substitute crew member

opstarten start up; *(comp)* boot (up)

opsteekladder extension ladder

opsteken I *tr* **1** *(omhoogsteken)* hold (put) up, raise [one's hand]; *zie ook* hoofd; pitch [hay]; put up [an umbrella]; put (do, turn, gather) up [one's hair]; *stemmen met hand~* vote by show of hands [the motion was lost on a show of hands]; *hij heeft er niet veel van opgestoken* he has not profited much by it, it has not been of much use to him; **2** *(in de schede steken)* put up, sheathe [a sword]; **3** *(geld)* pocket [money]; **4** *(opensteken)* broach [a cask, beer]; **5** *(aansteken)* light [a cigar, the lamp]; *zie ook* licht; **II** *intr (vd wind)* rise, get up, *(plotseling)* spring up

opsteker 1 stroke of luck, windfall; **2** picklock; **3** pitchfork

opstel essay, composition, paper, *(Am)* theme [*over kunst* on art]; *een ~ maken* write an essay (a paper), *(Am)* compose a theme [*over* on]

opstellen 1 *(ontwerpen)* frame [a charge *aanklacht*; an act *wet*; a petition], draft, draw up [a report, programme, regulations], get up [a petition], map out [a programme], lay [plans], formulate [a theory]; **2** *(plaatsen)* put (set) up, erect, mount [a machine], place [a gun] in position, mount [a gun]; *(voor foto)* pose [a posed group]; *(troepen, enz)* draw (form, line) up; *(ergens)* post, station, place [somewhere]; *ik stelde ze op in een rij, (ook)* I stood them in a row; **zich** ~ line (form) up, form [into companies]; *zich kritisch* ~ adopt a critical attitude [towards *tegen*]; *vooruit opgesteld* pre-arranged [programme]; *zie ook* slagorde, enz

opsteller framer [the framers of the Constitution], drafter [of a report, a deed *akte*]; editor

opstelling 1 framing; drafting; erection; **2** formation, disposition [of troops]; *(sp)* team positions, [starting] line-up; **3** attitude [on drugs]; *een harde ~ kiezen* take a hard line [on a question]; *vgl* opstellen

opstelplaats *(voor taxi's)* cab rank

opstelstrook filter lane

opstijgen rise, ascend, mount, go up; *(ve vliegtuig ook)* take off; *~!* to horse!

opstijging ascent; *(ve vliegtuig ook)* take-off

opstijven starch [linen]; *(ve pudding, metselwerk, enz)* set; *(vd wind)* stiffen

opstoken 1 poke (up), stir (up); **2** *(verstoken)* burn up; **3** *(fig)* incite, instigate; set [a p. against ...]

opstoker instigator, agitator, firebrand

opstokerij incitement, instigation

opstomen *tr* steam up [a river]; *intr* proceed [to Hull]

opstoot *(boksen)* uppercut

opstootje disturbance, riot, tumult, *(fam)* row

opstoppen stop up, fill, pad; stuff [a bird]

opstopper slap [in the face], punch [on the nose], smack [in the eye], dig [in the ribs], wallop, clout; *iem een ~ geven (verkopen)* give a p. a slap in the eye, land (catch, fetch) a p. one (in the eye, on the nose, etc)

opstopping stoppage, block(age), [traffic] jam, hold-up, [road, traffic] congestion

opstoten 1 push up; *~ in de vaart der volkeren* raise to world status; **2** push open

opstreek *(muz)* upstroke
opstrijken 1 pocket, scoop in, rake in [money]; *de winst* ~ sweep in (gather in) the winnings; **2** iron [linen]; brush up [one's hat]; twirl up, wax [one's moustache]; *zie ook* zeil
opstropen tuck (turn) up, roll up [one's sleeves]
opstuiken *(techn)* upset
opstuiven 1 *(v zand, enz)* fly up; **2** *(fig)* fly out, flare up [*bij mijn woorden* at my words]; *tegen iem* ~ fly out at a p.; *de trap* ~ tear up the stairs; *zie ook* kleinigheid
opsturen send (in, on); *zie* opzenden
opstuwen 1 drive up, dam up [water]; **2** *(lading)* stow
opstuwing *(vh bloed)* congestion
optakelen 1 rig [a ship]; **2** hoist up [a load]; *(fig) zie* opdirken
optant optant
optassen pile up
optater *zie* opstopper
optatief optative (mood)
optekenen note (write, jot, take) down, make a note of, enter [s.t. in a book]; *(te boek stellen)* record [in history]; *(spel)* (keep the) score
optekening notation, note, record
optellen add (up), count (cast, *fam:* tot) up; *(opnoemen)* enumerate
optelling addition; enumeration; *(ve cijferkolom)* footing
optelsom 1 addition sum; **2** total [of several factors]; sum total [of demands]
'opteren 1 tar; **2** spend, consume
op'teren choose, opt [for India]; ~ *voor, (ook)* decide in favour of
optica optics
opticien optician
optie option; *in ~ hebben* have the refusal of (have an option on) [a parcel]; *in onze* ~ (at, in) our option
optiebeurs options market
optiek optics; *vanuit deze (een andere)* ~ from this point of view (a different angle)
optierecht (right of) option
optillen lift up, raise; *til je voeten op!* pick up your feet!
optimaal optimum [temperature], optimal; *(niet)* ~ *geregeld* (not) organized in the best possible way
optimaliseren optimize, make the best (most effective) use of
optimisme optimism
optimist(e) optimist
optimistisch optimistic (*bw:* -ally), sanguine, *(fam)* upbeat [assessment]; ~ *gestemd zijn* take an optimistic view
optimum optimum
optisch optical [glass, illusion, scanner]; optic [nerve]
optocht procession; [historical] pageant; *(te paard)* cavalcade; *een ~ houden* go (walk) in procession, process
optomen bridle [a horse]; cock [a hat]
optometrist optometrist, ophthalmic optician
optooien deck out, adorn, decorate
optornen rip up (*of:* open); ~ *tegen* beat up against [the wind]; battle with [winds and waves]; make head against [difficulties]
optransformeren *(elektr)* step up
optrede step; *(ve rijtuig)* footboard; *(ve trap)* rise; *(stoep)* steps
optreden I *ww* **1** *(verschijnen)* appear [*ook v zaken:* symptoms of discontent appeared], make one's appearance, *(ten tonele verschijnen)* enter, go on; ~ *in een film* appear (be featured) in ...; *(ve verschijnsel)* set in, occur; *het ~ de ministerie* the incoming ministry; *als gastheer* ~ act as host (*voor een conferentie* host a conference); ~ *als Hamlet* appear in the role of Hamlet, act (play) Hamlet; *Hamlet treedt op* enter Hamlet; *als voogd ~ over* ... act as guardian to ...; *als verdediger ~, (jur)* appear for the defendant; *hij treedt op als hoofd van* ... he is acting head of ...; *voor iem (in iems plaats)* ~ deputize for a p.; *voor de eerste maal* ~ make one's debut (one's first appearance); *zie ook* gezamenlijk; **2** *(handelen)* act, take action; *(zich laten gelden)* assert o.s.; *handelend* ~ take action; *streng (krachtig)* ~ take strong (drastic) action (a strong line), adopt rigorous measures (a strong policy), crack down [*tegen* on]; *er werd streng tegen hen opgetreden* they were dealt with severely; *zie ook* hoogte; *flink tegen iem* ~ deal firmly with a p.; *de politie kan niet tegen hen* ~ the police are powerless to deal with them; ~ *tegen ... volgens artikel ...* proceed against ... under article ...; *gewapend ~ tegen* take up arms against; **II** *zn* appearance [in public, on the stage]; way of acting, [police] action, attitude [his attitude to(wards) me], [insulting] behaviour, [her quiet] demeanour; *zijn eigenmachtig* ~ his high-handed proceedings; *hun waardig* ~ their dignified bearing; *eerste* ~ debut; *zie ook* gezamenlijk
optrekje (holiday) cottage, pied-à-terre; *aardig* ~ nice little pad
optrekken 1 *(omhoogtrekken)* pull (draw) up [a blind], raise, [one's eyebrows], shrug [one's shoulders], pull (*met ruk:* hitch) up [one's trousers]; *(vliegt)* pull up; *met opgetrokken schouders* with one's shoulders hunched; *de lip (verachtelijk)* ~ curl one's lip; *zich* ~ pull (haul) o.s. up; *(aan rekstok)* chin; *zie ook* neus; **2** *(bouwen)* run up, raise, erect [a building, wall]; set up [a barrier; *ook fig*]; **3** *(ve auto)* accelerate; **4** *(v mist, enz)* lift, clear (away); **5** *(marcheren)* march [*tegen de vijand, een stad* against the enemy, on a town]; *wij hebben heel wat met hem opgetrokken, (ook)* he has given us a good deal of trouble and anxiety; *veel met iem* ~ be thrown together a lot with a p.; *samen* ~ pull together; *ik moet altijd met hem* ~ he is always on my hands
optrommelen *zie* bijeentrommelen

optuigen rig [a ship]; harness, caparison [a horse]; *zie ook* opdirken; *als kotter opgetuigd* cutter-rigged
optutten doll up, *(fam)* tart up
opus opus
opvallen strike [his silence struck me, it struck me that he was silent]; *(opzettelijk)* show off; *doen ~* make conspicuous; *dat zou te zeer ~* it would be too conspicuous; *zie ook* oog: in het ~ lopen, enz
opvallend striking [strikingly beautiful], conspicuous, notable, marked [improvements, she had changed very markedly, was markedly unemotional], banner [headlines], outstanding [facts]; *~ gekleed* showily dressed; *op ~e wijze* [his name was] pointedly [left out]; *vgl* onopvallend
opvang 1 reception, welcome; **2** relief; **3** [reception, relief, etc] centre
opvangcentrum reception centre [for refugees]
opvangen catch [a ball, the rainwater, the light, a glimpse of ..., a sound, the words ...], receive [a blow], absorb [a shock], intercept [letters, a radio message, a person], overhear [words, a conversation], round up [stray dogs], take [a p.] under one's wing, take care of (see to) [problems]; *een blik van iem ~* catch a p.'s eye; *ik ving de woorden op, (ook)* the words caught my ear; *slagen ~, a) (incasseren)* receive; *b) (ondervangen)* intercept; *de hoge prijzen worden opgevangen door hoge lonen* the high prices are compensated by high wages; *zie ook* vangen
opvaren sail (go, steam) up [a river]; ascend [to heaven]; *tegen het tij ~* make headway against the tide; *~den* passengers and crew
opvatten 1 *(opnemen, ter hand nemen)* take up [the pen, arms; a subject, science]; *het werk* ***weer*** *~* resume work, *(na staking ook)* return to work; *het gesprek weer ~* resume the conversation; *zie ook* draad & opnemen; **2** *(vormen)* conceive [a plan, an idea, a dislike; how he conceived his function]; **3** *(begrijpen)* understand, take, apprehend [a compound as separate words]; *zoals ik de zaak opvat* as I conceive the case; *hij heeft het verkeerd opgevat, a)* he has misunderstood it (me, etc); *b)* he has taken it in bad part; *het spijt me dat u het zo opvat* I am sorry you look at it like that; *te* ***licht*** *(te zwaar) ~, (inzien)* not take seriously enough (take too seriously); *de dingen gemakkelijk ~* take things easy; *het als een compliment ~* take it as a ...; *zie ook* opnemen
opvatting idea, notion, view, conception; *naar algemene ~* by common consent; *bekrompen ~en* narrow outlook; *een verstandige ~* a sensible way of taking it (looking at it); *ook een ~!, (iron)* a fine way of doing things!
opvegen *(stof, enz)* sweep up; *(vloer)* sweep (up); *(kamer)* sweep (up, out)
opveren bounce
opverven give a(nother) lick of paint
opvijzelen jack (lever, screw) up; *(fig)* boost [morale], repair [one's reputation], improve, raise [one's marks]
opvissen fish up; *(fig) zie ook* opdiepen; *zijn lijk is nog niet opgevist* has not yet been recovered
opvlammen flame (flare, blaze) up
opvliegen 1 fly up; *de trap ~* tear (*of:* dart) up the stairs; *vlieg op (je kunt ~)!* go to blazes!; **2** *(uitvaren)* fly out, flare (blaze) up, explode [at any little thing]
opvliegend short-, quick-, hot-tempered, peppery, irascible
opvliegendheid quick temper, irascibility
opvoedbaar educable; *een moeilijk ~ kind* a problem (maladjusted, difficult) child
opvoeden educate, bring up, rear; *goed opgevoed* well brought-up
opvoedend educative [influence, force]
opvoeder educator
opvoeding education, upbringing, bringing-up; *een vrije ~* an upbringing with few (parental) restraints; *lichamelijke ~* physical education, PE; physical training, PT; *zie ook* welopgevoed
opvoedingsinrichting, opvoedingstehuis community home; *(hist)* approved school; *(Am)* reformatory
opvoedkunde pedagogy, pedagogics
opvoedkundig pedagogic(al)
opvoedkundige education(al)ist
opvoeren 1 *(naar boven brengen)* carry up, *(water, kolen)* raise; *goederen de* ***rivier*** *~* carry (convey) goods up the river; **2** *(prijzen, enz)* raise, force up; *zie ook* opdrijven; jack up [wages], send up, step up [production]; *het peil ~, (fig)* raise the standard; *eisen ~* increase demands; *tot een hoog peil ~* carry [the discussions] to a high level; *hoog opgevoerde gerechtskosten (salarissen)* inflated law costs (salaries); *de capaciteit tot de volle hoogte ~* increase the capacity to its full extent; *(motor)* tune (*fam* soup) up; **3** *(in rekening brengen)* charge (to the account); **4** *(toneelstuk)* perform, act, produce, present, bring (put) on the stage; *de thans in L opgevoerde stukken* the plays running in L now; *het stuk werd 50 maal achtereen opgevoerd* had a run of (ran) fifty nights; **5** feed [the cat a mouse]
opvoering performance; *zie ook* recht I.1
opvoerset tuning kit
opvolgen 1 *(iem in ambt, enz)* succeed [a p.]; *elkaar ~* succeed each other; *de gebeurtenissen volgden elkaar snel op* events moved swiftly; **2** *(voldoen aan)* obey, act on [an order], take, follow [a p.'s advice], observe [a rule]
opvolger successor [*van* to, of]; *tot president gekozen als ~ van R* elected ... in succession to R; *zie ook* troonopvolger
opvolging succession
opvorderbaar claimable; *(geld bij bank)* withdrawable; *dadelijk ~* repayable at call (on demand)
opvorderen claim [money, etc]
opvouwbaar folding, foldaway [bed], collapsible [bicycle, bed], foldable
opvouwen fold up, double up; *plat op te vouwen* folds flat [for storage]

opvraagbaar *zie* opvorderbaar

opvragen call in, withdraw, draw out [money from a bank]; call in [a mortgage]; claim [one's luggage]; access [information]; *de politie vroeg de boeken op* the ... commandeered the books; *opgevraagde gelden, (ook)* withdrawals

opvreten devour, consume greedily, gobble up; corrode [metal]; *zich ~ van ergernis* eat one's heart out with chagrin; *opgevreten van de roest* eaten away by rust; *we worden opgevreten van de muizen* the house is overrun with mice; *ze wordt opgevreten van de zenuwen* she is a bundle of nerves

opvriezen freeze (up)

opvrijen chat up, butter up [a p.]; pet [the cat]

opvrolijken cheer (up), brighten (up), liven up, enliven

opvullen fill up; pad [clothes]; pad out [a book, etc with useless matter]; stuff [a turkey, the seat of a chair]; *(opzetten)* stuff [animals]; *het ~ ve depressie* the filling of ...

opvulling, opvulsel stuffing, padding, filling

opwaaien I *tr* blow up; II *intr* be blown up; *hij kan ~* blow him; *(v sneeuw)* drift; *zie ook* stof

opwaarderen revalue, upgrade [a job], uprate [benefits]

opwaarts I *bw* upward(s); II *bn* upward; *~e druk* upward(s) pressure

opwachten wait for; *(met vijandige bedoeling)* waylay

opwachting: *zijn ~ maken bij* wait (up)on, pay one's respects to [a p.]

opwarmen warm (heat) up [heated up coffee], reheat; *(sp)* warm up, limber up; *(fig)* rehash [old stories]; *iem voor iets ~* interest a p. in s.t.; *opgewarmde kost, (ook fig)* rehash

opwarmertje warm(ing)-up

opwarmtijd warming-up time

opwassen grow (*snel:* shoot) up; *zie ook* opgewassen

opwegen: *~ tegen* (counter)balance, be set off by, offset [a loss]; *ruimschoots ~ tegen* outweigh; *de regering en de oppositie wegen precies tegen elkaar op* the ... are evenly matched; *niet ~ tegen, (ook)* be outweighed by; *hij weegt niet tegen u op* he is not equal to you; *zijn voorzichtigheid weegt op tegen zijn jeugd* his caution balances his youth

opwekken 1 awake, rouse; *(uit de dood)* raise from the dead, resuscitate; **2** *(fig)* awake, rouse, stir up, arouse, kindle, evoke [admiration], provoke [curiosity], excite [interest], raise [expectations], stimulate, call up, evoke, stir [memories], work up [enthusiasm], generate [electricity], induce [a birth]; *wij wekken onze collega's op dit streven te steunen* we urge our colleagues to support this action; *~ tot* rouse [a p.] to [activity], waken [people] [to the love of country]; *tot nadenken ~, (ve boek, enz)* challenge (stimulate) thought; *zie ook* levensgeesten

opwekkend exciting, stimulating; bracing [air], exhilarating [weather]; *~ middel* tonic, stimulant

opwekking 1 resuscitation; *de ~ van Lazarus* the raising of Lazarus; **2** *(aansporing)* stimulation, [a] challenge [to thought]; **3** *(oproep)* appeal, call; *(aansporing)* encouragement; **4** generation [of electricity]; *vgl* opwekken

opwellen well up *(ook v tranen & aandoeningen)* [*ook:* tears welled (in)to her eyes]; *krachtig ~* surge up [the old suspicion surged up again]; *~de bron* bubbling spring; *~de tranen* gathering (welling, rising) tears; *zie ook* wellen

opwelling welling-up; access [of jealousy, patriotism], gush [of parental feeling], outburst [of fury], burst [of generosity], wave [of feeling], surge [of horror], flush [the first flush of grief]; *in de eerste ~* on the first impulse, on the spur of the moment

opwerken work up [a business]; touch up, do up [a picture]; reprocess [nuclear fuel]; *zich ~* work one's way up [from nothing, to the top of one's profession], work o.s. up [from poverty], rise from the ranks; *opgewerkt* raised [figures]

opwerkingsfabriek reprocessing plant

opwerpen 1 *(omhoog)* throw up [a ball], toss up [a coin]; **2** *(dam, enz)* throw up; *(barricade)* erect, raise; **3** *(fig)* raise [a point, question, difficulty]; throw out [a suggestion *idee*]; *zich ~ als* set o.s. up as, constitute o.s. [a p.'s protector; the self-constituted leader]

opwerping objection

opwikkelen *zie* opwinden 1

opwinden 1 wind (up) [a watch], wind [wool into a ball], roll up [a ball of wool], reel [cotton]; *(te sterk)* overwind; *(met een windas)* winch (up); **2** *(fig)* excite; *zich ~* get excited [over s.t.], get worked up, *(fam)* go off the deep end

opwindend exciting

opwinding excitement, agitation, commotion; *er heerste grote ~* feeling ran high; *hij verkeerde in grote ~* he was in a terrible state

opwippen *tr & intr* tip (*of:* tilt) up; *(van zijn stoel)* spring up; *de stoep ~* whisk (whip, skip) up the steps

opwrijven rub up, polish

opzadelen saddle [a horse; a p. with s.t.]

opzegbaar withdrawable; *(ve verbintenis, enz)* terminable; *~ kapitaal* capital redeemable at notice; *zie ook* dadelijk

opzeggen 1 *(voordragen)* say [one's prayers]; recite [a poem], repeat; **2** *(herroepen)* terminate [a contract, the partnership], cancel [a purchase], renounce [a treaty, an armistice], call in [money, a mortgage], withdraw, recall [capital]; *zijn* ***abonnement*** *~* cancel one's subscription; *iem de* ***betrekking*** *(de* ***dienst****) ~* give a p. notice; *de huur ~, (ve eigenaar)* give notice (to quit), *(ve huurder)* give notice (of removal); *de* ***gehoorzaamheid*** *~* refuse further obedience, *(aan vorst)* renounce one's allegiance [to ...]; *zijn* ***huis*** *(zijn betrekking) is hem opgezegd* he is under notice (to quit, to leave); *een* ***krant*** *~* discontinue (one's subscription to) a paper; *zijn* ***lidmaatschap*** *~* resign (from the club, etc); *het* ***vertrouwen***

~ revoke (withdraw) one's confidence [in ...]; *(parl)* pass a vote of no-confidence; ***zeg op!*** out with it!, speak out!, come on, let's have it!, fire away!, spit it out!

opzegging termination; renunciation [of a treaty]; withdrawal; notice [at a month's notice]; *vgl* opzeggen; *met een maand* ~ at a month's notice; *zonder voorafgaande* ~ without notice; *betaalbaar zonder* ~ payable at call

opzeg(gings)termijn term (period) of notice

opzeilen sail up [the river]

opzenden 1 send, forward; **2** *(nazenden)* forward, send on, redirect [a letter]; ~ *s.v.p.* please forward; **3** *(gebeden)* offer (up), send (put) up; **4** *(stukken)* send in

opzending forwarding, redirection [of letters]

opzet 1 *(ontwerp)* plan, framework, design, format; **2** *(bedoeling)* intention, design; *~je* set-up; *boos* ~ malice, foul play, malicious intention, *(jur)* malice (prepense), criminal intent; ***met*** *het ~ om letsel toe te brengen* with intent to hurt; *met* ~ on purpose, intentionally, purposely, deliberately, of set purpose, designedly, wilfully, [I use the word] advisedly; *[een campagne] uitstekend van* ~ excellent in conception; ***zonder*** ~ unintentionally; **3** *~je, (sp)* set-up; *(inz Am)* assist

opzettelijk I *bn* intentional, premeditated, wilful; studied [insult, carelessness]; deliberate, calculated [lie]; **II** *bw zie* opzet: met ~; *ik liet hem niet ~ schrikken* I did not mean to frighten him; *iem ~ beledigen, (ook)* go out of one's way to ...

opzetten I *tr* **1** *(overeind zetten)* set up, put up, place on its end, upend; turn (pull) up [one's collar], put up, open [an umbrella]; *een* ***tol*** ~ spin a top; *de* ***veren*** *~, (ve vogel)* ruffle (puff out) its feathers; *z'n kuif ~, (ve kaketoe)* erect [his crest]; ***water*** ~ put the kettle on [for tea]; *zich ~, (bijv bij gymnastiek)* lever o.s. up; *zie ook* borst; **2** *(op iets zetten)* put on [one's hat, spectacles, the potatoes], put [the kettle] on; arrange, place, set up [chessmen]; *de* ***bajonetten*** ~ fix bayonets; *een* ***lap*** *~, (ook)* patch; **3** *(brei-, haakwerk)* cast on; **4** *(inzetten)* stake [money]; *ik heb vijftig pond opgezet, (ook)* I have fifty pounds on; **5** *(beginnen)* open, start, set up, establish [a business]; *een* ***zaak*** *~, (ook)* set up in business; **6** *(inrichten)* plan, organize, set up; *het zaakje was aardig opgezet* the affair was beautifully stage-managed; **7** *(opstoppen)* stuff [animals]; *het* ~ taxidermy; **8** *(ophitsen)* set on, incite, instigate; ~ ***tegen*** set (put) [one person] against [another]; *de mensen tegen elkaar* ~ set people by the ears; **II** *intr* **1** *(opzwellen)* swell (up); *zie ook* [1]keel, mond, oog, enz; **2** *(komen) ~, (ve storm, onweer, mist, koorts)* come on; **3** *(opdagen)* turn up, make one's appearance; *in groten getale komen* ~ show up in force; **4** *(v water)* rise; *de vloed kwam* ~ the tide was coming in

opzetter *(v dieren)* taxidermist

opzetting *(vd lever, enz)* enlargement, swelling

opzicht 1 *(toezicht)* supervision, superintendence; **2** respect; ***in één (in dit)*** ~ in one (in this) respect; *in alle ~en, in elk* ~ in every respect, in all respects, (in) every way; *in geen enkel* ~ not in any sense, in no sense; *in zeker ~, (ook)* in a way; *in politiek* ~ politically; *in technisch* ~ from a technical point of view; *in sommige ~en* in some respects (ways); *in dat ~ kan ik niet tegen u op* I am no match for you there; *het past me in alle ~en* it suits me down to the ground; *in alle ~en een goede prestatie, (ook)* a creditable effort all round; ***ten*** *~e van* with respect (regard) to, in respect of

opzichter overseer, superintendent, supervisor; *(bij bouwwerken)* [city, etc] surveyor; *(ve park, enz)* keeper

opzichtig showy [showily dressed], gaudy, garish [decorations], loud [tie], flashy [flashily dressed], jazzy, *(sl)* glitzy; ~ *en goedkoop* tawdry

opzichtigheid showiness, gaudiness

opzichzelfstaand individual [fact, case]; *een ~e klasse vormen* form a class apart; *iets ~s* a thing by itself; *een ~ huis* a detached house

opzien I *ww* look up [*naar* at]; ~ ***tegen*** look up to [a p.]; fear, dread [death], dread [the day, the unknown], shrink from, shirk [a fight, owning up], be shy of [coming], shy at [the truth], balk at [the cost]; *tegen geen moeite (kosten)* ~ not be afraid to take trouble (not count the cost); *ik zie er tegen op* I don't feel like doing it, shrink from the business (from meeting him, etc); *ik zie er tegen op om te gaan, (ook)* I am reluctant to go; *niet tegen een leugen* ~ not scruple (hesitate) to tell a lie, not stick at a lie; *hij ziet niet tegen een wandeling van twee uur op* he thinks nothing of a two hours' walk; *zij ziet er tegen op dat ik (haar zoon) het huis uitga(at)* she dreads my (her son) leaving home; *hoog tegen iemand* ~ think the world of a p.; *zie ook* berg, opkijken; **II** *zn: ~ baren* make (cause, create) a sensation (a stir; it won't cause much stir), *(fam)* make a splash

opzienbarend sensational, spectacular, startling

opziener inspector, supervisor

opzij [put, set] aside; *zijn hoofd een beetje* ~ his head a little on (*of:* to) one side; ~ *(daar)!* stand clear (there)!, out of the way (there)!; ~ *van het huis* at the side of the house; ~ ***doen*** put aside, put on (*of:* to) one side; ~ ***komen*** come alongside; *het schip* ***viel*** ~ the ... lurched over to one side, heeled over, was thrown on her beam ends; *zie ook* streven

opzijgaan stand (step) aside, go to one side, give way [*voor* to]; *niet voor een ton* ~ have (well over) a hundred thousand euros

opzijleggen put (lay) aside (lay by) [money]; *iedere week wat* ~ put s.t. away every week

opzijschuiven push (shove) aside (to one side); *(fig)* brush off [as unimportant]

opzijspringen jump aside (clear, out of the way)

opzijzetten swallow, pocket [one's pride]; put [one's

pride] in one's pocket, scrap [old prejudices], discard [belief, habit], side-track [a plan], brush aside [all dogmas], sink [one's own interests, one's personal views]; *de wet* ~ override the law; *alle complimenten* ~ waive all ceremony

opzitten sit up; *(ve hond)* (sit up and) beg; *(te paard stijgen)* mount, *(commando:)* to horse!; ~ *en pootjes geven, (fig)* fetch and carry; *iem* ***doen*** ~, ~ ***leren*** make a p. sit up (and take notice); *er zit niets anders op dan te gaan* there is nothing for it but to go; *dat zit er op* that's that; *er tien jaar tropen hebben* ~ have ... behind one; *ik heb het er* ~ I've finished, I'm through; *laat* ~ sit up late; ***bij iem*** *(een patiënt)* ~ sit up with a p.; ***voor iem*** ~, *(opblijven)* sit (stay, wait) up for a p.; *daar zal wat voor je* ~ you'll catch it; *zie ook* zitten

opzoeken 1 *(zoeken)* look for [a p., a thing], look up [a word, train], look out [a dress for a party], seek (out) [seek out a quiet place to sit, we sought our rooms], go in search of; find [page 15]; **2** *(bezoeken)* call on [a p.], give [a p.] a call, look a p. up; *ondertussen ga ik een vriend* ~ meanwhile I'll see a friend of mine; *hij komt je* ~ he'll come and see you

opzouten salt, pickle, preserve; *(fig)* hoard (*of:* treasure) up; place [quarrels, etc] in cold storage; *dan kun je je wel* ~ you may as well quit, then; ~*!, (sl)* beat it!

opzuigen suck in (up), absorb, sip [lemonade]; pick up with the vacuum cleaner

opzuipen guzzle; *(geld, enz)* waste [one's money] on drink

opzuiveren *(techn)* true (up)

opzwaai upward swing

opzwabberen swab up [water]

opzwellen swell (up), expand; *de aderen op zijn voorhoofd zwollen op* the veins started out on his forehead; *doen* ~ swell, inflate; ~ *van trots* swell (be puffed up) with pride

opzwelling swelling, tumefaction

opzwepen whip up; *(fig ook)* stir up, work up [into a passion], incite [a p.]

oraal oral

orakel oracle

orakelachtig oracular

orakelen pontificate

orakelspreuk oracle

orakeltaal oracular language

orangeade orangeade

orangisme Orangeism

orangist Orangeman

orang-oetan orang-utan

oranje orange; *(v verkeerslicht)* amber; *O~ boven!* three cheers for Orange!, Orange for ever!

oranjeappel orange

oranjebitter orange bitters

oranjebloesem orange blossom

oranjeboom orange tree

oranjegeel orange

Oranjegezinde Orangeist

Oranjehuis House of Orange

Oranjeklant Orangeist, Orangeman

oranjekleur orange (colour)

oranjekleurig orange(-coloured)

Oranje-Nassau Orange-Nassau

oranjerie 1 *(eig)* orangery; **2** *(serre)* conservatory, greenhouse

Oranjerivier Orange River

Oranje-Vrijstaat Orange Free State

oratie oration; *(univ)* inaugural (lecture)

oratio pro domo plea (argument) in one's own (hidden) interest

oratorisch oratorical

oratorium 1 *(muz)* oratorio; **2** *(kapel)* oratory

Orcaden: *de* ~ the Orkneys, (the) Orkney (Islands) [live in Orkney]

Orcadiër, Orcadisch Orcadian [Islands]

orchidee orchid

ordale *(mv:* -lia, -liën*) (hist)* ordeal *(mv:* ordeals)

orde order *(in alle bet)*; *openbare* ~ *en gezag* law and order; *de* ~ ***bewaren*** preserve order; ~ ***brengen in*** restore order to [the scattered papers]; *de* ~ ***handhaven*** maintain order; ~ *en recht handhaven* maintain law and order; *hij* ***heeft*** *goede (strenge)* ~ he is a good (strict) disciplinarian; *de* ~ ***herstellen*** restore order; ~ ***houden*** keep order; *hij kan geen* ~ *houden* he cannot keep (the boys in) order, cannot manage the boys (girls), cannot control the class; ~ ***scheppen*** create [some semblance of] order; ~ *op (zijn) zaken* ***stellen*** put things right (put one's affairs in order, set one's house in order); *de (openbare)* ~ ***verstoren*** break (disturb) the peace; ***aan de*** ~ ***zijn*** be under discussion; *dat is nu niet aan de* ~ that is out of order (not in order) now; *de zaak (een onderwerp) aan de* ~ *brengen* raise the matter, moot a subject; *aan de* ~ *komen* come up for discussion, arise [if the question arises]; *de voorzitter stelt ... aan de* ~ the chair opens the discussion on ...; *dat is aan de* ~ *van de dag* that is the order of the day (*ook:* education is very much in the air just now; protection is on the map again); ***buiten de*** ~ ***zijn*** be out of order; *buiten de* ~ *verklaren* rule out of order; ***in de*** ~ ***van*** [a sum] in the neighbourhood of [£10,000]; *in dezelfde* ~ *(van grootte)* of the same (order of) magnitude; *in* ~ ***bevinden*** find to be in order, find correct; *in* ~ ***brengen*** put (set) in order, put (set) right, put (set) to rights, arrange [papers], sort [things] out, get (set) [things] straight, fix [things] up; *(kamer, ook)* tidy up a room; *een stoomlocomotief weer in* ~ *brengen* recondition a steam engine; *ik zal het met hem in* ~ *brengen* I'll put things right (fix it) with him; *in* ~ ***houden*** keep [the room] in order; *dat komt in* ~ that will come right (will sort itself out); I will see to it; *het zal vanzelf wel weer in* ~ *komen* things will come right of themselves; *in* ~ *maken, zie* in ~ brengen; ***niet in*** ~ out of order; ***in*** ~*!* all right!, *(fam)* right oh!, right-o!; ***het slot is in*** ~ the lock is all right; *de machine is in ~* the engine is in working order; *de riolen zijn erg slecht in ~* there is something seriously wrong with the drains; *hij is goed in ~* he is quite well, quite fit, *(puik in ~)* as fit as a fiddle; *zij is niet goed (niet helemaal) in ~, (fam)* she is a bit under the weather; *in volmaakte ~* in perfect order; *alles is perfect in ~, (fam)* everything is OK, in apple-pie order; *dat is in ~, (afgesproken, enz)* that is settled; *zie zo, dat is in ~* and that's that; *tot zover is alles in ~* so far so good; *het is niet alles in ~ (tussen hen)* all (everything) is not well (between them); *er is iets niet in ~* there is s.t. wrong (amiss), s.t. has gone wrong [with the motor]; *de rekening is in ~* the account is correct (in order); *uw brief is in goede ~ ontvangen* your letter came duly to hand; *zie ook* grootte~; ***op** ~ leggen* arrange in proper order; *ben je helemaal op ~?* are you all straight?, *(in nieuw huis ook)* quite settled in?; *hij hielp ons om op ~ te komen, (in huis)* he helped to settle us in (to get things straight); *zie (ook)* in ~; ***tot** de ~ roepen* call to order, *(fam)* pull [a p.] up; *(parl)* name [an MP]; *tot de ~!* Chair!, Order!, Name!; *overgaan tot de ~ van de dag* pass to (proceed with) the order of the day; ***voor** de goede ~* for regularity's sake; for the record

ordebewaarder *(in zaal)* usher

ordebroeder friar, brother

ordedienst [the] stewards, marshals

ordehouder: *goed (slecht) ~* good (bad) disciplinarian

ordelievend law-abiding, orderly

ordelievendheid love of order

ordelijk I *bn* orderly; tidy; II *bw* in good order, in an orderly way

ordelijkheid orderliness; tidiness

ordeloos disorderly; *de kledingstukken lagen ~ over de vloer verspreid* littered the floor

ordeloosheid disorderliness

ordenen **1** order [one's life, thoughts, etc], arrange [papers, thoughts, etc], regulate [the best regulated families], marshal [one's thoughts], put in order; *[elk land moet] zijn eigen zaken ~* set its own house in order; **2** *(geestelijke)* ordain; **3** *(economie)* regulate [regulated competition], plan [planned economy], organize

ordening **1** arrangement, regulation; ordering [of national life]; *(economie)* planning, planned economy; *ruimtelijke ~, (vglb)* town and country planning; **2** *(ve geestelijke)* ordination

ordentelijk **1** *(fatsoenlijk)* decent, respectable; **2** *(redelijk)* reasonable, fair

ordentelijkheid **1** decency; **2** fairness

order order, command; *(handel)* order; *cognossement (cheque)* ***aan*** *~* bill of lading (cheque) to order; *aan de Heer B of ~* [pay] to Mr B or order; *aan de ~ van* to the order of; *aan eigen ~* to our own order, o/own; ***op*** *~ (en voor rekening) van* by order (and for account) of; ***tot*** *nader ~* until further notice; *tot uw ~s* [I am] at your service; *nog iets* ***van*** *uw ~s?* anything else I can do for you?; *zie ook* bestelling & last

orderbevestiging confirmation of order (*of:* of sale)

orderbiljet *zie* orderbriefje

orderboek *(mil)* order(ly) book; *(handel)* order book

orderbriefje **1** note of hand, promissory note; **2** *zie* orderformulier

ordercognossement bill of lading (B/L) to order

orderformulier order sheet, order form

orderportefeuille [a long, large] order book

ordesgeestelijke regular; *de ~n* the regular clergy

ordeteken (badge of an) order, decoration [foreign decorations]; *(mv ook)* insignia of an order

ordeverstoorder rowdy, troublemaker

ordeverstoring disturbance (of the peace), [commit a] breach of the peace, rowdyism

ordinaat ordinate

ordinair **1** *(gewoon)* ordinary, common(-or-garden); **2** *(niet fijn)* common, vulgar, coarse(-grained), low [talk]; *(v waren)* inferior, low-grade

ordinariaat *(univ)* full professorship

ordinarius full professor

ordineren ordain

ordner file

ordonnans **1** orderly, runner; *(bereden)* dispatch rider, mounted orderly; **2** aide(-de-camp)

ordonnansofficier aide(-de-camp)

ordonnantie order, decree, ordinance

ordonneren order, decree, ordain

oreade oread

oregano oregano

oremus: *het is daar ~* things are in a bad way there

oreren **1** deliver an oration; **2** orate, hold forth [*over* on], declaim, *(fam)* spout

orf *(volkst & scherts) ovt van* erven

orgaan *(in alle betek)* organ

organdie organdie

organiek organic [law]

organisatie organization

organisatiebureau (firm of) management consultants

organisatieschema organogram, organization chart

organisatietalent talent for organization, organizing ability

organisatievermogen organizing power, organizational skill(s)

organisator organizer

organisatorisch organizing, organizational

organisch organic [chemistry, disease, food, whole] (*bw:* -ally)

organiseren organize; get up [a party, amateur theatricals]; mount [an exhibition]; orchestrate [a campaign]; *(hist)* organize, scrounge

organisme organism

organist(e) organist

organzinzijde organzine

orgasme orgasm

orgel 1 organ; *het ~ trappen* blow the organ; *een ~ draaien* grind an organ; **2** *(galerij)* organ loft
orgelbouwer organ-builder
orgelconcert 1 organ recital; **2** *(muziekstuk)* organ concerto
orgeldraaier organ-grinder
orgelen *(v vogels)* warble
orgelkast organ case
orgelkoor organ loft
orgelmaker organ-builder
orgelman organ-grinder
orgelpijp organ pipe *(ook geol)*
orgelpunt organ point, pedal (point)
orgelregister organ stop
orgie orgy; *een ~ van kleuren* a riot of colour
Oriënt [the] Orient
oriëntaal(s) oriental
oriëntalist(e) orientalist
oriëntatie orientation; *zijn ~ kwijt zijn* have lost one's bearings; *ter ~* for your (etc) guidance
oriëntatiebezoek fact-finding mission (tour, trip)
oriëntatieloop orienteering race (trip, etc)
oriënteren orient [a map, a surveying instrument, o.s.]; *zich ~, (ook)* take one's bearings [*op* from], see how the land lies, orientate o.s. [*naar, op* towards]; *zich ~ omtrent* familiarize o.s. with; *zich gemakkelijk ~* have a bump of locality; *dit is een algemeen ~d boek* this book provides a general introduction to the subject; *een ~d gesprek* a preliminary (introductory) talk; *~d onderzoek* pilot investigation; *Frans georiënteerd blad* paper with French leanings; *georiënteerd, (ook)* [politically, scientifically] minded, [communist] orient(at)ed; *internationaal georiënteerd zijn* have an international outlook; *ze waren van oudsher op Frankrijk georiënteerd* they traditionally looked to France
oriëntering orientation; *te uwer ~* for your information (guidance)
oriënteringspunt 1 landmark; **2** point of reference
oriënteringsvermogen sense of direction
originaliteit originality
origine origin; *zie ook* oorsprong
origineel *bn & zn* [read a book in the] original
orillonspasser bow-compasses
Orion Orion
ork(a) orc(a)
orkaan hurricane; *de storm groeide aan tot een ~* the gale attained hurricane force
orkest orchestra, band; *(de plaats)* orchestra (pit); *zie ook* bewerken
orkestbak orchestra (pit)
orkestbegeleiding orchestral accompaniment
orkestdirigent conductor (of an orchestra)
orkestmuziek orchestral music
orkestraal orchestral
orkestratie orchestration
orkestreren orchestrate, score
orkesttoonhoogte concert pitch
orleaan an(n)atto
ornaat official robes, robes of office; *(ve geestelijke)* pontificals, vestments, canonicals; *in vol ~* in full pontificals (canonicals); [the Mayor] in full state; *(univ)* in full academicals; *(fam)* in full fig
ornament(eel) ornament(al)
ornamenteren ornament
ornamentiek ornamentation
orneren adorn, decorate
ornithologie ornithology
ornitholoog ornithologist
orogenese orogeny, orogenesis
orografie orography
orografisch orographical
Orpheus Orpheus; *van ~* Orphean, Orphic
orseille *(plant & verfstof)* orchil, archil
orseillemos orchil, archil
orthodontie orthodontics
orthodox(ie) orthodox(y)
orthoëpie orthoepy
orthogonaal orthogonal
orthografie orthography
orthopedie orthopaedy, orthopaedic surgery
orthopedisch orthopaedic (*bw:* -ally)
orthopedist orthopaedic surgeon, orthopaedist
ortolaan *(vogel)* ortolan
os ox (*mv:* oxen), bullock; *(fig)* ass, blockhead; *jonge ~* steer; *zie ook* slapen, enz
oscilleren oscillate
oscillograaf oscillograph
oscilloscoop oscilloscope
Osmaan(s) Ottoman, Osmanli
osmose osmosis
osmotisch osmotic
ossenbloed oxblood; *(kleur)* claret
ossengebraad roast beef
ossenhaas fillet of beef, undercut
ossenkop oxhead; *(sp)* cow-horn [handlebars]
ossenstaart oxtail [soup]
ossenstal ox-stall
ossentong 1 ox-tongue; **2** *(plant)* alkanet
ossenvlees beef
ossenwagen ox-, bullock-wag(g)on, -cart
Ossi(e) East German
ossificeren ossify
ossuarium ossuary
ostensief ostensive
ostensorium *(r-k)* ostensory, monstrance
ostentatief ostentatious
osteologie osteology
osteopaat osteopath, bone setter, manipulative surgeon
osteopathie osteopathy, manipulative surgery
osteopathisch osteopathic (*bw:* -ally)
osteoporose osteoporosis
ostracisme ostracism
OT OT, Old Testament
otolaryngologie otolaryngology

otoliet otolith
otologie otology
otoscoop otoscope
otter otter; *(fig)* fathead
otteren *zie* klungelen
otterstation otter reserve
Ottomaan(s) Ottoman
ottomane ottoman (couch)
oubollig waggish
oud old [man, house, friend, custom, wine], aged [man]; stale [beer, bread]; *(niet langer gebruikt, ook)* disused [church]; *(vd oude tijd)* ancient [history, languages, Greece]; classical [languages]; *(antiek)* antique [furniture]; *(voormalig, in sam)* former, late, ex-[mayor], retired [judge, sea captain]; *zo ~ als de weg naar Kralingen (naar Rome)* as old as the hills; *een ~e firma* an old-established firm; *~ ijzer* old (scrap) iron, scrap; *~e jenever* old (*of:* matured) gin; *~e kaas* matured (ripe) cheese; *~e kleren* old (*of:* second-hand) clothes; *~e lui* [the, my, etc] old folks; *~ nummer, (ve tijdschrift)* back number; *~ papier* waste paper; *~e rechten* vested rights; ***hoe** ~ ben je?* how old are you?, what's your age?; *iem vragen hoe ~ hij is* ask a p.'s age; *voor hoe ~ zie je me aan?* what age would you put me down at?, how old would you take me to be?; *hij is tien **jaar** ~* he is ten (years old), ten years of age; *de heer A, ~ 40 jaar* Mr A, aged forty; *~ **maken*** age [that ages you]; *~ en **nieuw** vieren* see the old year out, see in the new year; *men is nooit **te** ~ om te leren* one is never too old to learn, live and learn; *hij is te ~ om te trouwen* past marrying; *~ **worden*** grow old, age [she is ageing fast]; *hij wordt een dagje ~er* he isn't as young as he used to be; *hij werd heel ~* he lived to a great (a high old) age; *zie ook* oude, ouder, oudst, ouwe(...); dag, [2]heer, jongen, leeftijd, tijd, mens, mop, nummer, enz
oudachtig elderly, oldish
oud-alumnus alumnus
oudbakken stale (*ook fig:* news, etc)
oud-burgemeester ex-mayor; ex-burgomaster; *vgl* burgemeester
oude old man (woman); ***de** ~, (vader)* the governor, my old man; *(baas)* the governor, the old man, the boss; *(kapitein)* the old man; *de Oude van dagen, (Dan. 7)* the Ancient of Days; *tehuis voor ~n van dagen* home for old people, old people's home; *de Ouden* the ancients; *hij is **weer** helemaal de ~* he is quite himself (his usual self) again; *hij is niet meer de ~* he is not what he used to be; ***zoals** de ~n zongen, piepen de jongen* as the old cock crows, so crows the young; *bij **het** ~ blijven* remain as it was; *alles bij het ~ laten* leave things as they are, as one finds (found) them; *zie ook* oud
oudedagsvoorziening provision for retirement; pension scheme
oudeheer *(vader)* governor, old man
oudejaar, oudejaarsavond, oudejaarsdag New Year's Eve
oudejaarsdienst watch-night service *(tot middernacht)*
oudekleerkoop old clothes man, dealer in old (second-hand) clothes
oudelui [don't tell my] parents (my people)
oudemannenhuis old men's home
Oud-Engels Old English
ouder I *bn* older, elder; *(in rang)* senior-ranking; *hij heeft ~e rechten* he has a prior claim; *hij is tien jaar ~ dan ik* ten years older than I am, ten years my senior, my senior (my elder) by ten years; *je ziet er ~ uit dan je bent, (ook)* you look older than your age (your years); *ze scheen jaren ~ geworden* she seemed to have aged a lot; *van 50 jaar en ~* of fifty years and over; *hoe ~ hoe **gekker*** there's no fool like an old fool; *~ **gewoonte*** as of old, as usual; from old habit; *wij ~en, (inz Am)* we oldsters; **II** *zn* parent; *mijn ~s* my parents; ***van** Duitse ~s* of German parents (parentage); *van ~ tot (op) ~ overgaan* be handed down from generation to generation
ouderavond parents' evening
oudercommissie *(vglb)* parent-teacher association
ouderdom *(leeftijd)* age; *(hoge leeftijd)* old age, age; *zeer hoge ~* extreme old age; *een hoge ~ bereiken* attain (live) to a great age; *de ~ komt met gebreken* old age has its infirmities; *in de ~ van* at the age of; *zie ook* leeftijd
ouderdomskwaal geriatric complaint (disorder); *~tjes* afflictions (infirmities) of old age
ouderdomspensioen old-age pension
ouderdomsverzekering retirement insurance
oudere elderly person (c 55 up); *(jeugdsl)* wrinkly; *de ~n* elderly people, the elderly, *(fam)* the oldies
ouderejaars senior (student)
ouderenzorg care for the elderly, geriatric care
oudergewoonte as of old, as usual, from old habit
ouderhuis parental home
ouderliefde 1 parental love; **2** filial love
ouderlijk parental; *~e macht* [deprive of] parental control
ouderling elder; *(angl, vglb)* churchwarden
ouderloos without parents, parentless, orphaned; *~ kind* orphan
ouderpaar parents, father and mother
ouderplicht parental duty
ouderschap parenthood; parenting; *gedeeld ~* joint parenting
ouderschapsverlof parental (*zwangerschaps-:* maternity) leave
ouderslaapkamer master bedroom
ouderwets I *bn* old-fashioned, outmoded [dress], outdated [customs, notions]; ancient, antique, old-world [customs, cottage]; *een ~e Kerstmis* a good old-fashioned Christmas; *een echte ~e ruzie* a high old row; **II** *bw* in an old-fashioned way; *we hadden ~ veel plezier* we had a high old time (of it); *hij werd ~ afgeranseld* he got a sound thrashing

oudewijvenknoop granny (knot)
oudewijvenkoek (kind of) aniseed cake
oudewijvenpraat old wives' tale(s), idle gossip
Oud-Frans Old French
oudgast old colonial
oudgediende veteran; *(inz uit de wereldoorlogen)* ex-serviceman; *(fig ook)* old hand (stager, campaigner), old-timer
Oud-Germaans Primitive (Common) Germanic
oudheid antiquity; *uit de verste ~* from the remotest ages, from time(s) immemorial; *oudheden* antiquities [Greek antiquities; museum of antiquities]; *de (klassieke) O~* antiquity
oudheidkamer museum of antiquities
oudheidkenner antiquarian, antiquary
oudheidkunde archaeology
oudheidkundig antiquarian, archaeological
oudheidkundige antiquarian, antiquary, archaeologist
***Oud-Hollands** *(Wdl: Oudhollands)* Old Dutch; *~ papier* handmade paper; *~e tuin* Dutch garden
Oud-Hoog-Duits Old High German
oud-hoogleraar professor emeritus, retired professor
oud-Indischman ex-colonial
oudjaar *zie* oudejaar
oudje old (wo)man; *(vrouw, ook)* granny, [the dear] old thing, *(aanspr)* mother; *de beide ~s* the old folks; *(pers & ding, inz auto)* (old) crock; *(ding, soms pers)* museum piece
oud-katholiek Old Catholic
oud-leerling old pupil, old boy
oudmodisch outmoded
***Oud-Nederlands** *(Wdl: Oudnederlands)* Old Dutch, Old Netherlandish
Oud-Noors Old Norse
oud-officier ex-officer
oudoom great-uncle
oudroest old (scrap) iron, scrap (metal)
oudroze old rose
ouds: *van ~, zie* oudsher
Oud-Saksisch Old Saxon; *~ porselein* Dresden china
oudsher: *van ~* of old, from of old, for a long time past, from early days; *van ~ bestaand (gevestigd)* old-established [business, newspaper]
oudst oldest [the oldest inhabitants], eldest [my eldest brother]; *~e bediende (vennoot)* senior clerk (partner); *~e in rang* senior-ranking [officer]; *op zijn ~ 16* [he is] sixteen at the oldest; *zie ook* recht I.1
oud-strijder *zie* oudgediende
oudtante great-aunt
oudtestamentisch Old-Testamentary
oudtijds in olden times
oudvader patriarch
oudvaderlands: *~ lied* traditional song; *~ recht* Old Dutch law
oudvaderlijk patriarchal
oud-voorzitter past chairman, ex-president
Ouessant Ushant
outaar, outer *(vero)* altar
outillage equipment, plant
outilleren equip, fit out, appoint [a well-appointed hotel, office, surgery]
ouverture overture (*ook fig:* make overtures of friendship)
ouvreuse usherette
ouwe *zie* gouden & oude; *~ (jongen)!* old man!
ouweheer *(vader)* governor, old man
ouwehoer gasbag
ouwehoeren *(zaniken)* go on (and on), witter; *(kletsen)* chat, jaw, gas; *jij kunt mooi ~* it's easy for you to talk; *een hoop geouwehoer* a load of bull
ouwe-jongens-krentenbrood *(fam)* old boys together; *(nepotisme)* jobs for the boys
ouwel wafer; *(voor poeders, enz ook)* cachet
ouwelijk oldish, elderly
ouwetje *zie* oudje
ovaal oval
ovariëctomie ovariectomy
ovariotomie ovariotomy
ovarium ovary
ovatie ovation; *een ~ brengen* give an ovation; *(bij heengaan ook)* give a [rousing, etc] send-off
ovationeel ovational [applause]
oven oven; *(ve fabriek ook)* furnace; *(kalk-, moutoven, enz)* kiln
ovenpaal peel, baker's shovel
ovenplaat baking tray
ovenvast ovenproof
over I *vz* **1** *(boven)* over [the town; crouch over the fire]; *hij keek ~ zijn bril heen* he looked over ...; *zie ook* overheen; *~ zijn* ***werk*** *in slaap vallen* fall asleep over one's work; **2** *(langs:) ~ de hele lengte van het huis* along the whole length of ...; *de spoorweg loopt ~ de* ***brug*** the bridge carries the railway; *het touw loopt ~ een* ***katrol*** the rope runs in (over) a pulley; *~ de* ***post*** [send] by post; *de tranen stroomden haar ~ de* ***wangen*** the ... down her cheeks; **3** *(dwars ~)* across [go across the river, the Channel, the fields], over [jump over the brook]; *een* ***brug*** *~ de Dee* a bridge across (over) the Dee; *de punten van de pen zitten ~* ***elkaar*** the nib is crossed; *~ de* ***grens*** across the frontier; *de boeken lagen ~ de* ***kamer*** the ... lay about (all over) the room; *~* ***land*** *(en ~ zee)* by land (and by sea); **4** *(aan de overzijde van)* beyond [the river, the mountains]; **5** *(via)* via [Flushing], by way of; **6** *(na, voorbij)* in [an hour], past [eight (o'clock)], *(ook)* after [a little after seven]; *3 minuten ~ acht (~ half acht)* three minutes past eight (twenty-seven minutes to eight); *even (enkele minuten) ~ half drie* [he came] a little (a few minutes) after ...; *die ham is ~ zijn datum* ***(heen)*** that ham is past its (best before) date; *~* ***vijftig jaar*** fifty years hence; *~* ***vier minuten*** [begin] in four minutes (from now); *~ enige* ***tijd*** after some time; *~ een* ***week*** *(acht dagen)* in a week('s time), a week hence,

a week today, this day (today) week; *donderdag ~ een week (acht dagen)* Thursday week, a week from (on) Thursday; **7** *(meer dan)* over, above, upwards of [forty]; *(ver) ~ de **honderd*** upwards of (well over, much more than) a hundred; *hij is ~ de zestig* he is turned sixty, on the wrong side of sixty; **8** *(wat betreft)* about, concerning, over [a quarrel over nothing]; *de Heer M ~ de crisis* Mr M on the ...; ***koning** (heer, enz) ~ ...* king (lord, etc) of ...; *~ een **onderwerp** schrijven* write on (about) a subject; *de winst ~ het eerste kwartaal* the profit for the first quarter; *hij heeft iets ~ **zich** dat ik niet mag* he has s.t. about him that ...; *zie ook* hoofd, enz; **II** *bw* **1** *(voorbij)* [the concert is] over; ***alles** is ~ met hem* it's all up with him; ***dat** is ~, (afgedaan)* that's (over and) done with; *mijn **kiespijn** is helemaal ~* my ... is quite gone; *mijn **moeilijkheden** zijn ~* my troubles are at an end; *de **strijd** is ~* the struggle is over; **2** *(ongebruikt)* [there is one] left; *zie ook* opnieuw; *het is ~ van de vorige keer* it is left over from last time; *hij is ~, (te veel)* he is one too many, he is odd man out; *als er **tijd** ~ is* if there is any time left; *we hebben 5 minuten ~* we have ... in hand; *houd maar wat er ~ is* you may keep the change; *er was reden **te** ~* there were plenty of reasons; **3** *(op andere plaats)* across; *tegen 10 uur zal ik ~ (het Kanaal) zijn* by ten I shall be across; *hij is ~ (niet ~), (school)* he went up (didn't go up) to the next class; *iem ~ hebben* have a p. to stay with one; *zij zijn ~, (verhuizing)* they have moved in; *~ het **geweer**!* slope arms!; *hij woont **hier** ~* he lives opposite, over the way; *de hele **wereld** ~* all over the world, throughout the world, worldwide; **4** *~ en **weer*** to and fro; mutually; *elkaar ~ en weer (on)beleefdheden zeggen* bandy (in)civilities; *zie ook* overhebben, enz; **III** *zn (cricket)* over

overactief hyperactive [children]

overafkoeling *(natuurk)* supercooling

overal everywhere; *(fam)* ['where has she been?'] 'all over the place'; *ik heb ~ gezocht* I have searched high and low; *hij denkt ~ aan* he thinks of everything; *~ waar* wherever, everywhere [I went I found them]; *het is ~ even dik* it has (is) the same thickness throughout; *ze mocht ~ in het huis komen* she had the run of the house; *~ in het land* throughout (all over, up and down) the country

overal(l) overall(s)

overbagage excess luggage

overbedeeld overendowed [*met* with], with more than [one's] proper share [*met* of]

overbekend generally (universally) known; *(meestal ong)* notorious; *zijn naam was ~* his ... was a household word

overbelasten overburden; *(ook techn)* overload; *(met passagiers)* overcrowd; *(v belastingen)* overtax; *overbelast, (ve schip)* overladen

overbelasting overburdening; overload(ing); overcrowding [of public vehicles]; overtaxation

overbeleefd too polite, obsequious

overbelichten *(fot)* overexpose

overbelichting *(fot)* overexposure

overbesteding overspending

overbevissing overfishing

overbevolking 1 over-population; *(ve stadswijk bijv)* overcrowding, congestion; **2** *(het teveel)* surplus population, overspill

overbevolkt overpopulated; overcrowded, congested; *vgl* overbevolking

overbeweiding overgrazing

overbezet overcrowded [buses]; overstaffed [office], overbooked [hotel]

overbieden outbid [a p.]; raise [a bid by 10%]

overblijflokaal *(vglb)* school canteen

overblijfsel remainder, remnant, remains, rest, relic, survival [from those days], vestige [from the dark ages]; *~en, (na brand, enz)* wreckage; *gewijde ~en* relics

overblijven 1 *(overschieten)* be left, be left over, remain; *blijft nog over, (als punt van beschouwing, enz) Rusland* there remains Russia; *er bleef ons **niets** anders over dan ...* nothing was left to us (remained for us) but ..., there was nothing for it but to ..., the only choice left us was ...; *van al zijn goede voornemens bleef niets over* all his good resolutions came to nothing; *van zijn bewering blijft alleen dit over* of all his argument only this will stand up; *~de jaren* [his] remaining years; *het ~de* the remainder, the rest; *de ~den* the survivors, those left behind; *de ~de boedel* the residuary estate; **2** *(blijven)* stop (over); *('s nachts)* stay the night; *(op school)* remain during the midday interval; *~de plant* perennial (plant); *in P ~* stop in P on the way; *een **boot** (trein) ~* stay over a boat (train); ***zondag** ~* stay over (the) Sunday

overbluffen bluff, face [a p.] down, put [a p.] out of countenance, browbeat; *overbluft* dumbfounded, flabbergasted, [be] (completely) taken aback

overbodig superfluous, redundant; *~ te zeggen ...* needless to say ...

overbodigheid superfluity, redundancy

overboeken 1 transfer [money]; **2** overbook [a flight]

overboeking 1 transfer; **2** overbooking

overboord overboard; *~ slaan (spoelen)* be washed (swept) overboard; *~ werpen* throw overboard, *(ter verlichting van schip)* jettison *(beide ook fig)*; throw [dignity] to the winds; *zijn lijk werd ~ gezet* he was buried at sea; *dan is er nog geen man ~* it is not the end of the world

overbrengen 1 transport [goods, etc], move [furniture to another room], convey [goods, sound, a disease, the condolences of ...], take [a message], transfer [a business to ...; a convict to another prison; thoughts; *zie ook* overboeken]; carry [diseases, germs; a message; the war into the enemy's country]; *de zetel der regering **naar** L ~* transfer the seat of (the) government to L; **2** *(af-, door-, weergeven)* deliver [a message]; remove [a p. to hospital]; transmit [heat, light, sound, news, disease]; pass on [a disease]; transfuse [blood]; translate [into English], turn [verse into prose]; *zijn woorden enz zijn verkeerd overgebracht* he has been misreported; *door melk (muskieten) overgebracht* milk- (mosquito-)borne [disease]; **3** *(v stenografisch in gewoon schrift)* transcribe [shorthand into longhand]; *in code ~* encode; *zie ook* overzetten; **4** *(verklappen)* blab, repeat; *zie ook* overbrieven; **5** *(bij optellen)* carry; *(rek)* transpose; **6** *(op nieuwe rekening) zie* rekening

overbrenger 1 carrier [of diseases, etc]; bearer [of a message]; **2** *(klikker)* telltale

overbrenging 1 transport, conveyance; **2** transfer; [thought] transference; **3** removal; **4** transmission *(ook techn);* carrying; **5** [blood] transfusion; **6** translation; *vgl* overbrengen

overbrengingsas [transmission] shaft

overbrieven repeat, pass on, blab [the whole story]; *ik zal het niet ~* I shan't talk (tell tales)

overbriever telltale

overbruggen bridge (over); *de moeilijke jaren ~* tide over the hard years; *niet te ~* unbridgeable

overbrugging bridging [loan]

overbruggingsregeling temporary (transition, interim) arrangement

overbruggingstoelage price compensation allowance

overbuigen bend over

overbuur neighbour across the way; *de overburen* the people opposite

overcapaciteit overcapacity

overcompensatie *(ook psych)* overcompensation

overcompleet I *bn* supernumerary, superfluous, surplus (to requirements); *(euf)* redundant; *zie ook* over II.2; **II** *zn* surplus, overplus

overdaad excess, superabundance, exuberance; *~ schaadt* one can have too much of a good thing

overdadig excessive, superabundant, exuberant; *~e goede werken* works of supererogation; *~ drinken (eten, roken)* drink etc to excess; *~ zweten* sweat profusely

overdag in the daytime, by day, [work] days

overdek 1 cover; **2** *(mar)* upper deck

overdekken cover (in, over, up), roof over (*of:* in); *met modder (zeildoek) overdekt* covered in mud (with a tarpaulin)

overdekking cover

overdekt covered-in [playground], roofed-in, indoor [swimming pool], covered [stand *tribune*]

overdenken reflect on, consider, turn over in one's mind, meditate on, ponder (over, on) [the question], think [the matter] over; *goed overdacht* carefully considered, well thought-out [plan], deeply laid [plot]

overdenking reflection, meditation, cogitation

overdisponeren overdraw one's account

overdoen 1 do [s.t.] over again; redo [one's homework]; **2** *(afstaan)* dispose of [one's business to ...], make over [the house was made over to ...], sell; depute [a task to ...], pass [a question] on to ...; *de huur ~ aan* dispose of the lease to; *doe er een doek over* put a cloth on (over) it; *zie ook* dunnetjes

overdonderen *zie* overbluffen

overdosering, overdosis [a heroin] overdose; *een -dosis nemen* overdose [*van* on]

overdraagbaar transferable [vote]; portable [pension]; *(med)* infectious, contagious; *seksueel -bare aandoening, soa* sexually transmitted disease, STD

overdracht transfer(ence), assignment, conveyance, delegation, handover; *vgl* overdragen & *zie ook* akte

overdrachtelijk metaphorical

overdrachtskosten cost of transfer(ence); *(vastgoed)* conveyancing fees

overdragen carry over; carry; transmit [diseases, knowledge, experience]; transfer, convey, make over [property]; assign [a right]; hand over [the chairmanship, one's case to ...]; delegate [authority, duties]; *(endosseren)* endorse; *zie ook* overdoen

overdreven exaggerated [report], overdone [civility]; *(buitensporig)* extravagant, excessive [praise], immoderate [zeal]; *(~ in gevoelsuiting)* gushing [woman, speech]; *~ nauwgezet* painfully conscientious; *dit lijkt een ~ voorstelling van zaken* this seems taking it a bit far; *het is niet ~ warm* it isn't all that warm; *(tot in het) ~(e)* [good, generous, etc] to a fault

overdrevenheid exaggeration, excessiveness, extravagance, immoderateness

'overdrijven *(v onweer, enz, ook fig)* blow over; *~de wolkenvelden* low driving cloud

over'drijven exaggerate, overdo, overstate [a case], pile it on, lay it on thick; *(theat)* overact; *sterk ~, (ook)* lose all sense of proportion; *je overdrijft* you're exaggerating (overdoing it); *niet ~* preserve a sense of proportion

over'drijving exaggeration; *het is geen ~ te zeggen* it is not too much to say; *zie ook* overdrevenheid

overdruk *zn* **1** *(ve artikel)* offprint, reprint, separate; **2** *(op postzegel)* overprint, surcharge; **3** *(techn)* overpressure; *(stoomwezen)* effective pressure

overdrukken reprint; *(postzegel)* overprint; *(plaatjes)* transfer

overduidelijk obvious, abundantly plain (*of:* clear)

overduvelen *zie* overbluffen

overdwars [it is 4 ft] across, crosswise, athwart; *~e snee* cross-cut; *~ geplaatst* transverse [engine]; *het schip lag ~ in de rivier* the ship lay ... broadside on; *~ doorsnede* cross section; *iem ~ komen* cross (*of:* thwart) a p.

overeen 1 [with arms] crossed; **2** *~ uitkomen* come to the same thing

overeenbrengen reconcile [conflicting statements]; *het verhaal is niet overeen te brengen met de waarheid* the ... cannot be reconciled with the truth; *met zijn geweten ~* reconcile [s.t.] to (*of:* with) one's con-

science, square [s.t.] with one's conscience; *ik kan het met mijn geweten niet* ~ it goes against my ...
overeenkomen agree [with a p., on a thing]; ~ *met* agree with, fit [the theory fits the facts]; correspond with [the original]; answer (to), conform to [the description]; tally with [it does not tally with your statement]; *deze stof komt er precies mee overeen* this ... matches it exactly; ~*de verklaringen* identical statements; *zie ook* overeenkomstig; ***iets*** ~ agree (on, upon) s.t.; *-gekomen [prijs, plaats]* [the price, place] agreed on (*soms* agreed: an agreed sum); *zoals -gekomen* as arranged; *zie ook* overeenstemmen & beantwoorden: ~ aan
overeenkomst **1** *(overeenstemming)* agreement, conformity; **2** *(gelijkenis)* resemblance, similarity; **3** *(contract)* contract; *(verdrag)* treaty, convention, agreement, pact; *zie ook* aangaan 7, afspraak, treffen, vertonen, enz
overeenkomstig **I** *bn* corresponding [the corresponding month of last year; *wisk:* corresponding angles (sides)]; ~ *geval* similar (analogous) case; **II** *vz* in accordance with, in keeping with [the facts]; ~ *uw wensen, (ook)* in compliance with, pursuant to your wishes
overeenkomstigheid conformableness, conformity, similarity
overeenstemmen agree, concur, harmonize [*met* with]; ~ *met, (ook)* be in keeping (fit in, chime in, accord) with, be conformable to, fit [the facts], match [these statements don't match]; *dit stemt overeen met wat ik zei* this corresponds (squares, fits in, tallies) with ...; *de straf stemt niet overeen met het misdrijf* the punishment does not fit ...; *zie ook* overeenkomen
overeenstemming agreement, concurrence, harmony; *(v mening)* consensus (of opinion); *(gramm)* concord, agreement; *er bestaat volkomen* ~ *tussen hen wat betreft* ... they are in entire agreement as to ...; ~ *bereiken over* reach agreement on; ***in*** ~ *met* in conformity (agreement) with; *in* ~ *brengen met* bring [legislation] into agreement with [modern practice], make [the punishment] fit [the crime], reconcile [one's interests] with [one's duty]; *met elkaar in* ~ *brengen* coordinate [efforts to reduce pollution], bring into line with one another, harmonize [texts], reconcile [conflicting claims]; *in* ~ *zijn (met)* be consonant (with); *zie (ook)* overeenstemmen (met); ***tot*** ~ *komen* come to terms (to an agreement, to an understanding)
overeind upright, on end, erect, [the coffin stood] end up, endways, endwise; *de boot kwam weer* ~ *te liggen* righted herself again; ~ *gaan staan (zitten)* stand (sit) up; ~ *blijven staan* remain erect; ~ *blijven, (fig)* keep going, remain in being; ~*staande haren* bristling hair; ~ *zetten* raise, set (put) up, place on end, upend; prick up [the dog pricked up its ears]; right [a car]; *zie verder* ophelpen, opkrabbelen, enz
over-en-weer- reciprocal; ~*gepraat* palaver; *zie ook* over
overerfelijk her(ed)itable; *zie* erfelijk
overerven **I** *tr* inherit [property, defects from one's ancestors]; **II** *intr* be inherited, be hereditary; pass (down) [from one generation to another]
overerving heredity, hereditary transmission [of mental disorder, etc]
overeten: *zich* ~ overeat (o.s.), *(Am sl)* pig out
overgaan **1** *(straat, enz)* cross [the street, a stream]; **2** *(ve bel)* ring; **3** *(op school)* go up, be moved up; *niet* ~ stay down; **4** *(voorbij: v pijn, enz)* pass off, wear off; *(ve bui)* blow over; *dat zal met de tijd wel* ~ it will pass (wear) off with time; **5** *(mar, v lading, enz)* shift; **6** *(veranderen, in een andere toestand komen)* pass; *(sterven)* pass over; ~ ***in*** pass (change) into; develop into [pneumonia]; *(geleidelijk)* fade into [twilight], blend into [spring blended into summer]; *groen* ~*de in grijs* green turning to (merging into) grey; *de beide soorten gaan geleidelijk in elkaar over* the ... shade off (merge) into one another; *de woorden gingen over in een gemompel* the words trailed off into a murmur; *(v eigendom)* pass (over); ~ *in handen van* pass into the hands of; ~ ***naar*** go over to [the enemy, the Liberals], move [from one group] to [another]; *(naar andere partij, ook)* change sides; ~ *naar ..., (ook)* transfer (be transferred) to [another regiment]; cross [the floor of the House] to [the Conservatives]; switch (over) to [the Treasury]; *de titel gaat over* ***op*** *X* the title passes (descends) to X, X succeeds to the title; *zijn titel gaat over op ..., (ook)* he is succeeded in the title by ...; ~ ***tot*** pass on to [another subject], turn to [the next case], proceed to [the order of the day]; change over (switch) [from one system] to [another], take to [closing at six]; embrace [Islam]; *zie ook* ~ naar; *tot de aanval* ~ attack, assume (take) the offensive; *weer tot de aanval* ~ return to the attack; *tot handelen* ~ proceed to action; *tot arbitrage* ~ go to arbitration; *tot zaken* ~ proceed (get down) to business; *zie ook* bederf, stemming, enz
overgang **1** crossing; **2** transit [of Venus]; **3** change, transition; conversion [to another faith]; changeover [to summer time]; **4** *(muz)* modulation; **5** *(ve vrouw)* menopause, change of life
overgangsbepaling temporary provision
overgangsexamen qualifying examination, end-of-year examination
overgangsfase transitional stage, intermediate phase
overgangsgebied transition area
overgangsjaren, overgangsleeftijd climacteric (period), change (of life)
overgangsmaatregel temporary measure
overgangsstadium transitional stage, stage of transition
overgangstijd(perk) transition period
overgankelijk transitive [verb]

overgave 1 handing over, delivery [of a parcel, etc]; giving up; abandonment [her abandonment to sorrow]; *(ve stad, v documenten, v zichzelf, ook berusting)* surrender; *(overdracht)* transfer; *(afstand)* cession; *zie ook* honger; **2** *(toewijding)* devotion, dedication
overgedienstig (over-)officious, obsequious
overgehaald double-dyed [fool], out-and-out [scoundrel]; *zie ook* overhalen
overgelukkig extremely (*of:* most) happy, overjoyed, enraptured
overgeven I *tr* **1** *(overreiken)* hand (over), pass; *(afstaan)* give up (over), yield, deliver up, surrender [a fortress]; *aan de politie ~* give [a thief] in charge; ***zich*** *~, (aan vijand, enz)* surrender (o.s.), give o.s. up, yield (o.s.); *zich ~, (aan gewoonte, enz)* give o.s. up to [sport, etc], give way to, indulge in [drink], surrender o.s. to [vice]; **2** *(braken)* vomit, throw up, *(fam)* sick (up); spit [blood]; **II** *intr* **1** vomit, be sick, *(fam)* sick; **2** *(bij kaartspel)* deal again
overgevoelig over-, hypersensitive, highly strung, thin-skinned, touchy
overgevoeligheid oversensitiveness, touchiness
overgewicht overweight
'overgieten pour [*in* into], decant [wine]; *(morsen)* spill
over'gieten water [plants], wet; *~ met* cover with, suffuse with; douse in [petrol]; pour [brandy] over; *overgoten* suffused [with tears (blushes)], bathed [in sunlight]
overgooien throw (fling) over; *het roer ~* jam the helm over
overgooier *(kledingstuk)* pinafore dress, tunic, gym-slip
overgordijn curtain
overgroot vast [majority], undue [haste]
overgrootmoeder great-grandmother
overgrootvader great-grandfather
overhaal ferry
overhaast I *bn* precipitate, overhasty, hurried, hasty [conclusion], headlong [flight]; *~e verkiezing* snap election; **II** *bw* precipitately, etc; in a hurry
overhaasten: *(zich) ~* hurry, hustle
overhaasting precipitation, precipitancy, overhaste
overhalen 1 *(ergens vandaan)* fetch over; *(in veerboot)* ferry over (*of:* across); **2** *(hefboom)* pull (throw) over [a lever]; throw [a switch, the points *wissel*]; pull [the bell, the trigger]; *de* ***haan*** *(ve geweer) ~* cock a rifle; *de haan was half (geheel) overgehaald* the gun was at half (at full) cock; *een* ***schip*** *~* careen a ship; **3** *(distilleren)* distil [spirits]; **4** *(overreden)* persuade [a p. to do s.t., into doing s.t., into a marriage], get (bring) [a p. to do s.t.], talk [a p.] over (*of:* round), prevail (up)on [a p.], win [a p.] over [to a party]; *iem tot een standpunt ~* talk a p. round; *zich* ***laten*** *~* be persuaded, allow o.s. to be talked over; *zie ook* overgehaald & zienswijze
overhand: *de ~* ***hebben*** have the upper hand [*op* of]; have the mastery, predominate [*op* over], prevail; *die mening heeft thans de ~* that opinion now prevails; *de ~* ***krijgen*** get the mastery [*op* of], get (gain) the upper hand [*op* of], *(fam)* get on top; *de ~ krijgen op, (ook)* get the better of
overhandigen hand (over) [hand a p. a letter], deliver; present [a petition *verzoekschrift*; one's letters of credence *geloofsbrieven*]
overhandiging delivery, handing over, presentation
overhands overhand; *~ naaien* sew overhand, overcast; *~e steek* whip stitch
overhang overhang
overhangen hang over, incline; *~de rotswand* beetling cliff; *~de struiken* overhanging shrubs
overheadkosten overheads
overhebben 1 have [no strength, no money] left; have [a few hours] to spare; *ik heb er geen geld* ***voor*** *over* I don't wish to spend anything on it; *ik heb alles voor hem over* I would do (sacrifice) anything for him; *hij had er de kosten voor over* he didn't grudge the cost; *ik heb er veel moeite voor overgehad* I've been at great pains to get it (to do it); *dat had ik er wel voor over* [I got fearfully dirty, but] it was worth it; *het heeft niet over* it could be better (is only so-so); **2** *zie* over II.3
overheen: *(er) ~* over, across, [wearing a gown, with a fur coat] on top; *daar kunnen nog jaren ~ gaan* it may take years; *ik liet er geen tijd ~ gaan, maar waarschuwde hem direct* I lost no time in warning him; *daar* ***ben*** *ik ~* I've got over that; *ik* ***kan*** *er niet ~ (komen)* I can't get over it; *ergens ~* ***lezen,*** *zie* lezen; *ergens ~* ***stappen,*** *(eig)* step over s.t.; *daar zullen we maar ~ stappen* we'll pass over that; *ik zal er maar ~ stappen* I won't press the point; *(over een paar pond)* I'll not stick at (we'll not quarrel about) a few pounds; *(over die bezwaren)* I won't let these objections stand in the way; *je moet je er ~ zien te* ***zetten*** you should try to get over it
overheerlijk (absolutely) delicious, scrumptious [meal], wonderful, glorious [weather]
overheersen I *tr* domineer over, dominate [that sentiment dominated all others]; **II** *intr* predominate
overheersend (pre)dominant [race, note], prevailing [winds; the prevailing note of our time]; dominating [colour, mode]
overheerser tyrant, despot
overheersing rule, domination
overheid government, (public) authorities; *plaatselijke (lagere) ~* local authority; *door de ~ gesteund* publicly maintained [schools], state supported
overheidsbedrijf state-owned enterprise, *(nuts-)* public utility
overheidsbeschikking government decision (measure), official ruling (regulation)
overheidsdienst government(al) department; *hij ging in ~* he joined the civil service
overheidsgelden public funds (money)
overheidsinstelling Government agency (organiza-

tion)

overheidspersoneel public servants

overheidspersoon (person in) authority; *(rechterlijk)* magistrate

overheidstekort budget deficit

overheidsuitgaven 1 public (government) spending (expenditure); **2** (local) government publications

overheidswege: *van ~* on behalf (on the part) of the Government, publicly [funded], officially [appointed]

overhellen lean over, hang over, incline; *(mar)* list (heel) [to port, to starboard], *(tijdelijk, ook van vliegt)* heel over; *(laten) ~, (ve vliegt & auto, in bocht)* bank; *gaan ~, (mar)* take on a list; *~ naar (tot), (fig)* lean (have a leaning) to(wards), tend (gravitate) towards, incline to [conservatism, a different theory, the view that ...]; *doen ~* tilt

overhelling leaning, inclination *(beide ook fig); (mar)* list

overhemd shirt; *(rokhemd)* dress shirt; *~je* shirt-front, dicky

overhemdbloes shirt (blouse)

overhemdsknoopje (shirt, front) stud

overhevelen 1 syphon (over); **2** *(fig)* transfer, hive off, syphon off [money illegally]

overhoeks diagonal(ly), oblique(ly), *(Am)* cater-corner(ed)

overhoop 1 in a heap, in confusion, in disorder, topsy-turvy, higgledy-piggledy, pell-mell, at sixes and sevens; **2** *(fig)* [be] at loggerheads, at variance; *zie* overhoopliggen

overhoopgooien upset, overthrow; *vgl* overhoophalen

overhoophalen turn over, rummage (in, through), make hay of [a p.'s papers, a room], turn [a room] inside out (upside down)

overhoopliggen 1 *(ve kamer, enz)* be in disorder, *(sterker)* in a mess; **2** *(fig)* be at variance (at odds, at loggerheads) [*met* with]; *ik lig met hem overhoop* we are at loggerheads

overhoopraken get into confusion; *(fig)* fall out [with a colleague]

overhoopschieten shoot dead

overhoopsteken stab to death

overhoren hear [lessons]; test

overhouden save [money], have [s.t.] left; *ik houd genoeg geld over* I'm left with enough money; *ik heb er een verkoudheid aan overgehouden* it has left me with a cold; *ik heb er een prachtig horloge aan overgehouden* it got a fine watch out of it; *de winter ~* keep [things] through the winter, winter [plants, etc]; *dat houdt niet over* that could be better (is only so-so)

overhuiven hood (over)

overig remaining; *de ~e dagen van zijn leven* his remaining years, the rest of his life; *het ~e* the rest, the remainder, *(vooral van geld ook)* the balance; *voor het ~e* for the rest; *vgl* overigens; *wij zorgen voor het ~e* we do the rest

overigens 1 for the rest; apart from that; otherwise [this otherwise useful measure]; *~ een verstandig man* an otherwise sensible man; *~ geen wrede man* a man not otherwise cruel; *een ~ niet moeiteloze overwinning* an admittedly ...; **2** *(trouwens)* indeed, for that matter, though; *~ betekent dit niet ...* this is not to say ...

overijld precipitate, rash

overijlen: *zich ~* hurry, rush things; *overijl je niet, (ook)* don't do anything rash

overijling precipitation, precipitance, precipitancy, undue haste, hurry; *vooral geen ~* above all, don't rush things

overjarig 1 more than one year old [seed], [this jam is] last year's; *~e plant* perennial; **2** superannuated [spinster]; **3** old-fashioned [model]

overjas overcoat, topcoat, greatcoat

overkalken copy, crib

overkant opposite (other, far, farther) side; *aan de ~ van, (ook)* beyond [the river, the mountains], across [the Channel]; *aan de ~ (van de straat) wonen* live over the way, live opposite; *aan de ~ van het graf* beyond the grave; *naar de ~, (ook)* [carry me] across

overkapitalisatie overcapitalization

over'kappen roof in, cover (in)

overkapping [station, platform] roof(ing); *zie ook* luifel

overkijken look over; *zie ook* doorkijken

overklassen outclass [an opponent]

over'kleden cover

'overkleed upper garment; *(v tapijt)* drugget

overklimmen climb over

overkluizen vault (over), cover over

overkluizing vault(ing)

overkoepelen 1 cover (over), overarch; **2** coordinate; *~de organisatie* umbrella organization

overkoken boil over

overkomelijk surmountable

'overkomen 1 come over; *(in auto)* drive over; *(radio)* come through (*of:* over) [splendidly]; **2** *(begrepen worden)* [the point did not] get across; *goed ~, (v pers)* get one's ideas (etc) across well; *(een indruk maken)* come across [as rather nervous]; *verkeerd ~* give the wrong impression; **3** get over (across); *ik kwam veilig over (de rivier, enz)* I got safely over; *mijn vader komt over* my father is coming (over) to see us

over'komen befall, happen to; *er is hem een ongeluk ~* he has met with an accident; *er zal hem niets (geen kwaad) ~* he'll come to (he'll take) no harm; *haar kan geen kwaad ~* she is out of harm's way; *men vreest dat hem iets ~ is* it is feared that some misfortune has befallen (s.t. may have happened to) him; *dat zal hem niet weer ~* he won't be caught at that again; *dat is mij nooit ~* I('ve) never had that happen to me; *zie ook* best

overkomst coming (over), visit
overkreditering overlending
overkrijgen get [troops, etc] across; get [visitors]; ship, *(op achterschip:)* poop [a sea]
overkropt overburdened; ~ *gemoed* pent-up feelings
overlaat overflow, waste weir, spillway, overfall
'overladen 1 trans-ship; *(v wagon in wagon)* transfer; **2** *(opnieuw laden)* re-load
over'laden overload [ships, etc]; *(fig)* (over)load [with honours], smother [with presents, kisses], flood, glut, overstock [the market]; *iem **met** werk* ~ overburden a p.; *met beleefdheden (gaven, vriendelijkheid)* ~ shower compliments (gifts) (up)on, overwhelm [a p.] with kindness; *zich met roem* ~ cover o.s. with glory; *zich de **maag*** ~ overeat (o.s.); ~ *markt* overstocked (glutted) market; ~ *programma (agenda)* (over)crowded (overloaded, heavy) programme (agenda); ~ *zijn met kopij (met werk)* be overstocked with copy, overburdened (snowed under) with work; ~ *met bloemen* [the coffin was] laden with flowers; *zie ook* overstelpen
'overlading trans-shipment
over'lading surfeit [of the stomach]; overloading, etc; *vgl* over'laden
overland by land, overland [journey, route]
overlangs I *bw* lengthwise, endlong; **II** *bn* longitudinal [section]
overlappen: *(elkaar)* ~ overlap
overlast annoyance, nuisance, inconvenience; molestation; *iem ~ aandoen* annoy (molest) a p.; *iem ~ bezorgen* inconvenience a p.; *iem tot ~ zijn* be a burden on a p.
overlaten leave (*ook:* I leave the matter entirely in your hands); *het tot de volgende week* ~ leave it over till ...; *laat dat maar gerust aan mij over* you leave that to me; *laat dat maar aan hem over* trust him to do that, trust him (for that)!; *de zaken (iem) aan zichzelf* ~ let things take their own course (leave a p. to his own devices, to his own resources, to himself); *hij liet de boerderij aan zichzelf over* he left ... to look after itself; *zie ook* lot
overleden deceased; *de ~e(n)* the deceased (departed); *de ~e, (ook)* deceased
overleg 1 *(nadenken)* deliberation, judgement, (fore)thought; **2** *(beraad)* deliberation, consultation; [the Paris] talks; ~ ***plegen*** consult together; ~ *plegen met* consult (with), confer with; *vrede **door*** ~ negotiated peace; ***in** onderling* ~ [act] in concert; *in ~ met* in consultation (concert) with; ***met** onderling* ~ by mutual arrangement; *zie ook* rijp; **3** *(beleid)* discretion, consideration, judgement, tact; *(zuinig beheer)* management; ***met*** ~ [act] with discretion
over'leggen consider, deliberate; *(bij zichzelf)* ~ debate (inwardly, in one's mind; he debated whether ...), debate with o.s.; *samen* ~ take counsel (consult) together; *ik zal het met hem* ~ I'll consult with him about it, confer with him on the matter; *van te voren overlegd* premeditated, preconcerted [plan]; *goed overlegd plan* well-considered (well-concerted) plan; *slecht overlegd* ill-advised [decisions]
'overleggen 1 hand in, produce [documents, books]; *(bij rechtbank)* put in [a medical certificate, etc]; **2** *(sparen)* put by, put aside, lay by, lay up [money]; **3** *het roer* ~ shift the helm
'overlegging production; *tegen ~ van* on production of
over'legging *zie* overleg
overlegorgaan (joint) consultative body (committee)
overleunen lean over [*naar* to(wards)]
overleven outlive, survive; *(fam)* see out [he'll see us all out yet]; *zijn roem* ~ outlive one's fame; *de instelling heeft zichzelf overleefd* the ... has outlived its usefulness
overlevende survivor, longest liver
overleveren hand down [stories, traditions], transmit; *(overgeven)* deliver (up), give up; *het is ons overgeleverd uit vroegere eeuwen* it has come down to us from ...; ~ ***aan*** give (deliver) [a p., o.s.] up to, turn (hand) [a p.] over to [the police]; *overgeleverd zijn aan* be at the mercy of; *je bent geheel aan mij overgeleverd* you are entirely in my power (my hands), I've got you at my mercy; *zie ook* heiden
overlevering tradition; *bij* ~ by tradition, traditionally; *volgens de ~ is zij ...* tradition (*of:* legend) has it that she is ...
overleving survival
overlevingscontract deed of reversion
overlevingspensioen widow's and orphans' pension
overlevingstocht survival trek
overlezen read through (*of:* over); *(vluchtig)* skim; *(nauwkeurig)* peruse
overligdagen *(mar)* days on demurrage, demurrage days
overliggeld *(mar)* demurrage
overliggen *(mar)* be on demurrage
overlijden I *ww* die, pass away (*of:* on), depart this life; *te B is overleden de Heer ...* the death occurred at B of Mr ...; *zie ook* overleden; **II** *zn* death, decease, demise; *betaalbaar bij ~, (in polis)* payable at death
overlijdensadvertentie death notice (*of:* announcement)
overlijdensakte, overlijdensattest death certificate
overlijdensbericht 1 obituary (notice), In Memoriam; **2** *zie* overlijdensadvertentie
overlijdensoorzaak cause of death
overlijdensverzekering life assurance
overloop 1 *(v water, enz)* overflow; **2** *(ve blad, enz)* overflow; **3** *(ve trap)* landing; **4** *(v bevolking)* overspill [from Amsterdam to ...]
overlooppijp overflow pipe
'overlopen 1 walk across; *de brug* ~ cross the bridge; **2** *(vloeistof, vat, enz)* run over, overflow (*alle ook fig:* with joy, etc); *(ve vloeistof, ook)* spill (over), slop (over); *(fig ook)* brim over; *de druppel die de emmer*

doet ~ the last straw; *de ogen liepen hem over* his eyes streamed; *zie ook* hart, [1]maat 1; **3** *(naar vijand, enz)* go over, desert [to the enemy], defect, *(fam min)* rat; *zie ook* overgaan; **4** run again, re-run [a race]
over'lopen: *je overloopt ons niet* we don't see much of you
overloper deserter, defector, turncoat; *(pol)* renegade; *(fam)* rat
overluid aloud; too loud
overmaat excess *(ook fig)*, surplus; *tot ~ van ramp* to make matters worse, to add to the misfortune, on top of it all; *tot ~ van geluk (zegen)* ... the crowning happiness (glory) was ...
overmacht 1 superior power, superior forces; *tegen een grote ~ vechten* fight against heavy odds; *voor de ~ bezwijken* yield to superior numbers; *door ~ winnen* win by force of numbers; **2** *(noodzaak)* force majeure, circumstances beyond one's control; *(in cognossement, enz)* the act of God [a flood is regarded as an act of God]
overmachtig superior (in numbers), stronger
overmaken 1 *(weer maken)* do (write) over again, remake; **2** *(zenden)* transfer [money to a p.'s account], remit; **3** *(overdragen)* make over, transfer [property]
overmaking 1 remake, remaking; **2** remittance; **3** transfer; *vgl* overmaken
overmannen overpower, overcome; *overmand door smart (slaap)* overcome with (by) grief (sleep)
overmatig excessive, undue [not unduly fatigued]; *(muz)* augmented [third *terts*]; *~ gebruik, (ook)* overuse [of tobacco], *(v alcohol)* alcoholic excess; *~ belasten* overtax; *~ drinken* drink to excess, indulge too freely in drink
overmeesteren overpower, overcome, get the better of, conquer [one's passions]
overmeestering conquest
overmits *(vero)* whereas, since
overmoed overboldness, recklessness
overmoedig 1 overbold, reckless; **2** presumptuous
overmorgen the day after tomorrow
overmouw oversleeve
overnaad overcast (seam)
overnaads: *~ gebouwd, (scheepsbouw)* clinker-built
overnachten stay (pass) the night, stay (stop) overnight
overnachting overnight stay
overname *zie* overneming
overnemen 1 take over [a business, a practice, the command, debts, etc]; *de dienst, enz ~* take over [the day shift takes over at nine a.m.]; *het geweer ~* slope arms; **2** *(overschrijven)* copy, take over; borrow [s.t. from a writer]; adopt [an idea, an amendment]; **3** *(gewoonte, enz)* adopt, catch [the habit from other people]; **4** *(kopen)* buy [at a reduced price, at cost price]; *zie (ook)* beheer: in eigen ~ nemen
overneming 1 taking over; **2** adoption; **3** *(koop)* purchase; takeover; *vgl* overnemen; *~ met geleend kapitaal* leveraged buyout; *ter ~ aangeboden* offered for sale
overoud very old, ancient; *sinds ~e tijden* from time immemorial
overpad footpath; *(recht van) ~* right of way
overpakken repack, pack again
overpeinzen meditate on, muse on, turn over (revolve) in one's mind, reflect on, ponder
overpeinzing meditation, reflection
overpennen copy; *(v iem) (ook)* crib [from ...]
overplaatsen remove [the head office to A], relocate [a factory, a management team]; *(ambtenaar, enz)* transfer [to another department]; *(bisschop)* translate
overplaatsing removal; transfer; translation *vgl het ww; ~ vragen* apply for a transfer
overplakken paste over, paste; *overgeplakt adres* imprint covered by a label
overplanten transplant *(ook med); zie ook* voortplanten
overprikkelen overexcite, overstimulate; *overprikkeld, (ook)* [his nerves were] overstrung (*of:* on edge)
overprikkeling overexcitement
overproductie overproduction, surplus production
overreactie overreaction
overreageren overreact
overreden persuade, prevail on [a p.], talk [a p.] round, induce; *zie ook* overhalen
overredend persuasive
overreding persuasion; *(zedelijke)* (moral) suasion
overredingskracht power of persuasion, persuasiveness, persuasive power
overredingskunst art of persuasion
overreiken hand, reach, pass
'overrijden 1 *(ergens over)* ride (drive) over (across); **2** *(opnieuw)* ride (run, etc) again
over'rijden run over [a cat], knock down [a pedestrian]
overrijp overripe
overrompelen (take by) surprise, take [a p.] off his guard, rush (*of:* sweep) [a p.] off his feet; *hij is niet iemand die zich laat ~* he is not a man to be rushed into decisions
overrompeling surprise (attack)
overschaduwen overshadow, shade; *(fig)* overshadow, cloud [a great sorrow clouded his life]; *(in de schaduw stellen)* throw into the shade, eclipse
overschakelen switch over [to London]; change over [to the manufacture of chips]; *(auto)* change gear, *(naar lagere versnelling)* change down (gear); *overgeschakeld op oorlog* geared for war
overschakeling switch(-over), changeover
overschatten overestimate, overrate
overschatting overestimation, overrating
overschenken decant [wine], pour over

overscheping trans-shipment
overschieten 1 remain, be left; **2** shoot (*of:* fire) again
'overschilderen 1 *(opnieuw)* paint over, repaint; *(wegwerken)* paint out [a name]; *driemaal ~* give [it] three coats of paint; **2** *(overheen)* overpaint
over'schilderen overpaint
overschitteren outshine
overschoen overshoe, galosh
overschot 1 remainder, rest, residue; *stoffelijk ~* (mortal) remains, body; **2** *(het meerdere)* surplus; *(aan geld)* balance; *het ~ van ... ton van 1992* the carry-over of ... tons from 1992
overschreeuwen: *iem ~* howl (shout) a p. down, drown a p.'s voice; *zich ~* overstrain one's voice
overschrijden step across, cross [the threshold, the border *grens*]; *(fig)* exceed [the estimate, all bounds, one's duty], go beyond [one's time], overstep [the limits, the line between ...], transgress [the conventions], overrun [one's budget, the time]; *zijn verlof ~* overstay one's leave; *zijn tegoed ~* overdraw one's account
overschrijding [border] crossing; [budget, cost] overrun *vgl het ww*
overschrijven write out, copy (out), transcribe; *(in het net)* copy fair; *(opnieuw)* write over again; *(boekhouden, enz)* transfer [from one account to another; transfer property]; *(naschrijven)* copy, crib [from a p.]
overschrijver copier, copyist
overschrijving transcript, copy; *(op iems naam, giro, enz)* transfer
overschrijvingskosten cost of transfer; *(bij koop van huis)* legal costs
overschrijvingsrecht transfer (conveyance) duty
overseinen transmit [a message]
overslaan I *ww* **1** *(weglaten)* skip [the details, a word], omit, leave out, miss (out) [words]; *(iem, ook bij bevordering, enz)* pass over; **2** *(verzuimen)* miss [a concert]; *ik sla dit jaar maar eens over* I'll give it a miss this year; **3** *(ramen)* estimate; **4** *(lading)* tranship; **5** *(vd stem)* crack (*ook:* her voice leaped an octave); **6** *(ve balans)* dip; *de balans doen ~ naar de andere kant* tip the balance the other way; **7** *(vd golven)* curl over; **8** *(ve motor)* misfire; **9** *(elektr) zie* overspringen; **10** *(overgaan:) ~ op, (v vlammen)* spread to [the adjacent buildings]; *zijn paniekstemming sloeg over op zijn omgeving* communicated itself to; *zijn liefde sloeg over **tot** haat* turned to hatred; *zie ook* uiterste; **II** *zn (ve motor)* misfire
overslag 1 overlap; *(aan kleren)* turn-up; *(ve envelop-pe, enz)* flap; **2** *(raming)* estimate; **3** *(overlading)* trans-shipment [company, equipment, port], cargo handling; **4** *(bridge)* overtrick
oversluiten renew [a contract]
overspannen I *ww* **1** *(met hand, enz)* span [a bridge spans the river]; **2** *(te zeer spannen)* overstretch; *zich ~, (fysiek)* overexert o.s.; *(mentaal)* overstrain o.s.; **II** *bn* **1** overstrung, overwrought, *(psych, biol, ook)* stressed; *een ~ arbeidsmarkt* an overstretched labour market; **2** over-sanguine, exaggerated [hopes, expectations], wild [ideas]
overspanning 1 *(ve brug)* span; **2** *(abstr)* overstrain, overexertion, overexcitement
oversparen save (up), lay by [money]
overspel adultery; *~ plegen* commit adultery
'overspelen *(sp)* pass [the ball]; replay [a match]; *de wedstrijd laten ~* order a replay
over'spelen overplay [one's hand]; *(sp)* outplay
overspelig adulterous
overspoelen wash over [the quay]; swamp, inundate, flood, deluge [with applications, visitors]; *overspoeld worden door, (ook)* be awash with
overspraak crosstalk
overspreiden overspread
overspringen 1 jump, leap over [a ditch]; **2** skip [a class]; **3** *(elektr)* jump (over), spark across (*of:* over); *zie ook* overslaan
overspuiten respray; give [a car] a respray
overstaan stand over [*tot* till]; *ten ~ van* before, in the presence of; *~d, (wisk, plantk)* opposite [angles, sides; flowers, leaves]
overstag: *~ gaan* tack, put a ship about, go about, change one's tack; *(fig)* change (one's) tack (course); revise one's views
overstap 1 change(over), switch [to another party]; *een ~ maken* change (switch) over; **2** *(bij hek)* stile; **3** *~je, (kaartje)* transfer (ticket)
overstappen 1 step over, go across, cross; **2** change (trains, trams; into another train), transfer [to the main line]; *reizigers voor B hier ~* change here for B; *~ op hetzelfde perron* same-platform interchange; *~ op, (fig)* change, transfer, switch (over) to [a new subject]; *zie ook* overslaan
overstappunt transfer point
overste lieutenant colonel; *(ve klooster)* prior, prioress, (Father, Mother, Lady) Superior
oversteek [the Hook-Harwich] crossing
oversteekplaats (pedestrian) crossing, zebra, *(Am)* crosswalk
overstek projection
oversteken cross [the Channel; cross here], traverse; *hij stak de weg (het gazon) over, (ook)* he went across the road (the lawn); *gelijk ~* hand over simultaneously; even exchange; *naar Engeland ~* cross over to England; *ik zou niet met hem willen ~* I would not change places (*fam:* wouldn't swap) with him
overstelpen overwhelm [your kindness overwhelms us]; *~ met* overwhelm with [orders, kindness, etc], heap [insults] (up)on, shower [compliments] (up)on [a p.]; *door aandoening overstelpt* overwhelmed (overpowered) with emotion; *overstelpt met* inundated (flooded, snowed under, swamped) with [requests], overburdened with [work]; *overstelpt zijn met werk, (ook)* be run off one's feet
overstelping overwhelming, etc
'overstemmen 1 vote again; **2** *(instrument)* tune again

over'stemmen 1 *(bij stemming verslaan)* outvote [by four to one], vote [a p.] down; **2** drown [other sounds, a p.'s voice], shout [a p.] down
overstijgen exceed
overstorten pour over [into ...], cover with
overstralen 1 irradiate; **2** outshine
'overstromen overflow (*ook fig: van lof* with praise)
over'stromen flood, inundate, overflow; *de markt ~* flood (deluge) the market; *overstroomd* flooded [rivers, fields], [rivers] in flood, submerged [shoals]; *zie ook* overstelpen
over'stroming inundation, flood; *(ve rivier, ook)* freshet, *(plotseling)* spate; *(grote)* deluge
oversturen send; transmit; remit; *zie* overzenden
over'stuur *(ook vd maag)* out of order, upset; *ze was helemaal ~* she was very upset; *ze was (erg) ~, (fam)* she was in a (terrible) state [*van* about]; *~ maken* upset [a p., the stomach]; *~ raken* get upset; *(fam)* go (all) to pieces
'overstuur *(ve auto)* oversteer
overtallig supernumerary
'overtekenen 1 *(weer tekenen)* draw again, redraw; **2** *(natekenen)* copy
over'tekenen oversubscribe [a loan]; *zie ook* voltekend
overtekening oversubscription
overtellen count again, re-count
overtikken 1 retype; **2** *(uittikken)* type (out)
overtocht passage; *(kort)* crossing; *bij mijn ~ naar Engeland, (ook)* on my way over to England
overtogen suffused [with blushes]; [his face was] wreathed [in smiles]
overtollig superfluous, surplus [funds], [be] surplus to requirements, redundant; excess [fat]; *het ~e* the overspill
overtolligheid superfluity, redundancy
overtoog [a flush] suffused (overspread) [her cheeks], [a smile] passed across [her face]
overtoom portage
overtreden transgress, break [a rule], contravene [an order], infringe [the law]; *de wet ~, (ook)* commit a breach of the law
overtreder offender, transgressor, infringer [of the rent act]; *(wie op verboden terrein komt)* trespasser
overtreding offence, infringement, breach [of the rules], transgression, trespass, misdemeanour, contravention [of the regulations]
overtreffen surpass, excel, exceed, outdo, outstrip, transcend; *in pracht, heerlijkheid, enz ~, (ook)* outshine [all others]; *in aantal ~* outnumber; *alles ~, (ook, fam)* top everything; *(sl)* take the cake; *de voordelen ervan ~ de nadelen* its advantages outweigh its disadvantages; ***zichzelf*** *~* surpass o.s.; *moeilijk te ~* hard to beat; *~de trap* superlative
overtrek cover, slip, case
'overtrekken 1 *(rivier, veld)* cross; **2** *(tekening)* trace (off); **3** *(voorbijgaan)* pass [a passing cloud, shower], *(ve onweer, enz)* blow over
over'trekken 1 cover; *(meubelen, ook)* upholster; *(opnieuw)* re-cover [a chair]; *zie ook* overtoog, overtogen; **2** *(bankrekening)* overdraw; **3** *(ve vliegt)* stall; **4** *zie* overdrijven
overtrekpapier tracing paper
overtrektekening tracing
overtroeven overtrump; *(fig ook)* outbid, outdo [a p.]
overtrouwen have a second (e.g. civil) marriage ceremony
overtuigen convince, satisfy; *zich ~* convince (satisfy, assure) o.s., make sure [*van* of]; *overtuigd aanhanger* declared supporter; *overtuigd socialist* convinced socialist; *ik ben overtuigd dat ..., (ook)* I am (feel) confident that ...
overtuigend convincing, cogent [reasons]; *wettig en ~ bewijs* legal proof; *~ zijn, (ook)* carry conviction; *het ~e van zijn rede* the convincingness of ...
overtuiging conviction; *mijn politieke ~* my political faith; *in de ~ dat* [act] in the conviction that; *uit ~* from conviction; *tot de ~ komen, dat ...* come to the conclusion that ...; *met ~, (ook)* convincingly; *zie ook* moed, uitkomen & vast
overtuigingskracht 1 cogency, force [of an argument]; **2** persuasiveness, power of persuasion
overtuigingsstuk *(jur)* exhibit
overtypen re-type; *(uittypen)* type out
overuren overtime (hours); *~ maken* work (do) overtime
overvaart passage, crossing
overval 1 surprise (attack); [police] raid; *(ve trein, enz)* hold-up; *(ve bank)* raid, hold-up; **2** *(sluiting)* hasp; **3** *zie* toeval 2
overvallen *(ve vijand, enz)* surprise, set (fall) (up)on [a p.]; hold up [a train, a bank]; raid [a bank]; *(zonder vijandige bedoeling)* surprise, take by surprise, burst in (up)on [a p.]; *(v storm, nacht, enz)* overtake; *(v vrees, enz)* come over (on, upon) [a p.]; ***door*** *een storm ~ worden, (ook)* be caught in a storm; *door de nacht ~, (ook)* benighted; *door de regen ~ worden* get (*of:* be) caught in the rain; *iem ~* ***met*** spring [a question, a surprise, etc] (up)on a p.; *een verschrikkelijke twijfel overviel haar* terrible doubts assailed her; *neerslachtigheid overviel hem* depression descended (up)on him
overvaller raider, robber; *(gewapend)* gunman
overvalwagen police (assault) van
'overvaren I *tr* cross [the river]; *iem ~* take (ferry) a p. across; **II** *intr* cross (over)
over'varen run down, run into
overveiligheid *(luchtv)* margin of safety
oververfijnd over-refined
oververhitten overheat [*ook fig:* the economy]; *(stoom)* superheat
oververmoeid over-fatigued, over-tired
oververmoeidheid exhaustion
oververtegenwoordigd over-represented
oververtellen repeat, tell others, pass [it] on (to oth-

ers); *je moet het niet ~, (ook)* it's for your ears alone; *ik zal het niet ~, (ook)* it won't go beyond me

oververven 1 *zie* overschilderen; 2 *(stoffen)* re-dye

oververzadigen 1 *(natuurk)* supersaturate, surcharge; 2 *(fig)* surfeit; *oververzadigd raken* reach saturation point

oververzadiging 1 supersaturation; 2 *(fig)* surfeit

oververzekering over-insurance

overvet superfatted [soap]

overvleugelen 1 surpass, outdo, outstrip; 2 *(mil)* outflank

overvliegen 1 overfly, fly over, fly across; 2 airlift [food to Africa]; 3 *(fig)* dash (tear) across

overvloed abundance, plenty, profusion; *tijden van ~* times of (wealth and) plenty; *~ van tijd* plenty *(fam:* oceans) of time; *we hebben ~ van tijd, (ook)* we are in plenty of time; *~ van juwelen* jewels in plenty (in profusion, *fam:* galore); *in ~ voorkomen* abound; *bewijzen in ~* ample proof (*of:* evidence); *ten ~e vermeld ik dat ...* needless to say that ...; *wellicht ten ~e* at the risk of labouring the obvious[, let me ...]

overvloedig abundant, plentiful, profuse, lavish, copious; *zeer ~* superabundant; bumper [crop, year]

overvloedigheid *zie* overvloed

overvloeien 1 overflow, run over; *~ van* abound in, brim (over) with; *het land vloeit over van melk en honing* the ... is flowing with milk and honey; *hij vloeide over van enthousiasme* he was bubbling over with enthusiasm; 2 *(film)* fade (in, out)

overvoeden overfeed *(ook: zich ~)*

'overvoeren carry over, transport, convey; *(in veerboot)* ferry over (across)

over'voeren glut, overstock, flood [the market]; overcrowd [with work]; *de markt is overvoerd, (ook)* there is a glut in the market

overvol (over)crowded, over-full, congested, full (filled) to overflowing, jam-packed, chock-full, chock-a-block; *~ van* crammed with

overvracht excess luggage; excess freight

overvragen overcharge, ask too much

overwaaien blow over (*ook fig:* the affair will blow over); *komen ~, zie* aanwaaien

overwaarde surplus value

overwaarderen overvalue, overrate

overwal *(Ind)* opposite coast

'overweg *(spoorwegen)* (level, *Am* grade) crossing; *(bovenkruising)* overpass; *(on)bewaakte ~* (un)gated (*of:* (un)guarded; *onbewaakt, ook:* open) level crossing; *~ met halve bomen* half-barrier level crossing

over'weg: *goed met elkaar ~ kunnen* hit it off, get on well together, understand each other; *ik kan niet met hem ~* I cannot (don't) get on with him; *hij kan ermee ~* he knows how to manage it; *hij kan overal mee ~* he can turn his hand to anything, everything comes easy to him

overwegboom level-crossing barrier

'overwegen reweigh, weigh again

over'wegen I *tr* weigh, consider, contemplate, revolve in one's mind, have [a scheme] under consideration, think [a question] out; *de zaak wordt overwogen* the matter is under consideration; *ernstig ~* give serious consideration to; *~de dat ...* considering that ...; *mijn wel overwogen oordeel* my considered judgement; *alles wel overwogen* all things considered; *zie ook* rijpelijk; II *intr* preponderate, turn the scale

over'wegend preponderating; *de streek is ~ katholiek* the area is predominantly ...; *van ~ belang* all-important, of paramount importance

over'weging consideration, deliberation, reflection; *in ~* [the plan is] under consideration; *in ~ geven* suggest, recommend, submit [a plan] to a p.'s consideration; *in ~ nemen* take into consideration, consider; *we kunnen het denkbeeld niet in ~ nemen* we cannot entertain the idea; *uit ~ van* in consideration of, in view of [his services]; *uit ~en van* [act] from considerations (from motives, on grounds) of [delicacy]; *zie ook* rijp

overwegwachter level-crossing keeper

overweldigen overpower [a p.], usurp [the throne, the kingdom], conquer [the country], overwhelm [be overwhelmed with grief]

overweldigend overwhelming [majority], overpowering [demand], sweeping [victory], stupendous [height]; *~ mooi* supremely beautiful, *(fam)* [she was] stunning

overweldiger usurper

overweldiging usurpation, overpowering, conquest *vgl het ww*

overwelfsel vault

overwelven vault (over), overarch, arch over [arched over with elms]; *overwelfde ingang* archway

overwelving vault(ing)

overwerk overtime, extra work

'overwerken work (do, put in, be on) overtime

over'werken: *zich ~* overwork (o.s.); *ik voel mij overwerkt* I feel overworked

overwicht 1 overweight; 2 *(fig)* preponderance, ascendancy; *zedelijk ~* prestige, moral authority; *~ (in aantal) van vrouwen over mannen* preponderance of women over men; *het ~ hebben* preponderate; *een numeriek ~ hebben op* outnumber; *geen ~ hebben op* have no authority over (*of:* with); *nucleair ~* [America's] superior nuclear power

overwinnaar conqueror, victor

overwinnen conquer [the enemy, one's passions, difficulties], gain the victory (over), overcome [*ook fig:* difficulties, etc], get over [difficulties], fight down [one's passions], break [resistance], surmount [difficulties]; *(totaal)* vanquish; *een overwonnen standpunt (begrip)* an outmoded point of view (an exploded notion); *~d, (ook)* victorious

overwinning victory [*op* over]; *(inz sp) (ook)* win; *een ~ behalen* win (score) a victory; *de ~ is aan ons, (ook)* the day is ours; *zie verder* behalen

overwinst surplus profit, excess profit
overwinteraar *(inz vogel)* winter visitor; *(pers)* winter guest
overwinteren *(de winter doorkomen; laten ~)* (over)winter; *(in winterslaap)* hibernate
overwintering wintering; hibernation
overwippen slip (dash) over, hop (pop) over [*ook fig:* I'll hop over and see her], nip over [to Brighton], nip down [to ...]
overwoekeren smother [a garden smothered in weeds], overgrow [a path overgrown with nettles], overrun [Dutch is being overrun by English terms]
overwonnene vanquished person (party), [victor and] vanquished
overzee oversea(s), beyond the sea(s)
overzees oversea(s) [possessions, trade, produce]; *~e handel, (ook)* seaborne commerce; *~e bezoekers* overseas visitors
overzeggen say again, repeat
'overzeilen sail over (*of:* across); *de zee ~* sail (across) the sea
over'zeilen run down, run into
overzenden send, forward, dispatch [goods, etc], transmit [messages], remit [money]
overzending dispatch; transmission; remittance; *vgl* overzenden
overzet ferry
overzetgeld ferriage, fare (for ferrying a p. over)
overzetten 1 take (put) across; *(in veerboot)* ferry (over, across); **2** *(vertalen)* translate (render) [*in* into]; **3** *(drukwerk)* reset; **4** *(inkt)* offset
overzetter 1 ferryman; **2** translator
overzetting translation, rendering, version
overzetveer ferry
overzicht survey, [general] view, overview, review, conspectus, overall picture; outline, summary, synopsis; [news, sports] round-up; *een ~ geven van* review [the motives], give [a p.] a run-down [of the problems still outstanding]; *zie ook* kameroverzicht
overzichtelijk conveniently (neatly) arranged (set out), well-ordered, well-organized, clearly structured
overzichtelijkheid convenient (clarity of) arrangement; *voor de ~* for ease of survey
overzichtsfoto general view, panoramic photograph
overzichtskaart outline (*of:* survey) map
overzichtstentoonstelling retrospective (exhibition)
'overzien look over; *zie ook* doorkijken
over'zien 1 survey, overlook; command [the hill commands the surrounding country]; *de afgelopen jaren ~* look back over the past years; *met één blik ~* take in [a situation] at a glance; *te ~* surveyable; *niet te ~, zie:* onafzienbaar *(v gevolgen)* incalculable, not to be estimated, immense; *de zaak niet kunnen ~* have no clear view of the matter; **2** *(germ & angl)* overlook
over'zienbaar 1 surveyable; **2** foreseeable [effects]; *vgl* over'zien
overzij(de) opposite (other) side; *zie* overkant
overzoet over-sweet, rather too sweet
overzorgvuldig over-careful
overzout over-salt(y), rather too salt
overzwemmen 1 swim [a distance, the Channel, a river], swim across [a river]; **2** swim [a race] again
Ovidius Ovid; *van ~* Ovidian
o(vovi)vipaar o(vovi)viparous
OVSE OSCE *(Organization for Security & Cooperation in Europe)*
ovulatie ovulation
ovuleren ovulate
OW afk van *oorlogswinst* war profit
oweeër war profiteer
oxaalzuur oxalic acid
oxer oxer, ox-fence
Oxford Oxford; *(student, oud-student) van ~* Oxonian; *~beweging, a) (1833)* Oxford Movement, Tractarianism; *b) (Morele herbewapening, ± 1935)* Oxford Group
oxidant oxidant
oxidatie oxidation
oxide oxide
oxideerbaar oxidizable
oxideren oxidize
oxymoron oxymoron
ozokeriet ozocerite, ozokerite
ozon ozone
ozonisatie ozonization
ozonisator ozonizer
ozoniseren ozonize
ozonlaag ozone layer, ozonosphere; *aantasting van (gat in) de ~* ozone depletion (hole)
ozonrijk ozonic, ozonous
ozonvriendelijk ozone-friendly [sprays]

p

p (the letter) p
p. afk van *pagina* p.
P afk van *parkeren* P
pa pa, papa, dad, daddy, father, *(Am)* pop
PA afk van *Public Address* PA
p.a. *zie* pabo
p/a afk van *per adres* c/o, (to the) care of
paadje (foot)path; *zie* [1]pad & schoonvegen
paai: *(ouwe)* ~ old buffer, gaffer, old fogey
paaien 1 appease, soothe, smooth down; *hij was jarenlang met beloften gepaaid, (ook)* he had been fed on (*of:* with) promises from year to year; *het diende om zijn geweten te* ~ it served as a sop to his conscience; **2** grave [a ship]; **3** *(v vissen)* mate, spawn
paaiplaats spawning ground(s)
paairijp (sexually) mature
paaitijd mating (*of:* spawning) season
paal 1 [telegraph] pole, [lamp-, gate-, goal]post, stake; *(heipaal)* pile; *(versterkingskunst)* palisade; *~tje* peg; *(op vluchtheuvel)* bollard; *dat staat als een ~ boven water* that is a(n obvious) fact (is perfectly obvious, is indisputable); *~ en perk stellen aan* set bounds to, check, limit [the evil]; *bij de tweede ~, (voetbal)* on the back post; *voor ~ staan* have egg on one's face, look a fool; *zie ook* punt; **2** *(Ind maat)* ca 1507 metres; **3** *(her)* pale; **4** *(ovenschop v bakker)* peel; **5** *(erectie)* hard(-on)
paalbeschoeiing facing of piles, pile planking
paalbewoner lake dweller
paaldorp lake village (*of:* settlement), pile village
paalfundering pile foundation
paalsteek bowline (knot)
paalvast as firm as a rock; incontestable
paalwerk piling, palisade(s)
paalwerpen toss(ing) the caber
paalwoning pile dwelling, lake dwelling
paalworm shipworm, teredo (*mv:* -os)
paalzitten pole squatting
paap *(min en hist)* **1** priest; **2** papist
paapje *(vogel)* whinchat
paaps(gezind) popish, papistical
paapsgezindheid papistry, popery
paar pair [of shoes, gloves, etc], [a married] couple, brace [of partridges, etc]; *~tje, (v vogels)* pair; ***een ~ dagen*** a few days, a day or two, two or three days; *een ~ honderd ...* a hundred or two ...; *een ~ keer* once or twice; *een ~ dingen* one or two (a few) things; *laat ik het u met een ~ woorden zeggen* let me tell you in a few words; ***twee paar,*** *(schoenen, enz)* two pairs; *drie getrouwde paren* three married couples; *dat wordt een ~* it will be a match (between them); *niet ieder ~ hoort bij elkaar* every couple is not a pair; ***gelukkig*** *~* happy couple (pair); *een minnend (vrijend) ~(tje)* a couple of lovers (*scherts:* of lovebirds), two lovers, a courting couple; *~* ***aan*** *~, bij paren* in couples (pairs, twos), two and (by) two
paard 1 horse [butcher, fair, steak]; *(mv ook)* [a good judge of] horseflesh; *~je, (kindertaal)* gee-gee; *~je rijden* ride on a p.'s knee; *~je spelen* play (at) horses; *werken* ***als een*** *~* work like a Trojan; *het* ***beste*** *~ struikelt wel eens* it's a good horse that never stumbles; *het beste ~ van stal, (fig)* the most deserving, etc person present; *een* ***blind*** *~ kan er geen schade doen* it is very poorly furnished; *aan een* ***dood*** *~ trekken* flog a dead horse; *men moet een* ***gegeven*** *~ niet in de bek zien* do not look a gift horse in the mouth; *~en die de* ***haver*** *verdienen, krijgen ze niet* desert and reward do not often go together; *~* ***rijden*** ride (on horseback); *~ gaan rijden* go out riding; *hij rijdt goed ~* he sits a horse very well, sits well in the saddle, has a good seat; *het ~* ***achter de wagen*** *spannen* put the cart before the horse; ***op het*** *~ helpen* give a leg up *(ook fig); op het verkeerde ~ wedden* back the wrong horse; *hij is* ***over*** *het ~ getild* he is swollen-headed; praise has gone to his head; ***te*** *~* on horseback, mounted; *te ~ springen* vault into the saddle; *te ~!* to horse!; *zie ook* zitten; ***van*** *het ~ stijgen* dismount; *hij viel van het ~, werd van het ~ geworpen* he fell from his horse, was thrown, *(fam)* took a toss, had a spill; *zie ook* hinken, honger & Trojaans; **2** *(gymn)* (long, vaulting) horse; *(met beugels)* pommel (*of:* side) horse; **3** *(schaakspel)* knight
paardenarts horse-doctor, veterinary surgeon, *(fam)* vet
***paardenbloem** *(Wdl: paardebloem)* dandelion
paardenboon broad bean, horsebean
paardenbreedten horse latitudes, doldrums
paardendek(en) horse-cloth, horse-blanket
paardendressuur 1 dressage; **2** horsebreaking
paardenfokker horse-breeder
paardenfokkerij 1 horse-breeding; **2** stud farm
paardengetrappel tramp of horses' feet
paardenhaar 1 horsehair; **2** haircloth
paardenharen *bn* horsehair [sofa]
paardenhorzel botfly
***paardenkastanje** *(Wdl: paardekastanje)* horse chestnut
paardenknecht groom
paardenkoers horse race; *(draverij)* trotting match
paardenkop horse's head; *anderhalve man en een ~* two men and a dog; [there was] hardly a soul, just a handful of people
paardenkoper horse-dealer, horse-coper

paardenkracht 1 strength of a horse; **2** horsepower; *machine van 40 ~* engine of 40 horsepower, 40 horsepower engine
paardenmiddel *(fig)* kill-or-cure remedy, desperate remedy
paardenmop *(vglb)* shaggy dog story
paardenren horse race; *zie ook* draverij; *de ~nen, (ook)* horse racing
paardenrookvlees smoked horsemeat (as luncheon meat)
paardenslachter 1 horse butcher; **2** (horse) knacker
paardensport equestrian sport(s), equitation, (horse-)riding
paardensprong 1 horse's jump; **2** *(schaaksp)* knight's move; *(puzzel)* knight's tour
paardenstaart 1 horsetail *(ook plant)* **2** *(haardracht)* ponytail
paardenstal stable
paardenstamboek stud-book
paardenstoeterij 1 stud; **2** stud farm
paardentoom bridle
paardentractie: *met ~* horse-drawn [tramway, vehicle]
paardentrailer horsebox
paardentuig harness
paardenvervoer *(opschrift)* horses in transit
paardenvijg ball of horse dung; *~en* horse dung, horse droppings
paardenvilder (horse) knacker
paardenvlees horseflesh, horsemeat; *hij heeft ~ gegeten, (fig)* he cannot sit still, is fidgety
paardenvlieg horsefly
paardenvoer forage, fodder
paardenvoet 1 horse's foot; **2** *(horrelvoet)* club foot
paardenvolk cavalry, horse
paardenwed horse-pond
paardenzweep horsewhip
paardmens centaur
paardrijden riding (on horseback), horse-riding; *zie ook* paard
paardrijder horseman, equestrian; *(vooral kunstrijder)* horse-rider
paardrijdster horsewoman, equestrienne
paarlemoer mother-of-pearl, nacre
paarlemoerachtig nacreous [lustre *glans*]
paarlemoeren mother-of-pearl, pearl [buttons]
paarlemoervlinder fritillary (*grote:* silver-washed fritillary; *kleine:* queen of Spain fritillary)
paarlen *bn* pearl
paars 1 violet; **2** [dressed in] purple; *~ van de kou* blue with cold; **3** *(pol vglb)* Lib-Lab
paarsgewijs in pairs (couples, twos), two and (two by) two
paartijd mating season
paas(avond) Easter (eve)
paasbest Sunday best
paasbloem daisy; primrose; *zie ook* paaslelie
paasbrood currant loaf (for Easter); *(joods)* Passover cake (*of:* bread)
paascommunie paschal communion
paasdag Easter Day; *1e ~* Easter Sunday; *2e ~* Easter Monday
paasei Easter egg
Paaseiland: *(het) ~* Easter Island
paasfeest Easter; *(joods)* Passover
paashaas Easter bunny
paaslam paschal lamb; *(Christus)* Paschal Lamb
paaslelie daffodil, Lent lily, yellow narcissus
paasmaandag Easter Monday
paasnacht night of Holy Saturday
paasplicht *(r-k)* Easter duties
paastijd *(vóór Pasen, vglb)* Holy Week; *(na Pasen)* Eastertide, Paschaltide
paasvakantie Easter holidays
paasvuur Easter bonfire
paasweek 1 Easter week; **2** *(week vóór Pasen)* Holy Week
paaszaterdag Holy Saturday
paaszondag Easter Sunday
paatje daddy, dad
pabo afk van *pedagogische academie voor het basisonderwijs* College of (Primary) Education
pacht 1 *(contract)* lease; *in ~ geven* let out (on lease), *(tol, ambt, enz)* farm out; *in ~ hebben* have on lease, rent; *landgoed dat (grond die) men in ~ heeft* leasehold property; *hij denkt dat hij de wijsheid in ~ heeft* he thinks he knows everything; *in ~ nemen* take on lease, rent; **2** *(~som)* rent, *(v monopolie, belastingen)* farm; **3** *(het pachter zijn)* tenancy
pachtakte lease
pachtboek rent roll; lease
pachtboer tenant farmer
pachtboerderij *zie* pachthoeve
pachtbrief, pachtceel, pachtcontract lease
pachten rent; *(tol, ambt, enz, hist)* farm
pachter *(algem)* lessee, leaseholder; *(ve boerderij)* tenant (farmer) [the landlord and his tenants]; *(v tollen, enz)* farmer
pachtgeld rent, rental
pachtgrond holding
pachtheer (ground) landlord
pachthoeve leasehold farm, holding
pachtkamer tenancy tribunal
pachtsom rent
pachtwaarde rental value
pachtwet Agricultural Holdings Act (1986)
pachyderm pachyderm (*mv ook:* -dermata)
pacificatie pacification
pacificator pacificator, pacifier
pacificeren pacify
pacifiek peaceful
pacifiëren pacify
pacifisme pacifism
pacifist(e), pacifistisch pacifist
pact pact
pacteren conclude (make) a pact [with]; make com-

mon cause [with the enemy]

[1]**pad** *(loop~)* (foot)path, *(breed)* [garden] walk; *(door prairie, enz)* trail; *zie ook* gangpad, paadje & [1]weg 1; *het ~ der deugd bewandelen (betreden)* walk in the way(s) of righteousness; *(fam)* go straight; *iems ~ kruisen* cross a p.'s path; *nieuwe ~en betreden* break new (*of:* fresh) ground; ***op ~ zijn*** be out and about; *altijd op ~* always gadding about (on the gad); *vroeg op ~ gaan* make an early start; *op het rechte ~ blijven* keep (go) straight, keep to the straight and narrow; *iem op het rechte ~ houden* keep a p. straight (on the right path); *op het slechte ~, zie* [1]weg 1; ***van** het rechte ~ afdwalen (afwijken)* go astray, go to the bad

[2]**pad** toad [swell like a toad]

paddel, enz *zie* peddel, enz

paddestoel *(giftig)* toadstool, *(eetbaar)* mushroom; *eetbare ~, (ook)* edible fungus; *(ANWB-~)* mushroom-shaped signpost; *als ~en verrijzen* mushroom, spring up like mushrooms

paddestoelmug fungus gnat

paddestoelvormig *(ook)* mushroom [cloud]

paddo magic mushroom

paddock paddock

padie paddy

padvinder 1 *(bij indianen, oorlogsluchtv, enz)* pathfinder; **2** (boy) scout

padvinderij 1 scouting, guiding; **2** *(beweging)* scouting movement; *(Br)* Scout Association

padvindersmes Swiss (army) knife

padvindster (girl) guide; *(Am)* girl scout

paf I *tw* **1** bang!, pop!, crack!; **2** *(bij het roken)* puff!; **II** *bn & bw* **1** stunned; *ik stond er ~ van* I was staggered (dumbfounded, flabbergasted, *fam:* flummoxed, *(sl)* gobsmacked), it (fairly) took my breath away; *daar sta je ~ van, (fam)* that shakes you!; *hij stond ~, (ook)* his jaw dropped; **2** listless; *de warmte maakt me ~* I am faint with the heat; *zie ook* pafferig

paffen 1 *(schieten)* pop, blaze [*op* at]; *erop los ~* pop (blaze) away; **2** *(v machine, roker)* puff

paff(er)ig puffy, bloated [face], flabby [cheeks]; *~ bleek* pasty [face]; *met ~ bleek gezicht* pasty-faced

pag. p. (page), pp. (pages)

pagaai paddle

pagaaien paddle

pagadder (little) rogue, urchin; nipper

paganisme paganism

page 1 page (boy), footboy; **2** *(schildknaap)* squire

pagekopje bobbed hair [her hair was cut in 'page boy' style]

pagina page

paginagroot full-page

paginatitel head-title, headline, page-head

pagineren page, paginate

paginering paging, pagination

pagode pagoda

paille straw-coloured

paillette spangle, sequin

pair(schap) peer(age)

pais peace; *alles was ~ en vree* everything was rosy (lovely) in the garden, was peace and amity

pajo(e)ng *(Ind)* payoong: umbrella

pak 1 *(handel)* package; *(pakje)* parcel; *(klein)* packet [of candles, matches, etc], pack [of cards, cigarettes, milk]; *(baal)* bale; *(in zakdoek, enz)* bundle [*ook:* bundle of papers, *fig:* of nerves]; *(v marskramer)* pack; *~ voor de **broek*** spanking; *een ~ voor de broek geven* spank [a child]; *je neemt me een ~ van het **hart*** you take a load off my mind; *dat is me een ~ van het hart* that's a load (a weight) off my mind (a great relief); *hij kreeg een flink ~ **ransel (slaag)*** he got a sound thrashing (hiding); *een ~ slaag geven* give a p. what for (a thrashing, etc); *er viel een dik ~ **sneeuw*** there was a heavy fall of snow; *met ~ en **zak*** bag and baggage; *ga niet **bij** de ~ken neerzitten* don't sit down under it!, keep your tail (pecker) up!, never say die!; *zich in het ~ gestoken (genaaid) voelen* feel had; **2** *(kostuum)* suit [of clothes]; *hij kreeg een **nat** ~* he got a wetting (soaking), got soaking wet, *(in vijver bijv)* he got a ducking; *zie ook* pakje; **3** grip; *zie* greep

pakbon packing slip

pakdier pack animal

pakgaren packthread

pakhuis warehouse; *zie ook* opslaan

pakhuisknecht warehouseman

pakijs pack ice; [meet an] ice pack

Pakistaan(s), Pakistaner, Pakistani Pakistani

pakje 1 parcel, packet, bundle; *(PTT)* small packet; *zie ook* pak; *een ~ bankbiljetten* a wad of banknotes; **2** *(dames~)* two-piece; ensemble

pakjesavond St Nicholas' Eve (5 December)

pakjesbom parcel bomb

pakkage luggage, things

pakkamer packing room

pakkans chance of getting caught

pakken 1 *(inpakken)* pack; do (*of:* wrap) up [in brown paper]; **2** *(grijpen)* catch, take [a p. round the waist], seize, take hold of, grip [he gripped me by the arm], grasp, clutch; *(sp)* beat [an opponent]; *mag ik even mijn tas ~?* may I get my bag?; *ik pak je nog wel* I'll get you (for this); *de fiscus pakt ons allemaal* the taxman is robbing all of us; *hij voelde zich gepakt* he felt had; *er nog een ~* have another (drink); *hij had het zwaar te ~* he'd got it very badly; *nu heb ik je te ~* I have you now, I've got you; *ze hebben je (lelijk) te ~ gehad, a) (bedot)* you've been had; *b) (bij vechtpartij)* you seem to have been in the wars; *iem te ~ nemen, a) (bedotten)* take a p. in; *(voor de gek houden)* pull a p.'s leg; *b) (sp)* tackle a p. unfairly; *de rechte (verkeerde) te ~ hebben (krijgen)* have (get) the right (wrong) sow by the ear; *ik kan het niet te ~ krijgen, (snappen)* I cannot get the knack (the hang) of it; *zie ook* snappen; *ik kreeg hem te ~* I got hold of him; *de vrees kreeg hem te ~* fear gripped him; *zijn adres te ~ krijgen* find out (get hold of) his address; *als hij die anonieme briefschrijver maar te ~ kon krijgen* if only he could get at (lay hands on) that ...; *zijn* ***boeltje*** *(koffers) ~* pack up; *ik* ***moet*** *nog ~* I've my packing still to do; ***pak hem!,*** *(tegen hond)* sick him!, seize him!; *de* ***politie*** *heeft hem gepakt* the police have caught him (laid hands on him); *een* ***vrouw*** *~, (sl)* have (sex with) a woman; *zie ook* gepakt, eentje, pakweg, enz; **3** *(omhelzen)* hug, cuddle; **4** *(vatten)* catch [cold]; **5** *(boeien)* [the play did not] catch on, take; grip [the book grips the reader; the actor grips his public]; **6** *(v sleutel, wiel, enz)* bite [the screw did not bite], *(v anker ook)* grip; **7** *(v sneeuw)* ball, bind

pakkend fetching [outfit], arresting [headlines], snappy [title, article], telling [speech], gripping [act *bedrijf*]; *~ wijsje* catchy tune

pakker packer

pakkerd [give me a good] hug and a kiss

pakkerij **1** packing; **2** packing room (*of:* department)

pakket **1** parcel, packet; **2** block [of shares]; **3** package [of demands, measures]

pakketbom parcel bomb

pakketboot packet(-boat)

pakketdienst parcels delivery company

pakketpolis comprehensive policy

pakketpost parcel post

pakketreis package tour

pakkie-an business; *mijn ~ niet* nothing to do with me

pakking **1** packing, stuffing; **2** *(cosmetica)* face pack; **3** *(waterbk)* fascine work; **4** *(voor water- of stoomdichte afsluiting)* gasket; *vloeibare ~* gasket sealing compound

pakkist packing case

paklinnen packing cloth, canvas, sacking

paknaald packing needle

pakpaard packhorse

pakpapier packing (*of:* wrapping) paper, brown paper; *(zwaar)* baling paper

paksoi pak-choi cabbage, Chinese cabbage

pakstro **1** packing straw; **2** packed straw

paktafel packing table

paktouw twine

pakweg roughly, say [8 million]

pakzadel packsaddle

pal I *zn* catch, click, pawl, ratchet (wheel); II *bn* firm, immovable; *~ oost* due (dead, plumb) east; *~ staan* stand firm; *~ achter iem staan, (fig)* be solidly behind a p.; *~ tegen iem aanlopen* run straight into a p.

paladijn paladin

palankijn palanquin

palataal *bn & zn* palatal

palatalisatie palatalization

palataliseren palatalize

Palatijns Palatine

palatinaat palatinate

palaver palaver [hold a long p.]

palaveren palaver

paleis palace; *als (van) een ~* palatial

paleisrevolutie palace revolution

paleiswacht palace guard

palen: *~ aan* abut (up)on; *vgl* aanpalend

palensteel *(her)* label

paleobiologie palaeobiology

paleograaf palaeographer

paleografie palaeography

Paleolithicum Palaeolithic, Old Stone Age

paleologie palaeology

paleomagnetisme palaeomagnetism

paleontologie palaeontology

paleontoloog palaeontologist

Paleozoïcum Palaeozoic

Palestijn(s) Palestinian; *~s, (ook)* Palestine

Palestina Palestine

palet **1** palette; **2** *(slaghoutje)* bat

paletmes palette knife

paletot paletot, overcoat

palfrenier **1** footman; **2** *(koetsiershelper)* groom

palimpsest palimpsest

palindroom palindrome

paling eel; *~ in gelei* jellied eel; *~ in het groen* stewed eel in chervil sauce; *zie ook* aal

palingboer eel-seller

palingenese palingenesis

palingschaar eelspear, eelfork

palingvisser eelcatcher

palingworst meat sausage with cured bacon

palinodie palinode

palissade(ren) palisade, stockade

palissadering **1** palisading, etc; **2** *zie* palissade

palissander(houten) rosewood

paljas **1** buffoon, clown, merry andrew; **2** *(stromatras)* pallet, palliasse

palladium palladium

pallet(iseren) pallet(ize)

palliatief *zn & bn* palliative

pallieter *(vglb)* bon vivant

pallium pallium

palm **1** palm [of the hand]; **2** *(maat)* decimetre; **3** *(boom & tak)* palm; *(heester) zie* palmboompje; *de ~ wegdragen* bear the palm; *de ~ toekennen aan* award (*of:* give) the palm to

palmachtig palm-like, palmaceous

palmares **1** (school) prize list; achievement record; **2** achievement

palmblad palm leaf

palmboom palm tree; *~pje* box (tree)

palmen hoist, haul (hand over hand)

palmeren palm

palmet palmette

palmgewelf fan vault

palmhout **1** palm wood; **2** box(wood); *vgl* pal

palmiet palm sprouts

palmitinezuur palmitic acid

palmolie palm oil

palmpaas child's decorated Palm Sunday branch

Palmpasen Palm Sunday
palmpittenolie palm kernel oil
palmslag *zie* handslag
palmstruik box (tree)
palmtak palm (branch)
palmwijn palm wine
palmzondag Palm Sunday
palpabel palpable
palpatie palpation
palperen palpate
palpitatie palpitation
palrad ratchet-wheel
Palts: *de* ~ the Palatinate [of the Rhine]
paltsgraaf count palatine, palsgrave
paltsgraafschap palatinate, county palatine
paltsgravin countess palatine, palsgravine
palurk boor, lout
palynologie palynology
pamflet 1 *(schotschrift)* lampoon; **2** *(brochure)* pamphlet
pamflettist lampoonist, pamphleteer
pampa pampas *(ook mv)*
pampagras pampas grass
Pampus Pampus; *voor ~ liggen, (fam), a)* be soaked, be dead drunk; *b)* be dead beat
pan 1 [frying, milk] pan; *uit de ~ rijzen (vliegen)* [prices will] go through the roof, soar, skyrocket; *zie ook* hakken, veeg; **2** *(v geweer)* pan; *kruit op de ~ doen* prime a gun; **3** *(in duin, enz)* hollow, dip; **4** *(dakpan)* tile; *onder de ~nen zijn* be all right; **5** *(herrie)* row, shindy, [I never saw such] goings-on; *wat een ~!* what a mess!, what a to-do!; *de hele ~* the whole concern, the whole show; *gezellige ~* great fun
Pan Pan
pan- pan-, Pan-
panacee panacea, cure-all, universal remedy
panache 1 *(pluim)* panache, plume; **2** *(zwier)* panache
pan-Afrikaans pan-African
panama(hoed) panama (hat)
Panamakanaal Panama Canal
Panamees *bn & zn* Panamanian
pan-Amerikaans pan-American
pan-Arabisch pan-Arabic
panchromatisch panchromatic
pancreas pancreas
pancreatine pancreatin
pand 1 *(onderpand)* pledge, security; *(bij pandverbeuren)* forfeit; *~ der liefde* pledge of love; *een ~ lossen* redeem a pledge; *~ verbeuren* play (at) forfeits; *in ~ geven* give in pledge; *op ~ lenen* lend (borrow) on security; **2** *(v kledingstuk)* [coat-]tail, skirt, flap; **3** *(v kanaal)* reach, pound; **4** *(huis)* house, building; *(huis en erf)* premises *(mv); in hetzelfde ~* on the same premises
panda(beer) panda
pandbeslag distraint, distress; *zie ook* beslag
pandbrief mortgage bond
pandecten pandects
pandeling *(Ind)* pawner, credit bondsman; *(Mexico)* peon
pandelingschap slavery for debts; *(Mexico)* peonage
pandemie, pandemisch pandemic
pandemonium pandemonium
panden 1 seize, distrain (up)on; **2** *(belenen)* pawn
pandgever pawner
pandhof (cloister) quadrangle
pandhoudend: *~ crediteur* secured creditor
pandhouder pawnee
pandhuis pawnshop; *zie ook* lommerd
pandjesbaas pawnbroker
pandjeshuis pawnshop
pandjesjas tailcoat, *(fam)* tails
pandnemer pawnee
pandoer 1 pandour; **2** *(kaartspel)* 'pandoer'; *opgelegd ~, (fig), a)* a sure thing, a cert, a safe bet; *b)* a trumped-up business
Pandora: *doos van ~* Pandora's box
pandrecht lien
pandschuld mortgage (*of:* hypothecary) debt
pandspel, pandverbeuren (game of) forfeits; *zie ook* pand
paneel panel *(ook schilderstuk); ~tje, (ook)* easel-, panel-picture
paneeldeur panelled door
paneelhout wainscot
paneelwerk panelling
paneermeel breadcrumbs
paneren breadcrumb, coat (sprinkle) with breadcrumbs
panfluit pan pipes, pipes of Pan
pang bang
pan-Germanisme pan-Germanism
panharing 1 white (*of:* fresh) herring; **2** *zie* alver
paniek panic [(a) panic broke out], [a war] scare; *door ~ bevangen* panic-stricken, *(fam)* panicky; *in ~ raken* (be seized by) panic
paniekerig *(fam)* panicky
paniekstemming panicky feeling; *in ~ raken* panic
paniekvoetbal *(fig)* panicky measures, hasty action
paniekzaaier scaremonger
paniekzaaierij scaremongering
panier pannier; *zie ook* mandenwagen
panikeren panic
panisch panic; *~e schrik* panic
panje bubbly, fizz
panklaar ready to cook, oven-ready [turkeys], dressed; *(fig)* ready-made [solutions]
panlat (tiling, slating) batten; *dubbele ~* tiling lath
panlikken *zie* klaplopen & *vgl* pannenlikker
panne breakdown; *~ hebben* have engine trouble
pannenbakkerij tileworks
pannendak tiled roof
pannendekker tiler
pannendeksel lid of a pan

pannenkoek pancake
pannenkoeksmes *(vglb)* spatula
pannenlap panholder
pannenlikker 1 scraper; **2** toady; **3** sponger
pannenset set of pans, pan set
pannenspons scouring pad; *(klein)* cleaning pad
panopticum waxworks, waxwork show
panorama panorama; scenic view
panoramakop *(fot)* panoramic head
panoramaraam picture window
panorameren pan
panoramisch panoramic
pansfluit panpipes, pipes of Pan, Pandean pipe(s)
pan-Slavisme pan-Slavism
pantalon trousers, slacks, *(Am)* pants
Pantalone Pantaloon
panter panther
pantheïsme pantheism
pantheïst pantheist
pantheïstisch pantheistic(al)
pantheon pantheon
pantoffel slipper, house (*of:* indoor) shoe; *op ~s* in slippers; *hij zit onder de ~* he is henpecked
pantoffeldiertje paramecium
pantoffelheld henpecked husband
pantoffelparade parade (of promenaders)
pantoffelplant, pantoffeltje *(plant)* calceolaria, slipperwort
pantograaf pantograph
pantomime pantomime, dumbshow
pantomimespeler mime (artist)
pantomimisch pantomimic (*bw:* -ally)
pantser (suit of) armour, *(borst~)* cuirass; *(van schepen)* armour-plating
pantserauto armoured car
pantserdivisie armoured division
pantseren armour(-plate); *~ tegen, (fig)* steel (*of:* arm) against; *zie ook* gepantserd
pantserglas bulletproof glass
pantsergranaat armour-piercing shell
pantsering armour-plating, armour; [cable] armouring
pantserkoepel (gun) turret
pantserplaat armour-plate
pantserschip *(vero)* ironclad
pantsertrein armoured train
pantservoertuig armoured vehicle (car)
pantservuist bazooka
pantserwagen armoured car
panty(nylons) tights, *(Am)* pantihose
panvis 1 fish for frying, fryer; **2** fried fish
pao afk van *postacademisch onderwijs, (vglb)* CPD (continuing professional development)
[1]**pap 1** porridge; *(voor kinderen en zieken)* pap; *tot ~ koken* boil to mash; *ik lust er wel ~ van* that is meat and drink to me; *geen ~ meer kunnen zeggen* be dead beat, fagged out; **2** *(plakmeel)* paste; *(op zweer, enz)* poultice; *(v katoen, enz)* dressing; *(papiergrondstof)* pulp; *(modder)* slush
[2]**pap, papa** daddy, papa
papaja papaya, pawpaw
papaver poppy [head *(bol)*, syrup *stroop*]
papaverachtig papaveraceous [plants]
papaverolie poppy (seed) oil
papaverzuur meconic acid
papegaai (Poll) parrot *(ook fig); houten ~* popinjay
papegaaiduiker puffin
papegaaien parrot [a p.('s words)]
papegaaienkruid prince's feather
papegaaienziekte psittacosis, parrot disease
papegaaivis parrotfish
papendom 1 popery; **2** papists
papenhater, papenvreter anti-papist
paperassen *(papieren)* papers, *(fam)* bumf; *(scheurpapier)* waste paper
papeterie 1 paper shop; **2** stationery
Papiamento, Papiamentu Papiamentu
papier paper; *~tje* bit (*of:* scrap) of paper; *~en* papers; *(effecten)* stock(s); *lang (kort) ~, (handel)* long (short) paper; *zijn ~en stijgen, de mijne dalen, (ook fig)* his stock is rising (going up; *sterker:* booming), mine is falling (going down; *sterker:* slumping); *dit feit doet de Chinese ~en stijgen, (ook fig)* this fact is sending up Chinese stock; *~ zonder eind* continuous paper; ***goede** ~en hebben* have good testimonials (certificates); *hij heeft goede (de beste) ~en* he is a likely (the likeliest) candidate; *het loopt **in** de ~en* it runs into a lot of money; ***op** ~ brengen (zetten)* put on paper, commit to paper, set down in writing; *het op het ~ gooien* dash it off; *zie ook* geduldig
papierachtig papery, paper-like
papierbak litter box (basket, *op straat:* bin)
papierbinder paper clip
papierbloem immortelle
papierboom paper mulberry
papieren *bn* paper [flower, napkins, wrapper; *(fig:)* member, promises, tiger]; *~ hemeltjes (zoldertjes)* cat-ice; *~ oorlog* paper warfare
papierfabricage papermaking
papierfabriek paper mill
papiergeld paper money, paper currency, *(Am)* folding money
papierhandel 1 paper trade; **2** *(effecten)* stockbroking; **3** *(schrijfbehoeften)* stationer's
papier-maché papier mâché
papiermand waste-paper basket; *(fam)* w.p.b.
papiermerk papermark, watermark
papiermes paperknife
papiermolen papermill
papiernautilus paper nautilus, argonaut
papierplant, papierriet papyrus, paper reed
papier sans fin continuous paper
papiersnijder paper-cutter
papierstrook slip of paper; paper tape
papiervernietiger shredder
papierwinkel 1 stacks of paper; mass of paperwork; **2**

stationer's (shop)
papil papilla (*mv:* -lae)
papillot 1 (curl-)paper; *~ten zetten* put one's hair in (curl-)papers; **2** *(manchet)* frill
papisme papism
papist(erij) papist(ry)
papkerel milksop
papkind 1 pap-fed child; **2** *(fig)* mollycoddle
paplepel porridge spoon, dessert spoon; *dat is hem met de ~ ingegeven* he has drunk (taken) it in with his mother's milk
Papoea(as) Papuan
Papoea-Nieuw-Guinea Papua New Guinea
pappa dad(dy)
pappen 1 *(stoffen)* dress; **2** *(zweer)* poultice; *~ en nathouden, (fig)* keep it up, keep things going
pappenheimers: *ik ken mijn ~* I know who I'm dealing with, *(fam)* I have (got) his number
papperig *zie* pappig
pappie daddy
pappig 1 mushy [peas], soft, squashy [mud], pulpy [potatoes]; **2** *(v pers)* flabby, puffy
pappot porridge pot; *bij moeders ~ blijven* be tied to one's mother's apron strings
paprika paprika *(ook: ~poeder)*, [green, red, yellow] pepper, *(wtsch)* capsicum
paps dad(dy)
papwangen flabby cheeks
papyrologie papyrology
papyrus papyrus
papyrusrol papyrus (*mv:* -ri)
papzak pot-belly; *zie ook* dikzak
paraaf 1 *(verkorte handtekening)* initials; **2** *(krul na handtekening)* paraph
paraat ready (at, to hand), prepared; *~ hebben* have at one's command; *parate executie* summary execution; *parate kennis* ready knowledge
paraatheid *(vd vloot, enz)* preparedness; *in ~ brengen* put [troops] on the alert
parabel parable
parabolisch 1 *(allegorisch)* parabolical; **2** *(wisk)* parabolic
parabool parabola
parachute parachute, *(fam)* chute
parachuteren 1 parachute (down); **2** bring in (appoint, etc) unexpectedly
parachutespringer parachute jumper, parachutist
parachutevliegen parascending
parachutist parachutist; *(mil)* paratrooper
parade 1 review, parade; *~ afnemen* take the salute; **2** *(~plaats)* parade ground; **3** *(schermen)* parade, parry; **4** *(fig)* parade, show; *~ maken* parade; *alleen om ~ te maken, (fig)* only for show, only to show off
paradent- *zie* paradont- & parodont-
paradepaard 1 parade horse; **2** *(fig)* showpiece
paradepas parade step; *(met stijve knie)* goose-step (*ook als ww:* the soldiers goose-stepped past)
paradeplaats parade ground
paraderen 1 parade [the streets *door ...*]; *laten ~* parade [troops]; **2** *(fig)* parade, show off; *~ met* parade, make a show (a parade) of
paradetenue review order
paradigma paradigm
paradijs [earthly] paradise; *het P~* Paradise; *aards ~, (ook)* Shangri-La, never-never land
paradijsachtig, paradijselijk paradisiac(al), paradisaic(al)
paradijsgeschiedenis story of the Fall
paradijskostuum: *in ~* in nature's garb, in one's birthday suit
paradijsvogel bird of paradise
paradontose periodontosis
paradox(aal) paradox(ical)
paraferen 1 initial; **2** paraph; *vgl* paraaf
parafernalia paraphernalia
paraffine paraffin (wax)
paraffineren paraffin
parafrase(ren) paraphrase
paragnosie extrasensory perception, ESP
paragnost psychic, medium
paragnostisch psychic
paragoge paragoge
paragogisch paragogic
paragraaf 1 paragraph, section; *sociale ~* [the Maastricht] social chapter; **2** *(het teken §)* section (mark)
paragraferen paragraph
Paraguay Paraguay
Paraguayaan(s) Paraguayan
paraisseren appear
Parakleet Paraclete, Holy Ghost
paralegaal *(inz Am)* paralegal
parallax parallax
parallel *bn & zn* parallel [*ook fig:* it is without a parallel in history]; *een ~ trekken* draw a parallel [*tussen* between]; *~ lopen* run parallel [*met* to, with]; *(v vonnissen)* run concurrently
parallelcirkel parallel
parallelklas parallel form, parallel class
parallellepipedum parallelepiped
parallellie parallelism
parallelliniaal parallel ruler
parallellisatie diversification
parallellisme parallelism
parallellogram parallelogram [of forces *v krachten*]
parallelmarkt unlisted securities market
parallelplaats parallel passage; *bijbel met ~en* reference bible
parallelschakeling parallel (*of:* shunt) connection
parallelweg parallel road
paralogie, paralogisme paralogism
paralympisch Paralympic; *P~e Spelen* Paralympics
paralyse paralysis
paralyseren paralyse
paralytisch paralytic
paramedica, paramedicus paramedic(al)
paramedisch paramedical [services]

parament parament
parameter parameter
paramilitair paramilitary
paramnesie paramnesia
paranimf *(vglb)* usher, groomsman; supporter
paranoia paranoia
paranoïde paranoid
paranoot Brazil nut
paranormaal paranormal [paranormally gifted]
paraplegie paraplegia
paraplu umbrella, *(fam)* brolly
parapluanker mushroom anchor
parapluantenne umbrella aerial
paraplubak umbrella stand
paraplubegrip blanket term
parapluplant umbrella plant
paraplustander umbrella stand
parapluterm blanket term
parapsychologie parapsychology
parasailen 1 parasailing; **2** parascending
parasiet parasite; *(fig ook)* toady
parasitair parasitic(al); *~e stroom* stray current
parasiteren parasitize; *(fig)* sponge [on]
parasitisch parasitic(al)
parasitisme parasitism
parasol sunshade, parasol; *(in tuin)* (sun) umbrella
parastatale semi-public body, quango
parataxis *(gramm)* parataxis
paratroepen paratroops
paratyfus paratyphoid (fever)
paravaan paravane
parbleu! by Jove!, bless my soul!
Parcen: *de ~* the Fates, the Parcae
parcours *(sp)* course [builder], circuit, track; *foutloos ~* clear round
pardel panther, leopard
pardoen *(mar)* backstay
pardoes bang, slap, flop, smack, smash; *iem ~ tegen het lijf lopen* run plump (slap, smack) into a p.
pardon pardon; *~!* pardon me!, I beg your pardon!, I'm sorry!, *(Am)* excuse me!; *~?* I beg your pardon?; *geen ~ geven* give no quarter; *geen ~ hebben met* have no mercy on; *zonder ~* without mercy, merciless(ly); relentless(ly)
pardonneren pardon, excuse
parel pearl *(ook fig)*; *een ~ aan zijn kroon, (fig)* a jewel in his crown; *paarlen voor de zwijnen werpen* cast pearls before swine
parelachtig pearly, pearl-like
parelbank pearl-oyster bank
parelcollier pearl necklace
parelduiken pearl-diving
parelduiker 1 pearl-diver, pearl-fisher; **2** *(vogel)* black-throated diver
parelen I *ww* **1** *(druppelen)* pearl, bead; *het zweet parelde hem op het voorhoofd* beads of perspiration stood on his brow; **2** *(belletjes vormen)* sparkle, bubble; **3** *(klinken)* tinkle; **II** *bn zie* paarlen
parelgerst, parelgort pearl barley
parelgras melick
parelgrijs pearl-grey
parelgruis seedpearls
parelhoen guinea fowl
parelmoer mother-of-pearl; *zie verder* paarlemoer(...)
parelmossel pearl mussel
pareloester pearl oyster
parelrand beading
parelsnoer string of pearls, pearl necklace
parelthee pearl tea, gunpowder (tea)
parelvisser pearl-fisher, pearl-diver, pearler
parelvisserij pearl-fishing, pearl-fishery, pearl-diving, pearling
parelwit pearl-white, pearly (white)
parelzaad 1 seed pearls; **2** *(plant)* gromwell
paren pair [dancers, etc], couple; unite, combine, match [*aan* with], join [to]; *(zich) ~, (van vogels, enz)* mate, pair, copulate; *zich ~ aan* be coupled with, go with [with this virtue goes a grace which ...]; *zie ook* gepaard
parenchym *(plantk)* parenchyma
parentage parentage; *(concr)* relatives
parenteraal parenteral
parenthese parenthesis (*mv:* -ses); *in ~ zetten* place in parentheses
pareo beach skirt
pareren 1 *(stoot)* parry, ward off [a blow]; *(fig ook)* field [questions]; **2** *(tooien)* adorn, deck (out)
parforce at all costs
parforcejacht hunt(ing)
parfum perfume; *(inz Br)* scent
parfumeren scent [scented soap], perfume
parfumerie 1 *zie* parfum; **2** *(zaak)* perfumery
parhelium parhelion
pari 1 par; *à ~* at par; *tegen ~ uitgeven* issue at face value; *~ staan* be at par; *beneden ~* below par, at a discount; *boven ~* above par, at a premium; *1 boven (beneden) ~ staan* be at 1 premium (discount); **2** bet; *zie* weddenschap
paria pariah [dog]
Parijs I *zn* Paris; **II** *bn* Parisian, Paris; *~ groen* Paris green; *~ rood* jeweller's rouge
Parijse *zn* Parisienne
Parijzenaar Parisian
parikoers par rate
paring mating, pairing, copulation
paringsdaad copulation
paringsdans courtship display
paringsdrift mating urge
Parisch Parian [marble]
Parisienne Parisienne
paritair on equal terms; *de raad is ~ samengesteld uit bedrijfsleiding en werknemers* management and workers have equal representation on the board
pariteit parity [table]
park park *(ook v artillerie, auto's, bedrijven, enz)*;

(pleasure) grounds
parka parka
parkeerautomaat ticket machine
parkeerbaan **1** parking orbit; **2** temporary job
parkeerbon parking ticket
parkeergarage multi-storey car park
parkeergeld parking fee
parkeergelegenheid parking facilities
parkeerhaven, parkeerinham lay-by (*mv:* lay-bys)
parkeerkelder basement car park
parkeerklem clamp
parkeermeter parking meter
parkeerovertreding parking offence
parkeerplaats **1** car park; **2** parking place
parkeerrem handbrake
parkeerruimte parking area (place, space); *(naast rijbaan)* lay-by; *zie ook* parkeerterrein
parkeerschijf parking disc
parkeerstrook parking lane
parkeerstudie alternative course of study taken while waiting for admission to preferred subject at university
parkeerterrein car park, *(Am)* parking lot
parkeervak parking bay
parkeerverbod parking ban, No Parking
parkeerwacht car park attendant
parkeerwachter traffic warden
parkeerzone controlled (parking) zone, disc (parking) zone, meter zone
parkeren park [a car]; *niet ~!* 'parking prohibited', 'no parking (here)', NP
parket **1** *(theat)* seat(s) between stalls and pit; **2** *zie* parketvloer; **3** *(jur)* office of Counsel for the prosecution; **4** compartment; *in een lastig ~ zitten* be in a hole (a quandary, a nasty predicament); *iem in een lelijk ~ brengen* get a p. into an awkward position
parketteren inlay, parquet
parketvloer parquet (inlaid) floor, parquetry
parketwachter *(vglb)* usher, *(Am)* courtroom attendant
parkiet parakeet
parking *zie* parkeerplaats & parkeren
parklandschap parkland
parkwachter park keeper
parlement parliament; *in het ~, (ook)* [raise the subject] on the floor of the House
parlementair I *bn* parliamentary; *~e vlag* flag of truce, white flag; II *zn* **1** bearer of the flag of truce; **2** *(Z-Ned)* member of parliament
parlementariër **1** member of parliament; *ervaren ~* parliamentarian; **2** *(hist: aanhanger vh parlementarisme)* parliamentarian
parlementarisme parliamentarism
parlementeren (hold a) parley
parlementsgebouw parliament building; *(Eng)* Houses of Parliament
parlementslid Member of Parliament, MP
parlevinken **1** peddle (by water); **2** palaver, jabber
parlevinker (water-borne) pedlar
parmant(ig) jaunty, smart, dapper, pert, perky; *~ stappen* swagger
parmezaan Parmesan (cheese)
Parnas(sus): *de ~* Parnassus
parochiaal parochial
parochiaan parishioner
parochie parish; *voor eigen ~ preken* indulge in special pleading
parochieel parochial
parochiehuis parish hall, *(Am)* parish house
parochiekerk parish church
parochiestelsel *(vglb)* parochial system
parodie parody, burlesque, travesty, skit, *(fam)* send-up
parodiëren parody, travesty, burlesque, take [a p.] off
parodist parodist
parodistisch parodic(al)
parodontaal periodontal
parodontium periodontium
parodontologie periodontics
paroniem I *bn* paronymic, paronymous; II *zn* paronym
parool **1** *(erewoord)* parole; *op ~* [set free, be out] on parole; **2** *(wachtwoord)* password; *het ~ geven, (ook fig: sein, commando)* give the word; **3** *(leus)* watchword, slogan
paroxisme paroxysm
pars part; *~ pro toto* synecdoche
pars(i) Parsee
part **1** part, share, portion; *~je, (v boterham)* strip, finger; *(v sinaasappel, enz)* slice, segment; *in ~jes verdelen* section; *voor mijn ~* for my part, as far as I am concerned, for all I care; *hij had voor mijn ~ dood mogen gaan* he might have died and welcome; *ik heb er ~ noch deel aan* I have absolutely nothing to do with it; **2** *iem (lelijk) ~en spelen* play a p. a (nasty) trick; *uw geheugen heeft u ~en gespeeld* your ... has played tricks on you
partageren share out, parcel out
parterre **1** *(v huis)* ground floor, *(Am ook)* first floor; **2** *(theat Br)* pit; *(Am)* parquet circle, parterre; **3** *(bloemperk)* parterre
Parth Parthian
parthenogenese parthenogenesis
parthenogenetisch parthenogenetic (*bw:* -ally)
Parthië Parthia
Parthisch Parthian; *~e pijl* Parthian shot, parting shot
participant participant, participator
participatie participation
participatiebewijs participating preference share
participatief participatory
participatiemaatschappij *(vglb, Am)* small business investment company
participatieonderwijs *(Br)* day release
participatiestelsel profit sharing
participeren participate

participiaal participial
participium participle
particulariseren particularize
particularisme [linguistic] particularism
particularist(e) particularist(e)
particularistisch particularist(ic)
particulier I *bn* private [school, secretary, patient, person, affairs, house etc], special [correspondent]; *(ook)* privately-owned [business, aeroplane]; *~e brug (weg), (ook)* occupation bridge (road); *in ~ bezit* privately-owned; *zie ook* disconto; II *zn* private person, (private) individual
partieel partial
partij 1 party *(ook in contract, pol, enz); de belanghebbende ~en* the parties interested; *bij een geding betrokken ~* party to a suit, litigant; ***beide*** *~en horen* hear both sides; *beide ~en te vriend houden* keep on good terms with both sides, *(ong)* hold with the hare and run with the hounds; *(geen) ~* ***kiezen*** take (avoid taking) sides; *~ kiezen (trekken) voor iem* take a p.'s part, side with a p., stand (*fam:* stick) up for a p.; *~ kiezen tegen* side (take part) against; *de wijste ~ kiezen* take the wisest course; *zich ~* ***stellen*** take sides; *~* ***zijn*** *bij* be (a) party to; ***boven*** *de ~en staan* be above party; ***van*** *de ~ zijn, a)* be a party member; *b)* be of the party (company), be in on it; **2** *(spel, ook: ~tje)* game; event [win by seven events to three]; *een ~tje biljarten* have a game of billiards; *goed ~ geven* give a good account of o.s.; *hoe* ***staat*** *de ~?* what's the game (the score)?; **3** *(muz)* [violin] part; *zijn ~* ***meeblazen*** play one's part, pull one's weight; hold one's own; **4** *(huwelijk)* match; *een goede ~ doen* make a good match, marry well; **5** *(goederen)* parcel, lot; ***bij*** *~en verkopen* sell in lots; ***in*** *maandelijkse ~en* in monthly deliveries; **6** *(feest, ook: ~tje)* party; *een ~* ***geven*** give a party, entertain; **7** profit; *~ trekken van* take advantage of, make the most of, turn to good account
partijbelang party interest(s); *uit ~* from party considerations
partijbeleid party line, party policy
partijbenoeming partisan appointment
partijbestuur party executive
partijbonze *(fam)* party boss
partijcongres, partijdag party convention
partijdig bias(s)ed, partial, partisan, prejudiced; *~ samengestelde jury* packed jury
partijdigheid bias, partiality
partijenpost bulk post
partijganger party man
partijgeest 1 party spirit; **2** partisanship
partijgenoot, partijgenote fellow (party) member, political associate
partijkas party fund(s)
partijleider party leader
partijleiding party leadership
partijlid party member
partijloos independent
partijorganisatie party organization (*of:* machine)
partijpolitiek I *zn* **1** party policy; **2** party politics; II *bn* party political [broadcast]
partijprogramma party manifesto, platform
partijraad party conference
partijschap 1 partisanship; **2** faction
partijtop party leadership
partijverband party allegiance; *in ~, a)* as party members; *b)* on party lines
partikel particle
parti-pris parti pris, prejudice
partituur (musical) score
partizaan, partizane partisan
partner partner; *tot ~ hebben* be partnered by; *zie ook* sociaal
partnerruil exchange of partners; *(fam)* wife-swapping, *(Am)* mate-swapping
partnerschap partnership
partus parturition
partuur 1 match, equal; *hij is geen ~ voor u* he is no match for you; **2** party; **3** *(sp)* team
parvenu parvenu (*vr ook:* -nue), upstart, nouveau riche; *de ~'s, (ook)* the new rich
[1]**pas** *zn* **1** *(stap)* pace; step *(ook van dans); (bepaalde manier van lopen)* gait; *gewone ~* quick time (*commando:* quick march!); *de ~* ***inhouden*** step short; *er (flink) de ~ in houden* keep up a stiff pace; *de ~* ***veranderen*** change step; *de ~* ***verlengen*** step out; ***in*** *de ~* in step; *in de ~ blijven met* keep pace (step) with; *in de ~ komen* fall into step [she fell into step beside him]; *in de ~ lopen* walk in step, keep step; *~* ***op*** *de plaats maken* mark time; *(fig, ook)* tread water; ***uit*** *de ~ (raken)* (get) out of step; *uit de ~!* fall out!, break step!, march at ease!; *zie ook* afsnijden, flink, enz; **2** *(berg~)* pass, defile; **3** *(mar)* narrows; **4** *(paspoort)* passport; *(verlof, enz)* pass; *~-65* senior citizen's identity card; **5** *(ve goochelaar, enz)* pass; **6** *een woordje* ***op*** *zijn ~* a word in (good) season; ***te*** *~ en te on~* in and out of season; *een naam te ~ en te on~ noemen* bandy a name about; *te ~* ***brengen****, (in het gesprek)* turn the conversation to; *een regel te ~ brengen* apply a rule; *dat* ***geeft*** *geen (****komt*** *niet te) ~* that is not proper, that is not becoming; *dat kwam zo in het gesprek te ~* the conversation turned (up)on it; *dat komt altijd te ~* that will always be (come in) useful; *het geld kwam goed te ~* the ... came in useful; *zijn oefening kwam hem goed te ~* his training stood him in good stead; *er komen ... aan (bij) te ~* it involves the use of ...; *daar komt meer bij te ~* there is more to it; *het kwam niet voor jou te ~ om ...* you had no business to [say so]; *dat komt voor een dame niet te ~* that is not becoming (is unbecoming) for a lady, is not ladylike; *hij kwam lelijk te ~* he came off badly; *de regering moest eraan te ~ komen* the ... had to step in (to intervene); *het* ***kwam*** *net van ~* it was just the thing, it was just what we needed; it (the money, etc) came in handy; *hij kwam juist van ~* he came just at the right mo-

ment, as if he had been sent for; *uw aanbod komt juist van ~* your offer is very opportune; *hulp die juist van ~ komt (kwam)* timely help; *slecht van ~* ill-timed; *het komt me nu niet van ~* it does not suit me (is not convenient to me) now; *goede raad komt altijd van ~* good counsel never comes amiss; *zijn woorden **waren** zeer van ~* his words were very apposite, were to the point; *het antwoord was zo van ~ dat ...* the retort was so apt that ...

²pas I *bw* **1** *(juist)* just (now); new [new-born], newly [newly-married, newly arrived, the newly-lit lamp], fresh [from school], freshly [made coffee]; *~ aangekomene* newcomer, new arrival; *~ beginnende* beginner; *~ ontvangen* [this report is] newly to hand; **2** *(nauwelijks)* scarcely, hardly; **3** only, no more than; *hij is ~ vier dagen weg* it's only four days since he left; *~ gisteren* only (not until) yesterday; **4** not until; *~ toen hij mij zag ...* it was not till he saw me that ...; **5** truly; *dat is ~ lekker!* now that's what I call a treat!; **II** *bn* **1** level; **2** fit; *precies ~ zijn* be an exact fit; *~ maken* adjust, fit, true up; *zie ook* nauwelijks, eerst *bw*, & passen

pasar *(Ind)* market, bazaar

Pascha 1 Passover; **2** *(paaslam)* paschal lamb

pascontrole passport control

pasdame (dress, fashion) model

Pasen Easter; *(bij de joden)* Passover

pasfoto passport photograph

pasgang(er) amble(r); *zie verder* telgang(er)

pasgeboren new-born [baby *~e*]; *zie ook* onschuldig

pasgeld (small) change, coin(s)

pasgetrouwd newly married; *de ~en* the newly-married couple, the newly-weds

pashokje fitting cubicle

pashoogte col

pasja pasha

pasje 1 pass; **2** *(typ)* en-space

paskaart 1 *(kaartsp)* bad hand; **2** *(aardr)* (nautical) chart

paskamer fitting room; *~tje* fitting cubicle

pasklaar 1 made-to-measure; *(fig)* cut and dried [system], pat [formula], ready-made, [find things] ready to hand; *iets ~ maken voor* adapt s.t. to (for); **2** ready for trying on

paskwil 1 pasquinade, lampoon; **2** *(fig)* [such an examination is a] farce, mockery; *wat een ~!* what a farce!

paslood plummet, plumb(-line)

pasmunt (small) change, coin(s)

paspoort 1 passport [control]; **2** *(mil)* discharge papers; *(mil sl)* ticket

paspop tailor's dummy, mannequin

pasporteren *(mil)* discharge

pass *(sp)* [a forward, backward] pass

passaat(wind) trade wind; *(mv ook)* trades

passabel passable

passage 1 *(doorgang; tekst; muzikale frase; overtocht)* passage; *~ bespreken (boeken, nemen)* book a (one's) passage; **2** *(winkelgalerij)* (shopping) mall; **3** *(verkeer)* traffic

passagebiljet ticket

passagebureau, passagekantoor booking office

passagier passenger [accommodation, list, ship, train]; *(in taxi, ook)* fare; *werkend ~ zijn* work one's passage; *zie ook* blind, enz

passagieren *(v matrozen)* be out on shore leave; *~de matroos* liberty man

passagiersgoed passenger's luggage

passagiersvliegtuig passenger plane, airliner

passant I *zn* **1** *(voorbijganger)* passer-by; **2** *(reiziger)* passing traveller, temporary visitor; *(Am)* transient (visitor); **3** *(ve uniform)* shoulder strap; **II** *zie* en passant

passe *(schermsp, enz)* pass

passé passé, outdated

passeerslag *(sp)* passing shot

passelijk fairly, reasonably

passement lace, braid, trimming, galloon, edging, gimp

passen 1 *(de maat hebben)* fit; *de jas past hem **goed** (slecht)* fits him well (is a misfit, a bad fit); *dat past (die naam past hem) **precies*** it fits (that name fits him) exactly (to a T, to a nicety); *in elkaar ~* fit into each other; *de sleutel past niet op het slot (de deur)* does not fit the lock (the door); **2** *(aan~)* try on [a coat]; *(ve kleermaker)* fit on; *(bij kleermaker)* [go to] be fitted, have a fitting, try on; **3** *(afpassen)* fit; *met wat ~ en **meten*** with a bit of juggling (contriving) [we managed to get sixteen chairs in]; *kunt u het niet ~?* couldn't you give me the exact money?; ***aan (in)** elkaar ~* fit [the pieces] together; **4** *(schikken)* suit, be convenient [to a p.]; *dat past me **net**, (fig)* it suits me down to the ground; *het past me nu niet* it is not convenient to me at this moment; **5** *(harmoniëren)* match; *het behang past niet **bij** de meubels* the paper does not match (go with) the furniture; *het schilderij past niet bij zijn omgeving* the picture is out of harmony (*of:* keeping) with ...; *ze ~ er helemaal niet bij, (v pers & zaken)* they don't at all fit in; *deze kleur past niet bij die hoed* this ... does not go (well) with that hat; *deze stof past er goed (slecht) bij* this ... is a good (bad) match; *(niet) bij het geheel ~* fit into (be out of) the picture; *bij elkaar ~, (ve pers)* suit (be suited to) each other; *zij ~ goed (slecht) bij elkaar* they are well- (ill-)matched; *niets paste bij elkaar* nothing matched; *het past **in** je rol* it suits your part; **6** *(betamen)* become, befit, behove; *dat past een oud mens **niet*** that is not becoming for an old (wo)man; *het past u niet dat te zeggen* it is not for you to ..., you have no business to ...; **7** *(oppassen)* mind; *~ **op*** take care of, mind [the shop, the baby], look after, *(oppassen voor)* be on one's guard against, beware of [pickpockets]; *pas erop!, (ve kruier bijv)* mind the barrow!, *(mar)* gangway, please!; *pas op je zakken!* watch (take care of) your pockets!; *laat hij op zichzelf ~* let him look to himself; *zij kan* *heel goed op zichzelf* ~ she is perfectly able to take care of herself; *op zijn woorden* ~ be careful what one says; *zie ook* kleintje, tel, winkel, enz; **8** *(bij kaartsp & fig)* pass; *(ik) pas* pass, *(bridge, ook)* no bid; *ik pas er voor hem geld te lenen* I refuse to lend him money; *daar pas ik voor!* I'll have none of that!, nothing doing!

passend *(eig)* fitting [ill-fitting clothes]; *(fig)* fit [for ...], suitable [to your age, for you, a few suitable words], becoming [to his age]; [the] right [word], [a] fitting [end], apposite [remarks], appropriate [measures; a text appropriate to the occasion]; ~ *maken* make fit; ~ *zijn voor, (ook)* befit [as befits a man in his position]; *niet* ~ *voor een dame, (ook)* [a word] unbecoming (of) a lady; *japon met daarbij ~e schoenen* with shoes to match; *niet bij elkaar* ~ odd [have odd boots on; odd buttons]; *goed (slecht) bij elkaar* ~ *paar* well-suited (ill-assorted) couple

passe-partout 1 *(sleutel)* master key, passe-partout; **2** *(ve plaat)* mount; **3** *(toegangskaart)* pass

passe-partoutteken *(comp)* wildcard character

passer 1 compasses; *een* ~ a pair of compasses; *kromme* ~ callipers; **2** *(Ind)* market, bazaar

passerbeen compass leg, leg of a pair of compasses

passerdoos case (*of:* box) of mathematical instruments

passeren I *intr* **1** *(voorbijgaan)* pass (by); **2** *(gebeuren)* happen, occur; *dat kan* ~ that may pass; *dat kan ik niet laten* ~ I cannot let it pass; **II** *tr* **1** *(voorbijgaan)* pass (by); *(doortrekken)* pass through; *de 50 gepasseerd* [he has] turned 50, [is] turned 50, is on the wrong side of 50; *het aantal leden is de 10.000 gepasseerd* the membership has passed the 10,000 mark; *zie ook* station; **2** *(overslaan)* pass over; *gepasseerd worden, (bij bevordering, enz)* be passed over; **3** *(overgaan)* cross [the bridge]; **4** *(doorbrengen)* pass [the time (in) reading]; **5** *(akte)* execute [a deed]; *zie ook* dividend

passie passion *(in alle betek)*; *(liefhebberij, ook)* craze; *zie ook* vos

passiebloem passion flower

passief I *bn* passive [smoking; trade balance]; **II** *zn* **1** *(tlk)* passive; **2** *(handel:) actief en* ~ assets and liabilities

passiespel passion play

passietijd Passiontide

passievrucht passion fruit

passieweek Passion week

passiezondag Passion Sunday

passim passim

passing *(techn)* fit

passiva *zie* passief II.2

passiviteit passivity, passiveness

passivum passive

passpiegel cheval glass

passus passage

pasta 1 paste; [chocolate] spread; **2** *(deegwaar)* pasta

pastei pie (*ook typ: in* ~ *vallen* fall into pie), pasty; ~*tje* patty

pasteibakker pastry-cook

pasteideeg pastry, paste

pasteikorst piecrust

pastel *(plant & krijt)* pastel; *(krijt, ook)* crayon

pastelkleur pastel colour, pastel shade

pasteltekenaar pastellist, *(inz Am)* pastelist

pasteltekening pastel (drawing), crayon

pasteurisatie pasteurization

pasteuriseren pasteurize

pasteus pasty

pastiche pastiche, pasticcio

pasticheren make a pastiche (of)

pastille pastille, lozenge

pastinaak parsnip

pastis pastis

pastoor *(r-k)* (parish) priest; *(Am)* pastor; *de* ~ *van N* the parish priest of N; ~ *Jansen* Father Jansen

pastor pastor

pastoraal pastoral; *pastorale arbeid* pastoral work, parish work; *pastorale brief* pastoral (letter); *pastorale goederen* glebe; ~ *werker* church worker

pastoraat pastorate

pastorale pastoral (play, poem); *(muz)* pastorale

pastoralia glebe

pastoreel pastoral

pastorie rectory, vicarage, parsonage; *(ve afgescheiden kerk, vooral Sch)* manse; *(r-k)* presbytery

pastoriegoederen, pastorielanderijen glebe

pas-65 senior citizen's identity card

pasvorm fit

pat 1 *(schaakspel)* stalemate; ~ *zetten* stalemate; **2** *(op uniform)* (gorget) patch, tab

Patagonië Patagonia

Patagoniër, Patagonisch Patagonian

patat(es frites) chips, French fried (potatoes), French fries

patchoeli patchouli

pâté de foie gras (paté de) foie gras, goose-liver paste

pateen paten

patent I *bn* capital, first-rate, excellent; *een ~e kerel* a capital (a jolly good) fellow, *(fam)* a (real) sport, a brick; **II** *zn (voor bedrijf)* licence; *(voor uitvinding, enz)* (letters) patent; *zie verder* octrooi(-)

patenteren patent, register; *gepatenteerde leugenaar* barefaced liar

patentgeneesmiddel patent medicine

patenthouder, patentnemer patentee

patentolie colza oil

pater priest; *(inz aanspr)* father; ~ *familias* paterfamilias, father of a family, family man; *een ~(tje) goedleven* a priest fond of good living

paternalisme paternalism

paternoster 1 paternoster; **2** *(bk)* chaplet; **3** *~s* handcuffs, *(sl)* darbies

paternosterlift paternoster

paterstuk rumpsteak

pathetiek pathos

pathetisch pathetic(al); melodramatic
pathogeen pathogenic
pathologie pathology
pathologisch pathological; *~e anatomie* morbid anatomy; *~e moordenaar* maniacal murderer
patholoog pathologist
patholoog-anatoom (forensic) pathologist
pathos pathos; *(ong)* grandiloquence
patience *(spel)* [play] patience
patiënt patient; *ik ben ~* I am on the sick list
patiënte (woman, female) patient
patiëntenboek [a doctor's] casebook
patiëntie patience
patina patina
patineren patinate
patio patio
patisserie 1 patisserie, (fancy) pastries; **2** patisserie, pastry shop
patissier confectioner, pastry-cook
patjakker rascal, rogue, scallywag
patje *zie* pat 2
patjepeeër vulgarian
patois patois, (provincial) dialect
patres: *ad ~* dead, gone; *zie verder* ad
patria mother country; *in ~* at home; *naar ~* home
patriarch(aal) patriarch(al)
patriarchaat 1 patriarchate; **2** *(vaderrecht)* patriarchy
patriciaat patriciate
patriciër, patricisch patrician
patrijs 1 partridge; **2** *(vorm, stempel)* patrix; punch
patrijshond spaniel
patrijspoort port(hole)
patrilineaal, patrilineair patrilineal, patrilinear
patrimonium patrimony
patriot 1 patriot; **2** *(18e eeuw)* Dutch anti-Orangeman
patriottisch patriotic (*bw:* -ally)
patriottisme patriotism
patristiek patristics, patrology
patristisch patristic
patronaal patronal
patronaat 1 patronage; **2** *(vereniging)* confraternity
patrones patroness, patron saint
patroniseren patronize
patronymicum patronymic
patroon 1 *(beschermheer)* patron; *(heilige)* patron saint; **2** *(baas)* employer, master; *bakkers~, enz* master baker (builder, etc); **3** *(geweer~, inkt~, enz)* cartridge; *losse ~* blank (cartridge); *scherpe ~* live cartridge; *10 patronen, (ook)* ten rounds (of ammunition); **4** *(dessin)* pattern, design; *met een ~* patterned [chiffon]
patroongordel cartridge belt
patroonheilige patron saint
patroonhouder *(ve geweer)* (cartridge, loading) clip
patroonhuls cartridge case
patroontas cartridge box (pouch)
patroontekenaar pattern-maker, designer
patrouille patrol
patrouilleleider *(scouting)* patrol leader
patrouilleren patrol [the streets *in de straten*]
patrouillevaartuig patrol boat (*of:* vessel); *(voor visserijbescherming)* fisheries protection vessel
patrouillewagen patrol car, *(Am)* squad car
pats slap, box (on the ear); *zie ook* opstopper; *~!* bang!, slap!, wham!, crash!
patsen I *tr* bang; **II** *intr* come bump [on the ground, against the wall]; *met zijn geld ~* throw one's money about
patser show-off, vulgarian; *(verkwister)* waster
patserig flashy, swanky
patstelling stalemate
pauk kettledrum, *(mv ook)* timpani
pauken play the drums
paukenist, paukenslager timpanist, kettledrummer
paulinisch Pauline [epistles]
Paulus (St) Paul
paumelle lift-off hinge
pauper(iseren) pauper(ize)
pauperisme pauperism
paus pope; *hij is een echte ~* he is an autocrat; *zie ook* rooms
pausdom: *het ~* the papacy, the pontificate
pauselijk papal, pontifical; *~ delegaat* apostolic delegate; *zie ook* gezant, enz
pausgezind papistical; *~e* papist
pauskeuze papal election
pauw peacock; *(m & vr)* peafowl; *stappen als een ~* (strut like a) peacock; *zie ook* trots
pauwenstaart 1 peacock's tail; **2** *(duif)* fantail (pigeon)
pauwenveer peacock('s) feather
pauwfazant argus pheasant
pauwin peahen
pauwoog peacock butterfly
pauwstaart *zie* pauwenstaart 2
pauze pause [in the conversation], interval; *(theat, enz)* interval; *(Am)* intermission; *(school)* break, recess, interval; *(muz)* rest
pauzeren pause, stop, have (take) a break
pauzering pause
pauzeteken *(radio)* signature tune, interval signal
pauzetoets *(tv)* stand-by button
pavane pavan(e)
paviljoen pavilion, tent, marquee
pavoiseren dress [ships]; *gepavoiseerd, (ook)* gay with bunting, beflagged
pc afk van **1** *pour condoléance* with sympathy; **2** *personal computer* PC
PCB afk van *polychloorbifenyl* PCB, polychlorinated biphenyl
PCP afk van **1** *phencyclidine* PCP, angel dust; **2** *pneumocystis carinii pneumonia* pneumokystose
pct pct, pc (per cent)
peau de suède suede [a suede handbag]
peauter pewter
pecannoot pecan (nut)

pecco(thee) pekoe (tea)
pech bad (hard, rotten) luck; trouble; *(met auto, enz)* breakdown; ~ *hebben* be down on one's luck, be out of luck, have a run of bad luck; ~ *gehad!, (fam)* too bad!, hard luck!; *zie ook* bandenpech
pechdienst road service
pechduivel **1** gremlin; **2** *zie* pechvogel
pechstrook *(v weg)* hard shoulder
pechvogel unlucky person, constant loser
pectine pectin
pectoraal, pectorale pectoral
pecuniair pecuniary
pecuniën finances
pedaal **1** *(muz, v fiets)* pedal; *hard (zacht)* ~ loud (soft) pedal; **2** *(voethefboom)* treadle
pedaalemmer pedal bin
pedaalharp pedal harp
pedagogie(k) pedagogy, pedagogics, theory of education
pedagogisch pedagogic(al); ~*e academie* training college for primary schoolteachers
pedagoog pedagogue, education(al)ist
pedant **I** *zn* pedant; **II** *bn* **1** *(schoolvosachtig)* pedantic (*bw:* -ally); **2** *(verwaand)* conceited, *(fam)* stuck-up
pedanterie **1** pedantry; **2** conceitedness
peddel paddle
peddelen **1** pedal; **2** *(roeien)* paddle
pedel mace-bearer, bedel
pederast(ie) pederast(y)
pedes Apostolorum: *per* ~ on Shanks's pony (mare)
pedestal pedestal
pediater paediatrician, *(Am)* pediatrician, pediatrist
pediatrie paediatrics, *(Am)* pediatrics
pedicure pedicure, chiropodist
pedicuren pedicure
pedofiel p(a)edophil
pedofilie p(a)edophilia
pedologie **1** paedology, paediatrics, *(Am)* pedology, pediatrics; **2** pedology, soil science
pedometer pedometer
pee: *de* ~ *in hebben (krijgen) over iets* be (get) thoroughly fed up with s.t.; *de* ~ *aan iem hebben* hate the sight of a p.
peekoffie chicory, succory
peel marshy land, marshy region
peen carrot; *(witte)* parsnip; *zie* opscheppen
peenhaar carroty hair
peer **1** pear; *iem met de gebakken peren laten zitten* leave a p. holding the baby; *men liet hem met de gebakken peren zitten, (ook)* they left him to face the music; **2** chap; *leuke* ~ nice guy; **3** *(gloeilamp)* bulb; **4** *(klap)* sock, smack
peerdrups peardrops
peerlijsterbes *(boom)* service (tree); *(bes)* sorb
peervormig pear-shaped
pees **1** tendon, sinew, string; **2** *(ve boog)* string; *meer dan één* ~ *op zijn boog hebben* have more than one string to one's bow
peesknobbel tendinous knot
peesknoop ganglion, *mv:* ganglia
peesschede tendon sheath
peet godfather, godmother; *(m & vr)* sponsor; ~ *staan* stand godfather, etc to a child
peetdochter goddaughter
peetoom *zie* peet
peetschap sponsorship
peettante *zie* peet
peetvader godfather
peetzoon godson
peg peg
pegel **1** icicle; **2** guilder; **3** *(sp)* crashing drive
pegulant guilder; *(mv ook)* money, dibs
peiger dead
peignoir peignoir, dressing-gown, housecoat
peil mark, gauge; *(fig)* level, plane, standard; *(Normaal) Amsterdams Peil* Amsterdam ordnance datum, Amsterdam zero; *het* ~ *van de beschaving* the level of culture; ***beneden*** ~ below (not up to) the mark; ***boven*** ~ above the mark; ***op*** ~ up to the mark; *op hoger* ~ *brengen* raise the standard of [football]; *zie ook* opvoeren; *het debat stond niet op het gewone* ~ was not up to the usual level; *op een laag* ~ on (at) a low level; *het onderwijs stond op zijn laagste* ~ education was at its lowest ebb; *op* ~ *houden (brengen)* keep (bring) up to the mark; *op hetzelfde* ~ *staan als* be on a level with; *men kan op hem geen* ~ *trekken* he is quite unpredictable
peildatum datum date, reference date; ~ *31 december* [growth] calculated from ..., [population] as at ...
peilen gauge [the contents of a cask, etc]; fathom [water]; *(mar)* sound [the harbour]; *(land; ook luchtv)* take bearings; *(zon)* take the sun's altitude; *(wond)* probe [a wound]; *(fig)* sound [a p.], fathom, plumb [the depth(s) of a p.'s misery, ignorance, etc], assess [a p.'s intentions]
peilglas (water, oil, level) gauge
peiling **1** gauging; **2** *(diepte)* sounding; *(richting)* bearing; direction finding; *vgl* peilen; ~*en doen* take soundings (bearings); *iem in de* ~ *hebben* have a p.'s number
peillood sounding lead; *zie* dieplood
peilloos unfathomable, unplumbed
peilschaal water gauge, tide gauge, tide-level indicator
peilstok *(mar)* sounding rod; *(ve auto)* dipstick; *(ve wijnroeier)* gauging rod
peinzen meditate, ponder, muse [*over* on]; *(somber)* brood [*over* on, over]; *waar peins je zo over?, (fam)* a penny for your thoughts; *zie ook* piekeren
peinzend meditative, pensive, thoughtful, musing
peis peace; *zie* pais
peizen *zie* peinzen
pejoratief *bn & zn* pejorative
pek pitch; *(schoenmakers~)* (shoemaker's) wax; *wie met* ~ *omgaat wordt ermee besmet* who touches

pitch will be defiled
pekari peccary
pekblende pitchblende
pekdraad waxed end, waxed thread
pekel brine, pickle, souse; *in de ~ zitten* be in a scrape, in a (sad) pickle
pekelen brine, pickle; salt [meat, the roads], souse [herrings]
pekelharing salt herring
pekelnat brine; *het ~* the briny
pekelvlees salt meat
pekelwagen brine sprinkler
pekelwater brine
pekelzonde 1 old sin (come home to roost); **2** peccadillo
pekinees Pekinese, *(fam)* Peke
Peking Peking [duck, man, opera]; *(stad, nu)* Beijing
pekken pitch
pelagiaan(s) Pelagian
pelagisch pelagian
pelargonium *(plant)* pelargonium, geranium
pêle-mêle pell-mell, all anyhow
pelerine pelerine
pelgrim pilgrim, palmer
pelgrimage pilgrimage
pelgrimsstaf pilgrim's staff
pelgrimstas pilgrim's scrip (*of:* wallet)
pelgrimstocht pilgrimage; *een ~ ondernemen* go on (make a) pilgrimage
pelikaan pelican
pellagra pellagra
pellen peel [almonds, eggs, shrimps], shell [peas, nuts], husk, hull [barley, maize, rice]
pellen(goed) huckaback, diaper
pellerij, pelmolen hulling (*of:* peeling) mill
Peloponnesisch Peloponnesian
Peloponnesus Peloponnesus; *de ~, ook* the Peloponnese
peloton platoon; *(cavalerie)* troop; *(wielersp)* pack, bunch, field
pels 1 *(niet toebereid)* pelt; **2** fur; fur coat; *iem op zijn ~ komen* dust a p.'s jacket
pelsdier furred (fur-bearing) animal
pelser pilchard
pelshandel fur trade
pelshandelaar furrier, fur trader
pelsjager (fur) trapper, fur-hunter
pelsjas fur coat
pelsmuts fur cap
pelswerk furriery, peltry
pelswerker furrier
pelterij peltry, furriery
peluw bolster
peluwovertrek bolster-case
pen 1 pen; *(losse ~, ook)* [hard, soft] nib; *(ganzenpen)* quill; *heel wat ~nen in beweging brengen* give rise to a good deal of controversy; *de ~ **erdoor halen*** run one's pen through it; *de ~ **neerleggen** (fig)* give up writing; *de ~ **opnemen*** take pen in hand, take up one's pen; *de ~ op het **papier** zetten* put (set) pen to paper; *de ~ **voeren**, a)* act as secretary; *b)* wield (hold) the pen; *een **welversneden** ~ hebben* have an excellent style, write well; *een werk **in** de ~ hebben* have a work in hand; *het is in de ~* it is on the stocks; *het is in de ~ gebleven* it has never come off (*of:* materialized); *iem iets in de ~ geven* dictate s.t. to a p.; *hij is vlug **met** de ~* he has a ready pen; *(dadelijk) **naar** de ~ grijpen, (voor de krant, enz)* rush into print; ***uit** zijn ~* from his pen; ***van** zijn ~ leven* live by one's pen; **2** *(veer)* feather; *(slagpen)* pinion; **3** *(pin)* peg, pin; *(ve egel)* spine, quill; *(breipen, enz)* [knitting, etc] needle; *iem de ~ op de **neus** zetten* put a p. on his best behaviour
penaal penal [sanction]
penalty penalty (kick, shot); *zie* strafschop
penanker pin pallet
penant pier [glass *spiegel*, table]
penarie: *(verschrikkelijk) in de ~ zitten* be in a(n awful) hole (fix, scrape)
penaten penates, household gods; *(fig)* home
pendant pendant, companion piece (*of:* picture), counterpart; *(fig)* counterpart, pendant, [the German producer and his British] opposite number
pendel 1 pendulum; **2** commuting
pendelaar 1 commuter; **2** *(roedeloper)* dowser
pendeldienst shuttle (bus, train) service
pendeldiplomatie shuttle diplomacy
pendelen commute
pendelverkeer commuter traffic
pendule pendule de Paris, mantel clock
pen-en-gatverbinding *(bk)* mortise-and-tenon joint, dowelled joint
penetrant penetrating [smell], piercing [cold]
penetreren penetrate (*in* into)
penhouder penholder
penibel painful, awkward [silence], difficult [situation]
penicilline penicillin
penis penis
peniskoker penis sheath
penisnijd penis envy
penitent penitent
penitentiair penitentiary *(ook: ~e inrichting)*
penitentie penance; *(fig ook)* ordeal, trial
pennen 1 pen, write, scribble; **2** peg
pennenbak pen tray
pennenhouder penholder
pennenkoker pencase
pennenkunst penmanship, calligraphy
pennenlikker pen-pusher
pennenmes penknife
pennenschacht quill
pennenstreek stroke (dash) of the pen; *met één ~* by one stroke of the pen
pennenstrijd controversy, paper war, polemic
pennenvrucht product of the (his, etc) pen

pennenwisser penwiper

penning penny, farthing; *(gedenk~)* medal; *(voor automaat, enz)* token; *(ve politieagent)* badge; *(gods~)* earnest money; *zie ook* hondenpenning; *hij is erg op de* ~ he looks at a penny twice before parting with it, is very tight with money

penningkabinet coin and medal room, numismatic collection

penningkruid creeping jenny, moneywort

penningkunde numismatics

penningkundige numismatist

penningmeester treasurer

penningske: *het ~ der weduwe* the widow's mite

penologie penology

penoze underworld

pens 1 *(ve herkauwer)* paunch, rumen; *(als voedsel)* tripe; **2** *(volkst: buik)* paunch

pensee pansy, heartsease

penseel (artist's paint)brush; pencil *(vero, behalve in:* the masterly pencil of Rembrandt, *e.d.); (voor wond, enz)* brush

penseelaapje ouistiti, wistiti

penseelstreek stroke (*of:* touch) of the brush

penselen paint; *(wond)* pencil, paint

pensioen (retirement) pension; *(mil)* retired pay; *met ~ gaan* retire; *met ~ zijn* be retired; *betrekkingen met (zonder) ~* pensionable (non-pensionable) posts; *recht op ~* pension rights, right to a pension; *op ~ stellen, zie* pensioneren; *meetellen voor ~* count towards one's pension; *met (vol) ~ ontslagen* discharged on (full) pension; *zijn ~ in ontvangst nemen* draw one's pension

pensioenaanspraak pension claim, pension entitlement

pensioenaftrek, pensioenbijdrage pension contribution, superannuation contribution

pensioenbreuk loss of pension rights; *overdraagbaar zonder ~* portable [pension]

pensioenfonds pension (*of:* superannuation) fund

pensioengerechtigd pensionable, eligible for (a) pension; *~e leeftijd* pensionable (retirement) age

pensioenpremie *zie* pensioenbijdrage

pensioenregeling pension scheme, superannuation scheme

pensioentrekker pensioner

pensioenverzekering: *een ~ hebben* be in a pension fund; *particuliere ~* personal pension plan

pensioenwet superannuation act, pensions act

pension 1 *(kost)* board; **2** guesthouse, boarding house; *(inz buiten Eng, ook)* [keep a] pension; *in ~ nemen* receive as a boarder; *in (en) ~, (ook)* en pension

pensionaat boarding school

pensionair(e) 1 *(leerling)* boarder; **2** *(jaargeldtrekker)* pensioner

pensionaris pensionary

pensioneren pension, grant a pension; superannuate; *(mil)* place on the retired list; *(vervroegd)* pension off

pensionering retirement, superannuation

pensiongast lodger, boarder

pensionhoud(st)er boarding-house keeper

pensionpaard livery horse

pensionprijs boarding terms [from ...]

pentaëder pentahedron

pentagoon pentagon

pentagram pentagram

pentameter pentameter

Pentateuch Pentateuch

pentatlon pentathlon

pentekenaar pen-draughtsman, black-and-white artist

pentekening pen-drawing, pen-sketch, pen-and-ink (black-and-white) drawing

penvoerder secretary

penvriend(in) penfriend, *(fam)* pen pal

penwortel tap root

pep 1 pep, [it's lost its] zip; **2** dope, pep pills

peper pepper; *gemalen (ongemalen) ~* ground (round) pepper; *zie ook* Spaans, enz

peperachtig peppery

peperboompje spurge laurel, daphne

peperbus pepperbox, pepper pot

peperduur high-priced, very expensive; *iets ~ betalen* pay (for s.t.) through the nose

peperen pepper; *een rekening ~* salt a bill, stick it on; *zie ook* gepeperd

peper-en-zoutkleurig pepper-and-salt [hair, suit], grizzled [hair]

peper-en-zoutstel salt and pepper set, cruet stand

peperhuisje cornet, screw (of paper)

peperig peppery

peperkers dittander

peperkoek gingerbread

peperkorrel peppercorn

pepermolen pepper mill

pepermunt peppermint *(ook plant & ~je)*

pepermuntolie peppermint (oil)

pepermuntstok peppermint rock

pepernoot small spiced biscuit, gingerbread nut

pepertuin pepper plantation

pepervreter toucan

peperwortel horseradish

Pepijn Pepin

pepmiddel pep pill

peppel poplar

pepsine pepsin

pepton peptone

per I *vz* **1** per; *~ baal, enz verkopen* sell by the bale (yard, glass, etc); *~ post* by post; *~ telefoon* by (over the) (tele)phone; *~ postwissel* by money order; *~ jaar* per annum; *~ uur* [paid] by the hour; *drie euro ~ meter (~ week)* three euros a metre (a week); *~ schip* by boat; *~ 'acre'* [30 bushels] to the acre; *~ seconde* [1000 vibrations] to the (a) second; *zie ook* adres, stuk, enz; **2** *(m.i.v.)* as from, as of [January 1];

II *zn* afk van *perchloorethyleen* perchloroethene, perchloroethylene
perceel 1 *(kaveling)* lot, parcel, *(v grond) ook* plot; *een lastig ~* a handful; *in percelen* in lots; **2** *(huis en erf)* premises *(mv)*
perceelsgewijze [sell] in lots
percent per cent, p.c.; *3-percentspapieren* three per cent stock, three per cents; *er is 50 ~ kans dat ...*, *(fam)* it is a fifty-fifty chance that ...; *5 ~* ***krijgen*** *van zijn beleggingen* get five per cent on one's investments; *5 ~* ***opbrengen*** pay (yield) five per cent; *25 ~* ***uitkeren***, *(bij faillissement)* pay 25p in the pound; ***tegen*** *5 ~* at (the rate of) five per cent; ***voor*** *90 ~* [his work is] 90 per cent [mechanical]; *zie ook* procent
percentage percentage
percentielscore percentile rank
percentsgewijze proportional(ly); *~ bijdragen* make pro rata contributions
percentteken percent(age) sign (%)
percentueel in percentage terms; *zie* percentsgewijze
perceptie perception
perceptiekosten collecting charges
percipiëren perceive
percolaat percolate
percolatie percolation
percolator percolator
percoleren percolate
percussie percussion [cap *dopje*, hammer]
percuteren tap, percuss
perdoen *(mar)* backstay
perelaar pear tree
peremptoir peremptory
peren 1 *(drinken)* booze; **2** *(sp)* slam [the ball forward]; **3** *'m ~* clear off
perenboom pear tree
perendrank, perenwijn perry
perenhout pearwood
perenvuur fire blight (of pears)
perequatie adjustment, indexation
perestrojka perestroika
perfect perfect; *het staat je ~* it suits you to perfection
perfectibiliteit perfectibility
perfectie perfection; *(tot) in de ~* perfect(ly)
perfectief perfective
perfectioneren perfect
perfectionist perfectionist
perfectum perfect (tense)
perfide perfidious
perforatie perforation
perforator perforator, punch
perforeren perforate; *niet geperforeerd* imperforate [stamps], unperforated [sheets]
pergamijn glassine
pergola pergola
peri peri
perifeer peripheral
periferie periphery
perifrase periphrasis (*mv:* -phrases)
perihelium perihelion
perikel peril; *~en, (ook)* problems; adventures
perikoop pericope
perikopenboek lectionary
periode period; stage [first stage of an illness]; spell, run [of fine weather]; space [of three years]; *(elektr)* cycle
periodiciteit periodicity
periodiek I *bn* periodic(al); *(cyclisch)* cyclic(al); *opdracht tot ~e overschrijving* standing order; *~ systeem* periodic system [of elements]; *(tabel)* periodic table; *~e verhogingen* annual increments; **II** *zn* **1** periodical; **2** increment
periodisering periodization
periodontologie periodontics
periost periosteum
periostitis periostitis
peripateticus peripatetic
peripatetisch peripatetic (*bw:* -ally)
peripetie peripeteia
periscoop periscope
peristaltisch peristaltic; *~e beweging* peristalsis
peristyle peristyle
peritoneum peritoneum
perk 1 [flower] bed; *(in dierentuin)* enclosure; **2** *(grens)* limit, bound *(meestal mv)*; ***binnen de ~en der wet*** within the law; *binnen de ~en blijven* keep within bounds; *de ~en overschrijden* go beyond the bounds [of prudence, etc]; *dat gaat alle ~en te buiten* that goes beyond (breaks) all bounds; *zie ook* paal, grasperk, strijdperk, enz
perkament parchment, *(kalfs~)* vellum
perkamenten *bn* parchment, vellum
perkamentpapier parchment paper, vellum paper
perkamentrol (parchment) scroll
perkara *(Ind)* dispute, lawsuit
Perm *(geol)* Permian (system)
permanent permanent, lasting, standing [committee]
permanenten: *zich laten ~* have one's hair permed, have a perm
permanentie permanence, permanency
permeabel permeable
permissie permission, leave, *(vrijaf)* leave (of absence); *met ~* by your leave, with (all) due respect; *zie ook* verlof
permissiebiljet permit; *(ter bezichtiging, enz)* order-to-view, inspection order
permissief permissive
permissiviteit permissiveness
permitteren permit, allow; *zich ~* permit o.s. [a liberty], indulge in [luxuries]; *als ik mij de vrijheid mag ~* if I may take the liberty; *ik kan me geen auto ~* I cannot afford (don't run to) a car
permutatie permutation
permuteren permute
pernambukhout brazil wood
pernicieus pernicious [anaemia]

peroratie peroration
peroxide [hydrogen] peroxide
perpetueren perpetuate
perpetuum mobile perpetuum mobile, perpetual motion
perplex perplexed, baffled, flabbergasted; *het deed me ~ staan* it took my breath clean away; *zie ook* paf, versteld
perron platform [ticket]; *~ van aankomst (vertrek)* arrival (departure) platform; *het derde ~* number 3 platform
perronrestauratie buffet bar
[1]pers press; *de (schrijvende) ~* the press; *een goede, enz ~ hebben* have (receive) a good (bad, excellent) press; *ter ~e* [the book is] in the press, at press; *juist bij het ter ~e gaan* just as we are going to press; *uit de ~, (opschrift in krant)* press (newspaper) comment(s); *iem van de ~, zie* persman
[2]pers **1** Persian cat; **2** Persian rug
Pers Persian
persagentschap news agency
persattaché press secretary
persbericht **1** *(in de pers)* press report; **2** *(aan de pers)* press (news) release
persbreidel press censorship, muzzling of (gag on) the press
persbureau news (*of:* press) agency, press bureau
perschef press chief, press officer, press secretary
perscommuniqué *zie* persbericht 2
persconferentie press conference
persdienst news service
per se **1** *(eig)* per se, intrinsically; **2** *(noodzakelijk)* necessarily, of necessity; **3** *(met alle geweld)* by all means, by hook or by crook; *hij wou ~ mee* he was determined to come
persen press, squeeze; *(bij ontlasting)* strain; *(bij bevalling)* bear down; *(vormen)* mould [plastics]; *iem de tranen uit de ogen ~* bring a p. to tears
persevereren persevere
persfotograaf press photographer; cameraman
persgas high-pressure gas
persglas pressed (*of:* moulded) glass
persianer Persian lamb
persico peach brandy, noyau
persienne Persian blind, persienne
persiflage **1** parody, *(fam)* send-up; **2** persiflage, banter, raillery
persifleren **1** parody, *(fam)* send up; **2** banter, chaff
persijzer (tailor's) goose (*mv:* gooses), smoothing iron
persing pressing, pressure
persisteren persist [*bij* in]
perskaart press card
persklaar ready for (the) press; *~ maken, (ook)* style
perslucht compressed air
persmagnaat press magnate (baron)
persman pressman, news(paper)man
persmuskiet newshound, *(Am ook)* newshawk
personage personage, person
persona grata persona grata
personalia personalia, personal details; *(in krant)* personal [column]
personaliseren personalize
personalisme personalism
personaliteit personality; *~en* [indulge in] personalities, personal remarks
personeel **I** *zn* staff, establishment, servants; *(vs materieel)* personnel, manpower, human resources; *het ~ van het hospitaal bestaat uit vrouwen* the ... is staffed by women; *te weinig (te veel) ~ hebben* be understaffed (overstaffed); *met te weinig ~* [theatres are working] short-handed; *wegens gebrek aan ~* owing to understaffing; **II** *bn* personal; *-nele middelen* human resources, personnel; *-nele unie* personal union
personeelsadvertentie recruitment advertisement
personeelsbeleid **1** personnel management; **2** employment (recruitment) policy
personeelsbeoordeling personnel assessment
personeelsbestand **1** personnel file; **2** staffing
personeelsbezetting staffing
personeelschef personnel manager
personeelsformatie establishment
personeelsfunctionaris personnel officer
personeelslid staff member, member of staff
personeelsmutaties changes in personnel (*of:* staff)
personeelssterkte workforce; *(mil)* establishment
personeelsvereniging staff association
personeelsvoorziening staffing; *~en* staff facilities
personeelswerk personnel management
personeelszaken: *(afdeling) ~* personnel department
personen- passenger [car, lift, traffic, train]
personificatie personification
personifiëren personify
persoon person; *(mv theat)* dramatis personae, characters (in a play); *vorstelijke personen* royal persons, royalties, royalty; *(fam)* royals; *daar wist ~ niets van, (fam)* he (the person in question) knew nothing of it; *mijn onbeduidend ~tje* my poor self; *de paus en mijn ~tje* the Pope and self (and little me); *haar lief ~tje* her sweet self; *één euro* ***de (per)*** *~* a head, each, apiece; *hij kwam* ***in*** *(eigen) ~* in (his own) person, personally; *in de ~ van* in the person of; *de vriendelijkheid (deugd, mildheid) in ~* kindness personified (*of:* itself), the essence (embodiment) of kindness (the soul of virtue, of generosity); *in één ~* [author and film director] in one, rolled into one; *lang (kort) van ~* of a tall (short) stature; ***ik voor mijn*** *~* I, for one; *voor één ~, voor twee personen, zie* eenpersoons, tweepersoons
persoonlijk **I** *bn* personal; individual [attention, contribution]; private [debts]; *(reisbiljet)* not (*of:* non-) transferable; *(op brief)* private; *u wordt ~* you are getting personal; *niet ~ worden, alsjeblieft* no personalities, please; *het ~e* the personal touch [in his lecture]; *~e aandacht, (ook)* one-to-one attention;

~*e borgtocht* personal security; *een ~ cachet geven* personalize, customize; *het woord vragen wegens een ~ feit* rise on a point of privilege (*of:* of order); ~*e ongelukken* casualties; *zie ook* titel; II *bw* personally, in (one's own) person; *hem ~ betreffende* [a point] personal to himself
persoonlijkheid personality; *zie ook* personaliteit
persoonlijkheidsleer theory of personality
persoonlijkheidsrecht right of correct attribution and quotation
persoonlijkheidsstoornis personality disorder
persoonsbeschrijving personal description
persoonsbewijs identity card, ID card
persoonsgebonden personal [chair *leerstoel*], individual; private
persoonsgegevens personal data
persoonsnaam personal name
persoonsregistratie registration (recording) of personal data
persoonsverbeelding personification
persoonsverheerlijking personality cult
persoonsverwisseling [it was a case of] mistaken identity
persoonsvorm *(gramm)* finite form; ~ *van een werkwoord* finite verb
persoverzicht press review
perspectief perspective (*ook fig:* open new perspectives); *(vooruitzichten, ook)* prospects; *betrekking waar geen ~ in zit* blind-alley occupation, dead-end job; *in een breder ~ plaatsen* set in a wider context [of ...]; ~ *geven aan* place [events] in some kind of perspective
perspectivisch I *bn* perspective [drawing]; II *bw* perspectively, in perspective
perspex perspex
perspomp force-, forcing-pump
persraad Press Council
persraam *(typ)* tympan
persrevisie final revise
perssinaasappel juice orange
perstribune press gallery (*of:* boxes)
persuaderen persuade
persuasie persuasion
persvoer silage
persvrijheid liberty (freedom) of the press
perswee contraction (of labour)
pertinent positive; *ik weet het ~* I am positive (absolutely sure); ~*e verklaring* categorical statement; ~*e leugen* downright (barefaced) lie; ~ *liegen* lie unashamedly; ~ *weigeren* refuse flat(ly)
Peruaan(s) Peruvian
perubalsem Peruvian balsam, balsam of Peru
Peruviaan(s) Peruvian
pervers perverse; perverted [proposal]
perversie **1** perversion; **2** perversity
perversiteit perversity
perverteren pervert
Perzië Persia; *(thans:)* Iran
perzik peach
perzikboom peach tree
perzikhuid peachlike skin; *(vglb)* peaches-and-cream complexion
perzikkruid persicaria, peachwort
Perzisch Persian; *(pol thans)* Iranian; ~*e Golf* Persian Gulf
pessarium *(med)* pessary
pessimisme pessimism
pessimist pessimist
pessimistisch pessimistic (*bw:* -ally)
pest plague, pestilence; *(fig)* pest, bane [correcting exercises is the bane of the teacher's profession], curse; *attr* pestilential [that pestilential paper]; *zie ook* kanker; *schuwen als de ~* shun like the plague; *de ~ hebben aan* hate, loathe [writing letters]; *een ~ voor de samenleving* a public (social) pest, a pest of society; *dat is de ~ voor je gezondheid* it plays havoc with ...; *voetballen is de ~ voor het gras* ... is disastrous for the lawn; *het haten als de ~* hate it like poison; *ik had de ~ in toen ik het zag, (fam)* I could have kicked myself when I saw it; *hij had de ~ in over die opmerking* he was very annoyed (was furious) about that ...; *zie ook* pee
pestbui [be in a] rotten temper
pestbuil plague sore, plague spot
pesten *(treiteren)* badger, nag, bully, plague; *(plagen)* pester, tease; *alleen om hem te ~* simply to spite him
pesterij badgering, nagging; pestering, teasing; *vgl* pesten
pesthuis pest-house
pesthumeur black mood
pesticide pesticide
pestilent pestilent, pernicious
pestilentie pestilence, plague
pestkop, enz, pest, tease
pestlijder plague victim
pestlucht pestilential air
pestpokken (plague) pox
peststof plague virus
pestvent pestiferous fellow
pestvogel waxwing
pestwijf pestiferous hag
pestziekte plague, pestilence
[1]**pet** (peaked, visored) cap; *fig zie ook* hoed: zijn ~ afnemen, pret: de ~ drukken & rondgaan: ~ met; *dat gaat boven mijn ~(je)* that is beyond me, that beats me; *geen hoge ~ ophebben van* not think much of; *met de ~ ernaar gooien* take (have) a shot at; *onder de ~ houden* keep under one's hat; *verschillende ~ten ophebben* wear several hats; *het is ~, (sl)* it's trash, rubbish, a wash-out
[2]**pet** afk van *polyetheentereftalaat* polyeth(yl)eneterephthalate, PET
PET afk van *positron emissie tomografie* positron emission tomography, PET
petegift (christening) present from a godfather or

godmother
petekind godchild
petemoei godmother
peter godfather
peterselie parsley
petieterig tiny, wee, poky [flat], diminutive; *(pietluttig)* niggling
petitie petition; *een ~ richten tot iem* petition a p., present a petition to a p.
petitierecht right of petition
petitionaris petitioner
petitioneren petition, memorialize [the Government]
petitionnement petition
petoet *(sl)* jug, *(mil)* glasshouse
Petrarca Petrarch
petrificatie petrifaction
petrificeren petrify
petrochemie petrochemistry
petrochemisch petrochemical
petroglief petroglyph
petrografie petrography
petroleum *(ruw)* petroleum; *(gezuiverd)* paraffin, *(Am)* kerosene
petroleumaandeel[1] oil share
petroleumblik paraffin can
petroleumbron oil well; *een ~ ontdekken* strike oil
petroleumgas [liquid] petroleum gas
petroleumgehalte *zie* gehalte
petroleumhaven oil port (harbour); *vgl* haven
petroleumkachel paraffin stove, oil heater
petroleumlamp paraffin lamp
petroleumleiding (oil) pipeline
petroleummaatschappij oil company
petroleummotor oil engine
petroleumstel (paraffin) oilstove
petroleumtanker oil tanker
petroleumvat oil barrel, *(v ijzer)* oil drum
petroleumveld oilfield
petroleumwaarden oil shares, oil stock, oils
petrologie petrology
Petrus Peter; *(apostel)* (St) Peter
pets slap, box [on the ear]; *~!* slap!
petsen slap, box
petto *zie* in petto
petunia petunia
peueraar, enz *zie* peurder, enz
peuk 1 *~(je)* [cigar] stump (stub, butt, end), fag-end, dog-end; **2** *zie* peuter 1
peul pod, husk, shell; *~en, zie* peultjes
peuldop pea pod
peulenschil pea pod; *(pers)* shrimp; *het is maar een ~letje* it is a mere trifle, it is chicken feed; *dat is een ~ voor hem, (ook)* he makes nothing of it
peulerwt string pea
peultjes podded peas, sugar peas, mangetouts; *(fam)* *moet je nog ~?* did you ever!
peulvrucht pod, legume; *(gewas)* pulse, leguminous plant
peur bob (of lobworms)
peurder bobber, sniggler
peuren bob, sniggle (for eels)
peut 1 wallop; **2** *(terpentine)* white spirit; **3** *(petroleum)* paraffin; **4** *(benzine)* petrol
peuter 1 little mite, nipper, tiny tot, chit [of a girl]; *zie ook* dreumes; *(2-4 jaar, ook)* pre-schooler; **2** wallop; *zie ook* opstopper; **3** pipe-scraper
peuteraar potterer, niggler
peuteren potter, fiddle, fumble, tinker [with, at s.t.], interfere [with a lock *aan ...*]; *in de tanden (de neus) ~* pick one's teeth (one's nose)
peuterig pernickety, niggling, fiddly; finicky, finicking, finical
peuterschool *(vglb)* nursery (school)
peuterspeelzaal, peutertuin *(vglb)* playgroup, playschool
peuterwerkje pernickety work, fiddly job
peuzel: *kleine ~, zie* peuter 1
peuzelen peck, pick at, munch; *~ aan* nibble at, pick [a bone]
pezen 1 race; exert o.s.; **2** *(tippelen)* walk the streets
pezerik (bull's) pizzle
pezig tendinous, sinewy, wiry; stringy [meat]
Pfeiffer: *ziekte van ~* mononucleosis, *(fam)* mono, glandular fever, kissing disease
Phaëthon[1] Phaeton
pi *(letter & getal)* pi *(mv:* pis)
pianino pianino, upright *(of:* cottage) piano
pianist(e) pianist
pianistiek pianism
pianistisch pianistic
piano piano *(ook muziekterm); de Heer A aan de ~* Mr A at the piano; *~ aan doen* go easy, go slow
pianoconcert 1 piano recital; **2** *(muziekstuk)* piano concerto
pianoforte pianoforte, piano
pianokruk music stool
pianola pianola, player-piano
pianolera(a)r(es) piano teacher
pianoles piano lesson [*(ook)* give lessons on (in) the piano, teach the piano], music lesson
pianomuziek piano music
pianoscharnier piano hinge
pianospel piano playing
pianospelen play the piano
pianospeler pianist, piano player
pianostemmer piano-tuner
pianostoeltje music stool
pias clown, buffoon
piasserij clownery, buffoonery
piaster piastre
pia vota pious wishes

1 zie ook de sam met *olie-*

1 zie voor woorden met *ph-* evt ook onder *f*

picador picador
Picardië Picardy
piccolo 1 *(muz)* piccolo *(mv:* -los); **2** page(boy), buttons; *(inz Am)* bellboy, bellhop
pickel ice axe
picknick(en) picnic
pick-up record player; *(auto)* pick-up
pico- *(10^{-12})* pico- [picogram, picometre, etc]
***picobello** *(Wdl: pico bello)* tiptop, top-hole, first class
picrinezuur picric acid
Picten Picts
pictogram pictogram
picturaal painterly [qualities]
pièce de milieu epergne, centrepiece
pièce de résistance pièce de résistance
piechem queer cuss
pied-à-terre pied-à-terre
piëdestal pedestal
pief 1 *~, paf, poef!* bang, bang!; **2** chap, guy, type; *hoge ~* high-up; *rijke ~* fat cat
piek 1 *(wapen)* pike; *(v kerstboom)* Xmas tree top; *~ haar* spear (spike) of hair; **2** *(bergtop; hoogtepunt)* peak; **3** *(mar)* (fore)peak; **4** *(gulden)* guilder
piekdrager pikeman
pieken 1 *(v haar)* stick up; **2** *(grafiek, sport)* peak
piekenier pikeman
piekeraar worrier
piekeren puzzle [over s.t.]; *(meer tobberig)* brood [over s.t.], worry, fret [about s.t.]; *ik pieker er niet over* I won't even consider it (wouldn't dream of it); *zich suf ~* puzzle one's head off; *zie ook* peinzen
piekerig spiky [hair, moustache]
piekfijn posh, smart, swell, natty; first-rate, top-hole, A1; *~ gekleed* dressed up to the nines, dressed to kill; *het ~ doen* do the thing in slap-up style
piekhaar spiky hair
piekuur peak hour
piel *zie* piemel & pineut
pielen potter, fiddle (about)
piemel 1 willie, dick; **2** chap; *rare ~* queer cuss
piemelen piddle
piemelnaakt *(fam)* starkers
Piëmont Piedmont
Piëmontees I *bn* Piedmontese; **II** *zn (ook mv)* Piedmontese
pienter clever, sharp, smart, bright, shrewd, *(fam)* brainy
pienterheid cleverness, etc
piep! peep!, chirp!, squeak!
piepa: *de ~* the governor, the pater; *(Am)* [my] poppa
piepelen make a fool of [a p.]
piepeltje 1 sucker, stupid; **2** whippersnapper
piepen 1 *(v muizen)* squeak; *(v vogels)* chirp, cheep; *(ve scharnier, enz)* creak, squeak; *(ve rem)* screech; *(v adem)* wheeze; *(v oproeper)* b(l)eep; **2** *(aardappelen, enz)* roast; **3** pinch; *dat is (we zijn) gepiept* that job's done, fixed (we're for it, we've had it); *'m ~, zie* smeren
pieper 1 chirper, squeaker; **2** *(vogelsoort)* pipit; **3** *(fluitje)* whistle; **4** *(oproeper)* pager, bleeper, *(Am)* beeper; **5** *(ballonnetje)* squeaker; **6** *(aardappel)* spud, tater
pieperig squeaky, squeaking, wheezy [voice]
piepjong very young
piepklein tiny, very small, wee
piepkuiken spring chicken
piepschuim *(fam)* styrofoam, polystyrene foam
piepstem squeaky voice
pieptoon squeak; bleep
piepzak: *in de ~ zitten* have the wind up, be nervous
pier 1 *(in zee)* pier, jetty; *(op luchthaven)* pier, finger; **2** *(worm)* lob-, lug-, rainworm; *zo dood als een ~* as dead as a doornail (as mutton, as the dodo); *hij is voor de ~en* he is done for; **3** *ik ben altijd de kwade ~* 'it's always me'
pieremachochel 1 (hired) rowing boat; **2** lumpish woman
pierement barrel *(of:* street) organ
pieren fool [a p.]
***pierenbad** *(Wdl: pierebad),* **pierenbak** (children's) paddling *(Am:* wading) pool
pierenverschrikkertje: *een ~* a peg, a drop
pierewaaien be on the spree, be on the razzle(-dazzle), have one's fling; *gaan ~* go on the razzle(-dazzle)
pierewaaier reveller, rip, rake
Pierlala: *er uitzien als de dood van ~* look like Death
pierrette pierrette
pierrot pierrot [dress]
pies *(fam)* piss, urine
piesen pee, piddle, piss; *zie voor de verdere sam* pis-
piet 1 canary; cage bird; **2** *een hele ~* quite a swell (a toff), *(kraan)* a dab; *hoge ~* high-up, bigwig, big noise; *zich een hele ~ vinden* fancy o.s.; *een stijve ~* a stick
Piet Peter; *~ de smeerpoes* Shock-headed Peter, Slovenly Peter; *~ Snot* booby, noodle; *voor ~ Snot staan* cut a poor figure; *zwarte ~* [Santa Claus and] Black Peter
piëteit piety, reverence, respect
pietepeuterig 1 finicky, itsy-bitsy; **2** microscopic [script]
pieterig diminutive
pieterman 1 weever; *grote ~* greater weever; *kleine ~* lesser weever, stingfish; **2** *(fam)* guilder
pieterselie parsley
Pieterspenning Peter's pence
piëtist(isch) pietist(ic, -ical)
pietje 1 canary, dicky (bird), cage bird; **2** (head) louse
Pietje: *~ precies (secuur)* fusspot
pietlut niggler, nit-picker, *(bureaucraat)* jobsworth
pietluttig niggling, nit-picking
pietsje *(fam)* wee bit; *vgl* ietsje
pieus pious, godly; charitable [institution]
piezelig diminutive
piezeltje *zie* pietsje

piëzo-elektrisch piezoelectric
piëzometer piezometer
pigment pigment
pigmentatie, pigmentering pigmentation
pigmentvlek pigmented spot
pignon pinion
pij (monk's) habit (*of:* frock)
pijjekker pea-, pilot-jacket
pijl arrow, bolt, dart, shaft; ~ *en boog* bow and arrow(s); *als een ~ uit de boog* [go off] like a shot (a rocket); *hij heeft al zijn ~en verschoten* he has shot his bolt, has come to the end of his tether; *meer ~en in zijn koker hebben* have more strings to one's bow
pijlbundel bundle (*of:* sheaf) of arrows
pijler pillar, column; *(ve brug)* pier; *(fig)* cornerstone [of policy], mainstay; *in de ~, (mijnbouw, vglb)* at the coalface
pijlerdam (multiple) buttress dam
pijlgif(t) arrow poison; *(Indiaans)* curare
pijlinktvis squid
pijlkoker quiver
pijlkruid arrowhead
pijlnaad sagittal suture
pijlrog stingray
pijlsnel (as) swift as an arrow
pijlspits arrowhead
pijlstaart 1 *(eend)* pintail (duck); **2** *(~rog)* stingray; **3** *(~vlinder)* hawkmoth
pijlstormvogel shearwater
pijltje 1 arrow; **2** dart
pijlvergif *zie* pijlgif
pijlwortel(meel) arrowroot
pijn 1 pain, *(aanhoudend)* ache; *(stekend, van wond bijv)* smart; ~ ***doen*** *(ve lichaamsdeel)* hurt, ache; *mijn ogen doen ~* my eyes are smarting; *iem ~ doen* hurt a p., cause a p. pain; *het doet me ~ het te zeggen* it pains me (gives me pain) to ...; *het doet mijn oor (mijn zenuwen) ~* it grates on my ear (my nerves); *(erge, geen) ~* ***hebben*** be in (great, no) pain; *ik had overal ~* I ached in every limb (*of:* all over); *~ in de keel hebben* have a sore throat; *~ in de buik (het lijf, de ingewanden)* stomach-ache; *~ in de zij hebben* have a pain in one's side; ***met*** *~ (en moeite)* only just, with great trouble; *zie ook* cent; **2** pine (tree)
pijnappel pine cone
pijnappelklier pineal gland
pijnappelpit pine nut
pijnbank rack; *iem op de ~ brengen* put a p. on the rack
pijnboom pine tree
pijnbos pinewood
pijndrempel, pijngrens pain threshold
pijnigen torture, torment, rack [one's brains, memory], rake [one's memory]; *~de gedachte* agonizing thought
pijniger torturer, tormentor
pijniging torture
pijnlijk painful [shoulder; duty, experience], sore [throat; point]; poignant [sight, message, silence]; tender [feet]; embarrassing [question], awkward [silence, smile]; ~ *getroffen* [look] pained; *~e glimlach* twisted (*of:* wry) smile; ~ *lachen* force a laugh (a smile); *met ~e zorg* with scrupulous care, scrupulously, painstakingly
pijnlijkheid painfulness
pijnloos painless; ~ *gezwel, (ook)* indolent tumour; *pijnloze bevalling* painless childbirth, twilight sleep; *pijnloze dood, (ook)* euthanasia
pijnstillend soothing, painkilling, sedative, anodyne; ~ *middel, zie* pijnstiller
pijnstiller anodyne, sedative, painkiller; *(Am)* sedation
pijp 1 pipe; *(buis)* tube, [water] pipe, spout; *(ve schip)* funnel; *(ve broek)* leg; *(ve brandspuitslang, blaasbalg)* nozzle, nose; *(ve kandelaar)* socket; *(ve konijnenhol, eendenkooi, enz)* pipe; *~je lak, (plant)* gesneria; *de ~* ***uitgaan****, (sl)* kick the bucket, snuff it; **2** [tobacco] pipe; *~je, (ook)* [cigar, etc] holder; *lange stenen ~* long clay (pipe), churchwarden; *een ~je (tabak)* a fill (of tobacco); *rustig een ~ roken bij zijn krant* have a quiet pipe over one's paper; *nou* ***breekt*** *mijn ~, zie* klomp; *de ~ is* ***leeg*** *bij hem, (sp)* he's fagged out; *een* ***lelijke*** *~ roken* come to grief; *de ~ aan* ***Maarten*** *geven* opt (contract) out; *(doodgaan)* peg out; *geen ~* ***tabak*** *waard* no use; **3** *(drop, kaneel, lak)* stick; *(ve sleutel)* shank; *(fluit)* fife; *(ronde plooi)* flute; **4** *(vat)* pipe [of Madeira], butt; *~je* small beer bottle; *zie ook* pijpen, kaars, uitkloppen, enz
pijpaarde pipeclay
pijpbeen long bone
pijpbloem birthwort
pijpen *ww* **1** pipe; *hij danst naar haar ~* he dances to her piping (tune, pipe); **2** flute [a lace cap]; **3** *(fellatie)* blow, do a blow job
pijpenkop pipe-bowl
pijpenkoter, pijpenkrabber pipe-scraper
pijpenkrul corkscrew curl
pijpenla(de) pipe-tray; *(kamer)* long narrow room
pijpenrager pipe-cleaner
pijpenrek pipe-rack
pijpensteel pipe-stem; *het regent -stelen* it's bucketing down (raining cats and dogs, coming down in stair-rods)
pijpenstopper tobacco presser
pijpenstrootje *(plantk)* (purple) moor grass
pijpenwisser pipe-cleaner
pijpenwroeter pipe-scraper
pijper piper, fifer
pijpgast hoseman, nozzleman
pijpgezwel fistula
pijpkaneel (whole) cinnamon
pijpkraag ruff
pijpkruid chervil
pijpleiding, pijplijn [be in the] pipeline
pijporgel pipe organ

pijpplooi flute
pijpsleutel box spanner
pijptang pipewrench
pijpuithaler pipe-scraper
pijpwerk pipes [of an organ]
pijpzweer fistula, sinus
pik 1 pitch; *zie ook* pek; **2** *(met snavel, enz)* peck; *(wrok)* pique, grudge, spite; *hij heeft de ~ op mij* has it in for me, has his knife in me, *(fam)* has a down on me, is always down on me; **3** *(houweel)* pickaxe, pick; **4** *(zeis)* reaping hook; **5** *(penis, fam)* prick, dick; *(kindertaal)* willie; *op zijn ~ getrapt* [feel] greatly insulted; **6** *(vent, fam)* guy, bloke
pikant piquant [sauce, remarks], spicy, pungent, highly seasoned (flavoured), savoury [dishes], *(Am)* sharp [cheese], racy [style], fruity [story]; *(al te ~)* spicy [stories], risky [joke]; *dat geeft er iets ~s aan* that gives a spice (piquancy) to it, adds (*of:* lends) a zest to it; *het ~e ervan* the intriguing thing about it
pikanterie 1 piquancy; **2** caustic remark; **3** *(wrok)* pique
pikbroek tar, Jack tar
pikdonker I *bn* pitch-dark; **II** *zn* pitch-darkness
pikdraad waxed thread
pikeren nettle, pique; *zie ook* gepikeerd
piket 1 *(kaartsp)* piquet; **2** *(mil & staking)* picket; *officier van ~* picket officer
piketpaal picket; *~tjes slaan, (fig)* set one's limits
pikeur 1 riding master; horsebreaker; **2** *(circus)* ringmaster; **3** *(jacht)* huntsman
pikhaak 1 boathook; **2** *(punthaak)* cant-dog, canthook; **3** *(zichthaak)* hook
pikhouweel pickaxe
pikkedillen peccadilloes
pikkedonker I *bn* pitch-dark; **II** *zn* pitch-darkness
pikkel 1 leg; **2** stool; stand, support
pikkelen 1 limp; **2** run
pikken 1 *(met pek)* pitch; **2** pick; *(met snavel)* peck [*naar* at], pick; *(prikken)* prick, sting; *(naaien)* sew; *zie ook* kam & kuif; **3** *(v verf, enz)* be tacky; **4** *zie* nemen & inpikken
pikkerig tacky
pikketanissie drop, dram, tot
pikol *(Ind)* picul
pikorde pecking order
pikzwart pitch black, inky black
pil 1 pill (*ook: 'de' ~:* be on the pill); *~letje* pilule; *de ~ slikken* swallow the pill; *(fig ook)* take (swallow) one's medicine; *dat is een bittere ~* that's a bitter pill (to swallow); *de ~ vergulden* sugar the pill; **2** chunk [of bread], 'doorstep'; *(boek)* tome; **3** *(dokter, apotheker, vero)* pill(s); *(dokter, ook)* medic(o)
pilaar pillar, column, post
pilaarheilige pillar saint, stylite
pilaarhoofd capital
pilaarkap abacus
pilaster pilaster
Pilatus Pilate; *zie ook* Pontius
pillegift christening present
pillendoos pillbox *(ook mil)*
pilo fustian
piloot (air) pilot; *tweede ~* co-pilot
pils(ener) lager (beer), Pils(e)ner; *een pilsje pakken* have a beer
piment pimento, allspice, Jamaica pepper
pimpel: *aan de ~ zijn* be on the booze
pimpelaar tippler, boozer, toper
pimpelen tipple, booze, lift the elbow
pimpelmees blue tit
pimpelpaars purple; *~ met een goud (rood, groen) randje* sky-blue pink
pimpernel burnet
pimpernoot bladdernut, pistachio
[1]pin peg, pin; *voor de ~nen, zie* voorschijn: te *~; zie ook* pen
[2]pin afk van *persoonlijk identificatienummer* PIN
pinacotheek pinacotheca
pinakel pinnacle
pinang 1 areca, betel palm; **2** *(noot)* areca (*of:* betel) nut
pinas pinnace
pince-nez pince-nez
pincet (pair of) tweezers (*twee ~ten* two pairs of tweezers)
pincode PIN, personal (identification) number
pinda peanut
pindachinees 1 peanut vendor; **2** *(min)* Chink
pindakaas peanut butter
Pindarisch Pindaric [ode]
pindarotsje peanut brittle
Pindarus Pindar
pinetum pinetum
pineut: *de ~ zijn* catch it; *(Br ook)* be for it
ping *(ve snaar, enz)* ping; *zie ook* ping-ping
pingelaar(ster) higgler, haggler
pingelen 1 higgle, haggle, chaffer; **2** *(ve automotor)* pink; **3** *(sp)* hog the ball; dribble
ping-ping *(fam)* cash, lolly
pingpong [play] ping-pong, table tennis
pinguïn penguin
pink 1 *(vaartuig)* pink, pinkie; **2** little finger; *als je hem een ~ **geeft**, neemt hij de hele hand* give him an inch and he'll take a yard; *elkaar de ~ geven, (wanneer men tegelijk hetzelfde zegt)* link fingers; **3** *(rund)* yearling (calf); *hij is **bij** de ~en* he is all there, he has got no flies on him; *vroeg bij de ~en* up early
pinkelen *zie* pinken & pinker
pinken blink, wink; *een traan uit de ogen ~* brush away a tear
pinker [play (at)] tipcat
pinkers eyelashes
pinkogen blink, wink
pinkster Whitsuntide, Pentecost; *(attr:)* Whitsun [excursions, etc]; *~ drie* Whit Tuesday
pinksteravond eve of Whit Sunday

pinksterbeweging Pentecostal Movement
pinksterbloem cuckoo flower, lady's smock
pinksterdag Whit Sunday; *tweede ~* Whit Monday; *met de ~en* at Whitsun(tide)
Pinksteren, pinksterfeest *zie* pinkster
pinkstergemeente Pentecostal Church
pinksterroos peony
pinkstertijd Whitsuntide
pinkstervakantie Whitsun holidays
pinksterweek Whit week, Whitsun week
pinksterzaterdag Whit Saturday
pinksterzondag Whit Sunday
pinnen 1 peg, pin; **2** use (pay using) one's PIN
pinnig 1 *(vinnig)* sharp, tart; **2** *(zuinig)* stingy
pinpas debit card
pinsbek pinchbeck, prince's metal
pint pint; *een ~je pakken* grab a pint
pioen(roos) peony
pion pawn [at chess]
pionier pioneer, pathfinder
pionieren pioneer
pioniersgeest pioneering spirit
pionierswerk pioneering, pioneer work; *(fig ook)* spadework; *~ verrichten* break (new) ground
piot 1 midget; **2** foot soldier; *(gewone) ~, (ook)* has-been
pip *(vogelziekte)* pip; *de ~ hebben, (ook v mensen)* have the pip; *krijg de ~!* go to hell!; *ik krijg er de ~ van* it drives me up the wall; *zie ook* pee
pipa: *de ~* the governor, the pater; *(Am)* [my] poppa
pipet pipette
pipi: *~ doen, zie* plas
pippeling pippin
pips I *bn* washed out, off-colour; **II** *zn* pips
piqué piqué, quilting
piraat pirate
piramidaal 1 pyramidal; **2** *(fig)* egregious [folly], monumental [blunder], prodigious
piramide pyramid
piramidespel pyramid scheme
piranha piranha
piratenzender pirate (radio station)
piraterij piracy
pirouette(ren) pirouette, twirl
pis *(fam)* piss, urine
pis-aller pis aller, makeshift, last resource
pisang *(boom & vrucht)* banana; *een rare ~* a queer customer (fish); *dat is de ware ~* that's the ticket, that's just it; *zie ook* sigaar
pisbak urinal
pisbuis urethra
pisleider ureter
pisnijdig infuriated, wild
pispaal *(fig)* doormat
pispot pisspot; *~je, (plant, inz)* (great, white) bindweed
pissebed *(insect)* woodlouse, *(inz Am)* sow (bug)
pissen *(fam)* piss, pee, make water, pump ship; *gaan ~, (ook)* have a leak; *~ zijn* be gone, have pissed off
pissig pissed off, irritated
pissoir urinal
pistache 1 *(vrucht)* pistachio (nut); **2** *(knalbonbon)* cracker
piste 1 *(ve circus)* ring; **2** *(sp)* track; *(ski~)* piste
pistolet roll
piston *(muz)* cornet(-à-piston)
pistonist cornettist
pistool 1 *(munt)* pistole; **2** *(wapen)* pistol; *hij zette mij het ~ op de borst* he put the pistol to my breast, *(fig)* to my head
pistoolgreep pistol grip
pistoolmitrailleur sub-machine gun
pistoolschot pistol shot
pistooltje 1 *(vlinder)* gamma (moth), y-moth; **2** *(ve kind)* toy pistol
pit 1 *(zaad)* kernel [of a nut]; *(ve perzik, kers, enz)* stone; *(ve appel, druif, sinaasappel)* pip; *(ve vijg, rozijn, druif)* seed; *(ve vlier)* pith; *van de ~ten ontdoen* stone [cherries, raisins]; *zonder ~ten, zie* pitloos; **2** *(ve lamp, kaars)* wick; *(gas~)* [gas] jet; *(ve petroleumstel, enz)* burner [a four-burner oil stove]; *op een laag (zacht) ~je staan (zetten)* be (keep) simmering (over a low flame); *(fig)* tick over (keep ticking over, put on the back burner); **3** *(fig)* pith, spirit, zip, [full of] ginger; *er zit geen ~ in* the thing has no go (no kick) in it; *er zit geen ~ in hem* he has no go in him, is spineless; *er zit ~ in jou* you're a game one, you've got guts; *er zit ~ in dit laken* this cloth is excellent stuff
pitabrood pitta bread
pitbull(terriër) (American) pit bull terrier
pitloos seedless [grapes, raisins]; *(v steenvrucht)* stoneless
pitriet pulp cane
pitspoes grid girl
pitsstop pit stop
pitten 1 *(gaan) ~* (go to) kip; *pit ze!* happy dreams!; **2** stone [dates]
pittig pithy [speech, talker], racy [wine, speech, story, English], crisp [style, manner], snappy [headlines, phrases], full-flavoured [wine, cigar]; *een ~e kerel* a plucky (spirited) fellow, a game one, a man of grit
pittoresk picturesque
pitvis common dragonet
pitvrucht pome
pizzakoerier pizza delivery boy
Pjongjang Pyongyang
pk afk van *paardenkracht* hp, horsepower
plaag plague [the plagues of Egypt, an insect plague], nuisance [the fly nuisance, the noise nuisance], scourge, pest; *(~geest)* tease, teaser; *een ~ voor m'n oren* an affliction to my ears
plaaggeest tease, teaser
plaagstoot feint; *(fig)* irritant, pinprick
plaagziek (fond of) teasing

plaagzucht love of teasing

plaat 1 *(deur-, metaalplaat, glas, elektr, fot, ve kunstgebit, enz)* plate; *(marmer, enz)* slab; *(metaal, dun)* sheet [of iron]; *(gedenkplaat)* tablet; *(koekenplaat)* griddle; *(grammofoonplaat)* record, disc; *(wijzerplaat)* dial; *~je* plate; [identity] disc; *(aan hotelsleutel, enz)* tag, label; *~jes, (ve paddestoel)* gills; *de ~ poetsen* sling one's hook; **2** *(afbeelding)* picture, print, plate, engraving; *(reclameplaat)* poster; *het ~je, (fig)* the [financial] picture; **3** *(ondiepte)* shallow, shoal, flat

plaatbrood griddle bread (*of:* loaf)

plaatdruk 1 *(het drukken)* copperplate printing; **2** *(afdruk)* copperplate (engraving)

plaatdrukker copperplate printer

plaatglas sheet glass

plaatijzer sheet iron

plaatjesboek picture book

plaatkiel plate keel

plaatkieuwig lamellibranchiate

plaatkoek griddle cake

plaatkoper sheet copper

plaats 1 place *(ook: stad, enz; ook in boek)*; *(mar)* (ship's) position; *(plek)* spot, place; *~je, (ook)* corner [occupy a warm corner in a p.'s heart]; *ergens nog een ~je vinden* squeeze in somewhere; *de ~ van handeling* the scene of action; *~* ***bepalen*** locate; *(mar)* fix the exact position of one's ship; *heb jij mijn asbak een andere ~* ***gegeven?*** did you move my ...?; *~* ***grijpen (hebben, vinden)*** take place, happen; *zie ben:* plaatsgrijpen, enz; *iems ~* ***innemen*** take a p.'s place, *(voor goed ook)* step into a p.'s shoes, *(tijdelijk ook)* deputize for a p.; *een bijzondere ~ innemen* occupy an special place; *de eerste ~ innemen* rank (stand) first [*onder* among], lead the field [in salesmanship, etc], hold pride of place [Rolls Royce holds pride of place; *zo ook: de eerste ~* ***afstaan*** *aan* yield pride of place to]; *hij neemt een eerste ~ in onder de moderne schrijvers, (ook)* he is in the first flight of ...; *deze post neemt een voorname ~ in op de balans* this item bulks large in the balance sheet; *de auto nam voor haar dezelfde ~ in als de telefoon* the car ranked in her mind with the telephone [- an invention of the devil]; *geen ~ kunnen* ***krijgen*** be crowded out, be turned away; *~* ***maken,*** *zie* plaatsmaken; *zijn ~* ***weten,*** *(fig)* know one's place; ***in*** *uw ~* in your place; *[ik nam de dienst waar] in zijn ~* in his stead; *in de eerste ~* in the first place, primarily, first of all; *(ook)* [my name isn't John,] for one thing; *in de allereerste ~ beïnvloed door ...* influenced first and foremost by ...; *in de laatste ~, (opsomming)* lastly; *veiligheid komt in de eerste ~* security comes first; *passagiers kwamen pas in de tweede ~, (ook)* [she was a cargo boat,] passengers were a secondary consideration; *stel u in mijn ~* put yourself in my place; ***in de*** *~* ***stellen van*** substitute for; *in ~ van* instead of, in place of; *in ~ daarvan* instead; *het was vermeerderd in ~ van verminderd* it had been increased instead of being reduced; *een maand loon in ~ van de gewone opzeggingstermijn* a month's wages in lieu of notice; *ga* ***naar*** *uw ~, (getuige)* stand down; *(leerling)* go back to your place; ***op*** *twee ~en* [one cannot be] in two places [at once]; *op zijn ~* [a bandage to hold the thing] in place (in position); *hij legde de hoorn weer op zijn ~* he replaced the receiver; *niet op zijn ~* [your remark was] out of place, uncalled for; *hier is een verontschuldiging op z'n ~* an apology is due here; *op z'n ~ blijven* stay (where it is) put; *op dezelfde ~* [it happened] on the same spot; *op de eerste ~, zie* in de eerste ~; *op de ~ zelf* on the spot, there and then; *op de ~ doodblijven* be killed on the spot; *op de ~ rust!* stand easy!; *op uw ~!, (sp)* on your marks!; *zich niet op z'n ~ voelen* not feel at home (in one's element), feel out of one's element; *hij is nu (eindelijk) op zijn ~* he is settled now; *iem op zijn ~ zetten* put a p. in his (proper) place; ***ter*** *~e* [have an agent, study the position] on the spot; *(op de oorspronkelijke ~, ook)* [the whole find is still] in situ; *hier ter ~e* here, in our town (place, etc); *ze zijn ter ~e (aangekomen)* they have arrived, have reached their destination; *ter ~e waar het behoort* [report the fact] to the proper quarter; *ter aangehaalde ~* l.c., loc. cit.; **2** *(ruimte)* room, place; *zie ook* plaatsruimte; *ik heb geen ~ om hem te ontvangen (om te spelen)* I have nowhere to receive him (to play); *we hebben geen ~ voor lijntrekkers* we have no use for slackers; *bijna geen ~* ***innemen*** take up hardly any room; *er is geen ~ meer (in onze wagen, enz)* we are full (up); *geen ~ om te staan* no standing room; *er is ~ genoeg voor allemaal* there is plenty of room for all; **3** *(zitplaats)* [show a p. to his] seat, place; *~ van de bestuurder, (ve auto)* driving seat; *zijn ~* ***innemen*** take one's seat; *zijn ~ weer innemen* resume one's seat (one's place in the world, etc); *~en* ***nemen*** take (book, secure) seats; *zie ook* plaatsnemen; *de kerk was* ***tot*** *de laatste ~ bezet* every seat was taken (in the church); *zij verhieven zich* ***van*** *hun ~en, (als bewijs van eerbied)* they rose in their places; *zie ook* zitplaats; **4** *(pleintje)* court, yard, courtyard; *(groter)* square; *(bij huis)* yard; patio; **5** *(hoeve)* farm(house); **6** *(betrekking)* post, place; *(ve dienstbode)* situation; *(ve predikant)* living; *(passende) ~* [he has found his] niche; *zie ook* [1]pas 1, zeker, bespreken, enz

plaatsbekleder *zie* plaatsvervanger

plaatsbepaling 1 orientation, location, position finding; *om ~ vragen, (luchtv)* ask for one's position; **2** *(gramm)* adjunct of place

plaatsbeschrijving topography

plaatsbespreking 1 (advance) booking; **2** booking fee

plaatsbewijs ticket

plaatschaar (metal) shears

plaatschade bodywork damage

plaatselijk local; *(med)* topical; *~ bestuur* local government; *~ commandant* town-major; *~ gebruik* local usage; *~e keuze* local option; *~e verordening* bye-law; *zie ook* verdoving

plaatsen 1 place, put, sit [a p. in a chair]; hang [a door, bell]; set (put) up, install, erect [a monument]; *een opmerking ~* make a remark (an observation); *zie ook* stellen; *hij is **boven** u geplaatst* he is your superior; ***voor** moeilijkheden geplaatst* [be] up against difficulties; *de moeilijkheden waarvoor we geplaatst worden* the difficulties with which we are faced; *voor een raadsel ~* present with a riddle; *zie ook* geplaatst; **2** *(thuisbrengen, fig)* place, [I don't know what to] make of [him]; **3** *(op post ~)* station, post [sentries]; **4** *(advertentie, enz)* insert, put [an advertisement in a paper]; *(krantenartikel)* print [a story], run [a series of articles]; *het **artikel** kon door gebrek aan ruimte niet geplaatst worden* the ... got crowded out; **5** *(beleggen)* invest [money]; **6** *(deponeren)* deposit [*bij* with]; **7** *(aanstellen)* appoint (*bij* to: appoint to the General Staff), attach (*bij* to: attach to a regiment), post (*bij* to: post to a battery); *(aan betrekking helpen)* place [school leavers], get (find) [a p.] a place; *wij kunnen een **leerling** ~* we have an opening for an apprentice; **8** *(onderbrengen: verzekering, contract, orders)* place [an insurance, a contract, orders; *bij* with: place an order with a firm]; *een **lening** ~* place a loan; *de gehele lening (30% van de lening) is geplaatst* the loan has been fully taken up (30 per cent of ... has been taken up); **9** *(handelsartikel)* find a market for, sell, dispose of; **10** *(rennen)* place [*geplaatst worden* be placed]; *(tennistoernooi)* seed [players]

plaatsgebrek lack (want) of space [*wegens ~* for ...]; *wegens ~, (courant)* owing to pressure on (our) space

plaatsgeheugen memory for places; *hij heeft een goed ~* he does not easily get lost

plaatsgeld *(markt)* stallage; *(kerk, hist)* pew rent

plaatsgrijpen, plaatshebben take place, happen; *zie verder* plaatsvinden

plaatsing placing, placement; hanging; installation, erection; stationing, posting; appointment; attachment; investment; insertion; disposition [of troops, etc]; *vgl* plaatsen; *~ vinden, (v koopwaar)* find a market

plaatsingscommissie committee for allocation of places to university students

plaatskaart (seat) ticket

plaatskaartenautomaat ticket machine

plaatskaartenbureau ticket office; *(station)* booking office; *(theat)* box office

plaatsmaken make room; *~ voor* make way (*of:* room) for, give place (*of:* way) to; *~ voor iem anders, (ook)* stand aside for somebody else; *(maak) plaats daar!* make room (clear the way) there!, *(mar)* gangway!

plaatsnaam place name

plaatsnaamkunde toponymy, place-name study

plaatsnemen take a seat, sit down; *neemt u plaats* take a seat, please

plaatsnijder (copperplate) engraver

plaatsnijkunst (copperplate) engraving

plaatsnummer pressmark, shelf mark

plaatsruimte room, space; *~ aanbieden voor* accommodate, provide accommodation for, seat [500 persons]

plaatstaal sheet steel

plaatsverandering change of place

plaatsvervangend deputy [manager], acting [mayor], supply [teacher]; vicarious [shame]

plaatsvervanger substitute, deputy; stand-in; *(ve acteur)* understudy; *(ve dokter, predikant)* locum tenens, *(fam)* locum; *(ve predikant, ook)* supply; *(ve bisschop)* surrogate

plaatsvervanging substitution, replacement

plaatsvinden take place, happen; *(ve bal, diner, enz, ook)* come off [the long-planned festival never came off]; *de aftrap zal om drie uur ~, (ook)* kick-off is timed for ...; *de herdenking had al lang moeten ~* the ... is long overdue

plaatwerk 1 illustrated work; **2** *(techn)* plating

plaatwerker *(techn)* sheet metal worker

placebo placebo

placenta placenta

placeren place

placet placet

placht *ovt van* plegen

pladijs *(vis)* plaice

plafon(d) ceiling *(ook: hoogtegrens); een ~ vaststellen voor* cap [excessive rates]

plafondlamp 1 hanging lamp; **2** ceiling light

plafonneren 1 ceil; **2** put a ceiling on [prices]

plafonneur plasterer

plafonnière ceiling light

plag sod (of grass, of turf, of peat), *(gras)* turf; *~gen steken* cut sods

plagen *(kwellen)* tease, vex; worry [flies worry a horse]; *(sarren)* badger; *(goedaardig)* tease, chaff, banter, rally [*met* on]; *door kiespijn (artritis) geplaagd worden* be suffering from toothache (plagued by arthritis); *zijn geweten plaagt hem* his conscience pricks him; *mag ik u (je) even ~* excuse me (can I bother you a moment); *zijn hersens ~ **met*** rack (puzzle, cudgel) one's brains about; *iem met iets ~* tease a p. about s.t.; *we worden niet met veel klanten geplaagd* we are not exactly overrun by customers; *plaag je daar niet mee* don't bother (yourself) about it; *zie ook* lastig 1: ~ vallen

plager tease, teaser

plagerig *zie* plaagziek

plagerij teasing, nagging, bantering, rallying, chaff; *vgl* plagen

plagge *zie* plag

plaggen *ww* cut sods

plaggenhut turf hut

plaggensteker 1 turf-cutter; **2** turf-spade

plagiaat plagiarism; *(fam)* crib; *~ plegen* plagiarize;

(fam) crib [from an author]
plagiaris, plagiator plagiarist
plagiëren plagiarize
plaid plaid; *(reisdeken)* (travelling) rug
plak 1 *(ham, brood, enz)* slice; *(spek)* rasher; *(chocolade)* cake; slab [of cake, chocolate]; *(sp)* medal; **2** *(school)* ferule; *hij zit* ***onder de*** *~ van zijn vrouw* he is henpecked; he is completely under the domination of his wife; *ze onder de ~ hebben* have them under one's thumb; **3** *(tand~)* plaque
plakband adhesive (*of:* sticky) tape, Sellotape, *(Am)* Scotch tape, *(Austr)* Durex
plakboek scrapbook
plakbrief poster
plaket plaquette
plakkaat 1 placard, poster, broadsheet; **2** *(edict)* edict, proclamation
plakkaatboek collection of edicts
plakkaatverf poster paint
plakken I *tr* paste, stick, gum; *(met lijm)* glue; affix [a stamp to a document]; *(haar)* plaster; *een band ~* mend a puncture; **II** *intr* stick, cling; *blijven ~, (fig)* stick on, sit on [till midnight], outstay one's welcome
plakker 1 sticker; **2** *(~tje)* sticker, sticky (*gegomd:* gummed) label, [stamp] hinge; **3** *(fig)* sticker, fixture; **4** *(dierk)* gipsy moth
plakkerig 1 sticky, tacky; **2** hard to get to leave
plakletters self-adhesive letters (labels)
plakmeel flour paste, mounting paste
plakmiddel adhesive
plakplaatje 1 sticker; **2** *(decalcomanie)* transfer, decal
plakplastic adhesive plastic
plakpleister sticking plaster, adhesive (*of:* sticky) plaster
plaksel adhesive
plaktafel pasting table
plakzegel revenue stamp *(in Eng postzegel)*; *(vs ingedrukt zegel)* adhesive stamp
plamuren fill; *(fig)* plaster [one's face]
plamuur filler
plamuurmes filling-, stopping-knife
plan 1 *(ontwerp, voornemen)* plan, scheme, project, intention, design, blueprint; *ik doorzie je ~netje, (ook)* I know your (little) game; *het ~* ***bestaat om …*** it is intended (proposed) to …; ***ik heb geen*** *~ om te gaan* I have no intention of going, I am not about to go; *wat is uw ~?, (voornemen)* what is your intention?; *~nen* ***maken*** make plans; *~nen maken voor* plan [a trip]; *een ~* ***ontwerpen*** draw up a plan; *zie ook* opvatten; ***met het*** *~ om weg te gaan* with the intention of leaving; ***van*** *~ zijn* intend, be going, purpose, mean, propose, have [s.t.] in mind; *ben je dat van ~?* is that your intention?, *(wat je in je schild voert)* is that what you are up to?; *ik was al van ~ je te bellen* I've been meaning to ring you up; *ik ben niet van ~ om …* I am not going to [stay]; I refuse to [be made a fool of]; *dat was hij niet van ~* he had no such intention; *als hij (werkelijk) van ~ is te komen* if he (really) means to come; ***volgens plan*** according to plan; *zie ook* bedoeling; **2** *(plattegrond)* (ground, floor) plan; *een ~ maken van* make a plan of [a building]; ***volgens*** *soortgelijk ~ gebouwd* built on similar lines; **3** *(niveau)* plane; *het brengt haar leven* ***op een hoger*** *~* it lifts her life to a higher plane; ***van*** *het eerste (tweede) ~* first- (second-)rate; *dichter van het tweede ~* minor poet
planbord planning board
planbureau planning office
planchet 1 plane table; **2** (bathroom) shelf
planchette *(spiritisme)* planchette
planconcaaf planoconcave
planconvex planoconvex
plan de campagne plan of campaign (of action)
planeconomie planned (*of:* command) economy
planeerhamer planishing hammer
planeerwater size
planeet planet; *attr* planetary
planeetbaan orbit (of a planet)
planeettandwiel epicyclic (*of:* planetary) gearwheel
planeren 1 planish [metal, paper]; size [paper]; **2** *(v boot & vliegt)* plane, glide
planetarium planetarium; orrery
planetenstelsel planetary system
planimetrie 1 *(vlakke meetkunde)* plane geometry; **2** *(oppervlaktebepaling met een planimeter)* planimetry
planisfeer planisphere
plank plank, *(dunner)* board; *(om iets op te zetten, in kast, enz)* shelf; *(gymn)* jumping board; *zie ook* broodplank, loopplank, enz; *'de ~en'* the boards, the stage; *de ~* ***mis*** *zijn (slaan)* be wide of the mark, beside the point, off-target; ***op de*** *~en brengen* stage, put on the stage (the boards), put on, produce [a play]; ***van de bovenste*** *~* first-rate, of the first rank, *(fam)* top-hole; *een kerel van de bovenste ~, (ook)* a brick, a sport; *van de ~en nemen* withdraw, take off [a play]; *zie ook* betreden, brood, enz
planken *bn* made of boards (planks), plank
plankenbeschot wainscot(ing), boarding
plankenkast cupboard (with shelves)
plankenkoorts stage fright
plankenloods timber shed
plankenvloer boarded (wooden) floor, strip flooring
plankenvrees stage fright
planket *zie* plankenvloer & planchet
plankgas *(vglb)* full throttle; *~ geven (rijden)* go flat out, let her rip
plankier platform, planking, boarded pathway; *(ve wagon)* footboard
plankschaatsen skateboarding
plankton (phyto-, zoo)plankton
plankwortel buttress root
plankzeilen windsurfing, boardsailing, sailboarding
planloos planless, haphazard
planmatig methodical, systematic(ally); planned

[production]; ~ *verlopen* go according to plan
plannen *(zich voornemen)* plan [a visit; plan to build a stadium; a planned visit]; *(ontwerpen)* plan [a shopping centre], *(in detail)* plan out [a traffic system]; *ik had gepland vanmiddag wat werk te doen, (ook)* I'd planned on some work for the afternoon; *geplande aanvangstijd* scheduled starting time
plannenmaken: *het* ~ planning
plannenmaker, plannensmeder planner, *(ong)* schemer
planning 1 *(het ontwerpen)* planning; **2** *(plan)* [everything went according to] plan; *het zit niet in de* ~ it has not been planned (budgeted for, foreseen)
plano 1 *(in)* ~ broadside, in broadsheets; **2** *zie* planodruk
planodruk broadside, broadsheet
planologie town and country planning
planologisch: *~e dienst* planning department
planoloog (town) planner
plant plant
plantaarde garden soil, vegetable mould
plantaardig vegetable [dyes, oil]
plantage plantation; *zie ook* plantsoen
plantdier zoophyte, *(vglb)* sea anemone
planten plant (*ook fig:* one's foot, a gun, the standard of revolt)
plantenalbum botanical album
plantenbak *(staand)* planter, plant stand; *(in raam)* window box, flower box
plantenbeschrijving phytography
plantenbus botanical case
plantenetend herbivorous, plant-eating
planteneter herbivore (*mv ook:* -vora), herbivorous animal, plant-eater
plantengemeenschap (plant) community
plantengeografie plant (botanical) geography, phytogeography
plantengif(t) vegetable poison
plantengordel zone (*of:* belt) of vegetation
plantengroei plant growth, vegetable growth, vegetation
plantenkas greenhouse; *(serre)* conservatory
plantenkenner botanist
plantenkweker nurseryman
plantenkwekerij 1 cultivation of plants, plant-growing; **2** nursery (garden)
plantenleer botany
plantenleven 1 plant life, vegetable life; **2** *(fig)* vegetable life (*of:* existence); *een* ~ *leiden* vegetate
plantenolie vegetable oil
plantenrijk vegetable kingdom
plantenschopje garden trowel
plantenserre conservatory
plantensoort plant species
plantensystematiek plant taxonomy
plantentuin botanic(al) garden(s)
plantenveredeling (selective) plant breeding
plantenvezel vegetable fibre
plantenziekte plant disease
plantenziektekunde phytopathology
plantenziektekundig phytopathological; *~e dienst* phytopathological service
planter planter
planteur cheroot
plantgoed seed plants (potatoes, oysters)
plantijzer dibble
plantkunde botany
plantkundig botanical
plantkundige botanist
plantluis plant-louse, greenfly
plantsoen park, public garden(s); *(v heesters)* shrubbery; *hoofdopzichter der ~en* parks superintendent
plantsoenwachter (public) park-keeper
plaque plaque
plaquette plaquette, tablet
plas pool, puddle; *(uitgestrekte ~)* sheet of water; *(meertje)* pond; *(meer)* lake; *een ~ doen* spend a penny, do (have) a pee; *een ~je doen, (ve kind)* piddle, [I want to] do wee-wee
plasbuis urethra
plasdankje [get a (mere)] thank-you; *hij deed het om een ~ te verdienen* he ... to ingratiate himself [with you]
plasma plasma; *(plantk ook)* plasm
plaspauze comfort stop
plaspil diuretic pill
plasregen downpour, pelting rain
plasregenen pour, come pouring (bucketing) down, rain cats and dogs
plassen 1 splash, plash, dabble; *(op blote voeten, enz)* paddle [in the water]; **2** *(urineren)* pee, make water, *(v kinderen, honden)* piddle; *moeten* ~ have to go to the loo (to spend a penny); *in bed* ~ wet the bed; *bloed* ~ pass blood (in the urine)
plasserij splashing
plassertje willie
plastic plastic [bag, bomb, bullet, cement, foam, meal, money, paradise]; *(fig ook)* artificial [smile], affected [speech]
plasticeren plasticize
plasticine plasticine
plasticiteit plasticity
plastiek 1 plastic art(s); expressive faculty [of language]; plasticity [of a painting]; **2** (work of) sculpture; **3** *zie* plastic
plastificeren plasticize
plastisch 1 plastic (*bw:* -ally); *~e chirurgie* plastic surgery; **2** sculptural; *(fig)* graphic [description]
plastron 1 plastron, fencing jacket; **2** starched shirt-front; **3** *(stropdas)* stock
plat I *bn* **1** flat [nose, roof]; *(horizontaal)* level; *(effen)* even; *zo ~ als een dubbeltje (pannenkoek, schol, enz)* as flat as a pancake; ~ *worden* flatten; *~te beurs* empty purse; ~ *bord* dinner plate; *met ~te borst* flat-chested; *~te kiel* flat plate keel; ~ ***gaan*** lie down, go to bed; *zie ook ben:* platbranden, platdrukken, enz;

2 *(fig)* broad, low, coarse, vulgar [language]; *(ve dialect)* broad; **II** *bw* flat; vulgarly, etc; ~ *tegen de muur gaan staan* flatten o.s. against the wall; **III** *zn* **1** flat [of the sword, the hand]; **2** *(ve dak)* leads, flat; **3** *(terras)* terrace; **4** *(ve boek)* cover, board; **5** *continentaal* ~ continental shelf; **6** dialect; ~ *praten* speak (broad) dialect

plataan plane tree

plataf: ~ *weigeren* refuse flatly

platbodemd *zie* platboomd

platbol planoconvex

platboomd flat-bottomed [vessel]

platbranden burn down

platdrukken flatten, squeeze flat; *(fig ook)* crush; *-gedrukt worden tegen* be flattened up against

***Plat-Duits** *(Wdl: Platduits)* Low German

plat du jour plat du jour; *zie ook* dagschotel

plateau 1 plateau (*mv:* -teaus, -teaux), tableland; **2** tray [of drinks, jewellery]; **3** turntable; **4** *zie* plat III.5

plateauzool platform (sole); *schoen met* ~ platform shoe

plateel pottery, faience, delft(ware), stoneware, earthenware

platenalbum 1 album (of plates); **2** record album

platenatlas volume of plates (of illustrations), atlas

platenbon record token

platenhoes (record) sleeve

platenspeler record player

platenwisselaar record changer

platform platform *(ook fig); (ve vliegveld)* tarmac, apron

platgooien flatten

platheid 1 flatness; **2** *(fig)* vulgarity, coarseness

plathol planoconcave

platina platinum [blonde, ring, watch, wire]

platineren platinize

platitude platitude, platitudinous remark; *~s debiteren* platitudinize

platje *zie* plat III.2,3 & platluis

platkop *(pers)* flathead; *(Am slang)* hognose (snake); *(schroef)* flat-headed screw

platleggen 1 lay flat, flatten; **2** bring [business, a factory] to a standstill

platliggen lie flat; *ik moest 14 dagen ~ liggen* I had to lie flat on my back for a fortnight; *het huis ligt ~* the ... has been completely pulled down; *de fabriek ligt ~* the ... is strike-bound; *de zaal lag ~* they were rolling in the aisles

platlopen trample down; *hij loopt me de deur ~* he is always at the door; *de klanten liepen hem de deur ~* his shop was besieged with customers

platluis crab(louse)

platmaken flatten; *iem ~, (sl)* bribe a p., grease a p.'s palm

platneus flat nose

platneuzig flat-nosed

platonisch platonic (*bw:* -ally)

platpraten: *iem ~* talk a p. down, silence a p.; *vgl* plat III.6

platschieten shoot (*of:* batter) down (to bits), level to (with) the ground, reduce to rubble

platslaan flatten, lodge [corn, crops], flatten (out) [metal]

platspuiten shoot [a p.] full of drugs (of sedatives)

plattegrond *(ve gebouw)* ground plan, floor plan; *(ve stad)* [city] plan, (street) map

platteland country, countryside

plattelander countryman

plattelandsbevolking rural population

plattelandsbewoner countryman

plattelandsdominee country parson

plattelandsgemeente rural district

plattelandsschool village school, rural school

platten flatten

platteren plate

plattrappen trample down; *platgetrapt* trampled

plattreden tread down; *platgetreden* beaten [track *paden*], well-trodden

platvis flatfish

platvloers pedestrian, coarse, crude, vulgar

platvoet 1 flat foot; *~en hebben* have flat feet, be flat-footed; **2** flat-footed person

platvoetwacht *(mar)* [first, second] dogwatch

platwalsen *(fig)* flatten [all opposition], bulldoze

platweg [refuse] flatly

platworm flatworm

platzak broke; ~ *thuiskomen* come home flat broke (completely cleaned-out); *(ve jager, enz)* come home empty-handed

plausibel plausible, colourable [excuse]

plavei paving stone

plaveiblok rammer

plaveien pave

plaveisel pavement

plaveisteen paving stone

plavuis flag(stone); *met plavuizen geplaveid* flagged [floor]

playbacken lip-sync(h), mime [to a tape, etc]

plebejer plebeian; *(fam)* pleb

plebejisch plebeian, vulgar

plebisciet plebiscite

plebs: *het* ~ the plebs *(mv)*, the rabble, the riff-raff

plecht forward deck, afterdeck

plechtanker sheet anchor *(ook fig); (fig)* mainstay

plechtgewaad robes of state

plechtig solemn, ceremonious, dignified, formal, stately, imposing; *~e opening* official opening; state opening [of Parliament]

plechtigheid solemnity, ceremony, rite; *een ~, (ook)* a function [be present at the function]

plechtstatig *zie* plechtig

plectrum plectrum (*mv:* -tra)

plee *(vero)* privy; *(fam)* loo, *(sl)* bog

pleeboy toilet roll stand

pleefiguur: *een ~ slaan, (fam)* have egg on one's face, look extremely silly

pleeg- foster [brother, child, daughter, father, mother, parents, son]
pleeggezin foster family, foster home
pleegzorg foster care, fosterage
pleegzuster **1** foster sister; **2** (sick-)nurse, nursing sister
pleet, pleetwerk, pleetzilver plated ware, electroplate, silver plate
plegen **I** *ww* **1** perpetrate, commit [a crime], practise [fraud]; *verzet ~ (tegen)* resist; **2** be accustomed to; *daar pleegt men ...* there one habitually (invariably) ...; *hij placht te zeggen ...* he used to say, was in the habit of saying ...; *hij placht soms dagen achtereen te verdwijnen* he would disappear for days at a time; **II** *zn: het ~, zie* begaan
pleger committer, perpetrator
pleidooi plea(ding), argument, counsel's speech (*of:* address), (address for the) defence; *een ~ houden* make a plea
plein square; *op (aan) een ~* [play, live] in a square
plein-pouvoir full powers, plenary authority
pleinvrees agoraphobia, fear of open spaces
pleister **1** *(kalk)* plaster, stucco, parget; **2** *(wond~)* plaster; *een ~ op de wond, (fig)* balm for wounded feelings; *een ~ op de wond leggen* soften the blow [to a p.'s pride]
pleisterafgietsel plaster cast
pleisteren **1** plaster, parget, stucco; *gepleisterde graven* whited sepulchres; **2** *(onderweg)* stop (for refreshment), *(hist)* bait
pleisterkalk plaster, stucco
pleisterplaats stop, pull-up; *(fig ook)* port of call
pleisterwerk stucco (work), plasterwork
Pleistoceen Pleistocene
pleit (law)suit, plea; *het ~ is beslist* it's all over, the matter has been decided; *het ~ winnen, (eig)* gain one's suit; *(fig)* carry one's point, carry the day
pleitbezorger advocate, intercessor
pleite *(sl)* [he's] gone, a goner; *~ gaan* clear (make) off
pleiten plead, argue; *dat pleit tegen (voor) je* that tells against you (speaks well for you); *het pleit voor de familie* it is to the credit of the family; *dat feit pleit sterk voor hem* that fact counts strongly in his favour; *dat pleit niet voor zijn inzicht* that does not say much for his insight
pleiter advocate; *(advocaat)* counsel
pleitgeding lawsuit
pleitrede *zie* pleidooi
pleitzaak lawsuit
pleitziek litigious, contentious
pleitzucht litigiousness
Plejaden: *de ~* the Pleiades
plek **1** spot, place; *ter ~ke* on the spot; *een mooi ~je* a beauty spot, a lovely spot; *zie ook* open & plaats; **2** *(vlek)* stain, spot, patch
plekken *zie* plakken & vlekken
plekkerig patchy, spotty, specked, blotchy [face]
plempen fill in, fill up
plenair plenary, full [session, meeting]
plengen shed [tears, blood]; pour out [wine]; offer [wine, etc] as a libation
plengoffer libation, drink offering; *een ~ brengen* pour (out) a libation [to ...]
plenipotentiaris plenipotentiary
plens **1** *zn* splash; **2** *bn* soaked
plensbui downpour
plensnat wet through, soaked
plenum full (*of:* plenary) session (sitting, meeting)
plenzen pour [with rain *van de regen*], *(fam)* bucket (down); splash [water over a p.]
pleonasme pleonasm
pleonastisch pleonastic (*bw:* -ally)
pleten silver plated
plethamer flatt(en)ing hammer
pletmachine rolling machine
pletmolen rolling (flatting) mill
pletten **I** *tr* **1** *(vlak maken)* flatten, planish, *(met wals)* roll (out); **2** *(verbrijzelen)* crush; **II** *intr (v stoffen)* crush [velvet crushes easily]
pletter **1** flatter; **2** *te ~ slaan* smash (up), knock (*of:* smash) into smithereens; *iem te ~ slaan* smash a p. to a jelly; *te ~ lopen* crash, be dashed to pieces; *te ~ rijden* smash [one's car, o.s.] up; *te ~ vallen* smash, be smashed, crash [the aeroplane crashed]; *zich te ~ vervelen (werken)* be bored (work o.s.) to death
pletterij rolling mill
pleura pleura
pleuren **1** pitch, chuck, shy; **2** crash (down)
pleureuse **1** *(rouwband, enz)* weeper; **2** black border; **3** drooping (ostrich) feather
pleuris **1** pleurisy; *krijg de (het) ~* go to hell; *zich de (het) ~ lachen (schrikken)* laugh fit to burst (be scared stiff); **2** mayhem; *de ~ hebben aan* loathe; *dan breekt de ~ uit* then all hell will break loose
pleurislijer bastard, shit, bitch
pleuritis pleurisy
plevier *(vogel)* plover
plexiglas plexiglass
plexus plexus
plezant pleasant
plezier pleasure; *zie ook* pret & genoegen; *veel ~!* enjoy yourself!, have a good time!; *daar kan hij ~ aan (van) beleven!, (iron)* he'll get a lot of fun out of that!; *veel ~ ermee!, (iron)* much good may it do you!; *iem ~ **doen*** please (oblige) a p., do a p. a favour; *je zult me een ~ doen als ...* I'll thank you to mind your own business; *doe me een ~, en hou op* do me a favour(, and stop); *~ **hebben*** enjoy o.s., have a good (a nice) time; *veel ~ hebben* have great fun; *heb je ~ gehad in de vakantie?* did you enjoy your holiday(s)?; *~ gehad?* had a good time?, enjoyed yourself?; *~ hebben in muziek* enjoy music; *~ hebben over* be amused at; *als je ~ hebt te gaan* if you care to go; *daar kun je lang ~ van hebben* that will last you a long time; *ik heb veel ~ van die jas gehad* I

got a great deal of use out of that coat; ~ ***krijgen in*** take (a fancy) to; ~ ***vinden in*** take (a) pleasure in; ***met*** *(alle)* ~ with (the greatest) pleasure; *hij zou je met ~ laten verhongeren* he would cheerfully let you starve; ***ten*** *~e van* for the pleasure of, to please; ***voor*** *(zijn)* ~ [travel] for pleasure, for the love of it, for fun; *(kaart, enz) spelen voor zijn ~* play (cards, etc) for love; *zie ook* beleven & op kunnen

plezierboot pleasure boat

plezieren please

plezierig pleasant, pleasing, agreeable; *hij voelde zich niet ~* he did not feel well, was rather out of sorts; *iets niet ~ vinden* be unhappy (feel uneasy) about; *zie ook* prettig

plezierjacht (pleasure) yacht

pleziermaker merrymaker, reveller

plezierreis, pleziertochtje pleasure trip, outing, jaunt

pleziervaartuig pleasure craft *(ook mv)*

plicht duty [*jegens* to], obligation; *zijn ~* ***doen*** do one's duty; *(ook)* do the right thing [*tegenover zijn gezin* by one's family]; *meer dan zijn ~* ***vereist*** beyond the call of duty; ***het is uw ~ hem te helpen,*** *(ook)* it is up to you to ...; *ze stelde het zich* ***tot*** *~ te ...* she made it a point of duty to ...; ***volgens*** *zijn ~ handelen* do (act according to) one's duty; *volgens (naar) ~ en geweten* conscientiously; *zie ook* verzaken, enz

plichtbesef, enz *zie* plichts-

plichtmatig dutiful(ly), (as) in duty bound; *louter ~* perfunctory (*bw:* -rily)

plichtpleging ceremony, compliment; *geen ~en, alstublieft* no ceremony, no compliments, don't stand on ceremony, please!; *zonder verdere ~en* without more ado

plichtsbesef sense of duty

plichtsbetrachting devotion to duty

plichtsgetrouw dutiful, faithful (*bw:* -fully)

plichtsgevoel sense of duty

plichtshalve (as) in duty bound, dutifully, in the line of duty

plichtsvervulling performance (discharge) of one's duty

plichtsverzaker shirker, duty-dodger

plichtsverzaking *zie* plichtsverzuim

plichtsverzuim neglect (breach, dereliction) of duty

plichtvergeten forgetful of one's duty, undutiful

Plinius Pliny [the Elder, the Younger]

plint skirting (board), baseboard; *(ve zuil)* plinth

Plioceen Pliocene

plissé pleat(ing)

plisseren pleat

plm. afk van *plusminus* approx. [500 barrels a day]

ploeg 1 plough (*Am ook:* plow) *(ook: ~schaaf); de hand aan de ~ slaan* put (set) one's hand to the plough; **2** *(in hout)* groove; *~ en messing* tongue and groove; **3** *(personen)* gang [of workmen], shift; *(mil enz)* [disinfection] squad; *(film)* [camera] crew; *(sp)* team, side; [the national] squad; *(roeien)* crew; *(bij examen)* batch [of candidates]; *in ~en* [work] in relays, in shifts

ploegbaas ganger, gaffer, (gang) foreman

ploegen 1 plough [the land, *(dicht)* the seas]; *het strand (de rotsen) ~* plough the sands; **2** groove [boards]

ploegendienst shiftwork

ploegenklassement team table

ploegenstelsel shift system

ploegentijdrit team time trial

ploegenwedstrijd team race

ploeger ploughman, plougher

ploeggeest team spirit

ploeggenoot team-mate

ploegijzer coulter

ploegleider team manager

ploegmaat, ploegmakker *zie* ploeggenoot

ploegmes coulter

ploegpaard plough-horse; *werken als een ~* work like a horse, slave away

ploegschaaf (carpenter's) plough, rabbet (rebate) plane

ploegschaar ploughshare

ploegschaarbeen *(anat)* vomer

ploegsport team sport; crew sport

ploegstaart ploughtail, plough-handle(s)

ploegverband [the team lost all] coherence; *in ~* [act] as a team

ploegvoor furrow

ploert 1 cad, bastard; *de koperen ~* the sun; **2** *(huisbaas)* landlord; **3** *(niet-student)* townee

ploertachtig caddish

ploertendoder life-preserver, bludgeon, *(fam)* cosh

ploertenstreek mean (scurvy, caddish) trick

ploert(er)ig 1 caddish, mean; **2** ill-bred, coarse

ploeteraar(ster) plodder, drudge

ploeteren 1 *(in water)* splash, dabble; *door de modder ~* plough through the mud; **2** *(zwoegen)* drudge, toil (and moil), plod, slave; *(hard studeren)* mug, swot; *~ aan* peg (*of:* plug) away at

plof *(dof)* thud, bump, *(in water)* plop; *(v lucht, gas)* pop; *~!* flop!, bounce!, plump!, plop!, pop!

ploffen plump (down), flop (down), land [on the mat] with a thump, (fall) plop [into the water], pop [like a bursting balloon]

plok 1 handful; **2** *(~geld, ~penning) zie* strijkgeld

plokworst *(vglb)* smoked Bologna sausage

plombe 1 *(plombeerloodje)* lead (seal); **2** *(plombeersel)* stopping, filling *(ook v kies)*, plug

plomberen seal [a van *wagon*]; fill [teeth]

plombière ice cream (with crushed fruit), sundae

plomp I *zn* **1** *(plant)* [white, yellow] water lily; **2** *(geluid)* plop, splash; **3** *(mar sl: zee)* drink; **II** *bn* **1** clumsy, heavy, unwieldy; squat [tower]; **2** *(ruw)* rude, coarse, blunt

plompen plop; *zie* ploffen

plomperd boor, lout

plompheid clumsiness, etc; *vgl* plomp II

plompverloren I *bw* [she walked out on him] just like that; II *bn* unthinking [remark]
plompweg bluntly; *zie* botweg
plons splash, plop, flop; *~!* plop!, flop!
plonzen plop, flop, plunge; *(plassen)* splash, dabble
plooi fold *(ook geol)*, pleat, tuck; *(in broek, enz)* crease; *(rimpel)* wrinkle, pucker; *(valse) ~, (in kledingstuk)* ruck; *er komt een ~ in* it rucks up; *er een ~ aan geven* gloss things over; *~en gladstrijken, (fig)* smooth things out, smooth away difficulties, iron out inequalities; *zijn gezicht in de ~ zetten (houden)* compose one's face (keep a straight face); *hij komt nooit uit de ~* he never unbends
plooibaar pliable, pliant, compliant
plooibaarheid pliability, pliableness, pliancy; *(ook pol)* flexibility
plooidal *(geol)* trough, syncline
plooien fold, crease, pleat [a pleated shirt]; *(rimpelen)* wrinkle; *een zaak ~* arrange matters, smooth a matter over, straighten things out; *dat zal zich wel ~* that'll come right; *zich weten te ~* manage to fit in (to adapt); *geplooide manchet (of: kraag)* ruff
plooiing *(geol)* folding
plooiingsgebergten folded mountains
plooikraag *(hist)* ruff
plooirok pleated skirt; *~je* rah-rah skirt
plooirug *(geol)* fold, anticline
plooisel pleating, frill(s), gathers
plootwol skin wool
plopper **1** *(ontstopper)* plunger; **2** *(min)* Indonesian
plots **1** *zie* plotseling; **2** *zie* plof
plotseling I *bn* sudden; *~e (kamer)ontbinding* snap dissolution (*zo ook:* snap decision, snap answer); *het ~e van ...* the suddenness of ...; II *bw* suddenly, all of a sudden, all at once, abruptly; *hij hield ~ op* he stopped abruptly (dead); *~ ontstaan* spring into existence; *~ stilhouden* pull up short; *hij keerde zich ~ om* he turned round sharply
plotsklaps suddenly, unexpectedly, all at once, all of a sudden
plotter plotter
plu brolly
pluche(n) plush
plug plug; *(ve vat)* bung; *(schoenpin)* peg
pluggen plug
pluim **1** plume, feather, crest; *(aan staart)* tuft [of hair]; *(staart v konijn, hert)* scut; *~(pje), (fig)* compliment; *dat is een ~ op je hoed* that is a feather in your cap; *hij kreeg een ~pje voor zijn vastberadenheid* he was complimented on his resolution; *hij verdient een ~pje* he deserves a pat on the back; **2** *(bloeiwijze)* panicle; *(v maïs)* tassel; *de ~en van de kastanje, (ook)* the spires of the chestnut; **3** *~pje, (pijltje)* dart; *(~bal)* shuttlecock
pluimage plumage, feathers; *vogels van diverse ~* a very mixed company
pluimbal shuttlecock; *(spel)* battledore and shuttlecock
pluimbos plume, crest
pluimen *ww* pluck [birds]; *(be~)* plume; *gepluimde hoed* plumed hat
pluimgraaf *(hist)* poulter
pluimgras tufted grass
pluimriet common reed, water reed
pluimstaart bushy tail
pluimstrijken fawn (up)on, cajole, wheedle, toady
pluimstrijker sycophant, toady, fawner, flunkey
pluimstrijkerij toadyism, sycophancy; *met veel ~en* with a good deal of bowing and scraping
pluimvaren royal fern
pluimvee poultry
pluimveehouder poultry (chicken) farmer, poultryman
pluimveehouderij poultry farm(ing)
pluis I *bn: het (de zaak) is niet ~* there is s.t. wrong (phoney, fishy) about it; *het is daar niet ~, (het spookt)* the place is haunted; *(mil)* the place is not healthy; *het is bij hem niet ~ in de bovenverdieping* he has a tile loose; II *zn* **1** *(pluche)* plush; *(vlok, enz)* fluff; *(op dekens, enz)* fluff, fuzz; *~je* bit of fluff; **2** *(geplozen touw)* oakum
pluiskop fuzzy head, Afro
pluizen I *tr (tot pluis maken)* fluff [a rope]; *touw ~* pick oakum; II *intr* give off fluff; *zie ook* peuzelen & napluizen
pluizer picker; *(fig)* ferreter
pluiz(er)ig fluffy
pluk gathering, picking; *een ~ haar* a knot (tuft) of hair; *de eerste ~* the first crop; *het is een hele ~* it is a tough job; *hij zal er een hele ~ aan hebben* he'll find it heavy going
plukharen (have a) tussle; *zie ook* bakkeleien
plukken **1** gather, pick [flowers, etc]; pluck [a bird]; *~ aan* pick (pluck) at [the patient plucks at the sheets]; **2** *(afzetten)* fleece, pluck, milk
plukker gatherer, reaper, picker
plukrijp ready (ripe) for picking
pluksel lint
pluktijd picking season (time)
plumeau feather duster
plunderaar(ster) plunderer, pillager, ransacker, looter, robber
plunderen plunder, ransack, pillage, loot [a place], rifle [a cupboard]; rob, plunder, *(en verwoesten)* sack [a town]; *~d, (ook)* predatory, marauding [bands]
plundering plundering, pillage, looting; *de ~ en moord van Naarden* the sack and massacre of Naarden
plunje togs, toggery, rig-out, things; *beste ~* best clothes; *(fam)* glad rags; *haar beste ~* her best bib and tucker
plunjer plunger
plunjezak kitbag, duffel bag
pluralis: *~ majestatis* plural of majesty (of excellence), royal we; *~ modestiae* editorial we

pluralisme pluralism
pluraliteit plurality
pluriform multiform
pluriformiteit multiformity
pluritonaliteit polytonality
plurk boor, lout
plus I *bn, bw* plus; above [ordnance datum]; *(elektr)* positive; **II** *zn (overschot)* surplus; *in de ~ staan* be in the black; make a profit; *zie verder* plusminus, pluspunt & plusteken
plusfour plus fours
plusminus 1 about, approximately; **2** *(afkorting)* ±, c. *(circa);* ± *400* 400 approx.; ± *600 v Chr.* c 600 BC; *(wisk)* ±
pluspunt plus, plus factor, plus point, advantage, asset; point in [a p.'s] favour
plussen puzzle, break one's head; *~ en minnen* deliberate, weigh up the pros and cons
plusteken plus (sign), positive sign
Plutarchus Plutarch
plutocraat plutocrat
plutocratie plutocracy
plutocratisch plutocratic (*bw:* -ally)
plutonisch plutonic [rocks]
plutonisme Plutonic theory, Plutonism
plutonium plutonium
pluviale *(r-k)* cope; *(hist)* pluvial
pluvier *(vogel)* plover
pneumatica pneumatics
pneumatisch pneumatic [drill, hammer]
pneumonie pneumonia
po po, chamber (pot)
p.o. afk van *per omgaande* by return [of post]
pochen boast, brag, vaunt, talk big; *~ op* boast (brag) of
pocher boaster, braggart
pocheren poach [eggs]
pocherij boast(ing), brag(ging), braggadocio
pochet breast-pocket handkerchief
pochhans, enz *zie* pocher, enz
pocket(boek) paperback
podagra podagra
podagreus podagric, gouty
podagrist gouty (*of:* podagric) patient
podium platform, dais; *(v dirigent, enz, ook)* podium; *(toneel)* stage
podiumfunctie: *een ~ hebben* provide a platform [for ...]
podiumkunsten performance arts
podologie chiropody, *(Am)* podiatry
podometer pedometer
podotherapeut foot therapist
podsol podzol
poedel 1 poodle; **2** *(bij het kegelen)* miss, boss
poedelen 1 *(bij het kegelen)* miss, boss; **2** *(zich) ~, (fam)* have a wash; *zie ook* knoeien
poedelhond poodle (dog)
poedelnaakt stark naked
poedelprijs booby prize, wooden spoon
poeder powder; *tot ~ malen (maken)* pulverize, powder, reduce to powder
poederblusser dry-chemical fire extinguisher
poederchocolade cocoa (powder)
poederdonsje powder puff
poederdoos powder box, puff box; *~je* (powder) compact
poederen powder, strew with powder
poederkoffie instant coffee
poederkool pulverized coal
poederkwast powder puff
poedermelk powdered milk
poedersneeuw powder snow; *een dun laagje ~* a dusting of snow
poedersuiker icing sugar
poedervorm: *in ~* in powder form, powdered, pulverized
poëem poem
poëet poet
poef 1 *~ paf!* pop, bang!; **2** pouffe, *(Am)* hassock
poeha fuss, to-do, ado; *(opschepperij)* swank; *veel ~ maken* make a great fuss, swank
poehamaker swank(pot)
poeier *(fam)* wallop; *zie verder* poeder(-)
poeierig powdery, powder-like
poel 1 pool; *(kleine)* puddle; *(modder-)* slough; *(voor buffels, enz)* wallow; *~ van ongerechtigheid* sink of iniquity; **2** chicken; *(meisje)* chick
poelepetaat guinea fowl
poelet knuckle [of veal, for making stock *bouillon*]
poelie pulley
poelier poulterer; poultry, game and venison dealer
poelierswinkel poulterer's (shop)
poelsnip great snipe
poema puma, cougar, mountain lion
poëma poem
poen vulgarian; *(duiten, sl)* tin, rhino, dosh
poenig flashy, spivvy
poep 1 *(honden~)* dirt; *(koeien~)* dung; *(vogel~)* droppings; *(v mens)* excrement, faeces, *(ruw)* crap, shit; *~(je), (wind)* fart; *iem een ~je laten ruiken* give a p. a surprise (*we zullen ze ...* we'll show 'em); **2** *(Duitser)* Boche, Hun
poepbroek dirty nappy
poepdoos *(fam)* loo, *(Am)* john
poepen relieve nature, relieve o.s., *(volkst)* shit, crap
poeperd bottom, behind
poeperij *(diarree)* [be on (have) the] trot
poepgoed *(sl)* A 1
poepie *(sl)* very
poepluier [baby has a] dirty nappy
poepschepje poop(er) scoop(er)
poer bob; *zie* peur
poerem *zie* poeha
Poerim, poerimfeest Purim
poes puss(y), pussy cat; *(bont)* boa, fur tippet; *(meisje, sl)* bird, puss, bimbo; *~! ~!* puss!; *de ~* puss; *hij is*

voor de ~ it is all up with him, he is a goner; *hij is lang niet voor de* ~ he is not to be trifled with; *dat is niet voor de* ~ that's no picnic, that is not child's play; *£5000 is niet voor de* ~ £5000 is not to be sneezed at; *maak het de* ~ *wijs!* tell it to the marines!
poesaka *(Ind)* heirloom
poesiealbum *zie* poëziealbum
poesje 1 pussy (cat); **2** *(snoes)* ducky, popsy, *(Sch)* dosh; **3** *(vulva)* pussy; **4** pousse-café, chasse
poesjenel 1 Punchinello; **2** puppet, marionette
poeslief bland, suave; silky [smile, manners], honeyed [words], sugary [smile, words]
poesmooi dolled up, dressed up to the nines
poespas 1 hotchpotch, hodgepodge; **2** fuss, hoo-ha; **3** nonsense
poesta puszta: Hungarian steppe
poet *(sl)* swag
poëtaster poetaster, versifier, doggerel writer
poëtica, poëtiek poetics
poëtisch poetic(al)
poets 1 trick, prank, practical joke, hoax; *iem een* ~ *bakken* play a trick (up)on a p.; **2** [brass] polish
poetsdoek polishing cloth, cleaning rag
poetsen polish, clean [the silver], clean, brush [one's teeth], scour; groom [a horse]; *(fam)* shine (up) *(ovt & v dw:* shined) [shoes, plate, etc]; *(mil & mar)* spit and polish; *de plaat* ~ hook it
poetsgoed *zie* poetsmiddel
poetskatoen cotton waste, waste cotton
poetslap polishing cloth, cleaning rag
poetsmiddel polish; clean(s)er, cleaning agent
poetspoeder polishing (*of:* plate) powder
poetspommade polishing paste, metal polish
poetsvis cleaner fish; *politieke* ~ spin doctor
poezel(ig) plump; *zie* mollig
poezendeur cat flap, cat door, pet door
poezenluik cat flap, pet door
poëzie poetry
poëziealbum poetry album, girl's album of friends' verses
pof 1 thud, bump; ~*!* bounce!, bang!; *op de* ~ *kopen* buy on tick; **2** *(v mouw)* puff
pofadder puff-adder
pofbroek knickerbockers, plus fours; *(hist)* trunk-hose
poffen *(op krediet kopen)* buy (*of:* go) on tick; *(bol doen staan)* bunch up, puff; *(schieten)* pop; *(braden)* roast [chestnuts, potatoes], pop [maize], puff [rice]; *gepofte maïs* popcorn
poffertje *(in Eng onbekend)* kind of small pancake
poffertjeskraam *(vglb)* pancake booth
pofmouw leg-of-mutton sleeve, puffed sleeve
pogen endeavour, try, attempt, seek [*te* to]; *zie ook* proberen
poging effort, endeavour, attempt (*van* by); [succeed at the seventh] try; *een* ~ *tot verzoening* an attempt at reconciliation; *een* ~ *doen te …* make an attempt to … (at …ing), *(een record~)* make an attempt on the record, *(om vrij te komen)* make a dash for freedom; *een* ~ *wagen* have a try (*fam:* a go), *(fam)* have a shot at it; ~ *tot moord (coup, inbraak)* attempted murder (coup, burglary)
pogoën pogo
pogrom pogrom
point d'honneur: *op zijn* ~ *staan* be (*of:* stand) on one's dignity
pointe point [of an anecdote, etc]
pointilleren 1 stipple; **2** paint in pointillist style
pointillisme pointillism
pok pock; *(inentteken)* vaccination mark; *de ~ken* (the) smallpox; *de ~ken kwamen niet op* the vaccine did not take; *zich de ~ken werken* slave away
pokdalig pock-marked
poken: *in het vuur* ~ poke (*of:* stir) the fire
poker poker [dice *stenen*]
pokeren play poker
pokhout guaiac(um), lignum vitae
pokkebaan *(fam)* wretched (pestilential) job
pokken I *ww: gepokt en gemazeld hebben (zijn)* be well-seasoned; **II** *zn zie* pok
pokkenbriefje certificate of vaccination, vaccination paper
pokkenepidemie smallpox epidemic
***pokkeweer** *(Wdl: pokkenweer)* rotten (pestilential) weather
pokput pockmark
pokstof vaccine
pol clump, tussock [of grass]
polair 1 polar; **2** *(fig)* diametrical
polak Pole; Polish Jew, *(Am)* Polack
polarimeter polarimeter
polarisatie polarization
polarisatievlak plane of polarization
polariseren polarize *(ook fig)*
polariteit polarity
polder polder
polderbemaling polder drainage
polderbestuur polder board, polder authorities
polderjongen navvy
polderland polder land
poldermodel polder (consensus) model
poldermolen draining mill
polei *(plant)* pennyroyal
polemicus *zie* polemist
polemiek polemic(s), controversy
polemisch polemic(al), controversial, contentious
polemiseren carry on a controversy, polemi(ci)ze
polemist controversialist, polemic, disputant
polemologie [university department of] war studies
Polen Poland
poleren polish; *(glad uitboren)* smooth-bore
polichinel Punchinello, Punch
poliep 1 *(dier)* polyp; **2** *(gezwel)* polypus (*mv:* -pi, -puses)
polijsten polish *(ook fig)*, burnish; *(met zachte doek)* buff

polijster, polijststaal polisher, burnisher
polijststeen polishing stone
polikliniek (poly)clinic, out-patient(s') department, out-patient clinic
poliklinisch out-patient [treatment]
polio(myelitis) polio(myelitis)
polis policy; *voorlopige* ~ covering note; ~ *met (zonder) aandeel in de winst* (non-)participating policy; *een* ~ *sluiten* take out a policy; *zie ook* open, enz
polishouder policyholder
polissoir nail polisher
politicoloog political scientist
politicus politician
politie police; *de* ~, *(ook)* the law [the law was on his trail]; *vgl* justitie & *zie ook* politieagent; *bereden* ~, ~ *te paard* mounted police; ~ *te voet* foot police; *bij de* ~ *zijn* be in the police (force)
politieagent policeman, constable, police officer; *vrouwelijke* ~ policewoman
politiearts police surgeon
politieauto police car, squad (*Am* prowl) car
politiebericht *(radio)* police message
politiebescherming police protection
politiebewaking 1 police guard; *onder* ~, *(ook)* in police custody; **2** police protection
politieblad police gazette
politieboot police launch
politiebureau police station; *(hoofd-)* police headquarters
politiebusje police van; *(Am)* patrol wagon
politiedokter police doctor, police surgeon
politieel police [action]
politiehond police dog
politie-inval police raid
politiek I *zn* **1** *(algem)* politics; *de* ~, *(de gezamenlijke politici)* politics; *het over de* ~ *hebben* talk politics; *in de* ~ in politics; *uit* ~ from policy, for political reasons; **2** *(beleid, gedragslijn)* [dividend, educational, foreign] policy; **II** *bn* **1** political; **2** *(fig)* politic (*bw:* -ly), diplomatic (*bw:* -ally); *het is niet* ~ *haar te storen, (ook)* it's bad policy to disturb her
politiek-economisch politico-economical
politiek-financieel politico-financial
politiekordon police cordon
politiekorps police force
politiemacht police force, body of police
politieman police officer
politieofficier officer of police, (senior ranking) police officer
politieonderzoek police inquiry (investigation)
politiepenning police identification disc
politiepost 1 policeman on (guard) duty; **2** police post, police section house
politierechtbank magistrates' (*Sch:* district, *Am:* police, magistrate's) court
politierechter (police) magistrate; *(sl)* beak
politiereglement police regulation
politieruiter mounted policeman
politieschool police college
politiespion police spy; *(sl)* (copper's) nark, stool-pigeon
politietoezicht police supervision; policing [of the sea, the motorways]
politietroepen military police
politieverordening police regulation
politiewacht police guard (*of:* watch)
politiewagen 1 patrol car; **2** police van; *(Am)* patrol wagon
politiewezen: *het* ~ the police
politiezaak police case; *(mv ook)* police matters (business); *er een* ~ *van maken* notify the police, put the matter in the hands of the police
politioneel police [action]
politiseren politicize, talk (dabble in) politics
politoer (French) polish, spirit varnish
politoeren (French-)polish, burnish
polka polka
polkahaar bobbed hair
pollak *(vis)* pollack
pollenanalyse pollen analysis
pollepel ladle; *(Am)* dipper
pollutie 1 pollution; **2** wet dream, *(med)* nocturnal emission
polo 1 *(sp)* polo; **2** *(hemd)* sports shirt
poloën play polo
poloër polo player
polonaise *(in alle betek)* polonaise; *aan mijn lijf geen* ~, *(fam)* I'm not (I wasn't) having any, count me out
polonium polonium
pols 1 leaping (vaulting, jumping) pole, fen-pole; *spring niet verder dan je* ~ *lang is* cut your coat according to your cloth; **2** *(gewricht)* wrist; **3** *(polsslag)* pulse; *een zwakke* ~ a low pulse; *iem de* ~ *voelen, (ook fig)* feel a p.'s pulse; *zie ook* ²los 5, polsen, vinger, enz
polsader radial vein; *zie ook* polsslagader
polsadergezwel aneurysm
polsarmband wristlet
polsen 1 sound; *iem* ~ sound a p. [*over* on, about], approach a p. [with a view to his accepting the office]; *de publieke (iemands) mening* ~ throw out a feeler; *de vergadering* ~ take the sense of the meeting; **2** wrist wrestling
polsgewricht wrist (joint)
polshorloge wristwatch
polsmeter pulsimeter
polsslag [take a p.'s] pulse; *(tempo, ook)* pulse rate; *(slag, ook)* pulsation; *(fig)* pulse, heartbeat
polsslagader radial artery
polsstok *zie* pols 1
polsstokspringen *(hoog)* pole-vault(ing); *(ver)* horizontal pole-vault(ing)
polyandrie polyandry
polyarchie polyarchy
polychromatisch polychromatic (*bw:* -ally)
polychromeren decorate in polychromy

polychromie polychromy
polychroom polychrome
polyeder polyhedron
polyester polyester
polyether polyether
polyethyleen polythene, polyeth(yl)ene
polyfonie polyphony
polyfoon polyphonous
polyformiteit multiformity
polygaam polygamous
polygamie polygamy
polyglot(tisch) polyglot
polygoon polygon
polygynie polygyny
polyinterpretabel ambiguous
polymeer polymer
polymerie polymerism
polymeriseren polymerize
polymorf polymorphic, polymorphous
Polynesië Polynesia
Polynesiër, Polynesisch Polynesian
polynomium polynomial
polypropyleen polyprop(yl)ene
polyptiek polyptych
polysemie polysemy
polystyreen polystyrene
polytechnisch polytechnic; *~e school* polytechnic (school)
polytheïsme polytheism
polytheïst polytheist
polytheïstisch polytheistic (*bw:* -ally)
polytonaliteit polytonality, polytonalism
polyurethaan polyurethane
polyvalentie polyvalency
polyvinyl polyvinyl
pomerans 1 bitter orange; *zie ook* pomeransbitter; **2** *(aan keu)* (cue) tip
pomeransbitter orange bitters
pommade pomade, pomatum
pommaderen pomade
Pommer(aan), Pommeraner Pomeranian
Pommeren Pomerania
Pommers Pomeranian
pomologie pomology
pomoloog pomologist
pomp pump; *zie ook* fietspomp; *loop naar de ~!* (you can) get stuffed!; *laat hem naar de ~ lopen!* damn him!; *zie ook* maan
pompadoer pompadour
pompbediende garage (forecourt, filling station, pump) attendant
Pompeji Pompeii
Pompejus Pompey
pompelmoes shaddock, pomelo; *(klein soort)* grapefruit
pompen pump [oil, water; money into a business]; *(fig: uit het hoofd leren)* cram [for a test]; *het is ~ of verzuipen* it is sink or swim (do or die); *~d remmen* pump the brakes
pomper pumper
pompernikkel pumpernickel
pompeus pompous
pomphouder filling (etc) station keeper
pompoen pumpkin, gourd, *(Am ook)* squash
pompon pompon
pompschroevendraaier yankee screwdriver
pompslinger pump-handle
pompstation 1 (water) pumping station; **2** *(benzine-)* filling station
pomptang *(vglb)* slip-joint pliers
pompzwengel pump-handle
pon nightie, nightdress
poncho poncho (*mv:* -os)
pond pound (*Engels:* 453.6 grammes); *~ sterling* pound sterling; *de devaluatie van het ~* the ... of sterling; *het volle ~ eisen* exact full payment, demand one's pound of flesh; *het volle ~ geven* pull one's weight; *zich honderd ~ lichter voelen* feel much relieved; *vgl* [2]bij I.6 & de
ponder: *tien-, twaalfponder, enz* ten-, twelve-pounder, etc
pondspondsgewijs pro rata, proportionally
ponem kisser, mug
poneren posit, advance [a thesis], postulate [that ...], submit [evidence that the court had no jurisdiction]
ponjaard poniard, dagger
pons punch
ponsband punched tape
ponsen punch
ponskaart punched card [reader]
ponsmachine punching machine; *(voor kaarten)* keypunch
ponsnippel punch
ponsoen punch
ponstypist(e) keypuncher
pont ferry(boat)
ponteneur [stand on one's] dignity
pontgeld fare, ferriage
pontifex pontiff
pontificaal I *bn* pontifical; **II** *zn* **1** pontificals; *in ~* in full canonicals (pontificals), in full regalia; *(fam)* in full feather, in full fig; **2** *(boek)* pontifical
pontificaat pontificate
pontificale pontifical
pontificalia pontificals
pontificeren pontificate
Pontijns Pontine [marshes]
Pontius: *iem van ~ naar Pilatus zenden* send a p. from pillar to post
ponton(brug) pontoon (bridge)
pontonnier pontoneer
pontwachter ferryman
pony 1 *(paard)* pony; **2** *~(haar)* bang, fringe; *zij draagt ~* she wears her hair in a fringe
pooien booze

pooier ponce, pimp

pook 1 poker; **2** *(ve auto)* stick, gear lever

pool 1 pole; *(elektr)* [positive, negative] terminal, pole; *ongelijk(namig)e polen trekken elkaar aan, gelijk(namig)e polen stoten elkaar af* unlike poles attract, like poles repel; **2** *(ve tapijt)* pile; **3** [pu:l] *(pot, toto, biljart)* pool

Pool Pole

poolbeer polar bear

poolbiljart 1 *(spel)* pool; **2** *(tafel)* pool table

poolcirkel polar circle

poolen 1 pool; *(auto, inz Am)* carpool; **2** play pool

poolexpeditie polar expedition

poolijs polar ice

poolklem *(elektr)* terminal

poollicht polar lights, aurora polaris

poolreiziger arctic (antarctic) explorer

poolroute polar route

Pools Polish; *~e landdag* beargarden

poolsafstand polar distance

poolschoen *(ve magneet)* polar piece

poolshoogte elevation of the pole, latitude; *~ nemen* see how the land lies, take one's bearings, size up the situation, take stock

poolspanning terminal voltage

poolster polar star, pole star, lodestar; *de P~, (ook)* Polaris

poolstreken polar (*noord:* arctic, *zuid:* antarctic) regions

poolvos arctic fox

poolzee polar (*noordpool:* arctic, *zuidpool:* antarctic) sea (*of:* ocean)

poon gurnard; *grote ~* sapphirine gurnard; *kleine ~* grey gurnard; *zie ook* koning

poort 1 gate, gateway (*ook fig:* the gateway to success), doorway; *~je, (steeg)* alley(way); *(ve duiventil)* pigeonhole; *(slalom)* gate; *(croquet)* hoop; *de ~en sluiten, (fig)* close down; **2** *(mar)* port; *(spui~, ook)* scupper; *zie ook* poortgebouw & hel

poortader portal vein

poortdeksel *(mar)* storm shutter, deadlight

poorter(schap) citizen(ship), burgher(ship)

poortgebouw gatehouse

poortwachter gatekeeper

poos while, time; *bij (met) pozen* from time to time, at intervals; *een hele ~* quite a while; *(voor) een ~(je)* (for) a while, (for) a space, for a little

[1]**poot 1** paw, foot, leg; *(ve haas, vos, enz, ook)* pad *(ook: ~afdruk); (tegen hond)* shake!; *~je, (ve kind)* tootsy(-wootsy); *de hond **gaf** hem een ~* the dog gave him a paw; *geen ~ aan de **grond** krijgen* be nowhere, *(sp, ook)* be played off the field; *met **hangende** ~jes* with one's tail between one's legs, crestfallen; *geen ~ **hebben** om op te staan* not have a leg to stand on; *zijn ~ **stijf** houden* stand firm; *iem een ~ **uitdraaien*** soak a p.; *geen ~ **uitsteken**, (helpen)* not lift a (little) finger, *(werken)* not do a stroke; *geen ~ kunnen (willen) **verzetten*** be unable (refuse) to move; *op zijn ~ spelen, op zijn achterste poten (gaan) staan* fly off the handle, make a scene [about s.t.]; *al ga je op je achterste poten staan* no matter what you do; *dat staat op poten* that is as it should be, that is to the point; *een brief op poten* a strongly worded letter; *op hoge poten* in high dudgeon; *laag op de poten, (ve dier)* low-set; *hij komt altijd op zijn poten terecht* he always lands on his feet; *alles komt op z'n ~jes terecht* everything comes right after all; **2** *(ve tafel, enz)* leg; **3** *(hand)* [his large] paw, fist, fin; *ik kan zijn ~ niet lezen* I cannot read his scrawl; *zie ook* opzitten; **4** *(homo)* gay, queer, poof(ter)

[2]**poot** *(ve plant)* layer, slip, shoot; *(ve vis)* fry; *(v oesters)* (oyster) spat, (oyster) seed

pootaan: *~ spelen* buckle to, slog away

pootaardappel seed potato

pootgoed seed potatoes (onions, etc)

poothout, pootijzer dibber, dibble

pootje *(ziekte)* podagra; *zie verder* [1]poot

pootjebaden paddle

pootschopje garden trowel

pootstok dibber, dibble

pootvijver nursery

pootvis fry, young fish

pop 1 doll *(ook meisje);* [straw etc] man; *(marionet)* puppet; *(ve kleermaker, enz)* dummy; *(v betogers, enz)* effigy; *~petje* dolly; fragile-looking woman (girl); *~petjes, (ook)* pupils (of the eye); *toen waren de ~pen aan het **dansen*** then the fat was in the fire, then there was the devil to pay; *~je **gezien**, kastje weer dicht* that's enough, that'll do; *de ~petjes **invullen*** attach (put) names to functions; *~petjes **tekenen*** draw matchstick men (figures), doodle; **2** *(kaart)* court (face, picture) card; **3** *(ve insect)* pupa (*mv:* -pae), chrysalid, chrysalis (*mv ook:* -lides), nymph; **4** *(wijfjesvogel)* hen (bird); **5** *(kind)* darling, pet, [my] poppet; **6** *(fam: gulden)* guilder; **7** *(kunst)* pop [art(ist), concert, culture, festival, group, idol, music, star]

popachtig doll-like; *zie ook* popperig

pope *(Russisch priester)* pope

popelblad poplar leaf

popelen quiver, throb; *mijn hart popelde* my heart was a-flutter, my heart leaped [*van vreugde* for joy]; *hij popelde om te gaan* he was dying to go, was itching to be off; *hij popelde van ongeduld* he could not bear to wait; *(niet) staan te ~ (om ...)* be in a (in no) hurry (to ...)

popeline poplin

pophuid *(ve insect)* pupa case

popi *(fam)* popular

popnagel blind (pop) rivet

popnageltang riveting pliers

poppedeintje 1 dolly; **2** *(schatje)* poppet

poppendokter mender of dolls

poppengezicht doll's (*of:* baby) face

poppengoed 1 doll's clothes; **2** knick-knacks

poppenhuis doll's (dolls') house

poppenjurk doll's (dolly) dress
poppenkast puppet show, Punch and Judy show; puppetry *(ook fig); ~!* blah!, eyewash!
poppenkasterij (tom)foolery, mummery
poppenkleren doll's clothes
poppenrover pupivore; (*mv ook:* -vora)
poppenservies doll(y)'s teaset
poppenspel puppet show, puppetry
poppenspeler puppeteer
poppenstront: *zo fijn als (gemalen) ~* rigidly orthodox
poppentheater puppet theatre
poppenwagen doll's, (dolls', dolly) pram
popperig doll-like, pretty-pretty, [her] baby [face]; *een ~ tuintje* a pocket-handkerchief garden
poptoestand chrysalis state, pupa(l) state
populair popular [*bij, onder* with, among]; *~ maken* popularize; *zich ~ trachten te maken* court popularity; *~ worden, (ve lied, enz, ook)* catch on
populair-wetenschappelijk [books] for non-specialist readers
populariseren popularize
populariteit popularity; vogue [the vogue of the short story]
populatie (statistical) population
populier poplar; *witte ~* white poplar, abele; *Italiaanse ~* Lombardy poplar
populieren *bn* (of) poplar wood
populisme populism
populistisch populist
popzanger pop singer
por thrust, dig [in the ribs], poke, prod; *(met mes)* stab
porder caller-up, knocker-up
porem *(sl)* body; *(gezicht)* mug; *zijn ~ drukken* lie low, keep a low profile
poreus porous
poreusheid porosity
porfier porphyry
porfieren *bn* porphyry
porie pore
porno [soft, hard(-core)] porn(o)
pornoblad porn magazine
pornograaf pornographer
pornografie pornography
pornografisch pornographic (*bw:* -ally)
porositeit porosity
porren 1 *(vuur)* poke, stir; *(iem)* prod [a p. with a stick]; *(fig)* rouse, spur on; *daar is hij wel voor te ~* he won't take much persuading; **2** *(met mes)* stab; **3** *(wekken)* call (*of:* knock) up
porselein 1 china, chinaware, porcelain; *Chinees ~* Chinese porcelain; *zeer fijn ~* eggshell china; **2** *zie* postelein
porseleinaarde china clay, porcelain clay, kaolin
porseleinachtig porcellan(e)ous
porseleinbloempje London Pride, none-so-pretty
porseleinen china, porcelain
porseleingoed chinaware
porseleinkast china cabinet; *voorzichtigheid is de moeder van de ~* prudence is the mother of wisdom; *een olifant in de ~* a bull in a china shop
porseleinlak white porcelain solution
porseleinschelp porcelain shell
porseleinschilder painter on china
porseleinslak cowrie
porseleinwinkel china shop
[1]**port** postage; *te betalen ~* postage due; *zie ook* strafport; *~ betaald* postage paid
[2]**port** *(wijn)* [ruby, tawny, white] port, port wine
portaal 1 porch; hall; *(v kerk, tempel, ook)* portal [relief]; *(trap~)* landing; **2** *(spoorw, enz)* portal; *(kraan-, weg-, sein~, enz, ook)* gantry
portaalkraan portal (jib) crane, gantry crane
portatief 1 portative organ; **2** portable
Porte: *de (Verheven) ~* the (Sublime) Porte
porte-brisée folding door(s)
portee import, purport [of words], significance [of a question], drift [of an argument]
portefeuille 1 *(ve minister, voor tekeningen, aandelen~, enz)* portfolio; *de ~ van Financiën aanvaarden* accept the portfolio of Finance; *zijn ~ neerleggen* resign (office), leave office; *aandelen **in** ~* uncalled (unissued, reserve) shares, shares in portfolio; *bankbiljetten in ~* notes unemployed; *wissels in ~* bills in case; *artikelen (verhalen) in ~* unpublished articles (stories); *in ~ houden* hold [a draft] for representation; ***zonder** ~* [minister] without portfolio; **2** *(zakportefeuille)* wallet, *(Am ook)* billfold; **3** *(voor tijdschriften)* reading case
portefeuillekwestie *zie* kabinetskwestie
portefeuillewisselingen cabinet reshuffle
portemonnee purse; *het hangt er maar van af wie de dikste ~ heeft* it is a case of the longest purse; *voor elke ~* [prices] to suit everybody's purse; *het in zijn ~ voelen* feel the pinch; *zie ook* [2]beurs 1
portemonneezakje hip pocket
portfolio portfolio
porti postage
porticus portico
portie portion, part, share; *(aan tafel)* helping [give large helpings]; *dagelijkse ~* daily allowance; *~ rum* go of rum; *een ~ (twee ~s) ijs* an ice (two ices); *nog een ~* another helping [of lobster]; *met een behoorlijke ~ geluk* with a good deal of luck; *geef mijn ~ maar aan Fikkie* count me out, you're welcome, not for me, ta; *ik heb mijn ~ wel gehad* I've had more than my share
portiek 1 *winkel~* shop doorway; **2** portico *(met zuilen)*, porch; *met een ~* porticoed
portiekwoning *(in Eng onbekend; vglb)* tenement house
portier 1 door-, gatekeeper, janitor; (hotel, hall) porter; *(bij ingang fabriek)* gateman; [cinema, club] doorman; *(ve bioscoop, enz, ook)* commissionaire; **2** (car, carriage, coach) door; [let down the] window;

3 *(vd maag)* pylorus
portière portière, door curtain
portierraampje car window
portiershokje, portiersloge porter's lodge
portierster portress
portierswoning (porter's) lodge
portioneren divide into portions, portion out, apportion
portlandcement Portland cement
porto 1 postage; **2** port (wine)
portofoon walkie-talkie
portokosten 1 postage; **2** postal expenses
portolaan portolan(o)
Porto Rico *(land)* Puerto Rico
portret [full-, half-length] portrait; *(foto)* photo(graph); *een goed (slecht)* ~ a good (bad) likeness; *een lastig* ~ [she's] a difficult piece of goods, a bit of a tartar; *mooi* ~ [he's a] character; *zijn* ~ *laten maken* have one's photo taken; have one's portrait painted
portretlijstje photo frame
portretschilder portrait painter, portraitist
portretteren: *iem* ~ portray a p., paint a p.'s portrait; *zich laten* ~ sit for one's portrait; *vgl* portret
portrettist portraitist
Portugal Portugal
Portugees *zn & bn* Portuguese *(ook mv)*
portulak purslane
portuur *zie* partuur
portvrij post-free, postage free, post-paid, [petitions to Parliament are] exempt from postage
portvrijdom: ~ *genieten* be exempt from postage
portwijn port wine
portzegel to pay label; (postage) due stamp
pos *(vis)* ruff
pose pose, posture, attitude
poseren 1 sit [for one's portrait, to (*of:* for) an artist], pose; ~ *als* pose as; **2** *(fig)* pose, strike an attitude, attitudinize
poseur poseur, attitudinizer
positie position *(ook bij het bespelen van viool)*, [social] status; *(betrekking)* position, post; *geen officiële* ~ *hebben* have no official standing; *zijn* ~ *verbeteren* better o.s.; ~ ***nemen*** *(kiezen) tegen* make a stand against; *onzeker wat betreft de* ~ *aan te nemen omtrent ...* undecided on the stand to take about ...; *de* ~ *aannemen, (mil)* come to attention; ***in*** *de* ~ *staan, (mil)* stand at attention; *in mijn* ~ in my position, situated (*of:* placed) as I am; *in gunstiger* ~, *(ook)* more favourably placed; *in* ~ *zijn* be in the family way; *hij bevond zich in een lastige* ~ he was in an awkward predicament; *hij is in de* ~ *dat hij dit doen kan* he is in a position to do this; *in* ~ *brengen, (sp)* set up; *zie ook* scheef
positief I *bn* positive [answer, attitude, charge *lading*, criticism, discrimination, number, thinking]; *-tieve pool* positive pole, anode; *-tieve ideeën* decided views [*omtrent* (up)on]; *-tieve reactie* favourable (positive) reaction; *ik weet het* ~ I am positive, I am dead sure of it; ~ *beoordelen* form (give) a favourable opinion of; *zie ook* tegenover: staan ~; **II** *zn* **1** *(fot)* positive; **2** *(gramm)* positive (degree); *zie ook* positieven
positiejapon maternity dress
positieoorlog static (trench) war(fare)
positieven: *zijn* ~ *bij elkaar hebben (houden)* have (keep) one's wits about one; *zijn* ~ *kwijtraken* lose one's head; *niet bij zijn* ~ *zijn* not be in one's (right) senses (mind), *(fam)* have a screw loose
positioneel positional [advantage; notation]
positioneren position; *zich* ~ present o.s.
positivisme positivism
positivist positivist
positivistisch positivist
positron positron
posologie *(med)* posology
[1]post *(pos)* ruff
[2]post 1 *(ve deur, enz)* [door]post, jamb [of the doorway]; **2** *(op rekening, in stuklijst)* item; *(in boek)* entry; *(vd staatsbegroting)* vote; ~ *van uitgaven* head of expenditure; *enkele* ~*en werden afgedaan* a few lots were sold; *een* ~ ***boeken*** make an entry; **3** *(standplaats)* post; *(kol)* station; ~ ***vatten*** take up one's station, post (*of:* station) o.s.; *(v gedachte)* take form; ***op*** *zijn* ~ *blijven* stick to one's post; *hij sliep op* ~ he ... at his post; *op* ~ *staan, (mil)* stand sentry; *politieagenten staan op* ~ *op de straathoeken* policemen are stationed at street corners; *op* ~ ***trekken****, (mil)* mount guard; *op* ~ *zijn* be on duty; *op zijn* ~ *terugkeren* return to duty; *op* ~ *zetten* post [sentries]; **4** *(schildwacht)* sentry; *(bij staking)* picket; **5** *(ambt)* post, office, place; ~ *van vertrouwen* position of trust; *een* ~ ***bekleden*** hold an office; **6** *(brieven~)* post, mail; *(~kantoor)* post (office); *(~bode)* postman; *(~papier) zie aldaar;* ***de*** ~, *(dienst)* the postal service, the Post Office; *de* ~ *vervoeren* carry the mail; *is de* ~ *niet geweest?* hasn't the post (the mail) come?; *is er geen* ~*?* is there no post (mail)?; *de* ~ *bracht een brief* the postman brought a letter; *hij is bij de* ~ he works for the post office; *bij de* ~ *verloren gegaan* lost in the post (the mail); ***met de*** ~ *verzenden* send by post (by mail); *met de eerste (de volgende)* ~ *verzenden* send by first (by next) post; *met dezelfde* ~ by (the) same post (*of:* mail); *een brief op de* ~ *brengen (doen)* post a letter, take a letter to the post; ***over de*** ~ *(**per** ~) verzenden* send by (through the) post; *per kerende* ~ by return (of post), by return mail
postaal postal [contact]
postabonnement postal subscription
postacademiaal, postacademisch: ~ *onderwijs* university refresher courses
postadres postal address
postagent sub-postmaster, sub-postmistress
postagentschap sub-post office
postambtenaar post office official

postament pedestal
postauto mail van
postband wrapper [for printed papers]
Postbank Post Office Bank; *(Br vglb)* (National) Girobank
postbeambte post office worker (employee), postal worker
postbestelling 1 postal delivery; **2** mail order
postbewijs postal order, P.O.
postblad postnote
postbode postman
postboot mailboat
postbus 1 *(box)* post office (PO) box, private box, box [write box V 19]; **2** *(autobus)* postbus
postcheque *(Br)* Girocheque
postcheque-en-girodienst Post Office Giro, *(Br)* (National) Girobank
postcode *(Eng)* postcode; *(Am)* zip code
postdateren post-date
postdienst postal service
postdirecteur postmaster
postdistrict postal district
postdoctoraal *(vglb)* postgraduate
postduif carrier (*of:* homing) pigeon, homer
postelein purslane
posten 1 post (mail) [a letter]; **2** *(bij staking)* picket; ~ *bij* picket [the dockgates]
poster 1 *(bij staking)* picket; **2** *(biljet)* poster
posteren post, station [o.s.], plant [a spy]
poste restante poste restante, to be (left till) called for, to wait arrival; ~ *hoofdpostkantoor* c/o GPO (care of General Post Office)
posterijen: *de* ~ the Post Office, the postal service(s)
posteriori: *a* ~ a posteriori
posterioriteit inessential, matter of secondary importance
postgids post office guide
postgiro Post Office Giro, *(Br)* (National) Girobank [account]
posthoorn post-horn
posthuis [police] post
postiche postiche
posticheur hairworker, wigmaker
postiljon postilion, postboy
postille postil
postincunabel post-incunable
postje *(vis)* ruff
postkamer post room
postkantoor post office
postkoets mail coach
postkwitantie postal collection order
postludium postlude; *zie* naspel
postmandaat (Post Office) money order
postmeester postmaster
postmerk postmark; *datum* ~ date as postmark
post mortem post-mortem
postnataal post-natal [depression]
postnummer 1 postcode; **2** item number
postorder mail order [firm, house *bedrijf*]
postpakket (postal) parcel; *als ~ verzenden* send by parcel post *(postpakketdienst)*
postpapier notepaper, writing paper, stationery
postrekening postal (*Br:* National) giro account
postrijtuig *(in trein)* mail van, postal van, travelling post office
postscriptum postscript, PS
postspaarbank post office savings bank [book]
poststempel postmark, date stamp; *de brief droeg de ~ Bath* the ... was postmarked Bath
poststuk postal article (item)
posttarief postal rates, rates of postage
posttrein mail train
postulaat postulate
postulant postulant
postuleren 1 postulate, posit; **2** apply (for a post)
postunie postal union
postuniversitair *zie* postacademisch
postuum posthumous(ly)
postuur shape, figure, stature; *(houding)* posture, attitude; *zich in ~ stellen* draw o.s. up, square one's shoulders, assume position of defence; *een knap ~* a fine figure
postvakje pigeon-hole
postverbinding postal communication
postverdrag postal convention (*of:* treaty)
postverkeer mail traffic
postvliegtuig mail plane
postwagen 1 mail van; **2** *(diligence)* stagecoach
postwet post office act
postwezen: *het* ~ the postal system, the Post Office
postwissel (Post Office) money order [form]
postwisselrecht poundage
postzak mail-, postbag
postzegel 1 (postage) stamp; ~ *van 10 pence* tenpenny stamp; *een ~ op een brief doen* stamp a letter; **2** *(fam: gezicht)* phiz
postzegelalbum stamp album
postzegelautomaat stamp machine
postzegelbevochtiger stamp damper
postzegelboekje book of stamps
postzegelstrookje stamp border
postzegelverzamelaar stamp collector, philatelist
postzegelverzameling stamp collection; *(het verzamelen)* stamp collecting, philately
pot 1 pot *(ook: marihuana);* [tobacco] jar; *(voor inmaak)* [preserving] jar; *(kroes)* mug, pot; [sugar] basin, bowl; *(po)* chamber (pot), pot, po; *in ~ten* potted [begonias]; *een ~ **bier*** a pot of beer; *je mag een ~je (bij hem) **breken*** you are in his good books; *geen ~ten kunnen breken* be of little account; *een hoofd als een **ijzeren** ~* a wonderful memory; ***kleine** ~jes hebben (ook, grote) oren* little pitchers have large ears; *hij **maakt** er een ~je van* he is not taking it seriously; *het is één ~ **nat*** it's six of one and half a dozen of the other (much of a muchness; *v pers.:* Tweedledum and Tweedledee); *de ~ **verwijt** de ke-*

tel, dat hij zwart is the pot calls the kettle black; *er staat voor hem een ~je te* ***vuur*** there is a rod in pickle for him; ***op*** *de ~ zetten* pot [the baby]; *hij kan de ~ op* he can go to hell (to blazes); *je kunt de ~ op* forget it; **2** *(eten:) gewone (burger)~* plain cooking; *goede ~* good cooking; *hij moet zijn* ***eigen*** *~je gaar koken* he must work out his own salvation; *eten wat de ~* ***schaft*** eat what there is; *(voor lief nemen)* take pot luck; *zie ook* hond; **3** *(vrouw)* dike, lesbian; **4** *(bij spel)* stakes, pool, pot, kitty; *(het bakje)* pool (dish); *~je, (geld)* (separate, special, private, secret) fund, *(privé, ook)* nest egg; *een ~je maken (voor de kwade dag)* lay by some money for (*of:* against) a rainy day; *fooien gaan in de ~* tips are pooled; *de winst in één ~je doen* pool the profits; *~* ***spelen*** play pool; *de ~* ***verteren*** spend the pool; *hij won de ~* he hit the jackpot, swept the stakes; **5** *~je, (partijtje); een ~je biljarten* have a game of billiards; *een ~je golf* a round of golf

potaarde potting soil (*of:* compost)

potage pottage, soup

potas potash

potbewaarder stakeholder

potbloem pot flower

potdeksel pot-lid; *(mar)* gunwale

potdicht 1 completely closed; **2** air-, watertight; **3** secretive; **4** *(ve vliegveld)* thick (blanketed) with fog; **5** *(fig)* like a clam

potdomme dash it

potdoof stone deaf

poteling seedling; *(sterke kerel)* husky; *(vis)* young fish; *(mv ook)* fry

poten plant *(ook v vis, oesters, enz),* set; prick in (off, out) [*zaaiplanten* seedlings]; *(aardappelen ook)* dibble; *(fam)* put, place; *vis ~ in een vijver* stock a pond with fish

potenrammer *(sl)* queer-basher

potent potent

potentaat potentate

potentiaal *bn & zn* potential [difference]

potentie potency, power

potentieel I *bn* potential [buyer, enemy, energy]; latent [fascist]; *-tiële klant, werknemer, enz, (ook)* prospect; **II** *zn* [sales, war] potential

poter 1 planter; **2** seed potato

poteten: *een raar ~* a queer fish

potgeld savings, nest-egg

potgrond (potting) soil (*of:* compost)

pothelm pot helmet; *(sp)* casque

pothengsel pot-hook, pot-handle

pothoofdplant adventive

pothuis basement shop

potig robust, sturdy, husky, hefty, strong-limbed, large-boned

potjeslatijn dog Latin

potkachel pot-bellied stove

potlepel ladle

potloden blacklead

potlood 1 (lead) pencil; *~jes, (voor vulpotlood, passer, enz)* leads; *met ~ geschreven* written in pencil, pencilled [note]; **2** *(poetsmiddel)* blacklead, graphite; **3** *(penis)* dick

potloodpasser pencil compass

potloodslijper pencil sharpener

potloodtekening pencil drawing (*of:* sketch), crayon

potloodventer flasher, exhibitionist

potmeter pot

potplant pot(ted) plant

potpourri 1 *(muz)* potpourri, (musical) medley; **2** *(fig)* medley, jumble, mixed grill

pots prank, drollery; *~en* antics

potscherf potsherd

potsenmaker buffoon, clown, zany

potsierlijk droll, grotesque

potspel pool

potten 1 pot [plants]; **2** hoard (up) (salt down, salt away) money

pottenbakken I *ww* make pottery; **II** *zn* pottery, ceramics

pottenbakker potter, ceramicist

pottenbakkerij pottery, potter's workshop

pottenbakkersaarde, pottenbakkersklei potter's clay, argil

pottenbakkersschijf potter's wheel

pottenkijker 1 Paul Pry, Nosy Parker, snooper; *zie ook* janhen; **2** *(lamp)* light over cooker

pottenwinkel pottery (earthenware) shop

potter hoarder

potteus dikey, lesbian

pottisme lesbianism

potver dash (it, it all)

potverdeling share-out

potverdikkie, potverdomme, potverdorie darn, dash (it, it all)

potverteerder *(fig)* spendthrift

potverteren *(fig)* eat up one's capital; *zie ook* pot

potvis sperm whale, cachalot

poularde poulard

poule 1 *(sp)* group; **2** *(schermen & ~spel)* pool

poulet 1 chicken; **2** *(vlees, vglb)* brisket

pourparlers parley, discussion(s), palaver; *zonder verdere ~* without more ado

pousse-café pousse-café, chasse

pousseren 1 *(waren)* push; **2** *(persoon)* push (forward, on)

pover poor [a poor crop, poor creature], shabby; meagre [results]

povertjes poorly, shabbily; *het ~ hebben* be hard up

pozen pause; linger

pr afk van *public relations* PR

pr. afk van *priester* Pr

Praag Prague

praaien hail, speak [a ship]

praal pomp, magnificence, splendour, pageantry

praalbed bed of state; *op een ~ liggen* lie in state

praalgewaad robes of state

praalgraf mausoleum
praalhans braggart
praalkoets state coach
praalvertoning, praalvertoon pomp, ostentation; *praalvertoning, (ook)* pageant
praalwagen *(in optocht)* float
praalziek ostentatious, fond of display
praalzucht ostentation, love of display
praam 1 pram; **2** *(knevel)* twitch; *(neusknijper)* barnacle
praat talk, chat, tattle, [Euro-, psycho-, etc] babble; *iem **aan** de ~ houden* keep a p. talking, detain a p. in conversation; *aan de ~ krijgen* get [a p.] to talk; get [the engine] going (ticking over); *zie ook* praten; *ik had hem spoedig aan de ~* I soon had him talking; *we kwamen aan de ~ over ...* we fell into talking about ...; *aan de ~ raken met* start up a conversation with, start talking to; *veel **praats** hebben* talk big, brag, *(fam)* swank; *wat minder (brutale) ~s, baasje!* a little less lip, my lad!; *geen ~s!* none of your lip!; *hij krijgt te veel ~s* he is getting too forward, is getting above himself (a bit cheeky); *zie ook* praatje
praatachtig talkative; *zie* praatziek
praatgraag talkative; *zie* praatziek
praatgroep discussion group, *(Am)* rap group
praatje 1 talk, chat; *(gerucht)* rumour; *(kletspraatje)* idle story; *(glad verkoop~)* spiel; *(lasterpraatje)* (piece of) scandal; *een (populair) ~ houden over Byron* give a talk on ...; *het ~ van de dag* the gossip of the day; *zal dat ~ dan nooit ophouden?* shall we never hear the last of it?; *het ~ **ging*** it was rumoured, the story went; *zoals het ~ gaat* as the story has it; *een ~ **maken*** have a chat [*met* with]; *om een ~ te maken, zei ik ...* to make conversation I said ...; ***mooie*** *~s* soft words, blandishments, blarney; *(fam)* soft sawder; *iem met mooie ~s afschepen* put a p. off with fine talk; *dat is maar een ~ voor de **vaak*** that is idle talk (all eyewash); **2** ***praatjes*** gossip, (tittle-)tattle, [it's all] talk; *geen ~s!* don't argue; *aanleiding geven tot ~s* cause talk (*of:* comment); *niet alle ~s geloven* [you should] not believe everything that is said; *~s vullen geen **gaatjes*** fine (fair) words butter no parsnips; *~ **maken (verkopen)*** talk big, brag, *(fam)* swank; ***zonder*** *(meer) ~s* without more ado; *zie ook* [2]los 4 & praat(s)
praatjesmaker 1 boaster, wind-, gasbag; *(kleine ~: kind)* prattler; **2** *(eigenwijze ~)* whippersnapper
praatlijn chatline
praatlustig *zie* praatziek
praatpaal 1 emergency telephone (beside motorway, etc); **2** confidant(e)
praatprogramma *zie* praatshow
praats *zie* praat
praatshow chat show, talk show
praatstoel: *hij zit op zijn ~* he is in a talkative mood
praatziek talkative, loquacious, garrulous, chatty
praatzucht talkativeness, garrulity, loquacity
pracht splendour, magnificence, pomp; *~ en praal* pomp and circumstance; *een ~ van een ...*, *zie* prachtig
prachtband de luxe (luxury) binding; *in ~, (ook)* bound extra
prachtexemplaar 1 fine specimen, beauty [*ook iron v pers:* he is a beauty]; *(ve hond bijv)* [he is a] fine fellow; **2** *zie* prachtuitgave
prachtidee great idea
prachtig splendid, magnificent, lovely, fine, grand; *(weelderig)* sumptuous; *een ~ idee* a great idea; *ze zingt ~* she has a wonderful voice; *dat treft ~* that's marvellous; *de hindernis ~ nemen* clear the obstacle in fine style
prachtkerel great guy, fine (splendid) fellow
prachtkleed *(ve vogel)* nuptial (*of:* breeding) plumage
prachtlievend splendour-loving, ostentatious
prachtlievendheid love of splendour
prachtstuk *zie* prachtexemplaar 1
prachtuitgave édition de luxe, de luxe edition
prachtwerk first-rate piece of work
practicum practical (work) [a chemistry practical]; *~ geven* supervise practical work
practicus practical person, practised hand; *(vs theoreticus)* practician
praeputium prepuce, foreskin
pragmaticus pragmatist
pragmatiek I *bn* pragmatic [sanction]; **II** *zn* pragmatics
pragmatisch pragmatic(al) (*bw:* -cally)
pragmatisme pragmatism
prairie(gras) prairie (grass)
prairiehoen prairie chicken, prairie hen
prairiehond prairie dog
prairiewolf coyote, prairie wolf
prak hash; *in de ~, (fam)* smashed up; *van z'n eten een ~ maken, zie* prakken
prakken mash up, make a mash of [one's potatoes]
prakkeseren 1 *(fam)* think, muse; *ik moet eens ~* I must have a think; *beginnen te ~* put on one's thinking cap; *zich suf ~* puzzle one's head off; **2** *(uitdenken)* contrive
praktijk practice; *kwade ~en* evil practices, malpractices; *de ~ uitoefenen* practise, be in practice [at ...]; *een ~ overnemen* buy a practice (a connection); *in de ~* in practice; *in ~ brengen* put into practice, practise [what one preaches], act out; *man van de ~, (ook)* practical man; *zie ook* neerleggen, enz
praktijkervaring practical experience
praktijkgericht practically oriented, hands-on
praktijkjuffrouw *(ve tandarts, enz)* receptionist
praktijkopleiding in-service (*of:* on-the-job) training
praktijkoplossing practical solution
praktijkruimte *(v arts)* consulting room, surgery
praktikabel practicable
praktikant 1 student doing practical work; **2** trainee
praktisch I *bn* practical [work, training], hands-on [training]; [handle things in a] workmanlike [way];

een ~e (niet theoretisch gefundeerde) methode a rule-of-thumb method; *~ vergelijk* working compromise; *~ voorstel* workable proposal; *~e zakenlui* hard-headed businessmen; *~e zin* practicality; **II** *bw* practically, for all practical purposes [it comes to the same thing]

praktiseren practise; *~d* practising [Catholic]; *~d geneesheer* medical (*of:* general) practitioner

pralen shine, glitter, sparkle; *(ong)* flaunt; *~ met* make a show of, show off [one's learning], parade, make a display of, flaunt; *zie ook* pochen

pralerij ostentation, swagger; *zie ook* pocherij

praline praline, (filled) chocolate

pralltriller upper mordent

pram boob, knocker

pramen press

prangen 1 press, squeeze; **2** *(beklemmen)* oppress; *in het ~ van de nood* in the extremity of distress

pranger *(neusknijper)* barnacle

prat: *~ zijn (gaan) op* pride o.s. on, take (a) pride in, glory in; *zij gaat er ~ op dat ..., (ook)* it is her boast that ...

praten talk, chat; *hij heeft gepraat, (geklikt)* he has blabbed, has let the cat out of the bag; *het kind kan nog niet ~* the ... cannot talk yet; *~ kan hij wel (maar dat is ook al)* he never gets beyond talking; *ze had geen zin om te ~* she was not in a chatty mood; *jij hebt goed (mooi, gemakkelijk) ~* it's all very well for you to talk; *laat de mensen ~* let people talk; *lang (rustig) ~* have a long (a quiet) talk [*met* with]; *dat bracht ze* ***aan*** *het ~* that set them off (their tongues wagging); *aan het ~ raken* fall into conversation [*over* over, about]; *iem aan het ~ krijgen* get a p. to talk, set a p. off [*over* on]; *(om uit te horen)* draw a p. (out); *vgl* praat; *ik moet eens* ***met*** *je ~* I want to have a talk with you; *er valt met hem te ~* one can reason with him, he is open (will listen) to reason; *er* ***omheen*** *~* talk round a subject, beat about the bush; *~* ***over*** talk of; *~ over paarden, enz* talk horses (politics, etc); *over het vak ~* talk shop; *daarover valt te (zou men kunnen) ~* that is worth considering; *er wordt druk over gepraat* there's a lot of talk about it; *er zou over gepraat worden* it would set people talking; *hij praat altijd over het hem aangedane onrecht* he is always harping on about his wrongs; *praat me niet van ...* don't talk to me of ...; *zie ook* Brugman, hoofd, koe, langs, [2]los 8, schoon, zichzelf, enz

prater talker; *hij is een onderhoudend ~* he is good company, a good conversationalist

praterij talk, (tittle-)tattle

prauw proa, prau

pre advantage, preference, first claim

preadamiet pre-adamite

preadvies proposals, preliminary advice, recommendations [to a committee]

prealabel preliminary; *de ~e kwestie stellen* move (*of:* put) the previous question

preambule preamble; *(muz)* prelude; *~s, (ook)* verbiage

prebende prebend, church living

precair precarious *(ook jur)*, delicate [situation], uncertain

Precambrium [the] Precambrian

precario (municipal) duty

precedent precedent, leading case; *een ~ scheppen* establish (create, set) a precedent; *zonder ~* unprecedented

precessie precession [of the equinoxes]

precies I *bn* precise, particular, as regular as clockwork; *(nauwkeurig, ook)* meticulous, punctilious; *Jantje (Pietje) ~* fusspot; *de preciezen* the rigid Calvinists; the fundamentalists; **II** *bw* precisely, exactly; *~!, (ook)* quite so!; *~ omdat* just because; *dat was het niet ~* it wasn't quite that; *~ dezelfde* the very same; *om zes uur ~* at six precisely (sharp, on the dot); *ze is ~ haar moeder* she is just like (*lijkt ~ op:* is the spitting image of) her mother; *om ~ te zijn* [at 10.14] to be exact; *weet u ~ hoe laat het is?* have you got the exact (the right) time?; *waar is het ~ gebeurd?* where exactly did ...?; *zie ook* [2]net III.3, passen, tijd

precieus precious

preciezeling fusspot

preciosa valuables

precipitaat precipitate

precipiteren precipitate

preciseren define [one's meaning, position], state precisely, specify; *nader ~* give further details, define more precisely

precisering (closer) definition, specification

precisie precision [bombing, instrument, parts, work]

precursor precursor

predatie predation

predator predator

prederen prey on

predestinatie [the doctrine of] predestination

predestineren predestine

predictie prediction

predictor predictor; *~ test* pregnancy test

predikaat 1 *(gramm)* predicate; **2** *(titel)* title; **3** *(rapportcijfer, enz)* mark; *het ~ 'cum laude'* the designation ...

predikambt ministry, pastorate

predikant 1 clergyman, pastor; *(mil)* chaplain; *zie verder* dominee; **2** preacher

predikantsplaats living, benefice, incumbency, cure (of souls)

predikantswoning *zie* pastorie

predikatie sermon, homily

***predikatief** *(Wdl: predicatief)* predicative

predikbeurt *zie* preekbeurt

prediken *tr & intr* preach [the word of God; revolution]

prediker preacher; *de P~, (bijb)* Ecclesiastes

predikheer Dominican (friar) (*mv ook:* Friars

Preachers)
prediking preaching
predilectie predilection
predisponeren predispose [*voor* to]
predispositie predisposition
predoctoraal undergraduate [courses]
predominantie predominance
predomineren predominate
preek sermon, address; *(fig)* sermon, lecture; *een ~ houden, (eig)* preach (give, deliver) a sermon; *(fig) zie* preken
preekbeurt 1 turn to preach; **2** preaching engagement, engagement to preach; *een ~ vervullen* officiate, be the preacher [next Sunday]; *~en ruilen* exchange pulpits
preekstoel pulpit [*op de ~* in the pulpit]
preektoon sermonizing tone, pulpit (*of:* clerical) voice
prees *ovt van* prijzen
prefabriceren prefabricate; *geprefabriceerd, (ook)* prefab [house]
prefatie *(r-k)* preface
prefect prefect; *(rector)* headmaster
prefectuur prefecture
preferabel preferable [*boven* to]
preferent preferential; *~ aandeel* preference share; *~e schuld* preferred debt; *~e crediteur* secured (preferential) creditor
preferentie preference; *zie ook* voorkeur
preferentieel preferential [rights]
prefereren prefer [*boven* to]
prefigeren prefix
prefiguratie prefiguration
prefix prefix
pregen emboss
pregnant 1 *(geladen)* pregnant [construction, pause, silence]; **2** *(kernachtig)* terse [remark, reply]; concise, succinct
prehistorie prehistory
prehistorisch prehistoric
prei leek
prejudicie prejudice; *zonder ~* without prejudice [to]
prejudiciëren prejudice; *~ op* prejudice [a question]
preken preach [*voor grote gemeenten* to large congregations; *naar aanleiding ve tekst* from a text]; *(fig)* preach [at a p.], sermonize; *zie ook* parochie
prekerig preachy, inclined to preach; moralizing
prelaat prelate
prelaatschap prelacy
preliminair preliminary [articles]; *~en* preliminaries [*tot de vrede* of peace]
prelude prelude; *zie ook* voorspel
preluderen (play a) prelude
preludium prelude
prematuur premature [baby, death, conclusion]; *vgl* voorbarig
premedicatie premedication
premeditatie premeditation
premenstrueel premenstrual
premie 1 premium; [winning] bonus; [insurance] contribution; *(op suiker, enz)* bounty; *dubbele ~, (beurs)* put and call option; *een ~ stellen op agressie* put a premium on aggression; **2** *(~plaat, enz)* art extra
premieaffaire option
premiebouw subsidized housing
premiegeld option money
premiejager premium hunter, *(sl)* stag
premielening premium loan
premielot, premieobligatie lottery bond, premium bond
premieplaat art extra
premier premier, prime minister
première first night, première, opening performance; *in ~ gaan* open [in Stratford], (have the) première
premièrebezoeker: *(geregeld) ~* first-nighter
premiëren award a premium (prize, etc) to; encourage, stimulate (through an award)
premiestelsel *(bij uitvoer, enz)* bounty system
premievrij: *~e polis* paid-up policy; *~ pensioen* non-contributory pension
premiewoning private house built with government subsidy
premiezaken option business, options
premisse premise, premiss
prenataal antenatal [care]
prent print *(ook spoor)*, picture, engraving; *een paar ouwe ~en, (fig)* a couple of old frumps
prentbriefkaart picture postcard
prenten impress, imprint [s.t. on the memory]
prentenbijbel illustrated (*of:* pictorial) bible
prentenboek picture book
prentenkabinet Print Room; *directeur van het ~* Keeper of Prints and Drawings
prentenwinkel print shop
prentkaart picture postcard
prentkunst graphic art
preoccupatie preoccupation
preoccuperen 1 preoccupy; **2** prejudice, prepossess
preparaat preparation; *microscopisch ~* microscopic slide, microscopical preparation (specimen)
preparateur taxidermist
preparatief preparative; *zie ook* toebereidselen
prepareren prepare; *(huiden)* dress; *zich ~* prepare, make (*of:* get) ready [*op* for]; *zie ook* voorbereiden & opzetten
prepositie preposition
prepuberaal pre-pubescent, prepubertal
prerogatief prerogative
presbyter presbyter
presbyteriaan(s) Presbyterian
presbyterium presbytery
prescriptief prescriptive
presenning tarpaulin
presens present (tense)

present I *zn* present, gift; *iets ~ geven* give s.t. as (for) a present; *zie ook* cadeau; **II** *bn* **1** present; *~!* here!; *~ roepen* answer to one's name; *zijn we allen ~?* are we all here?; *alle leden waren ~* all ... were in attendance; **2** clear-headed, on the ball
presentabel presentable; *er weer ~ uitzien* be fit to be seen again
presentatie presentation
presentator, presentatrice presenter; *(tv)* compère; anchor(wo)man; newsreader
presenteerblad salver *(meestal v metaal)*, tray, waiter; *iets op een -blaadje krijgen (aangeboden)* have s.t. handed (given) to one on a plate
presenteren 1 offer [a cigar, refreshments], hand (pass) round [refreshments], present [the bill, a new play]; *(ter betaling)* present [a cheque, etc]; *wat mag ik u ~?* what may I offer you?; *het **geweer** ~* present arms; *als de gelegenheid zich presenteert* if an opportunity offers; *de rekening gepresenteerd krijgen, (fig)* be faced with the consequences [of an action *voor een handeling*]; **2** *(voorstellen)* introduce, present; *(tv)* present, anchor, compère, *(fam)* front [a show]; ***zich*** *~* introduce o.s.; *hij presenteert zich goed* he always comes across (*of:* over) well, makes a good impression
presentexemplaar presentation (specimen, complimentary, free) copy
presentie presence
presentiegeld attendance fee
presentielijst [sign the] roll, attendance list (register, sheet)
preservatief 1 preservative; **2** contraceptive
preserveren preserve
preses chairman, president
president president; *(voorzitter)* chair, chair(wo)man, president; *(vh Lagerhuis)* Speaker; *(vd jury)* foreman; *(vd rechtbank)* president, presiding judge; *(vd Eng Bank)* governor; *de toespraak van de ~* the presidential address
president-commissaris, president-directeur chairman (of (the board of) directors)
presidente (lady) president, chairwoman, (woman) chairman; *mevrouw de ~!* madam chairman!
presidentieel presidential
presidentschap presidency; chairmanship
presidentskandidaat presidential candidate, candidate for the presidency
presidentsverkiezing presidential election
presideren I *tr* preside at (*of:* over) [the meeting]; **II** *intr* preside, be in the chair; *de vergadering werd gepresideerd (zal gepresideerd worden) door ..., (ook)* the chair was occupied (will be taken) by ...
presidiaal presidential
presidium presidium; *zie ook* presidentschap
preskop pressed cheek
pressen 1 press(ure) [a p. to ...], be at [a p. to ...], press-gang [a p. into doing s.t.]; **2** press [into the navy, the army]
presse-papier paperweight
presser member of a press-gang
presseren press, hurry [a p.]; *het presseert niet* there's no hurry; *zie ook* gepresseerd
pressie pressure [group]; *~ uitoefenen op* bring pressure to bear (up)on, put pressure (up)on, pressurize [a p. into doing s.t.]; *onder ~* [act] under pressure [*van* from]
prestatie performance, achievement, feat; *(productie)* output; *zijn ~s op school waren uitstekend* he had an excellent school record; *beloning naar ~* according to merit; *zie ook* gering
prestatiebeloning 1 merit rating; **2** performance(-related) pay
prestatiebeoordeling performance appraisal
prestatiedrang competitive urge
prestatief performance-related
prestatieloon merit rating
prestatievermogen capacity, efficiency
prestatiezweefvliegtuig high-performance glider
presteren achieve; *(sp)* perform; *hij zal nooit veel ~* he will never achieve much, he will never do anything to speak of; *waarvoor niets gepresteerd wordt* [thousands of pounds] with nothing to show for it
prestige prestige; *zijn ~ ophouden* maintain one's prestige; *zijn ~ redden* save one's face; *zijn ~ verliezen, (ook)* lose face
prestigekwestie question of prestige
prestigeverlies loss of prestige (of face)
prestigieus prestigious
prest(issim)o prest(issim)o
presumeren presume
presumptie suspicion; *~ op iem hebben* suspect a p.
pret fun, pleasure; *zie ook* plezier; *stille ~* quiet amusement; *~ hebben* enjoy o.s.; *veel (dolle) ~ (~ voor tien, enz) hebben* enjoy o.s. immensely, have great fun; *wat hadden we een ~!* what fun we had!; *~ hebben over* be amused at [an incident]; *terwijl hij de grootste ~ had* [he related my mishap] in great glee; *~ maken* make merry, have a good time; *toen begon pas de ~* then the real fun started; *dat mag de ~ niet **drukken*** never mind, no matter; *de ~ is er wel af* it's no fun any longer; *het is uit met de ~* the party is over; *voor de ~* for fun; *zie ook* pretje
pretbederver killjoy, wet blanket, spoilsport
pretendent 1 pretender [*naar de troon* to the throne], claimant [*naar* for, of, on]; **2** *(minnaar)* suitor
pretenderen pretend, lay claim to; *zie ook* beweren
pretentie 1 *(aanspraak)* claim, pretension; **2** *(aanmatiging)* pretension; *hij krijgt te veel ~s* he is getting above himself; he is getting too big for his boots; *zonder ~s* unpretentious, unassuming, [he is utterly] without side
pretentieloos unpretentious
pretentieus pretentious; arrogant, assuming
preteritum preterite, past tense
pretext pretext
pretje lark, frolic, (bit of) fun; *dat is geen ~* it's no pic-

nic; *zie ook* lolletje
pretmaker merrymaker, reveller
pretoogjes twinkling eyes
pretor praetor
pretoriaan praetorian
pretpark funfair; amusement park
prettig pleasant, nice, enjoyable; gratifying [it is gratifying to be able to report, etc]; congenial [a congenial task]; *(fam)* jolly; ~ *vinden* like, enjoy; *het is niet ~ om te horen* it is not nice to hear; *deze stoelen zitten ~* these chairs are very comfortable; *zie ook* plezierig
preuts prudish, prim; *een ~(e) vrouw (meisje)* a prude
preutsheid prudish-, primness, prudery
prevaleren prevail
prevelement talk, address
prevelen murmur, mutter, mumble [a prayer]
preventie prevention
preventief preventive; *-tieve aanval, (mil)* pre-emptive strike; *-tieve hechtenis* detention on suspicion (under remand, awaiting trial); *zie verder* voorarrest & *vgl* tbs; *-tieve maatregel* preventive measure
Priamus Priam
priapisch priapic
prie-dieu prie-dieu
prieel summerhouse, arbour, bower
priegelen 1 do fine needlework; **2** do pernickety work; **3** write (in) a diminutive hand (script)
priel gully
priem 1 awl, bodkin, pricker, piercer; **2** *(dolk)* dagger; **3** *(breinaald)* knitting needle
priemen I *zn (r-k)* prime; **II** *ww* pierce
priemgetal prime number
priemkruid awlwort
priemvormig awlshaped, subulate
priester priest
priesterambt priestly office; *het ~ bekleden* be in Holy Orders
priesterboord clerical collar, *(sl)* dog collar
priesterdom priesthood
priesteres priestess
priestergewaad clerical robes (garb), canonicals, sacerdotal vestments
priesterkoor presbytery, sanctuary
priesterlijk priestly
priesterorde (order of) priesthood
priesterschap priesthood
priesterwijding ordination; *de ~ ontvangen* be ordained
prietpraat twaddle, tittle-tattle
prijken shine, glitter, stand forth [in all its beauty], be resplendent [in colours, etc], be displayed [in the window]; ~ *(geuren) met* show off, flaunt, parade; *bovenaan ~, (op lijst)* be (*of:* figure) at the top of the list, top the list
prijs 1 *(wat iets kost)* price, figure; *(ve treinreis, enz)* fare; *~je* price tag, price ticket; *voor een ~je* for a song, dirt cheap; *haast niet te betalen ~* prohibitive price; *de gewone ~* the current price; *een hoge ~ maken, (ve artikel)* realize (fetch) a high price, *(ve verkoper)* obtain (make) a high price; *zie ook* hoog; ***onder de ~ verkopen*** undersell; ***iets op ~ houden*** keep up (maintain) the price (of s.t.); ***tegen de ~ van*** at the price of, at the rate of; *tegen elke ~* at any price; *tegen een hoge ~, (fig)* at a heavy cost; *tegen lage prijzen* at low prices; ***tot elke ~*** at any cost, at all costs, [peace] at any price; ***van lage ~*** low-priced; ***voor geen ~*** not at any price, not for the world; *voor de ~ van drie euro* at the price of three euros; **2** *(in loterij, beloning, buit, enz)* prize; *(op tentoonstelling)* award; *~ voor goed gedrag* good-conduct prize; *de eerste ~* the first prize; *~ maken* seize, capture [a vessel]; ***~ geven,*** *zie ben:* prijsgeven; ***~ stellen op,*** *zie ben:* op ~ stellen; *~* ***verklaren*** confiscate, seize; *zie ook* behalen, enz; *er werd een ~ op zijn hoofd* ***gezet*** a price was set on his head; ***in de ~ van*** *15 tot 25 euro* at from 15 to 25 euros; *(zeer)* ***op*** *~ stellen* appreciate, value (highly), prize, set great store by; *ik zou het op ~ stellen als u mij een exemplaar zoudt willen sturen* I should appreciate your sending me a copy; *wij stellen veel ~ op uw medewerking* we value your collaboration highly; **3** *(lof)* praise
prijsafspraak price agreement; *stelsel van illegale -afspraken* price ring
prijsbederf spoiling the market
prijsbederver underseller
prijsbeheersing price control
prijsbemanning prize crew
prijsbepaling pricing
prijsberekening price calculation; *(kost~)* costing
prijsbewust price-conscious; ~ *winkelen* shop around
prijsbinding price-fixing; *vgl* verticaal
prijscompensatie cost-of-living adjustment
prijscourant price list; *(handel, ook)* price(s) current, P/C, price bulletin; *prijs volgens ~* list price
prijsdaling fall, drop (in prices); *plotselinge sterke ~* slump
prijselijk *zie* prijzenswaardig
prijsgeld prize money
prijsgerecht prize court
prijsgeven abandon [*aan* to], give up; *geheimen ~* yield up secrets; *terrein ~* concede ground; ~ ***aan,*** *(ook)* hold up to [scorn *de verachting*]; *zie ook* genade
prijshoudend firm, steady
prijsindex *(voor de gezinsconsumptie)* cost-of-living index
prijskaartje price ticket, price tag; *ergens een ~ aan hangen* put a price on s.t.
prijskamp competition
prijsklasse price category; *de duurdere ~* the higher price bracket; *niet in mijn ~* not the kind of thing I can afford
prijslijst *zie* prijscourant

prijsmaatregel price control measure
prijsmaking seizure, capture
prijsnotering quotation (of prices); *zie* beursnotering
prijsnummer *(in loterij)* (prize)winning number
prijsopdrijving forcing up of prices, inflation
prijsopgave estimate, quotation; ~ *doen van* quote for [an article]
prijspeil price level
prijsrecht prize law
prijsschieten shooting match (*of:* competition)
prijsschommeling price fluctuation, fluctuation in prices
prijsstelling price setting
prijsstijging *zie* prijsverhoging
prijsstop price freeze
prijsuitdeling, prijsuitreiking distribution of prizes, prize distribution; *(op school ook)* prize-giving; *(de dag)* prize-giving day, speech day
prijsvaststelling pricing
prijsverhoging price increase, price rise, rise (*of:* increase) in prices, appreciation
prijsverlaging (price) reduction, cut; *grote* ~ drastic reduction(s)
prijsverloop movement of prices, price movement
prijsvermindering *zie* prijsverlaging
prijsverschil price difference, difference in prices
prijsvorming fixing of prices
prijsvraag competition, prize question, (prize) contest; *een* ~ *uitschrijven* offer a prize [for the best essay on ...], invite designs [for ...]
prijswinnaar prizewinner
prijzen 1 praise, commend [*iem wegens zijn goede werk* a p. for ...], eulogize, *(sterker)* extol, glorify, *(dicht)* laud; *iem (zich) gelukkig* ~ consider a p. (o.s.) fortunate; *iem luide* ~ be loud in a p.'s praise; *iem de hemel in* ~ praise a p. to the skies; *teveel* ~ overpraise; *zie ook* veelgeprezen; **2** *(ve prijs voorzien)* price, ticket, mark [all goods are marked in plain figures], *(in catalogus)* list
prijzenbeschikking price control order
prijzend laudatory [remark]
prijzenhof prize court
prijzenswaardig praiseworthy, laudable, commendable, worthy of praise
prijzig high-priced, expensive; *(fam)* pricey
prik 1 *(vis)* lamprey; **2** prick, stab, sting; *(fam: injectie)* [a polio] jab; **3** *(kindertaal)* fizz, pop; **4** *(voorwerp)* spike; *(ve prikslee)* pricker; *een vaste* ~, *(fam)* a regular occurrence; *ik weet het* **op** *een* ~ I know it to a T, have it at my fingertips, have it pat; *voor een* ~ *je kopen* buy for a (mere) song
prikactie selective strike action
prikbord noticeboard; *(Am)* bulletin board
prikkaart timecard
prikkebeen spindle-shanks
prikkel 1 *(voor vee, enz)* goad; *zie ook* verzenen; **2** *(ve plant, egel, enz)* prickle; *(ve insect, netel, enz)* sting; *(v prikkeldraad)* barb; **3** *(fig)* stimulus *(ook biol)*, spur, incentive [to work], goad
prikkelbaar irritable, touchy, excitable
prikkelbaarheid irritability, touchiness, excitability
prikkelband spike collar
prikkeldraad barbed wire
prikkeldraadschaar wirecutter
prikkeldraadversperring barbed-wire entanglement (*of:* fence)
prikkelen prickle; tickle [the palate], *(inz seksueel)* titillate; *(fig)* irritate, excite, provoke, nettle [a p.], rub [a p.] up the wrong way; rouse [a p.'s curiosity], excite, arouse [a p. sexually]; stimulate [the nerves, the imagination]; *hij fronste geprikkeld de wenkbrauwen* he frowned in annoyance; *iem (elkaar)* ~, *(ook)* get on a p.'s (on each other's) nerves, get under a p.'s skin; *iem* ~ ***tot*** stimulate a p. to [fresh exertions], goad a p. into [fury]; *iems eetlust (begeerte)* ~ whet (give an edge to) a p.'s appetite; *~d* irritating, provoking; titillating; stimulating, exciting
prikkelhoest tickling cough
prikkeling prickling; tickling, tickle [in one's throat]; *(fig)* irritation, provocation, stimulation
prikkellectuur porn, erotica
prikken I *tr* **1** prick [o.s. with a needle, on a rose bush]; *(fam: injecteren)* give a jab; *(ve wesp, enz)* sting; *(door~)* puncture, pierce; *ergens doorheen* ~, *zie* doorprikken; *zich* ~, *(ook)* run a needle into one's thumb, etc; ~ *naar, (ook)* prod, jab, stab at; **2** pin [a notice to the board]; *een datum* ~ find a date; **II** *intr* **1** *(ve wond, lichaamsdeel)* tingle; **2** *(ve werkman)* clock in, clock out
prikker pricker; (cocktail) stick
prikklok time clock
priklimonade aerated (fizzy) lemonade; *vgl* prik 3
prikpil contraceptive injection
prikpop pin-up (girl)
priksle(d)e sledge moved by prickers
prikstok pricker
priktol pegtop
pril youthfully immature; *~le jeugd* early youth; *van zijn ~ste jeugd af* from his earliest days, from his tenderest years (*of:* age); *het ~le groen* the tender verdure
prima I *bn* first-rate, first-class, prime, choice [meat, wine], high-grade [wool], tiptop; *(fam)* top-hole, top-notch, A 1; *(fam, inz Noord-Engeland)* champion [feel champion, sleep champion]; *~!* OK!, fine!, great!, super!; ~ *kwaliteit* first quality; ~ *fondsen* gilt-edged securities; **II** *zn zie* primawissel
primaat primate *(ook dierk, zie* primaten*)*
primaatschap primacy, primateship
prima ballerina prima ballerina
prima donna prima donna
primair primary [colours]; *van* ~ *belang* of paramount importance
primaten *(dierk)* primates
prima vista: *(a)* ~ at sight

primawissel first of exchange
prime *(muz)* **1** tonic, keynote; **2** unison (interval)
primen *(r-k)* prime
primeren 1 be paramount, come first; **2** award a prize to; *geprimeerd* prize(winning) [exhibit, bull]
primeur: *de ~ hebben* be the first to get it (to hear the news, etc); *(ve krant)* get (bring off) a scoop; *~s* early vegetables (*of:* fruit), earlies
primitief primitive, crude; *Primitieven* Primitives; *het gaat er nogal ~ toe, (ook)* things are a bit rough and ready there
primitiviteit primitiveness
primo in the first place; *~ januari* on the first of January
primogenituur primogeniture
primordiaal primordial
primula *(~ veris)* primrose; [greenhouse] primula
primus 1 first; *(op school)* head boy, *(vooral Sch)* dux; **2** *(~brander)* primus (stove)
principaal principal; *ten principale* on the main point
principe principle; *in ~* in principle, essentially; *uit ~* on principle, as a matter of principle; *het is tegen mijn ~* it is against my principles; *volgens het ~ dat* on the principle that; *[bouwen] volgens moderne ~s* on modern lines
principieel fundamental [difference, stand against (for) limitation of arms], essential, *(uit principe, ook)* principled [objection, opponent, standpoint]; *een principiële beslissing* a decision in principle; *~ bezwaar, (ook)* objection on principle; *principiële overeenstemming* agreement in principle; *~, om principiële redenen* for reasons of principle, on (grounds of) principle; *principiële vraag(stelling)* basic question; *hij is zeer ~* he has very strong principles, is a man of principle; *~ dienstweigeraar* conscientious objector, *(fam)* C.O., conchy; *uit principiële overwegingen* from motives of principle
prins prince; *leven als een ~* live like a prince; *zie ook* leven I.1: ~tje; *de ~ gesproken hebben* be tipsy; *van de ~ geen kwaad weten* be as innocent as a newborn babe (a babe unborn); *vertrouwt niet op ~en, (bijb)* put not your trust in princes; *zie ook* leventje
prinsdom principality
prinselijk princely
prinsemarij: *de ~, (sl)* the fuzz
prinses princess
prinsessenbier pale ale, pale beer
prinsessenboon haricot (bean)
prins-gemaal prince consort
prinsgezind(e) (Dutch) Orangist
prinsheerlijk: *daar zat hij ~ in de leunstoel van de burgemeester* there he was, sitting in state in the Mayor's armchair
prinsjesdag day of the opening of the Dutch parliament (third Tuesday in September)
print 1 print; **2** *(uitdraai)* printout
printen print
printer printer
printplaat printed circuit board, PCB
prinzipienreiter stickler for principle
prinzipienreiterei stickling for principle
prion prion
prior prior
prioraat priorate, priorship
priores prioress
priori: *a ~* a priori
priorij priory
priorin prioress
prioritair with priority; *~ behandelen* give priority (to)
prioriteit priority, precedence
prioriteitsaandeel priority (*of:* preference) share
prioriteitslening priority loan
prioriteren prioritize
priorschap priorate, priorship
prise d'eau intake
prisma(kijker) prism (binoculars)
prismatisch prismatic (*bw:* -ally)
prismoïde prismoid
privaat I *bn* private; **II** *zn (vero; inz buitentoilet)* privy, *(in kazerne, enz)* latrine; *(met waterspoeling)* water closet, WC
privaatbezit 1 private property; **2** *(als stelsel)* private ownership
privaatdocent *(hist)* unsalaried (external) university lecturer
privaatgebruik 1 private (personal) use; **2** *(verbruik)* domestic consumption
privaatles private lesson (tuition)
privaatrecht civil law
privaatrechtelijk of (according to) civil law
privatief privative
privatim privately
privatiseren privatize
privatisering privatization
privatissimum *(vglb)* tutorial
privé private [purposes, secretary, use], personal [account, effects]; *voor zijn ~, in (het) ~* for one's own account
privéadres private (*of:* home) address
privéles private lesson (tuition); *~ krijgen* receive coaching [in maths]
privéleven private life; *(levenssfeer)* privacy
privéuitgaven personal spending
privileg(i)e privilege
privilegiëren privilege
pro pro [pro-Boer, pro-German, etc]; *het ~ en contra* the pros and cons [of a case]; [nationalization:] the case for and against
proactief proactive
probaat approved, tried, sovereign [remedy], efficacious, excellent
probabilisme probabilism
probeersel experiment
proberen try, test [the ice, a new invention]; try out [a new car]; taste, sample [wines]; seek [to buy

shares]; *laat hem het eens ~* let him have a try (a shot, a go), let him try his luck; *probeer (nog) eens!* have a (another) try!; *probeer het eens bij hem (hiernaast)* try him (next door); *het anders ~* try another way; *hij probeerde het 3 keer* he gave it three tries; *het (nog eens) met iem ~* give a p. a (another) trial; *probeer dat maar niet (met hem)* don't try it on (with him); *~ de deur te openen* try the door; *probeer het te raden* try and guess; *zie ook* pogen

probleem problem [area, child, drinker, family]; *geen ~!* no problem!; *in de problemen raken* get into difficulties; *een ~ stellen* set (pose) a problem; *in de problemen zitten* have problems, be in trouble

probleemgebied problem (*of:* disadvantaged) area

probleemgericht problem-oriented

probleemloos uncomplicated; [the operation went] smoothly, without a hitch

probleemproducten environmentally harmful waste

probleemstelling definition (formulation) of a problem; *de ~ is (on)juist* the problem has been (in)correctly stated (defined)

problematiek I *zn* problems; problematic nature; issue [the whole issue of the use of atomic energy]; II *bn* problematic

problematisch problematic(al)

procédé process; device, technique [of artistic production]; *een nieuw ~ voor de bereiding van ...* a new processing (*of:* production) method for ...

procederen be at law [*met* with], litigate; *gaan ~* go to law, take legal action, institute (legal) proceedings; *~de partijen* litigants; *zie ook* proces & pro Deo

procedure 1 *(werkwijze)* procedure; 2 *zie* proces

procedureel procedural [error]

procent per cent; *(voor) honderd ~* [I'm] a hundred per cent [in agreement], altogether, totally; *ik voel me geen (weer) honderd ~* I don't feel very fit (I'm right as rain, as fit as a fiddle, again); *zie verder* percent

procentpunt percentage point

procentueel in percentage terms

proces 1 *(verloop, procédé)* process; 2 action, lawsuit, suit, legal proceedings; *(openbare behandeling)* trial; *iem een ~* ***aandoen*** bring an action (proceed, institute proceedings) against a p., sue a p. [for damages], take a p. to court, *(fam)* have the law of a p. [*wegens* for]; *een ~ beginnen* institute (legal) proceedings, go to law; *ik verloor het ~, (ook)* the case was given against me; *een ~ voorkomen* prevent litigation; *een ~* ***voeren,*** zie *in ~ liggen (ve advocaat)* conduct a case [for the client]; ***in*** *~ liggen, in een ~ gewikkeld zijn* be involved in a lawsuit [*met* with]; ***met*** *een ~ dreigen* threaten litigation; *zie ook* vorm

procesbeheersing process control

proceskosten costs (of suit)

processie (religious) procession; *deelnemer aan een ~* processionist

processierups processionary caterpillar

processievlinder processionary moth

processor processor

processtuk record

proces-verbaal *(verslag)* official report, minutes, record; *(bekeuring)* (police) warrant; *~ van de verkoop* report of the sale; *~ maken van* record [a case], make a report of; *~ opmaken tegen iem* take a p.'s name (and address), *(fam)* book a p.

procesvoering 1 litigation, legal proceedings; 2 conduct of a case

proclamatie proclamation

proclameren proclaim; *tot koning ~* proclaim [a p.] king

proconsul proconsul

procreatie procreation

procrustesbed bed of Procrustes

procuratie procuration, power of attorney, proxy; *per ~* per (*of:* by) procuration, p.p., p. pro(c); *gemeenschappelijke ~* joint procuration; *~ verlenen* grant power of procuration to

procuratiehouder managing (chief, confidential) clerk

procurator procurator

procureur solicitor, attorney

procureur-fiscaal Judge Advocate General

procureur-generaal Attorney-General

pro Deo 1 [do s.t.] for love, for nothing, gratis, free of charge; 2 *(jur)* pro bono; *(hist)* in forma pauperis; *vgl* rechtsbijstand

pro-Deoadvocaat *(vglb)* legal aid counsel; *(Am)* assigned counsel; public defender

producent producer

produceren produce, turn out, make; generate [steam]

product 1 product *(ook in wisk)*; production; *(v land, lit enz)* product(ion); *een raar ~, (fam)* a queer chap; 2 *~en, (opbrengst)* produce [exchange, market]

productaansprakelijkheid product liability, PL

productie 1 production; *met de ~ beginnen, (ve fabriek)* start operations, come on stream; 2 *(opbrengst)* output, yield

productieapparaat productive resources

productiecapaciteit productive capacity, output capacity

productief productive, remunerative; *een zeer ~ schrijver* a prolific writer; *zijn kennis ~ maken* turn one's knowledge to account

productiekosten cost of production, production costs

productieleider production manager

productiemiddelen means of production; *duurzame ~* capital goods

productieproces production (*ve artikel:* manufacturing) process

productievermogen productive power

productiviteit productivity, productiveness, productive capacity

proef 1 *(toets)* trial, test; *(ve aspirant-zanger, -decla-*

mator, enz) audition; *(in rek)* proof; *de ~ (een zware ~) **doorstaan*** stand the test (a severe test); *een eerlijke ~ ermee **nemen*** give it a fair trial; *de ~ op de **som** nemen* do the proof; *(fig)* try it out, put it to the proof (the test); *dat is de ~ op de som* that settles it; ***aan** een grondige ~ onderwerpen* subject to a thorough test; ***op** ~* on trial, on approval, [preach] on probation; *op ~ kopen* buy on trial; *6 maanden op ~ zijn* be on probation for six months; *op de ~ stellen* put to the test; try, tax [a p.'s patience]; *stel mijn geduld niet te zeer op de ~* don't try my patience too far; **2** *(natuurk, med, enz)* experiment; *proeven nemen* make (carry out, conduct) experiments; *proeven nemen op* experiment on [rats], try s.t. (a remedy, etc) (up)on [a p.]; **3** *(specimen) ~(je)* sample, specimen [a specimen of his prose], taste; *een ~je nemen (krijgen) van* sample *(ook fig)*; **4** *(bewijs)* proof; *(drukproef)* proof(-sheet); *proeven van **bekwaamheid** afleggen* pass a proficiency examination (a test), give proof of one's ability; *proeve van **bewerking*** specimen page (*of:* part); *proeven **trekken*** pull proofs; *(fot)* proof, copy

proefbalans trial balance

proefballon trial balloon; *(fig ook)* (trial) kite; *een ~ oplaten* send up a trial balloon, fly a kite, throw out a feeler; *bij wijze van ~* [he said so] tentatively

proefbank test bed

proefbestelling trial order

proefblad **1** advance(d) sheet, specimen page; **2** *(drukproef)* proof-sheet

proefboring **1** trial (test, exploration) drilling; *~en doen* carry out drillings; **2** *(boorgat)* trial shaft; *een ~ doen, (ook)* sink a trial shaft

proefdier laboratory (*of:* experimental) animal, test object

proefdraaien *(fig)* do a trial run

proefdruk proof

proefhoudend proof, genuine; *~ blijken* stand the test

proefjaar year of probation, probationary year

proefkonijn laboratory (*of:* experimental) rabbit; *(fig)* guinea pig; *ik wil niet als ~ dienen* I don't want to be experimented (up)on

proefles specimen lesson

proeflezer corrector of the press, proof-reader

proeflokaal bodega, wine vaults; bar

proefmodel pilot model; *(op ware grootte)* mock-up

proefnaald touch-needle

proefneming experiment, trial; *(het nemen van proeven)* experimentation; *~en doen* carry out (conduct) experiments; *zie ook* proef

proefnummer specimen copy

proefondervindelijk experimental, empirical

proefopstelling *(wtsch)* experimental design (set-up)

proeforder trial order

proefpersoon subject of experiment, experimental (*of:* test) subject, guinea pig

proefpreek probation (*of:* trial) sermon

proefproces test case (action, trial)

proefproject pilot project

proefrijden: *~ (in, met)* test-drive [a new car]

proefrit trial run, test drive

proefschrift thesis [for a doctorate] (*mv:* theses), (doctoral) dissertation; *een ~ verdedigen* be examined on a thesis

proefstation experimental (testing, research) station

proefsteen touchstone

proefstemming straw vote (*of:* poll)

proefstomen give [s.t.] a trial run, try [s.t.] out

proefstuk specimen (of work); *(bij gilde)* masterpiece

proefterrein testing ground, testing range

proeftijd (time of) probation, probationary (trial) period, noviciate, probationership, apprenticeship

proeftuin experiment(al) garden, trial plot

proefvaart trial run; *technische ~* maker's trials

proefvel proof(-sheet)

proefveld experiment(al) field, trial plot

proefvlieger test pilot

proefvlucht test flight; *~en doen met* test-fly [a plane]

proefwerk test (paper)

proefzending trial shipment, trial consignment

proesten sneeze; *(ve paard)* snort; *~ van het lachen* explode with laughter; *hijgend en ~d* gasping and puffing

proeve *zie* proef

proeven I *tr* taste (*ook hand:* tea, etc; *ook fig:* sorrow, etc); *(om te keuren, ook)* sample [food]; *(herkennen)* detect, sense; *daar kun je de Schot uit ~* that's where you can detect (recognize) the Scotsman; *God proeft **hart** en nieren, (bijb)* God trieth the heart and reins; II *intr* taste [I can neither taste nor smell]; *ik proef er niets van* I don't taste it; *proef eens van deze wijn* just taste this wine

prof **1** *(in sport)* pro, professional; **2** *(fam voor professor)* professor; *de ~* the prof

prof. Prof., Professor

profaan profane [history, language]

profanatie profanation

profaneren profane

profeet prophet; *de grote en kleine profeten* the major and minor prophets; *een ~ die brood eet* a false prophet; *een ~ is niet geëerd in eigen land* a prophet is not without honour, save in his own country

professen profess

professie profession; *van ~* [a storyteller] by profession, [a] professional [storyteller]

professionaliseren professionalize

professionalisme professionalism

professioneel professional [foul, skill]

professor professor [*in de godgeleerdheid, enz* of (*soms:* in) divinity, etc]; *benoemen tot ~ in de geschiedenis, (ook)* appoint to the Chair of history

professoraal professorial

professoraat professor(i)ate, professorship, [hold a] chair
profetenmantel [assume the] mantle of a prophet
profeteren prophesy
profetes prophetess
profetie prophecy
profetisch prophetic(al) (*bw:* -ally)
proficiat congratulations
profiel 1 profile *(ook typering); (ve gebouw)* vertical section, profile, side view; *in ~* in profile; **2** *(vakkenpakket)* option; **3** *(v staal, enz)* section; **4** *(loopvlak)* tread
profiellijst *(bk)* moulding
profielschets profile
profielzool grip sole, corrugated sole
profijt profit, gain; *zie ook* voordeel
profijtbeginsel direct benefit principle, profit motive
profijtelijk profitable, lucrative
profileren profile; *zich ~* establish an (a public) image; *zich ~ als de nieuwe goeroe* establish o.s. as ...
profitabel profitable, remunerative
profiteren profit; *~ van* profit by, benefit from; *(gebruik maken van)* avail o.s. of; *(soms in ong zin)* take advantage of, cash in on; *vrouwen ~ meer van die gesprekken dan mannen* women get more out of these talks than men; *zoveel mogelijk ~ van* make the most of; *van beide kanten ~* have it both ways; *~ van een bepaling* benefit under a provision
profiteur profiteer
pro forma pro forma, for form's sake; *~ factuur (rekening)* pro forma invoice (account)
profploeg professional team
profspeelster, profspeler pro(fessional)
profylactisch: *~ (middel)* prophylactic
profylaxe, profylaxis prophylaxis
progesteron progesteron
prognaat prognathous, prognathic
prognathie prognathism
prognose prognosis (*mv:* -ses), forecast
prognosticeren prognosticate
program(ma) programme, *(Am & comp)* program, *(pol ook)* platform, *(vast ~, ook)* routine; *(theat ook)* playbill; *(rennen)* racecard; *(school)* curriculum; *(ve cursus)* syllabus; *~ van eisen* list of conditions (requirements, demands); *een punt van hun ~* a point in their programme, *(pol)* a plank in their platform; *het staat niet op het ~* it's not on the programme; *op het ~ staan, (ve acteur)* be billed; *wat staat er voor vandaag op het ~?, (fig)* what are the plans for today?
programmablad radio and tv guide
programmaboekje programme
programmamuziek programme music
programmatisch programmatic
programmatuur software
programmeerbaar programmable
programmeertaal [high-, low-level, basic] programming language
programmeren programme; *(Am & comp)* program; *geprogrammeerd voor zondag* scheduled for ...
programmeur (computer) programmer
progressie progression; *(v belasting)* graduation [of a tax]
progressief progressive; *(v belasting)* graduated [income tax, taxation]
progressiviteit progressiveness
prohibitie prohibition
prohibitief prohibitive [duties]
prohibitionist prohibitionist
project project
projecteren project [roads]
projectgroep working party
projectie projection
projectiedoek (projection) screen
projectiel projectile; *geleide ~en* guided missiles; *een ongeleid ~, (fig)* a loose cannon
projectiescherm (projection) screen
projectievlak projection plane
projectleider project manager
projectonderwijs teaching by means of projects, project learning
projectontwikkelaar (property) developer
projector projector
prol(eet) prole
proletariaat proletariat, proletarians
proletariër proletarian
proletarisch proletarian; *~ winkelen* shoplift(ing)
proliferatie proliferation
prolongatie carry(ing)-over, continuation, margin transactions; *(ve wissel)* renewal; *op ~ kopen* buy on margin, buy [securities] by pledging them
prolongatiepremie, prolongatierente contango
prolongeren continue, carry over [a transaction]; *(wissel)* renew [a bill]; *(film)* continue
proloog prologue, proem
prolurk boor, lout
promenade promenade [deck]
promenadeconcert promenade concert, *(fam)* prom
promesse promissory note, note of hand
promillage permillage; *(mbt alcohol)* blood alcohol level
promille per mil(le), per thousand, [parts] in a thousand
prominent prominent; *~en, zn mv* top people
prominentie prominence
promiscue promiscuous
promiscuïteit promiscuity
promoten promote
promotie promotion, rise, advancement, preferment; *(univ, vglb)* graduation (ceremony), (doctoral) degree ceremony; *(school) zie* bevordering; *~ maken* get promotion
promotiediner graduation dinner; *(v juristen)* call dinner
promotioneel promotional [activities]
promotor 1 (company) promoter; **2** *(univ)* professor

who supervises a student's work for his doctor's degree, supervisor
promovenda, promovendus candidate for a doctorate
promoveren I *intr* graduate, take one's (doctor's) degree; *(sp)* gain promotion; *hij promoveerde in de geneeskunde in 1910* he was awarded the MD in 1910; II *tr* **1** confer a doctor's degree on; **2** *(schaken)* promote (*tot dame:* queen) [a pawn]
prompt prompt *(ook zn)*, ready; *~e aflevering* prompt delivery; *~ betalen* pay promptly; *~ op zijn tijd passen* be punctual; *~ om 7 uur* prompt(ly) at seven o'clock, at seven sharp; *ze viel ~ flauw* she promptly fainted
promptheid promptitude, promptness, readiness
pronk 1 ostentation, show; *te ~ staan* be on show; *(aan de kaak)* stand in the pillory; **2** *(mooie kleren)* finery, Sunday best
pronkboon scarlet runner, runner bean
pronken show off, cut a dash; *(ve mannetjesvogel)* display [to the female]; *~ met* show off [one's learning, one's children], make a show (a display) of, parade; *~ met zijn voorname familie* flaunt one's fine relations; *met andermans (met geleende) veren ~* adorn o.s. with (strut in) borrowed plumes; *een ~de pauw* a peacock displaying his plumage; *(her)* a peacock in his pride
pronker 1 dandy, beau; **2** *zie* pronkboon
pronkerig fond of show, showy, flashy, ostentatious, dressy
pronkerwt sweet pea
pronkjuweel gem, jewel *(beide ook fig)*
pronkkamer best room
pronkster *zie* modepop
pronkstuk showpiece; *zie ook* prachtexemplaar 1
pronkziek *zie* pronkerig
pronomen pronoun
pront 1 pert, jaunty, lively; **2** prompt; **3** smart
prooi prey, quarry; *(gedood dier, ook)* kill; *ten ~ zijn (vallen) aan* be (fall, become) a prey to; *zie ook* wind
prooidier prey
proosdij deanery
proost 1 dean; *(soms, inz hist)* provost; **2** *zie* prosit
proosten drink one another's health, raise glasses, toast
prop 1 ball [of paper], plug [of wadding, earplugs], wad [of paper, cotton]; *(watten, med)* swab, *(~je)* pledget; *(om mee te gooien)* [paper] pellet; *(in pijp)* dottle; *~je, (fig: pers)* dumpy (tubby) person, humpty-dumpty; *ik had een ~ in de keel* I had a lump in my throat; ***op** de ~pen komen* turn up, come up [*met* with]; *hij durft er niet mee op de ~pen te komen* he dare not come out with it; **2** *(op fles)* stopper, stopple, stop; *(ve vat)* bung; *(ve kanon)* wad; *(in de mond)* gag
propaan propane
propaganda propaganda *(ook r-k)*; *~ van de daad* direct action; *~ maken* make propaganda, propagandize; *~ maken voor* carry on propaganda for, propagandize, agitate for [reforms, etc]
propaganderen propagandize
propagandist propagandist
propagandistisch propagandist(ic)
propageren propagate
propedeuse propaedeutic(s)
propedeutisch I *bn* propaedeutic(al), preliminary; II *zn* preliminary (examination), *(fam)* prelim; *(med)* pre-medical (exam)
propeller propeller
proper neat, clean, tidy
properheid neatness, tidiness
propertjes neatly, tidily
propjes *zie* propedeutisch II
proponent candidate for the ministry (for holy orders), postulant
proponeren propose
proportie proportion; *reusachtige ~s aannemen* assume enormous proportions; *zie ook* verhouding
proportioneel proportional, proportionate
proportioneren proportion
propositie 1 proposition *(ook wisk)*, proposal; **2** *zie* proefpreek
proppen *ww* cram, stuff, squeeze; *het eten erin ~* bolt one's food; *in één wagon gepropt* squeezed (crammed) into one carriage
proppenschieter popgun
propperig dumpy, stumpy, stubby, squat
propvol chock-full, chock-a-block, crammed, packed (to its utmost capacity)
propyleeën propylaea
propyleen propylene
pro rata, pro rato *zie* rata: naar ~
proscenium proscenium
prosector prosector, demonstrator
proseliet proselyte; *~en maken* proselytize
proselitisme proselytism
prosit (here's) your health!, here's to you!, (here's) luck!, cheerio!, cheers!, *(bij niezen)* bless you!
prosodie prosody; *van de ~* prosodic
prospecteren prospect [for oil, etc]
prospectie 1 prospecting; **2** market research
prospectief prospective
prospector prospector
prospectus prospectus (*mv:* -tuses)
prostaat prostate (gland)
prostituant (prostitute's) client, *(Am)* john
prostituee prostitute, streetwalker
prostitueren prostitute; *zich ~* prostitute o.s.
prostitutie prostitution
protectie 1 *(in handel, enz)* protection; **2** *(kruiwagens)* influence [owe one's position to influence; everything goes by influence], favour, pull, patronage, interest; *zie ook* kruiwagen
protectionisme protectionism
protectionist(isch) protectionist
protector 1 protector; **2** *(sp)* box

protectoraat protectorate
protégé, protégee protégé(e)
protegeren patronize, favour
proteïne protein
protest protest [action, march, meeting, movement, note, singer, strike; *ook ve wissel*], protestation, remonstrance; *luid* ~ outcry; ~ *tegen een verkiezing* petition against a return; ~ *aantekenen tegen* protest against, enter (register, make, lodge) a protest (an objection) against; *zie ook* protesteren; ~ *opmaken* draw up a protest; *onder* ~ under protest; *zonder* ~ [comply with an order] without demur; *bij wijze van* ~ [raise one's voice] in protest
protestant Protestant
protestantisme Protestantism
protestants Protestant; *~-christelijk* Protestant
protestbrief letter of protest
protesteren protest, remonstrate, expostulate; *(bij jury)* appeal; ~ *tegen* protest against (at, about), take exception to; *(Am ook)* protest [a decision]; *krachtig* ~ make a strong protest, *(tegen)* take strong exception to, declaim against; *een wissel* ~ protest a bill
Proteus Proteus; *van* ~ protean
prothese [dental] prosthesis (*mv:* -ses); *(concr)* artificial limb (teeth, etc)
prothesiologie prosthetics
prothesis *(gramm)* pro(s)thesis
prothetisch prosthetic [dentistry]
protocol protocol; *zie ook* proces-verbaal
protocollair formal, according to protocol
proton proton
protoplasma protoplasm
prototype prototype
protozoön protozoon (*mv:* -zoa)
protsen flaunt [one's wealth *met zijn geld*]
protserig showy, flashy, flauntingly prosperous; *zie ook* poenig
protuberans, protuberantie protuberance
Provençaal(s) Provençal
proveniershuis almshouse, *(hist)* hospital
provenu proceeds *(mv)*; *netto* ~ net(t) provenu
proviand provisions, victuals, [ship's] stores
provianderen provision, victual
proviandering provisioning, victualling
proviandmeester storekeeper, victualler; *(op passagiersschip)* chief steward
providentieel providential
provinciaal *bn & zn (ook r-k)* provincial; *de Provinciale Staten* the Provincial States, *(vglb)* the County Council; *lid van de Provinciale Staten* Provincial (*vglb:* County) Councillor
provincialisme provincialism
provincie province; *'de ~'* the provinces; *iem uit 'de ~'* a provincial
provinciehuis county hall, shire hall
provincieraad *(vglb)* County Council
provinciestad provincial (*of:* country) town
provisie **1** *(voorraad)* provision, stock, supply; **2** *(loon)* commission (*over* on); *(illegaal)* rake-off
provisiebasis: *op* ~ [work] on commission
provisiekamer pantry *(eig voor brood, enz)*, larder *(eig voor vlees, enz)*, storeroom
provisiekast pantry, larder, store cupboard
provisioneel, provisoir provisional
provisor dispenser [at a chemist's]
provisorisch provisional [arrangement, repairs]; *~e voorziening, (ook)* hook-up, lash-up
provocateur agent provocateur
provocatie provocation
provocatief provocative
provoceren provoke; *~d* provocative
provoost **1** (punishment) cell, detention room; **2** *(straf)* close arrest; **3** provost marshal (*of:* sergeant)
provoost-geweldige(r) provost sergeant; *(mar)* master-at-arms
proza prose
prozaïsch prosaic (*bw:* -ally), prosy, matter-of-fact
prozaïst, prozaschrijver prose-writer, prosaist
prude **I** *bn* prudish; **II** *zn* prude
prudent prudent
prudentie [leave s.t. to a p.'s] discretion
pruderie prudery, prudishness
pruik wig (*kort:* bob wig, *lang:* full-bottomed wig), periwig, peruke; *wat een ~ haar!* what a shock of hair!; *zie ook* bokkenpruik
pruikenbol wig- (*of:* barber's) block
pruikenmaker wig-maker
pruikenstijl rococo style
pruikentijd eighteenth century (Holland)
pruilen pout, sulk
pruiler sulky person, sulker
pruilerig sulky, sulking
pruilmondje pout
pruim **1** plum; *(gedroogd)* prune; **2** *(tabaks~)* quid, chew (of tobacco); **3** *(vagina)* twat
pruimedant (blue) prune
pruimen **I** *tr* **1** chew [tobacco]; **2** eat heartily; *(fam)* swallow [an insult]; stand [a p.]; *erin* ~ get caught; *niet te* ~ unacceptable; disgusting; revolting; **3** *(stoomketel)* prime; **II** *intr* **1** chew (tobacco); **2** eat heartily
pruimenboom plum (tree)
pruimenmondje: *ze trok een* ~ she pursed her lips
pruimenpit plum stone
pruimtabak chewing tobacco
Pruis Prussian
Pruisen Prussia
pruisisch-blauw Prussian blue
pruisisch-zuur prussic acid
prul (piece of) rubbish, trashy affair; *(krant, blaadje)* rag; *(ornamentje, enz)* bauble; *(attr, ook)* rotten [play, school]; *het is een ~, (ve ding)* it's totally useless (worthless); *zo'n* ~ such trash (rubbish); *een ~ (ve vent)* a dead loss; *pak je ~len bij elkaar* get your rubbish together

prulding *zie* prul
prullaria trash, junk
prullenbak, prullenmand waste-paper basket; *(Am)* wastebasket; *(sl)* circular file; *het plan verdween in de -bak* the plan was silently discarded
prull(er)ig trashy [novel], shoddy[work], rubbishy [articles], twopenny-halfpenny [ring]
prulpoëet versifier, rhymester, poetaster
prulschrijver scribbler
prune *(kleur)* prune
prunel prunello
prunus prunus
prut mush; *(v koffie, enz)* grounds; *(v melk)* curds; *(modder)* mire, slush; *(sl)* rubbish
pruts *zie* prul
pruts(el)en fiddle, tinker [*aan* at, with], fumble [at s.t.], potter, mess about [with a gadget]
prutser bungler
pruts(er)ig 1 flimsy, clumsy, shoddy; **2** clumsy
prutswerk shoddy (flimsy) work, botchery
pruttelaar(ster) grumbler
pruttelen 1 grumble; **2** *(op het vuur)* simmer, bubble
PS PS, postscript
ps., psalm psalm
psalmberijming metrical psalms
psalmboek psalm-book, psalter
psalmbord psalm board, hymn board
psalmdichter psalmist
psalmgezang psalm singing
psalmist psalmist
psalter(ium) 1 *(instrument)* psaltery; **2** *(boek)* psalter
pseudo- pseudo-[intellectuals, scholarship], bogus [policeman], would-be, pretended [buyer], supposed
pseudoniem I *zn* pseudonym, pen-name; **II** *bn* pseudonymous
pseudo-vogelpest Newcastle disease
psittacose psittacosis
psoriasis psoriasis
pst! *(aandacht)* pst!; *(wegvliegen)* whoosh!
psyche psyche; *de vrouwelijke ~* feminine psychology
psyché cheval glass
psychedelisch psychedelic [drug]
psychiater psychiatrist; *(fam)* shrink
psychiatrie psychiatry
psychiatrisch psychiatric(al); mental [home *inrichting*]
psychisch 1 psychological [pressure, question], mental [disorder; the problem is mental, not physical]; *~ gestoord* emotionally disturbed; *vgl* geestelijk 2 & psychologisch; **2** *(occult)* psychic(al) [Society for Psychical Research]
psychoanalyse psychoanalysis
psychoanalyticus psychoanalyst; *(fam)* shrink
psychoanalytisch psychoanalytic(al)
psychochirurgie psychosurgery
psychodrama psychodrama
psychodynamisch psychodynamic
psychofarmaca psychiatric (psychoactive) drugs
psychogeen psychogenic
psychokinese psychokinesis
psycholinguïstiek psycholinguistics
psychologenjargon *(fam)* psychobabble
psychologie psychology; *zie ook* menigte
psychologisch psychological [block, novel, test, warfare; at the psychological moment]; mental [block]; *vgl* psychisch 1
psychologiseren psychologize
psycholoog psychologist
psychometrie psychometry
psychometrisch psychometrical
psychomotorisch psychomotor
psychoot psychotic
psychopaat psychopath
psychopathisch psychopathic
psychopathologie psychopathology
psychose psychosis, psychotic disorder
psychosomatisch psychosomatic
psychotechniek applied psychology; *(soms)* psychotechnology
psychotechnisch: *~ onderzoek, (vglb)* psychological test(s)
psychotherapie psychotherapy
psychotisch psychotic
psychotroop psychotropic, psychoactive
psychrometer psychrometer
Ptolemeus Ptolemy; *van ~* Ptolemaic
PTT (the) Post Office
puber adolescent
puberaal pubertal; immature, puerile [behaviour]
puberen reach puberty
puberteit puberty, adolescence
puberteitsjaren, puberteitsperiode puberty (age), puberal period
publicabel publishable
publicatie publication
publiceren 1 *(uitgeven)* publish, issue [a book, newspaper]; **2** *(openbaar maken)* make public [a fact], bring (*of:* lay) before the public, issue [a report, statement], release [figures]
publicist publicist
publicitair 1 advertising; **2** publicity [success], media [coverage]
publiciteit publicity [campaign, stunt, value], media coverage; *~ geven aan* give publicity to, make public, air [a grievance]; *in de ~ komen* hit the headlines, get into the limelight
publiek I *bn* public; *~* ***geheim*** open secret; *~* ***huis*** disorderly house; *~* ***maken*** make public, announce [an engagement, etc]; publish; divulge [a secret]; *~* ***worden*** become known, get abroad; *de vergadering werd ~* was opened to the public; *~e* ***veiling*** sale by auction; *~e* ***vrouw*** (common) prostitute; *~e* ***werken*** public works; *~e (terecht)* ***zitting*** open court; *zie* bekend & openbaar; **II** *bw* publicly, in public; *~* ***verkopen*** sell by public auction; **III** *zn* public; *(ge-*

hoor) audience; *er was veel* ~ there was a large attendance; *het grote* ~ the public at large, the general public, the man in the street; *in het* ~ in public; *op het* ~ *spelen* play to the gallery
publiekelijk publicly, in public
publiekrecht public law
publiekrechtelijk corporate; ~ *lichaam* corporation
publieksprijs prize awarded by the public
publiekssport spectator sport
publiekstrekker crowd-puller
puddelen puddle [iron]
pudding *(vglb)* pudding; *chocolade*~ chocolate blancmange
puddingbroodje cream roll
puddingpoeder *(vglb)* blancmange powder; custard powder
pudenda pudenda
pudeur modesty
pueraal: *-rale periode* childhood
pueriel puerile
puf 1 *ik heb er geen* ~ *in* I don't feel like it; **2** undersized fish
puffen puff [with the heat], blow; *(ve machine)* puff, chug; *het* ~ *van een motorboot* the chug-chug of a ...
pufferig close, sultry
pugilist pugilist
pugilistiek pugilism
pui 1 lower front of a building, shopfront; **2** flight of steps (outside a town hall)
puik I *bn* choice, excellent, prime; *zie* prima; **II** *zn zie* puikje
puikbest A 1, first-rate
puikje: *het* ~ *van* the choice (pick, flower) of; *een* ~ a brick, [our new maid is] a treasure, a peach [of a cook]
puilen bulge, protrude; *zijn ogen puilden uit hun kassen* started from their sockets
puilogig pop-eyed
puiloog goggle-eye, pop-eye
puimsteen pumice (stone)
puin rubbish, debris, ruins; *(afbraak)* rubble; ~ *storten* shoot rubbish; *in* ~ *vallen* fall (crumble) into ruin (to pieces); *in* ~ *liggen* lie in ruins; *in* ~ *leggen* reduce to ruins; *in* ~ *rijden* smash up [a car]; *tot* ~ *schieten* shoot (reduce) to rubble
puinbak rubble container; *(fig) zie* puinhoop 3
puinhoop 1 rubbish heap; **2** *(ruïne)* (heap of) ruins; *tussen de puinhopen, (ook)* among the wreckage; **3** *(fig)* shambles, flop, mess
puinkegel talus *(mv:* tali)
puinlaag *(bk)* (layer of) hardcore
puinruimen clear the rubble; *(fig)* clear up the mess, pick up the pieces
puissant enormously [rich]
puist pimple, spot, *(etter~)* pustule; *(jeugd-, vet)~jes* acne; *(steen~)* boil; *zich een* ~ *lachen, (fam)* die of laughing
puistig full of pimples, pimply, pimpled, pustulous
puit frog
puitaal 1 eelpout, viviparous blenny; **2** *(oneig)* burbot
puk 1 *(uk)* tiny tot, shrimp, midget; **2** *(hond)* pug
pukkel 1 pimple; *zie ook* puist; **2** small pack, (ex-army) canvas shoulder bag
pul (pot-bellied) jug, vase, jar, mug, tankard (of beer)
pulken pick; *in de neus* ~ pick one's nose
pulli, pullover pullover, sweater
pulmonaal pulmonary
pulp pulp *(alle bet)*
puls (im)pulse; *~en geven* generate pulses
pulsar pulsar
pulsatief pulsative
pulseren pulsate
pulver (gun)powder
pulverisator spray
pulveriseren pulverize, pound
pummel boor, yokel, lout, bumpkin, clodhopper
pummelig boorish, loutish
pump court shoe
punaise 1 drawing pin, *(inz Am)* thumbtack; **2** *(voor verkeer)* stud [a stud-marked crossing place], *(met reflector)* cat's-eye
punaisepoetser fussbudget
punch(kom) punch(bowl)
puncteren puncture, tap
punctie *(med)* [lumbar, spinal] puncture, [spinal] tap; tapping [of a lung]; pricking [of a blister]
punctualiteit punctuality
punctuatie punctuation
punctueel punctual
punctum! that's that (enough, the end of the matter)!
punctuur puncture
Punisch Punic [wars]; *~e trouw* Punic faith
punker punk rocker, *(Am)* punker
punniken [do] French knitting; *(fig)* tinker [at], fiddle [with]
punt 1 *de* ~: *(spits)* point [of a needle, a cape], tip [of the nose, tongue, tail, finger, cigar, leaf, horn, wing], toe(cap) [of a shoe]; *(ve zakdoek, boord)* corner [turndown corners]; *(ve taart)* wedge; *zie ook* taartpunt; *~je, (broodje, vglb)* roll; *(leesteken)* (full) stop, period; *~je, ~je, ~je* dot, dot, dot; *ik doe het niet, ~(, uit)!* I won't do it, and that's it (and that's that)!; *(seks)* nookie; ***dubbele*** ~ colon; *~en en strepen, (telegraaf)* dots and dashes; *de **fijne** ~jes gaan (zijn) er bij hem af* he is losing (has lost) his grip; he is getting (has got) rusty; (*zo ook:* his French is a bit rusty); *als ~je bij **paaltje** komt* when it comes to the point (the crunch); ***witte** ~jes* [tea with] white leaf tips; *we zullen er maar een* ~ *achter **zetten*** we'll call it a day; *ergens een* ~ *achter zetten* put an end to s.t.; *de ~jes op de i zetten* dot one's i's and cross one's t's; *een* ~ *zetten (bij), (plat)* screw; **2** *het* ~: *(ve lijn, ve weg, bij spel, enz)* point; *(stip)* dot; *(ve programma, agenda, enz)* item; *(ve aanklacht)* count [of an indictment]; *(ve pol programma)* plank [in a plat-

form]; *(kwestie)* issue [make an issue of s.t.]; *dat mag geen ~ zijn* that should not be a consideration; *het ~ onder discussie* the point at issue (in question); *~en, (school, examen)* marks [be 14 marks ahead of the second on the list]; *~en geven op werk, (school, enz)* mark papers; *hoeveel ~en heb je?, (sp)* what is your score?; *hij heeft de meeste ~en* he is top scorer; *tien ~en maken* score ten; *de sterke en zwakke ~en, (ook)* the strengths and weaknesses [of the plan]; *daar kun je een ~je aan* ***zuigen*** match that if you can; *alles was* ***in*** *de ~jes* everything was in apple-pie order, was shipshape; *in de ~jes gekleed* impeccably dressed; *in de ~jes verzorgd* [her hands were] elaborately manicured, [she was] beautifully groomed; *iets tot in de ~jes kennen* have a thorough knowledge of s.t., know s.t. inside out, know [a lesson] pat; *hij zag er altijd in de ~jes uit* he always looked very neat (immaculate); ***op*** *beide ~en schuld erkennen* plead guilty on both counts; *op het ~ van opleiding, kleding, enz* in the matter of ..., as far as ... goes (is concerned); *op dit ~* [there is no need for anxiety] on this point (*of:* score); *op veel ~en verschillen* differ on many points; *de regering werd op dat ~ verslagen* the government was defeated on that issue; *op het ~ staan (zijn) om ...* be on the point of ...ing, be about to ...; *op het ~ om in te storten (in tranen uit te barsten)* on the verge of collapse (of tears); *op ~en winnen* win on points; *op ~en verslaan* beat on points, outpoint; *~* ***voor*** *~ beantwoorden* answer point by point; *zie ook* dood, punctum, zwak, enz

puntbaard pointed beard; *korte ~* Vandyke beard

puntboord butterfly (*of:* wing) collar

puntbroodje *(vglb)* roll

puntdak pointed (*of:* peaked) roof

puntdicht epigram

puntdichter epigrammatist

puntdraad barbed wire

punteerkunst stippling, stipple work

punteerwerk stippled drawing (*of:* etching)

punten point, sharpen [a pencil]; *(het haar)* trim [have one's hair trimmed]

puntendeling draw

puntendiagram scatter diagram

puntenlijst mark(s) list; score sheet

puntenschaal scoring table

puntenslijper pencil sharpener

puntenstelsel *(distributie)* points system

puntentelling **1** scoring table, count; **2** scoring

puntentotaal points total, total points

puntenwolk scatter diagram

punter *(schuit)* punt

'punteren punt

pun'teren stipple, dot (*ook muz:* dotted notes)

puntgaaf in mint (perfect) condition

puntgevel gable

punthaak angle bracket

punthelm spiked helmet

punthoed pointed (steeple-crowned) hat

punthoofd: *ik krijg er een ~ van, (fam)* it drives me mad (up the wall); *ik schrok me een ~* I nearly jumped out of my skin

puntig pointed, sharp *(beide ook fig)*, spiky [cactus], jagged [rocks]

puntkomma semicolon

puntlas(sen) spot-weld

puntlijn dotted line

puntmuts pointed (conical) cap

puntschoen pointed shoe

puntsgewijs point by point

puntuur *(typ)* points

puntzak cone-shaped bag, *(Am)* cornet

pupil **1** *(onmondige)* ward, pupil, charge; **2** *(leerling)* pupil; *(sp)* junior; **3** *(vh oog)* pupil

puree purée; *(v aardappelen)* purée of potatoes, mashed potatoes, *(fam)* mash; *in de ~ zitten, (fam)* be in the soup

puren gather [honey]

pureren purée

purgatie purge, purgation

purgatief *zie* purgeermiddel

purgatorium purgatory

purgeermiddel purgative, purge, aperient, cathartic

purgeren purge o.s., take a purgative; *laten ~* purge [a p.]

purificeren, purifiëren purify

purisme purism

purist purist

puristerij purism

puristisch puristic (*bw:* -ally)

puritanisme puritanism, *(hist)* Puritanism

puritein puritan, *(hist)* Puritan

puriteins puritan [party], puritanical

purper purple; *het ~ ontvangen* be raised to the purple; *zij zijn in het ~ geboren* they were born in the purple

purperachtig purplish

purperen **I** *bn* purple; **II** *ww* (em)purple

purperhoen sultan(a), purple waterhen

purperkleurig purple

purperkoet purple gallinule

purperreiger purple heron

purperrood purple

purperslak murex, purpura

pur sang total, utter, thorough, out-and-out [villain]; *(pred ook)* par excellence; *(v paard)* thoroughbred

pus pus

push push

pushen push [a p., drugs, ideas, products]

put *(waterput)* well; *(kuil)* pit; *~je (in wang, enz)* dimple, *(v pokken)* pockmark; *(weg~je)* gully hole; *in de ~ zijn* be out of heart (in the dumps); *een bodemloze ~, (fig)* [pour money into] a bottomless pit (a sieve); *zie ook* kalf & kuil

putbaas foreman of a gang of navvies

putdeksel 1 lid (*of:* cover) of a well; **2** drain cover
puthaak well-hook; *over de ~ trouwen, (hist)* marry over the broomstick
putjesschepper sewerman
puts 1 (leather) bucket, pail; **2** pailful, bucketful
putsch putsch, coup (d'état)
putten draw [water; *ook fig:* draw hope from ...]; *~ uit* draw on [one's imagination, experience]; *uit een werk ~* draw on a work, lay a work under contribution; *een saldo om uit te ~, (ook)* a balance to fall back (up)on
putter 1 [water] drawer; **2** *(vogel)* goldfinch
putting(want) futtock shrouds
putzuiger gully-sucker
puur pure, sheer [nonsense, lunacy]; bitter [chocolate]; neat [Scotch], raw [spirits]; *cognac ~* brandy neat; *een ~ verzinsel* a pure fabrication; *~ verlies* a dead loss; *uit pure goedhartigheid* out of pure kind-heartedness; *zij deed het ~ om je te plagen* purely (merely) to tease you
puzzel puzzle
puzzelen puzzle [*op* over]; do puzzles
pygmee pygmy
pyjama pyjamas *(mv),* pyjama suit, suit (*of:* pair) of pyjamas, *(Am)* pajamas
pylon (traffic) cone
pyloon *(poort, mast)* pylon; *(v brug)* tower
Pyreneeën: *de ~* the Pyrenees
Pyrenees Pyrenean
pyriet pyrites
pyromaan pyromaniac; *(fam)* firebug
pyromanie pyromania
pyrometer pyrometer
pyrotechnicus pyrotechnist
pyrotechniek pyrotechnics
pyrotechnisch pyrotechnic(al)
Pyrrusoverwinning Pyrrhic victory
Pythagoras: *stelling van ~* Pythagoras' (Pythagorean) theorem (*of:* proposition)
Pythia Pythia
pythisch Pythian
python python, anaconda
pythonissa pythoness
pyxis *(r-k)* pyx

q

q (the letter) q
q.q. afk van *qualitate qua* ex off(icio)
qua qua, as, as regards, as to [size]; ~ *aantal* as far as numbers go
qua- *zie ook* kwa-
quadrafonie quadra-, quadrophonics, quadrophony
quadrafonisch quadra-, quadrophonic
Quadragesima Quadragesima
quadriljoen quadrillion; *(Am)* septillion
quadrille quadrille
quadrilleren play quadrille
quadroon quadroon
quadrupel quadruple
quadruplet quadruplet
quaestor, quaestrix treasurer
quaker Quaker, member of the Society of Friends, Friend
qualitate qua ex officio
quand même all the same, for all that
quant quantum
quantité négligeable negligible quantity
quantum *zie* kwantum
quarantaine quarantine [anchorage, buoy, flag]; *in ~ liggen* be in quarantine; *in ~ plaatsen* (put in) quarantine
quartair 1 *~e sector* public sector; **2** *Q~, (geol)* Quaternary
quarterone quadroon
quarto quarto
quasar quasar
quasi 1 quasi; pretended, mock [seriousness]; *~ liefdadig* quasi charitable; *hij deed ~ alsof...* he pretended to ..., he made believe to ...; **2** virtually [impossible]
quasi-stellair object quasi-stellar object, QSO
quatertemperdag Ember day
quatre-mains: *à ~* for four hands; *een ~* a (pianoforte) duet; *~ spelen* play duets (a duet)
quatsch (stuff and) nonsense, bosh
queeste quest
querulant grievance-monger, grumbler, grouser; *(fam)* barrack-room lawyer
questionaire questionnaire
queue 1 queue, line; *~ maken* form (stand in) a queue, line up, queue up; **2** *(v biljart)* cue; **3** *(ve japon)* bustle
quiche quiche
quidam: *een rare ~* a queer fish
quiëtisme quietism
quiëtist quietist
quintiljoen quintillion; *(Am)* nonillion
quiproquo mistake, misunderstanding
Quirinaal Quirinal
quitte [be] quits, even [I mean to be even with you yet]; *~ of dubbel* double or quits; *de rekening is ~* the account balances; *het ~ rekenen* cry quits; *~ spelen, enz* break even
qui-vive who goes there?; *op zijn ~ zijn* be on the qui vive (on the alert); *niet op zijn ~, (ook)* off one's guard
quiz quiz
quizzen quiz
quodlibet medley, potpourri; double entendre, (feeble) pun; *(muz)* quodlibet
quod non which is not the case
quorum quorum; *zonder ~* inquorate
quota, quote quota, share
quoteren 1 establish [production] quotas; limit, ration; **2** assess, mark
quotiënt quotient
quotisatie assessment, allotment of shares
quotiseren assess, allot shares
quotum quota, share

r

r (the letter) r

ra 1 yard; **2** *zie* raden

raad 1 *(~geving)* advice, counsel (*een ~* a piece, a word of advice); *Gods ~, zie* raadsbesluit; *iem ~ **geven*** advise (counsel) a p. [*over* on]; *dat is een **goede** ~* that is good advice (a good piece of advice); *nu was goede ~ duur* now we (they) were in a fix, now it was hard to know what to do next; *[iems] ~ **inwinnen*** ask (take) [a p.'s] advice; ***neem mijn ~ aan*** take my advice; *~ **schaffen*** find (come up with) a solution; *iems ~ **volgen*** take (follow, act on) a p.'s advice; *hij **weet altijd** ~* he is never at a loss (for an expedient), has a solution for everything; *er ~ op weten* be equal to the occasion; *ik weet (me) geen ~ (meer), ben ten einde ~* I am at my wit's (wits') end, at a loss what to do; *geen ~ weten met* not know what to do with [o.s., one's money]; *met die opmerking weet ik geen ~* I don't know how to take ...; *met zijn figuur geen ~ weten, zie* verlegen; *hij wist geen ~ met zijn tijd* time hung heavy on his hands; ***met** ~ en daad bijstaan* assist by (in) word and deed, assist and advise; ***op** ~ van* at (on) the advice of; *op mijn ~* at (on) my advice; *met iem **te rade gaan*** consult (*Am:* advise with) a p.; *met iems belangen (zijn eigen gevoel, enz) te rade gaan* consult a p.'s interests (one's own feelings, etc); *iem **van** ~ dienen* advise a p.; ***volgens** iems ~ handelen* act on (go by) a p.'s advice; *daar is ~ **voor** (op)* that can be managed (remedied); *zie ook* eind; **2** *(~gever)* counsellor; *(lid van ~)* councillor; **3** *(lichaam)* council, board; *de ~ vergadert morgen* the (town) council will meet tomorrow; *Raad van Arbeid* Labour Board, Board of Labour; *Raad van Beheer (van Bestuur)* Board of Directors; *Raad van Beroep* Board (*of:* Tribunal) of Appeal; *(voor belastingen)* special commissioner; *Raad van Beroerten* Council of Troubles; *zie ook* bloedraad; *~ van commissarissen* Board of Directors; *Raad van Europa, Europese Raad* Council of Europe; *Raad van Toezicht en Discipline, (vglb)* Disciplinary Committee (of the Law Society); *Raad van State* State Council, Council of State *(niet in Eng:* the Privy Council *is zeer verschillend); ~ van toezicht* supervisory board; *zie ook* gemeenteraad; ***in de** ~ zitten* sit (be) on the (town) council

raadadviseur *(in ministerie)* ministerial adviser

raadgevend advisory [body], consultative [committee], consulting [engineer]; *~ bureau* (firm of) management consultants, consulting agency

raadgever adviser, counsellor

raadgeving (piece of) advice

raadhuis town (*inz Am:* city) hall

raadhuiskelder *zie* raadskelder

raadje wheel; *zie* rad & radertje

raadkamer council chamber; *in ~, (jur)* in chambers; *het hof ging in ~ om zijn uitspraak te overwegen* the court retired to consider their finding

raadpensionaris Grand Pensionary

raadplegen consult [a p., a book], take counsel (*Am:* advise) with [a p.], see [the doctor], refer to [one's notes, documents, a dictionary]; *met elkaar ~* take (hold) counsel together; *nuttig om te ~* [the list is] useful for reference; *raadpleeg pagina 5* see page 5

raadpleging consultation; reference [to one's diary]

raadsbesluit *(vd raad)* decision, decree; *(v God)* decree, ordinance, [divine] order, dispensation [of Providence]

raadscommissie council committee

raadsel riddle, enigma, puzzle [life is full of puzzles]; *het (hij) is mij een ~* it is a mystery to me (I can't make hm out); *in ~en spreken* speak in riddles; *zie ook* opgeven

raadselachtig enigmatic(al), puzzling, baffling [mystery, conduct]

raadselachtigheid mysteriousness, enigmatic character

raadsfractie: *de socialistische ~* the socialist members of council (group on the council)

raadsheer 1 councillor, senator, *(jur)* justice; **2** *(schaaksp)* bishop; **3** *(duif)* capuchin, jacobin

raadskelder town-hall cellar restaurant

raadslid councillor, member of the (town) council

raadslieden advisers; *de ~ der Kroon* HM government

raadsman (legal) adviser; *(advocaat)* counsel; *sociaal ~* welfare officer

raadsvergadering meeting of the (town) council, council meeting

raad(s)zaal council chamber

raadzaam advisable, expedient; *het ~ achten* see (think) fit; *niet ~* inadvisable

raadzaamheid advisability, expediency

raaf raven; *witte ~* rara avis (*mv:* rarae aves), black swan; *al zouden de raven het uitbrengen* though it were the stones that would cry out (*of:* disclose the matter); *zie ook* stelen

raafachtig raven-like; corvine [birds]

raaigras ryegrass; *(dolik)* darnel

raak telling [repartee, retort]; *zijn opmerkingen zijn ~* his remarks are to the point (*fam:* are spot-on); *die was ~* it was a hit (a bull's eye), the shot went home; *het is weer ~, (fig)* here we go again; *elk schot was ~* every shot told, took effect; *een stoot die ~ is* a home thrust; *maar ~ praten, enz* talk etc away;

vraag maar ~ ask away, go right ahead; *zie ook* los: er op los; ~ *schieten (gooien, enz)* hit the mark; ~ *schieten, (ook)* shoot to kill; ~ *schot, rake slag, enz* hit; ~ *slaan* hit home

raaklijn tangent

raakpunt *(ook wisk)* point of contact; *geen enkel* ~ *hebben* have nothing in common (no common ground, no ground in common)

raakvlak 1 tangent plane; **2** *(fig)* interface; *vgl* raakpunt

raam 1 *(venster)* window [a window of six lights]; *(schuif~)* sash; *(boven deur)* transom (window), *(waaiervormig)* fanlight; *(ve broeikas)* frame; *aan (voor) het* ~ *staan* stand at the window; *door het* ~ *binnenkomen* come in through (*of:* at) the window; *door het* ~ *naar binnen kijken* look in at the window; *voor het* ~ *liggen, (v waren)* be in the window; *uit het* ~ *kijken* look out of the window; *zie ook* dubbel; **2** *(lijst, enz)* frame; *(fig)* framework; *zie ook* kader; **3** *(schatting)* estimate; *(mikpunt)* aim; *(kromme)* bias

raamakkoord general (outline) agreement, agreement on essentials

raamantenne frame (*of:* loop) aerial (*Am:* antenna)

raamkoord sash cord

raamkozijn window frame

raamvertelling frame story

raamwerk frame(work)

raamwet *(vglb)* [act providing a] legislative framework

raap 1 turnip; *(knol-, kool~)* swede, Swedish turnip; *(veevoer)* rape; *nu zijn de rapen gaar* now the fat is in the fire; **2** *(horloge)* turnip; **3** *(fam)* body; *iem op zijn* ~ *komen* tan a p.'s hide; *voor zijn* ~ *schieten* shoot (in head or body); *recht voor zijn* ~ without mincing matters, straightforwardly

raapbord mortarboard, hawk

raapkoek rape-cake, rapeseed cake

raapkool kohlrabi, turnip cabbage

raapolie rape(seed) oil, colza (oil)

raapstelen turnip tops

raapzaad rapeseed

raar queer [affair, feel queer], strange [noise], odd [behaviour]; funny [my head feels funny sometimes]; *het ging er* ~ *toe* there were strange goings-on; *een rare (Chinees, kwibus, enz)* a queer chap (fellow), a rum customer, an odd fish, *(Am)* a flake; ~ *doen* behave in an odd way (fashion); *doe niet zo* ~ stop being so silly; *zie ook* dwaas, vreemd & opkijken

raarheid strangeness, queerness, oddity

raasdonders marrow(fat) peas

raaskallen rave, talk nonsense

raat honeycomb; *honing in de* ~, *~honing* honey on (in) the comb, comb honey

rabarber rhubarb

rabarbersteel stick of rhubarb

rabat 1 (trade) discount, reduction, rebate; *wederverkopers 20%* ~ 20 per cent to the trade; *met 5%* ~ at a discount of five per cent; **2** *(rand)* (flower) border; *(ve gordijn)* valance; **3** *(bk)* rebate, rabbet

rabatdeel rebated board

rabatteren deduct

rabauw blackguard, scallywag

rabbelen gabble, jabber

rabbi, rabbijn rabbi

rabbijns, rabbinaal rabbinic(al)

rabbinaat rabbinate

rabdomant dowser, water-diviner, *(Am ook)* rhabdomancer, rhabdomantist

rabiaat rabid [opponent]

rabiës rabies

race race

raceauto racing car; *(raceautootje voor elektr racebaan)* slot car

racebaan racecourse; *(voor auto's)* circuit; *(voor motoren)* speedway; dirttrack

raceboot speedboat

racefiets, racejacht, enz, racer

racemisch racemic [compound]

racen race; *(inz fig)* rush

racepaard racehorse, racer

raceplee *(fam)* motor scooter

racer racer

racestuur drop handlebars

rachitis rachitis, rickets

raciaal racial

racisme racism, racialism

racist(isch) racist

racket racket

rad I *bn* **1** swift, nimble; *(v paard)* sound; **2** *(v spraak)* voluble, fluent, glib [tongue]; *hij is* ~ *van tong* he has the gift of the gab, has a well-oiled tongue; *ze sprak verbazend* ~ she talked at a tremendous rate; **II** *zn* wheel *(ook strafwerktuig); (tand~)* cog(wheel); ~ *van* ***avontuur (der fortuin)*** wheel of Fortune; *het* ***grote*** ~, *(op kermis)* big wheel, *(Am)* Ferris wheel; *iem een* ~ *voor* ***ogen*** ***draaien*** throw dust in a p.'s eyes; ~ ***slaan*** turn (*of:* do) cartwheels (a cartwheel); *het* ***vijfde*** ~ *aan de wagen zijn* be de trop; *zie ook* radertje, wiel & galg

radar radar [astronomy, beacon, display, screen, trap]

radarmast radar pedestal

radau uproar

radbraken break (up)on the wheel; *(fig)* abuse (murder) [a language, the King's English]; *ik ben (als) geradbraakt* I am completely knackered

raddraaier ringleader, bell-wether

radeergom, radeergum(mi) (ink) eraser

radeermesje erasing knife, eraser

radeernaald burin

radeloos at one's wit's (wits') end, distracted, desperate

radeloosheid desperation, desperateness, desperate state

raden 1 *(raad geven)* advise, counsel; *het is je ge~, dat zou ik je ~, (dreigend)* you'd better; ***laat*** *je ~* take my (his, etc) advice; *zie ook* geraden; **2** *(gissen)* guess; *raad eens wat ik hier heb* guess what I have here; *je hebt het geraden* you've got (*of:* guessed) it; *ik* ***geef*** *het je te ~* you'll never guess; *je raadt het nooit* you'll never guess; *je raadt het in geen twintig keer* I'll give you twenty guesses; ***mis (goed)*** *~* guess wrong (right); *goed geraden* guessed it (in one go); ***ra, ra, wat is dat?*** riddle-me-ree; *ra, ra, wie is dat?* guess who (it is); *~* ***naar*** guess at, make (give) a guess at, have a shot at; ***erom*** *~, (vglb)* draw lots (for it), toss up (for it); *zie ook* wild III: in het ~
radenrepubliek soviet republic
raderboot paddle boat, paddle steamer
raderdiertjes rotifera, wheeled animalcules
'raderen trace [a pattern]
ra'deren erase, scratch out; etch
raderkast paddle box
radertje wheel; *een klein ~ in het geheel* (just) a cog in the machine
raderwerk wheelwork, wheels; *(ve klok)* clockwork; *het gehele ~ in beweging brengen* set all the wheels going
raderwieltje tracing wheel
radheid swiftness, nimbleness; *(v tong)* volubleness, volubility, glibness
radiaal I *bn* radial; II *zn (wisk)* radian
radiaalband radial (tyre)
radiair radial
radiant radiant (point)
radiateur *zie* radiator
radiatie 1 radiation; **2** deletion, erasure
radiator radiator
radicaal I *bn* radical [cure, change, reform(er)], sweeping [changes], thorough, root-and-branch [reformer]; *radicale hervorming, (ook)* drastic (thoroughgoing) reform; *~ tegengesteld aan (gekant tegen)* radically opposed to; *~ middel* desperate remedy; II *zn* certificate, diploma; *(pers & in chem)* radical
radicaliseren radicalize
radicalisme radicalism
radijs radish
radio radio *(ook toestel), (vs tv, scherts, ook)* steam radio; *door de ~ horen* hear on (over) the radio; *de ~ stond aan* the radio was on; *zie ook* aanhebben
radioactief radioactive
radioactiviteit radioactivity
radioamateur radio amateur; *(fam)* (radio) ham
radioastronomie radio astronomy
radiobaken radio beacon
radiobesturing radio control
radiobiologie radiobiology
radiodiagnostiek radiodiagnostics
radiodistributie rediffusion
radiograferen radiograph
radiografie radiography
radiografisch radiographic(al)
radiogram radiogram
radio-isotoop radioisotope
radiologie radiology
radiologisch radiological
radioloog radiologist
radiomast radio mast, radio tower
radiometer radiometer
radio-omroep broadcast(ing)
radiopeiling 1 radio direction-finding; **2** radio bearing(s)
radiorecorder radio cassette recorder
radioscopie radioscopy
radiosonde radiosonde
radiostation radio station
radiostilte radio blackout, radio silence; *(fig)* news blackout
radiotelefonie radio-telephony
radiotelegrafie radio-telegraphy
radiotelegrafisch radio-telegraphic
radiotelegrafist(e) radio operator
radiotelegram radio(tele)gram
radiotelescoop radio telescope
radiotherapie radiotherapy
radiotoestel radio (set), radio (receiver)
radioverslag radio report (commentary)
radiozender radio transmitter
radium radium
radiumhoudend radium-bearing [ore]
radius radius *(mv:* radii); *zie ook* actieradius
radix radix
radja rajah
radkrans wheel rim; *(v tandrad)* toothed rim; *(v spoorrad)* wheel flange
radlijn cycloid
radome radome
radon radon
radslag cartwheel
radstand wheelbase
radvenster wheel window, rose window
rafactie allowance for damage
rafel(draad) ravel
rafelen *tr & intr* ravel out, unravel, fray; *gerafeld* frayed
rafelig frayed
raffelen gabble; *zie verder* afraffelen
raffia raffia
raffinaderij (sugar) refinery
raffinadeur refiner
raffinage refining
raffinement refinement; sophistication; subtlety
raffineren refine
rag cobweb; *zo fijn als ~, zie* ragfijn
rage craze, rage; *dat is nu een ~* it's all the rage now
ragebol ceiling mop; *(fig)* mop, shock (of hair)
ragen sweep away cobwebs
ragfijn gossamer, filmy, sheer; *(fig)* subtle
raggen flap

ragout ragout, stew, hash
raid raid
rail rail; *uit de ~s lopen* leave (run off) the rails (the metals), jump the rails, be derailed
raillas fishplate
railleren banter, chaff, poke fun [at a p.]
raillerie raillery, chaff, banter
railverbinding rail link
raison reason; *à ~ van* at (the price of); *~ d'être* raison d'être
raisonnabel reasonable
raisonneren argue
rak 1 [river] reach, straight; **2** *(mar)* truss
rakel 1 *zie* rakelijzer; **2** *(typ)* squeegee
rakelen rake
rakelijzer fire-rake, raker
rakelings: *iem (iets) ~ voorbijgaan* brush (skim) past a p. (a thing), graze [his car grazed a cart]; *de kogel ging ~ langs mijn hoed* the bullet narrowly missed my hat; *~ langs de grond gaan* skim (over) the ground
raken 1 *(treffen)* hit [the mark, the target]; *de steen raakte hem tussen de ogen* the stone caught (took) him ...; *'m ~, (drinken)* knock back a few, booze; *(eten)* stoke up, tuck in; *(eten & drinken)* guzzle; *(hard werken)* slave away at one's job; **2** *(aan~)* touch; ***elkaar*** *~, (ook in meetk)* touch; *de stofdeeltjes ~ elkaar nooit* the particles of matter are never in contact; *geschiedenis en aardrijkskunde ~ elkaar dikwijls* history and geography frequently overlap; *~* ***aan*** touch (*ook fig:* a cherished institution which must not be touched); *zie ook* komen: ~ aan; **3** *(ranselen)* lam (*of:* pitch) into [a p.]; **4** *(aangaan)* affect, concern; *dat raakt* ***mij*** *niet* that does not concern me, is not my business; *het raakt u meer dan iem van ons* it concerns (affects) you more than any of us; **5** *(ge~)* get [out of order *defect*]; *zie ook* geraken; *de voorraden ~ uitgeput* the supplies are getting exhausted; *ik raakte door mijn kleren heen* I was getting short of clothes; *we raakten erover aan de praat* we got talking about it; ***in*** *gesprek ~* fall into conversation; *in moeilijkheden ~* get into difficulties; *zijn wiel raakte in de tramrails* his wheel caught in ...; ***te*** *water ~* fall (get) into the water; *de verloving raakte* ***uit*** the ... was broken off; *uit het gezicht ~* drop out of sight; *zie ook* brand, drank, grond, stuk, vlot, enz
raket 1 *(tennis, enz)* racket, racquet; *(bij pluimbal)* battledore; **2** *(vuurpijl, enz)* rocket [motor, plane]; *(projectiel)* [anti-missile] missile; **3** *(plant)* hedge mustard
raketaandrijving rocket drive, rocket propulsion; *met ~* rocket-propelled
raketspel rackets, racquets, battledore and shuttlecock
raketten play at rackets (at battledore and shuttlecock)
raketwerper rocket launcher
rakingshoek angle of contact
rakker 1 *(ook scherts)* rascal, rogue, scapegrace; *een ~ van een jongen* a pickle of a boy; **2** *(hist, vd schout)* catchpole, (Bow Street) runner
ral *(vogel)* rail
rally [the Monte Carlo] rally
rally-paper *(sp)* **1** paperchase; **2** point-to-point race
ralreiger squacco (heron)
ram 1 ram; *de R~, (in dierenriem)* Aries, the Ram; **2** *(konijn)* buck (rabbit)
ramadan Ramadan
rambam: *krijg het ~!* drop dead!; *zich het ~ werken* work o.s. to death
ramboetan rambutan; *Chinese ~* lychee, *(Am)* litchi
ramee ramie, China grass
ramen estimate, compute [*op* at]; *te hoog, te laag ~* over-, underestimate
raming estimate; *vgl* ramen
ramkraak ram raid
rammei battering ram
rammeien batter, ram
rammel 1 *(pers & geluid)* rattle; *hou je ~!* shut up!; **2** *(pak) ~* hiding; *zie ook* rammeling & rammelkast
rammelaar 1 *(voor kind)* rattle; **2** *(babbelaar)* rattle; **3** *(haas, konijn)* buck (hare, rabbit)
rammelen 1 rattle [at the door]; *(v borden enz)* clatter; *(v ketenen)* clank; *(v geld)* jingle; *dit schilderij 'rammelt' enigszins* this picture is a bit of a jumble; *~d betoog* shaky (unsound) argument; ***door elkaar*** *~* shake [I could have shaken her]; ***met*** *zijn geld ~* jingle one's money; *ik rammel* ***van*** *de honger* I am famished; *doen ~* rattle [the wind rattled the windows]; **2** *(kletsen)* rattle, chatter; **3** *(paren)* mate
rammeling [give a p. a] dressing down, drubbing
rammelkast *(rijtuig)* rattletrap; *(auto)* jalopy, ramshackle car, old crock, boneshaker; *(piano)* tinpot piano
rammelkous chatterbox, rattle
rammen 1 ram [a ship, a post into the ground; ram into another car], bash [the door in], wrench [the door off its hinges, the radio from a car]; **2** scrap; **3** *(sl)* screw; **4** *(jeugdsl)* nosh
rammenas black radish
ramp disaster [area, fund; *ook fig:* that teacher is a disaster]; calamity, catastrophe; *de ~en van de oorlog* the evils of war; *zie ook* overmaat
rampassen *(Ind)* pillage, loot
rampeneren damage
rampenplan contingency plan
rampetamp prick
rampetampen bonk
rampgebied afflicted (distressed, disaster) area
rampjaar calamitous year
rampokken plunder, loot, commit (armed) robbery
rampspoed adversity
rampspoedig 1 *(rampspoed ondervindend)* ill-fated; **2** *(onheilvol)* calamitous, disastrous
ramptoerist (morbidly curious) sightseer at disaster scene

rampzalig 1 disastrous, fatal; **2** *(jammerlijk)* wretched, miserable; **3** *(tot ondergang gedoemd)* doomed, ill-starred
rampzalige wretch(ed person)
rampzaligheid wretchedness, misery
ramsj unassorted goods, irregulars, *(inz boeken)* remainders
ramsjen remainder
rancune rancour, grudge, ill will; *~ tegen iem koesteren* bear a p. a grudge; *sans ~* no hard feelings
rancunemaatregelen *(na staking)* victimization
rancuneus rancorous, vindictive
rand *(ve hoed, beker)* brim; *(v papier, blad van boom)* margin; *(v behangsel)* frieze; *(ve stoel, tafel, bed; ook van water, bos, enz)* edge; *(ve kleed, karpet, bloembed)* border, edging; *(inz tussen karpet en wand)* surround; *(ve munt, kopje, vat, oog)* rim; *(ve glas, vaas, greppel, ook)* lip; *(ve afgrond)* brink; *(ve bos, ook)* fringe; *(ve put)* parapet; *(vooruitstekende ~)* ledge [of a mantelpiece; a rocky ledge]; *(in bad)* tidemark; *(munt)* (Kruger)rand; *~je vet, (aan vlees)* rim of fat; *zie ook* hoed & [1]zoom 2; ***aan de ~ van*** on the verge of [the grave, ruin, starvation], on the skirt(s) of [the town], on the brink of [war, the grave], on the fringe of [society], [it brought me] within an ace of [a breakdown]; ***met rode ~en*** red-rimmed [eyes]; ***op het uiterste ~je*** on the very edge; *nogal op het ~je, (ve grap)* rather risky (risqué), a bit off, near the knuckle; ***tot aan de ~ vullen*** fill [a glass] to the brim
randaarding rim earthing (*Am:* grounding)
randapparatuur peripheral (input and output) devices, peripherals
randdebiel I *zn* moron; II *bn* moronic
randen *ww* border; *(munten)* mill
randfiguur minor figure
randgebergte mountain range forming the boundary of a plateau
randgebeuren peripheral activities, concomitants
randgebied fringe area
randgemeente suburb, suburban district
randglosse marginal note (gloss)
randgroep fringe group
randgroepjongere teenage drop-out
randschrift *(v munt, medaille)* legend
randstaat border (*of:* frontier) state
randstad (circular) conurbation, urban agglomeration, *(Am vglb)* interurbia
randstempeling *zie* randschrift
randverschijnsel sideshow; *kunst dreigt een ~ te worden* art is threatening to become merely marginal
randversiering ornamental border
randvoorwaarde limiting condition; precondition, prior condition [for further progress]; *(natuurk)* boundary condition
rang I *zn* rank, degree, grade, position; *bevorderd tot de ~ van ambassadeur* raised to the status of ambassador; *1e ~, (theat)* dress circle, stalls; *(op sportveld)* front seats; *2e ~* upper circle; *(op sportveld)* back seats; *~ **en stand*** rank and station (in life); *een hoge ~ bekleden* hold high rank; *in ~ staan boven (beneden)* rank above (below); *in ~ volgen **op*** rank after; *plaatsen **op** de eerste ~* seats in the stalls (dress circle); *zie ook* dubbeltje; *mensen van elke ~ en stand* people from all walks (every walk) of life, all sorts and conditions of men; *van de eerste ~* first-class [hotel, etc]; II *tw: ~ (klets, boem)!* bang!, wham bam!
rangcijfer number
rangeerder shunter, *(Am)* switchman
rangeerheuvel hump
rangeerlocomotief shunting engine, *(Am)* switch engine
rangeerschijf turntable
rangeerspoor siding
rangeerterrein marshalling yard, *(Am)* switchyard
rangeren shunt, *(Am)* switch; *zich ~* settle down
ranggetal ordinal (number)
ranglijst (priority) list; *(sp)* [league, etc] table; [world] rankings, standings; *(fig ook)* league table; *(v officieren)* Army List; *5 jaar achteruitgezet worden op de ~* forfeit (lose) five years' seniority
rangnummer number
rangorde order
rangregeling *(in faillissement)* list of admitted claims
rangschikken 1 range, arrange [in order of size, according to subjects]; set out [in rows]; marshal [arguments, etc]; *(papieren)* arrange, file; **2** *(classificeren)* class, classify; *(naar kwaliteit, bevoegdheid, enz)* grade; *(tabellarisch)* tabulate; *~ onder* range (group, class) under [two heads], class among [the string instruments]
rangschikkend *(gramm)* ordinal
rangschikking arrangement, marshalling, classification
rangtelwoord ordinal (number)
ranja orangeade
rank I *zn* tendril; II *bn* slender, slim [of stature]; *(v schepen)* easily capsized, crank
ranken put forth tendrils, climb, twine
ranonkel ranunculus (*mv:* -luses, -li)
ranonkelachtig ranunculaceous; *~en* ranunculaceae
rans 1 rancid; **2** mating season
ransel 1 knapsack, rucksack; *(mil)* knapsack, pack; **2** *(pak) ~* hiding
ranselen thrash, flog, give a drubbing (thrashing); *(sl)* whop, wallop, lick; *iem halfdood ~* beat a p. within an inch of his life
ransheid rancidness
ransuil long-eared owl
rantsoen ration, portion, allowance; *op ~ stellen, zie* rantsoeneren
rantsoenbeweiding strip grazing
rantsoeneren ration, put on rations
ranzen mate
ranzig rancid; *(inz fig)* raunchy

ranzigheid rancidity; *(inz fig)* raunchiness
rap 1 nimble, quick, agile; ~ *van voet* swift of foot, swift-, light-, fleet-footed; **2** rap [music]
rapaille rabble, riff-raff
rapé rappee
rapen pick up, gather, collect; ~ *en schrapen, zie* passen: ~ en meten*; zie ook* berapen
rapheid nimbleness, quickness, agility
rapier rapier; *(schermdegen)* foil
rappel 1 *(herinnering, aanmaning)* reminder; **2** *(med)* booster (injection); **3** *(ve gezant)* recall
rappelleren recall; *iem iets* ~ recall s.t. to a p., remind a p. of s.t.; *zich iets* ~ recall (remember) s.t.
rappen rap
rapport 1 report *(ook op school)*, statement; *een ~ opmaken* draw up a report; ~ *maken van* report [an offence]; *(een gunstig)* ~ *uitbrengen* report (favourably) [*over* on]; **2** *(bij hypnose)* rapport
rapportage report(ing)
rapportcijfer report mark
rapporteren *tr & intr* report [*aan* to; *over* on]
rapporteur reporter; *(pol)* rapporteur [of a conference]
rapsodie rhapsody
rapsodisch rhapsodical
rapunzel *(plant)* rampion
rara *zie* raden: ra, ra
rare *zie* raar
rarefactie rarefaction
rarekiek peep-show, raree show
rarigheid 1 *zie* raarheid; **2** *(concr)* oddity, curiosity
rariteit curiosity, curio; *~en, (ook)* bric-a-brac
rariteitenkabinet, rariteitenverzameling museum (collection) of curiosities; *(op kermis)* freak show
ras I *zn* race [of men]; breed, stock [of animals]; variety [of plants]; strain [of animals, plants, bacteria]; *(attr)* pedigree [dog, etc], natural [talent], born [artist, athlete], thorough(going) [bastard, fool]; *van zuiver* ~ thoroughbred, of a pure strain; *van een goed* ~ *zijn* come of a good stock (*of:* strain); **II** *bw* soon, quickly; **III** *bn* quick, swift, rapid; *zie ook* schrede
rasdier purebred
rasecht true-, pure-bred, thoroughbred, pedigree [dog], true-born, 100 per cent [Arab], true to type; *zie ook* ras I *(attr)*
rasechtheid trueness to type
rasegoïst: *hij is een* ~ he is selfish to the core
raseren raze to (level with) the ground
rasheid quickness, swiftness, rapidness, speed, rapidity
rashond pedigree (true-bred, pure-bred) dog
rasidioot prize idiot
raskenmerken racial characteristics; points [of a dog]
rasp (wood) rasp; *(keuken~)* grater, shredder; *(muz)* guiro
raspaard thoroughbred, blood horse; *~en, (coll)* bloodstock
raspen grate [cheese, etc], shred [vegetables], rasp [wood, etc]; *(geluid)* rasp
rasperig rasping, grating [noise]
rasphuis *(hist)* rasp-house, house of correction
rassendiscriminatie racial discrimination
rassengelijkheid racial equality
rassenhaat race (racial) hatred, rac(ial)ism
rassenkunde ethnology
rassenleer racial doctrine
rassenonderscheid race distinction(s)
rassenscheiding (racial) segregation; *opheffing der* ~ desegregation; *voorstander van* ~ segregationist
rassenstrijd race (racial) conflict
rassentheorie racial theory
rassenvermenging mixture of races, miscegenation
rassenvraagstuk racial problem
rassenwaan racism
rassenzuivering ethnic cleansing
rasta Rasta(farian)
rastahaar dreadlocks
raster 1 lath; **2** *(techn)* screen [printing]; **3** *(tv)* raster
rasteren 1 fence; **2** screen
rastering, rasterwerk lattice(-work), trellis-work, grating, grill, railing, wire fence
rasuur erasure
rasvee pedigree cattle, bloodstock
rasveredeling race culture, eugenics, stirpiculture
rasvooroordeel race (racial) prejudice
raszuiver racially pure; *vgl* rasecht
rat rat *(ook pers: sujet); een oude ~, (fig)* an old hand (*of:* fox); *de ~ten verlaten het zinkende schip* the rats are leaving the ...; *van de ~ten gebeten (besnuffeld)* stark staring mad
rata: *naar* ~ pro rata, in proportion; *naar ~ bijdragen* make pro rata contributions; *naar ~ omslaan, (Am)* prorate; *zie verder* gelang: naar ~
***rataffia** *(Wdl: ratafia)* ratafia
rataplan 1 rataplan, rub-a-dub; **2** *de hele* ~ the whole lot (caboodle)
ratatouille ratatouille; *(fig)* hotchpotch
ratel 1 rattle *(ook: kletser)* **2** *(plant)* rattle; **3** *(tong)* clack, clapper; *hou je ~!* keep your trap shut!; **4** *(techn)* ratchet; *zie ook* ratelkous & ratelpopulier
ratelboor ratchet brace
ratelen rattle; *(vd donder)* rattle, crash, roll; *~de donderslag, zie* ratelslag; *er maar op los* ~ rattle away, rattle on
ratelkous chatterbox
ratelpopulier trembling poplar, aspen
ratelslag rolling peal of thunder
ratelslang rattlesnake
ratificatie ratification
ratificeren ratify
ratiné ratine, rat(t)een, ratiné
ratio 1 reason; *(grond)* rationale; **2** *(verhouding)* ratio
rationalisatie rationalization
rationaliseren rationalize

rationalisme rationalism
rationalist rationalist
rationalistisch rationalist(ic)
rationeel rational
ratjetoe hotchpotch, mishmash; *(fig ook)* medley, farrago, olio
rato: *naar ~* pro rata; *zie* rata
rats *zie* ratjetoe; *in de ~ zitten* be in a (blue) funk (in a stew), have cold feet, have the wind up
ratsen *(fam)* pinch
ratsmodee 1 devil; **2** caboodle
rattengif rat poison; *(lit)* ratsbane
rattenkoning 1 cluster of rats (with interlocked tails); **2** *(fig)* inextricable problem, Gordian knot
rattenkruit arsenic
rattenstaart rat's tail *(ook vijl)*
rattenval rat-trap
rattenvanger 1 rat-catcher; *de R~ van Hamelen* the Pied Piper (of Hamelin); **2** *(hond)* ratter
rattig vicious
rauw 1 *(niet bereid)* raw, uncooked; crude [alcohol]; **2** *(vd huid)* raw [wound], sore; *een ~e keel* a sore throat; *dat viel me ~ op het lijf* that was an unexpected blow; **3** *(v geluid)* hoarse, harsh, raucous [voice]; **4** *(fig)* crude [schemes], tough (hard-boiled) [types]; *zie ook* ruw
rauwelijks, rauwelings unexpectedly, unawares, without due process
rauwheid rawness, crudity, etc
rauwkost (dish of) raw vegetables
rauwkostsalade crudités
rauwmelks raw-milk [cheese]
rauzen *(sl)* kick up a row; *(met auto, enz)* scorch
ravage havoc, destruction; *een ~ aanrichten (in)* cause, play havoc, wreak havoc in
ravelijn ravelin, demilune
ravenaas 1 carrion; **2** *(fig)* gallows bird
ravenbek 1 raven's bill; **2** *(werktuig)* bent gouge
ravenbeksuitsteeksel coracoid process
ravenzwart raven-black
ravigotesaus ravigote sauce
ravijn ravine, gorge, gully, canyon
ravioli ravioli
ravissant ravishing
ravitailleren provision, victual
ravotten romp
rawah *(Ind)* swamp
rayon 1 area; *(ve handelsreiziger, ook)* territory; **2** *(kunstzij)* rayon
rayonchef area supervisor
razeil square sail
razen rage, bluster, rave; *het water raast* the kettle is singing; *het verkeer raast voorbij* roars past (at great speed); *~ en tieren* storm and rage
razend furious [*op* with], raving, mad, in a tearing passion; infuriated [the infuriated mob]; *zie ook* woedend; *ben je ~?* are you mad?; *het ~ druk hebben* be tremendously busy; *ik heb een ~e **honger*** I am starved; *een ~e **hoofdpijn*** a splitting headache; *iem ~ **maken*** drive a p. mad, make a p. furious; *~ **veel geld hebben*** be rolling in it; *~ **veel pret hebben*** have a wonderful (marvellous) time; *~ **verliefd*** madly in love [*op* with]; *het is om ~ **te worden*** it's enough to drive you mad
razende madman; *als een ~* [he drove] like mad, like one possessed; *zie ook* bezeten, vaart
razendsnel double-quick [in answering], [do s.t.] in a flash; *vgl* vaart 3: in ... ~
razernij frenzy, madness, rage; *tot ~ brengen* drive to frenzy
razzia razzia, (police, mass) raid, round-up, swoop; *een ~ houden onder (op)* round up [criminals], make a clean sweep of, swoop down on
re *(muz)* re
reaal *(munt)* real
reactie reaction, response; *als ~ op* in reaction to; revulsion (of feeling); *de ~s in de Arabische landen* the repercussions in ...; *een positieve ~ vertonen, (med)* test positive [for the Aids virus]
reactief reactive
reactiemotor reaction (type) engine; reaction drive
reactietijd reaction (response) time
reactievermogen reactive power
reactievertrager retardant
reactionair *bn & zn* reactionary
reactiveren reactivate
reactor reactor
reageerbuis test-tube [baby]
reageerbuisbevruchting test-tube (*of:* in vitro) fertilization
reageerder reactor
reageermiddel reagent, test
reageerpapier test paper, litmus paper
reagens reagent, test
reageren react; *~ op* react (up)on [a p., each other; *ook in chem*], react to [a blow, stimulus, an action, impressions], respond (be responsive) to [kindness, irony, proper treatment]; *niet ~ op, (ook)* ignore [a rude remark]; *vgl* reactie
realia, realiën realities, real facts, practical things
realisatie realization
realiseerbaar realizable, feasible
realiseren 1 realize; *zich ~* realize, take on board; **2** *(handel)* realize, convert into money, cash, sell
realisme realism
realist realist
realistisch realistic (*bw:* -ally)
realiteit [a sense of] reality
realiter actually, in actual fact
realpolitik Realpolitik
reanimeren resuscitate; *(alleen fig)* reanimate
rebbe rabbi
rebel rebel, mutineer
rebelleren rebel, mutiny
rebellie rebellion, mutiny
rebels rebellious, mutinous; *~ zijn op* be furious with

rebus rebus, picture (pictorial) puzzle
rebuten dead letters
recalcitrant recalcitrant, refractory
recapitulatie recapitulation
recapituleren recapitulate, sum up
recensent reviewer, critic
recenseren review; *(kort aankondigen)* notice; *(meestal ong)* criticize
recensie 1 review, criticism, critique; *(kort)* notice; *het boek heeft goede ~s* is favourably reviewed; **2** *(filologie)* recension
recensie-exemplaar review(er's) copy
recent recent; *van ~e datum* of recent date
recentelijk recently
recepis scrip (certificate)
recept 1 *(keuken~)* recipe *(ook fig); (chem)* formula; **2** *(dokters~)* prescription; *medicijn alleen op ~* p.o.m., prescription-only medicine, *(en niet geadverteerd)* ethical medicine; *zonder ~ verkrijgbaar* obtainable over the counter; *zie ook* klaarmaken & voorschrijven
receptenboek receipt (recipe, prescription) book; *vgl* recept
recepteren dispense, prepare, make up [medicines]
receptie reception; *~ ten hove* [hold] court
receptief receptive
receptiekamer, receptiezaal reception room
receptionist(e) receptionist
receptuur dispensing (of medicines)
reces recess; *op ~ gaan* go into recess, rise [till Easter], adjourn; *op ~ zijn* be in recess
recessie recession
recessief recessive
recette takings, receipts, box-office money; *(sp ook)* gate (money)
rechaud hotplate; *(vglb)* chafing dish
recherche detective force, criminal investigation department, CID, *(Am)* FBI; *(tegen smokkelarij)* preventive force; *fiscale ~* enquiry branch of the Inland Revenue
recherchebureau detective agency
rechercheur detective; plain-clothes policeman; *(sl)* dick; *particuliere ~* private detective (inquiry agent, investigator), *(fam)* private eye
recherchevaartuig revenue cutter
recht I *zn* **1** *(bevoegdheid, aanspraak)* right, claim, title; *~ van **beroep*** right of appeal; *~ van **bestaan*** raison d'être, ground for existence; *deze wet heeft haar ~ van bestaan bewezen* this act has justified its existence; *de ~en van het **dier*** animal rights; ***goddelijk** ~ der vorsten* divine right of kings; *~ van **gratie*** prerogative of mercy; *~ van **koop*** [rent a house with] option of purchase; *~ op **pensioen*** right (claim, title) to a pension; *geen ~ van **spreken** hebben* have no right to speak, be out of court, *(om mee te spreken in een zaak)* have no say in the matter; *evenveel ~ van spreken hebben als* have an equal voice with; *het ~ van de **sterkste*** the law of the jungle; *de ~en van de mens* human rights; *~ van **terugkoop*** right (power) of redemption; *~ van **uit-, opvoering*** performing rights; *~ van **vereniging** en vergadering* freedom of assembly, right of (public) meeting; *~ van **voorkoop*** option, (right of) pre-emption, preemptive right; *~en van de **vrouw*** woman's (women's) rights; *zijn goed ~ **bewijzen*** make out one's case; *het is zijn goed ~ om te weigeren* he has a right to refuse; *~ **geven** op* entitle to; *~ **hebben** op* have a right (a title) to, be entitled to; *~ (geen ~, alle ~) hebben om te ...* have a (the) right (no right, every right) to ...; *u hebt niet het ~ de betaling te weigeren* you are not justified in refusing payment; *hij heeft oudere ~en* he has a prior claim; *de eerste (oudste) ~en hebben op* have first call (first claim) on; *krijgen waar men ~ op heeft* come into one's own; *hij is **in** zijn ~* he is within his right(s) (in the right); ***met** ~* rightly, justly, with good reason; *met ~ boos zijn* be justifiably angry; *zie ook* terecht; *met alle ~* with every right; ***tot** zijn ~ komen* show (appear) to full advantage; *de lijst deed het schilderij tot zijn ~ komen* the frame set off the picture to advantage; *dit portret laat u (helemaal) niet tot uw ~ komen* this portrait does not do you justice; **2** *(gerechtigheid)* right, justice; *het **geschreven** ~* statute law, the written law; *het ~ in zijn **loop** belemmeren* interfere with the course of justice; *zie ook* loop; *~ **doen*** administer the law (*of:* justice); *iem ~ doen* do a p. justice; *zorgen dat er ~ gedaan wordt* see justice done; *~ verkrijgen* obtain (get) justice; *zich ~ **verschaffen*** procure justice; *zichzelf ~ verschaffen* take the law into one's own hands; *~ **zoeken*** seek justice; *het ~ is aan zijn **kant*** he has right (*of:* justice) on his side; *in ~en aanspreken* take legal proceedings against, sue [a p. for damages *om schadevergoeding*; for libel *wegens smaad*]; *in de ~en studeren* read law, read for the Bar; ***naar** ~, zie* rechtens; **3** *(wetten, rechtsgeleerdheid)* law; **4** *(belasting, meestal mv)* duties, customs, *(op postwissel)* poundage, *(aanteken~)* [registration] fee; *zie ook* burgerlijk, initiatief, ongeschreven, vrij, wedervaren, enz; **II** *bn* **1** *(niet krom)* straight [line]; *~ als een **kaars**, zie* kaarsrecht; *de afstand is 40 mijl in ~e **lijn*** the ... as the crow flies; *zie ook* lijn 3; *~ van **lijf** en leden* sound in body and mind; *~ **maken*** straighten; *~ **oversteken*** cross at right angles; *het ~e **stuk**, (sp)* the [final, home] straight; *~ **trekken*** straighten [one's tie], adjust [one's clothes], pull straight; *vgl* 3; *~ **zetten*** adjust [one's hat], put [one's hat] on straight; straighten [have one's teeth straightened]; *vgl* 3; *zit mijn hoed ~?* is my hat straight?; **2** *~e **hoek*** right angle; *~e **steek**, (breien)* plain stitch; **3** *(juist, goed)* right [the right word]; *de ~e **man** op de ~e plaats* the right man in the right place; *~ en **billijk*** just and fair; *het ~e ervan* [I don't know] the rights of the case (of it, of the story); *het ~e ervan te weten te komen* get to the bottom of the matter; *~ **trekken**, (iets onbillijks)* set right; *vgl* rechttrekken; *~ **zetten**, (fig)* correct,

put [a thing] right; *vgl* 1; *zie ook* evenredig, [1]pad, tijd, zee, enz; **III** *bw* rightly, right, quite; [walk] straight; *~ vliegen* fly a straight course; *~ toe, ~ aan* [keep] straight on; *~ toe ~ aan gaan, (ook, fam)* follow one's nose; *ik weet niet ~ of ...* I don't quite know if ...; *nu begon ik eerst ~ te ...* now I really began to ...; *iem ~ in het gezicht kijken* look a p. full in the face; *~ zo die gaat!, (mar)* as she goes!, keep steady!; *zie ook* echt, klimming, raap, regelrecht, zee, enz

rechtaan straight on

rechtbank court of justice (of law), law court; *(deftig)* tribunal; *(fig)* tribunal, bar [at the bar of public opinion]; *de plaatselijke ~, (ook)* the local bench; *een zaak voor de ~ brengen* take a matter into court; *de zaak zal door de ~ beslist worden* the matter will be settled in court; *zie ook* gerecht II.1

rechtbuigen straighten (out)

rechtdoor 1 straight on; **2** straight (through), straightaway

rechtdoorzee: *dat is niet ~* that is not fair and square; *zie ook* zee: recht door ~

rechtdraads with the grain

rechte straight line

rechtelijk *zie* gerechtelijk & rechtens

rechteloos *(ve pers)* without rights; *(ve staat)* lawless, anarchic

rechten I *intr* administer justice; **II** *tr* **1** *(rechtmaken)* straighten; **2** *(terechtstellen)* execute

rechtens by right(s), in justice, rightfully, according to the law; *het komt hem ~ toe* it belongs to him by right

rechter I *zn* judge, justice; *~ van instructie* examining magistrate, investigating judge *(geen Eng titels)*; *eigen ~ spelen* take the law into one's own hands; *naar de ~ stappen* go to law [against a p., on a matter]; *hij werd voor de ~ gebracht* he was put on trial; *zie ook* gerecht II.1; **II** *bn* right [leg]; right-hand [corner, door, side]; *(ve rijtuig, enz)* off [1] [off front wheel, offside]; *~ bovenhoek* top right-hand corner; *~ (Am: linker) buitenspiegel* offside mirror

rechterarm right arm; *(schermen)* sword arm

rechterbeen *zie* rechter II

rechter-commissaris *zie* rechter I: ~ van instructie; *(faillissement)* official receiver

rechterhand right hand; *(fig)* [my] right-hand man, right hand; *laat uw ~ niet weten wat uw linker doet* let not thy right hand know what thy left hand doeth; *aan de ~* on the right (right hand, right-hand side)

rechterkant *zie* rechterzijde

rechterlijk judicial [enquiry, post], legal; *de ~e macht* the judicature, the judiciary; *~ vonnis* judicial sentence; *zie ook* dwaling

rechter-plaatsvervanger deputy judge

rechtersambt judgeship

rechterstoel [appear before God's] judg(e)ment seat, tribunal

rechtervleugel right wing *(ook v partij)*; *lid van de ~* right-winger

rechtervoet right foot

rechterwiel offside wheel[1]

rechterzijde right (side), right hand; *(ve rijtuig, enz)* offside[1]; *de ~, (pol)* the Right, the right

rechtgeaard right-minded; *zie ook* rechtschapen

rechtgelovig orthodox

rechthebbende rightful claimant

rechthoek rectangle, oblong

rechthoekig 1 *(v vorm)* rectangular; **2** *(met rechte hoek)* right-angled [triangle]; *~ op* at right angles to

rechthoekszijde one of the sides containing the right angle in a right-angled triangle; *de twee ~n* perpendicular & base *(het Eng kent geen specifieke term)*

rechtlijnig rectilinear, rectilineal; *~ tekenen* linear (*of:* geometrical) drawing; *zich ~ voortbewegen* move in a straight line; *~e houding* consistent attitude; *~ denken, (ook, ong)* have a one-track mind

rechtmaken straighten (out)

rechtmatig rightful, lawful, legal, legitimate; *met ~e trots* with legitimate (*of:* proper) pride

rechtmatigheid rightfulness, lawfulness, legality, legitimacy

rechtop upright, [walk] erect, on end; *~ zitten* sit up (straight); *~ gaan staan (zitten)* stand (sit) up, straighten o.s.; *zie ook* overeind

rechtopstaand vertical, erect, upright

rechtover just opposite

rechts I *bw* to (on, at) the right; *~ en averechts breien* knit plain and purl; *drie ~, drie averechts* three plain, three purl; *~ en links, links en ~* [borrow money] right and left, [hit out] left, right and centre; *~ en links van mij* to the right and the left of me; *~ boven (beneden, onder)* (at) top (bottom) right; *naar ~* to the right; *naar links en ~ kijken* look right and left; *zonder ~ of links te kijken, (fig)* without fear or favour; *hij zat ~ van haar* on her right; *~ van de tafel* to the right of ...; *~ houden (afslaan)* keep (turn) to the right; *~ ... richt u!* right ... dress!; *~ ... zwenken!* right ... wheel!; **II** *bn* **1** *zie* rechter II; *het ~e portier, (ook)* the offside[1]door; **2** right-handed; dexterous; **3** *(pol)* [parties] of the right; *de ~en* the right (wing, wingers)

rechtsachter *(sp)* right back

rechtsaf to the right; (turn) right [at the pub]; *zie ook* afslaan

rechtsbedeling administration of justice

rechtsbeginsel principle of justice

rechtsbegrip sense (concept) of justice

rechtsbenig right-footed [player]

rechtsbevoegd competent

rechtsbevoegdheid competence, jurisdiction

rechtsbijstand legal assistance; *kosteloze ~* legal aid

rechtsbijstandsverzekering legal expenses insur-

1 bij links houdend verkeer

1 bij links houdend verkeer

ance

rechtsbinnen inside right

rechtsbuiten outside right, right-winger

rechtschapen honest, upright, honourable

rechtschapenheid honesty, uprightness, integrity, probity

rechtscollege court, bench

rechtsdraaiend *(natuurk)* dextrorotatory

rechtsdwaling miscarriage of justice

rechtsgang judicial process

rechtsgebied jurisdiction

rechtsgebouw courthouse

rechtsgebruik judicial (legal) custom

rechtsgeding lawsuit; *een ~ voeren* conduct a case

rechtsgeldig legal, valid in law, legally valid; *~ worden* [the Home Rule Act will] become law (pass into law)

rechtsgeldigheid legality, validity

rechtsgeleerd legal, juridical; *zie ook* rechtskundig

rechtsgeleerde lawyer, jurist, jurisconsult

rechtsgeleerdheid jurisprudence; *faculteit der ~* faculty of law

rechtsgelijkheid equality before the law, equality of rights (of status)

rechtsgevoel sense of justice

rechtsgrond legal ground

rechtshalve in justice; *zie ook* rechtens

rechtshandeling act in law

rechtshandig right-handed

rechtsherstel rehabilitation

rechtshulp *zie* rechtsbijstand; *bureau ~* law centre, law clinic

rechtsingang: *~ verlenen tegen* commit for trial

rechtskracht force of law, legal effect (force)

rechtskundig legal, juridical; *zie ook* advies, adviseur, bijstand; *~ bureau* solicitor's office

rechtskundige lawyer, solicitor

rechtskwestie question of law, legal question

rechtslijnend *(typ)* right-justifying

rechtsmacht jurisdiction

rechtsmiddel (legal) remedy, remedy at law

rechtsmisbruik abuse of justice

rechtsom to the right; *~!* right ... turn!

rechtsomkeert! about ... turn!; *~ maken* face (to the right) about; *(fig)* do a U-turn, turn on one's heel, *(en er vandoor gaan)* turn tail; *~ laten maken* face [a company] about

rechtsongelijkheid legal inequality

rechtsonzekerheid legal insecurity

rechtsorde legal order; *de ~, (ook)* the rule of law; *de ~ handhaven* maintain law and order

rechtspersoon legal person; *(orgaan)* corporate body, corporation; *fictieve ~* artificial person; *als ~ erkennen* incorporate

rechtspersoonlijkheid corporate capacity, incorporation; *~ hebben (verkrijgen)* be incorporated

rechtspleging 1 administration of justice, judicature; **2** judicial procedure

rechtspositie legal status (position, standing)

rechtspraak 1 administration of justice; jurisdiction; **2** *(jurisprudentie)* jurisprudence

rechtspraktijk practice at the Bar; *de ~ uitoefenen* practise at the Bar

rechtspreken administer (*of:* do) justice; *~ over* sit in judgement (up)on

rechtspunt legal question, point of law

rechtsregel: *een ~* a rule of law

rechtsstaat constitutional state

rechtstaal legal terminology, language of the court(s)

rechtstaan stand up(right)

rechtstandig perpendicular, vertical, [mounted] upright

rechtstandigheid perpendicularity

rechtsterm legal term

rechtstitel legal title

rechtstreeks I *bw* direct [access; write direct to ...], directly [descended from ...]; *zie ook* regelrecht; **II** *bn* direct [connection]

rechtsverdraaiing strained interpretation of the law, perversion of justice

rechtsverhouding legal relation

rechtsverkrachting violation (perversion) of justice (of the law)

rechtsvermoeden *(jur)* presumption of fact; *~ van overlijden* presumption of death

rechtsvervolging prosecution; *zie ook* ontslaan

rechtsvordering action, (legal) claim; *een ~ instellen* put in a claim; *wetboek van burgerlijke ~* Code of Civil Procedure

rechtsvorm legal form

rechtsvraag *zie* rechtskwestie

rechtswege: *van ~, a) zie* rechtens; *b)* [appointed] by the court

rechtsweigering denial of justice

rechtswetenschap jurisprudence

rechtswezen (system of) judicature, administration of justice

rechtswinkel (free) legal advice centre, *(vglb)* Citizens Advice Bureau; *vgl* rechtshulp

rechtszaak lawsuit, cause

rechtszaal courtroom; *in de ~ zijn* be in court; *zie ook* ontruimen

rechtszekerheid legal security

rechtszitting *zie* terechtzitting

rechttijdig *zie* tijdig

rechttoe straight on; *zie* recht III

rechttrekken straighten; *zie* recht II.1

rechtuit straight on; *(fig) zie* ronduit; *al maar ~ lopen* go straight on, *(fam)* follow one's nose

rechtvaardig just, righteous [man, indignation], fair [judgement], equitable [share, solution]

rechtvaardigen justify, warrant [a course of action], legitimate [a claim]; *zich ~, (ook)* vindicate o.s., put o.s. right [*tegenover* with; *in de ogen van* in the eyes of]; *niet te ~* unjustifiable, unwarrantable, gratuitous [provocation]; *zie ook* gerechtvaardigd

rechtvaardigheid righteousness, justice
rechtvaardigheidsgevoel sense of justice (of right and wrong)
rechtvaardiging justification, vindication; *ter ~* in justification, in vindication [*van* of]
rechtverkrijgende assign
rechtvleugelig orthopterous; *~en* orthoptera
rechtzetten straighten (out), set right, adjust, correct, rectify
rechtzinnig(heid) orthodox(y)
recidive recidivism, relapse (into crime, of a disease)
recidiveren relapse into crime; *(v ziekte)* recur
recidivist recidivist, old (*of:* repeated) offender
recief temporary receipt; *(sch)* mate's receipt
recipiënt recipient; *(natuurk, chem)* receiver
recipiëren receive, entertain
reciproceren reciprocate, return [a visit]
reciprociteit reciprocity
reciproque reciprocal
recirculatie recycling
recital recital
recitatief recitative
reciteren recite, declaim
reclamant claimant; *(klager)* complainant
reclamatie 1 petition, claim; notice of objection; complaint; **2** *(terugvordering)* reclamation
reclame 1 advertising, advertisement, publicity; *(opschrift)* special offer; *dat is geen ~ voor hun zaak* that is not a good advertisement for their business; *~ maken* advertise; *~ maken voor* advertise, publicize, boost; **2** *(concr)* sign; **3** *(vordering)* claim; *een ~ indienen* put in a claim [*bij* with]; *een ~ aannemen (inwilligen, intrekken)* entertain (allow, waive) a claim; **4** *(klacht)* complaint; *(tegen belasting)* appeal; **5** *(typ)* catchword
reclameaanbieding (special) offer
reclameadviseur publicity expert
reclameafdeling advertising (*of:* publicity) department
reclameartikel special offer; *~en, (proefbusjes, enz)* publicity material, advertising matter
reclamebiljet (advertisement) poster
reclameblaadje advertising leaflet; *(krantje)* free sheet
reclameblok *(radio & tv)* advertising slot
reclamebon gift coupon
reclameboodschap [radio, tv] commercial
reclamebord advertisement board, hoarding, signboard, placard, *(Am)* billboard
reclamebureau publicity agency, advertising agency
reclamecampagne advertising (*of:* publicity) campaign
reclamecode code of advertising practice, advertising standards
reclamedrukwerk advertising matter (leaflets); *ongewenst ~* junk mail
reclameplaat show card, showbill, advertising poster
reclameraad Advertising Standards Authority, ASA
reclameren 1 *(handel)* claim [*bij* on, against], put in a claim [*bij* with; *wegens* for]; **2** appeal [*tegen een belastingaanslag* against an assessment]
reclamespot advertising spot, (brief) commercial
reclametekenaar advertisement (commercial) artist
reclametekst slogan; *~en schrijven* write advertising copy
reclametruc publicity stunt
reclamezuil advertising pillar
reclasseren assist [discharged prisoners] in finding employment
reclassering (supervisory) after-care of prisoners, rehabilitation
reclasseringsambtenaar probation officer
reclasseringsraad *(vglb)* Probation Service
recombinant recombinant
recombineren recombine
recommandatie recommendation
recommanderen recommend
reconstructie reconstruction
reconstrueren reconstruct
reconvalescent convalescent
reconvalescentie convalescence
record record [figure, level, number, speed, time, total, turnover]; *het ~ slaan (verbeteren)* beat (break) the record (*trachten te slaan* make an attempt on the record); *een nieuw ~ maken* set up (put up) a new record
recordhouder record holder
recordpoging attempt on the record
recreant holidaymaker; *(Am)* recreationist
recreatie recreation; *gelegenheid tot ~* recreational facilities
recreatiecentrum leisure centre
recreatief recreational
recreatiegebied recreation area
recreatiesport leisure sport
recreatiezaal recreation room
recreëren engage in leisure activities, *(Am ook)* recreate
recriminatie recrimination
rectaal rectal [temperature]
rectificatie rectification; amended notice
rectificeren rectify, put [a few things] right
rector *(ve klooster of gesticht)* rector; *(ve gymnasium, enz)* principal, headmaster, high master, *(Sch)* rector; *~ magnificus* Vice-Chancellor; *(Sch)* Lord Rector; *(buiten GBr)* Rector
rectoraal rectorial [address]
rectoraat rectorship, headmastership; *vgl* rector
rectrice, rectrix headmistress, principal
rectum rectum
reçu I *zn* **1** (luggage, cloakroom) ticket, check; *(strook als ~)* counterfoil; *(bewijs van terpostbezorging)* certificate of posting; **2** *(kwitantie)* receipt; **II** *bn* [in these circles he is not] accepted, [among bankers the practice is not] approved
recul(eren) *(ve vuurwapen)* recoil

recuperabel recyclable
recuperatie 1 recuperation; **2** regeneration, recycling
recupereren 1 recuperate; recover; **2** recycle
recursie recursion
recursief recursive [function, subroutine]
recursiviteit recursion
recyclage 1 recycling; **2** retraining
red. afk van *redacteur, redactie* Ed (editor)
redacteur editor
redactie 1 editorship; *onder ~ van* edited by; *de ~ verzorgen van* edit; **2** *(concr)* editors, editorial staff; *(redactieraad)* editorial board; **3** *(ve artikel, enz)* wording; terms [of a motion]
redactiebureau editorial office
redactieraad editorial board
redactiesecretaris editorial secretary
redactiewege: *van ~ bekort* abridged by editor
redactioneel editorial
redactrice editress
reddeloos past recovery, past help, irretrievable, irrecoverable, beyond hope; *~ verloren* irretrievably (irrecoverably) lost, past (beyond) redemption
redden 1 *(helpen)* save [a p., o.s., one's reputation]; rescue [a p.]; save, salve, salvage [pictures from a fire]; *de dokter heeft u gered* has pulled you through; *de doktoren deden alles om zijn leven te ~* the doctors fought for his life; *de toestand ~* retrieve the situation; *zich ~ door een sprong (uit auto, enz)* jump clear, leap to safety; *zij ~ zich door de vlucht* they saved their lives by flight; *de geredden* the saved, those saved, the survivors; *hij is **niet** meer **te** ~* he is past praying for (past redemption); *die kies is niet meer te ~* that tooth is past saving; *zie ook* reddeloos; *iem **uit** een moeilijkheid ~* get a p. out of a difficulty; *zich eruit (zijn figuur) trachten te ~* try to save one's face; **2** *(behelpen, meestal wdk)* manage; *genoeg Frans om **zich** te ~* [pick up] enough French to get by (rub along, manage); *je moet jezelf maar ~* you must fend for yourself (work out your own salvation); *ik moest mezelf zien te ~, (ook)* I was thrown on my own resources; *ik zal me wel ~* I'll get by (cope, manage); *zich weten te ~* manage (be able) to carry on; *zij kunnen zich royaal ~* they are well (comfortably) off; *ik kan me met 50 euro ~* fifty euros will do, I can manage with ...; *zich met heel weinig ~* manage on very little; *zie ook* rondkomen
redder rescuer, rescue worker; saviour [of the country, of souls]; *~ in de nood* friend in need
redderen arrange, put in order, do [a room]
reddering *zie* bereddering
redding[1] rescue, deliverance; salvation [of British industry]; *(berging)* salvage; *(zaligmaking)* salvation, redemption; *dat kan zijn ~ zijn* that may be the saving of him (his salvation)
reddingsactie rescue operation(s)
reddingsboei lifebuoy

---

1 voor sam met *redding-* zie *reddings-*

reddingsboot lifeboat
reddingsbrigade rescue squad (*of:* service)
reddingsbroek breeches buoy, travelling cradle
reddingsgordel lifebelt, [cork] life jacket, *(Am)* life preserver
reddingsladder fire escape
reddingslijn lifeline
reddingsmaatschappij lifeboat society; *(in Eng)* Royal National Lifeboat Institution
reddingsmiddel(en) life-saving appliance (equipment); *zie ook* redmiddel
reddingsnet *(vd brandweer)* life-net
reddingsploeg rescue party, search party
reddingspoging rescue bid, attempted rescue
reddingsstation lifeboat station
reddingstoestel life-saving apparatus
reddingsvest life jacket, *(Am)* life preserver
reddingsvlot life-raft
reddingswerk rescue work; *(v goederen bij brand, enz)* salvage operations
reddingswezen life-saving (service)
reddingszeil *(vd brandweer)* jumping sheet, safety sheet
[1]**rede** *(mar)* roads (*mv; soms* road), roadstead; *op de ~* [lie] in the roads (roadstead)
[2]**rede 1** *(verstand)* reason, sense; **2** *(redevoering)* speech, oration, discourse; *zie ook* redevoering; *(in)directe ~* (in)direct speech; *~ **verstaan, naar** ~ luisteren* listen to reason, see reason; *dat ligt in de ~* that is obvious, is self-evident, stands to reason, is a matter of course; *iem in de ~ vallen* interrupt a p., *(scherp)* cut a p. short; *'Jawel', viel ik haar in de ~* 'Indeed', I cut (broke, put) in, I interposed; *iem **tot** ~ brengen* bring a p. to reason (to his senses), make a p. see reason (*of:* sense); *zie ook* vatbaar
rededeel part of speech
redefiguur figure of speech
redekavelen 1 chat; **2** argue
redekunde rhetoric
redekundig 1 rhetorical; **2** logical; *zie* ontleden
redekunst(enaar) rhetoric(ian)
redekunstig rhetorical; *~e figuur* figure of speech
redelijk 1 *(met rede begaafd)* rational [being]; **2** *(billijk)* reasonable [terms], fair [amount], moderate; **3** *(tamelijk)* passable, tolerable; *ze hield het huis ~ schoon* she kept ... reasonably clean; *ik wil elke ~e som betalen* I'll pay any sum in reason
redelijkerwijs (with)in reason, reasonably, in fairness
redelijkheid reasonableness; *in ~, zie* redelijkerwijs
redeloos irrational, void of reason; senseless [destruction]; *het redeloze vee* the brute creation
redeloosheid irrationality
[1]**reden** *ww* prepare; equip, fit out [a ship]
[2]**reden** *zn* **1** *(verhouding)* ratio; *meetkundige (rekenkundige) ~* geometrical (arithmetical) ratio; ***in** ~ van 2 tot 3* in the ratio 2 : 3 (*of:* of two to three); *in omgekeerde (rechte) ~ tot* in inverse (direct) ratio to;

2 *(grond)* reason, cause, ground, motive; ~ *tot dankbaarheid* reason for thankfulness; ~ *tot klagen* cause for complaint; ~ *van bestaan* reason for existence, raison d'être; *de ~ waarom (dat)* the reason why; *dat is de ~ (waarom ik het deed)* that's why (I did it); *zijn toestand geeft ~ tot bezorgdheid* his condition gives rise to (cause for) anxiety; *(goede, bijzondere) ~ **hebben** om* ... have (good, special) reason to ...; *daar had ik mijn ~en voor* I had my reasons; *er is (alle) ~ te* ... there is (every) reason to ...; *er is geen ~ om bang te zijn* there is no reason (call, occasion) to ...; *de ~ hiervan is* ... the reason for this is ...; ~ ***te meer*** all the more reason [why ...]; *ik zie geen ~ dit onderhoud te rekken* I see no use in prolonging this interview; *en **met** ~* and with (good) reason, [he wonders why ...] and well he may, [it horrified me,] as well it might; ***om** ~ van* by reason of, because of; *om die ~* for that reason, on that account; *om ~en van zuinigheid (staatsbelang)* for reasons of economy (of State); ***zonder** ~* without reason; *(sterker)* without rhyme or reason

redenaar orator; *(als) van een ~* oratorical [art, talent]

redenatie *zie* redenering

redeneerkunde logic

redeneertrant argumentation

redeneren reason, argue [*over* about], hold forth, discourse [*over* (up)on]; *er is met haar niet te ~* there is no arguing with her; *zie ook* kip & kring

redenering reasoning; *fout in de ~* flaw in the chain of reasoning; *volgens die ~* on that line of argument (of reasoning); *eindeloze ~en* interminable disquisitions

redengevend *(gramm)* causal

reder (ship)owner

rederij (firm of) shipowners, shipping company; *samenwerkende ~en* shipping conference

rederijk voluble [when drunk]

rederijker **1** *(hist)* rhetorician; **2** *(modern)* member of a drama society

rederijkerskamer **1** *(hist)* chamber of rhetoric; **2** *(modern)* drama society

rederijkerskunst rhetoric

rederijvlag house-flag

redetwist dispute, disputation, controversy

redetwisten dispute; *(kibbelen)* argue, wrangle

redetwister disputant, controversialist

redevoering speech, address; *(plechtig)* oration; *(heftig)* harangue; *een ~ houden* deliver (make) a speech, give an address [*over* on]; *zie ook* eerst I

redigeren **1** edit [a paper]; *opnieuw ~* re-edit, reword, redraft; **2** *(opstellen)* draw up, draft; **3** *(uitdrukken)* word [an article]

redmiddel remedy, expedient; *(tijdelijk ~)* makeshift; *het enige ~, (fig)* the only solution; *zijn laatste ~* his last resource; *als laatste ~* in the last resort; *vgl* reddingsmiddel

redoute **1** *(mil)* redoubt; **2** (masked) ball

redres redress

redresseren redress, right, rectify, amend; *het zal zich wel ~* things will right (arrange) themselves

redster rescuer; *zie* redder

reduceren reduce

reductie reduction; concession [for senior citizens]; *een ~ geven, (ook)* make an allowance

reductionisme reductionism

reduit *(mil)* reduit; *(ve kasteel)* keep, donjon

redundant redundant

redundantie redundancy

reduplicatie reduplication

redzaam handy

redzeil *(bij brand)* jumping sheet, safety sheet

ree **1** roe, hind, doe; **2** roads; *zie* [1]rede

reebok roebuck

reebout haunch of venison

reebruin fawn

reed *ovt van* rijden

reeds already; ~ *in januari* as early as (as long ago as) January; ~ *de gedachte daaraan doet mij rillen* the mere (the bare) thought of it makes me shudder; *zie verder* al II.1

reëel real [value, quantities, wage increase]; *(zakelijk)* reasonable

reef reef; *een ~ inbinden* take in a reef; *een ~ losmaken* let out a reef

reefknoop reef knot

reeg *ovt van* rijgen

reegeit roe

reekalf fawn

reeks **1** series *(ook mv)* [of events, books], chain (range) [of mountains], row [of houses, trees], train [of events, recollections], string [of words, questions], succession [of remarks], run, set [of a periodical], round [of festivities, visits], sequence [of events], array; **2** *(wisk)* progression, series; *toenemen volgens een meetkundige ~* increase in geometrical progression

reep **1** *(touw)* rope, line, string; **2** *(strook)* strip; bar (of chocolate); *in ~jes snijden* cut to ribbons; *(boterham)* cut into fingers

reeposten buckshot

reerug saddle of venison

rees *ovt van* rijzen

reeschaaf jointer, jointing plane

reet **I** *zn* **1** crevice, cleft, chink, crack, interstice; **2** *(plat)* arse; *geen ~, me ~, (plat)* damn all; *vgl* gat & kont; **II** *ww ovt van* rijten

refactie allowance for damage

refectorium refectory

referaat **1** report; newspaper paragraph; **2** *(lezing)* lecture, paper

referendaris *(hist)* head of special branch of government department, referendary

referendum referendum, poll of the people, poll of all the members

referent **1** reporter; **2** *(recensent)* reviewer; **3** speaker;

4 specialist; consultant
referentie reference; *(pers)* referee
referentiekader frame of reference
referentiepunt reference point, *(standaard)* benchmark
refereren refer; *wij ~ ons aan uw beslissing* we refer to your decision
referte reference; *onder (met) ~ aan* referring to, with reference to
reflatie reflation
reflatoor reflationary
reflectant *zie* gegadigde
reflecteren **1** *(weerkaatsen)* reflect; **2** *(reageren)* respond; *~ op* answer [an advertisement], entertain [an offer, a proposal]; *op anonieme brieven zal niet gereflecteerd worden ...* will not be considered; *~d op uw advertentie* in response to ...
reflectie reflection
reflectiehoek angle of reflection
reflector reflector
reflex reflex
reflexbeweging reflex (action)
reflexief *bn & zn* reflexive
reformateur reformer
reformatie reformation
reformeren reform
reformhuis health food shop (*Am:* store)
reformist reformist, reformer
reformvoeding health food, wholefood [shop]
refractair refractory
refractie refraction
refractor refractor
refrein burden [of a song], chorus, refrain
refter refectory
refugié (Huguenot) refugee
refuseren refuse
refuteren refute
refuus refusal
regaal **1** *(orgeltje)* regal; *(register)* vox humana; **2** book-rack; **3** royal prerogative
regaleren regale
regalia, regaliën regalia
regarderen regard, have to do with, concern; *dat regardeert mij niet* is no concern of mine
regatta regatta
regeerakkoord coalition agreement
regeerder ruler
regel **1** rule; *(ve spel, ook)* law; *~ van drieën* rule of three; *het is eer ~ dan uitzondering* it is the rule rather than the exception; *het is ~ bij hem* it is a rule with him; *er een ~ van* ***maken*** make it a rule, make a practice of it; ***in de*** *~* as a rule; ***onder*** *~s brengen* reduce to rules; ***tegen de*** *~* contrary to all rules; *als ~ aannemen (zich* ***tot*** *~ stellen) te ...* make it a rule to ...; ***tussen*** *de ~s* [read] between the lines; ***volgens*** *de ~en der kunst* in the approved manner; **2** *(lijn)* line; *nieuwe ~!* new line!; *~s schrijven* write (out) lines; *~* ***voor*** *~* line by line; *schrijf me een paar ~s (een ~* ***tje****)* write (send, drop) me a line; **3** *(lat)* rail; **4** *(rij)* row
regelaar regulator *(ook pers)*, control
regelafstand (line) spacing; *met enkele (dubbele) ~, (ook)* single- (double-)spaced
regelapparatuur control equipment, controls
regelbaar regulable; adjustable; variable [resistor]
regeldrukker line printer
regelen arrange [one's affairs], settle [things], order, regulate [prices, one's life], *(fam)* fix (up); direct, control [the traffic]; *(techn)* regulate, adjust [a watch, a compass], tune [a car engine]; *zie ook* schikken & schade; *~* ***naar*** order [one's life] in accordance with [a p.'s wishes], accommodate [one's pace] to ..., fit in [one's plan] with ..., adjust [the pay] to [the cost of living]; *zich ~ naar* conform to; *zie ook* richten; *de prijs regelt zich naar het aanbod* the price is determined by the supply
regelgeving **1** legislation, regulation; **2** rules
regeling arrangement, settlement; [traffic] control; regulation, adjustment; timing; *vgl* regelen; *~ der vorderingen* adjustment of claims; *zie ook* schaderegeling; *een ~ treffen* make (effect, come to) an arrangement, effect a settlement, make [legal *wettelijke*] provisions
regelkamer *(radio)* control room
regelklep *(techn)* pilot valve
regelknop *(v apparaat)* control (knob)
regelloos without rule, irregular [life]
regelloosheid absence of order, disorder
regelmaat regularity; *met de ~ van de klok* regular as clockwork
regelmatig regular [breathing, features]; even [teeth], smooth [running]
regelmatigheid regularity; evenness, smoothness
regelmechanisme control mechanism
regelmoer adjusting nut
regelneef enthusiastic organizer, organizing fanatic
regelrecht straight, right [walk right up to a p.]; *~ gaan naar, (ook)* make a beeline for; *hij kwam ~ op mij af* he came straight (up) to me, made a beeline for me; *zie ook* lijnrecht
regelspatie line space, interline
regelsysteem control system
regeltafel console
regeltarief linage
regeltechniek control engineering; *zie ook* meet- en regeltechniek
regelzucht organizing mania
regen rain; *na ~ komt zonneschijn* after black clouds clear weather; ***van de*** *~ in de drup* out of the frying pan into the fire; *een ~ van pijlen* a volley of arrows; *een ~ van kogels* [advance through] a hail of bullets; *zie ook* blauw, zuur, enz
regenachtig rainy, wet; *het wordt een ~e avond* it is settling in for a wet evening
regenarm deficient in rainfall, dry, arid
regenbak (rainwater) cistern (*of:* tank)
regenboog rainbow [jersey, trout]

regenboogvis *(zeevis)* rainbow wrasse
regenboogvlies iris
regenbroek waterproof trousers
regenbui shower (of rain), rain shower
regendag **1** rainy day; **2** *(weerk)* precipitation day, wet day
regendicht rainproof
regendruppel raindrop
regenen rain; *het begon (net) te ~* it came (was just coming) on to rain; *als het niet begint te ~* if the rain holds (*of:* keeps) off; *Hij laat het ~ over rechtvaardigen en onrechtvaardigen, (Matth. 5:45)* He sendeth rain on the just and on the unjust; *het regende dat het goot* it was raining cats and dogs, was pouring (with rain), the rain was coming down in buckets; *het regent complimenten* compliments (bouquets) are flying
regeneratie regeneration; reclamation
regeneratief regenerative; *-ratieve reactor* breeder reactor; *vgl* regenereren
regenerator(oven) regenerator (furnace)
regenereren regenerate; *(rubber, enz)* reclaim
regenfluiter *zie* regenwulp
regengordel rain belt
regenjas raincoat, mackintosh, *(fam)* mac(k); *(mil)* trench coat
regenkapje rainhood, rainscarf
regenkleding rainwear
regenloos rainless; fine [200 fine days in the year]
regenlucht rainy (watery) sky; *het is een ~* it looks like rain
regenmaand rainy month
regenmaker rainmaker, rain doctor
regenmantel raincoat
regenmeter rain gauge, pluviometer
regenpak waterproof suit
regenperiode rainy spell
regenpijp **1** drainpipe, *(bk)* downpipe, rainwater pipe, *(Am)* downspout; **2** *~en* waterproof leggings
regenrivier rain-fed river
Regensburg Ratisbon
regenschaduw rain shadow
regenscherm umbrella
regenseizoen rainy season
regent regent, governor; *(ve weeshuis, enz, ook)* trustee; *(ve ziekenhuis)* governor; *(ve gevangenis)* (prison) commissioner; *(regentesk bestuurder)* autocrat; *zie ook* college
regentenregering oligarchy
regentenstuk group portrait of the regents of an orphanage, almshouse, etc
regentes regent, lady governor
regentesk high-handed, authoritarian, arrogant
regentijd rainy season
regenton water butt
regentschap regency (*ook concr:* the Preanger Regencies)
regenval rainfall
regenvlaag squall (of rain)
regenvloed torrent of rain
regenwater rainwater
regenweer rainy weather
regenwolk rain cloud
regenworm earthworm
regenwoud rainforest
regenwulp whimbrel
regenzon watery sun(shine)
regeren **I** *tr* **1** reign over, rule; *(v ministers)* govern; *Oost-Afrika werd geregeerd vanuit Downing Street* East Africa was ruled from ...; *zijn hartstochten ~ hem* he is swayed by his passions; **2** *(doen gehoorzamen)* control; *een paard ~* manage a horse; *hij is moeilijk te ~* he is difficult to manage, is rather a handful; *niet langer te ~* [the crowd was] out of hand, [the boy was] beyond control; **3** *(gramm)* govern; *dit voorzetsel regeert de datief* this preposition governs the dative; **II** *intr* reign *(alleen v vorst)*; rule, govern; *~ over* reign over, rule (over)
regerend reigning, ruling [house], [Queen] Regnant; [party] in power (office)
regering *(ve vorst)* reign, rule; *(bestuur)* government; *een ~ vormen* form a government (an administration); *aan het hoofd der ~* at the head of affairs; *aan de ~ komen* come to the throne, *(v ministers, ve partij)* come into power; *de conservatieven zijn thans aan de ~* the conservatives are in office now; *onder de ~ van* in (under) the reign of; *zie ook* bewind
regeringloos anarchic(al)
regerings- government; *zie ook* rijks- *& sam met* staat
regeringsapparaat machinery of government
regeringsbeleid government policy
regeringsbesluit decree, ordinance, government order
regeringscommissaris government commissioner
regeringsdienst: *in ~* in government employ
regeringsinstantie government agency
regeringsjaren *(ve vorst)* regnal years
regeringskringen government circles
regeringsleid(st)er head of (the) government
regeringsmeerderheid government majority
regeringsopdracht government commission
regeringspartij party in office
regeringsstelsel system of government
regeringstijd reign
regeringstroepen government troops
regeringsverklaring (the government's) declaration of policy
regeringsvorm form of government
regeringswege: *van ~* officially, from (on the part of) the government
regeringszaak state affair; *is kunst een ~?* should the government patronize (subsidize) art?
regeringszetel seat of government
regeringszijde: *van ~* by (on behalf of) the government, officially

regesten *(hist)* calendar (of state papers)
regie 1 régie, state monopoly; **2** *(coördinatie, theat, enz)* direction; *de ~ van het stuk was uitstekend* the piece was beautifully staged; *Don Carlos: ~ van ...* produced by ...
regieaanwijzing stage direction
regime regime, rule; *(leefregel)* regimen
regiment regiment *(ook vero als bestuur)*
regimentsbureau orderly room
regimentscommandant regimental commander
regio region; local area; *~nen* [in the highest] quarters; *(gedachtesfeer)* [he was in higher] spheres
regio-etnologie folklore
regionaal regional
regionalisme regionalism
regisseren direct, produce, *(fig)* stage-manage, orchestrate [a campaign]
regisseur director, producer, *(v film ook)* film-maker
regisseursstoel director's chair
register 1 *(boek & lijst)* register; *(ve boek)* register, index, table of contents; *een ~ (op een boek) maken* index a book; *in een ~ inschrijven* (enter in a) register; **2** *(vd stem)* register; *(ve orgel, enz)* (organ, etc) stop, *(inz mixtuur)* rank; *alle ~s opentrekken* pull out all the stops, *(fig ook)* make every effort; **3** *(typ)* register; *zuiver ~ houden, (typ)* make register
registeraccountant *(vglb)* chartered accountant, certified accountant
registeren *(typ, tr & intr)* register
registerton register ton *(2,83 m³)*
registratie registration, [sound] recording; *(v pers, ook)* enrolment
registratiekosten registration fee
registrator records manager
registratuur records management
registreerapparaat recorder
registreerballon radiosonde
registreren register, record
reglement regulation(s); rules [of a club]; *(ve maatschappij)* by-law; *[zich houden aan het] ~ van orde* [comply with] standing orders
reglementair I *bn* prescribed (by the rules), regulation; **II** *bw* in accordance with (according to) the regulations
reglementeren 1 regulate, give regulations for; **2** *(ong)* regiment [public life]
reglementering 1 regulations; **2** *(ong)* regimentation
regres recourse; *zonder ~* without recourse; *~ nemen op* have recourse to [drawer]
regresrecht (right of) recourse
regressie regression
regressief regressive
regulair regular
regularisatie regularization
regulariseren regularize
regulateur regulator *(alle bet)*
regulatie regulation; *zie ook* gebitsregulatie
regulator regulator, governor
reguleren regulate, adjust; straighten [children's teeth]; *(munt)* manage, control; *gereguleerde munt* managed (controlled) currency
regulier *bn & zn (r-k)* regular
rehabilitatie 1 rehabilitation, vindication; **2** *(v failliet)* discharge
rehabiliteren 1 rehabilitate; *zich ~, (ook)* redeem o.s., vindicate o.s.; **2** *(faillissement)* discharge; *niet gerehabiliteerd* undischarged [bankrupt]
rei 1 chorus; **2** (round) dance; dancers; **3** rule
reidans round dance
reien *ww* sing, dance
reiger heron
reigerbos 1 heron crest, heron plume; **2** heronry
reigerkolonie heronry
reigersbek *(plant)* stork's-bill (*vgl* ooievaarsbek)
reiken I *intr* reach [up to the knees, from ... to ...], extend, stretch [from ... to ...]; *zo hoog kan ik niet ~* I cannot reach so high; *zo ver reikt mijn **macht** niet* that is beyond my power; *zover het **oog** reikt* as far as the eye can see; *haar **stem** reikte zo ver niet* did not carry so far; *~ **naar*** reach (out) for; **II** *tr* reach, pass, hand; *iem de **hand** ~* hold out one's hand to a p.; *de behulpzame hand ~ aan* extend a helping hand to
reikhalzen: *~ naar* long (yearn) for, hanker (for, after)
reikhalzend *bw* longingly, anxiously
reikwijdte range, reach; *(fig)* range, import, scope; implications [of a decision]
reilen: *zoals het (ze) reilt en zeilt* [sell the house] lock, stock and barrel, as it stands; [buy the business] as a going concern; *zijn ~ en zeilen* his affairs, circumstances, fortunes, ups and downs
rein 1 pure, clean; *(kuis)* chaste; *je ~ste* rank [poison, nonsense, heresy], unadulterated [nonsense], utter [nonsense], absolute [nonsense, drivel], plain [deceit], [they are] the veriest [innocents]; *de ~e is **alles** rein* (un)to the pure all things are pure; *de ~en van **hart*** [blessed are] the pure in heart; *~ **leven**, (ww)* live cleanly; *(zn)* clean living; *~ levend* clean-living, pure in morals; ***in het** ~e brengen* straighten out, put [matters] straight, smooth out [the mess *de warboel*], set right; *in het ~e komen* [things will] right themselves; *met zijn geweten (zichzelf) in het ~e komen* come to terms with one's conscience (o.s.); **2** *(muz)* perfect [interval]
Reinaert Reynard; *~ de Vos* Reynard the Fox, Renard
reïncarnatie reincarnation
reïncarneren reincarnate
reincultuur pure culture
reine-claude greengage
reinheid purity, cleanness, chastity
reinigen 1 clean; *(chemisch)* dry-clean; **2** *(zuiveren)* purify [the blood; purify of (from) sin], cleanse [of (from) sin]
reiniging cleaning, purification, cleansing
reinigingsdienst (public) cleansing department (service); *directeur van de ~ (Milieudienst)* Envi-

ronmental Health Officer
reinigingsmiddel detergent; *(inz cosmetisch)* cleanser
reïntegreren reintegrate
Reintje Reynard
reinvaar, reinvaren *(plant)* tansy
reis 1 *(algem)* journey; *(ter zee)* voyage; *(uitstapje)* trip; *(rondreis)* tour, trip [round the world]; *(overtocht)* passage, crossing; *(ve vorst, enz door het land)* [royal, presidential] progress; *(mv, vooral ontdekkingsreis)* [Stanley's] travels; ~ *heen en weer (uit en thuis)* round trip (*of:* voyage), journey there and back, voyage out and home; ~ *om de wereld* world tour; ***goede*** *~!* a pleasant journey (to you)!, pleasant (safe) journey!; have a good trip!; *iem goede ~ wensen* wish a p. a good journey (*lit* Godspeed); ***de grote*** *~ aanvaarden* go to one's last (long) home; *een ~* ***maken (doen)*** make (take) a journey; tour [the front, (in) Scotland]; *als iem verre reizen doet, enz* he who travels far knows much; *een ~* ***ondernemen*** undertake a journey; ***op*** *~ zijn* be on a journey; *op zijn reizen* on his travels; *op ~ naar* on the way to; *op ~ gaan* set out (go) on a journey (voyage); *Deens (voor) op ~* Danish for travellers; *niet voor de ~, (boot)* not wanted on voyage; *zie ook* verzorgen; **2** *(vero: keer)* [this] time
reisagentschap travel agency, travel agent's
reisapotheek first-aid kit
reisbenodigdheden travel requisites (needs, kit)
reisbeschrijving *zie* reisverhaal
reisbeurs travelling scholarship, travel grant
reisbiljet ticket
reisboek travel book
reisbureau travel bureau, tourist (*of:* travel) agency (agent)
reischaaf trying plane
reischeque traveller's cheque
reisdeclaratie statement of (claim for) travelling expenses
reisdeken travelling rug
reisdocument travel document
reisdoel destination
reisduif homing pigeon, homer
reisduur travelling time; *(luchtv)* flying time
reis- en kredietbrief: *Internationale ~* AIT letter of credit
reis- en verblijfskosten travelling and hotel expenses
reisexemplaar *(boekhandel)* dummy (copy), advance copy
reisgeld fare, travel money; *(v getuigen)* conduct money
reisgelegenheid means of conveyance (of transport); *(mv ook)* travel(ling) facilities; *per eerste ~* by the first connection
reisgenoot travelling companion, fellow traveller
reisgezelschap 1 party of travellers, tour (tourist, touring) party; *(begeleid)* conducted tour; **2** travelling companion(s)
reisgids guide (book), travel(lers') guide
reisgoed luggage
reisklokje travelling clock
reiskoffer (travelling) trunk
reiskosten travelling expenses; *vergoeding van ~* travelling allowance
reiskostenforfait (income-tax) allowance for travel to and from work
reislectuur reading matter for a journey
reisleider courier; *tocht met ~* conducted (guided) tour
reisnecessaire dressing case, vanity case
reisorganisator tour operator
reispas passport, travel pass
reisplan itinerary
reisplanner journey planner
reisroute route
reisseizoen holiday season
reistas travelling bag
reistoilet *(ve bruid)* going-away dress
reisvaardig ready to set out (to start)
reisvereniging travel association
reisvergunning travel permit
reisverhaal, reisverslag record of travel; travel story, *(geïllustreerd)* travelogue; *(boek)* travel book
reiswagen *(bus)* coach; *(diligence)* stagecoach
reiswekker travel alarm
reiswieg carrycot
reiswijzer travel guide
reisziekte travel sickness
reizen travel, journey; *het ~* travel [free, fast, luxurious, cheap travel], travelling; *ze zijn altijd aan het ~ en trekken* they are always travelling; *~ in tabak* travel in tobacco; *per spoor, over zee, over land, over water, per vliegtuig, met de Rotterdam ~* travel by rail, by sea (by steamer), by land, by water, by air (by plane), in the Rotterdam; *voor zijn plezier ~* take (make) a pleasure trip; *zie ook* vrij, bagage, rondreizend
reizig(st)er traveller [to China; in cigars]; passenger [traffic, train]
rek 1 elasticity; *de ~ is eruit* there is no give left in it; *(fig)* we're down to rock bottom, there's not much room for manoeuvre now; **2** *(uitrekking)* stretch, elongation; **3** *(gymn)* horizontal bar; **4** *(voor kranten, pijpen, enz)* rack; *(v kleren)* clothes horse; *(ve handdoek)* towel-rail; *(v kippen)* roost; **5** *(ve kanaal of rivier)* reach; *dat is een hele ~* that is a long distance, quite a long time, a far cry
rekbaar elastic (*ook fig:* notion, term, etc), ductile, extensible
rekbaarheid elasticity, ductility, malleability, extensibility
rekel 1 *(reu)* (male) dog; *(vos)* dog (fox); *(hond)* cur; **2** *(vlegel)* cur, churl; *kleine ~* little rascal
rekenaar calculator, arithmetician, reckoner
rekenarij [a lot of] arithmetic, calculating, calculation

rekenblad spreadsheet
rekenboek arithmetic-, sum-book
rekenbord abacus
rekencentrum computing centre
rekeneenheid unit of account
rekenen I *ww, intr* **1** calculate, compute, do sums, reckon, count; **2** *(vertrouwen)* count, reckon, depend, rely [*op* (up)on]; **II** *ww, tr* **1** reckon, count; *(be~)* compute; *bij* ***elkaar*** ~ count (add, sum, tot) up; *door elkaar gerekend* on an average; ***goed*** *(slecht) in het* ~ good (bad) at figures; *reken* ***maar!*** [I'll do my best,] you bet!; ***ruim*** *gerekend* on a liberal calculation [their forces number ...]; ***bij (met)*** *ponden* ~ reckon by pounds; ***naar*** *onze tijd gerekend* [at six] reckoning by our time; *als je naar de leeftijd rekent* if you go by age; *men rekent hem* ***onder*** *de grote dichters* he is counted (numbered) among the great poets; ***te*** ~ *van vandaag* reckoning from today; *te* ~ *naar wat jij zegt* judging from what you say; *hij had gerekend* ***zonder*** *de inspecteur* he had reckoned without the ...; *zie ook* [1]waard; **2** *(in rekening brengen)* charge [five euros for it]; *er niets voor* ~ make no charge for it; *ik reken voor ieder een pond* I estimate a pound each; *iem* ***te veel*** ~ overcharge [a p. a euro]; *zij* ***weten*** *van* ~ they know how to put it on; **3** *(schatten)* estimate, value [*op* at]; ~ ***op,*** *(schatten)* estimate [the profit] at; *(vertrouwen)* depend (rely) on [a p.; depend on it]; count (reckon) on [a p., a thing, on his being there; I count on you to help me]; *reken er maar gerust op* depend on it; *reken niet op mij* count me out; *daar had ik niet op gerekend, (tegenvaller)* I had not bargained for that; *ik reken het mij* ***tot*** *plicht (tot een eer)* I consider it my duty (an honour); *zulk werk kan men nauwelijks tot de kunst* ~ such work can hardly be counted as art; **III** *zn* arithmetic; *(inz machinaal)* computation
rekenfout mistake (error) in (the) calculation, computational error
Rekenhof *(Belg)* (National) Audit Office
rekening 1 *(wisk)* calculus; **2** *(berekening)* calculation, reckoning, computation; **3** *(afrekening)* account(s); *(nota)* bill, account, *(Am in restaurant ook)* check, *(fam)* tab; *(factuur)* invoice; *~en* ***maken*** run up bills; *~en* ***schrijven*** make (write) out accounts (bills); *hij kan hoge ~en schrijven, zie* rekenen II.2: weten van ~; ~ *en* ***verantwoording*** *van de penningmeester* the treasurer's accounts; ~ *en verantwoording doen* render an account [*van* of], account [*van* for]; **4** *(lopende ~)* account; ***buiten*** ~ *laten* leave out of account (out of the reckoning); ***in*** ~ *brengen* charge [a pound]; *iem iets in* ~ *brengen* charge s.t. to a p.; *zie* rekenen II.2: ~ voor; ***op*** ~ *kopen* buy on credit (*fam:* on tick); *op* ~ *ontvangen* receive on account; *op nieuwe* ~ *overbrengen (boeken)* carry forward (to new account); *een bedrag op iems* ~ *schrijven (stellen)* charge an amount to a p.('s account), put it down to a p.'s account, debit a p. for an amount; *zet het maar op* ~ put it down, charge it (to my account); *op* ~ *stellen van, (fig)* put (set) down to, ascribe to; *ze staan op uw* ~ they are down to your account; *niet minder dan 2 miljoen pond komt op* ~ *van cacao* cocoa accounts for no less than ...; *op zijn* ~ [have two murders] to one's account; ***volgens*** ~ as per account; ***voor eigen*** ~ for (on) one's own account; [publish a book] at one's own expense, [printed] privately; *voor eigen* ~ *beginnen* set up (in business) for (on) one's own account; *voor gezamenlijke* ~ on (for) joint account; *de kosten voor zijn* ~ *nemen* see to (stand, bear) the expenses, *(fam)* pick up the bill; *de verantwoordelijkheid neem ik voor mijn* ~ I will take the ... (up)on myself; *ik nam twee van de schurken voor mijn* ~ I tackled two of the villains; *Rotterdam neemt de helft van het Europese verkeer voor zijn* ~ Rotterdam accounts for one half of all ...; *die bewering laat ik voor jouw* ~ that assertion I leave for your account; *zie ook* kind, streep, vereffenen; **5** *(aanmerking)* account; *(ten volle)* ~ ***houden*** *met* take into account, reckon with, take (full) account of, bear in mind; ~ *houden met (de gevoelens van) andere mensen* consider other people's (feelings); *met de leeftijd wordt* ~ *gehouden* regard is paid to age; ~ *houden met zijn toestand (leeftijd)* make allowance for (allow for) his condition (age); *geen* ~ *houden met* make no allowance for, take no account of, leave out of account; *rijden zonder* ~ *te houden met andere mensen* drive without consideration for other persons
rekening-courant current (*Am:* checking) account, account current; *in* ~ *staan met* have a current account with; *geld in* ~ money on current account; *krediet in* ~ cash credit; *zie ook* uittreksel
rekening-courantboekje (bank) passbook
rekeninghouder account holder
rekeningrijden road pricing
rekenkamer audit office, exchequer and audit department; *Algemene R~* National Audit Office; *president van de* ~ Comptroller and Auditor General
rekenkunde arithmetic
rekenkundig arithmetic(al)
rekenlat, rekenliniaal slide rule
rekenmachine [electronic] calculator
rekenmeester first-class arithmetician; financial wizard, statistical expert
rekenmunt money (*of:* unit) of account
rekenpenning counter, money of account
rekenplichtig accountable, responsible
rekenraam ball-, counting-frame; *(bij de Ouden, Russen, Chinezen, enz)* abacus
rekenschap account; ~ *afleggen (geven) van* render an account of, account for [one's conduct]; *iem* ~ *vragen* call a p. to account; *zich* ~ *geven van* realize, be (fully) alive to [the importance of ...], appreciate [the magnitude of one's task], form a clear idea of [one's object], consider [one's past record], take stock of [the situation]

rekensom sum in arithmetic
rekentabel ready reckoner
rekentuig computer
rekenvoorbeeld numerical example
rekest petition, memorial; *zie ook* nul; *een ~ indienen, zie* rekestreren
rekestrant petitioner, suppliant
rekestreren (make) petition
rekkelijk *zie* rekbaar; *(fig)* moderate, tolerant
rekken I *tr* draw out [metal], stretch [linen, shoes], crane [one's neck]; *(fig)* spin out [negotiations, the time], protract [a visit, negotiations], prolong [an interview], lengthen out, eke out [a miserable existence]; *z'n benen ~* stretch one's legs; *de zaak (het proces) werd gerekt tot ...* the business (the suit) hung (hung fire) till ...; *zich ~* stretch o.s. (one's limbs); **II** *intr* **1** *(v stof, schoenen, enz)* stretch; **2** *(v kippen)* roost
rekker stretcher
rekruteren recruit; *gerekruteerd uit, (ook)* [be] drawn from [the educated classes]
rekrutering recruitment
rekruut recruit; *(sl)* rookie
rekstok horizontal (*of:* high) bar
rekverband 1 traction (apparatus); **2** elastic bandage
rekwest petition; *zie verder* rekest(...)
rekwirant requisitionist
rekwireren requisition, lay under (put in, call into) requisition, commandeer, impress; *(jur)* demand
rekwisieten 1 (stage) properties; *(fam)* props; **2** requirements, necessities
rekwisiteur property man; *(fam)* props
rekwisitie requisition
rel row, disturbance, riot; *(mv ook)* (communal) violence; *een ~ maken* kick up a row (a shindy)
relaas account, story, tale; *hij stak een heel ~ af* he spun a long yarn
relais relay *(ook elektr)*
relateren relate (to *aan)*
relatie relation, connection; *in ~ treden met* enter into (business) relations with; *in voortdurende ~ staan met* be in constant touch with; *een (seksuele) ~ hebben met* have an affair (have relations) with; *geen ~s meer onderhouden met* be out of touch with; *prettige ~s* friendly relationship; *zie ook* connectie
relatiebemiddeling dating service
relatief relative, comparative
relatiegeschenk present given to business acquaintances, business gift
relatieprobleem relational problem
relativeren tone down [an earlier statement]; put into (see [things] in) perspective
relativisme relativism
relativiteit relativity
relativiteitstheorie theory of relativity
relaxen 1 relax; **2** *(euf)* visit a massage parlour (a girl for relaxing massage)
relayeren relay, retransmit
relayering relay, retransmission
relevant relevant [*voor* to]
relevantie relevance
releveren call special attention to, point out, bring to the fore
relict relic
reliëf [high, low] relief; *en ~* in relief; *hoog ~, (ook)* alto-relievo; *~ geven aan* set off, bring out in full relief
reliëfdruk relief print(ing); *zie ook* braille
reliëfkaart relief map
reliëfletters embossed (raised) type
reliëfstempel blind stamp
reliek relic
reliekhouder, reliekschrijn reliquary, shrine
religie religion
religieus religious
religieuze religious *(ook mv)*, nun
religiositeit religiousness; *(overdreven)* religiosity
relikwie relic
relikwieënkastje reliquary
reling *(mar)* (guard) rail; *(hekwerk)* railing, *(verschansing)* bulwark
relingladder side ladder
reliquiarium reliquary, shrine
rellenbrigade riot squad
relletjesmaker *(bij onlusten)* rioter
relmuis dormouse (*mv:* -mice)
relschopper, reltrapper rioter, hooligan
rem brake; *(v kar, ook)* (wheel) drag; *(fig)* drag [on progress], dead weight, check; *de ~men **aanzetten*** apply (put on) the brakes; *alle ~men **losgooien**, (fig)* lose all inhibitions; *op de ~(men) **trappen*** step on (slam on) the brakes; *bekrachtigde ~men* power(-assisted) brakes
remafstand braking distance
rembekrachtiger brake assister, brake servo unit, *(Am)* vacuum booster
remblok brake block, friction pad; *(v kar, enz)* drag, skid; *~je, (ve fiets)* brake block, *(Am)* brake pad
rembours(ement) 1 cash on delivery, COD [fee, parcel, service]; postage forward [parcel]; *onder ~* [send goods] cash on delivery, COD; **2** *(terugbetaling)* reimbursement
rembourseren 1 send COD; **2** honour [a bill]; **3** reimburse
rembrandtiek Rembrandtesque
remcilinder brake cylinder
remcircuit brake circuit
remedie 1 remedy; *daar is geen ~ voor* that is beyond (*of:* past) remedy; **2** *(v munten)* remedy, tolerance
remediëren remedy
remgeld personal contribution (to medical expenses)
remigrant repatriate
remigratie repatriation [of foreign workers]
reminiscentie reminiscence
remise 1 *(v geld)* remittance; **2** *(sp)* draw, drawn game, tie; *~ spelen* tie, draw [with]; **3** *(tram~)*

[tramway] depot; *(koetshuis)* coach-house
remisepartij *zie* remise 2
remiseren draw, tie
remittent remitter
remitteren remit
remkabel brake cable
remketting drag chain
remklep *(ve vliegt)* brake flap, air brake
remlicht brake light, stop lamp, stoplight
remmen I *intr* brake, put (apply, *krachtig:* jam, slam) on the brake(s); *(bij rijtuig)* apply the skid, put the drag on; II *tr* brake [a car]; *(fig)* (keep in) check, curb; *(ong)* be a drag on; *een ~de invloed* a restraining influence
remmer 1 *(med)* inhibitor; **2** brakesman
remming *(psych)* inhibition
remnaaf brake hub, hub brake
remonstrant remonstrant
remonstrantie remonstrance
remonstrants Remonstrant
remonstreren remonstrate
remontoir keyless watch, *(Am)* stemwinder
remous *(luchtv)* turbulence; *er stond veel ~* the air was very bumpy
rempaardenkracht brake horse power, bhp
remparachute brake (para)chute, *(Am)* drag (para)chute
rempedaal brake pedal
remplaçant substitute
remplaceren replace, take the place of
remraket retro-rocket, retro
remschijf brake disc, braking disc
remschoen brake shoe; *(ve rijtuig, ook)* skid, drag
remspoor *(v band & ontlasting)* skid mark(s)
remsysteem [double circuit] braking system
remtrommel brake drum
remvergrendeling brake lock
remvloeistof brake fluid
remvoering brake lining
remwagen brake van
remweg braking distance, *(met reactietijd)* stopping distance
ren 1 run, trot, gallop; *in volle ~* (at) full speed; **2** race; **3** (chicken, hen-)run
renaissance renaissance, renascence, revival of learning
renbaan racecourse, racetrack; *op de ~, (ook)* on the turf
renbode courier, dispatch rider, runner
rendabel paying, profitable, remunerative, workable [mine], cost-effective; *~ maken* make [the business] pay; *niet ~* non-paying, unremunerative
rendement 1 profit, return, output, yield; **2** *(nuttig effect)* efficiency; *zie ook* studierendement
renderen pay (its way), pay off; *het rendeert niet* it does not pay, is not a paying concern (proposition)
renderend *zie* rendabel
rendez-vous rendezvous, appointment, *(geheim)* assignation [have an assignation with]; *elkaar ~ geven* make an appointment
rendier reindeer [hunter, moss, skin]
renegaat renegade
renet *(appel)* reinette, rennet
renkever ground beetle
rennen run, race, rush, gallop; *(voor korte afstand)* sprint; *hij kwam op mij af ~* he made for me at a run; *we moeten ~* we have to dash
renner racer, runner
rennerskwartier rider's (racer's) box
rennersveld field, pack
renommee fame, reputation
renonce, renonceren 1 renounce; **2** *(kaartsp)* void
renovatie renovation, renewal
renoveren renovate; *(ook wissel)* renew
renpaard racehorse [owner]
rensport racing, the turf
renstal 1 racing stable(s) *(ook v auto's)* **2** *(de paarden)* racing stud
rentabiliteit productivity, remunerativeness, earning capacity (*of:* power), cost-effectiveness; [a 20%] rate of return; yield [on a security *obligatie*]
rente interest; *(als percentage)* interest rate; *~ en/of aflossing betalen* service one's debt; *een goede ~ maken* obtain a fair return (up)on one's capital; *op ~ zetten* put out at interest; *tegen ~ lenen* borrow on interest; *hij leeft van zijn ~* he lives on his private means; *zie verder* interest
renteberekening calculation of interest, charging (of) interest
rentedienst *(ve lening)* service [of a loan]
rentedragend, rentegevend interest-bearing
renteloos bearing no interest; interest-free [loan]; *~ liggen* lie idle; *~ kapitaal* dead capital; *renteloze schuld* passive debt; *~ voorschot* interest-free loan (advance)
renten yield interest; *~de 2%* bearing interest at 2 per cent
rentenier 1 rentier, (gentle)man of independent means; **2** *(nietsnut)* loafer, idler
rentenieren live on one's private means; live a life of leisure; *gaan ~* retire from business; *~d bakker* retired baker
rentenierster lady of independent means, woman living on her private means
rentepercentage rate of interest, interest rate
renteschuld back interest
rentespaarbrief certificate of deposit
rentestand, rentestandaard rate of interest, interest rate
rentetafel interest table
rentetarief rate of interest, interest rate
rentevast fixed-rate [*hypotheek* mortgage]
rentevergoeding payment of interest; *als ~* by way of interest
renteverlies loss of interest
renteverzekering life annuity insurance

rentevoet rate of interest, interest rate
rentmeester (estate) steward, (land) agent, (gentleman's) bailiff; *de onrechtvaardige* ~ the unjust steward
rentmeesterschap stewardship, (land) agency
rentree comeback, return
renvogel cream-coloured courser
renvooi 1 reference [mark]; **2** *(jur)* referral; *(kanttekening)* amendment; *(doorzending)* commitment
renvooieren refer [to]; deliver; amend (*vgl* renvooi)
reologie rheology
reometer rheometer
reorganisatie reorganization; *(drastisch)* shake-up [of an organization]
reorganiseren reorganize
reoriënteren reorient(ate)
reostaat rheostat
reotaxis rheotaxis
rep: *in ~ en roer brengen* throw into commotion; *alles was in ~ en roer* the whole place (town, etc) was in commotion (in an uproar)
reparabel reparable
reparateur repairer, repairman, *(inz aan huis)* serviceman
reparatie repair(s), reparation; *in* ~ under repair; *~s aan* repairs to [the gas main]
reparatiedoosje repair kit (outfit)
reparatiekosten cost of repair(s)
reparatiewerkplaats repair(ing) shop
reparatiewetgeving reparatory legislation
repareren repair, mend; *het wordt gerepareerd* it is under repair
repartitie repartition
repasseren adjust, time [a watch]
repatriant repatriate
repatriëren I *intr* leave for (return, go) home; **II** *tr* repatriate
repatriëring repatriation
repel ripple
repelen ripple [flax]
repercussie repercussion
repertoire 1 repertoire; repertory; *op het ~ staan* be in the repertoire; *(fig)* be on the programme; *dat staat niet op zijn* ~ that isn't his kind of thing; *~ houden* keep the stage [for four years]; *van het ~ nemen* take off [a play]; *weer op het ~ brengen (plaatsen)* revive [a play]; **2** *zie* repertorium
repertoirestuk stock play, stock piece
repertorium repertory *(ook jur)*, finding list
repeteergeweer repeating rifle, repeater
repeteerwekker repeat(er) alarm (clock)
repetent repetend; *nul komma drie ~ (0,3·)* nought point three recurring (0.3·)
repeteren 1 *(herhalen)* repeat; *~d, (ook)* recursive; *~de breuk* repeating (*of:* circulating) fraction, [pure, mixed] repeater, recurring decimal; **2** *(les, huiswerk e.d.)* go over, revise, *(Am)* review [a lesson]; **3** *(theat)* rehearse [a play] *(ook zonder voorwerp); het stuk wordt gerepeteerd* the play is in rehearsal; *laten* ~ rehearse [actors]
repetitie 1 *(herhaling)* repetition; **2** *(school, als oefening)* revision; *(proefwerk)* test (paper), *(Am)* review, test paper(s); examination(s); **3** *(theat, enz)* rehearsal; (choir) practice; *grote (generale) ~, (muz)* last rehearsal; *(theat)* (full-)dress rehearsal
repetitiehorloge repeater, repeating watch
repetitor private tutor, coach, crammer
replica replica
repliceren reply, retort
repliek 1 rejoinder, rebuttal; *van ~ dienen* reply, retort; **2** *(jur)* reply; **3** *(kopie)* replica
report *(Beurs)* contango
reportage (running) commentary [on a match]; report(age)
reportagewagen mobile studio, outside broadcast unit
reporter reporter
reppen 1 *~ van (over)* mention; *rep er niet van* don't mention it, keep it close; *ik heb er met geen woord over (van) gerept* I never breathed a word of it; **2** *zich* ~ hurry, rush
represaille reprisal; *~s nemen* take reprisals, retaliate [*tegen* against, (up)on]
represaillemaatregel reprisal, retaliatory measure
representant 1 representative; **2** *(in handschrift)* guide letter, director
representatie representation
representatief representative (*voor* of); *(v voorkomen, ook)* presentable; suitable in appearance [for the job as receptionist]; *-tatieve groep* sample
representatiekosten (entertainment, etc) expenses
representativiteit representativeness
representeren represent
repressie repression
repressief repressive
reprimande reprimand, rebuke
reprimeren repress, (keep in) check
reprise 1 *(muz)* repeat; *(sonatedeel)* recapitulation; **2** *(theat)* revival
repro repro
reproduceerbaar reproducible
reproduceren reproduce
reproductie reproduction
reproductief reproductive
reprograferen reproduce
reprografie reprography
reprografisch reprographic
reprorecht reproduction right
reptiel reptile [house]
republiek republic (*ook fig:* the republic of letters)
republikein(s) republican
reputatie reputation; *een goede (uitstekende) ~ hebben* have (bear) a good reputation (an excellent character), be held in high repute, have a good (outstanding) record [for punctuality]; *hij heeft een slechte* ~ he stands in bad repute, his reputation is

none of the best; *hij heeft de ~ van een wijs man te zijn* he has a reputation for wisdom, is reputed to be a wise man; *zijn ~ getrouw blijven* live up to one's reputation; *zie ook* ophouden

requiem requiem; *mis van ~, ~mis* requiem (mass)

requisitoir *(jur)* requisitory: sentence demanded by the public prosecutor *(bestaat niet in Eng); (vglb)* Counsel for the Prosecution's address to the jury; *(fig)* accusing speech, indictment, denunciation

rescontre **1** settlement, carry-over; *verkoop op ~* sale on account; **2** *(termijn)* Account; **3** *(~dag)* Account Day

rescontreren **1** settle on account; **2** *(jur)* rebut

rescript rescript

research research [department, laboratory, team]

resectie resection

reseda (garden) mignonette; *(genus & kleur)* reseda

reservaat reserve [for wild animals], (bird) sanctuary; *(v indianen)* reservation; *zie ook* natuurreservaat

reserve reserve *(ook hand); (sp ook)* substitute; *(mil)* reserve (troops), reserves; ***bij de ~ zijn*** be on the reserve list; ***in ~ hebben (houden)*** have (hold) in reserve, have [s.t.] to fall back (up)on, have s.t. as a stand-by; ***onder (alle) ~ aannemen*** accept with (some) reserve, with reservations, with all proper reserves; ***zonder ~*** without reserve, unreservedly

reserveband spare tyre

reservebank *(sp)* bench

reservedeel spare (part)

reservefonds reserve fund

reservekader reserve officers' training corps

reservekapitaal reserve capital

reservekopie *(comp)* back-up (copy)

reserveofficier reserve officer, temporary officer

reserveonderdeel spare (part)

reserveren reserve; set aside [money for ...]; book [a table]; *zie ook* gereserveerd

reservespeler reserve, substitute

reservestift refill, spare lead

reservetroepen reserve troops, reserves

reservewiel *(ve auto)* spare wheel

reservist reservist

reservoir reservoir (*ook fig:* of information, knowledge, new talent); *(water, enz, ook)* tank; *(ve wc)* cistern

resident I *zn* resident; *(Br-I, ook)* commissioner; II *bn* resident

residentie royal residence, court capital; *(Ind)* residency; *(woning)* residence; *de R~* The Hague

residentieel residential [area], luxury [flat]

resideren reside

residu residue, residuum

residuaal residual [value]

residuair residuary

resigneren resign [o.s. to s.t.]

resistent resistant, immune [to]

resistentie resistance

resisteren resist

resocialiseren reintegrate into society, rehabilitate [criminals]

resolutie resolution

resoluut resolute, determined; *~ weigeren* refuse flat(ly)

resolveren resolve *(beide bet)*

resonansbodem soundboard, sounding board

resonantie resonance

resonantiebodem *zie* resonansbodem

resonator resonator

resoneren resound, resonate, *(nagalmen)* reverberate

resorberen resorb

resorptie resorption

resp. respectively; *(soms)* resp.; *vgl* respectievelijk

respect respect, esteem, regard; *mijn ~ aan Mevrouw ...* my respects to Mrs ...; ***~ hebben voor*** have respect for, hold [a p.] in respect; ***met alle ~ voor*** with all (due) respect for (to) [Mr N, your hard work, etc]; ***uit ~ voor*** in deference to [the public]

respectabel respectable *(ook v aantal, enz)*

respecteren respect, hold in respect, esteem

respectief respective, several [they went their several ways]

respectievelijk I *bn zie* respectief; II *bw* **1** respectively, severally; *bestemd ~ voor A en B* intended for A and B respectively; **2** *(of anders)* or otherwise, or else, or alternatively

respectueus, respectvol respectful

respijt respite, reprieve, [without] delay

respijtdagen days of grace

respiratie respiration

respirator respirator, inhaler

respiratorisch respiratory

respireren respire

respondent respondent

responderen respond, answer

respons response, reaction

responsabel responsible

responsie response

responsiecollege *(vglb)* seminar

responsorie, responsorium responsory, response

ressentiment resentment

ressort **1** jurisdiction, *(fig)* province, sphere; *in hoogste ~* in the last resort; **2** (main)spring; motive force

ressorteren: *~ onder* be under the jurisdiction of [a court, etc], be (directly) responsible to, come within the competence of, be the responsibility of; *dat ressorteert niet onder mij* it is outside my province, *(jur)* does not come within my jurisdiction; *de Engelse kerk in Frankrijk ressorteert onder de bisschop van Gibraltar in Europa* the ... has jurisdiction over the Anglican Church in France; *dit kwam te ~ onder het Departement van Landbouw* this passed into the control of ...

ressource resource, means of support

rest rest [the rest of us]; remnant [remnants of a

staircase]; *(ook: ~getal)* remainder; *voor de ~* for the rest; *een ~je kaas (wijn)* a bit of cheese (a drop of wine) left over; *~jes* leftovers, scraps, leavings, remains; *zie ook* restant

restant remainder, remnant; *(saldo)* balance; *~en* remains [of a building, a meal]; [publisher's] remainders; *(v goederen)* (oddments and) remnants; *zie ook* rest: ~jes

restaurant restaurant, eating house, *(fam)* eatery; *goedkoop ~* chophouse

restaurateur 1 restaurateur, restaurant keeper; **2** caterer; **3** *(bk, enz)* restorer, renovator

restauratie 1 *(herstel)* restoration [*(ook fig)* the restoration of the Stuarts], renovation; **2** restaurant; *(in station, enz, ook)* refreshment room, *(kleiner)* buffet (bar); *(in ~wagen)* dining compartment

restauratieafdeling *(in trein)* buffet (compartment)

restauratief: *-tieve voorzieningen* refreshment facilities

restauratierijtuig, restauratiewagen dining (*of:* restaurant) car, diner

restauratiezaal refreshment room

restaurator restorer

restaureren restore *(ook v regime)*; renovate, recondition; *zich ~* take some refreshments

resten be left, remain; *mij restte niets anders dan te ...* it only remained for me to ...; *zie ook* overblijven

resteren remain, be left; *het ~de* the remainder, the remaining part

restgetal remainder

restitueren pay back, refund, return, make restitution of

restitutie restitution; *(geld, ook)* refund; *(v accijns of invoerrecht)* drawback

restorno return of premium

restrictie *(beperking)* [legal, currency] restriction; *(voorbehoud)* reservation

restrictief restrictive

restringeren restrict

reststof residue

restsuiker residual sugar

restzetel residual seat

resultaat result, outcome, upshot; *(ve onderzoek, ook)* findings; *~ boeken* produce results; *zonder ~* without result, in vain; *zonder ~ geen geld* no cure, no pay; *het gewenste ~ bereiken* gain the desired result; *het had niet veel ~* it did not lead to much; *het boek bevat de jongste resultaten der wetenschap, (ook)* the book is up to date, is abreast of the latest research

resultante resultant; *(fig)* upshot

resulteren result [*in* in; *uit* from]

resumé summary, synopsis, résumé, *(inz Am)* resume, *(fam)* [a news] round-up; *(jur: vd rechter)* summing-up

resumeren sum up, summarize, recapitulate

resumptie 1 summary; **2** resumption [meeting]

resurrectie resurrection

resus- rhesus [factor, monkey, negative, positive]

resuscitatie resuscitation

retabel retable

retarderen retard

retentie(recht) lien [have (hold) a lien on]

reticule reticule, lady's handbag

retina retina

retiniet retinite

retinitis retinitis

retirade *(vero)* (public) lavatory (*of:* convenience)

retireren (effect a) retreat, retire, draw (*of:* fall) back; *zich ~* retire

retor rhetorician

retorica, retoriek rhetoric

retorisch rhetorical [question, skill, talent]

Reto-Romaans Rhaeto-Romanic

retorsie retorsion

retorsierechten countervailing duties

retort retort

retouche retouch

retoucheerspuit airbrush

retoucheren touch up, retouch

retour return [flight, freight, shipment], *(Am)* round trip; *~(tje), zie* retourbiljet; *~ Delft* Delft return, return Delft; *op zijn ~* past one's prime; *~ afzender* return to sender

retourbiljet 1 return ticket, *(Am)* round-trip ticket; **2** return half [of a ticket]

retourenveloppe self-addressed envelope

retourkaartje *zie* retourbiljet

retourlading return (*of:* homeward) cargo

retourneren return

retourwissel re-exchange, re-draft

retractie retraction

retractiel retractile

retraitant retreatant

retraite retreat *(ook godsd, ook ~huis)*; *~ blazen* sound the (a) retreat; *in ~ zijn (gaan), (godsd)* be in (go into) retreat

retribueren refund

retributie 1 refund; **2** charges, fees

retroactief retroactive

retroflecteren retroflect

retrograde retrograde

retrogressief retrogressive

retroraket retro-rocket

retrospectie retrospection

retrospectief retrospective

retrovirus retrovirus

reu dog [a dog and a bitch], male dog, he-dog

reuk 1 *(zintuig)* smell; *(ve hond, enz)* scent [dogs have a fine scent]; *een politiehond ~ geven van* give a police dog (a bloodhound) scent of; *geen ~ hebben* have no (sense of) smell; *ergens de ~ van hebben (krijgen)* get wind of s.t., smell a rat; *in goede (kwade) ~ staan* be in good (bad) odour; *in de ~ van heiligheid staan* have an odour of sanctity about one; **2** *(geur)* smell, scent, odour; *(altijd aangenaam)* fla-

vour, fragrance
reukdoosje scent-box
reukflesje scent-, smelling-bottle, vinaigrette
reukgras vernal grass
reukhout cherrywood
reukloos *(v gas, enz)* odourless, odour-free; *(ve bloem)* scentless
reukoffer incense offering
reukorgaan organ of smell, olfactory organ
reukverdrijvend: ~ *middel* deodorant
reukvlag scent mark
reukwater scented water
reukwerk perfume(s), scent(s), perfumery
reukzakje sachet
reukzeep scented soap
reukzenuw olfactory nerve
reukzin (sense of) smell, olfactory sense; *vgl* reuk 1
reukzout smelling salts
reuma(tiek) rheumatism
reumatisch rheumatic (*bw:* -ally); *(fam)* rheumaticky
reünie reunion [dinner], reunion gathering, [boy scouts'] rally
reünisten *(vglb)* old boys (girls), alumni, alumnae (*ev:* alumnus, -na), members past and present
reus giant, colossus; *ouwe* ~ *(fam)* old boy; *Vlaamse* ~ Belgian hare
reusachtig gigantic (*bw:* -ally), giant [crane], huge, colossal, mammoth [hotel, sums]; *(fam)* thumping [victory], howling [success]; *(fam) (prachtig)* [that's] grand, capital; *een ~e mop* a huge joke, [it was] no end of a joke; ~ *verrukt* hugely delighted; ~ *boffen* have prodigious luck; ~ *met elkaar opschieten* get on famously together; *zie ook* reuzenslang & kolossaal
reusachtigheid gigantic size, hugeness
reut [the whole] caboodle, lot
reutel rattle (in the throat)
reutelen 1 rattle; *het ~, zie* gereutel; **2** *(ve pijp)* gurgle; **3** *(brommen)* grumble; **4** *(zeuren)* (talk) twaddle
reutemeteut [the whole] caboodle, lot
reuze *(fam)* super; ~ *bedankt* thanks awfully (*fam:* a lot); *hij was ~ in zijn schik* he enjoyed himself hugely; *dat is ~!* that is super!; *het doet me ~ goed* it does me a power of good; *ik had een ~honger* I was famished
reuzel lard
reuzelekker *(fam)* delicious
reuzeleuk *(fam)* very amusing
reuzemop *(fam)* huge joke
reuzen- giant; bumper [crop]; *vgl* reusachtig
reuzenarbeid gigantic task
reuzendoder giant-killer
reuzengestalte 1 giant stature; **2** *(concr)* colossus
reuzenhaai basking shark
reuzenhagedis giant lizard; *(fossiel)* megalosaurus
reuzenkracht gigantic (herculean, titanic) strength
reuzenluiaard giant sloth
reuzenpanda giant panda
reuzenrad big wheel, *(Am)* Ferris wheel
reuzensalamander giant salamander
reuzenschildpad giant tortoise
reuzenschrede giant('s) stride; *met ~n vooruitgaan* advance with giant strides
reuzenslalom giant slalom
reuzenslang python, boa constrictor
reuzenstrijd battle of giants, gargantuan struggle
reuzentaak, reuzenwerk gigantic task
reuzenzwaai grand circle
reuzesterk of gigantic strength; *vgl* ijzersterk
reuzevent *(fam)* excellent fellow, splendid chap
reuzin giantess
revaccinatie revaccination
revaccineren revaccinate
revalidatie (physical) rehabilitation
revalideren rehabilitate
revalorisatie revalorization, revaluation
revaluatie revaluation
revalueren revalue
revanche revenge *(ook bij spel);* ~ *geven* give a p. his revenge; ~ *nemen (op)* have (take) one's revenge (on), retaliate; *zie ook* revancheren
revanchegedachte revanchism
revanchepartij *(sp)* return match
revancheren: *zich ~, a)* take one's revenge (*op* on); *b) (voor attentie, enz)* reciprocate; *c) (voor fout, enz)* redeem o.s.
revanchewedstrijd *(sp)* return match
revanchisme revanchism
revanchist(isch) revanchist
reveil [religious] revival, [national] awakening
reveille reveille; ~ *blazen* sound the reveille
revelatie revelation
revelen twaddle, drivel
reven I *tr* reef [a sail]; **II** *intr* reef down, take in (*of:* shorten) sail
revenu revenue
reverbeeroven reverberating furnace, reverberatory
revérence [make (*of:* drop) a] curtsy
reverentie 1 reverence; **2** *zie* revérence
rêverie reverie
revers *(lapel)* lapel; *(omslag)* facing, revers; *(ve munt, enz)* reverse
revideren revise; *vgl* reviseren
revier hunting ground; *(soms)* district, area
revindicatie (claim for) recovery
reviseren overhaul [a motorcycle]; *geheel ~, (ook)* recondition [an engine]
revisie 1 revision; overhaul [of a car, etc]; **2** *(jur)* review [of a trial]; **3** *(typ)* revise, clean proof; *laatste ~* final revise, page proof
revisionisme revisionism
revisionist(isch) revisionist
revisor reviser, revisor
revitaliseren revitalize
revocatie revocation
revoceren revoke

revolte revolt
revolteren revolt [against the dictator; at, from, against crimes]
revolutie revolution
revolutiebouw 1 jerry-building; **2** jerry-built houses
revolutionair *bn & zn* revolutionary; *(bn ook)* subversive [ideas, activities]; *(zn ook)* revolutionist
revolver revolver
revolverdraaibank turret lathe, capstan lathe
revolverheld 1 gunman, *(ong)* gunslinger; **2** dead shot
revolverkop turret head
revolverspuit spray gun
revolvertang revolving (*of:* rotary) punch
revue 1 review *(ook tijdschrift); de ~ passeren* pass (*of:* march) in review, file past; *(fig)* pass in (under) review; *de ~ laten passeren, (fig)* review [one's past life], take stock of [the situation]; **2** *(theat)* revue, [ice] show
revuegirl chorus girl
rez-de-chaussee ground floor
Rhodos Rhodes; *(inwoner) van ~* Rhodian
ria ria [coastline]
riant delightful [prospect, view, villa]; laughing, smiling [landscape]; ample [salary, lead *voorsprong*], handsome [compensation], spacious [room]
rib(be) 1 rib *(ook v blad, stof, schelp, schip, gewelf, enz); ware (valse, vrije) rib* true (false, floating) rib; *iem de ribben smeren* tan a p.'s hide; *ik zal hem de ribben breken* I'll break every bone in his body; *je kon zijn ribben tellen* he was all skin and bone; *een rib uit je lijf* [it will cost you] an arm and a leg; **2** *(ve kubus)* edge; **3** *zie* ribstuk
ribbel rib, ridge; *(geol)* ripple mark
ribbelig ribbed, ridgy
ribbeling 1 *(geol)* ripple mark; **2** *(appel)* costard
ribbenkast rib cage; *(fam)* body, carcass
ribbenstoot poke (dig) in the ribs
ribbetje rib, cutlet, chop
ribbetjesgoed 1 ribbed (corded) material; **2** *(rips)* rep
ribbroek corduroy trousers, corduroys, cords
ribcord corduroy
ribes *(plant)* flowering currant
ribfluweel corduroy
ribgewelf ribbed vault
ribkarbonade pork cutlet
ribstuk rib (of beef, of pork)
richard man of means
richel 1 *(lat)* lath; **2** *(rand)* ledge, ridge; *(v berg ook)* spur; *het is tuig van de ~* it is the scum of the earth
richtantenne directional aerial (*of:* antenna)
richtbedrag lump sum
richtdatum target date
richten 1 *(algem)* direct [at]; *(wapen)* aim, point, level [*op* at], target [on], *(kanon)* lay, point [*op* at], train [*op* on; *ook:* a camera on ...]; *(kijker)* direct [*op* on, to]; *(brief, opmerking ed)* direct, address [*tot* to]; *zich ~, (mil)* dress; *rechts richt u!* right ... dress!; *zich ~ **naar*** conform to [a custom, etc], be guided by [circumstances]; *zich naar iem ~, a)* conform to a p.'s wishes; *b)* follow a p.'s example; *niets om ons naar te ~* nothing (for us) to go by; *hij richtte zijn pas naar de hare* he accommodated his step to hers; *de kanonnen werden **op** een torpedojager gericht, (ook)* the ... were brought to bear on (were trained on) a destroyer; *het wapen op zichzelf ~* turn the weapon on o.s.; *zijn gedachten (aandacht) ~ op* bring one's mind to bear (up)on [a problem], bend one's mind to (direct one's attention to); *kritiek ~ op* level criticism at; *alle(r) ogen waren op hem gericht* all eyes were turned towards (fixed on) him; *het oog ~ op, (ook)* look towards [the future]; *godsdienstonderwijs hoort gericht te zijn op ...* religious teaching should be focused on ...; *het stelsel is gericht op ...* the system aims at [the rehabilitation of young offenders]; *die opmerking was op mij (tegen mij) gericht* that ... was aimed at me; ***te** gronde ~* ruin, wreck; *zijn ogen **ten** hemel ~* turn one's eyes to heaven; *~ **tot*** address [a warning] to; level [reproaches] against; ***zich** ~ **tot*** apply to, address o.s. to; *het ~, (mil), zie* richting; *zie ook* gericht 1, schrede, enz; **2** *(recht maken)* straighten
richter *(bijb)* judge; *(het boek der) R~en* (the book of) Judges
richtgetal *(fot)* guide number
richthoek angle of sight
richtig right, correct, exact, accurate
richting direction [of the coast, the hills]; *(inz fig)* trend [the trend of the times, of public opinion], school [of thought], tenor [of a p.'s life]; *(mil)* alignment, dressing; *(in de kunst, enz)* school; *(godsd)* persuasion; *de moderne ~* modernism, modern thought; *de orthodoxe ~* orthodoxy; *geen bepaalde ~, (in pol, enz)* no definite policy; *[ze zijn] van onze ~, (godsd)* of our persuasion; *hij was de ~ geheel kwijt* had lost all sense of direction; *hij heeft een gave in die ~* he has a gift that way; *de vorderingen in die ~* the progress towards it; ***uit** verschillende ~en* [help] from various quarters; *[hij vertrok] ~ Londen* in the direction of London; *zie ook* eenrichtingsverkeer
richtingaanwijzer (direction, traffic) indicator, blinker, flasher; *(hist: arm)* trafficator
richtingbord *(ve tram, enz)* route indicator, destination board
richtingsgevoel sense of direction
richtingsroer *(ve vliegt)* rudder
richtingzoeker (wireless) direction-finder
richtkijker telescopic (telescope) sight, *(fam)* riflescope, *(bommen~)* bombsight
richtlat *(ve metselaar)* jointing-rule
richtlijn 1 bricklayer's line; **2** *(aanwijzing)* directive, guideline; **3** *(wisk)* directrix; **4** *(mil)* line of sight
richtlood plumb line

richtprijs 1 *(kostendekkend plus winst)* full-cost price; [EC] target price; **2** recommended (retail) price
richtschroef adjusting screw
richtsnoer 1 bricklayer's line; **2** *(aanwijzing)* line of action, rule of conduct, guideline(s); *een ~ geven* give a lead; *iem tot ~ dienen* serve for a p.'s guidance
ricinus(boom) castor-oil plant (*of:* tree)
ricinusolie castor oil
ricocheren ricochet
ricochetschot ricochet (shot)
ridder knight; *~ van de droevige figuur* knight of the rueful countenance; *~ van de pen* knight of the pen (the quill); *~ zonder vrees of blaam* knight without fear or reproach; *hij werd ~ te voet* he was unhorsed; *iem tot ~ slaan* dub (make, create) a p. a knight, knight a p.; *zie ook* dolen
ridderen knight; *geridderd worden, (ook)* receive a knighthood
riddergeest chivalrous spirit, spirit of chivalry
riddergoed manor, manorial estate, baronial property
ridderhofstede manorial farm
ridderkruis knight's cross
ridderlijk 1 *(als een ridder)* chivalrous; **2** *(van een ridder)* knightly; **3** *(bw: openlijk)* frankly
ridderlijkheid chivalrousness, chivalry
ridderorde order of knighthood; military order; [receive a] knighthood
ridderroman romance of chivalry
ridderschap knighthood, chivalry; *(edelen)* nobility
ridderslag accolade; *de ~ ontvangen* be dubbed a knight
ridderspel tournament
ridderspoor *(plant)* delphinium, larkspur
ridderstand knighthood
riddertijd age of chivalry
ridderverhaal tale of chivalry
ridderwezen chivalry
ridderzaal hall (of the castle); *de R~* the Knights' Hall
ridiculiseren ridicule
ridicuul ridiculous
ried *ovt van* raden
riedel *(muz)* run, tune, riff; *(radiojengel)* jingle; *(slagzin)* slogan
riek (three-, etc pronged potato, manure, etc) fork
rieken smell; *(fig)* savour (smack, smell) [*naar* of]; *zie* ruiken
riem 1 *(v leer)* strap, thong; *(om middel)* belt, girdle; *(over schouder)* belt, baldric; *(ve geweer, kijker, enz)* sling; *(ve hond)* lead, leash; *(ve kijker ook)* lanyard; *(schoenriem)* strap, *(over wreef ook)* bar; *(ve polshorloge)* (watch) strap; *(drijfriem)* (driving) belt; *(scheerriem)* strop; *~ zonder eind* endless belt (strap, band); *iem een* ***hart*** *onder de ~ steken* put heart into a p.; *het is goed riemen snijden uit andermans ~* it is easy to be generous with other people's money; **2** *(roeiriem)* oar; *(eenhandig)* scull; *de ~en binnenhalen (uitleggen)* ship (unship) the oars; ***roeien*** *met de ~en die men heeft* make do (manage) with what one has, make the best of it; **3** *(papier)* ream
riemschijf (belt) pulley
riemslag stroke with (the) oars
riep *ovt van* roepen
riet reed *(ook muz)*; *(bamboe, suiker~)* cane; *(dak~)* thatch; *(Spaans ~)* rattan, cane; *~(je), (stok)* cane, bamboo; *(voor limonade)* [sip lemonade through a] (drinking) straw; *hij liet alles in het ~ lopen* he let things drift, made a mess of it; *knudde (plat: kut) met een ~je* a complete wash-out; *zie ook* beven & kluit
rietachtig reed-like, reedy
rietblazers reeds
rietdekker thatcher
rieten: *~ dak* thatched roof; *~ stoel* cane (wicker, basket) chair, *(met ~ zitting)* cane-bottomed chair
rietfluit reed pipe, (shepherd's) reed
rietgans bean goose
rietgors 1 *(vogel)* reed bunting; **2** *(grond)* reed flat, reed marsh
rietgras reed grass
riethoen moorhen
rietkraag fringe of reeds
rietlijster great reed warbler
rietmat reed mat, rush mat
rietmus reed bunting
rietpluim reed tuft
rietschorre reed flat, reed marsh
rietsuiker cane sugar
riettuin (sugar) cane field
rietveld 1 reed-land, reed-marsh, reed-bank; **2** *zie* riettuin
rietvink reed bunting
rietvoorn rudd
rietwouw marsh harrier
rietzanger sedge warbler
rif 1 *(klip)* reef; **2** *(in zeil)* reef
rigide rigid, inflexible
rigorisme rigorism
rigoureus rigorous
rigueur: *de ~* rigueur, essential
rij 1 row, range, series, file, line, string [of taxis], tier [of seats]; *een ~ getallen, (onder elkaar)* a column of figures; *(naast elkaar)* a series of figures; *een hele ~ van beroemdheden* a whole array of celebrities; *de ~ sluiten* bring up the rear; *de ~en sluiten* close the ranks [of the Party]; ***in een*** *~* in a row; *in de ~ staan* queue (up) [for tickets]; ***op*** *(een) ~* [three victories] in a row; *op ~en* in rows; *op de ~ af* [they are numbered] consecutively; *op vier ~en staan* stand four deep; *zij wandelden vier op een ~* they ... four abreast; *hij heeft ze niet allemaal op een ~tje, (fam)* he has a tile loose; *op een ~tje zetten* line up [the effects of the oil crisis], marshal [the facts]; *zie* queue & knoop; **2** *(lat)* rule; *(v metselaar)* jointing rule
rijbaan 1 roadway, carriageway; *weg met gescheiden*

-banen dual carriageway; **2** *(rijstrook)* lane; **3** *(ijs)* (skating) rink; **4** *(in manege)* ring
rijbewijs (driving, driver's) licence
rijbroek riding breeches, *(lange)* jodhpurs
rijdas (hunting) stock
rijden I *intr* **1** *(op dier, op fiets, in trein, tram, bus)* ride; **2** *(op schaatsen)* skate; **3** *(in eigen rijtuig, auto)* drive; *(mennen)* drive; *hij reed zelf* he was driving himself; *dat is drie uur ~* that is a three-hour drive; *(te)* ***dicht*** *achter iem ~, (ook)* tailgate [a p.]; ***gaan*** *~* go out for a ride (a drive); go out skating; *(te)* ***hard*** *~, (in auto)* speed [be fined for speeding]; *de auto reed hard* the ... was travelling fast; *een kind op zijn knie* ***laten*** *~* ride a child on one's knee; *hij kan ~ en* ***omzien*** he has his wits about him; he is very resourceful; *hij is altijd aan het ~ en* ***rossen*** he is always careering about; ***zitten*** *te ~, (op stoel, enz)* fidget; ***door*** *onveilig sein (het rode licht) ~* pass a red signal, run through the red light(s), jump the lights; ***naar*** *het trottoir rijden* draw in to the kerb; ***met*** *de vier (de acht) ~* drive four (eight) in hand; ***op*** *een paard ~* ride a horse, ride on horseback; *op iems rug ~* ride pick-a-back; *de trein rijdt (in aansluiting) op de boot* the ... runs in connection with (meets) the boat; *op olie ~, (ve auto, enz)* run on diesel; *~* ***tegen*** run (crash) into [a lamp-post]; *de bus rijdt* ***tussen*** *A en H (rijdt dagelijks)* the bus the bus runs between ... (runs daily); **4** *(ve schip)* ride; *voor* ***anker*** *~* ride at anchor; **5** *(vh voertuig zelf)* go, run; *(ve vliegt)* taxi; **6** *(v Sinterklaas)* bring presents; **7** *(op examen)* cut a poor figure, do badly; **II** *tr* drive [who has driven you?]; *(in kinderwagen, brancard, ziekenwagentje)* wheel; *(kruiwagen, enz)* trundle; *'m ~, zie* rats: in de ~ zitten; *iem* ***eraf*** *~* beat (defeat) a p.; *zie ook* invloed, tong, wiel, woest, enz
rijdend moving [car, train]; mobile [artillery, crane, library, shop]; *~e artillerie, (hist)* horse artillery; *~e doodkist* deathtrap
rijder 1 rider, horseman; **2** skater; **3** *(hist munt)* [gold, silver] rider; **4** driver; cyclist; delivery man
rijdier riding animal, mount
rijdraad *(ve trein)* contact (trolley, overhead) wire
rijenteelt row (ridge) cultivation
rijenzaaimachine seed drill
rijervaring road experience
rijexamen driving test; *~ doen* take one's driving test
rijf 1 *(rasp)* grater, rasp; **2** *(hark)* rake
rijgdraad basting thread, tacking thread
rijgedrag *(v pers)* road manners; *(v auto)* handling
rijgen 1 *(kralen)* string, thread [beads]; file [papers]; *iem aan het mes ~* knife a p., run a p. through; **2** *(met steken)* baste; *(met spelden of steken)* tack; *(met veters)* lace [shoes]
rijggaren basting (tacking) thread
rijgkoord lace
rijglaars lace-up boot
rijgnaad basted seam
rijgnaald, rijgpen bodkin, ribbon threader
rijgschoen laced shoe, Oxford shoe
rijgsnoer lace
rijgsteek tack, basting stitch
rijgveter lace
rijhandschoen riding (driving) glove (gauntlet)
rijhoogte *zie* doorrijhoogte
rij-instructeur driving instructor
rijk I *zn (staat)* state, *(groot ~, keizer~)* empire [the Roman Empire, a business empire], *(konink~)* kingdom [the United Kingdom, the animal kingdom, the kingdom of Heaven]; *(alg)* realm, dominion; *(heerschappij)* rule; *(fig, ook)* [this was her] domain; *het Britse Rijk* the British Empire, the British Commonwealth of Nations; *het Derde Rijk, (hist)* the Third Reich; *zie ook* duizendjarig, hemels, rooms; *de drie ~en der natuur* the three kingdoms of nature; *naar het ~ der fabelen verwijzen* relegate to the world of fantasy; *het behoort tot het ~ der mogelijkheden* it is within the bounds (realms) of possibility; *het ~ der letteren* the republic of letters; *dit behoort aan het ~* this is state property; *ze hadden het ~* ***alleen*** they had it (the place) all to themselves; *hij wil het ~ alleen hebben* he wants to have it all his own way; **II** *bn (ve pers)* rich, wealthy, opulent; *(v zaken)* rich [country, soil, harvest], sumptuous [furnishings], copious [dinner; copiously illustrated]; *buitengewoon ~, (ook)* bumper [crop, year]; *de ~e man, (bijb)* the rich man, Dives; *hoe ~ is hij?, (ook)* what is he worth?; *hij is wel tien keer zo ~ als jij, (ook)* he could buy you up ten times over; *iets ~ worden* become (get) the richer by s.t.; *geen* ***cent*** *~* not worth a farthing; *hij was geen overjas ~* he boasted no overcoat; *zich ~ rekenen* count one's chickens before they are hatched; *~* ***aan*** rich in [money, experience, friends]; *de ~en* the rich; *~(en) en arm(en)* rich and poor, *(fam)* [the] haves and have-nots; *zie* rijkelijk, koning, kwijt & huwelijk
rijkaard rich (wealthy) man, Croesus
rijkbedeeld ample [woman]
rijkdom riches, wealth, affluence, opulence; *(fig)* wealth, copiousness, abundance; *natuurlijke ~men* natural resources; *zie ook* rijkheid & schat
rijkelijk I *bn zie* rijk; **II** *bw* **1** richly, abundantly, copiously, plentifully, liberally; *~ belonen* reward handsomely (liberally); **2** *(ruim)* amply [sufficient]; unduly [late]; *niet te ~ met de suiker!* go easy with the sugar!; *zich ~ bedienen van jus* help o.s. liberally to gravy; *zie ook* ruimschoots
rijkelui rich people; *(sl)* nobs
rijkeluiskind child of wealthy parents
rijkeluiswens a boy and a girl; *(vglb)* pigeon pair
rijkheid richness [the richness of the soil, of her life]; profusion [a profusion of colour]
rijklaar: *~ gewicht, (v auto)* kerb weight
rijkleding riding wear (costume); *(rijkleed)* (riding) habit
rijknecht groom
rijks- *(dikwijls)* government, state, national, *(Am)*

federal; *zie ook sam met* staat-
rijksadelaar imperial eagle
rijksadvocaat *(vglb)* solicitor for (*of:* to) the Treasury, Treasury (*of:* government) solicitor
rijksambtenaar government official, government (*of:* public) servant; *(burgerlijk)* civil servant
rijksappel orb, imperial globe
rijksarchief national archives; *(Br)* Public Record Office
rijksarchivaris *(algem)* Keeper of Public Records; *(provinciaal, vglb)* County Archivist
rijksban ban of the Empire
rijksbegroting [the] Budget
rijksbelasting tax; *(Am)* federal tax; *plaatselijke en ~en* rates and taxes
rijksbemiddelaar government conciliator (mediator), conciliation officer; *college van ~s* Board of Arbitration; *(Eng, vglb)* ACAS (Advisory Conciliation and Arbitration Service)
rijksbetrekking government office, State post
rijksbeurs State scholarship; *(toelage)* government grant
rijksbouwmeester government architect
rijksdaalder *(hist)* rixdollar (fl 2.50)
rijksdag diet (of the Realm), [German] Reichstag
rijksdeel territory [overseas]; *(zelfstandig)* dominion
rijksdienst State [Archaeological] Service; government [planning] board, government [development] authority, *(Am)* (government) agency; *in ~* in government service
rijkseigendom government property
rijksgebied territory of the State
rijksgebouw public building
rijksgebouwendienst service for construction and maintenance of government buildings
rijksgeld(en) public funds; *met ~* (with money) from the public funds
rijksgenoot Antillean (*of:* Surinamese) Dutch national
rijksgrens (national) frontier
rijksinkomsten (public, national) revenue
rijksinkoopbureau government purchasing board
rijksinsignes regalia
rijksinstelling government institution
rijkskas treasury
rijkskeurmerk *(op boter, enz)* national mark
rijkskosten: *op ~* at the public expense, publicly funded [holiday], State [funeral]
rijksluchtvaartdienst *(Br)* Civil Aviation Authority; *(Am)* Civil Aeronautics Board
rijksmiddelen (public, national) revenue
rijksmunt 1 coin of the realm; **2** *R~* Royal Mint
rijksmuseum national museum
rijksontvanger tax collector, the Inland Revenue
rijksopvoedingsgesticht *zie* opvoedingsinrichting & *vgl* jeugdgevangenis
rijksoverheid: *de ~* the government; *een baan bij de ~* a government post (position)
rijkspensioen state pension
rijkspolitie state police, *(Am)* Federal Police; *(vglb)* county constabulary
rijkspost *(hist)* Royal Mail
Rijkspostspaarbank *(hist)* Post Office Savings Bank
rijksrecherche *(vglb)* Criminal Investigation Department, CID, *(Am)* Federal Bureau of Investigation, FBI
rijksschatkist Treasury, national exchequer
rijkssieraden regalia
rijksstad *(hist)* imperial city
rijksstudietoelage government grant
rijkssubsidie government (*of:* state) subsidy, grant, state aid; *met ~* grant-maintained, state-aided, state-supported [schools]
rijkstaal national language
rijksuitgaven national expenditure; *(drukwerk)* government publications
rijksuniversiteit: *de ~ (te) G* the University of G
rijksvlag national flag
rijksvoorlichtingsdienst Government Information Service; *(Br)* Central Office of Information, COI
rijkswacht state police
rijkswapen national (coat of) arms
rijkswaterstaat *zie* waterstaat
rijksweg national highway
rijkswege: *van ~* by authority (of the government); *van ~ gekeurd* officially (government) tested
rijkswet law of the realm
rijkszegel great seal
rijkszwaard sword of state
rijkunst 1 horsemanship, equestrianism, equitation; **2** *(in auto)* driving skill
rijlaars riding boot
rijles 1 *(ve ruiter)* riding lesson; **2** *(auto)* driving lesson
rijm 1 rhyme; *staand (slepend) ~* masculine (feminine) rhyme; *op ~* in rhyme; *op ~ brengen* put into rhyme; *~pje* jingle; **2** *zie* rijp I.1 & 2
rijmbijbel rhymed bible
rijmelaar rhymer, rhymester, versifier, poetaster
rijmelarij doggerel (verse), jingle
rijmelen write doggerel
rijmen rhyme [*op* to, with]; *(fig)* tally, square, agree [*met* with: this does not tally etc with what you told me]; *hoe rijm je dat met ...?* how do you reconcile this with ...?; *niet met elkaar te ~* [the two points of view are] irreconcilable
rijmklank rhyming sound; rhyme
rijmkroniek rhymed chronicle
rijmkunst art of rhyming
rijmloos rhymeless, unrhymed; *-loze vijfvoetige jamben* blank verse
rijmpje rhyme, jingle
rijmprent illustrated broadside poem
rijmschema rhyme scheme
rijmwoord rhyme (word), rhyming word
rijmwoordenboek rhyming dictionary

Rijn Rhine; *zie ook* water
rijnaak Rhine barge
Rijndal Rhine valley, valley of the Rhine
Rijnland: *het* ~ the Rhineland
Rijnoever [left] bank of the Rhine
Rijnvaart navigation on the Rhine
rijnwijn Rhine wine, Rhenish (wine), hock
rij-op-rij-af- roll-on roll-off [ferry]
rijp I *zn* **1** *(bevroren dauw)* hoar frost, white frost, *(Am)* white dew; **2** *(bevroren onderkoelde mist)* rime; **3** *(waas)* bloom [on fruit]; **II** *bn* ripe [fruit, cheese; *ook fig:* the time is not yet ripe for it, the plan is ripe for execution; *ook ve zweer*]; *(meestal fig)* mature; ~ *voor, (ook)* fit (ready) for; *na ~ beraad (overleg, ~e overweging)* after (*of:* on) mature (careful) consideration (deliberation); *op ~e leeftijd* at a ripe (old) (at a mature) age; *~ere jeugd* teenagers, adolescents; ~ *en groen* ripe and unripe; ~ *en groen lezen* be an omnivorous reader, read anything; *vroeg ~, vroeg rot* soon ripe, soon rotten; ~ *worden (maken)* ripen *(ook van zweer),* mature; *aan de boom ~ geworden* tree-ripened [fruit]; *zie ook* galg
rijpaard riding horse, saddle-horse, [lady's] mount
rijpad 1 cycle-, riding-track; **2** right of way
rijpelijk: *ik heb het ~ overwogen* I have given it ample thought, considered it fully (carefully)
rijpen 1 *het heeft gerijpt* there has been a hoarfrost (a white frost); **2** *intr & tr (ook fig)* ripen, mature; *(v kaas, ook)* age; ~ *tot* ripen into [acquaintance ripened into friendship]
rijpheid ripeness, maturity; *het plan kwam tot ~* came to maturity
rijping ripening, maturation [process]
rijplaat steel planking
rijproef 1 [pass a] driving test; **2** *(ve auto)* road test; **3** *(ve ruiter)* dressage test
rijs twig, sprig, osier, withe
rijsberm fascine
rijsbeslag osier revetment
rijsbezem birch broom
rijsbos, rijsbundel bundle of twigs, faggot; *(mil)* fascine
rijschool driving school, school of motoring; *(paard)* riding school, riding academy
rijsdam osiered dam
Rijsel Lille
rijshout osiers, twigs, sprigs
rijsnelheid driving speed; [train, etc] speed
rijst rice
rijstblok rice pounder
rijstbouw cultivation of rice, rice growing
rijstbrandewijn (rice) arrack, rice wine
rijstcultuur *zie* rijstbouw
rijstdiefje *zie* rijstvogel
rijstebrij 1 rice pudding; **2** *(plant)* arabis, rock cress
rijstebrijberg: *door een ~ heen eten, (fig)* plough one's way through a mound [of papers, etc]
rijstkorrel grain of rice
rijstoogst rice crop
rijstpapier rice paper
rijstpellerij rice-hulling works
rijstpudding rice pudding
rijstrook (traffic) lane
rijsttafel Indonesian rice meal, rijsttafel
rijstveld ricefield, paddy (field)
rijstvogel Java sparrow
rijswaard osier bed
rijswerk 1 osiery, osier-work; **2** *(mil)* fascine work, brushwood revetment
rijtaks road tax
rijten tear, rend, rip [to pieces]
rijtijdenboekje *(vglb)* driver's record book
rijtjeshuis terrace(d) house, *(Am)* row house
rijtoer drive; ride; *vgl* rijden; *een ~ doen* go for (take) a drive (a ride)
rijtuig carriage; *(huur~)* cab; [railway] coach; ~ *met twee (vier) paarden* carriage (*of:* coach) and pair (and four); *zie ook* met
rijvaardigheid: *(bewijs van)* ~ (certificate of) driving proficiency
rijvaardigheidsproef driving test
rijverbod driving ban
rijvereniging riding club
rijverkeer vehicular traffic
rijvlak *(ve brug)* roadway, carriageway
rijweg carriageway, roadway, drive
rijwiel bicycle, cycle; *(fam)* bike; *zie ook* fiets
rijwielclub cyclists' touring club
rijwielhersteller cycle repairer
rijwielherstelplaats cycle repair shop
rijwielpad cycle track, cycleway
rijwielstalling cycle shed
rijzen *(v persoon, zon, rivier, barometer, deeg, enz)* rise; *(v waren & prijzen)* rise, go up, look up; *(v deeg, ook)* prove; *(zich voordoen)* arise, crop up [questions, difficulties crop up]; *het water (getijde) rijst* the tide is coming in; *zie ook* stijgen
rijzig tall [stature]
rijzigheid tallness
rijzing rise; *(v prijs, ook)* advance, *(plotseling & sterk)* boom
rijzweep riding whip (crop, switch)
rikkekikken *(v kikkers)* croak
rikketik *(fam)* heart; *mijn hart ging van ~* my ... went pit-a-pat; *in de ~ zitten* be nervous (in a funk)
rikketikken *(ve horloge)* tick, go tick-tock
rikkikken *(v kikkers)* croak
riks *(fam)* rixdollar
riksja rickshaw
ril I *zn* **1** shiver; **2** gully; groove; crease; **II** *bn* timid
rillen 1 shiver [*van kou, angst, enz* with cold, ...], shudder [*bij het zien, enz* at the sight, etc]; *het doet me ~* it makes my flesh creep, it (the thought, etc) sends a cold shudder through me; *zie ook* huiveren; **2** score [cardboard]
rillerig shivery

rillijn score (mark)
rilling shiver(s), shudder; *zie ook* huivering
rimboe *(Ind, Br-I)* jungle; *(Austr, Afr)* bush; *hij woont daar ergens in de ~, (fig)* he ... out in the wilds (the sticks)
rimpel 1 *(algem)* wrinkle, ruck; *(in papier, stof, ook)* crinkle; *(ve pers)* wrinkle, line; *(diep)* furrow; *~s, (om de ogen)* crow's-feet; *gezicht met diepe ~s* deeply lined face; **2** *(v water)* ripple, ruffle
rimpelen 1 wrinkle (up) [wrinkle up one's forehead], ruck up, pucker (up), rumple; *(tr ook)* knit [*het voorhoofd* one's brow], line [his face was lined with worry]; **2** ruffle, ripple (*ook: doen ~* [the water]); *vgl* rimpel; **3** *(plooien)* crinkle, *(nauw)* crimp, *(ruim)* gather
rimpelig wrinkled, wrinkly, crinkly [paper], lined [face], furrowed [cheeks], puckered [brow], shrivelled [apple]
rimpeling wrinkling, furrowing, puckering; rippling, ripple, ruffling, ruffle; *vgl* rimpel
rimpelloos smooth, unruffled, untroubled [existence]
rimram balderdash, slush, tosh; [the whole] caboodle
ring 1 ring; *de ~ steken, zie* ringrijden; *zie ook* kring; **2** *(om maan)* circle, halo; **3** *(om eind ve stok)* ferrule; **4** *(kerkelijk)* (church) district, circuit, *(Z-Afr)* ring; **5** *~en, (gymn)* swinging rings, flying rings
ringbaan circular railway, *(Am)* belt railway
ringbaard fringe (of whisker)
ringband ring binder, loose-leaf book
ringbout ring-bolt
ringdijk ring dike, enclosing dike
ringelduif ring-dove
ringelen *zie* ringen 1
ringelgans brent-goose
ringeling *(kindert)* ring finger; *zie ook* klingeling
ringelmus tree sparrow
ringeloren bully, order about, sit (up)on, ride roughshod over [a p.]
ringelrups lackey caterpillar, footman
ringen 1 ring [a pig, birds]; infibulate [a mare]; **2** girdle, ringbark [trees]
ringetje little ring; *men kan hem door een ~ halen* he looks as if he had just stepped (*of:* come) out of a bandbox; *~s blazen* blow (smoke) rings
ringfazant ring(-necked) pheasant
ringgebergte *(op de maan)* crater
ringleiding induction loop, *(fam)* loop
ringlijn circle line
ringlijster, ringmerel ring ouzel
ringmus tree sparrow
ringmuur ring-wall, circular wall
ringopener ring-pull [can]
ringoppervlak *(meetk)* torus
ringrijden I *ww* tilt at the ring; **II** *zn* tilting at the ring, tilting competition
ringrups lackey caterpillar, footman
ringslang grass snake, ringed snake
ringsleutel ring spanner
ringsloot circular ditch, ring-ditch
ringsteken *zie* ringrijden
ringvaart circular canal
ringvinger ring finger
ringvormig ring-shaped, annular [eclipse]; *~ kraakbeen* ring (*of:* cricoid) cartilage; *~e verduistering* annular eclipse
ringweg ring road, circular road, *(Am)* beltway
ringwerpen I *ww* play quoits; **II** *zn* quoits
ringworm annelid; *(uitslag)* ringworm, tinea
rinkel jingling metal disc
rinkelbel *zie* rammelaar
rinkelbom tambourine
rinkeldekink clink-clink, tinkle-tinkle
rinkelen jingle, tinkle, chink, [the blow made the tea things] ring; *~ met* jingle, chink [one's money]
rinkelrooier reveller, rake
rinkinken tinkle, jingle
rinoceros rhinoceros; *(fam)* rhino
rins sour [apple syrup], tart
rioleren provide with (install) sewers
riolering sewerage, sewage disposal system
riool sewer, drain
rioolbuis sewer (pipe)
riooldeksel manhole cover
rioolgas sewer gas; *(mv ook)* sewer fumes
riooljournalistiek gutter journalism
rioolnet sewerage; drainage system
rioolpers gutter press
rioolwater sewage, effluent
rioolzuiveringsinstallatie sewage farm (plant, works)
riposte riposte
riposteren riposte
rips rep
ripsfluweel corduroy
ris string; *zie* rist
risee butt, laughing stock
risico risk, hazard; *eigen ~, (verzekering)* excess, *(Am)* deductible; *voor ~ van* at the risk of; *voor ~ van de koper* at buyer's risk; *voor eigen ~* at one's own risk; *~ dragen* carry a risk; *~ lopen* run (incur) a risk (risks), be at risk [of getting cancer]; *hij wou geen ~ lopen, (ook)* he was not taking (going to take) any risks, was taking no chances
risicodragend risk-bearing, venture [capital]; *~e onderneming* venture
risicogroep high-risk group
risicoloos 1 risk-free; **2** unenterprising
riskant risky, hazardous
riskeren risk, venture, hazard, take a chance; *alles ~* go for broke; *te veel ~, (ook)* overplay one's hand; *vgl* [1]wagen
rissen *ww* string [redcurrants, etc]
rissole rissole
rist string [of onions, sausages, herrings; *(fig:)* of excuses, names, questions], bunch [of berries], rope

[of onions]
risten string [redcurrants, etc]
rister *(ve ploeg)* mouldboard
ristorno return of premium
rit 1 ride, drive; *een vlugge ~, (met trein bijv)* a quick run; *een ~je doen* go for a ride (drive, an outing), have a run in a car; *halverwege de ~, (fig)* half way through [one's term of office, etc]; *aan het eind van de ~, (fig)* at the end of the day; *vgl* rijden; **2** frogspawn; **3** *(v mol, enz)* tunnel
rite rite
ritme rhythm
ritmeester cavalry (tank) captain
ritmiek rhythmics
ritmisch rhythmic(al); *~e gymnastiek* eurhythmics, callisthenics; rhythmic gymnastics (*of:* drill)
ritnaald wireworm
ritornel ritornello
ritprijs fare
rits I *zn* **1** zip (fastener); **2** groove, score(-mark); **II** *tw* **1** slash!, crack!; **2** zip!
ritselaar(ster) fixer
ritselen 1 rustle *(ook: doen ~); (fam)* bristle [with mistakes]; **2** *(sl)* fix, wangle
ritseling rustle, rustling
ritsen 1 *(inkrassen)* groove, gouge, score [paper]; **2** *(sluiten)* zip (*dicht* zip up; *open* unzip); **3** *(snel bewegen)* swish; dash, rush [off]
ritsig rutting, on (in) heat
ritsigheid heat, rut
ritsijzer gouge
ritssluiting zip fastener, *(Am)* zipper, slide fastener; *(fam)* zip
rituaal ritual
ritualisme ritualism
ritualist(isch) ritualist(ic)
ritueel *bn & zn* ritual
ritus rite
ritzege *(sp)* stage win (victory)
rivaal rival; competitor
rivaliseren compete, contend; *~de groepen* rival groups
rivaliteit rivalry, competition
rivier river [basin, clay, god, police, sand, valley]; *de ~ de Nijl (de Mississippi)* the River Nile (the Mississippi River); *aan de ~* [situated] on the river; *bij de ~* by the river(side); *op de ~* on the river; *de ~ op (af)* up (down) the river; *langs de ~ gelegen* riverside [houses]; riparian [owner], riverine [provinces]
Rivièra: *de ~* [live on] the Riviera
rivierarm branch of a river
rivierbed(ding) river bed, river channel
rivierblindheid river blindness, onchocerciasis
rivierdijk river dike, river wall
rivierdonderpad miller's thumb, bullhead
riviereiland river island; *(klein)* ait, eyot
riviergezicht river view; *(schilderij)* river scene
rivierkreeft crayfish, crawfish
riviermond river mouth; *(zeer brede)* estuary
riviernimf river nymph, naiad
rivieroever river bank, riverside
rivierprik river lamprey, lampern
rivierscheepvaart river navigation
rivierstand level of the river, river level
rivierstelsel river system
riviervaartuig river vessel; *(mv ook)* river craft
riviervarken capybara
rivierverkeer river traffic; *(v oever tot oever)* cross-river traffic
riviervis river fish; *rivier- (en zee)vis, (ook)* fluvial (and marine) fish
rivierwater river water; *(bij overstroming ook)* flood-water
rizofoor rhizophora
r.-k. RC, Roman Catholic
rob seal; *zie ook* zeerob
robbedoes wild boy, *(meisje)* tomboy, hoyden
robbedoezen *ww* romp
robbenjacht seal hunting, sealing
robbenjager seal hunter, sealer
robbenspek seal blubber
robbentraan seal oil
robbenvangst seal hunting, sealing
robbenvel sealskin
robber *(kaartsp)* rubber; *een ~tje vechten* scrap, scuffle, tussle
robe robe, gown; *~ princesse* princess dress
robertskruid herb Robert
robijn ruby
robijnen *bn* ruby
robot(ica) robot(ics)
robotiseren robotize
robuust robust, stalwart
rochel 1 phlegm; **2** [death] rattle
rochelen expectorate; *(vooral ve stervende)* rattle (in one's throat); *(ve pijp)* gurgle
rococo rococo
rococostijl rococo (style)
roddel gossip [magazine], scandal
roddelblad gossip magazine, *(fam)* rag, *(Am sl)* ragazine
roddelcircuit *(vglb)* grapevine
roddelen gossip, talk scandal
roddelpers gutter press
rode, rodehond, enz *zie* rood
rodekool red cabbage
Rode Kruis Red Cross [Society]
rodelbaan *(sp)* luge run, *(vermaak)* toboggan slide
rodelen luge, toboggan; *het ~* luging
rodelslee luge, toboggan
roderen run in [a car], practise [for a match]
rododendron rhododendron
rodomontade rodomontade, brag(ging)
roe rod; *zie* roede
roebel rouble

roede **1** rod; *(om te straffen)* birch; *(toverroede)* wand; *(staf)* verge; *(ve molen)* sail-arm; *(anat)* penis; *zie ook* wichelroede; *(met) de ~ krijgen* be whipped (caned); *de ~* ***kussen*** kiss the rod; *vgl* ijzeren; **2** *(hist maat: 3,7m, vglb)* rood *(6-8 yds)*; *Ned ~* decametre; *vierkante ~* are *(rood, 1/4 acre, is 10 are)*

roedel pack [of wolves], herd [of deer], pride [of lions]

roedeloper dowser, water-diviner, rhabdomantist

roef I *zn* deckhouse; II *tw: ~, ~* in a flash; *~!* whiz!, dash!

roeibaan rowing course

roeibank rowing bench, thwart; *(glijbank)* slide

roeiboot rowing boat, *(Am)* rowboat

roeiclub rowing club

roeidol **1** thole(-pin); **2** rowlock, *(Am)* oarlock

roeien **1** row, pull; *(met 1 of 2 kleine riemen)* scull; *~ naar* row (pull) up to; *naar wal ~* row in; *wat gaan ~* go for a row; *uit alle macht ~* pull away, bend to one's oars; *zie ook* riem, stroom; **2** *(vaten)* gauge

roeier **1** rower, oarsman, [a good] oar; **2** *(v vaten)* gauger

roeiklamp rowlock

roeipen thole(-pin)

roeipotigen pelecaniformes

roeiriem, roeispaan *(voor 2 handen)* oar; *(voor 1 hand)* scull

roeisport rowing

roeister rower, oarswoman

roeistok gauging rod

roeivereniging rowing club

roeiwedstrijd rowing match, boat race; *(toernooi)* regatta

roek rook

roekeloos rash, foolhardy, daredevil, reckless [betting; drive a car recklessly]; *~ met zijn geld omgaan* play ducks and drakes with one's money

roekoe coo

roekoeën, roekoeken coo

Roeland Roland; *als een razende ~* like (one) mad

Roelandslied Chanson de Roland, Song of Roland

roem glory, renown, fame, celebrity; *(kaartsp)* meld; *zie ook* trots, overladen, enz

Roemeen(s) Romanian

roemen I *tr* **1** praise, speak highly of; *(sterker)* extol; **2** *(kaartsp)* meld; II *intr: ~ op, (pochen op)* boast of, *(prat gaan op)* glory in; *zie ook* hooggeroemd

Roemenië Romania

roemer *(glas)* rummer

roemloos inglorious

roemrijk, roemrucht(ig), roemvol glorious, renowned, illustrious

roemzucht thirst for glory, ambition

roemzuchtig thirsting for (after) glory, ambitious

roep **1** call, cry *(ook ve vogel)*; *eerste (tweede) ~, (huwelijksafkondiging, r-k)* first (second) time of asking; **2** *(gerucht)* rumour; *de ~ gaat dat ...* there is a rumour around that ...; **3** *(roem)* fame, reputation; ***in*** *een goede (kwade) ~ staan* be in good (bad) repute; *karpers die in een ~ van heiligheid staan* carp which are held to be sacred; *in een kwade ~ brengen* bring into disrepute; *in kwade ~ geraken* fall into disrepute

roepen I *intr* call *(ook ve koekoek)*; *(schreeuwen)* cry, shout; ***om*** *iem ~* call (for) a p.; *om iets ~* call for s.t.; *luide ~ om, (fig)* clamour for [justice], cry out for [peace]; *hij riep er erg* ***over*** he was very enthusiastic about it; II *tr* call [a p.], call in, send for [the doctor]; cry, shout ['no!' he shouted]; *mijn plicht roept mij* calls me; *roep je hond bij je* call your dog off; *als ik je nodig heb, zal ik je ~, (sarcastisch)* when I need your assistance I'll call on you; *zich* ***hees*** *~* shout o.s. hoarse; *ik heb hem* ***laten*** *~* I've sent for him; ***tot*** *een hoge post geroepen worden* be called to a high post; *ik voel me niet* ***geroepen*** *te ...* I don't feel called (up)on to ...; *je komt als geroepen* as if you had been sent for; *velen zijn geroepen, maar weinigen uitverkoren* many are called, but few are chosen; *de stem eens* ***roependen*** *in de woestijn* the voice of one crying in the wilderness; *zie ook* binnen: te ~, leven, wapen

roeper megaphone

roepia rupiah

roeping call(ing), vocation; *zijn ~ volgen* follow one's vocation; *hij heeft zijn ~ gemist* he has mistaken (missed) his vocation; *ik voel geen ~ te ...* I don't feel called (up)on to ...; *dat was zijn ~ in het leven* that was his mission in life

roepnaam pet name; *weggelopen, Siamese kater, ~ Pipo ...* called Pipo

roepstem call [of duty], voice

roer **1** *(~blad)* rudder; *(stuurinrichting)* wheel, helm; *~ geven* apply the rudder; *hou je ~ recht!* steady!; *het ~ recht houden, (v dronkenman)* walk straight; *het ~ in handen nemen* take the helm; *het ~ omgooien, (ook fig)* put over the helm; ***aan*** *het ~ staan* be at the wheel; *(fig)* be at the helm, be in control; *een krachtige hand aan het ~, (fig)* a firm hand at (on) the wheel; ***naar*** *het ~ luisteren* answer the helm; ***uit*** *het ~ lopen, (mar)* swerve from the course; *zie ook* rep; **2** *(ve pijp)* stem; **3** *(vuur~)* firelock

roerbakken *ww* stir-fry; *zn* stir-frying

roerblad rudder (blade)

roercommando's helm (steering) orders

roerdomp bittern; *(Sch)* bull-of-the-bog

roerei(eren) scrambled eggs

roeren I *tr* **1** stir [one's tea, the Christmas pudding], agitate; *koffie met een ei erin geroerd* coffee with ... stirred in; **2** *(fig)* move [it moved her to tears], stir, affect, touch; *zijn* ***mond*** *(tong) ~* be talking away; *zij weet haar mondje (tong) te ~* she has a tongue in her head, she has the gift of the gab; ***zich*** *~* stir, move; *een ruimte waarin men zich niet kan ~* a poky place; *zich goed kunnen ~, (fig)* be well off; *zie ook* trom; II *intr: ~* ***aan*** touch; *~* ***in*** stir [the water]; *voortdurend ~* stir round and round

roerend moving, touching, pathetic [story], stirring [drama]; *het ~ eens zijn* agree whole-heartedly; *~e goederen* movables, personal property (*of:* estate); *~e feestdagen, (r-k)* movable feasts
roerganger helmsman, man at the wheel (the helm)
roerhaak (rudder) pintle
roerig restless, lively, active [person]; turbulent [crowd, meeting, sea, times, wind]
roering 1 *(beweging)* stir, motion; **2** *(ontroering)* emotion; **3** *(opschudding)* commotion
roerloos 1 *(ve schip)* rudderless; **2** motionless; *(fig)* unmoved
roerom 1 *(pap)* stirabout; **2** *(poespas)* fuss
roerpen, roerpin helm, tiller
roersel motive, prompting; *~en, (ook)* springs [the springs of French policy], movings [the movings of the Oriental mind]
roerspaan, roerstaaf, roerstang stirring spoon (*of:* rod); *(ve apotheker)* spatula; *-staafje* stirrer
roersteven sternpost, rudderpost
roervink decoy bird; *(fig)* firebrand
roes drunken fit, intoxication *(ook fig)*; *~je* ruche; *(med)* brief anaesthesia; *~ der overwinning* flush of victory; *in de ~ der overwinning, (ook)* flushed with victory; *zijn ~ uitslapen* sleep off one's dissipation (liquor); *ik leefde als in een ~* my life was a whirl of excitement; *zie ook* aankrijgen
roest 1 rust; *oud ~* old iron, scrap iron; *door ~ verteerd* rust-eaten; **2** *(op plant)* rust, blight, smut; **3** *(v kippen)* perch, roost
roestbestendig rust-resistant
roestbruin rusty (brown)
roesten 1 rust, get rusty; **2** perch, roost
roestig rusty *(ook ve plant)*, rusted
roestigheid rustiness
roestkleurig rust-coloured, rusty
roestmiddel *zie* roestwerend
roestvlek rust spot; *~je* speck of rust
roestvogel perching bird, percher, passerine
roestvrij rustproof, rustless; *~ maken* rustproof; *~ staal* stainless steel
roestwerend rust-preventing (rust-resistant); *~ middel* rust-preventer
roet soot; *~ in het eten gooien* be a spoilsport (a kill-joy); *(fam)* queer the pitch for a p.
roetachtig sooty [colour, smell]
roetbruin bistre
roetdeeltje smut
roetkleurig soot-coloured, sooty
roetmop 1 lump of soot; **2** *(min)* nigger
roetsjbaan switchback (railway), roller coaster, big dipper
roetsjen slide
roetzwart I *bn* (as) black as soot; **II** *zn (v schilders)* bistre
roezemoes 1 buzz, din, hum [of voices]; **2** bustle
roezemoezen 1 buzz; **2** bustle (around)
roezemoezig noisy, boisterous; *(vh weer)* boisterous, blustering
roffel 1 jack plane; *er met de ~ overheen lopen, (fig)* scamp (bungle) one's work; **2** *(ve trom)* roll; **3** *(berisping)* wigging; *(pak slaag)* beating
roffelaar bungler, muddler
roffelen 1 *(schaven)* rough-plane; **2** *(op trom)* roll (the drum); *(op ruit)* drum; *het ~, (ve trom)* the rub-a-dub; **3** *(knoeien)* bungle; *zie ook* afroffelen
roffelig shoddy [work]
roffelschaaf jack plane
roffelvuur drumfire
roffelwerk shoddy work
roffelzaag gent's saw
rog ray, thornback, skate
rogatoir rogatory [commission]
rogge rye
roggebrood rye bread, black bread, *(Duits)* pumpernickel
rok 1 *(ve vrouw)* skirt; *(onder-)* underskirt, petticoat; *(ve man)* dress coat, *(fam)* tails, swallowtail; *Schots ~je* kilt; *je hebt een ~je uitgetrokken* you've lost weight; *de ~ken korter maken* raise the hemline; *in ~* in dress clothes, in evening dress; *zie ook* hemd; **2** *(plantk)* tunic, scale; **3** *(spin~)* distaff; **4** *(vogel)* roc
rokade *(schaaksp)* castling; *vgl* rokeren
rokbeschermer dress guard
rokbroek divided skirt, skirt trousers
roken *tr & intr (ook drugs, dampen v schotels, enz)* smoke [a pipe, fish, ham]; *(dampen, ook)* steam; *(vlees, enz, ook)* cure; *(even opsteken)* have a smoke; *~ van bloed* smoke (*of:* reek) with blood; *het rookt hier* there is smoke here; *~ als een schoorsteen* smoke like a chimney; *niet ~!* no smoking!; *gerookt* smoked, smoke-cured, smoke-dried [bacon, tongue, etc]
roker smoker; *(v vlees, enz, ook)* curer
rokeren *(schaaksp)* castle; *lang (kort) ~* castle on the queen's (the king's) side
rokerig smoky
rokerigheid smokiness
rokerij 1 smoke-house; **2** (something to) smoke
rokershoest smoker's cough
rokertje smoke
rokken *(spin~)* distaff
rokkenjager womanizer, Casanova
rokkostuum dress suit; *vgl* rok 1
roklengte hemline
rokophouder *(hist)* page
rokvest white waistcoat
rol 1 roll [of cloth, paper, tobacco, linen]; bolt [of cloth]; piece [of wallpaper]; *(v hout, metaal, enz)* roller, cylinder; *(onder het haar)* pad; *(deeg~)* rolling pin; *(perkament)* scroll [of parchment, the Dead Sea scrolls]; *zie ook* rolletje; **2** *(katrol)* pulley; **3** *(monster~)* (muster-)roll; *(v doctoren)* panel; *(jur, v aanhangige zaken)* (cause-)list, *(bij politierechtbank)* charge sheet, *(v aangeklaagden)* calendar; *de zaak staat op de ~ voor vandaag* the case is down for

hearing (is in the cause-list for) today; *op de ~ inschrijven* enter on the charge sheet; **4** *(theat, enz)* part, role, rôle, character, [an actor's] lines; *zich met een ondergeschikte ~ vergenoegen, (fig)* take a back seat; *een ~* ***bezetten*** fill a part; *hij* ***krijgt*** *de ~ van Hamlet* he is cast for H; *de ~len zijn* ***omgekeerd*** the tables are turned, the roles are reversed; *een ~* ***spelen*** act (play) a part *(ook fig); een voorname (grote, gemene) ~ spelen* play a prominent (great, nasty) part [*in* in]; *een ~ spelen in, (fig, ook)* figure in [all the things that figured in the case]; *nu begint dr. H een ~ te spelen, (ook)* now Dr H comes into the picture; *de prijs speelt een grote ~* the ... is an important factor; *geld speelt geen ~* money is no object; *de ~len* ***verdelen*** cast (assign) the parts; *hij bleef* ***in*** *(viel* ***uit****) de ~* he kept in (acted out of) character; **5** *(het rollen)* rolling; *(v vliegt)* [horizontal] roll, [vertical] (flick) spin; *(gymn)* [forward] roll; ***aan*** *de ~ zijn (gaan)* be (go) on the spree (the loose); *zie ook* zwier

rolaap capuchin (monkey)

Roland *zie* Roeland

rolbaan *(luchtv)* taxi strip

rolbankje sliding seat

rolberoerte: *zich een ~ schrikken (lachen)* be scared to death (laugh fit to burst)

rolbeugel *(ve auto)* roll bar

rolbevestigend role-reinforcing

rolbezetting cast

rolblind *zie* rolluik

rolbrug roller bridge

roldeur 1 sliding door (*v sluis, enz:* gate); **2** *(verticaal)* tambour (roll-up) door

roldoorbrekend unconventional [behaviour]

rolemmer wheeled dustbin

rolfilm *(fot)* roll film [spool]

rolgedrag [professional] role behaviour

rolgordel inertia reel seat belt

rolgordijn (roller) blind

rolhanddoek roller towel

rolhockey rink hockey, roller hockey

roljaloezie rolling (roller, roll-down) shutter

rolklaver bird's-foot trefoil

rolkraag roll collar; *trui met ~* polo-neck pullover

rollaag upright course of bricks

rollade collared beef, rolled beef (veal, pork)

rollager roller bearing

rollator rollator

rollebollen 1 turn somersaults; **2** roll about, play around, romp [in the hay, etc]

rollen 1 roll [a ball, etc; the thunder rolls], trundle [the bus trundles through the street]; tumble [into a ditch, the room]; *(luchtv)* taxi, *(in de vlucht)* roll; ***geld*** *moet ~* money is there to be spent; *je weet nooit hoe een dubbeltje ~ kan* you never can tell; the unexpected often happens; *de zaak* ***aan het*** *~ brengen* set the ball rolling; ***door de wereld*** *~* be a happy-go-lucky fellow; *erdoor (door een examen) ~* scrape through (an exam); *zich* ***in*** *het zand ~* roll (about) in the sand; ***met de ogen*** *~* roll one's eyes; ***van de trap*** *~* tumble down the stairs; *hij rolde van de fiets (het paard)* he fell off his bike (horse), he had a spill; *zie ook* materieel; **2** pinch [a p.'s watch *horloge*]; *iems* ***zakken*** *~* pick a p.'s pocket

rollenbaan roller table (path, conveyor)

rollenpatroon role model

rollenspel role-playing (game), role stereotyping

rollenzolder *(theat)* grid(iron)

roller 1 roller, *(golf ook)* rolling wave; **2** [hair] curler; **3** *(ve vogel)* trill

rolleren cast (the parts of) a play

rolletje 1 roll, rouleau [of pennies]; wad [of banknotes]; **2** *(onder stoel, tafelpoot, enz)* castor, caster; *(ve railgordijn)* runner; *alles ging als op ~s* everything went like clockwork; *zie ook* rol

rolluik rolling (roller, roll-down) shutter

rolmaat steel tape, flexible (*of:* spring) rule

rolmodel role model

rolmops rollmop

rolnaadlassen seam welding

rolpad travolator

rolpens *(niet in Eng)* beef minced, spiced, sewn in tripe and pickled

rolplank *(voor deeg)* pastry-board

rolprent film, picture

rolroer *(ve vliegt)* aileron, elevator

rolrond cylindrical; *(v pers)* rotund

rolschaats roller skate

rolschaatsbaan (roller) skating rink

rolschaatsen roller skate (skating)

rolschaatser roller skater

rolschuier carpet sweeper

rolsteen boulder; *-stenen, (ook)* scree

rolstelling safety cradle

rolstoel(er) wheelchair (user)

rolstok rolling pin

rolstrijker squeegee

roltong *(dierk)* proboscis, sucking tongue; *(v kind)* paper serpent

roltrap escalator, moving staircase (stairway)

roltrottoir travelator

rolvast letter-, word-perfect

rolveger carpet sweeper

rolverband roller bandage

rolverdeling 1 cast; **2** distribution of parts; **3** allocation of jobs (tasks)

rolwagentje truck, trolley, lorry

Roma Roma

Romaan Latin; *zie ook* Romanen

Romaans Romance [languages], Romanic [race]; *r~e stijl* romanesque (style); *(in Eng)* Norman (style); *~e volken* Latin peoples

roman [epistolary, historical, psychological, sentimental; trashy] novel; *~s, (ook)* [they only exist in] fiction; *(gedicht)* romance [of chivalry]

romance romance

romancier, romancière novelist, fiction writer
Romanen Romance (Romanic) nations
romanesk 1 *(verdicht)* novelistic; **2** *(dweperig)* novelettish, Mills and Boon, romantic
romanfiguur fictional character
romanheld(in) hero(ine) of romance (*of:* in a novel)
romaniseren Romanize
romanist Romanist
romanistiek Romance studies, Romanistics
romankunst art of the novel; *de ~, (ook)* the novelist's art
romanschrijfster, romanschrijver novelist
romanticus romanticist; *(v aard)* [an incurable] romantic
romantiek I *bn* romantic (*bw:* -ally); **II** *zn* romanticism; romance [of the Highlands]
romantisch romantic (*bw:* -ally); *een ~ tintje geven aan* romanticize
romantiseren romanticize; *(tot roman maken)* fictionalize
romboëder rhombohedron
romboïde rhomboid
rombus rhomb
Rome Rome; *~ is niet op één dag gebouwd* Rome was not built in a day; *hoe dichter bij ~, hoe verder van God* the nearer the church, the farther from God; *zie ook* oud & [1]weg 1
romein *(letter)* Roman (type)
Romein(s) Roman; *~ recht* Roman Law; *~e cijfers* Roman numerals
romen cream, skim [milk]
romer *(glas)* rummer
römertopf chicken brick
romig creamy [cheese]
rommel lumber, rubbish, litter, jumble; *(prullen)* rubbish, trash, *(fam)* tack; *~ maken* make a mess; *het was een erge ~ in de kamer* the room was in a terrible mess; *laat geen ~ (papier, enz) achter* don't leave any litter behind; *ouwe ~* old junk; *de hele ~* the whole lot, *(sl)* the whole caboodle
rommelaar fiddler, fixer, manipulator
rommelen 1 rummage [among papers, books]; *~ in, (ook)* make hay of [a p.'s papers]; **2** *(vd donder)* rumble; *het rommelt in India, (fig)* India is in a ferment; **3** *~ met* fiddle [one's income tax]; *~ in de marge* tinker, avoid the real problems; *zie verder* marchanderen & ritselen
rommelig 1 disorderly, untidy, messy; **2** littered [table]
rommelkamer lumber room; *(fam)* glory-hole
rommelkruiden mixed spices
rommelmarkt flea-market
rommelpot rommelpot
rommelwinkel junk-shop
rommelzo *zie* rommelzooi
rommelzolder (lumber-filled) attic
rommelzooi, rommelzootje 1 collection (pile) of junk; **2** shambles, mess; *zie ook* zooi
romp trunk; *(v paard, koe, ook)* barrel; *(ve (lucht)schip)* hull; *(ve vliegt, enz)* fuselage, body
rompslomp *(drukte)* (fuss and) bother, ado, to-do; *en de hele ~* and the whole rigmarole; *papieren ~* (unnecessary) paperwork, form-filling
rond I *bn* **1** *(bol-, cirkelvormig, gevuld)* round [eyes, table, the earth is round and goes round], rotund [person], circular, globular, spherical; **2** *(afgerond)* round [figures, numbers]; *een ~e som* a round sum, *(alles inbegrepen)* a lump sum; *een ~ jaar* a full year; *de zaak is ~* the case is complete; **3** *(rechtuit)* straight(forward) [a straight answer]; *~e taal* plain speaking; *een ~e vent* a straight(forward), plain-spoken fellow; *de ~e waarheid* the plain (the unvarnished) truth; **4** *(vol)* full-bodied [wine]; **II** *bw zie* ronduit & uitkomen; **III** *vz* round [the fire]; *~ de vijftig* about fifty, *(fam)* [he is] fiftyish; *~ 1990* around (round about) 1990; *zie ook* rondom II; **IV** *zn* round; *in het ~* round about, (all) around, [a room with benches] all round it; [cast one's eyes] about; [theatre] in the round; *mijlen in het ~* (for) miles around
rondas buckler, *(vero)* targe
rondbazuinen broadcast, trumpet, blaze (blazon) abroad, hawk [one's grievances] about
rondbezorgen *zie* rondbrengen
rondboog round arch
rondborstig frank, candid, open-hearted
rondborstigheid frankness, candour, open-heartedness
rondbreien 1 [do] circular knitting; **2** complete [a case]
rondbrengen take (bring) round; *(kranten, enz, ook)* deliver
rondbrenger *(v brood, enz)* roundsman
rondbrieven spread (*of:* rumour) about, blab
ronddansen dance about
ronddarren *(fam)* gad about
ronddelen distribute, hand (pass) round, give out; deal [cards]
ronddienen hand (serve) round [refreshments]; *de soep is rondgediend* the soup is served
ronddobberen drift about
ronddolen roam (wander) about
ronddraaien I *intr* turn (about, round), wheel round, spin round [on one's heels], rotate, gyrate; **II** *tr* turn (round); twiddle [one's thumbs]; *(snel)* whirl [a stick through the air]; *zie ook* (om)draaien; *~de paren* twirling couples; *~de beweging* rota(to)ry motion
ronddrijven float (drift) about
ronddwalen wander (roam) about
ronde round, circuit, tour; *(ve patrouille, enz)* round; *(ve politieagent)* beat; *(sp)* tour; round, leg [of a cup competition], *(enkele omloop)* lap [time], *(cyclus)* cycle; *een ~ vliegen* fly a circuit; *de ~ doen* make (*of:* go on) one's rounds, *(ve gerucht, enz)* go the round(s), get about; *lelijke verhalen doen de ~* ugly

tales are going the rounds; *de brief deed de ~ door de pers* the letter went the round of the press; *zie ook* rondje
rondeau rondeau
rondedans round dance, ring-dance
rondeel 1 *(mil)* round bastion; **2** *(poëzie)* rondeau, ro(u)ndel
rondel 1 *(techn)* flan, planchet; *(v moer)* washer; **2** slice
ronden I *tr* **1** round *(ook ve klinker)*, make round; camber [a beam, a road]; **2** *(afronden)* round off; **II** *intr* (become) round
rondetafelconferentie round-table conference
rondetijd lap time
rondfladderen flutter about; *(fig)* wander aimlessly
rondgaan go round, go about; make the round of [the rooms]; *(ve beker, ook)* circulate; *zie ook* ronde: de ~ doen; *laten ~* pass (hand) round, *(de hoed)* send (pass) the hat round, *(de fles)* send round the bottle; *~de brief* circular (letter)
rondgang walk-round, circuit, tour; *een ~ doen door* make a tour of [the building]
rondgeven hand (pass) round; deal [the cards]
rondhangen hang (stand) about
rondheid roundness; rotundity; *(fig)* frankness, candour
rondhout 1 *(mar)* spar; **2** undressed timber (*Am:* lumber); *(tot 15 cm dik)* roundwood
ronding rounding, bulge; *(v kin, enz)* curve; *(v weg, balk, dek, enz)* camber
rondje 1 round [another round, waiter!, two rounds of gin]; *een ~ geven* stand a round (of drinks), stand (pay for) drinks (glasses) all round; **2** tour, circuit [of the church *om*]; *zie ook* ronde
rondkijken look about (one); *het gezelschap ~* look round the company; *ik keek eens rond* I had a look round
rondkomen make (both) ends meet; *met £60 per week ~* manage on £60 a week (*ook:* £60 a week will keep me); *ik kan net ~ met £60* I can just jog (*of:* scrape) along on £60; *ze kunnen nauwelijks ~* they can hardly manage
rondleiden lead about; *iem ~* show (take) a p. over a place (round)
rondleider *(door museum, enz)* guide(-lecturer)
rondleiding conducted (guided) tour [of the museum *door ...*]
rondlopen walk about (around); *(fam)* knock about; *een eindje ~* take a short walk; *met een plan ~* go about with a plan; *er lopen een hoop van die lui rond* there are a lot of those people about; *vrij ~, (ve misdadiger)* be at large; *loop rond!* get along with you!
rondlummelen fool (moon, potter) about
rondneuzen nose (poke) about
rondo 1 *(muz)* rondo; **2** round almond-filled pastry
rondom I *bw* all (a)round, round about; in all respects; **II** *vz* (a)round, all round, round about; connected with, surrounding [the problems surrounding this issue]
rondreis (circular) tour, round trip; *een ~ doen door* tour [Scandinavia]
rondreisbiljet circular ticket, *(Br ook)* runabout ticket
rondreizen travel about; *de wereld ~* travel all over the world; *al zijn klanten ~* make the round of all one's customers
rondreizend itinerant, strolling [actors], [actors] on tour; *~e bibliotheek* mobile library; *~ (toneel)gezelschap* touring company; *~e show* roadshow
rondrijden drive (ride, skate) about; have a run around [in the car]; *vgl* rijden; *de stad ~* make the tour of the town
rondrit tour
rondschaaf fluting plane
rondscharrelen 1 potter (mess, nose, rummage, scratch) about; **2** *zie* rondkomen
rondschenken serve
rondschouderig round-shouldered
rondschrift round hand
rondschrijven circular letter; *een ~ richten tot* circularize
rondsel pinion
rondsjouwen I *tr* drag (lug) about (around); **II** *intr* knock about (around); *vgl* sjouwen
rondslenteren lounge (knock) about
rondslingeren I *tr* fling about; **II** *intr (v boeken, enz)* lie about; *laten ~* leave [one's things] about
rondsluipen prowl about (around)
rondsnuffelen nose (forage, poke) about [for s.t.]
rondspringen jump (spring, frisk, cavort) about; *zie ook* omspringen & rondkomen
rondstrooien strew about, scatter [bread crumbs]; *(fig)* put (spread) about [rumours, etc]
rondsturen send round, send out
rondtasten grope (feel) about [*naar* for, after]; *in het duister ~* grope around in the dark, be in the dark [*omtrent* about]
rondte circle, circumference; *in de ~ draaien* turn round, revolve; *in de ~ gaan staan* form a circle; *zie ook* ronde & rond IV
rondtrekken 1 wander about; *vgl* rondreizen; **2** *(krom)* warp
ronduit I *bn* straight(forward), plain-spoken, forthright; **II** *bw* [express one's views] frankly, plainly, outright, [say it, ask her] straight out; *~ spreken* speak one's mind, speak straight from the shoulder, speak out (freely); *~ (met iem) praten* talk straight, have a good straight talk (with a p); *iem ~ iets vragen* ask a p. a plain question; *~ antwoorden* give a straight answer; *~ weigeren* refuse flat(ly), give a flat refusal; *ik heb het hem ~ gezegd* I told him so in plain terms; *om het maar ~ te zeggen* to put it bluntly (plainly), not to put too fine a point (up)on it, to be (quite) frank, not to mince matters; *~ gezegd* frankly [I don't see why], frankly speaking, to be candid, candidly

rondvaart 1 circular trip; **2** cruise
rondvaartboot (canal) cruise boat
rondvaren *zie* omvaren
rondventen hawk about, *(opdringerig)* tout around
rondvertellen spread, blab (all over the town); *zie ook* rondbazuinen
rondvliegen 1 fly about (round), circle [the aeroplane circled over the town]; **2** *(fig)* tear (rush) about
rondvlucht air tour
rondvraag questions before closure of meeting, *(wat verder ter tafel komt + ~)* any other business
rondvragen ask around
rondwandelen walk about, take a turn [in the park, etc]; walk [when Jesus walked the earth]
rondwandeling perambulation, tour, walkabout; *een ~ doen door de zalen* make a tour of the wards
rondwaren *(ve spook)* walk; *(ve wild dier, enz)* prowl; *(v hongersnood, enz)* stalk; *ergens ~, (ve geest)* haunt a place; *er waren spoken in het huis rond* the house is haunted
rondweg I *zn* circular road, ring road, bypass (road); **II** *bw zie* ronduit
rondwentelen revolve
rondworm roundworm, nematode
rondzeggen: *iets ~* give notice of s.t. (to one's neighbours, etc)
rondzenden send round, send out
rondzien look about; *ik heb er overal naar -gezien* I've been looking for it everywhere
rondzingen acoustic feedback
rondzwaaien *tr & intr* swing round, slew round
rondzwerven wander (roam, *fam:* knock) about
rondzwieren *(in danszaal)* whirl about, swing round; *(fig)* be on the spree
rong *(ve wagen)* side stake
ronken 1 *(snorken)* snore; *liggen te ~, (fam: slapen)* be fast asleep; **2** *(ve kever)* whirr; *(ve motor, enz)* throb, drone, chug; *(ve vliegt)* roar; *(ve locomotief)* snort; **3** *(snoeven)* brag
ronselaar crimp; *vgl* ronselen
ronselen recruit [volunteers]; *(inz door list of geweld)* shanghai, (im)press, press-gang
röntgenen X-ray
röntgenfoto roentgenogram, X-ray (photograph), radiograph
röntgenologie roentgenology, radiology
röntgenonderzoek [have an] X-ray (examination)
röntgenstraal X-ray
röntgentherapie roentgenotherapy, radiotherapy
ronzebons 1 puppet show; **2** *(Ind)* tin-kettle band
rood red; *de rode gloed van het vuur* the ruddy glow of the fire; *rodehond* German measles, rubella, *(tropisch)* prickly heat; *rodekool* red cabbage; *~ krijt* red chalk, ruddle, raddle; *rodeloop* bloody flux; *~ maken* make red, redden; *~ staan* be in the red; *~ worden* redden, blush, flush, colour (up); *zo ~ als een kreeft (biet, kroot), (v schaamte)* [go] as red as a lobster, [go] beetroot red, *(zo ook:* blush to the roots of one's hair); *(v woede)* [go] purple with rage; *de rode (bal), (biljart)* the red (ball); *een rode, (pol)* a Red; *de roden* the Reds; *in het ~* [dressed] in red; *in de rode cijfers* in the red; *een glaasje ~* a glass of blackcurrant gin; *zie ook* duit, haan, [2]haar, kruis, rug, enz
roodaarde ruddle
roodachtig reddish, ruddy
roodbaard red-beard
roodbloedig red-blooded
roodbont red and white
roodborstje robin (redbreast), *(fam)* redbreast
roodborsttapuit stonechat
roodbruin reddish brown, russet; bay [horse]
roodgloeiend red-hot; *de telefoon stond ~* the phone just kept ringing
roodharig red-haired; *(fam)* carroty
roodheid redness
roodhout redwood, Brazil wood
roodhuid redskin, red Indian
Roodkapje Little Red Riding Hood
roodkoper(en) copper; *hij is voor zijn (ruige) roodkoperen, (fam)* all shipshape
roodkopklauwier woodchat (shrike)
roodkopvee redpoll cattle
roodmus (common) rosefinch
roodnek *(Z-Afr)* roinek
roodschimmel roan (horse)
roodsel 1 ruddle; **2** *(blanketsel)* rouge, raddle; *met ~ geverfd* raddled (face)
roodstaartje redstart
roodvalk kestrel
roodverschuiving red shift
roodvonk scarlet fever, scarlatina
roodvos bay (horse)
roodwangig red-cheeked, ruddy
roof 1 *(op wond)* scab, slough; **2** plunder, robbery; *(buit)* booty, plunder, loot; *op ~ uitgaan* go out plundering; *(v dieren)* go in search of prey, go on the prowl
roofachtig rapacious
roofbij robber bee
roofbouw overcropping, predatory cultivation, premature exhaustion *(ook ve mijn)*; *~ plegen (op), (fam)* drive [people] too hard, work [one's staff] to death; *door ~ uitgeput* prematurely exhausted *(ook ve mijn)*, overcropped
roofdier beast of prey, predator
roofdruk piracy
roofgierig rapacious
roofgierigheid rapacity
roofgoed stolen goods; *het is geen ~* please be careful (with it); *het is ~* it is in great demand (and scarce supply)
roofkever ground beetle
roofmoord murder for robbery
roofnest den of robbers
roofoverval hold-up

roofridder robber baron (*of:* knight)
roofschip pirate ship
roofsprinkhaan (praying) mantis
rooftocht foray, raid
roofvijand *(biol)* predator
roofvis predatory fish
roofvogel bird of prey
roofziek rapacious
roofzucht rapacity
roofzuchtig rapacious, predatory
rooi 1 aim; **2** estimate
rooie *(min)* carrots, ginger; *een ~, (pol)* a Red; *over de ~ gaan* go berserk; *zie verder* rood
rooien 1 *het ~* manage (it); *hij kan het (met zijn inkomen) niet ~* he cannot make (both) ends meet; *ik kan het niet met hem ~* I cannot get on with him; **2** *(aardappels)* lift, dig (up), raise; *(bomen)* pull up, stub; *(bomen, enz)* grub up, stub up [tree stumps], *(v wortels zuiveren)* stub, grub [land]
rooilijn (fixed) building-line, alignment; *op de ~ staan, (ve huis)* range with the street
rooimeester road-building inspector
rooinek *(Z-Afr)* rooinek
rook 1 (hay)rick; **2** smoke; *onder de ~ van A* within easy reach of A; *geen ~ zonder vuur* there is no smoke without fire; *in ~ opgaan* go up in (vanish in) smoke, melt (vanish) into thin air; *er is witte ~, a)* there is white smoke: a pope has been elected; *b)* the die is cast; *zie ook* snijden; **3** *ovt van* ruiken
rookafzuiger fume extractor
rookartikelen smokers' requisites
rookbom smoke bomb
rookcoupé smoking compartment, *(fam)* smoker
rookgas flue gas
rookgerei smoking materials
rookglas smoked glass
rookgordijn [lay, draw, put up, set up a] smokescreen
rookhok smokehouse
rookkanaal flue
rookkap hood
rookkast *(mach)* smoke box
rookkolom pillar of smoke
rooklucht smell of smoke
rookmasker smoke mask, smoke helmet
rookmelder smoke detector, smoke alarm
rookringetje smoke ring
rookspek smoked bacon
rooktabak tobacco for smoking, cigarette (pipe) tobacco
rookvang chimney flue
rookverbod smoking ban
rookvlees smoked (smoke-dried) beef
rookvrij 1 smokeless [zone]; **2** non-smoking [area]
rookwolk cloud of smoke, smoke cloud; *~je* puff (whiff) of smoke
rookworst smoked sausage
room cream; *dikke ~* clotted cream, Devonshire cream; *geslagen ~* whipped cream
roomachtig creamy
roomafscheider cream separator
roomboter (creamery) butter; *(attr)* all-butter [cake]
roomgehalte cream content
roomhoorn cream-filled cornet
roomijs ice cream
roomkaas cream cheese
roomkan cream jug
rooms Roman Catholic, Roman; *zie ook* rooms-katholiek; *~e bonen* broad beans; *het Heilige R~e Rijk* the Holy Roman Empire; *~er dan de paus* more Catholic than the Pope
roomsgezind Romanist(ic); *~e* Romanist
roomsgezindheid leaning towards Rome
rooms-katholiek Roman Catholic [he is a Roman Catholic, they are Roman Catholics]
roomsoes cream puff
roomvla cream custard
roos 1 rose; *geen ~ zonder doornen* no rose without a thorn; *de rozen op haar wangen* the roses in her cheeks; ***onder** de ~* under the rose, sub rosa, in secret; *hij wandelt **op** rozen* his path is strewn with roses, he lies on a bed of roses; **2** *(op hoofd)* dandruff, scurf; *vol ~* scurfy [hair]; **3** *(huidziekte)* erysipelas, St Anthony's fire; **4** *(kompas~)* card; **5** *(ve schijf)* bull's eye, *(fam)* bull; ***in** de ~ schieten* score a bull's eye (*fam:* a bull); **6** *(diamant, ook ~je)* rose (diamond), rosette
roosachtig rose-like; *(plantk)* rosaceous [plants]
rooskleur rosy colour, rose colour
rooskleurig *(ook fig)* rosy, roseate, rose-coloured; *het ziet er niet erg ~ uit, (ook)* the outlook is none too bright; *zie ook* bril
roosten roast [coffee beans, meat, ore, seeds]
rooster 1 *(ter afsluiting, enz)* grating; *(in kachel)* grate; *(braad~)* grill, grid(iron); *(brood~)* toaster; *(kristal~)* lattice; *(sier~)* grille; *(elektr)* grid; *zie ook* heet; **2** schedule; *(werk~)* (duty) rota, *(vooral mil)* roster, *(op school, enz)* timetable; *volgens ~ zitting hebben, enz* sit, etc, by (in) rotation
roosterbatterij *(elektr)* grid battery
roosteren broil, roast, grill [meat]; toast [bread, cheese]; *(sneetje) geroosterd brood* (slice of) toast
roosterspanning *(elektr)* grid potential; *negatieve ~* grid bias
roostervork toaster, toasting fork
roosterwerk grating(s)
roosvenster rose window
roosvingerig rosy-fingered
ropij rupee
ros I *zn* **1** steed; *geen ~, (sl)* bugger all, absolutely nothing; **2** *(rosbief)* roast beef; *broodje ~* beef roll; **II** *bn* reddish [hair], ruddy [a ruddy glow]; *~se buurt* red-light district
rosacea rosacea
rosaceeën rosaceae, rosaceous plants
rosachtig *zie* rossig
rosarium 1 *(tuin)* rosarium; **2** *(snoer)* rosary

rosbief roast beef
rose pink; *zie* roze
rosé rosé
roseola roseola
roset(te) *zie* rozet
rosharig red-haired, sandy-haired
roskam curry-comb
roskammen curry, rub down; *(fig)* criticize severely
rosmarijn rosemary [oil]
rosmolen horse-mill; *(fig ook)* treadmill
rossen 1 *zie* roskammen & afranselen; **2** ride (drive) like mad; *vgl* rijden
rossig reddish, sandy-haired, sandy [hair], ruddy [a ruddy glow]
rossinant nag, jade
¹rot: *oude ~* old hand, old fox; *zie* rat
²rot 1 *(mil)* squad; *(2 man)* file; *half (blind) ~* blank file; **2** *(bende)* gang, set; **3** *(geweren)* stack [of arms]; *de geweren aan ~ten zetten* pile arms
³rot I *bn* **1** rotten *(ook fig)*; putrid, putrefied; *~te tand* decayed (*of:* bad) tooth; **2** *(onaardig)* beastly [*doe niet zo ~* don't be beastly]; *~boek (~weer, enz)* rotten book (weather, etc); *dat ~huis, (ook)* that wretched house; *zich ~ lachen (schrikken)* laugh one's head off (get a proper shock); *zich ~ vervelen* be bored stiff; *zich ~ werken* work one's fingers to the bone, work o.s. to death; *zie ook* appel; **II** *zn* rot
rota [the Sacred Roman] Rota
rotacisme rhotacism
rotan rattan; *zie ook* rotting 2
rotanstoel cane chair
rotariër Rotarian
rotatie rotation
rotatiepers rotary press
rotding blasted (bloody, damn) thing
roten ret [flax, hemp]
roteren rotate; *~de motor* rotary engine
rotgang [at a] breakneck speed
rotgans brent-goose
rotgeintje nasty trick
rotheid rottenness
rotje 1 banger, firecracker; **2** *zich een ~ lachen* laugh one's head off
rotjoch little pest, menace
rotkelder septic tank
rotkop ugly mug
rotkreupel foot rot
rotlucht putrid smell (*of:* stench)
rotogravure (roto)gravure
rotonde 1 rotunda; **2** *(verkeersplein)* roundabout; *(Am)* traffic circle; **3** *(mantel)* opera cloak
rotopmerking unpleasant (nasty, vicious) remark
rotor rotor
rots rock [cavern, climbing, crystal, dwelling, salt]; *(steil, vooral aan kust)* cliff; *(steil)* crag; *zie ook* ploegen; *een ~ in de branding* a tower of strength
rotsachtig rocky [island]
rotsbeen petrous (portion of the temporal) bone
rotsblok boulder
Rotsgebergte: *het ~* the Rocky Mountains; *(fam)* the Rockies
rotskloof chasm
rotsmoel ugly mug
rotsmus rock sparrow
rotspartij (mass of) rock-work; *(vooral kunstmatig)* rockery
rotspunt peak
rotsspleet chasm
rotstekening rock drawing
rotstraal *(paardenziekte)* thrush
rotstreek dirty trick
rotstuin rockery, rock garden
rotsvast firm as a rock
rotswand rock face, precipice; *(aan zee, ook)* bluff
rottan rattan; *zie ook* rotting 2
rotten 1 rot, decay, putrefy, get rotten; **2** *(volkst)* fart; *zie ook* roten
rotterd blighter
Rotterdam(mer) Rotterdam (man); *vgl verder* Amsterdam
rottig beastly, rotten; *zie* ³rot 2
rottigheid 1 beastliness; *~ uithalen* play nasty tricks; **2** distress, misery
rotting 1 *(bederf)* putrefaction, rotting, decay; **2** *(riet)* cane; *rottinkje, (v Eng mil)* swagger cane
rottingskelder septic tank
rotvaart [at a] breakneck speed
rotvent, rotzak bastard, nasty piece of work
rotziekte *(bij vee)* foot rot
rotzooi 1 mess; **2** caboodle; **3** [cause, create] mayhem; *daar komt ~ van* that'll cause trouble
rotzooien 1 make a mess; **2** wrangle; **3** muddle along; mess (fool) about
rotzorg: *mij een ~* I'm all right, Jack
roué roué, rip, rake, debauchee
rouge rouge
roulade roulade
roulatie circulation [be out of circulation for a month]
rouleau (roller) blind
rouleersysteem rotation system
rouleren 1 be in circulation, circulate; **2** rotate, take turns (in the performance of duty, etc) work in shifts; *~d krediet* revolving credit
roulette 1 roulette [table]; **2** *(raadje)* roulette (wheel)
route route, way, round [of the postman]; *(ve schip, trein, ook)* run [do the Hook-Harwich run]
routeplanner route (*of:* journey) planner
routeren route [dangerous cargo]
routine 1 experience, practice; **2** routine [check-up, inquiries, job, procedure], (daily) round; *zie* sleur
routineus 1 practised; **2** routine
routinier 1 old (*of:* practised) hand; **2** *(uit sleur)* routinist
rouw I *zn* mourning; *zware (lichte) ~* deep (half) mourning; *de ~ aannemen* go into mourning; *~ be-*

drijven, ~ dragen mourn [*over* for]; ***in de ~ zijn*** *(gaan)* be in (go into) mourning [*over* for]; **II** *bn* rough
rouwband mourning band, crêpe band
rouwbeklag condolence; *adres van ~* address of condolence; *brief van ~* letter of condolence (of sympathy); *geen ~* no calls of condolence (desired)
rouwbezoek visit of condolence
rouwbord *(vglb)* hatchment
rouwbrief death announcement
rouwcentrum funeral parlour (*Am:* home)
rouwdag day of mourning
rouwdienst memorial service
rouwdouw rowdy, lager lout
rouwdouwen be rowdy
rouwen 1 mourn, go into (be in) mourning [*over* for]; *zie ook* berouwen; **2** *laken ~* raise cloth
rouwfloers crape
rouwgeld smart money
rouwgewaad mourning (wear, clothes); *(ve weduwe)* (widow's) weeds
rouwig: *ik ben er niet ~ om* I am not sorry about it
rouwkaart death announcement
rouwkamer funeral parlour (*Am:* home)
rouwkapel funeral chapel
rouwklacht lamentation
rouwklagen lament
rouwkleding mourning (clothes), mourning wear; *zie* rouwgewaad
rouwkleed 1 *(over doodkist)* pall; **2** mourning dress
rouwkoets funeral coach
rouwkoop smart money; *ik heb ~* repent (of) my bargain
rouwkrans funeral wreath
rouwlint mourning ribbon
rouwmantel *(vlinder)* Camberwell Beauty, *(Am ook)* mourning cloak
rouwmis requiem mass
rouwpapier black-edged (-bordered) notepaper
rouwrand black border [papers appeared in black borders]; *met ~* black-edged, black-bordered [paper]; *nagels met ~jes* nails in mourning
rouwsluier weeper, widow's veil
rouwstoet funeral procession
rouwtijd period of mourning
rouwvlag 1 flag at half-mast; **2** black flag
roux roux
roven I *intr* rob, pillage, plunder; **II** *tr* steal, kidnap [children], snatch [a kiss]; *iem iets (ont)~* rob a p. of s.t.
rover robber, brigand; *(zee~)* pirate; *(struik~)* footpad, highwayman
roverbende gang of robbers, robber band
roverhoofdman robber chief
roverij robbery, brigandage; *(zee~)* piracy
rovershol, roversnest den (*of:* haunt) of robbers
roversschip pirate (ship)
royaal *(ve pers)* **1** open-, free-handed, generous, liberal [*met* of], lavish [*met* of], munificent; *iem ~* ***behandelen*** do the handsome thing by a p.; *~* ***zijn,*** *(met zijn geld)* spend (money) freely, be generous with one's money; *~ voor de dag komen* come down handsomely (liberally); **2** sportsmanlike [*een royale vent* a sportsman], handsome [a handsome apology, apologize most handsomely]; **3** *(v beloning, aanbod, enz)* handsome, liberal, generous; **4** *(papierformaat)* royal [paper]; **5** *(ruim)* ample [amply sufficient; *zie ook* ruim]; *een royale meerderheid* a comfortable majority; *het kan er ~ uit* there's enough and to spare; *de tafel was ~ voorzien* the table was lavishly spread; ***te*** *~ leven* live beyond one's means; *hij sprong ~ over de muur heen* he jumped clean over the wall; *zie ook* ronduit
royalisme royalism
royalist royalist
royalistisch royalist(ic)
royaliteit open-handedness, liberality, munificence, generosity
royalty *(aandeel in opbrengst)* royalty
royement removal; expulsion [from a club]; cancellation; disbarment; *vgl* royeren
royeren strike off (remove from) the rolls (list, register, books), expel [a p. from a club, a party], deprive [a p.] of membership, cancel [a contract, etc]; *(advocaat, ook)* disbar
roze pink, rose; *oud ~* old rose
rozemarijn rosemary
rozenbed rose bed; *(fig)* bed of roses
rozenblaadje rose leaf; *(bloemblaadje)* rose petal
rozenbok musk beetle
rozenboom rose tree
rozenbottel rose-hip
rozengeur perfume of roses; *het leven is niet alles ~ en maneschijn* life is not a bed of roses (*fam:* not all cakes and ale, not all beer and skittles); *het was alles ~ en maneschijn* everything in the garden was lovely
rozenhoedje *(r-k)* chaplet, lesser rosary, five decades
rozenhout rosewood
rozenkevertje 1 garden chafer, bracken clock; **2** *(junikever)* summer chafer
rozenknop rosebud
rozenkrans 1 garland of roses; *~je, (pl)* mountain everlasting, cat's-ear, cat's-foot; **2** *(r-k)* rosary; *een ~ bidden* tell one's beads, say (recite) the rosary; **3** *(ve gewei)* rose
rozenkruis rosy cross
rozenkruiser Rosicrucian
rozennobel rose-noble
rozenolie rose oil, attar of roses
Rozenoorlogen Wars of the Roses
rozenperk rose bed, rosary
rozenrood rose red
rozenstok *(ve gewei)* pedicle
rozenstruik rose bush
rozentuin rose garden, rosary
rozenwater rose water

rozet rosette; *(ve lint, enz, ook)* favour; *(bk)* [ceiling] rose
rozig 1 rosy, roseate; **2** *(vd huid)* inflamed; **3** *(loom)* languid
rozijn raisin; *(gele smyrna~)* sultana
rozijnenbaard herpes
r.s.v.p. rsvp, an answer will oblige
Ruanda Rwanda
rubber rubber [bullets, dinghy, glove, tree, tyres]; *met ~ behandeld* rubberized [cotton]
rubberachtig rubbery
rubberboot(je) rubber dinghy
rubberen rubber [sole]
rubberlaars rubber boot, gumboot, wellington
rubella rubella, German measles
rubeola 1 rubeola, measles; **2** rubella
Rubicon [cross the] Rubicon
rubricator rubricator
rubriceren 1 class (under different heads); **2** *(als vertrouwelijk kenmerken)* classify [information]; **3** rubricate [a manuscript]
rubriek 1 head(ing); *(afdeling)* division, category; *(in krant)* column, feature; *~ voor dienstaanbiedingen, enz* want column; *onder deze ~ vallen* come (fall) under this head(ing); *in verschillende ~en indelen* group under various headings; *in twee ~en verdeeld kunnen worden* fall into two classes (under two heads); **2** *(vooral kerkelijk & in handschrift)* rubric
rubrieksadvertentie classified ad(vertisement)
ruche ruche, frill(ing)
ruchtbaar known, public; *~ maken* make known (public), spread abroad; *~ worden* become known, transpire, be noised (get) abroad (*of:* about); *het geheim is ~ geworden, (ook)* the secret is out
ruchtbaarheid publicity; *~ geven aan, zie* ruchtbaar: ~ maken
rücksichtslos ruthless; inconsiderate, without regard to others
rudiment rudiment
rudimentair rudimentary [organs]
ruffel ruffle, frill
ruft(en) fart
rug back [of a p., book, hand, knife], spine [of a book], bridge [of the nose], ridge [of mountains, of high pressure]; *(rode, rooie) ~, rood ~je* thousand-guilder note; *ik heb een **brede** ~* I have a broad back; *hij **draaide (keerde)** mij de ~ **toe*** he turned his back (up)on me; *pas had ik mijn ~ **gekeerd**, of ...* hardly had I turned my back when ...; *de kat zette een **hoge** ~ (op)* the cat arched its back; *iem de ~ **smeren*** tan a p.'s hide; *~ **aan** ~* [sit] back to back; *hij deed het **achter** mijn ~* he did it behind my back [we all talk behind people's backs]; *(fig ook)* he went behind my back; *dat hebben we achter de ~* that's finished with; *ik zal blij zijn, als ik het achter de ~ heb* I shall be glad to get it over; *het ergste is achter de ~* we're over the worst of it; *hij heeft de dertig (drie kruisjes) achter de ~* he is turned thirty; *hij heeft zijn beste dagen achter de ~* he is past his best; *hij heeft een veelbewogen leven achter de ~* he has ... behind him; *de wind **in** de ~ hebben* have the wind at one's back; *in de ~ aanvallen* attack [the enemy] in (the) rear; *hij stond **met** de ~ naar mij toe* he had his back turned to me; *met de ~ tegen de muur staan* have one's back to the wall; *met de handen **op** de ~* [he walked on,] his hands behind his back; *iem op de ~ dragen* carry a p. (give a p. a) pickaback; *hij lag op zijn ~* on his back; *het geld groeit me niet op de ~* I'm not made of money; *ik heb geen ogen op mijn ~* I have no eyes at (in) the back of my head; *iem op de ~ kloppen* pat a p. on the back; *hij kan mijn ~ op* he can go hang himself; *het loopt me ijskoud **over** de ~* I feel a cold shiver down my back; *over de ~gen van de arbeiders* [enrich o.s.] by trampling down the labouring class
rugader dorsal vein
rugby rugby (union *15 spelers*; league *13 (prof)spelers*), rugger
rugcrawl backstroke, back crawl
rugdekking *(fig)* backing, support; *iem ~ geven* back a p. up
ruggelings I *bw* backward(s), back to back; **II** *bn* backward
ruggengraat backbone (*ook fig:* without backbone), spine, vertebral column; *zonder ~, (fig, ook)* spineless [creature]
ruggengraatsverkromming curvature of the spine
ruggengraatswervel dorsal vertebra (*mv:* -brae)
ruggenmerg spinal marrow (*of:* cord)
ruggenmergsontsteking inflammation of the spinal marrow; *(wtsch)* myelitis
ruggensteun(en), ruggenwervel *zie* rugsteun, enz
ruggespraak consultation; *~ houden met iem* consult (with) a p., hold a consultation with a p.
rugleuning back [of a chair], backrest
rugnummer *(sp)* shirt number
rugpijn pain in the back, backache
rugpunctie lumbar puncture, spinal tap
rugschild carapace
rugslag *(zwemmen)* backstroke
rugspier dorsal muscle
rugsteun support, backing; *(lett)* back(rest)
rugsteunen back (up), support; *gerugsteund worden door, (ook)* have [an enormous majority] at one's back
rugstuk back-piece; saddle [of mutton], chine [of pork]
rugtitel spine title
rugvin dorsal fin
rugvlucht inverted (negative) flight
rugwaarts I *bw* backward(s); **II** *bn* backward
rugwervel dorsal vertebra (*mv:* -brae)
rugwind tail wind, following wind
rugwit *(typ)* back margin, gutter
rugzak rucksack, *(met lang frame)* backpack
rugzaktoerist backpacker
rugzenuw dorsal nerve

rugzijde back
rugzwemmen swim backstroke
rugzwemmer 1 backstroke swimmer; **2** *(insect)* back-swimmer
rui moult, moulting (time); *aan de ~ zijn* be moulting
ruien 1 moult, shed its feathers; **2** drop [fruit]
ruif (stable-, hay)rack
ruig 1 shaggy [moustache], hairy, woolly, bushy [eye-brows]; *~e vorst* hoar frost; *~ begroeid, (ve veld)* covered with a growth of tangled weeds; *dat is voor zijn ~e* that job's finished; **2** *(ruw)* rough
ruigharig shaggy
ruigheid shagginess, etc
ruigpoot *(sl)* homo
ruigpootbuizerd rough-legged buzzard
ruigpotig rough-footed
ruigschaaf jack plane
ruigte 1 *zie* ruigheid; **2** underwood, brushwood
ruiken I *tr* smell, scent; *de honden ~ het wild* scent the game; *hoe kon ik dat ~?* how could I possibly know?; **II** *intr* smell; *goed (lelijk) ~* smell good (bad); *lekker ~* smell nice (sweet); *laat me eens ~* let me have a smell; *de kaas ruikt wat* the cheese smells, is smelly; *~ **aan*** (have a) smell at [the meat]; *je mag eraan ~* you may see (etc) it but not have it; *hij heeft eraan geroken* he has a vague idea of it; *het (hij) ruikt **naar** cognac* it (he) smells of brandy; *dat ruikt naar eigen lof* that smacks of self-praise; *hij ruikt **uit** zijn mond* he has bad breath, his breath smells
ruiker nosegay, bouquet
ruil exchange, barter; *(fam)* swap (swop) [do a swap]; *in ~ (voor)* in exchange (for); *in ~ nemen* take in exchange; *een goede ~ doen* make a good exchange
ruilbaar exchangeable
ruilbeurs exchange mart, swap shop
ruilen exchange, barter, truck, trade [cigarettes for butter], *(fam)* swap; *~ voor (tegen)* exchange etc for; *van plaats ~* change places [*met* with]; *ik zou niet met hem willen ~* I wouldn't change places with him; *~?* (shall we) swap?
ruilhandel barter (trade)
ruilhart donor heart; [have a] heart transplant
ruiling exchange; *zie* ruil
ruilmiddel medium of exchange, circulating medium
ruilmotor exchange engine; *(tweedehands)* reconditioned (rebuilt) engine
ruilobject trade-in; *(fig)* bargaining counter
ruilprofessor exchange professor
ruilverkaveling re-allotment, land consolidation [act]
ruilverkeer exchange; *het vrije ~* free trade
ruilvoet terms of trade
ruilwaarde exchange value
ruilwinkel swap shop
ruim I *bn* large [assortment, on a large scale], broad [views], wide [view, choice], loose-fitting [blouse], spacious [rooms], roomy [garments, house], capacious [pockets], ample [coat, stores, compensation, means], liberal [salary], plenty of [scope]; comfortable [lead *voorsprong*]; *~ en gerieflijk* commodious [house, cabin]; *hij heeft het niet ~, zie* breed; *zijn ~e **blik**, (ook)* his breadth of view; *een ~e blik hebben* take a broad view [*op* of]; *een ~ **gebruik** maken van* avail o.s. freely of; *het **geld** (de geldmarkt) is ~* money is easy; *een ~ **geweten*** an easy(going) conscience; *een ~ **inkomen** (bestaan)* a comfortable income (existence); *een ~e **kamer*** a large (spacious) room; *~ van **opvatting*** broad-minded; *een ~ **uitzicht*** an extensive view; *het ~e **veld*** the open field; *~ **voldoende*** amply sufficient, ample; *dat zal ~ voldoende zijn* that'll be ample; *~e **wind*** free wind; *~ **zeilen**, zie* ruimschoots; *op zijn **ruimst** berekend* at the outside calculation; *in de ~ste zin* in the widest sense; **II** *bw* **1** over, more than; *~ **honderd*** upwards of a hundred, a hundred odd; *~ **tien jaar*** a good ten years; *~ een **uur*** (well) over an hour; *~ **boven** de duizend* considerably over a thousand; *~ **op tijd*** in good time [for lunch]; **2** freely, widely, spaciously; *~ **ademhalen*** breathe freely; *~ **meten*** give good (liberal) measure; *~ **uit elkaar** staan* be (stand) wide apart; *zie ook* ruimschoots, baan, [2]beurs 1, rekenen, sop, voorzien, enz; **III** *zn* **1** space; sky; *(wereld~)* aerospace; **2** main, open sea; **3** *(ve schip)* hold; *(ve kerk)* nave
ruimdenkend broad-minded
ruimen 1 empty, evacuate; *(weg~)* clear away [the snow]; *zie ook* veld 1 & weg 1; **2** cull [cattle]; **3** *(vd wind)* veer (aft)
ruimer *(techn)* reamer
ruimhartig generous
ruiming clearing; *(v vee)* culling
ruimnaald reamer
ruimschoots amply, plentifully, copiously, abundantly, richly [it was richly deserved]; *~ gelegenheid hebben voor* have ample opportunity for; *~ de tijd hebben* have ample time; *~ op tijd* [arrive] in plenty of time; *~ zeilen* sail large; *ik heb ~ genoeg* I have enough and to spare; *zie ook* opwegen
ruimte 1 room, space, capacity; *(ledige ~)* void; *(omsloten ~)* enclosed space, circuit; *(tussen~)* interval, distance; *(techn, ook)* [piston] clearance; *wat voor ~ is er?, (in huis)* what's the accommodation?; *de oneindige ~* (infinite) space; *~ van blik* breadth of view (of vision); *iem de ~ **geven*** give a p. elbow room; *~ **laten** voor* leave room for [doubt], leave scope for [the imagination]; *geen ~ open laten na de cijfers op een cheque* leave no space after ...; *~ **maken*** make room, clear the way; *gezwam **in** de ~* hot air; *zich **op** de ~ houden* not commit o.s.; *zie ook* ruim III, gebrek, plaatsruimte, enz; **2** *(overvloed)* abundance; **3** *(open zee)* open sea, offing; ***geef** hem de ~* give him a wide berth; *de ~ **kiezen** (zoeken)* make off, take to one's heels; *(mar)* take the offing
ruimtebesparend space-saving
ruimtebesparing space-saving, saving of space
ruimtecapsule space capsule

ruimtedekking *(sp)* zonal defence
ruimtelaboratorium space lab
ruimtelijk spatial; *~e ordening* (town and country) planning
ruimtemaat cubic measure, measure of capacity
ruimteonderzoek space exploration [lab]
ruimteschip spaceship, spacecraft
ruimtesonde space probe
ruimtevaarder astronaut, space traveller, spaceman
ruimtevaart space travel
ruimtevaartindustrie aerospace industry
ruimtevaartuig spacecraft
ruimteveer space shuttle
ruimteverhoudingen spatial relations
ruimtevrees agoraphobia, fear of open spaces
ruimwater bilge (water)
ruimwinds running, free
ruin gelding
ruïne ruins, remains, [the castle is a complete] ruin, [he is a complete] wreck
ruïneren ruin; *zich ~* ruin o.s.; *het ruïneerde zijn gestel* it wrecked his constitution; *hij is geruïneerd, (ook)* he is broke
ruïneus ruinous
ruis 1 *(telec)* noise [filter]; *(tv)* snow; *witte ~* white noise *(ook communicatiestoornis);* **2** *(vis)* rudd
ruisen *(ve kleed, woud, wind)* rustle; *(v zijde, regen, enz ook)* swish; *(ve beekje)* murmur, purl, ripple, gurgle; *(v oren) zie* suizen; *het ~, zie* geruis
ruisvoorn rudd
ruit 1 *(v glas)* pane (of glass); *(ve deur)* glass panel; *(ve broeibak)* light; *~en inzetten* glaze windows; *zijn eigen ~en ingooien* spoil one's own chances, ruin one's own case; **2** *(figuur)* diamond, lozenge; *(wisk)* rhomb; **3** *(ve dam-, schaakbord)* square; **4** *(ve diamant)* facet; **5** *(patroon & stof)* check [suit]; **6** *(plant)* rue; **7** *(schurft)* mange
ruiten I *ww* check, chequer; *zie* geruit; **II** *zn* diamonds
ruitenaas, ruitenboer, enz, ace, jack (*of:* knave), etc of diamonds; *vgl* klaveraas
ruitensproeier screenwasher
ruitentrekker squeegee
ruitenwisser *(v auto)* windscreen (*Am* windshield) wiper, screenwiper; *(v glazenwasser)* squeegee
ruiter 1 horseman, rider; *(mil)* trooper; *hij werd ~ te voet* was unhorsed, lost his seat; *Spaanse (Friese) ~s* chevaux-de-frise; **2** *(op systeemkaart)* flag, tab
ruiterij cavalry, horse
ruiterlijk I *bn* frank, plain, straightforward; **II** *bw* frankly; *zie ook* ronduit
ruiterpad bridle path, riding track; *(inz in bos, ook)* ride
ruiterportret equestrian portrait
ruitersport equestrian sport(s), riding
ruiterstandbeeld equestrian statue
ruiterstoet cavalcade
ruitervaan cavalry standard, guidon
ruiterwacht mounted guard, vedette
ruiterweg riding track
ruitijd moulting time
ruitjesgoed check [suit], chequered material
ruitjespapier squared paper
ruitverwarmer demister
ruitvormig lozenge-, diamond-shaped
ruk 1 pull, tug, jerk, wrench; *hij gaf een ~ aan de bel* he tugged at the bell; *een ~ naar rechts* a lurch to the right; **2** *een hele ~, (tijd)* quite a spell; *(afstand)* quite a distance (to cover); *bij ~ken* by fits and starts; *in één ~* in one go, straight through; *(luchtv)* in one hop
rukken pull, tug, jerk, wrench, snatch; *heen en weer ~, (ve hond)* worry; *(af~)* wank; *~* ***aan*** pull, etc at; *te velde ~* take the field; *iem iets* ***uit*** *de handen ~* tear (snatch, wrench) s.t. from a p.'s hands; *uit zijn verband ~* wrench [a passage] from its context; *uit zijn gewone doen gerukt* jolted out of his usual routine; *zie ook* uitrukken
rukwind squall, gust of wind
rul 1 bumpy [ice]; **2** loose [sand], friable [soil]
rum rum
rumboon rum liqueur chocolate
rumgrog rum grog, rum toddy
rumoer noise, clamour, uproar; *~ maken, zie* rumoeren
rumoeren make a noise
rumoerig noisy, riotous, tumultuous, boisterous; *vgl* lawaaierig
rumor in casa [there is] a flutter in the dovecote(s); *~ veroorzaken* cause a flutter in etc, put the cat among the pigeons
rumpunch rum punch, rum shrub
run 1 *(looischors)* tan [mill], tanning bark; **2** *(angl)* run
rund 1 cow, bull, ox; *(mv ook)* cattle; *hij bloedt als een rund* he is bleeding like a pig; **2** *(fig)* boor, *(Am)* sad sack
runderdaas[1] *zie* runderhorzel
runderhaas tenderloin, fillet of beef
runderhorzel ox warble fly
runderhuid cowhide
runderlapje beefsteak
runderpest cattle plague, rinderpest
runderrib rib of beef
runderrollade collared beef
rundleer cowhide, neat's leather
rundvee (horned) cattle
rundveestamboek herd book
rundvet beef suet; *(gesmolten)* beef dripping
rundvlees beef; *mager ~* beefsteak
rune rune, runic letter
***runealfabet** *(Wdl: runenalfabet)* runic alphabet, futhorc
***runeschrift** *(Wdl: runenschrift)* runic writing (script)
***runeteken** *(Wdl: runenteken)* rune

1 zie voor sam met *rund(er)-* ook *koe- & vee-*

runisch runic
runkleur tan (colour)
runnen 1 manage, operate, run [a business]; **2** tout [for custom]; **3** curdle
runologie runology
runsel rennet
rups caterpillar; *(las~)* bead
rupsband caterpillar track, endless belt; *met ~en* tracked [vehicles]
rupsendoder *(vogel & larve van sluipwesp)* caterpillar eater
rupsketting caterpillar track
rupsklaver medick; *gevlekte ~* Calvary clover
rupstrekker caterpillar (*op rupswielen:* crawler) tractor
rupswiel caterpillar wheel
ruptuur rupture
ruraal rural
rus 1 *(bies)* rush; **2** *(sl)* tec (detective)
Rus Russian
Rusland Russia
russen *bn* rush [mats]
russificatie Russification, Russianization
russificeren Russify, Russianize
Russin Russian (woman)
Russisch *bn & zn* Russian; *(in sam)* Russo-[Turkish, German]; *~e eieren* Russian eggs; *~ leer* Russia (leather); *~e thee (laarzen)* Russian tea (boots)
russofiel Russophil(e)
russofobie Russophobia
rust 1 rest, repose, quiet, tranquillity, calm; *(mil)* halt [at the halt *gedurende de ~*]; *een korte ~, (roeien, ook mil)* an easy; *op de plaats ~!* stand easy!; *~ **geven*** give a rest, rest [one's voice, eyes, horse], set [a p.'s mind] at rest; *zich een ogenblik ~ **gunnen*** take a moment's rest; *iem geen ~ gunnen* leave a p. no peace; *hij **heeft** ~ noch duur* he is very restless; *hij heeft geen ~ voordat hij het ziet* he won't be happy (will know no peace) until ...; *de ~ **herstellen*** restore quiet (*of:* calm); *hij is de eeuwige ~ **ingegaan**, (ook)* he is at rest; *~ **nemen*** take a rest; *een beetje ~ nemen* take (have) a moment's rest; *(volkomen) ~ nodig hebben* need (complete, a complete) rest; *~ **roest** (vglb)* idleness is the root of all evil; ***in** ~* at rest; *in diepe ~ zijn* be fast asleep; *in ~e, zie* rustend; *laat hem **met** ~* leave him in peace, leave (let) him alone, let him be, don't bother him; *ze lieten haar niet met ~, (ook)* they gave her no peace; *zich **ter** ~e begeven* retire for the night, go (retire) to rest; *ter ~e leggen* lay to rest [the body was laid to rest]; ***tot** ~ brengen* set at rest, quiet; *tot ~ komen* settle (calm, quieten) down, subside; *zie ook* verstoren; **2** *(muz)* rest; *(in versregel)* rest, pause, caesura; **3** *(sp)* half-time, interval, *(Am)* intermission; **4** *(ve vuurwapen)* safety catch; *de haan in de ~ zetten* half-cock [a pistol, etc]; **5** *(mar)* chains, channel
rustaltaar wayside altar
rustbank couch, lounge
rustbed couch
rustdag day of rest, holiday, day off
rusteloos untiring, unremitting [labour], restless [spirit]
rusten 1 rest, repose; *hij rustte niet, voordat ...* he never rested until ...; *hier rust ...* here lies ...; *hij (zijn asse, ziel) ruste in vrede!* may he (his ashes, soul) rest in peace!; *ik heb **goed** gerust* I've had a good rest; *na gedane arbeid is het goed ~* rest is sweet after the work is done; ***laten** ~* rest [one's horse]; rest [one's head on one's hands]; cup [one's face in one's hands]; *geschilpunten laten ~* sink differences; *de zaak laten ~* drop the matter, let the matter rest; *men zal de zaak niet laten ~* the matter will not be allowed to drop; *het verleden laten ~* let the past rest, let bygones be bygones; ***wel** te ~!* good night!, sleep well!, *(fam)* nighty-night!; *ja, wel te ~!, (iron)* wake up; ***wat** ~* have a (moment's) rest; *ze ligt te ~* she is resting; *~ **op*** rest on [his eye rested on the book; the rails rest on wooden sleepers]; *(techn, ook)* be supported by; *zijn ogen bleven ~ op, a)* his eyes came to rest on; *b)* his eyes lingered on; *op mij rust de plicht (verplichting) te ...* on me rests the duty to ..., it is incumbent on me to ...; *op goede gronden ~* rest (be based) on solid grounds; *er rust geen verdenking op u* no suspicion attaches to you; *zie ook* blaam; **2** *zich ~* equip o.s., prepare (o.s.) [for battle], make (get) ready
rustend retired [teacher], dormant [volcano]; *~ predikant* pastor emeritus
rustgeld pension
rustgevend restful [scene], comforting, reassuring [thought]
rusthuis rest home, home of rest
rusticiteit rusticity
rustiek rustic (*meestal ong, behalve in* rustic bridge, etc); *(gunstig)* rural [environment, setting]
rustig quiet, calm, tranquil, still, restful [place, evening], serene [confidence], uneventful [life], peaceful [retirement, surroundings]; *~ worden* quiet(en) down; *zich ~ houden* keep quiet; *er gaat niets boven een ~ leven!* anything for a quiet life!; *de patiënt had een ~e nacht* the ... had a comfortable night; *~ zijn gang gaan* quietly get on with it (with things); *het leven ging ~ zijn gang* life went on normally (without event); *hij vroeg er ~ honderd euro voor* he calmly (cheerfully) asked ...; *zie ook* kalm
rustigheid quietness, calm(ness), stillness, tranquillity
rustigjes quietly
rusting (suit of) armour
rustkuur rest-cure
rustlokaal restroom
rustoord retreat
rustpauze rest-break
rustpensioen old-age pension
rustplaats resting place; *naar zijn laatste ~ geleiden* lay to rest

rustpoos breathing spell (time, space)
rustpunt pause, rest, resting point
ruststand position of rest; *(sp)* position at half-time, half-time (*of:* interval) score; *in de ~, (v pers)* [stand] at ease
ruststoel (cushioned) reclining chair
rustteken *(muz)* rest
rusttijd (time of) rest, resting time
rustuur hour of rest
rustverstoorder disturber of the peace, rioter
rustverstoring disturbance, breach of the peace
rut broke, cleaned out
ruw 1 *(oneffen)* rough, rugged [tree trunks]; *~e handdoek* Turkish towel; **2** *(onbewerkt)* raw [cotton, sugar], crude [oil], unfinished [product]; *~ ijzer* pig iron; *~ lood* pig lead; *een ~e diamant* a rough diamond *(ook fig)*; **3** *(~ bewerkt)* rough-hewn [stone, statue]; *(grof)* coarse; **4** *(fig)* rude, coarse, crude, rough; *~e gissing (raming)* rough guess (estimate); *~e klant* rough customer; *~ klimaat* rough climate; *~e schets* rough draft; *~e taal gebruiken* use bad language; *het ~e werk doen* do the rough work; *~e woorden* coarse words; *~e zee* rough sea; *~ in de mond* foul-mouthed; *in het ~e tekenen* draw in the rough, rough in; *in het ~e begroten* estimate roughly
ruwaard *(hist)* regent, lord lieutenant
ruwen roughen [slippery surfaces]; card [cloth]
ruwharig shaggy, wire-haired [terrier]
ruwheid roughness; *zie* ruw; crudity
ruwvoer roughage
ruwweg roughly [two million]
ruzie quarrel, row, squabble, brawl; *~ hebben* (have a) quarrel [*over* over, about], have a row, be at odds; *~ krijgen* fall out [over s.t.]; *er komt hooglopende ~* there will be a row (a shindy); *~ maken* quarrel; *~ stoken* stir up a quarrel; *~ zoeken* pick a quarrel; *~ zoeken met* pick a quarrel with
ruzieachtig quarrelsome
ruziemaker quarrelsome person, brawler
ruziën bicker, quarrel
ruzietoon belligerent tone
ruziezoeker quarrelsome person, brawler
RVD afk van *Rijksvoorlichtingsdienst* Central Office of Information
Rwanda Rwanda

S

s (the letter) s; *'s avonds, enz, zie* avond, enz
saai I *zn* serge; **II** *bn* dull [as dull as ditchwater], slow [fellow], humdrum [evening, sermon], drab [life], tedious [journey, speech], monotonous, tame [scenery]; lacklustre; *~e Tinus* dry stick, dull dog; *het is daar zo vreselijk ~* it's so deadly dull there
saaien serge
saaiheid dullness, etc; *zie ook* saai II
saam together; *zie ook* samen(-)
saamhorigheid oneness, togetherness, unity, solidarity; *(geest van) ~* team spirit; *(gevoel van, ook)* corporate sense
saampjes together
sabbat sabbath [breaking, day]
sabbatsjaar, sabbatsverlof sabbatical (year, leave)
sabbattist(e) sabbatarian
sabbatviering observance of the Sabbath
sabbelen suck; *~ aan* nibble [bait]; *~ op* suck [candy]; suck at [one's pipe]
sabel 1 *(dier, bont, kleur)* sable; **2** *(cavalerie-, scherm~)* sabre; *zie ook* blank, krom
sabelbek *(vogel)* avocet
sabelbont sable (fur)
sabeldier sable
sabelgekletter, sabelgerinkel sabre-rattling *(inz fig)*
sabelkling sword blade
sabelkoppel sword belt
sabelkwast sword knot
sabelschermen sword exercise
sabelsprinkhaan long-horned grasshopper, *(Am)* katydid
sabeltas sabretache
Sabijn(s) Sabine; *~se maagdenroof* rape of the Sabine women
sabotage sabotage, wrecking
saboteren sabotage, wreck
saboteur saboteur
sabreur (beau) sabreur, swashbuckler
sacharine saccharin
sachem sachem
sacherijn *(fam)* worry, vexation; *(pers)* sourpuss, misery
sacherijnig cantankerous, cross
sachet sachet
sacraal sacral *(ook med),* sacred [use]
sacraliseren sacralize
sacrament sacrament; *de ~en der stervenden* the last sacraments, extreme unction; *voorzien van de heilige ~en* fortified with the rites of (the) Holy Church; *~ der biecht* sacrament of confession
sacramenteel sacramental
Sacramentsdag Corpus Christi
sacramentshuisje pyx, tabernacle
sacreren 1 consecrate; **2** swear
sacrifiëren sacrifice
sacrilège sacrilege
sacristein sacristan, sexton
sacristie sacristy, vestry
sacrosanct sacrosanct
sacrum sacrum
Sadduceeër Sadducee
Sadducees Sadducean
sadisme sadism
sadist(isch) sadist(ic)
sadomasochisme sadomasochism
safari safari [jacket, park, shirt, suit]
safe I *bn* safe; *op ~ spelen* play safe; **II** *zn* safe
safeloket safe deposit box, safe, locker
saffiaan morocco (leather)
saffiaantje, saffie *(sl)* fag, gasper
saffier, saffierblauw, saffieren *bn* sapphire
saffisch 1 Sapphic; **2** lesbian
saffloer(s) safflower
saffraan saffron [flower]
saffraangeel I *bn* saffron yellow; **II** *zn* saffron
saffraankleurig saffron(-coloured)
saffranen saffron
saga saga
sagaai assegai, assagai
sage legend, tradition, myth
sago sago [palm]
sagoweer sagwire
Sahara: *de ~* the Sahara
Saharaan(s) Saharan
saillant *bn & zn* salient, striking [feature]
sajet wool
sajetten *bn* woollen
sake, saki saké
sakkeren swear; grumble
sakkerloot! the deuce!, by Jove!, by George!, bless my soul!
sakkers darn(ed)
Saks Saxon
Saksen Saxony; *~-Coburg* Saxe-Coburg
Sakser Saxon
Saksisch Saxon; *~ porselein* Dresden china
salade salad; *voor sam zie* sla
salamander salamander
salami salami [tactics]
salangaan salangane
salariaat salariat
salariëren salary, pay; *een goedgesalarieerde betrekking* a well-paid job; *te laag gesalarieerd worden* be

underpaid
salariëring payment, remuneration
salaris salary, pay; *op een ~ van* at a salary of; *op ~ zal minder gelet worden* salary no object; *zie ook* verbinden
salarisregeling salary scale, rate of pay
salarisschaal salary scale
salarisverhoging rise, (salary) increase
salarisvermindering reduction of salary (salaries), salary cut
salderen balance
saldo balance; *batig (voordelig) ~* credit balance, surplus, balance in hand, balance in one's favour; *nadelig ~* debit balance, deficit; *per ~* on balance *(ook fig); het ~ trekken* strike a balance
saldotekort debit balance, overdraft, deficit; *~ hebben* be overdrawn
salet parlour
saletjonker carpet knight
salicyl(zuur) salicyl(ic acid)
salie sage
saline 1 salina; **2** salt mine
salinisch saline
Salisch Salic [law]
salmagundi salmagundi
salmi salmi
salmiak sal ammoniac, ammonium chloride; *geest van ~* (aqueous) ammonia
salmonella salmonella
Salomo(n) Solomon; *(als) van ~* Solomonic, Solomonian; *hij is zo wijs als ~'s kat* he fancies he can see through a brick wall
Salomonseilanden Solomon Islands, Solomons
Salomonsoordeel judgement of Solomon
Salomonswijsheid Solomon-like (Solomonian) wisdom
salomonszegel *(plant)* Solomon's seal
salon 1 drawing room; *(attr, ook)* armchair [revolutionary, socialist]; **2** *(aan boord & van kapper, enz)* saloon; *(inz Am)* [beauty, ice cream] parlo(u)r; **3** *(Parijse) ~* salon; **4** *(beurs)* salon; **5** *(~ameublement)* drawing-room suite
salonboot saloon steamer
salonfähig socially acceptable, fit for civilized company
salonheld drawing-room lion
Saloniki Salonica, Salonika, Thessaloniki
salonmuziek light music
salonorkest light orchestra
salonremise quick draw
salonrijtuig saloon carriage, Pullman (car)
salonstuk *(muz)* drawing-room piece; *(theat)* drawing-room play
salontafeltje coffee table, occasional table
salonvleugel baby grand (piano)
salonwagen *zie* salonrijtuig
saloondeuren saloon doors
salopette dungarees, bib and brace
salpeter saltpetre, nitre, nitrite
salpeterdamp nitric fume(s)
salpeterig nitrous [acid]
salpeterpapier touchpaper
salpeterzuur nitric acid; *-zure soda* nitrate of soda
salpeterzuurzout nitrate
salto [backward, forward, double] somersault; *(vliegsp)* loop; *een ~ maken* turn a somersault; *~ mortale* somersault, salto; *(fig)* daring leap
salueren salute, give a salute; *(met vaandel)* dip the flag (the colours); *er wordt niet gesalueerd* no compliments are paid
saluki saluki, Persian greyhound
Salut! *(in wetten, enz)* Greeting!
saluut salute, salutation; *~!* good bye!, so long!; *(in wetten, enz)* Greeting!; *een ~ brengen* (give a) salute; *(met kanon)* fire a salute
saluutschot salute; *~en lossen* fire a salute
salvia salvia
[1]salvo *zn (ook fig)* volley, round [of fire, of applause], salvo
[2]salvo: *~ errore et omissione* errors and omissions excepted, E & OE
samaar cymar
Samaritaan Samaritan; *barmhartige ~* Good Samaritan
Samaritaans(e) Samaritan (woman)
sambal sambal, hot relish
samen together, [all these causes] combined; *hoeveel (geld) is dat ~?* how much does that make (come to)?; *50 ~, (ook)* 50 all told; *~ 500 ton* aggregating 500 tons; *goede morgen ~!* good morning all (everybody)!; *allen ~ gaan* go in a body; *door hen ~ geschreven* [plays] written conjointly by them; *zullen we ~ een fles nemen?* will you join me in ...?, shall we split ...?; *~ een taxi nemen* share (split) a taxi; *~ hebben* share [a room, cabin]; *zij verdienden ~ ...* they earned ... between (among) them
samenballen clench [one's fists]; *(fig)* concentrate, knit together
samenbinden bind (tie, strap) together, tie up, knit [the nations] together
samenbouwen assemble
samenbrengen bring together, throw [persons] together
samenbundelen concentrate [forces]
samendoen I *tr* put together; **II** *intr* be partners, go shares, join hands [in doing it]
samendrukbaar compressible
samendrukken press together, compress [one's lips]
samenflansen knock together, patch up (*of:* together), clap up [a play]
samengaan go together *(ook fig),* [my affection and admiration] go hand in hand, [theory and practice do not always] tally, agree; amalgamate; *(de handen ineenslaan)* join hands; *(fuseren)* merge, amalgamate; *wij gaan hierin samen* we stand together in this matter; *~ met* go with, stand in with [the Radi-

cals]; *die daarmee samengaat* [red hair and the white skin] that goes with it; *dit verschijnsel gaat samen met* is accompanied by; *zie ook* gepaard
samengesteld compound [leaf, interest], composite [flower]; *(ingewikkeld)* complex, complicated; *~e breuk, (rek)* complex fraction, *(med)* compound fracture; *~e vrucht* compound fruit, syncarp; *~e zin* compound (complex) sentence
samengesteldbloemig composite(-flowered)
samengezworene conspirator
samengroeien grow together, grow into one
samenhang cohesion, coherence, connection, *(wtsch)* relation(ship); *(zinsverband)* context
samenhangen cohere, be connected, hang together; *~ met, (ook)* be linked up with; *ten nauwste ~ met* be closely bound up with
samenhangend connected, coherent; *het daarmee ~e vraagstuk* the allied problem; *drie onderling ~e onderwerpen* three interrelated subjects
samenhechten connect, fasten together
samenhokken 1 herd together; **2** cohabit
samenhoren belong together; *vgl* saamhorigheid
samenklank consonance, concord
samenklinken I *intr* harmonize, chime together; **II** *tr* rivet together
samenklonteren coagulate
samenknijpen pucker, purse [one's lips], screw up [one's eyes]; *zie ook* samenpersen
samenknopen tie (knot) together
samenkomen 1 come together, meet, assemble, gather, congregate, foregather; **2** *(elkaar ontmoeten)* meet; *zie ook* bijeenkomen
samenkomst meeting, conference, gathering; *(sp)* rally; *plaats van ~* venue
samenkoppelen couple; *(fig ook)* bracket [their names are always bracketed (together)]
samenleven 1 live together, coexist; **2** *zie* samenwonen
samenleving 1 society, community; **2** *(v man & vrouw)* cohabitation
samenlevingsverband commune
samenloop concourse [of people], concurrence; *(v rivieren)* confluence; *~ van omstandigheden* coincidence, conjunction (concurrence) of circumstances
samenlopen 1 meet, run into each other, converge; *alles liep samen om zijn ondergang te bewerken* everything concurred in bringing about his ruin; **2** *(te hoop lopen)* flock together
samenpakken pack up, pack together; *zich ~* crowd together; *(v onweer)* gather, brew
samenpersen press (squeeze) together, compress [with compressed lips; *ook:* tight-lipped]
samenpersing compression
samenraapsel hotchpotch; *~ van leugens* tissue (pack, parcel) of lies
samenroepen convene, summon; *zie* bijeenroepen
samenrotten band together, gang up
samenscholen collect, gather
samenscholing gathering, (unlawful, riotous) assembly
samensmeden forge (*of:* weld) together; knit [hearts] together
samensmelten melt together, fuse; *(maatschappijen, enz)* amalgamate
samensmelting melting together, fusion; *(fig)* amalgamation, fusion, [industrial] merger
samenspannen plot, conspire, be in league [*met* with; *tegen* against]
samenspanning plot, conspiracy; *(tussen ogenschijnlijke tegenstanders, inz jur)* collusion
samenspel combined action (*of:* play), teamwork; *(muz, theat)* ensemble; *hun ~ liet te wensen over* their play was ragged; *~ van krachten* interplay of forces
samenspelen play together; *zie* samenlopen & -werken
samenspraak 1 dialogue; **2** conference, conversation, discussion, confabulation; *in ~ met* in consultation with
samenspreking *zie* samenspraak; *kwade ~en bederven goede zeden* evil communications corrupt good manners
samenstand *(astron)* conjunction
samenstel structure, construction, system; *~ van krachten* composition of forces
samenstellen put together, compose, compile, make up [a programme]; empanel [a jury]; frame [laws]; *~de delen* component (constituent) parts; *-gesteld uit* composed of, made up of
samensteller composer, compiler
samenstelling composition, structure, make-up, constitution [the constitution of the court martial], texture [of nerves, etc]; *(gramm)* compound (word)
samenstromen *(v rivieren)* flow together, unite; *(v mensen, enz)* flock together
samenstroming 1 confluence; **2** concourse [of people]
samentreffen I *ww* **1** meet; **2** coincide; **II** *zn* **1** meeting, encounter; **2** coincidence, conjuncture
samentrekken I *tr* contract (pucker, knit) [one's brow, etc], purse (up) [one's lips], screw up [one's eyes]; contract [words], concentrate [troops], knock [two rooms] into one; *zich ~* contract; *(v troepen)* concentrate; *(v onweer, enz)* gather, brew; **II** *intr* contract; *~d* astringent, constringent
samentrekking contraction; concentration; *vgl* samentrekken
samentrekkingsteken circumflex
samenvallen *(plaats & tijd, ook meetk)* coincide; fall in (fall together) with; *(tijd)* synchronize; *(v vonnissen)* run concurrently; *gedeeltelijk ~* overlap
samenvatten sum up, summarize, condense, recapitulate; *alles ~* sum up; *samengevat:* in summary
samenvatting summary, resumé, recapitulation, [the judge's] summing-up
samenvlechten braid (plait, twine) together, inter-

lace

samenvloeien 1 unite; **2** *(fig)* merge [*met* in]; *(vooral v kleuren)* blend

samenvloeiing confluence, junction

samenvoegen join, unite, link up, amalgamate; *twee kamers ~* knock two rooms into one

samenweefsel texture, web, tissue; *(fig)* tissue [of lies]

samenwerken act (work) together, co-operate, collaborate, pull together; *al deze redenen werken samen om* all these reasons combine to

samenwerking co-operation, collaboration; concerted action, teamwork; *geest van ~* team spirit; *in ~ met, (ook)* in conjunction with

samenwerkingsverband 1 joint (*of:* cooperative) venture (undertaking); **2** working agreement (arrangement)

samenwonen live together, live [*met* with], share rooms; *(als man & vrouw)* cohabit

samenwoner cohabitee

samenwoning living together; cohabitation

samenzang community singing

samenzijn *zn* gathering, assembly

samenzweerder conspirator, plotter

samenzweren plot, conspire

samenzwering plot, conspiracy; *een ~ smeden* lay a plot

samoem simoom, simoon

samoerai samurai *(ook mv)*

samojeed, Samojeed Samoyed

samowa(a)r samovar

sampan sampan

samsam: *~ doen, (fam)* go shares, go fifty-fifty, split

sanatorium sanatorium (*mv:* sanatoria), health resort; *(Am ook)* sanitarium

sanctie sanction *(ook als dwangmaatregel); de Koninklijke ~* the Royal Assent [to a bill]

sanctioneren sanction, authorize, countenance [an action]

sanctuarium sanctuary

sanctus sanctus

sandaal sandal

sandelboom sandal(wood) tree

sandelhout sandalwood

sandrak sandarac

sandwich 1 sandwich; **2** *(puntbroodje, vglb)* roll

saneren redevelop [a district], reconstruct, restructure [the finances of a country], reorganize, put [a business] on a sound basis

sanering [urban] redevelopment, reconstruction, renovation; (monetary) reform; purge

sangfroid sang-froid, coolness

sanguine, sanguinisch sanguine

sanhedrin Sanhedrin, Sanhedrim

sanikel *(plant)* sanicle

sanitair I *bn* **1** sanitary; *~e artikelen* bathroom equipment; *~e (nood)stop* sanitary stop, comfort stop; **2** health [care, worker]; **II** *zn (vglb:)* plumbing, sanitary fittings (facilities)

sans (atout) no trumps

sansev(i)eria *(plant)* sansevieria, mother-in-law's tongue

Sanskriet Sanskrit

Sanskritisch Sanskrit(ic)

sant saint

santé! your health!, here's to you!, *(fam)* cheers!, cheerio!

santenboetiek, santenkraam: *de hele ~* the whole lot (concern, show, caboodle, bag of tricks)

santjes! *zie* santé!

santorie *(plant)* centaury

Saoedi-Arabië Saudi Arabia

sap *(in plant)* sap; *(v groenten, vruchten)* juice; *(in lichaam)* fluid; *kwade ~pen* morbific matter

sapajou sapajou

sapcentrifuge juicer

sapfisch 1 Sapphic; **2** lesbian

sapgroen sap green

sapje *(fam)* soft drink

saploos sapless, juiceless; *vgl* sap

saponiet saponite, soapstone

sappanhout sappanwood

sappel: *zich te ~ maken, a)* get excited, worry [*over* about]; *b) zie* sappelen

sappelaar drudge

sappelen toil, drudge

sapperloot, sapperment the deuce!; *zie* sakkerloot

sappeur *(mil)* sapper

sappig *(ve plant)* sappy; *(ve vrucht)* juicy, luscious; *(~ & vlezig, ve plant)* succulent *(alle ook fig); ~ vlees* succulent meat; *~ verhaal* juicy story; *~e weiden* lush meadows

sappigheid juiciness, lusciousness, succulence

saprijk *zie* sappig

saprofyt *(plantk)* saprophyte

sar baiter

sarabande saraband

Saraceen Saracen

Saraceens Saracen(ic)

sarcasme sarcasm

sarcast sarcastic person (writer)

sarcastisch sarcastic (*bw:* -cally)

sarcofaag sarcophagus (*mv ook:* -gi)

sarcoom sarcoma (*mv ook:* -mata)

sardien(tje), sardine sardine

sardineblikje sardine tin; *(vol)* tin of sardines; *opeengepakt als in een ~* packed like sardines

Sardinië Sardinia

Sardiniër, Sardinisch, Sardijns Sardinian

sardonisch sardonic (*bw:* -ally)

sardonyx sardonyx

sarong sarong

sarren bait, badger, worry, tease, deliberately provoke

sarrig baiting, teasing

sarsaparilla sarsaparilla

sarsenet sarsenet, sarcenet
sas 1 *(sluis, kolk)* lock (chamber); **2** *(v vuurwerk)* composition; **3** *in zijn ~ zijn* be in high (fine, full) feather
Sas Saxon
sasmeester lock-keeper
sassafras sassafras
sassen 1 piss, piddle, pee, have a leak; **2** sluice
Satan Satan, the devil, the fiend
satanisch, satans satanic (*bw:* -ally)
satanskind imp, limb (of the devil)
satanswerk 1 work of the devil; **2** a devil of a job
saté satay, saté
satelliet satellite [aerial, dish, link, photo, picture, state, town, TV]; *(fig ook)* henchman, myrmidon
sater satyr
satéstokje skewer
satijn(en) satin
satijnhout satinwood
satijnzacht satiny
satineren satin, glaze
satinet satinet, sateen
satire satire
satiredichter, satiricus satirist
satiriek, satirisch satiric(al)
satisfactie satisfaction; *~ eisen (geven)* demand (give) satisfaction
satraap satrap
satrapie satrapy
saturatie saturation
saturnaliën saturnalia
saturnisch Saturnian
Saturnus Saturn
saucijs 1 sausage; **2** sausage roll
saucisse de Boulogne Bologna sausage, polony
Saudi-Arabië Saudi Arabia
Saul(us) Saul
sauna sauna
sauriër Saurian
saus 1 sauce; *(jus)* gravy; *zure ~* vinegar sauce; *(sla~)* dressing; **2** *(verf)* wash, distemper
sausen 1 wash, distemper [a wall]; **2** *(fam)* rain cats and dogs; **3** sauce [tobacco]
sauskom sauce-boat, gravy boat
sauslepel sauce-ladle
sauteren jump [potatoes], sautée
sauternes Sauternes
sauve-qui-peut devil take the hindmost
sauveren 1 *(redden)* save; *zich ~* get out of it with a whole skin; **2** *(dekken)* shield, screen, save the face of
savanne savannah
savant savant
savante savante, bluestocking
Savoie Savoy
savoir-faire savoir faire, ability, resource
savoir-vivre savoir vivre, good manners, good breeding
savonet(horloge) hunter, hunting watch
savooi savoy
Savooiaard Savoyard
***savooiekool** *(Wdl: savooienkool)* savoy (cabbage)
Savoois Savoyard
savoureren relish
sawa irrigated rice-field, paddy field
sax *(fam)* sax
saxhoorn saxhorn
saxofonist saxophonist
saxofoon saxophone
S-bocht S-bend
scabiës scabies
scabieus scabious
scabiosa *(plant)* scabious
scabreus scabrous, risqué [jokes]
scafander 1 *zie* duikerpak; **2** *(vero zwemvest)* scaphander
scala scale, gamut, range [of possibilities]; *(wtsch)* cline
scalair *(wisk)* scalar
scalp scalp
scalpeermes scalping knife
scalpel scalpel
scalperen scalp
scandaleus scandalous
scanderen scan; *(soms)* chant
scandering scansion
Scandinavië Scandinavia
Scandinaviër, Scandinavisch(e) Scandinavian
scandinavistiek Scandinavian studies
scannen scan
scapulier *(r-k)* scapular(y)
scarabee scarab
scatologie scatology
scatologisch scatological
scenario scenario *(ook fig)*, screenplay
scenarioschrijver scenario writer, screenwriter
scène 1 *(ton, voorval)* scene; *in ~ zetten* stage [a play]; fake [a burglary]; *(emoties)* [make a] scene, row, *(fam)* bust-up; *huiselijke ~* domestic squabble; *iem een ~ maken* let fly at a p.; **2** *(planken)* stage
scenografie scenography
scepsis scepticism
scepter sceptre; *de ~ zwaaien* wield (*of:* bear) the sceptre, hold sway
scepticisme scepticism
scepticus sceptic
sceptisch sceptical [attitude, smile, philosophy]; *~ staan tegenover* be sceptical of (about); sceptic [school, philosopher]
scha damage; *zie* schade
schaaf plane; *(groente~)* slicer, shredder; *(kaas~)* slicer; *er met de fijne ~ over gaan* polish up one's work
schaafbank carpenter's (joiner's) bench
schaafbeitel, schaafijzer plane-iron
schaafkarton scraperboard

schaafmachine planing machine
schaafmes plane-iron
schaafsel shavings
schaafwond graze
schaak check; ~ *(aan de koning)* check to the king; *partij* ~ game of chess; ~ *geven* check; ~ *spelen* play (at) chess; ~ *zetten (zijn)* place (be) in check
schaakbord chessboard (*ook fig:* the European chessboard); *(inz patroon)* checkerboard
schaakmat checkmate; ~ *zetten, (eig)* mate; *(fig)* checkmate, stalemate
schaakmeester chess master
schaakpartij game of chess, chess game
schaakprobleem chess problem
schaakrubriek chess column
schaakspel 1 (game of) chess; **2** chess set
schaakspeler chess player
schaakstuk (chess) piece, chessman
schaaktoernooi chess tournament
schaakwedstrijd chess match
schaakzet chess move, move at chess
schaal 1 *(maatstaf)* scale [model]; *op een ~ van 1:50* on (*of:* to) a scale of 1 to 50; *op ~ tekenen* draw to scale; *tekening op ~* scale drawing; *op dezelfde ~* [drawn] to the same scale; *op ~ vergroten (verkleinen)* scale up (down); *op ~ vervaardigd* constructed (done) to scale; *op grote (kleine) ~* on a large (small) scale, in a large (small) way, widely, extensively [used], [make weapons] in quantity; *op grote ~* large-scale [map, experiments], wholesale [arrests, destruction]; *een koper op grote ~, (ook)* a large buyer; *zie ook* bescheiden; **2** *(afleesplaat)* [thermometer] scale, [tuning] dial; **3** *(ve ~dier, ei, enz)* shell; **4** *(schotel)* dish; *(voor collecte)* plate; *(drinkschaal)* cup; *de ~ laten* ***rondgaan*** pass (*of:* hand) the plate round; **5** *(ve balans)* scale, pan; *(weeg~)* (pair of) scales; *de ~ doen doorslaan* turn the scale, tip the balance; *zie ook* doorslag: de ~ geven; *in de ~ werpen* throw [one's influence] into the scale; *zie ook* gewicht & *vgl* evenwicht; **6** *(toon~)* scale, gamut
schaalaanwijzing scale-reading
schaalcollecte plate collection
schaaldeel *(hout)* slab
schaaldier crustacean; *~en* shellfish, crustacea
schaalgrootte scale, size
schaalverdeling graduation; graduated scale; *met ~* graduated [pipette]
schaalvergroting scaling up
schaalvlies shell membrane
schaamachtig bashful, shamefaced; shy
schaambeen pubis, pubic bone
schaamdelen genitals
schaamhaar pubic hair
schaamheuvel *(v vrouw)* mons veneris, *(v man)* mons pubis
schaamlap loincloth; *(fig)* totally inadequate plan (proposal, etc)
schaamlippen labia (majora, minora)
schaamluis crab louse
schaamrood I *zn* blush (of shame); *die gedachte joeg hem het ~ op de kaken* brought a blush to his cheeks; **II** *bn* blushing with shame
schaamspleet vulva
schaamte 1 shame; *zich uit ~ niet durven vertonen* hide one's head for (very) shame; *alle ~(gevoel) afgelegd hebben* be lost to all sense of shame; **2** pudenda, pubic region
schaamtegevoel sense of shame, [have no] shame; *zie ook* schaamte
schaamteloos shameless, impudent, barefaced; *zie ook* onbeschaamd
schaamteloosheid shamelessness, impudence
schaap sheep *(ook mv); (fig, ook)* mutton-head, simpleton; *onnozel ~, (fig)* silly goose; *dat arme ~!, (kind)* the poor child!; *verloren ~* lost sheep, stray sheep; *~ en wolf, (op dambord)* fox and geese; *~jes, zie* schapenwolkjes; *als er één ~ over de* ***dam*** *(de brug) is, volgen er meer* one sheep follows another, once one person agrees (etc) others will follow; *hij heeft zijn ~jes op het* ***droge*** he has feathered his nest (made his pile); *er gaan veel* ***makke*** *schapen in één (een) hok* there is always room if people are accommodating; *~ met vijf* ***poten*** prodigy; *een ~ met vijf poten (vijf poten aan één ~) willen* want the impossible; *zijn ~jes* ***scheren*** feather one's nest; ***schurftig*** *~* black sheep; *om weer tot onze ~jes* ***terug*** *te keren* to return to the point (*vero:* to our muttons); ***zwart*** *~, (zondebok)* scapegoat; *zie ook* bok, verdolen, enz
schaapachtig sheepish
schaapherder(in) shepherd(ess)
schaapherdersstaf shepherd's crook
schaapskleren *zie* wolf
schaapskooi lambing shed, sheep shed
schaapskop sheep's head; *(fig)* mutton-head, blockhead
schaapsvacht, schaapsvel *zie* schapen-
schaar 1 (pair of) scissors (*twee scharen* two pairs of scissors); *(voor schapen, heggen, enz)* (pair of) shears; *(ve ploeg)* share; *(ve kreeft)* pincers, claws, nippers; *~ en lijmpot, (fig)* scissors and paste; *door het oog van de ~ halen* cabbage [cloth]; *zie ook* schaarbeweging & schaarsprong; **2** *zie* schare; **3** *zie* schaarde
schaarbek *(vogel)* shear-, scissor-bill, skimmer
schaarbeweging *(voetbal)* scissors kick
schaarde chip, notch; *het mes had ~n* the knife was chipped
schaarden *ww* chip
schaardig chipped, jagged
schaardijk dike skirting the (a) river
schaarlamp swing-arm lamp, anglepoise
schaars I *bw* scantily [furnished], slenderly [attended *bezocht*], dimly [lighted]; *(nauwelijks)* scarcely; *(soms)* seldom; **II** *bn* scarce, scanty, infrequent, rare, in short supply; *(v geld)* tight, scarce; *~e mededelingen* scanty information

schaarsheid *zie* schaarste
schaarsprong scissors, scissor jump
schaarste scarcity [*aan geld* of money], paucity [of orders, money, news], scantiness, dearth [of talent], [food, housing, paper] shortage, tightness [of money]
schaats skate; *een scheve ~ rijden* overstep the mark, go a bit too far; say more than one can answer for
schaatsbaan (roller-skating) rink
schaatsen I *ww* skate; **II** *zn* skating
schaatsenloper *(dierk)* pond-skater
schaatsenrijden *zie* schaatsen
schaatsenrijd(st)er skater
schaatser skater
schaatsplank skateboard
schaatsster skater
schaatswedstrijd skating match
schabel footstool
schabouwelijk wretched, dismal
schacht 1 *(ve mijn, lift)* shaft; **2** *(ve lans, pijl)* shaft; *(ve zuil)* shaft, shank; *(ve sleutel, anker)* shank; *(ve roeiriem)* shaft, loom; *(ve veer)* quill; **3** *(ve laars)* leg; **4** novice; *(mil)* recruit
schachtkooi cage
schade damage [*aan huizen* to ...], harm, injury; *(nadeel)* detriment; *(verlies)* loss; *de ~ afmaken (regelen)* settle the damage, *(door dispacheurs, ook)* adjust the average; *~ aanrichten, ~ doen* do damage [no damage was done], do harm [*aan* to]; *de ~ betalen* pay for the damage; *iem ~ berokkenen* harm a p.'s interests; *wie de ~ heeft, heeft de schande erbij* the laugh is always against the loser; *zijn ~ inhalen* make up arrears, make up for lost time; *~ lijden, (ve pers)* suffer (a) loss, suffer, lose [you don't lose anything by it], be a loser [*bij* by], *(v zaken)* sustain damage, be damaged; *~ toebrengen* do (cause) damage to; *zie ook* schaden; ***door*** *~ en schande wordt men wijs* live and learn; *door ~ en schande wijs worden* learn by (bitter) experience, learn the hard way; ***tot*** *~ van* to the detriment of [your health]; *ik heb het tot mijn ~ ondervonden* I experienced it to my cost; ***zonder*** *~ aan* without detriment to [my interests]
schadebeperking damage limitation (*of:* control)
schadecertificaat certificate of damage
schadeclaim damage claim
schade-expert loss adjuster, assessor
schadelijk harmful, hurtful, noxious [drugs, insects], detrimental, deleterious, injurious [to health], prejudicial [to our interests]; *(onvoordelig)* unprofitable; *~ dier* pest
schadelijkheid harmfulness, noxiousness
schadeloos harmless; *iem ~ stellen* indemnify (compensate) a p., make it up to a p.; *zich ~ stellen* indemnify (reimburse, recoup) o.s.
schadeloosstelling compensation, indemnity, indemnification, reparation, restitution; *zie ook* schadevergoeding
schaden harm, hurt, damage, injure [it would injure my reputation], impair; *dat schaadt uw gezondheid* that is injurious (detrimental) to your health; *zie ook* baten, benadelen & schade
schadeplichtig liable
schadepost loss
schaderegeling settlement of damages, *(verzekering, ook)* adjustment
schaderekening *(verzekering)* average statement
schadevergoeding compensation, indemnity, indemnification, damages; *~ van iem eisen* claim damages from a p., *(jur)* sue a p. for damages
schadeverhaal (right of) redress
schadeverzekering accident (casualty, *Am:* property and liability) insurance [policy]
schadevordering claim (for damages)
schadevrij 1 harmless; **2** without accident; without loss; *korting voor ~ rijden* no-claim discount (*of:* bonus)
schaduw shade (80° in the shade); *(met bepaalde omtrek)* shadow [follow a p. like his shadow]; *de ~(e) des doods* the shadow of death; *~ verdragend* shade-tolerant [plants]; *zijn ~(en)* ***vooruitwerpen*** cast one's shadow before; *een ~* ***werpen op*** cast a shadow over [the festivities]; *je kunt niet* ***in*** *zijn ~ staan* you are not fit to hold a candle to him; *in de ~ stellen* eclipse, put into the shade, overshadow, dwarf; ***uit*** *de ~ treden* come into the open; *zie ook* schijn, schim, enz
schaduwbeeld silhouette
schaduwboksen shadow-box(ing)
schaduwboom shade-tree
schaduwen shade; *(door politie)* shadow
schaduwkabinet shadow cabinet
schaduwkant *zie* schaduwzijde
schaduwkegel umbra, cone of shade, shadow cone
schaduwpartij shadow
schaduwrijk shady, shadowy, shaded
schaduwzijde 1 shady side; **2** *(fig)* drawback; *alles heeft zijn ~* there are drawbacks to everything
schaffen procure, give; *niets te ~* nothing to eat; *zie ook* pot, raad & schaften
schaft *zie* schafttijd & schacht
schaften dine; knock off (work) for a meal, have a (lunch, dinner) break; *niets (geen moer) mee te ~* none of my business, not in my backyard; I'm all right, Jack; [have] nothing to do with [a p., s.t.]
schaftlokaal canteen
schafttijd, schaftuur mealtime, meal-interval; *een -tijd van een uur* a one-hour midday break
schakel link; *ontbrekende ~* missing link; *zie ook* schakelnet
schakelaar switch
schakelarmband curb bracelet
schakelbord switchboard
schakelen 1 link (together); **2** *(elektr)* connect [*in serie* in series; *(in) parallel* in parallel]; *(om~)* switch; **3** *(mech)* couple; *(auto)* change gear; *een tandje ho-*

ger (lager) ~ gear up (down)
schakeling 1 connection; **2** *(radio, enz)* circuit
schakelkast control box (*of:* unit); switch(ing) box
schakelketting curb chain
schakelklok time switch, timer switch
schakelnet flue, trammel (net)
schakelrad *(in uurwerk)* balance wheel
schakelschema wiring diagram
schakelstation transformer station
schakelwoning link detached (*of:* link) home
schaken 1 play (at) chess; **2** run off (away) with, carry off, abduct; *zij liet zich door hem* ~ she eloped with him
schaker 1 chessplayer; **2** abductor
schakeren variegate, chequer
schakering variegation, nuance, shade [*ook fig:* all shades of political opinion], gradation [of colours]
schaking elopement, abduction
schalie (roofing) slate; *(geol)* shale
schalk rogue
schalks roguish, impish, arch
schallebijter ground beetle
schallen sound, resound
schalm link
schalmei shawm, (shepherd's) reed
schalmen 1 *(mar)* batten down; **2** *(leer)* skive
schalmgat *(ve trap)* well
schalmlat *(mar)* batten
schamel I *bn* poor, humble; *(gering)* meagre; ~ *gekleed* poorly dressed; ~ *gemeubileerd* scantily furnished; *een ~ pensioentje* a paltry pension; ~ *bedrag* pittance; **II** *zn* stool
schamelheid poverty, humbleness; meagreness
schamen: *zich* ~ be (feel) ashamed, feel shame; *zich diep* ~ be heartily ashamed; *ik schaam me, als ik eraan denk* I blush to think of it; *schaam je!* for shame!, shame on you!; *ik zou me* ***dood*** ~ I should die of shame; *je* ***moest*** *je* ~ you ought to be ashamed of yourself; *zich de* ***ogen*** *uit het hoofd* ~ feel heartily ashamed of o.s., not be able to look anybody in the face; *ik schaam me* ***te*** *...* I am ashamed to ...; *zonder mij te* ~ [I say so] unashamedly; *zich ~* ***over*** be ashamed of; *er is niets waarover ik me hoef te* ~ I have nothing to be ashamed of; *ik schaam me* ***voor*** *je, a) (om je)* I am ashamed for you, I blush for you; *b) (tegenover je)* I am ashamed when I see you
schampen graze, brush [*tegen* against]
schamper scornful, sarcastic (*bw:* -ally), sneering; *~e opmerking* sneer
schamperen sneer
schamperheid scorn, scornful tone, sarcasm
schampschot graze, grazing shot; *hij kreeg een* ~ a bullet (just) grazed him
schandaal scandal, shame; *wat een ~!* what a shame!; *je loopt voor* ~ you look an absolute disgrace
schandaalpers gutter press
schandaleus, schandalig shameful, disgraceful, scandalous; *zie verder* schandelijk
schandaliseren 1 *(ergernis verwekken)* scandalize, shock; **2** *(te schande maken)* disgrace, bring disgrace (up)on
schanddaad outrage, infamous deed, shameful act
schande shame, disgrace, ignominy, infamy, scandal; *die toestand is een ~ voor de staat* this ... is a national disgrace; *het is bepaald* ~ it's a downright disgrace (*jammer:* shame); *het is ~ hem zo voor de gek te houden* it's disgraceful pulling his leg like that; *hij is de ~ der familie* he is a disgrace to the family; ~ ***aandoen***, ~ *brengen over* bring shame (*of:* disgrace) (up)on, disgrace; *zich met ~* ***overladen*** disgrace o.s.; ~ ***roepen*** *over (spreken van)* cry shame (up)on; ***te*** ~ *maken* disgrace [a p., o.s.]; *een voorspelling te ~ maken* give the lie to a prophecy; ***tot*** *mijn* ~ [I must confess] to my shame; ***het strekt ons*** *(het land) voor eeuwig tot* ~ it is to our eternal shame, eternal shame attaches to the country for it; *zie ook* armoede & *vgl* [2]eer
schandelijk shameful, disgraceful, infamous, ignominious, outrageous [lie, liar, lie outrageously]; *~e veronachtzaming* gross neglect; ~ *duur* shockingly expensive; ~ *hoog* extortionate [rent], exorbitant [prices]; *zich ~ gedragen, (ook)* disgrace o.s.; *er ~ uitzien* look disgraceful; *je haar zit ~ slordig* your hair is a disgrace; *de dingen ~ in de war sturen* make the most unholy mess of things; *een ~ slecht geheugen* a shocking memory
schandelijkheid shamefulness, disgrace, infamy
schandknaap catamite, rent boy
schandmerk mark (*of:* brand) of infamy, stigma
schandmerken stigmatize
schandpaal pillory; *aan de* ~ in the pillory; *aan de ~ nagelen* pillory, *(fig)* expose
schandvlek stain, stigma; *hij is de ~ der familie* the disgrace of the family
schandvlekken disgrace, dishonour
schans entrenchment, redoubt; *(sp)* ski jump; *(mar)* quarterdeck; *in de laatste ~ sterven* die in the last ditch
schanspaal palisade
schansspringen ski jumping
schanssprong ski jump
schanswerk earthwork, entrenchment
schap 1 shelf; **2** trade organization, industrial board
schapenbout leg of mutton
schapendoes (Dutch) shepherd dog
schapenfokker sheep-breeder, sheep-farmer, woolgrower
schapenfokkerij 1 sheep-farming; **2** sheep-farm
schapengaas square-mesh wire netting
schapenhok sheepfold
schapenhorzel sheep-bot
schapenhuid sheepskin
schapenkaas ewe-cheese
schapenkervel *zie* kervel: wilde ~
schapenkeutels sheep('s) droppings
schapenklaver wood sorrel

schapenkop *zie* schaapskop
schapenleer sheepskin; *(voor boekband, ook)* roan
schapenmelk sheep's milk
schapenras breed of sheep
schapenschaar (pair of) sheep-shears
schapenscheerder sheep-shearer
schapenscheren *zn* sheep-shearing
schapenstal sheep-shed
schapenteelt sheep-breeding
schapenvacht, schapenvel fleece, sheepskin; *zie ook* wolf
schapenvet mutton fat
schapenvlees mutton
schapenweide sheepwalk
schapenwol sheep's wool
schapenwolkjes (thin) fleecy clouds; *(fijn)* cirrocumulus; *(grof)* altocumulus; *lucht met ~* mackerel sky
schappelijk fair [treat a p. fairly], moderate [price], tolerable; *(ve pers)* decent [sort of chap]; *ik zal het ~ met je maken* I'll be reasonable
schapraai pantry, larder, store cupboard
schar *(vis)* dab
schare 1 *(leger~)* host, *(klein)* band [of heroes]; **2** *(menigte)* multitude, crowd; fleet [of cars]; **3** *(reeks)* array
scharen 1 range, draw up; rally [one's party round one, to the banner]; *in slagorde ~* draw up in battle array; ***zich*** *~ achter (aan de zijde van)* range o.s. on the side of, take one's stand by (the side of), line up with [the railwaymen lined up with the miners]; *zich* ***langs*** *de weg ~* line the road; *zich ~* ***om*** gather round [the door], draw round [the hearth], *(fig)* rally round (to) [his friends, his party rallied round (to) him]; *zich* ***onder*** *iems vaandel ~* join (enroll o.s. under, flock to, rally round) a p.'s banner; **2** *(v opleggercombinatie)* jackknife
scharensliep, scharenslijper scissors-, knife-grinder
scharlaken *zn & bn* scarlet
scharlakenluis cochineal
scharlakenrood scarlet
scharlakens scarlet
scharlei *(plant)* clary
scharminkel bag of bones
scharminkelig scraggy, skinny
scharnier hinge; *(ve bril, ook techn & ve boek)* joint; *met ~en* hinged [door]
scharnieren *ww* hinge
scharniergewricht hinge(-like) joint; *(wtsch)* ginglymus
scharnierverbinding hinge(d) joint
scharrebier small beer
scharrebijter ground beetle
scharrel 1 flirtation; **2** flirt
scharrelaar 1 *(sjacheraar)* petty dealer, cheapjack; **2** *(op schaatsen)* beginner; **3** *(knoeier)* botcher, bungler; **4** *(met meisjes)* philanderer; **5** *(vogel)* roller
scharrelbenen *ww* muddle along
scharreldier free-range animal
scharrelei free-range egg
scharrelen 1 *(woelen: in grond)* grub; *(v hoenders)* scratch [on the dunghill]; **2** *(in lade, enz)* rummage; **3** *(lopen, schaatsen, enz)* blunder (muddle) along; **4** *(rommelen)* muddle, bungle; *~ om rond te komen* scrape (jog, scratch) along [on one's income]; *voort ~, (ook)* potter along [aimlessly]; *zie ook* doorheen, bijeenscharrelen, omscharrelen; **5** *(sjacheren)* deal [in second-hand furniture]; **6** *(met meisje)* keep company [with]; *met meisjes ~* play (mess) about (around) with girls, philander, flirt
scharrelkip free-range chicken
scharrelpartijtje flirtation; *(sl)* petting party
scharreltje popsy, [nice] piece of goods
scharretong *(vis)* megrim, sail-fluke
schat treasure; *(verborgen)* hoard; [he's a perfect] dear, darling; *~je* sweetheart; *als een ~ bewaren* treasure (up) [a gift, memories]; *mijn ~(je)!* my dear!, dearest!, my darling!; *zie die ~jes eens!* look at the little dears!; *zie ook* snoes & snoezig; *~ van bloemen (illustraties, bewijsmateriaal, enz)* wealth (*of:* profusion) of flowers (illustrations, evidence, etc); *een ~ van geld* a mint of money; *dit boek bevat een ~ van kennis* this ... is a storehouse (contains a fund) of information
schatbewaarder treasurer
schateren 1 roar with laughter, laugh one's head off; *~d gelach* peals of laughter; **2** *(weerklinken)* resound
schaterlach loud laughter, burst of laughter
schaterlachen *zie* schateren
schatgraver treasure-hunter, treasure-seeker
schatkamer 1 treasure chamber (*of:* house), treasury; **2** *(fig)* storehouse, treasure house, mine [of knowledge]
schatkist (public) treasury, exchequer, public purse; *zie ook* bezwaar
schatkistbiljet exchequer bill
schatkistobligatie treasury bond
schatkistpapier *zie* schatkistbiljet & -promesse
schatkistpromesse treasury bill, treasury bond
schatkistwissel *zie* schatkistbiljet
schatplichtig 1 tributary; **2** indebted (*aan* to)
schatrijk very rich, wealthy; *hij is ~, (ook)* he is fabulously rich, has pots of money
schattebout *zie* schat(je)
schatten *(goederen, enz)* value, rate; *(door taxateur)* appraise, value; *(voor belasting, ook)* assess; *(afstanden, kosten, verlies, enz)* estimate; *hoe oud schat je hem?* how old do you take him to be?; *ik schat hem op 50 jaar* I take him to be fifty, put him down at (as) fifty; *te* ***hoog*** *~* overestimate, overvalue, overrate; *te* ***laag*** *~* underestimate, undervalue, underrate; ***verkeerd*** *~* misjudge; *~* ***op*** value etc at; *op de juiste waarde ~* assess [the results]; *zie ook* waarde
schatter appraiser, valuer, valuator; *(voor belasting ook)* assessor
schattig sweet; *zie ook* snoezig

schatting 1 *(het schatten)* estimation, valuation, appraisal; *(het resultaat)* estimate, valuation; *te hoge (lage)* ~ overestimate (underestimate); *naar (ruwe)* ~ at a rough estimate (computation); *naar hoogste (naar matige)* ~ at (on) the highest (at, on, a conservative) estimate; *naar* ~ *twee miljoen* an estimated two million; **2** *(cijns)* tribute, contribution; *zie ook* opleggen

schavelen *(v touwwerk)* chafe; *(v wind)* veer aft

schaven 1 *(met schaaf)* plane, smooth; **2** *(scheen, enz)* graze, bark, skin [one's arm, shin], abrade, chafe [the skin], gall; *geschaafde plek* graze

schavielen *(v touwwerk)* chafe; *(v wind)* veer aft

schavot scaffold

schavuit rascal, scapegrace

schavuitenstreek, schavuitenstuk rascally (knavish) trick

Scheba [the Queen of] Sheba

schede *(algem)* sheath; *(ve zwaard)* sheath, scabbard; *(anat)* vagina; *(plantk)* sheath, vagina; *in de* ~ *steken (uit de* ~ *trekken)* put up, sheathe (draw, unsheathe) [the sword]

schedel skull, brainpan, cranium; *hij heeft een harde* ~, *(fig)* he is thick-skulled, has a thick skull; *zijn gladde* ~ his shining scalp

schedelbasisfractuur fracture of the base of the skull

schedelbeenderen cranial bones

schedelboor trepan, trephine

schedelbreuk fracture of the skull, [be in hospital with a] fractured skull

schedeldak crown (of the skull)

schedelholte cranial cavity

schedelleer *(hist)* phrenology

schedelligging head presentation

schedelmeting craniometry

Schedelplaats place of a skull *(Matth. 27:33)*

schedelvlies pericranium

schee *zie* schede

scheef I *bn* **1** wry [face], oblique [line, angle, etc], crooked [back], lopsided [building]; [your hat is all] on one side; slanting [eyes], leaning [chimneys, pole; the leaning tower of Pisa], sloping [masts]; *(hellend)* inclined [plane]; *(pred ook)* awry, askew; *je* ***das*** *zit* ~ your tie is askew (is on one side); *een* ~ ***gezicht*** *zetten* make a wry face; *scheve* ***hakken*** worn-down heels; *zijn* ***schoenen*** ~ *lopen* wear one's shoes out on one side; *(fig)* run o.s. off one's feet; **2** *(fout)* wrong; false; *scheve logica* cock-eyed logic; *scheve positie (verhouding)* [place (put) a p. in a] false position [*tegenover* with]; *dat* ***gaat (loopt)*** ~ that's going wrong; ~ ***trekken***, *intr (v hout)* warp; *tr* pull out of true; ~ ***voorstellen*** misrepresent; *scheve voorstelling* misrepresentation; *die zaak zit* ~ that ... isn't quite straight; **II** *bw* obliquely, etc, aslant, [hang] askew; ~ ***groeien*** grow crooked; ~ ***houden*** hold [the candle] at an angle; *het wiel* ***loopt*** ~ the wheel doesn't run true (is out of true); ~ ***schrijven*** write slantingly; ~ ***staand*** inclined, leaning, etc; *vgl* I.1

scheefbek *(vis)* wrymouth

scheefbloem candytuft, iberis

scheefgroei uneven (unbalanced) growth, lopsided development

scheefheid crookedness, wryness

scheefhoekig oblique-angled

scheefkelk rock cress, wall cress, arabis

scheefogig slant-eyed

scheefte *zie* scheefheid

scheel I *bn* cross-eyed, squinting, squint-eyed, squinty; *schele hoofdpijn* migraine; *hij is (ziet)* ~ he squints, has a squint, *(iets* ~*)* has a cast in his eye; ~ *zien van afgunst* be green with envy; *met schele ogen aankijken* view with a jealous eye; *schele ogen maken* arouse jealousy; **II** *zn* lid; *zie ook* darmscheel

scheelheid *zie* scheelzien I

scheeloog squint-eye(d person)

scheelzien I *zn* squinting, strabismus; **II** *ww* (have a) squint

scheen I *zn* shin; *iem tegen de schenen schoppen* kick a p.'s shins; *(fig)* hurt a p.'s feelings, offend a p.; *zie ook* blauw(tje) & vuur; **II** *ww ovt van* schijnen

scheenbeen shin bone; *(wtsch)* tibia

scheenbeschermer shin-guard, shin-pad

scheenplaten *(ve harnas)* greaves

scheep: ~ *gaan* go on board, embark, take ship

scheepje (small) vessel; *zie* schip & schuitje

scheepsagent shipping agent, ship's agent

scheepsagentuur ship's agency

scheepsarts ship's surgeon, ship's doctor

scheepsbehoeften, scheepsbenodigdheden ship's provisions, naval (*of:* sea) stores; *leverancier van* ~ ship chandler

scheepsberichten shipping reports

scheepsbeschuit ship('s) biscuit; *(sl)* hard tack

scheepsbevrachter chartering broker (*of:* agent)

scheepsbouw shipbuilding

scheepsbouwer shipbuilder, shipwright

scheepsbouwkundige *(-kundig ingenieur)* naval architect

scheepsbouwkunst naval architecture

scheepsbrand 1 ship fire, ship on fire; **2** *(brand aan boord)* shipboard fire

scheepsgelegenheid: *per* ~ by ship, by water; *per eerste* ~ by first (available) steamer

scheepsgezel sailor

scheepshelling slip(way)

scheepshersteller ship repairer

scheepshuid ship's plating (sheeting)

scheepsjongen ship('s) boy, cabin boy

scheepsjournaal log(book), ship's journal

scheepskameel ship's camel

scheepskanon naval gun

scheepskapitein ship captain, master (of a ship); *(ve klein schip)* skipper

scheepskeuken galley, caboose

scheepskist sea-chest

scheepsklok ship's bell
scheepskok ship's cook
scheepsladder Jacob's ladder
scheepslading shipload, cargo; *bij ~en* [ship goods] by the shipload
scheepslantaarn ship's lantern
scheepslast two tons (2000 kg)
scheepsmaat cabin boy
scheepsmakelaar shipbroker
scheepsmanifest (ship's) manifest
scheepsofficier ship's officer
scheepspapieren ship's papers
scheepsproviand ship's stores
scheepsraad council of war (on board ship)
scheepsramp shipping disaster
scheepsrecht maritime law; *driemaal is ~* third time lucky
scheepsregister ship's register
scheepsroeper megaphone, loud hailer
scheepsrol muster roll
scheepsruim hold
scheepsruimte tonnage, cargo space; *tekort aan ~* shortage of shipping
scheepssjouwerman longshoreman
scheepssloper shipbreaker
scheepssloperij shipbreaking yard
scheepsterm nautical term
scheepstijdingen shipping reports
scheepstimmerman **1** ship's carpenter; **2** *(bouwer)* shipwright
scheepstimmerwerf *zie* scheepswerf
scheepston (register) ton
scheepstuig rigging
scheepsverklaring (captain's, ship's, sea) protest
scheepsvolk (ship's) crew
scheepsvracht shipload
scheepswant rigging
scheepsweerbericht (weather) forecast for shipping
scheepswerf shipbuilding yard, shipyard; *(mar)* dockyard
scheepswerktuigkunde marine (naval) engineering
scheepvaart navigation, shipping; *voor de ~* navigational [warning]
scheepvaartbedrijf shipping (trade)
scheepvaartkanaal ship canal
scheepvaartmaatschappij shipping company
scheepvaartmuseum maritime museum
scheepvaartregister [Lloyd's] register of shipping
scheepvaartroute shipping route, line of traffic
scheepvaartverkeer shipping (traffic)
scheer *(rotseiland)* skerry
scheerapparaat (safety) razor, (electric) shaver
scheerder barber; *(v schapen)* shearer, clipper
scheerdraad warp
scheergerei shaving tackle (things, set)
scheerkwast shaving brush
scheerlijn guy (rope)
scheerling: *gevlekte ~, (plant)* hemlock
scheerlings *zie* rakelings
scheermes razor; *gewoon ~* straight *(fam:* cut-throat) razor; *~je* razor blade
scheerspiegel shaving mirror
scheerwol shorn wool, clip; *(in textiel)* virgin wool
scheerwondje shave-cut
scheerzeep shaving soap
scheet *(fam)* **1** *zn* fart; *een ~ laten* (let a) fart; **2** *ovt van* schijten
scheg *(mar, voor)* cutwater, *(achter)* skeg
schegbeeld figurehead
schegge *zie* scheg
scheidbaar separable
scheidbaarheid separableness, separability
scheidbrief *(Deut. 24, enz)* bill of divorcement
scheiden **1** *(uiteenhouden)* separate [a river separates the two countries], divide [this issue divides the parties], segregate [groups of fans]; **2** *(uiteen doen gaan)* divide, sever [the head from the body], disconnect; *(het haar)* part [one's hair on one side, down (*of:* in) the middle]; *onderwijs en godsdienst ~* divorce education from religion; *de vechtenden ~* part (separate) the combatants, pull ... apart; *de dood zal ons niet ~* death shall not part us; *feiten van verdichtsel ~* sift fact from fiction; ***zich** ~* part [her lips parted]; **3** *(uiteengaan)* part, separate; *(v gehuwden)* [why couldn't they] divorce?; *hij weigert te ~* he refuses to give her a divorce; *zich **laten** ~ van* divorce [one's husband or wife], obtain a divorce from; *~ van **tafel en bed*** separate from bed and board, obtain a judicial separation; *hier ~ zich onze **wegen*** here our roads part; ***als** (de beste) vrienden ~* part (the best of) friends; *als kwade vrienden ~* part on bad terms; **4** *(weggaan)* depart; *het **scheidende** jaar* the closing year; *de ~de voorzitter* the outgoing chairman; *bij het ~ van de **markt** leert men de kopers kennen, (vglb)* the proof of the pudding is in the eating; ***uit** het leven ~* depart this life; *~ **van*** part from [a p.]; *(afstand doen)* part with [a thing]; **5** *(chem)* decompose
scheiding **1** separation, division, parting; [racial] segregation; *vgl* scheiden; *pijnlijke ~* [it was a] great wrench; *~ der geesten* parting of the ways; **2** *(tussenschot, enz)* partition; **3** *(in haar)* parting; *hij heeft een ~ in het haar, (aan één kant)* his hair is parted on one side, *(in het midden)* down (*of:* in) the middle; **4** *(echt~)* divorce; *(v tafel en bed)* judicial separation, separation from bed and board, divorce a mensa et toro; *~ aanvragen, zie* echtscheiding; ***in** ~ liggen* be getting a divorce; **5** *(v kerk en staat)* disestablishment
scheidingslijn *zie* scheidslijn
scheidingsmuur partition wall, party wall; *(fig)* barrier
scheidingsvlak interface
scheidingswand *zie* scheidingsmuur
scheids *(~rechter, fam)* ref
scheidsgerecht court of arbitration, arbitration

board; *aan een ~ onderwerpen* submit (refer) to arbitration
scheidslijn dividing line; line of demarcation
scheidsman arbiter, arbitrator
scheidsmuur *zie* scheidingsmuur
scheidsrechter arbiter, arbitrator; *(tennis, cricket, enz)* umpire; *(voetbal, enz)* referee, *(fam)* ref; *als ~ optreden, zie* scheidsrechteren
scheidsrechteren umpire; referee, *(fam)* ref; *vgl* scheidsrechter
scheidsrechterlijk arbitral; *~e uitspraak* (arbitral) award; *aan een ~e uitspraak onderwerpen, zie* scheidsgerecht; *~ uitmaken* settle by arbitration, arbitrate [a dispute]
scheidsvrouw arbitress
scheikunde chemistry
scheikundig chemical [experiment]
scheikundige (analytical) chemist; *(v voedingsstoffen)* analyst
scheilijn dividing line; *zie ook* grenslijn
scheisloot boundary ditch
schel I *bn* **1** *(v geluid)* shrill, strident, piercing; *met een ~le stem, (ook)* in a high-pitched voice; **2** *(v licht)* glaring, vivid [lightning]; **II** *zn* **1** bell; **2** peel, rind, scale, shell; *de ~len vielen hem van de ogen* the scales fell from his eyes, he had an eye-opener; **3** slice
Schelde: *de ~* the Scheldt
schelden [you should not] call names; *~ op* abuse, inveigh against, rail at, decry [the English climate], slang [one another]; *iem (voor) een verrader ~* call a p. a traitor; *~ als een viswijf* scold like a fishwife; *gaan ~* become abusive; *~ doet geen zeer* hard words break no bones
scheldkanonnade torrent (barrage) of abuse
scheldnaam term of abuse, (contemptuous) nickname
scheldpartij slanging match
scheldwoord abusive word, term of abuse; *~en, (ook)* abusive language, abuse, vituperation, invective
schele squinter, squint-eye(d person)
schelen 1 *(verschillen)* differ; *zij ~ haast niet in leeftijd* there is hardly any difference in their ages; *ze ~ twee jaar* they are two years apart; **2** *(haperen)* be wrong; be the matter; *wat scheelt er aan?* what's the matter?, what's wrong (*of:* amiss)?; *wat scheelt eraan?, (aan dat boek, enz)* what is wrong with it?; *scheelt er iets aan?* is anything the matter?; *wat scheelt je (toch)?* what (what ever, whatever) is the matter with you?, what is troubling you?; *(wat bezielt je)* what's come over you?; *zie ook* bezielen; *het scheelt hem in zijn* ***bovenkamer*** he has a screw loose, is not quite right in his upper storey; *hem scheelt* ***niets*** there is nothing the matter (nothing wrong) with him; **3** *(verschil maken)* matter, make a difference; *het* ***kan*** *niet ~* never mind, it does not matter; *wat kan het ~?* what does it matter?, what matter?; *dat scheelt me €500* that makes 500 euros' difference to me; *'zijn er honderd?' - 'het scheelt maar een paar'* 'are there a hundred?' - 'only a few short of it'; *dat scheelt me een reis* that saves me a journey; *dat scheelt* ***veel*** that makes a great (makes all the) difference; **4** *(geven om)* care; *het kan me niet ~* I don't care, *(ik heb er niet tegen)* I don't mind; *het had me niet zoveel kunnen ~* I should not have minded so much; *het kon haar niet ~ dat ...* it mattered nothing to her that ...; *het kan me wat ~!* a fat lot I care!; *wat kunnen mij de kosten ~!* hang the expense!; *wat kan het je ~?* why should you care?, why let it bother you?; **5** *(ontbreken)* be wanting; *dat scheelde niet veel!* that was a near thing!; *het scheelde weinig (niets) of hij was gedood (of ik had hem geraakt)* he was within an ace of being killed (I just missed hitting him); *zie ook* ²haar; *zijn er honderd?--het scheelt maar een paar* are there a hundred?--only a few short of it; *hem scheelt altijd* ***wat*** there is always something or other the matter with him; *[is het tijd?] het scheelt niet veel* pretty nearly; *zie ook* mankeren
schelf 1 stack, rick [of hay, etc]; **2** hayloft
schelheid 1 *(v geluid)* shrillness; **2** *(v licht)* glare
schelklinkend shrill, strident, piercing
schellak shellac
schellen ring (the bell); *zie* bellen
schelling *(hist)* sixpence
schellinkje: *het ~* the gallery; *(de bezoekers, ook)* the gods; *op het ~* in the gallery, *(fam)* among the gods
schelm rascal, knave, rogue, scapegrace; *(scherts)* [little] rascal (rogue, imp)
schelmachtig *zie* schelms
schelmenroman picaresque novel
schelmenstreek roguish trick, (piece of) knavery
schelmerij roguery, knavery
schelms roguish, knavish, rascally; *(scherts)* roguish, impish
schelp shell; *(bij diner)* scallop; *zie ook* schulp
schelpdier shellfish *(ook mv)*, testacean
schelpkalk shell-lime
schelpkunde conchology
schelpkundige conchologist
schelpvis shellfish
schelpvormig conchiform, shell-shaped
scheluw warped; *~ trekken* warp
schelvis haddock
schelvisoog *(fig)* fishy eye; *met schelvisogen* fishy-eyed
schema outline, scheme, sketch, diagram, skeleton plan, schedule; *op ~ liggen* be on schedule
schematisch schematic (*bw:* -ally); diagrammatical; outline [drawing, etc], skeleton [survey]
schematiseren schematize
schemel stool
schemer twilight; *(het donkerste stadium ervan)* dusk; *zie ook* schemering
schemerachtig 1 dim, dusky, crepuscular; **2** *(fig)* dim
schemeravond twilight

schemerdonker, schemerduister I *zn* (dim) twilight, half-light, *(avond~, ook)* dusk; II *bn* dim, dusky

schemeren 1 *('s morgens)* dawn; *('s avonds)* grow dusk; *het begon te ~* the twilight began to gather; **2** *(ve mens)* sit in the twilight; **3** *(v licht)* glimmer, gleam, shine (feebly), *(door~)* filter [through the blinds]; **4** be blurred; *er schemert mij iets van voor de geest* I remember it dimly; *het schemert mij voor de ogen* my head reels, swims

schemergebied twilight zone

schemerig *zie* schemerachtig

schemering (evening, morning) twilight, dusk; *de ~ naderde* it was drawing towards twilight, it was growing dusk; *in de ~* at twilight; *in ~ gehuld* [the] twilit [church]

schemerlamp floor (standard, *op tafel:* table) lamp

schemerlicht 1 twilight; **2** dim light

schemertijd twilight

schemertoestand *(psych)* twilight state

schemeruurtje twilight (hour)

schendblad libellous (scurrilous) paper

schenden 1 violate [a treaty, human rights, a law, a woman]; *zijn vlekkeloze naam ~* sully one's fair name; **2** *(beschadigen)* damage; *geschonden, (ve boek, enz)* damaged, soiled; *zie ook* pok; **3** *(verminken)* disfigure, mutilate; **4** *(overtreden)* transgress, infringe; **5** *(ontheiligen)* desecrate, profane; *de sabbat ~* break the Sabbath

schender violator, transgressor, desecrator, profaner; *vgl* schenden

schenderij *zie* baldadigheid & straatschenderij

schendig desecrating

schending violation; disfigurement, mutilation; transgression, infringement; desecration [of a churchyard], profanation; breaking [of the Sabbath]; *vgl* schenden; *~ van vertrouwen* breach of confidence (*of:* trust)

schenkblad, schenkbord tray; *(blaadje)* salver

schenkel shank; *(wtsch)* femur; *(vlees)* knuckle [of veal]

schenkelvlees shin (of beef)

schenken 1 *(water, thee, enz)* pour (out: shall I pour you out a cup of tea?); *(wijn, enz: presenteren)* serve [cocktails], *(verkopen)* sell [beer]; *er werd niet (geen wijn) geschonken* no spirits were (no wine was) served; *wil u (thee) ~?* will you pour out (the tea)?; **2** *(geven)* give, grant, make a present of, present with, bestow (confer) [*aan* on]; *de bijzonderheden (de rest) schenk ik je* I will spare you the details (you may take the rest for granted); *iem een schuld (de straf) ~* let a p. off a debt (the punishment); *zie ook* kwijtschelden; *zijn vrouw had hem zes **kinderen** geschonken* his wife had borne him six children; *ze schonk haar man een jongen* she presented her husband with a boy; *het ons geschonken **vertrouwen*** the confidence shown to (in) us; *een geschonken ..., (ook)* a gift ...; *zie ook* genade, leven, enz

schenker pourer; cupbearer [to the gods]; *(gever)* giver, donor

schenking gift, grant, donation, benefaction

schenkingsakte deed of gift (of donation, of covenant)

schenkingsrecht *(vglb)* capital transfer tax

schenkkan jug

schenkketel tea kettle

schenkster pourer-out [of tea]

schenktuit lip; pourer

schennis violation; *zie ook* eerbaarheid & heiligschennis

schep 1 *(voorwerp)* scoop, shovel; (fish) slice; **2** *(hoeveelheid)* spoonful, shovelful; *een ~ geld* a load (mint) of money; *een ~je suiker* a spoonful of sugar; *er nog een ~je bovenop doen* increase the effort [etc], add a little extra (*het nog erger maken:* add insult to injury)

schepbord *(ve scheprad)* paddle

schepel bushel, decalitre

schepeling member of the crew, sailor; *de ~en* the crew, the men

schepen I *zn* **1** alderman; **2** *(hist)* sheriff, magistrate; II *ww* take on board, ship

schepenbank *(hist)* court of aldermen, bench of magistrates

schepencollege mayor and aldermen

schepenkamer *(hist)* court of sheriffs

scheper shepherd

schepershond sheepdog

schepijs ice cream

scheplepel ladle, scoop

schepnet landing net, dip-net

scheppen 1 scoop; ladle [soup into a plate]; *(hozen)* bail (out); shovel [snow]; hive [young bees]; *vol ~* fill; *zie ook* behagen, genoegen, enz; **2** create [new jobs], set up [high winds set up dangerous driving conditions]; establish [a tradition]; make [one's own troubles *moeilijkheden*]; *zijn eigen fortuin (toekomst) ~* carve out one's own fortune (future); *zie ook* geschapen

scheppend creative [power, genius]

schepper creator; *(papier~)* vatman; *(voorwerp)* scoop

schepping creation; *de S~, (bijb)* the Creation; *de ~, (concr)* (the) creation; *zie ook* [2]heer

scheppingsdrang creative urge

scheppingskracht creative power

scheppingsverhaal story of the Creation

scheppingsvermogen creative power, creativeness

scheprad paddle wheel

scheprand 1 *(ve schepvorm)* deckle; **2** *(v papier)* deckle edge

schepsel creature *(in alle betek); (ook)* thing [they were brave things, those girls]

schepvat bailer

scheren 1 shave [men]; shear, clip [sheep]; shear [cloth]; trim [a hedge]; *zich ~* shave [*met koud water* in ...]; *zich laten ~* get (be) shaved, have a shave;

iem ~ make fun of a p.; *(afzetten)* fleece a p.; *wie geschoren wordt moet stil blijven zitten* in times of adversity it is best to sit tight; *zie ook* geschoren; **2** skim [a pebble over the water]; *de zwaluw scheert over het watervlak* the ... skims (over) the water; *~d licht* raking light; *vgl* rakelings & *zie* wegscheren; **3** *(weverij)* stretch [a line], warp; *(mar)* reeve [a rope]

scherf potsherd, *(hist)* sherd, shard; *(v glas)* fragment, splinter, *(ve granaat)* [shell] splinter

scherfvrij splinter-proof

schering 1 *(textiel)* warp; ~ *en inslag* warp and woof (and weft); *dat is ~ en inslag* that is the order of the day; *(ve uitdrukking)* stock phrase; **2** *(v schapen)* shearing, clip

scherlei *(plant)* clary

scherm 1 *(vuur-, tocht-, enz)* screen; *(theat)* (drop-)curtain; *(tegen zon, enz)* awning; *zie ook* zonnescherm; *achter de ~en* behind the scenes, in the wings, [step back] into the wings, backstage; *(fig)* [peep] behind the scenes; *achter de ~en zitten* pull the strings (*Am:* the wires), be at the bottom of it; **2** *(ve kwal)* umbrella; *(plantk)* umbel; *~pje* umbellule

schermbeeldonderzoek radiography

schermbloem(igen) umbellifer(ae)

schermclub fencing club

schermdegen foil

schermen fence; *in het wild* ~ talk at random; *met zijn armen in de lucht* ~ flay one's arms about; *met een stok om zich heen* ~ brandish a stick; *met woorden* ~ make great play with (high-sounding) words, *(in de lucht ~)* talk in the void; *met zijn fatsoen (zijn connecties)* ~ parade (make a parade of) one's respectability (one's connexions)

schermer fencer, swordsman

schermhandschoen fencing glove (*of:* gauntlet)

schermkunst art of fencing, swordsmanship

schermmasker fencing mask

schermschool fencing school

schermster swordswoman

schermutselen skirmish; *(fig, ook)* spar

schermutseling *(ook fig)* skirmish, brush [with the enemy]

schermvormig *(plantk)* umbelliform

scherp I *bn* sharp [knife, turn, criticism, rebuke, distinction, cold, frost, features *gelaatstrekken*, tongue, photo, outline, tone], keen [wind, frost, edge, sight, glance, prices], harsh [wine]; acute [perception], tart [comment], severe [criticism], trenchant [article, speech]; well-defined [contrast, difference]; *zie ook* scherpzinnig; ~ *antwoord* sharp (tart, cutting, snide) reply; ~ *beeld* sharp image; *~e concurrentie* keen (*sterker:* fierce) competition; *~e grens* [draw a] sharp (hard and fast, rigid) line; *~e hoek, a) (meetk)* acute angle; *b)* sharp angle, sharp corner; *vgl* hoek; *de ~e kanten wegnemen* take the edge off; *~e lucht, a)* sharp air; *b)* pungent (acrid) smell; *~e medeklinker* hard consonant; *een ~e nota richten tot* address a stern note to; ~ *onderzoek* strict (searching, close) investigation (examination); *~e ogen hebben* have sharp eyes, be sharp-eyed; *~e oren* sharp (*of:* quick) ears; *~e opmerking* sharp (caustic) remark; *~e patroon* ball cartridge; *~e prijs* competitive price; *~e strijd* sharp conflict, keen contest; ~ *tekenen, (ve lens)* give excellent definition; *haar toon was ~, (ook)* there was an edge to her voice, her voice had an edge to it; ~ *verschil* well-marked difference; ~ *verstand* keen intellect; *zie ook* patroon, enz; **II** *bw* sharply; *..., zei zij ~ ...,* she said with asperity; *iem ~* ***aankijken*** look hard (closely) at a p., *(Am)* eyeball [a p.]; *ik hield hem ~ scherp in de gaten* I watched him narrowly (intently); ~ ***gesteld*** strongly worded [protest]; *zij* ***hoort*** ~ she has sharp ears (a quick ear); *de bocht ~* ***nemen*** take the corner too close (too narrowly); *hij werd ~* ***ondervraagd*** he was closely examined; ~ ***toeluisteren*** listen intently; ~ ***uitkijken*** keep a sharp lookout; ~ ***uitkomen*** stand out in bold relief; *hij* ***voelde*** *het* ~ he felt it acutely; *zie ook* berekenen, besnijden, enz; **III** *zn* edge [of a knife]; ***met*** *~ geladen* loaded with ball; *met ~ schieten* fire (with) ball (*of:* live) cartridge(s); ***op*** ~ roughshod, calked, frost-nailed; *op het ~ van de snede vechten* use cold steel; fight with no holds barred; *een paard op ~ zetten* calk (frost-nail) a horse

scherpen 1 sharpen (*ook fig:* the appetite, the intellect); *(scheermes)* whet, strop; *(potlood)* sharpen, point; **2** *(paard) zie* scherp: op ~ zetten

scherpheid sharp-, keen-, acute-, tartness, trenchancy, pungency, acridity, causticity; *zie ook* scherp

scherphoekig acute-angled

scherpklinkend shrill

scherprechter executioner, hangman

scherpschutter sharpshooter, [good] marksman; *(verdekt)* sniper

scherpschuttersvereniging shooting club, rifle club

scherpslijper extremist, fundamentalist

scherpsnijdend sharp-, keen-edged

scherpstellen *(fot)* focus [a lens, on a subject, at infinity]; *(ve zaag)* set; *(ve bom, enz)* arm

scherpte 1 sharpness, edge; **2** *(ve kijker, enz)* definition; *(ve foto)* sharpness, acutance

scherptediepte depth of field (*oneig:* of focus)

scherpziend sharp-, keen-sighted; *(fig ook)* penetrating, perceptive

scherpziendheid sharp-, keen-sightedness

scherpzinnig acute, discerning, perceptive, keen(-witted), astute, shrewd [judgement], sharp-witted, penetrating [mind], long-headed, sagacious

scherpzinnigheid acuteness, acumen, discernment, penetration, sagacity

scherts joke, jest, fun, raillery, banter; *als ~ opvatten* treat as a joke; *hij verstaat ~ (geen ~)* he knows how to take a joke (he can't take a joke); *in ~* in jest, in play, by way of a joke, jokingly, jestingly; *(alle) ~ terzijde* (all) joking apart; *zie ook* gekheid

schertsartikel joke
schertsen joke, jest, banter, be facetious; *hij laat niet met zich* ~ he is not to be trifled with; *~d, (ook)* facetious; *~d gebruikt* jocularly used
schertsenderwijs *zie* scherts: in ~
schertsfiguur figure of fun, joke, nonentity
schertsvertoning wash-out
schervengericht ostracism
scherzando scherzando
scherzo scherzo
schets sketch, draught, (sketchy) outline
schetsboek sketchbook
schetsen 1 sketch, outline [a programme], trace briefly; *(schilderen)* sketch, paint, picture; **2** describe [as a prosperous country]; *zie ook* trek
schetser sketcher
schetskaart sketch (outline, skeleton) map
schetsmatig (in) outline
schetstekening sketch
schetteraar 1 braggart, swaggerer, swashbuckler; **2** *(redenaar)* ranter, tub-thumper
schetteren 1 *(ve trompet, enz)* blare, bray; *(vd stem)* shrill; **2** *(luid en dom praten, bluffen)* yap away, swagger, brag; *(ve redenaar, enz)* rant; *~d redenaar, zie* schetteraar
scheuken rub (o.s.)
scheur 1 crack, fissure, cleft, rent; **2** *(in stof, kleding, enz)* tear, rip; **3** *(mond)* trap; *hou je* ~ shut your trap
scheurbuik scurvy
scheurbuikachtig scorbutic
scheuren I *tr* **1** *(kapotscheuren)* tear up [a letter]; *(bij ongeluk)* tear [one's clothes]; *in stukken* ~ tear to pieces; **2** *(weiland)* plough (break) up [pasture], open [grass land]; **3** *(rukken)* tear, snatch [s.t. out of a p.'s hands]; *het behangsel van de wand* ~ rip the paper off the wall; **4** *(met auto)* scorch, tear [round corners]; **II** *intr* tear; *(v ijs, enz)* crack
scheurijzer hot rod
scheuring *(fig)* rupture, [the Tory] split, cleavage [in the party], [political] disruption; *(kerkelijke)* schism; *een ~ veroorzaken in* split, disrupt
scheurkalender block (*of:* tear-off) calendar
scheurkies carnassial (tooth)
scheurkoord, scheurlijn ripcord
scheurmaker schismatic
scheurmand waste-paper basket, *(Am)* waste basket
scheurpapier waste paper
scheurpartij splinter party
scheurstrook tear strip
scheut 1 *(ve plant)* shoot, sprig; *een ~ krijgen, (groeien)* shoot up; **2** dash [of brandy]; *een ~je cognac doen bij koffie* lace coffee with brandy; **3** twinge, stab [of pain]; *pijn met ~en* shooting pains
scheutig 1 open-handed, liberal; *zie ook* royaal; **2** keen [on s.t.]; **3** *zie* rijzig
scheutigheid 1 open-handedness, liberality; **2** keenness
schibbolet shibboleth *(Richt. 12:6)*
schicht 1 *(lit)* arrow, dart; flash [of lightning]; **2** *(bloeiwijze)* scorpioid cyme
schichtig shy, skittish [horse]; nervous [look back nervously]; ~ *paard, (ook)* shyer; ~ *worden* shy [*voor een boom* at a tree], take fright (alarm)
Schiedammer native of Schiedam; *s~ (jenever)* Schiedam, Hollands
schielijk quick, swift, rapid, prompt; sudden
schieman boatswain's mate
schiemansgaren spun twine, spun yarn
schiep *ovt van* scheppen
schier almost, nearly, all but; *zie ook* bijna
schiereiland peninsula
schierzand leached sand
schietbaan (firing, shooting) range; *(geweerschietbaan)* rifle range; *zie ook* schietterrein
schietbeitel mortise chisel
schietboog bow
schieten I *tr* shoot [a p., an animal]; *(op jacht ook)* bag [hares, etc]; *(af~)* fire [a gun], shoot [an arrow]; lend [money]; *iem dadelijk ~, (fig)* size a p. up at once; *hij heeft het (goed) geschoten* he has the right idea; *het* ***brood*** *in de oven* ~ run (*of:* shove) in the loaves; *de* ***netten*** ~ shoot the nets; ***stralen*** ~ shoot (dart) rays; *haar ogen schoten* ***vlammen*** her eyes blazed (flashed fire); *zich* ***voor*** *het hoofd (de kop)* ~ blow out one's brains; *de* ***zon*** ~ shoot the sun, take the sun's altitude; *zie ook* aar, vonk, enz; **II** *intr* **1** shoot, fire; *goed* ~ be a good shot; ~ ***op*** fire at (on); ***onder*** *de (****over*** *de hoofden der) menigte* ~ fire into (over the heads of) the crowd; *zie ook* bok, duif, lucht, enz; **2** *(zich snel bewegen)* shoot *(ook v sterren & pijn)*, dart, rush; *iem* ***laten*** ~ drop a p. (*fam:* like a hot brick), give a p. the go-by; *iets (koord, enz) laten* ~ let it go; *het wetsontwerp laten* ~ abandon the bill; *het touw laten* ~ pay out (*of:* away) the rope; *het schoot mij* ***door*** *het hoofd* the thought flashed through my mind; *zie ook* binnen: te ~; *in de kleren* ~ slip on one's clothes; *zie ook* aanschieten; *het is me in de rug geschoten* I got a crick in the back; *het bloed schoot haar* ***naar*** *het gezicht* the blood rushed to her face; *de woorden schoten mij uit de mond* the ... slipped out of my mouth; ***voorover*** ~ pitch forward; *(ve ruiter)* come a cropper; *voorover in het water ~, a)* fall headlong into the water; *b)* take a header; **3** *(v gewassen)* sprout; *geschoten tarwe* sprouting wheat; *in de hoogte* ~ shoot up; *zie ook* opschieten
schieter 1 shooter; **2** *(ve bakker)* peel, (bread, baker's) shovel; **3** *(grendel)* bolt; **4** *(insect)* clothes-moth
schietgat loophole; *(voor kanon)* embrasure
schietgebedje short prayer; *een ~ doen* offer up a little prayer
schietgleuf embrasure
schietgraag trigger-happy
schietkatoen gun cotton
schietkraam *zie* schiettent
schietlood plummet, plumb (line)

schietmasker humane (cattle) killer
schietmot caddis-fly
schietoefening(en) target practice, artillery practice, firing exercise(s)
schietpartij shooting affray (affair), shoot-out
schietplank *(ve bakker) zie* schieter 2
schietschijf target, mark
schietschouw 1 flat-bottomed boat; **2** leeboat
schietsleuf embrasure
schietspoel shuttle
schietstand (rifle) range, butts
schietstoel *(luchtv)* ejector (*inz Am:* ejection) seat
schiettent shooting (*of:* rifle) gallery
schietterrein artillery range; *zie ook* schietbaan
schietvereniging rifle club
schietwedstrijd rifle competition (*of:* meeting), shooting match; *(v boogschutters)* archery contest
schietwilg 1 white willow; **2** unpollarded willow
schiften 1 sort (out); separate [chaff from wheat]; *(uitpluizen)* sift [evidence, facts]; *(door examen, enz)* eliminate [an eliminating examination]; **2** *(v melk)* curdle, turn, go sour; *zie ook* geschift
schifting 1 sorting; sifting; elimination; *(sp)* eliminator (round); **2** curdling
schijf 1 *(algem)* disc, *(Am & comp)* disk *(ook van zon, enz); (bij damspel)* man; *(schietschijf)* target; *schijven hebben, (sl)* have tin (brass, the dibs); **2** *(plakje)* slice; *in ~jes snijden* slice [carrots]; *(runderschijf)* round [of beef]; **3** *(ve katrol)* sheave; *dat loopt over veel schijven* it is a complicated procedure; **4** *(telefoon)* dial; **5** *(aantal)* set, series, class; *(termijn)* instalment; *zie ook* blad-, knie-, werpschijf, enz
schijfbloem disc flower
schijfeg *zie* schijveneg
schijfgeheugen disk storage (unit)
schijfkwal discophoron (*mv:* -ra)
schijfrad disc wheel
schijfrem disc brake
schijfschieten target practice
schijfvormig disc-shaped
schijfwiel disc wheel
schijn 1 *(licht)* glimmer, sheen, shine; **2** *(voorkomen)* appearance, semblance [preserve some semblance of order, with a semblance of truth]; show [treat a p. with some show of respect], pretence, pretext; *die ruwheid is maar ~* the ... is only on the surface; *~ en werkelijkheid* fact and fiction; *~ en wezen* shadow and substance [mistake the shadow for the substance]; *(attr vaak)* sham, bogus, dummy, mock, seeming; *de **aannemen** ~ alsof ...* make a show (a pretence) of ...ing; *het heeft er **alle** ~ **van*** it looks very much like it; *~ **bedriegt*** appearances are deceptive; *de ~ **redden*** save appearances; *hij heeft de ~ **tegen** zich, de ~ is tegen hem* appearances are against him; *geen ~ of schaduw **van bewijs*** not a scrap of evidence; *hij heeft geen ~ **van kans*** he has not a ghost of a chance (not a snowball's chance in hell); *een ~ van waarheid geven aan* give (lend) colour (*of:* verisimilitude) to [the story]; *ik wil niet de ~ **wekken** van pedant te zijn* I don't want to sound pedantic; ***in** ~* in appearance, seemingly, ostensibly; ***met** enige ~ van grond* with some show of justification (of reason); ***naar** alle ~* to all appearance, apparently; ***onder** de ~ van* under the cloak of [friendship]; ***voor** de ~* for the sake of appearances, for the look of the thing; *hij doet alles voor de uiterlijke ~* appearance is everything, with him
schijnaanval feigned (*of:* sham) attack, feint
schijnbaar seeming [a seeming contradiction], apparent, ostensible; *schijnbare horizon* apparent horizon; *zie ook* schijn: in ~ & naar alle ~
schijnbeeld phantom, illusion
schijnbeweging 1 apparent movement; **2** *(sp)* feint; *(om te passeren)* dummy (pass); *een ~ maken* dummy; *met een ~ passeren* sell [a p.] a dummy
schijnbewijs seeming proof (*of:* evidence)
schijnchristen pseudo-Christian
schijndeugd simulated virtue
schijndood I *zn* apparent death, suspended animation; **II** *bn* apparently dead, in a state of suspended animation
schijnen 1 *(vd zon, enz)* shine [*ook:* the sun is out again]; **2** *(lijken)* seem [he does not seem to like it], look [the Queen looked to be in good health]; *het schijnt (wel), dat ...* it (rather) seems (would seem) that ...; *naar het schijnt* by the look(s) of it (of things), to all appearance; *naar het schijnt heeft hij ...* it appears he has ..., he appears to have ...; *zie ook* toeschijnen
schijnfeit factoid
schijngeleerde would-be scholar, sciolist
schijngeleerdheid would-be learning, sciolism
schijngeluk seeming happiness
schijngestalte phase (of the moon)
schijngevecht sham fight
schijngoud similor
schijnheilig hypocritical, sanctimonious
schijnheilige hypocrite
schijnheiligheid hypocrisy, sanctimoniousness
schijnhuwelijk mock marriage; *een ~ sluiten, (vglb)* go through a form of marriage
schijnproces mock trial
schijnraket *(plant)* bastard rocket
schijnsel shine [of a lantern], gleam, glow [of the fire], radiance, *(zwak)* glimmer; *(v vuur, ook)* firelight
schijntje trifle; *geen ~ geluk* not the least bit of luck; *het kost maar een ~* it costs only a trifle (next to nothing); *ik kreeg het voor een ~* I ... for a song; *hij verdient maar een ~* he earns a mere pittance
schijnvertoning sham, charade
schijnvriend fair-weather friend
schijnvrucht false fruit
schijnwaarheid verisimilitude, apparent truth
schijnwerper *(ve auto)* spotlight; *(zoeklicht)* search-, spotlight, *(fam)* spot; *met ~s verlichten* floodlight

[St Paul's]
schijnzwangerschap phantom pregnancy
schijt *(plat)* shit, crap; ~ *hebben aan, a)* hate, loathe; *b)* not give a shit about
schijten *(plat)* shit, crap; *de duivel schijt altijd op de grootste hoop* to him that hath shall be given
schijterd funk, chicken
schijterig chicken(-hearted)
schijterij 1 *(diarree)* the trots; **2** funk
schijtlaars, schijtlijster funk, chicken
schijveneg disc harrow, *(Am)* disk harrow
schijvengeheugen disk storage
schijvenploeg disc plough, *(Am)* disk plow
schijventarief graded system of income brackets for tax assessment
schik: *wij hadden veel* ~ we had great fun, enjoyed ourselves immensely (tremendously); ~ *hebben in zijn werk* enjoy one's work; *in zijn ~ zijn* be in high spirits; *ik ben ermee in mijn* ~ I am pleased (delighted) with it; *niet bijzonder in zijn ~ over* not overpleased at; *zie ook* plezier
schikgodinnen: *de* ~ the Fates, the weird sisters
schikkelijk *zie* inschikkelijk & schappelijk
schikken 1 *(ordenen, in orde brengen)* arrange, order; *kunt u het ~?* can you make it convenient?; *ik zal het zo ~, dat je hier kunt slapen* I will arrange for you to sleep here; *ik weet niet hoe ik het zal* ~ I ... how to arrange matters; ***zich** ~, (v zaken)* come right; *het zal zich wel* ~ it is sure to come right; *zich **naar** iems wensen (naar de regels)* ~ comply with a p.'s wishes (with the rules); *zich ~ naar een conventie* conform to a convention; *zich naar de omstandigheden* ~ adapt o.s. to circumstances; *zich **om** de tafel* ~ draw round the table; ***op** zij* ~ move aside; *dichter **bij** het vuur* ~ draw up to the fire; **2** *(bijleggen)* settle, make up [a quarrel]; **3** *(gelegen komen)* suit, be convenient to; *doe wat je het beste schikt* suit your own convenience; *zodra het u schikt* at your earliest convenience; **4** *(goed gaan)* come right; *[hoe gaat het?] het schikt nogal* pretty well; **5** *(berusten:) zich ~ **in** zijn lot* resign o.s. to one's fate; *zich zo goed mogelijk in iets* ~ make the best of s.t., grin and bear it; *zich in het onvermijdelijke* ~ resign (reconcile) o.s. to the inevitable, accept the inevitable; *zich in zijn werk* ~ become reconciled to one's work; *zie ook* minne
schikking arrangement, settlement, agreement; *tot een ~ komen, een ~ treffen* come to an arrangement (an understanding), reach a settlement, compromise; *~en (maatregelen) treffen* make dispositions, arrange [for the letting of the house]; *zie ook* minnelijk
schil 1 rind [of a lemon], peel [of an orange], *(v bessen, druiven, bananen, enz)* skin; *met de ~ koken* boil [potatoes] in their jackets [*zo ook:* jacket potatoes]; **2** *(dop & natuurk)* shell; **3** *(het afgeschilde, mv)* peelings, parings [of potatoes]
schild 1 shield (*ook fig:* God is my shield); *(beukelaar)* buckler; *(wapenschild)* (e)scutcheon; *een leeuw in zijn ~ voeren* bear a lion in one's (coat of) arms; *hij voert wat in zijn* ~ he is up to something (up to mischief, up to no good); *ik weet wat hij in zijn ~ voert* I know his little game (what he is after); **2** *(ve schildpad)* shell; *(ve insect)* wing-case, wing-cover, *(wtsch)* elytron (*mv:* -tra)
schilddak hip(ped) roof; *(Romeins, hist)* testudo
schilddrager shield-bearer; *(her)* supporter
schilder 1 painter, artist; **2** (house) painter
schilderachtig picturesque; scenic [route]
schilderachtigheid picturesqueness, scenic quality
schilderen 1 paint; *(fig ook)* picture, delineate; *~ en behangen* decorate [a room]; *geschilderde ramen* stained-glass windows; *naar het leven (de natuur)* ~ paint from life (nature); **2** *(ve schildwacht)* do sentry-go, stand sentry; *(staan wachten)* cool one's heels; *het ~, (mil)* sentry-go
schilderes paintress, (woman) painter (*of:* artist)
schilderij picture, painting
schilderijenkabinet picture gallery
schilderijententoonstelling exhibition of paintings, [Italian] Art Exhibition
schilderijlijst picture frame
schildering painting, portrayal [of daily life], picture; delineation [of character]
schilderkunst (art of) painting
schilderschool 1 [Dutch, etc] school of painting; **2** school of painters
schildersezel easel
schildersknecht journeyman painter
schilderskwast paintbrush
schilderslinnen canvas
schildersmodel artist's model
schilderspenseel paintbrush
schildersstok maulstick, guiding stick
schilderstuk picture, painting
schilderwerk painting, paintwork
schildhouder *(her)* supporter
schildkever tortoise beetle
schildklier thyroid (gland); *~vergroting* struma
schildknaap shield-bearer, squire; *(fig)* (chief) lieutenant [Mussolini's lieutenant]; henchman
schildkrab hermit crab
schildluis coccus (insect), scale insect
schildpad 1 *(land~)* tortoise; *(zee~)* turtle; **2** *(stof)* tortoiseshell
schildpadden *bn* tortoiseshell
schildpadsoep turtle (soup); *nagemaakte* ~ mock turtle soup
schildvleugelig sheath-winged
schildvleugeligen coleoptera
schildvormig shield-shaped; *(wtsch)* scutiform; ~ *kraakbeen* thyroid cartilage
schildwacht sentry, sentinel; *~en plaatsen* post sentries; *op ~ staan* stand sentry, do (a spell of) sentry-go
schildwachthuisje sentry box
schildwants shield bug

schildzaad small alison

schilfer scale, chip; *(geol)* flake; *~s op het hoofd* dandruff

schilferachtig scaly, flaky

schilferen scale (off), peel (off), flake off

schilferig scaly, flaky

schillen peel [potatoes, oranges; *ook intr: zich laten ~:* they peel quite easily]; bark [a tree]; pare [apples]; blanch, shell [almonds]

schillenboer waste food collector

schillerhemd soft shirt with open collar *(schillerkraag)*

schilletje lemon brandy

schilmachine [potato] peeler

schilmesje peeler, peeling-, paring-knife

schim shadow [he is but the shadow (the ghost) of his former self], shade, ghost, spectre; *tot een ~ vermagerd* worn to a shadow

schimmel 1 grey (horse); **2** mould, mildew, [foot] fungus

schimmelachtig *zie* schimmelig

schimmeldodend fungicidal; *~ middel* fungicide

schimmelen go (get, grow) mouldy (mildewed, mildewy), mildew

schimmelig mouldy, mildewed, mildewy

schimmelinfectie fungal infection

schimmelkaas blue(-veined) cheese

schimmelplant fungus (*mv:* fungi)

schimmelziekte mycosis

schimmenrijk spirit world, abode of the dead, [the] shades

schimmenspel shadow play, galanty show, phantasmagoria

schimmetje *zie* schijntje

schimmig misty, shadowy [figure, idea]

schimp scorn, taunt(s), contumely

schimpdicht satire

schimpdichter satirist

schimpen scoff; *~ op* revile, scoff (gibe, jeer) at, rail at (against)

schimper scoffer

schimperij scoffing, abuse

schimpscheut gibe, taunt, jeer

schimpschrift lampoon, libel

schimpwoord abusive word

schinkel *zie* schenkel

schip ship *(vooral groot zee~)*, vessel; *(schuit)* (canal) barge, canal boat; *(ve kerk)* nave; *als het ~ met geld komt* when my ship comes home; *het ~ ingaan* make a loss, get (have) the worst of it, be worsted, be beaten [2-1 *met 2-1*]; ***schoon ~ maken**, a) zie* opruiming houden; *b)* settle accounts; *c)* have a (complete) clear-out; *het ~ van staat* the ship of state; *een ~ op het strand, een baken in zee* take warning by others' misfortunes; *zijn schepen achter zich verbranden* burn one's boats; *het ~ der woestijn* the ship of the desert; *daar komt een ~ met zure appelen* there is a heavy shower coming; ***uit het ~**, (handel)* ex ship

schipbreuk shipwreck; *~ lijden* be shipwrecked; *(fig)* fail, miscarry, come to grief, break down [his policy broke down]; *doen ~ lijden* wreck (*of:* torpedo) [a bill *wetsontwerp*, a plan]; *zie ook* klip

schipbreukeling shipwrecked person, castaway; *maatschappelijke ~* (social) misfit, failure, *(fam)* down-and-out, drop-out

schipbrug pontoon bridge, floating bridge

schipper bargee, bargeman, (canal) boatman; *(gezagvoerder)* skipper, master (of a vessel)

schipperaar trimmer

schipperen compromise; [you should be willing to] give and take; *hij zal het wel ~* he is sure to manage (it) somehow

schipperij inland navigation

schipperke *(hond)* schipperke

schippersbaard fringe beard

schippersbeurs shipping exchange

schippersboom bargepole

schippershaak boat-hook

schippershond (Dutch) barge-dog

schipperskinderen: *school voor ~* bargees' (barge, canal boat) children's school

schippersklavier concertina

schippersknecht barge hand

schippersknoop clove hitch

schipperstrui seaman's jersey (pullover)

schippertje *(hond)* schipperke

schisma(ticus) schism(atic)

schismatiek *bn & zn* schismatic (*bw:* -ally)

schist *(geol)* schist

schitteren glitter, shine [his eyes shone with pleasure], sparkle [sparkling diamonds, eyes], be ablaze [with light, flowers]; *~ door afwezigheid* be conspicuous by one's absence; *het schitterde in al zijn heerlijkheid* it shone forth in all its glory; *met ~de ogen* with lustrous eyes; *de kunstenaar schitterde die avond* the ... was in great (in brilliant) form; *zie ook* uitblinken

schitterend *(fig)* brilliant, splendid, glorious, gorgeous; *een ~ voorbeeld* a shining example

schitterglans, schittering glittering, sparkling, sparkle [of diamonds], lustre, splendour

schitterlicht flashlight, flashing light

schizo(freen) schizo(phrenic)

schizofrenie schizophrenia

schizoïde schizoid

schlager (smash) hit, song hit

schlemiel 1 unlucky chap; **2** *(slungel)* beanpole, weed; **3** *(slappeling)* wally

schlemielig 1 unlucky; **2** weedy; **3** spineless

schluss that's (the end of) it

schmieren ham (it up)

schmink greasepaint, make-up

schminken: *(zich) ~* make up

schnabbel extra earnings; job on the side

schnaps 1 schnap(p)s, gin, Hollands, Schiedam; **2**

~*(je), zie* borrel

schnitzel schnitzel; [(breaded) chicken, pork, veal] cutlet

schobbejak, schobber(d) blackguard, scoundrel

schobberdebonk: *op de ~ lopen* sponge, be a sponger, cadge

schoeien 1 shoe; *zie ook* leest; **2** *zie* beschoeien

schoeiing *zie* beschoeiing

schoeiplank sheet(ing) pile

schoeisel footwear

schoelje blackguard, scamp

schoen shoe *(ook ve vlaggenstok, karabijn & rem); (hoog)* boot; *gooi geen* ***oude*** *~en weg vóór je nieuwe hebt* don't be off with the old before you are on with the new; *wie de ~* ***past****, trekke hem aan* if the cap fits, wear it; *de* ***stoute*** *~en aantrekken* pluck up (screw up) courage, nerve o.s.; *daar* ***wringt (knelt)*** *hem de ~* that's where the shoe pinches; *hij staat vast (stevig)* ***in*** *zijn ~en* he is sure of his ground (is very sure of himself); *iem iets in de ~en schuiven* lay s.t. at a p.'s door, saddle a p. with s.t., pin s.t. on a p.; *ik zou niet graag in zijn ~en staan* I should not like to be in his shoes; *het hart zonk hem in de ~en* his heart sank, he had his heart in his boots; ***naast*** *zijn ~en lopen* be too big for one's boots; ***op*** *een ~ en een slof* down and out; *het loopt hem* ***over*** *de ~en* he cannot cope any more; *zie ook* [2]loden 1 & lood

schoenborstel shoe-brush, blacking brush

schoencrème *zie* schoensmeer

schoenendoos shoebox

schoenenzaak *zie* schoenwinkel

schoener schooner

schoenerbrik brigantine

schoenlapper 1 cobbler; **2** *(vlinder)* tortoiseshell

schoenleer shoe leather; *~tje* tongue

schoenlepel shoehorn

schoenmaken 1 shoemaking; **2** shoe repairing

schoenmaker 1 shoe-, bootmaker; **2** shoe repairer; *zie ook* leest

schoenmakerij 1 shoemaker's (bootmaker's) workshop; **2** shoemaking

schoenpoetser shoeblack; *(in hotels)* boots

schoenriem shoe-, bootstrap; *(hist)* latchet; *gij zijt niet waard zijn ~en los te maken* you are not worthy to untie his shoestrings, not fit to black his boots; *~pje, (over wreef)* strap

schoensmeer shoe (boot) polish, shoe-cream, blacking

schoensnavel *(dierk)* shoebill

schoenspanner shoe stretcher

schoenveter shoe-, bootlace, shoestring

schoenwinkel shoe-shop (*Am:* -store)

schoenzool sole (of a shoe)

schoep 1 paddle(board); *(ve molenrad, ook)* float(-board); *(ve turbine)* blade, vane; **2** *(ve zonneblind)* slat

schoepenrad 1 paddle wheel; **2** *(techn)* vaned wheel, fan

schoffel hoe

schoffelen hoe; *iem eronder ~, (sp)* flatten a p.

schofferen 1 rape, ravish, violate; **2** treat with contempt, insult

schoffie brat, ragamuffin, urchin

schoft 1 *(ve dier)* shoulder; *(ve paard)* withers *(mv)* **2** *(werktijd)* shift; **3** *(schavuit)* bastard, rascal; *zie ook* schoffie

schoftachtig *zie* schofterig

schoften *zie* schaften

schofterig scoundrelly, rascally

schofthoogte height

schofttijd *zie* schafttijd

schok jerk, jolt [of a bus]; [earthquake, electric] shock; [escape with a severe] shaking; [awake with a] start; *(bij samenstoten)* shock, concussion; *(fig)* shock; *het gaf mij een ~* it gave me a shock, a (nasty) jar, *(fam)* a turn; *zijn reputatie heeft een ernstige ~ gekregen* has received a severe blow

schokbeton vibrated concrete

schokbreker shock absorber

schokbuis *(mil)* percussion fuse

schokdemper shock absorber

schokgolf shock wave

schokken I *tr* shake, jerk, convulse; *(fig)* shake [a man's resolution, faith], jolt, upset [confidence in the government], convulse [economic life has been convulsed by labour conflicts], give a shock; *(sl: betalen)* fork out, cough up [ten quid]; *het schokte zijn gezondheid* it gave a shock to (it shook, *sterker:* it shattered) his health; *geschokte gezondheid* shaken health; *het schokte ons geweldig* it gave us a terrible shock (*fam:* the shock of our lives); **II** *intr* shake, jolt, jerk

schokker 1 (kind of) fishing boat; *(vglb)* seiner; **2** green pea

schokschouderen shrug one's shoulders

schoksgewijs by fits and starts

schokstaking 1 selective strike action; **2** work(ing) to rule

schol I *zn* **1** *(vis)* plaice; **2** *(ijsschol)* floe; **3** *(aardschol)* (tectonic) plate; **II** *tw* sko(a)l, cheers

scholarisatie 1 provision of schools; **2** compulsory education

scholasticus schoolman, scholastic

scholastiek 1 scholasticism; **2** *(pers)* scholastic

schold *ovt van* schelden

scholekster oystercatcher

scholen 1 flock together; *(v vissen)* shoal; **2** school, tutor, train

scholengemeenschap *(vglb)* comprehensive (school)

scholiast scholiast

scholiën scholia

scholier pupil, scholar; *(sp)* junior

scholing schooling, training; (formal) education

schollevaar, scholver(d) cormorant

schommel 1 swing; *Russische ~* swingboat; **2** *dikke ~*

fat woman
schommelbank swing hammock
schommelen I *intr* **1** *(op schommel)* swing; **2** *(ve trein, in stoel)* rock; *(ve boot)* roll; *(ve slinger)* swing, oscillate; **3** *(v prijzen, enz)* fluctuate, see-saw; *~de prijzen, (ook)* see-saw prices; **4** *(heen & weer gaan)* vacillate; *~ tussen* wobble between [reality and symbolism]; **5** *zie* rommelen; *~ in* rummage in, rake among [old books]; **6** *(waggelen)* waddle; **II** *tr* swing, rock
schommelgang waddle
schommeling swinging, oscillation, fluctuation; *(bij aswenteling)* nutation; *~en in temperatuur* changes in temperature; *vgl* schommelen
schommelsteen rocking stone, logan(-stone)
schommelstoel rocking chair, *(fam)* rocker
schompes: *zich het ~ werken* work o.s. to death
schond *ovt van* schenden
schone *zie* schoon
schonen clean
schonk I *zn* bone, shank; **II** *ww ovt van* schenken
schonkig bony
schoof I *zn* sheaf; *in schoven binden* sheave; *aan schoven zetten* shock [corn]; **II** *ww ovt van* schuiven
schooien beg
schooier beggar; *(landloper)* tramp, vagrant, layabout; *(haveloze kerel)* ragamuffin; *(schobbejak)* blackguard; *luie ~, (ook fig)* lazy beggar
schooieren beg, cadge
schooierij begging
school I *zn* school *(ook in de kunst, enz); (vooral grote kostschool, ook opleidingsschool)* college [naval college, training college]; *(voor bepaald vak)* [Military] academy; *iemand van de oude ~* a man of the old stamp; *(vissen)* shoal, school; *~ met de bijbel* (protestant) denominational school; *lagere ~* primary school; *zie ook* achterlijk, buitengewoon, openbaar, mulo, voortgezet, enz; *particuliere ~* private school; *als de scholen aan de gang zijn* during term; *de ~* ***begint*** *om 9 uur* school begins at nine; *de ~ begint weer op 3 mei* school re-opens on ...; *~* ***gaan*** go to school; *zij had weinig ~ gegaan* she had but little schooling; *~* ***maken*** find a following, found a school; *~tje* ***spelen*** play at schools (at keeping school); *de ~* ***is uit*** school is over; *de ~* ***verzuimen*** be absent from school; ***naar*** *~ gaan* go to school; start school [at the age of six]; ***op*** *~ gaan* be at (attend) school; *we zijn samen op ~ geweest* we were at school together; ***uit*** *de ~ klappen* tell tales (out of school), blab; ***van*** *~ gaan* leave school; *leeftijd waarop men van ~ gaat* school-leaving age; *zie ook* aangaan 4, leerschool, enz; **II** *ww ovt van* schuilen
schoolarts school medical officer, school doctor
schoolartsendienst school medical service
schoolbank school desk (and seat); *(lang, zonder leuning)* form; *hij had met hem op de ~en gezeten* he had been to school with him
schoolbehoeften educational aids
schoolbestuur (board of) school governors
schoolbezoek 1 school attendance, attendance at school; *verplicht ~* compulsory school attendance; **2** visit from the school inspector
schoolblad 1 educational paper; **2** school magazine
schoolblijven I *ww* stay (stop) in (after hours); *moeten ~, (ook)* be kept in; **II** *zn* detention, staying-in, stopping-in
schoolboek school (class, lesson) book
schoolbord blackboard, chalkboard
schooldag schoolday, [the first] day of school
schooldecaan *(vglb)* careers master
schoolengels schoolbook English
schoolfrik *zie* frik
schoolgaan *zie* ²school; *~d* schoolgoing [children]; *~de leeftijd* school(going) age [raise the school age to 16]; *het ~* schoolgoing
schoolgebruik: *voor ~* for use in schools, for class(room) use, adapted for schools
schoolgeld school fee(s)
schoolgeleerdheid book learning
schoolhoofd head (teacher), headmaster, headmistress
schoolhouden keep in (after school hours)
schooljaar 1 scholastic year, school year; **2** *-jaren* [in my] schooldays
schooljeugd schoolchildren
schooljongen schoolboy
schooljongensachtig schoolboyish
schooljuffrouw schoolmistress, schoolteacher
schoolkameraad *zie* schoolmakker
schoolkennis 1 book learning; **2** school acquaintance
schoolkind schoolchild
schoolleider *zie* schoolhoofd
schoollokaal classroom
schoolmakker schoolfellow, schoolmate, school chum
schoolmeester schoolmaster; *(schoolvos)* pedant
schoolmeesterachtig pedantic (*bw:* -ically), schoolmasterish, -masterly
schoolmeesteren teach (school), play the schoolmaster; *iem ~* play the schoolmaster to
schoolmeisje schoolgirl
schoolmeisjesachtig schoolgirlish, *(fam)* jolly hockeysticks
schoolonderwijs schoolteaching; *het genoten ~* the schooling received
schoolonderzoek *(vglb)* internal assessment
schoolopleiding schooling; *hij kreeg zijn ~ te Rugby* he was educated at Rugby
schoolplein (school) playground
schoolplicht compulsory attendance at school
schoolplichtig of school age, schoolable [child]; *de ~e leeftijd verhogen* raise the school(-leaving) age
schoolraad *(vglb)* education committee
schoolradio educational broadcast(ing)
schoolreglement school regulations
schoolreisje school journey, outing, instructional

(educational) tour (trip); *(het gezelschap)* school party
schoolrijder dressage rider
schools scholastic; *zie ook* schoolmeesterachtig; *~e geleerdheid, zie* schoolwijsheid
schoolschrift school exercise-book
schoolslag *(sp)* breaststroke
schooltas satchel
schooltelevisie educational television, TV for schools
schooltijd 1 school hours [from 9 to 12 and 2 to 4], school (*of:* class) time, [morning] school; *onder ~* during lessons; *buiten ~* out of school (hours); **2** *(schooljaren)* school time, [my] schooldays; **3** *(tussen 2 vakanties)* term; *gedurende de ~, (buiten de vakanties)* during term(-time)
schooltoezicht 1 school inspection; **2** school inspectors
schooluitgave school edition
schooluitzending *(radio, tv)* school(s) programme
schooluur school hour; *zie ook* schooltijd
schoolverband: *buiten ~* extra-mural, extra-curricular [activities, education]
schoolvergadering teachers' meeting
schoolverlater school-leaver
schoolvertrek classroom
schoolverzuim non- (*of:* irregular) attendance (at school); *commissie tot wering van ~* school attendance committee; *lid daarvan* school-attendance officer, *(fam)* truant inspector
schoolvoorbeeld classic example
schoolvos pedant, pedagogue
schoolvosserij pedantry
schoolwet education act
schoolwezen school affairs, schools
schoolwijsheid book learning
schoolziek shamming
schoolziekte sham illness, feigned illness (of schoolchild)
schoon I *bn & bw* **1** *(fraai, knap)* beautiful, handsome, fine; *de schone kunsten* the fine arts; *zie ook* zaak; **2** *(zindelijk)* clean [collar, etc]; *(zuiver, rein)* pure; *(v metselwerk)* fairfaced; *het* ***gat*** *~ hebben* have free play; *~* ***goed*** *aandoen* put on clean things; *~ linnengoed (schone sokken)* change of linen (of socks); *het is ~* ***op*** it's all gone (clean gone); *zijn geld ~* ***opmaken*** run through all one's money; *zich ~* ***praten*** exculpate o.s.; **3** *(onbezwaard, ~ in de hand)* [£50] clear (a clear £50), nett; *zie ook* genoeg, geslacht, gewicht, haak, kans, lei, schip, enz; **II** *zn* beauty; *de schone* the fair one; *een schone* a beauty; *de schone van het dorp* the village belle; *het schone* the beautiful; *stedelijk ~* urban scenery; *uiterlijk ~ is slechts vertoon* beauty is but skin-deep; **III** *vw (vero: ofschoon)* (al)though
schoonbroer brother-in-law
schoondochter daughter-in-law
schoondruk *(typ)* unbacked (unperfected) sheet; white paper
schoonfamilie *(fam)* in-laws
schoonheid beauty; *een ~* a beauty; *het sterft in ~* it is fine, but unprofitable
schoonheidscommissie *(vglb)* local planning authority
schoonheidsfoutje minor flaw, slight mistake, slip
schoonheidsgevoel sense of beauty, aesthetic sense
schoonheidsinstituut beauty salon
schoonheidskoningin beauty queen
schoonheidsleer aesthetics
schoonheidsmiddel beauty preparation
schoonheidsmoesje, schoonheidspleistertje patch, beauty spot
schoonheidsprijs 1 beauty prize; **2** prize for excellence
schoonheidssalon beauty salon (*of:* parlour)
schoonheidsspecialiste beauty specialist; *(Am)* beautician
schoonheidsvlekje beauty spot
schoonheidswedstrijd beauty competition (*of:* contest)
schoonheidszin *zie* schoonheidsgevoel
schoonhouden keep clean, clean
schoonklinkend melodious; *(fig)* fine-sounding [slogans *leuzen*], specious [arguments]
schoonmaak (house) cleaning, clean-up *(ook fig)*; *(in voorjaar)* spring-cleaning; *aan de ~ zijn, zie* schoonmaken; *~ houden* have a clean-up, clean up
schoonmaakbedrijf firm of cleaners
schoonmaakbeurt cleaning, turn-out
schoonmaakster charwoman, charlady, *(fam)* char; *(in school, enz)* (woman) cleaner, cleaning-woman
schoonmaken I *tr* clean, clean out [a stable]; give [the kitchen, a statue] a clean-up; gut, clean [fish], draw [a fowl], pick [salad]; *iets goed ~* give s.t. a good clean(-up); *zie ook* schoonvegen; **II** *intr* clean (up); *(in voorjaar)* spring-clean
schoonmaker (office, etc) cleaner
schoonmoeder mother-in-law
schoonouders wife's (husband's) parents (*fam:* people), *(fam)* in-laws
schoonrijden figure skating
schoonschijnend plausible, specious [argument, excuse]
schoonschrift calligraphic writing; *(cahier)* copybook
schoonschrijfkunst penmanship, calligraphy
schoonschrijver penman; *(inz beroeps~)* calligrapher, calligraphic artist
schoonspringen (competitive) diving
schoonvader father-in-law
schoonvegen 1 sweep clean; scour [the seas]; *ik kan mijn eigen paadje wel ~* I can take care of myself; **2** *(ontruimen)* clear [the streets]
schoonwassen 1 wash (clean); **2** *(fig)* whitewash [a p., o.s.]
schoonzoon son-in-law; *hij is de ideale ~* he is dull

but reliable
schoonzuster sister-in-law
schoor I *zn* (angle, diagonal) brace, strut, tie (-beam); II *ww ovt van* scheren
schoorbalk brace, tie(-beam)
schoorhout prop, shoring timber
schoormuur buttress
schoorsteen 1 chimney [cap, fire, painting]; *(op dak, rond)* chimney pot; *(meervoudig)* chimney stack; *(fabriekspijp, ook)* chimney stalk; *daar kan de ~ niet van roken* that won't keep the pot boiling; 2 *(ve schip, locomotief)* funnel, (smoke)stack
schoorsteengek turn-cap, cowl
schoorsteengeld hearth money (*of:* tax)
schoorsteenhaak pot-hanger, pot-hook
schoorsteenkleed mantelpiece covering
schoorsteenloper runner for mantelpiece
schoorsteenmantel mantel(piece), chimney piece, mantelshelf
schoorsteenpijp 1 chimney shaft (*of:* stalk); 2 *(ve schip)* funnel, (smoke)stack
schoorsteenplaat hearth-plate
schoorsteenvegen chimney sweeping
schoorsteenveger chimney sweep(er), sweep
schoorsteenwissel accommodation bill, *(sl)* kite; *een ~ trekken* fly a kite
schoorvoeten hesitate
schoorvoetend reluctantly, hesitatingly, with lagging steps; *zijn ~ gegeven toestemming* his reluctant consent
schoorwal bar
schoot I *zn* 1 lap *(ook v kledingstuk); (fig)* womb [of time], fold, bosom [of the Church], bosom [in the bosom of his family]; *aan de ~ der* ***aarde*** *toevertrouwen* commit to the earth; *in de ~ der aarde* in the bowels of the earth; *in de ~ der* ***goden*** *(verborgen)* in the lap of the gods; *de* ***handen*** *in de ~ leggen, (fig)* fold one's arms (one's hands), remain idle; *met de handen in de ~ zitten* sit with folded hands, sit idly by; *het* ***hoofd*** *in de ~ leggen* give in, submit, knuckle under; *in de ~ der* ***Kerk*** *opgenomen* received into the fold of the Church; *in de ~* ***des tijds*** *(der* ***toekomst****)* in the womb of time (of the future); *wat de toekomst in haar ~ verbergt* what the future holds in store for us; *in de ~ der* ***weelde*** in the lap of luxury; *het wordt hem zo maar in de ~* ***geworpen*** it is simply thrown (it simply falls, drops) into his lap; ***op*** *haar ~* in (on) her lap; 2 *(mar)* sheet; *zie ook* vieren; 3 *(ve plant)* sprig, shoot; 4 *(ve slot)* bolt; II *ww ovt van* schieten
schootcomputer laptop
schootgaan do a bunk
schoothondje lapdog
schootkindje baby, infant in arms; *(fig)* pet (*of:* spoiled) child
schootsafstand *(mil)* range
schootshoek *(mil)* angle of projection
schootsteek sheet bend
schootsvel (leather) apron
schootsveld *(mil)* field of fire
schop 1 shovel *(ook voor kolen)*, spade; *(voor graan, meel, enz)* scoop; *(kinderschopje)* spade; *(plantenschopje)* trowel; *twee ~pen diep* two spits deep; ***op*** *de ~ gaan* be turned upside down; 2 *(trap)* kick; *vrije ~* free kick; *hij kreeg de ~* he got the boot (the sack); *zie ook* trap
schoppen I *ww* kick [*naar* at, *tegen iets aan* against, *ook fig*]; *een bal (heen en weer) ~* kick a ball about; *herrie (lawaai) ~* kick up a row; *kinderen in de wereld ~* bring children into the world; *het ver ~, ~ tot, zie* brengen: het ver ~, ~ tot; II *zn* [ace, jack (*of:* knave), etc, of] spades; *vgl* klaveraas
schopper kicker; *(sp)* hacker
schopstoel: *ik zit hier op de ~* I may be turned (kicked) out at short notice (at any time)
schor I *zn* salting(s), mud flat; II *bn* hoarse, husky, raucous [voice]
schorem I *zn zie* schorriemorrie; II *bn* shabby
schoremerd bastard
schoren shore (buttress) up, support, prop, brace
schorheid hoarseness, huskiness
schorpioen scorpion; *de S~, (astron)* Scorpio, the Scorpion
schorpioenvlieg scorpion fly
schorriemorrie scum, riff-raff, rabble, ragtag (and bobtail)
schors bark, rind; *(hersen~)* cortex
schorsen 1 suspend [a clergyman, hostilities, etc]; ban [a player]; *(geestelijke ook)* inhibit; *iem als lid ~* suspend a p. from membership; *iem in zijn betrekking ~* suspend a p. from duty; 2 *(vergadering)* adjourn; *de werkzaamheden ~, (ve vergadering)* suspend proceedings
schorseneel, schorseneer 1 *(groente)* scorzonera; 2 *(wilde ~)* black salsify
schorsing suspension, inhibition, adjournment; *vgl* schorsen
schorsingsbesluit suspension order
schorskever bark beetle
schorswants flat-bug; bark bug
schort apron; pinafore; *(fam)* pinny
schorten: *wat schort eraan?* what is the matter?, what is wrong?; *zie ook* schelen
schot 1 shot; *(knal ook)* report, crack [of a pistol]; *~ hagel* volley of shot; *(sein)* signal gun; *~ voor de* ***boeg*** (warning) shot across the bow(s) *(ook fig)*; *~ op* ***doel****, (ook)* strike; *een ~* ***doen*** fire a shot; *50 ~en in de minuut doen* fire fifty rounds a minute; *ieder ~ is geen* ***eendvogel*** not every attempt succeeds; *er* ***viel*** *een ~* a shot rang out; ***binnen*** *(****buiten****) ~* within (out of) range; (*of:* shot); *buiten ~ blijven, (fig)* keep out of harm's way; ***onder*** *~* within range (*of:* shot); *onder ~ nemen* cover [a tiger]; *onder ~ houden* keep covered (at gunpoint); ***op*** *~ zijn, a)* have one's eye in; be successful in front of goal; *b) vgl* 2 2 progress; *~* ***geven*** veer [a cable]; *~* ***krijgen****, (groei-*

en) shoot up; *er **komt** (zit) ~ in* we're making headway (progress), we're progressing, things are beginning to move; *er zit geen ~ in, (ook)* it (the plan, etc) is hanging fire; ***op** ~ raken* get settled in; **3** *(tussen~)* partition; *(mar, ve vliegt)* bulkhead; **4** *(jonge koe)* heifer; **5** *(vis) zie* schotje 2; **6** *(hist)* scot; *~ en lot betalen* pay scot and lot

Schot Scot(sman); *de ~ten* the Scots, the Scottish

schotel dish *(ook antenne & eten), (hist)* platter; *(groot & plat, vooral bijb)* [John the Baptist's head in a] charger; *kop(je) en ~(tje)* cup and saucer; *vliegende ~* flying saucer

schotelantenne (satellite) dish aerial, dish

schoteldoek dishcloth

schotelveer diaphragm spring

schotelversiering garnish

schotje **1** *ergens een ~ voor steken, zie* stokje; **2** *(vis)* salmon trout, sea trout

Schotland Scotland

schots **I** *zn* (ice) floe; **II** *bw* **1** *~ en scheef (door elkaar)* at sixes and sevens, criss-cross, higgledy-piggledy, pell-mell; *met de huizen ~ en scheef door elkaar* rambling [village, street]; **2** sick, queer; beastly, horrid

Schots *bn & zn* **1** Scottish [customs, people], Scots [accent]; *~e whisky* Scotch whisky; **2** *(dans)* schottische; **3** *(stof)* tartan, check

schotsbont tartan, check, chequered

schotschrift lampoon, squib, skit

Schotse Scotswoman

schottisch *(dans)* schottische

schotvaardig *zie* schotvast

schotvaars heifer

schotvarken store pig

schotvast [be] a good (a dead) shot (*sp:* a goal-getter)

schotwond gunshot wound, bullet wound

schouder shoulder; *de ~s ophalen (optrekken)* shrug one's shoulders; *(alleen lett)* hump one's shoulders; *zijn ~ eronder zetten* put one's shoulder to the wheel, put one's back into it; *~ **aan** ~ staan* stand shoulder to shoulder; show a united front; *geweer aan de ~!* shoulder ... arms!; *iem **op** de ~s ronddragen* carry a p. shoulder high, chair a p.; *wij staan op de ~s van een vorig geslacht* we stand on the shoulders of an earlier generation; *op de ~(s) nemen* shoulder

schouderband *(ve schort, enz)* shoulder strap; *(anat)* humeral ligament

schouderblad shoulder blade; *(wtsch)* scapula, omoplate

schouderbreedte shoulder width

schouderdoek *(r-k)* humeral veil

schouderduw *(sp)* shoulder charge

schouderen: *het geweer ~, (op de schouder nemen)* shoulder the rifle; *(aan de schouder brengen)* shoulder arms

schoudergordel pectoral girdle (*of:* arch)

schouderklopje pat on the back

schouderlang shoulder-length [hair]

schoudermantel cape, tippet, pelerine; *(ve oude vrouw, ook)* [a] Mother Hubbard

schouderontwrichting dislocation of the shoulder, *(diergeneeskunde)* shoulder slip

schouderophalen [with a] shrug (of the shoulders); *er zich met een ~ afmaken* shrug it off

schouderriem shoulder-belt, shoulder-strap, baldric

schouderstuk **1** *(ve hemd, enz)* yoke; **2** *(voorbout)* shoulder [of lamb, etc]

schoudertas shoulder bag

schoudervulling shoulder pad(s)

schout sheriff, bailiff

schoutambt sheriff's office, shrievalty

schout-bij-nacht rear admiral

schouw **I** *zn* **1** *(schoorsteen)* fireplace; chimney; **2** *(vaartuig)* scow, punt; **3** *zie* schouwing; **II** *bn zie* schuin I.2

schouwburg theatre [ticket], playhouse

schouwburgbezoek playgoing, theatre attendance

schouwburgbezoeker theatre-, playgoer; *~s, zie ook* -publiek

schouwburgdirecteur theatre (*of:* theatrical) manager

schouwburgpubliek theatre audience, playgoing public

schouwburgzaal *zie* zaal

schouwen inspect, survey; *(eieren)* candle; *een lijk ~* perform a post-mortem (examination); *(door de 'coroner')* hold an inquest

schouwing inspection; *zie ook* lijkschouwing

schouwplaats scene (of the action)

schouwspel spectacle, scene, view, sight; *(historisch) ~* pageant

schouwtoneel stage, scene, theatre

schoven *ww* sheave, sheaf

schovenbinder sheaf-binder

schraag trestle; *tafel op schragen* trestle table

schraagbalk supporting beam

schraagbeeld supporting figure, *(vrouw)* caryatid, *(man)* telamon

schraagpijler buttress

schraal **1** *(algem)* poor [soil *ground*, crop *oogst*], meagre, scanty; slender [income, hope], hard [times]; lean [crop, purse, time]; *schrale beloning voor iems diensten* poor return for ...; *schrale **troost*** cold (poor) comfort; *~ **stemmetje*** thin voice; **2** *(pers)* thin, gaunt, scraggy, scrawny, spare; **3** *(kost)* spare, scanty, poor; *~ **dieet*** low (lean) diet; **4** *(wind)* keen, chilly; *(weer)* bleak

schraalhans: *~ is daar keukenmeester* you won't get much to eat there

schraalheid scantiness, poorness, poverty, thinness, bleakness; *vgl* schraal

schraaltjes poorly, scantily, thinly, slenderly; *zie* schraal

schraapachtig stingy, scraping, miserly

schraapijzer, schraapmes scraper, scraping knife; *(ve*

wals) doctor
schraapsel scrapings
schraapzucht stinginess
schraapzuchtig stingy, scraping, miserly
schrab scratch
schrabben scratch, scrape; *zie ook* schrappen
schrabber scraper, scraping iron
schrabijzer, enz *zie* schraapijzer, enz
schrafferen, schraffering *zie* arceren, arcering
schragen shore (up), buttress, prop (up), *(inz fig)* support
[1]**schram** scratch, graze
[2]**schram** *(jong varken)* piglet
schrammen scratch, graze
schrander clever, sagacious, shrewd, intelligent, discerning, understanding, bright, smart, sharp
schranderheid cleverness, etc, sagacity, intelligence, discernment
schranken set [a saw]
schranspartij gormandizing, gorging, blow-out
schranzen gormandize, stuff o.s., tuck in; *hij kan geweldig ~* he is a huge feeder (a glutton)
schranzerij gormandizing, gorging, blow-out
schrap I *zn* scratch; *~je, (bij inenting)* insertion; *ergens een ~je bij zetten* call it a day; *er een ~ door halen* strike (*of:* scratch) it out; **II** *bw: zich ~ zetten* take a firm stand [*tegen* against], brace o.s. (up), grit one's teeth
schrapen scrape; *(fig)* (pinch and) scrape; *bij elkaar ~* scrape together; *zich de keel ~* clear one's throat, hawk [vigorously]
schraper *(pers)* money-grubber; *(werktuig)* scraper
schraperig stingy, scraping, miserly
schraperij money-grubbing
schrapijzer, schrapmes *zie* schraapijzer
schrappen 1 scrape [new potatoes], scale [fish]; **2** *(doorhalen)* strike (cross) out, cancel (*ook fig:* debts); expunge [a passage]; delete [letters, words]; make excisions [in a text]; scratch [a candidate]; *hij werd van de lijst geschrapt* his name was struck off the list (the Medical Register, etc); *zich als lid laten ~* cancel (discontinue) one's membership
schrapping striking out, cancellation, deletion, erasure *vgl het ww*
schrapsel scrapings
schrede step, pace, stride; *de eerste ~ doen* take the first step; *zijn ~n richten (wenden) naar* turn (direct, bend) one's steps to, head for; *met rasse ~n* with rapid strides; *wij gingen met rasse ~n onze ondergang tegemoet* we were hurrying on to our ruin
***schredeteller** *(Wdl: schredenteller)* pedometer
schreed *ovt van* schrijden
schreef I *zn* line, scratch; *(ve letter)* serif; *over (buiten) de ~ gaan* overstep the mark, exceed the limit, go beyond the bounds; *een ~je voor hebben, zie* streep: ~je; **II** *ww ovt van* schrijven
schreefloos: *schreefloze letter* sanserif
schreeuw shout, cry, scream; *een ~ geven* give a cry, etc
schreeuwarend lesser spotted eagle
schreeuwen cry, bawl, shout, *(gillen)* yell, shriek; *(ve varken)* squeal; *(ve uil)* hoot; *zie ook* krassen; *(ve hert in bronsttijd)* troat; *schreeuw niet zo!* don't shout!; *je hoeft niet te ~* you needn't shout [I'm not deaf]; *~ om* cry out (clamour) for; *uit alle macht ~* shout at the top of one's voice, yell one's head off; *~ als een (mager) speenvarken* squeal like a stuck pig
schreeuwend crying (*ook fig:* injustice), howling; loud, noisy, glaring [colours, dress]; *~ duur* wildly expensive
schreeuwer bawler; *(fig)* ranter, loudmouth
schreeuwerig screaming [headlines], clamorous, loud-voiced [woman]; ranting [orator]; *zie ook* schreeuwend
schreeuwlelijk 1 loudmouth; **2** *(huilebalk)* cry-baby
schreien *(wenen)* weep; *(huilen)* cry; *zie ook* huilen; *hij schreide bij de gedachte dat ...* he wept to think that ...; *~ om* weep (cry) for; *zie ook* wraak; *het schreit ten hemel* it cries (aloud) to Heaven; *zich de ogen uit het hoofd ~* cry one's eyes out; *~ van vreugde* weep for joy; *vreugdetranen ~* weep tears of joy; *hete tranen ~* shed hot tears; *tot ~s toe* [be moved] to (the point of) tears
schreier weeper
schreierig given to crying; *op ~e toon* in a tearful voice; *zie ook* huilerig
schrepel *bn* thin, gaunt
schriel 1 ungenerous, parsimonious, stingy; **2** *zie* schraal
schrielhannes curmudgeon
schrift 1 (hand)writing, [Arabic, phonetic] script; *geschreven ~* writing; *iets op ~ brengen* put s.t. in writing; *op ~ stellen* record (make a record of), put (place) on record; *vgl* boek: te ~ stellen; *zie ook* gewoon; **2** exercise book; *de (Heilige) S~* Holy Writ, (Holy) Scripture, the Scriptures
schriftdeling pitch [10-pitch ~ *10 tekens per inch*]
schriftelijk I *bn* written [homework, examination], in writing, on paper; *~e cursus* correspondence course, postal tuition; **II** *bw* in writing, on paper, by letter; *zowel mondeling als ~* [be examined] both orally and in writing; *zich ~ aanmelden* apply by letter
schriftgeleerde scribe
schriftkunde *(voor karakterstudie, enz)* graphology
schriftkundige 1 graphologist; **2** handwriting expert
schriftlezing lesson, reading [from the Scriptures]
schriftmatig in accordance (conformity) with Holy Writ
schriftteken graphic character, graph
schriftuitlegger exegete, exegetist, interpreter of the Scriptures
schriftuitlegging exegesis
schriftuur 1 document, writing; **2** *zie* Schrift: de Heilige ~
schriftuurlijk scriptural

schrijden stride, stalk
schrijfbehoeften, schrijfbenodigdheden stationery, writing materials
schrijfblok notepad
schrijfblokkeringsnok write-protect notch
schrijfboek *zie* schrift 2; *(met voorbeelden)* copybook
schrijfbureau (writing) desk, writing table
schrijffout slip of the pen, clerical (*of:* writing) error
schrijfgereedschap, schrijfgerei writing materials
schrijfhand: *een goede ~ hebben* write a good hand
schrijfkramp writer's cramp
schrijfkunst 1 art of writing; **2** *(schoon~)* calligraphy
schrijfkunstenaar calligrapher
schrijfletter script letter
schrijfmachine typewriter [ribbon]
schrijfmachinepapier typing paper
schrijfmap writing case
schrijfpapier writing paper
schrijfrol *(ve schrijfmachine)* platen
schrijfsel scribbling(s)
schrijfster (woman) writer, authoress
schrijfstift style, stylus
schrijftaal written language
schrijftafel 1 writing table; **2** centre of administration; **3** *~tje, (plankje)* writing tablet
schrijftrant manner (*of:* style) of writing
schrijfvoorbeeld *zie* voorbeeld 2
schrijfwerk writing, paperwork, clerical work
schrijfwijze 1 spelling; *(v getallen, enz)* notation; **2** *zie* schrijftrant
schrijlings [ride] astride, astraddle [*op* of]; *~ zitten op* straddle [a chair]
schrijn box, chest, cabinet; *(r-k)* shrine
schrijnen *(ook fig)* smart; *~de pijn* smart, smarting pain; *~de ironie* poignant irony
schrijnwerk joiner's work, joinery, cabinet work
schrijnwerker joiner, cabinetmaker
schrijvelaar scribbler
schrijven I *ww* write; *iem ~* write to a p.; *iem een brief ~* write a p. a letter; *groot (klein) ~* write large (small); *een recept (een cheque) ~* write out a prescription (a cheque); *de hoeveelste ~ we?* what day of the month is it?; *men schreef toen 1872* the year (the date) was ...; *er staat geschreven* it is written; *hij schreef, dat ...* he wrote (to say, saying) that ...; *ik schrijf je (deze brief) om afscheid te nemen* this is to say goodbye; *niets om over naar huis te ~* nothing to write home about; *we ~* ***elkaar*** *niet meer* we no longer correspond; ***om*** *iets ~* write for s.t.; ***op*** *een advertentie ~* answer an advertisement; *er was iets op geschreven* there was writing on it; *je kunt het op je buik ~* forget it; *~* ***over*** *een onderwerp* write on (*of:* about) a subject; **II** *zn (schrift)* (hand)writing; *Uw ~ van de 8e dezer* your letter of the 8th [of this month, of January, etc]
schrijver 1 *(ve brief, enz)* writer; *(ve boek, enz)* writer, author; *~ dezes* the (present) writer; *van de ~* with the author's compliments; *hij is de ~ van een lange reeks romans, (ook)* he has a ... to his name; **2** *(hist: klerk, enz)* clerk, secretary, copyist
schrijverij writing
schrijvertje 1 *(tor)* whirligig (beetle); **2** *(pers)* hack (writer)
schrik fright, terror, alarm; *hij is de ~ van de straat* he is the terror of ...; *een ~ krijgen* get a fright; *de ~ zit* ***erin*** they've had the fear of God put into them; *de ~ sloeg hem om het* ***hart*** he was seized with fright; *zich van de ~* ***herstellen*** recover o.s.; pull o.s. together; *iem een ~ op het* ***lijf*** *jagen* give a p. a fright (a shock, a turn); *ik werd* ***met*** *~ wakker* I started from my sleep, awoke with a start; *ik zie met ~ zijn komst tegemoet* I dread his coming; *met de ~ vrijkomen* get off with a fright, escape with a shaking; *ze met ~ vervullen, de ~ eronder brengen* strike terror (put the fear of God) into them; *met ~ en beven* with (in) fear and trembling; ***tot*** *zijn ~* to his horror; *zie ook* aanjagen, enz
schrikaanjagend terrifying, frightening [thought]
schrikachtig easily frightened, nervous; *(ve paard)* shy; *(ve pers, fam)* jumpy, nervy
schrikachtigheid nervousness, *(fam)* jumpiness
schrikbarend terrifying, appalling, dreadful, frightful; staggering [price]
schrikbeeld spectre, bogey, bugbear, ogre, bugaboo
schrikbewind (Reign of) Terror
schrikdraad electrified fencing, electric cattle fence
schrikkeldag intercalary day
schrikkelijk dreadful, awful, frightful, terrible; *~ koud* frightfully, etc cold
schrikkeljaar leap year, bissextile (year)
schrikkelmaand February (in a leap year)
schrikken be frightened, take fright [*voor* at]; *(opschrikken)* (give a) start; *~ van* start at, be startled by [a noise]; *waar je van schrikt* staggering [prices]; *het paard schrok voor de auto* the horse shied at ...; *ik schrok mij dood* I was frightened to death (out of my life, out of my wits); *hij schrok zich ~* he jumped out of his skin; *ik ben toch zo geschrokken!* I had such a fright!, I nearly had a fit!; ***doen*** *~* frighten, startle, give [a p.] a fright (*fam:* a turn), *(erg)* scare; ***wakker*** *~* awake with a start; *hij ziet er uit om van te ~* he's looking awful
schrikkerig *zie* schrikachtig
schrikplank *(bij bouwwerk)* (protecting) fan; *(op steiger)* guard board
schrikreactie panic reaction
schrikwekkend terrifying, terrific, appalling
schril shrill, reedy [voice, notes]; glaring [light, colours]; violent [contrast]; [paint s.t. in] garish [colours]
schrobben scrub, scour; *(schip)* hog
schrobber scrubbing brush, scrubber
schrobbering dressing-down, telling-off, wigging; *iem een ~ geven, (ook)* blow a p. up
schrobnet trawl net
schrobnetvisser trawler

schrobzaag compass saw
schroef **1** screw; *(mar, ook)* propeller; *(luchtv)* propeller, airscrew; *zie ook* schroefbout & schroefduik; ~ *van Archimedes* Archimedean screw; ~ *zonder eind* endless screw, worm-gear; *de ~ aandraaien, (fig)* put the screws on, tighten the screws; *op losse schroeven: ... staan* be unsettled, be up in the air; ... *zetten* unsettle; **2** *(bank-, hand~)* vice, *(Am)* vise; **3** *(ve snaarinstrument)* (tuning) peg; **4** *(bloeiwijze)* helicoid cyme; **5** *(wisk)* helix *(mv ook:* -ices)
schroefas propeller shaft
schroefasblok shaft-bearing
schroefbank vice-bench
schroefblad propeller blade
schroefboor screw auger, spiral drill, tap
schroefbout screw bolt
schroefdeksel screw cap, screw-in (screw-on) cover
schroefdop screw cap, screw top
schroefdraad screw thread, thread (*of:* worm) of a screw
schroefduik [double] twist
schroefkop screw head
schroeflijn helical line, helix (*mv ook:* -ices)
schroefmolen Archimedean screw
schroefoog screw eye
schroeforchis lady's (*Am ook:* ladies') tresses
schroefpaal screw pile
schroefpers screw press
schroefpomp hydraulic screw
schroefring screw eye
schroefsgewijs spirally
schroefsleutel (monkey) wrench, spanner
schroefsluiting screw cap; screw stopper; *fles met ~* screw-capped (screw-stoppered) bottle
schroefsprong twist
schroefturbine turboprop
schroefveer coil spring
schroefverbinding screw-joint, screwed joint
schroefvliegtuig propeller plane
schroefvormig screw-shaped, spiral, helical
schroeien **I** *tr* scorch [the grass], singe [a fowl, a p.'s hair], scald [a pig], cauterize [a wound]; **II** *intr* be (*of:* get) singed (*of:* scorched); *er schroeit iets* there is a smell of s.t. burning
schroeiplek scorch(-mark)
schroeven screw
schroevendraaier screwdriver
schrok **I** *zn* glutton, guzzler, pig; **II** *ww ovt van* schrikken
schrokachtig *zie* schrokkerig
schrokken *tr & intr* guzzle, scoff, gobble; *(tr ook)* bolt [one's food]; *naar binnen ~* gobble up, bolt down
schrokker(d) glutton; *zie* schrok I
schrokk(er)ig gluttonous, greedy
schrokkigheid gluttony, greediness
schrokop glutton; *zie* schrok I
schromelijk terrible, bad, gross [blunder; grossly exaggerated]; *zich ~ vergissen* be greatly (grossly) mistaken
schromen fear, dread, hesitate, scruple; *zonder ~* [meet death] fearlessly
schrompelen shrivel (up)
schrompelig wrinkled, shrivelled
schrooien **1** *(snijden)* whittle (down); **2** *(rollen)* parbuckle; *(zwoegen)* drudge, slave; *(eten)* tuck in
schroom diffidence, scruple, shyness
schroomachtig, schroomhartig, schroomvallig diffident, timorous, timid
schroot **1** scrap (iron, metal); *(techn)* clippings; **2** *(mil)* canister shot, grapeshot; **3** *(hagel)* shot
schroothoop **1** [throw on the] scrap heap, junk heap; *naar de ~ verwijzen* scrap; **2** *(sloperij)* scrapyard
schrootjeswand wall (partition) of laths, lathed wall
schrot *(v appels)* screenings; *(ijzer)* scrap
schub scale
schubben *ww* scale
schubbig scaled, scaly
schubdier pangolin
schubvleugelig scaly-winged; *(wtsch)* lepidopterous (*~en* -tera)
schubwortel toothwort
schubziekte psoriasis
schuchter shy, bashful, timid; *na een ~ begin* after a hesitant start; *een ~e poging* a faint-hearted attempt
schuchterheid shyness, bashfulness, timidity
schuddebollen dodder
schuddebuiken shake with laughter
schudden **I** *tr* **1** shake; *(kaarten)* shuffle; **2** *(fam)* forget [*dat kun je wel ~* forget it]; **II** *intr* shake; *(ve rijtuig)* jolt; ***doen*** *~* shake; rock [an earthquake rocked the town]; *(vh lachen)* send [a p.] off into fits of laughter, convulse [the sight convulsed the House]; *(met) het* ***hoofd*** *~* shake one's head; *iem de hand ~* shake (*krachtiger:* pump) a p.'s hand, shake hands with a p., *(krachtig, fam)* pump-handle [a p.]; *elkaar de hand ~* shake hands; *de vinger ~ tegen* shake (*of:* wag) one's finger at; *de vuist ~ tegen* shake one's fist at; ***zich*** *~* shake o.s., give o.s. a shake; *~ van het lachen* shake (be convulsed, rock) with laughter; *zie ook* elkaar, innemen, mouw, wakker
schudding shaking, shock, concussion
schudgoot shaker conveyor
schuier brush, (carpet) sweeper
schuieren brush, sweep [a carpet]
schuif **1** *(algem)* slide; *(grendel)* bolt; *(klep)* valve; *(ve sluis)* (sluice) gate; *(ve kachel)* damper; *(ve projector)* slide; *(ve doos)* sliding lid; *(lade)* drawer; *in de ~ stoppen* shelve; *in een ~je plaatsen* pigeonhole; **2** *een ~ geld* heaps (a mint) of money; *zie ook* schuifje
schuifblad **1** *(ve tafel)* extra (*of:* loose) leaf; **2** *(ve bulldozer)* blade
schuifbout sliding bolt
schuifdak *(ve auto)* sunroof, sunshine (*of:* sliding) roof
schuifdeksel sliding lid
schuifdeur sliding door(s)

schuifdop slip-on cap
schuifelen shuffle, shamble; *(ve slang)* hiss
schuifje *(theat)* act; *(fig)* portion, instalment; *in ~s* in driblets; *zie* schuif
schuifklep slide-valve
schuifknoop slip-knot
schuifladder extension ladder
schuiflade drawer
schuifmaat 1 marking gauge; **2** vernier calliper gauge
schuifpui sliding sun-lounge doors
schuifraam *(verticaal)* sash window, *(horizontaal)* sliding (sash) window
schuifspanning shear(ing strain), shear(ing) stress
schuiftafel extending (extension) table
schuiftrompet trombone; *(hist)* slide trumpet
schuifvenster *zie* schuifraam
schuifwand sliding wall, *(vouw~)* accordion wall
schuiladres 1 secret address; **2** false address
schuilen take shelter, shelter [*voor de regen* from the rain]; *(zich verbergen)* hide (o.s.); *daar schuilt iets achter* there is s.t. behind it; *daar schuilt meer achter* there is more behind it than meets the eye; *het gevaar dat in monopolies schuilt* the danger that lurks in monopolies; *daar schuilt de moeilijkheid* that is where the difficulty lies
schuilevinkje *(spelen)* (play at) hide and seek
schuilgaan *(vd zon, enz)* go in (behind the clouds), hide (itself)
schuilhoek hiding place; *de binnenste ~en van het hart* the inmost recesses of ...
schuilhokje [bus] shelter
schuilhouden: *zich ~* be in hiding, keep close, lie low, *(fam)* lie doggo
schuilhut [mountain] hut; *(voor jacht, enz)* hide, *(Am)* blind
schuilkelder underground (air-raid) shelter
schuilkerk clandestine church
schuilnaam pen-name, pseudonym
schuilplaats hiding place, place of concealment, shelter, hideout; asylum, retreat, refuge; *(fam)* hidey-hole; *een ~ verlenen* shelter, harbour [a spy]; *een ~ zoeken* take shelter [*tegen* from], *(bij zijn vijanden)* take refuge [with one's enemies], *(in een heilig gebouw)* take sanctuary; *de vos kwam uit zijn ~* the fox broke cover
schuim 1 *(op golven, om bek van paard, enz)* foam; *(op bier, enz)* froth; *(v zeep)* lather; *(op soep, enz)* scum; *met ~ bedekte golven* foam-crested waves; *vgl* schuimbekken; **2** *(v metalen)* dross; **3** *(fig)* scum, dregs [of the nation], off-scourings [of the earth]
schuimachtig foamy, frothy
schuimbeestje froghopper
schuimbekken foam at the mouth; *~ van woede, (ook)* fume with anger
schuimblaasje bubble; pearl [of wine]
schuimblusser foam extinguisher
schuimdiertje froghopper
schuimen foam; froth; lather, *vgl* schuim; *(v wijn)* sparkle, bead; *(klaplopen)* sponge; *(af~)* skim [metals, soup]; *op zee ~* scour the seas
schuimend, schuimig foamy, frothy
schuimkop crest [of the waves]; *~pen* white caps
schuimkraag head
schuimlepel skimmer
schuimpje meringue
schuimplastic foam plastic
schuimrubber foam rubber
schuimspaan skimmer
schuimversteviger mousse
schuimwijn sparkling wine
schuin I *bn* **1** slanting, sloping, oblique; *~e rand* bevel(led) edge; *~e tanden, (techn)* chamfered teeth; *~e zijde, (ve driehoek)* hypotenuse; *zie ook* scheef; **2** *(fig)* risqué, obscene, smutty, dirty [joke]; **II** *bw* slantingly, etc, aslant, awry; *~ gedrukt* in italics, italicized; *~ houden* slope, slant, tilt [a bottle]; *~ knippen* cut [material] on the bias; *~ kijken* look askance *(ook fig)*, look out of the corner of one's eye [*naar* at]; *~ oversteken* cross diagonally (at an oblique angle); *~ tegenover* diagonally opposite, [he lives] nearly opposite [to us]
schuinbalk *(her)* bend
schuinen bevel, chamfer
schuinheid obliqueness, etc
schuins *zie* schuin
schuinschrift sloping (slanting) writing (*of:* script)
schuinsmarcheerder loose liver, debauchee
schuinte slope, acclivity
schuit boat, barge; *oude ~* old (sea-)tub; *~en van schoenen* beetle-crushers; *zie ook* schuitje
schuitenhuis boathouse
schuitenmaker boatbuilder
schuitenvoerder bargeman, bargemaster, bargee
schuithoed shovel hat; *(ve vrouw)* poke(-bonnet)
schuitje 1 (little) boat; car, basket [of a balloon]; *wij varen in hetzelfde ~* we are all in the same boat; *wie in het ~ zit, moet meevaren* in for a penny, in for a pound; *we zijn in het ~ en moeten mee* we are in for it now; **2** pig [of tin]; **3** *(weverij)* shuttle
schuitjevaren (go out) boating
schuitvormig boat-shaped; navicular
schuiven push, shove; slip [a ring on one's finger]; *(ve deur, over de vloer)* drag; *(sl: opleveren)* pay; *wat schuift (me) dat?* what's in it for me?; *iem opzij~, (ook)* brush a p. aside; *in elkaar ~, zie* ineenschuiven; *hij schoof het (de schuld) op mij* he put it on me, put (laid, fastened) the blame on me; *de verantwoordelijkheid op een ander ~* throw the responsibility (up)on another, saddle another with it; *bij het vuur ~* draw up to the fire; *hij schoof dichter bij* he edged up (to me); *zitten te ~* fidget (shift, move uneasily) [in one's seat]; ***gaan*** *~* clear out, abscond; *de lading gaat ~* the cargo is shifting; ***laat*** *hem maar ~* he can look after himself all right; *zie ook* afschuiven, grendel, hals, opium, schoen, enz
schuivenmotor sleeve-valve motor

schuiver 1 *(ve auto)* skid; *een ~ maken* give a lurch; **2** *(sp)* low drive (strike); **3** (opium) smoker

schuld 1 *(te betalen ~)* debt [have debts]; *Ned werkelijke ~, (vglb)* Dutch consols; *~en, (passiva)* liabilities; *het totaal van zijn ~en bedroeg ..., (ook)* his total indebtedness was ...; *ik heb geen cent ~* I haven't a penny owing; *~en* ***maken*** contract (make, incur, run up) debts; *geen ~(en) maken* keep out of (clear of) debt; *bij iem* ***in*** *de ~ staan* be in a p.'s debt; *bij iedereen in de ~ staan* owe money right and left; *in de ~en raken, zich in de ~(en) steken* run into debt; *(diep) in de ~(en) zitten* be (deeply) in debt; *zie ook* oor; ***uit*** *de ~ raken* get out of debt; **2** *(fout, enz)* guilt [*aan* of], fault; (moral) culpability; *~* ***bekennen*** confess one's guilt, plead guilty; *hij* ***droeg*** *de ~,* ***had*** *~, het* ***was*** *zijn ~* it was his fault, he was at fault (*of:* to blame); *wie* ***draagt*** *de ~?* who is to blame?; *de hoge belastingen dragen de ~ van de slechte resultaten* high taxation is responsible for the bad results; *het is alles jouw ~* it's all your doing; ***eigen*** *~, dikke bult* you brought it (up)on yourself; *het was zijn eigen ~, (ook)* he had himself to blame; *hij* ***gaf*** *er mij de ~ van* he put (laid) the blame on me, blamed it on me; *hij gaf mij de ~ van het ongeluk* he blamed me for the ...; *~* ***hebben*** *aan iets* be to blame for (be guilty of) s.t.; *uitmaken wie ~ heeft* fix the blame; *ik* ***kreeg*** *er de ~ van* it was laid at my door, I was blamed for it; ***vergeef*** *ons onze ~en, (Book of Common Prayer)* forgive us our trespasses; ***buiten*** *mijn ~* through no fault of mine (of my own); *dat is buiten mijn ~ (gebeurd)* that's not my fault; *dood* ***door*** *~* culpable (unlawful) homicide; *door eigen ~* through one's own fault; *zie ook* schuiven, treffen, vrijspreken, enz

schuldbekentenis 1 confession (admission) of guilt; **2** IOU (I owe you), bond

schuldbelijdenis confession of guilt

schuldbesef consciousness (sense) of guilt

schuldbewijs IOU (I owe you), bond

schuldbewust conscious of guilt; guilty [look, smile; smile guiltily], [look] chastened

schuldbrief debenture

schulddelging debt redemption

schuldeiser(es) creditor

schuldeloos guiltless, innocent, blameless

schuldenaar, schuldenares debtor

schuldenland debtor country

schuldenlast burden of debt, indebtedness

schuldgevoel sense (feeling) of guilt

schuldig guilty [*aan een misdrijf* of a ...], culpable; *uw ~e plicht* your bounden duty; *~ zijn, a)* be guilty; *b)* owe [money, etc; how much do I owe you?]; *3 weken (kostgeld, enz) ~ zijn* owe for three weeks; *iem geld (dank, zijn leven) ~ zijn* owe a p. money (thanks, one's life); *zie ook* dank; *men is mij £1000 ~* I am owed £1000; *hij werd ~* ***bevonden*** he was found guilty (was convicted) [*aan dat misdrijf* of that ...]; *het antwoord ~* ***blijven,*** *a)* give (make, return) no answer; *b)* have no answer; *het antwoord niet ~ blijven* have an answer ready; *hij zal je het antwoord niet ~ blijven* he will not fail to give you an answer; he will have an answer ready for you; *ik blijf u 20 euro ~* I remain twenty euros in your debt, I'll owe you ...; *zich ~* ***maken*** *aan* be guilty of, commit; *zich ~* ***verklaren*** plead guilty [*aan* of]; *de gevangene werd (door de jury) ~ verklaard* the ... was convicted; *de jury sprak het ~ uit* the ... brought in their verdict of guilty

schuldige [the] culprit, offender, guilty party; *zie ook* verschuldigd, enz

schuldinvordering recovery (collection) of a debt

schuldvergelijking compensation, set-off

schuldvordering 1 claim; **2** debt collection

schuldvraag question of guilt

schulp shell; *in zijn ~ kruipen* draw in one's horns, climb down

schulpen scallop

schulplijn scalloped line

schulpzaag large frame-saw

schunnig 1 shabby [treat a p. shabbily], mean, scurvy [trick], shady; *in een ~ zaakje betrokken* mixed up in a shady affair; **2** scurrilous [language]; **3** *zie* sjofel

schuren scour [pots and pans]; scrub [the floor]; *(met schuurpapier)* sandpaper; graze [one's skin]; rub [against a wall], scrape [against (along) a wall]; *over het zand ~* grate over the sand; *zie ook* uitschuren

schurft *(ve mens)* itch, scabies; *(ve schaap)* scabies, scab; *(ve paard, hond)* mange; *(plantk)* scab; *de ~ aan iem hebben* hate a p.'s guts; *de ~ in hebben* be riled

schurftig scabby, mangy; *zie ook* schaap

schurftvis scald-fish

schurftziekte scab

schuring rubbing, friction; *zie ook* uitschuring

schuringsgeluid continuant, fricative

schurk scoundrel, rascal, knave, villain, blackguard; *(fam)* baddie

schurkachtig scoundrelly; knavish, villainous, rascally

schurkachtigheid villainy, rascality, roguery

schurken *ww* writhe, wriggle; *zich ~* rub o.s. [*tegen* against], shake o.s.

schurkenstaat bandit state

schurkenstreek, schurkerij knavish trick, knavery, (piece of) villainy

schut 1 *(scherm)* screen; *(schutting)* fence; *(schot)* partition; **2** *voor ~ lopen (staan)* look idiotic, look a fool; *iem voor ~ zetten* make a p. look a fool

schutblaadje *(ve plant)* bractlet

schutblad 1 *(in boek)* endpaper; *(tegen het bord geplakt)* pastedown; *(vrij)* flyleaf; **2** *(ve plant)* bract

schutdak penthouse (roof)

schutdeur lockgate, floodgate

schutgeld *(voor vee)* poundage; *(voor schip)* lockage

schutkleur(en) *(biol)* protective colouring

schutkolk lock chamber
schutmeester 1 *(ve schutstal)* pound-keeper; **2** *(ve sluis)* lock-keeper
schutsel partition; fence
schutsengel guardian angel
schutsheer patron
schutsheilige *zie* schutspatroon
schutsluis lift-lock
schutspatroon patron (*of:* titular) saint
schutstal pound
schutsvrouw patroness
schutten 1 *(vee)* pound; **2** *(water)* dam up; **3** *(schip)* lock (through); **4** protect; *zie* beschutten
schutter *(ook sp)* marksman, shot; *de S~, (in dierenriem)* Sagittarius, the Archer; *(lid van schutterij, hist)* citizen soldier; *een rare ~* a queer fish; *(onhandige) ~* clumsy fool
schutteren behave (act) clumsily
schutterig awkward, clumsy
schutterij 1 rifle club; **2** *(hist)* civic guard
schuttersdoelen shooting range
schutterskoning champion shot
schuttersmaaltijd: *de S~* the Banquet of the Civic Guard
schuttersputje foxhole
schuttersstuk group portrait of civic guards
schutting fence; *(tijdelijk)* hoarding
schuttingtaal obscene language
schuttingwoorden dirty words, four-letter words, graffiti
schuur shed; *(ve boerderij)* barn
schuurband sanding belt
schuurblok sanding block
schuurborstel scrubbing-, cleaning-brush
schuurdeur barn-door
schuurkatoen, schuurlinnen emery cloth, abrasive cloth
schuurmachine sander
schuurmiddel abrasive
schuurpapier emery (abrasive) paper, sand-, glass-paper
schuurpoeder scouring powder
schuurschijf sanding disc
schuurspons scourer
schuw 1 shy, bashful, timid, timorous; *~e blik, (ook)* hunted look; *zie ook* schichtig; **2** *(fam)* terrible; *~ vervelend* bloody tiresome
schuwen shun, fight shy of, shrink from, *(lit)* eschew; *zie ook* pest
schuwheid shyness, etc, timidity
schuwlelijk (as) ugly as sin
schwalbe dive; *~s worden een probleem* diving is becoming ...
schwung verve, go
sciëntisme scientism
sciëntologie scientology
Scillyeilanden Scilly Isles, Scillies; *(bewoner) van de ~* Scillonian
sclerose sclerosis
scooter (motor) scooter
scorebord *(sp)* scoreboard
scoren score; *(de score bijhouden, ook)* keep (the) score
scout(en) scout
scouting, scoutisme scouting
scriba secretary
scribent writer; *(ong)* scribbler
scriptie *(univ, vglb)* (extended) essay, dissertation, *(Am)* term paper
scriptorium scriptorium
scrofuleus scrofulous
scrofulose scrofula
scrotum scrotum
scrupel scruple
scrupule scruple, qualm
scrupuleus scrupulous, conscientious; *al te ~* over-scrupulous, squeamish
sculpteur sculptor
sculpturaal sculptural
sculptuur sculpture
Scylla: *tussen ~ en Charybdis* between Scylla and Charybdis, between the devil and the deep (blue) sea
Scyth Scythian
Scythië Scythia
Scythisch Scythian
seance seance, séance, meeting, sitting
sec 1 *(in kaartspel)* unguarded, bare; **2** *(v wijn)* dry; **3** *(onvermengd)* neat; **4** *(enkel)* just [Peter]
secans secant
seceren perform an autopsy (on)
seclusie exclusion (from the succession)
secondair *zie* secundair
secondant(e) *(boksen, duel)* second
seconde, seconderen second
secondewijzer second(s) hand
secreet 1 secretion; **2** *(stuk) ~* dirty swine; **3** *(volkst)* bog, shithouse; *(hist)* privy
secreta *(r-k)* secret, secreta
secretaire secretaire, escritoire, secretary
secretaresse (lady, woman, girl) secretary
secretariaat 1 *(ambt)* secretaryship; **2** *(bureau)* office, *(ve groot lichaam)* secretariat
secretarie (municipal) administrative office
secretarieel secretarial
secretaris secretary *(ook de vogel); (gemeente~, vglb)* Chief Executive; *van een ~* secretarial [work]
secretaris-generaal 1 permanent under-secretary; **2** secretary-general [of the United Nations Organization]
secretaris-penningmeester secretary and treasurer; *(ve parochie)* vestry clerk
secretarisvogel secretary bird
secretie secretion
sectie 1 *(ve lijk)* dissection; *(forensisch)* post-mortem (examination), autopsy; *~ verrichten* make

(carry out, conduct) a post-mortem; **2** *(v kantoor, spoor, weg; Am ook v wijk)* section; *(vervoer)* (fare) stage; **3** *(onderwijs, bedrijf)* department; **4** *(parl)* (sessional) committee; **5** *(mil)* platoon *(niet: section)*
sectiecommandant platoon commander, platoon leader
sector [circle, private, public, social] sector
seculair secular; *(niet-kerkelijk, ook)* temporal
secularisatie secularization
seculariseren secularize
seculier secular; *~en* secular clergy, seculars
secunda *(wissel)* second (of exchange)
secundair secondary [interest, colours, education]; *~e arbeidsvoorwaarden* fringe benefits; *S~, (geol)* Mesozoic (era)
secundo secondly, in the second place
securiteit 1 *(veiligheid)* security; *voor alle ~* to be quite sure, to be on the safe side; **2** *(nauwkeurigheid)* accuracy, precision
secuur 1 accurate, precise, exact, scrupulous; *een ~ werkje* a precision job; **2** *(veilig)* safe, secure; **3** *(stellig:) ik weet het ~* I'm positive; *hij doet het ~ niet* he certainly won't do it
sedan sedan, saloon (car)
sedatief, sedativum sedative
sedecimo sixteenmo, 16mo
sedentair sedentary
sederen sedate
sedert I *vz* **1** *(tijdpunt)* since [the twelfth of May]; **2** *(tijdruimte)* for; *~ enige tijd* for some time past; *~ 2 jaar* for the last two years, for two years (past), these two years; *~ lang* [I have not seen you] for a long time; **II** *bw* [I have not seen him] since; **III** *vw* since [he has been well since he came]
sedertdien since (then)
sediment(air) sediment(ary)
sedimentatie sedimentation
sedum *(plant)* sedum, stonecrop
s.e. et o. E & OE (errors and omissions excepted)
seffens at once
segment, segmenteren segment
segregatie segregation
segrijn shagreen [leather]
seigneur *zie* grand seigneur
sein signal; *~en geven* make signals; *het ~ van vertrek geven* give the signal to start (the starting signal); *iem een ~tje geven* warn a p., give a p. a hint; *zie ook* onveilig & veilig
seinboek signal-book, [international] signals code
seinen signal; *(telegraferen)* telegraph, wire, cable
seinhuis(je) signal box
seinlamp, seinlantaarn signal (*of:* flashing) lamp
seinpaal semaphore
seinpost signal station; *(trein)* signal box
seinsleutel *(telec)* morse key
seinstoring signal failure
seintoestel signalling apparatus
seinvlag signal flag, code flag
seinwachter signalman
seismisch seismic
seismograaf seismograph
seismogram seismogram
seismologie seismology
seismometer seismometer
seizen *(mar)* seize
seizing seizing, gasket
seizoen [high, low, slack] season; *(attr: ~gebonden)* seasonal [articles, offer, trades, (un)employment, work(er)]; *midden in (buiten) het ~* at the height of the (out of) season; *half ~* shoulder (season)
seizoenkaart season (ticket)
seizoenopruiming end-of-season (after-season) sale(s)
séjour stay, sojourn
seks sex [appeal, bomb, change, object, etc]
seksartikel sex aid
sekse sex; gender [the male and female gender; gender differentiation]; *de schone ~* the (fair) sex
seksegenoot person of the same sex
sekseloos sexless
seksen sex [day-old chicks]
sekseneutraal non-sexist, not gender-specific
seksisme sexism
seksist(e) sexist
seksistisch sexist
sekslingerie sexy lingerie
sekspoes sex kitten
seksualiteit sexuality
seksueel sexual [activity, contact, harassment, relationship], sex [education, life, problems]; *~ neutraal* inclusive [language]
seksuoloog sexologist
sektariër, sektaris, sektarisch sectarian
sektarisme sectarianism
sekte sect, denomination
sektegeest sectarianism
sekwester 1 *(pers)* sequestrator; **2** *(beslag)* sequestration
sekwestratie sequestration
sekwestreren sequestrate, sequester
selder(ie), selderij *(blad~)* celery; *(knol~)* celeriac
selderijknol celeriac
selderijloof celery leaves
select select
selecteren select, pick [for the team]; *zorgvuldig geselecteerd* handpicked [audience]
selectie selection [committee, criterion, match; a large selection of cheeses]; *(sp, ook)* squad [the team will be chosen from a squad of 16, the Olympic squad]
selectief selective
selectietheorie theory of natural selection
selectiviteit selectivity
seleen, selenium selenium
selenografie selenography

sellerie *zie* selderie
Sem Shem
semafoon b(l)eeper
semafoor semaphore
semanteem sememe, semanteme
semantiek semantics
semantisch semantic
semasiologie semasiology
semasiologisch semasiological
semester semester *(in Am, Dui, enz, niet in Eng),* six months, (college) half(-year)
semi-arts medical student having passed last examination but one
semi-bungalow bungalow (with attic room(s))
semi-direct: *~e rede* free indirect speech; *~e (trein)* fast train
Semiet Semite
semi-finale semi-final(s), *(fam)* semi
semina(a)r *(univ)* research class, seminar
seminarie seminary; *groot (klein) ~* major (minor) seminary
seminarist seminarist
seminarium *zie* seminar & seminarie
semiologie, semiotica, semiotiek semiotics, semiology
semi-overheidsbedrijf semi-state-controlled company
semi-overheidsinstelling semi-public body, quango
semi-permanent semipermanent
semi-permeabel semipermeable
semi-prof semi-pro
Semitisch Semitic
semitist semitist
semitistiek Semitics
senaat senate; *academische ~, (ook)* university board; *(ve studentencorps, vglb)* club committee, Officers of the Students' Union
senang comfortable
senator senator
seneblad *(plant)* senna; *~en* senna
Senegambië Senegambia
seneplant senna
seniel senile; *~e aftakeling* senile decay
seniliteit senility, dotage
senior I *bn* senior; *(v broers op school)* [Brown] major; **II** *zn* senior citizen
seniorenconvent standing committee (of parliamentary party leaders)
seniorenpas senior citizen's identity card
seniorenwoning house (flat, etc) for the elderly
senna senna
sensatie sensation, thrill [yachting thrills]; *(in sam vaak)* sensational [film, lawsuit]; *~ (ver)wekken* cause (create) a sensation (stir, flutter), *(fam)* make a splash; *een (onprettige) ~ veroorzaken* drop a bombshell
sensatieblad *(krant)* tabloid
sensatiepers gutter (sensational, tabloid) press; *(vglb)* the tabloids
sensatiestuk thriller, hair-raiser
sensatietelevisie tabloid TV
sensatiezoeker sensation monger (seeker), sensationalist
sensatiezucht sensationalism
sensationeel sensational [story]
sensibel sensible
sensibiliseren sensitize
sensibiliteit sensibility
sensitief sensitive
sensitiviteit (hyper)sensitivity
sensomotorisch sensorimotor
sensor sensor
sensualisme sensualism
sensualiteit sensuality
sensueel sensual
sententie sentence
sententieus sententious
sentiment sentiment
sentimentaliteit sentimentality, *(fam)* slush
sentimenteel sentimental, mawkish, *(fam)* sloppy; *~ gedoe (geschrijf, enz), (fam)* sob-stuff; *verschrikkelijk ~ boek, toneelstuk, enz, (fam)* tear-jerker; *~ doen over* sentimentalize about, over
separaat I *bn* separate; *(onder) ~ (couvert) zenden* send separately (under separate cover); **II** *zn* separate, offprint
separatie separation
separatisme separatism
separatist separatist
separatistisch separatist [movement]
separator separator
separeren separate; *gesepareerd, zie ook* gesepareerd
sepia 1 *(kleur)* sepia; **2** *(inktvis)* cuttlefish
sepiabeen cuttle(fish) bone
seponeren dismiss [a charge]
sepot dismissal
september September
septennaal septennial
septennaat septennate
septet septet
septiem, septime 1 *(interval)* seventh; **2** *(toon)* seventh degree
septimeakkoord (chord of the) seventh
septisch septic (*bw:* -ally)
Septuagesima Septuagesima
Septuagint(a) Septuagint
sepulcraal sepulchral
sequeel sequel; adjunct
sequens *zie* sequentie
sequent sequential
sequentie *(r-k, film)* sequence
SER afk van *Sociaal-economische Raad* Social and Economic Council
seraf(ijn) seraph (*mv ook:* -phim)
serafijns seraphic(al)
serail seraglio

sereen serene
serenade serenade; *een ~ brengen* serenade [a p.]
serendipisme, serendipiteit serendipity
sereniteit serenity
serge serge
sergeant 1 sergeant, serjeant; **2** *(werktuig)* handscrew
sergeant-instructeur drill sergeant
sergeant-majoor sergeant major
sergeantsstrepen 1 sergeant's stripes (*of:* chevrons); **2** *(op wegdek)* chevrons
serie series *(ook mv); (klein, ook)* batch; *(bilj)* [make a] break; *(sp)* heat; *in ~ vervaardigd* quantity-produced [furniture]; *(attr ook)* serial [murderer, number, rapist]
serieel serial
serieletter *(ve bankbiljet)* serial (*of:* index) letter
seriemotor series motor
serieproductie quantity (*klein:* batch) production
serieschakeling series connection
serieus serious
sérieux: *au ~* [take] seriously
sering lilac
seringenboom lilac (tree)
sermoen 1 *(preek)* sermon; **2** *(vermaning)* lecture
serologie serology
serologisch serological
seroloog serologist
seronegatief seronegative
seropositief seropositive
serpeling *(vis)* dace
serpent 1 *(slang & blaasinstrument)* serpent; **2** *(vrouw)* shrew, virago; **3** *(mispunt)* rotter, stinker, beast
serpentijn *(bn, & zn: ~steen)* serpentine
serpentine (paper) streamer
serre 1 *(vglb)* sun lounge, sun room; *(planten~)* conservatory; **2** *(kas)* green-, hothouse
serum serum (*mv ook:* -ra)
Servaas Gervase
serval serval
serveerboy dumb waiter; tea trolley
serveerlepel tablespoon
serveerster waitress
serveervak *(tennis)* service court, *(volleybal)* service area
serveerwagen serving trolley
serveren *(ook sp)* serve
servet (table) napkin, serviette; *tussen ~ en tafellaken* at the awkward age; *~je, (slabbetje)* bib
servetring napkin ring, serviette ring
serveuse 1 waitress; **2** shopgirl, shop assistant
service 1 service; *(sp ook)* serve; **2** *(fooi)* service charge
servicebeurt: *een ~ geven* service [a car]
Servië Serbia
serviel servile, slavish
Serviër Serb(ian)
servies 1 teaset; **2** dinner service
serviesgoed crockery
serviliteit servility
Servisch Serbian; *(in sam)* Serbo-
servituut 1 easement, charge [on an estate]; **2** ceremony; pomposity
servo servo, servomotor, servomechanism, servo unit
Servo-Kroatisch Serbo-Croat(ian)
sesam sesame [seed]; *~, open u!* open sesame!
sesambeentje sesamoid (bone)
sessie session, sitting
sessiel sessile
set set
settelen settle
setter setter
Sexagesima Sexagesima
sext *(muz)* sixth
sextant sextant
sexten *(r-k)* sext
sextet sextet
sextool sextole(t), sextuplet
Seychellen: *de ~* the Seychelles
sfeer sphere, ambience; *(fig ook)* province, domain; *er heerste een onaangename ~* there was an unpleasant atmosphere; *[het was een klein restaurant, maar] het had ~* it had character; *een romantische ~* an air of romance; *binnen de communistische ~ getrokken worden* be drawn into the Communist orbit; *buiten mijn ~* out of my sphere (province, domain); *in hoger sferen, (fig)* in the clouds
sfeerbepalend setting the tone
sfeerloos characterless
sfeerverlichting atmospheric lighting
sfeervol pleasant; *een ~ restaurant* a ... with atmosphere
sferisch spherical
sferoïdaal spheroidal
sferoïde spheroid
sfincter sphincter
sfinx sphinx; *(vlinder ook)* hawkmoth
sfragistiek sphragistics, sigillography
s.g. afk van **1** *soortelijk gewicht* sg (specific gravity); **2** *zie* scholengemeenschap
's-Gravenhage The Hague
shag shag; *zie ook* sjekkie
shakespeareaans Shakespearean, Shakespearian
shamponeren, shampooën shampoo
sharia sharia(h)
sharonfruit, sharonvrucht sharon fruit, persimmon, kaki
sheltie sheltie, Shetland sheepdog
sherpa Sherpa
sherry sherry
shetland Shetland wool
Shetlander *(pers)* Shetlander; *(pony)* Shetland pony, sheltie
shintoïsme Shintoism
shoarma grilled meat; *broodje ~, (vglb)* doner kebab

showbink, showpik swaggerer
Siamees *bn & zn* Siamese *(ook mv)*
Siberië Siberia
Siberiër, Siberisch Siberian; *het laat me -risch* it leaves me cold
sibille sibyl
sibillijns sibylline
siccatief siccative
Siciliaan(s) Sicilian
Sicilië Sicily
sidderaal electric eel
sidderen tremble [*van angst* with fear], shake, quake, shudder
siddering shudder, trembling
sidderrog electric ray, torpedo
sideraal *(licht)* sidereal
siderisch *(jaar)* sidereal
siepelen, sieperen *zie* sijpelen
sier ornament; *goede ~ maken* live it up, cut a dash, (*met andermans werk, enz:* make a splash with ..., flaunt ...)
sieraad ornament; *hij is een ~ der balie* he adorns (is an ornament of) the Bar; *haar sieraden* her trinkets
sierbeplanting ornamental planting
sierboom ornamental tree
sierduif fancy pigeon
sieren adorn, decorate, ornament, embellish, grace [graced by every virtue]; *dat zou hem ~* that would be to his credit
siergewas ornamental plant
sierheester ornamental shrub
sierkunst decoration, decorative art
sierkussen scatter cushion
sierletter ornamental letter
sierlijk elegant, graceful
sierlijkheid elegance, gracefulness
sierplant ornamental plant
siersteek ornamental stitch
siersteen 1 facing-brick; **2** semi-precious stone
siertuin ornamental garden
siësta siesta, nap
sifon siphon
sigaar cigar; *de ~ zijn, (fam)* have had it, *(Br ook)* be for it; *~ uit eigen doos, a)* present one has paid for o.s.; *b)* tit for tat
sigaarvormig cigar-shaped
sigarenbandje cigar band
sigarenboortje cigar piercer
sigarenfabriek cigar factory
sigarenhandelaar tobacconist
sigarenkistje cigar box; *~s, (schoenen)* beetle-crushers, clodhoppers
sigarenknipper cigar cutter
sigarenkoker cigar case
sigarenpijpje cigar holder
sigarenwinkel tobacconist's (shop), cigar shop
sigaret cigarette, *(fam)* cig, *(sl)* fag, *(goedkoop)* gasper
sigarettenkoker cigarette case
sigarettenpijpje cigarette holder
sigarettenvloei cigarette paper
sigillografie sigillography, sphragistics
signaal signal; *(op hoorn)* call; *een ~ met de hoorn geven* sound the horn; *zie ook* sein & inrukken
signaal-ruisverhouding signal-to-noise ratio
signalement (personal, police) description; *(Am)* signalment
signaleren *(de aandacht vestigen op)* point out, draw attention to, signal(ize); *(opmerken)* notice, see; *(vermelden)* mention; *(beschrijven)* describe
signaleringssysteem monitoring system
signalisatie road marking (and signposting)
signatuur signature *(ook typ & hist med)*; *(bibliotheek~)* pressmark, shelf mark, *(systematisch)* class mark; *van geheel andere ~* of a totally different nature (character, *(pol)* persuasion)
signeren sign [a painting], autograph [copies of one's book]
significa significs, semantics
significant significant
significh semantic
sijpelen ooze, trickle, seep, filter, percolate
sijpeling oozing, percolation, seepage
sijs(je) siskin; *zie ook* raar
sijsjeslijmer *(fam)* slowcoach
sik *(geit)* goat; *(baard ve geit)* goat's beard; *(ve man)* goatee (beard)
sikkel 1 reaping hook, [hammer and] sickle; *(maan~)* crescent, sickle; **2** *(munt & gewicht)* shekel
sikkelcel sickle cell [anaemia]
sikkelvormig sickle-shaped, falcate
sikkeneurig querulous, peevish, testy
sikkepit(je) bit; *geen ~* not the least bit, not a shred [of good], not one jot
sikker *(sl)* boozed, tight
silene *(plant)* silene, catchfly, campion
silex flint [implement]
Silezië Silesia
Sileziër, Silezisch Silesian
silhouet, silhouetteren silhouette
silicaat silicate
silicium silicon
siliconen silicones
silicose silicosis
silo *(voederkuil & mil)* silo; *(graanpakhuis)* (grain) elevator, grain warehouse; *(fig)* multi-storey office (flat) building
Siluriër, silurisch, Siluur Silurian
Silvesteravond New Year's Eve
sim 1 angling line; *(dobber)* float; *onder de ~ hebben* hold [a p.] under one's thumb; **2** monkey
simili *zn & bn* paste
similidiamant paste (diamond)
similigoud similor
simillieer imitation leather
simmen whine, whimper

simonie simony
simpel 1 simple, mere; homespun [remedies, philosophy]; *zo ~ is dat* it's as simple as that; **2** *(onnozel)* silly
simpelheid simplicity; silliness
simpeltjes, simpelweg simply
simpen whine, whimper
simpliciteit simplicity
simpliciter simply
simplificatie simplification
simplificeren simplify
simplisme simplism
simplistisch simplistic
simsalabim hocus-pocus
Simson Samson
simulant(e) malingerer, shammer
simulatie simulation, malingering
simulator simulator
simuleren simulate, sham, feign [illness], *(ziekte, enz)* malinger; *een inbraak ~* fake a burglary
simultaan simultaneous [exhibition *seance*, game, play; play simultaneously]
simultaanseance simultaneous exhibition
simultaneïteit simultaneity
sinaasappel orange [juice *sap*; peel *schil*]
sinaasappellimonade orange squash, orangeade
Sinaï Sinai
sinas orange drink
sinds *(vanaf, na)* since [the twelfth of May]; *(gedurende)* for [some time past]; *zie verder* sedert
sindsdien (ever) since, since then
sinecure, sinecuur sinecure, soft *(fam:* cushy) job; *houder van ~* sinecurist
sine qua non sine qua non
Singalees Sin(g)halese *(ook mv)*
singel 1 *(gordel)* girdle; *(r-k)* cincture, cingulum; *(ve paard)* girth; *(onder stoel bijv)* web, *(als stof)* webbing; **2** *(gracht)* (defensive) canal (encircling a town); *(wal)* rampart; *(wandelplaats)* boulevard, promenade; *(brand~)* firebreak
singelband webbing
singelen girth [a horse]; web [a chair]
singlet singlet (*als onderkleding Am:* undershirt)
singulier singular, strange, odd
sinister sinister
sinjeur [strange] fellow, [queer] customer
sinjo (male) half-caste, Eurasian
Sinksen Whitsun
sinologie sinology
sinologisch sinological
sinoloog sinologue, sinologist
sinopel *(her)* vert
sint saint, St; *de S~* St Nicholas, Santa (Claus)
sint-andrieskruis St Andrew's cross
sint-antoniusvuur *(gordelroos)* shingles (*vgl* belroos!)
sint-bernard St Bernard (dog)
sinte saint, St
sintel cinder; *~s, (ook)* slag
sintelbaan dirt track, cinder path (track)
sint-elmsvuur St Elmo's fire
sintelpad cinder path (track)
sinteren sinter
sinterklaas: *voor ~ spelen* play Santa (Claus), scatter presents right and left
Sinterklaas St Nicholas; *(vglb)* Santa Claus, Father Christmas
sinterklaas(avond) St Nicholas' Eve
sinterklaasgeschenk *(vglb)* Christmas present
sinterklaaspop gingerbread man
Sint-Jan St John; *(de dag)* Midsummer(day) *(24 juni); ~ de Doper, (r-k)* St John the Baptist
sint-janskruid St John's wort
Sint-Joris St George('s day)
sint-juttemis: *met ~ (als de kalvers op het ijs dansen)* tomorrow come never; *wachten tot ~* wait till the cows come home
Sint-Maarten St Martin; *(11 november)* Martinmas
Sint-Margriet *(20 juli; vglb)* St Swithin('s day) *(15 juli)*
Sint-Nicolaas St Nicholas
Sint-Pieterspenning Peter's pence
sint-teunisbloem evening primrose
sint-vitusdans St Vitus's dance, chorea
sinus sine, sinus
sinusitis sinusitis
sinuslijn, sinusoïde sinusoid, sine curve, sine wave
Sion Zion; *voor afleidingen zie* zion-
sip: *~ kijken* look glum, look blue
Sire your Majesty; *(hist)* Sire; *pauvre sire* poor creature
sirene *(alle bet)* siren
sirenenzang siren song
sirih sirih, betel [chewing]
Sirius Sirius
sirocco sirocco
siroop treacle; syrup; *zie* stroop
sisal sisal [hemp]
sisklank hissing sound, hiss, sibilant
sissen hiss *(ook v slang); (bij het braden)* sizzle, frizzle
sisser 1 *(pers)* hisser; **2** *(vuurwerk)* squib; *met een ~ aflopen* blow over, be a false alarm
sisyfusarbeid Sisyphean labour
sits, sitsen chintz
situatie situation; *onmogelijke ~, (fam)* catch-22
situatief related (to the situation), situational
situatiekaart topographical map
situatieplan plan of site, site plan
situatieschets sketch of the situation
situatietekening topographical drawing
situationeel situational
situeren set [a play in the 16th century]; site [a building on a stream]; situate [a castle situated on a hill; they are well situated]; place; *zich ~* occur, take (a) place, be located
Sixtijns Sistine [chapel]

sjaal shawl, wrap, scarf
sjabbes *(fam)* Sabbath
sjablone *zie* sjabloon
sjabloneren stencil
sjabloon stencil(-plate); *(fig)* stereotype [think in stereoptypes]
sjabrak saddle-cloth; *(versierd)* caparison
sjacheraar(ster) huckster, chafferer, haggler
sjacheren 1 haggle; **2** *zie* scharrelen
sjah shah
sjakes: *zich ~ houden, (sl)* keep mum
sjako shako
sjalo(o)m shalom
sjalot shallot, scallion, eschalot
sjamaan Shaman
sjamanisme Shamanism
sjamberloek dressing gown
sjambok sjambok
sjampie bubbly, champers
Sjanghai Shanghai
sjanker [hard, soft] chancre
sjans: *~ hebben bij* be given the come-on by
sjansen flirt
Sjantoeng shantung
sjap *zn* rough
sjappen mark, blaze [trees]
sjappie 1 whipper-snapper; **2** rough
sjappietouwer rough
sjasliek shashlik
sjees 1 chaise, gig; **2** *(troep)* bunch, crowd
sjeik(dom) sheikh(dom)
sjekel shekel
sjekkie self-rolled cigarette, *(Br)* roll-up
sjerp sash; *(om de hals)* shawl
sjeu *zie* jeu
sjezen 1 run, leg it; tear [across the road]; **2** be ploughed [in an exam]
sjibbolet *zie* schibbolet
sjiek *(fam) zie* chic
sjiiet Shiite, Shiah
sjiitisch Shiitic
sjijk *(fam) zie* chic
sjilpen, sjirpen chirp, cheep
sjoechem, sjoege *(sl)* [have no] notion; *geen ~ geven* keep mum
sjoel synagogue, shul
sjoelbak 1 (game-)board for sliding discs at four gates; **2** the game thus played
sjoel(bakk)en play 'sjoelbak'
sjoemelen cheat [at cards]; *~ met* fiddle [the statistics; with the knob], rig [the election results]
sjofel shabby, scruffy, seedy
sjofeltjes shabbily
sjokken trudge, jog
sjokker trudger, jogger
sjonge! my word!
sjorren 1 *(binden)* lash, seize; **2** *(slepen)* lug
sjorring, sjortouw lashing, lanyard
sjouw 1 *een (hele) ~* a tough job, a stiff proposition, a grind, a fag, uphill work; *aan de ~ zijn* be on the loose, be going the pace (the racket), racket (about); *aan de ~ gaan* go on the loose; **2** *(vlag)* waft; *de vlag in ~ hijsen* hoist a waft
sjouwen I *tr* carry; *(sleuren)* drag, lug; **II** *intr* **1** *(zwaar werken)* toil, drudge, fag; **2** *(rondslenteren)* knock about; *vgl* sjouw 1
sjouwer porter; *(sjouwerman)* dock hand; *(fig)* Trojan
sjwa schwa
skai leathercloth, *(Am vglb)* Naugahyde
skald skald, scald
skalden skaldic [poetry]
skateboard(en) skateboard
skeeler(en) skeeler
skeet skeet
skelet skeleton, *(bk ook)* framework
skeleton skeleton (toboggan)
skelter (go-)kart
skelteren karting
ski ski [-bob, cap, chain, jump, lift, -plane, run, stick, suit, wax; *zie ook* schans-]
skibril skiing goggles
skibroek salopettes
skiën ski(ing)
skiër, *skiester *(Wdl: skister)* skier
skiff (racing) sculler
skiffeur, skiffeuse racing (*of:* single) sculler
skilopen ski(ing)
skiloper skier
skipiste ski run
skippybal bouncing-ball
skischans ski jump
skisok ankle sock
skispringen ski jumping
skistok ski stick (*of:* pole)
sla *(salade)* salad; *(plant & krop)* lettuce
slaaf slave, bondman; *(techn)* slave (unit); *hij is de ~ van zijn hartstochten* he is the slave of (a slave to) his passions; *tot ~ maken* enslave
Slaaf Slav, Slavonian
slaafs I *bw* slavishly; *iem ~ dienen* serve a p. hand and foot; **II** *bn* slavish, servile
slaafsheid slavishness, servility
slaag drubbing, etc; *zie ook* pak; *meer ~ dan eten* [get] more kicks than halfpence; *~s raken* come to blows (to close quarters), close (with the enemy), join battle [*men raakte ~s* battle was joined]; *~s zijn* be at close quarters, be fighting
slaagpercentage pass rate
slaan 1 *(slagen toebrengen)* strike, hit; *(herhaaldelijk)* beat [the drum, time *de maat*]; *(met platte hand)* slap [a p. on the shoulder], bang; *(ranselen)* thrash, flog, whack; *zich door de vijand heen ~* fight (*of:* force) one's way through the enemy; *zie ook* doorheen; *in elkaar ~* beat up, *(sl)* fill in; *de bliksem sloeg in de toren* the tower was struck by lightning;

de regen sloeg me in het gezicht the rain beat in my face; *zie ook* gezicht; *het is hem in het hoofd geslagen* he has a screw loose, is not quite right in his head; ***met** de deur* ~ slam (*of:* bang) the door; *het vee sloeg met de staart* the cattle were swishing their tails; *ze met de koppen tegen elkaar* ~ bang their heads together; ~ ***naar*** strike (hit out) at; ***om** zich heen* ~ lay about one; *een mantel om zich heen* ~ wrap a cloak round one; *sla je armen om mij heen* put your arms round me; *zijn arm was om haar middel geslagen* his arm circled her waist; *iem met iets om de oren* ~, *(fig)* give a p. a rocket about s.t.; *met de vuist* ***op*** *de tafel* ~ strike (*of:* bang) one's fist on the table; *zich op de borst* ~ beat one's breast; *de jas* ***over*** *de schouder* ~ sling (throw) the coat over one's ...; *de armen (benen) over elkaar* ~ cross one's arms (legs); *de golven sloegen over het dek* the ... broke over (swept) the deck; *zijn knieën sloegen* ***tegen*** *elkaar* his knees knocked together; *iem tegen de grond* ~ knock a p. down, floor a p.; *(sp)* lay [one's opponent] out; *met kracht tegen de bal* ~ swipe at (*sl:* slam) the ball; *de vlammen sloegen* ***uit*** *het dak* the ... shot up through the roof; *zie ook* binnen, blindheid, oog, rond IV, vuur, wond, enz; **2** *(vh hart)* beat; *(ve klok)* strike; *zie ook* [2]klok 1 & kwartier; **3** *(ve paard)* kick, *(met kracht)* lash out (*ook:* the shark lashed out with its tail); **4** *(ve zeil)* flap; **5** *(ve vogel)* warble, sing; **6** *(bordsp, enz)* take, capture [a man, a piece]; **7** *(bouwen)* build [a bridge]; *een* ***brug*** ~ *over* throw a bridge over (across) [a river]; **8** *(verslaan)* beat; *geslagen worden met 6 tegen 0* be beaten by six (points) to nil; *de* ***vijand*** ~ beat (defeat) the enemy; **9** *(doelen op)* mean; *dat slaat op mij* that refers to me, is meant for me; *de cijfers* ~ *op het eerste tijdvak* the ... cover the first period; **10** *(door slaan bewerken, enz)* make; *geld* ~ *uit* make money out of; ***munten*** *(een medaille)* ~ strike coins (a medal); *zie ook* munt

slaand: ~*e klok* striking clock; ~ *horloge* chiming watch; ~*e ruzie* [have a] terrible row; *met* ~*e trom* with drums beating; ~ *werk, zie* slagwerk

slaap 1 *(vh hoofd)* temple; **2** sleep; *eerste* ~ first sleep, *(vóór middernacht)* beauty sleep; *de* ~ *des rechtvaardigen slapen* sleep the sleep of the just; ~ ***hebben*** be (feel) sleepy; ~ *in zijn voet hebben, zie* slapen; ~ ***krijgen*** get sleepy; *ik kon de* ~ ***niet vatten*** I could not get to sleep, I couldn't get off; ***door*** ~ *verdrijven* sleep off [one's fatigue]; ***in*** ~ *zijn* be asleep; *zich in* ~ *lezen* read o.s. to sleep; *zich in* ~ *schreien* cry o.s. to sleep; *in* ~ *sussen* lull [a child, one's conscience] asleep; *in* ~ *vallen (raken)* fall asleep, go (drop off, doze off) to sleep, *(fam)* drop off; *vast in* ~ *vallen (zijn)* go (be) fast asleep; *de preek deed me in* ~ *vallen* the ... sent me to sleep; *in* ~ *wiegen, (eig)* rock asleep; *(fig)* put to sleep, lull [a p.('s suspicions)] to sleep; *iem* ***uit*** *de* ~ *houden* keep a p. awake; *niet uit de ogen kunnen kijken van de* ~ be unable to keep one's eyes open

slaapbank sofa bed

slaapbeen temple bone, temporal bone

slaapbol poppy

slaapcoupé sleeping compartment, sleeper (cabin)

slaapdrank sleeping draught

slaapdronken overcome (blind, bemused, heavy) with sleep, drowsy

slaapgelegenheid sleeping accommodation

slaapgoed night things

slaaphuis common lodging house, *(fam)* doss-house

slaapje: *een* ~ *doen* take a nap (*of:* forty winks)

slaapkamer bedroom; *zie ook* slaapkamerameublement & slaapzaal; ~*tje, (in slaapzaal)* cubicle

slaapkamerameublement bedroom suite

slaapkop sleepyhead

slaapkruid *zie* slaapbol & slaapmiddel

slaapliedje lullaby

slaapmiddel sleeping pill (tablet, etc)

slaapmuts 1 nightcap; **2** *zie* slaapkop

slaapmutsje 1 *(drank)* nightcap; **2** *(plantk)* California poppy

slaapogen [doll with] sleeping eyes

slaappak sleeping suit

slaappil sleeping pill

slaapplaats place to sleep; *(concr)* bed, *(schip, trein)* berth [a two-berth sleeper cabin]

slaapsok bedsock

slaapstad dormitory town

slaapstee 1 *zie* bed(stede); **2** *zie* slaaphuis

slaapster sleeper; *de schone* ~ Sleeping Beauty

slaapstoel long chair, rest chair; *(auto, enz)* (fully) reclining seat

slaaptablet sleeping pill

slaapverblijf *(mar)* sleeping quarters

slaapvertrek sleeping apartment, *(vero)* bedchamber

slaapverwekkend *zie* slaapwekkend

slaapwagen, slaapwagon sleeping car, sleeper

slaapwandelaar(ster) sleepwalker, somnambulist

slaapwandelen I *ww* sleepwalk, walk in one's sleep; II *zn* sleepwalking, somnambulism

slaapwekkend soporific, narcotic, somnolent

slaapwerend: ~ *middel* stimulant

slaapzaal dormitory

slaapzak sleeping bag

slaapziekte sleeping sickness; *(Europese* ~, *ook)* sleepy sickness, encephalitis lethargica

slaapzucht lethargy

slaapzuchtig lethargic, comatose

slaatje salad; *er een* ~ *uit slaan* make a good thing out of it

slab bib, feeder

slabak salad bowl

slabakken 1 *(verslappen)* slacken [in one's duties, etc]; **2** *(luieren)* idle, slack; *lopen te* ~ lounge about; **3** *(treuzelen)* dawdle

slabakker slacker

slaboon French (dwarf, green) bean

slacht 1 slaughtering; **2** slaughtered animal(s)

slachtafval garbage
slachtbank slaughtering table; *(meestal fig)* shambles *(mv); naar de ~ leiden* lead to the slaughter
slachtbeest fattener; *(rund ook)* store
slachtbijl butcher's axe
slachtblok slaughtering block
slachtdier fattener; *(rund ook)* store
[1]**slachten** resemble, be like, take after
[2]**slachten** kill, slaughter
slachter slaughterman
slachterij butcher's shop, slaughterhouse
slachthuis slaughterhouse; *openbaar ~, (ook)* abattoir
slachting slaughter, butchery, carnage; *een ~ aanrichten onder* do (great) execution among, slaughter
slachtkip table chicken
slachtmaand November
slachtmasker humane (cattle) killer
slachtmes butcher's knife
slachtoffer victim; *het ~ worden van* fall victim to; *tot ~ maken* make a victim of, victimize
slachtpartij *zie* slachting
slachtplaats slaughterhouse, shambles
slachtvee fatstock, stores, store cattle, beef cattle
slacouvert salad servers
sladood: *lange ~* beanpole
[1]**slag** kind, [Dutch boys are a good] sort, type, class; *mensen van allerlei ~* all sorts and conditions of men; *het is niet voor lui van jouw ~* it's not for the likes of you; *zij zijn van één ~* they are of a piece; *het gewone ~ (van) mensen* the common (general, ordinary, usual) run of people; *niet tot het gewone ~ behoren* be outside the common run
[2]**slag** **1** *(met vuist, hamer, enz)* blow; *(met zweep, touw, enz)* stroke, lash; *(met hand)* blow, cuff, box [on the ears], hit; smack, slap [in the face]; *(ve roeiriem, zuiger, bij zwemmen)* stroke; *vloerpook met korte ~* ... with short travel; *(honkbal)* strike (two strike, one wide); *(~roeier)* stroke; *(v vleugels)* beat stroke; *(v hart, pols)* beat, pulsation; *(ve klok)* stroke; *(muz)* beat; *(vd donder)* clap; *(geweldige ~)* crash; *(knal)* report; *(plof)* thud, thump; *de ~ **aangeven**, (bij roeien)* set the stroke; *een ~ **doen*** strike a blow; *(naar)* hit out at [a p.]; *~ **houden*** keep stroke; *~ in de **lucht*** wild guess, mere guesswork; empty gesture, fruitless attempt; *~ **roeien*** pull (*of:* row) stroke; *zijn ~ **slaan*** make (*of:* score) a hit; *een goede ~ slaan* do a successful bit of business; *een reusachtige ~ slaan, (financieel)* pull (bring) off a big coup, make a killing; *sla nu uw ~* now is your chance; *er een ~ naar slaan* make a random guess, take a shot at it; *de eerste ~ **toebrengen*** get in the first blow; *iem een gemene ~ toebrengen, (ook fig)* hit a p. below the belt; *hij bracht me een ~ op de wang toe, (ook)* he landed a blow on my cheek; *er zullen ~en **vallen*** they will come to blows; *hij zit in de hoek (het hoekje) waar de ~en vallen* he is taking all the knocks; *hij voerde nooit een ~ **uit*** he never did a stroke (of work); *nu **aan** de ~!* get cracking!, get busy!; *aan ~ zijn, (cricket)* have one's innings, be in; ***bij** de eerste ~* at the first blow (stroke); ***met** één ~* at one (a) blow (stroke), at one fell swoop; *zie ook* Frans; ***op** ~* instantly, [become famous] overnight; *op ~ (ge)dood* killed on the spot, killed outright; *hij kon op ~ zeggen ...* he could say off-hand ...; *op ~ komen, (dadelijk)* come at once; *ik kon niet op ~ komen* I could not get my hand in; *~ op ~* blow (up)on blow; *op ~ van vijven* on the stroke of five; ***van** ~ zijn, (ve roeier)* be off one's stroke; *(ve klok)* strike wrong (incorrectly); *van ~ brengen* put [an oarsman] off his stroke; *de roeiers waren van ~, roeiden niet op ~* the crew did not keep time, *(helemaal van ~)* were all to pieces; ***zonder** ~ of stoot* without (striking) a blow, without any resistance; **2** *(ve vogel)* warble, (call)note; *(ve kwartel)* call; **3** *(draai)* turn (*halve, kwart ~* half, quarter turn), revolution; *hij hield een ~ om de arm* he was non-committal, he did not (want to) commit himself; **4** *(mech)* stroke [of a piston *zuiger*], *(afstand)* travel; **5** *(in damspel, enz)* take, capture; *(in kaartspel)* trick; *die ~ is voor jou, (fig)* one up to you; *alle ~en **halen (maken)*** win (make) all the tricks; *de ~ **winnen*** win the trick; **6** *(bij laveren)* board, leg [long (short) legs], tack; *een ~ voorwaarts (achterwaarts), (mar)* a turn ahead (astern); **7** *(aan zweep)* lash; **8** *(veld-, zee~)* battle; *de ~ bij Waterloo* the battle of ...; *~ **leveren*** give battle; *(zich) **uit** de ~ trekken* extract (o.s.) [*zich ..., (ook)* come off well]; *de (veld)~ **weigeren*** refuse battle; *de ~ **winnen*** win (gain) the battle (the day); **9** *(handigheid)* knack; *~ van iets **hebben*** have a (the) knack of (doing) s.t.; *er ~ van hebben om ...* have a knack of ...ing; *ik heb er geen ~ van* I am no (a poor, not much of a) hand at it; *hij heeft **(krijgt)** er de ~ van beet* he has got (is getting) the hang of it; *hij is de ~ ervan **kwijt*** he has lost the knack of it; **10** *(zwaar verlies, enz)* blow [*voor mij* to me]; *een zware (verpletterende) ~* a hard (crushing) blow; *een ~ **toebrengen*** deal (*of:* strike) a blow; *hij bracht hem een zware ~ toe* he struck him a heavy blow; *zie ook* gezicht, molen, enz
slagader artery; *grote (lichaams)~* aorta
slagaderbreuk arterial rupture
slagadergezwel aneurysm
slagaderlijk arterial [blood]; *in ~ bloed veranderen* arterialize [venal blood]
slagaderontsteking arteritis
slagaderopening arteriotomy
slagaderverkalking arteriosclerosis, hardening (of the) arteries
slagaderverwijding aneurysm
slagbal handball
slagbeurt *(sp)* inning(s)
slagboom barrier [*ook fig:* it set up a barrier between them]
slagboor hammer drill

slagdeur wicket
slagdrempel lock sill
slagduif domestic pigeon
slagel beetle, maul
slagen succeed; *(fam)* make the grade; *(voor examen)* pass (an examination); *(voor bevoegdheidsexamen ook)* qualify [*voor* for]; *niet ~, (ook)* be unsuccessful [in one's efforts]; *elders zien te ~* look elsewhere; *erin ~ te ...* succeed in ...ing, manage (contrive) to ...; *er niet in ~ te ..., (ook)* fail to [discover ...]; *erin ~ zich terug te trekken (te ontsnappen)* make good (effect) one's retreat (one's escape); *om de zaak te doen ~* to make the thing a success (make ... take off); *zie ook* geslaagd
slagenteller rev(olution) counter
slagenwisseling rally
slager butcher
slagerij butcher's shop
slagersbijl butcher's axe
slagersblok butcher's (*of:* chopping) block
slagersjongen butcher's boy
slagersknecht butcher's man
slagerswinkel butcher's shop
slagerszaak butcher's (butchery) business
slaggitaar rhythm guitar
slaghoedje percussion cap
slaghout *(sp)* bat
slaginstrument percussion instrument
slagkracht power, *(fam)* punch; *(mil)* striking power
slagkwik fulminate of mercury
slaglinie line of battle
slagman *(honkbal)* batter, *(cricket)* batsman
slagnet clapnet, drop-down net
slagorde order of battle, battle array; *in ~ opstellen* draw up in order of battle
slagpen 1 flight feather; **2** *zie* slagpin
slagperk *(honkbal)* home base
slagpin *(ve geweer)* striker, firing pin
slagregen downpour, driving (pelting, torrential) rain
slagregenen pour with rain, pelt down
slagroeier stroke
slagroom whipped cream; whipping cream
slagschaduw 1 sharply-defined shadow (cast on a light surface); **2** *(kernschaduw)* umbra
slagschip battleship, capital ship
slagtand *(ve hond, wolf)* fang; *(ve olifant, ever)* tusk; *met ~en* fanged, tusked
slaguurwerk striking clock
slagvaardig 1 ready for battle, in good fighting trim, ready for the fray; *(fig ook)* quick at repartee; prepared for quick action, alert, *(fam)* on the ball; **2** resolute [person, policy], decisive [person]
slagvaardigheid alertness, [in a state of] armed readiness; verbal readiness, ready wit; *gebrek aan ~* lack of decision
slagvast impact-resistant
slagveer 1 flight feather; **2** *(ve geweer, enz)* main spring
slagveld battlefield, field of battle
slagvloot battle fleet
slagwapen *(vglb)* blunt instrument
slagwerk *(ve klok)* striking train; *(ve orkest)* percussion (instruments)
slagwerker percussionist
slagwijdte *(elektr)* sparking (striking) distance; *(v vogel)* wingspan
slagwoord slogan
slagzee *zie* stortzee
slagzij *(mar)* list; *(ve vliegt)* bank(ing); *~ hebben* have a list [to port, to starboard]; *~ maken* heel over; *(ve vlieger e.d.)* be lopsided; *(ve vliegt)* bank
slagzin slogan; [write a winning] promotion line
slagzwaard broadsword; *(vd Schotse hooglanders)* claymore
slak 1 *(huisjes~)* snail; *(naakt~)* slug; *hij legt op alle ~ken zout* he is forever criticizing, finds fault with everything; **2** *(pers)* slowcoach, *(Am)* slowpoke; **3** *(v metaal)* slag, scoria (*mv:* -riae); *(fysiologisch)* waste
slakdolf *(vis)* sea snail
slaken 1 *(zucht)* heave, fetch, utter, breathe [a sigh]; *(kreet)* give [a cry, a scream]; **2** *(ketenen)* break [a p.'s chains]
slakkencement slag cement
slakkengang 1 [go, move at a] snail's pace; **2** helical winding
slakkenhuis 1 snail-shell; **2** *(in oor)* cochlea
slakkenlijn spiral, helix, helical line
slakkenmeel ground basic slag
slakkenwol slag wool, lagging
slakom salad bowl
slakrop head of lettuce
slalepel salad server; *~ en -vork* salad-servers
slalom, slalommen slalom
slameur 1 drudgery; **2** trouble, worry; to-do
slamix salad seasoning
slampampen loaf around, hang about
slampamper layabout, good-for-nothing
slang 1 snake, serpent; **2** *(buis)* tube; *(brand-, tuinslang)* hose(pipe); *(ve distilleertoestel)* worm; *(ve fietspomp)* (rubber) connection; **3** *(fig)* serpent, viper; **4** *~(etje), zie* slangenlijn
slangaal snake eel
slangachtig snaky, serpentine
slangen *ww* squiggle
slangenaanbidder snake worshipper
slangenbeet snake bite
slangenbezweerder snake charmer
slangenbloem willowherb
slangenbroed brood of snakes
slangendans snake dance
slangendienst snake worship
Slangendrager: *(astron) de ~* Ophiuchus, the Serpent Bearer
slangengif snake poison, venom
slangenhalsvogel snake bird, darter

slangenhout snakewood
slangenkop, *slangenkruid *(Wdl: slangekruid)* *(plant)* viper's bugloss
slangenkuil snake-pit *(ook fig)*
slangenleer snakeskin [shoes]
slangenlijn wavy line, *(~tje)* squiggle
slangenlook rocambole
slangenmens contortionist
slangenstaf caduceus
slangensteen serpentine, snakestone, ophite
slangentand serpent's tooth
slangentong serpent's tongue; *(plant)* adder's tongue
slangenvel snakeskin, *(afgeworpen)* slough; *(fig)* shrew [of a woman]
slangenverering snake worship
slangenwagen hose tender
***slangenwortel** *(Wdl: slangewortel)* calla (lily)
slanghagedis seps, serpent lizard
slangirrigator enema
slangster brittle-star
slangvormig serpentine
slank slender, slim; *(~ en teer)* slight; *(~ en soepel)* willowy [figure]; *~ en lenig* svelte; *aan de ~e lijn doen* slim
slankaap langur
slankheid slenderness, slimness
slankmaker slimming aid
slaolie salad oil
slap 1 slack [rope, trade, day]; slack, lax [discipline]; soft [nib, collar, hat]; limp [(book)binding, handshake]; flabby [breasts, cheeks, muscles], nerveless [hand], flaccid; *(ve luchtschip)* non-rigid; *~pe (fiets)band* flat (soft) tyre; *mijn band wordt ~* my tyre is going down (getting soft); *het met een ~ handje doen* give it a lick and a promise (of better); *~pe hoed* soft (*of:* squash) hat; *~pe markt* dull market; *~pe politiek* weak-kneed policy; *~ neerhangen* droop, flag; *met ~pe oren* flap-eared, with floppy ears; **2** *(v dranken, enz)* weak [a weak grog], thin [beer]; unsubstantial [food]; low [diet]; *~ aftreksel, (fig)* pale imitation; *~pe koffie* weak (wishy-washy) coffee; **3** *(ve pers)* weak; *(lang en ~)* lanky (weedy) [youth]; *~ gebouwd* loosely-knit [frame *lichaam*]; **4** *(lusteloos)* limp; *(~ en bleek)* lymphatic; *(geestelijk ~)* lax, spineless, wet, weak-willed, weak-kneed; *zo ~ als een vaatdoek* [feel] as weak as water; *ze had de ~pe lach* she was convulsed with laughter, had a fit of giggles; *~ van het lachen* helpless (weak, limp) with laughter; *zie ook* slapjes, Tinus & [1]was 1
slapeloos sleepless; *(ook)* wakeful, white [night]
slapeloosheid sleeplessness, insomnia; *lijder aan ~* insomniac
slapen sleep, be asleep; *slaap, kindje, slaap!, zie* suja; *de dienstbode slaapt (niet) bij ons in huis* the ... sleeps in (sleeps out); ***gaan*** *~* go to sleep, *(naar bed)* go to bed, *(fam)* turn in; *ik ga eerst wat ~* I'll have a sleep (snatch a little sleep) first; *verhaaltje voor het ~ gaan* bedtime story; *ik heb* ***goed*** *(slecht) geslapen* I've had a good (bad) night; *(niet) goed kunnen ~* be a good (bad) sleeper; *zich te ~* ***leggen*** compose o.s. to sleep; *~ als een* ***marmot*** *(een os)* sleep like a log; *~ als een* ***roos*** sleep like a top; *mijn* ***voet*** *slaapt* my foot is asleep, has gone to sleep, is all pins and needles; ***door*** *~ is mijn hoofdpijn overgegaan* I have slept off my headache; *hij zal er wel rustig* ***om*** *~* he'll not lose any sleep over it; *ik zal er eens* ***op*** *(over) ~* I'll sleep (up)on it (over it), take counsel of my pillow; *slaap* ***wel!*** good night!, sleep well!
slapend sleeping, [lie] dormant, [get rich] without effort; *~ talent* undeveloped talent; *zie ook* aandeel, slaap, hond, wijzer
slapenstijd bedtime
slaper 1 sleeper; *(slaapgast)* lodger; **2** *(standaard van maten, enz)* standard; **3** *zie* slaperdijk
slaperdijk back dike, subsidiary dike
slaperig *(ook fig)* sleepy, drowsy
slaperigheid sleepiness, drowsiness, somnolence
slapheid slackness, etc, *vgl* slap; lassitude; laxity [of discipline]
slapie *(mil sl)* room-mate
slapjanus *(fam)* wimp, spineless fellow
slapjes I *bw* slackly; slowly; **II** *bn* slack, dull; *vgl* slap; *hij is erg ~* he is very poorly
slaplant lettuce (plant)
slappeling weakling, spineless fellow
slappen *(vd wind)* abate, subside
slapping *(mar)* old rope
slapte slackness [in business]; *zie ook* slapheid
slasaus salad dressing
slaven slave; drudge, toil (and moil)
Slaven Slavonians, Slavs
slavenarbeid 1 slave labour, slavery, slaves' work; **2** *(fig)* drudgery, *(scherts)* slave labour
slaven(arm)band slave bangle
slavendrijver slave-driver
slavenhaler slaver
slavenhandel(aar) slave trade(r)
slavenjuk yoke of bondage, thraldom
slavenleven slavery, life of toil
slavenschip slave ship, slaver
slavernij slavery, thraldom, servitude, bondage; *afschaffing der ~* abolition of slavery, emancipation of the slaves; *voorstander daarvan* abolitionist, emancipationist
slavin (female) slave, bondwoman; *zie ook* blank
slavink minced meat rolled in bacon
Slavisch Slav(onian), Slavonic [languages], *(inz Am)* Slavic
slavist Slav(ic)ist
slavistiek Slav(on)ic studies
Slavonië Slavonia
Slavoniër, Slavonisch, Slavoon Slavonian, Slav
slavork salad fork; *zie ook* slalepel
slecht I *bn* bad [boy, food, health, news, name]; *(moreel ~, ook)* evil, *(sterker)* wicked; ill [effects]; sorry [performance, beginning]; *het is lang niet ~, (fam)*

it's not at all bad; *de ~ste van de klas zijn* be bottom of the class; *~er maken* make worse; *~er worden* grow worse, worsen, deteriorate; *het ~e met het goede nemen* take the bad with the good; *~e dag, (waarop men niet 'in vorm' is)* off-day; *~e eetlust (kwaliteit)* poor appetite (quality); *ik ben ~ van gezicht* I've got bad eyes, my eyesight is bad; *~ huis (bordeel)* bawdy house; *~e tijden* bad (hard) times; *iets sparen voor ~e tijden* save s.t. for a rainy day; *~ en recht, recht en ~* plain and honest; *~* ***in*** [be] bad at [s.t.]; ***op*** *zijn ~st* at one's (its) worst; **II** *bw* badly, ill; *hij eet ~* he is a poor eater; *vrij ~ slapen* sleep indifferently; *als het ons ~* ***gaat*** if things go ill with (badly for) us; *het moet al heel ~ gaan, of we winnen* things will be pretty bad if we do not win; *de zaak gaat ~* the business is doing badly; *er het ~st* ***afkomen*** come off worst; *hij had wel ~er kunnen* ***doen*** he might have done worse; *~ gekleed* badly (ill) dressed; *~ betaald* poorly (badly) paid; *~ tevreden* ill content; *zie ook* [3]min, passen, toe, [1]weg 1, enz

slechtbijl chip axe

slechten level (with, to the ground), raze, demolish; *(glad maken)* planish, smooth

slechter worse; *zie ook* slecht

slechterik baddie, villain

slechtgehumeurd, slechtgeluimd bad-, ill-tempered

slechthamer planishing hammer

slechtheid badness, wickedness

slechthorend hard of hearing [TV subtitles for the hard-of-hearing]

slechting levelling, razing, demolition; *(opheffing)* abolition

slechtje 1 *(in zee)* smooth; **2** *(tussen windvlagen)* lull

slechts only, but, merely; *~ tien minuten, (ook)* as little as ten minutes; *~ een wonder kan hem redden* nothing short of a miracle can save him; *zie ook* [1]maar

slechtst worst; *zie* slecht

slechtvalk peregrine (falcon)

slechtweg plainly, simply, without ceremony, unceremoniously

slechtziend with bad (impaired, poor) eyesight, partially sighted (*zo ook:* partial sightedness), visually handicapped

slede 1 *(algem)* sledge, sleigh, *(inz Am)* sled; **2** *(glijdend onderstel)* cradle; *(ve vliegtuig)* landing skids; *(techn)* carriage, *(ve draaibank, ook)* bed slide

sledehond sledge dog, *(Am)* sled dog; *(eskimohond)* husky

sleden *ww* sled(ge), sleigh

sledestofzuiger cylinder (*Am:* canister) (vacuum) cleaner

slee I *zn* **1** *zie* slede; **2** *(auto)* limousine, *(Am)* limo; **II** *zn (vrucht)* sloe

sleedoorn sloe, blackthorn

sleeën sleigh, sled(ge)

sleehak wedge *(ook de schoen)*, wedge heel

sleep I *zn* **1** train [of a dress, of followers, etc]; **2** *(slier)* trail, string; *(opschrift)* on tow; **3** *(v schepen)* barge train; *met een schuit op ~* with a barge in tow; **II** *ww ovt van* slijpen

sleepasperges stalks of asparagus, asparagus served whole

sleepboot tug(boat)

sleepcontact *(elektr)* sliding contact

sleepdienst towing (towage) service

sleepdrager, sleepdraagster train-bearer

sleephelling slipway

sleepkabel 1 towrope, towline, towing hawser; *(v sleeplift)* haulage cable; **2** *(ve ballon)* drag (trail, guide) rope

sleeplift ski-tow

sleeploon towage; *(te land)* cartage, haulage

sleepnet drag-, trail-, trawl-, groundnet

sleepruim sloe

sleepsabel sabre

sleepschip towed vessel

sleepspoor 1 *(jacht)* scented trail; **2** *(v sleeplift)* track

sleeptouw towrope; *zie* sleepkabel; *op ~ hebben (nemen)* have (take) in tow *(ook fig)*; *op ~ houden, (fig)* keep [a p.] dangling

sleeptros towrope, (towing) hawser

sleepvaart [sea] towage; transport by towed barge

sleepvoeten shuffle (along)

Sleeswijk(er) Schleswig(er)

Sleeswijks Schleswig

sleet *ovt van* slijten; *zie* slijtage

sleets worn, thin; *~ zijn* wear out one's clothes in a short time; *vgl* halfsleets

sleg(ge), slei beetle, maul

slem slam; *groot (klein) ~ maken* make a grand (little, small) slam

slemp saffron milk

slempen carouse, revel, feast

slemperij, slemppartij carouse, carousal

slenk gully; *(geol)* rift valley

slenteren 1 saunter, lounge, stroll; **2** *(lummelen)* loaf, knock about [the streets]

slentergang sauntering gait, saunter

slepen I *tr* drag, haul; *(met sleepboot)* tow; *erbij ~* drag (*of:* lug) in [his name was dragged in]; *met iets ~* lug about (along); *met de muis ~, (comp)* drag with the mouse; *noten ~, (muz)* slur notes; *zich naar huis ~* drag o.s. home; *na zich ~* bring in its train, entail [expenditure]; **II** *intr* drag *(ook ve deur)*, trail *(ook ve rok)*; *met het ene been ~* drag one leg; *laten ~* trail [one's hand in the water]; *~de blijven* drag on; *een zaak ~de houden* let a thing drag, drag one's feet; *~de gang* shuffling (trailing) gait; *~de ziekte* lingering disease; *~d rijm* feminine rhyme; *~d zingen* slur the notes

sleper 1 tug(boat); **2** trawler; **3** towrope

sleperspaard dray horse, carthorse

sleperswagen dray

slet slut, trollop

sleuf groove, slot, slit, notch

sleur routine, rut; *de dagelijkse* ~ the daily round (*of:* grind), the routine of daily life; *de oude* ~ the same old thing (routine); *iets in de* ~ *doen* do s.t. by rote; *met de* ~ *breken* get out of the rut; *tot een* ~ *vervallen* get into a groove (a rut); *zie ook* sleurwerk
sleuren *tr & intr* drag, trail; *zie ook* slijk
sleurmens creature of habit
sleurwerk routine work; *onderwijs geven wordt licht* ~ teaching easily tends to get into grooves
sleutel 1 key (*ook fig:* money is not the key to happiness; hold the key to the problem; a key figure, function, position, role); *ik heb een* ~ *van de deur* I have a key to the door; *met de* ~ *naar binnen gaan* let o.s. in with the (latch)key; *de* ~ *van de vijandelijke stelling* the key point of the ...; *zie ook* Engels; **2** *(ve kachel)* register, damper, regulator; **3** *(voor verdeling)* ratio; **4** *(muz)* [C, F, G] clef; *(ve viool)* peg
sleutelaar (amateur) mechanic; tinkerer
sleutelbaard key-bit
sleutelbeen collarbone, clavicle
sleutelbeenbreuk clavicular fracture
sleutelbewaarder keykeeper
sleutelbloem primula; cowslip, primrose
sleutelbos bunch of keys
sleutelen: ~ *aan* work on (*amateuristisch:* tinker with) [a car engine]; *er moet nog wat aan het plan worden gesleuteld* the plan still needs some touching up
sleutelgat keyhole
sleutelgatzaag padsaw
sleutelgeld key money
sleutelhanger key fob, keychain, keyring pendant
sleutelindustrie key industry
sleutelkaart keycard
sleutelkind latchkey child
sleutelmacht power of the keys
sleutelpositie key position (post)
sleutelring keyring
sleutelroman roman à clef (*mv:* romans ...)
sleutelschild (keyhole) (e)scutcheon
sleutelstuk bracket
sleutelvormig key-shaped, claviform
sleutelwoord keyword
slib silt, ooze, mire, slime, mud; ~ *vangen* draw (a) blank; *zie ook* bot I.5
slibachtig miry, slimy, muddy
slibberen slither, slip, slide
slibberig slippery, slithery
slichten 1 flesh [skins]; **2** *(weverij)* size
sliding 1 *(roeien)* sliding seat; **2** *(voetbal)* sliding tackle
sliep *ovt van* slapen
sliepuit! sucks!; *zie* uitsliepen
slier *zie* sliert
slierasperges *zie* sleepasperges
slieren slide, glide; *zie ook* slingeren
sliert 1 *(streep)* streak, smear; *lange* ~, *(pers)* beanpole; **2** *(rij)* string [of admirers], trail, streamer [of seaweed]; thread [of smoke], tail, wisp [of hair]
slij *(vis)* tench
slijk mud, slime, mire, dirt; *het* ~ *der aarde, het aardse* ~ filthy lucre; *iem door het* ~ *sleuren* drag a p.('s name) through the mire (the mud); *met* ~ *gooien* fling (throw, sling) mud [*naar* at]
slijkerig muddy, miry, slimy, oozy
slijkgras broom-sedge; *klein* ~ cord-grass
slijkgrond slimy ground, slime; ~*en* mudflats
slijkvlieg drone fly
slijkvulkaan mud volcano
slijm *(ve slang, enz)* slime; *(ve ~vlies)* mucus; *(fluim)* phlegm
slijmafscheidend pituitary [gland]
slijmafscheiding mucus secretion
slijmbal slimy fellow, toady
slijmbeurs bursa
slijmdiertje amoeba (*mv ook:* -bae)
slijmen suck up [to a p.]
slijmerd 1 slimy fellow, toady; **2** *(lafaard)* chicken, coward
slijmerig slimy *(ook fig)*, mucous
slijmhoest catarrhal (moist, phlegmy) cough
slijmhuid mucous membrane
slijmjurk slimy fellow, toady
slijmklier mucous (pituitary) gland
slijmprik *(vis)* hag(fish)
slijmvis common blenny, shanny; *gehoornde* ~ tompot blenny
slijmvlies mucous membrane
slijmzuur mucic acid
slijp 1 scouring sand; **2** grindings; *zie ook* houtslijp
slijpen grind, sharpen, whet; *(diamanten)* cut, *(in engere zin)* polish [diamonds]; *de straat* ~ loaf around, knock about the streets; *het verstand* ~ sharpen (*of:* whet) the intellect
slijper grinder [of knives, etc]; cutter, polisher; *vgl* slijpen
slijperij grindery
slijpmachine grinding machine; *(voor scheermes)* strop
slijpmolen grinding mill
slijpplaatje *(geol)* thin section
slijpplank knife-board
slijppoeder abrasive (powder)
slijpschijf grinding wheel
slijpsel 1 *zie* slijppoeder; **2** *(afval)* grindings; **3** *(v steen)* [brilliant, checkerboard, fancy, rose, triangle] cut
slijpstaal knife-sharpener
slijpsteen grindstone, whetstone
slijpvlak 1 grinding surface; **2** facet
slijpzand scouring sand
slijtage wear (and tear), wastage; *(v munten)* abrasion
slijtageslag *(vglb)* war of attrition
slijten I *tr* **1** wear out [clothes], wear down [shoes]; **2** *(doorbrengen)* pass [one's days in solitude], live out

[one's life]; **3** *(verkopen)* retail [wares], sell; *(fig)* sell [an idea]; get rid of [a p., thing], offload [s.t.] *(aan* onto); **II** *intr* wear away (out, off), get used up; *dat gevoel slijt gauw* that feeling soon wears off; *niet gauw ~, (ve stof)* wear well; *die schoenen ~ niet gauw* there is a lot of wear in ...

slijter retailer, retail dealer; *(v drank)* licensed victualler

slijterij licensed victualler's shop, off-licence, *(Am)* package *(of:* liquor) store

slijting *(geol)* erosion

slijtlaag wearing course (surface), surface dressing

slijtplek worn patch

slijtvast hard-wearing, *(Am)* long-wearing

slijtvergunning retail licence; *(v drank)* off-licence

slik 1 swallow; **2** mudflat

slikbeweging deglutition

slikgras, enz *zie* slijkgras, enz

slikken swallow; *(drugs ~)* take drugs; *een belediging ~* swallow (pocket) an insult; *dat slik ik niet* I won't take (stand for) that; *je zult het moeten ~* if you don't like it, you may lump it; *het is ~ of stikken* it's take it or leave it; *ik moest heel wat ~* I had to put up with a great deal; *dat (zo'n behandeling) zal hij maar zo niet ~* he won't take it lying down; *iem iets doen ~, (ook fig)* force s.t. down a p.'s throat

slikker drug-taker

sliknat soaking wet

slim 1 smart, clever, astute, shrewd; *(mbt apparatuur, enz)* smart; *hij was mij te ~ af* he was one too many for me, was too clever (sharp) for me, got the better of me, outwitted (outsmarted, outmanoeuvred) me; *te ~* ***willen zijn*** overreach o.s.; *wie niet sterk is, moet ~ zijn* necessity is the mother of invention; **2** *(sluw)* sly, wily; *het is een ~ ding* she is a sly puss; **3** *(erg)* bad; *(bw)* very; *zie ook* al II.3

slimheid 1 smartness, etc, *vgl* slim; **2** slyness, wiliness

slimmerd, slimmerik slyboots, sly dog, *(fam)* deep one

slimmigheid(je) dodge

slinger 1 *(natuurk, v klok)* pendulum; **2** *(werptuig, draagband)* sling; **3** *(v pomp)* handle; *(v auto)* crank, starting handle; *zijn ~ hebben* be on top of the world; **4** *(guirlande)* garland, festoon, [paper] chain, streamer; *zie ook* slingering; *een ~ om de arm houden* be non-committal

slingeraap spider monkey

slingeraar slinger

slingerbeweging oscillation

slingerdemper stabilizer

slingerdeslang twisting and doubling, with twists and turns, tortuously

slingeren I *intr* **1** *(algem, ook v slinger)* swing, oscillate; **2** *(bengelen)* dangle; *aan de staart ~, (zoals apen)* swing by the tail; **3** *(ve dronkaard)* reel, lurch; *(ve rijtuig)* sway, lurch; *(ve schip)* roll, lurch; *het schip slingerde hevig, (ook)* the ship had a heavy roll on; ***langs de straat*** *~, (slenteren)* knock (gad) about the streets; *zie ook* ²hoop; **4** *(kronkelen)* wind, meander; **5** *(ordeloos liggen)* lie about; ***laten*** *~* leave [things] lying around; **II** *tr* **1** *(doen ~)* swing [one's legs]; ***zich*** *~, (ve rivier, enz)* wind, meander; *de slang slingerde zich* ***om*** *de tijger* the ... wound itself round the tiger; **2** *(gooien)* fling, hurl [*naar* at]; *(met slinger, of ~de beweging)* sling [a stone; sling a bundle over one's shoulder]; *er werd een baksteen door de ruit geslingerd* a brick hurtled through the ...; *hij werd in een hoop sneeuw geslingerd* he went spinning into a snowdrift; *iem ...* ***naar*** *het hoofd ~* fling [a book] at a p.'s head; *(scheldwoorden)* hurl abuse at a p., *(beschuldiging)* level a charge at a p.; *zie ook* banvloek; ***op de bon*** *~, zie* bekeuren; *zich in het zadel ~* swing (o.s.) into the saddle

slingerend *(ook)* pendulous

slingerhoning strained (extracted) honey

slingering swing(ing), oscillation [of a pendulum, etc]; roll; lurch; *vgl* slingeren

slingerkogel *(sp)* hammer

slingerlat *(mar)* fiddle

slingerpad winding path

slingerplant climber, creeper, trailer

slingerschommeling oscillation, beat

slingerschotten *(mar)* shifting-boards

slingerslag oscillation, beat

slingertijd period of oscillation

slingeruurwerk pendulum clock

slingerwetten laws of the pendulum

slingerwijdte amplitude (span, arc) of an oscillation

slinken shrink [to nothing], waste; *(ve gezwel)* subside, go down; *(door koken)* boil down; *het aantal slonk tot ...* the number dwindled (down) to ...; *zie ook* op raken

slinking shrinkage, wastage; subsidence, dwindling; *vgl* slinken

slinks I *bn* sly, cunning, crafty, artful; fraudulent [device]; oblique [dealings]; *~e streek* cunning move, *(mv ook)* underhand doings; **II** *bw* cunningly, etc

slinksheid cunning, artfulness

slip 1 lappet; [coat-, shirt-]tail, flap (skirt) [of a coat]; **2** *(ve auto)* skid, *(ook luchtv)* side-slip; **3** *zie* slib; **4** *zie* slipje

slipbaan skid-pan

slipcursus skid-course

slipgevaar! slippery road!

sliphaak quick release

slipjacht drag(-hunt)

slipjas tailcoat; *(fam)* tails; *zie ook* pandjesjas

slipje briefs, panties, knickers

slippen slip; *(ve auto, enz)* skid, side-slip; *hij slipte ongemerkt mee naar binnen* he slipped in unnoticed; *proberen erdoor te ~, (ve auto)* cut in

slippendrager 1 pall-bearer; **2** *(fig)* lackey

slippertje escapade; *een ~ maken* have a fling, *(vglb)* have a dirty weekend

slipschool *(vglb)* skid-pan

slipspoor skid-marks

slipsteek slip-knot
sliptong slip
slissen lisp
slivovitsj slivovitz
slobber **1** *(varkensvoer)* pigswill; **2** *(slik)* mire
slobberen lap, feed (drink, sip one's tea, etc) noisily; *(v eenden, enz)* gobble; *(v kleren)* hang loosely (untidily)
slobberig slovenly, sloppy [trousers]
slobbroek pull-ups
slobeend shovel(l)er (duck)
slobkous *(lang)* gaiter; *(meestal kort)* spat
slodderen flop, flap
slodderig slovenly, grubby, slatternly
slodderkous slattern
sloddervos sloven, slob; *(vrouw ook)* [old] frump, dowdy
sloeber(d) skunk; *arme* ~ poor devil
sloeg *ovt van* slaan
sloep boat, sloop, [the royal] barge, lifeboat; *(werk~)* pinnace
sloependek boat-deck
sloepenrol (life)boat drill
sloerie slut
slof I *bn* slack, careless, negligent; II *zn* **1** slipper; *~je **onder** spelen* play at hunt the slipper; *hij kan het **op** zijn ~fen (~jes) af* he has plenty of time for it; *hij doet het op zijn ~fen (~jes)* he is taking it easy, is taking his time (about it); *de boel is er op ~fen* things are in a mess; ***uit** zijn ~ schieten, a)* pull up one's socks; *b)* flare up, hit the roof, *(fam)* go off the deep end; *zie ook* vuur; **2** *(ve strijkstok)* nut; **3** *(sigaretten)* carton; **4** *(aardbeien)* chip (basket), punnet
sloffen **1** shuffle [down the stairs], shamble; **2** *(met zijn werk, enz)* be slow (slack) about one's work, keep putting things off; *alles laten* ~ let things slide
sloffig *zie* slof I
slof(fig)heid slackness, carelessness, negligence
slok draught, pull, swallow [of water, etc]; *(fam)* [take a good] swig; *~je* sip [take a sip from one's glass]; *(borrel)* dram, nip, drop; *hij nam een ~ van zijn cognacje (uit zijn glas)* he took a pull at his brandy (his glass); *in één ~* at a draught, at one gulp; *dat scheelt een ~ op een borrel* that makes a big difference
slokdarm gullet, esophagus
slokken swallow, gulp
slokker(d) *zie* slokop; *arme* ~ poor devil; *goeie* ~ good-natured (harmless) fellow
slokop glutton, gobbler
slome *zie* sloom
slomp **1** slut; **2** heaps [of money]
slonk *ovt van* slinken
slons slattern, slut, sloven, dowdy, [an old] frump
slonsachtig, slonzig slovenly, sluttish, dowdy; frumpy, frumpish
slonzigheid slovenliness, etc
sloof **1** *(pers)* drudge; **2** *(schort)* apron
sloom slow, lethargic, inert; *slome (duikelaar)* wimp, slowcoach
[1]**sloop** pillowcase, pillowslip
[2]**sloop** demolition, breaking-up; *voor de ~ verkopen* sell for scrap (for breaking up); *zie ook* sloper
[3]**sloop** *ovt van* sluipen
sloopauto write-off, wreck
slooppand building due for demolition
sloopwaarde scrap value
sloot I *zn* **1** ditch; *(paardensport)* water jump; *hij loopt in geen zeven sloten tegelijk* he can (you can leave him to) look after himself; *hij was net met de hakken over de* ~ he got through by the skin of his teeth, he scraped through; *zie ook* wal; **2** *(fig)* gallons of, oceans of [drinks]; II *ww ovt van* sluiten
slootgraver ditcher
slootje **1** *(ve armband, enz)* snap; **2** (small) ditch; *~ springen* leap (over) ditches; dike-vaulting
slootkant side of a ditch
slootwater ditchwater; *(fig)* dishwater
slop blind alley, cul-de-sac; *in het ~ raken (zitten)* (have) come to a dead end
slopen **1** pull down [a house], demolish [buildings], break up [a ship]; *(uit elkaar halen)* dismantle, *(om onderdelen te gebruiken)* cannibalize [a car]; **2** pull, rip [the wheels off a parked car]; **3** undermine, sap [a p.'s strength]; *~d werk* back-breaking (gruelling) work; *~de ziekte* wasting disease
sloper [house-, ship]breaker, knacker, [house] demolisher, demolition contractor
sloperij breaking(-up) yard, scrapyard; *zie ook* sloper
slopershamer: *onder de ~ komen* be pulled down, demolished
sloppenwijk slum area, slum(s)
slordig **1** slovenly *(ook van stijl)*, slatternly, dowdy, careless [*op zijn kleren* of one's ...]; untidy [hair, beard]; **2** shoddy [work]; sloppy [thinking, style]; slipshod [style, English]; loose [definition, style, usage of words]; **3** oversize; *een ~ belegde boterham* a well-filled sandwich; *een ~e honderd dollar* [it cost me] a cool hundred dollars; *tegen een ~ prijsje* at a price
slordigheid slovenliness, etc; *(fout)* oversight, inaccuracy; *~ in het denken* sloppy thinking, mental sloppiness
slorp gulp; slurp; *vgl* slok
slorpen sip audibly [at one's gin], slurp [the tea], gulp; suck [an egg]
slot **1** *(ve deur, enz)* lock; *(ve boek, enz)* clasp; *(ve armband, enz)* snap; *~ met veer, zie* veerslot; *iem een ~ op de **mond** leggen* silence a p.; ***achter** ~* locked up; *(iem) achter ~ en grendel (zetten)* (put a p.) under lock and key; ***op** ~ doen* lock; *de deur gaat vanzelf op ~* the ... locks itself; *kan de deur op ~?* does the door lock?; **2** *(kasteel)* castle, hall; *(ve ambachtsheer)* manor house; **3** *(einde)* conclusion, end, close; *(ve redevoering)* peroration; *batig ~, zie* saldo; *(attr)* concluding, closing, final [article, clause, communiqué, consonant]; *~ **volgt*** to be con-

cluded (in our next); ***per (bij)*** *~ van rekening* in the end, ultimately, when all is (was) said and done, on balance, after all; ***ten*** *~te* finally, lastly, eventually, ultimately, in the end; after all; *zie verder* tenslotte & *vgl* tot ~; ***tot*** ~ in conclusion, to conclude; ***dat is zonder*** *~* ***of zin, heeft*** *~* ***noch zin*** it is without rhyme or reason, there is neither rhyme nor reason in it

slotakkoord *(muz)* final chord

slotbalans final balance sheet

slotbeschouwing concluding observations

slotbewaarder castellan, governor [of a (the) castle]

slotcouplet final stanza

sloten *ww* (dig a) ditch

slotenmaker locksmith

slotgracht castle moat

slotheer lord of the castle

slotkoers closing rate [of the pound sterling]; *(v effecten)* closing price

slotnotering *(v effecten)* closing quotation, closing price

slotnummer last item

slotopmerking closing (concluding) remark

slotplein castle yard

slotrede peroration, conclusion

slotregel final line

slotsom result, upshot, [come to the] conclusion [that ...]

slotstuk concluding piece, finale

slottoneel closing scene

slottoren castle tower, donjon, keep

slotvoogd *zie* slotbewaarder

slotwoord closing (concluding, final) word, peroration [of a speech]

slotzang 1 *(kerk)* closing hymn; **2** *(ve gedicht)* last (final) canto

slotzin closing (concluding) sentence

Sloveen Slovene

Sloveens Slovenian

sloven drudge, toil (and moil)

Slovenië Slovenia

Slowaak(s) Slovak

Slowakije Slovakia

slufter (flood, ebb) channel

sluier veil; *(fig, ook)* blanket [a blanket of secrecy]; *(op fotoplaat)* fog; *(vd mist)* blanket [of fog]; *de ~ aannemen* take the veil; *de ~ oplichten, (fig)* lift the veil (the curtain)

sluierbewolking cirrus (cloud)

sluiereffect *(radio)* fading

sluieren veil; *(fotoplaat)* fog

sluiering *(radio)* fading

sluierstaart *(vis)* veil-tail

sluif sheath; *(voor vinger)* finger-stall

sluik *(v haar)* lank, straight; *(attr)* clandestine, illicit; *vgl* sluip... & smokkel...; *ter ~(s), zie* tersluiks

sluiken, sluikhandel, enz, *zie* smokkelen, smokkelhandel, enz; *~ in verdovende middelen* illicit drug trafficking

sluikharig lank-haired

sluikreclame illicit advertising

sluimer slumber

sluimeren slumber *(ook fig),* doze

sluimering slumber, doze

sluimerrol sofa cushion

sluipdeur secret door, back door

sluipen steal, *(heimelijk)* slink, sneak [away, off], skulk [along]; slip [out, through, etc]; prowl [for prey]; *(achter wild)* stalk; *er was een fout in de rekening geslopen* an error had crept into ...; *~de voetstappen* stealthy footsteps

sluipgat 1 bolt-hole *(ook ve dief, enz)* **2** *(uitvlucht)* loophole

sluiphaven cove, creek

sluiphoek hidden corner

sluiphol haunt, hiding place

sluipjacht *(op herten)* deerstalking

sluipmoord assassination

sluipmoordenaar assassin; *(vgl)* huurmoordenaar

sluiproute sneak route, *(fam)* rat run

sluipschutter sniper

sluipverkeer cut-through traffic

sluipvlieg parasite fly

sluipweg secret route; *langs ~en* by stealth

sluipwesp ichneumon (fly), parasite wasp

sluis *(schut~)* lock, *(uitwaterings~)* sluice; *(fig, ook)* link, channel; *de sluizen der welsprekendheid* the floodgates of eloquence [are open]; *de sluizen des hemels werden geopend* the floodgates of heaven were flung wide

sluisdeur lock-gate; *(v spuisluis)* sluice-gate, floodgate

sluisgeld lock dues (*of:* toll), lockage

sluiskolk lock chamber

sluispoortje sluice(-gate)

sluiswachter lock-keeper, locksman

sluiswachterswoning lock-house

sluiswerken locks, lockage

sluitbaar lockable

sluitboom bar; [railway] barrier; *(ve haven)* boom

sluitbriefje *zie* sluitnota

sluitcel *(plantk)* guard-cell

sluitdop (screw) cap, screw top

sluitdraad *(ve valscherm)* ripcord

sluiten I *ww* **1** *(dichtdoen: deur, boek, ogen, enz)* shut, close; seal (up) [a letter]; fasten [a door]; *(gat in dijk)* seal, close; *(op slot doen)* lock; *(voor het naar bed gaan)* lock up (the house) [I'll lock up and go to bed]; *(straat)* close [to traffic]; ***de gordijnen*** *~* draw (shut) the curtains; ***de (dood) kist*** *~* screw down the coffin; ***zich*** *~, (ve wond, ogen)* close; *(ve bloem)* close (up), shut; **2** *(verlaten)* close, shut up; *(een zaak, 's avonds)* close, *(voorgoed)* close (shut) down, put up the shutters, *(fam)* shut up shop; *(fabriek)* close down [a factory]; **3** *(weg-, op~)* lock away, lock up; ***in elkaar*** *~, zie* ineensluiten; ***iem in de armen*** *~* clasp a p. in one's arms; fold one's arms round a p.;

in zich ~, *(fig)* include, imply; **4** *(doen eindigen)* close [a debate]; *(rekening)* close [an account]; *(vergadering)* close [a meeting], prorogue [Parliament]; *dit programma gaat nu* ~ this ... is now closing down; *de* ***aandelen*** *sloten op* ... the shares closed (finished) at ...; *de* ***markt*** *sloot vast* the market closed firm; *de* ***rekening*** *sluit met een verlies van* ... the account shows (closes with) a loss of ...; *de* ***scholen*** ~ schools break up [for the holidays]; *zie ook* winkelsluiting; **5** *(tot stand brengen)* conclude [an agreement, marriage, sale], make, enter into [a contract]; *(koop)* strike, conclude [a bargain]; *(lening)* contract (negotiate) [a loan]; *(verdrag)* conclude [a treaty]; *(verzekering)* effect [an insurance], *vgl* levensverzekering; *(vrede)* make, conclude [peace]; **6** *(dichtgaan)* close, fit; *de* ***deur*** *sluit niet goed* the door does not shut (*of:* close) properly; **7** *(kloppen)* fit; *de* ***begroting*** *sluit* the budget balances; *die* ***redenering*** *sluit niet* that argument does not run on all fours, does not hold water; ***dat*** *sluit, (klopt)* that tallies; *geen ~de verklaring* not an adequate explanation; *zie ook* bus; **8** *(elektr)* make [a contact]; close [a circuit]; *zie ook* gesloten, gelid, incident, kamer, loket, oog, enz; **II** *zn* conclusion [of peace]; *vgl* sluiting 1

sluitend 1 *(v kleren)* close-fitting; **2** *(ve begroting)* balanced; *niet* ~ unbalanced [budget]; *een rekening (de begroting)* ~ *maken* balance an account (the budget); **3** *~e redenering* sound (watertight) argument; **4** *slecht ~e deuren en ramen* ill-fitting doors and windows; *vgl* sluiten

sluiter *(fot)* shutter

sluiting 1 closing(-down), shutting(-down); locking, *vgl* sluiten; closure [of a debate, a bridge]; break-up [for the holidays]; prorogation [of Parliament]; *(radio)* close-down; ~ *van het debat vragen* move the closure; **2** *(elektr)* short (circuit); **3** *(concr)* fastening(s), lock, [window] latch

sluitingsdatum closing (cut-off) date, deadline (date)

sluitingsplechtigheid closing ceremony

sluitingsrede closing speech

sluitingstijd, sluitingsuur closing time; *schenken na (buiten) -tijd* supply liquor after (out of) hours

sluitklep *(ve enveloppe)* flap

sluitklinker final vowel

sluitkool headed cabbage

sluitkrop cabbage lettuce

sluitlicht *(spoor)* rear light, tail light

sluitmand hamper

sluitnota cover(ing) note, slip

sluitpost 1 closing entry, balancing item; *(fig)* item [of expenditure, etc] of lowest priority (left over till last); matter of small account; **2** *(sp)* goalie

sluitrede syllogism

sluitring washer

sluitspier sphincter, constrictor, contractor

sluitsteen keystone *(ook fig)*

sluitstuk 1 *(ve kanon)* breech-block; **2** *(fig)* coping stone; *als* ~ to round it off [we can ...]

sluitzegel sealing label; *(vglb)* greetings label

sluizen 1 lock [a ship] (through); **2** *(fig)* channel [drug money abroad]

slungel lout, hobbledehoy, gawk

slungelachtig *zie* slungelig

slungelen lounge (idle, mooch) about

slungelig loutish, gawky, lanky; *~e gang* slouch; ~ *lopen (zitten)* slouch

slurf *(ve olifant)* trunk; *(ve insect)* proboscis

slurfdier proboscidean, proboscidian

slurp(en) gulp; slurp; *zie* slorp(en)

sluw sly, crafty, cunning, astute, wily, foxy; ~ *plan* deep-laid scheme

sluwheid slyness, craftiness, cunning, wiliness, guile

smaad contumely, obloquy, indignity [the indignity offered to her *haar aangedaan*], defamation; *(jur)* libel; *proces wegens* ~ libel suit, suit for defamation of character

smaadrede diatribe

smaadschrift libel, lampoon

smaak taste (*ook fig:* have a taste for sketching), savour, relish; *(~ en geur)* flavour [a coffee-flavoured cream]; *er is een ~je aan* it has a (funny) taste; *(fig)* there is s.t. fishy about it; *een* ***fijne*** ~ *hebben, (ve gerecht)* have a delicious taste, *(ve pers)* have a fine palate, *(fig)* have a fine taste; *het* ***getuigt*** *van goede (slechte)* ~ it is in good (bad) taste; *een uitstekende* ~ ***hebben*** have excellent taste; *hij heeft er de* ~ *van beet (te pakken) gekregen* he has come to like it, he has acquired a taste for it; *ik heb (vind) er geen* ~ *in* I do not fancy (*of:* relish) it, I have no taste for it; ***ieder*** *zijn* ~ everyone (every man) to his taste (fancy); ~ ***krijgen*** *in* get a taste (*of:* liking) for, take to; *smaken* ***verschillen*** tastes differ; *[puddings]* ***in*** *4 smaken* in four flavours; *in de* ~ *vallen van* be to the taste (the liking) of [it is not to my taste]; *bij iem in de* ~ *vallen, (ook)* take a p.'s fancy; *wat zou dat in de* ~ *vallen!* how popular that would be!; *dat boek moet in de* ~ *vallen* that book is sure to make a hit; *hij valt niet bij iedereen in de* ~, *(fam)* he is not everybody's money (*of:* cup of tea); ***met*** ~, *zie* smaakvol; *met* ~ *eten* eat with relish, enjoy one's dinner (supper, etc); ***naar*** *mijn* ~ to my taste; *er azijn bij doen naar* ~ add vinegar to taste; ***op*** ~ *brengen* season (to taste); ***over*** *de* ~ *valt niet te twisten* there is no accounting for (disputing about) tastes; ***zonder*** ~ tasteless; *zie ook* kraak

smaakloos tasteless, insipid

smaakmaker seasoning; *(fig, vglb)* trendsetter

smaakorganen organs of taste, gustatory organs

smaakpapil taste bud

smaakstof [artificial] flavouring

smaakversterker flavour enhancer

smaakvol tasteful [tastefully decorated], in good taste, elegant

smaakzenuw gustatory nerve

smaakzin sense of taste
smachten 1 languish, pine away; *zie ook* versmachten; **2** *(verlangen)* pine [*naar* for, after], yearn (thirst) [*naar vrijheid* for ...]; *ernaar ~ om te ...* pine to ..., be aching (dying) to ...; *zie ook* hunkeren & versmachten; *~d, (ook)* languorous [eyes]; *~d van liefde, (ook)* lovelorn; *~d naar iets kijken* cast wistful eyes at s.t.
smadelijk humiliating, insulting, scornful [treatment], shameful [death], ignominious [end]; *zie ook* smalend
smaden revile, defame, vilify; *deze veel gesmade dieren* these much maligned animals
smak 1 (fishing) smack; **2** smack(ing) [of the tongue or lips]; **3** *(bons)* heavy fall, thud, crash; **4** *(boom)* sumac; **5** *een ~ geld (volk)* a mint of money (crowd of people)
smakelijk palatable, savoury, appetizing, tasty, toothsome; *~ lachen om* laugh heartily at; *~ eten!, (ongewoon in Eng)* enjoy your meal!; *zie ook* smaak: met ~
smakeloos tasteless, without taste; *(fig, ook)* in bad (poor) taste
smakeloosheid tastelessness, lack of taste
smaken taste; *goed (lekker, eigenaardig, zoet, bitter, lelijk) ~* taste good (nice, sweet, bitter, nasty); *deze smaakt beter* this one tastes better; *het heeft me goed gesmaakt* I've enjoyed it (my dinner, supper, etc); *het smaakt goed bij ...* it tastes good with [foie gras]; *hoe smaakt het?* what does it taste like?; *de erwtjes ~ lekker* the peas are excellent (delicious); *de genoegens des levens ~* enjoy the pleasures of life; *~* ***naar*** taste of [what does it taste of? *waar ...*]; *(fig)* savour (*of:* smack) of [bigotry]; *naar de kurk (het vat) ~* taste of the cork, be corked (taste of the cask); *dat smaakt naar meer* that tastes moreish
smakken I *tr* fling, dash; *iem tegen de grond ~* fling a p. to the ground; **II** *intr* **1** smack; *met de lippen ~* smack one's lips; **2** *(vallen)* fall with a thud
smakker(d) 1 smacker, noisy eater; **2** *(zoen)* smack(er); **3** *zie* smak 3
smal narrow; *~ gezicht* narrow (*slecht uitziend:* peaky) face; *~ toelopende nagels (vingers)* taper(ing) nails (fingers); *Holland op zijn ~st* Dutch narrow-mindedness
smalbladig narrow-leaved
smaldeel squadron
smalen rail; *~ op* rail at, run down
smalend scornful, contemptuous; *~ spreken over* speak slightingly of, pour scorn on; *~ lachen* laugh scornfully
smalfilm 8 (16) mm film
smalheid narrowness
smalletjes narrowish; *er ~ uitzien* look peaky
smalspoor 1 narrow gauge; **2** narrow-gauge railway
smalt smalt
smalte 1 narrowness; **2** narrow passage
smaragd emerald
smaragden *bn* emerald
smaragdgroen emerald green
smaragdhagedis green lizard
smart sorrow, grief, affliction, pain; *(diepe)* anguish; *gedeelde ~ is halve ~* sympathy lightens sorrow; *met ~ verwachten* expect anxiously; *zie ook* verdriet
smartelijk painful, grievous
smarten 1 *(lit)* cause (*of:* give) pain, grieve; **2** *(mar)* parcel
smartengeld smart money, compassionate allowance (*of:* grant), disability (hardship) allowance, compensation
smartlap tear-jerker
smeden forge; *(wellen)* weld; *(fig)* coin [new words], lay, plan [a conspiracy, a plot], hatch [a plan, a plot]
smederij smithy, forge
smedig *zie* smijdig
smeedbaar malleable
smeedbaarheid malleability
smeedhamer sledgehammer
smeedijzer wrought iron
smeedkunst *zie* smeedwerk
smeedstaal forged steel
smeedwerk (wrought) ironwork
smeekbede supplication, entreaty, appeal [for help]
smeekgebed supplication, humble prayer
smeekschrift petition
smeer [axle-]grease; (animal) fat; *(voor schoenen)* polish, dubbin; *(talk)* tallow; *(vlek)* smear [of blood, ink], stain, spot; *om den wille van de ~ (likt de kat de kandeleer)* [it's all] cupboard love, from love of gain
smeerbaar spreadable
smeerboel mess
smeerbus grease cup, lubricator
smeerder greaser, oiler
smeergeld bribe, *(fam)* backhander, *(inz pol)* slush money
smeerkaars tallow candle, dip
smeerkaas cheese spread
smeerkanis, smeerkees 1 slob; **2** *zie* smeerlap 3
smeerkuil *(in garage)* lubrication pit
smeerlap 1 greasy rag; **2** dirty fellow, slob; **3** blackguard, swine, skunk
smeerlapperij 1 dirt, filth, muck; **2** filthy behaviour; dirty tricks
smeerling *(vis)* gudgeon
smeermiddel lubricant; *(Am fam)* lube; *zie ook* smeersel
smeernippel grease (*of:* lubricating) nipple
smeerolie lubricating oil
smeerpijp 1 *zie* smeerpoets; **2** sewer pipeline
smeerpoets dirty fellow; *zie ook* Piet
smeerpot *zie* smeerbus
smeersel ointment, unguent; *(vloeibaar)* embrocation, liniment, *(voor boterham)* [anchovy, liver] paste, sandwich spread
smeerworst *(vglb)* pâté
smeerwortel comfrey

smeet *ovt van* smijten
smegma smegma
smekeling suppliant; supplicant
smeken beg, beseech, entreat, implore, supplicate, plead (with); [he pleaded with her not to go]; ~ *om* plead for, implore [forgiveness]; *ik smeek er u om* I beseech you; ~*de blik, (ook)* pleading (appealing) look
smeking *zie* smeekbede
smelleken merlin
smelt 1 melt; **2** *(biol)* sand eel
smeltbaar fusible, meltable, liquefiable
smelten I *tr* melt, fuse, liquefy; *(erts)* smelt; *(vet)* render; **II** *intr* melt [they will melt in the mouth], fuse; *(v boter)* melt; *dit metaal ~ bij gloeihitte* this metal fuses at a red heat; ~*d, (ook)* mellow [tone], melting [voice, looks]; *zie ook* doorslaan, gesmolten & wegsmelten
smelter melter, smelter
smelterij smelting works, smeltery
smelthitte heat of fusion
smelting fusion, melting, smelting
smeltkaas process(ed) cheese
smeltkroes melting pot *(ook fig)*, crucible
smeltmiddel flux
smeltoven smelting furnace
smeltpunt melting point, fusing point
smeltstop, smeltveiligheid *(elektr)* safety fuse, cut-out
smeltwater meltwater
smeltzekering *zie* smeltstop
smeren *(leer)* grease; *(machine)* grease, oil, lubricate, *(Am fam)* lube; rub [cream on one's face]; *(met boter)* butter [a slice of toast]; *(met bloed, enz)* smear; *'m ~, (fam)* skip it, skedaddle, clear off (out), cut and run, do a bunk, scoot; *smeer 'm!, (fam)* beat it!; *het (de boter) er dik op ~* spread it thick; *dun ~* scrape [butter]; *het laat zich ~ als boter* it spreads like ...; *boter op het* ***brood*** *~* butter (spread butter on) bread, spread bread with butter; *iem (de* ***handen)*** *~* grease a p.'s palm, square a p.; *zie ook* boter, gesmeerd, [1]keel, moeten, rib, enz
smergel emery
smergelen polish with emery
smerig 1 dirty [road, paper, weather], grubby [boys]; *(vettig)* greasy; **2** *(fig)* dirty [fellow, story], filthy [habits], sordid [act], shabby [treatment]; messy [job]; foul [weather]; *(Am)* scuzzy [drugs]; *iem ~ behandelen* treat a p. shabbily, do the dirty on a p.; *zie ook* vuil
smerigheid dirtiness, etc; dirt, filth; dirty trick (etc)
smering lubrication, greasing, oiling
smeris *(min)* cop(per), fuzz
smet 1 spot, stain; **2** *(fig)* stain [on one's character], blot [on one's reputation], slur, blemish, taint [the taint of disloyalty]; *dat werpt een ~ op zijn nagedachtenis* that reflects (casts reflections) on his memory; *~ op het wapenschild* blot on the (e)scutcheon
smetstof infective material (agent)
smetteloos *(ook fig)* spotless, speckless, immaculate, impeccable [evening dress], blameless [life], unspotted [reputation]
smetten I *tr* stain, soil; **II** *intr (v stoffen, enz)* soil; *(v huid)* be (*of:* get) chafed (*of:* sore)
smetvrees fear of dirt
smeuïg vivid, racy; *zie ook* smakelijk & smijdig
smeulen smoulder (*ook fig:* smouldering discontent); *(fig ook)* simmer [trouble is always simmering there]; *er smeult verraad* there is treason brewing; *het ~de vuur aanwakkeren* fan the embers
smid (black)smith; *dat is het geheim van de ~, (vglb)* that is the trick of the trade; *de ~ van zijn eigen fortuin* [everyone is] the architect of his own fortunes
smidse forge, smithy, blacksmith's shop
smidshaard forge
smidshamer smith's hammer, sledgehammer
smiecht scamp, rascal
smient *(vogel)* widgeon
smiespelen whisper
smiezen: *(fam:) in de ~ krijgen* twig [the answer, who it was]; *ik heb je in de ~* I've got you taped; *je hebt het nog niet in de ~* you haven't got the hang of it yet; *houd hem in de ~!* watch him!; *in de ~ lopen* attract notice
smijdig 1 smooth [mayonnaise]; **2** *(smeedbaar)* malleable; **3** *(buigzaam)* supple, pliant
smijdigheid 1 malleability; **2** suppleness, pliancy
smijten throw, fling, dash, pitch, hurl, heave; *met geld ~* throw (fling, chuck) one's money about
smikkel mug, face
smikkelen tuck in
smoel 1 *(mond)* [shut your] trap; **2** *(gezicht)* mug, [a slap in the] face; *~ en trekken* make faces; *zie ~tje*
smoelen look attractive
smoeltje 1 *een aardig ~* a pretty face; **2** (surgical) mask
smoelwerk mug
smoes (cooked-up) story; (mere) pretext, dodge, blind, poor excuse; *~(jes)* [his talk is all] eyewash
smoezelen 1 whisper; **2** tell stories; **3** dirty [one's clothes]
smoezelig dingy, soiled, grubby [collar]
smoezen 1 whisper, exchange confidences; **2** cook up stories (excuses); **3** talk; *even met iem ~* have a word with a p.
smoken smoke, puff [at a cigar]
smoking dinner jacket; *(Am)* tuxedo, *(fam)* tux
smokkel smuggling
smokkelaar(ster) smuggler; drugs, gun-, rum-, whisky-runner; *(v drank ook)* bootlegger
smokkelarij smuggling
smokkelen smuggle; *(bij spel)* cheat, trick
smokkelgoed *zie* smokkelwaar
smokkelhandel smuggling, contraband trade
smokkelwaar contraband (goods)

smokken *(handwerken)* smock
smokwerk smocking
smolt **1** *ovt van* smelten; **2** *(jonge zalm)* smolt
smook (thick, dense) smoke
smoor **1** *(fam) de ~ in hebben, zie* pee; **2** *zie* smoordronken & smoorlijk; **3** smoke; mist; **4** *(stoofschotel)* stew
smoordronken dead (blind) drunk, thoroughly plastered, as tight as a drum
smoorheet broiling, sweltering [day], suffocating(ly hot)
smoorhitte broiling heat, swelter
smoorklep throttle(-valve), butterfly valve
smoorkuil *zie* moordkuil
smoorlijk: *~ verliefd* smitten, over head and ears (madly) in love [*op* with]; *~ verliefd zijn op, (ook, fam)* be sweet (gone) on
smoorpan **1** stewpan; **2** blue rooftile
smoorspoel choke coil
smoorverliefd *zie* smoorlijk
smoren **I** *tr* **1** smother, strangle, suffocate; **2** *(motor)* throttle (down); **3** *(vlees)* stew, braise; **4** *(pijp)* smoke; **5** *(fig)* stifle [a cry, sigh], choke down [a sob]; hush up [an affair]; stifle [one's conscience, all enterprise, the discussion]; *met gesmoorde stem* in a strangled voice; *zie ook* kiem; **II** *intr* stifle; *vgl* sop & *zie* stikken
smous **1** *(hond)* griffon; **2** *(min: jood)* Yid, sheeny
smout **1** grease, rendered fat, lard; **2** jobwork, jobbing
smoutbol *(vglb)* fritter
smoutdrukker jobbing printer
smouten **1** grease, lard; **2** *(typ)* job
smoutwerk jobwork
smoutzetter job compositor
sms SMS
sms'en text
smuigen *zie* snoepen 2
smuigerd sneak
smuk finery
smukken deck out, trim
smul tuck-in; *aan de ~ zijn, zie* smullen
smullen feast [*van* (up)on], banquet, regale (o.s.) [*van* (up)on], *(lekker en veel, fam)* tuck in, have a good tuck-in; *zij ~ ervan, (fig)* they lap it up, they just eat it (up); *(ve schandaaltje)* they lick their lips over it, [the newspapers] have a glorious time of it
smulpaap gastronome, epicure
smulpartij banquet, junketing, feast, spread
smurrie sludge, gunge, goo
snaai *(sl)* shady profit
snaaien *(sl)* pilfer, pinch
snaak wag; *vrolijke ~* bright spark; *rare (vreemde) ~* queer fish
snaaks **I** *bn* waggish, facetious, quizzical, droll, puckish; **II** *bw* waggishly, etc
snaaksheid waggishness, drollery
snaar **1** *(muz)* string, chord; *(ve trommel)* snare; *een gevoelige ~ treffen (raken)* touch a tender spot, touch on (up)on a delicate matter, *(grievend)* touch a p. (up)on the raw; **2** *(snoer)* string, cord; *(aandrijf~)* belt; *(v leer)* strap
snaarinstrument stringed instrument
snaarschijf pulley
snakerig, snakerij *zie* snaaks, snaaksheid
snakken: *~ naar* yearn (pine) for; *naar adem (lucht) ~* gasp for breath (for air); *zie ook* hunkeren & smachten
snap grab; *in een ~* in a trice; *zie ook* hap
snaphaan matchlock, flintlock
snappen **1** *(happen)* snap (*naar* at); **2** *(grijpen)* snatch; **3** *(betrappen)* catch in the act, catch [a p.] out; *(sl)* cop, nick, nab [a criminal]; **4** *(babbelen)* prattle, chat; **5** *(begrijpen)* understand, realize, see, *(sl)* grock [a joke, I'm just not grocking]; *snap je mij?* do you see (get) my meaning?, do you take (get, follow) me?, see?; *gesnapt?* get me?; *ik snap je (de vraag) niet goed* I don't quite follow you (the question); *dat snap ik niet* that baffles me, it's beyond me, I don't get it; *ik snapte het dadelijk (ten slotte)* I tumbled to it at once (at last the penny dropped); *hij snapte de situatie direct* he at once grasped (took in) the situation; *als je het maar eenmaal snapt* [law is a simple thing] when you get the hang of it; *hij begon het te ~* he got (was getting) wise to it
snapslot spring lock
snarenspel string music
snars: *(fam) hij weet er geen ~ van* he does not know a thing about it; *het gaat je geen ~ aan* it's none of your business; *vgl* flikker
snater *(fam)* mug; *hou je ~!* keep your mouth shut!, shut your trap!
snateraar(ster) chatterer, chatterbox
snaterachtig tattling
snateren *(ve eend)* chatter; *(ve gans)* gaggle, cackle; *(ve pers)* chatter, jabber
snauw snarl, growl
snauwen snarl, snap ['no!' he snapped], growl; *je hoeft niet zo te ~* no need to jump down my throat; *~ tegen* snarl (snap) at; *~d geven* snap out [an order]
snauwerig snappy
snavel bill; *(sterk & krom)* beak; *hou je ~, (fam)* keep your mouth shut; *zijn ~ roeren, (fam)* have plenty to say
snavelkappen debeak(ing)
snavelkrokodil gavial
snavelvis garfish
snavelvormig beaked [nose], beak-like, rostriform
sneb(be) bill, beak; *(ve ouderwets oorlogsschip)* beak, rostrum (*mv:* rostra)
snede **1** cut; *(groter)* gash, slash; *(v gewas)* cutting; *(insnijding)* incision; *gulden ~* golden section; *ter ~* to the point; *zie ook* snedig; **2** *(plak)* rasher [of bacon], slice [of bread, meat, etc]; *dikke snee brood* slab of bread, *(sl)* doorstep; **3** *(scherp)* edge [of a knife, etc]; *op snee* just right; in good form (shape);

snee geven, (sp) be keen, give of one's best; *zie ook* scherp III; **4** *(ve versregel)* caesura, section; **5** *(ve boek)* edge; *zie ook* verguld
snedig witty, smart [reply]
snedigheid ready wit, quickness at repartee, smartness
snee *zie* snede
sneed *ovt van* snijden
sneer sneer, gibe, jibe
snees 1 score, twenty; **2** *(heler)* fence, receiver
sneetje 1 cut, nick; **2** slice; *zie ook* snede
sneeuw snow; *(modder~)* slush, slosh; *natte ~* sleet; *zwarte ~* misery, poverty; *door ~ ingesloten* snowbound [persons, villages]; *de stad ligt onder de ~* the ... is deep in snow; *het verdwijnt als ~ voor de zon* it is gone in a moment
sneeuwachtig snowy
sneeuwbal 1 snowball *(ook gebakje); met ~len gooien* pelt [a p.] with snowballs; *zie ook* sneeuwballen; **2** *(plant)* snowball, guelder rose; **3** *(fig)* snowball (letter), chain letters
sneeuwbaleffect: *een ~ hebben* snowball
sneeuwballen snowball, throw snowballs
sneeuwballetje glass of gin and sugar
sneeuwbank *zie* sneeuwhoop
sneeuwberg 1 mound of snow; **2** snow-capped (snow-clad) mountain
sneeuwbes snowberry
sneeuwblind(heid) snow-blind(ness)
sneeuwbril snow-goggles
sneeuwbui snow-shower; *~tje* snow-flurry
sneeuwen I *ww* snow *(ook fig); het sneeuwde bloemen op hen* they were snowed under with flowers; **II** *bn* **1** snow [mantle, etc]; **2** snow white
sneeuwgans snow goose
sneeuwgors snow bunting
sneeuwgrens snowline
sneeuwhaas mountain hare
sneeuwhoen white *(of:* snow) grouse, ptarmigan
sneeuwhoop heap *(of:* bank) of snow, *(opgewaaid)* snowdrift
sneeuwhut snow-hut; *(v eskimo's)* igloo
sneeuwjacht driving snow, snowstorm; snowdrift
sneeuwketting *(om autoband)* (non-skid, snow) chain
sneeuwklokje snowdrop
sneeuwlijn, sneeuwlinie snowline
sneeuwlucht snowy sky
sneeuwman snowman
sneeuwpanter ounce, snow leopard
sneeuwploeg snowplough, *(Am)* snowplow
sneeuwpop snowman
sneeuwroos snowball, guelder rose
sneeuwruimen clear (shovel away) snow, clear [roads, etc] of snow
sneeuwruimer snow shovel(ler)
sneeuwschoen snowshoe
sneeuwschuiver 1 snowpush, snowshovel; **2** *zie* sneeuwploeg
sneeuwstorm snowstorm; *(verblindend)* blizzard
sneeuwuil snowy owl
sneeuwval 1 snowfall, [heavy] fall(s) of snow; **2** snow-slip
sneeuwvink snow finch
sneeuwvlaag snow-squall
sneeuwvlok snowflake
sneeuwvrij clear(ed) of snow
sneeuwwater snow-water; *(vuil)* slush
sneeuwwit snow(y) white
Sneeuwwitje Snow White
snek(rad) snail (wheel), fusee
snel 1 quick [her mind worked quickly], swift [action, calculation], fast [PC, her heart beats fast], rapid, speedy, *(dicht)* fleet; *~le jongen* smoothie; *~le val van de barometer* rapid fall of ...; *dat ging ~!* quick work!; *~ler (kunnen) lopen dan, (ook ve schip)* have the legs of; *zie ook* hard; **2** handsome; **3** trendy, swinging; **4** lively; sharp
snelbinder *(vglb)* bungee straps
snelblusser chemical *(of:* hand) extinguisher
snelbuffet snackbar, quick-service buffet
sneldienst limited stop service
sneldraaistaal high-speed steel
snelduik *(ve duikboot)* crash-dive
snelfiltermaling extra-fine ground [coffee for filters, cafetières and percolators]
snelheid speed [of a train], velocity [of light, a bullet, etc; the escape velocity of a space probe]; quickness, rapidity, swiftness; *~ door het water (over de grond, door de lucht)* through-the-water (ground-, air-)speed; *met een ~ van 100 km/u* at the rate (at a speed) of ...; *zie ook* maximumsnelheid
snelheidsbegrenzer speed limiter
snelheidsbeperking speed limit
snelheidsmaniak road hog; *zie* kilometervreter
snelheidsmeter speedometer, tachometer, speed indicator
snelkoker automatic (jug) kettle
snelkookpan pressure cooker
snelkookrijst minute rice
snellekweekreactor fast breeder (reactor)
snellen hasten, hurry, rush, dash [to a p.'s help]; *zie ook* koppensnellen
Snellius: *de wet van ~* Snell's law
snelrecht rapid (execution of) justice
snelschrift shorthand [writer], stenography
snelstaal high-speed steel
sneltekenaar lightning artist
sneltocht headhunting expedition
sneltrein fast train
sneltreinvaart tearing rush; *in ~ door het parlement jagen* rush [the budget] through Parliament
snelvarend fast(-sailing), high-speed
snelverband band-aid *(merk; ook fig)*
snelverkeer fast *(of:* high-speed, *Am:* express) traffic
snelverkeersweg *zie* snelweg

snelvoetig swift-, nimble-, fleet-footed
snelvuur rapid fire, quick-firing
snelvuurgeschut quick-firing guns
snelwandelen race-walk(ing), [the 10,000 metres] walk
snelweg motorway, *(Am)* superhighway; *elektronische ~* information (digital, electronic) superhighway
snelwerkend quick-acting, speedy [poison]
snelzeilend fast(-sailing)
snepper scarifier
sneren sneer, gibe, jibe
snerken I *intr* sizzle, frizzle; **II** *tr* frizzle
snerpen cut, bite; *(ve kogel)* zip, ping
snerpend biting, nipping, piercing [cold, sound], cutting [wind]; shrill [whistle]
snert 1 *(fam)* pea-soup; **2** *(fig)* trash, rubbish, tripe
snertvent worthless fellow, rotter, perisher
snertweer lousy weather
sneu I *bn* disappointing, sad, unfortunate; *dat vind ik ~ voor hem* I am sorry for him; *dat is ~ voor hem* it is hard (rough) on him; **II** *zn (ve beuglijn)* snood
sneuvelen be killed, fall (in battle, in action), be slain, perish; *(fig)* come to grief, *(kopje, record, enz)* be broken, *(in examen)* fail, be failed
snib(be) shrew, vixen
snibbig snappy [answer snappily], snappish
snibbigheid snappiness
snieren sneer, gibe, jibe
sniffen 1 sniff; **2** *(schreien)* snivel
snijbiet (Swiss) chard, leaf beet, seakale beet
snijbloemen cut flowers
snijbonenmolen bean-slicer
snijboon French bean; *snijbonen, (op tafel)* sliced (green) beans; *zie ook* raar & snijer
snijbranden oxyacetylene cutting
snijbrander oxyacetylene burner (torch, cutter)
snijden 1 cut; *(aan stukken)* cut up; *(voor~)* carve [meat]; *(fijn)* mince; *(in repen)* shred; *(snijbonen, ham, enz)* slice; *het laat zich ~ als kaas* it cuts like cheese; ***elkaar** ~, (v lijnen)* intersect, meet; *je **kon** ... wel ~* you could cut ... with a knife; *de spanning was om te ~* the tension was enormous; *het snijdt mij door de ziel (het hart)* it cuts me to the quick; *zie ook* gesneden, hout, mes, vinger, enz; **2** *(graveren)* carve [wood, etc; carve figures in wood, stone, etc], engrave; **3** *(castreren)* geld, cut; **4** *(kaartsp)* finesse; **5** *(sp)* undercut; **6** *(afzetten)* fleece, sting, make [a p.] pay through the nose; **7** *(ve auto)* cut in
snijdend cutting [wind, tone, she spoke cuttingly], sharp, biting [sarcasm], stinging [pain]; *(meetk)* secant, intersecting; *~ werktuig, zie* snijwerktuig
snijder 1 cutter, carver; **2** *(graveur)* engraver; **3** *(vero)* tailor; *zie* kleermaker
snijderspier sartorius
snijdervogel tailor-bird
snijding 1 cutting, (inter)section; **2** *(meetk)* intersection; **3** *(in vers)* caesura; **4** *(in het lijf)* gripes
snijer 1 *(fam:) een rare ~* a queer customer; *nog zo'n ~* another Johnny; **2** (type of) loaf
snij-ijzer diestock
snijkamer dissecting room
snijkant cutting edge
snijkoek *zie* ontbijtkoek
snijkop cutter
snijlijn secant, intersecting line
snijmachine cutting (slicing) machine, slicer, cutter; *(fot)* table; *(boekbinden)* guillotine
snijpunt (point of) intersection
snijtafel 1 dissecting table; **2** *(confectie, film)* cutting table
snijtand incisor, cutting-tooth
snijvlak section; *(v werktuig)* cutting face; *(fig)* interface
snijwerk carved work, carving, fretwork
snijwerktuig edge(d) tool, cutting tool
snijwond cut; incised wound, knife wound
snijzaal 1 dissecting room; **2** *(confectie)* cutting room
snik I *zn* sob, gasp; *een ~je* a half sob; *~ zonder tranen* dry sob; *de laatste ~ geven* breathe one's last; *tot de (mijn) laatste ~* to the last gasp, to my dying day; **II** *bn: niet goed ~* not all there, a bit cracked, dotty, potty, barmy
snikheet broiling, sweltering [day], suffocating(ly hot)
snikkel *(volkst)* John Thomas, willie
snikken sob; *~d uitbrengen* sob out
snip 1 snipe; **2** *zie* snipverkouden; **3** hundred-guilder note
snipper 1 cutting, clipping, snip(pet), chip, scrap, shred; *geen ~(tje)* not a scrap, not a shred; **2** piece of candied lemon (*of:* orange) peel
snipperdag day off; *de zeven extra vakantiedagen zullen als ~en worden opgenomen* the ... will be taken up in odd days over the year
snipperen snip, cut up, shred
snipperjacht paperchase, hare and hounds
snippermand waste-paper basket, *(Am)* waste basket
snipperuur spare (*of:* leisure) hour; *werk in de snipperuren* odd-time work
snipperwerk trifling work
snipverkouden: *~ zijn* have a streaming cold
snit [clothes of a foreign] cut; *naar de laatste ~* after the latest fashion
snobisme snobbery, snobbishness
snobistisch snobbish
snoei *(attr, fam) zie* loei
snoeien *(algem v bomen)* lop; prune [fruit trees, roses, lilacs, etc]; clip, trim [a hedge]; clip [money]
snoeier lopper, pruner, trimmer, clipper
snoeigoed *(fam)* super
snoeimes pruning knife; billhook
snoeischaar pruning shears, secateur(s)
snoeisel prunings, loppings
snoek pike; *hij ving een ~, (fig)* he got a ducking, *(bij het roeien)* he caught a crab

snoekbaars pike-perch
snoekduik headlong dive, *(fam)* header
snoeksprong pike dive
snoep sweets, *(Am)* candy
snoepcenten money for sweets; *hij verdient er een aardige snoepcent aan* he is making a nice thing out of it
snoepen 1 eat sweets (cakes, chocolates, *Am:* candy); *graag ~* be fond of sweets, have a sweet tooth; *wie heeft van de jam gesnoept?* who has been at the jam?; *wil je ~?* have a sweet?; **2** *(heimelijk)* sneak, steal [he was caught stealing sugar]; *(Am)* snoop
snoeper 1 person with a sweet tooth; **2** womanizer; *oude ~* old goat, old rake
snoeperig lovely, charming; *zie ook* snoezig
snoeperij, snoepgoed sweets, sweetmeats, *(Am)* candy
snoepje 1 sweet, *(Am)* candy; **2** *(fig) zie* snoes
snoepreisje trip, jaunt; *(Am ook)* junket; *(in auto)* joyride
snoepwinkeltje sweet shop; *(in school)* tuck shop
snoer [fishing] line, string [of pearls, beads], rope [of pearls], cord; *(elektr)* flex, *(Am)* cord; *iem aan zijn ~ krijgen* get a hold over a p.
snoeren string, lace, tie; *zie ook* mond
snoerloos cordless [telephone]
snoes sweetie, darling, pet, poppet; *een ~ van een hoed, enz, zie* snoezig
snoeshaan 1 *(opschepper)* show-off; **2** *(rare ~)* queer customer, rum fellow, odd fish
snoet snout, muzzle; *(gezicht)* mug; *hou je ~, (fam)* keep your mouth shut; *aardig ~je* pretty face; *(pers)* pretty little thing
snoeven boast, brag, swagger; *~ op* boast (*of:* brag) of
snoevend *(ook)* vainglorious
snoever boaster, braggart
snoeverij bragging, boast(ing), braggadocio, swagger, swank
snoezepoes *zie* snoes
snoezig sweet, lovely, cute [hat]; *een ~(e) hoed, kind, naam, japon, enz, (ook)* a duck of a hat, ..., etc, a dream of a gown; *~e meisjes* sweet girls
snok pull, jerk
snol *(plat)* tart, bitch
snood base, vile, wicked, heinous [crime], sinister [for some sinister purpose], nefarious [schemes], deep-laid [plot]; *snode ondankbaarheid* base ingratitude
snoodaard villain, miscreant
snoodheid baseness, etc
snoof *ovt van* snuiven
snoot *ovt van* snuiten
snor 1 moustache; *(ve kat, enz)* whiskers; *zijn ~ drukken* shirk, keep a low profile; **2** *(vogel)* Savi's warbler; **3** *dat zit wel ~* that will be all right
snorbaard moustache; *(ve kat)* whiskers; *oude ~* fire-eater
snorder crawler, crawling (plying, cruising) taxi(cab)
snorfiets light moped
snorharen whiskers
snorkel snorkel, snort
snorkelen snorkel (swimming)
snorken, enz **1** *zie* snurken, enz; **2** *zie* snoeven, enz
snorkerig bragging, vainglorious
snorrebot bull-roarer
snorren 1 *(ve machine, enz)* whirr, drone; *(zacht)* purr, *(ve spinnewiel, enz)* hum; *(ve pijl, kogel, enz)* whizz; *(ve kachel)* roar; *een bus snorde voorbij* a ... roared by; **2** *(ve taxi)* crawl, ply for hire; **3** hunt; **4** catch, nab
snorrenbaard moustache; *(ve kat)* whiskers; *oude ~* fire-eater
snorrepijperij gimcrack(ery), knick-knack, trifle
snot 1 (nasal) mucus; *(plat)* snot; *(opgedroogd, sl)* bogey; **2** *(vogelziekte)* coryza, roup; *zie ook* droes 1
snotaap brat, urchin, whipper-snapper; *iem als een ~ behandelen* treat a p. like dirt
snotdolf *(vis)* lumpsucker
snotje: *ik had hem in het ~, (fam)* I had twigged him, knew what he was up to; *in het ~ krijgen* twig, get wind of [s.t.]
snotjongen *zie* snotaap
snotneus 1 *(eig)* snotty nose; **2** *(lamp)* slush lamp; **3** *zie* snotaap
snotolf *(vis)* lumpsucker
snotteren snivel, blubber, blub
snotterig snotty, snivelling
snotziekte coryza, roup
snuf smell; *(snuif)* snuff; *~ ~* sniff sniff; *in de ~ hebben* suspect; notice
snuffel *zie* snufferd
snuffelaar(ster) prying person, Paul Pry, Nosy Parker
snuffelen 1 *(met neus)* sniff; **2** *(fig)* nose, ferret, rummage [in a drawer, etc], pry [into s.t.], root, hunt [in old books]; *~ aan, (fig)* explore, take a look at, consider; *naar iets ~* forage for s.t.
snuffelhond sniffer dog
snuffelpaal air pollution detector
snuffen *zie* snuiven
snufferd conk; *op zijn ~* [he fell] on his nose
snufje: *het nieuwste ~* the latest novelty, the last word, the latest thing [in hats, etc]; *met de laatste ~s* sophisticated; *technisch ~* gadget; *~ zout* pinch of salt
snugger clever, bright [a bright lad], smart, sharp, quick in the uptake, brainy [chap, idea]; *het is een ~e vent, (ook)* his head is screwed on all right; *hij is niet (een) van de ~sten* he is not over-intelligent
snuif snuff; *~je* pinch of snuff (*ook:* of salt, etc)
snuifdoos snuffbox
snuiftabak snuff
snuisterij knick-knack, trinket, bauble, gewgaw; *~en, (ook)* bric-a-brac
snuit snout, muzzle; *(ve olifant)* trunk; *(ve insect)* proboscis; *(gezicht)* mug; *zie ook* snoet
snuiten snuff [a candle]; blow [one's nose]
snuiter 1 (pair of) snuffers; **2** chap, fellow; *rare ~*

queer customer, odd fish, rummy chap; *vrolijke kleine ~* cheerful little beggar

snuitkever snout beetle

snuiven 1 sniff *(ook van cocaïne)*, give a sniff, snuffle; *(piepend ademhalen)* wheeze; *(v woede, enz)* snort [with fury, etc]; *(ve paard)* snort; **2** *(snuif gebruiken)* take snuff

snuiver 1 sniffer; **2** snuff-taker; **3** *(ve onderzeeër)* snorkel

snurken 1 snore; *~d, (ook)* stertorous [breathing]; **2** *zie* snoeven

snurker 1 snorer; **2** *zie* snoever, enz

snurkerig bragging, vainglorious

soa STD; *zie* overdraagbaar

sober sober, frugal; *(schraal)* scanty

soberheid soberness, sobriety, frugality, scantiness

sobertjes scantily, poorly

sociaal social [drinking, geography, justice, security, welfare, etc]; *~ assistente, werkster* welfare (*of:* social) worker; *Sociale Dienst* Social Security Office; *sociale lasten* national insurance contributions; *sociale partners* employers' and workers' organizations and government; *sociale uitkeringen* welfare benefits; *sociale verzorging* welfare work; *sociale voorzieningen* welfare services; *Sociale Zaken* Social Services Department; *zie ook* academie

sociaal-cultureel sociocultural

sociaal-democraat social democrat

sociaal-democratie social democracy

sociaal-democratisch social democratic

sociaal-economisch socio-economic

sociabel sociable

socialisatie socialization

socialiseren socialize

socialisme socialism

socialist socialist

socialistisch socialist(ic)

sociëteit club(house); *de S~ van Jezus* the Society of Jesus; *zie ook* soos & studentensociëteit

sociniaan(s) Socinian

socio 1 social worker, etc; **2** softy, softie

sociobiologie sociobiology

sociodrama sociodrama

socio-economisch socio-economic

sociogram sociogram

sociolinguïstiek sociolinguistics

sociologie sociology [of medicine, race, etc], social science

sociologisch sociological

socioloog sociologist, social scientist

sociometrie sociometry

socratisch Socratic (*bw:* -ally)

soda soda [water; a whisky and soda]

sodeflikker *zie* sodemieter

sodeju! christ!

sodemieter *(plat)* **1** sodomite; **2** bastard, [poor] bugger; *als de ~* like hell, like blazes; *het helpt geen ~* it's no bloody use; **3** *zie* donder; *geef 'm op z'n ~!* let him have it!

sodemieteren *(plat)* **I** *tr* chuck; **II** *intr* fall, drop; *sodemieter op!* get the hell out of here!; *lig (volkst: leg) niet te ~!* chuck it!, *(Am)* cheese it!

sodomie sodomy

sodomiet sodomite

sodomsappel apple of Sodom, Dead Sea apple

soebatten implore, beseech

soedah! never mind!; enough!

Soedan Sudan; *de ~* the Sudan

Soedanees *bn & zn* Sudanese *(ook mv)*

soefi(sme) Sufi(sm)

soelaas solace, comfort

Soemeriër, Soemerisch Sumerian

Soendanees *bn & zn* Sundanese *(ook mv)*

soenna Sunna

soenniet Sunni, Sunnite

soep 1 soup; *(helder, ook)* consommé; *(gebonden, ook)* cream [of asparagus]; *(bouillon)* broth; *in de ~ rijden* smash up [a car]; *in de ~ zitten* be in the soup (a hole, a mess); *niet veel ~s* not up to much, nothing to write home about; *de ~ wordt nooit zo heet gegeten als ze opgediend wordt, (vglb)* things are sure to simmer down; it may not be as bad (draconian, etc) as it looks; **2** *(onzin)* rubbish, tommy rot

soepballetje forcemeat ball

soepbord soup plate

soepel 1 supple [leather, mind], flexible [tubing], pliant [branches]; *~ maken (worden)* supple; *~ lopen* run (go, work) smoothly; **2** *(plooibaar)* flexible, (com)pliant; *~ leiding geven* lead with a light hand; *ze zijn nogal ~* they show consideration; *~ oplossen* solve [a problem] smoothly

soepelheid suppleness, flexibility

soeperig *(ook fig)* soupy, wishy-washy

soepgroente vegetable(s) for the soup

soepjurk baggy, sack-like dress; *(fam)* long dress

soepketel soup kettle

soepkip boiling fowl, boiler

soepkokerij soup kitchen

soeplepel soup ladle; *(eetlepel)* soup spoon

soepschildpad green turtle

soepstengel breadstick

soeptablet stock cube

soepvlees meat for cooking and serving in soup

soepzootje *(fig)* mess

soera surah, chapter of the Koran

soes 1 *(dommel)* doze; *oude ~* old dotard, old muff; **2** *(gebak)* puff, puffed cake

soesa bother, worry, worries, trouble, fuss

soeverein I *bn* sovereign; *~e macht* supreme authority; *~e minachting* supreme contempt; **II** *zn* sovereign, ruler; *(munt)* sovereign

soevereinboor countersink drill, rose bit

soevereinen countersink

soevereiniteit sovereignty, sovereign power

soezen doze, be wool-gathering, be in a brown study; *waarover zit je te ~?* a penny for your thoughts

soez(er)ig dozy, drowsy
sof *(fam)* wash-out, flop; *(attr)* rotten, lousy
sofa sofa
sofboel *zie* sof
Sofia Sophia; *(stad)* Sofia
sofiekruid flixweed
sofinummer tax and social security identification number
sofisme sophism
sofist(erij) sophist(ry)
sofistisch sophistic(al)
sofrein chamfer
softenon thalidomide [baby]
soigneren *zie* verzorgen & verzorgd
soiree soirée, evening party
soja soy(a) [flour]; bean sauce
sojaboon soy(a) bean, *(Am)* soybean
sojakoek bean cake
sojaolie soy(a) bean oil
sojasaus soy (sauce)
sok 1 sock; *op zijn ~ken* in one's socks; *held op ~ken* funk, coward, pasteboard knight; *er de ~ken in zetten* spurt, hurry; *van de ~ken gaan* faint, pass out; *iem van de ~ken rijden* knock a p. down, bowl a p. over; **2** *(ve dier)* [white] stocking; **3** *(techn)* socket; **4** *(pers)* mug, duffer; *ouwe ~* old buffer, old fogey, dotard, crumblie
sokkel socle, plinth
sokophouder (sock) suspender
sokpantoffel slip sock
soksleutel *(techn)* socket wrench
sol *(natuurk & muz)* sol
solaas solace, comfort
solair solar
solarium solarium; *(ruimte, ook)* suntrap
solawissel sola (bill), sole bill
soldaat soldier *(ook bij insecten)*; *~ 1e klas, (vglb)* lance corporal; *gewoon ~* private (soldier); *een fles ~ maken* crack a bottle
soldaatje 1 toy soldier; *~ spelen* play (at) soldiers; **2** *(brood)* crouton; **3** *(plant)* military (*of:* soldier) orchid
soldatenbrood *zie* commiesbrood
soldatenleven a soldier's (*of:* military) life, soldiering
soldatenmuts forage cap
soldatenvolk soldiery
soldatesk soldierly, soldier-like
solde remnant; *~n, ~s* (stocktaking) sales
soldeer [soft, brazing, tin-lead] solder
soldeerbout soldering iron
soldeerbrander, soldeerlamp blowlamp, *(Am)* blowtorch
soldeerpasta flux
soldeerpistool soldering gun
soldeersel [soft, brazing, tin-lead] solder
soldeertin tin solder
soldeerwater soldering fluid, flux
solden 1 remnants; **2** sales
soldenier *(hist)* mercenary
solderen 1 solder, *(hard)* braze; **2** *(prijs)* reduce
soldij pay
soleirolia *(plant)* mind-your-own-business
solemneel solemn
solemniseren solemnize
solenoïde *(elektr)* solenoid
soleren 1 give a solo performance; **2** solo, go it alone
solfatare solfatara
solfège *(muz)* solfeggio (*mv ook:* -ggi), solfege
solfegiëren sing solfeggio; solfeggio singing, solmization
solfer sulphur
soli *zie* solo
solidair *(jur)* solidary; *~ aansprakelijk* jointly and severally liable, responsible jointly and severally; *~ zijn* stand by each other; *zich ~ verklaren met* (decide to) act in sympathy (declare one's solidarity, throw in one's lot) with; *zich ~ voelen met* feel at one with
solidariseren 1 consolidate, solidify; **2** identify (o.s.) with; *vgl* solidair
solidariteit 1 solidarity; *staken uit ~* strike (come out) in sympathy [*met* with]; **2** *(handel)* joint liability
solidariteitsgevoel feeling of solidarity
solidariteitsstaking sympathy (sympathetic) strike
solide 1 *(stevig)* substantial, solid, strong; *~ gebouwd* soundly constructed (*of:* built); **2** *(oppassend)* steady(-going); **3** *(fatsoenlijk)* respectable, reliable [firm]; **4** *(vertrouwbaar)* trustworthy, reliable; *~ effecten* sound securities; **5** *(in staat te betalen)* solvent
soliditeit substantiality, solidity; steadiness, respectability; reliability; solvency; [financial] stability, soundness; *vgl* solide
solied *zie* solide
solipsisme solipsism
solist(e) soloist
solistisch solo; *~ optreden* act on one's own (authority), do things without consultation
solitair I *bn* solitary; **II** *zn (diamant, spel)* solitaire; *(kluizenaar)* recluse, solitary; *(dier)* rogue [elephant]
sollen romp [with a child]; *~ met* haul about, drag about; *(fig)* make fun (a fool) of; *hij laat niet met zich ~* he won't stand any nonsense, he is not to be trifled with; *~ met de waarheid* trifle with the truth
sollicitant candidate, applicant; *~en oproepen voor* invite applications for
sollicitatie application
sollicitatiebrief letter of application
sollicitatiegesprek job interview
solliciteren apply; *~ naar* apply for, stand (go in) for; *(fam)* put in for [a job], ask for [a punch on the nose]
solmiëren, solmiseren *(muz)* solmizate
solo I *zn* solo (*ook kaartsp & luchtv; muz ook mv:*

soli); II *bn* solo [attempt, cello, part, singing; fly, play, solo]
soloecisme solecism
solospel solo performance
solotoer: *op de ~ gaan* go it alone
solozanger(es) soloist, solo vocalist
solsleutel *(muz)* G clef
solstitium solstice
solutie (rubber) solution
solvabel solvent
solvabiliteit solvency, solvability
solvent solvent
solventie solvency
som 1 *(bedrag)* sum (*ook:* the sum of the angles of a triangle); *een aardig ~metje* a tidy little sum; **2** *(vraagstuk)* sum, problem; *een ~ maken* do a sum; *hij kan goed ~men maken* he is good at sums
Somalië Somalia
Somaliër, Somalisch Somali(an)
somatisch somatic [cells, complaints, diseases]
somber gloomy [house, person, forest, sky], sombre [sky, colour], dull, dismal [weather], dreary [landscape], cheerless [house], bleak [future]; *(ve stemming)* dejected, melancholy; *~ gestemd* dejected, in low spirits
somberen speak pessimistically [about the economy]
somberheid gloom, sombreness, dullness, cheerlessness, dejection
sombrero sombrero
somma sum total, total amount
sommatie summons
sommeren summon, call (up)on; serve a notice (a writ) on [a p.]; *de menigte ~ uiteen te gaan, (ook)* read the Riot Act; *zie ook* optellen
sommige some; *~n* some (people)
somnambule somnambulist
somnambulisme somnambulism
somp bog
sompig soggy, boggy, marshy
soms sometimes, now and then; *(misschien)* perhaps [I looked to see if perhaps it might be there]; *~ ..., ~ ...* at times ..., then again ...; *hij kan ~ heel aardig zijn* he can be very nice at times; *hij zat er ~ uren* he would sit there for hours; *hebt u ~ anjers?* have you any carnations(, by any chance)?; *als je er ~ voorbij gaat* if you happen to pass that way; *hij is ...; of niet ~?* he is ...; or is he?; *zie ook* misschien
somtijds, somwijlen *zie* soms
sonant sonant
sonantisch sonant
sonar sonar
sonate sonata
sonatine sonatina
sonde *(stift, meet~)* probe, sound, [radio]sonde; *(buisje)* catheter, tube; *met een ~ voeden* drip-feed
sonderen probe, sound (*ook fig:* a p.)
songtekst lyric
sonnet sonnet
sonnettenkrans sonnet cycle
sonogram sonogram
sonoor sonorous
sonoriteit sonority
soort kind, sort, species; style [of binding]; *(merk)* brand; *(biol)* species; *vroege en late ~en* early and late varieties; *eerste ~ eieren* top-grade eggs; *een ~ dichter* a poet of sorts, a sort of poet; *een ~ gebroken Engels* [he spoke] broken English of a kind (of a sort); *voor jou of jouw ~* [I'll not work] for you or your likes (or the likes of you); *Dick, of zo'n ~ naam* ... or some such name; *hij is een goed ~* he is a good sort; *~ **zoekt** ~* like seeks like; birds of a feather flock together; ***in** zijn ~* [the speech was a gem, was good] of its kind, [a masterpiece, unique] in its way; *zie ook* enig; *hij is niet **van** onze ~* he is not our sort; *mannen van dat ~* men of that stamp; *mensen van hetzelfde ~* people of the same kind (sort); *zie ook* hefboom & [1]slag
soortelijk specific [gravity *gewicht*]; *~ verschillend* specifically distinct
soortement sort, kind of
soortgelijk similar, suchlike, of the same kind
soortgenoot congener, one of the same kind
soortnaam class-name, generic (specific) name
soos club; *op de ~* at the club; *zie ook* sociëteit
sop broth; *(zeepsop)* [soap] suds, sudsy water; *het ruime ~* the offing, the open sea; *het ruime ~ kiezen* stand out to sea; *een ~je halen* get wet through; *het ~ is de kool niet waard* the game is not worth the candle; *iem in zijn eigen ~ laten gaar koken* let a p. stew in his own juice; *met hetzelfde ~ overgoten* tarred with the same brush
soppen 1 dunk, sop [bread], steep; *zij kunnen niet ruim (vet) ~* they are not well off; *(plat)* fuck; **2** slosh [through the mud]; wash down [the car]
sopperig 1 *(ve weg, enz)* slushy, muddy; **2** *(v eten)* sloppy; **3** *(v kleren)* sloppy, floppy
soppig *zie* sopperig 1 & 2
sopraan soprano (*mv:* -nos, -ni), treble
sopraanblokfluit descant recorder
sopraanpartij soprano part
sorbe(boom) sorb; *(boom ook:)* sorb tree
sorbekruid burnet
sorbet sorbet, *(Am)* sherbet
sordino sordine, muffler, damper
sores trouble(s), worries
sorghum sorghum
sorteerder sorter, grader; *vgl* sorteren
sorteerstrook filter lane
sorteren sort, assort; *(naar kwaliteit, ook)* grade; *(naar grootte, ook)* size; *ongesorteerde eieren* ungraded eggs; *(geen) effect ~* be (in)effective, produce an (no) effect; *zie ook* gesorteerd
sortering 1 sorting, grading, sizing; *vgl* sorteren; **2** *(collectie)* [large] assortment, range, selection
sortie 1 *(kaartje)* pass-out (*of:* return) check; **2** *(uit-*

val) sortie, sally; **3** *(mantel)* opera cloak (*of:* wrap)
sortiment assortment
sosiodontie restorative dentistry
sottise silly thing, folly
sotto voce sotto voce, in an undertone
sou: *geen ~* not a sou, not a penny
soubrette soubrette
souche counterfoil, (payment) stub
soufflé soufflé
souffleren prompt
souffleur prompter
souffleurshokje prompter's (*of:* prompt) box
souper supper
souperen take (have) supper, sup
souplesse flexibility; *(fig ook)* compliance, tolerance
sourdine sordino, muffler, damper; *(ve orgel)* sourdine
sousafoon sousaphone
sousbras dress shield, dress preserver
souschef sub-chief, deputy head
sousmain blotting pad
souspied *(hist)* **1** (trouser) strap; **2** spat
soutache braid
soutane soutane, cassock
souteneur souteneur, pimp, ponce, fancy man
souterliedekens metrical psalms
souterrain basement (storey); *(archeologie)* souterrain
souvenir souvenir, keepsake, memento
sovjet Soviet [Republic]
Sovjet-Unie Soviet Union, USSR
sowieso in any case
spa 1 *zie* spade; **2** *zn* mineral (water)
spaak spoke; *(ve stoel)* rung; *(ve gangspil)* bar; *hij stak mij een ~ in het wiel* he put a spoke in my wheel; *het loopt vast ~* it's sure to go wrong
spaakbeen radius
spaakwiel spoked wheel
spaan 1 chip [of wood]; **2** *(boter~)* scoop, pat; **3** *(schuim~)* skimmer; **4** *(dak~)* shingle
spaander chip; *~s, (ook)* shavings; *waar gehakt wordt vallen ~s* you can't make an omelette without breaking eggs
spaanplaat chipboard, *(Am)* particleboard
Spaans Spanish; *~e aak* (field) maple; *~ groen* verdigris; *~ leer* Spanish leather, cordovan; *~e peper* red (green, yellow) pepper, capsicum, *(één peul)* chilli; *~ riet* cane; *~e ruiters* chevaux-de-frise; *~e vlieg, (med)* Spanish fly, cantharides *(mv); (insect)* blister beetle, Spanish fly; *~e zeep* white soap; *het ging er ~ toe* there were wild goings-on there
Spaanse Spanish woman
Spaans-Portugees Hispano-Portuguese
spaarbank savings bank; *zie ook* halen, zetten, enz
spaarbankboekje savings bank book, deposit book
spaarbekken storage basin, reservoir
spaarbewijs savings certificate
spaarbrander pilot flame, bypass burner
spaarbrief savings certificate
spaarcenten savings, nest egg, 'stocking'
spaarder saver; *(inlegger)* depositor
spaarduiten, spaargeld *zie* spaarpenningen
spaarkas savings bank
spaarlamp low-energy bulb (lamp)
spaarpenningen savings, nest egg, 'stocking'
spaarpot money box; *een ~je maken* lay by (save up) a little money; *een aardig ~je* a nice little nest egg
spaarrekening savings account
spaartegoed savings balance
spaarvarken piggy bank
spaarzaam 1 *(zuinig)* economical [*met* of], thrifty; sparing [of praise, of words]; *~ verlicht* sparingly (dimly) lighted, darkly lit; *zie verder* zuinig; **2** *(schaars)* scanty [information], sparse [words], infrequent [occasions]
spaarzaamheid thrift, economy
spaarzegel saving(s) stamp
spaat spar
spade *zn* spade; *de eerste ~ in de grond zetten* cut the first sod, turn the first spadeful of earth, break ground
spadille spadille
spagaat [do the] splits; *(fig)* split, dilemma, quandary
spaghetti spaghetti [junction, western]
spaghettistuur aerobars
spakerig 1 *(hout)* dry; **2** *(lucht)* hazy
spalier espalier, trellis-, latticework
spalierboom espalier (tree)
spalk splint
spalken splint, put in splints
span 1 *(maat)* span [of the hand]; **2** *(gespan)* team [of horses, oxen], yoke [of bullocks]; set, match-pair [of carriage horses]; *een aardig ~* a nice couple; *een mooi ~ voor een bokkenwagen, (iron)* strange yoke-fellows; *zie ook* verwisselen
spanbeton pre-stressed concrete
spanbroek *(kort)* (pair of) tights, *(lang)* (pair of) pantaloons
spandienst statute labour with teams; *zie ook* handen spandiensten
spandoek banner
spanen *bn* chip; *~ mandje* chip (basket), *(voor fruit, ook)* punnet
spang clasp, ring
spanhaak tenterhook
spaniël spaniel
Spanjaard Spaniard
Spanje Spain
spanjolet espagnolette, French-window fastener
spanjool Spaniard
spankracht tensile force, tension; elasticity; *(v gas, enz)* expansibility, expansive force
spanlaken straitjacket
spanmoer tightening nut
spanne: *~ tijds* [our life is but a] span, brief space of

time

spannen I *tr* **1** stretch [a rope across the road]; string [a racket]; **2** *(strakker ~)* tighten; *(boog)* bend, draw; *(spieren, zenuwen)* strain [one's muscles, every nerve]; *(trommel)* brace [a drum]; *de haan van een geweer (weer)* ~ (re-)cock a rifle; **3** *(strik)* lay [a snare], *(net)* spread [a net]; **4** *(de aandacht)* strain [the attention]; **5** *(aan-, in~)* harness; *de paarden voor het rijtuig* ~ put (harness) the horses to (the carriage); *zich ervoor* ~ take the matter in hand, take up the case; *zie ook* gespannen, boog, verwachting, enz; **II** *intr (ve kleed)* be (*of:* fit) tight; *het zal er* ~ it will be hot work, there will be some sharp exchanges; *het spande erom* it was a near (a close) thing; *het zal erom ~ te ...* it will be a squeeze [to get everybody in, to balance the budget, etc]; *als het erom spant* at a pinch, at a squeeze; *zie ook* nijpen

spannend **1** exciting [game, scene]; *(sterker)* thrilling [race, story]; tense [drama, moment, scene]; **2** tight [jeans]

spanner *(vlinder)* geometer; *zie* spanrups

spanning **1** *(algem, van spieren, zenuwen, enz)* tension; **2** *(natuurk)* tension, stress, strain; *(druk)* pressure; *(elektr)* tension, voltage; **3** *(ve brug, enz)* span; **4** *(fig)* [a state of great] tension, [political] stress; *(onzekerheid)* suspense; *in angstige ~* on tenterhooks, [look] anxiously; *iem in ~ houden* keep a p. in suspense (on tenterhooks); *ogenblik van ~, (ook)* tense moment; *met ~ verwacht* anxiously (eagerly) expected

spanningsmeter **1** *(elektr)* voltmeter; **2** *(ve autoband)* tyre gauge; **3** *(med)* tonometer

spanningsregelaar voltage regulator

spanningsveld *(fig)* area of tension, interface [between religion and politics]

spanningsverschil potential difference

spanningzoeker voltage tester

spanraam tenter

spanrups geometer, looper, *(Am ook)* spanworm

spanschroef tightening(-up) screw, stretching screw; *(draad~)* turn-buckle, bottlescrew; *(v want)* rigging screw

spant *(ve dak: één balk)* rafter; *(dakstoel)* truss; *(ve houten schip)* timber; *(ve stalen schip)* frame

spanwijdte span; *(vleugel~)* wingspan, wingspread

spanzaag frame-, span-, buck-, bow-saw

spanzeil **1** *(med)* straitjacket; **2** jumping sheet

spar **1** *(boom)* fir, *(fijne ~)* spruce; **2** *(ve dak)* rafter

sparappel fir cone

sparen I *tr* **1** *(op~)* save, save up [money]; reserve [s.t. for another occasion]; *wie wat spaart heeft wat, ~ doet garen* a penny saved is a penny gained, waste not want not; **2** *(ontzien)* spare [a p.('s life), neither time nor money]; *zich (zijn krachten) ~* husband (save, nurse) one's strength; *de fles niet ~* not spare the bottle; *geen moeite of kosten ~* spare no pains or expense; *spaar me ...* spare me [your remarks, that humiliation *vernedering*]; *om het boek te ~* [binding] to preserve the book; **II** *intr* save (up) [for one's old age], lay by (money); *~ voor een reisje* save up for a trip; *zie ook* besparen

sparren *(sp)* work out, have a work-out; *(boksen, enz)* spar

sparrenboom spruce

sparrenhout fir wood, deal

sparrenkegel fir cone

Spartaan(s) Spartan

spartelen thrash about; *(hulpeloos)* flounder, struggle, squirm

spasme spasm

spasmodisch spasmodic

spasticiteit spasticity

spastisch spastic (*ook fig:* a spastic idea); *~e patient* spastic; *~e verlamming* cerebral palsy; *daar word ik ~ van* it drives me up the wall

spat **1** *(vocht)* spatter, splash; *(vlek)* speck, stain, spot; *zie ook* spatader & spatje; *geen ~, (fam)* not an atom (a scrap); *geen ~ uitvoeren* not do a stroke of work; **2** *(bij paarden)* spavin

spatader varicose vein, varix (*mv:* varices)

spatbord *(vóór aan rijtuig)* splashboard; *(over wiel)* mudguard, *(ve auto, ook)* wing, *(Am)* fender

spatel spatula, slice; *(ve schilder)* palette knife, spatula

spatelvormig spatulate

spatie space

spatiebalk space bar

spatiëren space (out)

spatiëring spacing

spatje **1** speck; [a] spatter [of rain]; **2** *(borrel)* spot, dram; **3** *zie* spats(ies)

spatkleed apron

spatlap *(fiets)* mud(guard) flap

spatsies *(fam)* swank; *~ maken* make a fuss; swank

spatten splash, spurt, spirt, spatter; *(ve vlam, enz)* sp(l)utter [a spluttering nightlight]; *(ve pen)* splutter; *vonken ~* emit sparks, sparkle; *zie ook* uiteenspatten; *~d zeewater* spray (of the waves)

spatwerk spatterwork

spe: *in ~* intended, prospective, [his bride-]to-be

specerij spice; condiment; seasoning

specht woodpecker; *(blauwe)* nuthatch; *(groene)* green woodpecker, rainbird; *(zwarte)* black woodpecker; *grote bonte ~* woodpie, great spotted woodpecker

speciaal special [treatment, a special case], particular [in this particular case]; *speciale commissie* select committee; *een speciale vriend van me, (fam)* a great pal of mine; *~ werk maken van* specialize in [a subject], make a speciality of, make [it] one's speciality; *ik heb ~ op zijn handen gelet* I noted his hands in particular; *~ voor jou* [I bought it] (e)specially for you; *vgl* bijzonder

speciaalzaak specialist shop

specialisatie specialization; [Greek is his] speciality

specialiseren: *(zich) ~* specialize

specialisering specialization
specialisme specialism, speciality
specialist specialist, expert [*in* on]; *(med ook)* consultant
specialistisch specialist(ic), specialized
spécialité *(med)* patent medicine
specialiteit speciality, [brass work is our] specialty
specie 1 specie, ready money, hard cash; **2** *(kalk)* mortar; **3** *(bagger)* spoil
specieel specialized, concerned with one or more specific kinds [of disease, treatment, etc]
specievoorraad (stock of) bullion
specificatie specification, specified statement; breakdown [of a bill]
specificatiebiljet *(bank)* paying-in slip
specificeren specify, particularize; *gespecificeerd,* *(ook)* detailed, itemized [account, statement]
specificum *(med)* specific
specifiek specific (*bw:* -ally); ~ *voor* specific to (for); ~ *gewicht* specific gravity; ~*e rechten* specific duties
specimen specimen [page, signature]
spectaculair spectacular
spectator spectator
spectraalanalyse spectrum (spectral) analysis
spectrometer spectrometer
spectroscoop spectroscope
spectrum spectrum (*ook fig:* a wide spectrum of opinion, the political spectrum, a wide spectrum of ability)
speculaas (kind of) hard brown spiced biscuit
speculant speculator, operator; ~ *à la hausse* bull; ~ *à la baisse* bear
speculatie speculation, *(fam)* spec; *op* ~ on speculation, *(fam)* on spec
speculatiebouw *zie* revolutiebouw
speculatief speculative [investment, treatise]
speculeren speculate; ~ *op* trade on, take advantage of [a p.'s weakness], gamble on [the chance that ...], hope for, expect [an inheritance]; *grof* ~ plunge; *gaan* ~ launch into speculations; *zie ook* baisse & hausse
speculum speculum
speech speech
speechen make a speech; propose a toast; *(iron)* speechify
speeksel saliva, spittle, spit
speekselafscheiding secretion of saliva, [promote the] flow of saliva
speekselklier salivary gland
speelautomaat gaming (*of:* slot) machine
speelbaar playable [ball], *(muz, ook)* performable
speelbal 1 (player's, playing) ball; *(biljart)* cue ball; **2** *(fig)* sport, toy, plaything, tool; puppet [he became a puppet in their hands]; *de* ~ *der fortuin* the sport of fortune; *het schip is de* ~ *der golven* the ... is at the mercy of the waves
speelbank gaming (gambling) house
speeldag [the first] day of play, playing day
speeldoos musical (*Am:* music) box
speelduur playing time
speelfilm feature film; fictional film
speelgeld cash for playing; *(inzet)* stake(s), *(pot)* pool
speelgenoot playfellow, playmate
speelgoed toys, playthings; *een stuk* ~ a toy
speelgoedwinkel toyshop
speelhal amusement arcade
speelhelft *(tijd & veld)* half
speelhol gambling (gaming) den
speelhuis gambling (gaming) house
speelkaart playing card
speelkamer [children's] playroom
speelkameraad playmate, playfellow
speelkwartier break, interval; *in het* ~ during play(time)
speellokaal *(in school, enz)* games room
speelmakker playmate, playfellow
speelman fiddler, minstrel; *de* ~ *zit nog op het dak* they are still in their honeymoon
speelpenning counter, fish; ~*en, zie ook* ~en
speelplaats, speelplein playground
speelpop *(fig)* doll, puppet, toy; *zie ook* speelbal
speelruimte 1 play [of parts in motion]; **2** *(fig)* scope, elbow room, margin, latitude, leeway, [have] full (*of:* free) play, room for manoeuvre
speels playful, sportive, whimsical
speelschuld gambling (gaming) debt
speelseizoen playing season; *(theat)* theatrical season
speelsgewijze *zie* spelenderwijs
speelsheid playfulness, etc, *vgl* speels
speelster 1 player; **2** gambler; **3** actress
speelstuk *(theat)* [a good] acting play
speeltafel 1 gambling (gaming) table; **2** *(ve orgel, enz)* console; **3** *(~tje)* card table
speelterrein playground, recreation ground; playing field
speeltijd 1 playtime; **2** *(sp)* playing time; **3** *(sp)* period
speeltje plaything
speeltuig 1 musical instrument; **2** plaything(s), toy(s)
speeltuin playground, recreation ground
speeluurwerk chiming clock
speelveld field of play, pitch
speelverbod playing ban
speelwerk 1 chime [of a clock]; **2** *(fig) zie* kinderspel
speelwijze style of play, manner of playing
speelzaal gaming (gambling) room; *(in sociëteit, enz)* card room
speelziek *zie* speels
speelzucht passion (mania) for gambling
speen teat, *(vero v mens)* nipple; *(fop~)* dummy, comforter
speenkruid lesser celandine
speenvarken sucking pig; *zie* schreeuwen

speer spear; *(werp~)* javelin
speerdistel spear thistle
speerpunt spearhead *(ook fig)*
speerwerpen *zn* javelin-throwing, throwing the javelin; *P won het ~* P won the javelin (event)
speerwerper javelin thrower
speet I *zn* spit, skewer; **II** *ww ovt van* spijten
speetaal spitchcock
spek *(gezouten, gerookt)* (fat) bacon; *(vers)* pork; *(ve walvis)* blubber; *~je, (vglb)* marshmallow; *voor ~ en bonen meedoen (erbij zitten)* be present on sufferance (sit by doing nothing); *met ~ schieten* draw (*of:* pull) the long bow, romance; *dat is geen ~(je) voor jouw bek(je)* that's not for the likes of you
spekbokking fat bloater
spekbuik paunch
spekglad extremely slippery
spekhaak S (*mv:* Ss, S's), butcher's hook
spekken 1 *(eig)* lard; **2** *(fig)* (inter)lard [one's talk with foreign phrases]; *zijn beurs (zakken) ~* line one's purse (one's pockets); *goed gespekte beurs* well-lined (*of:* long) purse
spekkoek 1 bacon pancake; **2** Indonesian spiced layer cake
spekkoper bacon merchant; *hij is een hele ~* he is well off
speklap 1 broad slice of streaky bacon; **2** *(v mens)* roll of fat
speknaald larding pin
speknek (person with a) fat neck
spekslager pork butcher
speksteen soapstone, French chalk, steatite
spektakel 1 spectacle, scene; **2** uproar, racket, hubbub, *(fam)* rumpus; *~ maken (schoppen)* kick up a row; *zie ook* herrie
spektakelstuk 1 blood-and-thunder play; **2** spectacular event
spekvet bacon fat
spekzool crepe sole
spekzwoerd pork rind, bacon rind
spel 1 *(het spelen)* play, [he congratulated the team on their] performance; *(een spel)* game [I watched his play and approached him after the game]; *~letje* game; round [a round of golf]; *hij is nog met hetzelfde ~letje bezig* he is still at the old (the same) game; *dat ~letje ken ik ook!, (fig)* two can play at that game!; *het* ***afwisselende*** *~ van licht en kleuren* the shifting play of light and colour; *het ~* ***bederven*** spoil the game; *een ~letje* ***doen*** have a game; *hij heeft* ***gewonnen*** *~* he has the game in his own hands; *het ~ gewonnen geven* give up the game as lost; ***goed*** *~ te zien geven, (sp)* put up a good game; *hij heeft het ~ in* ***handen*** he holds all the cards (trumps); *hij* ***speelt*** *zijn ~ met u* he is playing (trifling) with you; *eerlijk ~ spelen* play the game; *gevaarlijk ~ spelen* play a dangerous game; *hoog ~ spelen* play for high stakes; *zijn ~ goed spelen, (fig)* play one's cards well; *het was alsof het ~* ***sprak*** it was an extraordinary coincidence; *hoe* ***staat*** *het ~?* how is the game?, what are the scores?; *het ~ staat 16 gelijk* the score is 16 all; *het ~ is* ***verloren****, (fig)* the game is up; ***vrij*** *~ hebben* have free play (full scope), have it all one's own way; *iem vrij ~ laten* give a p. a free hand; *laat mij* ***buiten*** *~* leave me out of it; *dat kwam erbij* ***in het*** *~* that played a part in it; *deze overweging komt hier in het ~* comes into play here; *er is een dame in het ~* there is a lady in the case; *de politie vermoedt dat er misdaad (misdrijf) in het ~ is* the ... suspect foul play; ***op het*** *~ staan (zetten)* be (place, put) at stake (at hazard), be (lay, put) on the line; *wat op het ~ staat* the issue at stake; *alles op het ~ zetten* stake (hazard) everything, stake one's all, *(sl)* go for broke; *zijn leven op het ~ zetten* stake (*of:* risk) one's life; *het schip was* ***ten*** *~ aan de golven* the ... was at the mercy of the waves; *zie ook* kinderspel, enz; **2** *(last, gedoe)* trouble, to-do; **3** *(aan speeltafel)* [addicted to] gambling, gaming; **4** *(theat)* (style of) acting; **5** *(muz: op instrument)* playing, execution; **6** *(op kermis, enz)* show, booth; **7** *(kaarten, enz)* pack [of cards], set [of dominoes, of chessmen; a ping-pong set]; *een goed ~ (in handen) hebben* have a good hand; *zie ook* hand, kaart & speling
spelbederf *(sp)* time-wasting
spelbederver 1 spoilsport, wet blanket; **2** *(sp)* time-waster
spelbepaler playmaker
spelboek spelling book
spelbreekster, spelbreker spoilsport, wet blanket; *als spelbreker optreden* spoil things
spelcomputer games computer
speld pin; *~je, (in het haar, verschuifbaar)* slide; *(ve collecte)* flag; *(ve club)* badge; *je had een ~ kunnen horen vallen* you could have heard a pin drop; *er is geen ~ tussen te krijgen, a)* you can't get in a word edgeways; *b)* that (his reasoning, etc) is watertight; *zoeken naar een ~ in een hooiberg* look for a needle in a haystack; *er een ~je bij (aan) steken* stop (drop the subject); *een ~ steken aan (voor)* put an end (a stop) to; *zie ook* stokje
spelden pin
speldengeld pin money
speldenk(n)op pinhead
speldenkussen pincushion
speldenprik pinprick *(ook fig)*; *~ken geven, (fig, ook)* stick pins into
speldenpunt pinpoint
speldenwerk(ster) lacework(er)
speldjesdag *(vglb)* flag day, *(Am)* tag day
spelemeien go a-maying, frolic, sport
spelen 1 play *(ook v radio, fontein, brandspuit, zoeklicht, enz)*; have a game [of billiards, cards, etc]; *~d kind* child at play; *laten ~* play [searchlights, guns, etc] [*op* on]; *(sp)* play [Smith at full back]; *de zaak speelt al jaren (nu)* the ... has been an issue for years (is currently an issue); *we hadden dit anders moeten ~, (aanleggen)* we should have set about it (tack-

led, managed, contrived this) differently; *jij moet* ~ it is your game, your turn to play; *er werd niet gespeeld, (voetbal, enz)* (there was) no play; ***beter*** ~ *dan* outplay [a p.]; ***eerlijk (oneerlijk)*** ~ play fair (cheat, cheat at play); ***goed*** *~, (sp)* put up a good game; *wij ~* ***samen****, (ook)* we are partners; *dat speelt mij* ***door*** *het hoofd (de geest)* that is running through my head (brain, mind); *het stuk (verhaal) speelt* ***in*** *...* the scene is laid (the story is set) in [a little town], the action takes place in ...; *~* ***met*** *zijn horlogeketting, enz* play (toy, fiddle) with one's watch chain, etc; *ik laat niet met mij* ~ I won't be trifled with; *met een idee* ~ toy with an idea; *de wind speelt met haar lokken* the ... plays with her curls; *met zijn leven* ~ court death; ***naar*** *binnen* ~ dispose of, dispatch, polish off [two platefuls]; *een glimlach speelde om zijn lippen* a smile was playing round ...; *~* ***op*** play (on) [the harp, etc]; *op het publiek* ~ play up to the audience; *~* ***over****, zie* 4: de oudere zuster ~; ***tegen*** *iem* ~ play (against) a p. [the Harlequins are playing the Army team]; **2** *(gokken)* gamble; *~* ***om*** *geld (een hoge inzet)* play for money (high stakes); *om niet (niet voor geld)* ~ play for love; *op winst* ~ play for a win; *op zeker* ~ play for safety, play safe; *op zien komen ~, zie* afwachtend: een ~e houding aannemen; **3** *(musiceren)* play [(on) the piano]; *de klok speelt de kwartieren* the clock chimes the quarters; *de muziek* ***begon*** *te* ~ the band struck up; **4** *(theat)* play, act [the play is acted to perfection]; *wat wordt er gespeeld?* what is on?, what is playing?; *er wordt thans niet gespeeld* there is no play on at present; *hij speelt Brutus tegenover Mevr. N's Portia* he plays Brutus to Mrs N's Portia; play (at) horses (trains, Red Indians); ***de gastheer*** *(spion, enz)* ~ play the host (spy, etc); ***paardje*** *(treintje, indiaantje)* ~ play (at) horses (trains, Red Indians); *de oudere* ***zuster*** ~ play the elder sister [*over mij* on me: come the elder sister over me]; *zie ook* school: ~tje spelen; ***voor*** *sinterklaas* ~ play Santa Claus; *zie ook* gek, hoog, spel, enz

spelenderwijs effortlessly; *hij doet zijn werk* ~ he ... with the greatest of ease; *de zwaarste problemen* ~ *oplossen* make light work of the most difficult problems; *~ promotie maken* get promotion without exerting o.s.; *hij zei het* ~ he said so in fun

speleoloog speleologist, potholer

speler 1 player *(ook apparaat)* **2** gambler; *zie ook* vals; **3** musician, fiddler; **4** performer, actor; *vgl* spelen; *de (gezamenlijke) ~s, (theat)* the cast

spelevaart boating

spelevaren: *gaan* ~ go (out) boating; *aan het ~ zijn* be (out) boating

spelfout spelling mistake

spelhervatting restart (of play)

speling play, tolerance; *(ruimte)* clearance; *zie ook* speelruimte; *~ der natuur* freak of nature; *een ~ van het lot* an irony of fate

spelkunst orthography

spelleid(st)er games master (mistress); *(theat, film)* producer, stage (film) director; *(radio, tv)* producer; *(bij revue, enz)* compère

spellen spell (*ook voorspellen: dat spelt ongeluk* it spells disaster); *verkeerd* ~ misspell

spelling spelling, orthography

spellinghervormer spelling reformer

spellingmethode orthographical method

spelmaakster, spelmaker *(sp)* playmaker

spelonk cave, cavern, grotto

spelonkachtig cavernous

spelonkbewoner cave dweller, cave man, troglodyte

spelotheek toy library

spelregel 1 *(ve spel)* rule (*of:* law) of the game; *zich (niet) aan de ~ houden* stick to (break) the rules; **2** *(v spelling)* rule for spelling, spelling rule

spelreglement rules of the game; book of rules

spelt *(plant)* spelt, bearded wheat

spelverdeler playmaker

spelverloop *(sp)* run of the play

spelwedstrijd spelling-bee

spelwoord spelling word

spenderen spend [*aan* on]; *(fam)* spring [*aan* on, for]; *(sl)* blue [*aan* on]; *zullen we er een dollar aan ~?* shall we have a dollar's worth?

[1]**spenen** wean [*van* from; *ook fig*]; *ik moet er mij van* ~ I must abstain from it (do without it); *hij is gespeend van ieder gevoel voor humor* he lacks (is devoid of) all sense of humour

[2]**spenen, spening** *zn* weaning, *(wtsch)* ablactation

sperma sperm [bank, donor]

spermaceti spermaceti

spermacetiolie sperm oil

spermatozo(ön), spermie spermatozoon (*mv:* -zoa), sperm

spermicide spermicide

spermolie sperm oil

sperren *zie* versperren & opensperren

spertijd curfew

spervuur barrage, curtain fire

sperwer sparrowhawk

sperzieboon French (dwarf, green) bean

spes patriae *(vglb)* the rising generation

speten skewer, string [herrings]

spetten spatter; *zie* spatten

spetter 1 spatter; **2** *(geweldig iets)* smasher; *(vrouw)* dish, stunner; *(man)* hunk

spetteren spatter; *zie* spatten

speurder detective, sleuth

speurdersroman detective novel

speuren trace, track; *zie ook* bespeuren & nasporen

speurhond *(ook fig)* bloodhound, sleuth(-hound), tracker (dog)

speurneus *(fig)* nose [for finding things]; *(pers)* sleuth

speurtocht search, quest

speurwerk research, detective work *(ook politie)*

spichtig lank, weedy, spare(-built); skinny, pinched

[face], spiky [hair]; spidery [handwriting]; *een ~ meisje* a wisp of a girl
spie 1 pin, wedge, peg, cotter, key; **2** *(cent, sl)* cent, bean; *(geld, sl)* dough; **3** *(spion, hist)* spy
spieden spy
spieën pin, wedge, key
spiegat scupper(-hole); spyhole [in door]
spiegel 1 mirror, looking-glass, glass; *(natuurk)* mirror, reflector; *(ve auto)* (driving) mirror; *(med)* speculum; *hij keek in de ~* he looked (at himself) in the glass; *blinken als een ~* shine like a mirror; **2** *(med)* [sedimentation] level; **3** *(op vogelvleugel)* speculum; **4** *(mar)* stern, *(deel ervan met de naam)* escutcheon; **5** *(oppervlak)* surface, level [of the sea]
spiegelbeeld (mirror) image, reflection; *in ~* in reverse
spiegelei 1 fried egg; **2** *(hist)* signalling disc
spiegelen be as smooth as a mirror; *(met spiegelglas)* shine [a piece of mirror on the wall]; *zich ~* look at o.s. in the glass (in shop windows, etc); *zich ~ aan* take warning from, take example by; *wie zich aan een ander spiegelt, spiegelt zich zacht* it is good to learn from other people's misfortunes; *zie ook* weerspiegelen
spiegelgevecht sham fight, mimic battle
spiegelglad as smooth as a mirror (as glass, as a millpond); *(in de winter)* icy [roads]
spiegelglas 1 plate glass; **2** piece of mirror; *zie ook* spiegelen
spiegelhars colophony
spiegeling reflection; *zie ook* luchtspiegeling
spiegelkarper mirror carp
spiegelkast mirror(-fronted) wardrobe (*of:* cupboard)
spiegelreflexcamera (single-lens) reflex camera, SLR (camera)
spiegelruit plate-glass window
spiegelschrift mirror (reversed) writing
spiegeltelescoop reflecting telescope, reflector
spiegelvlak 1 surface of a looking glass; **2** mirror(-like) surface
spiegelzaal hall of mirrors
spiegelzool clump (sole)
spiekbriefje crib; *(fig)* note, memo
spieken crib
spielerei trifling, triviality
spier 1 muscle; *geen ~ vertrekken* not turn a hair, not bat an eyelid; *zonder een ~ te vertrekken, (ook)* without flinching (wincing), without batting an eyelid; **2** shoot, spire, blade (of grass); *geen ~(tje)* not a bit; **3** *(mar)* boom, spar; **4** *(vogel)* black martin
spieraam stretcher
spierbal tensed muscle; *~len* muscle, brawn
spiering smelt; *een ~ uitwerpen om een kabeljauw te vangen* throw (out) a sprat to catch a whale (a herring, a mackerel); *magere ~* beanpole
spierkracht muscular strength, [he lacks the necessary] muscle
spiermaag gizzard, muscular stomach
spiernaakt stark naked
spierpijn muscular pain(s), pain(s) in the muscles, aching muscles
spierreumatiek muscular rheumatism; *(wtsch)* myalgia
spierstelsel muscular system
spiertrekking twitch of a muscle
spierverlamming muscular paralysis
spierverrekking sprain, pulled muscle
spierversterkend anabolic [steroid]
spierweefsel muscle tissue
spierwerking muscular activity
spierwit snow-white [laundry], [he was] as white as a sheet
spies spear, pike, javelin, dart; *(vleespen)* skewer; *(gewei)* spike
spiesbok pricket
spiesdrager pikeman, spearman
spiesglans antimony
spieshert 1 pricket; **2** *(Am hert)* brocket
spiesvormig spear-shaped, hastate
spiets *zie* spies
spietsen spear [salmon, etc], pierce, gore [the bull gored him], transfix, impale
spijbelaar(ster) truant
spijbelen I *ww* play truant (from school); *(Am)* play hookey; **II** *zn: het ~* truancy
spijk *(plant)* **1** lavender; **2** aspic
spijker 1 granary; **2** nail; *(~tje, in schoen enz)* tack [I have a tack in my shoe]; *vertind ~tje* tin-tack; *(in zool)* stud; *vgl* spijkerzool; *gloeiende ~, (fig)* pinpoint of light; *zo hard als een ~* as hard as nails; *~s op laag water zoeken* split hairs, carp, cavil; ***aan de ~ hangen*** put off; *~s **met koppen slaan*** get (come down) to business, get down to brass tacks, [let's] cut the cackle; *de ~ **op de kop slaan*** hit the nail on the head, strike home; *de ~ op de kop, (ook)* [his judgment was] spot-on
spijkerbak nail box
spijkerband studded (*of:* spiked) tyre
spijkerbed bed of nails
spijkerbroek (blue) jeans, denims
spijkeren nail
spijkerhard (as) hard as nails; barefaced [denial]; *vgl* keihard
spijkerjasje denim jacket
spijkerkop nail head
spijkerpak denims, denim suit
spijkerschoen hobnailed boot
spijkerschrift cuneiform (characters, script, writing); *tafels in ~* cuneiform tablets
spijkerstof denim
spijkertang, spijkertrekker nail-puller
spijkervast *zie* nagelvast
spijkerzool studded sole
spijl bar; *(ve stoel)* rung, round; *(ve trapleuning)* banister, *(bk)* baluster; *(ve hek)* spike, pale

spijlmat scraper mat
spijs 1 food, fare; *spijzen* food(s), viands, victuals; *verandering van ~ doet eten* a change of food whets the appetite, variety is the spice of life; *~ en drank* meat and drink, eatables and drinkables; **2** *(amandel~)* almond paste
spijsbrij, spijsbrok chyme
spijskaart, spijslijst menu
spijsoffer meat offering
spijsolie edible oil
spijsvertering digestion; *stoornis in de ~* digestive upsets; *slechte ~* indigestion, dyspepsia
spijsverteringskanaal alimentary canal, digestive tract
spijsverteringsstelsel digestive system
spijt I *zn* **1** regret [for a loss, at being refused s.t.; express one's regret]; *in ~ van [...], [...] ten ~* in spite of, notwithstanding [...]; *tot mijn (grote) ~* (much) to my regret; *tot mijn ~ kan ik u niet helpen* I am sorry (*ook:* I am afraid) I cannot ...; *ik heb er ~ van* I regret it, I am sorry for it; **2** *(ergernis)* spite, vexation; **II** *vz (vero. ook* spijts) in spite of
spijten: *het spijt me* I am sorry (for it); *het spijt me dat ...* I am sorry ..., I regret ...; *het spijt me u te moeten berichten* I am sorry (I regret) to inform you ...; *het spijt me voor u* I am sorry for you; *het spijt mij van het geld* I (be)grudge the money; *het spijt me, maar ik geloof het wél* [is this your writing?] I am afraid it is; *je hebt niets gedaan dat je behoeft te ~* you've done nothing to be sorry for; *..., en dat zou me erg ~* ..., and I should be very sorry for it
spijtig 1 *(verdrietig)* sad, regrettable; *dat is ~* that is a pity; **2** *(met wrok)* spiteful; *hij ging ~ heen* he went away in a huff; *hij zei het in een ~ ogenblik* he ... in a moment of pique
spijtoptant person regretting (unhappy) choice
spijzen 1 feed [the poor, a parking meter]; **2** subsidize
spijzigen feed, give to eat
spikkel spot, speck, speckle
spikkelen speckle, fleck; sprinkle [the edges of a book]; *gespikkeld behang* mottled wallpaper
spikkelig speckled, flecked, spotted, dotted
spiksplinternieuw brand new
spil 1 pivot *(ook mil)*, spindle, arbor; *(as)* axis, axle; *vgl* [1]as; *dat is de ~ waar alles om draait* that is the pivot on which everything hinges (*of:* turns); **2** *(ve wenteltrap)* newel; **3** *(ve draaibank)* mandrel; **4** *(werktuig)* capstan, windlass; **5** *(sp)* centre half
spilkoers central rate
spillage spillage, leakage
spillebeen 1 spindly leg; **2** *(pers)* [a] spindle-shanks
spilleleen female fief
spillen squander, waste, *(morsen)* spill
spillezijde distaff (*of:* spindle) side
spiltrap solid-newel (spiral) staircase
spilziek extravagant, wasteful, prodigal, thriftless
spilzucht extravagance, prodigality
spin 1 spider; *(snelbinder, ook)* octopus, roof lashing, *(Am)* bungees; *(nijdige) ~, (fig)* wasp; *zo nijdig als een ~* as cross as two sticks; *bij de wilde ~nen af* too outrageous for words; *de ~ in het web* [he is] the spider in the web; **2** *(rotatie)* spin
spinaal spinal [paralysis]
spinachtig spidery; *~en* arachnida
spinazie spinach; *[ga zo voort mijn zoon,] gij zult ~ eten* you'll do well
spinde pantry, store cupboard
spindel spindle [oil]
spindop spinneret, spinning nozzle
spindraad spider thread
spinel spinel (ruby)
spinet spinet, virginal(s)
spinhuis *(hist)* spinning house, house of correction
spinklier spinneret; *(ve zijderups, ook)* silk-gland
spinkrab spider crab
spinmachine spinning machine (*of:* jenny)
spinnen 1 spin; *gesponnen glas* spun glass; *garen (zijde) ~ bij* reap profit from, make a nice thing out of; *je zult er geen garen bij ~* it will do you no good; *er is geen goed garen mee (met hem) te ~* there is nothing one can do with it (he is quite hopeless); **2** *(tabak)* twist [tobacco]; **3** *(ve kat)* purr; **4** *(om zijn as draaien)* spin
spinnenkop 1 spider; **2** sharp-tongued woman; **3** type of post-mill
spinnenkopbinder spider, octopus
spinnenweb cobweb, spider's web; *een ~ van nauwe straatjes* a maze of narrow alleys
spinnenwebvlies *(anat)* arachnoid
spinner spinner
spinnerij spinning mill
spinnewiel spinning wheel
spinnig *(fig)* waspish
spinnijdig hopping mad
spinorgaan spinneret
spinrag cobweb; *zo fijn als ~* as fine as gossamer
spinragvlies *(anat)* arachnoid
spinrok(ken) distaff
spinsel *(ve fabriek)* spinning(s), spun yarn; *(ve insect)* web; *(ve zijderups)* cocoon
spinster spinner
spint 1 sapwood, alburnum; **2** *(plantenziekte)* red spider mite
spintachtig, spintig alburnous
spinwol spinning wool
spinzen be on the look-out, hope [*op* for]
spion spy; *(vd politie, sl)* nark; *~netje* spy-, window-, spying-mirror, reflector
spionage espionage, spying
spionagenet spy ring
spioneren spy
spiraal spiral; *(mech)* coil; *~tje* intra-uterine device, IUD
spiraalboor twist drill
spiraallijn spiral (line)
spiraalmatras (spiral) spring mattress

spiraalnevel spiral nebula, spiral galaxy
spiraalsgewijze spirally; *zich ~ bewegen* spiral
spiraalveer coiled spring, spiral spring
spiraalvormig spiral, helical
spiralen spiral
spirant spirant
spirea spiraea; *(knol~)* dropwort; *(moeras~)* meadowsweet
spiril spirillum
spirit spirit, go
spiritisme spiritualism, spiritism
spiritist spiritualist, spiritist
spiritistisch spiritualist(ic); *~e seance* spiritualist seance (*of:* meeting)
spiritualiën (ardent) spirits, alcoholic liquors; *(Am)* hard liquor
spiritualisme spiritualism
spiritualist spiritualist
spiritualistisch spiritualist(ic)
spiritualiteit spirituality
spiritueel spiritual
spiritueus spirituous
spirituosa *zie* spiritualiën
spiritus 1 spirits, (methylated) spirit, meths; **2** *(gramm)* [rough, smooth] breathing
spiritusfabriek distillery
spirituskomfoor spirit (*of:* meths) stove
spirituslampje spirit lamp
spiritusstel spirit (*of:* meths) stove
spirometer spirometer
spit 1 *(braadspit)* spit; *aan het ~ steken* spit; **2** *(in rug)* crick (in the back), backache; lumbago; **3** *(spadevol)* spadeful, spit
spitdraai(st)er turnspit
spits I *bn* **1** pointed [nose, beard], sharp; *~ gezicht* pointed (peaky) face; *~e ton, (mar)* conical (*of:* nun) buoy; *~e toren* steeple; *~ toelopen* taper [tapering nails, fingers], end (terminate) in a point; *~ maken* point, sharpen; **2** sharp [answer]; **3** acute [brain]; **II** *zn* **1** point; *(ve speer, ook)* (spear)head; *(torenspits)* spire; *(spits torentje)* pinnacle; *(plantk)* acumen, cusp, tip; *(ve berg)* peak, top, summit; *het (de) ~ afbijten* bear the brunt (of the battle, of the fighting); *(fig)* open the batting; *het* ***op*** *de ~ drijven* push matters to extremes, force the issue, bring things to a head; **2** *(verkeer)* peak hour, rush hour; **3** *(sp)* striker; **4** *(hond)* spitz; **5** *(ve leger, enz)* spearhead; *(sp)* attack; *zich* ***aan*** *de ~ stellen* place o.s. at the head; *aan de ~ staan, (fig)* hold pride of place; *aan de ~ der beschaving staan* be in the van(guard) of civilization
spitsbaard pointed beard
spitsbelasting *(techn)* peak load
spitsboef scoundrel, rascal
spitsbogenstijl Gothic style
spitsboog pointed arch
spitsboor common bit, pointed drill
spitsbroeder comrade, brother in arms
spitsen point, sharpen [a pencil]; *zich ~ op* set one's heart on, look forward to; *zie ook* oor
spitsheffing peak-hour road-use tax
spitsheid pointedness, sharpness; acuteness
spitshond spitz
spitsig pointed
spitskool pointed cabbage
spitsmuis shrew
spitsneus (person with a) pointed nose
spitsroede: *~n lopen* run the gauntlet
spitsspeler *(sp)* striker
spitsuur peak hour (period); *(fig)* rush hour, peak hour
spitsvignet peak-hour road user's permit
spitsvondig (super)subtle, over-ingenious, quibbling, cavilling; fine-spun [theories]
spitsvondigheid (super)subtlety, [legal] quibble, subtle distinction, distinction without a difference, nicety; *zich met -vondigheden ophouden* quibble, split hairs
spitten dig
spitze point shoe
spleen spleen
spleet I *zn* crack, cleft, crevice, chink, cranny, fissure, interstice, slit [of a pen]; **II** *ww ovt van* splijten
spleetoog slit-eye; *met spleetogen* slit-eyed [Chinese]
spleetpotig fissiped
spleetpotige fissiped
spleetsluiter *(fot)* focal plane shutter
spleetvoet cloven foot; *met ~en* cloven-footed, cloven-hoofed
splijtbaar cleavable, fissile, sectile, *(natuurk)* fissionable
splijten 1 split [wood; the gloves had split], cleave, rend; *gespleten* cloven [hoof *of:* foot], split [lip, personality], cleft [palate], chapped [hands]; **2** *(natuurk) zie* splitsen
splijting cleavage, split, fission
splijtstof fissionable material, nuclear fuel
splijtstofelement fuel element
splijtzwam *(fig)* seed(s) of disruption, disintegrating influence, divisive issue
splint *(sl)* tin, brass, dibs
splinter splinter, sliver; *ik kreeg een ~ in mijn vinger* I ran a splinter into my finger; *hij ziet de ~ in zijn(s) broeders oog, maar niet de balk in zijn eigen* he sees the mote in his brother's eye, and not the beam in his own; *aan (in, tot) ~s slaan* smash to smithereens (to matchwood); *de boot ging aan ~s tegen de rotsen* the boat went to splinters (flinders) against ...
splinterbom fragmentation bomb
splinteren splinter, shatter
splinterig splintered, splintery
splinternieuw brand new
splinterpartij splinter party
splintervrij shatterproof [glass], safety [glass]
split 1 slit, slash; **2** *(ve jas)* slit, vent; **3** *(spagaat)* splits; **4** *(Ind, ook: ~je)* split; **5** *(steenslag)* chippings, *(klein)* grit; *~ strooien* grit [roads]

spliterwt split pea
splitgevaar *(opschrift)* loose chippings
splitpen split pin, *(techn)* cotter (pin)
splitring split ring
splitrok split skirt
splitsbaar 1 divisible; **2** *(natuurk)* fissionable
splitsen 1 split (up), divide; *zich ~* split (up), divide [the train divides into two portions at B]; *(ve weg, ook)* branch, fork, bifurcate; **2** *(touw)* splice [rope(s)]; **3** *(natuurk)* fission [uranium], split [atoms]
splitser 1 splitter; **2** splicer; *vgl* splitsen
splitsing 1 splitting (up), division, bifurcation; fork, road junction; **2** splicing [of a rope]; **3** *(biol, natuurk)* fission [products]; **4** *(fig)* [a party] split, disintegration
splitsring split ring
splitsvaantje burgee
splitvrucht schizocarp
spoed 1 speed [travel with all (possible) speed], haste, [do it with the necessary] expedition; *~!, (op brief)* urgent!; *met de meeste ~ uitvoeren* execute [an order] with the utmost dispatch, with all possible expedition; *met bekwame ~ behandelen, ~ maken met, ~ bijzetten* press [the matter] forward, hurry up, expedite [the matter]; *iem tot ~ aanzetten* hurry up a p.; *zie ook* haast; **2** *(ve schroef)* pitch; *(ve vuurwapen)* twist
spoedbehandeling immediate (emergency) treatment
spoedberaad urgent (emergency) consultations
spoedbestelling 1 *(post)* express delivery; **2** *(order)* rush order
spoedcursus intensive (crash) course
spoedeisend urgent, pressing
spoeden: *(zich) ~* speed, hurry, hasten, rush [home]
spoedgeval emergency (case)
spoedhuwelijk shotgun marriage
spoedig I *bn* speedy [end, recovery, return], quick; *een ~ antwoord* an early reply; *de noodzaak van een ~e verkiezing* the need for an early election; **II** *bw* [see you] soon, speedily, quickly, before long, at an early date; *~ daarop* soon (shortly) after; *zo ~ mogelijk* as soon as possible, a.s.a.p., at the earliest possible date; *ze moet zo ~ mogelijk gewaarschuwd worden, (ook)* no time should be lost in warning her
spoedkarwei rush job
spoedopdracht rush order
spoedoperatie emergency operation
spoedorder rush order
spoedshalve to expedite matters
spoedstuk urgent document (letter, etc)
spoedvergadering emergency meeting
spoedzending express parcel (consignment, dispatch)
spoel 1 spool, spindle, bobbin, shuttle; *(elektr)* coil; *(v film, band, enz)* reel; **2** *(ve veer)* quill
spoelbak rinsing tub; *(fot)* washing trough, washer; *(gootsteen)* sink; *(v wc)* cistern
spoeldrank gargle, mouthwash
spoelen 1 *(weverij)* spool; *(film, enz)* wind; **2** wash, rinse, flush [the WC], sluice; *de mond ~* wash (rinse) one's mouth; *de golven spoelden over het dek* the waves swept over the deck; *iem de voeten ~* make a p. walk the plank; *door de keel ~* wash down; *het spoelt, (vd regen)* it's sluicing down
spoeling 1 *(in branderij)* spent grains; **2** *(voor varkens)* (pig)swill, pigwash; *zie ook* varken
spoelkeuken scullery
spoelkom slop basin
spoelmachine 1 rinsing machine; **2** *(garenwinder)* bobbin winder
spoeltje *zie* spoel
spoelvormig spindle-shaped, fusiform
spoelwater dishwater, slops
spoelworm roundworm
spoetnik sputnik
spog spittle
spoken haunt, walk [her ghost still walked there]; *het spookt daar* the place (house, etc) is haunted; *het heeft vannacht erg gespookt* it has been a stormy night; *jij bent al vroeg aan het ~* you are stirring (*of:* astir) early; *het kan hier ~* the sea here can be rough at times
spokerij walking (of ghosts); apparition
spoliatie spoliation
spoliëren despoil [*van* of]
spon I *zn (stop)* bung; **II** *ww ovt van* spinnen
sponde *(lit)* couch, bed, bedside
spondeïsch spondaic
spondeus spondee
spongat bung-hole
sponning rabbet, rebate, groove, notch; *(ve schuifraam)* runway
sponningschaaf rabbet plane
spons 1 sponge; *er de ~ over halen, (fig)* wipe the slate clean; **2** *(fig, zuiper)* soak; **3** *(stof)* towelling
sponsachtig spongy
sponsen (clean with a) sponge
spons- en zeepbakje bath tidy, sponge and soap-holder
sponsoor cauliflower ear
sponsoren *ww* sponsor
sponsorloop charity walk, fun run
sponsrubber sponge (*of:* foam) rubber
sponssteen 1 spongite; **2** *(puimsteen)* pumice
sponsziekte BSE, bovine spongiform encephalopathy, mad cow disease
spontaan spontaneous; *het spontane* spontaneity
spontaneïteit spontaneity
sponze, enz *zie* spons, enz
sponzen (clean with a) sponge
sponzenzak sponge bag
sponzig spongy
spook 1 ghost, spectre, phantom, spook; **2** *(pers)* freak, [she is a perfect] horror, [an old] terror, [a ri-

diculous old] fright; **3** *(fig)* [the war] bogey; *spoken zien, (fig)* see lions in the way
spookachtig ghostly, spectral
spookbeeld spectre
spookdier tarsier
spookgestalte phantom
spookhuis haunted house
spookrijder *(op autosnelweg)* car travelling the wrong way
spookschaaf spokeshave
spookschip phantom ship
spooksel *zie* spook
spookstad ghost town
spookuur witching hour, witching time
spookverhaal ghost story
spookverschijning (ghostly) apparition, spectre
[1]spoor 1 *(ve ruiter; ook v gebergte)* spur; *de sporen geven* put (set) spurs to, spur [a horse]; *hij heeft zijn sporen verdiend* he has won his spurs; **2** *(ve affuit)* spade; **3** *(ve mast, kaapstander)* step; **4** *(ve bloem)* spur, calcar; **5** *(bij paddestoelen e.d.)* spore
[2]spoor 1 *(ve voet)* footmark, footprint, track, trace, trail; *(ve hert, enz, ook)* slot, spoor; *('lucht')* scent; *(fig: pad, route)* track; *(ve wagen)* rut, track; *ik ben het ~* ***bijster*** I have lost my way; *de honden waren het ~ bijster* the dogs were at fault, had got off the scent; *zie ook* bijster; *zijn ~* ***uitwissen*** cover one's tracks; *het ~* ***vinden***, *(ve jachthond)* pick up the scent; *een ~* ***volgen*** follow a track, follow up a clue; *alles weer* ***in*** *het rechte ~ brengen* put things right again; *iem in het rechte ~ houden* keep a p. on the straight and narrow; *iem* ***op*** *het ~ brengen* put a p. on the right track; *iem (de politie, enz) op een vals ~ brengen* lay a false scent; *zie ook ben:* van het ~ brengen; *iem op het ~ komen* get on a p.'s track, trace a p., track a p. down; *op het verkeerde ~ komen (zijn)* get (be) on the wrong t(r)ack; *iem op het ~ zijn* be on a p.'s track; *iets op het ~ zijn* be on to s.t.; *iem* ***van*** *het ~ brengen* throw (put) a p. off the scent; **2** *(ve magneetband)* track; **3** *(blijk)* vestige, trace; *sporen van nagels* marks of nails; *ik zag geen ~ van hem* I did not see a sign (trace) of him; *geen sporen* ***nalaten*** leave no traces; *ik heb zijn ~* ***verloren*** I've lost track of him; **4** *(restant)* trace; *geen ~ van* not a trace of; *er is geen ~(tje) van te vinden* not a trace of it is to be found; *geringe sporen blauwzuur* small traces of prussic acid; **5** *(spoorweg)* railway, rails, track; *sporen, (spoorwegwaarden)* railway stock (*of:* shares), rails; *enkel (dubbel) ~* single (double) track; *wijd ~* broad gauge; *zie ook* smalspoor; *hij is* ***bij*** *het ~* he has a job on the railways; *de wagens liepen op het verkeerde ~* the ... ran on the wrong line (track); *op dood ~ rangeren, zie* uitrangeren; ***per*** *~* [send] by rail, [travel] by train; *de tram raakte* ***uit*** *het ~* the ... came off the rails, left the track, was (*of:* got) derailed; *iem van het ~ afhalen* meet a p. at the station
spoor-[1] railway, *(vooral Am)* railroad
spoorbaan railway, permanent way; *(vooral Am)* railroad
spoorboekje (railway) timetable, railway guide
spoorboom (level-crossing) barrier (*met hek:* gate)
spoorboot train ferry
spoorbreedte *(ve auto)* track; *zie ook* spoorwijdte
spoorbrug railway bridge
spoordijk railway embankment
spoorkaartje train ticket
spoorlijn 1 railway (line); **2** *(het spoor)* railway track
spoorloos trackless; *~ verdwijnen* vanish without (leaving) a trace, vanish into space (into thin air), be spirited away
spoorpont train ferry
spoorraadje (spur) rowel
spoorrail rail
spoorreis rail(way) (*of:* train) journey, journey by rail (by train)
spoorslag spur, incentive, stimulus, fillip; *tot ~ dienen* spur on, stimulate, give a fillip [to trade]
spoorslags at full (at the top of one's) speed, [ride] hell for leather; *ze reed ~ vooruit* she spurred ahead
spoorstaaf rail
spoorstang tie-rod
spoorstok 1 *(ve wagen)* splinter-bar; **2** *(in roeiboot)* stretcher
spoorstudent *(vglb)* non-resident (student), commuter student
spoortrein railway train; *(v kind)* train set
spoorverbinding rail connection; train service
spoorvorming (formation of) ruts
spoorwagen railway carriage; *zie ook* wagon
spoorweg railway [company, employee, junction, station, traffic], *(vooral Am)* railroad
spoorwegemplacement[2] railway yard
spoorwegmaterieel rolling stock
spoorwegnet railway system, network of railways
spoorwegovergang [protected; gated, guarded; unguarded] level (*Am:* grade) crossing
spoorwegpersoneel railwaymen
spoorwegrijtuig railway carriage, coach
spoorwegtarieven rail fares
spoorwegveer train ferry
spoorwegwachter 1 signalman; level-crossing keeper; **2** *(wisselwachter)* pointsman
spoorwijdte (railway) gauge
spoorzoeker tracker
spoot *ovt van* spuiten
sporadisch sporadic (*bw:* -ally)
sporangium sporangium
spore *(plantk)* spore, sporule
sporen 1 *twee uur ~(s)* a two-hour(s') train journey; **2** *(v wielen)* track; **3** *(fig)* agree, be in (*niet ~:* be out of) tune [*met* with]; **4** spur (on)
sporenelement trace element
***sporeplant** *(Wdl: sporenplant)* cryptogam

1 zie ook *spoorweg-*
2 zie voor sam met *spoorweg-* ook *spoor-* & *trein-*

¹sport *(ve ladder, stoel, enz)* rung (*ook fig:* start on the lowest rung of the ladder), round; *op de hoogste (laagste) ~ van de maatschappelijke ladder staan* be at the top (the bottom) of the (social) ladder; *hij heeft de hoogste ~ van de ladder bereikt, (fig, ook)* he has got to (is at) the top (of the tree)

²sport sport; *(inz in sam)* sports [day, jacket, page, shoe, writer]; *hij houdt niet van ~, (ook)* he is not a sporting man

sportartikelen sports (sporting) goods; *handelaar in ~* sports goods dealer

sportauto sports car

sportbeoefenaar person who takes part in (goes in for) sports, athlete, sports(wo)man, sportsperson

sportbeoefening playing games; sports [are important here]

sportberichten sports news

sportbroek shorts

sportcentrum sports centre; *(Am univ)* gymnasium

sportclub sports (sporting) club

sporten go in for (take part in) sports

sporter *zie* sportbeoefenaar

sportfiets sports cycle (bike)

sporthal sports hall

sporthemd sports shirt

sportief 1 fond of (good at) sport(s), sporty; **2** sporting [offer, conduct; 'that's very sporting!']; sportsmanlike; game [very game of her to join in the marathon at her age]; *~ zijn* be a (good) sport [about s.t.]; *~ opnemen* take [defeat] in a sporting spirit; **3** showy, sporty [tie], casual [shirt]

sportiviteit sportsmanship

sportjasje sports jacket; *(helgekleurd)* blazer

sportjournalist sports writer

sportkeuring physical, medical check-up, fitness test (for sporting activities)

sportkleding sportswear

sportkous knee sock

sportliefhebber, sportman sporting man, sportsman

sportnieuws sports news

sportschool sports school; *(voor vechtsporten, ook)* martial arts school

sportster sportswoman handlebars

sportstuur drop(ped) handlebars; *(v auto)* sports wheel

sportterrein sports ground (*of:* field)

sporttrui sweater

sportuitrusting sports equipment

sportuitslagen sporting results

sportveld sports ground, sports field

sportverdwazing sports craze

sportvisser angler

sportvlieger owner (*of:* amateur) pilot

sportvliegtuig private plane

sportwagen sports car

sportwinkel, sportzaak sports shop

sportzaal sport(s) centre, fitness centre

¹spot 1 *(~je)* spot(light); **2** [TV] spot

²spot mockery, ridicule, derision; *de ~ drijven met* mock (scoff, *honend:* sneer) at, make game of, poke fun at; *ten ~ van allen* exposed to the mockery of everyone; *de ~ zijn van* be the laughing stock of

spotachtig scoffing, mocking, derisive

spotbeeld caricature

spotdicht satirical poem, satire

spotgoedkoop dirt cheap

spotkoopje snip, bargain

spotlach mocking (jeering) laugh (smile), sneer, jeer

spotlied satirical song

spotlijster *zie* spotvogel 1

spotlust love of mockery

spotnaam nickname, byname

spotprent caricature, (political) cartoon

spotprijs ridiculously low price, giveaway price; *voor een ~, (ook)* for a (mere) song, dirt cheap

spotrede diatribe

spotschrift satire, lampoon

spotten 1 mock, scoff, sneer, jeer; *~ met* mock (scoff, sneer, jeer) at, deride; *(fig)* defy, bid defiance to [the elements], flout [the wishes of the nation]; *~d gejouw* derisive hooting; *het is niet om **mee** te ~* it's no joking matter; *het spot **met** alle beschrijving* it beggars (defies) description; *hij laat niet met zich ~* he is not be trifled with, stands no nonsense; *hij spot met alles* he makes fun (makes game) of everything; **2** *(waarnemen)* spot

spottenderwijs mockingly, jeeringly

spotter 1 mocker, scoffer; **2** spotter; *vgl* spotten

spotternij mockery, derision, taunt, gibe

spotvogel 1 icterine warbler; *Amerikaanse ~* mockingbird; **2** *(fig)* mocker, scoffer

spotziek scoffing, mocking, derisive

spotzucht love of scoffing (mockery, satire)

spouw split, cleft

spouwisolatie cavity filling

spouwmuur hollow wall, cavity wall

spraak speech, language, tongue; *zie ook* sprake

spraakafzien speech-reading, lip-reading

spraakbelemmering, spraakgebrek *zie* spraakstoornis

spraakgebruik usage; *in het gewone ~* in common parlance, in colloquial speech; *in het medische ~* in medical parlance

spraakgeluid speech sound

spraakherkenning speech recognition

spraakklank speech sound

spraakkunst grammar

spraakkunstig grammatical

spraakleer grammar

spraakleraar teacher of elocution, elocutionist

spraakmakend 1 talked-about; *de ~e gemeente, a)* the people in the news; *b)* the leaders of opinion; *c)* the linguistic community; **2** sensational [speech], controversial [minister]

spraakonderricht speech training

spraakstoornis speech disorder (defect, impediment)
spraakverlies aphasia, loss of speech
spraakvermogen power of speech
spraakverwarring: *Babylonische ~* confusion of tongues, *(fig ook)* [a perfect] babel (of tongues)
spraakwater 1 a drop of something, (strong) drink, spirits; **2** talkativeness
spraakwaterval 1 torrent of words; **2** talkative person
spraakwending turn of speech
spraakzaam talkative, chatty, gossipy; *weinig ~*, *(ook)* uncommunicative, monosyllabic
spraakzaamheid talkativeness, loquacity, garrulity
sprak *ovt van* spreken
sprake: *ter ~ komen* come up (for discussion), *(toevallig)* crop up; *een onderwerp (kwestie) ter ~ brengen* introduce (broach, raise) a subject (a question), bring a subject up (for discussion); *er was ~ van geweest* there had been (some) talk of it; *er is ~ van oorlog* there is talk of war; *(daar is) geen ~ van!* not a bit of it!, never!, certainly not!, that is (altogether) out of the question!, *(het is heel anders)* nothing of the sort (the kind)!; *er is geen ~ van liefde tussen hen* there is no question of ...; *als er ~ is van geld* when it is a question of (when it comes to) money; *in dit geval is er ~ van diefstal* in ... it is a question of theft
sprakeloos speechless [with rage], dumb, tonguetied, inarticulate; blank [amazement]; *hij stond ~*, *(ook)* he was left speechless
sprakeloosheid speechlessness
sprank 1 spark; *een ~je hoop* a gleam of hope; *geen ~je* [there is] not a spark [of good, of generosity in him]; **2** *(stroompje)* watercourse
sprankel spark(le)
sprankelen sparkle [*van* with]
spreekbeurt speaking (lecture, lecturing) engagement, lecture, talk; *een ~ vervullen* deliver a lecture, give an address
spreekbuis 1 speaking-, voice-tube; **2** *(fig)* spokes(wo)man, spokesperson, mouthpiece
spreekcel *(telef)* call box
spreekfout slip of the tongue
spreekgestoelte pulpit [*ook fig:* this paper has always been the pulpit of the people], tribune, (speaking) platform, rostrum, bema; *het ~ bestijgen* mount (*of:* ascend) the pulpit, etc
spreekhoorn ear-trumpet
spreekkamer *(ve arts, enz)* consulting room, *(ve arts)* surgery, *(Am)* office; *(in klooster)* parlour, locutory
spreekkoor chorus
spreekstalmeester ringmaster
spreekster (woman, lady) speaker
spreektaal spoken language, colloquial speech (*of:* language)
spreektrant manner of speaking
spreektribune *zie* spreekgestoelte
spreektrompet speaking-trumpet; *(fig)* mouthpiece
spreekuren, spreekuur hours of business [1 to 2]; *(ve advocaat, enz)* office hours; *(ve dokter)* consulting hour(s), surgery hour(s) (*ook:* Hours from 11 am-12 noon); *spreekuur houden* give consultations; *hij houdt spreekuur van 2-4* he is available for consultation from 2-4
spreekvaardigheid fluency; *spreek- en luistervaardigheid* oracy
spreekverbod ban on public speaking; *iem een ~ opleggen* forbid a p. to express his views, *(fam)* gag a p.
spreekwijze phrase, locution, [old] saw
spreekwoord proverb, adage
spreekwoordelijk proverbial; *~ worden* pass into a proverb, become a by-word; *de ~ verstrooide professor* the proverbially absent-minded professor
spreekwoordenboek dictionary of proverbs
spreeuw starling
sprei bedspread, counterpane, coverlet
spreiden spread; *(uiteen~)* spread out; *(v vakanties)* stagger; *een bed ~* make a bed; *zie ook* tentoonspreiden
spreidend spreading, divergent
spreiding spread(ing); dispersal; *(mil, wisk)* dispersion; *(statistiek, ook)* scatter [diagram]; *(v vakanties, enz)* staggering; *(v bezit)* spreading; *(v macht)* distribution
spreidlicht floodlight
spreidsprong astride jump
spreidstand *(gymn)* straddle
spreidzit 1 straddle position; **2** *(spagaat)* splits
spreken I *ww* speak, talk; *die cijfers ~* those figures tell their own tale (*of:* story); *dat spreekt* that goes without saying, [dedicated,] naturally[, to the Queen]; *ik luisterde en hij sprak* I ... and he did the talking; *hoe spreekt het hondje dan?* speak!, beg!, what does a good dog say?; *iem ~* speak to a p.; *ik moet hem absoluut ~* I have very particular (urgent) business with him; *ik moet je eens even ~* I want a word with you; *mag ik mijnheer N even ~?* can I see (speak to) Mr N for a moment?, can I have a word with Mr N?; *ik spreek veel mensen* I get around; *ik spreek je nog wel, (ook bedreiging)* I'll see you later; *u behoeft maar te ~* speak (say) the word; *hij is niet te ~* you can't see him, he is engaged; *voor niemand te ~ zijn* not be at home to anybody; *ik kon hem niet te ~ krijgen* I could not get to see him (get in touch with him); *niet goed te ~* in a bad temper; *daar ben ik niet over te ~* I'll have none of it; *zijn leraar is niet best over hem te ~* his ... is far from pleased with him (his behaviour, etc); *hij is slecht over je te ~* he is annoyed with you; *om maar niet te ~ van* to say nothing of, let alone, not to mention [his manners]; *Duits (Engels, enz) ~ als een Duitser, enz* speak German (English, etc) like a native; *~ met* speak (talk) to (with); *spreek ik met Daphne (het gasbedrijf)?, (telef)* that you, Daphne? (is that the Gas Board?); *met wie spreek ik?* who is (it) speaking?; *u spreekt met Maggie* (this is) Maggie speaking; I am Maggie; *we ~ niet met (tegen) elkaar* we

are not on speaking terms; *om met Shakespeare (de psalmist) te* ~ to quote Shakespeare, in the words of the Psalmist; ~ ***over*** speak (talk) of (about), speak on [a subject]; *heeft iem van u erover gesproken?, (het genoemd)* has any of you mentioned the matter?; *over zaken (financiën, de kunst, het vak)* ~ talk business (finance, art, shop); *laten we over wat anders* ~ let us change the subject; ~ ***tegen*** speak to; *zie ook boven:* spreken met; *spreek er tegen niemand over, (ook)* do not breathe a word of it to anyone; ~ ***tot*** speak to; *(fig)* appeal to [it appealed to their sense of fairness], strike [the imagination]; ***uit*** *iedere regel sprak wantrouwen* distrust was revealed in every line; *uit zijn houding spreekt een verlangen naar sympathie* his attitude bears witness to ...; *de mensen ~ goed (kwaad)* ***van u*** people speak well (ill) of you; *van ... gesproken* speaking (talking) of ..., apropos of ...; *hier kan worden gesproken van opzettelijke nalatigheid* this is a case of wilful negligence; *men spreekt ervan dat het huis wordt afgebroken* there is (some) talk of the house being pulled down; *zijn gebogen houding sprak van landarbeid* his stoop spoke of labour in the fields; ***van zich doen*** ~ make o.s. conspicuous, get talked about; *(gunstig)* make one's mark [*hij zal van zich doen* ~ he is a coming man]; *hij deed in zijn tijd veel van zich* ~ he made a great noise (*of:* stir) in his time; *hij weet* ***van zich af*** *te* ~ he can stick up for himself, knows how to hold his own; *je moet maar goed van je af* ~ you should stand up to them (him, etc); *hij sprak van zich af* he gave as good as he got; *dat spreekt* ***vanzelf*** that goes without saying (stands to reason, is obvious, is self-evident); *zijn verdiensten* ~ ***voor*** *zichzelf* his merits are self-evident; *dat feit spreekt voor zichzelf* that fact speaks for itself; *zie ook* praten, goedspreken, enz; II *zn: het ~ werd hem (door geschreeuw) belet* he was howled (shouted) down; ~ *is* ***zilver****, zwijgen is goud* speech is silver, silence is gold(en); *zie ook* rechtspreken & [1]wijs 1

sprekend speaking (*ook fig:* a speaking likeness); eloquent, striking [example]; *dit portret lijkt* ~ this ... is a speaking likeness; *u lijkt ~ op uw vader* you are your father all over, are the very image (*fam:* the dead spit, the spitting image) of (bear a striking resemblance to) your father; *~e bewijzen* striking proofs; *~e cijfers* telling figures; *~e film* talking picture (*of:* film); *~e hoofdregel* running title, headline; *~e registers (ve orgel)* speaking stops; *~e trekken* striking features; *een ~ voorbeeld* a vivid example; ~ *wapen, (her)* allusive (*of:* canting) arms; *zie ook* vanzelfsprekend

spreker speaker, lecturer, orator; *een goed ~, (ook)* a good platform speaker

spreng spring

sprengen sprinkle, water

sprenkel *(vlekje)* speck; *(vonkje)* spark(le)

sprenkelen sprinkle; *(bij het strijken)* damp

sprenkeling sprinkling

spreuk motto, aphorism, apophthegm (*Am:* apothegm), maxim, (wise) saw; *(spreekwoord)* proverb; *(de) Spreuken* (the Book of) Proverbs

spriet 1 blade [of grass]; *magere ~, (pers)* beanpole; *~je* thin cigar; **2** *(ve insect)* antenna (*mv:* -nae), feeler; **3** *(antenne)* whip aerial; **4** *(mar)* sprit; **5** *(vogel)* corncrake, landrail

sprietantenne whip aerial

sprietig *zie* spichtig

sprietzeil spritsail

springbak 1 *(ve bed)* box mattress; **2** *(atletiek)* landing area, jumping pit

springbalsemien touch-me-not, balsam, noli-metangere

springbok 1 *(dier)* springbok; **2** *(gymnastiek)* (vaulting) buck

springbron spring, fountain

springconcours showjumping contest

springen 1 spring, jump, leap; *(~d voortgaan & van bal)* bound [forward]; *(op hand(en) steunend)* vault [into the saddle]; *(huppelen)* skip; ~ *met aanloop* take a running jump; *hij kan hoog of laag* ~ [it won't happen] whatever he does; *hij zat te ~ op zijn stoel* he could hardly keep seated; *het* ***springende*** *punt* the cardinal (crucial) point; ***in*** *het water* ~ leap (jump, plunge) into the water; *iem* ***naar*** *de keel* ~ jump at a p.'s throat; *we zitten er* ***om*** *te* ~ we are in urgent need of it; *we zitten te ~ om ...* we can't wait to (for) ...; *hij sprong* ***op*** *ons af* he rushed over to us; *op rood ~, (v verkeerslicht)* change to red; ***over*** *een sloot* ~ leap over a ditch; *het paard sprong prachtig over het hek* the ... cleared the gate beautifully, *(bij rennen)* took the hurdle beautifully; *ik sprong over het hek* I vaulted over the gate; ***uit*** *bed* ~ jump out of bed; *uit een vliegtuig* ~ bail (bale) out; *hij sprong* ***van*** *het paard* he leapt from his horse; ~ *van vreugde* leap (jump) for joy; **2** *(knappen)* snap; *(scheuren)* crack, rupture; *(vd huid)* chap; *(uiteenspringen)* burst, explode; *de snaar sprong* the string snapped; *de band sprong* the tyre burst, blew out; *de stoomketel sprong* the boiler burst; *op ~ staan, (ve zaak, enz)* be on the verge of bankruptcy; ***laten*** ~ blast [a rock], break [the bank]; ***gesprongen*** burst [tyre, water pipe], chapped [hands]; *(ve anker)* atrip, aweigh; *de zaak is gesprongen* the business has gone smash; **3** *(ve fontein)* play, spout; *zie ook* hak, oog, opzijspringen, pols, traan, vel, enz

springer jumper, leaper

springerig fidgety [child]; wiry [hair]

spring-in-'t-veld madcap, colt, romp; *(meisje)* tomboy

springkever click beetle, skipjack, snapping beetle

springkruid spurge

springlading *(in granaat)* explosive charge; *(voor rotsen)* blasting charge

springlevend alive and kicking, [she is] very much alive

springmatras spring mattress

springmes flick knife, *(Am)* switchblade (knife), switch knife
springmiddelen explosives, blasting materials
springpaard 1 jumper; **2** *(gymnastiek)* (vaulting) horse
springplaats jumping-off place
springplank 1 jumping- (spring-), (*om te duiken:* diving-)board; **2** *(fig)* jumping-off board, springboard
springpoot saltatorial leg
springriem martingale
springruiter jumper
springschans ski jump
springslot spring-lock
springspin jumping spider
springstaart springtail
springstof explosive
springteugel martingale
springtij spring tide
springtoestel *(voor hoogtesprong)* (pair of) jumping stands
springtouw skipping rope, *(Am)* jump (*of:* skip) rope
springtuig explosive (device), bomb
springveer spiral (metallic) spring
springveren: ~ *matras (zitting)* spring (interior) (*of:* (interior) sprung) mattress (seat)
springvloed (high) spring tide
springvorm spring cake tin
springzaad touch-me-not, balsam, noli-me-tangere
springzeil *(brand)* jumping sheet
sprinkhaan locust, grasshopper; *magere* ~ beanpole
sprint(en) sprint
sprinter sprinter
sprits shortbread
sproeidop (spray) nozzle
sproeien sprinkle [water on the dust], water [the garden thoroughly], spray [water, pesticide; water sprayed from the hole; spray the roses *(tegen ongedierte)*]
sproeier 1 (spray-, sprinkling-, washer-)nozzle; *(ve gieter)* rose; **2** *(ve motor)* jet; **3** [garden, lawn] sprinkler; **4** [windscreen] washer
sproeikop *zie* sproeier 1
sproeimiddel spray
sproeivliegtuig spray plane
sproeiwagen water(ing) cart, sprinkler (cart)
sproet(ig) freckle(d)
sproke *(hist)* (medieval) verse tale
sprokkel dry stick
sprokkelaar(ster) wood-gatherer; *(fig)* compiler
sprokkelen gather [dry sticks]; *bij elkaar* ~, *(fig, ook)* glean [bits of information]
sprokkelhout dry sticks, dead wood
sprokkeling wood-gathering; ~*en, (fig)* gleanings
sprokkelmaand February
sprong I *zn* jump, leap, spring, bound, caper, gambol; *(muz)* leap, *(Am)* skip; *(luchtv)* hop; *zie ook* hazensprong; ~ *in het water (hoofd vooruit)* [take a] header; ~ *van de plaats* standing jump; *zie ook* aanloop; *een* ~ ***doen*** make (take) a spring (a leap); *een* ~ *in het* ***duister*** *(doen)* (take) a leap in(to) the dark; *dat is een* ***hele*** ~, *(fig)* that is a big jump, a far cry; *een hele* ~ *vooruit, (fig)* [he has made] a great stride forward; ***kromme*** ~*en maken* try to wriggle out of it (of a situation); *(soms)* give o.s. up to all kinds of extravagances; *geen kromme* ~*en kunnen maken* be in straitened circumstances; *de* ~ ***wagen****, (ook fig)* take the plunge; *zich* ***door*** *een* ~ ***redden*** jump clear, jump to safety; ***met*** *een* ~ at a bound (*of:* leap); *met* ~*en* by jumps; *(zeer snel)* by leaps and bounds; *met* ~*en vooruit (omhoog, omlaag) gaan* advance (go up, go down) by leaps and bounds; *met een* ~ *stijgen tot £40.000* jump to ...; *de kosten van levensonderhoud gaan met* ~*en omhoog* the cost of living is soaring; *ik stond* ***op*** ~ *om te ...* I was on the point of [leaving]; *zie ook* stel; **II** *ww ovt van* springen
sprongbeen 1 *(anat)* ankle-bone, talus, astragalus; **2** *(sp)* lead leg
sprongetje skip, hop
sprongewricht hock, hough
sprongmutatie *(biol)* saltation
sprongsgewijs abrupt [changes]; *zie ook* sprong: met ~en
sprookje fairy tale, fairy story; *sprookjes-, uit een* ~ fairy [prince, princess], fairy-tale [castle, romance]; ~ *van Moeder de Gans* Mother Goose's (Mother Hubbard's) tale; *iem* ~*s vertellen, (fig)* put one over on a p.
sprookjesachtig fairy-like [beauty], fairy-tale [princess, romance]; enchantingly [beautiful]
sprookjesprins *(ook)* [her] Prince Charming
sprookjeswereld fairy world, fairyland, wonderland
sproot *ovt van* spruiten
sprot sprat
spruit 1 sprout, shoot; *(eig & fig)* sprig, scion, offshoot; *(plantk)* surculus (*mv:* -li); ~*en, (fig ook)* issue, offspring; *adellijke* ~ scion of (the) nobility; *mijn* ~*en* my kids (youngsters); *zie ook* spruitjes; **2** *(ve gieter)* spout; **3** *(techn)* branch pipe
spruiten sprout, shoot; *(aardappelen in kelder)* grow (out), sprout; *uit een adellijk geslacht gesproten* descended from a noble race; *zie ook* afstammen, ontspruiten & voortkomen
spruitjes (Brussels) sprouts
spruitjeslucht *(fig)* narrow-mindedness
spruitkool (Brussels) sprouts
spruitstuk *(techn)* header; *(meervoudig)* manifold
spruw 1 *(darmstoornis)* tropical (non-tropical) sprue; **2** *(slijmvliesontsteking)* thrush, aphtha, candidiasis; *(de vlekjes)* aphthae *(mv)*
spugen spit; *zie* spuwen
spui sluice
spuien 1 sluice; **2** *(stoomketel)* blow off; **3** let in fresh air; **4** *(fig)* ventilate [one's grievances]; **5** *(handel)* unload [securities; he unloaded before the slump came]
spuier *(ve dak)* gutterspout, *(in vorm ve dier of mon-*

sterkop) gargoyle
spuigat scupper(-hole); *dat loopt de ~en uit* it goes beyond all bounds, it is outrageous
spuikraan blow-off cock
spuisluis sluice
spuit 1 syringe, squirt; *~je, (med)* [lethal, morphine] injection; **2** *(voor verf, enz)* spray-gun; **3** *(brandspuit)* (fire) engine; *~ elf geeft modder* hear who's talking, hark at him (at her); **4** *(sl: paraplu)* brolly, gamp; *(geweer)* gun
spuitbus spray (can), aerosol
spuiten 1 spout, squirt, spurt, syringe; spray [paint]; *water tegen de ruiten ~* spray the windows [with a hose]; *~de bron, zie* spuiter; **2** *(inspuiten)* inject; *(v drugs)* skin-pop, *(in ader)* mainline
spuiter 1 spouter, squirter; *(petroleumbron)* gusher; *(schilder)* sprayer; **2** *(v drugs)* skin-popper, junkie, *(in ader)* mainliner
spuitfles syphon; *~je (voor odeur)* scent spray
spuitgast 1 hoseman, fireman; **2** *zie* spuiter 2
spuitgat *(ve walvis)* blowhole, spout-hole, spiracle
spuitgietwerk die-casting; injection moulding
spuitmond, spuitpijp nozzle [of a firehose]
spuitvis cuttlefish
spuitvliegen crop dusting
spuitwater soda water, aerated water; *(sl)* [whisky and] splash
spuitzakje forcing bag
spul 1 *(goedje)* stuff; *goed ~* good stuff; *~len, (gereedschap)* implements, tools; *(boeltje)* things, traps, sticks (of furniture), (personal) effects, belongings, *(fam)* clobber; *(kleren)* togs, things; *mijn zondagse ~len* my Sunday best; *pak je ~len bij elkaar* pack up your traps; *een armoedig ~letje* a twopenny(-halfpenny) concern; **2** *(kraam)* booth; **3** *(equipage:) een mooi ~letje* a smart turn-out; **4** *(last)* trouble; *ik heb heel wat ~ met die jongen* that boy gives me a good deal of trouble
spullenbaas showman
spurrie spurrey
spurten spurt, sprint [I had to sprint for my tram]
sputteren sputter, splutter
sputum sputum
spuug spittle, saliva
spuugbak spittoon
spuuglelijk frightful, as ugly as sin
spuuglok cow-lick, kiss-curl, *(Am)* spit-curl
spuugmisselijk 1 sick as a cat; **2** *zie* spuugzat
spuugzak airsickness bag
spuugzat sick to death, sick and tired [of s.t.]
spuwbak spittoon
spuwen spit [blood, fire], squirt [tobacco juice], expectorate; *(braken)* vomit, be sick, bring up, *(volkst)* spew; *vuur en vlam ~, (ook v pers)* spit fire, be in a towering rage
spuwer *(ve dak) zie* spuier
sst! sh!, sh-sh!, s-s-sh!, hush!, mum!
s.s.t.t. afk van *salvis titulis* omitting all titles
St St, Saint
staaf bar, *(rond)* rod; *(v hout)* stick, stave; *(goud)* ingot
staafantenne *(Eng)* rod aerial, *(Am)* flagpole antenna
staafbatterij torch (*Am:* flashlight) battery
staafdiagram histogram, bar chart, *(Am)* bar graph
staafgoud bar gold, gold in bars
staafijzer bar iron
staafmagneet bar magnet
staafvormig *(wtsch)* baculiform
staafzilver bar silver, silver in bars
staag steady; *zie* gestaag
staak 1 stake, pole; post; beanpole *(ook fig)* **2** *(her)* branch
staakheining wooden fence
staakt-het-vuren ceasefire
staal 1 steel; *(medicijn)* iron; *zie ook* ijzer; **2** *(monster)* pattern, specimen, sample (*ook fig: ~tje:* that is a sample of his manners), specimen; *~tje, (ook)* piece [of carelessness, wisdom, etc]; *een buitengewoon (een knap) ~tje van bouwkunst, (techn)* an extraordinary feat (a clever piece) of engineering; *het is niet meer dan een ~tje van mijn plicht* it is no more than my duty
staalachtig steely, steel-like
staalblauw steel (steely) blue [sky, diamond]
staalboek pattern (sample, design) book
staalborstel (steel) wirebrush
staalbron chalybeate spring
staaldraad steel wire
staaldraadkabel steel rope; wire rope
staaldraadmatras wire-wove(n) mattress
staalfabriek steelworks *(ook mv)*
staalgrauw *zie* staalgrijs
staalgravure steel engraving
staalgrijs steely-grey [eyes]
staalhard (as) hard as steel
staalhoudend chalybeate
staalkaart pattern card
staalkabel steel cable, hawser
staalkleurig steel-coloured
Staalmeesters (Rembrandt's) Syndics (of the Drapers Guild)
staalpillen iron pills (tablets)
staalplaat 1 steel plate; **2** steel engraving
staalpletterij steel-rolling mill
staalwater chalybeate water
staalwerk steelwork
staalwerker steelworker
staalwol steel wool
staan 1 *(overeind)* stand, be; *bij mijn werk moet ik de hele dag ~* at work I am on my feet all day; *~ of vallen* stand or fall [*samen* together; *met* with, by: the government will stand or fall with the bill; the whole argument stands or falls with (hangs on) ...]; *zie ook* toezien; *gaan ~, a)* get up; *(v gevallene ook)* pick o.s. up; *b)* (go and) stand, place (station) o.s.,

take one's stand; *ga daar (in de hoek)* ~ stand there (in the corner); *op zijn remmen gaan* ~ jam on the brakes; **2** *(blijven ~; fig: vasthouden)* stop; *(ve tol)* sleep; *de hond staat* the dog sets (*of:* points; *ook bijv:* points a partridge); ***sta!**, (tot paard)* whoa!, wo!, wo-ho!; ***staat!**, (mil)* eyes front!; ***blijven*** ~ remain standing, *(stilhouden)* stop, pull up, halt; *je kunt hier niet langer blijven* ~ you cannot stand around here any longer; ***laat** dat* ~ hands off, don't touch it; *de baard laten* ~ grow a beard; *eten en drinken laten* ~ touch neither food nor drink; *vgl* lusten; *de alcohol (vlees, enz) laten* ~ keep off alcohol (meat, etc); *een rekening laten* ~ let an account stand over; *laat het* ~, *(schrift)* leave it, don't cross (*of:* rub) it out; *laat* ~ *zijn eigen kinderen* not to mention his own ...; *niet geschikt voor een beest, laat* ~ *voor een mens* not fit for an animal, let alone a man; *hij kan niet lezen, laat* ~ *schrijven* much less write; *iem niet (wel)* ***zien*** ~ ignore, have no time for (be interested in) a p.; *ik sta* ***op*** *mijn recht* I stand (insist) on my rights; *hij stond erop dat ik het deed* he insisted on my doing it, insisted that I should do it; *op een onmiddellijk antwoord* ~ insist on an immediate answer; *ze staat erg op het fatsoen* she is a great stickler for propriety; *hij staat erop* he insists (on it), makes a point of it; *ze had er zo op gestaan* she had been so persistent, she had made such a point of it; *hij staat op nauwkeurigheid* he is strict on accuracy; ***tot*** ~ *brengen* bring [the car] to a standstill (to a halt), stop [the car]; pull up; check [s.t.] in its progress, arrest [the brain may be arrested in its development], halt [inflation]; *de brand was niet tot* ~ *te brengen* the fire got beyond control; *plotseling tot* ~ *brengen* bring up sharp (short); *tot* ~ *komen* come (be brought) to a stand (a standstill), pull up; *ik sta* ***voor*** *de schade* I'll pay for the damage (bear the loss); *daar sta ik (gewoonweg) voor* it baffles me, that's a poser (a facer); *hij staat voor niets (voor geen leugen)* he sticks (stops) at nothing (does not stick at a lie); **3** *(zijn, zich bevinden:)* ***hoe*** *staat de barometer?* what does the barometer say?; *hoe staat de frank?* what is the franc standing at?; *zie ook* partij; *de vruchten* ~ ***mooi*** fruit promises well; *er staat een pond* ***(schuld)*** there is a pound owing; *er staat 24 voet* ***water*** there is a depth of 24 feet of water; *hij weet* ***waar*** *hij* ~ *moet, (fig)* he knows his place; *nu wist ik waar ik stond, (fig)* now I knew where I was; *ik zag hoe de* ***zaken*** *stonden* I saw how the land lay, how things stood; *zoals het nu staat (de zaken nu staan)* as things are (stand) now, on present form; *er staat een flinke* ***zee*** *(deining)* there is a considerable sea (a big swell) on; *er* ***aan*** *gaan* ~ tackle s.t., do s.t. about it; *ga er maar aan* ~ just you try it; ***achter*** *iem* ~, *(fig)* back a p. (up), be behind a p.; *het volk staat achter de premier, (ook)* the ... has the nation behind him; *hij staat er voor 100% achter* he is fully (totally) committed to it, supports it whole-heartedly; *er* ***bij*** ~, *(vd oogst), zie ben:* ervoor ~; *ze stonden erbij* they stood by; ***boven*** *iem* ~ be over a p., be a p.'s superior; ~ ***buiten*** stand outside [the conflict]; *daar sta ik buiten* It's no concern of mine, I've nothing to do with it, it has nothing to do with me; ~ ***langs*** line [the route of the procession]; *hoe staat het* ***met*** *je (met je gezondheid)?* how are you? (how is your health?); *het staat slecht met me* I am in a bad way (in poor health), *(financieel)* I am hard up; *hoe staat het met je wat geld betreft?* how are you fixed for money?; *en hoe staat het nu met je broer?* and now, what about (of) your brother?; *ik wil weten hoe ik met hem sta* I ... where I am with him; *hoe staat het met mijn geld?, (wanneer krijg ik ...)* how about my money?; *hoe staat het met zijn rekenkunde?* how is he with his arithmetic?; *hoe staat het met het grote werk?* how goes the magnum opus?; *hoe staat het met je wat ... betreft?* how are you off for [money, vegetables, etc]?; ***onder*** *iem* ~ be under a p.; *dit ziekenhuis staat onder een vrouw* this ... is run by a woman, a woman is in charge of this ...; *er staat boete* ***op*** it is liable to a fine, you can be fined for it; *op desertie staat de doodstraf* desertion is liable to be punished by death; *zeggen waar het op staat* call a spade a spade; *dat komt te* ~ *op* it works out at; *die straf staat erop* that penalty is attached to it; *deze wijn komt mij op vijf pond de fles te* ~ this wine is going to cost me (sets me back) five pounds a bottle; *het huis staat op instorten* the ... is on the point of collapse; *zie ook* winst & zichzelf; ~ ***uit te*** *kijken (te lezen, roken, denken)* stand looking out (reading, smoking, thinking); ~ *te praten met* be talking to; *wat sta je daar weer stom te lachen* look at you standing there with that stupid smirk on your face; *zie ook* bezien, enz; *gedurende de tijd dat hij te A stond, (ve predikant)* during his pastorate at A; ~ ***tegenover,*** *zie* tegenover; *de tarwe staat er vrij goed* ***voor*** wheat looks quite good, is doing fairly well; *hij staat (zijn zaken ~) er slecht voor* he is (his business is, his affairs are) in a bad way; *zoals hij er nu voor staat wordt het nooit ...* on (his) present showing he'll never ...; *de zaak staat er goed voor* the business looks promising, promises well; *de maatschappij staat er niet te best voor* the company is not doing any too well; *zo sta ik ervoor* that's how I stand; *laat ons zien hoe we ervoor* ~ let us see where we are; *voor de rechter* ~ face the judge; *voor een moeilijk vraagstuk (een moeilijke keus, enz)* ~ be up against a difficult problem (be faced, be confronted with a difficult choice, etc); **4** *(passen (bij), lijken:) die japon staat u lelijk (mooi)* that dress does not suit you (looks good, on you); *het staat u lelijk, (fig)* it ill becomes you; *die hem vreemd stond* [a humility] that sat strangely (up)on him; *hij doet het omdat het 'staat'* for effect, because it looks good; *zijn bleke gezicht stond vreemd* ***bij*** *zijn zwarte haar* his ... went strangely with his ...; *zie ook* passen bij; **5** *(aangeven, vermelden)* be, say [it says in the Bible, it says so in the book]; *er* ~ *veel gegevens in het boek* many data are to be found in the book; *er staat* ***geschreven*** it is written; ***wat*** *staat er?* what does it say?; *de thermometer staat op 80* the ... stands at (shows) 80; *de klok stond op ...* the clock stood at (pointed to) ...; *er stond op: voorzichtig!* it was marked (labelled) 'with care'; *je staat er goed op, (foto)* you (have) come out well; *je staat er goed bij hem op* you're in his good books; *zie ook* gekleurd; *de letters AD ~* ***voor*** ... the letters AD stand for ...; **6** *(op het punt zijn)* be about; *het staat te gebeuren* it is about to happen; **7** *(streven naar:) ~* ***naar,*** *zie* hoofd, leven enz; **8** *(toekomen:) nu weet u wat u te* ***doen*** *staat* now you know what you have to do; *dat staat* ***aan*** *u* it lies with (depends on) you; *de beslissing staat aan u* the decision rests with you, it is for you to decide; **9** *(confronteren:)* ***iem*** *~* stand (face, *fam:* stick) up to a p.; *zie ook* man; **10** *(zich verhouden:) 5 staat tot 10 als 3 tot 6* 5 is to 10 as ...; *zie ook* alleen, [2]duur II, kijken, vol, enz

staand standing [army, ovation, start, stone, wave]; upright [gravestone]; *~e de vergadering* pending the meeting; *~e boord* stand-up collar; *~e hond* pointer, setter; *~ hout* standing timber; *~ horloge, ~e klok* grandfather clock, long-case clock; *~e lamp* standard (pedestal) lamp; *~e passagier, (in tram, enz)* straphanger; *~e receptie* stand-up reception; *~ schrift* perpendicular writing; *~e uitdrukking* set (stereotyped) phrase (expression); *~ want* standing rigging; *~ water* standing (stagnant) water; *iem ~e* ***houden*** stop a p.; *~e houden* maintain [he maintained that I was wrong], stand by [what one has said]; *zich ~e houden* keep one's foothold; *(fig ook)* hold one's own [*tegenover anderen* with others], stand one's ground; [without help he cannot] carry on, hold out; [he had a hard struggle to] keep going; *het gerucht houdt zich nog ~e* the rumour is still current

staandebeens 1 standing (up); **2** out of hand, summarily, at once

staander 1 standard, scaffold pole, (goal) post; **2** *(stander)* stand; **3** *(hond)* [German] pointer

staangeld 1 *(op markt)* stallage, toll; **2** *(waarborg)* deposit

staanplaats stand; *(voor taxi's)* cab (*of:* taxi) rank, *(Am)* taxi stand; *alléén ~en* standing(-room) only; *geen ~en* no standing; *~en £5* standing £5

staar cataract; *grauwe ~* cataract; *groene ~* glaucoma; *zwarte ~* amaurosis; *van de ~ lichten* couch a cataract (the eye, a p.)

staart tail *(ook van vlieger & komeet); (ve staartklok)* (hollow) wall-case; *(ve konijn, haas, hert, ook)* scut; *(ve vos, ook)* brush; *(vlecht)* pigtail; *(sleep, gevolg)* train; *~je, (wtsch)* caudicle; tail-end [of a storm]; *(overblijfsel)* remnant; *geen ~jes in de glazen!* no heeltaps!; *die zaak zal nog wel een ~je krijgen* that will not be the end of the matter, there are sure to be complications; *weglopen met de ~ tussen de benen* go off with one's tail between one's legs (crestfallen); *daar krijg je een ~ van* it drives you up the wall; *hem (de auto) op zijn ~ trappen* go flat out, let her rip

staartbeen tailbone; *(wtsch)* coccyx

staartdeling long division

staarthamer tilt-, triphammer

staartklok staartklok (*mv:* -s)

staartlastig *(ve vliegt)* tail-heavy

staartletter tailed letter, descender

staartloos tailless

staartmees long-tailed tit

staartpeper cubeb

staartpruik 1 tie-wig; **2** pigtail

staartriem crupper (strap)

staartrupsvlinder hook-tip moth

staartschroef 1 *(mil)* breechpin; **2** *(ve helikopter)* tail rotor

staartschudden *(ve vliegt)* buffeting

staartster comet

staartsteun *(ve vliegtuig)* tailskid

staartstuk 1 tail; **2** *(ve viool, enz)* tailpiece; **3** *(vlees)* aitchbone, rump; **4** *(ve kanon)* breech-piece

staartveer tail feather; *(wtsch)* rectrix (*mv:* -trices)

staartvin tail fin, caudal fin

staartvlak *(ve vliegt)* tailplane; *~ken* empennage

staartvormig *(wtsch)* caudiform

staartwervel caudal vertebra (*mv:* -brae)

staartwiel tailwheel

staartwind tailwind

staartwit tail margin

staat 1 *(rijk)* state; *(in proces, enz)* Crown [judgment for the Crown was given]; *de ~, (ook)* the body politic; **2** *(toestand)* state, condition; *~ van* ***beleg*** state of siege; *de ~ van beleg afkondigen* proclaim martial law; *~ van* ***zaken*** state of affairs (of things); ***in*** *goede ~* in good condition, in good shape; *in droge ~* when dry; *ze was in alle staten* she was in a state (a tizzy); *in ~ stellen* enable, put [a p.] in a position; *in ~ van beschuldiging stellen* indict [*ook fig:* indict the Church, the Government, etc], *(inz v hoogverraad)* impeach; *in (niet in, buiten) ~ zijn te ...* be able (unable) to ..., (not) be in a position to ...; *het spijt ons dat we niet in ~ zijn om te gaan* we regret our inability to go; *in ~ te reizen* [she is] fit to travel; *hij is tot alles in ~* he is capable of (will stoop to) anything, will stick at nothing; *tot niets in ~* incapable of anything; *ik acht hem er wel toe in ~* I think him quite capable of (doing) it, I wouldn't put it past him; *in ~ van verdediging brengen* put into a state of defence; **3** *(rang)* rank; *een* ***grote*** *~ voeren* live in great style; **4** *(lijst)* list, statement; *een goede (slechte, schitterende) ~ van* ***dienst*** *hebben* have a good (bad, brilliant) record (of service); *~ van dienst, (ook)* track record; *~* ***maken*** *op* rely (depend) on; *er is geen ~ te maken op ...* no dependence can be placed on (in) ...; *het bedrag op te maken bij ~, (jur)* [judgment for the plaintiff] for an amount to be ascertained; *zie ook* ontbinding, subsidiëren, verminderen, enz

staathuishoudkunde political economy, economics
staathuishoudkundig politico-economical; *~e* political economist
staatkunde politics, statecraft, statesmanship
staatkundig political; *~ evenwicht* balance of power; *zie ook* grens
staatloze stateless person, person without nationality
staats *(hist)* States(') [army, service]
staatsaangelegenheid[1] state concern, public affair
staatsalmanak government directory
staatsamateur state-subsidized amateur; *(fam)* shamateur
staatsambt public office, government employment
staatsambtenaar public (*of:* civil) servant; government official, public functionary
staatsapparaat public service
staatsbank national bank
staatsbedrijf public enterprise (*of:* corporation), state(-owned) enterprise
staatsbegrafenis state funeral
staatsbegroting budget
staatsbelang interest of the state; *zie ook* [2]reden 2
staatsbemoeiing state interference
staatsbestel *zie* staatsinrichting 1
staatsbestuur, staatsbewind government of the state
staatsbezoek state visit
Staatsblad *(vglb)* statute book; *in het ~ opnemen* place (enter) on the statute book
staatsbosbeheer State Forestry Service, Forestry Commission; *(Am)* Forest Service
staatsburger citizen, national
staatsburgerlijk civil, civic [rights]
staatsburgerschap citizenship
staatscommissie royal (*of:* government) commission
Staatscourant (Official) Gazette, *(vglb)* London Gazette
staatsdienaar state (*of:* government) official, public functionary
staatsdienst public service; *in ~ zijn* hold office under the government
staatsdomein crown land
staatsdrukkerij government printing office; *vgl* staatsuitgeverij
staatseigendom *(concr)* public property; *(abstr)* state ownership
staatsexamen 1 state examination; **2** *(voor toelating tot univ)* matriculation; *(fam)* matric
staatsfondsen government securities (*of:* stock)
staatsgeheim state secret, secret of state
staatsgelden public money
staatsgevaarlijk dangerous to the state, subversive [elements]
staatsgevangene political prisoner, prisoner of state
staatsgevangenis state prison
staatsgodsdienst state (*of:* official) religion

1 zie ook de sam met *rijks-*

staatsgreep coup (d'état)
staatshoofd head of state
staatshulp state aid; *onderneming met ~* state-aided enterprise
staatsie 1 state, pomp, ceremony; *met grote ~* in great state, with great pomp; **2** *(stoet)* procession, cortège
staatsiebed bed of state; *zie* praalbed
staatsiebezoek state visit
staatsiedegen dress sword
staatsiegewaad, staatsiekleed [in full] state robes, robes of state, court dress, full dress, ceremonial costume
staatsiekoets state coach (carriage)
staatsiesloep state barge
staatsietrap grand (*of:* state) staircase; *(mar)* accommodation ladder, gangway ladder
staatsievertrekken state apartments
staatsiezaal stateroom
staatsinkomsten public revenue
staatsinmenging state interference
staatsinrichting 1 polity, form of government, constitution of the state; **2** *zie* staatswetenschappen
staatsinstelling public institution
staatskas Public Exchequer, Treasury, [a grant out of] public funds
staatskerk Established Church, state church
staatskosten: *op ~* at the public cost, at the expense of the state
staatsleer political science (theory), civics
staatslening public loan
staatslichaam 1 *(de staat)* body politic; **2** *(lichaam in de staat)* public institution
staatsloterij state (*of:* national) lottery
staatsman statesman; *als van een ~* statesmanlike
staatsmanschap, staatsmanswijsheid statesmanship, statecraft; *van ~ getuigend* statesmanlike [act]
staatsmisdaad treason
staatsonderneming state enterprise
staatsorgaan organ of government
staatspapieren government securities (*of:* stock)
staatsraad Privy Council; *(persoon)* Privy Councillor
staatsraison reasons of state
staatsrecht constitutional law
staatsrechtelijk constitutional, relating (conformable) to constitutional law
staatsredenen: *om ~* for reasons of state
staatsregeling constitution
staatsruif public purse; *uit de ~ eten* live out of the public purse, draw government pay
staatsschuld national (*of:* public) debt
staatssecretaris *(vglb, Br)* Parliamentary Undersecretary, *(Am)* Assistant Secretary
staatsstuk official document, state paper
staatstoezicht [under] state control (supervision)
staatsuitgaven public expenditure
staatsuitgeverij government publisher; *(Br)* (HM) Stationery Office; *(Am)* Government Printing Office

staatsveiligheid public safety, state security
staatsvijand public enemy
staatsvorm form of government
staatswege *zie* rijkswege
staatswet 1 public act; **2** constitution
staatswetenschappen political science, civics
staatszaken state affairs, affairs of state; *aan het hoofd der ~* at the head of affairs
staatszorg government(al) care; *~en* cares of state
stabiel stable [equilibrium], steady, stationary
stabilisatie stabilization [fund]
stabilisator *(ve schip of vliegt)* stabilizer
stabiliseren stabilize [the currency], steady (*ook: zich ~:* prices have (been) stabilized; the pound has steadied); peg [prices]
stabiliteit stability, steadiness
stabilo *(v vliegtuig)* tailplane, *(inz Am)* horizontal stabilizer; *(verticaal)* (tail)fin
stacaravan holiday (non-mobile) caravan, (fixed) site caravan
staccato *(muz)* staccato *(ook zn)*
stad town; *(grote ~, dikwijls: bisschops~)* city; *buiten de ~* outside the town, in the country; *in de ~ grootgebracht* town-bred; *ik ga de ~ in* I am going into (down) town; *in de ~ (v inwoning of naburig)* in town, *(anders)* in the town; *naar de ~, (ve in de buurt wonende, naar ~)* to town, *(anders)* to the town; *uit de ~ gaan* go out of (leave) town; *de ~ verlaten (ve niet-inwoner)* leave the town; *~ en land* town and country; *S~ en Lande* City and Province; *~ en land aflopen voor ...* search the highways and byways for ...
stadbewoner inhabitant of a (the) town, townsman, town-, city-dweller
stade: *te ~ komen* stand in good stead, come in handy, serve one's purpose
stadgenoot, stadgenote fellow-towns(wo)man
stadhouder 1 *(Ned hist)* stadtholder; **2** governor, proconsul [proconsuls in the East]; *zie ook* stedehouder
stadhouderlijk of a (the) state
stadhouderschap stadtholdership, stadtholderate
stadhuis town hall, city hall
stadhuisbode town beadle
stadhuistaal officialese
stadhuiswoord grand word
stadie *(185 m)* stadium
stadig steady; *zie* gestadig
stadion [athletics, baseball, football, ice, Olympic] stadium, [football] ground
stadium stage, phase; *in dit ~* at this stage [of the proceedings]; *de zaak is nog in het eerste ~* the ... is still in its first stage (in its infancy); *in een nieuw ~ treden* enter upon a new phase
stads urban; *(v pers)* citified
stadsbeeld[1] city (urban) scene, townscape

---

zie ook de sam met *rijks-*
1 zie voor sam ook *gemeente-*

stadsbestuur municipality, *(met burgemeester)* (municipal) corporation, *(zonder burgemeester)* town (city, common) council
stadsbewoner *zie* stadbewoner
stadsbibliotheek municipal (*of:* city) library
stadsbus corporation bus
stadscultuur urbanism
stadsdeel part (district) of town, town district; *zie ook* stadswijk
stadsgebied territory of a (the) town, [the London] conurbation
stadsgebouw municipal building
stadsgesprek *(telec)* local call
stadsgewest *(vglb)* conurbation
stadsgezicht town view *(ook schilderij)*, townscape; *beschermd ~* urban conservation area
stadsgracht *(om stad)* (outer, defensive) canal round a town; *(in stad)* town (city) canal (with streets alongside)
stadsgrenzen *zie* grens
stadsguerrilla urban guerrilla(s)
stadsherstel urban renewal
stadshuis town house
stadskern city centre
stadslandschap urban scene
stadsleven town life, urban life
stadslichten *(ve auto)* parking lights, sidelights
stadsmens city dweller
stadsmuur town (city) wall(s)
stadsomroeper town crier
stadsontwikkeling *zie* uitbreidingsplan
stadspark town (municipal, corporation) park
stadspoort town gate
stadsrecht 1 municipal right; **2** *zie* stadsvrijheid
stadsregering municipal government
stadsreiniging municipal cleansing; *zie ook* reinigingsdienst
stadsschouwburg municipal (city, town) theatre
stadstaat city state
stadsverkeer urban (city) traffic; local (bus) service; [fuel consumption in] (simulated) urban cycle
stadsvernieuwing urban renewal (regeneration)
stadsvervoer local (city) transport
stadsverwarming district (*of:* community) heating
stadsvest rampart
stadsvrijheid privilege of a city
stadswaag town weighhouse
stadswacht 1 auxiliary police(man, -woman); **2** *(hist)* civic guard
stadswal city rampart
stadswapen arms of a (the) town, city arms, civic crest
stadsweide common
stadswijk quarter (district) of a (the) town, ward
stadwaarts townward(s), cityward(s), towards (in the direction of) the town
staf 1 *(staaf)* staff; *(als symbool van gezag, ook)* mace; *(bisschops~)* crosier, crozier; *(fig)* staff [bread is the

staff of life], prop [the prop of my old age]; *de ~ breken over* condemn; **2** *(pers)* staff [doctor, meeting, member, officer; the general staff]; *chef van de ~, chef-~* Chief of Staff; **3** *(in ~rijm)* stave
stafdrager mace-bearer, verger
staffunctionaris executive, member of management
stafkaart ordnance (survey) map
staflid, stafmedewerker member of staff, staff member
stafmuziek regimental band
stafmuzikant bandsman
stafofficier staff officer
stafrijm alliteration
stafylokok staphylococcus *(mv: -cocci)*
stag *(mar)* stay; *over ~ gaan, zie* overstag
stage 1 practical (work), work experience, traineeship; *~ lopen* do [teaching, etc] practice; **2** term of probation; **3** trial (experimental) period
stageld [bottle] deposit; [market] stallage
stageperiode traineeship
stageplaats trainee post
stagflatie stagflation
stagiair(e) trainee (teacher, etc)
stagnatie stagnation; hold-up [of traffic]
stagneren stagnate, come to a standstill, be stagnant
stagzeil staysail
stahoogte *(vglb)* full headroom
sta-in-de-weg obstacle, encumbrance
stak *ovt van* steken
stakelen *(mar)* burn flares
staken I *tr* **1** stop [work], abandon [a match]; *het werk ~* stop work; *(voor hoger loon, enz)* strike, go on strike, come out (on strike), walk out, down tools; *(om te rusten)* knock off (work); *de betalingen ~* stop (*of:* suspend) payment; *de treindienst (zijn bezoeken) ~* discontinue the train service (one's visits); *de procedure ~* stay the proceedings; **2** suspend [a p.]; *vgl* schorsen; **II** *intr* **1** stop, leave off; *(v werklieden)* be out (on strike); *(gaan) ~, zie* I: het werk ~; **2** *de stemmen staakten* the votes were equally (evenly) divided, the division resulted in a tie, there was a tie(d vote)
staker striker
stakerspost picket
staket(sel) fence, palisade, wooden railing, paling
staking 1 stoppage, cessation; suspension [of payment, of hostilities]; *(werk~)* strike, *(euf)* industrial action; *(college~)* boycott; *in ~ gaan, zie* staken I: het werk ~; *in ~ zijn* be out (on strike); *een ~ afkondigen* call (declare) a strike; *de ~ opheffen* call off the strike; *tot ~ overhalen* bring out [the railwaymen]; *door ~ getroffen* strike-bound [factory, ship]; **2** *~ van stemmen* tie (in voting), tied vote; *bij ~ van stemmen* in case of a tie (in the vote); **3** *(v pers)* suspension
stakingsbreker strike-breaker; *zie ook* onderkruiper
stakingscomité strike committee
stakingskas strike fund
stakingspiket picket
stakingsrecht right to strike
stakingsverbod strike ban
stakker(d) poor devil (fellow, beggar, wretch); *(vrouw, kind, dier)* poor thing (soul); *~s van kinderen* bits of children
stakkerig pitiful, pathetic
stal I *zn* **1** *(paardenstal)* stable; *(koestal)* cowhouse, cowshed, byre; *(schapenstal)* [sheep]fold; *(varkensstal)* [pig]sty; *(afdeling ve stal)* stall; *zie ook* stalletje; *op ~ zetten* stable; *zie* stallen; *(fig ook)* lay up [one's car during the winter]; *het paard ruikt ~* the horse knows he is making for his stable; *van ~ halen, (fig)* bring forward; dig up (again); **2** *(in koorbank)* stall; **3** *(fig)* pigsty; **II** *ww ovt van* stelen
stalactiet stalactite
stalagmiet stalagmite
staldeur stable door
stalen I *bn* steel; *(fig ook)* iron [will, nerves], steely [courage]; *~ geheugen* tenacious (retentive) memory; *met een ~ gezicht* (as) cool as a cucumber, deadpan; *~ meubelen* (steel) tubular furniture; *met ~ platen* steel-plated; *~ voorhoofd* brazen face; **II** *ww (fig)* steel [one's courage, one's nerves, o.s.]
stalenboek book of samples, pattern book
stalerf stable yard
stalhouder jobmaster, (livery) stable keeper
stalhouderij livery stable
staljongen stable boy, stable lad
stalknecht stableman, stable hand, groom; *(in herberg)* (h)ostler
stalkruid rest-harrow
stallen stable [horses]; store [bicycles], house [cattle], stall [ox]; garage, put away [one's car]
stalles stalls; *(Am)* parquet
stalletje [book-]stall, stand; *met een ~ staan* keep a stall; *houder van een ~* stallholder
stalling 1 stable, stabling; [cycle] shed; [car] garage; **2** *(het stallen)* stabling, etc; *vgl* stallen
stalmeester master of the horse, equerry
stalmest stable (*of:* farmyard) manure (*of:* dung)
stalvoe(de)r fodder
stam 1 stem *(ook ve woord); (ve boom, ook)* trunk; *hout op ~ kopen* buy timber on the stump; **2** *(geslacht)* stock, [the last of his] race, *(onder gemeenschappelijk hoofd)* tribe, *(Sch)* clan; *de ~ van Juda* the tribe of Judah; *het leiderschap van een ~* tribal leadership
stamboek *(ve pers)* genealogical register; *(mil)* regimental roll; *(v vee)* herd book; *(v paarden)* studbook; *(v schapen)* flock book
stamboeknummer *(mil)* regimental number
stamboekpaard stud horse; *~en, (ook)* bloodstock
stamboekvee pedigree cattle
Stamboel Stamboul; *(nu:)* Istanbul
stamboom genealogical (family) tree, pedigree
stamboon dwarf bean, bush-bean
stamcafé [his] favourite (regular) café

stamcel stem cell
stamelaar stammerer
stamelen I *intr* stammer, stumble in one's speech; II *tr* stammer (out) [an excuse], falter ['you knew?' she faltered]
stamgast habitué, regular (customer)
stamgenoot (fellow-)tribesman, (fellow-)clansman
stamhoofd tribal chief, chieftain, headman
stamhouder son and heir
stamhout standing timber
stamhuis dynasty
staminee pub, café
stamkaart *(v voorwerp, tijdschrift, enz)* basic-entry card; *(v pers)* personal record card; *(moederkaart)* master card
stamkapitaal original capital
stamklinker radical (root) vowel
stamkroeg [his] favourite bar
stamland earliest home
stammen *zie* afstammen; ~ *uit de tijd, dat ...* date from the time when ...; *uit Portugal* ~ be of Portuguese origin (descent)
stammenoorlog tribal warfare, internecine strife
stammoeder ancestress; *(bij matriarchaat)* matriarch
stamouders ancestors, [our] first parents: Adam and Eve
stamp I *zn* **1** stamp(ing); **2** kick; push; blow; **3** lot, crowd; II *bn* packed; *zie* stampvol
stampei hullabaloo; ~ *maken* kick up a fuss
stampen I *ww intr* **1** stamp, thump; *met zijn voet* ~ stamp one's foot, *(lichtjes)* tap one's foot; *~d de kamer op en neer lopen* stump up and down the room; **2** kick; push; **3** *(ve schip, enz)* pitch; **4** *(v machines)* thump, thud; II *ww tr* **1** *(fijnstampen)* pound, bruise, bray; mash [potatoes]; crush [ore]; **2** *(aanstampen)* ram; *iets in het hoofd* ~ drum s.t. into one's head; *feiten, enz, erin* ~ cram [for an exam]; *de grond in* ~ slate [an artist]; *uit de grond* ~ set up (develop) [an organization] from scratch (nothing); *hij stond de sneeuw van zijn schoenen te* ~ he stood kicking the snow from his boots; *gestampte pot* hotchpotch; **3** *(techn)* stamp; punch [holes]; blank [coins]; III *zn: het* ~ pitching, etc; the thud [of machinery]
stamper **1** *(pers & ding)* stamper; *(v geschut)* rammer; *(ve vijzel)* pounder, pestle; *(straat~)* paving beetle, rammer; **2** *(ve bloem)* pistil
stamperbloem pistillate flower
stamperhokje *(plantk)* carpel
stampij hullabaloo; ~ *maken* kick up a fuss
stampmolen stamp-, crushing-mill, crusher
stamppot hotchpotch; mashed potatoes and cabbage
stampstok rammer
stampvoeten stamp one's foot (feet)
stampvol chock-full, chock-a-block, packed (to suffocation), crammed (to overflowing), (over)crowded
stampzee pitching sea
stamregister genealogical register
stamroos standard rose
stamsalaris basic salary
stamslot ancestral castle (*of:* seat)
stamtaal parent language (speech)
stamtafel genealogical table; *(in sociëteit, enz, vglb)* habitués' table
stamtijden principal parts (of a verb)
stamuil *(vlinder)* gypsy moth
stamvader ancestor, progenitor; patriarch; founder (of family)
stamverwant I *bn* cognate; *(gramm ook)* paronymous; *~e woorden* paronyms; II *zn zie* stamgenoot; *onze ~en in Zuid-Afrika* our kinsmen in South Africa
stamverwantschap affinity
stamwapen family arms
stamwoord primitive word, stem
stand **1** *(houding)* attitude, posture; *(gymnastiek)* position, *(mv ook)* figures; **2** *(ligging)* position [of a house]; *een winkel* ***op*** *goede* ~ a shop in a good position (situation); **3** *(hoogte)* height [of the water, of the barometer], state [of the barometer], [thermometer, barometer] reading [a reading of 50 degrees]; rate [of the dollar]; **4** *(bij spel)* score(s) [the scores are ...], position [the position in the match is as follows]; *(op ranglijst)* standing; **5** *(v partijen bij verkiezing)* state [of the parties]; **6** *(vd maan)* phase; **7** *(toestand)* situation, condition, state, position; *de ~ van de onderhandelingen* the (present) position of the negotiations; *de huidige ~ van de wetenschap (van kennis), (ook)* the state of the art; ~ *van zaken* state of affairs; *verslag doen van de ~ van zaken* report progress; ***bij*** *deze ~ van zaken* as matters now stand, on present form; *zie ook* staan 3; **8** *(vaste positie, wezen)* ~ ***houden,*** *zie* standhouden; ***in*** ~ *blijven* endure, last; *in ~ houden* keep [a building] in repair, maintain, preserve [the race], support [supported by voluntary contributions]; ***tot*** ~ *brengen* bring about, achieve, accomplish; establish [contact]; effect [a sale *(koop, eig: verkoop)*, an agreement, economies], float [a loan], put [a loan] through, negotiate [a treaty, transaction, loan], conclude [an arrangement]; *tot ~ komen* come about; come into being; be effected, etc; *vgl* tot ~ brengen; mature; *de transactie is tot ~ gekomen* the deal has come off; **9** *(maatschappelijk)* rank, station [in life], (social) position, standing, status, [people from all] walk[s] of life; *de geestelijke* ~ the clergy; *de medische* ~ the medical profession; *lagere (hogere) ~en* lower (higher, upper) classes (orders); *de hoogste* ~ Society; the upper class (*fam:* crust); *de derde* ~ the third estate; *vierde* ~ working classes (*vgl:* the fourth estate, *scherts: de pers); zijn ~* ***ophouden*** keep up one's (social) position; ***beneden (boven)*** *zijn ~ trouwen* marry beneath (above) one (one's social position); ***boven*** *zijn ~ leven* live bey-

ond one's means; ***in hun*** *~* in their (social) position; *in alle ~en* in all walks (in every walk) of life; *mensen van elke ~* people in all walks (in every walk) of life; *van goede ~* [people] of good social position; *mensen van hoge ~* people of high rank (station) (*van hun ~* of their position, their station); *hij is niet van onze ~* he is not (of) our class; ***volgens*** *zijn ~ leven* live according to (in accordance with) one's rank (position in society); **10** *(op tentoonstelling)* stand; *zie ook* burgerlijk, enz

standaard I *zn (vaandel, maatstaf, muntstandaard)* standard [gold, silver, double, single standard; standard of correct speech]; *de koninklijke ~* the Royal Standard; *zie ook* stander & gouden; II *bn & bw* standard [contract, deviation, error, practice, price, procedure, silver, size, work; this test is now standard]; *niet ~, (ook)* non-, sub-standard; *alle auto's zijn nu ~ uitgerust met veiligheidsgordels* safety belts are now standard (a standard feature) on all cars

standaardgewicht standard weight

standaardisatie standardization

standaardiseren standardize

standaardloon standard rate of wages

standaardmaat standard measure

standaardmunt standard coin

standbeeld statue

standbeen leg on which a p. is standing

standcatalogus shelf list

standelkruid orchis

standenlijst league table

stander 1 stand [for umbrellas, etc], [hat]stand; **2** *(paal)* post; upright [a mirror between uprights]; **3** *(steun)* stand, *(drievoet)* tripod; *zie ook* fietsenstander, enz

standerdmolen post-mill

standgeld *zie* staangeld

standhoek dihedral angle

standhouden stand one's ground, stand firm, hold one's own, hold out, hold [his luck held]; *moedig ~* make a plucky stand; *~ tegen, (ook)* stand up against; hold [this plea would not hold against ...]; *dat houdt geen ~* that cannot last

standje 1 *(berisping)* telling-off, scolding, rebuke, rocket, reprimand, wigging, talking-to; *een ~ krijgen* get a telling-off; *hij kreeg een flink ~* he came in for some plain speaking; *iem een ~ geven (maken)* blow a p. up, rebuke (tell off) a p., *(geducht ~)* give a p. a rocket; *(vaderlijk)* talk to a p. like a Dutch uncle; **2** *(herrie)* row, shindy, affray; **3** *een opgewonden ~* an excitable person, a regular little tempest (spitfire); *vgl* opvliegend; *zie verder* herrie & ruzie; **4** *(lichaamshouding)* position, posture

standlicht parking light

standolie stand oil

standpenning standard coin

standpijp standpipe, hydrant

standplaats 1 stand, standing place; *(ve venter, enz)* pitch; *(v taxi's)* (cab)stand, rank; **2** *(ve ambtenaar)* station, post, place of work; *(ve predikant)* living, place; *zich naar zijn ~ begeven* take up one's position (*of:* duties); **3** *(ve plant)* habitat

standplaatsvergoeding [London] weighting (allowance)

standpunt standpoint, [from his] point of view; *op het ~ staan dat ...* take the position (the line) that ...; *van ~ veranderen, (ook)* change (shift) one's ground; *hetzelfde (een dergelijk) ~ innemen* take the same (a similar) stand (take up ... position); *zich op het ~ van de ander plaatsen* take (*of:* see) the other p.'s point of view

standrecht 1 summary justice, drumhead court martial; **2** [market] stallage

standrechtelijk: *~e veroordeling (executie)* summary conviction (execution)

standsverschil class distinction, difference in social position

standsvooroordeel class prejudice

standvastig steadfast, firm, constant, unwavering

standvastigheid steadfastness, firmness, constancy

standvink 1 queen post; **2** post with two angle braces

standvogel resident (*of:* sedentary) bird

standwerker marketeer; *(Am)* pitchman

stang 1 rod, bar, pole; stanchion [of a tramcar]; **2** *(ve fiets)* crossbar; **3** *(ve vogel, enz)* perch; **4** *(ve paard)* bridle-bit; *iem op ~ jagen (rijden), (fam)* get a p.'s rag out, wind a p. up; **5** *(ve bril)* side, arm

stangen *zie* stang 4: op ~ jagen

stangijzer rod iron

stangkogel bar shot

stangpasser beam-compasses, beam-dividers

staniol tinfoil

stank stench, bad (nasty, foul) smell, stink; reek [of gin]; *ik kreeg ~ voor dank* I got small thanks for it (for my pains), I got more kicks than halfpence (than thanks); *~ voor dank geven* bite the hand that feeds one

stankafsluiter (U-, anti-siphon) trap

stanleymes Stanley knife

stansen punch; die-cut; *zie ook* stampen II.3

stante pede out of hand; *zie* voet: op staande ~

stap step *(ook fig)*, pace, stride; footstep, footfall; *(v paard)* walk; *(fig ook)* move [a new move; the next move lies with you *moet van u komen*]; *een lichte (zware) ~* a light (heavy) step; *een ~ achteruit* a backward move, [that means] a step backward; *een ~ in de goede richting* a step (a move) in the right direction, a step forward; *een stoute ~* a bold step; *dat brengt ons geen ~ verder* that does not carry us a step farther; *het is maar een ~ of wat* it is only a short step; *een* ***~ doen*** take a step; *lange ~pen doen* take long strides; *~pen doen om te ...* take steps to ...; *de regering behoort ~pen te doen in deze zaak* the ... should move (take action) in this matter; *de eerste ~ doen* take the first step, make the first move, make advances (overtures), take the initiative; *er de*

~ *in zetten* step out; *iems ~pen nagaan* watch a p.'s movements; *de ~ wagen* take the plunge; *bij iedere* ~ at every step, [you see them] at every turn; *in één* ~ at (in) a stride; *op ~ gaan, a)* set out, go (*fam:* push) off; *b)* go out on a spree; *c)* go at a walking pace; *d)* walk in step; ~ *voor* ~ step by step, progressively; *vgl* schrede

stapel I *zn* **1** pile [of coins], stack [of sovereigns], heap; *een ~ rekeningen, (ook)* a batch of bills; *aan ~s zetten* pile up, stack; **2** *(~plaats, ~recht)* staple; **3** *(ve strijkinstrument)* sound; **4** *(v wol)* staple; **5** *(voor schepen)* stocks *(mv)*; *op ~ staan* be on the stocks, *(fig ook)* be on the way, in hand; *op ~ zetten* lay down [a new cruise ship], lay down the keel of; *(ook fig)* put on the stocks; *het schip liep van ~* the ship left the slipway, took the water; *van ~ laten lopen* launch [a vessel]; *alles liep vlot (glad) van ~* everything passed off without a hitch, went (off) smoothly, went swimmingly, went off well (according to the book); *het plan liep prachtig van ~* the plan worked perfectly; *(te) hard van ~ lopen* be (too) precipitate, go (move) (too) fast; II *bn: ben je ~?* are you mad?; *(attr, ook:)* madly [in love with], crazy [about]; *zie* stapelgek

stapelartikel staple commodity

stapelbaar stackable, stacking [chairs]

stapelbed bunk bed

stapelblokken *(mar)* stocks

stapelbord pallet

stapeldiagram compound bar chart

stapelen stack, pile (up), heap; *de ene ontbering (blunder) op de andere ~* heap discomfort on discomfort (pile up one blunder on another)

stapelgek **1** stark (raving) mad, stark staring mad, as mad as a hatter (as a March hare), off one's rocker (one's trolley); **2** fond [of *op*]; *~ op iem zijn, (ook)* be crazy about (madly in love with) a p.

stapelgoederen staple commodities (*of:* goods), staples

stapelloop *(ve schip)* launch

stapelplaats **1** emporium, mart; **2** storage (space), warehouse; *(hist)* staple (town)

stapelrecht *(hist)* staple-right

stapelwolk cumulus (*mv:* -li), woolpack (cloud)

stapelzot *zie* stapelgek

staphorster crossing with central reserve

stappen step; *(met lange passen)* stride, stalk; *(stapvoets)* walk; *(marcheren)* march; *op en neer ~* pace up and down; *trots ~* strut; *een eindje gaan ~* go for a walk, take a breather; *Jan is ~, (fam)* John has gone out drinking, is on a pub crawl; *het paard stapt goed (sierlijk)* the ... picks up his feet well (daintily); *~ op* mount [one's bicycle], board [a tram]; *uit de bus ~* get off the bus; *uit de partij ~* leave the party; *zie ook* overheen, rechter & uitstappen

stappend *(her)* passant

stapvoets [move, go, ride] at a walk(ing pace); *het paard moest daar ~ gaan* the ... had to walk there

star I *bn* stiff, rigid; *(ve blik)* fixed, glassy; *(fig) zie* steil; II *zn* star; *zie* ster

staren stare, gaze [*naar* at]; *woest ~* glare, glower [*naar* at]; *in het vuur ~* stare into the fire; *de honger staarde hem in het gezicht* hunger stared him in the face; *hij staarde voor zich uit* he stared in front of him; *een ~de blik* stare, [there was] a faraway look [in his eyes]

starheid rigidity

starnakel blotto

starogen *(lit)* stare; *zie ook* staren

start start, get-away; *(luchtv)* take-off; *van ~ gaan* begin, get going; *(bij streep, ook)* line-up; *(~plaats)* start(ing place)

startbaan *(luchtv)* runway

startblok starting block; *in de ~ken staan* be ready to go; *goed uit de ~ken komen* get off to a good start

starten start; *(luchtv)* take off

starter starter

startgeld **1** appearance money; **2** *zie* inleggeld

startkabels starter cables, *(fam)* jump leads

startklaar ready to start (*luchtv:* for take-off)

startknop starter button

startmotor motor starter, starter motor

startpistool starting pistol

startpunt starting point, jumping off point [for rambles]

startschot starting shot

startstreep start(ing line), line

startsubsidie *(fam)* kick-off grant

stateloos stateless [person]

Staten: *de Heren ~, (hist)* the Lords the Estates; *de ~ van Holland* the Estates (States) of Holland; *zie ook* provinciaal

Statenbijbel (Dutch) Authorized Version (of the Bible)

statenbond confederation (of states); *Australische Statenbond* Commonwealth of Australia

Staten-Generaal States General; *(vglb)* Parliament

Statenkamer council hall of the (Provincial) States

Statenvergadering meeting of the States

Statenvertaling *zie* Statenbijbel

statica statics

statie **1** *(r-k)* Station of the Cross; *de ~s bidden, zie* kruisweg; **2** *(v trein, enz)* station, halt; **3** state; *zie* staatsie

statief [camera] stand, tripod, support

statiegeld deposit [on bottles]; *~ 25 ct* 25 cents (back, returnable) on the bottle; *met (zonder) ~* (non-)returnable [bottle]

statig I *bn* stately, solemn, dignified, majestic; II *bw* in a stately manner, solemnly, majestically

statigheid stateliness, solemnity

station **1** (railway, *Am:* railroad) station; *(Am ook)* depot; *~ van aankomst (vertrek)* arrival (departure) station; *~ van afzending (ontvangst)* forwarding (receiving) station; *gepasseerd ~* [that is now an] irrelevance; **2** *(inrichting)* station

stationair stationary; ~ *draaien* idle, *(inz auto)* tick over
stationcar estate car, shooting brake (break); *(Am)* station wagon
stationeren 1 station, place; **2** *(auto, enz)* park; *~de voertuigen* stationary (parked) vehicles
stationsboekhandel railway bookstall
stationsbord station nameboard
stationschef stationmaster, station manager
stationsemplacement station yard
stationsgebouw railway station, station building
stationshal (main) concourse
stationshotel station hotel
stationsplein station square
stationsrestauratie station buffet (restaurant)
stationsvestibule booking hall
statisch static [characters, electricity], statical
statist supernumerary, walking gentleman, mute, *(fam)* super
statisticus statistician
statistiek *(wtsch)* statistics; *(opgaven)* statistics, [government] returns; *(soms ev: statistisch gegeven)* [a discouraging] statistic; *Centraal Bureau voor de S~* Central Statistical Offic
statistisch statistical; *~e grootheid* statistic
statoscoop statoscope
statten [go] shopping in town
status status [symbol]
statutair statutory [age, meeting]; [required] according to ([decided] in accordance with) the articles of association
statuur stature; height, build
statuut statute, covenant [of the League of Nations]; *statuten, (ve club, genootschap)* regulations (of a club, society); *(ve maatschappij)* articles of association; *(ve pol partij, enz)* constitution; *(gedragsregels)* [citizens', patients'] charter
stavast: *een man van* ~ a strong, resolute man
staven confirm, bear out [an opinion], substantiate [a charge *beschuldiging*; every word I've said], support [claims by documentary evidence], fortify [one's case with statistics], authenticate [well-authenticated reports *berichten*]; *(door onderzoek)* verify [a statement]; *zijn aanspraak ~ ten genoegen van het Hof* make out one's claim to the satisfaction of the Court; *deze legende wordt niet gestaafd door de feiten* this ... has no foundation in fact; *door getuigen gestaafd* (duly) attested [confession]
staving confirmation, substantiation, verification; *tot ~ van* [quote authorities] in support of [one's contention]; *stukken die tot ~ kunnen dienen* documentary evidence
stayer long-distance runner, etc; *(wielrenner)* stayer
stearine stearin
stearinekaars composite (*of:* stearin) candle
steatiet steatite
stechelen 1 cheat; *(spieken)* crib; **2** bicker; *(zeuren)* moan
stede: *te dezer ~* in this town; [Mr N] of this town; *in ~ van* instead of
stedehouder viceroy, viceregent, vicegerent, governor; ~ *van Christus* Vicar of Christ
stedelijk town [officials], municipal [government, privileges], urban [districts], civic [authorities], city [museum]
stedeling(e) towns(wo)man, town (city) dweller; *(mv ook)* townspeople, townsfolk
stedenaanleg, stedenbouw town planning
stedenbouwkundige town planner
stedenkroon mural crown
stedenmaagd patroness [of Amsterdam]
stee spot; *zie ook* stede
steeds I *bw (altijd)* always, ever, all the time, continually; *~ door* all along; *nog ~* still; *~ lager* lower and lower, ever lower; *~ de uwe* ever yours, yours ever; *~ weer (opnieuw)* again (*of:* ever) and again; *de gedachte kwam ~ weer bij mij op* the idea kept coming back to me; *hij volgt me ~* he keeps following me; *~ aangroeiend* ever-increasing [number]; *~ moeilijker* [become] increasingly difficult; **II** *bn* townish, towny
steef *ovt van* stijven
steeg I *zn* alley(way); **II** *bn* restive [horse]; **III** *ww ovt van* stijgen
steek 1 *(ve angel)* sting, *(ve dolk)* stab, *(ve zwaard, enz)* thrust; *iem een ~ in de **rug** geven, (ook fig)* give a p. a stab (stab a p.) in the back; **2** *(v pijn)* stitch [in the side], twinge; *een ~ in de **zijde*** a stitch (in my side); **3** *(naaiwerk)* stitch; *daar is een ~(je) aan **los*** there is s.t. wrong about it, he has a screw loose somewhere; *een verkeerde ~ **maken*** make a false stitch; *een ~ **opnemen*** take (pick) up a stitch; *een ~ laten **vallen*** drop (*of:* lose) a stitch; *(fig)* slip up; *zie ook* breister; **4** *(knoop)* hitch [*halve ~* half-hitch]; **5** *(hoed)* three-cornered hat, cocked hat; **6** *(ve schop)* spit [dig two spits deep]; **7** *(hatelijkheid)* dig; [*een lelijke ~* a nasty dig]; *dat is een ~ **op** mij* that is a dig at me, that is one for me; *~ onder **water*** sly dig, sideswipe; **8** *(bij tandwielen)* pitch; **9** *(onder~)* bedden-pan || *ik begrijp er **geen** ~ van* I cannot make head or tail of it, I do not understand it a bit; *het kan me geen ~ schelen* I don't care a damn; *zie ook* zier; *hij heeft geen ~ uitgevoerd* he has not done a stroke of work; *ik kan geen ~ zien, a)* I am as blind as a bat; *b)* I cannot see a thing; *uw theorie **houdt** geen ~* your ... will not hold water (cuts no ice); *zie ook* opgaan: niet ~; *hij liet ons in de ~* he failed us, left us in the lurch, let us down, deserted us; *haar geheugen (enz) laat haar nu en dan (nooit) in de ~* her ... fails her now and then (never fails her); *ze lieten hun leider in de ~* they deserted (went back on) ...; *zijn kalmte liet hem in de ~* his coolness deserted him; *het boek laat je nooit in de ~* the ... never lets you down; *hij liet zijn vrouw in de ~* he abandoned his wife; *hij had haar in L in de ~ gelaten, (ook)* he had left her stranded in L; *het **schip** (zijn **post**) in de ~ laten*

abandon the ship (desert one's post)
steekappel thorn apple
steekbalk hammerbeam
steekbeitel paring chisel, firmer (chisel)
steekbrem furze, gorse
steekcirkel *(ve tandwiel)* pitch circle
steekdistel milk thistle
steekhevel plunging siphon
steekhoudend sound, solid, valid
steekmug gnat, mosquito
steekpartij knifing (affair)
steekpass *(sp)* through-pass, deep pass
steekpasser (pair of) dividers
steekpenning hush money, bribe, illicit commission; *het aannemen van ~en* [accused of] corruptly accepting money
steekproef (random, test) sample; *(fig ook)* random test (check), experimental sounding, spot check; *-proeven nemen (uit)* test (sample, try) [s.t.] at random; *(zelfst)* random sampling
steekschuim floral foam, Oasis
steeksleutel 1 fork spanner; **2** *(voor sloten)* picklock
steekspel 1 *(hist)* tournament; tilt; **2** *(fig)* [political] duel (battle)
steekvlam blowpipe flame, oxyacetylene flame; *(plotseling)* flash, burst of flame
steekvlieg *(gewone ~)* stable fly
steekwagen trolley, hand truck, barrow
steekwapen pointed weapon
steekwond stab wound
steekzak slit pocket
steel 1 *(om aan te pakken)* handle [of a spoon, etc]; *(ve bijl)* helve, shaft; *(ve boor)* shank; *de ~ naar de bijl gooien* throw the helve after the hatchet; **2** *(blad-, bloem-, pijpen~)* stem; *(ve bloem, oog, vrucht)* stalk; stick [of peppermint, of rhubarb]; *van stelen ontdoen* stalk, tail [fruit]; stem [strawberries]; leaf [tea]; strip [tobacco]
steelloos *(plantk)* stalkless, sessile
steelpan saucepan
steels I *bn* stealthy; *hij wierp een ~e blik op haar* he stole a look at her, looked at her out of the corner of his eye; **II** *bw* furtively, stealthily, by stealth
steelsgewijs *zie* steels II
steelstofzuiger upright (vacuum) cleaner
steen 1 *(gehouwen)* stone; *(ruw)* rock; *(kei)* boulder; *(gebakken)* brick; *~tje* small stone, pebble; *de kleine ~tjes, zie* trottoir; *met een hart van ~* stony-hearted; *ik ben niet van ~* I am not made of stone; *~ des aanstoots* stone (rock, cause) of offence; *~ en* ***been*** *klagen* complain loudly (bitterly); *een ~tje* ***bijdragen*** contribute one's mite, do one's bit; *iem stenen voor* ***brood*** *geven* give a p. a stone for bread; *de* ***eerste*** *~ leggen* lay the first stone (foundation stone); *de eerste ~ werpen naar* cast the first stone at; ***geen*** *~ op de andere laten* not leave one stone upon another, not leave a stone standing; *met stenen* ***gooien*** *(naar)* throw (hurl, fling) stones at, pelt with stones, stone [the police]; *een ~ van het* ***hart,*** *zie* pak; *al moet de* ***onderste*** *~ boven komen* at any cost; *de ~ der wijzen* the philosophers' stone; **2** *(domino~)* stone, piece, domino; *(mahjongsteen)* tile; *(dobbel~)* dice; **3** *(ve vrucht)* stone; **4** *(in de blaas, enz)* stone, calculus (*mv:* -li); **5** *(in horloge)* jewel, ruby
steenaarde brick clay
steenachtig stony
steenader rocky vein
steenarend golden eagle
steenbakker brickmaker
steenbakkerij brickyard, brickfield, brickworks
steenbeitel stonemason's chisel
steenberg *(ve mijn)* slagheap
steenbikker stonebreaker
steenbok ibex; *de S~, (in dierenriem)* Capricorn, the Goat
steenbokskeerkring tropic of Capricorn
steenbolk *(vis)* (whiting) pout, bib, stink-alive
steenboor masonry drill
steenbreek *(plant)* saxifrage, London pride
steendoorn hawthorn
steendruk lithography
steendrukker lithographer
steendrukkerij 1 lithography; **2** lithographic printing office
steenduif rock-pigeon, rock-dove
steeneik holm-oak, ilex
steengeit rock-goat
steengoed I *zn* earthenware, stoneware, crockery; **II** *bn* first-rate; *(fam)* smashing
steengroef, steengroeve quarry, stone-pit
steengruis hardcore, stone-, brickdust, broken stones, crushed brick (stone, shale, etc); *(geol)* debris; *(voor wegen)* road metal
steenhard rock-hard, stony
steenhouwer stonemason
steenklaver 1 bird's foot trefoil; **2** white clover
steenklopper stonebreaker
steenkolen (pit) coal; *zie ook* wit
steenkolenbekken coal basin
steenkolenengels broken English
steenkolengas coal gas
steenkolengroeve coal mine, pit
steenkolenmijn colliery, coal mine
steenkolenteer gas tar
steenkool *zie* steenkolen
steenkoolbriket briquette
steenkoollaag coal-seam, coal-stratum (*mv:* -strata), coal-layer
steenkoud stone-cold
steenkraai Alpine chough
steenkrans stone circle
steenkruid saxifrage
steenkunde lithology
steenlegging: *(eerste) ~* (foundation) stone laying
steenlinde small-leaved linden tree
steenloper *(vogel)* (ruddy) turnstone

steenmarter stone (*of:* beech) marten
steenmos rock lichen
steenoven brick-kiln
steenpuist boil
steenraket treacle mustard
steenrijk immensely rich
steenrood brick-red
steenrots rock
steenruit wall rue
steenslag (road) metal, broken stones, stone chippings, rubble
steenslagweg metalled road
steensnijder lapidary, gem-cutter
steentijd Stone Age; *oude (midden, nieuwe)* ~ Old (Middle, New) Stone Age, palaeo- (meso-, neo-)lithic (period, age, times)
steentijm calamint
steenuil little owl
steenvalk merlin
steenvlas mineral (*of:* mountain) flax, asbestos, amianthus
steenvrucht stone fruit, drupe
steenweg paved road, high road
steenworp stone's throw; *op (binnen) een* ~ at (within) a stone's throw
steenzaag stone-, marble-saw
steenzout rock salt
steenzwaluw swift
steevast *bn & bw* regular(ly), invariable (-bly)
steg *zie* heg
steggelen 1 cheat; *(spieken)* crib; **2** bicker; *(zeuren)* moan
steiger 1 *(bk)* scaffolding, staging; *in de ~s zetten* scaffold; **2** *(mar)* pier, jetty, landing stage
steigerbalk scaffolding beam
steigeren 1 rear, prance; **2** *(een steiger bouwen)* raise (put up) a scaffolding
steigerwerk *zie* steiger 1
steil 1 steep, bluff; *(zeer steil)* abrupt, precipitous; *(loodrecht)* sheer [a sheer cliff; it rose sheer for a hundred feet]; ~ *haar* stiff upstanding hair; **2** *(fig)* uncompromising, dogmatic, rigid [in ideas]; high and dry [conservatism]; unbending, hard-shell(ed), rigid, dour [Calvinist]
steilschrift upright (*of:* perpendicular) writing (*of:* hand)
steilstarter jump jet
steilte steepness; *(concr ook)* steep, precipice
steilwand *(op kermis)* wall of death
stek 1 *(ve plant)* slip, cutting; *~ken, (uitschot van fruit)* specks; *kweken van ~ken* cultivate [geraniums] from slips; *~ken nemen, zie* stekken; **2** *(elektr)* plug; **3** *(hengelsp)* beat; **4** *zie* stuk
stekeblind (as) blind as a bat
stekel 1 prickle, prick, sting; *(ve egel)* spine, quill; **2** *(plantk)* spine
stekelachtig *zie* stekelig
stekelbaars stickleback, *(fam)* tiddler
stekelbrem *(eig)* needle-furze; *(meestal)* furze, gorse
stekelhoorn porphyry shell
stekelhuidige echinoderm
stekelig 1 prickly, spiny, thorny, spinous [fins], spiky [hair], bristly [beard]; **2** *(fig)* stinging, caustic, sarcastic, sharp, acrimonious; *~e opmerking* caustic (sarcastic) remark
stekeligheid 1 prickliness, spinosity, spininess, spikiness; **2** *(fig)* acrimony, asperity, sarcasm, caustic remark; *uitwisseling van stekeligheden* exchange of asperities
stekelrog thornback (ray)
stekeltje stickleback, *(fam)* tiddler
stekelvarken porcupine
stekelvinnigen spiny-finned fishes
steken 1 *(met angel, enz)* sting, prick; *(met dolk)* stab; *(met zwaard, enz)* thrust; *aal (zalm)* ~ spear eels (salmon); *wormen* ~ dig for worms; *zoden* ~ cut sods; *hij stak hem* ***in*** *de arm* he jabbed (stabbed) him in the arm; *een naald ~ in* stick (*injectienaald:* jab) a needle into; *de sleutel in het slot* ~ put (insert, fit) the key in(to) the lock; *zie ook* 7: ~ in; ~ ***naar*** stab (thrust) at [a p. with a knife]; **2** *(pijnigen; v wonden)* smart; *(v likdoorns)* shoot; *dat steekt hem* that sticks in his throat, he is (feels) sore about it, it rankles; **3** *(vd zon)* burn; **4** *(ergens aan of in doen)* put, stick, shove; *een ring* ***aan*** *de vinger* ~ put (slip) a ring on one's finger; *steek dat* ***bij*** *je* put it in your pocket; *de sneeuwklokjes staken hun kopjes* ***boven*** *de grond* the snowdrops thrust their heads above the ground; *zij stak haar arm* ***door*** *de zijne* she slipped her arm under his, hooked her arm into (*of:* through) his; *de handen* ***in*** *de zakken* ~ put (stick, thrust) one's hands into one's pockets; *iem in bed (in een dwangbuis)* ~ put a p. to bed (clap a p. in a straitjacket); *geld ~ in* put (invest, sink) money in [an undertaking]; *het hoofd* ***uit*** *het raam* ~ put (pop, poke) one's head out of the window; **5** *(mar: ankerketting bijv)* pay out; **6** *zijn stem (adem) bleef* ~ his voice (breath) caught; *plotseling* ***blijven*** ~ come to a dead stop, stop dead, get stuck; *(ve auto, enz, ook)* stall; *hij bleef dikwijls ~, omdat hij het goede woord niet kon vinden* he often got stuck for want of a word; *in de modder blijven* ~ stick in the mud; *de kogel bleef in de long* ~ the bullet lodged in ...; *iem* ***laten*** ~ let a p. down; *zie* stikken; **7** *(verborgen, enz zitten) daar steekt wat* ***achter*** there is s.t. behind it; *daar steekt meer achter* more is meant than meets the eye; *daar steekt geen kwaad* ***in*** there is no harm in it; *wat voor (kwaad) steekt daarin?* where is the harm in it?, what harm can it do?; *in elkaar ~, a) (tr)* fix [s.t.]; *b) (intr)* hang together; *goed in elkaar* ~ be well-made; *ik wist niet dat zo iets in je stak* I did not know you had it in you; *er steekt een ... in hem* he has the makings of a ...; *de sleutel steekt in het slot* the key is in the lock; *(diep) in de schuld* ~ be (deep, deeply) in debt; *zie ook* 1 & [1]keel, nauw, neus, stoel, zak, enz

stekend stinging, cutting, smarting, shooting, burning, etc; *vgl* steken
steker *zie* stekker
stekken slip [plants], strike cuttings (of), multiply (reproduce) by cuttings
stekker *(elektr)* plug; *de ~ eruit trekken* pull the plug [on a company]; *zie ook* balen
stekkerdoos wall socket, multiple (multi-outlet) socket
stekkie *(hengelsp)* beat; *zie verder* stek
stel 1 set [of cups and saucers, samples; *ook v pers:* a set of fools], kit [of tools], lot [they're a queer lot]; *(ve wagen)* undercarriage; *(gasstel, enz)* [gas] cooker, [oil] stove; *hij is de beste (zij is de knapste) van het ~* he is the best (she is the prettiest) of the bunch; *ze zijn een raar ~* they are a queer pair; *hij heeft een goed ~ hersens* he is a brainy fellow; *zie ook* ongeregeld; **2** *we zijn nog niet* **op** *~, (na verhuizing)* we are not yet settled in; *op ~ en sprong* [he left us] then and there, abruptly
stelen I *tr* steal (*ook:* a kiss, a p.'s heart); *(kapen)* pilfer, purloin; *hij steelt al wat los en vast is* he steals whatever he can lay his hands on; *het kan me gestolen worden!* they can keep it, and welcome!; *je kunt me gestolen worden!* you can go to hell!; *een kind om te ~* a perfect little pet; **II** *intr* steal, thieve; *~ als de raven* steal like magpies
steler stealer, thief
stelfout error in sentence structure (in composition), stylistic error
stelkunde algebra
stelkundig algebraical
stellage scaffolding, staging
stellair stellar
stellen I *ww* **1** *(plaatsen, zetten)* place, put; erect [a frame], put [an engine] in working order; set [a problem, task]; put, pose [a question, problem], posit [a problem], state [a case]; *nadrukkelijk ~* urge; *vgl* beweren; *een daad ~* take action; *hij wou een daad ~* he meant business; ***zich*** *~* place (put, post, station) o.s., take one's stand; *(v vragen, enz)* arise; *zich ten doel ~* make it one's aim; *zich een taak ~* set o.s. a task [the task he had mapped out for himself]; *een zichzelf gestelde taak* a self-appointed task; *cognossement gesteld* ***aan*** *de order van ...* Bill of Lading made out to the order of ...; *zich* ***boven*** *iem ~* put o.s. above a p.; *... ~ boven ...* put [one's happiness] before [one's ambition], rank [reasoning] higher than [observation]; *zich* ***in*** *iets ~* acquiesce in s.t.; *het zich* ***tot*** *plicht stellen te ...* make (consider) it one's duty (take it upon o.s.) to ...; ***voor*** *het feit ~, zie* fait accompli; **2** *(afstellen)* adjust [the brakes], regulate, set; *een* ***kijker*** *~* adjust a pair of binoculars; **3** *(richten)* lay, train [a gun]; **4** *(bepalen)* fix [a price]; *de prijs ~* ***op*** fix the price at; *een uur voor de tijd waarop de plechtigheid gesteld was* an hour before the ceremony was timed to begin; *het aantal ~ op 40* put (*vast~, ook:* fix) the number at 40; *stel het aantal dagen op x* let x be the number of days; **5** *(uitdrukken)* compose, draw up, write [a letter], couch, phrase, word [the letter was worded in the following terms, in polite language]; *goed ~* write well, be a good stylist; ***in*** *krasse taal gesteld* [the resolution was] framed in strong language; **6** *(onder~)* suppose; put [k = b/a]; *~* ***dat*** *...* put the case that ...; *stel dat het zo was* suppose (supposing) it were so; *stel dit geval* put this case [I put the case as mildly as I could]; *ik zou willen ~ dat ...* I suggest that ...; **7** *(beredderen, doen)* manage; *ik kan het* ***buiten*** *u ~* I can cope without you; *de wereld kon het wel buiten hem ~, (ook)* the ... could well spare him; *zie ook ~* zonder; *hij kan het* ***goed*** *~* he is well off (in easy circumstances); ***hoe*** *zal hij dat ~?* how is he going to manage it?; *ik kan het er voor het ogenblik* ***mee*** *~* it (they) will do for now; *ik kan het hier mee ~* I can make this (these) do; *ik heb wat te ~* ***met*** *die jongen* that boy gives me a lot of trouble, is a handful; *ik kan het met heel weinig slaap ~* I can manage (get along) with very little sleep; *hij kon het* ***zonder*** *slaap (eten) ~* he could go (do) without (dispense with) sleep (food); *je zult het er zonder moeten ~* you'll have to go without (it); *zie ook* buiten, gesteld, eis, kandidaat, [2]laag, probleem, taak, vaststellen, enz; **II** *zn* **1** composition; *wenken voor het ~ in het Engels* aids to (hints for) the writing of English (to English composition); **2** *(bk, techn)* erection
stellend: *~e trap* positive (degree)
steller 1 writer, author; *~ dezes* the (present) writer; *hij is een goed ~* he writes well, is a good stylist; **2** *(bk, techn)* erecter
stelletje *zie* stel & ongeregeld
stellig positive [proof, instructions], firm [intention], confident [belief]; *hij sprak op ~e toon* he spoke in a peremptory tone (*of:* assertively); *hij spreekt veel te ~* he is too positive; *hij komt ~* he is sure to come; *ze zal hem ~ meebrengen* she is bound to bring him with her; *ze zullen ~ te laat komen* they will certainly be late; *dat moet je ~ eens doen* you really must do it; *ik reken er ~ op* I absolutely count on it; *ten ~ste ontkennen* deny flatly; *zie verder* zeker & vast: vaste overtuiging
stelligheid positiveness; certainty
stelling 1 thesis (*mv:* -ses) [Luther nailed his theses to the church door], theorem; **2** *(wisk & logica)* proposition, postulate; **3** *(mil)* [select a] position; fortress, (line of) fortifications; *in ~ brengen* deploy [one's forces], place [a gun, troops] in position; *~ nemen tegen* make a stand against; **4** *(steiger)* scaffolding
stellingname attitude; *zijn ~ in deze kwestie* the position he adopted in ...
stellingoorlog position (*of:* trench) war(fare)
steloefening exercise in correct writing, composition
stelpen staunch (*inz Am:* stanch) [the bleeding]
stelplaats depot

stelpost approximate estimate
stelregel maxim, (fixed) rule; *een goede ~, (ook)* a good rule to go by
stelring adjusting ring
stelschroef adjusting (adjustable) screw, set-screw
stelsel system, scheme; *tot een ~ maken* reduce to a system; *zie ook* talstelsel & tientallig
stelselloos unsystematic, unmethodical, without system
stelselloosheid want of system (method)
stelselmatig systematic
stelselmatigheid systematism, systematicity
stelt stilt; *op ~en lopen* walk on stilts; *alles stond op ~en* things were at sixes and sevens; *de hele stad (het hele huis) stond op ~en* the ... was in an uproar (the house was turned upside down); *alles (de boel) op ~en zetten* turn the place (the house, etc) upside down, raise Cain (Hell); *overal de boel op ~en zetten* cause trouble everywhere
steltloper stilt-walker; *(vogel, ook)* grallatorial bird
steltwortel stilt root
stem 1 voice; *de ~ des volks (der natuur)* the voice of the people (of nature); *de ~ van het bloed* the call of the blood; *een ~ van binnen* an inner voice; *hij **hoort** graag zijn eigen ~* he likes the sound of his own voice; *zijn ~ laten horen* be vocal; *ik ben mijn ~ **kwijt*** I've lost my voice; *ik heb mijn ~ terug* I've found my voice again (recovered my voice); *zij heeft niet veel ~* she has not much of a voice; *er **gaan** ~men **op** om ...* voices are heard demanding that ...; *zijn ~ **verheffen*** make one's voice heard, raise one's voice [*tegen* against]; *goed **bij** ~ zijn* be in (good) voice; *slecht bij ~* in poor voice; *de zanger was uitstekend bij ~* the ... was in splendid (excellent) voice; ***met** luide ~* in a loud voice; *met (van aandoening) gebroken ~* with a break (catch) in one's voice; *zie ook* roepen, wisselen, enz; **2** *(bij verkiezing, enz)* vote; *één ~ tegen* one dissentient (vote), one contrary vote; *de ~men der Conservatieven* the Tory vote; *de meeste ~men **gelden*** we'll do what the majority wants; *slechts een adviserende ~ **hebben*** act as adviser, but have no vote; *hij heeft er geen ~ **in*** he has no voice (no say) in the matter; *hij heeft zes ~men tegen ik één* he has six votes to my one; *de meeste ~men hebben* be at the top of the poll, head (top) the poll; *de minste ~men hebben* be at the bottom of the poll; *veel ~men (7000 ~men) **krijgen** (op zich verenigen)* poll heavily (poll 7000 votes); *de ~men **opnemen*** count the votes; *zijn ~ **uitbrengen*** record (register, cast, give, enter) one's vote; *zijn ~ uitbrengen op* vote for; *hoeveel ~men zijn er uitgebracht?* how many votes were cast?; *de ~men van de kiezers trachten te **winnen*** seek the votes of the ...; *op één stem na had hij zijn zetel verloren* he was within a vote of losing his seat; ***met** algemene ~men* unanimously, without one dissentient voice, nem con; *de motie werd met een meerderheid van 14 ~men aangenomen* the ... was carried by fourteen votes; *met 10 ~men voor en 8 tegen* by ten votes in favour and eight against; *zie ook* beslissend, werven, enz; **3** *(ve muziekstuk)* (voice) part [first, second part]; *de **tweede** ~ zingen* sing second; ***voor** drie ~men* [song] in three parts, three-part [song]
stembanden vocal cords
stembiljet voting-, ballot-paper
stemblok wrest-block
stembriefje voting-, ballot-paper
stembuiging modulation, [rising, falling] inflection
stembureau 1 polling station, *(Am)* polling place; *(fig)* polls; **2** polling committee
stembus ballot-box; *(fig)* poll; *met de meeste stemmen uit de ~ komen* head (be at the top of) the poll; *aan de ~ verslagen worden* be defeated at the polls; *zie ook sam met* verkiezing
stemcomputer voting computer
stemdistrict polling-district, ward
stemfluitje tuning-pipe, pitch-pipe
stemgeluid voice
stemgember stem ginger
stemgerechtigd entitled to (a, the) vote, enfranchised; *~e leden* voting members; *~e leeftijd* voting age; *~ zijn* have the vote
stemhamer tuning-hammer, tuning-key
stemhebbend 1 *zie* stemgerechtigd; **2** voiced [consonant]
stemhokje polling booth
stemlokaal *zie* stembureau 1
stemloos voiceless, mute, dumb; *(medeklinker)* voiceless (breathed) [consonant]
stemmachine voting machine
stemmen 1 *(stem uitbrengen)* vote, give (cast, record) one's vote, go to the poll; *(geheim)* ballot; *(parl)* divide; *er werd niet gestemd* no vote was taken; *Liverpool stemt vandaag* Liverpool polls today; *~!, ~!, (parl)* 'vide!, 'vide! [divide]; *~ met **zitten** of opstaan* vote either by rising or remaining seated; *~ **op*** vote for; *(op een) liberaal (conservatief, enz) ~* vote liberal (conservative, etc), vote with the liberals, etc; *als één man ~ op* vote unanimously for; *~ **over*** vote (up)on [the resolution was not voted on] *(parl)*, divide on; *laten ~ over* take a vote on, put [a proposal] to the vote; *~ **tegen*** vote against; *~ **voor*** vote for (in favour of, in support of); *zie ook* druk & hoofdelijk; **2** tune [instruments], voice [organ pipes]; *(ve orkest)* tune up; *op toon ~* pitch [an instrument]; **3** *(in een stemming brengen) het stemt me droevig* it makes me feel sad; *om haar gunstig te ~* to get into her good books; *vrolijk ~* put in a cheerful mood; *zachter ~* mollify [a p.]; *het stemt ons **tot** grote dankbaarheid* it makes us feel deeply grateful; *tot ongerustheid ~* give rise to anxiety; *het stemt tot kalmte* it is soothing; *iem (on)gunstig ~ voor ...* predispose (prejudice) a p. in favour of ... (against ...); *zie ook* onaangenaam, nadenken, enz
stemmenverhouding proportion of votes, voting ratio; *een ~ van 200 tegen 50* a vote of 200 to 50

stemmenversnippering vote-splitting
stemmer 1 voter; **2** *(muz)* tuner
stemmig 1 *(ve pers)* grave, staid, demure, sedate, sober; **2** quiet [dress, dress quietly], sober
stemmigheid gravity, staidness, demureness, sedateness, soberness; quietness
stemming 1 voting, vote, polling, *(geheime ~)* (secret) ballot; *(in parl, enz)* division; *schriftelijke ~* vote by ballot; *een ~ **houden*** take a vote (a ballot, a poll); *de motie werd **aan** ~ onderworpen, **in** ~ gebracht, kwam **in** ~* the ... was put to the vote, a vote was taken on the motion; ***bij** eerste ~ gekozen* elected at (*of:* on) the first ballot; ***tot** ~ overgaan* proceed to the vote (to a division); ***zonder** ~* without a vote; *(fam)* on the nod; *zie ook* handopsteken, uitslag, enz; **2** *(muz)* tuning; pitch; intonation; temperament; **3** *(gemoeds~)* frame (*of:* state) of mind, mood, humour, feeling, disposition; *(vd markt)* tone, tendency, sentiment [sentiment on the Stock Exchange was firm]; *vaste (onvaste, flauwe) ~, (handel)* firm (unsettled, weak) tone (*of:* tendency); *de ~ (het gevoelen) van de vergadering peilen* take the sense of the meeting; *de algemene ~ was ertegen* the general feeling was against it; *zijn ~ werd beter* his spirits rose; *~ **maken*** create an atmosphere; *~ maken voor (tegen)* rouse popular feeling for (against); *ik ben er niet voor **in** de ~* I am not in the mood for it, I don't feel like it; *niet in de ~ zijn om* be in no mood to; *in een feestelijke (strijdlustige) ~* in (a) festive (fighting) mood; *in een goedgeefse ~* in the giving vein; *in uitstekende ~* in excellent heart
stemmingmakerij stirring up strife (opposition), rousing (up) public feeling
stemmingsmens man (woman) of moods
stemoefening voice-training; *een ~* a voice-training exercise
stemomvang range (*of:* compass) of the voice, vocal register
stemonthouding abstention
stemopneming count, counting of votes
stemorgaan vocal organ
stempel 1 [name-, date-]stamp, (initial) seal; *(muntstempel, enz)* die, *(techn, ook)* press tool; **2** *(afdruk)* stamp (*ook fig:* bear the stamp of truth), impress, imprint; *(keur)* hallmark; *(poststempel)* postmark; *zijn ~ drukken op* put (set) one's stamp (*of:* seal) (up)on, *(fig ook)* leave (put) one's mark (up)on; *hij drukt op de gehele inrichting zijn ~, (ook)* the whole establishment bears the stamp of his personality; *een ~ opgedrukt krijgen, (fig)* be branded [a rebel]; *het besluit draagt het ~ van wijsheid* the ... bears the mark (imprint) of ...; *van de oude ~* of the old stamp (*of:* school); **3** *(ve bloem)* stigma
stempelaar 1 stamper; **2** recipient of unemployment benefit
stempelautomaat ticket-cancelling machine
stempelband blocked cloth binding
stempelen 1 stamp [paper], mark; *(brief)* postmark; *zie ook* poststempel; *(postzegel)* cancel; *(goud, enz)* hallmark; *dat stempelt hem tot een verrader* this stamps him (as) a traitor; **2** *(op stempelklok)* clock in (on; off, out); **3** *(v werkloze)* sign the unemployment register, *(fam)* be on the dole
stempelgeld unemployment benefit
stempelinkt stamp-pad ink
stempelkaart time-card
stempelklok time(-stamp) clock
stempelkussen ink(ing)-pad
stempellob *(plantk)* stigmatic lobe
stempelmachine stamping-machine
stempelpers stamping-press
stempelsnijder stamp-cutter, seal-engraver, die-sinker, medallist
stempelvlag postmark advertisement
stempen *(muz)* tuning-pin, tuning-peg, wrest-pin
stemplicht compulsory voting
stemrecht *(pol)* suffrage, franchise, [have the] vote; *(in vergadering, enz)* right to vote, voting-power, [have no] vote; *aandelen met ~* voting stock; *algemeen ~* universal suffrage; *het ~ verlenen* confer the vote on, give the vote; *het ~ ontnemen* dis(en)franchise; *zie ook* ingezetene
stemsleutel tuning key
stemspleet glottis; *tot de ~ behorende* glottal
stemval cadence
stemvee voting robots, [the Tory] faithful
stemverandering *zie* stemwisseling
stemverheffing raising of the voice; *met ~ spreken* raise one's voice; *zonder ~ spreken, (ook)* speak in a level (an even) voice (*of:* tone)
stemverklaring motivation of one's vote
stemvolume vocal power
stemvork tuning-fork
stemvorming voice production
stemwisseling breaking of the voice
stencil stencil; *(oneig)* handout
stencilen stencil, duplicate
standen *(hist)* estates of the realm
stenen I *bn* stone, brick, *vgl* steen; clay [pipe]; flint [knives]; brick-built [bungalow]; *~ hart* heart of stone; *~ vloer* stone floor, *(v plavuizen)* flagged floor; **II** *ww* groan, moan
steng pole; *zie ook* stang; *(mar)* topmast; *grote ~* maintopmast
stengel stalk, stem; *(ve blad, ook)* petiole; *(v hop, ook)* bine; *zoute ~, (vglb)* pretzel (stick)
stengelblad stem (*of:* foliage) leaf, cauline leaf
stengelbloem pedunculate flower
stengelknoop node
stengellid internode
stengelvormig stalk-, stem-like, cauliform
stengun Sten gun
stenig stony
stenigen stone (to death)
steniging stoning, lapidation
stennis rumpus; *~ maken* kick up a row

steno(dactylografie) shorthand (typing)
stenograaf shorthand writer, stenographer
stenograferen I *intr* write shorthand; II *tr* take down in shorthand
stenografie shorthand, stenography
stenografisch shorthand, stenographic (*bw:* -ally), in shorthand; ~ *opnemen* take down in shorthand
stenogram shorthand report
stenose stenosis
stenotyperen type out shorthand
stenotypie shorthand typing
stenotypist(e) shorthand typist
stentorstem stentorian voice
step 1 *(pas)* step; **2** *(steun)* footrest; **3** *(autoped)* scooter
stepdans step-dance
steppe steppe
steppehoen (Pallas's) sand-grouse
steppehond 1 hyena dog; **2** *(knaagdier)* prairie-dog
steppen 1 scooter; **2** stitch through, quilt(-stitch)
ster star *(ook ve orde, op voorhoofd ve paard, enz); (distinctief)* pip; *(fig ook)* [a legal] luminary, [shining] light; *zie ook* lichtend; *~-van-Bethlehem, (plant)* Italian bellflower; *S~ in het Oosten* Eastern Star; ~ *van de eerste grootte, (ook fig)* star of the first magnitude; *met ~ren bezaaid* studded with stars, star-spangled, starry; *de ~ren van de hemel spelen* give a superb performance; *~ren en strepen, (Am vlag)* stars and stripes; *zie ook* sterretje
sterallures airs of stardom, starlike airs
steranijs star anise, Chinese anise, badian
sterappel star apple
stère stere, cubic metre
stereo stereo [cabinet, equipment, photography, recording, sound]
stereochemie stereochemistry
stereofonie stereophony
stereofonisch stereophonic (*bw:* -ally)
stereografie stereography
stereometer stereometer
stereometrie solid geometry
stereometrisch stereometric (*bw:* -ally)
stereoscoop stereoscope
stereoscopisch stereoscopic (*bw:* -ally)
stereotiep stereotype [edition]; *(fig)* stereotyped [questions], stock [remark], cut-and-dried [answer]; *~e uitdrukking, (ook)* cliché
stereotyperen stereotype
stereotypie stereotype (printing)
sterfbed deathbed
sterfdag day of a p.'s death, [I shall regret it to my] dying day
sterfelijk(heid) mortal(ity)
sterfgeval death; *wegens* ~ [closed] owing to death, owing to (a) bereavement
sterfhuis house of the deceased (of mourning); *de stoet zal het ~ verlaten om 2.15* the cortège will leave the house at 2.15
sterfhuisconstructie unbundling; *een ~ toepassen op* unbundle [a company]
sterfjaar year of (a p.'s) death
sterfregister register of deaths
sterfte 1 mortality; **2** death-rate
sterftecijfer death-rate, (rate of) mortality
sterftekans death risk
sterftelijst *(hist)* bill of mortality
sterftestatistiek statistics of mortality, mortality-returns
sterftetafel *(verzekering)* life table, mortality table
sterfuur hour of (a p.'s) death, dying hour
sterhyacint star hyacinth
steriel sterile, barren; *(bacterievrij)* sterile, sterilized; *(v chirurgische instrumenten, enz, ook)* surgically clean
sterilisatie sterilization
sterilisator sterilizer
steriliseren sterilize *(ook med);* spay [a female animal]
steriliteit sterility, barrenness
sterisch steric
sterk I *bn* **1** *(fysiek, stevig)* strong [boots, chain, ice, man], robust; ~ *en gezond* able-bodied; ~ *van lichaam* strong in body; **2** *(krachtig)* powerful [microscope, glasses, electric current]; high-power [lens]; high-powered [engine]; high-tenacity [yarn]; strong [coffee, player, proof *bewijs*]; *zie* sterkedrank, sterkwater; ~ *geheugen* tenacious (retentive) memory; *het ~e geslacht* the stronger (sterner) sex; *~(e) (glas) grog* stiff (glass of) grog; *~e man* strong man, autocratic leader; ~ *werkwoord* strong verb; *dat gevoel (die gewoonte) werd* ***sterker*** *bij hem* that feeling (habit) grew (up)on him; *de tegenstand werd ~er* resistance stiffened; *ik* ***maak*** *mij ~ het beter te doen* I'm pretty sure I can do it better; *ik maak me ~ dat hij komt* I am sure (it is my belief, I feel confident) he ...; I'll even go so far as to say that ...; *zich ~ maken* make an effort [on a p.'s behalf *voor iem*]; *vgl* hard; *wie niet ~ is, moet* ***slim*** *zijn* if you are not strong, you must use your wits; *hij* ***staat*** *~* he has (his is) a strong case (position), he is on strong ground [in saying so]; *ik* ***twijfel*** *er ~ aan of ...* I greatly (very much) doubt whether ...; *hij is ~* ***in*** *(het) Grieks* he is strong in Greek, Greek is his strong point (his forte); *hij was niet ~ in zijn kennis van Holland* he was not strong on Holland; *hij is ~ in het maken van complimenten* he is great on compliments; ***te*** *~ zijn voor, (sp)* outplay [an opponent]; *zie ook* been, [2]knap I.2, krachtig, [2]leven; **3** *(stevig)* stout [shoes, cord]; **4** *(hevig)* high [wind]; **5** *(steil)* sharp [rise *stijging*; fall *daling*]; **6** *(in aantal)* [they are three hundred] strong; **7** *(ongelofelijk) dat is nogal ~* that's a bit thick (steep, rich); *het is zelfs zo ~ dat* it is so much so, that; ~ *stukje* remarkable feat; *~e verhalen* tall stories; *ik zal het je nog ~er vertellen* I'll go one better than that; *~er nog, ...* and what's more, ...; **8** *(v smaak)* strong, *(Am)* sharp

[cheese]; *~e boter* strong (rancid) butter; *~ roker* heavy smoker; II *bw* strongly, etc; much [branched, enlarged, flattened]; highly [coloured]; widely [different]; *dat is ~ gezegd* that is putting it strongly, *(fam)* that is coming it strong; *daar ben ik ~ voor* I am strongly in favour of it; I am all for [doing it quickly]; *zich ~ uitdrukken* express o.s. forcibly (strongly), put it strongly; *ik vroeg me ~ af of ...* I very much wondered whether ...

sterkedrank strong drink, (strong) liquor, spirits; *(Am)* liquor

sterken strengthen, fortify, invigorate; *gesterkt door de gedachte ...* buoyed up by the thought ...; *het sterkte hem in zijn zelfzucht* it confirmed him in his selfishness

sterkgebouwd strongly (solidly) built

sterkgekleurd highly coloured [stories]

sterkgespierd muscular

sterking strengthening

sterkriekend strong-scented

sterkstroom power [cable]

sterkte 1 strength *(ook ve orkest);* power [of a lens]; *het regiment is op (boven, beneden) ~* the ... is at (above, below) establishment; *op ~ brengen (houden)* bring (keep) [a battalion] up to strength; *~!* good luck!, all the best!; *ik wenste hem ~* I wished him courage; *zie ook* kracht; **2** *(vesting)* stronghold *(ook fig),* fortress

sterkwater 1 *(alcohol)* spirits; *op ~ zetten* put (steep, mount) in spirits; **2** *(salpeterzuur)* aqua fortis

sterling sterling

sterlingblok, sterlinggebied sterling area

stermotor radial engine

stern *(vogel)* (common) tern; *grote ~* Sandwich tern; *~tje* (lesser, little) tern

steroïde [anabolic] steroid

Sterreclame radio and TV commercials

sterrenbaan course (*of:* orbit) of a star

sterrenbeeld constellation

sterrenbloem stellate flower

sterrendag sidereal day

sterrendistel star thistle, caltrop

sterrenhemel starry sky

sterrenhoop star cluster [*open* galactic, *bolvormig* globular]

sterrenjaar sidereal year

sterrenkaart star-map, celestial chart

sterrenkers garden cress

sterrenkijken stargazing

sterrenkijker 1 stargazer *(ook vis)* **2** telescope

sterrenkijkerij stargazing

sterrenkroos water starwort, *(wtsch)* callitriche

sterrenkunde astronomy

sterrenkundig astronomical

sterrenkundige astronomer

sterrenlicht starlight; *de door ~ verhelderde nacht* the starlit (starlight) night

sterrenmos starred moss

sterrenmuur starwort

sterrenregen star (*of:* meteoric) shower

sterrenschans *(hist)* star-redoubt, star-sconce

sterrentijd sidereal time

sterrenwacht (astronomical) observatory

sterrenwichelaar astrologer

sterretje 1 little star; **2** asterisk (*); **3** *(mil)* pip; *hij kreeg zijn 2e ~, (werd 1e luitenant)* he got his second pip; **4** *(med)* scintillation; *dito met een ~* precisely the same; *~s, (vuurwerk)* sparklers; *~s zien* [the blow to his head made him] see stars; **5** *(film)* starlet

sterrit [Monte Carlo] (motor-)rally

sterveling mortal; *geen ~* not a (living) soul; *geen ~ kan meer doen* angels can do no more

sterven die, expire; *ik mag ~ als het niet waar is* I am a Dutchman (I will eat my hat) if it is not true; *als bedelaar ~* die a beggar; *~ aan kanker, aan zijn wonden, door geweld, door verwaarlozing, op de brandstapel, op het schavot, van dorst, van schrik, van ouderdom, van verdriet* die of cancer (*ook:* from typhoid, etc), from one's injuries (wounds), by violence, through neglect, at the stake, on the scaffold, of thirst, of (*of:* with) fright, of old age, of grief (a broken heart); *de lach stierf op zijn lippen* the ... died (away) on his lips; *je kunt maar eenmaal ~* you can only die once; ***aan** de gevolgen ~* die from the effects; *ze ~ **als** vliegen* they are dying (off) like flies; ***op** ~ liggen* be dying (at the point of death, on the point of dying, at death's door, at one's last gasp); ***van** honger ~* die of hunger, starve (to death); *~ van de kou* catch one's death of cold; *(komen te) ~ vóór* die before, predecease; *zie ook* dood II

stervend dying, sinking, moribund [*ook fig:* the party is far from moribund]; *de ~e* the dying man (woman, person)

stervens- *(fam)* terribly [crowded]

stervensbegeleiding terminal care

stervensuur hour of death, last hour

stervormig star-shaped, stellate(d), asteroid

stervrucht star fruit, carambola

stethoscoop stethoscope

steun 1 support, prop; *(fig ook)* stay, help, standby; [government] backing; *~tje* [elbow-]rest; *de ~ van haar oude dag* the prop of her old age; *de ~ ondervinden van* have the support of; *iem een ~tje (in de rug) geven, (fig)* give a p. a helping hand (a leg-up); *~ verlenen* support, back, help, give assistance; *zijn zedelijke ~ verlenen* lend one's moral support; *een ~tje nodig hebben* need a leg-up; ***tot** ~ van* in support of, [garden party held] in aid of [the hospital]; *ze (het) was hem tot grote ~* she (it) was a great help to him; *zie ook* hulp, ondersteuning, enz; **2** (unemployment) benefit, unemployment pay; *~ trekken* be on the dole; *zie ook* onderstand

steunbalk supporting beam, girder, summer

steunbeeld *zie* schraagbeeld

steunbeer buttress

steunblad stipule

steunbout stay-bolt
[1]**steunen** *(kreunen)* groan, moan
[2]**steunen** support, prop (up), sustain; *(fig)* support, stand by, uphold [a p.], back (up); second; *(kracht, moed geven)* bear up; *(inz wankel project)* bolster up, buttress, prop up; underpin [the franc]; *(vooral zedelijk)* countenance, give (lend) countenance to [he gave countenance to the cause by his presence]; *(motie)* second, support, speak in support of [a motion]; *krachtig ~, (Am fam)* root for [a p.]; *een politiek ~, (ook)* endorse a policy; *iems aanspraken ~* support a p.'s claims [*bij* with]; *~ **op*** lean on [a stick; *ook fig:* she wanted a man to lean on]; *ze steunde de ellebogen op tafel* she leaned her ... on the table; *(gebaseerd zijn op)* be based (founded) on, rest on; *op iem ~ voor hulp* rely on a p. for help; *steun daar niet teveel op* don't bank on it too much; *zie ook* leunen
steunfonds relief fund
steunfraude (social) benefit fraud (*fam:* fiddle)
steunmuur retaining wall
steunpilaar pillar (*ook fig:* a pillar of the Church, pillars of society); *(fig ook)* standby, mainstay [the mainstay of the State]
steunpunt point of support; *(ve hefboom)* fulcrum (*mv:* -cra); *(mil)* base [naval base, air base]
steunsel prop, stay, support
steuntrekkend on the dole, on benefit, in receipt of relief
steuntroepen supports
steunwortel prop root; *vgl* plank- & steltwortel
steunzender booster station
steunzool arch support
steur sturgeon, *(kleine)* sterlet
steurgarnaal prawn
steurharingen sprinkled herrings
steurkrab prawn
stevel *(hist)* boot; *zie ook* laars
steven prow, stem; *de ~ wenden* put (the ship) about; *de ~ wenden naar* make (*of:* head) for
stevenen set sail, sail, steer [*naar* for]; *zie ook* aanstevenen
stevig 1 *(hecht)* solid [table], strong [boots], firm [flesh, legs; seat on horseback, firmly seated], stout [cardboard, boots, paper, plank, stick]; *~ op de benen* sure-footed; *~ inpakken* wrap [o.s.] up well (warmly), pack [a parcel] firmly; ***houd mij ~ vast*** hold me tight; *ik heb je ~ vast* I've got you tight; *~ vastbinden* tie securely; *zich ~ vastklemmen aan* cling tight to; **2** *(krachtig)* square [meal], big, solid [breakfast], substantial [dinner, food, packing-case], hearty [meal, eater], steady [hand], heavy [drinker], stiff [breeze, grog, price, march]; *~e wijn* full-bodied wine; *~ doorstappen* walk on at a brisk pace; *~ beetpakken* grasp [a p.'s hand] firmly; *~ drinken* drink deeply (heavily); *~ staan* stand firm; *'m ~ om hebben* be three sheets in the wind; *zie ook* flink; **3** *(pers)* well set-up, well-knit, sturdy, sturdily built, strapping [girl]; **4** *(ruim:) een ~ uur* rather more than an hour, a good hour; *een ~e vijftiger* a person well on in the fifties
stevigheid solidity, firmness, stoutness, substantiality, sturdiness
stewardess stewardess, air hostess
sthenisch sthenic
sticht 1 bishopric, [bishop's] see, diocese; *het S~* the bishopric of Utrecht; **2** *(klooster)* convent
stichtelijk edifying [sermon], improving; *~ boek* devotional book; *dank je ~!* thank you for nothing!, not on your life!, *(fam)* I'm not having any!
stichtelijkheid edification
stichten 1 found [a business, colony, hospital, an empire], establish [a business], plant [colonies], start [a fund], bring about [peace]; *brand ~* start a fire; *goed (kwaad) ~* do good (evil); *tweedracht ~* stir up strife; *zie ook* gesticht, onheil, oprichten, enz; **2** edify [one's audience]
stichter founder
stichting 1 foundation; **2** *(concr)* institution, foundation, almshouse; **3** *(v hoorders, enz)* edification; *ter ~ van, (ook)* for the benefit of *(ook iron)*
stichtingsbrief deed (*of:* charter) of foundation
stichtingskosten cost of site and building, *(vglb)* development costs
stichtster foundress
stickie reefer, joint
stiefbroer stepbrother
stiefdochter stepdaughter
stiefkind stepchild; *(fig ook)* Cinderella; poor relation; *~ der fortuin* victim of fortune; *~eren maken* show favouritism
stiefmoeder stepmother *(ook fig)*
stiefmoederlijk stepmotherly; *~ behandeld (bedeeld) worden* not get one's fair share (a fair crack of the whip), be treated in a stepmotherly fashion (as the Cinderella [of the professions]); *de natuur heeft hem ~ bedeeld, (ook)* nature has not given him a fair chance
stiefvader stepfather
stiefzoon stepson
stiefzuster stepsister
stiekem I *bn* underhand, hole-and-corner [marriage, affair]; covert [attempt]; *zich ~ houden* lie low, *(sl)* lie doggo; **II** *bw* [do s.t.] on the sly, in secret; *er ~ van door gaan* sneak off
stiekemerd: *een ~* a slyboots, a deep one, a sneak
stiekempjes, stiekemweg *zie* stiekem II
stiel trade; *niet mijn ~* not my cup of tea, off my beat
stielkennis expert knowledge, professional skill
stier bull; *als een dolle ~* like a mad bull; *jonge ~* steer; *de S~, (in dierenriem)* Taurus, the Bull
stierengevecht bullfight
stierennek bull neck
stierenvechter bullfighter
stierf *ovt van* sterven
stierkalf bull-calf
stierlijk: *~ het land hebben* be fed up to the back

teeth; *iem ~ vervelen* bore a p. stiff (to death); *zich ~ vervelen* be bored stiff, be dreadfully bored

Stiermarken Styria

stiet *ovt van* stoten

stift 1 peg, pin, [etching-]needle; [eyebrow, styptic] pencil; *(tandheelkunde)* post; *(ve zonnewijzer)* pointer, gnomon; *(schrijf~)* style, stylus; *zie ook* graveerstift; **2** *zie* sticht

stiftbal *(sp)* chip

stiftsleutel hex(agon) key

stifttand post crown

stigma 1 *(wondteken)* stigma (*mv:* -mata); **2** *(brandmerk)* stigma; brand

stigmatisatie stigmatization

stigmatiseren stigmatize

stijf 1 stiff [cardboard, collar, leg, joint, etc], starched, stiff [shirt-front]; *(half) ~, (ve luchtschip)* (semi-)rigid; *een stijve hebben* have a hard-on; *stijve nek* stiff neck; *een stijve nek hebben, (ook)* have a crick (rick) in one's neck; *hij is zo ~ als een stok (een plank)* he is as stiff as a poker; *alles was ~ bevroren* everything was frozen stiff; *met zijn ogen ~ dicht* eyes tightly shut; *~ worden (ve lijk, pudding, enz)* set; *~* ***van de kou*** stiff (numb, benumbed) with cold; *~ van het zitten* stiff (*of:* cramped) with sitting; **2** *(fig)* stiff [bow, manners, design, handwriting]; starchy [old maid], wooden [gestures]; *(ve pers, fam, ook)* buttoned up; *(vd markt)* firm; *stijve koelte* stiff breeze; *hij hield het ~ en strak vol* he stoutly persisted (maintained it); *het been ~ houden, (fig)* refuse to give way; *zie ook* stevig, hark, Klaas

stijfharig wire-haired [terrier], hispid [plant]

stijfheid stiffness, rigidity, starchiness, starch [take the starch out of a p.]; *vgl* stijf

stijfhoofd(ig) *zie* stijfkop(pig)

stijfjes *zie* stijf 2

stijfkop obstinate (headstrong) person, mule

stijfkoppig obstinate, headstrong, pig-headed, mulish

stijfkoppigheid obstinacy, mulishness

stijfsel starch; *(plak~)* paste

stijfselen starch

stijfselpap starch-paste

stijfselpapier paste paper, starch paper, marbling paper

stijfte stiffness; *(v pap, enz)* consistency

stijgbeugel stirrup *(ook in oor); iem met de voet in de ~ helpen* give a p. a leg up; *de voet in de ~ hebben, (fig)* be in the saddle; *daardoor kreeg hij de voet in de ~* that gave him his start in life

stijgbeugelriem stirrup-leather; stirrup-strap

stijgblok mounting-block

stijgen 1 *(ve weg, rivier, barometer, enz)* rise; *(ve vliegt, ook)* climb; *zijn ster is aan het ~* his star is in the ascendant; *de wijn (het bloed) steeg me* ***naar*** *het hoofd* the wine went to my head (the blood rushed to my head); *het getijde (water) stijgt* the tide is coming in; *te* ***paard*** *~* mount (one's horse); *van het paard ~* dismount; **2** *(hoger worden)* increase, mount (up); *(v prijzen, enz)* rise, go up, look up, tend upwards, stiffen, pick up, strengthen, firm up, appreciate [land in this neighbourhood is bound to appreciate; Dutch florins appreciated to 4.40]; *snel ~, (v prijzen, enz)* rise sharply, rocket [the cost of living is rocketing (up)]; *de uitvoer is gestegen* exports are up [*met £5000* by £5000]; ***doen*** *~* swell [the box-office receipts], send up [prices, the temperature]

stijgend *(toenemend)* on the increase; mounting [cost, debts, resistance, tension]; *de lonen zijn ~e* wages are rising (are on the upgrade); *~e beweging* upward movement; *~e kosten* mounting (rising) costs; *zie ook* klimmen & klimmend

stijgijzer crampon

stijging 1 rise, rising, advance [*tegenover 1964* on 1964]; increase, appreciation; *(ve prijs, ook)* upturn, uplift; *(zeer sterk)* boom; *~ v temperatuur, (ook)* [global] warming; *vgl* stijgen; **2** *(klim)* ascent

stijgkracht *zie* stijgvermogen

stijgsnelheid *(ve vliegt)* rate of climb

stijgvermogen *(ve vliegt)* lift, climb; *(ve ballon)* lifting-power

stijl 1 *(schrijfwijze, trant, tijdrekening)* style *(ook ve roeier, enz); geen ~, (fam)* poor show; bad manners; *de oude ~* the Old Style, the Julian Calendar; *van de oude ~* [aristocrat] of the old style (*of:* stamp); *naar de laatste ~* in (*of:* after) the latest style; **2** *(post)* [door-, bed-]post, stanchion, upright; *(bk)* post, strut; *(zij~ v deur, raam, enz)* jamb; *(ve leuning)* baluster; *(stift)* style, stylus; *(v bloem)* style

stijlband *(bk)* astragal

stijlbloempje stylistic affectation

stijldansen ballroom dancing

stijlfiguur figure of speech

stijlfout fault of style

stijlgebreken deficiencies of (in) style

stijlkamer period room

stijlleer stylistics, art of composition

stijlloos 1 styleless, without style; **2** *(fam)* incorrect, improper, in bad taste

stijlmiddel stylistic device

stijloefening (exercise in) composition

stijltuin formal garden

stijlvol in good style, elegant, *(soms)* stylish

stijven 1 *(algem, ook van prijs & wind)* stiffen; *(fig)* stiffen, back [a p.] up [in s.t.], strengthen [a p.'s conviction], confirm [a p. in his evil ways]; *de schatkist ~* swell (benefit) the Exchequer; **2** *(linnen)* starch; *pas (stijf) gesteven* freshly (stiffly) starched [collars]

stijving stiffening, etc; *vgl* stijven

stikdonker I *bn* pitch-dark, pitch-black; **II** *zn* pitch (*of:* inky) darkness

stikheet broiling; *zie* smoorheet

stikken 1 *(met garen, enz)* stitch; *gestikte deken* quilt; **2** stifle, be stifled, choke, be choked to death, be suffocated, suffocate; *stik!* oh, curse it!; *stik (de moord)!*

go to hell!; *iem laten ~, (fig)* let a p. go hang, not do a thing for a p.; *een gevoel* **alsof** *je zult ~* a choking feeling; *we ~* **in** *de bureaucratie* we are smothered in red tape; *~ in een stuk brood* choke on a piece of bread; *het is hier* **om** *te ~, je stikt hier* it is stiflingly hot here, there's no air in here; *hij stikte van het lachen* he was convulsed with laughter; *hij stikte van woede* he choked with fury

stikking suffocation

stiklucht suffocating air

stikmat smothered mate

stiknaald stitching-needle

stiksel stitching

stikstof nitrogen

stikstofhoudend nitrogenous

stikstofverbinding nitrogen compound

stikvol chock-full, packed (crowded, crammed) to suffocation; *~ fouten* bristling with mistakes

stikwerk stitching, stitchery

stil 1 *(onbeweeglijk)* still; *(rustig)* quiet [a quiet place], calm; *(in zaken)* slack; *(vd markt)* quiet, flat, dull; *hij is een ~le in den lande* he is one of those who look on and say nothing; *~ gaan leven* retire from business; *~ leven* live in retirement; *een ~le dag, (zonder wind)* a still day; *de ~le tijd, (handel)* the slack (*of:* dull) season; *~ water* turn of the tide; *zie ook* water; *zo maar, bij ~ weer* [it happened] just like that; **2** *(zonder geluid)* silent *(ook v film)*, still; *~!* hush!, be quiet!, silence!; *~ maar, kleintje* there, there, my little one; *het werd ~* (a) silence (a hush) fell; *ze werden ~* they fell silent; *je bent erg ~ vanavond* you are very quiet tonight; *ik werd er (je wordt er) ~ van* I was (it leaves you) speechless, I didn't know what to say; *een ~ meisje* a quiet girl; *~le mis* low mass; *~ spel* silent action, by-play; *~le tocht* silent march; *een ~ verwijt* a silent rebuke; *de ~le week* Holy Week; *Stille Zaterdag* Holy Saturday; *zo ~ als een muisje, zie* muisstil; **3** *(geheim)* silent; closet [admirer, communist, homosexual]; *~le diender* detective; *~le getuige* dumb (silent) witness; *~ nummer, (telefoon)* ex-directory number; *een ~le pimpelaar* a secret drinker; *~le vennoot* limited partner; *zie ook* stilhouden, enz

stilaan gradually; by now

stileren 1 *(stellen)* compose; *hij stileert goed* he writes (has) a good style; **2** *(in de kunst)* formalize, stylize, conventionalize

stilet stiletto (*mv:* -os, -oes)

stiletto flick knife; *zie* springmes

stilhouden 1 stop, come to a stop (a standstill), halt; *(ve trein, auto, enz, ook)* pull up, draw up; *(ve ruiter, ook)* draw rein (*of:* bridle); *hij liet de auto ~* he stopped the car; *hou dat been stil* keep that leg still; **2** keep [it, the matter, the affair] quiet, hush [it] up; *zich ~* keep quiet, be silent, hold one's peace, *(fam)* keep mum; *hou je stil!* keep (be) silent (quiet)!, hold your tongue!, *(fam)* shut up!

stilist(iek) stylist(ics)

stille 1 quiet person; **2** plain-clothes man, detective; *zie* stil

stilleggen stop, halt; *zie* stopzetten

stillen hush, silence, quiet [a child], quiet [one's conscience, fear], allay [fears], relieve, alleviate, allay [pain], satisfy, appease [one's hunger], quench [one's thirst]; *de eerste honger ~* take the edge off hunger; *niet te ~, (ook)* unappeasable, unquenchable [desire]

stilletje (night-)commode, night-stool

stilletjes 1 secretly, stealthily, by stealth, on the sly, on the quiet; *~ meerijden* steal a ride; **2** by and by; **3** so-so

stilleven still life

stilliggen lie still (quiet); *(v schepen)* lie idle, lie up [for the winter]; *(ve fabriek)* be idle

stilliggend idle [shipping, etc]; *zie ook* stilstaan

stilling silencing, alleviation, appeasement, etc; *vgl* stillen

stilstaan stand still; *(ve fabriek)* be idle; *(v zaken, enz)* be at a standstill, *(tijdelijk)* be suspended [business was suspended during the time of the funeral]; *blijven ~* stop, halt; *(ve trein, rijtuig, enz)* pull up, stop; *laten ~* stop [the clock]; *haar hart (polsslag) stond een ogenblik stil* her ... missed (lost) a beat; *mijn horloge staat stil* my ... has stopped; *de bus stond stil, (reed niet)* the bus was stationary; *geen ogenblik ~, (v zenuwachtigheid, enz)* fidget all the time; *zijn mond staat geen ogenblik stil* he cannot keep his tongue still for a moment; *de telefoon stond niet stil* the phone never stopped ringing; *~* ***bij*** dwell on, pause to consider, give careful thought to [a subject]; *lang ~ bij* deal with [a question] at great length, linger on [a question]; *daar heb ik niet bij stilgestaan* that never occurred to me; *even ~ bij* touch lightly on [a subject]; *zie ook* mond, verstand, enz

stilstaand stagnant, dead [water]; stationary, standing [train], idle [factory]; *~ beeld* freeze-frame

stilstand standstill, stoppage; arrest [of growth, of development]; *(in zaken, enz)* stagnation, stagnancy; *(wapenstilstand)* truce, armistice, cessation of hostilities; *tot ~ komen (brengen)* come (bring) to a standstill (a halt); *zie ook* staan; *een jaar van ~, (ook)* [this has been] a year of marking time

stilte silence, quiet, stillness; *er heerste een doodse ~* there was (a) dead silence; *er trad een ~ in* [after he had spoken] there was (a) silence, silence fell, a hush fell [(up)on the assembly]; *de ~ die (aan) de storm voorafgaat* the calm (*of:* lull) before the storm; ***in*** *~* in silence, silently, secretly, in private, [the wedding will take place] privately; *zie ook* stilletjes; *in ~ lijden* suffer in silence; *in alle ~* very quietly; *zie ook* gebieden

stiltecentrum meditation centre

stiltegebied noise abatement area

stiltegordel *(aardr)* doldrums

stilus stylus, style

stilvallen 1 come to a standstill; **2** fall silent
stilzetten stop [a watch], hold up [the traffic], freeze-frame [a video]
stilzitten sit still; *(fig)* sit still (and do nothing)
stilzwijgen silence, reticence; *het ~ bewaren* keep (maintain, preserve, observe) silence, be (keep) silent, be reticent [*over* about], draw a veil [over], maintain secrecy [regarding the invention]; *het ~ opleggen* enjoin silence [*aan* on]; *het ~ verbreken* break silence; *zie ook* stilzwijgend & geheimhouding
stilzwijgend silent, taciturn [person], tacit [consent], implied [condition, undertaking *verbintenis*], implicit [assumption *onderstelling*]; *(ook)* by tacit consent [the matter was dropped]; *~e afspraak* tacit agreement; *~ aannemen (toegeven)* assume (admit) tacitly; *iets ~ aannemen, (ook)* take s.t. for granted; *~e gevolgtrekking* implication; *het contract wordt ~ verlengd, tenzij ...* the contract is automatically renewable (renewed) unless ...; *~ voorbijgaan (aan)* pass over in silence, pass without comment, ignore
stilzwijgendheid silence, taciturnity; *(geheimhouding)* secrecy
stimulans 1 *(middel)* stimulant; **2** *(prikkel)* stimulus (*mv:* -li), impetus, incentive, *(fam)* shot in the arm
stimulatie stimulation
stimuleren stimulate, activate; boost [sales]
stimuleringsgebied special (*of:* development) area, enterprise zone, E-zone
stimulus stimulus
stinkbom stink-bomb
stinkdas teledu
stinkdier 1 skunk; **2** teledu
stinken stink, smell (bad); *~ naar* stink of, smell of, reek of [gas]; *het stinkt een uur in de wind* it stinks to high heaven; *~ van het geld* be stinking rich; *het stonk er* there was an abominable smell, there was a stench (a stink); *erin ~, (sl)* be caught out; *zie ook* inlopen: er ~, & ruiken
stinkend stinking, evil-smelling [canals], smelly [a smelly pipe]; fetid, noisome [odour]; *~e adem* bad (foul, offensive) breath, halitosis; *~e gouwe* greater celandine; *~e kamille* stinking (*of:* fetid) camomile; *~ jaloers (rijk, vervelend)* insufferably jealous (rich, tiresome), insanely jealous (filthy rich); *~ lui* bone lazy
stinker(d) 1 stinker; **2** *(fig)* skunk; *rijke ~* bloated moneybags; *in zijn ~ zitten, zie* rats
stinkklier scent-gland
stinkstok bad, cheap cigar
stinkzwam stinkhorn; *kleine ~* dog stinkhorn
stip dot, point; *(voetbal)* [put the ball on the] spot; *met ~, a)* top-notch; *b)* in (less than) no time, at speed; *zie ook* stippel
stipendium stipend; *(voor studie)* exhibition, scholarship
stippel [a dark] speck, dot, point; *~tje, ~tje, ~tje* dot, dot, dot; *een onnozel ~tje* an insignificant speck
stippelen dot, speckle, point, stipple
stippelgravure stipple print
stippellijn dotted line
stippen 1 *zie* stippelen; **2** dip
stipt punctual, accurate, prompt, precise; strict [honesty, obedience; strictly honest]; *~e geheimhouding* strict (dead) secrecy; *~ op tijd zijn* be punctual (to the minute); *~ betalen* pay promptly; *hij is erg ~, (ook)* he is very conscientious
stiptheid punctuality, accuracy, promptness, precision
stiptheidsactie work(ing) to rule
stipuleren stipulate; *zie ook* bedingen
stobbe [tree] stump, stub
stochastisch stochastic; random [noise *ruis*]
stoeien (have a) romp; *~ met, (fig)* toy with, consider [an idea]; play around with [the statistics]
stoeierij, stoeipartij romp, game of rough-and-tumble (of romps)
stoeipoes sex kitten, bimbette
stoeiziek romping, frisky, playful
stoel chair; *(ve torenklok)* frame; *(plantk)* stool; *zie ook* biechtstoel, praatstoel, preekstoel, enz; *de Heilige Stoel* the Holy (Papal, Apostolic) See; *neem een ~* take a seat (*fam:* a pew); *het niet* ***onder*** *~en en banken steken* make no bones about it, make no secret of it (of one's feelings, etc); ***tussen*** *twee ~en in de as zitten* fall between two stools; ***voor*** *~en en banken spelen (preken)* play to an empty house (to empty benches) (preach to empty pews)
stoelen *(plantk)* stool; *deze partijen ~ op dezelfde wortel* these ... spring from the same root
stoelendans musical chairs
stoelenmatter chair-bottomer, chair-mender
stoelgang stool(s), motion(s); *een geregelde ~ hebben* have regular bowel movements; *zie ook* ontlasting
stoelgeld chair-rent; *(voor zitplaats in kerk)* pew-rent
stoeltjesklok Friesland clock, stoeltjesklok
stoeltjeslift chair-lift
stoelvast: *hij is erg ~, a)* he sticks to his seat; *b)* he is not inclined to give up his post
stoep 1 (flight of) steps, doorstep, *(Am)* stoop; *de ~ doen* wash the steps; **2** *(trottoir)* footpath, pavement, *(Am)* sidewalk; *zijn eigen ~ schoonvegen* sweep before one's own door
stoepa stupa
stoephoer tart, scrubber
stoepier *(voor winkel)* tout
stoeprand kerb(side, -stone)
stoer sturdy, stalwart, stout, hefty, four-square, burly; *~ doen* act tough; *hij doet (erg) ~* he pretends to be self-assured (brave)
stoet 1 cortège, procession, train, retinue; *schitterende ~, (ook)* galaxy [of film-stars]; **2** quality bread (loaf)
stoeterij 1 stud; **2** stud-farm

stoethaspel clumsy fellow (girl), bungler; *een vreemde* ~ a queer customer
stoethaspelen fumble, bungle, flounder
stoethaspelig awkward, clumsy
stof I *m/v* 1 *(materie)* matter; *chemische* ~ chemical (substance); 2 *(kleding~, enz)* material, *(inz wollen)* stuff; *(geweven ~, ook)* (textile) fabric; *een mooi ~je* a lovely material; 3 *(onderwerp)* subject-matter, theme; ~ *tot nadenken* [provide] food for thought, matter (material) for reflection (discussion); ~ *voor een roman* material for a novel; *lang van* ~ long-winded; *kort van* ~ short-tempered, curt; II *o* dust, powder; *~je* speck of dust, dust particle; *een ~je in mijn oog* a speck of dust (a grit) in my eye; ~ *afnemen (in)* dust [a room]; *het ~ van iem (van zich) afslaan* dust a p. (o.s.); ~ *opjagen (doen opwaaien)* make (raise) a dust; *(fig)* raise a (good deal of) dust; *het ~ van zijn voeten schudden* shake the dust off one's feet; ***in** het ~ **bijten*** bite the dust; *in het ~ kruipen, (fig)* grovel; *zich in het ~ buigen* prostrate o.s. [*voor* before]; ***onder** het ~ zitten* be covered with (smothered in) dust; ~ *zijt gij en **tot** ~ zult gij wederkeren* dust thou art and unto dust shalt thou return; *tot ~ vergaan* turn (crumble) into dust; ***uit** het ~ verheffen* raise [a p.] from the dust
stofbezem long-handled brush
stofblik dustpan
stofboel dusty place, dust-heap; *kijk eens naar zo'n* ~ look at the dust
stofbril goggles
stofdeeltje particle of matter, atom; *zie ook* stof II: ~je
stofdicht dust-proof
stofdoek duster
stoffage stuff, material; *zie ook* stoffering
stoffeerder upholsterer
stoffeerderij upholstery (business)
stoffel blockhead, numskull, ninny
stoffelijk material; ~ *aandenken* tangible memorial; *~e behoeften* creature comforts, material needs; ~ *overschot* mortal remains
stoffelijkheid materiality
stoffen I *bn* textile; II *ww* 1 *(stof afnemen)* dust; 2 *(pochen)* boast, brag [*op* of]
stoffenwinkel draper's, drapery shop
stoffer (dusting-, furniture-)brush; ~ *en blik* dustpan and brush; *zie ook* pocher
stofferen upholster [a room, furniture], furnish [houses]; *(fig)* fill out [a story]; *een schilderij* ~ do the staffage, fill in a picture; *zie ook* gestoffeerd
stoffering upholstering, upholstery [of a motor-car], [home] furnishings; *(alleen textiel)* soft furnishings, *(Am)* soft goods; *(schilderk)* staffage [in a landscape painting]
stoffig dusty; *vgl* stof II
stofgoud gold-dust
stofhagel graupel, soft hail
stofhoop dust-heap, heap of dust
stofjas dust coat, overall, *(Am)* work coat
stofkam fine-tooth comb
stofkap dust cover, *(v lens)* hood
stofknoop cloth-covered button
stoflaken dustsheet
stoflong black lung, pneumoconiosis
stofnaam name of a material; *(tlk)* material noun
stofnest dust-trap
stofomslag dust-jacket, dust-wrapper
stofpareltje seed pearl
stofregen drizzle, drizzling rain
stofregenen drizzle
stofthee tea-dust, siftings (of tea)
stofvrij dustproof
stofwisseling metabolism, circulation of matter; *~sproduct* metabolite
stofwolk dust-cloud, cloud of dust
stofzak *(ve stofzuiger)* dust-bag
stofzuigen vacuum(-clean), *(fam)* hoover [the room]
stofzuiger vacuum (cleaner), hoover
stofzuigerzak [reusable disposable paper] (dust-)bag
stoïcijn 1 Stoic; 2 *(~s pers)* stoic
stoïcijns stoic(al)
stoïcisme stoicism
stok 1 stick, staff; *(wandelstok)* cane, walking-stick; *(v vogels)* perch, *(inz van hoenders)* roost; *(v politie)* truncheon, baton [*met ~ uitgevoerde charge* truncheon (baton) charge]; *(dirigeerstok)* baton; *(vlaggen~)* pole; *(golf~)* club; *(aanwijs~)* pointer; *(bonenstaak, enz)* pole, stick; *(anker~)* stock; *lange ~, (bij ~vechten)* quarterstaff; *het **aan** de ~ hebben met* be at loggerheads with; *het met iem aan de ~ krijgen, (met zijn baas, bijv)* get into trouble (into hot water) with a p.; *(anders)* fall out (quarrel) with a p.; *het met elkaar aan de ~ krijgen* fall out; *hij had het aan de ~ gehad met de politie* he had been in trouble with (had fallen foul of) the ...; ***met** de ~ geven* give [a p.] the stick, cane; *hij is er met geen ~ naar toe te krijgen* wild horses won't (nothing will) drag him there (*zo ook:* wild horses won't make me say more about it, won't drag the secret out of me); ***op** ~ gaan* go to roost; *(fig ook, sl)* kip down; ***van** zijn ~je vallen* faint, swoon; *er een ~je voor steken* stop it, put a stop to it; *zie ook* kip & gekheid; 2 *(v kaarten)* stock, talon; 3 *(ve letter)* ascender; 4 *(ve cheque, enz)* counterfoil; 5 *(strafwerktuig, hist)* stocks *(mv)* 6 *zie* stokje
stokanker common anchor
stokbewaarder *(hist)* jailer
stokboon runner bean, scarlet runner
stokbrood French (stick) bread; *een* ~ a French loaf, *(klein)* baguette
stokdegen swordstick
stokdoof stone deaf, as deaf as a post
stokdweil mop
stokebrand firebrand, mischief-maker, troublemaker

stoken I *tr* 1 *(verbranden)* burn [wood, oil]; *(vuur)* make [a fire], feed [the fire]; *(ketel)* fire, stoke [an engine]; *met olie gestookt* oil-fired [boiler]; 2 *(drank)* distil [spirits]; 3 *(fig)* make trouble; *onheil (twist)* ~ brew (make) mischief, stir up strife, cause trouble; *het vuurtje* ~, *(fig)* fan the fire; II *intr* 1 make (*of:* light) a fire, have a fire in the room; *(ve stoker)* stoke; *wij* ~ *nooit vóór november* we never have any fire (never put on the heating) before ...; 2 *(fig) zie* I.3

stoker 1 *(ve locomotief, fabriek, schip)* fireman; *(mar)* stoker; *machinisten en* ~*s, (bij de spoorwegen)* footplate men; 2 *(v drank)* distiller; 3 *(fig)* firebrand; *zie* stokebrand

stokerij distillery; *(fig)* troublemaking, mischief-making

stokje 1 *zie* stok & gekheid; 2 *(haken)* treble

stokken I *intr (v bloed)* cease to circulate; *(ve spreker)* break down [in a speech]; *(ve gesprek)* flag, hang [for a moment], halt; *haar adem stokte* her breath caught, she gave a gasp; *haar stem stokte* there was a catch (a break) in her voice, her voice caught (*of:* broke); *zie ook* hokken; II *tr* tie up [beans]; keep [bees]

stokk(er)ig wooden, stiff-legged; woody [beans]

stoklak sticklac

stokmaat 1 measuring rod; 2 height

stokoud very old, stricken in years

stokpaardje hobby-horse; *(fig)* pet (favourite) subject; *zijn* ~ *berijden* ride one's hobby-horse; *hij reed weer op zijn* ~, *(ook)* he was off on his favourite topic

stokpasser trammel, beam-dividers

stokroos hollyhock, *(Am ook)* rose-mallow

stokschaaf spokeshave

stokschaar stock-shears

stokschermen I *ww* play at singlestick, have a bout at quarterstaff; II *zn* stick-, cudgel-play

stokslag stroke with a stick; *dracht* ~*en* caning, beating, drubbing

stoksleutel pinhandle, socket-wrench

stokstaartje slender-tailed meerkat, suricate

stokstijf like a statue; ~ *volhouden* maintain obstinately (stubbornly)

stokstil stock-still

stokvechten *zie* stokschermen

stokvis *(gedroogde vis)* stockfish; *(vissoort)* (herring) hake

stokvoering *(ve violist)* bowing; *(hockey)* stick-handling

stol *(brood)* stollen

stola stole *(ook van dame)*

stollen congeal, curdle, clot, coagulate; *(Am)* jell; *(doen)* ~, *(ook)* solidify; *de jus stolt* the gravy is setting hard; *het bloed stolde in zijn aderen* his blood ran cold (froze in his veins); *het deed zijn bloed* ~ it made his blood run cold

stolling coagulation, congelation, curdling, solidification

stollingsgesteente igneous rock

stollingsmiddel coagulant

stolp cover, glass bell, glass cover, glass dome, bell-glass [violets grown under bell-glasses], *(tuinbouw)* cloche, *(wtsch)* bell jar

stolpen cover with a glass bell

stolpplooi box pleat

stolsel [blood] clot, coagulum

stom 1 *(sprakeloos)* dumb, mute, speechless [*van verbazing* with amazement]; *een* ~*me* a dumb person, a mute; *tot mijn* ~*me verbazing* to my utter amazement, to my immense surprise; *hij zat zo* ~ *als een vis* he never opened his mouth; *een* ~ *dier* a brute; *het* ~*me dier!* poor brute!; ~*me film* silent film; ~*me personen, (theat)* walking gentlemen, supernumeraries, mutes; ~*me rol* walk-on part; *hij zei (sprak) geen* ~ *woord* he said never a word; *hij zei geen* ~ *woord meer* he shut up like a clam; *zie ook* getuige; 2 *(dom)* stupid, dull, *(fam)* thick, dense; ~*me hond!* stupid idiot!; *door* ~ *geluk* by a mere fluke; ~ *zo te handelen* foolish to do that; *zie verder* [2]dom; 3 *(onuitgesproken)* mute; ~*me h* mute (silent) h

stoma stoma (*mv:* -mata)

stombezopen, stomdronken dead (*of:* blind) drunk, (as) drunk as a lord, as tight as a drum, blotto, soaked, stoned

stomen 1 steam *(ook: in stoom koken)*; *(walmen)* smoke; 2 dry-clean; 3 *(drillen)* cram

stomer *(boot & pan)* steamer

stomerij dry-cleaner's

stomgelukkig flukey

stomheid 1 dumbness, etc, *vgl* stom; 2 stupidity; *met* ~ *geslagen* struck dumb, dumbfounded

stomkop *zie* stommeling

stomme *zie* stom

stommeknecht dumb waiter

stommelen clump [down the stairs], clatter [about], lumber [out of the room]

stommeling, stommerd, stommerik blockhead, fathead, numskull, idiot, silly goose

stommetje: *(voor)* ~ *spelen* sit mum

stommigheid, stommiteit stupidness, stupidity; *(concr)* stupidity, blunder [*een* ~ *begaan* make a blunder], howler, bloomer

stomp I *bn* 1 blunt [weapon, pencil], obtuse [angle], flat, snub [nose]; ~*e ton, (mar)* can buoy; ~*e toren* tower; ~ *maken (worden)* blunt; 2 *(fig)* obtuse, dense, dull; II *zn (stuk; vaak* ~*je)* stump, stub [of a cigar, pencil, etc], butt-end [of a cigar]; *(pijpje)* cutty (pipe); ~*jes van tanden* stumpy teeth, snags of teeth; III *zn (stoot)* push, thump, punch [on the nose], prod, dig [in the waistcoat]; *(stamppot)* mash

stompen pummel, thump, push, punch, jab; *(zacht met elleboog)* nudge

stompheid bluntness, dullness; *(fig)* obtuseness

stomphoekig obtuse-angled

stompneus 1 snub nose, pug-nose; 2 snub-, pug-

nosed person
stompzinnig obtuse, dull
stomtoevallig purely accidental; *(bw)* purely by accident, by a sheer fluke
stomverbaasd flabbergasted, staggered
stomvervelend deadly dull; *een ~e vent* an unmitigated (a crashing) bore
stomweg *(fam)* simply
stond *ovt van* staan
stond(e) time, moment, hour; *van stonde (af) aan, a)* from now on, henceforth; *b)* forthwith
stonk *ovt van* stinken
stoof I *zn* **1** foot-warmer, foot-stove; **2** stove; kitchen range; **3** kiln; **II** *ww ovt van* stuiven
stoofappel cooking-apple; *(fam)* cooker
stoofpaling stewed eel
stoofpan stew-pan, stewing-pan, saucepan, casserole
stoofpeer cooking-, stewing-pear; *(fam)* cooker
stoofpot 1 stewing pot; **2** stew
stoofschotel stew
stoofvlees 1 stewing meat; **2** hash
stookgas fuel-gas
stookgat 1 firehole; **2** chimney hole
stookgelegenheid fireplace
stookinrichting heating-apparatus
stookkas hothouse
stookketel furnace
stookolie fuel oil, oil (*of:* liquid) fuel
stookoven furnace
stookplaats fireplace, hearth; *(mar)* stokehole, stokehold
stool stole *(ook ve dame)*
stoom steam; *~ houden* keep up steam; *~ maken* get up (raise, put on) steam; *~ laten vliegen, ~ uitlaten* blow off (let off) steam; *met volle ~* at full steam; *~ op hebben* have steam up; *onder eigen ~* [the vessel reached the port] under her own steam (*of:* power); *zie ook* drijven
stoomafsluiter stop-valve
stoombad steam-bath, vapour-bath
stoomboot steamboat; steamer, steamship [company]
stoomcursus intensive course, crash course; *hij ging naar een ~, (ook)* he went to a crammer
stoomdrukpan pressure cooker
stoomfluit steam whistle, hooter
stoomgemaal steam pumping-station, pumping-engine
stoomketel (steam-)boiler
stoomkolen steam-coal(s)
stoomlocomotief steam locomotive, steam engine
stoommachine steam-engine
stoompan steamer
stoomschip steamer, steamship
stoomschuif slide valve, steam slide
stoomvaart steam navigation [company]
stoomwals steamroller
stoomwerktuig steam-engine
stoomwezen steam engineering, steam and its application
stoop tankard, mug; *(hist)* stoup
stoorgebied *(radio)* mush area, interference area
stoornis disturbance, disorder; *zonder ~ verlopen* pass off without a hitch; *~ verwekken* create a disturbance; *zie ook* storing
stoorzender jamming station, jammer; *(pers)* nuisance
stoot 1 *(duw)* push, shove; *(boksen)* punch, blow; *(korte)* jab; *(~je, met elleboog ook)* nudge [to attract a p.'s attention]; *(bij schot)* kick, jump; *(wind~)* gust [of wind]; *(met zwaard, enz)* thrust; *(met dolk)* stab; *(schermen)* lunge; *(bilj)* stroke, shot; *(botsing)* impact; *een ~ in de ribben* a dig (a prod) in the ribs; *een ~ geven* give [a p.] a push; *de ~ aan (tot) iets geven* give the impulse to s.t., take the initiative to do s.t., set the ball rolling; *een ~ geven, (fig)* deal a heavy blow (to); *op ~, (sp)* in good form; *hij kan tegen een ~je* he can stand a good deal, can take some knocks, is not easily hurt; **2** *(geluid)* blast [on a horn, etc], toot; **3** *(fam: massa)* lot; **4** *(fam: vrouw)* dish; **5** *(fon)* glottal stop, glottal catch
stootband hem binding
stootblok 1 buffer(s), *(Am)* bumper; **2** *(stopblok)* chock
stootbord *(ve trap)* riser
stootdegen rapier
stootkant seam binding
stootkussen buffer, *(mar)* fender
stootplaat (sword-)guard
stootstang push-rod
stoottactiek *(mil)* shock tactics
stoottroepen shock troops
stootvogels hawks and falcons, *(oneig)* birds of prey
stootwapen thrust-weapon
stootzak punch(ing)-ball
stop 1 plug [in a washbasin, etc]; *(ve fles)* stopper; *(ve vat)* bung; *(aanslag)* stop; *een ~ doen op, (ook)* stopper [a bottle]; **2** *(elektr)* fuse; *al zijn ~pen sloegen door* he went berserk; **3** *(in kous, enz)* darn; **4** *(af-, onderbreking)* stop; stoppage; [wage] freeze; *zie ook* noodstop
stopbal *(bilj)* hazard (*vd tegenpartij* winning hazard, *v eigen bal* losing hazard)
stopblok chock
stopbord stop sign
stopcontact power point; electric point, socket; *(ingebouwd)* wall plug (socket, point)
stopfles (glass) jar, stoppered bottle
stopgaren darning cotton (silk, wool, etc)
stophorloge stopwatch
stoplap 1 *(eig)* darning-sampler; **2** *(fig)* stopgap; *(bladvulling)* fill-up
stoplicht 1 *(ve auto)* brake light, stop lamp, stop light; **2** *(op straat)* traffic-light, stop light
stopmes putty-, glazing-knife
stopnaald darning needle

stoppage invisible mending
stoppel stubble
stoppelbaard stubbly (stubby) beard
stoppelgans stubble-goose
stoppelhaar stubbly hair
stoppelharig stubbly-haired
stoppelig stubbly, *(ve baard, enz ook)* stubby, bristly
stoppelveer pin-feather
stoppelveld stubble-field
stoppen 1 *(dichten: gat, enz)* stop (up), *(met een stop)* plug (up); *(lek)* stop [a leak]; *(kleding)* darn, mend [stockings, etc]; *zich de oren* ~ stop one's ears; *bijna onzichtbaar* ~ fine-draw [a tear *scheur*]; *zie ook* stoppage; **2** *(vullen)* fill [a pipe, sausages]; stuff [birds]; *iem (de* ***handen****)* ~, *(omkopen)* square a p., grease a p.'s palm; *hij* ***laat*** *zich voor een paar duizend* ~ he can be squared for ...; **3** *(ergens indoen)* put [where did you put it?], slip [s.t. into one's pocket]; *hij stopte zijn zakdoek* ***in*** *de mond* he stuffed his handkerchief into his mouth; *de vingers in de oren* ~ stuff one's fingers in(to) one's ears; *ze stopt de dingen overal* she stuffs things away anywhere; *ze stopte de enveloppe in haar tas* she tucked the ... into her bag; ~ *in, (ook, fam)* pop [s.t.] into [a p.'s hand, one's mouth, one's pocket]; *iem in bed* ~ pack a p. off to bed; *in een baantje* ~ pitchfork [a p.] into a place; *hij stopte haar in de auto* he bundled her into the car; **4** *(bilj)* pocket, hole, pot [a ball]; **5** *(tegenhouden)* stop [a p., the ball]; arrest [diarrhoea]; *(v spijs)* constipate, bind [cheese is very binding]; *een cheque* ~ stop (countermand) a cheque; *een strafschop* ~ save (from) a penalty; *het* ***verkeer*** ~ hold up the traffic; **6** *(halt houden)* stop [the train stops here], call [only two trains a day call here], halt [buses halt here], [the tram had to] pull up; *zie ook* stilhouden; *stop!* stop!, hold hard!, *(mar ook)* avast!; ***zonder*** *te* ~ [travel, fly] non-stop [to Tokyo]; *zie ook* doos, gat, grond, hand, mond, instoppen, ophouden (met), enz
stoppend binding, constipating, astringent
stoppenkast fusebox
stopper(spil) *(voetbal)* stopper
stopplaats stopping place, [bus-]stop
stopsein, stopsignaal halt sign (signal)
stopstreep *(op weg)* stop line, halt line
stopteken *zie* stopsein
stoptrein stopping train
stopverbod stopping prohibition; *(op bord)* no stopping; clearway
stopverf putty
stopwas bee glue, propolis
stopwerk *(kousen, enz)* darning; *(om te breeuwen)* oakum
stopwoord expletive, stopgap
stopzetten stop [all traffic], halt [promotions]; *(fabriek, enz)* shut (close) down, throw idle
stopzetting stopping, etc; stoppage [of a factory], discontinuance [of a subsidy]
storax storax, styrax
store (roller) blind; *(jaloezie)* Venetian blind
storen disturb [a p., a p.'s happiness], interrupt [a lesson, radio communication, the train service], derange, interfere with, inconvenience; *(radio)* cause (set up) interference, *(opzettelijk)* jam [a station, a message]; *gestoorde nachtrust* broken sleep; *hij stoorde ons plotseling* he broke in (up)on us; *stoor ik u?* am I in your (in the) way?, am I intruding?; *laat ik je niet* ~ don't let me disturb you; *ga naar een kamer waar je niemand stoort* go to ... where you won't be a nuisance; *de* ***lijn*** *is gestoord, (telefoon)* the communication is interrupted; *geestelijk gestoord* mentally disturbed; *gestoord, (fam)* crazy; *stoor u niet* ***aan*** *mij* do not mind me; *ik stoor mij niet aan haar (eraan)* I do not care about (I pay no attention to) her (it); *ze protesteerde, maar hij stoorde er zich niet aan* she ..., but he took no notice; *zich niet* ~ *aan, (ook)* ignore [the apostle's warning]; *hij stoort zich aan niets en niemand* he is a law unto himself; *zonder zich te* ~ *aan* heedless of [time, distance]
storend annoying [misprint]; interfering [factors]
storing disturbance *(ook van het kompas)*, inconvenience, intrusion, interruption; derangement, [mental] disorder; [electrical, mechanical] fault; *(v gemoedsrust)* perturbation; *(weerk)* depression; *(radio)* interference, disturbance, jamming, *(onderbreking)* break in transmission; breakdown [of an engine]; *atmosferische ~en* atmospherics, statics; *technische* ~ technical trouble *(of:* hitch), glitch; ~ *van het elektrische licht* electric light failure [the electric light supply failed]; ~ *veroorzaken, (radio), zie* storen
storingsdienst emergency (maintenance) service
storm gale, storm *(Ned: zeer zware ~); (hevige ~)* tempest; ~ *met regen* rainstorm; *door* ~ *tegengehouden* storm-bound; *door ~en geteisterd* storm-beaten; ~ *in een glas water* storm in a teacup; *de wind had de kracht van een* ~ the ... was at gale force; ~ *luiden* ring the alarm-bell, sound the tocsin; *zie ook* stormachtig & waaien
stormaanval assault
stormachtig stormy [meeting], tempestuous, tumultuous [reception]; ~ *applaus, (ook)* a storm of applause (of cheers)
stormbaan assault course
stormbal black ball
stormband hat-guard; *(ve helm)* chinstrap
stormdak *(v schilden)* testudo
stormdek *(mar)* hurricane deck
stormen 1 *(waaien)* storm; *het stormt* it is blowing a gale, there is a gale blowing, *(Am)* it is storming; *het zal er ~, (fig)* there will be a row; **2** *(rennen)* storm; *de soldaten stormden de heuvel op* the ... stormed up the hill; *naar boven (beneden) ~, (in huis)* tear (rush) up (down) the stairs; *in (uit) de kamer* ~ rush (dash) into (out of) the room
stormenderhand: ~ *innemen (veroveren)* take by

storm [*ook fig:* the play took the town by storm]
stormgebied storm area
stormhoed *(hist)* morion
stormig stormy; *zie* stormachtig
stormkegel storm cone
stormklok alarm bell, tocsin
stormkracht gale force
stormladder scaling-ladder; *(mar)* side-, rope-ladder
stormlamp hurricane lamp
stormlijn *(ve tent)* guy
stormloop rush *(ook fig)*, assault; run [on a bank]; [the Klondyke] stampede
stormlopen: *het loopt storm* people are coming in droves, come flocking in [to see the exhibition]; ~ *op* storm, rush, assault [a town, battery]
stormmeeuw common gull
stormpas double quick step; *in de ~* at the double
stormram battering-ram
stormriem hat-guard; *(ve helm)* chinstrap
stormschade storm damage
stormsein storm cone, bad weather cone; *(fig)* storm-signal
stormtroep assault party
stormtroepen storm troops, shock troops
stormveld storm centre
stormvloed storm surge, storm tide
stormvloedkering flood barrier
stormvogeltje storm (*of:* stormy) petrel
stormwaarschuwing gale warning
stormweer stormy (tempestuous) weather, [in a] gale
stormwind storm wind, gale, storm of wind
storneren reverse [an entry], adjust [an account]
stornering, storno reversal of an entry
stornopost cross-, counter-entry
stort tip, dump; *zie* stortterrein
stortbad shower(-bath); *een ~ geven, (fig)* pour cold water on [a p., his zeal, etc]
stortbak 1 shoot; **2** *(v wc)* cistern
stortberg slagheap
stortbui heavy shower (of rain), downpour, drencher
stortebed (sunk) fascine work
storten I *intr* crash, fall; **II** *tr* **1** shed [blood, tears], spill [milk]; shoot, dump, tip [rubbish *puin*, refuse *vuilnis; illegaal* fly-tip], pour [concrete *beton*]; throw [o.s. out of the window, into a p.'s arms]; ***in** oorlog (ellende) ~* plunge into war (misery); *zich ~ **in*** plunge into [the water, war, etc]; *zich ~ **op*** fall (up)on, pounce (up)on (swoop down on) [one's prey], hurl o.s. (up)on [one's enemy]; *tranen ~ **over*** shed tears over [a loss]; **2** pay in, deposit [money]; *geld ~ **bij** een bank* pay money into (deposit money with) a bank; *~ **voor** zijn pensioen* contribute towards ...; *zie ook* gestort, puin, stortregenen, verderf
stortgat chute
stortgoederen goods laden in bulk, bulk cargo; *met ~ geladen* laden in bulk
storting shedding, etc, *vgl* storten; (in)payment, deposit, premium; *(op aandelen)* call [*een ~ van 10% vragen* make a call of 10 per cent (on the shares)]; *(voor pensioen, enz)* contribution; *een ~ doen* make a payment, pay a deposit
stortingsbewijs voucher, receipt, *(PTT)* remittance advice
stortingsformulier paying-in slip, inpayment slip
stortkar tip-, tilt(ing)-cart, tumbril
stortkoker [rubbish] chute, shoot
stortplaats *zie* stortterrein
stortregen heavy shower (of rain), downpour, torrential rain
stortregenen pour (with rain) [it's pouring], come pouring (bucketing, sheeting) down, rain cats and dogs
stortterrein dumping-ground, dumping-tip; (refuse-, rubbish-)tip, dump, shoot; *(als vulgrond)* landfill (site)
stortvloed torrent, flood; *zie ook* stroom 4 & vloed 5
stortzee: *een ~ krijgen* ship a sea
stoten I *ww* **1** *(duwen)* push, give a push; *(aan~ met elleboog)* nudge; *(met zwaard)* thrust, lunge; *(met de hoorns)* butt; *(ve roofvogel)* swoop [down on *op*], stoop; *de bal **in** de zak ~, (bilj)* pocket the ball; ***naar** iem ~* (make a) thrust at (lunge at) a p.; ***van** de troon ~* dethrone, drive from the throne; *van zich ~* cast [a p.] off, repudiate [one's wife]; *zie ook* duwen & stuiten; **2** *(stuk stoten)* pound; *zich een gat in het hoofd ~* break one's head; **3** *(schokken)* jolt, *(ve geweer)* kick, recoil; *(botsen)* bump; *zijn teen ~* stub one's toe; *zijn knie (elleboog, enz) ~* knock (*of:* bump) one's knee (elbow, etc); *zich ~* knock o.s., bump o.s.; ***aan** de grond ~, (mar)* touch the ground; *zich ~ aan, (fig)* be offended (shocked) at, take exception to (*sterker:* offence at) [a p.'s conduct]; *zie ook: ~* tegen; *het schip stootte **op** een rots* the ship struck (ran on) a rock; *op de vijand ~* come (up)on the enemy; *(met) het hoofd **tegen** de muur ~* knock (bump) one's head against the wall; *hij stootte tegen de muur* he bumped (up) against the wall; *zich ~ tegen* knock (bump) o.s. against; *tegen elkaar ~* bump (knock) against each other; *zie ook* hoofd, kogelstoten, neus, enz; **II** *zn* click [of the billiard balls]
stotend *(fig)* offensive, obnoxious
stoterig stammering, stuttering, jerky [speech]
stotteraar(ster) stammerer, stutterer
stotteren stammer, stutter, falter
stout I *bn* **1** bold, daring; wild [it's beyond my wildest hopes]; *een ~e zet* a bold move; **2** *(ondeugend)* naughty [it's very naughty of you], bad [you bad boy!]; **II** *zn (bier)* stout
stouterd naughty child (boy, girl)
stoutheid 1 boldness, daring; **2** naughtiness
stoutmoedig bold, undaunted, daring, audacious; *zie ook* geluk
stoutmoedigheid daring, boldness, audacity
stoutweg boldly
stouwage stowage, stowing

stouwen stow [goods], trim [the hold]; *zie ook* stuwen
stouwer stevedore, stower, trimmer
stoven *tr & intr* stew; *(zich)* ~ bask [in the sun]
stoverij hash
straal I *zn* **1** ray, beam, shaft [of light]; *(vd bliksem)* flash; *een ~(tje) van hoop* a ray (gleam, glimmer, flicker) of hope; **2** *(v water, enz)* jet, spout, squirt; *klein ~tje, (ve vloeistof & fig, ook)* trickle; *het bloed liep* ***in*** *stralen uit de wond* the blood squirted from ...; **3** *(ve cirkel)* radius (*mv:* radii); **4** *(ve paardenhoef)* frog; II *bw (fam)* clean; *ik ben het ~ vergeten* I have clean forgotten it; *~ bezopen* dead drunk; *iem ~ negeren* cut a p. dead
straalaandrijving jet propulsion
straalbloem ray flower; *~pje, (ve samengestelde bloem)* ray floret
straalbrekend refractive [power]
straalbreker *(aan waterkraan)* splash preventer
straalbreking *(licht, enz)* refraction
straalbuiging diffraction
straaldier radiate (animal), rayed animal
straaljager jet fighter
straalkachel reflector heater
straalmotor jet (propulsion) engine
straalpijp nozzle, jet [of a fire-hose]
straalsgewijs **1** *zie* straal I.2: in stralen; **2** radial(ly), like the spokes of a wheel
straalstroom jet stream
straalvliegtuig jet (plane)
straalvormig radial, radiated
straalzender beam(ed) transmitter
straat street, road; *(zeestraat)* strait(s) [the Strait(s) of Gibraltar]; *~je* small street, lane, alley, walk, [front-door] path; *(poker: kleine ~, ~je)* straight, *(grote ~)* straight flush; *eerste ~ rechts* first turning to the right; ***in*** *die ~ wonen* live in that street (that road); *dat is juist in mijn ~je* that is right up my street; ***langs*** *de ~ lopen* knock about the streets (the place); ***op*** ~ in the street(s); *er was geen mens op ~* there was not a soul about; *op ~ staan, (fig)* be on the streets, be in the gutter; *iem op ~ zetten* turn a p. into the street (out of house and home); *de ~ op snellen* run into the street(s); *in die jas kun je niet* ***over*** *~ gaan* you can't go out in that coat; *iem* ***van*** *de ~ oprapen* pick a p. out of the gutter; *van de ~ af houden* keep [lads] off the streets
straatarm as poor as a church-mouse
straatbandiet *zie* straatschender
straatbeeld (typical) street scene; *die pui past niet in het ~* that shop-front is out of keeping with the street
straatbelasting *(vglb)* rates
straatbrievenbus roadside private letterbox
straatcollecte street collection, *(vglb)* flag-day
straatdeun street-song, street-ballad
straatdeur street door, front door
straatgerucht street-noise(s)
straatgevecht street-fight
straathandelaar street dealer (trader, vendor)
straathoek street corner
straathoer streetwalker
straathond mongrel, mutt; *(zwerfhond)* stray dog
straatinterview *(radio & tv, fam)* vox pop
straatjeugd street kids
straatjongen guttersnipe, gamin
straatkei *(kinderhoofdje)* cobble(stone); *(plat)* sett
straatkind guttersnipe
straatkolk drain
straatkoopman street trader
straatkunstenaar street performer, busker
straatlantaarn street lamp
straatlawaai street-noise(s)
straatlengte: *een ~ voorliggen, (fig)* be streets ahead
straatliedje *zie* straatdeun
straatlocomotief traction engine
straatmadelief *zie* straatmeid
straatmaker road-maker, road-mender, paver, paviour, roadman
straatmeid woman of the streets; *(hoer)* streetwalker
straatmeubilair street furniture
straatmuzikant street-musician, busker; *~en, (ook)* street (*of:* German) band
straatnaam street-name
straatnaambordje (street) nameplate
straatongeval road accident; *afdeling ~len, (in ziekenhuis)* casualty ward
straatorgel barrel-, street-organ
straatprediker street (*of:* open-air) preacher
straatredenaar street (*fam:* soap-box) orator
straatreiniger street-sweeper
straatreiniging street-cleansing
straatroof street robbery
straatrover street-robber
straatrumoer street-noise(s)
Straatsburg Strasbourg
straatschender hooligan, rowdy
straatschenderij hooliganism, rowdyism
straatslijpen hang around (loaf around in) the streets
straatslijper gadabout, loafer
straatstamper paver's (paving-)beetle, rammer
straatsteen paving-stone; *men kan het aan de straatstenen niet kwijt* it is a drug on the market; *zie ook* kei
straattaal language of the gutter
straattekenaar *zie* trottoirtekenaar
straatterreur hooliganism
straattoneel (typical) street scene
straatveger road-, street-sweeper; *zie ook* veegmachine
straatventer street-hawker, street-trader, street-vendor
straatverbod injunction banning a p. from a specified area
straatverlichting street-lighting
straatvlegel *zie* straatjongen & straatschender

straatvuil refuse (rubbish) in the street(s), litter
straatwaarde street value
straatweg high road
straatwerker road-maker, road-mender, paver, paviour, roadman
straf I *zn* punishment, penalty, chastisement; *zo'n huis is een ~* living in such a house is a trial (an ordeal); *~ krijgen* be punished, get punishment; *dat brengt zijn eigen ~ mee* it carries its own punishment; *op ~fe van* on (under) penalty of; *op ~fe des doods* on pain of death; *voor ~* [sent there] as (for) a punishment; *zie ook* oplopen, enz; **II** *bn* **1** severe, austere, stern [look]; stiff [march, breeze, grog]; tight [organization]; **2** sturdy [fellow]; **3** clever, smart; daring; **III** *bw* severely, etc; *~(fer) aanhalen* tighten [a rope]
strafbaar punishable [*volgens de wet* by law; *met de dood* with death], liable to punishment, penal [offence], actionable; *~ feit, (ook)* [it's an] offence [under the Housing Act]; *~ stellen* make punishable, make [careless driving] an offence, penalize
strafbaarstelling penalization
strafbal *(sp)* penalty (stroke, flick)
strafbank *(sp)* penalty box
strafbepaling 1 penal provision; **2** penalty clause; **3** *zie* straftoemeting
strafblad police record; *zie ook* blanco
strafclausule penalty clause
strafcommissie disciplinary committee
straffeloos with impunity; *zie ook* ongestraft
straffeloosheid impunity
straffen punish, *(tuchtigen)* chastise; *dronkenschap achter het stuur kan gestraft worden met boete of gevangenschap* drunken driving is punishable by fine or imprisonment; *dat straft zichzelf* it carries its own punishment; [his follies] come (home) to roost
strafgeding criminal trial
strafgericht divine judgement
strafgevangenis prison, gaol
strafheid severity, sternness, stiffness
strafkamer *(vglb)* crown court
strafkamp *(mil)* detention barracks, *(sl)* glasshouse
strafkolonie penal (*of:* convict) settlement (*of:* colony)
strafmaatregel punitive measure; sanction
strafmiddel means of punishment
strafplaats place of execution
strafpleiter criminal lawyer; *(Am)* trial lawyer
strafport surcharge; *met ~ belasten, ~ laten betalen* surcharge [the letter was surcharged 50p; I was surcharged 50p on the letter]
strafportzegel (postage) due stamp
strafpredikatie lecture; *een ~ houden* talk like a Dutch uncle
strafprediker censorious preacher, (severe) moralist
strafpreek *zie* strafpredikatie
strafproces criminal proceedings
strafpunt penalty point; *zonder ~en rond komen* have a clear round
strafrecht criminal (penal) law
strafrechtelijk criminal, penal
strafrechter criminal judge
strafregels lines; *~ schrijven* write (out) (*of:* do) lines
strafregister punishment book; *(mil)* defaulters' book; [a soldier's] conduct-, crime-sheet; *(fig)* [his] record
strafschop penalty kick; *beslissing door ~pen* penalty shoot-out
strafschopgebied penalty area, (penalty) box
strafschopstip penalty spot
strafstelsel penal system, system of punishment
straftijd term of imprisonment; *zie* uitzitten
straftoemeting sentencing
strafvervolging criminal prosecution; *tot ~ overgaan* institute criminal proceedings
strafvordering criminal procedure [act]
strafwaardig deserving of punishment
strafwerk imposition(s); *(in school te maken)* detention-work; *zie ook* strafregels; *~ maken* do an imposition; *zie* opgeven
strafwerktuig instrument of punishment
strafwet criminal (*of:* penal) law; *vgl* justitie
strafwetboek penal code
strafwetgeving penal legislation
strafzaak criminal case; *advocaat voor -zaken* criminal lawyer
strak 1 *(gespannen)* tight, taut, stiff; firm [line]; *~(ker) aanhalen* tighten [a rope]; *~ gespannen* taut, tight, tightly stretched [rope]; *een ~ke hand* a firm hand; *zie ook* stijf; **2** *(effen)* set [face]; tight-set [lips]; *een ~ke lucht* a clear (cloudless) sky; *zijn gezicht werd ~* his face set (stiffened); *zijn mond nam een ~ke uitdrukking aan* his ... tightened; *zijn gezicht bleef even ~* his ... never relaxed; **3** *(star)* fixed, hard, intent [look], stony [stare]; *~ aankijken* look hard (intently, fixedly) at
strakheid tightness, stiffness, fixedness, hardness, intentness; *vgl* strak
strakjes *(v tijd) zie* straks
straks 1 *(verleden: zo straks nog)* just now, a little while ago; **2** *(toekomst)* presently, by and by, in a little while, before long; *tot ~!* so long!, goodbye for the present!, goodbye!, see you (later!); *~ maken ze nog een eind aan het voetballen* they'll be stopping football next; *~ koopt hij me nog ...* the next thing he'll buy will be ...; *wil je me ~ even helpen?* will you lend me a hand in a minute?
stralen 1 beam, shine, radiate; *zij (haar gezicht) straalde van geluk* she (her face) was radiant (beaming) with happiness, she was radiantly happy; *de ~de hemel* the luminous (radiant) sky; *~de warmte* radiant heat; *een ~de dag* a glorious day; **2** *(bij examen)* be ploughed (*of:* plucked); **3** sandblast
stralenbundel pencil of rays, beam
stralengang path of rays
stralenkrans, stralenkroon aureole, nimbus, halo

straling radiation [hazard, pattern, sickness, therapy]
stralingswarmte radiant heat
stram stiff, rigid
stramheid stiffness, rigidity
stramien canvas; *op hetzelfde ~ (borduren), (fig)* along similar lines (harp on the same string)
strand beach, sands, foreshore; *het ~ te Margate* the Margate sands; *op het ~ lopen, (stranden)* run ashore (aground); *op het ~ zetten* run ashore, beach; *zie ook* ploegen
strandboulevard seafront, promenade, esplanade
stranden *(ook: doen ~)* be stranded, run ashore, run aground; *al hun plannen strandden op zijn onverzettelijkheid* all their plans foundered on (were defeated by) his intransigence; *door geldgebrek strandde het gezelschap in Zwitserland* through lack of money the party were stranded in Switzerland; *zie ook* klip
strandgaper (long, soft) clam
strandgoed(eren) wrecked goods, jetsam, flotsam
strandhaver lyme grass
strandhoofd groyne
strandhuisje beach hut
stranding running aground (ashore)
strandjutter beachcomber
strandjutterij beachcombing
strandkleding beachwear
strandleeuwerik shore lark
strandloper: *bonte ~* dunlin; *paarse ~* purple sandpiper
strandmeer coastal lake, lagoon
strandmuur sea wall
strandpakje beach set
strandplant seashore plant
strandplevier Kentish plover
strandrecht right of salvage, shore-rights
strandruiter spotted redshank
strandschoen sand-shoe
strandstoel 1 roofed wicker beach chair; **2** deckchair
strandtent beach-tent
strandvlo sand-hopper
strandvogel shore bird
strandvonder receiver of wreck(s), wreckmaster
strandvonderij (board of) receivers of wreck(s), wreck authorities
strandvoogd *zie* strandvonder
strandweg coast (coastal) road
strateeg strategist
strategie strategy, strategics
strategisch strategic(al); *~e positie, (fig)* high ground
stratengids street-plan
stratenmaker road-maker, road-mender, paver, paviour, roadman
stratificatie stratification
stratigrafie stratigraphy
stratosfeer [ascent into the] stratosphere
stratum stratum (*mv:* -ta)
stratus stratus (*mv:* -ti)
streber careerist, pusher, pushy person, (social) climber, thruster; *hij is een ~, (ook)* he is always on the make
streed *ovt van* strijden
streefdatum target date
streefgetal target figure
streek I *zn* **1** *(met pen, potlood, penseel, op schaatsen, enz)* stroke; *(haastige ~ van pen, ook)* dash; ***met één** ~ van de pen* with a stroke of the pen; *zie ook* streep; **2** *(ve kompas)* point (of the compass); **3** *(op viool)* bowing; *prachtige ~* fine bowing; ***op** ~ komen (raken)* get into the way of it (into one's stride), get into the swing of one's work; *(na verhuizing)* get settled in; *goed en wel op ~ zijn, (ve spreker, bijv)* be fairly launched; *zie ook* orde: op ~; ***van** ~, (geestelijk)* [quite, a bit] unstrung, [altogether] off one's balance; *(bedroefd)* distressed; *(lichamelijk)* out of sorts; *hij was helemaal van ~, (v schrik, bijv)* he was most upset, *(fam)* he was rattled; *mijn maag is van ~* my stomach is out of order (is upset); *mijn zenuwen zijn totaal van ~* my nerves are in a dreadful state; *mijn horloge is van ~* my watch has gone wrong; *het verlies had haar geheel van ~ gebracht* the loss had quite unsettled (upset) her, thrown her off her balance; *van ~ (de kluts kwijt) raken* lose one's head; **4** *(oord)* region *(inz mbt klimaat, bodem, enz:* an inhospitable region; *ook vd maag~, enz),* district, part of the country, parts [I'm a stranger to these parts], area [mining-area, the distressed areas]; *de gehele ~, (ook)* the whole countryside; *een woeste ~* a desolate tract (of land); ***in** de ~ van de maag* in the region of the stomach; ***uit** wat voor ~ van Holland?* from what part of ...?; **5** *(list)* trick, artifice; *(sluwe ~)* wile; *(poets)* (monkey-)trick, prank; *gemene ~* nasty (dirty) trick; *hij **heeft** streken* there is something underhand about him; *hij heeft rare streken op zijn kompas* he is always up to tricks; *streken **uithalen*** play tricks [*tegen* on]; *je hebt weer streken uitgehaald* you've been up to your old tricks again; *een gemene ~ tegen iem uithalen, (fam)* do the dirty on a p.; *zie ook* afleren, poets & trek; **II** *ww ovt van* strijken
streekdorp ribbon village
streekmuseum local museum, heritage centre
streekplan regional plan
streekplandienst regional planning board
streekroman regional novel
streektaal (regional) dialect
streekvervoer regional (*of:* local) transport
streep stripe, streak, stroke, line; *(wtsch)* stria(tion); *~je* dash; *(koppelteken)* hyphen; *(bij inenting)* insertion; *(stof)* stripe, striped material; *smal ~je, (in stof)* pinstripe; *(horizontaal ~je, telegraaf, aandachtsstreep)* dash [dots and dashes]; *(schuin ~je)* slant (line), *(breuk~)* solidus, *(Duitse komma)* virgule; *(op bilj)* baulk; *(cricket)* crease; *(techn)* millimetre; *(in haar)* parting; *een ~ **halen** door* cross (*of:*

strike) out [a word]; *(fig)* cancel, wipe out [a debt], pull the plug on [a scheme]; *daar kun je wel een ~ door halen* you can count that out (write that off); *zie ook* eind: een ~ maken aan; *zijn strepen* ***krijgen,*** *(mil)* get one's stripes; *er* ***loopt*** *(bij hem) een ~ door* he has a tile off (a screw loose), there is a mad streak in him; *dat is een ~ door de* ***rekening*** that upsets all our plans (calculations, *fam:* our apple-cart); *strepen* ***zetten in*** mark [an exercise *thema*]; *we zullen er voor vandaag een ~ onder zetten* we'll call it a day; *met de tenen* ***aan*** *de ~ staan, (bij wedstrijd)* toe the line (mark, scratch); ***met*** *strepen* striped, streaked; *zie ook* punt; ***op*** *zijn strepen staan* pull rank [on a p.]; *iem* ***over*** *de ~ trekken* win a p. round (*of:* over), persuade a p.; *een ~je* ***voor*** *hebben* be privileged; *een ~je voor hebben bij iem* be in a p.'s good books (good graces)

streepjesbroek striped trousers

streepjescode bar code [scanner]

streepjesgoed stripes, striped material

streeplijn broken line, dashed line

streep-puntlijn dot and dash line

streepvaren spleenwort

streepzaad hawksbeard

strekbeweging extension motion

strekdam breakwater

strekel 1 *(voor zeis)* strickle, scythe-stone; **2** *(voor maat)* strickle, strike

strekgrens *(techn)* yield point; elastic limit

strekken I *intr* stretch, extend, reach [as far as ...]; *zolang de voorraad strekt* while stocks last; *zover als de gegevens ~* as far as the data go; *zover strekt mijn macht niet* it is beyond my power, my power does not extend so far; *~* ***om*** serve to; *~* ***tot,*** *(fig)* tend (conduce, be conducive) to [happiness]; *dat strekt u tot eer* that does you (is greatly to your) credit; *het strekt u niet tot oneer* it is no disgrace to you; *iem, enz tot voordeel (zegen) ~* be beneficial to a p., be to a p.'s advantage, benefit [it would benefit the whole of society]; *zie ook* schande; **II** *tr* stretch [one's legs], extend; *zich ~* stretch o.s.; *10 ~de meter (voet)* 10 running metres (feet); *per ~de meter (voet)* per metre (foot) run, per running metre (foot)

strekker *(spier)* (ex)tensor

strekking 1 *(spier)* extension; **2** *(tendens)* tendency, purport, tenor; drift [he did not see the drift of the question]; *van dezelfde ~* [second copy] of the same tenor, of similar purport; [or words] to that effect; *van verdere ~* of wider scope; *van verre ~* long-range [plan]

strekkingsroman *zie* tendensroman

strekkingsstuk *(theat)* problem play

streks: *~e steen* stretcher; *~e laag* course of stretchers

strekspier (ex)tensor

strelen 1 stroke, fondle, caress, pet; **2** *(fig)* flatter, titillate [titillated by the thought], tickle [the palate], appeal to, gratify [the senses; she was gratified at the effect of her song]; *ik streel mij met de gedachte dat ...* I am gratified to think that ...

strelend *(fig)* flattering

streling stroking, fondling, caress

stremmen I *intr (v melk)* curdle, coagulate; *(v bloed)* congeal, coagulate; **II** *tr* **1** curdle, coagulate, congeal; **2** stop, obstruct, block (up), hold up [the traffic]

stremming 1 coagulation, congelation, curdling; **2** stoppage, obstruction, blocking-up; *(v verkeer ook)* hold-up, traffic jam; *(ve spoorlijn)* congestion of the line

stremsel, stremstof coagulant; *(kaasstremsel)* rennet

streng I *zn* **1** *(v garen)* skein [of yarn]; *(ve touw)* strand; *halssnoer van 3 ~en* three-row necklace; *de derde ~ maakt de kabel* third time lucky; **2** *(trektouw)* trace; *in de ~en zetten, (fig)* drive [a p.] hard; **II** *bn & bw* severe [master, tone, look, style, critic, sentence, climate, winter], hard [frost, winter], stern [look, necessity, rebuke], strict [master, discipline], rigid [laws, discipline, economy, principles], stringent [rules, medical examination], austere [self-restraint, simplicity], rigorous [examination, law, climate], stiff [examination], close [supervision; in close captivity; under the closest guard *bewaking*]; *(in godsd)* rigid, strict [Calvinists]; *~e zondagsheiliging* strict Sunday observance; *~ toepassen* rigorously enforce [the law, the penalty clause *strafclausule*]; *zich ~ aan de regel houden* stick rigidly to the rule; *~ logisch* strictly logical, closely reasoned [speech]; *~ verboden toegang!* strictly private!; *ten ~ste verboden* strictly forbidden; *zijn wensen werden ~ geëerbiedigd* his wishes were carried out religiously; *~ zijn tegen* be strict with, be severe (up)on

strengel strand [of hair]

strengelen twist, twine *(beide ook: zich ~)*, wind (wreathe) [one's arms round a p.'s neck]; *(zich) in elkaar ~* intertwine

strengen 1 tighten [a rope]; **2** become severer; *als de dagen lengen, gaan de nachten ~* as the day lengthens, the cold strengthens

strengheid severity, rigour [trespassers will be prosecuted with the utmost rigour of the law], austerity, sternness

strepen stripe, streak; *(wtsch)* striate

streperig streaky, stripy

streptococcus, streptokok streptococcus (*mv:* -cocci)

streptomycine streptomycin

stress stress; *in de ~ schieten* break down

stressen subject to (work under) stress; *(gestrest doen)* behave (react) nervously, show nervous irritability

stretcher camp bed; *(brancard)* stretcher

streven I *ww* strive; *~ naar* strive for [the mastery], strive after [an ideal], aspire to [the throne, the leadership], aspire after, aim at [perfection], try for [the impossible], seek after [truth], seek [independence]; *er naar ~ te* seek to [reduce smog]; *terzijde (opzij)~* emulate, rival [a p.]; *vooruit ~* forge ahead; II *zn* endeavour(s), effort(s), ambition, aspiration, striving; *zijn ~ naar kennis* his pursuit of knowledge; *het ~ naar onafhankelijkheid* the movement towards independence; *eenheid van ~* unity of purpose

stribbelen *zie* tegenspartelen

strictuur *(med)* stricture

striem weal, welt, stripe

striemen castigate, lash; *de wind striemt ons in het gezicht* the ... lashes (cuts into) our faces; *~de regen* lashing rain; *~de spot* biting sarcasm; *~de woorden* cutting words

strijd fight (*ook fig:* against disease, etc), battle, combat, conflict, struggle, strife; war [of the elements]; *inwendige ~* inward struggle; *~ om het bestaan* struggle for existence (for life); *de ~ tegen kanker, (ook)* the crusade (the war) against ...; *gereed voor de ~, (ook)* ready for the fray; *het zal een* ***harde*** *~ geven* it will be a hard fight (*of:* tussle); *de ~* ***opgeven*** give up the struggle (the fight), *(fam)* throw (chuck) in the sponge; *de goede ~* ***strijden*** fight the good fight; *~* ***voeren*** *tegen* wage war against; *de geest voert ~ tegen het vlees* the spirit is at war with the flesh; *een harde ~ om het bestaan voeren* (have a) struggle for existence; ***in*** *de ~ blijven* be left on the field of battle; *in ~ met* contrary to [my interests, common sense], opposed to [the public interest], in contravention of, in defiance of [the law, the regulations]; *in ~ zijn met, (ook)* run counter to, conflict (be in conflict) with; *openlijk in ~ met de wet* in open violation of the law; *totaal in ~ met de werkelijke feiten* at complete variance with the real facts; *zij hielpen ons (als)* ***om*** *~* they vied with (outvied) each other in their endeavours to help us; ***ten*** *~e roepen* call to arms; *ten ~e trekken* go to war; *ten ~e voeren* lead to battle; *zie ook* aanbinden, leven, enz

strijdbaar fit for service, able-bodied, warlike; efficient [soldiers]; *(ook)* fighting [men]; *een -bare natuur* a fighter

strijdbaarheid fighting spirit

strijdbijl battleaxe, tomahawk; *de ~ begraven* bury the hatchet

strijden fight, combat, struggle, war, contend, strive, battle; *~* ***met****, (fig)* conflict with, clash with, be contrary to [our interests]; ***daarover*** *valt niet te ~* there can be no two opinions about that, that is indisputable; *~* ***tegen*** fight (struggle) against; *zie ook* bestrijden; *de onverschilligheid waartegen ik te ~ heb, (ook)* the ... with which I have to contend; *de ~de kerk* the Church militant; *~den, (ook)* belligerents; *zie* strijder & *zie ook* kampen, strijd & strijdig

strijder fighter, combatant, warrior

strijdgas combat gas

strijdgewoel turmoil of battle

strijdig contrary, incompatible; *~ met* contrary to, incompatible (inconsistent) with; *zie ook* strijd: in ~ met; *~e belangen* clashing (conflicting) interests

strijdigheid contrariety, contradiction, incompatibility, difference, divergence, disparity [of character, etc]

strijdknots, strijdkolf mace, (war-)club

strijdkrachten armed (fighting) forces

strijdkreet, strijdleuze warcry *(ook vh Heilsleger)*, warwhoop, battlecry; *(Sch)* slogan (*fig ook in Eng:* popular slogans)

strijdlied battle song, fighting song

strijdlust pugnacity, bellicosity, combativeness, warlike spirit, fighting spirit; fight [he has plenty of fight in him]; *het had hem de ~ benomen* it had knocked the fight out of him; *hij verloor alle ~* he lost all stomach for fighting; *het wekte haar ~ op* it roused her fighting-spirit

strijdlustig bellicose, combative, pugnacious, militant, fighting [a fighting speech]; *zie ook* stemming

strijdmacht (fighting) force

strijdmakker brother (*of:* companion) in arms

strijdmiddel weapon *(ook fig); mv ook:* arms

strijdperk lists *(mv)*, arena; *in het ~ treden* enter the lists; *met iemand in het ~ treden* join issue with a p.

strijdros warhorse, charger

strijdschrift controversial (*of:* polemic) pamphlet

strijdtoneel scene of battle, battle area

strijdvaardig ready to fight, in fighting trim, fighting fit, game

strijdvaardigheid readiness to fight, gameness

strijdvraag question at issue, moot point, open question

strijdwagen chariot

strijdwapen weapon

strijk: *~ en zet* again and again, repeatedly; *dat is ~ en zet met hem* that is the order of the day with him

strijkage bow; *~s* airs and graces; *~s maken* bow and scrape [*voor* to]

strijkbord *(ve ploeg)* mouldboard

strijkbout flat-iron

strijkconcert concert for strings

strijkel *(voor maat)* strickle, strike

strijken **1** *(vlag)* strike, haul down, lower [the flag, the colours]; *(zeil, boot)* lower [a sail, a boat]; *de riemen ~* back water; *de zeilen ~* strike (*fam:* down) sail; *de zeilen werden gestreken* the sails were struck; *~!, (bij roeien)* back water!, back oars!; *(de zeilen)* let go amain!; **2** *(glad~)* smooth [one's hair, etc]; iron [linen]; *de vouwen eruit ~* smooth out the creases; **3** coat [paper]; **4** *(rakelings gaan over)* stroke; *zijn baard ~* stroke one's beard; *(rakelings) ~* ***langs*** brush past; *de zwaluw strijkt langs het water* the ... skims (over) the water; ***met*** *de vingers door het haar ~* run one's fingers through one's hair; *met de hand over de ogen ~* pass one's hand across one's eyes; *een kind* ***onder*** *de kin ~* chuck a child under the chin; *zich het haar* ***uit*** *het gezicht ~* brush one's hair out of one's face; *hij streek het geld* ***van*** *de tafel* he swept in the money; **5** *(met strijkstok)* bow [in the old style];

met de strijkstok over de viool ~ draw the bow over the violin; **6** *(zich)* ~, *(ve paard)* brush, overreach (itself); **7** *(verspreiden)* spread [the ointment on the skin]; **8** *(een maat)* strike [a measure]; **9** *(weglopen)* walk off; *met de prijs (de buit) gaan* ~ walk off with (carry off) the prize (the plunder), pull off the prize (the Derby, etc); *met de eer gaan* ~ take (get) the credit for; *zijn verhaal ging met de prijs* ~ his story took (bore off) the prize; *met de winst gaan* ~ pocket the gain (the profits); *met de hele winst gaan* ~ sweep the board; *zie ook* hand

strijker 1 *(v linnen)* ironer; *zie ook* strekel & strijkel; **2** *(vuurwerk, vglb)* firecracker; **3** *(muz:)* ~*s* strings; **4** healer

strijkgeld premium (to the highest bidder)

strijkgoed clothes (linen, etc) to be ironed, ironing; *(reeds gestreken)* ironed clothes, etc

strijkhout *(voor maat)* strickle, strike

strijkijzer (flat-)iron, [tailor's] goose (*mv:* gooses)

strijkinstrument stringed instrument; *de* ~*en, (in orkest)* the strings; *voor* ~*en* [fantasia] for strings

strijkje 1 string band, string ensemble; **2** [cervical] smear

strijkkwartet string quartet

strijklicht floodlight; *met* ~ *beschijnen* floodlight

strijknet drag(-net), sweepnet

strijkorkest string orchestra

strijkplank ironing board

strijksteen whetstone

strijkstok 1 bow, fiddlestick; **2** *(voor maten)* strickle, strike, smoothing-rod; *er blijft veel aan de* ~ *hangen* a lot [of the charity money] gets into the wrong pocket (gets lost on the way)

strijkvoeten *(hist)* bow and scrape [*voor* to]

strijkvoetje scrape

strijkvrij non-iron

strik 1 *(ve lint)* knot [of ribbons], bow, favour; *(dasje)* bow(-tie); ~*je* [breast] knot; *(dasje)* bow(-tie); *zie ook* kwikje; **2** *(om te vangen)* snare, noose, wire [for rabbits], *(hist)* springe; ~*ken zetten* lay snares; *hij spande mij een* ~ he laid a snare for me; *hij werd in zijn eigen* ~ *gevangen* he was caught in his own trap, hoist with his own petard; *vgl* [1]net 1

strikdas bow(-tie)

strikken 1 *(das, enz)* tie; **2** *(vangen)* snare [birds, hares], wire [a hare, pike *snoek*]; **3** *(fig)* ensnare, snare, rope in [for a job]

strikknoop slip-knot

strikt strict, precise; rigorous; dead [it's dead secret]; ~ *verboden* strictly prohibited; ~ *genomen* strictly speaking; *zie ook* stipt, streng

striktheid strictness, precision

strikvraag catch (trick) question, catch

strimmer strimmer, grass trimmer

stringent stringent

strip 1 *(strook)* strip; [magnetic] stripe; **2** *(beeldverhaal)* comic strip, strip cartoon; **3** *(techn)* butt-strap, butt-strip

stripboek book of strip cartoons

stripfiguur comic-book character

strippen 1 strip [wire], stem [tobacco]; **2** *(namelken)* strip; **3** *(ontmantelen)* strip (down) [an engine]; *(ontkleden)* strip

strippenkaart bus (tram, etc) ticket (on which strips are cancelled in accordance with the length of journey)

stripper stripper

striptang wire strippers

stripteaseuse (female) stripper, stripteaser, strip(tease) artist

stripverhaal comic strip, strip cartoon

stripvorm: *roman in* ~ graphic novel

stro straw; *(bonen-, erwten~, etc)* haulm; *(lig~)* litter; *(strootje, inz Ind)* cigarette; *strootje trekken* draw straws; *niet van* ~ not unimportant; *een ventje van* ~ a weakling; ~ *dorsen* flog a dead horse; *met* ~ *dekken* thatch [a roof]; *op (het)* ~ *brengen* reduce to poverty

stroachtig strawy

strobloem immortelle, everlasting (flower)

stroblond straw-coloured [hair]

strobokking red herring

strobos bundle of straw

stroboscoop stroboscope

stroboscopisch stroboscopic

strobreed: *ik zal hem geen* ~ *in de weg leggen* I will not obstruct him (get in his way) in any way

strodak thatched roof; *met een* ~ thatched [cottage]

strodekker thatcher

stroef 1 stiff [door-handle, etc]; **2** *(op het gevoel)* rough, uneven; non-slip [surface]; **3** *(fig)* stiff [manners; be stiff to strangers], rugged, harsh [features, style], awkward [interview]; ~ *lopen (gaan)* run (work) stiffly

strofe strophe, stanza

strofisch strophic

strofles [Chianti in a] straw-covered flask

strogeel straw-yellow, straw-coloured

strohalm (blade of) straw; *zich aan een* ~ *vasthouden* clutch (catch, snatch) at a straw

strohoed *zie* strooien: ~ hoed

strohuls straw cover

strohut thatched hut (*of:* cottage)

strokarton strawboard [factory]

stroken: ~ *met* tally (agree, square) with, fit in with [a p.'s views, plans], fit [their theories do not fit the facts]; *niet* ~ *met, (ook)* be out of keeping with; *de deur strookt met de muur* the door is flush with the wall

strokenparket parquet strip

strokenproef *(typ)* galley (proof)

strokenvloer strip flooring

strokleurig straw-coloured

stroman straw-man; *(fig)* man of straw, figurehead, *(fam)* front (man)

stromat straw mat

stromatras straw-mattress, paillasse, palliasse, pallet
stromen stream, flow, pour *(alle ook fig)*; *(snel)* rush [the blood rushed to his head], course [the tears were coursing down her cheecks; he felt the blood coursing through his veins]; *de straten stroomden van het bloed* the ... ran with blood; *brieven ~ het kantoor binnen* letters are pouring into the office; *~d water* running water *(ook in huis, enz)*; *in ~de regen* in pouring (driving) rain
stroming current; *(natuurk)* flow [chart, rate]; *(fig ook)* trend, drift [of public opinion], tendency, [intellectual and social] movement; *de tegenwoordige ~ is in die richting* the present tendency is that way
strompelen stumble, totter, hobble, limp, dodder
strompelig *(ve pers)* stumbling, etc; *(ve pad) zie* hobbelig
strompelrok hobble skirt
stronk *(ve boom)* stump, stub; *(v kool)* stalk; *(v andijvie)* head [of endive]; *(brok)* lump; slice
stront **1** shit, dung; *zie* drek; **2** *(sl: ruzie)* ructions; *zie ook* knikker; **3** *(attr sl: heel erg)* bloody
strontium strontium
strontje sty [in the eye]
strontlazarus blotto
strontvervelend bloody tiresome
strooiavond St Nicholas' Eve
strooibiljet handbill, leaflet, handout, flyer
strooibus dredger, castor
[1]**strooien** *bn* straw; *~ hoed* straw hat, *(fam)* straw; straw bonnet; *vgl* hoed; *(matelot, ook)* boater
[2]**strooien** *ww* strew [flowers], scatter, sow [seed], sprinkle [ashes, sand], dredge [sugar, flour]; *er wordt gestrooid, (bij gladheid)* gritting (is) in progress; *de paarden (het vee) ~* litter down [the horses, the cattle]; *geld ~* throw money to be scrambled for; *met geld ~, zie* smijten; *(het zaad der) tweedracht ~* sow (the seeds of) discord
strooier **1** *(pers)* person who strews, etc; *vgl* [2]strooien; **2** [sugar-, pepper-]castor, [flour-, sugar-]dredger, [salt-]sprinkler
strooikussens scatter cushions
strooilepel sugar-sifter
strooimeisje bridesmaid
strooimijn floating mine
strooisel **1** litter; **2** *(voor boterham)* grated (*of:* flaked) chocolate, (chocolate, etc) vermicelli
strooistippen scattered dots
strooisuiker powdered (*of:* castor) sugar
strooisuikertjes sugar plums
strooiwagen gritter
strook **1** strip [of land, cloth, wood, etc], slip [of paper, a wage slip]; *~je (papier, ook)* tear-off slip; **2** *(rij~)* lane; **3** *(ve japon, enz)* flounce, furbelow; *met stroken* flounced; *(ruche)* frill; **4** *(ve postwissel, enz)* counterfoil; *(in chequeboekje, enz)* stub; **5** *(adres~)* label
stroom **1** stream [of water, blood, etc]; *de regen viel bij (in) stromen neer* the ... came down in torrents; **2** *(in vloeistof, lucht, elektr)* current; *(elektr, ook)* power [supply], energy; ***met de ~ meegaan*** go (swim) with the stream (with the tide); ***onder ~***, *(elektr)* live [wire, rail], electrically charged; *niet onder ~* dead [wire]; *onder ~ staan* be alive (charged); *onder ~ brengen* electrify [barbed wire]; *de boot ligt* ***op*** *~* the ... is moored in mid-stream; *niet* ***tegen*** *de ~ kunnen oproeien* be unable to stem the tide; *tegen de ~ ingaan, (fig)* swim against the stream; **3** *(rivier)* stream, river; *(bergstroom)* torrent; *~pje* streamlet; **4** *(fig)* flood [of light, tears], stream [of people, callers, taxis, protests, abuse], flow [of words], torrent (volley) [of abuse *scheldwoorden*], deluge [of protests], spate [of memories, confidences, war books]
stroomaf downstream, down the river
stroomafnemer *(elektr)* current collector
stroomafwaarts *zie* stroomaf
stroombaan *(elektr)* circuit
stroombed river bed, channel [of a river], fairway; *(in getijderivier)* tideway
stroombreker **1** *(in zee)* breakwater, groyne; *(ve brug)* starling; **2** *(elektr)* circuit-, contact-breaker, interrupter
stroomdichtheid current density
stroomdraad **1** *(ve rivier)* main current; **2** *(elektr)* contact wire, live wire
stroomgebied (river-)basin, drainage- (*of:* catchment-)basin, -area
stroomgod river god
stroomgodin river goddess, naiad
stroomkaart **1** river-map; **2** *(ve zeestroming)* current chart
stroomkap *(ve vliegt)* fairing
stroomkring *(elektr)* circuit
stroomlijn streamline
stroomlijnen *ww* streamline [high-speed trains; *ook fig*]
stroomloos *(elektr)* dead [wire, rail]
stroommeter *(elektr)* galvanometer, ammeter
stroomnimf naiad
stroomonderbreker *(elektr) zie* stroombreker
stroomop(waarts) upstream, up the river, [steam] up-river
stroomrafeling tide-rip
stroomschema **1** flow chart (diagram, sheet); **2** *(elektr)* diagram of connections
stroomsluiter *(elektr)* circuit-closer
stroomsnelheid rate of flow
stroomsplitsing bifurcation
stroomsterkte strength of current
stroomstoot pulse; *(plotseling)* surge
stroomstoring power failure
stroomverbreker *(elektr) zie* stroombreker
stroomverbruik consumption of current, power consumption
stroomverdeling *(elektr)* current distribution
stroomversnelling rapid(s); *in een ~ geraken, (fig)*

gain momentum, be accelerated
stroomvoerend *(elektr)* live [wire, terminal]
stroomwisselaar *(elektr)* commutator, switch, (current-)reverser
stroop 1 treacle; *(suiker~)* molasses; *(vruchten-, hoest~)* syrup; **2** *(fig: vleierij)* blarney; *iem ~ om de mond smeren* butter a p. up
stroopachtig treacly; syrupy; *vgl* stroop
stroopballetje bull's-eye
stroopbende band of marauders
stroopkan treacle pot; *met de ~ lopen, zie* strooplikken
stroopkwast: *de ~ hanteren, zie* strooplikken
strooplikken play the toady, suck up, toady [to a p.], butter [a p.] up, soft-soap, flannel [a p.]
strooplikker lickspittle, toady
strooplikkerij toadyism; *(fam)* soft soap
strooppartij *zie* strooptocht
strooppot *zie* stroopkan
stroopsmeren, enz *zie* strooplikken, enz
strooptocht predatory incursion, raid, marauding expedition, depredation
stroopwafel treacle waffle
strootje *zie* stro
strop 1 *(om iem op te hangen)* halter, (hangman's) rope; *iem de ~ om de hals doen, (ook fig)* put the rope round a p.'s neck, cook a p.'s goose; *hij werd tot de ~ veroordeeld* he was condemned to be hanged; *de ~ krijgen* get the rope; *daar krijgt hij de ~ voor* it will mean the rope for him, he'll swing for it; **2** *(mar)* strop; **3** *(ve laars)* strap; **4** *(v das)* knot; *zie ook* stropdas & strik; **5** *(geldelijk, enz)* setback, loss; *dat is een lelijke ~ (voor hem)* it's a bit of a blow (for him); *wat een ~!* what rotten luck!
stropapier straw paper
stropdas tie, *(Am)* necktie
stropen 1 *(met stroop)* treacle; **2** *(roven)* pillage, maraud; *(ve wilddief, tr & intr)* poach; **3** skin [eels, etc]; *de bast van een boom ~* strip a tree of its bark; *de bladeren van een tak ~* strip a branch of its leaves; *naar boven ~, zie* opstropen
stroper marauder, raider; *(wilddief)* poacher
stroperig 1 treacly; syrupy; **2** viscous [liquid]; **3** *(slijmerig)* smarmy; **4** *(traag)* tedious, draggy
stroperij marauding; poaching; *vgl* stropen
stropop *zie* strohuls & stroman
stroppen snare, wire [rabbits]
stroppenpot contingency fund
strosnijder 1 straw-cutter; **2** *(fig:) ouwe ~, a)* old josser; *b)* old author; *rare ~* queer cuss
strot throat, throttle; *zich de ~ afsnijden* cut one's throat; *iem de ~ uitkomen, (sl)* get up a p.'s nose (under a p.'s skin); *iem iets door de ~ duwen* force s.t. down a p.'s throat; *zie verder* [1]keel
strotklep epiglottis
strottenhoofd larynx; *van het ~* laryngeal; *ontsteking van het ~* laryngitis
strovuur *(fig)* nine days' wonder, flash in the pan
strowis wisp of straw; *hij kwam hier op een ~ aandrijven* he landed here without a penny in his pocket
strozak straw-mattress, palliasse
strubbeling difficulty, trouble, hitch [a hitch in the negotiations]; *(fam)* ruction; *dat zal ~ geven* there will be ructions
structuralisme structuralism
structureel structural
structureren structure
structurering 1 structure; **2** structuring
structuur structure, [the social] fabric; *(ve mineraal, enz, ook)* texture
structuurbehang textured wallpaper
structuurformule structural formula
structuurplan *(vglb)* master plan
structuurverf texture paint; *(muurverf)* cement paint
struif 1 contents of an egg; **2** omelette
struik bush, shrub
struikachtig bushy, shrubby
struikelblok stumbling block, obstacle
struikeldraad trip wire
struikelen stumble [*over* over, at], trip [*over* over], be tripped up [*over* by], falter; *(fig: een misstap doen)* trip; *iem doen ~* trip a p. up; *over zijn woorden ~* stumble over one's words, stumble in one's speech; *je struikelt er over de bedelaars* it's beggars wherever you go there; *zie ook* paard & vallen: ~ over
struikeling stumbling, stumble
struikgewas brushwood, scrub, shrubs, bushes; *(als schuilplaats v wild)* covert; *(sl: snor, enz)* face fungus
struikhei(de) heather, ling
struikroos bush rose
struikrover highwayman, *(te voet)* footpad
struikroverij highway robbery
struinen search about
struis I *bn* sturdy, robust; *zich ~ houden* keep one's pecker up; **II** *zn* ostrich; **III** *zn* ceruse, white lead
struisgras bent (grass); *(Am ook)* spear grass
struisvogel ostrich
struisvogelpolitiek ostrich policy; *een ~ volgen* pursue an ostrich policy, bury one's head in the sand
struma struma, goitre
struweel *(dicht)* brushwood
strychnine strychnine
stuc stucco, plaster
stucwerk 1 stucco-work; rendering work; [ceiling, wall] plaster; **2** plasterer's work
stud *(fam)* undergrad; *zie ook* student
studeerbaar learnable, practicable
studeerkamer study
studeerlamp reading-lamp
studeervertrek study
student(e) student; *(univ ook)* undergraduate, *(fam)* undergrad; *(~e, ook)* girl (woman) student, *(Am)* co-ed; *~ in* student of [divinity, law, etc]; *~ in de rechten, (ook)* law student
studentenalmanak students' almanac
studentenarts university medical officer

studentencorps *(vglb)* students' corps
studentendecaan student counsellor
studentenflat *(vglb)* student hostel
studentengrap students' prank
studentenhaver mixed nuts and raisins
studentenjool students' rag
studentenleven student life, college life
studentenpastor university chaplain
studentensociëteit students' club, (students') union
studentenstop student freeze; entry-quota [for medical students]; *een ~ invoeren* impose restrictions on student admissions
studententijd [his] student (*of:* college) days
studentenvereniging *zie* studentencorps
studentikoos student-like [behaviour]
studentin *zie* studente
studeren study, read [for an examination]; *(muz)* practise; *(aan de univ)* be at university (at college); *~ in de medicijnen (rechten, theologie, wiskunde)* study medicine (law, *of:* for the bar; theology; mathematics); *op de piano ~* practise the piano; *ik zal er eens op ~* I'll think it over; *erop ~ om iem van dienst te zijn* make go out of one's way to oblige a p.; ***voor** een examen ~* study (*of:* read) for an exam; *voor dominee (dokter) ~* study (*of:* prepare) for the ministry (study to be a doctor); *zie ook* gestudeerd
studie study *(ook ve schilder); een ~ over Byron* a study of B; *ernstig **aan** de ~ gaan* settle down to serious study; *het plan is **in** ~* the plan is being studied, is under consideration; *in ~ nemen* study [a plan]; put [a play] into rehearsal [*ook:* the play went into rehearsal]; *iets **met** ~ bekijken* give s.t. one's closest attention; *~ maken **van*** make a study of; *daar heb ik (speciaal) ~ van gemaakt* I have made it my (particular) study
studiebegeleiding tutoring, coaching
studiebeurs grant, scholarship, studentship, bursary, exhibition
studieboek manual, textbook
studiefinanciering student grants
studiegenoot fellow-student
studiegids prospectus, *(Am)* catalog
studiehoofd [have no] head for study; *(pers)* studious type
studiejaar [he was the first of his] year, [first, etc] year's course, *(univ)* session; *iem uit het eerste ~* first-year student, freshman, fresher
studiekop **1** *zie* studiehoofd; **2** *(ve schilder)* head study, study of a head
studiekosten university expenses, cost of studies
studieleider director of studies
studiemeester duty-master
studieprefect **1** headmaster; **2** duty-master
studieprogramma programme of study (of studies; study programme)
studiereis study-tour, instructional (educational) tour
studierendement completion rate, success rate
studierichting field (area) of study, subject
studietijd years of study, student days
studietoelage grant; *vgl* studiebeurs
studieus studious
studieverlof study leave
studieverzekering education insurance; *een ~ aangaan* take out an education policy
studievriend college friend
studiezaal reading room
studio **1** studio [recording, quality]; **2** *(woning)* studio (flat), *(Am)* apartment flat
stuf **1** (India) rubber, eraser; **2** *(drugs)* stuff
stug **1** stiff, dour; **2** *(nors)* surly, gruff; taciturn; **3** *(v snijbonen, bijv)* tough, stringy; **4** *(sterk)* steep; tall [story]; *het lijkt me ~* it's hard to believe
stugheid stiff-, dour-, surli-, gruff-, tough-, stringiness; *vgl* stug
stuifaarde dry mould
stuifbrand ustilago
stuiflawine snowdust avalanche
stuifmeel pollen
stuifpoeder lycopodium (powder)
stuifsneeuw powder(y) snow
stuifzand drift-sand, blowing sand(s)
stuifzwam puffball, fuzz-ball, lycoperdon
stuik **I** *zn* **1** *(v schoven)* shock; *zie ook* hok; **2** *(scheepsbouw)* butt; **II** *bn (techn)* flush
stuiken *ww* **1** shock [sheaves]; **2** *(techn)* upset; **3** collapse
stuip convulsion, fit; *(gril)* whim; *een ~ krijgen* be seized with a convulsion; *zich een ~ lachen* be convulsed with laughter (in convulsions, in stitches); *het jaagt je de ~en op het lijf* it gives you a fit
stuipachtig convulsive
stuiptrekken be (become) convulsed, twitch
stuiptrekkend convulsed, convulsive
stuiptrekking convulsion, convulsive movement, twitching; *hij ligt in de laatste ~en* he is in the agony of death
stuit **1** *(ve bal, enz)* bounce, bound; **2** *zie* stuitbeen
stuitbeen coccyx, tailbone
stuiten **1** *(tegenhouden)* check [the enemy], stem, hold up [the advance *opmars*], stop [a runaway horse], arrest [the flames, etc]; *niet te ~* uncheckable [rise in prices]; *zie ook* gebod; **2** *(af-, opspringen)* bounce, bound; *laten ~* bounce [a ball]; *het stuit me tegen de borst* it goes against the grain with me, it is repugnant to me; *~ **op*** encounter, meet with, run up against [difficulties, opposition]; *de kogel stuitte **tegen** de muur* the ... struck the wall
stuitend shocking, revolting, disgusting
stuiter big marble
stuiteren **1** bounce; *zie* stuiten; **2** play at marbles
stuitklier *(v vogel)* preen gland
stuitligging breech presentation
stuitstuk rump-piece
stuiven **1** be dusty; *het stuift erg* it is very dusty; *wat stuif je toch!, (bij het vegen)* what a dust you are

making!; **2** *(snellen)* rush, dash [into the room, etc]; *(v vonken, enz)* fly (about); *naar* ***binnen*** *~* rush in; *de kamer* ***uit*** *~* fling (storm) out of the room (in a rage); *ze stoof woedend de kamer uit* she flounced out of the room (in a huff); *vooruit ~* dash forward; *ik weet niet* ***waar*** *hij gestoven of gevlogen is* I ... what has become of him

stuiver five-cent piece; *(hist)* stiver; *een ~ gespaard is een ~ gewonnen* a penny saved is a penny gained (*of:* got); *een aardige (flinke) ~ kosten (verdienen)* cost (earn, make) a pretty penny; *hij bezit geen ~* he hasn't got a penny to bless himself with (to his name); *(sl)* he hasn't got a bean; *ze bezit een aardige ~* she is pretty well off; *een ~tje kan raar rollen, je weet nooit hoe een ~ rollen kan* things may take strange turns, the unexpected always happens

stuiversroman penny dreadful, *(Am)* dime novel

stuivertje-wisselen play puss in the corner; *(fig)* change places; reshuffle [the Cabinet]

stuk I *zn* **1** *(deel)* part, piece, fragment [fragments of glass], splinter; *(sp)* [the final, home] stretch; *(homp)* chunk [of cheese, bread], *(snee)* slice [of bread; *ook fig:* of Poland]; *er was een ~ uit de vaas (het lemmet, enz)* there was a chip out of the vase (the blade, etc), the ... was chipped; *~jes en* ***beetjes*** bits and pieces; *~je bij beetje, ~je voor ~je* bit by bit, piecemeal, inch by inch, by inches; *ik ben er bij ~jes en beetjes achter gekomen* I've pieced it all out (*of:* together); *~ken en* ***brokken*** odds and ends (*sl:* and sods); *het was* ***aan*** *~ken en brokken* it was smashed all to pieces; *aan ~ken slaan, scheuren, vallen* knock (smash), tear, drop, to pieces; *aan ~ken snijden, (ook)* cut up, *(aan ~jes)* cut small [potatoes cut small]; *het aan ~ken gescheurde (gesneden) lichaam* the dismembered body; *zie verder* kapot; *vechten dat de ~ken er* ***af*** *vliegen* make the fur fly; ***bij*** *~ken en brokken* bit by bit, piece by piece, piecemeal; *er bleef van zijn redenering* ***geen*** *~(je)* ***heel*** his reasoning (his logic) was torn to ribbons, the bottom was knocked out of his argument; *zij lieten geen ~je aan haar heel* they did not leave a rag on her; **2** *(voorwerp)* item; [flower] arrangement; *(vee)* head [twenty head of cattle]; *een partij van 100 ~s, (onvertaald:)* a parcel of 100; *twee ~s* ***bagage*** two pieces of luggage; *een* ***stevig*** *~* [the sideboard was] a solid affair; *vijf pond* ***het*** *~* five pounds each; *een ~* ***of*** *drie* two or three; *een ~ of tien* nine or ten, about ten (or so); *een ~ of 40, 50* some forty or fifty; *hoeveel ~s zijn er? drie ~s* how many are there? three; ***bij*** *het ~ betalen* pay piece-rates, pay by piecework; *bij het ~ verkopen* sell by the piece (singly, in ones); *zie ook* I.11: aan één ~ & I.1: aan ~ken; ***op*** *~ werken* work by the piece, be on piecework; *tegen 5 euro* ***per*** *~* at five euros each (*of:* apiece); *per ~ verkopen, zie boven: bij het ~; (geheel)* ***uit*** *één ~* (all) in one piece, of a piece; [a] one-piece [costume]; *man uit één ~* man of character, four-square fellow; *~* ***voor*** *~* one by one; [I pawned what clothing I had] piece by piece; **3** *(lap)* piece; *(op kledingstuk, enz)* patch; *een ~* ***zetten op (in)*** put a patch on, patch [trousers, a kettle]; **4** *(grond)* [a potato, cabbage] patch, plot [of ground]; **5** *(plank, enz)* length [of board, rope, etc]; **6** *(geschut)* piece [of ordnance], gun; **7** *(artikel)* article, piece, paper; *(~je)* [newspaper] item; *(document)* document, paper; *(effect)* security; *(poststuk; ook: cheque, enz)* article; ***aangetekende*** *~ken* registered mail; *zie ook* ingezonden, inzenden; **8** *(kaartspel)* marriage; **9** *(damspel)* man; *(schaakspel)* piece; **10** *(toneel~)* play, piece; *(schilder~)* piece, picture; *(muziek-, proza~)* piece [of music, of prose]; **11** *(hoeveelheid, maat)* piece, packet; *dat brengt me een ~ verder* it helps me on quite a bit; *een ~ (~ken) beter, enz* far better (easier, etc); *geen ~je* not a scrap [of luggage, of meat, etc], not [eat] a scrap [all day]; *een ~je eten* have a bite (a bit of dinner, a spot of dinner, etc); *een* ***heel*** *~ beneden het normale* [prices are] a long way below normal; *hij is mij een heel ~ voor* he is well (*fam:* streets) ahead of me; *een heel ~ over 50* well over fifty; *een ~* ***dichter*** a poet of sorts; *dat ~ dichter* that poet fellow; *~ ongeluk* [you] good-for-nothing; *~* ***eigenwijs****, ~* ***eten,,*** *zie ben: ~* vreten; *een flink ~* ***geld*** a packet of money; *een ~* ***huisraad*** a piece (*geen ~, ook:* not a stick) of furniture; *een raar ~* ***mens*** a strange specimen (piece) of humanity; *een akelig ~(je) mens* a nasty piece of work; *een ~ van een weg* a stretch of road; *een ~* ***vuil*** a bit of dirt; *dat ~ vuil, (fig)* that dirty swine; *eigenwijs (verwaand) ~* ***(vr)eten*** clever-clogs, wise guy, smart aleck (stuck-up piece of goods); *een mooi ~* ***werk*** a beautiful piece of work(manship); *een ~* ***zeep*** a piece of soap; *uren (drie uur)* ***aan*** *één ~* for hours (three hours) at a stretch (*of:* on end); *uren aan één ~, (ook)* [I heard him run on] by the hour; *aan één ~* [fly, travel] non-stop [to LA], [fly 1300 miles] in one hop; *aan één ~ door* [work] without a break; *zie ook* eind; ***op*** *geen ~ken* ***na*** not by a long way (by a long chalk); *hij begreep op geen ~ken na waar het over ging* he did not (even) begin to understand what it was all about; *zie ook* lang: ~ niet; **12** *(handeling:) een* ***brutaal*** *~je* a piece of cheek; *een* ***stout*** *~(je)* a bold (a daring) feat; ***in*** *één ~ doorlezen* read right (straight) through; **13** *(onderwerp)* point; ***op*** *het ~ van godsdienst (kleren, enz)* in the matter of religion (clothes, etc); *op ~ van zaken* after all, in point of fact; *toen het op ~ van zaken aankwam* when it came to the point; *op zijn ~ blijven staan* stand firm, stick to one's guns; *iem* ***van*** *zijn ~ brengen* upset (disconcert) a p., put a p. out (out of countenance), *(fam)* rattle (flummox) a p.; *hij was niet van zijn ~ af te brengen* he was not to be put off; *van zijn ~ raken* be upset, become flustered, lose one's head, *(fam)* get rattled; *helemaal van zijn ~ zijn* be quite upset, be completely taken aback; *zie ook* [1]wijs; **14** *(formaat:) hij is klein (groot)* ***van*** *~* of a small (tall) stature, short (tall) of build (stature); *de peren zijn niet groot van ~* the ... are not big; *klein* *van ~, (ook)* undersized; **15** *(sl: pers)* dish; *(man, ook)* hunk; **16** *(lijn~)* segment; *zie ook* voet; **II** *bn* broken, gone to pieces, *(fam)* bust, *(defect)* out of order, *(gebarsten)* cracked; *daarna kon hij (de stemming) niet meer ~* after that there was no stopping him (the mood was one of exuberance); *helemaal ~ zitten* be totally exhausted

stukadoor plasterer, stucco-worker

stukadoren plaster, stucco; *gestukadoord plafond* plaster(ed) ceiling

stukbijten bite to pieces; *zie ook* tand

stukbreken break (to pieces); *zie ook* kapot

stukdraaien overwind [a watch]

stuken plaster, stucco

stukgaan break (to pieces), go to pieces; *zie ook* kapot

stukgoed(eren) *(mar)* [loaded with a] general cargo; *(textiel)* piece goods; *(spoorw)* parcels

stukgooien smash, dash (to pieces)

stukhakken chop up

stukjesschrijver columnist

stukkend *zie* stuk II

stukkenhuur *(effectenbeurs)* backwardation

stuklezen read [a book] to pieces

stuklijst parts list; inventory

stukloon piecework wages; *op ~ werken* job; work (be) on piece rates

stuklopen 1 wear out [shoes]; walk [one's feet] sore; **2** break down; *~ op* be defeated by [Serb intransigence]

stukmaken break, smash; *zie ook* stukslaan

stukprijs unit price

stukscheuren tear up

stuksgewijs piecemeal, one by one, separately, [paid] by the piece

stukslaan I *tr* smash (knock) to pieces, smash (up); *(bij het te water laten)* break [a bottle of champagne] over the bows; *(geld)* chuck [money] about; [he has money to] burn; **II** *intr* be dashed to pieces

stukstoten *(lichaamsdeel)* cut

stuktrekken pull apart (to pieces, to bits)

stukvallen fall to pieces; smash [the cup smashed]

stukvat piece, butt [of wine]

stukwerk(er) piecework(er)

stulp *(lit)* hut, hovel

stulpen 1 *~ over* pull (put) [a sheath, bell] over (on to) [a finger, dish]; **2** turn inside out

stulpkooi chicken-coop

stulpvormig bell-shaped

stumper 1 *(stuntel)* bungler, duffer, poor hand [at games]; **2** *(arme ~)* poor fellow, poor wretch; *(vrouw, kind)* poor thing

stumperachtig *zie* stumperig

stumperd *zie* stumper

stumperen bungle, flounder

stumperig 1 bungling; **2** *(armzalig)* poor [work, creature]; *~e vertoning* one-horse show

stuntel bungler

stuntelen 1 bungle, flounder; **2** *(stuntelig lopen)* hobble

stuntelig 1 feeble, shaky, infirm; **2** *(onhandig)* clumsy, bungling

stunten 1 stunt; **2** do unusually well

stuntprijs giveaway price, sensational offer

stuntvliegen stunt-flying

stuntvlieger stunt-flyer

stupide stupid

stupiditeit stupidity

sturen 1 *(zenden)* send; *een rekening ~* send in a bill; *naar huis (bed) ~* pack [a p.] off home (to bed); *~ om* send for [the doctor]; *van school ~* suspend (from school); *zie ook* wei 2; **2** *(besturen)* steer [a ship, bicycle], drive [a car, horse], guide [a horse, a p.'s hand]; *(roeien)* cox *(ook tr:* cox a boat); *noordwaarts ~, (ook)* head for the north; *R stuurde, (auto, ook)* R was at the wheel; *die auto stuurt erg makkelijk* that car is easy to handle; *~de bevoegdheden* directive powers; *naar de wal ~* stand in to the land (shoreward)

sturing *(weerk)* steering; *(techn)* control

Sturm-und-Drang Sturm und Drang, storm and stress

stut prop, stay, support *(alle ook fig); (tegen muur, enz)* shore; *(ve vliegt & radiomast)* strut, *(onder drooglijn)* (clothes-)prop; *de ~ en steun van mijn oude dag* the staff (prop, stay) of my old age

stutbalk supporting beam

stutmuur buttress

stutsel *zie* stut

stutten prop, strut, shore (up), support, buttress up, underpin [a building]; stake [flowers, etc]

stutting propping, etc, support

stuur *(ve schip)* helm, tiller; *(ve fiets)* handlebar; *(ve auto)* wheel; *geen ~ hebben over* be unable to control [one's limbs, etc]; *het ~ kwijtraken* lose control [of one's machine]; *achter het ~* at the wheel; *aan het ~ zitten, (ook fig)* be at the helm; *(ve vliegt)* be at the controls; *zie ook* macht, overstuur & stuurman

stuurautomaat automatic pilot

stuurbekrachtiging power(-assisted) steering

stuurboord starboard; *het roer aan ~ leggen* starboard the helm; *zie ook* bakboord

stuurcabine *(ve vliegt)* (pilot's) cockpit, control cabin

stuurgroep steering committee

stuurhuis *(mar)* wheelhouse

stuurhut *(ve vliegt)* cockpit

stuurinrichting steering-gear, steering-mechanism, steering [of a car]; *(ve vliegt)* controls

stuurketting tiller-chain, steering chain

stuurknuppel *(luchtv)* control column (lever); *(fam)* joystick

stuurkolom steering column

stuurkunde cybernetics

stuurlast *(mar)* drag

stuurlastig *(mar)* down by the stern

stuurlieden *mv van* stuurman

stuurloos out of control
stuurlui *mv van* stuurman
stuurman *(algem)* [a ship without a] steersman; *(op boot)* [chief (*of:* first), second] mate, navigating officer; *(ve giek, reddingsboot)* coxswain, *(sp)* cox; *(roerganger)* helmsman, man at the helm; *twee met (zonder)* ~ coxed (coxless) pair; *~ aan de wal* backseat driver, armchair critic
stuurmanschap, stuurmanskunst helmsmanship, steersmanship, (art of) navigation
stuurmansreçu mate's receipt
stuurpen (long) tail-feather
stuurrad (steering) wheel
stuurroer *(ve vliegt)* rudder
stuurs surly, sullen, gruff, cross-grained
stuurslot steering lock
stuurstang *(ve fiets)* handlebar(s); *(ve auto)* steering rod, drag rod
stuurstoel stern-sheets; *(ve vliegt)* control seat
stuurstok tiller
stuurtoestel *zie* stuurinrichting
stuurtouw tiller-rope
stuurversnelling column-(mounted gear-)change
stuurvlak *(ve vliegt)* aileron
stuurwiel *(ve vliegt)* control wheel; *(ve auto)* steering wheel
stuw weir, barrage, flood-control dam
stuwadoor stevedore
stuwage stowage
stuwdam *zie* stuw
stuwdruk *(ve raket, straalmotor)* thrust
stuwen 1 *(mar)* stow [the cargo]; **2** *(voortbewegen)* propel, drive [a driving force], thrust; **3** *(keren)* dam up [the water]
stuwer *zie* stouwer
stuwhout dunnage
stuwing congestion
stuwkracht 1 propelling force; *(v motor)* thrust; **2** *(opwaarts)* lifting-power, lift [of a balloon], buoyancy [of gas, liquid]; **3** *(fig)* driving power (force), [have plenty of] drive, impetus, momentum
stuwmateriaal dunnage
stuwmeer reservoir
stuwstraalmotor ramjet (engine)
Stygisch Stygian [gloom]
styliet stylite
stylist stylist
styp stereo(type) (block)
stypen stereo(type)
styreen styrene
sub: *~ 3* subsection 3
subagent sub-agent
subagentschap sub-agency
subaltern subaltern; *~e officier* subaltern (*in Eng:* lieutenant & second lieutenant)
subatomair sub-atomic
subcommissie sub-committee
subcultuur subculture
subcutaan subcutaneous
subdiaken *(r-k)* subdeacon
subiet I *bn* sudden; **II** *bw* **1** *(dadelijk)* at once, right away; **2** *(plotseling)* suddenly, all at once
subject subject
subjectief subjective
subjectivisme subjectivism
subjectiviteit subjectivity
subjunctief subjunctive
subliem sublime
sublimaat sublimate
sublimatie sublimation
sublimeren sublimate
sublunarisch sublunary
submissie submission
subordinatie subordination
subordineren subordinate
subornatie subornation
subregionaal local
subrogeren subrogate
sub rosa sub rosa, under the rose
subsidiair [a fine of £500] with the alternative (with the option) of (or alternately) [one month's imprisonment]
subsidiariteit subsidiarity
subsidie subsidy, subvention, grant(-in-aid); *zie ook* rijkssubsidie; *~ verlenen, zie* subsidiëren
subsidiëren subsidize, endow; *door het rijk gesubsidieerd* State-aided [flying-clubs, schools]
subsidiëring subsidization
substantie substance, matter
substantieel substantial
substantief substantive, noun
substantivisch substantive (*bw:* -ly)
substitueren substitute
substitutie substitution
substituut substitute, deputy; *attr* deputy
substituut-griffier deputy clerk
substituut-officier deputy prosecutor
substraat substratum, substrate
subtekst subtext
subtiel subtle, delicate [equilibrium]
subtiliteit subtlety
subtropisch subtropical
suburbanisatie suburbanization
subversief subversive
succes success; *~!* good luck (to you)!, I wish you (the best of) luck (every success, all success)!; *~ met je boek!* I hope your book will be a success; *~ hebben (behalen)* have (achieve) success, score a success, be successful, make a hit [as a singer], take off; *veel ~ hebben* score a great success [with a song, etc]; *hij (het) had ~, (ook)* he (it) was a success; *hij had ~ in het debat* he scored in the debate; *geen ~ hebben* be unsuccessful, fail; *(ve toneelstuk, grap, enz, ook)* fall flat; *met ~* successfully, with success, [speak] to good purpose; *met ~ volbrengen* make a success of [it, the job, etc]; *met weinig ~, (ook)* [work] to little

purpose; ***zonder*** ~ without success, [try] unsuccessfully, to no purpose
succesboek best seller
succesnummer hit, winner; *zie ook* successtuk
successie succession; *het derde jaar in* ~ in a row
successiebelasting *zie* successierechten
successief successive
successieoorlog war of succession
successierechten [free from] inheritance tax
successievelijk successively, by stages, gradually
successtuk draw, (smash) hit; *(fam)* sure (safe) card
succesvol successful
succulent succulent
succumberen succumb
succursale branch office
Sudan Sudan; *de* ~ the Sudan
Sudanees *bn & zn* Sudanese *(ook mv)*
sudderen simmer; *op een zacht pitje laten* ~, *(fig)* keep [s.t.] on the back burner
suède suede [gloves]
Suezkanaal Suez Canal
suf 1 drowsy, dull, sleepy; ~ *zijn, (ve oud mens)* dote; ~ *van de slaap* dead sleepy; *zich* ~ *zitten denken* puzzle one's brains; **2** *(sl)* stupid, daft
suffen doze, moon, be daydreaming, be wool-gathering
suffer(d) dullard, dull fellow, duffer; *oude* ~ old buffer, dotard
sufferdje *(krant)* local rag
sufferig dull, sleepy; *vgl* suf
sufferigheid dullness, sleepiness, stupidity
suffie (you) silly, stupid; *zie verder* suffer(d)
suffig *zie* sufferig
suffisant 1 sufficient; **2** substantial
suffix suffix
suffragaan suffragan
suffragaanbisschop suffragan (bishop)
sufkees, sufkop, enz *zie* suffer(d)
suggereren suggest [a plan]
suggestibel suggestible
suggestie suggestion
suggestief suggestive; stimulating [lecture]; *suggestieve vraag* leading question
suggestiviteit suggestiveness
suïcidaal suicidal
suïcide suicide
suiker sugar; ~ *doen in* sugar, sweeten [the tea]
suikerachtig sugary
suikerahorn sugar maple
suikerbakker(ij) confectioner(y)
suikerbiet sugar beet
suikerbol boiled sweet, *(Am)* candy
suikerboon 1 *(groente)* butter-bean; **2** *(bonbon)* sugared almond
suikerbrood sugar loaf
suikercampagne sugar-beet processing season
suikercultuur sugar-culture; sugar-growing
suikeren sugar, sweeten (up)
suikererwt 1 sugar pea; **2** *(suikerballetje)* sugar drop
suikerfabriek sugar factory, sugar mill
suikerfeest Sugar Feast, 'Id al-fitr
suikergast silverfish (insect)
suikergehalte sugar content
suikerglazuur sugar-icing; frosting [on cakes, etc]
suikergoed confectionery
suikerhoudend containing sugar, sacchariferous
suikerig sugary, sugared
suikerklontje lump of sugar
suikerkraaltjes hundreds and thousands
suikerlepeltje sugar-spoon
suikermaïs sweet corn
suikermeloen sugar-melon, sweet melon
suikermot silverfish (insect)
suikernetel dead nettle
suikeroom rich uncle
suikerpatiënt diabetic (patient)
suikerpeentjes young (new, spring) carrots
suikerpeultjes sugar peas
suikerplantage sugar plantation, sugar estate
suikerpot sugar-basin, sugar-bowl
suikerraffinaderij sugar-refinery
suikerriet sugar cane
suikerschaaltje sugar-basin
suikerschepje sugar-spoon
suikerspin candy floss
suikerstrooier sugar-castor, sugar-dredger; *(strooilepel)* sugar-sifter
suikerstroop molasses
suikertang sugar-tongs
suikertante rich aunt
suikertje sweet
suikerwater sugar and water, sugared water
suikerwerk confectionery
suikerzakje sachet (of sugar)
suikerziek(e) diabetic
suikerziekte diabetes
suikerzoet 1 as sweet as sugar; **2** *(fig)* sugary, sugared [smile], honeyed [words]
suikerzuur saccharic acid
suisse Switzer, Swiss Guard; ~ *(r-k)* verger
suite 1 suite (of rooms); *en* ~, *(v kamers)* en suite, in a suite; **2** sequence (*of:* run) [of cards]; **3** *(muz)* suite; **4** *luitenant à la* ~ lieutenant unattached (*of:* additional), supernumerary lieutenant; **5** suite, retinue; cortège
suizebollen be (get) dizzy (giddy); *iem doen* ~ knock a p. silly; *het deed me* ~ it made my head (my brain) reel; *slag, die doet* ~ staggering (reeling) blow
suizelen 1 *zie* suizebollen; **2** *(suizen)* rustle
suizelig *zie* duizelig
suizeling 1 *zie* duizeling; **2** rustling
suizen *(v kogels)* whizz; *(vd wind)* sough, sigh; *(v regen, boom)* rustle, swish; *(v kokend water) zie* razen; *mijn oren* ~ my ears sing (ring), *(men praat over mij)* my ears are burning
suizing rustling [of the trees]; *(in oren) zie* oorsui-

zing; *zie verder* suizen
suja: ~, *kindje, slaap!* rest, my baby, rest!, hushaby baby!
sujet: *(gemeen)* ~ nasty piece of work; *verdacht (verlopen)* ~ shady (seedy) customer (*of:* character)
sukade candied (lemon-, orange-)peel, citron-rind
sukadekoek kind of spiced cake
sukkel noodle, mug, oaf; *zie ook* stumper; *aan (op) de ~ zijn* be ailing, be an invalid
sukkelaar(ster) **1** invalid, ailing man (woman), valetudinarian; **2** *zie* stumper
sukkelachtig ailing; *(stumperig)* bungling
sukkeldraf jogtrot; *op een ~je* at a jogtrot; *op een ~je gaan, (ook)* jog along
sukkelen be ailing, be in poor (*of:* indifferent) health; *(~d lopen)* trudge [from house to house], plod, jog [down the road]; *met zijn knie ~* suffer from one's knee; *achter iem aan ~* trudge behind a p.; *hij sukkelt achteruit* he is getting worse and worse; *met het Frans ~* be weak (shaky) in French; *in het kanaal ~* blunder into the canal
sukkelgangetje jogtrot; *het gaat (met) een ~* things are moving at a snail's pace
sukkelpartij ailing; *dat wordt een ~* we shall never see the end of it
sul simpleton, noodle, soft(y), mug, duffer
sulachtig *zie* sullig
sulfa sulfa, sulpha
sulfaat sulphate
sulfapreparaat sulpha, sulfa drug
sulfer sulphur
sulferachtig sulphurous
sulfide sulphide
sulfiet sulphite
sulfonamide sulphonamide
sullig soft, goody-goody
sultan(aat) sultan(ate)
sultanarozijn sultana
sultane sultana
sultanshoen sultan
sumak sumac
Sumatraan(s) Sumatran
summair summary
summa summarum in sum, to sum up
summier brief, concise
summum culminating point, height; *zie* toppunt
super **I** *zn* **1** *zie* superbenzine; **2** market; **II** *bw & tw* super, great
superbenzine four-star, premium grade (petrol)
supercarga supercargo
superdividend extra dividend
superette superette
superfijn superfine
superflu surplus
superfosfaat superphosphate
supergeleider superconductor
supergeleiding superconductivity
superheffing super levy
superieur *bn & zn* superior
superieure *(ve klooster)* Mother Superior
superintendent superintendent
superioriteit superiority; *gevoel van ~* [male] chauvinism
superlatief superlative (*ook fig:* speak in superlatives)
supermacht superpower
supermarkt supermarket
supernaturalisme supernaturalism
supernova supernova
superoxide **1** superoxide; **2** [hydrogen] peroxide
superplie *(r-k)* surplice
superponeren superimpose
supersonisch, supersoon supersonic [aircraft], sonic [boom *knal*]
superstitie superstition
superviseren supervise
supervisie supervision
supervisor supervisor
supplement supplement; *uitneembaar ~* pullout
supplementshoek supplementary angle
suppleren supplement, supply (make up) the deficiency; *(bij prolongatie)* pay the margin, make an additional deposit
suppletie supplementary payment (supplies, etc); completion
suppletiebiljet excess ticket
suppletietroepen supports, reserves
suppletoir supplementary; *~e begroting* supplementary estimates (*of:* budget)
suppliant petitioner, suppliant
suppoost doorkeeper, usher; *(in museum)* attendant; *(in gevangenis)* warder
support support
supportdraaibank slide-lathe
supporter *(sp)* supporter, follower, *(Am)* rooter
suppressie suppression
supprimeren suppress, put down
supra supra, above
supranationaal supranational
supreem supreme
suprematie supremacy
surah **1** *(zijde)* surah; **2** *(vd koran, ook: sure)* sura
surfen **1** *(eig)* surf *(ook op internet, enz)*; go surfing (surf-riding); **2** *(plankzeilen)* windsurf
surfer surfer; *(plankzeiler)* windsurfer
surfpak wetsuit
surfplank surfboard; *van een ~ vallen (springen)* wipe out
Surinaams Surinamese
Suriname Surinam, Suriname
Surinamer Surinamese, Surinamer
surnumerair supernumerary
surplus **1** surplus, excess, overspill [of population etc]; **2** *(dekking)* cover
surprise surprise; *(concr)* surprise (packet)
surrealisme surrealism

surrealistisch surrealist
surrogaat substitute, makeshift, succedaneum; *(min)* ersatz
surseance: ~ *van betaling* suspension of payment, moratorium; ~ *van betaling aanvragen* apply for a letter of licence
surveillance surveillance; *(school)* supervision (duty); *(bij examen)* invigilation
surveillant surveillant, overseer; *(bij examen)* invigilator
surveilleren I *tr* keep under surveillance, supervise, keep an eye on, watch; II *intr (bij examen)* invigilate; *(v politie)* patrol
sus I *tw:* ~*!* hush!; II *zn zie* suspensoir 2
suspect suspected; *(pred ook)* suspect
suspenderen suspend
suspensie suspension
suspensoir **1** *(med)* suspensory bandage, suspensor; **2** *(sp)* athletic support, *(fam)* jockstrap
suspicie suspicion
sussen hush [a child], quiet [a baby], soothe, pacify [a p.], ease, quiet, salve [one's conscience], hush up [a quarrel]; *neuriënd* ~ croon over [a child]; *om haar geweten te* ~, *(ook)* as a sop to her conscience; *zie ook* slaap
suttee suttee
suttiisme sutteeism
Suzanna Susanna; ~ *met de mooie ogen, (plant)* black-eyed Susan
suzerein suzerain
suzereiniteit suzerainty
s.v.p. (if you) please
swami swami (*mv ook:* -mies)
swastika swastika, *(inz bk)* fylfot
swingen swing
switchen switch, change over
sybariet sybarite
sybaritisch sybaritic (*bw:* -ally)
sycomoor, sycomore sycamore
syfilis syphilis
syfilitisch syphilitic
sylfe sylph
sylfide sylphid
syllabe syllable; *er is geen* ~ *van waar* there is not a syllable of truth in it
syllabus syllabus (*mv ook:* -bi)
syllogisme syllogism
symbiont symbiont
symbiose symbiosis
symboliek symbolism
symbolisch symbolic(al), emblematic(al); ~*e betaling (vermindering)* token payment (reduction); ~ *voorstellen* symbolize
symboliseren symbolize
symbool symbol, emblem; *het* ~ *zijn van, (ook)* be symbolic(al) of [peace, etc]
symfonie(orkest) symphony (orchestra)
symfonisch symphonic; ~ *gedicht* symphonic poem, tone poem
symmetrie symmetry
symmetrisch symmetric(al)
sympathetisch sympathetic *(ook v inkt)*
sympathie sympathy [*voor* with, for; *jegens* towards], fellow feeling; ~*ën en antipathieën, (ook)* likes and dislikes; *de* ~ *was wederkerig* the liking was mutual; ~ *betuigen* express one's sympathy; ~ *voelen voor* feel sympathy for, be in sympathy with [a p., a work]; *(geen)* ~ *tonend* (un)sympathetic
sympathiek congenial, [this human quality about him is very] appealing, nice [man], likable, sympathetic [person], engaging [smile], endearing, winsome [manner]; *hij (het werk) is mij niet* ~ he (the work) is not congenial to me; *hij was mij dadelijk* ~ I took to him at once; *hij werd mij* ~ I came to like him
sympathiestaking sympathy (sympathetic) strike
sympathisant sympathizer
sympathisch sympathetic [nerves]
sympathiseren sympathize; *iem die met het communisme sympathiseert* communist sympathizer, fellow-traveller; *niet (met elkaar)* ~ be out of sympathy; ~*d, (ook)* sympathetic
symposion, symposium symposium
symptomatisch symptomatic (*bw:* -ally)
symptoom symptom
synagogaal synagogical
synagoge, synagoog synagogue
synchronisatie synchronization
synchronisch synchronic
synchroniseren synchronize
synchronisme synchronism
synchronistisch synchronistic (*bw:* -ally), synchronous
synchroon synchronous [motor]; synchronic [description]; synchronized [swimming]; *niet* ~ [film and sound are] out of sync(h)
synclinaal *(geol)* syncline
syncope *(gramm, med)* syncope; *(muz)* syncopation
syncoperen syncopate
syncopisch *(muz)* syncopated; ~*e muziek, (ook)* ragtime
syncretisme syncretism
syndicaal (trade) union
syndicaat **1** syndicate, ring, combine; *(garantie~)* underwriting syndicate, underwriters; **2** trade union
syndicalisme **1** syndicalism; **2** (trade) unionism
syndicalist **1** syndicalist; **2** (trade) union member
syndiceren underwrite; *zich* ~ join a (trade) union
syndicus **1** syndic; **2** caretaker
syndroom *(med)* syndrome
synecdoche synecdoche
synecologie synecology
synergie synergism, synergy
synerg(ist)isch synerg(et)ic, synergistic
synesthesie synesthesia

synodaal synodal, synodic(al)
synode synod; *generale ~* church assembly; *provinciale ~, (in Eng)* convocation
synodisch synodic [month]
synoniem I *bn* synonymous; II *zn* synonym
synonymie(k) synonymy
synopsis synopsis
synoptici synoptics, synoptists
synoptisch synoptic(al)
synovia synovia, synovial fluid
syntactisch syntactic
syntaxis syntax
synthese synthesis
synthetisch synthetic (*bw:* -ally)
Syrië(r) Syria(n)
Syrisch I *bn* 1 Syrian; 2 *(in het Syrisch)* Syriac [Gospels]; II *zn (het ~)* Syriac
systeem system; *er zit (geen) ~ in* there is (no) method in it
systeemanalyse systems analysis
systeembeheer system(s) management
systeembouw system building, prefabrication
systeem-en-regeltechniek systems and control engineering
systeemloos systemless, unsystematic, unmethodical
systematicus systematist
systematiek systematics, taxonomy
systematisch systematic (*bw:* -ally)
systematiseren systematize
systole systole
systolisch systolic

t

t (the letter) t; *'t, zie* het

Taag Tagus

taai tough [meat, paper, etc], wiry [person, animal], leathery [meat], tacky [glue; toffee], viscous [oil]; *(fig)* tough [person, animal, constitution *gestel*]; *(volhardend)* tenacious; *(saai)* tedious, dull [book, conversation]; *~ geduld* untiring patience; *~e volharding (moed, vasthoudendheid)* dogged persistence (pluck, tenacity); *hij is een ~e kerel, heeft een ~ gestel, (ook)* he is tough; *ouwe ~e, (aanspr)* old chap; *hij is een ouwe ~e* he is hale and hearty; *zo ~ als leer* [the meat is] as tough as leather (as old boots); *vooroordelen hebben een ~ leven* prejudice dies hard (is hard to kill); *zich ~ houden* bear up like a man; *hou je ~!* never say die!; keep your pecker up!

taaie(rd) tough fellow, toughie

taaiheid toughness; wiriness; tenacity; viscosity; *vgl* taai

taaipop gingerbread man

taaislijmziekte cystic fibrosis

taaitaai kind of gingerbread

taaitaaipop *zie* taaipop

taak task, job; *(school)* lesson(s), (home)work; assignment [monthly assignments]; *iem een ~ opgeven (opleggen)* set a p. a task; *ik heb mij dit tot ~ gesteld* I've made it my task, set myself this task; *het behoort niet tot mijn ~* it is not my job (business); *het behoort tot de ~ van de politie* it is the responsibility of ...; *de ons gestelde (gezette, opgelegde) ~* our appointed task; *een ~ die men zichzelf oplegt* a self-imposed (self-appointed) task

taakanalyse job analysis

taakbalk *(comp)* taskbar

taakgroep task force (*of:* group)

taakleerkracht remedial teacher

taakomschrijving **1** terms of reference [of a committee]; **2** job specification, job description, specification of duties

taakopvatting conception of duty, way of seeing one's job

taakstelling *zie* taakomschrijving 1

taakstraf community service

taakuur non-teaching period

taakveld assigned field

taakverdeling allocation of tasks (of duties), division of labour

taakwaardering job evaluation

taal language, speech, tongue; *~tje, (zonderling, verward, enz)* lingo, jargon; *de relaties tussen ~ en spraak* the ... between language and speech; *~ noch teken* neither word nor sign, no word or sign; *~ noch teken geven* not give a sign of life; *dezelfde ~ spreken* speak the same language; *ik zal duidelijke ~ spreken* I'll put it quite plainly (in plain English); *in de ~ van het dagelijks leven* in common parlance; *dat is ~!, zie* mannentaal; *wel ter ~ zijn* have a ready flow of language (of words), have a great command of language; *beschaafd ter ~ zijn* be well-spoken; *zie ook* Kanaän

taalarm linguistically deprived [children]

taalarmoede poverty of language, deficiency in language skills

taalatlas linguistic atlas

taalbarrière language barrier

taalbederf corruption of the language

taalbegrip [have no] idea of grammar

taalbeheersing **1** mastery (command) of (the) language; **2** applied linguistics; *zie ook* taalvaardigheid & taalvermogen

taalboek grammar

taaleigen idiom

taalfamilie language family, family of languages

taalfilosofie philosophy of language, linguistic philosophy

taalfout **1** grammatical mistake; **2** spelling mistake

taalgebied **1** [the Dutch] language (linguistic) area; **2** *op ~* in the field of language, on language; linguistic [errors]

taalgebruik (linguistic) usage, use(s) of language

taalgeleerde linguist, linguistic scholar, philologist

taalgemeenschap language (linguistic) community

taalgeschiedenis language (linguistic) history

taalgeslacht gender

taalgevoel linguistic feeling

taalgrens linguistic frontier; language boundary

taalkenner linguist

taalkunde linguistics, philology

taalkundig linguistic, grammatical; *~ (on)juist* grammatically (in)correct; *zie ook* ontleden

taalkundige linguist, philologist; *(Am ook)* linguistician

taaloefening **1** grammatical exercise; **2** language practice

taalonderricht, taalonderwijs language teaching

taalregel grammatical rule, rule of grammar

taalschat vocabulary

taalscheppend: *~ vermogen* linguistic creativity

taalstrijd war of languages; linguistic conflict

taalstudie study of language(s); *vergelijkende ~* comparative linguistics

taalvaardigheid language proficiency; *(mondeling)* fluency; *(schriftelijk)* (written) command (of the language); *zie ook* taalbeheersing

taalvermogen (linguistic) competence
taalverwerving language acquisition
taalwet law of language, linguistic law
taalwetenschap science of language, linguistic science, linguistics, [comparative] philology
taalzuiveraar purist
taalzuivering purism
taan(der) tan(ner)
taankleur tan colour, tawny colour
taankleurig tan-coloured, tawny
taart tart, cake; *(crème-, fruit~)* gateau; *~je* fancy cake, fancy pastry; [fruit] tart; *oude ~* old hag
taartbodem flan-case
taartdeeg paste
taartpunt piece (wedge) of cake
taartschep cake server
taats 1 *(ve tol)* peg; **2** *(tap)* pivot, journal [bearing]
taatstol pegtop
tab tab
tabak tobacco [jar *pot*, pipe, plant, pouch *zak*]; *dat is (heel) andere ~* that's (quite) a different kettle of fish; *ik heb er ~ van, (fam)* I've had enough (I'm sick) of it
tabaksartikel tobacco product
tabakscultuur 1 tobacco-growing, tobacco-culture, tobacco-cultivation; **2** tobacco plantation
tabakshandelaar 1 tobacco merchant; **2** *(winkelier)* tobacconist
tabakspruim quid, chew of tobacco
tabaksteelt *zie* tabakscultuur
tabaksvergunning tobacco licence
tabakswinkel tobacco shop, tobacconist's
tabasco tabasco
tabbaard, tabberd tabard, robe, gown; *iem op zijn ~ komen* dust a p.'s jacket
tabee! so long!, bye-bye!
tabel table, index, schedule, chart
tabellarisch tabular, tabulated, in tabular form; *~ overzicht* tabular view; *~ rangschikken* tabulate
tabellariseren, tabelleren tabulate
tabernakel tabernacle; *(r-k ook)* pyx; *feest der ~en* Feast of Tabernacles; *zijn ~en ergens opslaan* pitch one's tent (settle down) somewhere; *iem op zijn ~ komen (geven)* dust a p.'s jacket, give it him hot
tabijn(en) tabby
tabkaart *(in kaartsysteem)* guide card
tablatuur tablature
tableau tableau, picture, scene; *(rooster)* timetable; *zie ook* tabel; *~!* tableau!; *van het ~ afgevoerd worden, (jur)* be struck off the register
table d'hôte table d'hôte, [take] the set (the regular) dinner
tablet 1 tablet [an aspirin tablet, a tablet of soap], slab [of chocolate], lozenge, square; **2** shelf, (table) leaf
taboe taboo; *~ verklaren* taboo; *dit onderwerp is ~* this is a taboo subject
taboeïseren (put under) taboo
taboeret tabouret, stool; *(voetbankje)* footstool
taboesfeer: *uit de ~ brengen* lift the taboo from
tabula rasa tabula rasa; *~ maken* start with a clean slate; *zie ook* opruiming: ~ houden
tabulator tabulator
tabulatuur tablature
tabuleren tabulate
tachograaf tachograph
tachometer tachometer
tachtig eighty; *zo'n ~(tal)* some eighty; *in de jaren ~, zie* tachtiger 2
tachtiger 1 octogenarian, man of eighty, man in his eighties; *T~(s)* writer(s) of the (eighteen) eighties; **2** *in de ~ jaren* in the (nineteen, etc) eighties
tachtigjarig eighty years'; *(ve pers)* of eighty, octogenarian; *de T~e Oorlog* the Eighty Years' War
tachtigjarige octogenarian, man (woman) of eighty
tachtigste *telw & zn* eightieth; *op zijn ~* at eighty
tachtigvoud multiple of eighty
tachtigvoudig eightyfold
tachycardie tachycardia
tachygraaf tachygraph
tachygrafie tachygraphy
tachygrafisch tachygraphic(al)
tachymetrie tacheo-, tachymetry
tackelen tackle; *(sp)* foul, *(eerlijk)* challenge
tact tact
tacticus tactician
tactiek tactics, *(soms)* [an old] tactic
tactiel tactile
tactisch tactical
tactloos tactless; *hij irriteert de mensen door ~ optreden* he has an unhappy knack of rubbing people up the wrong way
tactvol tactful, discreet, judicious
taddik filthy slob
Tadzjiek Tadzhik, Ta(d)jik
Tadzjikië Tadzhikistan
taf taffeta; *zie ook* gewast
tafel table (*ook v edelsteen; ook personen aan ~:* the whole table made merry at his expense); *(dicht, behalve in enkele uitdrukkingen)* board; *zie ook* scheiden, scheiding; *(tabel)* index list; *de ~en dienen, (Hand. 6:2)* serve tables; *de groene ~, a)* the green table, the gaming table; *b)* the boardroom table; *de Ronde Tafel* the Round Table; *de twaalf ~en, (Romeins)* the twelve tables; *de ~ des Heren* the Lord's table; *~ van vermenigvuldiging* multiplication table; *de ~s leren* learn one's tables; *de ~ van 6* the six times table [once six is six, two sixes are twelve, etc]; *de ~en der wet, de wet der twee stenen ~en* the tables of the law, the two tables; ***~tje-dek-je**, (vglb)* meals on wheels; *het was er ~tje-dek-je* it was cut-and-come-again; *er een **goede** ~ op nahouden* keep a good table; ***open** ~ houden* keep open table (*of:* house); *boven (onder)* ***aan de** ~* at the head (*of:* top) (at the bottom) of the table; *aan ~ gaan* go in (sit down) to dinner, sit down to eat; *(kerk)* partake of

the Lord's supper, communicate; *aan ~ zijn (zitten)* be at table; *altijd te laat aan ~* always late for meals; *aan de ~ zitten* sit at the table [to write a letter]; *aan de ~ gaan zitten* sit down at the table; *na (onder, over) ~* after (during) dinner; ***naar** ~ leiden* take in (to dinner); ***onder** de ~* [drink a p.] under the table; *onder de ~ praten* argue away [objections]; *een bedrag onder ~* a sum under the counter; *de soep staat* ***op*** *~* the ... has been (is) served; *zie ook* ter ~; ***ter*** *~ brengen* lay [a plan] on the table, table [a plan, a motion]; *zie ook* berd; *ter ~ liggen* lie on the table; *het rapport kwam ter ~* the ... came up for consideration; *wat verder ter ~ komt* any other business, AOB *(omvat ook de rondvraag); tot de ~ des Heren (de heilige ~) naderen, (r-k)* communicate; ***van** een goede ~ houden* be fond of a good table, like a good dinner; *van ~ opstaan* rise from table; *van (de) ~ vegen, (fig)* brush aside; ***voor*** *~* before dinner; *zie ook* afnemen, kaart, enz

tafelappel dessert apple

Tafelbaai: *de ~* Table Bay

tafelbel table-, handbell

tafelberg table mountain; *de T~* Table Mountain

tafelblad 1 table top; **2** table leaf; *(hangend, ook)* table flap

tafelbord dinner plate; *ogen als ~en* eyes like saucers, saucer eyes (*met ...* saucer-eyed)

tafelbuur neighbour at table

tafeldame [his] partner (at table, at dinner)

tafeldans table-turning, -tipping, -tilting, -moving

tafeldekken *zn* laying (setting) the table

tafeldienen *zn* waiting at table

tafeleend pochard

tafelement *(bk)* entablature

tafelen be (sit) at table; *lang ~* linger at the dinner table

tafelgebed grace (before, after meals)

tafelgeld 1 *(veiling)* lot money; **2** *(hist)* table money, messing allowance

tafelgenoot table companion; *(mar)* messmate

tafelgereedschap, tafelgerei tableware, dinner things; *(borden, enz; Am: bestek)* flatware

tafelgesprek(ken) table talk

tafelgezelschap dinner party, company at table

tafelgoed table linen

tafelheer [her] partner (at table, at dinner)

tafelkleed tablecloth; *~je* table centre

tafelkloppen *zn* table rapping

tafellaken tablecloth

tafellamp table lamp

tafellinnen table linen

tafelloper table centre, table runner

tafelmanieren table manners

tafelmatje table mat, dinner mat; place mat

tafelment *(bk)* entablature

tafelmes table knife

tafelpeer dessert pear

tafelpoot table leg

tafelpresident chairman; *~ zijn* preside at a (the) dinner

tafelrede after-dinner speech

Tafelronde: *de ~* the Round Table

tafelschikking seating plan (at table)

tafelschip *(hist)* nef

tafelschuier crumb brush

tafelschuimer sponger

tafelservies dinner service, dinner set; *vgl* bestek & eetservies

tafelstoel high chair

tafeltennis [play] table tennis, *(fam)* ping-pong

tafeltje-dek-je *zie* tafel

tafelwater table water

tafelwijn table wine

tafelzilver table silver, (table) plate, silverware

tafelzout table salt

tafelzuur pickles

tafereel scene, picture; *(perspectief)* picture plane; *(meetk)* plane of projection; *een ~ ophangen van* give a picture of, paint

taffen *bn* taffeta, oiled silk [bag]

taflengte *(roeien)* [win by a] canvas

tafzijde taffeta silk

tagrijn marine-store dealer

tahoe tahu

tai-ji t'ai chi (ch'uan)

taille waist; *(ve japon)* waist(line); *(lijf ve japon)* body, bodice

tailleband waistband

tailleren cut in (at the waist); *getailleerd* tailored, waisted [coat]; *de jas, enz, is niet getailleerd, (ook)* it is a loose-fitting coat, etc

tailleur 1 tailor; **2** tailored costume

tailleuse dressmaker

taillewijdte size of the waist, waist measurement

tak 1 branch *(ook van rivier, spoorweg, gebergte, familie, industrie, enz); (zware)* bough, limb; *~je* twig, sprig [of heather], spray [of mistletoe]; **2** *(ve gewei)* tine; *zie ook* gewei; **3** *(ve hyperbool)* portion; **4** *(fig ook)* offshoot [of a family, religion]; *~ van dienst, zie* dienstvak; *~ van sport* (form of) sport

takbout rag bolt, lewis bolt

takel tackle, pulley block; *Spaans(e) ~* Spanish windlass

takelage tackle, rigging, cordage

takelauto *zie* takelwagen

takelblok (tackle-)block

takelen 1 *(ophijsen)* hoist (up); **2** rig [a vessel]

takelgaren whipping

takelwagen breakdown truck (lorry), crash tender, *(Am)* wrecker

takelwerk tackling, rigging, cordage

takjesmos twig lichen

takke- pestilential [weather, woman]

takkenbos faggot; *(mil)* fascine

taks 1 share, portion, regular (usual) amount; *ik ben al boven mijn ~* I have already had more than I am

used to; **2** tax, duty; rate; **3** *(hond)* dachshund
takteren beat time
tal number; ~ *van* a (great) number of, numbers of, numerous [friends]; *op het ~ staan* be on the (short) list; *zonder ~, zie* talloos; *zie ook* getal
tale *zie* taal & Kanaän
talen: *hij taalt er niet naar* he does not care about it in the least, is quite indifferent about it, won't look at it; *het kind taalt niet naar de moeder* the ... does not even ask for the mother
talenkenner linguist, polyglot
talenkennis command (knowledge) of languages
talenknobbel *(fam)* gift of (flair for) languages
talenlaboratorium, talenpracticum language lab(oratory)
talent talent *(in alle betek); man van veel ~* man of great talents, highly talented (gifted) man; *van meer dan gewoon ~* [a scholar] of more than ordinary attainments
talentenjacht talent spotting
talentenjager talent scout, talent spotter
talentvol talented, gifted, accomplished
talg tallow
talgklier sebaceous gland
talhout billet; *zie ook* mager
talie tackle
taliegreep lanyard
taliën *ww* tackle
talig linguistic
taling *(vogel)* teal
talisman talisman, charm, amulet, mascot
talk 1 *(vet)* tallow; **2** *(delfstof)* talc
talkaarde talc earth
talkachtig 1 tallowy; **2** talcous
talkkaars tallow candle
talkklier sebaceous gland
talkpoeder talc(um) powder
talksteen talc
talkvet tallow
talloos numberless, countless, without number, innumerable
talmen linger, delay, procrastinate; *zonder ~* without delay; *~d, (ook)* dilatory
talm(st)er loiterer, slowcoach, dawdler
talmoed(geleerde) Talmud(ist)
talmoedisch Talmudic
talmoedist Talmudist
talon 1 talon; **2** *(ve cheque)* counterfoil
talreep *(mar)* lanyard
talrijk numerous [relatives, occasions, a numerous family], multitudinous [problems, sins]; *~er zijn dan, (ook)* outnumber; *~ vertegenwoordigd* well (fully) represented
talrijkheid numerousness
talstelsel (scale of) notation; *zie ook* tientallig
talud talus, slope, bank, [motorway] embankment
tam tame *(ook ve plant & fig:* a tame author, etc), domesticated *(ook ve plant),* tamed; *(fig ook)* tame-spirited; *~me kastanje* sweet (Spanish) chestnut; *~ maken* tame [lions, etc], domesticate [birds, etc]; *zie ook* mak
tamarinde tamarind (fruit, tree)
tamarisk tamarisk
tamboer drummer
tamboereerraam tambour (frame)
tamboeren: *daar tamboert hij altijd op* he is always hammering (away) at it, hammering it into our (their, etc) heads
tamboereren 1 tambour, do tambour-work; **2** *zie* tamboeren
tamboerijn 1 *(muz)* tambourine; **2** tambour (frame)
tamboer-majoor, *tambour-maître *(Wdl: tambour-maître)* drum major
tamelijk I *bn* tolerable, fair, passable; **II** *bw* fairly, rather [good], pretty [well, cold], moderately, tolerably; *een ~ goede nacht hebben* have a fair (fairly good) night; *~ goede gezondheid* [be in] fair health; *~ goed Engels* fairly good ...; *een ~ groot bedrag* a fair(ish) amount; *een ~ groot huis* a fair-sized house; *~ zeker* fairly (pretty) certain; *~ veel vreemdelingen* a good many strangers; *een ~ lange tijd, (ook)* a goodish while; *~ warm, (ook)* warmish [day]; *~ groot, (ook)* biggish, largish; ~ [you're enjoying yourself?] middling
tamheid tameness
tampon 1 tampon, pledget, plug; **2** *(typ)* ink-ball
tamponneren 1 tampon, plug [a wound]; **2** dab [paint]
tamtam *(trommel)* tom-tom; *(gong)* tam-tam; *met veel ~* with a flourish of trumpets, with a great deal of fuss
tanagrabeeldje Tanagra figurine *(of:* statuette)
tand tooth *(mv:* teeth; *ook v kam, zaag, rad, enz), (vs kies)* front tooth; *(ve ~wiel, ook)* cog; *zie ook* schakelen; *(ve vork, eg, enz)* prong, tine; *vork met drie ~en* three-pronged fork; *een goed stel ~en* a good set of teeth; *de ~ des tijds* the ravages (the wear and tear) of time; *zijn ~en op iets* ***breken*** *(stukbijten)* waste one's efforts; *~en* ***krijgen*** cut one's teeth, be teething; *een ~ laten* ***trekken*** have a tooth out (extracted); *de ~en laten* ***zien*** show one's teeth, show fight; *iem aan de ~ voelen* grill a p., question a p. closely; ***met*** *lange ~en eten, zie* kieskauwen; ***op*** *de ~en bijten, de ~en op elkaar klemmen* grit one's teeth, *(fig ook)* bite on the bullet, grin and bear it; ***tot*** *de ~en gewapend* armed to the teeth, armed cap-à-pie; *zie ook* mond, water, wisselen
tandakken *ww* (step-)dance
tandarts dentist, dental surgeon
tandartsassistente dentist's assistant, dental nurse
tandbederf tooth decay
tandbeen dentine
tandeloos toothless; *tandelozen, (dierk)* edentates
tandem 1 tandem [drive tandem]; **2** *(fiets)* tandem
tanden *ww* cog [a wheel], indent, tooth
tandenborstel toothbrush

tandengeknars gnashing (grinding) of teeth
tandenkrijgen *zn* dentition, teething; *zie ook* tand
tandenstoker toothpick
tandformule dental formula
tandglazuur enamel
tandhamer 1 dental hammer; **2** *(ve steenhouwer)* tooler
tandheelkunde dental surgery, dentistry
tandheelkundig dental
tandheelkundige dentist, dental surgeon
tandheugel toothed bar, (toothed) rack
tandholte dental cavity
tanding 1 perforation [of stamps]; **2** serrated edge
tandkas socket (of a tooth), alveolus (*mv:* -li)
tandkrans sprocket, gear ring
tandkroon crown of a tooth
tandletter dental (letter)
tandlijst dentils
tandmerg dental (*of:* tooth) pulp
tandpasta toothpaste, dental cream
tandpijn toothache
tandplak dental plaque
tandpoeder tooth powder
tandprothese dental prosthesis
tandrad gearwheel, toothed wheel, cogwheel; *(rondsel)* pinion
tandradbaan rack(-and-pinion) railway
tandradoverbrenging gearing, geared transmission
tandreep toothed bar, (toothed) rack
tandregulatie straightening of teeth, orthodontics
tandschaaf toothing plane
tandspiegel dental mirror
tandsteen tartar, scale; *van ~ ontdoen* scale [I had my teeth scaled]
tandstelsel dentition
tandtechnicus dental technician
tandtechniek dental mechanics
tandverzorging care of the teeth, dental care
tandvlees gums; *hij loopt op zijn ~* he is clapped out; *zie ook* zweer & verzwering
tandvormig tooth-shaped, dentiform, dentate
tandwalvis toothed whale
tandwiel *zie* tandrad
tandwielkast gear casing
tandwolf caries
tandwortel root of a tooth
tandzenuw dental nerve
tandzijde dental floss
tanen I *tr* tan [nets, the skin], bronze [the skin]; **II** *intr* **1** tan; **2** *(fig)* fade, pale, tarnish; *(v populariteit)* wane [his star is waning, is on the wane]; *haar schoonheid was aan het ~* her looks were going, she was falling off in her looks; *doen ~* tarnish [a p.'s glory, etc]; *zie ook* getaand
tang 1 (pair of) tongs, fire-tongs; *~etje, (voor haren, enz)* (pair of) tweezers; *dat slaat als een ~ op een varken* that is completely off the point (utterly irrelevant); *ik zou het met geen ~ willen aanraken* I wouldn't touch it with a bargepole; *iem in de ~ nemen* press a p. hard; **2** *(nijp~)* pincers, nippers; *(buig~)* pliers; **3** *(med)* forceps *(ook mv)* **4** *(ve tandarts)* dental (*of:* extraction) forceps, extractor; **5** *(fig)* shrew, virago; *(ouwe ~)* harridan
tanga(slipje) tanga briefs
tangbeweging pincer movement
tangens, tangent tangent
tangentenboussole tangent galvanometer (*of:* compass)
tangentieel tangential
Tanger Tangier
tango tango
tangram tangram
tangverlossing forceps delivery
tanig tawny; leathery [face]
tank tank
tankauto *zie* tankwagen
tanken *ww* (re)fuel, tank (up), fill up [with four-star]
tanker [gas, oil] tanker
tankgracht anti-tank ditch
tankmijn anti-tank mine
tankplaats filling bay
tankschip tanker
tankstation filling station
tankval *(mil)* tank trap
tankvliegtuig (air) tanker
tankwagen [petrol, etc] tanker, tank(er) lorry (*Am:* truck)
tannine tannin
tantaal tantalum
tantaliseren tantalize
tantaluskwelling tantalization
tante aunt, *(fam)* auntie; *T~ Betje, (tlk)* incorrect inversion; *T~ Pos* the Post Office; *lastige ~* difficult woman; *ouwe ~* old woman; *stevige ~* sturdy (*gevuld:* well-covered) female (woman, old girl); *maak dat je ~ wijs* tell that to the marines; *je ~!* my foot!; *zie ook* grootje
tantième (cash, staff) bonus [dividend, scheme], [artist's] royalty, percentage (of profits)
tant pis! too bad!
Tanzaniaan(s), Tanzanisch Tanzanian
taoïsme Taoism
tap 1 *(kraan)* tap; *(ve vat, ook)* spigot; *op de ~ liggen* be on draught (on tap); **2** *(~kast)* bar; **3** *(spon)* bung; **4** *(houtverbinding)* tenon; **5** *(ve kanon, stoommachine)* trunnion; **6** *(draad~)* (screw) tap; **7** *(aseinde)* pivot, journal; **8** *(ijskegel)* icicle; **9** [telephone] tap; *zie ook* lassen
t.a.p. afk van *ter aangehaalde plaatse* l.c., loc cit
tapbier draught (*Am:* draft) beer
tapboor tap-borer
tapbout tap-bolt, tap-rivet
tapdans tap-dance
tapeind stud
tapekoers tape prices, *(Am)* ticker prices
tapen tape

tapgat 1 tap-hole; **2** *(in ton)* bung-hole; **3** *(bij timmerwerk)* mortise; **4** *(ve kanon, enz)* trunnion-hole
tapijt carpet; *(wand~)* (wall) tapestry, hanging; *op het ~ brengen* bring on the carpet (the tapis); *(als) met een ~ bedekken* carpet [bluebells carpeted the ground]; *iets onder het ~ vegen, (ook fig)* sweep s.t. under the carpet
tapijtspijker carpet-tack
tapijttegel (loose-laid) carpet tile
tapijtweverij 1 carpet-weaving; **2** carpet-weaving factory
tapioca tapioca
tapir tapir
tapisserie tapestry, embroidery
tapkast bar, buffet
tapkraan (bar) tap
tappelen flow (freely)
tappelings flowing; *het bloed (het zweet) liep ~ langs zijn wangen* the blood ran (the sweat streamed) down his cheeks
tappen I *tr* **1** tap [beer, rubber, trees], draw (off) [beer]; **2** *(verkopen)* sell; *moppen ~* crack jokes; **3** *(techn)* tap [a nut *moer*]; **II** *intr* keep a public house; *uren waarop getapt mag worden* licensing hours; *zie ook* schenken, getapt & vaatje
tapper 1 publican; **2** tapster
tapperij pub(lic house)
taps taper(ing), tapered, conical; *~ toelopen* taper
taptemelk skimmed (non-fat) milk, separated milk
taptoe tattoo, last post, 'lights out'; *de ~ slaan* beat the tattoo
tapuit *(vogel)* wheatear
tapverbod prohibition
tapvergunning liquor licence, licence to sell beer and spirits; *vgl* verlof
tapvormig *zie* taps
tapzaag tenon saw
tarantella *(dans & muziek)* tarantella
tarantula *(spin)* tarantula
tarbot turbot
tardief belated, tardy
tarief tariff, rate, scale of charges; *(vervoers~)* (legal) fare, *(de lijst)* bill of fares; *goede kamers, billijk ~* good rooms on moderate terms (charges moderate); *het ~ verhogen (verlagen)* scale up (down) the tariff
tariefgroep *(belasting, vglb)* tax code
tariefloon piece-rate
tariefmuur tariff wall
tariefwerk piecework
tariefzone *(telec)* charge band
tarievenoorlog tariff war
tariferen tariff
tarlatan tarlatan
tarok, tarot 1 *(kaart)* tarot; **2** *(spel)* tarot(s)
tarpan tarpan
tarra tare; *extra ~* super tare; *gemiddelde (gereguleerde) ~* average tare; *geschatte ~* estimated tare; *netto ~* actual tare; *uso ~* customary tare
tarreren tare
tartaan *(vaartuig)* tartan, tartane
tartaar chopped steak [roll]
Tartaar(s) Tartar
tartan tartan
tartanbaan *(sp)* Tartan track
Tartarije Tartary
tarten challenge, dare, defy, bid defiance to, set at defiance, fly in the face of [public opinion, Providence]; beard [the lion in his den]; flout [the law, the decision of ...]; *het gevaar ~* brave danger; *ik tart u te ...* I defy (dare) you to ...; *ik tart ieder mij tegen te spreken* I challenge contradiction; *het tart alle beschrijving* it beggars description
tartend defiant [speak defiantly]
tarwe wheat
tarweaar ear of wheat
tarwebloem wheat flour, flour of wheat
tarwebrood wheat(en) bread
tarwekorrel grain of wheat
tarwemeel wheatmeal
tarwepap frumenty, furmety
tarwezemelen bran of wheat
tas 1 *(hoop)* pile, heap; **2** *(kopje)* cup; **3** bag, pouch; *(pukkel)* [school] satchel; *(der hooglanders)* sporran; *zie ook* aktetas; *~je* (hand)bag; [four chisels in a plastic] wallet; *(ve dame)* lady's (vanity) bag; *(ve fiets)* saddlebag, tool bag; *(in portefeuille, auto, enz)* pocket
tasjesdief bag-snatcher, snatch-thief
tasjeskruid shepherd's cress
tasjesrover *zie* tasjesdief
Tasmanië(r) Tasmania(n)
tassen heap (*of:* pile) up, stack [wood]
tast feel, touch; *bij, op de ~* by feel, by touch; *hij moest zijn weg op de ~ vinden* he had to grope (*of:* feel) his way (along)
tastbaar tangible, palpable *(beide ook fig)*; *-bare duisternis* palpable darkness; *een -bare leugen* a manifest lie
tastbaarheid tangibility, palpability
tastdraad tentacle
tasten I *tr* touch, feel; *iem in zijn eer (aan)~* injure a p.'s honour, hurt a p.'s pride; **II** *intr* grope, fumble, feel (*naar* for); *om zich heen ~, (v vlammen)* spread [rapidly]; *~d, zie ook ~*d
taster feeler, palp, sensor
tastlichaampje tactile corpuscle
tastorgaan tentacle
taststok *(v blinde)* white stick
tastzin (sense of) touch, tactile sense
tater *(fam: mond)* trap
tateren rattle (on), chatter
tatoeage tattoo
tatoeëren tattoo
tatoeïst tattooist
taugé bean sprouts (shoots)

taupe taupe
tautologie tautology
tautologisch tautological
t.a.v. afk van **1** *ten aanzien van* with regard to; *zie* aanzien II.1; **2** *ter attentie van* attn [Mr Jones]
t.à.v. afk van *tout à vous* entirely yours
tave(e)rne tavern, inn
taxameter taximeter, *(fam)* clock
taxateur appraiser, valuer, *(schade~)* assessor
taxatie appraisal, valuation, assessment; *tegen* ~ at a valuation
taxatiefout misappraisal; *(fig)* error of judgment
taxatieprijs valuation (price)
taxatiewaarde appraised value
taxe *zie* taks 2
taxeren value, appraise, assess, weigh (size) up [a p.], estimate [*op* at]; *zie ook* schatten
taxfree duty-free (shop)
taxi taxi(cab), cab
taxibaan *(luchtv)* taxiway
taxichauffeur taxi-driver; *(fam)* taxi man, cabman, cabby
taxidermie taxidermy
taxiën *(ve vliegt)* taxi
taximeter taximeter, *(fam)* clock
taxis *(biol)* taxis
taxistandplaats cab rank, taxi rank, *(Am)* taxi stand
taxivliegtuig air taxi, *(Am)* taxiplane
taxon taxon
taxonomie taxonomy
taxus yew (tree)
TB(C) TB; *zie ook* tuberculose
tbr *(hist)*, **tbs** afk van *terbeschikkingstelling (van de regering), (vglb)* preventive detention
t.b.v. afk van **1** *ten behoeve van* in favour of, on behalf of; **2** *ten bate van* for the benefit of, in favour of
te I *vz* **1** *(plaats)* at, in, *vgl* in; *(met beweging)* to; ~ *paard stijgen (zitten)* mount (sit) on horseback; *zie ook* boven, grond: te ~e, land, mijnent, trouw, enz; **2** *(tijd)* at [three o'clock, any time]; *zie ook* maal, tijd, enz; **3** *(voor onbep wijs)* to; *snel ~ zien* quickly seen; *niet ~ eten* inedible; **II** *bw* too [old, etc]; *een ~ hoge prijs* too high a price; *zie ook* laat, enz; *dat is een beetje* ~ that's a bit overdone; ~ *edelmoedig (bescheiden) zijn, (ook)* err on the side of generosity (modesty); (*soms onvertaald:* oil level half pint low, clearance slightly tight); *zie ook* al, [2]des, gek, [2]meer II.1, enz; **III** *lw, = de: ~ bliksem!, ~ deksel!, ~ drommel!* (what, who, where) the dickens!
teakhout teak(wood)
teakhouten teak
team team; *zie ook* ploeg(-)
teamgeest team spirit
teamverband: *in ~ werken* work as a team; *het ~ was zoek* the team lacked all coherence
teboekstelling 1 registration; **2** entry, record
techneut *(fam)* technical chap
technicus technician, mechanic; *(werktuigkundige)* engineer; *(specialist, ook)* technologist
techniek 1 technics, technical science, technology; *mbv geavanceerde* ~ hi(gh)-tech; **2** *(inz toegepast)* engineering; **3** *(werkwijze, bedrevenheid)* technique, *(sp)* skill
technisch technical [college, data, fault, term], technological [advances, breakthrough; technologically backward]; *het ~e (karakter) van ...* the technicality of ...; ~ *bureau* firm of engineering consultants, engineering firm; *~e fouten, (ook)* mechanical defects; *~e recherche* forensic (department); *Middelbare T~e School* Polytechnic (School); *Hogere T~e School* College of Advanced Technology; *T~e Universiteit* University (*Am:* Institute) of Technology; *~e vaardigheid, (ook)* engineering skill
technocraat technocrat
technocratie technocracy
technocratisch technocratic
technokeuring technical inspection
technologie [agricultural, medical, nuclear] technology
technologisch technological
technoloog technologist
teckel dachshund
tectyleren rust-seal, *(v onderen)* underseal, *(Am)* undercoat
teddy *(stof, vglb)* plush, fur felt
teddybeer teddy bear
teder 1 *(minnend)* tender [heart, care], affectionate, loving, fond [mother]; ~ *bemind* dearly loved; **2** *(vero) zie* teer I
tederheid tenderness, affectionateness, lovingness
Te-Deum Te Deum
teef 1 bitch, female dog; *(vos)* vixen, bitch fox; **2** *(fig) (slet)* bitch, *(feeks)* vixen
teek tick
teelaarde (vegetable, leaf) mould, humus
teelbaar cultivable
teelbal testicle
teelt *(algem)* cultivation, culture; *(v planten, vis, oesters, bijen, zijde, enz)* culture; *(v vee)* breeding; *(ras)* breed
teeltgewas crop (*of:* cultivated) plant(s)
teeltkeus selection, selective breeding; *natuurlijke* ~ natural selection; *kunstmatige* ~ assortative mating
teelvocht semen, *(ook v vis)* sperm
teem 1 drawl(ing), whine; **2** *(pers) zie* teemkous
teemkous, teemster drawler, whiner; *een ouwe -kous* a drivelling old woman
teen 1 toe; *de grote (kleine)* ~ the big (little) toe; *~tje (knoflook)* clove (of garlic); *op de tenen lopen (staan)* walk (stand) on tiptoe, tiptoe [up to it, tiptoe out of the room]; *op zijn tenen lopen (staan), (fig)* tax o.s. to the utmost; *iem op zijn tenen trappen* tread on a p.'s toes (*fig ook:* on a p.'s corns); *hij is gauw op zijn tenen getrapt* he is touchy (huffy, apt to take offence), is a touchy sort of person; *op zijn tenen getrapt* [feel] huffed, huffy; *hij was behoorlijk op*

zijn tenen getrapt he was pretty sore; *zie ook* gekromd; **2** *(twijg)* osier (twig)

teenganger digitigrade, toe-walker

teenhout osier(s)

teenleer *(ve schaats, enz)* toe-strap

teenslipper toe-post sandal, flip-flop

teenstuk toecap, *(v ski)* toe unit

teenwilg osier (willow)

teer I *bn* tender [skin, age, years], delicate [child, hands, health, complexion]; *dat is een ~ punt bij hem* that is a delicate (sore) point with him; *~ onderwerp* tender (delicate, sore) subject; *tere tinten* delicate tints; *tere zaak* ticklish (delicate) affair; **II** *zn* tar

teerachtig tarry

teergevoelig sensitive, susceptible, tender, delicate

teergevoeligheid sensitiveness, susceptibility, tenderness, delicacy

teerhartig tender-, soft-hearted

teerheid 1 delicacy; **2** tenderness, etc; *zie* tederheid

teerkwast tar brush; *(lang)* striker

teerling die (*mv:* dice); *de ~ is geworpen* the die is cast; *vgl* dobbelsteen

teerlingkapiteel *(bk)* cushion capital

teerspijze provisions; *de (H.) T~, (r-k)* the (holy) viaticum

teerton tar-barrel; *als een luis op een ~* [get on] very slowly

teerzeep (coal-)tar soap

teevee TV

tegader together

tegel tile, paving stone; *(vloer~, ook)* (stone) flag, flagstone; *~s leggen, zetten (op)* tile [a floor, wall], pave [a floor] with tiles; *vgl* betegelen

tegelaarde tile clay

tegelbakkerij tileworks

tegelijk at the same time [*met* as; *zie ook ben*], [you cannot do two things] at once, [run down the staircase two steps] at a time; [he was motion, grace, strength] all in one; [gardener, coachman, footman] rolled into one; *(samen)* together; *allemaal ~!* all together!; *(met z'n) allen ~, (ook)* [we'll go there] in a body; *één ~* one at a time; *bij dozijnen ~* by the dozen; *zes kisten ~, (handel)* six cases in one shipment; *~ ingaan, (v vonnissen)* run concurrently; *~ met* simultaneously (together, along) with, [appearing] with [the leaves]

tegelijkertijd *zie* tegelijk

tegelvloer tiled floor; flagstone paving

tegelwerk tiles, tiling

tegelzetter tiler

tegemoet [go] to meet; *zijn faillissement ~ gaan* head for bankruptcy; *zijn ongeluk (ondergang) ~ gaan* ride for a fall, court disaster; *een drukke tijd ~ gaan* be in for a busy time; *betere tijden ~ gaan* enter (up)on better times; *zie ook* schrede; *vreugdekreten klonken hem ~* he was received with cheers; *~ komen* (come to) meet; *~ komen (aan)* meet [a p., his wishes, complaints] (half-way), meet [a demand], fall in with [a p.'s wishes]; *iem in de kosten ~ komen* bear (a part of) a p.'s costs (expenses), reimburse a p. for his expenses; *iem ~ lopen (snellen)* go (run, rush) to meet a p.; *~ treden* go to meet [a p.]; meet [difficulties], face [dangers]; *~ zien* look forward to, await [awaiting your news], face [the future full of hope]; view [the future with concern]; *de dood kalm ~ zien* look death calmly in the face

tegemoetkomend 1 accommodating, complaisant, compliant, conciliatory; *vgl* toeschietelijk; **2** oncoming [traffic]

tegemoetkomendheid accommodating spirit

tegemoetkoming 1 advance(s); **2** concession; **3** *(vergoeding)* allowance, compensation, reimbursement

tegen I *vz* **1** *(richting)* against; *~ het verkeer in* [drive] against the traffic; *~ de storm in* in the teeth of the gale; *~ elkaar in* opposed (in opposition) to one another; *~ de openbare mening (iems denkbeelden) ingaan* go counter to public opinion (oppose a p.'s views); *vgl* 4 & tegengesteld; **2** *(gekeerd naar, tegen … aan)* against [lean against the wall]; *(ook)* [he stood with his back] to [the door]; [hold a letter] up to [the light]; *het huis ligt ~ het zuiden* the house faces south; *~ iem spreken* speak to a p.; *vgl* 3; *het schilderij hangt ~ de wand* the … hangs on the wall; **3** *(in tegenstelling tot)* against [act against one's conscience]; *(tegenover)* to [two to one]; contrary to [expectation(s) *~ de verwachting (in)*]; *(jur)* versus, v, vs [*ook bij wedstrijd, enz:* Eton v Harrow; the problem of capital v labour]; *zijn vader was altijd ~ hem geweest* his … had always been against him; *~ de orders (de wet) (in) handelen* act contrary to orders (in [complete] defiance of the law); *het is duizend ~ één* it's a thousand to one; *met twee goals ~ nul* [win] by two goals to nil; *ik ben er(op) ~* I am against (opposed to) it; *iem (daar) ~?* anybody against (that)?; *wat is er (op) ~ (om het te doen)?* what is there (is there anything) against (doing) it?; *er is (op) ~ dat we te laat komen* the drawback is that we'll be late; *er fel (op) ~ zijn* be dead set against it; *ik heb er niet(s) (op) ~ te gaan* I don't mind going; *heb je er (op) ~ dat ik rook (het hem vertel)?* do you mind (object to) my smoking (my telling him, object if I tell him)?; *als je er niet(s) (op) ~ hebt* if you do not mind; *ik heb er niets (op) ~* I don't object; *ik heb iets (niets) ~ hem (op hem ~)* I have s.t. (nothing) against him; *iets ~ iem hebben, (ook)* have a grudge (a grievance) against a p.; *het enige wat ik ~ hem heb is …* my only quarrel with him is …; *ik kan daar niet ~* I cannot stand it; that sort of thing upsets me; *(v spijs, enz)* it does not agree (it disagrees) with me, it does not suit me; *ze kon niet ~ het klimaat* she could not bear (*fam:* stick) the climate; *zie ook* verlies; *hij sprak er ~ en stemde ervoor* he spoke against and voted for it; *vgl* 2; *de bewijzen voor en ~* the evidence pro and con; *daar kun je niets ~ zeggen* you can say nothing against it; *zie ook* best, wind, zuur, enz; **4** *(benadering, inz tijd)* by [by noon he had finished, be back by three, by the time when *dat*], towards [he came towards three o'clock]; ~ ***de dertig*** going (getting on for) thirty; ~ *(de) £10* just (close) on £10; *het is* ~ ***enen*** it is (just) on one o'clock; ~ *het* ***eten*** just before dinner; *zie ook* lopen; **5** *(met het oog op)* against [lay in supplies against the winter; lay money by against a rainy day]; **6** *(in ruil voor, prijs)* at [at that price; at three euros a yard]; ~ ***betaling*** *van* on payment of; *twee paar schoenen* ~ ***elkaar*** *dragen* wear ... alternately, in turns; ~ *zijn* ***reçu*** [provide him with any sums he wants] against his receipt; ***verzekeren*** ~ *2%* insure at the rate of two per cent; **7** *(vergeleken bij)* to [that is nothing to what I did]; *de winst beloopt ...* ~ *... verleden jaar* the profit amounts to ... as against (as compared with) ... last year; **8** *(jegens)* to(wards) [be kind, rude, etc to(wards) a p.]; with [be honest with a p.]; **II** *bw: we hadden de wind* ~ we had the wind against us, the wind was against us; *hij heeft iedereen (zijn uiterlijk, enz)* ~ everybody (his appearance, etc) is against him; *het is lelijk, als je hem* ~ *hebt* he is not a man to cross; *iem* ~ *krijgen* get on a p.'s wrong side; *zie ook* ²voor; **III** *zn: het voor en* ~ the pros and cons, the merits and demerits

tegenaan against; *bemoei je er niet* ~ don't meddle (in it), keep out of it; *er* ~ *gaan* tackle, get down to [a job], go at it; *er* ~ *gooien* put [lots of energy, money] into it (the job, etc); *er* ~ *zitten te kijken* be afraid to tackle [s.t.]; *zie ook* tegen I.2 & aanlopen, aanhikken, enz

tegenaanbod counter-offer, counter-bid

tegenaanval counter-attack; *een* ~ *doen (tegen)* counter-attack

tegenactie countermove

tegenantwoord rejoinder; *(jur ook)* replication

tegenargument counter-argument

tegenbeeld counterpart, contrast

tegenbericht message (*handel:* advice) to the contrary; *als ik geen* ~ *krijg (zonder* ~*)* unless I hear (if I don't hear anything; *handel, ook:* unless you advise me) to the contrary

tegenbeschuldiging recrimination, countercharge

tegenbetoog counter-argumentation, counter-demonstration

tegenbevel countermand; *er werd* ~ *gezonden* the order was countermanded

tegenbewijs proof (evidence) to the contrary, counter-evidence

tegenbezoek return visit (*of:* call); *een* ~ *brengen* return a visit

tegenbod counter-bid

tegencultuur counter-culture

tegendeel reverse, opposite, contrary; *bewijs van het* ~ proof to the contrary; *ik beweer het* ~ I make the contrary claim

tegendoelpunt goal against; *(tijdens wedstrijd)* goal in reply; *een* ~ *maken* score in reply

tegendraads against the grain, contrary

tegendrinken *zie* tegeneten

tegendruk counter-pressure; reaction

tegeneffect *(bilj)* check side

tegeneis counter-claim, counter-demand; *een* ~ *instellen* counter-claim [for damages]

tegeneten: *zich (op) iets* ~ take a loathing to s.t., turn against s.t.; *ik heb het me -gegeten (-gedronken)* I'm off it (off fish, etc)

tegengaan oppose, counter [a tendency], counteract, check, fight, combat; *(minder sterk)* discourage [a custom, bad habits]

tegengas: ~ *geven, (fig)* apply counter-pressure; ~ *geven tegen, zie* tegengaan

tegengesteld opposite, contrary [*aan* to]; *het ~e effect hebben* be counter-productive; *het zou een uitwerking hebben* ~ *aan de beoogde* it would have the opposite effect to the one intended; *het ~e* the opposite (reverse, contrary); *het ~e van knap* [he is] the reverse of clever; ~ *draaiend* contra-rotating [airscrews]

tegengif antidote *(ook fig)*

tegengoal *zie* tegendoelpunt

tegenhanger counterpart; *zie ook* pendant; *(fig ook)* foil [Brutus's dramatic foil, Cassius]

tegenhebben 1 have against (opposed to) o.s.; **2** be handicapped by; *hij heeft zijn leeftijd tegen* his age is against him

tegenhouden stop [a p., a runaway horse], hold [a car with the brakes], check, arrest [a thing in its course], stem [a flood of tears], hold up [a train, the traffic], retard [progress]; *hij is niet tegen te houden* there is no holding him

tegenin *zie* tegen I.1 & 3

tegenkandidaat competing candidate, candidate of the other party, [his] opponent; *zonder* ~ *gekozen worden* be returned unopposed; *zonder -kandidaten, (ook)* uncontested [election]

tegenkant other side, reverse

tegenkanting opposition; ~ *ondervinden* meet with opposition

tegenklacht countercharge

tegenkomen meet, run across [a p.], come across [a p., an expression], come (light, happen, chance) (up)on; *zichzelf* ~ be knackered; have a fit of depression; be faced with one's limitations

tegenkoppeling (negative) feedback

tegenkracht counter-force, opposing force; *optredende ~en, (ook)* cross-currents

tegenlachen smile at (on, upon); *zie ook* toelachen

tegenlicht backlight(ing); *opname met* ~ photograph taken against (into) the light, contre-jour shot

tegenligger *(mar)* meeting vessel; *(verkeer)* oncoming vehicle; *~s* oncoming traffic; *(op één rijbaan v snelweg)* contraflow

tegenlopen *(eig)* go to meet; *het liep hem tegen* things went badly with (went against) him, he was

out of luck, he struck a bad patch (in his business, etc); *alles loopt mij tegen* nothing (ever) goes right for me
tegenmaatregel countermeasure
tegenmaken: *iem iets ~* put a p. off s.t. [you've put me off cream, don't put him off his books]
tegenmiddel antidote, remedy
tegennatuurlijk against (contrary to) nature, unnatural
tegennatuurlijkheid unnaturalness
tegenoffensief counter-offensive
tegenofferte counter-offer
tegenop up [see that hill? we have to get up it]; *ik kan er niet ~* it's too much for me; *[wat een kanjer!] daar kan de mijne niet ~* it knocks spots off (easily beats) mine; *ik zie er (als een berg) ~* I don't look forward to it (I'm dreading it); *zie verder* op kunnen, enz
tegenorder countermand; *zie* tegenbevel
tegenover opposite (to), over against, facing [the door facing the landing]; face to face with, up against [a difficulty, the whole world]; in front of [he made me look a fool in front of the others]; [900] (as) against [450 last year]; versus [the issue of the Peers versus the people]; to [his obligations to us]; towards [his sentiments towards us]; *zie ook* tegenstelling: in ~ met; *de duim ~ de vingers brengen* oppose the thumb to ...; *de aanklager ~ de aangeklaagde zetten* confront the accuser with the accused; *verlegen ~ vrouwen* shy with women; *je kunt dit ~ die feiten niet volhouden* you cannot maintain it in (the) face of these facts; ***eerlijk*** *zijn (zijn* ***plicht*** *doen) ~ iem* be honest with (do one's duty by) a p.; *hij woont* ***hier*** *(daar) ~* he lives across the road (from us), over the way; ***staan*** *~* be confronted (faced) with [a crisis, difficulties]; *~ elkaar staan (zitten)* face each other, stand (sit) face to face; *tot men er ~ staat* [ignore things] till one is up against them; *hoe staan we ~ elkaar (Amerika)?* how do we stand in relation to each other? (where do we stand with America?); *daar staat ~ dat hij ...* on the other hand, he ...; ***stellen*** *~* set [one's opinion] against [one's father's]
tegenovergelegen opposite
tegenovergesteld opposite, contrary; *zie ook* tegengesteld
tegenoverliggend, tegenoverstaand opposite; facing [page]
tegenoverstellen oppose [one's will to another's], set [Rembrandt] against [Hals], offer [a reward] in compensation
tegenpartij opponent *(sp ook mv)*, adversary, opposing (*jur:* opposite, other) party (*sp:* team, side), opposition
tegenpassaat antitrade (wind)
tegenpaus antipope
tegenpool antipole, direct opposite
tegenprestatie quid pro quo, compensation, (s.t. offered in) return, equivalent; *als ~* in return
tegenpruttelen grumble, (mutter in) protest
tegenpunt: *(sp) X won zonder een enkel ~* X won without conceding a point; *een ~ maken* score in reply
tegenrekening 1 contra account; **2** *(-vordering)* counter-claim
tegenscoren score in reply
tegenslag reverse, misfortune, setback, check, blow, piece (stroke) of bad (ill) luck
tegenspartelen kick and flounder, struggle [the child cried and struggled], resist; *(ve paard, fig v pers)* jib; *(fig ook)* hang back, demur
tegensparteling resistance, jibbing, demur
tegenspeelster *zie* tegenspeler
tegenspel opposing play, opposition; *vgl* weerwerk
tegenspeler *(sp)* opponent; *(theat)* opposite number, antagonist; *de ~ zijn van X, (theat)* play opposite (to) X
tegenspoed adversity, misfortune, tribulation; *~ ondervinden* fall on evil days
tegenspraak contradiction; *(lijnrecht) in ~ met* in (flat) contradiction with (to); *in ~ zijn met, (ook)* contradict, be contradicted by; *haar blik was in ~ met haar woorden* her ... gave the lie to (belied) her words; *met zichzelf in ~ komen (zijn)* be guilty of inconsistency; *zonder ~* without contradiction; *(onbetwistbaar)* incontestably, indisputably
tegenspreken contradict, deny [it was officially denied], counter [an argument]; *brutaal ~* answer back, give back answers; *afdoende ~* refute [a suggestion]; *spreek niet tegen, (ook)* don't argue; *zich ~* contradict o.s.; *deze bewering is moeilijk tegen te spreken* this statement can hardly be contested; *elkaar ~d* contradictory [orders]; *zie ook* tegenspraak: in ~ zijn met
tegensputteren mutter [objections], grumble; *niet zonder ~* not without protest
tegenstaan: *het eten (het idee) stond hem tegen (begon hem tegen te staan)* his food (the notion) revolted him, he loathed his food; *de hele zaak staat me tegen* the whole thing is repugnant to me, I am sick of everything; *gaan ~* pall [on a p.; pleasure may pall]
tegenstand resistance, *(ook astron:)* opposition; *~ bieden* offer resistance, resist; *~ bieden aan* resist, withstand [changes of temperature]; *met succes ~ bieden aan* make a successful stand against; *zonder ~ te ondervinden* [enter] unopposed
tegenstand(st)er opponent, adversary, antagonist; *de -standers, (ook)* the opposition
tegenstellen oppose
tegenstellend *(gramm)* adversative [conjunction]
tegenstelling contrast, contradistinction, antithesis (*mv: -ses*), opposition; *een ~ vormen met* contrast with; *in ~ met* as contrasted with, in contradistinction to, as opposed to, as distinct from, as against, in contrast with (to); *in ~ met haar moeder, (ook)* unlike her mother [she is quite bright]
tegenstem 1 *(muz)* counterpart; **2** vote against, nay;

vgl tegenstemmen
tegenstemmen vote against it (a proposal, etc) [*ook:* the Liberals voted against]; *vgl* voorstemmen
tegenstemmer dissentient; *~s, (Lagerhuis)* noes, *(Hogerhuis)* non-contents
tegenstof antibody
tegenstoot *(ook fig)* counterthrust, riposte, counterstroke, counterblast
tegenstreven I *intr* resist; II *tr* oppose, resist, stand up against
tegenstrever opponent
tegenstribbelen *zie* tegenspartelen & tegensputteren
tegenstrijd contradiction; *in ~, zie* strijd: in ~, & *vgl* tegenstrijdig
tegenstrijden *zie* tegenspreken
tegenstrijdig contradictory [reports], conflicting [views, statements, emotions], clashing [interests]
tegenstrijdigheid contrariety [of opinion], contradiction, discrepancy [there are some discrepancies in her story]
tegenstroom **1** *(mar)* counter-current; *(natuurk)* counterflow; **2** *(elektr)* inverse (reverse) current; *~ geven* reverse the current
tegenvallen be disappointing, fall short of (not come up to) one's expectations; *je (het resultaat) valt mij tegen* I am disappointed in you (with the result); *maar het viel hem tegen* [he tried to pump me,] but he got nowhere
tegenvaller disappointment, [that's a bit of a] blow (a setback, a piece of bad luck)
tegenverklaring counter-statement
tegenverzekering legal expenses insurance
tegenvoeter antipode; *de ~ zijn van, (fig)* be the (very) antipode of (to); *bij de ~s, (ook)* down under
tegenvoorbeeld counter-example
tegenvoorstel counter-proposal
tegenvordering counter-claim; *als ~* per contra
tegenvraag counter-question
tegenwaarde equivalent
tegenweer resistance
tegenwerken work against, oppose, cross, thwart, obstruct, counter(act)
tegenwerking opposition, obstruction
tegenwerpen object
tegenwerping objection; *~en maken* raise objections [to s.t.], make difficulties
tegenwicht *(ook fig)* counterpoise [*tegen* to], counterweight, counterbalance, counter-influence; *een ~ vormen tegen* counterbalance, neutralize
tegenwind adverse (contrary, head) wind; *zie* tegen II; *door ~ opgehouden* windbound; *met ~ te kampen hebben* ride in the teeth of the wind
tegenwoordig I *bn* present; present-day [London, English]; *zie ook* hedendaags; *de ~e huurder* the sitting tenant; *de ~e tijd* the present time, *(gramm)* the present (tense); *~ zijn* be present, be in attendance, attend, be in evidence; *~ zijn bij, zie* bijwonen; *van ~* [the Irish] of today; II *bw* at present, at the present day, nowadays, today, [you have to economize] these days; currently
tegenwoordigheid presence; *werkelijke ~, (r-k)* real presence; *in zijn ~* in his presence; *in ~ van* in the presence of, before [the whole company]; *~ van geest* presence of mind
tegenzang antistrophe, antiphon(y)
tegenzet countermove, counterstroke
tegenzijde other side, reverse
tegenzin dislike, antipathy, aversion; *~ in* dislike of, aversion to (from, for), disinclination to (for); *een ~ hebben in* dislike; *een ~ krijgen in* take a dislike to; ***met*** *~* reluctantly, unwillingly, grudgingly, with an ill will, [do one's work] with a bad grace; *met grote ~* with great reluctance; *het gaat met ~* it goes against the grain (with me); *zie ook* afkeer & fris
tegenzitten **1** be (go) against [fate was against us]; *het zit hem tegen* things are going against him; **2** *(kaartsp)* have a strong opposing hand
tegoed [bank, credit] balance; *zie ook* overschrijden; *te goed hebben* have owing (outstanding); *zie* [2]goed 1: te ~
tegoedbon credit note
tehatex drawing, handicraft and textural art
Teheran Teh(e)ran
tehuis I *zn* home; *(stil, afgezonderd)* retreat; [Salvation Army] hostel; *~ voor daklozen* shelter for the homeless; *~ voor zeelieden* sailors' home; II *bw zie* thuis
teil [zinc] tub; *~(tje)* [plastic] bowl, basin
teint complexion
teisteren afflict, ravage, harass, scourge, visit; *(vooral v rovers, ziekte, ongedierte)* infest; *het geteisterde gebied* the stricken area; *door de pest geteisterd* plague-infested [regions]; *door een storm geteisterd* swept (*ve schip:* buffeted) by a gale, storm-swept [coast]; *door de oorlog geteisterd* war-stricken
tekeergaan *(v pers)* take on, carry on [don't carry on so, *of:* like that], go on [*tegen iem* at a p.], inveigh [*tegen* against], storm [*tegen* at], cut up rough; *verschrikkelijk te ~ gaan* raise Cain, kick up a devil of a fuss, shout the place down, go on the rampage; *(ve storm, e.d.)* rage, ravage, make havoc
teken **1** sign *(ook in rek:* like, unlike signs; *& in dierenriem)*, token, mark; indication; *(vastgesteld)* signal; *er zijn ~en die erop wijzen dat* ... there are indications that ..., the evidence points to ...; *~en en wonderen* [Jesus did] signs and wonders; *als een ~ van achting* as a mark of esteem; *een goed (slecht) ~* a good (bad) omen (*of:* sign); *iem een ~* ***geven om*** ... give (make) a p. a sign to ..., sign to a p. to ...; *een (geen) ~ van* ***leven*** *geven* give a (no) sign of life; *een ~ des* ***tijds*** a sign of the times; *(het is een) ~* ***aan*** *de wand* (the) writing (is) on the wall; ***in*** *dit ~ zult gij overwinnen* in (by) this sign thou shalt conquer; *onze tijd staat in het ~ van het verkeer (de drugs)* traffic dominates life nowadays (this is the age of drugs); ***op*** *een gegeven ~* at (on) a given signal; **2**

(ziekte~) symptom; **3** *(lees~)* stop, punctuation mark; **4** *(zinnebeeld)* token; ***ten*** *~ **van*** in token of [our friendship]; *~en van iems ambt* insignia of office

tekenaap pantograph

tekenaar 1 *(algem)* drawer, draughtsman; *(beroeps~)* draughtsman, designer, *(kunst)* artist; **2** *(onder~)* signatory (*van* to, of [a treaty])

tekenacademie academy of arts, art school, school of art

tekenachtig 1 graphic (*bw:* -ally); **2** picturesque

tekenbehoeften drawing materials

tekenbevoegdheid: *A heeft ~* A is an authorized signatory

tekenblok drawing block

tekenboek sketchbook, drawing book

tekenbord drawing board

tekendoos drawing case

tekendriehoek set square, triangle

tekenen 1 draw, sketch, delineate, paint; *fijn getekende wenkbrauwen* delicately pencilled eyebrows; ***naar*** *de natuur (naar gipsmodellen) ~* draw from nature (from casts); **2** *(onder~)* sign; *(in~)* subscribe [*op een lening* to a loan]; *het stuk was door de Koning getekend* the document was under the King's hand; *door hem getekend, (ook)* [a letter] over his name (*of:* signature); *(was getekend) GN* (Sgd, signed) GN; *hij tekende **zich** Jas Hook* he signed himself ...; *(iets) **met** zijn naam ~* sign one's name, subscribe one's name [to a will]; *ik teken niet **op** die lijst* I will not put my name to that list; *~ **voor*** sign for [the firm, the receipt of the goods; *(fig)* three goals]; *voor 10 euro ~* subscribe ten euros; *voor 6 jaar ~, (mil, sp)* sign on for six years; *daar teken ik voor, a)* I'm all for that; *b)* I'd jump at that; *voor gezien ~* visa; **3** *(ve teken voorzien)* mark [linen], earmark [sheep]; *een mooi getekende hond* a beautifully marked dog; *voor het leven getekend, (door straf, enz)* marked for life; **4** *(kenmerken)* characterize; *dat (antwoord, enz) tekent hem* that (answer, etc) is characteristic of him (shows what he's like); **5** *(ve jachthond)* mark, point; **6** *(tekenen vertonen:) hij tekent gauw* he quickly shows signs of tiredness, etc; *(ve paard)* mark; *zie ook* getekend, leven, vonnis, enz

tekenend characteristic (*bw:* -ally); *~e uitdrukking* telling phrase; *dat is ~ voor hem, zie* tekenen 4; *zulke feiten zijn ~* such facts are significant (*voor deze tijd* of ...)

tekenfilm (animated) cartoon

tekengeld token money

tekengereedschap drawing instruments; drawing materials

tekenhaak (T-)square, tee square

tekening 1 drawing, sketch; *(ontwerp)* design, plan; *(ter verduidelijking)* [as shown in the] diagram; *(vd huid, zaden, enz)* marking(s); *er begint ~ in de toestand te komen* the situation is becoming clearer; the (a) pattern is beginning to emerge (to develop); **2** *(onder~)* signature, *(het ondertekenen)* signing; *ter ~ voorleggen aan* present [the decree] to [the President] for his signature; *klaar ter ~* ready for signature

tekeninkt drawing ink

tekenkamer *(ve architect)* drawing office

tekenkrijt crayon, drawing chalk

tekenkunst art of drawing, draughtsmanship

tekenleraar drawing (*of:* art) master

tekenlerares drawing (*of:* art) mistress

tekenles drawing (*of:* art) lesson

tekenmal (French) curve

tekenmunt token coin

tekenpapier drawing paper

tekenpen drawing pen

tekenplank drawing board

tekenpotlood drawing pencil

tekenschrift 1 graphic system; **2** drawing copybook

tekenset character set

tekentafel drawing table; *(kunst)* drawing easel

tekenwerk drawing(s); *(ve architect, bijv)* draughting

tekort *(algem)* shortage [a shortage of £100, of 100 bags, of staff, of teachers], shortfall, deficiency; *(geldzaken)* [balance of payments] deficit, deficiency [on the budget]; *het menselijk ~* human imperfection; *~ op de handelsbalans* trade gap; *~ aan geld (tarwe)* shortage of money (wheat); *~ aan kennis* gap in one's knowledge; *een ~ aan leraren hebben, (ook)* be short of ...; *het ~ inhalen* make up (for) arrears [of sleep, etc]; *te kort doen, enz, zie* kort

tekortkoming shortcoming, failure, imperfection

tekortschieten: *~ in* be lacking in [courtesy, energy, one's duty], fail (be remiss) in [one's duty], fall short in; *daarin schiet zij tekort* that is where she fails; *mijn krachten schoten (mijn geheugen schoot) tekort* my strength (memory) failed (me)

tekst text; *(verband)* context; *(bijschrift bij plaat)* letterpress, *(onderschrift)* caption; *(bij muziek)* words, *(ve song)* lyric; *(ve film)* script; *zie ook* tekstboekje; *~ en uitleg geven* give chapter and verse [*van* for]; *een ~ opgeven, (in kerk)* give out a text; *bij zijn (de) ~ blijven* stick to one's text (one's point); *van de ~ raken* wander from the point, lose the thread of one's discourse

tekstboekje libretto (*mv:* -ti, -tos), book of words

tekstcriticus textual critic

tekstdichter *(opera)* librettist; *(songs)* lyricist, songwriter

teksthaak(je) [square] bracket

tekstkritiek textual criticism

tekstmarker text marker

tekstschrijver *(reclame)* copywriter; *(film)* scriptwriter; *(musicals, enz)* librettist; *(songs)* lyricist

tekstueel textual

tekstuitgave original text edition

tekstuitlegger exegete

tekstverbetering emendation

tekstverklaring textual explanation; *(theol)* exegesis
tekstvervalsing falsification of a (the) text
tekstverwerker word processor
tekstverwerking word processing
tekstwoord *(kerk)* text
tektoniek tectonics
tektonisch tectonic [earthquakes]
tel count; *de ~ kwijtraken* lose count; *ik ben de ~ kwijt* I've lost count; *dat is een hele ~* that is an awful lot to count; ***bij** de ~ verkopen* sell by number (by tale); ***in** twee ~len* in two sec(ond)s (ticks); *in tien ~len* [I shall be back] in less than no time; *in twintig ~len* while you might count twenty; *niet in ~ zijn* be of no account; *hij is helemaal niet in ~* he is a mere cipher (a nobody); *zie ook* meetellen; ***op** ~, (gymnastiek)* by numbers; *pas op je ~len* mind your p's and q's, watch out, watch your step; *als je niet op je ~len past* if you are not careful
telaatkomer latecomer
telastlegging imputation; *(jur)* charge
telbaar countable
telbuis counter
telebankieren telebanking
telecard phonecard
telecom(municatie) telecom(munication)
teleconferentie teleconference
telefax telefax
telefonade long (series of) (tele)phone call(s)
telefoneren telephone, *(fam)* phone [a p. *met iem; om* for]; *ik heb naar zijn huis getelefoneerd* I have been on the (tele)phone to (*fam:* have phoned) his home; *over iets ~* discuss s.t. on (over) the phone; *zie ook* opbellen
telefonie telephony
telefonisch I *bn* telephonic, (tele)phone; *~ bereikbaar, a)* on the phone; *b)* within reach of a phone; *~ bericht* (tele)phone message; *~e colportage* telesales; *(ong)* junk call; *~ gesprek (onderhoud)* phone call (telephone conversation); II *bw* telephonically, by (over the) (tele)phone
telefonist(e) (telephone) operator, (female) telephonist
telefoon telephone, *(fam)* phone, *(sl)* blower; *(oorstuk)* earpiece; *zie ook* koptelefoon; *~tje* [answer her] phone call; telephone message; *ze hebben geen ~* they have no telephone, are not on the telephone; *er is ~ voor u* you're wanted on the telephone; *de ~ aan de haak hangen* hang up the phone (the receiver); *aan de ~* [listen, be] on, [come] to the telephone; *aan de ~ blijven* hold the line; *de hele dag aan de ~ hangen* be using the phone all day; *per ~* by telephone, over (*of:* on) the telephone
telefoonabonnee telephone subscriber (customer)
telefoonbeantwoorder (telephone) answering machine
telefoonboek telephone directory, (tele)phone book
telefoonbotje funny bone
telefooncel call box; telephone box (booth, kiosk)
telefooncentrale telephone exchange; *(huis~, ook)* switchboard
telefoongesprek 1 (tele)phone conversation, talk over the (tele)phone; **2** telephone call, phone call; *zie ook* gesprek
telefoongids telephone directory, (tele)phone book
telefoonhoorn handset, telephone receiver
telefoonkaart phonecard
telefoonklapper telephone index
telefoonkosten telephone charges
telefoonnet telephone system
telefoonnummer telephone number
telefoonprogramma *(radio)* phone-in (programme)
telefoonsnoer receiver (handset) cord
telefoontoestel telephone, telephonic apparatus; *extra ~* extension telephone
telefoto telephoto(graph)
telefotografie telephotography
telegeniek telegenic
telegraaf telegraph [cable, pole, service, system]; *per ~* by wire
telegraferen wire [*om* for] telegraph; *(overzees)* cable
telegrafie telegraphy
telegrafisch telegraphic (*bw:* -ally); *~ antwoord* wired (cabled) reply, reply by wire; *~ antwoorden* reply by wire; *~ overmaken* telegraph, wire, cable [money]
telegrafist(e) telegraphist, (telegraph) operator
telegram telegram, *(inz Am)* wire; *(kabel~)* cable(gram)
telegramstijl [a message in] telegram style; *(fam)* telegraphese
telekinese telekinesis
telelens telelens, telephoto lens
teleleren distance learning
telematica telematics
telemeter telemeter
telemetrie telemetry
telen grow, cultivate; *(dieren)* breed, rear; *(kinderen, vero)* beget, procreate
teleologie teleology; *in de ~ geloven, (ook)* believe in final causes
teleologisch teleological
telepaat telepathist
telepathie telepathy, thought transference
telepathisch telepathic (*bw:* -ally)
teleprompter teleprompter
teler grower, cultivator; breeder; begetter, procreator; *vgl* telen
telescoop telescope
telescoopantenne telescopic aerial (*Am:* antenna)
telescoperen telescope
telescopisch telescopic (*bw:* -ally)
teletekst teletext; *(vd BBC, vglb)* Ceefax
teleurgang decline; ruin; *(sp)* defeat
teleurstellen disappoint, [don't] let [me] down, frustrate; *iems verwachtingen ~* disappoint a p.'s expectations (hopes; *ook:* his hopes were disappointed);

je (het) stelt me teleur, (ook) I am disappointed in you (it); *teleurgesteld over* disappointed with [the result]
teleurstelling disappointment; frustration
televisie television, TV [aerial, camera, channel, network, news, programme, screen, series, studio, tube]; *(fam)* telly; *per ~ uitzenden, op de ~ brengen* televise [a boxing match]; *zie ook* kijker
televisieontstoord TV-suppressed
televisieontvanger, televisietoestel television (receiver, set), TV (set)
televisie-uitzending television broadcast, telecast
televisiezender television (broadcasting) transmitter, television transmitting station
telewerken *zn* telecommuting, teleworking
telewinkelen teleshopping
telex telex, teleprinter, *(Am)* teletype
telfout error in the addition
telg 1 *(ve mens)* descendant, scion, offshoot; *~en, (ook)* offspring; *zie ook* spruit; **2** *(ve plant)* shoot, sprout, scion
telgang amble, ambling gait; *in ~* at an amble
telganger ambler, ambling horse, pacer
teljoor plate
telkenjare annually, yearly
telkenmale, telkens again and again, over and over again, every now and again, time and again, at every turn; *(in elk bijzonder geval)* every (each) time, in each case [meetings will be held in each case at 7.30 pm]; *telkens drie* three at a time, in threes; *telkens wanneer* whenever, every time [I see him he winks]
telkind fiscal child
tellen 1 *(opsommen)* count [he cannot count above ten]; *hij stond alsof hij geen* ***tien*** *kon ~* he looked as if he could not say boo to a goose (as if butter wouldn't melt in his mouth); ***over, opnieuw*** *~* recount; ***tot*** *5 ~* count up to five; *tot duizend ~ (om in slaap te komen)* count sheep; *even tot tien ~ (voor je ...)* count (up) to ten, count ten (before you ..., before ...ing); *zijn dagen (uren) zijn* ***geteld*** his days (hours) are numbered; *goed geteld waren er 50* there were fifty all told; **2** *(rekenen)* count; ***niet*** *~, (niet opzien tegen)* think (make) nothing of [a trip to B]; *ik tel hem* ***onder*** *mijn vrienden* I count (number, reckon) him among my friends; **3** *(bedragen, omvatten)* number [the strikers number about 600]; run to [800 pages]; **4** *(gelden)* count; *dat telt* ***niet*** that does not count [*bij mij* with me], counts (*of:* goes) for nothing [with me]; *zie ook* 2 & meetellen; **5** *(opvatten)* reckon; *tel zulke intriges niet te gering* don't think too little of ...; *iets niet (of:* ***licht****) ~* make light of a thing; **6** *(oud zijn)* number [ten years]; *als de koning jaren telt* [as many poor men and women] as the king has years
teller 1 counter *(ook instrument)*, reckoner, teller; *(bij volkstelling)* enumerator, census-taker; *(sp)* scorer; **2** *(ve breuk)* numerator
telling count, counting, *(volks~)* census, enumeration
tellurisch telluric
tellurium 1 *(instrument)* tellurion, tellurian; **2** *(element)* tellurium
telmachine calculator
teloorgaan be(come) lost
teloorgang loss
tel quel as it (etc) is; *(handel)* tel quel, tale quale [rate]
telraam counting-frame, abacus
telwerk 1 [digital] counter; **2** counting
telwoord numeral; *bepaald ~, hoofd~* cardinal (number); *rangschikkend ~, rang~* ordinal (number); *onbepaald ~* quantifier
tembaar tam(e)able
temee 1 at once; **2** just now
temeer all the more; *~ daar, (ook)* the more so as; *zie* [2]meer II.1: te ~
temen drawl, *(huilerig)* whine
temerig *bn*, **temerij** *zn* drawling, whining
temet 1 now and then; **2** perhaps; **3** almost
temidden in the midst [of]; *zie* midden: te ~
temmen tame, subdue, domesticate [a magpie]
temmer [lion] tamer, trainer
tempeest tempest
tempel temple, shrine; *(dicht)* fane
tempeldienaar priest
tempelheer templar
tempelier templar; *drinken (zuipen) als een ~* drink like a fish
tempelorde order of Knights Templars
tempelridder Knight Templar
tempera 1 *(water- en lijmverf)* distemper; *~ schilderen* (paint in) distemper; **2** *(emulsieverf)* [a fresco in] tempera
temperament temperament, temper; [a woman of] spirit; *hij is oproerig van ~* temperamentally (*of:* by temperament) he is a rebel
temperamentvol spirited; *(ook ong)* temperamental
temperaturen: *(iem) ~* take a p.'s temperature
temperatuur temperature *(ook: verhoging); (muz)* [equal *gelijkzwevende*] temperament; *~ in de schaduw* shade temperature; *iems ~ opnemen* take a p.'s temperature; *op ~ brengen (komen)* warm up [the engine; the engine warmed up]; *daling (stijging) van ~* fall, drop (rise, increase) in temperature; *zie ook* verhoging
temperatuurlijst temperature chart
temperatuurmeter temperature gauge
temperatuurschommeling temperature fluctuation
temperen 1 *(verzachten)* temper [heat, a p.'s ardour], damp(en) [sound, zeal], assuage [misery, pain], allay [pain, grief], mitigate [anger, sufferings, the severity of punishment], season [season (*of:* temper) justice with mercy], qualify [a p.'s optimism], deaden [sound], soften [sound, colours, light], tone down [colours]; *getemperd licht* subdued light; **2** *(harden v metaal)* temper [steel]

tempering tempering, mitigation, etc
tempermes palette knife
tempo 1 *(muz)* time, tempo; **2** *(algem)* pace [the pace of the march; hasten the pace, the pace at which expenditure is growing], [develop at a rapid] rate, [stroll on in a leisurely] tempo; *in langzamer (sneller) ~ gaan werken* slow down (speed up) work; *het ~ aangeven, (ve mars, bijv)* set the pace; *het ~ is te snel* the pace is too hot; **3** *(schaaksp)* tempo
tempobeurs performance-related student grant
temporair temporary
temporaliën temporalities
temporeel temporal
temporiseren 1 temporize, soft-pedal, defer, put off; play for time; **2** timetable, schedule
temptatie 1 *(verzoeking)* temptation; **2** *(kwelling)* vexation
tempteren 1 *(verzoeken)* tempt; **2** *(kwellen)* vex
tempus *(gramm)* tense
ten: *~ eerste, tweede, derde, elfde, enz* first(ly), secondly, thirdly, in the eleventh place, etc; *zie ook* ²deel 1, oosten, slot, enz
tenaamstelling (entry of) holder's (owner's) name [of a licence, a trade mark]
tenachterstelling discrimination [against], subordination [of]
tenaciteit tenacity; *(techn ook)* ultimate tensile stress
tendens tendency, trend
tendensroman novel with a (social, political, etc) message
tendensstuk problem play
tendentie tendency
tendentieus tendentious
tender *(boot, wagen, & bod)* tender
ten'deren tend *(naar* to)
tenderlocomotief tank engine
teneinde in order to; *zie* eind 1: ten ~e
tenen *bn* osier, wicker(work); *~ mand* wicker basket
tenenkrommend toe-curling, highly embarrassing
teneur tendency, tenor, drift
tengel lath, batten; *(fam: hand)* paw
tenger slender, slight, slim, delicate; *(~ & elegant)* petite; *~ gebouwd* slightly built, of slight (slight of) build
tengerheid slenderness, etc, delicacy
tengevolge: *~ van* in consequence of, as a result of; *~ daarvan, (ook)* in consequence, as a result; *zie verder* gevolg
tenhemelopneming *zie* Hemelvaart
tenietdoen nullify; *zie* ²niet II
tenietdoening nullification, annulment
tenietgaan perish; *zie* ²niet II
tenlastelegging charge, indictment
tenminste at least, at any rate; *~ dat zei hij* [he had been held up,] or so he said; *als hij ~ komt* if indeed he comes
tennis lawn tennis, tennis [ball, match, racket, shoe]
tennisarm *(med)* tennis elbow
tennisbaan (lawn) tennis court; *op de ~* on the (tennis) court
tennissen play (lawn) tennis
tenniss(t)er tennis player
tenor *(stem, partij, zanger, instrument)* tenor
tenorpartij tenor (part)
tenorsleutel tenor clef
tenorstem tenor (voice)
tensie tension
tenslotte finally, lastly, eventually, ultimately, [it comes cheaper] in the end; *(tot slot)* in conclusion, to conclude; *~ is hij toch verantwoordelijk?* after all, he is responsible, isn't he?; *~ een enkel woord over ...* a final word about ...; *~ verdienen ze £50.000 per jaar* they end (up) by making ...
tent tent; *(grote ~, bij tuinfeest, enz)* marquee; *(kermis~)* booth; *(op dek)* awning; *(ve huifkar)* tilt; *(loofhut)* tabernacle; *(sl: bedrijf)* shop; *(sl: eet- of drinkgelegenheid)* joint, dive, *(drink-)* watering hole; *de ~en opslaan (opbreken)* pitch (strike) tents; *ergens zijn ~en opslaan, (fig)* pitch one's tent(s) somewhere; *in ~en, (ook)* [live, etc] under canvas; *iem uit zijn ~ lokken* draw a p.; *hij liet zich niet uit zijn ~ lokken* he refused (was not) to be drawn
tentakel tentacle
tentamen preliminary examination; *(fam)* prelim
tentamineren *zie* tenteren 2
tentatie *zie* temptatie
tentatief tentative
tentdak pavilion roof, pyramid roof
tentdek awning deck
tentdoek canvas
tenten probe [wounds]
tentenkamp encampment, tented camp
ten'teren 1 *zie* tempteren; **2** subject to a preliminary examination *(fam:* a prelim), test; **3** torment, vex
tentijzer probe
tentoonspreiden display
tentoonstellen exhibit, show; *-gesteld worden, (ook)* be on show (on exhibition)
tentoonstelling [international, Italian Art] exhibition, *(Am)* exposition; [World, British Industries] Fair; *(op kleiner schaal)* [flower, cattle] show
tentoonstellingsterrein exhibition ground, showground
tentpaal tent pole
tentpaaltje, tentpen tent peg
tentstok tent pole
tentwagen tilt-cart
tentzeil canvas
tenue dress, uniform; *in groot ~* in full dress, in full uniform; *klein ~* undress (uniform)
tenuitvoerbrenging, tenuitvoerlegging execution
tenzij unless
teorbe theorbo
tepel nipple, teat, *(wtsch)* mamilla; *(ve dier)* teat, dug; *(tong~tje)* papilla *(mv:* -lae)
tepelhof areola

ter at (the), in (the), to (the), *vgl* te; for [comparison]; by way of [illustration *verduidelijking*]; in [fulfilment of his promise]; *zie ook* inning, wereld, enz

teraardebestelling burial, interment, funeral, inhumation

teratogeen teratogenic

teratologie teratology

terbeschikkingstelling *(vglb)* preventive detention; *met ~ (vd regering), (ook)* and ordered to be detained during Her (His) Majesty's pleasure

terdeeg, terdege thoroughly, properly, fully [aware *bewust*], [work, etc] to some purpose; *zie ook* danig, denken, duchtig & flink

terdoodbrenging execution

terebint terebinth

terecht 1 *(met recht)* rightly, justly [popular], deservedly [famous], justifiably [proud], truly [as you truly say], [it has been said] not without truth; *zeer ~* quite rightly; *hij merkte zeer ~ op ...* he very properly observed ...; *en ~* [he was angry,] and justly (rightly) so; *~ of ten onrechte* rightly or wrongly; **2** *(op de plaats:) ben ik hier ~?* am I right (at the right address) here?; *de sleutel is ~* the key has been found; *zie ook de sam*

terechtbrengen 1 *(in orde)* put to rights, arrange; *zie ook* orde: in ~; *er niets van ~* make a mess (a hash) of it; *ze bracht er iets (niet veel) van terecht* she made some sort of a show (did not make much of a job of it); **2** *(terug)* bring back; *wie heeft het boek terechtgebracht?* who has found (brought back) the book?; *zie ook* thuisbrengen

terechthelpen set (put) right; direct [ask a policeman to direct you]

terechtkomen be found again, [the key will] turn up [in a day or two]; *alles komt terecht* everything will come right; *het zal (vanzelf) wel ~* things will sort themselves out; *(fam)* it'll all come out in the wash; *de brief kwam niet terecht* the letter miscarried; *zijn kinderen zullen wel ~* his ... are sure to fall on their feet; *wat is er van hem terechtgekomen?* what has become of him?; *op zijn voeten ~* come (land, fall) on one's feet; *hij kan nog wel weer ~* he may make good after all; *in een sloot ~* land, find o.s. (*ve bus, enz, ook:* come to rest) in a ditch; *hij kwam terecht in de speelzaal* [he started out for the concert, but] he arrived in the gaming room; *hoe kom je hier terecht?* how do you come to be here?; *ten slotte kwam ze terecht in een inrichting* she ended up in a mental home; *we komen in een financieel moeras terecht* we are drifting into a financial morass; *er kwam niet veel van terecht* it didn't come to much, it was not much of a success; *daar komt niets van terecht* it will come to nothing; *er komt niets van hem terecht* he will come to no good; *zie ook* belanden

terechtkunnen be admitted, helped, served, etc; *je kunt in die winkel beter (goedkoper) terecht* you can do better (get it cheaper) in that shop; *voor brood kun je bij X terecht* you can get bread at X's; *u kunt nog niet op de kamer terecht* the room isn't made up yet; *met die pas kun je overal terecht* that pass is accepted everywhere; *zie ook* overweg

terechtleggen arrange in proper order

terechtstaan stand (one's) trial, be put on trial, be committed for trial, be tried [*wegens desertie, valsheid in geschrifte* for desertion, on a charge of forgery]

terechtstellen *(de doodstraf voltrekken aan)* execute; *(door elektr)* electrocute

terechtstelling execution; *(door elektr)* electrocution

terechtwijzen 1 set right, correct, put [a p.] on his way again; **2** *(berispen)* reprimand, reprove

terechtwijzing reprimand, reproof; *(onheus)* snub

terechtzetten set straight, straighten; *(fig)* put [a p.] in his place

terechtzitting session (of a, the court); *de ~ bijwonen* attend court; *ter ~* in court; *naar de openbare ~ verwijzen* commit for trial [on a charge of murder]

teren 1 *(met teer bestrijken)* tar; **2** *(leven, enz:) ~ op* live on; *op eigen kosten ~* pay one's (own) way; *zij ~ op hun oude roem* they are living on their former glory; *zie ook* boom & vet

tergen provoke, badger, *(fam)* aggravate, torment; *de hemel ~* fly in the face of Providence; *~d, (ook)* provocative [language]

terging provocation, irritation, etc

tergiversatie tergiversation

terhandneming taking in hand

terhandstelling handing over, delivery

tering 1 *(verbruik)* consumption; *zet de ~ naar de nering* cut your coat according to your cloth; *de ~ niet naar de nering zetten* live beyond one's means; **2** *(ziekte)* consumption (of the lungs), phthisis; *de ~ hebben* be consumptive; *vliegende ~ hebben* be in a galloping (*of:* rapid) consumption; *(attr)* consumptive [cough, patient], hectic [cough, flush, fever]

teringachtig consumptive

teringlijder 1 consumptive; **2** *(min)* rotter

terleengeving loan

terloops I *bw* incidentally, casually, by the way; *het zij ~ opgemerkt* it may be noted in passing; **II** *bn* incidental, casual, passing [remark]; *~e opmerkingen, (ook)* obiter dicta

term term; *zoals de ~ luidt* as the term goes; *uiterste en middelste ~en* extremes and means; *voorgaande en volgende ~en* antecedent and consequent terms; *er zijn geen ~en voor (aanwezig)* there are no grounds for it; *in ~en van* in terms of; *in algemene ~en* in general (broad) terms; *een nota in krachtige ~en* a strongly-worded note; *in de ~en vallen om te* ... be liable to ...; *in de ~en vallen voor* be liable to [military service], be qualified for (qualify for) [a pension], be considered for [promotion]; *hij valt er niet voor in de ~en, (ook)* he does not meet the requirements; *volgens de ~en van de wet* within the meaning of the act; *zie ook* bedekt, geijkt

termiet termite, white ant

termietenheuvel, termietenwoning termitary, termitarium

termijn *(tijdruimte)* term, time; [guarantee] period; *(afbetalings~)* instalment [in monthly instalments]; *een ~ vaststellen* fix a time; ***binnen** de gestelde ~* within the fixed time; ***in** ~en betalen, (geld)* pay by (*of:* in) instalments; *(goederen)* pay for by (*of:* in) instalments; ***op** ~, (algem)* in the long run [there will be chances]; *(goederen)* for future delivery, *(effectenbeurs)* for the account; *op ~ verkopen* sell forward; *op korte ~* at short notice; *op de korte (middellange, lange) ~* in the short (medium, long) term; *lening (krediet) op lange (korte) ~* long- (short-)term loan (credit); *een plan op lange ~* a long-range plan; ***voor** de ~ van* for a term of [five years]

termijnbetaling *zie* afbetaling

termijncontract forward contract

termijnhandel (business in) futures

termijnkoers forward rate

termijnmarkt futures (terminal, *deviezen:* forward) market

termijnzaken futures, forward business; *~ doen* do forward business, speculate in futures

terminaal terminal [disease]

terminal terminal

termineren terminate [a pregnancy]

terminologie terminology, nomenclature

ternauwernood scarcely, hardly, barely, narrowly [the bullet narrowly missed him; he narrowly escaped drowning]; *~ ontkomen* have a narrow escape (*of:* squeak); *zie ook* nauwelijks

terneer down(ward)

terneerdrukken depress

terneergeslagen cast down, dejected, low-spirited; crestfallen; *~ door verdriet* prostrated with grief

terneerslaan 1 strike (*of:* knock) down; **2** *(fig)* cast down, dishearten, depress; *zie voor verdere sam* neer-

terp terp, (artificial) dwelling mound

terpentijn turpentine; *(fam)* turps

terpentijnachtig terebinthine

terpentijnboom turpentine tree, terebinth

terpentijnolie oil of turpentine

terpentine white spirit

terpostbezorging posting [proof, evidence, *(concr)* certificate of posting *bewijs van ~*]

terra 1 *~ firma* terra firma; *~ incognita* terra incognita; **2** terracotta

terracotta terracotta

terrarium terrarium (*mv:* -ria)

terras 1 terrace; **2** *(voor café)* pavement; *op het ~ zitten* sit outside

terrascafé pavement (outside, *(Am)* sidewalk) café

terrascultuur terrace cultivation (culture)

terrasdak stor(e)y roof

terrastafeltje *(voor café)* outside table

terrasvormig: *~ (aangelegd)* terraced [gardens]

terrazzo terrazzo

terrazzowerk terrace paving

terrein ground [football ground, sports ground], [soccer, hockey] pitch; *(vh landschap)* terrain; *(mil)* terrain, ground; *(stuk grond)* plot (of ground); *(bouw~, opgravings~)* (building, excavation) site; *(fig)* ground, province, field [work in this field; *zie ook* bestrijken], department, sphere; *afgesloten ~* enclosure; *eigen ~, (sp)* home ground; *(op bordje)* private; *zie ook de voorbeelden beneden; oneffen ~* uneven (broken) ground; *dankbaar ~ voor* happy hunting ground of [pickpockets]; *het ~ verkennen* reconnoitre; *(fig ook)* see how the land lies, spy out the land, feel one's way; *~ winnen* gain (make) ground, make headway; *~ verliezen* lose (give) ground; ***binnen (buiten)** het ~, (school, mil)* within (out of) bounds; *iem **op** zijn eigen ~ ontmoeten (aanpakken)* meet (tackle) a p. on his own ground; *hij is daar niet op zijn eigen ~* he is not at home in that subject; *op gevaarlijk ~ zijn (komen)* be (get) on dangerous (delicate) ground, be in (get into) deep water(s); *op bekend ~, (ook fig)* on familiar ground; *zijn rede bewoog zich **over** een heel ~* his ... covered a great deal of ground; *meester **van** het ~, (fig)* master of the situation

terreinfiets mountain bike, all-terrain bike, ATB

terreingesteldheid 1 configuration of the ground; **2** terrain conditions; *(sp)* condition of the pitch (the ground)

terreinkaart topographical map

terreinknecht *(sp)* groundsman

terreinplooi dip (*of:* fold) of the ground

terreinracen off-roading, off-road racing

terreinrit cross-country (ride)

terreintekening topographical sketch

terreinverheffing *(hoog en laag)* surface relief

terreinverlies loss of ground

terreinvoertuig cross-country vehicle

terreinwaarde site value

terreinwagen *zie* terreinvoertuig

terreinwedstrijd *(motor-, wielersp)* cross-country race

terreinwinst territorial gain; *~ boeken* gain (make) ground

terreur (reign of) terror

terreuractie terrorist attack

terriër terrier

terrine tureen

territoir territory

territoriaal territorial [sovereignty, waters]

territorium territory

terrorisatie terrorization, intimidation

terroriseren terrorize, intimidate

terrorisme terrorism

terrorist terrorist, gunman

terroristisch terroristic, terrorist [attack, disorders, group, party]

tersluik(s) stealthily, furtively, on the sly, clandestinely; *iem ~ aankijken, (ook)* steal a look (a glance) at

a p., look at a p. out of the corner of one's eye
terstond at once, directly, immediately, forthwith, there and then, then and there, straightaway
tertia *(r-k)* terce, tierce
tertiair tertiary [education]; Tertiary [period]; *~e sector* tertiary (*of:* service) industries; *het T~* the Tertiary
tertio thirdly
terts 1 *(muz)* third; *grote, kleine ~* major, minor third; *A grote (kleine) ~* [the scale of] A major (minor); **2** *(kaartsp, schermen)* tierce; **3** *(r-k)* terce, tierce
terug *(weerom)* back [I'll be back (again) at six]; *(achteruit)* [a considerable step] backward(s); *(reactie)* [strike] back, [call, shout, whisper] in return; *(geleden)* ago, back; *drie jaar ~* three years ago (*of:* back); *ik ben zo ~* I shan't be a minute; *hij (enz) kon niet ~, (fig)* there was no turning back [for him, etc], he could not go back on his promise; *een dubbeltje ~* ten cents change; *hebt u van 50 euro ~?* can you change a 50-euro note?; *hij had er niet van ~* he did not know what to say to that; *niet tevreden, geld ~* money refunded (returned, back) if not satisfied [give a money-back guarantee]; *ik moet de twintigste ~ zijn* I am due back on ...; *~ van weggeweest* back again
terugbellen[1] ring (call, get) back
terugbetaalbaar repayable, refundable
terugbetalen pay back, refund, repay, return, reimburse
terugbetaling repayment, [obtain a] refund; withdrawal [of money from a bank]
terugbezorgen restore [a lost dog] to its owners
terugblik retrospect, retrospective view; *een ~ werpen op, zie* terugblikken
terugblikken look back [*op* (up)on, to], cast a glance back [*op* at]; *~ op, (ook)* take a retrospective view of
terugboeken: *een post ~* reverse an entry
terugbrengen bring (take) back, return; *~* ***tot*** bring back to [obedience], restore to [its original condition], reduce to [essentials, a minimum], write down [capital to £30m; each £1 share to 40p]; *~ tot op de helft* reduce to half (*of:* by half); *terug te brengen tot* reducible to; *~* ***van,*** *zie* afbrengen: *~* van
terugdeinzen shrink (start) back; *~ voor* shrink (flinch; *met afschuw:* recoil) from [a task]; *voor niets ~* stick at nothing; *voor niets ~d* ruthless; *hij deinsde niet terug voor moord, (ook)* he did not stop short of murder
terugdenken: *~ aan* recall (to mind, to memory), carry (cast) back one's memory (one's mind) to, think back to [the time when ...]; *zich ~ in* carry o.s. (one's mind) back to [the past]
terugdoen put back, return [compliments, a letter to one's pocket]; *iets ~* do s.t. in return
terugdraaien 1 turn back [the meter], turn [the handle] backwards, put [the clock] back; **2** cancel [a measure], reverse [a decision]
terugdrijven drive back, repel, repulse
terugdringen drive (push) back, repel; force back [tears]
terugeisen reclaim, demand back, demand the return of [one's money]
terugfluiten whistle [the dog] (back); *(sp & fig)* pull back; *(fig, ook)* call to order
terugfokken breed back
teruggaan go (get) back, return, *(lit)* retrace one's steps; *(vd prijzen)* fall, go down, drop; *dat gaat tot de Oudheid terug* that dates (reaches) back to antiquity; *met zijn gedachten ~ naar* cast one's mind back to; *de intrige gaat terug op* the plot goes back to [an old tale]
teruggang going back; *(vd prijzen)* fall, decline; *(verval)* decay
teruggave restoration, return, restitution, retrocession [of territory], [tax] refund
teruggetrokken retiring, of a retiring disposition; *~ zijn, (ook, fam)* keep o.s. to o.s.; *~ leven* lead a retired life
teruggeven give back [give me back the letter (the letter back)], return [a present], restore [stolen property], retrocede [territory]; *geld ~* refund money; *(bij betaling)* give change [he gave her 15p (in) change]; *iem te weinig (geld) ~* short-change a p.
teruggrijpen revert, hark back (*op* to)
teruggroeten return a greeting, return (acknowledge) a salute (salutation, a p.'s bow)
terughalen fetch (bring) back; *(wegens fabrieksfout)* recall; *(wegens afbetalingsschuld)* repossess [the TV]
terughebben: *ik heb het terug* I've got it back; *ik wil het ~* I want it back; *niet ~* have no change [out of a pound]; *zie ook* terug
terughouden keep (hold) back, retain, detain; *niets voor iem ~* keep nothing back from a p.; *zijn hand ~* stay one's hand; *zie ook* achterhouden, weerhouden
terughoudend reserved, reticent, aloof, *(fam)* buttoned-up
terughoudendheid reserve(dness), aloofness, caution
terughouding 1 reserve, restraint; **2** retention
terugkaatsen I *tr* strike back [a ball]; throw back, reflect [light, sound, an image], (re-)echo [sounds]; **II** *intr* be reflected; *(v geluid)* (re-)echo, reverberate; *(ve bal)* rebound
terugkaatsing reflection, reverberation, echo(ing); *vgl* terugkaatsen; *hoek van ~* angle of reflection
terugkeer return [home, from China, to democracy]; re-entry [into the atmosphere]; *(tot vroegere positie, enz, ook)* comeback
terugkeren 1 return (*in, naar, tot* to); *naar huis ~* return home; *~ in, (ook)* re-enter [the atmosphere]; *~ tot, (ook)* revert to [the use of oil, the old state of

---

1 vgl voor sam met *terug-* evt ook *terug*

things, etc]; *telkens ~d* recurrent [pains]; *zie ook* terugkomen; **2** *(omkeren)* turn (back); *(ve schip, wegens storm, enz)* put back; *op zijn schreden ~* retrace one's steps

terugkijken look back; *zie* terugblikken

terugkomen return, come back *(ook sp)*; *(voor bezoek, ook)* call again; *(inz v ziekte)* recur; *~ **op** het onderwerp* return (come back, get back, *(veel later)* hark back, revert) to the subject; *zie ook ~* van; *altijd weer op het onderwerp ~* keep harping on (hammering away at) the subject; *~ op een beslissing* reconsider a decision; *~ **van*** go back on (*of:* from) [one's promise, decision], change [one's decision]; *van zijn ontslagaanvraag ~* withdraw one's resignation; *van dat denkbeeld is men algemeen teruggekomen* that is an exploded notion

terugkomst return

terugkoop repurchase; *(inlossing)* redemption

terugkoopwaarde surrender value

terugkopen buy back, repurchase; *(bij verkoping)* buy in; *(inlossen)* redeem

terugkoppelen feed back [information], produce (give) feedback

terugkoppeling *(techn)* reaction (coupling), back coupling, *(ook fig)* feedback

terugkrabbelen back out (of it), cry off, go back on one's promise (one's word), backtrack

terugkrijgen get back, recover [one's health], regain [confidence]; *twintig cent ~* receive 20 cents (in) change

terugkunnen *zie* terug

teruglezen read back

terugloop 1 *(ve kanon)* recoil; *(v water)* backwash; **2** *(achteruitgang)* decline, falling-off, recession

teruglopen 1 run (walk) back; *(v water)* run (*of:* flow) back, recede; **2** *(ve kanon)* recoil; **3** *(v aantallen, prijzen, uitvoer)* decline, fall, drop; *(vd barometer)* fall

terugmelden report back

terugnemen take back [*ook:* words, a promise], retract, revoke [a promise]; withdraw [a film, play, proposal]; *gas ~* throttle down; *een wetsontwerp ~* withdraw (drop, abandon) a bill; *zijn woorden ~, (ook)* eat one's words

terugpakken 1 take back; **2** retaliate on; **3** *(sp)* catch up with [a rival], overtake again

terugplaatsen put (place) back; replace [the receiver]

terugploegen divert, siphon (off) [money to other uses]

terugreis return journey (voyage, trip), journey (voyage) back; *vgl* reis & *zie* thuisreis

terugreizen travel back [*ook:* in time], return

terugrit drive (ride) back (*of:* home)

terugroepen call back, call [the hounds] off; recall [an ambassador, an actor]; *in het geheugen ~* recall (to memory, to mind); *in het leven ~* recall to life

terugroeping recall; *brieven van ~* letters of recall

terugschakelen switch back, *(auto)* change (*Am:* shift) down (gear); *(fig)* gear down

terugschrijven write back (*of:* in reply)

terugschrikken start back, recoil; *~ voor* shrink (shy) away from, *(fam)* funk [a task, it], boggle (jib, balk) at [the price]; *zie ook* terugdeinzen

terugschroeven slacken [a screw]; *(fig) zie* terugdraaien

terugslaan I *intr* hit (strike) back, return a blow; *(ve motor)* backfire; *~ op* relate back to; **II** *tr* strike back, return [a ball]; beat back, repulse, repel, beat off [an enemy]

terugslag 1 recoil, repercussion; **2** *(bij roeien)* backstroke; **3** *(ve motor)* backfire, back-kick; **4** *(fig)* reaction, revulsion (of feeling), repercussion; *(plantk)* atavism

terugsluizen channel (pump) back; recycle

terugspeelbal backpass

terugspelen *(sp)* pass back

terugspoelen *(band, film, enz)* rewind

terugspringen 1 spring (start, leap) back, *(v afschuw, enz, ook)* recoil; **2** *(ve veer)* fly back; *(terugstuiten)* rebound, recoil; **3** *(fig)* recoil [his accusations recoil on his own head]; **4** *(ve muur)* recede

terugsprong rebound, recoil

terugstoot 1 rebound, recoil; **2** recoil [of a gun], kick [of a rifle]

terugstoten 1 push back; **2** *(ve vuurwapen)* recoil, kick; **3** *(fig)* repel

terugstuiten rebound, recoil, bounce back

terugsturen send back, return [to sender]; turn away [latecomers]; turn back [illegal immigrants]

terugtocht 1 retreat; *zie ook* aftocht; **2** *zie* terugreis

terugtrappen 1 kick back; **2** *(op fiets)* back-pedal

terugtraprem coaster brake, (back-)pedal brake

terugtreden 1 step back; **2** *(fig)* step down; retire [*uit de politiek* from politics]

terugtrekken I *tr* **1** pull (draw) back, withdraw; *(klauwen, bijv)* retract; *zich snel ~* beat a hasty retreat; **2** *(fig)* retract [a promise]; ***zich** ~* retreat, *(uit zaken, enz)* retire [from business, from political life]; *(bij examen)* withdraw [from an examination]; *(uit onderneming)* cry off, back out (of it); *(bij verkiezing, enz)* retire, stand down [the Labour candidate stood down in favour of the Liberal], *(bij wedstrijd)* scratch; *zich in zichzelf ~* draw back (*of:* shrink) into o.s.; **II** *intr* retreat, fall back [the enemy had to fall back; fall back on a former position]; *de vijand trekt terug, (ook)* the enemy are in retreat

terugtrekking retirement, withdrawal; *(v klauwen, enz)* retraction; *(ve belofte, enz)* retrac(ta)tion; *vgl* terugtrekken

terugval backsliding [into sin]

terugvallen fall back, drop back [into one's seat]; *(weer vervallen)* backslide [into crime]; relapse [into old habits]; *~ op* fall back (up)on, look to [dad for support]

---

vgl voor sam met *terug-* evt ook *terug*

terugvaren sail back, return, put back [to port]
terugvechten fight back
terugverdienen recover [one's costs]; recoup [losses]
terugverlangen I *tr* want (wish) back; II *intr:* ~ *naar* long to see back (to go back to), long for
terugverplaatsen: *zich in zijn gedachten ~ naar de 13e eeuw* carry o.s. back in one's mind (transport o.s. in imagination) to the ...
terugvertalen retranslate, put back [into Dutch]
terugverwijzen refer back
terugvinden find again, recover; *die vergelijking vindt men bij die schrijver terug* this ... is also found (*telkens:* keeps cropping up) in that author; *ik vond in haar mijn moeder terug* I recognized traits of ... in her
terugvloeien flow back, recede; *in de schatkist* ~ find its way back to the treasury
terugvoeren carry back [it carries us back to the year 1800], trace back [one's descent to the Norman Conquest]
terugvorderbaar recoverable, repayable
terugvorderen claim (demand) back, reclaim [one's money]; *(bij bank)* withdraw, draw out, call in [money]
terugvordering *(bij bank)* withdrawal
terugvragen ask back, ask [a p.] for [s.t.] back; *zie verder* terugvorderen
terugwedstrijd return match
terugweg way back; *op de* ~, *(ook)* on one's homeward way; *de ~ is afgesneden* there is no turning back
terugwensen want (wish) back
terugwerken react [*op* (up)on]; *~de kracht* retrospective (retroactive) effect; *... heeft ~de kracht, (ook)* [this act] is retrospective; [the scale of pay] is backdated to October 1st; *~de kracht geven, (ook)* make retrospective; *met ~de kracht, (ook)* [operate] retrospectively
terugwerking reaction, retroaction
terugwerpen throw back, return [a ball]; *op zichzelf -geworpen worden* be thrown back on one's own resources; *zie ook* terugkaatsen
terugwijken fall back [a pace], retreat, recede [from the view]
terugwijzen 1 refer back [*naar* to]; **2** *(afwijzen)* decline, refuse
terugwijzend *(tlk)* anaphoric
terugwijzing reference back [of the report to the makers]
terugwinnen win back, regain, redeem [one's reputation], recover [metals from waste], recycle [glass from bottles]; *het verlorene ~, (ook)* recoup the loss
terugzakken sink back, drain [into the soil]; drop (fall) back [to the bottom of the league table]
terugzeggen say [s.t.] in return; *(brutaal) iets* ~ answer back, give a back answer (back answers)
terugzenden send back; *zie* terugsturen
terugzetten put back [the clock]; replace [the book on the shelf]; *zie ook* achteruitzetten
terugzien 1 *zie* terugblikken; **2** *(weerzien)* see again; [we shall never] see [the money] back
terwijl I *vw* **1** while, whilst, as [she blushed as she spoke]; *ja zeggen, ~ je weet dat ...* agree, when you know that ...; **2** *(met tegenstellende kracht)* whereas, while; II *bw* meanwhile, in the meantime
terzelfder: ~ *tijd (en plaatse)* at the same time (and place); ~ *plaatse* in the same place
terzet 1 tercet; **2** *(muz)* (vocal) trio, terzetto
terzijde aside; *hij zei het* ~ he said it in an aside; ~ *laten* leave on one side; *ik laat India* ~ I put India on one side; ~ *staan* assist, stand by [a p.], support *(ook een medespeler); ik sta je ~, wat er ook gebeurt* I am behind you, whatever happens; *iem ~ nemen* take (draw) a p. aside (on one side); ~ *leggen* lay on one side; ~ *stellen* place on one side; *de bus werd van ~ aangereden* the bus was caught broadside on; *iets van ~ horen* hear s.t. by a side wind; *iem van ~ aankijken* look at a p. (eye a p.) askance (sideways), look at a p. out of the corner (the tail) of one's eye, give a p. a sidelong glance; *zie ook* scherts
terzijdestelling putting (setting) aside, disregard; *met ~ van* putting aside, heedless of
terzine: *in ~n* in terza rima (terze rime)
test 1 *(toets, proef)* test [case, flight, pilot, track; a dope test]; **2** *(kop)* nob, nut, chump; **3** fire-pan
testament 1 [the Old and the New] Testament; **2** will, last will (and testament); [Mr Baldwin's political] testament; ~ *met euthanasieclausule* living will; *zijn ~ maken* make one's will; *hij kan zijn ~ wel maken* it is all up with him; *bij ~ vermaken* dispose of by will, bequeath [*aan* to]; *iem in zijn ~ bedenken* remember a p. in one's will; *volgens het ~ van zijn vader* under his father's will [he receives ...]; *zonder ~ sterven* die intestate
testamentair testamentary [dispositions *beschikkingen*]
testateur testator
testatrice testatrix
testbeeld[1] test card
testen test
testeren 1 bequeath [*aan* to]; **2** testify
testikel testicle
testimonium testimonial
testis testis, testicle
testosteron testosteron
tetanie tetany
tetanus tetanus, *(fam)* lockjaw
tête-à-tête tête-à-tête *(ook canapé)*
tetra carbon tetrachloride
tetraëder tetrahedron
tetragonaal tetragonal
tetralogie tetralogy
tetrarch tetrarch

---

vgl voor sam met *terug-* evt ook *terug*
1 zie voor sam met *test-* ook *proef-* & *toets-*

tetteren 1 blare; *zie* schetteren; **2** soak; *zie* zuipen
teug draught, pull; *~je* sip; *een ~ uit het glas nemen* have a pull at the glass; *het glas in één ~ leegdrinken* empty (*of:* drain) the glass at a (one) draught; *met lange (volle) ~en drinken* take long (deep) draughts; *met kleine ~jes drinken* sip [one's coffee]
teugel rein, *(met gebit & hoofdstel)* bridle; *de ~* ***afwerpen***, *(fig)* slip the collar, break loose; *niet langer aan de ~* ***gehoorzamen*** get out of hand; *de ~s van het bewind in* ***handen*** *hebben (nemen)* hold (assume *of:* take up) the reins of government; *ze nam dadelijk de ~s in handen, (fig)* she at once took charge (of affairs); *de ~* ***strak*** *houden* keep a tight rein on (*of:* over) a p.; *de ~* ***vieren***, *de* ***vrije*** *~ laten* loosen the reins, give [the horse, a p.] his head, give (free) rein [to one's passions, one's imagination], give [one's imagination] free play (*of:* scope); *zie ook* [2]los 5
teugelen bridle
teugelloos unbridled, unrestrained, ungovernable, uncontrollable
teugen agin, against [I'm agin it]
teunisbloem evening primrose
teut I *zn* chatterbox, bore; **II** *bn* sodden (with drink)
teuten 1 chatter; **2** dawdle, hang about
teutkous 1 chatterbox; **2** slowcoach
Teutoon(s) Teuton(ic)
teveel *zn* surplus, overplus, excess [*aan* of]
tevens *(tegelijk)* [it rings and identifies the caller] at the same time; *(beide)* [he is my friend] as well as [my boss; my boss, and my friend] as well, likewise; *(daarbij, ook nog)* [a cat, and stupid] besides
tevergeefs in vain, vainly, [strive hard, but all] to no end (effect), to no purpose; *je praat ~, (ook)* you are wasting your breath; *maar ~* [I tried to stop,] but it was no use; *vgl* vergeefs
te voorschijn [bring, pull, take, whip] out; *zie* voorschijn
tevoren *(eerder)* [never] before, [she had worked there] previously; *(vooraf)* beforehand, [book seats two days] ahead, [pay] in advance; *nooit ~* never before; *vgl* ooit
tevreden *(v aard)* contented [with one's lot]; *(genoegen met iets nemend, alleen pred)* content; *(voldaan)* satisfied [*over* with]; *ben je daarmee ~?* will that satisfy you?; *(in zijn schik)* well-pleased [*met* with]; *~ zijn over zichzelf* be pleased with o.s., pat o.s. on the back; *sommige lui zijn nooit ~* some people never know when they're well off
tevredenheid contentment, contentedness, content, satisfaction; *reden geven tot ~, (ve bestelling, enz)* give satisfaction, turn out satisfactory; *tot mijn volle ~* to my entire satisfaction; *een boterham met ~* plain bread and butter
tevredenstellen content, satisfy, please; *zich ~ met* content o.s. with
tewaterlating launch(ing); *(uit dok)* floating out
teweegbrengen bring about, bring on [a stroke *(beroerte)* brought on by overwork], effect, work [miracles, changes], induce [a habit of mind], produce [a reaction]; *teweeggebracht* [the damage] wrought [by the storm]
tewerkstellen put to work, employ
tewerkstelling employment
Texel Texel
textiel textile [works]; *(stoffen)* [household] textiles; fabrics; *de ~* the textile industry; *~e werkvormen, (vglb)* textural art(s)
tezamen together, [all the other causes] combined
TGV afk van *train à grande vitesse* TGV, HST (High Speed Train)
t.g.v. afk van **1** *tengevolge van* as a result of, resulting from; **2** *ten gunste van* in favour of; *(fin)* to the credit of; **3** *ter gelegenheid van* on the occasion of
Thai(land) Thai(land)
Thais Thai
thallium thallium
thallus thallus
thanatologie thanatology
thans at present, now(adays); by this time; *vgl* nu
thaumaturg thaumaturge, thaumaturgist
thé: *~ complet, (vglb)* afternoon tea
theater theatre [the local theatre; the play is good theatre], playhouse; *(aanstellerij)* theatrics, show; *vgl* aanstellen: zich ~
theaterbureau theatrical agency
theatercoup stage trick
theatermaker 1 theatrical producer, director; **2** clown, play-actor, poseur
theaterpubliek theatregoers
theaterwetenschap (the) theatre arts, [a course in] drama
theatraal theatrical; *(ong)* stag(e)y; *zonder iets ~s* without one touch of the theatre; *een theatrale houding aannemen* strike an attitude; *~ gedoe* theatricality, theatricalities
Thebaan(s) Theban
Thebe Thebes
thee tea; *dat is andere ~ (dan koffie)* that is another pair of shoes, a totally different matter; *~ drinken* have (take) tea; ***op de*** *~ hebben* have [a friend] to tea; *ze is bij een vriendinnetje op de ~ geweest* she has been to tea with a friend; *zie ook* slap, trekken, zetten, enz
theebeurs tea cosy
theeblaadje, theeblad 1 tea leaf; **2** tea tray
theeboompje bridewort, American meadowsweet
theebuiltje tea bag
theebusje (tea) caddy
theecultuur tea growing
theedoek tea cloth, tea towel
thee-ei tea-ball
theeën take tea
theegerei, theegoed tea things
theegruis broken tea
theehuis tea house

theekist tea chest; *~je* (tea) caddy
theekopje teacup
theelepel(tje) teaspoon; *(hoeveelheid)* teaspoonful
theeleut inveterate tea-drinker
theelicht tealight; *~je, (komfoortje)* tea warmer
theelood lead foil
Theems Thames
theemuts tea cosy
theepauze tea break
theepot teapot
theeproever tea taster
theeroos tea rose
theesalon, theeschenkerij tearoom, teashop
theeschoteltje saucer
theeservies teaset, tea service
theestoof tea warmer
theetafel tea-table *(in beide betek); (op rollen)* tea trolley, *(Am)* tea wagon; *de ~ klaarzetten* set the tea
theetante gossip
theetrommeltje (tea) caddy
theetuin 1 tea plantation, tea estate; **2** tea garden
thee-uur teatime
theevisite tea (party, visit)
theewater tea water; *het ~ opzetten* put the kettle on for tea; *hij is boven zijn ~* he has had a drop too much, is half seas over
theezakje tea bag
theezeefje tea-strainer
theïne theine
theïsme theism
theïst theist
theïstisch theistic (*bw:* -ally)
thema 1 *(onderwerp)* theme, subject; *(hoofdthema)* burden [of a speech]; *op een ~ voortborduren* embroider (on) a theme; **2** *(muz)* theme; **3** *(opgave)* [translation] exercise
themanummer special issue
themapark theme park
thematiek theme(s)
thematisch thematic [catalogue, collection]
theocraat theocrat
theocratie theocracy
theocratisch theocratic (*bw:* -ally)
theodicee theodicy
theodoliet theodolite
theofanie theophany
theogonie theogony
theologant divinity (theology, theological) student
theologie theology; *~ studeren* study divinity
theologisch theological
theologiseren theologize
theoloog 1 theologian, divine; **2** *zie* theologant
theonomie theonomy
theorema theorem, proposition; *zie ook* Pythagoras
theoreticus theorist, theoretician; *(min)* theory-monger
theoretisch I *bn* theoretical; **II** *bw* theoretically, in theory
theoretiseren theorize, speculate
theorie theory; *in ~* in theory
theorievorming framing (development) of a theory (of theories)
theosofie theosophy
theosofisch theosophical
theosoof theosophist
therapeut therapist, therapeutist
therapeutisch therapeutic (*bw:* -ally)
therapie 1 [X-ray, etc] therapy; **2** therapeutics
thermaal thermal
thermiek thermals, updraught
thermiekvliegen thermal soaring
thermiet thermit(e)
thermionisch thermionic
thermisch thermal [energy, insulation, underwear], thermic [lance, rays]
thermistor thermistor
thermo thermo
thermogeen thermogenic; *-gene watten* thermogenic (medicated) wadding
thermohardend thermosetting [plastics]
thermometer thermometer; *droge (natte) ~* dry-(wet-)bulb thermometer
thermometerhut, thermometerkooi thermometer screen (*of:* shelter); *temperatuur in ~* screened temperature
thermometerstand thermometer reading
thermometrisch thermometric(al)
thermonucleair thermonuclear
thermoplast(isch) thermoplastic
thermoscoop thermoscope
thermosfles thermos (flask), vacuum flask
thermoskan thermal [coffee] server, thermos jug
thermostaat thermostat
thermostabiel thermostable
thermostatisch thermostatic [control]
thermotherapie thermotherapy
thesaurie treasury
thesaurier treasurer; bursar [of a college]; *(vglb)* comptroller [of the King's Household]
thesaurier-generaal chief treasurer (and paymaster)
thesaurus thesaurus
these thesis; *(min)* [it's a mere] assertion
thesis *(in beide bet)* thesis (*mv:* -ses)
Thessalië Thessaly
Thessaliër, Thessalisch Thessalian
Thessalonica Thessalonica
thetisch thetic
thigmotropie, thigmotropisme thigmotropism
Thomas: *een ongelovige ~* a doubting Thomas
thomas(slakken)meel basic slag
thomisme Thomism
thomist Thomist
thomistisch Thomist(ic, -ical)
thora Torah
thoracaal thoracic
thorax thorax [surgery]

thorium thorium
Thracië Thrace
Thraciër, Thracisch Thracian
t.h.t. afk van *ten minste houdbaar tot* use by (date), best before
thuis I *bw* at home; *(v richting; ook: weer ~, terug)* home [come, go home; glad to be home again; he has only been home two days; be home to tea]; *(sp: op eigen veld)* at home (Blackburn was at home to Arsenal today ... *speelde thuis*); *net* ~ just in [from school, etc]; *bij ons* ~ at (our) home; *ik zal ze ~ bericht sturen* I'll let my people know; *handjes ~!* hands off!; *wel ~!* get home safely!, safe (happy) journey!; *(met auto)* drive safely!; *niet ~* ***geven*** refuse [all callers]; *(fig)* refuse to answer (react, co-operate, commit o.s.), hold back on s.t.; *hij gaf niet* ~ he kept quiet on that one; *zich niet ~* ***(ge)voelen*** not feel at home, feel out of place, feel out of it; *ik* ***vond*** *hem niet* ~ I didn't find him in; *~* ***zijn*** be at home *(zie ook boven)*; be in; *hij is niet* ~ he is not at home, is out; *hij is nog niet* ~ he is not home yet; *als je hem om geld vraagt, is hij niet* ~ it's a waste of breath asking him for money; *doe (als)of je ~ bent (was)* make yourself at home (*of:* comfortable), *(fam)* be my guest; *hij is hier ~, (fig)* we make no stranger of him here; *die avond is onze hulp* ~ that's our help's night in; *ik ben voor niemand* ~ I am at home (*of:* in) to nobody, out to everybody; *goed ~ zijn* ***in*** *een onderwerp* be at home with (well-read, well up in) ...; *daar is hij niet* ***van*** ~ he won't hear of it; *hij mag niet van* ~ his parents (etc) won't let him; *zie ook* bezorgen, hand, zitten, enz; II *zn* home
thuisbankieren home banking
thuisbasis home base
thuisbezorgen deliver, send round
thuisblijven stay at home, stay in
thuisblijver stay-at-home
thuisbrengen 1 see (take) [a p.] home; **2** place; *ik kan hem (dat geluid, die geur) niet ~, (fig)* I cannot place him (that sound, that smell), don't know what to make of ...; *geluiden zijn dikwijls moeilijk thuis te brengen* sounds are often difficult to locate
thuisbrenger spare tyre for getting home
thuisclub *(sp)* home club; *(elftal, enz)* home team
thuisfluiter home referee
thuisfront 1 home front; **2** those (the people) at home
thuishaven 1 home port, port of registry; **2** home base
thuishonk home base *(ook fig)*
thuishoren belong; *(ve schip)* be registered [at Dover]; *hij hoort hier (daar, te A) thuis* he belongs here (there, to A); *waar hoort hij thuis?* where does he hail from?; *dat (de opmerking, enz) hoort hier niet thuis* that (the remark, etc) does not belong (is out of place) here; *ze hoort in dat milieu niet ~, (ook)* she does not fit into ...; *muskusratten horen hier niet ~* ... are not at home (not native) here
thuishouden keep [a p.] in (*of:* at home); *zie ook* hand
thuishulp home help; home care
thuiskomen come (get) home; *je moet ~* you're wanted at home; *zie ook* kermis
thuiskomer *zie* thuisbrenger
thuiskomst homecoming [what a homecoming!], return (home), arrival (coming) home
thuiskrijgen get home; *zie ook* trek
thuislading homeward cargo
thuisland *(Z-Afr, hist)* homeland
thuisliggen 1 stay, *(fam)* hang out; **2** lie ill at home
thuisloze homeless person, derelict, down-and-out
thuismoeder childminder
thuisreis homeward journey; voyage home, home(ward) voyage; *vgl* reis; *op de ~, (ook)* homeward bound, inward bound
thuisvlucht homeward flight; *vgl* thuisreis
thuisvracht homeward freight
thuiswedstrijd home match (game)
thuiswerker home worker, outworker
thuiszittend, thuiszitter stay-at-home
thuiszorg home care
thuja thuja, thuya, arbor vitae
Thuringen Thuringia
Thuringer, Thurings Thuringian
thymusklier thymus (gland)
thyrsus thyrsus (*mv:* thyrsi)
TIA afk van *transient ischaemic attack* TIA
tiara tiara
Tiber Tiber
Tiberias Tiberias
Tibetaan(s) Tibetan
tic 1 tic; *~ (douloureux)* tic, facial (trigeminal) neuralgia; *(fig ook)* trick, mannerism; **2** *(drank)* dash [of gin, etc]; *tonic met (een) ~, (ook)* tonic laced with [gin, etc]
tichel 1 (floor) tile; **2** brick
tichelaarde brick-clay
ticheloven brick-, tile-kiln
tichelsteen *zie* tichel
tichelwerk 1 brick-, tilework; **2** brick-, tile-works
tien ten; *een* ~ ten [for French]; *het is ~ tegen één* it is ten to one [*dat ze de dag niet haalt* against her living through the night]; *een ~* ***met*** *een griffel (en een zoen van de juffrouw)* first class; *ze waren met hun ~en* there were ten of them; *zie verder* met I.1, of 1, stuk I.2 & tiental, tientje, tel, tellen & zetten
tiend tithe
tiendaags of ten days, ten days' [journey]
tiende I *telw* tenth; *ten* ~ tenth(ly); II *zn* **1** tenth; *twee ~(n)* two tenths; **2** *(pacht)* tithe
tiendelig consisting of ten parts (volumes, pieces, etc), ten-part (volume, piece, etc); *(breuk, stelsel)* decimal [fraction, system]
tiendubbel tenfold
tienduizend ten thousand; *~en* tens of thousands; *vgl* tienduizendtal
tienduizendste ten thousandth
tienduizendtal: *een ~* some ten thousand [visitors];

~len tens of thousands; [the fifth place before the decimal point is that of the] ten-thousands
tiener teenager; *(Am ook)* teener; *(in sam vaak)* teenage [fashions]
tienerjaren teens
tienfrankstuk ten-franc piece
tienhelmig *(plantk)* decandrous
tienhoek decagon
tienhoekig decagonal
tienjaarlijks decennial [census *volkstelling*]
tienjarig ten-year (old), *vgl* jarig; *(ook)* decennial [period]
tienkamp decathlon
tienlettergrepig decasyllabic; *~ woord* decasyllable
tienmaal ten times
tienman(schap) decemvir(ate)
tienregelig of ten lines, ten-line [stanza]
tienrittenkaart ticket valid for ten journeys
tiental ten, decade; *een ~ dagen* (nine or) ten days; *een ~ jaren* a decade; *eenheden, ~len, enz* units, tens, etc; *~len keren (paarden, enz), (vglb)* dozens of times (of horses, etc); *vgl* [2]bij I.6
tientallig 1 decimal; **2** *(v bloemen)* decamerous; *~ stelsel, a)* decimal system; *b) (schrijfwijze)* decimal numeration (notation); *c) (schaal)* scale of ten, denary scale; [the problem should be worked out in] base ten; *overgang naar het ~ stelsel* decimalization
tientje 1 ten-euro note (piece); **2** *(r-k)* decade; **3** tenth (part) (of a lottery ticket)
tienvingerig ten-fingered
tienvlak decahedron
tienvlakkig decahedral
tienvoud decuple
tienvoudig tenfold, [pay for it] ten times over
tienzijdig decahedral
tier growth; *er zit geen ~ in* it (he) does not thrive, is not doing well
tiërceren reduce to one third, reduce by two thirds
tiërcering reduction to one third
tierelantijn 1 *(krul)* curlicue, scroll, flourish; **2** *(beuzelarij)* trifle, bauble; **3** *(aan kleren, vooral mv)* fallal; **4** *(muz)* t(w)iddley bit, flourish
tierelieren warble, twitter
tieren 1 *(welig groeien)* thrive, get on (*of:* do) well; *(fig)* flourish [professionalism in football is flourishing]; *(ong, v omkoperij, enz)* be rife, be rampant; *zie ook* aarden; **2** *(razen)* rage, storm, rant, bawl
tieretein *(hist)* linsey-woolsey
tierig thriving, lively
tiet 1 tit, boob, knocker; **2** chicken; *lopen als een ~* run like blazes
tig *(fam)* umpteen; *(erg veel)* zillion
Tiger, Tigris Tigris
tigste umpteenth
tij [high, low, neap] tide; *het ~ niet kunnen keren* be unable to stem the tide; *met het ~ meegaan* drop down with the tide; *het ~ verloopt* the tide goes out; *het ~ laten verlopen, (fig)* let the opportunity slip by; *zie ook* getijde
tijd time; *(periode)* period, season; *~je* time, (little) while; *een ~je regenachtig (droog) weer* a wet (dry) spell; *een ~je geleden* some time ago, lately; *over een ~je* in a little while; *voor een ~je* for a while (a bit, a little); *(gramm)* tense; *~!* time!; *het zal nog wel een ~je **duren** voor hij komt* he will still be some time coming; *ik **geef** u tien minuten de ~* I give you ten minutes; *hij gaf zich de ~ niet om na te denken* he did not give himself time to think; *de ~ is **geweest** dat ik dat kon* time was when ...; *ik **heb** geen ~* I have no time; *ik heb de ~ niet om ...* I have no time (haven't (got) the time) to ...; *weinig ~ hebben, (ook)* be (hard) pressed for time; *ik heb de ~ aan mijzelf* my time is my own; *het heeft de ~* there is no (particular) hurry, it can wait; *ik heb er de ~ niet voor* I cannot afford (I can't find) the time; *hij had de ~ (wel)* he could afford the time; *ik heb nog een week de ~* I have still a week in hand; *alles heeft zijn ~* there is a time for everything, everything has its time; *dat (hij) heeft zijn (beste) ~ gehad* it (he) has had its (his) day (he is past his best, is a has-been); *het heeft de langste ~ geduurd* it will not last much longer; *als je maar ~ van leven hebt* if only you live long enough; *ik had een heerlijke ~* I had the time of my life (a high old time); *hij had ~ over* he found himself with time on his hands; *heb je de juiste ~?* have you got the right time (on you)?; *~ **kosten*** take time; *de ~ was goed **gekozen*** the timing was good; *de ~ zal het **leren*** time will show (*of:* tell); *~ **maken*** [if you've got no time, you ought to] make time; *een ~ van 15 seconden maken, (fam)* clock (up) 15 seconds; ***neem de ~** ervoor* take your time (over it); *het neemt zoveel ~* it takes (up) so much time; *je neemt er te veel ~ voor* you take too long over it; *hij **vond** ~ om ...* he found time to ...; *de ~ **vergeten*** lose all count of time; *~ **winnen*** gain time; *~ zien te winnen* temporize, try to gain time, play for time; *~ gewonnen, al gewonnen* he who gains time gains everything; *er **was een** ~ dat ...* there was a time when ...; *er was een ~ dat ik het niet kon verdragen, (ook)* at one time I could not stand it; *het **wordt** onze ~* it is time for us to go; *het wordt ~* it is about time [to go, etc]; *wel, het wordt ~ ook, (dat iets gebeurt)* it's about time, too; *(de beste prestatie) **aller** ~en* (the best performance) of all time, (the) all-time (best); *ik heb hier een **eeuwige** ~ gestaan* I've stood here for ages; *de **goede** oude ~* the good old days; *~ is **geld*** time is money; *een ~ **geleden*** some time ago; ***haar** ~ (v bevalling) nadert* she is near her time; *de (ge) **hele** ~ (door)* all the time, the whole time [he kept smiling] throughout; *een hele ~* [she talked] for quite a time; *dat is een hele ~* that is quite a long time; *het is **hoog** ~* it is high time; *het is (hoog) ~ dat we gaan (dat er iets gedaan wordt)* it is (high) time we went (something was done); *dat **is** de ~ om ...* it is the time of all times to ...; *nu is het de ~ om ...* now is the time to ...; *nu is het je ~, (het geschikte ogenblik)* now is your

time; *de ~ is de beste medicijn* time is the great consoler; *het is (niet) de ~ van het* ***jaar*** *voor kersen* cherries are in (out of) season, it is (not) the season for cherries; *wij beleven een* ***kwade*** *~* we have fallen on evil days; *de* ***laatste*** *~* of late, lately; *zie* laatst; ***lieve*** *~!* dear me!; *de ~ is* ***om****, het is ~* time is up; *komt ~ komt* ***raad*** with time comes counsel; *andere* ***tijden****, andere zeden* different times, different manners; *de ~en zijn veranderd* times have changed; *de ~en zijn slecht* (the) times are bad; ***aan*** *~ gebonden zijn* be tied to time; ***bij*** *de tijd* up-to-date, *(fam)* right-on, with it; *volstrekt bij de ~* up to the minute; *bij ~en* at times, at intervals; *bij ~ en wijle, a)* now and then; *b) (vero)* in due time, in course of time; ***binnen*** *die ~* within that time; *binnen de ~ van, zie ben:* in de ~ van; ***gedurende*** *lange ~* for a long time; *hij zal hier* ***in*** *de eerste ~ niet zijn* he ... for some time to come, for some time ahead; *in een gegeven ~* in a given space of time; *in deze ~* in these times [economy is necessary], [you're lucky to get a house] these days; *in deze ~ (van het jaar)* at this time of year; *in (minder dan) geen ~* [the rumour spread] in (less than) no time; *in geen ~en* [I have] not [seen you] for ages (*fam:* for yonks); *in ~ van nood* in time of need; *in ~ van oorlog (vrede)* in times of war (peace); *in de ~ van een jaar* within a year; *in mijn jonge ~* in my young days; *in vroeger ~(en)* in former times; *in mijn ~* [I was a good horseman] in my time (*of:* day); *in oude ~en* in the old days, of old; *in de goede oude ~* in the good old days; *in een enkel jaar ~(s)* in the space of a single year; ***met*** *de ~* [her affection increased] as time went on; *dat zal met de ~ wel beter worden* it will improve with time; *zie ook* meegaan; ***na*** *korte ~* presently; *na korter of langer ~* sooner or later; *morgen* ***om*** *deze ~* this time tomorrow; ***omstreeks*** *die ~* about that time; ***op*** *~* in time, *(stipt op ~)* (dead) on time; *mooi op ~* [come home] in good time; *precies op ~* just in time, [go home, the train arrived] exactly on time, [have meals] ready to time, [he came] just in time [to prevent ...]; *de treinen komen precies op ~ aan (lopen precies op ~)* the ... arrive (run) to time (to schedule); *juist op ~* just in the nick of time; *alles gaat prompt op ~* everything is timed to the minute; *op ~ kopen, (handel)* buy for forward delivery; *op zijn ~* in due course, in due time; *alles op zijn ~* all in good time, there is a time for everything (for all things); *op de een of andere ~* (at) some time (or other); *op deze ~ van de dag (avond)* at this time of day (night); *op alle ~en (van de dag)* at all hours; *op vaste ~en* at set times; *de trein was* ***over*** *(zijn) ~* the ... was behind time (behind schedule), was overdue; *ik ben over mijn ~* I am behind (my) time; *het is al over de ~* it's past time; *over ~ werken* work overtime; ***te*** *allen ~e* at all times; *te dien ~e* at the (that) time; *te eniger ~* (at) some time (or other), some day; *te gener ~* at no time; *te rechter ~ gedaan* well-timed; *zie ook* juist; *te zijner (rechter, bekwamer) ~* in due time (*of:* course); *terzelfder ~* at the same time; ***tegen*** *die ~* by then, by that time; ***ten*** *~e van* at (in) the time of; *toen* ***ter*** *~(e)* at the time; ***tot*** *~ en wijle dat ..., (vero)* till (at length) ...; *dat is* ***uit*** *de ~* that is out of date (of fashion), old-fashioned; *hij is uit de ~* he is behind the times, a back number, a has-been; *(dood)* he is dead (and gone); *uit de oude ~* old-time [music, etc]; *[een van de beste] uit zijn ~* of his day; ***van*** *deze (die) ~* [the poets] of the time; *problemen van deze ~* current problems; *dat is niet meer van deze ~* that is out of date; *dichters van de nieuwere (van onze) ~* modern (contemporary) poets; *van zijn ~* [the most famous traveller] of his day; *de grootste dichter van alle ~en* the ... of all time; *van ~ tot ~* from time to time, at times, at intervals; *van die ~ af* from that time (forward), ever since (that time); ***vóór*** *de ~* [I am a little] before my time, ahead of time; *hij stierf vóór zijn ~* he died before his time, died prematurely; *vóór die ~* [there was a castle] previously; *voor (gedurende) enige ~* for a (*of:* some) time; *ook maar voor enige ~* [nobody could stand it] for any length of time; *vóór enige ~* some time ago; *voor de ~ van* ... for a period of ..., for the space of [three days]; *voor alle ~en* [the park was declared open] for all time; *koud voor de ~ van het jaar* cold for the time of year, unseasonably cold; *voor lange ~* for a long time; *zie ook* achter, baren, duren, laatst, opnemen, overheen, vrij, zorg, enz

tijdaanwijzing indication of time

tijdaffaires *(effecten)* time bargains; *(inz goederen)* futures, forward contracts

tijdbevrachting time charter

tijdbom time bomb, delayed action bomb

tijdeigen characteristic of its time; contemporary

tijdelijk I *bn* temporary [work, job], interim [ministry], [her guardian] pro tem, *(fam)* stopgap [ministry]; *(wereldlijk)* temporal; *~e arbeidskrachten* casual labour, casuals; *~e leerkracht* supply teacher; *~ ontslaan* lay off, stand off; *~ personeel* temporary staff, *(fam, inz kantoor)* temps; *~e en eeuwige zaken* things temporal and eternal; *het ~e zegenen, met het eeuwige verwisselen* depart this life, be gathered (un)to one's fathers; II *bw* temporarily, for the time being

tijdeloos timeless

tijdens during, at (in) the time of; *zie* gedurende

tijdgebonden time-bound

tijdgebrek want of time

tijdgeest spirit of the age (time, times)

tijdgenoot contemporary

tijdig I *bn* timely, seasonable; II *bw* in (good) time, betimes; [pay] on time

tijdigheid timeliness, etc

tijding *(ook: ~en)* news, tidings, intelligence; *geen ~, goede ~* no news is good news; *een goede ~* a piece of good news; *zie ook* bericht

tijdingzaal newsroom

tijdklok 1 (electronic) timer; 2 time(-stamp) clock

tijdkorting *zie* tijdverdrijf
tijdkring period
tijdlang: *een* ~ for a while (time, space), for some time
tijdloon time rates, time wages
tijdloonwerker time-rate worker
tijdloos timeless
tijdmaat time, tempo
tijdmelding *(telef)* speaking clock (service), *(Br)* Timeline
tijdmeter chronometer
tijdmeting time measurement; timing, timekeeping
tijdnood lack (shortage) of time; *(sp)* time pressure (trouble); *in ~ komen, zitten* be pressed for time
tijdopname **1** timing, timekeeping; **2** *(fot)* time exposure
tijdopnemer timekeeper
tijdpad time scheme, schedule
tijdpassering *zie* tijdverdrijf
tijdperk period, era, epoch
tijdpunt point of time
tijdregister chronological table
tijdrekening chronology; [Christian, etc] era; [Julian, Gregorian] calendar
tijdrekenkunde chronology
tijdrekenkundig chronological
tijdrekken play(ing) for time; time-wasting
tijdrijder *(sp)* time trialist
tijdrit *(sp)* time trial
tijdrovend time-consuming; *het is erg* ~ it takes up a great deal (a lot) of time
tijdruimte space of time, period
tijdsbeeld portrait of an era
tijdsbepaling **1** computation of (the) time; **2** *(gramm)* adjunct of time
tijdsbesparing saving of time, time-saving; *ter* ~ in order to save time
tijdsbestek space (length) of time
tijdschaal timescale
tijdschakelaar time switch
tijdschema time scheme, schedule; *op het ~ ten achter* behind schedule
tijdschrift journal, periodical, magazine
tijdsdruk pressure of time
tijdsein time signal
tijdsgewricht epoch; *in dit* ~ at this juncture
tijdslimiet deadline, time limit
tijdslot time lock
tijdsluiter *(fot)* delayed-action shutter
tijdsomstandigheid circumstance; *in de tegenwoordige -omstandigheden* in the present circumstances, in the present condition (*of:* state) of affairs
tijdsorde chronological order; *eerste in* ~ first in point of time
tijdsoverschrijding: *E verloor door ~, (sp)* E lost on time
tijdsruimte, tijdsspanne space of time, (time)span
tijdstempelautomaat time clock
tijdstip point of (in) time; *tot dat* ~ up till then
tijdsverloop course (process) of time; *een ~ van* a lapse of [twenty years]
tijdsverschijnsel sign of the times
tijdsverschil time difference, difference in time
tijdtafel chronological table, date list, table of dates
tijdvak period
tijdverdrijf pastime; *voor* ~ as a (by way of) pastime
tijdverlet, tijdverlies loss of time; *wegens ~, (ook)* for broken time
tijdvers chronogram
tijdverslindend time-devouring
tijdverspilling waste of time
tijdvorm *(gramm)* tense form
tijdwaarnemer timekeeper
tijdwinst gain of time
tijdzone time zone
tijgen *(vero & iron)* go, proceed; *aan het werk* ~ set to work; *op weg* ~ set out [*naar* for]
tijger [paper] tiger
tijgerachtig tiger-like, tigerish
tijgeren speckle, spot, stripe
tijgerhaai tiger shark
tijgerin tigress
tijgerkat tiger-cat
tijgerlelie tiger lily
tijgeroog *(steen)* tiger('s)-eye
tijgerpaard tiger-spotted horse; *(soort zebra)* dauw
tijgerslang rock snake
tijgerspin jumping spider
tijgerwolf tiger wolf, spotted hyena
tijhaven tidal harbour (*of:* basin)
tijk **1** tick; [mattress] cover; **2** *(stof)* ticking
Tijl Tyll; ~ *Uilenspiegel* Tyll Owlglass
tijloos jonquil; *gele* ~ daffodil; *zie ook* herfsttijloos
tijm thyme
tijrivier, enz *zie* getijderivier, enz
tik **1** touch, pat; *(op deur)* tap, rap; *(slag)* flick; *~ op de vingers* [give a p.] a rap on (over) the knuckles; *~ om de oren* box on the ears; *het paard een ~ geven* flick the horse [with the whip]; *zie ook* molen & tikje; **2** *(drank) zie* tic
tikfout typing error, literal (error), typo
tikje *zie* tik; *(fig)* touch [he has a touch of genius, answer with a touch of pride, there had been a touch of frost]; dash [a dash of auburn in her hair], hint [there was a hint of emotion in his voice], trace, shade [I put her down as a shade over thirty]; *een ~ langer* a thought longer (taller); *['neen', zei ik,] een ~ geraakt* with a touch of temper; *met een ~ vreemd accent* with a trace of a foreign accent; *een ~ verdacht* slightly (a bit) suspicious
tikjuffrouw (woman) typist
tikkeltje *zie* tikje
tikken **I** *ww* **1** *(ve klok, enz, ook v houtworm)* tick; *(ve camera, breinaalden, enz)* click; *(aan raam, enz)* tap [at the window], rap [on the door]; *~ met* tap [a pencil against one's teeth]; *iem op de schouder* ~ tap

a p. on the shoulder; *iem op de vingers ~, (ook fig)* rap a p.'s knuckles, rap a p. over the knuckles; *de as van zijn sigaar ~* flick the ash from one's cigar; *de klok tikte de seconden* the … ticked out the seconds; *zoals het klokje thuis tikt, tikt het nergens* there is no place like home; **2** tap; *de bal over (de lat) ~* tip the ball over (the crossbar); *(bij tikkertje, enz)* touch [I touched you first]; *(typen)* type(write) [the letter was typewritten]; *ze was aan het ~, (ook)* she was tapping (away) at the typewriter; *getikt schrift* typescript; *zie ook* getikt; II *zn* tick(ing); click(ing); rapping, tapping; *zie* getik

tikker ticker *(ook: horloge); (beurstelegraaf)* (stock-)ticker; *(typist)* typist, keyboarder

tikkertje 1 [play] tag; **2** *(insect)* death-watch (beetle); **3** *(hart, horloge)* ticker

tikster (woman) typist, keyboarder

tiktak 1 *(ve klok)* tick-tack, tick-tock; **2** *(sp: triktrak)* backgammon; **3** *zie* rikketik

tik-tak-tol [play (at)] noughts and crosses, *(Am)* tick-tack-toe

tikwerk typing

til 1 *(het tillen)* lift; *er is wat op ~* there is s.t. in the wind; *zie ook* komst: op ~; **2** (draw)bridge; **3** dovecote; *zie* duivenhok

tilbaar movable; *-bare have, (jur)* movables

tilbury gig; tilbury

tilde tilde *(ook: slangetje)*

tillen 1 lift, heave, raise; *ergens (niet) zwaar aan ~* make heavy weather of (not be greatly worried about) s.t.; *zie ook* paard; **2** *(sl)* swindle; *vgl* oplichten 3

tilt: *op ~ slaan, springen, staan, (fig)* burst with anger; *(v apparatuur)* go haywire

timbaal 1 timbale; **2** *(muz)* timbal

timbre timbre

timide timid, bashful, shy

timiditeit timidity, bashfulness, diffidence

timmerbaas master carpenter

timmeren I *intr* carpenter, do carpenter's work (carpentry); *goed kunnen ~* be a good hand at carpentry; *hij timmert niet* **hoog** he is not overburdened with brains, will not set the Thames on fire; *altijd* **op** *iets ~, (fig)* keep harping on (hammering away at) s.t.; *erop ~* hit out freely, lay about one; *hij timmert graag aan de* **weg** he is fond of the limelight; II *tr* build, construct; *(gauw) in elkaar ~* knock up, knock together, carpenter (together)

timmergereedschap carpenter's tools

timmerhout timber; *ruw bekapt ~* lumber; *zie ook* hout

timmerkist carpenter's tool chest

timmerman carpenter

timmermansbaas master carpenter

timmermansoog: *een ~ hebben* have an unerring eye for measurements

timmerwerk carpenter's work, [a fine piece of] carpentry, carpentering

timotheegras timothy (grass)

Timotheus Timothy

timp 1 tip, top; **2** *(in spel)* tipcat; **3** *(broodje)* (pointed) roll

timpaan 1 *(bk)* tympan(um); **2** *(typ)* tympan

tin tin [mine, ore]; *(legering van tin, lood, enz)* pewter

tinctuur tincture, solvent

tinfo(e)lie tinfoil

tingel lath, batten

tingelen 1 tinkle, jingle; **2** lath

tingeling(eling) ting-a-ling(-ling)

tingeltangel (low-class) café, dive

tinhoudend tin-bearing [gravel], stanniferous

tinkelen tinkle

tinken chink, clink

tinmerk pewtermark

tinne battlement, crenel(le), pinnacle

tinnef rubbish, scum, *(inz Am)* trash

tinnegieter tinsmith, pewterer; *politieke ~* political dabbler

tinnegieterij pewterer's trade (*of:* workshop); *politieke ~* political dabbling

tinnegoed *zie* tinwerk

tinnen *bn* pewter [tankard], tin [soldiers]; *~ voorwerpen, zie* tinwerk

tinpest tin plague, tin disease

tinsoldeer soft solder

tinsteen cassiterite, tinstone

tint 1 tint, tinge, hue, shade, tone; *~je* tinge (*ook fig:* a tinge of liberalism), [it has a distinct Australian] flavour, dash [a dash of romance]; **2** *(wijn)* tent (wine)

tintelen 1 *(v sterren, enz)* twinkle, scintillate; *(v ogen)* twinkle, dance; *(v wijn)* sparkle; *(v geest)* sparkle, bubble over, coruscate [with wit]; **2** *(v kou)* tingle [with cold]; *(v oren)* burn

tinteling twinkling, etc; *vgl* tintelen

tintelogen 1 *zie* knipogen; **2** *zij tinteloogde, (v plezier, enz)* her eyes twinkled (danced)

tinten tinge, tint; *getint papier* toned (*of:* tinted) paper; *bril met getinte glazen* tinted glasses; *politiek getint* politically slanted [novel]; *radicaal getint* tinged with radicalism

Tinus: *slappe ~* weed, spineless fellow

tinwerk tinware, pewter ware

tip 1 *(punt)* tip; *(ve zakdoek, sluier, enz, ook: ~je)* corner [lift a corner of the veil]; **2** *(inlichting)* tip, tip(-off); *een ~ geven* tip off [the police], tip [a p.] the wink; **3** *(fooi)* tip

tipgeld (tip-off) reward

tipgever informant, *(meestal ong)* informer, *(toto, enz)* tipster

tipi tepee, wigwam

tippel toddle; *het is een hele ~* it's a long tramp (a goodish stretch); *op de ~* on the trot (*of:* trudge)

tippelaarster streetwalker

tippelen toddle, trot, tramp; *(ve hoer)* walk the streets

tippelzone streetwalkers' district
tippen **1** clip [a bird's wings], trim [the hair]; **2** *(inlichten)* tip (off); **3** *daar kun je niet aan ~* you cannot touch that
tiptoets touch control
tiptop tiptop, A 1, top-hole, top-notch
tirade tirade
tirailleren skirmish
tirailleur skirmisher
tiran tyrant
tirannenmoord(er) tyrannicide
tirannie tyranny
tiranniek tyrannical; *~ optreden* act the tyrant
tiranniseren tyrannize (over), bully [a p.]
tiras draw-net
Tirol (the) Tyrol
Tiroler, Tirools Tyrolean, Tyrolese *(ook zn mv)*
tissu *(weefsel)* tissue
tissue tissue (paper)
titaan titanium
titan titan
titanenarbeid huge task, colossal job
titanenstrijd titanic struggle
titanisch titanic (*bw:* -ally), titanesque
titanium titanium
titel *(naam, rang, jur, sp)* title; *(ve hoofdstuk, enz ook)* heading; *2e ~, (ve boek)* subtitle; *Franse, halve ~* half-title; *courante ~* running title; *de ~ erven* come into the title; *een ~ voeren* bear a title; *(fam)* have a handle to one's name; *personen met ~s* titled persons, persons of title, title-holders; *op persoonlijke ~* in a private capacity
titelbeschrijver cataloguer
titelblad title-page
titelen title
titelheld titular hero
titelnummer *(v cd)* title track
titelpagina title-page
titelplaat frontispiece
titelrol **1** title role, name part; **2** credit titles, credits
titelvignet title ornament
titelwoord headword, lemma (*mv ook:* -mata)
titer titre, *(Am)* titer, strength [of a solution]
Titiaan Titian
titrage titration
titreren titrate
tittel tittle, dot, jot, iota; *geen ~ of jota* not an iota, not one jot or tittle
titulair titular; *~e rang* titular (brevet, nominal) rank; *majoor ~* brevet major
titularis holder (of an office, diploma, etc), functionary, *(vooral v kerkelijk ambt)* incumbent; *(bezitter ve adellijke titel)* title-holder
titulatuur style, titles; ceremonious forms of address
tituleren title, style
tja well[, what can we do]
tjalk spritsail barge, (Dutch) 'tjalk'
tjaptjoi chop-suey
tjee(mpie), tjeminee Christ!; *zie* jee & jeminee
tjiftjaf *(vogel)* chiffchaff
tjilpen chirp, chirrup, twitter, cheep, tweet
tjingelen tinkle, jingle; *op de piano ~* tinkle (the keys of) the piano
tjirpen chirp, cheep
tjokvol chock-, cram-full, chock-a-block
tjonge: *~(jonge)!* dear, dear!, my word!, *(Am)* boy (oh boy)!
T-kruising T-junction
tl-buis fluorescent lamp
tl-verlichting strip (*of:* fluorescent) lighting
t/m afk van *tot en met* up to and including; *pag. 12 ~ 25* pp 12-25 inclusive (*Am:* 12 through 25)
TNO afk van *Toegepast Natuurwetenschappelijk Onderzoek* Organization for Applied Scientific Research
toast toast, *(op pers, ook)* health; *een ~ instellen (uitbrengen)* give (propose, drink) a toast [*op* to]; *zie ook* drinken: *~* op
toasten toast; *zie ook* toast: een ~ instellen
tobbe (wash)tub
tobben **1** *(zwoegen)* drudge, slave, plod, toil; *~ met* struggle with; have a great deal of trouble with; **2** *(tobberig zijn)* worry, brood, fret; *~ over* worry about, brood over [she brooded over her father's death]; *waarom zou je ~?* why worry?; *zich dood ~* worry o.s. to death
tobber(d) **1** drudge, toiler, wretch; **2** worrier, brooder
tobberig worrying, brooding
tobberij **1** drudgery, toiling and moiling; **2** worrying, brooding
tobster *zie* tobber
toccata toccata
toch **1** *(desondanks)* yet, still, for all that, anyhow, all the same, at the same time, after all, though; *~ is het waar* yet (even so,) it is true, it is true all the same; *en ~ had je het niet moeten doen* all the same you should not have done it; *maar ~* (but) still; yet; [not quite in the same way] though; *het klinkt vreemd, maar ~ is het zo* it sounds odd, but there it is; *maar ~ kan ik niet nalaten van hem te houden* but at the same time I cannot help ...; *maar ~ was hij een dichter* [he never wrote anything,] but he was a poet for all that; **2** *(immers:) je weet ~, dat ...?* you know that ..., don't you?; *je bent er ~ geweest?* you've been there, haven't you?; *je hebt ~ geen haast?* you are not in a hurry I hope? (*of:* are you?); *dat meen je ~ niet?* you surely do not mean that?; *[kennis is macht,] ~?* or is it?; *we zijn ~ niet arm* it isn't as if (as though) we were poor; *hij ~ is mijn beste vriend* for he is my best friend; *de tóch al zo moeilijke tekst* the text, difficult enough as it is; *want hij was tóch van plan geweest zich te verkleden* [it did not matter,] for he had intended to change his clothes in any case (anyway); *als je er tóch bent, kun je Jan helpen* while you're there, you ...; *ik heb tóch al genoeg werk* I have work enough as things are; *je ziet er tóch al uit als*

een geest you look like a ghost as it is; *ik was tóch van plan te gaan* I was just going anyhow (anyway); **3** *(inderdaad, echt:) hij is ~ maar een domme kerel* he is a stupid fellow anyway; *ging hij ~?* did he go after all?; *we hebben het misschien ~ wel nodig* we may want it after all; *hij is ~ een goeie kerel* he is a good fellow, though (after all, for all that); *~ **niet!*** surely not!, not really!, you don't mean it!, you don't say so!, never!, no!; *~ **waar?*** really?, are (did, etc) you, though?; **4** *(gevoelens: ongeduld, onrust, enz:) kom ~!* do come!; *ga ~ zitten* do sit down; *houd ~ op!* do stop!; *help me ~ alsjeblieft!* do please help me!; *wees ~ voorzichtig!* do be careful!; *laat mij ~ met rust* do let me alone; *wat ben je ~ ongeduldig!* how impatient you are; *maar heren, dan ~!* really, gentlemen!; *(wens) o, was hij ~ hier!* I do wish he were here; *wat leven we ~ in een vreemde wereld!* what a strange world we do live in!; *wat is geld ~ een last* what a nuisance money is, and no mistake; *ik **hoop** ~ dat je komt* I do hope you will come; *je gaat ~ nog niet weg?* I hope you are not going just yet?; **5** (ever *of onvertaald*:); *wat kan hij ~ bedoelen!* what (ever) can he mean!; *waarom deed je dat ~?* what ever made you do that?; *waarom ~ (niet)?* why ever (not)? [why ever did you bring him?]; *hoe kun je dat ~ doen?* how ever can you do that!; *hoe kon hij ~ zo gek zijn!* how ever could he be so mad!; *je bent ~ zo'n schat!* you're ever such a dear!; *ik heb ~ zo'n hekel aan katten* I just hate cats; *waarvoor ~?* what ever for?; ***om** ~* (just) because, [why did you do it?] I just did; *~ **wel!*** [you could not go?] I could, though; *dat is nou ~ verschrikkelijk!* now isn't that awful!; *hoe heet hij ~ ook (al) weer?* what is his name again?

tocht 1 *(luchtstroom)* draught, *(Am)* draft; *op de ~ zitten* sit in a draught; *op de ~ staan, (fig)* be at risk [many jobs are at risk]; *op de ~ zetten, (fig)* lay open to criticism, endanger, jeopardize, put at risk; *er waait geen ~je* there is not a breath of wind; **2** *(reis)* expedition, march, journey, *(auto)* drive; *~je* trip, excursion, run, *(in vliegt, ook)* joy-flight, joyride; *hun ~ ging over heuvels en door dalen* their way led across ...; *een ~ van een dag* a day's run; **3** *(molen~)* (mill-)race

tochtband draught excluder, weatherstrip(ping); *van ~ voorzien* list

tochtdeur hall door

tochten: *het tocht hier* there is a draught here; *dat raam tocht* a draught comes through that window

tochtgat 1 air-, vent-, draught-hole; **2** draughty spot

tochtgenoot fellow-traveller; *Odysseus en zijn -genoten* Ulysses and his companions

tochtig 1 draughty [house]; **2** *(v dieren)* in (on, at) heat, rutting

tochtigheid 1 draughtiness; **2** heat

tochtlat draught excluder, weatherstrip; *~jes, (bakkebaardjes)* sideboards, mutton chops

tochtraam double window

tochtscherm, tochtschut draught screen

tochtsloot draining ditch

tochtstrip, tochtstrook *zie* tochtband

tochtvrij draught-proof [window]; *~ maken* draught-proof

tod(de) rag

toddik filthy slob

toe I *bn* [the door is] to, shut; **II** *bw* **1** *(richting)* to; *waar gaat dat (ga jij) **naar** ~?* where are you off to?; *naar het noorden ~* to(wards) the north, northward; *naar Londen ~, (in die richting)* in the direction of London, Londonward(s), *(erheen)* to London; *naar ~, zie verder* heen; **2** *(voortgang)* on; *hij liep (reed, enz) **maar** ~* he ran (rode, etc) on and on; *hij schreeuwde maar ~* he kept shouting; *je zult er mee ~ moeten* it will have to last you; *zie verder* los: erop ~; **3** *(aanvulling)* extra; *en een euro ~* and ... into the bargain, extra; *en een snoepje ~* and a sweet thrown in; *en pudding ~* and ... to follow, for a sweet; **4** *(**aan** ~:) daar zijn we nog niet aan ~* we haven't got that far yet; *als het eraan ~ is* [it will be dealt with] at the proper time; *dat is tot daar aan ~* that does not matter so much, there is no great harm in that; *het was er na aan ~ (dat hij het verloor)* it was touch and go (he was within an ace of losing it); *alle ... nog aan ~* well I never!; *ik wil weten waar ik aan ~ ben* I want to know where I am (where I stand); *hij is er slecht (treurig) aan ~, a) (financieel)* he is badly off; *b) (gezondheid)* he is in a bad way; *er slechter aan ~ dan eerst* [£20] worse off than at first; *het toneel is er tamelijk slecht aan ~* the stage is in a pretty bad way; *hij is er niet (is er veel) beter aan ~* he is in no (is in much) better case; *hij is er des te beter aan ~* he is all the better for it; *ze is erg (is hard) aan haar vakantie ~* she needs her holiday badly; *hij is aan een nieuwe broek ~* he is due for ...; *hij is aan het examen ~* he is ready for ...; *zie verder de sam &* toetje, tot, heen, komen, koop, liggen, enz; **III** *tw* come on! [, get cracking! *schiet eens op!*]; *~, zeg het me!* won't you tell me? oh, do!; *~ **maar!*** go ahead!; *(spreek op)* fire away!, go ahead!, *(sl)* spit it out!, cough it up!, shoot!; *(verwondering)* good gracious!, great Scott!, you don't say so!; *~ **nou!**, (schei uit & ongeloof)* come off it!

toeak *(Ind)* palm wine

toean *(Ind)* tuan; *(Br-I)* sahib; *~ besar* Governor-General

Toeareg Tuareg

toebedelen[1] assign, dole (parcel, mete, measure) out, allot, allocate, (apportion) [s.t. to a p.]; *de haar -bedeelde taak* her allotted task

toebehoren I *ww* belong to; **II** *zn* appurtenances, accessories, fittings

toebereiden prepare; *(kruiden)* season; dress [the salad]

toebereiding preparation; seasoning; dressing

toebereidselen preparations; *~ maken voor* make

---

1 zie voor sam met *toe-* ook *dicht-, ineen-, samen-*

preparations for, make (get) ready for

toebijten [the fish won't] bite; *hij wou niet* ~ he would not take (rise to, swallow) the bait, he held (hung) back; *'neen!' beet hij haar toe* 'no!' he snapped (at her), he snarled

toebinden bind (*of:* tie) up

toebrengen deliver [a blow], deal (strike, hit) [a p. a blow]; inflict [damage, injuries, severe losses on a p.], do [damage to the crops]; *erin slagen de eerste klap toe te brengen* get one's blow in first; *hij had zich de wond zelf toegebracht* the wound was self-inflicted; *zie ook* ²slag 1

toebrullen, toebulderen: *iem iets* ~ roar (out) s.t. to a p.

toedekken cover up; *(instoppen)* tuck in (*of:* up); *(wortels v planten)* mulch [with straw]

toedelen *zie* toebedelen

toedenken 1 destine, intend [a thing] for [a p.]; **2** give [a p.] credit for, credit [a p.] with [common sense]

toedichten: *iem iets* ~ impute s.t. to a p., lay s.t. at a p.'s door, father s.t. (up)on a p.; *vgl* toedenken 2

toedienen administer [medicine, a scolding, the last sacraments] to [a p.], deal [a p. a blow], inflict [punishment] (up)on [a p.]; *hij had zich het vergif zelf toegediend* the poison was self-administered

toediening administration, dealing, etc; *vgl* toedienen

toedoen I *ww* **1** *(sluiten)* close, shut; draw [the curtains]; **2** *(ter zake zijn, enz)* matter; *dat doet er niet toe* that does not matter; *haar naam (het geld, wat hij dacht) doet er niet toe* never mind her name (the money, what he thought); *het doet er niet toe wat* [give me s.t. to eat,] anything will do; *dat doet aan de zaak niets toe of af* it does not affect the matter either way (one way or the other); *zie ook* uitmaken & deur, oog(je), zwijgen, toegedaan; **II** *zn: de transactie geschiedde buiten zijn* ~ he had no share in the transaction; *door uw* ~ through you; *het was alles door zijn* ~ it was all his doing, *(fam)* all along of him; *zonder uw* ~ but for you, if it had not been for you [I should not have got it]

toedracht: *de gehele* ~ *der zaak* how it all happened, all the facts of the case, all the ins and outs of the affair, [know] the rights of it

toedragen: *(grote) achting* ~ esteem [a p.] (hold [a p.] in high esteem); *iem een goed hart* ~ wish a p. well, mean well by a p.; *hij droeg haar geen kwaad hart toe* he had no ill feeling for her; *iem wrok (een kwaad hart)* ~ bear a p. a grudge (malice, ill-will); *hoe heeft zich dat toegedragen?* how did it come about?

toedrinken: *iem* ~ drink a p.'s health

toedrukken close [a p.'s eyes], shut

toe-eigenen: *zich* ~ appropriate, convert [money] to one's own use, annex, arrogate [s.t.] to o.s., usurp [power]; *(gevonden voorwerp), (jur)* steal by finding

---

zie voor sam met *toe-* ook *dicht-, ineen-, samen-*

toe-eigening appropriation; fraudulent (*of:* unlawful) conversion [of money]

toef(t) tuft [of hair]; blob [of cream]

toefluisteren: *iem iets* ~ whisper s.t. to a p. (in a p.'s ear)

toegaan 1 close, shut; **2** happen; *zie ook* zich toedragen; *het gaat er raar (gek) toe* there are strange (queer) goings-on there; *het gaat daar niet helemaal zuiver toe* things there are not quite as they should be; *het ging er woest toe* they turned the place upside down; *vgl* stelt: op ~en zetten

toegang 1 *(ingang)* entrance, way in; *de ~en tot een stad* the approaches to ...; **2** *(toelating)* admittance, admission [50p, pay for admission], access, entry, entrance; *verboden ~, (opschrift)* no access, no admittance (except on business), *(... Art. 461 Wb v Str:)* private: trespassers will be prosecuted; *de deur gaf ~ tot een grote zaal* the ... gave entry (entrance) (in)to (opened on) a ...; *vrije* ~ admission free; ~ *hebben tot de hoogste kringen* have access (the entrée) to the highest circles; *zich ~ verschaffen* gain access (admission) [to *tot*], gain (effect) an entry [to *tot*], *(met geweld)* force an entrance (entry), *(ongenood)* gatecrash; *hem werd de ~ geweigerd* he was refused admission; *duizenden konden geen ~ vinden* thousands were turned away (from the gates); *de ~ (tot vergadering) was op vertoon van kaarten* it was an all-ticket meeting

toegangsbewijs, toegangsbiljet, toegangskaart(je) ticket of admission, pass, permit

toegangsnummer: *internationaal ~, (00, telef)* international code (010; *Am* 011)

toegangspoort entrance gate, *(ook fig)* gateway [to success]

toegangsprijs (charge for, price of) admission, entrance fee

toegangstijd *(computer)* access time

toegangsweg approach, access (road, route)

toegankelijk *(v pers & zaken)* accessible, approachable, easy of access, get-at-able; *slecht* ~ difficult of access; ~ *voor het publiek* open to the public; ~ *voor nieuwe denkbeelden* open to new ideas; ~ *maken* open up [a country to trade, etc]

toegankelijkheid accessibility, get-at-ability

toegedaan: *iem ~ zijn* be attached to a p., be well (kindly) disposed to(wards) a p.; *een mening (theorie) ~ zijn* hold a view (theory)

toegeeflijk indulgent, lenient, permissive; *al te* ~ overindulgent; *(wat al te) ~ zijn voor* (over)indulge [a p.]

toegeeflijkheid indulgence, leniency; *de zaak met ~ beschouwen* take a lenient view of the matter; *vgl* toegeeflijk, clementie & inroepen

toegelaten *zie* toegestaan & toelaatbaar

toegenegen affectionate; *zie ook* genegen; *Uw ~ Tinus* Yours affectionately, T

toegenegenheid affection(ateness)

toegepast applied [art, linguistics, mathematics,

physics]
toegespitst *(plantk)* acuminate
toegestaan allowed, permitted, tolerated; *zie ook* toestaan & toelaatbaar
toegeven I *tr* **1** *(op de koop toe)* give into the bargain, *(bij verkoping, ook)* throw in; ***om** er een op toe te geven* a very poor specimen [of a melon]; **2** *(erkennen)* grant, admit, allow, concede; *zoals je zelf toegeeft ...* by (on) your own admission ...; *men geeft toe dat ...* admittedly [he was not fit for the job; it is admittedly a difficult question]; *ik moet eerlijk ~ dat hij ...* to do him justice, he ...; ***dat** geef ik u toe* I grant you that; *een feit ~* concede a fact; ***meer** dan hij wel wou ~* more than he cared to admit; ***toegegeven** dat je gelijk hebt* granting you are right; *toegegeven!* granted!; **3** *(toestaan)* humour [a rich uncle], indulge [children too much; an over-indulged child]; *iem **niets** ~, (niet onderdoen voor)* be a match for a p.; *ze geven elkaar niets toe* they are well matched, there's nothing to choose between them; *niets ~, (op zijn stuk blijven staan)* not budge (yield, give way) an inch, be uncompromising; **II** *intr* give in [to a p., a habit, etc], give way [to one's feelings, grief], yield [to persuasion], cave in, knuckle under; *(zich schikken)* comply; *over en weer **wat** ~* make mutual concessions; *een beetje ~, (bij redenering)* concede a point; *op dat punt ~* yield the point; ***aan** iems grillen ~* indulge a p.'s whims; *hij gaf niet toe aan haar dure ideeën, (ook)* he stood out against ...; *~ aan de smaak van het publiek* pander to the ...; *je geeft eraan toe, (aan verdriet, enz)* you give way (to grief, etc)
toegevend indulgent; *zie* toegeeflijk; *~e zin* concessive clause
toegevendheid *zie* toegeeflijkheid
toegeving 1 admission, acknowledgment; **2** concession; *vgl* toegeeflijkheid
toegevoegd, enz *zie* toevoegen, enz
toegewijd dedicated [teacher], devoted [friend]
toegift s.t. given into the bargain; makeweight; *(muz, enz)* [play an] extra, encore; *als ~* thrown in as a makeweight (a bonus); [a box on the ear] for good measure
toegooien 1 throw to; *iem de lucifers ~* throw a p. the matches; **2** slam [the door]; fill up [a grave]
toegrijnzen grin at
toegrijpen catch (*of:* snatch) at it (him, etc)
toegroeien *(ve wond)* heal; *(ve sloot)* be choked (up) [with weeds]
toehalen draw closer (tighter); tighten up [the taxation regulations]; *zie ook* aanhalen
toehappen snap at it; *gretig ~* jump at an offer; *hij hapte dadelijk toe* he rose to the bait at once; *zie ook* toebijten
toehebben: *dat heb je toe* that's what you have got into the bargain
toehoorder auditor, hearer, listener; *(bij conferentie)* observer, listener; *-hoorders, (ook)* audience
toehoorderes, toehoorster auditress; *zie verder* toehoorder
toehoren 1 listen [to a p.]; **2** belong to
toejuichen applaud, cheer, hail, acclaim; welcome (hail, applaud) [a plan, an inquiry]; *uitbundig ~* applaud (cheer) vociferously (to the echo); *zie ook* daveren
toejuiching applause, cheer, shout
toekaatsen drive [a ball] to [a p.]; *zie ook* [1]bal 1
toekan *(vogel)* toucan
toekennen 1 *(toewijzen)* award [a prize, punishment]; credit [a p.] with (give a p. credit for) [talents]; attach [great value] to; confer [a title] (up)on; assign [a value] to; allow [compensation]; *(jur ook)* adjudge; *punten (cijfers) ~* award marks; **2** *(toeschrijven)* assign [a property] to [a metal]; *een betekenis ~ aan* ascribe (attribute) a sense to [a word]; *zie ook* palm
toekenning adjudication, grant, award
toekeren turn to(wards); *hij keerde mij de rug toe* he turned his back (up)on me, *(fig ook)* he gave me the cold shoulder
toekijken look on; *ik mocht ~* I was left out in the cold; *hulpeloos ~* stand by helplessly
toekijker looker-on, onlooker, spectator
toeknijpen close [one's eyes]; *half ~* screw up [one's eyes]; *zie ook* [1]keel
toeknikken nod to; *hij knikte mij veelbetekenend toe* he gave me a significant nod
toeknopen button up [one's coat]
toekomen 1 *(rondkomen)* make (both) ends meet; *met dat beetje geld moeten we ~* on that pittance we'll have to manage (survive); **2** *(behoren)* be due; *dat komt mij toe* that is due to me (my due), I have a right to it; *meer willen hebben dan je toekomt* want more than your fair share; *de (het) mij ~de rente (bedrag)* the interest accruing (the amount due) to me; *het hem ~de deel* his rightful share; *het mij ~de* my due; **3** *(komen tot)* get round [*aan iets* to (doing) s.t.]; *doen ~* send [an order], let [a p.] have [a cheque, the goods], extend [an invitation to a p.]; *~ op* come up to, make for, *(vijandig)* go for [a p. like a mad bull]; *zie ook* komen, rondkomen & toekunnen
toekomend future, next; *~e tijd, (gramm)* future (tense)
toekomst future; *in de ~* in the future, in times (days) to come; *de ~ behoort aan de jeugd* the future lies with the young; *er ligt een schitterende ~ vóór hem* he has a brilliant future before him; *er zit ~ in die onderneming* the enterprise has great possibilities
toekomstbeeld vision of the future
toekomstdroom dream of the future; *(onpraktisch)* utopian scheme
toekomstig future; prospective [members]; *vgl* aanstaande
toekomstmogelijkheden prospects; [the scheme has

---

zie voor sam met *toe-* ook *dicht-, ineen-, samen-*

(its)] possibilities; [a job with] career perspectives
toekomstmuziek music of the future; *(fig) zie* toekomstdroom
toekomstperspectief *zie* toekomstmogelijkheden
toekomstplan plan for the future
toekomstroman *(vglb)* science fiction, science-fiction novel
toekruid seasoning, condiment, spice; *(groente als ~)* pot-herb(s)
toekunnen 1 [the door won't] shut; **2** manage; *ik kan er (een week) mee toe* I can make it do (it will last me a week); *ze kan lang met haar kleren toe* she makes her clothes last
toelaatbaar admissible, allowable, permissible; *niet ~* inadmissible, impermissible; *-bare belasting* safe load
toelaatbaarheid admissibility, permissibility
toelachen smile at (on, upon); *de fortuin lachte hem toe* fortune smiled on him; *het denkbeeld lacht me niet toe* the idea doesn't appeal (commend itself) to me; *zie ook* aanlachen
toelage (special) allowance, [study] grant; extra wages (pay, salary), bonus; *(v school aan leerling)* exhibition; *zie ook* kinderbijslag; *iem een ~ geven* give (grant) a p. an allowance
toelaten 1 *(toestaan)* permit, allow, stand, suffer; *als de tijd (mijn gezondheid) het toelaat* if time (my health) permits; *als mijn fondsen het ~* funds permitting; *dat laat geen twijfel toe* that admits of no doubt; *vgl* toegestaan; **2** *(toegang geven)* admit; turn on [steam, etc]; *honden worden niet toegelaten* no dogs admitted; *tot de Heilige Dienst toegelaten worden* take holy orders, be admitted to the ministry; **3** *(doorlaten; na examen)* pass; *het aantal toegelatenen* the number of passes
toelating 1 admission, admittance; **2** permission, leave
toelatingsbeleid 1 admission policy; **2** immigration policy
toelatingseisen entry requirements
toelatingsexamen [university] entrance examination
toelatingsvoorwaarden conditions of entry [to the college]
toeleg design, intention, purpose, attempt, plan
toeleggen 1 *(bedekken)* cover up; **2** *(toekennen)* allow; **3** *(toegeven:) ik moet er (geld, vijf pond) op ~* I am a loser by it, am (five pounds) out of pocket by it, I've lost five pounds over it; *het Rijk legt op elk kaartje een euro toe* every ticket costs the State a euro (in subsidies); **4** *(aanleggen:) het erop ~ om ...* make a point of ...ing, be bent on ...ing, set out to ...; *zie ook* aanleggen 3; *alles was erop toegelegd om ...* everything was so arranged as to ...; *men legde het op zijn leven toe* an attempt was made (up)on his life; *zich ~ op* apply o.s. to [one's work, French, etc], give (put) one's mind to (concentrate on) [one's business]; *hij legde zich erop toe om die gebreken te verhelpen* he set himself to curing these defects; *zich speciaal ~ op* specialize in [German]
toeleven: *~ naar* look forward to
toeleveraar, toeleverancier, toeleveringsbedrijf subcontractor; *(bedrijf, ook)* supply industry
toelevering outsourcing
toelichten elucidate, clear up, throw light (up)on, explain, illuminate, clarify [a proposal, one's intentions]; amplify [a statement, request]; *(met voorbeelden)* illustrate
toelichting *(uitleg)* elucidation, explanation; *ter ~ van* in explanation of; explanatory note [to a proposal]; *(bij programma)* programme notes; *(opheldering)* illumination, clarification; *(nadere ~)* amplification; *zie ook* memorie
toelijken seem (to); *zie* toeschijnen
toelonken look tenderly at; *(verliefd)* ogle, make eyes at, *(fam)* give [a p.] the glad eye
toeloop 1 run [of customers]; rush [to join the army]; **2** *(menigte)* concourse, crowd, throng
toelopen come running on; *maar ~* walk (go) straight on; *~ op* run (go) up to; *spits ~* end in a point, taper (off, to a point); *nauw ~* narrow towards the end
toeluisteren listen
toemaat 1 aftergrass; **2** overmeasure
toemaken 1 close, shut; seal [a letter]; fasten, button up [one's coat]; **2** *(toebereiden)* prepare; *(sla)* dress [the salad]; **3** *zich ~, (vuil maken)* get o.s. dirty (into a mess)
toemeten measure (mete) out [punishment to a thief]
toemoeten have to get along (make do) [with]; *met minder geld ~, (ook)* have less money to spend
toen I *bw* then, at the (that) time; *het is goed dat het ~ juist kwam* it is a good thing that it came when it did; *van ~ af* from then, from that time; *(lit)* thenceforth; **II** *vw* when, as
toenaam 1 *(bijnaam)* nickname, byname; **2** *(familienaam)* surname, family name; *zie ook* naam
toenadering approach; *(fig)* rapprochement, closer relations; *stappen doen ter ~, ~ zoeken* make overtures (advances); *er kwam een ~ tussen de naties* the ... were drawing together; *de oorlog bracht ~ tussen hen tot stand* the war brought them closer together
toename increase, growth [of the population], rise [in numbers], advance; *zie ook* vermeerdering
toendra tundra
toenemen increase (*met 5%* by 5%), grow, be on the upgrade, be on the increase; *(vd wind)* freshen, gather strength; *~ in gewicht* gain in weight; *in kracht ~, (ve beweging, enz)* gather (gain) strength, gain headway; *(v spanning, enz)* mount; *de vraag doen ~* swell the demand; *~de belangstelling* growing interest; *de ~de duisternis* the gathering gloom; *in ~de mate* increasingly (progressively) more [self-

---

zie voor sam met *toe-* ook *dicht-, ineen-, samen-*

contained]; *steeds ~de aantallen* ever-swelling numbers
toeneming *zie* toename
toenmaals then, at the (that) time
toenmalig [authors] of the day (the time), then; *de ~e president* the then president
toentertijd at the (that) time
toepad short cut
toepasbaar applicable
toepasselijk appropriate (to the occasion), apposite, suitable, fitting, applicable; *~ voor de tijd van het jaar* seasonable [sermon]; *~ geval* case in point; *de ~e wet* the applicable act; *~ zijn (op)* apply, be applicable, be relevant (to); *niet ~ op, (ook)* irrelevant to [the case]
toepasselijkheid appropriateness, etc, applicability, suitability
toepassen apply [a rule; artificial respiration]; use, employ [a method]; exercise [a little ingenuity], put into practice, practise [what one preaches]; *(de wet)* enforce [a law], put [the criminal law] into effect; *verkeerd ~* misapply; *[een term, enz] ~ op* apply [a term, etc] to; *de verschillende procédés welke worden toegepast* the ... which are in use (which are used); *zie ook* toegepast
toepassing application; *verkeerde ~* misapplication; *in ~ brengen* practise [what one teaches], live up to [one's principles]; *zie verder* toepassen; *van ~ zijn op, zie* toepasselijk; *dit is precies van ~ op het geval* this exactly fits the case; *niet van ~ op het onderhavige geval* irrelevant to (outside the scope of) the case under consideration; *dat is (hier) niet van ~* that does not apply (here)
toer 1 *(reis)* tour, trip, excursion; *(wandelingetje, ritje)* turn, *(te paard, ook)* ride, *(in auto, rijtuig, ook)* drive, *(in auto, op fiets)* spin, run; **2** *(kunststuk)* [clever] feat, [juggling] trick, *(fam)* [acrobatic] stunt; *acrobatische ~en, (ook)* acrobatics; *~en* **doen** perform tricks, *(fam)* do stunts, stunt; *het is een hele ~* it takes some doing, it's a tough job; *daar zal ik een ~ mee hebben* that'll be a tough job; **op** *een (de harde) ~ gaan* take a [hard] line; *op de moderne ~ gaan* be (turn) very modern (about s.t.); **3** *(beurt)* turn; **4** *(v vals haar)* switch, front; **5** *(snoer)* string; **6** *(breien)* round; **7** *(omwenteling)* turn; revolution *(fam:* rev) [of an engine]; **op** *~en laten komen* rev up [the engine]; *op ~en komen, (fig)* get into one's stride; *op volle ~en, zie* kracht; **over** *z'n ~en zijn* be overwrought (overexcited, in a state)
toerauto tourer, *(Am)* touring car
toerbeurt: *bij ~* in rotation, by (on) rota; *iets bij ~ doen* take turns at (doing) s.t.
toercaravan touring caravan, *(Am)* trailer
toereiken I *tr* hand, reach, pass, hold out [s.t. to a p.]; **II** *intr* suffice
toereikend sufficient, adequate, enough; *~ zijn, (ook)* suffice, do; last (out) [the supply will last out the winter]; *het zal lang niet ~ zijn om ...* it will go only a little way towards ...ing
toerekenbaar responsible (for one's actions), accountable; *(ve daad)* imputable; *hij is niet helemaal ~, (fam)* he is not all there
toerekenbaarheid [diminished] responsibility, accountability; *(ve daad)* imputability
toerekenen: *iem iets ~* impute s.t. to a p., lay s.t. at a p.'s door; *zie verder* aanrekenen
toerekeningsvatbaar *zie* toerekenbaar
toeren take a drive (ride), *(in auto)* motor; *gaan ~* go for a drive (ride) [in a car, on a bicycle]; *ik ga wat in mijn auto ~, (ook)* I'll give my car a run
toerental rpm, rps, revolutions per minute (second)
toerenteller rev(olution) counter
toerfiets touring bicycle, tourer
toerisme tourism, the tourist industry
toerist tourist [agency, class, hotel, industry, resort, season, tax, traffic], sightseer
toeristisch tourist [attractions]; scenic [drive *route*]; *(min)* touristy, commercialized
toerit *(v autoweg)* slip road
toeritdosering controlled access to motorway, with traffic lights
toermalijn tourmaline
toernooi tournament *(ook in sp)*, tourney, joust: [swimming] gala
toernooiveld tilt-yard, lists
toeroepen call (out) to, cry to, *zie ook* halt, welkom, enz
toertocht pleasure trip (drive, ride)
toerusten equip, prepare; *zich ~* equip o.s., prepare (o.s.), make (*of:* get) ready; *toegerust met, (ook)* fitted with
toerusting 1 preparation; **2** equipment
toerwagen tourer, *(Am)* touring car
toeschietelijk accommodating, compliant, obliging, (easily) accessible, responsive; *niet erg ~* rather cold in manner, reserved, unresponsive; *iets te ~, (ve meisje)* rather too forward
toeschietelijkheid accessibility, responsiveness, complaisance
toeschieten 1 *(snellen)* rush forward; *~ op* dart (rush) at, make a dash for; *(ve roofdier, enz)* pounce (up)on; **2** kick (shoot) to(wards)
toeschijnen seem to, appear to; *het schijnt me toe, dat ik uw gezicht ken (zijn hand erin herken)* I seem to know your face (to detect his hand in it)
toeschoppen *zie* toeschieten
toeschouwen look on
toeschouw(st)er spectator, onlooker, looker-on; *(toevallig)* bystander; *~s, (in zaal)* audience; *zie ook* kijklustig
toeschreeuwen shout (out) to; hail [a boat]; *zie ook* toe
toeschrijven: *~ aan* ascribe (attribute) to; *(meestal ong)* impute [the worst motives] to [a p.]; put [it]

---

zie voor sam met *toe-* ook *dicht-*, *ineen-*, *samen-*

down to [negligence]; *hij schreef de mislukking aan het weer toe* he blamed the weather for it (he blamed it on the weather); *de uitvinding van ... wordt hem toegeschreven* he is credited with the invention of ...; *ze schrijven de mislukking toe aan het feit ...* they trace the failure to the fact ...; *ze schrijven u deze idee toe* they father this idea on you; *toe te schrijven aan* attributable to, due to, to be put down to [negligence]

toeschrijving attribution, ascription; *(inz ong)* imputation

toeschuiven close (by pushing), draw [the curtains]; *(fig)* give [a p. s.t.] secretly (on the sly); *hij schoof mij het papier toe* he pushed the paper over to me

toeslaan I *tr* **1** bang, slam [a door], shut [a book]; **2** *(bij verkoping)* knock [s.t.] down to [a p.]; *het huis werd mij toegeslagen* the house was knocked down to me, fell to my bid (to me); **3** hit [a ball] to [a p.]; **II** *intr* **1** *(ve deur)* slam, bang; **2** *(erop los slaan)* lay it on, *(een slag toebrengen)* strike [Fate struck]; **3** *(handelen)* act, move [fast]

toeslag 1 *(te ontvangen extra)* (extra) allowance, [productivity] bonus, [wage] supplement; [cost of living] subvention; **2** *(te betalen extra)* additional (extra) charge; *(op tarief)* surcharge; *(trein)* excess fare, extra fare, supplement; **3** *(bij verkoop)* knocking down [to the last bidder]; **4** *(metallurgie)* flux

toeslagbiljet supplementary ticket

toesmijten *zie* toegooien

toesnauwen snarl at [a p.]; *zie ook* toebijten

toesnellen dash up, rush (up) to

toesnijden tailor (*ook fig:* one's words to one's audience)

toespelen 1 hint (*op* at); **2** pass [information] on to, slip [a note] to [a p.]; *elkaar de bal ~* play into each other's hands; *ergens op ~* allude to (hint at) s.t.

toespeling allusion, reference, hint; *(bedekte)* insinuation; *(hatelijke)* innuendo; *~en maken op* allude to, hint at; *hij begreep de ~* he took the hint

toespijs 1 dessert, sweet; **2** side dish; **3** *zie* toekruid

toespitsen 1 sharpen; **2** aggravate [the dispute]; *zich ~* become acute, come to a head

toespitsing aggravation

toespoor toe-in

toespraak address, speech; *(heftig tot menigte)* harangue; *(tot nieuwe predikant & v rechter tot jury)* charge; *een ~ houden* give an address, make (deliver) a speech

toespreken speak to, address, *(een menigte, ook)* harangue; *vgl* aanspreken; *ik wil zo niet door jou worden toegesproken* I won't take that sort of talk from you

toestaan 1 *(toelaten)* allow, permit, suffer; *vgl* toelaten; **2** *(inwilligen)* grant [a request], allow [a claim], concede [a demand]; *niet ~* disallow [an appeal]; **3** *(verlenen)* accord [a hearing]; *zie ook* verlenen; *(bij stemming)* vote [money; supplies *gelden*; credits; full powers]; *toegestane gelden* [civil aviation] vote

toestand 1 state of things (of affairs), condition, position, situation, (in a sorry) plight; *(omstandigheden)* circumstances; *dat is een mooie ~!* here's a pretty state of affairs!, *(fam)* a (nice) how-d'ye-do!; *een hachelijke ~* a critical predicament; *de ~ redden* save the situation; *in goede ~* in good condition; *in droge ~* when dry; **2** *(fam: voorwerp, geval)* affair, contraption, gadget

toesteken 1 put (*of:* hold) out [one's hand to a p.], extend [a helping hand, the hand of welcome to a stranger]; **2** thrust home

toestel apparatus (*ook bij gymnastiek, mv:* -tuses), appliance, device; *(vliegt, enz)* machine; *(radio, tv)* set; *(fot)* camera; *extra ~, (telef)* extension telephone; *~ 63, (telef)* extension 63

toestellen *(typ)* make ready, impose [formes]

toestelturnen apparatus gymnastics

toestemmen *(toestemming geven)* consent; *(toegeven)* admit, grant, assent to [a statement, etc]; *zie ook* toegeven; *~ in* consent to, agree to [he agreed to her going], grant [a request], accede to [terms]

toestemmend *(vs ontkennend)* affirmative; *~ knikje* nod of assent; *zie ook* knikken; *~ (be)antwoorden* answer in the affirmative (affirmatively)

toestemming consent, assent, permission [*met uw ~, met ~ van ...* with your kind permission, by kind permission of the proprietors of Private Eye]; *echtscheiding met ~* divorce by mutual consent

toestoppen 1 stop up, plug [a hole]; **2** tuck in [a child]; **3** slip [s.t.] into a p.'s hand, slip a p. [£10]; *zie ook* oor

toestormen rush [on, up to s.t. *op*], come rushing [towards, for, at *naar, op*]

toestromen stream (flow, flock, crowd) to(wards), come flocking to [a place]; flow (*massaal:* pour, flock) in; *het geld stroomde hem toe, (in giften)* money was showered (up)on him, *(door eigen werk)* he was coining money; *het ~ van* [regulate] the flow of [gas]

toestroom (in)flow, influx; *(massaal)* flocking, crowding

toesturen send; *zie* toezenden & afsturen: *~ op*

toet 1 face; *een aardig ~je* a pretty little face; **2** darling; **3** knot [of hair]; *zie ook* gezicht & wrong

toetakelen 1 *(gek ~)* dress (*of:* rig) out; *zich (gek) ~, (ook)* make o.s. look a fright; *wat heb jij je toegetakeld!, (ook)* what a fright you have made of yourself!, what a sight you are!; **2** *(mishandelen)* belabour, maul, manhandle, knock about, beat up, punish [the boxer was punished severely]

toetasten *(bij het eten)* fall to, help o.s.; *(bij aanbod: met beide handen ~)* jump at an offer; *zie ook* doortasten

toeten toot, honk, tootle, hoot; *hij weet van ~ noch blazen* he does not know chalk from cheese; *zie ook* tuiten

---

zie voor sam met *toe-* ook *dicht-, ineen-, samen-*

toeter I *zn (hoorn)* horn, hooter; *(pers & hoorn)* tooter; *hou je ~, (sl)* shut your trap; *~s, (plant)* cow parsley, wild chervil; *~s en bellen, (fam), a)* bells and whistles, flounces and furbelows; *b)* fanfare; II *bn (sl)* stoned, legless

toeteren blow (sound, honk) one's horn

toetje 1 *(bij het eten)* sweet, s.t. to follow [is there anything to follow?]; 2 *zie* toet

toetreden: *~ tot* join [a club, a party, the United Nations], become a party (accede) to [a treaty]; *~ op* step (*of:* walk) up to

toetreding joining, entry [into the UN], accession [to a treaty], [without] access [of air]

toetrekken pull [a door] to (*of:* shut)

toets 1 *(v metalen)* assay, test; 2 *(ve piano, schrijfmachine, enz)* key; *(ve gitaar, enz)* fingerboard; *de zwarte ~en van de piano, (ook)* the black notes of the piano; 3 *(penseelstreek)* touch; 4 *(proef)* test; *het kan de ~ niet doorstaan* it cannot stand the test (pass muster), will not bear examination

toetsaanslag *(muz)* touch; *(typen)* keystroke

toetsen 1 assay, test [gold, silver]; *(fig)* test [a statement], try, put to the test; *aan het oorspronkelijke ~* check [a transcript] against the original; *de maatregel wordt aan de praktijk getoetst* the ... is on trial; 2 *(op ~bord)* keyboard

toetsenbord *(ve schrijfmachine, enz)* keyboard

toetsenist keyboard player

toetsenpaneel keypad

toetsing assay, checking, testing [standard *norm*]; verification, review; *vgl* toetsen

toetsinstrument keyboard instrument

toetsnaald touch-needle

toetssteen touchstone *(ook fig)*

toeval 1 accident, chance, luck; *dat is ~, (ook)* that is a coincidence; *het ~ wilde dat ...* it so happened that ..., chance would have it that ...; *zoals het ~ wilde* [it happened,] as luck would have it; *niets aan het ~ overlaten* leave nothing to chance; *op het ~ vertrouwen* trust to luck; ***bij*** *~* by accident, by chance, accidentally; *louter bij ~* by (through) the merest accident (chance), by pure accident, by a mere fluke; *zie ook* toevallig; ***door*** *een gelukkig ~* by a lucky chance; *door een ongelukkig ~* by mischance; *dood door ~* death from misadventure; 2 *(med)* fit of epilepsy, (epileptic) fit, seizure; *een ~ krijgen* be seized with a fit; ***aan*** *~len lijden* be epileptic

toevallen 1 *(dicht)* fall to, fall shut, close; 2 *(ten deel)* fall to [a p., a p.'s share, lot], *(v bezit, enz, ook)* devolve (up)on [a p.], *(v rente, enz)* accrue

toevallig I *bn* accidental, casual, fortuitous; *(willekeurig)* random [access, sample]; *een ~e bezoeker* a chance visitor; *~e kennismaking* casual (*of:* chance) acquaintance; *door een ~e samenloop van omstandigheden* by a coincidence; *wat ~!* what a coincidence!; *het is niet ~* it is no accident [that he is here]; *~e verhoging (verlaging), (muz)* accidental; II *bw* accidentally, etc, by chance, by accident; *ik ontmoette hem ~* I happened to meet him; *iem (iets) ~ vinden (aantreffen)* chance (happen, stumble) (up)on a p. (s.t.); *ik trof het ~, (ook)* I came across it by chance; *u bent toch ~ geen dokter?* you are not a doctor, by any chance?; *het trof ~ dat ...* it so happened that ...; *~ zit ik in de commissie en jij niet* as it happens I am on the committee ...; *~ kun jij de pot op* anyway you may get stuffed

toevalligerwijs, toevalligerwijze *zie* toevallig II

toevalligheid 1 fortuitousness; 2 *(concr)* accident, coincidence

toevallijder epileptic

toevalstreffer chance hit, stroke of luck

toeven 1 *(blijven)* stay; *zijn gedachten toefden bij ...* his mind dwelled on ...; *het is er goed ~* it is a good place to stay; 2 *(dralen)* tarry, linger

toeverlaat refuge, shield, bulwark

toevertrouwen: *iem iets ~* (en)trust a p. with s.t., entrust s.t. to a p., commit s.t. to a p.'s charge (care), confide [a secret etc] to a p.; *hij vertrouwde mij toe dat ...* he told me confidentially that ...; *aan het papier (de zee) ~* commit to paper (to the sea); *dat is hem wel toevertrouwd, a)* leave that to him; *b) (ong)* trust him for that!; *aan mijn zorgen toevertrouwd* (put) under my care; *het kind is aan mij(n zorg) toevertrouwd* I am in charge of the child, the child is in my charge; *de aan haar (zorg) toevertrouwde persoon* her charge

toevloed (in)flow, influx [of foreigners, of overseas products], rush [of orders]; *zie ook* toeloop

toevloeien flow to, flock to; *(v voordelen)* accrue to; *zie ook* toestromen

toevloeiing *zie* toevloed

toevlucht recourse, resort; *(onderkomen)* refuge, shelter; *mijn laatste ~* my last resource (resort); *zijn ~ nemen tot* have recourse to, resort to [threats], take refuge with [a p.], take refuge in [the woods, lying]

toevluchtsoord (house of, haven of) refuge, asylum, sanctuary; shelter [for the homeless]

toevoegen 1 add [to ...], join [to ...], subjoin [the following remarks], annex [a price list]; append [the signature appended to the letter]; *ik heb hieraan niets toe te voegen* I have nothing to add to this; *toegevoegde waarde* value added [tax]; 2 *(ten dienste stellen)* place at a p.'s disposal; second [a p. to another branch], attach [a p. to an embassy], assign [a p. as counsel]; 3 *iem iets ~* say s.t. to a p., address [a nasty remark] to a p.; *zie ook* laten: ~ zeggen

toevoeging 1 addition; 2 *(aan officieel stuk)* rider; 3 *(inz chem stof in voedsel)* additive; *zonder ~en, (ook)* E-free

toevoegsel addition, supplement; affix; additive

toevoer supply; flow [of gas, air]; *vgl* invoer

toevoerbuis supply pipe; *(voor gas & water; tussen hoofd- en huisleiding)* service pipe

---

zie voor sam met *toe-* ook *dicht-, ineen-, samen-*

toevoeren supply, provide; feed [coins into a meter]
toevoerkanaal feeder
toevoerlijn supply line
toevouwen fold up
toevriezen freeze (be frozen) over (*of:* up); *de sloot was toegevroren* the ... was frozen over
toewaaien *zie* aanwaaien & dichtwaaien; *koelte* ~ fan
toewas increase, growth; influx [of new members]
toewenden turn to(wards); *zie* toekeren
toewenken beckon to
toewensen wish; *iem alles goeds (iets kwaads)* ~ wish a p. well (ill); *een dag die ik mijn ergste vijand niet zou* ~ a day that I would not wish for my ...
toewerken: ~ *naar* work towards [a goal]
toewerpen throw (fling) [a bone] to [a dog]; *zie ook* toegooien, [1]bal 1, [1]blik & handschoen
toewijden dedicate [a book, a church] to, consecrate [a church] to, devote [o.s., one's efforts] to; *zie ook* toegewijd
toewijding devotion
toewijzen allot (allocate) [shares], assign [a room to a p.], award [a prize; he was awarded £100 damages], appropriate [money for a scheme]; *(op veiling) zie* toeslaan; *het kind werd aan de moeder toegewezen* the mother was awarded (given, granted) custody of the child; *zie ook* eis
toewijzing allotment, allocation, appropriation, assignment, award; *(bij rechterlijke uitspraak)* adjudication
toewuiven wave to [a p.]
toezeggen promise; *hij heeft ons toegezegd* we have his promise [that ...]
toezegging promise, [give an] undertaking [to appear]
toezenden send, forward, consign [goods]; remit [money]
toezending forwarding, consignment; *(v geld)* remittance
toezicht superintendence, supervision, surveillance, inspection, care, control [*op* of]; *(bij examen)* invigilation; *zonder* ~ unattended, unguarded; ~ ***houden*** exercise [careful, close] supervision; *(bij examen)* invigilate; ~ *houden op* superintend, oversee [workpeople, an estate], police [the waterways], keep an eye on, look after [the children]; vet [mergers]; ***onder*** ~ *staan van* be under the supervision of; *iem onder* ~ *houden* keep a check on a p.; *onder* ~ *stellen, (jur)* put [a child] into care; *(na vergrijp)* put on probation; *zie ook* commissie & raad
toezichthoudend supervisory [staff]
toezien 1 *zie* toekijken; **2** *(oppassen)* take care, be careful, see [that ...]; *zie toe dat je niet valt* take care you do not fall; *wie staat, zie toe dat hij niet valle* no one is immune to temptation; *u moet erop* ~ *dat ...* you must see to it that ...; **3** *(toezicht houden)* (keep) watch; *er moet nauwkeurig toegezien worden dat ...* careful watch must be kept to see that ...
toeziend supervisory; ~ *oog* supervision; ~ *voogd* co-guardian, joint guardian; ~ *op, zie* toezicht: ~ houden op
toezingen sing to; *een welkom* ~ welcome with a song
toezwaaien: *iem met de zakdoek* ~ wave one's ... to a p.; *iem lof* ~ sing (sound) a p.'s praises; *iem uitbundige lof* ~ pay high tribute to a p., give a p. unstinted praise
tof *(fam)* **1** reliable, fine [fellow]; **2** great, smashing
toffee toffee
toffel *zie* pantoffel
toffelzaag tenon saw
toga 1 gown, robe, toga; ~ *en bef* bands and gown; **2** *(soutane)* cassock
***toges** *(Wdl: togus)* backside
toilet 1 toilet; ~ *maken* make one's toilet, dress (up); *veel* ~ *maken* take a good deal of trouble with one's toilet; *een beetje* ~ *maken* make o.s. look a bit smart; *in groot* ~ in full dress, *(fam)* in full feather, in full fig; **2** *(~tafel)* toilet (table), dressing table; **3** *(wc)* WC, toilet, lavatory, *(mannen~)* men's (room), *(vrouwen~)* ladies' (room); *(fam)* loo; *(Am)* bathroom, restroom, washroom; *openbaar* ~ public convenience; *(mannen~)* gents; *(vrouwen~)* ladies
toiletartikelen, toiletbenodigdheden toiletries, toilet requisites
toiletemmer slop bucket
toiletgarnituur toilet set
toiletjuffrouw lavatory attendant
toiletnecessaire dressing case
toiletpapier toilet (*of:* lavatory) paper, *(Am)* bathroom tissue
toiletspiegel toilet mirror; *(groot, draaibaar)* cheval glass
toiletstel toilet set
toilettafel dressing table
toilettasje sponge bag
toiletteren trim [a dog, horse]; *zich* ~ make one's toilet, dress
toiletzeep toilet soap
tok 1 *~! ~!, (ve kip)* cluck! cluck!; **2** *(sp sl)* box
tokayer Tokay (wine, grape)
Tokio Tokyo
tokkelen *(op)* pluck, touch [the strings, the guitar, etc]; *(onbeholpen)* thrum, strum
tokkelinstrument plucked instrument
tokken cluck
toko 1 (general) store; **2** business, job
tokohouder *(Ind)* storekeeper, general dealer
tol 1 *(op weg, enz)* toll [bar, bridge, collection, gate]; *(schatting)* toll, tribute; *(fig)* toll [the epidemic took a heavy toll of human life]; *de ~ aan de natuur betalen* pay the debt of (*of:* to) nature; ~ *heffen* levy (take) toll [*van* on]; **2** *(douanerechten)* customs, duties, tariffs; **3** *(~boom, ~hek)* turnpike; *(~huis)* tollhouse; **4** *(speelgoed)* top, *zie ook* staan, enz
tolerabel tolerable

---

zie voor sam met *toe-* ook *dicht-, ineen-, samen-*

tolerant tolerant
tolerantie 1 toleration; **2** *(med, techn)* tolerance
tolereren tolerate; *zie ook* dulden
tolgeld toll (money)
tolhuis toll-house
tolk interpreter; *(fig)* mouthpiece
tolkantoor custom(s) house
tolken interpret, act as interpreter
tollen 1 spin (*drijftol:* whip) a top, play with a top; **2** *(tuimelen)* tumble; *in het rond ~* whirl (*of:* spin) round; *de slag deed hem ~* the blow sent him spinning
tollenaar *(bijb)* publican
tolmuur tariff wall
tolplichtig liable to toll (*of:* duty)
tolpoortje toll gate
Tolstojaans Tolstoyan
tolueen toluene
tolunie customs union
toluol toluene, toluol
tolverbond customs union
tolvlucht *(luchtv)* spin
tolvrij toll-free, free of duty, duty-free; *zie ook* gedachte
tolweg toll road; *(Am & hist)* turnpike (road)
tomaat tomato [juice, ketchup, purée, salad, sauce, soup]
tomahawk tomahawk
tombak tombac, tombak
tombe tomb
tombola tombola
tomeloos unbridled, unrestrained, ungovernable
tomen bridle, put a bridle on [a horse]; *(fig)* bridle, curb, restrain
tomografie tomography
tompoes, tompouce 1 *(paraplu)* Tom Thumb (umbrella); **2** *(gebak)* millefeuille(s)
ton 1 cask, barrel, tun, butt; *Diogenes in zijn ~ ...* in his tub; **2** *(gewicht of maat)* (metric; register) ton; *(metrische ~)* tonne; **3** *(boei)* buoy; **4** *(bedrag)* a hundred thousand euro's (guilders)
tonaal tonal
tonaliteit tonality
tondel(doos), tonder(doos) tinder(box)
tonder tinder
tondeuse (pair of) clippers, hair-clippers
toneel 1 *('planken', toneelwezen)* stage; *(voor film)* set, set scene; *(onderdeel v bedrijf)* scene; *het eigenlijke ~, (vs variété, operette, enz)* the legitimate stage; *het ~ ten tijde van Kon. Elizabeth* the Elizabethan stage; ***bij** het ~ zijn (gaan)* be (go) on the stage; ***op** het ~* on the stage, before the footlights; *hij is verzot op het ~* he is stage-struck; *een stuk **ten** tonele brengen* produce (stage, put on) a play; *ten tonele verschijnen* appear on the stage, come on, enter; *(fig)* appear (enter) on the scene; *weer ten tonele verschijnen, (ook fig)* re-enter; *ten tonele voeren* put [an event, a character] (up)on the stage; ***van** het ~ verdwijnen, (ook fig)* make one's exit, make one's (last) bow, disappear from the stage, drop out of the picture; *zie ook* bewerken; **2** *(fig)* theatre, scene; *zie ook* oorlogstoneel; *het ~ van zijn heldenmoed* the scene of his heroism; *een verschrikkelijk ~* a terrible scene
toneelaanwijzing stage direction
toneelachtig theatrical, stagy
toneelbeeld scenic design
toneelbenodigdheden stage properties; *(fam)* props
toneelbewerking dramatic version [of a novel], stage adaptation
toneelcensuur dramatic censorship
toneelclub dramatic society, [amateur] theatre group
toneelcriticus drama(tic) critic
toneeldichter dramatic poet; *zie ook* toneelschrijver
toneeldirecteur theatrical manager
toneeleffect stage effect
toneelgezelschap theatrical (theatre) company, troupe; *(v amateurs)* theatre group
toneelgordijn (stage) curtain
toneelheld(in) stage hero(ine)
toneelkijker opera glasses
toneelknecht stage hand, scene-shifter
toneelkoorts stage fright
toneelkritiek dramatic criticism
toneelkunst dramatic art, stagecraft
toneellaars buskin
toneelleider producer, stage manager; *(bij revue, enz)* compère
toneelmatig theatrical
toneelmeester property and lighting manager, stage manager
toneelnaam [her] stage name
toneelrecensent drama(tic) critic
toneelregie stage management
toneelrekwisieten stage properties, *(fam)* props
toneelscherm 1 (stage) curtain, (act) drop; **2** *(coulisse)* side scene
toneelschikking stage setting, mise en scène, get-up, staging [of a play]
toneelschilder scene (*of:* stage) painter
toneelschool dramatic (drama) school; *Koninklijke ~* Royal Academy of Dramatic Art
toneelschrijver playwright, dramatist, playwriter
toneelseizoen theatrical season
toneelspeelster actress
toneelspel 1 acting; *(fig)* play-acting; **2** (stage) play
toneelspelen act; *(inz fig)* play-act
toneelspeler actor, player; *(fig)* play-actor; *~ worden* go on the stage; *~-directeur* actor manager
toneelstuk (stage) play; *~je* playlet
toneeltoren stagehouse
toneeltruc stage trick
toneeluitvoering (stage) performance, show
toneelverandering scene shifting
toneelvereniging dramatic society

toneelverlichting stage lights
toneelvoorstelling theatrical performance
toneelwezen stage
toneelzolder *(rollenzolder)* grid; *(werkzolder)* fly floor, flies
tonelist(e) dramatic artist
tonen show; *(aan de dag leggen, ook)* display, exhibit, manifest; *(aantonen, ook)* prove, demonstrate; *(als model, ook)* model [a Cartier necklace]; *moed ~* show (display) courage; *zich een waar vriend (trouweloos, enz) ~* prove (show) o.s. a true friend (faithless, etc); *het toont heel wat* it makes a fine (a great) show; *hij moest ~ wat hij kon* he was put through his paces
tong tongue *(ook land~ & v balans, gesp, schoen, vlam); ~etje, (ook)* tonguelet; *(ve orgel, ook)* languet; *(vis)* sole; *(niet) het* ***achterste*** *van zijn ~ laten zien* speak one's true mind (refrain from committing o.s.); ***boze*** *~en beweren dat …* it is maliciously suggested that …; *een* ***fijne*** *~* a delicate palate; *hij heeft een* ***gladde*** *~* he is very glib, has the gift of the gab; *een* ***kwade (losse)*** *~ hebben* have an evil (a loose) tongue; *een* ***ruwe*** *~* [have] a rough tongue; *een* ***scherpe*** *~* a sharp tongue; *de ~en in* ***beweging*** *brengen* set tongues wagging; *heb je je ~* ***ingeslikt?*** have you lost your tongue?; *iem de ~* ***losmaken*** loose(n) a p.'s tongue; *de ~en zijn los* the tongues are loosed; *zie ook* losraken; *zijn ~* ***sloeg dubbel*** he spoke thickly (with a thick tongue), his speech became slurred; *de ~* ***uitsteken*** put (stick) out one's tongue [*tegen* at]; *steek je ~ eens uit* just put out (show me) your tongue; ***met de ~ uit de mond*** with one's tongue (hanging) out; *hij klakte (klapte) met zijn ~* he clicked his tongue; *het lag mij* ***op*** *de ~* it was (I had it) at (on) the tip of my tongue; *ze ging* ***over*** *de ~* she had got herself talked about, was the talk of the town; *zie ook* hart, roeren, toom, zwaar
tongband *zie* tongriem
tongbeen tongue-bone, *(wtsch)* hyoid (bone)
tongblaar *(veeziekte)* glossanthrax
tongenworst tongue sausage
Tongeren Tongres
tongewelf barrel vault
tongklank lingual (sound)
tongklier lingual gland
tongkus French kiss
tongontsteking glossitis
tongpijp reed pipe
tong-r lingual r
tongriem string (*of:* fraenum) of the tongue; *zij is goed van de ~ gesneden* she is very voluble, she has plenty to say for herself
tongschar *(vis)* lemon sole
tongscheet raspberry
tongtepeltje papilla (*mv:* -lae) of the tongue, lingual papilla
tongval 1 accent; **2** dialect
tongvormig tongue-shaped, linguiform
tongwerk *(ve orgel)* reed stop; *zijn ~ roeren, zie* roeren
tongzoen French kiss
tonic tonic (water, quinine)
tonica tonic, keynote
tonicum tonic
tonijn *(vis)* tunny, tuna [sandwich]
tonisch tonic
tonkaboom tonka
tonkaboon tonka bean
tonmolen Archimedean screw
tonnage tonnage, burden
tonnen *ww* barrel
tonnenboei barrel buoy
tonnengeld tonnage (dues)
tonneninhoud, tonnenmaat tonnage, burden
tonner: *een 2000-~* a 2000-tonner
tonnetje 1 (small) cask; *zie* ton 1; **2** *(pers)* roly-poly, tubby little person; **3** cocoon
tonometer tonometer
tonometrie tonometry
tonrond tubby, roly-poly
tonrondte *(ve weg, enz)* camber
tonsil tonsil
tonsillectomie tonsillectomy
tonsillotomie tonsillotomy
tonsuur [receive the] tonsure
tontine tontine
tonus tonus, tone
tonvormig: *~e vertekening* barrel distortion
toog I *zn* **1** *(bk)* arch; **2** *(kleed)* cassock, soutane; **3** bar; counter; **II** *ww ovt van* tijgen
toogdag open day
tooi ornament(s), decoration(s), [rich] attire; *(opschik)* finery
tooien adorn, decorate, deck (out), bedeck, dress out, array; *zie ook* vlag
tooisel *zie* tooi
toom 1 bridle, reins; *een ~ aanleggen* put a bridle on [a horse]; *in ~ houden* keep (hold) in check, control; *streng in ~ houden* keep a tight rein on [one's tongue], put a sharp curb (up)on; *hij kan zijn tong niet in ~ houden* his tongue runs away with him; **2** *(kippen)* brood [of hens]; *(biggen)* farrow
toon 1 tone; *(klank)* sound; *(~hoogte)* pitch; *(klem~)* accent, stress; *(fig)* tone [of a speech, book, etc], note [a note of fear in her voice, the engaged tone is a repeated single note]; *(schilderk)* tone; *tonen, (ook)* strains [the strains of an orchestra]; *de goede ~* good manners; *~tje, (ook)* arrogant tone; *de ~* ***aangeven, zetten*** give the key, give (strike) the keynote; *(fig)* set the tone, take the lead [in conversation], set the fashion; *een ~* ***aanslaan*** strike a note; *een (hoge) ~ aanslaan, (fig)* be high and mighty, mount (*of:* ride) on one's high horse; *een vijandige ~ aanslaan* strike a hostile note; *een andere ~ aanslaan* change one's tune, sing another tune; *~* ***houden*** keep tune; *een ~tje* ***lager*** *zingen* sing small(er),

sing another tune, pipe down, climb down; *een ~tje lager laten zingen* take a p. down a peg or two, cut a p. down to size; *de juiste ~ **treffen*** strike the right note; ***op** vriendelijke (hoge, enz) ~* in a kind (high, etc) tone (voice); *op hoopvolle ~* [end one's speech] on a note of hope; *op dezelfde ~, (ook)* [continue] in the same strain; ***uit** de ~ vallen* jar, clash, be out of tune [with one's surroundings]; **2** *ten ~ stellen, enz, zie* tentoonstellen, enz; **3** *(teen)* toe

toonaangevend leading, prominent [critic], trend-setting

toonaard key; *in alle ~en* in every way, [deny] emphatically, [I told him so] over and over again

toonafstand interval

toonas capstan

toonbaar presentable, [not, no longer] fit to be seen

toonbank counter; *onder de ~ verkopen, (clandestien)* sell under the counter; *drank over de ~ verkopen* sell spirits across (*of:* over) the counter

toonbeeld model, pattern, paragon [of virtue]; *een ~ van gezondheid* [look] the (very) picture of health

toonbrood *(bijb)* shewbread

toondemper mute, damper, sordino

toonder *(ve cheque, enz)* bearer; *~ dezes* bearer; *aan ~* [cheque] to bearer

toondichter (musical) composer

toongeslacht *zie* toonaard

toongevend leading

toongever leader, arbiter [of fashion]

toonhoogte [concert] pitch

toonkamer showroom

toonkast showcase, show-window

toonkleur tone colour

toonkop 1 (pick-up) head; **2** tape head

toonkunst music

toonkunstenaar, toonkunstenares composer, musician

toonladder scale

toonloos *(vd stem)* toneless; *(fon)* unaccented

toonregeling tone control

toonschaal 1 scale; **2** *(v schilderij)* palette

toonsoort key, tonality; *(modus)* mode

toonsterkte strength (intensity) of (a) sound

toonteken *(fon)* accent, stressmark

toontrap 1 degree (of a scale); **2** interval

toonval cadence, modulation

toonvast keeping tune; *~ zijn* keep tune

toonzaal showroom

toonzetten set to music; *zie ook* toon 1: de ~ zetten

toonzetter music composer

toonzetting setting (to music), (art of) musical composition

toop topos (*mv:* topoi)

toorn anger [*over* at]; *(lit)* wrath, ire, choler; *goddelijke ~* divine wrath

toornen fulminate [against]

toornig angry, irate, wrathful; *zie ook* boos

toornigheid *zie* toorn

toorts 1 torch; *(bij mist, enz, hist)* link; **2** *(plant)* mullein

toortsdrager torch-bearer; *(bij mist, enz, hist)* link-boy

toortslicht torchlight

top I *zn (alg, ve boom, hoogtepunt, enz)* top; *(ve berg)* top, peak, summit; *(ve vinger, neus)* tip; *(ve golf)* crest; *(ve driehoek, kegel)* apex; *(tol)* top; *(ve organisatie)* top management; *(in sam: hoogste, enz)* top [capacity, condition, income, lawyer, etc]; *vgl de sam & zie* toppunt; *~je, (kleding)* [bikini] top; *het ~je van de ijsberg* [it is merely] the tip of the iceberg; ***aan** de ~ rood gekleurd* tipped with red, red-tipped; *met de vlag **in** ~* with the flag at masthead (at full-mast); *met een koepel **op** de ~* [a tower] surmounted by (with) a cupola; *op en ~* [satisfied] in every way; every inch [a gentleman]; *zie* op: ~ en top; *hij is **over** zijn ~, (sp sl)* he is over the hill; *de zuinigheid **ten** ~ voeren* carry economy to extremes; *de geestdrift steeg ten ~* enthusiasm mounted to the highest pitch; ***van** ~ tot teen* from head to foot, from top to toe, [armed] at all points, [armed] cap-à-pie; *iem van ~ tot teen bekijken* look a p. up and down; **II** *tw: ~!* done!, agreed!, it's a bargain!, it's a go!, I am on!, I'm with you!, taken!

topaas topaz

topasoliet topazolite

topconditie peak condition

topconferentie summit conference

topfiguur leading figure; *(mv ook, fam)* top brass

topfit fighting fit

topfunctie top (*of:* leading) position

topfunctionaris principal (senior, top) executive

topgevel gable

topgewelf cupola

tophit smash hit

tophoek vertical angle

topinamboer Jerusalem artichoke

topisch topical; *(med ook)* local

topjaar peak year

toplicht *(mar)* masthead light

***toplokatie** *(Wdl: toplocatie)* prime site

topman top executive, [banking] chief

topmerk *(handel)* leading brand

topograaf topographer

topografie topography

topografisch topographic(al); *T~e Dienst, (Br, Ir)* Ordnance Survey; *~e kaart* topographical map; *(voor mil doeleinden)* ordnance (survey) map

topologie topology

topoloog topologist

toponiem toponym

topos topos (*mv:* topoi)

toppen 1 top, head [trees]; **2** *(mar)* peak [a yard *ra*]; **3** *zie* tollen

topper 1 tufted bird; **2** scaup (duck); **3** *(sp)* topper

toppereend scaup (duck)

topprestatie record (performance); all-out effort; *(v*

productie) maximum possible output, peak productivity

toppunt **1** *(algem) zie* top; **2** *(meetk)* apex, vertex (*mv ook:* apices, vertices); **3** *(culminatiepunt)* culminating point; *(zenit)* zenith; **4** *(fig)* culminating point, acme, apex, zenith [at the zenith of his career], summit, pinnacle, climax, height [the height of her ambition]; *het ~ van dwaasheid* the height of folly, the crowning folly; *het ~ van krankzinnigheid* [it is] sheer (*of:* midsummer) madness; *het ~ van geluk* the acme of bliss; *het ~ van onbeschaamdheid* the limit of impudence; *het ~ van weelde* [the room was] the last word in luxury; *het ~ bereiken* reach the pinnacle (acme, zenith) [of one's fame]; *[het werk] waarin zijn genie het ~ bereikte* in which his genius culminated; *dat is het ~* that's the limit (the last straw), that puts the tin lid on it (beats the band, takes the cake)

topsnelheid top speed

topsport top-level sport(s)

topstandig *(plantk)* apical

topvorm top form; *in ~, (ook)* at the top of one's form

topzeil topsail

topzwaar top-heavy

toque **1** *(stof)* toque; **2** *(sp sl)* box

tor beetle; *gouden ~* rose-chafer, rose-beetle

torderen twist

toreador toreador, bullfighter

toren **1** tower, *(kerk~ met spits)* steeple; *(klokken~)* belfry; *(grote slot~)* donjon; *(geschut~)* turret; *~tje, (ve kasteel, bijv)* turret; *met ~tjes* turreted; **2** *(schaakspel)* rook, castle; *zie ook* blazen

torenblazer watchman (on a tower)

torenen tower

torenflat tower block, high-rise (block of flats)

torengarage multi-storey car park

torengebouw skyscraper, high-rise (block)

torenhoog towering; mountainous [waves]; astronomical [insurance premiums]; *~ uitsteken boven, (ook fig)* tower above

torenkauw jackdaw

torenklok **1** church bell; **2** tower clock

torenkraan tower crane

torenschijf *(techn)* stepped cone

torenspits spire

torenspringen highboard diving

torenuil (dark-breasted) barn owl

torenvalk kestrel, windhover

torenwachter watchman (on a tower)

torenzwaluw swift

torero torero, bullfighter

tormenteren torment

tormentil *(plant)* tormentil, septfoil

torn **1** rip, rent, tear; **2** *een hele (een zware) ~* a tough job

tornado tornado (*mv:* -does)

tornen **I** *tr* unstitch, unpick, rip (open); **II** *intr* **1** come unsewn (unstitched) [your coat has come unsewn]; **2** *~ aan* meddle (*of:* tamper) with; *torn daaraan niet* don't meddle with it, leave it as it is; *daar valt niet aan te ~* it is unalterable, there is no getting out of it; *aan een besluit (schikking) ~* go back on a decision (an agreement)

tornmesje ripper

tornooi, enz *zie* toernooi, enz

torpederen torpedo (*ook fig:* a plan), *(fig)* wreck, scupper [a plan]

torpedo torpedo [boat, net]; *(vis, ook)* electric ray, numb-fish

torpedojager destroyer

torpedolanceerbuis torpedo tube

tors torso (*mv:* -sos)

torsen **1** bear, carry (with difficulty); **2** twist

torsie torsion [balance, bar, spring]; *(mech)* torque [meter]

torso torso (*mv:* -sos)

tortel(duif) turtle-dove *(ook fig); zie ook* Turks

tortilla tortilla

torus torus

Toscaan(s) Tuscan

Toscane Tuscany

Toscaner Tuscan

tosti toasted sandwich

tot **I** *vz* **1** *(v tijd)* till [four o'clock], until, to; *(v plaats)* as far as, (up) to; *helemaal ~* right up to [the river, midnight]; *~ aan de borst* breast-high [in water]; *~ aan de knieën (enkels, enz)* knee- (ankle-, etc) deep, up to one's knees (ankles, etc); *~ aan het hek* as far as the gate; *~ aan de grond* down to the ground; *~ **beneden** de knieën* [reach] below the knees; *~ **boven** 30°* [the thermometer rose] to above 30°; *~ boven toe* [his coat was buttoned] up to the top; *dat is ~ **daar** aan toe, maar ...* that is one thing, but ...; *dat is nog ~ daar aan toe* so far so good; *~ **hier** (toe) [en niet verder]* thus far [and no farther]; *~ **hoe** ver?* how far?; *~ **in** de nacht lezen* read far into the night; *het geluid drong door ~ in de kamer* the ... into the room; *~ in het roekeloze* [bold] to recklessness; *~ **en met*** up to and including [June 5], up to [June 5] inclusive, [we are staying here] over [Easter Monday], *(Am)* through [June 5]; *~ en met 100 g* [inland letter post] not over 100g; *zie ook* tot-en-met; *~ **morgen** (enz)!* goodbye till tomorrow (till Monday, etc)!, see you (again) tomorrow (on Monday, etc)!; *zie* ziens; *~ **nu** toe* up to now, till now; *ik heb hem ~ nu toe niet gezien* so far I have not seen him; *~ **op** deze dag* to this day, up to now; *~ op een dag* [she knew his age] to a day; *~ op een duim* to an inch; *~ op de huid* [wet] to the skin; *~ op een diepte van ...* to a depth of ...; *~ op enkele mijlen van de stad* [he came] to within a few miles of the town; *~ op enkele ponden* [I can tell you] to within a few pounds; *iem ~ op de laatste cent uitzuigen* bleed a p. to the uttermost farthing; *~ **vijf keer** toe* [he refused] as many as five times; *~ **waar?*** how far? where to?; *~ **wanneer?*** till when?; *~ die tijd* till then; *~ **zelfs*** [he threw away everything] even to [his hat]; *zie ook* eeuwigheid, macht, nauwkeurig, straks, tellen, van, enz; **2** *(gevolg; als)* as, for, to; ~ *vriend* ***kiezen*** choose for (as) a friend; ~ *koning* ***kronen*** crown [a p.] king; ~ ***vader*** [have a footman] for father; ~ ***vrouw*** [he had a charming lady] for a wife; ~ *vrouw nemen* take to wife; **II** *vw* till, until

totaal I *bn* total; overall [length, width]; *een totale mislukking* a complete failure; *een totale vreemdeling* an utter stranger; *(aangenomen) ~ verlies, (verzekering)* (constructive) total loss; *totale oorlog* total war; **II** *bw* totally, utterly [unlike, impossible]; ~ *van geen nut* [it is] no earthly use; ~ *geen begrip van ...* no notion at all of ...; ~ *op* [I am] dead beat; ~ *uitgeput, (ook)* completely exhausted; *zie* helemaal; **III** *zn* total, sum total (*ook fig:* the sum total of my experiences), total amount, [goal] aggregate; *algemeen ~ (~ generaal)* grand total; *(in) ~* in all, altogether, [ten] all told; *in ~ bedragen* total, aggregate [50 pounds]

totaalbedrag overall picture

totaalbeeld total amount, sum total

totaalindruk general impression

totaalkosten, totaalprijs all-in cost

totaalscore aggregate (score) [Monaco go through on aggregate]

totaaltheater total theatre

total: *mijn auto is ~ loss* my car is a complete write-off

totalisator totalizator, *(fam)* tote

totaliseren total, totalize, *(fam)* tot up

totalitair totalitarian [state]

totalitarisme totalitarianism

totaliteit totality

totaliter totally

totdat till, until

totebel 1 square net; **2** *(pers)* slattern, slut, [an old] frump

totem(isme) totem(ism)

totempaal totem pole

tot-en-met: *een huichelaar ~* an out and out hypocrite; *gierig ~* stingy through and through; *zie* tot I.1: ~ en met

toto *(fam)* tote; [football] pool(s)

totok 1 *(Ind)* pure-blooded Dutchman or European; **2** *zie* groen II.3

totstandbrenging bringing about, realization, implementation, accomplishment

totstandkoming realization; *(ve wet)* passage, passing

touchant touching

touche touch

toucher *(muz)* touch

toucheren 1 touch [money], draw [a salary]; **2** *(med)* examine internally

touperen back-comb, *(Am)* tease

toupet toupee, toupet

tour tour, trip; trick; *zie* toer; ~ *de force* tour de force, feat (of strength)

touringcar (motor) coach, sightseeing (touring) coach

tournee tour (of inspection); round; *op ~* [be, go] on tour, on the road; *een ~ maken in* tour [Australia]

tourniquet 1 turnstile; **2** *(med)* tourniquet

tournure bustle

tout court [socialism] pure and simple

touw 1 *(dik)* rope; *(minder dik)* cord; *(dun)* string, twine; *~tje* bit (piece, length) of string; *(ve hond)* [put your dog on the] lead; *de ~tjes in handen hebben* pull the strings, run the show; *(vd beurs)* hold the purse strings; *~ slaan* make (*of:* twist) ropes; *~tje springen* skip, *(Am)* jump rope; *zie ook* lijn 4: ~tje; *ik kan er geen ~ aan vastmaken (vastknopen)* I cannot make head or tail of it; *er is geen ~ aan vast te maken* it does not make sense; ***met*** *~en (vast)binden* rope; **2** *(weefgetouw)* loom; ***in*** *~ zijn* be in harness; *de kleine houdt me de hele dag in ~* the baby keeps me on the go all day; ***op*** *~ zetten* set [s.t.] on foot, get up [a party], plan [a cycling tour], stage [a hoax staged by a newspaper], start [a scheme], float [a company], put [a novel] on the stocks, engineer [a plot, an agitation], launch [an enterprise, a press campaign], mount [an exhibition]; *het zaakje was mooi op ~ gezet* the affair was beautifully stage-managed (staged, orchestrated); *zij die het gedoe op ~ gezet hebben* the people who run that racket; *wat hij ook op ~ zet, (ook)* whatever he tries his hand at

touwbaan rope-walk

touwbeker corded beaker

touwen I *ww (leer)* curry, dress, taw; **II** *bn* rope [soles]

touwladder rope ladder

touwslager ropemaker

touwslagerij ropeyard, ropery

touwtjespringen *zn* skipping, *(Am)* jump rope, jump roping

touwtrekken *zn* tug of war; *(fig ook)* struggle [for power]

touwwerk cordage, ropes; *(mar)* rigging

t.o.v. afk van **1** *ten opzichte van* compared to; with regard to; *zie verder* opzicht; **2** *ten overstaan van* in the presence of, before

tovenaar sorcerer, magician, wizard, enchanter

tovenaarster, tovenares sorceress, enchantress, witch

tovenarij *zie* toverij

tover enchantment, charm, magic

toverachtig magic(al), enchanting, fairy-like, charming

tovercirkel magic circle

toverdokter witch doctor, medicine man

toverdrank magic potion; *(minnedrank)* philtre

toveren practise witchcraft, work charms (*of:* magic); *(goochelen)* conjure, juggle; *iem geld uit de zak ~* conjure money out of a p.'s pocket; *te voorschijn ~* conjure up; *ik kan niet ~* I am no magician, I can't work miracles

toverfee fairy
toverfluit magic flute
toverformule magical formula, charm, spell, incantation
toverhazelaar American witch hazel, hamamelis
toverheks witch, sorceress, hag
toverij magic, witchcraft, sorcery, enchantment; *(goochelarij)* jugglery, conjuring
toverkasteel enchanted castle
toverkol witch, sorceress, hag
toverkracht magic, magic power, witchcraft
toverkring magic circle
toverkunst magic, magic art, sorcery, witchcraft
toverlantaarn magic lantern
tovermiddel charm, spell
toverprins fairy prince, Prince Charming
toverprinses fairy princess
toverslag: *als bij ~* as (as if) by magic, by the wave of the wand
toverspiegel 1 magic mirror, magic glass; **2** distorting mirror
toverspreuk incantation, charm, spell
toverstaf, toverstokje magic wand
tovertuin enchanted (*of:* fairy) garden
tovervierkant magic square
toverwereld enchanted (*of:* fairy) world
toverwoord magic word, spell
toxiciteit toxicity
toxicologie toxicology
toxicose toxicosis
toxicum toxic substance, toxicant
toxine toxin
toxisch toxic(al)
tra firebreak, fire line, *(Am)* fireguard
traag slow, indolent, inert, inactive; sluggish [river, pulse, liver]; dull (sluggish) [market]; tardy [progress]; *~ van begrip* dull (slow) of apprehension (comprehension), dense; *een trage betaler* a slow (tardy) payer; *een ~ vuurtje* a slow (sluggish) fire
traagheid slowness, indolence, sluggishness, sloth, dullness, tardiness; *(natuurk)* inertia, vis inertiae
traagheidsmoment moment of inertia
traagheidsvermogen *(natuurk)* inertia
traagwerkend sluggish [liver]
traan 1 tear; *tranen storten* shed tears; *tranen verwekken* draw tears; *hij zal er geen ~ om laten* he won't shed any tears over it; *de tranen kwamen (sprongen) haar in de ogen, haar ogen schoten vol tranen* tears came (started, sprang) to (welled up in) her eyes, her eyes filled (with tears); *haar ogen stonden vol tranen* her ... were brimming with tears; *in tranen (badend)* (bathed, drowned) in tears; *in tranen uitbarsten* burst into tears; *op het punt om in tranen uit te barsten* on the verge of tears, near tears; *met (onder) tranen* with tears, tearfully; *tot tranen geroerd (bewogen)* moved to tears; *tot tranen brengen* reduce to tears; *zie ook* lachen, schreien, tuit, wegsmelten, enz; **2** train-, fish-, whale-oil
traanbeen lachrymal (lacrimal) bone
traanbuis tear duct
traangas tear gas [bomb]
traangras Job's tears
traankanaal lachrymal (lacrimal) canal, tear duct
traanketel train oil copper
traanklier lachrymal (lacrimal) gland
traankokerij try-house; *drijvende ~* factory ship
traanogen: *hij traanoogde* his eyes watered
traanoog watering (weeping) eye
traanvocht lachrymal (lacrimal) secretion, tears
traanzak lachrymal (lacrimal) sac
tracé (ground) plan, trace [of a fortress, etc]; proposed route [of a motorway, etc]
traceerwerk *(bk)* tracery
traceren 1 *(nagaan)* trace; **2** *(aangeven)* trace (out) [the route]; plot (plan) [the line of a motorway]
trachea, trachee trachea
trachiet trachyte
trachoma, trachoom trachoma
trachten try, attempt, endeavour; *~ te krijgen* seek [further information]; *tracht wat vlugger te zijn* try to be (*fam:* try and be) a bit quicker; *~ naar, zie* streven
tractie traction; *elektrische ~, (ook)* electric haulage
tractor tractor
tractuur tracker action
trad *ovt van* treden
traditie tradition
traditiegetrouw true to tradition
traditionalist(isch) traditionalist
traditioneel traditional, time-honoured [customs], customary
trafiek 1 toil; **2** traffic; **3** bustle
tragedie tragedy
tragédien tragedian, tragic actor
tragédienne tragedienne, tragic actress
tragicus tragedian, writer of tragedies
tragiek tragedy; *zie ook* tragisch: het ~e ervan
tragikomedie tragicomedy
tragikomisch tragicomic; *het ~e ervan* the tragicomedy of it
tragisch *(vh treurspel)* tragic; *(treurig)* tragic(al); *het stuk eindigt ~, (ook)* the play ends on a note of tragedy; *het ~e ervan* the tragedy (tragical part) of it; *wat ~!, (ook)* the tragedy of it!
trailer trailer
trainen train, coach [a team]; *zich ~* train
trainer trainer, coach
traineren *(ve plan, enz)* hang fire, drag (on); *met iets ~* dawdle, keep putting a thing off, drag one's feet over ...
training training, practice, *(boksen, atletiek)* workout
trainingspak tracksuit
trainingsschoen trainer (shoe)
trait-d'union 1 hyphen; **2** intermediary, go-between
traite draft

traiterie catering firm
traiteur caterer
Trajanus Trajan
traject 1 *(ve weg, enz)* stretch, section; *(ve spoorlijn)* section; *(ve kanaal, rivier, ook)* reach; *(afgelegd ~)* stage, leg, lap, stretch, [the whole] route, *(door trein, boot, ook)* [the London-to-Crewe] run; *(overvaart)* crossing, passage; **2** *(afstand)* distance, [a long] haul
trajectkaart (single route) season ticket
trajectorie *(wisk)* trajectory
traktaat 1 *(verdrag)* treaty; **2** *(~je)* tract
traktatie treat [salmon is a real treat]
traktement salary, pay; *zie ook* salaris
trakteren I *tr* **1** treat [*op* to], regale [*op* with]; *~ op, (ook)* stand [a p. (*ook:* o.s.) a drink, a bottle, a dinner]; **2** *(behandelen)* deal with [a matter], serve [a p. in such a way]; *zie ook* aanpakken 3; **II** *intr* stand treat, stand drinks (a drink); *ik trakteer* this is on me, it's my treat, I'm standing treat
tralie bar; *(natuurk)* lattice; *~s, (ook)* grating, grille, lattice, trellis; *achter de ~s* behind bars, under lock and key
traliehek grille [of a lift, etc]; *(om gebouw)* railings; *(om kooi)* bars
traliën *ww* trellis, lattice, grate, bar [a barred passage]
tralievenster 1 barred window; **2** *(met kruislatten)* lattice window
traliewerk 1 trellis, lattice-work, grating, bars; **2** *(her) zie* treillis
tram tram(car), *(Am)* streetcar, *(met contactrol)* trolley(-car)
trambestuurder tram-driver, motorman
tramconducteur tram conductor
tramhalte tram stop
tramhuisje tram shelter
tramlijn 1 tramway, tramline; **2** *zie* tramrail
trammelant *(fam)* a shindy, rumpus; *een hoop ~* a lot of botheration
trammen go by (take the) tram
tramontane: *de ~ kwijtraken* lose one's bearings, be in a muddle; *de ~ kwijt zijn* be all at sea
trampoline trampoline
trampolinespringen trampolining
tramrail tramrail; *~s, (ook)* tramlines, tram-track
tramrijtuig, tramwagen tramcar, *(Am)* streetcar
tramweg tramway
trance trance [be in, go (send) into a trance]
tranche tranche, portion
trancheren, enz *zie* voorsnijden, enz
tranen *ww* water, run with water
tranendal vale of tears
tranenvloed flood of tears
trans pinnacle, battlement; *(omgang)* gallery; *(lit) zie* uitspansel
transactie 1 transaction, deal [a successful deal, a big rubber deal]; *een ~ afsluiten* conclude (effect) a transaction, *(fam)* do (bring off, make) a deal; **2** *(jur)* (out-of-court) settlement
trans-Alpijns transalpine
trans-Atlantisch transatlantic
transcendent(aal) transcendental
transcenderen transcend
transcript transcript
transcriptie transcription
transept transept
transfer transfer [fee *(bedrag)*, list, system]
transferabel transferable
transfereren transfer
transferium Park and Ride
transfiguratie transfiguration *(ook r-k)*
transformatie transformation, makeover
transformationeel transformational
transformator *(elektr)* transformer [coupling, station, winding]
transformeren transform; *zie ook* optransformeren & neertransformeren
transfusie transfusion
transgeen transgenic
transgressie [marine] transgression
transigeren temporize, trim, give and take
transistor transistor *(ook: transistorradio)*
transitie transition
transitief transitive
transito transit [duties, goods, port, trade, traffic]
transitoir transitory
Trans-Jordanië *(hist)* Transjordan
translateur: *beëdigd ~* sworn translator
translatie *(lit, r-k, wisk)* translation; *(jur)* transfer
translokatie translocation
transmigratie transmigration
transmissie transmission [line]
transmutatie transmutation
transparant I *bn* transparent, clear [varnish]; *zie ook* inzichtelijk; **II** *zn* **1** *(papier)* tracing paper; *(theat)* gelatine; **2** *(doorschijnbeeld)* transparency; *(voor reclame)* illuminated screen
transpiratie perspiration
transpireren perspire
transplantaat transplant
transplantatie transplant(ation)
transplanteren transplant
transponder transponder
transponeren transpose
transport 1 transport(ation), conveyance, carriage; *~ gevangenen* convoy of prisoners, prisoners under convoy; *tijdens het ~* in transit, during transport; **2** *(bkh)* carry-forward, amount carried (*of:* brought) forward; *per ~* carried forward
transportatie transportation
transportband conveyor (belt)
transportbedrijf haulage firm
transporteren 1 transport, convey, carry; **2** *(bkh)* carry (*of:* bring) forward
transporteur 1 transporter; **2** conveyor; **3** *(instru-*

ment) protractor
transportfiets bicycle carrier
transportkabel telpherage, telpher (line)
transportkosten cost of transport, transportation costs
transportschip transport (ship), troopship
transportschroef 1 feed scroll; **2** shipping bolt
transportvliegtuig transport plane
transportwagen *(open)* truck; *(gesloten)* van; *(mil)* park waggon
transportwezen [minister of] transport
transpositie transposition
transseksisme transsexualism
transseksueel transsexual
transsubstantiatie transubstantiation, [doctrine of the] real presence
Transsylvanië Transylvania
Transvaal the Transvaal
Transvaals Transvaal
Transvaler Transvaaler
transversaal I *bn* transverse; **II** *bn & zn* **1** *(verwant)* collateral; **2** *(wisk)* transversal
transvestiet transvestite
transvestitisme transvestism
trant manner, way, method, style, strain, vein [talk (write) in the same vein]; *in de ~ van* in (after) the style (manner) of; *naar de oude ~* in (after) the old fashion, in the old style
trap 1 *(schop)* kick; *iem een ~ geven* give (land) a p. a kick; *een hele ~, (per fiets)* quite a long ride; **2** *(trede)* step; *(al de treden)* stairs, staircase, flight of stairs; *(mar)* stairway; *(geheim)* backstairs; *open ~* skeleton stairs; *de ~ op (af) gaan* go upstairs (downstairs), up (down) the stairs; *zie ook* trede; *~pen lopen* go upstairs and downstairs; *twee ~pen opgaan* ascend two flights of stairs; *de schilderij hangt op de ~* the ... on the staircase; *van de ~pen vallen* fall downstairs; *hij is van de ~ gevallen, (fig)* he has just had his hair cut; **3** *(ve raket)* stage; **4** *(fig)* step, degree, plane [a high plane of intelligence; on the mental plane of schoolboys]; *~pen van vergelijking* degrees of comparison; *op deze ~ van beschaving* at this stage of ...; *van ~ tot ~* by degrees, little by little; *met ~pen, zie* getrapt; *zie ook* boven, hoog: vier ~, enz; **5** *zie* trapladder & trapgans
trapas *(ve fiets)* crank axle, bracket axle
trapauto pedal car
trapeze trapeze
trapezewerker trapezist, trapeze artist
trapezium 1 trapezium, *(Am)* trapezoid; **2** *(gymn)* trapeze
trapeziumvormig, trapezoïde trapezoid, *(Am)* trapezium
trapfiets pushbike, pedal cycle
trapgans bustard
trapgat 1 well; **2** stair opening
trapgevel step-gable, (crow-)stepped gable, corbie-gable, corbie-steps
traphekje stair gate
trapladder, trapleer stepladder, (pair of) steps
trapleuning banisters *(mv); (stang, waarlangs de hand glijdt)* handrail
traploos stepless; variable; continuous
traploper stair-carpet
trapnaaimachine treadle sewing machine
trapneus nosing
trappelen trample; *(v ongeduld, enz)* stamp [the horse stamped and pawed]; *ze trappelde van ongeduld, enz, (ook)* she tapped her foot, *(oneig)* she couldn't bear to wait, couldn't wait to go, etc; *ik sta er niet om te ~* I'm in no hurry for it, I'm not at all keen; *vgl* trappen
trappelzak (baby's) sleeping bag
trappen 1 *(treden)* tread [clay, water, grapes]; blow [the organ]; treadle [a sewing machine]; *(op fiets)* pedal; *de maat ~* beat time with one's foot; *~ op* step (tread, trample) on; *hij trapte erin, (fam)* he fell for it; *iem op de hielen ~* tread on a p.'s heels; *vgl* treden & *zie* inlopen 4: er ~; **2** *(schoppen)* kick [*naar* at]; *hij wou zich niet laten ~* he wasn't going to take it lying down; *kapot ~* kick to pieces; *tegen een bal ~* kick a ball (about); *iem er uit ~* kick a p. out, *(fam)* give a p. the boot, fire a p. [*zo ook:* get the boot, get fired]; *zie ook* teen, enz
trappenhuis staircase, stairs
trapper 1 treadle; *(ve fiets)* pedal; *(pers)* treader; **2** *(vallenzetter)* trapper
trappist Trappist [monastery]
trapportaal (stair) landing; *(halverwege)* half(way) landing
trappsalm gradual (psalm)
traproede stair rod
trapsgewijs, trapsgewijze I *bn* gradual, step-by-step [development]; **II** *bw* stepwise, step by step; *(fig)* step by step, gradually, by degrees
trapstarter kick-starter
trapvormig ladder-like, scalariform
trapzang gradual
tras trass [mortar]
trasraam damp(-proof) course
trassaat drawee
trassant drawer
trasseren draw [a bill]
trassi fish *(of:* prawn) paste (cakes)
trauma trauma
traumatisch traumatic
traumatiseren traumatize
traumatologie traumatology
travee bay
travellerscheque traveller's cheque, *(Am)* traveler's check
traverse traverse
traverseren traverse
traverso traverso
travertijn travertine
travesteren travesty

travestie *(transvestitisme)* transvestism; *(man als vrouw, ook)* drag [artiste, show]; *(fig)* travesty
travestierol male (female) impersonation; *speler (speelster) van ~* female (male) impersonator
travestiet transvestite
trawant 1 moon, satellite; **2** *(fig)* henchman
trawler trawler
trawlnet trawl (net)
trechter funnel; *(ve molen, enz)* hopper; *(granaat~)* crater, shell-hole; *zie ook* ingieten
trechtermonding estuary
trechtervormig funnel-shaped
tred step, pace, tread, gait; *gelijke ~ houden* keep step (*of:* pace); *gelijke ~ houden met, (ook fig)* keep in step with, keep abreast of (*of:* with); *met vaste ~* with a firm step
trede 1 *(ve trap)* step; *(ve ladder)* rung; *(ve rijtuig)* step; *(ve naaimachine)* treadle; *de trap met twee ~n tegelijk opgaan* go up (take) the stairs two at a time; *de bovenste (hoogste) ~, (fig)* the top of the tree; **2** *(stap)* step, pace
treden I *intr* tread, pace, walk, step; *nader ~* approach; ***aan** het venster ~* go up to the window; ***in** iems rechten ~* acquire (enter into, *onrechtmatig:* usurp) a p.'s rights; *in de plaats ~ van* take the place of; *in bijzonderheden (nadere beschouwingen) ~* go (enter) into detail(s), go further into the matter; *in filosofische argumenten ~* embark on ...; *in het klooster ~* enter a monastery (convent); *daar kan ik niet in ~* I cannot accede to it, I am unable to fall in with that suggestion (proposal, your terms, etc); *of het al of niet mag, daar wil ik niet in ~* I am not discussing whether ...; ***naar** voren ~* come forward, *(op schilderij)* stand out; *~ **uit*** withdraw from [the League], resign from [the Board]; *zie ook* dienst, gericht, tussenbeide, enz; **II** *tr* tread; *zie ook* (ver)trappen & voet
tredmolen treadmill
tree *zie* trede
treeft(je) trivet
treekussen *(onder traploper)* stair pad
treem (mill) hopper
treeplank footboard, running-board
treezaag scroll-saw
tref chance, luck, lucky hit; *het is een ~ als je hem vindt* you'll be lucky if you ...; *wat een ~!* how lucky!, we are in luck!
trefcentrum 1 meeting place; **2** social centre
treffelijk respectable, decent
treffen I *ww* **1** *(raken)* hit, strike; *het **doel** ~* hit the mark; ***getroffen** hert* stricken deer; *door de bliksem getroffen* struck by lightning; *(fig)* hit [an area badly hit by floods], fall (up)on [the calamity which has fallen on the island]; *(door ramp) getroffen streek* stricken area; *zwaar getroffen* heavily hit [area]; *door een hartaanval (beroerte, enz) getroffen worden* suffer a coronary (a stroke, etc); *zij die door deze maatregel getroffen worden* those affected by ...; *een **ongeluk** trof hem* he met with an accident; *overal ~ ze het **oog*** they hit you in the eye everywhere; *u treft geen **schuld** (verwijt)* no blame attaches to you, you are not to blame; **2** *(**het** ~) hij heeft het goed (slecht) getroffen* he has been lucky (unlucky); *het trof gelukkig dat ...* it was lucky (a lucky thing) that ...; *wat treft dat ongelukkig!* how unfortunate that is!; *dat treft goed (prachtig)* that is lucky (splendid); how lucky!, we are in luck!; *we ~ het met het weer* we are lucky with ...; **3** *(bereiken:) een geluid trof zijn **oor*** a sound fell (up)on (struck) his ear; *het oor, enz (on)aangenaam ~, zie* aandoen; *een **overeenkomst** ~* come to (reach) an agreement; **4** *(aangrijpen)* move, touch; *zijn beleefdheid trof mij* his ... touched me; *zijn dood heeft me zeer **getroffen*** I was greatly shocked to hear of his death; strike [the imagination]; *ze waren zo getroffen door het voorval* they were so struck with the incident; *door een paniek getroffen* panic-stricken; **5** *(aantreffen)* meet (with), come across (*of:* on), fall in with; *iem **thuis** ~* find a p. in; *ik was bang, dat ik je niet zou ~* I was afraid I should find you out; *zie ook* toevallig; *het treft **op** een vrijdag* it falls on a ...; **6** *(doen lijken:) je hebt me **goed** getroffen, (fot)* you've caught (hit off) my likeness very well; *goed (moeilijk) te ~ zijn* photograph (take) well (badly); *zie ook* maatregel, toon, enz; **II** *zn* encounter, engagement, clash, fight; *(kort & vinnig)* brush
treffend striking [features, etc]; moving, touching; *een ~ verlies lijden* sustain a sad loss
treffer hit; toucher [in bowling]; *(fig) zie* tref; *een ~ plaatsen* score (register) a hit; *een volle ~* a direct hit
trefkans probability of hitting
trefpunt 1 meeting point, haunt [of expatriate artists], stamping ground [of American millionaires]; **2** *(mil)* point of impact
trefwoord catchword, entry-, key-, headword; subject heading
trefwoordencatalogus alphabetical subject catalogue, keyword catalogue
trefzeker accurate, etc; *vgl* trefzekerheid & schotvast
trefzekerheid accuracy, precision, effectiveness; *(mil)* accuracy of fire
treife tref
treil towline; *(net)* trawl (net); *met zeil en ~* lock, stock and barrel
treilen tow; *(met net)* trawl
treiler 1 trawler; **2** tug(boat); **3** trailer
treillijn towline
treillis *(her)* trellis
treilpad tow(ing) path
trein train *(ook mil)*; *(gevolg)* train, retinue, suite, following; *~ met kaartverkoop (en onbemande stations)* paytrain; *de ~ van 6 uur (van 5.40, van half acht)* the six o'clock (the five-forty, the half past seven) train; *een ~ naar (van) Londen* an up (a down) train; *de ~ **nemen** te* take (*inz Am:* board) the train at; *de ~ naar A nemen* take the A train, take the

train for A; *de ~ verlaten te* get out (alight from, get off the train) at; *we zullen* **aan** *de ~ zijn* we will meet the train; *het loopt* **als een** *~* it goes like a bomb; *er was geen restauratiewagen* **in** *de ~* there was no … in (on) the train; **met** *de ~ gaan* go by train; *vertrekken met de ~ van twee uur tien* leave by (*ook:* in, on) the two-ten (train); *iem* **naar** *de ~ brengen* see a p. to the station, see a p. off (on the train); *iem* **op** *de ~ zetten naar …* put a p. on (*inz Am:* on board) the train for …; *op een rijdende ~ springen, (fig)* jump (climb) on the bandwaggon; **van** *de ~ halen, zie* afhalen & spoorweg

treinbeambte railway employee

treinbeïnvloeding: *automatische ~* automatic (inductive) train control

treinbestuurder train driver; *(ve elektr trein)* motorman

treinbotsing train crash (smash)

treinconducteur (train) conductor

treindienst train service

treinen travel by rail; *vgl* sporen

treinenloop train service

treinmaterieel rolling stock

treinpersoneel *(ve bepaalde trein)* train staff, *(inz Am)* train crew; *(algem)* railwaymen

treinpont train ferry

treinreis train journey

treinstel train unit, coach unit

treintjespelen play (at) trains

treinverbinding train (*of:* rail) connection, rail link

treinverkeer railway traffic

treinvol trainload [of soccer fans]

treiter, treiteraar(ster) baiter, teaser

treiteren bait, badger [a p.], tease [the cat]; *vgl* sarren

treiterig *(ook)* nagging [naggingly slow]

trek 1 *(ruk)* pull, haul, tug; *(aan pijp, enz)* pull; *(in schoorsteen, tocht)* draught; *een paar ~ken* **doen** have (*of:* take) a pull or two [at one's pipe]; *er zit* **geen** *~ in de kachel* the stove does not draw well; **in** *één ~, (iets ophalen bijv)* at a haul; **op** *de ~ zitten* sit in a draught; **2** *(met pen)* stroke, dash [of the pen], *(zwierig)* flourish; *(fig:) in algemene ~ken* in general lines; *de grote ~ken* the broad lines [of a work]; *in grote (brede, vluchtige, korte) ~ken schetsen* sketch in (broad) outline; *in grote ~ken aangeven* outline [a plan, one's policy]; *de plechtigheid onderscheidde zich door vele intieme ~jes* the … was marked by many intimate touches; **in** *één ~, (bij het schrijven)* at one stroke; **3** *(vh gelaat)* feature; *er waren vermoeide ~ken om zijn mond* there were tired lines about his mouth; *met harde ~ken* hard-featured; **4** *(karaktertrek)* trait [of character], streak [of humour]; *een* **lelijke** *~ in zijn karakter* a bad trait in his …; **5** *(streek:) hij kreeg zijn ~ken* **thuis** his chickens came home to roost; **6** *(ve vuurwapen)* groove; **7** *(in kaartspel)* trick [make three tricks]; **aan** *zijn ~ken komen* make one's tricks; *(fig)* get one's share (one's due) (*niet …* not have a fair chance); **8** *(neiging)* mind, inclination; *(eetlust)* appetite; *~* **hebben** *(geven)* have (give) an appetite; *ik heb (krijg) ~, (ook, fam)* I feel (I'm getting) a bit peckish; *zie ook* eetlust; *(geen) ~* **in** *iets* **hebben** have a (no) mind for s.t.; *hij had ~ in zijn eten (lunch, enz)* he was hungry (for his lunch, tea); *ik heb geen ~ in* I have no appetite for [oysters]; *ik zou wel ~ hebben in een glas bier* I should not mind (could do with) a …; *alles waarin hij ~ heeft (krijgt)* [he may eat, buy, etc] anything he fancies (he likes, he takes a fancy to); *ik heb geen ~* **om** *ervoor op te draaien* I have no intention of carrying the can; *(zeer)* **in** *~* **zijn** be in (great) demand (favour), be very popular [*bij* with], be in vogue; **9** *(theat)* fly line; **10** *(het trekken)* migration [of birds; to the towns], drift [from the land; to London], rush [to the seaside], *(eig Z-Afr)* trek

trekautomaat slot machine, vending machine

trekbal *(bilj)* twist, screw

trekband *(in japon)* webbing

trekbank drawbench

trekbel bell with a bell pull

trekbij nomadic bee

trekdier draught animal, beast of draught

trekduif passenger (*of:* migratory) pigeon

trekfilm trailer

trekgat air-, vent-, draught-hole

trekgoed glasshouse (hothouse, forced) produce

trekhaak drawhook; *(aan auto, enz)* towing bracket

trekharmonica concertina

trekkas hothouse, forcing house

trekkast *zie* flipperkast

trekkebekken 1 bill and coo; **2** pull faces

trekkebenen drag a leg

trekken I *tr* **1** draw [a cart, line, figure, cheque, conclusion, moral], pull, trace [a line]; tow [a cyclist towed by a motor vehicle]; *(sleuren)* drag, lug; *een* **bal** *~, (bilj)* twist a ball; *de* **degen,** *enz ~* draw one's sword (a pistol), *(snel)* whip out [a revolver]; **draad** *~* draw wire; *een* **kies** *(tand) ~* pull out (extract) a tooth; *een kies laten ~* have a tooth out (pulled out, etc); *dat trek ik* **niet** I'm not equal to that; *een* **prijs** *~* draw a prize; **aan** *zijn pijp (sigaar, enz) ~* pull (puff) at one's pipe (cigar), draw on one's cigarette; *iem aan de haren (oren) ~* pull a p.'s hair (pull, tweak, a p.'s ears); *iem aan zijn mouw ~* pull (pluck) a p. by the sleeve; *de leiding aan zich ~* assume control; **bij** *elkaar ~* knock [two rooms] into one; **naar** *zich toe ~* draw to(wards) one; *iem* **op** *zij ~* draw a p. aside; *de pet (diep)* **over** *de ogen ~* pull one's cap down (low) over one's eyes; *zijn mes* **tegen** *iem ~* draw one's knife on a p.; *wij moesten het* **uit** *hem ~* we had to drag (worm, draw) it out of him; **2** *(aantrekken)* attract, draw [customers, big crowds]; *het stuk trekt veel* **publiek** the … draws big audiences; *hij (het) zal veel publiek ~* he (it) is a sure draw; *de botsautootjes ~ het meest* the dodgems are the biggest draw; **3** **salaris** *(loon, bijstand) ~* draw a salary (wages, income support); *een* **wissel** *~* draw a bill (of exchange); *zie ook* wissel; ***op iem*** ~, *(handel)* draw on a p.; **4** *(kweken)* force [plants]; **5** *(tekenen)* trace, draw; ***figuren in het zand*** ~ trace figures in the sand; **6** *(muz)* drag [a passage], drawl [the hymns were drawled]; **II** *intr* **1** draw, pull; *(v verband, kleding)* drag, pull; *(ve scheermes)* pull; ~ ***aan*** pull (tug) at, pull, give a pull at; *aan de bel* ~ pull the bell; *aan zijn snor* ~ tug (at) one's moustache; ~ ***in***, *(ve vloeistof)* soak (sink) into; ***met*** *zijn been* ~ drag one's leg; **2** *(krom ~)* warp, become warped; **3** *(v thee, schoorsteen, pijp, toneelstuk, acteur, enz)* draw; *(v thee, ook)* brew; *de **thee** laten* ~ let the tea draw; *laat de thee niet te lang* ~ do not stew the tea; **4** *(ergens heen gaan)* go, march, travel, hike, *(eig Z-Afr)* trek; *(v dieren, volksstammen)* migrate; *in een nieuw huis* ~ move into a ...; *wij zijn bij hem in huis getrokken* we have gone to live with him; *ze trokken bij haar ouders in* they moved in with her parents; ***door*** *de stad* ~ pass through the town; ~ ***langs*** file past [the coffin, the throne]; ***naar*** *het zuiden* ~ go (march, travel) south; *het onweer trok naar het oosten* the ... travelled east; ~ ***over*** cross [a stream]; ***uit*** *een huis* ~ move out of a house; **5** *(zenuwachtig ~)* [all his muscles] twitch; **6** *zie* tochten; **7** *(loten)* draw; ~ *wie zal geven, (spel, vglb)* cut for deal; ***om*** *iets* ~, *(loten)* draw lots for s.t.; *zie ook* aandacht, blaar, gezicht, lijn 1 & 5, monster, nut, partij, voordeel, enz

trekkenwand flown set

trekker 1 *(ve wissel, steun)* drawer; **2** *(pers)* hiker, backpacker, (youth) hosteller; **3** *(ve vuurwapen)* trigger; **4** *(ve laars)* tab; **5** *(ve huisbel)* bell pull; **6** ~ *met oplegger* tractor (truck) and trailer, articulated lorry, *(Am)* trailer truck

trekking 1 *(ve loterij)* drawing, draw; **2** *(zenuw~, enz)* twitch, convulsion; **3** *(in schoorsteen)* draught

trekkingslijst list of drawings, draw and prize list

trekkoord pull; *(ve tasje, enz)* drawstring; *(ve valscherm)* ripcord

trekkracht tractive (pulling) power, pull

trekletter flourished letter

treklijn towline, towrope, haulage rope

treklipje tab; *(ve blikje, vglb)* ringpull

treklucifer book-match

trekmes draw(ing) knife, draw-shave

trekmeter *(techn)* draught gauge

trekmier migratory ant

treknet dragnet, trawl

trekpaard draught horse

trekpad towpath, towing-path

trekpen ruling-pen

trekpleister vesicatory (blister), blistering plaster; *(fig)* magnet, draw, crowd-puller; *(geliefde)* sweetheart; *toeristische* ~ tourist attraction

trekpop jumping Jack

trekpot teapot

trekschakelaar pull-cord switch

trekschuit *(hist)* track boat (scoot), towed passenger boat; *met de* ~ *komen* be miles behind

treksel brew [of tea, etc]

treksluiting *zie* ritssluiting

trekspanning tensile stress

trekspier contractor, constrictor

trekstang drawbar; *(ve auto)* towing bar

treksterkte tensile strength

trekstoot *(bilj)* screw-back

trekstuk *(theat)* hit, draw

trektocht hiking tour

trektouw tow(ing) rope; *(ve valscherm)* ripcord

trekvaart ship canal

trekvastheid tensile strength

trekvogel bird of passage, migratory bird, migrant

trekweg towpath, towing-path

trekzaag cross-cut saw, whipsaw

trekzeel trace

trema diaeresis

trembleren *(muz: stem)* trill, *(instr)* play tremolo

tremel (mill) hopper

tremmen trim [coals]; *zie* trimmen

tremolo *(muz)* tremolo

tremor tremor

tremulant *(ve orgel)* tremulant

trend trend; pattern [of wage rises], current tendency; *met de trend mee (tegen de* ~ *in) gaan* follow (buck) the trend

trendgevoelig subject to (responsive to) current changes [of fashion, etc]

trendmatig following the current patterns (trends)

trens 1 *(lus)* loop; **2** *(toom)* snaffle(-bit), bridoon

trenzen *(mar)* worm

trepaneren trepan, trephine

tres 1 *(boordsel)* braid, lace; **2** *(haar)* tress, braid, plait, coil

treurbeuk weeping beech

treurbuis goggle-box, *(Am)* tube

treurdicht elegy

treurdichter elegist

treuren mourn, grieve, sorrow; ~ *over (om)* mourn for (over), grieve for (over), bewail, weep for [a p.], mourn [a loss, a p.'s death]; *de ~den* the mourners; *er werd weinig om hem getreurd* there was little mourning for him; *maar daar niet om getreurd* but never mind that; *zijn ~de ouders* his sorrowing parents; *zie ook* uitentreuren

treurig sad, mournful, sorrowful; *(jammerlijk)* sad, sorry [a sorry figure, sight, story], woeful [ignorance], miserable, pitiful; *het ~e ervan is ...* the sad part of it is ..., the tragedy (of it) is ...; *zie ook* toe & *vgl* euvel: de ~e moed hebben

treurlied *zie* treurzang

treurmars funeral (*of:* dead) march

treurmuziek funeral music

treurnis 1 sadness, sorrow; **2** misery, sad (sorry) state

treurroos weeping rose

treurspel tragedy

treurspeldichter tragic poet

treurspelschrijver tragedian, writer of tragedies
treurwilg weeping willow
treurzang 1 dirge, elegy, lament; **2** *(fig)* litany
treuzel, treuzelaar(ster) dawdler, dawdle, slowcoach, loiterer, slacker
treuzelachtig dawdling, slow [methods]
treuzelen dawdle [over one's work], loiter, linger [over one's dinner], (dilly-)dally, potter
trezoor, trezorie treasury
tri trichloroeth(yl)ene, trilene
triade triad
triakel theriac
triangel 1 triangle; **2** *(ve auto)* wishbone
triangulair triangular
triangulatie triangulation
trianguleren triangulate
triarchie triarchy
trias triad; *Trias* Triassic, Trias
triatleet triathlete
triatlon triathlon
tribaal tribal
tribade tribade
tribadie tribadism
tribologie tribology
tribulatie tribulation; *~s* misery, adversity
tribunaal tribunal, court of justice
tribune 1 *(ve spreker)* platform, tribune; rostrum; **2** *(voor publiek, verslaggevers, enz)* gallery; *(bij wedrennen, enz)* stand; *hoofd~* grandstand; *publieke ~, (Lagerhuis)* strangers' gallery
tribuun tribune
trichine trichina (*mv:* -nae)
trichineus trichinous
trichinose trichinosis
trichlooreth(yl)een trichloroeth(yl)ene, trilene
trichoom *(plantk)* trichome
triclien triclinic
tricolore tricolour
tricot 1 *(stof)* tricot; **2** *(trui)* jersey; **3** *(maillot)* tights, *(vleeskleurig)* fleshings, *(turnpakje)* leotard
tricotage knitting; *~s* knitted goods, knitware
triduüm *(r-k)* triduum
triefelen *(oneerlijk spelen)* cheat
trien country wench
Trier Trier, *(hist)* Treves
triest melancholy, dejected, gloomy; dreary [weather], dull, murky [day], dismal (black) [landscape], depressing [prospect], cheerless [room]
Triëst Trieste
triestig *zie* triest
trifolium *(plant)* trifolium
triforium triforium
triglief triglyph
trigonaal 1 trigonal, triangular; **2** trigonal, rhombohedral
trigonometrie trigonometry; *(fam)* trig
trigonometrisch trigonometric(al)
trijntje: *wijntje en ~* [love] wine, women and song
trijp(en) mock velvet
triktrak backgammon [board], trictrac
trilateraal trilateral
trilbeton vibrated concrete
trilbeweging vibratory motion
trildiertje vibrio(n) (*mv ook:* -nes)
trilgras quaking-grass
trilhaar cilium (*mv:* -ia); *(in neus, enz)* vibrissa (*mv:* -ae); *(attr)* ciliate
triljard *(10^{21})* (a) thousand trillion; *(Am)* sextillion
triljoen *(10^{18})* trillion; *(Am)* quintillion
trillen tremble [with fear, excitement, etc], quake [with fear], quiver [his lips quivered], flutter [his eyelids fluttered]; *(vd stem)* tremble, vibrate, quaver [*van woede* with passion]; *(ve film)* flicker; *(ve vliegt)* flutter; *(natuurk)* vibrate; *de aarde trilde* the earth shook, trembled; *doen ~* shake [the windows], trill [the tip of the tongue]; *vgl* beven
trillend *(ook)* tremulous [voice]; *met ~e vleugels, (ook)* with wings aquiver; *zie ook* beven
triller *(muz)* trill, shake
trilling vibration, quiver(ing), flutter(ing), quaver, tremor [in one's voice]; *(ve vliegt)* flutter; *(bij aardbeving)* tremor; *vgl* trillen
trillingsdemper vibration damper
trillingsgetal frequency
trillingstijd period
trillingswijdte amplitude (of vibration)
trilobiet trilobite
trilogie trilogy
trilplaat diaphragm
trilpopulier trembling poplar, aspen
trilveen quaking bog
trimaran trimaran
trimbaan training circuit
trimester (period of) three months, trimester; *(school, univ)* term
trimmen I *ww* **1** jog, train, keep fit; *in elkaar ~* beat up, *(sl)* fill in; **2** trim [dogs]; **II** *zn* jogging, *(op trimbaan)* circuit training
trimorf trimorphous
trimschoen training shoe
trinitariër, trinitaris Trinitarian
Triniteit Trinity; *het feest der ~* the festival of the Holy Trinity, Trinity Sunday
trio *(muz & algem)* trio
triode triode
triolet triolet
triomf triumph; *zie ook* zege; *in ~* in triumph
triomfaal triumphal
triomfalisme triumphalism
triomfantelijk I *bn* triumphant, exultant; triumphal [entry]; **II** *bw* triumphantly, in triumph
triomfboog triumphal arch
triomferen triumph [*over* over], come off triumphant; exult; *de ~de Kerk* the Church triumphant
triomflied song of triumph, triumphal song, paean
triomftocht triumphal procession

triomfwagen triumphal car
triool *(muz)* triole, triplet
trip **1** *(reis, LSD)* trip; **2** *(schoeisel)* patten, clog
tripang trepang, sea cucumber, sea slug
tripartiet tripartite
[1]**tripel** *zn* rotten-stone, tripoli
[2]**tripel, triple** *bn* triple [alliance]
tripleren treble, triple, triplicate
triplet triplet *(ook het venster)*
triplex **I** *bn* triplex, threefold; *(met 3 lagen)* three-ply; **II** *zn* plywood
triplexglas triplex (glass)
triplicaat triplicate
tripliceren *(jur)* surrejoin
tripliek *(jur)* surrejoinder
triplo: *in ~* in triplicate, in threefold
Tripoli **1** *(stad)* Tripoli; **2** *(land)* Tripolitania, Tripoli
trippelen trip, patter, *(gemaakt)* mince one's steps
trippelmaat triple time, dancing measure
trippelpas(je) trip, tripping step(s), mincing step(s)
trippen trip
trips thrips
triptiek triptych; *(grensdocument)* triptyque
triptrap pit-a-pat, clip-clop
triptrappen *zie* trippelen
trireem trireme
tritium tritium
triton *(salamander)* triton
tritonshoorn triton, Triton's shell
trits trio, triad, triplet, set of three
triumf, enz *zie* triomf, enz
triumvir(aat) triumvir(ate)
trivia trivia
triviaal **1** *(alledaags)* commonplace, trite, banal, trivial; **2** *(niet-wezenlijk)* trivial; **3** *(plat)* vulgar, coarse
triviaalliteratuur pulp literature
trivialiteit triteness, banality, triviality; vulgarity; *vgl* triviaal
trochee trochee
trocheïsch trochaic
trocheus trochee
troebel turbid *(ook v stijl),* thick, muddy, troubled, cloudy [syrup]; *in ~ water* [fish] in troubled waters
troebelen *zn* disturbances, riots
troebelheid turbidity, turbidness, etc
troebleren disturb, confuse; *zie ook* getroebleerd
troef trump, trumps, trump card; *wat is ~?* what is trumps?; *harten is ~* hearts are trumps; *alle troeven in handen hebben* hold all the trumps; *(fig ook)* hold all the winning cards; *~ bekennen* follow suit; *de troeven eruit halen (slaan)* draw the trumps; *~ uitspelen* play a trump, play trumps; *zijn laatste ~ uitspelen, (ook fig)* play one's last trump; *iem dwingen zijn troeven uit te spelen, (ook fig)* force a p.'s hand; *met zijn ~ voor de dag komen, (ook fig)* produce one's trump card; *nog een ~ achter de hand hebben* have a card up one's sleeve; *het is daar armoe ~* they are hard up; *zie ook* uitkomen
troefaas, troefheer, enz, ace, king, etc of trumps
troefkaart trump card *(ook fig: zie* troef*)*
troefkleur trump suit
troel(a) **1** *(min)* slut; **2** sweetie, chick
troep **1** *(menigte, groep)* crowd, troop [of gipsies, children, wolves]; body, party [of soldiers], pack [of wolves, hounds], band, gang [of robbers], company [of actors], troupe [of acrobats, actors], batch [of prisoners; go home in batches of five], bunch [of novices]; *(kudde)* herd [of cattle], flock [of geese, goats, sheep], drove [of cattle, sightseers]; *zie ook* kudde; *~(je)* bevy [of girls, of larks]; *(ong)* pack [of thieves]; parcel [of lies]; *het is me een ~!* they are a fine lot!; *de hele ~* the whole shebang (shoot, shooting match); *~en, (mil)* troops, forces; *bij ~en* in shoals; *in ~en leven* live (run) in herds; *in ~en (in een ~) binnenkomen* troop in; **2** *(zooi)* muck, rubbish; *wat is het hier een ~!* what a mess!; *zie ook* rommel & zooi
troepenmacht military force(s)
troepleider *(scout)* scoutmaster
troepleidster scoutmistress
troetel **1** tassel; *(ve sabel)* sword knot; **2** pet, darling
troeteldier pet; *(speelgoed)* cuddly toy (animal)
troetelen cuddle, fondle, pet; *zie ook* vertroetelen
troetelkind pet, spoiled child, mollycoddle, mother's darling; *~ der fortuin* fortune's darling
troetelnaam pet name
troeven trump, overtrump; *zie ook* overtroeven
trof *ovt van* treffen
trofee trophy
troffel trowel
trog **1** trough (*ook weerk:* a trough of low pressure); **2** *(geol)* trough, geosyncline; **3** *(aardr)* deep [the Tuscarora Deep]
troglodiet troglodyte, cave dweller, caveman
trois-pièces three-piece suit
Trojaan(s) Trojan; *het Trojaanse paard inhalen* drag the Trojan horse within one's walls
Troje Troy
trojka troika
trok *ovt van* trekken
trol troll
trolley **1** *(wagentje)* trolley; **2** trolley bus; **3** contact rod
trolleybus trolley bus
trolleystang contact rod, trolley-pole
trom drum; *grote (Turkse) ~* big drum, bass drum; *de grote ~ roeren, (ook fig)* beat (*of:* bang) the big drum; *kleine ~* snare drum, little drum; *met slaande ~ en vliegende vaandels* with drums beating and colours flying; *met stille ~ vertrekken* leave quietly (without ostentation); *zie ook* noorderzon
trombocyt thrombocyte
trombogenese thrombogenesis
trombolyticum thrombolytic
trombone trombone
trombonist(e) trombonist

trombose thrombosis
trombus thrombus
tromgeroffel roll of drums (of a drum), drum roll; *zie ook* trommelslag
trommel **1** *(muz)* drum; **2** *(doos)* [tin] canister, box [botanical] case, [biscuit] tin; [bread] bin; **3** *(techn)* drum, barrel; *zie ook* trommelholte
trommelaar(ster) drummer
trommeldroger tumble(r) dryer
trommelen drum *(ook op tafel, venster, enz)*, beat (*of:* bang) the drum; strum, thrum [on the piano]; *met de vingers ~* drum (with) one's fingers [on the table]; *bij elkaar ~, zie* bijeen~; *uit bed ~* rout out
trommelholte tympanic cavity, drum of the ear
trommelrem drum brake
trommelslag drumbeat, beat of a drum
trommelslager drummer
trommelstok drumstick
trommelvel drumhead
trommelvis drum (fish)
trommelvlies eardrum, tympanic membrane
trommelvliesontsteking tympanitis
trommelzucht tympanites
tromp **1** *(ve olifant)* trunk; **2** *(ve vuurwapen)* mouth, muzzle
trompet trumpet; *(op) de ~ blazen, de ~ steken* blow (*of:* sound) the trumpet
trompetblazer trumpeter
trompetbloem trumpet flower
trompetboom catalpa
trompetgeschal sound (flourish, blast, blare) of trumpets
trompetgeschetter bray of trumpets
trompetnarcis daffodil
trompetsignaal trumpet call
trompetsteek sheepshank
trompetten trumpet; *(fig ook)* trumpet forth
trompetter trumpeter
trompetter-majoor trumpet major
trompettist(e) trumpeter
trompetvis trumpet fish
trompetvogel trumpeter, trumpet bird
trompetvormig trumpet-shaped
tronen **1** sit enthroned, reign; **2** (al)lure, decoy
tronie face, *(fam)* mug, phiz; *zie ook* facie
tronk **1** *(stam)* trunk; **2** *(stronk)* stump, stub
troon throne; *op de ~ komen (plaatsen)* come to (place on) the throne; *ten ~ verheffen* enthrone; *van de ~ stoten* drive from the throne, dethrone; *zie ook* bestijgen
troonhemel canopy, baldachin
troonopvolger heir (successor) to the throne; *rechtmatige ~* heir apparent; *vermoedelijke ~* heir presumptive
troonopvolging succession (to the throne)
troonopvolgster heiress to the throne; *vgl* troonopvolger
troonpretendent claimant to the throne; *(inz valse)* pretender
troonrede speech from the throne, King's (Queen's) speech
troonsafstand abdication (of the throne)
troonsbeklimming, troonsbestijging accession (to the throne)
troonswisseling succession (to the throne)
troonzaal throne room
troop trope
troost comfort, consolation, solace; *een bakje ~, (fam)* a cup of coffee; *dat is één ~* [we're sitting dry,] that is one comfort (one consolation); *het is een ~ dat ...* it is a comfort that ...; *de drank was zijn enige ~* drink was his only solace (his only source of comfort); *~ zoeken bij* seek comfort with; *~ vinden in (putten uit)* find comfort (solace) in, derive comfort from; *zie ook* schraal
troostbrief letter of condolence (of sympathy)
troosteloos disconsolate, inconsolable, heartbroken; *(ve landstreek, enz)* desolate, comfortless, cheerless, dreary, forlorn; *~ watervlak* (dreary) waste of waters, watery waste
troosteloosheid disconsolateness, desolation, etc
troosten comfort, console, solace; *zich ~ met* take (find) comfort (consolation) in, console o.s. by (with); *zich ~ over* become reconciled to; *wees getroost* be comforted; *ik zal er mij over moeten ~* I shall have to put up with it; *troost je, het is haast afgelopen* bear up, it's ...; *hij wilde zich niet laten ~* he would not (refused to) be comforted
troostend comforting, consoling, consolatory
trooster comforter; *de T~, (bijb)* the Comforter, the Paraclete
troostlied consolatory song
troostprijs consolation prize
troostrijk [hardly] comforting, consolatory
troostwoord word of comfort, comforting word
trope trope
tropee trophy
tropen *(aardr)* tropics
tropenhelm topi, topee
tropenjaar year spent in the tropics
tropenkleding tropical wear
tropenkolder tropical frenzy
tropenkoorts dengue
tropenrooster schedule of working hours (timetable) for tropical working conditions
tropie tropism
tropisch tropical [heat]; *aan ~e omstandigheden aanpassen* tropicalize
tropisme tropism
tropologie tropology
troposfeer troposphere
tros **1** *(bloeiwijze)* raceme; **2** *(vruchten, bloemen)* cluster, *(druiven, bananen)* bunch [of grapes, bananas], *(bessen)* string [of currants]; *in ~sen* in clusters, etc; **3** *(bijen)* cluster [of bees]; **4** *(touw)* hawser, *(opgerold)* coil [of rope]; *de ~sen losgooien,*

(mar) cast off; *het jacht gooide de ~sen los* the ... slipped her moorings (her mooring cables); **5** *(ve leger)* train, baggage [of an army], impedimenta *(mv)*

trosgierst foxtail millet

troshyacint grape hyacinth

troskieuwig(e) lophobranchiate; *(-kieuwigen, ook)* lophobranchii

trostomaten vine tomatoes

trosvormig *(plantk)* racemiform

trots I *zn* pride [in o.s., etc], haughtiness; *hij was de ~ van de familie* the pride (the boast) of ...; *ten ~ van, zie* II; II *vz* in spite (in defiance) of, in the face (the teeth) of; III *bn* proud, haughty; *zo ~ als een pauw* as proud as a peacock; *~ zijn op* be proud of, take (a) pride in, glory in; *het is niets om ~ op te zijn, (ook)* it's nothing to be proud of; IV *bw* proudly, haughtily; *~ stappen* strut

trotseren defy, bid defiance to, fly in the face of [danger], brave, breast, weather, face [a storm], beard [the lion in his den]

trotsering defiance

trotsheid *zie* trots I

trotskist Trotskyite

trottoir footpath, *(Br)* pavement, *(Am)* sidewalk; *langs het ~, (ook)* [cars drew up] at the kerbside

trottoirband kerb(stone), curb(stone)

trottoir roulant escalator, travolator

trottoirtegel paving stone

trottoirtekenaar pavement artist; *(sl)* screever

trotyl trotyl, TNT, trinitrotoluene

troubadour troubadour

trousseau trousseau

trouvaille trouvaille, find

trouvère trouvère

trouw I *bn* faithful [servant, translation, account *verslag*], true [friend, as true as steel], loyal [subjects, Churchmen], staunch [Roman Catholic], trusty [sword, servant], regular [visitor], diligent [churchgoer], constant [reader]; *een ~ afschrift* a true (faithful, exact) copy; *~ blijven aan* remain true to, stand by [one's party, leader, principles], remain loyal to [one's sovereign, one's country], adhere to [one's faith], stick to [one's promise], live up to [one's reputation]; *elkaar ~ blijven, (ook)* stick together; II *bw* faithfully, loyally, [he writes every week] without fail; *de voorwaarde werd ~ uitgevoerd* the ... was loyally carried out; *een overeenkomst met iem ~ nakomen* keep faith with a p.; *zie ook* getrouw; III *zn* fidelity, loyalty [to the King, the Church], faith(fulness); allegiance [to one's party]; *(aan leenheer)* fealty, allegiance; *(huwelijk) zie aldaar; zijn ~* ***breken*** break one's faith; ***goede*** *~* good faith, bona fides; *volkomen te goeder ~ zijn* be completely honest (sincere); *te goeder (kwader) ~* [act] in good (bad) faith; ***kwade*** *~* bad faith; *~* ***zweren*** swear fidelity, *(inz aan vorst, grondwet)* swear allegiance [to ...], *(voor huwelijk)* plight one's troth [to ...]

trouwakte marriage certificate, *(fam)* marriage lines

trouwbelofte promise of marriage

trouwbeloftebreuk breach of promise (of marriage); *proces wegens ~* breach of promise case

trouwboek register of marriages, marriage register

trouwboekje *(vglb)* marriage certificate

trouwbreuk breach of faith

trouwdag **1** wedding day; **2** *(verjaardag van de ~)* wedding anniversary

trouwelijk faithfully

trouweloos faithless, disloyal, perfidious

trouweloosheid faithlessness, disloyalty, perfidy

trouwen I *intr* marry, be (get) married [*met* to], *(lit en journalistisch)* wed; *(fam)* get spliced; *snel getrouwd, lang berouwd* marry in haste, repent at leisure; *zo zijn we niet getrouwd, (fam)* that's not in the bargain; *ik ben er niet* ***aan*** *getrouwd* I am not wedded (tied down) to it; *~* ***met*** marry [a lawyer]; *ze trouwde met een edelman (met iem van de Eng aristocratie, met iem uit onze familie)* she married into the peerage (into English Society; into our family); *zij is met een koopman getrouwd* she is married to a ...; ***om*** *het geld ~* marry for money; ***onder*** *elkaar (onderling) ~* intermarry; ***op*** *niets ~* marry on nothing (*zo ook:* what has he got to marry on?); *hij is geen man om te ~* he is not a marrying man, *(fam)* not the marrying sort; *ze zou* ***uit*** *ons huis ~* she was to be married from our house; *zie ook* liefde; II *tr* **1** *(huwen)* marry [a lawyer; *ook fig:* money], *(lit)* wed; *zie ook* I: ~ met; **2** *(in de echt verbinden)* marry; *wie zal hen ~?* who is to marry them?

trouwens *(eerlijk gezegd)* indeed [in English, or indeed, in any other language]; [he did not know, and neither did I] for that matter; [there was no other way] in any case; *(let wel)* [not that it's in any way surprising,] mind you; *(overigens)* as a matter of fact [he knew very little English]; *(bovendien)* [what does it matter] after all; besides, [I have no money]

trouwerij *(fam)* wedding

trouwhartig true-hearted, candid, frank

trouwhartigheid true-heartedness, candour

trouwjapon, trouwjurk wedding dress, bridal gown

trouwkaart (postal) wedding announcement

trouwkamer wedding room

trouwkleed wedding dress

trouwkoets bridal carriage

trouwlustig eager to marry

trouwpak wedding clothes

trouwpartij **1** wedding; **2** wedding (*of:* bridal) party

trouwplannen: *ze hebben ~* they are getting (intend, plan to get) married

trouwplechtigheid wedding (*of:* nuptial) ceremony

trouwring wedding ring

trouwzaal wedding room

trubbels trouble

truc trick, dodge, wrinkle, ploy; stunt [publicity stunt *reclame~*]; *(sl)* wheeze

trucage (use of) tricks, trickery

trucbom booby trap
trucfilm trick film; special effects film
truck 1 truck, bogie; **2** lorry, *(Am)* truck; **3** trailer truck
trucker trucker, long-distance lorry driver
truckstelsel truck system
truffel *(ook chocola)* truffle
trufferen season (*of:* stuff) with truffles; *getruffeerd* truffled
trui jersey (*ook sp:* the green, orange, rainbow, yellow jersey), guernsey, *(sporttrui)* sweater
truken 1 *zie* trukeren; **2** trick [a p.]
trukendoos bag of tricks
trukeren employ tricks; *getrukeerd, a)* full of tricks; *b)* doctored [photograph]
trust trust; *(ong)* ring
trustakte trust deed
trustee trustee
trustmaatschappij trust company
trut old frump
trutt(er)ig frumpish, drab
truweel trowel
try-out *(theat, Br vglb)* provincial opening; *(Am)* try-out
trypsine trypsin
tsa! *(tegen hond)* sick him!
tsaar tsar, czar
tsarevitsj tsarevitch
tsarina tsa-, czaritsa, -rina
tsaristisch tsa-, czarist
tseetseevlieg tsetse (fly)
Tsjaad Chad
Tsjech Czech
Tsjechië the Czech Republic
Tsjechisch Czech
Tsjecho-Slowaak Czechoslovak
Tsjecho-Slowaaks Czechoslovak(ian)
Tsjecho-Slowakije Czechoslovakia
Tsjetsjeen(s) Chechen
Tsjetsjenië Chechnya
T-stuk T, tee, tee-piece
t.t. afk van *totus tuus (Lat: geheel de uwe)* entirely yours
tuba *(muz)* tuba
tube (collapsible) tube; *(fiets~)* racing tyre, tubular tyre
tuberculeus tuberculous, tubercular
tuberculine tuberculin
tuberculose tuberculosis, TB
tuberculosevrij TT (tuberculin-tested) [cattle]
tuberkel tubercle [bacillus]
tuberoos tuberose
tubeverf paint in tubes
tucht discipline; *de ~ handhaven* keep (enforce) discipline; *onder ~ staan* be under discipline
tuchtcollege, tuchtcommissie disciplinary committee
tuchteloos 1 undisciplined, insubordinate, indisciplinable, unruly; **2** *(liederlijk)* dissolute, licentious
tuchteloosheid 1 indiscipline, want of discipline, insubordination, unruliness; **2** dissoluteness, licentiousness
tuchthuis *(hist)* house of correction, bridewell
tuchthuisstraf hard labour
tuchtigen chastise, punish
tuchtiging chastisement, punishment
tuchtmaatregel disciplinary measure
tuchtmiddel means of correction
tuchtrecht disciplinary law
tuchtschool *(Eng)* young offender institution, *(hist)* Borstal; *(Am)* reformatory
tuf 1 *(steen)* tuff; **2** *(hist)* motor car; motorcycle
tuffen chug; *(fam)* motor
tufsteen tuff
tui guy (rope, wire)
tuianker mooring anchor
tuibrug suspension (*of:* rope) bridge
tuien guy, stay; *(schip)* moor; *(dier)* tether
tuier tether
tuig 1 *(gereedschap)* tools; *zie ook* vistuig; **2** *(mar)* rigging, rig; **3** *(ve paard)* harness; *zadel en ~* tack; **4** *(slecht goed)* stuff, trash, rubbish; **5** *(slecht volk)* scum, vermin, rabble; *zie ook* ongewassen, richel, vistuig, enz
tuigage rigging, rig
tuigen rig [a ship]; harness [a horse]
tuighuis arsenal
tuigkamer tack room
tuigleer harness leather
tuigpaard harness horse
tuil 1 *(ruiker)* bunch of flowers, nosegay, bouquet; *~tje* bunch of flowers, posy; **2** *(bloeiwijze)* corymb
Tuilerieën: *de ~* the Tuileries
tuilvormig *(plantk)* corymbiform
tuimel tumble
tuimelaar 1 tumbler; **2** *(duif)* tumbler (pigeon), roller; **3** *(dolfijn)* bottlenose(d) dolphin; **4** *(ve slot, enz)* tumbler; *(ve geweer)* nut, tumbler; *(ve bel)* [bell] crank; **5** *(glas)* tumbler; **6** *~tje, (speelgoed)* wobbly-man
tuimelen tumble, topple [downstairs], topple over [to the ground]; *van het paard (de fiets, enz) ~* have a spill; *van het paard ~, (ook)* take a toss
tuimeling tumble; *(ve paard)* toss; *(ve paard, fiets)* spill; *(duikeling)* somersault; *een ~ maken, a)* have a spill; *b)* turn a somersault
tuimelraam flap window, hopper window
tuimelschakelaar *(elektr)* tumbler (*of:* rocker) switch
tuin garden [centre, furniture, herb, plant]; [coconut, etc] plantation; *~tje* little garden, strip of garden; *iem om de ~ leiden* hoodwink (mislead, outwit) a p.; *(fam)* lead a p. up the garden path; *ik wil niet dat ze om de ~ geleid wordt, (ook)* I won't see her put upon
tuinaanleg laying out of gardens
tuinaarde garden mould (*of:* soil)

tuinameublement (set of) garden furniture
tuinanjelier clove (pink)
tuinarchitect landscape gardener
tuinarchitectuur landscape gardening, landscaping
tuinbaas head gardener
tuinbank garden seat
tuinboon broad bean
tuinbouw horticulture
tuinbouwbedrijf market garden
tuinbouwgereedschap horticultural implements
tuinbouwkundige horticulturist
tuinbouwmaatschappij horticultural society
tuinbouwproducten market garden produce
tuinbouwschool horticultural college
tuinbouwtentoonstelling horticultural show
tuinbroek dungarees, boiler suit
tuinder market gardener
tuinderij market garden, *(Am)* truck garden, truck farm
tuindeur garden door, *(dubbel, v glas)* French window
tuindorp garden suburb
tuinen *ww* **1** *zie* tuinieren; **2** stalk, stride; *erin ~* get caught (taken in), be caught out, be had; *vgl* inlopen
tuinfeest garden party, garden fête
tuinfluiter garden warbler
tuingereedschap garden(ing) tools
tuingewas garden plant
tuingroente vegetables; garden stuff
tuingrond (top)soil; *stuk ~* garden plot
tuinhuis 1 garden house; **2** *(~je)* summer house
tuinier gardener
tuinieren garden, do (some) gardening
tuinkabouter garden gnome
tuinkamer room overlooking the garden
tuinkers garden cress
tuinkever *zie* junikever & rozenkevertje
tuinknecht assistant gardener, under-gardener
tuinman gardener
tuinproducten garden produce
tuinschaar (pair of) garden shears
tuinschopje garden trowel
tuinschuurtje garden shed, potting shed
tuinsierkunst ornamental gardening
tuinslak garden snail; *(naakt)* garden slug
tuinslang garden hose, hosepipe
tuinsproeier, tuinspuit 1 *(voor bewatering)* (garden, lawn) sprinkler; **2** *(tegen ongedierte, enz)* garden sprayer (*of:* syringe)
tuinstad garden city
tuinstoel garden chair, lawn chair
tuinwerk 1 gardening; **2** wattle
tuit spout, nozzle; *ze schreide tranen met ~en* she cried her eyes out
tuitelen totter
tuitelig unsteady, shaky
tuiten tingle; *mijn oren ~ ervan* my ears tingle with it, it makes my ears tingle (burn)
tuithoed poke(-bonnet)
tuitkan spouted pitcher
tuitouw guy(rope)
tuk: *~ op* keen on, greedy for, eager for; *iem ~ hebben, a)* fool a p., have a p. on; *b)* have a p. fooled
tukje nap, snooze, forty winks; *een ~ doen* take (have) a nap, etc; *(fam)* have a bit of shut-eye
tukken snooze
tukker 1 Twente (wo)man; **2** goldfinch; **3** linnet
tulband 1 *(muts)* turban; **2** *(gebak)* raisin cake
tule 1 tulle; **2** *(doorvoer)* grommet
tulen *bn* tulle
tulp tulip [bulb, grower, tree]
tulpenkwekerij tulip-growing, cultivation of tulips
tulpomanie tulipomania
tumbler tumbler
tumor tumour
tumtum dolly mixture
tumult tumult, uproar; *er heerste een verschrikkelijk ~* pandemonium reigned
tumultueus tumultuous [applause, protest, welcome]
tumulus tumulus (*mv:* -li)
Tunesië Tunisia
Tunesiër, Tunesisch Tunisian
tunica tunic; *(r-k)* tunicle
tuniek tunic [suit]
Tunis *(land)* Tunis, Tunisia; *(stad)* Tunis
tunnel tunnel; *(onderdoorgang)* subway; *een ~ maken door* tunnel, drive a tunnel through [a mountain]
turbine turbine
turbineschip turbine steamer
turbinestraalmotor turbojet (engine)
turbo 1 turbo, turbo(super)charger; **2** *(in sam)* turbo, high-powered, super
turbocompressor turbocompressor
turbodynamo, turbogenerator turbo-dynamo
turbo-elektrisch turboelectric
turbulent turbulent
turbulentie turbulence
tureluur *(vogel)* redshank
tureluurs mad, frantic, wild; *men zou er ~ van worden* it is enough to drive one mad (round the bend)
turen peer [*naar* at]; *(op boek, enz)* pore over [a book, manuscript]; *zich blind ~, (op boek, enz)* pore one's eyes out
turf peat; *(vooral Ir)* turf; *een ~* a square (block, lump) of peat; *(boek)* (weighty) tome; *drie turven hoog* knee-high to a grasshopper; *in het veen ziet men op geen ~je* have much and spend much; *zie ook* 3 as
turfaarde peat mould
turfachtig peaty, peat-like
turfgraverij peat-digging, peat-cutting
turfgrond peaty soil
turflijst tally
turfmolm, turfmot, turfmul peat dust

turfpotje peat pot
turfpraam, turfschip peat barge, peat boat
turfschipper peat barge proprietor
turfsteken cut peat
turfsteker peat cutter
turfstrooisel peat (moss) litter
turftrappers *(schoenen)* beetle-crushers
turfvuur peat (*of:* turf) fire
turfzolder peat loft
Turijn Turin
Turk Turk; *eten bij de ~* dine at a Turkish restaurant; *jonge ~* Young Turk; *er uitzien als een ~* look filthy
Turkestan Turkestan
Turkije Turkey
Turkmeen, Turkoman Turk(o)man (*mv:* -s)
Turkmeens Turk(o)man; *(taal, ook)* Turkmen
Turkmenistan Turkmenistan
turkoois turquoise
turkooizen *bn* turquoise
Turks Turkish; *(in sam)* Turco[-British, etc]; *~ bad* Turkish bath; *~ fruit* Turkish delight; *~e knoop* Turk's head; *~ lelie* Turk's cap lily, martagon (lily); *~e (kromme) sabel* scimitar; *~e tarwe* maize, Indian corn; *~e tortel* collared (turtle)dove; *zie ook* trom
turnen do gymnastics
turner gymnast
turnpakje leotard; *zie verder* gymnastiek(...)
turquoise turquoise
turven 1 count (in fives), score, tally; **2** *(ranselen)* lick, wallop; *erop ~* pitch into him (them, etc)
tussen between; *(vero)* betwixt; *(te midden van)* among, amidst, amid; *zie ook* onder; *een verdrag ~ de 4 grote mogendheden* a treaty between the four great powers; *dat blijft ~ ons* don't let it go any further, that's between you and me; *de brief lag ~ een stapel boeken* the letter was in a pile of books; *~ de maaltijden* between meals; *~ wind en water* awash; *~ de buien (door)* between the showers; *kanaal ~ twee oceanen* interoceanic canal; *ik kon er geen woord ~ krijgen* I could not get a word in (edgeways); *iem er ~ nemen* pull a p.'s leg, have a p. on, take a (the) rise out of a p.; *er van ~ gaan, zie* vandoor; *met een neutrale zone er ~* with a ... between; *er ~ door, (ermee vermengd)* mixed up with it (them), *(terloops)* incidentally, in passing, in one's spare time; *ik doe het er wel ~ door* I'll find time for it; *~ de huizen in* in among the houses; *zie ook* tussenin, tussenuit, gooien, haak, regel, enz
tussenbalans mid-term review
tussenbedrijf interval, wait, entr'acte; *in de -bedrijven, zie* bedrijf: onder de bedrijven door
tussenbeide 1 *(tamelijk)* middling, so(-)so, passable; **2** *(nu en dan)* now and then, once in a while; **3** *(tussen twee partijen)* (in) between; *~ komen (treden)* intervene, interpose, step in, interfere; *(bemiddelend)* intercede [*bij* with]; *(ongevraagd, onbesuisd, enz)* butt in; *er is wat ~ gekomen* s.t. has come between; *als ik niet ~ gekomen was* [he would have killed her] if I had not got between them; *als er niets ~ komt* unless s.t. unforeseen should occur
tussencultuur intercrop(ping), catch crop(s); *~ uitoefenen* intercrop
tussendek 'tween-deck(s); *(accommodatie)* steerage
tussendekspassagier steerage passenger; *als ~ reizen* travel steerage
tussendeur communicating (connecting) door
tussending something between the two, neither the one nor the other, something midway [between the great apes and man], a cross [between a flowerpot and a basin, a comedian and a bookie]
tussendoor *(plaats)* across; *zie verder* tussen & ondertussen
tussendoortje 1 snack; **2** diversion
tussengelegen intermediate [stage]; intervening [ground, period]; [the villages] (lying) in between
tussengerecht entremets, intermediate course, side dish
tussengeschoven, tussengevoegd interpolated, intercalary, shoved in between
tussenhandel intermediate trade, commission business
tussenhandelaar commission agent, intermediary, middleman
tussenhaven intermediate port
tussenin *(er ~)* in between, between the two
tussenkaaksbeen intermaxillary (bone)
tussenkamer middle room
tussenkleed *(v vogel)* eclipse plumage
tussenkleur intermediate colour
tussenkomend incidental; *~e partij, (jur)* intervener
tussenkomst intervention [of the police], [divine] intercession, interposition, mediation; *door ~ van* by (*of:* through) the medium (intermediary, agency) of, through
tussenkop *(in krant)* strapline
tussenlanding stopover, intermediate landing; *zonder ~* non-stop [flight], [travel] non-stop [from ... to ...]
tussenletter medial letter
tussenliggend *zie* tussengelegen
tussenmaat in-between size
tussenmuur partition wall, party wall
tussenoplossing 1 interim solution; **2** middle course, compromise (solution)
tussenpaus interim manager (etc)
tussenpersoon intermediary, middleman, agent; *(soms ong)* go-between; *(ter verzoening)* mediator; *geen -personen, (in advertenties)* no agents; principals only (will be dealt with)
tussenplaatsen place (put) between, interpose
tussenpoos interval, intermission, break, pause; *bij -pozen* at intervals, [he had lived in L] off and on, on and off, intermittent(ly); *met lange (korte) -pozen* at long (short, *of:* frequent) intervals; *zonder -pozen, zie* achtereen
tussenregering interregnum

tussenruimte intervening space, interstice, interval, spacing; *met ~n plaatsen* space out
tussenschot partition (wall, screen); *(biol)* [nasal, etc] septum (*mv:* septa)
tussensoort medium (quality, size, sort) [apples]
tussenspel interlude, interact, intermezzo
tussenstadium intermediate (in-between) stage
tussenstand *(sp)* interim (*met de rust:* interval) score
tussenstation intermediate (*of:* wayside) station; *(fig)* interim post, phase, etc
tussenstop stopover
tussentijd **1** interim, interval; *in die ~* in the meantime, meantime, meanwhile, in the interim (the interval); **2** *(sp:) ~ na vijf ronden* time after five rounds (laps)
tussentijds between times, between whiles, [I never eat] in between meals; *~ dividend* interim dividend; *~ examen* intermediate examination; *~e verkiezing* by-election; *~e verkoop voorbehouden* subject to prior sale
tussenuit: *er ~ gaan (knijpen), zie* smeren: 'm ~; *er een avond ~ gaan* take an evening off; *ik kan er niet van ~* I can't get out of it
tussenuur intermediate hour, odd hour, free period
tussenverdieping mezzanine (floor)
tussenvoegen insert, interpolate, intercalate
tussenvoeging insertion, interpolation, intercalation
tussenvoegsel insertion, interpolation
tussenvoorstel **1** suspensory proposal; **2** intermediary (halfway) proposal, compromise
tussenvorm intermediate form, hybrid, cross
tussenwand partition (wall)
tussenweg middle course (path, way)
tussenwerpsel interjection
tussenwiel idler (wheel)
tussenwoning terrace(d) house
tussenzetsel insertion
tussenzin parenthesis (*mv:* -theses), parenthetic clause
tussenzolder boxroom
tut **I** *tw: ~, ~!* now, now!; **II** *zn zie* trut
tutelair tutelar(y)
tuthola frump; prude
tutoyeren be on familiar (on first-name) terms (be on first names) with [a p.]
tuttebel **1** frump; **2** fusspot
tutten fuss
tutti *(muz)* tutti
tuttifrutti mixed (dried) fruit; *~-ijs* tutti-frutti
tuttig [she found her mother's dress] drearily conventional
tutu tutu, ballet skirt
tuut **1** *(kindertaal)* puff-puff; **2** *(politieagent)* cop
tv [watch] TV
t.w. afk van *te weten* to wit, namely, viz
twaalf twelve; *de twaalve, (bijb)* the twelve; *om ~ uur 's middags* at twelve o'clock, at (twelve) noon, at midday; *~ uur 's nachts* midnight; *het is vijf voor ~, (ook fig)* it's five minutes to twelve; *vgl* [2] bij I.2, [2]klok 1: klokke, & met
twaalfde twelfth
twaalfhoek(ig) dodecagon(al)
twaalfjarig *vgl* jarig
twaalfmaal twelve times
twaalftal dozen, twelve
twaalftallig duodecimal; *vgl* tientallig
twaalfuurtje midday meal, lunch(eon)
twaalfvingerig: *~e darm* duodenum; *van de ~e darm* duodenal [ulcer]
twaalfvlak dodecahedron
twaalfvlakkig dodecahedral
twaalfvoud multiple of twelve
twaalfvoudig twelvefold
twaalfzijdig twelve-sided
twee [he can eat for] two; *(op dobbelsteen of kaart)* deuce [the deuce of hearts]; *met ~ a's* with double a; *~ aan ~* two and (by) two, by (in) twos, [walk] two abreast; *waar ~ kijven hebben beide schuld* it takes two to make a quarrel; *~ weten meer dan één* two heads are better than one; *~ in één bed (op één dier)* [sleep, ride] double; *de ~ schenen goed met elkaar op te schieten* the two of them seemed to be getting on very well; *die Molly kon wel ~ keer uit haar* she would make two of that Molly; *boeken en boeken zijn ~* there are books and books; *[praten] en [doen] zijn ~, (ook)* it is one thing to ... and another to ...; *in ~ën gaan* go in two; *in ~ën vallen (snijden, enz)* fall (cut, etc) in two (in half); *vgl* bij 7 & met & *zie ook* stuurman, tegen & zeker
tweearmig two-armed
tweeassig biaxial
tweebaansweg **1** dual carriageway, *(Am)* divided highway; **2** *(oneig)* two-lane road
tweebenig two-legged
tweebladig two-leaved, bifoliate
tweebloemig biflorate, biflorous
tweebroederig *(plantk)* diadelphous
tweebultig two-humped [camel]
tweecomponentenlijm epoxy (glue)
tweedaags of two days, two-day [trip], two days'
tweede second; *Willem de T~* William the Second; *~ keus, kwaliteit, (ook)* seconds; *~ klas, (Br spoorw)* standard class; *~ secretaris* assistant secretary; *of het helpt is een ~ ...* is another matter; *zie ook* hand, meid & ten
tweedegraads: *~ bevoegdheid* lower secondary teaching qualification
tweedehands second-hand, *(fam)* hand-me-down [notions]
tweedejaars second-year [student]
Tweede-Kamerlid Member of Parliament (of the lower house)
tweedekansonderwijs adult education
tweedekker *(schip, autobus, enz)* two-, double-decker; *(vliegt)* biplane

tweedelig bipartite [leaf]; two-piece [suit]
tweedelijns second-line [medical care]
tweedeling dichotomy; split; binary classification
tweederangs second-rate
tweedimensionaal two-dimensional
tweedraads two-ply, twofold
tweedracht discord, dissension; ~ *zaaien* sow discord
tweedrachtig at odds; *zie* onenig
tweeduizend two thousand
twee-eenheid two-in-one
twee-eiig dizygotic, fraternal [twins]
tweeëndertigste noot demisemiquaver
tweeën(een)half two and a half
tweeërhande, tweeërlei of two kinds (sorts); *zie ook* moraal
tweefase- two-phase [current, motor, structure]
tweegesprek dialogue (between two people), duologue
tweegestreept *(muz)* twice-marked
tweegevecht duel, single combat
tweehandig two-handed, *(wtsch)* bimanal, bimanous; *~en* bimana *(ev:* bimane)
tweehelmig *(plantk)* diandrous
tweehoekig two-angled, biangular
tweehoevig cloven-footed, cloven-hoofed, *(wtsch)* bisulcate
tweehonderd two hundred
tweehonderdjarig two hundred years-old; *~e herdenking* bicentenary, *(Am)* bicentennial
tweehoofdig two-headed, *(wtsch)* bicephalous, bicipital; *~e armspier* biceps; ~ *bestuur* diarchy
tweehoog (on the) second (*Am:* third) floor
tweehoornig two-horned, *(wtsch)* bicornate, bicornous
tweehuizig *(plantk)* dioecious
tweejaarlijks, tweejarig biennial [congress, plant]; *vgl* jarig
tweekamerstelsel bicameral system
tweekamp single combat; [chess] duel, match between two contestants
tweeklank diphthong; *tot een ~ worden (maken)* diphthongize
tweekleppig *(dier)* bivalve
tweekleurig two-coloured, bicolour(ed), two-tone [bodywork]
tweekwartsmaat two-four time
tweeledig **1** *(eig)* two-jointed, biarticulate; **2** *(fig)* twofold, double [purpose]; dual [system]; binary [compound]; *een ~e rol spelen* play a dual part; **3** *(rek)* binomial; **4** *(dubbelzinnig)* ambiguous, equivocal
tweelettergrepig disyllabic; ~ *woord* disyllable
tweeling (pair of) twins; *(één van de twee)* twin (child); *de T~en, (in dierenriem)* the Twins, Gemini
tweelingbaan twin job, shared job
tweelingbroer twin brother
tweelingzus(ter) twin sister
tweelippig two-lipped; *(plantk ook)* bilabiate
tweelobbig *(plantk)* bilobed
tweeloop(sgeweer) double-barrelled gun (*of:* rifle)
tweeluik diptych
tweemaal *zie* maal, bedenken & zeggen
tweemaandelijks twice-monthly, two-monthly, bimonthly *(ook: ~ tijdschrift; ook: veertiendaags)*
tweeman duumvir
tweemannig *(plantk) zie* tweehelmig
tweemanschap duumvirate
tweemaster two-master
tweemotorig twin-engined
tweeogig two-eyed
tweepersoons [cabin] for two, two-berth [cabin], double [bed]; ~ *fiets* tandem; ~ *kamer, (één bed)* double(-bedded) room, *(twee bedden)* twin-bedded room; ~ *auto (vliegtuig)* two-seater
tweepits two- (twin-)burner [oil stove]
tweepolig bipolar, two-pole
tweeregelig of two lines; ~ *vers* distich, couplet
tweerichtingsverkeer two-way traffic
tweeriems two-oared, pair-oar; *(zn: boot, ook)* pair-, two-oar
tweerijer double-breasted jacket (overcoat)
tweern twine; *zie verder* twijn
tweeschalig, tweeschelpig *(dier)* bivalve
tweeslachtig bisexual, hermaphroditic, androgynous *(alle ook plantk)*; *(amfibisch)* amphibious; *(fig)* ambiguous; ~ *dier* amphibian; *een ~ leven leiden* lead a double life
tweeslachtigheid *(fig)* ambiguity, duplicity
tweesnarig two-stringed
tweesnijdend two-, double-edged
tweespalt discord
tweespan two-horse team; *(rijtuig)* carriage and pair, pair-horse carriage; *(pers)* pair
tweespraak duologue
tweesprong crossroad(s), fork; *op de ~, (fig)* at the (*ook:* a) crossroads, at the parting of the ways
tweestaartig two-tailed, bicaudal
tweesteensmuur two-brick wall
tweestemmig for two voices; ~ *lied (zingen)* two-part song (singing)
tweestijlig *(plantk)* digynous
tweestrijd inward conflict (*of:* struggle), indecision; *in ~ staan* be in two minds, be torn between ... and ..., be divided against o.s.
tweestromenland 'country between the rivers'; Mesopotamia
tweetakkig bifurcate
tweetaktmotor two-stroke motor
tweetal pair, couple
tweetalig bilingual
tweetaligheid bilingualism
tweetallig binary; *vgl* tientallig
tweetandig two-toothed, two-pronged [fork]; *(wtsch)* bidentate
tweeterm binomial

tweetermig binomial
tweetongig two-tongued; *(fig ook)* double-tongued
tweetonig two-tone [horn]
tweeverdieners couple(s) with double income, dual-income family
tweevingerig two-fingered
tweevlakshoek dihedral angle
tweevleugelig two-winged, dipterous; *~en* diptera
tweevoetig two-footed, biped(al); *~ dier* biped
tweevormig dimorphic
tweevormigheid dimorphism
tweevoud double; *zie ook* duplo
tweevoudig twofold, double; *~ verbond* dual alliance
tweewaardig *(chem)* divalent, bivalent
tweewegskraan two-way cock
tweewekelijks fortnightly, biweekly (*vgl* tweemaandelijks)
tweewerf twice
tweewieler two-wheeler; *~s, (ook)* bicycles, solo motorcycles, scooters and mopeds
tweewielig two-wheeled; *~ rijtuig* two-wheeler
tweezaadlobbig dicotyledonous; *~e* dicotyledon
tweezadig two-seeded; *(wtsch)* dispermous
tweezijdig two-sided; bilateral [contract, pact]
tweezitsbank two-seater sofa
twenter two-year-old (horse)
twijfel doubt; *daar is geen ~ aan, dat lijdt geen ~* there is no doubt of it, there is no question (no doubt) about it, it is beyond (any) doubt; *er is geen ~ aan zijn ernstige bedoeling* there is no mistaking his earnestness; *er is geen ~ aan (het lijdt geen ~) of* ... there is no doubt that ..., there is no question but that ...; *~ opperen omtrent* throw doubt (up)on; *~ doen rijzen* raise (arouse) doubts; ***aan** alle ~ een einde maken* put a matter beyond doubt (*of:* question) [this fact puts his fate beyond doubt]; *het is zeer aan ~ onderhevig* it's very much open to question (to doubt); ***boven** alle ~ verheven* beyond all doubt; ***buiten** ~, zie* zonder ~; *iem **in** ~ laten* leave a p. in doubt; *in ~ trekken* doubt, (call in) question, be in doubt [about s.t.], query [the results of an experiment]; *ik trek het in ~, (ook)* I have my doubts (about it); *ik stond in ~* I was in doubt [*of* whether; *wat betreft* as to]; ***zonder** ~* without (a) doubt, doubtless, undoubtedly, no doubt, without question, unquestionably; *zonder enige (de minste) ~* without any doubt, without a shadow of (a) doubt; *zie ook* koesteren, opheffen, toelaten, voordeel, zweem
twijfelaar 1 sceptic, doubter; **2** three-quarter bed
twijfelachtig doubtful, dubious, questionable *(alle ook: enigszins verdacht); de uitslag blijft ~* the issue remains in doubt; *~ en onbevredigend, (jur)* unsafe and unsatisfactory; *~ licht* dubious light; *~ genot* questionable joy
twijfelachtigheid doubtfulness, dubiety
twijfelen doubt; *ik twijfel of ...* I doubt whether (if) ...; *ik twijfel niet of ...* I do not doubt that (but, but that) ..., I have no doubt (that) [he will come]; *~ aan* doubt, have one's doubts about, question; *daar valt niet aan te ~, zie* twijfel: daar is geen ~ aan
twijfelgeval doubtful case
twijfeling hesitation, wavering, indecision
twijfelkont fence-sitter
twijfelmoedig vacillating, wavering, irresolute
twijfelmoedigheid irresolution, indecision
twijfelzucht scepticism
twijfelzuchtig sceptical; *~ persoon* sceptic
twijg twig, sprig, *(bloeiend)* spray; *(telg)* scion
twijn twine, twist
twijnder twiner, twister, throw(st)er
twijnen twine, twist
twinkelen twinkle
twintig twenty; *in de jaren ~* in the twenties; *vgl ook* in & met
twintiger person of twenty (years), in his (her) twenties; *vgl* [1]goed I.5
twintigjarig *vgl* jarig
twintigje twentieth part of a lottery ticket; twenty-euro note
twintigmaal twenty times
twintigste twentieth
twintigtal score
twintigvlak icosahedron
twintigvoud multiple of 20
twintigvoudig twentyfold
twist 1 quarrel, dispute, altercation, wrangle, *(fam)* row; *de ~ bijleggen* settle the dispute, make it up; *~ hebben* (have a) quarrel [*over* over, about]; *~ krijgen* fall out, come to words; *~ zaaien* sow discord; *~ zoeken* pick a quarrel; *~ zoeken (uitlokken) met* pick a quarrel with; *zie ook* stoken; **2** *(garen & dans)* twist
twistappel apple of discord, bone of contention
twisten 1 quarrel, dispute, wrangle; *~ om* quarrel, etc about (over); *~ over de prijs (de voorwaarden)* haggle about the price (the terms); *daarover kan men ~* that is a debatable (an arguable, a disputable) point; **2** twist
twistgeschrijf polemics, controversy, controversial writing(s)
twistgesprek dispute, disputation; *(ruzie)* argument
twistpunt matter in dispute, point of controversy (at issue), disputed point, controversial issue
twistvraag question at issue, vexed question
twistziek quarrelsome; *(met woorden, ook)* contentious, disputatious, argumentative, cantankerous
twistzoeker quarrelsome person, quarreller
t.w.v. afk van **1** *ter wille van* for the sake of; **2** *ter waarde van* to the value of
tyfeus typhoid, typhous; *tyfeuze koorts* typhoid (fever), enteric (fever)
tyfoon typhoon
tyfus 1 typhoid (fever), enteric (fever); **2** *(vlektyfus)* typhus (fever)
tyfusbacil typhoid bacillus
tyfuslijder, tyfuspatiënt typhoid patient

type type *(ook lettervorm & clichéfiguur);* [a well-known local] figure; picture [the picture of a country parson]; *een goed* ~ [he is] a good type; *ik ken dat ~, (ve mens)* I know the type; *het ~ van een aristocraat* the type of an (a typical, an archetypal) aristocrat; *het is een ~* he is a character; *wat een ~!* what a character!
typefout typing error, *(fam)* typo
typekamer typing pool
typemachine typewriter
typen type(write); *getypt schrift* typescript
typeren typify; *het typeert de toestand (hem)* it characterizes the situation (is typical of him)
typerend typical [*voor* of]; *dat typeert hem* that is typical of him
typering characterization, typification
typewerk typing (work)
typisch typical [*voor* of], peculiar [to]; *(leuk)* quaint [a quaint old church]; *(vreemd)* peculiar; *~ Italiaans* typically Italian; *een ~ (typerend) geval, (ook)* a type case; *dat is ~!, (zonderling)* that is curious!
typist(e) (woman) typist
typograaf typographer, *(fam)* typo
typografie typography
typografisch typographic(al)
typologie typology
typologisch typological
typoscript typescript
Tyriër, Tyrisch Tyrian
tyrolienne *(dans & zang)* Tyrolienne
Tyrrheens Tyrrhenian; *~e Zee* Tyrrhenian Sea
Tyrus Tyre
tzigaan tzigane
t.z.p. afk van *terzelfder plaatse* ibid
t.z.t. afk van *te zijner tijd* in due time, in due course

U

u 1 (the letter) u; **2** *vnw* you; *(bijb & dicht)* thee; *om ~ tegen te zeggen* to be treated with respect; *een kat om ~ tegen te zeggen, (ook)* some cat (that)!
UB afk van *universiteitsbibliotheek* university library, UL
überhaupt [if it is to be done] at all; [why do you want it] anyway?
Übermensch superman, overman
U-boot U-boat
uche uche ugh
uchtend *(lit) zie* ochtend
U Ed. you, Your Honour
ufologie ufology
ufoloog ufologist
Ugandees Ugandan
ugli ugli *(mv:* -is, -ies)
ui onion [powder, skin, slicer, soup]; *(grap)* joke; *zie ook* mop & kamperui
uier udder; *met volle ~s* full-uddered
uiig funny, facetious
uil 1 owl; *~tje* owlet; *elk denkt zijn ~ een valk te zijn* everyone thinks his own geese swans; *~en naar Athene dragen* carry coals to Newcastle; *[hij kijkt] als een ~ in doodsnood* he looks like a (dying) duck in a thunderstorm; *zie ook* knappen; **2** *(vlinder, ook: ~tje)* owlet (*of:* noctuid) moth; **3** *(fig) zie* uilskuiken; **4** *(theat)* (upper) gallery; **5** *zie* uiltje
uilachtig 1 owlish; **2** stupid, silly
uilenbal 1 (owl's) pellet; **2** *(fam, van pers)* nincompoop, ninny
uilenbord ornamental wooden gable-end of a barn
uilenbril (large) horn-rimmed spectacles
Uilenspiegel Owlglass
uilenvlucht *(fig)* owl-light
uilig 1 owlish; **2** stupid, silly
uilskuiken 1 clot, noodle, ninny, numskull, mug, chump, dummy; **2** baby owl, owlet
uit I *vz* **1** *(niet in)* out of [he is out of town; go out of the house; *(Am ook)* out the house; be out of date, fashion]; **2** *(richting, beweging naar buiten)* from [drink from a glass; he took the cup from my hand, the cigar from his mouth]; out of [jump out of bed]; *~ **eten** gaan* dine out; **3** *(verwijderd van)* off; *~ de **kust*** [six miles] off shore; **4** *(herkomstig, daterend van, resulterend uit)* from [someone from Ede; act from affection, fear, ignorance, a sense of duty; score from a penalty, two points from five matches]; out of [revenge, jealousy, politeness, curiosity]; *~ de Middeleeuwen* [objects] from ([music] of) the middle ages; *meer ~ bewondering dan ~ boosheid* [he jumped up] rather in admiration than in anger; *aan E, ~ vriendschap, (in boek)* to E, in friendship; *~ haar kring* [girls] in her set; *één ~ de **duizend*** one in a thousand; *~ de **kunst*** tiptop, first rate, A 1; *ze is één ~ **velen*** she is one among many; *zie ook* duizend, elkaar, hand, hoofd, huwelijk, [2]los 4,5, principe, tijd, van, wal, zichzelf, enz; **II** *bn & bw* **1** out; *(bij afrit)* exit; *het **boek** is ~, (gepubliceerd)* the book is out (*uitgelezen:* is finished; *uitgeleend:* is out); *de roos is ~* the rose is out; *de schoen wil niet ~* the shoe will not come off; *voor zich ~ drijven* drive before one; *de tand moet **er** ~* the tooth must come out; *dat woord moet er~, (moet vervallen)* that word must be deleted; *het woord was er~ voor(dat) ...* the word was out before ...; *het moet er~, (van het hart)* I must get it off my chest; *ik ben er helemaal ~* I'm utterly out of it, my hand is out (of practice); *er~!* out with him (you, etc)!, clear out!, get out!, out you go!, *(uit bed)* get up!; *de vlek (de sleutel) **wil** er niet ~* the stain (the key) won't come out; *zie ook* uithebben, enz, & *vgl* inlopen; **2** *(afgelopen)* over, finished; *tweerijers zijn ~, (uit de mode)* double-breasteds are out; *en **daarmee** (is het) ~!* and there is an end of the matter (of it)!, that's an end to the question!, and that's that!, so there!; *en daarmee was het ~* and there the matter ended; *hiermee is mijn verhaal ~* that is the end of my story; *haar **engagement** is ~* her engagement is off (is at an end); ***het** is helemaal ~ tussen hen* it is all off between them; *dat **moet** ~ zijn* it's got to stop; *de **school** (kerk) is ~* school (church) is over; *het **spel** is ~* the game is over (at an end, finished); *zij speelden 50 ~* they played (the game was) fifty up; *die **zaak** is nog niet ~* the last has not been heard of that case; **3** *(niet thuis, op pad)* out; *moeder is ~* mum is out; *~!, (tegen hond)* walkies!; *ik zou er graag eens ~ willen zijn* I should like to be out of it all for a time; ***altijd** ~* [she is] always out (and about), always gadding about; *een **dag** ~ zijn* have a day's outing; ***mag** ik ~?* may I go out?; *Leeds **speelt** volgende week ~* Leeds are playing away next week; *~ en **thuis*** [do 190 miles] there and back; *zie ook* reis; *vaker ~ dan thuis* oftener out than in; *samen ~, samen thuis, (vglb)* we're (all) in this together; in for a penny, in for a pound; *ergens goed (slecht, mooi) **mee** ~ zijn* be well (badly) off with s.t.; *hij is **met** haar ~ geweest* he has taken her out; *met iem ~ zijn, (fig)* be saddled with a p.; *hij is ~ **op** winst* he has an eye to profit; *geld, dat is waar ze op ~ zijn* money is what they are after; *hij is erop ~ om te ...* he is out to ..., is bent (intent) on ...ing; (*om een titel te krijgen* he is out for a title); *erop ~ zijn last (moeite) te veroorzaken* be out for trouble; **4** *(gedoofd)* out; *de **kaars** (het vuur, mijn pijp) is ~* the candle (the fire,

my pipe) is out; *de kachel is* ~ the stove has gone out
uitademen *tr & intr* breathe out, expire; *(fig)* exhale [fragrance]; *planten ademen koolzuurgas uit* exhale (give off) carbon dioxide
uitademing expiration, breathing out, exhalation
uitbaatster manager(ess); proprietress
uitbaggeren dredge
uitbakenen *(terrein)* peg (mark, plot) out; *(weg, enz)* trace (out)
uitbakken: *goed* ~ bake (fry) well; *het brood is uitgebakken* the bread has been baked (too) dry
uitbalanceren equilibrate, balance (evenly); *een uitgebalanceerde voeding* a balanced diet
uitbannen banish, expel, exile; *(fig, van pers)* ostracize; *de oorlog* ~ outlaw (ban) war; *(geesten)* exorcize
uitbanning 1 banishment, expulsion; **2** exorcization, exorcism
uitbarsten burst (break) out, explode; *(ve vulkaan)* erupt, break out; ~ *in* burst into [flames, tears]; burst out [laughing]; go off into [a fit of rage]; let loose [a torrent of words]
uitbarsting explosion, outburst *(beide ook v pers)*; *(ve vulkaan)* eruption, outbreak; *(ve oproer, enz)* outbreak [of rebellion]; *(v toorn, gelach)* burst [of anger, laughter]; *het was tot een ~ gekomen* things had come to a head; *nieuwe* ~ new outbreak, recrudescence [of disease]
uitbaten run [a restaurant]
uitbater manager; proprietor; landlord
uitbazuinen trumpet forth, blaze abroad, blazon out (forth, abroad); *zie ook* lof
uitbeelden depict; *(rol)* render [a role]; portray [a character on the stage]
uitbeelding depiction; rendering; impersonation, portrayal [of Othello]
uitbeitelen *(in steen)* chisel (out); *(in hout)* carve
uitbenen bone [meat]; *(fig)* exploit [a p.], labour [a point], work [a subject] to death
uitbesteden 1 *(pers)* put out to board, board out; **2** *(zaak)* subcontract, outsource, contract out [*aan, bij* to], farm out [*bij* with]; *(werk, ook)* put out to contract; *zie ook* aanbesteden
uitbetalen pay, pay out (over, down); cash [a cheque]; meet, honour [the cheque will be duly honoured]
uitbetaling payment
uitbijten 1 bite out; **2** *(door zuur, enz)* corrode, bite, eat (away)
uitbijting corrosion
uitblazen blow out [a candle], puff out [smoke]; blow [rings of tobacco smoke]; *de laatste adem* ~ breathe one's last; *even* ~ take (have) a breather (a respite); *laten* ~ breathe [a horse], give a breather
uitblijven stay away, stop out [all night], be [don't be long, I won't be a moment], fail (to come, to appear); *(v regen, onweer, enz)* hold off; *het antwoord bleef uit* no answer was forthcoming; *het voortdurend ~ van enig antwoord* the continued absence of any reply; *de reactie (een botsing) kan niet* ~ the reaction is bound to come (there is bound to be a clash); *dat kan niet* ~ it is bound to happen (to come), it must come to this in the end; *de gevolgen bleven niet uit* the effects made themselves felt; *te lang* ~ stay away beyond one's time, *(tot na afloop van het verlof)* overstay one's leave; *zie ook* lang
uitblinken shine [at school, in society, in conversation, at languages], excel; *hij blonk niet uit, maar hij was heel goed in alles* he was not brilliant [at school, etc], but pretty good at everything; ~ *boven* outshine, eclipse
uitblink(st)er brilliant person (performer, pupil, student, etc), prodigy, shining light
uitbloeien leave off flowering; *uitgebloeid zijn (raken)* be finished flowering; *uitgebloeide rozen* blown (overblown, spent) roses
uitblussen extinguish, put out
uitboren bore (out), drill
uitborstelen brush (out)
uitbotten bud (forth), sprout, burgeon
uitbouw 1 addition; *(bk)* annexe; **2** extension [of one's activities], development
uitbouwen 1 extend, enlarge; *de eetkamer was uitgebouwd* the ... was built out from the house; **2** extend, increase, develop
uitbraak escape from prison, prison break (escape), *(ook mil)* breakout
uitbraaksel vomit
uitbraden roast well; *te zeer uitgebraden* frizzled up; *zie ook* boter
uitbraken vomit, bring (*of:* throw) up, regurgitate; *(fig)* vomit [smoke, lava], belch (out, forth) [clouds of smoke], pour out [a stream of abuse], disgorge [water, a bone]; *gemene taal* ~ use foul language; *vgl* gal
uitbranden I *tr* burn out; *(wond)* cauterize [a wound]; **II** *intr* be burnt out, burn out [*ook:* the fire burnt itself out]; *het huis brandde geheel uit (was geheel uitgebrand), (ook)* was completely gutted, was burnt to a shell; *uitgebrand* burnt-out [house], spent, dead [match], extinct [volcano]
uitbrander telling-off, (severe) scolding, dressing-down, wigging, *(fam)* rocket; *iem een ~ geven, (ook)* blow a p. up, row (carpet) a p.
uitbranding *(ve wond)* cauterization
uitbreiden 1 spread, open [one's arms]; **2** enlarge [a business, the Air Force], extend [a business, the boundaries, the meaning of a word, the suffrage], widen [the circle of one's friends], add to [a library, a curriculum]; *het bedrijf gaat* ~ the firm is going to expand; *~de bijzin* amplifying (non-restrictive) clause; *zich* ~ extend, expand; *(v brand, beweging, ziekte, enz)* spread; *zie ook* uitgebreid
uitbreiding 1 extension [of the war, of the franchise *kiesrecht*; to the building], expansion, enlargement, development, widening [of the EC]; addition;

spread(ing); *vgl* uitbreiden; **2** *(concr)* [a computer] add-on

uitbreidingskaart expansion card

uitbreidingskosten cost of extension

uitbreidingsmodule add-on

uitbreidingsplan development plan, extension scheme; *(ve stad)* town-plan; *(het maken ervan)* town planning

uitbreken I *ww, tr & intr* **1** break out *(ook v zweet, brand, epidemie, oproer, oorlog, enz); de brand brak uit in de schuur, (ook)* the fire originated (started) in the barn; *de epidemie brak uit te A, (ook)* the epidemic made its first appearance at A; *zou je er niet een uurtje kunnen ~?* couldn't you take an hour (or so) off?; *zie ook* zweet; **2** *(uit de gevangenis)* break out, break (out of) prison (*of:* jail); **3** *(ve auto)* break away; **II** *zn: het ~, (v oorlog, enz)* the outbreak

uitbreker prison-, jail-breaker

uitbrengen 1 bring out [he could not bring out a word; *(ook)* he could not get a word out, the words stuck in his throat], say [this was all he could say]; *(verslag)* make [a report]; *zie ook* rapport; *(ve jury)* return [a verdict]; *een dagvaarding ~* take out (issue) a summons; *een beschuldiging tegen iem ~* level (direct) an accusation against a p.; **2** *(anker)* lay (*of:* carry) out [an anchor]; *(boot)* lower [a boat], get [a boat] overside; *(touw)* run out [a rope]; **3** launch [a new product]; *(films, enz)* release; *(boek, enz)* publish; **4** *(aan het licht brengen)* disclose, bring to light, make known; *een geheim ~* betray a secret; *zie ook* stem, toast, uitgeven, enz

uitbroeden hatch [eggs, birds, a plot]; *boze plannen uitbroeden* hatch (concoct) evil designs

uitbuiten *(pers)* exploit, grind down; *(werklieden, ook)* sweat; *(zaak)* exploit [a situation, a p.'s talents], make great play with [an argument, a fact], make the most of [an opportunity]; *een succes (voordeel) ~* exploit (follow up) a success (an advantage)

uitbuiter exploiter

uitbuiting exploitation

uitbundig exuberant [praise], vociferous [applause], effusive [emotion], enthusiastic (*bw:* -ally), ebullient; *iem ~ prijzen* exalt a p. to the skies; *iem op ~e wijze welkom heten* give a p. a boisterous welcome; *zie ook* toejuichen

uitbundigheid exuberance, effusiveness, ebullience

uitbureau theatre agency, ticket agency

uitchecken *(na- & vertrekken)* check out

uitcijferen figure out; *zie ook* uitrekenen

uitdagen 1 *(tot gevecht)* challenge [a p. to a duel]; **2** *(fig)* defy, challenge; *~d, (ook)* defiant [attitude, look, words, look defiantly at a p.], provocative [dress, gesture]

uitdager challenger

uitdaging challenge, *(fam)* dare; *de ~ aannemen* accept (take up) the challenge

uitdampen evaporate; *(uitwasemen)* exhale [fumes]; air [linen]

uitdamping evaporation; exhalation; airing

uitdelen distribute, deal (dole) out [money], dispense [alms], mete out [penalties], hand out, share out, allot [tasks]; *klappen ~* deal blows, lay about one, *(harde, ook fig)* give hard knocks

uitdeler distributor, dispenser

uitdelgen *zie* delgen & *(vero)* verdelgen

uitdeling distribution, [Christmas] share-out; *(concr bij faillissement)* [first and final] dividend; *vaststelling der ~en* declaration of dividends

uitdelingslijst notice of dividend (of distribution)

uitdelven, enz *zie* uitgraven, enz

uitdenken devise, contrive, invent; *zie ook* bedenken; *een zorgvuldig uitgedacht plan* a carefully thought-out plan

uitdeuken panelwork, panel beating; *een deur ~* beat out dents from ...

uitdienen serve (last) [one's time]; *dat heeft uitgediend* that has had its day, has served its purpose, that system, etc is played out; *hij heeft uitgediend* he has had his day; *(bij mij)* I have done with him; *zie ook* afdoen; *uitgediend soldaat* time-expired soldier

uitdiepen deepen [a deepening depression]; *(fig)* study in depth

uitdijen expand, swell, grow into; *de zes lessen dijden uit tot acht* the six ... ran on into eight

uitdoen 1 *(lamp, enz)* put out, extinguish, turn out, switch off [the lights], turn off [the gas, the lights]; *(kleren)* take (put) off; *zie ook* uittrekken; **2** *(doorhalen)* cross out

uitdokteren work (think, figure) out

uitdossen dress up (out), deck (trick) out, array [arrayed in all his glory]; *(fam)* tog out; *uitgedost als ..., (ook)* in the guise of ...

uitdoven I *tr* extinguish, put out, quench; *(uitdrukken)* stub out [a cigarette]; *(fig)* extinguish [hopes, etc], quench, damp down [enthusiasm]; *zie ook* doven; **II** *intr* go out; *uitgedoofd* dead [volcano, fire, match], extinct [volcano]

uitdoving extinction

uitdraai [computer] printout

uitdraaien 1 turn out [the lamp, light, gas]; *(elektr licht, ook)* switch off (out), turn off; *(losdraaien)* unscrew, screw out; *zich er ~, (fig)* wriggle out of it; *zie ook* [1]poot 1; **2** *~ op* come to [nothing; I thought it would come to that]; end in [it is sure to end in a quarrel]; *op niets ~, (ook)* fizzle out; **3** *(computer)* print (out) [data]; **4** *(techn)* bore

uitdragen carry out (*ook ve dode:* be carried out to burial); propagate, disseminate [doctrines, opinions]

uitdrager second-hand dealer, old-clothes man

uitdragerij, uitdragerswinkel second-hand shop, *(fam)* junk shop

uitdrijven drive out, expel; *(boze geesten)* cast out, exorcize; *~d (middel)* expellent

uitdrijving expulsion; casting out, exorcism, exorcization

uitdrinken finish [one's glass, one's wine], empty, drain [one's glass]; *(in één teug)* drink off, toss off, down [one's beer]; *drink eens uit!* empty (finish) your glass!

uitdrogen I *tr* dry up, dry out, desiccate; *(pan, enz)* wipe out; II *intr* dry up, dry out; *(ve bron, enz ook)* run dry; *(med)* dehydrate; *uitgedroogd, (ve pers)* dried-up, shrivelled (up), wizened; *(v mond, keel)* parched

uitdroging drying-up, desiccation; [die from] dehydration

uitdruipen drain; *laten* ~ drain; drip-dry [a shirt]

uitdrukkelijk express [command; he said so expressly], positive, explicit, definite [I definitely forbade it]; *zie ook* verzoek

uitdrukkelijkheid explicitness

uitdrukken 1 squeeze (out) [an orange], press (out) [grapes]; stub out [a cigarette]; gouge out [an eye]; **2** *(fig)* express, put [I don't know how to put it; the way he put it; put it as simply as you can]; *8 ~ als macht van 2, (wisk)* express 8 as a power of 2; *het in eenvoudige (dreigende, enz) woorden ~, (ook)* couch it in plain (threatening, etc) terms; *hij drukte de hoop uit dat ...* he expressed the hope that ...; *het sterk ~, (ook)* put the case strongly; *zwak uitgedrukt (om het zwak uit te drukken)* (to) put (it) mildly; *op z'n zwakst uitgedrukt* to say the least; *te verschrikkelijk om in woorden uit te drukken* too dreadful for words; *niet uit te drukken* beyond expression; *niet in een woord (in woorden) uit te drukken* impossible to put into words; *om het zo eens uit te drukken* so to speak; *op een toon die diep gevoel uitdrukte* in a tone expressive of deep feeling; *een gelukkig uitgedrukte opmerking* a happily phrased remark; ***wijze** van ~* manner of expression; *(zinswending)* turn of phrase; ***uitgedrukt** in, (ook)* in terms of [the pound in terms of dollars; patriotism in terms of hard cash]; ***zich** goed (slecht)* ~ express o.s. well (badly); *zich zeer zorgvuldig ~, (ook)* pick one's words carefully; *zie ook* uitdrukking: ~ geven aan

uitdrukking expression; *een* ~ an expression, a term, a phrase, a locution; *~ geven aan* give expression to, voice [one's astonishment, the party views], give voice to [one's misgivings], set out, ventilate [one's grievances]; *tot ~ brengen* give expression to, express, bring out; *tot ~ komen* find expression, be expressed; *vol* ~ expressive [eyes]; *zonder ~, zie* uitdrukkingsloos; *vgl* uiting

uitdrukkingsloos expressionless, without expression, impassive; *vgl* wezenloos

uitdrukkingswijze [simplicity of] expression; *vgl* uitdrukken: wijze van ~

uitduiden point out, show, indicate, explain

uitdunnen thin (out)

uitduwen push (shove, thrust) out

uiteen asunder, apart; *zie ook* vaneen

uiteenbarsten burst (asunder, apart), explode, *(fam)* go bang; *doen* ~ explode

uiteendrijven disperse, scatter, break up [a meeting]; *naar alle kanten -gedreven worden* be scattered to the four winds

uiteengaan separate *(ook v echtpaar)*, part (company), [the crowd began to] scatter, disperse [the congregation (the party) dispersed]; *(ve vergadering, enz)* break up, *(vh parlement)* rise; *het* ~ the breakup [of the party]

uiteenhalen *zie* uiteennemen

uiteenhouden keep apart; [I can't] tell [them] apart

uiteenjagen *zie* uiteendrijven

uiteenlopen diverge *(ook fig)*; differ, vary [opinions vary]; *hun wegen lopen uiteen, (ook)* their ways lie in different directions; *de meningen lopen zeer uiteen, (ook)* there is much diversity of opinion [*wat betreft* as to]

uiteenlopend divergent, diverging, varied, various; *zeer ~e meningen* very (*of:* widely) divergent views; *op ~e wijze, (ook)* variously

uiteennemen take to pieces, take apart, dismantle [a machine]

uiteenrafelen I *tr* unravel; II *intr (plantk)* leave fibrous remains

uiteenrukken tear to pieces, pull apart

uiteenslaan scatter, disperse (forcibly)

uiteenspatten *zie* uiteenbarsten & uiteenvallen

uiteenstaan stand [wide] apart; *(typ)* be spaced; *zie ook* vaneen

uiteenstuiven fly apart, scatter

uiteenvallen fall apart, fall (go) to pieces; *(ve coalitie, enz)* break up, disintegrate; *het ~, (ook)* the breakup, the disintegration [of an empire]

uiteenzetten 1 explain, expound [one's views, policy], enunciate [a theory], set forth, state, set out [grievances; the whole matter is admirably set out]; **2** *(typ)* space

uiteenzetting explanation, exposition

uiteinde extremity, extreme point, end; *(fig)* end

uiteindelijk I *bn* ultimate [result], eventual [success]; II *bw* ultimately, eventually, in the end, in the event, at the end of the day

uiten utter, give utterance (*of:* voice) to, raise [complaints], ventilate [grievances], express [a wish, an opinion]; *zich* ~ express o.s.; *geen gelegenheid om zich te* ~ [his individuality has] no play; *hij uit zich niet* he is not demonstrative, is uncommunicative, bottles things up; *zie ook* gesloten; *nauwelijks had ik de woorden geuit, of ...* hardly had I got the words out of my mouth when ...

uit-en-ter-na 1 over and over again, endlessly; **2** in every detail

uit-en-thuisvlucht out-and-return flight, round trip (flight)

uitentreuren continually, world without end; *een uitdrukking ~ herhalen* work (flog) a phrase to death

uiteraard naturally, in the nature of things (of the case), [we shall check the implications] as a matter of course; ~*!* of course!; temperamentally [unfitted for the work]

uiterlijk I *bn* outward, external; II *bw* **1** outwardly; ~ *bleef hij kalm* he remained outwardly calm; ~ *was hij vrolijk, (ook)* he wore a mask of cheerfulness; **2** *(op zijn laatst)* at the latest, not later than [next Friday]; *(op zijn hoogst)* at the utmost; III *zn* (outward, *of:* personal) appearance, exterior, looks [she had got her looks from her mother], [military] aspect; *(ve boek)* get-up; *naar het ~ te oordelen* by the look of him (it) [he (it) was ...], so far as appearances go; *voor het ~* [do s.t.] for the sake of appearances, for the look of the thing

uiterlijkheid exterior(ity); *-heden* [judge people by] externals

uitermate uncommonly, excessively, exceedingly, extremely; *zie ook* uiterst II

uiterst I *bn* **1** *(ve plaats)* out(er)most, farthest, farthermost [the farthermost corners of the earth], uttermost, extreme, ultimate [capacity]; **2** *(fig)* utmost [the utmost limit, of the utmost importance], utter, extreme, outside [limit]; *het ~e minimum* [£2 is] the very minimum; *~e prijs* utmost (very lowest, rock-bottom) price; *~e wilsbeschikking* last will (and testament); *zijn ~e best doen* do one's utmost, do one's very (one's level) best, strain every nerve, try one's hardest [to ...]; *de ~e raming* the outside estimate; *in de ~e nood, in het ~e geval* if the worst comes to the worst, in the last extremity; *in de ~e nood verkeren* be in extreme distress; *zie ook* term, uvd, enz; II *bw* extremely [vague], [vague] in the extreme, [wonderful] to the last degree, supremely [happy]

uiterste *zn* extreme, extremity; *de ~n raken elkander* extremes meet; *de vier ~n, (r-k)* the four last things; ***in** (tot) ~n vervallen* go to extremes; *in (tot) het andere ~ vervallen* go to the other (opposite) extreme; *hij ligt **op** het ~* he is at the point of death; *ten ~* extremely, utterly; ***tot** het ~* to the utmost, [cut expenditure down] to the bone, [go] to the limit; *vgl* beperken & *zie ook* inspannen; *oorlog tot het ~* war to the knife (the death); *tot het ~ drijven* drive [a p.] to extremes, try [a p.] too far; push [things] to extremes, carry [a thing] to an extreme; *ik wil tot het ~ gaan* I will go to any lengths; *zich tot het ~ verdedigen* defend o.s. to the last (to the bitter end), fight to (die in) the last ditch; ***van** het ene ~ in het andere vallen (overslaan)* go (run) from one extreme to the other

uiterwaard flood plain; water meadow

uiteten **1** give [a p.] a farewell dinner; **2** dine out; **3** finish one's meal

uitflappen blurt out [the truth], blab [a secret]; *(vloek)* rap out, spit (out) [an oath]

uitfloepen **1** pop out of [a p.'s hands]; **2** pack up, give out

uitfluiten hiss, catcall; *(sl)* give the bird; *uitgefloten worden* be hissed (off the stage); be catcalled, *(sl)* get the bird

uitfoeteren blow [a p.] up, storm at [a p.], bawl [a p.] out

uitfreaken freak out

uitgaaf *zie* uitgave

uitgaan go out *(ook v vuur, licht, pijp, enz)*; *veel ~* go out a good deal; *de kamer ~* leave (go out of) the room; *ga mijn huis uit!* get out of my house!; *de reddingsboot ging uit* the lifeboat put out (was launched); *het elektrisch licht ging uit* the ... gave out, failed; *eruit ga je!* out you go!; *ze was gekleed om uit te gaan* she was dressed ready to go out; *de school ging uit* school was over, the children came out of school; *de vlek gaat er niet uit* the stain won't come out; *vrij ~* come off (get off, go) scot-free; *jij gaat vrij uit, (ook)* you are (in the) clear, you are not to blame; *die schoenen gaan gemakkelijk uit* these ... come off easily; *mogen ~* be allowed out; ***met** een meisje ~* take a girl out; *een middagje ~ met ...* have an afternoon out with ...; *ga je met mij uit?* will you come out with me?; *onze harten gaan **naar** haar uit* our hearts go out to her [in her great sorrow]; *z'n belangstelling gaat uit naar de cultuurgeschiedenis* his special interest is in ...; *onze gedachten gaan uit naar een Axminster karpet* we're thinking of ...; ***op** een r ~* end in r; *er samen op ~* set off together; *erop ~ om ...* set out to ...; ***van** een beginsel ~* start from a principle; *ervan ~ dat* take the line (assume, take for granted, take it as read) that; *[het plan, enz] ging uit van ...* [the plan] originated with [me]; [the instructions] emanated from [the Admiralty]; *~de van* in the light of (on the basis of) [these statistics]; *in al zijn gedachten ~ van de kerk, enz* think in terms of the Church (the Army, etc); *er gaat niets van hem uit* he is terribly dull, he has no initiative; *er gaat een dreiging van uit* it poses a threat; *er gaat een morele invloed van haar uit* she radiates a moral influence; *zie ook* deur & [2]kant

uitgaand **1** outward [cargo, freight (rates)], outgoing [mail]; *~e rechten* export duties, customs outwards; outward-bound [ships]; **2** pleasure-seeking [public]

uitgaansagenda entertainment(s) diary

uitgaansavond evening (*of:* night) out

uitgaansdag day out, day off

uitgaanstenue dress uniform

uitgaansverbod curfew (order)

uitgalmen bawl

uitgang **1** exit, way out, outlet [an outlet to the sea], egress, issue; *aan de ~, (ve station)* [tickets to be shown] at the barrier; **2** *(ve pers)* outing; *het was zijn eerste ~, (na ziekte)* it was the first time he had been out, his first time out of doors; **3** *(ve woord)* ending, suffix, termination

uitgangspositie **1** starting position; **2** *zie* uitgangspunt

uitgangspunt starting point *(ook fig)*, point of departure, premises; jumping-off point [for country rambles]; *geld is het ~ van al zijn gedachten* he always thinks in terms of money; *~en, (ook)* basic considerations (philosophy)

uitgangsvermogen output (power)

uitgave 1 *(v geld)* expenditure, expense, outlay; *kleine persoonlijke ~n* pocket expenses; *ontvangsten en ~n* incomings and outgoings; *grote ~n doen* go to great expense; *kleine ~n* small expenses, small items of expenditure; *militaire ~n* military spending; *openbare ~n* public spending; **2** *(ve boek, enz, abstr & concr)* publication; *(druk)* edition, issue

uitgeblust[1] *(fig)* worn out, jaded

uitgebreid extensive, comprehensive; *~e keuze* wide choice (*of:* selection); *~e studie* detailed study; *~e voorzorgsmaatregelen* elaborate precautions; *~e volmacht* [committee with] broad (*of:* wide) powers

uitgebreidheid extensiveness, extent

uitgeefster publisher(s)

uitgehongerd famished, famishing, starved, starving, ravenous

uitgekiend sophisticated

uitgekookt astute; *zie* uitgeslapen & sluw

uitgelaten elated, exuberant, exultant, rollicking [fun], [be] cock-a-hoop [over one's success], delirious [*van vreugde* with joy]; *~ van pret* bubbling over with merriment

uitgelatenheid elation, exuberance (of spirits)

uitgeleefd decrepit, worn out

uitgeleerd: *~ zijn, (ve leerjongen)* have served one's apprenticeship; *(ve scholier)* have left school; *~ zijn in* be (a) past master (past mistress) of (in); *men raakt nooit ~* live and learn; one is never too old to learn

uitgeleide: *iem ~ doen* show a p. out (to the door, to his car, etc), *(aan trein, enz)* see him off, *(uitbundig)* give him a send-off

uitgelezen select [party, wines], choice [fruit], picked [troops], well-chosen [company], exquisite

uitgelezenheid selectness, choiceness, exquisiteness

uitgemaakt: *dat is een ~e zaak* that point is settled, *(reeds van tevoren ~)* a foregone conclusion; *~(e) waarheid (feit)* established truth (fact)

uitgenomen except (for, that), excepting

uitgeprocedeerd: *~ zijn* have been through all legal procedures

uitgeput exhausted; *zie* uitputten

uitgerekend calculating [man]; *~ op zijn verjaardag* on his birthday of all days

uitgeslapen 1 *zie* uitslapen; **2** *(fig)* wide awake, astute, knowing, canny, shrewd; *(sl)* fly; *hij is ~, (ook)* he is a sly dog, an old hand; *je hospita is ~, (ook)* your landlady is on the make

uitgesproken *(fig)* pronounced, strongly marked [inclination], distinct [preference]; *(bw)* distinctly [unpleasant]; *met de ~ bedoeling om te ...* with the avowed object of ...ing; *~ in zijn mening* upfront

1 zie voor niet opgenomen deelwoorden de ww

uitgestreken: *~ gezicht* smug (deadpan, poker) face; *met een ~ gezicht* smug- (poker-)faced, with an expressionless face

uitgestrekt extensive; *zeer ~* vast

uitgestrektheid extensiveness, vastness, extent; *(concr, v water, land, enz)* expanse, stretch, sweep, reach, tract [of land]

uitgestudeerd *zie* uitkijken, uitgeleerd & uitgeslapen; *nu ben ik ~, (fam: blut)* I'm at the end of my money, I'm on my beam ends

uitgetogen *zie* uittijgen

uitgeven 1 *(geld)* spend [*aan voor* on]; *veel geld ~, geld met handen vol ~* spend money like water, be a great (free, lavish) spender, spend (money) freely; *de Vereniging geeft te veel uit* the Association is overspending (itself); **2** *(lening, aandelen, kaartjes, bevel, enz)* issue [a loan, shares, tickets, banknotes, an order], utter [notes, base coin *vals geld*], pass [a worthless cheque, base coin]; *het wachtwoord ~* give the (pass)word; *de aandelen ~ tegen 87%* issue the shares at 87 per cent; *~* ***voor*** pass off for (*of:* as); ***zich ~ voor*** pass o.s. off as (for), represent o.s. as [being qualified], pose as [a doctor], set up for [a critic], personate [a policeman]; *zich voor rijk ~* pass o.s. off as rich; **3** *(uitdelen)* distribute, serve out, issue [provisions, ammunition], give out [work]; **4** *(boek, enz)* publish, bring out, *(voor de druk bezorgen)* edit; put out [a bulletin]; release [a new album]; *het boek ~ bij Longman* publish the book with ...

uitgever *(commercieel)* publisher(s); *(tekstbezorger)* editor

uitgeverij, uitgeversmaatschappij publishing firm (business, company, house), (firm of) publishers

uitgevloerd dead beat, shattered, flat out, prostrate

uitgewekene refugee

uitgewerkt 1 elaborate, detailed; **2** flat [beer]; (well-)seasoned [wood]; extinct [volcano]; *zie ook* uitwerken

uitgewoond 1 [the house is] run-down, dilapidated, in a state of disrepair; **2** *(fig)* exhausted

uitgezocht *zie* uitgelezen; *(ook)* excellent [opportunity]; *een zonderling ~ gezelschap* a curiously assorted company

uitgezonderd except, [not, always] excepting, with the exception of [your brother], [your brother] excepted; save [your brother]; *niemand ~* nobody excepted, without exception; *ongelukken ~* barring (*of:* bar) accidents

uitgieren: *het ~ van de pret (van het lachen)* scream with joy (laughter); *het was om het uit te gieren* it was screamingly funny (*fam:* a perfect scream)

uitgieten pour out

uitgifte issue [of military stores, shares, banknotes, a loan, an order], flotation [of a loan]; *~ van obligaties* bond issue

uitgillen scream (out); *ik kon het wel ~* I could scream; *zie ook* gillen

uitglijden slip [I (my foot) slipped (*over* on)], slide, lose one's footing

uitglij(d)er blunder, gaffe, *(sl)* boob

uitglippen *zie* uitglijden; *de deur* ~ slip out

uitgloeien anneal, temper [steel]; flame [an instrument]; burn off [a mantle *gloeikousje*]

uitgommen rub out, erase [a word]

uitgooien throw out; *(jas, enz)* throw (whip) off; *er* ~, *de deur* ~ throw (chuck, bundle) out; *zie ook* uitflappen

uitgraven 1 *(voorwerp, enz)* dig out, dig up, excavate; exhume [a corpse]; **2** *(de grond)* excavate; *(uitdiepen)* deepen; *uitgegraven grond* spoil

uitgraving excavation; exhumation

uitgroeien 1 grow (in size), develop; *(v graan, enz)* fill out; ~ *tot* grow, expand, develop into [a concert performer]; *uitgegroeid, (ve plant)* fully developed; *niet uitgegroeid* stunted; **2** *(ontgroeien)* grow out of, outgrow [one's clothes]

uitgroeisel *zie* uitwas

uitgummen rub out, erase [a word]

uithaal 1 *(bij het zingen)* drawing-out; **2** *(ve auto, enz)* swerve; **3** *(aanval)* (virulent) attack [on the media *naar ...*]; *een* ~ *doen naar* take a swipe at [the critics]

uithakken cut (hew, hack) out

uithalen I *tr* **1** *(uittrekken)* draw (pull) out, extract (*ook fig:* extract information, the truth, from a p.); *(onkruid)* root out; *(bij breien, enz)* unpick; *hij heeft heel wat uit oude dagboeken gehaald* he has gleaned a good deal from ...; *[hij stond met dertig man op de foto, maar] zij haalde hem er meteen uit* she picked him out at once; ***er*** ~ *wat men kan* run the thing for all it is worth, make the most of it, get every ounce out of it; *uit iemand halen wat erin zit* bring out the best in a p.; *zie ook* nest, [1]woord, enz; **2** *(schoonmaken)* clean [ditches, a pipe], clean out [the grate], gut [fish], draw [a fowl]; *(zakken, enz)* turn out, clear out [one's pockets], turn out [a drawer, a room], do out [a room]; *het* ***vuur*** ~ rake out the fire; **3** *(toon)* draw out [a tone]; **4** *(mar)* haul out, get out [a ship]; **5** *(besparen)* save [time]; *dat haalt heel wat (tien euro) uit* that saves a lot (ten euros); *de aanloopkosten werden er ruimschoots uitgehaald* the initial expense was more than made good; **6** *(effect hebben)* serve a purpose; *dat zou* ***niets*** *(niet veel)* ~ that would serve no good purpose (that would not be of much use, wouldn't get you anywhere); *het haalde niets (weinig) uit* [he worked hard, but] he had nothing (little) to show for it; *praten haalt niets uit* it is no good talking, there is little use in talking; *wat het zou* ~ [it was not clear to me] what purpose would be served; **7** *(streken, enz)* play [tricks, pranks], perpetrate [a hoax]; *(gekheid* ~*)* lark (about); ***wat heeft hij uitgehaald?*** what has he been up to?; *wat heeft hij nu weer uitgehaald?* what is his latest?; *daar heb je wat moois uitgehaald!* you've made a nice mess of it!; *zie ook* grap, streek & kattenkwaad; **II** *intr* **1** *(uitwijken)* pull out, draw in; *naar* ***rechts*** *(links, verkeerd)* ~ pull out to the right (to the off side), to the left (to the near side), to the wrong side; *zie ook* [2]kant; **2** *voor iem* ~, *(iem onthalen)* do a p. proud; ***wat*** *halen ze uit!* what a wonderful feed (*sl:* blow-out) they are giving us!; **3** *naar iem* ~ go for (criticize, take a swipe at, lash out at) a p.

uithaler 1 pipe-scraper; **2** *(mar)* outrigger

uitham spit (tongue, neck) of land

uithangbord signboard, (business, inn) sign

uithangen hang out [flags]; *(fig)* play [the schoolmaster, etc]; *de grote heer (de bram, de gebraden haan)* ~ make a big splash; *de vrome* ~ play the saint; *waar hangt hij uit?* where does he hang out?; *waar de griffioen uithangt* at (the sign of) the griffin; *zie ook* beest & [1]keel

uithangteken *zie* uithangbord

uitharden cure [plastic resins]

uitharen lose (one's) hair; *(v dier)* shed (its coat), moult

uithebben have finished [a book]; *de slaap* ~ have one's sleep out

uitheems foreign [produce, words], exotic [plants]; *(vreemdsoortig)* outlandish [fashions, garments]

uithelpen: *er* ~ help [a p.] out

uithoek 1 out-of-the-way place (*of:* corner), outlying district; *(ergens) in een* ~, *(fam)* [live] out in the sticks; **2** cape, headland

uithollen 1 hollow (out), scoop out, dig out, excavate; **2** *(fig)* empty of meaning; erode [a p.'s position, power]; emasculate [proposed regulations]

uitholling 1 hollowing out, etc, excavation; **2** *(holte)* hollow, excavation, recess; **3** *(fig)* erosion

uithongeren famish, starve (out); starve [a town] into surrender, etc; *zie ook* uitgehongerd

uithongering starving (out), starvation

uithoren: *iem* ~ pump a p. [for details], draw a p. (out); *geheel* ~ pump [a p.] dry

uithouden 1 hold out [one's arm]; **2** bear, suffer, stand, sustain [the exertion]; ***het*** ~, *(volhouden)* hold out [I can hold out no longer, his voice will not hold out], endure, stick it (out), stay the course; *(verdragen)* stand (*of:* stick) it; *zozeer dat ik het niet langer kon* ~ [he irritated me] past bearing; *geen boot kon het* ~ *in zo'n zee* no boat could live in ...; *de hitte is niet om uit te houden* the heat is unbearable; *het is met hem niet uit te houden* there is no living with him; *de dijk zal het wel* ~ the dike will hold; *hij houdt het nog steeds goed uit* he is still going strong; *mijn band zal het wel* ~ my tyre will hold up; *je jas houdt het niet eeuwig uit* your ... won't last for ever; *hij hield het in dat klimaat twee jaar uit* he stuck it for two years in ...; *je kunt het hier zeker wel* ~*?* I suppose you will be all right here?

uithoudingsvermogen staying power, (power of) endurance, stamina; *iem (paard, enz) met veel (weinig)* ~ a stayer (a non-stayer)

uithouwen carve (out), hew (out); *in steen uitgehouwen* carved in stone

uithozen bail (bale) out [a boat]
uithuilen have a good cry, have one's cry out; *iem laten* ~ let a p. have his cry out; ~ *en opnieuw beginnen* pick up the pieces and start again, go back to square one
uithuisplaatsing fostering out
uithuizig: *ze is erg* ~ she is never at home
uithuwelijken, uithuwen give in marriage, marry off [one's daughters]
uiting utterance, expression; ~ *geven aan* give expression (utterance) to, voice [the feelings of all]; *zie verder* uitdrukking
uitingsvorm 1 vehicle of expression; **2** manifestation
uitje 1 (small) onion; **2** outing, (day) trip
uitjouwen hoot, jeer at, boo; *(sp, ook)* barrack
uitkafferen *(fam)* row, bawl out
uitkakken *zie* uitkotsen & uitpraten: uitgepraat zijn
uitkammen comb (out, through)
uitkauwen chew; *uitgekauwd, (ook)* exhaustively discussed
uitkeren pay (out), distribute [dividend]
uitkering payment; *(bij faillissement)* dividend [*van* 25 % of 25p in the pound]; *(bij verzekering)* benefit; *(bijstand)* income support; *(sociale ~)* [one-parent, incapacity, invalidity, sickness, unemployment, widow's] benefit, [maternity] allowance; *(bij staking)* strike pay; *(aan gescheiden vrouw)* maintenance, *(Am)* alimony; ~ *krijgen, (fam, ve werkloze)* be on the dole
uitkeringsfonds endowment (*of:* benevolent) fund
uitkeringsgerechtigde person entitled to social benefit, claimant
uitkeringstrekker person drawing social benefit
uitkermen: *het* ~ groan, moan; *het* ~ *van* groan (moan) with [pain]
uitketteren *(fam)* row, bawl out
uitkienen think (figure, work) out
uitkiezen choose, select, pick out, single out, fix (up)on [a day]
uitkijk *(uitzicht)* view, prospect; *(toren, enz)* lookout; *(pers)* lookout (man); *op de* ~ *staan* be on the (keep a) lookout, keep watch
uitkijken look (watch) out, be on the lookout; *kijk uit!* look (watch) out!; *(er) goed (naar)* ~ keep a sharp lookout (for it); *men raakt daar nooit uitgekeken* there is always s.t. new to interest you; *zich de ogen* ~ stare one's eyes out; ~ ***naar*** look out for, watch for [the postman], look (out) for [a job], look forward to [the party]; *ik ben er* ***op*** *uitgekeken* I have seen (had) enough of it; ~ *op* overlook [the sea]; *zie* uitzien (op) & *zie ook* kijken
uitkijkpost observation post, lookout (post)
uitkijktoren *(wachttoren)* watchtower, lookout tower; *(uitzichttoren)* belvedere
uitklapbaar fold-out
uitklappen fold out
uitklaren clear (out)
uitklaring clearance (outwards)
uitklaringskosten clearance dues
uitkleden undress, strip; *iem naakt* ~, *(ook fig)* strip a p. naked (*of:* to the skin); *(fig, ook)* fleece a p.; *zich* ~ undress, strip; *ik heb mij voor jou uitgekleed, (fig)* I've spent all I had on you
uitklimmen: *het raam* ~ climb out of the window
uitkloppen beat [carpets], shake (out) [rugs]; knock out [one's pipe, the ashes], hammer out [a dent]; *zijn pijp* ~, *(ook)* knock the ashes from (*of:* out of) one's pipe; *iem de jas* ~, *(fig)* dust a p.'s jacket
uitknijpen 1 squeeze (out), stub out [a cigarette]; *zie ook* uitpersen; **2** *(weglopen)* decamp, abscond, slip off, give a p. the slip, *(sl)* do a bunk, hook it; *(doodgaan)* pop off, peg out, kick the bucket, croak; *er een dagje* ~ take (steal) a day off
uitknikkeren: *iem er* ~ turf a p. out, oust a p.
uitknippen cut out
uitknipsel cutting, clipping
uitknob(b)elen figure out, puzzle out
uitkoken boil out, extract by boiling; *(linnen)* boil; *(zijde)* boil, scour, *(vaten, enz)* scald; *(vet)* render; *uitgekookt vlees* overboiled meat, meat boiled to rags; *het ei is uitgekookt* the shell is cracked, the white is coming out
uitkomen 1 *(eruit)* come out *(ook v bladeren, bloemen, krant, foto, mazelen; v bioscoop, enz, naar Indië);* issue, emerge [from]; *(v bloesem, ook)* break out; *(ve ei, larven, enz)* hatch (out); *(ve kuiken, enz)* hatch (out), come out of the egg (the shell); *(v bomen)* come out, bud; *(v boeken, enz)* come out, appear, be published; *vgl* uitbrengen; *ik kan er niet* ~, *(fig)* I cannot make it out; *wat komt eruit?* what is the result?; *er kwam niet uit wat er* ***in zat*** its potential (his early promise) was not realized; *ik kom er wel uit* [please do not come down,] I can find my way out, I'll let myself out; *ik kom er zelden uit* I hardly ever stir (go) out; *kom eruit!* come out of that!; ~ ***met,*** *(pol)* put forward [30 candidates]; *met een prijs (een niet)* ~ come out with (draw) a prize (draw a blank); ~ ***op,*** *(ve deur, kamer, enz)* open into (on, on to, off), give on (into, on to) [the corridor]; *deze straat komt uit op het strand* opens out on the beach; *het pad komt bij A op de weg uit* the path joins the road at A; *de op de kade ~de stegen* the alleys off the quay; *[een plein] waar 4 straten op* ~ with four streets running (coming) into it; *wij kwamen op de hoofdweg uit* we emerged on the ...; ~ ***tegen,*** *(sp)* play (against); **2** *(bekennen)* admit; *hij kwam er rond* ***voor*** *uit* he frankly admitted it; *(biechtte op)* he owned up, made a clean breast of it; *voor zijn mening* ~ say what one thinks; *voor zijn overtuiging durven* ~ have the courage of one's convictions; **3** *(bekend worden)* get (come) out, become known (public), emerge [it emerged that ...]; *(vd waarheid)* come out; *(ve misdaad)* come (be brought) to light; *een moord (misdaad, bedrog) komt altijd uit* murder will out; **4** *(ve droom, voorspelling)* come true; *(v woorden, voorspelling)* prove

correct; *(ve som)* come out, work out, come (out) right; ***dat** komt uit* that is correct, that is right; *dat zal wel* ~ that goes without saying, that is self-evident; *het **spel** wou niet* ~ the game [of patience] would not come out; *haar **verwachtingen** waren niet uitgekomen* her ... had not been realized; **5** *(gebeuren, uitvallen)* turn out [everything turned (*fam:* panned) out as I had hoped], work out [things do not always work out according to plan]; **6** *(passen)* suit; *dat komt mij prachtig uit* that suits me splendidly; *het kwam een beetje **anders** uit* it did not quite work out that way; *het komt alles **prachtig** uit* it all fits in very neatly, it works out perfectly; *het (plan, enz) kwam **verkeerd** uit* it went (turned out) wrong (the plan did not work; the plan, the marriage, went awry); *het kwam (toevallig) **zo** uit dat ...* it so happened that ...; *hij kleedt zich **zoals** het hem (het best) uitkomt* he dresses anyhow; **7** *(bij kaartsp)* lead [trumps, the ace of hearts]; *(in wedstrijd)* start; **8** *(in het oog vallen)* show (up), come out; *de kale plekken komen duidelijk uit* the ... show (up) clearly; *goed ~ op een foto* come out well in a photo, be photogenic; ***doen*** ~ set off [to great advantage], show up; accentuate, bring out, emphasize [a point]; *hun aarzeling deed haar doortastendheid scherp* ~ their hesitancy threw her energy into high relief; *ze deden elkaars eigenschappen* ~ the one was a foil (set-off) to the other; *haar gitten sieraden deden de blankheid van haar huid* ~ her jet ornaments brought out (accentuated, emphasized) the ...; *helder* ~ ***tegen*** show bright against; *de bergen kwamen scherp tegen de lucht uit* the ... stood out sharply (were brought into bold relief) against the sky; *de bomen kwamen mooi uit tegen de rotsen* the trees showed up beautifully against ...; **9** *(rondkomen)* make (both) ends meet; *ik kan er net mee ~, (het is net genoeg)* it will just do; *kom je uit met je huishoudgeld?* can you manage on your ...?; *zie verder* rondkomen; **10** *(aflopen:) het kwam niet zo **goedkoop** (kwam duurder) uit* it did not come so cheap (it came more expensive); *het zou goedkoper **(voordeliger)** ~, (ook)* it would be cheaper in the end; *zie ook* voordelig

uitkomst 1 *(resultaat, uitslag)* result, [await the] issue; *(ve som)* result; **2** *(kaartsp)* (opening) lead; **3** *(redding)* relief, deliverance, help; *er kwam ~, (ook)* s.t. turned up; *er is geen* ~ things are hopeless, there is no way out of the difficulty; *een ware* ~ a perfect godsend, [rubber soles are] a real boon [for tired feet]

uitkoop buying out (*of:* off)

uitkopen buy out [a partner], buy off

uitkotsen puke; *hij wordt overal uitgekotst* he is cold-shouldered everywhere

uitkraaien: *het* ~ crow [with delight]

uitkrabben scratch out [a p.'s eyes, a word], erase [a word], scrape out

uitkramen: *zijn geleerdheid* ~ show off (display, parade) one's learning; *heel wat onzin* ~ reel off a lot of nonsense, talk a lot of rubbish

uitkrant entertainment guide

uitkrijgen finish, get to the end of [a book]; get off [one's shoes]; get out of [one's coat]; *ik kon het spel niet* ~ I could not get the game out; *zie ook* krijgen: ~ uit

uitkrijten 1 *zich de ogen* ~ cry one's eyes out; **2** *uitgekreten worden voor* be decried as (be called) [a coward]

uitkristalliseren crystallize out, *(fig)* crystallize

uitkunnen 1 *(mbt geld:) de zaak kan niet uit* the business does not pay its way; *met dat bedrag kunnen we niet uit* on ... we cannot manage; **2** *(mbt kleren:) die schoen kan niet uit* this shoe will not come off; *de kleren van de pop kunnen uit* the doll's clothes take off and on; **3** *(mbt voorval:) hij kan er niet over uit* he never tires of talking about it; *ik kan er niet over uit (dat hij ...)* I am utterly shocked (that he ...); *zie ook* uit

uitlaat exhaust; *(ve riool)* outfall (sewer, pipe); *(ve tank, enz)* outlet; *vrije ~, (ve motor)* cut-out

uitlaatgassen exhaust gases, exhaust fumes

uitlaatklep *(v gas)* exhaust valve; *(v vloeistof)* outlet valve; *(fig)* [emotional] outlet, safety valve

uitlaatpijp exhaust pipe

uitlachen I *tr* laugh at; *smalend* ~ laugh to scorn; *toen lachte ik (op mijn beurt) hem uit* then I had the laugh of him; *zie ook* gezicht; **II** *intr* finish laughing

uitladen unload, discharge

uitlandigheid absence abroad

uitlaten 1 *(eruit: pers, hond, enz)* let out, *(beleefder)* see (show) out [a visitor], see [a p.] to the door; *laat me eruit* let me out; *de hond ~, (ook)* take the dog for a walk; *zijn hondje ~, (fig)* have one's say; *zie ook* uitgelaten; **2** *(weglaten)* leave out, omit [a word]; *(kleding)* leave off (wearing) [one's coat]; **3** *(verwijden)* let out [a garment]; **4** *(afblazen: stoom)* let off [steam]; *(gas)* release [gas from a balloon], emit [fumes]; **5** *de lamp* ~ not light the lamp; **6** *(uiten:) hij liet er geen woord over uit* he kept quiet about it, he did not say (never said) a word about it; *ik heb niets uitgelaten, (verklikt)* I have not let on; ***zich** ~ over* give one's opinion about; *daar wil ik mij niet over* ~ I will not express any opinion on that point; *zich er niet (of vaag) over* ~ be non-committal, be very reticent about it; *weigeren zich uit te laten over* refuse either to confirm or deny [the report]; *zich waarderend ~ over* speak highly of; *zich geringschattend ~ over* speak slightingly of, reflect on; *zich optimistisch* ~ sound a hopeful note

uitlating 1 letting out, etc, *vgl* uitlaten; omission; *(theat)* cut [perform Hamlet without cuts]; **2** *(uiting)* utterance, remark, declaration

uitlatingsteken *(')* apostrophe; *(^)* caret

uitleenbibliotheek lending library

uitleenbureau issue desk, loan desk

uitleg 1 enlargement, extension [of a town]; **2** explanation, interpretation; *een zekere (verkeerde) ~ geven aan* put a certain (wrong, false) construction on [a p.'s words]; *aan alles een verkeerde ~ geven, (ook)* misconstrue everything; *de feiten zijn slechts voor één (zijn voor verkeerde) ~ vatbaar* the ... can bear only one construction (are open to misconstruction); *voor meer dan één (velerlei) ~ vatbaar, (ook)* ambiguous; *het is voor beiderlei ~ vatbaar* it may be explained both ways

uitleggen 1 *(vergroten: kledingstuk)* let out; *(stad)* extend; **2** *(verklaren)* explain, make clear, elucidate, explicate; expound [Scripture]; interpret [a law, dreams]; *~ als* construe (take, interpret) [s.t.] as [an insult]; *verkeerd ~* misinterpret, misread, misconstrue; *zie ook* uitleg 2: ~ geven; **3** *zie* klaarleggen

uitlegger 1 explainer, commentator; expounder [of the law], interpreter [of dreams]; **2** *(ve roeiboot)* outrigger

uitlegging explanation, exposition; *(v iets twijfelachtigs)* interpretation; *(vd bijbel)* exegesis; *zie ook* uitleg 2

uitlegkunde exegesis; hermeneutics

uitlegkundig exegetic(al)

uitlegkundige exegete

uitleiden 1 take outside, accompany out; **2** put [illegal immigrants] across the border

uitlekgewicht drained weight

uitlekken I *ww* leak (*of:* ooze) out; *(fig ook)* transpire, filter through; *laten ~* leak [information]; drain [vegetables]; **II** *zn* leaking [of news]

uitlenen lend (out), *(Am)* loan; *uitgeleend* [the book is] out (on loan)

uitleven indulge [one's passions]; *zich (vrij) ~* live (one's) life to the full, have a fling; *(geestelijk)* live one's (own) life (in one's own way); *zie ook* uitgeleefd

uitleverbaar extraditable

uitleveren deliver up, hand over; *(handel)* deliver; *(misdadiger)* extradite; *(tegen elkaar)* exchange [prisoners of war]; *uitgeleverd gewicht* landed weight

uitlevering delivery; *(ve misdadiger)* extradition; *waarvoor ~ bestaat* extraditable [offence]; *bevel tot ~* extradition warrant

uitleveringsverdrag extradition treaty

uitlezen 1 finish [a book], read through (*of:* to the end); read out [a computer memory]; **2** *(kiezen)* pick out, select; *zie ook* uitgelezen & achtereen

uitlichten 1 lift out; **2** *(fot)* light [a subject]; *(theat)* spotlight

uitlijnen align [the wheels of a car]

uitlikken lick (out), lick clean

uitlogen leach, lixiviate

uitlokken provoke [a quarrel, war]; elicit [an explanation]; incite [subversive activities]; evoke, invite, call forth [comment, criticism, remarks]; invite [a war, discussion]; ask for [trouble; he asked for it]; court [disaster]; bring (draw) forth [a loud protest, a sharp retort]; *een vergelijking ~ met* challenge comparison with; *~ om te ...* tempt to ...; *zie ook* twist & [1]woord

uitlokkend tempting, alluring, inviting

uitlokking provocation; *~ tot meineed* subornation of perjury

uitloop outlet; *(ve vliegt)* landing run; *(v auto)* stopping distance

uitlootbaar redeemable [stock]

uitlopen 1 run out *(ook v vloeistoffen)*, go out; *(v kleuren)* bleed; *(v schepen)* put out, put to sea; *(sp)* leave one's goal, come out; *(na race)* run easy; *het hele dorp liep uit* the whole village turned out; *de kamer ~* run from (out of) the room; **2** *(uitbotten)* bud, shoot, come out, sprout; *(ontijdig v koren; v aardappelen, enz in kelder)* sprout, grow (out); **3** *(v broekspijpen)* flare; **4** *(ve vliegt)* taxi; **5** *(ve vergadering)* go on longer than expected, run late; *(ve college)* run over time; **6** *(vóórkomen)* draw ahead, get ahead, gain [10 yards], take a (the) lead; **7** *(v lager)* run out; *er is een lager uitgelopen* the engine has run (out) a bearing; **8** *(eindigen:) ~ in, (ve rivier)* run into, empty (itself) into; *in een punt ~* end in (taper to) a point; *~ op, (ve straat, enz)* lead to; *zie ook* uitkomen; *(fig)* result (*of:* end) in [disaster]; *op niets ~* come to (lead to, result in, amount to) nothing, come to naught; *(v onderhandelingen, enz ook)* be (prove) abortive; *waar zal dat op ~?* what is this to end in?; *zie ook* uit & inlopen

uitloper 1 *(ve plant)* (off)shoot, *(bovengronds)* runner, *(ondergronds)* sucker, offset, stolon; **2** *(v gebergte)* spur, offshoot; **3** *(ve debat)* offshoot

uitloten I *tr* draw (out); **II** *intr* be drawn (for repayment); draw a blank [in a lottery]; be refused university admission (by lot); *uitgeloot* drawn [bonds], refused [student]

uitloven offer [a reward], promise, put up [a prize]

uitlozen empty (itself), discharge (itself), drain [*in* into]

uitlozing outfall, discharge

uitlui(d)en ring out [the old year, etc]; mark (celebrate) the end of [the skating season]; give [a p.] a fond (resounding, etc) farewell, a fine (magnificent) send-off

uitmaken 1 *(verwijderen)* take out, remove [stains]; **2** *(beëindigen)* finish [a book, game]; break off [an engagement, she has broken (it off) with the postman]; **3** *(uitdoven)* put out [a fire]; **4** *(vormen)* form, constitute [these things constitute all my wealth], account for [the payroll accounts for only 20% of total production costs]; **5** *(beslissen)* decide, settle [a difference, dispute]; *dat moeten zij samen maar ~* let them fight it out between (*of:* among) themselves; *dat is uitgemaakt* that is settled; *de dienst ~* run things [*hij* ... his word goes here]; *zie ook* uitgemaakt; **6** *(door redenering)* argue [it, the matter] out; **7** *(betekenen)* matter; *wat maakt dat uit?* what does it matter?; *het maakt niet veel uit of ...* it will make little difference whether ...; *dat maakt niet(s) uit* it's of no consequence, it does not matter; *(fam)* no bones broken!; *dat maakt voor mij veel uit* to me it matters a lot; **8** *(uitschelden)* abuse; *iem ~ voor verrader (leugenaar)* call a p. (denounce a p. as) a traitor (a liar); *iem ~ voor al wat lelijk is* call a p. all sorts of (unprintable) names (every name under the sun), revile a p.

uitmalen 1 drain [a marsh]; **2** grind down [corn]

uitmelken strip [a cow], milk out, *(ook fig:)* milk [a subject] dry

uitmendelen *(ve erfelijke eigenschap)* manifest itself

uitmergelen exhaust [the soil]; *(pers)* grind down [the poor], squeeze dry, squeeze the last penny out of, milk; *(uitgemergeld, pers)* emaciated, *(door ziekte)* wasted

uitmesten muck (out) [a stable], clear (muck) out [a room]

uitmeten measure [a room]; measure out [drops]; *breed ~* enlarge on, make the most of [one's grievances], fully emphasize

uitmiddelpuntig eccentric, off-centre

uitmikken plan, contrive; *zie* afmikken

uitmonden: *~ in* empty (itself) into, debouch into, discharge (itself) into, flow into [the sea]; *zie ook* uitkomen; *(fig)* result in [new procedures]

uitmonding mouth, outlet, *(v buis, rivier, ook)* outfall

uitmonsteren 1 trim, face [a uniform]; **2** *zie* uitdossen

uitmonstering [a car with black or white] trim

uitmoorden massacre [the inhabitants of a town]

uitmunten excel [*in* in, at]; *~ boven* excel; *zie ook* uitblinken & overtreffen

uitmuntend excellent; *zie* uitstekend

uitneembaar 1 [garden shelter] that can be taken to pieces (dismantled), take-apart [child's cot]; **2** detachable

uitnemen take out; *zie ook* uitgenomen

uitnemend excellent; *zie* uitstekend

uitnemendheid excellence; *bij ~* pre-eminently, par excellence; *zelfgenoegzaam bij ~* nothing if not self-satisfied

uitnod(ig)en invite [*op de thee* to tea]; *zie ook* nodigen

uitnodiging invitation [card]; *(fam)* invite [come without an invite]; *op ~ van* on (at) the invitation of

uitoefenen 1 *(bedrijven: vak)* practise, carry on, follow [a profession], pursue, prosecute [a trade, profession], conduct [one's business *z'n bedrijf*], ply [a trade]; *(ambt)* hold, fill, occupy [a post], discharge [one's duties]; **2** *(doen uitgaan)* exert [influence, force], exercise [authority, influence, supervision, a right, the franchise]; *druk (aandrang) ~ op* bring pressure to bear (up)on, put (exert) pressure (up)on, *(fam)* lean on [a p.]; *macht ~* wield power [*over* over]; *zie ook* kritiek

uitoefening exercise; practice, prosecution, pursuit; discharge, *vgl* uitoefenen; [die in the] execution [of one's duty]

uitpad 1 [right of] access; **2** access road

uitpakken 1 unpack [one's bags], unwrap [a parcel]; **2** *flink ~, (onthalen)* entertain on a grand scale (lavishly), spare no effort or expense; *over iets ~, (vertellen)* hold forth about (on, upon) s.t., let o.s. go; *~ met, (fig)* show off; **3** *(opspelen)* let fly, blaze out [at *tegen*]; *zie* uitvaren; **4** *(uitvallen)* turn out; *niet goed ~* not turn (*of:* pan) out well (*zo ook:* we'll see how it pans out)

uitpersen press (squeeze) out, squeeze [a lemon], express [juice]; *geheel ~* squeeze dry; *zie ook* uitknijpen

uitpeuteren pick (out)

uitpiekeren *(fam)* puzzle out

uitpikken 1 peck out; **2** *(uitkiezen)* pick out, single out, select

uitplanten bed (plant, set) out

uitpluizen sift [facts, evidence], sift out, sift through, sift to the bottom, get to the bottom of, unravel [a mystery], thrash out [a subject]; *tot in bijzonderheden ~* go into every detail; *touw ~* pick oakum; *uitgeplozen touw* oakum

uitplukken pluck out; pluck [the eyebrows]

uitplunderen *zie* plunderen & uitschudden

uitplussen think (work, figure) out

uitpoepen excrete; *uitgepoept, zie* uitkotsen: uitgekotst

uitpoetsen 1 rub out; **2** *(fig) zie* uitvlakken

uitpompen *(water, enz)* pump out; *(lucht, ook)* exhaust; *(schip, enz)* pump (dry); *(glazen buis, enz)* exhaust

uitpoten plant out

uitpraten have one's say; *de kwestie ~* talk the matter out; *laat me ~* let me finish; *ben je uitgepraat?* have you finished?; *ik ben uitgepraat* I've had (*of:* said) my say, *(weet niets meer)* I am played out, I have come to the end of my tether; *hij was gauw uitgepraat* he soon dried up; *nou, dan zijn we uitgepraat* then there's nothing more to be said; *iem niet laten ~* cut a p. short; *daarover raakt hij nooit uitgepraat* he never tires of talking about it; *hij probeerde zich eruit te praten* he tried to wriggle out of it

uitprinten print out

uitproberen test, try out

uitproesten: *het ~* burst out laughing

uitpuffen recover one's breath

uitpuilen protrude, bulge, goggle [his eyes goggled]; *(v aderen)* stand out; *zijn ogen puilden uit, (ook)* his eyes started from their sockets, were bulging out of his head; *~d* protruding, protuberant, bulging, bulgy; *~de ogen, (ook)* goggle eyes, pop-eyes; *met ~de ogen* goggle-, pop-eyed

uitputten exhaust; *zich ~* exhaust o.s., be profuse [in good advice, compliments, apologies], wear o.s. out [in the pursuit of wealth]; *hij putte zich uit in excuses, (ook)* he apologized profusely; *uitgeput* exhausted *(in alle betek)*, [I felt completely] knocked up, fagged out, *(fam)* knackered, bushed, *(Am)* tuckered; depleted [soils, war chest], empty [exchequer], worked-out [mine]; *(ve pers, ook)* spent [with fatigue, etc], prostrate; *uitgeput raken (v krachten, financiën)* give out; *(v geduld)* get worn (wear) out, wear thin (*ook:* I'm coming to the end of my patience); *(ve schrijver)* write o.s. out; *de discussie raakte uitgeput* the ... petered out; *een onderwerp ~d behandelen* treat ... exhaustively; *een ~de wedloop* a punishing race; *zie ook* middel

uitputting exhaustion; *(door ondervoeding, ook)* inanition; *(v voorraden, ook)* depletion

uitputtingsoorlog war of attrition

uitputtingsslag long-drawn-out battle

uitra'deren erase

uitrafelen ravel out, fray

uitrangeren shunt out; *(fig)* sideline, shelve, put out of action, marginalize

uitrazen cease raging; *hij is uitgeraasd* his fury has spent itself; *(fig)* he has sown his wild oats, has had his fling; *een gelegenheid om eens uit te razen, (zijn hart te luchten)* an opportunity for blowing (letting) off steam; *de storm is uitgeraasd* the storm (the gale) has spent itself

uitregenen stop raining; *het vuur regende uit* the ... was put out by (the) rain; *ergens ~* be washed out by the rain

uitreiken distribute, give away, present [prizes], issue [passports, tickets], give, deliver, *(diploma, enz)* grant [*aan* to], confer [*aan* on]; *zie ook* verstrekken

uitreiking distribution, issue, delivery; presentation [of a medal, diploma]; *kantoor van ~* issuing office

uitreis outward journey; *(mar)* voyage (*of:* passage) out, outward voyage (passage); *uit- en thuisreis, (mar)* voyage out and home, round trip; *op de ~* [the ship is] outward bound; *schip op de ~* outward-bound vessel

uitreisvisum exit visa

uitrekenen calculate, compute, figure (reckon) out [the distance, the cost], work [it] out, work (out) [a sum]; *zie ook* vinger

uitrekken stretch out, stretch [gloves, shoes, one's neck, limbs], crane [one's neck]; *zich ~* stretch o.s.; *zie ook* rekken

uitrichten 1 do, accomplish; *niets (iets, weinig) ~* have no (little, some) effect; *daarmee richt je helemaal niets uit* it is no good (no use) at all; **2** align, line up

uitrijden ride (*of:* drive) out; *de stad ~* ride (drive) out of the town; *vgl* rijden; *het station ~, (ve trein)* pull out, draw out

uitrijstrook *(ve autoweg)* deceleration lane

uitrijzen rise above; *~ boven* rise above, out-top [the ruins], overtop; *zie ook* rijzen & pan

uitrit exit

uitroeien 1 *(roeien)* row out [of the harbour]; **2** *(vernietigen, eig & fig)* root out, root up, uproot, eradicate, extirpate; *(onkruid)* weed out; *(fig)* exterminate [wild animals, heresy, etc], destroy [rats, nests], annihilate [the population of whales], stamp (*of:* wipe) out [abuses, disease]

uitroeiing eradication, extirpation, extermination, extinction, annihilation

uitroep exclamation, shout, cry

uitroepen call (cry) out, exclaim; call [a p.] from [the room]; *(staking)* declare, call [a strike]; *(venten)* cry; *iem ~ tot koning* proclaim a p. king

uitroepteken (note of) exclamation, exclamation mark, *(Am)* exclamation point

uitroken 1 *(pijp, sigaar)* smoke out, finish; **2** *(vos, enz)* smoke out; *(ter ontsmetting)* fumigate

uitroking fumigation

uitrollen 1 unroll [a piece of cloth, etc], unfurl [a flag], roll out [paste *deeg*]; *er ~* roll out, tumble out; *(fig)* emerge, materialize; **2** *(ve vliegt)* taxi

uitruil, uitruilen exchange

uitrukken I *tr* pull (pluck, tear) out; tear off [one's gloves]; tear [one's hair]; **II** *intr* march (out); *(vd wacht, brandweer, enz)* turn out, [the fire brigade had to] answer [200 calls]; *laten ~* turn out [the guard]; *de stad ~* march out of the town; *ruk uit!* clear out!, *(fam)* get lost!

uitrusten 1 *(rusten)* rest, take (a) rest, have a rest, rest o.s.; *zich uitgerust voelen* feel rested; *laten ~* rest [one's horse]; **2** *(voorzien)* equip [soldiers, etc, o.s. for a journey, a ship with radar, a p. with s.t.]; kit out (up) [a rescue team]; fit out [a ship, a fleet]; *goed uitgerust, (ook)* well-found [steamer], well-equipped [troops]; *opnieuw ~* refit [a ship]

uitrusting fitting-out, equipment; *(concr)* equipment, kit; *(fam)* rig-out [a rig-out for Santa Claus]; *(voor reis, enz)* outfit; *in volle ~, (ve soldaat)* in full (fighting) kit; *zijn geestelijke ~* his intellectual (mental) equipment, *(ietwat min)* his stock-in-trade; *verkoper van ~en* outfitter

uitrustingsstukken equipment; *kleine ~, (mil)* accoutrements

uitschakelaar *(elektr)* circuit breaker, cut-out [of a motorcar]

uitschakelen 1 switch off, cut (out) [the engine], disconnect, put out of circuit, short-circuit; **2** *(fig)* eliminate [an opponent], rule out [a possibility], count [a p.] out, get rid of [propagandists]; *uitgeschakeld, (ve pers)* out of circulation, laid up

uitschakeling switching-off, etc; elimination

uitschateren: *het ~* roar (*of:* scream) with laughter, burst out laughing

uitscheiden I *intr* stop, leave off; *~ met werken* knock off (work); *er ~, (met zijn zaken)* shut up shop; *schei uit!* cut it out!, stop (it)!, *(sl)* stow it!; *schei uit met je geklets!* cut the cackle!, dry up!; *zie ook* ophouden; **II** *tr* excrete [waste matter], secrete [honey]

uitscheidingsorgaan excretory organ

uitschelden call [a p.] names, abuse, rail at, *(fam)* slang [a p.]; *~ voor, zie* uitmaken

uitschenken 1 pour out [wine]; **2** empty [a bottle]

uitscheppen scoop out, ladle out [soup]; *(uithozen)*

bail (*of:* bale) out

uitscheren shave [the back of the neck]

uitscheuren I *tr* tear out [a leaf, etc]; *zie ook* uitrukken I; II *intr* tear; *uitgescheurd* [the buttonhole is] torn

uitschieten I *tr* **1** shoot out [a candle]; **2** *(stralen)* shoot, dart [rays]; *de deur* ~ dart (shoot, rush) out (of the room, of the house); *er* ~, *(v vonken)* fly off; **3** *(jas, enz)* slip off; **4** *(waren)* sort out; II *intr* **1** shoot out [her hand shot out]; **2** *(uitglijden, ook ve mes)* slip; **3** *(uitbotten)* bud, shoot; **4** *(vd wind)* veer

uitschieter **1** gust (of wind); **2** *(fig)* freak (occurrence, etc); *(pers)* high-flyer; *(statistiek)* outlier, blip

uitschiften sift (out)

uitschijten *(plat)* cold-shoulder

uitschijter *(plat)* rocket

uitschilderen paint, picture, portray

uitschoppen kick out; *zie ook* uittrappen

uitschot throw-outs, rejects, refuse, offal; *(bocht)* rubbish, trash; *(personen)* trash, riff-raff, dregs [of society], rubbish; *zie ook* verschot

uitschrabben, uitschrappen **1** scrape (out); **2** *(doorhalen)* erase, delete, scratch out

uitschreeuwen cry out; shout [an order, the good news]; *het* ~ *van pijn* cry out (yell) with pain

uitschrijven **1** write out [a cheque]; make out [an invoice *factuur*, an account]; **2** *(kopiëren)* copy out; **3** call, convene [a meeting]; float (issue, raise) [a loan]; *een verkiezing* ~ issue writs for (*of:* call) an election; *zie ook* prijsvraag, enz; **4** *zich laten* ~ have one's name removed from the municipal register

uitschudden shake out; shake [a tablecloth]; *iem* ~ clean a p. out

uitschuifbaar extendable, extensible, extensile; telescopic [aerial]

uitschuifblad draw-leaf

uitschuifladder extending ladder, extension ladder

uitschuiftafel *zie* uittrektafel

uitschuiven push (*of:* shove) out; draw out [a table]; extend; *het eenbeenstatief schuift uit tot 1,75 m* the monopod extends to ...

uitschulpen scallop

uitschuren *(pan)* scour; *(vuil)* scour out; *(v water, enz)* scour, erode, wear out (away); *het water heeft een geul uitgeschuurd* the ... has worn a channel

uitschurend erosive

uitschuring **1** scouring (out); **2** *(geol)* erosion, scour

uitselecteren set apart, pick out, select; *(verwijderen)* cull

uitsijpelen ooze (*of:* trickle) out

uitslaan I *tr* **1** *(eruit)* beat (strike) out; knock out [a p.'s teeth, the bottom of a cask]; *(sp)* hit [the ball] out (*zijlijn:* into touch; *achterlijn:* behind); drive out [a nail]; shake out [a duster]; *(ve bokser)* knock out; *(handel)* release [goods]; *de kat sloeg haar klauwen naar me uit* the cat struck at me with her claws; **2** *(uiten)* utter; *onzin* ~ talk rot, talk through one's hat; *vloeken* ~ rap out oaths; *zie ook* troef, slaatje, uitbraken; **3** *(uitspreiden)* stretch out, spread [one's arms, one's wings *(ook fig)*]; hammer (out), beat (out) [metals]; unfold [a map]; discharge, pump out [water]; II *intr* **1** *(v vlammen)* break (shoot, burst) out, break forth; *~de brand* blaze; **2** *(openslaan)* unfold; *~de kaart* folding map; **3** *(ve uitslag op huid)* break out; *(ve muur)* sweat, come out in patches, *(met salpeter)* effloresce; *(v brood)* become mouldy; **4** *(ve wijzer)* deflect

uitslag **1** *(op huid)* eruption, rash; *(op muur)* moisture, *(salpeter)* efflorescence; ~ *krijgen* come out in a rash; **2** *(ve wijzer)* deflection; *zie ook* stil; **3** *(afloop)* result [of an examination, etc], issue, event; *goede* ~ success; ~ *van de verkiezing* result of the poll, *(het bekendmaken daarvan)* declaration of the poll; *de* ~ *bleef onbeslist* the game ended (resulted) in a draw; *rekent d'*~ *niet, maar telt het doel alleen* the will is as good as the deed; **4** *(v water)* discharge

uitslapen have one's sleep out; have a long lie-in [on Sundays], sleep in; *zie ook* uitgeslapen & roes

uitslepen drag (haul, tow) out; *vgl* slepen

uitsliepen: *iem* ~ jeer (at) a p.; *sliep uit!* sold (*of:* done) again!, sucks!, yah boo, sucks to you!

uitslijpen grind (out); *(hol slijpen)* grind hollow; *zie ook* uitschuren

uitslijten wear out (away, off)

uitslorpen slurp, sip up audibly

uitsloven: *zich* ~ drudge, toil and moil, work o.s. to death (to the bone), slave (away); *zich* ~ *in beleefdheden, zie* uitputten; *zich* ~ *om te behagen* lay o.s. out to ...

uitslover over-zealous person (official, etc), eager beaver

uitsluipen *(mbt drugs)* taper off

uitsluiten exclude [a p. from ...], preclude [doubt, misunderstanding, the possibility of error], debar, bar [women were barred from membership], disqualify [from holding office], ban [players]; *(buitensluiten)* shut (lock) out, *(werklieden)* lock out; *de politie sluit deze mogelijkheid uit* the ... rule out this possibility; *deze meningen sluiten elkaar uit* these are mutually exclusive views; *dat is uitgesloten* that is out of the question, there can be no question of that

uitsluitend I *bn* exclusive, sole [possession]; II *bw* exclusively, solely

uitsluiting exclusion; *(v werklieden)* lock-out; *(sp)* ban; *met* ~ *van* exclusive of, [persons under eighteen] excluded, [follow one's task] to the exclusion of [everything else]

uitsluitsel decisive (definite) answer, decision; explanation

uitslurpen slurp, sip up audibly

uitsmelten *(vet)* render, melt down; *(ertsen)* smelt

uitsmeren spread evenly; spread out [payments (evenly) over a number of years]; *zijn geld zo goed mogelijk* ~ make one's money go as far as possible

uitsmijten *zie* uitgooien

uitsmijter 1 chucker-out, bouncer; **2** slice of bread with ham or cold meat and a fried egg on top; **3** (impressive) final remark, number of show, etc

uitsnijden I *tr* cut out, cut; *zie ook* ²laag; *(inz chir)* excise; *(hout)* carve (out); **II** *intr* **1** *zie* uitknijpen 2 & uitrukken II; **2** *deze kaas snijdt voordelig uit* this ... goes a long way

uitsnijding excision [of a part of the body]

uitsnikken: *het* ~ sob one's heart out

uitsnuiten blow [one's nose]; snuff out [a candle]

uitsorteren separate out; select

uitspannen stretch [a rope, cloth, etc]; extend [one's fingers]; spread [a net, sails]; *(paarden)* take [the horses] out, unharness, *(Z-Afr)* outspan; *(ossen)* unyoke; *zich* ~ stretch

uitspanning tea garden, open-air restaurant

uitspansel firmament, sky, skies, heavens; *aan het* ~ in the firmament, etc

uitsparen 1 save [money, an hour, a mile, a lot of trouble]; *vgl* besparen; **2** leave open (blank)

uitsparing 1 saving; *vgl* besparing; **2** cut-out, cutaway, recess, notch

uitspartelen: *laten* ~ play [a fish]

uitspatten 1 spurt out; **2** *(fig) zie* uitspatting: zich aan ~en overgeven

uitspatting dissipation, indulgence, splurge; *zich aan ~en overgeven* indulge in excesses, *(fam)* live it up, have (go on) a splurge

uitspelen 1 finish [a game]; play off [an adjourned game]; **2** *(kaartsp)* play, lead [a card]; **3** *(sp)* play away (from home); play out [time *de tijd*]; *(te slim af zijn)* outplay [an opponent]; **4** *(tegen elkaar)* play off [A against B]; *ze tegen elkaar* ~ play them off against each other, play both ends against the middle; *zie ook* troef

uitspellen read every word of [the newspaper]

uitspinnen spin out *(ook fig)*; refine (up)on [abstractions]; *uitgesponnen* fine-spun, fine-drawn, long-drawn-out [reasoning]

uitspitten 1 dig up; **2** explore, sort out; *iets helemaal* ~ get down to the smallest details (get right to the bottom) of s.t.

uitsplitsen analyse, itemize; ~ *in* break down (divide up) into

uitspoelen rinse (out), wash out; *(oevers, enz)* wash away; *zie ook* uitschuren

uitspoeling *(geol)* erosion, scour

uitspoken be up to [what have you been up to?]; *wat spoken die jongens uit?* what mischief are those boys up to?

uitspraak 1 pronunciation, enunciation, [have a good] accent; **2** *(uiting)* pronouncement, utterance, statement; *(ve scheidsrechter)* award, arbitrament; *(jur)* judgement, sentence [of the court], finding [of the court, the jury], verdict [of the jury]; *(fig: oordeel)* verdict [the verdict of posterity]; ~ *doen, (jur)* give (pass, pronounce) judgement, pass (pronounce) sentence, *(ve jury)* return a verdict; ~ *doen ten gunste (ten nadele van), (vooral van jury)* find for (against) [the plaintiff]; ~ *doen over, zie:* uitspreken: zich ~ over; ~ *volgt* judgement was reserved; *een ~ op dit punt trachten te verkrijgen* try to obtain a ruling on this point; *zie ook* uitlokken

uitspraakwoordenboek pronouncing dictionary

uitspreiden spread (out), expand, unfold, unfurl [a fan]; *uitgespreid liggen, (ve pers, fam)* lie spread-eagled [on the floor] *(zo ook:* she lay, her arms spreadeagled); *zich* ~ spread

uitspreken I *tr* pronounce [a word], enunciate [distinctly]; express [a wish, an opinion]; *zie ook* oordeel; *de h's niet* ~ drop one's h's; *niet (of moeilijk) uit te spreken naam* unpronounceable (crackjaw) name; *moeilijk uit te spreken zin* tongue-twister; *de vergadering haar mening laten* ~ take the sense of the meeting; ***zich*** *~ over* pronounce (up)on, give one's opinion (verdict) (up)on; *zich ~ voor (tegen)* declare o.s. in favour of (opposed to) [immediate action]; *zich ~ voor, (jur)* pronounce for; *uitgesproken bedoeling* avowed object; *zie ook* uitgesproken; **II** *intr* finish (speaking); *laat mij* ~ let me finish, let me have my say (out); *ik ben spoedig uitgesproken* I have almost finished; I shall be brief; *zich* ~ open one's heart; *zie ook* uitpraten

uitspringen 1 *(vooruit)* project, jut out; **2** *(eruit:) het venster* ~ jump (throw o.s.) out of *(inz Am:* jump out) the window; *er* ~ jump (leap, spring) out; **3** *(fig:) er goed* ~ come off well (financially); *het springt er meteen uit* it stands out at once

uitspringend projecting; *~e hoek* salient (angle); ~ *venster* bay *(of:* bow) window

uitspruiten sprout (out), bud, shoot

uitspruitsel sprout, shoot

uitspugen spit out; *zie ook* spuwen

uitspuiten I *tr* syringe [a wound, a p.'s ear]; put out [a fire]; **II** *intr: er* ~ spout (spurt, squirt) out

uitspuwen spit out; *zie ook* spuwen

uitstaan I *tr* **1** *(verdragen)* stand, endure, bear [I cannot bear spiders]; *ik kon het* ***niet*** *langer* ~ I could stand *(fam:* stick) it no longer; *ik kan die vent niet* ~ I cannot stand *(fam:* stick) the fellow (at any price), hate the sight of him; *ze kunnen elkaar niet al te best* ~ there is no *(of:* little) love lost between them; *ik heb* ***veel*** *met hem uitgestaan* I've had a great deal of trouble with him; **2** *(te maken hebben:) ik heb met u* ***niets*** *uit te staan* I have nothing to do (no business) with you; *dat heeft (ik heb) er niets mee uit te staan* that has (I have) nothing to do with it; *dat heeft niets uit te staan met het verhaal, (ook)* that is quite foreign to ...; *zie verder:* maken: te ~ hebben met; **II** *intr* **1** *(v zakken)* bulge; *wijd ~, (v oren)* stick out; *~de oren* sticking-out ears; *zij laat haar haar (de vogel laat zijn veren)* ~ she fluffs (out) her hair (the bird fluffs its feathers); *het landingsgestel stond uit, (ve vliegt)* the undercarriage was down; **2** *(v geld)* be put out at interest; ~ *tegen 5 %* be put out (bear interest) at 5 per cent; *~de rekeningen (vorderingen)* outstanding accounts (debts)

uitstalkast showcase

uitstallen (put on) display, expose for sale; *(fig)* show off [one's learning]; *zie ook* etaleren

uitstalling 1 (shop-window) display; **2** showcase; **3** *(het etaleren)* window dressing

uitstamelen stammer (out)

uitstapje trip, outing, jaunt; *een ~ doen (maken)* take (go on) a trip

uitstappen get out, get down, alight, step out (of the boat, car, etc), get (*of:* step) off (the bus, tram); *(inz mil, uit vliegtuig, ook)* deplane, *(uit bus, ook)* debus; *(uit de ploeg, zaak, enz, ook)* quit; *(doodgaan)* peg out; *allen ~!* all change (here)!; *reizigers voor W ~!* change here for W!; *de deur ~* leave the house

uitstedig out of (absent from) town

uitstedigheid absence from town

uitsteeksel projection, protuberance; *(ve been)* process

uitstek projection; *(bk)* cornice; *(bk)* penthouse; *bij ~* pre-eminently; *een voorbeeld bij ~* an outstanding example [of ...]

uitsteken I *tr* hold (reach, stretch, put) out, extend [one's hand], put out [one's tongue], thrust out [one's feet from under one's skirt]; *ik nam zijn uitgestoken* ***hand*** I took his outstretched (proffered) hand; *de hand ~ naar een sigaar* reach for ...; *zie ook* hand; *iem de* ***ogen*** *~, (eig)* put out (*met duim:* gouge out) a p.'s eyes; *(fig)* make a p. jealous; *ze tracht hem de ogen uit te steken met haar geld* she flaunts ... in his face; *nu kun je je buren de ogen ~, (fam)* now you can make your neighbours green with envy; *zie ook* beroerd, tong, vinger, vlag, enz; **II** *intr* [his ears] stick out, jut out, project, protrude; *hoog boven de anderen ~* rise (tower, stand out) high (stand head and shoulders) above the others; *hoog boven allen ~, (ook)* stand supreme; *boven de stad ~* dominate the town; *[de boom] steekt boven het dak uit* overtops the roof

'uitstekend protruding, etc, prominent [ribs], sticking-out [ears, teeth]

uit'stekend excellent [he speaks excellent English], first-rate [physician], high-class [work]; *hij is ~ in orde* he is fit and well, as fit as a fiddle; *~!* very well [, but you'll never get a penny]

uit'stekendheid excellence

uitstel delay, postponement, respite, extension of time; *~ van betaling* extension of payment; *~ van dienst verlenen* defer; *~ van dienst(plicht)* deferment; *~ van executie* stay of execution, reprieve; *(fig)* [that is only] putting off the evil day (hour); *~ verlenen* grant a delay (a respite); *van ~ komt afstel* tomorrow never comes; procrastination is the thief of time; (there is) no time like the present; do it now!; *~ is geen afstel* postponement doesn't (needn't) mean cancellation; *het kan geen ~ lijden* it admits of no delay; *zonder ~* without (further) delay

uitsteldagen days of grace (of respite)

uitstellen 1 put off [never put off till tomorrow what you can do today], postpone, leave over, delay, defer; *voortdurend ~* procrastinate; *uitgestelde wedstrijd* delayed fixture; *stel het niet te lang uit* don't wait (delay) too long; *voor onbepaalde tijd uitgesteld* postponed indefinitely, shelved, pigeon-holed, *(jur)* adjourned sine die; *reeds te lang uitgesteld* [the reform is] long overdue; *uitgesteld, (v schuld, enz)* deferred [debt, annuity, payment]; **2** expose [the Blessed Sacrament]

uitstelling *(r-k)* exposition [of the Blessed Sacrament]

uitsterven I *ww* die out; die [pride dies hard *sterft moeilijk uit*]; *(ve geslacht, dier, titel, enz, ook)* become extinct; *met ~ bedreigd* endangered [species]; *~d* dying [race, custom], dwindling [species, race]; *uitgestorven* extinct [animals; the place was (quite)] deserted; **II** *zn* [species threatened by] extinction

uitstijgen 1 alight; *vgl* uitstappen; **2** *~ boven* rise above, surpass

uitstippelen dot; *(fig)* map (trace) out [a route, a course of action]

uitstoelen *(v planten)* tiller

uitstoot 1 [sulphur and nitrogen] emission; **2** [workers'] dismissal

uitstorten pour out, pour forth, empty [the contents of a basket]; ejaculate [fluids]; *(zich) ~ (v bloed in weefsel)* extravasate; *zijn hart ~* pour out (open, unburden) one's heart, unburden (unbosom) o.s. [*voor* to]; *stort je hart maar eens uit!, (ook, fam)* get it off your chest!; *zich ~ in, (ve rivier)* discharge itself (debouch) into, empty (itself) into

uitstorting pouring out, effusion, outpouring; ejaculation; *~ van de Heilige Geest* descent of the Holy Spirit; *zie ook* bloeduitstorting

uitstoten 1 push (thrust) out, eject; knock out [a p.'s teeth]; belch (forth) [smoke]; emit [harmful substances]; **2** *(uit vereniging, enz)* expel, turn out; **3** *(uiten)* utter, let out [cries, yells, etc]

uitstralen radiate [light, heat, love, happiness], give (send) out [heat, light], beam forth, emit

uitstraling radiation, emanation, emission; *(fig, v pers)* charisma, aura, charm; *(v zaak) zie* uitstralingseffect

uitstralingseffect *(vglb)* knock-on effect

uitstralingstheorie theory of radiation, radiation theory

uitstralingsvermogen radiating power

uitstralingswarmte radiant heat

uitstrekken stretch [a man (up)on the rack], stretch out [one's hands to the fire], stretch forth, reach out [one's hand]; *zich ~, (ve land, enz)* extend, stretch; *(ve onderzoek)* extend; *(in alle richtingen)* sprawl; *met uitgestrekte armen* with outstretched arms; *uitgestrekt* extensive (*zeer:* vast); ***zich*** *~ over de hele lengte van* run the length of [the house]; *zich ~ over twee eeuwen* cover two centuries; *zich op de grond ~* lie down at full length; *mijn herinnering aan hem*

strekt zich uit over een halve eeuw my recollection of him stretches back half a century; *vgl* bestrijken
uitstrijden: *hij (de strijd) is uitgestreden* his struggles are (the struggle is) over; *zie ook* uitvechten
uitstrijk *zie* uitstrijkje
uitstrijken 1 smooth; spread evenly; *(met strijkijzer)* iron [linen], iron out [creases]; *zie ook* uitgestreken; **2** *(doorhalen)* run one's pen through; **3** *(med)* swab [a patient's throat], smear [a swab on a slide]
uitstrijkje, uitstrijkpreparaat *(med)* smear [test]
uitstromen stream (pour, rush, flow) out, rush forth; *(univ)* leave with a diploma; *het gebouw* ~ pour (come pouring) out of the building; ~ *in, zie* uitmonden
uitstrooien strew, scatter; disseminate [knowledge]; spread, circulate, put about [rumours, lies; it was put about that he had died]
uitstrooiing strewing, etc; dissemination
uitstrooisel (false) rumour
uitstroom outflow [of water, currency], efflux; *(productie)* output
uitstuderen finish [a book]; *zie ook* uitgestudeerd
uitstuffen rub out
uitstukken patch (up) [clothes]; fix [things for a p.]; *zie ook* uithalen; *zich* ~ exert o.s.
uitstulpen bulge (out)
uitstulping bulge
uitsturen 1 send out; *iem de kamer* ~ order (send) a p. out of the room; **2** *de haven* ~ steer out of port
uittanden indent, tooth; *uitgetand, (geol)* serrated
uittekenen draw, delineate
uittellen count out (*of:* down); *zich laten ~, uitgeteld worden, (bokser)* be counted out, take the count; *uitgeteld zijn, (med)* be due [in January]; *hij was helemaal uitgeteld* he was completely finished (*fam:* clapped out)
uitteren pine (waste) away, waste [to a shadow *helemaal*]; *uitgeteerd, (ook)* emaciated
uittering wasting, emaciation
uittesten test
uittieren *zie* uitrazen
uittijgen go out, take to the road
uittikken type out, keyboard
uittillen lift out
uittocht departure, exodus (*ook fig:* the holiday exodus)
uittorenen tower [high above the city]
uittrap *(sp)* goalkick
uittrappen stamp out [a fire]; crush [a cigarette] underfoot; kick off [one's boots]; *(sp, ve doelman)* take a goalkick; *(over zijlijn)* kick into touch; *er* ~ kick [a p.] out; *zie ook* trappen
uittreden I *ww* retire [from business, a firm], withdraw [from Unesco], resign [from a club], resign one's membership [of a club]; *(mil)* fall out; **II** *zn zie* uittreding
uittredend outgoing [members], retiring [partner]
uittreding retirement, withdrawal, resignation; secession [from the Union]; *vervroegde ~(sregeling)* job release (scheme), [take] early retirement
uittreepupil exit pupil
uittrek *(fot)* extension
uittrekbaar pull-out, telescopic
uittrekblad draw-leaf, extension leaf
uittrekken I *tr* **1** *(lade, enz)* pull out; *(tafel ook)* extend; *(tand)* extract, pull out; *(kleren)* take off, *(handschoenen, ook)* pull (strip) off; *trek je schoenen uit!* off with your shoes!; *zich de haren* ~ tear one's hair; *zie ook* rok; **2** *(geld)* allocate; *een som ~ voor* set aside (earmark) a sum for; *te weinig ~ voor* underfund; *gelden voor vijf Patriots zijn reeds uitgetrokken* five ... have already been appropriated for; *uitgetrokken gelden* appropriations; **II** *intr* march out; ~ *op* set out (sally forth) on [an expedition]; *erop* ~ go out into the world; *erop ~ om ...* set out to ..., turn out to [the snowplough turned out to clear the bus routes]; *de stad* ~ march out of (leave) the town
uittreksel 1 *(ve tekst)* summary, abstract; ~ *rekening-courant* statement of account; ~ *uit het register van de burgerlijke stand* certified copy of an entry of birth (of death); **2** *(v vlees, enz)* extract
uittrektafel draw-leaf table, centre-leaf (extending) table
uittypen type out, keyboard
uitvaagsel (gutter) sweepings, off-scourings, scum (of the people, of the earth), riff-raff, dregs
uitvaardigen issue [an order, a proclamation, writs], promulgate [a decree], enact [a law], give [a charter]; *[het edict] is uitgevaardigd* has gone forth; *er is een bevel tot inhechtenisneming tegen hem uitgevaardigd, (ook)* a warrant is out against him
uitvaardiging issue, promulgation, enactment
uitvaart funeral (service), *(lit)* obsequies
uitvaartmis funeral mass
uitvaartverzorging funeral arrangements
uitvagen sweep away
uitval 1 *(mil)* sally, sortie; *(schermen)* lunge, thrust; *(sp)* break; **2** *(uitschot)* waste, spoilage, rejects; **3** *(verdwijnen)* failure, cancellation, withdrawal, *vgl* uitvallen 2; *(v stroom, ook)* outage; loss [of hair, etc]; **4** *(verbaal)* outburst; *een ~ doen, zie* uitvallen
uitvalas quick-release skewer
uitvallen 1 fall (drop) out; *(vh haar)* come out, fall out; *~d haar* falling hair; *~de (dwz wisselende) tanden* deciduous teeth; **2** *(wegvallen, ook sp)* drop out; *als er iem uitvalt, ...* if any one drops out, [we shall appoint you in his place]; *die trein is uitgevallen* that ... has been withdrawn (cancelled); *het ~ van de elektrische stroom* (power) failure; *(ve motor)* cut out; **3** *(mil)* sally out, make a sally; *(uit het gelid)* fall out; *(schermen)* make a pass, lunge; **4** *(uitvaren)* fly out [*tegen* at], flare up; *...!, viel hij uit ...!*, he exploded; **5** *(uitpakken)* turn (*of:* pan) out; *goed (slecht)* ~ turn (work) out well (badly); *als alles goed uitvalt, (ook)* if the cat jumps the right way; *het viel in zijn voordeel uit* it turned out to his advantage; *de stem-*

ming (de rechtszaak) viel uit in zijn nadeel (in zijn voordeel) the vote (the case) went against him (in his favour); *hoe de beslissing ook uitvalt* whichever way the decision goes; *ze is niet erg zuinig uitgevallen* economy is not her strong point [*zo ook:* she is not much given to ...]; *zie ook* uitkomen

uitvaller *(studie, enz)* drop-out; *(achterblijver)* straggler

uitvalnaaf quick-release hub

uitvalspercentage failure rate, wastage rate; *(pers)* drop-out rate

uitvalspoort sally-port

uitvalsweg exit route

uitvaren 1 sail (out), put to sea, leave (the) port, [the lifeboat] put out; **2** *(ve vos)* break cover; *een vos doen ~* draw a fox; **3** *(fig)* storm, bluster, let fly, blaze out; *~ tegen* let fly at, storm (away) at, declaim (inveigh) against; *'raak me niet aan!' voer ze uit* 'don't touch me!' she snapped

uitvechten: *het ~* fight (*of:* have) it out [*onder elkaar* among ourselves, etc], have a showdown; *ik zal het met haar ~, (ook)* I'll thrash the matter out with her

uitvegen 1 sweep out; *zijn ogen ~* rub one's eyes; **2** *(uitwissen)* wipe out; *zie ook* mantel, uitgommen

uitventen hawk about; *zie ook* venten

uitverdedigen counter-attack

uitvergroting *(fot)* (partial) enlargement (blow-up)

uitverkiezing [the doctrine of] election

uitverkocht *(ve artikel)* sold out, sold off, out of stock; [our stock is] cleared; *(ve boek)* out of print; *(als kennisgeving v theater)* house full; *~e zaal, (theat)* full house; *de eerste druk was in een maand ~* the ... was exhausted (sold out) in a month; *onze kaas is ~, (ook)* we are (sold) out of cheese; *alle plaatsen (kaarten) zijn ~* all seats (tickets) are sold; *de schouwburg was ~* the house was sold out; *de concerten waren maanden tevoren ~* the ... were booked up months ahead; *het stadion was ~* the ... was filled to capacity; *voor een ~ huis spelen* play before a capacity crowd

uitverkoop (clearance) sale, bargain sale, sales; *het is ~* the sales are on; *British Rail gaat in de ~* BR will be up for grabs; *zie ook* liquidatie

uitverkoopprijs sale (*of:* clearance) price

uitverkopen sell off, clear; *zie ook* uitverkocht

uitverkoren chosen, select, [the President] elect; *het ~ volk* the chosen people (*of:* race); *zie ook* roepen

uitverkorene chosen one, favourite; *zijn ~* his beloved; *de ~n* the chosen, the elect; *de enkele ~n* the chosen few

uitvertellen finish [a story]; *zie ook* uitpraten

uitveteren bawl out, blow up

uitvieren 1 *(touw) zie* vieren; **2** *(fig)* nurse [one's cold, influenza, etc]

uitvinden invent; *(erachter komen)* find out; *opnieuw ~* reinvent [the wheel]

uitvinder inventor

uitvinding invention; *een ~ doen* make an invention

uitvindsel 1 *(verzinsel)* invention, fabrication, concoction; **2** *(ding)* gadget, contraption

uitvissen fish out; *(fig ook)* ferret out, hunt out, nose out [secrets]; *trachtte hij het uit te vissen?* was he fishing?

uitvlaggen reflag

uitvlakken blot (wipe, sponge) out; *(met vlakgom)* rub out; *dat moet je niet ~, (fig)* that's not to be sneezed at; *vlak ook niet uit, dat ...* and don't forget that ...

uitvliegen fly out; *er eens ~* stretch one's wings for a while [and be free]

uitvloeien flow out, issue; run [ink runs on this paper]

uitvloeier *(film)* fade-out

uitvloeisel outcome, consequence, result

uitvloeken swear at; *hij vloekte zichzelf uit omdat hij zo'n idioot geweest was* he cursed himself for being such an idiot

uitvloeren floor [a p.]

uitvlokken (de)flocculate

uitvlooien sort out, sift

uitvlucht 1 subterfuge, pretext, shift, evasion, excuse, prevarication, [it is a mere] put-off; *('achterdeurtje')* loophole; *~en zoeken* shuffle, prevaricate; *vol ~en* evasive; **2** *(luchtv)* outward flight

uitvoegstrook deceleration lane

uitvoer 1 export, exportation; *(uitgevoerde goederen)* exports; **2** *(ve computer, enz)* output; **3** *(uitvoering)* execution; *ten ~ brengen (leggen)* carry [a decision, threat, plan, etc] into effect (execution); give effect to [a judgement], execute, carry out [a threat, reforms]

uitvoerartikel export article; *(mv ook)* exports

uitvoerbaar practicable, feasible, workable [plan, proposal], [the job is] doable

uitvoerbaarheid practicability, feasibility, workability, workableness

uitvoerbuis duct; *klieren zonder ~* ductless glands

uitvoerder executor; performer; exporter; *(bk)* general foreman; *vgl* uitvoeren

uitvoeren 1 *(tot uitvoering brengen)* execute [an order, plan, piece of music], put [a plan, threat] into execution, carry (put) into effect, carry out [a plan, resolution, contract, an order, instructions]; *(krachtig)* enforce [a blockade]; fulfil [a promise], make good [one's threat], perform [a task, a p.'s will, a piece of music]; implement [a contract, plan, policy], administer [the laws]; *(bestelling)* execute, fill, complete [an order]; *hij* ***liet*** *ons verschillende oefeningen ~* he put us to (through) various exercises; *het boek is* ***mooi*** *uitgevoerd* the ... is well-produced (well got-up), the get-up of ... is excellent; ***netjes*** *uitgevoerd* neatly finished; *die wet is nooit uitgevoerd* that act was never enforced; *~****de*** *kunstenaars* executants, performing artists (musicians, etc); *de ~den* the performers; *de ~de macht* the executive (power); *~de raad* [workers'] executive committee;

2 *(doen)* do; *hij heeft de hele dag* ***niets*** *uitgevoerd* he has done nothing all day; *wat voer je uit?, a)* what are you doing?, what are you about?; *b)* what do you do with yourself these days?; *wat heeft hij nu weer uitgevoerd?* what (mischief) has he been up to this time?; *wat heb je* ***met*** *je haar uitgevoerd?* what have you done to ...?; **3** *(exporteren)* export [goods]; **4** *(techn)* output

uitvoerhandel export trade

uitvoerhaven *vgl* aanvoerhaven; *(ook)* outlet

uitvoerig I *bn (in detail)* detailed, minute, circumstantial [account]; *(omstandig)* elaborate [preparations], comprehensive [study], ample [discussion], lengthy [reply], [take] copious [notes], full-dress [debate]; *(volledig)* full [particulars]; **II** *bw* minutely, amply, fully, in detail; *(enigszins, zeer) ~ behandelen* treat at (some, great) length, detail

uitvoerigheid minuteness, circumstantiality, elaboration, comprehensiveness, copiousness, fullness of detail

uitvoering execution [of an order, a plan]; completion [of an order]; performance [of play]; administration, enforcement [of an act]; implementation [of a programme, an act of parliament]; design and construction [of a machine], *vgl* uitvoeren; *(afwerking)* workmanship, finish; *(ve boek)* get-up; *(model)* model, design, version [carry two versions of a model]; *~ geven aan* carry out, carry into effect; *met de ~ van een bestelling beginnen* put an order in hand; *werk in ~* work in progress; *(bord)* road works (ahead); *heden geen ~* no performance today; *zie ook* recht I.1

uitvoerproduct (article of) export

uitvoerrecht export duty

uitvoerverbod export ban (prohibition), prohibition of export; [gold, arms] embargo

uitvoervergunning export licence

uitvogelen think (work, figure) out

uitvorsen get to the root of, get to the bottom of [a mystery], find (ferret, spy) out; *trachten uit te vorsen* spy into [a secret]

uitvorser investigator

uitvouwen unfold, spread

uitvragen 1 ask out [to tea]; **2** catechize, question, *(fam)* pump; *uitgevraagd zijn* have no further questions (to ask)

uitvreten 1 eat out, corrode; sponge on (a p.), *(Am sl)* mooch; **2** *(sl) zie* uitspoken

uitvreter sponger, parasite, *(Am sl)* moocher

uitvullen *(typ)* justify

uitwaaien I *tr* blow out; **II** *intr* **1** *(vh licht)* be blown out; **2** *(ve vlag)* flutter in the wind

uitwaaieren fan out, spread

uitwaarts I *bw* outward(s); **II** *bn* outward

uitwandelen walk out; *de tuin ~* walk out of the garden

uitwas excrescence, protuberance, outgrowth; *(fig) ~sen* excesses

uitwasemen I *tr* exhale, give off; **II** *intr* emanate; evaporate

uitwaseming exhalation, emanation, evaporation, fume, effluvium (*mv: -*via)

[1]**uitwassen** wash (out); swab (out) [with a disinfectant]; bathe, wash [wounds]

[2]**uitwassen** develop; *zie* uitgroeien

uitwateren drain; *~ in* flow into, discharge (itself) into; *~ op, (ve polder)* drain into

uitwatering 1 discharge [of a river], outlet; **2** drainage [canal, sluice]; **3** *(mar)* freeboard

uitwateringsmerk Plimsoll line (*of:* mark)

uitwedstrijd away game, away match

uitweg way out (*ook fig:* find a way out; the only way out), (way of, avenue of) escape; *(ve vloeistof, enz)* outlet (*ook fig:* find an outlet; his affections had no outlet); bolt-hole [arrange a bolt-hole for o.s.]; [an enclosure that has no] exit

uitwegen weigh out

uitweiden digress; *~ over* expatiate (dwell, enlarge, digress, hold forth) on

uitweiding expatiation, digression

uitwendig I *bn* outward, external, exterior; extraneous [forces]; outside [diameter]; *voor ~ gebruik* to be taken externally; (for) external use only(, do not swallow); **II** *bw* outwardly, externally

uitwendigheid exterior; *uitwendigheden* externals, outward appearances

uitwerken I *tr* **1** work out [a plan, a thought, notes, etc], work (out) [a sum], elaborate [a scheme, theory, point, policy], amplify [a statement], labour [a point], develop [an idea]; *(ve stenogram)* work (type) out, transcribe; *aantekeningen ~ tot een opstel* work up notes into an essay; *zie ook* uitgewerkt; **2** *(tot stand brengen)* bring about, effect; *het zal niets ~* it will be ineffective, it won't do any good; **3** *iem er ~* ease a p. out; *iem de deur ~* get a p. out of the room (the house); *zich er door een nauwe opening ~* wriggle out through ...; **II** *intr* **1** be spent; *het verdovingsmiddel is uitgewerkt* the effect of the anaesthetic has worn off; *het poeder is uitgewerkt* has lost its strength; *het bier is uitgewerkt, (ook)* the beer has gone flat; *de batterij is uitgewerkt* has run out, is exhausted; *zie ook* uitgewerkt; **2** *(v hout)* season

uitwerking 1 working-out *(ook wisk)*, elaboration; **2** *(resultaat)* effect, result, efficacy [of an appeal]; *~ hebben* be effective, produce effect, tell [the remark told]; *geen ~ hebben* produce (have) no effect, be ineffective, fall flat; *drank heeft een verschillende ~ op mensen* drink takes people in different ways; *zie ook* missen

uitwerpen throw out [ballast, etc], cast out, eject; *(uitbraken)* vomit, *(fam)* throw up; *duivelen ~* cast out (exorcize) devils; *netten ~* shoot (cast) nets

uitwerper *(techn)* ejector

uitwerpselen excrement; *(ve dier, ook)* [sheep's, birds'] droppings

uitwijken 1 *(opzijgaan)* turn (step) aside, give way [*voor* to: a steamship always gives way to sailing vessels], make room; *(ve auto, enz)* pull out, swerve [to avoid a dog]; *niet ~, (mar)* stand on; *(niet) ~d, (mar)* giving-way (standing-on) [vessel]; *zie ook* uithalen; 2 *(naar elders, v vliegtuig, enz)* be diverted; *doen (laten) ~* divert [planes to Brussels]; *(uit het land)* go into exile, leave one's country; *(ve muur)* sag, bulge (out); *~ naar* switch to [cheaper brands, a different venue]; emigrate to, take refuge in [another country]; *(v fabriek, enz)* divert production (etc) to [third-world countries]

uitwijking 1 turning aside, etc; *vgl* uitwijken; 2 *(v wijzer)* deviation

uitwijkmogelijkheid alternative; *(fig)* (way of) escape, [find a] way out [of s.t.]

uitwijkplaats passing place, overtaking bay

uitwijzen 1 show, prove; *(beslissen)* decide; *de tijd zal het ~* time will show; 2 *(uit het land)* expel

uitwijzing expulsion

uitwinnen save [an hour, trouble, etc], gain [an hour]

uitwippen nip out [of the room]; *zie ook* wippen

uitwisselbaar replaceable; *(onderling) ~* interchangeable

uitwisselen exchange [prisoners, compliments], interchange [ideas], replace [a component]

uitwisseling exchange [of thought], interchange, replacement; *vgl* uitwisselen

uitwissen *(ook fig)* wipe out, blot out [the dusk blotted out everything], obliterate [a half obliterated name], delete, erase [text on tape], expunge, efface [impressions]; *zie ook* ²spoor 1

uitwoeden: *de brand heeft (is) uitgewoed* the fire has burnt itself out; *zie verder* uitrazen

uitwonen ruin [a house] by neglect; *zie ook* uitgewoond

uitwonend non-resident [physician, teacher, etc]; absentee [landlord]; *~ leerling* day-pupil, day-boy, day-girl

uitworp 1 emission [of soot particles]; 2 *(sp)* throw(-out)

uitwrijven rub out; *zijn ogen ~* rub one's eyes; *zich de ogen ~ (over)* be amazed (at)

uitwringen wring out; *je kon hem wel ~* he was soaked to the skin

uitwuiven wave [a p.] goodbye, see [a p.] off

uitzaaien 1 sow, *(op grote schaal)* disseminate; 2 spread; *(med)* metastasize

uitzaaiing *(med)* dissemination, metastasis (*mv:* -ses), secondary (deposit)

uitzagen saw out, pierce [metalwork]

uitzakken sag, bulge out

uitzakking sagging; *zie ook* verzakking

uitzege away victory, away win

uitzeilen sail (out)

uitzendbureau employment agency

uitzenden 1 send out, dispatch; emit [roots]; 2 *(naar het buitenland)* post [abroad]; 3 *(radio & tv)* broadcast, transmit; *(tv ook)* televise; *(niet) uitgezonden worden, (ook)* be on (off) the air; *opnieuw ~, (radio)* repeat

uitzending 1 sending out, dispatch; 2 posting [abroad]; 3 *(radio & tv)* broadcast(ing), transmission [and reception]; *(tv ook)* telecast; *in de ~ zitten* be on the air, be live on TV

uitzendkok caterer

uitzendkracht temporary (secretarial, etc) employee (worker), *(fam)* temp

uitzet outfit; *(ve bruid)* trousseau; *(baby~)* layette

uitzetbaar expansible, dilatable; *uitzetbare kogel* expanding bullet; *zie ook* dumdumkogel

uitzetijzer *(ve raam)* peg stay

uitzetraam trap window

uitzetten I *tr* 1 *(groter maken)* expand, extend; 2 *(doen zwellen)* distend, inflate; raise [one's voice]; *(natuurk)* expand, dilate; *zich ~, zie* II; 3 *(grafiek)* plot [numbers on a line]; *(uitbakenen)* peg out, stake out [a claim]; *(curve)* plot; 4 *(grenzen)* extend [the frontiers]; 5 *(vis) zie* poten; 6 *(geld)* put out [at 5 per cent], invest [money]; 7 *(eruit: uit het land)* expel [a p. from the country]; *(uit woning)* evict, eject; *(uit kamer, coupé, enz)* turn (*of:* put) [a p.] out [of the room, etc]; *(uit partij)* expel [a p. from a party]; *er ~, (uit betrekking)* turn [a p.] out, *(fam)* fire [a p.]; *ik liet hen er ~* I had them turned out [of the building]; *zie ook* deur; 8 switch off; *zie* uitschakelen & afzetten; 9 *(boten)* lower [boats]; 10 *(wacht)* set [a watch], post [a sentry]; 11 *(zetlijn)* set [a night-line]; II *intr* expand, dilate, swell; *(natuurk)* expand, dilate; *uitgezette maag (amandelen)* distended stomach (enlarged tonsils); *zijn neusvleugels zetten zich uit* his nostrils distended

uitzetting expansion, extension, dila(ta)tion; inflation; turning out; expulsion; eviction, ejectment, *vgl* uitzetten; *(med)* distension [of the stomach]

uitzettingsbevel *(uit woning)* eviction (ejectment) order

uitzettingscoëfficiënt coefficient of expansion

uitzettingsdecreet order of expulsion

uitzettingsvermogen expansive power

uitzeven sift (out)

uitzicht *(eig)* view [*op* of]; *(eig & fig)* outlook, lookout, prospect; *(uiterlijk)* looks; *vrij ~* unobstructed view; *~ op succes* prospect of success; *het ~ hebben op* overlook [the garden]; *een mooi ~ hebben op Londen* command a fine view of ...; *in ~ stellen, ~ geven (openen) op* hold out a prospect of, foreshadow [new taxation]; *zie ook* vooruitzicht

uitzichtloos hopeless [struggle], desperate [state]

uitzichtpunt viewpoint

uitzichttoren belvedere

uitzieken nurse one's illness; *de kwaal moet ~* the disease must run its course

uitzien 1 *(uitkijken)* look out; *~ naar* look out for (be on the look-out for) [a p., a place], watch for [the postman], look forward to [the holidays]; 2 *(uit-*

zicht bieden:) dit vertrek ziet uit **op** *de straat* this ... looks into (out on) the street, faces the street; *het ziet op het noorden uit* it faces (looks) north (to the north), has a northern aspect; *op de tuin* ~ overlook the garden; **3** *(tot het einde zien)* see out, sit out [a play]; **4** *(eruit zien)* look like; *veelbelovend ~d* promising-looking; ***hoe ziet het er uit?*** what is it like?; *hoe ziet een komeet er uit?* what is a comet like?; *hoe ziet zij er uit?* what is she like?, what does she look like?; *zij ziet er goed (knap) uit* she is good-looking; *dat ziet er mooi uit, (iron)* here's a fine mess; *het ziet er slecht (lelijk) uit* things look (the outlook is) black [*voor hem* for him]; *het zou er lelijk ~ voor ons land, als ...* it would be a bad day for this country if ...; *ze zag er op haar best uit* she looked her best; *ze ziet er uit als veertig* she looks forty; *wat zie je er uit!* what a sight you are!, what a state you are in!; *kijk eens hoe het huis er uitziet* look at the state of the house; *je ziet er goed (ziek) uit* you look well (ill); *je ziet er niet uit* you look dreadful (a complete mess); *ze zien er precies gelijk uit* they are as like as two peas (in a pod); *er ~ alsof, zie* alsof; *hij zag er als een typische toerist uit* he looked the typical tourist; *hij ziet er jong (oud) uit voor zijn leeftijd* he looks younger (older) than his years (his age); *het ziet er wel naar uit* it looks like it; *hij ziet er net naar uit* he looks it, looks the part; *het ziet ernaar uit alsof ...* it looks as though ...; *het ziet er naar uit dat het gaat regenen* the weather is looking like rain; *het zag er niet naar uit dat hij zou trouwen* he did not look like marrying; *zie ook* uitkijken

uitziften sift (out) *(ook fig)*

uitzijgen strain out; *zie ook* mug

uitzijn *zie* uit: ~ zijn

uitzingen finish [a song], sing out (to the end); *ik kan het nog wel een paar dagen ~* I can manage (last out) for a couple of days; *het lang kunnen ~* have ample resources; *[het garnizoen] kan het nog maar drie dagen ~* the ... can hold out only ...

uitzinnig frantic; wild, delirious [with joy]

uitzinnigheid frenzy

uitzitten sit out [the concert]; *het oude jaar ~* see the old year out (the new year in), sit up for the new year; *zijn (straf)tijd ~* serve one's sentence (*fam:* one's time); *(sl)* do time

uitzoeken select, pick out, choose, look out [a dress for the party]; *(sorteren)* sort (out); *(de was)* sort out [the washing]; *je kunt ~* you can take (*of:* have) your pick; *men kan maar ~* one can pick and choose; *dat moet je zelf maar ~* better find out (sort that out) for yourself; *jullie zoeken het maar uit!* that's your affair!; *zie ook* uitgezocht & onderzoeken

uitzonderen except, exclude; *zie ook* uitgezonderd

uitzondering exception [*op de regel* to the rule]; *dat is een ~* that is the (*ook:* an) exception; *het was eerder ~ dan regel* it was the exception rather than the rule; *dat zijn geen ~en* these are not (the) exceptions; *ik zal deze keer een ~ maken* I'll make an exception (for) this time; *de ~en bevestigen de regel* the exception proves the rule; *bij ~* exceptionally, by way of exception; *bij hoge ~* very rarely; *met ~ van* with the exception of; *zonder ~* without exception, invariably, to a man, one and all; *zie ook* regel

uitzonderingspositie exceptional (special, unique) position

uitzonderingstoestand state of (national) emergency

uitzonderlijk I *bn* exceptional; *een ~e situatie, (ook)* a one-off situation; II *bw* exceptionally

uitzuigen **1** suck (out); **2** *(fig)* sweat [workpeople], bleed [a p.] white, squeeze (*of:* suck) [a p.] dry, suck the very marrow out of [a p.]; *zie ook* uitmergelen

uitzuiger extortioner, bloodsucker

uitzuinigen economize, save [*op* on]

uitzuiveren *(pol)* purge

uitzwaaien **1** *zie* uitwuiven; **2** swing out

uitzwavelen fumigate

uitzwenken swing out

uitzwermen swarm, *(v bijen)* swarm off

uitzweten exude, ooze (*of:* sweat) out

uitzweting exudation

uiver stork

uk tiny tot, mite, shrimp, midget

ukelele ukulele

ukje, ukkepuk *zie* peuter 1

ulaan uhlan

U-las single Vee joint

ulcereren ulcerate

ulevel kind of sweet

ulevellengedicht *(vglb)* cracker motto

ulo *(hist)* advanced primary education

ulster ulster

ultiem ultimate; *een ~e poging* a last-ditch effort [to reach agreement]

ultimatief peremptory [demand]

ultimatum ultimatum (*mv ook:* -mata); *een ~ stellen (overhandigen)* deliver an ultimatum [*ook:* present a country with an ultimatum, serve an ultimatum on a country]

ultimo: *~ december* at the end of December

ultra I *bn* ultra [ultracentrifuge, ultrasound]; II *bw* ultra [ultra-light, ultra-modern], extremely; III *zn* ultra, extremist

ultrakort: *~e golf* ultra-short wave

ultramarijn ultramarine

ultramicroscoop ultramicroscope

ultramontaan ultramontane, ultramontanist

ultramontaans ultramontane

ultramontanisme ultramontanism

ultrarechts extreme right

ultrasonoor, ultrasoon ultrasonic, supersonic

ultraviolet ultraviolet [ray treatment]

u.l.v. afk van *ultralicht vliegtuig* microlight (aircraft)

Umbrië Umbria

Umbriër, Umbrisch Umbrian

umer junket

umlaut umlaut, (vowel) mutation
unaniem unanimous; *niet ~, (ook)* split [decision]; *~ aangenomen, (ve motie)* carried unanimously (*of:* nem con); *de ~e mening* the consensus of opinion
unanimiteit unanimity
unciaal uncial; *~(letter)* uncial (letter)
undine undine
undulatie undulation
unduleren undulate
unfair unfair; *iem ~ behandelen* treat a p. unfairly; *(ook)* hit below the belt
unheimisch, unheimlich eerie
uni unicolour(ed)
unicaat unique art object, one-off
uniciteit uniqueness
unicum 1 single copy; **2** unique specimen (event); *[zo'n vondst] is wel een ~* is indeed unparalleled
unie union
uniek unique, unparalleled, one-off [model, product]
uniëren unite
unificatie unification
uniform I *bn* uniform; *~ tarief* flat rate; **II** *zn* uniform; *(mil ook)* regimentals; *in ~, (ook)* uniformed [policeman]
uniformeren 1 uniform, put (clothe) in uniform; **2** uniform, make uniform
uniformiteit uniformity
uniformjas tunic, uniform coat
uniseks unisex
unisono *(muz)* unisonous, *(ook fig)* in unison
unitair unitary
unitariër unitarian
unitarisme unitarianism
universalia universals
universalisme universalism
universaliteit universality
universeel universal, sole; *~ erfgenaam* sole heir, *(na aftrek van legaten)* residuary legatee
universitair university [lecturer, teaching], college [graduates]; *zie ook* academisch
universiteit university [council, hospital, library, town]; *aan de ~ zijn (naar de ~ gaan)* be at (go to) (the) university (*Am:* at (to) college); *hoogleraar aan de ~ van Wales* professor in the University of ...; *voor sam zie* academie-
universum universe
unster steelyard
updaten update
upgraden upgrade
uppie: *in zijn (dooie) ~* on his lonesome (his own)
uraan uranium
uranium uranium
urbaan 1 *(wellevend)* urbane; **2** *(mbt de stad)* urban
urbanisatie urbanization
urbaniteit urbanity
ure *zie* uur
uremie uraemia
urenlang for hours; *zie* uur
ureum urea
urgent urgent, pressing
urgentie [declaration of] urgency
urgentieplan priority project
urinaal urinal
urine urine; *(v vee ook)* stale
urinebuis urethra
urineleider ureter
urineren urinate, make (*of:* pass) water
urinezuur uric acid
urinoir urinal, public convenience
urmen worry, fret; *(klagend)* whine, whimper
urn urn
urologie urology
uroloog urologist
uroscoop uroscopist
uroscopie uroscopy
ursuline Ursuline [convent, nun]
Uruguaans, Uruguayaans, Uruguees Uruguayan
usance, usantie custom (*handel:* in trade, of the trade), usage
uso [bill at] usance; *à ~* at usance; *~ tarra* customary tare
usurpatie usurpation
usurpator usurper
usurperen usurp
ut *(muz)* ut, do, doh
uterus uterus
uterusresectie hysterectomy
utilisatie utilization
utiliseren utilize
utilitair utilitarian
utilitarisme utilitarianism
utilitarist(isch) utilitarian
utiliteit utility
utiliteitsbeginsel utilitarian principle
Utopia Utopia
utopie utopia, Utopian scheme
utopisch Utopian
utopist(isch) Utopian
uur hour; *uren, (r-k)* hours; *zijn laatste ~(tje) is geslagen* his (last) hour has come (*of:* struck); *(fam)* his number is up; *een ~ rijden per bus* an hour's run by coach; *urenlang* for hours (together, *of:* on end), by the hour; hour-long [discussion]; *verloren ~tje* spare hour; *ik ben **aan** geen ~ gebonden* I am not tied to (a particular) time; ***binnen** het ~* within an hour; ***met** het ~, zie* van ~ tot ~; ***om** zes ~* at six (o'clock); *zie ook* om; *om het ~ een lepel* every hour a spoonful; ***op** dat ~* at that hour; *op ieder ~* hourly, every hour; *op elk ~, (wanneer ook)* at any hour, [they come] at all hours; *op het ~ af* [she could tell] to the (an) hour; ***over** een ~* in an hour('s time), an hour hence; ***te** kwader ure* in an evil hour; ***tot** op dit ~* (up) to this (very) hour; ***van** ~ **tot** ~* from hour to hour, hourly, [the situation is becoming worse] by the hour; *zie ook* elfde, gaans, sporen, enz

uurcirkel hour-circle
uurgemiddelde hourly average
uurglas hourglass
uurloon 1 hourly wage(s); **2** *zie* tijdloon
uurrooster timetable
uurwerk timepiece, clock; *(het werk)* works, clockwork, movement
uurwerkmaker clock-, watchmaker
uurwijzer hour hand
uvd afk van *uiterste verkoopdatum* sell-by date, best-before date
uw your; *(enk, dicht)* thy; *het ~e* yours; *(enk, dicht)* thine; *vgl* [1]mijn; *geheel de ~e, steeds de ~e* yours faithfully; *(fam)* yours ever, ever yours; *u en de ~en* yourself and your family
uwent: *te(n) ~* at your house, at your place, of your city
uwenthalve 1 for your sake; **2** on your behalf
uwentwege: *(van) ~* on your behalf, in your name
uwentwil(le): *(om) ~* for your sake
uwerzijds on your part
uzelf (you) yourself; *vgl* zelf & zichzelf

V

v (the letter) v
V V *(ook het Romeinse cijfer)*
vaag vague, faint, dim [recollection], loose [reports, phrases]; ~ *idee, (ook)* hazy (foggy) notion; *een vage herinnering, (ook)* a blurred memory
vaagheid 1 vagueness, etc; **2** vague (empty) phrase, etc
vaaglijk vaguely
vaak I *bw* often, frequently; *zo ~ hij komt* every time he comes; ~ *genoeg, (ook)* as often as not; *ik heb het al vaker gezegd* I've said it before (more than once); *hij zit daar ~ uren* he will sit there for hours; *zie ook* dikwijls; **II** *zn* sleepiness; *zie* Klaas & praatje
vaal sallow [complexion], ashen [tinge], rusty [black], faded [red], dun, *(wtsch)* lurid
vaalbleek sallow [complexion]
vaalbruin drab, dun
vaalgrijs greyish
vaalheid sallowness
vaalt 1 *(mest~)* dunghill; **2** *(belt)* rubbish tip (dump)
vaam fathom
vaan flag, banner, standard; *~tje* vane, pennon [of a lance]; *(sp)* pennant [exchange pennants]; *(weer~)* weather vane; *de ~ van de opstand planten* plant (*of:* raise) the standard of revolt; *naar de ~tjes* lost, down the drain
vaandel 1 colours (*ook:* colour), standard, ensign, banner; *(v cavalerie)* standard; *in zijn ~ schrijven* embrace [the principle of ...]; *met vliegende ~s* with flying colours; *hoog in het ~ staan (hebben)* be considered of paramount importance (feel strongly about); *zie ook* trom, salueren & scharen; **2** *zie* vendel
vaandeldrager standard-, ensign-bearer
vaandelgroet dipping the colour(s)
vaandelwacht colour party
vaandrig 1 reserve officer in training with temporary rank below second lieutenant; **2** *zie* vaandeldrager; **3** *(hist)* ensign; *(v cavalerie)* cornet; **4** *(scouting)* troop leader
vaanstandschroef fully feathering propeller
vaar I *zn zie* vaartje & vaarschroef; **II** *bn* barren; *(geen melk gevend)* dry
vaarbaar *zie* bevaarbaar; ~ *weer* sailing weather
vaarbewijs navigation licence
vaarboom punting pole, quant
vaardig 1 skilled, skilful, adroit, clever [*in* at], proficient [in the use of the rifle]; fluent [speech; speak fluently]; ~ *zijn met de pen* have a fluent pen, be good at writing [letters, etc]; *ik ben niet ~ met de pen* I'm no hand with the pen; **2** *(gereed)* ready; *~!* ready!; *zie ook* [2]geest 5
vaardigheid 1 skill, skilfulness, proficiency; facility, cleverness; fluency; [social] accomplishment, grace; **2** readiness; *vgl* vaardig
vaargeld canal and lock dues
vaargeul channel; fairway; *(tussen ijsvelden)* (ice) lane, *(in mijnenveld)* (sea) lane
vaarroute *(vaste)* sea lane
vaars heifer *(ook ~kalf)*
vaarschema sailing list
vaarschroef male screw
vaart 1 *(scheepvaart)* navigation, [the Atlantic] trade; *grote ~* ocean-going trade; *zeeman van de grote ~* deep-water seaman; *kleine ~* home trade; ***in de ~** brengen* put into service; *de ~ **op** Australië* the Austral(as)ian trade; **2** *(kanaal)* canal, waterway; **3** *(snelheid)* speed, headway, momentum, [the story lacks] pace; *de auto had weinig ~* the ... travelled slowly; *geen ~ hebben* have no way; ~ *krijgen* gather pace (momentum); *(mar)* gather way (*vooruit:* headway, *achteruit* sternway); *de taxi kreeg ~* the ... gathered speed; ~ *lopen* be under way; *het schip liep te veel ~* the ... had too much headway on her; *dat zal zo'n ~ niet lopen* it won't (isn't likely to) come to that; ~ *(ver)minderen* slacken (reduce) speed (one's pace), slow down (*of:* up), ease up, decelerate; *er ~ **achter** zetten* hurry (*of:* speed, *ovt & v dw:* speeded) things up, get things moving; ***in** dolle (vliegende, razende) ~* at a tearing (headlong) pace, at breakneck speed, at a furious rate, full tilt, *(ve ruiter ook)* [ride] hell for leather, neck or nothing; *in volle ~* (at) full speed, in full career, *(fam)* at a fair old lick; ***met** een ~ van 15 knopen* [travel] at a speed of 15 knots; *met ~* [come down] with a run
vaartje father; *zie* aard 1
vaartschouw inspection of canals
vaartuig vessel, craft *(ook mv)*
vaarwater fairway, waterway, channel; *uit iems ~ blijven* steer clear of a p., give a p. a wide berth; *in iems ~ komen* fall foul of a p.; *elkaar (iem) in het ~ zitten* be at cross-purposes (thwart a p., *(onder iems duiven schieten)* poach on a p.'s preserves)
vaarwel *tw & zn* farewell, goodbye, adieu; *iem ~ zeggen* say goodbye [to a p.], bid [a p.], farewell (*of:* godspeed); *het toneel ~ zeggen* say goodbye to (abandon, give up) the stage
vaas vase
vaat washing-up; *de ~ wassen (doen)* do the washing-up, wash up
vaatbundel vascular bundle
vaatchirurgie vascular surgery
vaatdoek dishcloth; *zie ook* slap

vaatje small cask (barrel), keg, firkin, kit [of herring]; *uit een ander ~ tappen* change one's tune, sing another (a different) tune
vaatkramp arteriospasm
vaatstelsel vascular system
vaatvernauwend vasoconstrictive; *~ middel* vasoconstrictor
vaatverwijdend vasodilatory; *~ middel* vasodilator
vaatvlies choroid coat (*of:* tunic)
vaatwand vascular wall
vaatwasmachine, vaatwasser dishwasher
vaatweefsel vascular tissue
vaatwerk 1 casks; **2** plates and dishes, dinner things, dinnerware, kitchen utensils; *liturgisch ~* communion plate
vaatziekte vascular disease
va-banque: *~ spelen* stake everything
vacant vacant; *~ worden* fall vacant; *een ~e plaats bezetten* fill (up) a vacancy
vacatie 1 sitting; attendance; **2** *zie* vacatiegeld
vacatiegeld 1 attendance money; **2** fee
vacature vacancy; *een ~ vervullen* fill a vacancy
vacaturebank *(vglb)* jobcentre
vacaturestop freeze (on appointments, on all posts falling vacant)
vaccin vaccine
vaccinatiebewijs certificate of vaccination
vaccine vaccine
vaccineren vaccinate, inoculate
vaceren 1 be vacant; *komen te ~* fall vacant; **2** sit, hold a sitting
vacht 1 fleece [of sheep], coat [of a dog], pelt, fur; **2** sheepskin (rug)
vachtvoering high-pile lining
vacuüm vacuum [pump, tube]; *~ zuigen* evacuate
vacuümfles vacuum flask (*Am:* bottle)
vacuümverpakt vacuum-packed
vadem 1 fathom; **2** *een ~ hout* a cord of wood
vademecum vade-mecum
vademen 1 fathom; **2** *(hout)* cord
vademhout cordwood
vader father (*ook fig:* the father of modern science, of English poetry); *(fam)* dad; *(ve viervoeter, vooral paard)* sire; *Heilige V~* Holy Father; *onze Hemelse V~* Our Heavenly Father; *het onze~* the Lord's Prayer, the Our Father; *onze ~en* our (fore)fathers, our ancestors; *~tje* old man; *(tsaar)* little Father; *~tje staat* the State, *(Am)* Uncle Sam; *~tje tijd* (Old) Father Time; *~tje en moedertje spelen* play houses; *~ en moeder, (ve gesticht)* master and matron; *daar helpt geen lieve ~ of moeder aan, zie* lievemoederen; *hij was een ~ voor mij* he was a father to me; *een merrieveulen, ~ Lopez, moeder Calendar* a filly, by Lopez out of Calendar; *zo ~ zo zoon* like father like son; *nee ~, zo gaat dat niet* no, sir, ...; *tot zijn ~en verzameld worden* be gathered to one's fathers; *van ~ op (tot) zoon* from father to son; *zie ook* ²kant, vroed, enz
vaderdag Father's Day
vaderdier sire
vaderen I *zn* (fore)fathers; *zie* vader; **II** *ww: ~ over* be a father to, look after [children] like a father
vaderfiguur father figure
vaderhuis 1 paternal house (*of:* home); **2** *V~* Heaven(ly home)
vaderland (native, mother) country, fatherland, [my spiritual] home; *voor het (lieve) ~ weg* unblushingly, without blushing, without more ado
vaderlander: *goed ~* patriot
vaderlandlievend patriotic (*bw:* -ally)
vaderlands native [soil], patriotic [feeling]; *~e geschiedenis* English (Dutch, etc) history
vaderlandsliefde love of (one's) country, patriotism
vaderlief father dear, (dear old) dad(dy)
vaderliefde paternal (fatherly) love
vaderlijk I *bn* paternal, fatherly; avuncular [interest]; *(overdreven) ~e (regerings)zorg* paternalism; *zie ook* erfdeel; **II** *bw* like a father, in a fatherly manner
vaderloos fatherless
vadermoord patricide
vadermoorder 1 patricide; **2** stick-up(s), stick-up collar
vaderons Our Father, paternoster
vaderplicht paternal duty
vaderschap paternity *(ook ve boek, enz)*, fatherhood; *onderzoek naar het ~* inquiry into the paternity of an illegitimate child; paternity test; *wet op het ~* paternity law, bastardy law; *proces omtrent het ~* paternity suit, bastardy case; *een proces omtrent het ~ beginnen tegen* take out an affiliation summons (apply for an affiliation order) against; *vaststelling van het ~* affiliation
vaderskant *zie* ²kant
vaderskind daddy's boy (girl)
vaderstad native (home) town
vaderszijde *zie* ²kant
vaderzorg fatherly care
vadsig indolent, lazy, inert
vadsigheid indolence, laziness, inertness
va-et-vient coming and going, to and fro
vagant wandering scholar
vagebond tramp, vagabond; *(Am)* hobo
vagebonderen tramp, wander, roam; *~de stroom, (elektr)* eddy (*of:* stray) current
vagelijk vaguely; *zie ook* vaag
vagen brush
vagevuur purgatory; *het ~* Purgatory
vagina(al) vagina(l)
vaginisme vaginismus
vair vair
vak 1 *(hokje, enz; ook: vakje)* compartment [*ook fig:* the compartments of his mind], partition, pigeonhole; *zie ook* hok: ~je; *(ve beschot, plafond, enz)* panel; *in ~ken verdeeld* panelled [ceiling]; *(ve muur)* bay; *(mil, van terrein)* sector; *(ve begraafplaats)* plot [A, B, etc]; *(ve parkeerterrein)* parking

place, bay; *(ve tribune)* section; **2** *(v onderwijs & studie)* subject, (special, particular) field of interest; *de niet-klassieke ~ken, (op school)* the modern side; **3** *(beroep)* trade, job; *(ve onderwijzer, dokter, enz)* profession; *het ~ van kleermaker* the trade of a tailor; *dat is mijn ~ niet* that is not my line of business; *dat behoort niet tot mijn ~* that is not in my line; *hij praat altijd over zijn ~* he is always talking shop; *een man van het ~, zie* vakman

vakantie holiday(s), *(fam)* hols; *(vooral v univ & rechtbank)* vacation, *(fam)* vac; *de grote ~* the summer holidays, *(univ)* the long vacation, *(fam)* the long vac; *begin van de ~* break(ing)-up [*zo:* breaking-up day]; *kamer van ~, zie* vakantiekamer; *een paar dagen ~* a few days' holiday; *wanneer begint de (je) ~?* when does school break up?; *~ hebben* be on holiday; *~ houden* have a holiday (*zn:* holidaymaking); *ik houd vandaag ~* I'm giving myself a day off today; *(een maand) ~ nemen* take a (month's) holiday; *hij zou graag woensdag ~ nemen* he would like to have Wednesday off; *met vis-, enz ~* fishing, etc holiday; *~ met behoud van loon* holidays with pay, paid holiday; ***met*** *~ [zijn]* [be (away)] on holiday (on vacation); *met ~ gaan* go (away) on holiday; *met ~ naar huis gaan* go home for the holidays; *de rechtbank is met ~* the court has risen

vakantieaanspraken: *~ worden overgenomen* holidays honoured

vakantieadres holiday (*of:* vacation) address

vakantiecursus holiday (*of:* vacation) course; *(in de zomer ook)* summer school

vakantiedag holiday, day off

vakantiedrukte *(aan station, enz)* holiday rush

vakantieganger holidaymaker; *(Am)* vacationer, vacationist

vakantiegeld holiday allowance

vakantiehuisje 1 holiday cottage; **2** weekend house (cottage)

vakantiekamer vacation court

vakantiekamp, vakantiekolonie holiday camp

vakantieoord holiday resort

vakantiereis holiday trip

vakantiereiziger holidaymaker

vakantiespreiding staggering of holidays, staggered holidays

vakantiestemming [be in a] holiday mood

vakantietijd holiday season

vakantietoeslag holiday allowance

vakantieverblijf 1 holiday residence; **2** holiday resort

vakantiewerk holiday (*of:* vacation) work (job)

vakarbeider skilled worker (labourer)

vakbekwaam skilled

vakbekwaamheid professional skill; *(handvaardig)* craftsmanship

vakbeweging trade unionism, trade union movement

vakbibliotheek special library

vakblad trade (technical, professional) journal (*of:* paper)

vakbond trade (*Am ook:* labor) union

vakcentrale trade union federation

vakdidacticus lecturer in teaching methodology

vakdidactiek [science, English, etc] teaching methodology

vakdiploma professional diploma

vakerig sleepy, drowsy

vakgebied speciality, special field, discipline

vakgeleerde specialist

vakgenoot colleague

vakgroep 1 branch of a trade union; **2** *(univ)* department

vakidioot narrow-minded specialist

vakkennis professional (expert, technical) knowledge

vakkleding working clothes

vakkringen professional circles; *bekend in ~, (ook)* well-known to the profession

vakkundig skilled, competent, efficient, professional, workmanlike, expert [advice, repair job]

vakkundige expert

vakkundigheid skill, competence, expertise

vakleraar subject teacher

vakliteratuur special(ist) (technical) literature

vaklokaal subject room

vakman expert, specialist; *(handwerksman)* craftsman, skilled workman; *(niet-handwerksman)* professional (man)

vakmanschap (professional) skill, craftsmanship, expertise

vakonderwijs vocational (technical) education (instruction)

vakopleiding professional (vocational) training

vakorganisatie trade union

vakpers professional (trade) press

vakschool vocational (trade, craft) school

vakstudie professional study

vaktaal professional (technical) language, *(vaak ong)* (scientific) jargon

vaktekenen design(ing)

vakterm technical term

vakterminologie technical terminology

vaktijdschrift specialist (professional, technical) journal

vakverbond federation of trade unions

vakvereniging trade union; *(v advocaten, artsen, enz)* professional association

vakverenigingswezen trade unionism

vakwerk 1 professional job; **2** *(bk)* timber framing; *(techn)* lacing; [steel] lattice

vakwerkbouw timber framing, half-timbering

vakwerkdak truss(ed) roof

vakwerkmast: *stalen ~* lattice steel tower

vakwetenschap discipline, branch of learning (of science)

vakwoordenboek technical (specialized) dictionary, glossary [of beekeeping]

val **1** *(het vallen)* fall, spill [from one's bicycle, horse]; *(fig ook)* downfall [of a kingdom], overthrow [of a minister]; *(ve vliegtuig)* crash; *de ~ van de yen* the fall (drop, *sterker:* slump) of the yen; *de (zonde)~* the Fall; *vrije ~* free fall, motion under gravity; *een lelijke ~ doen* have a bad fall; *ten ~ brengen* overthrow, bring down [the government]; ruin [a p.]; **2** *(muizen-, enz)* trap; *een ~ zetten* set (*of:* lay) a trap; *in de ~ lokken* lure into a (the) trap, (en)trap, ensnare; *in de ~ lopen* walk (*of:* fall) into a (the) trap (snare), take (rise to) the bait; **3** *(mar)* halyard; **4** *(om bedgordijn, enz, ~letje)* valance
valabel valid [reason]
valappel windfall(en apple)
valavond dusk
valbijl guillotine
valblok ram, monkey, beetle-head
valbrug drawbridge
valdeur trapdoor
vale vale, farewell
valentie *(chem, tlk)* valency
Valentijnsdag St Valentine's Day
valeriaan valerian, setwall
valgordijn blind
valhek **1** *(tuinhek)* drop gate; **2** *(ve kasteel)* portcullis
valhelm crash helmet
valhoogte height of fall, drop (height)
valide **1** *(geldig)* valid; **2** *(gezond)* able-bodied, fit; *minder ~* disabled
valideren validate, render valid; *het zal u ~ in rekening* it will be passed to the credit of your account
validiteit validity
valies holdall, valise
valium valium
valk falcon, hawk
valkenier falconer
valkenjacht falconry, hawking; *op de ~ gaan* go hawking
valkenkap hawk's (falcon's) hood
valkenoog *(fig)* hawk('s) eye, eagle eye; *met ~* hawk-, eagle-eyed
valkerij falconry, hawking
valklep **1** trap valve; **2** *(ve nummerbord)* annunciator disc (*of:* drop)
valkruid mountain tobacco
valkuil pit, *(inz fig)* pitfall
vallei valley; *(Sch, nauw)* glen; *(N Eng)* dale; *(klein, begroeid)* dell, dingle; *(dicht)* vale
vallen I *ww* **1** fall (*ook regering, prijzen, vesting, getijde, wind, duisternis, avond, enz; ook op slagveld: de ge~en* the fallen; *ook:* Easter fell late), drop, tumble, come down; *(vd schemering, ook)* gather [twilight gathers; the gathering dusk]; *ik viel, (ook)* I had a fall, *(ve fiets, paard, enz, ook)* I had a spill; *loodrecht ~, (ve vliegtuig)* nosedive; *hij viel zo lang hij was* he fell at full length, measured his length on the floor; ***doen*** *~* bring down [a tree, a minister], trip [a p.] up; *hij* ***kwam*** *te ~* he lost his feet; *(fig)* he came to die; ***laten*** *~* drop [the curtain, a candidate], let fall; shed [trees shed their leaves]; *(aanspraken, enz)* abandon, give up, waive [a claim]; *hij liet zijn oog ~ op een schilderijtje van ...* his eye fell on a picture by ...; *iets van de prijs (van zijn eisen) laten ~* shade the price somewhat (ease one's demands); *een pond laten ~* knock off a pound; *men liet het plan ~* the scheme was dropped; *van beide kanten wat laten ~* make mutual concessions; *zich laten ~* drop [into a chair]; *de* ***avond*** *valt, (ook)* evening is closing in; *de* ***motie*** *(het wetsontwerp) viel* the motion (the bill) was defeated; *het* ***stuk*** *viel* the play was a failure (a flop); *het* ***water*** *begint te ~* is starting to fall (subside), *(het getijde)* the tide is turning; *zie ook* vallend; **2** *(voorvallen:) er vielen* ***slagen*** *(klappen, schoten)* blows were struck (shots were fired); *in het debat vielen namen als ...* names like ... were bandied about; *het leven nemen* ***zoals*** *het valt (de dingen zoals ze ~)* take life as it comes (things as they come); **3** *(zijn, worden:) zijn verjaardag valt a.s. week* his ... is (will be) next week; *het leven valt mij* ***zwaar*** life has become a burden to me; *het valt mij zwaar* I find it difficult, such work takes it out of me; *het viel me (enz) zwaar er weg te gaan* it was a (great) wrench to leave the place; *er valt geen verbetering* ***te*** *constateren* there is no improvement to report; *er valt niet aan te denken, a)* it does not bear thinking about; *b)* it is out of the question; *te denken valt aan ...* one might think of ...; *aan teruggaan valt niet te denken, (ook)* there's no going back; *als er wat te eten valt* if there is any food going; *er valt over zijn werk niet te klagen* we have no reason to find fault with his work; *er valt niet over te lachen* it is no laughing matter; *er valt met hem niet te redeneren* he is not amenable to reason; *er valt niet veel te vertellen* there is not much to tell; *dat is alles wat ervan te zeggen valt* that is all there is to it; *daar valt weinig van te zeggen* little can be said about it; **4** *(passen:) die jas valt (je)* ***goed*** that coat is a good fit; *zie ook* lang, ontkennen, praten, staan, toezien, enz || *~* ***aan****, zie* toevallen; *~* ***buiten*** be beyond the scope of [the agreement]; ***in*** *zee ~, (ve rivier)* fall (empty itself) into the sea; *in een belasting ~* be liable to a tax; *in een categorie ~* come into a category; *dat is al* ***naar*** *het valt* that depends, it all depends; *het valt* ***onder*** *die rubriek (wet, definitie)* it comes (falls) under that head (within that act, within that definition); *de zaak valt niet onder deze wet, (ook)* the case is not covered by this act; *onder de Franse wet(geving) ~* be governed by the laws of France; *~* ***op*** fall on [one's knees], fall to [the ground]; *(fam)* fall for [something, somebody]; *op donderdag ~* fall on Thursday; *zijn oog viel op mij (op een kennisgeving)* his eye fell on me (a notice caught his eye); *de keus viel op mij* the choice fell on me; ***over*** *een kleinigheid ~* stumble at a trifle; *ik viel over een tak* I was tripped up by a branch; *hij viel over dat woord, a)* he tripped over that word; *b)* he took offence at ...; *ze ~*

over elkaar om gefilmd te worden they fall over each other to be ...; *hij valt niet over een paar pond* he is not going to be difficult about ...; *ik ken hem niet al val ik over hem* I would not know him if I saw him; *je valt over de straatmuzikanten* it's buskers here, there and everywhere; ***ter** aarde* ~ fall to earth, *(ve vliegtuig)* crash; ***uit** elkaar* ~ fall to pieces, disintegrate; ***van** de trap(pen)* ~ fall (tumble) down the stairs; *zie ook* trap; *van de ene blunder in de andere* ~ drift from blunder to blunder; **II** *zn (vd avond)* nightfall; *(v water)* fall; *(ve accent)* incidence; *bij het ~ van de avond* at nightfall, at dark; *hij kwam er met ~ en opstaan* he succeeded by dogged perseverance (by trial and error), he muddled through

vallend *zie* vallen; *~e ster* shooting (falling) star; *~ water* falling water, ebb; *~e ziekte* epilepsy, falling sickness; *lijdend (lijder) aan ~e ziekte* epileptic

valletje *(gordijn)* valance

vallicht skylight

valling *(v mast & steven)* rake

valluik trapdoor; *(ve galg)* drop

valmes flick knife

valnet 1 *(in circus)* safety net; **2** *zie* slagnet

valorisatie valorization

valpartij spill [of 20 riders], crash, pile-up

valpijp downpipe; *(v wc)* flush pipe

valpoort portcullis

valraam hopper (*of:* hospital) window

valreep *(eig: touw)* manrope, side-rope; *(plank)* gangplank; *(brug)* gangway; *(trap) zie* valreepstrap; *op de* ~ at the last moment; *glaasje op de* ~ parting glass, stirrup cup

valreepstrap accommodation ladder

vals I *bn* **1** *(onbetrouwbaar)* false *(ook ve kat, enz),* perfidious, treacherous; vicious [horse, dog], savage [dog]; *een ~e aangifte doen, (belastingen)* make a false return; **2** *(fout: bericht, gerucht, alarm)* false; *~e start, (sp)* false start; **3** *(onecht: bescheidenheid, bodem, goden, haar, hoop, naam, profeet, schaamte, toon, trots, enz)* false; *(ve bankbiljet, enz, ook)* forged [banknote]; spurious [coins, evidence, logic]; bogus, faked [passport]; *(fam)* dud (*Am:* phoney) [cheque]; *~e dobbelstenen* loaded dice; *~ geld* counterfeit money, base coin; *~e handtekening* forged signature; *~e juwelen* artificial (imitation) jewels, paste; *~e kies* premolar, bicuspid; *~e munt* base (false, bad, counterfeit, spurious) coin; *~e munter, zie* valsemunter; *~e noot* false note; *~e parels, (ook)* synthetic pearls; *~e rib* false rib; *~e sleutel, a)* false (counterfeit) key; *b) (passe-partout)* skeleton key; *~e speler* (card-)sharper; *~e tanden* false (artificial) teeth; *~e vlecht* switch, made-up plait; *de hond (het schilderij) was ~, (ook)* the dog was vicious (the painting was a forgery); *zie ook* getuigenis, voorwendsel, enz; **II** *bw* falsely [he was falsely accused]; *~ klinken* be out of tune; *~ spelen, a)* cheat [at cards]; *b)* play out of tune; *~ zingen* sing out of tune (false, flat, sharp, off key); *~ zweren* swear falsely, forswear (*of:* perjure) o.s.

valsaard false (treacherous, perfidious) person

valscherm parachute

valschermjager paratrooper

valschermtroepen parachute troops, paratroops

valselijk falsely

valsemunter (counterfeit) coiner; forger (of banknotes)

valsemunterij coining; forgery (of banknotes); *(met uitgeven)* uttering of false coin

valserik false (treacherous, perfidious) person

valsheid *(ve pers, enz)* falseness, perfidy, treachery; *(ve leer, enz)* falsity, falseness; *~ in geschrifte, (vals opmaken)* fraudulent misrepresentation; *(vervalsen)* forgery; *vgl* vals

valsnelheid rate of fall (of descent)

valstrik gin; *(ook fig)* snare, trap; *(fig ook)* pitfall, catch; *iem een ~ spannen* set a trap for a p.

valstroomcarburateur downdraught carburettor

valuta 1 value; *~ per heden* value today; *~ 15 mei* value 15th May, due on 15th May; **2** *(koers)* (rate of) exchange, exchange rate; **3** *(munt)* [payment in foreign] currency; *harde en zachte ~* hard and soft currencies; *Nederlandse ~* Dutch currency

valutadag, valutadatum due date

valutamandje basket (of currencies)

valutamarkt foreign-exchange market

valwind squall, gust of wind

vamp vamp, femme fatale

vampier vampire (bat); *(fig)* vampire

van I *zn* family name; **II** *vz* **1** *(bezit, behoren tot; wordt vertaald door)* of *(of uitgedrukt door de 2e naamval); de vader ~ Jan* John's father; *een vriend ~ Jan* a friend of John's; *het vliegveld ~ Amsterdam* Amsterdam airport; *de A ~ Anna* a for able (a for alpha); *negen ~ de tien* nine out of ten; *een vriend ~* ***mij*** a friend of mine; *het is ~ mij* it's mine; *een dochter ~ mijn vriend* a daughter of my friend's; **2** *(door)* by; *een roman ~ Priestley* a novel by Priestley; **3** *(scheiding)* from, off; *het potlood viel ~ de tafel* the ... fell off the table; *een eindje ~ de weg* ***af*** [the house stood] a little back from the road; **4** *(afkomst)* of [a good family]; **5** *(stof)* (made) of [iron]; **6** *(oorzaak)* with [shriek with horror, weep with delight, wet with tears, white with rage], for [sob for joy, he could not speak for emotion], from [he fell down from sheer fright]; **7** *(onderwerp v gesprek, enz)* of [speak of s.t.]; **8** *(eigenschap)* of [a child of three]; *klein ~* ***gestalte*** short in (of) stature; *~ persoon was hij ...* in person he was ...; *~ dezelfde grootte (hoogte, leeftijd, enz)* (of) the same size (height, age, etc), of a size, etc, similar in size; *~ de goede hoogte (wijdte, prijs)* [they are] the right height (width, price); *een* ***engel*** *~ een vrouw* an angel of a woman (*evenzo:* a tyrant of a schoolmaster; that little madcap of a Jane); **9** *(wijze:) ~* ***wat ben je me!*** [run, drive] like mad; *hij maakte een kabaal ~ wat ben je me* he kicked up a devil of a row; **10** *(tijd)* of [your letter of

May 1st], from; ~ *1908 tot 1920* from 1908 to (till) 1920; ~ *2 tot 3 uren* [it takes me] from two to three hours; ~ ***de week*** *(het jaar, enz)* this week (year, etc); **11** *(herkomst)* from; *de gunst ~ u ontvangen* the kindness received from you (at your hands); *hij is ~* ***Leeds*** he is (a native) of Leeds, a Leeds man; ~ ***uit*** *zee* [bombard] from the sea || *dat is* ***aardig*** *(dom, vriendelijk, enz) ~ je* it is kind (nice, silly, etc) of you; *[wie is daar?] ik* ***geloof*** *~ Jan* I think it is John; *ik geloof ~ ja* I think so, I think he has (you are, etc); *ik geloof ~ niet* I don't think so, I think not; ~ ***hetzelfde*** (the) same to you; *ik ken hem ~* ***naam*** *(~ gezicht)* I ... by name (by sight); *hoe heet hij ~ achternaam?* what is his surname?; *een portret ~* ***Rembrandt***, *(door R)* a portrait of Rembrandt's, by Rembrandt; *(R voorstellend)* a portrait of R; *dit nieuws ~ Jan, (dat Jan brengt)* this news of John's; *(over Jan)* ... of John; ~ ***wie*** *is dat boek?, (eigendom)* whose book is that?, *(door wie geschreven)* who is that book by?; *zie ook* af, buiten, enz

vanachter, enz *zie* achter: van ~, enz

vanaf from [today, London, 35 euro], ever since [1885]

vanavond this evening, tonight

vandaag today; *de hoeveelste is het ~? de 27e* what day of the month is it today? the 27th; *kom ik er ~ niet, dan kom ik er morgen* we'll get there in the end; ~ *de dag* nowadays; ~ *of morgen, (fig)* sooner or later; ~ ***over*** *8 dagen (14 dagen, 3 weken)* a week (fortnight, three weeks) from today (*over 8 dagen, ook:* today week); *zijn deze brieven van ~?* are these today's letters?; *niet van ~ of gisteren, (fig)* not hatched overnight; *van ~ op morgen* immediately, then and there, [not] from one day to the next; ~ ***voor*** *een week (enz)* a week (etc) ago *today; zie ook* heden

vandaal vandal, [football] hooligan; *V~* Vandal

vandaan: *hier ~, zie* vanhier; *waar komt (is) hij ~?* where does he come (*of:* hail) from?, where's he from?; *waar komt hij toch zo ineens ~?* where on earth has he come (popped up) from?; *het huis was er een mijl ~* the ... was a mile away; *hij woont overal kilometers ~* he lives miles from anywhere; *toen ik er ~ kwam* when I left; *waar komt het geld ~?* where's the money coming from?; *blijf van die ladder (de hekken) ~* keep (stand) away from that ladder (stand clear of the gates); *(ver) van iem ~ blijven* give a p. a wide berth; *ik weet niet waar jij je ideeën ~ haalt* I don't know where you get your notions

vandaar 1 *(plaats)* from there; *(vero & lit)* thence; **2** *(oorzaak)* hence, that's why [I am so sad]; *o, ~* I see

vandalisme vandalism, hooliganism

vandehands: *het ~e paard* the off horse

vandoor: *hij is er ~* he has cleared off, *(sl)* he has done a bunk; *ik ga er ~* I am off; *hij is er met andermans vrouw ~ gegaan* he has run away with ...; *ik moet er ~* I must be off

vaneen [break, cut, tear, etc] asunder; [her eyes are too wide] apart; [she sat, her lips a little] parted; *ver ~ staande ogen (tanden)* wide-set eyes (gappy teeth); *met ver ~ staande tanden* gap-toothed; ~ *gaan (zijn)* part, separate (be separated); ~ *scheuren, (door wild dier, ook)* tear limb from limb

vang 1 *(het vangen)* catch; **2** *(ve molen)* brake

vangarm tentacle

vangbal [a missed] catch

vangband *(om boom, tegen ongedierte)* insect trap

vangdam cofferdam

vangdraad tentacle

vangen 1 catch [a bird, thief, ball], capture [an escaped prisoner, an electron], *(v vis, ook)* land; *(betrappen)* catch, (en)trap, *(sl)* nab, pinch [a thief]; *vang (op)!* catch!; *laat u niet ~* don't walk into the trap; **2** *(verdienen)* make, net [£100 a week]

vanger catcher, captor

vanghek safety (*of:* crash) barrier

vangijzer gin-, spring-trap

vanglijn *(mar)* painter

vangnet safety net; *(elektr)* guard network

vangrail crash barrier

vangspelletje game of catch; *een ~ spelen* play (at) catch

vangst catch, haul; *een schrale ~, (ook)* a poor bag; *een mooie ~ doen, (ook v politie, dieven, enz)* make a nice haul

vangzeil *(bij brand)* jumping sheet

vanhier 1 *(plaats)* from here, [get] out of here; *(vero & dicht)* hence; **2** *(oorzaak) zie* vandaar

vanille vanilla [custard, ice, sugar]

vanillestokje vanilla (pod)

vanilline vanillin

vanmiddag this afternoon

vanmorgen this morning; ~ *vroeg* early this morning

vannacht 1 *(komende)* tonight; **2** *(afgelopen)* last night

vanochtend this morning

vanouds [it went as] of old; [he knew] from of old [how it would be]; traditionally

vanuit from

vanwaar 1 from where, whence; **2** why [the hurry?]; *zie ook* vandaan

vanwaaruit *zie* vanwaar 1

vanwege on account of, owing to, because of; *(namens)* on behalf (in the name) of; *als het niet was ~ het feit dat ...* but for (if it were not for) the fact that ...; *zie ook* wegens

vanzelf 1 *(uit zichzelf)* [the door shut] of itself, [the words came] of themselves, of its (their) own accord, [heal] spontaneously; *het gebeurde zo maar ~* it just happened of itself; *mijn fiets gaat als ~* my ... runs very smoothly; *het bracht het gesprek als ~ op de school* it naturally led the conversation to ...; *zijn zaak loopt (als) ~* his business runs itself; *nu ging alles als ~* now it was plain sailing; *het gaat ~ af* it goes off of its own accord; *dat volgt ~* that follows automatically; **2** *(~sprekend) ~!* obviously!; *zie ook* spreken & vanzelfsprekend

vanzelfsprekend I *bn* **1** *(klaarblijkelijk)* self-evident; **2** *(natuurlijk)* as a matter of course; *als ~ aannemen* take [s.t.] for granted; II *bw* **1** *(klaarblijkelijk)* (self-)evidently; **2** *(uiteraard)* obviously, naturally, [we shall do this] as a matter of course; *vgl* vanzelfsprekendheid

vanzelfsprekendheid: *een ~* a matter of course; *is geen ~ meer, (ook)* [conscription] is no longer accepted unquestioningly, [his winning the championship] is no longer a foregone conclusion

vaporisateur, vaporisator vaporizer, spray, atomizer

var steer

varaan monitor (lizard)

[1]**varen** *zn* fern, bracken

[2]**varen** *ww* sail, run [the steamer will not run today], travel [at a speed of 15 knots], go [8 knots], navigate; *(tussen 2 plaatsen)* ply [between L & R]; *(aan boord hebben)* carry [a doctor]; *(vervoeren)* carry, transport [bulk cargo, passengers]; *af en aan ~* come and go; *een* ***dag*** *~(s)* a day's sail; ***gaan*** *~* go to sea; ***hoe*** *vaart gij?, (vero)* how do you do?; *hoe laat vaart de boot?* what time does the boat start (leave, sail)?; ***laten*** *~* sail [paper boats; sail ships in groups]; drop [a plan, all pretence], scrap [a plan], relinquish, give up [a plan, an attitude], abandon [hope, a plan, theory], cast off [old prejudices]; *er goed (wel)* ***bij*** *~* do well (very nicely) out of it (the war, etc); *het best bij iets ~* have the best of it (of the bargain); *de Staat zal er het best bij ~* the State will be the gainer (by it); *je zult er goed bij ~, (belofte)* I'll make it worth your while; *slecht (kwalijk) bij iets ~* come off badly (out of s.t.), come off a loser, get the worst (the worse) of it; *de ideeën die hem* ***door*** *het hoofd voeren* the ideas coursing through his head; *de storm vaart door het bos* the storm sweeps through ...; *de duivel is* ***in*** *hem ge~* the devil has entered into him; ***langs*** *de kust ~* hug (skirt) the coast; *~* ***om*** sail round, circumnavigate [the world], double [a cape]; ***op*** *Turkije ~* trade to Turkey; ***over*** *de rivier ~, a)* ply the river; *b)* cross the river; *c)* take [a p.] across the river; ***ten hemel*** *~* ascend to heaven; ***ter helle*** *~* go to hell; *zie ook* huivering & vlag

varensgast, varensgezel sailor, seafaring man, seafarer

varia miscellanies, miscellanea, miscellaneous news

variabel variable; flexible

variabele variable

variabiliteit variability

variant variant [*op* on], variant (alternative) reading

variantie variance

variatie variation; *voor de ~* for a change

variatiebreedte range

variëren I *intr* vary, range; *de prijzen ~ van 3 tot 9 pond* prices range (run) from 3 to 9 pounds (between ... and ...); II *tr* vary; *gevarieerd* varied, varying

variété variety, music hall, *(Am)* vaudeville

variétéartiest variety (*Am:* vaudeville) artist, variety performer, music-hall entertainer

variëteit variety

variéténummer (music hall) act

variététheater variety (*Am:* vaudeville) theatre, music hall

varken pig, hog, swine *(alle ook fig)*; *(mest~)* porker; *wild ~* (wild) boar; *lui ~, (ook scherts)* lazy pig; *~tje* piglet, *(kindertaal)* piggy(-wiggy); *veel ~s maken de spoeling dun* where many have to share nobody will get much; *ik zal dat ~(tje) wel wassen* I'll deal with that; *zie ook* oor, schreeuwen & vies

varkenen *(mar)* hog

varkensachtig piggish, hoggish

varkensblaas pig's bladder

varkenscyclus hog-cycle phenomenon

varkensfokker pig-breeder, pig-farmer

varkensfokkerij **1** pig-breeding; **2** pig-farm

varkensgehakt sausage meat

varkensgras knotgrass

varkenshaar hog's hair, hog's bristle(s)

varkenshaas pork tenderloin

varkenshoeder swineherd

varkenshok *(ook fig)* pigsty, piggery

varkenshouder pig-breeder, pig-farmer

varkenshuid pigskin

varkenskarbonade pork chop

varkenskervel hog's fennel

varkenskluif pig's knuckle

varkenskoorts swine erysipelas

varkenskot pigsty, piggery

varkenskotelet pork cutlet

varkenskrapje spare rib

varkenslapje pork steak

varkensleer pigskin

varkensoogjes pig-eyes; *met ~* pig-eyed

varkenspest swine fever, *(Am)* hog cholera

varkenspoot *(geslacht)* leg of pork

varkenspootjes *(geslacht)* pig's trotters

varkensreuzel lard

varkensrollade rolled pork

varkensslachterij pork butcher's (shop, business)

varkensslager pork butcher

varkensstaart pig's tail

varkensstal pigsty, piggery

varkenstrog pig-trough, pig-tub

varkensvlees pork

varkensvoer pig food (feed); *(fig)* hogwash; *vgl* spoeling

varkensziekte: *vesiculaire ~* swine vesicular disease

varkenvis porpoise, sea hog

varroamijt varroa (mite)

vasectomie vasectomy

vaseline vaseline, petroleum jelly, *(Am ook)* petrolatum

vasoconstrictie vasoconstriction

vasodilatatie vasodilation

vasomotie vasomotion

vasomotorisch vasomotor [nerve]

vast I *bn* **1** *(onbeweeglijk, duurzaam)* fixed [aerial *(antenne)*, bridge, law, point, purpose, rate, salary, star, no fixed address, a fixed Easter]; [the door was] fast; firm [belief, look, rock, prices]; steady [pace, purpose, his hand (his voice) was not steady]; permanent [appointment, committee, situation]; *iets ~s, (~ nummer, ~e verschijning, ook pers)* a fixture, an institution; *~ in de leer* sound in the faith; *~(er) worden, (vd markt, prijzen)* harden, firm up, stiffen, steady, *(vh weer)* settle; *~e aanstelling, (ook)* (appointment with) tenure, tenured position; *~e aardigheid* standing (staple) joke; *~e ambtenaren* permanent officials; *~e arbeider* regular workman; *~ besluit* firm (settled) determination, steady resolve; *~e bestelling* standing order; *met ~e boord* with collar attached; *~e coupures* fixed denominations; *~e datum* fixed date; *~e dienst* established service; *(lijndienst)* regular service; *~e feestdag* immovable feast; *~e gebeden* set prayers; *~e gedragslijn* settled policy; *~e gewoonte* [it has become an] established practice, set (*of:* fixed) habit [a man of habits]; *~ goed, ~e goederen* real estate, realty; *agent in (kantoor van) ~e goederen* estate agent (estate office); *~e grond* firm ground; virgin soil; subsoil, bedrock; *~e halte* (compulsory) stop; *~e hand* firm (steady) hand; *~e huur* fixed rent; *~ kapitaal* fixed capital; *~ karakter* strong character; *~e kast* built-in (fitted) cupboard; *~ kleed* fitted (*of:* wall-to-wall) carpet; *~e kosten* fixed (standing) charges; *~e kraan* stationary crane; *het ~e land, zie* vasteland; *~e lasten* fixed (standing, overhead) charges, fixed overheads; *~e lezer* regular reader; *~ licht, (ve vuurtoren)* fixed light; *~ lid* regular (permanent) member; *~e maatstaf* fixed standard; *~e markt* steady (firm) market; *~e maten (nummers)* standard sizes; *~e mening* settled opinion; *~e offerte* firm (solid) offer; *~ offreren* offer firm; *een offerte (een partij) ~ in handen hebben* have the refusal of an offer [a parcel]; *~e onkosten* fixed (standing) charges; *~e overtuiging* firm (settled) conviction; *~ personeel* permanent staff; *~e plaats* [in the] regular place; *ze bezochten de ~e plaatsen, (voor toeristen)* they did the stock places; *~e plant* perennial (plant); *~e prijs* fixed price; *~e prijzen, (in aankondiging)* no discount given!; *~ punt, (landmeten)* benchmark *(ook fig)*; *~ recht, (douane)* fixed duty; *(elektr, enz)* fixed (standing) charge; *~e regel* fixed (set, hard and fast) rule; *~e rente* fixed (rate of) interest; *vgl* vastrentend; *~e schijf, (comp)* fixed disc; *(mil)* stationary target; *~e slaap* sound sleep; *~e stemming, (handel)* firm tendency; *~e stopplaats* compulsory stop; *~ stuk, (bij vuurwerk)* set piece; *~e tanden* permanent teeth; *zijn ~e taks* his regular quantity (number, etc); *hij heeft geen ~ tehuis* he has no settled home; *op ~e tijden* at set (regular) times; *met ~e tussenpozen* at regular intervals; *~e uitdrukking* fixed (set, stock) phrase; *~ van voet* sure-footed; *zie ook* voet; *~ voornemen* firm (fixed, set) intention; *~e vraag* stock question; *~e wal* shore; *~e wastafel* fitted (fixed) basin; *~ weer* settled weather; *~ werk* regular work (employment); *~e wil* firm will; *zonder ~e woon(- of verblijf)plaats* of no fixed abode; *~e zetel* permanent seat; *dat is ~* ***en zeker*** dead certain, *(sl)* a dead cert; *zie ook* [2]los; **2** *(geregeld)* regular [visits, contributor to a paper, customer, habits]; stock [remark, reply, subject, phrase]; *~e bezoeker* regular attendant (visitor); **3** *(niet vloeibaar)* solid [food, fuel, state]; *niet ~, zie ook* niet ~; *~ gesteente* live (native, solid) rock, bedrock; *~ lichaam* solid; *~e stof* solid; *in ~e toestand brengen* solidify; *~* ***worden****, (v iets vloeibaars)* solidify, congeal, consolidate; set [the white of an egg sets by boiling]; **4** *-vast (bestand tegen)* proof; **II** *bw* **1** fast, firmly, etc; *~ (en zeker)* certainly, for certain; *zie ook* zeker, definitief, minstens; *~ beloven* promise faithfully; *u kunt er ~ op aan dat ...* you may take it as definite that ...; *~ overtuigd* firmly convinced; *~* ***slapen*** be sound (fast) asleep, sleep soundly; *ik slaap ~* I am a sound sleeper; **2** *(alvast, intussen)* meanwhile [take a seat]; *hier is ~ [een euro, enz]* take this to go on with; *begin* ***maar*** *~* you may as well begin, you had better begin; *ga maar ~ naar boven, ik kom wel* go on upstairs, I'll follow; *zie ook* schoen, vaststaan, vastzitten, enz

vastbakken stick to the pan; *vastgebakken zitten* be wedded [to one's prejudices]

vastberaden resolute, firm, unflinching, determined, purposeful

vastberadenheid resoluteness, resolution, determination, firmness, strength of purpose

vastbesloten (firmly) bent [on going], determined [to go], resolved, set [on going]

vastbijten: *zich ~ in een standpunt* dig in one's heels

vastbinden bind fast, tie up, fasten, *(met dik touw)* rope [*aan* to]

vastdoen *zie* vastmaken

vastdraaien turn home (tight), screw down, lock [the door]

vasteland continent, mainland; *~s-* continental [climate, etc]; *het ~ van Europa* the Continent, mainland Europe

vasten I *ww* fast; **II** *zn: het ~* fast(ing); *de ~* Lent; *zijn ~ onderbreken* break one's fast

Vastenavond Shrove Tuesday, *(fam)* Pancake (Tues)day; *(in sam: v~)* carnival [buffoon, fun, joke, merriment]

vastenbrief Lenten pastoral (letter)

vastendag fast(ing) day

vastentijd Lent, Lenten season

vaster *zn* faster

vastestoffysica solid-state physics

vastgespen buckle (up); *(met riem)* strap [strap the children into their seats, strap o.s. in]

vastgoed real estate, real (immovable) property; *zie ook* vast

vastgrijpen catch (seize) hold of; *elkaar ~, (v bok-*

sers) clinch

vastgroeien grow together; ~ *aan* grow to; *haar hand scheen aan ... vastgegroeid te zijn* seemed to have become a part of ...

vast hebben have got hold of

vasthechten attach, fasten [*aan* to]; *zich ~ aan, (fig, ook)* attach o.s. to, cling to

vastheid firmness [of faith, of the market], fixity [of purpose, in the rate of interest], consistence, consistency [of mud], [political] stability; ~ *geven aan* steady [one's hand]; ~ *van karakter* firmness of character, [have, lack] ballast

vasthouden I *tr* hold [a horse, parcel], hold fast, *(stevig, ook)* clutch; *(in arrest)* detain; *(mil)* contain, hold [the enemy]; *(niet verkopen, vrijgeven, doorlaten)* hold up [stocks, goods; be held up at the border]; retain, hang (hold) on to [one's shares]; *houd die datum vast* keep that ... in mind; *ik hield mijn hart vast* I held my breath, my heart was in my mouth; *ik houd mijn hart vast bij die gedachte* I shudder to think of it, I am horrified at the idea; *hou je vast!* hold tight!; *zijn mening* ~ stick to one's opinion; *mag ik je pen even ~?, (fam)* may I borrow ...?; *de voorsprong ~, (sp)* hang on; *zich* ~ hold fast (tight, on); *zich ~ aan* hold on to [a chair], cling to [a rock], clutch at [an overhanging branch], hold on by [one's teeth]; *hou je stevig (aan mij) vast* hold on tight (to me); **II** *intr: ~ aan* stick to [an opinion], cling to [old traditions], hold (adhere) to [a theory, a policy], be tenacious of [old beliefs], stand by [a decision]; *zijn ~ aan ...* his adherence to ...

vasthoudend 1 tenacious, pertinacious; **2** *(gierig)* stingy, tight- (close-)fisted, close, near; *hij was buitengewoon ~, (ook)* he was extremely unwilling to part with money; **3** *(behoudend)* conservative, unprogressive, *(fam)* stick-in-the-mud

vasthoudendheid 1 tenacity (of purpose), pertinacity; **2** stinginess; **3** conservatism

vastigheid 1 certainty; **2** *(onroerend goed, ook: vastigheden)* real estate, real (immovable) property, realty; *zie verder* vastheid

vastklampen: *zich ~ aan* cling to [a rock, a tradition; one's views], clutch at, catch at [a straw]

vastklemmen clench, grasp; *(techn)* clamp, grip; *zich ~ aan* cling to; *zie ook* vastklampen; *het raam was vastgeklemd* the window was jammed; *zich aan zijn stoel* ~ hold on tight to one's chair

vastkleven *tr & intr* stick, adhere [*aan* to]

vastklinken rivet

vastknopen button (up) [a coat], tie [one's tie]; *er een dagje aan* ~ stay on for another day; *zie ook* touw

vastkoeken cake

vastkoppelen *(ook fig)* couple, link together, link up [with ...], link [the pound to the dollar]; *het rentepercentage is vastgekoppeld aan ...* the rate of interest is geared to ...

vastleggen 1 fix, fasten [*aan* to]; *(hond)* tie (fasten, chain) up; *(boot)* moor; *(duinen)* fix [sand dunes]; **2** *(fig)* tie (*of:* lock) up [capital], establish [the meaning of a word], standardize [English spelling]; **3** *(op film, band, enz)* record [a scene]; capture [baby's first smile, word]; *(op band, ook)* tape; *(in de geest, het geheugen)* fix [s.t.] in the mind (in one's memory); ~ *in een verdrag* lay down in a treaty; *dit beginsel is vastgelegd in de grondwet* this ... is embedded in the constitution; *ik wil mij hier niet op* ~ I don't want to tie myself down to this

vastliggen 1 *(stevig liggen)* lie firm, be steady; **2** *(vastgebonden)* be fastened [*aan* to], *(ve schip)* be moored, *(ve hond)* be tied (chained) up; **3** *(v kapitaal)* be tied (locked) up; **4** *deze voorwaarden (feiten) liggen vast* these conditions are firm (these are established facts); ~ *op* be tied to [conditions]

vastlijmen glue (together)

vastlopen *(ve schip)* run aground (ashore); *(ve machine)* jam, get stuck, seize, stall; *(vh verkeer)* come to a standstill; *(fig)* get stuck; *(v onderhandelingen, enz)* end in (reach) a deadlock, end in stalemate

vastmaken fasten [*aan* to], tie up [the boat], make [the boat] fast, tie, bind, do up [one's shoe(laces), collar, a parcel, buttons, a dress], button up [one's coat], hitch [the horse] up, furl [sails]; *deze bloezen worden van achteren vastgemaakt* these blouses fasten at the back; *zie ook* touw

vastmeren moor [*aan* to]

vastnaaien sew together; ~ *aan* sew on to

vastnagelen *zie* vastspijkeren & nagelen

vastomlijnd clear-cut, well-circumscribed, well-defined [plan]

vastpinnen pin down [a p. to s.t. *iem op iets*]

vastplakken I *intr* stick (together); **II** *tr* gum (fasten) down [an envelope]; stick (paste, glue) together; ~ *aan* paste on to

vastpraten *zie* vastzetten *(door redenering); zich* ~ be caught in one's own words (*of:* lies)

vastprikken pin (stick) up

vastraken *(ook fig)* stick fast, get stuck; *(ve schip)* run aground; *het schip raakte vast in het ijs* the ship got stuck (got caught) in the ice

vastrecht standing charge; *zie ook* vast

vastredeneren *zie* vastpraten

vastrentend fixed-interest [securities *fondsen*]

vastrijgen lace (up)

vastroesten rust [the nut has rusted on to the bolt]; *vastgeroest in zijn gewoonten* set in one's habits; *ik zit hier vastgeroest* I've got into a groove here; *zie ook* ingeworteld

vastschroeven screw home (up, down, tight)

vastsjorren *(touw)* lash, belay; *(pak, enz)* cord, strap

vastspelden pin [*aan* on to]

vastspijkeren nail (down, up), fasten down [the carpet], nail home [beams], spike [planks]

vaststaan stand firm *(ook fig)*, be steady; *het staat nu vast dat ...* it is now definitely established that ...; *dat staat vast* it is a(n established) fact, it is definitely settled; *dat staat vast!* [I'll be no party to it!] that's flat; *mijn besluit staat vast* I am determined; *dat stond reeds van tevoren vast* it was a foregone conclusion (all along); *~d feit* established (unassailable, incontestable) fact; *zie ook* aannemen

vaststampen ram down

vaststeken fasten, pin (*of:* stick) up

vaststellen 1 *(bepalen)* fix [a day, an amount], appoint [a day], fix, delimit, settle [the frontier], locate [the position of a gun], lay down, draw up [a rule], declare [a dividend], set up [a standard], establish [the cause of death, the truth, a p.'s identity, guilt, innocence], determine [the facts, the meaning of a word], ascertain [a fact], diagnose [smallpox]; finalize [the text of a report]; assess [the damage at £2000]; *(gerechtskosten)* tax [costs at £40,000]; *een gedragslijn ~* resolve on a course of action; *op woensdag ~* fix for Wednesday; *~ op drie jaar* fix at three years; *op de vastgestelde tijd* at the appointed (stipulated) time; [the train came in] at the scheduled time; **2** *(constateren)* find, state, observe

vaststelling appointment; establishment; determination; ascertainment; declaration; settlement, delimitation; *vgl* vaststellen

vasttrappen tread (stamp) down; compact [earth round a tree]

vastvriezen be frozen in (up), get icebound; *~ aan* freeze on to; *aan elkaar ~* freeze solid

vastwerken: *zich ~* get entangled, get o.s. into a fix

vastwortelen get firmly rooted

vastzetten fasten, set tight; *(venster)* wedge; *(mast)* step; *(wekker)* stop; *(geld)* tie (lock) up; *(in gevangenis)* put in prison; *(door redenering)* corner, fix, stump, nail [a p.]; *iem ~, (bij damspel, enz)* fix (block) a man, fix the game; *dat zette hem vast, (ook)* that was a poser; *geld ~ op* settle money (up)on; *de term had zich vastgezet in zijn geest* the term had lodged in ...

vastzitten stick (fast) [in the mud, etc]; *(ve toets)* stick; *(ve stuurinrichting, enz)* be jammed; *(ve schip)* be aground, stick hard and fast [on a sandbank]; *(fig)* be nonplussed, be stuck; *(v geld)* be tied (locked) up; *(in gevangenis)* be locked up (behind bars, under lock and key); *de auto zat vast in een heg (de sneeuw)* the car was embedded in a hedge (the snow); *blijven ~, (ve rem, enz)* jam; *de trekker bleef ~ in zijn zak* the trigger caught in his pocket; *in het ijs ~* be jammed (*of:* caught) in the ice, be icebound; *ik zit vanavond vast* I am tied up (for) tonight; *waar het hoofd vastzit aan de nek* where the head joins on to ...; *~ aan een politiek* be (*of:* stand) committed (be wedded) to a policy; *ik zit eraan vast* I'm in for it; *je hebt geen idee hoeveel werk eraan vastzit* you ... the amount of work it entails; *daar zit meer aan vast* there is more to it (than that), *(valt meer van te zeggen, ook)* thereby hangs a tale, *(zit meer achter, ook)* more is meant than meets the eye

[1]vat 1 *(anat, natuurk)* vessel; **2** cask, barrel, butt, tun; *(looi-, brouwvat)* vat; *~en, (keuken), zie* vaatwerk; *~en wassen* wash up; *heilige ~en* sacred vessels; *~ des toorns, (bijb)* vessel of wrath; *uitverkoren ~, (bijb)* chosen vessel; *het zwakste ~, (bijb)* the weaker vessel; *wat in het ~ is verzuurt niet* it will keep!; *ik heb nog wat voor je in het ~* I have a rod in pickle for you; *bier van het ~* beer on draught, draught ale; *wijn uit het ~* wine from the wood; *naar het ~ smaken* taste of the cask; *een ~ vol tegenstrijdigheden* a bundle of contradictions; *zie ook* [1]hol I

[2]vat hold, grip, purchase [get (secure) a purchase on s.t.]; *~ op zich geven* lay o.s. open to criticism, etc, show one's weak side; *dat gaf mij enige ~ op hem* it gave me a certain amount of hold over him; *ik heb geen ~ op hem* I have no influence over him (on him); *niets heeft ~ op hem* nothing has any hold on him; *de nijd heeft geen ~ op hem* he is untouched by envy; *goede woorden hebben geen ~ op hem* good words are lost on him; *ik krijg geen ~ op hem* I can do nothing with him; *ik kreeg ~ op het probleem* I came to grips with the problem; *die gewoonte kreeg steeds meer ~ op hem* the habit grew (up)on him

vatbaar: *~ voor* capable of [pity, proof, another interpretation], susceptible of [improvement], susceptible (prone) to [cold, infection], amenable (open) to [reason]; *~ voor beroep, (jur)* appealable; *~ voor indrukken* impressionable; *niet voor rede ~, (ook)* impervious to reason; *ze is erg ~, (voor ziekte)* she is liable to catch things

vatbaarheid capacity, susceptibility, liability; *~ voor indrukken* impressionability

vatbier draught beer

Vaticaan: *het ~* the Vatican

Vaticaans Vatican [Council]

Vaticaanstad the Vatican City

vatten 1 catch, seize; *kou ~* catch a cold; *zie ook* moed, [2]post 3, enz; **2** *(begrijpen)* understand, see [a joke]; *vat je?* (you) see?, get it?; *zie ook* snappen; **3** *(diamant, enz)* set, mount [in gold]; set [in lead], *zie ook* lood

vatting setting [of a stone]; fit(ting) [of a lens]

vattingsring bezel

vaudeville vaudeville

vazal vassal

vazalstaat vassal (*fig ook:* puppet) state

v.C(hr). afk van *voor Christus* BC

v.d.S. afk van *van de schrijver* with the author's compliments

vechten fight; *~ met* fight (with); *~ om* fight for, contend for, scramble for [seats]; *(ook)* fight [a prize, a seat in Parliament]; *over woorden ~* quarrel (argue) about words; *~ tegen* fight (against); fight back [one's tears]; *zich ~de een weg banen naar* fight one's way to; *zie ook* strijden & worstelen

vechter fighter, combatant

vechtersaard fighting mentality

vechtersbaas fighter; *kleine ~* bantam

vechtgraag *zie* vechtlustig & vechtersbaas

vechthaan gamecock, gamefowl
vechthond bandog
vechtjas born fighter, fire-eater
vechtlust pugnacity, combativeness; [his eyes were full of] fight, fighting spirit; *zie ook* strijdlust
vechtlustig pugnacious, combative; *dronken en ~* fighting drunk; *zie ook* strijdlustig
vechtpartij fight, scuffle, brawl, affray, scrap, scrimmage
vechtsport combat sport
vechtwagen armoured car, tank
vector *(wisk, biol)* vector
veda's: *de ~* the Vedas
vedel fiddle
vedelaar fiddler
vedelen fiddle
veder feather; *zie* veer 1
vederbos tuft, crest, plume; *(op helm)* plume
vederdistel thistle
vederesdoorn ash-leaved maple
vedergewicht featherweight
vedergras feather-grass
vederkruid water milfoil
vederlaagwolk cirrostratus
vederlicht light as a feather, airy
vederloos featherless; *(ve jonge vogel)* unfledged
vedermos hairmoss
vederstapelwolk cirrocumulus
vederwild game birds
vederwolk cirrus (*mv:* cirri), mare's tail
vedette 1 (film, etc) star; *(sp)* star player, etc; **2** vedette: mounted sentry
vedisch Vedic
vee livestock; *(rundvee)* cattle *(ook fig)*; *~ van Laban* scum of the earth; *zie ook* stuk
veearts veterinary surgeon, *(Am)* veterinarian, *(fam)* vet
veeartsenijkunde veterinary science (medicine, surgery)
veeartsenijkundig veterinary
veeboer *zie* veefokker & veehouder
veedief cattle stealer (*of:* lifter); *(Am)* (cattle) rustler
veedieverij cattle-lifting
veedrijver cattle-driver, drover; *(Am)* (cow)puncher
veefokker cattle-, stockbreeder, stockraiser
veefokkerij cattle-, stockbreeding, stockraising; *(concr)* stock farm
veeg I *zn* **1** *(met doek, enz)* wipe; *(met bezem)* whisk; *een ~ uit de pan geven (krijgen)* give [a p.] a lick with the rough side of one's tongue, take a sideswipe at [a p.] (come in for one's share of criticism); **2** *(vlek)* smear, streak, smudge; **3** *(met mes, enz)* cut, gash, swipe; **4** *(klap)* wipe, swipe, box [on the ear], slap [in the face]; **II** *bn* doomed, fated; *(Sch, v pers)* fey; *(noodlottig)* fatal, ominous; *een ~ teken* a bad sign; *het vege lijf redden* make one's escape, save one's bacon
veegmachine (street) sweeping machine, (motor) street-sweeper
veegsel sweepings
veehandel cattle trade
veehandelaar cattle dealer
veehoeder herdsman, cattleman
veehouder stock farmer, livestock owner
veehouderij stock farm(ing), livestock industry
veekoek cattle cake, oilcake
veekoper cattle dealer
veel I *telw (ev)* much, a good deal; *(mv)* many, a good many; *(ev & mv, fam)* a lot; *heel (zeer) ~, (ev)* a great deal, very much; *(mv)* a great many, very many; *(ev & mv, fam)* quite a lot; *ontzaglijk ~ goed* [do] a tremendous amount of good; ***te*** *~* [one pound] too much, [one, two, etc] too many; *~ te ~, a)* far (a great deal, much) too much; *b)* far too many; *hij heeft te ~ (op)* he has had too much, is tipsy (tight); *te ~ om op te noemen* too numerous to mention; *te ~ betaalde belasting* overpaid tax; *niet al te ~* not overmuch; *we hebben niet te ~ tijd* we haven't got (don't have) too much time; *niets was hem te ~* nothing was too much trouble for him; *hij voelde dat hij te ~ was* he felt (that he was) unwanted; *~ hebben van* be very much like; *~ van elkaar hebben* be very much alike; *jij weet er ~ van!, (iron)* a (fat) lot you know about it!; *ik zal voor je doen wat ik kan, al is het niet ~* I'll do my best for you, even if it's not much; *de (het) vele ...* the many things [he knew], the large number of [data], the large quantity of [food], the abundant (copious, plentiful, abundance of) [advice received]; *zie ook* zoveel & velerlei; **II** *bw* much, far [better, too old, etc]; *(dikwijls)* often, frequently, much; *zie ook* veelvuldig; *~ en ~* very much, ever so much [later, faster, etc], miles [better]; *~ meer* much (many, far) more, *(fam)* a sight more; *~ minder* much less, many fewer; *~ liever* much rather; *we gaan ~ uit* we go out a lot
veelal often, for the most part, more often than not [the trouble is this]
veelbegeerd coveted [prize]
veelbelovend promising [youth], [a lad] of (great) promise, full of promise; *een ~ begin* an auspicious start; *een ~ zoontje, (iron)* a young hopeful; *het ~ zoontje* Young Hopeful; *een ~e leerling, enz zijn, (ook)* show great promise; *het begon ~* things began encouragingly (*iron:* ominously)
veelbesproken much-discussed, much talked-of; *de ~ kwestie, (ook)* the vexed question [of ...]
veelbetekenend significant, meaning(ful) [look; look meaning(ful)ly at a p.], ['...,' she said] with meaning
veelbetreden well-trodden [path]
veelbewogen stirring [times], eventful [life, times], chequered [life, career], [this] troubled [world]
veelbezocht: *door schilders ~e plaats* haunt of artists
veelcellig *(plantk)* multicellular, many-cellular
veeleer rather, sooner
veeleisend (very) demanding, exacting, exigent

veelgelezen widely read
veelgeliefd much beloved
veelgeprezen [our] boasted (vaunted) [intellect]
veelgesmaad much maligned
veelgodendom, veelgoderij polytheism
veelheid multitude, abundance; *(~ & verscheidenheid)* multiplicity
veelhelmig *(plantk)* polyandrous
veelhoek(ig) polygon(al)
veelhoevig multungulate; *~en* multungulates
veelhoofdig many-headed; *(fig ook)* hydra-headed; *~e regering* polyarchy
veeljarig of many years, many years' [experience]
veelkleurig many-coloured, multi-coloured, variegated
veelknopig *(plantk)* polygonaceous; *~en* polygonaceae
veelkoppig *zie* veelhoofdig
veelledig multipartite; *(wisk)* multinomial
veellettergrepig polysyllabic; *~ woord, (ook)* polysyllable
veelluik polyptych
veelmannerij polyandry
veelmeer rather
veelmin much less
veelomvattend comprehensive; wide(-ranging) [programme]; ambitious [plans]
veeloods cattle shed
veelpraatster, veelprater great talker, talkative person
veelschrijver voluminous writer
veelschrijverij hackwork
veelsnarig many-stringed
veelsoortig manifold, multifarious
veelsoortigheid variety, (species) diversity, *(biol)* biodiversity
veelstemmig many-voiced; *(muz) zie* meerstemmig
veelszins in many respects (ways)
veeltalig polyglot
veeltaligheid polyglottism, multilingualism
veelte *zie* veelheid
veelterm(ig) multinomial, polynomial
veeltijds frequently, often
veelverbreid, veelverspreid widely circulated [paper]
veelvermogend powerful, influential
veelvlak polyhedron
veelvlakkig polyhedral
veelvlakshoek polyhedral angle
veelvoet millipede, polypod
veelvoetig many-footed, polypod
veelvormig multiform
veelvoud multiple; *zie ook* gemeen
veelvoudig multiple [activities, echo, interests], manifold, multifarious
veelvraat glutton; *(dier ook)* wolverene, wolverine
veelvuldig 1 *zie* veelvoudig; **2** frequent(ly); repeated(ly); *~ voorkomen, (ve ziekte, misdaad, enz, ook)* be rife
veelvuldigheid frequency
veelweetster, veelweter polymath; *(die doet alsof, min)* know-all
veelwijverij polygamy
veelzadig many-seeded, multispermous
veelzeggend significant, pregnant [words], telltale [marks], revealing [remarks]
veelzijdig many-sided [*ook fig:* man, intellect, activities], multilateral [*ook fig:* pact]; *(fig, ook)* varied [talents], all-round [abilities], versatile [genius], catholic [taste], wide [reading]
veelzijdigheid many-sidedness, versatility, catholicity [of taste]
veem 1 warehouse (dock, storage) company; **2** (bonded) warehouse; **3** *zie* veemgericht
veemarkt cattle market, cattle fair
veemceel dock warrant
veemgericht vehmgericht, vehmic court
veen peat(moor, -bog, -moss); *zie ook* hoogveen, laagveen & turf
veenachtig boggy, peaty
veenbes cranberry
veenbrand peatmoor fire; *(fig)* unending stream [of rumours]
veenbrug corduroy road
veenderij 1 peat-cutting, peat-digging; **2** peatery
veengrond 1 peaty soil; **2** peat
veenkolonie fen (*of:* peat) colony
veenlijk bogman
veenmol mole cricket
veenmos bog moss, sphagnum
veenwerker peat cutter
veenwortel floating polyganum, amphibious bistort
veepest rinderpest, cattle-plague
veer 1 *(ve vogel)* feather; *hij moest een ~ (veren) laten* he singed his feathers (wings), he did not come out of it unscathed; *men kan geen veren plukken van een kikker* you cannot get blood out of a stone; *geen ~ meer van zijn mond kunnen blazen, a)* be completely broke; *b)* be completely exhausted; ***in de veren liggen*** be between the sheets; ***in de veren kruipen*** go to roost; ***zij zitten elkaar altijd in de veren*** they are always getting at each other, forever bickering; *hij kon niet* ***uit*** *de veren komen* he could not get out of bed; *zie ook* pronken; **2** *(v uurwerk, enz)* spring; **3** *(ve bril)* earpiece; **4** *(overzetplaats)* ferry; *(pont)* ferry(boat); *(de dienst)* ferry service
veerbalans spring balance
veerboot ferry(boat)
veerdienst ferry service
veergeld ferry charge, ferriage
veerhuis ferry office; ferryman's house
veerkracht *(ook fig)* elasticity, [youthful] buoyancy, resilience, spring
veerkrachtig *(ook fig)* elastic, buoyant [step], resilient [mind, nature], springy [step]
veerloon ferry charge, ferriage

veerman ferryman
veermotor clockwork motor
veernervig feather-veined
veeroof cattle-lifting, cattle-stealing, *(Am)* cattle-rustling
veerooster cattle grid, *(Am)* cattle guard
veerpasser spring dividers (*of:* callipers)
veerplank springboard
veerpont ferry(boat)
veerring *(op bout)* spring (*of:* lock) washer
veerschipper ferryman
veerslot spring-lock, snap-lock
veertien fourteen; ~ *dagen* a fortnight; *(ook)* [sent to prison for] fourteen days; *om de ~ dagen* every fortnight; *vandaag (maandag) over ~ dagen* a fortnight today (Monday fortnight)
veertiendaags fortnightly; *een ~e vakantie* a fortnight's holiday
veertiende fourteenth
veertienjarig of fourteen (years); *vgl* jarig
veertig forty; *vgl* in
veertiger man (woman) of forty (years), forty-year-old, quadragenarian; *in de ~ jaren (de jaren veertig)* in the forties
veertigjarig of forty (years); *vgl* jarig
veertigste fortieth
veertigtal: *een ~* (about) forty, some forty
veertigvoud multiple of forty
veertigvoudig fortyfold
veervormig penniform, feather-shaped
veerwerking spring action; *met ~* spring-loaded
veerwild game birds
veest wind, flatus; *een ~ laten* break wind
veestal cowhouse, byre
veestamboek herd book
veestapel stock, livestock, herd
veesten break wind
veeteelt (live)stock farming, (animal) husbandry; *(melk~)* dairy farming
veevoe(de)r cattle fodder, forage, animal feed(stuffs)
veewagen *(open)* cattle truck; *(dicht en klein)* cattle box, *(groot)* cattle van
veeziekte disease of livestock
veganisme veganism
veganist(isch) vegan
vegen sweep [the floor, a chimney, the ice], brush [a carpet, the crumbs from one's lap], wipe [one's feet, one's nose, the perspiration from one's face]; *het gewei ~, (v herten)* fray (their heads); *zie ook* tafel
veger 1 *(voorwerp)* (sweeping) brush; **2** *(pers)* sweeper
vegetariër vegetarian, *(fam)* veg(g)ie
vegetarisch vegetarian
vegetarisme vegetarianism
vegetatie vegetation
vegetatief vegetative
vegeteren vegetate; *een mens vegeteert hier, (ook)* you don't live here, you exist
vehikel (ramshackle) vehicle; *(fam)* jalopy, banger; *(voor medicijnen)* vehicle
veil venal, open to bribery, corruptible, mercenary; *zijn leven ~ hebben* be ready to lay down (to sacrifice) one's life [for one's country]
veildag auction day
veilen sell by (put up for) auction, auction, bring under the hammer
veiler auctioneer
veilig safe, secure; *vereniging voor ~ verkeer* safety-first association; *mechanisch ~* foolproof; *absoluut ~, (ook)* fail-safe; *~ en wel* safe and sound; *niet ~, (mil sl)* unhealthy [spot]; *~ gebied* safe area, safe haven; *de ~ste partij kiezen* keep on the safe side, play for safety; *~ vrijen* safe sex; *zo ~ als wat* as safe as houses (as the Bank of England); *het is ~, (de kust is schoon)* the coast is clear; *hier zijn we ~, (ook)* here we're out of danger; *het geheim is ~ bij mij* the ... is safe with me; *het signaal ~, (na luchtalarm)* [give, sound] the 'all-clear'; *je kunt het ~ drinken* you may safely drink it; *~ stellen* make [one's capital] safe, save [the pound], secure [a supply line], safeguard [one's interests]; *men kan ~ stellen (zeggen), (ook)* it is safe to say; *het sein* ***op*** *~ zetten voor* give the green light for; *het signaal staat op ~* the ... is at clear; *~* ***voor,*** *a)* safe for [make the world safe for democracy]; *b)* safe (secure) from
veiligheid 1 safety, security; *in ~ brengen* put (place) in safety, bring (take, carry) to (a place of) safety; *voor de ~* for safety('s sake); **2** *(techn)* safety device, safety valve, etc; *(elektr)* fuse, cut-out
veiligheidsagent security guard
veiligheidscommissie committee of public safety
veiligheidsdienst *(mil)* field security; *(burgerlijk)* security service (police); *(geheim)* intelligence service
veiligheidsglas safety glass, shatterproof (unsplinterable) glass
veiligheidsgordel seat belt; *(in auto, ook)* safety belt
veiligheidshalve for safety('s sake)
veiligheidsinrichting safety device
veiligheidsketting safety chain, *(ve armband, enz, ook)* guard (chain)
veiligheidsklep safety valve
veiligheidslamp safety lamp, Davy lamp
veiligheidslucifer safety match
veiligheidsmaatregel precautionary (security, safety) measure, safeguard
veiligheidsmarge margin of safety
veiligheidsnormen safety standards
veiligheidspact security pact
veiligheidspal *(ve vuurwapen)* safety (catch)
veiligheidspen safety pin
veiligheidspolitie security police
Veiligheidsraad Security Council
veiligheidsredenen 1 considerations of safety; **2** security reasons
veiligheidsriem seat belt; *(in auto, ook)* safety belt
veiligheidsring *(aan vinger)* keeper (ring)

veiligheidsrisico security risk
veiligheidsscheermes safety razor; *~je* razor blade
veiligheidsslot safety lock
veiligheidssluis security gate, detector gate
veiligheidsspeld safety pin
veiligheidsstop fuse
veiligheidsvoorschrift safety regulation
veiligheidswet law concerning public safety; *(Eng)* health and safety at work act
veiligheidszone safety zone
veiling auction, public sale, sale by auction; *in ~ brengen* put up for (*of:* to) auction, sell by auction; *in ~ komen* come up for sale; *vgl* hamer & maling: in de ~ nemen
veilingdag auction day
veilingfirma auctioneering firm
veilinghouder auctioneer
veilinghuis auction room(s)
veilinglokaal auction room
veilingmeester auctioneer
veine (run of) luck; *ik had ~* I was in luck; *voortdurend ~ hebben* have a sustained run of luck
veinzaard sham, hypocrite, dissembler
veinzen I *tr* pretend, feign, simulate, affect, sham; *hij veinst doof te zijn* he pretends that he is deaf, shams deafness; *ik veinsde te lezen* I pretended to read; **II** *intr* feign, dissemble, dissimulate, sham; *zie ook* geveinsd
veinzend dissembling, hypocritical
veinzer sham, hypocrite, dissembler
veinzerij hypocrisy, dissimulation; [it's only] make-believe
vel 1 *(v mens of dier)* skin; *(ve dier, scherts ve mens)* hide; *een oud ~, (vrouw)* an old hag; *~letje* skin, membrane, film; *hij is ~ over been* he is all skin and bone, he is a bag of bones; *iem het ~ over de oren halen* fleece a p.; *ik zou niet (graag) in zijn ~ steken* I would not be in his skin (for all the world); *in geen goed (in een slecht) ~ steken* have a weak constitution; *lekker (goed) in zijn ~ zitten* be as right as rain, feel on top of the world; ***uit** zijn ~ springen van boosheid* be beside o.s. with rage; *het is om uit je ~ te springen* it is enough to drive you crazy (to provoke a saint), it is exasperating; **2** *(in melk)* (bit of) skin [the milk is forming a skin, a skin has formed on the milk]; **3** *(papier & typ)* sheet [of notepaper]; ***in** losse ~len* in sheets; **4** *(lap)* rag; *krijg de ~len, (sl)* get stuffed
velaar *bn & zn* velar
veld 1 field *(ook sport-, slagveld, enz, en v wapenschild & kijker); (sp ook)* ground, pitch; *het gehele ~ der Engelse historie* the whole field of ...; *~ van onderzoek* field of inquiry, field of research; *de kunst biedt een ruim ~* offers plenty of scope; *zie ook* terrein; *het ~ **behouden**, (ve leger)* keep the field, *(fig)* hold (keep) the field; *wij moesten het ~ **ruimen**, (ook fig)* we had to abandon (to leave) the field, were beaten out of the field; *het ~ voor iem ruimen, (ook)* stand aside; *~ **winnen*** gain ground [this opinion is rapidly gaining ground]; *een kandidaat **in** het ~ brengen* run a candidate [against ...]; *in geen ~en of wegen* nowhere [to be seen]; ***op** het ~ werken* work in the fields; *vallen op het ~ van eer* fall on the field of honour; *het **te** ~(e) staande koren* the standing corn, corn on the stalk; *het leger te ~e* the army in the field; *te ~e trekken* take the field; *te ~e trekken tegen, (fig)* fight, combat, be up in arms against; *hij was geheel **uit** het ~ geslagen* he was quite disconcerted, put out (of countenance), (completely) taken aback, discomfited; *hij laat zich niet gemakkelijk uit het ~ slaan* he is not a man to be easily daunted; *uit het ~ sturen, (sp)* send off; *J werd uit het ~ gestuurd (fam)* J was given (his) marching orders; *zie ook* vrij; **2** *(ve vuurwapen)* land; **3** *(achterban)* [consult the] rank and file
veldartillerie field artillery
veldbed camp bed
veldbies *(plant)* woodrush
veldbloem wild flower
veldboeket bouquet of wild flowers
veldesdoorn field maple
veldfles (travelling) flask; *(mil)* water bottle (*of:* flask)
veldgedierte animals living in the fields
veldgewas(sen) arable crop(s), produce of the fields
veldheer(schap) general(ship)
veldheerskunst generalship, strategy
veldheersstaf staff of command
veldhockey hockey, *(Am)* field hockey
veldhoen partridge
veldhospitaal field hospital
veldjakker *(vogel)* fieldfare
veldkers cardamine
veldketel field-, camp-kettle, field-service kettle, *(fam)* dixie
veldkeuken field kitchen
veldkijker field glass(es), (pair of) binoculars
veldkrekel field cricket
veldlathyrus meadow pea (vetchling)
veldleeuwerik skylark
veldloop cross-country run
veldmaarschalk field marshal
veldmaarschalksstaf field marshal's baton
veldmuis *(niet in G Br)* common vole; *grote ~* wood mouse, long-tailed field mouse; *rosse ~* bank vole
veldmus tree sparrow
veldmuts fatigue cap
veldpost *(mil)* army post office, APO
veldprediker army chaplain, chaplain to the forces, *(fam)* padre
veldrat water vole
veldrijden *(wielersp)* cyclo-cross (racing)
veldrit cross-country ride (race)
veldsla lamb's lettuce, corn salad
veldslag battle
veldslang *(oud kanon)* culverin(e), serpent, aspic

veldspaat fel(d)spar
veldspel 1 *zie* veldsport; **2** team play; *(honkbal, enz)* fielding
veldsport outdoor sport, open-air game
veldsterkte [magnetic, electric] field strength
veldstuk *(mil)* field gun
veldtenue marching dress
veldtijm wild thyme
veldtocht campaign; *op een ~* in a campaign
velduil short-eared owl
veldverhouding *(sp)* run of the play
veldvruchten produce of the fields, crop(s)
veldwachter *(hist, vglb)* village policeman
veldweg cart track, field track
veldwerk fieldwork *(ook fig); (sp)* fielding
veldzuring common sorrel
velen I *ww* stand, endure; *ik kan veel ~* I can stand a lot; *hij kan niets ~* he is very touchy; *ik kan hem (het) niet ~* I cannot stand him (it), I hate the sight of him, *zie ook* uitstaan; **II** *telw* many; *zie* veel
velerhande, velerlei of many kinds (sorts), all kinds of [things], [complaints are many and] various, multifarious [reasons], sundry
velg rim, felly, felloe
velgbed (tyre) seat
velglint rim tape
velgrem rim-brake
velijn 1 vellum; **2** *zie* velijnpapier
velijnpapier vellum (satin, wove) paper, vellum post
vellen 1 fell, cut (chop, hew) down [trees]; *(v pers)* cut down [in the prime of life], prostrate, lay low [laid low by flu]; **2** *(vonnis)* pass, pronounce [sentence], pass [judgement] [*over* on]; **3** *(lans, enz)* lay [the lance] in rest, couch [the lance, spear]; *met gevelde lans* (with) lance in rest; *zie ook* bajonet, oordeel & neervellen
vellig skinny
velo cycle
velodroom velodrome
velours velour(s)
velours-chiffon chiffon velvet
velum 1 *(anat)* velum; **2** *(r-k)* veil; **3** *(zeil)* awning
ven fenland (moorland) pool (*soms:* hollow); *(mv ook)* fenland
vendel 1 colour(s); **2** company [of soldiers]
vendelzwaaier flag twirler
vendetta vendetta, blood feud
vendu auction
venduhouder auctioneer
venduhuis, vendulokaal auction room
vendumeester auctioneer
vendutie auction (sale), public sale; *op ~ doen* put up for (*of:* to) auction, bring to (under) the hammer
venerisch venereal [disease]
venerologie venereology
Venetiaan(s) Venetian
Venetië Venice; *(provincie)* Venetia
veneus venous [blood]
Venezolaan(s) Venezuelan
venijn venom *(ook fig); het ~ zit in de staart* the sting is in the tail
venijnig venomous; *(fig ook)* virulent [remark], vicious [retort], vitriolic [attack], wicked [teeth]; *iem ~ aankijken* look daggers at a p.
venijnigheid venom(ousness), virulence, viciousness
venkel fennel [oil, seed, water]
venkelknol finocchio
vennoot partner [in a firm]; *beherend ~* managing partner; *commanditaire ~* limited partner; *stille ~* silent (sleeping) partner; *werkend ~* active partner; *oudste (jongste) ~* senior (junior) partner; *als ~ worden opgenomen* be taken into (admitted to) partnership
vennootschap partnership, company; *~ onder firma* firm, (co-)partnership; *zie ook* aangaan, akte, commanditair, naamloos & wet
vennootschapsbelasting corporation tax
vennootschapsrecht company law
venster window; *zie ook* raam(-)
vensterbank 1 windowsill, window ledge; **2** *(zitplaats)* window seat
vensterenvelop(pe) window envelope
vensterglas 1 *(ruit)* window pane; **2** *(stofnaam)* window glass
vensterkozijn window frame
vensterluik (window) shutter
vensterruit window pane
vent fellow, chap, bloke, johnny; *~(je)* little fellow (*of:* chap); [come here] my little man!, youngster!, sonny!; *wat een ~!* what a specimen!; *als je een ~ was* if you were (half) a man; *een saaie ~* a dull dog; *zie ook* [1]heer, kerel, niks, raar, enz
venten peddle, hawk; *(luidkeels)* cry [one's wares, strawberries], shout [newspapers]
venter hawker, huckster, street trader (*of:* vendor), pedlar; *(fruit~, groente~, vis~)* coster(monger)
venterskar coster's barrow
ventiel valve; *(ve orgel)* ventil
ventielklep valve flap
ventielslang valve tube
ventilatie ventilation
ventilatiekoepel louvre(s), *(Am, vaak)* louver(s)
ventilatiekoker ventilation shaft
ventilator ventilator, [electric] fan, blower (fan); *(inlaat)* air inlet; *(afzuig)* extraction vent
ventilatorkachel fan heater
ventilatorriem fan belt
ventileren ventilate, air (*beide ook fig:* grievances, etc)
ventre à terre ventre à terre, [ride] hell for leather, at full speed
ventrikel ventricle
ventweg service road
Venus Venus *(ook planeet & Venusbeeld)*
venusberg mons Veneris

venushaar *(plant)* maidenhair (fern), Venus' hair
venusheuvel mons Veneris
venusschelp Venus shell
venusschoen(tje) *(plant)* lady's slipper
venusslak Venus shell
venusspiegel *(plant)* Venus' looking-glass
ver 1 *(ver weg, verwijderd)* far, distant (*ook fig:* a distant likeness, cousin), faraway [countries], remote [the remote past, future]; *niet ~ genoeg, (ook)* [throw] short; *~re bloedverwant* distant relative, remote (far-off) kinsman; ***is het nog ~?*** is it much further?; *het kan niet ~ meer zijn* it cannot be much further; *het schip is nog ~ van de haven* the ... is still a long way from the harbour; *daar* ***kom*** *je niet ~ mee* that won't get (*of:* take) you very far; *met 100 euro kom je heel ~* a hundred euros will go a long way; *zie ook* komen; *~* ***weg*** far off, far away; *hij woont heel ~ weg, (ook)* he lives a considerable distance away (a great distance off); *klanten van ~ weg* far-off customers; *~* ***in*** *zee* far out at sea; ***te*** *~ gaan* go too far, overstep the mark; *dat gaat te ~* this is going (is carrying things) too far; *dat zou ons te ~ voeren* that would take us (would carry things) too far; ***op verre na niet*** not nearly [so clever as his brother]; *(fam)* not by a long chalk; *ze zijn nog op ~re na niet verslagen* they are a long way (off) from being beaten; *zie ook* lang: ~ niet; *wel verre van voldaan te zijn (van dit te doen)* (so) far from being satisfied (from doing this) [he ...]; *~(re) van gemakkelijk* far from easy; *van ~re* from afar, from far afield; *het zij ~re van mij* far be it from me [to ...]; *zich ~re houden van* hold (keep) aloof from [politics]; **2** *(over grote afstand)* far [a far journey; have to walk far], a long way, a great distance; **3** *(gevorderd)* far; *nu zijn we nog* ***even*** *~* we are still no further forward, are no further than before; it leaves us where we were; *de wetenschap is nog niet ~* ***genoeg*** science is not yet sufficiently advanced; ***hoe*** *~ ben je?* how far have you got [in your book, with your work]?; *ze weet precies hoe ~ ze met hem kan gaan* she ... how far she can go with him; *men weet nooit hoe ~ hij misschien zal gaan* one ... to what lengths he may go; *zie ook* hoever; ***zo*** *~* so far; *zie* zover; *~* ***in*** *het voorjaar* [we are] well on in the spring; *tot ~ in de nacht* far (well, deep) into the night; *~* ***over*** *de honderd* well over a hundred; *zie ook* verder, verst & bed, brengen, buur, [2]mis I, reis, vergezocht, enz
veraangenamen render (make) agreeable, make pleasant, lend a charm to, give a zest to [life]
veraanschouwelijken illustrate (by example), demonstrate
veraanschouwelijking illustration
verabsoluteren make (convert into an) absolute, *(Am)* absolutize
veraccijnsbaar excisable
veraccijnsd duty-paid
verachtelijk 1 *(verachting opwekkend)* despicable, contemptible; **2** *(minachtend)* contemptuous, scornful, disdainful [smile]
verachtelijkheid despicableness; scornfulness; etc
verachten despise, hold in contempt, have contempt for, scorn; *de dood ~* scorn death
verachterd fallen behind, behindhand, underdeveloped, backward
verachting contempt, scorn, disdain; *met ~ verwerpen* spurn [an offer, invitation]
verademen breathe again
verademing relief; *(tijd tot) ~* breather, breathing space, respite
veraf far (away)
verafgelegen remote, distant
verafgoden idolize
verafschuwen abhor, abominate, loathe, have a horror of [scenes]; *ik verafschuwde het, (ook)* it was an abomination to me
veralgemen(iser)en 1 generalize; **2** reduce to essentials
veramerikaansen, veramerikaniseren *tr & intr* Americanize
veranda verandah; *(Am)* porch; *op de ~* in (on) the verandah; *(Am)* on the porch
veranderen *tr & intr* change, alter; *(een geheel andere vorm, aard, enz geven)* transform [linen into paper, enemies into friends]; *zijn stem ~, (onkenbaar maken)* disguise one's voice; *zijn stem veranderde, zie* wisselen; *het toneel ~* shift the scene; *het weer veranderde* the weather changed, there was a change in the weather; *alles is thans aan het ~* everything is in a state of flux at present; *altijd (van plan, mening, enz) ~* be always chopping and changing; *dat verandert de zaak* that alters the case, that makes a difference; *(iets* ***aan****) een japon ~* alter a dress; *dat verandert niets aan de feiten* that does not alter (affect) the facts (*zo ook:* that does not alter the fact that ...; it does not alter the situation); *daar is niets meer aan te ~* it cannot be helped now; *~* ***in*** change into; *zijn liefde veranderde in haat* his ... turned to hatred; *de bibliotheek werd veranderd in een biljartkamer* the library was turned (converted) into a ...; *Jezus veranderde water in wijn* Christ turned water into wine; *het doodvonnis werd veranderd in levenslang* the ... was commuted (in)to imprisonment for life; ***van*** *japon (mening, houding, onderwerp) ~* change one's dress (one's mind, one's attitude, the subject); *iem van mening doen ~* make a p. change his mind; *hij is erg veranderd* he has changed a lot; *de tijden zijn veranderd* times have changed; *zie ook* [1]pas 1, eigenaar, enz
verandering change, alteration, transformation, commutation; *vgl* veranderen; *~ ten goede (ten kwade)* change for the better (the worse); *~ van lucht* change of air; *~ van weer* change in the weather; *van ~ houden* be fond of change (variety); *daar zullen we ~ in brengen* we'll change (all) that; *~ ondergaan* undergo a change; *alle ~ is geen verbetering* change is not always for the better; *voor de ~* for a change;

zie ook spijs

veranderlijk 1 changeable [nature, person, weather], variable, unsettled [weather]; *~e ster* variable star; *~e winden* variable winds; **2** *(wispelturig)* inconstant, fickle; *zie ook* feestdag

veranderlijkheid changeableness, instability, inconstancy, fickleness

verankeren *(mar)* moor; anchor *(ook fig)*

verankering *(elektr)* anchorage

verantwoordelijk responsible [person, position, it is very responsible work], accountable, answerable; *~ stellen* hold (make) responsible [*voor* for]; *zich ~ stellen* hold (make) o.s. responsible; *zie ook* verantwoordelijkheid

verantwoordelijkheid responsibility; *de ~ op zich nemen* accept (take, shoulder) the responsibility [of ...], make o.s. responsible; *de (alle) ~ afwijzen (afwerpen, van zich afschuiven)* disclaim (repudiate, decline, shift off) responsibility (all responsibility); *een grote ~ leggen op* put a heavy responsibility on; *de volle ~ op zich nemen* accept full responsibility; *op eigen ~* on one's own responsibility; *zie ook* schuiven

verantwoordelijkheidsgevoel sense of responsibility

verantwoorden answer (*of:* account) for, *(rechtvaardigen)* justify; *dat is niet verantwoord, (eig)* it has not been accounted for [in the books], *(fig)* it is not justified; *verantwoorde belegging, (euf)* ethical investment; *verantwoord optreden* responsible behaviour; *je bent niet verantwoord als je het toestaat* you are not justified (warranted) in allowing it (*zo ook:* this interpretation appears warranted); *het is niet verantwoord om je kind alleen naar school te laten gaan* it is too risky (is irresponsible) to ...; *hij zal het hard (zwaar) te ~ hebben* he will be hard put to it (have a hard time of it); *zich ~* justify o.s.; *zich ~ tegenover ... wegens ...* answer to ... for ...; *hij moest zich ~ wegens verduistering* he had to answer a charge of embezzlement

verantwoording 1 account; *zie ook* rekening 3; **2** *(verantwoordelijkheid)* responsibility [*op eigen ~* on one's own responsibility], accountability; **3** *(rechtvaardiging)* justification; *~ schuldig zijn aan* be accountable (responsible) to; *~ doen van* render an account of; *ter ~ roepen* call to account [for ...]

verarmen I *tr* impoverish [a p., the mind, the soil], pauperize, reduce to poverty; **II** *intr* become poor (impoverished), be reduced to poverty; *(achteruitgaan)* deteriorate; *in verarmde omstandigheden* in reduced circumstances

verarming impoverishment, pauperization, pauperism; deterioration

verassen reduce to ashes, incinerate; *(inz ve lijk)* cremate

verassing incineration; cremation

verbaal I *bn* verbal; **II** *zn zie* proces-verbaal

verbaasd astonished, surprised, *(ten hoogste ~)* amazed; *~ over* astonished, etc at; *~ staan* be astonished, etc, wonder [all the world wondered]; *wel ~!* by Jove!, dear me!

verbaasdheid astonishment, surprise, amazement

verbabbelen waste [one's time] talking; *zie* verpraten

verbaliseren verbalize; *iem ~* take a p.'s name and address, *(fam)* book a p.

verbalisme verbiage

verband 1 *(samenhang)* connection; *(zinsverband)* context; *(betrekking)* relation, connection; *(groep)* group; *onderling ~* interrelation(ship); *het ~ van oorzaak en gevolg* the relation of cause and effect; *ik zie het ~ niet* I do not see the connection; *~ houden met* be connected with, be tied up with; *dat houdt er helemaal geen ~ mee, (ook)* that is neither here nor there; *~ leggen tussen* connect, link (up), relate (together), establish a connection between; *in ~ met* in connection with, in view of; *in ~ hiermede, in dit ~* in this connection (in this context) [it is worth noting that ...]; *in groter (ruimer) ~* in a wider context; *in ~ brengen met* connect (associate) with, relate (to); *de zaken met elkaar in ~ brengen* put two and two together, piece (*of:* put) things together; *men begon hun namen in ~ met elkaar te noemen* people began to link their names; *dit vraagstuk staat (onmiddellijk, niet) in ~ met ...* this ... is (directly, un)related to ...; *niet in ~ staan met, (ook)* have no connection with (no bearing on); *in nauw ~ staande met* closely connected with (allied to), [questions] closely touching [the cost of living]; *in onderling ~ staande* interrelated; ***uit** zijn ~ rukken* tear (wrench) [a passage] from (out of) its context; ***zonder** ~* disconnected, incoherent; *vgl* 2; **2** *(verbintenis)* lien, charge, obligation; *(eerste) hypothecair ~* (first) mortgage; ***onder** hypothecair ~* [lend money] on mortgage; ***zonder** ~, (zonder obligo)* without prejudice [to ...], without any responsibility on our (my, etc) part; *vgl* 1; **3** *(metselverband)* [English, Flemish] bond; *(houtverband)* bond, jointing; **4** *(zwachtel, enz)* bandage, [put on a clean] dressing; *(ve ader)* ligature; *een ~ aanleggen* apply a bandage; *zijn hand was in een zwaar ~* his ... was heavily bandaged

verbandgaas gauze dressing

verbandkist first-aid kit

verbandmateriaal, verbandmiddelen dressing material(s), dressings

verbandschaar angled scissors

verbandtrommel first-aid kit

verbandwatten medicated cotton wool

verbandwoord connective

verbannen exile, banish, expel; *zie ook* bannen; *vooroordelen naar het verleden ~* relegate prejudices to the past

verbanning exile, banishment, expulsion

verbanningsoord place of exile

verbasterd degenerate(d)

verbasteren degenerate; *het woord verbasterde tot ...* the word was corrupted to ...

verbastering degeneration; corruption [of a word]

verbazen astonish, surprise, *(ten zeerste ~)* amaze [friend and foe]; *het verbaast me, (ook)* I am surprised (astonished) at it; *het zou me niet ~!* I shouldn't wonder!; *zich ~* be surprised (astonished, amazed), marvel [*over* at]; *je kunt je met recht ~ dat je er nooit van gehoord hebt* you may well wonder you never ...; *zie ook* verwonderen

verbazend I *bn* astonishing, surprising, amazing, [with] startling [rapidity]; *wel ~!, zie* verbaasd; **II** *bw* astonishingly, etc, hugely, [I've enjoyed myself] immensely; *~ jong* surprisingly young; *~ weinig, (ook) (fam)* precious (*of:* mighty) few (little); *~ veel geld (moeite)* no end of money (trouble); *~ grappig, (ook)* too funny for anything; *het lijkt ~ veel op ...* it looks for all the world like ...

verbazing astonishment, surprise, *(sterker)* amazement; *tot mijn ~* to my astonishment, etc; *met ~* [she looked at me] in astonishment, etc; *hij was één en al ~* he was lost in wonder; *zie ook* stom; *in ~ brengen, zie* verbazen

verbazingwekkend amazing, astonishing, astounding, stupendous

verbeelden represent; picture, express; *wat een diner, enz moe(s)t ~* an apology for a dinner (a road, etc); *dat moet een karikatuur van Jan ~* that's meant to be a ...; *zich ~* imagine, fancy; *verbeeld je!* (just) fancy (that)!; *ze ~ zich ... te zien* they fancy they see ...; *zich ~ ziek te zijn* fancy o.s. ill; *ik dacht, dat ik het mij verbeeld had* I thought I had imagined it; *ze moeten zich niet ~ dat ...* they must not run away with the idea that ...; *hij verbeeldt zich nogal wat* he rather fancies himself; *zie ook* voorstellen

verbeelding imagination, fancy; *(verwaandheid)* (self-)conceit, conceitedness; *dat is maar ~ (van je)* you're only imagining it; *er is heel wat (niet veel) ~ voor nodig om ...* it requires a considerable stretch (no stretch) of imagination to ...; *zijn ~ laten werken* use (exercise) one's imagination; *haar ~ gaat met haar op de loop* her imagination is running away with her; *heel wat ~ hebben, zie* zich verbeelden

verbeeldingskracht imagination, imaginative power; *een rijke ~ hebben* be highly imaginative; *arm aan ~* unimaginative

verbeiden I *tr* await, wait for; **II** *intr* abide

verbena verbena, vervain

verbenen ossify

verbening ossification

verbergen hide, conceal; *fouten ~, (ook)* cover up faults; *~ voor* hide (conceal, keep) from; *zijn gezicht in zijn handen ~* bury one's face in one's hands; *zijn bezorgdheid ~, (ook)* mask one's anxiety; *hij verborg iets voor haar, (ook)* he was holding s.t. back from her; *zich ~* hide, conceal o.s., secrete o.s. [the thief had secreted himself behind the curtains]; *(aan boord)* stow away; *zie ook* verborgen (houden) & verschuilen

verberging hiding, concealment

verbeten tight-lipped [face], pent-up [rage], grim [fight]

verbetenheid pent-up rage

verbeterblad errata leaf, errata sheet

verbeteren 1 make better, improve [conditions, a machine, an invention], better [one's position], ameliorate [one's condition], mend [it won't mend matters]; *zich ~, (in positie)* better o.s., better one's position; *vgl* 2; *de toestand is verbeterd* the situation has improved; *er valt nog wel het een en ander te ~* there is still room for improvement; *dat kun je niet ~* you cannot improve (up)on that; **2** *(fouten)* correct, rectify [an error], remedy [defects]; *(v fouten zuiveren)* correct [an exercise, a proof sheet, a statement]; amend [a law, a previous statement; the amended Prayer book, amended notice]; emend [a text]; **3** *(zedelijk)* reform; *(zijn leven)* mend [one's ways]; *zich ~, (zedelijk)* mend one's ways, reform, turn over a new leaf; *vgl* 1

verbeterhuis *(hist)* house of correction

verbetering improvement, change for the better, amelioration; correction, rectification; amendment; emendation; reformation, reclamation; betterment; *vgl* verbeteren; *~en aan de hand doen* suggest improvements; *dat laat geen ~ toe* it cannot be improved (up)on; *de tweede druk is een grote ~ vergeleken bij de eerste* the second edition is a great improvement on the first; *elke verandering zou een ~ zijn, (ook)* any alteration would be for the better

verbeteringsgesticht *(hist)* Borstal; *vgl* tuchtschool

verbeurbaar confiscable, forfeitable

verbeurd confiscated, forfeited; *daar is niets (niet veel) aan ~* it's no (no great) loss

verbeurdverklaren confiscate, seize

verbeurdverklaring confiscation, forfeiture, seizure

verbeuren forfeit [a right, one's life, a p.'s esteem]; *hij zal daardoor de sympathie van velen ~, (ook)* it will lose him a great deal of sympathy; *zie ook* verbeurd & pand

verbeurte forfeiture; *op (onder) ~ van* on (under) penalty of [your life]

verbeuzelen trifle (fritter, idle) away, waste [one's time]

verbidden *zie* vermurwen

verbieden forbid, prohibit, interdict, veto; put (place) a ban on [certain games, food, etc], ban [a film, book]; *iem ~ te ...* forbid a p. to ..., prohibit a p. from ...ing; *ik verbied, dat dit huwelijk plaatsheeft* I forbid this marriage to take place; *een krant ~* suppress a newspaper; *tabak is me verboden* I am forbidden tobacco; *ik verbood hem mijn huis* I forbade him my (the) house; *zich op verboden terrein bevinden* trespass; *verboden handel* illicit trading; *verboden vrucht is zoet* forbidden fruit is (stolen kisses are) sweet; *verboden wapenbezit* illegal possession of arms; *dat is hier verboden* that is taboo here; *verboden in te rijden* no thoroughfare (no entry); *verboden te roken* no smoking; *dit café is aan militairen verboden* this café is (has been put) out of bounds to (for) soldiers; *zie ook* toegang

verbijsterd bewildered, distracted, perplexed, baffled; *ze keek hem ~ aan* she looked at him in a dazed sort of way

verbijsteren bewilder, perplex, baffle, daze; *~d, (ook)* mind-boggling; *zie ook* verbluffen

verbijstering bewilderment, perplexity, puzzlement

verbijten suppress, swallow (down) [one's anger]; *zich ~* bite one's lip(s), set one's teeth; *zich ~ van woede* seethe inwardly; *zie ook* verbeten

verbijzonderen 1 set apart, individualize; **2** specialize

verbijzondering special case

verbinden 1 connect [the banks of a river, two villages], join [fields, pieces of wood], link [two words, the present with the past], link up [the railway links up K with Z], combine [colours; *ook chem*], associate [the name of ... with ...]; *in het huwelijk ~* join (unite) in marriage; *de tunnel die Engeland verbindt met Frankrijk* the ... connecting (linking) E with F; ***zich** ~, (een verbond sluiten)* ally o.s. [England allied herself with Japan], enter into an alliance; *(v kleuren, enz & chem)* combine; *(verplichten) zie* 4; ***verbonden** schrift* joined-up writing; *de moeilijkheden verbonden **aan** het invoeren van deze reglementen* attending the introduction of these regulations; *er zijn vele voordelen aan verbonden* it offers many advantages; *er is een salaris van £18.000 aan de betrekking verbonden* the post carries £18000 a year, a salary of ... goes with the post; *de positie aan de titel verbonden* the position that goes with the title; *de beslommeringen verbonden aan grote rijkdom* the worries that go with ...; *aan een krant (de Daily Mail) verbonden zijn* be on a paper (on the Daily Mail); *er is enig gevaar aan verbonden* there is some danger attached to it, it involves some danger; *er is een gymnastieklokaal verbonden aan de club* there is a gymnasium attached to ...; *er is een voorwaarde aan verbonden* there is a condition attached to it; *onafscheidelijk aan zijn beroep verbonden* [he was] wedded to his profession; *zijn lot ~ aan* throw in one's lot with; *zie ook:* ~ met; ***door** gemeenschappelijke belangen verbonden* bound together (joined) by common interests; *die namen worden altijd **met** elkaar verbonden* are always coupled (bracketed) together; *mijn belangen zijn met de uwe verbonden* my interests are bound up with yours; *zie ook* verenigen; **2** *(telec)* connect [*met* with], put through, put (*of:* switch) on [*met* to]; *u bent verbonden, (telef)* you are through, *(Am)* you are connected; *ik was **met** het ziekenhuis verbonden* I was on to the hospital; **3** *(med)* bind up [a wound, patient], bandage, dress, tie up [a wounded arm]; **4** *(verplichten)* bind, oblige; *het verbindt u **tot niets*** [sign the attached coupon,] it commits you in no way, it will commit you to nothing, entirely without obligation; *zich tot iets ~* pledge (bind, commit) o.s., engage, undertake, give an undertaking [to ...]; *ik wil mij tot niets bepaalds ~* I will not commit myself to anything definite; *in zijn antwoord verbond hij zich tot niets* his reply was non-committal; *ik heb mij voor dat bedrag verbonden* I've pledged myself for that amount

verbindend connective [words]; *het contract is ~ voor u noch voor hem* the ... is binding neither on you, nor on him; *~e tekst* text link

verbinding 1 connection *(ook v treinen); (ve spoorweg; ook ~spunt)* junction; [bus, rail, road] link; [mortise-and-tenon] joint; *(mil)* liaison [with allied armies]; *(innige ~)* union; *(gemeenschap)* communication; *(v woorden in de uitspraak)* linking [of words], liaison; *directe ~* direct communication, *(trein)* through train; *zich **in** ~ stellen (in ~ treden) met* communicate (get in(to) touch) with, contact; *in ~ staan met, (ve vertrek, enz)* communicate with; *de kamers stonden niet met elkaar in ~* did not communicate; *met iem in ~ staan* be in touch (contact, communication) with a p.; *in ~ staan met geesten (met duistere machten)* hold communion with spirits (be in league with the powers of darkness); **2** *(elektr)* connection; *(mil)* communications; *afgesneden ~en, (v telegraaf, spoorw, enz)* cut communications; *~ krijgen, (telef)* get through; *de ~ tot **stand** brengen, (elektr)* make the connection; *(telef)* put the call(er) through; *de ~ **verbreken**, (elektr)* break (cut off) the connection; **3** *(chem)* combination, compound; **4** *(ve wond)* dressing, bandaging; **5** ***zonder** ~, (handel)* without engagement; *zie verder* aansluiting

verbindingsboogje *(muz)* tie, bind

verbindingsdeur communication door

verbindingsdienst *(mil)* (corps of) signals

verbindingskanaal 1 connecting canal; **2** *(techn & biol)* channel of communication

verbindingsklank linking (connective) sound

verbindingslijn *(mil)* line of communication; *vitale ~* lifeline

verbindingsnaad *(biol)* commissure

verbindingsofficier liaison officer

verbindingsstreep *(rek)* vinculum (*mv:* -la); *~je* hyphen

verbindingsstuk connection, link, connecting piece

verbindingsteken hyphen

verbindingstroepen signal corps, corps of signals

verbindingsweg connecting road, road link; *~en* communications

verbindingswoord connective word

verbintenis 1 *(verbond)* alliance (*ook huwelijks~:* alliance by marriage); **2** *(overeenkomst)* agreement, contract; **3** *(verplichting, belofte)* commitment, engagement, undertaking, bond; *een ~ aangaan* enter into an alliance (a contract, an agreement), undertake [to ...]; *zie ook* verplichting

verbitterd embittered [*over* at], fierce [fighting]

verbitterdheid bitterness, embitterment
verbitteren *(iems leven, gemoed, enz)* embitter, sour; *(kwaad maken, prikkelen)* exasperate, exacerbate; *de stemming* ~ create a bitter mood
verbittering embitterment, bitterness
verbleken (grow, turn) pale, go white, blanch [with shock], *(v kleuren)* fade; ~ *naast, (fig)* pale by the side of, pale before; *doen* ~ pale, blanch; *(kleuren)* fade
verblendsteen facing-brick
verblijd glad, pleased, delighted
verblijden gladden, cheer, rejoice, make happy, delight; *zich* ~ rejoice, be rejoiced [*over* at]
verblijdend gladdening, cheering, cheerful, joyful; *hun aantal is* ~ *groot* gratifyingly large
verblijf 1 residence, stay, *(tijdelijk)* stay; ~ *houden* reside; **2** *(~plaats)* abode, residence, home; *(plaats van oponthoud)* [his present] whereabouts; *(v rovers, enz)* [their usual] haunt; *zie ook* opslaan & woonplaats
verblijfkosten hotel (*of:* accommodation) expenses allowance
verblijfplaats *zie* verblijf & woonplaats; *vaste* ~, *(ook)* permanent quarters
verblijfsvergoeding accommodation allowance
verblijfsvergunning residence permit
verblijven stay, remain; *ik verblijf Uw dw dienaar ...* I remain yours faithfully ...
verblikken pale; *zonder* ~ *of verblozen* unblushingly, shamelessly
verblind *(ook fig)* blinded, dazzled
verblinden blind, dazzle; *(fig ook)* infatuate; ~ *voor* (make) blind to
verblindheid blindness, infatuation
verblinding blinding, dazzle; *zie ook* verblindheid
verbloeden bleed to death
verbloeding haemorrhage, *(Am)* hemorrhage
verbloemd veiled, disguised
verbloemen disguise, veil, gloss over [a fact], palliate, camouflage, cover up [the facts of the case]; *het is niet te* ~ there is no disguising it; *het helpt niets de zaak te* ~ it's no good mincing matters
verblozen blush; *zie* verblikken
verbluffen stagger, dumbfound, astound; *het is in één woord ~d* it is nothing short of staggering; *een ~d groot bedrag* a staggering amount; *met ~d gemak* with amazing (astonishing) ease; *hij stond verbluft* he was staggered (flabbergasted, dumbfounded)
verbod prohibition, interdiction; suppression [of a newspaper]; [overtime] ban; *het* ~ *van ...* the prohibition of ..., the ban on [dancing, etc], the embargo on [the importation of pigs]; ~ *van veevervoer (om uit te varen, enz)* standstill order; *zie ook* opheffen
verboden *zie* verbieden
verbodsbepaling prohibition order; *(in wet, enz)* prohibitory clause
verbodsbord prohibitory sign
verboemelen dissipate, run through, *(sl)* blue [one's money]
verbolgen incensed, angry, wrathful (*ook fig:* wrathful sea)
verbolgenheid anger, wrath
verbond alliance, league, union; *(verdrag)* treaty, pact; *(bijb)* covenant; *drievoudig* ~ triple alliance; *het Oude (Nieuwe) Verbond* the Old (New) Testament
verbonden *zie* verbinden
verbondenheid alliance, connection; [a sense of] solidarity
verbondsark, verbondskist ark of the covenant
verbondsoffer (sacrifice of the) mass; *zie ook sam met* Avondmaal
verborgen hidden [meaning, unemployment], concealed [entrance]; secret [sins], occult [sciences], latent [the latent qualities in her character]; ~ *gebreken* hidden faults; ~ *vatting, (ve lens, bijv)* sunk mount; ~ *hoek, (ook)* blind corner; ~ *houden* keep [a p.'s name] concealed, keep [things, it] dark; ~ *houden voor* keep [facts] from [a p.]; *zich* ~ *houden* be in hiding, keep close; *in het* ~ in secret, secretly; *zie ook* verbergen
verborgenheid secrecy, mystery; *de -heden van de godsdienst* the mysteries of religion
verbouw cultivation, growth, [wheat] growing; *zie ook* verbouwing
verbouwen 1 *(huis, enz)* rebuild, carry out alterations to; *(sl, mbt pers)* work over, do over, take apart, fill in, duff up; *(zaak)* wreck; *een hotel* ~ *tot een kantoorgebouw* convert a hotel into an office building; **2** *(geld)* spend in building; **3** *(kweken)* grow, cultivate
verbouwereerd dumbfounded, flurried, struck all of a heap, flabbergasted; *ze was er* ~ *van, (ook)* it completely bowled her over
verbouwereerdheid bewilderment, consternation, confusion
verbouwing rebuilding, alteration [business as usual during alterations]; conversion; *gesloten wegens* ~ closed for repairs; *zie ook* verbouw
verbrandbaar combustible
verbranden I *tr* burn; burn down [a house]; *(pers)* burn (alive, at the stake); *(lijk)* cremate; *(lijk, afval)* incinerate; *(door hete vloeistof of stoom)* scald; *door de zon verbrand gelaat* sunburnt (*of:* tanned) face; **II** *intr* be burnt (to death); *(ve huis, enz)* be burnt down (*uitbranden:* out); *(geheel)* ~, *(ve vliegtuig, enz)* be burnt up; *(door zon)* tan [she tanned quickly]; *de trap verbrandde* the staircase was burnt away
verbrandheid *(ve gezicht)* sunburn
verbranding combustion, burning (to death), death by fire; *(lijk~)* cremation; *(v plant)* scorching; *zie ook* vuilverbranding
verbrandingskamer combustion chamber
verbrandingsmotor internal-combustion engine
verbrandingsoven incinerator, combustion furnace
verbrandingsproces process of combustion; *(ve lijk)* cremation

verbrandingsproduct combustion product; *(inz biol)* waste product

verbrandingswarmte 1 heat of combustion; **2** calorific value

verbrassen dissipate, squander

verbreden widen, broaden; *zich ~* widen, broaden (out), *(v koker)* flare

verbreding widening, broadening

verbreekbaar severable

verbreiden spread [rumours], propagate [a doctrine]; *zich ~* spread [his fame spread far and wide]; *zie ook* verspreiden & wijdverspreid

verbreiding spreading, spread [of learning, religion], propagation [of a doctrine]; *zie ook* verspreiding

verbreken break [a seal, one's word, promise, a contract, the silence, contact], violate [an oath], break, burst [one's chains], break (off) [an engagement], break through [the enemy's lines], sever [ties, links, connections], cut (off) [an electric current], cut, interrupt [communications], run [the blockade]; *zij had alle banden met haar familie verbroken* she had cut loose from ...

verbreking breaking, violation, severance, etc

verbrekingshof *(België, vglb)* Court of Appeal

verbrijzelen smash (up), shatter (*ook fig:* her illusion had been shattered), break (smash) to pieces (to bits, into atoms); *zijn schedel werd verbrijzeld* was battered in; *het schip werd verbrijzeld* went (was pounded) to pieces

verbrijzeling smash(ing), etc

verbroddelen bungle, spoil, make a mess (a hash) of, get [a thing] into a mess

verbroederen fraternize *(ook: zich ~); (verzoenen)* reconcile

verbroedering fraternization, reconcilement

verbrokkelen I *tr* crumble; dissipate [one's energies]; **II** *intr (ook fig)* crumble (to pieces, away), disintegrate, break apart

verbrokkeling disruption, disintegration [of the empire], dismemberment; *(geol)* disintegration

verbruien: *het bij iem ~* get into a p.'s bad (*of:* black) books, incur a p.'s displeasure; *zie ook* vertikken

verbruik consumption [of foodstuffs, current], expenditure [of energy]; *(slijtage & overmatig ~)* wastage, waste

verbruiken consume [food, oil, coal, current, time], use up [one's strength, resources, reserves]; *verbruikte lucht* spent (*of:* stale) air

verbruiker consumer, user

verbruiksartikel consumer article; *zie* verbruiksgoederen

verbruiksbelasting consumer tax, excise (tax)

verbruiksgoederen consumer goods (articles), commodities; *(niet-)duurzame ~* consumer (non-)durables

verbruikskrediet consumer credit

verbruikssalon, verbruikszaal buffet, (snack)bar

verbuigbaar *(gramm)* declinable

verbuigen 1 bend [the hands of the watch are bent], twist (out of shape), distort; *(techn)* buckle [a wheel, the plates of a ship; the mudguard was buckled]; **2** *(gramm)* decline, inflect

verbuiging *(gramm)* declension, inflection

verburgerlijken *(ve socialistische partij)* become bourgeois

verchristelijken christianize

verchromen chromium-plate, chrome

vercommercialiseren 1 commercialize; **2** be(come) commercialized

verdacht *attr & pred* suspicious [person, place, etc], suspected [person, ship, port], shady [his shady past], questionable (suspect) [dealings]; *(fam)* fishy [story]; *(pred)* suspect [the statement is suspect], open to suspicion; *~ huis* house of ill fame; *een ~ persoon* a suspected person, a suspect, a suspicious (*of:* shady) character; *~e praktijken* shady (questionable) practices; *zich op ~e wijze ophouden, (ook)* loiter with intent; *hij **deed** erg ~* he behaved very suspiciously; *~ veel **lijken** op* bear an uncomfortable resemblance to; *~ **maken*** make [a p., s.t.] suspected, fasten suspicion on [a p., a thing], reflect on [a p.('s honesty)]; *er ~ **uitzien*** look fishy [there is s.t. fishy about it]; *iem ~ **voorkomen*** look suspicious to a p.; *zie ook* verdenken; *~ **zijn op*** be prepared for; *ik was er niet op ~, (ook)* it took me by surprise; *voor hij erop ~ was* before he was aware of it

verdachte suspect; *de ~, (ook)* the suspected person; *(jur)* the accused *(ook mv), (onder arrest in strafzaak)* the prisoner at the bar

verdachtmaking 1 insinuation; **2** reflection [on a p., a p.'s honesty]

verdagen adjourn, prorogue [Parliament]; *de conferentie werd verdaagd tot* the ... (was) adjourned till ...

verdaging adjournment, prorogation

verdampen *tr & intr* evaporate; vaporize

verdamping [heat of] evaporation; vaporization

verdedigbaar defensible; *(houdbaar)* tenable, arguable [standpoint]

verdedigen defend [*tegen* from] *(in alle betek),* stand up for [a p., one's rights, a cause], uphold [a principle], speak up for [a p.]; *iem ~, (jur, ook)* appear for a p.; *iems zaak ~, (ook)* plead a p.'s cause; *zo'n gedrag is niet te ~* there is no justification for such conduct; *ik ben hier niet om de regering te ~* I hold no brief for ...; ***zich** ~* defend o.s.; *zich zelf ~, (jur)* conduct one's own defence; *zich kranig (hardnekkig) ~* put up a good (stubborn) fight; *hij kon zich niet ~, (had niets tot zijn verdediging aan te voeren, ook)* he had nothing to say in his (own) defence (*of:* for himself)

verdedigend defensive [attitude]; *een ~e houding aannemen* be on the defensive

verdediger defender; *(jur)* counsel *(zonder lw)* for

the defence (for the defendant), defending counsel; *~ des geloofs* Defender of the Faith; *vleugel-, centrale ~, (sp)* outside, inside defender; *vrije ~, (sp)* sweeper

verdediging defence *(alle bet); in de ~ gaan* go on the defensive; *in staat van ~ brengen* put in a posture of defence; *ter ~ van* [speak] in defence of; *ter ~ werd aangevoerd dat ...* the defence was that ...; *zie ook* verdedigen; *de met de ~ van het ontwerp belaste minister* the minister in charge of the bill

verdedigingslinie line of defence

verdedigingsmiddel (means of) defence

verdedigingsoorlog war of defence

verdedigingswapen defensive weapon, defence

verdedigingswerken defences, defensive works

verdeelbaar divisible

verdeeld divided (*ook fig:* divided attention; opinions are divided); *een huis dat tegen zichzelf ~ is zal niet bestaan, (Marcus 3:25)* a house divided against itself cannot stand

verdeeldheid discord, dissension, division; *~ van opinie* division of opinion

verdeeldoos junction box

verdeelkast *(elektr)* distributing box

verdeelpasser (spring) divider(s)

verdeelsleutel ratio of distribution; *volgens een bepaalde ~* [allocate] according to a fixed scheme of proportions (a fixed quota, in a fixed ratio)

verdeemoedigen humble [a p., o.s.], humiliate [a p.]

verdek *(mar)* deck, flat

verdekt hidden [zip]; *(mil)* under cover; masked [battery]; *zich ~ opstellen* take up a concealed position

verdelen divide, distribute, parcel out; partition [Palestine]; *de arbeid ~* divide (share) the work (the labour); *de buit ~, (ook)* share out the plunder; *verdeel en heers* divide and rule; *zijn kapitaal goed ~, (in beleggingen)* spread one's capital well; *de risico's ~* spread one's risks; ***zich** ~* divide, split up [into four groups]; *(ve weg, ook)* fork, branch; *zich laten ~ in twee groepen* fall into two ...; *~ **in*** divide into; *~ **onder*** divide among; *de kosten (betalingen) ~ **over** tien jaar* spread the cost (payments) over ...; *zie ook* verdeeld & rol

verdeler 1 divider; **2** *(handel)* dealer; **3** *(in motor)* distributor

verdelgen destroy, exterminate, extirpate

verdelger destroyer, exterminator

verdelging destruction, extermination, extirpation

verdelgingsmiddel pesticide, insecticide, herbicide, etc

verdelgingsoorlog war of extermination, *(elkaar verdelgend)* internecine war

verdeling division [of labour, etc]; distribution [of land and water], partition [of Germany]; share-out [of the spoils]; *(in vakjes)* partitioning; *zie ook* rolverdeling

verdenken suspect [*van* of]; *hij wordt ervan verdacht dat hij D heeft doodgeschoten, (ook)* he is under suspicion of shooting D

verdenking suspicion; *de ~ viel op hem* suspicion fell (fastened) on him, he fell under suspicion; *~ hebben op* suspect [a p.]; *~ krijgen* become suspicious; *boven (buiten) ~* above (beyond) suspicion; *in ~ brengen* throw (fasten) suspicion (up)on; *in ~ komen* incur suspicion; *onder ~ van* [arrested] on suspicion of; *onder ~ staan* be under suspicion, be suspected [*van* of]

verder 1 *(afstand, tijd)* farther, further; *twee huizen ~* two doors away; *twee straten ~* two streets off; *drie regels ~* three lines further down; *voordat we vele jaren ~ zijn* before many years are past; *dat **brengt** ons niets (geen stap) ~* that does not carry (get) us any (a step) farther, that leaves us (precisely) where we were; *hij zal het nooit ~ brengen dan avonturenromans* he will never get beyond ...; ***ga** ~!* go on!, proceed!; *~ op gaan* go farther on, farther afield; *we gaan ~* we go (pass) on; *ik ga ~, (fig)* I go further [and swear that ...]; *Lord O gaat nog ~ en verklaart ...* Lord O goes one better and declares ...; *~ kan ik niet gaan, (fig)* I cannot go beyond (can go no further than) that; *~ gaan met de agenda* proceed with the business of the meeting; *hoe het X ~ ging* what became of X; *vgl* doorgaan; *~ **helpen*** help along (on); *ik **kan** niet ~* I cannot get on; *hij kon niet ~, (bleef vastzitten, ook)* he got stuck; *daarmee **kom** je bij mij niet ~* that won't work with me; *maar daar kwam hij niets ~ mee* [he tried a screwdriver] but that didn't get him any further; *~ **lezen*** go on (continue) reading; *~ **rijden*** drive (ride) on; *ik moet nu ~* I must be getting on; *niets is ~ **van** de waarheid* nothing is farther (further) from the truth; *niets is ~ van mij* nothing is farther (further) from my thoughts; **2** *(nader)* further [remarks, information]; *~, indien ...* again, if ...; *hebt u ~ nog iets?* anything else?; *en wie ~?* and who else?; *~ niemand* no one else; *dan zegt hij ~ ...* he goes on to say ...; *ik heb ~ geen geld* I have no other money [than what's in those shares]; *ik weet er ~ niet veel van* I don't know much more about it; *~ **moet** ik zeggen* besides (moreover) I must say; **3** *(voor het overige)* for the rest; *zie ook* overigens

verdere rest, remainder

verderf ruin, destruction, [his greed was his] undoing; *dood en ~ verspreiden* carry death and destruction; *het hellende pad ten verderve* the downhill path to perdition; *iem in het ~ storten* ruin (be the ruin of, undo) a p.

verderfelijk pernicious, baleful [influence], vicious [system], pestiferous [doctrine], noxious; *~ voor zijn gemoedsrust* destructive of his peace of mind

verdergaand further

verderop further on, further down

verderven ruin, pervert, corrupt

verdicht 1 *(ve naam, enz)* fictitious, assumed; **2** *(v damp, enz)* condensed; *(ve gas)* compressed

verdichten 1 *(verhaal, enz)* invent; 2 *(damp, enz)* condense; *(gas)* compress; *zich ~* condense
verdichting 1 invention, fiction; *~ en waarheid, (lit)* faction; 2 condensation
verdichtsel fiction, fabrication, invention, figment, fable, story
verdiend deserved, merited; *~e straf, (ook)* condign punishment; *vgl* verdienen 2 & welverdiend
verdienen 1 *(verwerven)* earn [money, one's bread], make [£80,000 a year]; *iem wat* ***laten*** *~* give a p. a (temporary) job; *daar is niets* ***aan*** *te ~* there is no money in it; *hoeveel verdiende hij eraan?* how much did he make out of it?; *~ (niets ~)* ***op*** make a (no) profit on [make a profit of £100 on a sale]; 2 *(recht hebben op)* deserve [to win; a rest, all one gets], merit [consideration], be deserving of [attention, praise, punishment], be entitled to [careful consideration]; *dit punt verdient speciale vermelding* this ... calls for special mention; *hij verdient niet beter, (fig)* it serves him right; he had it coming to him; *(fam)* serve him right!; *ik heb beter aan u verdiend* I have deserved better at your hands; *zie ook* duit, geld, loon, overtocht, paard, enz
verdienste 1 *(loon)* wages, earnings; 2 *(winst)* profit, gain; 3 *(fig)* merit, desert(s); *(theol)* merit (*~ verwerven* acquire merit); *lid van ~* honorary member; *bevorderen naar (volgens) ~* promote by merit, by desert(s); *naar ~ beloond (gestraft) worden* be rewarded (punished) according to one's deserts; *een man van (grote) ~* a man of (great) merit; *zie ook* aanrekenen
verdienstelijk deserving, meritorious, creditable; useful [solution]; *hij heeft zich jegens ons ~ gemaakt* he deserves (has deserved) well of us
verdienstelijkheid meritoriousness, merit
verdiep storey, *(Am)* story
verdiepen deepen; broaden, widen [knowledge, etc]; *zich ~ in, verdiept raken in* lose o.s. in [one's work, etc], indulge in [all kinds of conjectures], go (deeply) into [a problem], pore over [a book]; *men verdiept zich in allerlei gissingen betreffende zijn verblijf, (ook)* speculation is rife as to his whereabouts; *ik zal me niet ~ in de redenen daarvoor* I'll not go into the reasons for this; *verdiept zijn in* be absorbed (immersed, buried) in [one's studies], be lost (wrapped up) in [one's thoughts]
verdieping 1 *(abstr)* deepening; 2 *(ve huis)* floor, storey, *(Am)* story; *(in muur)* recess; *(v gebak, enz)* tier [three-tier wedding cake]; *benedenste ~* ground floor; *eerste ~* first floor, second storey, *(Am)* second floor (story); *op de eerste ~, (ook)* first-floor (*Am:* second-floor) [room]; *op de bovenste ~* on the top floor; *huis van één ~ (van vijf ~en)* one-storey(ed) (five-storey(ed), *Am:* -storied) house; *laag (hoog) van ~* low- (high-)ceilinged; *het scheelt hem in de bovenste ~, zie* bovenkamer
verdierlijken I *tr* brutalize, bestialize; II *intr* become like an animal, get brutalized
verdierlijking brutalization
verdierlijkt brutalized, brutish, bestial
verdietsen *zie* verhollandsen
verdikke(me)! by gum!, by Jove!, (gor)blimey!, lumme!
verdikken *tr & intr* thicken; *(ve vloeistof)* thicken, condense
verdikkie *zie* verdikke
verdikking thickening [of the arteries, etc]
verdisconteerbaar discountable
verdisconteren discount, negotiate; *deze gegevens zijn erin verdisconteerd* these ... have been taken into account, have been calculated (counted) in, allowance has been made for ...
verdiscontering negotiation
verdobbelen gamble away
verdoeken new-, re-canvas, re-line [a picture]
verdoemd 1 *(eig)* damned, reprobate; *de ~en* the damned; 2 *zie* verdomd
verdoemelijk damnable
verdoemeling reprobate; *(verdommeling)* rotter
verdoemen damn
verdoemenis damnation, *(inz theol)* reprobation; *zie ook* verdommenis
verdoemenswaard damnable
verdoeming *zie* verdoemenis
verdoen squander, waste, chuck [money] away; *veel tijd ~ aan* waste a lot of time over; *zich ~* make away with o.s., *(sl)* do o.s. in
verdoezelen blur [impressions, distinctions, principles], gloss over [objections], obscure [a fact], disguise [the truth]
verdoken hidden, concealed
verdolen go astray, lose one's way, stray (from the right path); *verdoolde, (fig)* stray sheep
verdomboekje *vgl* verdomhoekje
verdomd I *bn* damned, cursed, confounded, blooming, blasted; II *bw* damn(ed) [hot], deuced(ly); III *tw: ~!* damn it!, damnation!, hang it!, the devil!, the deuce!; *vgl* verdoemd
verdomhoekje: *hij staat (zit) in het ~* he can't do a thing that is right; *bij iem in het ~ staan* be in a p.'s bad books
verdomme *zie* verdoemd
verdommeling rotter
verdommen 1 refuse flatly (point-blank); *ik verdom het* I'm damned if I'll do it (if I will); *het kan me niks (enz) ~* I don't give a damn; 2 keep ignorant; *(vero)* stultify
verdommenis damnation; *loop naar de ~* go to blazes; *de zaak gaat naar de ~* the ... is going to pot
verdomming dumbing down
verdonkeremanen embezzle [money], spirit away [money, things, persons], suppress [a report]
verdonkeren darken, cloud
verdoofd benumbed, numb, torpid; *(door slag, enz)* stunned
verdopen rechristen, rename

verdord withered *(ook van ledematen); (ve landstreek)* parched, arid; *(ve boom, plant)* blasted [oak]
verdorie! the devil!, the deuce!, dash it!
verdorren wither; *zie ook* verdord
verdorven depraved, wicked, corrupt, perverted
verdorvenheid depravity, corruption, perversion, turpitude
verdoven I *tr (doof maken)* deafen, make deaf; *(geluid)* deaden, deafen, dull; *(pijn, bewustzijn)* deaden; *(door kou)* (be)numb; *(bedwelmen)* stun, stupefy; *(door ~d middel)* anaesthetize, render insensible; *(de geest)* (be)numb [the mind]; *(glans)* tarnish *(ook fig); ~d middel* anaesthetic, narcotic, drug, *(sl)* dope; *het werd plaatselijk verdoofd* a local anaesthetic was used; **II** *intr (v glans)* tarnish
verdoving deafening, etc; stupefaction, torpor, stupor; anaesthesia, anaesthetization; *vgl* verdoven; *plaatselijke (algemene) ~* local (general) anaesthesia; [administer a] local (general) anaesthetic; *gedeeltelijke ~ bij bevalling* [give women] twilight sleep
verdovingsgeweer stun gun
verdovingsmiddel anaesthetic; *vgl* verdoven
verdraaglijk bearable, tolerable
verdraagzaam tolerant [*tegenover* of], forbearing
verdraagzaamheid toleration, tolerance, forbearance
verdraaid distorted, contorted, twisted, out of shape; warped [sense of duty, view *inzicht*], disguised [handwriting]; *met een ~e hand* [written] in a disguised hand; *~ vervelend (gek)* deuced annoying (odd); *wel ~!* why dash (*of:* hang) it all!; *zie ook* verdraaien & vervloekt
verdraaien 1 *(eig)* turn, *(om as)* rotate [a wheel]; distort, contort, twist [one's face, a knee]; *zijn ogen ~* roll one's eyes; **2** *(kapot)* spoil, force [a lock]; **3** *(vervormen)* distort [facts], twist [a p.'s words, the meaning of a word], corrupt [a name], garble [a report], disguise [one's hand(writing)], pervert [facts], wrest [the meaning of a text, etc]; *het recht ~* pervert the course of justice; *verdraai mijn antwoord niet* do not twist my answer; *de waarheid ~* stretch (strain, violate) the truth; *zie ook* verdraaid & vertikken
verdraaier *(v woorden, enz)* twister
verdraaiing 1 turning; *(om as)* rotation; **2** distortion, contortion; twisting, twist [of meaning], perversion [of facts, of the truth, of history]
verdrag treaty, pact, compact, convention, covenant; *bij het ~ van ...* by the treaty of ...; *een ~ sluiten* conclude (make, enter into) a treaty
verdragen bear [pain, a misfortune, etc], suffer, endure, stand, tolerate; *(lit)* brook; *(geneesmiddel)* tolerate [he cannot tolerate valium]; *(zich laten welgevallen)* [I won't] put up with [it any longer]; *de muren kunnen geen gehamer ~* do not stand up to hammering; *ik kan ... niet ~* [wine, pea-soup, the climate, sea-bathing, etc] does not agree with me; *hij kan heel wat drank ~* he can carry a good deal of liquor (*zo ook:* he doesn't carry his drink well); *geen goede raad kunnen ~* be impatient of good advice; *hij kan een grapje ~* he can take a joke; *ik kon het niet langer ~* I could stand (*fam:* stick) it no longer; ***elkaar*** *~* bear with each other; *... ~ elkaar niet* [fish and spinach] don't go together, are incompatible; *zij ~ zich goed met elkaar* they are getting on very well; *zie ook* uitstaan & uithouden
'verdragend *(kanon)* long-range [gun]; *(stem, gefluister)* carrying [voice, whisper]
verdragsluitend contracting [parties]
verdriedubbelen treble, triple, triplicate
verdriet sorrow, grief [*over* at, over], distress, [to my] chagrin; *stuk ~, (pers)* misery; *~ hebben* be in distress, be troubled (distressed); *~ hebben over* grieve over; *~ doen, zie* berokkenen; *ook* distress [a p.]
verdrietelijk annoying, vexatious
verdrietelijkheid annoyance, vexation, vexatiousness; *de verdrietelijkheden des levens* the vexations of life
verdrieten 1 sadden, grieve, distress; **2** vex, annoy
verdrietig sad; *(~ makend)* distressing, vexatious; *een ~e uitdrukking (op zijn gelaat)* a sorrowful expression; *het maakt me ~* it's very discouraging
verdrievoudigen treble, triple, triplicate
verdrijven drive (*of:* chase) away, dissipate, dispel [cares, darkness, fear], expel [*uit* from], dislodge, oust; beguile, while (*of:* pass) away [the time]; *de vijand (uit een stelling) ~* dislodge the enemy (from a position); *uit zijn huis verdreven worden door overstroming (rook, enz)* be flooded (smoked, etc) out; *een onbekende uit een vergelijking ~* eliminate an unknown from an equation; *zie ook* verjagen
verdringen push aside, crowd (*of:* elbow) out; *(fig)* drive out [short words tend to drive out long words; one anxiety drove out another], crowd out, displace, supersede, oust [from the market; men are being ousted by women], push [a p.] out of his job, shut out [all other thoughts], supplant [he supplanted me in her favour], cut out [a lover, etc]; *zie ook* verjagen; *(psych)* repress (*bewust:* suppress) [thoughts, feelings]; *de ene sensatie verdrong de andere* sensation crowded (up)on sensation; *handenarbeid is door machinale arbeid verdrongen* manual labour has been superseded (ousted) by machinery; ***elkaar*** *~* jostle (each other), crowd each other out, scramble [for tickets *om kaarten te bemachtigen*]; ***zich*** *~ om* crowd round [a p.]; *de mensen ~ zich langs de weg (in de zaal)* people throng the route (the hall)
verdringing *(psych)* repression, *(bewust)* suppression
verdrinken I *tr* drown; *(geld, enz)* spend on drink, drink (up) [one's earnings] *(zorgen, verdriet),* drink down [cares], drown [one's sorrow in liquor]; *(land)* inundate [land]; *(fig)* be swamped [with work, in statistics]; *hij verdrinkt in die jas* that coat

is miles too big for him; *zich ~* drown o.s.; II *intr* be drowned; *(ook)* drown [she saw her husband drown before her eyes]

verdrinking drowning [drownings numbered 100]; *dood door ~* death from drowning

verdrogen dry out (up), shrivel up, parch

verdromen dream away [one's time]

verdronken drowned; *(land)* submerged

verdroot *ovt van* verdrieten

verdrukken oppress; *de verdrukte helpen, (fam)* help the underdog

verdrukker oppressor

verdrukking oppression; *tegen de ~ in groeien* flourish in spite of adversity; *in de ~ komen* be likely to suffer

verdubbelen double [a letter, the price], duplicate [expenses], redouble [one's efforts], quicken [one's pace]; *zich ~* double; *met verdubbelde energie* with redoubled energy

verdubbeling doubling, redoubling, duplication; *(in catalogus)* added entry

verduidelijken elucidate, explain, make (more) clear, illustrate [by examples], clarify

verduidelijking elucidation, explanation, illustration, clarification; *ter ~* [add] by way of explanation

verduisteren I *tr* **1** *(ook fig)* darken, obscure, eclipse; *(luchtbescherming)* black out; *de geest (het verstand) ~* cloud the mind (the intellect); **2** misappropriate, embezzle; II *intr* darken, grow (*of:* get) dark

verduistering **1** darkening, obscuration; black-out [for air raids]; *(eclips)* eclipse, *(ve planeet, ook)* occultation; **2** misappropriation, embezzlement *vgl het ww*

verduitsing Germanization

verduiveld I *bn* devilish, deuced; *~e onzin* blooming nonsense; *een ~e haast* [be in] a devil of a hurry; *het is een ~e last* it's a confounded nuisance; II *bw* devilish, deuced [bad], deucedly, [it hurt most] devilishly; *een ~ lange tijd* the deuce of a (long) time; *hij zit er ~ over in* he is in a terrible stew about it; *~ aardig van je* jolly kind of you; *~ aardige vent* jolly nice chap; *~ goed* cracking good [player, school]; *een ~ goed idee* a marvellous idea; *~ lelijk* terribly ugly; *~ weinig* precious little (few); *~ veel* [ask] a devil of a lot; III *tw: (wel) ~!* the devil!, the deuce!, good heavens!

verduizendvoudigen multiply by a (one) thousand

verdulleme the devil, the deuce

verdunnen thin [the blood, etc]; *(dranken)* dilute; water [one's whisky]; *(lucht)* rarefy

verdunner [paint] thinner, diluent

verdunning thinning; dilution; rarefaction; *vgl* verdunnen

verduren endure, bear; *zie ook* verdragen; *veel te ~ hebben, (ve gebruiksvoorwerp, enz)* have to stand hard (rough) usage (a few knocks); *het hard te ~ hebben* have a hard time of it

verduurzamen preserve; *(roken, enz)* cure; *vgl* conserveren

verduurzaming [food] preservation

verduwen *(fig, vero)* digest [food, insults], swallow [an insult]

verdwaald lost [child, dog; she was lost], stray [sheep, dog, bullet]; *het ~e schaap, (fig)* the lost sheep (lamb); *~ raken, zie* verdwalen; *~ zijn* have lost one's way, be lost

verdwaasd distracted, distraught; *~ kijken* look dazed

verdwaasdheid distraction

verdwalen lose one's way, lose o.s., get lost, go astray; *zie ook* verdwaald

verdwazing infatuation

verdween *ovt van* verdwijnen

verdwijnen disappear [in, into, the crowd]; *(inz snel, totaal, geheimzinnig)* vanish [without trace], *(geleidelijk)* fade (melt) away [the crowd melted away], wear off [my headache wore off]; *(ve gezwel, zonder ettering)* resolve; *die wet, enz moet ~* that ... must go; *hij had het tekort doen ~* he had wiped out the deficit; *de noodzaak doen ~* eliminate the need; *hoffelijkheid is aan het ~* courtesy is on the way out; *het kind was verdwenen* the ... was gone; *zijn geestdrift was verdwenen* his ... had evaporated; *de zon was (de sterren waren) verdwenen* the ... had gone in; *verdwijn!* be off!, scram!, make yourself scarce!; *uit het oog ~* disappear (vanish) from sight; *ze verdween voor altijd uit zijn leven* she passed out of his life for ever; *het verdwenen sieraad* the missing ornament; *verdwenen, (ook)* vanished [hopes, civilization, the vanished plane]; *een verdwenen stad* a lost town; *een ~d geslacht* a dwindling race; *zie ook* [2]niet II & spoorloos

verdwijning disappearance; fade-out; *(geheimzinnig, van geld, enz)* leakage

verdwijnpunt vanishing point

veredelen ennoble [a person, the mind; he ennobles everything he touches], refine [the mind, feelings, language, taste], elevate [the character], improve [fruit], finish [goods]; *een ras (v vee, enz) ~* grade up (upgrade, improve) a breed; *[zijn flat is] enkel een veredelde zolderkamer* just a glorified garret

veredeling ennoblement, refinement, elevation, improvement, grading up, upgrading; *vgl* veredelen

veredelingsbedrijf finishing industry; [plant] breeding station

vereelt callous *(ook fig)*, horny [hands]

vereelten make (*of:* grow) callous (horny)

vereeltheid, vereelting *(concreet)* callus, callosity

vereenvoudigen simplify; *een breuk ~* reduce a fraction (to its lowest terms); *om de zaak te ~* to simplify matters

vereenvoudiging simplification; *(ve breuk)* reduction

vereenzaamd lonely

vereenzamen become lonely (socially isolated)

vereenzelvigen identify; *zich ~ met* identify o.s. with,

stand for [tariff reform]
vereenzelviging identification
vereerder worshipper, admirer, fan
vereeuwigen perpetuate, immortalize, eternize
vereeuwiging perpetuation, immortalization
vereffenen settle, square, balance [an account]; smooth out [differences]; clear off, liquidate [a debt]; settle, adjust [a dispute]; *een rekening ~*, *(ook)* settle up; *een oude rekening ~* pay off (settle) an old score; *een zaak ~*, *(ook fig)* square accounts [*met* with]
vereffening settlement, adjustment; *ter ~ van mijn rekening* in settlement of my account
vereis: *naar ~ van omstandigheden* as circumstances (may) require
vereisen require, demand, take [time], call for [action]
vereist required, necessary, essential; *de ~e grootte* the requisite size
vereiste requirement, requisite; *eerste ~* first requisite, prerequisite
veren I *bn* feather; *~ bed* feather bed; *~ pen* quill (pen); II *ww* be elastic (springy), spring; *het veert niet meer* it has lost its spring; *overeind ~* spring to one's feet; *~d* elastic, springy; *goed ~de auto* well-sprung car; *~d gemonteerd* spring-mounted, spring-loaded
verenen *zie* verenigen; *met vereende krachten* with united (combined) efforts
verengelsen I *tr* Anglicize; II *intr* become Anglicized
verengelsing Anglicization
verengen narrow *(ook: zich ~)*
verenging narrowing, restriction [of meaning]
verenigbaar compatible; *~ met, (ook)* consistent (consonant) with; *niet ~, zie* onverenigbaar
verenigd united, combined; *het V~ Koninkrijk* the United Kingdom; *de V~e Staten (Naties)* the United States (Nations); *een ~ Duitsland* a unified Germany
verenigen unite, combine, join; *(verbinden)* connect [two seas], join, link (up) [link up forces *strijdkrachten*]; *(verzamelen)* assemble, collect, bring together; *(concentreren)* focus [one's thoughts on …]; *in de echt ~* join (*of:* unite) in matrimony; *in zich ~* unite (combine) (in o.s.) [all the vices of …]; *~ **met*** unite (*of:* join) to (with); *hoe kun je dat ~ met je principes?* how can you reconcile it with your principles?; *een vakbond met een andere ~* amalgamate a trade union with another; *het tijdschrift zal verenigd worden met de Tijd* the journal will be incorporated with …; *(niet) te ~ met, zie* (on)verenigbaar; *veel (alle, 7000) stemmen **op** zich ~* poll many (all the, 7000) votes; *~ **tot*** unite into, form into [one company]; ***zich** ~* unite [Workers of the World, unite; unite in prayer, in singing a hymn], combine, join forces, join hands, band themselves together; *(zich verzamelen)* assemble; *zich ~ met* join [a p., etc; the path joins the road], join forces (hands) with [the enemy]; *(het eens zijn met)* agree to [a proposal, the conditions], agree with [a p., what you say, your view]; *(zich aansluiten bij)* associate o.s. with [an opinion]; *zich niet kunnen ~ met, (ook)* dissociate o.s. from, disagree with [a p., a p.'s views]; *zie ook* verenigd & nuttig
vereniging 1 *(het verenigen)* union, combination, joining, junction, association, link-up, amalgamation; *vgl* verenigen; *een ~ van cellen is een weefsel* an aggregation of cells is a tissue; *in ~ met* [act] in conjunction (association) with; 2 *(genootschap, enz)* union, society, association; *zie ook* dierenbescherming, recht I.1, enz
verenigingsgebouw clubhouse, club building
verenigingsleven club life
verenigingslokaal clubroom; *(dorpslokaal)* village hall
verenkleed plumage
vereren honour, respect, venerate, revere, worship, adore; *iem een horloge ~* present a p. with a watch; *~ met* honour with; *de voorstelling met zijn tegenwoordigheid ~* grace the performance (with one's presence); *in ~de bewoordingen* in flattering terms
verergeren I *intr* become (grow, change for the) worse, deteriorate, worsen, take a turn for the worse; II *tr* make [the situation] worse [by laughing], worsen, aggravate [the problems], exacerbate [a p.'s suffering]; *de toestand ~* make things worse; *verergerd door, (ook)* [loss] compounded by [negligence]
verergering worsening, change for the worse, deterioration, aggravation, exacerbation
verering veneration, reverence, worship; [the Byron, the Madonna] cult
vererven pass, descend [to a nephew *aan*]
vererving inheritance
veretteren fester, suppurate
verettering suppuration
vereuropesen I *tr* Europeanize; II *intr* become Europeanized
vereuropesing Europeanization
verevenen *zie* vereffenen
verf paint; *(voor stoffen, enz)* dye; *(voor schilderij)* paint, colour; *hard een ~je nodig hebben* be sadly in need of (badly want) a coat (lick) of paint; *uit de ~ komen* stand out clearly; *het plan kwam niet uit de ~* the … never got properly off the ground
verfafbijter paint remover (stripper)
verfdoos paintbox
verfhout dye-wood
verfijnen refine
verfijning refinement
verfilmen film, screen, turn [a play, a novel] into a film, adapt … for the screen
verfilming: *een ~ van Hamlet, (ook)* a screen version of Hamlet
verfkrabber shavehook
verfkwast paintbrush, house-painter's brush

verflaag coat of paint
verflauwen *(v ijver, lust, belangstelling, gesprek)* flag; *(v snelheid)* slacken; *(vd wind, brand)* abate; *(verbleken)* fade; *(handel)* flag, slacken, droop; *doen ~* damp [a p.'s zeal]
verflauwing flagging, slackening, abatement, fading
verflensen wither, wilt, fade
verflucht smell of paint
verfmes palette knife
verfmos dyer's moss, orchil
verfmossel painter's mussel
verfoeien detest, abhor, abominate, execrate, loathe, hold in abomination (detestation)
verfoeiing detestation, abomination
verfoeilijk odious, detestable, abominable, execrable, unspeakable
verfoeilijkheid odiousness
verfomfaaien tousle, crumple, rumple, dishevel
verfplant tinctorial plant
verfpot paint pot
verfraaien embellish, beautify, improve
verfraaiing embellishment, beautification, improvement
verfransen I *tr* Frenchify, Gallicize; II *intr* become French(ified) [in one's manners], Gallicize
verfransing Frenchification
verfriesen Frisianize
verfrissen refresh; *het onweer verfrist de lucht* the ... clears the air
verfrissend refreshing
verfrisser [toilet] freshener
verfrissing refreshment
verfroller paint roller
verfrommelen crumple (up), rumple (up), tumble, crush
verfschraper shavehook
verfspuit paint-spray(er), spray-gun
verfstof dye(stuff), colour, paint, pigment
verfstoffenhandelaar (oil-and-)colourman
verfstripper paint stripper
verfverdunner (paint) thinner
verfwinkel paint shop
verg. afk van *vergelijk* cf (*spreek uit:* compare)
vergaan I *ww* **1** *(algem)* perish, pass away; *(verteren)* decay, waste (away); *(vermolmen)* moulder; *(ve schip)* be wrecked, be lost, founder, go down; *zie ook* man; *(ve vliegtuig)* crash, be lost; *al het aardse vergaat* all earthly things will pass away; *een kabaal alsof hemel en aarde verging* an infernal noise; *~ van kou (honger)* perish with cold (die of hunger); *ik verga van de hoofdpijn* my head is splitting; *ik verga van de slaap* I am dead sleepy; *~ van trots (jaloersheid)* be eaten up with pride (jealousy); *zie ook* verteren, [1]horen 1, stof; **2** fare; *het zal hem slecht ~* he will fare badly, it will go hard with him; II *bn* wrecked, lost [vessel], decayed, rotten [wood], perished [tube]; III *zn* passing away; decay; wreck, loss [of a ship, a plane], [plane] crash; *bij het ~ van de wereld* at the crack of doom
'**vergaand** *zie* verregaand & verstrekkend
vergaarbak reservoir, receptacle, repository
vergaderen I *tr* gather, collect, assemble; *zie ook* vergaren; II *intr* meet, assemble, sit [the conference did not sit today, sat for half an hour]
vergadering meeting, assembly, conference; *Geachte ~!* Mr Chairman, Ladies and Gentlemen!; *algemene (buitengewone) ~* general (special) meeting; *de ~ is bijeen* the conference is sitting; *een ~ bijeenroepen (houden, openen, sluiten)* call (hold, open, close) a meeting; *zie ook* recht I.1 & sluiten
vergaderlokaal meeting room, committee room
vergaderzaal meeting room, committee room; *(in stadhuis)* session room; *(vd Verenigde Naties)* assembly hall
vergallen *(fig)* embitter [a p.'s life], make [life] a burden to [a p.]; *de vreugde (pret) ~* spoil the game, be a spoilsport
vergalopperen: *zich ~* put one's foot in it (*Am:* in one's mouth), commit o.s.; *ik heb me weer vergaloppeerd, (ook)* I've done it again
vergankelijk transitory, transient, fleeting; *schoonheid is ~* beauty is but skin-deep; *alles op aarde is ~* all earthly things will pass away
vergankelijkheid transitoriness, transience
vergapen: *zich ~ aan* gape in admiration at; *zich aan de schijn ~* mistake the shadow for the substance, be deceived by appearances
vergaren collect, hoard, store (up), harvest, amass [wealth], gather [riches, the sheets of a book]; *zie ook* verzamelen
vergassen **1** *(tot gas worden, in gas omzetten)* gasify, vaporize [petrol]; **2** *(met gas doden)* gas
vergasser *(ve motor)* carburettor, carburetter; *(petroleum~)* vaporized oil burner, primus
vergassing **1** gasification; *(bij motor)* carburation, vaporization; **2** *(om te doden)* gassing
vergasten treat [*op* to], regale [*op* with]; *zich ~ aan* feast (up)on *(ook fig); hij vergastte zich (zijn ogen) aan het landschap* he feasted his eyes (up)on (his eyes feasted (up)on, he drank in) the ...; *op een redevoering ~, (ook iron)* treat to a speech
vergat *ovt van* vergeten
vergé laid [paper, line]
vergeeflijk pardonable, excusable, forgivable [offence]; venial [offence]
vergeeflijkheid pardonableness, etc, veniality
vergeefs I *bn* useless, vain, idle, futile, unavailing; *(pred ook)* in vain, of no avail, to no purpose; *onze pogingen waren ~, (ook)* our efforts fell flat (*bij naspeuring:* drew blank); *het ~e van mijn pogen* the futility of my efforts; II *bw* in vain, vainly; *zie ook* tevergeefs
vergeeld yellowed [leaves], browned [pages]
vergeestelijken spiritualize
vergeetachtig forgetful
vergeetachtigheid forgetfulness

vergeetal forgetful person
vergeetboek: *in het ~ raken* fall into oblivion
vergeet-mij-nietje forget-me-not
vergeetteken caret
vergelden repay, requite, reward; *iem iets ~* repay (etc) a p. for s.t., *(iets kwaad ~)* retaliate (on, upon a p.), pay a p. out (back) for s.t.; *goed met kwaad ~* repay good with evil, return (*of:* render) evil for good; *God vergelde het u!* God reward you for it!; *~de rechtvaardigheid* retributive justice
vergelder *(wreker)* avenger
vergelding requital, retribution, retaliation; *dag der ~* day of reckoning; *ter ~ van* in return for
vergeldingsmaatregel retaliatory measure, reprisal
vergelen yellow, *(v papier, ook)* brown
vergelijk agreement, accommodation, compromise, settlement; *een ~ treffen, tot een ~ komen* come to an agreement, reach a settlement, compound [with one's creditors]; *dat is geen ~* there is no comparison; *zie ook* vergelijking
vergelijkbaar comparable [*met, bij* with, to]
vergelijken compare; *(documenten, teksten, enz, ook)* collate [*met* with]; *~ bij* compare to, liken to; *~ met* compare with; *te ~ met (bij)* comparable to (with); *niet te ~ met* not to be compared with (to), *(fam)* not in the same league with; *het laat zich ~ met (bij)* it may be compared to; *hij laat zich ~ met Dickens* he compares with Dickens; *je kunt je niet met hem ~* you cannot compare with him, there is no comparison between you two; *vergeleken met, zie* vergelijking: in ~ met
vergelijkend comparative [philology, degree], competitive [examination]
vergelijkenderwijs comparatively, by comparison; *~ geen slechte jongen* not a bad boy as boys go
vergelijking 1 comparison; collation; *er is geen ~ tussen hen* there is no comparison between them; *een ~ maken (trekken)* make a comparison, draw a parallel; *de ~ doorstaan met* bear (stand) comparison with; *in ~ met* in comparison with, (as) compared with; *in ~ daarmee was een uur wandelen een prettig vooruitzicht* an hour's walk was ... in comparison; *dat is niets in ~ met wat ik deed* that is nothing to what I did; *in ~ met andere politici [is hij een fatsoenlijk man]* as politicians go [...]; *hoe staat Engeland ervoor in ~ met het continent?* how does England compare with the ...?; *ter ~* for (to facilitate) comparison [relevant data are appended]; *vgl* vergelijken & *zie* boos & mank; **2** *(wisk)* equation; *~ van de 1e, 2e, 3e graad* simple (*of:* linear), quadratic, cubic equation; *~ met de onbekende als exponent* exponential equation; **3** *(stijlfiguur)* simile
vergelijkingsmateriaal material for comparison, reference material
vergemakkelijken facilitate, make easier, simplify [a task]
vergemakkelijking facilitation
vergen require, demand, ask; *van iem ~ dat hij ...* require a p. to ...; *veel ~ van* make great demands on, tax (task) [a p.'s powers, patience], put a great strain on [one's nerves]; *het vergt veel van mijn geduld* it is a great tax on my patience; *skilopen vergt veel van de benen* skiing is a great strain on ...; *te veel ~ van* overtax [one's nerves, o.s.], overstrain [one's voice]; *dat is veel gevergd* that is a lot to ask; *(fam)* that is a tall order; *dat is te veel gevergd* it is too much to ask (asking too much); *de strijd had te veel van hem gevergd* the struggle had taken too much out of him; *van zijn diplomatie werd het uiterste gevergd* his ... was taxed (strained) to the limit; *weinig ~ van iems tijd* make few demands on a p.'s time
vergenoegd (well-)contented, satisfied, pleased
vergenoegdheid contentment, satisfaction
vergenoegen content, satisfy; *zich ~ met te ...* content o.s. with ...ing
vergetelheid 1 oblivion, forgetfulness; *~ zoeken* seek oblivion; *aan de ~ prijsgeven* relegate (consign) to oblivion; *aan de ~ ontrukken* save (rescue) from oblivion; *in ~ geraken* fall (pass, sink) into oblivion; *tot ~ doemen* doom to oblivion; **2** forgetfulness
vergeten forget; *(door onachtzaamheid)* neglect [to lock (locking) the door; neglected minority groups]; *ik heb mijn boek ~* I've forgotten my book; *ik heb ~ het je te zeggen* I forgot to tell you; *ik ben uw naam (het jaartal) ~* I forget your name (the date); *ik ben ~ waarom* I forget why; *ik ben mijn Frans ~* I have lost my French; *vóór ik het vergeet* before I forget (it), while I remember; *en niet te ~* and not forgetting, last but not least; *betaling? vergeet het maar* payment? forget it; *vergeet beide ideeën maar, (sl)* stuff both notions; *zich ~* forget o.s.; *hij vergat zich zozeer dat hij haar sloeg* he forgot himself so far as to strike her; *de werkelijkheid (alles, enz) ~de* forgetting (forgetful of, oblivious of) reality (everything, etc); *~ burger* [he spent his remaining days as an] obscure citizen; *zie ook* vergeven 2
vergeven 1 *(vergiftigen)* poison; *de plek is ~ van ...* the place is overrun with [mice], is crawling, alive, ridden with [vermin], is [insect-]ridden; **2** *(vergiffenis)* forgive, pardon [to know all is to pardon all]; *~ en vergeten* forgive and forget; *iem iets ~* forgive a p. s.t. [forgive us our sins]; *dat zal ik je nooit ~* I'll never forgive you for that; *ik zou het mijzelf nooit ~* I should never forgive myself (for it); *vergeef me dat ik het zeg, maar ...* if you will forgive my saying so ...; *vergeef me dat ik het je niet gezegd heb* forgive me for not telling you; *vergeef (het) mij!* forgive me!; *niet te ~* unforgivable; **3** *(geven: ambt)* give away; *de Kroon heeft die plaats te ~* the place is in the gift of the Crown; *zijn baantje is al ~* his job is already promised; **4** *(bij kaartspel: zich ~)* (make a) misdeal
vergevensgezind forgiving
vergevensgezindheid forgivingness
vergever *zie* begever
vergeving pardon, remission [of sins]; *(ve predikantsplaats)* collation [of a benefice]; *zie ook* vergif-

vergevings-
fenis

vergevings- *zie* vergevens-
vergevorderd [the afternoon was] far advanced, advanced [season, cases of leprosy], well on one's way; *wegens het ~e uur* owing to the lateness of the hour; *zie ook* ontbinding
vergewissen: *zich ~ dat* make sure (certain) that; *zich ~ van* ascertain, make sure (certain) of
vergezellen accompany, *(krachtens ambt, enz)* attend; *vergezeld gaan van* be attended (accompanied) with; *zie ook* gepaard; *vergezeld doen gaan van* accompany [good wishes] with [a bunch of flowers]; *al onze goede wensen ~ hem, (ook)* he carries with him the good wishes of us all
vergezicht prospect, perspective, vista
vergezocht far-fetched
vergiet strainer, colander
vergieten shed [blood, tears], spill [blood, milk]; refound [a bell]; drown [the tea]
vergiettest strainer, colander
vergif poison; *(dierlijk ook)* venom *(beide ook fig); (bacterieel)* toxin; *daar kun je ~ op nemen* you bet, that's one thing you can be sure of; *zie ook* gif
vergiffenis pardon, forgiveness; remission [of sins]; *iem ~ schenken* forgive a p.; *(iem) ~ vragen* ask (a p.'s) forgiveness, *(voor een klein vergrijp)* beg a p.'s pardon
vergift *zie* vergif
vergiftenkast poison cupboard
vergiftenleer toxicology
vergiftig poisonous [*for* to], venomous; poisoned [arrows], toxic [spray]; *vgl* vergif; *niet ~* non-poisonous, non-venomous [snakes]
vergiftigen poison [a p., water, the mind, etc], envenom [the mind, feeling, etc]
vergiftiger poisoner
vergiftigheid poisonousness, toxicity
vergiftiging poisoning
Vergiliaans Vir-, Vergilian
Vergilius Vir-, Vergil
vergissen: *zich ~* be mistaken, mistake, commit a mistake (an error), be in error; *als ik me niet vergis* if I am not mistaken (deceived); *zeg het maar, als ik me vergis* correct me if I am wrong; *zich ~ in* mistake [the road, the house, a p.'s character, feelings], be mistaken in (about) [the date, etc]; *ik vergis me in de naam, (ook)* I've got the name wrong; *daarin vergis je je* that's where you're wrong, you are wrong about that; *vergis je daarin niet!* don't make any mistake about that!; *ik kan me ~* I may be mistaken; *men kon zich niet ~, hij was het* there was no mistaking him [*zo ook:* there was no mistaking his walk]; *~ is menselijk* to err is human; we all make mistakes; *zie ook* deerlijk, verkeerd
vergissing mistake, error, oversight, slip; *bij ~* (in) mistake, in error, mistakenly; *ik nam bij ~ uw paraplu mee in plaats van mijn eigen* I took your ... away in mistake for my own; *een ~ begaan* make (commit) a mistake; *stembiljet waarbij geen ~ mogelijk is* foolproof voting paper
vergisten ferment
verglaassel glaze, glazing, enamel
verglazen 1 glaze, enamel; **2** *(in glas, of als in glas, veranderen)* vitrify; *verglaasde ogen* glassy eyes
verglazing 1 glazing, enamelling; **2** vitrification
vergoddelijken deify
vergoddelijking deification, apotheosis
vergoden 1 deify; **2** *(verafgoden)* idolize
vergoding 1 deification, apotheosis; **2** *(fig)* idolization, idolizing
vergoeden make good [the damage, a loss, the cost], refund (reimburse, repay) [expenses], compensate [a defect, a want by ...], supply [a loss]; *4% rente ~ op* allow 4 per cent interest on; *iem iets ~* indemnify (compensate) a p. for s.t., reimburse a p. (for) his expenses, etc; *ik zal het u ~* I'll make it up to you; *dat vergoedt veel* that makes up for a lot; *wat hij te kort schoot in kwantiteit vergoedde hij in kwaliteit* what he wanted in ... he made up in ...; *een onrecht ~* make amends for an injury (a wrong); *het verlies ~, (ook)* cover the loss; *het verlies vergoed krijgen* be repaid for the loss
vergoeding compensation, reimbursement, damages, indemnification, indemnity, allowance; amends [for injury done]; *voor (of: tegen) een kleine ~* for a small consideration *(vaak iron); zie ook* schadevergoeding & verblijfkosten
vergoelijken smooth (gloss) over [a p.'s shortcomings], palliate, extenuate [a crime, etc], excuse [a p.'s conduct]
vergoelijking palliation, extenuation, excuse, smoothing (glossing) over; *ter ~ van* in palliation, etc of
vergokken gamble away
vergooien throw (*of:* chuck) away [one's money, etc]; *zich ~* throw o.s. away [*aan* on], make o.s. cheap, cheapen o.s.; *(kaartspel)* play a wrong card; *zie ook* verbruien
vergramd angry, irate
vergrassen grass (over)
vergrendelen 1 bolt; **2** *(techn)* lock [controls]
vergrijp offence [against the law, the rights of others], transgression [of the law, a rule], breach [of discipline, good manners], *(sterker)* outrage [(up)on decency]
vergrijpen: *zich ~ aan* lay violent hands (up)on [a p.], attempt [a p.'s life], assault, molest, *(euf)* interfere with [a girl], embezzle [money]
vergrijzen grey, become grey; *~ in* grow grey-headed in [a man's service]; *vergrijsd in* grey(-headed) in [the service of the law]; *vergrijsd door de tijd* hoary with time; *~de bevolking* ageing population
vergrijzing ageing
vergroeidbladig *(plantk)* gamopetalous
vergroeien 1 *(samengroeien)* grow together; *(ve litteken)* disappear in time; *het Oranjehuis is met ons*

volk vergroeid the House of ... has become one with our nation; *met vergroeide helmdraden, (plantk)* with connate filaments; **2** *(krom groeien)* grow out of shape; *(ve pers)* become deformed; *vergroeid, (krom)* crooked
vergroeiing growing together, etc; *(plantk)* coalescence
vergrootglas [put a p.'s faults under a] magnifying glass
vergroten enlarge [a building, a portrait], add to [a p.'s difficulties], increase, augment [production, knowledge, numbers, a quantity]; *(v glazen)* magnify; *(fot, sterk)* blow up; *(op schaal)* scale up; *(overdrijven)* magnify, exaggerate [a p.'s exploits, faults; *ook zonder voorwerp:* he exaggerates]; *tot het uiterste ~* maximize; *~de trap* comparative degree; *vergroot hart* dilated heart
vergroter enlarger, etc
vergroting enlargement *(ook concr);* increase, augmentation; magnification, magnifying, exaggeration; *(fot, sterk)* blow-up, *vgl* vergroten; *(v hart, maag, enz)* dilatation
vergrotingsapparaat enlarger
vergroven *tr & intr* coarsen
vergruizelen, vergruizen pound, crush, pulverize, smash (up); *(erts)* mill [ore]
vergruizer *(med: mechanisch)* lithotrite, stone-crusher, *(ultrasoon)* lithotripter
vergruizing pulverization, etc; *(med)* lithotrity, litholapaxy, *(ultrasoon)* lithotripsy
verguizen revile, vilify, libel, abuse
verguizing revilement, vilification, abuse
verguld gilt; *in ~e lijst* gilt-, gold-framed; *~ op snee* with gilt edges, gilt-edged; *hij is er ~ mee* he is highly pleased (as pleased as Punch) with it
vergulden gild; *(techn)* gold-plate; *zie ook* pil
vergulder gilder
verguldsel gilding, gilt
verguldwerk giltwork
verguld-zilveren silver gilt [cup]
vergunnen allow, permit, grant
vergunning permission, allowance, leave; *(concessie)* concession; *(tot drankverkoop, voor opvoering v toneelstuk, enz)* [sell drink without a] licence; *(het document, ook)* permit; *met ~ van* by permission of; *café met ~* licensed café; *~ aanvragen (nemen, verlenen)* apply for (take out, grant) a licence; *zie ook* verlof
vergunninghouder licensee; *(voor drankverkoop, ook)* licensed victualler
verhaal 1 story, narrative, account [of what happened], record [a day-to-day record of his life]; *(het verhalen)* narration; *verward ~* rigmarole; *hij deed het ~ hoe ...* he related the story of how [he had been picked up]; *J hield een heel ~ hoe ...* J made quite a speech on how ...; *een ~ opdissen* spin a yarn; *het ~ gaat dat ...* there is a story that ...; *zie ook* kort: om ~ te gaan; **2** redress, (legal) remedy, recourse, comeback; *er is geen ~ op* there is no (possibility of) redress; *~ hebben op* have a remedy against; **3** *op ~ komen* come round, recuperate, recover; *tijd om op zijn ~ te komen* a breathing space, *(fam)* a breather
verhaalbaar recoverable [*op* from]
verhaalster narrator, storyteller
verhaaltrant manner (way) of telling a story; *(verhalende stijl)* narrative style
verhaasten hasten [a p.'s death, matters], accelerate [death, a p.'s end], precipitate [a catastrophe], expedite [the dispatch of goods], speed up [the work, inquiries, litigation], mend, quicken [one's pace]
verhakstukken heel [shoes]; *zie ook* verhapstukken
verhalen 1 tell, relate, narrate; *zie ook* vertellen; **2** *(mar)* shift [a vessel]; **3** recover; *schade (een verlies) ~ op* recover a loss from; *zij ~ de kosten op de kopers* they pass the cost on to ...; *hij verhaalde het op zijn paard (op mij)* he took it out on his horse (on me)
verhalend narrative [style]
verhalenderwijs narratively, in a narrative manner
verhaler narrator, storyteller
verhandelbaar marketable, saleable; *(ve wissel, enz)* negotiable
verhandelen 1 *(handelen in)* deal in, handle [goods]; *(verkopen)* sell, dispose of [goods]; market [be marketed at popular prices]; *(wissel)* negotiate [a bill]; *katoen werd niet veel verhandeld* little business was done (few transactions were concluded) in cotton; *~ tegen* trade [textiles] for [copper]; **2** *(bespreken)* discuss, debate; *het verhandelde (in vergadering)* the proceedings [of a meeting]
verhandeling treatise, essay, disquisition, lecture, discourse, dissertation, thesis; *een ~ houden over* treat of
verhang *(ve rivier)* gradient, *(Am)* grade
verhangen rehang, change (the position of) [the pictures]; *zich ~* hang o.s.; *zie ook* bord
verhanging hanging
verhapstukken: *er is niets (heel wat) te ~* there is nothing doing (a lot to be discussed); *nog iets te ~ hebben* have a bone to pick [with a p.]
verhard hardened; *(v handen, enz)* horny, callous; *(ve weg)* metalled, paved; *(med, geol, enz)* indurated; *(fig)* case-hardened, obdurate, hard-hearted, callous
verharden I *tr* harden, indurate; metal (pave) [a road]; *(fig)* case-harden, indurate, steel [one's heart]; **II** *intr (ook fig)* harden, grow (become) hard, set, indurate
verhardheid hardness, hard-heartedness, obduracy
verharding hardening *(ook fig);* setting; induration; metalling; *(v weefsels)* sclerosis, *vgl* verharden; *(vereelting)* callosity
verhardingsmateriaal *(wegenbouw)* road metal
verharen lose (shed) one's hair; *(v dieren, ook)* (be on the) moult; *de hond verhaart* the dog is losing (shedding) his coat
verhaspelen spoil, botch; garble [he gave his garbled

account of the accident]; make a hash of [a passage]

verheerlijken glorify, exalt; *ermee verheerlijkt zijn* be delighted (over the moon) with it; *verheerlijkte gezichten* elated faces

verheerlijking glorification; [the] Transfiguration [of Christ]

verheffen lift [one's head; a nation out of barbarism], raise [one's eyes, voice], lift up [the mind, one's heart to heaven], uplift [the mind], elevate [to the status of ...]; *(prijzen)* exalt, extol; *zie ook* ophemelen; *zijn **stem** ~ **tegen*** raise one's voice against, declaim against; *hij werd **tot** graaf verheven* he was created (*of:* made) an earl, he was elevated to an earldom; *tot een kunst* ~ reduce to a fine art; ***zich*** ~ rise; *(opstaan, ook)* rise to one's feet (*of:* from one's seat); *de leden verhieven zich van hun plaatsen* members rose (stood up) in their places; *plotseling verhief zich een stem* suddenly a voice was raised; *zich ~ op* pride o.s. on [one's wealth], be proud of, glory in; *zie ook* adelstand, macht, wet, enz

verheffend elevating, uplifting

verheffing elevation, raising, uplift [moral and intellectual uplift]; ~ *tot de adelstand* elevation to the peerage; *zie ook* stemverheffing

verheimelijken keep secret, conceal; *niet ~, (ook)* make no secret of [one's object]

verhelderen I *tr* brighten, clear up; *(vloeistoffen)* clarify, clear; *(fig)* clarify [the situation], clear [the mind], enlighten; II *intr (v weer & gelaat)* clear (up), brighten (up); *(vh gelaat ook)* light up, lighten (up)

verheldering brightening; clearing, clarification; enlightenment

verhelen conceal, hide, keep secret, dissemble [one's satisfaction], disguise [one's fears]; *iets voor iem* ~ conceal (disguise, keep back) s.t. from a p.; *ik verheel het niet* I make no secret of it; *zie ook* ontveinzen

verheling concealment

verhelpen remedy, put right [a defect], redress [a wrong], set [things] to rights, correct, rectify [errors], straighten (out) [things]; *niet te* ~ irremediable, beyond repair

verhelping redress, remedy, correction

verhemelte *(vd mond)* [hard, soft] palate, roof of the mouth; *(ve troon)* canopy; *(ve ledikant)* tester

verhemelteklank palatal (sound)

verhemelteletter palatal (letter)

verhemelteplaat dental plate

verheugd glad, pleased, happy; ~ *over* glad of, pleased at

verheugen gladden, make glad, delight, *(verheven stijl)* rejoice; *het verheugt me* I am glad about it, I rejoice at it; *het verheugt me te horen ...* I am glad (pleased) to hear ...; ***zich*** ~ rejoice; *zich ~ **in*** boast [the clubhouse boasts an excellent dining room]; *zich ~ in een goede gezondheid* enjoy good health; *zich in de algemene achting* ~ be held in universal esteem; *een zolderkamertje dat zich verheugde in de naam belvédère* an attic rejoicing in the name of the ...; *zich ~ **op*** look forward to [(going to) the party], anticipate eagerly; *zich ~ **over*** rejoice at (in), be pleased at

verheugend gratifying; *een ~e stijging* an agreeable (welcome) increase; *zie ook* heuglijk

verheugenis joy

verheveling (atmospheric) phenomenon

verheven elevated, exalted, lofty, sublime, august, grand; *(v beeldwerk)* in relief, embossed; ~ *stijl* elevated (lofty) style; *half ~ beeldwerk* bas-relief; *boven alle lof* ~ beyond all praise; *boven verdenking* ~ above suspicion; *daar ben ik boven* ~ I am above that

verhevenheid elevation, sublimity, loftiness; ~ *van karakter* high-mindedness; *(concr)* elevation, rise, protuberance

verhevigen intensify

verhinderen prevent [a marriage, etc], hinder; *iem ~ te gaan* prevent (stop) a p. from going, prevent (stop) his (him) going; ~ *dat melk zuur wordt* keep milk from turning sour; *niet als ik het ~ kan* not if I can help it; *als ik het hem niet verhinderd had* if I had not prevented him; *verhinderd te komen, (ook)* unable to come

verhindering prevention; *(beletsel)* hindrance, obstacle, impediment; *zie ook* beletsel; *ingeval ik ~ krijg* in case I should be prevented (from coming); *bericht van* ~ letter of regret, apologies for absence; *afwezig met bericht van* ~ absent with apologies

verhip! *(fam)* the devil!; ~ *jij!* get along with you!

verhippen: *hij kan* ~ he can go to blazes

verhipt: *het is ~(e) koud* it's devilish cold

verhit heated [imagination]; ~ *door de wijn* heated (flushed) with wine; *zie ook* gemoed

verhitten heat (up); *(fig)* heat, fire [the imagination]; *zich* ~ (over)heat o.s.

verhoeden prevent, ward off; *dat verhoede God (de hemel)!* God (Heaven) forbid!

verhogen heighten [a dike, the effect, the mystery, a p.'s colour], raise, put up [the price], raise [a road, wages, a p.'s salary, the school-leaving age], elevate [the moral sense], enhance [the contrast, the value, her clothes enhance her beauty], add to [the celebration, a p.'s charms], increase [a bid, salary, sum], intensify [the mystery], emphasize [the dignity of ...]; *(bevorderen)* promote; *(leerling)* move up to a higher class (*of:* form); *de prijzen ~, (ook)* mark up prices; ~ ***met*** *f 5* raise (increase) by ...; *verhoogde bloeddruk* [suffer from] high blood pressure, hypertension; *wie zichzelf verhoogt, zal vernederd worden* whosoever shall exalt himself shall be abased; *zie ook* record

verhoging *(het verhogen)* heightening, raising, elevation, enhancement, promotion, *vgl* verhogen; *(v prijs, salaris, enz)* increase, increment, rise (*Am* raise); *(muz)* sharp; *(concr, van de grond)* rise, elevation, eminence; *(in zaal, enz)* dais, (raised) plat-

form; *(ve weg) zie* verkanting; *u heeft een beetje ~* your temperature is a little up, you have a (slight) temperature; *wat ~ krijgen* develop a temperature
verhogingsteken *(muz)* sharp
verholen secret, veiled [distrust], hidden, concealed
verhollandsen I *tr* **1** make Dutch; **2** translate into Dutch; II *intr* become Dutch
verhonderdvoudigen multiply by one hundred, increase a hundredfold
verhongeren starve (to death), be starved to death, die (perish) of hunger (of starvation); *laten (doen) ~* starve (to death); *om niet te ~* [earn barely enough] to keep the wolf from the door
verhongering starvation; *de ~ nabij* on the verge of starvation
verhoog (raised) platform, dais
verhoor hearing [the hearing was adjourned], examination, trial, interrogation; *iem een ~ afnemen, in ~ nemen* hear (examine, interrogate) a p. (a witness, etc); *(getuige ook)* put a p. in the witness box; *(door politie)* take a statement from, question [a p.]; *een ~ ondergaan, in ~ zijn* be under examination, be heard (examined, interrogated, questioned); *het (getuigen)~ werd voortgezet* further evidence was taken
verhoorkamer *(in politiebureau)* charge room
verhoornen keratinize
verhoren hear, answer [a prayer], grant [a wish]; hear, examine, interrogate [a witness]; hear, try [a prisoner]; *zie* verhoor: een ~ afnemen
verhoring *zie* verhoor; *~ vinden* be heard (granted)
verhouden: *hun salarissen ~ zich als 4 tot 5* their salaries are in the proportion (*of:* ratio) of 4 to 5; *5 verhoudt zich tot 6 als 10 tot 12* 5 is to 6 as 10 is to 12
verhouding 1 *(tussen getallen, enz)* proportion, ratio; *in de juiste ~* in correct proportion; *zie ook* [2]reden 1; ***buiten** (alle) ~ tot* out of (all) proportion to; ***in** ~ tot, (evenredig aan)* in proportion to; *het succes staat in geen ~ tot de kosten* the success bears no relation (is not in, is out of all proportion) to the cost; ***naar*** ~ proportionally, proportionately, pro rata; *naar ~ van* [be rewarded] in proportion to [one's deserts]; *zie ook* zich verhouden; **2** *(tussen personen)* relation, relations, relationship; *een ~ met zijn secretaresse* [he had] an affair with his secretary; *gespannen ~* strained relations; *geen gevoel voor ~en hebben* have no sense of proportion; ***in** hun ware ~* [see things] in their true perspective; *zie ook* verstandhouding
verhoudingsgetal ratio
verhoudingsgewijs comparatively, relatively; *zie ook* verhouding 1: naar ~
verhovaardigen: *zich ~* pride o.s. [*op* on], boast [*op* of, about]
verhovaardiging pride
verhuisauto *zie* verhuiswagen
verhuisbiljet written notice of a removal (*of:* departure)
verhuisdag day of removal, moving day
verhuiskaart change of address card
verhuiskosten removal (*of:* moving) expenses
verhuiswagen furniture van, removal van, pantechnicon (van)
verhuizen I *intr* move, remove, move house, change [to a cheaper room]; *(inz v zaak)* relocate; *(emigreren)* emigrate; *~ kost bedstro* moving house is an expensive business; *zie ook* noorderzon; II *tr* remove
verhuizer (furniture) remover, removal contractor (firm, *(fam)* man)
verhuizing removal, move, moving house; *(met de noorderzon)* moonlight flit
verhullen conceal
verhuren let [rooms, lodgings, a house], let out [boats] (for (*of:* on) hire), hire out [bicycles, etc], let out [a house] on lease; *het huis wordt verhuurd tegen ...* the house lets (is let) at ...; *zich ~ als* hire o.s. out as [*bij* to]; *zie ook* kamer
verhuur letting (out), hiring (out), etc
verhuurbaar lettable
verhuurbedrijf hire firm; leasing company
verhuurbordje 'To Let' sign (board, notice)
verhuurder *(algem)* letter, *(Am)* renter [of rooms, horses, boats, etc]; *(ve huis, land, kamers)* landlord, *(v land, huis, ook)* lessor
verhuurkantoor employment agency; *(voor huizen)* letting office; *(verhuur- en verkoopkantoor)* house agent's office [go to a house agent's]
verhypothekeren mortgage
verificateur verifier, auditor; *(bij douane)* chief preventive officer, customs inspector
verificatie *(algem)* verification; *(handel)* verification of assets, audit [of the books]
verificatievergadering first meeting of creditors
verifiëren verify, check [a statement]; audit [accounts]; prove [a will], admit [a will] to probate; adjust [a compass]; *zich laten ~, (handel)* prove one's claims
verifiëring *zie* verificatie
verijdelen frustrate, baffle, defeat, foil, thwart [plans, etc], frustrate, baulk, disappoint, shatter [hopes, etc]; *de poging (het plan, zijn hoop) werd verijdeld, (ook)* the attempt (the plan) was knocked on the head (his hopes were dashed to the ground)
verijdeling frustration, disappointment, defeat
verindischen go native
vering spring action; *(concr)* springs
verinlandsen go native
verinnigen make (become) more intimate
verinteresten I *tr* put out at interest; II *intr* bear no interest
verisme verism, *(inz opera)* verismo
veritaliaansen Italianize
verjaard superannuated, time-barred, barred (nullified) by limitation (by lapse of time; by prescription), statute-barred [debt, claim], [dividends] lost ([crime] extinguished) by limitation; *(door lang ge-*

bruik verkregen) prescriptive [rights]; *vgl* verjaren
verjaardag 1 *(ve pers)* birthday [present, party]; *gisteren was het zijn ~* yesterday was his birthday; **2** *(ve gebeurtenis)* anniversary
verjaar(dag)sfeest, enz, birthday party, etc; *vgl* verjaardag 1
verjagen drive (chase) away; *(door vreesaanjaging)* scare (frighten) away, shoo away [birds]; expel [*uit* from]; turn out, dislodge [the enemy]; dispel [fear, cares]; *zie ook* verdrijven
verjaging chasing away, etc; expulsion; dislodgement; *vgl* verjagen
verjaren 1 celebrate one's birthday; *hij verjaart vandaag* today is his birthday; **2** become barred (extinguished) by limitation (lapse of time), become (statute-)barred (superannuated); *(v recht of verplichting)* be prescribed; *vgl* verjaard & verjaring; **3** get (become, go) out of date
verjaring 1 superannuation; **2** *zie* verjaardag; **3** *(jur) (extinctief)* limitation (of actions); *(acquisitief)* prescription; *vgl* verjaren
verjaringsrecht statute of limitations
verjaringstermijn period (term) of limitation, limitation period; period of prescription; *vgl* verjaren
verjeugdigen rejuvenate
verjongen I *tr* rejuvenate, make young again, restore to youth; **II** *intr* **1** become young again, rejuvenate; **2** *(techn)* reduce, narrow
verjonging rejuvenation, rejuvenescence
verjongingskuur rejuvenation (rejuvenating) cure
verkalken calcine, calcify; *(vd bloedvaten)* harden
verkalking calcination, calcification; *vgl* aderverkalking
verkankelemienen *(fam)* muck up, spoil
verkankeren 1 be consumed by canker (cancer); *(fig)* rot, decay, go to pot; **2** muck (mess, *(sl)* bugger) [things] up
verkanten *(bocht van weg)* superelevate, bank [a curve]
verkanting superelevation, banking, *(v weg)* crossfall
verkappen cut up
verkapt disguised, veiled [threat], concealed, crypto- [communist], [republican] in disguise
verkassen *(fam)* shift, move (house), change one's digs (lodgings)
verkavelen allocate, allot, parcel out
verkaveling allocation, allotment, parcelling (*Am:* parceling) (out)
verkeer 1 [passenger, pedestrian, shipping, road] traffic; *bedienend ~* local traffic, *(bord, ook)* access only; *doorgaand ~* through traffic; *rechtstreeks ~* direct connection; *zie ook* minister; **2** *(omgang)* [social, sexual] intercourse; *vrij ~ (tussen twee landen)* free movement; *vrij geslachtelijk ~* promiscuous sexual intercourse, sexual promiscuity; *zie ook* regelen & regeling
verkeerbord backgammon board
verkeerd I *bn* wrong, bad; false [economy, step, start begin]; faulty [diagnosis]; *(ook)* mis-... [miscalculation, -conception, -information, -interpretation, -representation, -translation, -use, etc]; *~e naam, (ook)* misnomer; *~e kant, (ve stof)* wrong side; *zijn sokken ~ aantrekken* pull on one's socks inside out (wrong side out); *er viel nooit een ~ woord tussen hen* they never had a cross word; *de ~e wereld* the world upside down, topsyturvydom; ***een ~e**, (~ sujet)* a wrong 'un, a bad lot (hat, egg); *je hebt de ~e voor* you've mistaken your man; *(fam)* you've got the wrong sow by the ear, you've come to the wrong shop; *je hebt **iets** ~s gedaan* you have done wrong; *ik weet niet wat ik voor ~s gedaan heb* I ... what I've done wrong; *wat had ze voor ~s gedaan?* what had she done wrong?; *zie ook* adres, been, koffie, enz; **II** *bw* wrong, wrongly, amiss; *~ begrijpen* misunderstand, misread [a signal]; *elkaar ~ begrijpen* misunderstand each other, be at cross-purposes; *je begrijpt het helemaal ~* you've got the whole thing wrong [*zo ook:* don't get me wrong]; *~ beoordelen (uitspreken, vertalen, spellen, verstaan)* misjudge (mispronounce, mistranslate, misspell, misunderstand); pronounce (translate, etc) incorrectly; *zie ook* inlichten; *het boek heeft het ~* the book is wrong; *~ **doen*** do [the sum, everything] wrong; *je deed er ~ aan haar te ontvangen* you were wrong in receiving (to receive) her, you made a mistake in ...; *~ kiezen (raden, uitspreken, spellen, mikken)* choose (guess, pronounce, spell, aim) wrong; *dan dacht je ~* [I thought we'd agreed to ...;] you thought wrong then; *de dingen gaan (het loopt) ~* things are going wrong; *je kunt niet ~ lopen* you cannot lose your way; *het liep ~ met hem af* he came to a bad end; *hij nam mijn woorden ~ op* he took my words amiss; *zie ook sam met* mis & *zie* inlichten, overkomen, uitkomen, [1]weg 1, enz
verkeerdelijk wrong(ly), mistakenly, erroneously; *ik hield hem ~ voor mijn vriend* I mistook him for ...
verkeerdheid fault, s.t. wrong
verkeersaanbod volume of traffic
verkeersader (major) traffic route, main road
verkeersagent(e) traffic (*of:* point-duty) police(wo)man
verkeersapparaat traffic (system)
verkeersbord road sign, traffic sign
verkeersbrigadier *(vglb; in Eng volwassenen)* school crossing attendant, *(fam)* lollipop (wo)man; *(groep)* school crossing patrol
verkeerscentrale traffic control centre
verkeersdrempel 1 *(woonerf, enz)* (speed) ramp, speed hump (bump), sleeping policeman, retarder; **2** *(bij verkeerslicht, enz, vero)* detector pad
verkeersheuvel traffic island, refuge
verkeersknoop traffic jam
verkeersknooppunt (traffic) junction (interchange, intersection)
verkeersleider traffic controller
verkeersleiding traffic control

verkeerslicht traffic light
verkeerslijn *(op straat)* white line
verkeersmiddel means of communication *(ook mv)*
verkeersongeluk, verkeersongeval road accident; *(met dodelijke afloop)* road death; *dienst verkeersongevallen* accident unit
verkeersopstopping traffic jam
verkeersovertreding traffic offence (*Am:* offense)
verkeerspaaltje bollard
verkeersplein 1 roundabout; *(Am)* traffic circle, rotary; **2** motorway intersection
verkeerspolitie traffic police
verkeerspunaise traffic stud, *(met reflector, merk)* catseye
verkeersregel rule of the road; *vgl* verkeersvoorschriften
verkeersregeling traffic regulation; *zie ook* verkeersvoorschriften
verkeersslachtoffer road victim, traffic casualty
verkeersstrook traffic lane; *met 6 verkeersstroken* six-lane [bridge]
verkeersteken road sign
verkeerstoren *(luchtv)* control tower
verkeersveiligheid road safety
verkeersvlieger airline pilot
verkeersvliegtuig passenger plane, commercial aircraft
verkeersvoorschriften traffic regulations, [the] Highway Code
verkeersweg thoroughfare; *(grote)* highway, main road; *(voor de handel)* trade route
verkeerswezen traffic, [minister of] transport
verkeerswisselaar interchange
verkeerszuiltje bollard
verkenmerk bench mark
verkennen survey, explore, *(mil)* reconnoitre, scout; *een ~d gesprek* an exploratory talk; *zie ook* terrein
verkenner scout
verkennerij *(hist)* scouting
verkenning reconnoitring, exploration, scouting; *een ~* a reconnaissance; *op ~ uitgaan, (ook fig)* make a reconnaissance, go reconnoitring, have a scout around
verkenningspunt landmark
verkenningstocht reconnoitring expedition
verkenningstonnen *(mar)* fairway buoys
verkenningsvliegtuig reconnaissance plane
verkenningsvlucht reconnaissance flight
verkeren 1 *(omgaan)* associate, have social intercourse [*met* with]; *(in zekere kringen)* move *[aan het hof* in court circles*]*; *~* ***met*** associate with; *zie ook* verkering hebben; *waar men mee verkeert, wordt men mee geëerd* a man is known by the company he keeps; **2** *(veranderen)* change, turn; *het kan ~* it is a long lane that has no turning, things will take a turn; **3** *(zich bevinden)* be [in danger, doubt, a peculiar position], find o.s. [in difficulties], live [in straitened circumstances]; *zie ook* dwaling, kring, mening, enz
verkering courtship; *(samen) ~ hebben* be courting, go together; *Anna en hij hebben ~* Anna and he are courting (going together); *~ krijgen* start going out; *vaste ~ hebben* go steady
verkerven: *het bij iem ~* incur a p.'s displeasure; *hij heeft het bij zijn chef (bij haar) verkorven* he is out of favour with his chief (is in her bad books)
verketteren charge [a p.] with heresy, brand [a p.] as a heretic; *(fig)* decry, inveigh against, denounce
verkettering charge of heresy; *(fig)* denunciation
verkiesbaar eligible; *zich ~ stellen* seek election, offer o.s. as a candidate, consent to stand (for an office, etc); *zich weer ~ stellen* seek re-election
verkiesbaarheid eligibility
verkieslijk preferable [*boven* to]; *(wenselijk)* desirable, eligible
verkiezen 1 *(prefereren)* prefer [*boven* to]; *ik verkies niet te gaan* I don't choose to go; *doe zoals je verkiest* do as you like (please); have it your own way; have it which way you wish; please yourself; **2** *(kiezen)* choose; *(vooral bij stemming)* elect; *(voor het parlement)* return [a liberal majority was returned]; *zie verder* kiezen
verkiezing 1 *(algem)* choice, wish; *(voorkeur)* preference; *bij ~* for (by, in) preference, for choice; *naar ~* at choice, at pleasure, at will, at discretion; *naar ~ van de koper* at buyer's option; *doe naar ~, zie* verkiezen: doe zoals je verkiest; *uit eigen (vrije) ~* of one's own free will, from choice; **2** *(vooral bij stemming)* election; *(tot kamerlid ook)* return; *~en voor de gemeenteraad en voor het parlement* municipal and parliamentary elections; *de ~ heeft morgen plaats* the poll will take place tomorrow; *zie ook* tussentijds & uitschrijven
verkiezingscampagne election(eering) campaign
verkiezingsdag polling (election) day
verkiezingsfraude electoral fraud
verkiezingsoverwinning election (electoral) victory, victory at the polls
verkiezingsprogramma election programme, electoral platform
verkiezingsredevoering election (electoral) address (speech), *(fam)* stump speech; *~en houden, (fam)* be (go) on the stump
verkiezingsstrijd election contest, electoral struggle
verkiezingsuitslag results of the poll, election results; *het bekendmaken van de ~* declaration of the poll
verkiezingswinst electoral gain
verkijken: *uw kans is verkeken* your chance is gone (*of:* lost), *(fam)* you've missed the bus; *nu is alle kans verkeken, (fam)* that's torn it; *zich ~* make a mistake, be mistaken; *zich ~ op* misjudge
verkikkerd: *(fam) ~ op iets* keen on (gone on) s.t., potty (dotty) about s.t.; *~ zijn (raken) op een meisje* be (get) sweet on (smitten with) a girl; *alle meisjes zijn op hem ~* all the girls run after him

verkillen chill
verklaarbaar explicable, accountable; *gemakkelijk ~* easily accounted for
verklaard *(fig)* declared, avowed, professed [woman-hater]
verklaarder explainer, commentator, glossarist; *(ve wet)* interpreter, exponent
verklanken express by music, set to music, give musical expression to
verklappen blab, let out, give away, reveal [a secret]; *iem ~* tell on (*of:* of) a p., give a p. away; *(sl)* peach (split, snitch, *aan politie:* grass) on a p.; *zich ~* give o.s. away; *de boel ~* give the show away, let the cat out of the bag, spill the beans; *(sl)* squeal; *zij had het verklapt* she had blabbed; *het geheim is verklapt, (ook)* the murder is out; *dat mag ik niet ~* I must not tell
verklapper tell-tale, *(sl)* snitch
verklaren 1 *(uitleggen)* explain, elucidate, make clear, clear up, account for [one's conduct; this accounts for the state of affairs]; *~ als, (ook)* interpret as; *verklarende aantekeningen* explanatory notes; **2** *(zeggen)* declare; *(officieel)* certify; *(getuigen)* depose, testify; *hij verklaarde hem gezien te hebben* he spoke (deposed, testified) to having seen him, declared (deposed, testified) that he had seen him; *ik kan het (mij) niet ~ dat hij zoiets gedaan heeft* I cannot account for his doing ...; *zij kon niet ~ wie zij was (hoe zij daar kwam, enz)* she could give no account of herself; *hierbij verklaar ik dat ...* I hereby certify that ...; *zich ~, a)* declare o.s.; *b)* explain o.s.; *verklaar u nader* explain yourself; *zich ~ voor* declare for (in favour of); *zich ~ tegen* declare against; *zie ook* declareren, eed, getuigen, krankzinnig, oorlog, enz
verklaring 1 *(uitleg)* explanation, elucidation; *ter ~* [say s.t.] in explanation, in elucidation; **2** *(afgelegde ~)* declaration, statement, [official] pronouncement; *(ve getuige)* evidence, deposition; *(attest)* certificate; *~ van overlijden* certificate of death, death certificate; *beëdigde ~* affidavit; *een ~ afleggen* make a statement [*over* on]; *iem een ~ afnemen* take a statement from a p.; *volgens zijn eigen ~* according to his own statement (on his own admission) [he had ...]
verkleden *(vermommen)* disguise; *verkleed als zeerover* dressed as (to represent) a pirate; *het kindje ~* change baby('s clothes); *zich ~* change (one's clothes; *van vrouw:* one's dress), *(zich vermommen)* dress (o.s.) up, make up, disguise o.s.; *ga je ~* go and change; *ik moet me ~, (ook)* I must get changed
verkleefd attached, devoted [*aan* to]
verkleinbaar reducible
verkleinen 1 *(in omvang, enz)* reduce [a drawing, etc], *(kledingstuk)* cut down [to a p.'s size]; *(op schaal)* scale down; *op verkleinde schaal* on a reduced scale; *(verminderen)* reduce, lessen, diminish; *een breuk ~* reduce a fraction (to its lowest terms); **2** *(fig)* belittle, disparage, derogate (detract) from [a p.'s fame, merits, etc]; *(als minder ernstig, enz voorstellen)* extenuate [a p.'s faults, etc], minimize [the matter, danger, the importance of ..., etc]
verkleinglas reducing glass
verkleining 1 reduction, diminution; **2** belittlement, disparagement [of ...], detraction [from ...]; *(ve breuk)* reduction (to its lowest terms); *vgl* verkleinen
verkleiningsuitgang diminutive ending
verkleinwoord diminutive
verkleumd (be)numbed, numb (with cold); *door en door ~* chilled to the bone
verkleumen grow numb (*of:* stiff) with cold
verkleuren lose colour, fade, discolour; *niet ~* keep colour, be fast; *doen ~* discolour, fade [sunlight had faded the curtains]; *verkleurd* discoloured, faded [fabrics]
verkleuring discoloration, fading
verkleurmannetje chameleon
verkleving *(med)* adhesion [of the intestine]
verklikken blab; *zie* verklappen
verklikker *(pers)* tell-tale, talebearer; *(sl)* squealer, squeaker; *(inz crimineel aan politie)* grass, *(in het groot)* supergrass; *(techn)* tell-tale; (colour) indicator; *(stille ~)* police spy, informer, *(sl)* nark, snitch
verklikkerlichtje tell-tale, pilot light
verklungelen fritter away [one's time, money], trifle away [time]
verknallen *(fam)* fluff [a chance], spoil, lose [an opportunity], blow [one's chances]; *zie ook* verknoeien
verknapbussen *(fam)* fritter away, squander
verkneukelen, verkneuteren: *zich ~* hug o.s. with delight, rub one's hands with joy (in glee), chuckle; *zich ~ in* revel (luxuriate) in, chuckle over [an idea, etc], gloat over [a p.'s misery]
verkniezen: *zich ~* pine away, mope one's heart out; *zijn leven ~* mope away one's life
verknippen cut to pieces, cut up; *(verknoeien)* spoil in cutting; *verknipt* maladjusted [person]; *(sl)* [be] hung up
verknocht attached, devoted [*aan* to]; *een aan elkaar ~ paar* a devoted couple
verknochtheid attachment, devotion
verknoeien 1 *(bederven)* spoil, bungle, muff, fluff [a penalty], make a mess (hash) of [things], muck [things] up, botch (up) [the dinner], mess up [one's career]; garble [facts, a statement, text]; murder, butcher [music, Shakespeare]; *ik heb de zaak hopeloos verknoeid* I've made a hopeless mess of it (of things); *verknoeide vertaling* bungled translation; **2** *(verdoen)* waste, fritter away [time, money]
verknollen *zie* verknallen & verknoeien
verkoelen I *tr* cool *(ook fig)*; ice [champagne]; damp [a p.'s affections, zeal]; *(tegen bederf)* chill, refrigerate; *~de drank, (ook)* cooler; **II** *intr* cool (down, off) *(ook fig)*

verkoeling cooling; *(fig ook)* coolness, chill; *het bracht ~ in hun vriendschap* it put a damper on (led to a cooling off in) their friendship
verkoeverkamer *(med)* recovery room
verkoken I *intr* boil away; II *tr* boil down [to half the quantity]
verkokering compartmentalization
verkolen I *intr* become charred (carbonized), char; II *tr* char, carbonize
verkoling charring, carbonization
verkomen waste away
verkommeren sink into poverty, starve
verkond(ig)en proclaim [peace, one's intentions; the God he proclaimed], preach [a new religion, the word of God], ventilate [an idea], advance (enunciate, put forward) [a theory]; *de hemelen verkondigen Gods eer* the heavens declare the glory of God; *wat je daar verkondigt, is onzin* what you are saying is nonsense; *zie ook* lof
verkondiging proclamation, preaching
verkoop sale (*ook mv:* sales have gone up, good sales figures); *ten ~ aanbieden* offer for sale; *in de ~ brengen* put on sale; *zie ook* afslag, enz
verkoopafdeling sales department
verkoopakte deed of sale
verkoopapparaat sales organization
verkoopbaar saleable, marketable, vendible
verkoopbevordering sales promotion
verkoopbordje 'For Sale' sign (notice, board)
verkoopdatum: *uiterste ~* sell-by date
verkoophuis auction room, saleroom
verkoopkunde salesmanship
verkoopleider sales manager
verkooplimiet reserve price
verkooplokaal auction room, saleroom
verkoopnet distribution network
verkooporder selling order
verkooppraatje *zie* verkoopsmoes
verkoopprijs selling price
verkooppunt point of sale, (retail, sales) outlet
verkoops- *zie* verkoop-
verkoopsmoes *(min)* spiel, [a bit of] glib sales talk
verkoopster saleswoman, -lady, -person, shop girl, *(Am)* salesclerk
verkooptechniek salesmanship; *zie ook* agressief
verkoopwaarde market value
verkopen 1 sell [products, insurance, tickets; *(fig:)* a new idea to the public], dispose of; *(ook)* keep [we don't keep shoe polish]; *(aan de deur)* hawk [from door to door]; *onderhands ~* sell by private contract; *publiek ~* sell by (public) auction; *al zijn aandelen ~* sell out; *iems boeltje laten ~* sell a p. up; *je kunt hem verraden en ~ (waar hij bij is)* he is easily led by the nose; *je bent verkocht* you are lost (done for), they've got you on toast; *ik wou het niet voor £50 ~, (ook)* I would not take £50 for it; *het wordt goed verkocht* it sells well; *voor hoeveel is het verkocht?* what did it sell for?, what did it fetch?; *dat kan ik thuis niet ~, (fig)* I can't make them buy (sell them) that at home; *hij verkoopt zich slecht* he doesn't know how to sell (to present) himself; *hij kan het mooi ~, (iron)* he has a glib tongue; *zie ook* afslag, bij 10, nee, enz; **2** talk [nonsense, rubbish], tell [lies], crack [jokes]; *zie ook* praatje
verkoper seller, vendor; *(in zaak)* [a good] salesman, shop assistant, *(Am)* salesclerk
verkoperen copper, sheathe (with copper), copperplate
verkoping (public) sale, auction; *op de ~ doen* sell by public auction
verkoren chosen, elect; *de ~en* the elect
verkorten shorten [a rope, a p.'s life, the way], abridge [a book, etc], condense [a report], abbreviate [a word, story], curtail [a visit]; beguile, while away [the time]; encroach (up)on [a p.'s rights]; *iem in zijn belangen ~* prejudice a p.'s interests; *(ve tekening)* foreshorten; *verkorte bewerkingen, (wisk)* contracted methods; *een verkorte bewerking van Macbeth* a shortened (*fam:* boiled-down, potted) version of Macbeth; *in verkorte vorm, (ook)* in tabloid form; *verkorte werkweek* short week
verkorting shortening, abridgement, abbreviation, curtailment; foreshortening; *bij ~* by way of abbreviation, [called Bob] for short; *vgl* verkorten
verkortingsteken apostrophe
verkorven *zie* verkerven
verkouden: *~ zijn* have a cold; *je bent ~, (fig)* you're in for it; *~ worden* catch (a) cold; *ik word (erg) ~* I'm starting a (bad) cold, I've got a (bad) cold coming
verkoudheid cold [in the head, head cold; cold on the chest]; *een ~ opdoen* catch (a) cold; *hij lijdt aan een zware ~* he has a severe cold
verkozen chosen, elected; *de ~ (nog niet in functie zijnde) Lord Mayor* the Lord Mayor elect
verkrachten violate [a law, rights, justice, one's conscience, a woman], ravish, rape [a woman], murder [the language]
verkrachter rapist
verkrachting violation, ravishment, rape *vgl het ww*
verkrampt contorted [style]
verkregen: *~ rechten* vested rights
verkreukelen, verkreuken crumple (up), rumple, crush
verkrijgbaar obtainable [*bij* from], to be had, to be got, [programme] available [at 50p], [foreign papers] on sale [here]; *informaties hier ~* information to be had here, inquire within; *niet meer ~, (ve artikel)* out of stock, *(ve boek)* out of print; *~ bij alle drogisten* can be obtained from (to be had of) all chemists; *~ stellen* place on sale, offer (for sale); *ze zijn in 4 kleuren ~, (ook)* they come in four colours
verkrijgen obtain, get, acquire; gain [admission]; poll [1000 votes]; *door zijn moed verkreeg hij het Victoria Cross* his valour won him the VC; *het geld was niet eerlijk verkregen* the ... had not been honestly come by; *te ~, zie* verkrijgbaar; *niet te ~, (ook)*

unobtainable; *informaties waren moeilijk te ~* information was hard to come by; *ik kon het niet over mij ~* I could not find it in my heart [to ...], could not bring myself [to ...]; *vgl* verwerven

verkrijging obtaining, acquisition

verkrimpen writhe [with pain]

verkroppen swallow [one's anger], bottle up [one's feelings]; *zijn leed ~* stifle one's sorrow, eat one's heart out; *zijn woede ~, (ook)* chafe inwardly; *hij kan 't niet ~* it sticks in his throat (*fam:* his gizzard), it rankles in his mind; *verkropt* pent-up [feelings, grief, rage]

verkrotten decay, become run-down; *verkrotte wijken* run-down (slum) areas [of a town]

verkruimelen *(ook fig)* **I** *tr* crumble; **II** *intr* crumble (away)

verkwanselen 1 barter (*of:* bargain) away; **2** fritter away [one's money]

verkwijnen pine away, languish

verkwikkelijk refreshing; *dat is geen erg ~e aangelegenheid* it's an unpalatable [unsavoury] affair

verkwikken refresh, freshen up

verkwikking refreshment

verkwisten squander, throw away, waste [money, time], dissipate [energy], *(sl)* blue [money]; *~ aan* waste on

verkwistend wasteful, extravagant, prodigal, thriftless; *~e gewoonten, (ook)* spendthrift ways; *zie ook* kwistig

verkwister spendthrift, prodigal, squanderer

verkwisting dissipation, extravagance, prodigality, waste(fulness); *(fam)* squandermania

verlaat 1 lock, weir; **2** *zie* [1]verlaten

verladen ship

verlading shipment

verlagen lower [a wall, prices, one's pretensions], reduce [wages]; cut, bring down [prices; *laag: lager stellen*]; step down [the voltage]; *(muz)* lower, flatten [a note]; *(in rang)* demote; *(zedelijk)* lower, debase, degrade; *~ met* reduce (lower) by [5%]; *zich ~* lower (debase, degrade, demean) o.s.; *zich ~ tot, (ook)* stoop (descend) to [dishonest practices]; *verlaagd plafond* false (*of:* suspended) ceiling

verlaging lowering, reduction, cut [price cuts]; flattening; debasement, degradation; cutback [in holiday allowances], *vgl* verlagen; dip [in the ground]; *(muz)* flat

verlagingsteken *(muz)* flat

verlak lacquer, varnish

verlakken 1 lacquer, varnish, japan; **2** swindle, cheat, con, diddle [a p.], sell [a p.] a pup; **3** *vgl* verlakt I.2

verlakker 1 varnisher, japanner; **2** swindler

verlakkerij 1 varnishing; **2** swindle, con, skulduggery; *het is allemaal ~* it's a complete sell (swindle)

verlakt I *bn* **1** lacquer(ed), japanned [box]; **2** patent-leather [shoes]; **II** *zn* lacquer

verlamd paralysed [in both legs *aan*; with fear *door, van*], palsied; *zie ook* [2]lam; *een ~e* a paralytic

verlammen I *tr* paralyse, *(fig ook)* cripple [industry], hamstring [be hamstrung by lack of means]; *het verkeer ~* block (*Am:* stall) the traffic; **II** *intr* become paralysed

verlamming paralysis *(ook fig)*, [cerebral, shaking] palsy, paralytic seizure; *langzame ~* creeping paralysis; *eenzijdige ~* hemiplegia; *gedeeltelijke ~* paresis

verlanden become dry land

verlangen I *ww tr* desire, want, require, have a desire [to ...]; *hij verlangt dat ik ga* he desires (wants) me to go; *ik verlang dat niet te horen* I do not want (have no desire) to hear it; *betaling ~* demand payment; *al wat men kan ~* all that can be desired; *hij deed wat van hem verlangd werd* he did what was asked of him; *de verlangde hoeveelheid* the required quantity; **II** *ww intr* long; *~ naar* long for, look forward to [going, the holidays], wish for [solitude]; *vurig ~ naar* hanker after (for), *(fam)* be dying for [a drink]; *ik verlang ernaar u te zien* I long (am anxious, *fam, sterker:* aching, dying) to see you; *waar men zo vurig naar hem verlangde* [the spot] where he was so eagerly expected; **III** *zn* desire; longing; *~ naar* desire (longing) for, *(sterker)* craving for [strong drink], hankering [after power]; *op ~* [tickets to be shown] on demand; *op ~ van* at (by) the desire of; *op mijn ~* at (by) my desire; *op zijn uitdrukkelijk ~* by his special wish; *vol ~, zie* verlangend

verlangend longing; *~ naar* desirous of, eager (anxious) for [a change]; *ongeduldig ~ naar* impatient for; *~ te gaan* anxious (desirous, eager) to go, desirous of going

verlanglijst list of suggested gifts (*pol:* of priorities); *het staat al lang op mijn ~je* it has long been one of my wishes

verlangzamen slow down, slow up, slacken [one's pace]

[1]**verlaten** *ww (later maken, uitstellen)* delay, postpone; *zich ~* be belated; *de voorzitter is verlaat* the ... will be late; *ik heb me verlaat, (ook)* I've been held up; *verlaat bericht* belated message

[2]**verlaten I** *ww* **1** *(weggaan van)* leave, *(meestal voorgoed, ook)* quit; *het pad der deugd ~* stray from the path of virtue; *de wereld ~, a)* die to the world; *b) (sterven)* depart this world; *de socialisten verlieten de Kamer* the ... left the Chamber, walked out (of the House) [as a protest against ...]; *de school ~* leave school; **2** *(in de steek laten)* abandon [a sinking ship], desert [one's post, one's wife and children, his courage deserted him], walk out on [the party], forsake [God will not forsake you]; **3** *(ontruimen)* vacate [the room was hurriedly vacated]; **4** *zich ~ op* rely (*of:* depend) on, trust to; *verlaat u op God* put your trust in God; *zie ook* dienst; **II** *bn (ve pers)* lonely, *(sterker)* forlorn; *(in de steek gelaten)* forsaken, abandoned; *(zonder mensen)* deserted; *(afgelegen)* lonely, desolate; *van God en mensen ~* godforsaken [place]

verlatenheid loneliness, forlornness, desertion; *ge-*

voel van ~, (ook) (feeling of) desolation

verlating 1 abandonment, desertion; *zie ook* kwaadwillig; **2** delay

verleden I *bn* last [night, week, year]; past [events]; *~ (week) donderdag* last Thursday, Thursday last ([on] ... of last week); *~ deelwoord* past participle; *~ tijden, (ook)* bygone ages; *(onvoltooid) ~ tijd, (gramm)* (simple) past tense; *dat is ~ tijd* that is over and done with; *vgl* III; *zie ook* verlijden; **II** *bw zie* onlangs; **III** *zn* past [the distant past, a woman with a past]; *zijn ~* his past, his record, his antecedents; *met een slecht (zuiver) ~* [man] with a bad (clean) record; *dat hoort tot het ~* that is a thing of the past; *het verre ~, (ook)* [in] the long-ago; *het ~ laten rusten* let bygones be bygones

verlegen 1 shopworn, shop-soiled, stale [goods]; **2** *(v aard)* shy, bashful; *(geen raad wetend)* confused, perplexed, embarrassed; *met zijn persoon (figuur, met zichzelf) ~ zijn* be (look) self-conscious (embarrassed); *zij is niet gauw ~* she is not easily put out; *hij maakte mij ~* he embarrassed me, caused me embarrassment; *ik was **ermee** ~ (zat met hem, met mijn handen ~)* I did not know what to do with it (with him, with my hands); *hij zat er totaal mee ~, (ook)* he was completely at a loss what to do with it (think of it, etc); *met zijn tijd ~ zijn* be at a loose end; *~ zijn (zitten) **om*** be in want of, want badly, be pressed (pushed, hard up) for [money, etc], be at a *(enigszins:* be at something of a) loss for [an answer; a subject]; *~ **tegenover** hem* [she was] shy with him

verlegenheid 1 shyness, timidity, bashfulness, self-consciousness, confusion, perplexity, embarrassment; *vgl* verlegen; **2** *(moeilijkheid)* embarrassment [his financial embarrassments], trouble, scrape, quandary; *in ~ brengen, a) zie* verlegen: ~ maken; *b)* get [a p.] into trouble (into a scrape), *(door vraag, enz)* embarrass, perplex, stump [a p.]; *in ~ geraken* get into trouble; *in ~ verkeren, uit de ~ helpen, zie* moeilijkheid; *[we zijn] in de uiterste ~* in great straits

verleggen shift [the attention, responsibility; the points *wissel*; shift the scene to Africa], put elsewhere, (re)move; divert [a river, the traffic]

verlegging shifting, removal; diversion; *vgl* verleggen

verleidelijk tempting [offer], enticing [smell], alluring [prospect, smile], seductive [smile, woman]

verleidelijkheid allurement, enticement, seductiveness; *vgl* verleidelijk

verleiden 1 *(zedelijk)* seduce; lead [a p.] astray; *(vrouw)* seduce; **2** *(verlokken)* tempt [the fine weather tempted me to go for a walk], allure, entice; *iem tot iets ~* seduce (tempt) a p. into doing s.t. (to do s.t.); *(door bedrog)* fool a p. into doing s.t.; *zich gemakkelijk laten ~* be easily led astray; *ik heb me laten ~ het boek te lezen* I have been trapped into reading the ...

verleider seducer; tempter; *verborgen ~s* hidden persuaders

verleiding 1 seduction; **2** *(verzoeking)* temptation; *vgl* verleiden & verzoeking

verleidster seducer, temptress

verlekkeren tempt, entice; *zich ~ aan, verlekkerd kijken naar* cast eager (hungry, lustful, greedy) eyes on, feast one's eyes on; *verlekkerd op* keen on

verlenen grant [a delay, credit], allow [a discount], give [permission], confer (*of:* bestow) [a title] on [a p.], render, lend [assistance], extend [credit, hospitality]; *(diploma)* grant [*aan* to], confer [*aan* on]; *een uitgebreide volmacht ~* endow with wide powers; *het kiesrecht ~ aan* confer the franchise on; *kracht (een bijzondere bekoring, enz) ~ aan* lend (impart) force (a peculiar charm, etc) to; *het woord ~ aan* call (up)on [Mr N] to speak; *zie ook* hulp

verlengbaar extensible; *(ve paspoort, enz)* renewable

verlengd lengthened, etc; *zie* verlengen & merg; *het ~e, (meetk)* the produced part [of a line]; *zuiver in het ~e vallen* be in a direct line [*van* with]; *deze weg ligt in het ~e van die* this road is a continuation of ...; *het ligt geheel in het ~e van mijn opdracht* it is in line with, follows naturally from ...

verlengen lengthen, make longer, prolong [a visit]; extend [the road, one's credit, a subscription, a term *termijn*]; continue [a contract, a person in a job]; renew [a passport, subscription, etc]; *(meetk)* produce [a line]; *de pas ~* step out; *de wedstrijd werd verlengd* the ... went into extra time; *vgl* verlengd

verlenging lengthening; extension; prolongation; continuation; renewal; production, *vgl* verlengen; *(sp)* extra time, *(Am)* overtime; *~ van verlof* extension of leave; *na ~* [win] after extra time (*na 3 ~en* after 3 periods of extra time)

verlengsel *zie* verlengstuk

verlengsnoer extension lead (*Am:* cord)

verlengstuk extension piece; *de zuivelindustrie is een ~ van de veehouderij ...* is an annexe to ...

verlening granting; conferment, bestowal; rendering [assistance]

verleppen wilt, fade, wither; *er verlept uitzien* look faded (washed out)

verleren forget [one's English]; *het lachen niet verleerd zijn* have not forgotten how to laugh; *om het niet te ~* in order to (*of:* just to) keep one's hand in (not to lose one's touch); *vgl* afleren & afwennen

verlet loss of time (of hours); [seasonal] lay-off; *zonder ~* without delay

verletten prevent; *zie* letten

verleuteren waste [one's time] talking

verlevendigen revive [trade, impressions, hope, the memory of ...], quicken [interest], enliven [the scene, a feast], freshen [colours]

verlevendiging revival, quickening, enlivenment, enlivening

verlezen 1 pick, select, sort; **2** *zich ~* make a mistake in reading, misread a word, etc

verlicht 1 *(door licht)* lighted (up), lit (up), illuminated; *(fig)* enlightened [person, age]; ~ *despoot (despotisme)* enlightened (benevolent) despot (autocrat; despotism, autocracy); *zie ook* maan; **2** *(ve last, enz)* lightened; *(fig)* relieved; *een ~ gevoel* a sense of relief; *zich ~ voelen* feel relieved

verlichten 1 *(door licht)* light, light up, illuminate; *(met schijnwerpers)* floodlight; *(fig)* enlighten [the mind]; **2** *(minder zwaar maken)* lighten [a burden; *ook fig:* the heart]; simplify [a task]; relieve [suffering], alleviate [a p.'s lot], ease [pain, the tension]; *zie ook* verlicht & *vgl* verzachten

verlichting 1 lighting, illumination, [turn down the] light(s); *de V~, (hist)* the Enlightenment; **2** lightening, relief, alleviation; *vgl* verlichten; *~ geven, (ook)* relieve, ease

verlichtingssterkte illumination, lighting intensity; [screen] brightness

verliederlijken I *tr* debauch; II *intr: zich ~* become ruined by dissipation

verliefd enamoured, amorous; in love [be in love; a man in love]; *(smachtend ~)* lovesick [a lovesick youth]; *(hopeloos ~)* lovelorn; *~e blikken* amorous looks; ~ *op* in love with, sweet on, gone on, enamoured of; *dwaas ~ op* infatuated with; *smoor(lijk) ~ op* over head and ears in love with; ~ *worden* fall in love [*op* with]; ~ *worden op, (ook)* lose one's heart to; *~e blikken toewerpen* make eyes at [a p.]; *een ~ paartje* a couple of lovers (*scherts:* of lovebirds), two lovers; *~en* lovers

verliefdheid amorousness, [their] being in love; *dwaze ~* infatuation

verlies loss; *(door de dood, ook)* bereavement; *(door lekkage)* spillage; *verliezen, (in oorlog)* [suffer heavy] casualties; ~ *(geleden) op* loss on [the exhibition]; *zijn dood is een ~ voor de wereld (de stad)* the world (the town) is the poorer by (*of:* for) his death; *hij (het) is geen groot ~* he (it) is no great loss; *het ~ is aan mijn kant* the loss is mine; *het ~ dragen* bear (stand) the loss; ~ *nemen* cut one's losses; *iem een zwaar ~ toebrengen* inflict a heavy loss (up)on a p.; ~ ***aan*** *mensenlevens* loss of life; ***met*** ~ *verkopen* sell at a loss (at a sacrifice); *met ~ werken* work at a loss, make a loss; *met zware verliezen* [repulse the attack] with heavy losses; *hij kan goed (slecht)* ***tegen*** *(zijn) ~* he is a good (bad) loser; *zie ook* goedmaken, lijden, wettelijk, enz

verliesgevend, verlieslatend, verlieslijdend loss-making [sectors of industry]

verliespost *(op rekening)* loss; *(zaak)* loss-maker

verliespunt point lost, minus point; *zonder ~en* without loss of points; *~en oplopen* lose points

verlieven: ~ *op, (lit)* fall in love with, lose one's heart to

verliezen lose [a battle, one's head, one's life, a lawsuit]; *(door sterfgeval)* lose [a child]; *doen ~* lose [that lost me my place]; *er is geen tijd te ~* there is no time to lose (to be lost); *geen tijd ~ met schrijven* waste no time in writing *(vgl:* lose no time in writing *onmiddellijk ...); geen woord van het gesprek ~* not miss anything of the conversation; *hij verloor de wedren net* he just missed winning the race; *hij verloor zijn geld (hart)* ***aan*** ... he lost his money (heart) to ...; *er niets* ***bij*** ~ lose nothing by it; *je hebt er niet veel bij verloren* you have not missed much; *de stad verliest veel* ***in hem*** the town is the poorer by (*of:* for) his death; ~ ***met*** 5-0 lose five-nil (by five goals to none); ~ ***op*** lose on [an article]; *een proces ~* ***tegen*** lose a lawsuit against; *tegen ~ kunnen, zie* verlies; ***uit*** *het oog ~* lose sight of [*ook fig:* a fact, etc]; *niet uit het oog ~, (ook)* bear in mind; *iem (geheel) uit het oog ~, (fig, ook)* lose (all) trace (lose track) of a p.; *Spanje verloor* ***van*** *België* Spain lost to B; ***zich*** ~ lose o.s. (itself), be lost; *zie ook* verloren: ~ gaan in; *de* ***verliezende*** *partij* the losing party; *zie ook* hoefijzer, moed, verloren

verliezer loser; *zie ook* verliezen: de ~de partij

verlijden execute, draw up [a deed *akte*]; *oprichtingsakte verleden voor ...* act of incorporation passed before ...

verlijmen bond

verlinken betray, *(sl)* shop; blow the whistle on [an activity]; *iem ~, (aan politie, ook, sl)* grass on [a p.]; *vgl* verklappen

verloederen go to pot (to the dogs); decay morally; *(v gebouwen, enz)* become run-down

verloedering deterioration, corruption; degeneration

verlof *(permissie)* leave, permission, *(tot afwezigheid)* leave (of absence), *(inz mil)* furlough; *bijzonder ~, (wegens familieomstandigheden, enz)* compassionate leave; *(anders)* special leave; *(ve café, ~ A, vglb)* licence for the sale of beer; *(id, ~ B)* licence for the sale of non-alcoholic beverages; *(winkel, niet voor gebruik ter plaatse)* licensed to sell beer and spirits; *(vakantie)* holiday(s); ~ *om aan wal te gaan* shore leave; *onbepaald ~* indefinite (unlimited) leave (furlough); ~ *vragen om ...* ask permission (beg leave) to ...; ~ *geven om ...* give (grant) permission to ...; ***met*** ~ [be, go] on leave (of absence), *(vakantie)* on holiday; *met ~ zijn* be absent on leave; *met uw ~* by your leave, excuse (allow) me; ***zonder*** ~ without permission, [absence] without leave; *zonder ~ van de politie* without the permission of ...

verlofdag day off, day of leave

verlofganger person (official) on leave

verlofjaar *(univ)* sabbatical (year)

verlofpas *(v gevangene)* leave pass; *(mil)* furlough pass

verlokkelijk, enz *zie* verleidelijk, enz

verlokken tempt, entice, allure, seduce; *zie ook* verleiden

verlokking temptation, allurement, enticement

verlonen spend in wages

verloochenen deny [God, one's faith, signature], disavow, renounce, repudiate, disown [one's son], belie [one's nature, faith]; *zich ~, a)* belie one's nature; *b)* deny o.s., practise self-denial; *zigeunerbloed verloochent zich niet* gipsy blood will show, will out; *de natuur verloochent zich niet* what is bred in the bone will come out in the flesh, nature shows, blood will show

verloochening denial, disavowal, renunciation, repudiation

verloofd: *~ zijn* be engaged [*met* to]

verloofde fiancé(e), betrothed; *de ~n* the engaged couple

verloop 1 *(v tijd)* course; *(afloop)* lapse, expiration, expiry; *na ~ van 3 dagen* after (a lapse of) three days; *na ~ van tijd* in course (in process) of time, as time went by [he ...]; **2** *(ve wedstrijd)* run [of the game]; *(ve ziekte, enz)* course, progress; conduct [of the work]; *de ziekte heeft haar gewone (normale) ~* the illness is running (taking) its ordinary (normal) course; *het ~ van de zaak afwachten* await developments (events); *een noodlottig ~ hebben* end fatally; *zie ook* verlopen; **3** *(achteruitgang)* falling off [of a man's business]; **4** *(wisseling)* turnover [in personnel], wastage (*natuurlijk ~, v personeel:* natural wastage, attrition); *(verschuiving)* drift; fluctuation; *(versmalling)* taper, reduction; *(typ)* overrun; **5** *(ve curve)* path; *(beloop)* lines

verloopstekker adaptor, adapter

verloopstuk *(ve pijp)* reducing socket (coupler, pipe-joint), reducer

verloor *ovt van* verliezen

verlopen I *ww* **1** *(v tijd)* pass (away), elapse, go (*of:* slip) by; *daar kunnen nog jaren over ~* it may be years first; **2** *(aflopen)* pass; *alles (het diner, de avond) verliep rustig (naar genoegen)* everything (the dinner, the evening) passed off quietly (satisfactorily); *vlot ~* progress smoothly; *hoe is de vergadering ~?* how did the meeting go?; *hoe verloopt de zaak?* how are things proceeding (getting on)?; **3** *(ve pas, enz)* expire; *zie ook* aflopen; **4** *(ve zaak)* go down(hill), go to the dogs, run to seed; *de menigte verliep* the crowd dispersed; *de werkstaking (het debat) verliep* the strike (the debate) fizzled (petered) out; *de beweging (de partij) verliep* the movement spent itself (the party went into a decline); **5** *(typ)* overrun; **6** *(techn)* reduce, *(elektr)* adapt; *vgl* verloop; **II** *bn (ve pers)* seedy(-looking), raffish; *een ~ praktijk* a run-down practice; *zie ook* vervallen II.1 & vervliegen 3

verloren lost; *de zaak is ~* the game is up; *een ~ zaak* a lost cause; *voor een ~ zaak strijden* fight a losing battle, play a losing game; *~ dag* [it was a] wasted day; *~ hoekje* [in some] odd corner; *een ~ leven* a misspent life; *~ moeite* wasted effort, a waste of effort, lost labour; *~ ogenblikken* spare (*of:* odd) moments; *de ~ zoon* the prodigal son; *~ gaan* be (get) lost; *geen tijd ~ laten gaan* lose (waste) no time; *hij liet geen tijd ~ gaan, maar schreef de brief direct* he lost no time in writing the letter; *de rest van het werk is voor ons ~ gegaan* the ... has been lost to us; *~ gaan in de mist der tijden* be lost in the mists of time; *~ gaan in de menigte* get lost in the crowd, lose o.s. in the crowd; *er gaat niets ~* nothing is wasted (goes to waste); *dit onderscheid is ~ gegaan* has gone by the board; *de woorden gingen ~ in een geeuw* the ... trailed (tailed off) into a yawn; *ik geef het ~* I give it up; *hij is (een) ~ (man)* he is finished, *(fam)* done (for), it is all up with him; *er is niets (niet veel) aan (aan hem) ~* it (he) is no (no great) loss; *er is een dichter aan hem ~ gegaan* he would have made a good poet; *hij dacht dat hij ~ was* he gave himself up for lost; *het schip werd als ~ beschouwd* was given up for lost; *~ raken* get lost, go astray, miscarry; *zie ook* verliezen; *~ ronddwalen* walk about as if lost

verloskamer delivery room

verloskunde obstetrics, midwifery

verloskundig obstetric

verloskundige obstetric surgeon, obstetrician, accoucheur; *(v)* midwife, accoucheuse

verlossen deliver, release, rescue, set free, liberate; *(vooral v Christus)* redeem; *(bij bevalling)* deliver [a woman]; *iem uit zijn gevaarlijke positie ~* extricate a p. from his dangerous position; *ik zal je van hen ~* I'll take them off your hands; *hij sprak het ~de woord* he saved the situation by saying ... (by what he said); *zie ook* lijden II

verlosser deliverer, rescuer, liberator; *de V~* the Redeemer, the Saviour

verlossing deliverance, rescue, redemption; *(bevalling)* delivery, accouchement; *vgl* verlossen

verlostang forceps

verloten raffle (off), put up in a raffle

verloting raffle, lottery, [Christmas] draw

verloven affiance, betroth; *zich ~* become (get) engaged [*met* to]; *zie ook* verloofd

verloving engagement, betrothal

verlovingsring engagement ring

verluchten illuminate [a manuscript]; illustrate [a book]

verluchter illuminator

verluchting 1 illumination; illustration; **2** *(opluchting)* relief

verluiden: *naar verluidt* it is rumoured that [he will resign]; *de opmerking die hij, naar verluidt, heeft gemaakt* the remark he is reported to have made; *al wat men hoort ~* [one should not believe] everything one hears

verluieren, verlummelen idle (laze) away [one's time]

verlustigen divert, amuse; *zich ~ in* (take) delight in [reading, etc], revel in [mischief], wallow in [sensual pleasures]; *zich ~ in de aanblik van* feast one's eyes (up)on

vermaagschapt related (by marriage) [*aan* to]

vermaak amusement, pleasure, sport; *(vermakelijkheid)* amusement, diversion, entertainment; *~ scheppen in* take (find) pleasure (delight) in; *tot ~*

van to the amusement of
vermaakscentrum amusement centre
vermaaksindustrie: *de* ~ the entertainment industry
vermaan admonition, exhortation, warning
vermaanbrief *(ve bisschop)* charge
vermaard famous, celebrated, renowned, far-famed
vermaardheid fame, celebrity, renown; *een* ~ a celebrity
vermaatschappelijken socialize
vermageren I *tr* make lean, emaciate, waste; II *intr* lose weight, become (grow, get) thin; *(als kuur)* reduce, slim; *ik moet* ~ I must get my weight down; *zijn (sterk) vermagerd lichaam* his emaciated (wasted) frame
vermagering emaciation; *(opzettelijk)* weight reduction, slimming [aid, diet, exercise]
vermageringskuur slimming course; *een* ~ *doen, zie* vermageren
vermakelijk amusing, entertaining, diverting
vermakelijkheid amusingness, etc; *een* ~ a diversion, an entertainment; *publieke* ~ public entertainment
vermakelijkheidsbelasting entertainment tax
vermaken 1 amuse, divert; ***zich*** ~ enjoy (amuse) o.s., disport o.s. [on the ice], make merry [*over* over]; *zich buitengewoon* ~ have the time of one's life; *zich ~ ten koste van* amuse o.s. at the expense of; **2** *(veranderen)* alter, remodel [clothes, etc]; **3** *(bij testament)* bequeath [personalty *roerend goed*], will (away) [property; he willed her £2000], devise [realty *onroerend goed*], dispose of by will
vermaking *(v geld, enz)* bequest
vermaledijen curse; *vermaledijd* cursed, damned
vermalen grind, crush, crunch; pulverize [coal]; masticate [food]
vermanen admonish, exhort, warn; *iem vaderlijk ~, ~d toespreken* talk to a p. like a Dutch uncle; *~d* admonitory, exhortatory, exhortative
vermaning admonition, exhortation, expostulation, warning; *(ve kwaal)* touch [of flu]; *een ~ geven, zie* vermanen
vermannen: *zich* ~ brace (nerve) o.s., take one's courage in both hands, summon up (screw up) one's courage, take heart
vermarkten 1 subject to market forces, liberalize; **2** market
vermeend putative, reputed [his putative, reputed father]; fancied [rights, grievances], pretended, supposed
vermeerderen I *tr* increase, augment, add to [a number, the difficulties], enlarge; *met 5%* ~ increase by 5 per cent; *zich* ~ increase, *(zich vermenigvuldigen)* multiply [rabbits multiply rapidly]; *vermeerderde uitgave* enlarged edition; II *intr* increase [*met* by]
vermeerdering increase [*vergeleken met, bij verleden jaar* on last year], augmentation, addition; ~ *van het gezin* [he had an] addition to the family
vermeerderingsbedrijf multiplication farm
vermeesteren capture [a town], seize (on, upon), possess o.s. of, master
vermeestering capture, seizure, conquest
vermeien: *zich* ~ amuse o.s., enjoy o.s., disport o.s. [on the ice, etc]; *zich ~ in* revel in; *zie ook* verlustigen
vermelden mention, make mention of, report [many accidents are reported], state [reasons, particulars], set forth (out), record, put (place) on record, enter, list; *in de historie vermeld* recorded (on record) in ...; *opnieuw* ~ restate; *zie ook* dagorder
vermeldenswaard worth mentioning, worthy of mention
vermelding mention; *(in gids)* [directory] entry; *(in lijst)* listing; *eervolle* ~ honourable mention [at an exhibition], 'highly commended'; *een eervolle ~ krijgen, (mil)* be mentioned in dispatches
vermenen be of the opinion, opine
vermengen mix, mingle; blend [tea, coffee]; alloy [metals]; *zich* ~ mix; mingle [with the crowd]; *olie en water laten zich niet* ~ do not mix (together)
vermenging mixing, mixture, blending; *(mengsel)* mixture, blend
vermenigvuldigbaar multipli(c)able
vermenigvuldigen multiply [*met* by]; *(met stencil e.d.)* duplicate; *zich* ~ multiply, reproduce
vermenigvuldiger multiplier
vermenigvuldiging multiplication; *zie ook* tafel
vermenigvuldigingsfactor multiplier, coefficient
vermenigvuldigtal multiplicand
vermenselijken humanize
vermetel audacious, daring, reckless, foolhardy [person, plan]
vermetelheid audacity, daring, recklessness, temerity
vermeten: *zich* ~ presume, dare, make bold, have the face (*fam:* the cheek) [to ...]; *(verkeerd meten)* measure wrong (incorrectly)
vermicelli vermicelli
vermiculiet vermiculite
vermijdbaar avoidable
vermijden avoid [a p., place, company, etc], *(sterker)* shun; *(ontwijken)* evade [a blow], steer clear of [a rock, subject], fight shy of [a p.], keep away from [this quarter of the town]; *(onkosten ook)* save [expenses]; *niet als ik het ~ kan, (ook)* not if I can help it
vermijding avoidance, evasion
vermikje *(fam)* gadget
vermiljoen(rood) vermilion, cinnabar
verminderen I *tr* lessen, decrease, diminish, cut down [expenses, one's smoking], reduce [the price, speed, taxation], debase [the coinage], slacken [one's pace], slow down [production], ease [the tension]; *de prijs met 10%* ~ reduce the price by 10 per cent; *de prijzen ~, (ook)* mark down prices; *het kapitaal (ve maatschappij) ~ met ..., (ook)* write down the capital by ...; *tegen verminderde prijzen* at re-

duced prices; *dat vermindert zijn verdienste niet* that does not detract from his merit; *zie ook* vaart; II *intr* lessen, decrease, diminish, fall off [the demand is falling off], abate [the wind, the pain, is abating], decline [his strength is declining]; *mijn gezicht vermindert* my eyesight is getting worse, *(sterk)* is failing; *de waarde van goud is verminderd* gold has depreciated; *verminderd, (muz)* diminished [interval]; *sterk ~d* dwindling [profits]

vermindering diminution, decrease, reduction, slackening, falling-off [in the takings *ontvangsten*], abatement, decline; easing (lessening) [of tension]; [income tax] cut; *vgl* verminderen; *de uitvoer toont een ~ van 5 mln pond* exports show a falling-off of 5m pounds; *de ~ van de vraag* the reduction in demand

verminken mutilate, maim; *(fig ook)* garble [a report, story, facts], tamper with [a text]

verminking mutilation *(ook fig)*

verminkte maimed person

vermissen miss; *zie ook* vermist

vermissing loss

vermist missing; *~ worden* be missing; *~ raken* miscarry, get lost; *(ve pers)* go missing [in the war]; *de ~e* the missing person (man, woman)

vermits whereas, since

vermoedelijk presumable [it was presumably forgotten], supposed, probable, expected [arrival]; *de ~e vader* the putative father; *vgl* waarschijnlijk & *zie ook* erfgenaam

vermoeden I *ww* suspect, surmise; presume, suppose, conjecture; *hij kan niet ~ wat ik denk* he can have no idea of what I think; *hij zal niet komen, vermoed ik, (ook)* I take it; *voordat je het vermoedt* before you know where you are [they have robbed you]; *geen kwaad ~d* unsuspecting(ly); II *zn* surmise, presumption, supposition, conjecture; *(verdenking)* [have not the least] suspicion; *ik had zo'n ~* I had my suspicions, I suspected as much; *bang ~* misgiving, qualm; uncomfortable feeling; *een sterk (vaag) ~* [have] a shrewd (a vague) suspicion [that ...]; *het is slechts ~* it is only surmise; *vastgehouden op ~* detained on suspicion; *(kwade) ~s krijgen tegen iem* become suspicious of a p.; *zie ook* flauw

vermoeid tired, fatigued *(ook techn)*, weary; *~ van* tired etc with; *zie ook* moe I

vermoeidheid tiredness; weariness, fatigue; *(matheid)* lassitude; *(v materiaal)* fatigue

vermoeien tire, weary, fatigue; *zich ~* tire o.s.

vermoeiend tiring, fatiguing; wearisome [details, task], tiresome [child], trying [for the eyes]

vermoeienis *zie* vermoeidheid; *~sen* fatigues [of the journey]

vermoeiing *(techn)* fatigue [of metals, etc]

vermogen I *ww: ~ te* be able to, have the power to, be in a position to; *hij vermag veel* he can do a lot, has great influence [*bij* with]; *niets ~ tegen* be powerless against; *het geschut vermocht niets tegen de vesting* the guns proved ineffectual against the fortress; II *zn* 1 *(fortuin)* fortune, wealth, riches; *(bezit)* property; *man van ~* man of property (of means, of substance); 2 *(macht, kracht)* power; *(geschiktheid)* ability; *(mech)* power, capacity, energy; *nuttig ~* useful effect; *scheidend ~* resolution [of a lens]; *zijn (verstandelijke) ~s zijn nog goed* his (intellectual) faculties are still sound; *zover in mijn ~ ligt* as far as lies in my power (as in me lies); *naar mijn beste ~* to the best of my ability; *naar ~* according to ability (capacity)

vermogend wealthy, rich, [man] of substance, substantial [farmer, tradesman]; *(invloedrijk)* influential

vermogensaanwasbelasting capital gains tax

vermogensaanwasdeling capital growth sharing

vermogensbelasting wealth tax

vermogensdelict crime (offence) against property

vermogensheffing capital levy

vermolmd mouldered

vermolmen moulder (away)

vermomd disguised, made up [as an old man]; *zie ook* vermommen & verkapt

vermommen disguise, camouflage; *zich ~* disguise o.s., dress (o.s.) up

vermomming disguise, make-up, camouflage; *(dierk)* mimesis, mimicry

vermoorden murder [*ook fig:* Beethoven; she'll murder you when she hears it], kill; *(door sluipmoord)* assassinate; *de vermoorde* the murdered person (man, woman); *hij vermoordt zichzelf (door te veel inspanning)* he is killing himself; *zie ook* onnozelheid & onschuld

vermorsen waste [bread, money, time], squander [money], idle (fritter) away [one's time]; *zie ook* inkt

vermorzelen crush, smash (up), (s)crunch; demolish (*ook fig:* arguments, a theory); *ik zal hem ~, (fig)* I'll make mincemeat of him

vermorzeling crushing, etc, pulverization; *~ des harten, (r-k)* contrition

vermout vermouth

vermurwen soften, mollify; *zich laten ~* relent; *zich niet laten ~, (ook)* remain adamant; *niet te ~* inexorable, relentless; *zie ook* onvermurwbaar

vernachelen *(fam)* bamboozle

vernachten stay (pass, spend) the night

vernagelen spike [a gun]; nail up [a door]

vernauwen *(ook: zich ~)* narrow, constrict, contract

vernauwing narrowing; *(med)* stricture

vernederen humble, humiliate, abase, mortify; *iems trots ~* bring down a p.'s pride; *zich ~* humble, etc o.s.; *zie ook* verlagen; *zich ~ voor God* humble o.s. before God; *vgl* stof II

vernederend humiliating [treatment], degrading [punishment]

vernedering humiliation, abasement, mortification; *zie ook* ondergaan

vernederlandsen *zie* verhollandsen
verneembaar perceptible, audible
vernemen learn, hear, be told, understand; *naar we ~ (naar men verneemt), is hij ...* we learn (hear, etc; it is learned, understood) that he ...; *~ naar* inquire after (*of:* about)
verneuken *(fam)* fool, con
verneukeratief **1** bamboozling; **2** misleading
verneukerij [it's a] con[-game]
verneuriën *zie* verneuken
vernevelen atomize, spray
vernielachtig destructive
vernielen destroy, wreck [a train], smash (up), demolish; *zie ook* vernietigen
vernielend destructive
vernieler destroyer, smasher
vernieling destruction, demolition; *(vreselijke) ~en aanrichten* commit acts of vandalism (cause terrible havoc); *in de ~ jagen, (sl)* pull the plug on, wreck; *helemaal in de ~ zijn (liggen)* be a mental and physical wreck
vernielzucht spirit of (love of, passion for) destruction, destructiveness, vandalism
vernielzuchtig fond of destroying, destructive
vernietigen **1** *(vernielen)* destroy, annihilate, wreck, smash (up); *gehele regimenten werden vernietigd* whole regiments were wiped out (annihilated); *iem met een blik ~* wither a p. with a look; *het vliegtuig was totaal vernietigd* the plane was a complete wreck; **2** *(te niet doen)* nullify, annul, make (declare) null and void, set aside [a decree, judgement], quash [a verdict], reverse [a decision], dash, wreck [a p.'s hopes]
vernietigend destructive [fire, etc], withering (crushing) [reply, look], scathing (devastating) [criticism, attack], damning [facts, evidence]
vernietiging **1** destruction, annihilation, wreck; extermination [camp]; **2** *(nietigverklaring)* nullification, annulment, quashing, setting aside; *vgl* vernietigen
vernieuwbaar renewable
vernieuwbouw renovation
vernieuwen renew [renewed strength, efforts, vigour], revive [a pledge], renovate, innovate; *het dak van een huis ~* re-roof a house
vernieuwend innovative
vernieuwer renewer, renovator, innovator
vernieuwing renewal, renovation; innovation
vernieuwingsgezind innovative
vernikkelen **1** nickel, plate with nickel, nickel-plate; *vernikkeld* nickel-plated, nickel-coated; **2** *(v kou, fam)* perish (with cold); **3** *iem ~, zie* verlakken
vernis varnish; *~je, (fig, ook)* veneer [of civilization], top dressing [of gentility]
vernissage vernissage, varnishing day; preview; presentation; opening reception
vernissen varnish, *(fig ook)* veneer
vernoemen name [a child after a p.]
vernuft **1** genius, ingenuity; *dat gaat het menselijk ~ te boven* that is beyond human contrivance (wit); **2** *(geestigheid)* wit; *vals ~* false wit
vernuftig **1** ingenious; **2** *(geestig)* witty; *zie ook* vindingrijk
vernuftigheid **1** ingenuity; **2** wittiness; *zie ook* vindingrijkheid
vernummeren renumber
veronaangenamen make unpleasant
veronachtzamen neglect [a p., one's duty], disregard [other people's comforts]; *(opzettelijk)* slight [a p.]
veronachtzaming neglect, negligence, disregard, slight(ing); *met ~ van* in disregard of [treaty obligations], to the neglect of
veronderstellen suppose, assume, presume, expect [I expect it's yours]; *ik veronderstel van ja* I suppose so, I suppose he has (it is, etc); *men kan niet ~, dat ...* it cannot be supposed that ...; *ieder wordt verondersteld de wet te kennen* every man is assumed (presumed) to know the law; *veronderstel dat ...* suppose, supposing (that) ...; *naar verondersteld wordt* supposedly [written by you]; *verondersteld geval* hypothetical case
veronderstelling supposition; *in de ~ dat ...* supposing (presuming) that ..., [act] on the supposition (the assumption) that ...; *in de ~ verkeren dat ...* be under the impression that ...; *van de ~ uitgaan dat ...* start from (speak on, argue on) the assumption that ...
verongelijken wrong [a p.], do [a p.] wrong; *zeer verongelijkt* [a] much wronged [man]; *een verongelijkt gezicht zetten* put on an aggrieved expression
verongelukken **1** *(omkomen, tenietgaan)* perish, *(schip, vliegtuig)* be wrecked, be lost; *(schip, ook)* founder; *(vliegtuig, ook)* crash; *doen ~* wreck [a car; bad cooking may wreck a marriage]; *verongelukt* wrecked [vessel, car], lost [steamer]; *onder de verongelukten* [the captain is] among the casualties (the lost, the dead); **2** *(een ongeluk krijgen)* meet with an accident, *(fam)* come a cropper, come to grief [he, the ship, the plan, came to grief]; **3** *(mislukken)* miscarry, fail
verongelukking **1** wreck, loss, foundering, crash; *vgl* verongelukken; **2** *(mislukking)* miscarriage, failure
veronica *(plant)* speedwell; *(santa sindone)* Veronica
verontreinigen pollute [a river], defile [a temple], contaminate [food], foul [the pavement], soil, dirty; *verontreinigd(e) lucht (water)* polluted air (water); *~de stof, (ook)* pollutant, contaminant; *vgl* vervuilen
verontreiniging [air, river; oil] pollution, defilement, contamination
verontrusten alarm, disturb, perturb; *zich ~* be alarmed [*over* at]
verontrustend alarming, disquieting, disturbing [symptoms, thought]
verontrusting alarm, perturbation
verontschuldigen excuse [a p.]; *zich ~* apologize [to

a p. for s.t.], excuse o.s. [on the ground that ...]; *de Heer N laat zich* ~ Mr N begs to be excused; *het is niet te* ~ it is inexcusable, there is no excuse (for it), it admits of no excuse

verontschuldigend [speak in an] apologetic [tone]

verontschuldiging excuse; apology; *zijn ~en aanbieden* offer one's apologies; *als ~ aanvoeren* plead [a headache] (in extenuation); *glimlachen bij wijze van* ~ smile apologetically

verontwaardigd indignant [*over iets, iem* at, over, about s.t., with a p.]; *ten zeerste* ~ outraged, scandalized [*over* at]

verontwaardigen fill with indignation, rouse a p.'s indignation; *zich* ~ be indignant [*over iets, iem* at, over, about s.t., with a p.]

verontwaardiging indignation

veroordeelde condemned person (man, woman), convict; *zie ook* cel

veroordelen 1 condemn; *(jur)* pass sentence on, sentence, condemn, *(vooral in civiele zaken)* give judgement against; *(schuldig bevinden)* convict; *hij was reeds 2 maal vroeger veroordeeld (wegens diefstal)* he had (there were) two previous convictions (for theft) against him; *ter dood* ~ sentence to death; *hij is ter dood veroordeeld, (ook)* he is under sentence of death; *tot drie maanden gevangenisstraf* ~ sentence to three months' imprisonment [*ook:* he received a three months' sentence]; *zie ook* kosten & zwaard; **2** *(afkeuren)* condemn; *openlijk (heftig)* ~ denounce [a p., practices, etc]; *hij (dat stelsel) veroordeelt zichzelf* he (that system) stands self-condemned

veroordeling 1 condemnation *(ook: afkeuring)*, denunciation; **2** *(jur)* conviction; *vgl* veroordelen

veroorloofd 1 *(niet verboden)* allowed, permitted; **2** *(toelaatbaar)* permissible allowable, admissible

veroorloven allow, permit, give leave; *de omstandigheden ~ niet dat hij met vakantie gaat* circumstances do not permit of his going ...; *zich ~ te ...* take the liberty to ..., make bold (make free) to ...; *dat kan ik me niet* ~ I cannot afford it; *zie ook* permitteren

veroorzaken cause, occasion, bring about, bring on [a haemorrhage brought on by excitement], produce [effect], raise [difficulties]; *zie ook* berokkenen, last, enz

veroorzaker originator, author, causer, causal agent [of a disease]

veroorzaking causation, bringing about

verootmoedigen humble, humiliate, chasten

verorberen dispatch, *(fam)* polish off, put away, demolish; *in minder dan geen tijd ~, (ook)* make short work of

verordenen order, ordain, enact, decree; *de wet verordent dat ...* the law provides that ...

verordening regulation(s), ordinance, rules; *(v openbaar bestuur, lichaam, enz)* by-law; *volgens* ~ by order

verordineren ordain, order, prescribe

verouderd obsolete [word, aircraft], out of date [out-of-date machinery], antiquated, archaic; outworn [dogmas]; moth-eaten [system]; inveterate, chronic [disease]; ~ *idee* exploded idea (*of:* notion); *zie ook* verouderen

verouderen I *intr (ve pers)* grow (get, become) old, age; *(v woorden, enz)* become obsolete; *(ve landkaart, boek, apparaat, enz)* get out of date; *die film is verouderd* that film has (become) dated; *hij veroudert hard* he is ageing fast; **II** *tr* antique [furniture], age [fake antiques; such a life ages a man]; *zie ook* verouderd

verouderend *(ve pers)* ageing; *(ve woord, enz)* obsolescent; *nooit* ~ ageless, never growing old

veroudering *(techn & v pers)* ageing; *(ve woord, enz)* obsolescence

verouwelijken *zie* verouderen *(ve pers)*

veroveraar conqueror

veroveren conquer, capture [*op* from], take; *land op de zee* ~ recover (reclaim) land from the sea; *(zich) een blijvende plaats ~, (v woorden, instellingen, enz)* come to stay; *zie ook* hart

verovering conquest; inroad [of the sea]

verpachten lease, let (out) on lease; *(ve monopolie, belasting, enz)* farm (out)

verpachter lessor

verpachting leasing; farming (out); *vgl* verpachten

verpakken 1 pack, wrap up [in brown paper], package (*ook fig:* one's ideas); *als cadeautje (geschenk)* ~ gift-wrap; *vgl* inpakken; **2** *(anders pakken)* repack; **3** shift one's hands

verpakker packer

verpakking 1 packing, packaging; **2** pack; ~ *van zes (stuks), (ook)* six-pack

verpakkingsmateriaal packaging material(s)

verpanden pawn [a watch, etc], pledge [one's word, honour, life], mortgage [one's house], hypothecate [goods]; *zijn hart ~ aan* give one's heart to; *zich aan de duivel* ~ sell one's soul to the devil

verpander pawner, pledger; mortgagor; hypothecator

verpanding pawning; pledging; mortgaging; hypothecation; *vgl* verpanden

verpandingsakte letter of lien

verpast sold out; engaged; reserved

verpatsen *(fam)* flog

verpauperen impoverish, pauperize; *~de buurten, (ook)* twilight areas

verpersoonlijken personify; *de -lijkte hebzucht* greed incarnate

verpersoonlijking personification

verpesten infect, poison [the air]; *(fig)* infect, contaminate, taint [a p.'s mind]; *(fam)* spoil [a pleasant evening], ruin [ruined by tourists]; *iem het leven* ~ lead a p. a dog's life, pester a p. (to death); *zie ook* bederven

verpestend pestiferous, pestilential [air, exhala-

tions, smell, etc]; *(fig ook)* pestilent [influence]
verpesting infection, contamination, poisoning; *vgl* verpesten
verpierewaaid dissipated
verpieterd *(v eten)* frizzled up; *(ve pers)* scrubby, scraggy
verplaatsbaar (re)movable, transportable, portable [toilets]; mobile [crane, rocket launcher]; *(draagbaar)* portable
verplaatsbaarheid (re)movability, portability
verplaatsen move [troops, chessmen, the table, the house was bodily moved], shift [one's weight from one foot to the other, the accent], displace [a quantity of water], transpose [letters, words], remove, transfer [a business], transfer [officials], translate [a bishop]; ***zich*** ~ move, shift [the sandbank had shifted]; *zich in gedachten ~ naar* transport o.s. mentally to [another country], carry one's mind back [to the past]; *verplaatst u in mijn toestand* place (imagine) yourself in my position
verplaatsing movement [dune movements], move, removal, shift(ing); displacement; transposition; transfer; translation; *vgl* verplaatsen
verplantbaar transplantable
verplanten transplant, plant out
verpleegdag [$800 per] day of hospitalization, lay-day
verpleegde patient; *in inrichting ~* in-patient; inmate [of a psychiatric hospital]
verpleeghuis, verpleeginrichting nursing home; *(inz terminaal)* hospice
verpleegkunde nursing
verpleegkundige (male) nurse, trained nurse; *het beroep van ~* the nursing profession
verpleegster *zie* verpleegkundige
verplegen nurse, tend; *~d personeel* nursing staff
verpleger (male) nurse; *(in hospitaal)* (hospital) attendant; *(mil ook)* orderly
verpleging 1 nursing; nursing care [needs, plan]; **2** *(onderhoud)* maintenance; management
verplegingsinrichting nursing home
verplegingskosten 1 nursing fees; **2** charge for board and lodging
verplegingswetenschap (theory of) nursing
verpletten: *we stonden verplet* we were struck dumb, *(fam)* struck all of a heap
verpletteren crush, smash (up), shatter, smash to pieces; *het vliegtuig werd verpletterd* (was) smashed to pieces, (completely destroyed); *~d bewijs* damning proof; *~de meerderheid* overwhelming (sweeping) majority; *~de nederlaag* crushing defeat, rout [*van de Arbeiderspartij* Labour rout]; *~d(e) slag (nieuws)* crushing blow (news)
verplicht 1 *(verschuldigd)* due [*aan* to]; *ik ben u zeer ~* I am much obliged to you; *ik ben hem veel ~* I am under great obligations to him, I owe him much, I am greatly indebted to him; *dat zijn we aan hem ~* we owe it to him; *wij zijn het aan onszelf ~* we owe it to ourselves; **2** *(gebonden)* obliged, in duty bound, under an obligation [to ...]; *(zedelijk ~)* under a moral obligation [to ...]; *~* ***tot*** bound to [secrecy]; *~ zijn* ***(zich*** *~ zien) te ...* be obliged to [answer], have to [attend]; *ik ben niet ~ te ..., (ook)* I am under no obligation (am not bound) to ...; **3** *(vs facultatief)* compulsory [attendance at school *schoolbezoek*], obligatory [subjects *vakken*], mandatory [attendance, payment]; *voor iedereen ~* compulsory for all; *~ stellen* make obligatory; *~e afschrijving* statutory writing-off; *~e heiligedag, (r-k)* holiday of obligation; *~e militaire dienst* conscription; *zie ook* verplichten
verplichten 1 *(noodzaken)* oblige, force, compel; *de wet verplicht de rechter ...* the act makes it mandatory (up)on (for) the judge [to impose a fine]; *het verplicht u tot niets* it commits you to nothing; ***zich*** *~ te* bind (pledge) o.s. to [obey]; **2** *(door een dienst)* oblige [a p.; a speedy answer would oblige]; *..., dan zou je me ~* [if you could make a little less noise] I'd take it as a favour; *zie ook* verplicht
verplichtend 1 *(gedienstig)* obliging; **2** *(verplichting meebrengend)* obligating
verplichting obligation; *(verbintenis ook)* commitment [the government's commitments to Ireland], engagement, undertaking; *maatschappelijke ~en* social duties; *een ~* ***aangaan*** *(op zich nemen)* enter into an obligation (engagement); *de ~ aangaan om te ...* undertake to ...; *zijn ~en* ***nakomen*** meet one's obligations (*geldelijk ook:* liabilities); *zijn ~en nakomen tegenover iem* keep faith with a p.; *een ~* ***opleggen,*** *zie* verplichten & opleggen; *zonder enige ~* ***van uw kant*** without any obligation on your part; *zie ook* rusten
verploegen plough out [archaeological remains]
verploffen refuse flatly; *zie* vertikken
verpolitieken politicize [the civil service]; *verpolitiekt, (ook)* politics-ridden [public services]
verponding *(hist)* ground tax
verpoppen: *zich ~* pupate
verpopping pupation
verpoten, enz *zie* verplanten, enz
verpotten repot, pot out
verpozen: *zich ~* rest, take a rest, relax, unbend
verpozing rest, *(fam)* breather
verpraten waste [one's time] talking; *zich ~* let one's tongue run away with one; *(iets verklappen)* let the cat out of the bag; *(door praten in moeilijkheden komen)* put one's foot in it; *zie ook* verspreken
verprutsen *zie* verklungelen & verknoeien
verpulveren pulverize (*ook fig:* the opposition), grind to powder; *(fig ook)* smash [the record]
verraad treachery, treason, betrayal, *(fam)* sell-out [of liberal principles]; *~ plegen* commit treason, be guilty of treachery, turn traitor; *~ plegen jegens* betray; *~ jegens* betrayal of [the country]
verraadster [a] traitress, [his] betrayer
verraden 1 betray, give away [a p., secret]; *zie ook*

boel, verklappen, verkopen; **2** *(fig)* betray, show, bespeak; *haar gezicht verried haar* her face betrayed her (gave her away); *het verraadt gebrek aan beschaving* it betrays (bespeaks, shows) ill breeding; *zich ~* betray o.s., give o.s. away

verrader [a] traitor, [his] betrayer; *(verklikker, sl)* squealer, squeaker; *(toneelschurk)* (stage) villain

verraderij treachery, treason

verraderlijk treacherous *(ook fig:* current, ice, weather conditions); perfidious, traitorous; underhand [blow]; *een ~ (dwz iets verradend) blosje* a tell-tale blush; *een ~e slag toebrengen, (fig)* hit below the belt

verraderlijkheid treacherousness, perfidy

verramponeren **1** ruin; **2** go to rack and ruin

verramsjen remainder [books]

verrassen surprise, take by surprise, take unawares, take (catch) [a p.] off his guard, spring a surprise on [a p.]; *door een regenbui verrast worden* be caught in a shower; *het gezelschap met het nieuws (het voorstel, enz) ~* spring the news (the proposal, etc) on the company; *onaangenaam verrast (verrast en teleurgesteld) zijn* be taken aback

verrassend surprising, startling [news]; *het ~e is ...* the surprising thing is ...

verrassing surprise *(ook overval:* the surprise of Breda); *aangename ~, (ook)* turn-up; *iem een ~ bereiden* have a surprise in store for a p.; *met een ~ aankomen* spring a surprise (on a p.); *de beslissing kwam enigszins als een ~* the ... came as a mild (as something of a) surprise; *bij ~ nemen* take by surprise

verre *zie* ver **1**

verrechtsen shift to the right

verregaand extreme, excessive, gross [ignorance; grossly selfish], outrageous [scandal; outrageously unjust], rank [impertinence]; *dat is ~* it's outrageous, that's the limit; *zie ook* vergevorderd

verregenen be spoiled by (the) rain; *(Am)* rain out; *verregende bloemen* bedraggled flowers; *verregende wedstrijd* rained-off [cricket] match, washed-out [soccer] match

'verreikend *zie* 'verstrekkend

verreisd tired with travelling, travel-worn

verreizen spend [a fortune] in travelling

verrek *zie* verrekken

verrekenen settle; *(door het clearing house, in Eng)* clear [cheques]; *met elkaar ~* balance [profits with losses]; *zich ~* miscalculate, make a mistake in one's calculation; *hij had zich enige uren verrekend* he was some hours out in his calculation

verrekening **1** settlement; clearance; **2** miscalculation; *vgl* verrekenen

verrekeningscheque crossed (non-negotiable, *Am:* voucher) cheque

verrekenkantoor clearing house

verrekenpakket cash on delivery (COD) parcel, value payable parcel

verrekijker telescope, *(mar)* spyglass; *(tweeogig)* binoculars, field glasses

verrekkeling bastard

verrekken **1** *(ontwrichten)* sprain, wrench, dislocate [one's arm], strain, pull [a muscle], wrick, (c)rick [one's back, neck], put [one's hip] out of joint; *zich ~* strain o.s.; **2** *(sterven)* perish, die (miserably, like a dog); *~ van de dorst, honger, kou (pijn)* be perishing with thirst, hunger, cold (writhing with pain); *... mag ~!, (volkst) ...* be damned!; *verrek!* blimey!, I'm blowed!, bless me!; *je kunt ~!* go to hell!, get lost!; *verrek jij!* be damned to you!; *verrek nou!* come off it!; *verrekt* damn(ed), blasted; **3** refuse flatly; *zie ook* verdommen

verrekking sprain(ing), strain(ing), dislocation, wrick, (c)rick; *vgl* verrekken

verrevelder *(honkbal)* outfielder

verreweg by far, far *(of:* out) and away, much [the best speech, the largest room], easily [the best hotel, the most popular statesman]

verrichten do [a kind action], conduct [all kinds of banking business], perform [an operation], execute, carry out [one's task, repairs], get through [a good deal of work]; *zie ook* wonder

verrichting **1** *(volvoering)* performance, execution; **2** *(handeling)* action, operation, transaction, activity, [medical] service; **3** *(functie)* function

verrijdbaar *zie* verplaatsbaar

verrijden shift; spend (waste) in riding (driving, travelling); *laten ~* run (off) [a championship]

verrijken enrich *(ook fig:* the mind, uranium, etc); *(voedsel, ook)* fortify; *zich ~* enrich o.s.

verrijking enrichment

verrijzen rise [the Risen Lord]; *(v gebouwen)* go (spring) up; *(ve profeet, enz)* arise; *uit de dood ~* rise from the dead; *zie ook* paddestoel

verrijzenis resurrection

verrijzing rising [from the dead]

verrimpelen wrinkle

verroeren stir, move, budge *(alle ook: zich ~); geen blaadje verroert zich* not a leaf stirs; *zie ook* vin & vinger

verroest rusty; *(wel) ~! (sl)* well I'll be damned!; *nog zo'n ~e schoolmeester!, (sl)* another blinking (blasted) ...!; *zie ook* verdraaid

verroesten rust, get (grow) rusty; *hij kan ~! (sl)* he can go to blazes

verroken spend on tobacco *(of:* in smoking)

verrollen roll away

verronselen barter *(of:* bargain) away

verrot rotten, decayed, putrefied, putrid; *(sl)* damn(ed), blasted; *door en door ~* rotten to the core; *inwendig ~* rotten at the core; *iem ~ slaan* knock the living daylights out of a p.

verrotten *(vergaan)* rot, decay; *(ontbinden)* decompose, putrefy; *doen ~* rot (down); *het kan me niets ~* I don't give a damn

verrotting rotting, decay, rot; decomposition, putrefaction; *tot ~ overgaan, zie* verrotten

verrottingsproces process of decomposition (decay)
verruilen exchange [*voor, tegen* for], barter, *(fam)* swap, swop
verruimen enlarge (*ook fig:* the mind), expand [the chest], widen [one's horizon, the law], broaden [one's horizon; travel broadens the mind]; *(verlichten)* relieve, ease [the situation]; *iems blik ~* broaden (enlarge) a p.'s outlook
verruiming enlargement, widening, broadening; relief; *vgl* verruimen
verruïneren ruin
verrukkelijk delightful, enchanting, charming, ravishing, entrancing; *(vooral van voedsel, smaak, geur, ook van grap, enz)* delicious
verrukkelijkheid delightfulness, charm
verrukken delight, ravish, enchant, enrapture; *een verrukte glimlach, (ook)* a rapturous smile; *ja, zei ze verrukt* she said rapturously; *verrukt zijn over* be charmed (with), be delighted (enchanted) at (*of:* with), go into ecstasies over
verrukking delight, rapture, ecstasy; *in ~, (ook)* in transports (of joy, etc); *in ~ brengen, zie* verrukken & vervoering
verrukt *zie* verrukken
verruwen *tr & intr* coarsen
verruwing coarsening; *(moreel)* brutalization
vers I *zn (gedicht)* poem; *(regel)* verse; *(couplet)* stanza, *(tweeregelig)* couplet; *(in bijb & v kerkgezang)* verse; *dat is ~ twee* that's another story; **II** *bn* fresh [vegetables, fish, fruit, air, eggs], new-laid [eggs], new [bread], wet [fish]; *~ van de boer* farm-fresh [eggs]; *~e haring* fresh (*of:* white) herring; *~ vlees, (ook)* fresh-killed meat; *~e wond* fresh (*of:* green) wound; *zie ook* geheugen & kersvers
versaagd despondent, faint-hearted, pusillanimous
versaagdheid despondency, faint-heartedness, pusillanimity
versagen despond, falter, flinch; *niet ~* keep one's end up
versbouw metrical construction, metrical scheme; *leer vd ~* metrics
versch. afk van **1** *verschillende* several, various, different; **2** *verschenen* publ.
verschaald flat, stale, vapid
verschaffen procure [a p. s.t., s.t. for a p.], furnish, supply, provide [a p. with s.t.]; find [I found the capital], find in [he did not earn enough to find her in bread and butter], get [he got me a ticket, an interview with H], afford [a good view, an opportunity]; *zich ~* provide (furnish, supply) o.s. with, procure; *zie ook* bezorgen
verschaffing furnishing, procurement, provision [of money, amusement]
verschalen get (go, run) flat (stale, vapid)
verschalken 1 *zie* verorberen; *een glaasje ~* have a drop (a wet); **2** catch [a bird]; **3** overreach, outwit, outmanoeuvre, circumvent, foil [the enemy]; *de dood ~* cheat death; *zie ook* beetnemen
verschalking deception, circumvention; *zie ook* beetnemerij
verschansen entrench [a camp, etc]; *zich ~, (ook fig)* entrench o.s. [*achter* behind], ensconce o.s.
verschansing 1 *(mil)* entrenchment; **2** *(mar, dicht)* bulwark(s), *(open)* (guard) rail
verscheiden I *ww* pass away, depart this life, pass over; **II** *zn* passing (away, over), death, decease; **III** *bn* **1** *(aantal)* several, sundry, *(vero)* divers; *~ duizenden gasten* several thousand guests; **2** *(verschillend)* various [sorts of grasses], different, diverse; *(vero)* divers; *zie ook* verschillend
verscheidenheid variety, diversity, difference
verschenen *zie* verschijnen
verschenken 1 pour out; **2** give away
verschepen 1 ship; **2** *(in ander schip)* trans-ship
verscheper shipper, consignor
verscheping shipment; *bewijs van ~* mate's receipt
verschepingsdocumenten shipping documents
verscherpen 1 sharpen (*ook fig:* the memory, the faculties of the mind), whet; **2** *(fig)* strengthen, stiffen, tighten (up) [controls, discipline, the law, regulations], intensify [sanctions; intensified submarine war], accentuate [a conflict, the difference between ...], heighten [an impression]; *(verergeren)* aggravate [the situation]
verscherping sharpening, strengthening, stiffening, tightening up, accentuation, intensification, aggravation; *vgl* verscherpen
verschet *(typ)* frisket
verscheuren tear (up) [a letter, etc], tear to pieces (to rags); *(in droefheid, vero)* rend [one's garments]; *(door wild dier, enz)* tear to pieces; *(fig)* tear [a country torn by civil war, a strife-torn city], rend [the heart; shouts rend the air], lacerate [the heart, feelings], *(lit)* rive [a country riven by civil war]; *~de dieren* savage animals
verscheuring tearing (up), rending, laceration
verschiet distance, perspective, *(aan kust ook)* offing; *(fig)* prospect, perspective, vista [a new vista of life is opening out to me]; *in het ~, (fig)* in the distance, in prospect, [a general election is] on the horizon, [promotion is] in the offing, [there was trouble] ahead; *dat is voor u in het ~* that is in store for you; *dat ligt in het verre ~* that is a distant prospect
verschieten I *tr* **1** shoot; use up, consume [ammunition]; *zie ook* kruit & pijl; **2** *(voorschieten)* disburse [money]; **II** *intr* **1** *(ve pers)* change colour, turn pale; *(v kleuren)* fade *(ook: doen ~)*; *(v stoffen)* lose colour, discolour; **2** *(ve ster)* shoot; *zie ook* verschoten
verschijndag *zie* vervaldag
verschijnen *(algem)* appear; *(zich vertonen)* make one's (put in an) appearance; turn (show) up [for dinner; he did not turn up till eight]; *(waar iems aanwezigheid vereist is)* [be summoned to] attend; *(jur)* appear, enter an appearance, answer one's summons; *(na borgstelling)* surrender; *(ve boek)* appear, be published, come out; *(v rente, enz)* fall due;

(ve geest) materialize, manifest itself; *(verstrijken van termijn)* expire; *in persoon ~, (jur)* answer in person; *hij moest voor de commissie ~* he had to appear (go) before the board; *weigeren te ~* refuse to attend; *niet ~, (ook)* fail to turn up; *een boek doen (laten) ~* (bring out, issue) a book; *het boek is pas verschenen* the book is just out; *verschenen rente* interest due; *zie ook* opkomen

verschijning appearance; *(ve boek, ook)* publication; *(ve pers, ook)* attendance, *vgl* verschijnen & *zie ook* niet-verschijning; *(geest~)* apparition, ghost, vision; *(pers)* [a tall] figure, [a stately] presence; *(v rente)* falling due; *(verstrijking)* expiry, expiration; *een mooie ~* a fine figure of a woman, a woman of fine presence; *een aardige ~* a pleasant-looking woman (girl)

verschijningsvorm manifestation

verschijnsel 1 phenomenon (*mv:* -mena); **2** *(symptoom)* symptom, sign; *waarschuwende ~en* danger signs [of cancer]

verschikken I *tr* arrange differently, shift; **II** *intr* move (higher) up, shift along a bit

verschikking different arrangement, shifting

verschil difference *(ook in rek)*, [income] disparity, discrepancy [between words and figures on a cheque]; *(onderscheid)* distinction; *(verscheidenheid)* variety, diversity; *(geschil)* difference, dispute, quarrel; *ze hebben altijd ~* they are always quarrelling; *zie ook* ruzie; *~ in prijs (in gewoonten)* difference in price (in habits); *~ van mening* difference of opinion; *met enig ~* with a difference; *ze hebben altijd ~* they are always quarrelling; *zie ook* ruzie; *een heel ~ bij (met) verleden jaar* quite a difference (change) from last year; *~* ***maken*** differentiate [in salary between men and women teachers]; *dat maakt (een groot) ~* that makes a difference (all the difference); *het zou voor mij geen ~ maken* it would make no difference to me [*zo ook:* it would make no difference to our friendship]; *ze maakte ~ tussen ...* she drew a distinction between ...; *~ maken waar geen ~ bestaat* make a distinction without a difference; *er is een* ***wereld*** *van ~ tussen (hen), (ook)* they are worlds apart; *zie ook* hemelsbreed, onderscheid & delen

verschillen differ, be different, vary; *~ van, (anders zijn dan)* differ from, *(in mening)* differ from (*of:* with); *zie ook* hemelsbreed & mening

verschillend I *bn & bw* different, differing, distinct [*van* from], other [than]; *(ongelijk, ook)* odd [you've got odd socks on]; *~ van, (ook)* different to [she was a different girl to what she had been]; *geheel ~ zijn van ..., (ook)* be quite unlike ...; **II** *onbep vnw (verscheiden)* several; *(allerlei)* various; *bij ~e gelegenheden* on various occasions

verschilpunt point of difference (of controversy), disputed point

verschimmelen become mouldy (mildewed), mildew

verscholen hidden; lurking [press photographer]; tucked away [in a quiet valley]; *zich ~ houden* remain in hiding, lie low

verschonen 1 put fresh (*of:* clean) sheets on [a bed]; (wash and) change [a child]; *zich ~* have a bath and a change of clothes; **2** *(excuseren)* excuse [o.s.]; *(door de vingers zien)* overlook; *zie ook* vergoelijken; **3** *(ontzien)* spare; *verschoon me van je opmerkingen* spare me your remarks; *verschoond blijven van* be spared [humiliation]

verschoning 1 change (of linen); **2** excuse; *~ vragen* apologize [*voor* for]; *ik vraag geen ~ voor ..., (ook)* I make no apology for ...; *ter ~ merkte hij op ...* by way of excuse he observed ...

verschoningsrecht *(jur)* right [of witnesses] to refuse to answer questions

verschoonbaar excusable, pardonable

verschoppeling outcast, pariah, reject [society's rejects]

verschoppen *(eig)* kick away; *zijn geluk ~* spurn one's good fortune

verschot choice, assortment; *~ten* disbursements, out-of-pocket expenses, outlays; *vgl* voorschot

verschoten faded; *zie ook* verschieten

verschralen attenuate; *(vh weer)* become colder; *(v wind)* become biting; *verschraald* thin, wishy-washy [beer]; *vgl* schraal

verschraling attenuation, etc

verschrijven 1 use up in writing; *zich ~* make a mistake (in writing); *ik heb me (alleen maar) verschreven* it is a (mere) slip of the pen; **2** transfer [money to another budget item]

verschrijving 1 slip of the pen, clerical error; **2** *(tussen begrotingsposten)* transfer

verschrikkelijk terrible, frightful, dreadful, horrible, appalling; *het was een ~e toestand in de pastorie* things were in a dreadful way at the rectory; *het ~e ervan* the terrible part of it; *zie ook* ontzettend

verschrikken I *tr* frighten, terrify, startle, scare; scare (away) [birds]; **II** *intr zie* schrikken; *dodelijk ~, zie* schrikken: zich dood ~; *verschrikt opspringen* start up in a fright

verschrikking fright, terror, horror; *(wat schrik verspreidt)* horror, terror

verschroeien I *tr* scorch, singe, sear; *(vd zon, ook)* parch [parched crops]; **II** *intr* be scorched (singed), scorch; *tactiek van de verschroeide aarde* scorched earth policy; *verschroeide keel (tong)* parched throat (tongue); *verschroeide plek* scorch; *verschroeid papier* charred paper

verschrompelen shrivel (up), shrink, wrinkle, crumple (up); *verschrompeld* shrivelled, shrunken, wizened [face], shrivelled, withered [apple, cheek]

verschroten convert into scrap

verschuifbaar sliding, movable, slidable

verschuilen hide, conceal, shelter; *zich ~* hide [*voor* from], conceal o.s.; *zich ~ achter, (fig)* shelter (*of:* shield o.s., take refuge) behind [other people, the authority of ...]; *zie ook* verscholen

verschuiven I *tr* **1** shove (away), move [a man on the chessboard], shift, slide [the knob]; **2** put off, postpone, defer; *zie ook* uitstellen; II *intr* shift

verschuiving **1** shift(ing), etc; ~ *naar links, (pol)* swing to the Left; **2** postponement

verschuldigd indebted, due; *iem* ~ *zijn* owe a p. [money, one's life, thanks], be indebted to a p. for [a good education]; *ik ben hem veel* ~ I owe him much, am greatly indebted to him; *hij was het aan zichzelf (zijn eer, enz)* ~ *(om) te ...* he owed it to himself to say ...; *het ~e (bedrag)* the amount due (payable); *het bedrag* ~ *aan (~ door) ...* the amount owing to (owed by) ...; *met ~e hoogachting (eerbied), (onder brief)* yours obediently (respectfully); *zie ook* dank & schuldig

verschut *zie* schut: voor ~

versgebakken newly-, freshly-baked (-fried), new [bread]

versheid freshness, newness; *vgl* vers

versie version

versierder **1** decorator; **2** fixer; **3** womanizer, Don Juan

versieren **1** adorn [statues adorn the streets], decorate [with flags], ornament, beautify, deck [with flowers], garnish [a dish], trim [a dress]; *(opschikken)* trick (*of:* deck) out; **2** fix, wangle; *dat* ~ *we wel, (fam)* we'll fix it; *een strafschop trachten te* ~ enact a penalty; **3** chat up [a girl]

versiering adornment, decoration, ornament; *~en, (muz)* graces, grace notes

versieringskunst decorative art

versiersel ornament, decoration, adornment; *~en* insignia [of an order]

versiertoer: *op de* ~ *zijn* be trying to make a pick-up

versimpelen (over-)simplify

versjacheren barter away

versjouwen drag away; *zich ~, (fig), a)* go (be going) the pace; *b)* work o.s. to death

versjteren botch (up), *(sl)* make a balls-up of

verslaafd: ~ *aan* addicted (a slave, given) to [drink, etc], enslaved to [a habit], *(fam)* hooked on [TV]; *aan drugs (morfine) ~e* drug (morphia) addict, junkie

verslaafdheid addiction

verslaan I *tr* **1** defeat, beat; *(fam)* lick; *(sp ook)* kill, slay; *(dorst)* quench [thirst]; ~ *met 3 tegen 0* beat 3 goals to nil; *zie ook* verliezen; *iem totaal* ~ beat a p. hollow (to his knees), *(fam)* wipe the floor with (beat the pants off) a p.; *(totaal) verslagen worden, (ook)* get the worst of it, be worsted (be beaten all ends up); **2** *(voor krant, enz)* cover [a meeting]; commentate [a match]; II *intr (v warme dranken)* cool; *wijn, enz laten* ~ take the chill off; *zie ook* verschalen

verslag report, account; *(radio, enz)* [give a] commentary [*van* on]; *(inz van journalist, ook)* coverage; *officieel statistisch* ~ [government] return(s); *de tijd waarover het* ~ *loopt* the period under review; ~ *doen van* give (render) an account of; *(een gunstig)* ~ *uitbrengen* deliver a (favourable) report, report (favourably) [*over* on]; *zie ook* verslaan & stand

verslagen **1** defeated, beaten; *(fig)* dismayed, prostrate [with grief], [feel, look] crushed; **2** flat, stale

verslagenheid dismay, consternation; *diepe* ~ prostration; *een blik van* ~ a stricken look

verslaggeefster, verslaggever [newspaper] reporter; [radio, TV] commentator

verslagjaar: *(het lopende)* ~ the year under review; *het vorige* ~ the previous year, the company's last year

verslaglegging report(ing), recording

verslampampen waste, throw away, squander

verslapen sleep away [the best part of the day]; sleep off [one's headache]; *zich* ~ oversleep

verslappen I *intr (v spieren, aandacht, enz)* relax, slacken; ~ *in* relax (in) [one's vigilance], slacken in [one's efforts]; *de belangstelling verslapte* interest flagged; *de tucht begon te* ~ discipline became slack; II *tr* relax, slacken; *(door hitte, ziekte, enz)* enervate

verslapping relaxation, slackening; flagging; enervation

verslaven enslave; *zich* ~ *aan* become a slave (enslaved) to; *zie ook* verslaafd

verslavend habit-forming, addictive [disease, drugs]

verslaving enslavement, addiction (*aan* to)

verslechteren I *tr* make worse, worsen, deteriorate; II *intr* get worse, worsen, deteriorate

verslechtering worsening, deterioration, *(econ)* downturn

versleer poetics

verslepen drag away

versleten worn (out) [carpet, etc], threadbare [clothes], well-worn [wooden stairs], the worse for wear, dilapidated [old hat], time-worn [theories], hackneyed [phrase], worn-out, tattered [banknotes]; *(v e pers)* worn out [with age]; ~ *stem* cracked voice

versleutelen **1** distribute (proportionally); **2** encrypt, encode

versliecheren inform on, betray

verslijten I *tr* wear out [clothes; *ook fig:* wear out three secretaries in six months]; while away [the time]; *iem* ~ *voor* take a p. for, look (up)on a p. as; II *intr (ook fig)* wear out (off, away, down); *zie ook* slijten

verslikken: *zich* ~ choke [on a piece of meat], swallow the wrong way; *(fig)* bite off more than one can chew; underrate [an opponent, a problem *in een ...*]

verslinden devour (*ook fig:* a book, etc), gobble up, bolt, wolf (down) [one's food], eat [money], eat up [the profits; the car ate up the miles to L], engulf; *iem (iets) met de ogen* ~ devour a p. (s.t.) with one's eyes

verslingerd *zie* verkikkerd

verslingeren: *zich* ~ *aan* throw o.s. away on

versIodderen *zie* verslonzen
versloffen neglect
versloffing negligence, [suffer from] neglect
verslond *ovt van* verslinden
verslonzen I *tr* spoil, ruin [one's clothes] through slovenliness; *verslonsd* slovenly; **II** *intr* go to the dogs (to pot)
versluieren veil, disguise [one's intentions]; blur, obscure [the issue]
versluiting: *onder ~* under seal
versmaat metre
versmachten *(v dorst)* be parched with thirst; *(fig)* languish, pine away
versmachting languishing
versmaden scorn, despise, spurn, disdain, be disdainful (contemptuous, scornful) of; *£500 per week is niet te ~* £500 a week is not to be despised (*fam:* not to be sneezed at)
versmading scorn, disdain
versmallen narrow *(ook: zich ~)*
versmelten I *tr* **1** melt [butter, metals], fuse [metals], smelt [ores]; **2** *(samensmelten)* melt together, amalgamate; *~ met* melt (fuse) with; **3** *(omsmelten)* melt down [a statue]; **II** *intr* melt, melt away, *(v kleuren, klanken, ook)* blend; *in tranen ~* melt into (dissolve in) tears
versmelting melting (down), smelting, fusion, blending; *vgl* versmelten
versmoren *tr & intr* smother, stifle, suffocate; *zie ook* smoren
versmoring suffocation, stifling
versnapering titbit, snack, refreshment
versnellen *tr & intr* accelerate, quicken; speed up [aircraft construction]; *de pas ~* mend (quicken) one's pace; *versnelde pas* double time; *met versnelde pas* at the double
versneller [particle] accelerator
versnelling acceleration; speed(ing)-up, *vgl* versnellen; *(ve fiets, enz)* [first, second, high, low] gear, speed; *veranderlijke (hoogste, laagste) ~* variable (top, lowest, *of:* bottom) gear; *rijwiel met 2 ~en* bicycle with 2 speeds; *in de ~ zetten* put into gear
versnellingsbak gearbox
versnellingshendel gear lever, *(Am)* gearshift
versnellingsnaaf hub gear
versnijden 1 *(aan stukken)* cut up, cut to pieces; **2** *(bederven)* spoil in cutting; **3** *(pen)* mend; **4** *(wijn)* dilute, weaken; *(ter verbetering)* blend
versnipperen cut into bits; cut up [large estates], split [votes, a party], fritter away [one's time, strength]; *tot verschillende sekten ~* split up into different sects
versnippering cutting up, splitting (up), etc; *~ van krachten* dissipation of effort
versnoepen spend (on sweets)
verso verso
versoberen economize, cut down expenses, retrench; simplify [plans]
versobering economization; [a policy of] retrenchment; *(v levenswijze)* austerity; simplification, [a] more economical administration
versoepelen mitigate, relax [restrictive measures], ease [restrictions]
versomberen darken
verspanen machine [metal]
verspelen play away, gamble away [one's money]; lose [one's life, health, a p.'s esteem]; forfeit [one's right]
verspenen prick out (off), plant out
versperren block, bar [the way], block (up) [a road], obstruct [a passage], barricade [a street]
versperring obstruction, barrier, (road) block; *(in of voor rivier)* boom; *(mil)* [barbed wire] entanglement; *(barricade)* barricade
versperringsballon barrage balloon
versperringsvuur barrage
verspieden spy out, scout, reconnoitre
verspieder spy, scout
verspijkeren *(fig)* **1** use up; **2** lay out, spend
verspillen squander, waste, dissipate, be wasteful of [one's powers], fritter away [time]; *zie ook* verkwisten; *tijd ~ met onderhandelingen* waste time in negotiations; *zijn woorden ~* waste one's breath (one's words); *er geen woord meer over ~* not waste another word (up)on it; *goede raad is aan hem verspild* good advice is wasted (thrown away, lost) on him
verspiller squanderer, spendthrift; [water] waster
verspilling waste [of money, time, talent], wastage [of coal], dissipation [of money, energy]
versplinteren *tr & intr* splinter, break into splinters, sliver, shiver, break to shivers
verspreid scattered [cottages, instances], dispersed [the original members are all dispersed now], stray [notes]; *(~ en dun)* sparse [population]; *~e orde, (mil)* extended order; *in alle richtingen ~* far-flung [our far-flung Empire, colonies]; *over de hele wereld ~* scattered (*v planten, enz:* distributed) all over the world; *het speelgoed lag ~ over de vloer* the floor was littered with toys; *zie ook* wijdverspreid
verspreiden spread [news, rumours, disease, terror], broadcast [news by radio], circulate [lies, a rumour], put about [rumours], give out [a smell], give off [heat], diffuse [scientific knowledge, a certain atmosphere], scatter [how plants scatter their seeds], disperse (break up) [the crowd], disseminate [doctrines, false opinions], propagate [a doctrine, the gospel]; distribute [leaflets]; *wijd en zijd ~* scatter far and wide; *verspreide buien* scattered showers; ***zich ~**, (v water, ziekte, mening, leer, gerucht, enz)* spread; *(ve gerucht, ook)* get abroad, travel [quickly]; *(v soldaten)* spread out; *(ve menigte)* disperse, scatter; *zie ook* verdelen & verspreid
verspreider circulator, disseminator, propagator, spreader; distributor; *vgl* verspreiden
verspreiding spreading, dispersion, dispersal, scattering, circulation; diffusion [of knowledge], dissemination, propagation; spread [of a disease, of

civilization], distribution [of races, animals, plants, etc]; proliferation [of atomic weapons]; *vgl* verspreiden

verspreidingsgebied *(v dieren, enz)* (area of) distribution, range

verspreken: *zich ~* make a mistake in speaking; trip up over a word; *ik versprak me, (ook)* I made a slip (of the tongue); *zie ook* zich verpraten

verspreking slip of the tongue

ver'springen spring, leap, jump [a space, a day]; *laten ~, (tov elkaar)* stagger [working hours, holidays]; *zich ~* hurt (sprain) one's foot (ankle); *~d feest* movable feast

'verspringen *zn* long jump

versregel verse, line of poetry

verssnede caesura

verst farthest, furthest; *het ~e eind van de gang* the far (farther, further, farthest) end of the passage; *zie ook* verte

[1]**verstaan** *ww* **1** *(horen, begrijpen)* understand [a person, French, one's trade; how do you understand that passage?]; *en gauw ook, versta je?* and quick too, you understand? (do you hear?); *een wenk ~* take a hint; *hij* ***gaf*** *mij duidelijk te ~* he made it (abundantly) clear to me, told me in plain terms [that ...]; *mij is te ~ gegeven* I have been given to understand; *ik heb zijn naam niet* ***goed*** *~* I did not quite catch his name; *versta me goed!* don't misunderstand me!; *(meer dreigend)* now understand me!, get this quite clear!; *men versta me goed* [the proposal,] let it be clear, [is for ...]; *heb ik het goed ~, dat u zei ...?* did I understand you to say ...?; ***verkeerd*** *~* misunderstand; *zie ook* welteverstaan; *zich* ***met*** *iem ~* come to an understanding with a p. [*omtrent* about]; *wat versta je* ***onder*** *...?* what do you understand (mean) by ... (understand ... to mean)?; **2** *(kennen)* know [one's job *vak*]; *dat kunstje verstaat hij* he is up to that trick; **3** *(verlangen)* want, require; *zie ook* gekheid, scherts, enz

[2]**verstaan** *bn* forfeited, unredeemed [pledge, security *pand*]

verstaanbaar understandable, intelligible; *~ maken, (ook)* explain [a doctrine] intelligibly; *zich ~ maken* make o.s. understood (heard, intelligible)

verstaanbaarheid intelligibility

verstaander: *een goed ~ heeft maar een half woord nodig* a word to the wise is enough; a nod is as good as a wink (to a blind horse)

verstadsen *zie* versteedsen

verstalen steel, harden, case-harden; *zich ~* steel (harden) one's heart

verstand understanding, sense, mind, reason, intellect; *(kennis)* knowledge [have a limited knowledge of computers]; *(oordeel)* judgement, [use] discretion; *zie ook* begrip & kennis; *gezond ~* common (*of:* horse) sense, mother wit; *~ van zaken* expert knowledge; *met ...* knowledgeably, expertly; *(handel)* business acumen; *zie ook* kennis: ~ van zaken; ***gebruik*** *toch je ~, a)* use your brains (head); *b)* do talk sense (reason); *c)* do listen to reason (sense); *hij* ***heeft*** *geen (niet veel) ~* he has got no brains (has not got much brain); *~ genoeg hebben om het niet te wagen* have sense enough not to risk it; *hij heeft een goed ~* he has brains, is intelligent; *naar hij ~ heeft* [he lives] according to his lights; *waar hebben ze toch hun ~?* have they taken leave of their senses?; *ik heb geen ~ van poëzie* I am no judge of poetry; *hij heeft ~ van zoiets* he knows (understands, is knowledgeable) about such things; [*zo ook:* he understands lasers]; *hij heeft ~ van paarden, (ook)* he is a good judge of horses (of horseflesh), knows a good horse when he sees one; *hij heeft er helemaal geen ~ van* he does not know the first thing about it; *ik heb van (die) meisjes geen ~ meer* I don't know what (those) girls are coming to; *ik kon mijn ~ niet bij mijn werk* ***houden*** I could not keep my mind on ...; *het ~* ***komt*** *met het ambt* with the office will come the sense to fill it; *het ~ komt met de jaren* wisdom comes with age; you can't expect an old head on young shoulders; *daar* ***staat*** *'s mensen ~ voor stil* it passes the wit of man; *zie ook ben:* dat gaat boven mijn ~; *zijn ~* ***verliezen*** lose one's mind (reason, senses, wits), go out of one's mind (off one's head); *dat zal ik hem* ***aan*** *het ~ brengen* I'll make that plain to him (bring, *of:* drive, it home to him), I'll jolly well make him understand; *hij was* ***bij*** *zijn volle ~* he was in full possession of his faculties, was quite sane; *hij is niet bij zijn ~* he is out of his senses (wits), off his head, not in his right mind; *niet goed bij zijn ~* half-witted, *(sl)* off his rocker; *zij kwam niet weer bij haar ~* she did not regain consciousness; *dat gaat* ***boven*** *mijn ~* that is beyond (past) my comprehension (beyond me, too much for me), it beats me; ***met*** *~* [read] understandingly, [work] intelligently, [use it] with discretion, [choose] with discernment; *met ~ te werk gaan* use (act with) discretion; *met dien ~e dat ...* on the understanding that ...; ***tot*** *goed ~ van de zaak* for a proper understanding of the matter [it is necessary ...]; *ze is niet* ***van*** *~ ontbloot* she does not lack intelligence; *men vreesde* ***voor*** *haar ~* there were fears for her reason

verstandelijk intellectual; *(vs het gevoel)* cerebral; *op zijn koel-~e manier* in his cold-blooded way; *~e vermogens* intellectual faculties (powers); *~e leeftijd* mental age

verstandeloos senseless, mindless, devoid of sense (reason)

verstandhouding understanding; *geheime ~* secret understanding, *(onwettig, vooral in rechtszaak)* collusion; *goede ~* good understanding, good feeling; *een goede (slechte) ~ hebben, in goede (slechte) ~ zijn (staan)* be on good (bad) terms [*met* with]; *de ~ verbreken* break off relations; *een blik van ~* a look of mutual understanding; *iem een knikje (teken) van ~ geven* give a p. an understanding nod, wink knowingly at a p.; *zij staan met elkaar in ~* they are

in league with each other; *(jur)* they are in collusion; *zie ook* verhouding
verstandig sensible, intelligent, wise, commonsense [views]; *een ~ gebruik maken van* use [one's vote] intelligently; *een ~ man* a sensible man, a man of sense; *geen ~ mens kan geloven ...* no one in his senses can believe ...; *~e mensen, (ook)* reasonable (*of:* thinking) people; *~e vragen doen* ask intelligent questions; *je kon geen ~ woord uit hem krijgen* it was impossible to get any sense out of him; *je zoudt ~ doen met (er ~ aan doen) te ...* you would be wise (well-advised) to ...; *laten we ~ praten (~e taal spreken)* let us talk sense (reason); *ze was zo ~ om weg te blijven* she had the (good) sense to stay away; *daarvoor is ze te ~* she has too much sense for that; *wees toch ~!* do be sensible!; *het was heel ~ van hem* it was very wise (sensible) of him; *je had ~er moeten wezen en hem niet moeten aanmoedigen* you should have had more sense than to encourage him; *het ~e* [see] the (common) sense [of it]; *het is het ~ste dat men kan doen* it's the most sensible (the wisest) thing to do
verstandshuwelijk marriage of convenience
verstandskies wisdom tooth
verstandsknobbel bump of common sense
verstandsmens man of reason (*tegengesteld:* man of feeling)
verstandsontwikkeling intellectual development
verstandsverbijstering insanity, (mental) alienation; *hij lijdt aan ~* his mind is unhinged; *zie ook* vlaag
verstarren stiffen, make (become) rigid; *zijn blik verstarde* his look grew fixed; *verstard* rigid [method]; frozen [landscape]; *zie ook* star I
verstedelijken, versteedsen I *tr* urbanize [the country]; **II** *intr* become urbanized (citified)
versteedsing urbanization
versteend petrified, turned to stone *(beide ook fig)*, fossilized; *~ hart* heart of stone; *ik was ~ van schrik* I stood petrified (*of:* motionless) with terror; *~ van kou* stiff (*of:* benumbed) with cold; *een politiek ~ lichaam* a politically ossified body
verstek 1 *(jur)* default; *~ laten gaan* fail to turn up; *(jur)* allow judgement to go by default; *de zon laat ~ gaan* the sun is not coming out; *hij werd bij ~ veroordeeld* he was condemned (sentenced) in his absence (in absentia); **2** *(ve timmerman)* mitre; *in ~ bewerken* mitre
verstekbak mitre box
verstekblok mitre block
verstekeling stowaway
versteken hide, conceal, put away; *zich ~* hide, conceal o.s.; *(aan boord)* stow away
verstekhaak mitre (square)
verstekproces undefended case
verstekvonnis judgement by default
verstekzaag tenon saw
verstelbaar adjustable [to four positions]; reclining [backrests]
versteld 1 *(v kleren)* mended, patched; **2** astonished; bewildered; *~ staan* be taken aback (dumbfounded, staggered); *ik stond ~ bij uw bewering* I was staggered at your assertion; *~ doen staan* amaze, astonish; *zie ook* verstomd
versteldheid perplexity, confusion
verstelgaren darning wool, mending cotton
verstelgoed mending
verstellen 1 *(instrument, enz)* adjust; **2** *(verplaatsen)* transpose; **3** *(repareren)* mend, patch, repair [clothes, etc]
verstelling 1 adjustment; **2** mending; *vgl* verstellen
verstelschroef adjusting screw
versteltoets shift key
verstelwerk mending
verstenen *tr & intr (ook fig)* petrify, turn (in)to stone
verstening petrifaction; *(concr ook)* fossil
versterf 1 death, decease; *(med)* necrosis; *bij ~* in case of death; *(jur)* on intestacy; **2** *(erfenis)* inheritance
versterfrecht right of succession
versterken strengthen [a p., the body, the mind, a walled town], fortify [a town, o.s. with a stiff drink], reinforce [*door bijvoeging:* an army, a party, a choir, a gun, an argument], invigorate [the body, mind], intensify [sound, light], refresh [the inner man], cement [friendly relations], consolidate [one's position], deepen [impressions, a mystery]; *(fot)* intensify; *(signaal)* amplify; *ik word in die mening versterkt door ...* I am fortified (strengthened) in that opinion by the fact that ...; *de positie van de minister ~* strengthen the hands of the minister; *~de lucht* bracing air; *~de middelen* restoratives; *versterkt orkest* augmented orchestra
versterker 1 *(fot)* intensifier; **2** *(signaal & fot)* amplifier
versterking 1 strengthening, fortification, reinforcement, intensification, consolidation; *~en, (troepen)* reinforcements, *(werken)* fortifications; **2** *(signaal)* amplification; *vgl* versterken
versterkingskunst (art of) fortification
versterkingswerken fortifications
versterven 1 die, die out; **2** *(toevallen aan)* devolve (up)on; **3** *(v vlees) zie ook* besterven & bestorven; **4** *zich ~, (r-k)* mortify the flesh
versterving 1 death, decease; **2** passive euthanasia; **3** *(r-k)* mortification
verstevigen consolidate [one's position]; strengthen [one's influence, hair]; tighten [one's grip]
verstijfd stiff, *(vd kou, ook)* benumbed [with cold], numb; *(als) ~* [stand] rigid [with fear *van*]
verstijven I *intr* stiffen, grow stiff; grow numb [with cold]; *vgl* verstijfd; **II** *tr* stiffen *(ook techn)*; *(v kou)* benumb
verstijving stiffening; benumbing, numbness; *(lijk~)* rigor mortis [had set in]
verstikken I *tr* suffocate, choke, stifle, strangle, smother, throttle, asphyxiate; **II** *intr zie ook* stikken;

(*v stoffen*) decay; *zijn stem verstikt door ontroering* his voice choking with emotion; *het onkruid verstikt het koren* the corn is choked with weeds; *doen ~, zie* verstikken I

verstikkend suffocating, stifling [air], asphyxiating [gas]; *~ heet* suffocatingly hot

verstikking suffocation, asphyxia, asphyxiation

verstikkingsdood death from asphyxiation

verstillen (grow) still

verstoffelijken materialize

verstoffen accumulate dust *(ook fig)*

verstoken I *bn: ~ zijn van* be devoid (deprived, destitute) of, lack [common sense]; be denied (debarred from) [the right to appeal]; *van alle middelen ~* destitute; **II** *ww* burn (up); consume; *de kachel verstookt veel* the stove takes a lot of fuel; *€2000 per jaar ~* spend ... on heating

verstokken *tr & intr* harden

verstokt obdurate [heart, conscience], hardened [sinner], confirmed [smoker, bachelor], determined, inveterate [drunkard], unrepentant, impenitent [sinner]; *een ~e conservatief, (fam)* a dyed-in-the-wool conservative

verstoktheid hardness of heart, obduracy, impenitence

verstolen furtive, stealthy [glance]; *een ~ blik werpen op, (ook)* steal a glance at

verstomd struck dumb, speechless; *ik stond er ~ van, (ook)* it took my breath away, *(fam)* I was flabbergasted; *~ doen staan* strike dumb, dumbfound, stupefy; *zie ook* paf

verstommen I *tr* silence, strike dumb; **II** *intr* be struck dumb, stand dumb, become speechless (*of:* silent); *de vogels verstomden* the birds were hushed; *het lawaai verstomde* the noise died down; *doen ~, zie* I; *zie ook* verstomd

verstompen *tr & intr (eig)* blunt, dull; *(fig)* blunt [the affections], dull [the sense, the emotions; it blunted the pain in her heart], deaden [pain]

verstoord disturbed; *(ontstemd)* ruffled, vexed, annoyed, cross

verstoorder disturber; *(vd pret)* killjoy, spoilsport

verstoordheid annoyance, crossness, ill humour

verstoppen 1 stop up [the chimney; my pipe, nose, etc is stopped up], clog [a tube, the carburettor], choke (up); obstruct, block (up) [a passage], jam [people jammed the staircase, the doors]; *(vd ingewanden)* be(come) constipated; *het verstopt de ingewanden* it causes constipation, it is very binding; *zie ook* verstopt; **2** *(verbergen)* hide, conceal, put away

verstoppend *(med)* constipating, obstructive

verstoppertje: *~ spelen* play at hide-and-seek

verstopping stoppage, obstruction, blockage, hold-up [in the traffic], [traffic] jam; *(vd ingewanden)* constipation, obstruction, costiveness

verstopt stopped up, choked-up [aperture], clogged, stuffed-up [nose], etc; *zie* verstoppen; *~ raken* become (get) choked (clogged up, etc); *de schoorsteen is ~ van het roet* the ... is clogged up with soot; *zijn neus is ~, hij is ~ in het hoofd* he has a stopped-up (clogged) nose, he has got the snuffles

verstoptheid stoppage, obstruction; *(v ingewanden)* obstruction, constipation, costiveness

verstoren 1 disturb [the silence, a p.'s rest], upset, interfere with [a p.'s plans], ruffle [a p.'s composure], break in on [a p.'s rest], intrude (up)on [the silence of ...]; *de openbare rust ~* disturb the (public) peace; **2** *(ontstemmen)* ruffle, vex, annoy; *zie ook* orde

verstoring disturbance, interference

verstorven 1 inherited; **2** dead to the world; *vgl* versterven

verstoteling outcast, pariah

verstoten renounce, disown [one's son], repudiate [one's wife]

verstoting repudiation, renunciation

verstouten: *zich ~, a) (moed vatten)* take heart; *b) (het wagen)* make bold, presume, be emboldened [to ...]

verstouwen stow, stow away

verstrakken set [his face set]; tighten

'verstraler beam headlight, headlamp

verstrammen *tr & intr* stiffen

verstrekken provide, furnish, supply [free meals to ...]; *(mil)* issue [ammunition to troops]; serve out [clothing, food]; *iem iets ~* provide (furnish, supply) a p. with s.t.; *hulp ~* render aid (assistance); *inlichtingen ~* give information; *een lening ~* make a loan; *een vergunning ~* grant a licence; *zie ook* strekken

'verstrekkend far-reaching [consequences], sweeping [demands, changes, powers *(bevoegdheden)*]

verstrengelen intertwine, entangle

verstrengeling entanglement, interlocking [of interests]

verstrijken expire, elapse, go (*of:* slip) by; *naarmate de dag verstreek* as the day wore on (*of:* away); *naarmate de tijd verstreek* as time went by; *zodra de huur verstreken is* as soon as the lease falls in (has expired); *de tijd (mijn verlof) is verstreken* time (my leave) is up; *het ~, zie* verstrijking

verstrijking expiration, expiry, passage [of time]

verstrikken ensnare, (en)trap, enmesh, entangle, weave a net (a web) round [a p.]; *zich ~, verstrikt raken* get entangled, be caught up [in one's own words (lies)]

verstrooid 1 scattered, dispersed; **2** *(fig)* absent-minded, preoccupied, wool-gathering, absent (*vooral bijwoordelijk:* 'no', he said absently)

verstrooidheid absent-mindedness, wool-gathering, abstraction

verstrooien 1 disperse, scatter, rout [the enemy]; ***zich*** *~* disperse; **2** *(afleiden)* divert; *dat verstrooide mij* that took me out of myself; ***zich*** *~* seek diversion

verstrooiing 1 dispersion, dispersal; *de ~ der joden* the Diaspora; *~ zoeken* seek diversion; **2** diversion, distraction, entertainment, recreation

verstuiken sprain, (w)rick [one's ankle]; *zich ~* sprain one's ankle
verstuiking sprain(ing)
verstuiven I *intr* be blown away (like dust); be scattered [to the four winds]; *(v duinen)* move; *doen ~* scatter, disperse, send flying in all directions; **II** *tr* pulverize, spray, atomize, nebulize
verstuiver atomizer, [perfume] spray, nebulizer; *(techn)* spray nozzle
verstuiving 1 dispersion, *(wilde vlucht)* rout; **2** pulverization, atomization; **3** movement [of dunes]; sand drift
versturen *zie* verzenden
verstuwen *zie* verstouwen
versuffen I *intr* grow dull, *(ve oud pers)* lose interest in things, fall into one's dotage; **II** *tr* dream (moon) away [one's time]; *te veel werk versuft* all work and no play makes Jack a dull boy
versuft stupefied; *hij zat ~ in zijn stoel* he ... with a vacant (absent) look; *hij stond als ~* he was dazed, stared dazedly
versuftheid stupefaction; *(ve oud pers)* dotage
versuikeren 1 go sugary, become candied; **2** *(omzetten in suiker)* saccharify
versukkeling decline; *in de ~ raken* go into a decline; *het project is in de ~ geraakt* the ... has lost momentum
versus versus
versvoet metrical foot
vertaalbaar translatable
vertaalbureau translation bureau (agency)
vertaalkunde translation theory
vertaalrecht translation rights
vertaalster (woman) translator
vertaalwerk translations, translation work
vertakken: *zich ~* branch [here the road branched], ramify, fork, furcate
vertakking branching, ramification, fork, furcation
vertalen translate; *~ in* translate (render) into; *in (uit) het Frans (uit het Frans in het Engels) vertaald* translated into French (from the French; from French into English); *Molière is niet te ~* Molière cannot be translated (is untranslatable); *Welsh laat zich moeilijk ~* Welsh does not translate well
vertaler translator; *zie ook* beëdigd
vertaling [do a] translation (*vgl* vertalen), rendering; *(woordelijk: v klassieken, enz, inz om te spieken)* crib; *(omzetting)* conversion; *zie ook* vue
vertalingsrecht translation rights
verte distance; *in de ~* in the distance; distantly (remotely) [related *verwant*]; *in de verste ~ niet* not by far; *ik denk er in de verste ~ niet aan om hem iets te verwijten* I have not the slightest (remotest) intention of (I am far from, I wouldn't dream of) blaming him; *het is in de verste ~ niet zo pijnlijk als ...* it is not anything like so painful as ...; *in de verste ~ niet af* nowhere near finished; *zie ook* ver: op ~re na niet; *uit de ~* from a distance, from afar
vertebraal vertebral
vertebraten vertebrates
vertederen I *tr* soften, mollify [a p.], melt [a p.'s heart]; **II** *intr* soften, mellow
vertedering softening, mollification
verteerbaar digestible; *licht (moeilijk) ~* easy (difficult) to digest
verteerbaarheid digestibility
vertegenwoordigen represent; be representative of; *zie ook* vertegenwoordigend; *deze partij is door twee kamerleden vertegenwoordigd, (ook)* this ... returns two members to the Second Chamber; *alles wat hij vertegenwoordigt* [I hate him and] all he stands for
vertegenwoordigend *(ook)* representative (of) [300 participants representative of art and learning]
vertegenwoordig(st)er representative, *(handel, ook)* agent, sales(wo)man, *(fam)* rep
vertegenwoordiging 1 representation; **2** *(personen)* representatives [of a nation]; **3** *(handel, ook)* agency
vertekenen draw wrong, distort
vertelkunst narrative skill
vertellen tell, relate, narrate; *zie ook* zeggen; *(omstandig)* detail, retail; *men vertelt van je dat ...* you are said (reported) to ..., it is told of you that ...; *ik heb me laten ~* I am told (they tell me) [that ...]; *vertel hem dat van mij* tell him that from me; *vertel me dat eens!* tell me that!; *dat hoef je mij niet te ~!, dat moet je mij ~!, (fam)* you're telling me!; *hij kan goed ~* he can tell a story well; *niets te ~ hebben, a)* have no authority; *b)* have nothing useful to say; *hij heeft niet veel te ~* his word carries no weight; *hij kan me nog meer ~* I've heard that one before; *je kunt me nog meer ~* do you see any green in my eye?, tell me another; *zich ~* miscount, make a mistake in counting (*bij optelling:* in adding up); *weer (verder) ~, zie* oververtellen
verteller narrator, storyteller, [he is a poor] raconteur
vertelling, vertelsel story, tale, narration; *vertelseltje* nursery tale
vertelselboek storybook
vertelstructuur, verteltrant narrative structure, narrative style
verteren I *tr* spend [money], consume [the house was consumed by fire], digest [food; *ook fig:* his story is hard to digest], corrode [metals]; *minder ~ dan men verdient* live within one's income; *verteerd worden door roest* be eaten away with (corroded by) rust; *verteerd worden van ...* be eaten up (consumed) with [pride, hatred], eat one's heart out with [jealousy]; *alles ~d* (all-)consuming [passion, hatred]; *te ~* [his] disposable [income]; *niet te ~* indigestible [story], unacceptable [behaviour]; **II** *intr* **1** *(v voedsel)* digest; *gemakkelijk (moeilijk) ~* be easy (difficult) to digest; **2** *(vergaan)* decay, *(ook: wegteren, v pers)* waste (away); *zie verder* vergaan; *~ van, zie* I: verteerd worden van; *zie ook* hartzeer
vertering 1 *(v spijs)* digestion; **2** *(uitgaven)* expenses,

(*gelag*) score; (*verbruik*) consumption; *grote ~en maken* spend freely (largely)
vertesprong long jump
verteuten *zie* verluieren & verbabbelen
verticaal vertical, perpendicular; (*in kruiswoord*) down; *-cale prijsbinding* resale price maintenance; (*Am*) fair-trade agreement; *zie ook* opstand
vertienvoudigen I *tr* multiply by ten; II *intr* increase tenfold
vertier 1 (*bedrijvigheid*) activity; *er is hier (veel) ~* this is a busy place (street); **2** (*vermaak*) [need some] diversion, amusement; *zie ook* tier
vertikken refuse flatly (point-blank); *ik vertik het* I simply won't do it; I am damned if I do it (if I will); *mijn auto vertikte het* my car wouldn't budge
vertillen lift; *zich ~* strain o.s. in lifting; (*fig*) *zie* verslikken
vertimmeren alter, make alterations in, rebuild; (*geld*) spend in building
vertimmering alteration(s), rebuilding
vertinnen (coat with) tin; *vertinde spijkertjes* tintacks; *~ van kou, (fam)* perish with cold
vertoef (*vero*) **1** (*verblijf*) sojourn, stay; **2** (*uitstel*) delay
vertoeven 1 sojourn, stay; **2** (*talmen*) tarry
vertolken interpret; (*fig*) voice [the opinion of ...]; (*muziek, rol, enz*) interpret, impersonate, perform, render
vertolk(st)er interpreter, etc (*vgl het ww*); (*fig ook*) mouthpiece; exponent [of Tolstoy's teaching]
vertolking interpretation; voicing; performance; rendering [her wonderful rendering of the role], impersonation [of a character]; *vgl* vertolken
vertonen 1 (*laten zien*) show [one's ticket, the flag, etc]; produce [one's ticket, documents], exhibit [signs of fear], present [the same characteristics]; *enige gelijkenis (overeenkomst) ~ met* bear a slight resemblance to; ***zich** ~* appear, show (o.s.) [the flowers are beginning to show]; (*ve pers, ook*) put in an appearance, show up, turn up; *een vreemd schouwspel vertoonde zich aan mijn ogen* a ... presented itself to my eyes; *het verbaast me dat je je nog durft te ~, (ook)* I'm amazed you dare show your face; **2** (*tentoonstellen*) exhibit, display, show; (*tentoonspreiden*) display; **3** (*theat*) produce; *zie ook* opvoeren; (*in bioscoop*) show, screen, present, (*in hoofdrol*) feature, (*voor het eerst*) release [a film]; *zie ook* kunst
vertoner producer; performer; exhibitor; *vgl* vertonen
vertoning showing, exhibition [of a film], production; [slide] presentation; (*theat*) performance, representation; (*schouwspel*) spectacle, show, exhibition; *bespottelijke ~* ridiculous carry-on, charade; *het is alles maar ~, (komedie)* it's all sham (make-believe); *~ maken, zie* vertoon
vertoog remonstrance, representation, expostulation; (*betoog*) demonstration; *vertogen richten tot* make representations to
vertoon 1 (*laten zien*) presentation, production; exhibition [of joy], demonstration [a great demonstration of enthusiasm]; ***op** ~, (ve kaartje, enz)* on presentation (production), (*ve wissel, enz*) on demand, at sight, on presentation; *toegang alleen op ~ van kaart(je)* admittance by ticket only; **2** (*praal, uiterlijkheid*) show, display, ostentation, parade; *~ van geleerdheid* parade of learning; *~ van kracht* display of force; *louter ~, (ook)* mere window dressing; *een en al ~ zijn* be all outward show; *zie ook* vertoning; *veel van ~ houden* be fond of show; *(veel) ~ **maken*** make a show, cut a dash, make a splash; *~ maken met zijn geleerdheid* show off one's learning; *hij deed het alleen **voor** ~* he ... only for show
vertoornd incensed, wrathful, angry; *~ op* angry with
vertoornen make angry, incense; *zich ~* become angry
vertragen I *tr* retard, delay; *de snelheid ~* slacken speed, slow down, slow up, decelerate; II *intr* slow down (up); *zijn pas vertraagde* his pace slackened; *vertraagd bericht* belated message; *vertraagde film* slow-motion film (*of:* picture)
vertraging slowing-down, slowing-up, slackening, delay; (*natuurk*) deceleration, (*achterblijven*) lag; *~ van het getijde* lag of the tide; *~ in productie* lag in production; *de trein had aanzienlijke ~* the train was considerably delayed; *een uur ~ hebben* be an hour behind schedule (behind time), be running an hour late
vertrappen (*ook fig*) trample down, trample (up)on, tread (crush) underfoot; [the turf was] cut up; *zie ook* vertikken; *vertrapt ras* downtrodden race; *de vertrapten* the downtrodden
vertreden *zie* vertrappen; *zich (eens) ~* stretch one's legs
vertrek 1 room, apartment; **2** departure, start, (*ve boot, ook*) sailing; *bij het ~, (ve gast)* at parting
vertrekdagen (*luchtv*) days of operation [of a flight]
vertrekhal departure lounge
vertrekken I *intr* **1** leave [the train leaves from here], start, set out (off), go away (off), depart; (*ve boot, ook*) sail, (*ve vliegtuig, ook*) take off; *~ naar* leave (start, sail) for; *de trein moet om 5.40 ~* the ... is due out at 5.40; *terwijl de trein vertrok* as the ... was pulling out; *vertrek!* clear out!; *~de schepen, (in lijst van afvaarten)* sailings; *vertrokken, (op brief)* gone away; **2** *haar gezicht vertrok* her face twitched, (*v pijn*) was twisted with pain; II *tr* draw (pull) away; move [a chair]; distort [one's face]; *zie ook* spier; *vertrokken gelaat* drawn (tense) face
vertrekking distortion
vertrekperron departure platform
vertrekplaats, vertrekpunt starting point, point of departure (*ook fig*)
vertreksein, vertreksignaal signal for departure
vertrektijd time (hour) of departure, departure (*v*

schip: sailing) time
vertrekuur *zie* vertrektijd
vertrekvlag *(mar)* Blue Peter
vertreuzelen idle (trifle, dawdle) away
vertroebelen *(eig)* make thick (muddy); *de zaak ~* confuse (cloud, obscure) the issue
vertroetelen spoil, (molly)coddle, pamper, cosset, pet
vertroosten comfort, console, solace; *~d, (ook)* consolatory
vertrooster(es) comforter
vertroosting comfort, consolation, solace
vertrossing dumbing down, trivialization
vertrouwd reliable [agents, etc], trusted, trustworthy, dependable, trusty [sword, etc]; *(veilig)* [the ice is not] safe; *ik weet dat het bij jou in ~e handen is* I know it is safe in your keeping; *hij is niet alléén ~* he cannot be left to his own devices (to himself); *~ [raken] met* [become] conversant (familiar) with; *zij raakte ~ met haar werk, (ook)* she got into the swing of her work; *zich ~ maken met* familiarize o.s. with, make o.s. familiar with
vertrouwde confidant, *(v)* confidante
vertrouwdheid familiarity [with a subject]
vertrouwelijk I *bn* **1** *(familiair)* familiar, intimate, confidential; **2** *(geheim)* confidential, private; *~e mededeling* confidential communication; confidence; *er stond '~' op de brief* the letter was marked private (confidential); *streng ~* strictly private, private and confidential; II *bw* familiarly, etc, in confidence
vertrouwelijkheid familiarity, intimacy; confidentiality
vertrouweling confidant, *(v)* confidante
vertrouwen I *zn* trust, confidence, faith; *vol ~ op* confident of [success]; *iems ~ **genieten*** enjoy (be in) a p.'s confidence; *ik heb mijn ~ in advocaten verloren* I've lost faith in lawyers; *(alle) ~ **hebben in*** have (every) confidence in; *~ **stellen in*** put (place) confidence (trust) in, have faith in, confide in; *weinig ~ stellen in* put little faith (have small trust) in; *zijn ~ **vestigen** op ...* put one's trust in [God], pin one's faith on (*of:* to) [the United Nations]; *~ **wekken*** inspire confidence; *iems ~ **winnen*** gain a p.'s confidence; ***in** (strikt) ~* in (strict) confidence; *iem in ~ mededelen dat ..., (ook)* confide to a p. that ...; *wij bevelen het werk in vol ~ aan* we have great confidence in recommending the work; *hij nam mij in ~, schonk mij zijn ~* he took (*of:* let) me into his confidence; ***met** ~* with confidence, confidently; ***op** goed ~* [take everything] on trust; *goed **van** ~* trustful (of others), confiding; *positie van ~* position of trust; *zie ook* motie & misbruik; II *ww tr* trust [I trust him as far as (no further than) I can throw him]; *iem iets ~* (en)trust a p. with s.t.; *zie ook* toevertrouwen; *ik vertrouwde mij aan hem toe* I entrusted myself to him; *~ dat ...* trust that ...; *men kon ~ dat hij het zou doen* he could be depended (relied) on to do it; *ik vertrouw erop dat je me helpt, (ook)* I rely on (look to, trust) you to help me; III *ww intr: ~ op* rely on [a p., s.t.]; *op God ~* (put one's) trust in God; *op zijn geheugen (het toeval, zichzelf) ~* trust to one's memory (to luck, to o.s.); *~ op, (fam, ook)* bank on [she could absolutely bank on him; don't bank on that too much]; *~d op, (ook)* in reliance on; *zie ook* vertrouwd & cent
vertrouwensarts confidential medical adviser (for intimate personal problems: child abuse, incest, etc)
vertrouwensbasis [there must be a] (relationship of) trust [between management and workers]
vertrouwenscommissie (confidential) advisory committee
vertrouwenscrisis crisis of confidence
vertrouwenskwestie: *de ~ stellen* ask for a vote of confidence
vertrouwensman trusted representative; agent; impartial negotiator (intermediary); *(vglb)* ombudsman; *(in bedrijf)* shop steward
vertrouwenspositie, vertrouwenspost position of trust
vertrouwensvotum confidence vote, vote of confidence
vertrouwenswaardig trustworthy
vertrouwenwekkend inspiring trust
vertrutten become dull (drab), pall; *vgl* vervlakken
vertuien stay; *(v schip)* moor
vertwijfeld desperate, despairing
vertwijfelen despair; *~ aan* despair of
vertwijfeling despair, [be driven to] desperation
veruit *zie* verreweg
veruiterlijken externalize
vervaard alarmed, afraid; *zie ook* kleintje
vervaardheid alarm, fear
vervaardigen make, manufacture, construct, prepare, execute [drawings], [every article we] turn out
vervaardiger maker, manufacturer
vervaardiging making, manufacture, construction, etc; *vgl* vervaardigen
vervaarlijk tremendous, frightful, awful; *(met het oog op omvang ook)* huge; *(fam)* thumping, whopping, whacking; *~ groot, (fam)* whacking big
vervagen fade (away), become blurred (obscured, fudged); *doen ~* blur, obscure; *vervaagd* blurred [images]
verval 1 *(achteruitgang)* [radioactive] decay, deterioration, decline, falling-off, decadence [of the English stage]; *(ve gebouw, enz)* dilapidation, disrepair; *~ van krachten* senile decay, diminishing strength; *in staat van ~* in a state of dilapidation; *in ~ raken* fall into decay (*ve gebouw, ook:* into disrepair); *zie ook* vervallen; *ze zijn in ~ geraakt* they are in reduced circumstances, have come down in the world; **2** *(ve wissel)* maturity; **3** *(ve rivier)* fall, drop; **4** *(fooien, vero)* perquisites

vervaldag, vervaldatum *(ve wissel, enz)* due date, day of maturity, *(ve recht, enz)* expiry date; *op de ~* at maturity, when due

vervallen I *ww* **1** *(in verval raken)* decay, fall into decay, go to (rack and) ruin; *(ve gebouw, enz ook)* fall into disrepair, get out of repair; **2** *(ve wissels, enz)* fall (be, become) due, mature, arrive at maturity; *(v coupons)* become (be) payable; *(ve contract, termijn)* expire, terminate, run out; *(ve huurcontract, enz ook)* fall in; **3** *(ve pas, polis, recht, patent, rijbewijs, wet, enz)* lapse; *(ve wet, ook)* be abrogated, *(tijdelijk)* be suspended; *de polis vervalt op 65-jarige leeftijd* the policy matures at the age of 65; *laten ~, (ook)* withdraw, cancel [train services]; *men liet het ambt ~* the office was allowed to lapse; *daarmee vervalt ...* that disposes of (does for) [this theory, his alibi, etc]; **4** *(in onbruik raken)* fall into disuse, go out of date; *(ve titel)* become extinct; *(ve plan, wedstrijd, enz)* be dropped (abandoned); *(ve bestelling)* be cancelled; *(ve trein)* be taken off; *zie ook* lijn 2; **5** *(komen)* fall; ***aan** de Kroon ~* fall (revert) to the Crown; *het goed vervalt later weer aan ons* the estate will revert to us, we have a reversionary interest in the estate; *~ **in*** incur [a fine *boete*, expenses, debts]; fall into [errors, mistakes]; *in herhalingen ~* repeat o.s.; ***tot** armoede ~* be reduced to poverty; *(weer) tot zwijgen ~* (re)lapse into silence; *tot zonde ~* lapse (fall) into sin (*weer tot zonde ~* relapse into sin); *zie ook* uiterste & kwaad; II *bn* **1** *(ve gebouw, enz)* tumbledown, decrepit, dilapidated, ramshackle, crazy; *(ve pers)* worn (out), wasted; shrunken [face]; *(betere dagen gekend hebbend)* down on one's luck; **2** *(ve wissel, schuld)* due; *(v coupons)* payable; *(ve contract, termijn)* expired; **3** *(ve recht, enz)* lapsed; *(ve titel)* extinct; *(ve wet)* abrogated; *(ve rijbewijs)* out(-)of(-)date; *~ (invoer)rechten* defunct duties; *van de troon ~ verklaren* depose, *(als opvolger)* exclude from succession; *zie verder* I; III *zn (ve recht, enz)* lapse; *(ve termijn, enz)* expiry, expiration; *zie verder* verval

vervallenverklaring *(ve vorst)* deposition; exclusion; *vgl* vervallen II.3

vervalsen adulterate [food, liquor], doctor [wine, *fam:* documents], tamper with [a manuscript, cheque], falsify [accounts], cook [accounts, *(fam)* the books], forge [documents, a passport], counterfeit [banknotes, handwriting], debase [coin], load [dice], fake [documents, etc]

vervalser forger, falsifier, faker; *(v voedsel)* adulterator

vervalsing [food] adulteration, falsification, forging, counterfeiting; *(concr)* forgery, counterfeit, fake; *vgl* vervalsen

vervalsingsmiddel adulterant

vervaltijd *zie* vervaldag

vervangblad cancel (leaf)

vervangen take the place of, replace [*door* by, with]; *(tijdelijk, ook)* supply the place of, stand in for, deputize for, *(voorgoed, ook)* supersede, displace; *(aflossen)* relieve; *ik zal je ~* I will take your place; *A door B ~* replace A by B, substitute B for A; *elkaar ~* relieve each other; *margarine vervangt boter* margarine is a substitute for ...; *hij werd ~ door ..., (ook)* his place was taken by ...; *niet te ~* irreplaceable; *zie verder* waarnemen: *~* voor

vervanger *(v dokter)* locum; *(leraar)* supply teacher; *zie* plaatsvervanger, invaller, doublure & waarnemer

vervanging replacement, substitution, *vgl het ww; ter ~ van* in (the) place of, instead of, in substitution for; *een exemplaar ter ~ (van)* a replacement (for)

vervangingsmiddel substitute

vervangingswaarde replacement (*of:* actual cash) value

vervangstuk spare part, spare

vervatten: *in treffende bewoordingen vervat* couched (framed) in striking terms; *in gebiedende bewoordingen vervat, (ook)* peremptorily worded; *daarin is alles vervat* everything is included in it; *het in uw schrijven van 2 dezer vervatte verzoek* the request contained in your letter of the 2nd inst

verve verve, animation, spirit

vervelen bore; *(ergeren)* annoy; *iem met iets ~* bore a p. with s.t., inflict s.t. on a p. (*zo ook:* inflict o.s. on a p.); *alles (het leven, hij) verveelt me* I am bored with everything (life, him); *de muziek verveelde me* I got bored with the music; *het stadsleven verveelde mij* I (got) tired (I wearied) of town life; *iem dodelijk (gruwelijk, te pletter) ~* bore a p. to death (to tears), *(fam)* bore a p. stiff; *de jongen verveelde mij* the boy annoyed me, the boy was a nuisance; *schoonheid alleen verveelt spoedig* beauty alone soon palls; ***zich** ~* be (feel) bored; *zich dood (dodelijk, liederlijk) ~* be (get) horribly bored (bored to death, to tears), *(fam)* bored stiff; ***tot** ~s toe* over and over again, ad nauseam, until one is sick of it

vervelend tiresome [work, person], boring [subject, person], irksome (wearisome) [task]; *(lang, langdradig)* tedious [speech, speaker, journey]; *(hinderlijk, prikkelend)* unpleasant, annoying; *zie ook* saai; *een ~ iem (iets)* a bore; *wat ~!* what a bore!, what a nuisance!; *dat is nou ~!* that's a bother (a bore, a nuisance)!; *~ dat we geen licht hebben* nuisance not having a light; *~! daar gaat de bel* bother! there's the bell; *het ~e van het leven van alledag* the tedium of everyday life

verveling boredom, tedium, weariness, tiresomeness, ennui; *'n uitdrukking van ~* a bored expression, a bored air

vervellen peel, desquamate, skin; *(v slangen)* cast (throw, shed) the skin, slough; *het kind vervelt, (na roodvonk, enz)* the ... is peeling

verveloos *(fam)* innocent of paint; *het huis is totaal ~* is crying out for paint

verveloosheid lack of paint

verven paint [the door (a bright) green]; dye

[clothes, the hair]; *deze stof laat zich goed ~* this material dyes well; *het huis moet geverfd worden* wants repainting; *de deur twee keer ~* give the door two coats of paint; *zie ook* verveloos; *(pas) geverfd!* wet (*of:* fresh) paint!
vervenen 1 dig (cut) peat (from); **2** *(veen vormen)* make peat
verver 1 dyer; **2** (house) painter; *vgl* verven
ververij dyeworks, dyehouse
verversen refresh; renew; change [the parrot's water, the oil]
verversing refreshment [offer refreshments]; renewal
verversingskanaal *(vglb)* drainage canal
ververwijderd far-off, faraway [places, day]
vervetten turn to fat
vervetting *(vh hart, enz)* fatty degeneration
verviervoudigen, verviervoudigen *tr & intr* quadruple, multiply (be multiplied) by 4, multiply fourfold
vervijfdubbelen, vervijfvoudigen *tr & intr* quintuple, multiply (be multiplied) by 5, multiply fivefold
vervilten *tr & intr* felt
vervlaamsen make (become) Flemish
vervlakken fade (away), become blurred; *het geestelijk leven is bezig te ~ ...* is becoming drab and superficial
vervlakking levelling down
vervlechten interweave [closely interwoven], knit up
vervliegen 1 fly; **2** *(verdampen)* evaporate, volatilize; **3** *(fig)* evaporate [his anger evaporated], *(v hoop, enz)* melt (vanish) into (thin) air; *wat vervliegt de tijd!* how time flies!; *doen ~* evaporate; blot out [hope]; *mijn hoop is vervlogen, (ook)* my hope is gone; *in lang vervlogen tijden* in days long past, in far-off days
vervloeien flow away; *(v inkt)* run; *(vh geleerde)* be forgotten, fade (from the memory); *(v kleuren, enz)* melt, run, fade
vervloeken curse, damn; *(kerkelijk)* anathematize, excommunicate; *zie ook* vervloekt, verwensen & vertikken
vervloeking curse, imprecation, malediction; *(banvloek)* anathema
vervloekt I *bn* cursed, damned, *(fam)* darned, dashed; *'n ~ schandaal* a bloody shame; *het ~e ding* the blasted (damn) thing; *het ~e is ...* the damnable thing is ...; *die ~e ...!* the dratted [fellow]!, confound that [woman]!, blast that [hat]!; *jij ~e leugenaar!* you blasted (ruddy) liar!; *die ~e namen* those accursed names; *~!* damn it!, damnation!, confound it!, hell!; *~ als het waar is* I'll be hanged if it is true!; **II** *bw* damned [unpleasant], confoundedly [difficult]
vervlogen *zie* vervliegen
vervluchtigen *tr & intr (ook fig)* volatilize, evaporate
vervluchtiging volatilization, evaporation
vervoegen conjugate [verbs]; *zich ~ bij* call at the house (office etc) of, report to [the information desk]
vervoeging *(ve ww)* conjugation
vervoer transport, transportation, conveyance, carriage, *(Am)* transit; movement [the movement of cattle has been prohibited]; removal [to hospital, etc]; *~ over lange afstand* long-distance haulage; *slecht tegen het ~ kunnen* [some wines] travel badly; *~ te water* water(borne) transport; *~ door de lucht* air(borne) transport; *gedurende het ~* [damaged] in transit; *recht van ~, (over particulier terrein)* way-leave; *verbod van ~, zie* vervoerverbod
vervoeradres[1] waybill
vervoerbaar conveyable, transportable
vervoerbiljet *(handel) zie* geleibiljet
vervoerder transporter, conveyer, carrier; *(goederen op lange afstand)* haulier
vervoeren transport, convey, carry [the train carried many holidaymakers]; remove [to hospital], move [the patient could not be moved]; *passagiers ~* carry passengers; *hij liet zich door zijn hartstochten ~* he allowed himself to be carried away by his passions; *zie ook* ijl II
vervoering transport, rapture, ecstasy, exaltation, enthusiasm; *in ~ over* enraptured with, enthusiastic about; *in ~ brengen* throw into a rapture (raptures, ecstasies); *in ~ (ge)raken* go into raptures (into ecstasies) [*over* over, with], be carried away [with s.t.]
vervoerkosten transport charges, cost of carriage
vervoermaatschappij (public) transport company, *(Am)* (rapid) transit company
vervoermiddel (means of) conveyance; *openbare ~en* public transport; *publiek ~* public-service vehicle
vervoersbewijs [bus, etc] ticket; *(mil)* travel warrant
vervoerverbod prohibition of transport, *(v vee)* standstill order
vervolg 1 continuation, sequel; *~ op een werk* sequel to a work; *~ op blz 5* continued on page five; *als ~ op* in continuation of [that measure]; *ten ~e op mijn schrijven van ...* with (further) reference to (following up, further to) my letter of ...; *vgl* vervolgen 1; **2** *(toekomst)* future; *in het ~* in future, henceforth
vervolgbaar *(ve vergrijp)* actionable, indictable; *(ve pers in civiele zaken)* suable, liable to be sued, *(ve pers in strafzaken)* liable to prosecution, indictable, prosecutable
vervolgcursus follow-up course
vervolgdeel supplementary volume
vervolgen 1 *(voortzetten)* continue [a story, one's work, one's way], pursue [an inquiry], proceed on [one's journey]; *hij vervolgde zijn weg, (ook)* he pushed on; *hij vervolgde: ...* he went on to say, ...; *wordt vervolgd* to be continued [*in het volgend nummer* in our next]; **2** *(achtervolgen)* pursue, chase, be in pursuit of; *(kwellen)* persecute; *(v gedachte, enz)*

---

1 zie voor sam ook *transport-*

haunt; *de tegenspoeden blijven hem ~* misfortunes continue to dog (to haunt) him; *iemand met zijn aanbiedingen ~* pester (worry) a p. with offers; **3** *(gerechtelijk)* prosecute [a p. for s.t.], sue [a p. for damages], bring an action against, institute legal proceedings against, proceed against, *(fam)* have the law on [a p.]; *hij werd niet verder vervolgd* the case against him was dropped; *een misdaad (om persoonlijke redenen, omkoping, enz) niet ~* compound a felony

vervolgens then, further, next, thereupon; *~ vraagt hij ..., (ook)* he goes on to ask ...; *(naderhand)* afterwards, subsequently

vervolger pursuer; persecutor; prosecutor; *vgl* vervolgen

vervolghoorspel radio serial

vervolging 1 pursuit; **2** [religious] persecution, [Jew-]baiting; **3** *(jur)* prosecution; *vgl* vervolgen; *een ~ instellen tegen* institute proceedings against; *zie ook* vervolgen 3; *iem buiten ~ stellen* discharge a p.

vervolgingswaanzin persecution mania

vervolgopleiding continuation course

vervolgverhaal serial (story)

vervolgwerk 1 *(vervolg)* sequel; **2** *(bij gedeelten verschijnend werk)* work published in instalments, serial (publication)

vervolmaken perfect, make perfect, bring to perfection

vervormen 1 transform, remodel, recast; **2** *(misvormen)* deform, distort; *vervormde spraak, (telec)* scrambled speech

vervorming 1 transformation, remodelling, recasting; **2** deformation, distortion

vervrachten *zie* bevrachten

vervreemd alienated, estranged [*van* from]; *~ raken van, zie* vervreemden

vervreemdbaar alienable

vervreemden 1 *(goederen)* alienate; **2** *(personen)* alienate, estrange [*van* from]; *iem van zich ~* alienate a p.; *(zich) ~ van* become a stranger to, get estranged from, drift (*of:* slip) away from; *van elkaar ~, (ook, intr)* drift apart; *(tr)* drive apart

vervreemding alienation, estrangement; *vgl* vervreemden

vervroegen fix at an earlier time (hour, date), put (move) [dinner] forward, advance [a date], force [a plant], *(jur)* anticipate; *de datum van een brief ~* antedate a letter; *vervroegde datum (betaling)* accelerated date (payment); *vervroegd met pensioen gaan (uittreden)* take early retirement; *zie ook* uittreding

vervroeging acceleration [of payments], anticipation, advancement; *(v plant)* forcing

vervrolijken cheer (up), enliven

vervrouwelijken *tr & intr* feminize

vervuild filthy [house, children]; polluted [beaches, river]; contaminated [soil]; [heavily] soiled [fabrics]

vervuilen I *intr* become filthy; **II** *tr* make filthy, pollute [the polluter pays], contaminate, soil; *vgl* vervuild

vervuiler polluter

vervuiling filthiness; [air, river, marine] pollution; *in een staat van ~* in a filthy state; *(vervuilende stof)* pollutant

vervullen 1 *(vol doen zijn)* fill [a p. with admiration]; pervade [he pervaded all her thoughts]; *één gedachte vervulde haar* one idea possessed (*en kwelde:* obsessed) her; *~ **met, van*** fill with [fear]; *met schrik ~, (ook)* strike terror into; *hij was er geheel van vervuld* he was full of (engrossed with) it; **2** *(verwezenlijken)* realize [a p.'s hopes, dreams]; comply with [a p.'s wish], grant, hear [a prayer]; accomplish [one's task]; fulfil [a prophecy]; **3** *(ambt, enz)* fill, occupy [a place, position, post; a part *rol*], hold [an office; *openbaar:* hold public office]; perform [a function]; fill (up), supply [a vacancy]; *de betrekking is al vervuld* the place is filled; **4** *(nakomen)* keep, fulfil, redeem, make good, honour [a promise]; discharge, carry out, perform, fulfil [one's duties, obligations]; do [one's military service, duty]; *zie ook* spreekbeurt

vervulling filling, realization, performance, discharge, fulfilment, etc; *vgl het ww;* consummation [of one's ambition]; tenure [of office]; *in ~ gaan* be realized (fulfilled), come off, [plans] come to fruition

vervuren *(v hout)* get dry rot (in it); *vervuurd hout* dry rot

verwaaid blown about; *er ~ uitzien* look dishevelled (tousled, rumpled)

verwaaien be blown about (away)

verwaand conceited, bumptious, cocky, *(fam)* stuck-up, swanky; *hij is niet ~, (ook)* there is no bounce in him, he is without side; *~ ventje* whipper-snapper

verwaandheid conceit, conceitedness, side, cockiness, bumptiousness

verwaardigen: *zij verwaardigde hem met geen blik (geen antwoord)* she did not deign (condescend) to look at him, did not vouchsafe him a glance (an answer); *zich ~ te ...* deign (condescend) to ...

verwaarloosbaar negligible

verwaarloosd neglected [garden, etc]; unkempt [appearance, condition], uncared for [children, garden, appearance]

verwaarlozen neglect, be neglectful of; *zijn correspondentie ~, (ook)* let one's correspondence slide; *te ~* negligible

verwaarlozing neglect; *met ~ van* to the neglect of

verwachten expect [a p., letter, etc], anticipate [trouble, success, etc], look for [she spoke with a decision he had not looked for]; *(met verlangen)* look forward to [a p.'s arrival, an early reply, a pleasant evening]; *ik verwacht dat hij zal komen* I expect him to come (that he will come); *men verwacht dat hij terugkeert* he is expected to return; *zij verwacht een* *klein(tj)e* she is expecting (a baby); *het was* ***meer*** *dan ik verwacht had, (ook)* it was more than I had bargained for; *dat is meer dan men kan* ~ it is too much to expect; *iem* ~ ***op*** *de thee* expect a p. to tea; *dat had ik wel* ***van*** *je verwacht* it is just what (just the sort of [rotten] thing) I had expected of you; *dat kan men* ~ *van je vader* it is just like your father [to say so], it's ... all over; *ik verwacht (van je) dat jij me zult helpen, (ook)* I look to you to help me; *ik verwacht van u geen aanmerkingen* I'll stand no critical remarks from you; ***te*** ~ [that was] to be expected; prospective [expenditure]; *niets te* ~ *(te erven) hebben* have no expectations

verwachting expectation, anticipation, *(in weerbericht)* outlook [outlook: unsettled]; *vol* ~ expectant(ly); *grote ~en koesteren* nourish (hold) great (high) hopes [of one's son], cherish ambitions [for the future]; *span je ~en niet te hoog* don't set your hopes too high; *zie ook* gespannen; *het overtrof mijn stoutste ~en* it exceeded (surpassed, outran) my wildest expectations (dreams); ***aan*** *de* ~ *beantwoorden* come up to expectations; *het beantwoordde niet aan (bleef* ***beneden****) mijn ~en* it did not come up to (it fell short of) my expectations; *zie ook* voldoen; ***boven*** *(alle)* ~ beyond (all) expectation; ***buiten*** ~ contrary to expectation; ***blijde*** ~ joyful anticipation [of the Queen giving birth to an heir]; *zij is* ***in*** *blijde* ~ she is expecting (a baby, a happy event), she is in the family way; ***tegen*** *alle* ~ contrary to (all) expectation, against (all) expectation

verwachtingspatroon expectations

verwant I *bn* allied, related, kindred; cognate [languages, words, sciences]; *(alleen pred)* akin; *~e takken van industrie* [the motor and] allied (associated, kindred) industries; *~e vraagstukken* related problems; *en het daarmee ~e vraagstuk van ...* [traffic congestion] and the allied problem of ...; *~e zielen* kindred spirits, twin souls; ~ ***aan*** allied (related, akin) to; *hij is niet* ~ *aan ...* he is no connection of ...; *nauw aan elkaar* ~ [these arts are] closely allied; *ik ben hem het naast* ~ I am his next of kin; **II** *zn: ~en* [my] relatives, relations

verwantschap *(algem)* relation(ship), connection, affinity; *(v aard, enz)* congeniality; *(familieverwantschap)* relationship; *(bloedverwantschap)* consanguinity, kinship; *(inz huwelijksverwantschap)* affinity; *(chem)* affinity

verward *(eig)* (en)tangled [foliage, mass], dishevelled, tousled [hair], confused [mass], disordered [clothes]; *(dicht en ~)* matted [hair]; *(fig)* confused [language, ideas], rambling [statement, remarks], muddled [ideas, thinking], chaotic [thoughts], involved [financial position]; *(bedremmeld)* confused, perplexed; ~ *raken in* get entangled in; ~ *spreken* talk confusedly; *zie ook* maas

verwardheid 1 confusion, disorder; **2** *(verlegenheid)* confusion, perplexity

verwarmen heat, warm; *zich* ~ warm o.s.; *~d oppervlak, (ve ketel)* heating surface

verwarming 1 heating, warming; **2** *(concr)* [turn off, on the] heater, [the central] heating; *zie ook* centraal

verwarmingsinstallatie heating system

verwarmingsketel boiler

verwarren (en)tangle [thread, etc]; *iem* ~ confuse (confound, bewilder, distract) a p., put a p. out; *met elkaar* ~ confuse, mix up [names, dates], mistake [(the) one for the other]; *niet te* ~ *met* as distinct from; *ik verwar die twee altijd met elkaar* I never can tell one from the other, I cannot tell them apart; *zich* ~ get confused; get entangled [in a net]; *hij raakte hopeloos verward* he got himself into a hopeless muddle; *het is ~d* it's confusing

verwarring confusion, entanglement; *(warboel)* muddle, jumble, tangle; *(verlegenheid)* confusion, bewilderment; ~ *stichten* cause confusion; *in* ~ in confusion; *in* ~ *brengen* throw into disorder, *(pers)* confuse, put [a p.] out; *in* ~ *raken* get into disorder, *(ve pers)* become confused, lose one's head

verwaten arrogant, overweening, overbearing, presumptuous, puffed up

verwatenheid arrogance, presumption, etc

verwaterd watered (down) [watered soup, watered-down socialism]; *vgl* verwateren; *~e stijl* milk-and-water style

verwateren dilute too much; water [milk, capital], water down [a party programme]; [friendships that] fade, peter out

verwatering watering (down); *vgl* verwateren

verwedden bet, wager, lay; *(door wedden verliezen)* lose in betting; *er een pond onder* ~ lay a ... on it; *ik verwed er een tientje onder* I'll bet you ten euros; *ik verwed er een euro onder dat ...* I'll lay a euro [he was there]; *ik verwed er mijn hoofd (mijn leven, mijn laatste euro) onder (om)* I'll stake my head (my life) on it, I'll bet my bottom dollar on it; *er alles onder* ~, *(fam)* put one's shirt on it

verweer defence; *(jur ook)* plea; *(tegenstand)* resistance; *zie ook* verweerschrift

verweerd weather-beaten [face, signboard], weathered [granite, face], weather-worn [walls]

verweerder defender; *(jur)* defendant

verweermiddel means of defence

verweerschrift (written) defence, apologia, apology

verweesd orphan [child], orphaned

verwegen *zie* verwikken

Verweggistan *(vglb)* Timbuctoo

verweiden move [cattle] to another pasture

verwekelijken I *tr* enervate, effeminate; *zie ook* vertroetelen; **II** *intr* become effeminate (enervated)

verwekelijking enervation, effeminacy

verweken *intr* soften

verweking softening

verwekken beget, procreate [children], father [a child on ... *een kind bij ...*]; generate, inspire [fear], raise [a tumult, a storm, a riot, a laugh, protests], rouse [anger, indignation], induce [sleep], stir up [a riot, sedition], cause [discontent, disease], create [a sensation], provoke [jealousy]; *kunstmatig* ~ whip up [enthusiasm, patriotism]

verwekker begetter, procreator, author, cause, *vgl* verwekken; *(ve bacil, enz, ook)* causative agent, *zie ook* ziekteverwekker

verwekking begetting, procreation; raising, rousing, etc; *vgl* verwekken

verwelf vault

verwelkelijk perishable, transitory

verwelken wither (away), fade (away), droop, wilt; *doen* ~ wither, wilt; *verwelkt* withered, faded, wilted

verwelkomen welcome, bid welcome; *zie ook* welkom: ~ heten

verwelkoming welcoming, welcome; *iem de hand schudden ter* ~ shake a p.'s hand in welcome

verwennen spoil, over-indulge; *(vertroetelen)* mollycoddle, pamper; *(euf)* give [men] a good time; *zich* ~ pamper (spoil) o.s.; *verwend ventje* spoilt child, mother's darling, milksop; *verwend publiek* jaded (blasé) public

verwennerij, verwenning over-indulgence; pampering

verwensen curse; *hij verwenste zichzelf, omdat hij ...* he cursed himself for [blushing, for being (having been) a fool]

verwensing curse, malediction

verwenst confounded; *zie* vervloekt

verwereldlijken 1 secularize [church property]; **2** grow (*of:* make) worldly

verweren 1 weather *(ook: doen ~)*, get weather-beaten; *zie ook* verweerd; **2** *zich* ~ defend o.s., speak up for o.s.; *zich ~ tegen, (ook)* stand up to a p.; *(tegenspartelen)* struggle, resist; *hij verweert zich met te zeggen ...* he takes his stand on the ground that ...; *zich dapper* ~ put up a good (stiff, plucky) fight; *hij verweert zich nog kranig* he still has (some) fight in him

verwering 1 weathering; **2** defence; *zie ook* verweer, verweerschrift

verwerkelijken *zie* verwezenlijken

verwerken process [data, facts, materials, meat], work up [materials], get through [quantities of work]; *(v voedsel; ook fig)* digest [heaps of evidence], [ram facts into their heads which they cannot] assimilate, absorb [a high volume of traffic]; *(fig)* get over, come to terms with [a loss]; *een opmerking in een artikel* ~ work (incorporate) a remark into an article; ~ *tot* make (work up) into; *katoen ~de industrie* cotton textile industry

verwerking working (making) up, digestion, assimilation; processing [industries]; *vgl* verwerken

verwerkingseenheid [central] processor

verwerpelijk objectionable, reprehensible

verwerpelijkheid objectionableness, reprehensibility

verwerpen 1 reject, turn down [an offer], *(sterker)* repudiate, scorn [an idea], disclaim [responsibility]; *(bij stemming)* negative, reject, defeat [a motion, etc], throw out [a bill *wetsontwerp*], vote down [the Budget]; *het beroep werd verworpen* the appeal was dismissed; *de motie is verworpen, (Eng parl)* the noes have it; *zie ook* vergooien; **2** *(dierk)* abort

verwerping 1 rejection, turning down, repudiation, defeat, throwing out; *vgl* verwerpen; **2** *(theol)* reprobation; **3** *(dierk)* abortion

verwerven obtain, acquire, win, earn [he earned a reputation for outspokenness], gain [one's trust], *(door inspanning)* procure, secure [a work of art for the nation], take out [citizenship, a patent]; *zich ~, (ook)* build up, make o.s. [a reputation]; *verworven eigenschappen, (biol)* acquired characters; *zie ook* verkrijgen & verkregen

verwerving obtaining, etc; acquisition; *kosten van* ~ professional expenses

verwestersen I *tr* westernize, occidentalize; **II** *intr* be (become) westernized

verweven interweave *(ook fig)*

verwezen 1 *bn* dazed, [be] in a daze, dumbfounded, *(fam)* flabbergasted; **2** *ww* be orphaned; **3** *v dw van* verwijzen

verwezenlijken realize, actualize; *zie ook* vervullen; *zich* ~ be realized, materialize [his hope, fear, etc, has not materialized]; *niet te* ~ unrealizable

verwezenlijking realization, actualization; *zie ook* vervulling

verwijden widen, let out [a dress]; *zich* ~ widen, *(v ogen)* dilate

verwijderd remote [causes, effects, village], distant [future, place]; *een mijl van de haven (het dorp)* ~ a mile away from the harbour (out of the village); *van elkaar* ~ [far] apart; *vgl* verwijderen & verwijdering

verwijderen remove, get [a p., s.t.] out of the way; *(v school)* exclude [from school]; *(uit de klas)* send out of class; *(vh sportveld)* send (*of:* order) off [the field]; *(uit de Kamer)* order from the House, *(er uitzetten)* eject [from the House, the gallery]; *(uit testament)* cut [a p.] out of one's will; *(vlekken)* remove, take out [stains]; *(rek)* eliminate; *(als ongeschikt, ook)* weed out; *een gezwel* ~ remove a tumour; *ze trachtte hem en zijn vrouw* **van** *elkaar te* ~ she tried to drive a wedge between him and ...; *zie ook* vervreemden & verwijdering; **zich** ~ withdraw, retire, go away, move away [from *van*]; *(v voetstappen, geluid, enz)* recede; *iem gelasten zich te* ~ order a p. off; *mag ik me even ~?* may I leave the room for a moment?; *zich een ogenblik ~, (ook)* absent o.s. for a moment

verwijdering 1 removal, expulsion, ejection; *vgl* verwijderen; **2** *(vervreemding)* estrangement, alienation; *er ontstond ~ tussen haar en haar man* she and her husband began to drift apart

verwijding widening, dila(ta)tion; *vgl* verwijden

verwijfd sissy, effeminate, womanish, unmanly; ~ *persoon* sissy, milksop, mollycoddle

verwijfdheid effeminacy, effeminateness, etc

verwijl delay; *zonder ~* without delay
verwijlen stay, sojourn; *(dralen)* linger; *~ bij* dwell (up)on [a subject, etc]; *zie ook* stilstaan
verwijsbriefje *(med)* referral note
verwijt reproach, blame, reproof; *iem een ~ maken van iets* reproach (twit) a p. about (with) s.t.; *maak er mij geen ~ van* don't put the blame on me; *ik maak er u geen ~ van* I'm not blaming you, I don't hold it against you; *zie ook* treffen
verwijten reproach [a p. for doing s.t.], upbraid [a p. with s.t.]; *zie ook* verwijt: een ~ maken; *ik verwijt mijzelf dat ik ...* I blame myself for [having said so]; *het valt hem niet te ~* he is not to blame (for it); *ik heb mij niets te ~* I have nothing to reproach myself with; *zij hebben elkaar niets te ~* they are tarred with the same brush
verwijtend reproachful
verwijting reproach; *zie* verwijt
verwijven I *tr* effeminate; II *intr* become effeminate
verwijzen refer [*naar* to]; *[voor een uitvoerige beschrijving] zij verwezen naar ...* the reader is referred to ...; *naar een andere rechtbank ~* remit [a case] to another court; *naar een speciale commissie ~* refer (relegate) to a select committee; *naar de prullenmand ~* consign (relegate) to the waste-paper basket; *zie ook* terechtzitting & kosten
verwijzing reference; *(in boek ook)* cross-reference; *(in catalogus ook)* added entry; remittal [to another court]; *(med)* referral [to a specialist]; relegation; *~ naar de openbare terechtzitting* committal for trial; *onder ~ naar* with reference to, referring to
verwijzingsteken reference mark
verwikkelen complicate [an affair]; *iem ~ in* implicate (involve) a p. in [a plot]; *verwikkeld zijn (raken) in* be (become) implicated (mixed up, involved) in; *zie ook* wikkelen
verwikkeling complication, entanglement, imbroglio; *(ve roman)* plot; *staatkundige ~en* political complications; *de ~ neemt toe* the plot thickens
verwikken: *niet te ~ of te verwegen* immovable, unshakable, firm as a rock; *(ook)* budge [the nuts *(moeren)* refused to budge]
verwilderd wild, neglected; dishevelled, unkempt [appearance]; *(v tam dier)* feral [cat, pigeon]; *(moreel)* degenerate(d); *~e blik* haggard look; *~e plant* garden escape; *~e tuin* neglected, overgrown garden
verwilderen run wild, become a wilderness, run to waste; *(moreel)* degenerate; *een tuin laten ~* let a garden run wild
verwildering running wild; degeneration, brutalization; *(vd jeugd, bijv)* (increasing) lawlessness
verwisselbaar: *(onderling) ~* interchangeable
verwisselen *(omruilen)* exchange; change [one's slippers for shoes]; transpose [letters in a word]; *de etiketten zijn verwisseld* the labels have been switched; *~ met* exchange for; *ze met elkaar ~, (verwarren)* mistake (the) one for the other, confuse them; *deze woorden kunnen onderling verwisseld worden* these ... may be interchanged, are interchangeable; *~ tegen* exchange for; *van plaatsen, enz ~* change places, etc; *van kleur ~* change colour (*ook:* his colour came and went); *van kleren ~* change clothes, *(met iem)* exchange clothes; *verwissel niet van paarden, als de wagen op een helling staat* don't change horses in midstream; *~de hoeken* alternate angles
verwisseling change [Cabinet changes; *(ook)* reshuffle of the Cabinet], exchange, interchange; *(op school)* [during] change of lessons; *(in volgorde)* permutation; *(v letters in woord, v etiketten)* transposition; *(verwarring)* mistake
verwittigen inform, advise, send word, let [a p.] know, notify; *~ van* inform (notify, advise) of
verwittiging communication, notice, information
verwoed furious, fierce [fight], passionate [resistance], ardent [supporter], rabid [enthusiast, partisan], rampant [Tory]
verwoedheid fury, rage, fierceness
verwoest destroyed, (laid) waste, devastated, ruined, [her] blighted [life]; *vgl* verwoesten
verwoesten *(algem)* destroy; devastate, lay waste [a country, town], lay in ruins [the town was laid in ruins], wreck [a building, a p.'s career, a p.'s life, one's constitution], shatter [one's hopes], ruin [one's health], blight [a p.'s youth, hopes]; *ze heeft zijn leven (zijn huiselijk leven) verwoest, (ook)* she has made a wreck of his life (she has broken up his home)
verwoestend destructive, devastating; *~ uithalen* deal a devastating blow
verwoesting destruction, ravage [the ravages of time, of disease], devastation, havoc; *~en* ravages; *~en aanrichten* make (work) havoc [the flood has worked havoc], do [a great deal of] mischief; *~en aanrichten onder* make havoc of, play havoc among (*of:* with)
verwonden wound; *(bezeren)* injure, hurt; *zie ook* wonden
verwonderd surprised, astonished; *wie? vroeg ze ~* who? she asked wonderingly (in wonder)
verwonderen surprise, astonish; *is het te ~ dat ...?* is it any wonder (is it surprising) that ...?; *het is niet te ~ dat ...* no (small, little) wonder that ..., it is not to be wondered at that ...; *het zal mij ~ of ...* I wonder if (*of:* whether) ...; *het verwondert me* I am surprised at it; *het verwondert me dat hij ...* I am surprised he ...; *het verwondert me van hem* I am surprised at him (doing it, etc); *het verwondert me alleen dat ...* my only wonder is that ...; *het zou me niet(s) ~* I shouldn't wonder; ***zich*** *~* be surprised (astonished), wonder, marvel [*over* at]; *men mag zich nog ~ dat hij zoveel bereikt heeft* the wonder is that he should have achieved so much
verwondering surprise, wonder, astonishment; *~ wekken* cause (a) surprise; *zie ook* verbazing
verwonderlijk astonishing, surprising; *(zonderling)*

queer, strange; *het ~e is dat ...* the wonder is that ...

verwonding wound, injury; *~en aan het hoofd* injuries to the head, head injuries

verwonen: *hoeveel verwoont u hier?* what do you pay for rent?

verwoorden put into words, voice

verworden 1 decay, degenerate, deteriorate; **2** *(veranderen)* change

verwording 1 decay, decomposition, corruption, degeneration, deterioration, decadence; **2** change

verworging *zie* verwurging

verworpeling outcast, reprobate; *hij is een ~, (ook)* he is beyond the pale

verworpen depraved, reprobate; *zie ook* verwerpen

verworpenheid depravity, reprobation

verworvenheid attainment, asset, achievement, accustomed (established) right (privilege)

verwrikken move (with jerks); *niet te ~* immovable; *zie ook* verzwikken

verwringen distort (*ook fig:* facts), twist (*ook fig:* words), contort

verwringing distortion, contortion, twisting

verwrongen distorted (contorted) [face], twisted [face, smile]

verwulf(sel) vault

verwurging *(sp)* stranglehold; *vgl* wurgen

verzachten soften (*ook fig:* grief, the heart, a p.'s fate), ease [the end of a dying man], allay, alleviate, assuage, mitigate, soothe, relieve [pain], tone down [colours, a refusal, a newspaper article], qualify [a statement], mollify [a p.'s anger], relax [measures]; *een vonnis ~* mitigate a sentence

verzachtend softening [influences, etc], mitigating, soothing [syrup, ointment, etc]; *vgl* verzachten; *~ middel* emollient, palliative, lenitive; *~e omstandigheden* extenuating (*ook:* mitigating) circumstances; *als ~e omstandigheid voerde hij aan ...* in extenuation he pleaded ...; *~e uitdrukking* euphemism, euphemistic expression

verzachting softening, alleviation, relief, mitigation; *vgl* verzachten

verzadigbaar satiable

verzadigd satisfied, satiated; *(natuurk, chem)* saturated

verzadigdheid satiety; *(natuurk, chem)* saturation

verzadigen satisfy [one's appetite, one's curiosity, desires]; *(meestal over~)* satiate; *(natuurk, chem)* saturate [a solution, the air]; *zich ~* satisfy o.s., eat one's fill; *niet te ~* insatiable

verzadiging satiation; *(natuurk, chem)* saturation [point]

verzakelijken commercialize

verzaken renounce [one's faith, the world], renounce, forsake, cast off [a friend], betray (abandon) [one's ideals, one's principles]; *kleur, troef ~* revoke; *zijn plicht ~* neglect (fail in, run away from) one's duty

verzaker renouncer, forsaker, revoker; *vgl* verzaken

verzaking renunciation, forsaking, neglect, dereliction [of duty]; *(kaartspel)* revoke

verzakken sink; *(ve huis, brug, enz)* subside; *(door-, scheefzakken)* sag [as the soil settled, the wall sagged]; *(med)* prolapse, drop [the left kidney had dropped]

verzakking subsidence [of the soil], sag(ging), sinking, settlement; *(med)* prolapsus, prolapse, falling and displacement (of the womb)

verzaligd in raptures

verzamelaar collector, compiler, *(ve bloemlezing)* anthologist

verzamelband 1 omnibus volume; **2** composite volume; **3** binder

verzamelbundel collection (of miscellaneous essays), miscellany

verzamelen collect [coins, money, stamps, tales; a horse]; compile [notes, etc]; gather [food, honey, information]; harvest [honey]; accumulate [information, a fortune]; amass [a fortune]; store [electricity]; store up [knowledge]; assemble [one's friends, stories]; salvage [old paper]; *zijn gedachten ~* collect one's thoughts; *nieuwe kracht ~* gather new strength, regain one's strength; *zijn krachten ~* gather (muster) one's strength, brace o.s. (up) [for ...]; *al zijn krachten ~* summon up all one's strength; *zijn moed ~* muster (pluck, summon) up courage, take one's courage in both hands; *troepen ~* gather (collect) troops; *zijn troepen (weer) ~* rally one's troops; *zich ~* collect [a crowd of people collected; soot collects in the chimney], assemble, gather, meet, flock together; muster [on deck]; rally [round a standard; his friends rallied round him]; *zie ook* vader

verzameling collection; compilation; accumulation; gathering; body [of laws], *vgl* verzamelen; *(wisk)* set; *lege ~* null set

verzamelingenleer set theory

verzamellens condensing lens

verzamelnaam 1 collective noun; **2** general (collective) term

verzamelobject collectable, (*inz Am:* -ible); [a medieval comb is now a] collector's item (*of:* piece)

verzamelplaats meeting place, rendezvous, assembly point; collecting place [for rubbish]

verzamelstuk collector's piece (item)

verzameltitel generic title

verzamelwerk collective work; composite (*of:* polygraphic) work; compilation

verzamelwoede collecting mania, collector's mania

verzamelwoord *zie* verzamelnaam

verzanden silt up, get silted (choked, choked up) with sand; *(fig)* get bogged down [in technicalities], peter out, come to a dead end

verzegelen seal (up); *(officieel)* put (place) under seal, place seals on, affix seals to

verzegeling sealing (up), putting (placing) under seal

verzeggen promise
verzeilen 1 *(wegzeilen)* sail (away); *(op een bank)* run aground; **2** *(verzeild raken onder, in)* fall among [thieves], get mixed up with, fall (get) into [bad company], drift into [a financial morass]; *hoe kom jij hier zo verzeild?* what brings you here?, how do you come to be here?, *(fam)* what (sort of an east) wind blew you here?; *ik weet niet waar hij (het) verzeild is* I ... what has become of him (it), where he (it) has got to
verzekeraar insurer *(ook, vooral levens~:* assurer), *(zeeassurantie)* underwriter
verzekerbaar insurable; *~ belang* insurable interest
verzekerd 1 assured, sure; *u kunt zich ~ houden dat, wees ~ dat ...* you may rest assured that ...; *zijn positie (succes) is ~* his position (success) is assured *(of:* ensured); *daarvan ben ik ~* I am sure of that; *zie ook* bewaring; **2** *(geassureerd)* insured *(ook, vooral leven:* assured); *~ bedrag* insured amount; *de verzekerde* the insured *(soms, vooral v levensverzekering:* assured); *een ~e* an insured person; *het ~e* the property insured
verzekerdheid assurance, conviction
verzekeren 1 *(betuigen)* assure; *(plechtig)* asseverate; *dat verzeker ik je!* I can tell you that much!; **2** *(assureren)* insure [property, one's life], assure [one's life]; *(zeeverzekering, ook)* underwrite; *zijn leven ~, (ook)* take out a life policy; *te hoog ~* overinsure; *te laag ~* underinsure; *zie ook* tegen; *er werd hem een jaargeld verzekerd* an annuity (a pension) was settled on him; *zich ~, (assureren)* insure [*tegen* against], take out a [life] policy; *(zich) ~ tegenover derden* insure against third-party risks; **3** *(zeker maken)* ensure [success, peace, a p.'s safety]; *(vastmaken)* secure; *(beveiligen)* secure [*tegen* against]; *zich ~ van* ascertain [the truth], make sure of, *(bemachtigen)* secure [an order *bestelling*], lay hold of; *zich van iems hulp ~* secure (make sure of) a p.'s help; *zich ervan ~ dat ...* make sure (make certain, ascertain) that ...
verzekering 1 *(assurantie)* insurance *(ook: ~spremie & ~ssom), (levens~, vaak)* assurance; *(in andere zin)* assurance; *~ tegen brand, glasschade, hagelslag (hagelschade), inbraak, invaliditeit en ziekte, oninbare schulden, op het leven, tegen ongelukken* fire insurance, plate-glass insurance, hailstorm insurance, burglary insurance, health insurance, bad debts insurance, life insurance *(ook:* assurance), accident insurance; *~ op twee levens* survivorship insurance; *~ tegenover derden* third-party insurance, insurance against third-party risks; *~ bezorgen* effect insurance; *~ dekt de schade (ten volle)* the loss is (fully) covered by insurance; *zie ook* sluiten; **2** *(zekerheid)* assurance; *ik geef je de ~ dat ...* I assure you that ...; *zie verder* verzekeren
verzekeringsagent insurance agent
verzekeringsbedrijf *zie* verzekeringswezen
verzekeringsduur term of insurance
verzekeringsmaatschappij insurance *(leven, ook:* assurance) company
verzekeringsmakelaar insurance broker
verzekeringsnemer insurer
verzekeringspenningen insurance money
verzekeringspolis insurance policy
verzekeringspremie insurance premium; *sociale ~, (vglb)* national insurance contribution
verzekeringswezen insurance (business, matters)
verzelfstandiging privatization
verzenden send [goods, money], send off; dispatch, forward, ship [goods]; remit [money]; send out [invitations]; *(per post)* mail
verzender sender, *(handel ook)* shipper, consignor
verzendhuis mail-order firm (house, business)
verzending sending; *(handel)* shipment, consignment, dispatch *(ook:* of a letter), forwarding; transmission; remittance; *vgl* verzenden
verzend(ings)kosten forwarding (shipping, mailing, postage) charges
verzendlijst mailing list
verzenen: *de ~ tegen de prikkels slaan* kick against the pricks
verzengen scorch, singe; *zie ook* verschroeien; *~de hartstocht* searing passion; *verzengde luchtstreek* torrid zone
verzenmaker poetaster, rhymester
verzepen saponify
verzeping saponification
verzet 1 *(tegenstand)* resistance [*tegen de wet* to the law], opposition; *(jur)* refractory conduct; *(opstand)* revolt; *~ aantekenen* (enter a) protest [*tegen* against]; *in ~ komen* resist, offer resistance, *(sterker)* rebel; *(fam)* kick, jib; *(protesteren)* protest; *(jur)* appeal [against a sentence]; *in ~ komen (verzet bieden) tegen* resist, offer resistance to, oppose, set one's face against [Sunday games]; rebel against [a king]; protest against [a measure]; *in (open) ~ zijn* be in (open) revolt, be up in arms; *zonder ~ te bieden* unresisting; *zie ook* verzetten: zich ~; **2** *(ontspanning, ~je)* diversion, recreation; *hij moet een ~je hebben* he must have a break; **3** *(techn)* gear (ratio)
verzetsbeweging resistance movement
verzetsorganisatie underground organization
verzetsstrijder resistance fighter
verzetten 1 *(anders zetten)* move [he could not move his arm], shift, remove; *zie ook* geloof; transpose [letters, words]; reset [a diamond]; *zijn horloge ~* put one's watch forward (back); *een vergadering ~* put off (postpone) a meeting; *zich ~, a) (in verzet komen, verzet aantekenen) zie* verzet; *b) (weerstand bieden)* resist, offer resistance; *(tegen verdriet)* bear up; *(zich ontspannen) zie* 3; *zich niet ~, (ook)* take it (a defeat, etc) lying down; *zich krachtig ~* put up a stubborn resistance (a stout fight), oppose [a plan] tooth and nail; *zich krachtiger ~* stiffen in one's resistance; *zich ~ tegen, zie* verzet: in ~ komen; *zich te-*

gen de politie ~ resist the police; *ze verzette zich ertegen dat hij ging* she opposed his going; *zich tegen een maatregel* ~ oppose (make a stand against, set one's face against, stand out against) a measure; *hij trachtte zich tegen dat gevoel te* ~ he tried to shake off (to shake himself free of) that ...; **2** *(werk)* manage, get through [an enormous amount of work]; *hij kan heel wat (werk)* ~ he is a whale for work; **3** *(ontspannen)* divert; *de zinnen ~, zie* zich ~ b); *dat verzette mij een beetje* that took my mind off things a bit; *ik kan **het** niet* ~ I cannot get over it (come to terms with it); *hij trachtte zijn **leed** te* ~ he tried to forget his grief; ***zich** ~, (zich ontspannen)* take some recreation, be taken out of o.s., have a break; **4** *(verpanden)* pawn, *(sl)* pop

verzieken 1 waste away; become diseased; **2** *(fam)* spoil, ruin; *de boel* ~ muck (mess) things (up)

verziekt *(fig)* **1** diseased; **2** mucked (messed) up

ver'zien: *men heeft het op zijn leven* ~ they are out to kill him; *hij heeft het op haar geld* ~ it's her money he is after; *de kat heeft het op de provisiekast* ~ the cat has views (up)on the larder; *hij heeft het altijd op mij* ~ he is always down on me, has it in for me, has a down on me (a spite against me); *zich* ~ be mistaken; *zie ook* verkijken & gemunt

'verziend long-sighted, presbyopic, *(Am)* far-sighted; *~ zijn, (ook)* have long sight

'verziendheid long-sightedness, long sight, presbyopia, *(Am)* far-sightedness

verzilten salt up, salinate

verzilverbaar exchangeable for cash

verzilveren 1 silver (over); *verzilverd* silvered, silver-plated; *de tijd had haar haren verzilverd* time had silvered her hair; **2** *(te gelde maken)* (en)cash [a cheque, banknote], convert [notes] into cash, realize

verzilvering 1 silvering; **2** cashing, encashment, realization

verzinkboor countersink (drill)

[1]**verzinken** *tr (met zink overdekken)* zinc (*vervoegd:* zinc(k)ed, zin(c)king), galvanize

[2]**verzinken** *(zinken in)* I *intr* sink (down), become submerged; *verzonken, (in gedachten)* absorbed (lost, sunk, deep) [in thought]; *(in zijn krant)* immersed [in one's paper]; *verzonken zijn in, (ook)* be deep in [one's work]; *zie ook* [2]niet; II *tr: een schroefbout* ~ countersink a screw bolt

verzinnelijken materialize, render perceptible to the senses

verzinnelijking materialization

verzinnen invent, make up, dream up, concoct, fabricate [a story, etc], think up [an excuse], devise [a trick, word], contrive [a plan], think (bethink o.s.) of [a means, a way out], hit on [a plan]; *(fam)* fake (cook) up [an alibi]; *iets ~, (ook)* draw on one's imagination; *hoe verzint ze het!* where does she get the idea!; *hoe ~ ze het!* how extraordinary!; what on earth put that into her head!; she must be out of her mind!; *een verzonnen naam* a made-up name; *zie ook* bedenken

verzinsel invention, fabrication, concoction

verzitten I *intr* take another seat, shift one's position; *(opschikken)* move up; II *tr: de hele morgen* ~ sit the whole morning

verzoek request [programme]; *(aan overheid)* petition [for universal suffrage]; *een ~ doen* make a request; ***op*** ~ [second performance, no flowers, train stops] by request, request [stop], [samples sent] on request, [halts] on demand; *op uitdrukkelijk* ~ [the name was withheld] by special request; *op ~ van, ten ~e van* at the request of, by request of, *(formeel, ook)* at the instance of; *op uw* ~ at your request; *op (dringend) ~ van, (ook)* at the instance of; *zie ook* verzoekschrift, inwilligen, voldoen, enz

verzoeken request, beg, call (up)on [a p. to ...]; *(dringend)* entreat; *(per verzoekschrift)* petition; *(uitnodigen)* ask, invite; *(in verzoeking brengen)* tempt; *mag ik u ~ binnen te gaan?* will you please walk in?; *mag ik je vriendelijk ~ me niet te volgen* would you kindly not ...; *ze verzocht dat het gezonden zou worden aan* ... she asked for it to be sent to ...; *verzoeke de dieren niet te voeren* please do not ...; ~ ***om*** ask for, request [an interview], solicit [orders, a p.'s attention]; *(jur)* petition [for a divorce]; *mag ik u om de jus ~?* may I trouble you for (will you pass) the gravy, please?; *zie ook* men & inlichting: ~en vragen

verzoeker 1 petitioner; **2** *(verleider)* tempter

verzoeking temptation; *in ~ brengen* tempt [a p.]; *in ~ komen om te* ... feel tempted to ...; *leid ons niet in* ~ lead us not into temptation; *voor de ~ bezwijken* yield to temptation

verzoeknummer request (item)

verzoekplaat request

verzoekschrift petition, *(hist)* memorial; *een ~ indienen* present a petition [*bij* to; *om* for]; *een ~ richten tot* address a petition to, petition [the King]

verzoendag day of reconciliation; *Grote V~* Day of Atonement

verzoendeksel mercy seat, propitiatory

verzoenen reconcile; *(gunstig stemmen)* conciliate, propitiate [Heaven]; ~ ***met*** reconcile to (with) [a p., o.s.], reconcile to [a plan, the inevitable]; *zij zijn met elkaar verzoend* they have become reconciled, have made it up; *verzoend met* ... reconciled to [the idea, one's loss]; ***zich** (met elkaar)* ~ be (become) reconciled; *hij kon zich met die gedachte niet* ~ he could not reconcile himself (become reconciled) to (come to terms with) that idea; *zich ~ met zijn lot, (ook)* reconcile (resign) o.s. to one's fate

verzoenend conciliatory, propitiatory

verzoener reconciler, conciliator

verzoening reconciliation, reconcilement; conciliation, propitiation, *vgl* verzoenen; *(door boetedoening)* atonement

verzoeningsdood expiatory death

verzoeningsgezind conciliatory, conciliating, placable

verzoeningspolitiek policy of appeasement

verzoeningswerk work of redemption

verzoeten sweeten *(ook fig)*

verzolen resole

verzonken, enz *zie* [2]verzinken, enz

verzorgd 1 *(aan niets gebrek hebbend)* (well) provided for, left comfortably off; **2** *goed* ~ well-groomed [figure, horses], well-manicured [nails], carefully tended [garden], well cared-for [children], well got-up [book], careful [usage], nurtured [unshaven look], polished [style]; *slecht* ~ uncared-for [children]; *zie ook* verzorgen

verzorgen attend to, take care of, look after, tend [horses, flowers, a garden]; minister to, nurse [the sick]; groom [a horse]; provide for [one's family]; manicure [one's hands, nails]; edit [a newspaper]; operate [tours]; *iem* ~, *(ook)* attend to a p.'s wants; *zich* ~ take care of o.s.; *volledig verzorgde reis* all-inclusive (all-in, package) tour; *~de bedrijven* service industries; *~de beroepen* caring jobs; *vgl* uitvoeren

verzorger tender, etc, *vgl* verzorgen; attendant; [spiritual] counsellor; *(v paard)* groom; *(v bokser)* second; *(v kind)* guardian; *(v oudere)* carer

verzorging care [of horses, rifles, the teeth], provision, maintenance, service; *uiterlijke ~ van een boek* get-up of a book; *medische* ~ medical attendance

verzorgingsbedrijf service industry

verzorgingsflat service flat, retirement home (flat)

verzorgingsstaat welfare state

verzorgingstehuis (local authority) residential home (for the elderly)

verzot: ~ *(op iets)* fond of, keen on, partial to [card playing]; *(op iem)* fond of, enamoured of, *(dwaas ~)* infatuated with, *(sl)* gone on [a girl]; ~ *zijn op dansen (cricket, enz)* be dancing (cricket, etc) mad

verzotheid fondness, etc, infatuation

verzouten I *intr* salt up, salinate; **II** *tr zie* [1]kok

verzuchten I *intr* sigh [*naar* for]; **II** *tr* sigh away [one's days]

verzuchting sigh; *(klacht)* lamentation; *een ~ slaken* heave a sigh

verzuiling compartmentalization (along socio-political lines)

verzuim 1 omission, *(onoplettend)* oversight, *(nalatig)* neglect; **2** non-attendance [at school, at church], absenteeism [among workers]; *wegens ~, (ook)* [he missed a lot] through being away; *in ~ zijn (stellen)* be (declare) in default; *doe het zonder ~* do it without delay; *zie ook* herstellen

verzuimen I *tr* **1** *(verwaarlozen)* neglect [one's duty]; **2** *(onbenut laten)* lose, miss, let [an opportunity] slip; *(nalaten)* omit, fail [he failed to report the case]; *verzuim niet het boek te lezen* do not miss reading the book; *verzuim niet erheen te gaan* do not forget to go (omit going) there; *het verzuimde inhalen* make up for time lost (lost time); **3** *(niet bijwonen)* stay away (be absent) from, miss [school, a meeting]; *een college ~, (ook)* cut a lecture; *een halve dag de school ~* lose half a day's school; **II** *intr* stay away (from school, etc; *vgl* I), miss [mass *de mis*]; lose time; *ze heeft geen enkele keer verzuimd* she never missed [school, etc] once

verzuipen I *tr* **1** drown; **2** spend on drink (*of:* in boozing), booze away [one's money]; flood [the engine]; **II** *intr* be drowned, drown; *(ve motor)* flood [the engine floods]; *verzopen, (fig)* (drink-, liquor-)sodden [face, fellow]; *er uitzien als een verzopen kat* look like a drowned rat; *zie ook* verdrinken

verzuren *tr & intr* sour (*ook fig:* sour a relationship), make (turn, *intr ook:* become) sour, turn [the milk has turned; the thunderstorm has turned the milk]; *(chem)* acidify; *verzuurd* soured [relationship], acid [soil], [forests] affected by acid rain

verzuring acidification

verzusteren join like sisters; *(v steden)* twin

verzwageren: *zich ~ (met iem)* become allied (to a p.) by marriage

verzwakken I *tr* weaken [a p.'s position], enfeeble [a p., his strength, a country], impair [a p.'s health], debilitate [the constitution], enervate [the body, the will]; *(fot)* reduce; *[zijn gezondheid] was verzwakt door ..., (ook)* was lowered by ...; **II** *intr* weaken, get (*of:* grow) weak(er); *(v ijver, belangstelling)* flag

verzwakking weakening, enfeeblement, loss of strength, failing [of eyesight]

verzwaren make heavier; strengthen [a dike]; aggravate [an offence]; make [an examination] stiffer, more demanding; increase, augment [the penalty], enhance [the sentence *vonnis*]; *~de omstandigheden* aggravating circumstances

verzwaring aggravation; strengthening; stiffening; *vgl* verzwaren

verzwelgen swallow up *(ook fig)*, gobble up, gulp down [a mug of beer]; engulf [engulfed by an earthquake]; *(fig ook)* absorb [all the money was absorbed by speculations]

verzwendelen embezzle, make away with [other people's money]

verzweren 1 fester, suppurate; **2** *zie* afzweren

verzwering suppuration [of the gums], festering

verzwijgen conceal, keep [it] a secret, suppress [a fact, a p.'s name], hush up [a scandal]; *iem iets ~* keep s.t. from a p.; *men verzweeg hem, dat ...* he was not told that ...; *verzwegen inkomsten* undisclosed income

verzwijging suppression, concealment

verzwikken sprain [one's ankle]; *zich ~* sprain one's ankle

verzwikking sprain, spraining

verzwinden vanish, disappear

Vespasianus Vespasian

vesper vespers, evensong; *Siciliaanse ~* Sicilian Vespers

vesperdienst vespers

vespertijd vesper hour, evening time
vest 1 *(v mannen)* waistcoat; *(winkelwoord & Am)* vest; *(gebreid)* cardigan; **2** *(gracht)* moat
Vestaals Vestal [fire]; *~e maagd* vestal (virgin)
vestale vestal (virgin)
veste fortress, fastness, stronghold; *(muur)* wall, rampart
vestiaire cloakroom
vestibule (entrance) hall, lobby, vestibule
vestigen establish, set up [a business, custom, government, etc]; *zie ook* stichten; *de* ***aandacht*** *~ op* call (draw) attention to, *(sterker)* focus attention on; *hij vestigde zijn aandacht op ...* he fastened his attention on ...; *iems aandacht ~ op* draw (call, direct) a p.'s attention to; *iems aandacht op zich ~* catch a p.'s eye; *er de aandacht op ~ dat ..., (ook)* point out that ...; *de* ***blik*** *~ op* fix (fasten) one's eyes (up)on; *zijn* ***hoop*** *~ op* place (set) one's hope(s) on; *een* ***lijfrente*** *~* settle an annuity; *zijn* ***ogen*** *waren strak gevestigd op het plafond* his eyes were glued to (riveted on) the ...; *zijn* ***verblijf*** *~ te ...* take up one's residence (*of:* abode) at ...; ***zich*** *~* settle (down), establish o.s.; *(in praktijk)* set up [as a dentist], start in practice; ***gevestigd*** *zijn te* be domiciled at; *gevestigd te ..., (ve pers)* living (residing) at ...; *vóórdat hij gevestigd was* [he did not want to get married] until he was established in practice; *zich blijvend ~ te ...* take up permanent residence at ...; *de zaak (het hoofdkantoor vd zaak) is gevestigd te ...* the business has its headquarters at ...; *zie ook* gevestigd, vertrouwen, keus, enz
vestiging establishment, settlement; *plaats van ~* place of business
vestigingsvergunning licence to open a new business; *(huisvesting)* (permanent) residence permit
vestigingswet order controlling the opening of new businesses
vesting fortress
vestingbouw fortification
vestingbouwkunde (art of) fortification
vestinggordel circle (ring, girdle) of fortresses
vestinggracht moat
vestingoorlog siege war
vestingwal rampart
vestingwerk fortification
vestzak waistcoat pocket; *~-broekzak, (vglb)* robbing Peter to pay Paul
vestzakformaat pocket size; *in ~* pocket(-size)
vestzakwoordenboek midget (pocket) dictionary
Vesuviaans Vesuvian
Vesuvius: *de ~* (Mt) Vesuvius
vet I *zn* **1** *(algem)* fat [edible fats]; *(smeer)* grease; *(druipvet)* dripping; *ik heb hem zijn ~* ***gegeven*** I've settled his hash, polished (seen) him off; *hij* ***heeft*** *zijn ~* he has got his due; *het ~ is van de* ***ketel*** the best has been, the party is over; *het ~* ***zit*** *hem niet in de weg* he is as lean as a rake (as thin as a lath); *er is (zit) voor jou wat* ***in*** *het ~* there's a rod in pickle for you; *we hebben nog wat in het ~* there is s.t. in store for us; *laat hem in zijn eigen ~ gaarkoken* let him stew in his own juice; *in het ~ zetten* grease; ***op*** *zijn ~ teren* live on one's (own) fat; **2** *zie* vetje; **II** *bn* fat *(ook v lettersoort, land, kaas, klei, betrekking, proces, enz); (vuil)* greasy; *(dronken)* well-oiled; *(jeugdsl)* very; *een ~ baantje* a cushy (plum) job; *de bougie (ve motor) is ~* the spark plug is sooted up; *~te druk(letter), (ook)* heavy (thick, bold, fat-, bold-, full-faced) type (letter), clarendon type; *met ~te letter* in bold type; *~te grond, (ook)* rich soil; *~te klei, (ook)* unctuous clay; *~te kolen* fat (soft, bituminous) coal; *~ krijt* greasy chalk; *zo ~ als modder (als een kwartel)* as fat as a butter (a pig; as plump as a partridge); *het ~te der aarde genieten* live on the fat of the land; *zie ook* soppen
vetachtig fatty, greasy
vetader adipose vein
vetarm low-fat [diet]
vetbolletje fat globule
vetbult hump
vete feud, enmity, rancour; *oude ~* quarrel of long standing
veter (boot-, shoe)lace; tagged string
veteraan veteran, old (*of:* veteran) campaigner; *(fig ook)* old stager
veteranenziekte legionnaire's (-res') disease
veterband tape
veterbeslag tag
'veteren 1 lace up; **2** moan
ve'teren veto
vetergat lace-hole, eyelet
veterinair I *zn* veterinary surgeon, *(fam)* vet; **II** *bn* veterinary
vetgans penguin
vetgehalte fat content, percentage of fat
vetgezwel fatty tumour; *(wtsch)* lipoma
vetje windfall, piece of luck, godsend
vetkaars tallow candle, (tallow) dip
vetklier fat-gland, sebaceous gland; *(v vogels)* oil-gland
vetkolen *zie* vet II
vetkruid stonecrop
vetkuif greased coif; *(pers)* greaser
vetleren greased leather; *~ medaille, (iron)* tin medal, worthless decoration
vetlichaampje fat corpuscle
vetlok fetlock
vetloos fat-free, non-fat [milk]
vetmesten fatten (up), feed; *zich ~ ten kosten van* batten on [the public]
vetmuur *(plant)* pearlwort
veto veto; *zijn ~ uitspreken* interpose (put in) one's veto; *zijn ~ uitspreken over* veto, put (place) a (one's) veto on; *recht van ~* right (*of:* power) of veto
vetoën veto
vetplant succulent (plant)
vetpot dripping pot, grease pot; *(ve auto)* grease cup;

~*je* lampion; *het is (geen)* ~ they do themselves well (they're hardly well-off)

vetpuistje blackhead, comedo

vetrijk high-fat [diet]

vetstaart fat-tailed sheep

vetsteen elaeolite

vetten fatten [the soil], grease [leather]; *(typ)* roll, ink

vettig fatty, greasy; creamy [soapsuds]

vettigheid **1** fattiness, greasiness; **2** fat (*ook fig:* the fat of the land)

vetvanger grease trap

vetvlek grease (greasy) spot (stain)

vetvorming formation of fat; *(wtsch)* lipogenesis

vetvrij greaseproof [paper]; *zie ook* vetloos

vetweefsel fatty (*wtsch:* adipose) tissue

vetweider grazier

vetweiderij stockfeeding, graziery

vetzak fat-guts

vetzucht (morbid) obesity

vetzuur fatty acid

veulen foal; *(hengst)* colt, colt foal, *(merrie)* filly, filly foal

veulenachtig coltish

veulenen foal

vexatoir vexatious

vezel fibre, thread, filament; *(v wol, katoen, enz, mbt lengte of fijnheid van ~)* staple; ~*tje* fibril, fibrilla (*mv:* -lae), filament; *met lange (korte)* ~ long-(short-)staple [cotton]; *tot in iedere ~ gespannen* tensed in every muscle

vezelachtig *zie* vezelig

vezeldraad fibril

vezelen fray

vezelig fibrous, filamentous; *(vlees)* stringy

vezelplaat fibreboard

vezelplant fibrous plant, fibre plant

vezelrijk high-fibre [diet]

vezelstof fibre, fibrous material; *(biol)* fibrin

vgl. afk van *vergelijk* cf [*Lat* confer, *Eng* compare]

V-hals V-neck, vee-neck

v.h.t.h. afk van *van huis tot huis* [greetings] from all of us to all of you

via via, by way of; *ik hoorde het ~ mijn zuster* I learnt it through ...; ~ ~ [hear] in a roundabout way

viaduct viaduct; flyover (crossing)

viaticum *(r-k)* viaticum

vibrato *(muz)* vibrato

vibreren vibrate, quaver, shake, undulate

vicariaat vicariate

vicaris(-generaal) vicar(-general)

vice-admiraal vice-admiral

vice-consul vice-consul

vice-premier deputy prime minister (premier)

vice-president vice-president; *zie ook* vice-voorzitter

vice versa vice versa

vice-voorzitter vice-president, vice-chairman, deputy chairman; *(Lagerhuis)* Deputy Speaker

vicieus vicious; *vicieuze cirkel* vicious circle

victoria *(rijtuig)* victoria

Victoria: ~ *regia* Victoria regia, Victoria lily

Victoriaans Victorian

victorie victory; ~ *kraaien* be cock-a-hoop; *(over iem)* crow over a p.

victualiën provisions, victuals

vid. *(Lat)* vide, *(Eng)* see

video video [camera, cassette, clip, conferencing, data terminal, disc (player), game, head, monitor, signal, track]; *op ~ opnemen* videotape

videoband videotape

videobewaking CCTV surveilance

video-opname video(tape) recording

videoplaat video disc

videorecorder video (cassette) recorder, VCR

videoschijf video disc

videotex videotex

videotheek videotheque

viditel *(vglb)* teletex(t), viewdata, videotex(t)

vief lively, smart, bright, dapper

viel *ovt van* vallen

vier four; *in ~en vouwen* fold in fours; *met ~en!, (mil)* form fours!; *met de ~ rijden* drive four-in-hand; *onder ~ ogen* in private, privately, tête-à-tête; *gesprek onder ~ ogen* private talk (conversation), tête-à-tête; *ik moet je even onder ~ ogen spreken* I want a word with you privately; *vgl ook* aan, bij 7, hoog, met & vijf

vierbaansweg dual carriageway; *(Am)* divided highway

vierbak four-speed gearbox

vierbenig four-legged

vierblad quatrefoil

vierbladig four-leaved, quadrifoliate; *(schroef)* four-bladed [propeller]

vierdaags of four days, four days'; *de V~e* annual four days' walking event

vierde **I** *bn* fourth; **II** *zn* fourth (part); *voor een ~ leeg* [the glass was scarcely] a quarter empty; *ten ~* fourthly, in the fourth place; *zie ook* kwart

vierdehalf three and a half

vierdelig fourfold [screen], divided into (consisting of) four parts, tetramerous, quadripartite

vierdemachts biquadratic [equation *vergelijking*]

vierdemachtswortel fourth root

vierdepart fourth (part), quarter

vierderangs fourth-rate

vierderhande, vierderlei of four sorts (kinds)

vierdimensionaal four-dimensional

vierdraads four-ply, four-strand(ed)

vierdubbel fourfold, quadruple; *het ~e van* four times [the cost]

vieren **1** celebrate [a festival, one's birthday, the good news], keep [Christmas, New Year's Eve], observe [the Sabbath], keep holy [the Sabbath]; *iem erg ~* make a fuss of (make much of, fête) a p.; *zijn verjaardag ~ met een barbecue* celebrate one's birthday with a ...; *zie ook* feestvieren; **2** *(touw)* ease off, veer out, pay out, slacken, let [a rope] run out; *(boot)* lower; *~!, (mar)* slack off!; *zie ook* teugel

vierendeel quarter; *~ jaars* quarter of a year, three months

vierendelen quarter *(in alle betek)*

vierentwintiguurseconomie round-the-clock economy

viergestreept *(muz) vgl* eengestreept

vierhandig *(v dieren, muziekstuk)* four-handed, *(v dieren, ook)* quadrumanous; *~en* quadrumana

vierhoek quadrilateral, quadrangle

vierhoekig quadrangular, quadrilateral

vierhonderdste four-hundredth

vierhoofdig four-headed, *(ve bestuur)* tetrarchic

viering 1 celebration; observance; *vgl* vieren; *ter ~ van* in celebration of [the event]; **2** *(bk)* crossing [tower]

vierjaarlijks quadrennial, four-yearly

vierjarig four years old, etc, *vgl* jarig; *(ook)* quadrennial [period]

vierkaart four cards in sequence, quart; *een ~ klaveren* four clubs in sequence

vierkant I *bn* square; *twee ~e voet* two square feet; *~e kerel* square-built (square-shouldered, four-square) fellow, *(rond)* straightforward fellow; *~ maken* square; **II** *zn* square; *(typ)* em; *twee voet in het ~* [it is] two feet square, two feet each way; *in het ~ brengen* square; **III** *bw* squarely; *hij keek haar ~ in de ogen* he faced her (met her eyes) squarely, he looked her straight in the eyes; *het druist ~ in tegen het bevel* it conflicts squarely with the order; *~ tegenspreken* flatly contradict; *iem ~ de deur uitgooien* chuck (*of:* bundle) a p. out neck and crop, pitch him bodily out of the room; *~ weigeren* refuse flat(ly); *het is er ~ naast* it is altogether wrong (wide of the mark); *ik ben er ~ tegen* I am dead against it; *zie ook* lijnrecht, pardoes, vlak & waarheid

vierkanten *ww* square

vierkantig square(ly)

vierkantsgolf *(natuurk)* square wave

vierkantsvergelijking quadratic equation

vierkantswortel square root

vierkieuwig(e) tetrabranchiate

vierkleurendruk four-colour printing; *in ~* four-colour [pamphlet]

vierkwartsmaat quadruple time, *(fam)* four-four (time), common time

vierledig consisting of four parts, quadripartite; *(algebra)* quadrinomial [form]

vierlettergrepig of four syllables, quadrisyllabic; *~ woord* quadrisyllable

vierlijn rope [of a hammock]

vierling (set of) quadruplets; *(fam)* quads; *(één van de vier)* quad(ruplet)

vierlobbig four-lobed, quadrilobate

viermaal four times

viermaandelijks occurring (appearing, etc) every fourth month, four-monthly

viermaands four-months'

viermachtig *(plantk)* tetradynamous

vierman(schap) quadrumvir(ate)

viermaster four-master; *(circus)* four-pole tent

viermotorig four-engine(d)

vierpas quatrefoil

vierpersoons four-seater [car]; *~ auto, enz* four-seater

vierpits *vgl* pit

vierpotig four-legged

vierregelig of four lines, four-line [stanza]; *~ gedicht* quatrain

vierriemsgiek four-oar(ed gig)

vierschaar tribunal; *de ~ spannen* sit in judgement [on a p.]

viersnarig four-stringed

vierspan four-in-hand

viersprong crossroad(s); *op de ~, (fig), zie* tweesprong

vierstemmig (arranged) for four voices, four-part [song]

vierstijlig: *~ ledikant* four-poster (bed)

viertaktmotor four-stroke engine

viertal (number of) four, [she shook hands with the] quartet(te); *~ jaren* (three or) four years

viertalig in four languages, quadrilingual

viertallig quaternary; *vgl* tientallig

viertandig four-toothed, four-pronged, four-tined [fork]

viervlak tetrahedron

viervlakkig tetrahedral

viervleugelig four-winged

viervoeter quadruped, four-footed beast; *zijn trouwe ~* his faithful dog (*iron:* pooch)

viervoetig four-footed, quadruped; *~ dier, zie* viervoeter

viervorst(endom) tetrarch(y)

viervoud quadruple; *in ~* in quadruplicate; *in ~ opmaken* quadruplicate

viervoudig fourfold, quadruple

vierwaardig quadrivalent

vierwekelijks occurring (appearing, etc) every four weeks, four-weekly

vierwerf four times

vierwielaandrijving four-wheel drive

vierwieler four-wheeler

vierwielig four-wheeled

Vierwoudstedenmeer: *het ~* Lake Lucerne

vierzijdig four-sided, quadrilateral; *~e figuur* quadrilateral

vierzuilig tetrastyle *(ook: ~ gebouw)*

vies 1 *(vuil)* dirty, grimy, grubby [hands]; *(walgelijk ~)* filthy [rags, habits], nasty [taste, smell, weather], foul [air, smell], *(v stank)* offensive, noisome, nauseating, sickening [smell]; *vieze gewoonte* dirty (*sterker:* filthy) habit; *een ~ gezicht zetten* make a wry face, sniff [at s.t.], turn up one's nose; *~ goedje* nasty stuff, muck; *het kind heeft een vieze neus* the ... a runny nose; *het ruikt ~* it has a nasty smell, is smelly [a smelly pipe]; **2** *(gemeen, onkuis)* obscene, filthy, smutty [stories]; **3** *(lelijk, erg:) hij is er ~ bij, (fam)* he is for it; *hij is ~ bij, (fam)* he is all there; **4** *(afkerig)* disgusted; *ik ben er ~ van* it is disgusting (puts me off, turns my stomach); *hij is er niet ~ van* he is not averse to it; **5** *(kieskeurig)* particular, dainty, fastidious, squeamish, over-nice, finical; *hij is erg ~ op zijn eten* he is very fussy (particular) about his food; *vieze varkens worden niet vet* it doesn't pay to be fussy

viesneus fastidious person

viespeuk, viespoe(t)s dirty fellow (person, etc)

Vietnam(ees) Vietnam(ese)

vieux French-type brandy

viezerik dirty fellow (person, etc)

viezevazen 1 *(grillen)* whims, follies; **2** [a style with too many] frills

viezigheid 1 *(abstr)* filthiness, nastiness, etc; *vgl* vies 1; **2** *(concr)* dirt, filth; *(vuile taal, enz)* smut, smutty story

vigeren be in force, be operative

vigerend in force, operative

vigeur vigour

vigilant vigilant, on the alert

vigilante cab, four-wheeler

vigilantie vigilance, alertness

vigileren 1 be vigilant, be on the alert; **2** *(loeren)* watch (for one's chance); **3** *(tippelen)* walk the streets

vigilie vigil, eve of a festival

vigiliedag fast(ing) day

vignet vignette, headpiece, tailpiece; *(fot)* vignette; *maker van ~ten* vignettist

vignetteren vignette

vijand enemy, *(dicht)* foe; *een ~ van* an enemy to [capitalism, etc]; *tot ~ maken* make an enemy of; *zie ook* gezworen & roofvijand

vijandelijk 1 *(vd vijand)* [the] enemy('s) [camp], enemy [ship, aircraft], hostile; **2** *(als ve vijand)* hostile [act]; *zie ook* kamp

vijandelijkheid hostility

vijandig hostile, inimical; *~ staan tegenover* be hostile to [the project], be inimical to [economic development]; *iem ~ gezind zijn* be hostile (ill-disposed, antagonistic) to a p.; *ik ben u niet ~ gezind, (ook)* I bear you no enmity (ill will); *~e gezindheid* hostility, animosity

vijandigheid enmity, hostility

vijandschap enmity, animosity; *(vete)* feud

vijf five; *(op dobbelsteen ook)* cinque; *geef me de ~* give me your (bunch of) fives (your fist); *een van de ~ is op de loop (bij hem)* he has a screw loose; *met veel vieren en vijven* with a bad grace, not with the best of grace; *veel vijven en zessen (vieren en vijven) hebben* be hard to please (very exacting); *vgl ook* aan, bij 7, met, hoog

vijfblad cinquefoil

vijfbladig five-leaved

vijfdaags lasting five days, five days', five-day [week]

vijfde I *bn* fifth; *~ colonne* fifth column, fifth columnists; *zie ook* rad; **II** *zn* fifth (part); *ten ~* fifthly, in the fifth place

vijfdehalf four and a half

vijfdeklasser *(school)* fifth former

vijfdelig quinquepartite, *(plantk)* quinate

vijfdepart fifth (part)

vijfdubbel fivefold; *het ~e van* five times [the amount]

vijfenzestigplusser senior citizen

vijfhoek(ig) pentagon(al)

vijfhonderdjarig *(ook: ~e gedenkdag)* quincentenary, quingentenary

vijfhonderdste five-hundredth

vijfjaarlijks quinquennial, five-yearly

vijfjarenplan five-year plan

vijfjarig *vgl* jarig; *(ook)* quinquennial

vijfje 1 5-euro (*hist:* 5-guilder) note (*hist:* coin); **2** fifth part of lottery ticket

vijfkaart quint, sequence of five cards

vijfkamp *(sp)* pentathlon

vijfkamper pentathlete

vijfkantig *zie* vijfzijdig

vijfkleurig five-coloured

vijflettergrepig of five syllables

vijfling (set of) quintuplets; *(fam)* quins; *(één van de ~)* quin(tuplet)

vijflobbig five-lobed

vijfmaal five times

vijfmaandelijks, vijfmaands *vgl* vier-

vijfpuntig five-pointed, five-rayed [starfish]

vijfregelig of five lines; *~ gedicht* pentastich

vijfsnarig five-stringed

vijfstemmig for five voices, five-part [song]

vijftal (number of) five, quintet(te)

vijftallig quinary; *vgl* tientallig

vijftien fifteen

vijftiende fifteenth (part)

vijftienhoek quindecagon

vijftienjarig *vgl* jarig

vijftiental *(rugby)* fifteen

vijftig fifty; *vgl* in & *zie ook* percent

vijftiger man (woman) of fifty (in the, his, her fifties)

vijftigjarig of fifty (years); *vgl* jarig; *~(e)* quinquagenarian; *zie ook* bruiloft

vijftigste *bn & zn* fiftieth

vijftigvoud multiple of fifty

vijftigvoudig fiftyfold

vijfvingerig five-fingered

vijfvingerkruid cinquefoil

vijfvlak pentahedron

vijfvlakkig pentahedral

vijfvoetig five-footed; *~e versregel* pentameter

vijfvoud quintuple

vijfvoudig fivefold, quintuple

vijfweeks, vijfwekelijks *vgl* vierwekelijks
vijfzijdig five-sided; *(vlakke meetk)* pentagonal; *(ve lichaam)* pentahedral
vijfzuilig pentastyle *(ook: ~ gebouw)*
vijg 1 fig; *zie ook* lezen; **2** *(uitwerpselen)* pellet, ball
vijgenblad fig leaf
vijgenboom fig (tree)
vijgendistel prickly pear
vijgeneter *(vogel)* beccafico, fig-eater, fig-pecker
vijgenmat fig frail
vijgenpeer fig pear
vijl file; *de ~ erover halen, (fig)* file, polish [one's essay]
vijlen file, *(fig ook)* polish
vijlsel filings, file dust
vijver pond; *(ook)* (ornamental) lake
vijzel 1 *(heftoestel)* (screw) jack; **2** *(stampvat)* mortar
vijzelen screw up, jack (up), lever (up)
vijzelmolen Archimedean screw
vijzelstamper pestle
viking Viking
vilder skinner, flayer, (horse-)knacker
vilderij knackery, knacker's yard
vilein venomous [pamphlet], vicious [remark]
villa villa, residence, country house, country seat; *kleine ~* cottage; *~ Acacia* Acacia Villa
villapark estate
villastad garden city
villawijk residential area
villen *(ook fig)* flay, fleece, skin; *ik laat me ~, als ...* I'll eat my hat if ...; *zie ook* oor
vilt felt
viltachtig *zie* viltig
vilten *bn & ww* felt; *~ hoed* trilby (hat), felt hat, soft hat
viltig felty, felt-like, *(plantk)* tomentose
viltje beer mat, drip-mat
viltkruid cudweed
viltpapier underfelt
viltschrijver, viltstift felt(-tipped) pen, fibre-tip pen
vin 1 *(ve vis)* fin; *hij verroerde geen ~* he did not raise (stir, lift) a finger, he sat tight; **2** *(puist)* pustule, acne
vinaigrette vinaigrette
vindelig *(plantk)* pinnatipartite, pinnatisect
vinden 1 *(zoekend aantreffen)* find; *(de plaats v iets of iem, ook)* locate [the enemy's position]; *toevallig ~* chance (happen, stumble) (up)on [a p., s.t.]; *ik zal hem wel ~, (fig)* I'll teach him, he'll pay for it; *het lijk is nog niet gevonden, (in rivier, mijn, enz)* the body has not yet been recovered; *wat men vindt, mag men houden* finders keepers; *een* ***baan*** *voor iem ~* find a p. a job; *er werd een betrekking voor haar gevonden* she was found a job; ***olie*** *~, (in bodem)* strike oil; *een* ***raadsel*** *~* solve a riddle; *als je de* ***tijd*** *kunt ~* if you can spare the time; *het schilderij vond zijn* ***weg*** *naar Japan* the ... found its way to Japan; *men vond een brief* ***bij*** *hem* a letter was found on him (on his person); *er iets* ***op*** *~* find a way (of doing it); *het was niet* ***te*** *~* it was not to be found; ***voor*** *zoiets ben ik niet te ~* I won't entertain (I am not agreeable to) such a thing (plan, offer, etc); *daar ben ik voor te ~* I'm game (for it), I'm on; *ik ben voor alles te ~* I'm game for anything; *hij laat* ***zich*** *voor alles ~* he is game for anything; *voor* ***het*** *~ van ...* [a reward is offered] for the recovery of ...; *zie ook* man; **2** *(aantreffen)* meet with, come across, light (up)on; *ze worden veel gevonden in ..., (ook)* they abound in ...; *de* ***dood*** *~* meet one's death; *een tragisch* ***uiteinde*** *(een gunstig onthaal) ~* meet with a tragic end (a kind reception); *bureau voor gevonden* ***voorwerpen*** lost property office; **3** *(v mening zijn)* think; *een beetje inconsequent, vind je niet?* a trifle inconsistent, don't you think?; *ik vind het niet* ***aardig*** *van je* I don't think it nice of you; *vind je het* ***goed?*** do you approve of it?, *(fam)* are you agreeable?; *ik vind het niet goed dat je weggaat* I do not approve of your leaving us; *zie ook* goedvinden; *ik kan het niet* ***mooi*** *~* I cannot (bring myself to) admire it; ***hoe*** *vind je hem (mijn nieuwe pak)?* how do you like him (my new suit)?; *hoe vond je het feest?* how did you enjoy the party?; *hoe vind je Londen?* what do you think of London?, how do you like London?, how does London strike you?; *hoe vind je zo'n verrassing!* isn't that a (lovely) surprise!; *hoe zou je het ~ als ...?* how would you like it if [I told you to stay here]?; *ik vraag me af wat ze* ***aan hem*** *~* I wonder what they see in him; *ik vind er niets aan, (niets moeilijks)* I think there is nothing in it (to it); *(niets leuks)* I'm indifferent to it, it leaves me cold; **4** *(overeenstemmen:)* ***elkaar*** *~, a) (persoonlijk)* hit it off; *b) (zakelijk)* come to terms; *we konden het* ***samen*** *niet goed ~* we could not (did not) hit it off, could not (did not) get on with each other; *zij kunnen het samen goed ~* they get on very well together; *ze konden het uitstekend samen ~* they were on excellent terms, *(fam)* got on (together) famously (like a house on fire); *dat zal* ***zich*** *wel ~* I daresay it will come right; *ik kan mij daarin ~* I agree to go along with that; *zie ook* dood, [1]woord, enz
vinder finder; *(uitvinder)* inventor
vindersloon (finder's) reward
vinding discovery, invention, device
vindingrijk inventive, resourceful, ingenious; *~ man, (ook)* man of resource
vindingrijkheid inventiveness, resource(fulness), ingenuity
vindplaats find-spot; *~en van uranium* uranium deposits
ving *ovt van* vangen
vinger finger *(ook ve handschoen & fig); de ~ Gods* the finger of God (of Providence); *er staan (vuile) ~s op* there are fingermarks on it; *middelste ~* middle finger, long finger; *voorste ~* forefinger, index finger; *hij heeft* ***lange*** *~s, kan zijn ~s niet thuishouden* he is light-fingered; *zijn ~s* ***branden*** burn one's

fingers, get one's fingers burnt; *als men hem een ~ geeft, neemt hij de hele hand* give him an inch, and he'll take a mile; *de ~ op de mond leggen* put one's finger to one's lips; *de ~ opsteken* put up one's hand; *een ~ in de pap hebben* have a finger in the pie; *de ~ aan de pols houden* have (keep) one's finger on the pulse; *hij stak geen ~ uit, verroerde geen ~* he didn't lift (raise) a finger [to help me]; *de ~ op de wond leggen* lay (put) one's finger on the spot; *hij kan aan elke ~ één krijgen* he can choose any girl he likes; *door de ~s zien* overlook (wink at, connive at, condone), turn a blind eye to; *een beetje door de ~s zien* make allowances, stretch a point (in a p.'s favour); *zich in de ~s snijden* cut (*fig:* burn) one's fingers; *iets (helemaal) in de ~s hebben* have a natural aptitude, be a natural for s.t. (have s.t. at one's fingertips); *iets in de ~s krijgen* get the feel of s.t.; *ik heb hem met geen ~ aangeraakt* I have not so much as touched him; *hij zit overal met de ~s aan* he cannot let (leave) things alone; *blijf daar af met je ~s!* (keep your) hands off!; *hij is met een natte ~ te lijmen* he only needs asking once; *iets met een natte ~ berekenen* make a rough calculation; *iem met de ~ nawijzen* point (one's finger, the finger of scorn) at a p.; *ik kan hem om mijn ~ winden* I can twist him round my (little) finger; *iem (erg) op de ~s kijken* keep an eye (a careful watch) on a p.; *(bij het werk)* watch a p., breathe down a p.'s neck; *voortdurend op de ~s worden gekeken* be kept under constant surveillance; *dat kun je op je (tien) ~s natellen* you can count on that (take that for certain); *[ze zijn zo zeldzaam,] je kunt ze op de ~s tellen* they can be numbered (counted) on the fingers of one hand (of one's two hands); *zie ook* aflikken, beroerd, jeuken, lekker, tik, tikken, enz

vingerafdruk fingerprint *(ook fig)*; *~ken nemen van* fingerprint [a p.], take a p.'s fingerprints

vingeralfabet finger (hand, manual) alphabet

vingerbeentje *zie* vingerkootje

vingerbreed **I** *bn* (of) the breadth of a finger; **II** *zn* finger's breadth

vingerbreedte finger('s) breadth; *vgl* [1]weg 1

vingerdier aye-aye

vingerdik as thick as a finger

vingerdoekje table napkin

vingeren *ww* finger

vingergaatje *(ve fluit, enz)* finger-hole

vingergras panic-grass

vingerhoed thimble

vingerhoedskruid foxglove

vingerkom finger bowl (*of:* glass)

vingerkootje phalanx (*mv ook:* phalanges), phalange

vingerlang (of) the length of a finger; *zie ook* lekker

vingerling finger-stall; *(ve roer)* (rudder) brace

vingeroefening *(muz)* (five-)finger exercise; *(fig)* preliminary exercise, try-out

vingerplaat *(op deur)* finger-plate

vingerspraak, vingertaal (manual) sign language; *(wtsch)* dactylology

vingertop fingertip; *muzikaal tot in zijn ~pen* musical to his fingertips; *zie ook* vinger: in de ~s

vingervlug light-, nimble-fingered

vingerwijzing hint, pointer, cue

vingerzetting fingering

vink **1** finch; **2** *(vliegerinsigne, -diploma)* wings; **3** *(merkje)* tick, check mark; *zie ook* blind

vinken *ww* catch finches; *zie ook* afvinken

vinkenslag **1** finch's note; **2** finch-trap

vinkentouw fowling line; *op het ~ zitten* lie in wait

vinnig sharp, tart, biting, cutting [answer, tone], sharp, fierce, ding-dong, gruelling [fight, contest], hard-fought [battle], close(-fought) [match], sharp, keen [frost], caustic, trenchant [tone], biting [cold, wind], smart [blow]; *~ koud* bitingly (bitterly) cold; *de lucht is ~* there is a bite (*of:* nip) in the air; *er ~ op zijn* be keen on it

vinnigheid sharpness, etc; trenchancy; nip [of the wind]

vinpotig pinniped *(ook: ~ dier)*; *~en* pinnipedia

vinstraal fin-ray

vinvis rorqual, fin whale, fin-back

vinvormig fin-shaped

vinyl vinyl, PVC

viola (da gamba) viola (da gamba)

violenwortel orrisroot

violet *bn & zn* **1** *(kleur)* violet; **2** *(bloem) zie* violier

violier stock (gilliflower)

violist violinist, violin-player; *zie ook* viool

violistisch of (on) the violin, [a career] as a violinist

violoncel violoncello, *(fam)* cello

violoncellist violoncellist, *(fam)* cellist

viool **1** violin *(ook: violist)*, *(fam)* fiddle; *eerste ~* first (*of:* leading) violin, leader; *de eerste (tweede) ~ spelen, (fig)* rule the roost (play second fiddle); *dat heb ik (zo heb ik het) nog nooit op de ~ horen spelen* it's too silly for words; *violen laten zorgen* let things drift; **2** *zie* viooltje

vioolbouwer violin-maker

vioolconcert **1** violin concerto; **2** violin recital

vioolhars (violin) rosin, colophony

vioolkist violin case

vioolles violin lesson [*ook:* give lessons on the violin]

vioolsleutel treble clef; *(schroef)* (tuning) peg

vioolsnaar violin string

vioolspeelster, vioolspeler violinist, violin-player

viooltje *(welriekend)* violet; *(driekleurig)* pansy, heartsease, love-in-idleness

viooltjeswortel orris-root

viraal viral [pneumonia]

virago virago, man-woman

virginaal virginal(s)

Virginië(r) Virginia(n)

viriel virile, red-blooded

virologie virology

virtueel virtual [focus *brandpunt*, image, reality]

virtuoos virtuoso (*mv:* -osi); *~ gespeeld* [a concerto]

played with virtuosity
virtuositeit virtuosity
virulent virulent
virulentie virulence
virus virus (*mv:* viruses)
virusziekte virus disease
vis fish; *de V~sen, (in dierenriem)* Pisces, the Fishes; *~je* little (small) fish; *als een ~ op het droge* [feel] like a fish out of water; *je weet nooit, of je ~ of vlees aan hem hebt* you never know where you are (*of:* stand) with him; *hij (het) is ~ noch vlees* he (it) is neither fish nor flesh (neither fish, flesh, nor good red herring); *de ~jes voeren, (overgeven)* feed the fishes; *~ moet (wil) zwemmen* fish needs wine; *jonge ~sen, (vooral zalm)* fry; *zie ook* boter, gezond, stom, enz
visa visa; *consulair ~* consular visa
visachtig 1 fishlike, fishy [smell, etc]; **2** fond of fish
visafslag 1 fish auction; **2** fishmarket
visagist visagiste
visakte rod licence
visangel fish-hook
visarend osprey, fish-hawk
vis-à-vis *bw & zn* vis-à-vis *(in alle betek)*
visbakkerij fried fish shop
visbank fish stall
visben fish basket
visbeun fish well, fish tank
visboer fishmonger
visbroed fry
viscose viscose
viscositeit viscosity
viscouvert fish-knife and fork
visdiefje *(vogel)* (common) tern
visdiencouvert fish servers
visduivel wels, sheatfish
viseerstok gauging rod
viseren 1 visa (*ovt & v dw:* visa'd, visaed); **2** *(peilen)* gauge; **3** *(mikken)* (take) aim
visfilet fish fillet
visfuik fishtrap
visgerecht fish dish; *(als gang)* fish course
visgerei fishing tackle (*of:* gear)
visgraat 1 fishbone; **2** *(techn, textiel)* herringbone
visgraatsteek herringbone (stitch)
visgraatverband *(metselwerk)* herringbone bond
visgrom fish-guts
visgrond fishing ground
vishaak fish-hook
vishal fishmarket; fish-shop
vishandelaar fishmonger
visie vision; *ter ~ leggen (liggen)* lay (lie) on the table, *(liggen)* be available for inspection; *zie ook* inzage & kijk
visioen vision; *~en hebben, (fam)* see things
visionair *zn & bn* visionary
visitatie 1 *(v bagage, enz)* (customs) examination, inspection; *(doorzoeking)* visit (and search), [house] search; **2** *(kerk)* visitation; *Maria's V~* the Visitation (of Our Lady)
visitatierecht right of visit (and search)
visite visit *(ook van dokter)*, call; *~ hebben (verwachten)* have (expect) visitors (company, *fam:* people); *we krijgen ~* we have a visitor (visitors) coming; *een ~ maken* pay a visit (a call); *een ~ maken bij* pay a visit to, call on; *de dokter maakt zijn ~s* makes his daily rounds; *zie ook* bezoek
visitekaartje visiting card; *z'n ~ afgeven* leave one's card; *(fig)* show one is there, make o.s. conspicuous; *zie ook* kaartje
visiteren examine, inspect, search; *zijn bagage laten ~* see one's luggage through the customs, have one's luggage examined
visiteur 1 custom-house officer; **2** *(kerk)* visitor
visite-uren hours for calling
visiteuse WSO (Woman Search Officer)
viskaar fish well, fish tank
viskanis fish basket, creel
viskeus viscous
viskom fishbowl
viskoper fishmonger
viskorrels Indian berries, fish berries
viskuit *zie* kuit
viskunde ichthyology
viskweker fish farmer
viskwekerij 1 *zie* visteelt; **2** fish farm, (fish) hatchery
vislepel fish slice
vislijm isinglass, fish-glue
vislijn fishing line
vislucht fishy smell
visman *zie* visboer
vismand fish-basket
vismarkt fishmarket
vismeel fishmeal
vismes fish-knife; *~ en -vork* fish-knife and fork; *(om op te scheppen)* fish carvers
visnet fishing net; fishnet [stockings]
visotter (common) otter
vispasta fish-paste
visplaat fish strainer
visplaats fishing ground, fishery, fishing
visrecht fishing right, piscary
visreiger common heron
visrijk abounding in (well-stocked with) fish
visschep fish slice
visschotel 1 fish strainer; **2** fish dish, (dish of) fish
vissen fish; *naar een complimentje (uitnodiging) ~* fish (angle) for a compliment (an invitation); *uit ~ gaan* go out fishing; *zie ook* getij(de) & [1]net 1
vissenbloed fish-blood; *jij hebt ~* you're a regular icicle
vissenbroedsel fry
vissenstaart fishtail, tail of a fish
visser *(sport~)* angler; *(beroeps~)* fisherman
visserij fishery, fishing industry
visserijband maritime band

vissersbedrijf fisherman's trade; *zie ook* visserij
vissersboot fishing boat, fishing craft *(ook mv)*, fisherman
vissersdorp fishing village
vissershaven fishing port
vissersknoop fisherman's bend
visserspink fishing smack
vissersring *(vd paus)* Fisherman's ring
vissersschuit, vissersvaartuig *zie* vissersboot
vissersvloot fishing fleet
vissersvolk 1 nation of fishermen; **2** fisherfolk
vissersvrouw 1 fisherman's wife; **2** fisherwoman
vissmaak fishy taste
vissnoer fishing line
visstand fish stocks
missteen ichthyolite, fossil fish
vissterfte [massive] fish mortality
visstick fish finger, *(Am)* fish stick
vista: *per* ~ at sight
vistapapier sight bill (*of:* draft)
vistas fishing bag
visteelt fish-culture, pisciculture, fish farming
vistijd fishing season
vistraan fish-, train-oil
vistrap fish-ladder, fishway
vistuig fishing tackle
visualisatie visualization
visualiseren visualize
visueel visual
visum visa; *een ~ aanvragen* apply for a visa; *~ repertum* (doctor's) report
visvangst fishing; *de wonderbare* ~ the miraculous draught of fishes
visvijver fish pond
visvrouw fishwife
viswant fishing gear
viswater fishing ground
viswijf fishwife; *zie ook* schelden
viswijventaal Billingsgate
viswinkel fish shop, *(v gebakken vis)* fried fish shop
vitaal vital; *vitale verbindingslijn* lifeline
vitalisme vitalism
vitaliteit vitality
vitamine vitamin
vitaminiseren vitaminize
vitrage 1 *(stof)* lace, vitrage cloth (*of:* net); **2** lace curtain(s)
vitragegordijn lace (*of:* net) curtain
vitrine 1 (glass) showcase, display case; **2** show-window
vitriool(achtig) vitriol(ic)
vitten find fault, carp, cavil; ~ *op* find fault with, carp (cavil) at, pick holes in [a story, a p.'s decision, etc]; *voortdurend ~ (op), (ook)* nag
vitter caviller, fault-finder
vitterig fault-finding, censorious, captious, cantankerous
vitterij fault-finding, cavilling, nagging
vitusdans St Vitus's dance, chorea
vivace *(muz)* vivace
vivarium vivarium (*mv:* -ria)
vivat I *tw: ~!* three cheers for ...!, long live ...!, hurrah for ...!, vivat!; **II** *zn* vivat
vivipaar *(biol)* viviparous
vivisectie vivisection; *~ toepassen (op)* vivisect; *voorstander (tegenstander) van ~* (anti-)vivisectionist
vivres provisions, victuals
vizier 1 *(Turks minister)* vizier; **2** *(ve helm)* visor; *(ve vuurwapen)* (back-, rear-, gun)sight; *(aan ~liniaal)* sight, pinnule; *in het ~ krijgen* catch sight of; *(fam)* spot; *ik had hem in het ~* I had spotted him; *met open ~ strijden* fight openly, come out into the open
vizierhoek angle of sight
vizierhoogte elevation
vizierinrichting sights
vizierkeep V of the backsight, (sighting) notch
vizierkijker telescopic sight
vizierklep (backsight) leaf
vizierkorrel foresight, bead
vizierlijn line of sight
vizierliniaal alidade
vla 1 custard; *(vglb)* [gooseberry, raspberry] fool; **2** *(gebak)* flan; **3** cow-pat
vlaag 1 *(wind)* squall, gust of wind; *(regen, enz)* shower; **2** *(fig)* fit [of insanity, rage, coughing, zeal], access [of jealousy]; *hevige ~ van ziekte* paroxysm (*ook fig:* of rage, despair); *in een ~ van drift, (ook)* in a fit of temper, [kill] in hot blood; *in een ~ van verstandsverbijstering* [a crime committed] while the state of the mind was disturbed; *bij vlagen* by fits and starts, [she works] in bouts
vlaai flan; lattice pie
Vlaams Flemish; *~e gaai* jay; *~e* Flemish woman
Vlaamsgezind pro-Flemish
Vlaanderen Flanders
vlag 1 flag; *(mil & ve schip, ook)* colour; *(scheepsvlag, ook)* ensign; *(standaard)* standard; *~getje, (ve lans)* pennon; *de rode (gele, zwarte)* ~ the red (yellow, black) flag; *de witte* ~ the white flag, the flag of truce; *de Hollandse ~ voeren* fly (carry) the Dutch flag; *het staat als een ~ op een modderschuit* it is inappropriately showy, [that hat is] wholly out of keeping (with the rest); (*vglb:* be dressed up like a dog's dinner); *de ~ dekt de lading niet* the contents do not answer to the description; *de ~ hijsen (neerhalen)* hoist (lower) the flag; *de ~ strijken, (ook fig)* strike one's flag (*of:* colours) [*voor* to]; *de ~ uitsteken* put (hang) out the flag; *de ~ vertonen* show the flag; *met ~ en wimpel geslaagd* passed with flying colours; *met de ~ salueren* dip the flag (the colours); *een schip met ~gen tooien* dress a ship; *met ~gen getooid* beflagged, gay (*of:* ablaze) with bunting, flag-decked [houses]; *onder de Britse ~ varen* sail under (fly) the British flag; *onder valse ~ varen* sail under false colours, *(fig ook)* wear false colours; *zie ook* goedkoop & omvlaggen; **2** *(ve veer)*

vane, web; **3** *(ve vlinderbloem)* vexillum, standard; **4** *(ve poststempel)* cachet; **5** *(ve muzieknoot)* hook
vlaggen put out (hang out, fly, hoist, display) the flag (flags); *de huizen vlagden* the houses were beflagged
vlaggendoek bunting
vlaggenkapitein flag captain
vlaggenkoord, vlaggenlijn *(mar)* halyard
vlaggenmast flagstaff, flagpole
vlaggenschip flagship
vlaggensein flag signal
vlaggenstok flagstaff, flagpole
vlaggentouw, vlaggenval flagline, flagstaff rope, halyard
vlaggetjesdag flagday
vlagofficier flag-officer
vlagvertoon showing the flag, flag-showing
vlagvoerder 1 flag-officer; **2** flagship; **3** *(fig)* standard-bearer
vlagzalm grayling
vlak I *bn (v land, terrein, enz)* flat, level; *(zonder oneffenheden)* smooth; *(vd zee: kalm)* smooth; *~ke meetkunde (figuur, hoek, driehoeksmeting, spiegel, enz)* plane geometry (figure, angle, trigonometry, mirror, etc); *~ke baan* [on the] flat; *ren op de ~ke baan* flat race; *met de ~ke hand* with the flat of the hand; *het land is volkomen ~* is a dead level; *~ke tint* flat tint; *~ trekken, (luchtv)* flatten out; **II** *bw* **1** flatly; *~ op het water liggen, (mar)* be on an even keel; *~ gaan liggen, (luchtv)* flatten out; *~ vliegen* fly on an even keel; **2** *(precies)* right, exactly; *iem ~ in het **gezicht** kijken (slaan)* look a p. full (*of:* straight) (hit a p. bang) in the face; *de wind is ~ **oost*** due (dead) east; *ze ging ~ **aan** me voorbij* she passed me quite close; *~ **achter** hem* close (right) behind him, close on his heels; *zie ook* vlakbij; *er ~ **boven*** immediately above it; *~ **in** het midden* in the very centre, right in the centre, plumb in the middle; *~ in het begin* at the very beginning; *hij liep ~ **langs** mij* he brushed past me; *~ **naast** mij* right next to me; *~ **onder** de ogen van ...* [he did it] under the very eyes of ...; *~ onder mijn raam* right under my window; *wij hadden de wind ~ **tegen*** we had the wind dead against us; *ik ben er ~ tegen (voor)* I'm dead against it (all for it); *~ tegen de storm in* in the teeth of the gale; *~ **vóór** je* right in front of you; *~ voor de wind* dead before the wind; *zie ook* ²voor 6; *de auto greep hem ~ **van voren*** caught him full on; *zie ook* lijf, neus, enz; **III** *zn* **1** level; *(meetk, mech, enz)* plane; *(ve meetk lichaam)* face; *(v water, enz)* sheet [of water, ice, etc]; *gekleurd ~* coloured area; *op het menselijke ~* in the human sphere; *zie ook* hellen; **2** flat; *het ~ van de hand (het zwaard)* the flat of the hand (the sword); **3** *zie* vlek
vlakbank planing machine, planer
vlakbij close (hard) by, [I heard his voice] quite close; *~ het raam* close to the window; *~ elkaar* close together; *tot ~* right to [the (very) door], [the mountains come] right up (right down) to [the sea]
vlakdruk *(typ)* planography
vlakdrukpers flat-bed press
vlakglas sheet glass
vlakgom (India) rubber, [ink-, pencil-]eraser
vlakheid flatness
vlakken 1 flatten, level, plane; **2** *zie* vlekken
vlakkenhoek solid angle
vlakmaken *zie* vlakken
vlakschaaf smoothing plane
vlakschuurmachine sanding machine, (power) sander
vlakte plain, level; stretch [stretches of barren heathland], sheet [of water, ice, etc]; *op de ~* in (on) the plain; *zich op de ~ houden* not commit o.s.; *iem tegen de ~ slaan* knock a p. down; *jongen van de ~, (sl)* crook; *meisje van de ~* girl of the street, slut
vlakte-inhoud area, superficies
vlaktemaat superficial (area, square) measure
vlaktemeter planimeter
vlaktemeting planimetry
vlakuit [refuse] flatly
vlakversiering flat ornament
vlakweg *zie* vlakuit
vlam flame *(ook fig), (grote vlam)* blaze; *(v hout)* grain; *een oude ~ van me* an old flame of mine; *iem een ~metje geven* give a p. a light; *zijn ogen schoten ~men* his eyes flashed (fire), blazed, were ablaze; *~ vatten* catch fire, catch alight, *(fig)* fire up; ***in** ~men uitbarsten* burst into flame; *in ~men opgaan* go up in flame(s); *in ~ staan* be in flames; *in volle ~ staan* be ablaze; *in ~ zetten, (ook fig)* set aflame (in a blaze); *zie ook* vuur & spuwen
vlambloem phlox
vlamboog arc [welding]
Vlaming Fleming
vlamkast combustion chamber, firebox
vlamkleurig flame-coloured
vlamkolen cannel coal, long flame coal
vlammen I *intr* **1** flame, blaze (up), be in a blaze; *op iets ~* be hot (*of:* keen) on s.t.; *~de ogen* flaming (blazing) eyes; *met ~de ogen kijken naar, (ook)* glare at; **2** *(inz sp)* shine, excel; *(v ogen) zie* vlam; **II** *tr* **1** wave, water [silk, etc]; **2** grain [wood]
vlammenwerper flame-thrower, flame-projector
vlammenzee sea of flames, blaze
vlamoven *zie* reverbeeroven
vlampijp fire-tube [boiler], boiler tube
vlampunt flash point
vlamverdeler stovemat
vlapoeder custard powder
vlas flax; *jongelui met ~ om de kin* young men with fluffy (incipient) beards
vlasachtig flaxy; flaxen [hair]
vlasbaard 1 flaxen (downy, fluffy) beard; **2** beardless boy, milksop, greenhorn
vlasbek *(plant)* toadflax
vlasblond flaxen [hair], flaxen-haired [girl]
vlasdot bundle of flax

vlasdotter *(plant)* gold of pleasure, cultivated cameline
vlashaar flaxen hair
vlasharig flaxen-haired, tow-headed
vlaskleurig flaxen
vlaskop flaxen head; flaxen-haired [boy, etc]
vlasleeuwenbek toadflax
vlassen I *ww: ~ op* look forward to, set one's heart on, *(sterker)* look hungrily for; **II** *bn* flaxen
vlassig *zie* vlasachtig
vlasvink 1 green linnet; **2** redpoll
vlaszaad flaxseed, linseed
vlecht 1 plait, braid, tress; *(neerhangend ook)* pigtail; *zie ook* vals; **2** *(anat)* plexus; **3** *(huidziekte)* herpes
vlechtbies mat-rush
vlechten plait [hair, straw, rushes, ribbons, mats, garlands, etc], braid [hair], wreathe [a garland], weave [mats, baskets], wattle [boughs, twigs, osiers]; *gevlochten haag* plashed (wattled) fence; *haar haar was tot een 'staart' gevlochten* was plaited into a pigtail; *opmerkingen (anekdoten) in zijn rede ~* weave remarks into one's speech (intersperse one's speech with anecdotes)
vlechter plaiter, etc
vlechtriet cane, rattan
vlechtwerk basket-, hurdle-, wattle-, wickerwork; *(fröbelwerk)* mat-plaiting; *(ornament)* interlace
vleermuis bat
vleermuisbrander batwing (batswing, fishtail) burner
vlees *(algem)* flesh; *(als voedsel)* meat, *(met aanduiding van het dier)* flesh [its flesh serves as butcher's meat; the flesh of cows is called beef]; *(v vruchten)* pulp, flesh; *alle ~ is als gras* all flesh is grass; *~ in blik* tinned (canned) meat (beef); *één ~ zijn, (bijb)* be one flesh; *de zonden des vlezes* the sins of the flesh; *mijn eigen ~ en bloed* my own flesh and blood; *twee vlezen* two meats; *iem in den vleze zien* see a p. in the flesh; *tot in het (levende) ~ snijden* cut to the quick; *in eigen ~ snijden* harm one's own interests; *goed in zijn ~ zitten* be well-covered; *met veel ~ eraan* meaty [bone]; *het gaat hem naar den vleze* he's doing well, getting on nicely; *de weg van alle ~ gaan* go the way of all flesh; *zie ook* kuip, vis, enz
vleesafval offal (*of:* refuse) of meat; *(voor katten)* cat's-meat
vleesbal meatball
vleesblok butcher's block
vleesboom fleshy growth, myoma; *(inz in uterus)* fibroid, fibromyoma (*mv:* -mata)
vleesbord meat plate
vleesconserven tinned (canned) meat
vleesetend carnivorous, flesh-eating [animal]; *~ dier, (ook)* carnivore (*mv ook:* -vora)
vleeseter *(pers)* meat-eater; *(dier)* carnivore
vleesextract meat (*of:* beef) extract, extract (essence) of meat
vleesgerecht meat course, meat dish
vleesgeworden incarnate [pride incarnate, the incarnate God]
vleeshaak meat hook
vleeshakmachine mincing machine
vleeshal (covered) meat-market, shambles
vleeshandel meat trade
vleeshouwer butcher
vleeshouwerij butcher's shop
vleesindustrie meat industry
vleeskeuring meat inspection, inspection of meat
vleeskleur flesh colour, flesh tint
vleeskleurig flesh-coloured, flesh-tinted; *~e kousen, (ook)* nude stockings; *~ tricot* fleshings
vleesklomp lump of meat; *(pers)* lump of flesh
vleeskoeien beef cattle
vleesloos meatless; meat-free [diet]
vleesmes 1 carving knife; *~ en -vork, (ook)* meat carvers; **2** butcher's knife
vleesmolen mincer, mincing machine, *(Am)* meat chopper
vleesnat (meat) broth, stock, gravy
vleespastei meat pie; *~tje* meat patty
vleespen, vleespin skewer
vleespot fleshpot; *terug verlangen naar de ~ten van Egypte* hanker after the fleshpots of Egypt
vleespriem skewer
vleesschotel meat dish; assorted cold meats; *(gerecht)* meat course
vleestomaat beef (*of:* slicing) tomato
vleesvervanger meat substitute; *(merk)* quorn
vleesverwerkend meat processing, *(Am)* meat packing [industry]
vleesvlieg flesh-fly, blowfly
vleesvork meat-fork, carving fork
vleeswaren meat products, meats; *fijne ~, (vglb)* assorted (cooked, smoked, cured) cold meats
vleeswond flesh wound
vleeswording incarnation
vleet 1 herring drift net; *... bij de ~* lots (heaps, plenty) of ..., ... in profusion, [money, shops, etc] galore; *bramen (vis) vindt men er bij de ~* there are masses of blackberries (the place teems with fish); *geld heeft hij bij de ~, (ook)* he has pots of money; *zie ook* volop; **2** *(vis)* skate
vlegel 1 flail; **2** *(pers)* insolent (young) fellow; *(slungel)* hobbledehoy
vlegelachtig insolent, impertinent
vlegelachtigheid insolence, impertinence
vlegeljaren awkward age, years of indiscretion; *in de ~, (ook)* in the hobbledehoy stage
vleien flatter *(ook fig)*, coax, wheedle [s.t. out of a p.], cajole, *(fam)* butter up, blarney [a p.]; *(kruiperig)* fawn (up)on; *wat vleide ze om haar zin te krijgen!* how she wheedled to get her ends!; *zich ~ met de hoop, dat ...* flatter o.s. with (indulge) the hope that ...; *zich ~, dat ...* flatter o.s. that ...; *zich gevleid voelen door ...* feel flattered by ...; *~ de woorden, (ook)* honeyed words

vleiend *bw* flatteringly, etc, ['Darling', he said] in coaxing tones, *(onoprecht)* smoothly
vleier flatterer, coaxer
vleierig coaxing, honey-tongued, smooth-tongued
vleierij flattery, adulation, blandishments; *(fam)* soft soap, blarney; *door ~ van iem verkrijgen* coax (*of:* wheedle) [s.t.] out of a p.
vleinaam pet name, endearment
vleister *zie* vleier
vleitaal flattering words; *zie ook* vleierij
vlek 1 hamlet, inhabited place; *(hist)* market town, borough; **2** blot, spot, stain; *(plek)* patch; *(smeer)* smear, daub, smudge; *(v roet)* smut; *~je* speck, *(fig ook)* small blemish; *(fig)* stain [on one's character], blot [on one's reputation], slur, blemish; *zie ook* koe, smet, vlekken, enz
vlekkeloos spotless, unspotted, stainless, immaculate; *zie ook* smetteloos
vlekkeloosheid spot-, stainless-, immaculateness
vlekken I *tr* blot, stain, soil, smudge [the letter was smudged]; **II** *intr* soil, get spotted; *thee vlekt niet* tea does not stain; *zie ook* gevlekt
vlekkenmiddel, vlekkenstift, vlekkenwater stain (spot) remover
vlekk(er)ig spotted, full of spots, spotty, specked [orange]; patchy [complexion]
vlektyfus typhus (fever)
vlekvrij stainless [steel]
vlekziekte swine erysipelas
vlerk 1 wing *(ook, fam, arm:* wounded in the wing*)*; *(dicht)* pinion; *blijf eraf met je ~en, (fam)* keep your (filthy) paws off; *iem bij zijn ~en pakken* collar a p.; **2** *(lomperd)* kout, boor; *vgl* vlegel
vleselijk carnal; *mijn ~e broeder* my own brother; *de ~e duivel* the devil incarnate; *~e gemeenschap (omgang)* carnal knowledge (*of* met); *~e lusten* carnal desires, lusts of the flesh
vlet flat-bottomed boat
vleug (last) flicker, spark; *(v geur, enz)* waft, whiff; *tegen de ~ borstelen* brush [a hat] the wrong way (against the nap); *met de ~* the right way
vleugel 1 *(ook v leger, partij, neus, gebouw, vliegtuig, vlinderbloem)* wing; *(dicht)* pinion; *(ve molen & schroef)* vane; *(ve deur)* leaf [of a folding door]; *de ~s laten hangen, (fig)* hang one's head, have one's tail between one's legs; *iems ~s korten* clip a p.'s wings; *de schrik gaf haar ~s* fright lent wings to her feet; *in de ~ schieten* wing [a bird]; *met de ~s slaan* flap (clap) one's wings; *iem onder zijn ~en nemen* take a p. under one's wing; *iem van de linker (rechter) ~, (pol)* Left (Right) winger; *zie ook* aanschieten & uitslaan; **2** *(piano)* grand piano, *(fam)* grand; *kleine ~, (piano)* baby grand
vleugeladjudant aide-de-camp
vleugelboot hydrofoil, jetfoil
vleugelbreedte wingspan, wingspread
vleugeldeur folding door(s)
vleugelklep *(luchtv)* wing flap
vleugellam broken-winged; *~ geschoten, (ook)* winged; *iem ~ maken* hamstring a p.
vleugelloos wingless
vleugelman guide, marker, file leader
vleugelmoer butterfly nut, wing(ed) nut
vleugelpiano *zie* vleugel 2
vleugelpunt wing-tip
vleugelraam casement (window)
vleugelschild wing-case, wing sheath
vleugelschroef butterfly screw
vleugelslag wing-beat
vleugelspanning *(luchtv)* wingspan, wingspread
vleugelspeler wing (player), [left, right] winger
vleugelspits 1 wing-tip; **2** *(sp)* winger
vleugeltjesbloem milkwort
vleugeltrilling *(luchtv)* wing flutter
vleugelverdediger outside defender
vleugelvlies *(med)* pterygium
vleugelvormig wing-shaped, *(wtsch)* aliform
vleugelwijdte wingspan, wingspread
vleze *zie* vlees
vlezen *bn* (of) flesh
vlezig fleshy [face, leaves, flower, part of the arm], plump [woman, arm], pulpy [fruit]
vlezigheid fleshiness, etc
vlg(g). afk van *volgende(n)* f(f), foll., sq(q)
vlieden I *tr* flee, fly (*ovt & v dw steeds* fled), shun, eschew; **II** *intr* flee, fly
vlieg fly; *iem een ~ afvangen* steal a march on a p., score off a p.; *hij zou geen ~ kwaad doen* he would not hurt a fly; *twee ~en in één klap vangen* kill two birds with one stone; *ik zit hier niet om ~en te vangen* I am not here for nothing (for my health); *zie ook* bevuilen, honing & Spaans
vliegangst fear of flying
vliegas fly ash
vliegbaan 1 course (of flight); **2** *zie* vliegveld
vliegbasis air base
vliegbereik flying range
vliegboot flying boat
vliegbrevet flying certificate, pilot's certificate, [get one's] wings
vliegbril goggles
vliegclub flying club, aeroclub
vliegdek flight deck [of an aircraft carrier]
vliegdekschip (aircraft) carrier; *groot ~* fleet carrier
vliegdemonstratie air show, air display
vliegen I *ww* fly *(ook in vliegtuig, v vonken, enz)*; *(met veel lawaai)* hurtle; *wat vliegt de tijd!* how time flies!; *het toestel wordt gevlogen door ...* the plane is flown (*of:* piloted) by ...; *hij wil ~ voor hij vleugels heeft* he wants to run before he can walk; *die niet kan ~* flightless [bird]; ***hoog** ~, (ook fig)* fly high; ***laag** ~, (luchtv)* fly low; *(fam)* hedge-hop; *heen en weer ~, (fig)* rush about; *er een **laten** ~* break wind; *deze artikelen ~ **weg*** these ... go (*of:* sell) like hot cakes; *hij **ziet** ze ~* he is off his rocker; *er vloog een steen **door** het raam* a brick came hurtling through

the ...; *in stukken* ~ be shattered, fly to bits; *de kamer in* ~ dash (tear) into the room; *zie ook* invliegen; *naar de deur* ~ rush to the door; *de kogels vlogen ons om de oren* the ... flew about our ears; *het vliegtuig vloog om de toren* the plane circled (round) the ...; *om de wereld* ~ fly round the world; *wij vlogen onder de brug door* we shot the bridge; *wij vlogen over de weg* we tore (careered, scorched) along; *de boot vloog over het water* the boat flew over (shot over, skimmed) the ...; *de auto vloog tegen een boom* the car crashed into ...; *uit het huis* ~ rush (tear) out of the house; *uit de rails* ~ jump the rails; *eruit* ~, *(fam)* get the sack; *hij vliegt voor me* he is at my beck and call; *zie ook* [1]arm, brand, lucht, vogel, enz; **II** *zn* flying, flight; *(luchtv ook)* aviation

vliegend flying; ~*e vogels, (ook)* birds on the wing, birds in flight; ~ *blaadje* leaflet; ~*e bom* flying bomb; ~*e brigade* flying squad [of Scotland Yard]; ~*e hond* flying fox, fruitbat; ~*e vis* flying fish; ~*e colonne* flying column; *in* ~*e haast* in a tearing hurry, like a house on fire; *zie ook* hert, Hollander, tering, enz

vliegendrek flyspeck, flydirt

vliegenei flyblow; *vol* ~*eren* flyblown

vliegenier *(vero)* aviator

vliegenkampernoelie *zie* vliegenzwam

vliegenkast meat safe

vliegenklap, vliegenmepper fly-flap, fly-swat(ter)

vliegenpapier fly-paper

vliegensvlug in less than no time, at top speed, hotfoot

vliegenvanger 1 *(voorwerp & vogel)* flycatcher; **2** *(plant)* flytrap

***vliegenzwam** *(Wdl: vliegezwam)* fly agaric

vlieger 1 kite; *een* ~ *oplaten* fly a kite (*fig ook:* throw out a feeler); *die* ~ *gaat niet op, (fig)* that won't wash, that's (simply) not on; **2** *(pers)* [airline] pilot, airman (*vr:* airwoman), flier, flyer; *zie ook:* officiervlieger

vliegerij aviation, flying

vliegertouw kite string

vlieggat entrance (of a hive)

vlieggewicht 1 *(luchtv)* all-up weight; **2** *(boksen)* flyweight

vlieghelm flying helmet

vlieghoogte altitude

vlieghuid wing membrane

vlieginstructeur flying instructor

vliegkampschip (aircraft) carrier

vliegkooi aviary

vliegkunst aviation

vliegmachine flying machine; *zie* vliegtuig

vliegongeluk *zie* vliegtuigongeluk

vliegprijs air fare

vliegramp air disaster, plane crash

vliegreis 1 air journey, flight; **2** air tour

vliegrisico aviation risk

vliegschool flying school

vliegsnelheid flying speed; *(tov de lucht)* air speed; *(tov de grond)* ground speed; *kleinste* ~ stalling speed; ~ *verliezen* lose flying speed, stall

vliegsport aerial sports, airsports, aviation

vliegterrein *zie* vliegveld

vliegtijd flying time

vliegtochtje flying trip, *(fam)* flip

vliegtuig aeroplane, (air)plane, aircraft [constructor, designer, factory, industry]; *per* ~, *(ook)* [arrive] by air; *per* ~ *vervoeren, (ook)* fly [troops]; *per* ~ *vervoerd* airborne [goods]; ~ *en, (ook)* aircraft

vliegtuigkaper skyjacker, hijacker

vliegtuigloods hangar, shed

vliegtuigmoederschip seaplane tender

vliegtuigmotor aero-engine, aircraft engine

vliegtuigongeluk air crash, plane crash

vliegtuigstoel reclining seat

vlieguren flying hours

vliegveld airfield; *(klein)* aerodrome; *(luchthaven)* airport

vliegvermogen power of flight; *zonder* ~ flightless [bird]

vliegwedstrijd air race

vliegwerk *zie* kunst- en vliegwerk

vliegwezen flying, aviation

vliegwiel flywheel

vlier 1 elder; **2** elderblossom

vlierbes elderberry

vliering attic, loft, garret; *op de* ~ under the leads, at the top of the house

vlieringkamertje garret (room), attic

vlierpit elder pith [ball]

vlies 1 *(vacht)* fleece; *zie ook* gulden; **2** *(op wond, oog, vloeistof, enz)* film; *(anat)* membrane; *(zeer dun, in dier, plant, op vloeistof)* pellicle; *(ve vleermuis, enz)* membrane; *(v goud, enz & op melk)* skin; *(om zaadlobben, enz)* cuticle; *het meer is met een* ~*(je) ijs bedekt* the ... has a thin film of ice

vliesachtig filmy, membranous

vliesdun wafer-thin

vliesridder knight of the Golden Fleece

vliesvleugelig hymenopterous; ~*e* hymenopteran (*mv ook:* -ptera)

vliesvormig filmy, membranous

vliet stream, rivulet

vlieten flow, run

vliezig membranous, filmy, cuticular

vlijen lay down, arrange, order, stow; stack [wood, peat]; *zich* ~ nestle, snuggle [against (to, up to) a p.; into an armchair]; *hij vlijde zijn hoofd tegen haar schouder* he nestled his head against (pillowed his head on) her ...; *in gemakkelijke stoelen neergevlijd* ensconced in easy chairs

vlijm lancet; *(ve veearts)* fleam

vlijmen cut (with a lancet), lance [an abscess]; *het vlijmt me (door) het hart* it cuts to my heart

vlijmend sharp, cutting [wind; she spoke cuttingly], biting [cold], excruciating [pains], poignant

[grief]; *in ~e bewoordingen* in scathing terms
vlijmscherp (as) sharp as a razor, razor-sharp, razor-edged
vlijt diligence, industry, assiduity, application
vlijtig diligent, industrious, assiduous; ~ *studerend* studious; *een ~e leerling, (ook)* a hard-working pupil; *zie ook* liesje
vlinder butterfly (*ook fig:* have butterflies in one's stomach); *(met niet-knotsvormige sprieten, meestal avondvlinder)* moth
vlinderachtig like a butterfly, butterfly-like; *(fig ook)* flighty; *(ve bloem)* papilionaceous
vlinderbloemig papilionaceous [flower]
vlinderdasje bow tie
vlinderhondje papillon
vlindernet butterfly net
vlinderslag butterfly (stroke)
vlinderstrikje butterfly tie
vlindervormig butterfly-shaped; *(ve bloem)* papilionaceous
Vlissingen Flushing
vlo flea; *door vlooien gebeten* flea-bitten
vlocht *ovt van* vlechten
vloed 1 *(vs eb)* flood (*of:* high) tide, flux, flood, tide; *zie ook* eb; *bij ~* at high tide; **2** *(rivier)* stream, river; **3** *(overstroming)* flood, *(ve rivier, ook)* spate; freshet; **4** *(med:) de witte ~* discharge, the whites, leucorrhoea; **5** *(fig)* flood [of tears, words], [blinding] rush [of tears], flow [of words], torrent [of abuse *(scheldwoorden)*, of eloquence], spate [of protests]; *de ~ stuiten* stem the tide
vloedbos tidal forest
vloeddeur floodgate
vloedgolf tidal wave, *(in riviermond ook)* bore; *(fig)* tide
vloedhaven tidal harbour
vloedlijn flood mark, high-water mark, tidemark
vloedstroom tidal stream
vloedwater flood water
vloei *zie* vloeipapier
vloeibaar liquid, fluid; *-bare brandstof* liquid fuel; ~ *voedsel* liquid food, *(fam)* slops; ~ *maken (worden)* liquefy
vloeibaarheid fluidity, liquid (fluid) state
vloeibaarmaking, vloeibaarwording liquefaction
vloeiblad blotter, piece of blotting paper
vloeiblok blotting pad, blotter
vloeien I *intr* flow (*ook fig:* from one's pen, etc); *(v inkt)* run, blot, smudge, spread; *er vloeide bloed, (bij duel, enz)* blood was drawn; *goed ~, (v verzen)* run smooth(ly); *het water begon te ~* the tide was just turning from the ebb; **II** *tr* blot [a letter]
vloeiend flowing [line], smooth [style]; fluent [speech]; fluid [situation]; *~e letter* liquid (letter); *~e verzen* flowing (smooth) verse; ~ *Frans spreken* speak French fluently, speak fluent French
vloeiendheid fluency, smoothness
vloei-ijzer mild steel
vloeiing flowing, flux; *(med)* menorrhagia
vloeilijst *(bk)* cyma
vloeimiddel flux
vloeipapier 1 blotting paper; *(sl)* blotch; *vel ~, (ook)* blotter; **2** *(zijdepapier)* tissue paper; *(voor sigaretten)* cigarette paper
vloeispaat fluor(spar)
vloeistaal mild steel
vloeistof liquid, fluid
vloeitje 1 piece of blotting paper; **2** *(voor sigaretten)* cigarette paper; *(voor sinaasappels)* wrapper
vloeiveld(en) sewage farm
vloeiweide water-meadow
vloek 1 *(vervloeking)* curse, malediction, imprecation; *de ~ van de moderne beschaving* the bane of ...; *een ~ leggen op* lay a curse (up)on [the country]; *er ligt een ~ op dit huis* a curse rests on this house; **2** *(vloekwoord)* oath, swear word; *in een ~ en een zucht* in two shakes (of a lamb's tail), in a jiffy
vloekbeest swearer
vloeken I *intr* swear, use bad language, curse and swear; ~ *als een ketter (huzaar, dragonder)* swear like a trooper (bargee); ~ *tegen* swear at; *deze kleuren ~ met elkaar* clash (with each other); *dat is ~ in de kerk* that is extremely tactless (an unpardonably tactless remark); **II** *tr* curse; *zie ook* vervloeken
vloekpsalm cursing psalm, imprecatory psalm
vloekwoord *zie* vloek
vloer floor, flooring; *de ~ aanvegen (dweilen) met* wipe the floor with [a p.], *(sp)* plaster [one's opponents]; *de benen van de ~* dancing; *daar kun je van de ~ eten* it is spotlessly clean; *hij kwam daar veel over de ~* he was in and out of the place (the house) a good deal; *ik heb hem hier liever niet over de ~* I don't care to have him about the place
vloerbalk joist, flooring beam
vloerbedekking floor-covering; *vaste ~* fitted carpet
vloeren *ww* floor *(alle bet)*
vloerkleed carpet; *~je* rug; *met een ~ (met vloerkleden) beleggen* carpet
vloermat mat
vloermatras *(Japanse ~)* futon
vloeroppervlakte floor space
vloerplank floorboard
vloerpook, vloerschakeling floor-mounted gear change
vloersteen, vloertegel flag(stone), floor(ing) tile, paving tile
vloerverwarming underfloor heating
vloerwrijver floor polisher
vloerzeil floorcloth
vlok flake [of snow], flock [of wool, of cotton], tuft [of hair]
vlokachtig *zie* vlokkig
vlokken *ww* flake; *(uit~)* flocculate
vlokkentest chorionic villus biopsy
vlokkig flocky, flaky, fluffy; flocculent [precipitate]
vlokreeft freshwater shrimp

vlokwol flock wool
vlokzijde floss silk
vlonder 1 *(brug)* plank bridge; **2** *(steiger)* jetty; **3** *(op balkon, in douchecel)* platform; *(op strand)* duckboard
vlood *ovt van* vlieden
vloog *ovt van* vliegen
vlooien *ww* **1** flea [a dog]; **2** *(spel)* play (at) tiddlywinks
vlooienband flea collar
vlooienbeet fleabite
vlooienkruid fleabane
vlooienmarkt flea market
vlooienspel tiddlywinks
vlooientheater performing fleas, flea-circus
vloot I *zn* **1** fleet, *(oorlogsvloot ook)* navy; **2** *zie* vlootje; **II** *ww ovt van* vlieten
vlootbasis naval base
vlooteenheid naval unit
vlootje (butter) dish
vlootrevue, vlootschouw naval review
vlootvoogd admiral; commander-in-chief
vlos, vlossen floss (silk)
vlossig flossy
vloszijde floss (silk)
vlot I *zn* raft; **II** *bn* **1** *(drijvend)* afloat; *vlot krijgen* set afloat, (re)float [a vessel]; *(weer) ~ raken* get afloat, get off (again); **2** *(fig)* fluent, smooth; *(in gesprek)* conversable; *(coulant)* accommodating; *~ antwoord* ready answer; *~te afwikkeling* prompt settlement; *~te babbel* smooth talk; *~te jurk* smart (attractive) dress; *~te landing, (luchtv)* smooth (*of:* easy) landing; *~ spreker* fluent speaker; *~ te stijl* smooth (fluent, flowing) style; *~ te vent* easy mixer; **III** *bw* [speak] fluently; *~ gaan* go (go off, work) smoothly (without a hitch); *zich ~ bewegen* move easily; *zie ook* stapel; *~ van de hand gaan* sell readily; *~ gekleed* smartly (stylishly) dressed; *~ geschreven* fluently written; *een ~ hoedje* a saucy (little) hat; *~ leesbare lectuur* easy reading; *de maatregel werd ~ uitgevoerd* was carried out promptly; *~ opzeggen* say off pat; *zie ook* vlug & vloeiend
vlotbaar floatable
vlotbrug raft (*of:* float) bridge
vlotgaand shallow-draught [vessel]
vlotgras flote-grass, sweet grass
vlotheid fluency; readiness; *vgl* vlot
vlothout driftwood
vlotjes smoothly; easily; *(snel)* readily, promptly
vlotten I *intr* float; *(fig)* go (proceed) smoothly; *het gesprek vlotte niet* the conversation dragged (did not flow easily); *het werk wil niet ~* we are not making any headway; *zie ook* opschieten; **II** *tr* raft [wood]
vlottend floating [population]; *~ kapitaal* floating (liquid, circulating) capital; *~e middelen* liquid resources; *~e schuld* floating (unfunded) debt
vlotter 1 *(pers)* raftsman, rafter; **2** *(drijver)* [boiler] float
vlotweg readily
vlouw *(net)* flue
vlucht 1 *(het vliegen)* flight *(ook vd verbeelding, enz); dichterlijke ~* poetical flight; *deze industrie heeft een hoge ~ genomen* has assumed enormous proportions; *hij neemt een te hoge ~* he aims too high; *zijn ~ nemen* take one's flight; *in de ~ schieten* shoot on the wing, shoot flying; *ik zag het in de ~* I caught a glimpse of it; *~ om de wereld* (round-the-)world flight; **2** *(afstand tussen vleugeleinden)* wingspan, wingspread; **3** *(troep)* flight, flock [of birds], covey [of partridges], bevy [of larks, quails]; skein, gaggle [of geese]; **4** *(ve deur, enz)* reveal; **5** *(volière)* aviary; **6** *(het vluchten)* flight, escape, getaway [car]; *(v kapitaal, enz)* flight [of capital], outflow, efflux [of gold]; *(verwarde ~)* rout; *(wilde ~)* stampede; *de ~ uit de werkelijkheid* the escape from reality; *~ uit (verlies van vertrouwen in) het pond* flight from the pound; *de ~ nemen* take (to) flight, take to one's heels; *ze namen de ~ onder de bomen (naar het dak)* they took shelter under the trees (took refuge on the roof); *op de ~ drijven (jagen, doen slaan)* put to flight, rout, send flying [in all directions]; *op de ~ gaan (slaan), zie* de ~ nemen; *op de ~ zijn* be in flight, be on the run [*voor* from]
vluchteling(e) fugitive; *(uitgewekene)* refugee
vluchtelingenkamp refugee camp
vluchten I *intr* fly, flee (*ovt & v dw van beide* fled); *uit het land ~* fly (from) (*of:* flee) the country; *~ in de verbeelding* take refuge in the imagination; *~ voor* fly from, fly before; **II** *tr (het gevaar, enz)* fly, flee, shun
vluchtgat bolt-hole
vluchthaven port (harbour) of refuge, port of distress
vluchtheuvel *(terp)* mound, refuge; *(in straat)* (street) refuge, traffic island
vluchthuis home for battered women (and children)
vluchtig 1 *(v stoffen)* volatile; *~ worden* volatilize; **2** *(ve pers)* superficial [acquaintance *kennis*]; **3** *(v zaken)* cursory [look], hasty [survey], flying [visit], perfunctory [inspection], casual [reference *verwijzing*], fleeting, transitory, transient [joy]; *~e kennismaking* superficial acquaintance; *~(e) idee (behandeling)* sketchy idea (treatment); *~e maaltijd* hasty meal, snack; *~ kijkje* glimpse; *~ beschouwen* glance at; *~ doorzien (doorlezen)* glance (rapidly) through (*of:* over), skim (through) [a report]; *~ zien* catch a glimpse of, glimpse
vluchtigheid volatility, superficiality, cursoriness, transitoriness; hastiness, sketchiness; *vgl* vluchtig
vluchtigjes cursorily, superficially, perfunctorily; *vgl* vluchtig 3
vluchtleiding flight control
vluchtmisdrijf failure to stop after an accident
vluchtnabootser flight simulator
vluchtoord, vluchtplaats asylum, refuge; *(voor*

geëvacueerden) reception area, safety zone
vluchtschema flight plan
vluchtstrook *(ve weg)* hard shoulder
vluchtweg escape route
vlug 1 *(ve jonge vogel)* full(y)-fledged; **2** *(snel)* quick, fast, rapid; *(~ van beweging, lenig, handig)* nimble [fingers, movements], agile; *(~ en opgewekt)* brisk [walk briskly]; *(geestelijk)* quick, nimble, smart; *~ **wat!*** (be) quick!, look sharp!, look alive!, make it snappy!; *te ~ **af** zijn* be too quick for, steal a march on, beat [a p.] to it; *hij was er ~ **bij*** he was not slow [to catch it, to seize the opportunity, etc]; *als je er niet ~ bij bent* unless you are quick (off the mark); *~ **in het rekenen*** quick at figures; *~ **met** een antwoord* quick to answer; *~ **van begrip*** quick(-witted), quick to understand, quick in the uptake; *~ van voet* quick of foot, light-footed; *~ doorstappen* walk at a sharp pace; *zie ook* been, hand, lappen, pen, watervlug, enz; **3** *zie* vlot III
vluggerd smart (sharp) boy (girl, etc), clever (quick) child
vluggertje quickie
vlugheid quickness, rapidity, nimbleness, briskness, promptness, smartness; *vgl* vlug
vlugschrift pamphlet, brochure, leaflet, flysheet
vlugzout sal volatile
vm. afk van *voormiddags* am [at 10 am]
VN afk van *Verenigde Naties* UN (United Nations), UNO
vnl. *zie* voornamelijk
vocaal I *bn* vocal [music]; *~ en instrumentaal concert* vocal (*of:* choral) and orchestral concert; **II** *zn* vowel
vocabulaire vocabulary
vocaliseren vocalize
vocalist(e) vocalist
vocatie vocation
vocatief vocative
vocht I *zn (vloeistof)* fluid, liquid; *(sap)* juice; *(nat)* moisture, damp; *voor ~ bewaren!* keep dry!; *tegen ~ bestand* damp-proof; *weinig ~ doorlatend* moisture-retaining [soil]; **II** *ww ovt van* vechten
vochtbestendig damp-proof, moisture-resistant
vochten *ww* moisten, damp(en), wet, sprinkle
vochtgehalte moisture content, percentage of moisture
vochthuishouding fluid balance, water balance
vochtig moist, *(ongewenst ~)* damp [grass, house], soggy [vegetables], *(ongezond ~)* dank; *(wtsch)* humid; *zie ook* eczeem; *~ maken* moisten, damp(en), wet; *~ worden, (ook)* moisten
vochtigheid 1 *(abstr)* moistness, dampness, dankness, humidity; **2** *(concr)* moisture, damp
vochtigheidsgraad (relative) humidity
vochtigheidsmeter hygrometer
vochtmaat liquid measure
vochtmeter hygrometer
vochtvlek damp stain
vochtvrij damp-proof, moisture-proof; moisture-free
vochtweger hydrometer
vochtwerend damp-resistant; *~e afdichting, (bk)* damp(-proof) course
vod(de) rag, tatter; *een ~, (ve krant)* a rag; *het is een vod, (ve boek, enz)* it is trash (*of:* rubbish); *vodje papier* scrap of paper; *zie ook* prul; *iem achter de vodden zitten* keep a p. (hard) at it, keep a p. up to his work; *iem bij de vodden pakken* catch hold of a p., collar a p.
voddengoed trash
voddenkoper, voddenman rag-dealer; rag-and-bone man
voddenmand rag basket; *(prullenmand)* waste-paper basket
voddenmarkt rag market, rag fair
voddenwerk botch-work
vodderig, voddig 1 ragged, tattered; **2** *(fig)* trashy, shoddy
voeden feed *(ook v kanaal, rivier, pomp, bankrekening, enz),* nourish [a p., animals, hatred, hopes] foster, cherish [hopes], entertain [hopes, suspicion, doubts]; fuel [the flames]; *(zogen)* nurse [a child]; *een kind zelf ~* breast-feed a child; *sterk ~* feed up [a patient]; *rijst voedt meer dan aardappelen* rice is more nourishing than ...; *~ met* feed on (with); *zich ~* feed [*met* on]; *zichzelf ~, (ve patiënt, enz)* feed o.s.; *(zich) te sterk ~* overfeed
voedend nutrient *(ook zn: ~e stof)*, zie ook *voedzaam*
voeder 1 fodder, provender, forage; *zie ook* voer I.2; **2** *(pers)* feeder
voederartikelen feedstuffs, feeding-stuffs
voederbak manger, feeding trough
voederbiet mangel(-wurzel), mangold
voederen *zie* voeren
voedergewassen fodder plants
voedering feeding, foddering
voederplaats feeding ground [of birds]
voederplank, voedertafel bird table
voedertijd feeding time
voedertrog feeding trough
voederwikke common vetch
voederzak nosebag
voeding 1 *(abstr)* feed(ing) *(ook v machine, kanaal, enz);* nutrition (*verkeerde ~* malnutrition), nourishment, alimentation, [a balanced] diet; *(elektr)* power supply; **2** *(concr)* food, nourishment
voedingsartikel *zie* voedingsmiddel
voedingsbodem matrix; *(voor bacteriën)* (culture) medium; *(ve zwam, enz, ook)* substratum; *(fig)* soil [a fertile soil for disease]
voedingsdeskundige nutritionist; *(diëtist)* dietitian, dietician
voedingsdraad *(elektr)* feeder
voedingsfreak foodie
voedingsgewassen food plants
voedingsgewoonten eating (feeding) habits
voedingskabel (electric) supply cable, feeder

voedingskanaal **1** *(in lichaam)* alimentary canal; **2** *(v water)* feeder (canal)
voedingsklep feed-valve
voedingskraan feed-cock
voedingskracht nourishing (nutritional) power
voedingsleer dietetics, science of nutrition
voedingsmiddel article of food (of diet), food, foodstuff; *voedings- en genotmiddelen* foods and allied products
voedingsorgaan digestive organ
voedingspijp feedpipe
voedingspomp feed pump
voedingsstof nutrient, nutritious substance; *zie ook* voedingsmiddel
voedingsvet dietary fat
voedingsvezel dietary fibre
voedingswaarde food (nutritional) value
voedsel food, nourishment, nutrition, nutriment; *(met betrekking tot hoeveelheid of aard)* dietary [in prisons, etc]; *(fig ook)* fuel [for dissension]; *geestelijk ~* mental food (*of:* pabulum); *(enig) ~ gebruiken, (ve patiënt)* take (some) nourishment; *~ geven aan* foster, encourage
voedseldeskundige nutritionist
voedselketen food chain
voedselopname food intake, *(wtsch)* ingestion
voedselpakket food parcel
voedselschaarste food shortage, scarcity of food
voedselvergiftiging food poisoning
voedselvoorziening food supply, feeding
voedselweigering [be on] hunger strike
voedster (wet) nurse, foster mother; *(v haas & konijn)* doe
voedsterkind foster child
voedstermoeder foster mother
voedsterplant *(ve parasiet)* host plant
voedzaam nourishing, nutritious, nutritive
voedzaamheid nutritiousness, nutritive (nutritional) value
voeg joint, seam; *uit de ~en barsten* be bursting at the seams; *uit de ~en rukken* put out of joint, disrupt, disorganize; *dat geeft geen ~* that is not the proper thing to do, is not becoming
voege: *in dier ~* in that manner; *in dier ~ dat ...* so as to ..., so that ...; *in ~ zijn* be in force
voegen **1** *(bijvoegen)* add; *~* ***bij*** add to; *dit, gevoegd bij ...* this, combined with ...; *iets nog bij de partij ~, (bij verkoping)* throw in s.t. with the lot; *de stukken van een brief bij elkaar ~* piece together the fragments of a letter; *zich ~ bij* join [a p., the procession, etc]; *zie ook* daad; **2** *(muur)* joint; *(met ander voegcement)* point [a wall]; **3** *(schikken)* suit; *zich ~* ***naar*** comply with, accede to [a p.'s wishes], conform to [the rules]; *als* ***het*** *u voegt* if it suits you, if it is convenient to you; *zodra het u voegt* at your earliest convenience; *doe zoals het u het best voegt* suit your own convenience; **4** *(betamen)* become, behove, be becoming (proper, seemly); *het voegt u niet zo te spreken* it does not become (behove, befit, is unbecoming for, is not proper for) you to ..., it is not for you to ...
voeger jointer, pointer *(vgl het ww)*
voegijzer jointer, pointing-trowel
voeglijk *zie* voegzaam
voeglood (lead) flashing
voegspijker *zie* voegijzer
voegwerk pointing
voegwoord conjunction
voegwoordelijk conjunctive [adverb]
voegzaam suitable, becoming, seemly, fit, proper
voegzaamheid suitableness, suitability, becomingness, seemliness, propriety
voelbaar **1** perceptible; **2** *(tastbaar)* palpable, tangible; *zie ook* tastbaar
voelbaarheid **1** perceptibility; **2** palpability, tangibility
voeldraad feeler, palp, antenna (*mv:* -nae), tentacle; *(v barbeel en andere vissen)* barbel
voelen feel; *(vaag)* sense [hostility]; *(met duim)* thumb [the edge of a knife]; *(met voelmaat)* gauge; *ik kan het ~, (wat het is, enz)* I can tell by the feel of it; *dat voel ik!* it hurts!; *het voelt zacht* it feels soft; *het voelt net als fluweel* it feels like velvet; *hij voelde dat het zo was* he felt it to be so; *voel je (hem, me, wel)?, (fam)* get it?, see the point?; *hij voelde dat hij warm werd* he felt himself grow(ing) hot; *ik voel mijn* ***benen*** I (am beginning to) feel my legs; *zijn tekortkomingen (de waarheid van iets) ~, (ook)* be sensible of one's shortcomings (the truth of s.t.); *een belediging diep ~* feel an insult deeply, be deeply alive to an insult; *~ dat ... op komst is* sense [danger, a ghost, etc]; *zijn macht* ***doen (laten)*** *~* make one's power felt; *ik heb hem goed laten ~ wie hier de baas is* I've made it very clear to him ...; *de sancties beginnen zich te doen ~* the ... are beginning to bite; ***in*** *zijn zak ~* feel in one's pocket; *wij ~ het in onze zakken* it hits us in our pockets; *~* ***naar*** feel (fumble) for [one's pipe]; *ik voel wel iets* ***voor*** *het plan (idee, enz)* the plan (idea, etc) appeals to me; *ik voel wel iets voor een glas bier* I should not mind a glass of beer; *ik voel er niet veel voor* I don't much care for it, I'm not very keen about (on) it; *ik voel er niets voor* I do not sympathize (have no sympathy, am not in sympathy) with it (the scheme, etc); *ik voel er niets voor de hele avond thuis te blijven* I do not feel like (fancy) spending (don't feel inclined to spend) the entire evening at home; ***zich*** *~* feel [ill, angry, at home; I don't feel well; he felt a brute, a fool]; *ik voel me een ander mens (weer de oude)* I feel a new man (myself again); *hij voelt zich nogal* he rather fancies himself, has a good opinion of himself; *hij begint zich te ~* he is getting above himself; *zie ook* gevoeld, gevoelen, [1]horen, thuis
voeler **1** feeler, palp, tentacle; **2** *(techn)* sensor
voelhoorn feeler, palp, antenna (*mv:* -nae); *zijn ~s uitsteken, (fig)* put out a feeler (feelers)

voeling feeling, touch; ~ *hebben (geen ~ hebben; de ~ verliezen) met* be in (be out of; lose) touch with; ~ *houden met* keep (in) touch with; ~ *krijgen met, (ook)* make contact with [the enemy]
voelmaat feeler gauge
voelspriet *zie* voeldraad & voelhoorn
voer I *zn* **1** *(lading)* (cart) load; **2** *(voeder)* fodder, provender, forage; [give a horse a] feed; *hard ~* grain fodder; *(mengvoer)* mash; **II** *ww ovt van* [2]varen
voerbak, enz *zie* voederbak, enz
voeren 1 feed [cattle, a child, feed a horse on (with) hay, what do you feed the baby?], *(met de lepel)* spoon-feed; fodder [cattle], give [the horse] a feed [four feeds a day]; *een hond brood ~* feed bread to a dog; *ze zaten hem te '~', (fam)* they were baiting (badgering) him, *(fam)* they were taking the mickey out of him; **2** *(vervoeren)* convey, transport; carry [current]; *(brengen)* take, bring; lead [to the altar]; *(hanteren)* handle [a sword, pen, etc], wield [a sceptre]; carry, fly [a flag]; conduct [a campaign, one's correspondence]; bear [arms *(een wapen & de wapenen)*, a title]; carry on [a conversation, negotiations]; practise [obstruction]; *een adelaar in zijn wapen ~* bear an eagle in one's coat of arms; *een krachtige politiek ~* pursue a vigorous policy; *wat voert u hierheen?* what brings you here?; *waar voert deze weg heen?* where does this road lead to?; *dat zou me te ver ~* it would carry (lead) me too far; *armoede voert dikwijls tot misdaad* poverty often leads to crime; *zie ook* bevel, oorlog, pen, titel, [1]woord, meevoeren, enz; **3** line [a coat, kettle, etc]; *gevoerd* lined [envelope], padded [quilt *deken*]; *zie ook* bont
voering lining *(ook:* voeringstof*); losse ~* detachable lining
voerman driver; *(vrachtrijder)* wagoner, carrier; *de Voerman, (sterrenbeeld)* the Charioteer, Auriga
voerstraal radius vector
voertaal vehicle, medium (of instruction), teaching medium; *de ~ van de conferentie is Frans* the conference language is French
voertuig vehicle (*ook fig:* of ideas), carriage, conveyance
voet foot *(ook v berg, bladzijde, kous, versvoet, enz); (ve piramide, radiobuis)* base; *drie ~* three feet; *3 ~ 2 duim* three foot (feet) two; *je moet hem geen ~ geven* you should not indulge him too much, should not encourage him (back him up); *het geloof ~ geven dat ...* encourage the belief that ...; ***belastingvrije*** *~* personal (tax) allowance; ***pijnlijke*** *~en hebben* be footsore; ***vaste*** *~ krijgen* obtain a foothold (a firm footing); *voetbal krijgt vastere ~ in Afrika* soccer is getting a stronger hold in ...; ***witte*** *~, (ve paard)* white stocking, white foot; *het heeft veel ~en in de* ***aarde*** it is a difficult task, *(fam)* it takes some doing, it is a hard row to hoe; *het had heel wat ~en in de aarde om haar tot bedaren te brengen* she took some pacifying; *iem de ~* ***dwars*** *zetten* cross (*of:* thwart) a p.; *geen ~ aan de* ***grond*** *krijgen* make no headway, get (be) nowhere; *de ~* ***lichten*** trip [a p.] up; *(fig)* cut [a p.] out; *iem de ~ op de* ***nek*** *zetten* put one's foot on a p.'s neck; *~ bij* ***stuk*** *houden, (niet toegeven)* stick to one's guns, stand firm, sit tight; *(niet afdwalen)* keep (stick) to the (one's) point (to one's text); *geen ~* ***wijken*** not move (budge) an inch; *een* ***wit*** *~je bij iem hebben (krijgen)* be in (get into) a p.'s good books (good graces), get on a p.'s right side; *de ~ op vreemde bodem* ***zetten*** set foot on foreign soil; *geen ~ buiten de deur zetten* not stir (a step) out of the house; *dat gaat* ***zover*** *als het ~en heeft* that's all right (that holds good) up to a point (so far, *of:* as far as it goes); ***aan*** *de ~ van de bladzijde* at the foot of the page, *(soms)* at foot; *zitten aan de ~en van een goeroe* sit at the feet of ...; *het geweer* ***bij*** *de ~* arms at the order; ***met*** *~en treden* tread (trample) under foot, trample on [a p.'s feelings], ride roughshod over [civilization, a p.'s rights, his sensibilities]; *alles werd* ***onder*** *de ~ gehaald* everything was pulled down; *onder de ~ lopen (vertrappen)* tread (trample) under foot, overrun [the country was overrun by the enemy]; *onder de ~ raken* get off one's legs, be trodden down; ***op*** *bescheiden ~ leven* live in a modest way, on a modest scale; *op blote ~en* [she had come down] in (her) bare feet; *op dezelfde ~ als* on the same footing as; *de zaak zal op dezelfde (de bestaande, de oude) ~ worden voortgezet* the ... will be continued on the same (on existing) lines (on the old footing); *op die ~ kan ik het volhouden* at that rate I can keep it up; *op gemeenzame ~* on familiar terms; *op goede ~ staan met* be on good terms (be well in) with; *op goede voet blijven met* keep on (good) terms with, keep in with; *ze staan op geen al te goede ~ met elkaar* there is no love lost between them; *op grote ~ leven* live in (grand, great) style; *op te grote ~ leven, (ook)* live beyond one's means, overspend (o.s.); *op slechte ~ staan met* be on bad terms with; *op staande ~* then and there, on the spot, out of hand, forthwith, at once, [be] summarily [arrested, dismissed]; *op de ~ van drie ten honderd* at the rate of three per cent; *op ~ van gelijkheid* on a footing of equality, on an equal footing, [meet] on equal terms; *op ~ van oorlog brengen* put on a war footing; *op ~ van wederkerigheid* on a mutual basis; *hij volgt mij op de ~* he follows me around, he tags along after me; *de schrijver volgt de geschiedenis op de ~* the ... sticks closely to historical fact; *op vriendschappelijke ~* on a friendly footing (on friendly terms); *op vrije ~en stellen* set at liberty; *op vrije ~en zijn (rondlopen)* be at liberty (at large); ***te*** *~* on foot; *te ~ gaan* go on foot; *(fam)* foot it; *de koning te ~ vallen* throw o.s. at the king's feet; *een portret* ***ten*** *~en uit* a full-length portrait; *dat is Piet ten ~en uit* that is P all over; *iemand* ***uit*** *de ~en blijven* keep out of a p.'s way; *niet goed uit de ~en kunnen* be a bad walker, *(fam)* be a bit unsteady on one's pins;

we kunnen weer uit de ~en we have something to go on with again; *ik ken genoeg Italiaans om uit de ~en te kunnen* I know ... to get by; *zich uit de ~en maken* make o.s. scarce, take to one's heels, run for safety, beat a hasty retreat; *van de ene ~ op de andere leunen* shift from foot to foot; *~(je) voor ~(je)* foot by foot; *zie ook* schoorvoetend; *de ene ~ voor de andere zetten* [I could scarcely] put one foot before the other; *dat heeft hij mij voor de ~en gegooid* he has cast (flung) that in my teeth, thrown it in my face; *iem voor de ~en lopen* get in a p.'s way; *voor de ~ weg, zie* voetstoots; *zie ook* buiten, gespannen, graf, gras, spoelen, stijgbeugel, verzetten, enz

voetafdruk footmark, footprint

voetangel mantrap; *(mil)* caltrop; *hier liggen ~s en klemmen* beware of mantraps; *(fig)* there are many pitfalls (all sorts of snags) here, this is slippery ground to tread (up)on

voetbad footbath

voetbal 1 *(bal)* football; **2** *(spel)* (association) football, *(fam)* soccer

voetbalbond football association, football league

voetbalclub football club

voetbalelftal soccer team

voetbalknie torn cartilage

voetballen play (at) football; *(fam)* play soccer

voetballer, voetbalspeler football (soccer) player, footballer

voetbalpool football pool

voetbalschoen football boot

voetbalspel *zie* voetbal 2

voetbalterrein *zie* voetbalveld

voetbaltoto football pool

voetbaluitslagen football results

voetbalvandalisme soccer hooliganism

voetbalveld football ground (pitch, *Am:* field)

voetbalwedstrijd football match

voetbankje footstool, footrest

voetbeugel stirrup

voetblad *(plantk)* basal leaf

voetboeien fetters, shackles, leg-irons

voetboog crossbow

voetboogschutter crossbowman

voetbreed: *geen ~ wijken* not budge an inch

voetbrug footbridge

voetenbank footstool, footrest

voeteneinde foot(-end) [of a bed]

voetenkrabber, voetenschrapper foot-, boot-, shoe-, door-scraper

voetenwerk *(sp)* footwork

voetganger pedestrian; foot passenger; *nonchalante ~ op rijweg* jaywalker

voetgangersgebied pedestrian precinct

voetgangerslicht crossing light(s)

voetgangersoversteekplaats pedestrian crossing, zebra (crossing)

voetgangerstraverse walkway

voetgangerstunnel subway; foot tunnel

voetgewricht ankle

voetijzer *zie* voetangel

voetjespasser inside cal(l)ipers

voetjevrijen (play) footsie

voetklavier pedal keyboard

voetknecht *(hist)* foot soldier

voetkundige podiatrist

voetkus kiss on a p.'s foot; kissing the Pope's toe

voetkussen hassock

voetlicht footlights, floats; *voor het ~ verschijnen* appear before the footlights; *de auteur verscheen voor het ~* the author took a curtain call; *voor het ~ brengen* put on (the stage), stage, produce [a play]

voetmaat size (in shoes)

voetnoot footnote (*ook fig:* a footnote to history)

voetpad footpath, pathway

voetplaat base plate; *(ve locomotief)* footplate

voetplank footboard

voetpomp foot pump

voetpond foot-pound

voetpunt *(astron)* nadir; *(ve loodlijn)* foot [of a perpendicular]

voetreis walking tour, tour on foot, tramp, hike, hiking tour; *een ~ maken* hike

voetreiziger foot traveller; wayfarer

voetrem footbrake

voetrust footrest

voetschimmel athlete's foot

voetspoor footmark, footprint, track, trail; *op het ~ van* following in the footsteps of; *iems ~ volgen* follow in a p.'s track (steps, footsteps)

voetstap footstep, footprint, *(hoorbaar)* footstep, footfall; *iems ~pen drukken, in iems ~pen treden* follow (tread, walk) in a p.'s (foot)steps

voetstoots out of hand, offhand, straightaway; *(handel)* with all faults and errors of description

voetstuk pedestal, foot; *iem op een ~ plaatsen, (fig)* place a p. (up)on a pedestal; *van zijn ~ stoten* knock [a p.] off his pedestal, *(Am)* debunk [a p.]

voettitel caption; *(film, enz)* subtitle

voettocht *zie* voetreis

voetval prostration; *een ~ voor iem doen* go down on one's knees before a p., throw o.s. at a p.'s feet, fall prostrate before a p.

voetveeg *(ook fig)* doormat; *(dweil)* floorcloth; *hij behandelde mij alsof ik zijn ~ was* he treated me like dirt

voetveer pedestrian ferry

voetverzorging foot care, chiropody

voetvolk foot soldiers, foot, infantry; *(fig)* rank and file

voetvrij ankle-length [skirt]

voetwassing foot-washing; *(op Witte Donderdag)* maundy

voetwortel tarsus

voetwortelbeentje tarsal (bone)

voetzoeker jumping Jack, squib, firecracker

voetzool sole (of the foot)

vogel bird *(ook sl: vrouw), (soms)* fowl; *jonge ~* fledgling; *~tje* little bird, *(fam)* birdie; *(kindertaal)* dicky (bird); *een gladde (slimme) ~* a sly dog, a wily old bird; *zo vrij als een ~ in de lucht* as free as a bird on the wing, as free as air; *beter één ~ in de hand dan tien in de lucht* a bird in the hand is worth two in the bush; *de ~ is gevlogen* the bird is (has) flown; *elk ~tje zingt zoals het gebekt is* everybody has his own way of expressing himself (of putting things); *~tjes die zo vroeg zingen, krijgt (zijn voor) de poes* sing before breakfast and cry before night
vogelaanvaring *(luchtv)* bird strike
vogelaar 1 birdwatcher, *(inz Am)* birder; **2** birdcatcher, *(inz hist)* fowler; *(fig)* smoothie
vogelachtig birdlike
vogelbad bird bath
vogelbakje seed box, feeding box; *(drinkbakje)* (bird) fountain
vogelbek bill, beak (of a bird)
vogelbekdier (duck-billed) platypus, duckbill
vogelbescherming: *wet op de ~* Birds Protection Act
vogelei bird's egg
vogelen 1 catch birds; **2** birdwatch; **3** *(plat)* screw
vogelfluitje bird call
vogelgezang *zie* vogelzang
vogelhuis aviary; *~je, zie* vogelkastje & voedertafel
vogelijn *(dicht)* little bird
vogeljacht fowling
vogelkastje nest(ing) box
vogelkenner ornithologist
vogelkers bird cherry
vogelklauw bird's claw, talon
vogelkooi birdcage
vogelkop bird's head
vogelkunde ornithology
vogelkundige ornithologist
vogelleven birdlife
vogelliefhebber bird-lover, bird fancier
vogellijm *(plant)* mistletoe; *(hars)* birdlime
vogelmarkt bird (*hoenders:* poultry) market
vogelmelk *(plant)* star of Bethlehem
vogelmest bird droppings
vogelnest bird's nest; *(gymn)* swallow's nest; *eetbare ~en* edible birds' nests; *~jessoep* bird's nest soup; *zie ook* nest
vogelorgeltje serinette, bird organ
vogelperspectief *zie* vogelvlucht 2
vogelpest fowl pest: *a)* fowl plague; *b) (pseudo-~)* Newcastle disease
vogelpik darts
vogelreservaat bird sanctuary
vogelringen: *het ~* bird-banding, bird-ringing
vogelschieten *zn* bird-shooting; *(volksvermaak)* shooting at the popinjay
vogelslag 1 *(knip)* bird trap; **2** *(zang)* bird-note
vogelsoort species of bird
vogelspin bird(-catching, -eating) spider, mygale
vogelstand avifauna, bird fauna, birdlife
vogelstokje perch
vogelteelt aviculture, bird-fancying
vogeltjeszaad birdseed
vogeltrek bird migration
vogelvanger *zie* vogelaar 2
vogelverschrikker scarecrow; *eruitzien als een ~, (ook)* look a fright
vogelvlucht 1 birds' flight; **2** bird's-eye view; *Keulen in ~* a bird's-eye view (an aerial view) of Cologne
vogelvoer birdfood
vogelvriend bird-lover
vogelvrij outlawed; *~ verklaren* outlaw
vogelvrijverklaarde outlaw
vogelvrijverklaring outlawry
vogelwachter birdwatcher
vogelwet Birds Protection Act
vogelwichelaar augur, ornithomancer
vogelwichelarij augury, ornithomancy
vogelzaad birdseed
vogelzang singing (warbling) of birds, birdsong
Vogezen: *de ~* the Vosges
vogue vogue; *en ~ zijn* be in vogue (in fashion)
voile 1 veil; *zie ook* sluier; **2** *(stof)* voile
vol full [glass, beard, face, name, meal, stomach, heart, member(ship), brother, sister, pay, speed, gallop, value], filled; *(ve tram, hotel, enz, ook)* full up; *(dronken)* tight [*ook:* he has a (his) skinful]; *(pred)* full of [water, etc]; *een jaar ~ memorabele gebeurtenissen* a year crowded with ...; *~le* ***betrekking*** full-, whole-time job (*iem met ~le betrekking* full-time worker, etc, full-timer); *~le* ***broer*** *(zuster), (ook)* brother (sister) german; *~le* ***dag,*** *a)* full day, clear day [six clear days' notice should be given]; *b)* crowded day; *een vakantie van 4 ~le dagen* a clear four days' holiday; *~* ***dozijn*** round dozen; *zo ~ als een* ***ei,*** *zie* eivol; *~* ***figuur*** full figure [*ook:* clothes for the fuller figure]; *het ~le* ***gewicht*** *hebben* be full weight; *in ~le* ***gezondheid*** *en kracht* [he returned] in the fulness of health and vigour; *in de ~le* ***grond*** *overbrengen* transfer to the open; *in de ~le grond zaaien* sow out of doors; *een ~* ***jaar*** a whole year; *het duurde een ~ half uur voordat ...* it was fully half an hour before ...; *hij staat nog in het ~le* ***leven*** he still keeps in touch with things; *~le* ***melk*** whole (full-cream) milk; *~le* ***neef*** *(nicht)* first cousin [*van* to]; *je kunt met het ~ste* ***recht*** *weigeren* you have a perfect right to refuse; *~le* ***speeltijd*** full time; *~le* ***stem*** full (*of:* rich) voice; *tot onze ~le* ***tevredenheid*** to our entire satisfaction; *~le* ***trein*** full (*of:* crowded) train; *een ~* ***uur*** a full (clear, solid) hour; *~le* ***zitting*** plenary session (*of:* meeting); *de ~le commissie* the plenary committee; *in de ~le* ***zon*** right in the sun; *~le* ***zuster*** *van ...* [Mrs A,] own sister to ...; *de thema* ***is (staat, zit)*** *~ fouten* the exercise is full of (bristles with, is riddled with) mistakes; *het stuk zit ~ onwaarschijnlijkheden* the play is (packed) full of ...; *het park is ~ kinderen, (ook)* the park is swarming with ...; *hij was ~ ongeduld om ...* he was all impa-

tience to ...; *de vijver was ~ schaatsers* the pond was thronged with ...; *zijn zakdoek zat ~ bloed* his ... was covered with blood; ~ **doen** fill (up); *het terrein was helemaal ~* **gebouwd** the ... was completely built over; ~ **leven** *zijn* be full of life; *een ~ leven, (ook)* a crowded life; *de tafel (vloer, enz)* **ligt** *~ rommel* the table (floor, etc) is littered with ..., (*ook:* the place is cluttered (up) with refuse); ~ **maken** fill (up); *het getal ~ maken* complete the number; *de schouwburg (tram)* **raakt** ~ the theatre (tramcar) is filling up; *haar ogen* **staan** *~ tranen* her ... are full of (brimming with) tears; *de hemel stond vol sterren* the sky was studded with stars; **ten** *~le* fully, to the full; *ten ~le betalen* pay in full; ~ **met** full of; *het gas* **op** *~ zetten* turn on the gas full; *~ zijn* **van** *iets* be full of s.t. [*ook:* he is full of himself (his friend)]; *de stad is er ~ van* the town is full of it; *je hebt het hoofd ~ van dat verhaal* you've got that yarn on the brain; *de bak is* **voor** $^5/_8$ ~ the cistern is $^5/_8$ full; *ze zien hem niet voor ~ aan, a)* they do not consider him grown-up yet; *b)* they do not take him seriously, he hardly counts; *zie ook* aflaat, borst, ernst, geestvermogens, lengte, maan, matroos, volpension, zee, zin, enz

volaarde fuller's earth

volant *(bal)* shuttlecock; *(strook)* flounce

volatiel volatile

volautomatisch fully automatic [coffee maker]

vol-au-vent vol-au-vent

volbloed thoroughbred [horse], full-blood(ed) [republican]; *een ~ liberaal* an out and out liberal, a liberal to the core; *een ~ paard, (ook)* a thoroughbred; *een ~ Amerikaan, (ook)* a hundred per cent American

volbloedig full-blooded

volboeken *zie* volgeboekt

volbouwen build over

volbrengen fulfil, perform, accomplish, achieve; *zijn rondreis ~* complete one's tour; *zie ook* uitvoer: ten ~ brengen; *het is volbracht, (bijb)* it is finished

volbrenging fulfilment, performance, accomplishment, achievement; completion [of one's tour]

voldaan 1 satisfied [*over* with], content; **2** *(betaald)* paid, settled; *(onder rekening)* received (with thanks); *voor ~ tekenen* receipt [a bill; a receipted bill]

voldaanheid satisfaction, contentment

volder fuller; *zie ook* voller

voldoen I *tr* **1** satisfy, content, please [a p.]; **2** *(betalen)* pay, settle; *(kwiteren)* receipt [a bill]; *moeilijk te ~* hard to please; **II** *intr (voldoening geven)* give satisfaction; *in alle opzichten ~* give every (entire, complete) satisfaction; *het plan voldeed niet* the ... did not answer; *wij kunnen niet* **aan** *de stroom van bestellingen ~* we cannot cope with the rush of orders; *~ aan de behoeften van ...* meet the needs of ...; *aan zijn belofte ~* fulfil one's promise; *aan een bevel ~* comply with (obey) a command; *~ aan de eisen* meet (conform to) the requirements; *aan de eisen van het examen ~* satisfy the examiners; *aan zijn plicht ~* perform (fulfil) one's duty; *aan zijn verplichtingen ~* meet one's obligations, *(geldelijk, ook)* meet one's liabilities; *niet ~ aan zijn geldelijke verplichtingen* default; *aan de verwachtingen ~* answer (come up to) expectations; *hij voldeed niet aan de verwachtingen, (ook)* he did not live up to expectations; *aan een verzoek ~* comply with (accede to) a request; *aan de voorwaarden ~* satisfy (*of:* fulfil) the conditions, comply with the terms [of the competition]; *aan iems wensen ~* satisfy (*of:* grant) a p.'s wishes

voldoend *bn* **1** satisfactory, [be, come] up to the mark; *een ~e examen afleggen* satisfy the examiners, (achieve a) pass; **2** *(toereikend)* sufficient [money to pay], adequate; *het zij ~e te zeggen* suffice it to say; *dat is ~e (voor mij)* that will do (me); *niet ~e onderlegd* not sufficiently grounded [in art]; *zie verder* genoeg

voldoende *zn* pass (mark)

voldoendheid 1 satisfactoriness; **2** sufficiency, adequacy; *vgl* voldoend

voldoening 1 satisfaction [*over het resultaat* at (with) the result], *(voor onrecht ook)* reparation, atonement; *de leer der ~* the doctrine of redemption; *ter ~ aan* in compliance with [article 4]; *ter ~ van* in settlement of; *~ geven, (v pers of zaak)* give satisfaction; *zie ook* voldoen; *~ geven (eisen), (voor onrecht, enz)* make (demand) reparation; **2** *(betaling)* settlement

voldongen: *~ feit* accomplished fact

voldragen mature, fully developed [child]

voleindigen finish, complete, bring to a close

voleindiging completion

volgaarne right willingly, most gladly

volgauto 1 car in (funeral, wedding) procession; **2** *(sp)* sack wagon

volgbriefje *(handel)* delivery order, D/O

volgeboekt booked up, fully booked

volgebouwd built-up [area]

volgefourneerd *zie* volgestort

volgeling follower, adherent, disciple, supporter

volgen I *tr* **1** follow [a p.; a road; *(fig)* an argument, a line of thought, a speaker]; *iem overal ~* follow a p. about; *wilt u mij maar ~* will you follow me, please; *zij waren de enigen die de overledene volgden* they were the only mourners; *ik kan je niet ~, (fig)* I cannot follow you; *een zekere weg ~, (fig)* pursue a certain course; **2** *(in het oog houden)* track [a satellite]; *(van nabij ~, door politie, enz)* dog, shadow; **3** *(na-, opvolgen)* follow [advice, a command, an example, instructions, nature, a profession]; imitate [a model]; follow up [a clue, certain information]; pursue [a plan, line of action, policy]; *een goede regel om te ~* a good rule to go by; **4** *(bijwonen)* attend [lectures *colleges*]; *zie ook* hoofd, raad, enz; **II** *intr* follow, ensue [panic, a silence, ensued]; **als** *volgt* [the letter ran, my reasons are] as follows, [the number is made up] as under; *brief volgt, (in telegram)* writing; *zijn vrouw volgt later* his ... will join him later; ***die** volgt* next [boy, girl, etc] (please); ***wie** volgt?* who is (comes) next?; *~ **op*** follow after, follow on, follow [the week that followed his death], succeed (to); *in leeftijd ~ op A* be next to A in age; *de brief volgde op een gesprek tussen ...* the ... followed on a conversation between ...; *het ultimatum volgde onmiddellijk op de nota* the ... followed closely on (came on the heels of) the note; *zoals de duisternis volgt op het licht* as darkness succeeds (to) light; *de **kaarten** ~ aldus op elkaar* the cards rank in this order[: king, queen, knave, etc]; *als haven volgde Liverpool op Londen* as a port Liverpool came next after ...; *hierop **liet** hij ... ~* he followed this up with the remark ...; *ter vergelijking laat ik cijfers uit 1993 ~* for comparison I append ...; ***hieruit** volgt, dat ...* (hence, *of:* from this) it follows that ...; ***daaruit** volgt niet, dat ...* it does not follow that ...; *zie ook* brief, slot, enz

volgend following, next; succeeding [each succeeding year]; subsequent [more of this in a subsequent chapter; a subsequent offence]; *de ~e maand, (aanstaande)* next month, *(anders)* the next month; *voor het ~e jaar* [elected president] for the ensuing year; *daaruit ~, zie* voortvloeien: ~d; *het ~e* [he informed me of] the following, what follows; *de ~en* the following [have been appointed]; *zie ook* volgen

volgenderwijs in the following way, as follows

volgens according to [Mr P], by [this standard; it was summer by the calendar]; *~ zijn eigen bekentenis* on his own confession [he ...; *(ook)* he is a self-confessed murderer]; *(in overeenstemming met)* in accordance with [the regulations], [carried out] according to [plan], as per [advice; as per list enclosed], under [British law, article 13, the penal code, his last will], after [the habit of old people], on [formed (built) on a certain plan, act on my advice, on the kinetic theory], to [made to the design of ...]; *~ de tekening* [details] as shown in the drawing, [work] to the drawing; *schuldig ~ de wet* guilty in law; *zie ook* mening, rangschikken, verdienste, wet, enz

volger follower, shadower, etc; *vgl* volgen & *zie ook* volgeling

volgestort fully paid [shares], paid up (in full); *niet ~* partly paid

volgetuigd *(mar)* full-rigged

volgieten fill (up)

volgnummer serial number; *(voor brieven)* reference number

volgooien fill; fill in [a grave]; fill up [a tank]

volgorde order, sequence, [orders will be executed in strict] rotation; *in ~ genummerd* numbered consecutively; *de ~ der kaarten is, zie* volgen II

volgreeks series

volgrijtuig coach (carriage) in (funeral, state, wedding) procession; *(v trein)* trailer coach (*Am:* car)

volgroeid full-grown, fully grown; *vgl* volwassen

volgstation tracking station

volgtrein relief train; *~en laten lopen* run trains in duplicate (triplicate)

volgwagen sack wagon

volgzaam docile, tractable

volgzaamheid docility, tractability

volharden persevere, persist, stick to one's task, *(fam)* stick it out; *bij zijn houding (weigering) ~* persist in one's attitude (refusal); *bij zijn besluit ~* stick to one's resolution; *in het goede ~* persevere in what is right; *zie ook* volhouden

volhardend persevering, persistent

volharding perseverance, persistence, persistency, tenacity (of purpose); *(natuurk)* inertia

volheid ful(l)ness [speak out of the fulness of one's heart], [summer in its] plenitude; *de ~ der tijden* the fulness of time

volhouden I *tr* maintain [one's innocence, a tradition], sustain [a role, an effort], keep up [the fight, he kept up the note of irony], *(brutaal)* face out [a lie]; *ik houd vol dat ...* I maintain that ...; *zij hield vol, dat het zo was, (ook)* she insisted it ...; *ze hield tot het laatst haar onschuld vol, (ook)* she protested her innocence till the last; *die geest wordt in het gehele werk volgehouden* this spirit is sustained throughout the work; *het ~, zie* uithouden; *ik houd het vol* [I say it was silly, and] I stick to it; II *intr* persevere, persist, hold out, stand out, hold on (to one's purpose), see it through, *(fam)* hang on, stick it out; *~ is de boodschap* perseverance is the thing; it's dogged as does it; *hij houdt maar vol* he hangs on, he sticks it out; *houd vol!* stick it out!, keep it up!; *onbeschaamd ~* brazen it out

volhouder *zie* aanhouder

volière aviary

volijverig diligent

volk 1 *(natie)* nation, people (*mv:* peoples); *(bijen)* colony; **2** *(mensen)* people *(mv)*; *(soldaten)* troops, men; *(werkvolk)* workpeople, hands; *(ve schip)* crew; *het ~* the people; *het gemene ~* the mob, the rabble; *gemeen ~* riff-raff; *het gewone ~* the common people, the common herd; *het jonge ~je* (the) young people, the youngsters; *het mindere ~* the lower classes; *ik ken mijn ~je* I know my people (my customers); *er was veel ~ op de been* there were a lot of people about; *~ (bezoek) hebben* have people; *~!* anybody about?, *(in winkel)* shop!; ***door** het ~ gekozen* elected by the people, popularly elected; ***onder** het ~ brengen* popularize [science]; *een man **uit** het ~* a member of the lower classes; *een man **van** het ~* a champion of the people; *zie ook* uitverkoren

volkenbeschrijving ethnography

Volkenbond *(hist)* League of Nations

volkenkunde ethnology; *(vglb)* cultural anthropology

volkenkundig ethnological

volkenrecht: *het ~* international law, the law of nations

volkenrechtelijk of (according to) international law; *vgl* volkenrecht
volkerenmoord genocide
volkomen perfect [circle, happiness, perfectly calm], complete [flower, surprise, success], absolute [truth]; ~ *insect* perfect insect, imago (*mv:* -gos, -gines); ~ *gezond, (fam)* as right as rain; *een ~ mislukking* a complete (a total) failure, a wash-out, a flop; ~ *verdiend* richly deserved; ~ *vlak* [the country is] (a) dead level; *dat is ~ waar, maar ...* true enough, but ...; *daarover zijn wij het ~ eens* on those matters we are in complete agreement; *zie ook* helemaal
volkomenheid perfection, completion
volkorenbrood wholemeal bread
volkrijk(heid) populous(ness)
volks popular, vulgar, demotic; *(attr)* national, popular, public, of the people, people's
volksaard national character
volksbelang public interest
volksbeweging national (popular) movement
volksbijgeloof popular superstition
volksboek popular book; *(hist)* chapbook
volksbuurt working-class quarter
volksconcert popular concert
volksdans **1** national dance; **2** popular dance, folk dance
volksdansen folk dancing
volksdanser folk dancer
volksdeel [the West Indian] community; [the Calvinist] part of the nation
volksdemocratie people's democracy
volksdichter **1** national poet; **2** popular poet
volksdracht national costume, national dress
volksepos national epic
volksetymologie popular (*of:* folk) etymology
volksfeest **1** national feast (day); **2** (village) fête, street party
volksfront popular front
volksgaarkeuken communal kitchen; public soup kitchen
volksgebruik national (popular) custom (usage)
volksgeest spirit of the people, public mind
volksgeloof popular belief
volksgemeenschap national community
volksgeneeskunde popular medicine
volksgericht kangaroo court
volksgewoonte national (popular) custom (usage)
volksgezondheid public health; *inspecteur van de ~* health officer
volksgunst popular favour, popularity
volkshogeschool Folk High School, centre for social education
volkshuishouding economic system
volkshuishoudkunde national economy
volkshuisvesting public housing
volksjongen working-class boy
volkskarakter national character
volksklasse (lower) classes
volkskleding national dress, national costume
volkskunde folklore
volkskunst folk art
volksleger people's army, citizen army
volksleider leader of the people; *(volksmenner)* demagogue
volksleven life of the people
volkslied **1** popular song, folk song; **2** national anthem
volkslogies *(mar)* forecastle
volksmenigte crowd (of people), multitude; *(onordelijk)* mob
volksmenner demagogue
volksmond: *in de ~* in the language of the people, in popular speech; *zoals het in de ~ heet* as it is popularly called (termed)
volksmuziek folk music
volksnaam **1** name of a people; **2** popular name
volksonderwijs national education
volksoploop street crowd
volksoproer, volksopstand popular rising, riot
volksoverlevering national (popular) tradition, popular legend
volkspartij people's (*of:* democratic) party
volksplanting colony, settlement
volkspoëzie popular poetry
volksraadpleging plebiscite; referendum
volksredenaar popular (*ong:* mob) orator
volksregering government by the people, popular government, democracy
volksrepubliek people's republic
volksroman popular novel
volkssoevereiniteit sovereignty of the people
volkssport national sport
volkssprookje folk tale
volksstam tribe, race
volksstemming **1** plebiscite; referendum; **2** public feeling
volkstaal **1** *(eigen, nationale taal)* vernacular, vulgar tongue; **2** *(taal vh lagere volk)* vulgar speech
volkstelling census; *een ~ houden* take a census
volksterm popular term
volkstribuun tribune of the people
volkstuintje allotment (garden)
volksuitdrukking popular expression
volksuitgave popular edition
volksuniversiteit *(vglb)* university extension class(es), extramural studies (classes), adult education courses
volksvergadering **1** national assembly; **2** public meeting
volksverhaal folktale
volksverhuizing migration (*of:* wandering) of the nations; *Germaanse ~* migration of Germanic peoples
volksverhuizingstijd Migration Period, the Migrations
volksverlakkerij deceiving (misleading) the elector-

ate; demagoguery

volksvermaak public (popular) amusement, national sport

volksvertegenwoordiger representative (of the people); MP

volksvertegenwoordiging 1 representation (of the people); **2** representatives of the people; **3** parliament, house (of representatives)

volksverzekering national (social) insurance

volksvijand enemy of the people; ~ *no 1* public enemy no 1

volksvoorstelling popular performance

volkswelzijn public welfare

volkswijsje popular tune (*of:* air)

volkswil will of the people, popular will

volkszaak 1 popular (downmarket) shop; **2** popular cause, national affair

volksziekte endemic (disease)

volle: *ten ~, zie* vol

volledig complete [set *stel*; work]; full [address, confession, information, list, particulars], full-time [job]; exhaustive [inquiry]; integral [compensation]; ~ *pension* full board; *~e betaling* full payment, payment in full; *leraar met ~e betrekking* full-time teacher; ~ *maken* complete; ~ *bewijzen* prove up to the hilt; *zie ook* voltallig

volledigheidshalve for (the sake of) completeness

volleerd finished, consummate [actor], accomplished [musician, coquette], expert [car driver], fully trained [pilot], (a) proficient [in Latin], (a) past master (past mistress) [at ..., in ...]; ~ *zijn, (eig)* have finished one's training, have left school; *~e schurk* thorough-paced villain; *ze is ~ in dat spel(letje), (ook)* she plays the game to perfection; *hij is er ~ in* he knows all there is to know about it

vollemaan full moon

vollemaansgezicht: *met een ~* moon-faced [man]

vollemelks whole-milk [cheese]

vollen full

voller fuller

volleren volley

vollerij 1 fulling, milling; **2** fulling mill

vollersaarde fuller's earth

volley volley

volleybal(len) (play) volleyball

vollopen fill (up), get filled; *het schip was volgelopen* the ship was waterlogged (swamped); *zich laten ~* booze up

volmaakt perfect, consummate, thorough [man of the world], [a king] all over, every inch [a king]; *op ~e manier* [she played her part] to perfection; *haar hakken waren ~e stelten* her heels were perfect stilts; *deze studies zijn helemaal niet ~* these ... do not in any way represent finality; ~ *doen uitkomen* show off to perfection; *zie ook* volkomen

volmaaktheid perfection; *tot ~ brengen* bring [a method] to perfection

volmacht full power(s), power of attorney; warrant; *(procuratie)* procuration, proxy; *algemene ~* general proxy; *zie ook* blanco; *bij ~* by proxy; *zijn getuigenis werd bij ~ afgenomen* his evidence was taken on commission; ~ *geven, zie* volmachtigen

volmachtigen authorize, empower [a p. to act]; *zie ook* gevolmachtigd

volmaken perfect

volmaking perfection

volmolen fulling mill

volmondig frank, unconditional; *een ~ ja* a wholehearted yes (affirmative)

volontair trainee, student employee, apprentice, learner; *(mil)* volunteer

volop in abundance, in plenty, [money, whisky] galore; plenty (lots, heaps) of; enough and to spare; *ik heb ~ gegeten (gedronken, gehad)* I've eaten (drunk, had) my fill; ~ *ruimte* ample room; *we hebben ~ tijd, (ook)* we are in plenty of time; *er was ~* there was plenty

volpension full board

vol plané volplane, glide

volprezen: *nooit ~, zie* onvolprezen

volproppen stuff [o.s. with food, one's pockets with apples], cram, clutter up [a room, a p.'s mind with ...]; *zich ~* stuff, gorge, guzzle; *volgepropte bus* crowded bus; *volgepropt met* [shops] stacked (packed) with [Christmas gifts]

volschenken fill (to the brim)

volschieten *(v ogen)* fill with tears; *mijn gemoed schoot vol* I was overcome by emotion

volslagen complete [rest, failure], total [blindness], utter [poverty, despair, darkness, failure, stranger, idiot], perfect [fool], plumb [crazy], blithering [idiot], downright [nonsense], sworn [enemies], full-fledged, full-blooded, full-blown [protectionism]; *~ gek* utterly mad

volslank well-covered; [dresses for the] fuller figure

volstaan suffice; *daar kun je niet mee ~* that is not enough; *laat ik ~ met te zeggen ...* suffice it to say ...; *ik zou willen ~ met één opmerking* I should like to confine myself to one remark; *ze volstonden met een protest* they contented themselves with a protest

volstoppen *zie* volproppen

volstorten pay up (in full); *zie ook* volgestort

volstorting payment in full

volstrekt absolute [absolutely necessary]; *een ~e meerderheid* a clear (an absolute, overall) majority; *~ niet* by no means [that won't do by any means], not at all; *daar moet je ~ heen* you absolutely must go there; *~ geen bewijs* not a tittle of evidence; *zie ook* volslagen

volt(age) volt(age)

voltallig complete, full [complement], plenary [meeting]; *(mil)* up to establishment; *~e vergadering, (ook)* fully attended meeting; *~e bemanning* full complement; ~ *maken* complete; *(mil)* bring [a regiment] up to establishment (up to strength); *zijn wij ~?* are we all here?

voltameter voltameter
voltampère volt-ampere
volte 1 *(gedrang)* crowd, press, crush; *(volheid)* fullness; **2** *(in rijschool, schermkunst)* volte
volte-face volte-face; *(fig ook)* complete change of front, about-face; *~ maken* make volte-face (a complete change of front)
voltekend *(ve lening)* fully subscribed; *meer dan ~* over-subscribed; *verscheiden keren ~* subscribed several times over
voltigepaard pommel horse
voltigeren vault, tumble
voltijds full-time [job]
voltmeter voltmeter
voltooien complete [a work, one's 20th year, etc], finish; *voltooid, (gramm)* perfect
voltooiing completion; *het werk nadert zijn ~* is nearing completion
voltreffer *(mil)* direct hit; *een ~ plaatsen, (ook fig)* score (secure, register) a direct hit
voltrekken execute [a sentence], solemnize [a marriage at a register office or in church], celebrate [a marriage in church], consummate [a marriage by sexual intercourse], carry out, carry into effect; *zich ~* come about, be enacted (*zie:* zich afspelen)
voltrekking execution, solemnization, celebration, consummation; *vgl* voltrekken
voluit in full; *~ schrijven* write in full, write out
volume volume, bulk, size
volumeregelaar, volumeregeling *(radio, enz)* volume control
volumetrisch volumetric
volumineus voluminous, bulky
volute, voluut *(bk)* volute, scroll
volvet full-cream [cheese]
volvoeren, enz *zie* volbrengen, uitvoeren, enz
volwaardig of full value; *(fig)* up to the mark, up to par, (physically, mentally) fit; full(y)-fledged; a hundred per cent ...
volwassen (full-)grown, grown-up, adult, mature; *(ve vogel)* full(y)-fledged; *~ worden, (ook)* grow to maturity, to (wo)manhood
volwassene adult, grown-up, grown (wo)man; *voor ~n* adult [education]
volwassenheid adulthood; maturity
volzalig blessed
volzin sentence, period
vomeren vomit
vomitief emetic
vond *ovt van* vinden
vondeling abandoned infant (of unknown parentage), *(lit)* foundling; *te ~ leggen* abandon, expose [a child]
vonder plank bridge
vondst find, discovery, invention; *een gelukkige ~, (ook)* a lucky strike; *een ~ doen* make a find, strike lucky
vonk spark; *~je* (small) spark, sparkle; *(fig ook)* scintilla; *zie ook* sprank; *~en schieten* spark, shoot sparks; *(fig, v ogen, enz)* sparkle, shoot fire
vonkbaan, vonkbrug *(elektr)* spark-gap
vonkelen *zie* vonken & *vgl* fonkelen
vonken spark, emit sparks
vonkvrij sparkless; *(v lucifers)* impregnated; safety [match]
vonnis sentence, judgement; [the judge gave an] order; *(uitspraak v jury; ook fig)* verdict [the verdict of history]; *~ bij verstek* judgement by default; *een ~ vellen* pass (pronounce) sentence [*over* on], give (pass) judgement [*over* on]; *zijn ~ is getekend* his fate is sealed
vonnissen (pronounce) sentence (on), condemn
vont font
voogd(es) guardian [*over* to]; *zie ook* toeziend
voogdij guardianship, custody [of a child]; *onder ~ staan* be under guardianship, be in ward; *onder ~ stellen* place [a p.] under guardianship, appoint a guardian over [a p.] make [an infant, a person of unsound mind] a ward of court, put [a p.] in ward
voogdijraad *(hist, vglb)* child welfare board
voogdijschap guardianship; *(UNO)* trusteeship [council]
[1]voor *zn* furrow *(ook fig: rimpel)*
[2]voor I *vz* **1** *(tijd)* before [Monday], *(gedurende)* for [three days], *(geleden)* [three days] ago; *hij is ~ zijn leven getekend* he is marked for life; *~ uw komst was het anders, (ook)* prior to your arrival ...; *~ de **thee*** [they went in] to tea; *het is nog 14 dagen ~ Kerstmis* it is still a fortnight to ...; *verleden dinsdag ~ een **week*** a week ago last Tuesday, last Tuesday week; *het is 10 (minuten) ~ **zeven*** it is 10 (minutes) to seven; *even ~ acht* a little before eight; *we lunchen om één uur, en het is tien ~* we ..., and it is ten minutes to; **2** *(plaats)* in front of, before; ahead (upstream) of [a valve]; *~ het **huis*** in front of the house; *de ferry lag ~ Dover* the ... lay off Dover; ***beven** ~* tremble before; *(ter wille van)* tremble for; *er **lag** heel wat werk (een prachtige carrière, enz) vóór hem* there was a good deal of work (a splendid career, etc) in front of him; *er liggen droeve tijden vóór ons* there are ... ahead (in front of us); *ik heb een lange wandeling vóór me* I have a ... before me; *~ hem **uit*** [forty feet] ahead (in front) of him; *recht ~ hem uit* straight in front of him; *~ zich uit* [she stared] in front of her; **3** *(doel)* for; *(ten behoeve van)* for, for the benefit of, [a campaign] in favour of [European integration]; *~ zijn geloof lijden* suffer because of one's faith; *hij is een goede vader ~ hen* he is a ... to them; *we hadden het huis **geheel** ~ ons* we had the house all to ourselves; *dat zou net iets ~ mij zijn* that would suit me nicely (very well); *iets ~ u bij?* anything to interest you?; *ik deed het ~ **u*** for you, for your sake; **4** *(in plaats van)* for, instead of [he came instead of his brother]; *~ **tien*** [work] like a Trojan; **5** *(distributief)* by [one by one, penny by penny]; *zie ook* punt, regel, [1]woord, enz; **6** *(ten voordele, niet tegen)* for, in favour of;

with [he who is not with me is against me]; *500 (stemmen)* ~, *19 tegen* 500 for, 19 against; *(ook)* yes 500, no 19; *ik ben* **er** *(vlak)* ~ I am (all) for it (in favour of it); *hij was er* ~ *om het te verbranden* he was for burning it; *wie er* ~ *is make dit op de gebruikelijke wijze kenbaar* those in favour please signify in the usual manner; *er is heel wat* ~ *te* **zeggen** there is a good deal to be said in favour of it, there is a strong case for it; **7** *(mbt, wat betreft)* for, against; ~ *elk* **aandeel** [shareholders have the right to subscribe for one new share] in respect of each share [now held]; **goed** *(slecht, gevaarlijk, prettig)* ~ *mij* good (etc) for me; *goed* ~ *de koorts* effective against fever; *goed* ~ *één overtocht* good (valid) for one crossing; **goedkoop** ~ *het geld* cheap at the money; *jong* ~ *een staatsman* young for a statesman, young as statesmen go; *klein* ~ *een kerk* small as churches go; *ik* ~ **mij** I for one; personally, I ...; *wij* ~ *ons* we, for ourselves; *het is iets (niets)* ~ *hem (van hem te verwachten)* it's like (not like) him; **8** *(ten koste van)* at, for [sell at £5 a dozen, for less than expected]; ~ *een* **pond** *van die appels* [give me] a pound's worth of ...; *zie ook* dood, driekwart, houden, jaar, langs, pensioen, raam, spannen, stemmen, tijd, vol, [1]wat, enz; **II** *bw* in front; ~*!* [volunteers] forward!, front!; ~ **wonen,** *a)* live in the front room; *b)* live in the front of the house; ~ *in het huis (de omnibus, de lade)* in the front of the house (the omnibus, the drawer); ~ *in het boek* at the beginning of the book; *ze is* ~ *in de twintig* in the (her) early twenties; ~ **zijn,** *(sp)* lead [Cambridge led by a length, his horse led by a neck]; be ahead (clear, in front, up) [Arsenal are two goals ahead (etc)]; *twee doelpunten* ~ *komen* go two goals clear; *(schaakspel)* be [a pawn] up; *(ve rechtszaak)* [the case will] be on [next week]; *de* **auto** *is* ~ the car is at the door, has come round, is waiting; *mijn* **horloge** *is* ~ my ... is fast; *ik was* **hem** ~, *(vooruit)* I was ahead of him, *(er eerder bij)* I was before him, had got the start of him, got in first, anticipated (forestalled) him; *ik dacht dat ik je* ~ *zou zijn* I thought I'd beat you to it; *iem* ~ *zijn (de loef afsteken)* steal a march (up)on a p.; *hij ontdekte dat een ander hem* ~ *geweest was* he found himself forestalled; *zo kreeg ik wat op hem* ~ in this way I got (that gave me) an advantage over him; ~ *en na* again and again; at different times; *het was mijnheer A* ~ *en mijnheer A na* it was Mr A here and Mr A there (Mr A this and Mr A that, Mr A everywhere); *de een* ~, *de ander na* one after another, successively; ~ *en* **achter** before and behind, in front and at the back; *van* ~ *tot achter* from front to back, *(mar)* from stem to stern; *zie ook* voorhebben, voorstaan, enz; **III** *vw* before; ~ *en aleer* before; **IV** *zn: het* ~ *en tegen* the pros and cons, the merits and demerits

vooraan [sit] in front; *zie ook* [2]voor II; *eerste klasse passagiers* ~ first-class passengers in (the) front of (the) train; ~ *onder de nieuwere schrijvers* in the forefront (front rank) of modern writers; ~ *staan, (fig), zie* plaats: de eerste ~*; zie ook* bovenaan

vooraandrijving front(-wheel) drive; *met voor- en achteraandrijving* four-wheel drive, 4WD

vooraanstaand standing in front; *(fig)* prominent, leading, front-rank, foremost [our foremost actors]

vooraanzicht front view; *(ve vliegtuig e.d.)* head-on view

vooraf [you'll have to tell me] beforehand, [get it done] in advance; previously; *woord* ~ preface; *zie ook* vooruit

voorafbeelding prefiguration, type

voorafgaan precede, go before, head [a procession]; *al wat voorafgegaan was* all that had gone before; *laten* ~ *door* preface [a statement] with (by) [these words]

voorafgaand preceding, foregoing; introductory [remarks], preliminary [inquiries], prefatory [note to a report]; ~*e kennisgeving* previous notice; ~ *aan* antecedent (prior) to; *het* ~*e* what precedes, the foregoing

voorafje 1 foretaste; **2** appetizer, hors d'oeuvre

voorafschaduwing foreshadowing

vooral especially, above all (things); *hij* ~, *(ook)* he of all men (people); ~ *dit heeft ertoe bijgedragen* this as much as anything ...; *ga* ~ go by all means; ~ *niet* by no means, on no account; *gebruik* ~ *een goed ontbijt* be sure you have (to have, *fam:* and have) a good breakfast; *vergeet het* ~ *niet* don't forget whatever you do; *dat moet je* ~ *niet doen* that's the last thing to do

vooraleer before, until

vooralsnog as yet, just yet [don't speak of it just yet; I can do nothing just yet], for the time being [there's no hurry]

voorarbeid preparatory work (labour)

voorarm forearm

voorarrest detention on (*of:* under) remand (pending trial, awaiting trial); *zich in* ~ *bevinden* be on remand; *in* ~ *stellen, (terugzenden)* remand (in custody); *zie ook* aftrek

vooras front axle

vooravond 1 early evening; *in de* ~ early in the evening; **2** eve; *aan de* ~ *van de revolutie* on the eve of the ...; *wij staan aan de* ~ *van grote veranderingen* we are on the threshold of ...

voorbaan front-width [of a dress]

voorbaat: *bij* ~ [thanking you, with thanks] in anticipation, in advance, beforehand

voorbalkon *(ve tram)* front platform; *(ve huis)* front balcony

voorband front tyre

voorbank front bench, front seat(s)

voorbarig premature, (over)hasty, rash, *(fam)* previous; *je was (hiermee) wat* ~ you were a little previous (in saying, doing this); *een* ~*e conclusie trekken* rush to a conclusion

voorbedacht premeditated, wilful [murder]; *met*

~en rade of (with) malice prepense, of (with) malice aforethought
voorbedachtelijk of set (deliberate) purpose, with premeditation, premeditatedly
voorbedachtheid premeditation
voorbede intercession; *zie ook* voorspraak
voorbeding condition, stipulation, proviso; *vgl* beding
voorbedingen stipulate (beforehand); *vgl* bedingen
voorbeeld 1 *(precedent)* example; ***zonder*** *~* without example, without precedent, unprecedented, unexampled; **2** *(ter navolging)* example, model, pattern; *(schrijf~)* copybook heading; *(los)* copy slip; *(teken~)* (drawing) copy; *het ~* ***geven*** give (*of:* set) the example; *een ~ geven, a)* set (*of:* give) an [a good, a bad] example; *b)* give an instance (an illustration); *er moet een ~* ***gesteld*** *worden* somebody must be made an example of; *iems ~* ***volgen*** follow a p.'s example (*of:* lead), take a leaf out of a p.'s book, take a (one's) cue from; *hij begon te dansen, en wij volgden het ~* and we followed suit; *een ~* ***aan*** *iem nemen* follow a p.'s example; *neem een ~ aan je broer, (waarschuwend)* let your brother be a warning to you; ***naar (op)*** *het ~ van* after the example of; *maken naar het ~ van* model (up)on; ***ten (tot)*** *~ stellen* hold up as an example; *ten (afschrikwekkend) ~ stellen* make an example of; *iem tot ~ nemen* model o.s. on a p.; *tot ~ strekken* serve as an example, *(tot afschrikwekkend ~)* act as a deterrent; **3** *(ter illustratie)* example, instance, specimen [a specimen of his prose]; *als ~* ***aanhalen*** instance; ***bij*** *~* for instance, for example, e.g.; *bij ~ van 2 tot 4* [for a couple of hours,] say from two to four
voorbeeldeloos unexampled, matchless
voorbeeldig exemplary, model [pupil], pattern [husband]
voorbeen front leg
voorbehandelen pretreat
voorbehoedend preservative, preventive; *(med)* prophylactic
voorbehoedmiddel preservative, preventive; *(med)* prophylactic (remedy); *(tegen zwangerschap, ook)* contraceptive
voorbehoud reserve, reservation, restriction, proviso; *geestelijk ~* mental reservation; *een ~ maken* make a reservation, put in a proviso; ***met*** *~ van alle rechten* without prejudice to my rights, all (my) rights reserved; *met dit ~* with this reserve, subject to this; ***onder*** *gewoon ~* under usual reserve; *onder alle ~* with all (proper) reserve; *onder ~ dat* provided that; ***zonder*** *(enig) ~* unconditionally, [withdraw s.t.] unreservedly, without reservation
voorbehouden reserve; *ik wil mij dat recht ~* I wish to reserve that right to myself; *alle rechten ~* all rights reserved; *ongelukken ~ geloof ik ...* barring accidents, I think ...
voorbereiden prepare [*op* for], get (make) ready, *(sp)* set up [a goal]; *op alles voorbereid* prepared for anything; *zich ~* prepare (o.s.), get ready; *bereid u voor op het ergste* prepare for the worst; *zich ~ op, (ook)* brace o.s. for [the encounter, the shock]
voorbereidend preparatory; *~e maatregel* preparative, preliminary (measure); *~ werk, (ook)* spadework, groundwork; *~ wetenschappelijk onderwijs, (vglb)* secondary education
voorbereiding preparation; *in ~* [the thing is] in (course of) preparation, on the stocks; *ter ~ van* in preparation for, preparatory to; *~en treffen* make preparation(s)
voorbereidsel preparation
voorbericht preface, foreword; *zie ook* voorrede
voorbeschikken predestine [be predestined to success]; *(theol)* predestinate, predestine, pre-ordain, foreordain; *voorbeschikt om te ..., (ook)* fated to, foredoomed to [end in nothing]
voorbeschikking predestination
voorbeschouwen (give a) preview
voorbespreking 1 preliminary discussion; *(instruerend)* briefing; **2** *(schouwburg, enz)* advance booking
voorbestaan pre-existence, previous existence
voorbestemmen predestine; *voorbestemd lijken om, (ook)* look set to; *zie verder* voorbeschikken
voorbewerking preliminary operation (treatment)
voorbewerkt worked, (pre-)processed, preconditioned, pretreated
voorbezichtiging preview
voorbidden lead in prayer
voorbidder *zie* voorspraak 2
voorbidding *zie* voorspraak 1
voorbij I *vz* past, on the other side of, beyond; *~ de kerk gaan* pass the church; *duizenden gingen ~ het graf* filed past the grave; *tot ~ Devizes* [the plain stretches] to Devizes and beyond; **II** *bw* past, [the time for words is] at an end, [the happy days that are] no more, [it is all] over, [before the year is] out, [the afternoon was soon] gone; *zijn we Rye al ~?* have we passed Rye yet?; *ze was de middelbare leeftijd een heel eind ~* she was well past middle age; *het is alles ~, (ook)* it is all (over and) done with; **III** *bn* past [his past life]; bygone [times]; *die lang ~e dagen* those far-off days; *vgl* II
voorbijgaan I *intr* pass (by), go by, move past [the people moved slowly past]; *(v tijd, enz)* pass, go by, pass away, wear away, [the years] roll by; *(v toorn, enz)* pass away; *(v hoofdpijn, enz)* pass off; *vijf weken waren voorbijgegaan* five ... had elapsed; *de middag ging voorbij* the ... wore on; *de minuten gingen voorbij, (ook)* the ... ticked by (*of:* past); ***laat*** *die gelegenheid niet ~* do not let that opportunity slip, don't miss (*fam:* pass up) that opportunity; *het voorbijgegane jaar* the past year; *voorbijgegane roem* departed glory; **II** *tr* pass (by), go past; *iem ~, (fig: passeren)* pass a p. over; bypass [one's immediate superior]; *ze gingen mij voorbij, (ook)* [all were invited, but] they left me out in the cold; *we kunnen*

hem niet ~ we can't leave him out; *de postbode ging ons voorbij* the ... passed us (by); *zie ook* stilzwijgend; *we kunnen niet* ~ *aan* we cannot disregard; III *zn: in het* ~ [observe] in passing, by the way; *hij werd bevorderd met* ~ *van mij* he was promoted over my head; *met* ~ *van de predikant* [he went to the bishop] over the incumbent's head [*zo ook:* he went over the heads of his ministers]

voorbijgaand passing, transitory [life], transient [interest, phenomenon], evanescent [impression], *(snel)* fleeting [moments]; *van* ~*e aard* of a temporary nature, temporary [blindness]

voorbijgang(st)er passer-by (*mv:* passers-by)

voorbijkomen I *intr* come past, pass (by); *hij komt hier dikwijls voorbij* he often passes this way; II *tr* pass (by)

voorbijlaten let [a p.] pass

voorbijlopen walk (run) past, pass

voorbijpraten *zie* mond & langs: ~ heen

voorbijrennen *tr & intr* run (tear, rush) past

voorbijrijden *tr & intr* ride (drive) past, pass; *(inhalen &* ~*)* pass, overtake; *de bus reed de halte voorbij* the bus overran its stopping place

voorbijschieten *tr & intr* rush (dash) past; *het doel* ~, *zie* voorbijstreven

voorbijsnellen *zie* voorbijrennen

voorbijsteken (sur)pass; pass over

voorbijstreven outstrip, outvie, outdistance [a p.]; *het doel* ~ overshoot the mark, defeat one's object (*of:* end), be self-defeating; overreach o.s.

voorbijtrekken *tr & intr* march past; file past [the Cenotaph]; *(ve onweer)* blow over

voorbijvliegen *tr & intr* fly past, rush (tear) past; *wat vliegt de tijd voorbij!* how time flies!

voorbijzien look past [a p.]; *(fig)* overlook; *dat feit moeten wij niet* ~ we should not lose sight of that fact

voorbinden tie (*of:* put) on

voorblijven remain in front, maintain the lead; *iem* ~ keep ahead of a p.; *van het begin tot het einde* ~, *(sp)* lead from start to finish

voorbode forerunner, precursor, herald; harbinger [of spring, etc]; *(fig ook)* prelude [the prelude to disaster]

voorbout *(ve geslacht dier)* forequarter, shoulder [of mutton, lamb, veal]

voorbouw 1 *(bk)* avant-corps; **2** *(landbouw)* catch-crop (system)

voorbrengen bring [the car] round; *(voor de rechter)* bring up [a criminal]; *zie ook* aanvoeren & berd: te ~e brengen

voorcalculeren estimate [costs]

voorchristelijk pre-Christian [age]

voorcijferen figure out [s.t. for a p.], show

voordacht premeditation; *zie* opzet

voordansen I *intr* lead the dance; II *tr* dance [a waltz] before a p.; *kre(u)pel wil altijd* ~ fools rush in where angels fear to tread

voordat before

voorde ford

voordeel advantage *(ook sp)*, benefit; *(fam)* [look for political] mileage; *(geldelijk)* profit, gain, *(in reclame)* economy [size]; ~*tje* windfall; *zie* buitenkansje; *het is een groot* ~ *een goede boekhouder te hebben, (ook)* it is a great asset to have ...; *voor- en nadelen* pros and cons, merits and demerits; *de oorlog bracht velen* ~ many people did well out of the war; *een* ~ *op iem* ***behalen*** gain an advantage over a p.; *zijn* ~ ***doen*** *met* take advantage of, turn to (good) account; *zijn* ***eigen*** ~ *zoeken* seek one's own advantage; *(fam)* take care of (look after) number one; *hij kent zijn eigen* ~ *niet* he does not know (on) which side his bread is buttered; ~ ***hebben*** *van* profit by; *het heeft het* ~ *van goedkoop te zijn* it has the advantage of cheapness; *het heeft z'n* ~ *om lid te zijn* there are advantages in being a member; ~ ***opleveren*** yield profit; ~ ***trekken*** *uit* profit (benefit) by, turn to (good) account, take advantage of; *iem het* ~ *van de* ***twijfel*** *gunnen* give (allow) a p. the benefit of the doubt; ***in*** *uw* ~ [you will hear something] to your advantage; *voor zover er verschil is, is dat in uw* ~ where there is a difference it is in your favour; *dat is in zijn* ~ that's where he scores; *twee dingen die zeer in haar* ~ *waren* [she had] two great assets; *in het* ~ *zijn bij iem* have the advantage of a p.; *hij is in zijn* ~ *veranderd* he has changed for the better; ***met*** ~ with advantage, with profit, *(met winst)* [sell] at a profit, [run a business] profitably; ***te*** *mijnen voordele,* ***ten*** *voordele van mij,* ***tot*** *mijn* ~ for my benefit, to my advantage, to my profit, in my favour; *zie ook* strekken

voordeelpak economy (size) pack

voordek *(mar)* foredeck

voordelig I *bn* profitable, advantageous; *(~ in het gebruik)* economical, cheap; *het is* ~ *in het gebruik, (ook)* a little of it goes a long way; *een* ~ *baantje, (ook)* a lucrative job; *zie ook* saldo; II *bw* profitably, etc, [sell] to advantage; *zeer* ~ to great advantage; *zo* ~ *mogelijk beleggen* invest [one's money] to the best advantage; *zij kwam* ~ *(op haar* ~*st) uit* she appeared (showed) to (greatest) advantage [against the dark curtains]; *zie ook* uitkomen 4; *het huis op zijn* ~*st zien* see the house at its best (to advantage)

voordeligheid profitability, advantageousness; cheapness

voordeur front door, street door

voordeurdeler living-in partner

voordezen, voordien before this, before, previously

voordienen serve

voordochter 1 daughter by a previous marriage; **2** daughter born before marriage

voordoen I *ww, tr* **1** *(aandoen)* put on [an apron]; **2** *(voorbeeld)* show, demonstrate; *het iem* ~ show a p. (how to do it); *doe het me eens voor* show me; *goed* ~ *doet goed volgen, (vglb)* example is better than precept; II *ww, refl: zich* ~ **1** *(optreden, ve moeilijkheid,* *vraag, enz)* arise [the question arises why ...], crop up, *(ve gelegenheid)* offer, occur, present itself (*ook:* he seized the first job that came his way); *zie ook* opdoen; *mocht de noodzakelijkheid zich* ~ should the need arise; *de vraag die zich dagelijks aan ons voordoet* the question that daily confronts us; *als zich geen complicaties* ~, *(ook)* in the absence of ... [no further bulletins will be issued]; **2** *(v pers)* pose, act; *zich* ~ *als* pose as, pass o.s. off as (for), represent o.s. as [a doctor]; *hij doet zich goed voor* he makes a good impression (on people); *zich zo goed mogelijk* ~, *(gedragen)* be on one's best behaviour; *zich op zijn mooist* ~ put one's best side foremost; *hij weet zich aardig voor te doen (en zich in te dringen), enz* he has a way with him; *zich aardig ~d* plausible [charlatan]; *je bent niet zo oud als je je voordoet* you ... as you make yourself out (to be)

voordracht 1 *(lezing, enz)* lecture, speech, discourse [*over* (up)on]; *zie ook* lezing; recitation, recital [of a poem, piano recital]; **2** *(wijze v voordragen)* delivery, diction, utterance, [lessons in] elocution, *(muz)* execution, rendering, style of playing; *een goede (een haperende)* ~ *hebben* have a good (a halting) delivery; **3** *(v kandidaten)* nomination, select (*of:* short) list, recommendation; *zie* houden 12: zich ~ aan; *hij staat nummer drie* **op** *de* ~ he is third on the short list; *op* ~ *van* on the recommendation of

voordrachtskunst declamation, declamatory art

voordrachtskunstenaar, voordrachtskunstenares elocutionist, reciter, diseur, diseuse

voordragen 1 recite [a poem]; execute, render [a piece of music]; **2** *(kandidaat)* propose, nominate [a p. for election, for membership]; recommend [Mr P as governor of ...]; present [a clergyman]; prefer [a request]; *hij werd voor een decoratie voorgedragen* he was recommended for decoration; *hij werd ter benoeming voorgedragen* his name was submitted for appointment; *een wetsontwerp voor de Koninklijke goedkeuring* ~ present a bill for the Royal Assent; *zie ook* voordracht

voordrager reciter, proposer, nominator; *vgl* voordragen

voordraven: *laten* ~, *(ook fig)* put through his (its) paces

voordringen I *ww* jump the queue; **II** *zn* queue-jumping

voorechtelijk premarital

vooreerst 1 *(voorlopig)* for the present, for the time being, for some time to come, [he won't do it again] in a hurry; ~ *nog niet* not just yet, not yet awhile; *dit zou* ~ *nog niet zijn* this was not to be for a while yet; **2** *(ten eerste)* in the first place, to begin with; for one thing

vooreind(e) fore-part, fore-end, front

voorfluiten whistle [a tune to a p.]

voorgaan 1 go before, precede; *(de voorrang hebben)* take precedence; *gaat u voor!* after you, please!; *zijn werk gaat voor* his work comes first (with him); *de zaken gaan voor het meisje* business before pleasure, business first; *dames gaan voor* ladies first; *de aartsbisschop van Canterbury gaat de adel voor* the ... takes precedence of (ranks above) the nobility; *iem* ***laten*** ~, *(ook fig)* yield precedence to a p., give a p. precedence; *het belang van het land moet* ~ the interest of the country must come first; *zij die ons voorgegaan (die gestorven) zijn* those who have gone before (us); **2** *(de weg wijzen)* lead the way [into ...]; *(een voorbeeld geven)* set an example; *goed* ~ *doet goed volgen* a good example has many imitators; *(vglb)* example is better than precept; **3** *(ve uurwerk)* be [five minutes] fast, gain [five minutes every day]; **4** *(de leiding nemen)* take the lead; *(kerk)* officiate; ~ ***bij*** *een godsdienstoefening* conduct a service; ~ ***in*** *gebed* lead in prayer

voorgaand preceding, last, former; *het ~e jaar, (vóór het jaar in kwestie)* the previous (preceding) year; *zie ook* vorig & term; *het ~e* the foregoing, what precedes

voorgaats in the offing

voorgalerij front (*of:* outer) veranda

voorgang 1 precedence; **2** example; **3** front corridor (passage)

voorgang(st)er predecessor; *(leider)* leader; *(predikant)* pastor, minister; *zie ook* oefenaar 2 & voorloper

voorgebed 1 grace before meals; **2** prayer before the sermon

voorgebergte promontory, headland

voorgeborchte limbo

voorgebouw front part of a building

voorgedragene nominee

voorgedrukt: ~ *formulier* blank

voorgeleiden *zie* voorleiden

voorgemeld, voorgenoemd above-mentioned, mentioned higher up

voorgenomen intended [sale, marriage], proposed [flight, attempt], contemplated [marriage], projected [book]

voorgerecht first course, entrée, starter

voorgeschiedenis 1 *(voortijd)* prehistory; **2** *(ve zaak)* (previous) history; *(ve pers)* past history; *(ve ziekte, enz)* case history; anamnesis

voorgeslacht ancestors, forefathers, forbears

voorgespannen prestressed [concrete *beton*]

voorgevallene: *het* ~ what has happened, the happenings

voorgevel (fore)front, façade; *(scherts: neus)* conk, proboscis

voorgeven I *ww* **1** *(bij spel; ook fig)* give points (*of:* odds) [to ...]; *(rennen)* give [a horse 12 pounds], *(schaken)* give [pawn and two moves]; *ik geef hem 50 voor, (spel)* I give him 50; **2** *(beweren)* pretend, profess [she professed to love him]; *ze is niet zo slecht als ze voorgeeft* she is not half so bad as she pretends; *een brief ~de ...* a letter purporting [to have been written by me]; *voorgegeven, (ook)* ostensible [purpose]; II *zn: volgens zijn* ~ according to what he pretends (professes)

voorgevoel presentiment; *(fam)* hunch; *(v iets slechts, ook)* foreboding, premonition; *angstig* ~ misgiving(s); *ik heb er een* ~ *(~ens) van, (ook)* I feel it in my bones

voorgewend *zie* voorwenden

voorgift [give, receive] odds, handicap; *(zeilen)* time allowance; *wedstrijd met* ~ handicap (race); *zonder* ~ scratch [race, man, yacht]; *zie ook* voorsprong

voorgoed for good (and all), [he settled there] permanently, [settle the matter] once and for all

voorgrond foreground; *op de* ~ *staan* be in the foreground; *(fig)* be to the fore, be in the limelight; *op de* ~ *brengen* bring [a question] to the forefront; *op de* ~ *treden* come into prominence, come to (be to) the fore; *op de* ~ *treden in het openbare leven* be much in the public eye; *op de* ~ *plaatsen (stellen)* put in the forefront, bring into prominence, foreground; *op de* ~ *stel ik, dat ..., (ook)* first of all (*of:* to begin with) there can be no question (etc) that ...; *zich op de* ~ *dringen* force o.s. (itself) to the front

voorhal (entrance) hall

voorhamer sledge(hammer)

voorhand 1 front part of the hand; *(ve paard)* forehand; **2** *(kaartspel)* elder hand; *aan de* ~ *zitten* be the elder (eldest) hand, play first, (have the) lead; **3** *op* ~ beforehand, in advance; *op* ~ *is het niet waarschijnlijk* on present showing it is unlikely [that ...]

voorhanden 1 *(in voorraad)* on hand, in stock, in store; *(beschikbaar)* available, [hot water] on tap; *niet meer* ~ sold out, exhausted, out of stock; *het enige nog* ~ *exemplaar* the only copy left (still extant); *het* ~ *geld* the money at our disposal, our cash in hand; *in alle kleuren* ~ stocked in all colours; **2** *(bestaande)* extant, existing

voorhang curtain; *(vd tempel)* veil; *(ve altaar)* antependium, frontal

voorhangen I *tr (eig)* hang in front; *(als lid)* put [a p.] up [for election, for a club], propose (as a member); *zich laten* ~ *voor een club* put in for ...; II *intr* be up [for a club], be proposed, be put up (for membership)

voorhanger clip-on (sunglasses), overclip(s)

voorhangsel *zie* voorhang

voorhaven outport

voorhebben 1 *(dragen)* have on [an apron, etc]; **2** *(van plan zijn)* intend, purpose; *hij heeft* ***iets*** *(niets) kwaads voor* he is up to no good, means mischief (means no harm); *wat heb je voor?* what are you up to?, what are you after?, what is your game?; *ik weet wat hij voorheeft* I know what he is after; *het goed (slecht)* ***met*** *iem* ~ mean well (ill) by a p., wish a p. well (ill); *het beste met iem* ~ have the best of intentions towards a p.; *wat heb je met mij voor?* what do you mean to do with me?; **3** *(voor zich hebben)* address, face; *wie meen je dat je voorhebt?* who(m) do you think you are talking to?; **4** *(voordeel hebben)* have the advantage, score; *dat hebben wij voor* that's where we score; *zij heeft alles (haar jeugd, enz) voor* she has everything (youth, etc) on her side; *iets* ***op*** *iem* ~ have the advantage of a p.; *veel op iem* ~ have many advantages over a p.; *daardoor had ik wat op hem voor* that gave me the pull over him; *zie ook* verkeerd

voorheen formerly, in former days (times), before, [execute orders with the same care as] in the past; *J W,* ~ *K Z, (ve zaak)* J W, late K Z; ~ *wonende te* late of [Leeds]; ~ *hoogleraar te Aix* sometime (one-time) professor at Aix, late of Aix University; *van* ~ former, [her] one-time [lover]; ~ *en thans* past and present, then and now

voorheffing advance levy

voorhistorisch prehistoric; *de ~e tijd* prehistoric times

voorhoede *(ook fig)* advance(d) guard, van, vanguard, spearhead; *(sp)* forward line, forwards; *in de* ~ *staan* be in the van [of progress], stand in the forefront [of reformers]

voorhoedegevecht *(fig)* preliminary skirmish(es)

voorhoedespeler forward

voorhof forecourt; *(ve tempel)* porch; *(ve oor)* vestibule

voorhoofd forehead; *zie ook* stalen

voorhoofdsbeen frontal (*of:* coronal) bone

voorhoofdsholte frontal sinus

voorhoofdsholteontsteking sinusitis, *(fam)* sinus trouble

voorhoofdsspiegel *(med)* speculum

voorhouden 1 hold [s.t.] before [a p.], hold out [s.t.] to [a p.]; keep on [one's apron, etc]; *iem een pistool* ~ present a ... at a p.('s head); **2** *iem iets* ~, *(fig)* expostulate (remonstrate) with a p. on [his conduct, etc], impress s.t. (up)on a p. [impress on (represent to) a p. the necessity of ...]; *(voor de voeten gooien)* cast s.t. in a p.'s teeth; *iem het goede* ~ exhort (admonish) a p. to do what is right; *dat idee werd haar steeds voorgehouden* that idea was drummed into her mind; *iem zijn schuld* ~ confront a p. with his guilt; **3** *(mar)* stand (on) [a course]

voorhuid foreskin, prepuce

voorhuis (entrance) hall

voorin *(in tram, enz)* in (the) front; *(in boek)* at the beginning; ~ *komen* enter by the front (door); *zie ook* [2]voor II

Voor-Indië (British) India

Voor-Indiër Indian

Voor-Indisch (British) Indian

vooringang front entrance

vooringenomen prepossessed, prejudiced, bias(s)ed, predisposed, partial; ~ *voor* predisposed (prejudiced) in [a p.'s] favour, partial to; ~ *tegen* prejudiced against

vooringenomenheid prepossession, bias, prejudice

voorjaar spring; [in] springtime

voorjaars- spring [fair, flowers, rains, weather], ver-

nal
voorjaarsmoeheid spring lassitude
voorjaarsnachtevening vernal equinox
voorjaarsopruiming spring sale(s)
voorjaarsschoonmaak spring-cleaning; ~ *houden* spring-clean
voorkajuit forward cabin [of an airliner]
voorkamer front room
voorkant front [of a house], front side, face; *met de ~ naar de straat* facing the street; *zie ook* voorzijde
voorkauwen: *iem iets ~* repeat (explain) a thing (to a p.) over and over again; *het wordt hun voorgekauwd* they are spoon-fed with it
voorkennis foreknowledge, prescience, advance knowledge; *met mijn ~* with my (full) knowledge; *buiten mijn ~* without my knowledge, without my knowing (of) it, unknown to me; *handelen met ~, (beurs)* insider trading (dealing)
voorkeur preference; *(recht van ~)* preference, priority, first claim; *bij ~* by (for) preference, for choice, preferably; *de ~ genieten (hebben), a)* be preferred; *b) (recht van ~ hebben)* have the preference [*boven* over], have first claim [on s.t.], have the (first) refusal [of a house]; *de ~ verdienen* be preferable [*boven* to]; *de ~ geven aan* prefer [*boven* to], give preference to [*boven* over: young men are given preference over older men]; *de ~ geven aan koffie boven thee, (ook)* drink ... in preference to tea
voorkeursbehandeling preferential treatment
voorkeurspelling preferred spelling
voorkeursrechten preferential duties
voorkeurstem preference vote
voorkeurtoets, voorkeuzetoets pre-set button, etc
voorkiem *(plantk)* prothallium
voorkind 1 child by a previous marriage; **2** pre-marital child
voorklinker front vowel
voorkoken 1 parboil; *~ en invriezen* cook-chill; **2** *(fam)* manipulate, rig [results], contrive [plans] carefully, cook up [a cleverly cooked up scheme]
'voorkomen I *ww* **1** *(bij wedstrijd)* get (draw) ahead, draw away from the others, draw out in front; *iem ~, (ook fig)* get ahead of (outstrip) a p.; **2** *(ve taxi, rijtuig, enz)* come round, drive up (to the door); *de auto* ***laten*** *~* order the car round, have the car brought round; **3** *(voor de rechtbank, v pers)* appear in court, be brought up (for hearing, for trial), *(ve zaak)* come on, come up (for hearing, for trial); ***weer*** *~, (ve beklaagde)* be brought up on remand, make a second appearance; **4** *(gevonden worden)* be found, be met with, occur; *veel ~, (ook)* be much in evidence; *~ in iems* ***testament*** *(een toneelstuk, legende, de (koopmans)boeken)* figure in a p.'s will (a play, a legend, the books); *de helft van alle steenkool komt er voor* half ... occurs there; **5** *(gebeuren)* occur, happen; ***veel*** *(geregeld) ~* be of frequent (regular) occurrence; *zorgen voor alles dat voorkomt (zich voordoet)* attend to anything that crops up; **6** *(toeschijnen)* seem (appear) to; *het komt* ***mij*** *voor dat ik het eerder gehoord heb, (ook)* I seem to have heard it before; *het kwam ons gewenst voor ...* we thought it desirable ...; *het komt me bekend voor* it rings a bell; *uw naam komt me bekend* your name seems familiar (has a familiar ring); *hij* ***laat*** *het ~* ***alsof*** *...* he pretends (makes it appear) that ...; *als hij laat ~* [not so good] as he would have you believe; [not so poor] as he makes out; **II** *zn* **1** (personal, outward) appearance, aspect, air, look(s); *je moest wat meer werk maken van je ~* you should take more pride in your appearance; *goed van ~* personable; *dat geeft de zaak een ander ~* that puts a different complexion on the matter; **2** occurrence [of measles, of abnormal forms, etc], incidence [of tuberculosis, of colour-blindness among women]; *plaats van ~, (v dieren, enz)* habitat
voor'komen 1 *(vóór zijn)* anticipate, forestall [a p.'s wishes], be beforehand with [a p.]; **2** *(beletten)* prevent, guard against [accidents], preclude [ambiguity], save [trouble, a lot of work]; *(afwenden)* stave off [bankruptcy, penury], avert [a disaster]; *~ is beter dan genezen* prevention is better than cure; *te ~* preventable, preventible [diseases]
'voorkomend occurring; *zelden ~* rare, of rare occurrence; *veel ~* of frequent occurrence, frequent; *~e genade, (r-k)* prevenient grace; *zie ook* gelegenheid, enz
voor'komend obliging, attentive, complaisant, considerate
voorkomendheid obligingness, complaisance
voor'koming prevention; anticipation; *vgl* voor'komen; *ter ~ van* to avoid (prevent) [disappointment]; *zie ook* zwangerschap
voorkoop pre-emption; *zie ook* recht I.1
voorlaatst last [line] but one; penultimate [syllable]; *de ~e keer* last time but one; *het ~e seizoen* the season before last
voorlader *(wasmachine)* front-loader; *(geweer)* muzzle-loader
voorland 1 foreland, promontory, headland; **2** *(oningedijkt land)* foreland, foreshore; **3** future; *dat is je ~* that is what is in store for you, that's your future
voorlang for a long time
voorlastig *(mar)* down by the head
voorleer front [of a shoe], vamp
voorleggen lay (put, place) [a proposal, etc] before [a p., the meeting], submit [a plan, samples, etc] to, propound [a problem] to; *het aan de vergadering (ter stemming) ~* put it to the meeting; *iem zijn zaak ~* state one's case to a p., put one's case before a p.; *mag ik u deze vraag ~?* may I put this question to you?; *het werd hem ter beslissing voorgelegd* it was referred to him for a decision
voorleiden bring up [a criminal]
voorletter initial (letter); *zijn ~s* his initials
voorlezen read to [a p.]; read out [a notice]; *(aanklacht, afgelegde verklaring, enz)* read over [the

charge, the prisoner's statement] to ...; *lees me de brief voor* read me the letter
voorlezer reader *(ook in kerk)*
voorlezing reading; *(ve spreker)* lecture
voorlichten *ww* **1** light [a p. to his room, etc]; **2** *(fig)* enlighten [*omtrent* on, as to], instruct, advise, inform; *vgl* voorlichting
voorlichtend informative [meeting]
voorlichter information officer, press officer, spokesman
voorlichting enlightenment, instruction(s), advice; information [service]; *(bij beroepskeuze, enz)* guidance; *seksuele ~* sex instruction (education, *Am:* orientation); *seksuele ~ geven, (ook)* tell [one's children] the facts of life; *te uwer ~* for your guidance
voorlichtingsambtenaar information officer, press officer, spokesman
voorliefde predilection, (special) liking [*voor* for], partiality [*voor* to, for]; *~ hebben voor* have a predilection (etc) for, be partial to; *~ krijgen voor* take a liking (a fancy) to
voorliegen: *(wat) ~* lie to [a p.]
voorliggen **1** lie in front; *~ op* be ahead of, have a lead over [a p.]; **2** *(mar) pal west ~* stand (*of:* head) due west; **3** be in hand, under discussion; *het ~de ontwerp, (ook)* the present draft
voorlijk forward [child, plant], precocious [child], early [plant]
voorlijkheid forwardness, precociousness
voorloop *(bij distilleren)* heads, first runnings; *(ook: naloop)* faints
voorlopen go (walk, run) in front; *(ve uurwerk)* gain [two minutes a day]; *(voor zijn)* be [two minutes] fast
voorloper **1** precursor, forerunner, predecessor, herald; **2** *(schaaf)* jack plane
voorlopig I *bn* provisional [government]; preliminary [notice]; *(ook)* tentative [arrangement, consent]; *~ bewijs van aandeel* scrip (certificate); *~ dividend, ~e uitkering* interim dividend; *~e rekening* suspense account; *~ verslag* interim report; *zie ook* polis & preventief; II *bw* provisionally, for the present, for the time being, until further notice
voormaals in former times
voormalig former, late, sometime, one-time [editor of Punch]
voorman **1** *(mil)* man in front; *zich op zijn ~ dekken* take up one's covering; *(fig)* pass the buck; *iem op zijn ~ zetten* put a p. in his place, make a p. sit up; **2** *(ploegbaas)* foreman; **3** *(leider)* leader, leading man; *zie ook* kopstuk; **4** *(bij wissel)* preceding (previous) holder
voormarszeil foretopsail
voormast foremast
voormeld above-mentioned, mentioned higher up
voormiddag **1** morning, forenoon; **2** early afternoon; *~s te 10 uur* at ten o'clock in the morning, at 10 a.m.
voormiddagbeurt, voormiddagdienst morning service
voormiddagwacht *(mar)* forenoon watch
voormuur front wall; *(fig)* bulwark
voorn roach, rudd, red-eye
'voornaam *zn* Christian (first, *Am:* given) name, forename
voor'naam *bn* **1** distinguished [visitor], eminent, prominent; aristocratic [manners], grand [style]; *zie ook* deftig; **2** *(belangrijk)* important, prominent [occupy a prominent place]; *~ste* principal [problem], leading [firms, England's leading pianist], chief; *dit is het ~ste* this is the principal (main, great) point
voornaamheid distinction; prominence, eminence; *vgl* voornaam
voornaamwoord pronoun
voornaamwoordelijk pronominal
voornacht first part of the night
voornamelijk principally, chiefly, mainly, primarily
voornemen I *ww: zich ~* resolve, determine, make up one's mind [to go], propose [the method he proposed to use], plan [he did a good deal of what he had planned], determine (resolve) (up)on [a certain course]; *hij nam zich voor ..., (ook)* he made a mental note [to have these things attended to]; *zie ook* voorgenomen; II *zn* intention, resolution [New Year resolutions]; *het ~ hebben (van ~ zijn, ~s zijn) om te gaan* intend to go; *het ~ opvatten om te ...* make up one's mind to ..., resolve to ...; *de weg naar de hel is met goede ~s geplaveid* the road to hell is paved with good intentions
voornoemd above-mentioned, aforesaid
vooroefeningen preliminary exercises
vooronder forecastle
vooronderstellen presuppose, postulate
vooronderstelling presupposition; postulate
vooronderzoek preliminary investigation (inquiry, examination)
voorontsteking advanced ignition
voorontwerp (first) draft
vooroordeel prejudice, bias [against women candidates], preconceived opinion; *een ~ hebben tegen* have a prejudice (be prejudiced) against; *iem een ~ doen krijgen* prejudice a p. [*tegen* against]
vooroorlogs pre-war [social conditions]
voorop in front; *met de passagiersrijtuigen ~* [the train ran] coaches first; *zie ook* voor II; *~ moet staan dat ..., (fig)* the first consideration must be that ...
vooropgaan lead the way, walk in front (at the head)
vooropgezet: *~te mening* preconceived opinion, preconception
vooropleiding (preparatory, earlier) training, (previous) education, schooling; [a thorough] grounding
vooroplopen walk in front, *(ook fig)* lead the way
vooropstellen premise, postulate; *ik stel dit voorop, (ook)* I put this first and foremost; *vooropgesteld dat*

... on the understanding that ...
vooropzet malicious intention
vooropzetten *zie* vooropstellen & vooropgezet
voorouderlijk ancestral
voorouders ancestors, forefathers, for(e)bears
voorouderverering ancestor worship
voorover forward, bending forward, face down, prone, prostrate; *met het hoofd ~* head foremost
vooroverbuigen bend (stoop) forward
vooroverbukken stoop
vooroverhellen incline forward, lean over
vooroverleg preliminary discussions (consultations)
vooroverleunen lean forward
vooroverliggen lie prostrate (prone, on one's face, face downward)
vooroverlijden predecease
vooroverlopen: *(een weinig, erg) ~* walk with a (slight, bad) stoop, stoop (slightly, badly)
vooroververvallen fall forward (on one's face, headlong, head first, head foremost), pitch forward
voorpagina front page
voorpand front [of a coat, etc]
voorpiek *(mar)* forepeak
voorplan foreground
voorplat front (*of:* upper) cover
voorplecht *(mar)* forecastle, bows
voorplein forecourt [of Buckingham Palace], front (castle, palace) yard
voorpoort front (*of:* outer) gate
voorpoot foreleg, forepaw
voorportaal porch, hall
voorpost outpost
voorpostengevecht *zie* voorhoedegevecht
voorpraten: *iem wat ~, zie* wijsmaken
voorpreken preach to
voorpret anticipatory pleasure, pleasurable anticipation
voorproef(je) foretaste, taste
voorproeven taste beforehand
voorproever (food) taster
voorprogramma first part of the programme, supporting programme
voorprogrammeren programme; *(comp)* pre-program
voorpublicatie pre-publication, advance publication
voorraad stock, supply, store, stockpile; *militaire voorraden* military stores; *aanwezige ~* stock on hand; *een grote ~ voorhanden hebben* have a large stock on hand; *~ opdoen* stock (up); *een ~ opdoen van* lay in a supply of; *zijn (winter)~ aardappelen opdoen* lay in potatoes for the winter; *(niet)* ***in*** *~* in (out of) stock, in hand; *in ~ hebben* keep (have) in stock; *in ~ nemen* stock; ***uit*** *~ leveren* deliver from stock; ***van*** *(nieuwe) ~ voorzien* (re)stock; *(mar)* (re)victual, *(brandstof)* (re)fuel; *zie ook* strekken
voorraadkamer storeroom
voorraadkast store cupboard
voorraadschuur granary [of the Empire], storehouse
voorraadvorming building up of stocks, stockpiling
voorraam front window
voorrad front wheel
voorradig *zie* voorraad: in ~ & voorhanden
voorrand front edge; *(ve vliegtuigvleugel)* leading edge
voorrang precedence, priority, [traffic coming from the left has] right of way; *de ~ hebben* have priority, take precedence [*boven* of, over]; *de ~ hebben boven, (ook)* rank above; *deze aandelen hebben de ~ boven ...* these shares rank prior to ...; *de ~ verlenen* give (right of) way; *de ~ afstaan aan* yield precedence to; *om de ~ strijden* contend for the mastery
voorrangskruising major road intersection; *(opschrift)* give way
voorrangslijst priority list
voorrangsweg major road
voorrecht privilege; [royal] prerogative; *het ~ hebben te ..., (ook)* be privileged to ...
voorrede preface; *(vooral door ander dan schrijver)* foreword; *(kort)* prefatory note
voorrekenen figure out [s.t. for a p.], show
voorrichtingsbord advance direction sign
voorrijden 1 ride (drive) in front (at the head); **2** *(ve auto, enz) zie* voorkomen
voorrijder *(op los paard)* outrider; *(op één van het span)* postilion
voorrijkosten call(-out) charge(s)
voorroepen call [a witness]
voorronde qualifying (preliminary, eliminating) round
voorruim *(mar)* forehold, forward hold
voorruit *(ve auto)* windscreen, *(Am)* windshield
voorschieten advance [money]
voorschijn: *te ~* ***brengen*** produce, bring out [a jacket that he had not worn for years], elicit [the inquiry elicited the following facts]; raise [a smile]; *te ~* ***halen*** take out [one's watch], bring out [the best wine], pull out (*plotseling:* whip out) [a revolver]; *te ~* ***komen*** appear, [the stars] come out, make one's appearance, emerge [victorious from the battle; the train emerged from the tunnel], pop up [unexpectedly]; *een zakdoek kwam uit zijn zak te ~* peeped out of ...; *te ~* ***roepen*** call up, evoke [spirits], call forth, bring out [danger often brings out new qualities in a man], call into play [latent energy, etc]; *te ~* ***schieten*** dart out
voorschip forepart of a (the) ship
voorschoot apron
voorschot advance, loan; *~ten, (verschotten)* out-of-pocket expenses; *~ in geld* cash advance; *~ tegen onderpand* advance (*of:* loan) on security; *~ in rekening-courant* overdraft; *een ~ verlenen* make an advance; *~ geven op* advance money on; *in ~ zijn* be to the good; *op ~ ontvangen* receive in advance
voorschotbank credit cooperative, credit bank
voorschotelen *zie* opdissen & voorzetten: iem iets ~
voorschreven above-mentioned, aforesaid

voorschrift prescription *(ook ve dokter)*, direction, instruction; *(voor gedrag)* precept; *(ve reglement, enz)* regulation, *(eis)* requirement; *op ~ van de dokter* [he is resting] under doctor's orders; *door ~ en voorbeeld* [teach] by precept and example

voorschrijven 1 *(eig)* write [s.t. to be copied by a p.], set [a copy]; **2** *(fig)* prescribe, *(gebiedend)* dictate [terms, conditions of peace]; *als voorgeschreven in de verordening* as laid down in (as required by) the by-law; *zie ook* wet; *iem ~ hoe hij moet handelen* prescribe (dictate) to a p. how to act; *een patiënt een geneesmiddel (behandeling) ~* prescribe a medicine (a treatment) for a patient; *het gezond verstand schrijft het voor* it is dictated by common sense; *er is haar volledige rust voorgeschreven, (ook)* she has been ordered complete rest; *een recept ~* write (out) a prescription; *de (het) voorgeschreven lichten, grootte, honorarium, enz* the regulation lights [of a vessel], size, fee, etc; *ik laat me niets (door u) ~* I won't be dictated to (by you)

voorsein distant signal

voorselectie preliminary selection

voorshands for the present, for the moment, for the time being

voorslaan *(voorstellen)* propose, suggest

voorslag 1 first stroke; *(ve klok)* warning; *(muz)* appoggiatura; **2** *(voorstel)* proposal; *iem een ~ doen* make a p. a proposal

voorsluiting front fastening; *met ~* front-fastening

voorsmaak(je) (fore)taste

voorsnijcouvert (set of) carvers

voorsnijden carve

voorsnijd(st)er carver

voorsnijmes carving knife, carver; *(mes & vork)* carvers

voorsnijvork serving fork, carving fork

voorsorteren *(verkeer)* filter, pre-select; *(opschrift)* get in lane

voorspannen 1 put [the horses] to; *zich ergens ~* take a thing in hand; *ik zal hem er ~* I'll get him to lend a hand, I'll enlist his services; **2** pre-tension; prestress

voorspatbord *(auto)* front wing, *(Am)* front fender; *(fiets)* front mudguard

voorspel 1 *(muz)* prelude, overture; *(voor de kerkdienst)* (in-)voluntary; *(theat)* prologue, introduction, introductory part of a play; **2** *(fig)* prelude [*van een grote strijd* to a great struggle]; *(liefdes~)* foreplay

voorspelbaar predictable *(ook: saai)*

voorspelden pin on (in front)

voorspelen 1 play [I'll play you an example; play us s.t.; play to us]; *komen ~* have an audition; **2** *(kaartspel)* (have the) lead

voorspeler *(sp)* forward

'voorspellen spell [a word] to [a p.]

voor'spellen predict, prophesy, foretell, forecast (*ovt & v dw:* forecast *of* forecasted), prognosticate, presage; *(uit tekenen)* augur; *(v zaken)* (fore)bode [ill], augur [well, ill], portend [harm, trouble], spell [disaster, ruin]; *dat voorspelt niets goeds* that forebodes nothing good; *dat voorspelt iets goeds voor het land* that augurs well for the country; *de zon voorspelt een warme dag* promises a hot day; *ik heb het je wel voorspeld!* I told you so!; *zie ook* beloven

voorspeller prophet, prophesier

voorspelling prediction, prophecy, prognostication, [weather] forecast

voorspiegelen: *iem iets ~* hold out false hopes to a p., delude a p. with false hopes, lead a p. to expect s.t.; *er werd hem grote rijkdom voorgespiegeld* a vision of great wealth was dangled before his eyes; *zich allerlei dingen ~* indulge in all kinds of illusions; *zie ook* voorstellen 6

voorspiegeling false hope(s), delusion

voorspijs entrée

voorspoed prosperity; *voor- en tegenspoed* ups and downs; *in voor- of tegenspoed* for good or ill, for better (or) for worse; *vrienden in ~* fair-weather friends

voorspoedig prosperous [voyage], successful, auspicious; *het ging hun ~* they prospered, were successful; *het kindje groeit ~* is thriving

voorspoedigheid prosperousness, prosperity

voorspraak 1 intercession [*bij* with], mediation, advocacy; *op ~ van* at the intercession of; **2** *(pers)* intercessor, mediator; advocate [*bij* with] *(ook bijb: 1 Joh. 2:1); iems ~ zijn bij* intercede for a p. with, put in a word for a p. with

voorspreken *(om te laten nazeggen)* say (pronounce) first; *iem ~* speak on a p.'s behalf, take a p.'s part, put in a word for a p.

voorspreker *zie* voorspraak 2

voorsprong start; lead [a ten yards' lead, a lead in armaments over France]; *(sp & fig)* headstart; *de wet van de remmende ~* the dialectics of progress; *een ~ geven* allow a start, give 10 minutes' (etc) start; *(sp ook)* margin [the greatest margin since Coppi's in 1952]; *hij had een uur ~ op ze* he had an hour's start of them; *een ~ hebben van 500 stemmen* be leading by ...; *in de diplomatie hebben vrouwen een zekere ~ op mannen* in ... women have the edge (a slight edge) over men

voorstaan I *tr* advocate [a view, liberty, socialism], champion [a principle, the cause of the unmarried mother], stand for [tariff reform]; **II** *intr* **1** *(vooraan staan)* stand in front, *(ve taxi)* be at the door; **2** *(voor de geest staan)* be present to one's mind; *het staat mij voor alsof het gisteren gebeurde* I remember it as if ...; *er staat me zo iets van voor(, dat ...)* I seem to have heard it before (I have an idea, somehow, that ...); **3** *er goed ~, enz, zie* staan; **4** *zich laten ~ op* pride o.s. on [one's birth, one's conversational powers]; *je laat je ~ op onze vriendschap* you presume on our friendship; *hij laat zich op niets ~* he is an unassuming person; *niet dat ik mij erop laat ~* not that I take any credit for it

voorstad suburb; *van de voorsteden* suburban; *(de mensen, het leven in) de voorsteden, (ook)* suburbia
voorstadium preparatory (initial, earlier) stage (phase)
voorstander advocate, champion, supporter, upholder [of capital punishment]; *~ van frisse lucht* believer in fresh air; *~ zijn van, (ook)* believe in [marrying young]; be in favour of [change]; *een groot ~ zijn van* be all for [tolerance, employees' participation]
voorstanderklier prostate
voorste foremost [in the foremost ranks], first, front [row], anterior *(v twee); ~ wagen, (ve trein, ook)* leading coach; *de ~ blijven* retain the lead; *zie ook* ledemaat, vinger, enz
voorsteken overtake; push in front
voorstel 1 proposal, *(inz handel)* proposition; *(opperring)* suggestion; *(ve bestuur, ook)* resolution, *(v leden ve vergadering)* motion; *(wets~)* bill; *een ~ doen* make a proposal; *zie ook* voorstellen; *een ~ indienen, (door lid)* move (table, hand in) a motion; *een ~ aannemen* accept (agree to, accede to) a proposal; *een ~ verwerpen* reject a proposal; *op ~ van* on the proposal of, on the motion of [Mr R the debate was adjourned], at (on) the suggestion of; **2** *zie* proefpreek; **3** *(ve wagen)* fore-carriage
voorstelbaar imaginable
voorstellen 1 *(introduceren)* introduce, *(aan hogeren)* present; *aan het hof voorgesteld worden* be presented at Court; *hij stelde ons aan elkaar voor* he introduced us; **2** *(een voorstel doen)* propose, propound, *(fam)* put [I'll put it to her], *(in vergadering)* move [an amendment]; *(opperen)* suggest; *de verwerping van het wetsontwerp ~* move the rejection of the bill; *~ het verslag goed te keuren* move the adoption of the report; *ik stel voor dat we er vandoor gaan, (fam)* I vote we bolt; *een **dividend** ~* recommend (propose) a ...; **3** *(een voorstelling geven van)* represent [facts, Satan]; *stel me niet slechter voor dan ik ben* don't make me out to be worse than I am; *is het zo slecht als hij het voorstelt?* is it as bad as he makes out?; *het **mooier** ~ dan het is* make it look better than it is; *dat **portret** moet mijn oom ~* that portrait is meant (supposed) to be ...; ***verkeerd** ~* misrepresent; **4** *(betekenen)* mean, stand for [nothing at all]; *het stelt heel wat (niet veel) voor* it's very worthwhile (isn't up to much, doesn't amount to much); **5** *(de rol spelen van)* represent, (im)personate [a king]; **6** ***zich** ~, a)* introduce o.s.; *b)* picture (to o.s.), figure to o.s., imagine, fancy, visualize [a scene], conceive (of) [he cannot conceive of any other system; the Dalton plan conceives of pupils divided into small groups]; *(fam)* see [I can't see myself doing it, I can't see him behaving like that]; *stel je voor!* just fancy!, only think!; *ik kan me niet ~ wat hij bedoelt* I cannot think ...; *men kan zich ~ ...* it may be imagined ...; *dat kan ik me (best) ~* I can (readily) imagine (can quite believe) it; *zo'n prachtig huis als je je maar kunt ~* as splendid a ... as you would wish to see; *ik kan me ~ dat ze mooi danst* I can imagine her dancing ...; *ik kan mij zijn gezicht niet meer ~* I cannot recall his face; *hij stelde zich de Fransen voor als mensen die ...* he thought of the French as people who ...; *ik stel mij er niet veel van voor* I am under no illusion about it; *zich een prettige tijd ~* promise o.s. a pleasant time; *c) (van plan zijn)* intend, propose [he proposed to visit Ayr]; *zie ook* motie, enz
voorsteller proposer, mover; *vgl* voorstellen
voorstelling 1 introduction, presentation; **2** representation, *(lezing)* version [his version of the incident]; **3** *(uitvoering)* performance; *(ook)* house [between the two houses]; *(fam)* show [two shows a night]; **4** image, idea, notion; *een ~ geven voor de koning* perform before ...; *geld verkrijgen door valse ~en* obtain money by false pretences (representations); *verkeerde ~* misrepresentation; *volgens uw eigen ~ (v zaken)* on your own showing; *zich een ~ maken van* form an idea of, visualize; *de ~ die men zich algemeen maakt van de Engelsman* the popular conception of the Englishman; *zie ook* voorstellen: zich ~ b)
voorstellingsvermogen imaginative faculty; [it surpasses the (one's powers of)] imagination
voorstellingswijze way of representing (*of:* putting) things
voorstemmen vote for it (the proposal, etc), vote in favour [of the proposal; there were 7 votes in favour]; *207 stemden voor en 207 tegen* 207 voted each way
voorstemmer person voting affirmatively (in favour); *~s* ayes; *(Hogerhuis)* contents
voorsteven stem [from stem to stern]
voorstoot 1 *(bilj)* first stroke; **2** *(v bijen) zie* maagdenwas
voorstopper *(sp)* inside defender
voorstudie preparatory study
voorstuk 1 front part; *(ve schoen)* front; **2** *(theat)* curtain-raiser
voort 1 *(verder)* on, onwards, forward, forth, along; *~!* clear out!, *(tegen paard)* gee-up!; *~ kunnen* be able to proceed (to go on); *ik kan niet meer ~* I cannot go any further; *het werk kan niet ~* the work is held up [by the strike]; **2** *(vertrokken)* away, gone; **3** *(dadelijk)* at once
voortaan in future, from this day forward, from now on, henceforth, henceforward
voortand front tooth
voortbestaan I *ww* continue to exist, endure, survive; *doen ~* perpetuate; **II** *zn* continuance, survival, continued existence
voortbewegen move on (*of:* forward), propel; *zich ~* move (on)
voortbeweging propulsion; *(het zich voortbewegen)* locomotion, progression
voortbomen pole, punt [a boat]

voortborduren: ~ *op* embroider (on), elaborate [a theme]
voortbouwen continue (go on) building; ~ *op* build on
voortbrengen produce, bring forth, beget, procreate, create, generate; give forth [a hollow sound]
voortbrenging production, procreation, generation
voortbrengsel product(ion)
voortdrijven I *tr* **1** drive (urge, spur) on, impel; **2** *(v gassen, enz)* propel; *vgl* aandrijven; II *intr* float along
voortduren continue, last, go on, endure; *het ~ van* the continuance of [the drought]
voortdurend 1 *(steeds herhaald)* continual; **2** *(zonder onderbreking)* continuous, lasting, unremitting; *(altijddurend)* everlasting, permanent; *~e grief* standing grievance; *~e bron van moeilijkheden* constant source of trouble; *~e regens* constant rains
voortduring continuation, duration, permanence; *bij ~* continuously
voortduwen push on (*of:* along)
voorteken sign, [a good (evil)] omen, portent, augury, presage; *(muz)* accidental
voortekening *(muz)* signature
voortellen count [s.t.] out to [a p.]
voortent *(ve caravan)* awning
voorterrein forecourt
voortgaan go on, continue, proceed [*met* with]; *zie ook* doorgaan
voortgang progress; *(ook)* strides [the enormous strides made by the company]; *~ hebben* proceed, go on, be in progress; *~ maken* get on, proceed [*met* with], hurry up, push on, push ahead; *er komt ~ in de zaak* things are moving; *de aanklacht zal ~ moeten hebben* the charge will have to go forward
voortgezet secondary [education *onderwijs*]; *zie* voortzetten
voorthelpen: *iem ~* help a p. forward (*of:* on); give a p. a helping hand, help a lame dog over a stile
voorthollen 1 run (*of:* rush) on (*of:* along); **2** *(fig) zie* doordraven
voortijd: *de ~* prehistoric times; *de geschiedenis van de ~* prehistory; *de grijze ~* the dim and distant past
voortijdig premature(ly), [his] untimely [death]
voortijds in former times, formerly
voortijlen hurry (scurry, hasten) on; *(vd tijd)* fly
voortjagen I *tr* hurry (drive, push) on; II *intr* hurry on (*of:* along)
voortkomen get on (*of:* along); *~ uit* proceed (emanate, come) from [a reliable source]; stem from [the embarrassment stems from ...]; originate from [Africa]; spring from [a royal stock]; *dit boek is voortgekomen uit mijn ervaring* this book has grown out of my experience; *de uit het geschil ~de toestand* the situation arising (ensuing) from the dispute; *kan er iets goeds uit ~?* can any good result from it?; *vele voordelen zouden daaruit ~* many advantages would accrue
voortkunnen *zie* voort 1
voortleiden lead on
voortleven live on; *hij leeft voort in (door) zijn werk* he lives on in (through) his work
voortmaken make haste, hurry (up), bestir o.s., be quick; *maak wat voort!* hurry up!, look sharp!, get a move on!; *~ met* press (push, get) on with, speed up [the work]; *zich ~* run off, take to one's heels
voortoneel forestage, proscenium
voortop foretop
voortouw: *het ~ nemen* take the initiative
voortoveren conjure up [before the mind's eye]
voortplanten propagate [plants, animals, a doctrine, light, sound; sound waves are propagated by air], transmit [diseases, light, sound, electricity]; *zich ~* breed, propagate (o.s.), reproduce, multiply, *(v geluid, licht, enz)* be transmitted, travel
voortplanting propagation [sound propagation, propagation of the faith], multiplication, transmission; *(biol)* reproduction, procreation
voortplantings- reproductive [organs, power, system, urge], procreative
voortplantingssnelheid velocity of propagation; *~ van het geluid* speed of sound
voortploeteren plod on (*of:* along)
voortreffelijk excellent, first-rate; *(fam)* tiptop
voortreffelijkheid excellence
voortrein relief train (run before the regular one); *vgl* volgtrein
voortrekken: *iem ~* favour a p. (above others) [you always favour him], be prejudiced in a p.'s favour, show favouritism to a p.
voortrekker *(Z-Afr)* voortrekker; *(fig)* pioneer; *(scout)* Venturer, Venture Scout, *(hist)* Rover; *(Am)* Explorer
voortrennen run (gallop, rush) on, career [the horse careered madly down the street]
voortrollen *tr & intr* roll (bowl, trundle) along; *(in auto, enz)* roll (spin) along
voortrukken I *intr* march (press, move) on, push (press) forward; II *tr* pull along (*of:* on)
voorts moreover, besides, farther; *en zo ~* and so on, et cetera, etc
voortschrijden stride (stalk) along; *(fig)* make great strides (progress); *met het ~ der jaren* with advancing years
voortslepen drag along; *(fig)* drag out [a painful existence]; *zich ~* drag o.s. along; *(fig)* [the hours] drag by, drag on [the war dragged on into its fourth year]
voortsleuren *vgl* voortslepen
voortsnellen hurry on, hasten along; *zie ook* voortrennen; *maar steeds ~* rush on and on
voortspoeden: *zich ~* hasten (hurry) away (along), speed on, press forward (*of:* on)
voortspruiten: *~ uit* arise (spring, result) from; *zie ook* voortkomen
voortstuiven rush (dash) along (*of:* on)

voortstuwen propel, push (drive) along
voortstuwing propulsion, drive
voortsukkelen plod (trudge, jog) on; *(in ziekte)* linger on
voorttelen procreate, multiply
voorttrekken I *tr* draw (on), drag (on); II *intr* march on
voortuin front garden
voortvaren **1** sail on; **2** continue, proceed
voortvarend energetic, go-ahead; *hij is verbazend ~* he has plenty of drive; *(al te ~)* pushing, *(fam)* pushy
voortvarendheid energy, push, drive
voortvloeien flow on; *~ uit* result (arise, proceed, spring, stem) from; *wat zal eruit ~?* what will result from it?, what will it result in?; *~d uit* consequent on; *de daaruit ~de hongersnood* the consequent (resulting, resultant) famine, the famine consequent (up)on it; *zie ook* voortkomen & volgen
voortvloeisel result, outcome
voortvluchtig fugitive; absconding [debtor]; *(fam)* [be] on the run; *~e* fugitive (from justice), runaway
voortwoekeren fester, rankle
voortzeggen make known, repeat, pass on [a message]; *zegt het voort!* pass it on!, please tell your friends (tell others, spread the word)!
voortzetten continue [a business, etc], proceed on [one's journey], go on (proceed) with, carry on [one's work], follow up [an inquiry]; *wordt voortgezet* to be continued; *de kennismaking ~* pursue the acquaintance; *een werk krachtig ~* push on (forge ahead with) a job; *zie ook* voortgezet
voortzetter continuator
voortzetting continuation; *de al of niet ~* the continuation or otherwise [of the exhibition]
vooruit **1** *(naar voren)* forward *(ook mar)*; *recht ~, (voor ons uit)* straight in front of us; *~ maar!, (fam) ~ met de geit!* go ahead!, carry on!, *(spreek op)* go ahead!, fire away!, *(sl)* spit it out!, cough it up!, shoot!; *~!, (tegen paard)* gee-up!; *~, naar bed!* away to your bed now!, off you go to bed; *langzaam ~!, (mar)* easy ahead!; *er is een boot ~* a steamer ahead; *hij was zijn tijd (ver, eeuwen) ~* he was (far, centuries) ahead of (in advance of) his time(s); *zie ook* voor II; *hij kan niet voor- of achteruit* he is in a cleft stick (in a fix); *zie ook* borst; *(weer) ~ kunnen* have s.t. to go (to carry) on with; **2** *(vooraf)* before, beforehand, [book seats] in advance; *een hele tijd ~ kopen* buy well in advance; *een lang ~ gemaakte afspraak* a long-standing engagement; *de ene helft ~ krijgen en de andere na voltooiing van het werk* get one half down, and the other half on completion of ...
vooruitbepalen determine (*of:* fix) beforehand
vooruitbestellen order in advance
vooruitbestelling advance order
vooruitbetalen prepay, pay (for) in advance; send cash with order; *vgl* betalen
vooruitbetaling prepayment, payment in advance; *bij ~ te voldoen* cash with order, payable in advance
vooruitblik preview
vooruitboeren get on (do) well
vooruitbranden: *hij is niet vooruit te branden* there is no way of getting him to move
vooruitbrengen bring forward; *(fig)* help on (*of:* forward), advance [science]
vooruitdenken think ahead
vooruitgaan go on ahead, lead the way; *(fig)* get on, make progress (*of:* headway), progress, come on, improve [the condition has improved; an improving quarter *stadswijk*]; move [with the times]; *(vd barometer)* rise; *wij gaan vooruit* we are getting on, are on the upgrade (on the up and up); *de patiënt gaat vooruit* is improving (progressing), *(gaat mooi, goed vooruit)* is getting on nicely, is making good (satisfactory) progress, is well on the road to recovery; *langzaam ~* make slow progress
vooruitgang progress, advance, improvement; march [of science, of civilization]; *een ~ vergeleken met* an advance on [anything that appeared before]; *partij van de ~* progressive party
vooruithelpen help forward, help on [the work]; *zie ook* voorthelpen
vooruitkomen *(ook fig)* get on (make one's way) [in the world], make [good, no] headway; *iem ~* get (draw) ahead of a p.
vooruitlopen go on ahead; *~ op* anticipate [events], run ahead of [things]; *op een zaak ~, (in zijn oordeel)* prejudge a case; *maar ik loop vooruit, (bij vertellen)* but I am anticipating
vooruitrijden **1** ride (drive) on before (in advance); **2** face (sit facing, with one's face to) the engine, face forward
vooruitschieten shoot (dart, dash) forward
vooruitschoppen kick forward, *(fig)* push [a p.] (forward, on), pitchfork a p. into an office
vooruitschuiven push (*of:* shove) forward; *vooruitgeschoven basis, (mil)* advanced base
vooruitspringen jump (leap) forward; *(ve muur, enz)* jut out, project
vooruitsteken I *tr* hold (reach, stretch) out, extend [one's hand], protrude, purse [one's lips], thrust (throw) out [one's chest]; II *intr* stick out, jut out, protrude, project
vooruitstekend protruding, etc, sticking-out [teeth], prominent [forehead]; *zie ook* wenkbrauw
vooruitstrevend progressive, advanced, *(fam)* go-ahead
vooruitstrevendheid progressiveness
vooruitsturen send ahead, send on, send [luggage] in advance
vooruitvliegen shoot ahead (of the others)
vooruitwerken work in advance
vooruitwerpen *zie* schaduw
vooruitweten know beforehand
vooruitzenden *zie* vooruitsturen

vooruitzetten advance, put [the clock] forward (on, ahead)
vooruitzicht prospect, outlook; *~en van de oogst* crop prospects; *een slecht ~* a bad look-out; *er is geen ~ op verbetering* there is no prospect of improvement; *het ~ is niet schitterend* the outlook is not brilliant; *geen ~en hebben (bieden)* have (offer) no prospects; *betrekking zonder ~en* blind-alley occupation (*of:* job); ***in het ~*** [have s.t.] in prospect, [better trade] ahead; [his face beamed] in anticipation; *bevordering in het ~ stellen* hold out a prospect of promotion; ***met*** *~ op vaste dienst (Am)* tenure-tracked [position]
vooruitzien I *tr* foresee; II *intr* look ahead, take the long view; *ver ~* take a long view
vooruitziend forward-looking, far-seeing, far-sighted, provident; *~e blik* foresight, forethought
voorvader ancestor, forefather, progenitor; *~en, (ook)* forebears
voorvaderlijk ancestral
voorval incident, event, occurrence
voorvallen happen, take place, pass, occur
voorvechter champion, advocate [of free trade]
voorvergadering preliminary meeting
voorverkiezing primary (election)
voorverkoop forward sale; *(v kaarten)* advance booking
voorverleden: *~ jaar* the year before last
voorverpakken pre-pack(age)
voorversterker preamplifier
voorvertrek front room
voorverwarmen preheat
voorverwarmer (feedwater) heater, (boiler) preheater
voorvinger forefinger
voorvlak front face
voorvleugel forewing
voorvoegen prefix
voorvoegsel prefix
voorvoelen sense, anticipate; *iets ~, (ook)* have premonitions of s.t.; *vgl* voorgevoel
voorvoet forefoot
voorvorig last but one, penultimate; *zie* voorlaatst
voorwaar indeed, truly, in truth; *(bijb)* verily
voorwaarde condition, stipulation; *~n, (ook)* terms [our terms are: ...]; *Algemene V~n TPGPost bv, (vglb)* Code of Practice for Postal Services; *een eerste ~* a prerequisite (precondition); *~n stellen* make conditions; *de ~ (tot ~) stellen dat ...* make the condition (make it a condition, stipulate) that ...; *zijn ~n stellen* state one's terms; *onder geen ~* on no account; *op (onder) ~ dat* on (the) condition that, on the understanding that; *op deze ~* on this condition; *op billijke ~n* on moderate terms; *op zekere ~n* [I am willing to participate] on terms
voorwaardelijk conditional [acceptance, approval]; *~ veroordelen* give [a p.] a suspended sentence; *~ veroordeeld worden* be sentenced to [one month's] suspended imprisonment; *~ vonnis van echtscheiding* decree nisi; *~e wijs* conditional (mood); *zie ook* vrijheid
***voorwaardescheppend** *(Wdl: voorwaardenscheppend)* facilitative [policy]
voorwaarts I *bw* forward(s), onward(s); *één pas ~!* one pace forward!; *~, mars!* quick - march!; *~ gaan, (ook)* push on; II *bn* forward, onward; III *zn (sp)* forward
voorwand front wall
voorwarmen warm up, preheat
voorwas pre-wash
voorwedstrijd eliminating heat, eliminator
voorwenden pretend [to be ill], feign [illness], affect [indifference], simulate, profess, sham; *(als verontschuldiging)* plead [a headache]; *het is alles voorgewend* it's all (a) pretence (all put on) [his fear was put on]; *voorgewende vriendschap (wanhoop)* professed friendship (mock despair); *zie ook* doen alsof
voorwendsel pretext, excuse, make-believe, pretence, blind; *onder ~ dat* under (on) the pretext (the plea) that; *onder ~ van ...* on (under) the pretext (the plea) of ..., under pretence of ..., under colour of ...; *valse ~en* false pretences; *het zijn maar ~s, vgl* voorwenden
voorwereld prehistoric world
voorwereldlijk prehistoric; *(fig, ook)* antediluvian
voorwerk 1 *(ve boek)* front matter, preliminary matter (pages), *(Eng)* prelim(inarie)s; **2** *(mil)* outwork
voorwerker foreman
voorwerp object, thing, article; *(gramm)* object; *zie ook* lijdend, vinden; *~ van spot* object of ridicule, laughing stock
voorwerpen throw to (before); *(fig) zie* voet: voor de ~en gooien
voorwerpsnaam name of a thing
voorwerpszin object clause
voorweten *zie* voorkennis
voorwetenschap foreknowledge
voorwiel front wheel
voorwielaandrijving front-wheel drive
voorwinter beginning (early part) of (the) winter, early winter
voorwoord *zie* voorrede
voorzaal 1 front room; **2** anteroom, antechamber
voorzaat ancestor, forefather; *(mv ook)* forebears
voorzang introductory song; *(kerk)* opening hymn
voorzanger precentor, (parish) clerk
voorzegd above(-mentioned, -named); aforesaid
'voorzeggen prompt [a pupil, etc], tell [a p.] what to say; *niet ~!* no prompting, please!
voor'zeggen predict, prophesy, foretell
voorzegging prediction, prophecy
voorzeil foresail
voorzeker to be sure, certainly, surely
voorzet 1 first move; *wie heeft de ~?* who has first move?; **2** *(veldsp)* cross, centre; *iem een ~ geven, (fig)* give a p. a cue

voorzetlens *(fot)* close-up lens; lens attachment
voorzetraam storm window
voorzetsel preposition
voorzetselvoorwerp prepositional object
voorzetten place in front; put [one's foot] forward; put [the clock] on (forward, ahead); *(veldsp)* centre; *iem iets* ~ place (set) s.t. before a p., dish up [meat, etc] for a p.
voorzichtig careful, prudent, cautious, wary; *(tactvol)* discreet; *(om het terrein te verkennen, ook)* tentative [in very tentative language]; *(in zijn woorden, enz, ook)* guarded [language; very guarded in one's speech]; conservative [estimate]; *zeer* ~ *(bij aanraking, enz, ook)* [touch it] gingerly; ~*!* be careful!, steady [with the lamp]!, take care!, watch your step!, *(als opschrift)* with care!, caution!; *rij* ~*!* safe journey!, take care!; ~ *te werk gaan* proceed with caution, tread (proceed) warily, play safe; ~ *voortgaan* pick one's way carefully; ~ *gesteld* guarded [letter]; *(iem) het nieuws* ~ *vertellen* break the news gently
voorzichtigheid prudence, care, caution, wariness, discretion; *zie ook* porseleinkast
voorzichtigheidshalve by way of precaution
voorzichtigheidsmaatregel precautionary measure, precaution
voorzien 1 *(vooruitzien)* foresee [it is difficult to foresee the end], anticipate; *het was te* ~ it was to be expected; *niet te* ~ unforseeable [consequences]; **2** *(verzorgen, verschaffen)* provide, supply; *zich in hoger beroep* ~ appeal to a higher court (of justice); ~ *van* provide (furnish, supply) with; fit [a cupboard] with [shelves; bathroom fitted with full-sized bath]; equip [a building] with [CCTV]; *van etiket(ten)* ~ label; *iem van geld* ~ find (keep) a p. in money; *hij is goed van alles* ~ he is well provided (supplied) with everything; *goed* ~ *van orders* well-placed for orders; **ruim** ~ amply provided [*van* with]; well-stocked [the estate is well-stocked with game]; *ruim* ~ *zijn van, (handel)* carry a large stock [of an article]; **zich** ~ *van* provide (supply) o.s. with; *zie* welvoorzien; **3** ~ ***in*** meet [the demand, a want], cover [the case is not covered (*of:* met) by this act *wet*], fill [a gap, situation, vacancy], supply [a deficiency, want], provide (make provision) for [the education of the poor], attend to, cater for [a p.'s wants]; *er is in de betrekking* ~ the post is filled; *daarin moet* ~ *worden* that should be attended (seen) to; *in al die miljoenen moet* ~ *worden* all these millions have to be made good; **4** *het* ~ *hebben* ***op,*** *zie* verzien; *zie ook* behoefte, gemak, onderhoud, sacrement enz
voorzienigheid providence; *de V*~ Providence
voorziening provision [for the dubious debts]; supply [of a demand]; ~ *in cassatie* petition of appeal; ~*en treffen* make provision [for religious instruction in schools]; ~*en* [hotel, welfare] facilities; *zie ook* provisorisch
voorzijde front [of a house], front side, face, anterior side; obverse [of a medal]; *(ve document)* face; *aan de* ~ [a room] in the front [of the house]; *met de* ~ *naar de straat* facing the street
voorzingen I *tr* sing [s.t.] to [a p.]; **II** *intr* lead the singing
voorzitster *zie* presidente; *voorzit(s)ter* chair
voorzitten 1 preside, be in the chair; chair [a meeting]; **2** be at the back of a p.'s mind; *dat heeft bij mij voorgezeten* that was my guiding principle (the end I had in view); *zie* presideren
voorzitter chair(man), president; Speaker [of the House of Commons]; *(ve stembureau)* presiding officer [of a polling booth]; ~ *zijn, (ook)* be in the chair; *Mijnheer (Mevrouw) de* ~*!* Mr (Madam) Chairman!; *zich tot de* ~ *wenden* address the chair; *zie* dank
voorzitterschap chairmanship, presidency; *onder* ~ *van de Heer A* under the chairmanship of Mr A, Mr A in the chair
voorzittershamer chairman's hammer, gavel
voorzittersstoel: *op de* ~ *zitten* be in the chair
voorzitting *zie* voorzitterschap
voorzomer beginning (early part) of (the) summer, early summer
voorzoon 1 son by a previous marriage; **2** son born before marriage
voorzorg precaution, provision, forethought; *sociale* ~ social security; *uit* ~ by way of precaution
voorzorgsmaatregel precaution(ary measure)
voorzover *zie* zover
voos 1 spongy, woolly; **2** *(fig)* rotten [society], unsound; hollow [promises]; *(vh gestel)* sickly, weakly
voosheid sponginess, etc
vorderen I *intr* make progress (*of:* headway), get on, progress, advance [the afternoon was well advanced], wear on [the day wore on]; go ahead [the plan is going ahead quite well]; *goed* ~ make good progress; *de zaken zijn zover gevorderd dat ...* matters have got so far that ...; *niet* ~ make no progress (*of:* headway); *zie* gevorderd; **II** *tr* **1** *(opeisen)* demand, claim; *(mil)* requisition; **2** *(vereisen)* require, demand
vordering 1 *(voortgang)* progress, advance, improvement; ~*en* progress; ~*en maken, zie* vorderen; *snelle* ~*en maken, (ook)* make rapid strides; **2** claim [*op* on, against], demand; *zie* instellen & uitstaan II.2
vore furrow (*ook fig:* rimpel); *(weerk)* trough [of low pressure]
voren: ***naar*** ~ to the front, forward [view *uitzicht*]; *naar* ~ *treden (komen)* step (come) forward; *(fig)* come to the fore (the front), stand out [these names stand out most clearly], emerge [the chief points that emerge from these letters], appear [from these data it appears that ...]; *naar* ~ *brengen* bring [a question] to the fore; bring out [this aspect is clearly brought out]; *iem naar* ~ *dringen (schuiven), (fig)* push a p. forward; ***te*** ~, *zie* tevoren & *vgl* ooit; ***van*** ~ [open] in front; *van* ~ *af aan* from the beginning,

(opnieuw) once more; *weer van ~ af aan beginnen* start afresh; *zie* wind

vorengenoemd, vorenstaand above-mentioned, above, mentioned before (higher up), previously mentioned

vorig former, preceding, previous, last; *de ~e zondag, (verleden)* last Sunday, *(voorafgaande)* the previous Sunday, the Sunday before; *(de) ~e week donderdag* on Thursday of last week; *de ~e eeuw* (the) last century; *het ~e hoofdstuk* the preceding chapter; *de ~e (pas afgetreden) regering* the late government; *zie* vroeger

vork fork *(ook v fiets, weg, enz); ik weet hoe de ~ in de steel zit* I know the ins and outs of the matter (how matters stand, how the land lies); *ah, zit de ~ zo in de steel?* that's how things are, is it?; *zie* hooi

vorkbeen wishbone, furcula, furculum

vork(hef)truck fork (lift) truck

vorm 1 *(vs inhoud)* form; **2** *(gedaante)* shape, form; cast [of features]; format [of a paper]; *(gramm)* form [of a word, etc], [passive, active] voice; *(wisk)* expression; *de aarde heeft de ~ van een sinaasappel* the earth is shaped like ...; *een bepaalde (vaste) ~* ***aannemen*** take (definite) shape (form); *de mening omtrent deze kwestie neemt een vaste ~ aan* opinion on ... is slowly crystallizing; *~* ***geven*** *aan* shape, give shape to [one's thoughts]; *vgl* vormen; ***in*** *de ~ van* in the shape (form) of; *in enige ~ of gedaante* [reward] in any shape or form; *in de (juiste) ~ brengen* shape, fashion; *in ~ zijn, (sp)* be in (on) form; *vgl* topvorm; ***uit*** *de ~ zijn (raken, brengen)* be (get) out of shape; **3** *(formaliteit, enz)* form, formality, ceremony; *de ~en (niet) in* ***acht*** *nemen* observe the forms (have no manners); ***in (naar)*** *de ~* in due (and proper) form; *ik sta niet* ***op*** *~en* I do not stand on ceremony, am no stickler for etiquette; ***voor*** *de ~* for form's sake, pro forma, [notify a p.] as a matter of form; formal [questions]; *het is maar voor de ~* it's only a matter of form, a mere formality; ***zonder*** *~ van proces* [hanged] without trial, summarily [executed, dismissed], [shoot a p.] out of hand; **4** *(voorwerp)* [pudding] mould, [hatter's] form; *(gietvorm)* mould, matrix; *(typ)* forme

vormbaar mouldable, plastic

vormboom topiary

vormelijk formal, conventional, ceremonious

vormelijkheid formality, conventionality, ceremoniousness

vormeling *(r-k)* confirmee

vormeloos shapeless, formless; *een vormeloze massa, (ook)* an amorphous mass

vormen 1 *(een vorm geven)* form, shape [character], frame, fashion, model, mould, train [character]; *~* ***naar*** model [one's style] (up)on [Milton; the American government was modelled on the English]; ***zich*** *~, (v zaken)* form [ice formed on the wings]; form up [the procession formed up]; *dan vormt zich stoom* then steam is produced; *een fraai (goed) gevormd gezicht (been)* a finely chiselled face (a shapely leg) [*vgl:* a delicately shaped figurine, coarsely moulded features]; **2** *(maken, uitmaken)* form [a government, an opinion], start, set up [a committee, a fund, collection], build up [a fund], constitute [such an act does not constitute a crime], account for [20% of the population], make [dogs make the best companions, minutes make hours, they make a handsome couple], make up [a train; the parts make up the whole], spell [what do these letters spell?, c-a-t spells cat]; *(r-k)* confirm; *tezamen ~, (ook)* add up to [a curious picture]

vormend *(fig)* educative, educating, formative, forming [influence]; *~e waarde* educational value

vormenrijk polymorphous

vormer former, framer, moulder, modeller

vormfout procedural error, [he was acquitted on a] technicality

vormgever designer

vormgeving [artistic] composition, [industrial, graphic] design, styling

vorming 1 formation, forming, etc; *vgl* vormen; **2** *(vd geest)* cultivation, education

vormingsdag *(vglb)* day release

vormingswerk *(vglb)* day-release courses

vormklei moulding-, modelling-clay

vormleer 1 elementary geometry; **2** *(biol, gramm)* morphology; *(gramm)* accidence

vormloos *zie* vormeloos

vormraam 1 *(papierfabriek)* deckle; **2** *(typ)* chase

vormsel *(r-k)* confirmation

vormsnoei topiary

vormvast dimensionally stable, retaining its form

vormverandering transformation, metamorphosis; *(vervorming)* deformation

vormzand moulding-sand

vors frog

vorsen investigate, make inquiries, search; *~de blik* searching look

vorser researcher

vorst 1 *(ve dak)* ridge; **2** frost; *~ aan de grond* ground frost; *er zit ~ in de lucht* there's a nip (of frost) in the air; *de ~ zit nog in de grond* there is still frost in the ground, the ground is still frost-bound; **3** sovereign, monarch, ruler; prince [Indian princes; the Prince of Monaco]; *de ~ der dichters (der duisternis)* the prince of poets (of darkness)

vorstbalk ridge pole, roof-tree

vorstelijk royal, princely; *een ~e gift* a princely gift; *~ belonen* reward with princely munificence; *zie* koninklijk & persoon

vorstelijkheid royalty

vorstendom principality

vorstengeslacht race of rulers; *(dynastie)* dynasty

vorstenhuis dynasty, royal house [of Windsor]

vorstenlanden: *de ~* the Principalities

vorstentelg royal scion

vorstenzoon royal son

vorstgrens frost-line
vorstig frosty [weather]
vorstin queen, empress, monarch, sovereign
vorstpan ridge-tile
vorstperiode icy spell
vorstverlet hold-up owing to frost
vorstvrij 1 frost-proof; **2** [days] without frost
vort *(tegen paard)* gee-up!
vos 1 fox (*mannetje:* dog fox; *wijfje:* vixen, female (*of:* bitch) fox); *(damesbont)* fox stole; ***oude** ~, (fig)* old fox; *(in zijn vak)* old stager, old hand; ***slimme** ~* sly old dog; *een ~ verliest wel zijn **haren** maar niet zijn streken* what is bred in the bone will not come out of (will come out in) the flesh; *als de ~ de **passie** preekt, boer pas op je ganzen (je kippen)* when the fox preaches, guard your geese; *men moet ~sen met ~sen **vangen*** set a thief to catch a thief; **2** *(paard)* chestnut (horse); **3** *(vlinder)* tortoiseshell (butterfly)
vosaap lemur
vosachtig foxy
voskleurig fox-coloured; *(ve paard)* chestnut, sorrel
voskonijn viscacha
vospaard chestnut (horse)
vossen swot (mug up) [for exams]; *een week lang hard ~* do a week's hard grind; *~ op, (ook)* mug up
***vossenbes** *(Wdl: vossebes)* cowberry
vossenbont fox fur
vossengat 1 foxhole; **2** *(voor kelderraam)* cellar well
vossenhol foxhole, (fox's) earth
vossenjacht 1 fox-hunt(ing); *op de ~ gaan, (ook)* ride to (follow the) hounds; **2** treasure hunt
vossenjong fox-cub
vossenstaart foxtail *(ook plant)*, fox's tail (*of:* brush)
vosser swot(ter)
voteren vote [a credit, £200,000]
votief votive [candle, mass, offering, tablet]
votum vote; *(kerk)* (hallowing) introduction, opening sentences; *~ van vertrouwen* vote of confidence; *~ van wantrouwen* no-confidence vote
vouw *(algem)* fold; *(in kleding)* fold, pleat, crease [in trousers]; *(ezelsoor)* dog's ear, dog-ear; *in ~e dezes* enclosed
vouwbaar foldable, pliable
vouwbeen paper knife
vouwblad folder, leaflet
vouwblind folding shutter
vouwboot collapsible boat, folding boat
vouwbriefje cocked hat, three-cornered note
vouwcaravan folding trailer, collapsible caravan (trailer)
vouwdeur folding door(s)
vouwen fold; *de handen ~* fold (clasp, join) one's hands; *in drieën ~* fold in three; *dubbel ~* double [a blanket]
vouwfiets collapsible (folding) bike
vouwscherm folding screen
vouwstoel folding chair, camp chair, camp stool
vouwtafel folding table
vouwwagen folder, folding pushchair
vouwwand accordion wall
vox humana *(orgelregister)* vox humana
voyeur voyeur, peeping Tom
voyeurisme voyeurism
vozen *(fam)* bonk, screw
vraag 1 question, query; *(om iets)* request; *(kwestie)* question; *moeilijke ~* poser; *een ~ met een (weder)~ beantwoorden* answer a question by asking another, reply to a question by a counter-question; *dat is nog de ~* that remains to be seen; *dat is de ~ niet* that is not the question (the point); *het is (zeer) de ~ of ...* it is highly questionable whether ...; *de ~ is niet of ...* the point (the question) is not whether ...; *de ~ **rijst*** the question arises; *een ~ **stellen (doen)*** ask [a p.] a question, put a question [to a p.], pose a question; *een ~ **uitlokken*** invite a question; **2** *(vs aanbod)* demand; *~ en aanbod* supply and demand; *er is ~ (geen ~) **naar** ...* there is a (no) demand for ...; *er is veel ~ naar* it is much in demand; *er is (plotseling) veel ~ naar rubber* there is a run on rubber
vraagachtig inquisitive
vraagal inquisitive person
vraagbaak vademecum, reference book; *(pers)* source (focal point) of information, *(onfeilbaar)* oracle
vraaggesprek interview
vraagprijs price asked, asking price
vraagpunt 1 point in question, moot point; **2** problem, issue
vraagsgewijze by way of questions and answers, catechetically
vraagsteller questioner
vraagstelling (formulation of, way of putting a) question
vraagstuk problem, question, riddle; *(wisk)* problem
vraagteken note (mark, point) of interrogation, question mark (*ook fig:* the great question mark), interrogation mark; *(bij twijfel)* query (mark); *daar zet ik een ~ achter (bij)* I query (have my doubts, have reservations about) that; *van ~s voorzien, (ook)* call in(to) question
vraagwoord interrogative (word), question word
vraagzin interrogative sentence
vraagzucht inquisitiveness
vraat glutton, (greedy) pig; *zie* vreterij
vraatzucht gluttony, voracity, gluttonousness; *(geeuwhonger)* bulimia
vraatzuchtig gluttonous, greedy, voracious
vracht 1 *(~prijs)* freight(age); *(te water, door de lucht)* freight (rates); *(te land)* carriage, *(Am ook)* freight; *(voor pers)* fare; *tegen halve ~, (ve pers)* at half fare; **2** *(water, lucht, Am ook land)* freight; *(scheepslading, ook)* cargo; *(wagonlading)* load; *~je, (in taxi)* passenger; *~ hout* (cart)load of wood (*maar: een grote ~ hout op z'n schouder* a great weight of wood on his shoulder); **3** *(fig: grote hoeveelheid)* (cart)load [of

books]; *zie ook* ~tarief
vrachtauto truck, *(Br ook)* lorry; *(klein)* van; *zware ~, (Br)* heavy goods vehicle, HGV
vrachtboot *zie* vrachtschip
vrachtbrief *(per schip)* bill of lading (B/L); *(per spoor)* consignment note; ~ *voor wegvervoer* waybill
vrachtcontract charter party
vrachtgeld *zie* vracht 1
vrachtgoed goods; *(per schip)* cargo; *als ~ verzenden* send (*of:* forward) by (ordinary) goods train, by goods
vrachtlijst *(mar)* manifest
vrachtnota freight note
vrachtpenningen, vrachtprijs *zie* vracht 1
vrachtrijder (common) carrier, (road) haulier
vrachtschip freighter, cargo boat (ship, vessel)
vrachtvaarder carrier; *zie ook* vrachtschip
vrachtvaart carrying trade
vrachtvervoer freight traffic, goods carriage
vrachtvliegtuig cargo plane, freighter
vrachtvrij carriage paid; *(zee, lucht)* freight paid; *(post)* post-paid
vrachtwagen *zie* vrachtauto
vragen 1 ask; query; call (up)on [a p. to resign]; *(in krant)* advertise for [a manager]; *(in rekening brengen)* charge; *vraag het aan moeder* ask mother; *vraag het mij niet* don't ask me; *ik vraag alleen maar* I merely ask; *je moet niet zo ~!* don't ask questions; *ik moet u iets ~* I have s.t. to ask of you; *er wordt ons gevraagd waarom …* we are being asked why …; *waarom heb je hem hier gevraagd?* why did you ask him here?; *één geval vraagt bijzondere vermelding* one case calls for special mention; *het vraagt de* ***aandacht*** it needs seeing to (needs attention), it should be looked into; ***asiel*** *~* seek asylum; ***gevraagd:*** *een kok* wanted, a cook; ***laten*** *~* send to inquire (to ask); *hij liet zich geen tweemaal ~* he did not need to be asked twice; *een* ***meisje*** *(ten huwelijk) ~* ask (propose to) a girl; *iem zijn* ***naam*** *~* ask a p. his name, ask a p.'s name; *een* ***prijs*** *~* ask a price; *de* ***reden*** *~* ask the reason; *dat is nogal* ***veel*** *gevraagd* it's rather a lot to ask, *(fam)* it's a pretty tall order; *dat is te veel gevraagd* that is too much to ask (asking too much); *wel, daar vraag je me* ***wat!*** *(wat ik moeilijk beantwoorden kan)* ah, there you have me!, now you're asking (me)!, *(sl)* ask me another!; ***als*** *je het mij vraagt* if you ask me; *op hoeveel komt je dat, als ik ~ mag?* how much does it cost you, if I may ask? (may I ask?, if it's a fair question?); ***n(o)u*** *vraag ik je* ***(toch)!*** (now) I ask you!; *vraag dat* ***wel!*** you may well ask (that)!; *hij vroeg me dikwijls* ***bij*** *zich aan huis* he often asked me to his home; ***naar*** *iemand(s gezondheid) ~* ask after a p.('s health), inquire after a p.; *er is iem die naar u vraagt* someone is asking (inquiring) for you; *men vraagt naar u* you are wanted; *(iem naar) de* ***weg*** *~* ask the way (of a p.), ask (a p.) the way; *men vroeg mij de weg naar A* I was asked the way to A; *naar de bekende weg ~* ask for the sake of asking; *naar de prijs ~* ask (inquire) the price; *daar vraag ik niet naar, (het kan me niet schelen)* I don't care about that; *~* ***om*** ask for; *iem om geld (een gunst) ~* ask a p. for money (a favour), ask money (a favour) of a p.; appeal for [funds]; *zie* hand; *je hoeft er maar om te ~* you can have it (it is yours, it may be had) for the asking; *hij vraagt erom* he is asking for it (for trouble); *iem* ***op*** *een partij ~* ask (invite) a p. to a party; ***te(n)*** *eten ~* ask to dinner; *wat vraag je* ***ervoor?*** what are you asking for it?; *zie ook* op; **2** *(vergen)* require [time, money]; *dat artikel wordt veel gevraagd* there is a great demand for that article, that article is in great demand; *veel ~ van, (fig)* make great demands on; *er werd veel inspanning van hem gevraagd* much effort was demanded of him; **3** *(kaartspel)* call, declare [hearts, etc]; *wat is gevraagd?, (kaartsp)* what is the lead?; ***harten*** *wordt gevraagd* the lead is hearts
vragenbus question box
vragend I *bn* inquiring, questioning [look], interrogative [sentence]; **II** *bw* [look at a p.] inquiringly, questioningly
vragenderwijs interrogatively
vragenlijst questionnaire
vragensteller questioner
vragenuur(tje) question time
vrager inquirer, questioner, interrogator
vrank *zie* frank
vrat *ovt van* vreten
vrede peace; *~ door onderhandeling* negotiated peace; *~* ***sluiten*** make (conclude) peace; *~* ***stichten*** make peace; *ga* ***in*** *~* go in peace; *hij leeft in ~ met iedereen* he lives in (is at) peace with all men (all the world); *ik heb er (geen) ~* ***mee*** I don't object; all right! (I am not content with it); *ik heb er (geen) ~ mee* I can live with it all right (I am not content with it); *ten slotte had hij er ~ mee* at last he was reconciled to it; ***met*** *~ laten* leave in peace, leave (let) alone; *hij liet mij niet met ~, (ook)* he gave me no peace [until …]; *zie ook* rusten
vredebreuk breach of the peace
vredegerecht cantonal court
vredekus *zie* vredeskus
vredelievend peace-loving, peaceable, pacific
vredelievendheid love of peace, peaceableness
vredeoffer peace-offering
vrederechter justice of the peace, JP, cantonal judge
vredesaanbod peace-offer, offer of peace
vredesbeweging peace movement
vredesconferentie peace conference
vredesduif dove of peace
vredeskus kiss of peace; *(r-k)* pax
vredesmacht [UN] peacekeeping force, peace-enforcing troops
vredesnaam: *in ~* for goodness' sake
vredesonderhandelingen peace negotiations
Vredespaleis Palace of Peace, Peace Palace
vredespijp [smoke the] peace pipe, pipe of peace, cal-

umet
vredestichter peacemaker
vredestijd peacetime, time of peace
vredestraktaat, vredesverdrag peace treaty
vredevlag flag of truce, white flag
vredevorst prince of peace
vredig peaceful, quiet, placid
vree 1 *(fam) ovt van* vrijen; **2** *zie* vrede
vreedzaam(heid) peaceable(ness)
vreemd 1 *(onbekend, aan anderen toebehorend)* strange [faces, horse, dog]; *ik ben **hier** ~* I am a stranger here; *ik voel me hier ~* I feel out of it here; *het schrift is **mij** ~* the writing is strange to me; *het werk is mij ~* I am strange to the work, the work is strange to me; *hij is me ~* he is a stranger to me; *vrees is hem ~* he is a stranger to fear; *dat spel(letje) is hem helemaal niet ~* he is by no means new to that game; *~ zijn aan* be innocent of [trickery]; **2** *(buitenlands)* foreign [accent, language, state, word]; *(uit onbekende streken, ongewoon)* alien [culture, land]; *(uitheems)* exotic [plants, shrubs]; **3** *(raar)* strange, queer, odd, funny, *(fam)* rum; *het is niet ~ dat hij ...* it is not surprising that he ...; *~ **dat** hij hier is* strange that he should be here; *~ **genoeg** herinnerde hij zich mij niet* strangely (oddly) enough (strange to say) he ...; ***iets** ~s* something strange; *de familie heeft iets ~s, (ook)* there is a queer streak in the family; *het ~e ervan is ...* the strange thing about it is ...; *het ~e van zijn gedrag* the strangeness of his behaviour; *het ~e trekt altijd aan* what is strange has a wonderful attraction for people; *zie ook* gek & raar; **4** *(niet eigen)* foreign; *~e bestanddelen* foreign (extraneous) matter (substances) [in water, etc]; *~ lichaam* foreign body; *~e hulp, (in huis)* outside help; *... is hem ~* trickery is foreign (alien) to him; *~ gaan* have extramarital relations, sleep around; *zie* doen, eend, ophoren, opkijken, enz
vreemde 1 *zie* vreemdeling; *iem als een ~ behandelen* make a stranger of a p.; *dat heeft hij van geen ~* he is a chip off the old block; **2** *in den ~* [live] abroad, in foreign parts, in a foreign country; *in den ~ geboren, (ook)* foreign-born; *vgl* vreemd
vreemdeling 1 *(onbekende)* stranger [*voor mij* to me]; *ik ben een ~ in deze stad (in deze streek, in Jeruzalem)* I'm a stranger in (*of:* to) this town (in these parts); **2** *(buitenlander)* foreigner; *(niet genaturaliseerde)* alien; *ongewenste ~* undesirable alien
vreemdelingenbureau tourist information centre
vreemdelingendienst aliens registration office
vreemdelingenhaat xenophobia
vreemdelingenhater xenophobe
vreemdelingenlegioen foreign legion
vreemdelingenpolitie police division concerned with foreign residents, immigration, etc
vreemdelingenverkeer tourism, tourist traffic; *(als bestaansmiddel)* tourist industry; *men verwacht een druk ~* a rush of visitors is expected; *Vereniging voor V~* Tourist Board, [British] Tourist Authority
vreemdelingenwet aliens act
vreemdewoordentolk dictionary of foreign words [in English]
vreemdgaan *zie* vreemd 4
vreemdheid strangeness, oddity, queerness
vreemdsoortig 1 *(ongelijksoortig)* heterogeneous; **2** *(zonderling)* singular, odd
vreemdsoortigheid 1 heterogeneity; **2** singularity, oddity
vrees fear, *(zwak)* apprehension, *(sterk)* dread; *~ voor ongeregeldheden* fear of disturbances; *~ voor zijn gezondheid* fear for his health; *de vreze des Heren is het beginsel der wijsheid* the fear of the Lord is the beginning of wisdom; *~ aanjagen* strike fear into, intimidate, cow; *geen ~ kennen* not know what fear is, have no fear in one's composition; *~ koesteren voor* be afraid of, stand in fear of, fear, *(bezorgd zijn voor)* fear for, be afraid for [a p.'s safety]; *heb daar geen ~ voor!* no fear!; ***met** ~ en beven* in fear and trembling; ***uit** ~ (voor)* for fear of [rain, missing it]; *uit ~ dat* for fear that, (for fear) lest, for fear [he should hear of it]; ***zonder** ~, (ook)* fearless(ly); *zie ook* ridder & [2]hoop
vreesaanjagend terrifying
vreesaanjaging intimidation
vreesachtig timid, timorous, faint-hearted
vreesachtigheid timidity, timorousness
vreeswekkend fear-inspiring, frightful, terrifying
vreetpartij blow-out
vreetzak greedy-guts, glutton
vrek miser, niggard, skinflint, hunks, *(sl)* [an old] screw
vrekachtig, vrekkig miserly, stingy, niggardly, close-fisted, avaricious
vrekkigheid miserliness, etc, avarice
vreselijk I *bn* dreadful, terrible, horrible, frightful, awful; *het ~e ervan* the dreadfulness, etc of it; **II** *bw* **1** dreadfully, etc; **2** *(verbazend)* awfully, frightfully [kind]; *zie ook* ontzettend; *~, wat is het koud!* my goodness, it is cold!
vreten I *ww tr (ve dier)* eat, feed on; *(fig)* eat up [current]; *het vreet geld* it eats money; **II** *ww intr (ve dier)* feed; *(ve mens)* feed, stuff, gorge, cram; *de koe wil niet ~* the cow is off her feed; *roest vreet in het ijzer* rust eats into iron; *iets niet ~, (plat), zie* nemen; **III** *zn (ve dier)* fodder; *zulk ~* such stuff; *zie* stuk
vreter greedy-guts, glutton
vreterij 1 gorging; **2** *(schade aan planten)* fretting, insect damage
vreugde joy, gladness (*over* at); *~ der Wet* Rejoicing of the Law; *de ~ van zijn ouders* [he is] the (greatest) joy of his ...; *ze had niet veel ~ in het leven* she did not get much pleasure out of life; *een reden tot ~* a reason for rejoicing; *~ scheppen in* enjoy [life]; *~ beleven aan* be happy in
vreugdebetoon rejoicings
vreugdekreet shout of joy, whoop of delight

vreugdeloos joyless, mirthless, cheerless
vreugdetraan tear of joy
vreugdeverstoorder killjoy, wet blanket, spoilsport
vreugdevol full of joy
vreugdevuur bonfire
vreze *zie* vrees
vrezen *(pers)* fear, be afraid (frightened) of, stand in fear of, *(sterker)* dread; *(iets)* fear, be afraid of, be apprehensive of, dread; *wij hebben niets te ~* we have nothing to fear; *hij vreesde te worden ontslagen* he was afraid he would be ...; *een groot verlies van mensenlevens wordt gevreesd* serious loss of life is feared; *ik vrees van niet* I am afraid not; *ik vrees van wel* I am afraid so, I am afraid he is, etc; *~ voor* fear for [a p.'s safety, reason]; *voor zijn leven wordt gevreesd* there are fears for his life; *het is te ~* it is to be feared
vriend (male, man, boy) friend; *vaste ~, ~je, (v meisje)* boyfriend, *(Am sl)* main squeeze; *(fam)* chum, pal, *(Am)* buddy; *~en en vriendinnen* men and women friends; *een ~ van me die schilder is* an artist friend of mine; *~ M* old M; *(ong)* our friend M; *nee, ~!* Oh no, you don't (can't, etc)!; ***goede** ~en zijn met* be friends with; *goede ~en worden met* make friends with; *(fam)* chum up with; *weer goede ~en worden* make it up, make friends; *even goeie ~en!* no offence!, *(fam)* no bones broken!; ***kwade** ~en worden* fall out [*met* with]; *kwade ~en zijn* be on bad terms; *(zich) ~en **maken*** make friends; *~en in de **nood**, honderd in een lood* a friend in need is a friend indeed; ***te** ~ houden* keep friends (keep on good terms, keep in well) with; *iem te ~ zien te krijgen* try to get on the right side of a p. (to get in with a p.); *een ~ **van** orde (studie, enz)* a friend of (to) order (study, etc); *geen ~ van de jacht* no lover of hunting; *een ~ zijn van hengelen* be fond of (keen on) angling; *van je ~en moet je het maar hebben* with friends like that, who needs enemies?; *bewaar me **voor** mijn ~en* save me from my friends [, I can defend myself against my enemies]; *zie ook* dik, Hein, [2]maag, nood, scheiden, enz
vriendelijk kind; *(vriendschappelijk)* friendly; *~e kamer* cheerful room; *een ~ woord kan heel wat doen* a kind word goes a long way; *je moet ~er tegen de mensen zijn* you should be more friendly; *wees zo ~ me te laten weten* kindly (be so kind as to) let me know; *de eigenaar was zo ~ om toe te staan ...* the owner generously allowed ...; *~ bedankt!* thank you very much!, many thanks!; *zij laat u ~ groeten* she sends her kind regards (her love); *met ~e groeten* yours sincerely; *mag ik je ~ verzoeken dat te laten* I'll thank you to stop that; *~ van je dat je gekomen bent* kind of you to have come
vriendelijkheid kindness, friendliness; *-heden* kindnesses, civilities
vriendeloos friendless
vriendendienst act of friendship (of a friend)
vriendenkring (inner *nauwste*) circle of friends
vriendenpaar couple of friends
vriendenprijsje: *voor een ~* [I'll let you have it] at a favourable rate, [I got it] on very reasonable terms
vriendenraad friendly advice
vriendin (woman, lady-, female) friend, girlfriend; *(euf)* fiancée; *vaste ~, ~netje* girlfriend, *(Am sl)* main squeeze
vriendjespolitiek favouritism, nepotism, log-rolling, jobs for the boys
vriendlief my (good) friend
vriendschap friendship; amity; *~ sluiten (aanknopen) met* make friends with, strike up a friendship with; *er ontstond ~ tussen hen* a friendship sprang up between them; *ter wille van onze oude ~* for old time's sake; *uit ~* out of (for the sake of) friendship
vriendschappelijk I *bn* friendly, amicable; *~e wedstrijd* friendly (game); II *bw* in a friendly way, amicably; *~ gezind* friendly [to ...]
vriendschappelijkheid friendliness, amicableness
vriendschapsband tie (bond) of friendship; *~en, (ook)* [contract] friendships; *vgl* vriendschap
vriendschapsbeker loving cup
vriendschapsbetuiging profession (protestation) of friendship
Vriendschapseilanden Friendly (*of:* Tonga) Islands
vriendschapsverdrag pact (treaty) of friendship
vriescel freezing chamber, cold-storage room
vriesdrogen freeze-dry
vrieskamer freezing chamber, cold-storage room
vrieskast upright freezer
vrieskist chest freezer
vrieskou freezing cold, frosty weather
vriespunt freezing point; *op (boven, onder) het ~* at (above, below) freezing (point)
vriesvak freezer (section, compartment), freezing compartment
vriesweer frosty weather
vriezen freeze; *het begon te ~* the frost set in; *het vriest hard* it is freezing hard, there is a keen frost; *het vroor 10 graden* there were ten degrees of frost; *het kan ~ en het kan dooien* it might go either way, wait and see; *~ we dood dan ~ we dood* we'll have to take it as it comes; *zie* kraken, dichtvriezen, enz
vriezend freezing, frosty
vriezer freezer
vrij I *bn* **1** free *(ook v arbeid, stijl, beweging, vertaling, ideeën, liefde, taal, klinker, gift, toegang; ook in chem)* **2** *(in vrijheid)* free, at liberty; **3** *(met vrije tijd)* free, at liberty, at leisure; *~e avond* night off, free evening; *hij gunde zich een ~e dag* he gave himself a day off; *een ~e dag nemen* take a day off; *een wekelijkse ~e dag* a weekly day off; *~e middag* free afternoon, half-holiday; *~e school* school on anthroposophical, etc, principles; *(inz)* Steiner school; *~e software* freeware; *~e tijd* leisure (time); spare time, free time [in my spare time, I have little free time]; *~e uren* leisure (spare, idle) hours, *(buiten dienst)* off-duty hours, off hours; *mag ik vanmid-*

dag (woensdag) ~ ***hebben?*** may I have the afternoon (Wednesday) off?; *een uur* ~ *hebben* have an hour free; *ik heb geen uur* ~, *(ook)* I cannot call an hour my own; ~ ***krijgen*** [I can] get off [tomorrow]; ~ ***nemen*** take a holiday; *de middag, enz* ~ *nemen* take the afternoon, etc off; ~ ***vragen*** ask for time off, ask for a holiday; ~ ***zijn***, *(geen dienst hebben)* be off duty, be free, have [each alternate Sunday] free; *ik ben vanavond* ~ I am free this evening; *ik heb 8 uur dienst en ben dan 2 uur* ~ I am on duty eight hours and then I have two hours off; **4** *(niet in dienstverband)* free; *de ~e* ***beroepen*** the professions; *de ~e* ***kunsten*** the liberal arts; **5** *(ongedwongen)* free, unconstrained, easy; **6** *(vrijmoedig)* free, bold; *een (te)* ~ ***gebruik*** *maken van* make free with [a p.'s wine, etc]; *zo* ~ ***zijn*** *om te ...* take the liberty to ..., make bold (make free, make so bold as) to ...; *ik ben zo* ~ *u te berichten (dat te betwijfelen, er anders over te denken)* I beg to inform you (to question that, to think differently); **7** *(onbelemmerd)* free, unobstructed [view]; *iem het ~e gebruik toestaan van* allow (*of:* give) a p. the run of [one's house]; *stop en* ~, *(verkeerssein)* Stop and Go; *~e* ***etage*** self-contained flat; *onder de ~e* ***hemel*** in the open (air), under the open sky; *de ~e* ***natuur*** nature, the countryside, the open country; *~e* ***opgang***, *(ve bovenhuis)* separate entrance; *~e* ***ruimte*** clear space, clearance; *het ~e* ***veld*** the open (field); *het ~e* ***woord*** [the right of] free speech, freedom of speech; *de lijn* ***is*** ~ the line is clear (*weer* ~, *(ook)* cleared); *ik ben niet* ~ *in mijn doen (en laten)* I am not free to do what I like, I am not a free agent; *men is in dit hotel niet* ~ there is no privacy in this hotel; ~ ***kamperen*** wild camping; ***op*** ~ *staan, (ve auto)* be in neutral; ~ ***van*** free from [prejudices, disease, etc; ice free from air bubbles]; *(niet aanrakend)* clear of [the wall, etc]; ~ *van de baai zijn* be clear of the bay; *het land was* ~ *van de vijand* the country was clear of the enemy; **8** *(gratis)* free [passage, seats, free places in schools], complimentary [seat in a theatre]; *passagiers hebben 20 kg* ~ passengers are allowed 44 pounds of luggage; *zie ook* ~ zijn; ***alles*** ~ [£50 a week and] all (*of:* everything) found; *~e* ***huisvesting*** free quarters; ***kost*** *en inwoning* ~ free meals and lodging; ~ ***reizen*** *hebben* be entitled to travel free (of charge); *op dit kaartje heeft u* ~ *reizen op alle lijnen* this ticket will entitle you to free travel on ...; ~ *reizen voor kamerleden* free travel (free railway passes) for MPs; *met ~e* ***woning*** [a salary of £15,000] with residence; *~e woning hebben* live (have a house) rent-free; ~ *aan* ***boord*** free on board, f.o.b.; ~ *langs boord (langs zij)* free alongside, f.a.s.; ~ *over boord* free overside; **9** *(onbezet, onbesproken)* vacant [chair, room, seat], [this room, this table, is not] free; **10** ~ *van hypotheek* [my house is] free of mortgages, is unencumbered; **11** *(vrijgesteld)* exempt [from duty, military service]; ~ *van belasting* net of tax; *zie* belastingvrij; ~ *van inkomstenbelasting* free of income tax; ~ *van rechten* duty-paid; ~ *van zegel* exempt from stamp duty; **12** *(niet gebonden)* free; *~e oefeningen, (gymn)* free movements; *~e schop* free kick; *~e slag, (zwemmen)* freestyle; *~e verdediger, (sp)* sweeper; *~e verzen* free verse; ~ *worstelen* all-in wrestling; *zie ook* hand, hart, kwartier, naam, spel, toegang, val, verkeer, vogel, vrijlaten, wil, enz; **II** *bw* **1** freely; ~ *ademhalen* breathe freely; *weer* ~ *ademhalen* breathe again; ~ *gevolgd naar Tennyson* freely adapted from Tennyson; ~ *vallen, (natuurk)* fall free(ly); ~ *wonen, zie* ~ I: ~e woning; **2** *(tamelijk)* rather [likeable], tolerably [efficient], fairly [plain], *(sterker)* pretty [good]; ~ *heet* rather (*sterker:* pretty) hot; *het ziet er* ~ *slecht uit* it looks pretty bad; *een* ~ *goede chauffeur* quite a passable chauffeur; ~ *goed eten* have a tolerably good dinner; ~ *wat* a good deal of [money, trouble], a good deal [bigger], considerably [change considerably; considerably more dangerous]

vrijaf: ~ *hebben* have a (half-)holiday; *ééns per week* ~ *hebben* have a weekly day off; *wij hebben 's avonds* ~ we are allowed off in the evening; ~ *nemen, enz, zie* vrij & vrijgeven; *een avond* ~ an evening off

vrijage courtship, wooing, flirtation

vrijbiljet *zie* vrijkaart

vrijblijvend non-committal [answer]; informal [conversation]; open-ended [negotiations]; *(geheel)* ~ without (any) obligation, without committing o.s. (in any way); *~e offerte,* ~ *offreren, (handel)* offer without engagement

vrijbrief 1 passport, charter, licence, permit; *(mil)* safeguard; **2** *(vrijgeleide)* safe conduct

vrijbuiten practise piracy (privateering), freeboot

vrijbuiter freebooter, privateer; adventurer

vrijbuiterij freebooting, privateering

vrijdag Friday [morning, evening]; *Goede Vrijdag* Good Friday; *'s ~s* on Fridays, every Friday

vrijdags I *bn* Friday [market]; **II** *bw* [he always comes] (on) Fridays

vrijdenker freethinker

vrijdenkerij freethinking, free thought

vrijdom freedom, exemption, immunity [from taxation]

vrijdragend *(bk)* cantilever(ed)

vrije 1 freeman; **2** *het* ~ the open (air, field, country); **3** *het* ~, *(hist)* jurisdiction (of a free town)

vrijelijk freely, without restraint

vrijen 1 court; *(vero: ve dienstbode, enz)* walk out [with ...]; *(minnekozen)* pet, *(fam)* neck; *uit* ~ *gaan* go courting; *ze* ~ *al heel lang* they have been keeping company for ever so long; *~d paartje* courting couple; *vgl* verkering; **2** *(euf)* make love; *veilig* ~ (have) safe sex

vrijer 1 suitor, lover, sweetheart; *(fam)* [her] young man, boy(friend); *oude* ~ bachelor; **2** *(fam: vent)* johnny; *zie ook* sinterklaaspop

vrijerij courtship, love-making, etc; *vgl* vrijen; *~tje* amourette

vrijersvoeten: *op ~ gaan* be courting
vrijetijdsbesteding leisure activities, recreation
vrijetijdscentrum leisure centre
vrijetijdskleding casual wear, casuals, leisurewear
vrijgeboren freeborn
vrijgeest freethinker
vrijgelatene freedman, freed woman
vrijgeleide *(ook: brief van ~)* safe conduct; *onder ~* under (a) safe conduct
vrijgestelde exempt
vrijgeven 1 release [goods, a story for publication]; *(sp)* give club clearance to [a player]; **2** *(vrijaf geven)* give a (half-)holiday (a day off), let [a p.] go off duty, allow off; **3** *(lijk)* hand over [the body]; **4** *(v staatscontrole ontheffen)* decontrol, remove control from [oils, fats, etc], de-requisition [a house, etc]
vrijgevig liberal [*met* of], generous, open-handed; *~ met zijn geld* free with one's money
vrijgevigheid liberality, generosity, open-handedness
vrijgevochten undisciplined; *het is daar een ~ boel* it is go-as-you-please there
vrijgezel bachelor; *~ of getrouwd?* single or married?
vrijgezellenflat bachelor flat
vrijgezellenleven a bachelor's life, single life, bachelorhood, [his] bachelor days
vrijhandel free trade [area, zone]
vrijhandelaar free trader
vrijhandelstelsel free-trade system
vrijhaven free port
vrijheer baron
vrijheerlijk baronial
vrijheerlijkheid barony
vrijheid liberty, freedom; latitude [there is more latitude in these matters than some years ago]; *dichterlijke ~* poetic licence; *~ van handelen* liberty (freedom) of action, [full] discretion [as to ...], [ask for] a free hand; *~ van godsdienst* religious liberty; *~ van geweten* liberty of conscience; *~ van drukpers* liberty (freedom) of the press; *~ van vergadering* freedom of assembly; *~ van het woord* freedom of speech, right of free speech; *zie ook* meningsuiting; *het is hier ~* ***blijheid*** this is liberty hall, you can do as you like here; *enige ~ (v handelen, enz) moet men hun geven* ***(laten)*** some latitude must be allowed them; *iem meer ~ (van beweging) laten, (ook)* give a p. more elbow room; *de ~* ***nemen*** *om te ...* take the liberty to ..., make free to ..., make bold (make so bold as) to ...; *zich een ~ (vrijheden)* ***veroorloven*** take a liberty (liberties) [*tegenover iem* with a p.]; *zich vrijheden veroorloven tegenover, (ook)* make free with; *ik* ***vond*** *geen ~ om ...* I did not feel at liberty to ..., did not feel justified in ...ing; *ik heb geen ~ om ...* I am not at liberty to ...; ***in*** *~* free, at liberty, at large; *in ~ stellen, de ~ schenken* set free, set at liberty, release, liberate; *zie ook* vrijlaten; *voorwaardelijk in ~ stellen* release on licence, (grant) parole; *voorwaardelijk in ~ gestelde* prisoner on licence (parole); ***van zijn*** *~ beroofd* deprived of one's liberty
vrijheidlievend, vrijheidminnend fond of liberty, liberty-, freedom-loving
vrijheidsbeperking restraint
vrijheidsberoving deprivation of liberty, unlawful detention, forcible restraint, duress
vrijheidsbeweging liberation (*of:* freedom) movement
vrijheidsgeest spirit of liberty
vrijheidsliefde love of liberty
vrijheidsmuts cap of liberty, Phrygian cap
vrijheidsoorlog war of independence (of liberation)
vrijheidsstraf imprisonment
vrijheidsstrijder freedom fighter
vrijhouden 1 keep [the day] free; *een pad ~* keep a path clear; **2** pay [a p.'s] expenses, *(trakteren)* stand treat
vrijkaart free ticket, complimentary ticket; *(trein, tram, schouwburg, enz)* free pass
vrijkomen 1 get off; *(ve gevangene)* be set at liberty, come out; *met een boete ~* get off (be let off) with a fine; *zie ook* schrik; **2** *(ve auto, enz, na botsing)* get clear; *(ve betrekking)* fall vacant; *(chem)* be liberated (disengaged)
vrijkoop *zie* vrijkoping
vrijkopen buy off, ransom, redeem; *zich ~* buy o.s. off
vrijkoping buying off, etc, redemption
vrijkorps volunteer corps
vrijlaten 1 *(gevangene)* release, set at liberty; *(slaaf)* emancipate, manumit, liberate; *zie ook* vrijheid: in ~ stellen; *hij werd vrijgelaten, nadat hij beloofd had ...* he was let off on promising ...; **2** *(ruimte)* leave clear, leave [two seats] unoccupied; **3** *(niet binden, pers)* leave [a p.] free, give [a p.] a free hand, put no pressure on; *de leden ~, (bij stemming)* allow a free vote; *(zaak)* liberalize [prices]; unban [a party]
vrijlating release, emancipation, manumission, liberation; *vgl* vrijlaten
vrijleen *(hist)* freehold
vrijloop freewheel; *(ve auto)* neutral (gear)
vrijlopen go free, get off (scot-free), escape; *een klip ~* steer clear of a rock; *een nat pak ~* miss a wetting
vrijmacht absolute power, omnipotence
vrijmachtig omnipotent, all-powerful
vrijmaken (set) free, deliver [*van* from]; clear [imported goods]; free, disengage [one's arm, o.s.]; *(v sociale beperkingen, enz)* emancipate [women, slaves], liberate, manumit [slaves]; *(chem)* liberate; *tijd ~ voor* make time for; *de weg ~* clear the way [*voor* for]; *zich ~ (voor iets)* find the time (for s.t.); *zich ~ van* get rid of, rid o.s. of [an idea], shed [one's prejudices]
vrijmaking deliverance, emancipation, manumission, liberation; *vgl* vrijmaken
vrijmarkt street market
vrijmetselaar freemason
vrijmetselaarsloge freemasons' (masonic) lodge *(ook de vergaderplaats)*

vrijmetselarij freemasonry
vrijmoedig frank, bold, candid, outspoken, confident
vrijmoedigheid frankness, boldness, candour, confidence
vrijplaats (city of) refuge, sanctuary, asylum
vrijpleiten clear, exculpate, exonerate [a p., o.s.; *van* from]; *ik tracht hem niet vrij te pleiten* I hold no brief for him
vrijpostig impertinent, saucy
vrijpostigheid impertinence, sauciness
vrijschaar *zie* vrijkorps
vrijspraak acquittal
vrijspreken acquit [a prisoner of a charge]; *iem van blaam (schuld)* ~ clear a p. of blame, exonerate (absolve) a p. (from blame)
vrijstaan 1 *(ve huis)* stand alone (detached, in its own grounds); **2** *(geoorloofd zijn)* be permitted; *het staat u vrij om te ...* you are free (at liberty) to ..., it is open to you to ...; *zie ook* kijken
vrijstaand detached [house], self-supporting [wall], free-standing; *half* ~ semi-detached
vrijstaat free state
vrijstad free town, free city; *(bijb)* city of refuge
vrijstellen exempt [from taxation, etc], free [from routine duties]; ~ *van, (ook)* dispense (excuse) from; *hij werd vrijgesteld van* he was excused (from) [his lessons, attendance]; ~ *van schoolgelden* grant [full, partial] remission of fees; *vrijgesteld van* exempt from [taxation, etc]
vrijstelling exemption, freedom [from ...], remission
vrijster sweetheart, [his] young woman; *(ongetrouwde vrouw)* maid, spinster; *oude* ~ old maid, spinster
vrijuit freely, frankly; ~ *spreken, (ook)* speak out; *het is nodig op dat punt* ~ *te spreken* the point calls for plain speaking; *godsdienstige vragen* ~ *bespreken* discuss religious questions with freedom; *hij gaat* ~ he is not to blame, no blame attaches to him; *ik vind dat hij niet* ~ *gaat* I cannot hold him blameless; ~ *gaan (schuldig zonder straf)* get off
vrijvallen fall (become) vacant
vrijvechten deliver; *zich* ~ fight o.s. free, (fight for and) gain one's liberty, win one's freedom by the sword; *zie ook* vrijgevochten
vrijvrouw baroness
vrijwaren: ~ *voor (tegen)* safeguard against, secure (guard, protect, guarantee) from (against), shield from; *gevrijwaard voor, (ook)* sacred from [intrusion, attack]
vrijwaring safeguarding, etc, protection
vrijwel pretty well, practically, virtually; about [that's about all]; ~ *hetzelfde* (very) much (pretty much) the same; ~ *gelijk, (fam)* much of a muchness [in size, etc]; ~ *zoals hij verwacht had* [it was] much as he had expected; ~ *zo groot (oud) als ...* pretty near as tall (old) as ...; *zijn fortuin is* ~ *gemaakt* is as good as made; *zijn woorden waren* ~ *van deze inhoud* much to this effect; *hij had* ~ *geen geld* he had hardly any money; *er was* ~ *niets over* there was practically nothing left; ~ *onmogelijk* next to (nearly) impossible
vrijwiel freewheel
vrijwillig I *bn* voluntary, free; ~*e brandweer* volunteer fire brigade; **II** *bw* voluntarily, freely, of one's own free will, of one's own choice; *een taak die men* ~ *op zich neemt* a self-imposed task; *(zich)* ~ *aanbieden* volunteer
vrijwilliger volunteer
vrijwilligerswerk voluntary (volunteer) work
vrijwilligheid voluntariness
vrijzinnig liberal [democrat]; *(in godsd ook)* latitudinarian *(beide ook zn)*
vrijzinnigheid liberality, latitudinarianism
vrille *(luchtv)* spin, spinning dive; *in* ~ *gaan* go into a spin
vrind friend, chum, pal; *zie* vriend
vroed wise, cautious, discreet; *de* ~*e vaderen* the City Fathers
vroedkunde, enz *zie* verloskunde, enz
vroedmeesterpad midwife (obstetrical) toad, nurse-frog
vroedschap *(hist)* town (city) council, corporation, [the] City Fathers
vroedvrouw midwife
vroeg I *bn* early; *(bw ook)* at an early hour (date, age) [she lost her father early (at an early date)]; *alles is dit jaar zeer* ~ everything is very early (*of:* forward) this year; *een* ~*e dood* an early (premature) death; ~*e aardappelen (oogst)* early potatoes (harvest); ~ *genoeg* in good time; ~ *of laat* sooner or later; ~ *en laat* early and late; *'s morgens* ~ early in the morning; *maandagmorgen heel* ~ in the early (*direct na middernacht:* the small) hours of Monday morning; *het is* ~ *in juni* it is early June; *het is nog* ~ it's still early, early in the day yet, the day (the night, etc) is still young; *het is wel wat* ~ *(nog te* ~*) om al een antwoord te geven* it is early days yet (still too soon, it would be premature) to ...; *te* ~, *(voor het doel)* too early; *(vóór de gestelde tijd)* [we were (we arrived) a few minutes] early (*of:* before our time), [the train came in two minutes] before (scheduled) time, ahead of time; *te* ~ *geboren, (med)* premature [baby], preterm [infant]; *niets te* ~ none too soon; *hij stierf te* ~ he died prematurely, before his time; *kanker kan genezen, als men er* ~ *bij is* cancer may be cured in its early stages; *zie ook* vroeger, vroegst, dag, opstaan, rijp, enz; **II** *ww ovt van* vragen
vroegbeurt, vroegdienst early service
vroeger I *bn* earlier [there are no earlier roses than these]; *(vorig, enz)* former [friends, times, etc], previous [his previous presidency], late [his late master], sometime [Mr N, the sometime professor at Bonn; his sometime collaborator], past [events, experience], bygone [ages]; *in* ~ *dagen* in former days, in olden times; *uit* ~ *dagen* old-time [the old-time horse bus, street cries]; **II** *bw* earlier, sooner, [im-

possible to introduce the bill] at an earlier date; *(van tevoren) zie* voren; *(in ~ tijd)* formerly, before (now), in former (olden) times, in the old (in olden) days; *dit heette ~ ...* this was once called ...; *het is niet wat het ~ was (wat ik ~ kreeg)* what it used to be, what I used to get; *deze kamer was ~ de bibliotheek* this room used to be ...; *~ kwam je steeds op tijd* you always used to come in time; *ik ben ~ bediende geweest, (ook)* I was once a servant; *de heer N, ~ redacteur van ...* Mr N, sometime editor of ...; *van ~, (ook)* retro [clothes]

vroegertje: *het was vandaag een ~, a)* we started (we finished) (work) early today; *b)* we started the day (had to get up) early today

vroeggeboorte premature birth

vroegmis early (early morning) mass

vroegpreek early morning service

vroegrijp early-ripe(ning) [fruit], precocious [fruit, child]

vroegrijpheid precocity

vroegst earliest; *op zijn ~, ten ~e* at the earliest

vroegte: *in de (alle) ~* at an (a very) early hour

vroegtijdig I *bn* early; precocious [fruit]; *~e dood, zie* vroeg; **II** *bw* **1** early, betimes, in good time, at an early hour; **2** *(te vroeg) zie* vroeg

vrolijk cheerful [person, decor], merry [Christmas], gay [colours]; [be] in high spirits; *zo ~ als een vogeltje* as merry as a cricket (a grig); *geen erg ~ huis (voor een jong meisje)* not a very lively house ...; *~ (aangeschoten) zijn* be merry, be jolly; *een ~e Frans (broeder)* a cheerful type; *~e opmerkingen* hilarious remarks; *~ verlicht* gaily lighted; *zich ~ maken over* make merry over, have a joke at [a p.'s expense], make sport of [a p.'s oddities]

vrolijkheid mirth, merriment, gaiety, cheerfulness; *het verwekte enige ~* it caused some hilarity [among the audience]

vrome pious (devout) person, *(iron)* saint; *een valse ~* a religious hypocrite; *zie ook* uithangen

vroom pious, devout, godly; *(sl)* pi; *een vrome wens* a pious wish (*of:* hope); *een ~ leven (man), (ook)* a holy life (man)

vroomheid piety, devoutness, (religious) devotion, godliness

vroor *ovt van* vriezen

vrouw 1 woman; *gehuwde ~, (jur)* feme covert; *ongehuwde ~ (of: ~, onafhankelijk wat het vermogen betreft), (jur)* feme sole; *~ Willems* Mrs W; *Onze Lieve V~e* Our Lady; *onder ~en* among women(folk); **2** *(meesteres)* [the dog and its] mistress; *de ~ des huizes* the mistress (lady) of the house; **3** *(kaartspel)* queen; **4** *(echtgenote)* wife (*ook aanspr:* 'Wife', he said, ...); *de (dwz mijn) ~, (fam)* the wife, *(volkst)* the missus, missis; *m'n ouwe ~, (sl)* my old girl (woman), *(moeder)* (the, my) mater; *zijn ~, die actrice is* his actress wife; *hoe gaat het met je ~?* how is your wife [how is Mrs Smith]?; *ze is geen geschikte ~ voor je* she'll not make you a suitable wife; *tot ~ nemen* take to wife; *zie ook* nalopen & wijf(je)

vrouwelijk 1 *(vh ~ geslacht)* female *(ook ve plant); het ~ geslacht* the female sex; *vgl* 4; *~ rijm* feminine rhyme; *~e advocaat (dokter, kiezer, atleet, enz), (ook)* woman barrister (doctor, voter, athlete, etc) (*mv:* women barristers, etc); *zie ook* linie; **2** *(ve vrouw)* feminine [nature]; *het ~e in haar* the woman in her; **3** *(een vrouw passend)* womanly [tenderness], womanlike; *(een getrouwde vrouw passend)* wifely [concern *bezorgdheid*]; **4** *(gramm)* feminine; *het ~ geslacht* the feminine gender; *vgl* 1

vrouwelijkheid 1 womanliness, femininity; **2** pudendum, pudenda

vrouwenaard woman('s) nature, female character

vrouwenafdeling *(ve ziekenhuis)* women's ward; *(ve club)* women's section

vrouwenarbeid female (women's) labour

vrouwenarts gynaecologist

vrouwenbeul wife-beater

vrouwenbeweging women's (women's rights, feminist) movement

vrouwenbond women's union

vrouwencafé café for (and run by) women

vrouwendag *(8 maart)* Women's Day; *(r-k, hist)* Candlemas

vrouwenemancipatie emancipation of women; women's lib(eration)

vrouwengek womanizer

vrouwengevangenis women's prison

vrouwenhaar woman's hair; *(plant)* maidenhair

vrouwenhaat 1 misogyny, hatred of women; **2** women's hatred

vrouwenhand woman's (female) hand; *(schrift ook)* feminine hand

vrouwenhandel white slavery

vrouwenhater misogynist, woman-hater

vrouwenhuis home for women (for battered wives)

vrouwenjager womanizer

vrouwenkiesrecht women's suffrage, votes for women

vrouwenkleren [escape in] women's clothing

vrouwenkliniek women's clinic

vrouwenklooster convent for women, nunnery

vrouwenkoor female (female voice) choir

vrouwenkwaal woman's complaint

vrouwenleen female fief

vrouwenliefde woman's love

vrouwenlogica feminine logic, woman's reason

vrouwenmantel lady's coat; *(plant)* lady's mantle

vrouwenmunt *(plant)* costmary, alecost

vrouwennaam woman's name

vrouwenoverschot surplus of women (over men)

vrouwenpraat women's gossip

vrouwenregering female rule, *(fam)* petticoat government

vrouwenrok skirt, *(onderrok)* petticoat

vrouwenroosje red campion

vrouwenschoentje *(plant)* lady's slipper

vrouwenstem woman's voice
vrouwenstudies women's studies
vrouwentongen *(plant)* mother-in-law's tongue, sansevieria
vrouwenverblijf women's quarters; *(oosters)* harem; *(Indisch)* zenana
vrouwenwerk women's work
vrouwenzaal *(ve ziekenhuis)* women's ward
vrouwenzadel *zie* dameszadel
vrouwenziekte woman's disease (*mv:* women's diseases)
vrouwlief my dear (wife), [send s.t. to] the wife; *(fam)* my (the) old girl
vrouwmens, vrouwspersoon woman; *(min)* female
vrouwtje 1 little woman; *(aanspr)* my good woman; **2** wifey; *jong ~* child (*of:* girl) wife; **3** *(v dier)* female; *zie* wijfje
vrouwvolk womenfolk
vrouwvriendelijk woman-friendly [cars, policies]
vrucht fruit *(ook fig); (med)* foetus, [without danger to the] unborn child; *~je, (ve verzamelvrucht: aardbei, enz)* drupel, drupelet, fruitlet; *allerlei ~en* all kinds of fruit; *van ~en leven* live on fruit; *de ~en der aarde (van onze arbeid, zijn studie)* the fruits of the earth (our labour, his study); *~ dragen, ~en afwerpen (opleveren)* fructify, *(ook fig)* bear fruit, come to fruition; *geen ~en meer dragen* be past bearing; *~en plukken* gather fruit; *de ~en plukken van, (fig)* reap the fruits of; *~ zetten* fruit; *aan hun ~en zult gij ze kennen, (bijb)* ye shall know them by their fruits; *aan de ~en kent men de boom* a tree is known by its fruit; *met ~* with success, successfully, [his habit might be] usefully [imitated here]; *hij deed met ~ examen, (ook)* he was successful in his examination; *zonder ~* fruitless(ly), in vain; *zie ook* verbieden
vruchtafdrijvend abortifacient *(ook: ~ middel)*
vruchtafdrijving (criminal) abortion
vruchtbaar fruitful [earth, tree, woman, invention, idea, talk, year], fertile [soil, plain, imagination], prolific [animals, soil], growing [weather]; viable [pollen]; *een vruchtbare bodem vinden* fall on fertile soil; *~ schrijver* prolific (voluminous) writer; *~ in, (ook fig)* fruitful (fertile, prolific) in (of)
vruchtbaarheid fruitfulness, fertility [dance, rite, test], fecundity
vruchtbeginsel ovary; *~hokje* ovarian cell
vruchtbekleedsel capsule
vruchtbodem receptacle
vruchtboom fruit tree
vruchtdragend fruit-bearing, fructiferous; *(ook fig)* fruitful
vruchteloos I *bn* fruitless, ineffective, ineffectual, futile, unavailing, vain; **II** *bw* fruitlessly, ineffectually, vainly, in vain, without avail, to no purpose
vruchteloosheid fruitlessness, futility
vruchtenbonbon fruit jelly
vruchtenbowl fruit cup, *(inz Am)* fruit salad
vruchtendieet fruit (fruitarian) diet
vruchtenetend fruit-eating, frugivorous
vruchteneter fruit-eater, fruitarian
vruchtengelei jam; *(alleen van sap, met suiker, enz)* fruit jelly
vruchtenijs fruit ice
vruchtenkweker fruit-grower
vruchtenkwekerij 1 fruit-growing; **2** fruit farm
vruchtenmesje fruit-knife
vruchtenpers juicer
vruchtensalade fruit salad
vruchtensap fruit juice
vruchtenstroop fruit syrup
vruchtensuiker fructose, fruit sugar
vruchtentaart fruit tart
vruchtenteelt fruit-growing
vruchtgebruik usufruct [*in ~ geven (hebben)* give (hold) in usufruct]; *het ~ van £7000* a life interest in a sum of £7000 [*ook:* he left £7000 for life to his mother]
vruchtgebruiker usufructuary, tenant for life
vruchtgenot *zie* vruchtgebruik
vruchtgodin goddess of fruit(s); *(v boomvruchten)* Pomona; *(v veldvruchten)* Ceres
vruchthokje loculus (*mv:* -li)
vruchthulsel pericarp
vruchtkiem germ, embryo
vruchtknop fruit(ing) bud
vruchtlichaam *(ve zwam)* fruit-body
vruchtpluis *(plantk)* pappus
vruchtvlees pulp
vruchtvlies amnion
vruchtvorming fruiting, fructification
vruchtwand *(plantk)* pericarp
vruchtwater amniotic fluid
vruchtwateronderzoek amnioscopy
vruchtwaterpunctie amniocentesis, prenatal diagnosis
vruchtwisseling crop rotation
vruchtzetting setting (of fruit), fruiting, fructification
VS afk van *Verenigde Staten* US(A), United States (of America)
V-snaar V-belt
V-teken V-sign, Victory sign
VU afk van *Vrije Universiteit* Free University (of Amsterdam)
vue: *à ~ spelen* play at sight; *à ~ vertaling* unseen (translation), translation at sight; *~s hebben op, zie* oog: ~je
vuig sordid, base, mean, vile
vuil I *bn* **1** dirty [hands, weather, etc], grimy, grubby [hands, fingers], smudged [paper, face], rotten [egg], foul [pipe, play, water, weather]; *(vies)* filthy [habits]; *~ van de reis* travel-stained; *~ goed* dirty (*of:* soiled) linen; *~e proef* rough proof, galley proof (*of:* slip); *~e was* dirty clothes; *~e was buiten hangen, (fig)* wash one's dirty linen in public; ~

(spoel)water slops; ~ *maken, zie* vuilmaken; ~ *worden* get dirty, soil [this material soils easily]; **2** *(fig)* dirty [language, story, work, trick], filthy [language], foul, scurrilous [language], smutty [postcards, jokes], obscene [language]; ~ *goed(je)* nasty (filthy) stuff, (filthy) muck; ~*e taal gebruiken,* ~*e moppen vertellen* talk smut; ~ *in de mond zijn* be foul-mouthed; *een* ~ *werkje* a messy business (*of:* job); *het* ~*e werk doen, de* ~*e zaakjes opknappen* do the dirty work; *een* ~ *zaakje* a dirty business, a shady affair; *zie ook* boel; **3** *(ve cognossement, enz)* foul; **4** *(v loon, enz)* gross; **II** *bw* dirtily, etc; *iem* ~ *aankijken* give a p. a dirty look; **III** *zn* dirt, muck; *(walgelijk)* filth; *zie ook* vuiltje; *met* ~ *gooien* sling (fling) dirt (mud); *iem als oud* ~ *behandelen* treat a p. like dirt (as if he were dirt), wipe one's boots on a p.

vuilak 1 *(schoft)* bastard; **2** *(smeerpoes)* dirty person

vuilbek foul-mouthed person

vuilbekken talk smut, use obscene language

vuilbekkerij smutty talk

vuilboom alder buckthorn

vuilbroed *(v bijen)* foulbrood

vuilheid dirtiness, filthiness, squalor; obscenity; *vgl* vuil

vuiligheid *zie* vuil III & vuilheid

vuilik dirty person; *(fig)* skunk

vuilmaken (make) dirty, soil; *zich* ~ dirty o.s., get o.s. into a mess; *ik zal mijn handen niet aan je* ~ I won't dirty my hands with (on) you; *ik wil er geen woorden meer aan* ~ I won't spend (waste) any more words over it

vuilnis (house) refuse, rubbish, *(Am)* trash; ~ *ophalen* collect refuse

vuilnisauto dustbin lorry, refuse lorry; *(vuilverdichtend)* crush load van

vuilnisbak dustbin, refuse bin, *(verrijdbaar)* wheelie bin; *(op straat)* (street) orderly bin; *(Am)* trash can

vuilnisbakkenras mongrel breed, *(fam)* Heinz (dog)

vuilnisbelt refuse (*of:* rubbish) dump (*of:* tip)

vuilnisblik dustpan

vuilnisemmer dustbin, refuse bin, *(Am)* garbage (trash) can

vuilnisemmerzak bin bag, bin liner

vuilnishoop refuse-, rubbish-heap, -dump

vuilniskar dustcart, refuse cart

vuilniskoker rubbish chute (shoot)

vuilnisman dustman, scavenger, refuse collector, *(Am)* trashman

vuilnisstortkoker refuse chute

vuilnisvat dustbin, refuse bin

vuilniswagen *zie* vuilnisauto & vuilniskar

vuilniszak waste disposal bag

vuilpoe(t)s dirty person

vuilspuiterij slander

vuilstort(plaats) *zie* vuilnisbelt

vuilte *zie* vuil III & vuilheid

vuiltje speck of dust, grit [in the eye]; *geen* ~ *aan de lucht* everything hunky-dory, no problems

vuilverbranding incineration (destruction) of refuse

vuilverbrandingsoven refuse incinerator (destructor)

vuilverwerking refuse processing

vuilwateremmer slop-pail

vuist fist; *een* ~ *maken, (fig)* make one's presence felt; *maak eens een* ~ *als je geen hand hebt* it's no good being tough in words if you can't be tough in deeds; ***in** de ijzeren* ~ *van de winter* in the iron grip of winter; *in zijn* ~*je lachen* laugh up one's sleeve; ***met** ijzeren* ~ with a mailed fist (a grip (rod) of iron); *met de* ~ *op tafel slaan* bang the table (with one's fist), bang one's fist on the table; ***op** de* ~ *gaan* come to blows, start fighting; ***uit** het* ~*je eten* eat from one's hand; ***voor** de* ~ *(weg)* offhand, extempore; *voor de* ~ *spreken, a)* speak offhand (extempore), extemporize; *b)* speak without notes

vuistbijl handaxe

vuistdik fist-sized [beefburger]

vuistgevecht fisticuffs, pugilistic fight

vuisthandschoen mitten

vuistpand pawn

vuistrecht law of the jungle

vuistregel rule of thumb

vuistslag punch

vuistvechter pugilist, prizefighter

vuistvol handful, fistful (*mv:* -fuls)

vulaarde fuller's earth

Vulcanus Vulcan

vuldop filler cap

Vulgaat Vulgate

vulgair vulgar; ~ *Latijn* Vulgar Latin

vulgariseren vulgarize

vulgariteit vulgarity

Vulgata Vulgate

vulgo in common parlance, *(inz v pers)* aka

vulgus: *het* ~ the vulgar herd

vulkaan volcano

vulkaanuitlaat fire breather

vulkachel anthracite stove, slow-combustion stove, base burner

vulkanisch volcanic [eruption], igneous [rock]

vulkaniseren vulcanize; retread [tyres]

vulkanisering vulcanization

vulkanisme volcanism

vulkanologie volcanology

vullen fill [a glass, etc; *ook v eten:* plum pudding is filling], fill in [a grave], fill [teeth], stuff [a goose, tomatoes, animals, the seat of a chair], pad [clothes], inflate [a balloon], fill (up) [one's time]; *zich* ~ fill [the room filled rapidly; her eyes filled with tears]; *weer* ~ refill [one's glass]; *zie ook* gevuld, zak, enz

vulling filling, stuffing, padding, inflation, *vgl* vullen; *(ve tand)* filling; *(mar)* limber; *(nieuwe* ~*)* refill; *zachte* ~, *(ve bonbon, enz)* soft centre

vullis *(min)* scum of the earth, piece of filth; *zie ook*

vuilnis
vulpen fountain pen
vulpotlood propelling pencil
vulsel filler; *(ve gans, enz; ook v opgezette dieren, enz)* stuffing; *(vleesvulsel)* forcemeat; *(ve pasteitje)* mincemeat; *zie ook* vulling
vulslang (petrol pump) hose
vulstem *(muz)* filling voice
vulstof filler
vulva vulva
vuns musty, fusty; stale [tobacco smoke]; dirty [trick]; filthy, obscene [language]
vunsheid mustiness, fustiness; obscenity
vunzen fart
vunzig *zie* vuns
vuren I *ww* fire [*op* at, on], shoot, let drive, let fly, blaze, loose (off) [*op* at]; *(vd zee)* phosphoresce; II *zn* firing; III *bn (~houten)* deal
vurenhout deal
vurig fiery [*ook fig:* eyes, nature, wine], spirited, high-mettled [horse], ardent [love, desire], fervent [hope, love], warm, earnest, fervid [wish], devout [admirer, hope devoutly], keen [sportsman], red-hot [Radical]; *(vd huid)* red, inflamed; *mijn ~ste wens, (ook)* my dearest (fondest) wish; *hij verlangde ~ naar de vrijheid* he yearned for liberty; *zie ook* kolen
vurigheid fieriness, ardour, fervency; spirit, mettle; redness, inflammation [of the skin]; blight [in corn]; *vgl* vurig
VUT *zie* uittreding: vervroegde ~(sregeling)
vutten retire early, take early retirement
vuur 1 fire; *(fig ook)* warmth, ardour; *jeugdig ~* youthful zest; *een ~* ***aanmaken*** light (make) a fire; *de vuren aanmaken, (ve fabriek, enz)* fire up; *~* ***geven****, (mil)* fire; *(een vlammetje)* give [a p.] a light; *het ~ was niet van de* ***hemel*** there was continuous lightning; *het ~* ***openen****, (ook fig)* open fire [*op* on]; *iem het ~ na aan de* ***schenen*** *leggen* make it hot for a p., press a p. hard; *haar ogen* ***schoten*** *~* her eyes shot fire (blazed, were ablaze); *~* ***slaan*** strike fire [*uit* from]; *zich het ~ uit de* ***sloffen*** *lopen* run o.s. off one's legs; *het ~* ***staken*** cease fire (firing); *~* ***vatten*** catch fire, become ignited; *(fig)* catch fire, flare up [he flared up at once]; *hij vat dadelijk ~* he has a short fuse; ***vol*** *~* full of fire, all aflame [for ...]; *hij is vol ~ voor het project* he is wildly enthusiastic about ...; *wat bij het ~ doen* mend the fire; *(dicht) bij het ~ zitten, (fig)* have friends at court, have a place in the sun; *zie ook* warmen; *hij zou voor u* ***door*** *het ~ lopen* he would go through fire (and water) for you; ***in*** *~ raken* catch fire, go into raptures; *in ~ raken over zijn onderwerp* warm to one's subject; *in ~ en vlam zetten* set [the house, India] ablaze; *in het ~ van het debat* in the heat of the debate; ***met veel*** *~ spreken* speak with great fervour (warmth); *met ~ spelen* play with fire; *mag ik u* ***om*** *wat ~ verzoeken?* may I trouble you for a light, please?; ***onder*** *~* [be] under fire; *onder ~ nemen* open fire (up)on; *(fig)* let fly at, *(onverwacht)* round on [a p.]; ***op een zacht (klein) ~*** *koken* cook over a slow (small) fire; ***wat op het ~*** *doen* mend the fire; ***te*** *~ en te zwaard verwoesten* put to (destroy with) fire and sword; ***tussen twee*** *vuren, (mil)* between two fires; *(fig)* be pig in the middle, be between the devil and the deep (blue) sea; *ik heb wel voor hetere vuren gestaan* I've been in tighter spots, I've managed trickier business than this; *zie ook* aanleggen, pot 1, spuwen, lopend, stoken, enz; **2** *(vuurtoren)* light; **3** *(in hout)* dry rot; *(in koren)* blight; *zie ook* koudvuur
vuuraanbidder fire-worshipper
vuuraanbidding fire-worship
vuurbaak beacon-light
vuurbal fireball
vuurbestendig fireproof
vuurbok andiron, firedog
vuurbol fireball, bolide
vuurbrakend firespitting
vuurdood death by fire; *tot de ~ veroordeeld* sentenced to the stake
vuurdoop baptism of fire
vuurdoorn *(plant)* pyracantha
vuureter fire-eater
vuurgeest salamander
vuurgevecht exchange of fire (of shots)
vuurgloed glare, blaze; *(v haardvuur, ook)* firelight
vuurgoudhaantje firecrest(ed wren)
vuurhaard fireplace, hearth; (boiler) furnace; *(fig) zie* brandpunt & vuurzee
vuurkever firefly
vuurkist firebox
vuurklei fireclay
vuurkleurig flame-coloured
vuurkogel fireball
vuurkolom pillar (column) of fire
vuurkorf brazier
vuurkracht *(mil)* firepower
vuurkrans Catherine wheel
vuurlak black japan
Vuurland T(i)erra del Fuego
Vuurlander, Vuurlands Fuegian
vuurlijn, vuurlinie *(mil)* **1** line of fire; **2** firing line
vuurmaker firelighter
vuurmeter pyrometer
vuurmolen Catherine wheel
vuurmond gun
vuuroven furnace
vuurpan firepan, brazier, chafing dish
vuurpeloton firing squad
vuurpijl rocket; *(plant)* red-hot poker; ***de klap op de ~*** the great surprise, the pièce de résistance; *en als klap op de ~* ... and to crown it all ...
vuurpijltoestel rocket life-saving apparatus
vuurplaat hearth-plate; *(ve locomotief)* footplate
vuurplant *zie* vuurwerkplant
vuurpoel *zie* vuurzee

vuurpot brazier
vuurproef 1 trial (*of:* ordeal) by fire; **2** *(fig)* crucial (*of:* acid) test, ordeal; *hij (het) heeft de ~ doorstaan* he (it) has stood the test (*fam:* the racket); *het Britse Rijk ondergaat de ~* the ... is on trial
vuurrad Catherine wheel
vuurregen 1 rain of fire (of bullets); **2** *(vuurwerk)* golden rain
vuurrood (as) red as fire, fiery red, flaming red [scarf], flame-coloured [hair]; [his face was] a flaming scarlet; *hij werd ~, (ook)* he blushed (flushed) scarlet
vuursalamander spotted salamander
vuurscherm fire screen, fireguard
vuurschip 1 lightship; **2** fireship
vuurslag flint and steel
vuursnelheid (cyclic) rate of fire
vuurspuwend fire-spitting, fire-breathing [dragon], spitting (vomiting) fire; *~e berg* volcano
vuursteen flint [implements]
vuursteengeweer flintlock
vuurstoot burst of fire
vuurstraal flash of fire; *(vlammenwerper, enz)* jet of fire, fire jet
vuurtang fire-tongs
vuurtest coal-pan
vuurtoren 1 lighthouse; **2** *(pers, scherts)* carrots, ginger
vuurtorenwachter lighthouse keeper
vuurvast fireproof, heat-resistant, ovenproof, refractory, incombustible, non-combustible; *~e klei* fire-clay; *~e steen* firebrick; *~ maken* fireproof
vuurvlieg firefly
vuurvogel fire-bird
vuurvreter fire-eater *(ook fig)*
vuurwapen firearm
vuurwapengevaarlijk ready to shoot, *(fam)* trigger-happy
vuurwater firewater
vuurwerk (display of) fireworks, firework(s) (*of:* pyrotechnic) display, pyrotechnics; *~ afsteken* let off fireworks
vuurwerkplant gas plant, burning bush, dittany, fraxinella
vuurwortel common feverfew
vuurzee sea (mass) of fire, blaze, [dash into the] furnace of flames
vuurzuil pillar of fire
v.v. vice versa; [London-Glasgow] and back
VVV Tourist Information (Centre), Tourist Office; *zie ook* vreemdelingenverkeer
V-wapen V-weapon
vwo afk van *voorbereidend wetenschappelijk onderwijs, (vglb)* secondary education

w (the letter) w
W W; West
WA *zie* wettelijk
waadbaar fordable; *waadbare plaats* ford
waadpoot grallatorial foot
Waadt(land) (Pays de) Vaud
Waadtlander, Waadtlands Vaudois *(ook mv)*
waadvogel wading bird, wader
waag 1 balance; **2** *(stadswaag)* weigh-house; **3** *een hele ~* a risky untertaking
waaggeld weighage
waaghals reckless (devil-may-care) person, daredevil
waaghalzerig daredevil, reckless
waaghalzerij recklessness, daredevilry, foolhardiness
waagschaal: *zijn leven lag in de ~* was in the balance; *hij stelde zijn leven in de ~* he risked his life (his neck), staked his life
waagstuk risky thing (enterprise, undertaking), (bold) venture
waaibomenhout inferior timber
waaien 1 *(vd wind)* blow; *wat waait het!* what a wind!; *het waait hard* it is blowing hard, there is a strong (a high) wind blowing, it is blowing great guns; *het (er) waait een (halve) storm* it is blowing (half) a gale; *de wind waait uit het westen* the wind is (blowing) from the West; *het zal er ~, (fig)* there will be ructions (a shindy), feathers will fly, there'll be the devil to pay; **2** *(ve vlag, enz)* fly, flutter (float) in the wind; *laten ~* hang out [a flag]; *laat (de boel) maar ~!* let it rip!, (a) fat lot I care!; *hij laat alles maar ~* he lets things drift (*of:* slide); *'laat maar ~' politiek* policy of drift; *de bladeren ~ van de bomen* the leaves are blown from the trees; *waar kom jij vandaan ~?* where have you blown in from?, what wind has blown you (in) here?; **3** *(met waaier)* fan [a p., o.s.]; *zie ook* wind
waaier fan [dance, palm, tree, vault]; *een ~ van mogelijkheden* a whole range of possibilities
waaierbrander fantail
waaieren fan
waaiervenster fan(-shaped) window; *(boven deur)* fanlight
waaiervormig I *bn* fan-shaped; **II** *bw* fanwise; *~ geplooid* fan-pleated
waak *zie* wake
waakhond watchdog [function], house dog
waaks watchful
waakster watcher
waakvlam pilot flame (jet, light)
waakzaam 1 watchful, wakeful, vigilant, (on the) alert; **2** *zie* wakend
waakzaamheid watchfulness, wakefulness, vigilance, alertness
Waal 1 *(rivier)* Waal; **2** *(pers)* Walloon
Waals(e) Walloon
waan erroneous (delusive) idea, delusion, pipedream; *iem in de ~ brengen dat ...* lead a p. to think that ...; *in de ~ verkeren (iem in de ~ laten) dat ...* labour (leave a p.) under the delusion, the impression that ...; *iem uit de ~ helpen* undeceive a p., open a p.'s eyes; *de ~ van de dag* the current fads (and fancies) of public opinion
waandenkbeeld delusion
waangeloof superstition
waanidee, waanvoorstelling delusion
waanwijs (self-)conceited, bumptious, opinionated
waanwijsheid (self-)conceit(edness)
waanzin 1 madness, insanity; *(razernij)* frenzy; **2** *(fam)* sheer nonsense
waanzinnig insane, demented, mad, crazy [*van angst* with terror]; ridiculous, crazy [idea]; *(als ~, razend)* frenzied, frantic; *(bw ook:)* ridiculously, wildly [expensive], fiendishly [difficult]; *zie ook* krankzinnig & razend
waanzinnige madman, maniac, lunatic
waanzinnigheid *zie* waanzin
[1]**waar** *zn* wares, ware, goods, commodity, merchandise, article(s), stuff; *goede ~* good stuff; *slechte ~* (bad) stuff, rubbish; *alle ~ is naar zijn geld* you can't expect more than you pay for; *iemand ~ voor zijn geld geven* give value for money; *~ voor zijn geld krijgen* get one's money's worth, get (good) value for one's money; *(fig ook)* get (have) a (a clear, a good) run for one's money
[2]**waar I** *bw* where; *~ hij ook is* wherever he may be; *~ ga je naar toe?* where are you going (to)?; *~ ergens is het huis?* whereabouts is ...?; *zie verder de sam* (waaraan, -heen, -om, -voor, enz) & heen, vandaan, [1]zijn, enz; **II** *vw* **1** where; **2** *(aangezien)* since, as; *te minder ~ ze alles doen om ...* the less so as they do everything to ...
[3]**waar** *bn* true; *dat is ~ zowel van E als van B* that is true both of E and B; *het is een ware doolhof (een ~ schrikbewind, enz)* it is a veritable (regular) labyrinth (reign of terror, etc); *een ~ genot* a real joy; ..., *niet ~?* [he is ill,] isn't he?; [she ought to go,] oughtn't she?; [she lives here,] doesn't she?; [it is hardly enough,] is it?; [you only saw his brother,] did you?; *toch niet ~!* not really!, you don't say so!; *het is ~, er zijn uitzonderingen, maar ...* true, there are exceptions, but ...; *dat is ~ ook, (laat ik dat niet*

vergeten) that reminds me!; *dat is ~ ook, (daar dacht ik niet aan)* that is true, (I did not think of it); of course, (I forgot that); [he's abroad,] so he is!; *dat zal ~ zijn!* you bet [I did, he is, etc]!; *daar is geen woord (niets) van ~* there isn't a word of truth in it; ***voor** ~ aannemen* take for granted; *voor ~ houden* consider to be true, hold true; ***zo** ~ als ik leef (hier sta)* as I live (as I stand here); *zie ook* zowaar; *daar is iets (zit wat)* ***waars in*** there is something (some truth) in that; *daar is veel ~s in* there is a great deal of truth (*fam:* a lot) in that; *dat is **je ware*** that's the (real) thing, the goods, the ticket; *zie ook* waarmaken, & grootte, Jakob, enz

waaraan I *vrag vnw* to (by, of, etc) what?; *~ denkt hij?* what is he thinking of?; *~ herkende jij hem?* what did you know (recognize) him by?; *zie ook* liggen, toe; II *betr vnw* to (by, of, etc) which (whom)

waarachter I *vrag vnw* behind what?; II *betr vnw (ve zaak)* behind which; *(ve pers)* behind whom

waarachtig I *bn* true, real; *het is de ~e waarheid* it is gospel truth; II *bw* truly, really (and truly), indeed; *het is ~ waar* it is really true; *en ~ hij trouwde!* and he did marry after all!; *~, hij deed het* he actually did it; *die vrek bood me ~ een sigaar aan* that skinflint actually offered me a cigar; *dat weet ik ~ niet* I really don't know, I'm sure I don't know; *~, het is Jan* it's Jack, sure (*of:* right) enough!; *~ lang genoeg!* long enough in all conscience!; *je weet ~ alles!* you know (absolutely) everything, you do!; *~!* ['you don't say so!'] 'it's true!'; *~ niet!* not a bit of it!; *dat weet ik ~ niet* I'm blest if I know; *hij heeft ~ al politieke meningen* he has his views on politics, if you please; *hij heeft het ~ weer gedaan* he has gone and done it again; *zie ook* wis

waarachtigheid veracity, truth

waarbeneden below which

waarbij I *vrag vnw* by (near, etc) what?; II *betr vnw* by (near, etc) which (whom); *ons onderhoud, ~ ...* our interview in the course of which ...; *~ men moet bedenken ...* taking into account ...; *~ de restrictie moet worden gemaakt ...* with the restriction ...; *~ nog komt dat ...* in addition to which ...; *~ vergeleken ...* compared with which ...

waarborg 1 guarantee, warrant, security, safeguard; **2** *(essaai)* assay

waarborgen guarantee, warrant, vouch for; *om beleggers te ~* to safeguard investors; *~ tegen* secure against

waarborgkaart (cheque) guarantee card

waarborgmaatschappij insurance company

waarborgsom caution money, security; *(bij verkiezing)* [forfeit one's] deposit

waarborgstempel hallmark

waarboven I *vrag vnw* over (above) what?; II *betr vnw* over (above) which (whom)

[1]**waard** landlord, host; licensee [the licensee of the Albion Hotel]; *(mannetjeseend)* drake; *zoals de ~ is, vertrouwt hij zijn gasten* one judges other people's character by one's own; *buiten de ~ rekenen* reckon without one's host

[2]**waard** *(v rivier)* flood plain; *(ingedijkt land)* polder

[3]**waard** worth; *~e vriend* dear friend; *~e Heer* (My) Dear Sir, *(in spreektaal)* my dear sir; *een euro (veel, weinig, niets) ~* worth a euro (much, little, nothing); *het is wel een bezoek ~* it's worth a visit; *het is het overwegen ~* it merits consideration; *niet ~ om naar te kijken* not worth looking at; *het repareren niet ~* [the bags are] not worth mending (repairing); *uw liefde (uw aandacht) ~* worthy of your love (your attention); *dat is al veel ~* that is a great step forward (a good start); *het deed de tijd voorbijgaan, en dat was in ons geval wel wat ~* it helped to pass the time, which was a consideration in our case; *het is veel ~ een goede gezondheid te hebben* good health is a great asset; *maar dat was het wel ~* [we got fearfully dirty] but it was (well) worth it; *ik geef het (dit idee, enz) voor wat het ~ is* I give it (this idea, etc) for what it is worth; *hij is niet veel ~ als speler (in het oplossen van raadsels)* he is not much of a player (not much of a hand at solving riddles); *zonder dat is het leven niets ~* life is no use without it; *ik voel me niets ~, (voel me ellendig)* I'm fit for nothing, I'm all in; *mijn ~e* my dear (friend, fellow); *zie ook* moeite

waardboom host tree

waarde 1 *zie* [3]waard; **2** value, worth; *~n* securities, stocks, shares; *innerlijke ~* intrinsic value (merit); *de ~ van het geld* [know] the value of money; *hij kent de ~ van het geld niet, (ook)* he has no sense of the value of money; *~ ontvangen (genoten)* value received; *~ in rekening* value in account; *~ **hechten** aan* set [a high, little] value (up)on, set [great, little] store by, attach [much, no, little] value (importance) to, value [a p.'s opinion]; *ik hecht veel ~ aan vroeg opstaan (frisse lucht, enz), (ook)* I believe (am a believer) in ...; *~ **hebben*** be of value; *weinig ~ hebben* have little value; *zijn woord heeft nogal ~ (heeft geen ~)* his word goes for something (counts for nothing); *het ontleent enige ~ aan zijn zeldzaamheid* it has a certain scarcity value; ***in** ~ houden* value, hold dear; *iem in zijn ~ laten* accept a p. as (s)he is; *het goud is (de huizen zijn) in ~ verminderd* gold has (houses have) depreciated; *brief **met** aangegeven ~* with declared value; ***naar** de ~, (v accijns)* ad valorem [duty]; ***op** de juiste ~ schatten* rate at its true value, value at its true worth; ***ter** ~ van ...* to (*of:* of) the value of ..., worth ...; *juwelen ter ~ van £40.000, (ook)* forty thousand pounds' worth of jewellery; *dingen **van** ~* things of value, valuables; *van geen ~* of no value, worthless, useless; *zulke dingen zijn voor mij van geen ~, (ook)* such things mean nothing to me; *van grote ~* of great value; *zie ook* nul

waardebepaling valuation

waardebon coupon, voucher

waardedaling *zie* waardevermindering

waardeerbaar valuable

waardeleer theory of value, axiology

waardeloos worthless, valueless, nugatory; *(fam)* useless, no good at all, naff, duff; *waar-de-loos!* absolutely hopeless!; ~ *maken* cancel [banknotes, etc]
waardemeter standard of value
waardeoordeel value judgement, judgement of value
waardepapieren securities (*maar ook:* banknotes, etc)
waarderecht ad valorem duty
waarderen 1 *(taxeren)* value, estimate, rate [*op* at]; *(door schatter)* appraise [*op* at]; **2** *(schoolwerk, door punten)* mark [papers]; **3** *(op prijs stellen)* appreciate [s.t. in a p.], value, esteem, prize [his most prized possessions]; *dat kan ik niet* ~ I take a poor (dim) view of that; *zijn werk wordt niet gewaardeerd* his work is unappreciated
waarderend appreciative(ly); *ze glimlachte* ~ she smiled her appreciation; *zie ook* schatten
waardering valuation, estimation, appraisal, rating; appreciation, esteem; marking; *vgl* waarderen; *met ~ spreken over* speak with appreciation (appreciatingly) of; *uit ~ voor* [To M R] in appreciation of [his friendship]
waarderingscijfer *(tv, enz)* rating
waardevast stable [money], inflation-proof(ed) [pensions], cost-of-living linked, index-linked, indexated [salary rises]
waardeverlies *zie* waardevermindering
waardevermeerdering increment, increase in value, appreciation; *[belasting op] toevallige* ~ unearned increment [tax], betterment [tax]
waardevermindering depreciation, fall in value, [currency] devaluation
waardevol valuable, of (great) value
waardevrij value-free
waardgelder *(hist, vglb)* local militiaman; *~s* local militia
waardig worthy; dignified [silence, eloquence]; *aller achting (een betere zaak)* ~ worthy (deserving) of everybody's esteem (a better cause); *zijn straf ~ dragen* take one's punishment like a man; *zie ook* keuren
waardigheid 1 *(uiterlijk of innerlijk)* dignity; *(alleen innerlijk)* worthiness; *beneden mijn* ~ beneath me, beneath my dignity, *(fam)* infra dig; *hij acht het beneden zijn* ~ he disdains [to do] it; *met (grote)* ~ with (great) dignity; *vol ~, (ook)* dignified; **2** *(chem)* valency
waardigheidsbekleder dignitary
waardij worth, value
waardin landlady, hostess
waardoor I *vrag vnw* through (by) what?, what [is it caused] by?; **II** *betr vnw* through (by, as a result of) which, so that
waarheen where, where to, to what place; *(vero)* whither; ~ *kan ik ontsnappen?* where can I escape?
waarheid truth; *de ~ van de bewering, (ook)* the veracity of the statement; ~ *als een **koe*** self-evident truth, blindingly obvious platitude; *kinderen en gekken **spreken** de* ~ children and fools tell the truth; *de ~ spreken (zeggen)* speak (tell) the truth; *om de ~ te zeggen* to tell the truth, truth to tell; as a matter of fact; *ze zei hem de* ~ she gave him a piece (a bit) of her mind, told him some home truths; *zie ook* ongezouten; *ze zeiden elkaar lelijk de* ~ there was a lot of plain speaking; ***zuinig** zijn met de ~, **halve** waarheden vertellen* be economical with the truth; *ver **bezijden** de* ~ [an explanation] far removed from the truth; *dat is dichter **bij** de* ~ that is nearer the mark; ***naar*** ~ [answer] truthfully, [it has been said] with truth, *zie ook* half, komen achter, midden, naakt, schijn, enz
waarheidlievend, waarheidminnend truthful, truth-loving, veracious
waarheidsgehalte (degree of) truth
waarheidsgetrouw faithful, true, in accordance with truth
waarheidsliefde love of truth, truthfulness, veracity
waarheidsserum truth drug
waarin I *vrag vnw* in what?; *zeg mij ~ hij te kort is geschoten ...* in what way he failed; **II** *betr vnw* in which; *(vero)* wherein; *ik ontdekte ~ zijn kracht lag* I discovered where his strength lay
waarlangs I *vrag vnw* past (along) what?; **II** *betr vnw* past (along) which
waarlijk truly, in truth, indeed, really, actually; *zo ~ helpe mij God almachtig!* so help me God!; *zie ook* waarachtig
waarloos spare [anchor, sail, etc]
waarmaken prove, make good, verify [one's words], fulfil [expectations]; *zich* ~ prove o.s., come up to the mark; fulfil o.s.
waarme(d)e I *vrag vnw* with what?, what [did you beat him] with?; **II** *betr vnw* with which, [the train] by which [I leave]
waarmerk stamp; *(op goud, enz)* hallmark
waarmerken stamp, certify, legalize, authenticate, attest; *(doorhaling)* confirm [an erasure]; *(goud, enz)* hallmark; *gewaarmerkt afschrift* certified copy; *gewaarmerkt zilver* hallmarked silver; *door zijn handtekening gewaarmerkt* authenticated by his signature
waarmerking stamping, certification, authentication; hallmarking; *vgl* waarmerken
waarna after which, whereupon
waarnaar I *vrag vnw* at (etc) what?; **II** *betr vnw (plaats)* to which; *(fig: zie de met* naar *verbonden ww, bijv:) waar kijk je naar?* what are you looking at?; *zie ook* smaken
waarnaast I *vrag vnw* beside what?; **II** *betr vnw* beside (by the side of, next to) which
waarneembaar perceptible, observable
waarneembaarheid perceptibility
waarnemen 1 *(bemerken)* perceive, observe; *(gadeslaan)* watch, observe; **2** *(plichten, enz)* perform, attend to [one's duties, etc]; *(behartigen)* look after [a p.'s interests]; *een betrekking tijdelijk ~* fill a place

temporarily, do temporary duty; *voor iem ~* replace a p. temporarily, deputize for a p.; *de praktijk voor een dokter ~* look after a doctor's practice; *voor een collega (voor elkaar) ~* deputize for a colleague (for each other); *de plichten van gastvrouw (voorzitter) ~ voor ...* deputize as hostess (chairman) for ...; *voor een predikant ~, (ook)* supply (a pulpit); **3** *(zich ten nutte maken)* avail o.s. (take advantage) of [an opportunity]; *zijn kans ~* take one's chance; *zie ook* opmerken

waarnemend deputy, temporary, acting [chairman]

waarnemer 1 observer; *onopgemerkte ~, (ook)* fly on the wall; **2** deputy, substitute; *(ve dokter of geestelijke)* locum tenens, *(fam)* locum; *(ve leerkracht)* supply (teacher)

waarneming 1 perception; observation; *~en doen* take observations; *(mar)* take sights; **2** performance [of duties]; deputizing; *de ~ van mijn betrekking geeft mij werk genoeg* attending to my job gives me plenty of work; *vgl* waarnemen 2

waarnemingspost observation post

waarnemingsvermogen 1 *(vd ziel)* perceptive faculty; **2** power(s) of observation

waarnevens *zie* waarnaast

waarom I *vnw bw* why; *(fam)* what for; *~ heb je dat gedaan?, (ook)* what made you do that?, what did you do that for?; *dat is juist ~ ik hier ben* that's just what I am here for; **II** *zn: het ~* the why (and wherefore)

waaromheen I *vrag vnw* round what?; **II** *betr vnw* round which

waaromstreeks whereabouts

waaromtrent I *vrag vnw* about what?; *(plaats)* whereabouts?; **II** *betr vnw* about which

waaronder I *vrag vnw* under (among) what?; **II** *betr vnw* under (among) which (whom); including [his wife], [his wife] among them; *werklozen, ~ ook worden begrepen ...* jobless, under which head are also included ...

waarop I *vrag vnw* on (for, etc) what?; *~ wachten we?* what are we waiting for?; **II** *betr vnw* upon which, whereupon; *de tijd ~* the time when (at which) [it happened]

waarover I *vrag vnw* across (over, about, etc) what?; *~ gaat het?* what is it about?; **II** *betr vnw* about (across, over, etc) which

waarschijnlijk I *bn* probable, likely; *het is ~ dat ..., (ook)* the chances (the odds) are that ..., it is on the cards that ...; **II** *bw* probably; *zeer ~, (ook)* most (very) likely, as likely as not [he will ...]; *hij komt ~ niet* he is not likely (is unlikely) to come; *ik zal ~ £10 winnen (verliezen), (ook)* I stand to win (lose) £10

waarschijnlijkheid probability, likelihood; *naar alle ~* in all probability (likelihood)

waarschijnlijkheidsrekening theory (calculus, calculation) of probabilities

waarschuwen 1 warn, caution, admonish; *~ tegen (voor)* warn (caution) against; *iem behoorlijk (ernstig) ~* give a p. fair (a serious) warning; *~ weg te blijven* warn off; *ik waarschuwde hem dat u hier was* I warned him of your presence; *iem ~ op zijn hoede te zijn* put a p. on his guard; *ik waarschuw je!, (dreigement)* I warn you!, be warned!; *nu ben je gewaarschuwd* I've warned you, now you know (where you are); *van tevoren ~* forewarn; *een gewaarschuwd man telt voor twee, vooruit gewaarschuwd maakt dubbel voorzichtig* forewarned is forearmed; *wees gewaarschuwd tegen vervalsingen* beware of forgeries; *zich laten ~* take warning; *~de stem* warning (cautionary) voice; *een ~de stem laten horen* sound a warning note (a note of warning); *~ de verschijnselen* danger signals [of cancer]; **2** *(verwittigen)* notify [the police], tell, let [me] know [if ...]; *als je nog eens komt, moet je me wat vroeger ~* if ... you should give me a little more notice

waarschuwing warning *(ook v ziekte)*, caution *(ook sp)*, admonition; *(ter herinnering)* reminder; *(sp)* caution; *(v belasting)* (second) demand note, default (*of:* warning) notice, demand [*laatste ~* final demand, final notice]; *~!, (als opschrift)* caution!; *laat dit je een ~ zijn* let this be a warning to you; *een ~ laten horen* sound a warning

waarschuwingsbord [triangular] warning sign

waarschuwingscommando caution

waarschuwingsknipperlicht *(ve auto)* hazard (warning) light, hazard flasher

waarschuwingsschot warning shot

waartegen I *vrag vnw* against what?; **II** *betr vnw* against which

waartegenover 1 opposite which; **2** in consideration of which

waartoe I *vrag vnw* for what?, *(fam)* what for?; **II** *betr vnw* for which; *zie ook* dienen

waartussen I *vrag vnw* between what (which)?; **II** *betr vnw* between which (whom)

waaruit I *vrag vnw* from what?, *(vormelijk)* whence?; *~ bestaat het?* what does it consist of?; **II** *betr vnw* from which, *(dicht)* whence

waarvan I *vrag vnw* of what?, what [is bread made] of?; **II** *betr vnw* of which (whom); whereof

waarvandaan from where, whence

waarvoor I *vrag vnw* for what?, what [have you come here] for?, for what purpose?, *(vero)* wherefore?; *zie ook* waarom; **II** *betr vnw* for which (whom), *(vero)* wherefore

waarzeggen tell fortuness; *iem ~* tell a p.'s fortune [by cards], *(uit de hand)* read a p.'s hand; *zich laten ~* have one's fortune told

waarzegger fortune-teller, soothsayer; *(uit de hand)* palmist; *(uit glazen bol)* crystal-gazer

waarzeggerij fortune-telling, palmistry; *(uit kaarten, ook)* cartomancy

waarzegster *zie* waarzegger

waarzo (just) where

waarzonder without which

waas 1 *(op perzik, enz)* bloom; *(op veld, enz)* haze;

(voor de ogen) mist, film [he had a film before his eyes]; **2** *(fig)* varnish, veneer [of civilization], air [of secrecy], [romantic] glamour (glow), veil [of mystery]; *gehuld in een ~ van geheimzinnigheid* shrouded in mystery

wablief? *(fam)* beg pardon?, come again?, what?

wacht 1 *(één pers)* watchman; *(mil)* sentry, *(coll)* guard, *(mar)* watch; *de ~ aflossen* relieve guard (*mar:* the watch); **2** *(het ~houden)* watch, guard, *(mil)* guard (duty), sentry-go; *(mar)* watch; *eerste ~, (mar)* first watch; *~ te kooi, (mar)* watch below; *iem de ~ aanzeggen* give a p. serious warning (a talking to), tell a p. what's what; *de ~ betrekken* mount guard, go on duty, *(mar)* go on watch; *de ~ hebben* be on guard (duty), *(mar)* be on watch; *(ve dokter in ziekenhuis)* be on duty; *de ~ houden* keep watch, keep (stand) guard [*over* over, on], be on the lookout; ***op** ~ staan* stand guard, be on duty; *zie ook* geweer & wachtstand; **3** *(~huis)* guardhouse; ***in de** ~ slepen, (fig)* grab, bag, collar, rake in [£400 a week], carry off [the prize], land [a contract]; *wat men in de ~ sleept* the pickings; **4** *(theat)* cue

wachtclaus *(theat)* cue

wachtcommandant commander of the guard, *(in politiebureau)* station officer

wachtdienst guard duty; *(mar)* watch; *~ hebben, zie* wacht: de ~ hebben

wachtdoend [the officer] on duty

wachtel *zie* kwartel

wachten I *intr* wait; **II** *tr* **1** wait for, await; *wacht even, wacht eens* wait a bit!, *(fam)* hang on!, hold on (a bit)!; *wacht even, (telef)* hold the line (hold on, *fam:* hang on a minute), please!; stand by!; *wacht maar!, (bedreiging)* you just wait!, just you wait!; *maar steeds **blijven** ~* wait on and on; *iem **laten** ~* keep a p. (waiting); *verbeteringen laten op zich ~* are delayed, are long (in) coming; *hij (het diner) liet op zich ~* was late; *~ **duurt** altijd lang* a watched pot never boils; time moves slowly when we wait; *hij **kan** wel ~* he can wait; *dat (de brief, enz) kan wel ~* that (the letter, etc) can (will) wait, will keep [till tomorrow]; *dan kun je lang ~!* catch me at that!, you've got a hope!; *ik kan het niet ~* I cannot afford the time; *het **moet** ~* it will have to wait, must stand over (till another time); *te S moesten we lang (een uur) ~* at S we had (there was) a long (an hour's) wait; *(lang) **staan** te ~* cool (kick) one's heels; *wacht **met** schrijven tot ...* wait with writing till ..., leave writing till ...; *~ **op*** wait for; *wacht niet op me, (met naar bed te gaan)* don't wait up for me; *wij zullen op u ~ met eten (de thee, enz)* we'll wait dinner (tea, etc) for you; *het ~ is op jou* it's you we are waiting for; *niet zitten te ~ op* not be (in the least) enthusiastic about, have no use for; *ik wachtte **tot** hij zou beginnen (de deur zou opengaan, het weer zou gebeuren)* I waited for him to begin (for the door to open, for it to happen again); *wil je ~ tot ik terugkom?* will you (a)wait my return?; *ik zal ~ tot het u schikt* I will (a)wait your convenience (I will wait till it suits you); *wacht niet tot het laatste ogenblik (bijv om een trein te halen)* don't run it too close, don't cut it too fine; *~ tot je een ons weegt* wait till the cows come home; **2** *(verwachten)* expect [I expect you tomorrow]; **3** *(aanstaande zijn)* be in store; *ik weet wat mij te ~ staat* I know what I am up against; *er stond haar een grote som te ~, (erfenis)* she stood to inherit a ...; *er wacht hem een onaangename schok (een verrassing), (ook)* there is an unpleasant shock coming his way (in store for him); he is due for a surprise; *er wacht ons een smoorhete dag, enz* we are in for a scorching day (a busy time, a telling-off); *de taak die ons wacht* which awaits (confronts) us (which lies ahead); *zij had wat **van** haar tante te ~* she had expectations from her aunt; **4** ***zich** ~ voor* be on one's guard against; *wacht u voor de hond (voor zakkenrollers)!* beware of the dog (of pickpockets)!; *hij zal zich wel ~ om ...* he knows better (has more sense) than to ...; *zich wel ~ om zich te bemoeien met iem (iets), (ook)* leave a p. (a thing) severely alone; take care not to ...; *het ~* [I found] the wait [wearisome]; *zie ook* antwoord, namaak, enz

wachter 1 watchman, (gate)keeper; **2** *(bijplaneet)* satellite; *~ wat is er van de nacht?* watchman, what of the night?

wachtgeld unemployment pay, [placed on] half-pay (reduced pay)

wachtgelder official on half-pay, etc

wachthebbend on duty

wachthokje [bus, etc] shelter

wachthond watchdog

wachthouden keep watch, keep guard; *zie* wacht

wachthuis guardhouse; *~je* watchman's hut; [bus, etc] shelter; *(mil)* sentry box

wachtkamer waiting room; *(mil)* guardroom; *(vd brandweer)* watchroom

wachtlijn *(telef)* camp-on

wachtlijst [be on the] waiting list

wachtlokaal *zie* wachtkamer

wachtlopen be on patrol (on guard duty); *(mar)* stand watches

wachtmeester *(cavalerie)* (troop) sergeant; *(artillerie)* (battery) sergeant; *(politie)* (police) sergeant

wachtparade guard mounting, guard parade

wachtpost *(pers)* sentry, guard

wachtschip guard-ship

wachtstand [put on] hold *(ook fig)*

wachtstreep [please wait behind the] yellow line

wachttijd wait; *(verzekering)* qualifying period

wachttoren watchtower

wachtverbod parking prohibition; no parking

wachtvuur watchfire

wachtwoord 1 *(algem)* password, word; *(ve schildwacht, ook)* countersign; *(ve officier, ook)* parole; *zie ook* uitgeven; **2** *(leus)* watchword, catchword, slogan; **3** *(theat)* cue

wachtzuster *(in ziekenhuis)* night nurse

wad tidal marsh, (muddy) shallow, mudflat; *de Wadden* the (Dutch) Shallows
Waddeneilanden: *de* ~ the Frisian Islands
wade shroud
waden wade, ford
wadjan wok
wadlopen mudwalking
waf! woof!; *~! ~!* bow-wow!
wafel 1 waffle [baker, iron], *(dun)* wafer; **2** *(fam)* trap; *hou je ~!* shut your trap!
wafeldoek, wafelstof honeycomb [towels, etc]
waffel *zie* wafel 2
waffelen waffle
[1]**wagen** venture, risk, hazard; *ik waag* ***het*** *erop* I'll risk (chance) it, I'll take a chance on it; *het adres waagde ze er maar op* she chanced the address[: Mr ...]; *waag het niet!* don't you dare [*om te ...* to ...]!; *waag het eens!* do it at your peril!, I defy you to do it!; *hoe durf je het ~!* how dare you (do it)!; *ik waagde het op te merken ...* I ventured (made bold) to observe ...; *(ook)* [I had no idea ...] I ventured; *zijn* ***leven*** *~* risk one's life, carry (take) one's life in one's hands; *die waagt, die wint* fortune favours the bold; *die niet waagt, die niet wint* nothing venture, nothing gain; faint heart never won fair lady; *er alles* ***aan*** *~* risk everything, stake one's all; *zullen we er eens een euro aan ~?* shall we have a euro's worth?; *al zijn geld eraan ~* stake all one's money on it; *ze zijn aan elkaar gewaagd* they are well-matched, it is six of one and half a dozen of the other; ***zich*** *~ aan* venture (up)on [a task]; *ik zal er mij niet aan ~* I'll not take the risk; *zich aan 'n verklaring (een gissing) ~* hazard an explanation (a guess); *zich buiten ~* venture out (of the house)
[2]**wagen 1** *(rijtuig)* carriage, coach; *(voertuig)* vehicle; *(vrachtwagen)* wagon, van; *(meest op 2 wielen)* cart; *(tramwagen)* car; *(triomfwagen, enz)* chariot; *(auto)* car; *(winkel)~tje* trolley, *(Am)* (shopping) cart; *de Wagen, (astron)* Charles's Wain; *zie ook* kraken; **2** *(ve schrijfmachine)* carriage
wagenas axle(-tree)
wagenbak wag(g)on bed, wag(g)on box
wagenbegeleider *(ve tram, enz)* conductor
wagenbestuurder *(ve tram, enz)* driver, motorman
wagenketting drag-chain
wagenlading wagon-, cartload
wagenmaker 1 coachbuilder; **2** wagon-builder, cartwright
Wagenman: *de ~, (astron)* the Wagoner, Auriga
wagenmeester wagon-master
wagenmenner driver, *(dicht)* charioteer
wagenpark fleet [of vehicles, cars, buses, etc]
wagenrad carriage-, coach-, wagon-wheel, cartwheel
wagenren chariot race
wagenschot wainscot
wagensmeer axle-grease
wagenspel pageant (play)
wagenspoor (cart-, wheel-)rut; *vol wagensporen* badly rutted [road]
wagenveer 1 carriage spring; **2** vehicular ferry
wagenvoerder motorman, driver
wagenvol, wagenvracht wagon-, cartload
wagenwiel *zie* wagenrad
wagenwijd (very) wide [the doors were flung wide]; *de deur werd ~ opengezet voor allerlei misbruiken* the door was opened wide to all kinds of abuses
wagenzeil tarpaulin, tilt
wagenziek carsick, trainsick
waggelen totter, stagger, reel [like a drunken man]; *(ve dik persoon, eend, enz)* waddle; *(ve klein kind)* toddle; *(v pers, tafel, fiets)* wobble; *~de tafel* wobbly table
wagon *(personen)* (railway) carriage, coach; *(goederen)* van; *(open)* truck, wagon
wagonlading wagonload
wagon-lit wagon-lit, sleeping car, *(fam)* sleeper
wahabiet, wahabitisch Wahabi
wajang *(Ind)* wayang: shadow play
wajangpop shadow puppet
wak I *zn* (blow-, air)hole (in ice); **II** *bn* drizzly
wake (night-)watch, vigil
waken wake, watch; *~ bij* sit up with, watch by [a patient]; *bij een lijk ~* keep watch over a dead body; *~ over* watch over; *~ voor, a)* watch over, look after [a p.'s interests]; *b) (~ tegen)* (be on one's) guard against; *angstvallig ~ voor zijn rechten* be jealous of one's rights; *ervoor ~ dat ...* take care that ..., see (to it) that ...; *waakt!, (hist padvindersmotto)* be prepared!; *tussen ~ en slapen* between sleeping and waking
wakend 1 wakeful, waking; *~ of slapend* waking or sleeping [that thought never left her]; **2** *(waakzaam)* watchful, vigilant; *een ~ oog houden op* keep a vigilant (watchful) eye (up)on
waker 1 *(pers)* watchman, watcher; **2** *(op mast)* dogvane; **3** *(lont)* fuse
wakker 1 *(niet slapend)* awake; *goed ~, (ook fig)* wide awake; *~ blijven* keep (stay) awake; *~ houden* keep awake; *de herinnering ~ houden aan* commemorate [the triumphs of France]; *~ liggen* lie awake; *daar zal ik niet van ~ liggen* I shan't lose any sleep over that; *~ maken* wake (up), awake, (a)waken; *zie ook* hond; *~ roepen* wake (up), *(fig ook)* evoke, call up, recall [memories, etc]; *~ schrikken* wake (up) with a start; *~ schudden* shake awake (*of:* up), rouse [a p. from his preoccupation]; *zich ~ schudden* rouse o.s.; *de natie ~ schudden, (ook)* stir the nation into activity; *~ worden* wake up, awake; *zie ook* klaar; **2** *(flink, levendig)* lively, spry, brisk, active; *~e jongelui* alert youngsters; **3** *(waakzaam)* vigilant, awake, alert, watchful, on the alert
wakkerheid alertness, spryness, briskness
wal 1 *(vesting~)* rampart, wall; *(onder de ogen)* bag [*met zware ~len* with bags under the eyes]; **2** *(oever)* bank, shore, coast, waterside; *(kade)* quay(side), embankment; *de ~letjes* the red-light

district of Amsterdam; *de ~ keert het schip* there will soon come a point beyond which things cannot go, *(vglb)* the disease will burn itself out; *tussen ~ en schip* [fall] between two stools; ***aan*** ~ ashore, on shore; *aan ~ gaan* go ashore; *aan ~ brengen* land; *aan lager ~ zijn, (fig)* be on the rocks; *zie verder* lagerwal; ***bij het ~lletje langs*** touch-and-go; *ze moest bij het ~letje langs om rond te komen* she was hard put to it to make (both) ends meet; ***naar de*** *~ zwemmen* swim ashore; *zie ook* sturen; ***op de*** *~ staande wind* onshore wind; *het schip lag* ***uit de*** ~ stood off shore; *uit de ~* offshore [wind], [a few hundred yards] from the shore; ***van de*** *~ in de sloot* out of the frying pan into the fire; *van de ~, (handel)* ex quay; *van ~ steken* push (put, shove) off (from shore); *(fig)* go ahead; *steek maar eens van ~!* fire away!; *van twee ~len (~letjes) eten* run with the hare and hunt with the hounds, have it both ways, make the best of both worlds; (*iem die dit doet, fam:* Mr Facing-both-ways); *het schip is* ***voor de*** ~ the ship is alongside; *zie ook* franco, ²kant, lagerwal & stuurman

Walachije Wallachia

Walachijer, Walachijs Wallachian

walbaas wharfinger, superintendent

waldens Waldensian

waldenzen Waldenses, Vaudois

waldenzisch Waldensian

waldhoorn French horn

walen turn; *(fig)* waver

Walenland Wallonia

Wales Wales; *van ~* Welsh; *iem uit ~* Welsh(wo)man

walg loathing, disgust; *hij is een ~* he makes me sick; *vgl* walgen

walgang *(mil)* berm

walgelijk disgusting, loathsome, nauseous, nauseating, noisome, sickening [smell], repulsive, revolting [taste]; *hij is ~ rijk* he is stinking rich

walgen: *ik walg ervan, het doet me ~, het walgt me* I loathe it, I find it revolting, I am disgusted with (*of:* at) it, I am sick (to death) of it (the scandal, everything); *de vuiligheid deed me ~* the filth turned my stomach (turned me sick); *ik walg van hem* he disgusts me (makes me sick); *ik walg van mijzelf* I loathe myself; *tot ~s toe* ad nauseam

walging loathing, disgust [*van* at, for, of]

walglijk *zie* walgelijk

walgvogel dodo

walhalla Valhalla

walkant quayside, waterside

walkapitein marine superintendent, shore captain

walken, enz *zie* vollen, enz

walkman *(in het spraakgebruik)* walkman *(merk); (in druk)* personal stereo

Walkure Valkyrie

walletje *zie* wal

Wallonië Wallonia

walm (dense) smoke

walmen smoke

walmend, walmig smoky [lamp]

walnoot walnut (tree)

walnotenhout walnut

Walpurgisnacht Walpurgis night

walrus walrus

wals 1 *(dans)* waltz; **2** *(rol)* roll(er); *(weg~)* (road) roller

walschot spermaceti

walsen 1 *(dansen)* waltz; **2** *(ijzer, weg, enz)* roll [rolled steel]

walser 1 waltzer; **2** roller

walserij rolling mill

walsijzer rolled iron

walstro *(plant)* bedstraw; *echt ~* lady's (Our Lady's) bedstraw

walvis whale; *Groenlandse ~* Greenland (right, arctic) whale; *witte ~* white whale, beluga

walvisaas whale('s) food, clio

walvisachtig whale-like; *(wtsch)* cetacean, cetaceous; *~e, ~ dier* cetacean

Walvisbaai Walvis Bay, Walfish Bay

walvisbaard whalebone

walvisspek blubber

walvisstation whaling station

walvistraan whale oil, train oil

walvisvaarder 1 *(schip)* whaler, whaling-vessel, *(klein, ook)* whaleboat; **2** *(pers)* whaler, *(Am, ook)* whaleman; *(kapitein)* whaling-master

walvisvangst whale-fishery, whale-hunting, whaling

wam I *zn* dewlap; **II** *tw* wham!

wambuis, wammes jacket, *(hist)* (leather) jerkin, doublet; *(mar)* monkey-jacket; *op zijn wammes krijgen* have (get) one's jacket dusted

wan I *zn* **1** *(voorwerp)* winnow, (winnowing-)fan; **2** ullage; **II** *bn* slack [bags]

wanbedrijf crime(s), outrage(s)

wanbegrip fallacy, false notion

wanbeheer mismanagement, maladministration

wanbeleid mismanagement

wanbesef false (misguided) notion

wanbestuur misgovernment

wanbetaler defaulter; *(effectenbeurs, sl)* lame duck

wanbetaling non-payment; *bij ~* in case of non-payment, in default of payment

wanbof bad (hard) luck; *dat was een ~ voor hem* that was hard luck on him

wanboffen have bad luck

wanboffer unlucky person; *hij is een ~* everything goes against him

wand wall *(ook v lichaamsholte, enz)*; face [the north face of the cliff]; *zie ook sam met* muur-

wandaad misdeed, outrage

wandbeen parietal bone

wandbord decorative plate

wandcontactdoos (wall) socket, *(Am)* (wall) outlet

wandel 1 walk; **2** behaviour, deportment; *(handel en ~)* conduct (of life); *zie* handel; *aan de ~ zijn* be out for a walk

wandelaar(ster) walker, pedestrian; *zie ook* trekker 2
wandeldek promenade deck
wandelen walk, take (be out for) a walk; *gaan ~* go for a walk; *ga mee ~* come for a walk; *met iem uit ~ gaan (iem een wandeling laten doen)* take a p. for a walk; *met de hond gaan ~* take the dog for a run; *naar Gods geboden ~* walk in the ways of the Lord
wandelend: *~ blad* leaf insect; *(Am, ook)* walking leaf; *~e dictionaire (encyclopedie)* walking dictionary (encyclopedia); *de Wandelende Jood* the Wandering Jew; *~e nier* floating kidney; *~ souper* stand-up (buffet, fork) supper; *~e tak* stick insect; *(Am meestal)* walking stick; *zie ook* geraamte
wandelgang lobby; *leden in de ~en bezoeken en bewerken* lobby members
wandelhoofd promenade pier
wandeling walk, stroll; *(voor de gezondheid ook)* constitutional; *een ~ doen* take (be out for) a walk; *een ~ gaan doen* go for a walk; *dat is een hele ~* a long walk, a good stretch; ***in de ~*** [he was] popularly [called, known as, Grumpy]; *geld in de ~ brengen* put money into circulation; ***op** onze ~* in (on, during) our walk; *zie ook* wandel, wandelen
wandelkostuum *(ve dame)* costume; *(ve heer)* lounge suit; *(op invitatie)* dress: informal
wandelpad footpath
wandelpier promenade pier
wandelplaats promenade
wandelroute trail; *(natuur)historische ~* heritage trail
wandelschoenen outdoor (walking) shoes
wandelsport hiking
wandelstok walking stick, cane
wandeltocht walking tour; *(fam)* [be on a] hike
wandelwagentje buggy, pushchair, *(Am)* stroller
wandelweg walk
wandkaart wallmap, wallchart
wandkalender wall calendar
wandkleed tapestry, hanging(s)
wandklok wall clock
wandluis bedbug
wandmeubel wall unit
wandpilaar half-pillar, respond
wandplaat **1** *(school)* wall picture; wallchart; **2** mural tablet
wandrek wall ladder; *Zweeds ~* wall bars
wandschildering mural (painting)
wandstandig *(plantk)* parietal
wandtapijt wall tapestry, hanging(s)
wandversiering wall decoration
wanen fancy [a p. dead], imagine
wang cheek *(ook ve mast, affuit, enz); ~ aan ~* cheek to cheek, cheek by jowl; *met rode ~en* red- (ruddy-)cheeked
wangbeen cheekbone
wangebruik abuse
wangedrag bad conduct, misconduct, misbehaviour
wangedrocht monster, monstrosity
wangeluid dissonance, cacophony
wangkuiltje dimple (in one's cheek)
wangzak cheek-pouch
wangzakrat gopher
wanhoop despair [*aan* of]; *de ~ van zijn moeder* [he was] the despair of his ...; *die toestand (dokter, enz) is een (complete) ~, (fam)* that ... drives you up the wall; *moed der ~* courage born of despair, desperation; *met de moed der ~* in desperation; *in (uit) ~* in despair
wanhoopsdaad desperate deed
wanhoopskreet cry of despair
wanhopen despair [*aan* of]; *men wanhoopt aan zijn leven* his life is despaired of
wanhopig despairing, desperate; *~ in geldverlegenheid* desperately pushed (for money), in desperate straits
wankel unsteady, unstable, *(ve meubel, enz)* rickety, shaky [staircase], wobbly [table], *(fam)* rocky [argument, relationship]; *~ op zijn benen* uncertain on one's legs; *~e gezondheid* delicate health
wankelbaar unstable [equilibrium *evenwicht*], unsteady, changeable, vacillating
wankelbaarheid instability, unsteadiness, changeableness
wankelen totter, shake, rock (sway) to and fro, stagger, reel; *(weifelen)* waver, falter [in one's resolution], vacillate; *aan het ~ brengen* shake, rock; *(fig)* make [a p.] waver; *zijn overtuiging raakte aan het ~* his conviction began to waver; *een slag die iem doet ~* a staggering blow
wankelend tottering, etc; vacillating [will]; *zie ook* wankel
wankeling tottering, etc; *(fig)* wavering, vacillation
wankelmoedig wavering, irresolute, vacillating, faint-hearted
wankelmoedigheid wavering, irresolution, vacillation
wanklank discordant sound, dissonance; *(fig)* jarring (discordant, false) note [*een ~ laten horen* strike a jarring note]
wanklinkend, wanluidend discordant, jarring, dissonant
wanmolen winnowing mill
wanneer I *bw* when; II *vw* **1** *(tijd)* when; *~ ook* whenever; *~ je maar wilt* whenever you like; *~ de Kamer weer bijeenkomt, (ook)* [discuss matters] on the House reassembling; **2** *(indien)* if; *zie ook* als & indien
wannen winnow, fan
wanorde disorder, disarray; *in ~ brengen (geraken)* throw (get) into disorder; *in ~, (ook)* [everything is] at sixes and sevens, in a mess, [the bedroom was] a shambles
wanordelijk disorderly
wanordelijkheid disorderliness; *wanordelijkheden, (op straat, enz)* disturbances, riots
wanprestatie **1** botch-up; *een ~ leveren, a)* fail to de-

liver; *b)* make a mess of things, make a hash of it; **2** *(jur)* non-fulfilment

wanschapen *zie* wanstaltig

wanschepsel monster

wansmaak bad (*of:* want of) taste

wansmakelijk in bad taste

wanstaltig misshapen, deformed, monstrous

wanstaltigheid misshapenness, deformity, monstrosity

wansucces ill success

want I *vw* for; [less dangerous,] because [less common]; **II** *zn* **1** mitten; **2** *(mar)* rigging; *(netten)* (fishing) nets; *staand (lopend)* ~ standing (running) rigging; *het ~ in sturen* order [the men] aloft

wanten: *hij weet van* ~ he knows the ropes

wantij dead water

wantoestand disgraceful state of affairs, unholy mess, *(sl)* cock-up; *(misstand)* abuse

wantrouwen *zn & ww* distrust, mistrust; *zijn ~ in ...* his distrust of ...; *met ~ gadeslaan* look askance at; *zie ook* achterdocht & motie

wantrouwend distrustful, suspicious; *zie ook* wantrouwen: met ~

wantrouwendheid distrustfulness, suspiciousness, suspicion; *zie ook* wantrouwen

wantrouwig *zie* wantrouwend

wants bug

wanverhouding disproportion; *in scherpe ~ staan tot* be out of all proportion to

wanvertoning grotesque spectacle, mockery

wanvoeglijk unseemly, indecent, improper

wanvoeglijkheid unseemliness, indecency, impropriety

wanvracht *(mar)* dead freight

WAO afk van *wet op de arbeidsongeschiktheidsverzekering* Occupational Disability Insurance Act

WAO-uitkering *(vglb)* invalidity benefit

wapen 1 weapon, arm; *~s* arms, weapons; *(alle soorten van) ~s, (ook)* weaponry; *het als een ~ gebruiken tegen iem, (fig)* use it as a weapon (a lever) against a p.; *je geeft hem een ~ tegen je* you are giving him a handle against you; *de ~s dragen* bear arms; *een burger mag geen ~s dragen* a civilian may not carry arms; *de ~s neerleggen* lay down arms; *de ~s opnemen (opvatten)* take up arms; *iem (de kritiek) het ~ uit de hand slaan, (fig)* take the wind out of a p.'s sails, cut the ground from under a p.'s feet (disarm criticism); *iem **met** zijn eigen ~s bestrijden* fight a p. with his own weapons (beat a p. at his own game); *naar de ~s grijpen* take up arms; ***onder** de ~s komen* join the colours, *(fam)* join up; *onder de ~s zijn* be under arms, *(in opstand)* be up in arms; ***op** alle ~s, (fig)* all-round; *zie ook* meester; ***te** ~!* to arms!; *te ~ roepen* call to arms; *te ~ lopen* take up arms; *zie ook* blank; **2** *(her)* (coat of) arms; *koninklijk ~* Royal Arms; *hoog **in** zijn ~ zijn* carry it high, be uppish; *zie ook* sprekend; **3** *(legertak)* arm of service; *het ~ der infanterie (cavalerie, luchtstrijdkrachten, enz)* the infantry (cavalry, air, etc) arm; ***bij** welk ~ dient hij?* which of the services is he in?

wapenarsenaal arsenal

wapenbalk bar, bend; *(dwarsbalk)* fesse

wapenbeeld heraldic figure, charge, bearing

wapenbeheersing arms control

wapenboek armorial

wapenbord (e)scutcheon

wapenbroeder brother (companion, comrade) in arms

wapendos full armour; *in volle ~, (ve middeleeuwse ridder, bijv, ook)* in full panoply

wapendrager armour-bearer, squire

wapenen 1 arm [soldiers, a ship, magnet]; *zich ~* arm (o.s.) [*tegen* against]; *zich ~ met geduld* arm o.s. with patience; **2** *(versterken: beton)* reinforce; *(kabel, glas, plastic, enz)* armour; *zie ook* gewapend

wapenfabriek arms factory

wapenfabrikant arms manufacturer

wapenfeit warlike deed, feat of arms, martial exploit; *(fig: iron)* achievement

wapengekletter clash of arms; *(om schrik aan te jagen)* sabre-rattling

wapengeweld force of arms

wapenhandel 1 [trained in (*of:* to) the] use of arms; *in de ~ geoefend, (ook)* trained to arms; **2** arms trade, traffic (trade) in arms

wapenhandelaar *(groot)* arms dealer; *(klein)* gunsmith

wapenheraut herald (of arms, at arms)

wapenhuis arsenal

wapening 1 arming; **2** armament, equipment; **3** *(v beton)* reinforcement; *(ve kabel, enz)* armouring

wapenkamer armoury

wapenknecht *zie* schildknaap & soldenier

wapenkoning king-of-arms, king-at-arms

wapenkreet war cry

wapenkunde heraldry

wapenkundig 1 heraldic; **2** versed in heraldry

wapenkundige armorist, heraldist

wapenmagazijn arsenal

wapenmaker armourer

wapenmantel *(her)* mantling

wapenoefening military drill (*of:* exercise)

wapenrek gun rack, arms rack

wapenriem shoulder-belt, baldric

wapenrok 1 *(mil)* tunic; **2** *(hist)* coat of mail

wapenrusting armour (*Am:* armor); *een ~* a suit of armour; *in volle ~* in full armour; *zie ook* wapendos

wapenschild coat of arms, (e)scutcheon, armorial bearings

wapenschouw review

wapensmid armourer

wapensmokkel arms smuggling, gunrunning

wapenspreuk motto, (heraldic) device

wapenstilstand armistice, *(tijdelijk)* truce, suspension of hostilities; *W~sdag, (hist)* Armistice Day

wapenstok truncheon, baton

wapenteken *(her)* crest
wapentransactie arms deal
wapentuig arms, weapons, weaponry
wapenzaal armoury
wappen wap
wapper 1 wapper; **2** bascule [of a drawbridge]
wapperen wave, fly (out), flutter, stream, float [*boven* over]; *van het gebouw wappert de vlag* the building flies the flag, the flag is flown from the building; *laten ~* fly [a flag]; *zijn handen laten ~* get cracking (weaving)
war: ***in de ~ brengen (maken, sturen)*** upset [a p.'s plans], rumple, ruffle [a p.'s hair], make hay of [a p.'s papers], make a mess of [things, a p.'s life]; *(iem)* put [a p.] out, confuse [a p.]; *(iems plannen, berekeningen, ook)* upset (*fam:* mess up, muck up) [a p.'s plans, calculations]; *als het mijn plannen niet in de ~ stuurt* if it does not interfere with my plans; *je hebt de* ***boel*** *(mooi) in de ~ gestuurd* you've made a (proper) mess of things; *de markt (iems spijsvertering) in de ~ brengen* derange the market (a p.'s digestion); *alles* ***liep*** *in de ~* everything went wrong; *in de ~* ***raken,*** *(ve pers)* get confused, get muddled, *(fam)* get mixed up; *(v zaken)* be thrown into confusion (disorder); *alles raakte in de ~, (fam)* everything went haywire; *in de ~* ***zijn,*** *(ve pers)* be confused, have lost one's head, be in a muddle, be all at sea; *(ijlen)* be delirious, wander in one's mind; *(v zaken)* be in confusion (in disorder, in a mess), be at sixes and sevens [traffic is disorganized]; *je bent een jaar in de ~* you're a year wrong; *hopeloos in de ~* [my hair is, his affairs are] all in a tangle (all anyhow); *mijn gedachten zijn helemaal in de ~* my ... are a confused jumble; *mijn hersens zijn zo in de ~ dat ...* my brain is so muddled that ...; *zijn maag is in de ~* is out of order, is upset; *het weer is geheel in de ~* we're having very unpredictable weather; *zijn zenuwen zijn in de ~* his nerves are unstrung, all in a jangle, all jangled; ***uit*** *de ~ maken (raken)* disentangle (get disentangled)
warande 1 park, pleasure grounds (*of:* garden); **2** game preserve
waratje *(fam) zie* waarachtig
warboel confusion, muddle, mess, tangle, clutter, imbroglio, [it's all a] mix-up; *het was een onbeschrijfelijke ~* it was confusion worse confounded, *(fam)* a most unholy mess; *zie ook* rein
ware: *als het ~* as it were; so to speak; *het ~ beter* it would be better; *al ~ het alleen maar om te ...* if only to ...
warempel indeed; *zie* waarachtig
[1]**waren** *ww* wander; *~ in* haunt [a place]; *de gedachten die me door het hoofd ~* the ideas coursing through my head; *zie ook* rondwaren
[2]**waren** *zn* wares, goods, commodities
warenhuis 1 department store, stores [shop at the stores; *ook ev:* a big West End stores]; **2** (large) greenhouse, hothouse
warenkennis knowledge of (*als leervak:* history of) commodities
warentig truly, indeed; *zie* waarachtig
Warenwet Food and Drugs Act
wargeest 1 scatterbrain; **2** agitator
warhoofd scatterbrain
warhoofdig muddle-headed, scatterbrained
waringin banyan (tree)
warkruid dodder
warm warm (*ook fig:* adherent, friendship, colour, heart), hot [have a hot bath; a hot axle; a hot meal; the hottest day of the year; *ook fig: zie de voorbeelden beneden*]; *~e baden, (ook)* thermal baths; *~e bron* hot (*of:* thermal) spring; *als ~e broodjes* [sell] like hot cakes; *~* ***aanbevelen*** recommend warmly; *je* ***bent*** *~, (bij spel)* you're warm (*of:* hot); *het wordt hier nu lekker ~* the room is warming up (it's getting nice and warm) now; *het ~* ***hebben*** be warm; *~* ***houden*** keep [one's dinner] hot (warm); *het houdt je lekker ~* it keeps you as warm as a toast; *de zaak ~ houden* keep the question to the fore; *houdt hem ~!, (bij glijbaantje bijv)* keep the pot boiling!; *de plaats (de zetel) ~ houden voor* keep the seat warm for; *zijn hart begon ~er voor haar te* ***kloppen*** his heart warmed to her; *beurtelings ~ en* ***koud*** *worden* go hot and cold; *hij wordt er niet ~ of koud van* it doesn't make him turn a hair; *ik* ***krijg*** *het ~* I am getting warm; *(zich) ~* ***lopen,*** *zie* warmlopen; *~* ***maken*** heat [milk, one's dinner]; *het iem ~ maken* make things (*of:* it) hot for a p.; *iem ~ voor iets maken* make a p. enthusiastic about s.t.; *vgl* warmlopen; *zich over iets ~ maken* get all steamed up over s.t.; *men maakt zich ~ over die kwestie, (ook)* there is a lot of feeling about ...; *hij maakt zich er niet over ~, (ook)* it doesn't disturb him; *het kan er ~* ***toegaan*** things can be pretty hot (there); *de grond werd hem te ~ onder de* ***voeten*** the place became too hot for him; *zie ook* bakker, inzitten, enz
warmbeitel hot chisel
warmbloedig warm-blooded
warmbreukig hot-, red-short
warmdraaien warm up *(ook fig)*
warmen warm, heat; *zich ~ bij het vuur* warm o.s. at (by) the fire; *zijn tenen (voeten) lekker ~ bij het vuur, (ook)* toast one's toes before the fire
warmlopen *(v machinedelen)* (over)heat, become (get) (over)heated; *warmgelopen, (ook)* hot [axle]; *(zich) ~* warm up, get warmed up [for a race], have a warm(ing)-up; *~ voor, (fig)* become enthusiastic for (a warm supporter of), *(geleidelijk)* warm to [a subject]
warmoezenier *(vero)* market (*of:* kitchen) gardener
warmpjes warm(ly); *zie ook* inzitten
warmte warmth; *(natuurk)* heat; *(benauwd)* frowst; *(fig)* warmth, ardour; *veel ~ geven* throw out a lot of heat; *~ in arbeid omzetten* convert heat into work; *met ~ verdedigen* defend with (great) warmth
warmteaccumulator[1] storage heater

warmtebron source of heat
warmte-eenheid thermal unit [*Britse* ~ Bt(h)u], heat unit, unit of heat, calorie
warmtefront *(weerk)* warm front
warmtegeleider conductor of heat, thermal conductor
warmtegeleiding conduction of heat, thermal conduction
warmtegraad degree of heat
warmte-isolatie thermal insulation
warmteleer theory of heat
warmtemeter calorimeter, thermometer; pyrometer
warmtestraal heat ray, thermic (caloric) ray
warmtewisselaar heat exchanger
warmwaterbron thermal spring
warmwaterkraan hot(-water) tap (*Am:* faucet)
warmwaterkruik hot-water bottle
warmwatertoestel boiler
warnest, warnet tangle, maze, labyrinth
warrelen whirl, swirl; *het warrelt me voor de ogen* things are swimming before my eyes; *zie ook* dwarrelen
warreling whirl(ing)
warrelwind whirlwind
warren whirl; *(wisk)* randomize; *door elkaar* ~ entangle
warrig confused, rambling, muddled
wars: ~ *van* averse to (*of:* from)
Warschau Warsaw
wartaal gibberish, balderdash; ~ *spreken, (ve zieke)* be delirious, rave, wander (in one's mind), be confused
wartel *(techn)* swivel
warwinkel *zie* warboel
[1]**was 1** wax; *slappe* ~ dubbin; *in de slappe* ~ *zetten* dub [leather]; *hij zit goed in de slappe* ~ he is very well off; *hij is als* ~ *in haar handen* he is like wax (like putty) in her hands; **2** *(v water)* rise; **3** wash, washing, laundry; *fijne* ~ fine fabrics, fine laundering; *schone* ~ clean (fresh) linen; *zie ook* vuil; *de* ~ *doen* do the washing, *(voor anderen)* take in washing (*of:* laundry); *in de* ~ *doen* send [the linen] to the wash (to the laundry); *de* ~ *ophangen* hang out the wash(ing); *deze stof blijft goed in de* ~ this ... washes (will wash); *in de* ~ *krimpen* shrink in the wash
[2]**was** *ovt van* wezen & [1]zijn
wasachtig waxy; ~ *bleek* waxen [complexion]
wasafdruk wax impression
wasautomaat washing machine
wasbaar [machine] washable; *vgl* wasecht
wasbak washbowl; *(voor erts)* washing trough; *vgl* wastafel
wasbeer raccoon
wasbekken *zie* waskom
wasbenzine refined petrol
wasbeurt wash

1 zie voor sam met *warmte-* ook sam met *hitte-*

wasbleek [her face was] as white as a sheet
wasbloem 1 *(plant)* honeywort; **2** *(kunstbloem)* waxflower
wasboetseerkunst wax-modelling; ceroplastics
wasboom bayberry, wax myrtle
wasbord washboard *(ook weg)*, washing board
wascentrifuge spin-dryer
wasdag washday, washing day
wasdoek oil cloth; ~*je* facecloth, (face) flannel
wasdom growth; *volle* ~ (full) maturity; *tot* ~ *komen* grow (to maturity), develop
wasdraad waxed thread
wasdroger tumble-dryer
wasecht washable, fast-dyed, fast [colours]; *het is* ~, *(ook)* it will stand washing; ~*e zijde* washing silk; *zie ook* rasecht
wasem steam, vapour
wasemen steam
wasemkap cooker hood, extractor
wasfiguur wax mannequin
wasfles *(chem)* washing bottle
wasgeel waxy yellow
wasgelegenheid washplace
wasgoed wash(ing), laundry
washandje *(vglb)* facecloth, (face) flannel
washok wash-house
washuid cere
wasinrichting laundry
wasjas waxed jacket
waskaars wax candle, *(dun)* taper
wasknijper clothes-peg
waskom washbasin, wash-hand basin; *vgl* wastafel
waskuip washtub
waslap(je) facecloth, (face) flannel
waslicht wax-light
waslijn clothes-line
waslijst 1 laundry list; **2** *(fig)* shopping list; *(v klachten, ook)* screed; *een hele* ~ *van voorwaarden* [come with] a whole raft of ...
waslokaal washroom
wasmachine washing machine; *(met droger)* washer-dryer
wasmand laundry-, linen-, clothes-basket
wasmerk laundry mark
wasmiddel detergent
waspapier wax(ed) paper
waspeen washed carrots
waspitje wax-light
waspoeder washing powder
wasrol wax cylinder
wassalon launderette, laundromat, coin-op, coin laundry
[1]**wassen** *(groeien)* grow; *(ve rivier)* rise; *de maan is aan het* ~ the moon is waxing; *de rivier is sterk gewassen* the river is in spate; *de* ~*de maan* the waxing moon, the crescent; *zie ook* kluit
[2]**wassen I** *ww* wax; **II** *bn* waxen, wax; ~ *beeld* wax figure (*of:* image), waxwork model, dummy; *zie ook*

neus

[3]**wassen** **1** *(schoonwassen)* wash *(ook v erts); (goudaarde, ook)* pan off (out); *(en opmaken)* launder [curtains, linen]; *(tegen ongedierte)* dip [sheep]; *was je gezicht eens* give your face a wash; *(afwassen)* wash up [the tea-things]; *de melk ~* water the milk; *iem de oren ~, (fig)* take a p. to task; *deze stof kan niet ge~ worden* this material won't wash; ***zich** ~, (ook van kat)* wash (o.s.); *je moet je eens goed ~* you must have a good wash; *zie ook* schoonwassen, varken, enz; **2** *(tekening)* wash [a drawing]; *ge~ tekening* wash(ed) drawing; **3** *(kaarten)* shuffle, make [the cards]; *(dominostenen)* shuffle [the dominoes]; *jij moet ~* it's your shuffle

wassenaar *(her)* crescent

wassenbeeldenmuseum waxworks; *vgl* [2]wassen

wasserette launderette, laundromat, coin-op, coin laundry

wasserij laundry

wasstraat (automatic) car wash

wastafel [fitted] washbasin, washstand, *(Am, ook)* lavatory; *ingebouwde ~* vanity unit, vanitory; *zie ook* vast

wastafeltje wax tablet

wasteiltje washing-up bowl

wastobbe washtub

wasverzachter fabric softener

wasvoorschrift washing instructions, directions for washing

wasvrouw washerwoman, laundress

waszijde washable silk

[1]**wat** **I** *vrag & uitroepend vnw* **1** *(vragend:) een rare snuiter, ~?* rum chap, what?; *wel, ~ dan nog?* so what?; *~, weet je niet ...?* what, don't you know ...?; *~ **deed** hij daar naar toe te gaan!* what business had he to go there!; *~ **is** hij?* what is he?; '*~ is dat?*' '*~?*' 'what is that?' 'what is what?'; *~ **is** er?* what is it?, what is the matter (the trouble)?; *wel, ~ **is** er met hem?* well, what of him?; *~ is er nog over van de pudding?* what pudding is there left?; *~ zal het zijn?* what's yours?; *zie ook* [2]meer 3; *~ **voor** boeken heb je gelezen?, (welke boeken)* what books have you read?; *~ voor (soort) boeken lees je het liefst?* what sort of books do you prefer?; *~ is hij voor een man?* what sort of man is he?; *~ is Canada voor een land?* what is Canada like?; *ik weet niet ~ ik zal doen* I do not know what to do; *wel, ~ **zou** dat?* well, what then?, what if it is (so)?, what of that?, what of it?, what's the odds?, what does it matter?; *~ zou het wel zijn, als hij nu kwam?* what if he came now?; *~ zou het nu (weer) zijn?* I wonder what it'll be this time; *~ zou het, al ben ik arm?* what though I am poor?; *~ zou je ervan zeggen als we naar bed gingen?* what about bed?; **2** *(uitroepend:) ~ benijd ik je!* how I envy you!; *en ~ **al** niet!* and what not!; *~ ze al niet zegt!* the things she says!; *~ **een** geld (mensen)!* what a lot of money (people)!; *~ een idee!* what an idea!, the idea!; *~ een man (een wind)!* what a man (a wind)!; *~ een mooi meisje!* what a beautiful girl!; *~ een onbeschaamdheid (onzin, weer)!* what impertinence (nonsense, weather)!; *~ **keek** ze me nijdig aan!* she didn't half give me a nasty look!; *~ **lief** van je!* how (very) nice of you!; *~ **mooi!*** how beautiful!; *en wát **voor** één* [a cat] and such a cat; *~ **zal** ik het missen!* how I shall miss it!; *~ zal dat gerieflijk **zijn**!* won't it be convenient!; *~ die mannen toch een leugenaars zijn!* what liars men are!; *~ is het warm!* isn't it warm!; *~ was hij een gek!* what a fool he was!; *van ~ ben je me, zie* van; *zie ook* schelen, enz; **II** *betr vnw* what, which, that; *~ hij ook was* [he looked like a family solicitor,] which indeed he was; *alles ~* all that; *zie ook* alles; *... en ~ erger (meer) is, hij is erg lui ...* and, what is worse (more), he is very lazy; *en hij is erg lui, ~ nog erger is* and he is very lazy, which is even worse; *hij deelde hun mede, ~ reeds een publiek geheim was, namelijk ...* he announced to them, what was already an open secret, namely ...; *~ je maar wilt* whatever (anything, *fam:* any old thing) you like; *~ ik kan, (ook)* [I'll do] the best I can; [I'm helping you] all I can; **III** *onbep vnw, zelfst* something, anything; *zie ook* iets & heel; *ik zal je eens ~ zeggen* I'll tell you what; *(bijvoegl)* some, any; *er is ~ van aan* there is something in that; *geef mij ook ~* let me have some too; *geef mij ~ sigaren* let me have some (a few) cigars; *blijf nog ~* stay a little longer; *~ er ook gebeure, ik ...* whatever happens (may happen) I ...; *een man of ~* a few men; ***als** ~* [as cool] as you please, [as safe] as can be; *zo duidelijk als ~* [you can see them] as plainly as anything; *ze is zo eerlijk als ~* she is as straight as they make them; *zie ook* horen 1, worden & [1]zijn; **IV** *bw* **1** a little; *dat is ~ ál te gevaarlijk* that's a little too dangerous; *~ beter* a little better; *~ meer dan 100* rather more than 100; **2** *(met klem)* very, *(fam)* jolly; *ik zal wát blij zijn* I shall be only too pleased (*fam:* jolly glad) [to get away]; *je zult wát gauw zien ...* you'll jolly soon see ...; *ik zal er wát goed voor zorgen om ...* I'll take jolly good care to ...

[2]**wat** *zn zie* watten

water **1** water (*ook:* urine); *~tje, (voor huid, enz)* wash, lotion; *dat kan al het ~ in de zee niet **afwassen**, a)* all the water in the sea will not cleanse him of that; *b)* you can't get away from that; *te veel ~ **doen** bij* drown [the whisky]; *zie ook ben:* melk & wijn; *~ **geven*** give (fresh) water to [flowers]; *(begieten)* water; *(vd brandweer)* play [on the flames]; *~ **in krijgen**, (ve drenkeling)* swallow water, *(mar)* make (ship, take) water; *het ~ kwam aan de **lippen*** they (we, etc) were reduced to the last extremity; *~ **maken**, (mar)* make water; *~ en **melk**, (ook fig)* milk and water; *~ bij de melk doen* water the milk; *het ~ komt er me van in de **mond** (loopt me om de tanden)* it makes my mouth water, it brings the water to my mouth; *sedertdien is er heel wat ~ door de **Rijn** gelopen* a lot of water has flowed under the bridge(s) since then; *~ **trappen** (treden)* tread water; *zo vlug* *als ~, zie* watervlug; *ik* ***voel*** *het aan mijn ~* I feel it in my bones; *de boot (de mijn) is* ***vol*** *~* the ... is waterlogged (flooded); *ze zijn als ~ en* ***vuur*** they are at daggers drawn; *~ bij de* ***wijn*** *doen* moderate one's demands, compromise, come down a peg or two, sing small; *~ naar* ***zee*** *dragen* carry coals to Newcastle; *bang zijn zich* ***aan*** *koud ~ te branden* be overcautious, be over-anxious not to commit o.s.; ***bij*** *hoog (laag) ~* at high (low) tide (*of:* water); *het hoofd* ***boven*** *~ houden, (ook fig)* keep one's head above water; *hij is weer boven ~ gekomen, (fig)* he has turned up again; ***in*** *oosterse ~en* in eastern waters; *zijn geld in het ~ gooien* throw away (waste) one's money; *men kon het geld net zo goed in het ~ gooien* the money might as well be thrown in the gutter; *hij sprong in het ~ om het kind te redden* he dived in to rescue the child; *in het ~ vallen* fall in(to) the water; *(fig)* fall to the ground, fall through, be a wash-out; ***onder*** *~ staan* be under water, be flooded, be submerged; *de mijn staat onder ~, (ook)* the mine is waterlogged; *onder ~ lopen* be flooded; *onder ~ zetten* inundate, flood, submerge; *hij is onder ~, (op sjouw)* he is on the razzle, *(dronken)* he is three sheets in the wind; ***op*** *~ en brood* on bread and water; *mijn twee maanden op het ~* my two months afloat; ***te*** *~ en te land* by sea and land, afloat and ashore; *zich te ~ begeven, te ~ gaan* take the water; *te ~ laten* launch [the lifeboat]; *het schip werd te ~ gelaten, (ook)* the vessel took the water; *vervoer te ~* water-carriage, water-borne traffic; *te ~ vervoerd* transported by water, water-borne; **2** *(~zucht)* dropsy; **3** *een ~* a sheet (piece, stretch) of water, *(ook)* a water [an ornamental water]; *~tje* streamlet, rill; *de ~en van een land* the rivers, lakes and canals (*vooral Sch ook:* the waters) of a country; *de machtige wateren van de Mississippi* the mighty waters of ...; *hij is in alle ~en gewassen* he is an old hand; *stille ~s hebben diepe* ***gronden*** still waters run deep; **4** *diamant van het eerste (zuiverste) ~* diamond of the first (*ook:* purest) water [*zo ook:* a swindler of the first water]; *zie ook* emmer, geld, God, innemen, koken, opzetten, sterkwater, troebel, zon, enz

wateraardbei marsh cinquefoil

waterachtig watery; *~ vocht, (in oog)* aqueous humour

waterader vein of water

waterafstotend water-repellent

waterafvoer water-drainage, draining, carrying off of water

wateraloë water soldier, water aloe

waterarm poor in water, deficient in moisture, arid

waterbaars water souchy

waterbak 1 cistern, tank; **2** *(v paarden, enz)* water trough; **3** urinal

waterballet water ballet; *(fig)* wet affair

waterbed waterbed

waterbeheersing water management

waterbekken water basin, reservoir

waterbericht water-level report

waterbestendig water-resistant

waterbewoner aquatic (animal)

waterbouwkunde hydraulic (*of:* water) engineering, hydraulics

waterbouwkundig hydraulic (*bw:* -ally)

waterbouwkundige hydraulic (*of:* water) engineer

waterbreuk hydrocele

waterbron (water) spring

waterbrood water bread

waterbuis water pipe

waterchinees queer customer

waterchocolade cocoa made with water

watercloset water closet

watercultuur hydroponics

waterdamp (water, aqueous) vapour, steam

waterdeeltje water particle

waterdicht impervious (impermeable) to water, waterproof [coat, material], watertight [boots, door], weatherproof [house]; *(fig)* cast-iron [proof, theory]; *~ zijn, (ook)* hold water; *~ maken, (ook)* waterproof; *~(e) stof (kledingstuk)* waterproof; *~ (be)schot* bulkhead; *~e afdeling* watertight compartment

waterdier aquatic (*of:* water) animal

waterdoorlatend water-permeable [layer, soil]

waterdorpel weatherboard

waterdrager water-carrier; *(fig)* helper; *W~, zie* Waterman

waterdrieblad buckbean, bogbean

waterdrop(pel), waterdruppel drop of water, waterdrop

waterdun watery

wateren I *tr (tuin, wijn, paard, stof, enz)* water; **II** *intr* make (*of:* pass) water, urinate; *(ve paard, enz, ook)* stale; *zijn ogen ~* his eyes water

watereereprijs: *(blauwe, rode) ~* water speedwell

waterfiets waterbike

watergang watercourse

watergas water-gas

watergeest water sprite

watergeneeskunde, watergeneeswijze hydropathy

watergeus Sea Beggar; *(mv ook)* Beggars of the Sea

watergevogelte waterfowl

waterglas 1 drinking glass, tumbler; **2** urinal; **3** *(stof)* water-glass, soluble glass

waterglijbaan water chute, water slide

watergod water god

watergodin naiad, nereid

watergolven set [hair]

watergoot gutter

watergruwel water gruel

waterhindernis water jump

waterhoen moorhen; *klein ~* little crake

waterhond water dog

waterhoofd hydrocephalus; *hij heeft een ~* he has water on the brain; *een organisatie met een ~* a top-heavy organization

waterhoogte height (*of:* level) of the water, water level, waterline
waterhoos waterspout
waterhoudend water-bearing, retentive of moisture; *~e laag* aquifer
waterhuishouding water economy
waterig watery [tea], sloppy, (wishy-)washy
waterigheid wateriness, etc
waterijs water ice; *~je* ice(d) lolly
watering 1 watercourse; **2** *zie* waterschapsbestuur
waterjuffer dragonfly; *(groot)* hawker, *(middelsoort)* darter, *(Am)* skimmer, *(klein)* damselfly
waterkan water jug, ewer; *(v blik, enz)* water can
waterkanker noma
waterkanon 1 water tower; **2** water cannon
waterkant [at the, by the] waterside, water's edge; *(ve stad)* waterfront [a waterfront boarding house]
waterkaraf water bottle, carafe
waterkering weir, dam, retaining wall; *(mv, ook)* flood defences
waterkers watercress
waterklaver buckbean
waterklerk shipbroker's clerk
waterkoeling water-cooling; *met ~* water-cooled
waterkolom column (*nat:* head) of water
waterkom bowl, basin
waterkonijn muskrat
waterkoud raw
waterkraan (water) tap, (water) cock
waterkracht water-power, hydroelectric power, *(Am fam)* hydro(power)
waterkrachtcentrale hydroelectric station
waterkruik water jug, pitcher
waterkuur water cure, hydropathic cure
waterlaars wader
waterland watery country
waterlanders tears; *de ~ kwamen* the tears came, the floodgates were opened
waterleiding waterworks, *(inz bovengronds)* aqueduct; *de ~, (administratie)* the Water Company; *het huis heeft geen ~* the house has no water laid on, is without piped water; *gas, ~, enz (in beschrijving ve huis)* main(s) services
waterleidingbedrijf waterworks
waterleidingbuis water pipe, conduit pipe; *(in straat)* water main; *(tussen straat en huis)* service pipe
waterleidingmaatschappij water company
waterlelie water lily
waterlijn 1 waterline; **2** *(in papier ook)* faint line, *(horizontaal)* laid line, *(verticaal)* chain line; *met ~en* laid [paper]
waterlijst (window) drip
waterlinie [the Dutch] water (defence) line, inundation line, flood(able) area, flood belt
Waterloo: *de slag bij ~* the battle of Waterloo
waterloop watercourse
waterloopkundig hydromechanical [laboratory]
waterloper *(insect)* pond-skater, water-skater
waterlozing 1 drainage, drain; **2** *(urinering)* urination
Waterman Water-bearer, Water-carrier, Aquarius
watermantel water jacket
watermeloen water melon
watermerk watermark, wiremark
watermeter water meter; *(voor snelheid, kracht, enz)* hydrometer
watermolen *(door water gedreven)* watermill; *(poldermolen)* drainage mill
watermunt water mint
waternavel marsh pennywort
waternimf water nymph, naiad
waternood water famine
waterontharder water softener
wateroverlast flooding, floods
waterpartij ornamental water(s) (*of:* lake)
waterpas I *zn* (spirit) level; **II** *bn* level; *niet ~* out of level; *~ maken* level
waterpasbaken levelling staff, stadia
waterpasinstrument (surveyor's) level
waterpassen level, grade; *(zn ook)* stadia
waterpeil 1 water level; **2** *(toestel)* water gauge
waterpeper water-pepper
waterpers hydraulic press
waterpest Canadian pondweed
waterpijp 1 water pipe; *(langs huis, ook)* stackpipe; **2** *Turkse ~* hookah, water pipe, hubble-bubble (pipe)
waterplaats 1 urinal; **2** horse-pond; **3** *(om water in te nemen)* watering place
waterplant aquatic (plant), water plant
waterplas 1 puddle; **2** pond, lake
waterplomp white water lily
waterpoel pool
waterpokken chickenpox; *(wtsch)* varicella
waterpolitie river police
waterpolo water polo
waterpomp water pump
waterpomptang *(vglb)* slip-joint pliers
waterpoort watergate
waterpot chamber pot
waterproef ordeal by water; *aan de ~ onderwerpen* swim [a witch]
waterproof waterproof
waterpunge brookweed
waterput (draw-)well
waterraaf cormorant
waterrad waterwheel
waterral *(vogel)* water rail
waterranonkel water crowfoot, water buttercup
waterrat water vole, water rat; *(fig)* water dog, water rat
waterrecht *zie* zeerecht
waterreservoir water tank, cistern
waterrietzanger aquatic warbler
waterrijk watery, abounding in water
waterroofkever (predatory) water-beetle
waterrot *zie* waterrat

watersalamander (smooth, common *kleine*; crested, warty *grote*) newt
waterschade damage (caused) by water; *met* ~ water-damaged [goods]
waterschap polder (*of:* district) controlled by a 'polder board', water-board district
waterschapsbestuur 'polder board', water board
waterscheerling cowbane, water hemlock
waterscheiding divide, *(Br ook)* watershed, *(Am ook)* water parting; *(inz Am)* divide
waterschildpad turtle
waterschorpioen water scorpion
waterschout shipping-master
waterschouw(ing) inspection of canals
waterschuw afraid of water, hydrophobic, aquaphobic; *vgl* watervrees
waterski water-ski; *(luchtv)* float
waterskiën water-ski
waterslag *(in leiding)* water hammer
waterslang 1 water snake; *W~, (astron)* Hydra; **2** *(buis)* water hose
waterslot water-seal
watersnip common snipe
watersnood flood(s), inundation
waterspiegel water level, surface (*of:* level) of the water
waterspin water spider
waterspoeling: *closet met* ~ flush toilet
watersport aquatics, aquatic sports
watersporter aquatic sports (swimming, etc) enthusiast
waterspreeuw dipper, water ouzel
watersprong spring, fountain
waterspuier gargoyle, waterspout
waterspuit water syringe, squirt
waterspuwer gargoyle
waterstaat department for the maintenance of dikes, roads, bridges and the navigability of canals; *zie ook* minister, ministerie
waterstag *(mar)* bobstay
waterstand height of the water, water level; *bij hoge (lage)* ~ at high (low) water
waterstof hydrogen *(ook:* waterstofgas*)*
waterstofbom hydrogen bomb, H-bomb
waterstofperoxide hydrogen peroxide
waterstoof footwarmer, hot-water tin
waterstoot *zie* waterslag
waterstraal jet of water
waterstroom stream of water
watertanden: *het doet mij* ~ it makes my mouth water; *~d* mouth-watering; *om iem te doen* ~ mouth-watering [profits]
watertaxi water taxi
waterton water cask, water butt
watertor water-beetle; *spinnende* ~ water scavenger
watertoren water tower
watertorkruid water-dropwort
watertrapp(el)en tread water
watertroep(en) *(scouts)* sea scouts
wateruurwerk water-clock, clepsydra
waterval waterfall, cataract, falls [Niagara Falls]; *(klein)* cascade
watervang intake of water
watervast waterproof, water-resistant
watervat water cask, water butt
waterverband wet bandage
waterverdamper humidifier
waterverf watercolour(s); *(met eierdooier, lijm of gom)* distemper
waterverfschilder watercolourist, painter in watercolours
waterverfschilderij watercolour (painting)
waterverftekening watercolour drawing
waterverplaatsing (water) displacement
watervervuiling water-pollution
waterverzachter water-softener
waterviolier water violet
watervlak sheet (expanse, stretch) of water
watervlekkig foxed
watervliegtuig seaplane
watervlo water flea
watervloed great flood, inundation; *plotselinge* ~ rush of water, freshet, spate
watervlug quick as lightning (as a flash, as thought)
watervogel waterbird, aquatic bird; *(mv ook:)* waterfowl
watervoorziening water supply, supply of water
watervrees 1 *(om te drinken)* hydrophobia, dread (horror) of water; **2** *(om erin te gaan)* aquaphobia
watervrij free from water; *(chem)* anhydrous
waterweegbree water plantain
waterweegkunde hydrostatics
waterweg waterway, water route; *de Nieuwe Waterweg* the New Waterway
waterwerken 1 harbour (dock, river) works; **2** fountains, ornamental basins
waterwild waterfowl; *jacht op* ~ waterfowling
waterwilg water willow, sallow
waterwingebied water collection area
waterzak water-bag, *(leren)* water-skin; *(ve pijp)* heel, knob
waterzo water-souchy
waterzoeker *(met wichelroede)* water-diviner, dowser
waterzonnetje watery sun
waterzucht dropsy
waterzuchtig dropsical
waterzuivering water treatment [works]
waterzuring (great) water dock
waterzwijn capybara
watje 1 piece of wadding (*med:* of cottonwool); *~s in de oren* earplugs; **2** *(pers, sl)* wimp
watjekouw *zie* opstopper
watt(age) watt(age)
watten wadding; *(med)* cottonwool; *in de* ~ *leggen, (fig)* mollycoddle, pamper, featherbed; *met* ~ *voe-*

ren, zie watteren
wattenstaafje cotton bud
watteren wad, quilt; *zie ook* gewatteerd
wattering wadding, padding, quilting
wattman tramdriver
wattmeter wattmeter
wattuur watt hour
wauw! wow!
wauwelaar(ster) twaddler, driveller; chatterbox, gossip-monger
wauwelarij twaddle; *zie* gewauwel
wauwelen waffle, twaddle, blether, blather
waxinelichtje tealight
wazig hazy, foggy, blurred; filmy (misty) [eyes]
wazigheid haziness, etc; *(fot)* fogging
wc lavatory, WC, toilet [bowl, brush, paper, roll, seat]
we *zie* wij
web web *(ook fig)*
websurfen surfing (on) the web
wecken bottle [fruit, vegetables, etc]
weckfles preserving jar
wed (horse-)pond, watering place
wed. *zie* weduwe
wedana *(Ind)* head of a district
wedde salary, pay
wedden bet, lay a bet, (lay a) wager; *(wil je) ~?* is it a bet?; *ik wed kop, (bij opgooien)* I say heads; *ik wed (met je) tien tegen een* I'll bet (you) ten to one, I'll lay (you) ten to one; *ik wed met je om* I (I'll) bet you [ten pounds, anything you like]; *zie ook* verwedden; *~ op* bet on (back) [a horse]; *ik zou er bijna op durven ~* I'd almost bet on it; *ik wed van neen (van niet)* I bet he won't (it isn't, etc); *zie ook* paard
weddenschap bet, wager, *(fam)* flutter; *een ~ aangaan* make a bet, lay a wager; *een ~ aannemen* take a bet; *ik neem je ~ aan, (ook)* I'll take you on
wedder better, bettor, backer, betting man, punter
wede *(plant & verfstof)* woad
[1]**weder** *zn* weather; *zie* [1]weer
[2]**weder** *bw* again; *zie* 5 weer
wederdienst[1] service in return, reciprocal service; *een ~ bewijzen* do [a p.] a service in return; *altijd tot ~ bereid* always ready to reciprocate
wederdoop rebaptism, anabaptism
wederdopen rebaptize
wederdoper anabaptist
wederdoperij anabaptism
wederga *zie* weerga
wedergeboorte rebirth, new birth, regeneration
wedergeboren born-again, twice born, regenerate
wederhelft [my] better half
wederhoor: *het hoor en ~ laten gelden (toepassen)* hear the other side (both sides)
wederhoren *vgl* wederhoor; *tot ~s* be ringing you
wederik loosestrife
wederindienstneming [demand the] re-instatement [of...]
wederinkoop redemption, repurchase
wederinstorting relapse
wederinvoer reimport(ation)
wederkeren return
wederkerend *(gramm)* reflexive [pronoun, verb]
wederkerig mutual, reciprocal; *(gramm)* reciprocal [pronouns]
wederkerigheid reciprocity; *geval van ~, (Am)* two-way street
wederkomen return, come back
wederkomst return
wederlegbaar, enz *zie* weerlegbaar, enz
wederliefde return of love, love in return
wederom again, anew, once more, once again; *zie ook* weerom
wederopbouw rebuilding, reconstruction [of Europe], redevelopment
wederopbouwen rebuild, reconstruct, redevelop
wederoprichten re-erect, re-establish, refound; *vgl* oprichten
wederopstaan rise from the dead
wederopstanding resurrection
wederopvoering revival [of a play]
wederopzeggens: *tot ~* until further notice
wederpartij *zie* tegenpartij
wederrechtelijk unlawful, illegal, unauthorized [reprint], wrongful [arrest]; *zich ~ toe-eigenen* misappropriate; *~e toe-eigening* misappropriation; *zich ~ bevinden op* trespass on [the railway]
wederrechtelijkheid unlawfulness, illegality
wederuitvoer re-export(ation)
wedervaren I *ww* befall, happen to; *(nauwelijks, ten volle) recht laten ~* do (scant, full) justice to; *iem recht laten ~, (ook)* give a p. his due; II *zn* adventure(s), experience(s)
wedervergelden: *iem iets ~, (wraak nemen)* retaliate (on, upon a p.); *zie ook* vergelden
wedervergelding retaliation
wederverkiesbaar eligible for re-election; *zie ook* verkiesbaar
wederverkoop resale; *(in het klein)* retail
wederverkoper retailer, retail dealer, distributor; *alleen aan ~s verkopen* sell only to the trade; *zie ook* rabat
wedervinden find again
wedervraag counter-question; *zie ook* vraag
wederwaardigheid vicissitude [the vicissitudes (the ups and downs) of life]
wederwoord repartee
wederzien *zie* weerzien & ziens
wederzijds I *bn* mutual [interests], reciprocal [trade]; *met ~ goedvinden* by mutual consent; *~e betrekking(en)* inter-relation(ship); II *bw* mutually
wedijver (spirit) of emulation, rivalry, competition
wedijveren vie, compete; *~ met* vie (compete) with, rival, emulate; *met de beste (kunnen) ~, (ook)* rank with the best, hold one's own with (against) the

1 zie voor sam ook *weer-, her- & terug-*

best; ~ *om* vie (compete) for
wedkamp contest
wedkantoor betting shop
wedloop [long-distance, horse, arms] race, scramble [for oil], rush [for seats]
wedlopen (run a) race
wedloper racer
wedren race; *(op vaste datum en vast terrein)* race meeting; *zie ook* hindernis
wedrenprogramma racecard
wedstrijd match, competition, contest; [chess, lawn-tennis] tournament; *datum voor ~ (ook de ~ zelf)* fixture; *zie ook* wedloop; *een ~ aangaan met* compete with
wedstrijdbeker sports cup
wedstrijdleider tournament (etc) organizer (leader)
wedstrijdsport, wedstrijdtennis, enz, competitive sport, tennis, etc
weduwe widow; ~ *B* (the) widow B; *Mevrouw de ~ Green* Mrs Green (widow of the late A Green); *als ~ achterblijven* be left a widow; *tot ~ maken* widow [the war had widowed her]; *(tot) ~ worden* be widowed [at an early age]; *zijn moeder, die ~ was* his widowed mother; *zie ook* onbestorven
***weduwenpensioen** *(Wdl: weduwepensioen)* widow's pension
***weduwenverbranding** *(Wdl: weduweverbranding)* suttee, sutteeism
weduwgeld, weduwgift jointure
weduwgoed dower
weduwnaar widower; ~ *worden* be widowed [at the age of forty]
weduwnaarsbotje funny bone
weduwnaarschap widowerhood
weduwnaarsjaren [his] widower years
weduwschap, weduwstaat widowhood
weduwvrouw widow (woman)
wedvlucht *(v duiven)* race
wee I *zn* woe; *~ën* labour (*of:* birth) pains, pains (of childbirth), [she was in] labour; **II** *tw: ~ mij!* woe is me!; *~ de man die ...* woe betide (woe be to) the man who ...; *o ~, o ~!* (oh) dear, oh dear!; *zie ook* gebeente, wolf; **III** *bn (flauw)* faint [with hunger]; *(onwel)* [feel] bad, queer; *het geeft me een ~ gevoel* it makes me feel faint; *~ë lucht (smaak)* sickly smell (taste); *~ë zoetheid* cloying sweetness; *~ë sentimentaliteit* morbid (mawkish, sloppy) sentimentality; *ik word er ~ van* it makes me feel sick
weeffout flaw (in texture); *~je, (fig)* minor imperfection (inaccuracy), slip
weefgetouw (weaving) loom
weefkam reed, slay
weefkunst textile art
weefsel tissue *(ook biol)*, texture, fabric; *(bijzonder ~, ook)* weave [a special weave of extra heavy weight]; ~ *van leugens* tissue (*of:* web) of lies
weefselleer histology
weefspoel shuttle
weefster weaver
weefstoel (weaving) loom
weefstof woven (material)
weegbaar weighable
weegbree *(plant)* plantain, waybread
weegbrug weighbridge
weeghaak steelyard, weighbeam
weegloon weighing charges, weighage
weegluis bedbug
weegs: *hij ging (elk ging) zijns ~* he went his way (they went their various, *of:* several ways); *ga een eind ~ mee* accompany me part of the way; *zie ook* dwaling
weegschaal (pair of) scales, balance; *de W~, (in dierenriem)* Libra, the Scales, the Balance
weegstoel weighing chair
weegtoestel weighing machine
weeheid faintness, etc; *vgl* wee
weeïg 1 sickly [smell]; **2** sloppy [sentimentalism; act sloppy]
[1]**week** *zn* week; *de Goede (Stille) Week* Holy Week; *verleden (de volgende) ~* last (next) week; ***door (gedurende, in) de ~*** during (in) the week, on weekdays; *om in de ~ te dragen, (ook)* for ordinary wear; *~ in, ~ uit* week in, week out; ***om de ~*** every week; *om de andere ~* every other week, week and week about; ***~ op ~*** week by week; ***over een ~*** in a week's time, a week hence; *over enige weken* in a few weeks' time; *een kindje **van een ~*** a week-old baby; ***voor een ~**, a)* for a week; *b)* a week ago; *gisteren (vandaag) voor een ~* a week ago yesterday (today); *vrijdag vóór (ook: over) een ~* Friday week; *zie ook* [2]bij I.6 & midden
[2]**week I** *bn* soft, *(fig)* soft, tender, weak; *~ maken (worden)* soften, *(fig ook)* melt, mellow; **II** *zn* soak; *in de ~ staan* be soaking; *in de ~ zetten* put to soak, *(vd was)* put [the clothes] in to soak
[3]**week** *ww ovt van* wijken
weekachtig softish
weekbericht weekly report
weekbeurt [be on] duty for the week
weekblad weekly (paper)
weekdag weekday
weekdienst 1 weekly service; **2** duty for the week
weekdier mollusc
weekeinde, weekend weekend [cottage]; *het ~ doorbrengen in Yorkshire* weekend in Y
weekenden weekend
weekendformaat tabloid (format)
weekendtas holdall, *(Am)* carryall
weekgeld weekly (*of:* week's) wages (pay, salary); *(zakgeld, enz)* weekly allowance
weekgelder weekly wage earner
weekhartig soft-, tender-hearted
weekheid softness, etc; *vgl* [2]week I
weekhout 1 soft wood; **2** coppice (wood)
weekhuur weekly rent
weekijzer(en) soft iron

weekkaart weekly ticket
weeklacht lamentation, wailing
weeklagen wail, lament; ~ *over* bewail, lament, bemoan, wail over
weekloner weekly wage earner
weekloon weekly (*of:* week's) wages
weekmaker softener, plasticizer
weekmarkt weekly market
weekoverzicht weekly survey
weeksoldeer soft solder, tin solder
weekstaat weekly report (*of:* return)
weekvinnige malacopterygian
weekvlezig *(plantk)* pulpy
weelde 1 *(luxe)* [all this] luxury; *wet tegen de ~* sumptuary law; *hij kon de ~ niet dragen* success (prosperity, etc) was too much for him; *in ~ leven* live in (the lap of) luxury; *ik kan mij die ~ veroorloven* I can afford it; *ik kan me niet de ~ van een auto veroorloven* I cannot afford (do not run to) a car; *ik zal me de ~ van een taxi veroorloven* I'll allow myself the luxury of ...; **2** *(overvloed)* profusion [of fruit and blossom], affluence, opulence; *(vd plantengroei)* luxuriance [of the vegetation]; *een ~ van kleuren* a riot of colour; **3** *(geluk)* bliss; *zie ook* been, luxe & schat
weeldeartikel (article of) luxury; *(mv ook:)* luxury goods
weeldebelasting luxury tax(ation); *vgl* belasting
weelderig 1 luxurious [apartments, life, etc], sumptuous [furnishings]; **2** *(v groei, verbeelding, versiering, enz)* luxuriant [vegetation, ornamentation]; voluptuous [curves, figure]; *haar ~e boezem* her ample bosom; *~e haardos* luxuriant hair; *te ~* [grow] rank
weelderigheid 1 luxuriousness, luxury; **2** luxuriance; voluptuousness; rankness
weemoed sadness, wistfulness, melancholy
weemoedig melancholy, sad, wistful, depressing [reflection]
weemoedigheid *zie* weemoed
Weens Viennese, Vienna
[1]**weer** *zn* **1** weather; *(vaak)* [a fine, lovely, wet] day (morning, etc); *aan **alle** ~ en wind blootgesteld* exposed to all sorts of weathers; *voor alle ~* all-weather [coat]; ***mooi** ~(tje), mijnheer!* fine day, Sir!; *mooi ~ spelen, (vriendelijk doen)* put on a show of friendliness; *hij speelt mooi ~ met mijn geld* he lives in style at my expense; *door het slechte ~ **opgehouden*** weather-bound; *het is **prachtig** ~* it is a fine day, the weather is fine (beautiful, lovely); ***bij** koud ~* in cold weather; *bij mooi ~ is het hier druk* on a fine day ...; *bij gunstig ~* weather permitting, if the weather permits; *zie ook* dienen II.3 & stil; ***in** (alle) ~ en wind, ~ of geen ~* in any weather, in all weathers, [she goes out] wet or shine; *net ~ **voor** januari* seasonable weather for January; ***wat** voor ~ is het?* what's it like outside?, what sort of a day is it?; *hij keek wat voor ~ het was* he looked at the weather; *wat een ~!* what weather!; **2** *het ~ is in de spiegel* the mirror is blotchy
[2]**weer** *zn* defence, resistance; *zich te ~ stellen* offer resistance, show fight, make a stand; *zich duchtig (flink) te ~ stellen* put up a fierce resistance (a good fight), give a good account of o.s.; *in de ~ zijn* be busy, be up and about; *altijd in de ~ zijn* be always on the go; *al vroeg in de ~ zijn* be up and about (*of:* astir) early; *in de ~ komen* get busy
[3]**weer** *zn (hamel)* wether
[4]**weer** *zn (keerdam)* [fish] weir
[5]**weer** *bw* again, once more, once again; re- [readjust, recast, re-cede (*vs* recede), re-export, etc]; *daar zijn we ~* here we are again; *het is ~ Kerstmis* Christmas has come round again; *hoe heet je ook ~?* what did you say your name was?; *hoe noemen ze dat ook ~?* what do they call that again?; *dat is ~ zo'n slimme streek van hem* that is one of his tricks; *dat is eens, maar nooit ~* never again; *soms was ze spraakzaam, dan ~ terughoudend* at times she was talkative, at other times she was reserved; *al ~ een prachtige dag (wéér een glas stuk)* another ...; *er werden ~ ramen ingegooid* more ... were smashed; *~ andere banken gebruiken* ... still other banks employ ...; *zie ook* heen & over
weeraal pipefish
weeral[1] (once) again, *vgl* alweer
weerbaar 1 *(verdedigbaar)* defensible, prepared for war; **2** *(strijdbaar)* able to bear arms, able-bodied; *5000 weerbare mannen, (ook)* 5000 fighting men; *ze is niet erg ~* she is pretty vulnerable
weerbaarheid 1 defensibility, preparedness for war; **2** ability to defend o.s.
weerbaarheidskorps body of volunteers
weerbarstig unruly, unmanageable, refractory, recalcitrant, rebellious, obstinate
weerbarstigheid unruliness, recalcitrance, etc
weerbericht weather report
weerberichtendienst weather service
weerbestendig weather-resistant, weatherproof
weerdruk *(typ)* backing, perfecting; *de ~ opbrengen* back, perfect
weerga equal, match, peer; *zonder ~* without an equal (a peer); *zie verder* weergaloos & weerlicht
weergaas *(vero)* deuced; *zie* drommels
weergalm echo, reverberation
weergalmen resound, (re-)echo, reverberate; *~ van* resound, etc (ring) with
weergaloos matchless, unparalleled, peerless, unequalled, unrivalled, inimitable
weergave reproduction, rendering; *(op scherm)* display; *(v band, ook)* playback [amplifier, response]; *vgl* weergeven
weergeld *(hist)* wer(e)geld, wer(e)gild, blood fine
weergeven 1 restore, return; **2** *(fig)* render [a text into English; music], reproduce [the human voice; the contents of a letter], voice [public opinion], give

1 zie voor sam met *weer-* ook *weder-*, *her-* & *terug-*

[one's opinion], reflect [the views of ...], hit off [what you say hits off the situation very well], sum up [the words exactly summed up his thoughts]; *zijn woorden zijn onjuist weergegeven* he has been incorrectly reported (has been misreported); *de Kamer geeft de gevoelens van het volk niet getrouw weer* the House is not an exact reflection of ...; *je geeft de 'th' niet zuiver weer* you don't pronounce the 'th' properly

weerglas weather-glass, barometer

weergod weather god; *de ~en waren ons (on)gunstig gezind* we had (un)favourable weather

weerhaak barb, barbed hook

weerhaan *(ook fig)* weathercock, weather vane; *(fig ook)* time-server

weerhouden hold back, restrain, stop; *(kreet, enz)* suppress [a cry, sigh]; *(tranen)* restrain, keep back [one's tears]; *iem ~ van ...* keep (prevent, *door woorden ook:* dissuade) a p. from ...ing; *zich ~ te ...* refrain from ...ing; *zie ook* nalaten; *hij laat zich door niets ~* nothing can deter him; *laat je daardoor niet ~* don't be put off by that, don't let that discourage you; *vgl* tegenhouden

weerhuisje weather-house

weerkaart weather chart, weather map

weerkaatsen reflect; rebound; *zie* terugkaatsen; *(fig ook)* mirror [the play mirrors the whole of civilized life]

weerkaatsing *zie* terugkaatsing & weerspiegeling

weerkeren return

weerklank echo; *~ vinden* find (meet with) a response [the appeal found little response]; strike (*of:* touch) a responsive chord, find an echo [among the people, in our hearts]

weerklinken resound, re-echo, ring again, ring out [cheers, a shot, rang out]; *(diep)* boom out [the dinner gong boomed out]; *~ van* resound (ring) with [the country rang with his name]

weerkomen return, come back

weerkomst return

weerkopen buy back again, re-purchase

weerkrijgen get back, recover

weerkunde meteorology

weerkundig meteorological [office], weather [bureau]

weerkundige meteorologist, weather expert

weerlegbaar refutable, confutable

weerleggen *(argument, enz & pers)* refute, confute; *(argument, enz, ook)* disprove, meet [this criticism is, these objections are, easily met], rebut; *met zijn eigen woorden weerlegd* [his assertion was] disproved out of his own mouth; *door de feiten weerlegd* [this theory had been] falsified by the facts

weerlegging refutation, confutation, rebuttal, disproof; *ter ~ van ...* in refutation (etc) of ...

weerlicht sheet (summer, *(Am ook)* heat) lightning; *als de ~* like (greased) lightning, like a scalded cat, [it's raining] like hell, [they rode] hell for leather, [drive] for all you're worth; *loop naar de ~* go to blazes

weerlichten lighten

weerloos defenceless, helpless; *~ maken* disarm

weerloosheid defence-, helplessness

weermacht: *de ~* the armed services (forces), the defence forces

weerman weatherman

weermiddelen means of defence

weernemen take again

weerom 1 back; **2** again

weeromkomen come back, return

weeromkrijgen get back

'weeromslag change in the weather

weer'omslag, weer'omstuit rebound, recoil; *(fig ook)* reaction, revulsion; *van de weeromstuit* on the rebound; *van de weeromstuit lachen (blozen, schreien)* laugh again (blush again, weep for company)

weeromstuiten rebound, recoil

weeroverzicht weather survey (report)

weerplicht, enz *zie* dienstplicht, enz

weerpraatje: *het ~* the Weather

weerprofeet weather prophet

weerschijn reflection, reflex, lustre, sheen; *zijde met een ~* shot silk; *met blauwe ~* shot with blue; with a blue irradiation

weerschijnen reflect; glitter; *~de zijde* shot silk

weerschijnzijde shot silk

weerschip weather ship

weersgesteldheid state of the weather, weather conditions; *bij elke ~* in any weather

weersinvloeden atmospheric influences

weerskanten: *aan ~* on both sides, on either side; *van ~* from (on) both sides

weerslag recoil; reaction; *zie* terugslag 1 & 4

weersomstandigheden weather conditions

weerspannig refractory, recalcitrant, rebellious (*ook fig:* her rebellious locks), contrary, restive [horse]

weerspannige recalcitrant [the recalcitrants in the party]

weerspannigheid recalcitrance, refractoriness, etc

weerspiegelen *(ook fig)* reflect, mirror; *zich ~* be reflected, be mirrored

weerspiegeling reflection, reflex [Parliament should be a reflection of the nation, a reflex of the political thought of the country]

weerspreken contradict, deny; *zie* tegenspreken

weerstaan resist, withstand, oppose, stand up to; *de deur weerstaat alle pogingen om hem te openen* the door defies all attempts to ...

weerstand 1 resistance *(ook elektr & med)*, opposition; *~ bieden* offer resistance, make a stand; *~ bieden aan* resist [temptation, etc]; *krachtig (dapper) ~ bieden* make (offer, put up) a stout (gallant) resistance; *de weg van de minste ~ kiezen* take the line of least resistance; *zie ook* tegenstand & lijn 5; **2** *(concr)*

zie voor sam met *weer-* ook *weder-, her- & terug-*

resistor

weerstander resistance fighter

weerstandskas fighting fund, *(bij staking)* strike fund

weerstandsvermogen 1 (power of) resistance, endurance, stamina; **2** *(uithoudingsvermogen)* staying power

weerstreven oppose, resist, struggle (strive, set one's face) against

weersverandering change of (change in the) weather

weersverwachting, weersvoorspelling weather forecast

weerszij(den) *zie* weerskanten

weertafel weather chart

weervinden find again

weervoorspeller weather prophet, weather forecaster, weatherman; *vgl* weersvoorspelling

weerwerk response, reaction; *~ geven, (ook)* rise to the challenge

weerwil: *in ~ van* in spite of, notwithstanding, despite, in the face of; *en dit in ~ van het feit dat ..., (ook)* and this in the teeth of the fact that ...

weerwolf werewolf

weerwolfsziekte lycanthropy

weerwoord answer, reply, repartee

weerwraak revenge, retaliation; *~ nemen op* take reprisals against

weerzien I *ww* see (meet) again; II *zn* meeting again; *tot ~s* till we meet again; *(fam)* see you!; *een prettig ~* a pleasant reunion; *zie ook* ziens

weerzin repugnance, reluctance, aversion; *met ~* reluctantly; *zie ook* tegenzin

weerzinwekkend offensive [smell], repugnant, repulsive, revolting [crimes]

wees I *zn* orphan; *hij werd met zijn vijfde jaar ~* he was orphaned (was left an orphan) at the age of five; II *ww ovt van* wijzen

weesgegroet(je) *(r-k)* Ave (Maria), Hail Mary

weeshuis orphanage, orphans' home

weesjongen orphan (boy)

weeskind orphan (child); *blauw (rood) ~, (vlinder)* blue (red) underwing

weesmeisje orphan (girl)

weesmoeder, weesvader house-mother, house-father

weet I *zn* knowledge; *~je* small (trivial) fact, triviality; *de kleine heeft al ~ van het een en ander* (the) baby is taking notice already; *hij heeft er geen ~ van* he is not aware of it; *het is maar een ~* it's only a (matter of) knack, you must know the knack of it; *(ook)* it is useful to know; *aan de ~ komen* find out; *de ~ ervan krijgen* get wind of it; *hij weet zijn ~je (wel)* he knows his business; II *ww ovt van* wijten

weetal know-all, wiseacre

weetgierig eager to learn, (of an) inquiring (mind)

weetgierigheid thirst (appetite) for knowledge

---

zie voor sam met *weer-* ook *weder-, her- & terug-*

weetgraag *zie* weetgierig

weetniet know-nothing, ignoramus, blockhead

weeuw widow; *~tje* young widow; *(eend)* smew

[1]**weg** *zn* **1** way, road, path, [overland, sea] route; *(fig)* way, road, channel, course; *de ~ van alle vlees gaan* go the way of all flesh; *de derde ~, (pol)* the third way; *zijn* ***eigen*** *~ gaan* go one's own way; *iem zijn eigen ~ laten gaan, (ook)* allow a p. to work out his own salvation; *de* ***gewone*** *~ verlaten, (ook fig)* leave the beaten track; *je bent op de* ***goede*** *~* you are on the right path (*of:* road); *iem op de* ***rechte*** *~ brengen* put a p. on the right road; *(fig)* put (set) a p. right; *iem op de* ***slechte*** *(verkeerde) ~ brengen* lead a p. astray; *op de* ***verkeerde*** *~ (ge)raken* go wrong, go off the rails; *zie verder ben:* op ~; *de ~* ***bereiden*** prepare the way (the ground); *een andere ~* ***inslaan*** take (strike into) another road; *(fig)* adopt another course (other measures); *zijn eigen ~ kiezen, (fig)* take one's own line (*of:* course); *de enige ~ kiezen die iem open staat* take the only course open to one; *alle ~en* ***leiden*** *naar Rome* all roads lead to Rome; *nieuwe ~en* ***openen*** *voor de handel* open up new avenues for trade; *de slechte (verkeerde) ~* ***opgaan*** go wrong, go to the bad, swerve from the right path; *ze ging de ~ op* she went into the road; *de ~ naar Londen opgaan* set out for London; *wie wil* ***vindt*** *wel een ~* where there is a will there is a way; *het schilderij vond zijn ~ naar Amerika* the ... found its way to America; *ik vind de ~ wel* [don't come any further,] I can find my way; *hij vindt zijn ~ wel, (fig)* he is sure to make his way; *het is moeilijk om er de ~ in te vinden* it is difficult to find one's way about in it [in the book]; *hij wist niet welke ~ hij zou* ***volgen****, (fig)* he ... what course to pursue; *de ~* ***weten*** know the way, know one's way about; *~ noch steg weten, zie* heg; *hij wist geen ~ met zijn armen* he didn't know what to do with his arms; *iem de ~* ***wijzen*** show a p. the way, direct a p. [to ...]; *zijn eigen ~* ***zoeken*** strike out for o.s.; *zijns* ***weegs*** *gaan* go one's way; *zie* weegs; ***aan*** *de (kant van de) ~ naar Londen* [live in a house] on the London road; *zie ook* timmeren; ***bij*** *de ~ zijn* be on the road [all day]; ***in*** *de ~ staan (zijn), (ook fig)* be in the way; *(fig ook)* handicap [his chances of success], balk [his ambition]; *iem in de ~ staan* stand (be) in a p.'s way, *(fig ook)* stand in a p.'s light; *hij stond zichzelf in de ~* he stood in his own light, quarrelled with his bread and butter; *zekere omstandigheden (moeilijkheden) staan (het succes, zijn geluk) in de ~* certain circumstances (difficulties) stand in the way (of success, of his happiness); *zijn stotteren staat hem lelijk in de ~* his stammering is a great handicap; *gewetensbezwaren zitten hem niet in de ~* he is hampered by no scruples; *zie ook* vet; *iem iets in de ~ leggen* place (put) obstacles in a p.'s way, thwart a p.('s plans); *ik heb hem nooit wat (een strobreed, vingerbreed) in de ~ gelegd* I've never given him the slightest cause of offence; *iem in de ~ lopen* get in a p.'s way; ***langs*** *de ~* [go] along the road; [grow] by

the wayside (roadside); wayside, roadside [shrines]; *langs de gewone ~, (fig)* [the order was sent] through the usual channels; *zie ook* diplomatiek; *langs een rustige ~* by a quiet road; *langs chemische ~* by chemical process; *langs kunstmatige ~* artificially, by artificial means; *ze groeien zo maar niet langs de ~, (fig)* they don't grow on trees; ***onder (op)** ~ zijn* be on the (one's) way, *(mar)* be under way; ***op** ~ naar Londen* [embark at C] en route for L; *het schip is op ~ naar ...* the ship is bound for ...; *op mijn ~ hierheen* on my way here; *zich op ~ begeven* set off, set out [*naar* for], start (on one's way); *iem op ~ brengen* put a p. on the (his) way; *het park lag op mijn ~ naar het station* the park was in my way (lay in my path) to ...; *de moeilijkheden die op de ~ liggen van* the ... that lie in the way of [the explorer]; *dat ligt niet op mijn ~* it is out of my way; *(fig)* it is not (is none of) my business; *het ligt op uw ~ om ...* it is up to you to ...; *het ligt niet op uw ~ om dit te zeggen* it is not for you (you have no business, no call, it is not your place) to say so, (*zo ook:* it is no part of the duty of the Government ...); *iem op de ~ ontmoeten* meet a p. in the road; *iem op zijn ~ ontmoeten* fall in with a p., come across a p.; *iem op zijn ~ vinden* find a p. [competitor, opponent, etc] in one's way; *we zijn een heel eind op ~ naar ..., (ook fig)* we are well on our way to ...; *het werk is goed op ~* is well under way; *we zijn op ~, (fig)* we're on the way; *op ~ zijn naar herstel* be on the road to (be heading for) recovery; *we zijn **mooi** op ~ naar betere tijden* we are well on the road to better times; *u bent mooi op ~ om te slagen* in a fair way to succeed; *we zijn mooi op ~, (ook)* we're getting there; *iem mooi op ~ brengen om ...* put a p. in a fair way to ... (of ...ing); ***uit** de ~ blijven* keep out of the way; *iem uit de ~ blijven* keep out of a p.'s way, keep away from a p., give a p. a wide berth, fight shy (steer clear, keep clear) of a p.; *uit de ~ gaan* get out of the way, make way, step aside; *een moeilijkheid uit de ~ gaan* evade a difficulty; *de moeilijkheden niet uit de ~ gaan* face (up to) the difficulties; *voor niemand uit de ~ gaan, zie* onderdoen; *uit de ~!* out of the way there!, stand clear!, gangway!; *uit de ~ voor ...!* make way for ...!; *uit de ~ ruimen* eliminate [a rival, obstacle], remove [obstacles], dispose of [objections], smooth over (*of:* away) [difficulties], clear up [a misunderstanding]; *(v pers: vermoorden)* get rid of [a p.]; *die moeilijkheid is uit de ~* is out of the way; *een netelige kwestie uit de ~ helpen* clear up a knotty point; ***van** de rechte ~ afdwalen, (fig)* stray from the right path; *iem van de verkeerde ~ afhouden* keep a p. from going wrong; *zie ook* afsnijden, banen, bewandelen, openbaar, openstaan, vragen (naar), vrijmaken, weerstand, enz; **2** *zie* wegge

[2]**weg** *bn & bw* **1** *(ergens vandaan, ook: van huis)* away; *~ (daar)!, ~ met jullie!* (be) off!, away with you!, off you go!, clear out!, get (go) away!, *(lit)* begone!; *~ ermee!* away with it (with such a system, etc)!; *~ met Napoleon (de kapitalisten, enz)!* down with Napoleon (the capitalists, etc)!; *mijn hoed is ~, (kwijt)* my hat is gone; *ik wil hem hier ~ hebben* I want to get rid of him; *ik **kan** niet weg* I cannot get away (leave home, the office, etc); *dat kan weg* that can go; *~ **moeten*** be obliged to go (to leave); *ik moet weg* I must be off (be moving); *... moet weg* [this system, the Government, the capitalists, that cat, *uitverkoop:* everything] must go; *~ **mogen*** be allowed to go; *~ **willen*** wish to get away, want to go; **2** *(verloren)* gone, lost; *de kat was ~* the cat was lost; *het geld (de tijd, enz) zou ~ zijn ...* would be wasted; *zoiets is nooit ~ ...* may have its uses (come in handy); *als je dat doet ben je ~* if ... you've had it; **3** *(vertrokken)* gone; *(bewusteloos)* unconscious; *hij is nog niet lang ~* he has not been gone long; *ze was al een uur ~* she had been gone an hour; *ik was even ~ geweest, (in slaap)* I had just dozed off; *B is goed (slecht) ~, (sp)* B makes a good (bad) start; *ze waren ~ **van** de charme van zijn stem* they were swept off their feet by ...; **4** *ik heb het lelijk ~* I've got it badly; *je hebt veel van hem ~* you are very much like him; *het heeft iets ~ van* it is not unlike; it savours of [jealousy, magic]; *het heeft er veel van ~ dat (alsof) het gaat sneeuwen (regenen, aanhouden)* it looks like snow (rain, lasting); *... hebben iets van elkaar ~* [the crimes] show a certain family likeness; *zie ook de sam*

wegbebakening road marking, road signing; *(concr)* road signs, *(op wegdek)* road markings

wegbeheerder road (highways) authority

wegbenen march (stalk) off

wegbereider pioneer, forerunner; precursor

wegbergen put (store) away; tidy away [toys]; lock away, lock up; conceal; *vgl* opbergen

wegbezuinigen axe [he, his job, has been axed]

wegblazen blow away

wegblijven stay away; absent o.s. [from a meeting, school, work]; *~ van een college (een les), (ook)* cut a lecture (a lesson); *ze zal niet lang ~* she won't be long; *blijf niet lang weg* don't be long; *hij bleef een uur weg* he was gone for an hour; *de pijnen zijn weggebleven* have not come (back), have stopped; *zie ook* uitblijven

wegbonjouren **1** *(afschepen)* send [a p.] about his business; **2** *(eruit gooien)* chuck [a p.] out

wegborstelen brush off

wegbranden burn away (off); *hij is er niet weg te branden* there is no getting him away from there

wegbreken pull down; break off

wegbrengen take (carry) away; *(uitgeleide doen)* see [a p.] off; *(begraven)* lay [a p.] to rest; *(schip)* sink [a vessel for the insurance money]

wegcijferen eliminate, set aside, ignore; *zichzelf ~* efface o.s., obliterate o.s.; *zichzelf ~d* self-effacing; *zie ook* wegredeneren

wegcode highway code

wegcontact *(v auto)* road-holding

wegdek road surface; *het ~ vernieuwen* resurface a road
wegdenken think away [one's fears; think away those trees for a minute, and what do you see?]; *iets ~, (ook)* put s.t. out of one's mind [for a moment]; *de vakbonden zijn uit ons maatschappelijk bestel niet meer weg te denken* it is hard to imagine ... without trade unions; *tv is niet meer weg te denken ...* has come to stay
wegdieven pinch
wegdistel Scotch (*of:* cotton) thistle
wegdoen put away; *(van de hand doen)* dispose of, part with; *(als onbruikbaar)* scrap
wegdoezelen 1 doze off; **2** gloss over, explain away [facts]
wegdraaien 1 turn away; **2** turn off [the TV sound]
wegdragen carry away (*of:* off); *de prijs ~* bear away the prize; *iems goedkeuring ~* meet with a p.'s approval
wegdrijven I *tr* drive away; **II** *intr* float away; *(ve boei)* break adrift
wegdringen push away (*of:* aside), hustle away
wegdruipen slink away (*of:* off)
wegdrukken push away (*of:* aside)
wegduiken duck (*in water* dive) down; *zie ook* duiken & verscholen
wegduwen push aside (*of:* away)
wege: *van ~, zie* vanwege
wegebben ebb (away), abate; *(v geluid)* fade (away)
wegedoorn common (*of:* purging) buckthorn
wegen weigh (*ook fig:* the pros and cons, etc); *zijn woorden ~, (ook)* measure one's words; *hoeveel weegt u?* what's your weight?; *100 pond ~, (ook)* scale 100 pounds; ***zwaar*** *~, (eig)* be heavy; *zulke dingen ~ (zwaar), (fig)* such things count (heavily); *dat feit weegt zwaar bij mij* that fact weighs heavily with me; *het zwaarst ~* [the plan has its defects and advantages, and the latter] preponderate; *zijn werk (haar geluk) woog het zwaarst bij hem* his work (her happiness) came first with him; *wat het zwaarst is, moet het zwaarst ~* first things first; *zwaarder ~ dan, (ook fig)* outweigh; *te zwaar (te licht) ~* be overweight (underweight); *men moet deze opmerking niet te zwaar laten ~* too much weight should not be given to this remark; ***gewogen en te licht bevonden*** weighed (in the balance) and found wanting; *gewogen gemiddelde* weighted average; *zie ook* goudschaal, wikken
wegenaanleg road-building, road construction, road-making
wegenbelasting road tax
wegenbouw *zie* wegenaanleg
wegenfonds road fund
wegenis 1 road-building and maintenance; **2** road system
wegenkaart road map
wegennet road system, network of roads
wegens on account of, because of, in consequence of, due to, for [remarkable for his height, he loved her for her pluck], on the score of [complain on the score of low pay]; *zie ook* vanwege
wegenverkeersreglement *(vglb)* highway code
wegenverkeerswet road traffic act
wegenwacht 1 road service, *(vglb)* AA patrol; **2** *(vglb)* AA-man
wegenwachtauto *(vglb)* AA patrol car
wegenwachter *zie* wegenwacht 2
weg- en waterbouwkunde civil engineering
wegering *(mar)* ceiling
weggaan go away, leave, move off; *daarom ben ik weggegaan, (naar hier)* that's why I came away; *ga weg terwijl je nog kunt* go (*fam:* beat it) while the going's good; *ga weg!, (fam: duvel op)* beat it!; *(onzin)* nonsense!; *~ aan, (v geld)* go in [books, rent, drink, etc]; *weg ging G* away went G; *zie ook* heengaan
wegge 1 pat [of butter]; **2** roll (*groot:* loaf) [of bread]
weggebruiker road-user
weggedeelte section of (a) road; *bevroren ~n* icy patches on the road
weggedrag 1 road manners; **2** *(v auto)* handling
weggeefprijs giveaway price
weggeld road tax
weggeven give away; *zie ook* best: ten ~e geven & nummer
weggevertje 1 hand-me-down; **2** giveaway
weggeweest *zie* terug
wegglippen slip away; *(stiekem)* sneak off
weggoochelen spirit (juggle) away
weggooiartikel throwaway (article)
weggooien throw (fling) away; toss away [one's cigar]; discard [a singleton spade]; *zijn geld ~* throw away (play ducks and drakes with) one's money, throw one's money down the drain; waste one's money [*aan* on]; *het geld zou weggegooid zijn* the money would be wasted, it would be throwing away money; *iets helemaal ~, (fig)* dismiss, pooh-pooh [an idea]; *zichzelf ~* throw o.s. away [*aan* on], make o.s. cheap, cheapen o.s.; *hij gooit zichzelf niet weg* he has a good opinion of himself
weggooifles throwaway (non-returnable, one-trip) bottle
weggooiluiers disposable nappies
weggraaien grab
weggraven dig away; *de grond onder iemand ~, (fig)* cut the ground from under someone's feet
weghaasten: *zich ~* hurry (hasten) away
weghalen take (fetch) away, remove [a tumour surgically], carry off
weghebben *zie* ²weg 4
weghelft [be on the wrong] side of the road
weghelpen help [a p.] (to be) off (to escape)
weghollen run away, scamper (tear) off
weghouden 1 keep [the children] away (*bij, van* from); keep off [burglars]; **2** keep hidden, hide
weging weighing
wegingsfactor weight, weighting

wegjagen 1 *(verdrijven)* drive off, chase away (off), shoo (away, off) [birds, wasps, trespassers, etc], send [a p.] about his business; **2** *(ontslaan)* send [the cook] packing, (give the) sack, give [a p.] his marching orders; *(fam)* fire; *(de deur uitzetten)* turn out; *(v school)* expel [from school]; *(student)* send down, rusticate; *(uit het leger)* dismiss [a p.] the service, *(bij trommelslag)* drum out
wegkant roadside, wayside
wegkapel roadside chapel
wegkapen pinch, pilfer, snatch away, *(fig ook)* poach [a p.'s ideas, staff]
wegkappen chop (cut, hew) away (off)
wegkiep(er)en *zie* weggooien
wegkijken *(de andere kant op)* look away; *iem ~* freeze a p. out
wegknippen *(met schaar)* cut (clip) away (off); *(met vingers)* flick (flip, fillip) away; *tranen ~* [have to] blink back tears (from one's eyes)
wegkomen get (come) away; *ik maak dat ik wegkom* I'm off; *maak dat je wegkomt!* be off with you!, clear out (of this)!, get (the hell) out of here!, scram!; *hij maakte dat hij wegkwam* he made a hurried exit, made himself scarce; *hij is goed weggekomen* he has got off (come off) very well; *ergens mee ~* get away with s.t.
wegkrabben scratch out (away)
wegkrijgen get away (off); *(vlekken)* get out, remove [stains]; *ik kan hem niet ~* I cannot get rid of him; *zie ook* beetkrijgen
wegkrimpen: *~ van pijn* writhe with pain
wegkruipen creep (crawl) away; *~ achter de kast* hide behind …
wegkruising crossroads
wegkussen kiss away [tears]
wegkwijnen pine away, waste away, languish
weglachen laugh away, laugh off
weglaten leave out, omit, drop; suppress [a name, etc]; dispense with [a title]; *de h's ~, (bij het spreken)* drop one's h's (aitches)
weglating leaving out, omission, suppression
weglatingsteken apostrophe
wegleggen lay (put) aside, put by, save [money]; *die eer was (het was niet) voor hem weggelegd* he was to receive that honour (it was not given, not granted to him [to …])
wegleiden lead away (*of:* off)
wegligging road-holding, roadability
weglokken entice (lure) away [from], decoy
weglopen 1 walk off; *(er vandoor gaan, enz)* run away (*of:* off), make off, desert; *(sp)* break away; *(ve hond, enz)* stray; *ongebruikt ~, (v leidingwater, enz)* run to waste; *ze liep weg met een kapitein* she eloped with …; *ik zal J's brief eerst lezen, de andere zal niet ~* I …, the other will keep (can wait); *weggelopen* runaway [girl]; *weggelopen: een foxterriër* strayed, a fox-terrier; **2** *(ingenomen zijn)* be taken [with a p., a picture, etc]; *(hoog) ~ met* make much of, think all the world of [a p.]
wegloper deserter
wegmaaien mow (cut) down; *(met artillerievuur, bijv)* mow down; *weggemaaid door de pest* swept off (*of:* away) by the plague; *zie ook* gras
wegmaken 1 *(zoekmaken)* make away with, lose, mislay; **2** *(verwijderen)* remove [freckles *sproeten*], remove, take out [stains]; dispose of [a dead body, an unborn child]; *zich ~ make off, decamp, (fam)* skedaddle; **3** *(iem)* give an anaesthetic to, put (place) under an anaesthetic, anaesthetize
wegmarkering road markings
wegmeter pedometer
wegmoffelen smuggle (*of:* spirit) away
wegnemen 1 *(verwijderen)* take away [a book, etc]; remove [the tea-things, a growth *gezwel*, a p.'s tonsils, doubt, etc]; allay [suspicion]; set [a p.'s doubt, fear, etc] at rest; eliminate [a cause]; obviate [a difficulty]; take up [too much space]; *(kapen)* pilfer, help o.s. to [s.t.]; *gas ~* throttle down; **2** *(tenietdoen)* remove; *dat neemt niet weg dat …* that does not alter the fact that …; *maar dat neemt niet weg dat hij vriendelijk is* [he is dull,] but then he is kind; *dat neemt niet weg dat ik hem gaarne gezien had* I should have liked to see (to have seen) him all the same; *laten ~* have [one's adenoids] out
wegneming taking away, removal
wegomlegging diversion
wegpakken snatch away; *zie ook* wegkapen; *pak je weg!* clear out!
wegpesten: *iem ~* freeze a p. out, make it (the place) too hot for a p., pester a p. until he gives up his job (etc)
wegpikken peck away; *(fig)* snatch away
wegpinken dash (*of:* brush) [a tear] away
wegpiraat road hog
wegpraten *zie* wegredeneren
wegpromoveren: *iem ~* kick a p. upstairs
wegrace road (*of:* long-distance) race
wegraken get (be) lost, be mislaid, miscarry
wegredeneren argue (reason, explain) away; *feiten laten zich niet ~* you can't get away from facts; *dat laat zich niet ~, (ook)* there's no getting away from that, you cannot get out of (round, away from) that
wegrenner road-racer
wegrestaurant roadside cafe, roadhouse, *(groot)* service area
wegrestaureren improve away (*of:* out of existence)
wegreus juggernaut
wegrijden I *intr* drive (ride) off (away); *vgl* rijden; *de auto reed snel weg* the car sped off; **II** *tr (pers)* drive away (off); *(iets)* cart (wheel) away
wegroepen call away
wegroesten rust away
wegrollen *tr & intr* roll away
wegrotten rot away (*of:* off)
wegruimen clear away, remove; smooth away [difficulties]

wegruiming removal
wegrukken snatch away; *weggerukt worden, (ook)* be cut off [in the prime of life], be carried off [at an early age]
wegschenken give away, make [a p.] a present of [s.t.]
wegscheren 1 shave (shear) off; *vgl* scheren; **2** *zich ~* make off, *(fam)* make o.s. scarce; *(sl)* hook it; *scheer je weg!, vgl* wegkomen: maak ...
wegscheuren tear away (*of:* off)
wegschieten I *tr* shoot away; **II** *intr* dash (dart) away (*of:* off)
wegschoppen kick away
wegschrappen cross out, erase, strike out; *X en Y tegen elkaar ~* cancel X by Y
wegschuilen hide (o.s.) [*voor* from]
wegschuiven I *tr* push away, slide back [a sliding door]; **II** *intr* move away
wegsijpelen ooze (*inz Am:* seep) away
wegsjouwen carry (drag) away; *vgl* sjouwen
wegslaan beat (strike, knock) off (*of:* away); *het roer (de brug) werd weggeslagen (sloeg weg)* the rudder was carried (was swept) away; *de dijk werd weggeslagen* the dike was washed away; *zie ook* afslaan I.1
wegslepen drag away [demonstrators], *(zwakker)* carry off, tow away [illegally parked cars]; *zie ook* hel & meeslepen
wegslijten wear away (*of:* off)
wegslikken swallow [a tear]
wegslingeren fling (hurl) away
wegslinken *zie ook* slinken; *(ve aantal, hoeveelheid, enz)* dwindle away
wegsluipen steal (sneak, slink) away (*of:* off)
wegsluiten lock up (away) [lock things up (away) from a p., *voor iem*]
wegsluizen funnel off [money abroad]
wegsmelten melt away; *in tranen ~* melt in(to) (dissolve, be dissolved, in) tears
wegsmijten fling (throw) away, chuck away (out)
wegsnellen hurry off, hasten away, scamper (scurry) away (*of:* off)
wegsnijden cut away
wegsnoeien lop (prune, clip) off (*of:* away); *vgl* snoeien
wegspelen 1 *(theat)* out-act; **2** *(sp)* outplay, play off the field
wegsplitsing fork, bifurcation
wegspoeden: *zich ~* speed away
wegspoelen I *tr* wash away, carry away [the banks]; **II** *intr* be washed away; *zie ook* wegslaan
wegspringen jump away
wegstemmen vote down [a measure]; vote [the Cabinet] out of office, vote [a director] off the board
wegsterven die away (down, out); fade out [the noise faded out], trail (*of:* tail) off [her voice trailed off]
wegstoppen put away, hide, conceal; suppress [one's feelings]
wegstormen tear (dash) away (off)
wegstoten push away
wegstrepen cross off; *je kunt ze tegen elkaar ~* they cancel (each other) out, you may balance the one against the other
wegstrijken push [the hair out of one's face]; smooth out (*of:* away) [wrinkles, creases]
wegstuiven fly away; *(fig ook)* dash (*of:* flounce) away (*of:* off)
wegsturen send away, pack [a p.] off; *(personeel, enz, ook)* dismiss, *(euf)* deselect; *(sp, enz)* send off, expel, warn [a p.] off (the pitch, etc); *(niet toelaten, in ziekenhuis, schouwburg, enz)* turn away; *(taxi, enz)* pay off, dismiss; *zie verder* wegjagen
wegteren waste (pine) away
wegtoveren spirit (juggle) away
wegtrekken I *tr* pull (draw) away; **II** *intr (v troepen, enz)* march away (*of:* off), pull out [of Rome]; *~ uit de stad (met vakantie)* leave (the) town; *(ve bui)* blow (pass) over; *(v mist)* clear away, lift; *(v pijn)* get easier, diminish; *de rook trok weg* the ... trailed away; *de kleur trok weg uit zijn gezicht* the colour drained from (out of) ...
wegtronen entice (lure) away [a p.'s customers]
wegvagen sweep away [the bridges]; wipe out [the town, the regiment was wiped out], blot out [the memories were blotted out from his mind]
wegvak stretch (of road), road section
wegvallen fall (drop) off; cease to exist (to function), be lost, fade away; *(fig)* be left out, be omitted; *tegen elkaar ~* cancel (out; each other); *de 2 valt weg tegen de -2* the 2 cancels the -2; *tegen elkaar laten ~* cancel
wegvaren I *intr* sail away; **II** *tr* take away (in a boat)
wegvastheid *(v auto)* road-holding, road-grip
wegvegen sweep away; *(tranen, enz)* wipe (brush) away
wegverhardingsmateriaal road-surfacing material; *(steenslag)* road metal
wegverkeer road traffic
wegverlegging diversion
wegversperring roadblock
wegvervoer road haulage
wegvliegen fly away
wegvloeien flow away
wegvoeren carry away, carry off [in a car], lead away, march off; deport; abduct, kidnap [women, children]
wegvoering removal, carrying off, deportation, abduction, kidnapping
wegvreten eat away; *(v roest, enz)* corrode, eat away; *(inz geol)* erode
wegwaaien *intr* be blown away, be carried off by the wind; *tr & intr* blow away
wegwals road-, steamroller
wegwassen wash away
wegwedstrijd road (*of:* long-distance) race
wegwerken get rid of [a p.], wipe out [a debt]; *(wisk)* eliminate; *(oneffenheden)* work off, smooth away [roughnesses]; conceal [blemishes, the screw-

heads]; *(sp)* clear [the ball]; *(fig)* straighten out [domestic differences], iron out [difficulties]
wegwerker roadman, road-mender, navvy; *(bij spoorw)* surfaceman, platelayer, *(Am)* trackman; *(kantonnier)* lengthman
wegwerpartikel disposable; *vgl* weggooi-
wegwerpen throw away; *zie ook* weggooien
wegwerpmaatschappij consumer society
wegwezen 1 be gone; **2** clear off, beat it, scram; *inpakken en ~* pack up and clear off; *terug van weggeweest* back (home) again
wegwijs: *~ zijn* know one's way about [in Paris]; *(fig)* know the ropes; *iem ~ maken* show a p. the ropes, *(fam)* put a p. wise
wegwijzer *(pers)* guide; *(handwijzer)* signpost, finger-, direction-post; *(boek)* handbook, manual, guide; *(reisgids)* guide(book)
wegwissen wipe away (*of:* off), rub (sponge) off
wegwuiven wave aside [objections]
wegzakken sink away; sink [he felt the ground sink beneath his feet]; *(radio & tv)* fade; *mijn Frans is weggezakt* my ... is rusty; *zie ook* [1]zakken 1
wegzeilen sail away
wegzenden *zie* wegsturen
wegzetten put away (*of:* aside)
wegzinken *zie* wegzakken
wegzuigen *(v arbeiders door de industrie)* drain off
wei 1 *(v melk)* whey; *(vh bloed)* serum; **2** *(weide)* pasture, meadow; *(dicht)* mead; *zie ook* weiland; *de koeien in de ~ sturen (doen)* turn the cows out to grass (to pasture, into the field); *in de ~ lopen* be at grass (at pasture), *(fig)* be at grass, run loose; *hij moet de ~ in* he needs a holiday
weiachtig 1 wheyish; **2** serous; *vgl* wei 1
weiboter 1 whey butter; **2** grass butter
Weichsel Vistula
weichselhout cherrywood
weide *zie* wei 2
weidebloem meadow flower, *(madeliefje)* daisy
weidechampignon field mushroom
weidegeld grazing fee
weidegras meadow grass
weidegrond *zie* weiland
weideklaver red clover
weidelijk sportsmanlike
weiden I *intr* graze, feed; **II** *tr* graze, pasture; *(hoeden)* tend; *zijn ogen laten ~ over ...* sweep ... with one's eyes, let one's eyes travel over ...; *zijn ogen ~ aan* feast one's eyes (up)on
weidepad field path
weiderecht grazing right(s), right of pasture
weideveld *zie* wei 2
weidevogel *(vglb)* meadow-nesting bird *(geen vaste term)*
weidewinkel hypermarket
weids stately, grand, high-sounding, pompous, sonorous [titles], panoramic [view]
weidsheid stateliness, grandeur, splendour
weifelaar(ster) waverer
weifelachtig wavering, vacillating, hesitating, shilly-shally(ing)
weifelen waver, vacillate, hesitate, shilly-shally, wobble; *~d, (ook)* undecided; *ik weifelde daaromtrent* I was in two minds about it
weifeling wavering, vacillation, hesitation, hesitancy, irresolution
weifelmoedig *zie* wankelmoedig
weigeraar refuser; *(protest~)* refusenik; *zie ook* dienstweigeraar
weigerachtig unwilling to grant a request; *~ blijven* persist in one's refusal; *een ~ antwoord* [meet with] a refusal
weigeren I *tr* refuse [a request, to do s.t., etc], deny [it was hard to deny her anything]; reject [a picture for an exhibition]; *(afslaan)* refuse, *(beleefder)* decline, turn down [an offer]; *iem de toegang ~* refuse a p. admittance; *een oude vriend wil je niet graag iets ~* one does not like to refuse an old friend; *goederen ~, (wegens slechte kwaliteit)* reject goods; *~ te ontvangen, (handel)* refuse to take delivery of [goods]; *een wissel ~ te betalen* refuse payment of a bill, dishonour a bill; *zie ook* dienst & hand: van de hand wijzen; **II** *intr* refuse *(ook ve paard); (techn)* fail [the engine failed], refuse to work [*zo ook:* the starter wouldn't work]; *(ve vuurwapen)* misfire
weigerig unwilling
weigering refusal, denial; *(ve vuurwapen)* misfire; *botte ~* rebuff, repulse; *een botte ~ ontvangen* meet with a rebuff, be snubbed; *bij zijn ~ volharden* persist in one's refusal; *ik wil van geen ~ horen* I will take no denial, I won't take no for an answer
weikaas whey cheese
Weil: *ziekte van ~, ~se ziekte* Weil's disease, spirochaetal jaundice, leptospirosis
weiland pasture(land), grassland, grazing land, land under grass, grazing
weilandwinkel hypermarket
weinig I *onbep telw & bn (ev)* little [money], *(mv)* few [coins]; *~e dagen daarna* not many days afterwards; *tengevolge van zijn ~e oplettendheid* owing to his lack of attention; *een ~* a little [milk]; *vgl* III; *het ~e dat ik heb* the little (the few things) I have got, what little I have; *in ~ tijd* in a short time; *~ trek hebben* have a poor appetite; *~* ***goeds*** little good; *~, maar uit een goed* ***hart*** it's not much, but you're very welcome to it; *er hoeft maar ~ te gebeuren of ...* it takes very little to ...; ***met*** *~ beleefdheid* [treated] with scant courtesy; ***niet*** *~* not a little, no little [derive no little satisfaction from it]; *(mv)* not a few; *niet ~en* not a few; *niet ~, (ook)* [she was upset] to no small extent; [he was] more than a little [annoyed]; ***te*** *~, a)* too little; *b)* too few; *iem te ~ teruggeven* short-change a p.; *er is (we hebben er) één te ~* there is (we are) one short; *zo ~ hulp kreeg hij* [he might have died of hunger] for all the help he got; **II** *bw* little [better, etc; care little for s.t.]; *ik kom er ~* I

rarely go there; ~ *bekend* little known; ~ *bevredigend* unsatisfactory; ~ *diep* shallow; ~ *geloofwaardig* far from credible; ~ *overtuigend* unconvincing; ~ *talrijk* not very numerous; ~ *waarschijnlijk* hardly likely; ~ ***dacht*** *ik, dat…* I little thought (little did I think) that…; ***maar*** ~ *kleiner dan de woonkamer* only a little smaller than…; *er waren maar ~ boten op de rivier, (ook)* there was only a sprinkling of boats on…; **III** *zn: een ~* a little; *~je* small quantity, little (bit), modicum [a modicum of comfort, of knowledge]; *het ~je (voedsel) dat hij gebruikt heeft* what little food he has taken; *zie ook* beetje, eten, enz

weit wheat; *zie* tarwe

weitas game bag

weivlies serous membrane

wekamine amphetamine

wekbord *(in hotel)* call-board

wekelijk I *bn* soft [treatment], tender, weak(ly), effeminate, flabby(-minded); **II** *bw* softly, tenderly, etc

wekelijkheid weakness, effeminacy

wekelijks I *bw* weekly, every week, once a week; **II** *bn* weekly, hebdomadal

wekeling weakling, milksop, mollycoddle

weken I *tr* soften; *(in vloeistof)* soak [in milk, etc], steep; **II** *intr* soften; soak

wekenlang for weeks; *~e spanning* weeks of anxiety

wekken (a)wake, (a)waken, rouse, call, knock up; *(fig)* (a)wake, (a)waken, (a)rouse, raise [suspicion, hopes, the dead]; excite [wonder, interest], call up, evoke, stir [memories], provoke [curiosity], engender [suspicion], cause [surprise], create [the impression that…], prompt [a thought]

wekker 1 *(pers)* caller-up, knocker-up; **2** *(klok)* alarm (clock); *zie ook* zetten; *door de ~ heen slapen* sleep through the alarm

wekkerklok *zie* wekker 2

wekkerradio clock radio

wekroep, wekstem call, clarion (call), reveille

wektoon *(telefoon)* ringing tone

[1]**wel** *zn* **1** spring, fountain, well-head; **2** *(ve traptrede)* nosing

[2]**wel I** *bw* **1** *(goed)* [treat a p.] well; *als ik me ~ herinner* if I remember rightly (right, aright); *dat is niet ~ mogelijk* that is hardly (scarcely) possible; *zie ook* bekomen, doen 9, gaan: goed ~; **2** *(zeer)* very [kind of you]; [thank you] very much!; **3** *(versterkend) ~ ja!* yes indeed!, to be sure!; *~ neen!* oh no!; *dat mag je ~ vragen!* you may well ask that!; *ik vraag u ~ excuus* I do beg your pardon; *je hebt ~ geboft!* you 'have been lucky!; *het is ~ zo goed* it's just as well [that you did not say anything]; *dat leek me ~ zo beleefd* I thought it (rather) more polite; *zeg dat ~!* you may well say so!; *wat denkt hij ~?* who does he think he is?; *ik moet ~* I must, I have to; *dat zou ~ verschrikkelijk zijn* that would indeed be terrible, that 'would be terrible; *zie ook* jawel; *en ~* namely, viz; *en ~ direct* and (that) at once; *en ~ omdat…*, and that because…; *opgelapt (kapot) en ~* completely vamped up (broken) as it was; *zie ook* [1]goed I.1, II: ~ en wel, & nog; **4** *(vermoeden) hij zal ~ komen* I should imagine (that) he'll come, he is sure to come; *we mogen ~ zeggen dat…* we may safely say that…; *hij zal het ~ niet doen* he is not likely to do it, I hardly think (I don't suppose) he'll do it; *je dacht misschien ~ dat…* you thought no doubt that…; *daar was hij ~ niet op voorbereid* he was hardly prepared for that; *dat kan ~ (zijn)* that may be (so); **5** *(bevestigend) ik wél* ['I am not sure about that!'] 'I am!'; [if you have no regard for him] I have; *… wie het wél kan* [if he can't do it, it's difficult to see] who can; *dat is hij wél* [he isn't rude;] oh, but he is!; *je zag me wél* you did see me; *ik heb het wél gedaan* I did do it; *dat deed je ~* you 'did do it; *zie ook* degelijk; *maar waar het wél op aankwam* but what did matter; *wat ik wél nodig heb* what I do want; *beslissen wat wél en wat niet toelaatbaar is* decide what is and what is not admissible; *vandaag niet, maar morgen ~* not today, but tomorrow; *Parijs is ~ een mis waard* Paris is well worth a mass; *dat dacht ik ~* I thought as much, I thought so; *ik mag hem ~* I rather like him; *~ wat vroeg* rather early; *ik wil ~* I do not object, I have no objection; *zie ook* willen; *~ een goeie kerel* not a bad chap; *je doet het ~!* you'll do it right enough; *ik zal het hem ~ vertellen* I'll tell him all right; *ik geloof ~ dat ik hem ken* I rather think I…; *we moeten ~ iets doen* we've (just) got to do s.t.; *ik geloof van ~* [is he at home?] I think so, I think he is; *zie ook* vrezen & vrijwel; **6** *(toegevend: weliswaar) hij is ~ geen slechte jongen, maar…* he is not a bad boy it is true (to be sure) but…; *het is ~ klein, maar…* it is small, certainly, but…; *hij is ~ wat te dik* he is rather too stout; **7** *(vraag) [zou ik u even kunnen spreken?] ~?* well?; *zou je het raam ~ willen sluiten?* would you kindly shut (would you mind shutting) the window?; *zie je ~ dat hij gelijk had?* do you see he was right?; *hij is niet ziek, ~?* he is not ill, is he?; *was ze ~ helemaal onschuldig?* was she, after all, entirely innocent?; *denkt hij ~?* ['what does he think about?'] 'does he think at all?'; **8** *(uitroep)* why, well; *~, jij hier?* why, you here?; *~, hij zei me…* [no train?] why, he told me…; *~, wat voor kwaads steekt daarin?* why, what's the harm?; *~, dat is een grote eer* [you like me?] well, that's a great honour; *~, wat zeg je daarvan?* well, what do you say to that?; *~, ~!* well, I say!, well I never!, you don't say so!, well, well [and I always thought…]; *~, ~, ~!* [and a member of the Sporting Club, too!] well, well, well!; *zie ook* 3 & dat, leven, enz; **9** *(getal, maat, enz) ~ 5 mijl* as much as (no less than, quite, fully, a good) five miles; *~ 300* as many as (no fewer than) 300; *~ twee uur* quite two hours; *het kan ~ 5 duim lang zijn, (ook)* its length may be anything up to five inches; *~ zo groot als…* quite as tall as…; *~ tweemaal zo oud als zij* quite twice her age; *~ 3 keer per week* as often (as frequently) as

three times a week; ~ *14 dagen na ...* a full fortnight after ...; *zie ook* weleens; **II** *bn* well; *hij is (voelt zich) heel* ~ he is (feels) quite well; *mij ~!* all right!, I don't mind!; *als ik het ~ heb* if I am not mistaken; *laten we nu ~ wezen* surely you'll admit that ...; *zie ook* hoofd; **III** *zn* welfare, well-being; ~ *en wee* weal and woe; ~ *hem, die ...* happy the man who ...

welaan well then, very well

welbedacht well-considered, well thought-out

welbegrepen well-understood

welbehagen pleasure; *in mensen een* ~ good will toward men; *een gevoel van* ~ a sense of well-being; *zie ook* welgevallen

welbekend well-known, noted, familiar; *zie ook* bekend

welbeklant well-patronized [shop]; *zie ook* beklant

welbemind well-beloved, dearly beloved

welberaamd well-devised, well thought-out

welbereid well-prepared; *een tafeltje* ~ a well-spread table

welberekend well-calculated; *zie ook* berekend

welbeschouwd *zie* beschouwen

welbesneden clear-cut [features]

welbespraakt fluent, voluble, having a ready flow of words, *(fam)* having the gift of the gab; *(beschaafd ter taal)* well-spoken; *zie ook* welsprekend

welbespraaktheid fluency, volubility, readiness of speech

welbesteed well-spent [life]

welbevinden well-being

welbewust deliberate, intentional; [he said it] deliberately

weldaad benefit, benefaction; *een wezenlijke* ~ a real boon; *iem weldaden bewijzen* confer benefits (up)on a p.; *je hebt hun een ~ bewezen* you've done them a great service

weldadig 1 *(pers)* beneficent, benevolent, *(liefdadig)* charitable, *(milddadig)* munificent; **2** *(gevolgen, enz)* beneficial, salutary; *(~ aandoend)* pleasant [shade], merciful [silence], refreshing [rain]; *dat doet mij ~ aan* it does me good, it is gratifying to me; *het doet het oog ~ aan* it is pleasing to the eye

weldadigheid 1 beneficence, benevolence; *maatschappij van* ~ Benevolent Society; **2** *(liefdadigheid)* charity, charitableness

weldadigheidsinstelling benevolent (*of:* charitable) institution

weldadigheidspostzegel charity stamp *(niet in Eng & Am)*

weldenkend right-thinking, right-minded, decent-minded

weldoen I *ww* do good; *zie ook* doen 9 & [2]wel I; *~d* beneficent; *~de fee* fairy godmother, good fairy, [the] Lady Bountiful [of the village]; **II** *zn zie* weldadigheid

weldoen(st)er benefactor (benefactress)

weldoordacht well-considered, well thought-out [scheme]

weldoortimmerd solidly built [house], well-made [plan]

weldoorvoed well-fed

weldra soon, before long, shortly, presently

weledel: *de W~e, W~geboren, W~gestrenge heer C Bakker* C Bakker, Esq; *W~e (enz) Heer, (boven brief)* (Dear) Sir; *de W~zeergeleerde heer dr. D Smith* Dr D Smith

weleens sometimes, occasionally; *ik zou ~ willen weten ...* I should like to know ...; *heb je ~ ...?* did you ever ...?

weleer formerly, of old, in olden times

weleerwaard reverend; *Uw Weleerwaarde* Your Reverence; *de ~e Heer J Smith* (the) Rev J Smith; *de ~e Pater A Blake* (the) Rev Father A Blake; *~e Heer, (aanspr)* Sir

Welf(isch) Guelph(ic)

welgeaard good-natured; *zie ook* rechtgeaard

welgeboren well-, high-born

welgebouwd well-built, well set-up

welgedaan portly [gentleman], plump [partridge], sleek [cat]

welgedaanheid plumpness, sleekness, portliness

welgegrond well-founded

welgelegen well (*of:* beautifully, conveniently) situated

welgelijkend: *een ~ portret* a good (speaking, striking) likeness

welgelukt successful

welgelukzalig blessed

welgemaakt well-made, well-shaped; *(ve pers) zie ook* welgebouwd

welgemanierd well-mannered, mannerly, well-bred

welgemanierdheid good manners (*of:* breeding)

welgemeend sincere [apologies]

welgemoed cheerful

welgemutst good-humoured

welgeordend well-regulated

welgeschapen well-made, well-shaped; *(ve figuur)* well-covered

welgesteld well-to-do, well(-)off, comfortably off, in easy circumstances

welgesteldheid easy circumstances, comfort, prosperity

welgeteld all told, in all

welgevallen I *zn* pleasure, satisfaction, complacency; *naar* ~ at (one's) pleasure, at will; *handel naar* ~ use your discretion; **II** *ww: zich laten* ~ put up with, submit to, [they would never] stand for [another war]; *zich de dingen laten ~, (ook)* take things lying down; *kon men zich dat laten ~?* was that a thing to take quietly?

welgevallig agreeable, pleasing; ~ *zijn* please

welgevormd well-shaped, well-made, well-proportioned, shapely

welgezind well-disposed, kindly disposed [towards ...]; well-affected [subjects]; *ik ben u ~, (ook)* I have your good at heart, I wish you well

welhaast 1 soon, shortly; **2** almost [everybody]
welig luxuriant, abundant, lush [vegetation]; *te ~ rank* [grass]; *~ tieren* thrive, *(fig ook)* flourish, *(v misbruiken, enz)* be rife, be rampant; *een ~e haardos* a wealth of hair; *zie ook* weelderig
weligheid luxuriance
welijzer puddled iron
welingelicht (well-)informed, inspired [from an inspired quarter]
welingericht *zie* inrichten
weliswaar it is true, indeed, to be sure, true enough, admittedly; *~ had hij haar nooit gezien* true, he had never ...
welja 1 fine, OK; **2** *(iron)* that's right [slam the door a bit harder next time]; *zie ook* ²wel I.3
welk I *vrag vnw* what; *(vragend naar één of meer uit bepaald aantal)* which; *~e boeken?, (algem)* what books?; *(~e van deze boeken)* which (of these) books?; *~e Walters is dat?, (de oude, de jonge, enz)* which Walters is that?; *ik weet niet ~* [one of the cushions,] I don't know which (one); *met ~ recht zegt hij dat?* what right has he to say so?; *zie ook* ²wat I; **II** *betr vnw (zaak)* which, that; *~(e) ook* what(so)ever, which(so)ever; *~e alle ...* all of which ...
welken wither, fade (away), droop, wilt
welkom I *bn* welcome *(ook van cadeau, nieuws, enz)*; *~!* welcome!; *~ thuis (in Londen, in Huize S)!* welcome home (to London, to S House)!; *ik heet u ~* I bid you welcome; *iem ~ heten (in zijn huis, de familie)* welcome a p. (to one's house, into the family); *iem hartelijk ~ heten* give a p. a hearty (cordial, warm) welcome, extend a hearty (warm) welcome to a p.; *hij werd op een uitbundige manier ~ geheten* he received (was accorded) a tremendous welcome; *het ~e ervan* the welcome thing about it [is ...]; **II** *zn* welcome; *iem het (een) ~ toeroepen* welcome a p.; *iem een hartelijk ~ bereiden* give a p. a warm welcome
welkomst(groet) welcome
welkomstrede address (speech) of welcome
welkomstwoord welcoming word, word of welcome
wellen 1 *(smeden)* weld; **2** draw [butter]; *gewelde boter* drawn butter; stew [prunes]; **3** well (up); *zie ook* opwellen
welles *zie* nietes
welletjes: *het is zo ~* that will do; *(fam)* we'll call it a day; it has gone quite far enough
wellevend courteous, well-bred, well-mannered
wellevendheid courtesy, good breeding
wellicht perhaps, maybe; *zie ook* misschien
welluidend melodious, sweet-sounding, harmonious, euphonious
welluidendheid melodiousness, harmony, euphony
wellust 1 *(zingenot)* voluptuousness, sensual enjoyment, lust, sensuality; *met ~ beschouwen* gloat over (*of:* on); **2** *(zielsgenot)* delight, bliss
wellusteling voluptuary, sensualist, *(ong)* lecher
wellustig voluptuous, sensual, lustful, lecherous, lascivious, salacious
wellustigheid voluptuousness, sensuality, lust(fulness), salacity, etc
welmenend well-meaning, well-intentioned
welnaad weld
welnee(n) of course not, not a bit of it; oh, no!
welnemen: *met uw ~* by your leave
welnu now then, well then, well
welomschreven well-defined, well-circumscribed
welopgevoed well-educated; *(goed gemanierd)* well-bred
weloverwogen (carefully) considered [plan, view], deliberate, measured [language, judgement]
welp cub; whelp; *(junior scout)* Cub (Scout)
welput well
welriekend sweet-smelling, (sweet-)scented, odoriferous, fragrant; aromatic [herbs]; *zie ook* viooltje
welriekendheid fragrance, odoriferousness
Wels Welsh
welslagen success
welsmakend savoury, palatable, tasty
welsprekend eloquent (*ook fig:* an eloquent silence)
welsprekendheid eloquence; *zijn ~, (ook)* his oratorical power(s)
welstaanshalve for the sake of propriety, for decency's sake
welstand well-being, welfare, comfort, prosperity; *(gezondheid)* (good) health; *(v gebouw)* aesthetic appearance; *in ~ leven* be well off; *zie ook* blakend
welstandscommissie *(vglb)* Local Planning Authority
welstandsgrens income qualification (limit)
welste: *van je ~* like anything, like one o'clock; [it is dictatorship] with a vengeance; [it rained, they fought] like billy-o(h); *ik gaf hem van je ~* I gave it him hot and strong; *een bui van je ~* a regular downpour; *herrie van je ~* [they had] a first-class (a glorious) row
weltergewicht welterweight
welterusten sleep well, *(fam)* night(y)-night; *ja, ~, (fam)* not on your life
welteverstaan that is; *zo vroeg mogelijk, ~* that is to say, as early as possible; *vgl* welgeteld
weltevreden well-contented, well-satisfied
weltfremd unworldly
weltschmerz Weltschmerz
welvaart prosperity
welvaartsmaatschappij affluent society
welvaartspeil level of prosperity, standard of living
welvaartsstaat welfare state, *(min)* nanny state
welvaartsvast *zie* waardevast
welvaren I *ww* prosper, thrive, be prosperous; *zie ook* ²varen; *(gezond zijn)* be quite well, be in good health; **II** *zn zie* welstand; *hij ziet eruit als Hollands ~* he is the picture of health
welvarend 1 prosperous, thriving; affluent [society]; **2** healthy, in good health; *moeder en kind zijn ~*

both mother and child are progressing well
welvarendheid 1 prosperity; 2 good health
welven *(ook: zich ~)* vault, arch; *(ve weg)* camber
welverdiend well-deserved, well-earned [rest, holiday]
welversneden *zie* pen
welverstaande *zie* welteverstaan & verstand: met dien ~e
welving vaulting; *(concr ook)* vault; *(ve weg)* camber; *(kromming)* curvature; *(ve figuur)* curves
welvoeglijk becoming, seemly, decent, proper; *zie ook* betamelijk
welvoeglijkheid decency, propriety; *de ~ in acht nemen* be mindful of the proprieties
welvoeglijkheidshalve for decency's sake; *zie ook* welstaanshalve
welvoorzien well-provided; well-stocked [shop]; well-spread, loaded [table]
welwater spring water
welwillend benevolent, obliging, kindly disposed, sympathetic [I had a sympathetic audience], kind [co-operation], cooperative; *in ~e overweging nemen* entertain sympathetically
welwillendheid benevolence, goodwill, kindness, sympathy; *dank zij de ~ van de heer A* by courtesy of Mr A
welzalig blessed
welzand *(drijfzand)* quicksand(s)
welzeker 1 certainly; 2 surely
welzijn welfare, well-being; *naar iems ~ informeren* inquire after a p.'s health; *op iems ~ drinken* drink a p.'s health; *voor uw ('s lands) ~* for your good (for the good of the country); *voor het algemene ~* [work] for the common (public, general) good; *zie ook* leven
welzijnswerk welfare (*of:* social) work
welzijnswerker welfare (*of:* social) worker
welzijnszorg (public) welfare, welfare work
wemelen: *~ van* swarm (teem) with [people, fish, etc]; *~ van fouten, (ook)* bristle with mistakes; *de kaas wemelt van maden* the ... is crawling (alive) with mites; *het wemelt van mensen op straat* the streets are swarming (teeming) with people; *zie ook* krioelen
wen *zn* wen
Wenceslaus Wenceslas
wendakker headland
wendbaar *(ve vliegtuig, enz)* manoeuvrable (*Am:* -neuver-)
wendbaarheid manoeuvrability, *(mar)* response
wenden I *tr* turn; *(mar)* go about, tack; *zie ook* overstag: ~ gaan; *hoe je het ook wendt of keert* whichever way you look at it; *zich ~* turn; *zich ~ tot, (eig)* turn to; *(fig)* apply to [*om* for], turn to, call on, approach; *zich tot een ander ~* turn (look) elsewhere; *je kunt je er ~ noch keren* there is no (not enough) room to swing a cat (in); *zie ook* boeg, inlichting, schrede; II *intr* turn; *(mar)* put (tack, go) about; *het jacht wendde, (ook)* the yacht swung round
wending turn; swing [a swing of popular opinion]; *het gesprek een andere ~ geven* change the conversation; *een ~ nemen* (take a) turn; *het gesprek nam een andere ~* the ... took another turn, drifted off; *een gunstige (ongunstige) ~ nemen* take a favourable (an unfavourable) turn, a turn for the better (the worse); *een onverwachte (ernstige) ~ nemen* take an unexpected (a serious) turn; *in de ~ liggen, (mar)* be in stays
Wendisch Wendic, Wendish
wenen weep, cry; *~ over* weep for, bewail; *~ van vreugde* weep for joy; *zie ook* schreien
Wenen Vienna
Wener I *bn* Viennese; *~ stoel* (Austrian) bentwood chair; *~ worst* German sausage; II *zn* Viennese, inhabitant of Vienna
wening: *~ en knersing der tanden, (bijb)* [there shall be] weeping and gnashing of teeth
wenk hint, wink, nod, tip, *(fam)* wrinkle; *iem een ~ geven, (eig)* make a sign to (signal to) a p.; *(fig)* give a p. a hint; *(fam)* tip a p. the wink; *iem een duidelijke ~ geven, (fig)* give a p. a broad (a clear) hint; *een stille (zachte) ~* a gentle hint; *iems ~ opvolgen, (ook)* act on a p.'s suggestion; *iem op z'n ~en bedienen* be at a p.'s beck and call, fetch and carry for a p., wait on a p. hand and foot
wenkbrauw eyebrow [pencil]; *(met) vooruitstekende ~en* beetle brows (beetle-browed); *op zijn ~en lopen* stagger with fatigue; *zie ook* fronsen
wenken beckon, motion; *iem ~* beckon (to) a p., motion (signal) to a p.
wennen I *tr* accustom, habituate [*aan* to], familiarize [*aan* with]; II *intr: dat zal wel ~* you will get used to it; *het is ~, je moet eraan ~* it needs (it takes some) getting used to; *hij kon daar niet ~* he could not settle down (could not fit in, felt out of it) there; *je went overal aan* you get used to anything (in the end); *zie ook* gewennen & gewend
wens wish, desire; *vurige ~, (ook)* ambition [realize one's ambitions]; *een ~ doen* make a wish; *de ~ te kennen geven te ...* express a wish to ...; *mijn ~ is vervuld* I have obtained my wish; *de ~ is de vader der gedachte* the wish is father to the thought; *alles gaat naar ~* things are getting on (are shaping) well, everything goes smoothly; *mijn beste ~en!* my best wishes!, all the best!, *(met verjaardag ook)* many happy returns of the day!; *wat is uw ~?, zie* wensen: wat wenst u?; *zie ook* vroom
wensdenken wishful thinking
wensdroom pipe dream
wenselijk desirable; *al wat ~ is!, zie* wens: mijn beste ~en
wenselijkheid desirability
wensen *(toewensen)* wish [I wish you success]; *(verlangen)* want, desire, [have everything one can] wish for; *het laat veel (niets) te ~ over* it leaves much (nothing) to be desired [where clarity is concerned

aan duidelijkheid]; *het laat niets te ~ over, (ook)* it is all that can be desired; *het is* ***te*** *~ dat ...* it is to be wished that ...; *ik* ***wenste*** *dat, (zou willen)* I wish [he would go]; *toen wenste ik dat ik thuis (dood) was* then I wished I were (wished myself) at home (dead); *ik* ***wens*** *dat je gaat* I want (wish) you to go; *ik wens dat het gedaan wordt* I wish (want) it (to be) done; *de rust die hij wenste (te hebben)* the peace he wished for; *hij heeft alles wat hij kan ~, (ook)* he has nothing left to wish for; *men wenst dat je dadelijk komt* you are wanted at once; *iem alles (niets)* ***goeds*** ~ wish a p. well (ill); *iem* ***goedendag****, enz ~* wish (bid, give) a p. good day, etc; *zie ook* gelukwensen; *ik wenste zo half en half dat ...* I half wished that ...; *je zult hebben wat je wenst* you'll have your wish; *als ze het ~* if they so desire; ***wat wenst u?*** what do you want (would you like)?; *wenst u nog iets?* anything else?; *zie ook* gewenst, best, duivel, liever, maan, enz

wenskaart greetings card; *(voor zieke)* get-well card

wenslijst *zie* verlanglijst

wentelen **I** *tr* roll (over), turn about (round), revolve; *zich ~, (om zon, de as)* revolve [round the sun, on its axis], rotate [on its axis]; *(in modder, enz)* welter, wallow, roll about [in the mud, etc]; *hij wentelde zich om en om op zijn bed* he tossed and turned on his bed; **II** *intr zie* zich

wenteling revolution, rotation

wentelteefje(s) French toast

wenteltrap **1** spiral (winding) stairs (staircase); **2** *(dier)* wentletrap

wentelwiek *(krantentaal)* helicopter

werd *ovt van* worden

werda! halt! who goes there?

wereld world, universe; *wat is de ~ toch klein!* it's a small world!; *de ~ ligt voor je open* the world is before you; *de andere ~* the next (the other) world, the world to come; *de gehele ~* the whole (all the) world; *de hele ~ weet het* all the world knows; *de letterkundige ~* the literary world; *de Oude (Nieuwe) Wereld* the Old (New) World; *de ~* ***ingaan*** go out into the world, launch out (set out) in life; *al haar kinderen waren de ~ ingegaan* all ... had left home (*of:* the nest); *de ~* ***insturen (inzenden)*** send into the world, launch [a p.] into (on, upon) the world (in life); start [a rumour]; *(ve geschrift)* give to the world; *de ~* ***kennen*** know the world, be worldly-wise; *de ~* ***zien*** see the world; *de hele ~* ***door*** all the world over, over all (all over) the world; ***in*** *deze ~ en hiernamaals* in this world and the world to come; *in de ~ brengen, (ve arts)* bring into the world, deliver [a baby]; *weten hoe het in de ~ gaat* know the way of the world; *zo gaat het in de ~* that's the way of the world; *zie ook* ter ~; ***naar*** *de andere ~ helpen (fam)* send to kingdom come (to glory); *naar de andere ~ verhuizen, (fam)* go to kingdom come (to glory); ***om*** *de ~ reizen* travel round the world; *reis om de ~* voyage round the world, world tour; ***op*** *de ~* in the world; ***over*** *de hele ~* the world over, all over the world; ***tegen*** *de ~, zie* grond; *waarom* ***ter*** *~ deed hij het?* why on earth did he do it?, what in the world made him do it?; *hoe is het Gods ter ~ mogelijk?* how on earth can it be possible?, how on earth (how the hell) can it have happened?; *hoe ter ~ kan zo iets gerechtvaardigd worden?* what earthly justification can there be for such a thing?; *voor niets ter ~* not for (all) the world, not for anything in the world, not at any price; *ik zou alles ter ~ willen geven om ...* I would give the world to ...; *ter ~ brengen* bring into the world, give birth to; *ter ~ komen* come into the world, see the light; ***uit*** *de ~ helpen* settle [a dispute], dispose of [a rumour], dispel [a myth]; *deze legende verdient uit de ~ geholpen te worden* this ... deserves to be set at rest; *laten we de zaak (de ruzie) uit de ~ helpen* let's have it out once and for all; *daarmee is de zaak de ~ nog niet uit* that by no means disposes of the matter; *uit de hele ~* [visitors] from all over the world; *een man* ***van*** *de ~* a man of the world; *niet van deze ~* [a Kingdom that is] not of this world; ***voor*** *het oog van de ~* in the eyes of the world; *geheel voor de ~ leven* be of the earth, earthy *(1 Cor. 15:47); zie ook* afsterven, [1]goed I.2, groot, koop, verkeerd, [2]verlaten, verschil, wil, enz

wereldatlas world atlas, atlas of the world

Wereldbank World Bank

wereldbeeld world picture

wereldbeker world cup

wereldberoemd world-famous, world-famed

wereldberoemdheid world-fame, worldwide fame; *(pers)* world-celebrity

wereldbeschouwing world-view, view of (outlook on) life, philosophy of life

wereldbeschrijving cosmography

wereldbevolking world population

wereldbol (terrestrial) globe

wereldbrand **1** worldwide catastrophe; **2** *de ~* Armageddon

wereldburger(es) world citizen, citizen of the world; cosmopolitan, cosmopolite; *de nieuwe ~* the new arrival, the little (the tiny) stranger

wereldburgerschap cosmopolit(an)ism

werelddeel part of the world, continent

wereldformaat global stature, international repute

wereldgebeuren: *het ~* world events

wereldgebeurtenis world event

wereldgericht: *het ~, a)* the last judgement; *b)* the world's judgement

wereldgeschiedenis world history, history of the world

wereldhandel world trade [centre], world commerce

wereldhaven international port

wereldheer *(r-k)* secular (clergy)

wereldheerschappij world dominion, world power

wereldhervormer world reformer; *(iron)* starry-eyed idealist

wereldkaart map of the world

wereldkampioen(schap) world champion(ship)
wereldkennis knowledge of the world, worldly knowledge; ~ *bezitten* be learned in the ways of the world
wereldkundig notorious, universally known, known all over the world; *iets* ~ *maken* announce something to the world, rumour (blaze, spread, publish) a thing abroad
wereldlijk worldly [goods], temporal [power], secular [drama, music, court *rechtbank*]; *de ~e overheid* the secular arm
wereldliteratuur: *de* ~ world literature
wereldmacht world power
wereldmarkt world market; *de ~en, (ook)* the world's markets
wereldnaam world reputation
Wereldnatuurfonds World Wildlife Fund, WWF
wereldomroep [BBC] world service
wereldomspannend world-embracing, global
wereldomvattend global, worldwide
wereldoorlog world war
wereldorde world order, scheme of things
wereldproductie: *de* ~ global output, the world's output
Wereldraad World Council [of Churches]
wereldranglijst world ranking; *derde op de* ~ ranking third in the world
wereldrecord world record
wereldreis world tour
wereldreiziger globetrotter
wereldrijk (world) empire
wereldrond globe
wereldruim(te) (infinite, outer) space
werelds worldly(-minded) [people], worldly [pleasures, matters], mundane [affairs]; secular, temporal; *zie* wereldlijk
wereldschokkend world-shaking [event], catastrophic
wereldsgezind worldly(-minded), of the earth earthy
wereldstad metropolis
wereldstelsel cosmic system
wereldstreek region of the world, quarter of the globe, climate, zone
wereldtaal world language; *(kunsttaal, ook)* universal language
wereldtentoonstelling international exhibition, world fair
wereldtoneel world-stage
wereldverbeteraar *zie* wereldhervormer
wereldverkeer international (*of:* world) traffic
wereldvermaard *zie* wereldberoemd
wereldvlak [at] world level
wereldvlucht (round-the-)world flight
wereldvrede world (*of:* universal) peace
wereldvreemd unworldly
wereldwijd worldwide, global
wereldwijs 1 worldly wise; **2** philosophic
wereldwijsheid 1 worldly wisdom; ~ *opdoen* learn about life; **2** philosophy of life
wereldwinkel third-world shop
wereldwonder wonder of the world
wereldzee ocean; *de -zeeën* the oceans of the world
¹weren avert, prevent; keep down [insects, weeds *onkruid*]; *(iem)* exclude [a p. from ...]; (de)bar [a p. from a post], refuse admittance [to a hotel]; *zich* ~, *a)* exert o.s., *(tot het uiterste)* strain every nerve; *b) zie* zich ver~
²weren: ~ *op* be favourable (weather) for
werf 1 shipyard, shipbuilding yard; *(vd marine)* dockyard; *van de* ~ *lopen* leave the ways; *van de* ~ *laten lopen* launch; **2** *(kaai)* quay, wharf; *(hout~)* timber yard
werfkracht recruiting power; propaganda value
werfofficier recruiting officer
wering prevention; exclusion; *zie ook* ¹weren; *tot* ~ *van* for the prevention of
¹werk *(v vlas of hennep)* tow; *(geplozen)* oakum; ~ *pluizen* pick oakum
²werk 1 *(arbeid)* work; *hard* ~, *(ook, fam)* hard graft; *(zwaar werk)* labour; *(karwei, ook)* job; *dat is* ~ *voor een man* it's a man's job; *(krachtens ambt, enz)* duty, duties [her duties as parlourmaid]; *wat is uw* ~*?* what do you do?, what is your profession (trade)?; ~ *met het hoofd* head-work; *~je* (little) piece of work, job; *(boekje)* booklet, opuscule; *zie ook* handwerk; *dat is het* ***betere*** ~ that's the stuff; *dat is* ***geen*** ~ that's no way to do things; *het is (alles)* ***jouw*** ~*, (komt door jou)* it's (all) your doing; *er is heel wat* ~ *aan de winkel* there is a good deal of work to do, a good deal of work on hand; *goed (slecht)* ~ ***doen*** *(leveren)* do good (poor) work; *daarmee doe je een goed* ~ you are doing good there, *(fam)* are doing a good job of work; *iem* ~ ***geven*** give a p. a job, find work for a p.; *500 man* ~ *geven* employ 500 men, give ... employment; *die jongen geeft mij heel wat* ~ that boy gives me a lot of work (of trouble); ~ ***hebben*** be in work (*of:* employment); *vast* ~ *hebben* be in regular employment; *geen* ~ *hebben* be out of work (employment, a job); *hoe lang denk je* ~ *te hebben?* how long do you think you will be (it will take you)?; *hij had er niet lang* ~ *mee om ...* it did not take him long to ...; *lang* ~ *met iets (een brief, enz) hebben* be (take) long (take a long time) over a thing (a letter, etc); *wat heeft hij lang* ~*!* what a time he takes!; *wat heb je lang* ~ *met je haar te doen!* what a time you are doing your hair!; *hij had* ~ *om haar tegen te houden* it was as much as he could do (he had his work cut out, had a job) to stop her; *zijn* ~ ***maken*** do one's work; ~ *maken van* apply for [a job], be after [a place, a girl], go in for [music, sport, etc]; *veel* ~ *maken van* take great pains over [one's work]; *daar maken ze hun* ~ *van* they make it their business; *zie ook* speciaal; ~ *van de zaak maken, (zich ermee bemoeien)* take the matter up; *je moet er* ~ *van maken* you must do s.t. about it; *ik zal er dadelijk* ~ *van maken*

I'll see (*of:* attend) to it at once; *weinig ~ maken van* make light of [one's task]; *~ **zoeken*** look for work, seek a job; ***aan** het ~* at work [on a task]; *aan het ~!* to work!, *(fam)* get cracking!; *weer aan het ~* [they are] back at work; *ik moet aan het ~* I must get busy; *aan het ~ gaan (trekken)* set (go, get) to work, address o.s. to (settle down to) one's task, get down to business; *weer aan het ~ gaan* resume work, *(na staking)* return to work; *iem aan het ~ houden* keep a p. at work; *de hand aan het ~ slaan* set to work, put one's shoulder to the wheel; *zich aan het ~ zetten* settle down to work (to one's task); *zie ook* aan het ~ gaan; *iem aan het ~ zetten* set a p. to work; *daarmee zullen we J eens aan het ~ zetten* we'll put J on to the job; *aan het ~ zijn* be engaged (at work, working) [*aan een nieuwe roman* on a ...]; *500 man* ***in (aan)*** *het ~ hebben* employ 500 men; *bij iem in het ~ zijn* be in a p.'s employ; *alles in het ~ stellen* leave no stone unturned, do one's utmost [to ...]; *zie ook* pogen; *hoe gaat dat in zijn ~?* how is it done?; *hoe is dat in zijn ~ gegaan?* how did it come about?; *dat is vlug in zijn ~ gegaan* (that is) quick work; ***naar** het ~ gaan* go to work; ***op** (niet op) zijn ~ zijn* be on (be absent from) duty; ***te** ~ gaan* set to work; *(goed, verkeerd) te ~ gaan* go the right (wrong) way about it; *hoe ga je daarbij te ~?* how do you set about it?; *voorzichtig (te overijld) te ~ gaan* go carefully, proceed (move) cautiously (too hurriedly); *volgens een beginsel te ~ gaan* work (up)on a given principle (on a certain line); *volgens die veronderstelling te ~ gaan* go on that assumption; *niets hebben waar men naar te ~ kan gaan* have nothing to work (up)on; *op zijn eigen manier te ~ gaan* take one's own line; *verschillend te ~ gaan* work on different lines; *te ~ stellen* set to work; ***zonder*** *~* out of work, out of a job; *zonder ~ raken* lose one's job, become unemployed; **2** *(afwerking)* workmanship; **3** *(ve horloge, enz)* works; *(ve klok)* train [*gaande* going, *slaande* striking]; action [of a piano], mechanism; **4** *(voortbrengsel)* (piece of) work; *de ~en van Milton* the works of Milton, Milton's works; *geloof en ~en* faith and works; *~en van barmhartigheid* works of mercy; *publieke ~en* public works; *de ~en Gods* the works of God; *het ~ Uwer handen* Thy handiwork; *dat is **mooi** ~* that is a fine piece (*of:* bit) of work; *aan het ~ kent men de meester* the master is known by his work; *zie ook* afgesproken, [2]bij I.1 & 2, rusten, enz

werkbaar workable, practicable; *werkbare dag, (inz havens)* weather-working day

werkbaarheid practicability

werkbaas foreman

werkbank (work)bench

werkbezoek working visit

werkbij worker (bee)

werkblad *(in keuken, enz)* worktop

werkbriefje jobsheet, worksheet

werkbroeder *(in klooster)* lay brother

werkbroek *(vglb)* jeans, *(Am)* dungarees

werkclassificatie job evaluation

werkcollege *(vglb)* seminar

werkcomité organizing committee

werkdadig efficacious, effective

werkdadigheid efficacy, effectiveness

werkdag [a ten-hours'] working day; *(vs zondag)* workday, working day, weekday

werkdeling job sharing

werkdoos workbox

werkdruk pressure of work

werkelijk **I** *bn* real, actual, true; *in ~e dienst* on active service (duty); *zie ook* schuld; **II** *bw* really, actually; [he played very well] indeed; *en hij ging ~* [he promised to go] and he did go; *zie verder* waarachtig

werkelijkheid reality; *dat geluid bracht hem weer in de ~ terug* that ... brought him back to earth; *in ~* in reality, in point of fact, actually, as a matter of fact; *in ~ niet* [is he ill?] not really [, but he thinks he is]

werkelijkheidszin sense of reality; *het getuigt niet van ~* it is unrealistic, out of touch with reality

werkeloos, enz *zie* werkloos, enz

werken **1** work *(ook ve vulkaan, bier, tovermiddel, enz)*; *(ve vulkaan, ook)* be in eruption, be active; *(ve medicijn, enz)* work, operate, act, take effect, be effective; *(ve machine, orgaan, enz)* work [the lift was not working], function [the pump was not functioning properly]; *(ve fontein)* play; *de volle (halve, een deel van de) tijd ~* work (*of:* be on) full (half, short) time; *een deel van de tijd ~, (ook)* work part-time; *12 uur per dag ~, (ook)* put in 12 hours a day; *hij kan niet meer ~, (wegens ouderdom, enz)* he is past work; *zijn geweten begon te ~* his ... began to work; *de sancties beginnen te ~* the ... are beginning to bite; *de machine werkte glad* the ... worked smoothly; *het sein werkt niet, (ook)* the signal is out of action; *de telefoon werkte niet meer* the ... had gone dead; *het werkt zo kalmerend* it's so soothing; *de **bomen** ~ al* the trees are budding already; *het stelsel (de regeling) werkt **goed*** the system (the arrangement) works well; *het kan niet anders dan goed ~* it's all to the good; *hij werkt **hard*** he works hard, is a hard-working man; *hij moet hard ~* he has to work hard, is hard-worked; *wat minder hard (gaan) ~* ease up a bit; *iem te hard laten ~, (ook)* overwork a p., work a p. off his legs; *de trans-Atlantische **kabel** werkt al sedert ...* the ... has operated since ...; ***laten*** *~* work [a machine; a p. too hard]; turn on [the loudspeaker]; *zijn hersens (verbeelding) laten ~* use one's brains (imagination); *de **rem** werkte niet* the brake failed (to work); *wel (niet) ~, (ve rem, enz)* be in (out of) working order; *als een rem ~ op, (fig)* act as a brake (up)on; *de **wet** werkte niet meer* the law was no longer effective; ***aan** een vertaling, enz ~* work at (be at work on, be engaged on) a translation, etc; *er wordt aan gewerkt* it is being worked on (seen to), the matter is in hand; *~ **bij*** work for, with; *zie* werkzaam: ~ zijn bij; *~ **door** elektriciteit* (be) work(ed) by electricity; *iem **eruit** ~*

ease a p. out of a post, etc, get rid of a p.; ~ ***met*** work [a machine], use [a typewriter], operate [a word processor]; *met 500 man* ~ employ 500 hands; *onder iem* ~ work under a p.; *zij ~ elkaar eronder* they are cutting each other's throats; *alcohol werkt* ***op*** *de hersens* alcohol affects the brain; *het werkt op de verbeelding* it strikes (appeals to) the imagination; *nadelig ~ op* have an injurious effect (up)on; *op iems gemoed* ~ work (play) (up)on a p.'s feelings; *deze motor werkt op benzine* this ... works (runs) on petrol; *op batterijen (stoom) ~, (ook)* be battery-operated (steam-powered); ***voor*** *iem* ~ work (exert o.s.) for a p., promote a p.'s interests; *de tijd werkt voor ons* time is on our side; *(zelfst:) zijn hoofdpijn* ***door*** *~ verdrijven* work off one's headache; *de overtocht* ***met*** *~ verdienen* work one's passage; ***uit*** *~ gaan* go out to work, char, go out charring; ***van*** *~ ga je niet dood* hard work won't kill you; *bang zijn* ***voor*** ~ be work-shy, be a shirker; *zie ook* binnen, dood, kapot, lachspier, paard, zaak, zweet, enz; **2** *(ve schip)* labour, pitch and roll; **3** *(v lading)* move; **4** *(v hout)* warp, get (become) warped

werkend working; active [volcano, partner *vennoot*, member *lid*]; *(de verlangde uitwerking hebbende)* efficacious, effective; *~e jongeren* younger workers; *~e stand* working classes; *~e vrouwen* working women, women workers; *langzaam ~ vergif* slow poison

werker worker

werkervaring work experience

werkezel drudge, plodder; *hij is een echte* ~ he is a glutton (a whale) for work, *(fam)* a workaholic

werkgeheugen *(comp)* main memory

werkgelegenheid [full] employment

werkgemeenschap working group, study group

werkgever employer; *~s en werknemers* employers and employed

werkgewoonten work habits

werkgroep working group, study group; *(univ)* seminar, tutorial; working party [to study the effects of radiation]

werkhand (work-)roughened hand

werkheilige legalist; *(denigrerend)* hypocrite; sanctimonious person

werkheiligheid legalism

werkhouding 1 posture; **2** *(instelling)* attitude to (one's) work

werkhuis 1 *(ve werkster)* place (of work); **2** *(hist: armhuis)* workhouse; Poor Law Institution; **3** *(hist: verbeterhuis)* penitentiary

werkhypothese working hypothesis

werking 1 *(het werken)* action *(ook v geweer, vh hart, enz)*, working *(ook vd geest)*, operation; *(ve vulkaan)* activity; ***buiten*** *~ stellen* suspend [an act *wet*], render inoperative; put [the microphone, telephone] out of action; ***in*** ~ in operation, in action; [Etna] in eruption; *in volle ~, (ook)* in full swing; *in ~ stellen* put [the law, a machine] into operation; put [the law] into force, operate [the brake]; *de fabriek wordt morgen in ~ gesteld, (ook)* the plant will come on stream tomorrow; *in ~ treden* come into operation (force, effect), become operative (effective), take effect [on the 1st of January]; *de fonteinen zijn in* ~ the fountains are playing; **2** *(werkdadigheid)* efficacy; **3** *(uitwerking)* effect

werkingskosten operating costs

werkingssfeer sphere of action, scope

werkkamer workroom, study, studio

werkkamp work camp, labour camp

werkkapitaal working capital

werkkleding 1 working clothes; **2** industrial clothing

werkkracht energy, power of work; *(pers)* hand, workman, labourer

werkkring 1 sphere of action, field of activity; **2** [suitable *passende*] post, employment

werklast workload

werklieden workpeople, workmen, labourers, workers, hands

werkloon wages, wage, pay

werkloos 1 idle, inactive; *~ toezien* look on passively, stand idly by; **2** unemployed, jobless; out of work, out of a job, workless; *~ maken (worden)* make redundant (become unemployed); *zie ook* werkloze

werkloosheid 1 idleness, inactivity, inaction; **2** unemployment

werkloosheidsuitkering unemployment benefit

werkloosheidsverzekering unemployment insurance

werkloze unemployed person, out-of-work; *de ~n, (ook)* the unemployed (jobless, unwaged); *het aantal ~n, (ook)* the number of unemployed

werklozensteun, werklozenuitkering unemployment benefit, (the) dole

werklui *zie* werklieden

werklust zest for work

werkman *(knecht)* workman, operative, labourer, hand; *(handwerksman)* working man, artisan, mechanic; *hij is een goed* ~ he is a good man at his job

werkmandje work-, mending-, sewing-basket

werkmeester foreman, supervisor

werkmier worker (ant)

werknemer employee; *~s, (ook)* [organized] labour; *zie ook* werkgever

werkonderbreking stoppage [of two hours in protest against ...]

werkpaard workhorse

werkpak working clothes (*of:* kit); overalls; *(mil)* fatigue dress

werkpauze break

werkplaats workshop, workroom, shop

werkplan plan of work (of action)

werkplek workplace

werkprogramma scheme of work

werkrooster timetable, work schedule

werkruimte workroom

werkschoen heavy-duty boot

werkschuw work-shy
werkslaaf *(fam)* workaholic
werkslag *(ve motor)* power stroke
werkstaking strike; *zie* staking
werkstation workstation
werkster 1 (woman, girl, female) worker; **2** charwoman, cleaning-woman, daily help, *(fam)* char
werkstraf community service
werkstudent student working his way through college, student with part-time job
werkstuk piece of work; (working) paper; *(wisk)* proposition, problem; *(techn)* workpiece
werktafel work table
werktekening working (engineering, etc) drawing
werktenue *(mil)* fatigues
werkterrein sphere of work; field of activity (of operations)
werktijd working hours, hours of labour (of work); *(ve ploeg werklieden)* shift; *lange ~en hebben* work long hours; *(systeem van) variabele ~en, (Eng)* flexitime, *(Am)* flextime; *buiten ~, (ook)* out of hours
werktijdverkorting short(-time) working, [go on] short time
werktrein construction train; *(voor hulp bij ongeluk)* breakdown train
werktuig 1 tool (*ook fig, min:* he is your tool), instrument [an instrument of Providence], [communist] stooge; implement *(vooral mv)*; *(fig ook)* cat's-paw; pawn [they are mere pawns]; *~en, (gymn)* apparatus; *iem als zijn ~ gebruiken, (ook)* make a convenience of a p.; **2** organ [of hearing]
werktuigbouw(kunde) mechanical engineering
werktuigkunde mechanics
werktuigkundig mechanical
werktuigkundige (mechanical) engineer, mechanic, instrument maker
werktuiglijk mechanical, automatic (*bw:* -ally)
werkuur working-hour; *zie* werktijd
werkverdeling 1 division of labour; **2** distribution of work
werkvergunning labour permit
werkverruiming provision of additional work
werkverschaffing provision of work (for the unemployed)
werkvertrek office, study
werkvloer 1 *(ook fig)* shop floor, factory floor; **2** *(bk)* working floor
werkvolk workmen, workpeople, labourers, hands
werkvoorziening job creation
werkvrouw *zie* werkster
werkweek [a shorter] working week; [school] study week
werkwijze (working) method, procedure
werkwillig willing to work
werkwillige willing worker, non-striker; *zie* onderkruiper
werkwilligheid willingness to work
werkwinkel workshop
werkwoord verb
werkwoordelijk verbal
werkwoordsvorm verb(al) form
werkzaam active, laborious, industrious, effective [remedy]; [persons] in work; *~ zijn op een kantoor* work (assist, be employed) in an office; *~ zijn bij* be with, work with, be in the employ of, be employed by, work on the staff of; *een ~ aandeel nemen in* take an active part in
werkzaamheid activity, industry; *-heden* activities [transfer one's activities from L to F], work, operations, business proceedings; *(functie)* [take up one's] duties; *ervaren in alle -heden* experienced in all duties; *tot de -heden overgaan* proceed to business; *de -heden werden belemmerd door ruw weer* operations were hampered by ...; *wegens drukke -heden* owing to pressure of work
werkzoekende person seeking employment; *zich als ~ laten inschrijven* register for employment
werkzuster *(in klooster)* lay sister
werpanker *(mar)* kedge
werpdraad *(inslag)* woof
werpen 1 *(gooien)* throw, cast, fling, pitch, hurl, toss; project [a picture on the screen]; *(mar)* jettison [goods]; *(sp)* floor [a boxer]; *een* ***niet*** *(nul) ~* throw blank; *werpt al uw bekommernis op Hem* cast all your care upon Him; *de* ***schuld*** *~ op, zie* schuld: hij gaf er mij de ~ van; ***van zich*** *~* disclaim [any intention to offend], deny [a charge *beschuldiging*], *(met minachting)* scout [a suggestion, an idea]; ***zich*** *~* throw o.s. [from a rock, into (on, upon) one's work]; *zich aan iems voeten ~* throw o.s. at a p.'s feet; *zich* ***in*** *zee ~, (om iem te redden bijv, ook)* dive into the sea; *zich* ***op*** *de vijand ~* rush (fall) (up)on (hurl o.s. at) the enemy; *zich op zijn prooi ~* pounce (up)on one's prey; *zich op nieuwe studies (op zijn onderwerp) ~* plunge (dive) into new studies (one's subject); *zich op een taak ~* throw o.s. into a task; *zie ook* gooien, anker, [1]arm, [1]blik, gevangenis, licht, paard, enz; **2** *(mar: verhalen)* warp; **3** *jongen ~* drop young; *zie ook* jongen II
werper *(sp)* pitcher
werpgaren *(inslag)* woof
werphengel casting rod
werphout boomerang
werping *(mar)* jettison
werpkogels bolas
werplijn *(mar)* line, painter
werplood sounding lead
werpnet cast net
werppijl(tje) dart
werpplaat *(sp)* mound
werpring quoit
werpschijf *(hist)* quoit, discus
werpspeer javelin
werpspel *(met ringen)* quoits; *(op kermis)* hoopla; *(met pijltjes)* darts; *(opgooispel)* pitch-and-toss; *(naar kokosnoten)* coconut shy

werpspie(t)s javelin
'werp'ster throwing star, death star, ninja
werptijd dropping season
werptol pegtop
werptros *(mar)* warp
werptuig missile, projectile
werst verst
wervel 1 *(rug~)* vertebra (*mv:* -brae); **2** *(draaihoutje, enz)* swivel; window-, sash-fastener
wervelbad jacuzzi
wervelbeen *zie* wervel 1
wervelboog neural arch
werveldier vertebrate (animal)
wervelen whirl, eddy
werveling vortex, whirl, eddy
wervelkolom spinal (vertebral) column, spine
wervelstorm cyclone, tornado, hurricane
wervelstroom *(elektr)* eddy current
werveluitsteeksel vertebral process
wervelval *(luchtv)* spin
wervelvormig vertebral
wervelwind whirlwind
werven recruit, enlist, enrol; *(leden)* bring (*fam:* rope) in [new members]; *(stemmen)* canvass for [votes], *(klanten)* canvass (*hinderlijk:* tout) for [customers]; *stemmen ~ van* canvass [factory workers]
werver recruiter, recruiting officer (sergeant, etc)
werving [membership] recruitment, enlistment, enrolment; canvassing; *vgl* werven
wervingsstop job freeze
werwaarts whither
weshalve wherefore, for which reason
wesp wasp
wespachtig waspish
wespenangel wasp-sting
wespendief honey-buzzard, pern
wespennest wasps' nest, vespiary; *(fig)* hornets' nest; *zich (zijn hand) in een ~ steken* stir up a hornets' nest
wespensteek wasp-sting
wespentaille wasp-waist; *met een ~* wasp-waisted
west [the wind is] west; *de West* the West Indies
West-Afrika(ans) West Africa(n)
West-Duits(er) West German
westelijk westerly [wind]; western [Europe, hemisphere]; *~ van A* (to the) west of A; *in ~e richting* westbound [train]; *~st* westernmost
westelijken become west, turn to the west
westen west; *het W~* the West, the Occident; *naar het ~* to the west, westward(s); *vgl* westelijk; *ten ~ van* (to the) west of; *buiten ~ zijn* be unconscious; *buiten ~ geraken* lose consciousness; *iem buiten ~ slaan* knock a p. silly
westenwind west wind
westergrens western frontier
westerlengte west(ern) longitude; *op 20 graden ~* in 20° longitude west
westerling Westerner
westers western, occidental; *~ maken* westernize, occidentalize; *~ worden* become westernized
westers-Romeins *zie* West-Romeins
westerstorm westerly gale
westerzon westering sun
West-Europa West(ern) Europe
West-Europees West European
Westfaals Westphalian
Westfalen Westphalia
West-Fries West Frisian
West-Friesland West Frisia, West Friesland
West-Goten Visigoths
West-Gotisch Visigothic
West-Indië the West Indies
West-Indisch West Indian
westkant west side
westkust west(ern) coast
westmoesson south-west monsoon
westnoordwest west-north-west
West-Romeins: *het ~e Rijk* the Western Empire, the Roman Empire of the West
westwaarts westward(s), to the westward
westzuidwest west-south-west
weswege wherefore, for which reason
wet *(algem)* law [the law of the land; the laws of nature; his word is law; that's the law]; *(bepaalde staatkundige ~)* act; *geschreven ~* statute law; *de ~ van Archimedes* the Archimedean principle; *de ~ van de grote getallen* the law of averages; *dat is geen ~ van Meden en Perzen* that is not the law of the Medes and Persians; *de ~ van Ohm* Ohm's law; *de ~ van de perversiteit der dingen, (wat fout kán gaan, gaat ook fout): (Br)* Sod's Law, *(oorspr Am)* Murphy's Law; *dat is bij ons een vaste ~* that is a hard and fast rule with us; *zoals de ~ nu is* ***(luidt)*** as the law now stands; ***korte** ~ten, zie* metten; *~ten* ***maken*** make laws, legislate; *de ~* ***pakt*** *de kleinen en laat de groten lopen* the law punishes petty criminals, but the big ones go free; *iem de ~* ***stellen (voorschrijven)*** lay down (prescribe) the law to a p.; *ik laat me niet de ~ stellen* I won't be dictated to; *hij schrijft zijn gezin de ~ voor, (ook)* he lays down the law in his family; *het ontwerp werd ~ (zal zeker ~* ***worden)*** the bill became law, (was) passed into law (will safely reach the Statute Book, will go through); ***bij*** *de ~* ***bepalen*** enact; ***binnen*** *de perken der ~* ***blijven*** keep within the law; ***boven*** *de ~* ***staan*** be above the law, be a law unto o.s.; ***buiten*** *de ~* ***gaan*** go outside the law; ***buiten*** *de ~* ***stellen*** outlaw [war], place beyond the pale of the law; *handelen* ***tegen*** *de ~* act contrary to the law; ***tot*** *~* ***verheffen*** place [a bill] on the Statute Book, carry [a measure] into law; ***volgens (krachtens)*** *de ~* according to law; in law [a husband is liable for his wife's debts; in law he is not an American]; *(in overeenstemming met de ~)* in accordance with law; *niet geldig volgens de ~* not valid in law; *volgens de Engelse ~* [I've inherited it] under English law; *volgens alle ~ten van het fatsoen* by all the

laws of decency; *verkiesbaar volgens de ~* statutably eligible; *een vergrijp volgens de ~* a statutory offence; *ereschulden zijn niet te verhalen volgens de ~* debts of honour are not recoverable (are irrecoverable) at law; ***voor** de ~* in the eye of the law, [equal(ity)] before the law; *zie ook boven:* volgens de ~; *voor de ~ was hij niet dronken, (ook)* he was not legally drunk; *zie ook* gehoorzaam, handelsmerk, kracht, Mozaïsch, naam, nood, vallen, enz

wetboek code (of law); *burgerlijk ~* civil code; *~ van koophandel* commercial code; *~ van strafrecht* penal (criminal) code; *~ der etiquette* code of manners

weten I *ww* **1** *(kennis hebben van)* know, have knowledge of, be acquainted with, be aware of; *ik weet een uitstekend hotel* I know of an excellent hotel; *ik wist dat de bankbiljetten vals waren* I was aware that the ... were bad ones; *ik weet het* I know; *weet je, ik denk echt ...* do you know, I really think ...; *[vroeger bij ons thuis,] weet je (het) nog?* do you remember?; *weet je wat?* I'll tell you what; *de hele stad wist het binnen een week, (ook)* it was all over the town within a week; *iedereen weet het* it is common knowledge; *twee ~ meer dan een* two heads are better than one; ***goed** dat ik het weet* just as well that I know; *de **hemel** mag ~ ...* Heaven (goodness) knows ...; *zie ook* Joost; ***hoe** weet je dat?* how do you know?; ***niet** ~ dat ..., (ook)* be unaware that ...; *ik weet niet waar mijn bril is* I've mislaid my glasses; *ik weet het niet goed* I am not clear (am very vague) about it; *dat weet ik nog zo niet* I am not so sure of that, I don't know about that, [easy?] I wonder; *dan weet ik het niet* [if that's not realism] I don't know what is; *en ik wist het niet eens!* and I never knew!; *niet dat ik weet* not that I know (that I'm aware) of, not to my knowledge; *ik weet niet waar we zijn, (bij les)* I've lost my place; *ik weet niet hoe ik dit moet verklaren* I'm at a loss to account for this; *ik wist niet wat ik deed* I didn't know what I was doing; I lost my head; *ik wist niet wat ik hoorde* I could not believe my ears; *ik weet nog altijd niet of ...* I have yet to learn if ...; *ik zou niet ~ waarom niet* I don't see why not; ***naar** ik (zeker) weet was ze er* to my (certain) knowledge she ...; *je kunt **nooit** ~* you never can tell, one never knows, you never know; *het was onwaarschijnlijk, maar je kon nooit ~* it ..., but you never knew (but there was no telling); *je weet nooit wat ze dán weer doet* there is no knowing what she'll do next; *je weet nooit wat je aan hem hebt* you never know where you are with him; *en **nu** weet je het!* and now you know!, and that's that!, so there!; *het **samen** ~* be as thick as thieves, be hand and glove; *weet ik **veel**?, weet ik dat?* how should I know?, *(fam)* ask me another; *weet hij veel! (fam)* a fat lot he knows!; *die sport weet **wat** tegenwoordig* games are everything nowadays; ***wie** weet?* who knows?; ***zeker** ~!(?)* sure!(?); *weet wat je **doet*** beware what you are doing; *hij weet wel wat hij doet* he knows what he is about, he is no fool; *hij wist wat hij deed, toen hij ..., (ook)* he knew something when he ...; *ik zal het je doen **(laten)** ~* I'll let you know, send (write) you word; *hij liet ~ dat ...* he let it be known that ...; *die het **kunnen** ~* [I was assured by] those who ought to know [that ...]; *dat **moet** hij ~, (is zijn zaak)* that's his look-out, that's up to him; *hij moet het (nu verder) zelf maar ~* he had better find out for himself; *hij moet zelf ~ hoe het te doen* it is for him to decide how to do it (for him to sort it out); *hij moest het eens ~ [hoe er over hem gesproken wordt]!* if only he knew [what people say of him]!; *..., moet je ~ (weet je)* [she is English] you know; *ik zou wel eens **willen** ~ wat hij nu gaat doen* I wonder (I'd like to know) what he ...; *dat wil ik juist ~, (ook)* that's what I'm after; *dat zou je wel willen ~!* wouldn't you like to know!; *hij weet (niet) wat hij wil* he knows (doesn't know) his own mind; *hij wil het hier ~* he wants to lay down the law here; *hij weet overal wat **op*** he is never at a loss for an expedient; *ik weet er niets op* I don't know a way out (of the difficulty); ***te** ~* namely, to wit, viz; *te ~ komen* come (get) to know, *(erachter komen)* find out, *(met veel moeite)* worm out; *hij zal van mij niet veel te ~ komen* he won't get much change out of me; *zonder dat iem er iets van te ~ kwam* [it might be done] and no one be (any) the wiser; *ik weet niets **van hem*** I know nothing about him; *als ze je vragen dan weet je van niets, begrijp je?* if ..., you know nothing about it, you understand; *hij weet alles van (omtrent) motoren, (ook)* what he doesn't know about motors isn't worth knowing; *ik weet er alles van, (fam)* I've been there; *ik weet totaal niets van paarden* I do not know the first thing about ...; *toegeven dat men niets van het onderwerp weet* admit complete ignorance of (on) the subject; *ik wil niets van hem ~* I will have none of him, want nothing to do with him; *ik wil niets meer van hem ~* I've finished with him; *ik wil er niets van ~* I won't hear of it, will have none of it, won't look at it; *hij wil er niets van ~, (werpt het ver van zich, ook)* he poohpoohs (*vindt het maar niets:* he frowns (up)on) the idea; *niemand zou er ooit iets van geweten hebben, als ...* nobody would have been any the wiser if ...; *ik wist ervan* I was in the know (was in it); *ik weet het van X* I have it from X; *ik weet wat van je* I've heard something about you; *ja, daar weet jij veel van* (a) fat lot you know!; ***voordat** je het weet* [you'll be ...] before you know it, before you know where you are; *voor **zover** ik weet, zie ook* voor **zover** ik weet; ***zonder** dat ik (de familie) het wist* [he had gone away] unknown to me (to the family); *zonder dat iem er iets van weet* without anybody being (any) the wiser; *zonder er iets van te ~* [he could eat almost anything] and be none the worse; *zonder het te ~* unwittingly; *zie ook* beter, deren, laten, omgaan, enz; **2** *(in staat zijn)* be in a position [to announce ...]; *hij weet het niet te doen (de bijl niet te hanteren, zich niet uit te drukken)* he doesn't know how to do it (how to use the hatchet, how to express himself);

hij wist te ontsnappen he managed (contrived) to escape; *zie ook* ontsnappen; *niet ~ hoe (het gesprek) te beginnen, (ook)* be at a loss how to begin (*of:* for an opening); *hij wist te vertellen dat ...* he brought the news that ...; **3** *(toegeven)* own, let on; *hij wil het niet ~* he won't admit it, he doesn't want it known; *veel rijker dan hij wel wil ~* much ... than he lets on; *hij wil het wel ~* he does not make a secret of it; **4** *(de gevolgen ondervinden:) hij heeft het ge~* he was made to be truly sorry for it; **II** *zn* knowledge; *naar (bij) mijn (beste) ~* to (the best of) my knowledge (belief), for all I know; *niet naar mijn ~* not to my knowledge; *hij deed het tegen beter ~ in* against his (own) better judgement; *zonder mijn ~* without my knowledge, unknown to me; *met mijn ~* with my knowledge; *(ook)* knowingly [I never knowingly injured him]; *buiten mijn ~* without my knowledge; *zie ook* stukwerk

wetens *zie* willens

wetenschap 1 *(inz exacte & systematische wetenschappen)* science; *(inz humaniora, enz)* [the results of modern] scholarship; *(inz literatuur, filosofie, enz)* learning; **2** *(vak; tak van ~)* discipline; **3** *(het weten)* knowledge; *hij heeft er geen ~ van* he doesn't know anything about it, is unaware of it; *met de ~ dat hij veilig is* in the knowledge that he is safe; *zie ook* aanwaaien

wetenschappelijk scholarly [approach, methods], learned [journal *tijdschrift*], scientific [discoveries, research]; *~ directeur* director of research; *~ onderwijs* university education (teaching); *~ personeel* academic personnel (staff); *~e verenigingen* scientific and learned societies

wetenschappelijkheid scholarly (scientific) character, scholarship

wetenschapper researcher; academic

wetenschapsbeleid research policy

wetenswaardig worth knowing, interesting

wetenswaardigheid thing worth knowing, *(mv)* information

wetering watercourse

wetgeleerde 1 biblical scholar; *(bijb)* scribe; **2** jurist

wetgevend legislative, law-giving, law-making; *de ~e macht* the legislature; *~e vergadering* legislative assembly

wetgever lawgiver, lawmaker, legislator

wetgeving legislation

wethouder *(vglb)* alderman

wethouderschap *(vglb)* aldermanship, aldermanry

wetmatig systematic, regular

wetmatigheid (natural) law, rule [of economics, in behavioural patterns]; *(abstr)* regularity

wetsartikel article of a (the) law, section of an act

wetsbepaling provision of a (the) law

wetsdokter, wetsgeneesheer police surgeon

wetskennis legal knowledge (*of:* lore)

wetskwestie question of law

wetsontwerp bill

wetsovertreder offender

wetsovertreding breach (violation, transgression, infringement, infraction) of a (the) law

wetsrol scroll of the law, synagogue roll

wetsschennis violation of the law

wets·taal legal language

wet·staal (butcher's) steel, knife-sharpener

wetsteen whetstone, hone; *(inz ve zeis)* strickle

wetstekst: *de ~* the wording of the act

wetsterm law-term

wetsuitlegger interpreter (exponent) of the (a) law

wetsuitlegging interpretation of the law

wetsverkrachting violation of the law

wetsvoorstel bill

wetswijziging alteration of the law

wetswinkel law clinic, (free) legal advice centre

wettelijk legal [portion *(erfdeel)*, objection], statutory [duties, period, provision *voorziening*, regulations, nine-hour day]; *~e aansprakelijkheidsverzekering* third-party insurance; *~e belemmering* statutory bar; *~ verlies, (verzekering)* constructive total loss; *~ voorgeschreven snelheid* statutory speed; *zie ook* wet: volgens de ~

wettelijkheid legality

wetteloos lawless

wetteloosheid lawlessness

wetten whet, sharpen, hone; strop [a razor]

wettig lawful, legitimate, legal; *~ betaalmiddel* legal tender; *~ erfgenaam* legal heir; *~ gezag* lawful authority; *~ huwelijk* lawful (legal) marriage; *~ kind* legitimate child; *~ maken* legalize [lotteries]; *vgl* wettelijk; *het ~e van ..., zie* wettigheid

wettigen legitimate, legitimatize [a child], legalize; *(rechtvaardigen)* justify, warrant [a supposition]; *deze wet heeft haar bestaan gewettigd* this act has justified itself; *zie ook* gewettigd

wettigheid legitimacy, lawfulness, legality

wettiging legitimation, legalization, justification; *vgl* wettigen

wettisch legalistic, strict, rigid

weven weave

wever 1 weaver; **2** weaver(-bird)

weverij weaving mill

weversboom weaver's beam

weverskam reed, slay

weversknoop weaver's knot (*of:* bend)

weversspoel shuttle

wevervogel weaver(-bird)

wezel weasel; *zie ook* bang

wezen I *ww* **1** be; *zie ook* zijn 1; *hij mag er ~* he is a capable man; he is presentable; *zij mag er ~, (ook)* she is a bit of all right; *die mag er ~, (is een kanjer)* that's a whopper; *dat mag er ~* that is not at all bad; *het diner mocht er ~* the dinner was a very substantial one; *wat mag het ~?* what would you like to have?, *(drank, fam)* what's yours?; *wat kan (mag) ik voor U ~?* what can I do for you?; *wij zijn er even ~ kijken* we had a look round; *niemand was hem ~ opzoeken* nobody had been to see him; **2** *ovt van* wijzen; **II** *zn* **1** *(bestaan)* being, existence; *in het ~ roepen* call into being; *in ~ houden* keep in being; *in ~ zijn* be in existence, exist; *niet meer in ~, (ook)* extinct; **2** *(aard)* nature; **3** *(schepsel)* being, creature, thing, animal [men are rational animals]; *geen levend ~* not a living soul; *zie ook* schepsel; **4** *(de kern)* essence, substance; *het ~ der liefde* the essence of love; ***in*** *~* [that is] in essence [his reply]; *in het ~ der zaak* basically [he is right]; ***tot*** *het ~ der dingen doordringen* go to the root of things; *meer in schijn dan in ~* more in appearance than in substance; *zie ook* schijn; **5** *(gelaat, uiterlijk)* face, countenance, aspect

wezenlijk real; *(vs bijkomstig)* essential, fundamental, substantial; *~ deel van* part and parcel of; *het ~e der zaak* the gist of the matter, the essence of it; *het verschilt niet ~ van ...* it does not differ materially from ...; *zie ook* werkelijk

wezenlijkheid reality, essentiality

wezenloos vacant, blank, vacuous [look], expressionless [face], mask-like [expression], wooden [stare woodenly at the ceiling], [laugh o.s.] silly, [be frightened] out of one's wits; *~ in het vuur staren, (ook)* gaze into the fire with unseeing eyes

wezenloosheid vacancy, blankness, vacuity, etc

wezenskenmerk essential feature

wezenstrek feature

wezensvreemd out of character, foreign to [one's] nature

w.g. afk van **1** *was getekend* signed, sgd [AB]; **2** *weinig gebruikelijk* rare

whirlpool jacuzzi

whisky *(Br)* whisky; *(Ir & Am)* whiskey; *(fam)* Scotch; *(Am ~)* bourbon

whiskygrog whisk(e)y and water, whisk(e)y-toddy

whisky-soda whisk(e)y and soda [two whiskies and sodas]

whist whist

whisten play (at) whist; *zie ook* partij

w.i. afk van *werktuigkundig ingenieur* mechanical engineer

W.-I. West Indies

wichelaar(ster) augur, diviner, soothsayer; *(sterren~)* astrologer

wichelarij augury, divination, astrology

wichelen practise astrology, augur, divine

wichelroede divining-, dowsing-rod; *met de ~ werken* dowse

[1]wicht **1** [an innocent] baby, child; *arm ~* poor thing; **2** [silly] girl; *mal ~* (little) fool; *wat verbeeldt dat ~ zich?* who does the hussy think she is?

[2]wicht *(gewicht)* **1** weight; **2** hundredweight

wichtig *(vero)* weighty *(ook fig)*; *vgl* gewichtig

wie **I** *vrag vnw* who(m); *~ meent hij wel dat hij is?* who does he think he is?; *~ kan ik zeggen, dat er is?* what name, please?, what name shall I say?; *~ bedoel je?* who(m) do you mean?; *tegen ~ sprak je?* who(m) were you speaking to?; *met ~ was ze?* who was she with?; *van ~ is hij een zoon?* whose son is he?; *van ~ zijn die kamers?* whose rooms are those?; *van ~ is het?, a)* whose is it?; *b) (cadeau bijv)* who's it from?; *~ van hen?* which of them?; *bij ~ kan ik dat zien?* in whose house (shop, etc) ...; **II** *betr vnw* a man who, any one who, *(lit)* he who; *~ eens steelt blijft altijd een dief* once a thief, always a thief; **III** *onbep vnw: ~ (dan) ook, ~ (ook) maar* who(so)ever

wiebelen wobble, wiggle, waggle; *(ve pers)* fidget; *(ve autowiel)* shimmy

wiebelig wobbly, wiggly, waggly

wieden weed

wiedes: *dat is nogal ~* that goes without saying, is a matter of course

wiedewaai, wiedeweerga: *als de ~, (fam)* like blazes

wiedijzer weedhook, weeder, spud

wieg cradle *(ook ve affuit & fig: bakermat); daar moet je voor in de ~* ***gelegd*** *zijn* you must be born to it; *voor redenaar in de ~ gelegd* [he is] a born orator; *voor dokter in de ~ gelegd, (ook)* cut out to be a ...; *hij was niet voor geluk in de ~ gelegd* he was not made for happiness; *iets in de ~* ***smoren*** nip s.t. in the bud; *hij is niet in de ~ gesmoord* he has lived to a ripe old age; ***van de*** *~ af* from the cradle; *hij had het van de ~ af meegekregen* he was born to it; *van de ~ tot (aan) het graf* from the cradle to the grave

wiegelen rock, wobble; dandle [a child]; *(ve boomtak)* sway; *(ve bootje)* bob (gently) up and down; *zie ook* wiebelen

wiegelied cradle song, lullaby

wiegen rock; *met z'n heupen ~* roll one's hips; *zie ook* slaap

wiegendood cot *(Am:* crib) death, *(med)* sudden infant death syndrome, SIDS

wiegendruk incunabulum *(mv:* -la), incunable

wiek **1** *(vleugel)* wing; *iems ~en korten, zie* kortwieken; *hij was in zijn ~ geschoten, a)* he was crestfallen, he hung his head; *b) (op zijn teentjes getrapt)* he was offended (huffed, huffy); *op eigen ~en drijven* shift for o.s., stand on one's own legs; **2** *(ve molen)* sail, wing, sweep, vane; **3** *(lampenpit)* wick; **4** *(voor openhouden ve wond)* tent

wiel **1** wheel; *iem in de ~en rijden* put a spoke in a p.'s wheel, *(fam)* queer the pitch for a p.; *zie ook* rad; **2** *(plas)* pool

wielband tyre

wielbasis wheelbase

wieldop *(ve auto)* wheel cover, hub cap

wielen wheel, turn

wielerbaan cycle-racing track, velodrome

wielerkoers (one-day) cycle race

wielersport cycling

wielerwedstrijd cycle race

wielewaal *(vogel)* golden oriole

wieling whirlpool, eddy

wielkast wheel housing

wielklem wheel clamp; *een ~ zetten op* (wheel) clamp [a car]

wielmaker wheelwright
wielophanging (wheel) suspension
wielrennen *zn* cycle-racing
wielrenner racing cyclist
wielrijden cycle, *(fam)* bike
wielrijder cyclist
wielvlucht camber
wier seaweed
wierde artificial dwelling mound, terp
wierf *ovt van* werven
wierook incense *(ook fig)*, frankincense; *iem ~ toezwaaien* extol (*of:* praise) a p. to the skies
wierookdrager thurifer
wierookschaal censer
wierookscheepje incense boat
wierookstokje *(Chin)* joss stick
wierookvat censer, thurible
wierp *ovt van* werpen
wies *ovt van* wassen
wiet weed, grass
wig wedge [drive a wedge between ...; the thin end of the wedge]
wiggebeen sphenoid bone
wiggelen totter, be unsteady (rickety); *zie ook* wiebelen
wigvormig wedge-shaped; *(plantk)* cuneate
wigwam wigwam
wij we; *~ Hollanders* we Dutch
wijbisschop suffragan (bishop)
wijbrood consecrated bread
wijd **I** *bn* wide [aperture, trousers, world, etc], spacious, large, roomy, ample; *(alleen horizontaal, ook)* broad; *fles met ~e hals* wide-mouthed bottle; *zie ook* [2]slag 1; **II** *bw* wide(ly); *~ open* [the door is] wide open; *~ geopende ogen* wide-open eyes (*ook:* she looked at him wide-eyed); *~ en zijd* far and wide (*wijd en zijd bekend, (ook)* widely known, far-famed); *zie ook* verspreiden; *~er worden (maken)* widen; *zie ook* uitmeten & uitstaan
wijdbeens straddling, with legs wide apart
wijdberoemd far-famed
wijden ordain [a priest], consecrate [a bishop, church, churchyard, bread, etc], bless [bread], enthrone [a(n) (arch)bishop]; *~ aan* dedicate to [the service of God, a saint, etc]; devote [o.s., one's time, etc] to [study, etc; one's life to one's country, a whole chapter to the subject]; *zich aan zijn taak ~, (ook)* give o.s. (up) to one's task; *iem tot priester (bisschop) ~* ordain a p. priest (consecrate a p. bishop); *zie ook* gewijd
wijders further, besides, moreover
wijdgetakt spreading [tree]
wijding ordination, consecration, enthronement, hallowing; dedication; devotion; *hogere ~, (r-k)* major orders; *lagere ~, (r-k)* minor orders; *vgl* wijden
wijdingsdienst consecration service (ceremony)
wijdlopig prolix, diffuse, wordy, verbose; discursive [speech]
wijdte width, breadth, space; *(v spoor)* gauge
wijduit [legs] wide apart
wijduitgestrekt vast, extensive, [our] far-flung [Empire]
wijduitstaand extended, splayed [nostrils], sticking-out [ears]; *~e voeten* splay-feet (*met ~e voeten* splay-footed)
wijdverbreid widespread [belief], widely held [opinion]; widely distributed [newspaper]
wijdvermaard far-famed
wijdverspreid *zie* wijdverbreid
wijdvertakt [tree, organization, plot] with many branches (ramifications)
wijf woman, female; *kwaad ~* vixen, shrew, virago, termagant; *oud ~* old woman *(ook ve man)*, old hag; *(knoop)* granny (knot); *oude wijven van beiderlei geslacht (kunne)* old women of both sexes; *zijn ~, (fam)* his wife
wijfje **1** wif(e)y, little wife; **2** *(ve dier)* female; cow [of the whale, elephant, etc]; hen(-bird)
wijfjesaap, wijfjesarend, enz, female monkey (eagle, etc)
wijfjesdier *zie* wijfje 2
wijfjesvis spawner
wijfjesvos female fox, vixen
wijgeschenk votive offering
wijk **1** *(district)* [an ecclesiastical] district, [the Arab, fashionable, student] quarter; *(vglb: kiesdistrict)* ward; *(ve politieagent, enz)* beat; *(ve melkbezorger, enz)* round, walk; *(ve brievenbesteller)* walk; **2** *(zijkanaal)* branch canal; **3** *de ~ nemen naar* fly (flee) to, take refuge in [England]
wijkagent policeman on the beat
wijkbezoek district visit(ing)
wijkbezoek(st)er district visitor
wijkcentrum *zie* wijkgebouw
wijken **1** *(weg-, opzijgaan, toegeven)* give way [*voor* to], give ground, make way [*voor* for], yield [*voor* to], fall back [the enemy fell back]; *niet (geen duimbreed) ~, van geen ~ weten* stand one's ground, stick to one's guns, not budge (an inch); *het gevoel moet ~ voor de plicht* duty must override sentiment; *niet van iems zijde ~* not budge from a p.'s side; *het gevaar is geweken* the danger is past; *de pijn is geweken* has gone; *de koorts is geweken* the fever has left him (her, etc); *het leven is (de levensgeesten zijn) geweken* life is extinct; **2** *(uiteen~; verzakken)* move apart; recede [receding lines, a receding forehead]; *(v muur, enz)* be out of true
wijkgebouw *(vglb)* church hall, parish room, community centre; welfare centre, health centre
wijkplaats refuge, asylum, sanctuary
wijkpredikant *(vglb)* parish priest (*of:* clergyman)
wijkraad neighbourhood council
wijkvergadering district meeting; wardmote; *vgl* wijk
wijkverpleegster, wijkverpleegkundige district nurse

wijkverpleging district nursing
wijkvreemd non-residential [parking]
wijkwast *zie* wijwaterkwast
wijkzuster *zie* wijkverpleegkundige
wijl *vw* as, because, since
wijl(e) *zn* while, (short) time; *bij wijlen* sometimes, now and then; *zie ook* tijd
wijlen I *bn* late, deceased; ~ *de Koning* the late King; ~ *Koning W* the late King W; ~ *zijn tante* his late aunt; II *ww zie* verwijlen
wijn wine; *rode* ~ red wine, *(bordeaux, ook)* claret; *witte* ~ white wine, *(rijn~)* hock; *goedkope (ordinaire)* ~, *(fam)* plonk; *goede ~ behoeft geen krans* good wine needs no bush; *klare ~ schenken* speak openly, speak in plain terms; *iem klare ~ schenken* be frank with a p.; *nieuwe ~ in oude (lederen) zakken, (Matth. 9:17)* new wine in old bottles; *zie ook* gedistilleerd, trijntje, water
wijnachtig winey, vinous
wijnazijn wine (*of:* white) vinegar
wijnbeker wine cup
wijnbereiding winemaking
wijnberg (hillside) vineyard
wijnbes wineberry
wijnboer wine-grower
wijnbouw vini-, viticulture, wine-growing
wijnbouwer wine-grower
wijndroesem wine lees
wijndruif (wine) grape
wijnfeest **1** wine festival; **2** wine party
wijnfles wine bottle
wijngaard vineyard; *in de ~ des Heren* in the vineyard of the Lord; *zie ook* wingerd
wijngaardenier wine-grower
wijngaardluis vine pest, phylloxera
wijngaardslak edible (*of:* Roman) snail, escargot
wijngeest spirit of wine, alcohol
wijnglas wineglass
wijngoed wine property, winery
wijnhandel wine trade
wijnhandelaar wine merchant, vintner
wijnhuis wine house, bodega
wijnjaar [good] vintage year
wijnkaart wine list
wijnkaraf wine carafe, wine decanter
wijnkelder wine cellar, wine vault(s)
wijnkelner wine waiter
wijnkenner judge of wine; (o)enologist
wijnkleurig wine-coloured
wijnkoeler wine cooler
wijnkoper vintner, wine-merchant
wijnkuip wine vat
wijnland wine-producing country
wijnlied drinking song
wijnmaand October
wijnmandje decanting basket
wijnmeter *(pers)* gauger; *(instrument)* vinometer
wijnmoer wine lees
wijnoogst vintage
wijnpalm wine palm
wijnpeiler gauger
wijnpers winepress
wijnpijp pipe (c 105 gallons)
wijnplas wine lake
wijnproever wine taster
wijnproeverij wine tasting
wijnrank vine tendril
wijnrek wine rack
wijnroeier gauger
wijnroemer rummer
wijnrood wine-red
wijnruit (common) rue
wijnsaus wine sauce
wijnsoort kind of wine
wijnsteen tartar, wine-stone; *gezuiverde* ~ cream of tartar
wijnsteenzuur tartaric acid
wijnstok vine
wijnstreek wine region
wijnteelt vini-, viticulture, wine-growing
wijnton, wijnvat **1** wine cask; *(groot)* wine butt; **2** *(sl)* wino
wijnvlek wine stain; *(op de huid)* strawberry mark, port-wine mark
wijnzak wineskin
[1]**wijs** **1** manner, way; *zie ook* manier; ~ *van handelen (van voorstelling), zie* handelwijze, voorstellingswijze; **bij** *wijze van proef (uitzondering, voorbeeld)* by way of trial (exception, example); *bij wijze van spreken* in a manner of speaking, so to speak; *het is maar bij wijze van spreken* it's only a manner of speaking; **naar** *mijn wijze van zien* in my opinion (view), to my thinking; **op** *deze wijze* in this way (manner, fashion), thus, along these lines [it will be possible]; *op dezelfde wijze, (ook)* [plan things] on the same lines; *op gelijke wijze* in like manner, in the same way; *op enigerlei wijze* in any way; *op generlei wijze* by no manner of means, (in) no way, nowise; *de wijze waarop* the manner (way) in which; *wat betreft de wijze waarop, (ook)* [uncertain] as to how [this is done]; *op de wijze van een ..., (ook)* [he greeted her] sailor-fashion; **2** *(gramm)* mood, mode; *bijwoord van* ~ adverb of modality; **3** *(~je, muz)* tune, melody, air; *zangerig ~je* lilt; *(geen) ~ houden* sing in (out of) tune; *het wordt gezongen op de ~ van ...* it goes (is sung) to the tune of ...; **van de** *~ zijn, (muz)* be out of tune; *helemaal van de ~ zijn, (fig)* be quite at sea, have lost one's bearings; *van de ~ raken, (muz)* get out of tune; *(fig)* lose one's head; *(ve spreker)* lose the thread of one's discourse; *iem van de ~ brengen* put a p. out; *vgl* stuk; *zich niet van de ~ laten brengen* keep a level head, keep cool, not lose one's head; *zie ook* land
[2]**wijs** I *bn* wise; *nu was ik nog* **even** *~, dat maakte mij geen haar* **wijzer** I was no wiser than (I was as wise as) before, was none (not any) the wiser (for it); *hij*

is niet goed ~ he is not in his right senses, is crazy, *(fam)* is not all there; *ben je niet* ~? are you out of your senses?; *ik kan er niet* ~ *uit worden* I cannot make sense of it, can make neither head nor tail of it, cannot make it out; ~ ***maken,*** *zie* wijsmaken; *hij is er heel* ~ ***mee*** he is very proud of it; *hij moest wijzer zijn* he ought to know better [than to ...]; *hij had wijzer moeten wezen en haar niet moeten aanmoedigen* he should have had more sense than to encourage her; *wees wijzer!* don't be so silly!; *hij is niet wijzer* he knows no better; *hij zal wel wijzer zijn* he knows better than that; *hij wordt nooit wijzer* he will never learn sense; *geen cent wijzer worden van* not stand to gain a penny (anything) by; *zie ook* ²ei 1; **II** *bw* wisely; *hij heeft* ~ ***gedaan*** *door toe te geven* he has done wisely to yield; *hij doet er wijzer aan te gaan* he would be wiser to go; *hij* ***praat*** *erg* ~ he talks like a book; *... antwoordde hij* ~, *(iron)* ... he answered sapiently; *zie ook* wijze

wijsbegeerte philosophy

wijselijk wisely; *hij bleef* ~ *thuis* he wisely stayed at home

wijsgeer philosopher

wijsgerig philosophic(al)

wijsgerigheid philosophical spirit, philosophicalness

wijsheid wisdom; *je bent de* ~ *in persoon* you're wisdom incarnate; *W~, (de Wijsheid van Salomo: apocrief boek)* (the Book of) Wisdom, the Wisdom of Solomon; *dat is* ~ *achteraf* that is being wise after the event (is hindsight); *zie ook* geluk, pacht

wijsheidstand wisdom tooth

wijsmaken: *iem iets* ~, *a)* make a p. believe s.t., *(fam)* kid a p., have a p. on, put one over on a p.; *b) (Z-Ned)* make s.t. clear to a p.; *dat maak je mij niet wijs, maak dat een ander (de kat, enz) wijs* you can't tell me!, I won't buy that!, that won't go down with me!; *zie ook* grootje; *hij wou me wijs maken dat ...* he tried to make me (to lead me to) believe (*fam:* to kid me) that ...; *we hoeven* ***elkaar*** *niets wijs te maken* we needn't pretend; *hij laat* ***zich*** *alles* ~ he will swallow anything; anything will go down with him; *zichzelf iets* ~ deceive (*fam:* kid) o.s.; ***zichzelf*** ~ *dat ...* deceive o.s. into believing that ...; *hij kon zich haast van alles* ~ he could persuade himself of almost anything; *hij maakt zichzelf niets wijs wat betreft ...* he is under no delusion as to ...

wijsneus wiseacre, smart alec; *~je* young know-all

wijsneuzig conceited

wijsvinger forefinger, index (finger)

wijten: *iets* ~ *aan* blame [a p.] for s.t., blame s.t. on [the weather], impute s.t. to [a p.]; *het ongeluk was aan onvoorzichtigheid te* ~ the accident was owing (*of:* due) to carelessness; *je hebt het (alleen) aan jezelf te* ~ you have only yourself to blame, you asked (were asking) for it; *waarom het aan mij* ~? why lay the blame on me?

wijting *(vis)* whiting

wijwater holy water

wijwaterbak stoup, holy-water basin

wijwaterkwast holy-water sprinkler, aspersory

wijwatervat aspersory

wijze 1 *zie* ¹wijs; **2** wise man, *(vaak iron)* sage [the sages of the village], pundit; *de Wijzen uit het Oosten* the Wise Men from the East, the three Wise Men, the Magi

wijzen 1 *(tonen, aangeven)* point out, show; *iem iets* ~ point out s.t. to a p.; *iem de deur* ~ show a p. the door; *ik zal het u eens* ~ I'll show you (how to do it); *het wijst zich vanzelf* you will see your way as you go along; *(weg)* you can't miss it; ~ ***naar*** point at (to); *naar het noorden* ~ point (to the) north; ~ ***op*** *het gevaar (iems dubbelhartigheid, enz)* point out the danger (a p.'s duplicity, etc); *iem op iets* ~ point out s.t. to a p., draw a p.'s attention to s.t.; *alles wijst op een voor de deur staand conflict (op moord, enz)* everything points to an immediate conflict (to murder, etc); *het getuigenis wijst daarop* the evidence points that way; *het wijst op een neiging om te ...* it indicates a disposition to ...; *er zijn tekenen die erop* ~ *dat ...* there are signs that ...; *zijn vlucht wijst op schuld, (ook)* his flight argues guilt; *zie ook* weg 1; **2** *(jur)* pronounce, pass [sentence]

wijzer *(ve barometer, weegschaal, enz)* pointer; *(ve klok, enz)* hand; *(ve logaritme)* index, characteristic; *(hand~)* finger-post; *grote (kleine)* ~ minute (hour) hand; *de ~s van de klok achteruit zetten, (ook fig)* put back the clock; *de* ~ *(het ~tje) rond slapen* sleep the clock round; *zie ook* ²klok 1 & ²wijs

wijzerplaat dial (plate), [clock-, etc] face, [control, meter] panel

wijzigen modify, alter, change; *(amenderen)* amend [the amended form of the King's oath]

wijziging modification, amendment, alteration, change; *een* ~ *aanbrengen in, zie* wijzigen; *ook* make a change in; ~ *ondergaan* undergo a change, be modified, etc

wijzigingsvoorstel amendment

wijzing *(jur)* pronouncing [of a sentence]

wik *(weging)* draught

wikke *(plant)* vetch

wikkel wrapper; *(ve sigaar)* filler; *(v boter, enz)* wrapping

wikkelen wrap (up), envelop; swathe [in bandages, blankets, etc]; *in pakpapier* ~ wrap (up) in brown paper; *een lapje om de vinger* ~ wind a rag round one's finger; *zich in zijn mantel* ~ wrap one's cloak about one; *iem* ~ *in, (fig)* involve a p. in [a conspiracy, quarrel, lawsuit, difficulties], draw a p. into [the conversation]; *gewikkeld in* involved in [financial difficulties], entangled in [debts, a love affair], engaged in [combat, war], locked in [conflict]

wikkeling *(elektr)* winding

wikkelrok wrapover skirt, wrap(a)round skirt

wikken weigh (*ook fig:* one's words, etc); ~ *en wegen* weigh the pros and cons; *de zaak* ~ *en wegen* turn the matter over in one's mind; *zijn woorden ~ en wegen* weigh (pick) one's words; *zie ook* beschikken

wil 1 will, desire, wish; *de vrije ~* free will; *de ~ om te leven (te winnen)* the will to live (to victory, to win); *zijn laatste (uiterste) ~* his last will (and testament); *Uw ~ geschiede* Thy will be done; *de ~ voor de **daad** nemen* take the will for the deed; *het was zijn **eigen** ~* it was his own wish; *een (geen) eigen ~ hebben* have a (no) will of one's own; *(zijn) goede ~ **tonen*** show (one's) good will; *waar een ~ is, is een **weg*** where there's a will there's a way; *zijn ~ is **wet*** his will (word) is law; ***buiten** mijn ~* without my consent; [circumstances] over which I have no control; ***met** de beste ~ van de wereld* with the best will in the world, for the life of me [I can't make it out]; *met (een beetje) goede ~* with a little effort, given sufficient goodwill (on all sides) [we'll manage]; *met ieders ~ **rekening** houden* study everybody's convenience; ***om** Gods ~* for God's (Heaven's) sake; *zie ook* smeer; ***tegen** mijn ~* against my will; *tegen ~ en dank* in spite of o.s., against one's will, willy-nilly; *tegen ~ en dank getuige zijn (iets aanhoren)* be an unwilling witness (listener); *~ **tot** vrede* will to peace; ***uit** vrije ~* of one's own free will, of one's own accord, of one's own volition; ***van** goede ~ zijn* be of good will, be well-intentioned; *van de ~* volitional [a volitional act]; *zwak van ~* weak-willed; **2** *(plezier, baat)* pleasure, profit; *ik heb er ~ van gehad* it has stood me in good stead, has done me good service; ***elk** wat ~s* something for everybody, all tastes are catered for; *(wat prijs betreft)* prices to suit all pockets; ***ter** ~le van* for the sake of; [they stuck together] because of [the child]; *ter ~le van ons allen* for all our sakes; *iem ter ~le zijn* oblige a p., meet a p.'s wishes

wild I *bn* **1** *(niet gekweekt, getemd, enz)* wild [plants, animals, landscape], feral; *~e gans* wild goose, greylag (goose); *~e hond* dingo; *~e roos* dog rose; *zie* hondsroos; **2** *(woest, primitief)* savage [beasts; *(hist)* tribes]; **3** *(niet kalm)* wild, unruly [boy]; fierce [passions, desire]; *~e blikken* wild looks; *het ~e nachtleven van Parijs* the hectic nightlife of Paris; *zich ~ schrikken (lachen)* be frightened out of one's wits (laugh one's head off); *~ **op*** dead keen on [candied fruits]; *ik ben er niet ~ op* I don't care much for it; **4** *(ongeregeld) ~e boot* tramp (steamer); *~e (auto)bus* unlicensed bus; *~e staking* unofficial (unauthorized, wildcat, *Am:* outlaw) strike; *~e vrachtvaart* tramp shipping; *~ vlees* proud flesh; *zie ook* eend, ²haar, zwaan, zwijn; II *bw* wildly; *ze was er ~ enthousiast over* she was wild(ly enthusiastic) about it; *een ~ enthousiaste recensie, (ook)* a rave review (notice); III *zn* **1** ***in** het ~* [the panther] in its natural state; *in het ~ groeien* grow wild; *in het ~ opgroeien* run wild; *in het ~ levende dieren* wild life; *gissing in het ~* wild guess; *schot in het ~* random shot; *in het ~e weg schieten* fire at random; *in het ~e moorden* murder indiscriminately; *in het ~e weg redeneren* talk at random (at large); *zie ook* wilde; **2** game; *(het gejaagde ~)* quarry; *(~braad)* venison, game; *grof ~* big game; *klein ~* small game, *(hazen, konijnen, enz)* ground game; *rood ~* red deer

wildachtig *(v smaak)* gamy

wildbaan (game) preserve

wildbraad venison, game

wilddief poacher

wilddieverij poaching

wilde savage; *(in parlement)* independent, freelance; *(Am)* mugwump, *(extremist)* wild man

wildebras *(meisje)* tomboy, romp, hoyden, madcap; *(jongen)* wild boy, tearaway

wildeling wilding

wildeman wild man, barbarian; *(her)* savage (sylvan) man

wildemanskruid pasque flower, pulsatilla

wildernis wilderness, waste, wilds

wildgroei uncontrolled growth, proliferation

wildheid wildness, savageness

wildkansel raised hide, raised stand, high seat

wildpark wildlife park, (game) preserve

wildpastei game pie

wildplassen urinate in public

wildreservaat game (wildlife) sanctuary (*of:* reserve)

wildrijk abounding in game

wildrooster cattle grid

wildschaar (pair of) game carvers

wildsmaak gamy taste

wildstand stock of game; *een goede ~ hebben, (v land, enz)* be well stocked with game

wildstroper poacher

wildstroperij poaching

wildvreemd completely strange, [I am] a perfect stranger [here]; *een ~e* a perfect (complete) stranger

wildwatervaren white-water canoeing

wildzang 1 warbling (of birds); *(dicht)* woodnotes; **2** woodland birds; **3** *zie* wildebras

wilg willow [grove, tree]

wilgenhout willow (wood)

wilgenrijsje willow twig, willow withe

wilgenroosje rosebay (willowherb), fireweed

wilgenteen, wilgentwijgje *zie* wilgenrijsje

Wilhelmus William; *het ~* the (Dutch) national anthem; *dat zijn ze die 't ~ blazen* those are the people we want

wille *zie* wil

willekeur arbitrariness, high-handedness; *naar ~* at pleasure, at will; *handel naar ~* use your own discretion, please yourself, do as you please

willekeurig *(eigenmachtig)* arbitrary, high-handed; *(toevallig)* random [access, numbers], indiscriminate; *(ve spier, beweging, enz)* voluntary; *~ gekozen* random(ly chosen); *een (elke) ~e driehoek* any triangle; *in iedere ~e week* in any given week; *je kunt elke ~e maatstaf aanleggen* apply any standard you like

willekeurigheid **1** *zie* willekeur; **2** randomness
Willem William
willen **I** *ww* **1** *(wensen)* wish, want, like, desire, choose [she could be irresistible when she chose]; *(sterke wil)* will (*alleen in ott & ovt:* would); *ze 'wilde gaan* she wished (wanted) to go, insisted on going; *(voornemen)* intend, want, be going to [do s.t.]; *ik wou dat hij gekomen was* I wish he had come; *ik wou in 's hemelsnaam …* I wish to goodness …; *zie ook* wensen; *hij wil er niet* ***aan*** he won't hear of it, does not take kindly to it; *kom eens hier,* ***als*** *je wilt* please come here; just come here, will you?; *mooier, of minder lelijk, als je wilt* more beautiful, or less ugly, if you will; *als je op tijd wilt komen* if you want to be in time; *als hij gewild had, had hij …* if he had chosen, he might …; *wil je* ***dat*** *ik mijn woord breek?* do you want me to break my word?; *ik wil dat het dadelijk gedaan wordt* I want it (to be) done at once; *ik wil dat de tafel opgeruimd (dat de piano gestemd, dat ze Marie genoemd) wordt* I want the table cleared (the piano tuned, her called Mary); *wat zou je ~ dat ik deed?* what would you have me do?; *ik zou niet ~ dat je me voor gek hield* I wouldn't have you think me a fool; *als* ***God*** *wil* God willing, DV; *je* ***hebt*** *het gewild* you have only yourself to blame, it's what you've asked for; *het lot heeft het anders gewild* Fate has decreed (ordained) otherwise (*zo ook:* Fate ordained that …); *ik wou* ***juist*** *de brief gaan schrijven, toen …* I was just going to write the letter when …; *wie wil, die* ***kan*** where there is a will there is a way; *iedereen die* ***maar*** *wilde luisteren* [he confessed to] anyone who cared to listen; *het vuur wil* ***niet*** *branden* the fire won't burn; *mijn benen ~ niet meer mee* my legs fail me; *de ramen ~ niet open* the windows refuse to open; *of hij (zij, enz) wil of niet* willy-nilly, whether he (she) likes it or not; *net* ***wanneer*** *hij wou* [he came] whenever he felt like it; *hij weet* ***wat*** *hij wil* he knows his own mind; *zeg wat je wilt* say what you like (*of:* will); *laat het kosten wat het wil* never mind the expense; *(ja,) wat wil je?* (well,) that's the way it is (what would you expect?); *wat wil je (eigenlijk)?* what (exactly) do you want?; *wat wou je zeggen?* what were you going to say?; *wat wil je nog meer?* what more would you have?; *wat hij wil, (ook)* [I wonder] what he is after; *zie ook* [1]wat II & heen; *doe* ***zoals*** *(wat) je wilt* please yourself, have it your own way; *zoals je wilt* ['let us stay here';] 'as you like'; *dat* ***zou*** *je wel ~* I bet (I'm sure) you would (you'd like to, etc); wouldn't you just; you would, would you?; *zou je de deur ~ sluiten?* would you mind shutting …?; *eet* ***zoveel*** *je wilt* eat as much as you like; *dat kun je te S doen zoveel je wilt* [if you are fond of wildfowl shooting,] you can have your fill of it at S; *zo iets wil z'n tijd* ***hebben*** such a thing requires time; *vader wil het niet hebben, (toestaan)* won't allow it; *hij wil niet (hebben) dat zijn naam genoemd wordt* he won't allow … to be mentioned; *hij wilde zich niet laten troosten* he refused to be comforted; *ze ~ te veel vakken* ***onderwijzen*** they try to teach too many subjects; *wou je me* ***vertellen*** *…?* do you mean to tell me …?; *je wilt toch niet* ***zeggen*** *…?* you don't mean to say …?; *hij wilde klaarblijkelijk zeggen …* he clearly meant to say (to convey) …; *zie ook* zeggen; *iets niet ~* ***zien,*** *(voorgeven niet te zien)* pretend not to see a thing; *zie ook* zien; **2** *(bereid, geneigd zijn)* be willing; *ik wil graag toegeven dat …* I'm willing to admit that …; *apen ~ wel eens bijten* monkeys are apt to bite; *wil je dit kopje* ***even*** *aannemen?* do you mind taking …?; *wil je me het zout even aangeven* will you pass me …, please?; *ik wil de prijs* ***wel*** *betalen* I am willing to pay (don't mind paying) the price; *ik wil wel erkennen …* I am prepared to admit …; *ik wil (het) wel* I am willing, I don't mind, I don't object; *wil je (wel) even wachten?* do you mind waiting a little?; *je zult misschien wel ~ weten …* you may care to know …; *wil mij* ***berichten*** *…* please (*of:* kindly) inform me …; *het wil mij* ***voorkomen*** *dat …* it seems to me …; **3** *(mogelijk zijn)* be; *zijn beroep* ***zij*** *wat het wil* let his profession be what it may; *het zij hoe het wil* however that may be; **4** *(zullen:) wil ik het gas aansteken?* shall I light the gas?; *wil dit niet in strijd zijn met* if this is not to be in conflict with; *[aan deze voorwaarden moet worden voldaan] wil het systeem succes hebben* for the system to be successful; **5** *(meelopen, -vallen:) als het een beetje wil, komen we vandaag nog klaar* with luck we'll finish today; **6** *(beweren, voorgeven:) hij wil ons gezien hebben* he says (maintains) he has seen us; *het boek wil een studie van het studentenleven zijn (wil niet … zijn)* the book purports to be (does not set out to be) …; *het* ***gerucht*** *wil dat …* rumour has it (there is a rumour, it is rumoured) that …; ***men*** *wil dat hij in Amerika gestorven is* he is said to have died in …; *zie ook* af, in, liever, [2]meer 3, toeval, weten, enz; **II** *zn* volition; *~ is kunnen* where there is a will there is a way
willens on purpose, wilfully; *~ en wetens* (willingly and) knowingly, deliberately, intentionally, wittingly; *~ of onwillens* willy-nilly; *ik ben ~ te …* I intend to …
willig willing, tractable, docile; *(vd markt)* firm, animated, lively
willigen *(handel)* become firmer, look up [iron is looking up]
willigheid willingness; *(vd markt)* firmness, animation
willoos will-less, without a will of one's own
Wilna Vilnius
wils *zie* wil
wilsbeschikking: *(uiterste) ~* last will (and testament), will
wilskracht willpower, strength of will, energy; *door louter ~* by sheer force of will
wilskrachtig strong-willed, energetic, forceful [personality]
wilsonbekwaamheid *(jur)* incapacity

wilsuiting action of the will
wilsverklaring declaration of intent
wimberg *(bk)* gablet
wimpel pennant, pendant, pennon, streamer; *(ve jacht)* burgee; *de blauwe* ~ the blue riband (ribbon) [of the Atlantic]; *zie ook* vlag
wimper (eye)lash
winbaar exploitable; *in winbare hoeveelheden, (v petroleum, bijv)* in commercial quantities
wind wind *(ook med); stevige* ~ blow; *~en, (med)* wind, flatulence; *er is* ~ there is a wind; *de* ~ *is zuid* the wind is (in the) south; *het is* ***allemaal*** *~, (gezwam)* it's all hot air (mere wind); ***als*** *de* ~ [he was off] like the wind, like a shot, before you could say Jack Robinson (*of:* knife); ***gelijk*** *een koude* ~ like a cold blast; *hij* ***kreeg*** *er de* ~ *van* he got wind of it; *een* ~ ***laten*** break wind; ~ ***maken*** cut a dash, *(sl)* swank; ***het toont uit welke hoek de*** ~ ***waait*** it shows the way the wind is blowing; *waait de* ~ *uit die hoek?* is that how it is?; *zien (weten) uit welke hoek de* ~ *waait* see, find out (know) which way the wind blows; ~ ***en weder*** *dienende* wind and weather permitting; *wie* ~ ***zaait*** *zal storm oogsten* sow the wind and reap the whirlwind; *iem de* ~ *uit de* ***zeilen*** *nemen* take the wind out of a p.'s sails; *de* ~ ***mee*** ***(in het zeil) hebben*** have a following wind, go before the wind, go down (the) wind; *we hadden de* ~ ***tegen*** *(van achteren)* we had the wind against us (behind us); *hij heeft er de* ~ ***onder*** he keeps a firm grip on them; *de* ~ ***van voren*** *krijgen* catch it, *(fam)* get it in the neck; *ik gaf hem de* ~ *van voren* I gave it him hot; *het schip was ten prooi* ***aan*** ~ *en golven* the ship was adrift, was at the mercy of wind and waves; ***beneden*** *de* ~ downwind; under the lee; *de Eilanden beneden* ***(boven)*** *de* ~ the Leeward (Windward) Islands; ***bij*** *de* ~ *houden* sail near the wind; *(scherp) bij de* ~ *zeilen* sail close-hauled, sail (keep) close to the wind; ***door*** *de* ~ *gaan* shift; *(fig) zie* overstag; *door de* ~ *worden tegengehouden* be windbound; ***in*** *de* ~ *gaan, (beursterm)* sell short; *in de* ~ *slaan* fling (throw) [a warning] to the winds, make light of [a p.'s warnings], disregard (*sterker:* flout) [a p.'s advice], set [a p.'s advice] at naught; ***wij hadden het vlak in de*** ~ we had the wind dead against us; *met zijn neus in de* ~ with one's nose in the air; *in de* ~ [scent game 200 yards] up (the) wind; ***met*** *alle ~en draaien (waaien)* trim one's sails according to the wind; set one's sail to every wind; *met de* ~ *mee* before (*of:* down) the wind, downwind; ***tegen*** *de* ~ *in* against the wind; [approach game] up (the) wind; *tegen de* ~ *in landen, (luchtv)* land up wind (into the wind); *vlak tegen de* ~ *in* right in the teeth of the wind; ***tussen*** ~ *en water* between wind and water, awash; ***van*** *de* ~ *kan men niet leven* you cannot live on air; *de kleine heeft last van* ~ baby is troubled with wind; ***voor*** *de* ~ *omgaan, (mar)* go about; *voor de* ~ *zeilen* sail before the wind; *het ging hun voor de* ~ they sailed before the wind, they prospered; *het ging hem niet langer voor de* ~*, (ook)* he had fallen on evil days
windakker *zie* windpark
windas windlass, winch
windbarst wind-shake
windbelasting wind-load
windbestuiving wind pollination
windbloem **1** windflower, (wood) anemone; **2** wind-fertilized flower
windboom windlass bar
windbreker windbreaker
windbui *zie* windvlaag
windbuil windbag, gasbag
windbuks airgun
winddicht windproof
winddroog dried by the wind, air-dried
winddruk wind pressure
winde **1** *(plant)* bindweed, convolvulus; **2** *(vis)* golden orfe, ide
windei wind egg, soft-shelled egg; *het zal hem geen ~eren leggen* he'll make a good thing (he'll do well) out of it
winden wind, twist [into a wreath]; *(met windas, enz)* wind up; *een doekje om de vinger* ~ wind a rag round one's finger; *zie ook* vinger; *tot een kluwen* ~ wind into a ball; *de klimop (de slang) windt zich om de boom* the ivy winds (itself) round the tree (the snake coils ...)
windenergie wind power
winderig windy *(ook v eten, ingewanden, stijl, rede, spreker); (opgeblazen & v eten, ook)* flatulent; *(vh weer, ook)* blowy, blustery; *(ve open ruimte, ook)* windswept [coasts]
winderigheid windiness, flatulence, etc
windgat air-, vent-hole
windhaan weathercock
windhalm *(plant)* silky bent
windhandel gambling (on the Stock Exchange), stockjobbery
windharp Aeolian harp
windhaver wild oat
windhoek **1** quarter from which the wind blows; **2** windy spot
windhond greyhound; *(ruigharig)* deerhound; *(jong)* sapling
windhondenrennen greyhound races (racing); *de* ~ the dogs
windhoos whirlwind
windig *zie* winderig
winding winding; *(ve touw, veer, enz)* turn, coil; *(v hersenen, schelp, enz)* convolution, torsion; *(ve plant, slang, enz)* coil
windjack windcheater, *(Am)* windbreaker
windkaart wind chart, *(stervormig)* wind-rose
windkant wind-side, windward (weather) side
windkast *(v orgel)* windbox
windketel air chamber
windklep air valve, vent
windkoliek tympanites

windkracht wind force; *wind stormachtig, ~ acht* gale, force eight
windkussen air cushion, air pillow
windlade *(orgel)* wind-chest
windmaker *zie* windbuil
windmeter wind-gauge, anemometer
windmolen windmill; *Hollandse ~, (bovenkruier)* Dutch (*of:* smock) windmill; *tegen ~s vechten* fight (*of:* tilt at) windmills, beat the air
windpark wind farm, wind park
windrichting direction of the wind, wind direction; *vgl* richting
windroos compass card; *(plant)* (wood) anemone, windflower
windschade damage caused by the wind, storm damage
windschering wind shear
windscherm windscreen; *(levend & op strand)* windbreak
windscheur wind-shake
windschut *(heg, bomen, enz)* windbreak, *(groter)* shelter belt
windsel bandage; *atoomenergie ligt nog in de ~en* nuclear energy is still in its swaddling clothes
windsnelheid wind speed [meter], wind velocity
windspil winch, capstan
windsterkte *zie* windkracht
windstil calm; windless [day]; *het is ~* there is no wind
windstilte calm (*ook fig:* it was the calm before the storm); *door een ~ overvallen worden* be becalmed; *streek der ~n* doldrums
windstoot gust of wind, *(luchtv)* bump
windstreek point of the compass, quarter; *naar alle windstreken verstrooid* scattered to the four winds
windstrepen: *met ~* wind-streaked [clouds]
windsurfen I *ww* windsurf; **II** *zn* windsurfing, boardsailing
windtunnel wind tunnel
windturbine wind turbine
windvaan (weather)vane
windvanger *(mar, koelzeil)* wind-sail; *(windhapper)* wind-scoop
windverdrijvend carminative *(ook: ~ middel)*
windvlaag gust of wind, squall; *~je* puff of wind
windvrij sheltered
windwaarts to (the) windward
windwijzer weathercock, (weather)vane
windzak *(luchtv)* windsock, wind-sleeve, wind-cone
windzij(de) wind-side, windward (weather) side
windzucht tympanites
wingerd 1 *(wijnstok)* (grape)vine; *wilde ~* Virginia(n) creeper; **2** *(wijngaard)* vineyard; *zie ook* wijngaard
wingerdblad vineleaf
wingerdrank vine tendril; *met ~en begroeid* vine-clad
wingewest conquered country; *(Romeins)* province
winkel 1 shop; [co-operative] stores; [law] clinic; *dag~* lock-up shop; *W~ van Sinkel* general store; *een ~ houden* keep a shop; *de ~ sluiten* close the shop, shut up shop, put up the shutters; *~s kijken, (ww)* be (*of:* go) window-shopping; *(zn)* window-shopping; *~tje spelen* play at keeping shop (at shop-keeping), play shops; *in de ~ verkocht worden* be sold across (*of:* over) the counter; *op de ~ passen* keep shop, mind the shop; *(fig)* keep things ticking over; **2** *(werkplaats)* (work)shop; **3** corner
winkelbediende shop assistant, *(Am)* salesclerk
winkelbuurt shopping neighbourhood (quarter, district)
winkelcentrum shopping centre; *vgl* winkelerf & winkelgalerij
winkelchef 1 shopwalker, *(Am)* floorwalker; **2** *(beheerder)* manager
winkeldame *zie* winkeljuffrouw
winkeldief shoplifter
winkeldiefstal shoplifting
winkeldievegge shoplifter
winkeldochter drug on the market
winkelen shop, go (be) out shopping; *vgl* winkel
winkelerf shopping precinct
winkelgalerij shopping arcade; *(overdekt)* (shopping) mall
winkelhaak 1 (carpenter's) square, set square; **2** *(scheur)* three-cornered (*of:* right-angled) tear
winkelhoud(st)er *zie* winkelier, winkelierster
winkelhuis (house and) shop
winkelier shopkeeper, *(Am)* storekeeper; *kleine ~, (ook)* small dealer; *~s, (ook)* tradespeople
winkelierster shopkeeper
winkeljuffrouw shop girl, saleswoman
winkelketen chain stores, multiple chain
winkelmeisje shop girl
winkelnering custom, goodwill; *gedwongen ~* truck (system)
winkelopstand shop fittings, shop fixtures
winkelpand shop premises *(mv)*
winkelpas (store) option card
winkelpersoneel shopworkers; *(ve bepaalde winkel)* shop staff
winkelprijs retail price
winkelpromenade shopping precinct
winkelpui shopfront
winkelraam, winkelruit shop window
winkelsluiting closing of shops; *vroege ~* early closing
winkelstand 1 *zie* winkelwijk; **2** tradespeople
winkelstraat shopping street
winkeluitstalling shop-window display
winkelwaarde retail value
winkelwagen mobile shop; *~tje* (shopping) trolley, *(Am)* shopping cart
winkelwet Shops Act
winkelwijk shopping neighbourhood (quarter, district)

winket 1 wicket (door, gate); **2** hatch
winnaar winner, victor; *de ~ heeft goed lachen* he who wins laughs
winnen 1 win [money, a prize in a lottery, a bet, race, battle, election, victory, a p.'s heart], gain [time, ground, the victory, a lawsuit, the prize]; *de beker ~, (ook)* lift the cup [from the Americans]; ***het*** *~* win, score, come out on top, carry the day; *hij won het royaal* he carried everything before him; *het op zijn gemak ~* win easily, win hands down, have a walkover, [Arsenal] romped home; *het ~ van, zie ben; ~ op één na* finish second; *zuiver 100 pond ~* clear (*of:* net) a hundred pounds; *zo gewonnen, zo geronnen* easy come, easy go; *~* ***bij*** *een spel (het kaarten)* win at a game (at cards); ***met*** *een (paard-, boot)lengte ~* win by a length; *~ met 3 tegen 1, (voetbal)* win by three goals to one; *~* ***van*** win [money] from (off), gain [a seat] from [the Liberals]; *het ~ van* get the better of, outstrip, *(fam)* best [a p.]; *zie ook* verslaan; *in verstand wint hij het van je* in intelligence he is more than a match for (is superior to) you; *in ondoorgrondelijkheid won hij het van de sfinx* in inscrutability he could have given points to the Sphinx; *het verreweg van iem ~* beat a p. easily (hollow); *dat wint het van alles* that beats everything, *(fam)* that takes the cake; *kwantiteit won het van kwaliteit* quantity carried it against ...; *de ~de trek, (whist)* the odd trick, *(anders)* the winning trick; *kans om te ~* winning chance; **2** *(verzamelen, verkrijgen)* gather, harvest [honey], make [hay], gain, reclaim (recover) [land from the sea], win [coal and other minerals], mine [ore, copper]; **3** *(beter worden, vorderen)* gain; ***aan*** *(in) duidelijkheid ~* gain in clearness [*zo ook:* her voice had gained in mellowness]; *je zult er niet veel* ***bij*** *~* you won't gain much by it [*zo ook:* there is nothing to be gained by losing your temper]; *hij (het boek, enz) wint bij kennismaking* he (the book, etc) improves on acquaintance; *~* ***op****, (inhalen)* gain (up)on; *veld (terrein) ~ op* gain ground (up)on; *op een artikel ~* make a profit on an article; *er €5000 op ~* gain (make a profit of) €5000 on it; *iem* ***voor*** *zich (zijn zaak, een partij, enz) ~* win a p. over (to one's side, one's cause, a party, etc), enlist a p.'s sympathy (support, etc) in a cause; *zie ook* geven, tijd, veld, enz
winner winner; *vgl* winnaar
winning *(v erts, enz)* winning, production, extraction; *vgl* winnen
winplaats *(v water)* collection area; *~ van delfstoffen* place yielding minerals
wins winch
winst profit(s), gain, benefit, return(s); *(sp)* win; *(bij spel)* winnings; *(bij verkiezing)* gain [*op de conservatieven* from the ...]; *~ uit onderneming* business income; *~ maken* make a profit [*op* on]; *~ nemen, (effectenbeurs)* take profits; *~ opleveren* yield a profit; *een goede ~ opleveren, (ook)* pay well; *de aandelen vertonen een behoorlijke ~ op het geïnvesteerde geld* the shares show a fair return on ...; ***met*** *~* [sell] at a profit; *zie ook* omzet; *met een aardig (zoet) ~je verkopen* sell at a handsome profit; ***op*** *~ staan* stand to win
winstaandeel share in the profit(s); *zie ook* polis
winstbejag pursuit of gain; *uit ~* from motives of gain; *zonder ~* non-profit-making [association], *(inz Am)* non-profit [corporation]
winstbelasting profits tax
winstbewijs profit-sharing note
winstcijfer (margin of) profit
winstdelend profit-sharing, with-profits [policy]
winstderving loss of profit
winst-en-verliesrekening profit and loss account
winstgevend remunerative, lucrative, profitable, gainful [occupation, be gainfully employed], paying [investment]; *niet ~* unremunerative [prices]; *~ maken* make [a business] pay; *~ object* money-spinner, moneymaker; *vgl* lonend
winstmarge profit margin, margin of profit
winstmogelijkheid profit-earning capacity
winstneming profit-taking
winstoogmerk *zie* winstbejag
winstpartij win, game won
winstpremie *(sp)* winning bonus
winstpunt gain; (league) point
winstsaldo undivided profits
winstuitkering distribution of profits
winter winter; *(aan handen, enz)* chilblain(s); *de ~ aan de handen (voeten) hebben* have chilblained hands (feet); *'s ~s* in winter; *de ~ doorbrengen in Spanje* winter in Spain
winterachtig wintry
winterakoniet winter aconite
winteravond winter evening; *op een ~, (ook)* on a winter's evening (night)
winterbeslag: *met ~, (v paarden)* winter-shod
winterbloeier wintersweet
winterdag winter('s) day; *bij ~* in winter(time)
winterdienst 1 winter service; **2** winter timetable
winterdijk winter dike
winterdracht winter wear
winteren: *het begint al te ~* it is getting wintry
wintergast *(vogel)* winter visitor
wintergerst winter barley
wintergewas winter crop, winter plants
wintergezicht 1 wintry scene; **2** *(schilderij, enz)* winter scene
wintergoed winter clothes
wintergras slender foxtail (grass)
wintergroen 1 *(algem)* evergreen; **2** *(Pyrola)* wintergreen
winterhaar winter coat, winter fur
winterhanden chilblained hands
winterhard winter-proof; *(plantk)* hardy; *niet ~, (plantk)* tender
winterhaver winter oats
winterhielen chilblained heels

winterjas (winter) overcoat
winterkers winter cress
winterkleed *(ve vogel)* eclipse (*of:* winter) plumage
winterkoninkje wren; *(fam)* jenny wren
winterkoren winter corn
winterkost winter fare
winterkou(de) winter (wintry) cold, cold of winter
winterkraai hooded crow, *(fam)* hoodie
winterkwartier(en) [go into] winter quarters
winterlandschap wintry (winter) landscape
winterling *(plant)* hemlock
winterlucht 1 wintry sky; **2** wintry air
wintermaand December; *de ~en* the winter months
wintermantel winter coat
winterpeil winter level
winterrogge winter rye
winters wintry
winterseizoen winter season
winterslaap hibernation, winter sleep; *de ~ doen* hibernate
winterslaper hibernator, winter-sleeper
winterspelen: *olympische ~* Winter Olympic Games (Olympics)
wintersport [go on] winter sports
winterstop winter break
wintertafereel wintry (winter) scene
wintertaling (common) teal
wintertarwe winter wheat
wintertenen chilblained toes
wintertijd wintertime *(in beide betek)*
wintertuin winter garden
wintervast *zie* winterhard
winterverblijf winter residence
wintervermaak winter sports, etc
wintervoeten chilblained feet
wintervoorraad winter store, winter stock(s)
winterweer wintry (winter) weather
winterwortel (large) carrot
winterzonnestilstand winter solstice
win-winsituatie win-win situation
wip 1 *(~plank)* seesaw; *op de ~ staan* wobble, waggle; *(fig)* be in danger of getting the sack; *op de ~ zitten, (fig), a)* hold the balance (of power); *b) zie:* op de ~ staan *(fig)* **2** *(ve brug)* bascule; *(~galg)* strappado; **3** *(sprong)* skip, hop; *(coïtus, sl)* screw, lay, bonk, nookie; *het is maar een ~* it's no distance at all; *~!, in een ~* in a flash, in a trice, in (half) a jiff(y), in no time, in two ticks, in two shakes (of a lamb's tail), in the twinkling of an eye, before you can say knife (*of:* Jack Robinson)
wipbrug drawbridge, bascule bridge, balance bridge
wipgalg strappado
wipkar tip-, tilt-cart
wipmolen hollow post mill
wipneus turned-up (*of:* snub) nose
wippen I *intr* **1** whip, nip, whisk, skip [out of the room]; tilt [from heel to toe and back]; *(op hand(en) steunend)* vault [into the saddle]; *de kamer binnen (de trap op, het venster uit)* ~ whip (nip, pop) into the room (upstairs); **2** *(wankel staan)* wobble; **3** go up and down, seesaw; *(op wipplank)* (play at) seesaw; *(sl: neuken)* screw, bang; *met zijn staart* ~ flirt one's tail; *met zijn stoel* ~ tilt one's chair; *zie ook* overwippen; **II** *tr (ambtenaar, enz)* turn [a p.] out, unseat [a minister], topple [the Government]
wipperig wobbly
wippertje 1 *(ve piano)* hopper, (piano) jack; **2** *(slokje)* dram, nip, tot, [have a] quick one
wippertoestel *(vglb)* line-throwing gun; breeches buoy (apparatus)
wipplank seesaw
wipstaart wagtail
wipstoel rocking chair
wirwar tangle, muddle; *(doolhof)* maze
wis I *bn* certain, sure; *iemand van een ~se dood redden* save a p. from certain death; *~ en waarachtig (en zeker)* as sure as eggs is eggs; [you're not going!] but I am!; [you don't mean that!] indeed I do!; *zie verder* zeker; **II** *zn* wisp [of straw]
wisent wisent, (European) bison, aurochs
wiskop erase head
wiskunde mathematics, *(fam)* maths
wiskundeknobbel flair (aptitude) for mathematics
wiskundig mathematical [certainty]; *zie ook* adviseur
wiskundige mathematician
wispelturig fickle, inconstant, changeable [weather], volatile [disposition]
wispelturigheid fickleness, inconstancy, changeableness, volatility
wissel 1 *(handel)* bill of exchange, B/E, draft, bill; *~ op zicht (op drie maanden zicht)* bill payable at sight (at three months' sight); *een ~ trekken* draw a bill; *een ~ trekken op* draw on, value on; *~ op de toekomst* act of faith; *een ~ op de toekomst trekken* bank on the future; *zie ook* documentair, protesteren, enz; **2** *(spoorw: de rails)* points, *(toestel)* switch; *uit de ~ lopen, (ve trein)* jump (fail to take) the points; **3** *(verandering)* change; *(teamsp)* substitution; *(estafette)* changeover; **4** *(wild~)* game path, *(Am)* runway
wisselaar money-changer; *(apparaat)* change giver
wisselagent 1 exchange-, bill-broker; **2** stockbroker
wisselarbitrage arbitration of exchange
wisselautomaat change giver
wisselbaar changeable
wisselbaden hot and cold baths
wisselbank discount bank
wisselbeker challenge cup
wisselbouw rotation of crops, crop rotation
wisselbrief *zie* wissel 1
wisselcollectie rotating collection
wisselen I *tr* **1** exchange [letters, looks, words, (in)civilities; gunfire with the enemy], interchange, bandy [(in)civilities, blows, compliments]; *ze wisselden*

geen woord they did not exchange a word, no word passed between them; *zie ook* groet, inwisselen & verwisselen; **2** *(geld)* change, give change for; *kun je me dit bankbiljet ~?* can you give me change for this banknote?, can you change ... for me?; *automaat wisselt niet* no change given; **3** *(spelers)* substitute; *(tanden)* shed [one's teeth]; **II** *intr* **1** change, vary; *(in estafette)* change over; *(teamsp)* substitute; *ik kan niet ~, (geld)* I have no change; *zijn stem wisselt* his ... is breaking (turning, cracking); *van tanden ~* shed one's teeth; *van gedachten ~ (over)* exchange views (on), discuss; *~ (af~) met* interchange with, vary with ['strap' varies with 'strop']; *~de lotgevallen* varying fortunes; *~de prijzen, (ook)* fluctuating prices; **2** *onze trein moet hier ~ met die van Leiden* our train has to pass the Leiden one here

wisselgeld (small) change; *(fig)* bargaining counter; *~ hebben, (fig, ook)* have some (minor) concessions in reserve

wisselhandel 1 bill broking, discount broking; **2** foreign-exchange broking (dealing)

wisseling change, fluctuation, variation; *(ruil)* exchange, interchange; *~ der jaargetijden* succession of the seasons; *~ van de wacht, (lett & fig)* changing of the guard; *~en, (ook)* chops and changes [of fortune]; *zie ook* gedachte-, jaar-, stem- & verwisseling

wisseljaren change of life

wisselkantoor exchange bureau

wisselkoers rate of exchange, exchange rate [mechanism, ERM]

wisselkoorts intermittent fever

wissellijst clip frame, frameless frame

wisselloon bill brokerage

wisselloper bank messenger

wisselmakelaar bill broker

wisselnemer payee

wisselpari par of exchange

wisselplaats stage

wisselrijm alternate rhyme

wisselruiterij kite-flying

wisselschakelaar two-way switch

wisselslag *(sp)* medley [race, relay]

wisselspeler substitute

wisselstand position of the points

wisselstroom alternating current, AC

wisselstroomdynamo alternator

wisselstroommotor alternating-current motor

wisseltand permanent tooth

wisseltruc fast-change trick

wisselvallig changeable [weather], uncertain; *hij had een ~ bestaan* he made a precarious living

wisselvalligheid changeability, uncertainty; *de -lígheden van het leven* the ups and downs (vicissitudes) of life

wisselwachter pointsman, switchman

wisselwerking interaction (*ook nat:* strong, weak, electromagnetic interaction), interplay [of factors, of mind (up)on mind], reciprocity

wisselwoning temporary accommodation during renovation of a house

wissen wipe; *(magneetband)* erase

wisser wiper, mop, *(voor schoolbord)* duster

wisserblad wiper blade

wissewasje trifle, futility

wist *ovt van* weten

wis-was(automaat) (automatic) wash-wipe

wit I *bn* white; *zo ~ als een doek* as white as a sheet; *het heeft ~ gevroren* there is a white frost; *~ aardewerk* whiteware; *~te benzine* cut-price petrol; *~te das* white tie; *Witte Donderdag* Maundy Thursday; *~te goederen* white goods, whites; *~ goud, a)* platinum, white gold; *b) zie* ~te steenkool; *~ hout* whitewood; *het Witte Huis* the White House; *een ~te Kerstmis* a white Christmas; *~te lelie* Madonna lily; *~te mier* white ant; *~ papier* blank paper; *~te ruis* white noise; *~te steenkool* white coal; water power; *~ vlees* white meat; *~te was* white laundry, whites; *~ **maken*** whiten, blanch; launder [money]; *~ **worden,** zie* verbleken*; zie ook* boon, boord, doek, raaf, vlag, vloed, voet, wijn, witteboorden..., enz; **II** *zn* **1** white; *~ tussen de regels* white line, leaded type; *het ~ van een ei* the white of an egg; *het ~ van het oog (van de ogen)* the white of the eye (the whites of the eyes); *in het ~ gekleed* dressed in white; **2** *(plantk)* [strawberry] mildew; **3** *het ~ van de schijf* the white (*een schot daarin, een 'witte'* a white)

witachtig whitish

witboek White Paper

witbont white-spotted

witboom white poplar

witgatje *(vogel)* green sandpiper

witgeel white (whitish) yellow

witgekuifd white-crested; *~e golven, (ook)* white-capped waves, white horses

witgepleisterd whitewashed; *~e graven* whited sepulchres

witglas milk glass

witgloeiend white-hot, at a white heat, incandescent

witgoed 1 white goods; **2** *(kleren)* white laundry, whites

witgoud *zie* wit I

witharig white-haired

witheer Premonstratensian, white canon, Norbertine

witheet white hot

witheid whiteness

without whitewood

witje *(vlinder)* white

witjes: *hij ziet nog erg ~* he still looks a bit pale; *hij lachte ~* he laughed half-heartedly

witkalk whitewash, limewash

witkar 1 hand-luggage trolley; **2** small electric motor car

witkiel (luggage) porter

witkop white-haired person

witkwast whitewash (distemper) brush

witlo(o)f chicory, Belgian endive
witlooien taw
witmaker whitener
witmetaal white metal
Wit-Rus B(y)elorussian, White Russian
Wit-Rusland Belarus, B(y)elorussia, White Russia
witschimmel grey (horse)
witsel 1 *(kalk)* whitewash; **2** *(loodwit)* white lead
witstaart 1 *(vogel)* wheatear; **2** white-tailed horse
witte *zie* wit II.3
witteboordencriminaliteit white-collar crime
wittebrood white bread; *een ~* a white loaf
wittebroodsweken honeymoon; *in hun ~* on their honeymoon; *de ~ doorbrengen in Wales, (ook)* honeymoon in Wales
wittekool white cabbage
witten whitewash [a house], launder [money]
witvis whitebait, whiting
witvoet white-footed horse, whitefoot
witwassen whitewash, *(fig ook)* launder [money]
witwerk whitewood articles
WK world championship
W.L. afk van *westerlengte* Long W, W Long (Western Longitude)
wnd. afk van *waarnemend* dep, deputy [minister], acting [Lord Mayor]
Wodan Woden, Odin
wodka vodka
woede [blind] fury, [white with] rage; [dance] mania; *zie ook* woedeaanval, koelen, enz
woedeaanval fit of rage; *een ~ krijgen* fly into (throw) a fit (*inz ve kind:* a tantrum)
woeden rage *(ook van storm, ziekte, brand, veldslag, enz); de gele koorts woedde, (ook)* yellow fever was rampant; *er woedde een storm in het land, (ook)* a gale swept the country; *het ~ van de zee* the raging of the sea
woedend *(fig)* furious [*op* with; *over* at, about], infuriated, *(fam)* wild; *~ aankijken* glare at, look daggers at; *iem ~* ***maken*** enrage (infuriate) a p., make (*of:* drive) a p. wild, *(fam)* get a p.'s dander up; *zich ~ maken, zie ~* worden; *hij maakte zich (verschrikkelijk) ~* he got himself into a terrible state, worked himself into a state of fury; *~* ***worden*** become furious, get into a terrible temper; *(verschrikkelijk) ~ zijn, (ook)* be in a (towering) passion (rage)
woef(waf)! woof (woof)!, bow-wow!
woei *ovt van* waaien
woeker usury; *(het maken van oorlogswinst, enz)* profiteering; *~ drijven* practise usury; *met ~ vergelden* repay with usury (with interest); *op ~ zetten* put out to usury
woekeraar usurer
woekerachtig usurious
woekerdier parasite
woekeren 1 practise usury; **2** *(v planten)* be (grow) rank; *(v kwaad)* be (grow) rampant (rife), fester; **3** *~ met* make the most of, turn to the best advantage; *met de ruimte ~, (ook)* utilize every inch of space
woekerhandel usurious trade; usury
woekering *(in het lichaam)* morbid growth
woekerplant parasitic plant, parasite
woekerprijs extortionate price
woekerrente usurious interest, usury; *tegen ~ uitlenen* lend at (on, upon) usury
woekervlees proud flesh
woekerwet usury law, *(vglb)* moneylenders act
woekerwinst exorbitant (usurious) profit; *~ maken* profiteer *(ook: maker van ~)*
woeleg (three-pronged) cultivator
woelen 1 toss (and tumble) about, toss (and turn) [in one's bed]; *zich bloot ~* kick the bedclothes off; *de dingen (de gedachten) die in zijn geest woelden* the things (thoughts) that were coursing through his mind; **2** *(wroeten)* grub, root, burrow; **3** *(winden)* wind; *(mar)* serve [a rope]
woelgaren service
woelgeest turbulent spirit, agitator, stormy petrel
woelig restless [night, child], turbulent [sea, times], riotous [crowd], broken, lumpy, popply [water], choppy [sea], bustling [streets]; *het ~e hedendaagse leven* the jostling life of today
woeligheid restlessness, turbulence
woeling 1 agitation, turbulence; *~en* disturbances; **2** *zie* woelgaren
woelmuis vole
woelrat water vole
woelwater fidget, restless child
woelziek restless, fidgety; *(oproerig)* turbulent, seditious
woensdag Wednesday
woensdags I *bw* on Wednesdays, *(Am ook)* Wednesdays; **II** *bn* Wednesday
woerd drake
woerhaan cock pheasant
woerhen hen pheasant
woest 1 *(onbebouwd)* waste [land]; *~ liggen* lie waste; **2** *(onbewoond)* desert, desolate [island]; **3** *(ruw, onbeschaafd, enz)* wild [boy, waves, scenery], savage [dog], fierce [struggle], furious, reckless [driving, chauffeur, drive recklessly]; *~e (auto)rijder* scorcher, speed merchant, road hog; *zie ook* boel; **4** *(uitermate:) ~ dronken* fighting drunk; *~ druk* extremely (madly) busy; **5** *(nijdig)* wild [*op* with], savage [answer savagely], livid; *hij werd ~ op me* he got wild with me; *~ worden, (ook)* see red
woestaard, woesteling brute, rough, ruffian; *(dronkaard)* madman
woestenij waste (land), wilderness
woestheid wildness, savagery, fierceness, etc; *zie ook* woest
woestijn desert [plant, rat, sand, war, wind]
woestijnbewoner inhabitant of the desert, desert-dweller
woestijnrat gerbil
woestijnreiziger traveller in the desert

woestijnspringmuis gerbil
woestijnvorming desertification, desertization
wok wok
wol wool; *in de ~ geverfd* dyed in the wool (in grain); *(fig ook)* engrained; *hij is in (door) de ~ geverfd* he is a double- (deep-)dyed (a dyed-in-the-wool) villain, a villain of the deepest dye; *onder de ~* [be, go] between the sheets; *onder de ~ gaan (kruipen), (ook)* turn in; *zie ook* geschreeuw
wolachtig woolly
wolafval flock
wolbaal bale of wool, woolpack
woldragend wool-bearing
wolf 1 *(dier)* wolf; *de Wolf, (astron)* Lupus, the Wolf; *een ~ in schaapskleren (in een schapenvacht)* a wolf in sheep's clothing; *de ~ tot* ***herder*** *maken* set the fox to keep the geese; ***huilen*** *met de wolven in het bos* go along with the crowd (*men moet ..., ook:* when in Rome, do as the Romans do); *~ en* ***schapen*** *(en geitjes), (spel, vglb)* fox and geese; *de wolven* ***verslinden*** *elkaar niet* dog does not eat dog; ***wee*** *de ~ die in een kwaad gerucht staat* give a dog a bad name and hang him; ***voor*** *de wolven werpen, (ook fig)* throw to the wolves; *zie ook* eten & honger; **2** *(tand~)* caries; **3** *(lupus)* lupus; **4** *(in spinnerij)* devil, willow(ing machine); **5** *(muz)* wolf
wolfabricage wool(len) manufacture
wolfabriek wool(len) mill
wolfachtig wolfish
wolfra(a)m tungsten [filament, lamp, steel]
wolfsdak *(bk)* hip(ped) roof
wolfshond 1 wolfhound; **2** keeshond
wolfshuid wolfskin
wolfskers deadly nightshade
wolfsklauw 1 wolf's claw; **2** *(plant)* clubmoss, wolf's claw, lycopod; **3** *(rudimentaire teen)* dewclaw
wolfsklem wolf-trap
wolfskuil 1 pitfall; **2** *(mil)* trou-de-loup; **3** *(om park, enz)* ha-ha
wolfsmelk *(plant)* spurge
wolfspoot *(plant)* gipsywort
wolfsspin wolf spider
wolfsvel wolfskin
wolfswortel winter aconite, wolfsbane
Wolga Volga
wolgras cotton grass
wolhandel wool trade
wolhandkrab mitten crab
wolharig woolly-haired
wolindustrie woollen (*Am:* woolen) industry
wolk cloud *(ook fig:* a dark cloud; *ook v sprinkhanen, pijlen, enz); ~je* little cloud, cloudlet; *(ook)* puff [of smoke], drop [of milk]; *(in vloeistof, diamant, enz)* cloud; *een ~ van* ***getuigen****, (bijb)* a cloud of witnesses; *een* ***kind*** *als een ~ (een ~ van een kind)* a bouncing baby; *er was geen ~je aan de* ***lucht****, (ook fig)* there was not a cloud in the sky, *(het was botertje tot de boom)* everything in the garden was lovely; ***achter*** *de ~en schijnt de zon* every cloud has a silver lining; ***in*** *~en van stof gehuld* clouded in dust; *in de ~en zijn, op een roze ~ zitten* be over the moon, on cloud nine, overjoyed [*over* at]; *(vgl:* be in the clouds *soezen, dromen); tot in de ~en verheffen* extol to the skies; ***uit*** *de ~en vallen* be brought back to earth (with a bump)
wolkaarde(r) wool-card(er), wool-comb(er)
wolkachtig cloud, cloudlike
wolkam(mer) *zie* wolkaarde(r)
wolkbreuk cloudburst
wolkeloos cloudless; *(fig)* unclouded [existence]
wolkenbank cloud bank
wolkendek cloud cover, layer of cloud
wolkenhemel (cloudy) sky, heavens
wolkenkrabber skyscraper
wolkenveld cloud cover; *~en, (weerk)* cloudy [with rain or drizzle]
wolkig cloudy *(ook: onzuiver)*, clouded, cloud-like
wolkruid *(plant)* mullein
wolkvorming formation of clouds
wollegoed *(stoffen)* woollens; *(kleren)* woollen clothing
wollegras cotton grass
wollen woollen (*Am:* woolen); *~ stoffen* woollens
wolletje woolly
wollig woolly; *(plantk, ook)* downy
wolluis mealy bug
wolmuis viscacha
wolopbrengst wool-crop, wool-clip
wolschaar (pair of) sheep-shears
wolspinnerij wool(len) mill
wolvacht fleece
wolvee wool-bearing (wool-producing) cattle, sheep
wolvenjacht wolf-hunt(ing)
wolvenkop wolf's head
wolvenkuil, enz *zie* wolfs-
wolverlei *(plant)* mountain tobacco
wolververij 1 wool-dyeing; **2** dye-works, dye-house
wolvet yolk, suint, wool-oil, wool-fat
wolvin she-wolf
wolvlieg bee fly
wolzak woolsack
wombat wombat
won *ovt van* winnen
[1]**wond** *ovt van* winden
[2]**wond I** *zn* wound, injury; *oude ~en openrijten* rip up (reopen) old sores; *~en slaan* inflict wounds; *zie ook* sterven, toebrengen & vinger; **II** *bn* sore; *de ~e plek* the sore spot; *de ~e plek aanraken, (fig)* touch a p. on the raw
wonde *zie* [2]wond
wonden wound, hurt, injure; *aan het hoofd (de benen, enz) gewond* [shot and] wounded in (about) the head (the legs, etc); *ernstig gewond bij een spoorwegongeluk* severely injured in a railway accident; *diep gewond, (ook)* lacerated [feelings, mind]
wonder I *zn* wonder [the seven wonders of the

world], marvel, prodigy; *(bovennatuurlijk)* miracle; *een ~ van geleerdheid* a prodigy (miracle) of learning; *~ **boven** ~* wonder of wonders, miracle of miracles, by a miracle, by amazing good fortune [no one was killed]; *haast een ~* [it is] little short of a miracle; *~en **doen** (verrichten)* work (do, perform) wonders [the holiday has done wonders for me]; *(bijb)* perform miracles; *zijn naam doet ~en* his is a name to conjure with; *het geloof doet ~en* faith works miracles; ***geen** ~ dat ...* no (*of:* small) wonder that ...; *en geen ~* and no wonder; ***is** het een ~ dat ...?* is it any wonder that ...?; *het is een ~ dat ...* it is a wonder that ..., the wonder (the marvel) is that ...; *~en van **dapperheid*** [perform] prodigies of valour; *de ~en zijn de **wereld** nog niet uit* wonders (marvels) never cease; [Jane engaged?] what next?; **II** *bn* strange, *(lit)* wondrous; **III** *bw* marvellously, exceedingly [pretty]; *alsof hij ~ wat gedaan had* as if he had done something extraordinary; *hij verbeeldt zich ~ wat* he thinks he's marvellous

wonderbaar(lijk) miraculous, wonderful, marvellous, prodigious; *zie ook* wonderlijk

wonderbloem marvel of Peru

wonderboom castor-oil plant (*of:* tree)

wonderdaad miracle

wonderdadig miraculous, wonder-working

wonderdier prodigy, monster, monstrosity, freak

wonderdoend wonder-working, working miracles

wonderdoener miracle-, wonder-worker, thaumaturge

wonderdokter 1 quack; **2** witch doctor, medicine man

wondergoed: *je hebt het er ~ afgebracht* you have done wonderfully well

wondergroot prodigious

wonderjaar year of wonders, annus mirabilis

wonderkind child (infant) prodigy

wonderklein wondrously small

wonderkracht miraculous power(s)

wonderkruid St John's wort

wonderkuur miraculous cure

wonderlamp Aladdin's lamp; [Aladdin and his] Wonderful Lamp

wonderland wonderland

wonderlijk strange, queer, odd, surprising; *het ~e ervan is ...* the surprising part of it is ...; *~ genoeg was hij thuis* he was at home for a wonder, to my amazement he was at home

wondermacht miraculous power

wondermens prodigy, human wonder

wondermiddel wonderful remedy; *(medicijn)* miracle drug; *(tegen alle kwalen)* cure-all, panacea, quack remedy

wondermooi exceedingly beautiful, wonderful [lakes]; [their flat was] a thing of wonder; *zij speelde (deed het) ~* she played (did the thing) to admiration

wonderolie castor oil

wonderschoon *zie* wondermooi

wonderteken (miraculous) sign, miracle

wonderveel *zie* wonder III: ~ wat

wonderverhaal miraculous (*of, inz bijb:* miracle) story

wonderwel *zie* wondergoed

wonderwerk miracle

wonderwerker miracle-worker

wondklaver kidney vetch

wondkoorts wound-fever, *(wtsch)* traumatic fever

wondnaad suture

wondroos erysipelas

wondzalf healing ointment

wonen live, reside; *(lit)* dwell; *hij woont bij ons* he lives (lodges) with us; *te P gaan ~* take up one's residence at P; *buiten (in een andere buurt) gaan ~* move into the country (into another neighbourhood); *in het buitenland ~d(e)* expatriate, *(fam)* expat; *zie ook* kamer

woning dwelling, home, residence, *(bijb)* mansion [in my Father's house are many mansions]; *zijn ~ opslaan te ...* take up one's residence (establish o.s.) at ...; *zie ook* vrij

woningblok block of houses

woningbouw house-building, housing

woningbouwcorporatie, woningbouwvereniging housing association; *(bouwfonds)* building society, building cooperative

woningbureau house (estate) agent's office, house (estate) agency

woningcorporatie *zie* woningbouwcorporatie

woninggids guide to property to be let or sold; *(adresboek)* directory

woninginrichting home furnishing

woningnood housing shortage, housing problem

woningruil house exchange

woningtextiel soft furnishings, furnishing fabrics

woningtoestanden housing conditions

woningvoorraad housing stock

woningvraagstuk housing problem

woningwet housing act

woningwetwoning *(vglb)* council house

woningzoekende house-hunter; *~n* persons seeking living accommodation

woog *ovt van* wegen

woonachtig resident, living

woonark houseboat

woonblok row of houses

woonboerderij [live in a] converted farmhouse

woonboot houseboat

woonbuurt *zie* woonwijk

wooncomfort: *met veel ~* well-appointed

woonerf residential precinct (with restricted rights for wheeled traffic)

woonerfvlaggetje (fluorescent) safety flag

woongebied habitat; [place of work and] place of residence; *(stedelijk ~)* residential area

woongedeelte living quarters

woongelegenheid accommodation, housing (facilities)
woongemeenschap, woongroep commune
woonhuis private house (residence), dwelling house
woonhuisarchitectuur domestic architecture
woonkamer living (*of:* sitting) room
woonkeuken kitchen-dining room, kitchen-diner
woonkostentoeslag cost-of-living allowance
woonkuil sunken living area
woonlaag storey, *(Am)* story
woonlandbeginsel country-of-residence principle
woonlasten (maintenance, heating and other) recurring household expenses
woonomstandigheden housing conditions
woonplaats dwelling place, abode, home, (place of) residence; *(officieel)* domicile; *natuurlijke ~, (ve dier of plant)* habitat; *in mijn ~, (ook)* where I live; *zie ook* vast
woonruimte living accommodation
woonschip, woonschuit houseboat
woonsilo high-rise (block)
woonst **1** dwelling, house; **2** accommodation; **3** domicile
woonstad residential town
woonstede *zie* woonplaats
woonvergunning residence permit
woonvertrek *zie* woonkamer
woonvorm housing [for the elderly, etc]
woonwagen caravan
woonwagenbewoner (cara)van dweller, caravanner, Traveller
woonwagenkamp caravan camp, Traveller site
woon-werkverkeer commuter traffic
woonwijk residential area (quarter, district); *nieuwe ~* new housing estate
[1]**woord** word, term; *Gods Woord* the Word of God; *het Woord (Gods)* the Word (of God); *het Woord is vlees geworden* the Word was made flesh; *de ~en, (bij illustratie)* the letterpress; *~en van ..., muziek van ...* words by ..., music by ...; *een ~je (met u) alstublieft!* a word with you (can I have a word with you?, I would like a word with you), please; *een enkel ~(je) tot u!* just a word with you!; ***geen** ~!* not a word!, not a syllable!; *geen ~ meer!* not another word!; *niemand had een **goed** ~ voor hem (voor het plan)* nobody had a good word (to say) for him (for the plan); ***grote (dikke)** ~en* big words, *(fam)* hot air; *(om te overbluffen)* bluff; *walgelijk is **het** ~ ervoor* 'disgusting' is the word; *het ~ is nu aan hem* now it's up to him (to speak); *het **hoogste** ~ hebben (voeren)* do most of the talking; dominate the conversation, etc; *het **laatste** ~ hebben* have the last (final) word, have the final say in the matter; *het laatste ~ is aan u* the last (final) word rests with you; *nog één laatste ~ over ...* one last word about ...; *dat is mijn laatste ~, (ook)* that's final; *zijn laatste ~en, (ook)* his dying words; *het laatste ~ is nog niet gesproken in deze zaak* the last (the final) word in regard to this matter has not yet been spoken, this is by no means the end of the matter; ***lieve** ~jes* pretty-pretty talk, [what we need is not] sympathetic noises; *zijn ~ **breken*** break (go back on) one's word; *zijn ~ breken jegens* break faith with; *het ~ **doen*** be spokesman, spokeswoman, *(soms)* spokesperson; *een goed ~(je) voor iem doen* put in a word for a p.; *hij kan zijn ~(je) wel doen, a)* he expresses himself well; *b)* he is never at a loss what to say, can speak up for himself, has plenty (quite a lot) to say for himself; *c)* he can look after his own interests; *iem het ~ **geven*** call (up)on a p. (to speak) [I will now ask Mr S to address the meeting, to say a few words, etc]; *zijn ~ geven* pledge one's word [to ...]; *ik geef u mijn ~ erop* I give you my word for (*of:* on) it; *het ~ **hebben*** be on one's feet, have (hold) the floor; *(parlement)* be in possession of the House; *u hebt het ~* the word is with you, the floor is yours; *de Heer K heeft het ~ (ik geef dhr. K het ~)* I call (up)on Mr K (to speak); *zie ook* aan het ~ zijn; *ik zou graag het ~ hebben* I should like to say a few words (a word); *het ~ alléén hebben* monopolize the conversation, do all the talking; *~en hebben* have words [*met* with]; *wij hebben geen ~en gehad, (ook)* there have been no words between us; *heb ik uw ~ dat hij het huis niet uitkomt?* have I your word that he will not be moved from home?; *zijn ~ **houden*** keep (stick to, be as good as) one's word; *zijn ~ houden jegens* keep one's word to (*of:* with), keep faith with; *geen ~ houden* fail to live up to one's promise; *~en **krijgen*** come to words; *het ~ krijgen* be called (up)on to speak; *(parlement)* catch the Speaker's eye; *ik kon geen ~ uit hem krijgen* I could not get a word (*of:* anything) out of him; *men kon haast geen ~ uit hem krijgen* the words had to be dragged out of him; *een ~je (gaan) **meespreken*** put in a word, put in one's oar, *(fig ook)* take a hand; *het ~ **nemen*** begin to speak, take (possession of) the floor, rise, *(door iem in de rede te vallen)* cut in; *iem het ~ **ontnemen*** order (ask) a p. to sit down; *het ~ **richten** tot* address; *iem zijn ~ **teruggeven*** release a p. from his word; *het ene ~ **haalde** (lokte) het andere **uit*** one word led to another; *er **vielen** enkele ~en tussen ons* we had a few words; *hij liet er geen ~ over vallen* he did not say a word about it; *zie ook* vallen: ~ over; *hij kon geen ~en **vinden** om het toneel te beschrijven* he could not find words (words failed him) to ...; *er waren geen ~en voor te vinden, zo lelijk was het* it was too ugly for words (ugly beyond all words); *het ~ **voeren*** speak, hold forth [*over* on], be on one's feet; *zie ook boven:* het ~ doen; *het ~ **vragen*** beg permission to speak; *hij **zei (sprak)** geen ~ (meer)* he did not say a word (another word; he shut up like an oyster); *er werd verder geen ~ gesproken* not another word was spoken; *hij zei geen ~ teveel* he said never a word too much; *ik heb er geen ~ in te **zeggen*** I have not a word to say (have no say) in the matter; *meer dan ~en kunnen zeggen* [I love her] beyond (*of:* past) words; *er is*

geen ander ~ voor [it's perfect,] there is no other word for it; ***aan** het ~ zijn* be speaking; *aan het ~ laten* allow to speak; *ik kon niet aan het ~ komen* I could not get in a word (edgeways); *(in vergadering)* I had no opportunity to express (give) my opinion; *iem aan zijn ~ houden* keep (hold) a p. to his word; *ik hield haar meteen aan haar ~* I took her at her word; *zij hield zich aan haar ~* she kept to her word; ***bij** deze ~en* at these words; *door gesproken ~en of in geschrifte* by the spoken or the written word; ***in** één ~* in a (one) word; *in één ~ walgelijk* downright (*of:* nothing short of) disgusting; *in één ~ prachtig* just splendid; *in een paar ~en* in a few words, [there you have it, put the matter] in a nutshell; ***met** deze ~en* with these words; *met een half ~* [understand] at half a word; *met een enkel ~* in a few words; *hij repte er met geen ~ van* he never said a word about it; *ik weerlegde hem met zijn eigen ~en* I refuted him out of his own mouth; *met dat éne ~ is alles gezegd* there you have it in a word; *met andere ~en* in other words, [say the same thing somewhat] differently; *met zoveel ~en* [he told me] in so many words; ***onder** ~en brengen* put into words, verbalize, phrase, convey [one's meaning]; *niet onder ~en te brengen zijn* be beyond words, be past expression; *te verschrikkelijk om onder ~en te brengen* too awful for words; ***op** mijn ~!* upon ('pon) my word!; *op mijn ~ van eer* on my word of honour, *(fam)* honour bright!, *(sl)* honest Injun!; *je kunt me gerust op mijn ~ geloven* you may take my word for it; *mijn ~ erop!* my word on it!; *ik wil hem niet meer **te** ~ staan* I don't wish to speak to him any more; *die mij te ~ stond* [the official] who attended to me; *hij kon niet **uit** zijn ~en komen* he stammered, floundered in his words, was unable to put two words together; ***van** ~en tot daden overgaan* proceed from words to action; *van het ~ **afzien*** withdraw [he was going to speak, but withdrew]; *(ten behoeve van een ander)* give up one's turn to speak; *van weinig ~en* [a man] of few words; *~ **voor** ~* [it is true] word for word; ***zonder** een ~ (een enkel ~) te zeggen* [he left] without a word, with never a word; *zie ook* gegeven, half, hoog, man, mond, mooi, nog, uitbrengen, verkeerd, [3]waar, wisselen, woordenboek, zoeken, enz

[2]woord *(woerd)* drake

woordaccent word accent

woordafleiding etymology

woordblind word-blind, dyslexic

woordblindheid word-blindness, dyslexia

woordbreuk breach of faith (of promise)

woordbuiging declension

woorddoofheid word-deafness

woordelijk **I** *bn* verbatim [report]; literal, verbal; **II** *bw* literally, verbally, word for word, [repeat] verbatim; *~ geloven, (ook)* take at face value [the promises of the government]

woordenaar **1** lexicographer; **2** lexicologist

woordenboek dictionary, lexicon; *geografisch ~* gazetteer; *dat woord staat niet in zijn ~* that word has no place in his vocabulary (his lexicon)

woordenbrij verbal diarrhoea

woordenkennis knowledge of words; *zie ook* woordenschat

woordenkeus *zie* woordkeus

woordenkraam verbiage, welter of words

woordenkramer wordmonger

woordenlijst word-list, *(verklarende ~)* glossary

woordenpraal bombast, fustian

woordenrijk **1** rich in words; **2** wordy, verbose, *(rad van tong)* voluble

woordenrijkdom, woordenrijkheid **1** wealth of words; **2** wordiness; verbosity, volubility, flow of words

woordenschat stock of words, vocabulary

woordensmeder wordsmith

woordenspel wordplay, punning, quibbling, verbal play; *zie ook* woordspeling

woordenstrijd dispute, wordy quarrel (battle, debate), verbal combat argument

woordenstroom flow (torrent, spate) of words

woordentolk dictionary (of foreign, of hard words, of technical terms)

woordentwist *zie* woordenstrijd

woordenvloed flow (torrent, spate) of words

woordenvoorraad stock of words, vocabulary

woordenwisseling altercation, passage of arms; *ze hebben een ~* they are having words; *een ~ hebben met, (ook)* bandy words with

woordenzifter quibbler, hair-splitter

woordenzifterij quibbling, hair-splitting

woordfamilie family of words

woordgebruik use of words

woordgeheugen verbal memory, memory for words

woordgeslacht gender

woordgetrouw word-perfect

woordkeus, woordkeuze choice of words; *gelukkige ~* felicity in the choice of words

woordkunst wordcraft

woordkunstenaar verbal artist, craftsman in words

woordomzetting transposition of words, inversion

woordontleding parsing

woordraadsel logogriph

woordregister index (of words)

woordschikking order of words, word order

woordsoort part of speech, word class

woordspeling play (up)on (the) words, pun, quibble; *~en maken* pun, quibble

woorduitlating ellipsis

woordverdraaier word-twister, distorter (perverter) of words

woordverdraaiing word-twisting, distortion (perversion) of words

woordverklaring explanation of a word (of words)

woordvoerder spokesman, spokesperson, *(vaak ong)* mouthpiece

woordvoerster spokeswoman, spokesperson, *(vaak*

ong) mouthpiece
woordvolgorde word order
woordvoorraad stock of words, vocabulary
woordvorming word formation
worden I *koppelww* become, grow [old, more and more excited, the sky grew dark, the weeks grew into months], get [tired, cold, it's getting late, dark], turn [pale, his hair is turning grey, the leaves are turning yellow], go [blind, mad, his face went white, he went red in the face], fall [ill, silent]; *geheelonthouder (een verrader van zijn land) ~* turn teetotaller (traitor to one's country); *soldaat ~* become a soldier, enlist; *ziek ~* be taken ill; *hij wordt haast zestig* he is going on for sixty; *ik ben vandaag 20 jaar geworden* I'm twenty today; *hij kan wel 90 ~ (is 90 geworden)* he may live (he lived) to be ninety; *dat wordt dan twee tientjes* that will be ... then; *ten slotte werd het nog een heel bedrag* in the end it came to (be, amount to) a substantial sum; *het wordt een mooie dag* it is going to be a fine day; *het werd 9 uur, 10 uur ...* nine o'clock came, and then ten ...; *na lang dubben werd het Rome* after much dithering it ended up by being Rome; *dat kan wel wat ~ tussen die twee* it may come to something (it may be a match) between ...; *wat zal hij ~?* what is he going to be?; *ik wil advocaat ~* I want to be a lawyer; *geestelijke ~* take (holy) orders; *vóór de lagere dieren* **tot** *vogels werden* before the lower animals became birds; *wat zal er* **van** *hem ~ (wat is er van hem geworden)?* what is to become (what has become) of him?; **II** *ww vd lijdende vorm* be; *zijn huis werd verwoest (zijn been afgezet), (ook)* he had his house destroyed (his leg amputated); *er werd hem £2000 nagelaten door een tante* he had £2000 left him by ...; *er wordt heel wat gemopperd (gepraat, enz)* there is a lot of grumbling (talking, etc); *zie ook* donker, er, zuur, enz
wordend nascent
wording genesis, birth, origin; *in ~* nascent, [a nation] in the making
wordingsgeschiedenis genesis
wordingsleer ontogenesis, ontogeny, science of the origin of things
worg- *zie* wurg-
worgengel destroying angel
worm worm; *(made)* grub, maggot; *de knagende ~ van het geweten* the worm of conscience; *~en hebben* have worms; *zie ook* wurm
wormachtig vermicular, wormlike
wormgat wormhole *(ook in hout)*
wormhoopje worm-cast
wormig wormy, worm-eaten
wormkoekje worm-pill, worm tablet
wormkruid 1 golden rod; **2** tansy
wormmiddel vermicide, vermifuge, anthelmintic; *(in capsule)* worm capsule
wormschroef worm
wormsteek wormhole
wormstekig wormeaten [condition], wormy, maggoty
wormverdrijvend vermifuge, anthelmintic; *~ middel, zie* wormmiddel
wormvormig vermiform [*aanhangsel* appendix]
wormwerk *(techn)* worm-gear (transmission)
wormwiel worm-wheel [drive]
wormzaad wormseed
wormziekte 1 helminthiasis; **2** *zie* mijnwormziekte
worp 1 throw; *(naar doel, ook)* shy [3 shies for £1]; **2** *(jongen)* litter [of pigs, etc]; *in één ~* [produce several young] at a birth
worst sausage; *dat zal mij ~ wezen* I couldn't care less
worstelaar wrestler
worstelen struggle; *(sp)* wrestle, try a fall [with a p.]; *(fig)* struggle, wrestle; *~* ***met (tegen)*** struggle against [oppression], struggle with [adversity], battle against [the gale], contend (*of:* grapple) with [difficulties], wrestle with [temptation, adversity, a problem], fight against [one's weakness]; *met God ~* wrestle with God, wrestle in prayer; *met iem ~, (sp, ook)* wrestle a p.; *met de dood ~* struggle with (be in the grip of) death, lie in one's last agony; *zie ook* zwoegen
worsteling struggle, wrestle, wrestling, scuffle, tussle; *(sp)* wrestle
worstelwedstrijd wrestling match
worstenbroodje sausage roll
worstfabriek sausage factory
worstmachine sausage machine
worstvlees sausage meat
wort wort
wortel *(ve plant, tand, tong, enz; ook in taal & rek)* root; *(peen: gele)* carrot, *(witte)* parsnip; *(fig)* root [the root of all evil]; *~ schieten* take (strike) root *(ook fig)*, root, strike; *diep ~ schieten, (fig)* take a deep (a firm) root, become solidly rooted; *de ~ trekken uit* extract the [square, cube, fourth] root of [a number]; *met ~ en tak uitroeien* destroy root and branch, pull up by the roots; *het kwaad in de ~ aantasten* strike at the root of the evil
wortelachtig rootlike; *(vol ~s)* rooty
wortelblad radical leaf
wortelboom mangrove
worteldraad root (*of:* radical) hair
wortelen take root; *~ in* be rooted in [fear]
wortelgetal radix
wortelgrootheid radical quantity (*of:* value)
wortelhaar root (*of:* radical) hair
wortelhout root wood
wortelkanaalbehandeling root treatment, root-canal therapy
wortelkiem radicle
wortelklinker radical vowel
wortelknol root tuber
wortellijst *(ve boom)* buttress
wortelloof carrot leaves
wortelloot sucker
wortelmutsje root cap, calyptra

wortelnotenhout burr walnut
wortelpotige rhizopod
wortelrozet radical rosette
wortelstandig radical
wortelstelsel root system
wortelstok rootstock, rhizome
wortelteken radical sign
worteltje 1 rootlet; **2** carrot
worteltrekking extraction of roots, evolution
wortelvorm radical quantity
wortelvormig root-shaped, rootlike
wortelwoord root word, radical (word)
wou *ovt van* willen
woud forest, wood; *een ~ van regels* a jungle of regulations
woudaapje *(vogel)* little bittern
woudbewoner forest-dweller, woodsman
woudduif woodpigeon
woudduivel mandrill
woudezel wild ass, onager
woudloper bushranger, woodsman, *(pelsjager)* trapper
woudreus giant of the forest, giant tree
wouw 1 *(vogel)* kite; **2** *(plant)* weld
wraak 1 revenge, vengeance; *~ ademen* breathe vengeance; *~ nemen (oefenen)* take revenge, take (have) one's revenge, revenge o.s., retaliate (*op* on; *over, voor* for); *~ nemen op, (ook)* be revenged on; *de ~ is zoet* revenge is sweet; *om ~ roepen (schreeuwen, schreien)* cry for revenge; *uit ~* in revenge [*over* for]; *mij is de wrake* vengeance is mine[, saith the Lord]; *zie ook* koelen, zinnen, [2]zweren; **2** *(mar)* leeway
wraakbaar blamable, objectionable; *(jur)* challengeable [evidence, witness]
wraakengel avenging angel
wraakgevoel(en) (re)vengeful feeling
wraakgierig (re)vengeful, vindictive
wraakgierigheid *zie* wraaklust
wraakgodin avenging goddess; *~nen* Eumenides, Furies
wraaklust vindictiveness, thirst for revenge
wraakneming, wraakoefening retaliation, revenge [of a crime]
wraakzuchtig (re)vengeful, vindictive
wrak I *zn* wreck *(ook fig); (ve pers, ook, fam)* crock; **II** *bn* rickety [chair], shaky [staircase], dilapidated [motor car], ramshackle [staircase], crippled [cow]
wrake *zie* wraak
wraken 1 object to, take exception to, denounce [abuses, etc]; *het gewraakte interview* the notorious ...; **2** *(jur)* challenge [a juryman, witness, evidence], rule [a witness] out of court; *de gewraakte opmerking, (ook)* the incriminated remark; **3** *(mar)* drift, make leeway
wrakgoederen wreck(age), flotsam and jetsam
wrakhout driftwood
wraking 1 *(jur)* challenge; *vgl* wraken; **2** *(mar)* drift, leeway
wrakstuk piece of wreckage; *~ken* wreckage
wrang I *bn* sour, acid, tart, astringent, harsh; rough [wine]; wry [smile]; *de ~e vruchten, (fig)* the bitter fruits; *een ~e grap* a cynical (sick) joke; **II** *zn* **1** *(mar: hout)* floor timber; *(ijzer)* floor plate; **2** *(ve koe)* mastitis
wrangheid sourness, acidity, tartness, astringency
wrangwortel green hellebore
wrat wart
wratmeloen cantaloupe
wrattenkruid wartweed, wartwort
wrattig warty
wratziekte *(v aardappelen)* wart disease, black scab
wratzwijn warthog
wreed 1 cruel, ferocious, barbarous, savage; *de wrede feiten (werkelijkheid)* the grim facts (reality); **2** *(op het gevoel & van smaak)* rough [cloth, tongue; wine, cider]; **3** *(fam)* wicked
wreedaard cruel man, brute
wreedaardig *zie* wreed 1
wreedheid 1 cruelty, ferocity, savagery; **2** roughness; *vgl* wreed
wreef I *zn* instep; **II** *ww ovt van* wrijven
wreken revenge [a p., an offence]; *(dikwijls als gerechte straf)* avenge [a p., an injury]; *zich ~* revenge o.s., be revenged, take revenge, take vengeance [on], avenge o.s.; *(fam)* get one's own back; *zulke fouten zullen zich ~* such mistakes will come home to roost; *iets op iem ~* revenge s.t. (up)on a p.; *zich ~ op ... over ...* revenge o.s. (be revenged, have one's revenge) on ... for ...; *het geweld wreekt zich op hen die het uitoefenen* violence recoils on the violent
wreker avenger, revenger
wreking revenge [of a crime]
wrevel I *zn* spite, resentment, rancour; **II** *bn zie* wrevelig
wreveldaad *zie* euveldaad
wrevelig spiteful, resentful, rancorous; *(knorrig)* peevish, tetchy, irritable
wreveligheid 1 *zie* wrevel; **2** *(knorrigheid)* peevishness, etc
wriemelen 1 wriggle, squirm, twist; *gewriemel* swarming, crawling, wriggling, etc; **2** *(kriebelen)* crawl, tickle, itch; *~ van* swarm (crawl, teem, be alive) with
wrijfdoek polishing cloth, flannel
wrijfhout *(mar)* wood fender
wrijfkussen *(elektr)* rubber, cushion
wrijflap polishing cloth, flannel
wrijfletters dry-transfer lettering, rub-down letters
wrijfmiddel liniment
wrijfpaal rubbing post; *(fig)* laughing stock, butt
wrijfprent [brass, etc] rubbing
wrijfsteen rubbing stone
wrijfwas beeswax
wrijven rub; *(boenen ook)* polish [furniture, etc]; grind, bray [colours]; *na veel gewrijf en geschrijf* after a lot of writing (back and forth); *tegen elkaar ~*

rub together; *tot poeder* ~ rub to powder, pulverize; *zijn ogen* ~ rub one's eyes [*van verbazing* with wonder]; *zich de slaap uit de ogen* ~ rub the sleep from one's eyes; *zich (in) de handen* ~ rub (wash) one's hands; *de kat wreef zich tegen mijn been* rubbed herself (rubbed up) against ...; *iets van zijn handen* ~ rub s.t. off one's hands; *zie ook* neus

wrijving friction (*ook fig:* there is some friction between them), attrition *(ook fig)*, rubbing; *(fig ook)* clash [the clash of opinion, of public debate]

wrijvingscoëfficiënt coefficient of friction

wrijvingselektriciteit frictional electricity

wrijvingshoek angle of friction

wrijvingsvlak friction (*of:* rubbing) surface; *(fig)* cause of friction

wrijvingswarmte frictional heat

wrijvingsweerstand friction(al) resistance

wrikken jerk, shake; scull [a boat]; ~ *aan, zie* tornen

wrikriem scull

wringen wring [one's hands], twist [a p.'s arm], wring (out) [clothes, etc]; *iem iets uit de handen* ~ wrest (wrench) s.t. from a p.('s hands); *kaas* ~ press cheese; *zich* ~ twist o.s., wriggle; *zich* ~ *als een worm* squirm (wriggle) like a worm; *zich in allerlei bochten* ~ wriggle, squirm, *(v pijn)* writhe (squirm) with pain; *zich door een opening (erdoor)* ~ wriggle through an opening (squeeze through); *zie ook* gewrongen & schoen

wringing wringing, twist(ing); *(mech)* torsion

wringingshoek angle of torsion

wrochten work [wonders]

wroeging remorse, compunction, contrition; *zie ook* gewetenswroeging

wroeten **1** root, grub [in the earth]; *(ve mol, enz)* burrow *(ook fig)*; *(v kippen)* scratch [on the dunghill]; *(in papieren, enz)* rummage [among papers]; *in de grond* ~, *(ook)* root (*of:* rout) up the earth; *in iems verleden* ~ ferret out (delve into) a p.'s past; *in een zaak* ~ pry into an affair, stir up (the) mud; *een gat in de grond* ~ burrow a hole in the earth; *zie ook* gewroet; **2** toil, drudge, slave

wroeter **1** rooter; rummager; **2** toiler; *vgl* wroeten

wrok grudge, rancour, ill-will, ill-feeling, resentment, spite; *een* ~ *tegen iem hebben (koesteren)* bear a p. a grudge, have a grudge (a spite) against a p.; *(geen)* ~ *koesteren (gevoelen)* bear (no) malice; *een* ~ *opvatten tegen* conceive a grudge against; *met* ~ *in het hart* [she stared at him] resentfully

wrokken fret, chafe [*over* at], sulk; ~ *tegen* have a grudge against; *hij wrokt er nog over* he is still very sore about it, it still rankles

wrong **I** *zn* **1** *(algem)* roll; *(krans)* wreath; *(haar~)* knot [of hair], coil, bun, chignon, *(tulband)* turban; *(heupkussentje)* bustle; **2** *(her)* wreath, torse; **3** *(ruk)* wrench; **II** *ww ovt van* wringen

wrongel curdled milk, curds; *zoete* ~ *met room* junket

wuft frivolous, flighty, volatile, fickle

wuftheid frivolity, volatility, fickleness

wuiven wave; ~ *met* wave [one's hand, handkerchief]; ~ *de zakdoeken, (ook)* fluttering handkerchiefs; ~*d gebaar* wave [of the hand]

wulf vault(ing); *(mar)* counter

wulk whelk

wulp **1** *zie* welp; **2** curlew; *(Sch)* whaup

wulps lewd, lascivious; *een* ~*e blik* a provocative look

wulpsheid lewdness, lasciviousness

wurgen strangle, throttle; *(als doodstraf in Spanje, enz, & om te beroven)* garrotte

wurger strangler, garrotter; *(vogel)* butcherbird, shrike

wurggreep stranglehold *(ook fig)*

wurging (manual) strangulation, throttling

wurgketting choke chain

wurgpaal garrotting-post

wurgstokje nunchaku

wurm worm; *het arme* ~ the poor mite

wurmen wriggle, worm, twist; *(fig)* drudge, toil (and moil), fag; *zich erin (eruit)* ~ wriggle (worm, worm o.s.) into (out of) it

Württemberg(s) Würt(t)emberg

wuziwuk wysiwyg

WW afk van *Werkloosheidswet* Unemployment Act

WWV afk van *Wet Werkloosheidsvoorziening* Unemployment Provision Act

wyandotte wyandotte

wybertje lozenge *(beide bet)*

x (the letter) x; *(algebra)* x; *de x van punt P* the abscissa of P; *ik heb hem x keer (een x-aantal keren) gewaarschuwd* I've warned him umpteen (dozens of) times
xanthine xanthine
xantippe Xanthippe, tartar
x-as x-axis
x-benen knock-kneed legs; ~ *hebben, (ook)* be knock-kneed, have knock-knees
xenofobie xenophobia
xenomanie xenomania
xenon xenon
xeres(wijn) sherry
xerofyt xerophyte
xerografie xerography
X-las double vee-joint
x-stralen X-rays
XTC Ecstasy, MDMA
xyleem xylem
xyleen xylene
xylofoon xylophone
xylograaf xylographer
xylografie xylography

y

y (the letter) y; *de ~ van punt P* the ordinate of P
yalesleutel Yale key
yaleslot Yale lock, cylinder lock
yam yam
yamswortel yam
yang yang
yankee Yankee, *(fam)* Yank
y-as y-axis
yen yen
yes: *reken maar van ~!* absolutely!
yeti yeti
yin yin
yoga yoga
yoghurt yog(h)urt
yogi yogi
yperiet mustard gas
ypsilon upsilon, (the letter) y
yucca *(sierplant)* yucca
yup(pie) yuppie, yuppy

Z

z (the letter) z
Z Z; afk van *Zuid(en)* S (South)
zaad seed (*ook fig:* the seed of Abraham); *~je, (ook)* grain of seed; *(dierlijk)* semen, sperm; *het ~ der tweedracht (deugd, ondeugd)* the seed of strife (virtue, vice); *in het ~ schieten* run (go) to seed, seed; *op zwart ~ zitten* be on the rocks, be hard up; *(fam)* be (down) on one's uppers
zaadader spermatic vessel
zaadbakje seed-box, feeding dish
zaadbal testicle
zaadbed seedbed
zaadbolster seed vessel, pericarp
zaadcel spermatozoon (*mv: -zoa*)
zaaddodend spermicidal
zaaddonor sperm donor
zaaddoos capsule
zaadgans bean goose
zaadhandelaar seedsman
zaadhuid seed-coat, testa
zaadhuisje, zaadhulsel seed vessel, pericarp
zaadkern nucleus
zaadkiem germ
zaadknop ovule
zaadkoek 1 *zie* lijnkoek; **2** *(plantk)* placenta
zaadkwekerij seed farm, seed garden
zaadleider vas deferens, sperm duct
zaadlob cotyledon, seed-leaf
zaadloop involuntary seminal discharge; *(wtsch)* spermatorrhoea
zaadloos seedless
zaadlozing ejaculation, seminal emission (*of:* discharge)
zaadnavel hilum
zaadolie rapeseed oil
zaadplant seed-plant
zaadpluimpje, zaadpluis pappus
zaadstreng spermatic cord, *(inz plantk)* funiculus
zaaduitstorting *zie* zaadlozing
zaag 1 saw; **2** *(zeur)* bore
zaagbank sawbench
zaagbek sawbill; *grote ~* goosander; *middelste ~* red-breasted merganser; *kleine ~* smew
zaagbeugel saw frame
zaagblad 1 saw blade; **2** *(plant)* saw-wort
zaagbok sawhorse, sawing trestle, *(Am)* sawbuck
zaagdak sawtooth roof
zaageend goosander
zaagkuil saw-pit
zaagmachine sawing machine
zaagmeel sawdust
zaagmes saw-knife
zaagmolen sawmill
zaagmolm, zaagmul sawdust
zaagraam saw frame
zaagsel sawdust; *(v metaal)* swarf
zaagsgewijs *(ingesneden)* serrate(d)
zaagsnede 1 *(v mes)* serrated edge; **2** *(in bout, enz)* slot, sawcut
zaagstoel *zie* zaagbok
zaagtafel sawbench
zaagtand sawtooth
zaagvijl saw-file
zaagvis sawfish
zaagvormig saw-shaped, serrated; *(plantk) zie* gezaagd
zaagwesp sawfly
zaagzetter *(toestel)* saw-set, saw-wrest
zaaibak seed pan
zaaibed seedbed
zaaibloem seed-flower
zaaien sow; *tweedracht (wantrouwen, verdeeldheid) ~* sow dissension (distrust, discord); *gelijk gij zaait zult gij maaien* as you sow so you (will) reap, as you make (have made) your bed so you must lie on it; *het gezaaide* the sowings; the crop
zaaier sower [a sower went forth to sow; *Matth. 13:3*]
zaaigoed sowing-seed
zaaigraan seedcorn
zaaiing sowing
zaaikoren seedcorn
zaailand sowing land
zaailijnzaad flaxseed
zaailing seedling
zaaimachine sowing machine, seeder
zaaioester seed oyster
zaaiplant seedling
zaaisel sowings
zaaitijd seed-time, sowing-time, sowing-season
zaaizaad sowing-seed
zaak 1 *(aangelegenheid)* business, matter, affair, case; *zaken* affairs, business, matters, things [take things as you find them]; *(staatszaken)* affairs [be at the head of affairs; Foreign Affairs]; *Chinese zaken* [an authority on] things Chinese; *huiselijke (industriële) zaken* domestic (industrial) affairs; *~ van ondergeschikt belang* matter of minor importance; *dit feit maakt de ~ ingewikkelder* this fact complicates matters; ***het is ~ dat*** ... it is necessary (advisable) that ...; *het is ~ snel te handelen* the (great) thing is to act quickly; *het is een ~ van minuten* it's a matter of ...; ***de ~ is*** *dat ik niet wil* the fact (the fact of the matter, the point, *fam:* fact) is that I don't want to; *dat is de*

~ niet that is not the point; *wat is nu eigenlijk de ~?* what's the point exactly?; *de ~ (waar het over gaat) is ...* the point (at issue) is ...; *de ~ is deze* the fact (the point) is this; *dat is de hele ~* that's the whole matter; *dat is een* ***andere*** *~* that is a different matter; *zie ook* anders: wat ~; ***ieders*** *~ is niemands ~* everybody's business is nobody's business; *dat is* ***jouw*** *~* that's your business (your concern, your look-out, *iron:* your funeral); *dat is* ***mijn*** *~* that's my affair; *dat is mijn ~ niet* that is not my business, no business (no concern) of mine; *geduld (enz) is zulk een* ***schone*** *~ ...* is a fine thing; *het is niet* ***veel zaaks*** it is not up to much, nothing much; *(fam)* it's no great shakes, not much cop; *(ook:)* [many of the sketches were] a good way below par; *zijn zaken (zaakjes)* ***kennen*** know one's business (one's job); *de zaken* ***overdenken*** think things over; *hoe* ***staan*** *de zaken?* how do things stand?, how are things?; *zo staan de zaken* that's how the matter stands (how matters stand, how we stand); *zo staat de ~ op het ogenblik* there the matter rests at present; *de ~ staat nu zó, dat ...* the position is now that ...; *zoals de zaken staan* as things are; ***ter*** *zake van* on account of; *zie ook* inzake; *een ter zake dienende vraag* a pertinent question; *niet ter zake dienende* not to the point, irrelevant, beside the point; *laat ons ter zake komen* let us get down to business, *(fam)* let us get down to brass tacks; *ter zake!* to the point!, to business!, come to the facts, please!; *dat doet niets ter zake (****tot*** *de ~ af), a)* that is beside the point (is irrelevant); *b)* that is of no consequence, is neither here nor there; **2** *(jur)* case, (law)suit; *de (rechts)zaak Robinson* the Robinson case; *er een ~ van* ***maken*** go to law; *ik wil er geen ~ van maken, (ook)* I'll do nothing about it; *de ~ is* ***voor*** *(komt morgen voor)* the case is on (will come on tomorrow); *iem zijn ~* ***voorleggen*** put one's case before a p.; ***in*** *zake* concerning; *zie* inzake; **3** *(roerende ~)* chattel; **4** *(idee dat men voorstaat)* cause; *de ~ van de geallieerden* the Allied cause; *een ~* ***bevorderen*** further a cause; *strijden voor een edele ~* fight in a noble cause; *werken voor de zaak van het socialisme* work in the cause of ...; *alles opofferen voor de ~ van het recht* sacrifice everything to the cause of right; **5** *(de eigenlijke ~)* [evade the] issue; **6** *(ding)* thing; **7** *(bedrijf)* business, concern, trade; *(transactie)* transaction; *(sl)* deal; *zaken, (handel)* business; *twee zaken (winkels, enz) hebben* have two businesses; *zaken* ***zijn*** *zaken* business is business; *(de) zaken gaan* ***voor*** *het meisje* business before pleasure; *zaken doen voorgaan* put business before pleasure; *een ~* ***afsluiten*** conclude a transaction, *(fam)* bring off a deal; *een ~* ***beginnen*** start a business, open a shop, set up in business; *zaken* ***doen*** do (carry on) business; *grote zaken doen* have an extensive trade, do business on a large scale; *zaken doen met* deal (have dealings, do business) with; *goede zaken doen* be in a good way of business, do good business; *we zouden samen zaken kunnen doen* we might do a deal; *zo doet men geen zaken* it's not business; *een ~* ***drijven*** carry on (run) a business; *zie ook* drijven; *in zaken zijn (gaan)* be in (go into) business; *hoe staat het* ***met*** *de zaken?, a)* how is business?; *b)* how are you (getting on)?; ***uit*** *de zaken gaan* retire from business; *auto* ***van de*** *~* company car; *hij reist (is hier, gaat naar L)* ***voor*** *zaken* he travels (is here, goes to L) on business; *hij bezoekt mij alléén voor zaken* he visits me only in the way of business; *zie ook* zaakje, advocaat, gedaan, gemeen, grond, ingaan, kennis, zeker, enz

zaakgeheugen memory for facts

zaakgelastigde agent, proxy, representative; *(ve regering)* chargé d'affaires, (diplomatic) agent

zaakje 1 *(winkeltje, enz)* small business; **2** *(ding, enz)* [a poor] affair, arrangement; *ik heb genoeg van het hele ~* I'm fed up with the whole show; **3** *(karwei, handel, enz)* (little) job; *(fam)* proposition; *een voordelig ~, (transactie)* a good stroke of business, [put a p. on to] a good thing; *hij maakt de godsdienst tot een ~* he makes religion a commercial (money-spinning) proposition; **4** *(geslachtsdelen)* (family) jewels; *zie ook* boel, boeltje & vuil

zaakkennis (special, practical) knowledge of a subject

zaakkundig expert, well-informed, businesslike

zaakkundige expert

zaaknaam name of a thing, *(gramm)* common noun

zaakregister subject index, index of subjects

zaaks *zie* zaak

zaakvoerder agent

zaakwaarnemer solicitor; *haar ~* her agent

zaal 1 hall, room; *(in ziekenhuis)* ward [the general, the geriatric ward]; *(theat, enz)* auditorium, house [is there a doctor in the house?], audience; *(als rang)* pit; *een volle ~, (theat, enz)* [play to] a full house; **2** *zie* zadel

zaalchef superintendent

zaalhockey indoor hockey

zaaljuffrouw usherette

zaalsport indoor sport

zaalverlichting house lights

zaalwachter usher

zaalzuster ward sister

Zacharia Zechariah

zacht 1 *(niet hard)* soft [cushion, bed, bread, cheese, skin, palate, water]; *~e medeklinker* voiced (*of:* soft) consonant; *~ staal* mild steel; *~ koken* soft-boil [eggs]; *~ gekookt ei* soft-boiled egg; *zie ook* ei(tje), vulling, & *vgl* 2; **2** *(niet krachtig)* gentle [breeze, tap at the door], soft [touch, rain softly]; *~ vuurtje* [stew it on a] slow fire; *een ~e wenk* a gentle hint; *~ wijntje* smooth (mellow) wine; *~ aanraken* touch gently (lightly); *~ antwoorden (binnenkomen, lopen)* reply (enter, tread) softly; *~ behandelen* deal gently with; *~(jes) koken* boil gently; *~ wat!* gently!; **3** *(niet luid)* low [murmur, in a low voice], soft [tread softly, sing (say) it softly]; ~ *spreken* speak low, speak under one's breath; ~*er spreken* drop (*of:* lower) one's voice; ~*er zetten (laten spelen)* turn down [the radio]; **4** *(niet ruw)* smooth [skin]; **5** *(vh klimaat, enz)* mild [climate, winter]; **6** *(ve kleur)* soft [a soft brown eye]; **7** *(vh licht)* soft, mellow, subdued; **8** *(ve vrucht)* soft, mellow; **9** *(niet snel)* slow [drive slowly]; **10** *(lieflijk)* sweet [music], mellow [tones]; **11** *(goedig)* gentle, mild [an extremely mild man], meek; sweet [temper]; **12** *(niet streng)* lenient [master, sentence], mild [regime, punishment]; *haar ogen namen een ~ere uitdrukking aan* her eyes softened; ~ *oordelen over* take a charitable (lenient) view of; *te ~ oordelen, (ook)* err on the side of charity; *op zijn ~st genomen (gezegd, uitgedrukt)* to put it mildly, to say the (very) least (of it); **13** *(niet moeilijk)* easy; *een ~e dood sterven* die an easy death; *(fig)* fade away, cease to function; **14** ~ *(werkend)* mild [medicine]; **15** *(geleidelijk)* gentle [slope]; **16** *(v smaak)* mild, delicate; **17** *(niet hoog)* low; *een ~ prijsje* a low (favourable) price; *zie ook* zachtjes

zachtaardig gentle, kindly, mild(-tempered)

zachtaardigheid gentleness, sweetness

zachtboard softboard

zachtheid softness, smoothness, gentleness, sweetness, leniency, mildness; *vgl* zacht

zachthout softwood

zachtjes softly, gently, slowly, quietly; ~ *bidden* pray silently (in silence); *zie ook* zacht; ~*!* hush!; ~ *aan!* gently!, easy!, steady!; ~ *aan, dan ..., zie* langzaam

zachtjesaan gradually, by and by; *het wordt ~ tijd* it is about time

zachtmoedig *zie* zachtaardig; *(bijb)* [blessed are the] meek

zachtsoldeer soft solder, tin solder

zachtwerkend mild [medicine]

zachtzinnig *zie* zachtaardig; *niet ~ te werk gaan, (ook)* act ruthlessly

zadel 1 saddle; *iem in het ~ helpen* give a p. a leg up; *(fig ook:)* set a p. in the saddle; *in het ~ springen* leap (vault, swing) into the saddle; *in het ~ zitten, (ook fig)* be in the saddle; *vast in het ~ zitten* have a firm seat, *(ook fig)* be firmly in the saddle; *uit het (de) ~ lichten (werpen)* unseat, unhorse, *(fig)* supplant, oust; *hij werd uit het ~ geworpen, (ook)* he parted company with his horse, he had (his horse gave him) a spill, he took a toss; *zonder ~ rijden* ride bareback; **2** *(aardr, weerkunde)* col

zadelboog saddle bow; *(achter)* cantle, hind bow

zadelboom saddle tree

zadeldak pitched (gable, *op toren:* saddleback) roof

zadeldek saddle-cloth; ~*je, (ve fiets)* saddle-cover

zadelen saddle (up)

zadelgewricht saddle-shaped joint

zadelkleed saddle-cloth

zadelknop pommel

zadelkussen saddle-cushion, saddle-pillion, saddle-pad

zadelmaker saddler, saddle-maker

zadelmakerij 1 saddler's shop; **2** saddlery, saddler's trade

zadelpaard saddle-horse

zadelpen *(ve fiets)* saddle pillar (pin, post)

zadelpijn saddle-soreness; ~ *hebben* be saddle-sore

zadelriem saddle girth

zadelrob harp seal, *(Am ook)* saddleback

zadelrug saddleback; *met ~* saddlebacked

zadelsteek, zadelstiksel saddle stitch

zadeltas saddlebag; *(ve fiets, ook)* wallet, toolbag

zadeltuig saddle with girths, leathers and irons

zadelvast firm in the saddle

zag *ovt van* zien

zagen 1 saw; *(op viool)* saw [on the fiddle], scrape [on the violin]; **2** *over iets ~* harp on a subject (on the same string); *lig (zit) niet te ~* don't keep harping on (about it)

zager 1 sawyer; **2** scraper; **3** bore; **4** ragworm; *vgl* zagen

zagerij 1 sawing; **2** sawmill

Zaïrees Zaïrean, Zaïrian

zak 1 *(algem)* bag [paper bag; moneybag, etc; *(ook baal:)* bag of coffee, of rice]; *(altijd groot)* sack [of corn, flour, potatoes]; *(leren ~, tabakszak, wijnzak)* pouch; *(ve kledingstuk & biljart)* pocket; *(ve matroos, enz)* kitbag; ~*je, (afdeling ve portefeuille, enz)* pocket; *(peperhuisje)* [paper] screw, cornet; sachet [of powdered milk]; ~*je zaad* packet of seeds; *de ~ **geven*** give a p. the sack (boot), sack a p.; *de ~ **krijgen*** get the sack, be sacked; ~*jes **plakken**, (fig)* do time; *met het ~je **rondgaan*** take up the collection; *zijn ~ken **vullen*** fill (line) one's pockets *(ook fig)*; *ik heb een ~ **zout** met hem gegeten* I have known him for ages; ***in** ~ en as zitten* feel desperate; *ze hadden de wedstrijd in de ~* they had ... in the bag, all tied (sewn) up; *doe (steek) het in je ~* put it in your pocket; *steek die in je ~* put that in your pipe and smoke it; *een belediging in zijn ~ steken* pocket (swallow) an insult; *in de ~ tasten* put one's hand in(to) one's pocket, dive into (feel in) one's pocket, *(fig ook)* dip (deeply) into one's pocket (*of:* purse); *hij is altijd klaar om in zijn ~ te tasten* he is always ready to contribute; *we voelen het in onze ~ken* it hits us in our pockets; *in de ~ stoten, (biljart)* pocket [a ball]; *de hand **op** de ~ houden* be tight-fisted; *hij had geen geld op ~* he had no money about him (with him); *op iems ~ leven* live at a p.'s expense, sponge on a p.; *ik betaalde hem **uit** mijn eigen ~* I paid him out of my own pocket; *zie ook* kat, oog, pak; **2** *(biol, onder ogen)* bag, pouch; *(in dier of plant)* sac; *(ve buideldier)* pouch; *(balzak)* scrotum; **3** *(slop)* blind alley; **4** *(~ van een vent)* clot, bore; *vgl* sok 4

zakagenda pocket diary

zakboekje notebook; *(mil)* paybook

zakbreuk inguinal hernia

zakcent(je) pocket money

zakdoek (pocket) handkerchief; *(fam)* hanky; ~*je*

leggen drop the handkerchief
zake *zie* zaak
zakelijk 1 real, essential [difference]; *(degelijk)* well-informed [article], businesslike [management], sound, pertinent [remarks], factual [speech]; ~ *onderpand* collateral (security); ~*e inhoud* substance, gist, purport; ~ *blijven* keep (stick) to the point (to one's text); **2** *(beknopt)* concise, succinct; *(ad rem)* [brief and] to the point; **3** *(niet persoonlijk)* objective, matter-of-fact; *om redenen van ~e aard* for non-personal (for other than personal) reasons; *het ~ deel [ve retraite, enz]* the material part, the practicalities
zakelijkheid succinctness, conciseness, objectivity; businesslike character; matter-of-factness; *nieuwe ~* functionalism
zakenbrief business letter
zakencijfer turnover
zakendoen (doing) business; *zie* zaak
zakenkabinet cabinet not supported by a working majority
zakenkringen business circles, the business community
zakenleven: *het ~* the business community, commerce
zakenlieden businessmen
zakenlunch business lunch
zakenman businessman
zakenpand(en) business premises *(mv)*
zakenreis business trip
zakenrelatie *(ook pers)* business connection; *(pers)* business friend
zakenwereld business world
zakformaat pocket-size; *in ~, (ook fig)* pocket [battleship, etc], pocket-handkerchief [garden]
zakgeld pocket money, spending money
zakjapanner pocket calculator
zakkam(metje) pocket comb
[1]**zakken 1** sink [in the mud, rain sinks into the earth]; *(v water)* fall, drop, subside; *(vd barometer)* fall, drop; *(ve vliegtuig)* lose height; *(ve muur, deur, enz)* sag; *(v effecten)* fall; *hij zakte door zijn knie* his knee gave; *haar boosheid zakte* her anger ebbed; *door het ijs ~* go (fall) through the ice; *erdoor ~* go (fall) through; ***laten*** ~ let (draw) down [a blind], hang [one's head], lower [he lowered his newspaper], drop [one's voice]; fail, plough [a student]; *vgl* 2; *de moed laten ~* lose courage; *zich laten ~* let o.s. down, lower o.s. [into a chair]; *zie ook* dalen & afzakken, ineenzakken; **2** *(bij examen)* fail (the examination), *(fam)* be (get) ploughed [in an examination]; ~ *als een baksteen* fail, etc, ignominiously; ~ *op (voor) wiskunde* fail in mathematics; ~ *voor een examen, (ook)* fail an examination; ***laten*** ~ fail [they are going to fail you]; **3** *(bij het zingen)* lose the key, go flat
[2]**zakken** *(in zakken doen)* bag, sack
zakkendrager (market) porter
zakkengoed sacking
zakkenrollen *zn* pocket-picking, pickpocketing
zakkenroller pickpocket; *(sl)* dip
zakkenvuller profiteer
zakkenwasser dope; shit
zakk(er)ig clottish, spineless
zakkijker pocket binoculars
zakkompas pocket compass
zaklamp, zaklantaarn pocket torch, flashlight
zaklinnen sackcloth, sacking, bagging
zaklopen *zn* sack-race
zakmes pocket knife, penknife
zaknet bag-net
zakschaartje pocket scissors
zaktelefoon mobile (phone)
zakuitgave pocket edition
zakvol pocketful, bagful, sackful
zakvormig sack-, bag-shaped; *(plantk)* saccate; *(dierk)* sacciform
zakwoordenboek pocket dictionary
zalf ointment, unguent, salve; *een ~je op de wond, zie* pleister; *daaraan is geen ~ te strijken* it's labour lost; *aan hem is geen ~ te strijken* he is incorrigible, is past praying for
zalfachtig unctuous
zalfolie anointing oil, consecrated oil, chrism, chrismal oil
zalfpot gallipot
zalig 1 blessed, blissful; *(r-k)* Blessed [Oliver Plunkett]; ~ *maken* save; *wat zal ik doen om ~ te worden?* what shall I do to be saved?; ~ *spreken* beatify; ~ *zijn de armen van geest* blessed are the poor in spirit; *het is ~er te geven dan te ontvangen* it is more blessed to give than to receive; ~ *zijn de bezitters* possession is nine points of the law; *de ~en* the blessed; **2** *(verrukkelijk)* divine, gorgeous, heavenly [fruit], glorious [weather]; *(sl, dronken)* glorious (*ook:* gloriously drunk, gloriously lit up), tight; *er lag een ~e uitdrukking op zijn gelaat, (ook scherts ve dronkaard)* his face was beatific; ~*e glimlach* beatific smile; *het was ~* it was glorious
zaligen beatify
zaliger late, deceased; *zijn moeder ~* his late (*fam:* poor, dear) mother; *uw vader ~ gedachtenis* your ... of blessed memory
zaligheid 1 salvation, bliss, beatitude, blessedness; *de acht zaligheden, (r-k)* the eight beatitudes; *zie ook* deelachtig; **2** *(geluk, genot)* bliss; *wat een ~!* how glorious!, how delightful!
zaliging beatification
zaligmakend soul-saving, beatific, sanctifying [grace]; *zie ook* alleenzaligmakend
Zaligmaker Saviour
zaligmaking salvation
zaligspreking beatification; *de ~en, (bergrede)* the Beatitudes
zaligverklaring beatification
zaling *(mar)* cross-, trestle-trees
zalm salmon; *jonge ~* grilse, samlet; *zie ook* neus

zalmachtig salmon-like, *(wtsch)* salmonoid
zalmforel salmon trout
zalmkleur salmon (colour), salmon pink
zalmkleurig salmon(-coloured), salmon-pink
zalmmoot fillet of salmon, salmon steak
zalven *(ter wijding)* anoint; *(wond, enz)* rub with ointment; *~d* unctuous, greasy, oily [tone]; *een ~de huichelaar* an unctuous hypocrite; *'...', zei hij ~d* '...', he said unctuously
zalving anointing; *(fig)* unction, unctuousness
Zambia, Zambië Zambia
Zambiaan(s) Zambian
zamen: *te ~* together; *zie* samen
zand sand; *(vuil, tussen machinedelen, enz)* grit; *opeengewaaid ~* drift-sand; *talrijk als het ~ der zee* as numerous as the sands on the seashore; *het hangt als los (droog) ~ aan elkaar* it does not hang together (cohere), is disjointed; *iem ~ in de ogen strooien* throw dust in a p.'s eyes, pull (the) wool over a p.'s eyes; *de kop in het ~ steken* bury (hide, put) one's head in the sand; *in het ~ bijten* bite the dust; *op ~ bouwen* build on sand; *~ in de machine strooien* put sand in the gears; *met ~ bestrooien* sand [a well-sanded floor]; *~ erover!* let bygones be bygones, let's forget it!; *zie ook* weldaad
zandaal sand eel
zandaardappel sand (*of:* light-soil) potato
zandachtig sandy
zandbaars pike-perch
zandbad sand-bath, *(med)* saburration
zandbak sandbox, sandpit
zandbank sandbank, shallow, shoal; *(in haven- of riviermond)* (sand) bar
zandblad *(v tabak)* sand-leaf
zandblauwtje *(plant)* sheep's-bit
zandbodem sandy soil
zanden sand [writing, land], dry (*of:* mix) with sand
zander zander, pikeperch
zanderig sandy, gritty
zanderij sandpit
zandgebak shortbread
zandglas *zie* zandloper
zandgroeve sandpit
zandgrond sandy soil (*of:* ground); *op een ~ bouwen* build (up)on sand
zandhaas 1 wild hare; **2** *(mil)* footslogger
zandhaver lyme-grass
zandheuvel sandhill
zandhoos sand spout
zandig *zie* zanderig
zandkasteel sandcastle
zandkever tiger beetle
zandkleurig sand-coloured, sandy
zandkoekje shortbread biscuit
zandkorrel grain of sand
zandkruid sandwort
zandkuil sandpit
zandlaag stratum (*of:* layer) of sand, sand-bed
zandlichaam embankment, sand dam, sandfill
zandloper hourglass, egg-timer; *zie ook* strandloper, strandplevier & zandkever
zandmannetje sandman, Wee Willie Winkie
zandoever sandy shore
zandoogje meadow brown (butterfly)
zandpad sandy path
zandplaat sandbank, flat, shoal
zandrug ridge of sand
zandruiter unhorsed (fallen, thrown) rider; *~ worden* be unhorsed; *(fam)* take a toss
zandsteen sandstone [quarry]
zandstorm sandstorm, dust storm
zandstraal, zandstralen *(techn)* sandblast
zandstrand sandy beach
zandstreek sandy region
zandstrooier sandbox; sander, *(ve tram)* (track) sander
zandstrookgang *(mar)* garboard (strake)
zandtaart(je) 1 *(v zand)* sand pie, mud pie; **2** *(gebak)* shortbread
zandverstuiving sand drift, shifting sand
zandvlo sand flea, chigoe, chigger
zandvorm sand mould *(ook zandvormpje)*
zandvormer sand moulder
zandweg sandy road (*of:* track)
zandwesp digger (wasp)
zandwoestijn sandy desert (*of:* waste)
zandzak sandbag
zandzee sea of sand
zandzegge sand carex, sand sedge
zandzuiger sand dredger, suction dredger
zang singing, song; *(lied)* song; *(ve gedicht)* canto; *zie ook* koekoek
zangavond sing-song; *gemeenschappelijke ~* community singing night
zangbalk *(ve strijkinstrument)* bass bar
zangberg: *de ~* Parnassus, Helicon
zangbodem soundboard, sounding board
zangboek songbook, book of songs
zangcursus singing class
zanger(es) (female, lady) singer, vocalist; *(dichter)* poet, bard; *(vogel)* (feathered) songster, warbler
zangerig 1 melodious, tuneful [music], lilting [rhythm]; **2** fond of singing; *~e toon* [she answered in her pleasant] sing-song (tone)
zanggezelschap choral society
zanggod god of song: Apollo
zanggodin muse; *de ~nen, (ook)* the (sacred) Nine
zangkoor choir
zangkunst art of singing, vocalism
zangleraar singing teacher
zangles singing lesson
zanglijster song thrush
zangmuziek vocal music
zangnimf muse
zangnoot musical note
zangnummer song (number)

zangorgaan *(ve vogel)* syrinx, song-box
zangpartij voice part
zangschool singing school; *(bij kathedraal)* choir school
zangsleutel clef
zangspel opera, operetta
zangstem **1** singing voice; **2** voice part
zangstuk song
zangvereniging choral society
zangvogel singing bird, songbird
zangwedstrijd singing competition (contest)
zangwijsje, zangwijze tune, melody
zangzaad birdseed, canary seed
zanik bore, moaner
zaniken keep on, go on and on [about s.t.], nag; *lig toch niet zo te ~* don't be such a bore, don't keep on nagging; *je zanikt me nog dood* you'll badger the life out of me; *iem over iets aan de oren ~* keep dinning s.t. into a p.'s ears; *blijven ~ over* keep harping on, going on about; *ze zanikte zo lang tot ik het deed* she pestered me into doing it; *zie ook* zeuren
zaniker, zanikkous bore
Zanzibar Zanzibar; *van ~* Zanzibari [girl]
zappen zap, graze
zat I *bn* **1** satiated, filled to satiety; *oud en der dagen ~* old and full of years (of days); *zich ~ eten, enz* eat, etc one's fill [*aan* of]; *zich ~ kijken* look (gaze) one's fill [*aan* at]; **2** *(in overvloed)* [flowers] galore, plenty [of time, we have plenty]; *hij heeft geld ~* he has lots (heaps, pots) of money (money to spare); **3** *(beu)* fed up; *ik ben het ~* I am sick (and tired) of (fed up with) it; *hij was haar ~* he was tired to death of her; **4** *(dronken)* tight, soaked, *(fam)* legless, *(sl)* pissed; *zo ~ als een aap, enz* stoned; II *ww ovt van* zitten
zate homestead
zaterdag Saturday
zaterdagavond Saturday evening, Saturday night
zaterdags I *bw* every Saturday, on Saturdays, of a Saturday; II *bn* Saturday
zatheid **1** satiety; **2** weariness
zatladder, zatlap, zatterik *(fam)* soak
zavel sandy clay
zavelboom savin
Z.B., Z.Br. *zuiderbreedte* S Lat, South latitude; *zie ook* breedte
Z.D.H. afk van *Zijne Doorluchtige Hoogheid* His Serene Highness
ze *(ev)* she, her; *(mv)* they, them; *eet (maf) ~* enjoy your meal (sleep well)
Zebaoth: *de Here ~* the Lord of Sabaoth
zeboe zebu
zebra **1** zebra; **2** zebra (crossing)
zebracode bar code
zebrapad, zebrastrepen zebra (crossing)
zebravink zebra finch
zede custom, usage; *zie ook* zeden
zedelijk moral; *~ bewustzijn, gevoel* moral sense; *~ lichaam* corporate body, body corporate; *zie ook* gedrag
zedelijkheid morality; *openbare ~* public moral, public (morals and) decency
zedelijkheidsgevoel moral sense
zedeloos immoral, unethical, profligate
zedeloosheid immorality, profligacy
zeden [loose] morals, manners; *~ en gewoonten* manners and customs; *een vrouw van lichte ~* a woman of easy virtue
zedenbederf corruption (of morals), deterioration of morals, depravity
zedenbedervend (morally) corrupting
zedendelict offence against morality, indecency
zedenkunde ethics, moral philosophy
zedenkundig moral, ethical
zedenkwetsend obscene, immoral
zedenleer ethics, morality
zedenles moral, moral lesson; *een ~ bevatten (ten beste geven)* point a moral
zedenmeester moralist; *(ong)* prig
zedenmisdrijf offence against morality, indecency
zedenpolitie *(vglb)* vice squad
zedenprediker moralizer
zedenpreek moralizing sermon, homily; *een ~ houden* sermonize [*tegen iem* sermonize a p.], [don't] moralize
zedenroman novel of manners
zedenspreuk maxim
zedenverwildering *zie* zedenbederf
zedenwet moral law, code of morality (of morals)
zedig modest [girl, costume]; *(dikwijls gemaakt ~)* demure
zedigheid modesty, demureness
zee sea, ocean; *(dicht)* main, [rule the] waves; *de ~, (dicht, ook)* the deep; *de ~ des levens* the ocean of life; *een ~ van tranen* a flood of tears; *een ~ van bloed* seas of blood; *een ~ van licht* a sea (a flood) of light; *er was een ~ van licht in de kamer* the room was flooded with light; *een ~ van bloemen* a mass of flowers; *een ~ van tijd* heaps, oceans of time; *een ~ van woorden* a flood (a torrent) of words; *~ **houden*** hold (on) one's course, stay the course, weather the storm; *~ **kiezen*** put (stand) to sea, put out (to sea); *een ~ **overkrijgen*** ship a sea; *~ **winnen*** get sea room; *een zware ~ brak over het dek* a heavy sea broke over the deck; *er staat een vrij zware ~* there's a good deal of sea on; ***aan*** *~* [a village] on the sea [stay] at the sea(side), [an evening] by the sea; *recht **door** ~ gaan* be straightforward, go straight, steer a straight course; *zie ook* rechtdoorzee; ***in** volle (open) ~* on the high seas; in the open sea, out (at) sea; *in volle ~ komen* gain the offing; *met iem in ~ gaan* join in with a p. [in doing s.t.]; *in ~ steken, zie ~* kiezen*; (fig)* push off, launch forth, go ahead; ***naar*** *~ gaan, a)* go to sea; *b)* go to the sea(side); *de wind is naar ~ toe* is off shore; ***op*** *~* (out) at sea, [eight weeks] out; *hij is (vaart) op ~* he has gone to sea; *op ~ en aan land* [my friends] afloat and

ashore; *over ~ gaan* go by sea; *landen over ~* countries across the sea, oversea(s) countries; *hij kan niet tegen de ~* he is a bad sailor; ***ter ~ en te land*** by sea and land; *strijdkrachten ter ~* naval forces; *zie ook* bouwen, water
zeeaal conger (eel)
zeeaap chimaera, *(Am inz)* chimera
zeeadelaar white-tailed eagle
zeeagaat aquamarine
zeeajuin sea onion, squill
Zee-Alpen Maritime Alps
zeeanemoon sea anemone
zeeanker sea anchor, drogue
zeeappel *zie* zee-egel
zeearend white-tailed eagle
zeearm sea arm, arm of the sea
zeeassuradeur underwriter
zeeassurantie marine insurance
zeeaster sea aster
zeeatlas nautical atlas
zeeaugurk sea gherkin
zeebaak beacon
zeebaars bass
zeebad 1 swim (*fam:* dip) in the sea; **2** seaside resort
zeebadplaats seaside resort
zeebanket seafood; *(inz)* herring
zeebarbeel red mullet
zeebedding seabed
zeebeer ursine seal
zeebenen sea legs; *~ krijgen* find (get) one's sea legs
zeeberil aquamarine
zeebeving seaquake
zeebies sea club-rush
zeebioloog marine biologist
zeeblaas *(dierk)* Portuguese man-of-war
zeebocht bay, bight
zeebodem sea bottom, seabed, sea floor, ocean floor
zeeboezem bay, gulf
zeebonk tar, sea dog, old salt
zeeboulevard *zie* strandboulevard
zeebrand 1 sheet lightning; **2** *zie* branding
zeebrasem sea bream
zeebreker breakwater
zeebrief certificate of registry
zeebries sea breeze
zeecadet naval cadet; *zie* adelborst
zeedamp sea haze
zeeden maritime pine
zeedienst naval service, sea service
zeedier marine animal
zeedijk sea bank (wall, dike)
zeedistel sea holly
zeedorp seaside village
zeedraak chimaera, *(Am inz)* chimera
zeedrift flotsam (and jetsam)
zeedruif *(kwal)* sea gooseberry
zeeduiker *(vogel)* diver
zeeduin coastal dune
zeeduivel angler (fish), frogfish, monkfish, sea devil
zee-eend *(zwarte)* common scoter, *(grote)* velvet scoter
zee-eenhoorn narwhal
zee-egel sea urchin, sea hedgehog
zee-eik water oak
zee-eikel *(soort zeewier)* sea oak
zee-engel angelfish, sea angel
zee-engte strait(s), narrows
zee-en-meetbrief *zie* zeebrief
zeef sieve; *(natte)* strainer; *(voor koren, grind, as, enz)* riddle, *(voor kolen, enz)* screen; *zo lek zijn (een geheugen hebben) als een ~* leak (have a memory) like a sieve; *ze is zo dicht als een ~* she blabs about everything
zeefachtig sieve-like, *(wtsch)* cribiform, ethmoid
zeefauna marine fauna
zeefbeen ethmoid (bone)
zeefdoek straining cloth, strainer
zeefdruk (silk)screen print(ing), screen process
zeeflora marine flora
zeeforel sea trout, salmon trout
zeefvormig *zie* zeefachtig
zeeg I *zn (mar)* sheer; **II** *ww ovt van* zijgen
zeegaand oceangoing, seagoing
zeegang sea, swell
zeegans brent goose
zeegat tidal inlet (outlet), estuary, passage to the sea; *het ~ uitgaan* put to sea; *(gaan varen)* go to sea
zeegedrocht sea monster
zeegevecht sea fight, naval combat (*of:* action)
zeegezicht seascape, *(schilderij ook)* seapiece
zeegod sea god
zeegodin sea goddess
zeegolf 1 sea wave, ocean wave, billow; **2** *(inham)* gulf
zeegras seaweed
zeegroen sea green
zeegrondel(ing) goby
zeehaan gurnard, gurnet
zeehaas *(slak)* sea hare
zeehandel oversea(s) trade, maritime (seaborne, waterborne) commerce
zeehaven seaport
zeeheerschappij naval supremacy, mastery of the sea(s)
zeeheld naval hero
zeehond seal
zeehondencrèche seal sanctuary (nursery)
zeehondenhuid sealskin
zeehondenjacht, zeehondenvangst seal hunting, sealing
zeehoofd pier
zeehoorn whelk-shell
zeejonker *(vis)* rainbow wrasse
zeekaart (sea, nautical) chart
zeekalf sea calf
zeekanaal ship canal
zeekant seaside; *(ve stad, ook)* (sea) front [on the

Brighton front]
zeekantoor custom house
zeekapitein sea captain, master mariner; *(mar)* naval captain
zeekat *zie* inktvis & zeedraak
zeeklaar ready to sail; *(opnieuw) ~ maken* (re)fit [a ship]
zeeklei marine clay
zeeklimaat oceanic (*of:* marine, maritime) climate
zeeklit sea urchin
zeekoe sea cow, manatee, sirenian
zeekoekoek red (*of:* cuckoo) gurnard
zeekoet guillemot
zeekokos double coconut, coco de mer
zeekomkommer sea cucumber
zeekoning **1** sea king; **2** *(vis)* red mullet
zeekool seakale
zeekraal marsh samphire
zeekrab sea crab
zeekreeft lobster
zeekrijgsraad naval court martial
zeekust seacoast, seashore, seaboard
zeekwal jellyfish
zeel strap, trace, web; *(onder stoel, enz)* web(bing)
zeelaars sea boot
zeelamprei sea lamprey
Zeeland Zeeland
zeelavendel sea lavender
zeeleeuw sea lion
zeelelie sea lily
zeeleven sea life, life at sea, a sailor's life
zeelieden seamen, sailors, mariners
zeelook sea onion, squill
zeelt tench
zeelui *zie* zeelieden
zeem **1** *zie* zeemleer & zeemlap; **2** (virgin) honey
zeemacht **1** navy, naval forces; sea power; **2** *zie* zeemogendheid
zeeman seaman, sailor, mariner
zeemanschap seamanship; *(fig)* give(-)and(-)take, compromise; *~ gebruiken* give and take, compromise
zeemansgraf: *een eerlijk ~* a sailor's (*of:* watery) grave
zeemanshuis sailors' (seamen's) hostel
zeemanskist sea chest
zeemanskunst seamanship, art of navigation
zeemansleven seafaring life, a sailor's life, sailoring
zeemanstaal nautical language
zeemeermin mermaid
zeemeeuw (sea)gull, seamew
zeemijl nautical (sea, geographical) mile
zeemijn (drifting, *of:* moored) mine
zeemlap (chamois, shammy) leather, washleather
zeemleer chamois leather, shammy, washleather
zeemleren chamois, shammy, washleather; *~ lap, zie* zeemlap
zeemogendheid naval (*of:* maritime) power, sea power
zeemos sea moss, seaweed
zeemtouwen oil-tanning, chamois-dressing
zeemuis sea mouse, aphrodite
zeen sinew, tendon
zeenaald pipefish
zeenevel sea haze
zeenimf sea nymph, nereid
zeeniveau sea level
zeeoever seacoast, seashore, seaboard
zeeofficier naval officer
zeeolifant sea elephant, elephant seal
zeeoor sea-ear, ormer, abalone
zeeoorlog naval (maritime) war
zeeotter sea otter
zeep soap; *water en ~* soap and water; *zie ook* groen & Spaans; *om ~ gaan, (sl)* kick the bucket, go west; *om ~ helpen, (sl)* do in
zeepaap stargazer, uranoscopus
zeepaard *(myth & dierk)* sea horse; *~je* hippocampus, sea horse
zeepaarde fuller's earth
zeepachtig soapy, saponaceous
zeepaling sea eel; *(groot)* conger (eel)
zeepbakje soap dish
zeepbekken barber's basin
zeepbel soap bubble; *(fig)* (soap) bubble
zeepboom soap tree
zeepdoos soapbox
zeepier lobworm, lug(worm)
zeepijl *(dier)* sea arrow
zeepijnboom cluster pine, pinaster
zeepkist soapbox [orator]
zeepkruid soapwort
zeepkwast shaving brush
zeeplaats seaside place (*of:* town)
zeeplant sea (*of:* marine) plant
zeepok sea acorn
zeepolis marine policy
zeepoplossing solution of soap
zeeporselein sea sandwort, sea purslane
zeepost oversea(s) mail; *(als aanduiding op brieven)* surface mail
zeepostelein sea sandwort, sea purslane
zeeppoeder soap powder
zeeprik sea lamprey
zeeprotest ship's (*of:* captain's) protest
zeeprovincie maritime province
zeepschuim lather
zeepsop soapsuds
zeepsteen soapstone, saponite
zeepwater soapy water, soap and water
zeepzieder soap-boiler, soapmaker
zeer I *zn* sore, ache; *kwaad ~* itch; *oud ~* an old sore; *~ **doen**, (ve lichaamsdeel)* hurt, ache, *(iem)* hurt *(ook fig); dat doet ~* it hurts; *doet het erg ~?* does it hurt much?; *zich ~ doen* hurt o.s.; *het hoofd (de rug) doet mij ~* my head (back) aches; *mijn ogen doen me*

~ my eyes smart; *zie ook* pijn & schelden; **II** *bn* sore; *tegen het zere been schoppen* touch a sensitive spot; *~ lapje* (superfluous) bandage; **III** *bw (bij bn & bw)* very, *(bij ww)* (very) much; *zie ook* heel II; *(ook)* highly [respectable], greatly [esteemed, greatly helped by]; *~ tot zijn plezier* much to his ...; *~ blij* very (greatly) pleased; *~ onlangs* very recently; *~ te beklagen* very much to be pitied; *~ verbaasd* most surprised; *zich ~ vergissen* be greatly mistaken; *ik heb het ~ nodig, (ook)* I need it badly; *ik zal het ~ gaarne doen* I shall be delighted to do it; *zie ook* zeerst, zozeer, veel, danken, enz

zeeraad maritime court

zeeraaf cormorant

zeeraket sea rocket

zeeramp shipping disaster

zeerecht maritime law, law of the sea

zeereep fore-dune

zeereerwaard: *de ~e Heer J S* the (Very) Rev (Reverend) J S

zeeregister ship's log

zeereis (sea) voyage; *zie ook* reis

zeergeleerd very learned; *zie ook* weledel

zeerob 1 *(dier)* seal; **2** *(pers)* (Jack) tar, sea dog; *oude ~* old salt, shellback

zeeroof piracy

zeerot *zie* zeerob 2

zeerover pirate, sea rover, corsair, buccaneer

zeeroverij piracy

zeeroversvlag (pirates') black flag, [hoist the] Jolly Roger, skull and crossbones

zeerst: *zich om het ~ beijveren* vie with each other [in ...ing]; *ze schreeuwden om het ~* they shouted their loudest (*of:* at the top of their voices); *ten ~e* greatly, highly, to the utmost

zeeschade sea damage; *met ~* in a sea-damaged condition

zeeschede sea squirt

zeeschelp seashell

zeeschilder marine painter, seascape painter

zeeschildpad turtle

zeeschip seagoing (ocean-going) vessel; *een lastig ~* a trying person

zeeschuim 1 foam of the sea; **2** cuttle-bone

zeeschuimen practise piracy

zeeschuimer pirate, corsair

zeeschuimerij piracy

zeesla glasswort, marsh samphire

zeeslag sea (*of:* naval) battle

zeeslak sea slug, sea snail

zeeslang *(dierk & fabeldier)* sea serpent

zeesleper seagoing tug, deep-sea tug

zeesluis sea lock

zeesoldaat marine

zeespiegel surface of the sea, sea level; *boven (beneden) de ~* above (below) sea level

zeespin sea spider; spider crab

zeestad seaside (sea coast, seaport) town

zeestekelbaars sea stickleback

zeester starfish, sea star

zeestraat strait(s)

zeestrand beach, sands

zeestrijd sea fight, naval combat (*of:* action)

zeestrijdkrachten naval forces

zeestroming ocean current

zeestuk sea piece, seascape

zeeterm nautical term, sea term

zeetijdingen shipping intelligence

zeetocht voyage

zeeton buoy

zeetrompet *(dierk)* conch

Zeeuw inhabitant of Zeeland

Zeeuws Zeeland; *~e knoop* filigree button

Zeeuwse Zeeland woman

Zeeuws-Vlaanderen Zeeland Flanders

zeevaarder navigator, seafarer

zeevaart navigation

zeevaartkunde (art of) navigation; seamanship

zeevaartkundig nautical, naval; *~ museum* Marine Museum

zeevaartschool nautical college (*of:* school), sea-training school, school of navigation

zeevarend seafaring [nations]; *~e* seafarer, seafaring man

zeevarken sea hog, porpoise

zeevast well-stowed, well-secured; *~ zetten* jam

zeevenkel *(plant)* sea fennel, samphire

zeeverkenner Sea Scout

zeeverzekeraar (marine) underwriter

zeeverzekering marine insurance

zeevis sea fish, marine fish

zeevisserij sea fishery, sea-fishing

zeevlam sea-fog

zeevlo 1 freshwater shrimp; **2** sandhopper

zeevogel sea bird

zeevolk sailors, seamen

zeevonk noctiluca

zeevos thresher, thrasher

zeevracht freight

zeevrachtvervoer seaborne freight traffic

zeewaaier *(koraal)* sea fan

zeewaardig seaworthy; *(v goederen)* packed for ocean shipment

zeewaarts seaward; *~ aanhouden* stand to the offing

zeewater sea water, water of the sea; *door ~ beschadigd* sea-damaged

zeeweg sea route, seaway, ocean highway

zeewering sea(-defence) wall

zeewezen maritime (*of:* nautical) affairs

zeewier seaweed

zeewind sea wind, sea breeze, onshore wind

zeewolf sea wolf, wolf-fish

zeezaken maritime affairs

zeezeilen ocean sailing

zeezicht sea view

zeeziek seasick; *gauw (niet gauw) ~ zijn* be a poor

(good) sailor
zeeziekte seasickness
zeezout sea salt
zeezwaluw tern, sea swallow
zefier zephyr
zeg *zie* zeggen I & zegje
zege victory, triumph; *zie ook* overwinning
zegeboog triumphal arch
zegedicht triumphal song
zegekar triumphal car, chariot
zegekrans triumphal garland (*of:* wreath), laurel wreath
zegekreet shout (*of:* whoop) of triumph
zegekroon crown of victory
zegel 1 *(voorwerp)* seal, stamp; **2** *(lak~)* seal; *gerechtelijk* ~ seal of the court; *het ~ verbreken* break the seal; *zijn ~ drukken op* affix one's seal to; *zijn ~ hechten aan, (fig)* set one's seal to; *verzegeld* ***met*** *zeven ~en, (bijb)* sealed with seven seals; ***onder*** ~ under seal; *onder zijn ~ en door hem getekend* under his hand and seal; *onder het ~ van geheimhouding* under the seal of secrecy; **3** *(afdruk op gezegeld papier)* stamp; *(postzegel, enz)* stamp; *(gezegeld papier)* stamped paper; ***aan*** *~ onderworpen* liable to stamp duty; *vrij* ***van*** ~ exempt from (free of) stamp duty
zegelafdruk seal; *(vs opgeplakt zegel)* impressed (embossed) stamp
zegelbelasting stamp duty
zegelbewaarder Keeper of the Seal; *zie ook* grootzegel(bewaarder) & geheimzegelbewaarder
zegelen 1 *(met lak)* seal (up); *(officieel)* place under seal, affix seals to; **2** *(stempelen)* stamp [stamped paper]; *zie ook* verzegelen
zegelkunde sphragistics, sigillography
zegellak sealing wax
zegellood lead seal, lead
zegelmerk (impression of a) seal
zegelrecht stamp duty
zegelring signet ring, *(hist)* seal ring
zegelvrij *zie* zegel
zegelwas (soft) sealing wax
zegelwet stamp act
zegen 1 blessing, benediction; [such a work would be a] boon, godsend [it will be a godsend to seamen]; *Op Hoop van Zegen* The Good Hope; *er zal geen ~ op rusten* it will bring you (him, etc) no luck; *zijn ~ geven* give one's blessing; *zijn ~ geven aan, (ook)* bestow one's blessing on [the plan]; *de ~ uitspreken* give the blessing, pronounce the benediction; *een ~ vragen, (aan tafel)* ask a blessing; *dat ongeluk was eigenlijk een* ~ was a blessing in disguise; *tot ~ van* for the benefit of; *zie ook* heil & strekken; **2** *(net)* dragnet, seine
zegenbede blessing
zegenen bless; *God zegene u* God bless you; *God zegen de greep!* here goes!; *gezegend met aardse goederen* blessed with worldly goods; *zie ook* gezegend
zegening blessing, benediction
zegenrijk salutary [effects], beneficial
zegenwens blessing
zegepalm palm of victory
zegepenning medal struck in commemoration of a victory
zegepoort triumphal arch
zegepraal 1 victory, triumph; **2** triumphal procession
zegepralen triumph [*over* over]; *~d* victorious, triumphant; *zie ook* kerk
zegerijk victorious [army]
zegeteken trophy
zegetocht triumphal march (*of:* tour; *fig:* career)
zegevieren triumph [*over* over], come off triumphant; *zijn plichtsbesef zegevierde* his sense of duty prevailed [*over zijn inhaligheid* over his avarice]; *~d* victorious, triumphant
zegewagen triumphal car, chariot
zegezuil triumphal column
zegge 1 *(plant)* sedge; **2** *zie* zeggen I.1
zeggen I *ww* **1** say [he said to me ...]; tell [he told me ...]; say, recite [verse]; *ik zal het aan vader* ~ I'll tell daddy; *waarom is me dat niet gezegd?* why was not I told?; *dat zegt hij!* ['he goes to the club';] 'so he says!'; *goedenacht* ~ say (bid) good night; *zie ook* goedendagzeggen; ***zeg, luister eens!*** I say, just listen!; *zeg me eens!* just tell me!; *zeg, is dat niet mooi?* isn't that nice, now?; *(nou) zeg!, (och kom)* come now!; *val niet van de stoep, zeg!* mind you don't fall down the steps; *gauw wat, zeg ik je* be quick, I tell you; hurry up, I say; ***zegge****, tien euro* (the sum of) ten euros; *ik kan het niet* ~ I can't say; *trek* ***als*** *ik het zeg* pull when I give the word; ***dat*** *zég ik je!* you may take that from me!; *dat je zegt, (fam)* what you call, what is called; ***waarom*** *zeg je dat?* what makes you say so?; ***want****, zeg ik, ...* for, I say, ...; ***wat*** *zegt u?* I beg your pardon?; *wat je zegt!* you don't say (so)!, well, I say! (I declare!); ['H is dead';] 'is he now?'; *ik heb wel gehoord - wat zeg ik?, ik heb meegemaakt* I've heard - what am I saying? I've actually witnessed; *wat zei ik ook weer?* what was I saying?; *maar wat zegt men al niet!* [it is said that ...,] but people will say anything; *wat zeg je daar?* what is that you're saying?; *hij zegt maar wat* he is just speaking at random; *je zégt daar wat (iets)* you have s.t. there; *hij zeit wat, (fam)* hear who's talking; *hij weet niet wat hij zegt* he ... what he is saying; *hij wist wat hij zei* he ... what he was talking about; *het is (toch) wat te ~!* isn't it dreadful; *ik wil ~ wat ik te ~ heb* I'll have my (little) say; *zal ik je eens wat ~?* I'll tell you what; *wat ik wou ~, ...* by the way, ...; what I was going to say[, do you know ...?]; *wat zegt dat?* so what?, what of it?; *zeg dat* ***wél!*** you may well say so; you can say that again; *dat heb ik je wel gezegd* I told you so; ***wie*** *zal (kan) het ~?* [he might have recovered;] who can tell?; *wie kan ik ~ (dat er is)?* who shall I say?; *zeg nu* ***zelf*** just think, just consider; *al zeg ik het zelf* though I say it who shouldn't; *u moet het* ***maar*** ~ it's for you to say; *ik*

hoef het maar te ~ (, dan gebeurt het) I have only to say the word ...; *zeg het maar (ronduit)!* speak out!, *(fam)* spit it out!; *als je weg wilt, dan zeg je het maar (dan heb je het maar te ~)* if ..., (just) say the word (you only have to say so); *en daar is het (daar is alles)* ***mee*** *gezegd* and that's all there is to say about it, that is all there is to it, and that's that; *(en daarmee uit)* and there's an end of it (to the matter); ***men*** *zegt, dat hij ziek is* he is said (reported) to be ill; *men (je) zou zo ~ dat ...* it would seem that ...; *men zei van haar, dat ...* it was said of her that ...; *zie ook* men; *het is* ***niet*** *gezegd dat ...* there's no knowing if ...; *dat is niet te ~* there is no saying (*zo ook:* there is no saying what he'll do next); *zie ook* vallen; *ik zeg maar zo, ik zeg maar* ***niets*** I'd rather keep out of that; *ik heb niets gezegd, hoor!* I haven't said anything, mind (you)!; *hij zegt niets, (in gezelschap, enz)* he has nothing to say for himself; *hij zei niets, (ook)* he remained silent; ***nou*** *je het zegt* now you (come to) mention it [you look rather queer]; *dat is niet te* ***veel*** *gezegd* that is not too much to say; *dat zegt te veel (te* ***weinig****)* that is an overstatement (understatement); *die weinig zegt* [a modest man] who says little; ***zoals*** *men dat zegt* as the saying is; *dat* ***hoef*** *je hem geen tweemaal te ~* he needn't be told twice; *ik* ***kan*** *het niet ~* I can't say; *er zijn dingen die men niet kan ~* some things are better left unsaid; *hij kan het zo aardig ~* he has such a nice way of putting things; *ze konden geen pap meer ~, (fam)* they were all in; *meer dan hij kon ~* [he loved her] past (beyond) expression; ***laten*** *we ~ tien pond* (let's) say ...; *hij liet het zich geen tweemaal ~* he did not need to be told twice; *dat* ***mag*** *ik niet ~* I mustn't tell; *(fam)* that would be telling; *ik mag niets ~, (ook)* my lips are sealed; *dat* ***moest*** *jij niet ~* that does not come well from you; *ik* ***weet*** *het niet te ~* I don't know how to put it; *dat* ***wil*** *ik je wel ~* [you haven't the least chance,] I'll tell you that much; *neen, ik wil ~, ja* no, I mean, yes; *hoe* ***zal*** *ik het ~?* how shall I put it?; *aardig* ***gezegd****, (uitgedrukt)* nicely put; *(of) beter (liever) gezegd* or rather; *ik heb gezegd, (vglb)* Thank you (for your attention); *wat heb ik je gezegd?* what did I tell you?; *heb ik het je niet gezegd?* didn't I tell you? (I told you so); *het is gauwer (gemakkelijker) gezegd dan gedaan* it is sooner (easier) said than done; *dat is gemakkelijk gezegd* it is easy to say so; *zo gezegd, zo gedaan* no sooner said than done; *zie ook* minder; ***om*** *zo te ~* so to speak (to say); *ik droomde om zo te ~* I sort of dreamt (*zo ook:* it sort of appeared from nowhere); *om wat te ~* [he only said it] for the sake of saying something; *om maar iets (wat) te ~* to make a suggestion at random; *om niet te ~* [the friendly,] not to say [matey tone]; *zeg het* ***met*** *bloemen* say it with flowers; *daar kan ik niets* ***op*** *~* I just don't know (can't judge); *daar kon men (absoluut) niets op ~* there was no (possible) answer to this, it was unanswerable; *daar kon hij niets* ***tegen*** *~* there was nothing for him to say to that; *ze ~ vader tegen hem* they call him Father; *wat zeg je* ***van*** *dat idee?* how about that for an idea?; *wat zeg je van dinsdag?* how about Tuesday?; *wat viel er nog verder (van) te ~?* what more was to be said?; *wat zeg je van een partijtje tennis?* what do you say to a ...?; *wat zeg je van zo'n brutaliteit?* how is that for cheek?; *zeg hem dat van mij* tell him that from me; *wat zeg je daarvan!* what do you say to that!; *wat zou je ervan ~ als we nog een fles namen (een auto kochten)?* what about another bottle (about buying a car)?; *wat zou je ervan ~ als we eens gingen* how would it be if we went; *ik zal er iets (het mijne) van ~* I'll speak (say s.t.) about it; *er is alles* ***voor*** *te ~* there is everything to be said for it; *er valt voor elk leervak wat te ~* a case can be made out for any subject of instruction; *er is weinig voor te ~* it has little to recommend it; **2** *(betekenen, beduiden, bewijzen)* say, tell, mean; *dat zegt (meer dan)* ***boekdelen*** that speaks volumes; *dat zegt ons* ***niets*** that tells us nothing; *het (dat woord, enz) zegt me niets* it means (conveys) nothing to me; *dat zegt niets, (betekent niets)* that's nothing to go by, *(bewijst niets)* that isn't saying anything; *populariteit zegt niets van de kunstwaarde* popularity proves nothing about ...; *en* ***dat*** *zegt* ***wat*** [he is richer than Rothschild,] which is saying a good deal, and that is saying (quite) a lot (something); *en, wat meer zegt, ...* and, what's more ...; *dat zegt nogal wat!* that's saying a good deal; *dat zegt niet* ***veel*** that's not saying much, there is not much in that; *hij is ervoor, en dat zegt veel* he is in favour of it and that's saying something; *zie ook boven:* dat zegt wat; *dat zegt weinig* [nothing was found, but] that says little; *dat zei hun weinig* that conveyed little to them; *wat* ***wil*** *dat ~?* what does that mean?; *dat wil niet ~ (daarmee is niet gezegd) dat ...* that does not mean (that is not saying, that is not to say) that ...; *dat is* ***te*** *~, dat* ***wil*** *~* that is (to say); *dat is te ~, voor mij* [an unusual letter,] for me that is; *wat het voor mij wil ~* what it means to me; **3** *(bevelen)* tell; *doe zoals je gezegd wordt* do as you're told; *ze deed wat haar gezegd was* she did as she had been told; *laat je dat gezegd zijn* mind that!, bear that in mind!; ***houd*** *(je) dat voor gezegd* remember that, mind (you); *jij hebt hier niets* ***te*** *~* you have no authority here; *ik heb er niets in te ~* I have no say in the matter; *jij hebt het te ~* ['where shall we live?'] 'that's for you to say'; *als ik het te ~ had* if I had my way, if it rested with me; *wie heeft het hier te ~?* who is in charge here?; *ik zal eens laten zien wie het te ~ heeft* I'll show who's the boss (here), I'm going to put my foot down; *je hebt niets* ***over*** *me te ~* I am not under your orders, you have no power (no authority) over me; **4** *(vermelden)* say; *zoals Shakespeare zegt* as ... has it; *zoals reeds gezegd is* [the inquest was adjourned] as already stated; *de bijbel zegt* it says in the Bible, the Bible says; *wat zegt de wet daaromtrent?* what does the law say about it?; **5** *(aanmerken) hij laat zich alles ~* he swallows (puts

hij weet ~ dat hij slaagt he is sure that he will succeed; *dat zou ~ gebeuren* that would be sure to happen; *ze vormen ~ de sterkste partij* they are certain to be the strongest party; *ik weet het ~* I know it for certain (for a fact, for a certainty); *~ weten!* you bet!, sure (thing)!; *zie ook boven:* zo ~ als wat; *[~ weten?, weet je het ~?] positief ~* [are you (quite) sure?] positive!; *ik weet niet ~ welke* I'm not sure which; *ik kan het niet ~ zeggen* I cannot say for certain; *~!* certainly!, yes, indeed!, ['may I come in?'] 'by all means!'; *(wel) ~!, (iron)* why not!; **2** *(concessief)* to be sure [one must admit that ...]; *je hebt hem ~ al gezien* I daresay (I am sure) you have seen him by this time; *jij wilde ons ~ verrassen* you wanted to surprise us, didn't you?; *hij zal toch ~ wel komen?* surely he will come?; *ik hoef ~ niet te zeggen ...* I need scarcely say, ...; *ik mag ~ wel even gaan zitten?* I suppose I may (go and) sit down for a while?; *hij hield me ~ voor erg dom* he must have thought me very stupid; *zie ook* wis

zekeren secure; lock; *(elektr)* fuse

zekerheid 1 certainty; *(overtuigend, ook)* certitude; *~ hebben* be certain; *ik moest ~ hebben* I had to make sure; *~ verschaffen* guarantee; *zich ~ verschaffen* make certain [*omtrent* about], satisfy o.s.; *met ~* with certainty; *ik kan het niet met ~ zeggen* I cannot be certain; *over zijn leven is niets met ~ bekend* of his life nothing is known for certain; *met aan ~ grenzende waarschijnlijkheid* with near-certainty; *voor alle ~* to be (quite) on the safe side, to make assurance doubly sure; **2** *(veiligheid)* safety, security; *(waarborg)* security; *~ stellen* give security, leave a deposit; *zie ook* zeker II.1 & verzekerdheid

zekerheidshalve for safety('s sake); *zie ook* zekerheid: voor alle ~

zekerheidstelling security, bail

zekering *(elektr)* (safety) fuse; *zie ook* stop & veiligheid

zelden seldom, rarely; *niet ~* not seldom, not infrequently; *~ of nooit* rarely if ever, hardly ever, almost never

zeldzaam I *bn* **1** *(zelden voorkomend & ~ mooi, enz)* rare [a rare book]; *een natte juli is niet ~* a ... is not uncommon; *een ~ buitenkansje* a great stroke of luck; **2** *(schaars)* scarce, [visitors were] few and far between; **II** *bw* exceptionally [fine, etc]

zeldzaamheid 1 *(abstr)* rarity, rareness, scarceness, scarcity; *opmerkelijk wegens hun ~* remarkable for their rarity (scarceness); *dat is een ~* that is rare; *het was een ~ als men ... zag* it was a rare thing to see ...; **2** *(concr)* rarity, curiosity

zelf self; *ik ~* I myself; *u ~* you yourself; *hij ~* he himself (*evenzo:* the man himself, the woman herself, the child itself); *zij ~, (mv)* they themselves; *mij (hem, haar, hun) ~* myself (himself, herself, themselves); *dat plan is de eenvoud ~* is simplicity itself (*zo ook:* he is politeness itself); *de edelmoedigheid ~, (ook)* [he is] the soul of generosity; *dat ben je ~!* ['you fool!'] 'fool yourself!'; *wees (ken) u ~* be (know) thyself; *ik doe alles ~* I do everything myself; *ze kookt ~* she does her own cooking; *iets ~ ontdekken* find s.t. out for oneself; *moeilijkheden die ze ~ gemaakt hadden* difficulties of their own making; *kapitein C en ik ~* Captain C and myself (*volkst & scherts:* and self); *om uws ~s wil* for your own sake; *hij had zich de wond ~ toegebracht* the wound was self-inflicted; *zie ook* bode, vanzelf & zichzelf

zelfachting self-esteem, self-respect

zelfbediening self-service [petrol station, restaurant, shop]; *geen ~* attendant service

zelfbedrog self-deceit, self-deception

zelfbeeld self-image

zelfbegoocheling self-delusion

zelfbehaaglijk self-complacent

zelfbehagen self-complacency

zelfbehandeling self-treatment, self-medication

zelfbeheersing self-control, self-possession, [act with great] (self-)restraint; *vol ~, (ook)* self-possessed; *zijn ~ verliezen, (ook)* lose control of o.s.; *zijn ~ herkrijgen* regain one's self-control, regain the mastery over o.s., collect o.s., pull o.s. together

zelfbehoud self-preservation

zelfbeklag self-pity

zelfbeschikking [the right of] self-determination

zelfbeschuldiging self-accusation, self-blame

zelfbespiegelend introspective [mind]

zelfbespiegeling introspection; *zich aan ~ overgeven* retire into o.s.

zelfbestuiving self-pollination, self-fertilization

zelfbestuur self-government, home rule

zelfbevlekking self-abuse, self-pollution, onanism

zelfbevrediging masturbation

zelfbevruchting self-fertilization

zelfbewoning *(ve huis)* owner occupation

zelfbewust self-assured, [look very] sure of o.s., (self-)confident; *(soms)* (self-)conscious

zelfbewustheid, zelfbewustzijn self-assurance, self-confidence; *(soms)* self-consciousness

zelfbinder 1 (automatische schovenbinder) self-binder; **2** *zie* zelfstrikker

zelfbouwsysteem do-it-yourself (DIY) system

zelfde same; *deze ~ rupsen* these very caterpillars; *zie ook* dezelfde & hetzelfde

zelfdenkend automatic, intelligent

zelfdoding suicide

zelf-doen *zn* do-it-yourself

zelfgekozen [a subject] of one's own choice

zelfgemaakt home-made [cake]

zelfgenoegzaam 1 complacent, self-satisfied; **2** *(vero)* self-sufficient

zelfgenoegzaamheid 1 complacency, self-satisfaction; **2** *(vero)* self-sufficiency

zelfgevoel self-esteem, self-respect; *~ hebben* know one's worth; *zie ook* eigenwaarde

zelfheid 1 individuality, one's own self; **2** selfishness

zelfhulp self-help [organization]

zelfinductie self-induction
zelfingenomenheid complacency, self-satisfaction
zelfkant 1 selvedge, selvage, list; **2** *(fig)* outskirts [on the outskirts of the town], fringe [the fringe of this profession], [the] seamy side [of life]
zelfkanten list [slippers]
zelfkastijding self-chastisement
zelfkennis self-knowledge
zelfklevend self-adhesive
zelfkritiek self-criticism
zelfkwelling self-torture, self-torment
zelfmat *(schaken)* self-mate, sui-mate
zelfmoord [commit] suicide; *(jur)* felo de se; *die maatregel staat met ~ gelijk* that ... is suicidal
zelfmoordenaar, zelfmoordenares suicide
zelfmoordgedachten, zelfmoordneigingen suicidal thoughts (tendencies)
zelfmoordpoging attempted suicide, attempt on one's own life
zelfonderricht self-tuition, self-education
zelfonderzoek self-examination, self-analysis, heart-, soul-searching, introspection
zelfontbrandend self-igniting
zelfontbranding spontaneous combustion (ignition)
zelfontplooiing self-expression, self-realization
zelfontspanner delayed action shutter
zelfontwikkeling self-improvement
zelfopofferend self-sacrificing
zelfopoffering self-sacrifice
zelfoverschatting overestimation of o.s.
zelfoverwinning self-conquest
zelfportret self-portrait, portrait [of R] by himself
zelfredzaam able to cope on one's own, independent
zelfregelend self-regulating
zelfregistrerend self-registering, self-recording
zelfreinigend self-cleaning
zelfrespect self-respect; *met ~* self-respecting [persons]
zelfrichtend *(ve boot)* self-righting
zelfrijzend self-raising, *(Am)* self-rising [flour]
zelfs even; *ja ~* indeed; *~ niet* not even; *zijn naam werd ~ niet genoemd, (ook)* his name was not so much as mentioned; *~ tot* right up to [the top]
zelfsmerend self-lubricating
zelfspot self-mockery
zelfstandig independent; self-employed [shopkeeper]; *(op zichzelf vertrouwend, ook)* self-reliant; *(in eigen behoeften voorziend)* self-supporting; *(gramm)* substantive [pronoun; used substantively], substantival; *~ naamwoord* substantive, noun; *~ zijn, (ook)* be one's own master (mistress); *~ denken* think for oneself
zelfstandige self-employed person; *kleine ~n* small tradesmen
zelfstandigheid *(abstr)* independence, self-reliance; *(concr)* entity, thing, substance
zelfstrijd inward struggle
zelfstrijkend non-iron [shirt]
zelfstrikker self-tied tie, knotted tie, hand-tied bow
zelfstudie self-study, self-tuition
zelftank self-service (petrol station)
zelftucht self-discipline
zelfverachting self-contempt
zelfverdediging self-defence; *uit ~* [act] in self-defence
zelfverheerlijking self-glorification
zelfverheffing self-exaltation
zelfverloochenend self-denying, selfless
zelfverloochening self-denial, self-abnegation, self-renunciation
zelfverminking self-mutilation
zelfvernedering self-humiliation
zelfvertrouwen self-confidence, self-reliance; *gebrek aan ~* lack of self-confidence; *vol ~* self-confident, self-reliant; *hij verliest zijn ~* he is losing confidence
zelfverwijt self-reproach
zelfverzekerd self-confident
zelfverzorging: *met ~* self-cater(ing) [apartments]
zelfvoldaan complacent, self-satisfied, smug
zelfvoldaanheid complacency, self-satisfaction, smugness
zelfvoldoening satisfaction
zelfvoorzienend self-supporting
zelfvoorziening self-sufficiency; *(econ ook)* autarky
zelfwerkend self-acting, automatic (*bw:* -ally)
zelfwerkzaamheid self-motivation, self-motivated activity
zelfzucht egoism, self-interest
zelfzuchtig selfish, egoistic (*bw:* -ally), self-seeking; *~ motief, (ook)* interested motive; *~e (bij)bedoelingen hebben* have an axe to grind (*Am:* a log to roll)
zelfzuchtige egoist, selfish person
zeloot zealot, fanatic
zelotisme zealotry, fanaticism
zelve *zie* zelf
Z.Em. afk van *Zijne Eminentie* His Eminence
zemel(aar) *zie* zanik
zemelen I *zn* bran; **II** *ww zie* zaniken
zemelknopen split hairs
zemelton bran tub
zemelvoer bran mash
zemen I *ww* **1** clean with washleather; **2** *(looien)* dress washleather; **II** *bn zie* zeemleren
zen Zen
Zend Zend [the Zend-Avesta]
zendamateur (radio) ham
zendantenne transmitting aerial
zendbereik transmission range
zendbode *(hist)* messenger
zendbrief *(mandement)* charge; *(bijb)* epistle
zendeling missionary
zendeling-arts missionary doctor, medical missionary
zendelinge (woman) missionary
zendelingengenootschap missionary society
zenden send [a p., parcel, goods], forward, dispatch,

ship, consign [goods]; *(v pers, ook)* draft [a large force of police was drafted to the scene]; *(radio)* transmit; *(inz pulsen)* send; ~ *om* send for; *zie ook* sturen

zender sender, shipper, consignor; *(radio)* transmitter; station; *zie ook* geheim

zenderkeuze station selection

zendgemachtigde (radio, TV, broadcasting) franchise-holder

zending 1 *(het zenden)* sending, dispatch; *(het zenden & het gezondene)* shipment, consignment; *(het gezondene, ook)* batch; **2** *(missie)* mission [*onder zeevarenden, enz* to seamen, etc]; *zie ook* inwendig; **3** *(opdracht, roeping)* mission [her mission in life]

zendingsarts missionary doctor, medical missionary

zendingsdrang missionary urge

zendingsgenootschap (church) missionary society

zendingspost, zendingsstation mission (station)

zendingswerk mission work

zendinstallatie transmitting installation

zendmachtiging (radio, TV, broadcasting) licence (*Am:* license)

zendmast [radio, TV] mast

zendontvanger trans(mitter-re)ceiver, [citizen's band] two-way radio

zendpiraat (radio, TV) pirate

zendstation *(telec)* transmitting station

zendtijd *(radio & tv)* airtime

zendtoestel transmitting set

zenduren *(radio & tv)* hours of transmission

zendvergunning transmitting licence

zenegroen *(plant)* bugle

zengen scorch [one's clothes, the grass], singe [a fowl, one's hair]

zenging scorching, singeing

zenig sinewy, stringy [meat]

zenit zenith

zenuw nerve; *ze was één en al ~en* all nerves, a bundle of nerves; *stalen ~en hebben* have nerves of iron (steel); *aan de ~en lijden* suffer from nerves; *het op de ~en krijgen* get (have) a fit of nerves, go off (fall) into hysterics; *hij leeft op zijn ~en* he lives on his nerves; *dat werkt op mijn ~en* it gets on my nerves, *(fam)* it gives me the willies; *zie ook* kapot, war

zenuwaandoening affection of the nerves

zenuwaanval nervous attack, attack of nerves

zenuwachtig nervous, *(fam)* nervy, jumpy, rattled; *(geagiteerd)* flustered, flurried, [be] all of a flutter; ~ *werk* nerve-racking work; ~ *worden, (ook)* get into a state; ~ *maken, (ook)* fluster, *(fam)* rattle [a p.], put [a p.] off his stroke; *het (hij) maakt me ~, (prikkelbaar)* it (he) gets on my nerves; *ze maakt zich ~ over haar kinderen* she fusses about her children

zenuwachtigheid nervousness; *buiten zichzelf zijn van* ~ be beside o.s. with nerves

zenuwarts neurologist, nerve specialist

zenuwberoerte apoplexy

zenuwcel nerve cell; *(met uitlopers)* neuron(e)

zenuwcentrum nerve centre

zenuwenoorlog, enz *zie* zenuwoorlog, enz

zenuwentoestand nerve-racking situation

zenuwgas nerve gas

zenuwgestel nervous system

zenuwgezwel neuroma

zenuwinrichting mental hospital (home)

zenuwinstorting, zenuwinzinking nervous breakdown

zenuwknoop 1 ganglion (*mv:* -lia); **2** *(fig) zie* zenuwpees

zenuwkwaal, zenuwlijden nervous disease (*of:* complaint)

zenuwlijd(st)er neuropath, neurotic; *(fig)* bundle of nerves; *(min) zie* klerelijer

zenuwontsteking neuritis

zenuwoorlog war of nerves

zenuwpatiënt *zie* zenuwlijder

zenuwpees [she is a] bundle (bag) of nerves

zenuwpijn neuralgia

zenuwschok nervous shock

zenuwschokkend nerve-racking

zenuwslopend nerve-racking, nerve-shattering

zenuwstelsel nerve system, nervous system

zenuwtoeval nervous attack, fit of nerves

zenuwtrekking nervous spasm (*of:* twitch); *(inz van het gezicht)* tic

zenuwuitputting nervous exhaustion

zenuwvezel nerve fibre

zenuwweefsel nerve tissue

zenuwziek neurotic, suffering from nerves

zenuwziekte nervous disease (*of:* complaint)

zenuwzwak neurasthenic

zenuwzwakte neurasthenia, nervous debility

zepen soap; *(voor het scheren)* lather

zeper(d) disappointment, setback

zeperig soapy

Zephyr(us) Zephyr

zepig soapy

zeppelin Zeppelin

zerk slab (of stone); *(op graf)* tombstone

zero zero

zerp 1 tart; bitter; **2** dull

zes six; *dubbele ~* double six; *drie ~sen gooien* throw three sixes; *hij is van ~sen klaar* he is an all-round man (*fam:* an all-rounder), can turn his hand to anything; *mijn paard is van ~sen klaar* my horse is fit and well (sound in wind and limb); *met de ~ rijden* drive six in hand; *zie ook* met & pret & *vgl* ²bij I.6, lopen, trein, vijf, enz

zesachtstemaat six-eight (time)

zesbladig six-leaved

zesdaags six days'

zesdaagse six-day cycle-race (walking tour, etc)

zesde sixth; *een ~* a sixth (part); *ten ~* sixthly, in the sixth place

zesdehalf five and a half

zesdubbel sixfold

zeshelmig hexandrous
zeshoek hexagon
zeshoekig hexagonal, six-sided
zeshonderd(ste) six hundred(th)
zesjarig *vgl* jarig
zeskaart sequence of six cards
zeskant hexagon
zeskantmoer hex(agon) nut
zeslettergrepig of six syllables, hexasyllabic
zesmaal six times
zesmaandelijks half-yearly
zesmaands six months old, six months'
zesregelig of six lines; ~ *couplet* sextain
zessnarig six-stringed
zesspan team of six horses; *rijtuig met* ~ carriage (coach) and six
zesstemmig for six voices, six-part [song]
zestal six, half a dozen
zestallig senary; *vgl* tientallig
zestien sixteen
zestiende sixteenth (part); ~ *noot* semiquaver
zestienmetergebied penalty area; *het* ~, *(fam)* the box
zestientallig hexadecimal [notation *stelsel*]
zestig sixty; *ben je ~?* are you mad?; *vgl* bij 7, dik, enz
zestiger man (woman) of sixty, sexagenarian; *vgl* [1]goed I.5
zestigjarig *vgl* jarig; *~e, zie* zestiger
zestigste sixtieth (part)
zestigtal (about) sixty
zestigvoud multiple of sixty
zestigvoudig sixtyfold
zesvlak hexahedron
zesvlakkig hexahedral
zesvleugelig hexapterous
zesvoeter *(fam)* six-footer
zesvoetig six-footed; ~ *vers* hexameter
zesvoud multiple of six; *het* ~ *van* the sextuple of
zesvoudig sixfold, sextuple
zeszijdig six-sided, hexagonal
zet 1 *(bij het spel, ook fig)* move; *(slimme)* ploy; *een knappe (stoute, enz)* ~, *(ook)* a clever (bold) stroke; *politieke ~ten en tegenzetten* political moves and countermoves; *een politieke* ~, *(ook)* a stroke of policy; *brutale* ~ piece of cheek; *geestige* ~ stroke of wit, sally; *gemene* ~ dirty trick; *geniale* ~ stroke of genius; *verkeerde* ~ false move; *een* ~ *doen* make a move; *enkele domme ~ten doen* do some silly things; ***aan*** *~ zijn, zie* zetten I.1: wie moet ~; **2** *(duw)* push, shove; *(sprong)* bound, leap; *iem een ~(je)* ***geven*** give a p. a push (a shove); *(fig ook)* give a p. a leg up; *dat was een* ***hele*** ~, *(karwei)* that was a tough job, a bit of a job; ***in*** *één ~ doorwerken* work on without a break (a stop), *(drie uur, enz)* work three hours, etc at a stretch; *in (met) één ~ was hij over de muur* he cleared the wall at one leap
zetangel *zie* zetlijn 2
zetbaas [he's put in a] manager; *(fig)* figurehead
zetboer tenant (farmer)
zetbo(o)rd *(mar)* washboard
zetbreedte *(typ)* measure
zetduiveltje printer's imp
zetel 1 seat *(ook fig: raadszetel, enz)*, chair; *(ve bisschop: eig)* chair, throne; *(het ambt)* see; *de pauselijke* ~ the Papal See; ~ *der regering* seat of government; *een ~ in de raad (het parlement, de commissie)* a seat on (in) the council (in Parliament, on the committee); **2** *(ve maatschappij)* seat, registered office
zetelen reside (*ook fig:* the power residing in the governor), sit; have its seat (headquarters) [in L]; *maatschappij ~de te ...* company with registered office at ...
zetfout compositor's (printer's, typographical) error, misprint; literal (error); *(fam)* typo
zethaak *(typ)* composing stick
zetkast *(typ)* typecase
zetlijn 1 *(typ)* setting (*of:* composing) rule; **2** *(vislijn)* ledger line, paternoster (line), set-line
zetmachine composing machine (*letter~* monotype; *regel~* linotype), typesetting machine, [film-, photo]setter, [photo]composer
zetmeel starch, farina
zetmeelachtig starchy, farinaceous
zetpil suppository
zetsel brew [of tea, etc]; *(typ)* matter
zetspiegel type area
zetsteen sett
zetstuk *(ton, vuurwerk)* set piece
zetten I *ww* **1** *(plaatsen)* put, place, set; *(ook)* stand [the lantern against the wall]; *zie ook* hoek; sew [a patch on a trouser leg]; *(val)* set [a mousetrap]; *(tol)* spin [a top]; *(planten)* plant [trees, potatoes]; *(typ)* set up, typeset, compose [type]; *wie* ***moet*** *~?, (spel)* whose move is it?; *het laatste* ***vel*** *is gezet* the last sheet is in type; *de* ***wekker*** ~ set the alarm [*op 7 uur* for 7]; ***zich*** ~ sit down, take a seat; *(v vruchten)* set [the fruit had set well]; *de dijk heeft zich gezet* has settled; *hij zette zich om te luisteren* he composed himself to listen; *zich ~ op* settle on [the cold settled on his chest]; *zich tot iets* ~ set o.s. to do s.t. (to right unjust acts, etc), settle down to [a game of bridge]; *zich* ***aan*** *tafel* ~ sit down to table; *zich aan de tafel* ~ sit down at the table; *het glas aan de mond* ~ put the glass to one's mouth; *twee man aan het werk* ~ set two men to work; *het zet je aan het denken* it makes you think; *zijn handtekening (naam) ~* ***onder*** append one's signature (sign one's name) to [a document]; *de wekker* ***op*** *7 ~, zie boven:* de wekker ~; *geld op de (spaar)bank* ~ put (deposit) money in the (savings) bank; *de prijs ~ op 8 euro* fix the price at 8 euros; *iem* ***over*** *de rivier* ~ take (ferry) a p. across the river; ~ *tegen* put against, prop (*of:* lean) [one's bicycle] against [the wall], prop up [the letter] against [the toast rack]; *tegen de muur ~, (om te fusilleren)* line up against a wall; *iem* ***uit*** *het land* ~ ex-

pel a p. from the country; *zie ook* uitzetten; ***van zich ~, zie*** afzetten I.1; ***iem voor een lastig karweitje ~*** set a p. a difficult task; **2** *(in vorm ~)* set [jewels, a broken arm], mount [diamonds in platinum]; ***een (been)breuk ~*** set (*of:* reduce) a fracture; ***opnieuw ~*** re-set [a bone]; **3** *(arrangeren)* set; arrange; ***op muziek ~*** set to music; ***een op een mooie wijs gezet lied*** a song set to a beautiful air; ***gezet voor piano (orkest)*** arranged for the piano (for orchestra); **4** *(bereiden)* make [tea, coffee]; ***thee ~***, *(ook)* brew tea, have a brew-up; **5** *(inzetten, wagen)* put, stake; ***alles erop ~*** stake everything, go nap; ***het erop gezet hebben om*** be bent on [crossing a p.], set out to [be unreasonable], make a point of [attending], make it one's business to [learn the truth]; ***geld op een paard ~*** put money on a horse, back a horse; ***dat zet ik je, (geef ik je te doen)*** I bet you can't do it; **6** *(verdragen)* stand; ***ik kan hem niet ~*** I cannot stand (*fam:* stick) him; ***hij kan het niet ~*** he cannot stomach it (the insult, etc), he resents it, it sticks in his gizzard (*of:* throat); **7** *(beginnen:)* ***hij zette het op een lopen (brullen)*** he took to his heels (set up a howl); **II** *zn* composition, typesetting; *zie ook* elkaar, galop, gevangenis, gezicht, hoofd, kijk, klaarzetten, mes, overheen, papier, spel, tering, ²werk 1, zin, enz

zetter compositor, typesetter

zetterij composing room

zetting 1 *(ve beenbreuk)* reduction; **2** *(ve edelsteen)* setting; **3** *(bij belasting)* assessment; *(v brood)* assize (of bread); **4** *(muz)* arrangement, *(voor orkest)* orchestration, instrumentation; **5** *zie* toonzetting

zetwerk composition, typesetting

zeug sow

zeulen drag, lug

zeuntje *(mar)* mess boy; *(sl)* slops

zeur(der) 1 bore; dweller; **2** *(talmer)* slowcoach, dawdler; fusspot, *(Am)* fussbudget

zeurderig whining, whiny

zeuren 1 *(drenzen)* whine, moan; ***altijd over iets ~*** keep harping on (go on and on about) s.t.; ***hou op met ~*** stop nagging (bellyaching); ***hij zeurt me altijd om de oren om te ...*** he badgers the life out of me to ...; ***een ~de appendix*** a grumbling appendix; *zie ook* zaniken; **2** *(kletsen)* jaw, drool, drivel; **3** *(talmen)* dawdle

zeurig tiresome, tedious; *(drenzend)* whining; *(langzaam)* slow

zeurkous, zeurpiet, enz *zie* zeur

Zeus Zeus

¹zeven *ww* sift, (pass through a) sieve; strain [soup]; riddle [gravel, ashes, etc]; screen [coals]

²zeven *telw* seven; ***de ~ slapers*** the seven sleepers; *vgl* bij 7, met, lopen, trein, enz

zevenarmig seven-branched [candlestick]

zevenblad ground elder, bishop's weed, goutweed

zevenboom savin

Zevenburgen Transylvania

zevendaags seven days'

zevende seventh (part); *zie ook* hemel

zevendubbel sevenfold

Zevengesternte: ***het ~*** the Pleiades

zevenhoek heptagon

zevenhoekig heptagonal, heptangular

zevenjaarsbloem cudweed

zevenjarig *vgl* jarig; *(ook)* septennial

zevenklapper jumping jack

zevenmaands of seven months, seven months' [child]

zevenmijlslaarzen seven-league boots; ***de techniek is met ~ vooruitgegaan*** has advanced by leaps and bounds

zevenregelig of seven lines; ***~ vers*** heptastich

zevenslaper 1 (fat *of:* edible) dormouse; **2** *(fig)* lie-abed; *zie ook* ²zeven

Zevenster Pleiades

zevental seven

zeventallig septenary; *vgl* tientallig

zeventien seventeen

zeventiende seventeenth (part)

zeventig seventy; *vgl* bij 7, dik, in, enz

zeventiger septuagenarian, man (woman) of seventy; ***in de ~ jaren*** in the seventies; *vgl* ¹goed I.5

zeventigjarig *vgl* jarig; ***~e, zie*** zeventiger

zeventigste seventieth (part)

zeventigvoud multiple of seventy

zeventigvoudig seventyfold

zevenvlak heptahedron

zevenvoud multiple of seven; ***het ~ van*** the septuple of, seven times seven

zevenvoudig sevenfold, septuple

zever slaver, slobber

zeveren slaver, slobber; drivel

Z.Exc. afk van *Zijne Excellentie* HE, His Excellency

zg., zgn. *zie* zogenaamd

Z.H. afk van **1** *Zijne Hoogheid* HH, His Highness; **2** *Zijne Heiligheid* His Holiness

Z.H.E. afk van *Zijne Hoogwaardige Excellentie* [To] the Right Reverend [the (Lord) Bishop of ...]

z.i. afk van *zijns inziens* in his opinion

zich oneself, himself, herself, itself, themselves; ***hij had geen geld bij ~*** he had no money on (*of:* about) him; ***elk (ieder) voor ~ (en God voor ons allen)*** everyone for himself (and God for us all); ***gezamenlijk en elk voor ~*** collectively and severally [responsible]; *zie* zichzelf

¹zicht reaping-hook, sickle

²zicht sight; *(op zee, enz)* visibility [was good, zero visibility]; ***in ~*** (with)in sight [the end is in sight], [there is a general election] in the offing; *zie ook* gezicht; ***drie dagen na ~*** at three days' sight; ***op ~, (ve wissel)*** at sight; ***wissel op ~, zie*** zichtwissel, kort-, langzichtwissel; ***op ~ trekken*** draw at sight; ***op ~ zenden*** send on approval (for inspection, *fam:* on appro)

zichtbaar 1 visible [light]; visual [information]; ***zichtbare uitvoer*** visible export; ***~ aangedaan*** visi-

bly affected; **2** *(merkbaar)* perceptible; **3** *(klaarblijkelijk)* manifest
zichtbaarheid visibility, perceptibility
zichten cut (down), reap [corn]
zichtkoers sight-rate
zichtlijn *(theat)* sightline
zichtpapier sight bills
zichtwissel sight draft, sight bill, demand draft
zichtzending consignment (*of:* goods sent) on approval
zichzelf oneself, himself, herself, itself, themselves; *hij was ~ niet* he was not himself (was utterly unlike his usual self); *zij had de avonden aan ~* she had the ... to herself, the ... were her own; *zie ook* voor ~; *hij dacht* ***bij*** *~ ...* he thought to himself ...; *hij was* ***buiten*** *~* he was beside himself [with anger]; ***in*** *~ praten (spreken)* talk to o.s. (*zo ook:* sing, laugh to o.s.); *ze vormen een klasse* ***op*** *~* they are a class apart (*of:* by themselves), form a class to themselves; *dat vult op ~ al een boek* that fills a volume of itself; *elk geval op ~ beoordelen* judge each case on its own (its individual) merits; *dat is op ~ van historisch belang* that is of (in) itself of historical importance; *dit is op ~ een fout* this is in itself a mistake; *niet de beschuldiging op ~, maar* not the accusation per se (in itself) but [its effect on others]; *op ~ onschadelijk* [they are] in themselves harmless; *(erg) op ~ leven* live (very much) to o.s.; *een op ~ staand geval* a solitary case, an isolated instance; *dit geval staat niet op ~* this case does not stand alone, this is not an isolated case; *op ~ wonen* live on one's own; ***tot*** *~ komen* come to one's senses (one's right mind, o.s.); *hij deed het* ***uit*** *~* of his own accord, of his own free will; *uit ~ wakker worden* awake of one's own accord.; ***van*** *~ vallen* faint; *zij is een Brown van ~* her maiden name is Brown; *hij heeft geld van ~* money of his own, a private income, an income in his own right; ***voor*** *~* [live, keep an apple] for o.s., [keep a secret, one's reflections] to o.s.; *een coupé voor ~ hebben* have a compartment to o.s.; *zie ook* zelf
ziedaar there; *~ het bewijs* here you see the proof (of it); *~ wat het is* that's what it is; *vgl* ziehier
zieden **I** *tr* boil [soap, salt]; **II** *intr* seethe, boil; *~ van toorn* seethe (boil) with rage [*hij was ~d* he was seething with rage, was livid]; *~de golven* seething waves; *~d heet* scalding (piping) hot
ziegezagen **1** *(op viool)* scrape; **2** *(fig)* prose; *zie ook* zaniken
ziehier look; *~ uw ontbijt, meneer* your breakfast, sir; *~ hoe hij het deed* this is how he did it; *~ een typisch geval* here we have (see) ...
ziek *pred* ill, sick; *(attr)* sick; *(attr & pred, vooral v gestel, lichaamsdelen, bomen, enz & fig vd geest, maatschappij, enz)* diseased; *~e aardappelen* blighted potatoes; *zo ~ als een hond* [feel] really ill; *~ liggen aan* lie ill with; *zich ~ melden* report sick, go sick; *~ worden* fall (be taken) ill [with fever]; *zie ook* zieke, houden, lachen, melden
ziekbed sickbed
zieke patient, sick person, invalid; *de ~n* the sick; *~n bezoeken, (ve dokter)* see (visit) patients, *(ve geestelijke)* visit the sick
ziekelijk sickly, ailing, in bad (poor) health; *(fig)* sickly, morbid [fancies, taste]; *~ gezwel* morbid growth
ziekelijkheid sickliness, morbidity
zieken be a pest, pester
ziekenauto ambulance
ziekenbezoek visit to a patient; *(ve geestelijke, ook)* sick-visiting, visitation of the sick; *op ~ gaan* go visiting the sick, *(ve dokter)* go visiting patients
ziekenboeg sickbay
ziekenbroeder male nurse
ziekendrager stretcher-bearer
ziekenfonds health insurance fund
ziekenfondspremie health insurance premium
Ziekenfondswet sickness benefit act
ziekengeld sickness benefit, sick pay
ziekenhuis hospital, infirmary; *zie ook* hospitaal
ziekenhuisopname admission to hospital, hospitalization
ziekenkamer sickroom
ziekenlijst sick list
ziekenoppasser (male) nurse, hospital attendant; *(mil)* hospital orderly; *(mar)* bayman, sick-berth steward
ziekenrapport [appear on] sick parade; *op het ~ staan (plaatsen)* be (place) on the sick list
ziekenstoel **1** invalid chair; **2** *zie* rolstoel
ziekentransport ambulance service
ziekentroost comfort of the sick; *formulier van de ~* service for the visitation of the sick
ziekenverpleegster (sick) nurse
ziekenverpleger male nurse
ziekenverpleging **1** nursing of the sick; **2** nursing home
ziekenwagen ambulance; *~tje* invalid chair
ziekenzaal (hospital) ward; *(in school, armhuis, enz)* infirmary; *(ve school, ook)* sanatorium
ziekenzuster nurse
ziekmelding (person) reporting sick (ill)
ziekte **1** *(het ziek zijn)* illness, sickness; *wegens ~* on account (on the grounds) of ill-health; **2** *(een ~)* illness; *(lang en ernstig)* disease (*ook fig:* reading novels is a disease with him); *(kwaal)* complaint; *(niet ernstige kwaal)* ailment [minor ailments]; *(langdurig)* malady; *(ve orgaan)* disorder [of the stomach, liver, etc]; *(aandoening)* affection [of the lungs]; *(ongesteldheid)* indisposition; *(vooral v dieren)* distemper; *(v planten)* disease, [potato] blight; *de ~ in hebben* be peed off, *(Am)* feel sore; *krijg de ~* drop dead; *als de ~* like anything; *zie ook* Engels, slepen, vallend, opdoen, enz
ziektebeeld clinical picture, syndrome
ziektecijfer morbidity (rate)
ziektegeld sick pay, sickness benefit
ziektegeschiedenis case history; anamnesis

ziektegeval case (of illness); *nieuwe ~len* fresh outbreaks (of a disease)
ziektehaard nidus, focus
ziektekiem (pathogenic) germ
ziektekosten health costs
ziektekostenverzekering health insurance
ziekteleer pathology
ziekteproces *zie* ziekteverloop
ziektestof morbid (morbific) matter
ziekte-uitkering sickness benefit
ziekteverlof sick leave; *met ~* on sick leave
ziekteverloop course of a (the) disease
ziekteverschijnsel (morbid) symptom
ziekteverwekkend pathogenic, disease-producing
ziekteverwekker pathogen
ziekteverzekering (national) health insurance
ziekteverzuim absence because of illness; *(oneig)* absenteeism
ziektevrij free of disease
ziektewet (national) health insurance act
ziel **1** soul *(ook fig)*, mind, spirit; *God* ***hebbe*** *zijn ~!* God rest his soul!; *een stad van 10.000 ~en* of 10,000 souls; ***bij mijn*** *~ (en zaligheid)!* upon my soul!; *hij* ***was in*** *zijn ~ overtuigd, dat ...* he was certain in his own mind that ...; ***met*** *z'n ~ onder de arm lopen* be at a loose end; *iem* ***op*** *zijn ~ trappen* cut a p. to the quick; ***ter*** *~e zijn* be dead and gone (dead and buried); ***tot*** *in de ~ geroerd* touched to the heart, moved to the core of one's soul; **2** *(ve kanon)* bore; *(ve fles)* kick; *(ve veer)* pith; **3** *(pers)* soul; *die arme ~* the poor soul (*of:* thing); *hoe meer ~en hoe meer vreugd* the more the merrier; *een* ***eerlijke*** *(goeie) ~* an honest (a good, kind) soul; *geen* ***levende*** *~* not a (living) soul; *de* ***ouwe*** *~ die voor me huishield* the old body who ...; **4** *(drijvende kracht)* soul, lifeblood; *hij is de ~ van de onderneming* the (life and) soul of the enterprise; *geld is de ~ der negotie* money is the lifeblood of trade; **5** *(lichaam, fam:) iem* ***op*** *zijn ~ geven* dress a p. down; *op zijn ~ krijgen* get a dressing-down; *zie ook* zieltje, grijpen, hart, lijdzaamheid, rusten, snijden, enz
zielement *zie* ziel 5
zielenadel nobleness of mind
zielenheil [pray for the] welfare of a p.'s soul, spiritual welfare, salvation
zielenherder pastor, shepherd
zielenleed agony (of mind), anguish, heartbreak
zielenleven spiritual (*of:* inner) life
zielenpijn *zie* zielenleed
zielenrust *zie* gemoedsrust
zielenstrijd inward struggle
zielental number of inhabitants, population
zielentroost spiritual comfort
zielenvrede peace of mind
zielenvreugde heart's joy, soul's delight
***zielepiet** *(Wdl: zielenpiet)* pathetic creature; [you] poor thing
***zielepoot** *(Wdl: zielenpoot) zie* zielepiet
zielig pitiful, pathetic [little man]; *(verlaten)* forlorn; *hoe ~!* how sad!, what a pity!, isn't it pitiful!
zielknijper *(sl)* shrink
zielkunde psychology
zielkundig psychological
zielkundige psychologist
zielloos *(zonder ziel)* soulless; *(levenloos)* inanimate, lifeless
zielmis mass for the dead, requiem
zielsaandoening **1** emotion; **2** *(med)* psychosis
zielsangst anguish, (mental) agony; *door ~ gekweld* anguished; *vol ~* anguished [eyes]
zielsbedroefd deeply afflicted, broken-hearted
zielsbemind dearly beloved
zielsblij heartily glad
zielsgelukkig supremely happy
zielskracht strength of mind, fortitude
zielskwelling anguish, (mental) agony
zielslief *vgl* zielsveel
zielsrust peace of mind; *(na de dood)* [mass for the] repose of the soul [of A B]
zielstoestand state of mind
zielsveel: *~ houden van* love dearly, love with all one's heart (and soul)
zielsverdriet heartfelt grief, deep sorrow
zielsverheugd overjoyed
zielsverhuizing transmigration of souls, metempsychosis
zielsverrukking, zielsvervoering ecstasy, trance, rapture
zielsverwant congenial
zielsverwanten kindred spirits, soulmates
zielsverwantschap congeniality
zielsvriend(in) intimate (*of:* bosom) friend, soulmate
zielsziek diseased in mind; *~e* mental patient
zielsziekte mental disease, mental disorder, psychosis
zielszorg cure of souls, spiritual care
zieltje **1** soul; *een ~ zonder zorg* a happy-go-lucky person; *~s winnen* win souls, make proselytes; **2** *(doetje)* silly, softy, simpleton; *vgl* ziel
zieltogen be dying, be in one's death agony (death struggle)
zieltogend dying, moribund, at the point of death
zieltoging agony (of death), death struggle
zielverheffend exalting, elevating
zielverkoper crimp
zielverzorger spiritual adviser
zielvol soulful [eyes]
zielzorg cure of souls, spiritual care
zien **I** *ww intr* **1** see; *(eruit zien)* look; ***bleek*** *~* look pale; *zonder te ~* [he stared at her] unseeingly, with unseeing eyes; *hij ziet* ***goed*** *(slecht)* he has good (bad) eyes, his eyesight is good (bad); *men kon niet* ***verder*** *zien dan zes voet* visibility was down to six feet; **2** *(kijken; zie ook aldaar)* look; *zie(t)!* look!, see!, *(retor)* behold!; *en ziet ..., (scherts)* and, lo and behold ...; *zie* ***aldaar*** which see, qv; *zie blz 7* see

page 7; *zie* ***beneden*** see below; *zie* ***boven*** see above; *zie eens* ***hier*** look here; ~ ***naar*** look at; *ik ga daar ook eens naar* ~ I'll just have a look; *er moet naar het slot (zijn verstuikte pols) gezien worden* the lock (his sprained wrist) must be seen to; *zie naar je broer, (als voorbeeld)* take example by your brother; *wil jij naar de kinderen ~?* will you look after the children?; *hij ziet niet* ***op*** *geld (de prijs)* money (the price) is no object with him; *ik zie niet op een euro of wat* I am not particular to a euro or two; *hij ziet op een halve cent* he is very stingy; *zie ook* uitzien & letten op; **II** *ww tr* **1** *(waarnemen, bemerken)* see, perceive, notice, find; *als men u ziet, zou men denken ...* to look at you one would think ...; *als ik het* ***goed*** *zie* if I see aright; ***mij*** *niet gezien, (fam)* I'm not (I was not) having any; catch me!; not for me, thanks; *ik zie mijn handschoenen* ***niet*** I can't see my gloves; *ik zie nog niet, dat ze hem laat schieten* I don't see her dropping him; *ik zie* ***niets*** I can't see anything; *ik heb hem* ***nooit*** *gezien, (ook)* I've never set *(fam:* clapped) eyes on him; *heb je* ***ooit*** *zo iets gezien!* did you ever see such a thing (anything like it)!; *ik heb het* ***wel*** *gezien* I've had enough; *vgl* gezien; *ze dacht dat ik het niet zag* she thought I was not noticing; *doe* ***alsof*** *je het niet ziet* don't take any notice, pretend not to notice; *dat zie ik je al* ***doen*** I can just see you doing it; *ik zie het hem nog niet doen* I don't see him doing it; *ik zag dat hij het deed* I saw him do (doing) it; *ik zag het doen (dat het gedaan werd, dat hij overreden werd, dat de slag toegebracht werd)* I saw it done (saw him run over, saw the blow struck); *men heeft het hem nooit ~ doen* he has never been seen doing (to do) it; *ik* ***kan*** *hem niet ~ (of luchten), (uitstaan)* I hate the (very) sight of him, cannot bear the sight of him; *het plagen niet langer kunnen ~, zie* aanzien; *zich* ***laten*** *~, (verschijnen)* put in an appearance, show up; *laat je hier niet meer ~* don't show your face here again; *hij wou wat laten ~* he wanted to make an impression; *laat me eens ~, ...* let me see, ...; *ik* ***moet*** *het nog ~ (gebeuren)* I'll believe it when I see it; *iem niet* ***willen*** *~* cut a p. (dead); *iets niet willen ~* turn a (one's) blind eye to s.t.; *dat zou ik wel eens willen ~, (nl dat hij dat durft te doen, enz)* I should (just) like to see him try it; *dat* ***zullen*** *we dan eens ~, (dreigend)* we'll see [if he won't]; *dat zul je wel ~* you'll see, wait and see; *je zal wel ~ (je ziet wel) wanneer ik kom* don't expect me till you see me; *dat zie ik niet* ***graag*** I do not like that sort of thing; *men ziet hem overal graag* he is a welcome guest everywhere; *zie* ongaarne; *ik zie hem* ***liever*** *niet dan wel* I prefer his room to his company; ***te*** *~* visible, *(te bezichtigen)* on view, on show, *(handel)* on view; *er was niemand te ~* there was no one to be seen (not a person in sight); *alleen de commandotoren was te ~* only the conning tower showed; *komt mijn onderrok ook te ~?* is my petticoat showing?; *het (de breuk, enz) is (helemaal) niet te ~* it does not show (in the least), it defies detection; *de vlek (de stop) zal niet (erg) te ~ komen* the stain (the darn) won't show (much); *te ~ geven* show; *prachtig spel (een kranige strijd) te ~ geven* put up an excellent display (a good fight); *te ~ krijgen* catch (get a) sight of; ***zie je?*** you see?, *(fam)* see?; *ja, zie je* well, you see; *zie je nou wel!, (daar heb je het al)* didn't I tell you?, I told you so!, there you are!; *en wat ~ we?* and what do we find?; *dat is de waarheid, zie je* that's the truth, you see; ***zo*** *te ~* on the face of it, by the looks of it; *waar zie je dat* ***aan?*** how can you tell?; *je kunt het wel ~ aan zijn foto* you can tell by ...; *ik zie het aan je gezicht* I can tell from your face (your look); *zie* aanzien; ***uit*** *Uw brief zie ik ...* I see (note, learn) from your letter ...; *ik zie haar nog voor me* I can see her now; **2** *(bekijken)* see (over) [the house]; *zal ik u het huis* ***laten*** *~?* shall I take (show) you over (round) the house?; *hij liet mij het museum ~* he took (showed) me over the museum; *hij liet zijn tanden ~ als hij lachte* his teeth showed when ...; *dat (die)* ***mag*** *gezien worden* that is a fine specimen [of a tomato plant]; **3** *(oordelen, beoordelen)* see, look at; *je* ***moet*** *het zó ~* you should look at it like this; *ik zie daar niets* ***in*** I can see no point in it; *ik begrijp niet wat hij in die jongen ziet* I ... what he sees to admire in that boy; *hij zag er niets in om mijn brieven te openen* he thought nothing of opening ...; *ze zagen een spion in hem* they saw a spy in him; *we ~* ***wel****, we zullen wel (eens) ~* we shall (we'll) see, we'll see about that; *dat ~ we dán wel* we'll cross that bridge when we come to it; *het was* ***verkeerd*** *gezien van ...* it was an error of judgement on the part of ...; **4** *(aankijken:) mag ik je even ~?* here's to you!, cheers!; **5** *(ontmoeten)* see; *ze wil niemand ~, (ontvangen)* she will not see anyone; *iem (elkaar)* ***dikwijls (soms)*** *~* see a good deal (little) of a p. (of each other); *ik heb hem* ***helemaal*** *niet gezien (te ~ gekregen)* I have seen nothing of him; *we hebben je in* ***lang*** *niet gezien* you are quite a stranger; *ik zie je* ***nog*** *wel* (I'll) see you (later); **6** *(trachten)* try; *zie* ***eens*** *of je het kunt doen* just try if you can do it; *ik zal hem ~ over te halen* I'll try and persuade him; *hij* ***moet maar*** *~ dat hij thuis komt* he must find his own way back home; *hij moest maar ~ hoe hij beter werd* he was left to recover as best he might; **7** *(doelen)* refer; *dat artikel ziet op heel andere vergrijpen* that paragraph refers to ...; *zie ook* aankomen, dubbel, geloven, gezien, [1]horen 1, horloge, mens, oog, enz; **III** *zn* seeing, sight, vision; *het ~ met twee ogen* binocular vision; *(het) ~ kost niets* it costs nothing to look at it; *op (bij) het ~ van ...* on seeing ...; *zie ook* ziens

ziende seeing, [blind or] sighted; *~ blind zijn, (vglb)* none so blind as those who will not see; *de blinden ~ maken* make the blind see

zienderogen: *hij ging ~ achteruit* he was visibly (perceptibly) getting worse

ziener seer, prophet; visionary

zieneres (female) seer, prophetess

zienersblik, zienersoog prophet's eye, prophetic eye

zienlijk *zie* zichtbaar; *niet ~, a)* ghostly; *b)* hideous
ziens: *tot ~* goodbye for the present!, see you again (some day)!, see you (later)!, au revoir!
zienswijze opinion, view; *zij deelde mijn ~ niet* she was not of my way of thinking; *ik kon hem niet tot mijn ~ overhalen* I could not bring him round (convert him) to my way of thinking
zier whit, atom; *geen ~ waard* not worth a pin (a straw, a rap); *het kan me geen ~ schelen* I don't care a bit (fig, pin, brass farthing); *(fam)* (a) fat lot I care, I couldn't care less; *ik heb geen ~ medelijden met hem* I haven't a scrap of pity for him; *hij geeft geen ~ om het weer* he does not care a rap for the weather; *een ~tje* a wee bit; *geen ~tje verstand* [he has] not a particle (a grain) of sense; *zie ook* grein 3
ziezo all right, that's it; *~, nu weet je het* so there!
zift sieve
ziften sift; *zie ook* muggenziften & schiften
ziftsel siftings
zigeuner gypsy, Romany *(ook mv)*, Zingaro *(mv:* -ri)
zigeunerachtig gypsy-like
zigeunerin gypsy (woman), Zingara
zigeunertaal Gypsy language, Romany (speech)
ziggoerat ziggurat
zigzag zigzag; *~ lopen* zigzag
zigzagbeweging zigzag
zigzagbliksem forked lightning
zigzaggen zigzag
zigzaglijn zigzag, indented line
zigzagsgewijze [the car travelled] (in a) zigzag; *~ gaan (varen, enz), (ook)* zigzag; *~ plaatsen, (ook)* stagger [the spokes of a wheel]
zij 1 *(ev)* she; *(mv)* they; *~ met hun zessen bleven bij elkaar* the six of them kept together; *zie ook* hij; **2** *zie* [1]zijde; **3** *zie* [2]zijde; **4** *zie* [1]zijn
zijaanval flank attack
zijaanzicht side view
zijaltaar side altar
zijband *(radio)* sideband
zijbeuk (side) aisle
zijd *zie* wijd
[1]**zijde** *(kant)* side; flank [of an army]; *zie ook* [2]kant; *~ (zijtje) spek* flitch (*of:* side) of bacon; *de goede (verkeerde) ~, (ve stof)* the right (wrong) side; *de ~n van een driehoek (een kubus)* the sides of a triangle (a cube); *zijtje, (v brief, enz)* page, side; *zijn ~n vasthouden van het lachen* hold (*of:* split) one's sides with laughing; *het heeft zijn goede ~, enz, zie* [2]kant; *iems ~ kiezen* take a p.'s side; ***aan** deze ~* on this side; *aan deze (die, de andere) ~ van* on this (that, the other) side of, (on) this (that, the other) side [of the Alps]; *aan alle ~n* on all sides, on every side; *aan beide ~n* on both sides, on either side; *~ aan ~* side by side, cheek by jowl, alongside of each other; *aan mijn groene ~* on my left; *hij stond aan mijn ~, (eig)* he stood at (by) my side; *(fig)* he was on my side, sided with me; *ik heb pijn in de ~* I have a pain (a stitch) in my side; *in de ~ aangrijpen* take [the enemy] in flank; *met beide (met de) armen in de ~* with arms akimbo; ***naar** alle ~n* in all directions, [look] on all sides; ***op** zijn ~ gaan liggen* turn over on one's side; *zij* [put, stand] aside; *op zij (daar)!* stand clear (there)!; *op zij van* at the side of [the house]; *zie verder* opzij, *& zie* streven; ***ter** ~* aside; *ter ener (ter anderer) ~* of the first (of the second) part; *zie verder* terzijde; ***van** alle ~n* [come] from all quarters, [hear s.t.] on all sides, [look at it] from all sides (all angles); *dat wordt van alle ~n toegegeven* it is admitted on all hands; *ik, van mijn ~* I, for my part; I, for one; I, on my side; *van de ~ der politie* [ill-treatment] at the hands of the police; *van de ~ der regering* on the part of the government; *van Britse ~* [it was suggested] from the British side [that ...]; *van Duitse ~ is toegestemd ...* the Germans have agreed ...; *van zekere ~* in certain quarters [it has been stated ...]; *van moeders ~* on the mother's side; *zie ook* zwak, enz
[2]**zijde** *(stof)* silk; *zie ook* spinnen
zijdeaap(je) (silky) marmoset
zijdeachtig silky; *(biol)* sericeous
zijdecultuur *zie* zijdeteelt
zijdeglans silky gloss; *(afwerking in ~)* satin gloss, satin finish
zijdelings I *bw* [sit] sideways, sidelong, obliquely; *~ op iem afgaan* sidle (*of:* edge) up to a p.; *~ vernemen* hear by a sidewind; **II** *bn* sidelong [glance, look, movement]; lateral [movement]; indirect [influence, invitation]; oblique [accusations]; *~e blik, (ook)* side (sideways) look (*of:* glance); *~e hatelijkheid* side-hit, sly dig [*op* at]; *een ~e toespeling maken op* make an oblique reference to; *~e linie* collateral line; *~e slag* sidestroke
zijden silk [hat]; *(fig)* silken [curls, bonds]; *~ stoffen* silks; *zie ook* draad
zijdens *(jur)* on the part of
zijdepapier tissue paper
zijdeplant swallowwort, milkweed
zijderups silkworm
zijdestaart *(vogel)* waxwing
zijdestof fibroin
zijdeteelt silkworm breeding, sericulture
zijdeur side door (*ook fig:* introduce Protection by a side door); *af door de ~* exit in confusion
zijdevlinder silk moth
zijdgeweer *(hist)* side arm(s), sword, etc
zijeffect *(bilj)* side
zijgalerij side gallery
zijgang side passage; *(ve mijn)* lateral gallery; *(ve trein)* corridor; *~en gaan* tread crooked paths
zijgdoek straining cloth
zijgebergte lateral chain (of mountains), spur
zijgebouw annexe, wing
zijgen strain, filter, percolate; *zie ook* neerzijgen & ineenzijgen
zijgevel side façade
zijgezicht side view

zijig silky *(ook fig)*
zij-ingang side entrance
zijkamer side room
zijkanaal branch canal; side channel; *vgl* kanaal; *door een ~ vernemen* hear through a side channel (by a side wind)
zijkant side
zijl **1** watercourse; **2** dike drainage sluice
zijlaan side avenue; *~tje* side alley
zijleuning railing; *(ve stoel)* armrest, *(wijd uitstaand)* side wing [of an armchair]
zijlicht sidelight
zijlijn **1** *(ve spoorw)* branch line, sideline, feeder (line), spur; **2** *(sp)* touchline, sideline; **3** *zie* zijlinie
zijlinie collateral line
zijloge side box
zijmuur side wall
[1]**zijn** I *ww (zelfst ww & koppelww)* be; *zie ook* wezen; *(hulpww v tijd)* have; *(hulpww vd lijdende vorm)* have been; *hij is (zij zijn) advocaat* he is a lawyer (they are lawyers); *oorlog is oorlog* war is war; *jongens ~ jongens* boys will be boys; *dat is wat tussen die twee* there is something between those two; *5 van de 12 is 7* 5 from 12 leaves 7; *2 × 2 is 4* twice 2 is 4; *deze huizen ~ £4000 per jaar* these ... are £4000 a year; *dat is gemakkelijk te begrijpen* it is easy to understand; *hoe is* **het** *met je?* how are you?; *het was niet dat hij het geld nodig had* it was not that he ...; *het is niet te doen* it can't be done; ***zij*** *het ook* [comfortable,] if [shabby chair]; *hij slaagde, zij het dat hij* ... he managed, albeit that he ...; *zoals de wet nu is* as the law now stands; *je bent* **er**, *(fig), a)* you've hit it; *b)* you've got there; *is hij gekomen? ja, hij is er* has he come? yes, he has (he is here); *ik ben er, (weet het)* I have it; *hij is er geweest, (fig)* it is all up with him, he is a goner, he has had it; *Engeland is er geweest* England is dished; *de dokter zal er dadelijk ~* the ... will be round immediately; *is de vuilnisman (er) geweest?* has the dustman been?; *is er ook iem geweest toen ik uit was?* did anyone call when ...?; *(is er ook) iem geweest?* (has) anybody been?; *eenhoorns zijn er nooit geweest* unicorns never existed (never were); *wat is er?, zie* [1]wat; *ze was er of ze kwam er* she was in and out a good deal; *... die er is* [the greatest rascal] going; *hij was* **in** *de katoen* he was in cotton; *ik ben* **naar** *Parijs geweest* I've been to Paris; *hij is* **uit** *Canada* he is from Canada; **waar** *zijn we?, (in boek, enz)* where are we?; *ik weet niet waar het is, (in boek)* I've lost my place; *zie ook* als, [2]bij 20, er, het, hoe, [2]meer, middel, moeten, mogen, [2]net III.3, vanwege, zaak, [1]zo, zullen, enz; **II** *zn* being
[2]**zijn** *vnw* his, *(v zaken & dieren veelal)* its; one's; *men moest ~ plicht doen* one should do one's (*Am ook:* his) duty; *de (het) ~e* his; *elk het ~e* every one his due, to each his own; *hij heeft het ~e gekregen* he has come into his own; *zie verder* [1]mijn
zijnent: *te(n) ~* at his house, at his place, in his country
zijnentwil: *om ~* for his sake
zijnerzijds for (on) his part
zijnet side of the net
zijnsleer ontology
zijopening side opening
zijpad side path, by-path; *een zijpaadje inslaan, (fig)* ride off on a side issue
zijraam side window
zijrivier tributary (stream, river), affluent, confluent, branch, feeder
zijscheut side shoot
zijschip *zie* zijbeuk
zijslip *(ve vliegtuig)* side-slip
zijspan(wagen) sidecar; *motor met zijspan* motorcycle combination, motorcycle and sidecar; *motor zonder zijspan* solo motorcycle
zijspiegel wing mirror
zijspoor siding, sidetrack; *op een ~ brengen (zetten)* sidetrack; *(fig)* sideline, put [a p.] on the sidelines
zijsprong side leap; *(ve schrikkend paard)* shy; *een ~ maken* jump (leap) aside
zijstoot side thrust; *(schermen)* flanconade
zijstraat side street, turning [off, *of:* out of Piccadilly]; *een ~ van het Strand, (ook)* a (side) street off the Strand
zijstreep *(biol)* lateral line
zijtak side branch; *(ve rivier, spoorweg, gebergte, enz)* branch, offshoot; *zie ook* zijrivier; *(ve familie)* collateral branch
zijvlak lateral face
zijvleugel (side) wing
zijwaarts I *bw* sideways, sideward(s); *zie ook* zijdelings; **II** *bn* sideward, lateral; *een ~e beweging maken, (ve auto, enz)* swerve
zijwand sidewall
zijweg side (by-, cross)road, branch road, by-, sideway
zijwind side wind; *(mar, luchtv, ook)* beam wind
zijzwaard leeboard
zilt saltish, salty, briny, brackish; *~e tranen* [weep] salt (*of:* briny) tears; *het ~e nat* the briny ocean, the salt water, *(scherts)* the briny
zilver **1** silver; *(zilveren voorwerpen)* [polish the] silver, (silver) plate; *(ongemunt)* bullion, bar-silver; *zie ook* spreken; **2** *(her)* argent
zilveraap titi
zilverachtig silvery (*ook fig:* a silvery laugh), argentine
zilverader vein (lode) of silver
zilverahorn silver (silver-leaved, white) maple
zilverblad silver leaf (*of:* foil); *(plant)* petty spurge
zilverblank silver(y) white
zilverboom **1** silver tree (of Cape Colony); **2** *zie* zilverpopulier; **3** *(chem)* arbor Dianae, dendritic silver
zilverdraad *(v zilver)* silver wire; *(met ~ omwonden)* silver thread
zilveren silver; *~ bruiloft* silver wedding; *~ haren (stem, lach)* silver(y) hair (voice, laugh); *~ knoop-*

jes, (plant) fair maids of France
zilverfazant silver pheasant
zilvergehalte percentage of silver, silver content
zilvergeld silver money
zilverglans 1 argentite, silver-glance; **2** silvery lustre
zilverglit litharge
zilvergoed [polish the] silver, (silver) plate
zilvergrauw, zilvergrijs silvery grey, silver grey
zilverhoudend containing silver, argentiferous
zilverkleur silvery colour
zilverkleurig silver-coloured
zilverkoers price of silver
zilverlakens: *~e fazant* silver pheasant
zilverling *(bijb)* piece of silver [Judas betrayed the Master for 30 pieces of silver]
zilvermeeuw herring gull
zilvermerk hallmark (for silver)
zilvermunt silver coin
zilveroxide silver oxide
zilverpapier silver paper, silver foil, tinfoil
zilverplevier silver plover
zilverpoeder silver dust; *(om te poetsen)* plate powder
zilverpopulier white (*of:* silver) poplar, abele
zilverreiger *(grote)* great white heron; *(kleine)* little egret
zilverschoon silverweed
zilversmeedkunst silversmith's art
zilversmid silversmith
zilverspar (silver) fir
zilverstuk silver coin
zilveruitje pearl onion
zilvervis silverfish
zilvervisje *(insect)* silverfish
zilvervliesrijst brown rice, unpolished rice
zilvervloot silver fleet, treasure fleet
zilvervos silver fox
zilverwerk silverware, silver-work, (silver) plate
zilverwilg white willow
zilverwit I *bn* silver(y) white; **II** *zn* silver-white, Chinese white
zilverzand silver sand
Zimbabw(e)aan(s) Zimbabwean
zin 1 *(zielsvermogen, verstand)* sense; *de* ***vijf*** *~nen* the five senses; *hij heeft zijn ~nen goed (al zijn ~nen) bij elkaar* he has all his wits about him; *niemand die zijn ~nen bij elkaar heeft* nobody in his senses; *hij is niet goed* ***bij*** *(zijn) ~nen* he is not in his right senses, is out of his senses; **2** *(gevoel)* sense; *zin* ***voor*** *humor (het schone, het schilderachtige)* [have a] sense of humour (beauty, *of:* the beautiful, the picturesque); **3** *(gedachte, geest)* mind; *hij had er zijn ~nen op gezet* he had set his mind (his heart) on it, he was set on it (on the house, etc); *het kwam mij* ***in de*** *~ dat…* it occurred to me that…; *dat zou mij nooit in de ~ komen* I should never dream of it, such a thing would never enter my head; *dat schoot mij in de ~* it flashed through (crossed) my mind; *wat heeft hij in de ~?, (bedoelt)* what is he driving at?; *(voert uit)* what is he up to?; *ik weet wat hij in de ~ heeft* I know what he is after (what he has in mind); *iets in de ~ hebben tegen* be scheming against; *geen kwaad in de ~ hebben* intend (mean) no harm; *hij heeft niets goeds in de ~ (is niets goeds* ***van*** *~)* he is after (up to) no good (isn't up to any good); *één van ~ zijn* be of one mind; *van ~(s) zijn* intend, be minded [to…]; **4** *(betekenis)* sense, meaning; *deze woorden* ***hebben*** *geen ~* these words make no sense; *wat voor ~ heeft het?* what is the sense (use) of it?; *dat zou geen (weinig) ~ hebben* there would be no (little) sense in that, it would be without point, it would serve no useful purpose; *het heeft geen ~ om voor te wenden dat…* there is no sense in pretending that…; *een lange verloving zou geen (niet veel) ~ hebben* there would be no point (would not be much point) in a long engagement; *ik heb hem* ***in die*** *~ geschreven (gewaarschuwd)* I've written to him (warned him) to that effect; *in eigenlijke ~* in its literal (proper) sense; *in engere ~* in a more restricted (limited) sense; *in figuurlijke ~* in a figurative sense; *in die ~ dat…* in the sense that…; *in de ~ der (dezer) wet* [manufacturer] within the meaning of the Act; *in de volste (ware) ~ van het woord* in the full (true) sense of the word; *in zekere ~* [you are right] in a (certain) sense, in a way; *hij zinspeelde er in zekere ~ op, (fam)* he sort of hinted at it; **5** *(volzin)* sentence; **6** *(lust, begeerte)* mind, desire, appetite, fancy, stomach [no stomach for fighting]; *~ of geen ~* willy-nilly, (whether you) like it or not; *ieder zijn ~, zie* smaak; *een* ***mens*** *z'n ~, enz, zie* lust; *zijn eigen ~* ***doen*** do as one pleases; *iems ~ doen* do as a p. wishes; *(ook: iem zijn ~* ***geven****)* let a p. have his way, humour a p.; *~ (heel veel, veel, wel, geen ~)* ***hebben*** *om te…* have a mind (a great mind, a good mind, half a mind, no mind) to…; *als je ~ hebt te wachten* if you care to wait; *als je ~ hebt, (ook)* if you are so minded; *ik heb geen ~ om te schrijven* I don't feel like writing; *ik heb niet veel (niet recht) ~ om te gaan* I don't much want to go; *hij had geen ~ er afstand van te doen* he was reluctant to part with it; *zie verder* lust & trek; *heb je nu je ~?* are you satisfied now?; *hij wil in alles zijn ~ hebben* he always wants to have it his own way; *zijn ~* ***krijgen*** have (get) one's wish (one's own way); *hij kreeg er ~* ***in*** he took a fancy to it; *het iem* ***naar*** *de ~ maken* please a p.; *het iem naar de ~ trachten te maken, (ook)* study a p.'s tastes (comfort, etc); *dat is naar mijn ~* that is to my liking [he's got too many ideas for my liking]; *is het hotel (enz) goed naar je ~?* are you happy where you are?; *te bleek naar mijn ~* too pale for my taste; ***tegen*** *mijn ~* [he went] contrary to my wishes; *(met tegenzin)* [I went] reluctantly
zindeel *zie* zinsdeel
zindelijk clean *(ook ve hond)*, neat, tidy; *(ve kind)* (toilet-, potty-)trained; *(ve dier)* house-trained; *~ van aard* cleanly
zindelijkheid cleanness, neatness, tidiness, cleanli-

ness
zinderen vibrate with heat; *~d* scorching [heat]; *(fig)* thrilling, gripping, dramatic [match]
zingen sing; chant [the Litany]; *(ve vogels)* sing, warble, carol; *plotseling beginnen te ~* burst into song; *het water zingt* the kettle is singing; *tenor, enz ~* sing (the) tenor, etc; *zing eens wat* give us a song; *~de mis* sung mass; *~de zaag* musical saw; *zie ook* lijster, slaap, toon 1: ~tje lager, vals, 1 wijs 3
zingenot sensual pleasure
zingeving legitimation, justification
zink zinc [bath]; *(handel)* spelter
zinkblende (zinc) blende, sphalerite
zinkbloemen flowers of zinc
[1]zinken *bn* zinc
[2]zinken *ww* sink *(ook van de moed, enz)*, go down; *(ve schip, ook)* founder; *~d schip* [the rats are leaving the] sinking ship; *laten ~* sink, scuttle [ships]; *diep ~, (fig)* sink (*of:* fall) low; *zó diep was hij niet gezonken* he had not fallen as low as that (not sunk to this level); *in zijn stoel ~* sink (subside) into one's chair; *in het graf ~* sink into the grave; *zie ook* baksteen, grond, moed, enz
zinker 1 underwater main; **2** *(ve net)* sinker
zinkerts zinc ore
zinkgat *(mar)* pump-well
zinkgravure zinco(graph)
zinkhoudend zinciferous
zinklaag layer (*of:* stratum) of zinc
zinklood 1 *zie* dieplood; **2** *(bij het vissen)* sinker; *~jes* spliced shot
zinkografie zincography
zinkoxide zinc oxide
zinkput cesspool, cesspit, settling tank
zinkstuk *(waterbouw)* mattress, willow matting; *(mar)* sinker
zinksulfaat zinc sulphate
zinksulfide zinc sulphide
zinkwit zinc white
zinkzalf zinc ointment
zinledig meaningless, devoid of sense, vacuous; *~e gezegden* inanities, vacuities
zinledigheid meaninglessness, vacuity, inanity
zinloos senseless [violence]; *zo'n leven is ~* such a life is meaningless; *een zinloze moord* a pointless murder; *zie ook* zinledig
zinnebeeld emblem, symbol; *het ~ zijn van, (ook)* be symbolic(al) of [peace, etc]
zinnebeeldig emblematic(al), symbolic(al)
zinnelijk 1 of the senses, of sense; *~ waarneembaar* perceptible by the senses; *de ~e wereld* the world of sense; **2** *(de zinnen strelend; zingenot beminnend)* sensual [pleasures, persons], carnal [appetites]; *(meestal niet ongunstig)* sensuous; *een ~ mens, (ook)* a sensualist
zinnelijkheid sensuality, sensualism
zinneloos out of one's senses, insane, mad
zinneloosheid insanity, madness
zinnen ponder, muse, meditate; *(somber ~)* brood; *~ op* ponder, etc on; *op wraak ~* brood on (be out for) revenge; *het zint mij niet* I don't like it; *zie ook* bezinnen
zinnenprikkelend, zinnenstrelend titillating
***zinnespel** *(Wdl: zinnenspel)* morality
zinnia *(plant)* zinnia
zinnig sane; sensible; *~ zijn* make sense, be worthwhile
zinnigheid sense; *(volkst)* longing, fancy
zinrijk full of sense (of meaning), pregnant, significant, terse
zinrijkheid pregnancy, significance, terseness
zins *zie* zin
zinsaccent sentence stress
zinsbedrog, zinsbegoocheling illusion, delusion, hallucination
zinsbepaling sentence adverb
zinsbouw sentence structure
zinscheiding sentence patterning, phrase-marking, punctuation
zinsdeel part of a sentence, sentence element
zinsnede passage, clause
zinsontleding (sentence) analysis
zinspelen allude [*op* to], hint [*op* at]
zinspeling allusion [*op* to], hint [*op* at], reference [*op* to]; *een ~ maken op* allude to, hint at
zinspreuk motto, device; *(kernspreuk)* aphorism
zinstorend confusing [misprints]
zinsverband *(wijze van verbinding)* connection of sentences; *(samenhang)* context
zinsverbijstering *zie* verstands-
zinsverrukking, zinsvervoering *zie* geestverrukking
zinswending turn of phrase
zintuig organ of sense, sense organ, organ [of sight, etc]; *de vijf ~en* the five senses
zintuiglijk: *~e waarneming* sense (*of:* sensory) perception
zinverwant synonymous; *~ woord, (ook)* synonym
zinverwantschap synonymity
zinvol 1 significant, meaningful; **2** *zie* zinnig
zionisme Zionism
zionist(isch) Zionist
zirkoon zircon
zit [that rider has a good] seat; *hij heeft geen ~ in het lijf* he is a fidget, is fidgety, cannot sit still; *een hele ~* a long journey, [from 7 to 12 is] a long time
zitbad hip bath, sitz-bath
zitbank bench, seat; *(bekleed)* settee, sofa; *(kerkbank)* pew
zitbeen ischium
zitdag day of sitting (opening, sale, etc); *(jur)* court day, assize day
zitgelegenheid seating accommodation, seating, place (somewhere; *zo ook:* nowhere) to sit down; *met ~ voor 50* to seat 50
zithoek sitting area
zitje 1 table and chairs; **2** seat; *een aardig ~* a snug

corner, a cosy nook

zitkamer sitting room, living room, parlour

zitkuil sunken sitting area

zitkussen seat cushion

zitplaats seat; *de bioscoop heeft 500 ~en* the cinema seats (is capable of seating, has seating accommodation for, is seated for) 500 people

zits: *zevenzitsauto* seven-seater

zit-slaapbank sofa bed, *(Am)* daybed

zit-slaapkamer bedsitting room, *(fam)* bedsit(ter)

zitstaking sit-down (strike)

zitstang perch

zitstok 1 shooting stick; **2** perch

zitten 1 *(gezeten zijn)* sit, *(ve vogel)* be perched (perch) [on a branch]; ***blijven*** ~ remain seated, keep (stay in) one's seat; *(onder dans)* sit out (the dance); *blijf* ~ keep (stay in) your seat, don't move, please; *wij kunnen helemaal tot A blijven* ~ we can keep our seats all the way to A; *hij bleef maar* ~ he sat on and on; ***gaan*** ~ sit down, take a seat, take one's seat [the bench on which they took their seats], sit down; *ze ging rechtop in bed* ~ she sat upright in bed; *weer gaan* ~ resume one's seat; *ga ~!* sit down!; *(tegen getuige)* stand down!; *gaat u* ~ take a seat, sit down, won't you sit down?; *gaan ~ ontbijten (thee drinken, enz)* sit down to breakfast (tea, etc); *de **kip** zit te broeden* the hen is sitting; *de stoel zit **lekker*** it's a comfortable chair; *het zit hier lekker* it is nice sitting here; *~ **te lezen*** sit (be) reading, sit and read; *hij zat van zijn sigaar te genieten* he sat enjoying his cigar; ***bij** iem* ~ sit by a p.('s side); *kom bij mij* ~ (come and) sit beside (*of:* by) me; *kom bij ons (gezelschap)* ~ join us; *kom **naast** mij* ~ sit beside me; ***om** het vuur* ~ sit (be seated) round the fire; ***over** een boek* ~ sit (pore) over a book; *goed (slecht) **te** paard* ~ sit a horse well (badly), have a good (bad) seat; *hoog te paard* ~ be on one's high horse; ***voor** een schilder (zijn portret)* ~ sit to a painter (for one's portrait); **2** *(zitting hebben, v kamerlid, rechter, enz)* sit [the right to sit in both Houses]; *de Kamer zit nu* the House is now sitting, is in session now; *in de raad* ~ sit (be) on the (town) council; *in de commissie* ~ be (sit, serve) on the committee (the board; *staatscommissie:* the royal commission); **3** *(ve kledingstuk)* fit, sit [the coat sits well]; *de jas zit goed (slecht)* the coat is a good (bad) fit; *zie ook* recht II.1 & scheef; **4** *(zijn, zich bevinden)* be; *de wind zit in het noorden* the ... is in the north; ***hoe** zit dat?* how come?; *dat zit **zo*** it's like this, it's this way; ***daar** ~ we nu!* now we are in a mess!; *zit daar **geld**?* are they well off?; *er zit nogal wat geld (bij)* they are pretty well off; *(**gevangen**)* ~ do time; *hij heeft drie **jaar** gezeten* he has served three years [for housebreaking]; *daar zit 'm de **moeilijkheid*** that's the problem; *altijd **thuis*** ~ be always at home, be a stay-at-home; *de boom zit **vol** vruchten* is full of fruit; *zie ook* vol; ***waar** zit je toch?* where are you then?; ***blijven** ~, (op school)* stay (be kept) down; *zie* zittenblijver; *(ongetrouwd blijven)* remain (*of:* be left) on the shelf; *in de sneeuw blijven* ~ stick in the snow; *de kogel bleef in zijn schouder* ~ the bullet lodged in ...; *haar haar wou niet blijven* ~ would not stay in place; *het meeste geld **gaat** ~ in boeken* most of the money goes in (on) books; *een meisje **laten*** ~ drop a girl; *zijn vrouw laten* ~ desert one's wife; *de garage heeft ons laten* ~ the garage has let us down; *laat maar ~!, (tegen kelner)* keep the change, never mind the 10p (etc); *hij heeft het lelijk laten* ~ he has not come too well out of it; *zie ook ben:* ~ bij & ~ op; ***aan** tafel* ~ be at table; *ik zat juist aan het diner* I was just having dinner; *daar zit wat **achter*** there is more to it than that, *(een verborgen moeilijkheid, enz)* there must be a catch in it; *daar zit meer achter* there is more in it (more is meant) than meets the eye; *ik ben zeker dat hij er achter zit* I'm sure he has something to do with it (is at the bottom of it); *daar zit een vrouw achter* there is a woman in it (in the case); *achter iem aan (heen)* ~ keep a p. at it (*of:* up to scratch); *zie ook* vod; *achter de vrouwen aan* ~ chase women; *het zit hem **in** de benen* it's his legs, his legs are failing him; *het zit in de familie* it runs (it is) in the family; *dat (die eigenschap, enz) zit hem in het bloed* it is in his blood; *wij ~ weer in de winter* another winter is upon us; *de sleutel zit in het slot* the key is in the lock; *het mes zat diep in het lichaam* the knife was deeply embedded in ...; *in de gevangenis* ~ be in prison; *er zit een staatsman in hem* he has the stuff (the makings) of a statesman in him; *daar zit wel wat in* there is some reason (some point) in that, there is something in it; *zijn grammatica zit er niet in* his grammar is shaky; *zijn Duits zit erin (zit er goed in)* he is competent in (has a good command of) German; *daarin zit het nieuwe van het idee (het onrechtvaardige ervan)* that's where the novelty of the notion comes in (where the injustice of it creeps in); *het zit erin dat het lukt* there's every chance of success; *hij deed alles om te winnen, maar het zat er niet in* he ..., but he could not make it (but no such luck); *hij zit er goed in* he is well up in it; *goed in de kleren* ~ be well-dressed; *in verlegenheid ~, zie* moeilijkheid; *dat zit niet in hem* it is not (he hasn't got it) in him; ***onder** de modder* ~ be covered (caked, coated) with mud; *onder het werk* ~ be up to the eyes in work; *er zit een kroon **op** de scepter* the sceptre is surmounted by a crown; *er zit een vlek op je jas* there is a stain on your coat; *het zit me **tot** hier* I'm fed up with it; **5** *(doel treffen:)* ***die** zit* one (in the eye) for you; *(sp)* it's a goal, it's in [only three of the five penalties were in]; **6** *(problemen hebben:) ik zit **ermee*** I am at a loss (I do not know) what to do about it (with it, with the boy, etc); *waar ik mee zit ...* what bothers me ...; *daar zit ik niet mee* no problem; *hij zou er lelijk mee gezeten hebben [om het te moeten doen]* he would have been hard put (to it) [to ...]; *vgl* omhoogzitten; *ik zit **met** die artikelen* I have those articles on my hands; *ik bleef met die artikelen* ~ these articles were left on my hands, I got saddled (*of:* stuck) with them; *zij bleef met vier kinderen* ~ she was left with four children; *hij liet mij met het huis (de goederen, de zaken)* ~ he left me with the house (the goods, the business) on my hands, *(meer algem)* left me to hold the baby || *het stuk zat geheid* the play had been thoroughly rehearsed; ***dat** zit nog* that's a question; that remains to be seen; *dat zit wel goed* that will be all right; *ik **zie** dat niet* ~ I don't see it coming off (getting done, etc); *hij zag het niet meer* ~ he had given up, was at the end of his tether; *ze zag hem wel* ~ she rather fancied him; *hij zit overal **aan*** he touches (fingers) everything, cannot let (leave) anything alone; *wie heeft aan dat slot gezeten?* who has been tampering with that lock?; *het zit hem aan de longen* it's his lungs, his lungs are affected; *dat zit er niet aan* I can't afford it, *(geen sprake van)* nothing doing!; *maar dat zat er niet aan, (ook)* but no such luck!; *er zit niets (niet veel) **bij** (hem)* he has nothing in him (there is not much to him); *ik heb er veel geld bij laten* ~ I've lost a lot of money over it; *hij liet het er niet bij* ~ he did not take it lying down; *hij heeft het er lelijk bij laten* ~ he has made a poor job of it; *hij zit er goed (warmpjes) bij* he is well (comfortably) off; *er zit niets anders **op** dan te betalen* there is nothing for it (we have no alternative) but to pay; *er zit niets anders op* there is no alternative, there is nothing else for it; *er zit wat (nl straf, enz) voor je op* you won't half get it, you are sure to catch it; *daar zit een jaar (voor me, enz) op* that'll mean a year; *dat zit erop* that's that, that's done (and finished with); *dat kan ik niet op me laten* ~ I cannot take that lying down (put up with it); *hij liet het niet op zich* ~ he didn't take it lying down, he gave as good as he got; *zie ook* gezeten, bloed, diep, dunnetjes, grond, hand, hoog, inzitten, opzitten, kop, recht, rechtop, schuld, stemmen, zitting, enz

zittenblijver pupil who repeats a year

zittend sitting, seated; ~ *leven (werk)* sedentary life (work); ~ *blad* sessile leaf; *de ~e rector* the ... ow in office; *het nu ~e (parlements)lid* the sitting member [for Dulwich]

zittijd (time of) session; *(jur)* term

zitting 1 *(ve stoel)* seat, bottom; *stoel met leren* ~ leather-seated chair; *zie ook* rieten; **2** session, *(een enkele ~, meestal)* sitting, *(soms)* session; *gemeenschappelijke* ~ joint session [of both Houses]; ~ *hebben (houden)* be in session, sit [the court is sitting]; ~ *hebben in, zie* zitten: ~ in; ~ *hebben voor Gouda* sit for Gouda; ~ *hebben voor 4 jaar* hold office for 4 years; *een geheime ~ (gaan) houden* go into secret session; *4 maal per jaar ~ houden* hold four sessions every year; *gevraagd worden ~ te nemen in de conferentie* be asked to take part in the ...

zittingsdag day of session

zittingstijd *zie* zittijd

zitvlak bottom, seat, sit-upon; *hij greep hem bij zijn* ~ he gripped him by the slack of his trousers

zitvlees: *geen ~ hebben* be unable to sit still

zitzak beanbag

Z.K.H. afk van *Zijne Koninklijke (Keizerlijke) Hoogheid* HRH, His Royal Highness (HIH, His Imperial Highness)

Z.M. afk van *Zijne Majesteit* HM, His Majesty

[1]**zo I** *bw* **1** *(aldus)* so, like this, in this way, like that, thus; *een uur of ~ later* an hour or so afterwards (*zo ook:* the last 20 years or so; a dozen or so); *waarom hij ~ of ~ gehandeld had* why he had acted in such a way; *Mijnheer ~ **en** ~* Mr So-and-So, Mr Somebody; *ik schreef hem ~ en ~* I ... like this, to this effect; *de zaak zit **zó*** it's like this; *zó is het* that's it; that's what it is; *was het zó? ja, zó* was it like that? yes, like that; *zó ben ik het te weten gekomen* that's how I (came to, got to) know; *dat doe je zó* this is how it is done; *zó is het goed* that's right; *flink (mooi) ~!* that's right!, well done!, excellent!; *het is treurig, maar het **is*** ~ it is sad, but there it is (but there you are, but that's how it is); *het is niet ~ dat ik het nooit gedaan heb* it is not as though I have never done it; *maar het is (was) nu eenmaal* ~ [it's, it was, a pity] but there it is (was); *hij is nu eenmaal* ~ he is made like that, that's how he is; *of is dat eigenlijk wel ~?* ['I see', he hesitated;] 'or do I?'; ~ ***zij** het!* so be it!; *is dat ~?* is that so?; *het is* ~ it is so; *ja, dat is* ~ that's right; *is het weer ~?* are you (is he, have you been, etc) at it again?; ~ *is het **met** de meesten* that's the way with most people; ~ *is het ook met jou* it's the same with you; *stengel behaard, ~ **ook** de bladeren* stem hairy, as are the leaves; *als dat ~ is* if so, if that is true; *het is (ook maar) **beter*** ~ it is better as it is (better that way); ~ ***ben ik*** I am that kind of person, that's the sort of man I am, that's me, that's my way, that's just the way I'm made; ~ *ben ik niet* I'm not like that, I'm not made that way, I'm not that sort; ~ *zijn de mannen!* that's how men are!, that's men all over!, men are like that; ~ *was ze (deed ze) altijd* she was always like that; ***zó ver** wil ik gaan* I'm prepared to go that far (as far as that); *ik kan het zó (in deze vorm) niet tekenen* I cannot sign it as it stands; *om zó te scheiden* to part like this; *behandel je mij zó?* is this the way you treat me?; *zó kan het niet blijven* things cannot go on like this; *zó deden zij het* this is how they did it; *het moet zó blijven staan* it must stand as it is; *zó heb ik de zaak nooit bekeken* I never looked at the matter in that light; *zó **gaat** het altijd* that is always the way; *zó gaat het in het leven* such is life; *zó gaat het niet* that won't do; *ik heb hem nog nooit zó gezien* I have never seen him like that; ~ ***een*** such a one; *net ~ een* just such another; ~ ***iemand*** such a one (man, woman); ~ ***iets,** zie* zoiets; ~ ***maar*** apropos of nothing, without more (*of:* further) ado, [I can't say] straight off, straight away; [why do you ask?] (no reason,) just for the sake of asking; *zie ook* [2]meer I; *hij schreef het maar ~ op* he just dashed it off; *de boeken werden ~ maar in de kast gezet* the books were put in ... just anyhow; *ze kwamen* ~

maar binnen they came in without so much as by your leave; ~ *maar uit de fles drinken* drink straight out of the bottle; *dat zeg je maar* ~ I am sure you don't mean it; *hij doet maar* ~ he is only pretending (shamming); *ze zeggen dat het nodig is, maar dat is* ~ *niet* they say ..., but that is not so; *ik was* ~ ***gelukkig*** *de vroege trein te halen* I was fortunate enough (so fortunate as) to catch ...; *wees* ~ ***goed*** *ze dadelijk te zenden* kindly (be so kind as to) send them at once; *ze was* ~ *goed niet (niet* ~ *goed) of* ... there was no help for it but [she had to take part]; ~ *rijk **als*** ... as rich as ...; *niet* ~ *rijk als* not so (*of:* as) rich as; *het is niet* ~ *eenvoudig* it is not so simple as all that; **2** *(één ogenblik)* one moment [..., the next ...]; *zó zie je hem, en zó is hij weg* now you see him, now you don't; *(aanstonds)* presently, directly, [I shall be ready] in a minute; *ze trouwde zó van de school* she ... straight from school; *melk* ~ *van de koe* milk fresh from the cow; *(zoëven)* [he was here] just now, [I've] just [arrived]; **3** *(matig)* [I thought it only] so-so; ~ ~ [did you like it?] so-so; [quality:] fair; [can you swim?] after a fashion; *het was **maar*** ~ ~ it was but so-so, betwixt and between, indifferent; **4** *(graad: dermate, enz)* (quite) so, that; *zó vroeg had ze hem niet verwacht* she had not expected him quite so early; *ik wist niet dat het zó slecht was (dat de griep hen zó te pakken had)* I did not know it was as bad as (all) that (that they had the flu as badly as that) [*zo ook:* she had not fallen so (as) low as that; life is not so easy as all that]; *dat is nog niet* ~ *slecht* that is not too bad!; ~ ***ziek*** *als hij is, wil hij toch gaan* ill as he is, he wants to go; *ik verlang **(toch)*** ~ *je te zien* I (do) so long to ... (*zo ook:* I'm so enjoying myself; they always quarrel so; everybody loves him so; don't shout so); *ik heb er toch* ~ *het land aan!* I do so hate it!; *ik had je nog zó gezegd* I had made a point of telling you [to take your mac]; *het is* ~ ***ongeveer*** *tijd dat er een eind aan gemaakt wordt* it is just about time it was put a stop to; *ik **dácht*** ~ ... I kind of thought ...; *zó **lang** (met aanduidend gebaar)* so long, that long; *zó groot, (ook)* this size; *half* ~ *groot* half the size; *twee, enz maal* ~ *groot, enz, zie* maal; *sinds ze zó groot was* [he had known her] since she was so high; ~ *rijk (blij), **dat*** ... so rich (pleased) that ...; ~, *dat* ... so (in such a way) that; *handel* ~, *dat je niets verraadt, (ook)* act so as not to betray anything; ~ *goed ik kan* as well as I can; ~ *lui hij was in één opzicht,* ~ *vlug was hij in een ander* he was as lazy in one respect as he was quick in another; ***o*** ~ *zachtjes* [go] ever so gently; *zie ook* zoals, zover, zozeer, gauw, hoe, lang, noemen, [3]waar, wereld, zeggen, [1]zus, enz; **II** *vw* **1** *(vergelijkend)* as; ~ *aardig als hij praat,* ~ *gemeen doet hij* his actions are as nasty as his talk is pleasant; ~ *vader,* ~ *zoon* like father, like son; **2** *(voorwaardelijk)* if; ~ *ja* if so; ~ *neen (niet)* if not; *hij is veel beter,* ~ *al niet helemaal hersteld* he ..., if not quite well again; ~ *hij het al merkte, zei hij niets* if he noticed it, he ...; ~ *hij komt, zal ik het hem zeggen,* ~ *niet* ... if he comes I'll tell him, if not ...; ~ *nodig* if necessary; **3** *(naar, zoals:) hij is,* ~ *men zegt, ziek* he is said to be ill; *hij is,* ~ *ik zie, weer terug* he is back, I see; *zie ook* als & zoals; **III** *tw:* ~, *heeft hij je gezien?* he saw you, did he?; *o,* ~*!* oh, I see; oh, are you (does he, has she, etc); *ik geloof* ...; ~*?* I think ...; oh, you do, do you?; *['het was een cadeautje']* ~*?, (vaak iron)* ... a present, was it?; ~, *is dat de naam?* oh, that's the name, is it?; *['hij is overgegaan']* ~*?* ['he has gone up a class'] indeed?, has he?; ~, *en wat zei hij?* well, and what did he say?; ~, *dat is genoeg* well, that will do; **IV** *vw bw* for instance; ~ *is het een nadeel dat* ... for instance, a drawback is that ...; ~ *bracht X muizen en ratten samen in een doolhof* X, for example, ... in a maze

[2]zo *zie* zooi

Z.O. afk van *zuidoost(en)* SE, south-east

zoab porous rolled asphalt, *(Am)* porous asphaltic concrete

zoal among other things

zoals as [he died as he lived], such as [all kinds of products, such as ...], like; ~ *bijen houden van zoet, zo houden vliegen van bederf* as bees love sweetness, so flies love rottenness; ~ *in de oorlog, zo ook in vrede* as in war, so in peace; *een kerel* ~ *hij* a fellow like him; *er is niemand* ~ *zij* there is nobody like her; *doe* ~ *ik* do as I do, do like me; *ik behandelde hem net* ~ *de anderen* I treated him just the same as the others; *het is schande* ~ *hij drinkt* it is a shame (a disgrace) the way he drinks; ~ *je bloost* [you're worse than a girl] the way you colour up; *zie ook* noemen

ZOAVO afk van *Zuidoost-Aziatische Verdragsorganisatie* SEATO, South-East Asia Treaty Organization

zocht *ovt van* zoeken

zodanig **I** *bn* such; *zie ook* zulk; *als* ~ [treat a p.] as such, in that capacity; *de instelling als* ~ the institution in itself; **II** *bw* so, in such a way (manner); *zie ook* dermate

zodat so that

zode **1** sod, turf; *met* ~*n beleggen* turf, sod, grass over; *dat zet (brengt) geen* ~*n aan de dijk* that gets you nowhere; *dat zet* ~*n aan de dijk* now we're getting somewhere; *onder de (groene)* ~*n rusten* lie (be) under the sod (under the turf, *fam:* pushing up the daisies); **2** *zie* zooi

zodevormend *(plantk)* cespitose

zodiak(aallicht) zodiacal (light)

zodoende **1** thus, in that way (manner); **2** *(daardoor)* thereby; **3** *(bijgevolg)* so, consequently

zodra as soon as; ~ *hij verscheen* ..., *(ook)* the moment (the instant, *fam:* directly) he appeared ...; ~ *hij maar begint* as soon as (ever) he begins; *niet* ~ *had hij* ..., *of* ... no sooner had he ... than ..., hardly (scarcely) had he ... when ...

zoeaaf Zouave

zoef! whoosh!

zoek **1** missing, gone; *hij was* ~ he was missing; *het is*

~ it has been mislaid, it is nowhere to be found; ~ *raken* go missing; **2** *op ~ naar* [go] in search of [work], in quest of [adventure]; *~ raken, zie* zoekraken

zoekactie search

zoekbrengen [have a few hours to] dispose of; *de tijd ~* kill time, waste one's time [*met romans te lezen* (in) novel reading]; [it serves to] pass the time; *zie ook* zoekmaken

zoeken **I** *ww tr* **1** *(op zoek zijn naar)* look for [a book, person, wife], look out [a train in the timetable], look up [a word], look out for [a new secretary], grope (fumble) for [s.t. in one's pocket], hunt for [a new house], think of, cast about for [an explanation], seek [consolation, refuge, help, work, a p.'s ruin], court [death, danger, disaster], be (*of:* go) in search of [plunder, work]; *wil je mij een pen ~?* could you find me a pen (a pen for me)?; *de sleutel ~* (have a) hunt for the key; *zoek de vierkantswortel van ...* find the square root of ...; *neem je kaart en zoek Madras* take your map and find ...; *hij zoekt* **het** *(nl onaangenaamheden) altijd* he is always asking for it (for trouble); *de regering zoekt het in een verhoging van de btw* the government is looking for a solution in an increase of VAT; *hij wist niet waar hij het ~ moest, (v pijn, bijv)* he did not know where to turn; *hij zoekt* **mij** *altijd* he is always down on me; *op een plaats waar men het* **niet** *zou ~* in an unlikely place; *de* **politie** *zoekt hem* he is wanted by the police, the police are after him; *hij wordt gezocht (wegens moord)* he is wanted (for murder); *de door de politie gezochte man* the wanted man; ***eieren** ~* gather (collect) eggs; *het eieren ~* egg-hunting; ***hulp** ~ bij* seek help from; *je kunt* **lang** *~ vóór ...* you will have to go a long way before [you find a finer song]; *iems* **ondergang** *~* seek (plot) a p.'s ruin; *ik heb de* **twist** *niet gezocht* I wasn't looking for the quarrel, the quarrel was not (none) of my seeking; *de* **waarheid** *~* seek after truth; **wat** *zoekt u?, (in winkel)* can I help you?; *dat had ik niet* **achter** *hem gezocht* I did not think he had it in him, I should not have thought him capable of it; *hij zoekt overal wat achter* he is very suspicious; *de reden is niet ver* **te** *~* the reason is not far to seek; *zie ook* ruimte, ruzie, enz; *[ergens] niets te ~ hebben, a)* have no business; *b)* have nothing to look for; **2** *(proberen)* seek, try [*te* to]; **II** *ww intr* look [everywhere], seek; *ik heb* **overal** *gezocht, (ook)* I've hunted high and low; *zoekt en gij zult* **vinden**, *(bijb)* seek and ye shall find; **zoek!**, *(tegen hond)* seek!, find him (her, it)!; *~* **naar** look for, be on the lookout for [an opportunity, work, etc]; *naar zijn woorden (het juiste woord) ~* seek (search, grope, fumble, cast (hunt) about) for words (the right word); *hij zocht naar zijn sleutel* he felt for his key; *zie verder ~* I; *zie ook* gezocht; **III** *zn* search [*naar werk, kennis* for work, for knowledge], quest [*naar waarheid en schoonheid* of truth and beauty], hunt [*naar een huis* for a house]

zoeker **1** *(pers)* seeker [after knowledge], searcher; **2** *(fot)* (view)finder

zoeklicht search-, spotlight

zoekmachine search engine

zoekmaken mislay [a book]; run through, waste [a lot of money]

zoekplaatje puzzle picture

zoekraken get mislaid, get lost, go astray, go missing

zoel mild; *vgl* zwoel

Zoeloe *(volk & taal)* Zulu

Zoeloeland *(hist)* Zululand

zoemen buzz, hum, drone, zoom

zoemer *(elektr)* buzzer

zoemtoon buzz, hum

zoen **1** kiss; **2** *(verzoening)* expiation; **3** *zie* zoengeld

zoendood expiatory death

zoenen kiss; *om te ~* kissable; *zie ook* snoezig

zoenerig fond of kissing

zoengeld fine; *(voor moord)* blood money; *(hist)* wergeld

zoenoffer expiatory sacrifice, sin offering, peace offering

zoet **1** sweet (*ook fig:* sweet tones, etc); *~ water* fresh (sweet) water; *een ~ winstje* a rake-off; *~e woordjes* honeyed words; *~ maken* sweeten; *zie ook* broodje, koek, lekker, enz; **2** *(ve kind, enz)* good; *hij is erg ~ geweest* he has been as good as gold; *daar ben je wel een hele middag ~ mee* you've got an afternoon's work cut out for you; *~ houden* keep [children, etc] quiet (happy, amused), give a sop to [a p.]; *het is alleen maar om de mensen ~ te houden* it's only to keep them sweet; **3** *(techn)* smooth [file]

zoetachtig sweetish

zoetekauw sweet-tooth(ed person); *een ~ zijn* have a sweet tooth

zoetelaar(ster) sutler

zoetelief sweetheart, [his] young woman; *twee ~jes* true lover's knot

zoetelijk sweetish; *(fig) zie* zoetsappig

zoetemelks: *~e kaas* cream cheese

zoeten **1** sweeten; **2** *(techn)* smoothe

zoeterd *zie* lieveling

zoetheid sweetness

zoethoudertje sop [he was promised as a sop the viscountcy of W]

zoethout *(plant)* liquorice; *(wortel)* liquorice (root); *pijpje ~* stick of liquorice

zoetig **1** sweetish; **2** *(fig) zie* zoetsappig

zoetigheid **1** sweetness; *hij houdt van ~, (ook)* he has a sweet tooth; **2** *(concr)* sweets, sweetmeats; *wil je een ~je?* have a sweet (sweety)?

zoetje **1** sweetener; **2** sweet

zoetjes softly, gently; *zie* zachtjesaan

zoetmiddel sweetener

zoetsappig goody-goody, namby-pamby, sugary [novels], mealy-mouthed, milk-and-water [Christians]

zoetsappigheid goody-goodiness

zoetschaaf smoothing plane
zoetstof sweetener, saccharin
zoetvijl smooth-file; *de ~ over iets laten gaan, (fig)* give the finishing touch to s.t.
zoetvijlen smooth-file
zoetvloeiend mellifluous, melodious
zoetvloeiendheid mellifluousness, mellifluence
zoetwater *(attr)* freshwater [animal, crab, fish, mussel, plant, etc]
zoetwaterkreeft crayfish, crawfish
zoetzuur I *bn* sour-sweet, sweet and sour [pork]; II *zn* (sour and) sweet pickles
zoeven *(bijv ve auto)* hum; swish [past *voorbij*]
***zoëven** *(Wdl: zo-even)* just now, a moment ago; *~ nog* only a moment ago, just now
zog (mother's) milk; *(mar)* wake; *in iems ~ varen* follow in a p.'s wake
zogafscheiding lactation
zogeheten *zie* zogenaamd
zogen suckle, nurse, breastfeed [a child]; *~de moeders* nursing mothers; *het ~, (ook)* [during] lactation
zogenaamd I *bn* **1** so-called; **2** *(voorgewend)* so-called, would-be [friends], self-styled, pretended, ostensible, bogus [charities], alleged [the alleged Miss L], pseudo-[necessities]; *een ~ diner* [it was] an apology for a dinner; II *bw: ~ om te* ostensibly (supposedly) to [help me], [go to V] for the ostensible reason (on the pretext, under colour) of ...ing; *~ eerlijke mensen* supposedly honest people; *hij was ~ aan het werk* he was supposed to be at work; *de cheque was ~ getekend door ...* the ... purported to be signed by ...; *de partij die hij ~ vertegenwoordigde* the ... which he purported to represent
zogenoemd *bn zie* zogenaamd
zogezegd *zie* zogenaamd; *het werk is ~ klaar, (ook)* is all but (as good as) finished
zogezien outwardly, from the looks of it
zogoed as good as; *~ als dood* as good as (all but, nearly) dead; *~ als niets (niemand, geen ervaring)* next to nothing (nobody, no experience); *hij heeft het mij ~ als gezegd* he as good as told me so; *~ als onbezeerd, (ook)* practically uninjured
zohaast as soon as; *zie* zodra
zoiets something (anything) like it; *~ heb ik nooit gezien* I never saw such a thing (the like, anything like it, anything of the sort); *~ dwaas* something equally foolish; *~ bestaat niet, (ook)* there is no such thing; *hij is schilder, of ~* he is a painter, or something; *het kost ~ van £50* it costs something like £50 (*zo ook:* write something like six letters every day); *dan heb ik ~ van ...* then I get a feeling like ...; *hoe vind je (wat zeg je van) ~!* what do you say to that!; *dáár zeg je ~* now you're talking; *(Am & sl)* (there) you've said a mouthful; *daar zég je ~* that's right, a good job you mentioned it; *hij zei me ~* he told me as much; *dan heb ik ~ van ...* then I have the feeling that ...
zojuist just now; *~ verschenen* just published; *zie ook* zoëven
zolang I *vw* so long as, as long as, while; *~ ik me kan herinneren* ever since I can remember; II *bw* **1** meanwhile, in the meantime; **2** for the time being, [let me have your pencil] for a while (moment)
zolder **1** loft [*op ~* in the loft], garret, attic; *iem op zijn achterste ~ jagen* infuriate a p., drive a p. mad; *ze heeft het haar op ~* she has put her hair up; **2** *(zoldering)* ceiling; *laag van ~* low-ceilinged [room]; *zie ook* papieren; **3** *(bergplaats)* boxroom; *(in pakhuis)* loft, floor [floors to let]
zolderen **1** store, lay up, warehouse; **2** *(ve zoldering voorzien)* ceil
zoldergat (attic) hatch
zoldering ceiling
zolderkamertje garret, attic (room)
zolderlicht **1** skylight; **2** *(licht aan zolder)* ceiling light
zolderluik trapdoor
zolderraam attic window; *(loodrecht)* dormer (window)
zolderschuit covered barge
zoldertrap attic stairs
zoldervenster *zie* zolderraam
zolderverdieping attic floor, top storey
zolen (new-)sole [shoes]
zomaar *zie* [1]zo I.1
zombie zombie
zomede *zie* alsmede
zomen **1** hem; **2** *(koperslagerij)* seam
zomer summer [barley, course, dress, evening, palace]; *in de ~, 's ~s* in summer; *van de ~, a)* this summer; *b)* last summer; *c)* next summer; *zie ook* zwaluw
zomerachtig *zie* zomers
zomeravond summer('s) evening
zomerbed(ding) summer bed
zomerbloeier summer-flowering plant
zomerdag summer('s) day; *bij ~* in summer; *vgl* zomers
zomerdienst summer service; *(dienstregeling)* summer timetable
zomerdijk summer dike
zomeren: *het begint te ~* it is getting summer(y)
zomergast *(vogel, enz)* summer visitor
zomergoed summer clothing
zomergraan spring corn (wheat, etc)
zomerhalfjaar summer half-year
zomerhuisje *(tuin-)* summerhouse; *(woon-)* summer cottage
zomerkade summer dike
zomerkleding summer clothing (clothes)
zomerkleed summer dress
zomerklokje *(plant)* (summer) snowflake
zomerkwartaal summer term
zomermaand June; *de ~en* the summer months
zomermorgen summer morning
zomernacht summer night

zomeropruiming summer sale(s)
zomerpeil summer level
zomerreces summer recess, summer adjournment
zomers summery [day, a summery October], summerlike; *op zijn ~ gekleed zijn* wear summer clothes; *~e dag, (weerk)* day over 25° C
zomerseizoen summertime
zomerslaap summer sleep, aestivation; *de ~ houden* aestivate
zomersproeten freckles; *met ~* freckled
zomertaling garganey, summer teal
zomertarwe spring wheat
zomertijd 1 summertime; **2** summer time, daylight-saving time; *op ~ zetten* set [the clock] to s.t.; *~ hebben* be on s.t.
zomervakantie summer holidays
zomerverblijf 1 summer residence; **2** summer resort
zomerweer summer(y) weather
zomerzonnestilstand summer solstice
zomin: *~ als* no more than, as little as; *zie* evenmin
zomp bog
zompig soggy, boggy, marshy
zon I *zn* sun *(ook her, fot); de opgaande ~ aanbidden* worship the rising sun; *hij kan de ~ niet in het water zien schijnen* he begrudges others their good fortune; *~netje* sun *(ook vuurwerk); (juweel & vuurwerk)* sunburst; *het ~netje van binnen* inward happiness; *zij is een ~netje in huis* she is a sunbeam in the house; ***door de ~ gebruind*** suntanned; ***in de ~*** [stand, sit, etc] in the sun; *een plaats(je) in de ~, (ook fig)* a place in the sun; *in de ~ gedroogd* sundried; *iem in het ~netje zetten* make a p.('s virtues, foibles, etc) the centre of attention; ***met de ~ mee*** with (in the direction of) the sun; *met de ~ opstaan* rise with the sun; ***tegen de ~ in*** against the sun; *haar gezicht vervelt van de ~* from sunburn; *zie ook* nieuws, schieten, verbranden, enz; **II** *ww ovt van* zinnen
zo'n such a [fellow]; such [impudence]; [a wife] like that; [I have] a sort of [presentiment that ...]; *~ 20 jaar* some (about, roughly) 20 years, a matter of 20 years; *~ schilder (vioolspeler), (min)* a painter (fiddler) fellow (*of:* chap); *~ vent!* the fellow!; *~ idee!* the idea!; *zie ook* zulk
zonaal zonal
zonaanbidder sun worshipper
zonaanbidding sun worship
zond *ovt van* zenden
zondaar sinner; *oude ~* old (hardened) sinner
zondaarsbankje stool of repentance, sinner's bench; *op het ~ zitten, (fig ook)* be on the carpet, be on the mat
zondag 1 Sunday; *('s, des) ~s* on Sundays; *op een ~* one Sunday; **2** (church) feast day, holiday [three days' holiday in a row]
zondagavond, zondagmiddag, enz, Sunday evening, Sunday afternoon, etc
zondags Sunday(s); *zijn ~e pak (kleren, plunje)* his Sunday suit, his Sunday best; *op zijn ~ (gekleed)* in one's Sunday best (*of:* finery); *op haar ~, (ook)* in her best bib and tucker; *voor ~* for Sunday wear
zondagsblad Sunday (news)paper; *de ~en, (ook)* the Sundays
zondagsdienst Sunday service; *(ve werkman, bijv)* Sunday duty
zondagsgezicht *(uitgestreken)* smug (*of:* sanctimonious) face, *(Sch)* Sunday face; *zie ook* uitgestreken
zondagsheiliging Sunday observance
zondagsjager would-be (*of:* casual) sportsman
zondagskind Sunday child; *hij is een ~, (ook)* he was born with a silver spoon in his mouth
zondagskrant *zie* zondagsblad
zondagsletter Sunday (*of:* dominical) letter
zondagspak *zie* zondags
zondagsplicht Sunday observance
zondagsrijder weekend motorist
zondagsruiter would-be horseman
zondagsrust Sunday rest
zondagsschilder(es) amateur painter
zondagsschool Sunday school
zondagssluiting Sunday closing
zondagsviering Sunday observance
zondares sinner
zonde sin; *kleine ~* peccadillo, venial sin; *een ~ begaan* (commit a) sin; *vloeken is ~* swearing is a sin; *het is ~ (en jammer)* it's a pity (a thousand pities); *het zou ~ zijn het te missen (niet te gebruiken)* it would be a shame to miss it (a waste not to use it); *het is (ik vind het) ~ van het geld* it's a waste of money (I begrudge the money); *het is ~ en schande (eeuwig ~)* it is a downright shame; *zie ook* jammer & vervallen
zondebok scapegoat, *(fig ook)* whipping boy; *tot de ~ maken* scapegoat
zonder without [*~ hoed* without a hat; *~ geld* without money]; with no [rainfall; with no thought of the morrow]; devoid of [interest]; *(scherts)* innocent of [a speech innocent of humour]; *(als het niet was door)* but for; *~ u was ik niet geslaagd* but for you I should not have succeeded; *~ op te kijken* without looking up; *ik gaf het hem, ~ dat zij het zag* without her seeing it; *~ het te zien, (ook)* [he might pass by] and never see it; *~ dat het u een cent kost* without it costing you a penny; *~ dat er iets gebeurt* without anything happening; *~ ideeën, (ook)* bankrupt of ideas; *ze zit helemaal ~ thee* she's run right out of tea; *we moeten er niet ~ blijven* we must not be left without; *~ doen* dispense with, do without; *zie ook* [2]meer I, stellen, enz
zonderbaar, zonderling I *bn* singular, queer, peculiar, odd, eccentric, *(fam)* rum(my); *~ genoeg, enz, zie* vreemd; **II** *zn* eccentric (person), original, freak, *(fam)* queer customer
zonderlingheid singularity, peculiarity, queerness, oddity, eccentricity
zondeval: *de ~ (van Adam)* the fall of man, the Fall

zondevergeving remission of sins
zondig sinful
zondigen sin [*tegen* against], offend [against good taste]; *tegen alle regels ~, (ook)* set all rules at defiance
zondigheid 1 sinfulness; **2** sin
zondvloed deluge *(ook fig)*, cataclysm; *de Z~* the Flood, the Deluge; *van vóór de Z~, (ook fig)* antediluvian
zone zone, belt; *(ve tram, bus)* (fare) stage; *zie ook* gevaarlijk, heet
zoneclips eclipse of the sun, solar eclipse
zonegrens *(ve tram)* fare stage
zonering zoning
zonet just now; *zie* zoëven
zoneverdediging zonal defence
zong *ovt van* zingen
zonk *ovt van* ²zinken
zonkant sunny side
zonlicht sunlight; *in het volle ~* in the full glare of the sun
zonlichtbehandeling sun-ray treatment, heliotherapy
zonloos sunless
zonnebaan ecliptic
zonnebad sun-bath; *~en, (ook)* sunbathing; *een ~ nemen* take a sun-bath
zonnebaden sunbathe
zonnebank (full-body) solarium
zonnebatterij solar battery
zonneblinden persiennes, Persian blinds; *vgl* jaloezie
zonnebloem sunflower [oil, seed]
zonnebrand sun-glare
zonnebrandolie sunburn lotion
zonnebril sunglasses
zonnecel solar cell
zonnecirkel solar cycle
zonnecollector solar collector
zonnedag solar day
zonnedak awning; *(ve auto)* sunroof
zonnedauw sundew
zonnedek sun deck
zonne-energie solar energy
zonneglans, zonnegloed, zonnegloren the sun's radiance; *het -gloren, (ook)* the break of day
zonnegod sun-god
zonnehelm sun-, pith-helmet, (sola) topi, topee
zonnehitte sun (*of:* solar) heat
zonnehoed sunhat
zonnejaar solar year
zonnejurk sundress
zonnekap *(fot)* sunshade
zonnekeerkring tropic
zonnekever ladybird, *(dial & Am)* ladybug
zonnekijker helioscope
zonneklaar (as) clear as daylight, abundantly clear; *~ bewijzen* prove up to the hilt
zonneklep sunshade, eye-shade; *(ve auto)* sun visor
zonneklopper 1 sunbather; **2** idler
zonnekoning: *de Z~* the Sun King (Louis XIV)
zonnekring solar cycle
zonneleen allodium
zonnelicht *zie* zonlicht
zonnemaand solar month
zonnemeter heliometer
zonnemicroscoop solar microscope
zonnen sun; *zich ~* sun (o.s.)
zonneolie suntan lotion
zonneoven solar furnace
zonnepaneel solar panel
zonnepit sunflower seed
zonneroosje rock rose, helianthemum
zonnescherm sunshade, parasol; *(voor venster)* sunblind; *(inz voor winkel)* awning
zonneschijf solar disc
zonneschijn sunshine
zonnespectrum solar spectrum
zonnespiegel helioscope
zonnestand 1 *(hoogte)* sun's altitude; **2** *(zonnestilstand)* solstice
zonnesteek sunstroke, touch of the sun, heatstroke; *een ~ hebben (krijgen)* have (get) sunstroke
zonnesteen sunstone
zonnestelsel solar system
zonnestilstand solstice
zonnestofje speck of dust in a sunbeam
zonnestraal sunbeam, *(vooral dicht)* sunray, *(fig ook)* ray of sunshine
zonnestraling solar radiation; *(invallende) ~* insolation
zonnetent awning
zonnetherapie sunray treatment, heliotherapy
zonnetijd solar time
zonnetje *zie* zon
zonnevis John Dory, dory
zonnevlam solar flare, protuberance
zonnevlecht solar plexus
zonnevlek sunspot, solar spot
zonnevogel bird of paradise
zonnewagen chariot of the sun(-god), Phoebus' car
zonnewarmte solar heat
zonneweg ecliptic
zonnewende solstice
zonnewijzer sundial
zonnewind solar wind
zonnig *(ook fig)* sunny, sunshiny
zonovergoten sun-drenched
zonsafstand distance from the sun
zonshoogte sun's altitude
zonsondergang sunset, sundown
zonsopgang sunrise
zonsverduistering eclipse of the sun, solar eclipse
zonwerend tinted [glass]
zonwering (blinds, etc, for) protection against the sun
zoog *ovt van* zuigen

zoogbroeder *(hist)* foster brother
zoogdier mammal, (*mv ook* -lia)
zoögeografie zoogeography
zoogkind 1 suckling, breast-fed child; **2** *vgl* zoogbroeder
zooglam sucking lamb
zoögrafie zoography
zoogster (wet-)nurse
zoogtijd (period of) lactation
zooi lot, heap; *de hele* ~ the (whole) lot (of them), *(fam)* the whole shoot(ing match), *(personen ook)* the whole gang; *het is me een ~!* what a shower!; *stuur de hele ~ naar huis!* sack the (whole) lot!; *het zijn een zoo(i)tje schurken* they are a set (a pack) of rogues; *zie ook* boel
zool sole; *losse ~, (ook)* sock, insole; *~tje* insole; *aan mijn zolen!* my foot!
zoölatrie zoolatry
zoolbeslag sole and heel protectors
zoolganger plantigrade (animal)
zoölieten zoolites
zoölogie zoology
zoölogisch zoological; *~e tuin* zoological garden(s), zoo
zoöloog zoologist
[1]**zoom 1** *(ve kleed, enz)* hem; **2** *(koperslagerij)* seam; **3** *(rand)* edge, border; outskirts, fringe [the northern fringe of London]; *aan de ~ van* on the outskirts of [the village, wood]; **4** *(ve rivier)* bank
[2]**zoom** *(fot, enz)* zoom lens
zoomen zoom
zoomlens zoom lens
zoomnaad hem
zoomsteek hemstitch; *met ~ naaien* hemstitch
zoomwerk *(scheepsbouw)* clinched work
zoon son (*ook fig:* sons of Abraham, Holland, Apollo, Mars, darkness, toil); *Gods Zoon* the Son of God; *de Zoon des Mensen* the Son of Man; *neen, mijn ~!* no, my son!; *(fig ook)* no, sonny!; *hij is de ~ van zijn vader* he takes after his father; *zie ook* verloren & zoonlief
zoonlief my (his, etc) dear son; *(iron)* young hopeful
zoonskind grandchild
zoop *ovt van* zuipen
zoopje dram, nip, drop, spot, wet
zoötechniek zootechnics
zootje *zie* zooi, armzalig & boeltje
zopas just now; *zie* zoëven
zorg 1 *(zorgvuldigheid, verzorging)* care; ~ ***voor*** care of [the horses, patients, her little ones, the skin]; *hij is belast met de ~ voor ...* he is in charge of ...; *(veel) ~* ***besteden*** *aan* bestow [great] care on, give special attention to, take [a good deal of] trouble over [one's hair]; ~ ***dragen*** *voor* take care of, look after, attend (see) to; *~ dragen dat ...* see (to it) that ...; *ik ontving het door uw* ***goede*** *~en* I ... through your good offices; ***zonder*** ~ careless(ly); **2** *(bezorgdheid)* solicitude, anxiety, concern; ***maak*** *je geen ~en over mij* don't worry (your head) about me; *ik maak me geen ~en over het kind* I have no fears about the child; **3** *(kommer)* care, trouble, worry [financial (business) worries]; *een voortdurende ~ voor zijn ouders* [he was] a constant source of anxiety to ...; *dat is een* ***latere*** *(van later) ~* we'll cross that bridge when we come to it; ***mij*** *een ~!, het zal mij een ~ zijn!* a fat lot I care!, I should worry!; ***vrij*** *van ~en* carefree; *~* ***baren*** give cause for concern (*of:* anxiety), cause anxiety; *~en* ***hebben*** be worried; *hij heeft niet de minste ~en* he has not a care (in the world); *geen ~en hebben* have no worries; *heb geen ~en vóór de tijd, geen ~en voor morgen* never meet trouble half-way; sufficient unto the day is the evil thereof; care killed the cat; *geen ~en hebben voor de dag van morgen, (vgl Matth. 6:34)* take no thought for the morrow; *heb maar geen ~* don't worry; *zich ~en* ***scheppen*** meet trouble half-way, worry, bother [don't bother beforehand]; *erg* ***in*** *de ~ zitten* be extremely worried; ***met*** ~ carefully; *zie ook* zorgvuldig; *louter* ***uit*** *~ voor haar* out of pure solicitude for her; **4** *(stoel)* easy chair; **5** *zij is een* ***trouwe*** *~* she is a faithful old soul; *zie ook* zorgeloos, toevertrouwen, vaderlijk, zieltje, enz
zorgbarend *zie* zorgwekkend
zorgdragend careful, solicitous
zorgelijk critical [condition]; *een ~ leven* a worried life, a life of worry; *iets ~ inzien* view s.t. with concern; *zie ook* zorgwekkend
zorgeloos carefree, light-hearted, unconcerned, improvident, happy-go-lucky; *(vrij van zorgen)* carefree
zorgeloosheid lightheartedness, unconcern, improvidence
zorgen 1 *(zorg dragen)* care; *~ voor* take care of, look after [a child, one's teeth, one's own affairs], provide for [one's family, a p. after one's death], see to [everything; Nature sees to that]; *(ve huishoudster, enz, fam)* do for; *voor een kind (zieke, enz) ~, (ook)* care for a child (an invalid, etc); *voor de* ***oude dag*** *~* provide (make provision) for one's old age, lay something by for the future; *voor hem is goed gezorgd* he is well provided for; *voor* ***zichzelf*** *~* fend (provide, shift) for o.s.; *hij moet voor zichzelf ~, (ook)* he is thrown (up)on his own resources; *zorg voor jezelf (je gezondheid)* look after yourself (your health); *zij kan wel voor zichzelf ~* she is able to look after herself; *goed voor zichzelf ~* look after number one; **2** *(letten)* see [that you are on time!], look [*voor* after]; *~ voor: (verschaffen)* provide, supply [the music; I supplied the witness]; *voor zijn eigen* ***boeken*** *~* provide one's own books; *met dit geld moet je voor je eigen kleren ~* out of this money you must find yourself in clothes; *voor iems zakgeld ~* find a p. in pocket money; *voor zijn* ***correspondentie*** *~* attend to one's correspondence; *voor het* ***eten*** *~* see to the dinner, do the cooking; *wil jij voor een* ***taxi*** *~?* will you see about a taxi?; *daar zal ik voor ~* I'll see

(attend) to that; *wij ~ voor het overige* we do the rest; *ervoor ~ dat recht gedaan wordt* see (to it) that justice is done; *we hebben ervoor gezorgd dat de goederen verscheept worden* we have arranged for the goods to be shipped; *terdege ~ dat ...* take good care that ...; *zorg ervoor dat je allemaal komt (kort na achten klaar bent; je gebeden niet vergeet)* mind you all come (mind you're ready soon after eight; be careful not to forget your prayers); *zorg ervoor dat het niet weer gebeurt (dat ik het niet weer hoor)* don't let it happen again (don't you let me hear it again); *daar zorgt de politie wel voor* the ... see to that; *hij zal wel ~ dat hij niet te laat is, (ook)* he knows better than to be late; *je moet ervoor ~ dat ik een zitplaats krijg* you must provide a seat for me; *zie ook* fiool, leven, enz

zorgenkind 1 problem child; 2 *(fig)* (constant) source of anxiety (care)

zorglijk *zie* zorgelijk

zorgsector social services (sector)

zorgverlof care leave

zorgverzekeraar health insurance company

zorgvol full of cares (worries), troubled

zorgvuldig careful, meticulous

zorgvuldigheid care(fulness), meticulousness

zorgwekkend alarming, disturbing, worrying; *zijn toestand is ~, (ook)* his condition causes anxiety

zorgwerker carer

zorgzaam careful [mother], tender, motherly [a kind motherly soul], considerate [husband]

zorgzaamheid careful-, considerateness, care

zot I *bn* foolish, silly; II *zn* fool; *elke ~ zijn marot* nobody is perfect; *zie verder* gek

zotheid folly

zotskap fool's cap, cap and bells; *(pers)* fool

zotskolf, zotsstok (fool's) bauble

***zottenklap** *(Wdl: zotteklap)* (stuff and) nonsense, foolish (silly) talk

zottenpraat *zie* zottenklap

zotternij folly, tomfoolery

zottigheid foolishness; folly

zottin fool

zou *ovt van* zullen

zout I *zn* salt (*ook fig:* it is the very salt of life); *het ~ der aarde, (bijb)* the salt of the earth; *je bent niet van ~* you are not made of (sugar or) salt; *~ op zijn staart leggen* put (a pinch of) salt on his tail; *het ~ in de pap niet waard* not worth his (etc) salt; *in het ~* in salt; *in het ~ leggen* salt; *zie ook* Engels, korrel, zoutje, enz; II *bn* salt [beef, water], saltish, briny; *~e amandelen* salted almonds; *~e haring* salted herring; *heb je het ooit zo ~ gegeten?* have you ever heard (seen) the like?; *zo ~ heb ik het nog nooit gegeten* this beats everything

zoutachtig saltish, salty

zoutarm low-salt [diet]

zoutbron salt well, salt (*of:* saline) spring

zoutbrood saltcake

zouteloos saltless; *(fig ook)* insipid, vapid, flat, pointless, unfunny [jokes]

zouteloosheid insipidity, vapidity, etc

zouten salt (down); *zie ook* gezouten

zoutevis salt fish, salt cod

zoutgehalte salinity, saline content, percentage of salt

zoutheid saltness, salinity [of sea water]

zouthoudend saliferous

zoutig saltish, salty

zoutje salty biscuit, *(krakeling & stengel)* pretzel

zoutkeet salt works, saltern

zoutkoepel salt dome, salt cavity [to store gas]

zoutkorrel grain of salt

zoutlepeltje salt spoon

zoutloos salt-free [diet]

zoutmeer salt lake

zoutmijn salt mine

zoutmoeras salt (marsh)

zoutneerslag saline deposit

zoutoplossing salt (*of:* saline) solution; *(med)* [hypertonic, hypotonic, normal, physiological] saline

zoutpan salt pan, salina, saline

zoutpilaar pillar of salt

zoutsmaak salty taste

zoutstrooier salt sprinkler, salt pourer, *(Am)* saltshaker

zoutte *zie* zoutheid; *net goed van ~* salted to perfection (to a nicety)

zouttuin salina

zoutvaatje salt cellar

zoutvat 1 salt tub; 2 *zie* zoutvaatje

zoutwater *(attr)* saltwater [crocodile, fish]

zoutwatermoeras saline marsh

zoutwinning saltmaking

zoutzak salt-bag; *hij zakte als een ~ in elkaar* he crumpled up (collapsed); *als een ~ in zijn stoel zitten* sit limply in one's chair

zoutzieden *zn* saltmaking

zoutziederij salt works

zoutzuur I *zn* hydrochloric acid, spirit(s) of salt; II *bn* hydrochloric

zoveel I *onbep hoofdtelw* so (as) much, *(mv:)* so (as) many; *in het jaar zo en zóveel* in such and such a year, in the year such and such; *1900 en zóveel* 1900 odd, 1900 and something; *zóveel duizend aandelen (mijlen per uur)* so many (*fam:* umpteen) thousand shares (miles an hour); *de trein van 5 uur zóveel* the five something train; *tegen zóveel per stuk* at so much each (*zo ook:* read so much of the book every day); II *onbep vnw* so much, that much; *zóveel wat de theorie betreft, en nu de praktijk* so much for theory, now for practice; *zóveel is zeker* that much is certain; *zóveel weet ik ervan* that (*of:* thus) much I know; *heeft het zóveel gekost?* did it cost all that?; *even ~ scheurpapier* [the certificates are] so much waste paper; *zijn woorden waren voor haar even ~*

betekenisloze klanken his words were as many meaningless noises to her; *ik geef er* ***niet*** *~ om* I do not care so much about it; *ik geef er niet zóveel om* I don't care that about it (*zo ook:* I wouldn't give that for his life); ***nog*** *niet zóveel* nothing at all; *voor nóg ~ niet* [I would] not [go through it again] for anything, not for (all) the world; *ik houd* ***toch*** *~ (zóveel) van je!* I do so love you!; *hij is er ~* ***als*** *duvelstoejager* he is a sort of factotum there; *zij is ~ als zijn secretaresse* she is his secretary or something; **III** *bw* so much [larger; she has meant so much to me]; ~ *mogelijk* as much (*mv:* many) as possible; *~ mogelijk zon* a maximum of sunshine; *~ ik kan, (ook)* [I'll help you] all I can; *~ je wilt* [laugh] all you like; *~* ***te meer*** *(beter, erger)* so much (*of:* all) the more (better, worse); *(voor) ~ ik weet, zie* zover; *zie ook* eens

zoveel-en-dertig(ste) thirtysomething(th)

zoveelste: *in zijn tachtig en ~ jaar* in his eighty-somethingth year; *voor de ~ maal* for the hundredth (the nth, *fam:* the umpteenth) time

zoveelstehands hand-me-down

zover so far, thus far; *~ het oog reikt* as far as the eye can see (reach); *~ terug als 1850* as far back as ...; *hij ging ~ van te zeggen ...* he went so far as to say ..., went to the length of saying ...; *dat is ~ als het gaat* that holds good up to a point; *zóver gaat mijn kennis van Ibo niet* my knowledge of Ibo does not run to that; *zóver wil ik niet gaan* I won't go so (as) far as that; *ze kon haar opvoeding niet ~ vergeten dat ze ...* she could not forget her upbringing to the (such an) extent that she ...; *herinner mij eraan als het zóver is* remind me when you (they) have got that far; *zóver zijn we nog niet* it hasn't come to that yet; *als het zover is* [we can discuss that] in due (at the proper) time; *zóver is het nog niet gekomen* matters have not gone so far as that yet; *zóver is het nog niet met me gekomen* I have not sunk to that yet; *zóver was het gekomen* [she meant to leave him;] it had come to that; *het was ~ gekomen, dat ...* things had come to such a pass that ...; *je had het nooit ~ moeten laten komen* you ought never to have let it get as far as that; ***in*** *~(re) deze wet uitgevoerd is* so far as this law has been executed; *hij was anders dan zij in ~(re) dat hij bang was voor zijn pa* he was unlike her in being ... (*evenzo:* the judge's summing-up was unfortunate in that it did not refer to ...); *zie ook ben:* voor ~; ***tot*** ~ so far; *tot ~ is het me gelukt* so far I have succeeded; *tot ~ is alles in orde* so far so good; ***(voor)*** *~* as far as, (in) so far as; *voor ~ mogelijk* as far as possible; *voor ~ ik weet, (ook)* [he has not an enemy] to my knowledge, to the best of my belief, for all (aught) I know; *niet voor ~ ik weet* not to my knowledge, not that I know of, not as far as I am aware

zowaar actually, really; *daar is hij ~* there he is right (*of:* sure) enough; *zie ook* waarachtig & [3]waar

zowat about; *~ 50 pond, (ook)* some (*of:* roughly) fifty pounds; *~ van alles* all sorts of things, pretty nearly everything; *~ niets* next to nothing; *~ even oud als ...* pretty much (much about) as old as ...; *de brief was ~ van deze inhoud* much to this effect; *ik verwachtte het wel ~* I sort of expected it; *hij heeft hem ~ doodgeslagen* he all but killed him; *zie verder* ongeveer

zowel: *~ als* as well as, both ... and [both J and his friends], [Shakespeare, Chaucer, Milton,] all of them [...]; *~ voor armen als rijken, (ook)* [available] to poor and rich alike; *hij had het ~ verwacht als gehoopt* he had both expected and hoped for it; *alle goederen, ~ nieuwe als andere* both new and otherwise

z.o.z. afk van *zie ommezijde* PTO, please turn over

zozeer so much, [the business had grown] to such an extent [that ...], [hate militarism] to the point [that ...], to such a degree [that ...]; *~ dat, (ook)* so much so that ...; *niet ~ gerespecteerd als wel gevreesd* not so much respected as feared

zozo *zie* [1]zo I.3

Zr. afk van *zuster* Sr

z.s.m. afk van *zo spoedig mogelijk* asap, as soon as possible

zucht 1 sigh; *~je* half-sigh; *(wind)* sigh, sough, zephyr, light breeze; *er is geen ~je* there is not a breath of wind; *zie ook* slaken; **2** *(begeerte)* desire [*naar* of, for], craving [for drink, excitement], appetite [for knowledge and power], urge [to excel others], thirst [for glory], love [of ease, contradiction]; *~ naar zelfbehoud* instinct of self-preservation; *~ naar zingenot* craving for sensual pleasure; *~ tot nabootsing* urge to imitate; *~ om te behagen* desire to please; **3** *(ziekte, vero)* dropsy

zuchten sigh; *(vd wind)* sigh, sough, moan; *(kermen)* moan, groan [*van pijn* with pain]; *~ naar (om)* sigh for; *~ onder zware belastingdruk* groan under the weight of heavy taxes; *~ over* sigh over; *ze zuchtte van verlichting* she sighed relief; *'ja', zuchtte ze* 'yes', she sighed; *het ~ van de wind* the sighing (sough) of the wind

zuid south; *vgl* noord

Zuid-Afrika(ans), Zuid-Amerika(ans), enz, South Africa(n), South America(n), etc

zuideinde south(ern) end

zuidelijk I *bn* southern; southerly [wind]; **II** *bw* southward(s); *~ van* (to the) south of

Zuidelijke IJszee Antarctic (Ocean)

zuidelijken *(vd wind)* (turn to the) south

zuiden south; *naar het ~* to(wards) the south, [the depression is moving] south; *ten ~ van* (to the) south of; *uit het ~* from the south; *bewoner van het ~, of zuidelijk deel van het land* southerner; *zie ook* liggen

zuidenwind south wind

zuider- southern

zuiderbreedte south(ern) latitude; 2° *Z.B.* Lat 2 S

zuiderhalfrond southern hemisphere

zuiderkeerkring tropic of Capricorn

Zuiderkruis *(astron)* Southern Cross

zuiderlicht southern lights, aurora australis
zuiderling southerner
zuiderstorm storm from the south
Zuiderzee Zuider (Zuyder) Zee
Zuid-Europa Southern Europe
zuidkant south side
zuidkust south coast
Zuid-Molukker South Moluccan
zuidoost south-east; ~ *ten oosten* south-east by east
zuidoostelijk I *bn* south-east(erly), south-eastern; II *bw* south-east(ward)
zuidoosten south-east
zuidoostenwind, zuidooster south-east(erly) wind; *(hard)* south-easter
zuidpool south pole; *(in sam:)* antarctic [circle, expedition, explorer]
zuidpoolgebied antarctic (regions)
zuidpunt south(ern) point
Zuid-Slavië Yugoslavia
zuidvruchten semi-tropical (subtropical) fruit
zuidwaarts I *bw* southward(s); II *bn* southward
zuidwest(en) south-west; ~ *ten noorden* south-west by north
zuidwestelijk I *bn* south-west(erly); II *bw* south-west(ward)
zuidwester *(wind)* southwester; *(hoed)* sou'wester, southwester
Zuidzee South Sea; *Stille* ~ Pacific (Ocean)
zuidzijde south side
zuidzuidoost south-south-east
zuidzuidwest south-south-west
zuigbuis suction pipe (*of:* tube), sucker
zuigeling baby, babe (in arms), suckling, infant; *zie ook* consultatiebureau
zuigelingenkliniek infant (*of:* child) welfare clinic
zuigelingensterfte infant mortality
zuigelingenzorg care of infants, infant welfare
zuigen suck (*ook van wind, water, enz*; suck honey out of flowers); *op zijn duim (lekkers, pepermunt)* ~ suck one's thumb (sweets, peppermint); *zie ook* duim
zuiger 1 *(pers)* sucker; **2** *(ve pomp, enz)* piston, *(niet ve stoommachine of motor)* sucker, plunger; **3** *(plantk)* sucker; *zie ook* zuigleer & zuigvis
zuigerklep piston valve
zuigermotor piston engine
zuigerpen gudgeon pin
zuigerring piston ring
zuigerstang piston rod
zuigerveer piston ring
zuigfles feeding bottle
zuiging sucking; *(ve stroom, lucht, enz)* suction
zuigkracht suction power; *(fig)* attraction
zuiglam sucking-lamb
zuigleer sucker
zuignapje sucker, sucking-cup, sucking-disc, cupule, *(aan poot van vlieg, enz)* suction pad
zuigorgaan suctorial organ
zuigperspomp double-acting pump
zuigpijp suction pipe, sucker
zuigpomp suction pump, lift pump
zuigsnavel, zuigsnuit sucking- (*of:* suctorial) mouth
zuigtablet [cough, throat] lozenge
zuigventiel suction valve
zuigvis sucking-fish, sucker, remora
zuigvlek lovebite
zuigworm trematode, fluke
zuigzoen lovebite
zuil pillar (*ook fig:* pillars of the State), column [Doric, Ionic, Corinthian columns]; *(prisma)* prism; *(fig, mv)* confessional-political groups of the population (of the Netherlands); ~ *van Volta* voltaic pile, galvanic pile
zuilenbundel clustered column
zuilengalerij, zuilengang colonnade, arcade, portico; *(rondgaand)* peristyle
zuilenrij colonnade
zuilheilige pillar saint, stylite
zuilvormig pillar-shaped, columnar
zuinig 1 economical [live economically, be economical with the truth], saving, thrifty [he was only thrifty with himself], sparing, careful; *~e huishoudster* economical housekeeper, good manager; ~ ***beheren*** manage economically; ***en niet ~!*** [I gave it him] with a vengeance, to some purpose; *[was hij boos?] niet ~!* wasn't he!, *(fam)* and how!; ~ ***zijn met,*** *(omgaan)* be careful (economical) with [one's money], husband [one's resources], economize on [coal, etc], go easy with (on) [the butter], nurse [one's capital], be chary (sparing) of [praise, words], be sparing with [the butter]; ~ *met brandstof* fuel-efficient; *[lucifers zijn schaars,] wees er ~ mee* make them last; *wees niet ~ met de thee, (als je thee zet)* don't stint the tea; ~ ***zijn op*** be careful of [one's suit]; ~ ***in het*** *onderhoud (gebruik)* economical in upkeep (in use, efficient); *zie ook* berekenen; **2** *(schraal)* sparing, frugal; *(al te)* ~ close, near; *hij doet alles op een ~je* he looks twice at every penny; **3** *(sneu)* glum; ~ ***kijken*** look glum, look put out
zuinigheid economy, thrift(iness), carefulness; ~ *met vlijt bouwt huizen als kastelen, vglb:* take care of the pence, and the pounds will take care of themselves; *het is ~ die de wijsheid bedriegt* it's spoiling the ship for a ha'p'orth of tar; *verkeerde ~* false economy; *verkeerde ~ betrachten* be penny wise and pound foolish
zuinigheidshalve *(om zuinigheidsredenen)* for reasons of economy
zuinigjes economically, thriftily; *zie verder* zuinig
zuip: *aan de ~ zijn* be addicted to liquor, be given to drink; *weer aan de ~ zijn* be on the booze again
zuipen I *intr* booze, tipple, soak; II *tr* swill, tipple, quaff [ale]; *die auto zuipt benzine* that car drinks petrol; *zie ook* tempelier
zuiper *zie* zuiplap
zuiperij tippling; *zie ook* zuippartij

zuiplap toper, tippler, soak, boozer
zuippartij drinking bout, booze, carouse
zuipschuit *zie* zuiplap
zuivel dairy produce, butter and cheese
zuivelbedrijf 1 dairy factory; **2** dairy industry
zuivelbereiding dairying
zuivelboer dairy farmer
zuivelconsulent dairy adviser, consulting dairy expert
zuivelcontrole dairy produce control
zuivelfabriek dairy factory, creamery
zuivelindustrie dairy industry, dairying
zuivelproducten *zie* zuivel
zuiver I *bn* **1** *(onvermengd, helder, puur)* pure [water, wool, air, tone, voice, Dutch, of the purest white]; *(onvervalst)* pure, unadulterated [alcohol]; *van ~ bloed* of pure blood, pure-blood(ed); *het ~e denken* pure thought; *~ Engels, (ook)* [speak, write] the King's (Queen's) English (*of:* standard English); *~ goud* pure gold, *(in munten)* fine gold; *~ hindoeïsme (socialisme)* Hinduism (socialism) pure and simple; *~ ras, (v paarden, enz)* pure breed; *met een ~e smaak* clean-tasting; *in ~e toestand* [gold is found here] in a pure state; *de ~e rede* pure reason; *met een ~e smaak, (ook)* clean-tasting; *dat is ~e taal, (fig)* that is plain language (plain speaking); *de ~e waarheid* the plain (honest, unadorned) truth; *~e en toegepaste wetenschap* pure and applied science; *~e winst, (niet geldelijk)* clear gain; *vgl* 5; **2** *(louter)* pure, sheer, utter [nonsense, prejudice]; *(schoon)* clean [conscience, wound], clear [conscience]; *zie ook* louter; **3** *(naar behoren)* correct [pronunciation]; *de zaak is niet ~, het is geen ~e koffie* there is s.t. wrong (about it), there is s.t. fishy about it; **4** *(netto)* net [the net amount, proceeds]; *~e winst* clear (net) profit; **5** *(techn: foutloos)* true [circle, hole]; *zie ook* graat, [3]leer 2, water; **II** *bw* purely [of purely English origin]; *~ om mee te 'geuren'* [kept] purely for show; *~ en alleen om …* purely and simply to …; *(niet) ~ zingen* sing in (out of) tune; *dat is ~ verlies* a dead loss; *ik heb er ~ €300 aan (bij) verdiend* I've cleared €300 over it
zuiveraar cleaner; purifier; refiner; *(v ongedierte in gebouwen)* exterminator; *(taal~)* purist; *vgl* zuiveren
zuiveren 1 *(reinigen)* clean [a building, etc], cleanse [*vooral fig:* our hearts, etc], purify [the blood, air, petroleum, metals, the language, one's heart], clean up [an inner-city area]; purge [the bowels, Parliament was purged]; refine [metals, sugar]; treat [sewage]; *de lucht (de atmosfeer) ~, (ook fig)* clear the air; ***zich** (ve schuld, enz) ~* clear o.s.; *zich ~ van* clear (purge) o.s. of [suspicion, etc]; *zich van verdenking (schuld, enz) ~, (ook)* clear one's character; **2** *(bevrijden)* free [from vermin *ongedierte*], cleanse, clear [a place of enemies], purge (clear) [the parks of suspicious characters], cleanse [of sin], purge [a text of errors]; *(ontsmetten)* disinfect [old buildings]; *(v blaam ~)* clear [one's honour, name, reputation]; **3** *(techn: opzuiveren)* true (up) [a wheel, etc]
zuiverheid purity, cleanness; fineness [of gold]; *~ van toon* tonal purity
zuivering cleaning; [ethnic] cleansing; purification; purgation; *(politieke ~)* purge; clean-up; clearing; *~ van het drinkwater* water purification; *vgl* zuiveren
zuiveringsactie cleaning-up action, *(mil)* mopping-up operations
zuiveringschap sewage purification (waste water treatment) authority
zuiveringseed oath of office; *(hist)* oath of purgation
zuiveringsinstallatie purification plant, sewage treatment unit
zuiveringszout bicarbonate of soda, *(fam)* bicarb
zulk such; *~ een* such a [man], such [impudence]; *~ een godsdienst bestaat niet* there is no such religion; *net ~ een veelbelovende jonge officier* just such a promising …; *~ een mes, (ook)* a knife like that; *~ een blad, (ook)* a paper of that description
zulks such a thing, such, this, that, the same
zulle *tw* [fine dog,] what?
zullen 1 *(zuivere toekomst) 1e pers:* shall (should); *2e, 3e & (fam) 1e pers:* will (would); *(vrag) 1e pers:* shall (should); *2e pers:* will (*soms* shall) (would, should); *3e pers:* will (would); *(dichtbij liggende toekomst)* be going (*of:* about) to [he is going to start a business in Paris]; *ja, jij zult wat!* a fat lot you'll do!; *het zal warm worden* it is going to be hot; **2** *(waarschijnlijkheid)* will (probably) [you will probably have heard that …; Mother will have gone to bed]; *hij zal je niet gezien hebben* he has probably (perhaps he has) not seen you; *zou hij ziek zijn?* I wonder if he is ill; *dat zal omstreeks één uur geweest zijn* that must have been about one o'clock; *het zal zo wat één uur geweest zijn toen …* it may have been one o'clock when …; *dat zal wel* [he will come tomorrow;] I daresay; I am sure he will; *hij zal waarschijnlijk niet komen* he is not likely to come; **3** *(twijfel:) wie zal het zeggen?* [had he seen it?] who can tell?; *(ik vraag mij af) zou hij het doen?* I wonder if he'll do it; *wat zou hij nu beginnen!* what was he to do now!; **4** *(wil van de spreker)* [you, he] shall; *je wilt niet? je zult!* you won't? you shall!; *men zal niet zeggen dat …* it shall not be said that …; *ik zal je!* I'll give it you!; *ik zal het hebben* I mean to have it; *[hij heeft het over een auto;] ik zal hem met zijn auto* I'll 'motor' him, I'll give him motor; **5** *(gebod:) gij zult niet stelen* thou shalt not steal; **6** *(oordeel v spreker omtrent de wenselijkheid van iets:) zou je nu niet gaan?* hadn't you better go now?; *zou je dat wel doen?* do you think you'd better do that?; **7** *(vraag naar wil van toegesprokene) zal ik (Jan, enz) het doen?* shall I (is John, etc going to) do it?; **8** *(toekomst afhankelijk vd wil vd spreker; belofte) 1e pers:* will; *2e & 3e pers:* shall; *ik zal u dadelijk helpen* I will (I'll) attend to you directly; *je zult het dadelijk hebben* you shall have it in a minute; **9** *(af-*

spraak, regeling, beschikking:) to be to; *we ~ elkaar op het station ontmoeten* we are to meet at ...; *ze hadden met Kerstmis ~ trouwen* they were to have been married at ...; *het zou niet zijn* it was not to be; *ik zou hem nooit weerzien* I was never to see him again; *maar er zou nog meer komen* but there was more to come; *als Oxford nog ooit weer eens zal winnen* if Oxford is ever to win again; *als hij zal slagen*, ... if he is to succeed, ...; *hij zou morgen gaan, (ook)* he was due to go tomorrow; **10** *(gerucht:) hij zou (naar men zei) getracht hebben ...* he was alleged to have tried ...; *hij zou (naar men zegt) het vergif gekocht hebben van ...* he is alleged to have bought the poison from ...; **11** *hij beloofde mijn aanwijzingen te ~ volgen* he promised to follow my directions; *hij zei te ~ komen* he said he would come; **12** *wat zou dat?, zie* wat

zullie *(fam)* they

zult brawn: pork (boar's flesh) pickled in vinegar

zulte *(plant)* sea aster, sea starwort

zulten pickle, salt

zundgat touch-hole, vent

zuren I *intr* (turn, get, go) sour; **II** *tr* sour [dough]

zurig sourish

zurigheid sourishness

zuring dock, sorrel

zuringzout salt of sorrel

zuringzuur oxalic acid

¹zus *bw* thus, in that manner; *nu eens ~, dan weer zo* now this way, now that; *het was ~ of zo* it was touch and go; *het scheelde ~ of zo of ze zou ...* she was within an ace of ...ing; *als dr. ~ en dr. zo* [pose] as Dr this and Dr that

²zus *zn* sister, *(fam)* sis; *~je* (little, baby) sister; *een fijne ~* a bigot; *zie ook* broer

zuster 1 sister; *de negen ~s* the Nine; *(ja) je ~!, (fam)* not bloody likely; **2** *(klooster~ & diacones)* sister; *~ van liefde, (r-k)* sister of charity (of mercy); **3** *(verpleegster)* nurse; *(meestal hoofdverpleegster)* sister; *~ J* nurse J; *zie ook* broeder

zusterfaculteiten corresponding faculties in other universities

zusterhuis nunnery; *(in ziekenhuis)* nurses' home (quarters, residence)

zusterliefde sisterly (a sister's) love

zusterlijk sisterly

zustermaatschappij sister company

zustermoord sororicide

zuster-overste Mother Superior

zusterpaar pair of sisters, [the] two sisters

zusterschap sisterhood *(in beide betek)*

zusterschip sister ship [to (of) the Maasdam]

zusterskind sister's child, nephew, niece

zustersschool convent (nunnery) school

zuur I *bn* **1** sour [taste, grapes, milk, look, face]; acid [comment, remarks, wine, yellow]; acidic [fruit, taste]; *(wrang)* sour, tart, acid, acrid; *zure appel* sour apple; *zie ook* appel; *zure haring* pickled herring; *zure regen* acid rain; *~ smaken* taste sour; *~ worden* turn (go) sour; *de melk is aan het ~ worden (tegen het zuur worden aan)* the milk is on the turn; *de melk is (een beetje) ~* the ... is (slightly) off; **2** *(chem)* acid, acetous; *zure grond (bodem)* sour (acid) soil; *~ maken, (chem)* acidify; **3** *(stuurs)* sour; *met een ~ gezicht* sour-featured, sour-faced [man]; *zie ook* gezicht; *een ~ lachje* a wry smile; *zo ~ als azijn, (fig)* as sour as a lemon; **4** *(akelig:) we hadden een zure tijd* we had an unpleasant time of it; *een ~ leven* a hard life; *een ~ stukje brood* a hard-earned living; *iem het leven ~ maken* make life difficult for a p., lead a p. a (terrible) life (a dog's life); *dat is ~ (voor hem)* it is hard lines (on him); *nu ben je ~, (fam)* now you're in for it, you're booked; **II** *bw* sourly; *~ kijken* look sour; *~ verdiend geld* hard-earned money; **III** *zn* **1** *(ingemaakt)* pickles; *in het ~ leggen* pickle; *uitjes, enz in het ~* pickled onions, etc; *zie ook* zoet; **2** *(chem)* acid; **3** *het ~, (in de maag)* heartburn, acidity of the stomach, pyrosis, waterbrash

zuurachtig sourish

zuurbad acid bath

zuurbes, zuurboom barberry

zuurdeeg, zuurdesem leaven (*ook fig:* the old leaven)

zuurdesembrood leavened bread

zuurdoorn barberry

zuurfixeerzout acid fixing salt

zuurgehalte acidity

zuurgetal acid value

zuurgraad acidity, pH (value)

zuurheid sourness, acidity, tartness; *vgl* zuur

zuurkast fume cupboard (chamber, hood)

zuurkool sauerkraut

zuurmeter acidimeter

zuurpruim sourpuss, curmudgeon

zuurstof oxygen [cylinder, mask, tent]; *met ~ verbinden* oxygenate [blood], oxidize [metals]

zuurstofapparaat resuscitator

zuurstofarm low-oxygen [environment], oxygen-poor [soil]

zuurstofgebrek oxygen deficiency, *(in bloed)* anoxia, *(in weefsels)* hypoxia

zuurstofhoudend oxygenous

zuurstofrijk rich in oxygen, oxygenated [blood]

zuurstofverbinding oxide

zuurstok (stick of) rock

zuurtje acid drop; *~s, (uitjes, enz)* pickles

zuurvast acid-proof, acid-resisting

zuurverdiend *zie* zuur

zuurvergiftiging acidosis

zuurvorkje pickle fork

zuurvrij free from acid, acid-free, non-acidic

zuurzak soursop

zuurzoet sour-sweet; acidulous [smile]

Z.W. afk van *zuidwest* SW, south-west

Zwaab Swabian

zwaai 1 swing, sweep [with a sweep of his arm]; *(zwierig)* flourish [of a weapon, etc]; *hij nam zijn* *hoed met een ~ af* he swept off his hat; *zie ook* zwaaihaak; **2** *(draai)* turn; roll [walk with a roll (in one's gait)]; swing [of public opinion]

zwaaiarm *(ve kraan)* jib

zwaaien **I** *tr* swing [a sword, etc]; wield, sway [the sceptre]; brandish, flourish, *(lit)* wield [a weapon]; flourish, wave [a flag]; *zie ook* ~ met; *zich over de muur* ~ swing o.s. over the wall; **II** *intr* swing, sway [backwards and forwards, to and fro, from side to side], *(als een dronken man)* reel [down the street]; *(mar)* swing, round; *(ve muur)* sag; *de hoek om* ~ swing round the corner; *er zal wat* ~ there will be the devil to pay; ***met** zijn hoed (zakdoek, enz)* ~ wave one's hat (handkerchief, etc); *met zijn armen* ~, *(omhoog)* wave one's arms, *(hangend)* swing (*slap:* dangle) one's arms; *hij zat met zijn been te* ~ he sat swinging his leg

zwaaihaak bevel (square)

zwaaiing swinging, etc; *vgl* zwaaien

zwaaikom *(in kanaal)* wind, winding-place

zwaailicht rotating light, (flashing, rotating) beacon

zwaaiplaats *(mar)* swinging ground

zwaaistoot *(boksen)* swing; *(met rechterhand)* right swing

zwaan swan (*ook voor dichter:* the Swan of Avon: Shakespeare); *(astron)* Cygnus, Swan, Northern Cross; *wilde* ~ wild swan, whooper (swan); *jonge* ~ cygnet; *(mannetje)* cob; *(wijfje)* pen; *vgl* herberg

zwaar **1** heavy [load, horses, industry, materials, oil, loss, damage, drinker, smoker, sleep(er), eyebrows, eyelids, lines, sky, clouds, seas, rain, tread, thunderstorm, debts]; *(plomp & ~)* ponderous; *het is 2 pond* ~ it weighs two pounds; ~ ***belast**, a) zie* zwaarbeladen; *b)* heavily taxed; *~st belast, (ook)* [the] heaviest-taxed [people]; ~ *zitten **bomen*** argue endlessly, *(sl)* chew the rag; ~ ***drinken*** drink heavily; ~ ***drukken** op* weigh (*of:* lie) heavy (bear heavily) (up)on; *deze lasten drukken ~ op het volk* these burdens lie heavy on the nation; ~ ***geschut*** heavy guns, heavy ordnance; ~ *op de **hand*** ponderous; gloomy; *ik heb er een ~ **hoofd** in* I am very doubtful about it; *de dokter heeft er een ~ hoofd in* the doctor isn't very optimistic about him (her, etc); *zich ~ in de **leden** voelen* feel heavy (a heaviness) in the limbs; ~ *op de **maag** liggen* lie (*of:* sit) heavy on the stomach; ~ ***slapen*** sleep heavily; ~ *van **tong** (ter taal)* thick of speech, thick-tongued; *met zware tong spreken* speak with a thick tongue, in a thick voice; *..., zei hij, met zware tong ...*, he said thickly; ~ ***water*** heavy water; *~der **worden*** gain in weight; ***te*** ~ overweight; *te ~ belast* overburdened, overloaded; *te ~ laden* overload; *het vonnis was te* ~ the sentence was excessive; *de brief is te* ~ is overweight; *hij had te ~ **geleefd*** he had lived too fast, had burnt the candle at both ends; **2** *(v grote omvang)* bulky [commodities]; *(fors)* heavily built, massive [his massive figure], robust, stalwart; *(zwaarlijvig)* stout; ~ ***tapijt*** thick (deep-pile) carpet; **3** *(moeilijk)* heavy [day, breathe heavily], hard, difficult, arduous [task], hard [life], stiff [examination], onerous [duties]; *een zware **strijd*** a hard (severe) struggle; *zware **tijden*** hard times; ~ ***weer*** [encounter] heavy weather; *het **loopt** ~ in het zand* it is heavy walking in the sand; **4** *(ernstig)* severe, dangerous [illness; dangerously ill], bad [cold], massive [heart attack]; grave [crime, offence]; *(streng)* severe [punishment, sentence]; ~ ***beproefd** (op de proef gesteld)* sorely (severely) tried; *zware **beproeving*** sore trial; ~ ***beschadigd*** heavily (badly) damaged; ~ ***boeten** voor* pay heavily (dearly) for; *zware **concurrentie*** stiff (keen) competition; ~ ***getroffen** worden* be hard hit; *zware **jongens*** big-time criminals; *in zware **mist*** in thick fog; *zware **rouw*** deep mourning; *een zware **slag*** a heavy (*fig ook:* cruel) blow; ~ ***vergif*** strong poison; *strychnine is ~ vergiftig ...* is exceedingly poisonous; ~ ***zondigen*** sin grievously; *zie ook* bevalling; **5** *(vd bodem)* heavy, clayey, unctuous; **6** *(v dranken, tabak, enz)* strong [beer, cigars], full-bodied, heavy [wine]; ~ ***eten*** heavy (stodgy) food; **7** *(diep)* deep [voice]; *zie ook* last, vallen, wegen, enz

zwaarbeladen heavily (heavy-)laden

zwaarbelast, zwaarbeproefd *zie* zwaar

zwaard **1** sword; *het ~ der gerechtigheid* the sword of justice; *door het ~ vergaan* perish by the sword; *wie met het ~ doodt, zal met het ~ gedood worden* he who lives by the sword, will die by the sword; *met het ~ in de vuist* sword in hand; *naar het ~ grijpen, (fig)* take up arms; *zie ook* vuur, enz; **2** *(zij~ ve vaartuig)* leeboard; *vgl* kielzwaard

zwaardbloem *zie* zwaardlelie

zwaarddans sword dance

zwaarddrager swordbearer

zwaardleen fief passing on the spear side, male fief

zwaardlelie sword lily, gladiolus

zwaardmaag agnate

zwaardmaagschap agnation

zwaardschede **1** scabbard; **2** *(weekdier)* razor-fish, razor-shell, *(Am)* razor (*of:* jackknife) clam

zwaardslag stroke with the sword, sword-stroke

zwaardvechter gladiator

zwaardvis swordfish

zwaardvormig sword-shaped, *(wtsch)* ensiform

zwaardwalvis orc, killer (whale), grampus

zwaardzijde spear side

zwaargebouwd heavily built, massive [figure]

zwaargeschapen well-hung

zwaargewapend heavily armed

zwaargewicht heavyweight [boxer]

zwaargewond severely injured [person]; *~e, (ook)* serious casualty

zwaarheid heaviness, weight

zwaarhoofd pessimist; *hij is een ~, (ook)* he takes a gloomy view (looks at the dark side) of things

zwaarhoofdig pessimistic, gloomy

zwaarhoofdigheid pessimism, gloom(iness)

zwaarlijvig corpulent, stout, obese

zwaarlijvigheid corpulence, stoutness, obesity
zwaarmoedig melancholy, melancholic, hypochondriac(al), depressed
zwaarmoedigheid melancholy, hypochondria, depression
zwaarspaat barytes, heavy spar
zwaarte weight, heaviness
zwaartekracht gravitation, gravity; *wet van de ~* law of gravitation
zwaartekrachtveld gravitational field
zwaartelijn *(wisk)* median
zwaartepunt **1** centre of gravity; **2** *(fig)* main point, pith of the matter, gravamen [of a charge *aanklacht*]; *het ~ ligt op de directe belastingen* the stress is on direct taxation
zwaartillend gloomy, pessimistic
zwaarwegend, zwaarwichtig *(fig)* weighty, ponderous
zwaarwichtigheid weightiness, ponderosity
zwabber **1** swab, swabber, mop; *(gummi)* squeegee; *(~jongen)* swabber; **2** *(zwierbol)* rip; *aan de ~ zijn* be on the loose (on the razzle)
zwabberen **1** swab, mop; *zijn kleren ~ hem aan het lijf* his clothes flap about him; **2** *(fig) zie* pierewaaien
zwabbergast, zwabberjongen *(mar)* swabber
Zwaben Swabia
Zwabisch Swabian
zwachtel bandage
zwachtelen bandage, swathe [his face was swathed in bandages]
zwad swathe, windrow, *(inz Am)* swath
zwadder *(ook fig)* venom, slime; *zijn ~ op iems goede naam uitspuwen* bespatter (besmirch) a p.'s reputation
zwade swathe, windrow, *(inz Am)* swath
zwager brother-in-law
zwagerhuwelijk levirate (marriage)
zwagerin sister-in-law
zwagerschap relationship by marriage, affinity
zwak **I** *bn* **1** weak [child, eyes, stomach, lungs, voice, fortress, nation, ministry, evidence, proof; the ice is too weak]; delicate [chest, child, health, plant]; feeble [cry, defence, effort, attempt, voice; *van pers: erg ~*]; light [wind], faint [cry, moan, smile, resistance, hope, light, resemblance]; frail [boat, body]; *(door ouderdom, ook)* infirm; *(zedelijk ~)* weak [man, character; he is as weak as water], weak-willed, weak-kneed, spineless [person, government], frail [woman]; *door en door ~* as weak as water; *de ~ke* ***broeders*** the weaker brethren; *een ~ke broeder (kandidaat)* a shaky candidate; *het ~ke* ***geslacht*** the weaker sex; *~* ***gestel*** weak constitution; *in een ~* ***ogenblik*** in a weak moment (a moment of weakness); *~ke* ***oplossing*** weak (*of:* dilute) solution; *~ke* ***pols*** weak (low, feeble) pulse; *het ~ke* ***punt*** the weak point [of an argument], the weak spot [in the scheme]; *~* ***spel*** weak play; *~ke* ***vader,*** *(fig)* weak (indulgent) father; *zijn ~ke* ***zijde*** his weak side (point); *in zijn ~ke zijde aantasten, zie* III: in zijn ~ tasten; *~* ***in het Engels*** weak (shaky) in English; *~* ***naar lichaam en geest*** weak in body and mind; *~* ***van gezicht*** weak-sighted; *~* ***van verstand*** not very bright; *zie ook* [2]geest **1**, redenering, uitdrukken, [1]vat **2**, enz; **2** *(vd markt)* weak [market, demand]; **3** *(ve examenkandidaat)* weak, *(fam)* shaky; **4** *(gramm)* weak [conjugation, verb, ending]; **II** *bw* weakly, etc; *~* ***staan*** be shaky; *je staat ~, (jur & fig)* yours is a weak case, *(buitengewoon ~)* you have no case, *(fam)* you haven't a leg to stand on; **III** *zn* weakness [it is a weakness of mine], failing [have a failing for drink], foible, weak point (side); *een ~* ***hebben voor*** have a weakness for [apple dumplings]; *hij had nog altijd een ~* ***voor haar*** he still had a soft (tender, weak) spot in his heart for her; *iem in zijn ~* ***tasten*** get on a p.'s weak (*of:* blind) side, attack a p. on his weak side
zwakbegaafd mentally handicapped
zwakbegaafdheid mental retardation
zwakgelovig of little faith; *de ~en* those of little faith
zwakheid weakness, feebleness, infirmity; faintness; frailty[, thy name is woman]; *(lichamelijk ook)* debility; *vgl* zwak I & III; *zwakheden* weaknesses, failings, foibles
zwakhoofd weak-brained person
zwakjes **I** *bn* weakly, weakish; *(ve kandidaat, enz)* shaky; **II** *bw* weakly, [smile] faintly
zwakkelijk weakly [child], weakish, rather weak
zwakkeling *(ook fig)* weakling
zwakstroom weak current, low-tension current
zwakte weakness, feebleness, infirmity
zwaktebod weak bid; *(fig)* evidence (admission) of incapacity
zwakzinnig mentally handicapped (impaired, retarded)
zwakzinnige mentally handicapped person
zwakzinnigheid mental retardation (impairment)
zwalken drift about, be tossed hither and thither [at sea]; wander (rove, knock) about; *op zee ~, (ook)* scour the seas; *door de wereld ~, (ook)* knock about the world
zwalker wanderer, rover, vagabond
zwalp wave
zwalpen surge; *(zwakker)* (s)plash
zwaluw swallow; *(boeren~)* (barn, common) swallow; *(huis~)* house martin; *(oever~)* sand martin; *(gier~)* swift; *één ~ maakt (nog) geen zomer* one swallow does not make a summer
zwaluwsprong *(bij duiken)* swallow-dive
zwaluwstaart **1** *(eig)* swallow's tail; **2** *(bij timmerwerk)* dovetail; *met een ~ verbinden* dovetail; **3** *(rok)* swallow-tail(ed coat); **4** *(vlinder)* swallowtail
zwaluwstaarten dovetail
zwaluwtong black bindweed
zwam **1** *(plant)* fungus (*mv ook:* -gi); **2** *(tonderstof)* tinder, touchwood, *(Am)* punk; **3** *(bij paarden)* spavin

zwamachtig *zie* zwammig
zwamdodend fungicidal; ~ *middel* fungicide
zwamdoosje tinderbox
zwammen *ww* jaw, gas, talk hot air
zwammenkenner mycologist
zwammer *zie* zwamneus
zwammig fungous, *(Am)* punky; ~*e uitwas* fungous growth
zwamneus gasbag, twaddler, bletherskite, blatherskite
zwamvlok mycelium
***zwanenbloem** *(Wdl: zwanebloem)* flowering rush
zwanenbrood *(plant)* sweet flag (*of:* sedge)
zwanendons swansdown
zwanendrift **1** flock of swans; **2** swan-rearing
zwanenhals **1** swan's neck; **2** *(buis)* swan-neck, gooseneck, U-trap
zwanenmossel swan mussel
zwanenpen swan's quill
zwanenzang swansong
zwang: *in ~ brengen* bring into vogue; *in ~ zijn* be in (be the) vogue [*bij ons* with us]; *in ~ komen* become the fashion; *de in ~ zijnde methode* the method in vogue
zwanger pregnant, with child, *(fam)* in the family way, expecting; ~ *maken* impregnate; ~ *worden* become pregnant, conceive; *hoog (5 maanden) ~ zijn* be far (5 months) advanced in pregnancy, far (5 months) gone (with child); ~ *zijn (gaan) van* be pregnant with [one's third child], be pregnant by [the male parent]; ~ *zijn (gaan) van een plan (een boek)* go about with a plan (have a book on the stocks)
zwangerschap pregnancy, gestation; *voorkoming van ~* contraception
zwangerschapsgymnastiek antenatal exercises (classes)
zwangerschapsonderbreking abortion, termination of pregnancy
zwangerschapsstriem stretch mark
zwangerschapsverlof maternity leave
zwans **1** joke; **2** *(onzin)* codswallop
zwarigheid difficulty, obstacle, objection; *(gewetensbezwaar)* scruple; *zwarigheden maken* make (raise) objections, make difficulties; *heb daar geen ~ over* don't worry about that; *ik zie er geen ~ in* I have no objection
zwart black [body, bread, market; as black as ink, as pitch; *ook fig:* the future looks black; paint things very black]; *(her & dicht)* sable; *het ~e bord* the blackboard; *~e circuit* black economy; *de ~e dood* the Black Death; *~e doos, (luchtv)* black box, flight recorder; *een ~ gezicht zetten, zie* zwartkijken; *~e handel* black market; *~e handelaar* black marketeer; *de ~e kunst, a)* black magic, the black art, necromancy; *b)* mezzotint; *~e lijst* black list; *op de ~e lijst plaatsen* blacklist; *het Zwarte Woud* the Black Forest; *de Zwarte Zee* the Black Sea; *de dingen ~ inzien* take a gloomy view of things; *hij is niet zo ~ als hij geschilderd wordt* he is not so black as he is painted; *in het ~* (dressed) in black; *het ~ op wit hebben (zetten)* have it (put it down) in black and white; ~ *van de mensen* [streets] black with people; *zie ook* zwarte, zwartmaken, kool, liegen, Piet, zaad, enz
zwartachtig blackish
zwartblauw blackish blue
zwartbont black and white, black-patched [cattle]
zwartbruin blackish brown
zwartdag *(r-k)* Good Friday
zwarte black person; *een ~, (ook)* a black; *~n en blanken* blacks and whites
zwartekunst, enz *zie* zwart
zwarten *ww* blacken
zwartepiet **1** knave of spades; *iem de ~ toespelen* pass the buck to a p.; *met de ~ blijven zitten* be left holding baby (to carry the can); **2** black marketeer
zwartepieten play (at) Old Maid
zwartgallig (atra)bilious, melancholy, splenetic
zwartgalligheid (atra)biliousness, melancholy, spleen
zwartgestreept black-striped
zwartgevlekt black-spotted
zwarthandelaar black marketeer
zwartharig black-haired
zwartheid blackness
zwarthemd blackshirt
zwartigheid blackness; *(concr)* black [a black on your nose]
zwartje **1** *(neger)* darky, blacky; **2** black-haired girl; **3** silhouette, black and white drawing
zwartkapje *(vogel)* blackcap
zwartkijken look black [as black as thunder], frown
zwartkijker **1** pessimist; **2** clandestine TV viewer
zwartkop **1** black-haired person; **2** *(vogel)* blackcap
zwartkopmees **1** marsh tit; **2** blackcap
zwartkoppig black-headed
zwartkopschaap blackfaced sheep, blackface
zwartkoptuinfluiter blackcap
zwartkoren cow-wheat
zwartmaken black [one's face], blacken (*vaak fig:* a p.'s character), *(fig)* denigrate, *(met kurk, ook)* cork [a p.'s face]
zwartmaking blackening
zwartogig black-eyed
zwartoog black-eyed person
zwartrijden **1** dodge paying the fare, travel without paying one's fare; **2** run a car without paying road tax
zwartrijder fare dodger
zwartrok black-coat, *(sl)* crow, rook, (black) beetle
zwartrood blackish red
zwartschimmel iron grey (horse)
zwartsel (smoke-, lamp) black; *(voor kachel)* black-lead
zwartsteel *(plant)* adiantum
zwartwaterkoorts blackwater (fever)

zwartwerken moonlight
zwartwerker moonlighter
zwart-wit black and white [photo, television]
zwatelen rustle, *(vd wind, ook)* sough; *(v stemmen)* buzz
zwavel sulphur, *(Am)* sulfur; *(hist)* brimstone
zwavelachtig sulphurous; sulphureous, sulphury
zwavelbloem flowers of sulphur
zwavelen sulphurate, sulphurize [wine], fumigate with sulphur
zwavelgeel sulphur yellow
zwavelhoudend sulphur(e)ous
zwavelig *zie* zwavelachtig
zwaveligzuur sulphurous acid, sulphur dioxide
zwavelijzer ferric sulphide
zwaveling sulphurization
zwavelkalk sulphide of lime
zwavelkies pyrites
zwavelkleurig sulphur-coloured
zwavelkoolstof carbon disulphide
zwavellucht sulphurous smell
zwavelstokje sulphur match
zwavelverbinding sulphur compound, sulphide
zwavelwaterstof(gas) sulphuretted hydrogen, hydrogen sulphide
zwavelzilver sulphide of silver
zwavelzure: ~ *ammonia* sulphate of ammonia; ~ *ammoniak* ammonium sulphate
zwavelzuur sulphuric acid, (oil of) vitriol
zwavelzuurzout sulphate
Zweden Sweden
Zweed Swede
Zweeds Swedish; *~e gymnastiek* Swedish gymnastics (drill, movements); *een ~e* a Swedish woman (girl), a Swede
zweefbrug suspension bridge
zweefclub gliding club
zweefduik swallow dive, *(Am)* swan dive
zweefmolen giant('s) stride
zweefrek trapeze
zweeftrein hovertrain; *(magnetisch)* maglev train
zweefvlieg hoverfly
zweefvliegclub gliding club
zweefvliegen I *ww* glide; II *zn* gliding
zweefvlieger glider pilot
zweefvliegtuig glider; *(prestatie~)* sailplane
zweefvlucht 1 *(zonder motor)* glide, soaring flight; 2 *(met stopgezette motor)* volplane, glide; *in ~ dalen* volplane
zweeg *ovt van* zwijgen
zweem semblance [not a semblance of a wrinkle], trace, shade, touch [of sarcasm, of vanity], shadow [not the shadow of a doubt], ghost, flicker [of a smile], scintilla [not a scintilla of evidence, truth]; suggestion [a suggestion of a twinkle], hint [a hint of the devil in his eyes], suspicion [of a beard]; *~pje* (slight) trace, etc; *geen ~ van bewijs* not a shred (trace) of evidence (of proof); *geen ~ van verdenking* not a breath of suspicion
zweep whip; *(jachtzweep)* (hunting) crop; *de ~ erop leggen* whip up a horse; *met de ~ krijgen* get a whipping; *zie ook* klappen
zweepdiertje flagellate, mastigopod
zweepdraad flagellum
zweepkoord *(koord ve zweep)* (whip)lash; *(materiaal)* whipcord
zweepslag 1 *(ook: uiteinde van zweepkoord)* (whip)lash; 2 *(knal)* whip-crack; 3 *(med)* whiplash (injury)
zweepslang whip snake
zweepsteel, zweepstok whip-handle, whipstock
zweeptol whipping-top
zweer ulcer, sore, boil, abscess, tumour; *~(tje) op het tandvlees* gumboil
zweet perspiration, sweat; *(jagersterm: bloed)* blood [of a hare]; *(op muur)* moisture, sweat; *het ~ liep hem langs het gezicht* his face was streaming with perspiration; *het koude ~ brak hem uit* he broke into (broke out in) a cold sweat; *in het ~ uws aanschijns zult gij uw brood eten* in the sweat of thy face shalt thou eat bread; *zich in het ~ werken* work o.s. into a sweat (a lather); *nat van het ~* streaming with (bathed in) perspiration
zweetafscheiding sweat secretion
zweetbad sweating-bath, sudatory, sudatorium
zweetband sweatband
zweetdoek sweatcloth; *(vd H Veronica)* sudarium; *(over het gelaat van Jezus in het graf)* sudary
zweetdrank sudorific
zweetdrijvend sudorific
zweetdruppel drop (*of:* bead) of perspiration (of sweat); *de ~s stonden op zijn voorhoofd, (ook)* the perspiration stood out in beads on his brow
zweethanden *vgl* zweetvoeten
zweetkamer sweating room, sudatory
zweetkanaaltje sweat duct
zweetklier sweat gland
zweetlucht sweaty smell, smell of perspiration, body odour
zweetmiddel sudorific
zweetporie sweat pore
zweetverwekkend sudorific
zweetvoeten perspiring (sweaty) feet
zweetvos sorrel (horse)
zwei bevel (square)
zwelbasterij bragging
zwelen 1 windrow [hay]; 2 carbonize
zwelg gulp, draught
zwelgen I *tr* swill, quaff [ale]; II *intr (eten)* guzzle, gormandize; *(drinken)* carouse; *~ in* revel (luxuriate) in, feast on
zwelger guzzler, carouser, gormandizer
zwelgerij, zwelgpartij carouse, carousal, orgy, revelry
zwelkast swell-box [of an organ]
zwellen swell *(ook v rivier, muziek, enz)*, expand; *(v*

zeilen ook) belly; ***doen*** ~ swell [the wind swells the sails, the rains swell the rivers]; *het ~ en afnemen van de muziek* the swell (the rise) and fall of the music; *zie ook* opzwellen & gezwollen

zwelling swelling

zwelregister swell-organ

zwembad [indoor, outdoor, open-air] swimming pool, swimming bath; *(het baden)* bathe

zwembassin swimming pool

zwemblaas swimming bladder, *(ve vis, ook)* swim-, air-bladder

zwembroek (swimming) trunks

zwemdiploma swimming diploma

zwemen: ~ *naar* bear a slight likeness to; ~ *naar zwart* incline (run, tend) to black; ~ *naar oneerlijkheid* border (up)on dishonesty; *naar groen ~, (ook)* have a greenish tint

zwemgordel swimming belt

zweminrichting public baths, swimming bath(s)

zwemkostuum bathing costume, swimming costume

zwemkunst [master the art of] swimming

zwemmen swim; *gaan* ~ go for (have) a swim; ~ *als een vis (rat, rot)* swim like a fish; *ik kan helemaal niet* ~ I cannot swim a stroke; *zijn hond laten* ~ give one's dog a swim; *het paard naar de overkant laten* ~ swim the horse across; ~ ***in*** swim in [blood, luxury], be awash with [money]; *het zwemt in de boter* it is swimming in (with) butter; *in het geld* ~ roll in (be made of) money; *haar ogen zwommen in tranen* her eyes were brimming (swimming with tears); *je zwemt in die trui* that sweater is much too large for you; ***over*** *het Kanaal* ~ swim the Channel; *de tafel zwom* ***van*** *wijn* was swimming with wine; *zie ook* vis

zwemmer swimmer

zwemmerig *(vd ogen)* swimming, watery

zwemmerseczeem athlete's foot

zwempak swimsuit

zwempoot flipper; *zie ook* zwemvoet

zwemsport swimming

zwemvest life jacket; *(opblaasbaar, luchtv sl)* Mae West

zwemvlies 1 web; *met -vliezen, (dier)* web-footed, with webbed feet, *(poten)* webbed; **2** *(rubber slof)* flipper

zwemvoet web-foot, webbed foot; *met ~en* web-footed

zwemvoeters web-footed animals

zwemvogel swimming bird, web-footed bird

zwemwedstrijd swimming match (contest, race)

zwendel swindle, fraud, take-in; [the thing is a] ramp; *(in het groot)* racket; *(in aandelen)* share-pushing; *(sl)* scam

zwendelaar swindler, sharper; *(in aandelen)* share-pusher

zwendelarij swindling, fraud; *zie* zwendel

zwendelen swindle

zwengel *(ve pomp)* pump-handle, sweep; *(ve put)* (well-)sweep; *(ve wagen) zie* zwengelhout; *(ve molen)* wing; *(ve vlegel)* swipple; *(draaikruk)* crank

zwengelen 1 (work a) pump; ~ *aan* crank [an engine]; *(fig)* pump [a p.'s hand]; **2** *zie* zwingelen

zweng(el)hout swingletree, whippletree, splinter bar

zwenk turn; *in een* ~ in a trice

zwenkarm swivel arm

zwenkbaar swivel(ling)

zwenken I *intr* **1** turn (face, wheel) about (round), swing round; *(mil)* wheel; *links (rechts) ~!* left (right) wheel!; **2** *(fig)* change front; **3** *(plotseling uitwijken)* swerve; **II** *tr* wave, flourish [a flag]; wheel [a horse] (round); swing, swerve [a car to the right or left]; swivel [a telescope] round

zwenkgras fescue (grass)

zwenking turn, wheel, swerve; *(mil)* wheel; *(fig)* change of front

zwenkingspunt, zwenkingsspil pivot

zwenkwiel castor, swivelling roller

zwepen whip, lash [the wind lashes the waves]

[1]**zweren** *(etteren)* ulcerate, fester; *~de kies* ulcerated tooth; *~d tandvlees* ulcerated (septic) gums, gumboil; *~de vinger* gathering (septic) finger

[2]**zweren** *(een eed doen)* swear; *ik zweer het* I swear it; *een eed* ~ swear an oath; *geheimhouding (gehoorzaamheid, enz)* ~ swear secrecy (obedience, etc); *zie ook* trouw III & geheimhouding; *iem vriendschap* ~ swear friendship to a p.; *wraak ~ tegen de verdrukker* vow vengeance on the oppressor; ~ *geen drank meer te drinken* swear off drink (*evenzo:* swear off smoking, etc); *iem laten ~, zie* eed: de ~ afnemen; ~ ***bij*** *God (bij zijn eer)* swear to (by, before) God (on one's honour); ~ *bij Marx (bij de homeopathie, enz)* swear by Marx (by homoeopathy, etc); *bij hoog en laag (bij al wat heilig is)* ~ swear by all that is holy (by all the saints in the calendar); *ik durf* ***erop*** ~ *(zou erop durven ~)* I can (could) swear to it; I will take my oath [that]; *je zou ~ dat het een aap was* [his face] is for all the world like a monkey's; *op de bijbel* ~ swear on the Bible; *ik ben daar nooit geweest, dat zweer ik op de bijbel* I ..., on my Bible oath

zwerfblok erratic block

zwerfdier stray

zwerfkat stray (homeless) cat

zwerfkei erratic boulder

zwerflust wanderlust

zwerfster *zie* zwerver

zwerftocht wandering, wander [a wander through the town], ramble [in the woods, through the countryside], peregrination

zwerfvogel nomadic bird

zwerfvuil litter

zwerfziek of a roving disposition, *(fam)* having itchy feet

zwerk 1 rack, wrack, scud, driving clouds; **2** welkin, firmament, sky

zwerm swarm [of bees, flies, birds, children, Picts

and Scots, etc], *(inz hangende zwerm)* swarm cluster [of bees], horde [of stray bees], *(in korf)* hive [of bees]

zwermen *ww* swarm

zwermer 1 *(vuurwerk)* squib, banger; **2** *zie* zwerver

zwermtijd swarming season

zwerven wander, rove [lead a roving life], ramble, roam (about), knock about; *door het land (op zee)* ~ roam (about) the country (the seas); *de wolven zwierven door de heidevelden* the wolves ranged the moorlands; *~de honden* stray dogs; *~de stammen* wandering (nomadic) tribes

zwerver wanderer, vagabond, vagrant, tramp, *(Am)* hobo; *(vooral dakloos kind)* waif, stray; *(dier)* stray

zweten I *intr* **1** perspire, be in a perspiration, sweat [over s.t. *op iets*]; **2** *(ve muur)* sweat; **II** *tr* sweat [blood]; exude [moisture]

zweterig sweaty [hands]

zwetsen 1 brag, boast, talk big; talk nonsense; **2** *zie* wauwelen

zwetser braggart, boaster, gasbag

zwetserij brag(ging), boast(ing)

zweven be suspended [impurities are suspended in water], float [in the air; thistledown floated in at the window]; *(ve vogel, enz)* hover [two hawks were hovering overhead], glide [the eagle glides over the moors]; *(ve vliegtuig met stopgezette motor, ve schaatsenrijder, enz)* glide; *(doen)* ~, *(ve munt)* float [the floating pound]; *(spiritisme)* levitate; *zwevende deeltjes* suspended particles; *~de gang* buoyant (*of:* light) step; *~de geschillen* outstanding disputes; *~de kiezers* floating voters; *~de klem* even stress; *~de rib* floating rib; *~de valuta* floating currency; *~de vloer* sprung (suspended) floor; *er zweefde een glimlach* ***om*** *haar lippen* a smile hovered on her lips; *het woord zweefde mij* ***op de tong*** I had the word on the tip of my tongue; *de geest Gods zweefde* ***over*** *de wateren* the spirit of God moved upon the face of the waters *(Gen. 1:2)*; ~ ***tussen*** hover between [hope and fear]; *zie ook* [1]leven; *haar beeld zweeft mij altijd* ***voor de geest*** *(voor ogen)* her image is always present to my mind (is always before me)

zweverig vague [person]

zweving *(natuurk)* beat [note, reception]

zwezerik thymus (gland); *(als voedsel)* sweetbread

zwichten 1 yield, give in, give way; *(fam)* knuckle under; ~ *voor* yield to [entreaty, persuasion, temptation, arguments], bend before [public opinion], bow to [a p.'s authority]; *voor de overmacht* ~ yield to superior numbers; *voor niemand* ~ not give in (give way) to anybody; **2** *(mar)* swift; *een molen* ~ shorten sail

zwiepen swish; ~ *met een rottinkje* switch (swish, whisk) a cane

zwiepend swishing [branches, sound]

zwieping swish(ing)

zwier 1 *(zwaai)* flourish; **2** *(gratie)* elegance, grace(fulness); **3** *(staatsie)* pomp; *(luchtige ~)* jauntiness, swagger, dash; **4** *(opschik)* finery; **5** *aan de ~ zijn (gaan)* be (go) on the spree (on the razzle(-dazzle), on the loose), *(af en toe)* have an occasional fling

zwierbol rake, rip, reveller

zwierbollen *zie* zwier 5

zwieren *(ve dronkenman)* reel [about the streets]; *(in balzaal)* whirl about; *(op ijs, enz)* glide gracefully

zwierf *ovt van* zwerven

zwierig stylish, dashing, jaunty, smart, gay, showy, flamboyant; ~ *voor de dag komen* cut a dash; ~ *schrift* flowing hand(writing); *~e stijl* flamboyant (flowery) style

zwierigheid stylishness, floweriness, etc; *vgl* zwier

zwijgen I *ww* be silent, be still, keep (maintain) silence, hold one's peace (one's tongue); *(geen mond open doen, fam)* sit mum; *(ophouden te spreken)* fall silent; *de muziek zweeg* the ... stopped; *zwijg!* be silent!, silence!, hold your tongue!, shut up!; *zwijg me ervan!* don't talk about it!, least said soonest mended; *zwijg er alsjeblieft over* please keep quiet about it; *laten we daarvan* ~ we'll say no more about that, we'll let that pass; *wie zwijgt stemt toe* silence meanss (is) consent; *kinderen moeten* ~ children should be seen and not heard; *daarover zwijgt de geschiedenis* history is silent (up)on it (ont that point); *iem* ***doen*** ~, *zie* II: tot ~ brengen; ~ *als het* ***graf*** be (as) silent as the grave, maintain a stony silence; *toen zweeg hij als het graf* then he shut up like an oyster (*Am:* a clam), *(Am)* then he clammed up; ***kun*** *je ~?* can you keep a secret?; *ik kan* ~ I can hold my tongue; *ik kan niet langer* ~ I cannot keep my (own) counsel any longer; *in alle* ***talen*** ~ be conspicuously silent; ***om*** *nog* ***te*** ~ *van ...* not to speak of (to mention) ..., to say nothing of ..., let alone ...; **II** *zn* silence; *iem het ~ opleggen* impose silence (up)on a p.; *hij deed er het ~* ***toe*** he did not say a word, *(fam)* he sat (kept) mum; ***tot*** ~ *brengen* put to silence, silence [a p., a battery], shut [a p.] up; *(door geschreeuw)* howl (shout) [a p.] down; *(zijn geweten)* still (quiet, pacify) one's conscience; *zie ook* stilzwijgen & spreken

zwijgend I *bn* silent [majority]; tacit [agreement]; *(v aard, ook)* taciturn; **II** *bw* silently, in silence

zwijger taciturn (silent) person; *Willem de Z~* William the Silent (the Taciturn)

zwijggeld hush money

zwijgplicht: ~ *opleggen (hebben)* bind (be bound) to secrecy

zwijgrecht right to remain silent

zwijgzaam taciturn, uncommunicative, reticent, silent

zwijgzaamheid taciturnity, reticence

zwijm fainting fit, swoon; *in ~ vallen* faint, have a fainting fit; *zie ook* flauwvallen

zwijmel 1 *(duizeling)* giddiness, dizziness; **2** *(roes)* intoxication

zwijmeldrank intoxicating drink; *(fig)* [the] intoxica-

tion [of success]
zwijmelen 1 be (feel) dizzy; **2** faint; **3** be ecstatic
zwijmelroes ecstasy
zwijn 1 *(ook fig)* pig, hog, *(vooral fig)* swine *(ook mv); wild ~* boar; **2** *(bof)* fluke, stroke of luck
zwijnachtig swinish
zwijnen *(boffen)* be in luck; *ik zwijnde, (ook)* my luck was in
zwijnenboel 1 piggery, pigsty; **2** *(rommel)* shambles
zwijnenhoeder swineherd
zwijnenhok pigsty, piggery
zwijnenjacht boar-hunt(ing)
zwijnenkot pigsty, piggery
zwijnenpan shambles
zwijnenstal pigsty *(ook fig)*, piggery
zwijnentroep 1 *(rommel)* shambles; **2** *(vuil)* pigsty
zwijnenvlees pork, *(ve wild zwijn)* boar('s flesh)
zwijnerij filth, smut, dirty talk
zwijnjak 1 swine, (dirty) pig; **2** lucky dog
zwijnsborstel hog's bristle
zwijnshoofd, zwijnskop boar's head
zwijntje 1 piggy; **2** *(fiets)* bike; **3** *(bof)* fluke
zwijntjesjager bicycle thief
zwik 1 outfit, kit; *de hele ~, het hele ~je* the whole caboodle (outfit); **2** vent-peg, vent-faucet, spigot, spile; **3** *(mar)* wood-fender; **4** *(verzwikking)* sprain
zwikboor auger
zwikken sprain; *mijn voet zwikte* I sprained (wrenched) my ankle
zwikking sprain
zwilk 1 oilcloth; **2** drill
zwin creek
zwingel swingle(staff)
zwingelaar flax-dresser
zwingelen swingle, scutch [flax]
zwingliaan Zwinglian
zwirrelen whirl, flit about; *alles zwirrelt mij voor de ogen* my head is in a whirl
Zwitser Swiss *(ook mv), (hist: soldaat)* Switzer; *geen geld, geen ~s* first show the colour of your money
Zwitserland Switzerland
Zwitsers Swiss
zwoegen drudge, slave (away), slog away, plod, toil [at one's books]; *(ve schip)* labour; *(blokken, fam)* swot; *~ en slaven* toil and moil; *tegen de heuvel op ~* plug away up the hill; *haar boezem zwoegde* her bosom heaved
zwoeg(st)er toiler, drudge, plodder, *(fam)* (eager) beaver
zwoel 1 sultry, close, muggy; **2** *(fig)* sultry, erotic
zwoelheid sultriness, etc; *zie ook* zwoel
zwoer *ovt van* ²zweren
zwoerd bacon rind; *gebakken ~* (pork) crackling
zwol *ovt van* zwellen
zwolg *ovt van* zwelgen
zwom *ovt van* zwemmen
zwoord *zie* zwoerd
zygoot zygote
zymotisch zymotic
Z.Z.O. afk van *zuidzuidoost* SSE, south-south-east
Z.Z.W. afk van *zuidzuidwest* SSW, south-south-west
zzz *(persoon slaapt)* zzz

Onregelmatige werkwoorden

Afgeleide werkwoorden zijn slechts opgenomen wanneer zij een afwijking van de grondvorm vertonen (dus wel *forbid, forget*, enz., maar niet *arise, awake*, enz., die in hun vormen geheel overeenkomen met *rise, wake*, enz.) De gegeven vertalingen zijn slechts als een aanduiding bedoeld. Voor verdere informatie raadplege men de hoofdtekst van het deel Engels-Nederlands.
De letter R duidt aan, dat de regelmatige vorm ook gebruikt wordt.

abide	R, abode	R, abode	verdragen, blijven
be	was/were	been	zijn
bear [bɛə]	bore	borne[1]	(ver)dragen
beat	beat	beaten, *(inz Am)* beat	slaan, verslaan
beget	begot	begotten	voortbrengen
begin	began	begun	beginnen
bend	bent	bent, R[2]	buigen
bereave	R, bereft	R, bereft[3]	beroven
beseech	besought, R	besought, R	smeken
bestride	bestrode	bestrode, bestridden	schrijlings zitten op
bet	bet, R	bet, R	wedden
bid[4]	bade [bæd, beid], bid	bid(den)	gebieden, verzoeken
bind	bound	bound	binden
bite	bit	bitten	bijten
bleed	bled	bled	bloeden
bless	R, blest	R, blest	zegenen
blow	blew	blown	blazen, waaien
break [breik]	broke	broken	breken
breed	bred	bred	kweken, fokken
bring	brought	brought	brengen
build [bild]	built	built	bouwen
burn	burnt, R	burnt, R	branden
burst	burst	burst	barsten
buy	bought	bought	kopen
can	could	–	kunnen *(geen inf)*
cast	cast	cast	werpen
catch	caught	caught	vangen
chide	R, chid	R, chid, chidden	berispen
choose	chose	chosen	kiezen

1 *Be born* = geboren worden: *He was born in 1898*
2 *On his bended knees*
3 *Bereft of hope; the bereaved parents*
4 *bid* (bieden op een veiling) heeft: *bid - bid - bid*
Who bids more? What was the highest price that was bid?

cleave	cleft, clove, R	cleft, cloven, R	klieven, splijten
cling	clung	clung	zich vastklemmen
come	came	come	komen
cost[1]	cost	cost	kosten
creep	crept	crept	kruipen
crow	R, crew	crowed	kraaien
cut	cut	cut	snijden
deal	dealt [delt]	dealt [delt]	handelen
dig	dug	dug	graven
dive	R, *(Am)* dove	dived	duiken
do	did	done	doen
draw	drew	drawn	trekken, tekenen
dream	R, dreamt	R, dreamt	dromen
drink	drank	drunk	drinken
drive [draiv]	drove	driven [drivn]	rijden, drijven
dwell	dwelt, R	dwelt, R	wonen
earn	R, earnt	R, earnt	verdienen
eat	ate [et, eit]	eaten	eten
fall	fell	fallen	vallen
feed	fed	fed	(zich) voeden
feel	felt	felt	(zich) voelen
fight	fought	fought	vechten
find	found	found	vinden
flee	fled	fled	vluchten
fling	flung	flung	(met kracht) werpen
fly	flew	flown	vliegen
forbid	forbade [fə'bæd, -beid], forbad	forbidden	verbieden
forecast	forecast, R	forecast, R	voorspellen
forget	forgot	forgotten	vergeten
forsake	forsook	forsaken	in de steek laten
freeze	froze	frozen	vriezen
get	got	got, *(Am)* gotten	krijgen
gild	R, gilt	R, gilt	vergulden
gird	R, girt	R, girt	(om)gorden
give [giv]	gave	given [givn]	geven
go	went	gone	gaan
grind	ground	ground	malen, slijpen
grow	grew	grown	groeien, worden, verbouwen
hang[2]	hung	hung	hangen
have	had	had	hebben
hear	heard	heard	horen
heave	R, hove	R, hove	hijsen
hew	hewed	hewn, R	houwen
hide	hid	hid(den)	verbergen
hit	hit	hit	treffen
hold	held	held	houden
hurt	hurt	hurt	bezeren
keep	kept	kept	houden
kneel	knelt, *(inz Am)* R	knelt, *(inz Am)* R	knielen
knit	R, knit	R, knit	breien

1 Regelmatig in de betekenis van *de kostprijs berekenen*
2 De betekenis *doden door ophanging* is doorgaans regelmatig

know	**knew**	**known**	**weten, kennen**
lay	**laid** [leid]	**laid** [leid]	**leggen**
lead [li:d]	**led**	**led**	**leiden**
lean	**leant** [lent], R	**leant** [lent], R	**leunen**
leap	**leapt** [lept], R	**leapt** [lept], R	**springen**
learn	**learnt**, R	**learnt**, R	**leren**
leave	**left**	**left**	**verlaten, laten**
lend	**lent**	**lent**	**(uit)lenen**
let	**let**	**let**	**laten, verhuren**
lie	**lay**	**lain**	**liggen**
light	**lit**, R	**lit**, R	**aansteken**
lose [lu:z]	**lost**	**lost**	**verliezen**
make	**made**	**made**	**maken**
may	**might**	–	**mogen** *(geen inf)*
mean	**meant** [ment]	**meant** [ment]	**bedoelen, betekenen**
meet	**met**	**met**	**ontmoeten**
mow	**mowed**	**mown**, R	**maaien**
pay	**paid**	**paid**	**betalen**
plead	R, *(inz Am, Sch)* **pled**	R, *(inz Am, Sch)* **pled**	**pleiten**
put	**put**	**put**	**leggen, zetten**
quit	R, **quit**	R, **quit**	**ophouden, weggaan**
read [ri:d]	**read** [red]	**read** [red]	**lezen**
rend	**rent**	**rent**	**(ver)scheuren**
rid	**rid**	**rid**	**ontdoen**
ride	**rode**	**ridden**	**rijden**
ring	**rang**	**rung**	**bellen, klinken**
rise [raiz]	**rose**	**risen** [rizn]	**opstaan, opgaan, stijgen, rijzen**
rive	**rived**	**riven** [rivn], R	**splijten**
run	**ran**	**run**	**hard lopen**
saw	**sawed**	**sawn**, R	**zagen**
say	**said** [sed]	**said** [sed]	**zeggen**
see	**saw**	**seen**	**zien**
seek	**sought**	**sought**	**zoeken**
sell	**sold**	**sold**	**verkopen**
send	**sent**	**sent**	**zenden**
set	**set**	**set**	**zetten**
sew [səu]	**sewed** [səud]	**sewn** [səun], R	**naaien**
shake	**shook**	**shaken**	**schudden**
shall	**should**	–	**zullen** *(geen inf)*
shear [ʃiə]	**sheared**	**shorn**, R	**scheren (van schapen)**
shed	**shed**	**shed**	**storten (bloed, tranen)**
shine	**shone** [ʃɔn]	**shone** [ʃɔn][1]	**schijnen**
shit	**shit, shat**, R	**shit, shat**, R	**schijten**
shoe	**shod**, R	**shod**, R	**beslaan**
shoot	**shot**	**shot**	**schieten**
show	**showed**	**shown**, R	**tonen**
shrink	**shrank, shrunk**	**shrunk(en)**	**krimpen, terugdeinzen**
shrive [ʃraiv]	**shrove**, R	**shriven** [ʃrivn], R	**de biecht afnemen**
shut	**shut**	**shut**	**sluiten**
sing	**sang**	**sung**	**zingen**
sink	**sank**	**sunk**	**zinken**

1 Maar: *I've* shined *your shoes*

sit	sat	sat	zitten
slay	slew	slain	doden
sleep	slept	slept	slapen
slide	slid	slid	glijden
sling	slung	slung	(met een slingerende beweging) werpen
slink	slunk	slunk	sluipen
slit	slit	slit	splijten
smell	smelt, R	smelt, R	ruiken
smite	smote	smitten	slaan
sneak	R, *(inz Am)* snuck	R, *(inz Am)* snuck	sluipen
sow	sowed	sown, R	zaaien
speak	spoke	spoken	spreken
speed[1]	sped, R	sped, R	zich spoeden
spell	spelt, R	spelt, R	spellen
spend	spent	spent	uitgeven, doorbrengen
spill	spilt, R	spilt, R	morsen
spin	spun, span	spun	spinnen
spit	spat, spit	spat, spit	spuwen
split	split	split	splijten
spoil	spoilt, R	spoilt, R	bederven
spread [spred]	spread [spred]	spread [spred]	zich verspreiden, spreiden
spring	sprang, *(Am)* sprung	sprung	springen
stand	stood	stood	staan
stave	stove, R	stove, R	inslaan
steal	stole	stolen	stelen, sluipen
stick	stuck	stuck	steken, plakken
sting	stung	stung	steken, prikken
stink	stank, stunk	stunk	stinken
strew	strewed	strewn, R	strooien
stride	strode	stridden	schrijden
strike	struck	struck[2]	slaan, staken
string	strung	strung	rijgen, besnaren, spannen
strive [straiv]	strove, R	striven [strivn], R	streven
swear [swɛə]	swore	sworn	zweren
sweat [swet]	R, sweat [swet]	R, sweat [swet]	zweten
sweep	swept	swept	vegen
swell	swelled	swollen, R	zwellen
swim	swam	swum	zwemmen
swing	swung	swung	zwaaien
take	took	taken	nemen
teach	taught	taught	onderwijzen
tear [tɛə]	tore	torn	scheuren
tell	told	told	zeggen, vertellen
think	thought	thought	denken
thrive [θraiv]	throve, R	thriven [θrivn], R	voorspoed hebben
throw	threw	thrown	werpen
thrust	thrust	thrust	stoten
tread [tred]	trod	trodden	(be)treden
wake	woke, R	woken, R	ontwaken, wekken
wear [wɛə]	wore	worn	dragen (aan het lichaam)

1 Regelmatig in de betekenis *bespoedigen* en *(te) snel rijden*
2 Maar: stricken *by disease*

weave	wove, R	woven, R	weven
wed	R, wed	R, wed	huwen
weep	wept	wept	wenen
wet	R, wet	R, wet	natmaken
will	would	–	zullen *(geen inf)*
win	won [wʌn]	won [wʌn]	winnen
wind [waind]	wound	wound	winden
wring [riŋ]	wrung	wrung	wringen
write	wrote	written	schrijven

Hoe heet..?

. full stop, period, point

, comma

: colon

; semicolon

! exclamation mark/point

? question mark, mark/note/point of interrogation, query

‘’“ ” single/double/quotation mark(s)/ quotes/inverted commas

« » duck-foot quotes, guillemets

... suspension points, ellipsis, prick

^ caret

( ) (left, right) parentheses, (round) brackets

[ ] square brackets

< > pointed/angle brackets

{ } braces

/ slash, oblique, solidus, stroke, *(typ)* virgule

IGB/773/94: IGB stroke seven seven three, stroke ninety-four

\ backslash, reverse slash/solidus

| || bar, double bar

- hyphen

— (em-)dash

~ swung dash

− minus sign

+ plus sign

= equal(s) sign

≠ not-equals sign

_ underline, underscore

& ampersand

% percentage sign

¶ paragraph (sign), para, pilcrow

§ section (sign)

† obelisk, dagger

‡ double obelisk/dagger

÷ division

• bullet

☞ index, fist

◊ lozenge

∇ nabla

√ radical

∫ integral

hash

@ at, each

ℓ script-l

* asterisk

⁂ asterism

ŋ agma

Þ þ thorn

Ð ð eth, barred d

æ ash

˜ tilde; *(inz Am ook)* circumflex

ˆ circumflex

¯ macron

˘ breve

¨ di(a)eresis (*bijv:* naïve); umlaut

’ apostrophe

′ prime (mark, accent)

‘ ’ smooth, rough breathing *(Grieks)*

´ acute (accent)

` grave (accent)

ˇ háček

˛ ogonek

¸ cedilla

. subpoint, subdot

· centred dot

Wat wiskunde

πr^2	pi r squared
$10 \times (5/8)^3$	ten times five eighths cubed
x^n	x to the power of n, x to the nth (power)
$x = e^{\lambda t}$	x equals e to the lambda t
$1/\sqrt{2}$	one over root two
$\alpha = .1$	alpha equals point one
$\log_a 0.6$	log to the base a of point six

Mass times acceleration equals the force of action (*Newton's law*)
Anything to the power nought is one

Temperatuur

-20° minus twenty (degrees Celsius)/twenty below (freezing)
Our normal body temperature is 37° (Celsius)/100° (Fahrenheit)
In het dagelijks leven komt, vooral in de VS, Fahrenheit nog veel voor

Tijd

10.00	ten o'clock, ten am/pm
10.05	ten o five, five (minutes) past/(*Am ook:* after) ten
10.10	ten ten, ten (minutes) past/(*Am ook:* after) ten
10.15	ten fifteen, a quarter past/(*Am ook:* after) ten
10.30	ten thirty; *(inz Br)* half past ten, *(fam)* half ten
10.40	ten forty, twenty (minutes) to/(*Am ook:* of) eleven
10.55	ten fifty-five, five (minutes) to/(*Am ook:* of) eleven

Even breien

(Brei) 3 av., 1 r., 2 r. samenbr., 1 afh., afgeh. st. overh.
P3, K1, K2tog, S1, PSSO
purl three, knit one, knit two together, slip one, pass slip stitch over

Iets van spelling in de States

favor, labor, odor	*Brits:* favour, labour, odour
meter, somber, theater	*Brits:* metre, sombre, theatre
fueled, grueling, traveler	*Brits:* fuelled, gruelling, traveller
edema, enology, esophagus, estrus	*Brits:* oedema, oenology, oesophagus, oestrus
license, practise *(zn en ww)*; defense	*Brits zn:* licence, practice; defence
catalog, disk, maneuver,	*Brits:* catalogue, disc, manœuvre,
mold, program	mould, programme

Lijst van afkortingen

aanspr	aanspreekvorm
aanw vnw	aanwijzend voornaamwoord
aardr	aardrijkskunde
abstr	abstract
afk	afkorting
Afr	Afrika(ans)
algem	algemeen
Am	Amerika, Amerikaans(-Engels)
anat	anatomie
angl	anglicaans
a p.	a person
astron	astronomie
attr	attributief
Austr	Australisch, Australië
Belg	Belgisch, in België
ben	beneden
bet	betekent, betekenis(sen)
betr vnw	betrekkelijk voornaamwoord
bez vnw	bezittelijk voornaamwoord
bijb	bijbel(s)
bijv	bijvoorbeeld
bijvoegl	bijvoeglijk
biol	biologie
bk	bouwkunde, architectuur
bn	bijvoeglijk naamwoord
Br	Brits(-Engels)
Br-I	(voormalig) Brits-Indië
bw	bijwoord
ca	circa, ongeveer, omstreeks
chem	chemie, scheikunde
chir	chirurgie, heelkunde
coll	collectief
comp	computer(kunde), informatica
concr	concreet
dial	dialectisch
dicht	dichterlijk, dichtkunde
dierk	dierkunde, zoölogie
dmv	door middel van
Dui	Duits(land)
dwz	dat wil zeggen
econ	economie
e.d.	en dergelijke
eig	eigenlijk(e betekenis)
elektr	elektriciteit, elektronica
Eng	Engels, Engeland
enz, etc	enzovoort
euf	eufemisme, eufemistisch
ev	enkelvoud
evt	eventueel
fam	familiair, informeel
fig	figuurlijk
fil	filosofie
fin	financiën, financiële term
fon	fonetiek
fot	fotografie
Fr	Frans, Frankrijk
GBr	Groot-Brittannië
geol	geologie
godsd	godsdienst
gramm	grammatica
gymn	gymnastiek
her	heraldiek, wapenkunde
hist	historisch
iem(s)	iemand(s)
Ind	Indonesië, Indonesisch, Indië, Indisch, Oost-Indië, Oost-Indisch, Maleis
inf	infinitief, onbepaalde wijs
intr	intransitief, onovergankelijk (werkwoord)
inz	inzonderheid, in het bijzonder
Ir	Iers, Anglo-Iers
iron	ironisch
Ital	Italiaans, Italië
ivm	in verband met
jag	jagersterm
jur	juridisch, rechtsterm
kindert	kindertaal
kol	koloniën
Lat	Latijn(s)
lett	letterlijk
lit	literair, literatuur
luchtv	luchtvaart
lw	lidwoord
mar	zee-, scheepsterm, zeemanstaal
mbt	met betrekking tot

up with) anything; *er valt niets **op** hem te* ~ there is nothing to be said against him; *niemand heeft iets op hem te* ~ nobody has a word to say against him; *(ik zeg dat) niet om wat op je te* ~ nothing personal I assure you!; *zie ook* aanmerken & afdingen; *daar is nogal wat op te* ~ a good deal might be said against it; *dat wil ik niet **van** mij gezegd hebben* I won't have it said about me; *zie ook* dank, eerlijk, gerust, [1]horen 1, mening, onder, ronduit, voortzeggen, wie, [1]woord, [1]zo, enz; **II** *zn* saying; ~ *en **doen** zijn twee* saying is one thing and doing is another; ***naar** (volgens) uw* ~ according to what you say; *naar (volgens) het algemene* ~ by all accounts, by common report [he is a sharp business man]; *het **voor** het* ~ *hebben* run the show, be in the driving seat; *als ik het voor het* ~ *had* if I could have my (own) way; *je hebt het maar voor het* ~ you've only got to say (the word)

zeggenschap say [have a, no, say in the matter], control; *zie ook* medezeggenschap

zegging diction

zeggingskracht expressiveness, felicity of expression; *welk een* ~*!* what eloquence!

zegje: *zijn* ~ *zeggen (doen)* say what one has to say, have one's say

zegsman, zegsvrouw [who is your] informant, authority

zegswijze saying, (fixed, set) phrase, expression

zei *ovt van* zeggen

zeiken piss, pee; *(fig) zie* zaniken

zeiker(d) pain in the neck

zeikerig whining, whiny

zeiknat drenched, soaking (wet)

zeiksnor, enz *zie* zeikerd

zeikweer filthy weather

zeil 1 sail *(ook ve molen)*; *(dekkleed)* tarpaulin; *(op boot, enz)* awning; *(ve kar)* tilt; *alle ~en **bij hebben*** carry all sails, carry a press of sail, have all sails set, be in full (under a press of) sail; *~en **bijzetten*** make (*of:* set) sail; *alle ~en bijzetten* make all sail, crowd (*of:* pile) on all sail (*of:* canvas), *(fig)* go all out, strain every nerve, make every possible effort; ***met** volle ~en* full sail, with all sails set; *met een opgestreken* ~ *(opgestreken, opgestoken zeilen)* in high dudgeon; *met een nat* ~ [come home] three sheets in the wind, well-oiled; ***onder*** ~ *gaan* set (*of:* make) sail, sail [*naar* for, to]; *(fig)* doze (*of:* drop) off; *onder* ~ *zijn* be under sail; *(fig)* be sound asleep; *zie ook* inbinden, oog, treil, wind, enz; **2** *(op vloer)* oilcloth; *zie ook* zeildoek; **3** *~(tje)* canvas cloth; *(achter wastafel)* toilet splasher

zeilboot sailing boat, *(Am)* sailboat

zeildoek canvas, sailcloth; *(voor bekleding, enz)* oilcloth

zeilen sail; *(luchtv, ook)* soar; *gaan* ~ go for a sail; *het schip zeilt goed* the ship (she) is a good sailer; *~de, (handel)* sailing, floating [goods], afloat; *~de verkopen* sell to arrive (on sailing terms, afloat); *10 dagen ~(s)* ten days' sail [from ...]; *zie ook* reilen

zeiler *(pers)* yachtsman; *(schip)* [she is a fast] sailer

zeiljacht sailing yacht

zeilklaar ready to sail, ready for sea

zeillat batten

zeilmaker sailmaker

zeilmakerij 1 sailmaking; **2** sail loft

zeilpet yachting cap

zeilplank sail-, surfboard

zeilree *zie* zeilklaar

zeilschip sailing vessel; *(groot)* windjammer; *(schuit)* sailing barge

zeilsport yachting

zeilsteen lodestone

zeilstreep *(op kompas)* lubber's line

zeilvaartuig sailing vessel

zeilvereniging sailing club, yacht club

zeilvermogen sailing power

zeilvliegen hang-gliding

zeilwagen land yacht

zeilwedstrijd yacht (*of:* sailing) race (*of:* match), regatta

zeilweer [fine, etc] sailing weather

zeis scythe

zeisman: *de* ~, *(de dood)* the (Grim) Reaper

zeit *(volkst & fam) ott van* zeggen

zeker I *bn* **1** *(overtuigd)* certain, sure; ~ ***van** zijn zaak (van zichzelf) zijn* be sure of one's ground (of o.s.); *[ben je er* ~ *van?] positief* ~*!* [are you sure?] I'm absolutely certain, quite sure!; *daar ben ik nog niet zo* ~ *van* I'm not so sure; *hij is zo (verbazend)* ~ *van alles* he is so cocksure about everything; *hij is er* ~ *van het te krijgen* he feels sure he will get it; *daar kun je* ~ *van zijn* you can be sure of that; *je kunt er* ~ *van zijn dat hij een goed excuus heeft* trust him to have ...; *je kunt er* ~ *van zijn dat hij het nog doet, (ook)* depend (up)on it, he'll do it yet!; *u kunt er* ~ *van zijn dat ..., (ook)* you may rest assured that ...; **2** *(stellig)* certain, sure [sign], positive [proof], firm [conviction]; *iets ~s* [it's] a certainty, a sure thing; *jij bent een gewiekste, **dat** is* ~ you're a deep one, and no mistake; ***zo*** ~ *als wat, zie* zeker II; **3** *(ongenoemd)* certain [a certain man, a certain anxiety]; *een ~e Mijnheer J* a (one, a certain) Mr J; *op ~e **dag**, enz* one day (afternoon, etc); ~ ***iemand*** somebody [will be glad to see you]; *een* ~ ***iets*** a certain something; *een dame van een ~e **leeftijd*** a lady of a certain age; *een ~e **plaats*** the WC; *hij is naar een ~e plaats* he has gone to pay a visit (to wash his hands); **4** *(veilig)* safe, secure; *je bent hier je **leven** niet* ~ your life is not safe here; *het ~e voor het **onzekere** nemen* prefer the certain to the uncertain; *(soms)* play for safety; *om het ~e voor het onzekere te nemen* to be on the safe side; *zie ook* hoogte, enz; **II** *bw* **1** *(met klem)* certainly, surely, assuredly, positively; for certain; *zo* ~ *als wat (als 2×2)* [I knew] as sure as anything (as eggs is eggs, as Fate), sure enough; *hij wint het* ~ he is sure to win; *hij zal* ~ *slagen* he is sure to succeed;